W0039123

keni029 Foto: hf

Hartmut Fiebig
Kenia

Meinen „kenianischen Eltern" Geli und Rainer Ebers gewidmet
Im Andenken an Familie Pera-Cuna

Impressum

Hartmut Fiebig
Kenia

erschienen im
Reise Know-How Verlag Peter Rump GmbH
Osnabrückerstraße 79, 33649 Bielefeld

© Peter Rump 2001, 2004
3., neu bearbeitete und komplett aktualisierte Auflage 2010

Alle Rechte vorbehalten.

Gestaltung:
  Umschlag: G. Pawlak, P. Rump (Layout); M. Luck (Realisierung)
  Inhalt: G. Pawlak (Layout); M. Luck (Realisierung)
  Karten: B. Spachmüller, Th. Buri, C. Raisin
  Atlas: world mapping project, Reise Know-How Verlag
  Fotos: H. Fiebig (z.T. mit D. Wirz) (hf), David Boucherie (db)
  Titelfoto: H. Fiebig (Männer vom Volk der Samburu)

Lektorat: M. Luck

Druck und Bindung: Wilhelm & Adam, Heusenstamm

ISBN 978-3-8317-1740-8
Printed In Germany

Dieses Buch ist erhältlich in jeder Buchhandlung Deutschlands, Österreichs, der Niederlande, Belgiens und der Schweiz. Bitte informieren Sie Ihren Buchhändler über folgende Bezugsadressen:

Deutschland
  Prolit Verlagsauslieferung GmbH, Siemensstr. 16,
  D-35461 Fernwald (Annerod)
  sowie alle Barsortimente
Schweiz
  AVA/Buch 2000
  Postfach, CH-8910 Affoltern a.A.
Österreich
  Mohr-Morawa Buchvertrieb GmbH
  Sulzengasse 2, A-1230 Wien
Niederlande, Belgien
  Willems Adventure
  www.willemsadventure.nl

Wer im Buchhandel trotzdem kein Glück hat, bekommt unsere Bücher auch über unseren **Büchershop im Internet:**
www.reise-know-how.de

Wir freuen uns über Kritik, Kommentare und Verbesserungsvorschläge, gern auch per E-Mail an info@reise-know-how.de.

Alle Informationen in diesem Buch sind von den Autoren mit größter Sorgfalt gesammelt und vom Lektorat des Verlages gewissenhaft bearbeitet und überprüft worden.

Da inhaltliche und sachliche Fehler nicht ausgeschlossen werden können, erklärt der Verlag, dass alle Angaben im Sinne der Produkthaftung ohne Garantie erfolgen und dass Verlag wie Autoren keinerlei Verantwortung und Haftung für inhaltliche und sachliche Fehler übernehmen.

Die Nennung von Firmen und ihren Produkten und ihre Reihenfolge sind als Beispiel ohne Wertung gegenüber anderen anzusehen. Qualitäts- und Quantitätsangaben sind rein subjektive Einschätzungen der Autoren und dienen keinesfalls der Bewerbung von Firmen oder Produkten.

Hartmut Fiebig

Kenia

REISE KNOW-HOW im Internet

Vorwort

Karibu Kenya, herzlich willkommen in Kenia, dem Land der farbigen Vielfalt! Das Kaleidoskop grandioser Naturlandschaften verspricht dem Reisenden einmalige Eindrücke und unterschiedlichste Urlaubsaktivitäten wie z.B. Golfen, River Rafting, Bergsteigen, Angeln, Reiten oder Tauchen. Das wissen allerdings nur wenige, denn bisher ist Kenia überwiegend bei sonnenhungrigen Pauschalreisenden wegen seiner Traumstrände beliebt, während das Hinterland nur die Kulisse für einen kurzen Safari-Ausflug abgibt.

Abseits dieser ausgetretenen Pfade sind große Teile des Landes praktisch unberührt geblieben – ein Reiseparadies für Individualtouristen, in dem es nicht nur die wunderbare afrikanische Tierwelt und einmalige Landschaften zu entdecken gibt, sondern auch eine kulturelle Vielfalt, die gegensätzlicher kaum sein könnte. Denn in Kenia ist der smarte Kikuyu-Geschäftsmann mit Luxuskarosse ebenso zu Hause wie der Kamele oder Rosen züchtende Nachkomme britischer Siedler, der feder- und ockergeschmückte Samburu-Nomade oder der orientalisch gekleidete Küstenbewohner der muslimischen Suaheli-Kultur.

Das Reisen in Kenia ist für afrikanische Verhältnisse unkompliziert, man kann sich hervorragend mit Englisch verständigen, die Infrastruktur ist die beste der Region. Und nach den Wahlunruhen Anfang 2008 ist längst wieder Frieden eingekehrt.

Dieses Buch liefert eine Fülle an Informationen zu den touristischen wie den abgelegenen Regionen, bietet Hintergrundinformationen und macht hoffentlich die Faszination spürbar die Kenia auch nach 21 Jahren immer noch auf mich ausübt.

Für die umfassende Aktualisierung zur 3. Auflage bin ich über mehrere Monate kreuz und quer durch das Land gereist, habe Infos gesammelt, getestet und Gespräche geführt. Trotz aller Sorgfalt ist das Buch leider nicht gegen das Veralten von Informationen geschützt. Eine einzige Regenzeit mag in Afrika ausreichen, um aus einer hervorragenden Teerstraße eine Kette von Schlaglöchern zu machen. Über Nacht öffnen gute neue Restaurants und Hotels, während einst empfehlenswerte Plätze in die qualitative Kreisliga ab- oder in eine höhere Preisklasse aufsteigen. Von daher freue ich mich über jede Ihrer Anregungen und Tipps von unterwegs – herzlichen Dank im Voraus!

Bleibt mir noch, Ihnen einen interessanten Aufenthalt in Kenia und **Safari njema,** gute Reise, zu wünschen.

Ihr *Hartmut Fiebig*

Inhalt

Anmerkung: In diesem Buch sind viele **Internet- und E-Mail-Adressen** genannt. Bedingt durch den Zeilenumbruch werden manche Adressen getrennt, so dass ein Trennstrich eingefügt wird, der nicht zur Adresse gehören muss!

Rift Valley

Westkenia

Das zentrale Hochland

Nordkenia

ken0310 Foto: db

Atlas   nach Seite 858

Exkurse

Info-Kästen

Karten

In den Kopfzeilen erfolgt ein Verweis auf die jeweils passende(n) Karte(n), vor großen bzw. wichtigen Orten, Nationalparks etc. ist zusätzlich die Planquadrat-Verortung in der entsprechenden Atlaskarte angegeben.

Praktische Tipps A–Z

ken-a2 Foto: hf

ken-a3 Foto: hf

Bootsfahrt von El Molo Bay hinüber
zum Southern Island National Park

Mt. Kenya – am Gipfelkreuz
von Point Lenana

Matatu-Wettrennen

An- und Einreise

Anreise mit dem Flugzeug

Nach der Eröffnung des Moi Airports von El-doret besitzt Kenia nun **drei internationale Flughäfen**, wobei das umstrittene Großpro-jekt in Westkenia eher eine theoretische Des-tination darstellt, denn hier landen bisher fast ausschließlich Transportmaschinen und In-landsflüge. Der **Jomo Kenyatta Internatio-nal Airport** in Nairobi wird hingegen von zahlreichen internationalen Liniengesellschaf-ten angeflogen. Den **Moi International Air-port** in Mombasa bedienen vor allem Char-tergesellschaften, die Badeurlauber an die Strände des Indischen Ozeans bringen. Die Flugzeit von Mitteleuropa nach Kenia beträgt 8 bis 9 Stunden.

Die wichtigsten **Fluggesellschaften und -ver-bindungen nach Nairobi:**
● **British Airways,** www.britishairways.de. Von vielen Flughäfen in Deutschland, Öster-reich und der Schweiz sowie ab Amsterdam und Brüssel via London nach Nairobi.
● **Brussels Airlines,** www.brusselsairlines. com. Von Berlin, Frankfurt, Hamburg, Mün-chen, Zürich und Wien über Brüssel nach Nairobi.
● **Egypt Air,** www.egyptair.de. Von Berlin, Düsseldorf, Frankfurt, München, Zürich und Wien über Kairo nach Nairobi.
● **Emirates,** www.emirates.de. Von Hamburg, Düsseldorf, Frankfurt, München, Zürich und Wien über Dubai nach Nairobi.
● **Ethiopian Airlines,** www.flyethiopian.de. Von Frankfurt über Addis Abeba nach Nai-robi.
● **Kenya Airways,** www.kenya-airways.com. Von Amsterdam direkt nach Nairobi.
● **KLM,** www.klm.de. Von vielen Flughäfen in Deutschland, Österreich und der Schweiz via Amsterdam nach Nairobi.
● **Qatar Airways,** www.qatarairways.com. Von Berlin, Frankfurt, München, Wien und Zürich über Doha nach Nairobi.
● **Swiss,** www.swiss.com. Von vielen Flughä-fen in Deutschland, Österreich, der Schweiz

und auch Amsterdam über Zürich nach Nairobi.
● **Turkish Airlines,** www.turkishairlines.de. Von vielen Flughäfen in Deutschland, Öster-reich, der Schweiz und auch Amsterdam über Istanbul nach Nairobi.

Die wichtigsten Fluggesellschaften und -ver-bindungen nach Mombasa:
● **Airberlin,** www.airberlin.com. Von Düssel-dorf und München nonstop nach Mombasa, mit Umsteigen in Düsseldorf oder München auch von anderen Flughäfen in Deutschland und von Wien.
● **Condor,** www.condor.com. Von Frankfurt nonstop nach Mombasa.
● **Edelweiss Air,** www.edelweissair.ch. Von Zürich nonstop nach Mombasa.

Flugpreise

Je nach Fluggesellschaft, Jahreszeit und Aufenthaltsdauer bekommt man ein Eco-nomy-Ticket von Deutschland, Österreich und der Schweiz hin und zurück nach Nairo-bi ab 450 Euro (inkl. aller Steuern, Gebühren und Entgelte). Am niedrigsten sind die Flug-preise von Mitte Januar bis Ende Juni und von September bis Mitte Dezember. Für Flü-ge während der Hauptsaison (in den europäi-schen Sommerferien sowie rund um Weih-nachten und Neujahr) zahlt man meistens deutlich mehr.

Gabelflüge (unterschiedliche An-/Abflug-häfen, z.B. hin nach Nairobi und zurück von Dar es Salaam), sind in der Regel etwas teu-rer, können aber für die Gestaltung von Run-dreisen vorteilhaft sein.

Preiswertere Flüge sind mit **Jugend- und Studententickets** (je nach Airline alle jungen Leute bis 29 Jahre und Studenten bis 34 Jah-re) möglich. **Kinder** unter zwei Jahren fliegen ohne Sitzplatzanspruch für 10% des Erwachse-nenpreises, ansonsten werden für ältere Kin-der die regulären Preise je nach Airline um 25–50% ermäßigt. Ab dem zwölften Lebens-jahr gilt der Erwachsenentarif oder ein be-sonderer Jugendtarif (s.o.).

Von Zeit zu Zeit offerieren die Fluggesell-schaften **befristete Sonderangebote.** Dann kann man z.B. mit Ethiopian Airlines für unter 400 Euro von Frankfurt nach Nairobi und zurück fliegen. Diese Tickets haben in der Regel eine befristete Gültigkeitsdauer und eignen sich nicht für Langzeitreisende. Ob für die gewünschte Reisezeit gerade Sonderangebote für Flüge nach Kenia auf dem Markt sind, lässt sich im Internet auf der Website von Jet-Travel (www.jet-travel.de) unter „Flüge" entnehmen, wo sie als Schnäppchenflüge nach Afrika mit aufgeführt sind.

In Deutschland gibt es ab Frankfurt die meisten Verbindungen nach Kenia. Tickets für Flüge von und nach anderen deutschen Flughäfen sind oft teurer. Da kann es für Deutsche attraktiver sein, mit einem **Rail-and-Fly-Ticket** per Bahn nach Frankfurt zu reisen (entweder bereits im Flugpreis enthalten oder 30–60 Euro extra). Man kann je nach Fluglinie auch einen preiswerten **Zubringerflug** der gleichen Airline von einem kleineren Flughafen in Deutschland buchen. Zudem gibt es **Fly-&-Drive-Angebote**, wobei eine Fahrt vom und zum Flughafen mit einem Mietwagen im Ticketpreis inbegriffen ist.

Reist man viel per Flugzeug, kann man als Mitglied eines **Vielflieger-Programms** auch indirekt sparen, z.B. im Verbund der www.star-alliance.com (Mitglieder u.a. Egypt Air, Swiss, Turkish Airlines), www.skyteam.com (Mitglieder u.a. KLM) oder www.oneworld.com (Mitglieder u.a. British Airways). Die Mitgliedschaft ist kostenlos, und mit den gesammelten Flugmeilen bei Fluggesellschaften innerhalb eines Verbundes ergibt sich mit einer bestimmten Meilenzahl ein Freiflug bei einer der Partnergesellschaften. Bei Einlösung eines Gratisfluges ist langfristige Vorausplanung nötig.

Buchung

Folgende **zuverlässigen Reisebüros** haben meistens günstigere Preise als viele andere:

● **Jet-Travel**, Buchholzstr. 35, 53127 Bonn, Tel. 0228/284315, Fax 284086, www.jet-travel.de. Auch für Jugend- und Studententickets. Sonderangebote auf der Website siehe unter „Schnäppchenflüge".
● **Globetrotter Travel Service**, Löwenstr. 61, 8023 Zürich, Tel. 044/2286666, www.globetrotter.ch. Weitere Filialen siehe Website.

Die vergünstigten Spezialtarife und befristeten Sonderangebote kann man nur bei wenigen Fluggesellschaften in ihren Büros oder direkt auf ihren Websites buchen; diese sind jedoch immer auch bei den oben genannten Reisebüros erhältlich. Im Übrigen sollte man wissen, dass die günstigsten Flüge keineswegs immer online im Internet buchbar sind. Häufig haben Jet-Travel und der Globetrotter Travel Service auf Anfrage preiswertere Angebote.

Last-Minute-Flüge

Wer sich erst im letzten Augenblick für eine Reise nach Kenia entscheidet oder gern pokert, kann Ausschau nach Last-Minute-Flügen halten, die von einigen Airlines mit deutlicher Ermäßigung **ab etwa 14 Tage vor Abflug** angeboten werden, wenn noch Plätze zu füllen sind. Diese Last-Minute-Flüge lassen sich nur bei Spezialisten buchen. Häufig sind auch Last-Minute-Angebote im Paket mit Hotelübernachtungen zu haben.

● **L'Tur**, www.ltur.com, Tel. 00800/21212100 (gebührenfrei für Anrufer aus Europa); 165 Niederlassungen europaweit.
● **Lastminute.com**, www.lastminute.de, (D)-Tel. 01805/284366 (0,14 €/Min.), für Anrufer aus dem Ausland Tel. 0049/89 4446500.
● **5 vor Flug**, www.5vorflug.de, (D)-Tel. 01805/105105 (0,14 €/Min.), (A)-Tel. 0820/203085 (0,145 €/Min.).
● **Restplatzbörse**, www.restplatzboerse.at, (A)-Tel. (01) 580850.

Check-in

Nicht vergessen: Ohne einen **gültigen Reisepass** kommt man nicht an Bord eines Flugzeuges nach Kenia.

Bei den meisten internationalen Flügen muss man **2 bis 3 Stunden vor Abflug** eingecheckt haben. Je früher Sie am Schalter stehen, desto bessere Chancen haben Sie auf einen Fensterplatz. Und der lohnt sich, denn große Teile der Flugroute führen über spektakuläre Landschaften. Einige Airlines bieten dem Passagier die Möglichkeit, bereits vorher über das Internet einzuchecken. Ein Vorteil neben der Zeitersparnis am Flughafen: Man kann sich meist seinen Wunschplatz aussuchen. Am Flughafen muss dann nur noch das Gepäck aufgegeben werden.

Wenn Sie beim Hinflug nach Kenia auf der linken Seite sitzen, haben Sie – bei klarem Wetter – Sicht auf den Mt. Kenya und beim Landeanflug auf Nairobi. Und bei Flügen, die nachts von Europa aus starten, werden Sie ebenfalls links Morgendämmerung und Sonnenaufgang erleben, die über Afrika oft zum Heulen schön sind. Auf der Route nach Mombasa liegt – ausgleichende Gerechtigkeit – der Kilimanjaro mit seiner Schneekuppe auf der rechten Seite. Auf dem Rückflug liegen beim Start – normale Windverhältnisse vorausgesetzt – die Innenstädte von Mombasa und Nairobi jeweils links.

Das Gepäck

In der Economy-Class darf man in der Regel nur **Gepäck bis zu 20 kg pro Person** einchecken (steht auf dem Flugticket) und zusätzlich ein Handgepäck von 6 bis 8 kg in die Kabine mitnehmen, welches die Größe von 55 x 40 x 23 cm nicht überschreitet. In der Business Class sind es meist 30 kg pro Person und zwei Handgepäckstücke, die insgesamt nicht mehr als 12 kg wiegen dürfen.

Gepäckstücke, die mehr als 32 kg wiegen, können nicht normal eingecheckt werden. Man sollte sich beim Kauf des Tickets über die Bestimmungen der Airline informieren.

Aus Sicherheitsgründen dürfen **Taschenmesser, Nagelfeilen, Nagelscheren,** sonstige Scheren u.Ä. nicht mehr im Handgepäck untergebracht werden. Diese Gegenstände sollte man unbedingt im aufzugebenden Gepäck verstauen, sonst werden sie bei der Sicherheitskontrolle einfach weggeworfen. Darüber hinaus gilt, dass Feuerwerke, leicht entzündliche Gase (in Sprühdosen, Campinggas), entflammbare Stoffe (in Benzinfeuerzeugen, Feuerzeugfüllung) etc. nichts im Passagiergepäck zu suchen haben.

Flüssigkeiten oder vergleichbare Gegenstände in ähnlicher Konsistenz (z.B. Getränke, Gels, Sprays, Shampoos, Cremes, Zahnpasta, Suppen) dürfen nur in der Höchstmenge von jeweils 0,1 Liter als Handgepäck mit ins Flugzeug genommen werden. Die Flüssigkeiten müssen in einem durchsichtigen, wiederverschließbaren Plastikbeutel transportiert werden, der maximal einen Liter Fassungsvermögen hat.

Rückbestätigung

Bei den meisten Airlines ist heutzutage die **Bestätigung des Rückfluges** nicht mehr notwendig. Allerdings empfehlen alle Airlines, sich dennoch telefonisch zu erkundigen, ob sich an der Flugzeit nichts geändert hat, denn kurzfristige Änderungen der genauen Abfluguhrzeit kommen beim zunehmenden Luftverkehr heute immer häufiger vor.

Wenn die Airline allerdings eine Rückbestätigung *(reconfirmation)* **bis 72 oder 48 Stunden vor dem Rückflug** verlangt, sollte man auf keinen Fall versäumen, die Airline kurz anzurufen, sonst kann es passieren, dass die Buchung im Computer der Airline gestrichen wird; der Flugtermin ist dahin. Das Ticket verfällt dadurch nicht, es sei denn, die Gültigkeitsdauer wird überschritten, aber evtl. ist in der Hochsaison nicht sofort ein Platz in einem anderen Flieger frei.

Die **Rufnummer** kann man von Mitarbeitern der Airline bei der Ankunft, im Hotel, dem Telefonbuch oder auf der Website der Airline erfahren.

Ankunft in Kenia

Wenn Sie nach der Ankunft nicht ohnehin ein Fahrer Ihres Hotels oder Safari-Unternehmens **am Flughafen** abholt, drängen Ihnen am Ausgang zahlreiche **Taxifahrer** ihre Dienste auf. Derjenige, der es schafft, Ihnen als erster beim Gepäck behilflich zu sein, wird von allen anderen Mitbewerbern automatisch als Sieger akzeptiert. Das sollte Sie aber nicht vom **Feilschen** um den Fahrpreis abhalten, den Sie vor der Abfahrt ausmachen müssen. Eine Fahrt in die Innenstadt von **Nairobi** sollte nicht mehr als 1200–1500 Ksh, also rund 12–15 Euro, kosten. In Nairobi fährt vom Flughafen der KBS-Bus Nummer 34 bis abends um 20 Uhr für 40 Ksh in die Stadt. Allen, die noch nie in Nairobi waren, ist von einer **Busfahrt mit Gepäck** aber dringend **abzuraten**, denn die Airport-Linie ist berüchtigt für die **vielen Taschendiebe** (siehe „Sicherheit und Kriminalität"). Da ist ein Taxi dann doch die billigere und entspanntere Alternative, erst recht nach einem langen Flug!

In **Mombasa** müssen Sie für eine Fahrt in die City mit 1000–1200 Ksh rechnen (10–12 Euro), zum Nyali Beach, Bamburi Beach und Shanzu Beach im Norden mit bis zu 1700 Ksh (17 Euro) und nach Diani Beach an der Südküste mit bis zu 3000 Ksh (30 Euro). Einen Flughafenbus gibt es hier nicht. Und bis zur Hauptstraße, an der man in ein Sammeltaxi steigen kann, sind es vom Terminal immerhin 4 km Fußmarsch. Bei knapper Kasse kann man sich dort vom Taxi absetzen lassen, oder vielleicht mit anderen Reisenden ein Taxi teilen.

Noch ein Wort zum **Geldtausch:** Die Wechselkurse sind am Flughafen sehr ungünstig, deshalb sollte man nur so viel tauschen, wie man am ersten Tag benötigt. Alles weitere zum Finanziellen unter „Finanzen".

Ausreise mit dem Flugzeug

Vor dem Rückflug nach Hause verlangen Fluglinien bisweilen immer noch eine sogenannte Reconfirmation (s.o.). Offiziell ist es nicht gestattet, kenianische Schillinge auszuführen, bei etwas Restgeld wird man aber keinen Ärger bekommen. Im Duty Free-Bereich kann man mit kenianischer und ausländischer Währung bezahlen. Um Ärger mit verbotenen Souvenirs zu vermeiden, beachten Sie bitte die Bemerkungen im Kapitel „Souvenirs und Einkaufen".

Anreise mit dem Schiff

Die Zeiten, in denen man als Aushilfsmatrose in Europa auf einem Handelsschiff anheuern konnte, um sich die Überfahrt zu verdienen, sind schon seit längerem vorbei. Inzwischen muss man für eine **Frachtschiffreise** tief in die Tasche greifen. Pro Reisetag ist mit 60–90 Euro zu rechnen. Für die Route durch Mittelmeer, Suezkanal und Rotes Meer bis nach Mombasa benötigen moderne Schiffe rund **3 Wochen,** ums Kap der Guten Hoffnung etwa 10 Tage länger. Und wie bei einer Mitfahrzentrale gibt es nur jene Destinationen, die von den Reedereien gerade angeboten werden. Bei folgender Reiseagentur kann man nähere Informationen einholen:

● **Frachtschiff Touristik Zylmann GmbH,** Exhöft 12, 24404 Maasholm, Tel. 04642/96550, Fax 6767, www.zylmann.de.

Anreise auf dem Landweg

Das Mieten eines Autos in Kenia ist teuer und auch häufig mit Ärger verbunden. Die Idee, gleich das eigene Fahrzeug aus Deutschland mitzubringen, ist zumindest bei einem längeren Aufenthalt gar nicht so abwegig. Die Überlandreise von Europa nach Afrika ist aufgrund der schlechten Pistenverhältnissen, politischen Unwägbarkeiten und sonstigen Unsicherheiten allerdings ein **Abenteuer** für sich und erfordert eine sehr **sorgfältige Planung und viel Zeit.** Infos zur aktuellen Reisesituation auf dem afrikanischen Kontinent findet man in diversen Internetforen und jeden Donnerstag und Freitag von 15–18 Uhr beim **Infoline-Service** von Därr Expeditionsservice in München (Tel. 089/282032).

Versendung von Fahrzeugen

Wer nicht aus dem ganz harten Abenteuerholz geschnitzt ist und vor den Risiken und Nebenwirkungen einer Afrika-Durchquerung zurückschreckt, kann sein Fahrzeug auch auf dem Seeweg nach Ostafrika verschicken. Der Transport **im geschlossenen Container** ist sicherer und das Auto auch besser vor der aggressiven, salzhaltigen Seeluft geschützt, als wenn es an Deck steht. Leider ist diese Variante auch teurer. Die gebräuchlichen 20-Fuß-Container haben Abmessungen von 5,90 m Länge und 2,25 m Höhe. Dann gibt es noch die sogenannten **Open-Top-Container,** die durch ihre Planenüberspannung nach oben mehr Luft bieten. Aber alles, was auch dort nicht hineinpasst, kann nur RoRo verschifft werden. Die Abkürzung steht für **Roll on/Roll off,** d.h. das Fahrzeug wird an Deck gefahren und im Zielhafen auch auf eigenen Rädern wieder zurück an Land gerollt. Der Haken an der Geschichte: das Fahrzeug ist während der Überfahrt und im Hafengelände nicht abgeschlossen – eine Einladung an Langfinger. Dementsprechend baut man vor der Abreise die Stereoanlage lieber noch selbst aus und nimmt andere bewegliche Teile, z.B. das Werkzeug, heraus. Man muss Kosten ab ca. 2000 Euro für Transport, Be- und Entladung sowie Zoll- und Hafenformalitäten veranschlagen. Ein guter Ansprechpartner für detaillierte Informationen und Kostenvoranschläge ist die Firma GCT Group bei München:

●**GCT Group GmbH,** Bahnhofstraße 24a, 85386 Eching, Tel. 089/3715641-0, Fax 3715641-30, www.gctgroup.de.

Wer die Speditionsfirmen umgehen und die ganze Abwicklung der Formalitäten bei der Verschiffung mit den Schifffahrtslinien bzw. deren Maklern selber in die Hand nehmen will, kann einen weiteren Batzen Geld einsparen. Eine der günstigsten Linien ist die **Mediterranean Shipping Company (MSC),** die zweimal monatlich ostafrikanische Häfen ansteuert:

●**MSC Germany,** Willy-Brandt-Straße 49, 20457 Hamburg. Tel. 040/30295-950, Fax 40 330 236, www.mscgermany.com.

Folgende **Angaben** benötigt die Firma, um den genauen RoRo-Tarif auszurechnen und die Verschiffungspapiere auszustellen: Fahrzeugtyp mit Identifikationsnummer, Motortyp (Benzin/Diesel), Beschreibung (Farbe, 2- oder 4-türig), Datum der Erstzulassung, Nummernschild sowie die Außenmaße des Autos mit Länge (inklusive aller vorstehenden Teile wie Anhängerkupplungen etc.), Breite, Höhe und Gewicht. Außerdem muss hinter der Windschutzscheibe ein Zettel mit folgenden Angaben auf Englisch befestigt werden: Zielhafen („Destination"), Fahrzeugidentifikationsnummer („Identification number of Car"), Name des Besitzers („Owner") und Adresse („Adress").

Neben den reinen **Gebühren** für den Transport werden Kaibenutzungs-, Lade- und Versicherungsgebühren fällig. Die Schiffsmaklerfirma gibt einem dann bekannt, auf welchem Kai und an welchem Schuppen das Fahrzeug mit Schlüsseln anzuliefern ist. Kaufen Sie sich einen Stadtplan von Hamburg, denn der Hafen ist riesig und Sie werden ansonsten hoffnungslos verlorengehen! Von der Lagerfirma wird man Sie dann erst einmal zum Wiegen des Fahrzeugs schicken (kostet auch nochmal extra), bevor Sie mit diesem Beleg das Fahrzeug dann endgültig am Schuppen abgeben. Sie erhalten die **„Bill of Lading",** das Ladepapier, ein unersetzliches Dokument, denn nur mit diesem erhalten Sie im Zielhafen auch Ihr Auto wieder!!! Tja, und jetzt heißt es noch einige Wochen warten. Die Ankunftsdaten der Schifffahrtslinien sind übrigens mit Vorsicht zu genießen. Oft ergeben sich Verzögerungen, z.B. weil der Pott in Mombasa länger auf Reede liegt (oder vor Somalia von Piraten gekapert wird ...).

Für die Clearance, also die Abwicklung aller Hafen- und Zollformalitäten, kann ich Ihnen nur empfehlen, einen Profi zu beauftragen, damit Ihr Fahrzeug auch dann aus dem Zoll heraus ist, wenn Sie in den Urlaub starten wollen. Damit der **„Clearance Agent"** in Ihrem Namen tätig werden kann, braucht er allerdings das Original der Bill of Lading, die Parking List, auf welcher der Standort des Fahrzeugs verzeichnet ist (erhält man vom Schiffsmakler), einen englischen Bevollmächtigungsbrief mit Angabe der Fahrzeugidentifikationsnummer und der Aussage, dass das Auto wieder reexportiert wird, das Original des Carnet de Passage (s.u.), den gültigen Fahrzeugschein und eine klare Kopie Ihres Reisepasses.

Interessant für Motorradfahrer ist die **Versendung von Motorrädern mit dem Flug-**

zeug. Mir sind zwei Firmen bekannt, die einen **Fly & Ride-Service** zu fairen Preisen anbieten. In der Regel fliegt man als Besitzer in der gleichen Maschine mit. Das Unternehmen übernimmt Erstellung der Frachtpapiere, Handlingkosten in Deutschland, die Gefahrengutabfertigung und stellt eine Spezialpalette mit Spanngurten. Details zum ganzen Prozedere findet man auf den Homepages:

●**GS-Sportreisen,** Arnulfstraße 300, 80639 München, Tel. 089/27818484, Fax 27818481, www.gs-sportreisen.de.
●**Bikeworld Travel,** Marienstraße 10, 32756 Detmold, Tel. 05231/580262, Fax 580265, www.bikeworld-travel.de.

Einfuhr von Fahrzeugen

Wer sich mit dem eigenen Auto oder Motorrad auf den langen Weg durch Afrika macht, oder dieses per Schiff oder Flugzeug direkt nach Kenia schickt, benötigt einige **spezielle Unterlagen,** um ein Ausschlagen des afrikanischen Amtsschimmels zu verhindern. Ein für 3 Jahre gültiger **internationaler Führerschein** und eine **internationale Zulassung** für Ihr Fahrzeug werden von Ihrem Landratsamt ausgestellt. Damit es auch außerhalb europäischer Vertragsstaaten eine Haftpflichtversicherung besitzt, müssen Sie bei Ihrem Versicherer die sogenannte **Grüne Versicherungskarte** beantragen. In vielen afrikanischen Staaten wird zudem von ausländischen Fahrzeugen eine **"Roadpermit",** eine Straßenbenutzungsgebühr, erhoben. In Kenia kostet diese für Autos für 1 Monat 50 US$ und für 3 Monate immerhin 100 US$, Motorradfahrer zahlen nur 20 US$ pro Monat. Ausgestellt wird sie an den Grenzstationen, Verlängerungen erhält man aber auch im Nyayo House in Nairobi oder als Mitglied der Automobile Association of Kenya. Die entsprechende Bescheinigung klebt man sich dann für jeden Polizisten sichtbar hinter die Windschutzscheibe.

Zudem will jedes der durchreisten Länder bei der Einreise eine **Sicherheitsleistung** von Ihnen dafür, dass Sie das Fahrzeug nicht illegal und unversteuert im Inland verkaufen. Dafür müssen Sie in Deutschland **bei einem Treuhänder** eine Sicherheitsleistung von

1500 Euro (bei einem Fahrzeugwert bis zu 15.000 Euro), bei einer Reise durch Ägypten und Südafrika sogar von 3000 Euro, hinterlegen, die Sie erst zurückbekommen, wenn Sie mit entsprechenden Zollpapieren nachweisen, dass Sie das Fahrzeug wieder ausgeführt oder aber rechtmäßig versteuert haben. Die Sicherheitsleistung kann auch in Form einer Bankbürgschaft geleistet werden. Der Treuhänder in Deutschland ist der **ADAC,** in Österreich der **ÖAMTC** und der **TCS** in der Schweiz. Die erforderlichen Zollpapiere heißen **"Carnet de Passages".** Mit dem Carnet dürfen Sie Ihr Fahrzeug 3 Monate in Kenia bewegen, mit einem Circulation Permit kann das Carnet zwei Mal um jeweils 3 Monate verlängert werden. Man kann also insgesamt 9 Monate legal mit dem eigenen fahrbaren Untersatz in Kenia bleiben. Die Circulation erhält man bei der Zollbehörde ("Customs") im Times Tower an der Haile Selassie Avenue in Nairobi.

Das Carnet selbst besteht aus einem Formularblock mit jeweils drei Abschnitten. Der oberste Abschnitt verbleibt mit dem Block bei Ihnen. Auf ihm quittieren die Zollbeamten an jeder Grenze per Stempel und Unterschrift Ein- und Ausfuhr des Fahrzeugs. Zusätzlich werden bei der Einreise der unterste Abschnitt und bei der Ausreise der mittlere Abschnitt abgestempelt, von den Beamten herausgerissen und an die Zollbehörde des jeweiligen Landes weitergeleitet. Trifft dort nach einer gewissen Frist nicht der korrekt abgestempelte Ausreiseabschnitt ein, macht die Zollbehörde beim Automobilclub die Zahlung der Sicherheitsleistung geltend. Das Carnet ist also 1500 Euro wert und man sollte gut darauf aufpassen.

Nach einem Diebstahl, oder wenn die Gültigkeit des Carnets nach 12 Monaten abgelaufen ist, müssen Sie ein neues Dokument beantragen. Für die **Ausstellung** verlangt der ADAC 150 Euro von Mitgliedern und für alle anderen 250 Euro.

Weitere **Informationen und Antragsformulare** erhält man bei:

●**ADAC-Zentrale,** Grenzabteilung, Tel. 089/7676-6334, -6338 oder -6342, www.adac.de, Suchbegriff "Carnet de Passages".

● **ÖAMTC,** www.oeamtc.at.
● **Touring Club Schweiz,** www.tcs.ch.

Wer sein **Fahrzeug in Kenia verkaufen** möchte, benötigt die amtlichen Verzollungs-belege, um seine Sicherheitsleistung von ADAC zurückzuerhalten. Im Einzelnen sind dies die „Bill of Entry" mit allen Fahrzeugang-aben wie Chassis- und Motornummer, die bei der Verzollung vom kenianischen Zollamt ausgefüllt wird, die entsprechenden Zoll-stempel auf beiden Abschnitten des Carnets und das „Custom's Receipt", also die Quit-tung für den bezahlten Zoll (die beim ADAC auch als Kopie eingereicht werden kann). Obacht: Von kenianischer Seite aus dürfen nur Fahrzeuge nach Kenia dauerhaft einge-führt werden, die nicht älter als sieben Jahre und keine Linkslenker sind!

Grenzverkehr

Nur 3 von 5 kenianischen Nachbarländern, nämlich Äthiopien, Tansania und Uganda, sind von Kenia aus über den Landweg zu er-reichen. **Somalia** befindet sich seit 1991 im Zustand der Anarchie und ist für Reisende ta-bu. Die Situation im südlichen **Sudan** hat sich seit dem Friedensvertrag 2005 zwar stabili-siert (Stand Herbst 2009), als Reiseregion ist der Südsudan aber nur etwas für alte Afrika-Hasen und setzt gewissenhafte Recherchen über die Sicherheitslage voraus. Wer in den Südsudan reisen will, erhält die Einreisege-nehmigung in Nairobi bei der diplomati-schen Vertretung des Süd-, nicht des Nord-sudans!

Von/nach Äthiopien

Zu Äthiopien unterhält Kenia nur einen of-fiziellen **Grenzübergang,** und zwar **in Moya-le.** Aber anders als im Falle des Südsudans liegen die Probleme einer Reise nach Äthio-pien eher auf kenianischer Seite. Die Straße in den Norden, von Isiolo über Marsabit nach Moyale, wird gegenwärtig ausgebaut und as-phaltiert, ein Ende der Arbeiten ist aber noch nicht in Sicht. Zudem wird die Strecke immer wieder von Banditen („Shifta") unsicher ge-macht. Ab Marsabit, manchmal aber auch

schon ab Isiolo, wird deshalb **im Konvoi** ge-fahren. Man muss für die Reise von Isiolo bis zur Grenze mit mind. 2 bis 3 Tagen rechnen. Ohne eigenes Vehikel ist man dabei ab Isiolo auf Lkw oder andere Mitfahrgelegenheiten angewiesen, denn es gibt keinerlei öffentli-che Verkehrsmittel. Wer über die grüne Grenze am West- oder Ostufer des Turkana-Sees nach Äthiopien einreisen möchte, kann die Zollformalitäten (Pass und Carnet stem-peln) bereits in Nairobi erledigen und hat dann ganz legal 11 Tage Zeit bis zum Grenz-übertritt.

Sowohl Schweizer als auch EU-Bürger be-nötigen ein **Visum** für Äthiopien und müssen dieses bei der Botschaft in Nairobi beantra-gen. Vorsicht: Die **äthiopischen Zöllner** in Moyale kontrollieren bei Ein- und Ausreise penibel die Korrektheit der Devisendeklara-tion. Man braucht von den Äthiopiern bei der Einreise 2 Stempel im Pass: einen vom Zoll und einen weiteren von der Einwande-rungsbehörde – etwas verwirrend, denn bei-de Büros liegen ein gutes Stück auseinander. Die **kenianischen Zöllner** wiederum wollen sich nicht vorwerfen lassen, laxer als die äthiopischen Kollegen zu sein, und sind klein-lich bei der Kontrolle des Impfausweises. Oh-ne Gelbfieber- und Cholera-Impfung hat man bisweilen ernste Probleme, ins Land zu kom-men. Wer diesem Aufwasch aus dem Wege gehen will: Zwischen Nairobi und Addis gibt es häufige Linienverbindungen per Flugzeug.

Von/nach Uganda

Die Staatsbürger aller europäischer Staa-ten benötigen für Uganda ein **Visum,** das an der Grenze für 50 US$ ausgestellt wird. Man hat die Wahl zwischen **3 Grenzübergängen.** Die Strecke über **Suam,** nördlich des Mt. El-gon, wird meines Wissens nicht von öffentli-chen Verkehrsmitteln befahren, auch sonst herrscht hier nicht viel Verkehr. Ganz anders **Busia** im Süden, das relativ nah am Lake Vic-toria liegt: Der Grenzposten wird vor allem von den Busgesellschaften benutzt, die über Kisumu nach Kampala fahren. Daneben ver-kehren aber zwischen Kisumu und Busia so-wie Busia und Jinja auch viele Matatus. In der Grenzstadt gibt es Guesthouses und Restau-rants, sodass man dort ohne Probleme die

Nacht verbringen kann. Der Hauptübergang nach Uganda befindet sich allerdings in **Malaba,** einige Dutzend Kilometer weiter nördlich, an der Hauptverbindungsstraße A104 zwischen Kampala und Nairobi.

Von/nach Tansania

Alle Schweizer und EU-Bürger brauchen für Tansania ein **Visum,** das man völlig unbürokratisch an der Grenze erhält (50 US$).

Es gibt **4 offizielle Grenzstationen** zwischen Kenia und Tansania, die für Fußgänger und Pkw rund um die Uhr geöffnet sind. **Isebanyia/Sirari** befindet sich nahe des Victoria-Sees. Frühmorgens und abends gibt es zahlreiche Busverbindungen über Kisii nach Nairobi. In die Gegenrichtung fahren die Busse über Musoma nach Mwanza, Fahrtzeit rund 5 Std. Abends gegen 20 Uhr besteht auch eine direkte Verbindung nach Kisumu, ansonsten muss man in Kisii das Verkehrsmittel wechseln. Auch Matatus finden sich auf diesen Strecken.

Die **Grenze zwischen** der **Serengeti und** dem **Masai Mara National Reserve** ist offiziell geschlossen. Zudem hat es im Niemandsland in der Vergangenheit Banditenüberfälle gegeben, daher ist von einer Überquerung abzuraten!

Namanga an der Hauptstraße zwischen Nairobi und Arusha ist wohl der Grenzübergang, der von Touristen, aber auch von Einheimischen am häufigsten benutzt wird. Dementsprechend zahlreiche Matatu- und Peugeot-Taxiverbindungen gibt es. Empfehlenswert sind die Shuttle-Busse, die von verschiedenen Firmen auf dieser Linie bis Arusha und sogar bis nach Moshi fahren, denn sie sind schnell, sicher, nicht überfüllt und man braucht an der Grenze das Verkehrsmittel nicht zu wechseln.

Beim Grenzübergang **Taveta** am Fuße des Kilimanjaro muss man die rund 5 km zum tansanischen Grenzposten **Holili** laufen oder per Fahrradtaxi zurücklegen. Auf der Route Voi – Taveta – Moshi ist angeblich geplant, den wöchentlichen Personenzug wieder einzusetzen (Aussagen vom Frühjahr 2009).

Wer kein eigenes Fahrzeug besitzt, kann den Grenzübergang **Lunga Lunga/Horo Horo** an der Küste nur mit den durchgehenden Bussen von Mombasa nach Tanga und Dar es Salaam überqueren. Denn andere öffentliche Verkehrsmittel gibt es nicht und zwischen den beiden Posten liegen mehrere Kilometer Niemandsland.

Zum **Grenzübergang auf dem Seeweg** sei hoffnungslosen Romantikern verraten: Es fahren im Küstenverkehr zwischen Tansania und Kenia noch **Segel-Dhaus,** die aber von kenianischer und tansanischer Seite nur Touristen befördern dürfen, wenn sie eine entsprechende Sondergenehmigung besitzen. Das ist keine reine Schikane, denn viele Kapitäne überladen ihre Schiffe wie ein Matatu, und man liest immer wieder von Lastenseglern, die mit Mann und Maus versunken sind – ich habe solch eine Beinahe-Havarie selbst schon einmal auf dem Weg nach Sansibar erund überlebt. Allerdings denke ich, dass nicht die Touristen eine Genehmigung bräuchten, sondern die Boote, die Passagiere transportieren wollen ...

Weitere Informationen zu Grenzübergängen und Verkehrsverbindungen stehen in den jeweiligen Routenkapiteln.

Visum

Kenia hat erfrischend demokratische Visa-Bestimmungen: Alle Bürger von EU-Ländern und der Schweiz benötigen ein Visum, das **bei der Einreise** am Flughafen oder der Landesgrenze für **50 US-Dollar** erhältlich ist – vorausgesetzt, der Pass ist noch mindestens 6 Monate gültig. Die normale Aufenthaltsdauer beträgt **drei Monate.** Wer länger bleiben möchte, erhält im Lande im Immigration Office in den größeren Städten oder an Grenzstationen eine Verlängerung um drei weitere Monate. Um nach den Wahlunruhen den Fremdenverkehr wieder anzukurbeln, sind die Visa-Gebühren ab Frühjahr 2009 für die nächsten eineinhalb Jahre um die Hälfte reduziert worden. Und Kinder, die jünger als 16 Jahre sind, müssen während dieser Zeit überhaupt keine Visa-Gebühren zahlen. In letzter Zeit konnte man das **Visum nur** noch **mit Dollars bezahlen.**

Arbeiten darf man als Tourist in Kenia mit dem Visum nicht (siehe „Jobben in Kenia").

Wer nur für einige Tage oder maximal eine Woche auf Durchreise in Kenia ist, kann auch ein **Transitvisum** beantragen, das deutlich billiger ist. Visa für mehrfache Einreisen werden nur für Leute ausgestellt, die in Kenia arbeiten. Wer andere Länder der Ostafrikanischen Gemeinschaft besucht hat und nach Kenia zurückkehrt, benötigt kein neues Visum! Das **Immigration Office** in der Hauptstadt **Nairobi** für Visa-Verlängerungen befindet sich im Nyayo Haus, 9th Floor, Kenyatta Ave., Tel. 020/222022, Fax 220731, info@immigration.go.ke.

Innerhalb Kenias reicht bei eventuellen Kontrollen durch die Polizei eine **Kopie der relevanten Passseiten** (die mit dem Passbild und jene mit dem Einreisestempel bzw. dem Visum) völlig aus. So können Sie bei Ausflügen das Originaldokument im Hotel oder an einem anderen Ort sicher deponieren.

Kenianische Botschaften

Das Visum für Kenia ist natürlich auch bei den kenianischen Botschaften in den europäischen Ländern erhältlich und kostet dort 40 Euro. Außerdem muss man ein Antragsformular anfordern, ausfüllen und mit Reisepass, 1 Passfoto, frankiertem Rückumschlag und einem Nachweis der Flug- oder Reisebuchung an die jeweilige Vertretung schicken und eine Wartezeit von 2 Wochen einplanen.

In Deutschland:
● **Botschaft der Republik Kenia**
Markgrafenstraße 63, 10969 Berlin,
Tel. 030/2592660, Fax 25926650,
www.embassy-of-kenya.de.

In Österreich:
● **Botschaft der Republik Kenia**
Neulinggasse 29/8, 1030 Wien,
Tel. 01/71239-19, -20, Fax 7123922.

In der Schweiz:
● **Generalkonsulat der Republik Kenia**
Avenue de la Paix 1–3, 1202 Genf,
Tel. 022/9064050, Fax 7312905.

Die Botschafts- und Konsulatsadressen der mitteleuropäischen Staaten sowie zahlreicher afrikanischer Länder, die für eine Weiterreise in Frage kommen, finden Sie in den Stadtkapiteln von Nairobi und Mombasa.

Deutsche und Österreicher können sich ihr Touristen- oder Businessvisum auch über die **CIBT Visum Centrale** beschaffen (online bei www.visum-centrale.de oder: Schwertberger Straße 16, 53177 Bonn, Tel. 0228/367870; Invalidenstraße 34, 10115 Berlin, Tel. 030/2309 59110; Niddastraße 74, 60329 Frankfurt, Tel. 069/9799570; Jarrestraße 80, 22303 Hamburg, Tel. 040/70383870; Schumannstraße 5, 81679 München, Tel. 089/2880380, Notruf-Hotline: 0900 100 07 02).

Sonstige Dokumente

Bei Ein- und Ausreise hat man eine Pappkarte, die sogenannte **Immigration Card,** mit seinen persönlichen Daten, der Dauer und dem Grund seines Aufenthaltes auszufüllen. Diese Karte (bei der Einreise weiß, bei der Ausreise gelb) wird bereits im Flugzeug ausgeteilt und liegt auch noch einmal an den Schaltern der Einreisebehörde und der Airline aus. Sie wird vom Zollbeamten einbehalten. Die Sparte „Permanent Adress in Kenya" sollten Sie nicht frei lassen. Tragen Sie dort Ihr Hotel ein oder ein x-beliebiges, wenn Sie noch keine Unterkunft gebucht haben, wie z.B. YMCA Nairobi.

Wer aus Gelbfieberinfektionsgebieten, sprich: den meisten anderen afrikanischen Ländern, nach Kenia einreist, muss einen internationalen **Impfausweis mit Gelbfieberimpfung** vorweisen können. Umgekehrt fordern dies auch die anderen Länder der Region von den Reisenden, die aus Kenia kommen. Die Impfung wird nicht immer kontrolliert, ist aber in Ihrem eigenen Interesse dringend zu empfehlen. Sie ist für 10 Jahre gültig und bietet einen sicheren Schutz vor der ansonsten lebensgefährlichen Viruserkrankung, die von Mücken übertragen wird. Zu weiteren Impfungen siehe „Gesundheit".

Theoretisch ist bei Reisen vom oder ins afrikanische Ausland auch der Nachweis einer **Cholera-Impfung** notwendig, der aber an den Grenzen zu Tansania und Uganda nicht kontrolliert wird. Selbst die Weltgesundheitsorganisation (WHO) empfiehlt die Impfung nicht mehr, da sie nur einen löchrigen Schutz für einen kurzen Zeitraum bietet und zudem nicht ganz ungefährlich ist. Korrupte Beamte in diversen afrikanischen Ländern bestehen allerdings auf dem Stempel im Ausweis. Ist er dann nicht vorhanden, hilft Debattieren nur noch, um das Schmiergeld auszuhandeln. Manche Ärzte sind daher bereit, den Stempel unter der Hand ins gelbe Heftchen zu drücken – der sogenannte „Dry Shot", die „Trockene Impfung" ...

Wollen Sie in Kenia ein **Auto mieten,** müssen Sie neben Ihrem Ausweis und dem nationalen auch einen **internationalen Führerschein** vorlegen und ein Mindestalter von 25 Jahren besitzen.

Ein internationaler **Studentenausweis** rentiert sich v.a. beim Besuch vor Museen und Nationalparks, denn die Eintrittsgebühren sind auch für ausländische Studenten in der Regel deutlich ermäßigt.

Zollbestimmungen

Dass es bei Strafe verboten ist, **nach Kenia** Waffen und Drogen einzuführen, ist nicht überraschend. Kenianische Zöllner sind da genauso unnachgiebig wie ihre Kollegen sonst überall auf der Welt. Auf dem Index steht auch Pornografie, sei es als Film oder in gedruckter Form. **Alle technischen Geräte für den persönlichen Gebrauch,** wie Fotoapparate, Videokameras und Leerkassetten, Ipods, Laptops etc., können **zollfrei** eingeführt werden. Wenn der Zöllner Zweifel hegt, ob man die Geräte auch wirklich wieder ausführt, werden sie mit Seriennummer im Pass eingetragen und müssen dann bei der Ausreise vorgezeigt werden. Ansonsten wird ein sehr hoher Einfuhrzoll fällig. Auch **Devisen** dürfen in beliebiger Höhe ins Land gebracht werden. Was **Konsumgüter** angeht, gelten ähnliche Bestimmungen wie an anderen Ländergrenzen: Zollfrei eingeführt werden dürfen 1 Liter Wein oder andere Alkoholika, 200 Zigaretten. Parfums bis zu 0,5 Liter. Haustiere dürfen nur ins Land gebracht werden, wenn ein Veterinärgesundheitspass oder eine Importgenehmigung vorgewiesen werden kann.

Bei der Rückeinreise gibt es auch **auf europäischer Seite** Freigrenzen, Verbote und Einschränkungen. Folgende Freimengen darf man zollfrei einführen in die EU und die Schweiz:

● **Tabakwaren** (für Personen ab 17 Jahren): 200 Zigaretten oder 100 Zigarillos oder 50 Zigarren oder 250 g Tabak oder eine anteilige Zusammenstellung dieser Waren.
● **Alkohol** (für Personen ab 17 Jahren) in die EU: 1 l Spirituosen (über 22 Vol.-%) oder 2 l Spirituosen (unter 22 Vol.-%) oder eine anteilige Zusammenstellung dieser Waren und 4 l nicht-schäumende Weine und 16 l Bier; in die Schweiz: 2 l bis 15 Vol.-% und 1 l über 15 Vol.-%.
● **Andere Waren** (in die EU): 10 l Kraftstoff im Benzinkanister; für See- und Flugreisende bis zu einem Warenwert von insgesamt 430 Euro, über Land Reisende 300 Euro, alle Reisende unter 15 Jahren 175 Euro (bzw. 150 Euro in Österreich); (in die Schweiz): neu angeschaffte Waren für den Privatgebrauch bis zu einem Gesamtwert von 300 SFr. Bei Nahrungsmitteln gibt es innerhalb dieser Wertfreigrenze auch Mengenbeschränkungen.

Wird die Wertfreigrenze überschritten, sind **Einfuhrabgaben** auf den Gesamtwert der Ware zu zahlen und nicht nur auf den die Freigrenze übersteigenden Anteil. Die Berechnung erfolgt entweder pauschal oder nach dem Tarif jeder einzelnen Ware zuzüglich sonstiger Steuern.

Einfuhrbeschränkungen bestehen u.a. für Tiere, Pflanzen, Arzneimittel, Betäubungsmittel, Feuerwerkskörper, Lebensmittel, Raubkopien, verfassungswidrige Schriften, Pornografie, Waffen und Munition; in Österreich auch für Rohgold und in der Schweiz auch für CB-Funkgeräte.

Nähere Informationen

● **Deutschland:** www.zoll.de oder beim Zoll-Infocenter, Tel. 069/46997600.
● **Österreich:** www.bmf.gv.at oder beim Zollamt Klagenfurt-Villach, Tel. 01/51433 564053.
● **Schweiz:** www.ezv.admin.ch oder bei der Zollkreisdirektion in Basel, Tel. 061/2871111.

Ausrüstung und Kleidung

Für Reisende, die zum ersten Mal in den Tropen unterwegs sind, habe ich versucht, auf einige grundsätzliche Dinge einzugehen, die bei der Auswahl der Ausrüstung zu beachten sind. Von einigen Kniffen profitieren aber vielleicht auch noch erfahrene Leute. Denken Sie daran: Auch zuviel Gepäck kann ein Horror sein. Und: Übergepäck beim Fliegen kostet ein Vermögen. Deshalb habe ich erwähnt, welche Sachen sich auch gut und günstig vor Ort kaufen lassen.

Kleidung

Die ideale Kleidung für einen Kenia-Urlaub ist **von den geplanten Aktivitäten, der Reiseroute und der Reisezeit abhängig.** Wer ins Hochland fährt, braucht lange, warme Kleider, Tagestemperaturen um 15°C sind – besonders in den kältesten Monaten Juni und Juli – keine Seltenheit und nachts fällt das Quecksilber schon mal unter 10°C. Denken Sie daran, dass viele Inlandgebiete Kenias rund 2000 m hoch liegen und die Hauptstadt Nairobi immerhin auf knapp 1700 m! Noch extremer ist das Wetter natürlich auf den Vier- und Fünftausendern des Landes. Hier gibt es sogar Nachtfrost und Schneefall. Vliespulli und Regenkleidung (am besten aus atmungsaktiven Materialien) sind ein Muss, im Falle einer Mt. Kenya-Tour auch Handschuhe, Mütze und Thermo-Unterwäsche. Im feucht-heißen Küstenklima, im wüstenhaften Norden Kenias und während der heißen Jahreszeit auch im Hochland ist hingegen weite Baumwollkleidung am angenehmsten zu tragen. Die Farbe sollte wegen der Schmutzempfindlichkeit nicht zu hell sein. Am Abend bietet lange, leichte Kleidung Schutz vor den Moskitos.

Egal, wo man sich in Kenia befindet, man ist immer in Äquatornähe und die Sonne sticht unbarmherzig vom Himmel, was einem in der kühlen Hochlandluft vielleicht zu spät auffällt. Deshalb sind ein guter **Sonnenschutz** in Form eines Hutes, Sonnenmilch (mindestens Lichtschutzfaktor 12, für Leute mit empfindlicher Haut ruhig mehr), Lippenschutz und Sonnenbrille mit UV-Filter unerlässlich. Ein Hemd mit langen Ärmeln und Kragen ist gegen die Sonne und für gesellschaftliche Auftritte praktisch.

Das **Schuhwerk** kann wegen der unterschiedlichen Anforderungen ziemlich umfangreich ausfallen: Offene Sandalen für den Alltag, einfache Badeschlappen für den Besuch der sanitären Anlagen von Billigunterkünften (bekommen Sie günstig vor Ort) und Badeschuhe für Strandspaziergänge und gegen Seeigel-Attacken auf Schnorchelausflügen. Wer am Gepäck sparen muss, kann auf Teva-Sportsandalen zurückgreifen. Sie erfüllen all diese Anforderungen und sind ein echter All-in-One – nur hübsch sind sie nicht. Und schließlich sind bequeme Trekkingstiefel für Ausflüge in Berge und Botanik unerlässlich. Denken Sie daran, neue Schuhe gründlich einzulaufen, sonst stehen wahre Höllenqualen bevor. Und: Kaufen Sie neue Schuhe lieber ein bisschen zu weit, denn in der Wärme schwellen Füße an.

Wie viele andere Dienstleistungen ist auch das **Wäschewaschen** ein erschwinglicher Service in Kenia. In jeder einfachen Lodge wird die Waschfrau für ein zusätzliches Einkommen gerne die Seifenlauge für Sie ansetzen. Beim Waschtag in der freien Natur sollte man die Kleidungsstücke zum Trocknen nicht auf den Boden oder über Büsche legen. Die einheimische Dasselfliege hat die unangenehme Eigenart, bisweilen ihre Eier in die feuchte Wäsche zu legen. Die geschlüpften Larven graben sich in die Haut, was einen fiesen Juckreiz hervorruft.

Gepäck

Auch **Art und Umfang** der übrigen Ausrüstung hängt von Reiseform (pauschal oder individuell), Zielgebiet und geplanten Aktivitäten ab. Auf die Ausrüstung für spezielle Aktivitäten gehe ich in Unterkapiteln ein.

Um das Reisegepäck sicher zu verstauen, bieten sich für den Gruppenreisenden ein **Koffer** oder eine **Reisetasche** an, die abschließbar sein sollte. Wer mit offiziellen Verkehrsmitteln unterwegs ist, wird sich wohl für einen großen **Rucksack** entscheiden. Wichtig sind Ösen oder Laschen, um sperrige Gegenstände, wie Kamerastativ, Wanderstöcke oder einfach nur trocknende Wäsche festschnallen zu können. Die Innenfächer sollten gut zugänglich sein, damit man nicht immer alles auspacken muss. Ein abnehmbarer Plastiküberzug schützt das Gepäck zuverlässig vor Nässe. Lassen Sie sich im Laden die optimale Einstellung des Tragegurtsystems und die richtige Gewichtsverteilung beim Packen erklären. Das beugt Schmerzen und Ermüdung beim Gehen vor. Kleine Vorhängeschlösser, mit denen Sie die Reißverschlüsse sichern können, gibt es in Kenia in jedem Supermarkt und den Eisenwarenläden.

Ein **Tagesrucksack** stellt eine gute Ergänzung zu den großen Gepäckstücken dar und ist optimal für Ausflüge und Streifzüge durch die Stadt. Er sollte so groß sein, dass man alle wertvollen Gegenstände darin aufbewahren kann. Er sollte ein Kopffach haben, dessen Reißverschluss aus Sicherheitsgründen zum Hinterkopf zeigt und möglichst keine schreiende Leuchtfarbe besitzen, die jedem Dieb schon von Weitem verrät, dass sich eine lohnende Beute nähert.

Schlafen

Einfache Unterkünfte finden sich überall im Land. Nur wer viel in der Wildnis abseits von allen Siedlungen campen möchte, wird ein **Zelt** mitnehmen. Für wenige Tage draußen lohnt sich der Aufwand nicht, denn Zelte lassen sich in Nairobi und am Mt. Kenya auch ausleihen. Bei einer Safari wird das Zelt ohnehin vom Veranstalter gestellt, und auf den drei meist begangenen Routen des Mt. Kenya gibt es Hütten, in denen man im eigenen Schlafsack übernachten kann.

Für einen Tropenaufenthalt hat das „Mobile Home" im günstigen Fall ein leichtes Innenzelt, das auch separat aufgebaut werden kann und als Moskitonetz fungiert. Denken Sie an etwas Reparaturstoff, Silikon zum Abdichten der Nähte und eine Aluminium-Hülse, mit dem ein Gestängebruch repariert

werden kann. Löcher im Boden, der Gaze oder der Zeltplane lassen sich aber auch einfach mit Leukoplast flicken.

Moskitonetze sind in den Lodges und Guesthouses der billigen Kategorie leider nicht immer vorhanden. Sie stellen die wirksamste und verträglichste Waffe gegen Malaria dar. Die weiblichen Anopheles-Mücken, die Malaria übertragen, sind nur bei Nacht und im Dämmerlicht aktiv. Die meisten Netze, die vor Ort in Kenia zu kaufen sind, sind klein und ungünstig geschnitten, sodass man oft an die Seitenwände stößt. Netze, die zusätzlich mit einem für Menschen unschädlichen Insektengift imprägniert sind, erhält man in vielen Läden oder bei den Flying Doctors am Wilson Airport in Nairobi. Auch löchrige Moskitonetze lassen sich völlig unkompliziert mit Leukoplast flicken. **Mücken-Spiralen,** auf Englisch **Moscito Coils,** die beim Abbrennen ihren Wirkstoff abgeben, gibt's für Cent-Beträge an jedem Kiosk.

Aufblasbare **Isomatten** sind zwar komfortabler als jene aus hartem Schaumstoff, wiegen aber leider auch mehr und sind sehr anfällig für jede Art von Dornen. Daher: Flickzeug nicht vergessen!

Einen **Schlafsack** braucht man für einen Kenia-Aufenthalt nur, wenn man campt, denn auch in den einfachsten Unterkünften gibt es Decken. Wer keine Bergtouren an Mt. Kenya oder den anderen hohen Bergen über 2500 Meter plant, kommt mit einem leichten Schlafsack hin. Bei Hitze ist ein Innenfutter aus Baumwolle deutlich angenehmer. Für besonders heiße Nächte oder zweifelhafte Bettlaken ist ein leichtes Schlafsack-Inlay aus Baumwolle oder Seide ideal.

Küche

Aluminiumtöpfe in verschiedensten Größen und **Plastikgeschirr** (verwendbar als Becher und Suppentasse) lassen sich sehr günstig in Kenia kaufen.

Auch einfache **Camping-Gas-Kocher** und passenden Kartuschen bekommen Sie in den großen Supermärkten des Landes. Bei der recht eintönigen Küche der einfachen Restaurants kann man mit der Auswahl vieler

Landmärkte etwas Abwechslung in die Speisezettel bringen. Wer draußen übernachtet, kocht vielleicht lieber mit Holz, es gibt allerdings Landstriche, wo selbst die einheimische Bevölkerung nicht genügend Brennmaterial findet. Jedenfalls sollte man aus Naturschutzgründen nur Totholz verwenden und keinesfalls Feuerholz schlagen. Die Holzkohleproduktion hat verheerende Auswirkungen auf die wenigen verbliebenen Wälder Kenias, bitte kochen Sie deshalb mit anderen Brennstoffen und fördern Sie nicht diesen Trend!

Gewürze, Brühwürfel und Fertigsuppen finden Sie ebenfalls in den großen Supermärkten Nairobis und Mombasas. Filmdöschen und Tupperware sind für die trockene Verpackung von Lebensmitteln gegenüber Plastiktüten vorzuziehen, denn die reißen früher oder später unweigerlich und verschmutzen das ganze Gepäck. Wer mit dem Rucksack unterwegs ist, bringt seine **Wasservorräte** am besten in 2 l-Wassersäcken unter. Mit denen lässt sich das Gewicht gut verteilen, bei einem Leck läuft nicht gleich der ganze Wasservorrat aus, leer nehmen sie wenig Platz weg und können außerdem auch als Kopfkissen und Buschdusche verwendet werden. Für Autofahrer empfehlen sich hingegen stabile Kanister, die in lokalen Geschäften erhältlich sind. Es gibt solche aus Blech für Treibstoff (ca. 50 Euro) und die billigen aus Kunststoff für Wasser. Die Deckel der Plastikkanister sind notorisch undicht, was sich mit Autoreifengummi zwischen Deckel und Kanisteröffnung einfach beheben lässt. Mineralwasser ist in Kenia fast überall in Plastikflaschen erhältlich. Billig und umweltfreundlich ist aber etwas anderes. Zumindest wer in die Wildnis geht sollte daher **Entkeimungstropfen** (z.B. von Micropur, Katadyn oder Certisil) und/oder einen **Wasser-**

filter (von Katadyn oder Seagull) mitnehmen. Die Tropfen sind klein, leicht und billig, müssen aber 30-120 Minuten einwirken. Sie wirken eingeschränkt bei trübem Wasser. Gegen Mehrzeller (z.B. Wurmeier) und Viren sind sie wirkungslos – das schaffen aber die Wasserfilter. Ihr Wasser kann man direkt trinken. Bei chemischen Verunreinigungen und Salzen helfen aber auch sie nicht weiter, und sie sind relativ teuer, groß und schwer.

Dokumente und „Büro"

Für die sichere Unterbringung der wichtigsten Papiere und der Reisekasse empfehle ich Ihnen einen schlichten **Baumwoll-Bauchgurt,** den Sie immer unter der Kleidung versteckt tragen sollten. Gegen den Schweiß kann man die Dokumente in einer Plastiktüte oder einem Gefrierbeutel mit Reißverschluss verstauen. Ein Känguru-Beutel ist hingegen eine große Einladung an jeden Taschendieb. Auch ein **Brustbeutel** ist in Ordnung – aber nur wenn er versteckt getragen wird.

Die afrikanische Bürokratie hat einen unstillbaren Appetit auf **Passbilder.** Ein gewisser Vorrat kann da nicht schaden. Sollten Sie am Ende der Reise überzählige Bilder haben, lassen sich diese immer noch an neu gewonnene Freunde verschenken. Mindestens eine Kopie vom Pass sollten Sie dabei haben und getrennt vom Original aufbewahren, weil Ihnen im Verlustfall von der Botschaft unkomplizierter Ersatzpapiere ausgestellt werden.

Diverses

Eine **Machete,** die in Ostafrika als „Panga" bezeichnet wird, ist beim Camping oder auf Trekkingtouren abseits der ausgetretenen Pfade nützlich beim Zerkleinern von Feuerholz, zum Freischlagen des Weges oder eines Übernachtungsplatzes. In kenianischen Läden mit Landwirtschaftsbedarf oder Eisenwarenläden sind sie billig zu bekommen, müssen dann aber noch geschliffen werden.

LED-Stirnlampen sind ein unverzichtbares Ausrüstungsteil bei Stromausfall, dem nächtlichen Tagebuch führen oder Lesen in der Wildnis. Man hat beim Arbeiten die Hände

Buchtipps – Praxis-Ratgeber:
●Rainer Höh, **Wildnis-Ausrüstung**
●Rainer Höh, **Outdoor-Praxis**
(Beide Bände REISE KNOW-HOW)

frei, das Licht ist automatisch immer dort, wo man hinguckt, sie sind supersparsam und federleicht. Die besten Fabrikate stammen von der Firma Petzl – eines meiner vier Lieblingsausrüstungsteile! Man kann eine Menge Gewicht sparen wenn alle elektrischen Geräte auf Reisen mit einer Batteriegröße zu betreiben sind. Micro- (AAA), Mignon- (AA) und Baby-Zellen (LR14) sind auch in kleinen Dörfern aufzutreiben.

Kleine **Vorhängeschlösser** sind praktisch, um in Billigunterkünften sein Zimmer sichern zu können.

Eine umfangreiche Ausrüstungscheckliste als Gedächtnisstütze finden Sie auf meiner Homepage www.hartmut-fiebig.de unter dem Stichwort „Reisen".

Outdoor-Läden

In den meisten größeren Städten Deutschlands, Österreichs und der Schweiz gibt es Outdoor-Läden, die Sie in Detailfragen zu Ihrer Ausrüstung fachkräftig beraten. An den schwarzen Brettern der Geschäfte findet man vom Aushang eines evtl. Reisepartners bis zum günstigen Gebraucht-Equipment so ziemlich alles.

Die Webseite **www.fernwege.de/service** listet unter dem Menüpunkt „Ausrüster" Outdoor-Läden in ganz Deutschland nach Postleitzahlen auf. Ausrüstung lässt sich auch per Katalog oder online ordern. Folgende Firmen haben neben einem Geschäft z.T. auch Outlets mit besonders günstigen Preisen und einen Online-Versandhandel:

In Deutschland:
●**Därr Expeditionsservice, München**
www.daerr.de
●**Globetrotter Ausrüstungen, Hamburg**
www.globetrotter.de
●**Woick Expeditionsservice, Stuttgart**
www.woick.de

In der Schweiz:
●**Bächli Bergsport**
www.baechli-bergsport.ch
●**Transa Backpacking**
www.transa.ch

In Österreich:
●**Bergfuchs**
www.bergfuchs.at
●**Hof & Turecek Expeditionsservice**
www.turecek.at
●**Steppenwolf**
www.steppenwolf.at

Drogen

Neben **Alkohol** – soweit nicht schwarz gebrannt –, der legalen Volksdroge, wird vor allem **Kat**, in Kisuaheli **Mira'a**, genossen. Dabei handelt es sich um die jungen Blätter und Triebe des Katstrauches Catha edulis, dessen Wildform von Äthiopien bis hinunter nach Mosambik verbreitet ist. Wegen der stimulierenden Wirkung wird das aufputschende Grünzeug von einheimischen Bus- und Lkw-Fahrern exzessiv gegen Übermüdung gekaut.

Ursprünglich war die in Kenia legale Droge hauptsächlich bei der somalischen Bevölkerung des Landes beliebt. Inzwischen sieht man aber auch in Nairobi, Mombasa und vielen kleineren Ortschaften die Kioske mit dem aufgehängten Bananenblatt, das als dezentes Werbeschild fungiert: „Wir führen Mira'a." Denn um die schnell welkenden Triebe frisch zu halten, werden sie in Bananenblätter eingewickelt.

Noch weiter verbreitet als Kat, aber laut kenianischem Gesetz verboten, ist **Marihuana.** Es gehört zu den offenen Geheimnissen des Landes, dass einflussreiche Politiker in den Urwäldern am Mt. Kenya versteckte Hanfplantagen betreiben. Das ist für Konsumenten aber kein Freibrief, denn vor dem Gesetz sind in Kenia nicht alle gleich. Wer in flagranti erwischt wird, hat mit Inhaftierung, saftiger Geldbuße und als Ausländer auch mit der Ausweisung aus Kenia zu rechnen.

Der **Besitz oder Konsum** aller **härterer Drogen,** die teilweise von nigerianischen Kartellen ins Land geschmuggelt werden, sind die Freikarte für einen langen Aufenthalt in kenianischen Gefängnissen, und das wäre wirklich „Holiday in Hell" …

Essen und Trinken

Essen

Kenia ist nicht nur religiös und kulturell, sondern auch auf dem Teller **zweigeteilt.** Denn an der vom Orient beeinflussten Suaheli-Küste gibt es ganz andere Essgewohnheiten als im schwarzafrikanischen Inland.

Die **traditionelle afrikanische Küche** bietet in Kenia nur wenig für kulinarische Entdecker. Das Essen auf dem Land und in den kleineren Städten Kenias ist zwar günstig und nahrhaft, aber wenig abwechslungsreich. Die Hirtenvölker, wie die Masai, Samburu oder Turkana, ernährten und ernähren sich teils bis heute von Milch, Blut und dem Fleisch ihrer Viehherden. In feuchten Jahren betreiben sie auch etwas Ackerbau, ansonsten tauschen sie tierische Produkte gegen Mais ein. Das Grundnahrungsmittel der Ackerbau betreibenden Völker war ursprünglich Hirsebrei, dessen Stellung nach der Einführung durch die Portugiesen vom Maisbrei („Ugali") eingenommen wurde. Die trockene und ungesalzene Polenta wird mit Fleisch oder Fisch und etwas Gemüse gereicht, aber ehrlich gesagt: Ich kenne keinen Europäer, der sich nach der „Kartoffel Ostafrikas" alle 10 Finger leckte ...

Die **Speisen des einfachen Mannes** sind meist simpel zubereitet und dienen vorrangig der Sättigung. Zu besonderen Anlässen, wie großen Festen, gibt es keine besonders ausgefallene Küche, sondern mehr Fleisch als gewöhnlich, und auch besondere lokale Spezialitäten sind relativ selten. Die Einfachheit der Küche wurde erst durch die Essgewohnheiten arabischer und persischer Händler sowie indischer und europäischer Einwanderer abwechslungsreicher. Sie brachten unbekannte Gewürze mit und führten neue Nutzpflanzen sowie Zubereitungsformen ein. Nur wenige dieser Einflüsse haben dauerhafte Spuren auf dem durchschnittlichen Speisezettel im Inland hinterlassen – vermutlich auch aus finanziellen Gründen.

Garküchen, die überall in Westafrika billige und gute Mahlzeiten anbieten, sind in Kenia nicht sehr weit verbreitet. Entlang der Eisenbahnlinien und an den Busbahnhöfen kann man allerdings **einfache Snacks,** wie hartgekochte Eier, Früchte, Erdnüsse („Karanga") oder Cashew-Nüsse („Korosho") und Getränke durch das Fenster erstehen. Die einfachste Form des gastronomischen Betriebes ist in Ostafrika das **„Hoteli",** nicht zu verwechseln mit einer Unterkunft. Meist sitzt man in den rustikalen Lokalen auf harten Holzbänken und isst vom Plastikteller. Wer neu in der Region ist, sollte seinem Magen eine gewisse Eingewöhnungsphase erlauben, bevor er ihn mit diesem hygienischen Abenteuer konfrontiert. Vorsicht bei ungekochten Speisen – Obst und Salate –, aber auch im Falle von Speiseeis und Eiswürfeln.

Zum **Frühstück** erhalten Sie in den Hotelis *Maharagwe* (gekochte Bohnen), *Chapati* (eine Art Pfannenkuchen aus Weizenmehl, der mit den Indern nach Ostafrika gekommen ist), *Samoza* bzw. *Sambusa* (eine mit Gemüse oder Hackfleisch gefüllte Teigtasche, ebenfalls der indischen Küche entliehen), *Mandazi* (ähnlich unserer in Fett gebackenen Krapfen), *Slice* (sprich: „Sleis"; mit Margarine bestrichene Weißbrotscheiben) und Eier (gebraten, gekocht oder als Omelett). Unerschrockene können bereits am Morgen *Supu* ordern, also Ziegen- oder Rindfleisch in klarer Brühe, mit viel Sehnen, Knochen und Fett.

Zu Mittag und am Abend erhält man gekochtes oder gebratenes Rind-, Ziegen- und Hühnerfleisch. Schweinefleisch ist in der muslimischen Küstenregion tabu, aber auch im überwiegend christlich bewohnten Hochland nicht sehr populär. Als „Sättigungsbeilage" stehen neben dem beliebtesten Grundnahrungsmittel *Ugali* auch *Wali* (gekochter Reis), *Chapati* und *Chipsi* (die ostafrikanische Version von Pommes, meist jedoch nur halb frittiert und daher eher matschig) zur Auswahl. Das Gemüse beschränkt sich in der Regel auf *Sukuma wiki* (eine Art Spinat, aus un-

Die kulinarische Palette in Kenia reicht vom einfachen Snack bis zur Delikatesse

terschiedlichsten Blättern zubereitet). Der Salat kommt zumeist in Form von *Coleslaw* (geschnittenem Kohl) oder einigen Tomatenscheiben auf den Tisch. Vegetarier, die auf eigene Faust reisen, kommen angesichts dieses mageren Angebotes an pflanzlicher Kost wohl kaum darum herum, selber zu kochen.

So etwas wie das **Nationalgericht** ist **Nyama Choma.** Dieses „Barbeque à la Kenia" gehört für jeden, der es sich leisten kann, zu einem gelungenen Wochenende. Abends trifft man sich mit Freunden in einer der vielen Bars. Das **Ziegen- oder Rindfleisch** wird kiloweise geordert. Man wählt sich sein Stück am Schlachtkörper selbst aus. Es wird dann direkt **auf einem Holzkohlegrill geröstet.** Das ansonsten ungewürzte Fleisch wird anschließend mit Salz und viel Bier genossen. Zu einem guten Stück Fleisch gehören für den normalen Kenianer auch Knorpel, Sehnen, Knochen und Fett, und da das Fleisch wegen des warmen Klimas nicht abgehangen wird, ist Nyama Choma oft eine recht zähe Angelegenheit.

Besonders in der Küstenregion ist der **arabische und** der **indische Einfluss** im Kochtopf deutlich zu schmecken. Neben vielen Fischgerichten sind die großzügige Verwendung von frischen Kokosraspeln, -milch, -öl und vieler exotischer Gewürze die auffälligsten Kennzeichen der Suaheli-Küche, was den Speisen einen köstlichen Geschmack verleiht. *Pilau* ist ein leckeres, sättigendes Reisgericht, welches mit gebratenem Fleisch, Rosinen, Kardamom und Zimt zubereitet wird. Nicht nur in der Nähe des Meeres sondern auch um den Lake Victoria herum wird die Speisekarte der einfachen Hotelis durch vorzüglichen gebratenen und gekochten **Fisch** bereichert.

Gut und günstig ist das Speiseangebot der einfachen **indischen Restaurants** in den größeren Städten Kenias. Hier gibt es gute Massalas, vegetarische Curries und solche mit Fleischeinlage. Neben Reis kann man auch *Chapati* oder *Nun* (ein ganz dünner, harter Fladen, der mit Sesam und geschmolzener Butter bestrichen wird) als Beilage ordern. Die Schärfe dieser Gerichte treibt einem aber manchmal die Tränen in die Augen. Dagegen hilft am Besten ein *Lassi,* eine herrlich kühle Yoghurtmilch, die mit dem türkischen Eiran zu vergleichen ist und die ebenfalls süß oder salzig getrunken werden kann.

ken-18 Foto: hf

Wichtige Vokabeln und Formulierungen rund ums Essen

Gibt es etwas zu essen?
kuna chakula?
Welche Speisen gibt es?
kuna chakula gani?
Bringen Sie mir bitte ...
tafadhali niletee ...

Snacks
chapati – dem Pfannkuchen ähnlicher Weizenfladen
jibini – Käse
keki – Sandkuchen
mandaazi – in Fett gebackene Krapfen
mayai – Eier
maziwa lala – Yoghurt
mkate – Brot
omleti – Omlett
samosa – mit Fleisch oder Gemüse gefüllte, in Fett gebackene Teigtasche
slaisi – Brotscheibe
tosti – Toast

Fleisch
nyama – Fleisch
karanga – klein geschnittenes, gebratenes Fleisch
kima – geschnittenes Fleisch
kuku – Huhn
mbuzi – Ziege
mchuzi – Soße
mushkaki – gegrilltes Fleischspießchen
ngombe – Rind
nyama choma – gegrilltes Fleisch
steki – Steak
samaki – Fisch

Gemüse und Beilagen
irio – wohlschmeckender Gemüsebrei aus Bohnen, Kartoffeln, Kohl u.a.
kabeji – Kohl
karoti – Karotten
kinyeji – siehe irio
maharagwe – Bohnen
mahindi – Mais
matoke – Kochbananen
mboga – Gemüsemischmasch mit Soße
mchicha – Spinat
muhogo – Maniok
ndizi – Bananen
nyanya – Tomaten
pilau – Reis mit Zimt, Kardamom und gebratenen Fleischstückchen
saladi – Salat
sukuma wiki – spinatartige Blätter
supu – Suppe
ugali – Maisbrei
viazi – Kartoffeln
viazi vitamu – Süßkartoffeln
vitungu – Zwiebeln
wali – gekochter Reis

Obst
dafu – Kokosnuss (grün)
limau – Limonen
machungwa – Apfelsinen
maembe – Mango
matopetope – Apfel
matunda – Obst
nanasi – Ananas
nazi – Kokosnuss
ndimu – Zitrone
ndizi – Banane
papai – Papaya
parachichi – Avocado
pera – Guave
sandara – Mandarinen
tikiti – Melone

Getränke
kiniwaji – Getränk
bia – Bier
chai – Tee
chai ya rangi – Schwarzteei
chai maziwa – Milchtee
kahawa – Kaffee
kahawa maziwa – Milchkaffee
maji ya kunyiwa – Trinkwasser
maziwa – Milch
maziwa lala – Yoghurt
pombe – Bananen- oder Hirsebier
soda – Softdrink
tembo – Palmwein

Ganz im Gegensatz zu der schlichten traditionellen Küche des Hochlandes zaubern die Küchenchefs **in den touristisch erschlossenen Gebieten** an der Küste und im Inland sowie in den Großstädten Nairobi und Mombasa mit dem reichen Angebot an Meeres- und Feldfrüchten ausgefallene Gerichte. Die Küchen der großen Touristenhotels fahren täglich riesige kalte und warme Buffets von internationalem Standard auf, aus denen sich jeder Gast das Gewünschte herauspicken kann. Meist stehen sie gegen entsprechende Bezahlung auch Gästen offen, die nicht im Hotel wohnen. Die Palette und die Zahl der Spezialitäten-Restaurants in Nairobi und an der Küste ist schier unüberschaubar und reicht von Sea-Food-Restaurants bis zu den Küchen vieler Länder dieser Welt.

Ein ganz **besonderes Ess-Erlebnis** verspricht ein Abend im weltberühmten „Carnivore" (Englisch für „Fleischfresser") nahe des Wilson-Airports in Nairobi. Ein Dutzend Köche bedient die riesigen Grills, auf denen Berge von Wildfleisch garen. Wo sonst kann man schmackhaftes Zebra-, Krokodil-, Büffel- und Antilopenfleisch im Kilopack probieren? Eine unvergleichliche, wenn auch kostspielige kulinarische Expedition ist auch ein Ballon-Ausflug über der Masai-Mara. Nach der Landung im Reservat wird umgeben von Wildtieren ein üppiges Champagner-Frühstück aufgetischt. Nicht ganz so exklusiv, aber dafür auch deutlich günstiger sind Buschfrühstück und Sundowner-Ausflüge, die von vielen Lodges in der unberührten Natur verschiedener Reservate angeboten werden. Der Begriff **„Sundowner"** wurde von den Briten geprägt: Gemeint ist der erste Drink, den man mit Muße und im Angesicht des schönen Sonnenunterganges zu sich nimmt; im heißen Klima sollte man bei Tage nämlich keinen Alkohol trinken. In Mombasa kann man im rund 500 Jahre alten Fort Jesus eine eindrückliche Ton-und-Licht-Show besuchen und anschließend bei magischem Fackellicht im Innenhof des portugiesischen Bauwerks ein edles 5-Gänge-Menü genießen. Oder man speist an Deck einer romantischen Dhau im Mida Creek, während das Panorama der abendlichen Hafenstadt gemächlich an einem vorüberzieht.

Besondere Erwähnung verdient nicht zuletzt das **African Food Festival „Uhondo Africa",** welches jedes Jahr am letzten Freitag im Juli oder am ersten Freitag im August von der Utalii-Tourismusschule in Nairobi veranstaltet wird. Der Galaabend gibt einem die einmalige Gelegenheit, die verschiedensten Spezialitäten aus Kenia und vom Rest des Schwarzen Kontinents zu probieren. Natürlich gehört zu dem festlichen Rahmen auch ein Unterhaltungsprogramm mit Live-Musik und traditionellem Tanz. Die Eintrittskarten erhält man über das Utalii-College of Tourism, das an der Thika Road liegt.

Trinken

Wo immer man in Kenia hinkommt – die Werbung einer der beiden großen amerikanischen **Softdrink**-Hersteller prangt von jeder Hauswand, als seien sie für jeden Ladenbesitzer ein Statussymbol. Zum Glück umfasst die Getränke-Palette auch Tonic- und Sprudelwasser, denn die süßen Colas, Limonaden und das Ginger-Ale, die in Kenia allgemein als „Soda" bezeichnet werden, sind alles andere als Durstlöscher.

Kohlensäurefreies **Mineralwasser** in großen Plastikflaschen gibt es zunehmend auch außerhalb der touristisch erschlossenen Gebiete. Welche der vielen Marken Sie auch immer wählen, es ist die kostspieligste Art, Ihren Wasserverlust auszugleichen, denn selbst Bier ist – auf den Liter gerechnet – in Kenia nicht teurer. Achten Sie beim Kauf von Wasserflaschen bei Fliegenden Händlern darauf, dass die Plastikversiegelung unbeschädigt ist, damit Ihnen nicht unbemerkt ungereinigtes Leitungswasser in wiederaufgefüllten Flaschen untergeschoben wird. Wenn Sie über Präparate zur Wasserentkeimung verfügen, können Sie nach der Behandlung auch **Leitungswasser** bedenkenlos trinken. Decken Sie Ihre Vorräte hingegen aus offenen Brunnen oder gar Flüssen und Seen, sollten Sie das Wasser zumindest filtern. Eine Ausnahme lassen nur die klaren Bäche in den Höhenregionen von Mt. Kenya, Mt. Elgon oder den Aberdares zu.

Mit Ausnahme der Insel Lamu, wo man in jedem kleinen Restaurant kühle Fruchtshakes ordern kann, erhält man frische **Fruchtsäfte** meist nur in den großen Hotels. Der Vitamin-C-reiche Passionsfruchtsaft, den man auf der Speisekarte einiger Hotelis, Cafés oder Snackbars findet, wird öfters aus einem Konzentrat und Leitungswasser zubereitet.

Herrlich erfrischend sind die **Kokosnüsse,** die an der Küste überall für Pfennigbeträge zum Trinken angeboten werden.

Das traditionell am weitesten verbreitete Getränk ist jedoch **Chai,** also **Tee.** Er wird immer mit viel Zucker getrunken, oft auch als Milchtee. Eine besonders interessante Teezubereitung findet man an der Küste Kenias, wo der Tee mit Zimt und Kardamom („Masala") gekocht wird, was ihm einen einzigartigen Geschmack gibt, den bei uns der Yogi-Tee zu imitieren versucht.

Obwohl Kenia den teuersten **Kaffee** der Erde anbaut, besaß er lange Zeit nur an der Küste durch die Araber in Form des Mokka eine gewisse Bedeutung als Lokalgetränk. Es musste erst die amerikanisch-europäische Kaffeekultur nach Kenia überschwappen, um dem Getränk in allen Spielarten bis hin zur Café Latte zu Popularität zu verhelfen. In den großen Städten findet man inzwischen viele Cafés à la Starbucks.

Das **Brauereiwesen** scheint der einzige Industriesektor Afrikas zu sein, der selbst in den ärmsten und marodesten Staaten boomt und dicke Gewinne einfährt. Kenia ist da keine Ausnahme. Die beliebteste Freizeitbeschäftigung der Wananchi, also der normalen Bürger, ist der Genuss von *Nyama Choma,* reichlich Bier und engagierte Unterhaltungen.

Neben verschiedenen guten **Pils-Sorten,** wie der 1922 gegründeten Traditionsmarke *Tusker* (Englisch für „Stoßzahn") mit dem patriotischen Slogan „My country, my beer", *White Cap* oder *Pilsener* („Imara kama Simba" – „Stark wie ein Löwe"), gibt es auch verschiedene **Lager- und Exportmarken.** Und selbst **Guiness** wird auf kenianischem Boden in Lizenz hergestellt. Bier ist bei einem Preis von rund 1 Euro (in touristischen Bars kann der Preis auch dreimal so hoch liegen) für die 0,5 l-Flasche für den durchschnittlichen Kenianer ein teures Vergnügen.

Nicht zuletzt deshalb blüht die **Schwarzbrennerei und -brauerei.** Immer wieder kommt es dabei zu fürchterlichen Vergiftungen, wenn skrupellose Geschäftemacher den hochprozentigen *Shanga'a* mit giftigem Methylalkohol gestreckt oder nicht sauber destilliert haben. Die Bezeichnung „Shanga'a" für den billigen, selbst gebrannten Fusel bedeutet auf Deutsch übersetzt so viel wie „Die Tränen des Löwen" ...

Pombe, lokal gebrautes **Bananen-, Hirse- oder Maisbier,** wird besonders in den landwirtschaftlichen Gebieten genossen. Sein Geschmack ist etwas gewöhnungsbedürftig, aber durchaus würzig, wenn der Anblick der breiigen Substanz auch entfernt an Vorverdautes erinnert. Immerhin: Im Gegensatz zu Shanga'a setzen Sie sich bei seinem Genuss keiner Lebensgefahr aus, höchstens einem formidablen Durchfall. Traditionell war der Genuss von Alkohol bei vielen Völkern Kenias übrigens streng sanktioniert bzw. ritualisiert, und auf dem Land ist der Konsum von Pombe bis heute vielerorts ein Teil wichtiger sozialer Ereignisse. Wenn der Ältestenrat im Dorf tagt und über Probleme und ihre Lösungen debattiert, macht eine große Kalebasse voller Pombe die Runde. Das Bier wird mit langen Strohhalmen getrunken und bringt die weisen Männer in redselige Stimmung. Als Opfergabe für die Ahnen wird zunächst ein Schluck auf den Boden geschüttet.

Die Entsprechung zum Pombe des Inlandes ist an der kenianischen Küste der **Palmwein,** der aus dem vergorenen Saft von angezapften Blütenständen der Kokospalme besteht. **Tembo,** also „Elefant", wird das süffige Getränk genannt, das deshalb etwas gefährlich ist, weil man oft erst zu spät merkt, das man bereits zu viel getrunken hat. Besonders berühmt für den guten Palmwein ist die Region von Ribe und Rabai, wo der Tembo bereits im vorletzten Jahrhundert ein wichtiges Handelsgut war.

An **hochprozentigen Drinks** steht in Hotelbars und Getränkeläden (*Liquor Stores*), die gesamte Palette der bekannteren internationalen Marken zur Auswahl. In Kenia selbst wird auch ganz guter Gin gebrannt. Der Kaffeelikör ist ebenfalls trinkbar, und aus *Kenya Cane,* dem lokalen Zuckerrohrschnaps, wird mit Eis, Limetten und Honig *Dawa* (also „Arznei"), die kenianische Form des Caipirinha. *Konyagi* ist hingegen ein Schnaps, der eher für seine vielen Umdrehungen und den dicken Schädel danach als für seinen guten Geschmack bekannt ist.

Versorgung mit Lebensmitteln

Auf den **städtischen Märkten**, den Municipial Markets, die meist in Hallen nahe des Zentrum untergebracht sind, erhält man die verschiedensten Früchte und Gemüsesorten, Fleisch und frischen Fisch, aber auch viele Dinge für den Hausgebrauch, wie Töpfe, Eimer, Besen, Seile, Pangas, Holzkohle etc. Neben diesen permanenten Ständen kommen meist an zwei Tagen in der Woche (in der Regel Mittwoch und Samstag oder Sonntag) die **Bauern** aus der Umgebung und bieten auf den umliegenden Plätzen und Straßen ihre Ackerfrüchte fei. Besonders günstig kauft man auch entlang der Straßen ein, wo Bauern mit fantasievollen Ständen die Aufmerksamkeit der Wagenlenker zu erregen suchen.

Das Angebot variiert recht stark zwischen den Jahreszeiten und den Regionen – im trockenen Norden gibt es tendenziell weniger, in den regenreichen Hochlandgebieten mehr frisches Obst und Gemüse. Die Viktualien werden oft nicht nach Kilo verkauft, sondern die Händler und Bauern schichten die Waren zu vielen „Fungos", also kleinen Pyramiden von jeweils identischem Wert, auf. Meist gibt es verschiedene Klassen von Fungos zu unterschiedlichen Preisen. Bitte vergessen Sie nicht: Wir sind in Afrika, die Preise sind nicht festgelegt – also **feilschen** Sie!

Auf dem Land sind Märkte das soziale Ereignis der Woche, bei dem man Freunde und Bekannte trifft, Nachrichten austauscht, zusammen lacht und trinkt, spielt, streitet, Wunderheilern und Predigern lauscht. Oftmals strömen Tausende von Menschen aus einem großen Umkreis zu den Marktflecken. Es ist ein farbenfrohes, lautes Spektakel und in den abgelegeneren Gebieten des Masai-Landes oder Nordkenias sieht man bei dieser Gelegenheit noch viele Menschen in traditionellen Kleidern und mit aufwendigem Schmuck.

Der Einkauf in den großen **Supermärkten** der Städte ist hingegen unspektakulär europäisch. Drei große Supermarkt-Ketten, Tusky's, Uchumi und Nakumatt, offerieren in den großen Städten ein breites Spektrum, das von Produkten der einheimischen Lebensmittelindustrie bis zu teuren Importwaren reicht. Neben Fertigsuppen, jeder Art von Dosenkost und UHT-Milch bekommen Sie dort auch eine breite Palette frischer Waren, wie Yoghurt, Käse, Wurst etc. Süchtige müssen inzwischen nicht einmal mehr auf ihre Original-Gummibärchen in Kenia verzichten, die es bei Nakumatt in Nairobi kaufen gibt ... Preise, aber auch die Klagen der kleineren Einzelhandelsläden über die Konkurrenz, ähneln denen in Europa.

Mit wachsender Distanz zu den urbanen Zentren von Mombasa und Nairobi steigen die Preise, während die Auswahl schrumpft. Aber Grundnahrungsmittel wie Zucker, Tee, Mehl, Reis und das restliche Sortiment eines Gemischtwarenladens erhält man selbst in den abgelegeneren Gebieten, und es ist schon erstaunlich, auf welch abenteuerlichen Wegen die Handelsgüter – teilweise über längere Strecken per Fahrrad transportiert oder auf dem Kopf getragen – ihren Weg zum Kunden finden.

Konkrete Angaben zu Einkaufsmöglichkeiten und Märkten finden Sie im praktischen Teil der Ortsbeschreibungen.

Feste und Feiertage

Das kenianische **Wochenende** fällt auf **Samstag und Sonntag**. Das gilt auch für die stark muslimisch geprägte Küste. Am Freitag, dem islamischen Feiertag, bleiben dort allerdings eine Reihe von Geschäften geschlossen. Kenianische Ortschaften – sogar die größeren Städte – wirken von Samstag Nachmittag bis Montag morgen wie ausgestorben. Der n die meisten der arbeitstätigen Leute leben natürlich nicht in den Stadtzentren. Wenn Sie sich sonntags in die Innenstadt von Nairobi verirren, werden Sie nicht glauben, dass diese noch einen Tag zuvor einem brodelnden Kessel glich. Zum Sterben langweilig sind sonntags die kenianischen Provinzstädte, wenn selbst die meisten Restaurants und Bars geschlossen bleiben. Ganz anders die Dörfer, wo komplette Gemeinden im feinsten Sonntagsstaat auf dem Weg zum Gottesdienst sind und vielerorts Markt abgehalten wird.

Daneben gibt es natürlich auch in Kenia zu religiösen und politischen Anlässen nationale **Feiertage.** Die politischen Feiertage werden mit Paraden, endlosen Präsidentenansprachen, Jubelchören und großer Beflaggung begangen. Eine kenianische Besonderheit sind dabei die riesigen Glückwunschanzeigen wichtiger Firmen und Institutionen in der Tagespresse, die sich an den Präsidenten wenden. Der neueste Feiertag im kenianischen Kalender wurde kurzerhand anlässlich des Wahlsieges von *Barack Obama* ausgerufen. Ob er dauerhaft zelebriert werden wird, bleibt abzuwarten ...

Staatliche Feiertage

- **1. Januar:** Neujahr
- **Karfreitag/Ostermontag**
- **1. Mai:** „Labour Day" (Tag der Arbeit)
- **1. Juni:** „Madaraka Day" (der Tag, an dem Kenia die innere Selbstverwaltung übertragen bekam).
- **10. Oktober:** „Moi Day"
- **20. Oktober:** „Kenyatta Day" (der Tag, an dem der spätere erste kenianische Präsident von den Briten inhaftiert wurde).
- **12. Dezember:** „Jamhuri Day" od. „Independence Day" (Jahrestag der Unabhängigkeit).
- **25./26. Dezember:** „Christmas Day"/„Boxing Day" (der Name hat nichts mit der Kampfsportart zu tun, sondern rührt angeblich daher, dass an diesem Tag früher die Weihnachtsgeschenke aus den Schachteln, den „Boxen", ausgepackt wurden).

An der Küste werden zusätzlich die **religiösen Feste des Islam** begangen. Die wichtigsten sind das Idul Fitr, also das Ende des Fastenmonats Ramadan, das Idul Haj, das Pilgerfest anlässlich Mohammeds Flucht von Mekka nach Medina, sowie das Idul Milad oder kurz Maulidi, das Fest am Geburtstag des Propheten Mohammed.

Während des gesamten **Ramadan** dürfen die Gläubigen zwischen Sonnenauf- und -untergang nichts essen, trinken oder rauchen. Davon ausgenommen sind lediglich Kinder, Alte, Kranke und Reisende. Nach Einbruch der Dunkelheit gibt es dann aber besonders feine und reichliche Speisen. Auch Touristen sind vom Fastenmonat betroffen, ob sie wollen oder nicht. Denn der Hunger tagsüber, sowie das viele Essen und die wenige Schlaf nachts führen dazu, dass im öffentlichen Leben alles einen wesentlich gemächlicheren Gang geht. Viele Restaurants und Geschäfte öffnen erst abends. Tagsüber wird man auch als Europäer teilweise nur verstohlen hinter zugezogenen Gardinen bewirtet, weil es als Provokation empfunden würde, vor den Augen der Muslime das Fastengebot zu brechen. Die dürfen nämlich erst wieder normal essen, wenn der Großmufti von Mekka den neuen Mond erblickt hat und damit den Fastenmonat für beendet erklärt. Da der muslimische Kalender das Jahr nach Mondphasen einteilt, ist dieses kürzer als in der gregorianischen Zeitrechnung und lässt die Termine der Feste jedes Jahr um 10 oder 11 Tage nach vorne rücken.

Im Jahr **2010** findet der Ramadan voraussichtlich zwischen dem 11.08. und 09.09. statt, im Jahr **2011** zwischen dem 01.08. und dem 30.08.

Der **Geburtstag des Propheten Mohammed** wird in vielen Küstenorten von großen geistlichen Festlichkeiten und Rezitationen, aber auch von einem unterhaltsamen Rahmenprogramm mit besonderen Tänzen und Spielen begleitet. Besonders berühmt ist das Maulidi von Lamu, welches Gläubige aus ganz Ostafrika anzieht. Auf der Insel ist dann kaum noch ein freies Bett zu finden.

Feste einzelner Ethnien mit traditionellem Hintergrund finden hingegen nur lokal Beachtung.

Kinderspielzeug

Fotografieren und Filmen

Flammende Sonnenuntergänge, türkisfarbene Meeresfluten, giftgrüne Teefelder, exotische Masai- und Samburukrieger, ockerfarbene Savannenböden, faszinierende Tiere und Pflanzen, majestätische Landschaften – die Intensität der Farben und die Ausgefallenheit der Motive in Kenia sind so überwältigend, dass es eine Schande wäre, wenn Sie die Höhepunkte Ihrer Ostafrikareise nicht mit Foto- oder Videokamera festhalten würden.

Der kleine Foto-Knigge

Beim Fotografieren und Filmen gilt es einige gesetzliche **Vorschriften,** aber auch Regeln des Respektes gegenüber den Einheimischen zu beachten. In Kenia ist das Ablichten des Präsidenten und der Nationalflagge verbo-

ten. Gerade das Flaggen-Verbot lässt sich in der Realität natürlich kaum überwachen, aber wenn einem ein übereifriger Staatsdiener oder ein korrupter Beamter Böses will, kann das eventuell zu Problemen führen. Ernster nehmen sollte man auf alle Fälle das Fotoverbot von militärischen Anlagen, Regierungsgebäuden und Polizisten.

Aufnahmen von Menschen sind in Afrika nicht ganz einfach. An der **muslimisch geprägten Küste** haben viele Leute religiöse Vorbehalte gegen Ablichtungen. Der Koran verbietet – wie das Alte Testament übrigens auch –, Bildnisse von Gott zu erschaffen. Und da der Mensch das Ebenbild Gottes ist, wird auch das Fotografieren von Personen von vielen strenggläubigen Muslimen nicht toleriert. Die Reaktionen von Leuten, die gegen ihren Willen aufgenommen werden, reichen von Flucht, Abwehr und Drohverhalten bis hin zu Handgreiflichkeiten. Also gilt prinzipiell: Fragen Sie, bevor Sie die Kamera zücken. Erklären Sie, warum Sie fotografieren, z.B. weil Sie Ihren Freunden und der Fa-

ken-40 Foto: hf

milie zu Hause zeigen wollen, wie man in Afrika lebt. Und sollte man Ihrem Wunsch trotzdem nicht entsprechen, so geht davon die Welt auch nicht unter. Respektieren Sie das Recht der Menschen auf „fotografische Unversehrtheit"!

Auch im überwiegend **christlichen Inland** lassen sich Menschen oft nicht gerne fotografieren. Viele Leute sind misstrauisch, weil sie sich einfach nicht vorstellen können, was der Fotograf mit den Bildern vorhat. Nicht wenige fürchten sich davor, dass man mit dem Foto Macht über den Abgebildeten gewinnt und zu seinem Schaden verwendet. Das ist gar nicht so weit hergeholt, wenn man an die Praxis des Voodoo und verwandter Kulte aus Westafrika denkt. Auch in Ostafrika ist Schwarze Magie weit verbreitet. Aber selbst in einem „aufgeklärten" Kontext ist diese Angst nicht unbegründet. Schließlich erleben wir täglich, wie moderne Massenmedien über Bilder das Leben von Menschen radikal beeinflussen oder sogar zerstören – Paparazzi & Co lassen grüßen ...

Bei den traditionell gekleideten Völkern der Masai und Samburu, aber auch in anderen Gegenden, hat sich hingegen längst herum gesprochen, dass Touristen bereit sind, **für ein Bild** mit barer Münze zu **zahlen.** Oft stellen sich Frauen, Kinder und Krieger beim Anblick eines Touristen schon in Positur, um lauthals „Photo! Photo!" zu fordern – und anschließend natürlich auch ein gesalzenes Honorar. Wenn Sie das Foto unbedingt haben wollen und bereit sind, dafür zu zahlen, sollten Sie den Preis im Voraus aushandeln. Wirklich ausdrucksstarke Bilder gelingen aber nur, wenn zwischen Fotograf und Modell ein persönliches Vertrauens- und kein geschäftliches Verhältnis herrscht. Mit einer vorangegangenen Unterhaltung oder einer

witzigen Bemerkung lässt sich die Atmosphäre vielleicht etwas entkrampfen. Am Rande des Hell's Gate National Park sowie am Samburu National Reserve gibt es übrigens Masai- und Samburu-Dörfer, in denen einem die Menschen verschiedene Aspekte ihres traditionellen Lebens zeigen und erklären. Für einen pauschalen Preis darf man dort auch alles fotografieren (Näheres in den entsprechenden Kapiteln).

Wenn Sie jemandem **Abzüge versprechen,** senden Sie diese auch unbedingt zu. Hilfreich ist es, sich zu jeder notierten Adresse einige Stichworte aufzuschreiben, um welche Bilder es sich handelt. Sie werden sonst am Ende Ihrer Reise nicht mehr wissen, welches Gesicht zu welcher Anschrift gehört.

Auch **Wildtiere** verdienen die Sensibilität des Fotografen: Ärgern Sie Tiere nicht, z.B. durch Bewerfen, und machen Sie keinen Lärm, um ihre Aufmerksamkeit zu erregen. Sie setzen das Tier sonst starkem Stress aus. All die Regeln, die für eine erlebnisreiche und naturverträgliche Safari gelten, betreffen natürlich den Tierfotografen und -filmer in gleicher Weise. Auch das Füttern von Vögeln und Affen, um sie vor die Kamera zu bekommen, sollte man unterlassen. An Menschen gewöhnte Affen können sehr aggressiv sein und gefährliche Krankheiten übertragen. Hinzu kommt: Menschliche Nahrungsmittel sind für die meisten Tiere nicht sehr bekömmlich.

Sonstiges

Im REISE KNOW-HOW Verlag sind empfehlenswerte Praxis-Ratgeber erschienen, die die wichtigsten Tipps für bessere Fotos und Videoaufnahmen verständlich erläutern.

Digitale Video- und Fotokameras sowie Batterien und Leerkassetten lassen sich in den großen kenianischen Shopping-Zentren problemlos kaufen. Die **Adressen von Fotogeschäften und Fotoreparaturwerkstätten in Kenia** finden Sie bei den entsprechenden Städtekapiteln, Anmerkungen zu Foto-Versicherungen stehen im Kapitel „Versicherungen". Besondere Tipps zu Fotografie und Ausrüstung in Afrika finden Sie auch auf meiner Homepage www.hartmut-fiebig.de.

Buchtipps – Praxis-Ratgeber:
● Helmut Hermann
Reisefotografie
● Volker Heinrich
Reisefotografie digital
(Beide Bände REISE KNOW-HOW)

Frauen (allein) unterwegs

Dank der starken Frauenbewegung hat sich in Kenia die traditionelle Rollenverteilung zwischen den Geschlechtern stark gewandelt. Berufstätige Frauen und ihr Aufstieg in höhere Positionen sind in den kenianischen Städten inzwischen eine Selbstverständlichkeit. Dieses neue Selbstbewusstsein kommt auch ausländischen Frauen zugute, die Kenia auf eigene Faust entdecken wollen. Das ist ohne Weiteres möglich, wie viele Travellerinnen beweisen. Doch was ist zu beachten?

Zunächst einmal muss frau wissen, dass Touristen – gleichgültig ob Frau oder Mann – beim Reisen in Kenia, sei es im Restaurant, im Matatu oder beim Warten auf einen Bus, **häufig von wildfremden Leuten angesprochen** werden. Dahinter stehen in der Regel keine bösen Absichten, sondern die Neugier gegenüber dem unbekannten Europäer: Endlich ein Muzungu, den man von Angesicht zu Angesicht trifft und ausfragen kann! Manchmal verbirgt sich dahinter viel eicht auch die Hoffnung auf eine Freundschaft, durch die sich die eigene perspektivlose Lebenssituation verbessern lässt – es gibt viele, die von einem Leben im wunderbaren Europa träumen, von dem so viel Faszinierendes zu hören und sehen ist.

Frauen müssen **bei männlichen Bekanntschaften** – wie überall sonst auf dem Globus auch – noch die Möglichkeit anderer Motive erwägen. Probleme mit machomäßiger Anmache oder regelrechte Belästigungen durch Männer kommen allerdings praktisch nur in den Tourismushochburgen, also in Nairobi und den Badeorten an der Küste, vor. Daran tragen europäische Frauen, die wegen sexueller Abenteuer nach Kenia kommen, eine nicht unerhebliche Mitschuld. Ein weiterer Grund für unerwünschte Annäherungsversuche liegt häufig auch in der leichten Bekleidung von Touristinnen, die das Bild aller europäischen Frauen beschädigen. In der muslimischen Küstengesellschaft, aber auch im Inland würde nur eine Prostituierte mit Minirock, tief ausgeschnittener Bluse oder Spa-

ghetti-Trägern herumlaufen. Weiße Frauen, die sich „aufreizend" kleiden, können daher keinen Respekt von den einheimischen Männern einfordern. Sie sind zu Gast in Kenia und müssen sich den lokalen Gepflogenheiten anpassen, wenn sie Schwierigkeiten aus dem Weg gehen wollen. Kenianer wissen nun mal nicht, dass in Europa das sexy, also individuell selbstbestimmte Auftreten einer Frau, Teil ihrer Emanzipation ist.

Auf der anderen Seite eröffnet sich frau so die Möglichkeit, mit der **Kleidung** auch deutliche Signale auszusenden, dass zweifelhafte Komplimente fehl am Platze sind und mehr erst recht. Lange, leichte, undurchsichtige Baumwollkleidung ohne tiefe Einblicke oder Figurbetontheit ist also nicht nur aus klimatischen Gründen angebracht. Zudem legt sich frau am besten – sofern nicht schon vorhanden – einen (Placebo-)**Ehering** sowie das Foto eines vermeintlichen Ehemannes und der „eigenen" Kinder zu – und eine gute Ausrede, warum sie allein reist. Ein Verwandtschaftsbesuch etwa wäre ein triftiger Reisegrund. Dieses Maßnahmenbündel hilft bei Bedarf eine Distanz zu aufdringlichen Bewunderern zu schaffen, denn gerade einer Mutter wird in der afrikanischen Gesellschaft großer Respekt entgegengebracht und der kann dann eingefordert werden. Und damit sollte es auch gelingen, jenen Heiratsschwindlern, die in den Touristengebieten kreuzen, den Wind aus den Segeln zu nehmen, die die Eheschließung mit einer Europäerin suchen, um nach Deutschland zu gelangen. Dass frau außerdem bei Nacht nicht alleine durch die Gegend spaziert, an der Küste nicht auf eigene Faust einsame Strandspaziergänge macht und bei der Wahl der Unterkunft Trucker-Absteigen, aber auch schmierige Bars und Stundenhotels meiden sollte, liegt eigentlich auf der Hand. Und eine Reisefreundin oder -freund schafft natür-

Buchtipp – Praxis-Ratgeber:
● Birgit Adam
Als Frau allein unterwegs
(REISE KNOW-HOW)

ken035 Foto: hf

lich zusätzliche Sicherheit. In Nairobi bestehen in den Backpackerunterkünften ganz
gute Chancen, (seriöse) Traveller-Bekannt-
schaften zu schließen, mit denen frau Kenia
bereisen kann.

Im Übrigen: Nicht zu unterschätzen ist die
Menschenkenntnis, die frau mitbringt oder
aber auf der Reise entwickelt – mit der Zeit
bildet sich ein erstaunlich verlässliches Gefühl aus, wem vertraut werden darf und wem
nicht.

Werbung für ein improvisiertes
Kino in Nairobi Slum

Geld
und Reisekasse

Reisekosten

Im Prinzip ist Kenia für individuelle Traveller
kein Billigreiseland, und das allgemeine
Preisniveau liegt spürbar höher als in den
Nachbarländern. Eine wichtige Ausnahme
sind die Eintrittsgebühren der kenianischen
National Parks und Reserves, die trotz Erhöhung im Frühjahr 2009 immer noch geringer ausfallen als in Tansania.

Welches **Reisebudget** Sie für einen Kenia-
Urlaub benötigen, hängt ab von Ihren geplanten Aktivitäten, der Länge des Aufenthaltes, der angestrebten Hotelkategorie, der Art
der Transportmittel und von Ihrem täglichen
Bedarf für Mahlzeiten etc. Machen Sie mit
Hilfe der im Buch genannten Preise eine kleine Überschlagsrechnung und addieren Sie
zur Sicherheit noch eine finanzielle Reserve,

dann werden Sie bereits recht genau absehen können, was finanziell auf Sie zukommt. Pro **Safari-Tag** müssen Sie inklusive Verpflegung z.B. mit 50–150 Euro rechnen, abhängig von der Eintrittspreiskategorie des besuchten Nationalparks und dem Tour-Operator (je nach Exklusivität ist diese Skala nach oben hin natürlich offen). Aber auch Aktivitäten wie Tauchen oder Inlandsflüge schlagen in der gleichen Größenordnung zu Buche.

Wer Kenia **als Backpacker** bereist und mehr Interesse an den Menschen, ihrer Kultur und ihrem Leben als am klassischen touristischen Programm hat, ist in Kenia nach wie vor billig unterwegs und wird abseits der teuren Touristenpfade dennoch viel Sehenswertes entdecken können. Besonders preiswert sind die öffentlichen Verkehrsmittel, das lokale Essen und die einfachen Unterkünfte. Aber mit 2000 Ksh pro Tag – etwa 20 Euro – sollte dennoch kalkuliert werden. Wer wirklich knausert, kann seine Ausgaben vielleicht bis auf 1500 Ksh drücken.

Für Pauschaltouristen gibt es immer wieder verlockende **All-inclusive-Angebote**, die neben dem Flug auch Unterbringung und Verpflegung in einem der Strandhotels an der kenianischen Küste enthalten. Aktivitäten neben den normalen Strand- und Wassersportarten, also etwa Flaschentauchen, Safaris in die Nationalparks oder sonstige Ausflüge, müssen aber extra bezahlt werden; Größenordnung auch hier 50–100 Euro pro Tag. Schnäppchenjägern braucht man vermutlich nicht zu sagen, dass in der Nebensaison oft besonders günstige Tarife rauszuholen sind.

Generell hängen im Tourismussektor die Preise immer sehr direkt von der „Großwetterlage" in der Republik ab. Kommen wenig Gäste, wie nach dem Wahlschlamassel im Frühjahr 2008, lässt sich in Unterkünften – auch in edlen –, aber auch bei Safari-Unternehmen, gut verhandeln.

Währung und Reisemittel

Die Währung des ostafrikanischen Landes ist der **kenianische Shilling,** kurz **Ksh,** der sich in 100 Cents unterteilt. Aber wegen der allmählichen Entwertung spielt der Cent im normalen Wirtschaftsleben keine Rolle als Bezahlungsmittel mehr. Den Shilling gibt es als Münzen zu 1-, 5-, 10- und 20-Shilling. Kenianische Shilling-Noten kursieren in den Werten zu 20, 50, 100, 200, 500 und 1000 KSh. Übrigens sagen viele Leute nicht „Shilling", sondern „Bob", und mit einem „Pound" sind in der Umgangssprache 20 Ksh gemeint.

Anfang 2010 betrug der **Wechselkurs** für 1 Euro rund 104 Ksh und für 1 US$ knapp 72 Ksh, wobei der **amerikanische Dollar** in Kenia die Rolle einer **Zweitwährung für Touristen** spielt. In großen Hotels, bei Fluggesellschaften, Safari-Unternehmen und an den Nationalpark-Gates wird einem die Rechnung meist in US-Dollars präsentiert. Die Dollars lassen sich zwar in Ksh umrechnen und bezahlen, aber oft zu einem ungünstigen Kurs.

Wegen der breiteren Akzeptanz und der besseren Wechselkurse im Vergleich zu Euro oder Schweizer Franken lohnt es sich u.U., die **Reisekasse in US-Dollars** mitzunehmen. Denken Sie auch an ausreichend **kleine Dollarnoten**, um passend bezahlen zu können, denn sonst werden Sie Ihr Wechselgeld bisweilen zu einem schlechten Kurs in Ksh erhalten. Andererseits erhält man für 20-Dollar-Noten und noch kleinere Stückelungen einen schlechteren Wechselkurs als für 50- und 100-Dollar-Scheine. Ältere Dollar-Scheine werden wegen der Fälschungsgefahr häufig nicht akzeptiert. Wer Ksh bereits zu Hause bei seiner Bank ordert, erhält ebenfalls einen miserablen Kurs.

Ihnen wird beim Bezahlen immer wieder die Unterscheidung in **Residents und Nonresidents** auffallen. Leuten, die in Kenia leben, den sogenannten „Residents", werden gerade bei Hotels in vielen Fällen Rabatte von bis zu 20 Prozent eingeräumt. Mit dem unterschiedlichen Einkommensniveau lässt sich das nur schwer rechtfertigen, denn wer in einem 5-Sterne-Hotel absteigt, zählt in der Regel nicht zu den Bedürftigen. Wer sich die Mühe macht, etwas Kisuaheli zu lernen, kann aber oft den Resident-Tarif für sich beanspruchen, denn als Nachweis genügt dem Hotelpersonal oft die Angabe einer beliebigen kenianischen P.O.Box-Nummer.

Zu Ihrer eigenen Sicherheit sollten Sie nur einen Teil des Budgets in bar mitnehmen. **Traveller Cheques** (TC) sind eine Art versichertes Reisegeld, das Ihnen bei Verlust unkompliziert und kostenlos ersetzt wird. TCs sind zeitlich unbegrenzt gültig und werden weltweit akzeptiert. Sie können bei den Banken in Ksh umgetauscht werden, größere Hotels akzeptieren sie auch als direktes Zahlungsmittel. Die größten Anbieter sind American Express und Thomas Cook (Travelex). Reisechecks sind bei Ihrer Hausbank erhältlich und müssen bei Erhalt unterzeichnet werden. Beim Einlösen ist dann eine zweite Unterschrift fällig. Um Betrug auszuschließen, wird man Ihren Pass und in vielen Banken auch die Kaufbescheinigung sehen wollen, von der Sie deshalb eine Kopie machen und zum Geldtausch mitnehmen sollten. Das Plus an Sicherheit bezahlen Sie mit 1 Prozent Provision des Nennwerts beim Kauf der Schecks in Deutschland und beim Umtausch oft mit etwas schlechteren Kursen. Dafür werden die Bearbeitungsgebühren pro Blatt berechnet (viele kleine Schecks „kosten" beim Umtausch also mehr als ein großer) und fallen insgesamt niedriger aus als die Bankkommission für Bargeldtausch.

Eine weitere bequeme Bezahlungsform sind **Kreditkarten,** die als Extraservice oft noch Versicherungspakete enthalten oder gegen geringe Aufpreise anbieten. Allerdings: So sicher bei Betrugsversuchen, wie die Anbieter glauben machen wollen, sind sie nicht. Deshalb sollten Sie immer darauf bestehen, dass man im Laden oder wo immer Sie damit bezahlen wollen, damit nicht in ein dunkles Hinterzimmer verschwindet, um Kopien für Fälschungen anzufertigen. Sie müssen ebenfalls darauf achten, dass auf Ihrem Beleg die richtige Währungsart angegeben wird und es ausgeschlossen ist, vor oder hinter der Summe weitere Zahlen anzufügen. Bei einem Diebstahl Ihrer Kreditkarte müssen Sie umgehend die Karte bei der Kreditfirma telefonisch sperren lassen, dann haften Sie nur mit einer Summe von 25 Euro gegen Missbrauch. Die Notfallnummer sollten Sie also sorgfältig aufbewahren (siehe Kapitel „Notfall"). Bevor Sie in den Urlaub fahren, sollten Sie die verbleibende **Gültigkeitsdauer** Ihrer Kreditkarte und das **Kreditlimit** abchecken und gegebenenfalls erhöhen lassen, und sich versichern, dass die Telefonnummer zum Sperren der Karte noch aktuell ist.

Die meisten touristischen Unternehmen Kenias akzeptieren die **gängigen internationalen Karten,** wie Diners, American Express, Eurocard bzw. Mastercard oder VISA. Mit einer VISA-Card kann man bei den Barclays-Banken auch einen kostenlosen Bargeldservice in Anspruch nehmen.

Die **Barclays Bank** unterhält das **beste Geldautomatennetz Kenias.** Selbst in vielen kleineren Städten (Hinweise immer bei den jeweiligen Ortschaften) stehen die Bankomaten, die neben der Barclays Card auch VISA, MasterCard und in den meisten Fällen auch Maestro-/EC-Karte akzeptieren. Zudem sind in den großen Städten abseits jeder Bank Geldautomaten, sogenannte **Cashpoints,** aufgestellt. Je nach Hausbank wird dieser Service nicht zusätzlich in Rechnung gestellt, sondern ist im Grundpreis der Kontoführung enthalten. Manche Banken berechnen jedoch eine Gebühr von bis zu 1% des Abhebungsbetrags. Mit der Postbank Sparcard kann man zumindest zehnmal pro Jahr auch außerhalb der Euro-Länder kostenlos Bargeld an Automaten mit VISA- und Plus-Zeichen bekommen (ab der 11. Abbuchung kostet es 5,50 Euro pro Abbuchung, Liste der Geldautomaten vor Ort unter www.visa.via.infonow.net/locator/global/).

Für Barabhebungen per Kreditkarte kann das Kreditkartenkonto je nach ausstellender Bank mit einer Gebühr von bis zu 5,5% belastet werden. Mit bestimmten VISA-Karten (z.B. der DBK-Bank) geht es jedoch auch kostenlos. Für das **bargeldlose Zahlen** hingegen werden nur ca. 1–2% für den Auslandseinsatz berechnet. Also am besten viel bargeldlos bezahlen und für Bargeld gleich größere Summen mit der Maestro-/EC-Karte, Postbank Sparcard oder günstigen Kreditkarte abheben. Am besten man erkundigt sich vor der Reise nach den konkreten Kosten bei seiner die Karte ausgebenden Bank, um die Kosten möglichst gering zu halten.

Wegen unterbrochener Telefonverbindungen kann es ab und zu vorkommen, dass die Geräte für einige Stunden außer Betrieb sind.

100%ig sollte man sich also nicht auf diese Geldquelle verlassen. Prägen Sie sich Ihre Geheimnummer gut ein, denn beim dritten Fehlversuch wird die Karte eingezogen!

Siehe „Notfall", falls die Geldkarte oder Reisechecks gestohlen wurden bzw. verloren gingen.

Geldwechsel

Gleich die Warnung vorweg: Wer Ihnen **Schwarztausch** auf der Straße anbietet, kann in Kenia nichts Gutes im Schilde führen. Die Wechselkurse sind längst liberalisiert, ein Schwarzmarkt existiert nicht mehr. Lockende Fabelquoten dienen nur dazu, Sie zu ködern und dann um das sauer Ersparte zu bringen.

Neben den offiziellen **Banken** bieten in Nairobi und an der Küste auch lizensierte **Wechselstuben („Forex Bureau")** Tauschmöglichkeiten. Ihre Kurse sind teilweise etwas günstiger, ein Vergleich – auch zwischen den einzelnen Banken – ist aber angebracht. Achten Sie nicht nur auf die Wechselkurse, sondern fragen Sie nach evtl. anfallenden Bearbeitungsgebühren, sogenannten Fees and Comissions. Die können so hoch sein, dass sich der Tausch woanders mit schlechterem Kurs rentiert.

Der größte Vorteil der **Forex-Büros** gegenüber den Banken sind **schneller Service** und **längere Öffnungszeiten** Gerade am Monatsende, wenn die Angestellten ihr Gehalt abheben, sind lange Warteschlangen keine Seltenheit!

Auch die **größeren Hotels** bieten einen Geldwechselservice, aber immer zu sehr ungünstigen Kursen.

Unterbringung von Geld

Die großen Hotels übernehmen für Wertgegenstände und Geld nur dann eine Haftung, wenn sie im **Hotelsafe** deponiert werden. Bei vielen Oberklasse-Hotels hat man aber auch seinen privaten Tresor auf dem Zimmer. Sie sollten diesen Service nutzen und kein Geld oder wertvollen Schmuck offen herumliegen lassen. Die meisten Angestellten stammen aus einfachen Verhältnissen und verdie-

nen nicht üppig. Da kann es schon eine riesige Versuchung sein, mal etwas verschwinden zu lassen.

In kleinen Unterkünften und auf der Straße sind Sie bzgl. des Schutzes Ihres Besitzstandes umso mehr gefordert. Beachten Sie deshalb immer folgende **Traveller-Regeln:**

● **Tragen Sie Ihr Geld immer versteckt.** Es ist unglaublich, wie viele Leute ihren Wohlstand offen zur Schau tragen und damit einen Überfall geradezu provozieren.

● Bewahren Sie **niemals alle Zahlungsmittel an einem Ort** auf. Verteilen Sie die Reisekasse auf verschiedene Stellen am Körper. Bauchgurt, Geldfächer im Gürtel oder verborgene Brustbeutel sind empfehlenswerte Aufbewahrungsorte. Getrennt voneinander aufzubewahren sind Traveller Cheques und Kaufbelege, Maestro-/EC-Karte und Kreditkarten sowie Notfallnotizen.

● **Kleinere Beträge** für Unternehmungen am Tag sollten Sie **leicht zugänglich** aufbewahren. Ist diese „Ambulanz" erschöpft, gehen Sie nicht in der Öffentlichkeit an die Reserven, z.B. an den Bauchgurt. Das sollten Sie nur versteckt tun, z.B. auf der Toilette!

● **Weitere Tipps,** die helfen, unangenehme Erfahrungen zu vermeiden, finden sich im Kapitel „Sicherheit und Kriminalität". Sollten Sie dennoch Opfer eines Diebstahls werden, finden Sie unter „Notfall" wichtige Hinweise zur Sperrung von Karten und für die Wiederbeschaffung von Papieren.

Gesundheit

Die nachstehenden Angaben dienen der raschen Orientierung, welche Vorschriften und Gesundheitsvorsorgemaßnahmen für eine Reise nach Kenia zu beachten sind. Die Angaben wurden uns freundlicherweise vom Centrum für Reisemedizin (**www.travelmed. de**) zur Verfügung gestellt (mit Ausnahme derjenigen zur medizinischen Versorgung im Land). Sie ersetzen auf keinen Fall eine individuelle ärztliche Beratung. Eine Gewähr für die Informationen (Stand Frühjahr 2010) kann nicht gegeben werden.

Einreise-Impfvorschriften

Bei Direktflug aus Europa sind keine Impfungen vorgeschrieben.

Bei einem vorherigen Zwischenaufenthalt (innerhalb der letzten sechs Tage vor Einreise) in einem Gelbfieber-Endemiegebiet (zur Liste der Länder s.u. www.travelmed.de) wird bei Einreise eine gültige Gelbfieber-Impfbescheinigung verlangt (ausgenommen Kinder unter 1 Jahr).

Empfohlener Impfschutz

Generell: Standardimpfungen nach dem deutschen Impfkalender, speziell Tetanus, Diphtherie, außerdem Hepatitis A, Polio und Gelbfieber.

Ein Impfschutz gegen **Typhus** ist zu erwägen bei folgenden Reisebedingungen: Reise durch das Landesinnere unter einfachen Bedingungen (Rucksack-/Trekking-/Individualreise) mit einfachen Quartieren/Hotels; Camping-Reisen, Langzeitaufenthalte, praktische Tätigkeit im Gesundheits- oder Sozialwesen, enger Kontakt zur einheimischen Bevölkerung wahrscheinlich.

Ein Impfschutz gegen **Hepatitis B** ist v.a. zu erwägen bei Langzeitaufenthalten und engerem Kontakt mit der einheimischen Bevölkerung, gegen **Tollwut** bei vorhersehbarem Umgang mit Tieren und gegen **Meningitis**

Buchtipps: Zum Thema Gesundheit hat REISE KNOW-HOW einige nützliche Ratgeber im Programm:
●Dr. Dürfeld, Dr. Rickels, **Selbstdiagnose und -behandlung unterwegs**
●David Werner, **Wo es keinen Arzt gibt,** Gesundheitshandbuch zur Hilfe und Selbsthilfe
●Armin Wirth, **Erste Hilfe unterwegs effektiv und praxisnah**
●Werner und Jeanette Lips, **Schwanger reisen**

nur bei engerem Kontakt zur einheimischen Bevölkerung, vorwiegend in der Trockenzeit.

Wichtiger **Hinweis:** Welche Impfungen letztendlich vorzunehmen sind, ist abhängig vom aktuellen Infektionsrisiko vor Ort, von Art und Dauer der geplanten Reise, vom Gesundheitszustand sowie dem eventuell noch vorhandenen Impfschutz des Reisenden. Da im Einzelfall unterschiedlichste Aspekte zu berücksichtigen sind, empfiehlt es sich immer, rechtzeitig (etwa vier bis sechs Wochen) vor der Reise eine persönliche Reise-Gesundheits-Beratung bei einem reisemedizinisch erfahrenen Arzt oder Apotheker in Anspruch zu nehmen.

Malaria

Risiko

Ganzjährig, verstärkt während der Regenzeit hohes Risiko in den Regenwaldgebieten einschließlich der Touristenresorts an der Küste; geringes Risiko in Nairobi und in Höhenlagen über 2500 m der Provinzen Central, Eastern, Nyanza, Rift Valley und Western.

Vorbeugung

Ein konsequenter Mückenschutz in den Abend- und Nachtstunden verringert das Malariarisiko erheblich (**Expositionsprophylaxe).** Die wichtigsten Maßnahmen sind: In der Dämmerung und nachts Aufenthalt in mückengeschützten Räumen (Räume mit Air Condition, Mücken fliegen nicht vom Warmen ins Kalte); beim Aufenthalt im Freien in Malariagebieten abends und nachts weitgehend körperbedeckende Kleidung (lange Ärmel, lange Hosen) tragen; Anwendung von insektenabwehrenden Mitteln an unbedeckten Hautstellen (Wade, Handgelenke, Nacken; Wirkungsdauer 2–4 Std.); im Wohnbereich Anwendung von insektenabtötenden Mitteln in Form von Aerosolen, Verdampfern, Kerzen, Räucherspiralen; Schlafen unter dem Moskitonetz (vor allem in Hochrisikogebieten). Ergänzend ist die Einnahme von Anti-Malaria-Medikamenten (**Chemoprophylaxe)** dringend zu empfehlen. Zu Art und Dauer der Chemoprophylaxe fragen Sie Ihren Arzt oder Apotheker, bzw. informieren Sie sich in einer qualifizierten reisemedizinischen Beratungsstelle. Malariamittel sind verschreibungspflichtig.

Ratschläge zur Reiseapotheke

Vergessen Sie nicht, eine kleinere oder größere Reiseapotheke mitzunehmen (wenigstens Medikamente gegen Durchfall, Fieber und Schmerzen sowie Verbandstoff, Pflaster und Wunddesinfektion), damit Sie für kleinere Notfälle gerüstet sind. Nicht vergessen: Medikamente, die der Reisende ständig einnehmen muss! Wenn Sie spezielle Fragen zur Reiseapotheke haben, wenden Sie sich am besten an eine Apotheke mit reisemedizinisch qualifizierten Mitarbeitern.

Aktuelle Meldungen

(Stand Frühjahr 2010)

Darminfektionen

Risiko für Durchfallerkrankungen landesweit. Mit Cholera-Ausbrüchen ist regional zu rechnen. Hygiene beachten, Impfschutz für Risikoreisende.

Polio

Im Februar 2009 wurde bei einem vierjährigen Mädchen erstmals wieder Polio Wildvirus Typ 1 nachgewiesen. Abgesehen von einem importierten Fall in einem Flüchtlingslager 2006 handelt es sich bei dem aktuellen Fall um die erste Polio-Erkrankung in Kenia seit 20 Jahren. Bis Ende Juli 2009 wurden insgesamt 17 Polio-Erkrankungen im nördlichen Turkana-Distrikt (Grenzgebiet zum Sudan) registriert. Während der Aufstände in Folge der Präsidentschaftswahlen 2008 wurden zahlreiche Kinder nicht gegen Polio geimpft. Ursprung des Virus ist wahrscheinlich der südliche Sudan, wo es im Januar 2009 einen Ausbruch gab. Hygiene und Impfschutz (Polio) beachten.

HIV/AIDS

In Kenia sind schätzungsweise über 3 Millionen Menschen mit dem HIV-Virus infiziert, über 1,5 Millionen sind bereits verstorben.

Sexuelle Kontakte mit unbekannten Partnern sind stark risikobelastet.

Medizinische Versorgung im Land

Die medizinische Versorgung im Land reicht von zufriedenstellend bis mangelhaft. Nur eine Hand voll Krankenhäuser in Nairobi und Mombasa erreichen europäisches Niveau, gute Zahnärzte sind rar. Für den gesamten ostafrikanischen Raum ist **Nairobi die erste Adresse in akuten Notfällen,** das gilt vor allem für Tropenkrankheiten. Empfehlenswert ist die „Section for Tropical Medicines" im Nairobi Hospital.

●**Nairobi Hospital,**
Section for Tropical & Travel Medicines
(Leitung *Dr. Saio*) Nairobi Hospital,
Argwings Kodhek Rd, **Nairobi,**
Tel. 020/2716489, 30006796,
office@frontiermedics.com.

Im Reiseteil dieses Buches sind bei den Städten unter dem Stichwort „Notfall" die Adressen von Krankenhäusern, Ärzten und Apotheken angegeben. **Apotheken** (Suaheli: *duka la madawa*) sind in vielen Orten des Landes zu finden.

Sämtliche **Arztrechnungen müssen** sofort und meist **cash bezahlt werden.** Die Kosten lassen sich über eine Auslandskrankenversicherung zurückerstatten.

Da es **nur in Großstädten** eine **Not-Ambulanz** gibt, muss man bei Bedarf auf ein Taxi zurückgreifen.

Absolut empfehlenswert ist eine Mitgliedschaft bei den „Flying Doctors of East Africa" (S. 59) und evtl. auch eine Rückholversicherung von Europa aus (s. „Versicherungen").

Verschiedene Gesellschaften und privatwirtschaftliche Unternehmen bieten vor der Reise laufend aktualisierte reisemedizinische Infos an:
●**Centrum für Reisemedizin,** Oberrather Straße 10, 40472 Düsseldorf, Tel. 0211/ 904290, www.travelmed.de. Nach telefonischer Anforderung wird gegen Gebühr ein

individueller „Reise-Gesundheitsbrief" zusammengestellt und zugeschickt, der genau auf die geplante Reise und die zu besuchenden Regionen im Zielland eingeht. Es wird der jeweils neueste Stand bezüglich Malariaprophylaxe, Impfempfehlungen, medizinischer Vorortsituation und Zusammenstellung einer Reiseapotheke genannt.

● **Deutsche Gesellschaft für Tropenmedizin und Internationale Gesundheit e.V. (DTG),** Infoservice, Postfach 400466, 80704 München. Gegen Einsendung eines frankierten Rückumschlags können neben einer Liste tropenmedizinischer Einrichtungen neueste Empfehlungen zur Malariaprophylaxe abgerufen werden.

● **Deutsches Grünes Kreuz,** Schuhmarkt 4, 35037 Marburg, Tel. 06421/293-0. Hier gibt es die ständig aktualisierte, informative Broschüre „Gesundheitsempfehlungen für den Internationalen Reiseverkehr".

● **BAD Gesundheitsvorsorge und Sicherheitstechnik GmbH,** Zentrum Flughafen, 40474 Düsseldorf, Info-Tel. 0211/90707-22 oder -18, Fax-Abfrage unter 0211/9855290. Man erhält zu fast allen Reiseländern aktuelle gesundheitliche Detailinfos, die auf den Datenbanken und Angaben der Weltgesundheitsorganisation WHO beruhen.

Wer nach einer Kenia-Reise **außergewöhnliche Symptome** aufweist oder sich nach einer längeren Reise prophylaktisch in Hinblick auf die wichtigsten Tropenkrankheiten durchchecken lassen möchte, wendet sich am besten an eines der vielen **tropenmedizinischen Institute** in Deutschland, die oft Uni-Kliniken angegliedert sind. Die Anschriften findet man mit dem Suchbegriff „Tropenmedizinische Institute" auf www.g-netz.de.

Guides

Die hohe Arbeitslosigkeit in Kenia, die je nach Statistik bis zu 50 Prozent (!) betragen soll, führt dazu, dass sich viele Menschen mit allen möglichen Gelegenheitsjobs durchs Leben schlagen müssen. Dies erklärt die selbst ernannten „Guides", also jene **Führer,** aber auch **Träger und sonstige dienstbare Geister** in vielen kenianischen Städten und ländlichen Gebieten, die man als Tourist wie magnetisch anzuziehen scheint. In einigen Regionen, z.B. in Maralal, bieten die jungen Männer Ausflüge in die Umgebung an, in anderen, etwa Lamu, wollen sie einem die Stadt zeigen, wofür sie dann natürlich ein kleines Taschengeld erwarten. Selbst wenn Sie für derlei Service keinen Bedarf haben und sich entsprechend äußern, werden die Jungen nicht so schnell locker lassen. Bleiben Sie freundlich, aber resolut. Wenn dies nicht hilft, sollten Sie klipp und klar sagen, dass Sie nichts bezahlen werden. Wenn man Ihnen das glaubt, werden Sie auch in Ruhe gelassen – bis zum nächsten Versuch …

Normalerweise braucht man hinter den Angeboten der Guides **keine böse Absichten** vermuten. Wie überall gibt es auch in dieser Branche schwarze Schafe, deshalb sollte man sein gesundes Misstrauen nicht völlig ausschalten. Detaillierte geschichtliche Informationen oder sonstiges Fachwissen darf man sich von den Guides übrigens nicht erwarten. Sie können für den Touristen eher die Funktion eines Übersetzers erfüllen, der zahlreiche Leute und die Gegend wie seine Westentasche kennt. Ein Führer wird dem Touristen einen tieferen Einblick in das Leben der normalen kenianischen Bevölkerung vermitteln und einige Tricks und Winkelzüge für den Kampf um das tägliche Dasein demonstrieren. In Begleitschutz eines Guide eröffnet sich vielleicht sogar die Möglichkeit, in Stadtgebiete vorzudringen, die für Touristen aus Sicherheitsgründen sonst tabu wären.

Gerade in abgelegeneren Gebieten können sich aus solchen Bekanntschaften auch **symbiotische Reisefreundschaften** entwickeln, die einen über längere Strecken begleiten, denn die meisten Jungs haben ohnehin nichts Besseres vor. Für die Bezahlung von Transport und Unterkunft sowie ein Trinkgeld hält der einheimische Begleiter einem als „Leibgarde" aufdringliche oder düstere Zeitgenossen vom Leib und fungiert als **Organisator und Mann für alles.** Gerade Jugendliche im nördlichen Kenia oder im Masai-Land, die in einer traditionellen Gemeinschaft aufgewachsen sind und zur ersten Generation der Schulgänger gehören, besitzen noch ein großes Wissen über die Geschichte und die Traditionen ihres Volkes und können einem viele Dinge erzählen, die in keinem Reiseführer stehen. Durch sie lässt sich eventuell auch der Besuch des Heimatdorfes oder sogar die Teilnahme an traditionellen Festen einfädeln. Voraussetzung für eine längere gemeinsame Reise ist aber, dass man sich gut versteht und sich gegenseitig vertrauen kann.

Die Höhe der **Bezahlung** für die Dienste eines Guides sollte man im Voraus klären, um Ärger und einen bitteren Nachgeschmack auf beiden Seiten zu vermeiden. Für kleinere Dienste reicht es allerdings, ungefragt ein Trinkgeld zu geben. Die Entlohnung eines Führers richtet sich nach der Region – in abgelegenen Gebieten ist das Lohn- und Preisniveau deutlich niedriger als in den Touristenzentren – und nach der Dauer der Dienste. Bedenken Sie: Ein durchschnittliches Gehalt beträgt in Kenia 200 Ksh pro Tag, also gerade mal 2,50 Euro! Dieser Ausbeutung müssen Sie sich ja nicht gerade anschließen, ein täglicher Führerlohn von 500 Ksh ist für kenianische Verhältnisse allerdings schon fürstlich. Bevor Sie einen Guide für längere Zeit verpflichten, sollten Sie aber erst einmal testen, ob er sein Geld auch wert ist.

Eine Variation der Führer sind die **Schlepper,** im kenianischen Jargon **„Brooker",** in Tansania „Flycatcher" genannt, von denen man in Nairobi und anderen Städten mit Safari-Angeboten überhäuft wird oder die einen – besonders in Lamu – zu bestimmten Hotels lotsen wollen. Besonders häufig treten sie auch an den Ausgangsorten für eine Mt. Kenya-Besteigung, in Naro Moru und in Chogoria auf. Sie arbeiten meist für einzelne Unternehmen, von denen sie pro akquiriertem Kunden eine Pauschale erhalten. Deshalb müssen Sie sich nicht verpflichtet fühlen, irgendetwas zu bezahlen, es bedeutet allerdings auch, dass Sie nicht alles blauäugig glauben dürfen, wenn Ihnen Konkurrenzfirmen madig gemacht werden sollen oder sogar behauptet wird, dass diese gar nicht mehr existierten. Sehen Sie die Flycatcher also nicht als Berater, sondern als Lotsen, die

Sie zu verschiedenen Tour Operators und Lodges bequem hinführen können. Dort sollten Sie sich aber Ihr eigenes Bild von Preis und Leistung machen und erst nach dem Besuch verschiedener Anbieter eine Entscheidung nach Ihrem Eindruck fällen. Und denken Sie daran, dass es in der Regel die Billigsafaris und die Unternehmen mit zweifelhaftem Ruf sind, die auf diese Methode des Kundenfangs zurückgreifen (müssen).

Informationen

In Deutschland hat die kenianische Tourismusbehörde, das Kenya Tourist Board, eine Vertretung:

●Kenya Tourist Board
c/o TravelMarketing Romberg TMR GmbH, Schwarzbachstraße 32, 40822 Mettmann, Tel. 02104/832919, www.magical-kenya.de.

In Kenia selbst gibt es keine Touristeninformationsstellen im klassischen Sinne. Folgende Einrichtungen können Ihnen bei speziellen Fragen aber weiterhelfen:

●Ecotourism Society of Kenya
KATO House, Upper Hill, Longonot Rd., Nairobi, Tel. 020/2724755, 2724403, www.ecotourismkenya.org.

●Kenya Tourism Foundation
Lenana Road, Nairobi,
Tel. 020/2716246, 2716245,
www.destinationkenya.com

●Kenya Tourist Board
Ragati Road, Upper Hill, Kenya Re Towers, 7th & 8th Floor, Nairobi, Tel. 020/2711262, www.magicalkenya.com.

●Ministry of Tourism
Utalii House, Off Uhuru Highway, Nairobi, Tel. 020/333555, 3130130, Fax 318045, www.tourism.go.ke.

●Kenya Association of Tour Operators (KATO)
Longonot Rd., Nairobi,
Tel. 020/2713348, 2713386, 2726517, Fax 2719226, www.katokenya.org.

- **Kenya Professional Safari Guides Association**
KWS Complex, Langata Road, Nairobi,
Tel. 020/609355, www.safariguides.org.
- **Kenya Association of Travel Agents**
Muthithi Rd., off Museum Hill, Nairobi,
Tel. 020/2731475, 2731476,
www.katakenya.org.
- **Kenya Association of Hotel Keepers & Caterers**
Heidelberg House, 2nd Floor, Nairobi,
Mombasa Road, Tel. 020/602538, 604419,
www.kahc.co.ke.
- **Mombasa and Coast Tourist Association**
Tel. 041/225428, Fax 311231,
www.mcta.co.ke.
- **Kenya Association of Air Operators**
Wilson Airport, Langata Road, Nairobi,
Tel. 020/606940.
- **Kenya Wildlife Service**
Hauptquartier am Eingang zum Nairobi
National Park, Langata Road,
Tel. 020/501081, Fax 603792,
www.kws.org.
- **Best Destination Kenya**
www.visitkenya.com

Jobben in Kenia

Unter der Koalitionsregierung von Kibaki und Odinga ist es für Ausländer noch schwerer geworden eine kenianische **Arbeitserlaubnis** zu erhalten, wenn der Job auch von einem Kenianer erledigt werden kann. Und da Kenia über viele gut ausgebildete, aber arbeitslose Fachkräfte verfügt, ist diese Politik auch nachvollziehbar. Die nötige Arbeits- und Aufenthaltserlaubnis erhält man als Ausländer nur, wenn man bereits einen Job gefunden hat. Auf den Bescheid muss man aber außerhalb des Landes warten und nicht etwa mit einem Touristenvisum in Kenia. Die **Bewilligung** selbst ist eine langwierige Prozedur mit vielen Auflagen und auch nicht ganz billig. Es gibt verschiedene Klassen der Arbeits- und Aufenthaltserlaubnis, abhängig davon, ob man für eine private Firma, eine Missionsoder Entwicklungshilfegesellschaft, für die

Regierung, als privater Geschäftsmann oder als unbezahlter Freiwilliger tätig sein wird. Nähere Informationen erhält man bei den kenianischen Botschaften oder direkt bei der zuständigen **Einwanderungsbehörde,** die im Nyayo House an der Kenyatta Avenue in Nairobi sitzt: Principal Immigration Officer, Tel. 020/222022; in Mombasa: Tel. 041/222676.

Visa für mehrfache Einreisen werden nur an Leute vergeben, die in Kenia arbeiten. Die Bearbeitung des Antrages dauert 8–10 Wochen. Kostenpunkt: 90 Euro. Viele junge Leute aus europäischen Ländern arbeiten in Form eines unbezahlten Praktikums in sozialen bzw. Umweltschutzprojekten (Straßenkinder, Waisen, AIDS etc.). Selbst dies ist offiziell mit einem Touristenvisum verboten, wurde in der Vergangenheit aber geduldet.

Nachtleben und Unterhaltung

Keine Frage: Kenianer wissen zu feiern, und dementsprechend groß ist auch die Zahl der Kneipen, Bars und in den großen Städten auch der Discos, Night- und Music-Clubs.

Zu einem gelungenen Wochenende gehört für den kenianischen Mittelstand **gegrilltes Fleisch.** Und so findet man im ganzen Land **Nyama-Choma-Ausflugslokale** in den Städten und im Grünen, die vor allem bis Sonntag Unterhaltung für die ganze Familie bieten, unter der Woche aber völlig tot sind. Für die Kinder gibt es meist einen Spielplatz, für die Erwachsenen Bar, Restaurant und Disco, in der Freitag- und Samstagabends sowie Sonntagnachmittags meist eine Live-Gruppe afrikanische Popmusik spielt, aber auch sogenannte Family Shows mit Tanzgruppen und Akrobaten veranstaltet werden. Als Weißer ist man hier eher Exot, aber sicherlich willkommen.

Näher am Leben der „gewöhnlichen" Kenianer sind die zahlreichen **Bars und Kneipen,** die auf dem Land meist die einzige Unterhaltungsmöglichkeit darstellen. Jede Menge Lokalkolorit gibt es hier zu bestaunen. Die einheimischen Gäste haben keinerlei Berührungsängste mit Ausländern und so kommt man beim Bier schnell ins Gespräch, was erschöpfende Möglichkeiten eröffnet, die Ansichten der keniarischen Durchschnittsbürger über Politik und die zahlreichen Probleme des Landes kennen zu lernen. Aber natürlich wird zu der dröhnenden Popmusik, die aus den Lautsprechern quillt, auch getanzt. Zu fortgeschrittener Zeit und nach entsprechendem Biergenuss geht es in diesen Läden hoch her und deshalb erfüllt der Käfig, in dem der Barkeeper steht, mehr als nur einen raumgestalterischen Zweck ...

In den Städten gibt es neben diesen urigen Bars auch zahlreiche **Discos und Nightclubs**, die am Wochenende praktisch immer, unter der Woche nur teilweise Eintritt verlangen. Meist zahlt man hier zwischen 100 und 300 Ksh, und auch die Preise für Bier sind im Vergleich zu Europa sehr zivil. Bei den meisten Discos gibt es feste Wochentage für verschiedene Musikrichtungen, etwa für Reggae, Rock, aktuelle internationale Charts, afrikanische Popmusik und die bei der jungen Generation beliebten Stile R'n'B, Rap und Hip Hop. Besondere Events, wie Karaoke, Live-Konzerte, Modeschauen und Schönheitswettbewerbe, finden ebenfalls häufig statt.

Auch das gehört zu den Realitäten des kenianischen Nachtlebens: In einigen Läden stärker, in anderen weniger, werfen gut aussehende Frauen aus dem waagerechten Gewerbe ihre Angeln nach Kunden aus.

In den Touristenorten an der Küste befinden sich die rauen lokalen Bars und Kneipen eher in Randgebieten versteckt, denn die gesamte Unterhaltungsindustrie ist auf den Geschmack der ausländischen Touristen ausgerichtet, was Einrichtung und Musikstil, aber auch die Preise betrifft. Ein Großteil der Gäste bleibt allerdings in der Bar oder der Disco des eigenen Hotels, dabei ist draußen gewiss wesentlich mehr los.

Nationalparks und andere Naturschutzgebiete

Korallengärten, Mangrovenwälder und Sandstrände, Dornenbusch und Savannen, Flussläufe und Seen, Wüsten und Urwälder, Vulkane und schneegekrönte Gipfel sowie historische und archäologische Stätten – die Verschiedenartigkeit der Ökosysteme und Attraktionen in kenianischen Nationalparks und -reserves ist rekordverdächtig. Dank der Weitsicht und des Engagements einiger Naturschützer wurden bereits Ende der 1940er Jahre in Kenia die ersten Nationalparks des afrikanischen Kontinentes ausgewiesen. Einige von ihnen gehören immer noch zu den meistbesuchten des Landes, wie Nairobi, Tsavo oder Amboseli. Nach und nach ist die Zahl der Schutzgebiete – ohne die vielen privaten Refugien für Wildtiere – auf über 60 (!) mit einer Gesamtfläche von knapp 50.000 km² angewachsen. Das entspricht **fast 10 Prozent der kenianischen Staatsfläche**, eine Fläche größer als das Territorium der Schweiz! Neben dem klassischen Safaritourismus im Auto kann man auch eine große Palette verschiedener Sportarten und Aktivitäten in den Schutzgebieten betreiben, etwa Fußsafaris, Klettern, Wandern, Bergsteigen, Fahrrad fahren, Reiten, Schnorcheln, Tauchen, Baden, Angeln sowie Boots- und Ballonfahrten.

Den höchsten Schutzstatus genießen die **Nationalparks,** in denen **außer Tourismus keinerlei wirtschaftliche Betätigung** erlaubt ist. Die einzige Ausnahme in dieser Hinsicht stellt die geothermische Stromgewinnung im Hell's Gate National Park in der Nähe von Naivasha dar. Die 1989 gegründete **Naturschutzbehörde KWS (Kenya Wildlife Service)** überwacht die Einhaltung dieser Bestimmungen, managt die Nationalparks und erhebt die Eintrittspreise. Die umliegenden Gemeinden der Nationalparks profitieren nur indirekt vom Tourismus, etwa durch Souvenirverkauf, manchmal auch durch Anstellungen als Wildhüter oder in Hotels. Zudem

Die Do's & Don'ts:
Vom Tun und Lassen in Natur- und Tierschutzgebieten

Die afrikanischen Naturräume sind empfindliche Ökosysteme, in denen sich minimale Auswirkungen touristischer Betätigung im Lauf der Jahre millionenfach addieren. Dadurch sind Probleme vorprogrammiert und gewisse Vorschriften unvermeidlich. Der Satz **„Hinterlasse nichts als Deinen Fußabdruck, nimm nichts mit als Fotos"** bringt die wichtigsten Regeln schön auf den Punkt, ist aber doch noch um das eine oder andere Detail zu ergänzen. Denn obwohl die meisten der Verhaltensregeln für Naturschutzgebiete eigentlich selbstverständlich erscheinen, widerlegt die alltägliche Safari Realität mit ihren Auswüchsen diese Annahme leider immer wieder.

●In allen Nationalparks und -reserves gilt ein **Tempolimit von 40 km/h.** Das hilft, Wildunfälle zu verhindern, die unangenehme Staubentwicklung zu vermeiden und die Pisten zu schonen. Und – sind Sie nicht hier, um was zu sehen? Leider sind es oft genug die professionellen Safaribuspiloten, die wie Geistesgestörte durch die Schutzgebiete heizen. Für Tierbeobachtungen und gute Bilder benötigt man Geduld. Man sieht und erlebt viel mehr, wenn man längere Zeit bei einer Tiergruppe verweilt – irgendetwas Interessantes passiert immer, was einem bei der Heiz-Stop-und-Klick!-Methode garantiert entgangen wäre.

ken-70 Foto: hf

- **Tiere** kennen kein rechts vor links, deshalb **haben** sie **immer Vorfahrt.**
- **Nachtfahrten** (Fahrten zwischen 19.15 Uhr und 6 Uhr morgens) **sind** in allen National-parks und -reserves **untersagt,** einzige Ausnahme sind natürlich Hauptstraßen, die durch Parks führen, wie im Falle Mombasa Highway und Tsavo Nationalpark. Wenn Sie nicht über Nacht im Nationalpark bleiben, müssen Sie bis 19 Uhr den Park verlassen haben.
- Verständlicherweise ist es **verboten, Tiere zu stören oder zu belästigen,** indem man ihnen mit dem Auto zu dicht auf die Pelle rückt (näher als 15 m), sie verfolgt, hupt, sonstigen Lärm veranstaltet oder die Scheinwerfer aufblendet. Es gab sogar schon Leute, die die Tiere mit Gegenständen beworfen haben, um sie zu erschrecken und so zu Bewegungen zu „animieren". Wenn Tiere in dieser Form bedrängt werden, versetzt man sie in äußerste Stresszustände. Zukünftig werden sie dann die Nähe von Menschen meiden oder aber selber aggressiv reagieren.
- **Rücksicht** auch **auf andere Besucher** der Nationalparks: Stellen Sie sich mit Ihrem Wagen immer so hin, dass niemand behindert wird und auch andere Naturbegeisterte die Tiere sehen können.
- Fahren Sie **nicht abseits der Pisten,** denn Ihr Fahrzeug verletzt die Vegetation und hinterlässt Spuren, an denen Wind- und Wassererosion dann leichtes Spiel haben und in den empfindlichen Ökosystemen nachhaltige Schäden verursachen (Der eingangs erwähnte Satz gilt also nur für Fußabdrücke, nicht für Autoreifen!). Auch kurze Abstecher, z.B. zu einem Löwenrudel, sind verboten. Respektieren Sie gesperrte Pisten, die durch Steinreihen oder Dornenzweige blockiert sind. Meist sind diese Wege durch Wasser oder Erosionsrinnen unpassierbar geworden, oder die von Safaribussen zerpflügte Vegetation braucht eine Erholungspause.
- Obwohl die Tiere sich an die vielen Besucher gewöhnt haben und diese scheinbar gleichgültig ignorieren, sollten Sie sich von dieser Nonchalance **niemals** einlullen und zu leichtsinnigen **Dummheiten** hinreißen lassen. Krokodile, Büffel, Elefanten, Nilpferde, Nashörner, Löwen, Leoparden. Hyänen, sogar Strauße und Giraffen können sich innerhalb von Sekundenbruchteilen in gefährliche Wildtiere verwandeln, die imstande sind, Sie schwer zu verletzten oder gar zu töten. Verlassen Sie das Auto also nur, wo Ihnen Schilder dies ausdrücklich gestatten, wie z.B. an Picknick- und Campingplätzen oder auf den Naturpfaden, die in einigen Parks angelegt worden sind.
- Der viele Abfall, der in den Nationalparks herum(f)liegt, macht es offensichtlich nötig, nochmal in aller Deutlichkeit zu sagen: **Nehmen Sie allen Müll wieder mit nach Hause!!!** Mal ganz abgesehen vom landschaftsschützerischen Gesichtspunkt: Weggeworfene Gegenstände wie Glas oder Blechdosen stellen eine Gefahr für Wildtiere dar und führen immer wieder zu Verstümmelungen oder zu deren Tod. Außerdem können Glasscherben Busch- und Waldbrände entzünden, die in der trockenen Vegetation riesige Verwüstungen anrichten und unzählige Tiere töten. Deshalb ist es auch verboten, brennende Gegenstände, wie Zigarettenkippen, wegzuwerfen oder Feuer an Stellen zu machen, wo dies nicht ausdrücklich genehmigt ist, wie z.B. auf Campingplätzen. Auch in der Natur entsorgte Essensreste sind schädlich, weil sie das Fressverhalten von Tieren stören können.
- **Campen ist nur an speziell dafür ausgewiesenen Plätzen erlaubt.**
- **Haustiere** wie Hunde und Katzen haben im Terrain der Wildtiere nichts verloren und dürfen deshalb **nicht in die Parks** mitgebracht werden. Sie locken Raubtiere an, verjagen aber andererseits auch Vögel und Beutetiere. Und: Sie können Krankheiten auf Wildtiere übertragen, an denen diese jämmerlich eingehen.

● Selbstverständlich ist es auch **untersagt, Pflanzen oder irgendwelche Tiere** aus den Schutzgebieten **mitzunehmen,** gleiches gilt auch für Knochen, Hörner, Häute, Federn, Eier etc.

● Haben Sie eine Ahnung davon, welchen riesigen personellen und finanziellen Aufwand es bedeutet, allein in Kenia Schutzgebiete von der Größe der Schweiz, fast durchweg in absoluter Wildnis, zu managen? Überflüssig zu sagen, dass Kenia mit genügend anderen Problemen wie Armut, Aids, Arbeitslosigkeit etc. geschlagen ist und daher nur wenig Geld für den Naturschutz ausgeben kann. Die Anstrengungen des Entwicklungslandes verdienen umso mehr den **Respekt und** die **Mithilfe jedes Besuchers und Naturliebhabers.** Drücken Sie sich nicht um Parkeintritte, mit denen die Naturschutzarbeit finanziert und oft sogar noch soziale Aufgaben in den Gemeinden um die Parks herum unterstützt werden. Betreten und verlassen Sie die Schutzgebiete ordnungsgemäß durch die Gates. Zuwiderhandeln kann auch empfindliche Strafen nach sich ziehen. Behalten Sie Ihre Tickets, denn sie müssen beim Verlassen des Parks nochmals vorgezeigt werden. Beachten Sie bitte die oben genannten Regeln und erstatten Sie unmittelbar bei den Wildhütern Report, wenn Sie grobes Fehlverhalten anderer Besucher, durch Schlingen verletzte oder gar gewilderte Tiere und sonstige Auffälligkeiten bemerken, denn die Ranger können nicht überall gleichzeitig sein.

In den Meeresnationalparks sind einge **spezielle Vorschriften** zu beachten:

● **Brechen Sie keine Korallen ab,** wandern Sie bei Ebbe nicht leichtfertig über das Riff, und bestehen Sie darauf, dass Ihre Bootscrew bei Ausflügen in die Nationalparks an Bojen festmacht und nicht den Anker wirft. Korallenstöcke wachsen nur ca. 1 mm pro Jahr und brauchen deshalb unendlich lange Zeiten, um sich von Zerstörungen zu erholen. Außerdem sind sie der Lebensraum für viele andere seltene oder bedrohte Organismen.

● **Kaufen Sie nirgendwo und niemals** irgendwelche Muscheln, Korallen, Schildkrötenpanzer, Seesterne oder sonstige Souvenirs, die aus Meerestieren gemacht sind, und sammeln Sie diese auch nicht selbst!!! Erstens ist das verboten und wird bei der Ausreise aus Kenia und auch bei der Einreise nach Deutschland inzwischen gnadenlos geahndet, zweitens fördert jeder Kauf weitere verheerende Plünderungen der Riffe.

● Schmeißen Sie **keinerlei Abfälle ins Wasser.** Besonders Wasserschildkröten verwechseln Plastiktüten mit Quallen, einem ihrer Beutetiere, und ersticken beim Verschlucken qualvoll daran.

● **Anfüttern von Fischen** ist – zumindest in den Nationalparks – **verboten,** weil es die natürlichen Fressgewohnheiten der Fische stört und weil dabei von einigen Fischen auch erhebliche Gefahren für den Taucher ausgehen können.

● Während in den **Meeresnationalparks keinerlei Fischfang** erlaubt ist, darf man innerhalb der **Meeresnationalreserves mit Haken und Leine** angeln. Die Harpunenjagd ist generell verboten.

● Die Benutzung von **Jetskis** auf dem Wasser ist **verboten,** weil sie dicht unter der Oberfläche schwimmende Tiere, wie z.B. den bedrohten Dugong, schwer verletzen oder sogar töten können.

● **Strandfahrten** mit Autos, Motorrädern oder sonstigen motorisierten Fahrzeugen sind **verboten.**

hat der KWS durch den Bau von Schulen und Brunnen und ähnlichen Maßnahmen in der Vergangenheit versucht, die lokale Bevölkerung etwas stärker am Nutzen teilhaben zu lassen. Wegen der Größe des Verantwortungsbereiches und der Vielzahl der Aufgaben, die u.a. Straßenbau, Forschungsvorhaben, Überwachungsfunktionen und Aufklärungs- sowie Naturschutzarbeit umspannen, reichen die Gelder aus dem Ticketverkauf alleine nicht aus, um die laufenden Kosten der Wildschutzbehörde zu decken.

Die Verantwortung für die **National Reserves** und die Verfügungsgewalt über die Eintrittsgelder ist von den County Councils, also den jeweiligen Regionalverwaltungen, an den KWS übertragen worden. Ausnahmen sind ausgerechnet zwei der meistbesuchten Schutzgebiete in Kenia: das Masai Mara National Reserve und das Samburu National Reserve. Denn so wünschenswert es eigentlich ist, dass die Regionen und ihre Menschen stärker von den Einnahmen profitieren – die Realität stellt sich oft anders dar: Durch kurzsichtige Habgier wurden zu viele Konzessionen für Hotel- und Tourismusbetriebe ausgestellt, mit entsprechend negativen Auswirkungen auf Ökosysteme und Tierwelt. Aus gleichem Grund floss in vielen Fällen zu wenig Geld in den Wildschutz und die Infrastruktur zurück. Und durch das Fehlen einer übergeordneten Kontrollinstanz war der persönlichen Bereicherung einflussreicher Lokalpolitiker auf Kosten von Allgemeinheit und Natur Tür und Tor geöffnet.

Die Besiedlung von National Reserves ist zwar verboten, aber es können laut Gesetz **neben dem Tourismus auch andere Nutzungsformen** genehmigt werden, solange diese „nachhaltig" sind. Was dies genau heißt und wer dies beurteilen soll, ist nicht eindeutig festgelegt. In vielen National Reserves führt das immer wieder zu großen Problemen. Weidende Viehherden stellen nicht nur eine Nahrungskonkurrenz für das Wild dar, sondern übertragen auch gefährliche Krankheiten. Beispielsweise hat im Tsavo East National Park ein Ausbruch der Rinderpest Anfang der 1990er Jahre die Kudus und Büffel fast ausgerottet, während im Masai-Mara-Serengeti-Ökosystem 1000 Löwen und andere Raubtiere an der Hundestaupe eingegangen sind. Aber auch Feuerholz- und Nutzholzeinschlag und sogar Ackerbau richten Schäden an.

Die Entsprechung der National Reserve im Forstbereich sind besondere Waldschutzgebiete, die sogenannten **Forest Reserves.** Sie unterstehen der staatlichen Forstbehörde, was ihnen offenbar nicht bekommt, denn viele kenianischen Wälder existieren nur noch auf der Landkarte oder sind zumindest stark geschrumpft. Bei Fortdauer dieses Trends ist mit ihrem völligen Verschwinden in den nächsten 20 Jahren zu rechnen. Die großflächige Abholzung der ursprünglichen Bewaldung Kenias begann bereits während der Kolonialzeit, um in den sogenannten White Highlands Platz für Farmen, Rinderranches, Tee- und Kaffeeplantagen zu schaffen. Nach der Unabhängigkeit wurden besonders auf dem Mau Escarpment, um die Aberdares und den Mt. Kenya herum große Waldflächen für die Besiedlung durch landlose Kleinbauern freigegeben.

Einige der schönsten verbliebenen **Urwälder** finden sich an den hohen Bergen des Landes, also rund um dem Mt. Kenya, in den Aberdares, am Mt. Elgon und in den Nandi Hills. Besonders erwähnenswert ist aber auch der Kakamega-Wald in Westkenia, in dem bis heute viele Pflanzen- und Tierarten aus der zentral- und westafrikanischen Region überlebt haben. Ein ökologisch ähnlich wertvolles Kleinod ist der Arabuko Sokoke-Wald an der Küste, das einzige zusammenhängende Stück der einst ausgedehnten Küstenregenwälder Ostafrikas.

Eine vierte Kategorie von Naturschutzgebieten ist das sogenannte **Game Sanctuary** oder die **Conservancy,** die private Ländereien mit Schutzstatus beschreibt. Zumeist handelt es sich dabei um Teile von riesigen Privatranches weißer Besitzer, die dort einen sehr exklusiven Tourismus mit kleinen Gästezahlen betreiben. Viele liegen in Laikipia, der Region zwischen Mt. Kenya und den Aberdares, wie etwa Lewa Downs, Solio Ranch, Ol Pejeta u.a., aber auch im Rift Valley, am Rande des Tsavo und im Hinterland von Malindi. Außergewöhnliche Bedeutung besitzen diese privaten Farmen seit Ende der 1980er Jahre für den **Schutz der kenianischen Spitzmaulnashörner.** In einem Kraftakt wurden die Dickhäuter aus den unsicheren Gebieten des Landes hierher umgesiedelt. Das systematische Zuchtprogramm und die strengen Sicherheitsvorkehrungen konnten das Aussterben der kenianischen Population von gerade einmal 350 Tieren verhindern; inzwischen sind viele Rhinos wieder in sichere Nationalparks ausgewildert worden.

Seit vielleicht 10 Jahren entstand dann eine **neue Art von Game Sanctuary,** bei denen es sich um die zusammengelegten Ländereien vieler kleinbäuerlicher Besitzer oder eines gesamten Clans handelt, den sogenannten **Group Ranches.** In den Vorzeigeprojekten dieser Gemeinschaftsschutzgebiete, etwa dem Mwaluganje Elephant Sanctuary in Nachbarschaft zu den Shimba Hills oder dem Il Ngwesi Game Sanctuary in der Mathew's Range, verdienen die einheimischen Menschen durch den Tourismus inzwischen deutlich mehr, als wenn sie auf den schlechten Böden Ackerbau oder Viehzucht betreiben würden. Die Einnahmen werden aber nur teilweise direkt ausgezahlt, ein großer Teil geht in den Bau von Schulen, in eine verbesserte Wasserversorgung, medizinische Einrichtungen und andere Vorhaben zum Wohl der Gemeinschaft.

Diese Game Sanctuaries sind ein vielversprechendes Modell, um den Wandel in der Lebensweise und **steigende Bevölkerungszahlen mit Tierreichtum** zu vereinbaren. Lösungsansätze werden dringend gebraucht, denn durch den Bevölkerungszuwachs steigt der Hunger nach Ackerland, Feuerholz und Fleisch, vielerorts sind die Wanderungsrouten des Wildes außerhalb der Parks durchschnitten und auch der Druck auf die geschützten Gebiete steigt. Ein Indiz für das zu enge Beieinanderleben von Mensch und Tier sind die häufigen **Wildunfälle** in Kenia. An besonders kritischen Brennpunkten, beispielsweise in den Aberdares, in Nakuru, im Mwea National Reserve oder in den Shimba Hills, wird versucht, mit elefantensicheren Starkstromzäunen weitere Opfer auf beiden Seiten der Drähte zu verhindern. Mehr als ein Zeitaufschub ist das aber nicht, denn man wird niemals die riesigen Schutzgebiete komplett umzäunen und vollständig überwachen können. Zudem leben laut Studien bis zu 70 Prozent der kenianischen Tiere zumindest während der Wanderungszeiten außerhalb aller Naturschutzgebiete, wo sie besonders gefährdet sind. Man wird also Wege finden müssen, diese Landkorridore offen zu halten. Aber solange die ländliche Bevölkerung von den riesigen Schutzgebieten und den Wildtieren nicht profitiert – in welcher Form auch immer – wird sie die Tiere immer nur als Konkurrent um Ackerland oder als billige Fleischquelle sehen. Von staatlicher Seite fehlen aber auch die langfristigen Landnutzungspläne. Und wenn im Zweifelsfalle die ökonomischen Interessen und jene des Naturschutzes aufeinander prallen, ist es wie bei uns: häufig zieht die Schöpfung dabei den Kürzeren.

Detaillierte Beschreibungen der einzelnen Schutzgebiete, ihrer Attraktionen, der Infrastruktur und Anfahrtswege finden sich in den entsprechenden Routenkapiteln.

Eintrittspreise

Obwohl die Zahl der Schutzgebiete in Kenia sehr hoch ist, konzentrieren sich die mehr als **1 Million Besucher** vorwiegend auf **wenige Nationalparks,** nämlich Tsavo, Amboseli, Nairobi, Nakuru und die National Reserves Masai Mara, Samburu und Buffalo Springs. Deshalb versucht der KWS mit niedrigen Eintrittspreisen mehr Touristen in die unbekannteren Parks zu locken. Das macht diese Schutzgebiete für alle Reisenden mit eigenem Fahrzeug besonders reizvoll: Zum einen werden Safaris dadurch deutlich billiger, zum anderen hat man die Natur oft ganz für sich allein. Und das entschädigt dann auch reichlich dafür, dass man nicht immer die Massen an Tieren sieht, wie etwa in der Mara.

Für die kenianischen Nationalparks und National Reserves gelten die folgenden **Preise**, die sich **pro Person und Tag** verstehen und bei der Einfahrt in die Schutzgebiete für die gesamte Aufenthaltsdauer im Voraus bezahlt werden. Bleibt man länger, muss man beim Verlassen die Differenz nachzahlen. Kindertarife gelten von 3 bis 18 Jahre.

Premium Parks

(Amboseli, Lake Nakuru, Masai Mara, Shaba, Samburu und Buffalo Springs)
- **Erwachsene:** 60 US$ (Non residents/NR), 1000 Ksh (Residents/R)
- **Kinder:** 30 US$ (NR), 500 Ksh (R)

Wilderness Parks

(Aberdares, Tsavo Ost, Tsavo West, Chyulu und Meru)
- **Erwachsene:** 50 US$ (NR), 1000 Ksh (R)
- **Kinder:** 25 US$ (NR), 500 Ksh (R)

Urban National Park

(Nairobi)
- **Erwachsene:** 40 US$ (NR), 1000 Ksh (R)
- **Kinder:** 20 US$ (NR), 500 Ksh (R)

Scenic & Special Interest Parks

(Hell's Gate, Mt. Elgon, Marsabit, Oldonyo Sabuk, Mwea, Ruma, Saiwa Swamp, South Turkana, Mt. Longonot, Sibiloi, Central und South Island, Tana Primate, Kakamega, Shimba Hills, Arabuko Sokoke, Ndere Island)
- **Erwachsene:** Hell's Gate und Mt. Elgon 25 US$, ansonsten 20 US$ (NR), 500 Ksh (R)
- **Kinder:** 10 US$ (NR), 200 Ksh (R)

Mountain Climbing

(Mt. Kenya)
- **Erwachsene:** 55 US$ (NR), 550 Ksh (R)
- **Kinder:** 20 US$ (NR), 200 Ksh (R)
- **3-Tagespaket: Erwachsene:** 150 US$ (NR), 2000 Ksh (R), **Kinder:** 70 US$ (NR), 1200 Ksh (R)

Meeresnationalparks

- **Erwachsene:** Kisite Mpunguti 20 US$, ansonsten 15 US$ (NR), 300 Ksh (R)
- **Kinder:** 10 US$ (NR), 150 Ksh (R)

Studenten erhalten Rabatte nur gegen Studentenausweise, wenn der Besuch nicht während des Urlaubs stattfindet und zwei Wochen zuvor angekündigt wird.

In den Parks Nairobi, Lake Nakuru, Aberdare, Tsavo East und West **kann man nur mit Smart Card** bezahlen, einer Chipkarte, die die Eintrittstickets aus Papier ersetzt. Dummerweise werden die Smart Cards nur an bestimmten Gates ausgestellt, nämlich an den Main Gates von Nairobi, Lake Nakuru, Tsavo East (Voi Gate) und beim KWS in Mombasa. Mit Geld aufladbar sind sie nur an folgenden Stellen: An den Main Gates von Nairobi, Lake Nakuru, Tsavo East sowie im HQ des Aberdare National Parks, im KWS-Büro in Mombasa, beim Malindi Marine Park, am Meshanani Gate des Amboseli und am Mtito Andei Gate von Tsavo West. Und um alles noch umständlicher zu machen, müssen die Nonresidents die Karte beim Verlassen des Parks immer wieder abgeben – und sich beim nächsten Park neu ausstellen lassen. Fazit: Eigentlich sind die Smart Cards keine schlechte Idee, aber die Umsetzung ist nicht wirklich gelungen. Die Karte soll von der **Safari Card** abgelöst werden.

Die **Eintrittsgebühren für Autos** sind be allen Parks und unabhängig davon, ob man Resident ist oder nicht, **einheitlich.** Ein Fahrzeug mit weniger als 6 Sitzen kostet 300 Ksh und mit 6–12 Sitzen 1000 Ksh. In der Unterwassernationalparks zahlt man für Boote 200 Ksh. Wer mit einem KWS-Ranger als Führer zur Fußsafari aufbricht, zahlt für 6 Stunden 1500 Ksh. Bisweilen kann sich das schon bezahlt machen, denn einige der Wildhüter (nicht alle, KWS-Mitarbeiter werden oft versetzt!) kennen die Parks wie ihre Westentasche und haben einen unglaublichen Blick für versteckte Tiere.

Buchung und Gebühren für Campingplätze und Bandas

In den Nationalparks gibt es sogenannte **Private Campsites,** die nur von bestimmten Tour Operators genutzt werden dürfen, **Public Campsites,** die jedem offenstehen, sowie **Special Campsites.** Diese unterscheiden sich von den anderen Zeltplätzen nicht in puncto Ausstattung, sondern befinden sich häufig an besonders schönen Plätzen und werden nur exklusiv an eine Besuchergruppe vergeben. Sie sind vom Übernachtungspreis her teurer, und pro Woche Aufenthalt wird zusätzlich eine Buchungsgebühr von 7500 Ksh fällig. Reservierungen gehen über den Warden der jeweiligen Nationalparks (Adressen in den Nationalpark-Beschreibungen) oder per Telefon oder Email über das Hauptquartier des KWS in Nairobi, was oft einfacher ist.

Auch die vom KWS geführten Hüttenunterkünfte, die **Bandas,** die es in einigen der Nationalparks gibt, werden über den Warden oder die Zentrale in Nairobi gebucht. Unter **www.kws.org** findet man eine Beschreibung der meisten Camps und Bandas sowie Infos zu den aktuellen Preisen.

Die **Buchungsadresse in Nairobi** lautet: **Kenya Wildlife Service Headquarters,** Department for Tourism, Tel. 020/602345, 501081; kws@kws.go.ke

Die **Campinggebühren für öffentliche Campsites** in den **Premium bzw. Wilderness Parks** betragen für Erwachsene (Nonresident/Resident) 25 US$/500 bzw. 300 Ksh, für alle anderen Parks 15 US$/150 Ksh. **Campinggebühren für Special Campsites in Premiumparks**: (Nonresidents/Residents): 40 US$/500 Ksh. In **Wildernesssparks:** 30 US$/ 500 Ksh. **In allen übrigen Parks:** 15 US$/ 500 Ksh. Studenten und Kinder (Nonresidents/Residents) zahlen die Hälfte.

Karten und Literatur

Kartenmaterial und Literatur zu den einzelnen Nationalparks sind in den jeweiligen Kapiteln aufgeführt. Eine empfehlenswerte Kartenserie zu verschiedenen Parks hat der KWS aufgelegt, die in Nairobi beim HQ und an zahlreichen Eingangstoren erhältlich ist. Touristische Karten zu einigen der Nationalparks erhält man auch in den Buchläden Nairobis (siehe dort), aber der Verlauf der Pisten und andere Infos sind oft veraltet. Nicht alle Campingplätze, die vermerkt sind, existieren noch, und seit der Drucklegung sind neue

Lodges entstanden. Detaillierte topografische Karten erhält man beim Survey of Kenya etwas außerhalb von Nairobi, an der Straße nach Thika (s. S. 232).

Notfall

Die folgenden Hinweise sollen helfen, im (hoffentlich nicht eintretenden) Unglücksfall zügig Hilfe zu organisieren und den Schaden zu begrenzen.

Der Notfallzettel

Sie sollten sich vor der Abreise die Mühe machen und die **wichtigsten Daten zu Ihrer Person und zu Ihren Papieren** auf Englisch auf einem Blatt, dem „Notfallzettel", zusammentragen. Auf diese Daten können Sie zurückgreifen, wenn Sie Papiere oder Geld verloren haben. Und dieses Papier gibt schnell über Sie Auskunft, wenn Ihnen etwas zugestoßen sein sollte und Sie selbst – z.B. bei Bewusstlosigkeit – dazu nicht in der Lage sind.

Neben den Angaben über Ihren Pass, Ihre Blutgruppe, Ihre Auslandsreisekrankenversicherung (Notfall-Telefonnummer und Mitgliedsnummer!) und Ihre Angehörigen sollten auch die Telefonnummern der Flying Doctors in Nairobi, der Deutschen Botschaft, Ihres Hotels und Ihres Reiseveranstalters auf dem Blatt stehen.

Der Teil mit den Informationen, die nur Sie etwas angehen, kann ruhig auf Deutsch abgefasst sein und sollte enthalten: Kreditkartennummer und Telefonnummer zum Sperren; Traveller Cheques-Nummern (am besten alle Nummern einzeln aufführen, dann kann man die bereits eingetauschten Cheques zur Kontrolle einfach abstreichen) sowie Telefonnummern für Sperrung und Ersatz; die wichtigsten privaten Telefonnummern und Adressen; Angaben zu weiteren Papieren wie Tauchschein, Führerschein, Flugticket etc. Hilfreich ist es auch, sich stichpunktartig auf dem Zettel zu notieren, was für die Wiederbeschaffung von Traveller Cheques (s.u.) und die Erstattung von Krankenkosten durch Ihre

Versicherung zu beachten ist. Geheimnummern haben auf dem Zettel allerdings nichts verloren.

Dieses Papier sollte **immer am Körper** getragen werden und zwar getrennt von den Wertgegenständen. Befindet es sich im Hotelzimmer oder in einem Gepäckstück, ist es völlig nutzlos, wenn tatsächlich mal etwas passieren sollte. Weitere Kopien kann man natürlich in anderen Gepäckstücken aufbewahren.

Verlust von Geldkarten

Bei Verlust oder Diebstahl der Kredit- oder Maestro-/EC-Karte sollte man diese umgehend sperren lassen. Für deutsche Maestro- und Kreditkarten gibt es die einheitliche **Sperrnummer 0049/116116** und im Ausland zusätzlich **0049/30 4050 4050**. Für österreichische und schweizerische Karten gelten folgende Telefonnummern:

- **Maestro-/EC-Karte,** (A)-Tel. 0043/1 2048800; (CH)-Tel. 0041/44 2712230, UBS: 0041/848 888601, Credit Suisse: 0041/800 800488.
- **MasterCard,** internationale Tel. 001/636 7227111.
- **VISA,** Tel. 0043/1 7111 1770; (CH)-Tel. 0041/58 9588383.
- **American Express,** (A)-Tel 0049/69 9797 1000; (CH)-Tel. 0041/44 6596333.
- **Diners Club,** (A)-Tel. 0043/1 501350; (CH)-Tel. 0041/58 7508080.

Verlust von Reiseschecks

Nur wenn man den Kaufbeleg mit den Seriennummern der Reiseschecks sowie den Polizeibericht vorlegen kann, wird der Geldbetrag von einer größeren Bank vor Ort binnen 24 Stunden zurückerstattet. Also muss der Verlust oder Diebstahl umgehend bei der örtlichen Polizei und auch bei American Express bzw. Travelex/Thomas Cook gemeldet werden. Die Rufnummer für Ihr Reiseland steht auf der Notrufkarte, die Sie mit den Reiseschecks bekommen haben.

Geldnot

Wer dringend eine größere Summe ins Ausland überweisen lassen muss wegen eines Unfalles o.Ä., kann sich auch nach Kenia über **Western Union** Geld schicken lassen. Für den Transfer muss man die Person, die das Geld schicken soll, vorab benachrichtigen. Diese muss dann bei einer Western-Union-Vertretung (in Deutschland u.a. bei der Postbank) ein entsprechendes Formular ausfüllen und den Code der Transaktion telefonisch oder anderweitig übermitteln. Mit dem Code und dem Reisepass geht man zu einer beliebigen Vertretung von Western Union in Kenia (siehe Telefonbuch oder unter www.westernunion.com), wo das Geld nach Ausfüllen eines Formulares binnen Minuten ausgezahlt wird. Je nach Höhe der Summe wird eine Gebühr ab derzeit 10,50 Euro erhoben.

Ausweisverlust/ dringender Notfall

Wenn Sie keinerlei Geld mehr haben wird Ihnen die **Botschaft** zumindest so viel vorstrecken, dass Sie sich ein Rückflugticket leisten können und bis zum Abflug nicht verhungern. Die Summe müssen Sie in Deutschland aber auf Heller und Pfennig wieder zurückzahlen. Originalton Auswärtiges Amt: „Ein Konsulat ist nicht die Filiale eines Kreditinstituts, eines Reisebüros oder eine Zweigstelle der AOK." Will heißen: Diese Möglichkeit gilt nur für wirkliche Notfälle! Samstag und Sonntag ist das Botschaftspersonal natürlich im Wochenende, und Sie werden nur den Anrufbeantworter an der Strippe haben. Es gibt aber einen Bereitschaftsdienst, und dessen Telefonnummer können Sie dort abhören Anschriften und Telefonnummern der deutschen, schweizerischen und österreichischer Landesvertretung in Nairobi finden Sie im Kapitel zur Hauptstadt, einige Konsulatsadressen im Mombasa-Kapitel.

Damit löst sich aber noch nicht das drängende Problem, wie Sie erst einmal vom Ort des Missgeschicks zum Konsulat oder zur Botschaft kommen. Eigener Erfahrung nach bin ich mir sicher, dass Ihnen wildfremde Kenianer spontan Hilfe anbieten werden, wenn sie von Ihrem Unglück erfahren.

Ersatz für Ihren **Reisepass** erhalten Sie von Konsulat oder Botschaft. Lassen Sie sich durch die Polizei eine Bestätigung über die verlorenen Papiere ausstellen, damit Sie beim Reisen auch ohne Ausweis keine Schwierigkeiten bekommen. Wenn Sie noch eine Passkopie bei sich haben, dürfte es ohnehin keine Probleme in dieser Richtung geben. Denken Sie an die benötigten zwei Passfotos. Den neuen Ausweis müssen Sie mit einem Botschaftsvermerk der Einwanderungsbehörde vorlegen. Sonst werden Sie bei der Ausreise Probleme bekommen, weil Sie ja keinen Einreisestempel im neuen Pass haben.

Ein **Polizeiprotokoll** des Vorfalls, unter genauer Angabe aller verschwundenen Dinge, benötigen Sie, um sich die Chance zu wahren, von Ihrer Reisegepäckversicherung Ersatz zu erhalten. In Zeiten von E-Tickets reicht in der Regel eine Kopie mit den wichtigsten Fluginfos um normal einzuchecken.

Mobiltelefon

Sollte das Mobiltelefon im Ausland verloren gehen oder gestohlen werden, sollte man die Nutzung der SIM umgehend beim Provider sperren lassen (nicht immer kostenfrei!). Dazu muss man in der Regel folgende Angaben machen können: Rufnummer, SIM-Kartennummer (auf SIM vermerkt), Kundennummer oder Kundenkennwort.

Ebenfalls vorher notieren sollte man die **IMEI-Nummer** (elektronische Zulassungsnummer), die nach Eingabe des Tastencodes Stern-Raute-null-sechs-Raute auf dem Display erscheint – diese muss man in der Regel auch bei der Polizei bei der Diebstahl- oder Verlustmeldung angeben.

Verwicklung in einen Verkehrsunfall

Die größte Gefahr bei einem Kenia-Aufenthalt geht vom Verkehr aus. Was ist zu tun, wenn man selber in einen Verkehrsunfall verwickelt ist? Wichtig ist, die Unfallstelle unverändert zu lassen, bis die Polizei den Fall aufnehmen konnte, selbst wenn man den ganzen Verkehr blockiert! Wenn es **keinen Personenschaden** gibt, wird ein **Report** geschrieben, und man kann seiner Wege gehen (bzw. fahren, wenn dies mit dem beschädigten Wagen noch möglich ist). Von der Polizei benötigt man einen sogenannten **Abstract,** um später das Bürokratische mit seinem Versicherer oder der Autovermietung klären zu können. Die Ausstellung dieses Dokuments kostet ein paar hundert Ksh. Im Falle eines Personenschadens muss das Auto zur Polizei geschleppt werden und wird erst nach Klärung des Sachverhaltes wieder freigegeben.

Die **telefonische Notfallnummer in Kenia** lautet **999,** sie sollte von jedem (funktionierenden) öffentlichen Fernsprecher kostenlos anzuwählen sein. Da es mit Ausnahme von Nairobi aber keinen Notrettungsdienst mit Krankenwagen gibt, bleibt für den Transport von Verletzten nur das Taxi. Man gibt dem Fahrer 5000 Ksh zur Bezahlung der Notaufnahme und zur Abgeltung der Taxe.

Adressen und Telefonnummern von Polizeistationen und Krankenhäusern sowie verschiedener Ärzte finden sich im Informationsteil der einzelnen Routen, auch die Botschaft hat eine Liste mit empfehlenswerten Ärzten.

Medizinische Notfälle

Abgeschiedenheit und Einsamkeit machen große Regionen Kenias zu einem Paradies für Naturliebhaber. Im Notfall kann das aber die Hölle bedeuten. Bis medizinische Hilfe eintrifft, vergeht viel Zeit, oft zu viel Zeit. Denn zu wenige Ärzte betreuen zu viele Menschen, eine Situation, die auf dem Land noch schlimmer ist als in den Städten. Schafft man es ins nächste Krankenhaus – u.U. mehrere Stunden Fahrt auf schlechter Piste –, steht man vielleicht vor einem überfüllten und schlecht ausgestatteten District Hospital ...

Es war die katastrophale medizinische Versorgungslage besonders der einheimischen Bevölkerung in vielen Teilen von Ostafrika, die **1957** zur **Gründung von AMREF,** der **African Medical and Research Foundation,** führte, aus der einige Jahre später auch die **Flying Doctors of East Africa** hervorgingen (siehe entsprechenden Exkurs). Inzwischen sind die Flying Doctors in einem Gebiet im Einsatz, das größer als Mitteleuropa ist. Mit ihren kleinen Maschinen fliegen sie auch abgelegene Buschpisten an, oder sie landen abseits jeder Landebahn, um Verletzte rauszuholen und auf dem schnellsten Wege in die Klinik zu bringen. Um keine kostbare Zeit zu vergeuden, beginnt die ambulante Versorgung durch Notärzte oder speziell ausgebildete Krankenschwestern bereits auf dem Rückflug. Übrigens sind fast **50 Prozent aller Patienten Touristen,** und viele verdanken einem dieser Rettungsflüge ihr Leben.

Wer durch Kenia reist, dem sei eine **Mitgliedschaft** bei den Flying Doctors dringend empfohlen. Wer nicht Mitglied ist, wird natürlich auch gerettet, muss aber alle Kosten für den Transport selbst tragen. Für eine zweimonatige Mitgliedschaft (kostenlose Evakuierung in einem 500 km-Radius um Nairobi) zahlt man nur 25 US$, im 1000-km-Radius 100 US$. Eine Jahresmitgliedschaft (kostenlose Evakuierung in einem 1000-km-Radius um Nairobi) kostet 50 US$. Die Unterlagen gibt es direkt am Wilson Airport in Nairobi, wo sich auch das Hauptquartier der Fliegenden Ärzte befindet. Weitere Informationen, z.B. über besondere Gruppentarife, erhält man aber auch unter der regulären Anschrift:

● **The Flying Doctors of East Africa**
Wilson Airport, P.O. Box 30125-00100, Nairobi, Kenya, Tel. 020/602495, 6994409-13, Fax 601594, www.amref.org.

Notrufe können rund um die Uhr abgesetzt werden:
● per Telefon: 020/600-090 -552, -833, -868, 602492, 315-454, -453, Mobil: 0733/639088, 0722/314239
● per Telefax: 020/344170
● über Funk: auf den Frequenzen HF 5796 KHz Lower Side Band (LSB) oder HF 9116 KHz LSB
● E-Mail: emergency@flydoc.org

Übrigens: **Funkgeräte** haben viele der renommierten Safari-Veranstalter, die Ranger-

Posten in National Parks und Reserves, die Missionsstationen, einige der Krankenhäuser, Polizeiwachen, Militärs und auch ein Großteil der Europäer, die in den abgelegenen Gebieten arbeiten.

Der Chefpilot der Flying Doctors empfiehlt noch folgende **Vorkehrungen in puncto Sicherheit:**
● Bei Safaris in abgelegene Gebiete sollte man mit einem Unternehmen reisen, welches über Funkgeräte verfügt, damit im Notfall Hilfe herbeigerufen werden kann.
● Große Gruppen sollten sich vor Abfahrt bei den Flying Docs melden, damit sie mit Informationen versorgt werden können, wo im Reisegebiet die nächste Landepiste ist.

Im Notfall:
● Ruhe bewahren! Erzählen Sie systematisch, WO, WANN und WAS passiert ist. Wieviele Leute sind verletzt? Geben Sie detaillierte Informationen über den Zustand und die Art der Beschwerden, selbst wenn kein Flugzeugtransport nötig erscheint. Die Flugzeuge können in der Regel nicht in der Dunkelheit fliegen und müssen entsprechend lange vor Einbruch der Nacht starten.
● Durch ihre jahrzehntelange Erfahrung können die Flying Doctors relativ zuverlässig Ferndiagnosen aussprechen und so den Begleitern medizinischen Rat erteilen.
● Genaue Infos werden benötigt, um zu entscheiden, welches Flugzeug und Personal, welche Medikamente und Ausrüstung mit an Bord genommen werden müssen.
● Bringen Sie sich und andere nicht leichtsinnig in Gefahr! Die Piloten sind keine Cowboys der Lüfte und tragen viel Verantwortung. Bei jedem Flug müssen die Risiken, wie gefährliches Wetter oder schlechte Landemöglichkeiten, gegen das Leben der Crew, die Unversehrtheit der Maschine und das eigene Leben abgewogen werden.

Der Rücktransport nach Südafrika, Europa oder Nordamerika kann auch über die Fliegenden Ärzte organisiert werden. Falls notwendig, stellen sie auch medizinisches Begleitpersonal für den Krankentransport an Bord einer kommerziellen Luftlinie.

Praktische Tipps A-Z

Hilfe aus dem Himmel

Die Fliegenden Ärzte von Ostafrika retten seit fast 50 Jahren das Leben anderer – und riskieren dabei mitunter das eigene

Captain *Moran* beginnt mit dem Anflug. Durch die Cockpitscheiben ist bereits das staubige Flugfeld zu sehen. Moment mal! Eine Elefantenherde blockiert die Landebahn. Doch die Maschine muss in jedem Falle runter! Der erfahrene Pilot drückt die Cessna Grand Caravan tiefer, Akazien wischen an den Fenstern vorbei. In ein paar Metern Höhe schießt das Flugzeug über die Elefantenherde hinweg. Die Dickhäuter räumen das Feld. Nach einer Platzrunde vor dem Panorama der abendlichen Savannenlandschaft Nordkenias setzt der Buschpilot die Propellermaschine unbeschadet auf.

Viel Zeit zum Durchatmen bleibt nicht. Neben den beiden Safari-Bussen am Ende der Piste liegt ein blutüberströmter Mann im Staub. *Martha* und *Alice*, die zwei Krankenschwestern an Bord, sind sofort bei ihm. Es ist ein britischer Tourist, der sich, von Depressionen geplagt, über eine Klippe stürzte. Schürfwunden und Knochenbrüche hat er erlitten, es besteht Verdacht auf Schädelbasisbruch. Während Martha Infusionen vorbereitet, überprüft Alice die Vitalfunktionen. Atmung stabil, Blutdruck zufrieden stellend und Puls schwach, aber regelmäßig. Unter den Augen des Mannes haben sich blauschwarze Blutergüsse gebildet. Seine Kleidung ist verschmutzt. Aber er ist wieder ansprechbar. Ja, er hat starke Schmerzen.

Die Elefanten stehen 70 Meter entfernt am Rand des Flugfeldes. Das Leittier fächelt nervös mit den Ohren. Captain Moran treibt zur Eile an. In 2 Stunden schließt der Wilson Airport in Nairobi. Die Bahre wird ins Flugzeug gehievt. Während die Maschine zum Start rollt, erhält der Patient eine Sauerstoffmaske und wird an den Herzmonitor angeschlossen. Der Schulterdecker beschleunigt und löst sich vom Boden. Meter um Meter steigt er in den Abendhimmel. Tief unten frisst die Dunkelheit das weite Land. Zwischen explodierenden Cumuluswolken glühen die Gletscher des 5190 m hohen Mt. Kenya auf. Dann wird auch die Cessna von der tintenschwarzen Nacht verschluckt. Nach der Landung in Nairobi wird der Verletzte vor dem Hangar der Fliegenden Ärzte in einen wartenden Krankenwagen umgeladen. Innerhalb weniger Stunden aus der wilden Savanne in die modernste Klinik Ostafrikas – nur dank dieser schnellen Rettungsaktion der Fliegenden Ärzte überlebte der englische Patient.

Lediglich 20 Minuten vergehen im Regelfall zwischen Auffangen eines Notrufes aus dem Äther bis zum Start einer Hilfsmaschine der Fliegenden Ärzte vom Wilson Airport. Die Verständigung zwischen Outback, dem Land ohne Telefonleitungen, und der Leitstelle der Flugrettung in Nairobi erfolgt durch 120 – teils solarbetriebene – Funkstationen. Jede von ihnen ist eine Masche im unsichtbaren Hilfsnetz, das ganz Ostafrika überzieht. Die medizinischen Außenposten können über Funk sogar dringend benötigte Arzneimittel bestellen oder von Spezialisten fachlichen Rat bei komplizierten Fällen erhalten. Und da sich Notfälle selten an Dienststunden halten, ist der Funkraum, das „Gehirn" der Flugrettung, rund um die Uhr in Bereitschaft.

500 Einsätze in einem Gebiet von der Größe Europas

Rund 600 solcher „Feuerwehreinsätze" jährlich fliegen die Flying Doctors of East Africa, beinahe die Hälfte der transportierten Patienten sind Touristen. Zwischen 700 und 800 Landepisten werden im Einsatzgebiet angeflogen, das 2 Mio. km² misst und von Äthiopien bis hinunter nach Malawi und Sambia reicht. Eine Fläche größer als Mitteleuropa – und deutlich wilder. Die Bandbreite der Notfälle spricht für sich: Tellerminenverletzungen, Schuss-, Schnitt- und Stichwunden, Gasexplosionen, Malariainfektionen, Wildunfälle und Schlangenbisse, aber auch „normale" ambulante Fälle, wie Nierenkoliker, Epilepsien, Verbrennungen, Geburtskomplikationen, Herzinfarkte und Schädelbrüche. Die meisten Verletzten fordert indes der chaotische Verkehr auf Ostafrikas Straßen. Allerdings machen die Luftrettungseinsätze nur rund 20 Prozent der Flüge aus. Mehr als doppelt so viele Flugstunden verbringen die fünf Maschinen der Fliegenden Ärzte für die Mutterorganisation, die African Medical and Research Foundation (AMREF), in der Luft.

AMREF fliegt mit seinen Ärzte-Teams im regelmäßigen Turnus 40 Buschkrankenhäuser Ostafrikas an. Bei den mehrtägigen Visiten nehmen die Fachärzte – vom Urologen bis zum Augenarzt – spezielle Untersuchungen, Behandlungen und Operationen vor, die von den medizinischen Kräften vor Ort nicht durchgeführt werden können. Die Bilanz dieses sogenannten Outreach-Programms ist beeindruckend: Bisher wurden mehrere Millionen Patienten, viele von ihnen traditionelle Nomaden ohne festen Wohnsitz, aus der Luft behandelt. Dass die Hilfe aus dem Himmel einmal solche Dimensionen annehmen würde, war 1957, im Gründungsjahr von AMREF, nicht abzusehen. Heute arbeiten rund 700 Menschen aus 15 Ländern für die Organisation, mehr als 50 davon für die Fliegenden Ärzte. Über 90 Prozent von ihnen sind Afrikaner.

Der Initiator der Fliegenden Ärzte hieß Michael Wood, ein britischer Chirurg, der in der Nähe von Nairobi lebte. Hin und wieder wurde der passionierte Flieger zu Notfällen in die einsamen Gebiete Kenias gerufen. Wie – so grübelte er auf den langen Flügen – könnte man selbst in entlegenen und dünn besiedelten Landstrichen eine medizinische Grundversorgung und ärztliche Notfallhilfe gewährleisten? Wood wusste aus der eigenen Arztpraxis: „Wer in Afrika ein guter Doktor sein will, muss seinen Patienten aufsuchen. Man kann nicht warten, bis er zu einem kommt. Bis dahin ist er längst tot!"

Fliegen ist billiger als fahren

Die ersten Versuche, Kenias abgelegenen Gebiete mit mobilen Fahrzeugkliniken zu erreichen, versackten im Marsch der Regenzeiten und ertranken in unbezahlbaren Rechnungen. Ab 1951 wurden systematisch Flugzeuge eingesetzt. Sie erwiesen sich bald als das ideale – und billigste! – Transportmittel. Und durch die hohe Geschwindigkeit und die große Reichweite erschloss sich der Organisation ein riesiges, ansonsten unwegsames Operationsgebiet. Anstatt Tage auf staubigen, heißen und ruckeligen Pisten zu vergeuden, konnten die Ärzte bedeutend mehr Zeit auf ihre Arbeit verwenden. Und Arbeit ist das Einzige bei AMREF, von dem es immer mehr als genug gab.

120 Projekte hat die humanitäre Organisation mit Hauptsitz in Nairobi sowie Ablegern in Tansania, Uganda, Südafrika und neuerdings auch Mosambik ins Leben gerufen, um jene Lücken zu schließen, die das marode staatliche Gesundheitswesen in Ostafrika nicht abdeckt. Besonderes Gewicht wird von jeher auf die Aus- und Weiterbildung von medizinischen Fachkräften gelegt. Daneben leistet AMREF klassische humanitäre und medizinische Hilfe, unterstützt Hungernde und Flüchtlinge, führt Aufklärungskampagnen – z.B. gegen Aids – durch, propagiert Familienplanung, organisiert Impfkampagnen und betreibt medizinische Forschung. Dabei wird auf lokal verfügbare, billige Methoden gesetzt. Da viele Gesundheitsprobleme ihre Ursache außerhalb des medizinischen Bereiches haben und Vorsorge viel billiger als Nachbehandlung ist, hat sich AMREF beispielsweise auch beim Bau von Trinkwasserbrunnen für 40.000 Menschen engagiert. Selbsthilfegruppen von Eltern mit behinderten Kindern werden organisiert, alleinerziehenden Frauen werden Kredite für die Gründung eines Kleingewerbes vermittelt. Denn können

sich die Mütter etwas hinzuverdienen, verbessert sich erfahrungsgemäß auch der Ernährungs- und Gesundheitszustand ihrer Kinder.

Schwer zu glauben, dass der Jahresetat von AMREF – die Fliegenden Ärzte mit eingeschlossen – nur 15 Mio. Dollar beträgt. Ein großer Teil dieser Gelder stammt von den Beiträgen der rund 30.000 Mitglieder, ein weiterer Löwenanteil wird von Geberländern aufgebracht. Daneben hat AMREF aber auch in zwölf nordamerikanischen und europäischen Ländern Spendenorganisationen aufgebaut, die Gelder sammeln; seit wenigen Jahren auch in Österreich, in Deutschland schon seit 1963.

Inzwischen sind die Helfer vom Himmel selber in Not. Seit einigen Jahren drängt kommerzielle Konkurrenz in den Luftrettungssektor. Ohne Erfahrung und eigene Flugzeuge, aber mit den Werbemillionen internationaler Versicherungskonzerne im Rücken jagen sie den traditionsreichen Fliegern Mitglieder ab. Als Folge des geringeren Spendenaufkommens müssen AMREF und die Flying Doctors rationalisieren – bisher ein Fremdwort für die gemeinnützige Stiftung. Dennoch: Anders als bei den Kommerziellen soll es auch zukünftig kostenlose Transporte in sozialen Härtefällen geben – immerhin ein Fünftel aller Rettungsflüge. Als Tourist kann man sich für gerade mal 25 Dollar gegen den (Not-) Fall der Fälle versichern lassen – Geld, das sicherlich gut angelegt ist.

Ein Zebra im Propeller

Der Chefpilot *Benoit Wangermez* steht zwischen den fünf Rettungsflugzeugen der Flying Doctors auf dem Vorfeld und hat sich den dunkelblauen Fliegerpulli über die Schulter geworfen. Rein äußerlich entspricht der klein gewachsene, wortkarge Franzose nicht gerade dem Klischeebild vom Buschpiloten der weltberühmten Hilfsorganisation, einer Mischung aus zeitgenössischem *David Fynch-Hatton* (braun gebrannter Abenteurer mit stahlblauen Augen und blitzenden Zähnen) und *Saint-Exupéry* (der fliegende Philosoph und Menschenfreund). Was treibt Benoit und seine Kollegen dazu, täglich das eigene Leben für andere zu riskieren? Geld jedenfalls ist es nicht. Nach seinen schönsten Erlebnissen im Beruf gefragt, erzählt der Franzose ganz ohne Pathos von der tiefen Befriedigung, wenn es gelingt, ein Menschenleben zu retten. Und dann spricht er von dem Turkana-Hirten, der durch Viehdiebe schwer verletzt wurde. Vier unmenschliche Tage trugen ihn seine Verwandten durch die flimmernde Wüste nach Loyangalani, dem nächsten Funkposten, der sofort die Flying Doctors benachrichtigte. Die Notoperation in Nairobi war erfolgreich, der Patient, der noch nie zuvor ein Krankenhaus, geschweige denn ein Flugzeug von innen gesehen hatte, genas.

Und was bedeutet ihm das Fliegen? „Fliegen", behauptet Benoit, „Fliegen besteht zu 99 Prozent aus Langeweile und zu 1 Prozent aus Terror!" Aber wenn Benoit von seiner Arbeit erzählt, klingt das nicht gerade nach langweiligem Alltagsjob. Beiläufig erwähnt er Nachtlandungen in wildreichen Nationalparks im Scheinwerferlicht aufgereihter Geländewagen und touch downs an abgelegenen Sandstränden. Vor einigen Jahren lief ihm während der Landung ein Zebra in den Propeller, eine Beinahekatastrophe. Beim Erzählen blitzt es verräterisch in seinen Augen. Da ist klar, dass er seine Arbeit zumindest auch wegen der fliegerischen Herausforderungen so liebt – 1 Prozent Terror, das offensichtlich sehr schwer wiegt.

● **Kontakt in Deutschland:** Tel. 089/17876085, Fax 089/17876087
● **Kontakt AMREF Austria:** Waagplatz 3, 5020 Salzburg, Tel. 0662/84 01 01, Fax 0662/840101-13, office@amref.at
● **Spendenkonto:** Hypo Salzburg, BLZ 55000, Kto-Nr. 211018700

Öffnungszeiten

Gesetzlich festgeschriebene Öffnungszeiten scheinen in Kenia nicht zu existieren, aber die meisten **Geschäfte** in den Städten schließen bereits vor Einbruch der Dunkelheit und haben auch an Sonntagen geschlossen. Wichtige Ausnahmen hiervor bilden vor allem die großen **Nakumatt-Supermärkte,** die werktags in der Regel bis 20 Uhr und an Sonntagen immerhin bis 16 Uhr geöffnet haben, sowie die Geschäfte in einigen **Shopping Centres von Nairobi,** die ebenfalls länger auf sind. Inzwischen gibt es sogar erste Supermärkte mit 24-Stunden-Service. Nach dem Geschäftsschluss ist man für den Rest des Abends – auch in ländlichen Gebieten – auf kleine **Kioske** angewiesen, in denen es vom Softdrink über Seife, Batterien, Fahrradersatzteile, Kopfschmerztabletten und Kekse bis hin zu Moskitospiralen ein buntes Sortiment zu erstehen gibt.

Die **Banken** haben landesweit fast völlig einheitlich von Montag bis Freitag zwischen 9 und 15 und Samstag von 9–11 Uhr geöffnet, **Postämter** von 8–17 Uhr bzw. am Samstag von 8–14 Uhr. Alle Regierungsämter und **Behörden** sind – zumindest theoretisch – von 9–16 Uhr besetzt, aber wer etwas zu erledigen hat, erreicht in den Morgenstunden zwischen 9 und 12 Uhr erfahrungsgemäß am meisten, denn nicht alle Beamte kommen von der Mittagspause zurück.

Die **National Parks und Reserves** sind täglich von 6 bzw. 6.30–18 Uhr für einfahrende Fahrzeuge geöffnet, verlassen darf man sie in der Regel noch bis 19 Uhr.

Buchtipps – Praxis-Ratgeber:
- Rainer Höh
GPS Outdoor-Navigation
- Rainer Höh
Orientierung mit Kompass und GPS
- Wolfram Schwieder
Richtig Kartenlesen
(Alle Bände REISE KNOW-HOW)

Museen sind ebenfalls täglich der Öffentlichkeit zugänglich, allerdings nur zwischen 9 und 17, manchmal auch bis 18 Uhr.

Orientierung

Da die meisten **Städte** Kenias auf britische Neugründungen zurückgehen, liegt ihnen in der Regel ein **systematischer Plan** zugrunde, was die Orientierung für Ortsfremde erleichtert.

Im Kern der Modellstadt befindet sich das **Geschäftszentrum,** an dessen Hauptstraße(n) die Banken und Geschäfte mit teureren Konsumgütern und Textilien, aber auch Reisebüros und größere Hotels liegen. Teils wurden hier neuere repräsentative Geschäftshäuser hochgezogen, dazwischen hat aber auch noch das eine oder andere Kolonialhaus überdauert. In einem **angrenzenden Stadtviertel** liegt die täglich geöffnete Markthalle, die von einem größeren freien Platz für den Wochenmarkt unter freiem Himmel umgeben wird. Außerdem findet man hier zahlreiche kleinere Geschäfte, deren Angebot auf die Landbevölkerung und die unteren Einkommensklassen zugeschnitten ist. Dementsprechend ist hier am meisten los, es herrscht Lärm und Geschäftigkeit.

Ursprünglich war dies das klassische Wohngebiet der indischen Geschäftsleute. An der Fassade vieler heruntergekommener Kolonialhäuser, die in der ersten Hälfte des 20. Jahrhunderts entstanden, liest man denn auch indische Schriftzeichen.

Auch der Busabfahrtsplatz und die Matatu-Haltestellen liegen hier, ebenso wie zahlreiche billige Restaurants, kleinere Geschäfte und preiswerte Unterkunftsmöglichkeiten.

Das grüne, weitläufige **Verwaltungsviertel,** aber auch das Wohngebiet der Weißen, Krankenhaus und Polizeistation legten die Briten gerne etwas außerhalb, in erhöhter Lage und mit schönem Ausblick, an.

Obwohl die meisten **Straßen** einen Namen besitzen, wird dieser in der Regel von keinem Menschen benutzt – mit Ausnahme der wenigen Hauptstraßen, die in allen Städten des Landes gebetsmühlenartig die Namen einiger kenianischer und afrikanischer Politiker wiederholen. Aber man kommt auch gut ohne Straßennamen zurecht, denn die Ortskerne sind meist überschaubar.

In den beiden Ausnahmefällen **Nairobi und Mombasa** sind die Straßennamen geläufiger und die Straßen häufig sogar beschildert. Von großem Nachteil ist hier allerdings, dass es **kein System von Hausnummern** gibt, stattdessen tragen die Häuser einen individuellen Namen. Und da die Post nicht ausgetragen, sondern über Postfächer zugestellt wird, sitzt man oft vor einer Postfachanschrift ohne weitere Angaben. Wer Glück hat, besitzt auch die Telefonnummer, um Straße und Hausnamen zu erfragen. Aber selbst dann sucht man oft noch länger nach dem richtigen Gebäude, da man nicht weiß, an welchem Ende der Straße es sich befindet. Taxifahrer können da oft weiterhelfen.

Das **Landstraßennetz** von Kenia ist in fünf verschiedene Kategorien eingeteilt, wobei die A-Straßen die größten, die E-Straßen die kleinsten sind. Theoretisch zumindest, denn je nachdem, in welchem Landesteil man sich befindet, kann eine A-Straße auch ein besserer Buschpfad sein, während eine C-Straße zum Asphalthighway ausgebaut wurde.

Die **Beschilderung** war früher einmal vorbildlich, aber wie die Straßen selbst ist auch sie vernachlässigt worden. Viele der Wegweiser sind durch aufgeklebte Wahlplakate oder Rost völlig unleserlich, andere wurden gleich ganz abmontiert und vermutlich zu Masai-Schmuck verarbeitet ...

Wer **einheimische Leute** mitnimmt, die am Straßenrand auf eine Mitfahrgelegenheit warten, kann sich auf ihre **Ortskenntnis** verlassen und erfährt gleichzeitig noch jede Menge über die jeweilige Region, die Namen von Bergen, Dörfern und Flüssen usw. Ansonsten bleibt im Zweifelsfalle nur die Möglichkeit, sich durchzufragen oder einen Führer zu nehmen. Das letztere kostet Geld, ersteres ist mit gewissen **Tücken** behaftet. In abgelegeneren Regionen wird man nämlich über längere Strecken keine Menschenseele treffen. Wenn man endlich auf einen Passanten stößt, gibt es häufig ein Kommunikationsproblem. Nicht alle Kenianer – auf dem Land

mit sinkender Wahrscheinlichkeit – sprechen Englisch oder wenigstens Kisuaheli. Ein weiteres Problem: Viele Leute verstehen einen nicht, geben das aber wiederum nicht zu verstehen, sondern sagen wahllos irgendetwas. Oder sie wollen einem nicht widersprechen und stimmen dem zu, was der Fremde ihrer Meinung nach hören möchte. Deshalb sollte man die Fragen immer offen stellen. Also: Welcher Weg geht nach Nairobi? Und nicht: Geht dieser Weg nach Nairobi? Die Auskunft ist umso verlässlicher, je mehr Personen die gleiche Antwort geben.

Ebenfalls problematisch sind **Fragen nach Entfernungen und Straßenzustand.** Viele Leute haben keinen Führerschein, geschweige denn ein Fahrzeug, besitzen daher auch keine Vorstellungen von exakten Kilometerentfernungen und sagen häufig irgendwelche Fantasiezahlen. Zu bedenken ist auch, dass ältere Leute, die die britische Kolonialzeit miterlebten, die Maßeinheit Meile verinnerlicht haben. Die Frage „Ist es noch weit?" ist völlig nutzlos. Denn meistens lautet die Antwort dann: „Siyo mbali sana!", also: „Nicht sehr weit!" Und das, so stellt sich später heraus, kann 500 m oder einige Dutzend Kilometer bedeuten. Auch die Frage nach der Fahrtzeit von A nach B hilft oft nicht weiter. Die Passanten sehen den Geländewagen und gehen davon aus, dass dieser sehr schnell fährt. Deshalb ziehen sie von der Zeit, die ein Sammeltaxi benötigen würde, noch etwas ab. Aber gerade auf schlechten Pisten fahren die Kamikazepiloten meist viel schneller als man selbst.

Die Mitnahme eines **Satellitennavigationsgeräts (GPS)** lohnt höchstens, wenn Sie den wüstenhaften Norden Kenias ausführlich bereisen wollen. In den Nationalparks des Südens kommt man problemlos mit den allgemeinen Karten zurecht.

Noch ein Wort zu den Wegbeschreibungen und Entfernungsangaben im **Routenteil dieses Buches:** Alle Beschreibungen und Angaben abseits der Hauptstraßen sind mit einer prinzipiellen Vorsicht zu genießen, denn es kommt häufiger vor, dass sich der Verlauf einer Piste nach der Regenzeit verändert, z.B. weil Erosionsrinnen die alte Strecke durchschnitten haben oder eine morastige Stelle großräumig umfah-en werden muss. Teilweise führen auch mehrere Fahrspuren parallel zueinander, weil sich jeder seinen eigenen „besten" Weg gesucht hat etc Deshalb sind **Entfernungen** also **immer nur Richtwerte.** Ich habe mich bis auf Ausnahmen auf gerundete Angaben beschränkt und versucht, die wichtigen Punkte mit kurzen Beschreibungen zu charakterisieren. Das ist schon deshalb sinnvoll, weil die Kilometerzähler der Fahrzeuge nicht einheitlich geeicht sind und ihre Genauigkeit auch von der Reifengröße abhängt. Diese Unterschiede, die einem minimal vorkommen, addieren sich bei den Tausenden von Umd-ehungen schon auf wenigen Kilometern zu einem beträchtlichen Stück.

Kisuaheli-Vokabeln zu Or-sangaben und Fragen zur Orientierung stehen im nächsten Kapitel „Reisen in Kenia".

Reisen in Kenia

Stadtverkehr

Taxi

In den kleineren kenianischen Städten lässt sich das meiste zu Fuß erreichen, bei weiteren Entfernungen und aus Sicherheitsgründen besonders abends kann man auf **Taxis** zurückgreifen. **Taxameter** sind in Nairobi und dem Rest des Landes unbekannt. Man vereinbart den Preis deshalb bereits vor der Losfahrt, sonst sieht man sich bei der Ankunft oft mit Wucherforderungen konfrontiert. Das Niveau liegt im Allgemeinen deutlich unter dem in Deutschland. Für Fahrten in Nairobis Innenstadtbereich sollte man beispielsweise nicht mehr als 300 Ksh bezahlen. Der Preis in die Vororte und Stadtteile richtet sich gewöhnlich nach Entfernung und Verkehrsaufkommen. Nach Westlands z um Beispiel zahlt man von der Innenstadt aus 300–400 Ksh.

In Nakuru und Nairobi sind Taxis eine interessante Alternative zu Mietwagen oder Safaripaket, wenn man die nahe gelegenen Nationalparks besuchen möchte. Der **Pauschalpreis für** den **ganzen Tag** ist Verhandlungs-

sache und kann auch den Preis für e nen Mietwagen erreichen. Man sollte allerdings nicht den letzten Seelenverkäufer anmieten, denn Schieben im Park ist nur was für Adrenalinjunkies. Reserverad nicht vergessen!

Es gibt in den größeren Städten Kenias zwar **Taxistände,** sie sind in der Regel aber nicht eigens gekennzeichnet. Meist handelt es sich auch bloß um einen Schatten spendenden Baum, unter dem ein paar Wagen stehen, oder um einen strategisch günstig gelegenen, staubigen Platz in der Stadtmitte.

Neben den akkreditierten Unternehmen sind auch zahllose **Schwarzunternehmer** auf der Straße. Meist wird man als Tourist von ihnen bereits angesprochen, bevor man den Wunsch nach einem Taxi überhaupt äußern kann. Mit der Zeit entwickelt man dann einen ziemlich zuverlässigen Blick dafür welche 70 Prozent der Männer, die untätig an Autos lehnen, inoffizielle Taxifahrer sind. Die einzige Gefahr, der man sich in diese 1 Gefährten aussetzt, besteht darin, unterwegs liegen zu bleiben: Aus Benzinmangel – denn viele fahren ständig mit dem letzten Tropfen – oder weil die übel zusammengeflickten, eiernden Karren ihren Geist aufgeben.

In ländlicheren Gegenden Westkenias gibt es im flachen Terrain auch **Fahrradtaxis,** sogenannte **Boda Boda** (von dem englischen Begriff „Border" für Grenze, da die Fahrradtaxis ursprünglich verwendet wurden, um Personen und Lasten nach Uganda zu transportieren). Eine Fahrt kostet je nach Entfernung zwischen 20 und 40 Ksh.

Busse und Matatus

Im Stadtverkehr der beiden kenianischen Millionenstädte, also **Nairobi und Mombasa,** gibt es sowohl ein **Linienbussystem,** das vom Kenya Bus Service (KBS) betrieben wird, als auch **private Sammeltaxis,** sogenannte **Matatus,** wobei die öffentliche Busse noch billiger sind. Beide verbinden die Innenstädte mit den zahlreichen Vororten und folgen häufig ähnlichen Strecken. Auch die Routennummern stimmen zwischen Matatus und Bussen in der Regel überein. In der Rushhour sind beide Transportarten fürchterlich überlastet, weil die meisten kenianischen Angestellten sich kein Auto leisten können. Wenn man ab 17 Uhr in Nairobi mit dem Matatu fahren will, findet man sich öfters am Ende einer 100 m langen Warteschlange wieder. Ein absurdes Bild, wie sich in dem kompletten Verkehrschaos die Pendler fein säuberlich, britisch, geduldig in Reih und Glied aufstellen. Während die Verkehrsbusse nach festgelegten Fahrplänen fahren und einen relativ langsamen Takt haben, setzt sich bei den Matatus eigentlich ständig ein Fahrzeug in Bewegung.

Überlandbusse und -Matatus

Das **praktischste aller Verkehrsmittel** für Individualreisende ohne eigenes Fahrzeug ist in Kenia der Überlandbus. Eine große Zahl von privaten Unternehmen bedient die größeren Ortschaften im dichter besiedelten südlichen Kenia, sodass es zu allen Destinationen täglich meist mehrere Verbindungen gibt. Einige der Bus Companys operieren nur innerhalb einer bestimmten Region, andere unterhalten ein **landesweites Streckennetz mit Fahrplan**, regelmäßigen Abfahrtszeiten (die in der Regel eingehalten werden!) und festgelegten Zwischenstopps. **Nachtfahrten** auf einigen ausgesuchten Strecken existieren ebenfalls. Allerdings ist das Unfallrisiko in der Dunkelheit größer. Und wer von Mombasa nach Nairobi fährt, sollte bedenken, dass man aus Sicherheitsgründen nach der Ankunft bis zum Morgengrauen in ungemütlicher Haltung im Bus schlafen muss, wie das selbst die einheimischen Passagiere tun, außer man wird mit einem Fahrzeug abgeholt. Zu den Hauptstädten der Nachbarstaaten Uganda, Tansania und Südsudan, sowie nach Mwanza am Lake Victoria und Tanga an der Küste existieren sogar **grenzüberschreitende Linien**. Im Nordteil von Kenia ist man auf andere Verkehrsmittel wie Lkw, Projektfahrzeuge oder stellenweise auch Land Rover-Taxis angewiesen.

Fahrscheine – im Regelfall sind sie nummeriert – kauft man vor der Abfahrt in den **Kartenbüros** der jeweiligen Buslinie, die sich in den meisten Städten einen Steinwurf entfernt vom Markt befinden und als Gepäckaufbewahrung, Warteraum sowie Terminal fungieren. Besonders vor Weihnachten, wenn die halbe Bevölkerung Kenias vom Arbeitsplatz zum Familiensitz in der Heimatregion fährt, sind die Busse oft ausgebucht, und man tut sehr gut daran, sich rechtzeitig ein Ticket zu reservieren.

Denken Sie bereits beim Ticketkauf daran: Bei längeren Reisen kann es auf der Sonnenseite unangenehm warm werden. Die Bänke in den ersten Sitzreihen und am Einstieg bieten deutlich mehr Beinfreiheit und eine bessere Aussicht durch die Windschutzscheibe, sind aber wegen riskanter Überholmanöver nichts für Leute mit schwachen Nerven. Die letzten Sitzreihen sind besonders auf schlechten Strecken nicht zu empfehlen, weil es hinten wesentlich staubiger ist und Unebenheiten durch die Hebelwirkung des überhängenden Hecks viel mehr durchschlagen.

Durch die große Konkurrenz sind die **Preise** auf vielen Strecken unschlagbar **günstig.** Für eine Fahrt von Nairobi nach Mombasa beispielsweise muss man etwa mit 700–900 Ksh, also 7–9 Euro, rechnen. Um dennoch Profit zu machen, werden die Busse **sehr eng bestuhlt,** und der Komfort hält sich dadurch in Grenzen, zumal die Passagiere zusätzlich **viel Handgepäck** in die Kabine mitbringen.

Bei den seriösen Firmen wird alles **Gepäck** in den Ladeluken unter der Kabine verstaut. Wer Zerbrechliches im Rucksack oder in der Reisetasche transportiert, muss darauf achten, dass das gute Stück möglichst oben liegt. Das gilt auch für Fahrräder, die normalerweise eine zusätzliche Frachtgebühr kosten. Auf langen Fahrten werden Pinkel- und Essenspausen eingelegt. Vor der Abfahrt, aber auch bei Zwischenstopps, kann man von den fliegenden Händlern neben Snacks und Erfrischungen auch Armbanduhren, Transistorradios, Werkzeugsets, Süßigkeiten, Sonnenbrillen und ein unbeschreibliches Sortiment an nutzlosem Tand erstehen. Vergessen Sie trotz dieses faszinierenden Durcheinanders nicht, dass Busabfahrtsplätze das ideale Revier für **Taschen- und Gelegenheitsdiebe** sind. Sie sollten das Gepäck also niemals aus den Augen lassen und auch Geld und Papiere wie Ihren Augapfel hüten! Wer von der Küste ins kühle Hochland reist, tut gut daran, sich eine Jacke mit in die Kabine zu nehmen.

Entfernungstabelle

Entfernungen in km, berechnet über die kürzeste Verbindung auf Hauptstraßen

Von \ Nach	Eldoret	Embu	Garissa	Isiolo	Kakamega	Kericho	Kisii	Kisumu	Kitale	Lamu	Lodwar	Loiyangalani	Machakos	Malindi	Maralal	Marsabit	Meru	Mombasa	Mtito Andei	Mtrang'a	Nairobi	Naivasha	Nakuru	Namanga	Nanyuki	Nyahururu	Nyeri	Thika
Embu	451																											
Garissa	692	330																										
Isiolo	460	194	373																									
Kakamega	105	541	782	550																								
Kericho	164	405	646	414	136																							
Kisii	262	503	744	512	174	98																						
Kisumu	158	488	729	497	53	83	121																					
Kitale	69	520	761	529	142	316	233	195																				
Lamu	1138	965	349	1116	1228	1190	1092	1175	1207																			
Lodwar	424	875	1116	939	497	671	588	550	355	1562																		
Loiyangalani	649	609	884	425	739	701	603	686	550	1395	1073																	
Machakos	337	204	445	350	467	429	331	414	686	799	801	634																
Malindi	916	743	349	889	1006	968	870	953	985	222	1340	1173	577															
Maralal	424	384	714	200	514	378	691	774	461	1170	848	225	409	948														
Marsabit	737	471	650	277	870	476	789	502	627	1161	734	176	715	727	257													
Meru	465	137	467	57	419	517	502	534	517	889	482	355	458	627	119	334												
Mombasa	797	624	468	887	751	849	834	866	502	341	1221	1054	458	119	1047	829	775											
Mtito Andei	548	375	383	521	638	585	617	600	585	866	972	805	209	325	798	580	526	249										
Mtrang'a	399	52	380	353	489	451	468	436	502	913	581	475	203	572	475	356	268	323	87									
Nairobi	312	139	380	285	402	364	381	349	414	826	915	569	65	604	344	562	290	485	236	87								
Naivasha	223	228	469	291	273	235	220	193	292	982	647	480	154	568	255	760	296	574	325	176	89							
Nakuru	156	295	536	304	246	208	225	208	225	982	580	268	221	581	268	760	309	641	392	243	156	67						
Namanga	477	304	545	450	567	529	546	514	412	937	734	509	176	727	455	715	455	596	347	252	165	254	321					
Nanyuki	375	141	471	85	465	427	444	412	444	1026	468	265	90	362	243	804	90	685	436	113	200	206	219	365				
Nyahururu	278	238	568	182	368	330	347	315	347	1024	371	263	187	459	146	802	187	683	434	210	198	109	122	363	97			
Nyeri	432	96	426	142	522	484	501	469	501	981	525	220	147	419	300	759	147	640	391	68	155	244	276	320	57	154		
Thika	354	97	338	243	444	406	391	391	423	868	611	107	240	520	380	640	240	627	278	42	131	158	198	707	45	57	113	
Voi	646	473	619	736	683	698	406	484	391	118	868	611	107	307	903	896	624	151	98	421	334	423	490	445	534	532	489	376

Die **Busse auf den Hauptrouten** sind in aller Regel in gutem technischen Zustand, sodass man wesentlich seltener als in anderen afrikanischen Ländern damit rechnen muss, durch Pannen aufgehalten zu werden. Auch die Unfallhäufigkeit liegt deutlich niedriger als bei den Matatus, was allerdings kaum daran liegt, dass die Fahrer vernünftiger fahren würden. Auf einigen Strecken liefern sich die unterschiedlichen Busfirmen regelrechte Wettrennen. Andere Verkehrsteilnehmer haben vor den rasenden Ungetümen, die oft mit einer unglaublichen Zahl an Lampen, kessen Aufschriften, verchromten Radkappen und ähnlichen Accessoires daherkommen, einfach wesentlich größeren Respekt als vor den kleinen Matatus und machen weise Platz.

Destinationen, genaue Abfahrtszeiten, Fahrpreise und Lage der Ticketbüros der größten Busfirmen finden sich in den jeweiligen Stadtkapiteln.

Matatus bedienen in Konkurrenz zu den Busunternehmen auch **Überlandrouten**. Wegen der Kamikaze-Allüren ihrer Fahrer sind sie für einen großen Teil der tödlichen **Unfälle** auf Kenias Straßen verantwortlich. Trotzdem kommt man als Reisender um sie nicht herum, denn sie füllen das weitmaschige Streckennetz der Überlandbusse auf, die nur zwischen den größeren Städten auf den Hauptstraßen verkehren, während man mit den Matatus auch in kleinere und abgelegene Ortschaften kommt.

Die **nördlichen Endpunkte des Matatu-Verkehrs** markieren die Städte Isiolo, Maralal und westlich des Turkana Sees Lokichokio. Ein weiterer Vorteil der Matatus: Während die Busse nur wenige Male pro Tag zu vorgegebenen Abfahrtszeiten eine Strecke bedienen, **starten** Matatus immer dann, **wenn sie voll sind.** So voll, dass man häufig sein Gepäck nicht unterbringen kann, es sei denn, man ist bereit, für seinen Rucksack einen eigenen Sitzplatz zu bezahlen ... Wer es eilig hat, sollte daher ein Fahrzeug wählen, das schon relativ gut gefüllt ist. Auf die Versicherung der Schlepper, die für etwas Kleingeld Fahrgäste akquirieren, dass es jederzeit losgehe, sollte man sich jedenfalls nur verlassen, wenn im Auto schon mehrere Fahrgäste sit-

zen. Bezahlt wird bei den Überland-Matatus gegen Ausstellung eines Tickets bereits im Voraus.

Eisenbahn

Schlechte Nachrichten für Eisenbahnfans: Der kenianischen Eisenbahn fehlt so ein bisschen der Dampf, daran hat auch die Übertragung der Konzession von der staatlichen Kenya Railways an ein privates Konsortium nichts ändern können. Dabei verdankt Kenia seine Existenz ursprünglich dem Bau der Uganda-Bahn. Über Jahrzehnte war der Schienenstrang zwischen Mombasa und Kisumu die Hauptverkehrsader. Das Schienennetz wurde mit Stichstrecken nach und nach in die landwirtschaftlichen Regionen der White Highlands ausgebaut. Die überragende Bedeutung der Eisenbahn für die Entwicklung Kenias zeigt sich immer noch in den Gebäuden der Kenya Railways-Hauptquartiers in Nairobi, die ebenso prächtig und repräsentativ sind wie der oberste Gerichtshof und das State House, der ehemalige Sitz des britischen Gouverneurs in der Kronkolonie. Heutzutage bieten **Gleisanlagen und Fuhrpark** einen **trostlosen, desolaten** Anblick.

Immerhin haben **zwei Passagierstrecken** überlebt.

Auf den Strecken von **Mombasa nach Nairobi** und von **Nairobi nach Kisumu** existiert aber nur ein Liegewagen-Service. Im Fahrpreis für die 1. und die 2. Klasse sind neben dem Transport auch Abendessen, Frühstück und Bettzeug enthalten, Getränke kosten extra. In den Abteilen der 1. Klasse haben 2 Personen Platz, während in der 2. Klasse, deren Abteile nach Geschlechtern getrennt sind, 4–6 Leute unterzubringen sind. In der 3. Klasse sitzt man auf einfachen Bänken, eine Vorausbuchung ist nicht möglich, der **Standard** ist **sehr bescheiden,** und vermutlich wird man auf der gesamten Fahrt kein Auge zutun. Bei den legendären Schlafwa-

Britisches Erbe: die Eisenbahn in Kenia

genzügen ist der Lack schon etwas ab, aber stellenweise ahnt man noch den großen Stil, den diese Reise früher auszeichnete – und angenehmer als eine Busfahrt ist die Reise allemal. Da die Züge in den Nachtstunden unterwegs sind, kann man von der herrlichen Landschaft draußen leider nur morgens vor der Ankunft etwas erhaschen. Beim Essen sollte man keine lukullischen Hochgenüsse erwarten. Bereits vor Abfahrt erhält man mit seinem Ticket beim Schaffner die Gutscheine für die Mahlzeiten. Ein Schaffner mit Glocke bittet dann unterwegs zu Tisch. Während Sie dinieren, bereitet das Personal die Betten vor, und wenn Sie morgens beim Frühstück sitzen, wird alles wieder weggeräumt. Eine eigene Rolle Klopapier bewahrt Sie vor unangenehmen Überraschungen beim Toilettengang.

Es empfiehlt sich, Tickets für die 1. und 2. Klasse im Voraus zu **reservieren,** was an den Bahnhöfen von Mombasa und Nairobi zu den normalen Geschäftszeiten problemlos auch telefonisch erledigt werden kann

(Mombasa: Tel. 041/312225, Nairobi: Tel. 020/221211, 335160). Besonders wenn man in der Weihnachtszeit mit der Eisenbahn reisen möchte, sollte man wegen des starken Verkehrsaufkommens früh genug buchen. Reserviert werden kann auch über normale Reisebüros, dann aber verteuert durch eine zusätzliche Bearbeitungsgebühr.

Die Abfahrtszeiten der Züge und Ticketpreise stehen in den Stadtkapiteln.

Flugzeug

Die kenianische Regierung unternimmt gegenwärtig große Anstrengungen, die Hauptverkehrsstraßen des Landes nach langer Vernachlässigung wieder instand zu setzen. Das Vorankommen per Matatu, Bus oder Auto ist wegen der Baustellen aber bisweilen sehr ermüdend. Für alle, die nur 2 oder 3 Wochen Zeit haben, um das große Land zu bereisen bietet es sich daher an, die langen Strecken komfortabel und schnell mit dem Flugzeug

ken033 Foto: hf

zu bewältigen, um möglichst viel Zeit an den wirklich schönen Plätzen zu verbringen.

Flugpisten gibt es buchstäblich **überall im Land,** viele Lodges und exklusive Safari Camps in den abgelegenen Gebieten besitzen sogar ihren eigenen Landestreifen und machen das Flugzeug dadurch zum Transportmittel der Wahl. Mal ganz abgesehen davon: Die Vogelperspektive auf die kenianischen Landschaften – sei's der verschneite Mt. Kenya, das Rift Valley mit seinen Seen und Vulkanen, die mit Kokospalmen bestandene Küste oder das karge, endlos erscheinende Nordkenia – ist unvergesslich und rechtfertigt die höheren Ausgaben.

Die staatliche Fluglinie **Kenya Airways** unterhält nicht nur Verbindungen ins Ausland, sondern fliegt vom **Jomo Kenyatta International Airport** bei Nairobi auch innerhalb Kenias die Flughäfen von Eldoret, Kisumu, Lokichoggio, Lamu, Malindi und Mombasa sowie in Tansania Dar es Salaam, Kilimanjaro und Sansibar an. Die Gründung von Kenya Airways geht auf das Jahr 1977 zurück, als die Regierung beim Auseinanderbrechen der Ostafrikanischen Gemeinschaft kurzerhand die Flugzeuge der East African Airways konfiszierte und damit die neu gebackene nationale Airline ausstattete. 1996 wurde das hoch verschuldete Staatsunternehmen privatisiert, die holländische KLM erwarb 26 Prozent der Anteile und unterhält seitdem eine enge Kooperation mit der Fluglinie. Inzwischen wird Kenya Airways wieder ihrem Werbeslogan „The Pride of Africa" – der Stolz Afrikas – gerecht und wurde mehrfach als afrikanische Airline des Jahres ausgezeichnet.

Die zweite große Luftfahrtgesellschaft des Landes, **Air Kenya,** operiert vom **Wilson Airport** aus, der deutlich günstiger zur Stadtmitte Nairobis liegt. Das Privatunternehmen genießt einen hervorragenden Ruf, was Service, Pünktlichkeit und Zuverlässigkeit anbelangt. Vom Wilson Airport starten die Maschinen zu vielen Touristenattraktionen. In Tansania besteht eine enge Kooperation mit dem Flugunternehmen Regional Air Services.

Inzwischen gibt es weitere empfehlenswerte Airlines, die alle im Nairobi-Kapitel mit ihren Destinationen aufgeführt werden. Neben diesen Linienflügen existieren zahlreiche kleinere Charter-Airlines, die vom Wilson Airport in Nairobi oder vom Moi Airport in Mombasa starten.

Auf Inlandsflügen gilt (außer bei Kenya Airways) ein Gepäcklimit von 15 kg, die Airporttax beträgt nur 200 Ksh, und es reicht normalerweise, 45 Minuten vor Abflug am Flughafen zu sein.

Fahrrad

Kenia besitzt eine unglaubliche Vielfalt grandioser Landschaften, die sich mit dem Fahrrad **besonders intensiv erleben** lassen. Unvergesslich sind Besuche im Hell's Gate National Park und im Lake Bogoria National Reserve, in denen man auch als Fahrradfahrer Wildtiere erleben kann, denn Löwen und Elefanten gibt es hier nicht. Aber auch das Rift Valley mit seinen Vulkanen und Seen, das zentrale Hochland um den schneegekrönten Mt. Kenya, die fruchtbare Westkenia und die tropische Küste haben für den Radler ihre ganz speziellen Reize. Einzig der Norden Kenias, der sehr dünn besiedelt ist und von der Sicherheitslage her Probleme bereitet sowie ein wüstenartiges Klima und schlechte Pisten besitzt, ist mit dem Fahrrad nicht gut zu bereisen. Wo auch immer Sie hinkommen mögen, die Menschen werden Ihnen mit viel Sympathie und Neugier begegnen. Kurz: Bei keinem anderen Verkehrsmittel werden Sie einen intensiveren **Kontakt mit den Menschen Kenias** haben und tiefere Einblicke in ihr Leben erhalten. Wenn Sie die folgenden Tipps berücksichtigen, kann ich Ihnen diese Reiseform uneingeschränkt empfehlen.

Zunächst: Alle, die Angst vor einem **Fahrraddiebstahl** haben: Probleme in dieser Richtung gibt es, wenn überhaupt, in den Städten, wobei Nairobi hier eine Spitzenposition innehaben dürfte.

Die größte Gefahr für Radfahrer geht ohne Zweifel vom **Straßenverkehr** aus. Zwar sind die größeren Hauptstraßen Kenias geteert und befinden sich in passablem Zustand, aber gerade dort herrscht auch die höchste Verkehrs- und Unfalldichte. Als Radfahrer steht man zusammen mit den Fußgängern auf der untersten Stufe in der kenianischen Verkehrshierarchie. Wenn sich zwei große Fahrzeuge begegnen oder überholen und es auf der Straße eng wird, erhält der Radler bestenfalls ein Warnzeichen per Hupe. Wer dann nicht dem Stärkeren weicht, hat nach landläufiger Meinung die Folgen selbst zu verantworten. Besonders notorisch, was den Verkehr und seine Gefahren für den Radler angeht, sind die Haupteinfallstraßen nach Nairobi, der Mombasa-Highway sowie der Nakuru-Highway und seine Verlängerung, die A104 nach Eldoret. Diese **Hauptverkehrsstraßen** sollten Sie gänzlich **meiden** und lieber auf die verkehrsärmeren Nebenstraßen ausweichen, die manchmal zwar schlechter, auf jeden Fall aber sicherer und zudem oft landschaftlich schöner sind.

Durch die große Höhe vieler Landstriche stellt das Radfahren anfänglich hohe konditionelle Anforderungen. Durch die dünne Luft und die äquatoriale Lage Kenias besitzt die Sonne eine ungeheure Kraft, was man in der kühlen Hochlandluft oft gar nicht bemerkt, die **Sonnenbrand- und Sonnenstichgefahr** ist aber nicht zu unterschätzen. In der trockenen Luft wird man nicht realisieren, wieviel man schwitzt, umso wichtiger ist es, **genügend Flüßigkeit und Salze** aufzunehmen. Aus Gründen der Verkehrssicherheit (unbeleuchtete Fahrzeuge, schlechte Pisten) und in wildreichen Gebieten sollten Sie **auf Nachtetappen verzichten**. Weitere wichtige Hinweise zur Gesundheit stehen im entsprechenden Kapitel.

Aus Sicherheitsgründen sollte man neben einer Lichtanlage Wert auf eine gute passive Beleuchtung legen. Von der Laufleistung her sind **Fahrradmäntel** der Firma Schwalbe wohl das Stabilste, was auf dem Markt ist. Die Schwalbe Marathon-Reifen haben im Mantel einen sehr zuverlässigen eingearbeiteten Pannenschutz, den ich wegen der vielen Dornen stark empfehlen möchte. Für das Verstauen der Ausrüstung kommen eigentlich nur **wasserdichte Packtaschen** in Frage, denn wenn es regnet, kommen ganze Sturzbäche vom afrikanischen Himmel.

Die **Ersatzteilversorgung** in den großen Städten ist zufriedenstellend, die wichtigsten Werkzeuge und Ersatzteile hat man aber besser selber im Gepäck.

Um zu vermeiden, dass der Ticketpreis durch den Fahrradtransport unkalkulierbar in die Höhe schnellt, empfiehlt es sich, vor der Buchung nach den Konditionen der einzelnen Fluglinien erkundigen. Zwar verkaufen viele Fluggesellschaften spezielle Fahrradtransportkisten zu Preisen von rund 25 Euro, aber der Fahrradhändler um die Ecke ist in der Regel dankbar, wenn er seine Kartons nicht selbst entsorgen muss. Der Umbauten am Fahrrad, damit es in die Kiste passt, sind in einer knappen Stunde erledigt. Die Pedale müssen abmontiert werden, das Vorderrad wird aus der Gabel genommen, der Lenker verdreht, Schutzbleche und Gepäckträger werden abgeschraubt. Den Karton kann man mit Schlafsack, der Isomatte und einigen Kleidungsstücken auspolstern. Außerdem muss die Luft aus den Reifen gelassen werden.

Weitere Tipps zum Radfahren in Ostafrika und zur Ausrüstung habe ich unter www.hartmut-fiebig.de zusammengetragen.

Ein wirklich empfehlenswertes Buch zur Vorbereitung einer längeren Radtour ist der im REISE KNOW-HOW Verlag erschienene **„Fahrradweltführer"** von *Helmut Hermann* Und wer das ganze Weh und die volle Wonne eines Fahrradreisenden in Afrika nachempfinden möchte, sei auf das Buch zu meiner Afrika-Durchquerung hingewiesen, das im Herbst 2009 wieder erschienen ist (**„Bike Solo Afrika"**).

Trampen

Erst mal die gute Seite: Trampen ist in Kenia auch unter Einheimischen **sehr populär** und auf dem Lande, wo kaum jemand selbst motorisiert ist, die selbstverständlichste Sache der Welt. Nun die schlechte: In vielen Gegenden kann man beim Warten se nen Haaren beim Wachsen zuschauen, denn auf Verkehr wartet man in vielen abgeschiedenen Regionen über Stunden vergeblich. Es ist im Land übrigens selbstverständlich dass alle Anhalter – ob Einheimische oder Muzungus, spielt keine Rolle – dem Fahrer beim Aussteigen einen **Obolus** entrichten. Dass man von einem Pkw mitgenommen wird, ist eher die Ausnahme, meist wird man **auf der Lade-**

fläche eines **Lastwagens** Platz finden. Da ist schon abzuwägen, ob man nicht doch lieber die Zeit spart und etwas mehr Geld für den Überlandbus ausgibt.

Wer am Straßenrand europäisch dezent seinen Daumen hebt, wird vermutlich auch in Gegenden mit höherem Verkehrsaufkommen keinen Erfolg haben. In Kenia äußert man den Wunsch mitgenommen zu werden, in dem man ziemlich fordernd von oben nach unten winkt.

Wer trampenderweise einen **Nationalpark besuchen** möchte, hat die größten Chancen auf einen Lift am Haupteingang des Nairobi National Park, und zwar am Wochenende, wenn viele weiße Nairobianer das Wildschutzgebiet als Naherholungsgebiet nutzen und relativ starker Betrieb herrscht. Wer freundlicherweise von anderen Reisenden mitgenommen wird, sollte, was Essen und Trinken angeht, autark sein. Bei anderen Nationalparks muss man auch auf eine Übernachtung eingerichtet sein, denn die Wenigsten fahren nur für einen Tag in die Wildnis. Safari-Busse haben übrigens die Vorschrift, unterwegs niemanden an Bord zu nehmen.

Schiff

Schiffe spielen für den Inlandsverkehr von Kenia auf dem **Victoria-See** eine Rolle. Einige Fischerdörfer und Mfangano Island werden von sogenannten **Lake Taxis,** großen Holzkanus mit Außenbordmotor, angesteuert. Der Fährverkehr ruht wegen der Wasserhyazinthenplage hingegen schon seit Jahren. In sehr beschränktem Maße gibt es auf dem Indischen Ozean auch noch Küstenverkehr per Segel-Dhau und Motorschiffverbindungen zwischen Festland und den einzelnen Inseln des Lamu Archipels. Detaillierte Informationen stehen im Routenteil.

Mietwagen

In Nairobi, aber auch in den touristisch erschlossenen Küstenorten gibt es eine **Vielzahl von Autovermietungen** (Anschriften in den jeweiligen Routenteilen), die sich hinsichtlich Anzahl und Zustand der Wagen, Preise, Leistungen etc. fundamental voneinander unterscheiden. Ein genauer **Vergleich der einzelnen Angebote** lohnt sich deshalb immer. Besonders das Kleingedruckte der Mietverträge muss man gewissenhaft durchlesen, denn viele Autovermieter haben bei Beschädigungen oder Unfällen skandalös hohe Selbstbeteiligungsraten, sogar bei Abschluss einer Zusatzversicherung, die diesen Fall ja eigentlich abdecken sollte. Bei Preisvergleichen müssen Sie unbedingt darauf achten, dass die **Versicherung** für eventuelle Schäden am Auto bereits im Preis enthalten ist! In der touristischen Hochsaison kann es bisweilen schwierig werden, einen passenden Wagen zu finden, Verhandlungsspielräume für Preise werden dann sehr knapp, in der Nebensaison bekommt man dafür mit etwas Geschick gute Rabatte. Große **Preisnachlässe** werden auch bei längerer Mietdauer gewährt. Wer bei den großen internationalen Autovermietern von Deutschland aus bucht, erhält teilweise günstigere Preise, ebenso, wenn man den Wagen online mietet.

Generell sind Pkw billiger als **4WD-Fahrzeuge,** aber wer auf Safari geht, kommt um die Allradversion in der Regel nicht herum. Das kleinste und billigste Modell sind die Suzuki Jeeps, die für eine Reisegesellschaft von bis zu drei Leuten akzeptabel Platz bieten, darüber wird es sehr eng und u.U. auch mit der Motorleistung problematisch.

Wichtig ist, das **Auto** bei der Schlüsselübergabe genau **unter die Lupe** zu **nehmen,** um gravierende technische Mängel so weit wie möglich auszuschließen. Bei allen Vermietern zahlt der Kunde zerbrochene Scheiben und kaputte Reifen selber. Eventuell vorhandene Beschädigungen an Scheiben (Sprünge etc.) sollten Sie sich deshalb unbedingt schriftlich bescheinigen lassen. Die Reifen (Profil?!) müssen in passablem Zustand sein. Denn vom Sicherheitsaspekt einmal ganz abgesehen, müssen Sie bei geplatzten Mänteln sonst auf eigene Rechnung für Ersatz sorgen. Das gilt auch für die renommierten Autoverleiher. Checken Sie auch, dass Wagenheber, mindestens ein Ersatzrad (besser zwei!), Schraubenschlüssel und Reservekanister bei der Übergabe im Wagen sind. Und fragen Sie die Autovermietungen nach den neuesten Tricks der Reparaturmafia. Lieber vorher erkundigen, als nachher selber draufzahlen, wenn der Vermieter die Rechnung nicht akzeptiert!

Wer sich den Linksverkehr und den chaotischen Verkehrsverhältnissen nicht gewachsen fühlt, kann gegen einen relativ geringen Aufpreis auch einen **Fahrer mieten,** was natürlich viel komfortabler ist und einen von den Risiken einer Selbsthaftung befreit. Übrigens sind die Autovermieter alles andere als begeistert, wenn Touristen mit ihren Fahrzeugen nach Nordkenia aufbrechen, denn nach einer solchen Tour fallen auch bei vorsichtiger Fahrweise immer Reparaturen an.

Erwägenswert ist auch der **Kauf eines Autos** auf dem lokalen Markt, das man am Ende der Reise wieder veräußert. Durch die hohen Einfuhrzölle sind Autos ein sehr wertvolles Gut in Kenia. Das Risiko eines großen Wertverlustes oder nachher auf der Karre sitzen zu bleiben, ist dementsprechend begrenzt. Allerdings sollte man sich mit Autos auskennen, um nicht übervorteilt zu werden. Verkaufsangebote – häufig von Weißen, die nach Hause zurückkehren und ihren Wagen nicht reexportieren wollen – findet man an den Schwarzen Brettern in allen Einkaufszentren von Nairobi. Beim Uchumi-Supermarkt an der Ngong Road und am Sarit Centre in Westlands finden sonntags auf den Parkplätzen Gebrauchtwagenmärkte statt. Neben dem Fahrzeugzustand ist der Preis auch vom Modell abhängig. Dieselmotoren sind begehrter und daher teurer. Und weniger verbreitete Autotypen erzielen niedrigere Preise, weil Ersatzteile schlecht erhältlich und teuer sind; am begehrtesten im Allgemeinen: Land Rover und Toyota Landcruiser.

Hinweise für Selbstfahrer

In Kenia, als ehemaliger britischer Kolonie, herrscht **Linksverkehr**, und das kann einen in den ersten Tagen hinter dem Steuer mächtig verwirren. Besonders in kniffligen Situationen zieht man erst einmal zur verkehrten Seite, und auch beim Einbiegen auf eine andere Straße wird man intuitiv nach rechts, in die falsche Richtung, gucken.

Die beiden **Großstädte Mombasa und Nairobi** mit ihrem dichten Verkehr sind die denkbar ungünstigsten Plätze, um sich an diese Verhältnisse zu gewöhnen. Neuankömmlinge aus Europa sind überwältigt von dem Autoauflauf, der wie ein brodelnder Hexenkessel ohne erkennbare Vorschriften und Regeln erscheint. Tatsächlich muss man sehr konzentriert fahren, ganz nach dem Motto **„Expect the unexpected",** also: Rechne mit dem Unvorhersehbaren. Fahrzeuge scheren ohne zu blinken aus, rußende Lastwagen benutzen ohne Beleuchtung bei Nacht die Überholspur, Busse und Matatus halten ohne Vorwarnung mitten auf der Fahrbahn, im makellosen Straßenbelag tut sich plötzlich ein riesiges Schlagloch vor einem auf, etc. etc. Dennoch passieren innerhalb der Städte erstaunlich wenig Unfälle, was wohl daran liegt, dass die meisten Fahrer sehr defensiv agieren. Das gilt allerdings nicht für Lkw, Busse und Matatus, und deshalb tut man in den Ortschaften, aber auch auf engen Landstraßen sehr gut daran, ihnen prinzipiell die Vorfahrt einzuräumen bzw. ihnen zügig Platz zu machen.

Apropos **Vorfahrt:** An den Kreiseln haben generell die Fahrzeuge Vorfahrt, die sich bereits im Kreisverkehr befinden (Ausnahmekreisel bestätigen die Verkehrsregel!). Und Linksverkehr hin, Linksverkehr her: Auch in Kenia haben die von rechts kommenden Fahrzeuge Vorfahrt.

Folgende **Besonderheiten im kenianischen Straßenverkehr** sollte man wissen: Das Tempolimit innerhalb geschlossener Ortschaften beträgt 50 km/h und außerhalb 100 km/h. Diese Regelung wird an Ortseingängen, vor Schulen und Krankenhäusern häufig durch sogenannte Sleeping Policeman überwacht. Diese „schlafenden Polizisten" oder „Speed Bumps" sind kleine Teerwälle, die sich quer über die Fahrbahn ziehen. Meist sind sie nicht eigens markiert und deshalb leicht zu übersehen. Wer dort mit vollem Tempo drüberrauscht, mutet den Achsen und der Federung seines Wagens einiges zu.

Manchmal wird man von der Polizei auf freiem Feld wegen angeblicher **Geschwindigkeitsübertretung** angehalten. In den meisten Fällen ist das eine versteckte Auffor-

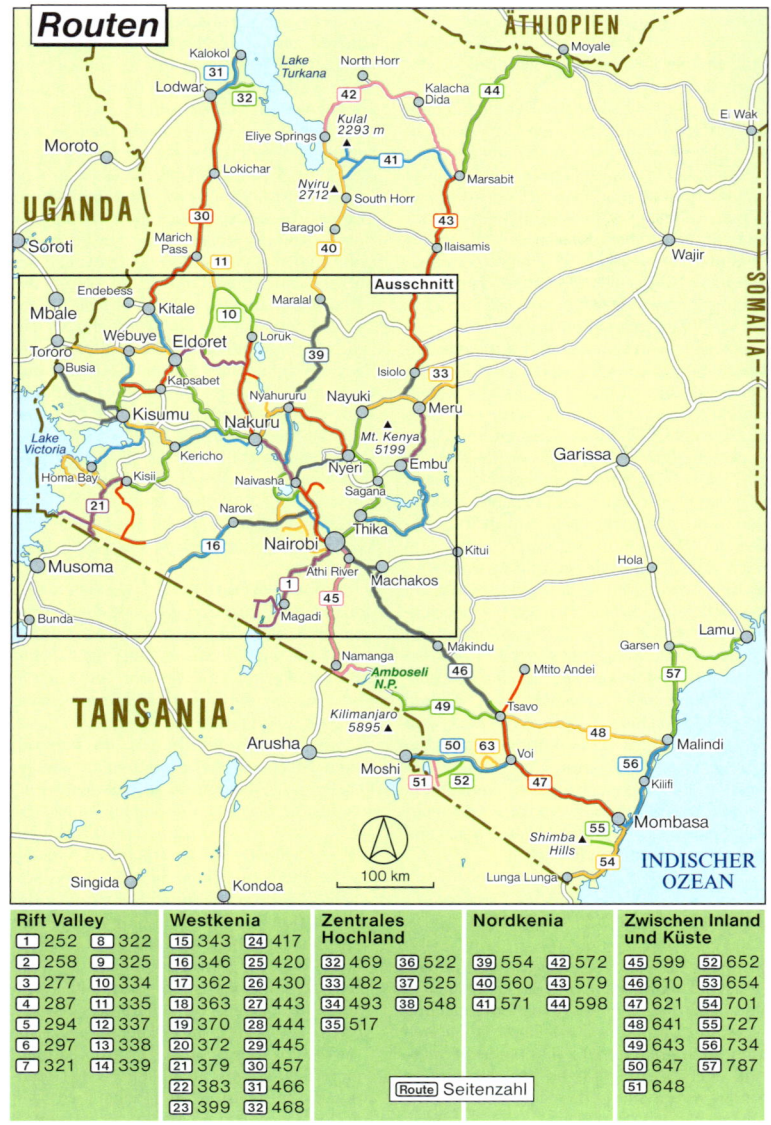

Routen

ÄTHIOPIEN

Kalokol
Kalalol
Lake Turkana
North Horr
Moyale
31
Lodwar
42
Kalacha Dida
44
32
E. Wak
Eliye Springs
Kulal 2293 m
Moroto
41
Lokichar
Nyiru 2712 ▲
South Horr
Marsabit
SOMALIA
UGANDA
30
Baragoi
43
Soroti
Marich Pass
40
Ilaisamis
Wajir
11
Endebess
Maralal
Ausschnitt
Mbale
Kitale
10
Webuye
Eldoret
Loruk
39
Tororo
Busia
Kapsabet
Isiolo
33
Nyahururu
Nayuki
Meru
Kisumu
Nakuru
Lake Victoria
Kericho
Mt. Kenya 5199 ▲
Garissa
Homa Bay
Kisii
Nyeri
Embu
Naivasha
Sagana
21
Narok
Thika
16
Nairobi
Kitui
Hola
Musoma
Athi River
Machakos
1
45
Lamu
Bunda
Magadi
Makindu
Garsen
Namanga
46
57
TANSANIA
Amboseli N.P.
Mtito Andei
Kilimanjaro 5895 ▲
49
Tsavo
48
Arusha
50
63
Voi
Malindi
Moshi
51
52
47
56
Kiifi
55
Mombasa
Shimba Hills ▲
54
Singida
Kondoa
100 km
Lunga Lunga
INDISCHER OZEAN

Rift Valley				Westkenia				Zentrales Hochland				Nordkenia				Zwischen Inland und Küste			
1	252	8	322	15	343	24	417	32	469	36	522	39	554	42	572	45	599	52	652
2	258	9	325	16	346	25	420	33	482	37	525	40	560	43	579	46	610	53	654
3	277	10	334	17	362	26	430	34	493	38	548	41	571	44	598	47	621	54	701
4	287	11	335	18	363	27	443	35	517							48	641	55	727
5	294	12	337	19	370	28	444									49	643	56	734
6	297	13	338	20	372	29	445									50	647	57	787
7	321	14	339	21	379	30	457									51	648		
				22	383	31	466												
				23	399	32	468												

Route Seitenzahl

Map showing Kenya (Kenia) with numbered locations including Mbale, Mount Elgon, Kapenguria, Kitale, Tororo, Malaba, Webuye, Eldoret, Busia, Bungoma, Kakamega, Kisumu, Lake Victoria, Rusinga, Ndere, Mtangano, Homa Bay, Kisii, Ronço, Luanda, Migori, Tarime, Lolgorien, Musoma, TANSANIA, Bunda, Masai Mara Nat. Reserve, Sekenani, Narok, Suswa, Nairobi, Magadi, Athi River, Salama, Sultan Hamud, Machakos, Kitui, Thika, Embu, Mount Kenya 5199 m, Meru, Nayuki, Sagana, Nyeri, Naivasha, Nakuru, Molo, Njoro, Kericho, Hahero, Kapsabet, Nyahururu, Rumruti, Isiolo, Lake Bogoria, Lake Baringo, Tambach, Loruk, Silali 1528 m, Tot, Maralal, Wamba, Enobess. Scale: 0 – 100 km.

derung zum Schmiergeldzahlen. Denn es gehört zu den Kuriositäten des kenianischen Rechtswesens, dass man wegen eines Strafzettels am folgenden Tag auf dem Gericht in Nairobi erscheinen muss!!! Die Polizisten wissen natürlich, dass es den meisten Autofahrern viel zu umständlich wäre, einen halben Tag bei Justizia herumzuhängen und halten dezent die Hand auf.

Sollten Sie dem **Präsidenten-Konvoi** begegnen, der sich durch einen rasenden Wagen mit Blaulicht und roten Schildern mit der Aufschrift „Presidential Escort" ankündigt, müssen Sie sofort an den Straßenrand steuern und anhalten.

Steine oder Zweige auf der Fahrbahn weisen auf einen Unfall oder eine Panne hin, sind also so etwas wie ein improvisiertes Warndreieck.

Häufig ohne jede Vorwarnung stehen in ländlichen Gebieten **Kühe auf der Straße**, nachts muss man sich in vielen Gebieten auch sehr **vor Wildtieren in Acht nehmen**, die völlig ungerührt im Scheinwerferlicht die Fahrbahn kreuzen. Wenn Sie das Risiko eines Verkehrsunfalles deutlich senken möchten, sollten Sie auch wegen Schlaglöchern und unbeleuchteten Fahrzeugen generell **auf Nachtetappen verzichten!**

Zum Verhalten im Falle eines Unfalles siehe „Notfall".

Das **Straßennetz** Kenias ist nach wie vor relativ gut ausgebaut und momentan wird viel in den Neubau investiert. Die meisten Hauptstraßen im gesamten südlichen Landesteil sind geteert, teilweise aber im Zustand der fortschreitenden Auflösung. Detaillierte Beschreibungen dazu finden Sie in den

Routenteilen. Ein besonders dichtes Asphaltstraßennetz findet sich natürlich in und um Nairobi, aber auch in den stark besiedelten ländlichen Regionen des zentralen Hochlandes und von Westkenia. Dennoch: Wenn Sie ausführliche Safaris und interessante Abstecher planen, kommen Sie um ein 4WD-Fahrzeug mit guter Bodenfreiheit kaum herum. Die **beiden wichtigsten Überlandstraßen** – der **Mombasa Highway** von der Küste nach Nairobi und der **Nakuru Highway** von Nairobi ins Rift Valley und weiter nach Westkenia – werden bzw. sind großzügig ausgebaut worden. Vor allem wegen des Schwerlastverkehrs zählen sie aber immer noch zu den gefährlichsten Strecken, die besonders bei Nacht und bei Regen unbedingt zu meiden sind! Der Norden des Landes, jenseits der Orte Garsen, Isiolo, Rumruti und Marich Pass, ist nur auf schlechten Pisten zu bereisen, und die Abgelegenheit dieser Gegenden erfordert besondere Vorbereitungen und Sicherheitsmaßnahmen (s.u.).

Wer beispielsweise zum Ostufer des Lake Turkana fahren möchte, muss für Hunderte von Kilometern Treibstoff mitnehmen, während im Süden das **Tankstellennetz** sehr dicht geknüpft ist und kaum längere Distanzen als 100 km zwischen den einzelnen Versorgungsmöglichkeiten liegen. Safari-Piloten müssen zur Sicherheit immer ausreichend Reserven mitnehmen, auch wenn es in einigen großen Lodges innerhalb der Nationalparks Tankmöglichkeiten gibt.

Die **Treibstoffpreise** liegen in Kenia bei ca. 0,50 Euro pro Liter Diesel und ca. 0,80 Euro pro Liter Normalbenzin, Super („Premium") kostet etwa 0,90 Euro. In Nordkenia ist man allerdings froh, wenn man überhaupt Treibstoff erhält. Dann wird flaschenweise getankt, und die verlangten Preise haben Apothekenniveau.

Eine gute **Ersatzteilversorgung** gibt es nur in den Städten, wobei man für Autotypen, die in Kenia selten sind, selbst dort nur schwierig Ersatz findet. Überhaupt sind Ersatzteile für japanische Wagen sehr teuer, wohingegen Land Rover-Zubehör vergleichsweise günstig verkauft wird. Es kann sich daher lohnen, die wichtigsten Verschleißteile bereits von Deutschland mitzubringen.

Eine gute **Werkstatt** aufzutreiben ist noch schwieriger. Ich habe inzwischen schon alles ausprobiert und erlebe trotzdem noch Überraschungen. Weder Sauberkeit der Werkstatt noch das Preisniveau oder der Grad der Ausbildung geben einen verlässlichen Anhaltspunkt dafür, wie gut der Mechaniker ist. Bisweilen sind die billigsten Jua Kali-Handwerker, die ihre Werkstatt unter dem blauen Himmel mit einem Schuhkarton voller Werkzeug betreiben, die besten. Vor allem lernt man hier beim Zuschauen das Improvisieren: wie man mit Seife Löcher im Treibstofftank zuschmiert, die Lebensdauer von Luftfiltern durch Ausblasen verlängert, einen gerissenen Keilriemen durch eine Strumpfhose ersetzt, Risse im Kühlwasserschlauch mit Leukosilk-Umwicklung abdichtet usw. Diese Kenntnisse können einem im Outback aus argen Klemmen befreien. Die Reparatur von Blechschäden ist in Kenia viel günstiger als in Deutschland. Reifenreparaturen kosten je nach Anzahl der Flicken 150–250 Ksh und werden an jeder Tankstelle sowie von zahlreichen spezialisierten Handwerksbetrieben schnell und zuverlässig ausgeführt. Zumindest, solange es sich nicht um schlauchlose Reifen handelt, von denen für Kenia dringend abzuraten ist.

Wer das Abenteuer einer **Fahrt in die einsamen und wüstenhaften Gebiete Nordkenias** wagt, sollte seinen Wagen zuvor nochmal auf Herz und Nieren prüfen lassen, denn eine Panne könnte dort fatale Folgen haben. Normalerweise ist man in dieser Gegend ohnehin immer mit zwei Wagen unterwegs. Auch die Ausrüstung muss um folgende Dinge ergänzt werden: Je nach Treibstoffverbrauch und geplanter Route 60–100 l Reserve, 40 l Wasser, die wichtigsten Ersatzteile und erweitertes Werkzeug, zwei Ersatzreifen, eine Luftpumpe, Flickzeug, Hammer und zwei lange Hebelstangen (am besten mal in einer Werkstätte über die Schulter schauen, wie das Reifenflicken geht), Abschleppseil, High-Rise-Wagenheber, zum Unterlegen Holzscheite, Sandmatten oder Luftlandebleche und einen Spaten.

Abschließend noch ein paar wichtige **Hinweise zur Sicherheit** im Zusammenhang mit Ihrem Auto. Wenn man das Fahrzeug in den

Städten irgendwo parkt, empfiehlt es sich immer, einen Parkwächter anheuern. Meist werden Sie ja schon von einem jungen Mann oder einem Straßenkind in die Parklücke gewunken. Je nach Parkdauer gibt man ein Trinkgeld zwischen 10 und 50 Ksh. Das ist allemal billiger, als gestohlene Ausrüstung oder abmontierte Teile zu ersetzen. Nachts sollte das Auto prinzipiell in einem bewachten Innenhof abgestellt werden – Türschlösser allein sind kein verlässlicher Diebstahlschutz. Das Knacken und Ausräumen des Fahrzeugs geschieht in Minutenschnelle, die Belebtheit der Straße ist dabei kein Hinderungsgrund! Selbst bei helllichtem Tage sollte man deshalb in Nairobi möglichst nichts im Auto liegen lassen. Die Diebe sind sogar so dreist, dass sie den Fahrer an der einen Seite ablenken, während an der Beifahrertür ein Komplize durch das offene Fenster in den Wagen greift und Taschen oder ähnliches herausangelt. Wenn Sie keinen Beifahrer haben, sollten Sie in Nairobi das Fenster auf der anderen Seite deshalb nicht weiter als einen Spalt breit öffnen. Wer sein Auto längere Zeit sicher unterstellen muss, findet in den Kapiteln zu Nairobi und Mombasa Hinweise auf Unterstellmöglichkeiten.

In Nairobi sind Ihnen vielleicht schon einmal Autos mit riesigen Buchstaben und Ziffern auf dem Lack aufgefallen. Diese vergrößerten Nummernkennzeichen sollen sicherstellen, dass das Auto im Falle eines Diebstahls oder einer **Autoentführung,** dem sogenannten Car-Jacking, sofort wiedererkannt wird. Ich selbst habe in meinem Bekanntenkreis noch von keiner Autoentführung gehört, aber ab und zu liest man davon in den Zeitungen. Sollte Ihnen je derartiges widerfahren, lassen Sie den Motor laufen und übergeben Sie das Fahrzeug sofort und ohne jeden Protest – diese Leute sind bewaffnet und fackeln keine Sekunde!

Ein Grund, auf **Nachtfahrten** so weit wie möglich zu verzichten, sind die Berichte von vorgetäuschten Unfällen, bei denen Leute, die Hilfe leisten wollten, ausgeraubt wurden. So sehr einem das auch widerstreben mag – man sollte im eigenen Interesse an einer echten oder vermeintlichen Unfallstelle einfach weiterfahren.

Und ein Letztes: Aus Nakuru wird immer wieder von **Betrügern** berichtet, die Öl an die Räder schütten und einen dann besorgt darauf aufmerksam machen, dass irgendetwas mit dem Differenzial oder der Bremse am Auto nicht stimme. Man wird dann zu einem „guten", befreundeten Mechaniker gebracht, der einem diese vermeintliche Panne gegen viel Geld behebt. In einer anderen Version zeigen Passanten mit Gesten an, dass irgendetwas mit dem Rad nicht stimmt, das Ende der Geschichte ist das gleiche.

Für alle **Reparaturen** gilt: Man sollte möglichst immer dabeibleiben und darüber wachen, dass nicht gepfuscht wird. Manchmal werden sogar alte anstatt der neuen Teile eingebaut oder gute Teile aus dem eigenen Wagen ausgebaut und weiterverkauft. Jedenfalls muss man bei der Abholung gewissenhaft prüfen, ob wirklich die richtigen Teile eingebaut wurden.

Reisen mit Handicap

von *Andreas Pröve*

Wenn Behinderte auf große Fahrt gehen, müssen sie auch heute noch erheblich sorgfältiger planen, umfangreicher vorbereiten und im Vergleich zu Nichtbehinderten unterwegs hie und da Abstriche hinnehmen. Andererseits hat sich in der Reisebranche in den letzten Jahren sehr viel getan, und inzwischen werden für Behinderte auch exotischere Destinationen angeboten, u.a. auch Kenia. Dabei sind es vor allem kleinere Reiseunternehmen, die die Behinderten als Kunden für speziell ausgearbeitete Touren entdeckt haben. Beim FMG-Verlag erscheint das **Buch „Reisen für Behinderte"** mit Informationen über Reiseveranstalter, Vereine und Organisationen, die Gruppenreisen für Behinderte anbieten.

●**FMG-Verlag**
Postfach 2154, 40644 Meerbusch,
Tel. 02159/815622, Fax 815624,
www.rollireisen.de.

Eine **sorgfältige Vorbereitung zu Hause**
kann viel Ärger während der Reise ersparen.

Suchen Sie noch einen Reisepartner, werden Sie eventuell im Anzeigenteil des **„Handicapped-Kurier"** fündig, oder Sie inserieren selbst dort. Der Kurier erscheint sechsmal jährlich und ist ein Reise- und Freizeitmagazin für Rollstuhlfahrer und Behinderte, das vom FMG-Verlag herausgegeben wird.

Für die allgemeinen Reisevorbereitungen (Kleidung, Reiseapotheke etc.) sei auf die entsprechenden Kapitel im Buch verwiesen. Für alle speziellen technischen und medizinischen Hilfsmittel und Medikamente, auf die Sie wegen Ihrer Behinderung angewiesen sind, müssen Sie selbst Sorge tragen. Bitte verlassen Sie sich nicht darauf, in Kenia Ersatz zu erhalten, was – wenn überhaupt – ohnehin nur in der Hauptstadt Nairobi der Fall wäre. Nehmen Sie deshalb einen Vorrat an Arzneien mit, der für die gesamte Reisedauer ausreicht.

Wenn Sie nicht auf das Pauschalangebot eines Reiseveranstalters zurückgreifen wollen, gibt es beim **Buchen des Fluges** einiges zu beachten. Auf fast allen internationalen Flughäfen der Welt ist man inzwischen zwar auf Fluggäste mit den unterschiedlichsten Behinderungen eingestellt, aber bei einer Reise mit Rollstuhl ist eine vorherige Anmeldung bei der Fluggesellschaft immer noch nötig. Elektrorollstühle werden von den Airlines aus Sicherheitsgründen nur dann transportiert, wenn sie mit Trockenbatterien ausgestattet sind. Rollstuhlfahrer, die vollkommen auf ihren Rollstuhl angewiesen sind, benötigen nach den Richtlinien der Fluggesellschaften eine Begleitperson. Bisweilen wird sogar eine ärztliche Bescheinigung verlangt, in der die Flugtauglichkeit attestiert wird. Wenn man diese Auflagen nicht erfüllt, kann es einem im schlimmsten Falle passieren, dass die Fluglinie die Beförderung verweigert!

Obwohl Rollstühle, Gehhilfen usw. von den Fluggesellschaften nicht als **Gepäck** berechnet werden, kommen die zulässigen 20

kg schnell zusammen. Eine Reihe von Luftfahrtunternehmen ist allerdings bereit, in besonderen Fällen bei vorheriger Anfrage Übergepäck ohne Aufpreis zu transportieren.

Wenn alle Formalitäten erledigt sind, ist das **Fliegen an sich recht problemlos.** Behinderte kommen zuerst an Bord und verlassen die Maschine nach der Landung als Letzte. Dadurch hat man genügend Zeit und Platz zum Ein- und Aussteigen. Das Personal der Airline begleitet behinderte Fluggäste durch Zoll- und Passkontrolle und kümmert sich oft auch noch um ein Taxi.

Wer im **Rollstuhl** Kenia bereisen möchte, sollte seinen fahrbaren Untersatz vor dem Abflug den Gegebenheiten vor Ort so gut es geht anpassen. Wegen der schlechteren Wege sind Ballonreifen mit starkem Profil und Kevlareinlage für die Antriebsräder wichtig. Sie machen das Fahren auf weichem Untergrund, z.B. auf Sand, Schotter oder Steppenboden, erheblich einfacher. Lässt man einen Teil der Luft heraus, können Sie mit dem Rolli sogar Strandspaziergänge unternehmen. Ebenso verhält es sich mit den kleinen Lenkrädern. Obwohl sie als Luftbereifung mehr Platz erfordern und den Wendekreis durch einen höheren Abstand zur Fußstütze vergrößern, kommt man mit ihnen auf weichem Untergrund deutlich besser voran. Natürlich müssen die Räder mit Steckachsen und der Rolli mit Transitrollen ausgestattet sein. Nur so lassen sich viele Engpässe (Bustüren, Eisenbahngänge und Hoteltüren) ohne großen Aufwand durchqueren. Selbst im Flugzeug ist es damit u.U. möglich, im eigenen Rollstuhl zum Sitzplatz zu gelangen.

In den meisten der besseren **Hotels und Lodges** werden Sie sanitäre Anlagen von europäischem Standard antreffen. Aber bis auf einige Ausnahmefälle sind Hotels in Kenia nicht speziell auf Rollstuhlfahrer eingerichtet. Allerdings gibt es viele Unterkünfte mit ebenerdigen Zimmern, was in den Kurzbeschreibungen der jeweiligen Hotels in diesem Reiseführer auch hervorgehoben wird. In einfacheren Unterkünften erleichtert ein Loch im Sitzbezug an der richtigen Stelle und in der entsprechenden Größe die Hygiene. Zudem ist man damit auf alle Eventualitäten (wie z.B. Durchfall) gut vorbereitet. Umnäht mit brei-

Praktische Tipps A–Z

tem Klettverschluss lässt sich dieses „Klo" mit einem Stück Bespannstoff einfach abdecken.

Es gibt **am Rollstuhl** viele Möglichkeiten, **Gepäck** unterzubringen. Am sinnvollsten ist es, an die Schiebegriffe eine Reisetasche oder einen Rucksack zu hängen. Werkzeugtasche, kleine Ersatzteile und Schläuche lassen sich zwischen die Speichen stopfen. Auch unter dem Rollstuhl ist viel Platz zum Verstauen von Ausrüstungsteilen.

Da das Fahrrad in Kenia in den ländlichen Gebieten das Auto des kleinen Mannes ist, existieren überall **Reparaturwerkstätten** unter freiem Himmel, bei denen sich ein Plattfuß für Cent-Beträge flicken lässt. Speziellere Reparaturen werden dort aber kaum möglich sein.

Die **Aktivitäten,** die Sie in Kenia ausüben können, hängen von Ihrer individuellen Behinderung ab. Als Rollstuhlfahrer bieten sich neben Wildtierbeobachtung vom Fahrzeug aus auch das Hochseefischen an der Küste an. Adressen von Unternehmen, die Hochseefischen anbieten, finden sich unter den praktischen Tipps der jeweiligen Kapitel.

Es gibt einige **Reiseveranstalter,** die sich auf Kenia-Touren für Behinderte spezialisiert haben. Dazu gehört die sehr hilfsbereite und qualifizierte RFB-Touristik (ehemals Zellmer-Reisen), die Kenia-Reisen für Rollstuhlfahrer und Blinde organisiert (gleiches Programm und gemeinsamer Katalog mit Tamam-Reisen und Aktion Gemeinsam Reisen, s.u.).

● **RFB-Touristik**

Nikolaus-Otto-Straße 6, 40670 Meerbusch, Tel. 02159/5208-60, Fax -70, www.rfb-touristik.de.

● **Botros Tours**

Aktion Gemeinsam Reisen, Paulaner Gasse 4, 1040 Wien, Tel. 01/5033880-28, Fax -35, www.botrostours.at.

Ansprechpartner für österreichische Fernreisende mit Handicap; die Aktion Gemeinsam Reisen arbeitet eng mit der RFB-Touristik zusammen.

● **Tamam-Reisen GmbH**

Hard 4, 8408 Winterthur, Tel. 052/2225725, Fax 2226838 info@tamam.ch.

In der Schweiz ist Tamam-Reisen der Partner von RFB-Touristik und Aktion Gemeinsam Reisen.

● **Privat Safaris PRZ AG**

Geroldstrasse 20, Postfach, 8010 Zürich Tel. 01/38646-46, Fax -47, www.privat-safaris.ch. Reisen für Rollstuhlfahrer.

Wer sich für die Resozialisierung körperlich behinderter Menschen, aber auch für Aktivitäten und politische Lobbyarbeit in Kenia interessiert, dem seien hier noch zwei Adressen von Belang verraten:

● **Association for the Physically Disabled of Kenya**

Waiyaki Way, Nairobi, Tel. 020/4451523.

● **Bombolulu Centre**

Bombolulu, Malindi Road, Mombasa, Tel. 041/474078, Fax 471840, Mobil: 0733/804570, www.apdkbombolulu.org.

Informationen zum Autor: Andreas Pröve, durch einen Motorradunfall querschnittsgelähmt, sitzt seit seinem 23. Lebensjahr im Rollstuhl. Dennoch bereiste er in den vergangenen dreißig Jahren weite Teile Südostasiens auf eigene Faust. Inzwischen ist der Foto- und Reisejournalist einem breiten Publikum im deutschsprachigen Raum durch seine Live-Diavorträge und Bücher bekannt. Wer als Rollstuhlfahrer spezielle Fragen zum individuellen Reisen in Ländern der Dritten Welt hat, kann sich schriftlich an folgende Adresse wenden: *Andreas Pröve*, Hinter Kronen Hofe 2, 29339 Wathlingen. Die aktuellen Vortragstermine von *Andreas Pröve* stehen im Internet: www.proeve.com.

Reisen mit Veranstalter

Für alle, die froh sind, wenn ihnen die gesamte Organisation einer Fernreise durch fachkräftige Hände abgenommen wird, oder die sich aus Unsicherheit und wegen mangelnder Sprachkenntnisse bei ihrem ersten Besuch in Schwarzafrika einem erfahrenen Reiseunternehmen anvertrauen wollen, gibt es ein **weites Spektrum** an organisierten Reisen. In der Angebotspalette, die von superexklusiven Privatsafaris, die nach individuellen Wünschen zusammengestellt werden, über Bildungsreisen renommierter Veranstalter und Bergtouren auf die höchsten Gipfel Afrikas bis hin zum Pauschalurlaub im Strandhotel reicht, dürfte so ziemlich für jeden Geschmack und Geldbeutel etwas dabei sein.

Übrigens: Auch wer nur einen Badeurlaub gebucht hat, kann sich **vor Ort** zahlreiche **Ausflüge organisieren lassen.** Die meisten Touristenhotels bieten Safaripakete an, aber lokale Anbieter sind häufig billiger, was einen Preisvergleich durchaus lohnend macht. Jedenfalls wäre es ziemlich schade, wenn man die ganze Zeit nur im Mikrokosmos des Hotelgrundstücks bleiben würde, denn außerhalb der Mauern gibt es so unendlich viel zu entdecken, zu sehen und zu bestaunen!

Reisezeit und Klima

Die **optimale Reisezeit schlechthin gibt es** für Kenia **nicht.** Je nach dem, was man im Urlaub unternehmen möchte und welche Region einen besonders interessiert, kommen unterschiedliche Zeiträume vom Wetter her für einen Besuch in Frage. Alle folgenden Angaben sind übrigens nur als Richtwerte zu sehen, denn der ostafrikanische Wettergott beweist erst recht in Zeiten des globalen Klimawandels immer mal wieder seine launische Natur und straft dann alle langjährigen Erfahrungswerte Lügen.

Der allgemeine **Temperaturverlauf** in Kenia ist dem in Europa genau entgegengesetzt: Die Temperaturen während unseres Sommers, also von Mitte Mai bis Anfang September, fallen am Äquator moderat aus, die höchsten Temperaturen herrschen in Kenia hingegen, wenn wir von November bis März in Deutschland so richtig frieren.

Ebenfalls wetterprägend sind in Kenia **zwei Regenzeiten:** Die kurze Regenzeit im November, die sich bis in den Dezember hineinziehen kann, sowie die lange Regenzeit, welche häufig schon Ende März beginnt und bis einschließlich Mai anhält, wobei die kleine Regenzeit in Dürrejahren bisweilen ganz ausbleibt. „Regenzeit" heißt übrigens nicht, dass es pausenlos Bindfäden regnet. Meistens gibt es am Spätnachmittag und abends kräftige Wolkenbrüche, aber zwischendurch scheint oft die Sonne. Der Niederschlag nach der Trockenzeit reinigt die Luft und bindet den Staub. Dadurch wird das Reisen in dieser Zeit angenehmer, häufig genießt man außergewöhnlich klare Blicke, und die tropischen Gewittertürme am Himmel werden einem unvergesslich bleiben. Durch die viele Feuchtigkeit scheint die Vegetation förmlich zu explodieren. Die Landschaften – selbst Savannen und Halbwüsten – kleiden sich in leuchtendes Grün. Besonders in der langen Regenzeit muss man allerdings damit rechnen, dass einige Pisten selbst mit einem 4WD-Fahrzeug unpassierbar werden.

Soweit ein genereller Überblick. Aber wie wirken sich die geografischen Besonderheiten der einzelnen Regionen auf das Lokalklima aus? **In Nordkenia** mit seiner Lage im trockenen, heißen Inland ist der Fall besonders einfach: Es ist das ganze Jahr über sehr heiß, trocken und sonnenreich. Nur nach sporadischen Regenfällen, die dann aber sehr heftig ausfallen, ist es schwül. In den Monaten des kenianischen Winters, also zwischen Juni und August, sind die Temperatu-

Transport von Zuckerrohr

ren vergleichsweise niedrig. Deshalb ist dies die angenehmste Jahreszeit, um die Wüsten und Halbwüsten im Norden zu erkunden.

Auch **an der Küste** herrschen das ganze Jahr über warme Temperaturen. In den Monaten von April bis Juli bringt der starke Südost-Monsun vom Indischen Ozean viel Niederschlag heran, besonders im April und Mai sind viele Tage verregnet, grau und trostlos, auch wenn die Temperaturen dabei nicht unter 28°C rutschen. Der konstante Wind wird allerdings Windsurfer beglücken. Durch die aufgewühlte See kann man zwischen Mai und August das Tauchen vergessen, die Sicht ist miserabel. Im September sind die Verhältnisse durchwachsen. An den Innenriffen sind erste Tauchgänge wieder möglich. Die wirkliche Tauchsaison dauert aber von November bis April. Auch Badegäste stehen mit dem Südost-Monsun auf Kriegsfuß. Denn abgesehen von den unbeständigen Wetterverhältnissen treibt der starke Wind viel Seegras an die Strände. Oktober und November sind ebenfalls relativ niederschlagsreich, aber

schon wieder deutlich wärmer und freundlicher. Die Hochsaison beginnt am Strand erst im Dezember und dauert bis nach Ostern. In dieser Zeit ist es sehr sonnig und warm.

Im zentralkenianischen Hochland und in den Bergregionen im Westen herrscht durch die große Höhe ein gemäßigtes Klima. Die Tagestemperaturen der kenianischen Hauptstadt bewegen sich im Jahresverlauf tagsüber zwischen 26 und 21°C. In den „Winter"monaten Juni, Juli und August ist es trocken und kühl, und nachts sinkt das Thermometer in Nairobi bis auf 11°C ab, in höheren Lagen natürlich auch noch darunter. Im Juli und August verschleiert in den Highlands oft eine hochnebelartige, graue Wolkendecke den Himmel, es ist dann unangenehm frisch und die Stimmung ziemlich deprimierend. Nur wenn die Sonne herauskommt wird die Luft milder. Ab September wird es wieder sonniger und wärmer, in der kleinen Regenzeit im November, dem ostafrikanischen „Frühling", scheinen Nairobi und das Hochland in einem Blütenmeer von Bougair-

ken-57 Foto: hf

villea-Sträuchern und Jacaranda-Bäumen zu ertrinken. Januar und Februar sind die heißen, trockenen Sommermonate mit Temperaturen um die 26°C, bevor im März der Regen einsetzt, es aber noch den April hindurch warm bleibt. Die optimalsten Monate für die **Besteigung der großen Berge** sind die trockenen Sommermonate Januar und Februar, wenn sich die Gipfel relativ häufig unverhüllt zeigen, aber auch September und eingeschränkt Oktober eignen sich noch. In der großen Regenzeit macht eine Bergtour hingegen gar keinen Sinn, weil alles im Schlamm versinkt. Je nach Wetterlage sind die Bergnationalparks dann sogar geschlossen. Von Juni bis August hat man wegen der Wolkendecke praktisch nie freie Sicht, auch das also kein guter Zeitpunkt für Ausflüge ins Gebirge.

Das **Rift Valley und Westkenia** folgen im Jahresverlauf des Klimas grob dem Hochland, wegen der tieferen Lage ist das Wetter aber viel wärmer und während der düsteren Monate Juli und August sieht man hier viel öfter die Sonne, wobei Westkenia durch seine Lage am Lake Victoria insgesamt deutlich mehr Niederschläge als das Rift Valley erhält.

Die **beste Jahreszeit für Tierbeobachtungen** in den bekannten Nationalparks sind die Trockenzeiten, also Januar bis März und Juli bis September, wenn die Tiere relativ einfach aufzuspüren sind, weil sie sich um die wenigen dauerhaften Wasserquellen versammeln, und der Pflanzenaufwuchs nicht so hoch ist. Die berühmte Tierwanderung über den Mara-Fluss ist normalerweise von Juli bis spätestens Anfang November zu beobachten.

Die **touristische Hochsaison** in Kenia sind die Monate **Dezember und Januar** sowie **Juli und August.**

Buchtipp – Praxis-Ratgeber:
● Matthias Faermann, **Schutz vor Gewalt und Kriminalität unterwegs** (REISE KNOW-HOW)

Sicherheit und Kriminalität

Das Touristenland Kenia ist **in den letzten Jahren schwer in Verruf geraten.** Ein undefinierbares Gebräu aus Gerüchten, spärlichen und unvollständigen Informationen hat es unmöglich gemacht, sich von Deutschland aus ein zutreffendes Bild von der Lage zu verschaffen, Wahrheit von Legende zu trennen. Als Autor dieses Reiseführers fühle ich mich dafür verantwortlich, Sie objektiv über eventuelle Risiken einer Reise nach Kenia zu informieren, und deshalb scheint mir eine klare Schilderung der Verhältnisse an dieser Stelle sehr wichtig. Die Reisehinweise und -warnungen des Auswärtigen Amtes unter **www.auswaertiges-amt.de** sind in aller Regel deutlich dramatischer formuliert, als sich die Situation vor Ort darstellt.

Im Vergleich zu seinen nördlichen und östlichen Nachbarländern Somalia, Sudan und Äthiopien, die über Jahrzehnte von Bürgerkriegen zerrüttet wurden und teils auch noch werden, galt Kenia immer als ein Hafen des Friedens mit stabilen politischen Verhältnissen, einer gesunden Wirtschaft und einer guten Infrastruktur. Doch eine Kette außergewöhnlicher Ereignisse – zuletzt die Unruhen nach den letzten Parlaments- und Präsidentschaftswahlen im Frühjahr 2008 – hat den guten Ruf arg ramponiert.

Wie sieht der Status Quo aus? Nach Kenia ist die Normalität zurückgekehrt, selbst die Gästezahlen haben sich inzwischen wieder erfreulich erholt und Ausschreitungen und Zerstörungen finden nicht mehr statt, die politischen Auseinandersetzungen werden wieder dort geführt, wo sie hingehören: in Medien und Parlament. Und so ist zu erwarten, dass sich mit der politischen und wirtschaftlichen Stabilisierung auch die Sicherheit in Kenia weiter erhöht. Aber: Kriminalität wird es weiterhin geben. Denn wie in den meisten Ländern der Dritten Welt existieren auch in Kenia **extreme soziale Gegensätze.** Während die Superreichen in der Hauptstadt auf gepflegtem Grün Golf spielen, drohen nur einige hundert Kilometer entfernt in den nörd-

Praktische Tipps A–Z

lichen und nordöstlichen Provinzen immer wieder Hungersnöte. Auch innerhalb Nairobis prallen die Welten der Armut und des Reichtums wie in anderen Großstädten der Erde völlig ungepuffert aufeinander.

Für die meisten Kenianer wird Wohlstand oder gar Reichtum immer ein unerhörter Traum bleiben, denn selbst, wer nicht zum Heer der Arbeitslosen, sondern zu den Glücklichen mit einer festen Anstellung als Nachtwächter, Arbeiter oder Lehrer gehört, verdient gerade mal 100 US$ im Monat, was zum Leben zu wenig und zum Sterben zu viel ist. Dass es Menschen gibt, die versuchen, ihre **aussichtslose Lebenssituation** mit kriminellen Mitteln zu verändern, ist nicht verwunderlich. Und dass bisweilen auch Touristen bestohlen oder sogar überfallen werden, von denen jeder mehr Bares mit sich herumträgt, als die überwiegende Mehrheit der Kenianer pro Jahr verdienen kann, liegt auf der Hand. Vor solchen Tatsachen darf man nicht die Augen verschließen, wenn man in der Dritten Welt Urlaub macht. Viele ausländische Besucher – das muss vielleicht auch mal ganz deutlich gesagt werden – legen ein so **ungeschicktes und naives Verhalten** an den Tag, das einer Aufforderung zum Betrug und Diebstahl an ihnen geradezu gleichkommt. Wer sich aber schon im Voraus mit den kenianischen Realitäten auseinandersetzt und in Kenia einige grundsätzliche Regeln des Verhaltens und Auftretens beachtet (s.u.), kann schlechten Erfahrungen und Problemen vorbeugen.

Obwohl sich die Sicherheitslage in der Hauptstadt in den letzten Jahren merklich verbessert hat: **Nairobi bleibt der Brennpunkt krimineller Vorfälle** in Kenia. Frei nach Frank Sinatras „New York, New York" könnte man daher für die kenianische Hauptstadt sagen: „If I can make t here, I can make it anywhere!" Wer als Reisender in Nairobi zurechtkommt, wird auch **in den Touristengebieten** an der Küste, in denen es ebenfalls häufiger Vorfälle gibt, wissen, wie man sich zu verhalten hat. Im großen Rest des ländlichen Raumes und in den kleineren Städten ist die Situation ohnehin unproblematisch. Dort gibt es im Allgemeinen nur vereinzelte Taschendiebe, die in dicksten Gewühl eines

Marktes oder Busbahnhofs auf „Kundenfang" gehen. Andere Formen der Kriminalität sind seltene Ausnahmen. Die Routen, die wegen möglicher **bewaffneter Überfälle** von vornherein besser gemieden werden, führen ausschließlich durch **Nordkenia** und liegen außerhalb der klassischen Touristengebiete. Sie werden unten aufgeführt. Zusätzliche detailliertere Sicherheitshinweise finden sich auch in den jeweiligen Routenkapiteln und unter „Reisen in Kenia".

Kriminalität in Nairobi – und wie man sich davor schützt

Die Sicherheitslage in Nairobi hat sich in den letzten Jahren generell deutlich verbessert und rechtfertigt nicht mehr den notorischen Ruf vergangener Jahre. Dennoch sollten Sie das Folgende aufmerksam lesen – denn ein friedliches Dorf in deutschen Landen ist die Millionenstadt deshalb noch immer nicht. Der schlechte Ruf Nairobis in puncto Sicherheit rührt **vor allem** von **Kleinkrimineller** her, die ganz ohne oder mit einem Minimum an Gewalt arbeiten, etwa Taschendiebe und Trickbetrüger, unter denen auch der Durchschnittskenianer zu leiden hat. Vorfälle dieser Art geschehen in Nairobi täglich, da soll man sich nichts vormachen. Nairobi-Neulinge sind meist einfacher zu neppen und geben daher auch relativ häufig ein „gutes" Opfer ab. Die Diebe besitzen einen geschulten Blick dafür, wer **Unsicherheit und Orientierungslosigkeit** ausstrahlt, im Falle von Europäern ist es wohl auch die ungebräunte Haut, die verrät, dass da jemand noch nicht wissen kann, wie der Hase läuft. Fakt ist jedenfalls, dass Reisende vor allem während der ersten Tage in Nairobi ausgenommen werden.

Wer also erstmalig in Kenias Hauptstadt kommt, gleich ob per Flieger, Eisenbahn oder Überlandbus, ist gut beraten, sich ein **Taxi zum Hotel** oder zum Guesthouse zu leisten. Im Optimalfall hat man zumindest für die ersten beiden Nächte bereits ein **Hotel im Voraus gebucht** und weiß genau, wo man hin möchte. Später kann man sich in aller Ruhe immer noch etwas Geeigneteres suchen. Das ist allemal stressfreier und letztendlich auch billiger, als sich mit Gepäck auf die Suche nach einer Unterkunft zu machen und unterwegs um Geld, Papiere oder Gepäck erleichtert zu werden. Generell gilt: Das **Gepäck** lässt man auf Nairobis Straßen nie, aber wirklich **nie aus den Augen!**

Auf späteren Ausflügen in die Stadt sollten Sie nur das Nötigste an Bargeld mitnehmen und alle anderen **Wertsachen und Papiere im Hotel lassen.** Die Zimmer in billigen Hotels und Guesthouses können aber nur als sicher gelten, wenn die Fenster zu verschließen oder vergittert sind und Sie die Tür mit einem eigenen Vorhängeschloss sichern können. In Mittelklasse- und Oberklasse-Hotels gibt es die Möglichkeit, alle Dinge von Wert an der Rezeption zu deponieren, in den besseren Häusern befindet sich in der Regel ein privater Safe auf dem Zimmer.

Falls Sie mit einer relativ großen Summe und Papieren ausrücken müssen, z.B. zum Geldtauschen oder um ein Visum zu beantragen, sollten Sie diese in einem **Bauchgurt** gut unter der Kleidung verstecken. An diese „Bank" geht man niemals in der Öffentlichkeit heran! Alternativ dazu bietet sich die **Verteilung des Geldes** auf verschiedene Stellen am Körper an. Man sollte sich angewöhnen, eine ambulante, **leicht zugängliche Tageskasse** zu unterhalten, aus der man tagsüber alle laufenden Ausgaben bestreitet und die vorzugsweise mit kleineren Scheinen bestückt ist. Immer wieder sieht man unsensible touristische Zeitgenossen beim Bezahlen mit dicken Geldbündeln herumwedeln, was ebenso wie ein Känguru-Täschchen vor dem Bauch eine großzügige Einladung an alle Diebe ist.

Geld tauscht man nie auf der Straße, einen Schwarzmarkt gibt es in Kenia nicht mehr, und wer Ihnen fabelhafte Umtauschraten zuraunt, wirft nur Köder aus, um Sie über den Tisch zu ziehen.

Wertvollen **Schmuck** bringt man am besten gar **nicht** erst **nach Afrika** mit. Falls Sie nicht darauf verzichten wollen, sollte er nur im Hotel getragen werden. Selbst auf der Kenyatta Avenue werden Leuten immer wieder Halsketten abgerissen, ebenso wie Armbanduhren, die man deshalb besser in der Hosentasche trägt. Man sollte es auch vermeiden, auf offener Straße mit dem Handy zu telefonieren, es ist schon vorgekommen, dass es aus der Hand gerissen wurde.

Ein **Tagesrucksack,** so praktisch er auch sein mag, wirkt speziell in Nairobi wie ein Signal an alle: Hallo, ich bin ein Tourist! Das zieht zwar nicht unvermeidlich Diebe an, aber zumindest die Jungs, die einem ständig Safaris aufquatschen wollen. Im Stadtgewühle sollte man den Tagesrucksack lieber auf dem Bauch tragen, sonst könnte es passieren, dass er mit einem scharfen Messer von hinten unbemerkt aufgeschlitzt und leergeräumt wird. Aus diesen Gründen bringt man bei einem Gang durch die Stadt seinen Fotoapparat besser in einem alten Stoffbeutel oder einer unauffälligen Plastiktüte unter.

Die **Taschendiebe** in der Stadt arbeiten zum Teil **hochprofessionell** und verdienen fast schon Bewunderung, denn man wird so geschickt abgelenkt und alles passiert so rasend schnell, dass man den Verlust vielleicht zunächst gar nicht bemerkt. Bei dem lauten, bunten Gewühl auf Nairobis Straßen und den vielen neuen Sinneseindrücken ist die Wachsamkeit sowieso überfordert. Selbst für den Fall, dass man den Diebstahl unmittelbar registriert, ist die Chance, das Eigentum wiederzubekommen, äußerst gering. Denn meist wird im Team gearbeitet, zu dem neben dem Ablenker und dem Klauer meist noch ein dritter Mann gehört, an den die Beute blitzschnell weitergereicht wird und der damit sofort in der Menschenmenge verschwindet. Denn wird ein Dieb auf frischer Tat ertappt, blühen ihm mindestens die Prügel seines Lebens, wenn nicht gar die Lynchjustiz der aufgebrachten Menge. Die Taschendiebe schlagen häufig **im Gedränge von Bussen** zu, und die **KBS-Buslinie 34 vom Flughafen in die Stadt** scheint ihr Lieblingsrevier zu sein. Den Dieben sieht man ihren Beruf nicht an. Sie sind seriös gekleidet und sitzen während der Fahrt zur Stadtmitte in Ihrer Nähe. Im Allgemeinen schlagen sie erst zu, wenn Sie aufstehen, um den Bus zu verlassen. Die Langfinger machen sich dabei die Tatsache zunutze, dass viele Touristen nach Passkontrolle und Geldtausch am Flughafen ihre Wertgegenstände noch in leicht zugänglichen Taschen aufbewahren, anstatt alles wieder im Gepäck, oder noch besser, im schon öfters erwähnten Bauchgurt unter der Kleidung sicher verstaut zu haben!

Eine Kategorie von Taschendieben, die eher Mitleid als Strafe verdient, sind arme, hungrige **Kinder und Jugendliche,** die sich mit **Betteln** und gelegentlichem **Stehlen** durchschlagen. Selbst wenn Sie merken, wie Ihnen unprofessionell das Wechselgeld aus der Tasche gezogen wird, sollten Sie sich gut überlegen, davon ein großes Aufheben zu machen. Man liest öfters in der Zeitung, dass die von all der Kleinkriminalität frustrierten Leute mit diesen Gelegenheitsdieben kurzen Prozess machen. Bis die Polizei eintrifft, sind die wenigsten noch am Leben. „Mwizi, mwizi", „Dieb, Dieb' ist deshalb auch der gefürchtetste Ruf für zwielichtige Gestalten, denn die ganze Öffentlichkeit beteiligt sich an der Hatz auf den wirklichen oder vermeintlichen Übeltäter.

Die **Trickbetrüger** in Nairobi, die ihre krummen Touren mit großer Fantasie und Professionalität einfädeln, sorgen für die unglaublichsten Reiseberichte, die unter Travellern kursieren. Deshalb sollte man annehmen, dass die gängigsten Tricks inzwischen allgemein bekannt sind. Aber offenbar lassen sich immer wieder Ahnungslose vom kriminellen Straßentheater täuschen, an dem teilweise eine Gruppe von 6 oder 7 Leuten mitwirkt, und müssen teilweise mächtig (finanzielle) Federn lassen. Das Grundprinzip besteht immer darin, das Helfersyndrom im europäischen Touristen anzusprechen oder dem Opfer ein schlechtes Gewissen einzupflanzen. Mit ausgezeichnetem psychologischen Gespür wird man dann gekonnt unter Druck gesetzt.

Hier ein **Beispiel:** Es besteht eine realistische Chance, von einem sympathisch wirkenden jungen Mann angesprochen zu werden, der vorgibt, Flüchtling zu sein, der einen Studienplatz in Deutschland erhalten hat (weiß der Himmel, woher sie immer genau wissen, aus welchem Land man stammt) und einen um generelle Informationen und Reisetipps bittet. Diesem an sich legitimen Anliegen mag man sich natürlich nicht verschließen. Man sitzt also irgendwo im Café und beantwortet Fragen. Dann kommt – man hat es

insgeheim ja schon erwartet – die Bitte um eine kleine Unterstützung. Wer jetzt Geld rausrückt, steht erst am Anfang seiner Probleme. Denn kaum hat das Geld den Besitzer gewechselt, betritt „Geheimpolizei" in Zivil die Szenerie, die sogar gefälschte Ausweise besitzt und von der man mit Drohungen derart unter Druck gesetzt wird, dass das nüchterne Denken stark eingeschränkt ist. Manchmal wird eine fiktive „Strafe" erpresst, weil es „verboten ist, Ausländern Geld zu geben". In einer anderen Variante wird der vermeintliche Student in Handschellen abgeführt, da er in einen Komplott gegen den Präsidenten verwickelt ist und man wird der Komplizenschaft verdächtigt. Bei besonders gelungenen **Inszenierungen** stellt sich das Geld, das man dem armen Jungen gegeben hat, am Ende noch als „Fälschung" heraus, und man bekommt sein ganzes Bargeld abgenommen, weil es auf weitere Blüten hin untersucht werden soll. Klingt absurd? Ja, ist aber leider Realität. Ein guter Freund von mir, in Sachen Reisen alles andere als ein Greenhorn, schöpfte erst Stunden, nachdem ihm das Geld abgeluchst worden war, zum zweiten Mal den Verdacht, dass irgendetwas faul sein könnte im Staate Kenia. Da hatte er aber schon den ganzen Nachmittag ängstlich im Hotel die angekündigte Zimmerdurchsuchung durch die angebliche „Geheimpolizei" erwartet ...

Harmlosere Vorfälle sind der vermeintliche „Nachtwächter Ihres Hotels" oder der „Bekannte" soundso, den Sie nicht sofort erkennen (Wie könnten Sie auch? Aber verunsichert ist man schon, sehen doch anfangs alle schwarzen Gesichter verdammt ähnlich aus!) und der darauf ziemlich gekränkt reagiert. Nachdem Sie nun ein schlechtes Gewissen haben, erzählt er Ihnen eine herzerweichende Geschichte vom Bruder, der nach einem Unfall verletzt im Krankenhaus liegt und nur gegen Vorkasse von den raffgierigen Ärzten behandelt wird. Es folgt die Bitte um einen Vorschuss, der, „Ehrenwort". zur nächsten Nachtschicht zurückgezahlt wird. Wer tatsächlich etwas gibt, wird die Scheine nie wiedersehen, geschweige denn den Typen.

Ein letztes Fallbeispiel: „Schulkinder" oder „Studenten", die mit Spendenlisten umherziehen, um eine Unterstützung für einen

Schulbau oder ihre Schulgebühren aufzutreiben. Mit angeschlossen ist meist der salbungsvolle Legitimationsbrief eines moralischen Protegés. Auf der Liste haben bereits andere „Europäer" unterschrieben und die Summe ihrer großzügigen „Spenden" gleich mit vermerkt. Das Problem daran ist, dass diese Art einer öffentlichen Sammlung, ein sogenanntes Harambee, tatsächlich existiert, und so ist man verunsichert, ob man nicht doch etwas spenden sollte. Wer es tut, wird den faden Nachgeschmack behalten, ausgenutzt worden zu sein.

Um sich vor Übervorteilungen und Betrügereien zu schützen, muss man sich **als Tourist in Nairobi** daher **eiskalt und abgebrüht** geben und alle, die sich einem auf der Straße nähern, freundlich, aber gnadenlos abwimmeln. Auch auf die Gefahr hin, dass man einigen Leuten damit Unrecht tut. Übrigens haben die Dreistesten auch dagegen schon eine Wunderwaffe gefunden: Sie fragen nämlich: „Why are you so rassist?" – „Warum sind Sie so rassistisch?" Und schon haben sie einen am schlechten Gewissen gepackt, mit dem sie einen dorthin dirigieren können, wo sie einen haben wollen. Wer wirklich helfen möchte, sollte sich lieber überlegen, eine der vielen hervorragenden Organisationen zu unterstützen, die sich in Nairobi für Straßenkinder, Waisen oder AIDS-Kranke engagieren. Ich gebe auf E-Mail-Anfrage gerne entsprechende Kontakte weiter.

Neben raffinierten psychologischen Technikern gibt es leider auch die **Leute fürs Grobe.** Brutale Einbrüche und Autoentführungen, von denen man durch die Zeitungen erfährt, sind aber glücklicherweise die seltene Ausnahme und betreffen meist die besseren Gesellschaftsschichten aller Hautfarben.

Überfälle gibt es aber auch auf Touristen. Bekannt dafür ist der Uhuru-Park, und auch auf dem Weg zum YMCA werden immer wieder Leute ausgenommen. In der Dunkelheit ist das Risiko höher, deshalb sollte man im nächtlichen Nairobi lieber in einer Gruppe losmarschieren oder gleich ein Taxi nehmen und heruntergekommene Gegenden, wie den River Road District, meiden. Wer sich ins Nachtleben stürzt, lässt am besten Wertgegenstände und Papiere im Hotel zurück und nimmt nur die Passkopie und das Geld für den Abend mit.

Sollten Sie Opfer eines Raubüberfalles in Nairobi werden, dann geben Sie das Geforderte ohne Wenn und Aber sofort heraus und **wehren Sie sich nicht!** Die Täter sind bewaffnet und besitzen eine große Gewaltbereitschaft – ein Spiegel der krassen Lebensumstände in den Slums, in denen ein Menschenleben wenig zählt. Und um Hilfe rufen sollten Sie erst dann, wenn alles vorbei ist! Der Trost ganz zum Schluss: Nicht nur ausländische Touristen werden Opfer der Kriminalität, jeder Einheimische kann Ihnen eine Geschichte erzählen, die er am eigenen Leib erlebt hat ...

Kriminalität zwischen Inland und Küste

In den Langstreckenbussen zwischen Mombasa und Nairobi gab es laut Deutscher Botschaft Fälle, in denen Touristen von Mitreisenden Getränke oder Speisen angeboten bekamen, die mit Betäubungsmitteln präpariert waren. Während sie schliefen, wurden sie dann ausgeraubt. Also: Lehnen Sie lieber höflich ab, wenn Ihnen Essen oder Trinken im Bus offeriert werden, auch wenn die Verpackung scheinbar unversehrt ist!

Kriminalität an der Küste

An der Küste beschränkt sich die Kriminalität hauptsächlich auf **Mombasa und** die **Haupttouristenorte,** wobei es in der Stadt selbst weniger häufig Vorfälle gibt als in Nairobi. Das liegt bis zu einem gewissen Grad sicherlich an der stärkeren sozialen Kontrolle in muslimischen Gesellschaften.

Nicht gefährlich, aber sehr zudringlich sind die **Beach Boys,** die einem am Strand alles, von Andenken bis hin zu Safaris, verkaufen wollen. Allerdings hat sich schon mancher von ihnen mit der Anzahlung eines Touristen für eine vermeintliche Safari aus dem Staub gemacht. Nachdem die Klagen über die Belästigungen an den Hotelstränden zunahmen, wurde eine neue Ordnungsmacht ins

Leben gerufen: die **Tourist Police**. Nun sehen sich die Beachboys gerne in der Opferrolle und sprechen von willkürlichen Schikanen durch die Beamten. Ob es an der Touristenpolizei oder an der späten Beach-Boy-Einsicht liegt, dass allzu aufdringliches Auftreten geschäftsschädigend wirkt, jedenfalls ist die Lage wieder spürbar besser geworden. Neben der Tourist Police wirft auch das hoteleigene Wachpersonal immer wieder einen genauen Blick auf den Abschnitt des öffentlichen Strandes vor der eigenen Haustür. Dennoch sollten Sie **nie Wertgegenstände mit an den Strand nehmen**. Wer baden geht und vermeintlich unbeobachtet seine Brille oder Uhr an Land zurücklässt, vielleicht noch „clever" mit einem Handtuch getarnt, muss sich nicht wundern, wenn er bestohlen wird. Gelegenheit macht Diebe. Und nachts sollten Sie nicht unbedingt ausgedehnte Spaziergänge unternehmen, sei es am Strand oder auf der Straße, geschweige denn am Meer wild campen – was übrigens auch illegal ist.

Unsichere Reisegebiete

Generell gilt Kenia als Pol der **Ruhe und Stabilität** in einer politisch unsicheren Region. Die Probleme in den Nachbarländern zeigen auch auf der kenianischen Seite der Grenzen Auswirkungen. Denn durch die Nähe der Krisengebiete sind automatische Waffen in **Nordkenia** relativ einfach erhältlich und billig. So verwundert es nicht, dass auf einigen Überlandstrecken im Norden und Nordosten die Gefahr von Überfällen besteht, und man tut gut daran, sich vor dem Aufbruch in diese Region nach der aktuellen Situation zu erkundigen. Die verlässlichsten Informationen über die Sicherheitslage erhält man von Europäern, die in den betroffenen Gegenden arbeiten, seien es Missionare oder Entwicklungshelfer. Aber auch Tour Operator, die sich auf die wirklich wilden Gebiete spezialisiert haben, wissen immer gut Bescheid und stehen zudem meist über Funk in Kontakt mit Leuten vor Ort. Polizeikräfte und KWS-Ranger kennen sich als Arm des Gesetzes in ihrem Gebiet ebenfalls gut aus. Für die Pistenstrecken sind Bus- und Lkw-Fahrer die

besten Informanten. Zudem lässt sich in der „Nation", der größten Tageszeitung, immer ganz gut verfolgen, in welchen Gegenden Vorsicht angebracht ist.

Potenziell problematisch sind die **Strecken Isiolo – Marsabit – Moyale** (wenn Vorfälle, dann meist zwischen Marsabit und Moyale, mit der Asphaltierung dieser Strecke ist eine weitere Verbesserung der Situation zu erwarten) und **Isiolo – Wajir – Mandera**. Zwischen diesen Orten verkehren Privatwagen, Busse und Lkw normalerweise im Konvoi. Die Strecke Thika-Garissa gilt hingegen seit der Fertigstellung der Teerstraße als sicher, Fragen über den aktuellen Stand vor der Abfahrt können aber nie schaden. Es ist zu hoffen, dass dies auch bald für die gegenwärtig noch unsichere Straßenverbindung **Garissa – Malindi** zutrifft. Auch hier gibt es ab Garsen einen Konvoi.

Ein weiteres kritisches Gebiet ist der **äußerste Nordwesten Kenias** nahe der Grenze zum Sudan. Die Strecke von Marich-Pass nach Lodwar gilt tagsüber als sicher. Die Weiterfahrt von dort nach Lokichokio nahe der sudanesischen Grenze ist hingegen nicht ganz ungefährlich, aber im Konvoi machbar, schließlich fahren hier sogar Matutus. Für Unruhe in der Region sorgen unterschiedliche Stammesfehden, in welche die ugandischen Karamojong, die Turkana, die Samburu, die Pokot und die Marakwet verwickelt sind. Das betroffene Gebiet umfasst die ugandisch-kenianische Grenzregion nördlich des Mt. Elgon, das Suguta Valley südlich des Lake Turkana, das Kerio Valley und das Tal des Wei-Wei am Fuß der Cherangani Hills in der Region um Sigor und Tot. Da dies interne Angelegenheiten sind – meist geht es um gestohlenes Vieh – hat der Tourist (es sei denn, er führt eine Kuh mit sich ...) dabei nichts zu befürchten.

Leider muss auch noch das **Grenzgebiet zwischen Tansania und Kenia** erwähnt werden. In den vergangenen Jahren kam es immer wieder zu Überfällen auf Touristenfahrzeuge, die im Niemandsland zwischen der Masai Mara und der Serengeti unterwegs waren. Offiziell ist der Grenzübergang ohnehin geschlossen, aber über Tage lassen einen die Ranger schon mal auf der anderen

Seite der Grenze Fotos „wildern". Davon sollten Sie wegen der Sicherheitsprobleme lieber absehen. Vermutlich auf das Konto der gleichen Täter vom Volk der Kuria, die als notorische Störenfriede verschrieen sind, gingen auch vereinzelte Überfälle auf Campingplätze in der Masai Mara. Erkundigen Sie sich am Gate nach der aktuellen Lage und bitten Sie im Zweifelsfalle um einen bewaffneten Ranger als Askari.

Sollten Sie trotz all dieser Ratschläge und Hinweise Opfer von Betrügern, eines Diebstahls oder gar eines Überfalls geworden sein, finden Sie im **Kapitel „Notfall"** wichtige Tipps, wie Sie den Schaden möglichst gering halten bzw. möglichst schnell an Hilfe und Ersatz für verlorenes Geld und Dokumente kommen.

In Kenia ist man sich durchaus bewusst, dass die weitere Entwicklung vom Ausland sehr genau beobachtet wird. Als Teil der Bemühungen, verloren gegangenes Vertrauen von Reisenden wiederzugewinnen, hat eine Interessengemeinschaft privater Firmen der kenianischen Tourismusbranche, die **Kenya Tourism Federation (KTF),** eine Notrufzentrale speziell für Touristen ins Leben gerufen, die über Telefon, Fax, E-Mail und KW-Funk 24 Stunden erreichbar ist und in allerlei misslichen Lagen mit guten Verbindungen zum Kenya Wildlife Service, zu den Flying Doctors, zu den Sicherheitskräften, wie Militär, Administration Police oder der General Service Unit, aber ebenso zu regionalen Regierungsvertretern in den wichtigsten Tourismusgebieten des Landes **schnellstmöglich Hilfe** organisieren kann. Dabei spielt es keine Rolle, ob Touristen Opfer eines Unfalles, von Kriminalität, einer schweren Krankheit oder sonstiger Schwierigkeiten geworden sind.

● **KTF Safety & Communication Centre**
Kontakte des Centre, das im KWS Headquarters am Nairobi National Park beheimatet ist: Mobil: 0722/745645 und 0733/617499. Touristen in Schwierigkeiten können sich auch an die 24-Stunden-Hotline unter 020/604767 wenden; safetour@wananchi.com; Funkfrequenzen für Notrufe: HF 10650 KHz (USB), 5853 KHz (LSB) und 3198 KHz.

Souvenirs und Einkaufen

Andenken heißen in ganz Ostafrika nicht etwa „Souvenirs", sondern **„Curios",** was auf Englisch so viel wie „Rarität"oder „Kuriosität" bedeutet. Von Raritäten kann man in den allermeisten Fällen kaum sprechen, denn was in den Curio Shops angeboten wird, sind im Allgemeinen die Produkte einer florierenden Andenkenindustrie. Aber kuriose und hübsche Dinge sind zuhauf darunter.

Die beste Qualität und Auswahl findet man in einer Reihe geschmackvoller Läden im **Großraum Nairobi.** Einige von ihnen beziehen ihre kunsthandwerklichen Artikel aus sozialen Projekten im ganzen Land, etwa von Behinderten- und Straßenkinderwerkstätten oder Frauenkooperativen, was die etwas **höheren Preise** rechtfertigt. Ihr Pendant an der Küste haben sie im berühmten Bombolu Centre nördlich von Mombasa. Geschäfte, die von weißen Kenianern oder Europäern betrieben werden, liegen preislich ebenfalls am oberen Ende, haben dafür aber neben der allgemeinen Palette meist auch einige ausgefallene und qualitativ hochwertige Produkte anzubieten, die man anderswo nicht findet.

Doch all diese Manufakturläden besitzen neben dem hohen Preisniveau einen eklatanten Nachteil: Da hier Angestellte arbeiten, ist **Handeln** nur sehr begrenzt oder überhaupt **nicht möglich.** Aber das ist nun mal das Salz in der Suppe beim Einkaufen in Afrika. Im Falle der indisch geführten Geschäfte und der kleineren Buden afrikanischer Besitzer oder natürlich beim Kauf direkt von den Herstellern auf dem Land ist das völlig anders.

Immer seltener sind **Objekte aus** dem harten, gewichtigen **Ebenholz,** das schwer zu verarbeiten und teuer ist. Und so firmiert unter diesem edlen Namen meist mit Schuhcreme eingefärbtes Holz. Die besten **Schnitzer** Ostafrikas stammen vom südtansanischen Volk der Makonde. Heutzutage ist ihr Name Synonym für jegliche Art von geschnitzten Gegenständen, seien es die stereotypen Masai-Krieger, filigranere künstlerische Skulpturen mit teilweise sehr abstrakter Ausstrahlung oder sogenannte Lebensbäume in denen die Herkunftsgeschichte eines ganzes Dorfes festgehalten wurde

Die meisten **Masken,** die in Kenia verkauft werden, sind Importe aus dem zentralafrikanischen Raum, aber auch hier finden sich durchaus hübsche Stücke.

Besonders schön, weil auch heute noch zum eigenen Gebrauch hergestellt, sind die **Nackenstützen** von Nomadenvölkern, wie Turkana, Samburu und Masai, aber auch die kleinen dreibeinigen **Holzschemel** der sesshaften Ackerbauervölker, die manchmal mit Perlen, Schnitzereien oder Einlegearbeiten verziert sind, sowie die in ganz Afrika beliebten **Bao-Spiele.**

Berühmt ist Kenia auch für seine **Seifenstein-Schnitzereien.** Teils in natura, teils geschmackvoll eingefärbt stehen Skulpturen, Schachfiguren, Schalen, Aschenbecher etc. gleich in hundertfacher Ausführung aufgereiht.

Im **Textilbereich** reicht das Angebot von **Kangas,** den bunten, meist mit Suaheli-Redewendungen bedruckten Tüchern, die viele Frauen auf dem Land und an der Küste als Wickelrock tragen, über **Kikois,** dem schlichteren männlichen Gegenstück (das wohl mit den Arabern an die ostafrikanische Küste gekommen ist), bis hin zu handgewebten **Ethnostoffen,** Patchwork-Decken und hübschen **Teppichen.** Die drei letztgenannten Artikel erhält man aber nur in den europäischen Läden Nairobis.

Die Auswahl an **Flechtwerk** ist ähnlich groß und umfasst u.a. Obstschalen, Bodenmatten, Hüte, Körbe und sogar Spielzeug in allen Formen und Größen. Diese Dinge lassen sich meist wesentlich günstiger auf Landmärkten oder in Dörfern erstehen, wo die Frauen sich mit diesen Produkten etwas hinzuverdienen.

Ähnliches gilt auch für die **Perlenstickereien der Masai-Frauen,** die in mühevoller Kleinarbeit Kalebassen und Schlüsselanhänger verzieren, aber auch jede Form von Perlenschmuck herstellen.

In den Andenkenläden gibt es natürlich auch ein großes Angebot an **Silber-, Halbedelstein- und sonstigen Schmuckarbeiten,**

die geschmackvoll traditionelle Elemente aufgreifen.

Ein bei Touristen beliebter Klassiker sind **Masai-Waffen.** Wie gut das Nomadenvolk bereits die Gesetze des modernen Marktes begriffen hat, erkennt man an den Miniaturausführungen von Speeren und Schilden. Denn die Originale sind viel zu schwer und zu groß, um im Flugzeug mitgenommen zu werden. Überhaupt wird in Kenia **produziert, was dem Kunden gefällt,** wobei man nicht zögert, auch Bewährtes aus dem Nachbarland Tansania zu kopieren, wie etwa die naive Tinga-Tinga-Malerei. Und ständig kommen neue Dinge hinzu, wie z.B. die minutiös nachgebildeten Auto- und Motorradmodelle, die aus Draht oder Blechdosen gefertigt werden, während die Reifen aus alten Badeschlappen oder anderen Abfällen hergestellt werden – Recycling im zutreffendsten Sinne des Wortes!

Leute auf der Suche nach Ausgefallenem, das auch ruhig seinen Preis haben darf, besuchen am besten eine der **Galerien** Nairobis (siehe dort), die die Gemälde von zeitgenössischen kenianischen Künstlern ausstellen und verkaufen. Wer einen guten Riecher hat kann mit jungen, relativ unbekannten Malern einen Glücksgriff tun und darauf spekulieren, dass die Bilder in einigen Jahren den vielfachen Wert besitzen.

Sehr originell, aber nicht gerade billig sind die **Schädelabgüsse unserer prähistorischen Vorfahren,** die das National Museum of Kenya eigentlich für wissenschaftliche Institute in aller Welt herstellt, die man aber auch als Privatmann in Auftrag geben kann. Sie sind eine ausgesprochene Zier für jeden Schreibtisch und erinnern einen bei der Arbeit, etwa bei der Lohnsteuererklärung, immer dezent an das Wesentliche: Wo kommen wir her, wo gehen wir hin?

Nicht ganz so speziell, aber dafür vergleichsweise preisgünstig ist es, sich in Kenia von einem der zahlreichen ambulanten Schneider einen **Maßanzug** anfertigen zu lassen. Das sollte allerdings nicht ein oder zwei Tage vor dem Rückflug geschehen, denn wenn es irgendwo kneift oder sich abbert, sind letzte Änderungen wohl ausgeschlossen.

Praktische Tipps A–Z

Auch für Leute mit begrenzterem Budget gibt es **originelle Mitbringsel,** die nicht jeder hat, etwa Tusker-Bierdosen, die im Duty Free Shop am Flughafen verkauft werden, oder eine Stange Zigaretten der lokalen Marke „Sportsman" (!!!), über die sich garantiert jeder Raucher in Deutschland freut.

Abstinenzler könnten mit afrikanischen **Gebrauchsgegenständen** bedacht werden, die auf vielen Landmärkten verkauft werden, etwa Öllämpchen, die aus alten Margarinedosen gelötet wurden, winzige, minutiös geflochtene Strohhalmsiebe, mit denen man *Pombe,* das traditionelle Bier, trinkt und einfache lokale Musikinstrumente.

Ebenfalls gut und relativ preiswert kann man in den großen **Buchhandlungen** Nairobis englische Bildbände und andere Bücher zu afrikanischen Themen kaufen, von denen viele in Deutschland niemals auf den Markt kommen.

Komplett **verzichten** sollte man **auf den Kauf** jeglicher **(wild-)tierischer Souvenirs.** Elfenbeinprodukte, Wildtierfelle oder sonstige Trophäen, Schildkrötenpanzer, Korallen, Muscheln, lebende Wildtiere (Vögel, Reptilien etc.), geschützte Pflanzenarten, aber ebenso archäologische und antike Gegenstände sind tabu. Was immer der Verkäufer, der ja schließlich ein Geschäft machen möchte, Ihnen auch erzählt: Von wenigen Ausnahmen abgesehen ist die Ausfuhr aus Kenia und der Import nach Deutschland ohne besondere Genehmigung aus gutem Grund verboten und wird mit empfindlichen Geldstrafen belegt, denn die Schäden, die den Riffen und der Fauna damit zugefügt werden, sind katastrophal. Aber glücklicherweise gibt es ja genügend andere legale Reiseandenken – wenn es sein muss, auch tierischer Natur, etwa die ausgeblasene Schale eines Straußeneis (aber bitte nur von der Straußenfarm bei Nairobi!), oder Lammfelle, die an der Straße von Nairobi nach Naivasha angeboten werden.

Zu guter Letzt seien die notorischen „Last-Minute-Panik-Mitbringsel-Käufer" noch gewarnt: Die Duty Free Shops an den internationalen Flughäfen sind bei vielen Luxusprodukten sogar teurer als normale Geschäfte in Deutschland!

Sport und Aktivitäten

Sie werden erstaunt sein, wie viele sportliche und sonstige Aktivitäten Kenia bietet, abseits der klassischen Safari und dem unvermeidlichen Badeurlaub. Im Folgenden ein Überblick mit den wichtigsten Optionen.

Angeln und Hochseefischen

Ähnlich wie die Jagd schürt auch das Hochseeangeln die gegensätzlichsten Emotionen. Allerdings sind es vor allem die industriellen Fangmethoden von internationalen Konzernen, die auf die Fischbestände zunehmend verheerend wirken, weniger die Sportfischerei. Man kann zu dem Sport stehen wie man möchte, aber spätestens seit Ernest Hemingway ist die Küste Kenias unter Sportfischern weltberühmt. **Fischgründe** sind z.B. die North Kenya Banks, 36 Seemeilen nördlich von Malindi, an denen der afrikanische Festlandsockel in die Tiefsee abbricht, der Seamount nahe Shimoni oder der Pemba-Kanal mit zahlreichen Großfischen, etwa Schwert- und Segelfisch, Gelbflossenthun, Makrelen und verschiedene Haiarten. Wie die zahlreichen Fangboote mit Funkantennen an der gesamten Küste von Malindi bis hinunter nach Shimoni zeigen, gibt es genug Kundschaft für den **kostspieligen Sport.** Um die Fische aufzuspüren, wird moderne Technik wie GPS, Funkgerät und Echolot eingesetzt.

Ein Wort zum Umweltschutz: Die meisten Angelunternehmen unterstützen die **„Tag and Release"-Politik,** d.h., die Fische werden nach Fang und Erinnerungsfoto wieder freigelassen – vorausgesetzt, sie haben sich bei dem Kampf nicht zu stark verletzt und der Kunde stimmt dem zu. Wird der Fisch an Bord behalten, ist er traditionellerweise ohnehin Eigentum des Schiffseigners.

Die Saison für die verschiedenen Großfische hängt von den Wanderungen ihrer Beute, also den großen Thunfisch- und Makrelenschwärmen, ab, denen die Räuber folgen. Segelfische tauchen zwischen November und

Februar, Schwarzer Marlin und Gestreifter Marlin in August und September sowie zwischen Januar und März in kenianischen Gewässern auf. Für das **Hochseeangeln** ist von Mitte März bis Mitte September Nebensaison, die Zwischensaison dauert von Anfang Oktober bis Mitte Dezember und die **Hochsaison von Mitte Dezember bis Mitte März.** Verbunden damit sind natürlich entsprechende Preisaufschläge bzw. Nachlässe beim Chartern der Fangboote. Zu keiner Zeit ist es aber ein billiges Vergnügen.

Von Ende September bis Ostern finden auch einige bekannte **Angelwettbewerbe** an Kenias Küsten statt. Einen Terminplan für die Turniere der aktuellen Saison findet man auf der Homepage , aber auch eine Liste der Angelunternehmen, die Mitglied in der Kenya Association of Sea Angling Clubs ist.

Kurioserweise sind alle für Angler interessanten **Süßwasserfische** in Kenia eingeführte Spezies. Die ersten Regenbogen- und Bachforellen wurden bereits Anfang des 20. Jahrhunderts auf die Initiative des Kolonialisten *Edward Grogan* hin ausgesetzt. Bereits fünf Jahre später wurden die ersten laichenden Forellen im Gura River beobachtet, und nicht lange danach gab es lokale Fischzuchtbetriebe, aus denen weitere Flüsse in den Aberdares, am Mt. Kenya, aber auch um Kericho, am Mt. Elgon und in den Cherangani Hills mit Fischen versorgt werden konnten. Da heutzutage nur noch wenige Gewässer regelmäßig mit Jungfischen besetzt werden, haben sich Forellenpopulationen lediglich dort erhalten, wo das Wasser für das Laichen der Tiere kühl genug ist. Das ist am Äquator in über 2500 m der Fall. Überleben können die Tiere bis hinunter auf 2000 m Höhe. Die nordamerikanische Regenbogenforelle ist, da weniger wählerisch hinsichtlich Futter und Wassertemperatur, weiter verbreitet als die europäische Bachforelle, die nur in etwa einem halben Dutzend Flüssen Kenias vorkommt.

Das Geheimnis beim Forellenfischen in Kenia besteht darin, die **richtige Stelle** an den Flussläufen zu **finden,** wo man seine Angel auszuwerfen hat. Steigt man zu weit hinauf, bis in die Moorländer, sind die Forellen zu klein. Geht man hingegen zu weit hinunter,

sind die großen Fische bereits von einheimischen Anglern dezimiert. Die geschützten Wälder des Mt. Kenya und des Aberdare National Park sind optimal, Fänge von über 1 kg keine Seltenheit.

Das klingt alles zu schön, um wahr zu sein. Aber da lässt sich sogar noch eins draufsetzen: Die **Angellizenz für Forelle** kostet nämlich nur einige hundert Schilling– für ein ganzes Jahr. Sie ist, wie alle anderen Angellizenzen übrigens auch, im **Fisheries Department** auf dem Gelände des Nationalmuseums in Nairobi erhältlich.

Weitere Informationen zu Angelcamps und Hotels, die sich um angelnde Klientel bemühen, stehen im Kapitel „Zentrales Hochland" unter der Rubrik „Aktivitäten".

Ein weiteres lohnendes Gewässer für Angler ist der **Lake Naivasha.** Seit Ende der 1920er Jahre dort gleich zwei schmackhafte Speisefischarten ausgesetzt wurden, ist der Rift Valley-See, der auf knapp 1900 m Höhe liegt, nicht mehr nur ein Dorado für Fischadler, sondern auch für Angler. 1926 führte man den Tilapia nigra ein, 1928 folgte der amerikanische Schwarzbarsch und in den 1950ern kam noch der rote Lousiana Flusskrebs hinzu, der zwar nicht mit der Angel gefangen wird, aber dennoch gut schmeckt. Viele Hotels am Seeufer vermieten Boote sowie Angelausrüstungen und können einen auch noch mit dem einen oder anderen wertvollen Tipp versorgen, z.B. wie man zu verfahren hat, wenn mal ein Nilpferd am Haken hängt ...

Details wie Mietpreise etc. finden Sie in den regionalen Kapiteln.

Wer nicht ans Meer will, aber dennoch kapitale Fische fangen möchte, sollte sein Glück auf dem **Lake Victoria** versuchen, dem drittgrößten Süßwassersee der Erde, und dort dem Nil- oder Victoriabarsch nachstellen, der 2 m lang wird und bis zu 200 kg Gewicht erreicht! Sie vollbringen mit Ihrem Fang sogar noch eine naturschützerische Wohltat, denn seit der Raubfisch Ende der 1950er Jahre in den See eingeführt wurde, hat er mit seinem unersättlichen Appetit bereits zig endemische Fischarten ausgerottet. Es gibt zwei luxuriöse Lodges am See, die sich auf den Nilbarschfang spezialisiert haben. Details in den Kapiteln über die Rusinga und Mfangano Insel.

Baden

Dass Kenia ein **Badeparadies** ist, beweisen die vielen Strandhotels entlang der Küste des Indischen Ozeans – allerdings sollte man **in der richtigen Jahreszeit kommen** (s.o. „Reisezeit und Klima").

Vom Baden **in allen Gewässern** des Inlandes ist generell abzuraten. Die Wurmerkrankung **Bilharziose,** aber auch **Krokodile und Nilpferde** machen das Schwimmen dort zu einem Lotteriespiel. Eventuelle Ausnahmen sind in den Regionalkapiteln erwähnt.

In vielen Hotels, einschließlich der Lodges in den Nationalparks, gibt es **Swimmingpools,** die man gegen eine Gebühr auch als Gast von außerhalb benutzen darf, was dann in den jeweiligen Hotelbeschreibungen erwähnt ist. In Nairobi gibt es sogar zwei große Freibäder mit riesigen Wasserrutschen (siehe dort).

Bungee-Jumping

In Kenia lässt sich auch der 60-m-Kick am Gummiseil erleben, und zwar in Sagana am **Tana River** auf dem Weg zum Mt. Kenya. Preise auf Anfrage unter info@explorerkenya.com, Mobil: 0733/899909 oder 0722/218260. Weitere Infos im Internet: www.explorerkenya.com/bungeeinkenya.html.

Golf

Golf ist eine der britischen Hinterlassenschaften aus den Tagen der Kolonialzeit und nach wie vor ein **Sport der Oberklasse.** Man kann sich des Eindrucks nicht erwehren, dass in den alten Clubheimen der britische Standesdünkel weiterlebt, auch wenn er nun von Afrikanern und Indern gepflegt wird.

Die **Clubhäuser** sind bisweilen lebende Kolonialmuseen, mit ihrer schönen alten Einrichtung, den gemütlichen Feuerstellen, den Member's Bars und den goldenen Meisterschaftslisten, die teilweise bis zum Anfang des 20. Jahrhunderts zurückreichen. In vielen Clubs gibt es zusätzliche Sportmöglichkeiten wie Tennis, Squash, Billard oder auch ein Schwimmbad, manchmal stehen auch Übernachtungsmöglichkeiten bereit. Die Anlagen selbst befinden sich meist in schöner Umgebung, ihr Zustand ist hingegen sehr unterschiedlich. Einige Clubs in den sogenannten White Highlands, den vormals weißen Siedlungsgebieten, sind nach dem Wegzug der Briten stark vernachlässigt, teilweise auch ganz aufgegeben worden. Andere verfügen nach wie vor über ein sehr lebendiges Clubleben, ausgezeichnete Greens – und ein exklusives Ambiente. Aber in den meisten Clubs darf man gegen eine **tägliche oder wöchentliche Mitgliedschaft** („Daily Membership Fee"), deren Gebühr teilweise lächerlich gering ist, auch als Besucher spielen.

Mit dem **Mieten von Ausrüstung** ist das so eine Sache, besser ist es, die eigene mitzunehmen. Wer nur ein paar Schläge probieren möchte, kann natürlich auch vor Ort Schläger leihen und Golfstunden nehmen.

Insgesamt gibt es in Kenia **35 Golfplätze,** zehn davon besitzen 18 Löcher. Allein im 30-km-Umkreis von Nairobi liegen 14 Plätze.

Weitere **Informationen,** auch über den Zustand der einzelnen Plätze und Termine für Turniere, erhält man bei der:

● **Kenya Golf Union**
Muthaiga Golf Club, Kiambu Road, www.kgu.or.ke.

Auf **Golfreisen** innerhalb Kenias ist folgendes Unternehmen spezialisiert:

●**Tob's Golf Safaris**
Tel. 020/27108-25 und -26,
Fax 2722015, Mobil: 0733/614621,
www.kenya-golf-safaris.com.

Jagen

Die Zeit der Großwildjagden à la *Heming-way* und *Blixen* ist in Kenia seit Mitte der 1970er Jahre vorbei, als die Jagd im Land **umfassend verboten** wurde. Nur einige Privatfarmen mit großen Herden von Zebras und Antilopen dürfen, um die Tierzahlen zu kontrollieren, mit Sondergenehmigungen ein sogenanntes **Culling** vornehmen und das Fleisch vermarkten. Abschussgenehmigungen werden ansonsten nur für einzelne Tiere, seien es Elefanten, Nilpferde oder Löwen, ausgestellt, die eine Gefahr für Leben und Eigentum der lokalen Bevölkerung darstellen. Allerdings wird immer wieder heftig debattiert, ob man die Jagd wieder grundsätzlich zulassen soll, denn andere afrikanische Staaten machen vor, wie von der Jagd auch der Naturschutz profitieren kann. Aber gegenwärtig ist eine Änderung der Politik nicht abzusehen.

Die **Vogeljagd** ist außerhalb der Schonzeiten in Kenia nach wie vor **gestattet.** Für Wasservögel liegt die Saison zwischen November und Januar, Tauben dürfen das ganze Jahr über geschossen werden, sonstige Vögel in der Zeit zwischen Juli und Oktober.

Anschriften von Unternehmen, die Vogeljagden ausrichten, erhält man beim Kenya Tourist Board (siehe „Informationen"). Wer seine eigene Jagdwaffe mit ins Land bringen möchte, muss eine Sondergenehmigung beantragen.

Klettern und Trekking

In Kenia gibt es nicht nur viele Gebiete, die sich hervorragend zum Trekking eignen, sondern auch Berge, Klippen und Felsen zum Bouldern und Free Climbing, die selbst verwöhnte Kletterer zufrieden stellen werden. Einschlägige Plätze sind etwa der **Hell's Gate National Park,** in dem man vor der einmaligen Kulisse von Wildtieren klettern kann,

aber auch die **Aberdares** und natürlich der **Mt. Kenya,** dessen höchster Gipfel nur alpin zu stürmen ist. Die 5000er erfordert einiges Können und ist wegen nicht zuletzt wegen der schnell wechselnden Wetterverhältnisse anspruchsvoll. Wer sich die Tour alleine nicht zutraut, kann im Hauptquartier des Nationalparks auch einen Bergführer engagieren. Die **beste Zeit** vom Wetter her sind die trockenen Monate Januar und Februar sowie September und mit Einschränkung auch der Oktober. Material (Seile, Steigeisen, Gurte etc.) lässt sich vor Ort (die Qualität sollte man einer genauen Prüfung unterziehen!) mieten und muss also nicht unbedingt von Europa mitgebracht werden.

In Nairobi gibt es eine **aktive Kletterszene,** die an Wochenenden auch gemeinsame Ausflüge organisiert. Kontakt zu eventuellen Kletterpartnern, Kartenmaterial sowie Infos zu spannenden Trekking- und Klettertouren gibt es beim 1948 gegründeten

●**Mountain Club of Kenya**
Dessen Mitglieder treffen sich am Dienstagabend ab 20 Uhr im Clubhaus am Wilson Airport. Der MCK organisiert einige Aktivitäten, jeden letzten Dienstag des Monats gibt es einen Dia-Abend mit Essen. Die empfehlenswerte Webseite mit einem Kalender für gemeinsame Unternehmungen steckt voller Infos und praktischer Tipps. Kontakte: Tel. 020/501747, www.mck.or.ke.

Die vielfältigen Landschaften Kenias machen das Land zu einem **Trekking-Paradies.** Keine Frage, der Kilimanjaro ist und bleibt der Kilimanjaro, aber: Die meisten Leute, die beide Berge erwandert haben, sind sich einig, dass der **Mt. Kenya** trotz seiner Höhe von „nur" 5200 m und einem weniger bekannten Namen wesentlich beeindruckender ist als der große Bruder in Tansania. Highlights sind seine schroffen, verschneiten Gipfel, die zahlreichen Bergzüge und tiefen Täler sowie der breite Regenwaldgürtel und die afroalpine Vegetation. Aber auch für alle, die eine Kilimanjaro-Besteigung planen, ist der Mt. Kenya das optimale Akklimatisierungsgebiet, um ernsthaften Problemen mit der Höhenkrankheit aus dem Weg zu gehen. Der größte Vorteil gegenüber dem Kilimanjaro besteht für Individualtouristen allerdings darin, dass man den Berg ohne Begleitung von Trägern, Führern oder Nationalpark-Rangern erwandern darf – vorausgesetzt, man ist zu zweit unterwegs. Auf den Hauptrouten kann man in Hütten schlafen und braucht kein Zelt mitzunehmen. Dennoch ist der Berg nicht derartig überlaufen wie die Hauptroute am Kilimanjaro, und was die Eintrittsgebühren betrifft, verursacht der Mt. Kenya einen Bruchteil der Kosten, die mit einer Besteigung des Kilimanjaro verbunden sind.

In den 4001 m hohen und 70 km langen **Aberdares** kann man ebenfalls schöne Tageswanderungen ohne Ranger-Begleitung machen.

Weitere Berge, die selten bestiegen werden, aber bei Wanderungen tolle Naturerlebnisse und Ausblicke bieten, sind der **Mt. Elgon** (4321 m) und die **Cherangani Hills** in Westkenia, der **Ol Doinyo Sabuk**, ein schöner Tages- oder Wochenendausflug von Nairobi aus, der Bilderbuchvulkan **Mt. Longonot** und sein südlicher Nachbar **Mt. Suswa,** die beide grandiose Ausblicke ins Rift Valley eröffnen.

Besonders interessant sind aber auch die **geführten Wanderungen** in den Urwaldgebieten des **Kakamega Forest** im Westen sowie des **Arabuko Sokoke Forest** an der Küste, die zahlreiche endemische Tier- und Pflanzenarten beherbergen, von denen einige vom Aussterben bedroht sind.

Immer populärer werden auch sogenannte **Game Walks**, also Fußsafaris, und der Grund liegt auf der Hand: Das Erleben der afrikanischen Tierwelt ist auf Schusters Rappen eindrücklicher, aufregender und authentischer als die Safari im Auto. Im **Hell's Gate National Park** am Naivasha-See darf man alleine auf Pirsch gehen, denn im Park gibt es keine Elefanten oder Löwen. Im **Ruma National Park** in Westkenia muss man sich dagegen von einem bewaffneten Ranger begleiten lassen.

Alle Touren an den hohen Bergen, wie Mt. Kenya, Aberdares, Mt. Elgon etc., sollte man **nur in den trockenen Monaten** Januar und Februar sowie im September und mit Einschränkung im Oktober planen.

Dies ist nur eine kleine Auswahl an viel versprechenden Wandermöglichkeiten in Kenia. Neben detaillierten Infos zu diesen Wandergebieten in den jeweiligen Routenteilen findet man im Kapitel zu Nairobi auch Adressen von Safari-Veranstaltern, die eine Reihe von Bergtouren, Walking-Safaris und sonstigen Wanderungen im Angebot haben.

Ein Fundus an **Infos zum Trekking und Klettern sowie Treffpunkt** vieler netter Leute mit ähnlichen Interessen ist der oben erwähnte **Mountain Club of Kenya.**

Es gibt keine schönere Art, das wilde Nordkenia zu bereisen, als **mit einem Kamel,** weit ab von Stromleitungen und Pisten. Obwohl Kamele wohl nicht zu den ersten Tieren gehören, die man mit dem Land Kenia in Verbindung bringt, sind sie die Charaktertiere der nördlichen, wüstenhaften Hälfte des Landes. Verschiedene Reiseanbieter haben diese Mini-Expeditionen inzwischen im Programm. Die Tiere tragen das Gepäck, man selber wandert nebenher. Wenn das zu ermüdend wird, kann man aber auch Wegstrecken reiten. Bei einigen Veranstaltern wird man von Angehörigen des Samburu-Volkes begleitet, die sich in dem Gebiet natürlich fantastisch auskennen.

Die **Preise** sind **sehr unterschiedlich,** je nachdem, ob man die gesamte Organisation dem Unternehmen überlässt und einen gewissen Komfort erwartet, oder ob man sich mit dem Simpelsten zufrieden gibt, nur Tiere und Führer anmietet, alle anderen Besorgungen selber erledigt und mit öffentlichen Verkehrsmitteln anreist.

Länge und Route der Tour kann man je nach Geldbeutel und Interesse selber mitbestimmen, eine Dauer von mindestens fünf Tagen ist aber schon empfehlenswert, sonst lohnt sich bei einer selbst organisierten Tour der ganze Aufwand nicht.

Prinzipiell sind die Kamel-Safaris **zu allen Jahreszeiten** möglich, in den heißen Monaten von Dezember bis März ist das Gehen aber beschwerlicher. Nach der großen Regenzeit überrascht einen das Land hingegen mit erfrischendem Grün.

Bevor man bucht, sollte man sich von allen Veranstaltern beraten und ein **Angebot unterbreiten lassen** und erst dann seine Wahl

Praktische Tipps A–Z

treffen. In einem zweiten Treffen bespricht man dann alle organisatorischen und sonstigen Details.

Veranstalter von Kamelsafaris finden sich im Nairobi-Kapitel unter „Spezial-Safaris".

Reiten

Die weite Landschaft Ostafrikas schreit geradezu danach, vom Fahrradsattel, per pedes oder eben vom Rücken eines Pferdes aus erkundet zu werden. Dass es angesichts der britischen Passion für Pferdesport in Kenia **einige Reitmöglichkeiten** gibt, ist also nicht verwunderlich. So u.a. in der näheren Umgebung von Nairobi, aber auch an der Küste in Malindi und Mombasa, an den drei Rift Valley-Seen Naivasha, Elmenteita und Nakuru, am Mt. Elgon und nahe des Örtchens Limuru. Nähere Infos und Preise finden sich in den jeweiligen Routenteilen.

Dabei handelt es sich um Reitställe, bei denen man **Pferde stundenweise mieten** kann. Wer das große Abenteuer sucht, kann in Nairobi aber auch eine **mehrtägige Pferde-Safari** quer durch die Wildnis buchen, Wildtierbeobachtungen inklusive. Übernachtet wird stilecht in Zeltcamps. Ein sehr empfehlenswerter Veranstalter, Safaris Unlimited, findet sich im Nairobi-Kapitel unter „Spezial-Safaris". Unvergesslich, exklusiv, kostspielig.

River Rafting

Wer schon einmal mit dem Schlauchboot auf einem schäumenden, ungebändigten Fluss geritten ist, wird entweder auf alle Zeit davon geheilt oder aber richtig süchtig. Turbulente Wildwasserabschnitte mit kleineren Wasserfällen und Stromschnellen finden sich sowohl am **Athi River** als auch am **Tana River.** Nach entsprechender Einweisung durch den Veranstalter ist die Abenteuersportart für Frauen wie für Männer geeignet, angeboten werden verschiedene Schwierigkeitsgrade, ein- sowie dreitägige Touren. Zwischen den Stromschnellen paddelt man auch längere Abschnitte auf ruhigem Wasser, vorbei an wunderschönen Flusslandschaften mit tropischem Galeriewald und Blick auf den Mt.

Kenya, es gibt die verschiedensten Vogelarten vom Reiher bis zum Fischadler zu sehen, während Hippos und Krokodile in den befahrenen Flussabschnitten kaum vorkommen.

Die **besten Zeit** für eine River-Rafting-Tour sind die Monate in und nach den Regenzeiten, wenn die Flüsse viel Wasser führen, also von November bis Mitte März und von Mitte April bis Ende August. Die Preise für die Touren beinhalten in der Regel Ausrüstung, Transport und anschließendes Barbeque. Der erfahrenste Veranstalter ist **Savage Wilderness Safaris.** Kontakte im Nairobi-Kapitel unter „Spezial-Safaris".

Squash

Squash ist in Kenia ein relativ **populärer Sport.** Und so findet man in vielen Strandhotels an der Küste, aber auch in den Sport- und Golfclubs des Hochlandes Spielmöglichkeiten, die man gegen eine geringe Gebühr nutzen darf. Die **Spielplätze** werden in den Routenkapiteln erwähnt.

Wind- und Kitesurfen

Das warme Wasser des Indischen Ozeans eignet sich nicht nur zum Baden und Tauchen, auch Wind- und Kitesurfer kommen hier voll auf ihre Kosten. Denn durch die Passatwinde herrschen an der kenianischen Küste während des gesamten Jahres **relativ konstante Windverhältnisse,** wobei der Südost-Monsun von April bis August, besonders aber im Juni und Juli, konstanter und stärker bläst. Angesichts dessen werden Surfer gerne in Kauf nehmen, dass es im April und Mai auch einige graue, verregnete Tage gibt. Die wenigsten Tage mit Wind von 4 Beaufort und drüber gibt es laut Statistik von September bis Anfang Dezember

In Kenia können übrigens Surferpaare mit unterschiedlichem Können endlich harmonische Ferien verbringen, denn jeder findet die Bedingungen vor, die ihm behagen. **Morgens** herrschen schwache Winde vor, die **ideal für Anfänger** sind. Hinzu kommt, dass das Wasser in Strandnähe warm und flach ist und wegen der Saumriffe auch fast keine

Wellen besitzt – optimale Verhältnisse zum Üben. Der Wind wird zum **Nachmittag** hin immer stärker und erreicht schließlich die richtige Stärke **für Könner,** 6–7 Beaufort sind keine Seltenheit. Wer in die Welle möchte, verlässt das ruhige Wasser der Lagune und findet außerhalb an kleinen Riffs ebenfalls gute Verhältnisse. Als In-Sport für Kite-Surfer hat sich besonders der Strand nördlich von Malindi etabliert.

Die meisten größeren Hotels haben eigene Bretter und Zubehör, aber nicht immer in empfehlenswertem Zustand. Für Anfänger und Fortgeschrittene wird das Material wohl noch reichen, aber Freaks bringen sich ihr Board besser von Zuhause mit. Vor dem Buchen sollte man sich im Reisebüro oder bei den Fluglinien über die Möglichkeit eines kostenlosen Transports als „Sportgerät" erkundigen. Ansonsten kann das vermeintliche Ticketschnäppchen durch Frachtkosten schnell teurer werden als ein etwas höherer Tarif mit kostenlosem Board-Transport. Wie das Brett fachgerecht zu verpacken ist, erfahren Sie von der Fluglinie. Wer auf lokales Material zurückgreift, sollte wissen: Funboards und Sinker liegen bzgl. der Mietpreise höher als Anfängerbretter und Allroundboards. Wer das Brett für mehrere Tage oder gar Wochen mietet, erhält starke Nachlässe.

Preise und Anschriften von **Surfschulen** im Routenteil „An der Küste".

Tauchen und Schnorcheln

Zum Glück wurden einige der schönsten Tauchreviere von Kenia bereits in den 1960er Jahren unter Schutz gestellt, sodass sich die Riffe mit Hunderten von verschiedenen Korallenfischen in den **Marine National Parks und Reserves** trotz hoher Touristenzahlen **in gutem bis sehr gutem Zustand** befinden.

Eine ganz besondere Attraktion an einigen Küstenabschnitten, die Taucher aus aller Welt anlockt, sind **Walhaie** – die Tiere sind die größten Fische der Erde, aber völlig harmlos – sowie **Manta-Rochen.**

Man kann von der Südküste aus sogar **Tauch-Safaris per Boot** hinüber zu der tansanischen Insel Pemba buchen.

In den Touristenorten an der Küste reiht sich eine **Tauchbasis** an die andere, fast jedes zweite Strandhotel hat seine eigene Schule. Wer schon mal mit dem Gedanken gespielt hat, einen Tauchschein zu machen, kann beim Schnuppertauchen im Swimmingpool testen, wie er sich so fühlt als Fisch. Leute, bei denen der letzte Tauchgang schon länger zurückliegt, erhalten hier eine Auffrischung der Kenntnisse. Viele Tauchbasen befinden sich in deutscher Hand, eine Sprachbarriere gibt es also auch nicht. Wer eine **Tauchausrüstung** (oder Teile davon) **mieten** möchte, muss neben **Tauchausweis** auch sein **Logbuch** vorweisen können.

Wer einen Kurs oder Tauchgänge bei der Tauchbasis im eigenen Hotel bucht, bekommt meist Rabatte (bis zu 10 Prozent). Gleiches gilt für Taucher, die die eigene Ausrüstung (natürlich außer Flasche und Bleigewichten) mitbringen, und Nachlässe gibt's ebenso für jene, die gleich Pakete von zehn oder mehr Tauchgängen nehmen. Die Tauchausrüstung kann als Sportgepäck im Flugzeug mitgenommen werden, muss aber zuvor bei der Airline angemeldet werden. Es gibt extreme **Preisunterschiede** zwischen verschiedenen Anbietern, ein Vergleich lohnt sich also. Normalerweise wird man von der Tauchbasis vom Hotel abgeholt. Da die schönsten Riffe bis zu 2 km vom Strand entfernt liegen, fährt man zum Tauchen immer mit dem Boot hinaus. Die Fahrt ist in den Preisen für einen Tauchgang enthalten.

Wer nicht tauchen möchte oder aus gesundheitlichen Gründen nicht tauchen darf, hat natürlich auch die Möglichkeit, die tropische Pracht der Korallen- und Fischwelt mit **Schnorchel und Flossen** zu erkunden, daneben gibt es für die Wasserscheuen auch **Glasbodenboote.** Am besten bringt man die eigene Brille von Deutschland mit, dann weiß man wenigstens, dass sie optimal sitzt. Die Ausrüstung kann sonst aber auch in den Tauchbasen oder bei Beach Boys gemietet werden. Auch für Schnorchler gibt es viele Boot-Trips zu den Riffen.

Unabhängig davon, ob man schnorchelt oder taucht – in puncto **Sicht unter Wasser** gibt es gute Zeiten und schlechte Zeiten (s.o. „Reisezeit und Klima").

Praktische Tipps A–Z

Informationen zu einigen Tauchbasen, den Preisen und den sehenswertesten Tauchplätzen der kenianischen Küste stehen im entsprechenden Routenteil.

Tennis

Wer gerne Tennis spielt, braucht darauf im Kenia-Urlaub nicht zu verzichten. Viele große **Strandhotels,** aber auch **Sportclubs** im Inland haben Plätze. Gespielt wird in der Regel draußen, Spielmöglichkeiten werden in den Routenkapiteln erwähnt.

Sportliche und gesellschaftliche Ereignisse

Die nachfolgenden sportlichen Highlights sind meist auch gesellschaftliche Events, an denen man als Zuschauer, z.T. aber auch aktiv teilnehmen kann. In der **Samstagsbeilage der Tageszeitung „Nation"** findet sich ein landesweiter Wochenkalender mit den Terminen; die Palette reicht vom Tontaubenschießen über klassische Ringen bis zu den nationalen Darts-Meisterschaften.

Boxveranstaltungen

Trotz gehäufter Korruptionsskandale im heimischen Verband sind kenianische Boxer bei internationalen Turnieren immer wieder für eine Medaille gut. Wer sich für den Sport interessiert oder einfach nur die **entfesselte Stimmung am Ring** erleben möchte, sollte sich das erschwingliche Vergnügen ruhig leisten. Der Sportverband Kenias gibt einen Veranstaltungsplan mit den entsprechenden Terminen heraus.

●**Kenya National Sports Council**
Tel. 020/501120, 242690, Fax 501120.

Africa Concours d'Elegance – Nostalgie auf Rädern

Im September wird vom Alfa Romeo Owners Club auf dem Nairobi Racecourse an der Ngong Road eine wunderschöne **Oldtimer-Parade** veranstaltet, die im Jahr 2011 bereits ihr 40-jähriges Jubiläum feiern wird. Den

Besitzern der bestgepflegten Motorrad- und Auto-Oldtimer winkt ein Preisgeld von 1 Million Ksh, für die Besucher gibt es Autor ostalgie satt und ein buntes Rahmenprogramm mit einem gemeinnützigen Kunsthandwerker-Markt, einer Luftshow, Fallschirmspringern, Live-Musik und Kinderunterhaltung. In den letzten Jahren wurden sogar die nationalen Springreitmeisterschaften zu diesem Termin ausgetragen. Die Stimmung ist toll, die Veranstalter setzen alles daran, internationalen Standard zu erreichen. Neben Autos mit ostafrikanischen Zulassungen, etwa aus Kenia, Uganda und Tansania, sind sogar englische Teilnehmer mit von der Partie! Auch Motorradliebhaber werden bei dem Anblick von Stahlrössern aus längst vergangenen Tagen schwärmerisch die Augen verdrehen. An die Oldtimer-Parade angeschlossen ist auch eine Ausstellung des Fahrzeugzubehörhandels. Der Eintritt ist moderat.

Weitere **Infos,** auch zum genauen Veranstaltungstermin, gibt es bei:

●**Bob Dewar Publicity Offices**
Norfolk Towers, Kijabe Street,
Tel. 020/316160 oder 2229793,
Fax 229459, www.concourskenya.com.

Flugshow und -wettkämpfe

Im Sommerhalbjahr hat der Aero Club of East Africa **am Wilson Airport in Nairobi** in der Vergangenheit eine große Flugschau veranstaltet, die Caltex Airshow. Wegen unzureichender Sponsorengelder kann die Veranstaltung, die sogar Kunstflugteams aus Südafrika und Simbabwe angezogen hat, leider nicht mehr jährlich stattfinden. Aktuelle Infos erhält man direkt beim **Aero Club** unter Tel. 020/60048-2/-3, 600479, 600530, 608950 oder 501772, www.aeroclubea.net.

Für alle Wettbewerbe im Zusammenhang mit der Fliegerei – Flugrallyes, etwa die International Preston Rally, aber auch Navigational Expeditions, kurz Navex Flug Rallyes, genannt, bei denen die Piloten nach ihren Flug- und Navigationsfähigkeiten bewertet werden – wenden sich sportbegeisterte Hobbypiloten ebenfalls an den Aero Club, dessen Heim sich auf dem Gelände des Wilson Airport in Nairobi befindet.

Fußball

Der ostafrikanische Fußball bewegt sich (noch) nicht auf dem gleichen technischen Niveau wie auf der Westseite des Kontinentes. Der Begeisterung tut das allerdings keinen Abbruch, auch in Kenia ist der Fußball die **populärste Sportart.** Korruption, Eifersüchteleien und interne Machtkämpfe im kenianischen Fußballverband haben bisher größere internationale Erfolge des Nationalteams, der *Harambee Stars,* verhindert. Bei der ersten Straßenfußball-Weltmeisterschaft 2006 in Berlin gewann das kenianische Termin allerdings den Worldcup (siehe den Exkurs über die Ausnahmefußballerin *Dodo*)!

Die Mannschaften der 1. Liga, der First Division, die meist die prosaischen Namen ihrer Hauptsponsoren tragen, etwa Agro Chemicals, Kericho Posta, Nzoia Sugar oder Kenya Breweries, spielen wie in Europa **an den Wochenenden.** Wer einmal eine Fiesta africana live erleben möchte, sollte sich ein Spiel in Nairobi nicht entgehen lassen. Sie werden am Nyayo Stadion auf einer großen Tafel vorangekündigt. Ein Ticketvorverkauf ist meines Wissens unbekannt, man geht einfach am Nachmittag des Spiels zum Stadion und löst sich seine Karte.

Laufereignisse

Die Dominanz kenianischer **Mittel- und Langstreckenläufer** bei internationalen Sportwettkämpfen ist jedem Kind geläufig. Ihre Frontmänner hatte die kenianische Läuferphalanx in *Naftali Temu* und vor allem im unvergessenen *Kipchoge Keino,* die 1968 in Mexico City für Kenia Gold gewannen. Keino schaffte es, auch zu Hause zum Held zu werden und ziert nach wie vor die Rückseite des 20-Ksh-Scheins. Um die gegenwärtigen kenianischen Weltklasseathleten vom Kaliber eines *Daniel Komen, Paul Tergat, Paul Koech, Moses Kiptanui,* oder bei den Frauen *Pauline Konga* und natürlich *Tecla Lorupe,* in Europa live zu sehen, muss man für ein Ticket bei den großen Leichtathletikfestivals einen guten Batzen Geld hinlegen. Seltsamerweise werden diese läuferischen Spitzenleistungen in Kenia mehr oder weniger als selbstverständlich angesehen, und von einem Super-starstatus der Sportasse wie im Falle *Kip Keino* ist daheim wenig zu spüren. So kommt es immer wieder zu der skurrilen Situation, dass sich bei nationalen Wettkämpfen, in denen sich auch die Besten für Weltmeisterschaften oder olympische Spiele qualifizieren müssen, die Läuferasse gegenseitig auf die Füße treten – und fast kein Mensch außer ausländischen Talentscouts guckt zu ... Allerdings sind diese Wettkämpfe vor der kargen Kulisse von durchschnittlich 3000 Zuschauern für die etablierten Profis alles andere als Selbstläufer. Denn von den aufstrebenden Jungtalenten wird ihnen nichts geschenkt. Spannende Fights und manche Überraschungen sind also garantiert. Wer sich für Leichtathletik interessiert, findet einen Plan mit aktuellen Laufereignissen auf der Internetseite des kenianischen Leichtathletikverbandes: www.athleticskenya.or.ke.

Wer selber begeisterter Läufer ist, hat die Möglichkeit, an verschiedenen Rennen teilzunehmen. In der kühlen Jahreszeit, meist Ende Juni, findet der **Mombasa Marathon** statt, im Oktober der **Nairobi Marathon** (www.nairobimarathon.com). Ein weiteres Rennen ist der **Eldoret Marathon** (www.eldoretmarathon.com). Der außergewöhnlichste Lauf ist wohl der **Safaricom Marathon,** der im Lewa Wildschutzgebiet stattfindet (www.lewa.org) – auf atemberaubender Höhe am Mt. Kenya, umgeben von staunenden Wildtieren ...

Maralal International Camel Derby

Für leidenschaftliche Sammler ausgefallener sportlicher Veranstaltungen dürfte das Maralal International Camel Derby ein heißer Tipp sein, das seit 1989 bei Maralal am ersten Augustwochenende stattfindet. Neben den professionellen 42-km- und 20-km-Distanzen gibt es auch ein Amateurrennen über 10 km. Wer nicht mit dem Kamel reiten möchte, kann den Drahtesel benutzen. Zudem gibt es alle möglichen unterhaltsamen Spiele an der freien Luft – es ist ein Wochenende mit viel Spaß, das sogar Teilnehmer aus dem weiteren Ausland anzieht. Am Rennen kann jeder (auch Sie!) teilnehmen. Und woher ein Kamel nehmen? Kein Problem, die Tiere werden gegen eine Leihgebühr sogar vom Veranstalter gestellt! Mit den Einnahmen des Events, der vom inzwischen verstorbenen Gründer von Yare Safaris ins Leben gerufen wurde, werden verschiedene karitative Projekte in Nordkenia unterstützt. Weitere Infos unter www.yaresafaris.co.ke.

Sea Swimming

In Mombasa findet Anfang September dieses **traditionelle Meeresschwimmen** statt, das vom English Point am Fort Jesus gestartet wird. Das Teilnehmerfeld ist in verschiedene Altersklassen eingeteilt, in den vergangenen Jahren nahmen an dem erstmals 1991 ausgerichteten Wettkampf gut 500 Schwimmer teil! Anmelden muss für alle, die im Indischen Ozean mitkraulen wollen, ist normalerweise Ende August.

Nähere **Infos** bei der Mombasa & Coast Tourist Association unter www.mcta.co.ke.

Pferdesport

Die **Passion der Briten** für den Pferdesport und das Wetten ist legendär und wurde auch in Kenia seit den frühesten Tagen intensiv gepflegt. Die allerersten Rennen auf kenianischem Boden wurden angeblich in Machakos, dem damaligen Verwaltungssitz der Imperial British East African Company, mit Militärponys ausgetragen. Das war auf Dauer natürlich nicht gut genug, und so wurde in Nairobi eine Rennbahn gebaut, die an Weihnachten 1902 mit sechs Rennen feierlich eingeweiht wurde. Wie die Prioritäten der Engländer bei der Entwicklung von Nairobi lagen, scheint heute klar: Die zweite Straße, die in der neu gegründeten Stadt Nairobi überhaupt angelegt wurde, führte vom Bahnhof zur Pferderennbahn und hieß natürlich Race Course Road! 1903 wurde dann der erste Turf Club gegründet, der seine Sitzungen fortan im Norfolk Hotel abhielt. Welch überragendes gesellschaftliches Ereignis die Rennwochen in Kenia waren, die traditionell an Weihnachten und im Juli stattfanden, verdeutlicht die Tatsache, dass zu diesem Ereignis Sonderzüge von Mombasa und Nakuru nach Nairobi eingesetzt werden mussten. Dann strömten nämlich alle Schichten und Hautfarben in das heutige Stadtviertel Kariakor, in dem sich damals die Rennbahn befand.

Der heutige **Race Course an der Ngong Road** wurde im Jahre 1954 eröffnet. Bis heute gibt es das traditionelle Weihnachtsrennen am zweiten Feiertag mit buntem Rahmenprogramm, wie Fallschirmspringen, Oldtimer-Parade, Springreiten und Straußenrennen, dem sogenannten Boxing Day, ebenso zahlreiche andere Rennen mit traditionsreichen Namen wie Kenya Derby, Kenya Oaks und Kenya Guineas. Und während der Saison werden auf der Galoppbahn sogar jeden zweiten Sonntag Rennen ausgetragen. Die besondere Stimmung sollte man sich nicht entgehen lassen.

Informationen zum Rennkalender gibt es vom **Jockey Club of Kenya,** der seinen Sitz direkt an der Pferderennbahn in Nairobi hat; Tel. 020/882195.

Safari Rallye

Wenn man sich in Kenia den Straßenverkehr – und besonders die Fahrweise des gesamten Matatu-Berufsstandes anschaut, erklärt sich die Rallye-Begeisterung der Kenianer. Besonders die asiatische Community ist dem Motorsport verfallen. Der bekannteste Motorsport-Event in Ostafrika ist die Safari Rally, die eine Tradition von mehr als einem halben Jahrhundert hat und lange sogar Teil der Rallye-Weltmeisterschaft war. Sie ist nach wie vor der **Höhepunkt im Kalender der Motorsportfreunde Kenias.** Dann müssen die internationalen Teams auf den abgehalftertsten Pisten Ostafrikas, die dank der großen Regenzeit richtig schön matschig sind, eine Distanz von **rund 3000 km** bewältigen. Der Termin liegt meist im April. Daneben wird seit 2003 – meist im November – eine Classic Rallye mit historischen Wagen gefahren, die als die härteste ihrer Art gilt. Genaueres zur Safari Rallye und zu vielen anderen Motorsportereignissen erfährt man auf folgenden Homepages:

● **www.motorsportkenya.com**
Seite des kenianischen Motorsportverbands.
● **www.eastafricansafarirally.com**
Seite der Classic Rallye.

●www.safarichallenge.com
Seite eines weiteren großen Rallye-Events in Kenia.
●www.africanrallychampionship.com
Infos zur Safari Rallye und anderen Events.
●www.afmu.co.za
Seite des afrikanischen Motorradverbands.

Stromversorgung

Die **größeren Ortschaften** Kenias sind alle an die Stromversorgung angebunden, aber in vielen Dörfern – besonders im dünn besiedelten, wilden Nordkenia – ist das immer noch eine weit entfernte Traumvorstellung. In den letzten zehn Jahren der Moi-Ära wurden – wie in den anderen Infrastrukturbereichen übrigens auch – kaum noch Investitionen für Instandhaltung und neue Anlagen getätigt. Die Lage hat sich allerdings seitdem wieder gebessert und die **Häufigkeit der Stromausfälle ist deutlich gesunken.** Doch wenn das Angebot mit Bevölkerungs- und Wirtschaftswachstum mithalten soll, werden die Kapazitäten deutlich ausgebaut werden müssen. Bisher wird der größte Teil des Stromes mit **thermischen Kraftwerken** erzeugt, die teuer importierte Erdölprodukte verbrennen. Darüber hinaus besitzt Kenia aber auch eine größere Anzahl an Staudämmen, die **hydroelektrische Energie** produzieren, die meisten von ihnen am Tana-River. Eine weitere heimische Energiequelle hat man buchstäblich gerade erst mal angebohrt: die **geothermische Energie.** An verschiedenen Stellen des ostafrikanischen Grabenbruchs ist die Erdkruste so dünn, dass sich die Hitze im Inneren der Erde zur Stromerzeugung im großen Stile wirtschaftlich nutzen ließe. Bisher geschieht dies erst im Hell's Gate National Park südlich des Naivasha-Sees. Die Nutzung anderer alternativer Energiequellen wie **Wind- und Solarenergie** hat in Kenia ebenfalls ein riesiges Potenzial, erste Projekte werden aber gerade erst geplant.
Wer das abenteuerliche System (gibt's da eines?) der Verkabelung kenianischer Haushalte sieht, wundert sich, dass es mit dem Strom überhaupt klappt. Doch im Vergleich mit anderen afrikanischen Ländern steht Kenias Stromversorgung immer noch gut da.
Da der Fortschritt in Form von elektrischem Strom zu **vielen Dörfern** der abgelegeneren Gebiete noch gar nicht vorgedrungen ist (aber auch in vielen **kleineren Touristencamps** gibt es Strom nur stundenweise aus dem Generator), ist man dort auf das Licht von **Kerzen und Petroleumlampen** angewiesen. Das Leben der Leute hat sich dem Rhythmus des Tages angeglichen: Aufstehen bei Morgengrauen, schlafen gehen nur wenige Stunden nach Einbruch der Dunkelheit.
Die **Wechselspannung** in Kenia beträgt **230 Volt,** entspricht damit der in Deutschland. Aber Vorsicht: Die Spannungsschwankungen sind bisweilen so stark, dass empfindliche Geräte wie z.B. Laptops Schaden nehmen können. Das lässt sich mit einem zwischengeschalteten Spannungsstabilisator verhindern.
Nur schmale deutsche Zweipolstecker (ohne Erdung) passen in die kenianischen Steckdosen. Dazu müssen Sie die Sicherheitsraste des dritten Pols (oben) mit einem spitzen Gegenstand, etwa einem Kuli, eindrücken, also entriegeln. **Steckdosen-Adapter** erhält man aber auch in jedem kenianischen Elektroladen und in vielen Hardware Stores. Oder Sie nehmen einen Multi-Adapter aus Deutschland mit (kriegt man in Ausrüstungsläden und Elektrofachmärkten).
Die gängigen **Batterie-Größen** werden in Kenia hergestellt und sind auch überall zu kaufen (spezielle Fotobatterien etc. gibt's hingegen nur in Nairobi, Mombasa und Touristenhotels). Da es keinerlei umweltfreundliche Batterieentsorgung in Kenia gibt, ist es vielleicht nicht die schlechteste Idee, lieber **wiederaufladbare Akkus aus Deutschland** mitzunehmen. Ladegeräte sind inzwischen sogar als Solarversion erhältlich!

Telekommuni-
kation und Post

Post

Die kenianische Post arbeitet **relativ zuverlässig,** für wirklich wichtige Dinge bittet man
aber lieber nach Hause zurückkehrende Reisende um einen Kurierdienst, denn ab und zu
verschwindet doch mal etwas. Alles, was
durch Leitungen passt, ist sicherlich schneller
und sicherer per E-Mail in Europa.

Standardbriefe per Luftpost benötigen
nach Europa 4–10 Tage und kosten 33 Ksh,
sind also wesentlich billiger als Sendungen in
umgekehrter Richtung von Deutschland
nach Kenia. Einschreibesendungen („Regis-
tered Mail") kosten zusätzlich zum normalen
Porto einen Aufschlag von 30 Ksh.

Mit der **Paketpost** lassen sich zumindest
aus Nairobi und Mombasa, den beiden Städten mit internationalem Flughafen, relativ zuverlässig Dinge nach Hause schicken, die
man auf der weiteren Reise nicht mehr benötigt. Die Tarife sind deutlich günstiger als
für vergleichbare Leistungen in Deutschland.

Air Mail-Pakete benötigen etwa eine Woche. Post auf dem kombinierten Land-See-
weg braucht hingegen ungefähr drei Monate

und kommt nicht immer in tadellosem Zustand an. Optimal zur Versendung sind die
Blechkisten, die von Jua Kali-Handwerkern
aus Altblech hergestellt und auf den Märkten
Nairobis verkauft werden. Sie sind nicht zu
schwer, halten aber mehr aus als ein gewöhnlicher Pappkarton und sind relativ preisgünstig. Aus eigener Erfahrung kann ich nur empfehlen, in die Sendung einen Zettel mit der
Zielanschrift des Paketes zu legen denn
manchmal überlebt die Papierumhüllung
nicht den langen, abenteuerlichen Weg nach
Europa.

Wem es mit der Paketpost nicht schnell genug geht, kann seine Sendung auch am **EMS-
Express-Schalter** aufgeben. Die Zustelldauer
beträgt angeblich nur drei Tage, was natürlich
seinen Preis hat.

Daneben operieren von den großen Städten auch die **internationalen Kurierdienste**
wie DHL oder UPS. Anschriften der jeweiligen Büros sind in den Routenkapiteln aufgeführt.

Wer **innerhalb von Kenia** Pakete verschicken möchte, kann das entweder über
die Post oder er nimmt den Paketservice in
Anspruch, den die großen Busgesellschaften
anbieten. Die Sendungen gibt man an den
Ticketschaltern auf.

Telefon

In den vergangenen 10 Jahren hat sich in Kenia eine Kommunikationsrevolution abgespielt: Der klassische Ortsanschluss hat ebenso wie der gute alte Brief seine Bedeutung
verloren, **Mobiltelefon** und E-Mail haben
sich (fast) flächendeckend durchgesetzt. Das
hat die Erreichbarkeit von Privatpersonen
und Firmen deutlich verbessert. Um die Tele-
fongebühren niedrig zu halten, besitzen viele
Personen mehrere Handys mit Nummern
verschiedenster Anbieter. Im Moment gibt es
drei namhafte Anbieter: **Zain, Orange und
Safaricom,** wobei der letztgenannte unange-
fochtener Platzhirsch ist. Man kann sich an
vielen Phone Shops in Kenia ein gutes Handy
für ca. 3000 Ksh inklusive der „line" kaufen.
Die „line" ist sozusagen der Telefonanschluss
in Form einer SIM-Card samt Telefonnum-

Vorwahlnummern der wichtigsten kenianischen Städte

Bungoma	055
Busia	055
Diani Beach	040
Eldoret	053
Embu	068
Garissa	046
Homa Bay	059
Isiolo	064
Kakamega	056
Kapsabet	053
Kericho	052
Kilifi	041
Kisii	058
Kisumu	057
Kitale	054
Lamu	042
Lodwar	054
Machakos	044
Malindi	042
Mandera	046
Maralal	065
Marsabit	069
Meru	064
Mombasa	**041**
Moyale	069
Murang'a	060
Nairobi	**020**
Naivasha	050
Nakuru	051
Nanyuki	062
Naro Moru	062
Narok	050
Nyahururu	065
Nyeri	061
Taveta	043
Thika	067
Voi	043
Wajir	046
Webuye	055

● **Buchtipp:** Viele nützliche und geldwerte Tipps zum mobilen Telefonieren bietet das Buch **„Handy global – mit dem Handy ins Ausland"** aus der Praxis-Reihe des REISE KNOW-HOW Verlags.

mer. Einzeln kostet eine solche Karte ungefähr 300 Ksh. Man kann also auch problemlos sein Handy (neuere Modelle) aus Deutschland mitbringen. Dabei ist es wichtig, dass das Mobiltelefon auch für andere SIM-Karten entsperrt ist, was man beim Mobilfunkanbieter in Deutschland überprüfen lassen kann. Bei der Benutzung der deutschen SIM-Card in Kenia ist Vorsicht geboten, es entstehen schnell horrende Telefonrechnungen durch die hohen Roaming-Gebühren – also die Nutzung des einheimischen Funknetzes durch den deutschen Anbieter. Eine ziemlich sinnlose Ausgabe bei den kleinen Preisen für eine kenianische SIM-Card. Hinzu kommen noch die **passiven Kosten,** die entstehen, wenn man von Europa aus angerufen wird. Ein in seinem Heimatland befindlicher Anrufer zahlt nur die Gebühr ins inländische Mobilnetz; die Rufweiterleitung nach Kenia findet man später auf der eigenen Mobilrechnung wieder.

Extrem ärgerlich sind diese Kosten vor allem, wenn man nur vergessen hat, die **Rufumleitung auf die Mailbox** zu deaktivieren. Wenn man dann nicht zu erreichen ist oder es besetzt ist, schlägt sich die Rufumleitung nach Kenia und dann zurück nach Europa doppelt auf Ihrer Rechnung nieder (bzw. bei Prepaid-Verträgen ist das Guthaben schneller alle als erwartet).

Übrigens: **SMS** kann man auch mit der kenianischen SIM-Card zu sehr geringen Kosten nach Deutschland versenden, der Empfang von dort ist in der Regel kostenfrei.

Das Handy lädt man mit **Scratch Cards** auf, die es für 200, 500 und 1000 Ksh zu kaufen gibt. Die Minute kostet innerhalb von Kenia zwischen 15 und 30 Ksh, nach Europa sind es dann schon 150–200 Ksh pro Minute. Wer längere Gespräche nach Europa führen muss, telefoniert am besten von einem der Telefonläden oder Internetcafés aus, die Telefonate über das Internet anbieten. Die akustische Qualität ist bisweilen mäßig, der Preis aber unschlagbar niedrig.

Hinter die **Vorwahlnummern der mitteleuropäischen Länder** wird die Ortsvorwahl ohne die Null gewählt und dann die Rufnummer angehängt.

- **Deutschland:** 0049
- **Österreich:** 0043
- **Schweiz:** 0041

Wer **von Deutschland nach Kenia** anruft, muss die **00254** vorwählen und bei der Ortsvorwahl ebenfalls die Null streichen. Über Internet-Portale wie kann man die günstigsten Vorwahlnummern für Auslandsgespräche erfahren.

E-Mail und Internet

Internet-Cafés sind in den letzten Jahren in Nairobi und allen größeren Orten des Landes wie Pilze aus dem Boden geschossen. Auch viele Hotels bieten einen Internet-Service (WLAN). Die Minute kostet in der Regel zwischen 1 und 5 Ksh. Bisweilen lohnt es, die teureren Anbieter zu wählen, wenn sie einen deutlich schnelleren Anschluss besitzen.

Toiletten

Von der mit Marmor ausgekleideten Luxustoilette mit Wasserspülung, Musikberieselung und Panoramaspiegeln (Englisch für WC: *Lavatory, Restroom* oder *Cloakroom*) bis zum einfachen Wellblech-Plumpsklo (Englisch: *Longdrop*) – die **Bandbreite** an Toiletten ist in Kenia **ganz beträchtlich.** Klo heißt auf Kisuaheli übrigens „Choo"; „Wanawake" bedeutet „Damen, „Wanaume" Herren. In Touristenhotels sind **Toilettensitze** die Regel, aber in einfacheren Unterkünften hat man es meist mit **Stehklos** zu tun. Und da man sich in Afrika nach dem Toilettengang traditionell mit Wasser reinigt, gibt es in den billigen Lodges und Guesthouses, die vorwiegend auf einheimische Gäste eingestellt sind, normalerweise **kein Toilettenpapier.** Man muss sich vor einer Tour aufs Land also in den Städten mit einem ausreichenden Vorrat eindecken.

Gegenüber dem Drang der Natur besteht übrigens allseits vollstes Verständnis, man kann also **auf längeren Bus- und Matatu-**reisen den Fahrer ohne Scham um einen kurzen Halt bitten. Frauen marschieren dann auf eine Straßenseite ins Gebüsch, die Herren der Schöpfung auf die andere.

Zuletzt noch ein Hinweis für das Austreten im Busch, sei es im Nationalpark oder in der ungeschützten Natur: Vergraben Sie die großen Geschäfte, Ihre Nachfolger werden es Ihnen danken. Das benutzte Toilettenpapier lässt sich gut ohne Rückstände verbrennen – es sei denn, es besteht die Gefahr eines Flächenbrandes ...

Unterkunft und Zelten

Kaum vorstellbar, aber: Die Preisspanne der Unterkünfte in Kenia, die ich für diesen Reiseführer begutachtet habe, reicht von 1,50 bis über 750 Euro – pro Nacht! Jetzt ahnen Sie vielleicht etwas von den Leiden eines Reisebuchautors, in diesem Dschungel von Preisen und unterschiedlichen Leistungen einen Weg freizuschlagen, der Ihnen eine gute Orientierung bietet, ohne sich selbst dabei im Gestrüpp der Details zu verheddern.

Es ist **unmöglich, sämtliche Unterkünfte im Land zu erfassen,** ich habe mich deshalb darauf konzentriert – um noch einmal das Urwaldbild zu bemühen –, Sie auf die schönen, duftenden Blüten der gut geführten oder preiswerten Häuser aufmerksam zu machen – ohne Anspruch auf Vollkommenheit.

Bewertungen sind in eine heikle Angelegenheit. Zum einen, weil sie natürlich **subjektiv** gefärbt sind, zum anderen, weil es sich immer um eine **Momentaufnahme** handelt. Da zwangsläufig eine gewisse Zeitspanne zwischen Recherchen und Veröffentlichung liegt, können in der Zwischenzeit empfehlenswerte „In-Plätze" zu heruntergewirtschafteten Absteigen verkommen und umgekehrt. Oder ein neues, bisher unentdecktes, aber gutes Hotel setzt sich im Hotellerie-Unterholz durch, und Sie sind der Glückliche es zu entdecken! In all diesen Fällen: Schreiben Sie mir bitte bzw. auch an den Verlag – je detaillierter, desto besser, am besten mit der eingezeichneten Lage auf einer Stadtplankopie, damit ich diese Infos in die nächste Auflage einfließen lassen kann!

Der Übersichtlichkeit halber sind die Hotels im praktischen Informationsteil der jeweiligen Städte und Regionen in **fünf Kategorien** eingeteilt:

- **Oberklasse-Hotels** (4000 Ksh = ca. 40 Euro und mehr p.P. und Nacht)
- **Mittelklasse-Hotels** (zwischen 800 und 4000 Ksh = 8–40 Euro)
- **Preiswerte Unterkünfte** (bis 800 Ksh = ca. 8 Euro p.P.)
- **Hotels außerhalb der Stadt** (alle Preiskategorien)
- **Campingmöglichkeiten**

Gerade bei den Luxusherbergen kann es vorkommen, dass auf den Preislisten die **Nettopreise** angegeben werden. Wer das nicht beachtet, erlebt beim Begleichen der Rechnung eine unangenehme Überraschung, denn dann werden zusätzlich 28 Prozent des Nettopreises aufgeschlagen, und zwar 16 Prozent für die Mehrwertssteuer (VAT – *Value Added Tax*), 10 Prozent für den Service und 2 Prozent als Abgabe zur Unterhaltung der kenianischen Ausbildungseinrichtungen im Tourismussektor. **Im Buch** habe ich, soweit nicht anders vermerkt, **Bruttopreise** angegeben, also das, was Sie wirklich zu bezahlen haben.

Bei den Preisangaben kennzeichnet die erste Zahl dabei den Einzelzimmer-, die zweite Zahl den Doppelzimmer- und die dritte – falls vorhanden – den Dreierzimmertarif, also beispielsweise 500/700/900 Ksh. Sind keinerlei Zusätze vermerkt, schließt der Preis kein Frühstück ein.

Die folgenden **Abkürzungen** bedeuten:

● **SG**	Einzelzimmer (*Single Room*)
● **DB**	Doppelzimmer (*Double Room*)
● **TR**	Dreierzimmer (*Triple Room*)
● **BO**	Nur Übernachtung (*Bed only*)
● **BB**	Übernachtung mit Frühstück (*Bed & Breakfast*)
● **HB**	Halbpension (*Halfboard*)
● **FB**	Vollpension (*Fullboard*)
● **SC**	Mit eigener Toilette und Dusche (*Selfcontained*)
● **NSC**	Gemeinschaftsdusche und -toilette (*Non selfcontained*)
● **LS**	Nebensaison (*Low Season*)
● **HS**	Hochsaison (*High Season*)
● **R**	Resident
● **NR**	Nonresident
● **B/L/D**	Breakfast/Lunch/Dinner

Gibt es verschiedene Zimmerkategorien oder unterschiedliche Preise für Residents und Nonresidents (normalerweise nur bei Mittelklasse- und Oberklasse-Hotels), habe ich die Tarife, soweit verfügbar, mit entsprechendem Hinweis getrennt aufgeführt.

Innerhalb der einzelnen Hotelkategorien sind die kostspieligsten Herbergen zuoberst, die günstigsten zuletzt aufgeführt. Ich habe möglichst immer konkrete Preise angegeben. Wo in Ksh bezahlt werden kann, sind sie in der nationalen Währung aufgeführt, wenn Sie als Tourist Ihre Rechnung in Devisen begleichen müssen, finden Sie Dollar- und (selten) Euro-Angaben. Bitte verstehen Sie diese **Preise** immer nur als **Richtschnur!** Denn neben der ganz normalen Inflation und der Willkür des Managements sind Tarife auch den Gesetzen des Marktes unterworfen und ändern sich daher immer wieder. Zurzeit leidet die kenianische Tourismusindustrie unter niedrigen Gästezahlen, viele Hotels haben deshalb beträchtliche Preissenkungen vorgenommen. Sollten wieder mehr Gäste nach Kenia kommen, werden auch die Preise anziehen. Folgende zwei Punkte zur Preisgestaltung der großen Touristenhotels, Lodges und Safari Camps sollten Sie noch wissen: Während der **Nebensaison** (an der Küste in der Regel im Zeitraum von April bis Ende Juli, im Inland von April bis Juni) offerieren auch viele Luxushotels wirklich **günstige Angebo-**

Buchtipp – Praxis-Ratgeber:
- Erich Witschi, **Unterkunft und Mietwagen clever buchen** (REISE KNOW-HOW)

te. Abhängig von der Auslastung ist selbst dieser Preis beim Einchecken mit Verhandlungsgeschick noch diskutierbar. In der **Hochsaison** werden dafür aber beträchtliche **Aufschläge** berechnet, und an Weihnachten, Neujahr und Ostern, wenn die Hotels oft komplett ausgebucht sind, verlangt man teilweise sogar noch spezielle Zulagen. Wer in diesen Zeiträumen reisen will oder muss, sollte beizeiten ein Bett buchen!

Ihnen wird beim Bezahlen immer wieder die **Unterscheidung in Resident und Nonresident** auffallen. Was steckt dahinter? Leuten, die in Kenia leben, den „Residents", werden oft Rabatte von bis zu 20 Prozent eingeräumt, und sie können ihre Rechnung in Ksh begleichen, während Touristen mit Devisen zu zahlen haben. Mit dem unterschiedlichen Einkommensniveau lässt sich das nur schwer rechtfertigen, denn wer in einem 5-Sterne-Hotel absteigt, zählt bestimmt nicht zu den Bedürftigen. Bei vielen Hotels ist die Unterscheidung in Resident und Nonresident aber auch vom Buchungsort abhängig: Wer seine Hotelreservierung von Europa aus vornimmt, zahlt die Nonresident-Beträge in Dollar, wer über ein lokales Reisebüro in Kenia bucht, erhält die günstigeren Resident-Tarife und kann mit Ksh bezahlen. Auch wer ohne vorherige Buchung beim Einchecken mit etwas Kisuaheli brilliert, erhält oft der Resident-Preis.

(Luxus-)Hotels

Die überwiegende Zahl der Luxushotels **in Nairobi** ist der eher gesichtslosen Gruppe der internationalen Business-Hotels zuzurechnen, aber es gibt auch charmante Ausnahmen. In der **Umgebung von Nairobi** gibt es darüber hinaus einige kleine, aber feine Nobelherbergen mit besonderem Flair.

An der Küste des Indischen Ozeans lässt sich insgesamt ein erfreulicheres Bild der Hotelkultur zeichnen: Zwar stehen hier noch einige kastenförmige **Strandhotels** der ersten Generation, die inzwischen über 30 Jahre auf dem Buckel haben und ein Face-Lifting dringend nötig hätten, aber die Mehrheit der Hotels greift verschiedene Elemente afrikanischer Architektur, wie die romantischen Ma-

kuti-Dächer, auf und verbindet sie mit allem Komfort, den man sich im Urlaub so wünscht. Viele besitzen riesige, fantasievoll geformte Swimmingpools und Strandbars in großen Gartenanlagen. Diese auf Touristen ausgelegten Hotels bieten ein umfassendes **Unterhaltungsprogramm,** daneben natürlich die ganze Palette von **Strand- und Wassersportaktivitäten,** aber auch die Möglichkeit zu organisierten **Ausflügen** oder mehrtägigen **Safaris** ins Hinterland.

Eine relativ neue Hotelform in Kenia sind die **Ferienclubs** oder **All-inclusive-Clubs,** die im Hotelpreis alle Mahlzeiten und Getränke, aber auch viele Aktivitäten enthalten, dann aber auch oft versuchen, beim Standard der Leistungen zu sparen. Verständlicherweise sind viele Restaurantinhaber und sonstige Unternehmer der Tourismusbranche nicht sehr glücklich über diese Entwicklung, denn immer mehr Gäste essen und trinken nur noch auf dem Hotelgrundstück.

Lodges

In den Nationalparks begegnet einem dieser Typus von Luxushotel, der meist an Plätzen mit wunderbaren Ausblicken unter Verwendung von viel Naturstein und Hölzern erbaut wurde und recht gut in die Landschaft integriert ist. Für die ältesten und größten Lodges, die bereits Ende der 1960er Jahre eröffnet wurden, gilt das nicht immer.

Meist öffnen sich die **Public Areas** der Lodges, also Terrasse, Restaurant und Bar, zu einem natürlichen oder künstlich angelegten Wasserloch hin. So kann man gemütlich Kaffee trinken und gleichzeitig das Wild beobachten. Nachts, wenn die Tiere am aktivsten sind, werden die **Tränken von Flutlicht ausgeleuchtet**. Salzlecken und manchmal auch das Auslegen von Fleischködern sollen besonders die „Big Five", also Nashorn (wo sie noch existieren), Elefant, Löwe Büffel und Leopard, in den Bannkreis der Fotoapparate und Videokameras locken. Für Sie bedeutet es: Verlassen Sie niemals die beleuchteten Wege, geschweige denn das Gelände der Lodge zu Fuß, denn angesichts der vielen Raubtiere wäre das wirklich lebensgefährlich!

Der Standard der Lodges in Kenia ist hoch, und man muss sich mal vergegenwärtigen, welch einen Aufwand es bedeutet, eine derartige **Ministadt** in völliger Wildnis, mit eigener Flugzeuglandepiste, den Unterkünften für das Personal und mit all dem Komfort für über hundert Gäste aufrechtzuerhalten!

Safari Camps

Wer Einsamkeit und Natur pur möchte, hat in Kenia die Auswahl zwischen einer ansehnlichen Zahl von luxuriösen Tented Safari Camps und exklusiven Privatlodges **in den entlegensten und wildesten Ecken von Kenia.** 20 Zelte oder Hütten sind schon sehr viel für eines dieser nostalgischen Lager à la „Jenseits von Afrika". Wer Camping bisher für primitiv oder unkomfortabel hielt, wird seine Meinung nach einigen Nächten wohl gründlich ändern. Denn die **luxuriösen Zelte** besitzen im hinteren Teil ein gemauertes Badezimmer, stehen unter einem Schattendach auf festem Fundament und sind mit Mahagoni-Möbeln, Deckenventilatoren und riesigen himmelbettartigen Moskitonetzen üppig-romantisch eingerichtet. Den lodernden Sonnenuntergang kann man bei einem Drink unter dem kleinen Vordach seines Zeltes genießen. Nachts hört man die aufregenden Tiergeräusche im Busch um sich herum. Morgens bringt das Personal den Tee oder Kaffee ans Zelt, und abends wird bei Kerzenschimmer vom Porzellangeschirr und mit Silberbesteck gespeist. Kaum vorstellbar, dass die meisten Versorgungsgüter auf dem gleichen Weg in den Busch gekommen sind wie Sie: per Flugzeug!

Nun sind Sie wahrscheinlich nicht nur wegen des erlesenen Essens hier oder wegen des Komforts im Stile einer Jagdsafari von *Karen Blixen* und *David Fynch-Hatton.* Das wäre zumindest schade, denn meistens werden diese privaten Camps und Lodges nicht von klassischen Hoteliers, sondern von Leuten geleitet, die im Busch groß geworden und absolute **Naturliebhaber und -kenner** sind. Diese werden Sie auf Fuß-, Vogel- und Reitsafaris oder bei der klassischen Autopirsch, eventuell sogar bei Nacht, begleiten. Das ist

schon ein anderes Erlebnis der afrikanischen Natur als aus einem Safari-Bus heraus – es hat aber auch seinen Preis!

Bush-Homes

Eine weitere sehr private Form der Unterkunft bieten die vielen Bush-Homes, gewissermaßen die Fortführung der britischen Bed & Breakfast-Tradion in afrikanischem Setting. Oft sind es Nachfahren der weißen Siedler, die ihre **großen Ländereien und Farmen** für den Tourismus geöffnet haben. Die Angebote reichen von günstigen, **einfachen Cottages** mit Kücheneinrichtung, aber ohne Verpflegung bis hin zu superteuren und **exklusiven Landhäusern** mit Rundum-Service und allem erdenklichen Luxus. Fast immer werden **Freizeit-Aktivitäten** wie Reiten und Angeln, aber natürlich auch Fuß- oder normale Safaris angeboten. Teilweise müssen diese Unternehmungen separat bezahlt werden, in den fürstlichen Preisen der exlusiveren Bush-Homes sind sie meist enthalten.

Das Schönste aber ist: Die **Besitzer** verfügen über **profunde Kenntnisse** von Natur, einheimischen Völkern, ausgefallenen Attraktionen und wirklichen Geheimtipps.

Die Bush-Homes können nur über wenige Agenturen **in Nairobi im Voraus** gebucht werden. Ein Großteil ihrer Gäste sind die vielen Weißen, die in Kenia leben. An der Küste vermieten auch einige Europäer, die ein Ferienhäuschen gebaut oder sich ganz in Kenia niedergelassen haben, einzelne Zimmer oder komplette Häuser. In der Gegend um Malindi sind es vorwiegend Italiener, an der Südküste von Diani eher Deutsche.

Die jeweiligen Kurzbeschreibungen, Preise und Kontaktadressen stehen im Routenteil.

Buchungsadressen

Folgende Reisebüros und Wohnungsagenturen vermitteln **Bush-Homes und Ferienhäuser bzw. -wohnungen:**

● **Let's go Travel**
Hauptniederlassung: ABC-Plaza, Waiyaki Way (Westlands), Tel. 020/4447151 und 4441030, www.lets-go-travel.net; weitere Zweigstellen

im Zentrum: Caxton House, Standard Street, gegenüber vom Bruce House, Tel. 020/ 340331 u. 213033, Fax 44472, Karen Shopping Centre, Tel. 020/882168 und 882505.

Eines der renommiertesten Reisebüros in Kenia, mit großem Angebot an Hotels, aber auch Bush-Homes und Ferienhäusern.

● Going Places
Tel. 020/444-231-2 und -3, 44462-89, -91, -94, 444-3279, -7479, Fax 446402, www.goingplaceskenya.com.

● Bush Homes of East Africa
Argwings Kodhek Rd., Tel. 020/600457, 605108, 609745, 609699 und 605980, Fax 605008, www.bush-homes.co.ke.

Vermittelt viele spezielle und sehr edle Unterkünfte.

● Holiday Homes
Büro im ABC Plaza in Westlands, Tel. 020/444053.

Ferienhäuser und Bush-Homes.

● Home From Home
Langata South Rd., Tel. 020/891314, 890480, Fax 891307, www.kenyasafarihomes.com.

Bunte Sammlung von interessanten Häusern an der Küste und im Inland.

● Kenya Villas
Im Westminster House auf der Kenyatta Ave., Tel. 020/338041, www.kenyavillas.com.

Vermittlung von Ferienhäusern.

Einige **Hotels, Lodges** und **Tented Camps** gehören zu nationalen oder internationalen Hotelketten und müssen über deren Firmensitz in Nairobi gebucht werden. Es sind dies:

● Aberdare Safari Hotels
Eurodent Centre No. 3, School Lane, Westlands, Tel. 020/4452095-9, 4452103, -4, 722207761, Fax 4452102, www.aberdaresafarihotels.com.

Hotels: Outspan Hotel (Nyeri), Treetops (Aberdare National Park) und Shimba Rainforest Lodge (Shimba Hills National Park).

● Alliance Hotels
Central booking: Alliance Plaza, gegenüber Uchumi Supermarket, Waiyaki Way, Tel. 020/44433-57, -58, Fax 4445309, www.alliancehotels.com.

Hotels: Naro Moru River Lodge (Mt. Kenya), Jadini Beach Hotel, Africana Sea Lodge und Safari Beach Hotel (alle in Diani Beach).

● Governors Camps
1st. Floor, Block A, Nairobi Business Park at Ngong Race Course, Ngong Rd., Tel. 020/27340-00, Fax -23 und -24, www.governorscamp.com.

Hotels: Governors Camp, Little Governors Camp, Governors Private Camp und Governors Paradise Camp (alle im Masai Mara National Reserve), Mfangano Island Camp (Lake Victoria) und Loldia House (nördliches Ufer des Lake Naivasha).

● Heritage Hotels
Heritage House, Waiyaki Way, Tel. 020/4446651 und 4447929, www.heritage-eastafrica.com.

Hotels: Great Rift Valley Lodge (Lake Naivasha), Voyager Beach Resort, Kipungani Explorer (Lamu), Mara Explorer und Intrepids, Samburu Intrepids, Siana Springs (Mara) und Voyager Zwani (Tsavo West).

● Fairmont Hotels
Im Norfolk Hotel, Harry Thuku Rd., Tel. 020/2216940, Fax 2216796, www.fairmont.com.

Hotels: Norfolk Hotel (Nairobi), Mt. Kenya Safari Club (Nyahururu), Mara Safari Club, Aberdare Country Club (bei Nyeri), The Ark (Aberdare National Park), Sweetwaters Camp, Ol Pejeta Ranch House (beide bei Nanyuki), Mt. Kenya Safari Club (am Mt. Kenya) und Mara Safari Club (Masai Mara National Reserve).

● Jacaranda Hotels
Tel. 020/4448713, Fax 4445818, 4448977, infojh@jacarandahotels.com.

Hotels: Jacaranda Hotel Nairobi, Indian Ocean Beach Resort, Lake Elmenteita Lodge.

● Mada Hotels
Tel. 020/605328 und 605067, Fax 603595, sales@madahotels.com.

Hotels: Nairobi: La Mada und Oakwood Hotel; Fig Tree Camp (Mara), Kilifi Bay Resort und Baobab Sea Lodge (beide Kilifi).

● Reef Hotels
Vedic House, Mama Ngina St., 2nd. Floor, Tel. 020/214322, 220125 und 339019, Fax 332702, www.reefhotelkenya.com.

Hotel: Reef Hotel Mombasa (Nordküste).

● **Sarova Hotels**
Im New Stanley Hotel, Kenyatta Avenue,
Tel. 020/2767-000/2714444, Fax 2715566,
www.sarovahotels.com.

   Hotels: Lion Hill Game Lodge (Lake Nakuru), Mara Game Camp, Shaba Game Lodge, Whitesands Hotel (Nordküste Mombasa), Taita Hills Game Lodge, Salt Lick Game Lodge sowie in Nairobi The Stanley und Panafric Hotel.

● **Serena Hotels**
Williamson House, 4th Ngong Avenue,
Tel. 020/2842333, Fax 2718100,
www.serenahotels.com.

   Hotels: Serena Beach Hotel & Spa (Shanzu Beach/Nordküste), Nairobi Serena Hotel, Serena Mountain Lodge (Mt. Kenya), Kilaguni Serena Safari Lodge (Tsavo West), Amboseli Serena Safari Lodge, Mara Serena Safari Lodge, Samburu Serena Safari Lodge, Sweetwaters Tented Camp (bei Nyahururu).

Hostels und Guesthouses

In Kenia sind auch viele „Wananchi", also „Otto-Normalverbraucher", unterwegs – allerdings nicht als Touristen, sondern um Geschäftliches zu regeln, an Workshops teilzunehmen oder einfach nur, um die eigene Familie zu besuchen, die oft weit weg vom Arbeitsplatz wohnt. So erklärt sich, dass selbst in kleinen Ortschaften zumindest eine einfache Unterkunft aufzutreiben ist.

   In einigen großen Städten existieren **Jugendherbergen,** die dem internationalen Jugendherbergsverband (www.hihostels.com) angeschlossen sind, aber nur das YMCA in Nairobi ist bei Backpackern und Individualreisenden beliebt, denn dort gibt es neben Schlafsälen auch Zimmer und Serviceleistungen, deren Preise und Standard eher in Richtung Mittelklasse-Hotel weisen. Hat man einen internationalen Jugendherbergsausweis aus dem Heimatland, schläft man auch hier zum günstigeren Tarif, sonst muss man eine Tagesmitgliedschaft erwerben. Hat man noch keine Jahresmitgliedschaft bei den Jugendherbergsverbänden daheim, kostet diese 12–20 Euro in Deutschland (www.jugendherberge.de), 10–20 Euro in Österreich (www.oejhv.or.at) und 22–55 SFr. in der Schweiz (www.youthhostel.ch). Tipp: Kann man auch als Familie beantragen.

   Die **Youth Hostels** im Land sind sehr einfach. Vereinzelt betreiben kirchliche Organisationen **Guesthouses,** die sehr ruhig, preisgünstig und blitzsauber sind. Konzipiert wurden sie für eigene Mitarbeiter oder Teilnehmer an Seminaren, aber wenn Platz ist, darf man sich dort auch als Tourist einquartieren.

   Es existieren noch **andere billige Unterkünfte,** die an den Namenszusätzen **Boarding & Lodging (B&L), Guesthouse, Lodge** (nicht zu verwechseln mit den luxuriösen Touristenhotels in den National Parks und Reserves) oder **Inn** zu erkennen sind. Ein „Hoteli" hingegen kennzeichnet in ganz Ostafrika keine Unterkunft, sondern ein Restaurant. Prinzipielle Serviceunterschiede zwischen den Herbergen der einzelnen Bezeichnungen sind nicht erkennbar, außer dass Sie in B&Ls auch immer Mahlzeiten erhalten, was bei vielen der Guesthouses und Lodges aber auch der Fall ist. Denn die Dreieinigkeit von **Bar, Unterkunft und Restaurant** ist das bevorzugte Investitionsobjekt aufstrebender afrikanischer Geschäftsleute oder zu Geld gekommener Polizisten, Politiker und Verwaltungsbeamter. Die Kondomkästen auf den Gängen der meisten Billigunterkünfte lenken Ihre Gedanken in die richtige Richtung: Die preiswerten Unterkünfte werden von vielen Paaren **auch als Stundenhotels** benutzt, denn in den beengten Wohnverhältnissen afrikanischer Familien gibt es keine Privatsphäre für Intimitäten oder gar einen Seitensprung ...

   Vor der Belegung sollten Sie den Raum in Augenschein nehmen und die folgende kleine **Checkliste** durchgehen, dann werden Sie vor unangenehmen Überraschungen weitgehend gefeit sein:

● **Befindet sich im Innenhof oder im Stockwerk unter oder über Ihnen eine Bar,** die sich nachts als notorische Ruhestörung erweisen könnte?

● **Gibt es Moskitonetze?** Der Standard-Antwort der Angestellten, „Hier gibt es keine Mücken", ist mit Zweifeln zu begegnen.

● **Sind Zimmer, Bettzeug und sanitäre Anlagen sauber?** Denken Sie daran: Eine Dusche bedeutet noch lange kein fließendes Wasser. Oder es gibt nur kaltes Wasser fließend und Sie müssen sich morgens dann doch mit einem dampfenden Eimer begnügen. Je weiter oben im Haus sich das Zimmer befindet, desto schwächer ist in der Regel der Wasserdruck.

● **Gibt es Außenfenster zur Belüftung?**
● **Können Sie das Zimmer von außen mit einem eigenen Vorhängeschloss sichern?**
● Besonders wichtig an der Küste und im heißen Norden ist auch die Frage: **Hat das Zimmer einen Deckenventilator?**
● **Weitere Hinweise:** Wenn Sie Akkus oder Laptop aufladen wollen: Nicht in allen Zimmern sind Steckdosen vorhanden. In stromlosen Gebieten erhalten Sie abends Petroleumlampen oder Kerzen zur Beleuchtung. In vielen einfachen Unterkünften gehören Badeschlappen zum Inventar, oft werden auch ein kleines Stückchen Flamingo-Seife und einige Blätter Toilettenpapier überreicht. Lassen Sie sich immer mehrere Zimmer zeigen, die Unterschiede hinsichtlich Größe und Gemütlichkeit können im selben Haus stark variieren. In dieser Preiskategorie wird übrigens bereits beim Einchecken bezahlt, nicht erst am folgenden Morgen.

Camping

Im Vergleich zu seinen Nachbarländern ist Kenia mit **zahlreichen Campmöglichkeiten** gesegnet. In vielen größeren Städten gibt es eine oder mehrere Möglichkeiten, im Zelt zu schlafen. Daneben findet man aber auch in vielen ländlicheren Gebieten Campingplätze.

Prädestiniert zum Campen sind natürlich die **National Parks und Reserves** mit ihren vielen schönen Lagerplätzen in unberührter Natur. Meistens handelt es sich nur um Plätze, die von der Vegetation frei gehalten werden. Oft gibt es Feuerholz. Wasserversorgung oder gar Duschen sind hingegen die Ausnahme. Es empfiehlt sich, das **Feuer** wegen der wilden Tiere die ganze Nacht über auf kleiner Flamme brennen zu lassen und sich in der Dunkelheit nicht aus dem Lichtkreis zu bewegen. Ich kann Sie aber beruhigen: Zwischenfälle mit Tieren sind sehr, sehr

selten, sonst wäre das Campen ohne bewaffneten Ranger nicht erlaubt.

Die Plätze in den Nationalparks teilen sich in folgende Kategorien auf: **Public Campsites** stehen jedem für die Übernachtung offen. **Special Campsites** müssen im Voraus beim Park Warden oder im KWS Headquarter in Nairobi gebucht werden (Adressen in den Kapiteln zu den jeweiligen Nationalparks bzw. unter „Nationalparks und andere Naturschutzgebiete"), sind deutlich teurer. Kosten eine extra Buchungsgebühr, aber dafür hat man den Platz dann ganz für sich allein. Die Special Campsites haben ansonsten die gleiche Ausstattung wie Public Campsites. Private Campsites sind von Tour Operators fest gemietet und deshalb für die Öffentlichkeit geschlossen.

Die Frage **„Wildes Campen in Kenia: ja oder nein?"** ist nicht so einfach zu beantworten. In den dicht besiedelten Gegenden Zentral- und Westkenias würde ich um die Erlaubnis bitten, auf dem Gelände einer Schule oder Kirche übernachten zu dürfen, am besten sollte auch noch der lokale Chief – der Arm der Regierung auf örtlicher Ebene – informiert und um sein O.K. gebeten werden. Überhaupt ist es vom Sicherheitsaspekt her oft vorzuziehen, die Nähe eines Dorfes zu suchen, auch wenn man dann zwangsläufig eine Menge neugieriger Besucher haben wird. Das ist aber besser, als wenn sich niemand für einen verantwortlich fühlt und man mehr oder weniger vogelfrei ist. In dünn besiedelten Gegenden ist gegen wildes Campen im Prinzip nichts einzuwenden, es sei denn, die Gegend ist in jüngerer Zeit durch Überfälle oder sonstige Sicherheitsprobleme aufgefallen. Dass man sein Zelt nicht gerade am Randstreifen einer viel befahrenen Straße aufbaut, sondern sich dezent in die Büsche schlägt, versteht sich von selbst.

Genauere Beschreibungen der einzelnen Campingplätze stehen im Routenteil.

Verhalten in Kenia

Im Grunde sind es nicht viele Dinge, die Sie beachten müssen, um in Kenia peinliche Fehltritte zu vermeiden. Hinzu kommt, dass Kenianer Touristen gegenüber sehr nachsichtig sind. Die Bemühungen eines Touristen, sich den lokalen Gepflogenheiten anzupassen, werden aber zumindest anerkennend registriert werden.

Nairobi, die anonyme, kosmopolitische Stadt, ist sehr hektisch, **stark europäisch geprägt** und – zumindest vom ersten äußeren Eindruck her – viel weniger afrikanisch, als Sie sich das vermutlich vorgestellt hatten.

Auf dem Land ist die unterschiedliche Lebenseinstellung im Vergleich zu Europa viel sicht- und fühlbarer. Die Menschen in den Dörfern leben noch in einer **überschaubaren Gemeinschaft,** die durch **wechselseitige Abhängigkeiten** und **traditionelle Werte** eng miteinander verwoben ist, sodass man sich ständig gegenseitig hilft und viel Zeit füreinander opfert, denn dieses Verbindungsnetz muss ständig gepflegt werden. Das ist ein Grund, warum **Begrüßungen** so **wichtig** sind und ihnen viel Zeit gewidmet wird. Mit ihrer Hilfe werden das Verhältnis und die gesellschaftliche Stellung der Personen zueinander zum Ausdruck gebracht.

Als **Europäer** lässt einen die eigene **Ungeduld** manches Mal spüren, wieviel langsamer und nach unserem Gefühl uneffektiver alles vonstatten geht. Das liegt auch daran, dass es als sehr unhöflich gilt, direkt mit der Tür ins Haus zu fallen, ganz unverblümt um etwas zu bitten oder eine Information zu erfragen, selbst in profanen Situationen.

Ein weiterer wichtiger Punkt ist die Tradition, **Konflikte im Konsens** und nicht durch Konfrontation zu **lösen,** sodass alle beteilig-

ten Parteien ihr Gesicht wahren können. Früher – und im ländlichen Raum auch bis heute – debattierte man einfach so lange, bis für alle eine annehmbare Lösung gefunden war. Dementsprechend wird es auch als ein kolossaler Affront empfunden, andere Leute in der Öffentlichkeit zu blamieren. Daran sollten Sie immer denken, wenn Ihnen in einer Situation der Hutschnur platzt. In Deutschland könnten Sie den „Übeltäter" zusammenstauchen, aber in Kenia sind Sie Gast und haben sich den lokalen Regeln und Gepflogenheiten **bis zu einem gewissen Grad anzupassen!** Das empfiehlt sich schon allein deshalb, weil Sie sonst u.U. das genaue Gegenteil von dem bewirken, was Sie erreichen wollten. Wer oberpenibel ist und andere erniedrigt, verletzt vor allem sein eigenes Ansehen und weckt bei anderen Sympathien für den Gedemütigten, selbst wenn man in der Sache Recht hat! Und der vor aller Welt Beleidigte wird sich trotzig auf etwas versteifen, um nicht zugeben zu müssen, einen Fehler begangen zu haben. Deshalb: Wenn Sie **Unstimmigkeiten und Probleme** in Afrika **diskret regeln,** werden Sie im Allgemeinen besser fahren! Sie verpulvern sonst Ihre wirksamste Waffe: die Androhung, etwas Peinliches oder Verwerfliches in die Öffentlichkeit zu tragen.

Innerhalb einer afrikanischen Gemeinschaft genießen besonders **ältere Menschen** einen sehr **großen Respekt** und werden häufig um Rat oder Vermittlung gebeten. Sie werden auch zuerst begrüßt. Für ihr Ansehen spielt übrigens der wirtschaftliche Status nur bedingt eine Rolle, wichtiger sind ihre Lebenserfahrung und das untadelige Auftreten. In vielen Gegenden Kenias ist das soziale Gefüge noch soweit intakt, dass der Ältere den Jüngeren um alle möglichen unentgeltlichen Gefallen bitten kann, etwa Besorgungen zu machen oder Botengänge zu erledigen – selbst wenn sich die beiden noch nie zuvor gesehen haben!

Ins Abseits des afrikanischen Wertesystems katapultiert man sich leicht durch unangemessene Kleidung. Afrikaner legen außerordentlich großen Wert auf ein **gepflegtes Äußeres.** Die Kenianer, die abgenutzte oder schäbige Kleider tragen, können sich schlicht

Buchtipps – Praxis-Ratgeber:
● Harald A. Friedl, **Respektvoll reisen**
● Kirstin Kabasci, **Islam erleben**
(Beide Bände REISE KNOW-HOW)

nichts Besseres leisten. Da alle Europäer als reich oder zumindest wohlhabend eingestuft werden, hat man wenig Verständnis für „Muzungus" (Kisuaheli für „Weiße"), die in abgerissenen und schmutzigen Klamotten herumlaufen, weil es cool oder leger ist. Wie wichtig diese Äußerlichkeiten für die Menschen sind, zeigt sich besonders drastisch in Slumgebieten wie dem Mathare Valley in Nairobi. Obwohl die Bewohner der Armutssiedlung in menschenunwürdigen Verhältnissen leben, tun sie alles, um diese Herkunft durch saubere und modische Kleidung zu verbergen. Als Tourist sollte man besonders vor dem **Besuch von Amtsstuben** und beim **Grenzübertritt,** oder wenn man irgendeinen Offiziellen um einen Gefallen bitten muss, etwas Körperpflege betreiben und den Sonntagsstaat ausmotten, sonst hat man von vornherein schlechtere Karten.

In den Touristengebieten der Küste wird wohl kaum ein Europäer durch das Tragen von Shorts und ärmellosen T-Shirts sichtbaren Anstoß erregen. In kleineren Dörfern und abgelegenen Gegenden des überwiegend **muslimisch** geprägten Küstenstreifens, aber auch in der Innenstadt Mombasas sowie weiter im Inland wirkt die kurze Kleidung auf viele einheimische Leute lächerlich, im schlimmeren Fall sogar obszön (das gilt für Frauen wie für Männer!). Nach muslimischen Vorstellungen wird sich nur eine Hure „freizügig" kleiden, d.h. bei entsprechend „ordinärer" bzw. eben so empfundener Kleidung haben Frauen mit der entsprechenden Anmache durch die einheimischen Männer zu rechnen. Ein noch schlimmerer **Affront** ist das **Oben-ohne-** oder gar **Nacktbaden,** das in Kenia sogar per Gesetz verboten ist und mit empfindlicher Geldstrafen belegt wird. Auch der **Austausch von Zärtlichkeiten** zwischen Paaren in der Öffentlichkeit ist ein **Tabu.** Das Händchenhalten von Männern im arabischen und schwarzafrikanischen Raum ist übrigens nicht Ausdruck einer sexuellen Beziehung, sondern ein Zeichen für enge Freundschaft und große Vertrautheit.

Extrem allergisch reagieren viele Menschen in Afrika auf **europäische Arroganz** und Überlegenheitsgebärden. Der vergiftete Stachel der Minderwertigkeitsgefühle, den

die Kolonialherren den Afrikanern in die Seele gerammt haben, schmerzt noch immer. Viele junge Leute kämpfen um den Stolz auf ihre Herkunft und eine eigene, selbstbewusste Identität nach dem Vorbild der schwarzen US-Amerikaner und bringen dies durch entsprechende Kleidung und Musik zum Ausdruck, was eigentlich paradox ist, haben sich doch die Afroamerikaner bei ihrer Emanzipierung während der Bürgerrechtsbewegung in den 1960er und -70er Jahren auf ihre afrikanischen Wurzeln zurückbesonnen.

In ein dickes Fettnäpfchen können Sie auch spazieren, wenn Sie sich über den **Kult um den Präsidenten und die Insignien des kenianischen Staates** lustig machen, die fast schon als unantastbare Heiligtümer behandelt werden. Mit unserem aufgeklärt-distanzierten Verhältnis zu Staat und politischen Inszenierungen empfinden wir das eher als kabarettartige Auswüchse, übersehen dabei aber völlig, dass sie für die Kenianer zuallererst die Unabhängigkeit von der verhassten weißen Kolonialherrschaft und die Selbstbestimmung verkörpern! Also gar nicht so sehr die Loyalität dem Staat und seinen Repräsentanten gegenüber, denn die meisten Kenianer definieren sich zunächst über ihren Stamm. Konkret bedeutet dies für den Touristen z.B., dass man sich vor Kino- und Theatervorstellungen, wenn die Nationalhymne abgespielt wird, von seinem Platz zu erheben, und wenn irgendwo im Gesichtskreis die kenianische Flagge gehisst oder eingeholt wird, stehen zu bleiben hat. Außerdem ist es **verboten, Fotos von Präsident und Flagge zu machen.** Da Münzen und Geldscheine das Bildnis des Präsidenten tragen und ebenfalls Zeichen der Souveränität sind, sollten Sie damit pfleglich umgehen. Das Verbrennen, Zerreißen oder Einkleben von Geldscheinen ins Tagebuch könnte ernste Konsequenzen nach sich ziehen.

Ein anderes delikates Thema im Zusammenhang mit der Obrigkeit ist die **Korruption.** Ihr Ausmaß in Kenia ist für Europäer schlichtweg unvorstellbar. Schmiergelder, auf Kisuaheli „Kitu kidogo" (etwas Kleines), „Chai mdogo" (kleiner Tee), „T.K.K." (von „Toa kitu kidogo!" – Gib' etwas Kleines!) oder auf Englisch „Something small", sind –

obwohl für den Touristen meist unsichtbar – im täglichen Leben **allgegenwärtig.** Das Übel der Korruption zieht sich durch alle Gesellschaftsklassen. Ein gewisses Verständnis kann man noch für die einfachen Beamten aufbringen, die oftmals nur 6000 Ksh – also rund 60 Euro – pro Monat verdienen und ohne die illegalen Zusatzeinkünfte schlichtweg verhungern würden. Das kann allerdings keine moralische Legitimierung sein. Wie man sich als Tourist gegenüber eventuellen Schmiergeldforderungen verhält, muss jeder mit sich selbst ausmachen.

Versicherungen

Tipp: Für alle abgeschlossenen Versicherungen sollte man die Notfallnummern notieren und mit der Policenummer gut aufheben! Bei Eintreten eines Notfalles sollte die Versicherungsgesellschaft sofort telefonisch verständigt werden!

Der Abschluss einer Jahresversicherung ist in der Regel kostengünstiger als mehrere Einzelversicherungen. Günstiger ist auch die Versicherung als Familie statt als Einzelpersonen. Hier sollte man nur die Definition von „Familie" genau prüfen.

Auslandskrankenversicherung

Die Kosten für eine ärztliche Behandlung in Kenia werden von den gesetzlichen Krankenversicherungen in Deutschland und Österreich nicht übernommen, daher ist der Abschluss einer privaten Auslandskrankenversicherung **unverzichtbar.**

Bei Abschluss der Versicherung – die es mit bis zu einem Jahr Gültigkeit gibt – sollte auf einige Punkte geachtet werden. Zunächst sollte ein **Vollschutz ohne Summenbeschränkung** bestehen, im Falle einer schweren Krankheit oder eines Unfalls sollte auch der Rücktransport übernommen werden. Diese Zusatzversicherung bietet sich auch über einen Automobilklub an, insbesondere wenn man bereits Mitglied ist. Diese Versi-

cherung bietet den Vorteil billiger Rückholleistungen (Helikopter, Flugzeug) in extremen Notfällen.

Wichtig ist auch, dass im Krankheitsfall der Versicherungsschutz über die vorher festgelegte Zeit hinaus automatisch verlängert wird, wenn die Rückreise nicht möglich ist.

Schweizer sollten bei ihrer Krankenversicherungsgesellschaft nachfragen, ob die Auslandsdeckung auch für Kenia inbegriffen ist. Sofern man keine Auslandsdeckung hat, kann man sich kostenlos bei Soliswiss (Gutenbergstrasse 6, 3011 Bern, Tel. 031/3810 494, www.soliswiss.ch) über mögliche Krankenversicherer informieren.

Zur Erstattung der Kosten benötigt man ausführliche Quittungen (mit Datum, Namen, Bericht über Art und Umfang der Behandlung, Kosten der Behandlung und Medikamente).

Andere Versicherungen

Ob es sich lohnt, weitere Versicherungen abzuschließen wie eine Reiserücktritts-, Reisegepäck-, Reisehaftpflicht- oder Reiseunfallversicherung, ist individuell abzuklären. Gerade diese Versicherungen enthalten viele Ausschlussklauseln, sodass sie nicht immer Sinn machen.

Die **Reiserücktrittsversicherung** für 35–80 Euro lohnt sich nur für teure Reisen und für den Fall, dass man vor der Abreise einen schweren Unfall hat, schwer erkrankt, schwanger wird, gekündigt wird oder nach Arbeitslosigkeit einen neuen Arbeitsplatz bekommt, die Wohnung abgebrannt ist u.Ä. Nicht gelten hingegen: Terroranschlag, Streik, Naturkatastrophe etc.

Die **Reisegepäckversicherung** lohnt sich seltener, da z.B. bei Flugreisen verlorenes Gepäck oft nur nach Kilopreis und auch sonst nur der Zeitwert nach Vorlage der Rechnung ersetzt wird. Wurde eine Wertsache nicht im Safe aufbewahrt, gibt es bei Diebstahl auch keinen Ersatz. Kameraausrüstung und Laptop dürfen beim Flug nicht als Gepäck aufgegeben worden sein. Gepäck im unbeaufsichtigt abgestellten Fahrzeug ist ebenfalls nicht versichert. Die Liste der Ausschlussgründe ist endlos ... Überdies deckt häufig die Hausratversicherung schon Einbruch, Raub und Beschädigung von Eigentum auch im Ausland. Für den Fall, dass etwas passiert ist, muss der Versicherung als Schadensnachweis ein Polizeiprotokoll vorgelegt werden.

Da in den meisten Fällen Film- und Fotoausrüstungen nicht oder nur mangelhaft von den Reisegepäckversicherungen abgedeckt werden, kommt eventuell eine spezielle **Versicherung für technische Geräte** (z.B. auch für Aufnahmegeräte, Satellitennavigationsgeräte etc.) in Frage. Der Clou bei diesen Technikversicherungen ist, dass Ihre Ausrüstung nicht nur gegen Diebstahl, sondern **auch gegen Verlieren und Beschädigungen** versichert ist. Die Höhe der Police beträgt einen festen Prozentsatz der angegebenen Versicherungssumme, meist zwischen 1,5 und 3 Prozent.

Eine Privathaftpflichtversicherung hat man in der Regel schon. Hat man eine Unfallversicherung, sollte man prüfen, ob diese im Falle plötzlicher Arbeitsunfähigkeit aufgrund eines Unfalls im Urlaub zahlt. Auch durch manche (Gold-)Kreditkarten oder eine Automobilklubmitgliedschaft ist man für bestimmte Fälle schon versichert. Die Versicherung über die Kreditkarte gilt jedoch meist nur für den Karteninhaber!

Zeit

Die **Entfernung** zwischen Mitteleuropa und Kenia beträgt zwar rund **7000 Kilometer** Luftlinie, doch liegt Nairobi nur wenig östlich (in etwa auf dem gleichen Längengrad wie Moskau). Der **Zeitunterschied** zu Deutschland, Österreich und der Schweiz beträgt folglich nur **+2 Stunden,** während der europäischen Sommerzeit sogar nur +1 Stunde. So gibt es keinen Jetlag, der einen in den ersten Tagen lähmen könnte.

Die **äquatoriale Lage** Kenias bedingt eine über das gesamte Jahr hinweg mehr oder weniger **konstante Tageslänge**, nämlich **12 Stunden.** Auch im Sommer wird es schon um 19 Uhr dunkel. Ein weiterer Unterschied zu Europa ist die **kurze Dämmerung.** Zwischen Sonnenuntergang und Dunkelheit respektive Nacht und Sonnenaufgang liegt nur eine gute halbe Stunde. Das sollten Sie bedenken, wenn Sie mit dem Wagen unterwegs sind und campieren wollen. Viel Zeit zum Umgucken nach einem Lagerplatz bleibt da nicht.

„In Ostafrika ticken die Uhren anders!" Ein abgedroschenes Vorurteil? Nein, eine Tatsache – zumindest, wenn man es wortwörtlich versteht. Denn die **Zählung der Uhrzeit in Kisuaheli** ist im Vergleich zur internationalen Zählweise um sechs Stunden nach hinten versetzt. Wie bei uns werden Tag und Nacht 12 Stunden zugeordnet, bloß wird mit dem Zählen nach Sonnenaufgang bzw. Sonnenuntergang, nicht wie bei uns nach Mitternacht und Mittag begonnen. Das bedeutet, dass man von der europäischen Zählweise immer **6 Stunden abziehen** muss, um die Suaheli-Zeit zu erhalten. Die erste volle Stunde des Tages, 7 Uhr europäische Zählweise ist demnach 1 Uhr Kisuaheli-Zeit, 12 Uhr für Europäer wäre 6 Uhr für Suahelis, und 7 Uhr abends bei uns entspricht 1 Uhr abends in Ostafrika. Verwirrt? Macht nichts. Umgekehrt passiert das auch den Kenianern, die nicht so gut Englisch sprechen. Gerade wenn man Auskünfte über Abfahrtszeiten o.Ä. auf Kisuaheli einholt, sollte man sich dessen bewusst sein und lieber zweimal nachfragen, ob es sich um Kisuaheli- oder internationale Zeit handelt. Öffnungszeiten für Geschäfte, Banken etc. werden immer in der internationalen Zeitrechnung angegeben.

Wer eine **Verabredung** hat, kann sich in Kenia eine gewisse **Verspätung** erlauben. Eine halbe Stunde Zuschlag gehört durchaus zum guten Stil, wird Hast doch als eine Unsitte betrachtet. Oder um es mit einem Suaheli-Sprichwort zu sagen: „Haraka, haraka, haina baraka" – „Eile, Eile bringt keinen Segen". Solch traditionelle Beschaulichkeit kann sich im harten Geschäftsleben Nairobis niemand erlauben. Hier sollten Sie Ihre Verabredungen lieber pünktlich einhalten.

Land und Leute

ken-b2 Foto: hf

ken-b1 Foto: hf

Eile bringt keinen Segen ...

Jamia-Moschee in Kendu Bay

Kinder vom Volk der El Molo

Naturraum

Geografie

Kenia wird **vom Äquator in seiner Mitte durchschnitten.** Sein nördlichster Punkt liegt auf 4,5° nördlicher Breite, der südlichste auf 4,3° südlicher Breite. Die Ost-West-Ausdehnung wird vom 34. bzw. 42. Längengrad östlicher Breite markiert. Fünf Staaten grenzen an Kenia: im Nordosten Somalia, im Norden Äthiopien, im Nordwesten Sudan, im Westen Uganda und im Süden Tansania; die östliche Begrenzung wird von der Küste des Indischen Ozeans gebildet. Die relativ geometrische Form und Grenzen, die über Hunderte von Kilometern schnurgerade verlaufen, verraten, dass Kenia ein klassisches Beispiel für jene afrikanischen Staaten ist, deren Territorien zu Beginn der Kolonialzeit von Europa am Grünen Tisch festgelegt wurden.

Die Landesnatur gliedert sich in klar voneinander abgesetzte Räume, in denen sich **viele verschiedene Landschaftsformen** herausgebildet haben. Diese reichen von tropischem Regenwald bis zu Wüstengebieten.

Küste

Am Indischen Ozean zieht sich ein knapp **500 km** langer, zwischen 20 und 80 km breiter Küstenstreifen hin. Dieser überwiegend flache Landstrich steigt vom Meer zum Inland hin sanft an und wird an seiner Westseite vom deutlich trockeneren Inland durch eine Hügelkette getrennt, die um Ribe und Rabai eine Höhe von bis zu 300 m erreicht, südlich von Mombasa durch die Shimba Hills mit 448 m etwas akzentuierter zutage tritt.

Die küstennahen Gebiete lagen in der **erdgeschichtlichen Vergangenheit** deutlich tiefer und waren vom Meer bedeckt. Seit dem Jura hob sich das Land und bildet nun fossile Korallenkalkplatten, die in West-Ost-Richtung von zahlreichen Flüssen durchschnitten werden. Die kleineren dieser Gewässerläufe entspringen in den küstennahen Erhebungen. In ihren Mündungsgebieten haben sie häufig tiefe, fjordartige Meeresbuchten aus dem Korallenstein geschnitten. Diese sogenannten

Creeks, stellenweise von Mangroven gesäumt, reichen in einigen Fällen über 10 km tief ins Inland, etwa die Naturhäfen von Mombasa, Port Reitz und Tudor Creek, aber auch die Creeks von Mtwapa, Kilifi und Mida. Im Lamu Archipel, nahe der somalischen Grenze, sind im Mündungsgebiet von Duldul und Dodori hingegen **zahlreiche Inseln** entstanden.

Im mittleren Küstenabschnitt münden die beiden **längsten Flüsse** Kenias in den Indischen Ozean, die ihren Ursprung im Hochland haben. Der 547 km lange **Sabaki,** der etwas nördlich von Malindi den Ozean erreicht, entsteht durch den Zusammenfluss von Tsavo und Athi River und trägt zunächst den Namen Galana. Der **Tana,** mit 708 km längster Strom im Land, bildet in seinem Mündungsgebiet ein ausgedehntes Delta, das eine urtümliche, tierreiche Wildnis mit Sumpfgebieten und Lagunen darstellt.

Außer an den Flussmündungen zieht sich an der kenianischen Küste im Abstand von 800 m bis 3 km ein **Saumriff** entlang, die dahinter liegenden Lagunen fallen bei dem Tidenhub von bis zu 3 m stellenweise trocken und geben dann ausgedehnte Wattgebiete mit vereinzelten Korallenpools frei. Wo das Ufer nicht von Mangroven bewachsen ist, erstrecken sich häufig kilometerlange, **feine Sandstrände,** für die die kenianische Küste so bekannt ist.

Nyika-Plateau

Wer von der Küste nach Nairobi fährt, wird von der Weite des sanft gewellten Landes, das sich hinter der Küstenregion anschließt, überwältigt sein. Die gesamte Osthälfte von ganz Kenia, von der tansanischen Grenze bis hinauf nach Äthiopien, wird von diesen **monotonen Ebenen** mit durchschnittlichen Höhen zwischen 100 und 900 m bedeckt, in denen nur hie und da Berge und Felskuppen aufragen. Während der südliche Teil dieses Gebietes von den beiden großen kenianischen Flüssen Tana und Galana entwässert wird, ist der nördliche Teil von abflusslosen Senken geprägt, die sich während regenreicher Jahre in riesige **Sümpfe** verwandeln können. Der größte von ihnen ist der Lorian-Sumpf, in dem der vom Hochland kommen-

Land und Leute

de Ewaso-Ngiro-Fluss versickert und die großen **Luggas,** die kenianische Form des Wadis, aus dem Samburu Land und von der äthiopischen Grenze auslaufen. Aus dem weiten Land im Norden, in dem auch die Kaisut-Wüste, die Chalbi-Wüste und die Koroli-Wüste liegen, wächst nur ein nennenswerter **Berg** empor, der 1707 m hohe **Marsabit,** dessen Flanken von dichtem Wald bedeckt sind. Zahlreiche Krater sowie riesige Lavafelder im weiten Umkreis verraten seinen vulkanischen Ursprung. Die einzig nennenswerten Erhebungen in der südlichen Hälfte des Nyika-Plateaus sind die 1641 m hohe **Kasigau,** die **Sagalla Hills** und die **Taita Hills** (2025 m), die vermutlich einmal Teil eines großen kristallinen Gebirges darstellten, das sich über die Pare- und Usambara-Berge bis tief nach Tansania hineinzog. Die Böden des Nyika-Plateaus sind überwiegend spätprä-kambrischen oder kambrischen Ursprungs.

Südwestlich des Nyika-Plateaus schließt sich eine **Übergangszone zum zentralen Hochland** an, in welchem aus den Ebenen eine Vielzahl von mittelgebirgsartigen Erhebungen und alleinstehenden Bergen aufragen. Als eine der jüngsten Bergketten der Erde wird die **Chyulu Range** (2174 m) angesehen, die von einer Reihe junger Vulkane gebildet wird, deren letzte Ausbrüche innerhalb der letzten 500 Jahre erfolgten.

Viel eindrucksvoller als in den Chyulus zeigt sich der Vulkanismus der Region im **Kilimanjaro,** der sich nochmals gut 50 km weiter im Süden, am jenseitigen Ende der Amboseli-Ebene mit ihren Sumpfgebieten und periodischer Seen, auf tansanischem Territorium erhebt.

Einmalig ist auch das **Yatta-Plateau,** das sich von Thika über rund 240 km am Athi River in südöstlicher Richtung entlangzieht und als einer der längsten Lavaflüsse der Erde gilt. Das Lavaplateau ist durchschnittlich 90 m hoch und 3–15 km breit. Westlich der Yatta-Höhenstufe liegen die **Machakos Hills** (bis 2124 m), östlich das **Bergland von Kitui.**

Rift Valley

Das geologische Ereignis, welches das Gesicht Ostafrikas am stärksten prägte, ist die **Entstehung des Ostafrikanischen Grabens,** der im Nahen Osten seinen Anfang nimmt und sich über mehr als 5000 km durch das Jordantal, das Rote Meer, das Hochland von Äthiopien, durch Kenia und Tansania bis hinunter zum Sambesi-Tal in Mosambik zieht. Die riesige Spalte in der Erde beruht auf dem immer noch andauernden Auseinanderdriften zweier Erdschollen. Man darf annehmen, dass die afrikanische Landmasse östlich des Grabens ähnlich wie Madagaskar eines fernen Tages eine Insel bilden wird. Spekulationen darüber sind aber müßig, denn diese Spaltung verläuft in unvorstellbar langen Zeiträumen. Immerhin weiß man, dass dieser Prozess **vor rund 18 Millionen Jahren** begann, als aus dem Erdinnern aufsteigende Magmaströme an die harte Erdkruste stießen und zu den Seiten hin auseinanderflossen. Die unter Spannung stehende Erdoberfläche riss, die Deckschollen sanken in den entstandenen Spalt und bilden nun den Grabenboden. Begleitet wurde dieser Vorgang von starkem **Vulkanismus,** sowohl am Grabenboden als auch auf den Hochflächen an seinen Rändern. Ihm verdankt Afrika seine höchsten Gipfel, die 5000er Kilimanjaro und Mt. Kenya, und zahlreiche kleinere Vulkane, davon einige innerhalb des Rift Valley. Im kenianischen Abschnitt sind dies von Süden nach Norden u.a. Shombole, Suswa, Longonot, Eburru, Menengai und Silali. Ihre mineralienreichen Asche- und Lavaauswürfe haben einen Teil der Perlenkette der kenianischen **Rift-Valley-Seen,** nämlich Turkana-See, Logipi-See, Bogoria-See, Nakuru-See und Elmenteita-See, in stark alkalische Gewässer, im Falle des Magadi-Sees sogar in einen ätzenden Sodatümpel verwandelt. Und so sind – vermutlich dank unterirdischer Abflüsse – nur der Lake Baringo und der Lake Naivasha von allen Seen am Grabenboden Süßwasserseen geblieben. Dass die Erde unter dem Ostafrikanischen Graben immer noch aktiv ist, zeigen die vielen **heißen Quellen und Dampflöcher.** Die jüngsten Vulkanausbrüche liegen – erdgeschichtlich gesehen – noch nicht lange zurück. Der Teleki-Vulkan am südlichen Ende des Turkana-Sees brach noch in der zweiten Hälfte des 19. Jahrhunderts aus.

Ausprägung und Form des in Nord-Süd-Richtung verlaufenden kenianischen Rift Val-

Kenia im Überblick

Staatsname/Staatsgründung
Kenia wurde am 12. Dezember 1963 von der ehemaligen Kolonialmacht Großbritannien unabhängig. Genau ein Jahr später, am 12.12.1964, mit der Vereidigung Jomo Kenyattas zum ersten Präsidenten, wurde das Land zur Republik Kenia. Die innere Selbstverwaltung erhielt das Land bereits am 12. Juni 1963. Seit 1895 war Kenia zunächst britisches Protektorat („Britisch-Ostafrika"), seit 1920 dann britische Kronkolonie.

Staatsfläche
582.646 km² (gut eineinhalbmal so groß wie Deutschland), davon rund 13.400 km² Gewässerfläche.

Amtliche Sprachen
Nationalsprache ist Kisuaheli, wichtigste Geschäftssprache jedoch Englisch (siehe auch Exkurs „Kisuaheli – die Sprache der sieben Quellen und zwei Schriften").

Währung (Wechselkurs Anfang 2010)
1 Kenya Shilling (Ksh) = 100 Cents; 1 US$ = 71,83 Ksh; 1 Euro = 104,18 Ksh.

Hauptstadt
Hauptstadt ist das rund 4 Millionen Einwohner zählende Nairobi, das nicht nur das politische, sondern auch das wirtschaftliche und kulturelle Zentrum Kenias ist.

Staats- und Regierungsform
Präsidialrepublik. Von 1964 bis zu den ersten Mehrparteienwahlen Ende 1992 war Kenia mit dreijähriger Unterbrechung de facto ein Einparteienstaat. Verfassungsrechtlich zementiert war dieser Status aber erst seit 1982. Der Regierungskurs war und ist dem Westen gegenüber aufgeschlossen, es wird eine Wirtschaftspolitik der regulierten Marktwirtschaft betrieben. Kenia ist Mitglied der UNO und ihrer Sonderorganisationen, der Weltbank, des Internationalen Währungsfonds (IWF), der Welthandelsorganisation (GATT/WTO), des Commonwealth, der Organisation für afrikanische Einheit (OAU) sowie der COMESA/PTA. Eine enge wirtschaftliche und politische Zusammenarbeit mit den Nachbarländern Uganda und Tansania in Anlehnung an die frühere Ostafrikanische Gemeinschaft wird angestrebt.

Staatsoberhaupt
Staatsoberhaupt und Regierungschef ist **Mwai Kibaki,** Vizepräsident *Moody Awori.* Laut kenianischer Verfassung ist der Präsident Oberbefehlshaber der Streitkräfte, ernennt Vizepräsident und Kabinett sowie zahlreiche andere Inhaber hoher Staatsämter. Er wird vom Volk auf fünf Jahre gewählt und muss neben der höchsten Stimmenzahl auch mindestens 25% der Stimmen in mindestens fünf von sieben Provinzen gewinnen. Er kann für zwei Amtsperioden wiedergewählt werden. Nach den fairen und freien Wahlen Ende 2002 trat Vorgänger *Daniel Toroitich arap Moi* nach drei Amtszeiten ab. In die Unabhängigkeit wurde Kenia von *Jomo Kenyatta* geführt, der von 1963 bis zu seinem Tod 1978 erster Präsident des Landes war.

Land und Leute

Parlament/Parteien
Das kenianische Parlament wird alle fünf Jahre neu gewählt (zuletzt 2007). Neben 210 gewählten Abgeordneten ernennt der Präsident weitere zwölf Parlamentsmitglieder.

Verwaltungsgliederung
Kenia ist in sieben Provinzen gegliedert, drei kleine, sehr dicht besiedelte (Nyanza, Western und Central) und vier große, überwiegend dünn besiedelte Provinzen (Coast, North Eastern, Eastern und Rift Valley). Die Provinzen gliedern sich wiederum in Distrikte, Divisions, Locations und Sublocations. Die Hauptstadt Nairobi stellt eine Area dar, wird aber wie eine eigene Provinz behandelt.

Wirtschaft
Das Bruttoinlandsprodukt Kenias betrug 2008 34,4 Mrd. US$. Die wichtigste Deviseneinnahmequelle Kenias ist nach wie vor die Landwirtschaft, die auch rund 70% der Arbeitsplätze stellt. Neben den klassischen Exportprodukten Kaffee, Tee, Pyrethrum und Sisal spielen Produkte des Gartenbaus wie Schnittblumen und Gemüse eine immer wichtigere Rolle. Die Abhängigkeit von den Agrarmärkten ist in Kenia aber geringer als bei seinen Nachbarn, denn mit dem Tourismus, der Industrie und dem Dienstleistungssektor sind drei weitere wichtige Standbeine vorhanden. In der einheimischen Bevölkerung liegt die Arbeitslosigkeit bei über 30%, die Inflationsrate betrug 2008 über 20%, das Wirtschaftswachstum im Jahr 2008 gut 4%.

Bevölkerung
Die kenianische Bevölkerung zählt etwa 39 Millionen (2008) Menschen bei durchschnittlich 67 Einwohnern pro km²; die jährliche Zuwachsrate ist wegen AIDS auf 2,6% gefallen (Geburtenrate: 4,2%, Sterberate: 1,1%; Lebenserwartung: 45,5 Jahre). Dabei ist allerdings zu berücksichtigen, dass ziemlich genau 30% der Bevölkerung in der Stadt wohnen und in der wüstenhaften Nordhälfte Kenias nur sehr wenige Menschen leben. Die Alphabetisierungsrate beträgt 84,3%.

Religion
Laut Statistik sind 78% Christen (45% Protestanten, 33% Katholiken), 10% Muslime; 10% pflegen traditionelle Glaubensformen, und 2% gehören anderen Religionen an.

634ke Foto: hf

ley sind alles andere als regelmäßig. Das fast 700 km lange tektonische Teilstück variiert in seiner Breite und der Deutlichkeit seiner Ränder stark. Ganz im Norden bildet der Graben eine große, 300 km breite Depression, in deren tiefster Senke der Turkana-See liegt. Am deutlichsten wird der gigantische Vorgang des Einbruchs der Erdoberfläche im mittleren Bereich des Ostafrikanischen Grabens zwischen Nairobi und Maralal, am westlichen Rand auch noch weiter südlich. Denn dort hat sich der Bruch nur in wenigen Stufen vollzogen. Zwischen den Rändern und dem abgesunkenen, über 60 km breiten Grabenboden wurden so **Höhenunterschiede von bis zu 1000 m** erzeugt! Die steilsten Stücke sind am östlichen Rand des Abbruchs das Laikipia Escarpment und das Kikuyu Escarpment, auf der gegenüberliegenden Seite das Elgeyo Escarpment, das Mau Escarpment und ganz im Süden das Nguruman Escarpment. Auch der Grabenboden ist nicht topfeben. Vom Turkana-See, der auf 427 m ü.NN liegt, steigt der Boden bis zum Naivasha-See allmählich auf fast 1900 m ü.NN an und fällt dann zum Magadi-See beinahe ebenso stark wieder ab. Im mittleren Teil zweigt ein kleiner Nebenarm, das sogenannte Kerio Valley ab, das vom Hauptgraben durch die Tiati-Berge und die Tugen Hills getrennt wird.

Die zentralen und westlichen Hochländer

An den Rändern des Ostafrikanischen Grabens erheben sich mächtige Hochländer, die Höhen zwischen 1500 m und – im Extremfall des Mt. Kenya – 5199 m erreichen. Sie wurden bei der Entstehung des Ostafrikanischen Grabens aufgeworfen bzw. entstanden durch den Vulkanismus. Neben dem **Mt. Kenya-Massiv** zählen am östlichen Rand die **Aberdare Range,** mit 4000 m die dritthöchste Erhebung Kenias, der **Ol Doinyo Sabuk** sowie die **Nyambeni Hills** zu den **Bergen vulkanischen Ursprungs.** Zwischen diesen Bergen erstrecken sich fruchtbare, niederschlagsreiche Hochländer, die dicht besiedelt sind und bis in Höhen von 2500 m intensiv bewirtschaftet werden. Die hohen Berge zählen zu den **regenreichsten Gebieten Kenias** über-

haupt. Das Regenwasser fließt in vielen kleinen Flüssen ab und zergliedert das Land in zahlreiche Tälchen und Hügelkuppen. All diese Flussläufe streben im Osten dem Athi River und dem Tana River zu, an der nördlichen Seite bilden sie den Ewaso-Ngiro-Fluss, mit 330 km Kenias fünftlängster Fluss, und an der westlichen Seite sammeln sie sich in den abflusslosen Rift Valley-Seen.

Nördlich des Zentralen Hochlandes schließen sich **ausgedehnte Hochebenen** an, die in Richtung Turkana-See immer trockener werden und an Höhe verlieren. Im Süden sind dies die großen **Laikipia Plains,** um Maralal herum das **Lorochi Plateau** und weiter nördlich, um Baragoi, die **Elbarta-Ebene.** Etwas weiter im Osten liegt hingegen die **Il Ponyeki-Ebene,** in welcher der Mt. Kenya ausläuft. Prominente Berge mit Höhen von bis zu 2800 m, teilweise noch mit dichten Urwäldern bestanden, trennen und gliedern diese Ebenen und Becken. Nördlich bzw. östlich von Maralal sind dies die **Karisia Hills** und die **Poror-Berge.** Ganz im Osten formt eine fast ununterbrochene Reihe von Bergen die Abgrenzung zum Nyika-Plateau, die nahe des Mt. Kenya mit den **Loldaiga Mountains** beginnt und von **Ol Doinyo Lossos, Warges,** der **Mathews Range,** auch als Lenkiyio Hills bekannt, den **Ndoto Mountains** sowie der **Ngiro** und der **Mara Range** weitergeführt wird. Der Ewaso-Ngiro-Fluss markiert dabei eine natürliche geologische Grenze. Die meisten Berge nördlich des Flusses bestehen aus sehr alten Urgesteinen, wie Hornblenden, Gneisen und Schiefern, während im Süden Gesteine vulkanischen Ursprungs überwiegen.

Auf der westlichen Seite des Ostafrikanischen Grabens bestehen die Hochländer einerseits aus den außerordentlich fruchtbaren Ebenen des **Uasin Gishu** und des **Trans Nzoia Plateaus,** an die sich nordöstlich die bis zu 3581 m hohen Cherangani Hills und im Nordwesten der zweithöchste Berg Kenias, der **Mt. Elgon** (4321 m), anfügen. Der Mt. Elgon ist vulkanischen Ursprungs. Wie sich am riesigen Durchmesser seiner Basis von 100 km ablesen lässt, war er vermutlich einst höher als der Mt. Kenya, ist in Jahrmillionen aber stark erodiert. Zwischen Mt. Elgon und den Cheranganis verläuft eine wichtige Wasserscheide. Nach Norden entwässert das Flusssystem des **Suam, drittlängster Fluss** des Landes, in die abflusslose Senke des Turkana-Sees. Nach Südwesten sind es der Sio, der Nzoia, der Yala und ihre Nebenflüsse, die ihr Wasser dem Lake Victoria-Becken und damit dem Nil zuführen. Das Uasin Gishu Plateau ist im Westen durch das Nandi Escarpment, im Südwesten vom Nyando Escarpment gegenüber des tiefer liegenden Beckens des Victoria-Sees abgesetzt. Beides sind kleinere Bruchstufen, die zum großen Grabenbruchsystem gehören, mit diesem aber an der Erdoberfläche nicht sichtbar verbunden sind.

Südlich der fruchtbaren Plateaus, etwa auf der Höhe von Nakuru, liegen am westlichen Grabenbruch weitere Hochländer, die sich bis nach Tansania hinein fortsetzen. Sie erreichen bis zu 3000 m Höhe und werden noch zu einem großen Teil von dichten Wäldern bedeckt. Ihre bekanntesten **Gipfel** sind der **Tinderet,** der **Londiani** und das lang gezogene **Mau-Massiv.** Diese Anhöhen senken sich an der West- bzw. Südwestseite allmählich in Richtung Victoria-See und Mara-Becken ab. Diese beiden Senken werden durch das **Bergland von Kisii** und ganz im Süden, an der Grenze zu Tansania, vom knapp 70 km langen **Esoit Ooolo Escarpment** voneinander getrennt. Die Escit Ooolo-Bruchstufe, die gleichzeitig die Westgrenze des weltberühmten Masai Mara Game Reserve bildet, gehört ebenfalls zum großen ostafrikanischen Grabensystem.

Nach Norden, jenseits der Cherangani Hills, setzen sich die westlichen Hochländer parallel zur ugandischen Grenze noch bis in den Sudan hinein fort. Es ist eine **lose Folge von Bergen,** die dem westlichen Rand des ostafrikanischen Grabens folgen, der hier eine Breite von rund 300 km erreicht. Das Land zwischen dem Lake Turkana, der gewissermaßen einen Graben im Graben markiert, und den Grenzbergen zu Uganda ist heiß, trocken und ausgesprochen flach, sieht man von vereinzelten Inselbergen und wenigen Hügelketten bis rund 1500 m ab, etwa den Loima Hills, den Kamutile Hills, Lochereesokon Hills oder der Lapurr Range.

Vegetation

Die Vegetationsformen Kenias variieren zwischen den größtmöglichen Gegensätzen: Während die riesigen Ebenen des Nyika-Plateaus, aber auch weite Teile Nordwestkenias und des Mara-Beckens von ausgedehnten Trockenwäldern und Savannenlandschaften geprägt sind und in einigen Gegenden Nordkenias in echte Wüstengebiete übergehen, haben sich in den feuchteren Gebieten des Landes in Abhängigkeit von der Höhenlage verschiedene Waldformen ausgebildet.

So war der **tropische Küstengürtel** mit seinem feuchtwarmen Klima ursprünglich zu großen Teilen von Küstenregenwäldern bedeckt, die mit zunehmender Besiedlung durch die Mijikenda-Völker nach und nach abgeholzt wurden. Diese Klimax-Vegetation ist bis auf wenige Restvorkommen verschwunden. Das größte verbliebene Stück bildet der artenreiche **Arabuko Sokoke Forest,** in dem sich abhängig von Niederschlag und Bodenverhältnissen drei unterschiedliche Waldtypen entwickelt haben. Das **Brachystegia-Waldland,** das in etwa dem in Tansania weit verbreiteten Miombo-Wald entspricht, ist dank der mageren Böden relativ offen und von Grasflächen durchsetzt. Die namensgebende Baumart *Brachystegia spiciformis* liefert ein hervorragendes Hartholz, ist wegen der starken Nutzung allerdings selten geworden. Auf den Ästen wachsen zahlreiche als Greisenbärte bezeichnete Flechter, aber auch Epiphyten. In den feuchteren Gegenden herrscht hingegen ein dichter **Mischwald** vor, der ebenfalls sehr wertvolle Nutzhölzer, etwa *Afzelia quanzensis* und *Manikara sansibarensis,* enthält. Immerhin 67 einheimische Baumarten kommen hier vor. Eine besonders auffällige, altertümliche Pflanzenart sind die palmähnlichen *Cycadeen,* die über Millionen von Jahren praktisch unverändert geblieben ist (siehe „Cycadeen – die lebenden Saurierpflanzen"). Im **Cynometra-Wald,** der auf roten Lateritböden steht, findet sich der *Brachylaena builensis-Baum,* dessen Holz von den Mijikenda-Völkern zum Schnitzen bevorzugt wird.

Kleine Taschen dieser ursprünglichen Waldvegetation, die einer Vielzahl von selte-

Land und Leute

nen Reptilien, Schmetterlingen, Vögeln und Säugetieren einen Lebensraum bieten, haben sich auch in den heiligen Bezirken der Mijikenda-Völker, den **Kayas**, erhalten.

Die **Shimba Hills** besitzen eine dem Mischwald sehr ähnliche Vegetation, die wegen ihrer großen Zahl an boden- und baumwachsenden **Orchideen** aber eine gesonderte Erwähnung verdient. Zwischen Regenwaldflächen erstrecken sich in den Shimbas auch kleine Gebiete mit **Grassavannen.**

In den Flussmündungen und entlang weiter Küstenteile wachsen dichte **Mangrovenwälder,** die für den Küstenschutz eine überragende Bedeutung besitzen, denn sie verhindern die Stranderosion. Zudem sind sie die „Kinderstube" vieler Fische, Krabben- und Krebsarten. Das rote Mangrovenholz war bereits vor Hunderten von Jahren wegen seiner Termitenresistenz ein begehrtes Bauholz und wurde bis nach Arabien exportiert. Innerhalb der Mangrovenwälder hat jede einzelne Mangrovenart einen durch den Salzgehalt des Wassers und die Flutungsdauer bestimmten Verbreitungsraum. Die salztolerantesten Arten wachsen näher zum Meer, die brackwasserliebenden weiter im Landesinnern. Auffällig sind die spargelähnlichen Luftwurzeln und mächtige Stützwurzeln, mit denen sich die Pflanzen im sauerstoffarmen, schlickigen Boden festkrallen (vgl. „Mangroven – der Meereswald"). Hinter der Mangrovenzone schließt sich an vielen Stellen ein immergrüner **Küstenbusch** von 3–4 m Höhe.

Viele **Berggebiete** Kenias sind regelrechte Regenfänger, die deutlich mehr Niederschlag erhalten als das umliegende Land und so besonders an der windzugewandten Seite **Bergregen- und Nebelwälder** aufweisen. Diese klimatischen Verhältnisse sind auch für den **Ackerbau** sehr günstig, und deshalb wurden die unteren Lagen dieser natürlichen Vegetation häufig gerodet. Allerdings gibt es noch einige Gegenden, in denen man die charakteristische Zonierung der Bergvegetation Ostafrikas sehen kann. In den Höhenlagen zwischen 2000–3000 m wächst ein **alpiner Wald,** zwischen 2500–3300 m folgt die **Bambuszone,** an die sich bis 3500 m die **Montanwälder** anschließen. Es folgt die **afroalpine Baumheide- und Moorlandzone,**

oberhalb derer ab 4600 m praktisch nur noch Flechten und Moose existieren können. Eine genauere Beschreibung dieser faszinierenden Pflanzengesellschaften und ihrer Zonierung finden Sie im Kapitel zum Mt. Kenya National Park.

In den mittelhohen Bergregionen bis zu 2500 m sieht man außerdem relativ häufig große **Nadelholzschonungen.** Diese Bäume sind in Afrika ursprünglich nicht heimisch, sondern wurden von den Briten als schnell wachsende Nutzholzarten eingeführt. Unter den speziellen Verhältnissen der Küste, besonders auf kargen Korallenböden, hat sich die **Kasuarine,** ein ursprünglich aus Australien stammender Baum, in der Forstwirtschaft sehr bewährt und wird häufig angepflanzt. Die ebenfalls aus Australien stammenden **Eucalypten** wurden von der Eisenbahngesellschaft ins Land geholt, weil zur Befeuerung der Dampflokomotiven viel Holz und dementsprechend schnell wachsende Bäume benötigt wurden.

In Kenia gibt es sogar noch ein Stückchen echten **Flachlandregenwald,** den **Kakamega Forest** in Westkenia. Es handelt sich dabei um die westlichsten Ausläufer des Kongo-Regenwaldes. Dementsprechend finden sich in diesem Flachlandwald noch zahlreiche pflanzliche und tierische Regenwaldspezies, die aus Westafrika stammen und sonst nirgends im Lande vorkommen.

Bis in eine Höhe von ca. 1500 m wächst entlang der Flussläufe und Luggas, die sich durch die Trockensavannen des Nyika-Plateaus und die Grassavannen des Marabeckens ziehen, eine weitere Waldform: die **Galeriewälder.** Im extrem trockenen Nordkenia besteht dieses bis zu 20 m hohe Dickicht entlang der Trockenflüsse vor allem aus verschiedenen **Akazienarten,** etwa der großen *Acacia albida* und der Schirmakazie. In feuchteren Gebieten wird dieses Spektrum durch **Wildfeigenbäume,** die verzweigte **Doum-Palme** und die **Raphia-Palmen** mit ihren bis zu 7 m langen Wedeln ergänzt. Diese grünen Oasen innerhalb der trockenen Landschaft bieten zahlreichen Vogel-, Affen- und Antilopenarten einen Lebensraum, und auch Leoparden haben vorzugsweise hier ihr Revier. An vielen kenianischen Seen findet

Land und Leute

sich mit dichten Fieberakazienwäldern eine weitere Variation dieses Waldtypus. Die **Fieberakazien** mit ihren leuchtend gelben Stämmen tragen diesen Namen übrigens, weil die Reisenden in vergangenen Zeiten ganz richtig beobachtet hatten, dass man dort, wo diese Pflanze wächst, häufig Fieber bekommt. Der Baum ist daran allerdings nicht schuld. Er bevorzugt einfach nur Gebiete mit feuchten Bodenverhältnissen, und in denen gibt es meist auch stehendes Wasser, ein ideales Brutgebiet für die Malaria-Mücke.

Die **Wüstengebiete** Kenias beschränken sich auf den Nordteil des Landes, wenn man einmal von den hochalpinen Gesteinswüsten am Mt. Kenya und den lebensfeindlichen Sodaflächen am Lake Magadi absieht. Aber auch im trockenen Norden sind es nur relativ kleine Flächen mit Niederschlägen unter 250 mm pro Jahr, nämlich die **Chalbi-Wüste** östlich des Lake Turkana und die **Kaisut-Wüste** östlich der Ndoto-Berge, auf die diese Bezeichnung im strengen Sinne zutrifft. Bis auf wenige Gräser und vereinzelte Büsche und Akazien, die besonders in den Luggas wachsen, wo sich das wenige Wasser sammelt, trifft man hier kaum Pflanzenwachstum an. Weitere Flächen – etwa die großen, überwiegend vegetationslosen Lavafelder im Suguta-Tal – entsprechen auch weitgehend der allgemeinen Vorstellung einer Wüste.

In der trockenen Jahreszeit ist dies allerdings auch bei den großen **Trockensavannen** der Fall, die die meisten Flächen des Nyika-Plateaus bedecken. Hier fallen immerhin noch 250–450 mm Niederschlag, was für einige Akazienarten und Commiphora-Büsche zum Überleben ausreichend ist. Nach Regenfällen verwandelt sich die Landschaft innerhalb weniger Tage in eine trügerisch grüne Landschaft mit zahlreichen Gräsern und Blumen, aber während der überwiegenden Zeit des Jahres liegt der ausgedorrte Boden meist blank da. Eine charakteristische Pflanze dieser Gebiete ist der sogenannte **Flötendorn** oder Whistling Thorn. Diese Akazienart entwickelt an den Zweigen seltsame hohle, schwärzliche Ballons, die durch eine Ameisenart hervorgerufen werden, welche mit dem Strauch in Symbiose lebt. Wenn diese Gallen schließlich aufbrechen und der Wind an den Öffnungen vorbeibläst, entstehen Pfeifgeräusche.

In Richtung Süden gehen diese kargen Halbwüsten in **Dornbuschsavannen** über, die besonders im Hinterland der Küste ein schier undurchdringliches verfilztes Dickicht bilden und noch im 19. Jahrhundert ein ernsthaftes Hindernis für alle darstellten, die ins Inland vordringen wollten. In einigen Karten wird diese Gegend auch als **Taru-Wüste** bezeichnet. Die Büsche werfen während der Trockenzeit ihr Laub ab und erreichen eine Höhe von 3–6 m. Da Buschbrände den natürlichen Erscheinungen dieser Vegetationszone gehören, sind die Pflanzen sehr feuerresistent. Neben verschiedenen Akazienarten und Commiphora-Bäumen wachsen hier auch **Boswellia-Gewächse**, die mit dem Weihrauchbaum verwandt sind, sowie die kakteenähnliche **Candelaber-Euphorbie**, einem bis zu 6 m hohen Wolfsmilchgewächs, das – wie der Name schon sagt – mit seinen vielen Ästen tatsächlich an einen Kerzenständer erinnert. Besonders fallen aber die großen **Baobab- oder Affenbrotbäume** in der Buschsavanne auf, die in ihrem dicken Stamm beträchtliche Mengen an Wasser speichern und damit auch längere Dürreperioden unbeschadet überdauern.

Die **Grassavanne** ist wohl jene Vegetationsform, die jeder Tourist als „typisch" ostafrikanisch bezeichnen würde. Durch ihren Futterreichtum im Ökosystem der Serengeti-Masai Mara ernährt sie außergewöhnlich große Herden von Herbivoren. Hier wächst auch der **Charakterbaum Ostafrikas:** die **Schirmakazie** mit ihrer unverwechselbaren gestauchten Krone, in der häufig ganze Nestkolonien von Webervögeln hängen. Meist tritt die Grassavanne als Kurzgrassavanne auf, in der die Gräser nach Regenfällen bis maximal 90 cm hoch stehen. In sehr feuchten Gebieten, etwa in den jahreszeitlich periodisch überfluteten Senken des Ruma-Nationalparks, kommt aber auch die Langgrassavanne vor. Wer sich zu Fuß durch diesen bis zu 2 m hohen Gras„wald" bewegt, fühlt sich wie ein Zwerg. Die Langgrassavanne ist wesentlich artenärmer als die Kurzgrassavanne.

Eine auffällige Pflanze, die an den Süßwasserseen und ruhigeren Flussläufen häufig ein

Dickicht bildet, ist der **Papyrus,** der bis zu 4 m Höhe erreicht. Am Victoria-See und im Saiwa Swamp National Park bieten Papyrusfelder einen optimalen Schutz für die scheue Sitatunga-Antilope. Aus den papierleichten Stengeln bauen die Njemps, eine lokale Volksgruppe am Baringo-See, bisweilen noch kleine Boote zum Fischen.

Eine aus Südamerika eingeschleppte Pflanze sieht man vermutlich häufiger als einem lieb ist – trotz der hübschen violetten Blüten: die **Wasserhyazinthe.** Sie bildet auf Teichen und Seen treibende Kolonien und hat sich auf dem Lake Victoria derartig vermehrt, dass sie der ganzen Region schwere wirtschaftliche und ökologische Probleme verursacht (siehe im entsprechenden Kapitel).

Die **Nutzpflanzen** Kenias sind in Abhängigkeit von Klima- und Bodenbedingungen regional sehr unterschiedlich. Die Küste wird vor allem von **Kokospalmenhainen** geprägt. Die Kokospalme hat für die lokale Bevölkerung eine herausragende Bedeutung, praktisch alle Teile dieser Pflanze lassen sich verwerten: Aus den Palmwedeln werden Körbe und Matten geflochten, aber auch die als *Makuti* bezeichnete traditionelle Dachbedeckung hergestellt; aus dem Fruchtstilen gewinnt man den beliebten Palmwein, *Tembo*, während die Früchte als Erfrischungsgetränk genossen, aber auch in vielerlei Art und Weise in der Suaheli-Küche verwendet werden und in getrockneter Form als Kopra-Rohstoff für die Öl- und Seifenindustrie dienen; das Palmholz wird zum Bauen und in der Möbelschreinerei eingesetzt. Es gibt **zwei verschiedene Palmsorten:** Die alten, langstämmigen Palmen, die Höhen bis zu 30 m erreichen, werden immer seltener, da nur noch kurze Hybridsorten nachgepflanzt werden, die angeblich höhere Erträge abwerfen und auch einfacher zu ernten sind. In einigen Gebieten sieht man ganze Palmhaine, die abgestorben sind. Sie wurden von dem aus Asien eingeschleppten Nashornkäfer befallen.

In den vielen **Bauerngärten** wachsen zahlreiche **Obstsorten,** wie Apfelsinen, Jackfruit, Mango, Zuckerrohr und natürlich Bananen, aber auch **Cashewnüsse** und verschiedene **Gewürzpflanzen,** etwa Zimt- und vereinzelt auch Nelkenbäume.

Die **Grundnahrungsmittel** der lokalen Bevölkerung bestehen aus **Mais** und **Maniok.**

In der Gegend zwischen Mtwapa und Kilifi gibt es nennenswerte **Sisalplantagen,** nördlich von Malindi wird in den trockeneren Gebieten auch **Baumwolle** angebaut. Im gemäßigten Klima des Hochlandes werden bei ausreichenden Niederschlägen vorwiegend europäische Obst- und Gemüsesorten angebaut.

Geschichte und Politik

Die Mär von Schwarzafrika als geschichts- und kulturlosem Kontinent wurde bereits von den ersten weißen Erforschern in die Welt gesetzt und hat sich bis heute hartnäckig gehalten. Sie erklärt sich vor allem daher, dass die ersten „Entdecker" auf ihren Reisen durch das Landesinnere auf **keinerlei Gebrauch von Schrift** oder das Vorhandensein schriftlicher Aufzeichnungen stießen. Der vorschnelle Schluss wurde von den Kolonialmächten dankbar aufgegriffen und als ein Eckstein in das Ideologiegebäude eingemauert, mit dem die europäische Herrschaft in Afrika, die in vielen Aspekten rassistische Züge trug, moralisch gerechtfertigt wurde.

Die Historiker stellen heutzutage nicht mehr in Frage, dass Afrika eine lange menschliche Geschichte besitzt. Doch weil schriftliche Aufzeichnungen aus den Jahrhunderten vor der Kolonialzeit fehlen und dauerhafte Gebäude Ausnahmefälle darstellen, ist die Rekonstruktion und Bewertung der Abläufe auf **archäologische Ausgrabungen, vergleichende Sprachforschung** und die reichen **mündlichen Überlieferungen** der ostafrikanischen Völker angewiesen. Dies gilt auch für Kenia und lässt immer noch viel Raum für Spekulationen. An der Küste zeichnet sich ein etwas anderes Bild, denn hier offenbaren schriftliche Aufzeichnungen und die Überreste von alten Handelsstädten die lange Geschichte eines engen kulturellen und wirtschaftlichen Austausches mit Arabien und dem fernen Osten. Und seit sich vor

500 Jahren mit den Portugiesen Europäer in der Region festsetzten, sind vermehrt schriftliche Dokumente überliefert, die historisch ausgewertet werden können.

Die Wiege der Menschheit

Angesichts der euerozentristischen Sichtweise entbehrt es nicht einer gewissen Ironie, dass nach Überzeugung der Paläoanthropologen, also der Forscher, die sich mit der frühen Menschheit und ihren Vorfahren beschäftigen, Ostafrika die **längste menschliche Geschichte überhaupt** besitzt. Denn alle bisherigen Funde auf der faszinierenden Suche nach dem biologischen Ursprung von *Homo sapiens sapiens* deuten darauf hin, dass die Familie die Hominiden, aus der wir hervorgingen, ihren Ursprung in Ostafrika hat, genauer gesagt, im Ostafrikanischen Graben. Dort wurden nämlich bisher die **ältesten versteinerten Knochenfunde** gemacht, denen zufolge die Entwicklungslinie der aufrecht gehenden Vormenschen seit 5–10 Millionen Jahren von der Entwicklungslinie der Menschenaffen getrennt verläuft.

Die **Verhältnisse für die damalige Konservierung** und die heutige Datierung der Knochenfunde im Rift Valley waren **optimal.** Der Einschluss in Sedimenten frühzeitlicher Gewässer bewirkte durch die Einlagerung von Kieselsäure ihre Versteinerung. Nachfolgende Vulkanausbrüche sorgten dann für eine schützende Ascheschicht, anhand deren chemischer Zusammensetzung man auch ihr Alter ziemlich exakt bestimmen kann. Denkbar ist natürlich, dass ungünstigere Voraussetzungen in anderen afrikanischen Regionen dazu geführt haben, dass noch ältere Knochenzeugnisse nicht erhalten geblieben sind. Aber einige Anzeichen sprechen dafür, dass die Entstehung des Menschen auch mit den starken naturräumlichen Veränderungen zusammenhängt, die die Entstehung des Rift Valleys begleiteten. Durch Vulkanausbrüche, Hebungen und Senkungen wurden nämlich **immer wieder neue** und verschiedenartige **Ökosysteme** geschaffen. Deren Artenarmut provozierte möglicherweise die starke Aufsplitterung vorhandener Tier- und Pflanzenar-

ten in neue Spezies. So könnte bei den Affenartigen eine Spezies den aufrechten Gang, ein größeres Gehirnvolumen und andere Eigenarten entwickelt haben, um sich an neue ökologische Verhältnisse anzupassen – Merkmale, die den Menschen und seine Vorfahrenreihe charakterisieren.

Wegbereitende Entdeckungen für die Erhellung der menschlichen Entwicklungsgeschichte sind übrigens an **kenianischen Fundplätzen,** namentlich an der Ostseite des Turkana-Sees in Kobi Fora, aber auch an gegenüberliegenden Westufer gemacht worden. Und viele wissenschaftliche Verdienste in der Paläoanthropologie gehen auf das Konto einer legendären kenianischen **Archäologen„dynastie"** schottischer Abstammung, der Familie Leakey. Ihr herausragender wissenschaftlicher Ruf wurde von dem Ehepaar *Mary* und *Louis Leakey* begründet, das bereits in den 20er Jahren des 20. Jahrhunderts an verschiedenen Fundorten in Kenia Ausgrabungen vornahm. Zu ihren aufsehenerregendsten Funden gehört der 1959 in der tansanischen Olduvai-Schlucht ausgegrabene Schädel eines sogenannten Nussknackermenschen, der später als 1,75 Millionen Jahre alter **Australopithecus** klassifiziert wurde, und 2 Jahre darauf der Fund eines *Homo habilis*-Schädels. Am spektakulärsten aber war 1978 die Entdeckung der **Laetoli Footprints,** der 3,7 Millionen Jahre alten versteinerten Fußabdrücke von drei aufrecht gehenden Vormenschen (vermutlich Vater, Mutter und Kind) der Gattung *Australopithecus afarensis.* Die Forschertradition wurde von einem ihrer Söhne, *Richard Leakey,* fortgeführt, der 1984 am Turkana-See das beinahe komplette Skelett eines *Homo erectus*-Jungen barg, das euphorisch als das „missing link", das fehlende Glied, der Menschentwicklung gewertet wurde. Seine Frau *Meave* und auch eines ihrer Kinder sind Anthropologen.

Zum Ablauf der **Entstehungsgeschichte des Menschen** bestehen **verschiedene Theorien.** Durch neue Ausgrabungsfunde müssen einzelne Teile der menschlichen Frühgeschichte immer wieder erweitert und umformuliert werden. Wie auch in anderen Wissenschaften herrschen zwischen den Experten zudem große Meinungsverschiedenheiten. Streit-

Land und Leute

Richard Leakey

Richard Leakey, Jahrgang 1944, ist kein gewöhnlicher Zeitgenosse. Darauf kann man zählen: sieben Leben, vier Bilderbuchkarrieren, ein Doktortitel, aber keinerlei abgeschlossene Ausbildung.

Aufgewachsen ist der Spross von *Mary* und *Louis Leakey,* dem kenianischen Anthropologen-Ehepaar, und Nachkomme englischer Missionare in der Wildnis Ostafrikas, denn die Ausgrabungsexpeditionen seiner Eltern führten monatelang in abgelegene Gebiete. Als kleiner Junge wollte er nur zwei Dinge: Aus dem Schatten seiner berühmten Eltern treten und niemals Anthropologe werden. Das eine ist ihm gelungen, das andere nicht.

20 Jahre stand er dem Kenya National Museum als Direktor vor. Zwei der bedeutendsten Funde der Paläoanthropologie machten ihn zu einem „Popstar" unter den Forschern, die nach den Spuren der Menschwerdung suchen. 1972 sorgte seine **Entdeckung eines gut erhaltenen Homo-habilis-Schädels** in Kobi Foora am Turkana-See für weltweites Aufsehen. Der 1,9 Millionen Jahre alte Fund wurde als das fehlende Glied der Entwicklungskette vom Affen zum Menschen gefeiert. 1984 fand Leakey am Westufer des Turkana-Sees ein **fast vollständiges Skelett des Homo erectus,** jenes menschlichen Vorfahren, der sich als erster von seinem afrikanischen Ursprungsgebiet über große Teile der Erde ausbreitete. Mit seinem amerikanischen Kollegen *Don Johanson* führte Richard Leakey – streitbar, eigensinnig und ehrgeizig – jahrelang einen Medienkrieg um anthropologische Glaubensfragen.

Die Jugend im Busch, sein Organisationstalent, eine natürliche Autorität und unbestrittene Qualitäten als Spendensammler verhalfen Leakey zu seiner **zweiten Karriere.** 1990 ernannte ihn Präsident Daniel arap Moi zum **Direktor des Kenya Wildlife Service (KWS),** der neu gegründeten Naturschutzbehörde des Landes. Gut organisierte Wildererbanden waren dabei, ganze Elefantenherden abzuschlachten, von 120.000 Tieren überlebten nur 16.000. Das Nashorn wurde in Kenia bis auf 350 Tiere ausgerottet. Leakey, der Umweltgeneral, stellte eine kleine Armee von gut ausgerüsteten, motivierten Rangern zusammen, die Monat für Monat zwanzig Wilderer zur Strecke brachte. Das Elefantentöten in kenianischen Nationalparks hörte bald auf. Aber Leakey selbst benötigte jetzt Bodyguards, denn einflussreiche Regierungsmitglieder hatten zu gut am illegalen Elfenbeingeschäft verdient.

Ende 1993 formierte sich Widerstand gegen den unbequemen Mann. Eine Pressekampagne bezichtigte Leakey des Rassismus und der Korruption, Vorwürfe, die nie belegt wurden. Der KWS sollte dem Tourismusministerium unterstellt und der Behörde die finanzielle Eigenständigkeit entzogen werden. Leakey sah keine Basis mehr für eine erfolgreiche Arbeit nach seinen Vorstellungen und quittierte 1994 den Dienst.

Auch während seiner **dritten Karriere** lebte Richard Leakey gefährlich. Zusammen mit schwarzen Politikern gründete er die **Oppositionspartei SAFINA** (Kisuaheli: „Die Arche"). Kenia sollte vor dem Ruin durch Korruption, Misswirtschaft, Armut und Unterentwicklung gerettet werden. Damit wurde er zum erklärten Intimfeind des Präsidenten.

Schon mehrfach sind unbequeme Gegner der Regierung unter ungeklärten Umständen ums Leben gekommen. Bei einer politischen Kundgebung im Stammland des Präsidenten wurde er verprügelt und vom aufgestachelten Mob fast zu Tode getrampelt. Aber Leakey ließ sich nicht einschüchtern, er behauptet, keine Angst zu kennen. Sieben Leben werden ihm nachgesagt, schließlich ist er dem Tod bereits mehrfach entkommen. Als 1979 seine Nieren versagten, lebte Leakey in dem Bewusstsein, vor Ablauf des Jahres zu sterben. Dank der Organspende seines jüngeren Bruders überlebte er. 1993 kam er beim Absturz seines Flugzeugs zwar knapp mit dem Leben davon, verlor aber beide Unterschenkel. Mit zähem Willen lernte er, trotz Prothesen ein normales Leben zu führen. Wer das nicht weiß, wird den etwas schwerfälligen Gang des 1,85 Meter großen, fleischigen Mannes als normal empfinden.

Nach den Wahlen von 1998, die ihm einen Parlamentssitz einbrachten, gab er seinen Posten als Generalsekretär im Vorstand von SAFINA auf. Kurz darauf wurde er wieder zum Direktor des KWS berufen. Im Frühjahr 1999 überraschte dann Präsident Moi die Öffentlichkeit mit der Bekanntgabe, dass er Richard Leakey zum **Chef des Öffentlichen Dienstes** ernannt und mit der Aufgabe betraut habe, den aufgeblasenen, korrupten Beamtenapparat in einen effektiven Dienstleister zu verwandeln. Kritiker rochen dahinter nur ein Manöver des alten Fuchses Moi, um Gelder von den internationalen Geberländern locker zu machen. Tatsächlich trat Leakey dann 2001 von seinem Posten zurück, offiziell mit der Begründung, sich aus der Politik zurückziehen zu wollen. Heute lebt er eher zurückgezogen und engagiert sich für Naturschutzprojekte.

Eine einleuchtende Erklärung für Leakeys radikalen Wechsel von der Anthropologie in den Naturschutz, aber auch für sein politisches Engagement lässt sich zwischen den Zeilen seines Buches „Der Ursprung des Menschen" lesen (1998 bei Fischer erschienen). Worin, so fragt er sich da, besteht der qualitative Unterschied zwischen unseren nächsten Verwandten, den Menschenaffen, und dem Menschen? Ist es der aufrechte Gang? Die Verwendung von Werkzeug? Das Sprachvermögen? Intelligenz? Das Bewusstsein von Du und Ich, Gestern, Heute und Morgen? Für Leakey ist neben all diesen Punkten eines entscheidend: Nur der Mensch kann mit seinem Intellekt entscheiden, ob er sich seinen Instinkten unterwirft oder seinem Willen folgt. Das macht ihn verantwortlich für das, was er tut – und vor allem: für das, was er allen anderen Lebewesen antut.

Fossilienfunde belegen, dass es seit der Entstehung des Lebens auf der Erde fünf relativ kurze Zeiträume gegeben hat, in denen es zu einem Massensterben von Arten kam. In einer dieser Perioden starben die Dinosaurier aus, wahrscheinlich durch einen Meteoriteneinschlag. Gegenwärtig ist das sechste Massensterben von Arten im Gange, heraufbeschworen hat es der Mensch. Dies lässt vermuten, dass Leakey durch die Naturschutzarbeit seiner Verantwortung als Homo sapiens, als denkender Mensch, gerecht zu werden versucht.

Informationen:
● Offizielle Website der Leakeys mit Biografien, Bildern etc.: www.leakey.com
● Website der Leakey-Stiftung, die sich mit Forschungsfragen zum Ursprung des Menschen beschäftigt: www.leakeyfoundation.org

ken-126 Foto: hf

Land und Leute

punkte sind vor allem die Einteilung der Knochenfunde in verschiedene Arten sowie die Einordnung dieser Arten in den Stammbaum der Hominiden, die ja letztendlich bei der Frage entscheidend ist, welche Spezies als Teil unserer direkten Vorfahrenkette anzusehen sind und welche „nur" einen inzwischen ausgestorbenen Zweig des Stammbaums darstellen. Grob gesehen kann man die **Fachwelt in zwei Schulen einteilen,** einerseits die „**Vereiniger",** die alle bisherigen Knochenfunde in lediglich zwei parallel zueinander existierende Gattungen – nämlich Australopithecus und Homo – einordnen, die im Laufe ihrer Geschichte elf Arten umfassten, andererseits die „**Spalter",** für die 22 Vormenschengattungen und sieben Urmenschengattungen mit vielen Arten und Unterarten existierten.

Nach einer populären Theorie von Richard Leakey zählen der **Homo habilis,** also der geschickte Mensch, der nach heutigem Wissen die ersten Werkzeuge verwendete und vor rund 2 Millionen Jahren lebte, und der Homo erectus, der aufgerichtete Mensch, zu den direkten Vorfahren des Homo sapiens. Der **Homo erectus** stellt eine entscheidende Hominidenform dar, weil er vermutlich eine erste Sprache entwickelte, das Feuer zu nutzen lernte und die Werkzeuge seiner Vorgänger wesentlich verbesserte. Alles wichtige Voraussetzungen dafür, dass sich diese Spezies vor schätzungsweise 1,6 Millionen Jahren als erster Hominide auch in Regionen von Europa und Asien ausbreiten konnte, die sich klimatisch und ökologisch von seinem Ursprungsgebiet stark unterschieden. Der Homo sapiens ist hingegen erst vor 120.000 Jahren das erste Mal in Afrika nachzuweisen. Nach der „**Out-of-Africa-Theorie"** hat er erstmals vor knapp 100.000 Jahren den afrikanischen Kontinent verlassen und dann in mehreren Wellen die Erde besiedelt.

Frühe Siedler und die Völkerwanderungen

Sicherlich war das Gebiet des heutigen Kenia auch in der Folgezeit von Menschen besiedelt, aber die nächsten Grabungsfunde aus der Region des Lake Victoria datieren erst wieder aus der steinzeitlichen Periode zwischen ca. 10.000 und 1000 v.Chr. Gegenstände wie Pfeilspitzen, Steinmesser, Faustkeile und Tonscherben lassen dabei auf ein **Jäger-und-Sammler-Volk** schließen, bei dem es sich um die Vorfahren der heutigen Pygmäen oder der Buschmänner im südlichen Afrika gehandelt haben könnte. Man nimmt zumindest an, dass die Urbevölkerung Ostafrikas ebenfalls eine Khoisan-Sprache mit Schnalz- und Klicklauten sprach, die später jedoch teils vor neuen Zuwanderern in Richtung Süden auswich, teils assimiliert wurde. In abgelegenen Gebieten Nordtansanias haben zwei Völker dieser alten Sprachgruppe, die Sandawe und die Hadzabe, ihre eigene Identität bis heute einigermaßen bewahren können. Vor 200 Jahren scheint es dank ausgedehnter Waldgebiete auch in Kenia noch relativ viele Menschen gegeben zu haben, die als Jäger und Sammler lebten. Heute ist unter den Okiek oder Dorobo am Mau Escarpment, den Sanye am Oberlauf des Tana sowie den Boni im Hinterland des Lamu Archipels diese urtümliche Wirtschaftsform nur noch in Teilen erhalten. Ausschließlich von der Jagd und vom Honigsammeln lebt wohl niemand mehr, deshalb kann man im engeren Sinne auch in diesen Fällen nicht mehr von Jägern und Sammlern sprechen.

Über einen langen Zeitraum hinweg, der rund 2000 v.Chr. begann und bis heute andauert, war Ostafrika immer wieder Schauplatz großer **Völkerwanderungen.** Die Einwanderungswellen kamen aus verschiedenen Regionen des Kontinentes und spiegeln sich noch heute im Flickenteppich der Sprachzugehörigkeit und anderer kultureller Aspekte der kenianischen Völker wider.

Zu den ersten Gruppen gehörten vermutlich **Kuschiten,** die von Norden, aus Äthiopien, ins Land kamen. Allerdings müssen die Ackerbau und Viehzucht betreibenden Menschen schon einen relativ weiten Weg hinter sich gehabt haben, denn ihre Sprache belegt die ursprüngliche Herkunft aus Südarabien. Da sich ihre Lebensweise im Gegensatz zu den Jägern und Sammlern durch Eigentum wie Vieh und Ackerland auszeichnete, müssen bereits bestimmte **organisatorische und** rechtliche Elemente ihrer Gesellschaft weit entwickelt gewesen sein. Heute noch sichtbare Spuren der kuschitischen Besiedlung sind vermutlich die alten Bewässerungsanlagen von Engaruka im Grenzgebiet von Tansania und Kenia, in der Gegend um den Baringo-See und am Rand des Kerio Valley, Stein- und Hügelgräber sowie Stall- und Siedlungsüberreste im westlichen Hochland, in Nordkenia und im Rift Valley. Beweise für die **große handwerkliche Geschicklichkeit** der Kuschiten liefern die gut gearbeiteten Stein- und Obsidianwerkzeuge, die man bei verschiedenen Grabungen fand. Als Sprache wurde das Kuschitische durch die **nächste Einwanderungswelle** ab 500 v.Chr. **von Bantu sprechenden Völkern** aus dem Westen Afrikas bis auf kleine Reste völlig verdrängt, und die ethnische Identität der Kuschiten löste sich in jener der Ankömmlinge gänzlich auf. Überlebt hat allerdings die kuschitische Praxis der Beschneidung von Vorhaut und Klitoris, die von den Bantus übernommen wurde und bis in die Gegenwart fortgeführt wird. Die heutzutage in Kenia lebenden kuschitischen Völker der *Rendille* und *Somali* sind erst in jüngster Zeit ins Land gekommen.

Mit den **westafrikanischen Völkern**, deren Ursprungsgebiet im heutigen Kamerun und Nigeria gelegen haben muss, kam eine außerordentlich bedeutende technische Errungenschaft nach Ostafrika, nämlich die **Verhüttung von Eisenerzen** und ihre Verarbeitung zu überlegenen Werkzeugen und Waffen. Dies erklärt auch, warum sich die **Bantu-Völker** im ganzen Land schnell ausbreiteten und neue Siedlungsgebiete erschließen konnten. Ihre dominierende Stellung festigten sie durch den einträglichen **Handel mit Eisengeräten.** Eine Reihe von kenianischen Ethnien, an erster Stelle die *Kikuyu,* aber auch die *Kamba, Gusii, Mijikenda, Meru* u.a. sind die Nachfahren dieser kulturellen Neuerer.

Vermutlich um Christi Geburt stießen dann die ersten **südnilotischen Völker** aus dem Gebiet des heutigen Sudan nach Kenia vor und setzten sich zunächst am Lake Turkana fest. Von dort wanderte die heute unter dem Namen **Kalenjin** zusammengefasste Völkergruppe weiter nach Süden und ließ sich

schließlich auf den fruchtbaren Hochländern am westlichen Escarpment-Rand nieder. Es scheint, als habe sich dann für einige hundert Jahre eine relativ ruhige Phase ohne bedeutende neue Einflüsse von außen angeschlossen, aber ab Beginn des 16. Jahrhunderts drängten dann wiederum nilotische Volksgruppen nach Süden, angeführt von den **Luo,** die sich nach einer Wanderung vom Sudan durch ganz Westkenia schließlich am westlichen Ufer des Victoria-Sees niederließen, wo sie die Viehhaltung praktisch völlig aufgaben und zu Ackerbauern und Fischern wurden. Anfang des 17. Jahrhunderts dürften die ersten Maa sprechenden Völker, aus denen **Masai** und **Samburu** entstanden, ihr nilotisches Heimatgebiet verlassen haben, knapp 100 Jahre darauf folgten ihnen als letzte Gruppe die **Turkana,** die ihre Expansionsbewegung in Kenia bis heute noch nicht beendet haben. Ihre Nachbarn, vor allem die **Pokott** und Samburu, werden teilweise bis tief in ihrem eigenen Stammland von der Turkana bedrängt, einer der Gründe für die sporadischen bewaffneten Auseinandersetzungen zwischen den Völkern Nordkenias.

Auslöser all **dieser Wanderungswellen** waren vermutlich die Überbevölkerung des alten Stammlandes oder Fehden innerhalb einer Gesellschaft. Aber auch außergewöhnliche Naturkatastrophen und der militärische Druck durch andere Ethnien dürften eine Rolle gespielt haben, wenn sich ganze Clans in Bewegung setzten, um nach neuen Acker- oder Weidegründen zu suchen. Unterwegs spalteten sich häufig kleinere Gruppen ab und ließen sich nieder. Dabei verschmolzen sie dann mit den ortsansässigen Völkern, brachten aber häufig neue Elemente in deren Kultur ein. Und umgekehrt wurden natürlich auch die weiterziehenden Gruppen in vielen Fällen kulturell beeinflusst. Das erklärt, warum **einige Ethnien**, die ursprünglich aus völlig verschiedenen Regionen Afrikas stammen, sich **kulturell und sprachlich stark angeglichen** haben. Ein Beispiel hierfür sind die Masai, die von den Kalenjin, entfernten nilotischen Verwandten, zahlreiche Begriffe, aber auch das Altersklassensystem, die Beschneidung sowie Nahrungstabus für Wild und Fleisch übernahmen. Die Kalenjin wiederum hatten Tabus und Beschneidung vermutlich bereits von den Kuschiten übernommen. Andererseits übertrugen die Masai einige der angeeigneten Elemente ihrer Kultur auf die Kikuyu, ihre Bantu-Nachbarn. Die Samburu wiederum, Vettern der Masai, haben Teile der eigenen Kultur, wie das Altersklassensystem und die Kleidung bis hin zur Schmuckmode, erst in jüngerer Zeit an die kuschitischen Rendille weitergegeben.

Die Inbesitznahme neuer Stammesgebiete und der kulturelle Austausch gingen natürlich **nicht immer friedlich** vonstatten. Besonders aggressiv gingen dabei die **Masai** vor, die wegen des Gesellschaftsystems der Altersklassen mit den *Moran,* den Kriegern, zu jeder Zeit ein stehendes Heer besaßen. Damit waren sie den sesshaften Ackerbauervölkern militärisch weit überlegen. Innerhalb eines Jahrhunderts dehnten sie – obwohl zahlenmäßig ein kleines Volk, dass keinerlei zentrale politische Führung besaß – ihren Einflussbereich über ein riesiges Gebiet aus, welches um 1800 das Rift Valley, Teile des Uasin Gishu Plateaus sowie die riesigen Ebenen um den Kilimanjaro mit einschloss. Mitte des 19. Jahrhunderts reichte ihr Territorium bereits bis tief nach Tansania hinein, und Berichte von häufigen Überfällen auf den Küstenstreifen zeigen, dass sie auch nach Osten nochmals stark expandierten.

In der zweiten Hälfte des 19. Jahrhunderts folgte für die Masai ein Rückschlag nach dem anderen. Nachdem bereits **Dürrekatastrophen** und **Epidemien** die Menschen geschwächt hatten, raffte die aus Somalia eingeschleppte **Rinderpest** einen Großteil der Rinderherden des Nomadenvolkes hinweg, die Menschen verhungerten. Den Rest erledigten die Masai selbst, als zwischen verschiedenen Gruppen böse **Kriege** um die Vormachtstellung ausbrachen, in deren Verlauf ein ganzer Clan ausgelöscht wurde. Dies war der Zeitraum, in dem sich die **ersten Europäer,** namentlich der Deutsche *Gustav Fischer* und der Schotte *Joseph Thompson,* 1883 in einem unerklärten Wettlauf anschickten, als Kundschafter der Kolonialmächte das **Inland** zu **bereisen.** Ob Glück oder Unglück, hängt wohl vom jeweiligen Blickwinkel ab, sicher ist jedenfalls, dass die weitere Geschichte in Kenia und vermutlich in der gesamten Region völlig anders verlaufen wäre, wenn die Briten bei der Inbesitznahme des Landes mit der intakten militärischen Macht der Masai zu kämpfen gehabt hätten. Denn zuvor hatten die Masai jeden zurückgeschlagen, der es wagte, ohne Tributzahlungen und ihre ausdrückliche Genehmigung in ihr Territorium einzudringen. Und so machten selbst die Sklavenkarawanen einen weiten Bogen um das Masai-Land und bewegten sich über das Territorium des heutigen Tansania ins Zwischenseengebiet, aus dem sie ihre menschliche Ware bezogen.

Die Entwicklung an der Suaheli-Küste

Im Gegensatz zum Inland wurde die ostafrikanische Küste im Laufe der Geschichte stark durch kulturelle Einflüsse von der Meerseite geprägt und so verlief die Entwicklung dort trotz vorhandener Handelsbeziehungen mit dem Inland weitgehend unabhängig. Noch heute verkörpern das schwarzafrikanische **Inland und die Suaheli-Küste zwei kulturell verschiedene Welten.** Als sich die ersten Bantu-Gruppen aus dem Inland um ca. 200 n.Chr. am Indischen Ozean niederließen, war der ostafrikanische Küstenstreifen in der Alten Welt schon längst bekannt, und es ist sehr wahrscheinlich, dass es bereits zu jener Zeit an Kenias Küsten zumindest temporäre Siedlungen von Händlern aus dem Orient gab, die auf Rohstoffexpeditionen bis hierher vorstießen. Die **Handelsschiffe des pharaonischen Ägypten** segelten bereits vor 3000 Jahren ins sagenhafte Königreich *Punt,* das vermutlich am Horn von Afrika lag, und brachten auf dem Rückweg Gold, Wurfhölzer, Gummi, Ebenholz, Weihrauch, Schminke und lebende Tiere wie Paviane und Hunde, aber auch Leopardenfelle mit. Und im Jahre 610 v.Chr. stachen **phönizische Seeleute** im Auftrag von Pharao Necho aus der 26. Dynastie ins Rote Meer in See, um den afrikanischen Kontinent zu umrunden. Altägyptische Aufzeichnungen überliefern, dass die Schiffe nach zweijähriger Reise von Westen, also durch die Meerenge von Gibraltar, wohlbe-

Land und Leute

halten zurückkehrten. Und in den **Aufzeichnungen eines** unbekannten **griechischen Kapitäns** aus dem 1. Jahrhundert n.Chr., die als *Periplus maris erythraei*, also als das „Seehandbuch des Erythräischen Meeres" bekannt geworden sind, findet sich schon eine Beschreibung von Lage und Bevölkerung Azanias, wie die Ostküste Afrikas im Altgriechischen genannt wurde. Wir erfahren da von einem Ort namens Raphta, hinter dem sich möglicherweise das heutige Pangani in Tansania verbirgt. Um Christi Geburt bereisten griechische Seeleute die Küsten des Indischen Ozeans regelmäßig bis zum indischen Subkontinent. Neue Grabungsfunde an der Küste legen nahe, dass sie nicht die ersten waren, die das System der wechselnden Monsunwinde durchschauten und für den Handelsverkehr per Segelschiff zu nutzen verstanden. Die **Beschreibung des griechischen Geografen Claudius Ptolemäus** von der kenianischer Küste und dem Hinterland mit seinen Seen und Flüssen lässt die Spekulation zu, dass die Griechen das Gebiet möglicherweise sehr viel besser kannten als wir annehmen.

Funde in Mtwapa nördlich von Mombasa verraten, dass es wohl schon um 1000 v.Chr. erste Siedlungen entlang der ostafrikanischen Küste gab, die vermutlich afrikanische Gründungen waren. Nach der Ankunft arabischer Händler aus dem Hadramaut und dem Oman entwickelten sie sich zu voneinander unabhängigen Stadtstaaten, die meist von einem Sultan oder einem Scheich regiert wurden, z.B. Mogadishu, Lamu, Malindi oder Mombasa. Allen an Kenias Küste sind **fast 100 Ruinenstätten** von größeren und kleineren Handelsposten bekannt, an denen man auf die Überreste von Palästen, Häusern und Moscheen stößt. Später kamen, durch zahlreiche religiöse Kriege in der islamischen Welt vertrieben, weitere Orientalen aus der persischen Hafenstadt Shiraz nach Ostafrika und legten neue Städte an. Die Siedler heirateten Frauen aus der Bantu-Bevölkerung, und so entstanden in den Handelsposten die Volksgruppen der *Suaheli* und *Shirazi*.

Diese faszinierende **Melange aus Orient und Afrika** brachte eine neue Kultur hervor, deren Name „Suaheli" sich vom Plural des arabischen Wortes für Küste, *Sawahil*, ableitet. Wirtschaftliche Basis dieser Stadtgesellschaften war der florierende Handel mit Arabien und Indien, für das 15. Jahrhundert sind sogar direkte Kontakte bis nach China nachweisbar! Im Laufe der Zeit dehnte sich das Handelsgebiet der Suahelis immer weiter nach Süden aus. Durch die **Expansion** gerieten große Abschnitte der Küste bis nach Maputo in Mosambik, aber auch die Inselgruppe der Komoren und die Nordostküste Madagaskars unter islamischen Einfluss. Während des *Kuzi*, des Südost-Monsuns, segelten die Lastensegler voll beladen mit Mangrovenholz, Elfenbein, Nashorn, Amber, Schildplatt und anderen Gütern hinüber nach Arabien und weiter nach Indien. Ein halbes Jahr später gelangten sie mit dem *Kaskaz*, dem schwächeren Nordost-Monsun, zurück nach Ostafrika. In den Schiffsbäuchen befanden sich dann u.a. Töpferwaren und Keramik, Metalle, Gewürze, Stoffe, Schmuck und Weizen. Die **guten Gewinne** erlaubten der Stadtbevölkerung in ihren Korallensteinhäusern einen komfortablen Lebensstandard mit ausgeklügelten sanitären Anlagen und bescherten der **Suaheli-Kultur vom 12. bis zum 15. Jahrhundert** eine **Blüte**. In arabischer Schrift wurden sogar Gedichte auf Kisuaheli abgefasst. Der erste Europäer, der seit den Griechen Ostafrika ansteuerte, war denn auch vom Wohlstand an der in Vergessenheit geratenen Küsten beeindruckt. So tief beeindruckt, dass seine überschwänglichen Berichte von einer hoch zivilisierten Gesellschaft mit Steinhäusern, gepflasterten Straßen, einem Herrscherpalast mit Wandteppichen, elfenbein- und goldeingelegten Möbeln zu Hause eine Begierde anstachelte, unter der die Küste 200 Jahre leiden sollte.

Portugiesen und Araber

Es war der portugiesische Seefahrer **Vasco da Gama,** der, in Mombasa feindselig abgewiesen, bei seiner Landung in Malindi am 7. April 1498 vom dortigen Sultan freundlich empfangen wurde. Vasco da Gama befand sich im Auftrag des portugiesischen Königs auf der Suche nach dem **Seeweg zum ge-**

würzreichen Indien, den er mit der Unterstützung des arabischen Lotsen *Ahmed bin Majid* dann auch fand. Um die neu erschlossene Handelsroute, die riesige Gewinne versprach, für die Interessen Portugals dauerhaft abzusichern, mussten die Konkurrenz der arabisch beeinflussten Küstenstädte unter Kontrolle gebracht und sichere Versorgungspunkte für portugiesische Schiffe eingerichtet werden. Die **Überlegenheit ihrer Feuerwaffen** machte es Portugal in kurzer Zeit möglich, mit einer erstaunlich kleinen Zahl von Soldaten und Schiffen den gesamten geografischen Raum bis zum indischen Subkontinent zu beherrschen. Nach und nach wurden alle Küstenstädte in die Tributpflicht gezwungen. Malindi erwies sich dabei als verlässlicher Partner, Mombasa als ebenso erbitterter Gegner, der sich erst 1592, nach dreimaliger Plünderung durch die Portugiesen, Schutzgeldforderungen beugte. Anders als in Mosambik, Angola, Brasilien oder Goa **plante Portugal** anscheinend **niemals, die ostafrikanische Küste zu kolonisieren.** Es wurden noch nicht einmal Anstrengungen unternommen, das unbekannte Hinterland zu erkunden. Das erklärt auch, warum in Ostafrika praktisch keine Spuren dieser rund 200 Jahre währenden Herrschaft, die durch **beispiellose Brutalität** gekennzeichnet war, erhalten geblieben sind. Ausnahmen sind das trutzige Fort Jesus an der Einfahrt zum alten Hafen von Mombasa, „Pesa", ein Suaheli-Begriff für Geld, der auf den portugiesischen Peso zurückgeht, sowie die Einführung einiger bedeutender Nutzpflanzen, nämlich Maniok, Mais, Tabak und Cashew-Nüsse. Im Verlauf des 17. Jahrhunderts ging Portugal in Mombasa immer wieder mit skrupellos blutigen Methoden gegen **Aufstände** in der arabischen Bevölkerung vor. Bei einer dieser Gelegenheiten wurden die männlichen Mitglieder aller wohlhabenden und einflussreichen Familien Mombasas hingerichtet, bei einer anderen lieferten die Portugiesen die Stadt den menschenfressenden *Zimba* aus, einem Volk aus dem südlichen Afrika, das im 17. Jahrhundert die ganze Küste bis hinauf nach Mombasa terrorisierte.

Mitte des 17. Jahrhunderts begann sich das Machtgefüge im Indischen Ozean zu ändern.

Den **Omanis,** die von den Portugiesen aus dem Ostafrika-Geschäft gedrängt worden waren und lange unter ihrer Knute gelitten hatten, gelang die Befreiung ihrer Hauptstadt Muskat und 1652 die **Rückeroberung** ihres Einflusses an der Suaheli-Küste. 1696 gingen sie zum Angriff auf Mombasa über, den portugiesischen Hauptstützpunkt an diesem Teil der Küste. Nach zweijähriger Belagerungszeit fiel Fort Jesus 1698 schließlich in ihre Hände. Die Portugiesen konnten das strategisch wichtige Gebäude 1728 zwar kurzzeitig zurückgewinnen, doch ihr Stern in Ostafrika war untergegangen, und sie mussten sich nach Mosambik zurückziehen.

Die Macht im Indischen Ozean besaß nun der Oman, der sie nutzte, um durch die **Ausdehnung von Sklaven- und Elfenbeinhandel** sowie mit **Gewürznelkenplantagen** auf Sansibar und Pemba riesige Profite zu machen. Am kenianischen Teil der Küste verlor die Regionalmacht aber bereits 1744 wieder den Zugriff auf Mombasa, als sich dessen Statthalter zum Sultan erklärte und damit begann, die anderen Küstenstädte unter seinen Einfluss zu bringen. Erst Anfang des 19. Jahrhunderts reagierte der Oman mit der Entsendung Kriegsschiffen auf diese Provokation. Der in Mombasa regierende *Mazuri-Clan* suchte daraufhin bei **England** Schutz. Das halbherzige britische Engagement währte nur zwei Jahre, denn England hatte bereits mit dem mächtigen Sultan von Oman angebandelt und machte gegenüber Mombasa einen unfeinen Rückzieher. **Sultan Sayyid Said** erlangte daraufhin 1837 wieder die Macht in Ostafrika und verlegte seinen **Regierungssitz** vom fernen Arabien nach **Sansibar,** von wo sich die einträglichen Besitzungen besser kontrollieren ließen. Die kenianische Küste erlebte einen Aufschwung, als wohlhabende Araber aus Sansibar mit Hilfe von Sklaven neue Obst- und Getreideplantagen anlegen ließen.

Missionare und „Entdecker"

Zwei deutsche Missionare, **Johann Ludwig Krapf** und **Johannes Rebmann,** die im Auftrag der englischen *Church Missionary So-*

ciety im Hinterland von Mombasa im kleinen Örtchen Rabai ab 1846 die erste Missionsstation Ostafrikas errichteten, waren **die ersten Weißen, die** auf der Suche nach geeigneten Plätzen für weitere Missionen vom Küstenstreifen **ins Inland Kenias vordrangen.** Sie waren jeweils separat unterwegs und wurden nur von einigen Einheimischen begleitet, denn finanzielle Mittel für die Ausstattung größerer Karawanen hatten sie nicht. Diese Erkundungsmärsche erforderten einigen Mut und waren eine beschwerliche Angelegenheit, denn zunächst mussten ein rund 150 km breiter, wasserloser Gürtel aus Wüste und Dornbusch, die Nyika, überwunden werden. Auf einer dieser Reisen erblickte Rebmann am 11. Mai 1848 den schneegekrönten Dom des Kilimanjaro. Krapf erhaschte gut eineinhalb Jahre später, am 3. Dezember 1849, im Land der Kamba einen kurzen Blick auf den Mt. Kenya, bevor sich dieser wieder in den Wolken verbarg. Die sensationelle Neuigkeit von Schneebergen am Äquator rief in Europa allerdings zunächst Unglaube und Spott hervor.

Dann jedoch, angestachelt von den Schilderungen der beiden Pastoren, begann ab der Mitte des 19. Jahrhunderts das europäische Interesse an Ostafrika stetig zu wachsen. Die **Missionsgesellschaften** träumten von einer Kette von Missionen, die den afrikanischen Kontinent von Ost nach West durchziehen sollte, und von der Entdeckung christlicher Völker, die der Legende nach im Quellgebiet des Nils lebten. Mit ihrer Hilfe wollte man die schwarzen „Heiden" zum Christentum bekehren und dem Sklavenhandel die Basis entziehen. **Abenteurer, Profilierungssüchtige und Wissenschaftler** träumten hingegen von der Erforschung des großen weißen Flecks, der Afrika zu diesem Zeitpunkt auf (europäischen) Landkarten noch war. Das Rätsel dessen Lösung am brennendsten interessierte, war die **Lage der Nilquellen.** Deren Entdeckung versprach unsterblichen Ruhm. Schließlich ist die Suche nach dem Ursprung des Nils fast so alt wie die menschliche Geschichtsschreibung. Bereits die Pharaonen und später die Römer hatten vergeblich versucht, diesen Ort ausfindig zu machen. Besonders bei der britischen

Regierung standen hinter dem geografischen Interesse auch handfeste **strategische Überlegungen.** Schließlich war die wichtige Kolonie Ägypten vom Wasser des Nils abhängig, und wer seine Quelle kontrollierte, würde auch an den Pyramiden regieren.

So machten sich 1857 die beiden Briten **Richard Burton** und **John Speke** im Auftrag der Royal Geographic Society von Sansibar mit riesigen Trägerkolonnen auf den Weg, um den See zu finden, der nach alten griechischen Berichten den Nil speisen sollte. Von arabischen Sklavenhändlern wusste man, dass es im Landesinnern große Gewässer gab. Zunächst erreichten die beiden Forscher den Tanganyika-See. Speke reiste weiter nach Norden, um der Schilderung einer weiteren großen Wasserfläche auf den Grund zu gehen. 1859 stand er an einem Nyanza-See, den er die Bescheidenheit besaß, in **Lake Victoria** umzutaufen. Mit seiner Vermutung, hier handele es sich um das Quellgewässer des Nils, lag er völlig richtig.

Burton, Speke und weitere Europäer, etwa Livingstone und Stanley, die in der zweiten Hälfte des 19. Jahrhunderts Ostafrika durchstreiften, wurden im viktorianischen England als Helden gefeiert, die dem „dunklen Kontinent" seine Geheimnisse entrissen. Das man sie bis heute allgemein als **„Entdecker"** sieht, lässt sich unschwer als **eurozentristisches Bauchnabelgucken** entlarven, denn von Entdeckungen im eigentlichen Sinne des Wortes kann nicht gesprochen werden: Die Forscher waren bei ihren Reisen auf die Kenntnisse einheimischer Führer angewiesen, keiner hätte ohne die Hilfe arabischer Sklavenhändlerjemals so weit ins Landesinnere vordringen können. Sie alle verließen sich auf Ortskunde und die Infrastruktur des Karawanennetzes in Ost- und Zentralafrika. Der Verdienst der Europäer bei der Erforschung Afrikas lag in dem Sammeln, der Systematisierung und Vernetzung von Kenntnissen, aber selten in Entdeckungen!

Erkundungen auf dem Gebiet von Keria wurden nach den Reisen von Krapf und Rebmann für längere Zeit durch die Masai-Kriege unmöglich. Erst 1883 machte sich der Schotte **Joseph Thomson** mit dem Auftrag der Royal Geographic Society ins Landesinnere auf, um einen direkten Weg durch das Masai-Land zum Lake Victoria zu finden, der sich inzwischen tatsächlich als Quellgewässer des Nils herausgestellt hatte. Einige Monate früher war der Deutsche **Dr. Gustav Fischer** bereits heimlich von der *Hamburger Gesellschaft für Geografie* zur Erkundung des Kilimanjaro-Gebietes und des Masai-Landes entsendet worden – der **Wettlauf der Kolonialmächte** um die Absteckung der Claims war entbrannt. Fischer musste am Lake Naivasha wegen Feindseligkeiten der Masai seine Mission abbrechen und kehrte um. Eine auffällige turmartige Lavasäule in Hell's Gate National Park trägt bis heute seinen Namen. Auch Thompsons Reise drohte zu scheitern, als er bei Taveta von feindseligen Masai zur Rückkehr an die Küste gezwungen wurde. Sein zweiter Versuch war erfolgreicher. Von Mombasa zog er über Amboseli zu den Ngong-Bergen, von wo er ins Rift Valley zum Lake Naivasha abstieg. Nach der Besteigung des Mt. Eburru und des Mt. Longonot reiste er über die Aberdares zum Mt. Kenya und von dort zum Baringo-See weiter. Dann erklomm er mit seinen Begleitern das westliche Escarpment, passierte die Gegend des heutigen Eldoret und erreichte bei Mumias den Nzoia River, dem er bis zum Victoria-See folgte. Auf dem Rückweg machte er noch einen Schlenker über den Mt. Elgon und gelangte zwei Jahre nach dem Aufbruch – von Krankheiten schwer gezeichnet und mehr tot als lebendig – zurück zur Küste. Die Erkenntnisse seiner Forschungsreise waren die wichtigste Voraussetzung für die weitere Erschließung des kenianischen Inlandes durch die Engländer. Die Trasse der Uganda-Bahn sollte bei ihrer Fertigstellung nur 15 Jahre später in weiten Teilen seiner Route folgen.

Zwischen 1886 und 1888 erkundeten der ungarische Graf *Samuel Teliki von Szek* und sein österreichischer Begleiter, Leutnant *Ludwig von Höhnel*, Nordkenia und gelangten als erste Europäer an den Turkana-See.

Die Kolonisierung Kenias

Bevor das **britische Imperium** mit der Erschließung des Inlandes beginnen konnte, musste es seine Gebietsansprüche gegenüber dem Deutschen Reich durchsetzen. Sansibar, die arabische Hegemonialmacht, war seit dem Tod von Sultan Sayyid Said im Jahre 1856 nur noch ein Spielball im Netz der britischen Gebietsinteressen, die hinter der moralischen Pflicht zur Beendigung des Sklavenhandels in Ostafrika versteckt wurden. Das **Deutsche Reich** wiederum begann sich über den Kolonialisten **Carl Peters** ziemlich unverblümt an der Suaheli-Küste zu engagieren. Eine erste Verständigung zwischen den beiden europäischen Staaten über die zukünftige Aufteilung der Einflusszonen kam bereits kurz nach der Rückkehr Thompsons, bei der **Berliner Kongo-Konferenz 1885,** zustande. Dass der Kilimanjaro ein Geburtstagsgeschenk von Königin Victoria an ihren Enkel *Wilhelm II.* war, ist eine der vielen Anekdoten der Kolonialgeschichte, die nicht auf Tatsachen beruhen. Wahr ist allerdings, dass der höchste Berg Afrikas auf den schmucken Namen „Kaiser-Wilhelm-Spitze" umgetauft wurde ... Wie auch immer: Noch heute entspricht die damals festgelegte Grenze der gültigen Landesgrenze zwischen Tansania und Kenia. Sie ist eines der endlosen Beispiele, wie die europäischen Mächte Ende des 19. Jahrhunderts den afrikanischen Kontinent willkürlich am Verhandlungstisch aufteilten – Land, das ihnen gar nicht gehörte.

Trotz dieser ersten Vereinbarung ging das **Gezerre um Ländereien** weiter. England strebte einen Landkorridor entlang des Tanganyika-Sees an, um eine durchgehende Verbindung zwischen Kairo und dem Kap der Guten Hoffnung zu schaffen. Zudem hatte es ein Auge auf Uganda geworfen. Die *Deutsche Ostafrika Gesellschaft* von Peters war aber schneller gewesen und hatte sich bereits einen Vorsprung über „Freundschaftsverträge" mit dem mächtigen Königreich verschafft. Die Deutschen wiederum wollten vom Sultan von Sansibar die Nutzungsrechte für die Küste des heutigen Tansania erwerben, der unter dem Einfluss der Briten stand – das Gefeilsche war schlimmer als auf dem Bazar, aber schließlich wurde man sich am 1. Juli **1890** im berühmten **Helgoland-Sansibar-Vertrag** handelseinig. Deutschland erhielt die gewünschte tansanische Küste und vor allem von Großbritannien das kleine Inselchen Helgoland. Die Briten hatten richtig erkannt, dass das Deutsche Reich bereit war, für den Felsen im Meer fast jeden Preis zu zahlen und spielten diesen Joker clever aus. Denn im Gegenzug gaben die Deutschen alle Ansprüche auf Sansibar ab, vermachten den Engländern das relativ unbedeutende Protektorat Witu im Hinterland von Lamu und überließen ihnen das Juwel Uganda, dessen Wert sie völlig unterschätzten. Kenia – an dem die Briten anfangs überhaupt kein Interesse hatten, das sie aber als Landbrücke zwischen Uganda und dem Indischen Ozean brauchten – gab's noch als Dreingabe.

Bereits zwei Jahre zuvor hatte der schottische Millionär *Sir William Mackinnon* mit seiner frisch gegründeten *Imperial British East African Company (IBEA)* die **Handelslizenz für Kenia** erworben und ließ von der Küste eine Piste für Ochsenkarren durch den Nyika-Busch freischlagen, die **Mackinnon Road,** an der im 50-Meilen-Abstand Handelsdepots errichtet wurden. Der Mombasa Highway folgt übrigens noch heute größtenteils dem damaligen Pistenverlauf, wie der Name des Örtchens Mackinnon Road verrät. Doch mit der Erschließung von Kenia hatte sich die Privatfirma übernommen und ging 1895 Pleite. Daraufhin musste sich die britische Krone in der Kolonisierung engagieren, wenn sie nicht Uganda und die strategische Kontrolle über die Quelle des Nils riskieren wollte. Also kaufte sie das verschuldete Unternehmen auf und erklärte **Uganda und Kenia** im gleichen Jahr zum **Protektorat Britisch Ostafrika.** Der folgenreichste Schritt für die weitere Entwicklung Kenias war allerdings 1895 die Entscheidung, eine **Eisenbahnlinie von Mombasa zum Lake Victoria** zu errichten. Von dort sollte Uganda per Schiff angebunden werden. Das Projekt war heftig umstritten, weil wirtschaftlich nicht zu rechtfertigen. Was hätte diese Bahn in einem völlig unerschlossenen Teil Afrikas schon Gewinn bringend transportieren sollen? Mit Spott wurde von einer „Eisenbahn durch den größten zoologischen Garten der Welt" gesprochen, von einer „Lunatic Line", einer Linie zum Mond. Die Befürworter setzten sich zwar durch, die Kritiker aber sollten Recht behalten. Denn neben den zahlreichen Menschenopfern unter den aus Indien ins Land geholten 32.000 Bahnarbeitern verursachte der sechsjährige Bau der 900 km langen Strecke immense Kosten, die selbst bei rentablem Betrieb auf lange Sicht nicht einzufahren waren. Unvorhergesehene Probleme kosteten viel Zeit und Geld, sodass die Ausgaben schließlich mehr als doppelt so hoch lagen wie veranschlagt.

Die Erschließung bescherte dem zunächst als Transitland missachteten Kenia einen **Zuzug von weißen Siedlern,** vorwiegend aus Großbritannien und Südafrika, ab 1904 auch mit staatlicher Förderung. Gegen die laute Propagierung einer systematischen Besiedlung durch Weiße, die die teure Eisenbahnlinie rentabel machen sollte, konnten sich die wenigen kritischen Stimmen, die für die Rechte der afrikanischen Bevölkerung sprachen, kein Gehör verschaffen. Die Landnahme der Weißen ging auf Kosten der afrikanischen Bevölkerung, besonders der geschwächten Masai sowie der Kikuyu und Kalenjin, die von großen Teilen ihres fruchtbaren Landes vertrieben und in Reservate gezwängt oder als *Squatter,* also als landlose Arbeiter, auf ihrem eigenen Land nur geduldet wurden. Bis 1905 waren Teile des Rift Valley sogar als neue Heimat der europäischen Juden im Gespräch. Die Siedler, allen voran *Lord Delarmere,* der im Rift Valley riesige Ländereien erstanden hatte, experimentierten mit der **Einführung neuer Nutzpflanzen in** Ostafrika und der **Kreuzung von Nutztierrassen.** Anfänglich folgte eine Pleite der anderen, die Tiere gingen an bisher unbekannten Krankheiten ein, aber allmählich zeitigten sich Erfolge. In den Hochländern westlich des Rift Valley, in Uasin Gishu und Trans Nzoia, wurden riesige **Weizenfarmen und Milchbetriebe** angelegt, weitere Siedlungsgebiete der Weißen, die sogenannten „White Highlands", entstanden um Kitale, in der Region Kericho, im Rift Valley zwischen Naivasha und Nakuru sowie im Zentralen Hochland um Mt. Kenya und den Aberdares.

Da den im Land verbliebenen indischen Bahnarbeitern von den Briten der Ackerbau untersagt blieb, eröffneten sie in den neu gegründeten Orten **Geschäfte und Hard-**

werksbetriebe. Dies war der Anfang ihres Aufstiegs zur wirtschaftlich einflussreichsten Bevölkerungsgruppe Ostafrikas. Meist bestanden die neu gegründeten **Siedlungen** aus einer Handvoll Holzhäuser und Dukas, die sich an einer staubigen Hauptstraße entlangzogen. **Nairobi** beispielsweise nahm 1899 seinen Anfang als Bahnarbeitercamp bei Meile 326 des Schienenstranges. Der Platz, der von den Masai *Engare Nairobi* genannt wurde, was auf Maa so viel wie „kühles Wasser" bedeutet, war sumpfig und für die Anlage einer Stadt alles andere als geeignet.

Bei der **Niederwerfung des afrikanischen Widerstandes** gegen die Kolonisierung gingen die Briten – besonders in Westkenia – außerordentlich brutal vor, Zehntausende von Menschen wurden dahingemetzelt. „Pazifierung" wurde das euphemistisch genannt. Da man für den Aufbau der Kolonie billige Arbeitskräfte benötigte, wurden die Afrikaner nach der Brechung ihres Widerstandes gezielt in die Abhängigkeit getrieben. Wie die Deutschen in Tanganyika führte man **Kopf- und Hüttensteuern** ein. Gleichzeitig verbot man den Afrikanern den Anbau von Verkaufsfrüchten, sodass sie als Angestellte bei Weißen ihr Geld verdienen mussten, um die Abgaben bezahlen zu können. Aus unabhängigen Bauern, die völlig autark waren, wurden geknechtete Lohnarbeiter.

Zwischen den Weltkriegen

Der **Erste Weltkrieg** war auch in den Kolonien zu spüren, wenn es auch kaum Kampfhandlungen auf dem Territorium von Kenia gab. Das entsprach der Strategie des deutschen Oberkommandierenden *Paul von Lettow-Vorbeck*, der genau wusste, dass seine Streitkräfte dem zwanzig Mal stärkeren Gegner hoffnungslos unterlegen waren und ein militärischer Sieg unmöglich war. Ihm ging es nur darum, möglichst viele Truppen des Empire in den Kolonien zu binden, um ihren Einsatz an der europäischen Heimatfront zu verhindern. Die **Deutschen** drangen bei einzelnen Überfällen tief nach Kenia ein und verübten Sabotageakte auf die Uganda-Bahn, u.a. auf die berühmte Tsavo-Brücke. Kurzzeitig

fielen sogar Kisii und Taveta in deutsche Hand. Und in einem wahren Husarenstück stahlen die Deutschen einer berittenen freiwilligen Einheit der Siedler, die sich *Bowker's Horse* nannte, Anfang 1915 die Pferde.

Die **britischen Truppen** unter dem Kommando des südafrikanischen Generals *Jan Smuts* rekrutierten sich aus den Siedlern – 85% der weißen Männer folgten dem Ruf zu den Waffen –, die durch Soldaten aus England, Indien, Süd- und Westafrika verstärkt wurden. Viele Afrikaner wurden als *Askaris*, also als Träger, zwangsrekrutiert.

Schon ab 1916 befanden sich die **Deutschen auf dem** ständigen **Rückzug** nach „German East" hinein, wobei sie hinter sich die Infrastruktur zerstörten, die sie zuvor aufgebaut hatten. Von 1917 an konzentrierten sich die Kämpfe nur noch auf den Südosten der deutschen Kolonie. Mit dem kümmerlichen Rest seiner Armee spielte Lettow-Vorbeck ein endloses Katz-und-Maus-Spiel mit den Briten, in dessen Verlauf er dem fünfmal stärkeren Gegner immer wieder entkam und sogar auf portugiesisches und rhodesisches Territorium auswich. Dort, nahe des (heute sambischen) Ortes Mbala, ergab sich Lettow-Vorbeck schließlich mit seinem zusammengeschmolzenen Trüppchen aus 155 deutschen Offizieren und 2690 afrikanischen Soldaten ungeschlagen, als ihn die Nachricht vom Ende des Krieges erreichte. **Deutsch-Ostafrika wurde zum britischen Protektorat Tanganyika.** Von den britischen Militärs wurde Lettow-Vorbeck wegen seiner strategischen Schlauheit hoch geachtet, und man könnte aus der Geschichtsschreibung vom Krieg in den ostafrikanischen Kolonien fast den Eindruck einer gepflegten Partie Schach unter Gentlemen gewinnen. Das Bauernopfer war aber besonders bei den 200.000 Askaris und der afrikanischen Landbevölkerung hoch. Jeder vierte schwarze Soldat kehrte nicht wieder nach Hause zurück, insgesamt ließen über 100.000 Menschen ihr Leben.

Die größten Auswirkungen des Ersten Weltkrieges auf Kenia entfalteten sich allerdings erst nach seinem Ende. Die britische Regierung bot in sogenannten **Soldier Settlement Schemes** den Kriegsveteranen der europäischen Schlachtfelder zu günstigen

Konditionen Land in Kenia an, das teilweise in Lotterien verlost wurde. So verdoppelte sich die Zahl der weißen Siedler bis 1920, als Kenia zur Kronkolonie wurde, auf 9000. In dieses Jahr fällt auch die Geburtsstunde des kenianischen Shillings, zuvor war noch mit indischen Silberrupien bezahlt worden.

Ein weiteres Erbe des Krieges war der **politische Kampf der Afrikaner** für ihre Rechte, der sich ab 1918 allmählich zu organisieren begann. Die Askaris kehrten mit einem neuen, wesentlich weniger verklärten Bild der Weißen aus den Kämpfen zurück, und aus den Absolventen der Missionsschulen rekrutierten sich die ersten afrikanischen Intellektuellen. Zusammen ergab das eine politisch brisante Mischung, die zur Entstehung der ersten schwarzafrikanischen Parteien in Kenia führte. In **Harry Thuku** fand die junge Bewegung ihren Führer, der die *Kikuyu Association* und die *Young Kavirondo Association* 1919 zur *East African Association* verschweißte. Die **Forderungen der Afrikaner** lagen auf der Hand: Die Verteilung von schwarzem Land an die Siedler musste aufhören, stattdessen trat man für Landzuteilungen an afrikanische Bauern, Lohnerhöhungen und Steuersenkungen ein. Auch die verhasste Passpflicht für Afrikaner, die sich an Bestimmungen in Südafrika anlehnte, war abzuschaffen. Und unter den Kikuyus sorgten vor allem die von Missionaren initiierten Pläne für Empörung, die Polygamie und die Beschneidung der Mädchen verbieten zu lassen. Zusätzlich an Fahrt gewann die Protestbewegung in den Städten durch den Zusammenschluss mit indischen Parteien.

Die Kolonialregierung geriet in Zugzwang. Wenn sie ein Übergreifen der aufflammenden **Unruhen** auf andere Landesteile verhindern wollte, musste sie schnell reagieren. Am 14. März 1922 wurde *Harry Thuku* verhaftet. Es kam zum **Generalstreik** der afrikanischen Arbeiter. Bei Demonstrationen für die Freilassung von Thuku vor dem Norfolk Hotel eröffnete die Polizei auf die unbewaffneten Menschen das Feuer, Dutzende starben. Thuku blieb für insgesamt elf Jahre in Haft, die East African Association wurde verboten und die zukünftige Gründung afrikanischer Parteien auf landesweiter Ebene gleich mit. Die **gesetzliche Festschreibung der politischen Organisation nach Regionen** erwies sich als sehr „erfolgreich" im Sinne der Engländer, denn bedenkliche politische Bewegungen ließen sich so viel einfacher kontrollieren. Sie dürfte aber eine der Ursachen dafür sein, dass die Kenianer nie eine starke nationale Identität entwickelten und das Land bis heute massiv unter Tribalismus zu leiden hat.

Und die Ergebnisse? Trotz der politischen Agenda des Kolonialministeriums, wonach in Kenia vor allem afrikanische Interessen zu wahren seien, blieben die **Afrikaner** so **rechtlos** wie zuvor. Die weißen Siedler übten massiven Druck auf die Kolonialregierung aus, es wurden Gerüchte über die Vorbereitungen zu einer Revolte gestreut. Den Ansprüchen der Inder, die ja Subjekte ihrer Majestät waren, konnte man sich weniger gut verweigern, sie erhielten immerhin fünf, die Araber einen von 17 Sitzen im **Legislative Council** oder kurz „Legco", dem kenianischen Mini-Parlament. Die Siedler hatten damit für Jahre ihre Privilegien gegenüber der großen Bevölkerungsmehrheit gesichert.

Dank der **landwirtschaftlichen Exporte** entwickelte sich die kenianische Wirtschaft vielversprechend. Aber das goldene Zeitalter der **weißen Siedler,** das von einem ziemlich sorglosen und **ausschweifenden Lebenswandel** mit großen Jagdsafaris, sportlicher Vergnügungen und gesellschaftlichen Ereignissen geprägt war, hielt nicht allzu lange an, denn die Weltwirtschaftskrise Ende der 1920er Jahre traf auch Kenia hart, viele Weiße verarmten. Um so größer waren die Hoffnungen, als 1933 nahe der westkenianischen Stadt Kakamega **Gold** gefunden wurde. Ein kurzer Goldrausch war die Folge.

Die **afrikanische Bevölkerung** hatte mit den Ereignissen von 1922 ihren politischen Kampf natürlich nicht aufgegeben. Andere politische Organisationen wie die *Kikuyu Central Association* traten die Nachfolge der verbotenen East African Association an, ihre Ziele waren indes die gleichen. 1923 trat ein Kikuyu namens *Johnstone Kamau* der Partei bei, der später unter dem Namen **Jomo Kenyatta** bekannt werden sollte. Er gehörte einer neuen Generation junger, politisierter Afrikaner an, die in den Missionsschulen ausgebildet worden waren und mit starkem Selbstbewusstsein für die Rechte der Bevölkerungsmehrheit eintraten. Dabei bestritten sie auch unkonventionelle Wege. Jomo Kenyatta verließ beispielsweise als einer der ersten dieser Generation Afrika, um in der Zeit zwischen 1931 und 1946 an der *London School of Economics* Anthropologie zu studieren und im Mutterland der Kolonie für seine politische Sache zu werben. Daheim galt er unter den Kikuyus als großer Hoffnungsträger und wurde bei seiner Rückkehr wie ein Held gefeiert.

Beim Vergleich von Erstem und **Zweitem Weltkrieg** in Ostafrika gibt es gewisse Parallelen. Wieder fanden die Hauptkampfhandlungen nicht auf dem Territorium Kenias statt, sondern in dem von Italien besetzten Abessinien, dem heutigen Äthiopien. Einige wenige Bombenangriffe, etwa auf den Flughafen von Malindi, blieben die Ausnahme. Das Kräfteverhältnis war allerdings umgekehrt: Sieben Bataillone der *Kings African Rifles* standen 300.000 italienischen Soldaten gegenüber, und so wurden die kenianischen Kräfte wieder durch südafrikanische, britische und indische Truppen aufgestockt. Dieses Mal war der Krieg in Ostafrika schneller vorbei, der Äthiopienfeldzug rasch beendet, 40.000 Italiener kamen als Kriegsgefangene nach Kenia. Sie mussten die Arbeitskraft ersetzen, die durch 75.000 kenianische Soldaten fehlte, welche im Mittleren Osten, in Burma, Indien und Madagaskar kämpften. Dennoch war der **Krieg** für das Land nach den mageren 1930er Jahren, die zusätzlich von Dürre und Heuschrecken gezeichnet waren, geradezu **ein Segen.** Kenia konnte überhaupt nicht so viel produzieren, wie die Versorgung der Truppen erforderte. So wurde sogar die Produktion der afrikanischen Landwirtschaft gefördert. Ein **Aufschwung** setzte ein, der die Nachkriegsjahre hindurch anhielt und auch die lokale Industrie wachsen ließ.

Der Weg zur Unabhängigkeit

Auch politisch schien sich die Geschichte nach dem Weltkrieg zu wiederholen: Eine **neue Einwanderungswelle von Weißen,** viele davon Kriegsflüchtlinge, erreichte Kenia,

und die Auseinandersetzungen um die Verteilung von Land gewannen besonders vor dem Hintergrund der überfüllten afrikanischen Reservate erneut an Brisanz. **Zahlreiche Afrikaner wanderten in die Städte ab,** in der vagen Hoffnung, Arbeit zu finden und am Wirtschaftsaufschwung teilzuhaben. Die Kolonialregierung tat nichts, um die afrikanischen Soldaten angemessen zu belohnen, die für die Sache des Empire und gegen den Rassismus der Nazis ihren Kopf hingehalten hatten. Während der Kämpfe waren sie vielfach ausgezeichnet worden, nun ließ man sie wie eine heiße Kartoffel fallen. Die **Verbitterung unter den einheimischen Soldaten** wuchs. Die Kolonialregierung dachte wohl, dass mit einem Alibi-Sitz, den die afrikanische Bevölkerung seit 1944 im Legco besaß, die Schuldigkeit getan wäre. Aber de facto hatten sich politische Einflussmöglichkeiten und die Lebenssituation dadurch kein Stück verbessert. Zudem war die Kikuyu Central Association schon mit Kriegsbeginn für illegal erklärt worden. So wuchs die **Kenya African Union (KAU),** die ursprünglich als beratendes Stimmenforum dem afrikanischen Vertreter im Legco zur Seite gestellt worden war, zur **Sammelbewegung eines neuen afrikanischen Nationalismus** heran; den Vorsitz übernahm 1947, ein Jahr nach seiner Rückkehr aus Europa, **Jomo Kenyatta.**

Mit politischen Mitteln versuchte die KAU zunächst, die alten Forderungen nach der Abschaffung der Pflicht für die Kipande, die Ausweise, und einer Verbesserung in der Frage des Landeigentums zu erreichen. Neue **Forderungen** beinhalteten das **Wahlrecht für Afrikaner** und eine **Verbesserung der schwarzen Bildungssituation.** Doch die Antwort der weißen Regierung war eine Hinhaltetaktik, erst 1951 erhielten die Afrikaner sechs weitere Sitze im der Legco, die auch noch vom Gouverneur ernannt und nicht etwa von der Bevölkerung gewählt wurden.

An Zugeständnissen war das zu wenig und zu spät. Schon länger hatte es in der KAU einen **Flügelkampf zwischen Radikalen und Gemäßigten** gegeben, der jetzt zu einer Spaltung führte. Der radikale Flügel unter *Dedan Kimathi* ging in den Untergrund. Von dort aus verübte ein als **Mau Mau** bekannt

GESCHICHTE UND POLITIK **139**

gewordener Geheimbund **Anschläge,** die sich zunächst nur gegen schwarze Loyalisten der Regierung richteten. Als bei einem Überfall am 7. Oktober 1952 der gemäßigte Kikuyu-Führer *Waruhiu Kungu* ermordet wurde, verhängte die Kolonialregierung den **Ausnahmezustand,** die sogenannte „Emergency". Der politische Kampf der Afrikaner war zum bewaffneten Guerillakampf geworden.

Die Rebellenarmee rekrutierte sich vor allem aus dem Kikuyu-Volk, der bestausgebildeten, politisch aktivsten und größten Ethnie Kenias. Aber auch andere Völker, etwa Meru, Kamba und Masai, waren unter den bis zu 20.000 Kämpfern vertreten. Die **Untergrundarmee,** die die Urwälder am Mt. Kenya und der Aberdares als Rückzugsgebiet nutzte, verfügte über die besten Lehrmeister in diesem unübersichtlichen Terrain, die sie sich wünschen konnte: Zahlreiche desillusionierte afrikanische Weltkriegsveteranen, die von den Briten im Dschungel Burmas ausgebildet und mit Tapferkeitsmedaillen ausgezeichnet worden waren, standen in ihren Reihen.

Die massive **Reaktion der Briten** auf die Mau Mau ließ nicht lange auf sich warten. Bereits am Tag, an dem die Emergency erklärt wurde, **verhaftete** man **die politischen Führer der KAU,** unter ihnen *Jomo Kenyatta.* In einem fingierten Prozess im abgelegenen Ort Kapenguria an der Grenze zu Nordkenia wurde er wegen angeblicher Führerschaft der Mau Mau zu sieben Jahren Zwangsarbeit in Lokitaung nahe der äthiopischen Grenze verurteilt. Die Verurteilung war unberechtigt, wie man heute weiß, machte ihn aber zur Symbolfigur des afrikanischen Freiheitskampfes. Militärisch fiel die Antwort der Briten gewaltig aus: **50.000 Soldaten** wurden in der Kolonie stationiert, hinzu kamen rund 20.000 Mann als Polizei und freiwilligen Sicherheitsverbänden der weißen Siedler sowie 25.000 Homeguards, also loyale Afrikaner. Doch diese geballte Schlagkraft hatte keinen fassbaren Gegner, denn die Mau Mau operierten in kleinen Verbänden an wechselnden Orten. So zeitigte die Kampagne der Briten in den ersten zwei Jahren kaum Erfolg. Die Rebellen wurden logistisch von Teilen der Kikuyu-Bevölkerung unterstützt, was wiederum **aufwendigste Maßnahmen im zivilen Bereich**

nötig machte, um den Mau-Mau-Kämpfern Nachwuchs und Versorgungsmöglichkeiten zu nehmen. 90.000 junge Männer wurden interniert, 830.000 verstreut lebende Kikuyu in sogenannte „Wehrdörfer" umgesiedelt. Parallel zu den Kämpfen wurde ein beispielloser **diffamierender Medienkrieg** gegen die Rebellen geführt, der so erfolgreich ein Bild von blutrünstigen Monstern vermittelte, dass man bis heute im Zusammenhang mit den Mau Mau schaudernd an Tausende bestialisch ermordeter Weißer denkt. Tatsächlich starben hingegen nur 32 weiße Zivilisten und 63 Mitglieder der Sicherheitsstreitkräfte. Dem standen – nach offiziellen Angaben – 11.500 getötete Rebellen und 2000 afrikanische Zivilisten gegenüber, die zwischen die Fronten gerieten. 1956 schließlich verlor die Bewegung mit der Verhaftung des bekanntesten Mau-Mau-Generals, *Dedan Kimathi,* ihren Kopf und brach in sich zusammen.

Neben den militärischen Maßnahmen versuchten die Briten mit vorsichtigen **politischen Zugeständnissen** dem Widerstand den Wind aus den Segeln zu nehmen. So hob der Kolonialsekretär 1954 eine neue Konstitution aus der Taufe, gemäß der ein **Ministerrat** eingesetzt wurde, in dem drei Europäer, zwei Asiaten und ein Afrikaner vertreten waren. Erster afrikanischer Minister Kenias wurde *B. A. Ohanga.* Schrittweise wurde die Zahl der Afrikaner im Legislative Council erhöht, aber erst 1957 durften diese durch die Bevölkerung gewählt werden. Die politische Vormachtstellung der Weißen bröckelte nun immer schneller, und es wurde auch den konservativsten Siedlern klar, dass die Unabhängigkeit Kenias und damit die politische Gleichberechtigung der afrikanischen Bevölkerung nur noch eine Frage der Zeit war.

Nach der **Aufhebung des Ausnahmezustandes 1960** – also vier Jahre nach Ende der Kampfhandlungen – fanden bei der **Lancaster-House-Konferenz** in London die Verfassungsverhandlungen statt, nach denen die Afrikaner endlich entscheidend an der Macht teilhaben sollten. Die Gespräche führten letztlich zum Kippen der Kräfteverhältnisse im Land und zum Versprechen eines unabhängigen Kenia mit einer afrikanischen Regierung. Für die **ersten allgemeinen Wahlen**

Land und Leute

im Jahr 1961 wurde den Afrikanern erstmals die Mehrheit der Sitze des Legco, aber auch im Ministerrat, dem *Minister Council*, zugestanden, wobei Weiße, Asiaten und Araber eine Anzahl garantierter Plätze erhielten. Nach der langen Unterdrückungsgeschichte und angeheizt von der eigenen Polemik fürchteten viele Weiße die Vergeltung einer afrikanischen Regierung. Zahlreiche Farmen wurden überstürzt verkauft, ihre Besitzer flüchteten ins Ausland.

Zu den Wahlen traten **zwei schwarze Parteien** an, die sich erst 1960 formiert hatten: Die zentralistisch ausgerichtete **KANU (Kenya African National Union)**, die von den Kikuyus und Luos dominiert wurde, sowie die **KADU (Kenya African Democratic Union)**, in der sich zahlreiche kleinere Völker aus Sorge vor einer Dominanz durch die beiden großen Völker politisch organisierten und um eine förderale Struktur des neuen Landes kämpften. Während die KADU elf Sitze errang, ging die Mehrheit mit 19 Sitzen an die KANU. Die aber verweigerte sich einer Regierungsbildung, solange *Kenyatta* noch inhaftiert war. Nachdem dieser freigelassen und in die Regierung aufgenommen worden war, stand der Vereidigung der ersten schwarzen Regierung unter britischer Aufsicht nichts mehr im Wege.

Bereits 1963 fand eine erneute Abstimmung über die Unabhängigkeit des Landes statt. Das eindeutige Ergebnis hatte zur Folge, dass Kenia am 1. Juni 1963 zunächst die innere Selbstbestimmung und ein gutes halbes Jahr später, am **12. Dezember 1963**, unter Jomo Kenyatta als Premier die **Unabhängigkeit** erlangte. Formell war allerdings noch Königin Elisabeth II. das Staatsoberhaupt, bis mit der Ausrufung der Republik Kenia im folgenden Jahr **Kenyatta Präsident** wurde. Fast 70 Jahre britische Kolonialzeit waren damit Geschichte.

1963–1978: Die Regierungszeit Jomo Kenyattas

„Es ist nur richtig, dass wir, die wir uns heute und hier zu dieser historischen Zeremonie versammelt haben, […] jener Menschen aus verschiedenen Rassen, Stämmen und Hautfarben gedenken und ihnen Tribut zollen, die in den vergangenen Jahren ihren Beitrag zu Kenias reichem Erbe geleistet haben. Die Verwaltungsbeamten, Farmer, Missionare, Händler und andere, aber vor allem die Menschen Kenias selbst, die so hart arbeiteten, dieses schöne, blühende Land zu erschaffen, das Kenia heute ist!"

Die versöhnlichen Töne, die Kenyatta trotz jahrelanger Gefangenschaft bei den Feierlichkeiten zur Unabhängigkeit anschlug, überraschten alle Weißen, die mit Landenteignungen oder sonstigen Vergeltungsmaßnahmen gerechnet hatten. Doch dem Taktiker Kenyatta war sehr wohl bewusst, dass seine junge Regierung vom Ausland an ihrem Verhalten gegenüber der weißen Minderheit gemessen würde und dass diese beim Aufbau der Wirtschaft für Kenia unverzichtbar war. Bei seinen Auftritten im ganzen Land predigte er unermüdlich für die **Versöhnung und Zusammenarbeit zwischen allen Bevölkerungsgruppen** für den unabhängigen Staat Kenia, eine Politik, die er mit der Parole **„Harambee"** zusammenfasste, was auf Deutsch in etwa mit „Lasst uns an einem Strang ziehen" übersetzt werden kann.

Die Außenpolitik des jungen Staates bestimmte ein **prowestlicher Kurs.** Die Wirtschaftsordnung war erklärtermaßen eine kapitalistische, mit liberalen Wirtschaftsgesetzen sollten ausländische Firmen zu Investitionen im Land ermuntert werden.

Das versöhnliche und weise Auftreten Kenyattas verschaffte ihm bald den ehrenvollen **Beinamen „Mzee", „der Alte",** und auch auf dem internationalen Parkett kam ihm das Ansehen eines Staatsmannes zu. 1967 wurde mit den benachbarten Staaten Tansania und Uganda eine weitreichende Zusammenarbeit im Bereich des Transport-, Telekommunikations- und Postwesens, aber auch bei den Zollbestimmungen vereinbart – die **Ostafrikanische Gemeinschaft** war geboren.

Im Inland stand die neue Regierung vor einer Vielzahl drängender Probleme, die angepackt werden mussten. An erster Stelle galt es den Erwartungen der afrikanischen Bevölkerung auf eigenes Land gerecht zu werden. Mit britischer und deutscher Finanzhilfe, dem sogenannten **„1-Million-Acre-Programme"**, kaufte die Regierung zwei Drittel der europäischen Ländereien auf, die in Parzellen aufgeteilt und an Kleinbauern vergeben wurden. Die Agrarproduktion – auch von vielen Exportgütern – stieg nach der Unabhängigkeit dadurch kräftig an.

Das wichtigste innenpolitische Ereignis der ersten Jahre war **1964** die **Selbstauflösung der KADU,** die geschlossen in die KANU eintrat. Dies verhinderte nicht, dass zwei Jahre später der Vizepräsident *Oginga Odinga* mit einer Reihe anderer Abgeordneter aus der Einheitsregierung ausscherte und die sozialistische **Kenya People's Union (KPU)** gründete. Sein Nachfolger als zweiter Mann an der Spitze wurde *Daniel arap Moi*. Auslöser der Abspaltung war ein Winkelzug Kenyattas gewesen, um Odingas Macht zu beschneiden. Es wurde zunehmend deutlich, dass Mzee keinerlei andere Kräfte neben sich duldete, und in den folgenden drei Jahren hatten die Mitglieder der KPU nicht viel zu lachen, denn sie waren ständigen **Schikanen und Gängeleien** – bis hin zu Inhaftierungen – durch die Staatsorgane ausgesetzt. Genauso hart ging der Präsident mit Kritikern um. Dabei offenbarten sich in Kenia Missstände, die genügend Anlass zu offenen Worten gaben.

Das Erste waren die **sozialen Gegensätze,** die sich in kurzer Zeit herausgebildet hatten. Obwohl gut 150.000 afrikanische Bauern in den früheren White Highlands angesiedelt wurden, waren längst nicht alle Squatter mit eigenem Grund und Boden bedacht worden. Eine große Zahl ehemaliger weißer Farmen wurde an Günstlinge und Stammesgenossen des Präsidenten verschachert, während die Landlosen auf der Suche nach Arbeit in die Städte zogen und die ersten Armutssiedlungen entstanden.

Ein anderer Missstand war die schamlose **Bevorzugung von Kikuyus,** aber auch Luos bei der Besetzung wichtiger Posten. Die Befürchtungen der kleineren Völker, die mit der KADU-Partei vor der Unabhängigkeit versucht hatten, ein föderales System durchzusetzen, erwiesen sich als berechtigt.

Die Trumpfkarte Kenyattas gegen die KPU, die mit ihrem antikapitalistischen Programm bei den Unterprivilegierten um Unterstützung buhlte und bei Luos und Gusii auch fand, war **Tom Mboya:** wie Odinga ebenfalls vom Volk der Luo, ein früherer Gewerkschafter, der sich durch gute Sachpolitik und Integrität auszeichnete, vor allem aber ein starkes Charisma besaß und dadurch landesweit, unabhängig von der Volkszugehörigkeit, populär war. Unter der Hand wurde er bereits als Kronprinz von Landesvater Kenyatta gehandelt. Da passierte das Unfassbare. Am 5. Juli **1969** wurde Tom Mboya in Nairobi **auf offener Straße von einem Kikuyu angeschossen** und starb beim Transport ins Krankenhaus. Die Verehrung und Bewunderung, die der Ausnahmepolitiker Mboya genossen hat, spürt man noch heute an seinem Mausoleum am Lake Victoria. Ein Erdbeben aus **Gewalt und blutigen Unruhen** erschütterte daraufhin Kenia, die kränkelnde Symbiose der beiden Völker an den Hebeln der Macht zerbrach im Haß. Die Luos hatten das Gefühl, von den Kikuyus allmählich ausgebootet zu werden, der Tod Mboyas war nur der berühmte Funken gewesen, der das Pulverfass zum Explodieren brachte. Tatsächlich baute das größte Volk Kenias in der Folgezeit seine politische, wirtschaftliche und militärische Dominanz ungerührt weiter aus. Als Kenyatta wenig später zur Eröffnung des Nyanza Hospital in Kisumu, der Hauptstadt des Luo-Landes, erschien, wurde er von den Anhängern Odingas mit Steinen angegriffen. Die Sicherheitskräfte eröffneten das Feuer, zehn Demonstranten starben. Der Vorfall lieferte den willkommenen Anlass, die KPU, die einzige Oppositionspartei, auszuschalten und Odinga ins Gefängnis zu werfen.

Diese Entwicklungen hatten dem internationalen Ruf Kenias bis dahin noch nicht geschadet, vermutlich deshalb, weil die **ausländischen Geschäftsinteressen zu keinem Zeitpunkt ernsthaft bedroht** waren. Im Gegenteil, die erste große Welle der Safari-Touristen lief auf das Land zu, die Wirtschaft brummte, internationale Firmen machten lukrative Geschäfte. Von diesen Transaktionen profitierte in Kenia allerdings vorrangig die kleine (Kikuyu-) Oberschicht, während der Großteil der einfachen Bevölkerung in Verhältnissen lebte, die sich kaum von denen der Kolonialzeit unterschieden. **Viele Men-**

schen waren land- und arbeitslos und sahen keine Chancen zum Aufstieg. Aus dieser Zeit stammt der legendäre Ausspruch von *Mwangi Kariuki,* einem Parlamentsabgeordneten und – obwohl selber Kikuyu – kritischen Regimegegner, dass Kenia auf dem besten Wege sei, ein Land mit „zehn Millionären und zehn Millionen Bettlern" zu werden. Es war das Letzte, was der Nestbeschmutzer öffentlich sagte. Wenige Wochen später fand man seine Leiche, und Kenia war wieder Schauplatz von Ausschreitungen, Studentenprotesten und Bombenanschlägen in Nairobi. Im gleichen Jahr, **1975,** erregte Kenia im Ausland außerdem mit negativen Schlagzeilen über die weit verbreitete **Korruption** und den **illegalen Elfenbeinhandel,** die sich angeblich bis in die Präsidentenfamilie hineinzogen, Aufmerksamkeit. Aber zu Zeiten des Kalten Krieges waren diese Dinge kein Grund, einen verlässlichen kapitalistischen Verbündeten vor den Kopf zu stoßen.

Die Kritik innerhalb des Landes war angesichts der Repressalien weitestgehend verstummt – **1977** sorgte allerdings die **Verhaftung des Literaturprofessors Ngugi wa Thiong'o** für Aufsehen, der in einem Theaterstück die postkolonialen Missstände auf der Bühne angeprangert hatte. **Im gleichen Jahr löste sich auch die Ostafrikanische Gemeinschaft auf,** die durch das Terrorregime *Idi Amins* und den sozialistischen Kurs von *Nyereres* Tansania ohnehin längst zur Farce verkommen war. Was das Klima zwischen den Staaten nicht unbedingt freundlicher gestaltete, war die Geschicktheit, mit der sich Kenia einen Großteil der mobilen Werte, also die Flugzeuge der gemeinsamen Airline, Eisenbahnwaggons und Schiffe, unter den Nagel riss.

Ein Jahr später, am 28. August **1978,** ging die Ära **Mzee Jomo Kenyatta** zu Ende. Der Freiheitskämpfer und erste Präsident Kenias entschlief im Alter von 84 oder 85 Jahren bei einem Besuch in Mombasa. Und trotz der Unzulänglichkeiten seiner Regierungszeit löste sein **Tod** im ganzen Land Trauer aus, denn seine Verdienste um die Unabhängigkeit waren nicht vergessen, auch nicht die Würde, mit der er sein Land nach außen vertreten hatte, und der Respekt, der ihm dabei entge-

gengebracht worden war. Doch eine bange Frage blieb: Was kommt nun?

1978–2003: Die Ära Moi

Der Machtübergang auf den verfassungsgemäßen Nachfolger *Daniel Toroitich arap Moi,* der bereits seit elf Jahren Vizepräsident war, verlief völlig unspektakulär. Seine **politische Parole** an das Volk lautete **„Nyayo",** „Fußstapfen", was eine Weiterverfolgung des Kurses von Kenyatta meinte: eine Außenpolitik in Anlehnung an den Westen, eine kapitalistische Wirtschaft und „Love, Peace and Unity", also „Liebe, Frieden und Einheit", im Umgang miteinander. Tatsächlich gewann Moi, der sich in den ersten beiden Jahren seiner Regierung erfolgreich als Saubermann und Anwalt gegen den Tribalismus präsentierte, große **Sympathien im Volk,** auch wenn sich an den ungerechten Wirtschaftsverhältnissen nichts änderte. Die politischen Häftlinge wurden aus den Gefängnissen entlassen, und selbst die Medien erhielten mehr Freiraum. Aber bereits **1982** zeigte sich mit der verfassungsrechtlichen **Umwandlung Kenias in einen Einparteienstaat,** dass der Slogan Mois – besonders „Einheit" – vielleicht doch anders gemeint war als allgemein aufgefasst. Das Verbot des Parteienpluralismus richtete sich vor allem gegen den Daueroppositionellen *Oginga Odinga,* der mit der *Kenia Socialist Alliance* erneut versuchte, eine linksgerichtete Partei zu platzieren.

Drei Monate darauf war es auch mit dem „Frieden" Mois vorbei, als **Nairobi** am 1. August 1982 **Schauplatz eines Putschversuches** durch junge Luftwaffenoffiziere wurde. Der Zeitpunkt war gut gewählt, denn der größte Teil der Armee befand sich auf Manöver im unzugänglichen Norden Kenias. Die Aufständischen erhielten solidarische Unterstützung von den Studenten, während ärmere Bevölkerungsteile das allgemeine Chaos und die **Schießereien** dazu nutzten, sich bei ausgedehnten **Plünderungen** in den Geschäften Nairobis selbst zu bedienen. Es kam zu Vergewaltigungen. Opfer wurde dabei vor allem die asiatische Bevölkerung, die mit ihrem materiellen Wohlstand immer wieder als Sündenbock für die wirtschaftlichen Missstände in Kenia bemüht worden war. Loyale Truppen der Armee und der *General Service Unit (GSU)*, eine noch unter Kenyatta ins Leben gerufene Gehe mpolizei, die weder Militär noch Polizei untersteht, bliesen zum Gegenangriff. Beim Sturm auf die Rebellen gab es **Hunderte von Toten.** die genauen Zahlen kennt niemand, aber die offizielle Zahl von 159 Toten. das gilt als sicher, ist viel zu niedrig. Im Anschluss an den gescheiterten Putsch wurden die Luftwaffe aufgelöst und zwei der Rädelsführer hingerichtet.

Schon ein Jahr später, **1983,** wurde Kenia von einem weiteren Ereignis erschüttert: **Generalstaatsanwalt Charles Njonjo** wurde bezichtigt, der Kopf hinter dem Putschversuch von 1982 zu sein und Gelder der Regierungspartei unterschlagen zu haben. Ein Gerichtsverfahren bestätigte diese Vorwürfe, Njonjo **wurde entlassen** und mit seinen Unterstützern aus der Partei ausgeschlossen, aber bereits Ende 1984 von Moi wieder begnadigt – mit der Auflage, zukünftig nicht mehr politisch aktiv zu werden. Dies verstärkte den Eindruck einer Hexenjagd, um den zu mächtig gewordenen Njonjo von der Thronfolge Mois auszuschließen und den Einfluss der Kikuyus in der Politik zu beschneiden.

Politisch folgte nach der Njonjo-Affäre eine ruhigere Phase, aber nun wurde der Norden Kenias von einer schlimmen **Dürrekatastrophe** heimgesucht, die in vielen Regionen des Kontinents wütete. Die Nomadenvölker verloren den Großteil ihrer Tiere, eine unbekannte Zahl an Menschen verhungerte. Viele der Überlebenden schleppten sich in die Städte. An der Ortsrändem bildeten sich große Flüchtlingslager und Elendsviertel, die mit Nahrungsmitteln verschiedener humanitärer Organisationen versorgt wurden.

Die „Liebe", die Moi in seinem Nyayo-Motto verankert hatte, wurde ab Mitte der 1980er Jahre zu einer erdrückenden Umklammerung, die Regimekritiker in nie dagewesenem Ausmaß durch **Haft und Folter** zum Schweigen brachte. Die Menschenrechtslage im Land machte allmählich nicht nur *Amnesty International* Sorge, selbst die USA äußerten am langjährigen Verbündeten Kritik. Politisch baute die Regierungspartei ih-

re Dominanz im Land weiter aus. Die **Parlaments- und Präsidentschaftswahlen von 1988** waren eine **Farce.** Die Wähler mussten sich in Schlangen nach Kandidaten getrennt an den Wahlurnen aufstellen. Die **Justiz verlor ihre Unabhängigkeit,** nachdem sich der Präsident mit dem Recht ausstatten ließ, Richter nach Gutdünken zu ernennen und zu entlassen. Die Bevorzugung der Kalenjin-Ethnie, der auch Moi angehörte, erregte zusätzlichen Unmut. Die einzig nennenswerte Kritik kam noch von Kirchenseite, die sich nicht so einfach mundtot machen ließ.

Wieder einmal schien sich kenianische Geschichte auf tragische Weise zu wiederholen, als Anfang des Jahres **1990** der populäre **Außenminister Robert Ouko ermordet** wurde. Wie Tom Mboya gehörte Robert Ouko dem Volk der Luo an. Auch er galt als weitsichtiger, unbestechlicher Politiker mit besten Chancen auf die Nachfolge des Präsidenten, wodurch mächtige Leute ihre Felle davonschwimmen sahen und bis zum Äußersten gingen. Und wie nach Mboyas gewaltsamen Tod 1969 löste der Vorfall gewalttätige Unruhen aus. Es zeichnete sich ein **politischer Skandal ungeahnten Ausmaßes** ab. Das unerwartete Ableben des Außenministers wurde erst mit einigen Tagen Verspätung public gemacht, die Regierungspresse sprach zunächst von einem Selbstmord. Dann wurde bekannt, dass der Leichnam grausam verstümmelt worden war. Die Empörung war so groß, dass sich niemand in Kenia mehr mit der Versicherung zufrieden gab, ein parlamentarischer Untersuchungsausschuss und die kenianischen Sicherheitskräfte würden alles Mögliche für die Aufklärung dieses abscheulichen Verbrechens tun. Und so musste die in die Defensive geratene Regierung *New Scottland Yard* um Mithilfe bitten. Der verantwortliche Inspektor hatte innerhalb vor drei Monaten anhand zahlloser Verhöre zwei Hauptverdächtige gefunden. Beide kamen aus der Umgebung des Präsidenten: Minister *Nicholas Biwott* und der parlamentarische Sekretär für Innere Sicherheit, *Hezekiah Oyugi.* Zu einer Verurteilung kam es aber nie, der Präsident den Untersuchungsausschuss auflöste und neue Untersuchungen anordnete. Daraufhin wurde der District Comissioner von Nakuru, *Jonah Anguka,* als Mörder anklagt, aber schließlich freigesprochen. Anguka flüchtete in die Vereinigten Staaten, immerhin waren 13 Personen, die im Zusammenhang mit dem Mord vielleicht zu viel wussten, nicht mehr am Leben, darunter wichtige Zeugen und einer der beiden Hauptverdächtigen, Oyugi selbst. Das Verfahren ließ man gekonnt im Sand verlaufen. Der andere Hauptverdächtige, Nicholas Biwott, wurde zunächst seines Ministerpostens enthoben, kehrte aber 1997 in die Regierung zurück und ist bis heute ein politisches Schwergewicht.

Anders als bei der Ermordung Mboyas rief der Vorfall eine **schwere politische Krise** hervor, die die Machtbasis der KANU ernsthaft bedrohte. Eine **Demokratiebewegung,** die von der Regierung unverzüglich für illegal erklärt wurde, brach sich mit Demonstrationen Bahn, drei der bekanntesten Oppositionspolitiker, der Sohn des Altvorderen Oginga Odinga, *Raila Odinga, Kenneth Matiba* und *Charles Rubia,* forderten offen die Mehrparteiendemokratie und landeten, ebenso wie Menschenrechtsanwälte und andere Aktivisten, im Gefängnis. Doch ein **weiterer gewaltsamer Tod,** nämlich des des regierungskritischen Bischofs *Alexander Muge* bei einem ungeklärten Autounfall in Westkenia im August 1990, wiederum mit belastender Verwicklung eines Ministers der KANU-Regierung, verschaffte den Protestlern weiteren Aufwind. Zudem waren auch in Kenia die Auswirkungen der Demokratisierung in Osteuropa und anderen Teilen Afrikas zu spüren, die berühmten „Winds of Change". Der Regierungspropaganda, wonach die Demokratiebewegung aus Marionetten ausländischer Mächte bestünde, verfing nicht mehr. **1991** gründete sich ein breites **Bündnis für Demokratie,** dem Oppositionspolitiker und Regierungskritiker aller Couleur beitraten und das sich zu einer wahren Massenbewegung entwickelte. Dieses **Forum for the Restauration of Democracy (FORD)** bekam indirekte Schützenhilfe aus dem Ausland, als die Geberländer die Einstellung von Finanzhilfen androhten. Diesem „Argument" konnte sich Moi nicht entziehen, er gab der Forderung nach tief greifenden Reformen in Wirtschaft und Politik nach. Im **Dezember 1991** wurde Kenia wieder ein Land mit **Mehrparteiensystem,** für die **Parlaments- und Präsidentschaftswahlen Ende 1992** konnten sich Oppositionsparteien registrieren lassen.

Moi hatte stets vor den Gefahren eines Mehrparteiensystems gewarnt, welches die ethnischen Gegensätze in Kenia fördern und zu Chaos und Blutvergießen führen würde. Tatsächlich begannen im **Oktober 1991 im Rift Valley** hässliche **ethnische Zusammenstöße** zwischen ortsansässigen Kalenjin, der Volksgruppe des Präsidenten, und Menschen aus den dicht bevölkerten Siedlungsgebieten der Kikuyus, Luos und Luiyas. Zunächst gingen „nur" die Häuser der Einwanderer in Flammen auf, dann waren auch Menschenleben zu beklagen. Die Angegriffenen begannen zurückzuschlagen. Die Situation, von KANU-Politikern rhetorisch zusätzlich angeheizt, griff wie ein **Flächenbrand** in der Provinz um sich. Rund 3000 Menschen verloren bis 1993 ihr Leben, rund 300.000 Bauern und kleine Händler – zumeist Kikuyus – wurden durch den Terror von ihrem Eigentum – und aus dem Land der Kalenjin – vertrieben. Wie Untersuchungskommissionen von Kirchen und Menschenrechtsgruppen herausfanden, handelte es sich dabei um **bewusst vom Zaun gebrochene Gräueltaten,** bei denen die Sicherheitskräfte auf Weisung von oben häufig gar nicht oder zu spät einschritten. Die Oppositionswähler sollten eingeschüchtert oder vertrieben werden, um den Wahlsieg der KANU sicherzustellen. Und es galt ja die Prophezeiung zu erfüllen, die Mehrparteiendemokratie würde Stammesfehden heraufbeschwören ...

Tatsächlich war es der KANU durch diese Brandstiftung gelungen, die **ethnische Frage** vor den Wahlen zu einem **beherrschenden Thema** zu machen. Differenzen konnten ihr nur nützen, denn gegen eine geeinte Opposition hatte KANU bei den Wahlen keine Chance. In dieser Richtung brauchte man sich keine Sorge zu machen, verschiedene Oppositionspolitiker beharkten sich nach Kräften, um die Vormacht zu erringen, und schließlich traten gleich drei größere Oppositionsparteien zu den Parlamentswahlen an: Zum einen die **Democratic Party** mit ihrem

Vorsitzenden *Mwai Kibaki*, einem ehemaligen KANU-Mitglied und Weggefährten Kenyattas, zum anderen die **Unabhängigkeitsbewegung FORD,** die eigentlich die größten Siegeschancen besaß, sich noch kurz vor der Wahl aber noch in zwei separate Parteien aufspaltete, weil man sich auf keinen Kandidaten verständigen konnte. So wurde *Ford-Kenya* von *Oginga Odinga* ins Rennen geführt, *Ford-Asili* von *Kenneth Matiba*.

Politsenior Moi zog alle Register, um die Wahl 1992 für sich zu entscheiden. Zwar war im Zuge der Demokratisierung die Pressefreiheit nicht mehr zu verhindern gewesen, aber sämtliche staatliche Medien rührten ausschließlich die KANU-Werbetrommel. Auch das Wahlrecht beglinstigte die KANU. Wählen durfte nur, wer bereits einen neuen Personalausweis besaß. Zahlreiche Menschen in den traditionellen Oppositionshochburgen ließ die Regierung vergeblich auf die Ausstellung warten. Ein weiteres Gesetz, das Moi noch durchgebracht hatte, schrieb vor, dass der zukünftige Präsident mindestens 25% der Stimmen in fünf von sieben kenianischen Provinzen erringen musste. Wegen der Zersplitterung der Opposition war die Erfüllung dieser Auflage nur für ihn wahrscheinlich. Auch das kenianische Mehrheitswahlrecht begünstigte die KANU. Und schließlich wurde die Wahl noch auf einen Termin zwischen den Jahren gelegt, an dem die meisten Leute in ihrer Heimat und nicht am Arbeitsort weilten, wo sie zur Wahl zugelassen waren. Der Stimmenkauf und klassische Stimmfälschungen rundeten das Maßnahmenpaket ab. Die Befürchtungen bewahrheiteten sich: Mit ihren Eifersüchteleien und Rivalitäten verspielten die Oppositionsparteien den Machtwechsel, die KANU konnte mit einer komfortablen Mehrheit weiter regieren.

An der Regierungsarbeit der KANU änderte die parlamentarische Opposition nicht viel. Mit den rethorischen Wadenbeißereien arrangierte man sich schnell, nicht wenige der Abtrünnigen kehren von sich aus reumütig in den Schoß der großen alten Dame KANU zurück. Selbst Oginga Odinga, der seit über 30 Jahren tapfer Oppositionsarbeit geleistet hatte, söhnte sich mit Moi für das Versprechen aus, dass dieser zukünftig

mehr für Westkenia tun wolle. Dies und eine Spende in Höhe von 2 Millionen Ksh von der skandalträchtigen Firma *Goldenberg International* annahm, waren seine letzten beiden politischen „Großtaten", bevor Oginga Odinga im Januar 1994 starb.

Eines immerhin hatten die politischen Liberalisierungen bewirkt: Seit 1992 brachte die freie Presse das **unglaubliche Ausmaß von Korruption und Betrug** ans Tageslicht, die die kenianischen Staatsfinanzen bedrohten. Zahlreiche Personen in hohen Staatsämtern waren darin verwickelt.

Es hatte 1993 mit dem **Goldenberg-Finanzskandal** begonnen, in dem Vizepräsident *George Saitoti* eine undurchsichtige Rolle spielte und bei dem der kenianische Staat um 700 Millionen US-Dollar betrogen wurde. Die hatte der indische Geschäftsmann *Kamlesh Pattni* durch seine Firma *Goldenberg International* mit 35%igen Exportrückerstattungen für fingierte Gold- und Edelsteinausfuhren erschwindelt und mit einflussreichen Politikern geteilt, darunter zwei Söhne von Moi und *Nicholas Biwott*.

Aber auch der Agrarsektor (Kaffee, Tee, Zucker) wurde durch **Veruntreuungen** und **mafiaähnliche Kartelle** schwer geschädigt, verschiedene Kooperativen mussten ihren Bankrott erklären, da die Manager Einrichtungen und Ländereien versilbert hatten. Besonders dramatisch war die zunehmende **Aneignung von öffentlichem Land.** Beispielsweise musste die Landwirtschaftliche Forschungsanstalt bei Kitale ihren Betrieb einstellen, weil aller Boden an einflussreiche Politiker verschachert worden war, unter den Nutznießern auch Minister der Regierung und der Generalstaatsanwalt (!).

Für massive Verstimmungen bei den Geberländern sorgte der **Bau eines internationalen Flughafens in Eldoret,** dessen einziger Sinn, ebenso wie der einer neuen Munitionsfabrik, wohl darin lag, die strategische Bedeutung der Heimatregion des Präsidenten zu stärken, während gleichzeitig für die Reparatur der wichtigsten Verkehrsstraßen großzügige Kredite beantragt wurden. Unter diesen belastenden Vorzeichen ging man in den Wahlkampf für die **zweiten Mehrparteienwahlen,** die **Ende 1997** anstanden.

Land und Leute

Pünktlich begannen wieder **ethnische Auseinandersetzungen,** diesmal vorwiegend **an der Küste.** Diese sogenannten **Likoni Clashes** trugen die gleiche Handschrift wie die Rift-Valley-Unruhen von 1991–93. Nach einem Überfall am 13. August 1997 auf die Polizeistation des Ortes Likoni südlich von Mombasa gab es **Pogrome gegen Kenianer aus dem Hochland,** die in den Hotels an der Küste arbeiteten oder private Geschäfte führten. Nach offiziellen Angaben wurden 64 Menschen ermordet, vermutlich waren es aber wesentlich mehr. Hunderte wurden verletzt, Tausende vertrieben, massenhaft Eigentum zerstört. Wieder schritten die Sicherheitskräfte nicht ein. Dies und die professionelle Handschrift der Überfälle entlarvten die von der Regierung bemühten Erklärungen als Lüge, dass es sich um soziale Unruhen der lokalen Digo handele. Wie schon bei der Ermordung Oukos, den Rift Valley-Unruhen 1991 und verschiedenen Korruptionsskandalen tauchte bei der Frage nach den Hintermännern auch in diesem Zusammenhang wieder der Name eines Ministers und engen Vertrauten von Moi auf: **Nicholas Biwott.** Doch dieses Mal hatten sich die politisch Verantwortlichen verkalkuliert, denn die Gräuel hatten in Nachbarschaft zu den Touristengebieten stattgefunden und ließen sich nicht verheimlichen. Der Großteil der Tourismusunternehmen stornierte sofort sämtliche Buchungen, und Kenia stürzte in eine **beispiellose Wirtschaftskrise,** im gesamten Land verloren 180.000 Menschen ihren Job. Kurz darauf setzte **El Niño** ein und verwüstete das halbe Land.

Aus all den Missständen und Verfehlungen der Regierung konnte die Opposition kein Kapital schlagen. Anstatt aus den Erfahrungen von 1992 zu lernen, hatte sich die **Opposition** noch weiter **atomisiert.** Und so traten neben Mois KANU nicht drei, sondern gleich sechs weitere Parteien an. So erlangte die Regierungspartei denn auch mit 113 Sitzen eine Mehrheit, die durch den Schmusekurs von Oginga Odingas Sohn *Raila* und seiner Neuen Demokratischen Partei noch wesentlich komfortabler wurde. **1998 und 1999** kamen weitere **erschütternde Skandale** ans Tageslicht. Keiner der einflussreichen Verantwort-

lichen wurde je dafür zur Rechenschaft gezogen, und meist mussten die einfachen Kenianer auch noch die Zeche für die **schamlosen Bereicherungen** zahlen. Bei der Ausstattung von Behörden mit Computern wurden illegale Provisionen in Höhe von 1,2 Milliarden Ksh eingesteckt. Die internationalen Hilfsmittel für die Beseitigung der Straßenschäden von El Niño wurden fast komplett geplündert. Der *National Social Security Fund,* also praktisch die kenianische Sozialversicherung, wurde gezwungen, Grundstücke zu völlig überhöhten Preisen zu kaufen und erlitt riesige Schäden. Die staatliche Wahlkampfkasse von 1997 wurde mit getürkten Kosten ausgenommen, wie sich herausstellte, existierten viele der Autos, für die Kilometergelder eingefordert worden waren, nur als ausgeschlachtete Wracks. Es flog ein florierender Handel mit Blankoschuldzertifikaten auf. Eine der größten Privatbanken, die *NBK,* und selbst die Zentralbank von Kenia gerieten in Zahlungsschwierigkeiten, nachdem schon einige Privatbanken Pleite gemacht hatten, weil Politiker – darunter Minister – ungedeckte Kredite in Höhe von mehreren Milliarden (!) Ksh erhalten hatten, die sie nie zurückzuzahlen gedachten. Tausende von Kleinanlegern verloren ihre Ersparnisse. Dies ist nur ein kleiner Auszug aus einer schier endlosen Liste ...

Jedenfalls musste Finanzminister *Nyachae* **1998** den **Quasi-Bankrott des Landes** eingestehen. Davor konnte selbst Moi nicht mehr die Augen verschließen wie bisher, obwohl auch sein Sohn Teil dieser Parasitenplage war, die das Land hemmungslos aussaugte. Angesichts dieser Bilanzen dachte der IWF nicht im Traum daran, neue Hilfen freizugeben, die die größten Löcher im Staatshaushalt hätten stopfen können. Soziale Unruhen drohten. Mitte 1998 lähmten **Lehrerstreiks** das ganze Land: Die Pädagogen forderten endlich die Auszahlung ihrer seit Monaten überfälligen Gehälter, die ohnehin so niedrig waren, dass sie zum Leben nicht ausreichten. Auch Moi konnte vor diesen Missständen die Augen nicht mehr verschließen. Und so wurde 1998 die **Kenya Anti Corruption Authority** eingerichtet, deren Vorsitzender *John Harun Mwau* mit seinem Team beherzt ans Werk ging und sich einen Skandal herausgriff, der den illegalen steuerfreien Import von Zucker betraf. Dieser drohte die heimische Zuckerindustrie zu ruinieren – viele Kleinbauern warteten seit Monaten vergeblich auf die Bezahlungen für geliefertes Zuckerrohr – und verursachte im kenianischen Haushalt Importsteuerausfälle in Millionenhöhe, die ausgereicht hätten, alle ausstehenden Lehrergehälter zu bezahlen. Aufgrund umfangreichen Beweismaterials konnten bald die ersten Haftbefehle gegen hohe Staatsbeamte ausgestellt werden, darunter der Chef der Behörde für Staatseinnahmen, der Finanzsekretär der Regierung und der Chef der Zollbehörde des Hafens von Mombasa. Da pfiff Präsident Moi den Korruptionswächter Mwau zurück, der Spieß wurde umgedreht, und der Saubermann hatte sich vor Gericht zu verantworten, weil er angeblich seine Vollmachten überschritten hatte ...

In der **Innenpolitik** bot sich ein zerfahrenes Bild. Die versprochene **Verfassungsreform** kam nicht vom Fleck, weil schon die Zusammensetzung der Kommission, die Vorschläge ausarbeiten sollte, von monatelangem Tauziehen begleitet war. Moi wollte das Gremium mit Parlamentariern und handverlesenen Kandidaten besetzen. Denn bei der Reform ging es um brisante Fragen, vor allem um die Beschneidung der Macht des Präsidenten sowie eine Reform des zentralistischen Staatswesens hin zu mehr förderalen und demokratischen Strukturen. Die außerparlamentarische Opposition, Kirchen und Menschenrechtsgruppen protestierten vehement und forderten eine breite Basis und die Einbindung der Öffentlichkeit. Schließlich hatte die Politik in der jüngsten Vergangenheit oft genug bewiesen, dass sie nur an die eigenen finanziellen Vorteile und nicht an das Wohl des Volkes dachte.

Bevor sich in dieser Sache Entscheidendes bewegte, wurde Kenia von einer weiteren Katastrophe heimgesucht. Niemand sprach mehr von der Verfassungsreform, das Land war über Monate hinweg wie gelähmt. Am **7. August 1998** explodierte im Geschäftszentrum von Nairobi eine gigantische **Autobombe.** 800 kg TNT brachten die **amerikanische Botschaft** und das benachbarte *Ufundi Cooperative House* zum Einsturz. 253 Menschen,

darunter zwölf US-Amerikaner, starben bei diesem Anschlag muslimischer Terroristen, 5000 weitere Menschen wurden verletzt. Das Trauma löste eine beispiellose Solidarität der kenianischen Öffentlichkeit gegenüber den Opfern aus, und selbst arme Leute spendeten für den Opferfond.

Von solch einer Einigkeit war in der KANU nichts zu spüren. Denn nach der Ankündigung Mois, er werde nach den Wahlen 2002 seinen Sessel räumen, entbrannte zwischen drei Parteifraktionen ein **Machtkampf** um eine günstige Ausgangsposition im Erbstreit. Mit Enthüllungen über Skandale und sonstige Verfehlungen versuchten die beteiligten Politiker – darunter *Nicholas Biwott* – sich gegenseitig ins Straucheln zu bringen.

Doch Moi war weit davon entfernt, das Heft aus der Hand zu geben. Mit der öffentlichkeitswirksamen **Verpflichtung vor Richard Leakey** als Chef des öffentlichen Dienstes gelang ihm ein Überraschungscoup. Der weiße Kenianer, der Ende der 1980er Jahre mit der Wilderei im Lande aufgeräumt hatte und 1998 nach einem Ausflug in die politische Arena auf seinen Posten bei der Naturschutzbehörde *KWS* zurückgekehrt war, wurde vom Präsidenten mit der Herkules-Aufgabe betraut, die Behörden des Landes zu verschlanken. Leakey und sein Team begannen Ende 1999 tatsächlich, den Kaffee- und Teesektor des Landes auszumisten, die für die Staatsfinanzen von großer Bedeutung sind. Mit Spannung wurde auch die angekündigte Verkleinerung der Ministerienzahl von 27 auf 15 erwartet. Doch die Skeptiker sahen sich schließlich wieder bestätigt, denn von Kosteneinsparungen war dabei nicht viel zu spüren. Die vorhandenen Portefeuilles wurden einfach nur in weniger Ministerien zusammengefasst, sodass nun bis zu drei Minister für verschiedene Aufgabenbereiche eines Ministeriums verantwortlich waren. Auch alle Ministernamen, die mit den Skandalen der letzten Jahre verbunden waren, fanden sich weiterhin in der Regierung. 2001 warf Leakey seinen Auskehrjob hin und zog sich aus der Politik zurück. In dieser trostlosen wirtschaftlichen und politischen Verfassung ging Kenia in die heiße Phase für den nächsten Wahlkampf. Würde Moi tatsächlich den

Präsidententhron räumen? Was, wenn die Opposition aus der Unzufriedenheit der Bevölkerung endlich Kapital schlagen könnte und gewänne – würde es einen Bürgerkrieg geben? Wäre das nicht ohnehin besser, als weitere fünf Jahre KANU-Knute und Stillstand?

Zum Glück hat es in Kenia immer viele **integre Organisationen** und Personen gegeben, die mit bedingungslosem Einsatz für saubere Verhältnisse und eine bessere Zukunft kämpften, etwa die *National Church Council of Kenya,* die *Law Society of Kenya,* die *Kenya Human Rights Comission,* die *Operation Firimbi,* die gegen Landdiebstahl vorgeht, das *Standing Committee on Human Rights* und die starke Frauenrechtsbewegung.

Seit 2003: Die Regierung von Mwai Kibaki

Das Wunder geschieht bei den **Wahlen Ende 2002:** Der **National Rainbow Coalition (NARC),** einem Bündnis aus 15 Oppositionsparteien, gelingt es tatsächlich, die KANU zu schlagen. Präsidentschaftskandidat der NARC ist das politische Urgestein **Mwai Kibaki** von der Democratic Party, der 60% der Stimmen erringt. Und dann passiert ein noch größeres Wunder: Präsident Moi erkennt die Wahlergebnisse an und tritt ohne großes Aufheben von seinem Amt zurück. Die Menschen feiern wie im Rausch und hoffen auf eine bessere Zukunft. Es herrscht Aufbruchsstimmung, die sich aus dem Stolz nährt, dass die Wahlen demokratisch, frei und friedlich verliefen, und dem Selbstbewusstsein der Wähler, mit der eigenen Stimme den Wechsel erzwungen zu haben. Kenia und den Kenianern gehören in diesem Moment die weltweite Anerkennung. Da scheint es verschmerzbar, dass einige der politischen Urgesteine noch rechtzeitig vor dem Untergang der KANU-Regierung die Seiten wechselten und auch zukünftig ein wichtiges politisches Wort mitsprechen.

Die neue Regierung nimmt mit viel Elan die Arbeit auf. Eines der beherrschenden Wahlkampfthemen war die **Korruptionsbekämpfung,** daher müssen die neuen Machthaber ihre Glaubwürdigkeit im rigiden Umgang mit dem größten aller kenianischen Probleme beweisen. Nicht weniger als einen Neuanfang und eine Reform von Gesetzen und der politischen Kultur war versprochen worden. An die Stelle der alten Behörde zur Korruptionsbekämpfung wird 2003 die **Kenya Anti Corruption Comission (KACC)** gesetzt, deren Aufgabe es auch sein soll, unterschlagene Gelder aus der Moi-Zeit einzuklagen. Zudem bestellt Kibaki einem ihm verantwortlichen Staatssekretär für Führung und Ethik, quasi einen persönlichen Korruptionswächter: Der Ökonom und Journalist *John Githongo* hat in der Vergangenheit die schonungslose Aufklärung von Korruptionsskandalen betrieben und 1999 den kenianischen Ableger von *Transparency International* ins Leben gerufen. Die kenianische Öffentlichkeit nimmt die Aufforderung der Regierung ernst, sich der Korruption im Alltag zu widersetzen. Mit einigem Erfolg: Die Geschichten und Bilder von Verkehrspolizisten, die nach Schmiergeldforderungen von sämtlichen Matatu-Passagieren zur Schnecke gemacht werden, sind Genugtuung für die in dieser Hinsicht arg strapazierte kenianische Volksseele. Auch ein zweites wichtiges Wahlversprechen geht die Regierung konsequent an: die **Bezahlung ausstehender Gehälter und Einkommenserhöhungen für Lehrer** sowie die freie Grundschulbildung, die kenianischen Schulen auf einen Schlag zwei Millionen neue ABC-Schützen beschert. Nach zwei Jahren Regierungszeit stellen die Kenianer ihrer Regierung ein überwiegend positives Zeugnis aus. Die Korruption im Alltag ist spürbar zurückgegangen. Die friedlichen Wahlen haben neues Vertrauen von Touristen, Investoren und Geberländern begründet, die kenianische Wirtschaft boomt. Ist Kenia auf dem Weg zum ostafrikanischen Tiger- oder besser: Löwenstaat? Es bietet sich zweifelsohne eine historische Chance.

Ein entscheidender Faktor für die politische und wirtschaftliche Zukunft ist: Wie wird sich das Verhältnis der vielen Koalitionsparteien in der Regierung entwickeln? Denn die NARC-Koalition sorgt auch mit **Kompetenz- und Machtrangeleien** für Gerede. Den Samen der Zwietracht hat der Präsident selbst gelegt, als er bei der Vergabe der Ministerposten die Koalitionsabsprachen missachtete. Und er ignoriert die Vereinbarung insbesondere mit seinem wichtigsten Verbündeten *Raila Odinga*, die Machtfülle des Präsidenten durch die Einsetzung eines Premierministers zu beschränken. Die größten Konflikte zwischen den Regierungspolitikern kreisen denn auch um den Entwurf einer neuen, längst überfälligen Verfassung für die Republik Kenia. Besonders die Frage der Dezentralisierung und die Beschränkung der präsidialen Machtfülle spalten die Koalition und bescheren den Kenianern eine Dauerdiskussion. Schließlich setzt Kibaki gegen den Widerstand innerhalb der NARC seine Vorstellungen durch und möchte den **Verfassungsentwurf,** der einen starken Präsidenten vorsieht, im November **2005** in einem Referendum von den Kenianern bestätigen lassen. Seine Kampagne wählt als Symbol auf den Wahlzetteln die Banane, während sich seine Gegner für die Orange entscheiden. Als die neue Verfassung mit 58% der Stimmen abgelehnt wird, wirft Kibaki die abtrünnigen Minister aus dem Kabinett. Es ist die wohl folgenreichste Entscheidung für die weitere politische Entwicklung in Kenia auf dem Weg von der pan-kenianischen Rainbow Coalition zu den ethnischen Ausschreitungen im Frühjahr 2008. Denn zahlreiche politische Schwergewichte aus verschiedenen Landesteilen formen daraufhin eine neue Partei, die sich **Orange Democratic Movement (ODM)** nennt. Darunter *Raila Odinga* aus Westkenia, *Najib Balala* von der Küste und *Kalonzo Musyoka* (Kamba-Land). Auch *Uhuru Kenyatta*, der Mois Erbe als Führer der KANU angetreten hat, ist mit von der Partie. Es ist fortan die stärkste Oppositionskraft. Kibaki sitzt deren Forderungen nach Neuwahlen aber aus und besetzt die Ränge mit Mitgliedern der parlamentarischen Opposition (!) sowie engen Vertrauten. Viele von ihnen sind Kikuyu wie er oder Angehörige eng verwandter Ethnien. Diese **Machtfülle der Zentralregion,** in der rund 30% der kenianischen Bevölkerung leben, ruft bei vielen hässliche Erinnerungen an die Kikuyu-Dominanz unter dem ersten Präsidenten *Kenyatta* wach. Gerüchte von der Mt. Kenya Mafia, einem einflussreichen Kikuyu-

Zirkel, machen vermehrt die Runde. Die Kikuyu gelten als das geschäftstüchtigste kenianische Volk, das im ganzen Land erfolgreich Business macht. Bei vielen anderen Völkern sind sie deshalb nicht übermäßig beliebt. Und bald muss man konstatieren: Trotz aller Verwerfungen während der Moi-Regierung hat es ein derartiges Misstrauen zwischen den kenianischen Ethnien und eine derartige **Brisanz der Volkszugehörigkeit** unter ihm nicht gegeben. Präsident Kibaki erscheint längst nicht mehr im besten Licht. Das „Nein" für seinen Verfassungsentwurf ist vor allem auch als eine Abstrafung für seine Amtsführung anzusehen. Das Bekanntwerden von **Korruptionsfällen,** in die verschiedene Minister seiner Regierung verstrickt sind, kostet ihn viel Kredit, weil er nicht entschlossen gegen diese Fälle vorgeht. Anti-Korruptionszar *John Githongo* gibt 2005 seinen Job auf und flüchtet nach Morddrohungen ins englische Exil. Auch er beklagt die mangelnde Rückendeckung durch den Präsidenten. Offenbar hatte er zu erfolgreich die Aufklärung des Anglo Leasing-Skandals betrieben. Bei überteuerten Staatsaufträgen u.a. für fälschungssichere Personalausweise, der Bau eines forensischen Labors und die Beschaffung eines Kriegsschiffes sind Hunderte von Millionen Euro abgezweigt worden. Wieder sind Minister und Politiker darin verwickelt, Githongo benennt in seinem Bericht u.a. den Vizepräsidenten *Moodi Awori* und die vormaligen Minister für Finanzen (!), Justiz (!!) sowie Innere Sicherheit. Pikanterweise ist ein Teil dieses gestohlenen Geldes als Wahlkampfkasse wieder auf Regierungskonten gelandet. Nach wütenden Protesten und Klageandrohungen der Beschuldigten veröffentlicht Githongo über die BBC belastende Tonbandaufnahmen. Die hat er heimlich mitgeschnitten, als ihn ein Minister zu bestechen versuchte.

Das schlechte Krisenmanagement von Kibakis Regierungsmannschaft während einer Dürre, die Anfang 2006 Nordostken a heimsucht, sowie ein **rätselhafter Überfall,** bei dem die Redaktionsräume von KTN-TV und der Zeitung „The Standard" verwüstet werden, die allzu kritisch über Anglo Leasing berichteten, kratzen weiter an Kibakis Integrität.

Nach und nach kommt ans Licht, dass eine als *Kanga Squad* bezeichnete Sondereinheit aus Kriminalpolizei und GSU, einer paramilitärischen Organisation, den Überfall durchführte, um Beweismaterial zu beschlagnahmen. Der Minister für Innere Sicherheit, *John Michuki* (Kenianern als harter Hund bekannt, seit er die einflussreiche Matatu-Branche dazu zwang, Passagier- und Geschwindigkeitsbeschränkungen einzuhalten), rechtfertigt den empörenden Vorfall damit, dass die Maßnahme der Unterbindung staatsfeindlicher Aktivitäten galt, ohne irgendwelche konkreten Hinweise zu liefern. Die Geschichte rutscht auf Seifenoper-Niveau, als *Raila Odinga*, Kibakis schärfster Widersacher, der Presse kolportiert, dass die Regierung ausländische Söldner beschäftigt, die ebenfalls in den Überfall verwickelt waren. Im Zentrum der Affäre scheinen zwei Armenier zu stehen, die *Arturo Brothers*, die mit ihren wilden Partys und protzigem Auftreten die kenianischen Klatschspalten füllen. Sie erfahren eine VIP-Behandlung durch die Behörden und offenbar auch die Protegierung von höchster Seite. Schließlich stellt sich sogar heraus, dass einer der Beiden mit einer Frau liiert ist, die beste Kontakte in den Präsidentenpalast unterhält: die Tochter von Kibakis (inoffizieller) zweiter Frau ...

Die Investitionen in den Ausbau des Straßensystems und die Infrastruktur, das stark gewachsene Steueraufkommen sowie der Abbau der Korruption in bestimmten Wirtschaftsbereichen und Behörden (beispielsweise im Hafen von Mombasa) sowie die schnell wachsende kenianische Wirtschaft führen dazu, dass das Ausland die Regierung Kibaki dennoch überwiegend positiv bewertet. Die Kenianer selbst werfen sich mit eher gemischten Gefühlen, aber großer Leidenschaft in den nächsten **Wahlkampf.** Obwohl *Uhuru Kenyatta* mit der KANU noch im Sommer **2007** in Kibakis Lager wechselt und *Kalonzo Musyoka* mit seiner eigenen Fraktion ODM-Kenya neben acht weiteren Kandidaten um die Präsidentschaft kämpft, läuft alles auf einen Showdown zwischen *Raila Odinga* von der ODM und *Mwai Kibaki* mit seiner neu gegründeten **Party of National Union (PNU)** hinaus. Die Kenianer sind im Wahlfie-

ber. Kein anderes Gesprächsthema scheint in den Medien, den Matatus und auf den Märkten zu existieren. Und: Es wird der teuerste Wahlkampf in der Geschichte des Landes. Dass Kibaki die Bestellung der Wahlkommission entgegen aller politischen Gepflogenheiten im demokratischen Kenia ohne die Konsultation mit den anderen Parteien vornimmt, geht da fast unter. Die Wahl selbst verläuft friedlich, die Kenianer sorgen für eine Rekordbeteiligung und warten geduldig über Stunden, um ihre Stimme abzugeben. Bei der Auszählung zeichnet sich ein Vorsprung für Herausforderer Odinga ab, auch die Prognosen und das vorläufige Ergebnis gehen von einem Sieg Odingas aus. Da plötzlich gerät die Auszählung ins Stocken, bevor sich das Bild überraschend wandelt: Kibaki holt auf. Die Bekanntgabe der offiziellen Ergebnisse wird hinausgezögert, *John Michuki*, Minister für Innere Sicherheit, verhängt präventiv eine Nachrichtensperre. Schon kursieren über SMS und in anderen Medien Berichte von massivem **Wahlbetrug.** Nach drei Tagen Tauziehen hinter den Kulissen schließlich wird Kibaki unter Protest der Opposition mit knappem Vorsprung zum Präsidenten gekürt, obwohl die ODM mit 99 Sitzen die meisten Parlamentssitze gewinnt. Einen Denkzettel bekommt das politische Establishment von der Wählerschaft dennoch mit auf den Weg: 14 Minister der Regierung werden nicht einmal mehr ins Parlament gewählt, ebenso wie viele andere notorische Abgeordnete. Internationale und nationale Beobachter sprechen von starken Unregelmäßigkeiten, ausländische Presseleute von gefledderten Wahlurnen und meinen, dass Kenia von Kongo noch viel lernen könne – nämlich, wie man eine Wahl professionell manipuliert. Der Leiter von Kibakis handverlesener Wahlkommission wird später in einem Interview auf die Frage, wer die Wahl wirklich gewonnen hat, antworten: „Ich weiß es nicht!" Und dann zu Protokoll geben, dass er vor der Bekanntgabe der Ergebnisse stark unter Druck gesetzt wurde.

So wird nachvollziehbar, dass die Wahl bei vielen in Kenia das Gefühl hinterlässt, um den Sieg ihres Kandidaten betrogen worden zu sein. Und dann brechen in den Slums von Nairobi **fürchterliche Ausschreitungen** los, die Wut entlädt sich an Kikuyus, der Ethnie Kibakis, sie müssen für den Betrug bluten. Als diese in der nächsten Welle der Gewalt zurückschlagen, scheinen die offiziellen Sicherheitskräfte auf ihrer Seite zu stehen. Der bürgerkriegsähnliche Zustand breitet sich auf das Rift Valley und nach Westkenia aus, auch an der Küste kommt es zu Zwischenfällen. Am Ende der Auseinandersetzungen, die sich über Wochen hinziehen, werden knapp **1500 Tote** zu beklagen sein. Kisumu sieht aus wie nach einem Krieg, über 600.000 Kenianer sind vor Massenmorden und Gräueltaten geflüchtet und haben alle Habe verloren. Das gebildete Kenia ist fassungslos und übt mit Spendensammlungen Solidarität. Aber eine massenhafte Auflehnung der Zivilgesellschaft gegen die Gewalt bleibt aus, sie scheint sich im Zustand der Schockstarre zu befinden. Eine solche Entwicklung hatte vor der Wahl niemand für möglich gehalten, weder im In- noch im Ausland. Dann wird klar, dass die Konflikte von den Führungen beider politischer Blöcke gefördert wurden, um Druck auf die Gegenseite auszuüben. Der ODM klebt ebenso Blut an den Händen wie der PNU. Auch Politiker anderer ethnischer Gruppen, etwa der Kalenjin, haben sich für Gräueltaten bewaffneter Gangs bedient. In den Nachbarländern Uganda, Ruanda und Kongo treten ebenso wie in Kenia große **Versorgungsengpässe** auf, weil die Transportwege von illegalen Roadblocks unterbrochen werden, an denen Reisende anderer Ethnien aus dem Wagen gezogen und misshandelt werden. Nur dank der Hilfe des früheren UN-Generalsekretärs *Kofi Annan* kann Ende Februar 2008 schließlich ein Frieden zwischen den verfeindeten Lagern hergestellt werden, der mit einer **Grand Coalition** in der Machtteilung von PNU und ODM mündet. Präsident bleibt Kibaki, während Odinga den neu geschaffenen Posten des Premierministers erhält.

Der mühsam ausgehandelte Kompromiss ändert nichts daran: Kenia steht vor einem **Scherbenhaufen.** Durch die große Koalition werden die Umsetzung politischer Entscheidungen erschwert und die Ausgaben zusätzlich erhöht. Eine Opposition, die das Wort verdient, fehlt nun, wodurch die Kontrolle gegen Korruption und andere Missstände aufgeweicht wird. Zudem ist das **Verhältnis zwischen Kenias Völkern tief zerrüttet,** der Tourismus abermals zusammengebrochen. Die Hoffnung auf eine baldige wirtschaftliche Erholung wird im Herbst 2008 von der globalen Wirtschaftskrise gedämpft. Vor allem aber ist das Vertrauen der Menschen in die Demokratie schwer erschüttert. Als große Konstante hat sich wieder einmal die **Ruchlosigkeit der Politikerkaste** erwiesen, die bereit ist, nach bewährter Manier die ethnische Zugehörigkeit als politisches Instrument zu missbrauchen und sogar über Leichen zu gehen.

Auch im Herbst 2009 ist das Land von einem wirklichen Versöhnungsprozess noch weit entfernt. Dabei hat die im Frühjahr 2008 ins Leben gerufene **Untersuchungskommission zu den Wahlunruhen** die Drahtzieher längst ermittelt. Die Ergebnisse dieses Waki-Reports hält die Regierung unter Verschluss – zu viele einflussreiche Politiker werden dort offenbar genannt. Im Sommer 2009 leitet *Kofi Annan* die geheime Namensliste an den Internationalen Gerichtshof in Den Haag weiter. Kommt es innerhalb eines Jahres nicht zu einem innerkenianischen Tribunal, wird der Chefankläger dort aktiv werden. Es mag eine Genugtuung für manches Opfer sein, dass einige große Tiere in Kenia deswegen schlaflose Nächte haben dürften ...

Derweil gehen die Kenianer vielleicht ihrer schwersten Prüfung entgegen, den **Wahlen 2012.** Ein Jahr vor dem 50-jährigen Unabhängigkeitstag werden sie ihren Glauben an die Demokratie neu beseelen und Besonnenheit im Umgang mit den anderen Völkern des Landes beweisen müssen, um Schlimmes abzuwenden. Dass Kibakis Scharfmacher *John Michuki* im Frühjahr 2009 gegen wütende Proteste das *Kenya Communications Bill* durch das Parlament brachte, ein Gesetz, das bei Pressevergehen hohe Geld- und Gefängnisstrafen vorsieht, ist einer ungefilterten Medienberichterstattung sicherlich nicht förderlich. Massive Probleme machen dem Land zu schaffen: der Kampf um die Ressourcen Land, Wald und Wasser sowie eine fortgesetzte Dürre. Was Kenia bräuchte, sagen viele, wäre ein Präsident, der noch nicht in unlautere Machenschaften verstrickt war. Der einstige Korruptionswächter **John Githongo** kehrte 2009 aus dem Exil zurück, um seinen Kampf fortzusetzen. Vielleicht sucht er ja noch nach einem Zweitjob ...

Wirtschaft

Kenia galt **über Jahrzehnte** als **der politische und wirtschaftliche Musterknabe Ostafrikas.** Seit der Unabhängigkeit 1963 verfolgte das Land einen **marktwirtschaftlichen, pro-westlichen Kurs.** Stabilität und Sicherheit bewirkten ein günstiges Investitionsklima und zahlten sich über Jahre durch ein gesundes Wirtschaftswachstum und viele neue Gewerbe- und Industrieansiedlungen aus.

Ab Mitte der 1980er Jahre führte die ausufernde **Korruption unter Moi** u.a. dazu, dass die Infrastruktur zunehmend verkam. Politische Unruhen führten wiederholt zu einem **Einbruch im Tourismussektor.** Bis zum Regierungswechsel 2002 war es daher um die wirtschaftliche Entwicklung schlecht bestellt. Seit 2003 ist eine starke Erholung mit Wachstumsraten um die 7% zu beobachten, die durch die Wahlunruhen Anfang 2008 und die Weltwirtschaftskrise 2009 allerdings einen Dämpfer erlebte. Mit einer Fortsetzung des positiven Trends ist daher erst wieder ab 2010/2011 zu rechnen. Die Auswirkungen der Krise versucht die Regierung mit großen Infrastrukturmaßnahmen bei Eisenbahn, Straßenbau und Stromerzeugung zu überbrücken. Seit Sommer 2009 ist Kenia über ein Breitband-Internet-Unterseekabel mit dem Rest der Welt verbunden.

Diese Entwicklungen haben einen sozialen Scherbenhaufen hinterlassen. Mittlerweile leben nach der Statistik **rund 50% der Bevölkerung unterhalb der Armutsgrenze,** wobei das jährliche Pro-Kopf-Einkommen bei knapp 900 US$ liegt und sich die Arbeitslosenrate in einer Größenordnung von weit über 30% bewegt.

Seinen Nachbarn ist Kenia wirtschaftlich freilich immer noch um Längen voraus. Die jährlichen Exporte lagen 2008 in der Größenordnung von 4,9 Milliarden US$, das **Bruttoinlandsprodukt** erreichte **34,4 Milliarden US$,** während die **Inflation** in den vergangenen beiden Jahren von 10% auf über 20% sprang. Die **Handelsbilanz** war die letzten Jahre beständig **negativ,** die Auslandsverschuldung beläuft sich auf knapp über 7 Milliarden US$.

Die **wichtigsten Ausfuhrländer** waren Uganda, Tansania, Großbritannien, USA und Deutschland, bei den **Einfuhren** lag Indien an erster Stelle, gefolgt von China, Südafrika, USA, Japan, Großbritannien und Deutschland.

Kenia ist im afrikanischen Vergleich ein attraktives Land für Investitionen, weil es viele **gut ausgebildete Arbeitskräfte** besitzt und die Wirtschaft mit einem starken Agrarsektor, dem Tourismus und der Industrie auf verschiedenen Beinen steht. Auch Telekommunikation und Bergbau verzeichnen gesunde Wachstumsraten. Das Konsumklima ist gut und der Privatsektor stark entwickelt. Und das Land profitiert von der inoffiziellen **Rolle Nairobis als wirtschaftlicher, kultureller und politischer Hauptstadt der gesamten Region.** Eine große Zahl ausländischer Firmen hat in Kenia ihren Produktions- und Verwaltungssitz für Ost- und Zentralafrika angesiedelt. Zudem ist Kenia das einzige Land der Dritten Welt mit einem **Sitz von UN-Organisationen,** nämlich *UNEP (United Nations Environmental Programme,* Referat für Umweltschutz) sowie *HABITAT,* dem Referat für Siedlungsangelegenheiten. Auch viele **humanitäre Organisationen** steuern von Nairobi aus ihre Kampagnen und Hilfsaktionen in den krisengeschüttelten Nachbarländern. Ebenso wie der große Stab an Botschaftspersonal und die Mitarbeiter der internationalen Medien sind ihre Angestellten ein nicht zu unterschätzender Wirtschaftsfaktor. Die Faktoren, die das Investitionsklima belasten, sind Infrastrukturdefizite, der hohe Anteil an armer Bevölkerung, Kriminalität, Korruption – und die

Exportschlager Schnittblumen –
Arbeiterinnen im Gartenbau

ständigen Streitereien innerhalb der regierenden großen Koalition.

Landwirtschaft und Fischereiwesen

Die **Landwirtschaft** ist nach wie vor der **wichtigste Arbeitgeber des Landes,** rund 70% der Arbeitskräfte stehen hier in Lohn und Brot. Dabei erwirtschaftet dieser Sektor nur **24% des Bruttoinlandsproduktes,** ist aber gleichzeitig für den größten Teil der exportierten Werte verantwortlich. Diese Diskrepanz hat eine koloniale Vorgeschichte: Die Briten verbaten den Afrikanern schon zu Beginn der Kolonialzeit per Gesetz den Anbau von Verkaufsfrüchten, offiziell mit dem fadenscheinigen Argument, dass ihr mangelndes Fachwissen ein Sinken der Produktqualität bewirken würde. Tatsächlich wollte man verhindern, dass sie ihre Hütten- und Kopfsteuern durch Ackerfrüchte verdienen konnten, da man billige Lohnarbeitskräfte auf den europäischen Großplantagen brauchte. Viele dieser **großen Farmen** – besonders in den exportstarken Sparten Tee, Kaffee, Sisal und seit neuestem Gartenbau, aber auch in der Milch- und Fleischwirtschaft – haben den Wechsel zur Unabhängigkeit prächtig überdauert, gehören inzwischen aber häufig einflussreichen kenianischen Geschäftsleuten und Politikern.

Der Großteil der Ackerfläche wird allerdings nach wie vor von **Kleinbauern** bewirtschaftet, die vor allem **Lebensmittel für den Eigenbedarf** anbauen. Erst in zweiter Linie produzieren sie auf einem Teil ihres Bodens auch Verkaufsfrüchte. Die verfehlte Landwirtschaftspolitik und die unendlichen Korruptionsskandale bei den Genossenschaften, in denen Bauern für bereits gelieferte Produkte nicht bezahlt wurden, haben dazu geführt, dass der nach der Unabhängigkeit auf hohe Werte gestiegene Produktionsanteil von Kleinbauern (im Teesektor über 50%) sich wieder verringerte, weil sich viele von ihnen aus diesen Geschäften zurückzogen. Die zu

Land und Leute

kent132 Foto: hf

Kolonialzeiten eingeführte Trennung in einen bäuerlichen **Subsistenzsektor** und einen professionellen **Exportsektor** wird also eher wieder stärker als schwächer. Übrigens sind nur etwa 20% des kenianischen Bodens für den Ackerbau geeignet, 1% der Landesfläche wird von permanenten Plantagen bedeckt, weitere 37% sind immerhin als Weide nutzbar. Der überwiegende Teil des Landes wird hingegen von nicht nutzbaren Wüsten und Halbwüsten geprägt.

Gartenbau ist der Shootingstar der kenianischen Landwirtschaft und erzielte 2007 knapp 20% aller Ausfuhrwerte – Tendenz weiter steigend – und hat damit Kaffee und Tee überholt. Es sind vor allem Schnittblumen und Gemüse, die am Lake Naivasha und in den Hochländern produziert und dann per Flugzeug von Kenia nach Europa exportiert werden. Wer in Deutschland im Winter Rosen kauft, hat allerbeste Chancen, ein Stück Kenia in der Vase stehen zu haben.

Zudem ist Kenia nach China und Indien **drittgrößter Schwarzteeproduzent der Welt** und sogar Exportweltmeister. Auch qualitativ gehört der kenianische Tee zur Spitzengruppe auf dem Weltmarkt. Die Produktionsmenge lag 2008 bei 345.000 Tonnen. Mit 694 Millionen US$ ist **Tee nach Tourismus und Gartenbau der drittgrößte Devisenbringer** und für 15% der Exportwerte verantwortlich. Die Hauptanbaugebiete liegen in der Region von Kericho, aber auch in den Nandi Hills, am Rande der Aberdares und am Mt. Kenya wird produziert.

Die nächstwichtigste Exportpflanze ist **Kaffee,** die 2008 Einnahmen von 155 Millionen US$ erzielte. Der kenianische Kaffee **zählt zu den bestbezahlten Kaffeesorten auf dem Weltmarkt,** da sein starkes Aroma besonders zum Veredeln von minderwertigem Kaffees gebraucht wird. Angebaut wird Kaffee vor allem im Zentralen Hochland um die Aberdares und am Mt. Kenya, aber auch in den Machakos Hills.

Mit Abstand **größter Produzent der Welt** – obwohl finanziell nicht so bedeutend – ist Kenia **bei dem natürlichen Insektizid Pyrethrum.** Jährlich werden 10.000 Tonnen der getrockneten, wirkstoffreichen Blüten im Wert von 30 Millionen US$ verkauft.

Ebenfalls bedeutsam sind die Ausfuhren von Sisal, Gerbrindenextrakten, Ananassäften und Dosenfrüchten. Auf dem lokalen Markt spielen die kenianische Produktion von Zucker, Tabak, Baumwolle und vor allem die Grundnahrungsmittel wie Mais und Weizen eine Rolle.

Die **Viehwirtschaft** zerfällt wie der Ackerbau in einen Subsistenzsektor und eine Produktion, die eher mit intensiven europäischen Verhältnissen vergleichbar ist. Besonders in den Gebieten, die für Ackerbau nicht geeignet sind, stellen **Kamele, Ziegen, Schafe, Esel und Rinder** die Lebensgrundlage der Menschen dar. Das Vieh wird allerdings nicht auf dem Markt verkauft, sondern als Reserve für Notzeiten gehalten. Man lebt in erster Linie von Milch und Tierblut, geschlachtet – vor allem Kamele und Rinder – wird nur zu besonderen Anlässen. Denn bei vielen Nomadenvölkern, etwa Masai, Samburu, Somali und Turkana, besitzen die Tiere einen großen kultischen Wert, der Status in der Gesellschaft bemisst sich vor allem nach der Rinderzahl.

Viehdiebstahl ist in Nordkenia eine traurige Alltäglichkeit. Früher wurde er als eine Art Sport zwischen den Kriegerkasten der einzelnen Völker geführt, bei dem man seinen Mut beweisen oder an den Brautpreis für die spätere Heirat gelangen konnte. Diese folkloristischen Zeiten sind jedoch vorbei. Heutzutage ist es in den meisten Fällen ein tödliches Geschäft. Die Viehdiebe werden von skrupellosen Geschäftsleuten aus Nairobi mit automatischen Waffen versorgt, das gestohlene Vieh wird auf Lkw verladen und sofort in die Schlachthöfe des Landes gefahren. An diesem schnell verdienten Geld klebt eine Menge Blut, denn bei den Überfällen kommen durch die Schusswaffen unschuldige Menschen ums Leben.

In den Hochländern und im Rift Valley gibt es **Milch- und Fleischbetriebe,** die für den kenianischen Markt produzieren. Bei dem Vieh handelt es sich zumeist um europäische Hochleistungsrassen, die in lokale Zebu-Rinder, die gegen viele Krankheiten natürliche Resistenzen besitzen, eingekreuzt wurden. Die Region um Molo ist bekannt für ihre Merino-Schafe, Molo-Lamm wird in vielen europäischen Feinschmeckerläden als absolute Spezialität gehandelt. Kenia ist Exporteur von Fellen, lebenden Tieren (vor allem Kamele nach Arabien) sowie Wolle.

Das **Fischereiwesen** bringt dem Land über 60 Millionen US$, Tendenz steigend. Von überragender Bedeutung ist dabei der Victoria-Barsch aus dem **Lake Victoria,** mit über 90% der landesweiten Fangmenge der wichtigste Fischgrund des Landes. Verschiedene Entwicklungshilfeprojekte wollten am zweiten großen Binnensee, dem **Lake Turkana,** eine Fischereiindustrie aufzubauen, die Versuche dürfen aber als gescheitert betrachtet werden. **An der Küste** wird überwiegend für die Hotellerie des Landes gefangen, hier besteht noch großes Potenzial für eine Steigerung der Fangmengen.

Bergbau

Kenia ist **nicht besonders reich an Bodenschätzen,** aber immerhin besitzt es namhafte Vorkommen an Flussspat, der im Kerio Valley abgebaut wird. Am Magadi-See existieren die größten Sodaasche-Vorkommen der Erde – ein wichtiger Zuschlagsstoff für die Glasindustrie –, die von einer britischen Firma ausgebeutet werden. In Westkenia gibt es auch erwähnenswerte Goldlagerstätten, die aber nur im kleinen Maßstab von privaten Goldsuchern ausgebeutet werden.

Große Hoffnungen bestehen im Land, auf namhafte **Erdöllagerstätten** zu stoßen. Die Exploration konzentriert sich gegenwärtig auf Offshore-Bohrungen vor dem Lamu-Archipel, aber auch in Nordkenia werden Ölvorkommen vermutet.

Industrie

Der industrielle Sektor Kenias ist für rund **11% des Bruttoinlandsproduktes** verantwortlich und im Vergleich zu jenen der ostafrikanischen Nachbarn gut entwickelt. Neben Nairobi, welches das größte Gewerbegebiet zwischen Kairo und Johannesburg besitzen dürfte, sind vor allem die Städte Mombasa, Athi River, Thika und Nakuru wichtige Industriestandorte. Neben einer starken **Le-**

bensmittel- und Zementindustrie, die viel in die Nachbarländer exportiert, besitzt Kenia u.a. auch große **Textil- und Schuhfabriken.** Die haben momentan gleich an zwei Fronten zu kämpfen: gegen billige Second-Hand-Kleider aus europäischen Sammlungen und preiswerte Importware aus China.

Weitere wichtige Industriesektoren – neben ungezählten mittelständischen Gewerbebetrieben der Kunststoffproduktion und des Handwerks – sind der Fahrzeugbau Galvanisierungsbetriebe, die Papierindustrie, die Lederindustrie, die Glasproduktion, die Batterienherstellung, eine Erdölraffinerie u.a. Das Wachstum des industriellen Sektors wäre vermutlich deutlich stärker, wenn nicht illegale Importe von einflussreichen Personen steuerfrei ins Land geschleust würden und den einheimischen Markt kaputt machten.

Ein weiteres großes Problem ist die **unzureichende Stromversorgung.** Und so investiert der kenianische Staat gegenwärtig große Summen in den Ausbau der Stromkapazitäten, und endlich laufen auch erste alternative (Wind-)Energieprojekte an. Ein Teil der lokalen Energieproduktion wird aus geothermischer Energie gewonnen, die Kapazitäten im Hell's Gate National Park und auf dem Eburru-Vulkan werden weiter ausgebaut. Ein weiterer großer Anteil kommt von Wasserkraftwerken am Tana River. Mit denen gibt es ein Problem von höherer Seite, das sich kaum abstellen lassen wird: In der Trockenzeit führen die Flüsse nur wenig Wasser, wodurch die produzierte Strommenge wesentlich kleiner ausfällt.

Tourismus

Der **Dienstleisungssektor** Kenias erwirtschaftet mit rund **60%** den größten Teil des **Bruttoinlandsproduktes,** sein Zugpferd ist der **Fremdenverkehr,** der 2007 mit 1,1 Milliarden US$ für rund **18% der Deviseneinnahmen** verantwortlich war. 13% aller Beschäftigten in Kenia sind in der Tourismusbranche beschäftigt, die daher einen ähnlichen Stellenwert wie in Deutschland die Autoindustrie besitzt. Denn neben den direkt Beschäftigten, etwa dem Hotelpersonal und den Safari-bus-Fahrern, leben ja auch die ganze Anden-kenindustrie, die Souvenirläden, die Lebens-mittel- und Getränkehersteller und sogar die Wildhüter von den Besuchern Kenias. **2007** kamen **1,1 Millionen Gäste** ins Land, wobei die Deutschen mit knapp 100.000 Besuchern eine der größten Gruppen stellten. Die Unru-hen nach den Wahlen im Frühjahr 2008 führ-ten zu einem massiven Einbruch von bis zu 40% und bewirkten wirtschaftliche und so-ziale Probleme im Land. Der erhoffte Wie-deraufschwung wurde durch die folgende Weltwirtschaftskrise stark abgebremst. Die Auswirkungen dieser Misere sind auch des-halb so schwerwiegend, weil jeder Angestell-te mit seinem schmalen Gehalt im Durch-schnitt zehn Angehörige versorgt. Vor die-sem Hintergrund ist das rapide Anwachsen des einheimischen Tourismus während der letzten Jahre um über 60% bedeutsam. Die meisten Urlauber verbringen ihre Ferien an der Küste und machen kurze Safari-Abste-cher zu einem der großen Nationalparks ins Inland. Die Individualtouristen sind in Kenia klar in der Minderheit.

Mit massiver **Tourismuswerbung** auch auf neuen Märkten in Osteuropa, am arabischen Golf und in Asien versucht man den Frem-denverkehr wieder anzukurbeln. Kein einfa-ches Unterfangen, denn mit Tansania und Südafrika gibt es zwei gewichtige Konkurren-ten im Revier. Es wäre allerdings verwunder-lich, wenn die Maßnahmen nicht anschlügen, denn die Hauptattraktionen des Landes – die weißen Strände, das gute Wetter und die tier-reichen Nationalparks – sind so schön wie eh und je.

Jua Kali – der informelle Sektor

Aus dem täglichen Straßenbild in Kenia sind sie überhaupt nicht wegzudenken, die Ge-schäftemacher, fliegenden Händler und Handwerker, die unter freiem Himmel ihrem Business nachgehen und allgemein als Jua Kali bekannt sind. Der Begriff wurde in den 1980er Jahren für **kleine Handwerker** ge-prägt, die im informellen Sektor arbeiteten, d.h. **nicht als Gewerbetreibende angemel-det** waren, **keine eigenen Grundstücke und**

Wirtschaftsgebäude hatten und deshalb vor allem auf öffentlichen Flächen ihr Geschäft betrieben – „Jua Kali" bedeutet auf Kisuaheli nämlich so viel wie „stechende Sonne".

Anfangs waren es nur Schmiede und Me-tallarbeiter, dann auch Mechaniker. Inzwi-schen versteht man unter diesem Begriff alle, die kleine selbstständige Betriebe führen. Ihr Spektrum reicht vom Obst-, Getränke- oder Ramschverkauf zwischen den Autokolonnen der Rush Hour bis zur Heimproduktion von Kleidung. Mit handwerklichen Fähigkeiten, wenig Kapital, niedrigen Preisen, Kreativität und Improvisation bietet dieser Wirtschafts-zweig Dienstleistungen und Waren für die niedrigeren Einkommensklassen in Kenia und ist gleichzeitig die **größte Jobmaschine des Landes.** Über 2 Millionen Menschen gehen einer Beschäftigung im Jua Kali-Bereich nach, einige Quellen gehen sogar von bis zu 50% der arbeitenden Bevölkerung aus. Da sie von keinen Behörden erfasst werden, kann man über die produzierten Werte aller-dings keine verlässlichen Aussagen treffen.

Immerhin scheinen Regierung und Ent-wicklungshilfeorganisationen die wahre Be-deutung und das riesige Potenzial des Jua Kali-Sektors erkannt zu haben. Anders als vie-le unrentable Staatsbetriebe herrscht im Jua Kali-Sektor nämlich ein **hoher Konkurrenz-druck,** niemand erhält Subventionen oder Unterstützungen, alle Betriebe arbeiten hoch wirtschaftlich. Und obwohl es keine formalen Ausbildungswege oder gar Zertifikate gibt, besitzt der Jua-Kali-Sektor ein sehr effektives, stark praxisbezogenes Ausbildungssystem, das nicht – wie viele staatliche Schulen – übertheoretisiert ist. Gleichzeitig tragen die Schüler durch ihre Arbeit selbst zur Finanzie-rung mit bei. Anders als im europäischen Handwerk, mit seinen Jahrhunderte alten Ständen und straff organisierten Innungen, begann im Jua-Kali-Sektor Mitte der 1990er Jahre eine Organisierung, inzwischen gibt es landesweit über 400 Jua-Kali-Verbände. An **Problemen,** die von diesen Interessenver-bänden gelöst werden müssen, herrscht kein Mangel. Bis heute haben die nicht lizensier-ten Kleinstbetriebe unter korrupten Beamten, der Willkür und Vertreibung durch die Stadt-verwaltungen zu leiden. Und da die Unternehmer keine Sicherheiten in Form von Landbesitz bieten können, erhalten sie höchstens von Mikrokredit-Programmen nach dem Beispiel der erfolgreichen Grameen Bank in Bangladesh einen Vorschuss. Die Kreditrückzahlungsquoten unter den Ärmsten sind jedenfalls traumhaft und liegen zwischen 97 und 100%! Rund 70% der Antragsteller für einen Kredit wollen einen Handelsbetrieb eröffnen, die restlichen 30% werden im Kleinhandwerk tätig – zwei Drittel von ihnen Frauen! Die kenianische Wirtschaft könnte gar nicht das Geld aufbringen, um so viele Jobs zu schaffen, wie d es der Jua-Kali-Sektor mit relativ geringen Inputs leistet. Immerhin hat Kenia als eines der ersten Länder eine Regierungspolitik für die Förderung des informellen Sektors formuliert, und **1998** fand bereits die **erste Jua-Kali-Messe in Nairobi** statt, die zahlreiche pfiffige Ideen der Straßenrandtüftler präsentierte.

Bevölkerung

Demografischer Überblick

Die Bevölkerung Kenias zählt gegenwärtig rund **39 Millionen Menschen.** Lange Zeit besaß das Land die höchste Bevölkerungszuwachsrate der Welt, heute liegt sie bei 2,6%, was immer noch eine Verdoppelung der Menschenzahl in weniger als 20 Jahren bedeutet! Ein wichtiger Faktor, der zum Rückgang der Zuwachsrate führte, ist AIDS. Knapp 7% der Kenianer sollen infiziert sein, im Vergleich zu vielen südafrikanischen Staaten ein sehr niedriger Wert. Die **Bevölkerungsdichte** liegt bei 67 Menschen pro km²; im Vergleich zu den Werten von Deutschland (225 Einwohner pro km²) wirkt das niedrig, doch die Statistik verbirgt, dass rund drei Viertel aller Kenianer auf nur einem Drittel des Landesterritoriums leben. Allein **30% der Kenianer leben in städtischen Siedlungen,** wie den Großstädten Nairobi, Mombasa oder Kisumu, und durch starke Landflucht wird diese Zahl zukünftig weiter wachsen. Nairobi ist mit inzwischen wohl 4 Millionen

Einwohnern Heimat für 10% aller Kenianer. Daneben gibt es einige ländliche Regionen, die dank hoher Niederschläge von bis zu 2000 mm und fruchtbarer Böden eine äußerst dichte Besiedlung aufweisen, etwa die Zentralen Hochländer in der Umgebung von Mt. Kenya und den Aberdares sowie das Land zwischen Victoria-See und Mt. Elgon, aber auch die Hochländer der Gusii und Kipsigis. Ebenfalls dicht besiedelt ist der feuchttropische Küstenstreifen.

In starkem Kontrast dazu steht die **Nordhälfte Kenias,** die von trockenem Buschland sowie Halbwüsten und Wüsten bedeckt wird und nur wenige Pastoralisten ernährt, die mit ihren Viehherden umherziehen müssen, um genügend Futter für ihre Tiere zu finden. Die verbliebenen Ackerbaureserven, vorwiegend Naturschutzgebiete und vereinzelte Waldflächen, aber auch das Transmara-Gebiet nahe der Grenze zu Tansania, stehen daher unter starkem Siedlungsdruck aus den dicht bevölkerten Teilen Kenias. Wer noch vor wenigen Jahren von Naivasha nach Nakuru fuhr, wird die Gegend heute kaum wiedererkennen: Wo sich damals wildreicher Busch erstreckte, ist heute das Land in kleine Farmen aufgeteilt. Und zwischen dem Rift Valley und Narok, auf dem Weg in die Masai Mara, ist alle Wildnis gerodet und in riesige Weizenfarmen umgewandelt worden. Im Sommer 2009 war das beherrschende kenian sche Medienthema die zunehmende Zerstörung des Mau Forest durch Kleinbauern. Al dies sind Symptome des unstillbaren Hungers nach Land, der das Gesicht von Kenia in den nächsten 20 Jahren noch maßgeblich verändern wird.

Der Grund für den **Kinderreichtum** des Landes – rund 43% aller Kenianer sind unter 14! – findet sich vor allem in der traditionellen Bedeutung von Kindern als **Altersvorsorge der Eltern,** aber auch als wichtige Hilfen in der Landwirtschaft spielen sie eine Rolle. Einer effektiveren Familienplanung stehen neben diesen wirtschaftlichen Gründen auch traditionelle Tabus, die Unkenntnis vieler Frauen über Verhütungsmethoden sowie die Gleichgültigkeit oder sogar Opposition der Männer im Wege. Sicher ist jedenfalls, dass das stetige **Bevölkerungswachstum eines**

Land und Leute

der **Schlüsselprobleme der kenianischen Gesellschaft** darstellt. Denn neben der Zerstörung natürlicher Ressourcen werden alle Errungenschaften des Wirtschaftswachstums von den zusätzlichen Mäulern wieder aufgefressen. Es gibt nicht genügend Jobs, die Regierung kommt mit dem Ausbau der Infrastruktur, etwa der schulischen und medizinischen Versorgung, nicht mehr hinterher, und der allgemeine Lebensstandard des größten Bevölkerungsteils ist daher seit der Unabhängigkeit sogar gesunken.

Ethnien in Kenia

Was wir so leichthin als „die Kenianer" bezeichnen, entpuppt sich bei näherem Hinsehen als – im wahrsten Sinnes des Wortes – ein buntes Volk mit sprachlich, kulturell, religiös, ethnisch und wirtschaftlich sehr verschiedenartigem Hintergrund. Neben kleinen asiatischen, europäischen und arabischen Bevölkerungsteilen unterscheidet man rund **40 mehr oder minder sprachlich-kulturell voneinander abgrenzbare afrikanische Gruppen,** die als Ethnien, Völker oder Stämme bezeichnet werden, wobei in letzterem Begriff ein rassistischer Unterton von Hinterwäldlertum und Kulturlosigkeit mitschwingt. Häufig ist die Trennungslinie allerdings nicht ganz klar zu ziehen, weil zwischen einzelnen Ethnien enge Verwandtschaften bestehen. Andererseits wurden in der Vergangenheit bisweilen durch die bereitwillige Aufnahme von fremden Einzelpersonen oder ganzen Clans in die Volksgemeinschaft die Unterschiede zwischen den verschiedenen Gruppen verwischt. Der Großteil der kenianischen Bevölkerung bestimmt seine **Identität** aber nach wie vor über die **muttersprachliche Zugehörigkeit zu einer Volksgruppe.** Ein Wir-Gefühl als Kenianer, unabhängig vom „Stamm", ist fast nur bei jungen Menschen in Nairobi erkennbar, die mit den Geschäftssprachen Kisuaheli und Englisch aufgewachsen sind und keine ausgesprochene Bindung an eine Ethnie besitzen. Ansonsten tritt ein **Nationalbewusstsein** im europäischen Sinne vor allem **nach außen** hin auf, etwa bei der Abgrenzung zu den Nachbarstaaten oder bei herausragenden sportlichen Ereignissen.

Im Inland wird man als Europäer immer wieder auf einen negativen Aspekt der ethnischen Zugehörigkeitsgefühle stoßen, nämlich den viel beschworenen **Tribalismus,** also die **wirtschaftliche oder politische Bevorzugung von „Stammes"brüdern** bzw. die Diskriminierung anderer Ethnien. So wird kenianische Politik häufig nicht nach sachlichen Gesichtspunkten, sondern danach betrieben, wie der eigenen Gruppe der Machterhalt oder Vergünstigungen verschafft werden können. Dies spiegelt auch die politische Landschaft wider, deren Parteien weitestgehend entlang ethnischer Zugehörigkeiten ausgerichtet sind. Wobei sich durchaus wechselnde Koalitionen zwischen den einzelnen Volksgruppen bzw. Parteien bilden können. Die **Ausschreitungen nach den Wahlen Ende 2007** haben die Gräben zwischen Kenias Völkern vertieft. Ohne ein Prophet zu sein, kann man festhalten, dass das Schicksal des Landes maßgeblich davon abhängen wird, wie sich das (politische) Zusammenleben der einzelnen Gruppen in Zukunft entwickelt und ob eine Aussöhnung gelingt.

Die kenianischen Völker gehören drei großen afrikanischen Sprachgruppen an, nämlich der Bantu-Gruppe, den Niloten und den Kuschiten, wohingegen Vertreter der vierten afrikanischen Sprachgruppe mit ihren charakteristischen Klicklautsprachen, die Khoisan, denen auch die Buschmänner im südlichen Afrika angehören, fehlen.

Die zahlenmäßig **größte Sprachgruppe** wird mit rund zwei Dritteln von den **Bantus** gebildet. In Westkenia gehören ihr die *Luhya* (mit 14% der kenianischen Bevölkerung das zweitgrößte Volk), die *Kisii* (6%) und die *Kuria* an. Im Zentralen Hochland und an den östlichen Rändern zählen die ökonomisch

ken007 Foto: hf

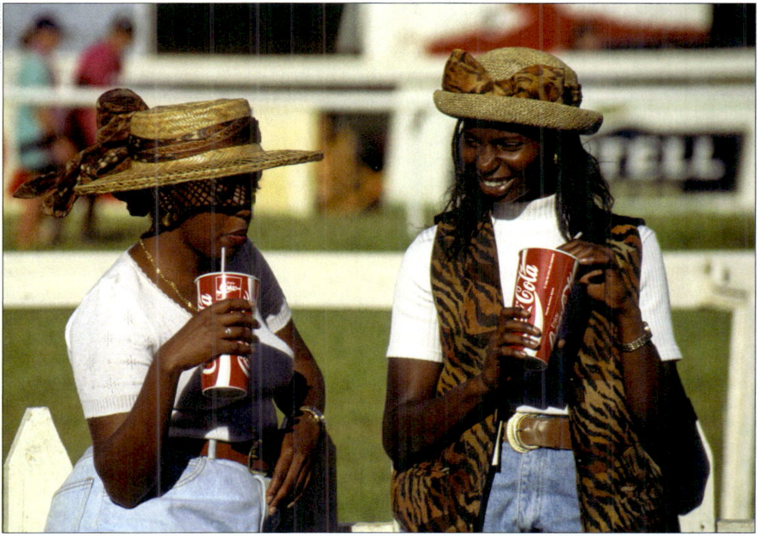

ken039 Foto: hf

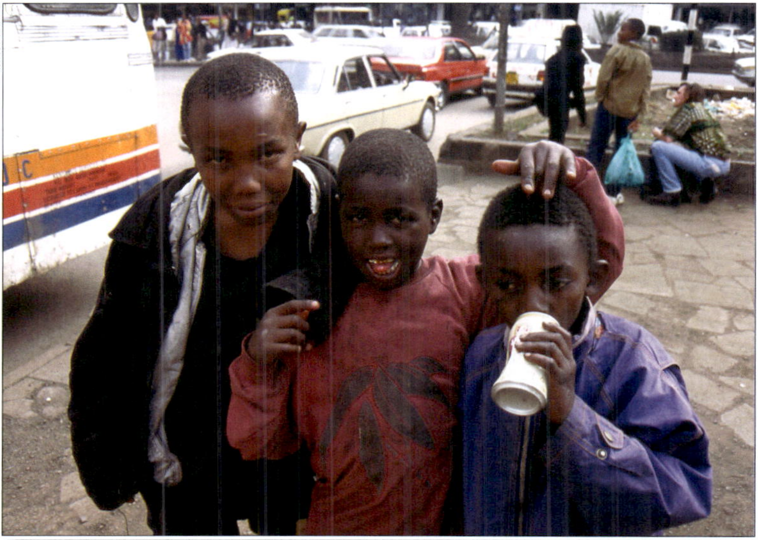

und politisch dominanten **Kikuyus** (22%, das größte Volk des Landes), die *Kamba* (11%), die *Meru* (6%) sowie *Mbere* und *Tharaka* dazu, während an der Küste *Mijikenda, Pokomo, Taita* und *Taveta* dieser Gruppe angehören.

Die **Niloten** stellen mit etwa 30% den **zweitgrößten Sprachgruppenverband,** denen am Victoria-See die *Luo* (13%) und im westlichen Hochland eine als *Kalenjin* (12%) bezeichnete Völkergruppe angehören, in der die *Kipsigis,* die *Nandi,* die *Sabaot,* die *Tugen, Elgeyo, Marakwet* und *Pokot* zusammengefasst werden. In den Ebenen Nordwestkenias, des Rift Valley und am Turkana-See leben mit den *Masai* (trotz ihrer Bekanntheit stellen sie nur 1,8% der Menschen Kenias!) und den *Samburu* sowie den *Turkana, Njemps, Teso* und *El Molo* weitere nilotische Völker.

Die **Kuschiten,** also die *Somali, Rendille, Orma, Boran* und *Gabbra,* sind sämtlich nomadisch lebende Völker, die zwar große Flächen in Nordkenia besiedeln, die wegen der harschen Lebensumstände aber nur etwa 2% der Menschen Kenias ausmachen.

Eingewanderte Minderheiten, also Asiaten, Europäer und Araber, machen nur rund 1% der gesamten Bevölkerung aus. Bei den rund 150.000 **Asiaten** handelt es sich größtenteils um die Nachkommen indischer Bahnarbeiter, die von den Briten für den Bau der Uganda-Bahn ins Land geholt wurden. Mehrheitlich stammen sie aus dem Punjab und Gujarati. Obwohl ihre Heimatgebiete teils auf pakistanischem, teils auf indischem Territorium liegen, spricht man allgemein von „Indians". Trotz ihrer kleinen Zahl spielen sie wirtschaftlich eine überproportionale Rolle, denn sie kontrollieren große Teile von Industrie, Gewerbe und Handel. Wegen zahlreicher verschiedener Religions- und Sektenzugehörigkeiten bilden sie wiederum einen eigenen **Mikrokosmos von Grüppchen,** die sich sowohl von den Afrikanern als auch voneinander hübsch getrennt halten. Besonders auffällig sind die *Sikhs* mit ihren großen Turbanen, die häufig in Ingenieursberufen arbeiten. Daneben gibt es aber auch *Hindus,* die zahlenmäßig größte Gruppe, und verschiedene muslimische Gruppen. Die katholischen *Goanesen* sind im Vergleich zu anderen Asiaten wesentlich offener im Umgang

mit anderen Bevölkerungsteilen. Indische Siedlungszentren sind die Städte Mombasa, Nairobi, Nakuru, Eldoret sowie Kisumu.

Es leben rund 40.000 **Araber** in Kenia, vor allem **omanischer Abstammung.** Ihre Vorfahren kamen erst Mitte des vorletzten Jahrhunderts als Sklavenhändler und Großgrundbesitzer über Sansibar an die kenianische Küste. Die Nachfahren omanischer, persischer und jemenitischer Seeleute und Händler, die bereits seit Jahrhunderten an der Küste siedelten, haben sich hingegen längst mit den Bantu-Völkern der Küste vermischt, woraus die Suaheli entstanden.

In Kenia leben rund 35.000 **Europäer.** Neben den zahlreichen *Expatriates,* die nur zeitlich begrenzt im Land weilen, sind darunter auch rund 10.000 Weiße kenianischer Staatsbürgerschaft, überwiegend Nachfahren der kolonialen Siedler aus dem anglophonen Raum. Diese in der Umgangssprache „Kenya Cowboys" oder kurz „KC's" genannten Kenianer fallen vor allem dadurch auf, dass sie am politischen und öffentlichen Leben des schwarzen Kenia praktisch überhaupt nicht teilnehmen und auch sonst ziemlich „classy" sind. Man bleibt gerne unter sich und pflegt lieb gewonnene britische Traditionen. Ein guter Teil der weißen Kenianer betreibt exklusive Touristikunternehmen, aber auch weiße Farmen mit europäischem Besitzer haben bis heute überlebt. Gerade in der älteren Generation findet man noch richtige Originale, die einem die unglaublichsten Geschichten erzählen können.

Bildungswesen

Die **ältesten Schulen Ostafrikas** waren die **muslimischen Koranschulen an der Suaheli-Küste,** die sich seit Jahrhunderten auf den Religionsunterricht und das Auswendiglernen des Korans beschränkten. Aber auch die ersten Schulen europäischen Zuschnitts waren religiös orientiert. Die kleine **Schule,** die die **deutschen Missionare Krapf und Rebmann** schon bald nach der Eröffnung ihrer Missionsstation **1846** in Rabai einrichteten, kann wohl als die erste Schule in diesem Teil des Kontinents gelten, die ihren Namen im europäischen Sinne verdient. In der anbrechenden Kolonialzeit waren es vor allem die Missionsgesellschaften, die ein dünnes, aber relativ flächendeckendes Bildungssystem für die schwarze Bevölkerung aufbauten. Ein Feld, dass ihnen von der Kolonialregierung in den ersten Jahrzehnten ihrer Herrschaft fast ganz überlassen wurde, später betrieb man es in enger Abstimmung zueinander.

Der **Standard der Ausbildung** für Afrikaner war allerdings **nicht besonders hoch** und beschränkte sich in erster Linie auf die einfache Alphabetisierung und die Vermittlung grundlegender technischer Fähigkeiten. In ganz Ostafrika gab es nur einige Oberschulen, sogenannte *Secondary Schools*, die für Afrikaner die Möglichkeit einer höheren Bildung boten. Durch ihren erweiterten Horizont, der sie von politischen Verhältnissen in anderen Regionen hören und natürlich den eklatanten Unterschied zu ihrer eigenen benachteiligten Behandlung bemerken ließ, wurden die **schwarzen Oberschüler** ungewollt zu so etwas wie den Kaderschulen einer jungen afrikanischen Elite, die sich später stark für die politischen Rechte der afrikanischen Mehrheit engagierte. Aber erst gegen Ende des Zweiten Weltkriegs entstand genügend politischer Druck auf die Kolonialmacht, um Qualität und Umfang der Ausbildung für Afrikaner spürbar zu verbessern.

Das **britische Bildungswesen** in ganz Ost- und Südafrika basierte auf drei Schulblöcken, die jeweils vier Jahre währen, nämlich zweimal vier Jahre *Primary School*, also Grundschule, und vier anschließende Jahre in der Secondary School. Dieses System liegt mehr oder minder unverändert noch dem heutigen kenianischen Schulwesen zu Grunde. Die Schulen waren **nach Rassen** und zumindest im Falle der Missionsschulen auch **nach Religion getrennt**. Sie unterschieden sich fundamental, was ihre Schwerpunkte, die Lehrpläne und vor allem die Qualität betraf. Die **europäischen Schulen** waren deutlich **besser** ausgestattet und erhielten die meisten staatlichen Zuwendungen. An zweiter Stelle, obwohl nicht ganz dem Standard der weißen elitären Schulen entsprechend, standen die Lehranstalten der asiatischen Volksgruppe, während die Afrikaner, wie in anderen gesellschaftlichen Bereichen auch, stark diskriminiert wurden. So verschärfte das Bildungswesen die Trennung der verschiedenen Rassen und Religionen und förderte die Gefühle von Über- und Unterlegenheit.

Nach der Unabhängigkeit unternahm die schwarze Regierung große Anstrengungen, um flächendeckend wenigstens eine **landesweite Mindestversorgung** mit Bildungseinrichtungen sicherzustellen. Noch immer gibt Kenia rund ein Fünftel seiner Staatsausgaben für das Bildungswesen aus. Durch die starke Bevölkerungszunahme hat sich die Zahl der Schüler in den letzten drei Jahrzehnten versechsfacht, inzwischen sind fast ein Viertel aller Kenianer im Grundschulalter! Der grundsätzliche Erfolg der Bildungsbemühungen steht außer Frage, immerhin beträgt die **Alphabetisierung** der kenianischen Bevölkerung rund **85%,** wobei Männer zu 90%, Frauen nur zu knapp 80% lesen und schreiben können. Dieser Unterschied begründet sich dadurch, dass die Jungen zumeist als Hoffnungsträger der Familie gesehen werden und in ihre Ausbildung mehr Geld investiert wird. Das Problem ist, dass in Kenia eine Schulausbildung noch längst keinen Arbeitsplatz garantiert; nur etwa ein Fünftel der Schulabgänger findet auch eine Anstellung.

Wie hoch kenianische Eltern den Wert einer guten Ausbildung ihrer Kinder bemessen, zeigt sich allein schon daran, dass sich die **Schulgebühren** als eine der effektivsten Waffen gegen den Bevölkerungszuwachs erwiesen haben. Die Primary School ist im Prinzip umsonst, aber es fallen Kosten für Schuluniformen und Lehrbücher an, während für die Secondary School beträchtliche Schulgebühren erhoben werden. Gerade für untere Schichten bedeutet dies eine hohe finanzielle Belastung, und kaum eine dieser Familien kann es sich leisten – wenn überhaupt – zwei oder drei Kinder auf die Oberschule zu schicken. Dementsprechend gehen die Schülerzahlen von Stufe zu Stufe drastisch zurück. Trotz **allgemeiner Schulpflicht** sind die Schülerzahlen auf dem Lande niedriger, denn dort müssen die Kinder schon sehr früh im elterlichen Landwirtschaftsbetrieb helfen.

Land und Leute

kenil3i6 Foto: hf

Und in den dünn besiedelten Gebieten Nordkenias liegen die Schulen so weit verstreut, dass die Nomadenkinder über Monate ins **Internat** verschwinden und ihrer alten Kultur völlig entfremdet werden. Dies hat im Falle der Masai, weiter im Süden, bereits zu einem spürbaren Rückgang der Traditionen geführt, der von der Regierung durchaus gewollt ist, denn man versucht schon länger, die als Unsicherheitsfaktor betrachteten Nomaden sesshaft zu machen.

In den meisten Landesteilen sind **Privatschulen** – trotz der deutlich höheren Schulgelder – einer der permanent boomenden Wirtschaftssektoren. Die Hinweisschilder dieser Bildungsanstalten sieht man überall an den Straßenkreuzungen stehen. Wenn die Er-

gebnisse der Schulabschlussprüfungen bekanntgegeben werden, ist dies ein nationales Ereignis, über das alle Medien ausführlich berichten. Die besten Schüler werden als Helden gefeiert, die Schulen mit dem besten Durchschnitt gewinnen an Renommee im ganzen Land.

Bei der **praktischen Berufsausbildung** erfüllen sogenannte *Youth Polytechnics* eine den deutschen Berufsschulen vergleichbare Funktion, zudem gibt es Fachhochschulen. Neben den bekannten öffentlichen Universitäten in Nairobi, Eldoret, Kisumu, Juja bei Thika und Njoro bei Nakuru führt Wikipedia eine stattliche Liste mit 36 weiteren, überwiegend privaten oder konfessionellen Hochschulen. Ein knappes Drittel der Hochschüler ist weiblich. Die größte Änderung im kenianischen Schulwesen und zusätzliche 2 Millionen Grundschüler brachte die Einführung der **kostenlosen Primary Education** durch die Regierung von *Mwai Kibaki* im Jahr 2003. Seit diesem Erfolg ist eine Kostenbefreiung auch der *Secondary Education* immer wieder in der Diskussion, aber noch nicht durchgesetzt.

Schulprüfung bestanden!

Gesundheitswesen

Auch das kenianische Gesundheitswesen wurde zu einem großen Teil **von kirchlichen Missionen aufgebaut,** und den christlichen Krankenhäusern kommt besonders in abgelegenen Regionen weiterhin eine tragende Funktion zu. In allen Distrikthauptstädten gibt es **staatliche Krankenhäuser,** auf dem Land wird darüber hinaus ein **Basisgesundheitsdienst** mit Krankenschwestern und Hebammen unterhalten, die Behandlung von Kindern ist hier kostenlos. Das hört sich für ein Entwicklungsland in der Theorie vorbildlich an, in der Realität lassen sich im Land aber drastische **regionale Unterschiede** in der medizinischen Versorgung festhalten. Während in der Hauptstadt Nairobi rund 463 Krankenhausbetten pro 100.000 Menschen existieren, sinkt diese Zahl mit zunehmendem Abstand der Metropole immer weiter ab. Im Zentralen Hochland sind es noch 160, im Rift Valley 135, im Nordosten nur 73, und das stark bevölkerte Westkenia unterbietet diese Zahl nochmals fast um die Hälfte! Diese Zahlen deuten bereits an, dass die Regierungskrankenhäuser, ähnlich wie das staatliche Schulwesen, unter **viel zu kleinen Budgets** leiden. Es fehlt buchstäblich an allem und so können nur die Patienten behandelt werden, die Medikamente und Pflegemittel aus eigener Tasche bezahlen. Im Gegensatz dazu bieten Nairobi und mit gewissen Einschränkungen auch Mombasa für jene, die es sich leisten können, topmoderne medizinische Einrichtungen auf europäischem oder amerikanischem Niveau. Das private Nairobi Hospital gilt als die beste Klinik im gesamten ost- und zentralafrikanischen Raum, gleiches gilt auf dem Gebiet der Pädiatrie für das Getrude's Children Hospital.

Besondere Schwerpunkte der kenianischen Gesundheitspolitik sind die **Familienplanung** und die **Bekämpfung von AIDS.** Die Krankheit wird von den Medien immer wieder thematisiert und in aller Öffentlichkeit diskutiert, es gibt zahlreiche Aufklärungskampagnen und NGO-Projekte. Und jedermann kann sich inzwischen umsonst testen und be-

raten lassen, eine wichtige Voraussetzung, um der Ausbreitung entgegenzuwirken. Gegenwärtig gelten 6,7% der erwachsenen kenianischen Bevölkerung zwischen 15 und 49 Jahren als infiziert, wobei die Infektionsrate in den Städten etwa doppelt so hoch wie auf dem Land ist. Die Problemlawine, von der die kenianische Gesellschaft durch die Epidemie erfasst wird, gibt Anlass zur Sorge. Im Jahr 2006 ging man von über 1 Million AIDS-Waisen aus. Abgesehen von der humanitären Katastrophe ist der wirtschaftliche Schaden immens, weil ein hoher Prozentsatz der Toten zur gut ausgebildeten Bevölkerungsschicht gehört und Kenia dadurch massiv Fachkräfte verliert. Und im Bereich der medizinischen Versorgung fallen immer mehr Mittel den AIDS-Patienten zu, die dann für andere Behandlungen fehlen.

Religionen

Auf dem Papier sind **78% der Kenianer Christen, 10%** pflegen **traditionelle Glaubensformen, 10%** sind **Muslime,** und 2% gehören anderen – meist asiatischen – Religionen an, z.B. dem Hinduismus, Jainismus, Sikhismus oder dem Bahai. Atheismus ist den Afrikanern insgesamt wesensfremd, denn Glauben und Spiritualität – gleich welcher Ausprägung – **durchdringen alle afrikanischen Lebensbereiche und -formen,** und die Ausübung der Religion beschränkt sich bei den allermeisten Menschen längst nicht nur auf den formellen sonntäglichen Kirchenbesuch. Straßenprediger in Nairobi ziehen in der Mittagspause oder in der schlimmsten Rush Hour Hunderte von Menschen an, die sich einige Minuten Zeit nehmen, um den Bibelausführungen zu lauschen oder ein Gebet zu sprechen. Dabei ist die **Toleranz** zwischen den einzelnen Glaubensrichtungen bemerkenswert **groß.** Abgesehen von Hakeleien zwischen verschiedenen kirchlichen Vereinigungen sind religiöse Auseinandersetzungen, etwa zwischen Muslimen und Christen, unbekannt. In vielen afrikanischen Familien

Land und Leute

gibt es sogar Mitglieder muslimischer und christlicher Glaubensrichtungen.

Christentum

Die Mehrheit der Kenianer sind Christen, davon **45% Protestanten** und **33% Katholiken.** Soweit ist der einfachere Part. Denn was in der Statistik unter „Protestanten" firmiert, ist eine unüberschaubare Zahl verschiedenster Kongregationen, die in die Hunderte gehen dürfte. Ein großer Teil von ihnen ist im **National Council of Churches of Kenya (NCCK)** organisiert. Selbst in kleineren Orten finden sich mindestens zehn oder 15 Hinweisschilder auf verschiedene „Kirchen", die meist nur aus kleinen Lehmhäusern bestehen. Diese Vielfältigkeit beruht zu einem guten Teil auf der Konkurrenz verschiedener europäischer Kirchen (Anglikaner, Lutheraner, Presbyterianer, Methodisten usw.) bei der Missionstätigkeit in Ostafrika.

Die **Missionierung** nahm 1846 mit der Eröffnung der Missionsstation von Rabai durch die beiden deutschen Missionare *Johann Ludwig Krapf* und *Johannes Rebmann,* die von der evangelischen *Church Missionary Society of England* entsendet worden waren, ihren Anfang. Es folgte ein endloser Tross von Geistlichen verschiedenster Nationalitäten und Missionsgesellschaften, die bis in die letzten Winkel des Landes vordrangen und dort tätig wurden – und bis heute noch tätig sind, etwa in Nordkenia oder dem Masai-Land. Unbestritten sind ihre **humanitären Verdienste** bei der Beendigung des Sklavenhandels sowie der Unterhaltung von medizinischen und schulischen Einrichtungen in Regionen, in denen der staatliche Dienst versagt hat. Ein dunkleres Kapitel ist allerdings die **komplizenhafte Rolle bei der Unterwerfung des Landes** durch die britische Kolonialmacht und die Tatsache, dass vor allem die Missionare durch die Verdammung afrikanischer Lebensformen und Werte den Niedergang der traditionellen Kulturen und die Zerstörung des afrikanischen Selbstbewusstseins zu einem großen Maße verschuldet haben.

Andererseits entwickelten sich die Kirchen im Verlauf des 20. Jahrhunderts zu einer unverzichtbaren moralischen Instanz, die sich traditionell **in politischer Opposition zur Regierung** befindet. Besonders während der Zeit des diktatorischen politischen Regimes der 1980er Jahre waren die kirchlichen Führer die einzigen, die furchtlos Missstände anprangerten und mehr politische Rechte für die Bevölkerung einforderten. Dafür haben denn auch einige charismatische Kirchenmänner bei ungeklärten Autounfällen ihr Leben verloren. Gegenwärtig engagieren sich verschiedene Kirchenführer aktiv bei der Aufklärung der ethnischen Krawalle nach den letzten Wahlen sowie bei der Realisierung einer längst überfälligen Verfassungsreform hin zu mehr Demokratie. Da die Kirchen unter allen Völkern Anhänger haben, könnten sie zukünftig eine wichtige integrierende Rolle bei ethnischen Konflikten übernehmen.

Neben den großen europäischen Kirchen gibt es jede Menge kleinere, **von Afrikanern begründete Glaubensgruppierungen,** die oft Elemente traditioneller Religionen aufweisen. Die hohe Zahl der Mini-Kirchen erklärt sich teilweise daraus, dass **Prediger** in Kenia ein höchst einträglicher Beruf ist und viele selbstberufene Gottesmänner ihre eigene Kirche begründen. In den Großstädten finden immer wieder **Massengottesdienste** unter freiem Himmel statt, die mit Live-Musik, Wunderheilungen und Massenpredigten ziemlich amerikanische Züge tragen. Auf dem Land begegnet man häufig fahrenden Predigern, die in Dörfern und auf Marktflecken auftreten. Auch hier gehört eine Band normalerweise zum Programm.

Einige der kleinen Glaubensvereinigungen tragen ziemlich exotische, kultartige Züge und können wohl durchaus als **Sekte** bezeichnet werden, etwa die **Kirche der Turban tragenden Wakorino,** die bereits in den 30er Jahren des 20. Jahrhunderts von einem Kikuyu-Pastor gegründet wurde. Sie ist eine ausgesprochene Armenkirche, deshalb sieht man ihre Gläubigen häufig direkt am Straßenrand ihren Gottesdienst feiern. Ihre Mitglieder dürfen keine Familienplanung betreiben oder einen Arzt aufsuchen, stattdessen betet die Gemeinde für die Genesung des Patienten. Für landesweites Aufsehen sorgte 1998 in Subukia die Entweihung eines katholischen Marienschreins durch ihre Mitglieder.

Naturreligionen

Die afrikanischen Kirchen, die traditionelle Glaubenselemente in ihren Kult mit eingebaut haben, formalisieren eigentlich nur das, was in Kenia ohnehin Realität ist. Der von den Missionaren proklamierte Alleinvertretungsanspruch des Christentums hat sich nie durchsetzen können. Für die meisten Christen, aber ebenso für viele Muslime, stehen zumindest Teile der traditionellen Religion in keinerlei Gegensatz zum neuen Glauben, sind weiterhin gültig und werden nach wie vor praktiziert, auch wenn dies für Außenstehende nicht offensichtlich ist und man nicht gerne offen darüber spricht. Dies betrifft vor allem den **Ahnenkult,** aber auch den Umgang mit guten und bösen Kräften und Geistern, die nach Vorstellung der Menschen Krankheit, Unglück etc. bewirken können.

Die **Einzelheiten der Naturreligionen** variieren **in Abhängigkeit von der jeweiligen Ethnie** relativ stark. In der Regel sind sie aber durch die **Vorstellung eines übergeordneten, fernen, schöpferischen Gottes** (in Kisuaheli: „Mungu") geprägt, dessen Existenz für die Menschen meist nur in Form von Katastrophen sichtbar wird. Einige Völker Kenias haben konkrete Plätze, die sie als Wohnstatt Gottes verehren. Für die Kikuyus residiert Gott, *Ngai,* auf dem Mt. Kenya, bei den Samburu ist es der Mt. Ngiro in Nordkenia, während die Masai den Ol Doinyo Lengai in Tansania als heiliger Berg betrachten.

Einen viel größeren Einfluss auf das tägliche Leben der Menschen haben hingegen **Geister** (in Kisuaheli: **„Djinn"**), die alle natürlichen Gegenstände beseelen, „bewohnen", wenn man so möchte. Viele Orte, etwa besonders geformte Felsen, alte Bäume wie die riesigen Würgefeigen oder Höhlen, besitzen deshalb den Charakter eines heiligen Platzes, an dem man mit Gebeten, Opfergaben oder besonderen Zeremonien mit diesen Mächten in Kontakt treten kann.

Eine besondere **Vermittlerrolle** zwischen materieller und spiritueller Welt kommt dabei den eigenen **Ahnen** zu, die nach der allgemeinen Vorstellung keinesfalls tot sind, sondern sehr aktiv am Leben ihrer Nachkommen teilnehmen und in dieses zum Guten wie zum Schlechten massiv eingreifen können. Um Unglück vorzubeugen, müssen sie deshalb mit Opfern günstig gestimmt werden. So ist es in Kenia z.B. weit verbreitet, vor dem ersten Schluck ein kleines bisschen Bier „für die Ahnen" auf den Boden zu schütten. Oder wenn einem etwas hinfällt, gilt dies als Zeichen dafür, dass es die Ahnen für sich einfordern. Die Ahnen sind aber auch so etwas wie eine **übergeordnete moralische Instanz.** Wichtige Schritte, etwa die Versöhnung von zwei streitenden Parteien, werden unter der Zeugenschaft der Ahnen mit einer Opfergabe vollzogen, und wer sich nicht an diese Abmachung hält, muss mit ihrem Fluch rechnen. Den Ahnen wird aber auch ein starkes **Mitspracherecht in Fragen des modernen Lebens** eingeräumt. Viele Menschen aus der europäisierten Stadtbevölkerung konsultieren bei Besuchen im Stammland die geistliche Welt z.B. in Geschäftsfragen. Da im traditionellen Glauben die ganze Umwelt beseelt ist, verwundert es nicht, dass auch die Ursache aller Ereignisse, besonders aber der negativen, etwa eine schwere Krankheit, auf den Einfluss von Geistern oder einen Fluch zurückgeführt wird.

Um sich eines solchen Fluches zu entledigen, muss zunächst herausgefunden werden, wodurch er hervorgerufen wurde. Diese Aufgabe kommt dem **Mganga,** dem **Wunderheiler,** zu. Der deutsche Begriff ist sehr unglücklich gewählt, denn die Arbeit des Mganga betrifft alle spirituellen Angelegenheiten und ist deshalb viel umfassender als nur auf geistige Mächte zurückgehende Krankheiten zu kurieren. In einer Zeremonie findet er die Ursache, aber auch die Schritte heraus, die zur Wiedergutmachung erforderlich sind. Flüche können übrigens nicht nur von Toten, sondern auch von Lebenden ausgehen. Es gibt einen eigenen Berufsstand, das negative Gegenstück zum Mganga, der sozusagen Auftragsverfluchungen vornimmt. Kein ungefährlicher Job. Wer in diesen Verdacht gerät, hat meist keine Zeit mehr, Gegenbeweise zu erbringen. In den Tageszeitungen liest man immer wieder von Lynchjustiz durch den Mob, der angebliche oder tatsächliche Hexer zur Strecke gebracht hat.

Die umfassende Einführung der jungen Menschen in die Geheimnisse und Bräuche ihres Volkes durch die Ältesten geschieht erst im Rahmen der sogenannten **Initiation,** die bei den meisten Ethnien mit der Beschneidung verbunden ist und gleichzeitig das Erwachsenwerden symbolisiert. Erst durch diese werden sie zu einem vollen Mitglied ihrer Volksgemeinschaft.

Islam

Die islamische Religionsgemeinschaft in Kenia, die überwiegend den **Sunniten** angehört, ist nur klein. Angesichts der engen Handelskontakte mit Arabien, die bis in vorislamische Zeiten zurückreichen, ist das eigentlich verwunderlich. Der Grund dafür liegt wohl darin, dass die muslimische Bevölkerung ausschließlich in Handelsstädten lebte und nicht als Siedler auftrat. So beschränkte sich der Kontakt mit dem Hinterland auf den Tausch von Waren. Der Handel blieb zu großen Teilen in der Hand einheimischer Völker. Arabische Karawanen ins Landesinnere oder gar größere arabische Siedlungen hat es wegen der kriegerischen Masai nie in dem Ausmaß gegeben wie in Tansania. So blieb dieser Glaubensform bis zur Kolonialzeit **auf die Küste beschränkt.** Aber auch die Mehrzahl des Küstenvolkes der Mijikenda widerstand trotz der jahrhundertelangen Nachbarschaft zu den muslimischen Händlern einer Islamisierung und blieb seinem traditionellen Glauben treu. Erst in jüngster Vergangenheit breitet sich unter ihnen der Islam zunehmend aus. Aber ganz ähnlich wie im Falle des Christentums im Inland überdauern auch hier starke **traditionelle afrikanische Elemente.**

Einmal im Jahr wird **Lamu** zum religiösen Zentrum aller Muslime im östlichen Raum des Indischen Ozeans, nämlich während der **Feierlichkeiten zum Geburtstag des Propheten Mohammed,** des sogenannten **Maulidi-Festes.** Dann strömen aus den umliegenden Ländern – sogar von den Komoren und von Madagaskar – Pilger auf die kleine Insel,

um an dem mehrere Tage dauernden Fest teilzunehmen. Das besondere an dem Maulidi auf Lamu, einem Fest übrigens, dass in allen muslimischen Regionen der Erde gefeiert wird, sind die vielen Tänze und die Musik, mit denen die Rezitationen der Texte zu Ehren Mohammeds begleitet werden.

Eine **traditionell muslimische Ethnie** in Kenia sind die **Somalis,** die den Nordosten des Landes prägen. Ihre Zahl ist durch die vielen Bürgerkriegsflüchtlinge in den vergangenen Jahren deutlich angewachsen. Als Händler haben sie sich in einigen Orten Kenias niedergelassen und dort örtlich durch den Bau von Moscheen und Koranschulen zu einer Verbreitung des Islams beigetragen.

Eine sehr **liberale Strömung** des Islam vertreten die indischstämmigen **Ismaeliten,** die durch das starke soziale Engagement ihres religiösen Führers, des *Aga Khan,* in Kenia großen Respekt genießen.

Fundamentalistische Bestrebungen des Islams sind in Kenia **bisher unbekannt.** Dennoch vertreten die gläubigen Muslime sehr konservative Wertvorstellungen, gerade was die Kleidung anbetrifft, und danach sollte man sich auch als Tourist in gewissem Maße beim Aufenthalt an der Küste richten. Der fürchterliche Bombenanschlag auf die amerikanische Botschaft in Nairobi im August 1998, der die ganze Nation bis ins Mark erschütterte, ging auf das Konto ausländischer Terroristen, ebenso wie der Anschlag auf ein Küstenhotel mit israelischen Touristen im Jahr 2003 und der – glücklicherweise fehlgeschlagene – Versuch, eine israelische Chartermaschine beim Start in Mombasa abzuschießen.

Frauen vom Volk der Turkana

Kunst und Kultur

Literatur

Da man **im Landesinnern** von Kenia vor Beginn der Kolonialzeit keinerlei schriftliche Aufzeichnungen kannte, existierten Geschichten von jeher **in mündlicher Form,** und die **Erzählkunst** war dementsprechend hoch angesehen und entwickelt. In Erzählungen wurden Weisheiten, moralische Werte und die Geschichte ganzer Völker von Generation zu Generation weiter vermittelt, in Form von Tierfabeln, aber auch in Märchen, Rätseln, Sagen, Sprichwörtern und natürlich Liedern. Es ist kaum vorstellbar, aber die „Speicherung" im kollektiven Gedächtnis eines Volkes funktionierte so gut, dass sich mit Hilfe der Erzählungen geschichtliche Daten und Ereignisse – meist an Namen aus der Ahnengalerie festgemacht – über Hunderte von Jahren zurückverfolgen ließen. Ohne diese Erzählungen wäre unser Wissen über die afrikanischen Völkerwanderungen noch lückenhafter als es ohnehin schon ist. Das bedeutet aber auch, dass durch den Tod jedes alten Menschen in Afrika ein ganzer Schatz an Wissen und Erfahrungen für immer verloren geht. Denn mit den Veränderungen, die die moderne Zeit mit sich brachte, starb die mündliche Weitergabe von altem Wissen auf die jüngere Generation langsam, unspektakulär und größtenteils unbeklagt aus. Nur sehr bruchstückhaft sind diese Informationen nach Beginn der Kolonialzeit jemals schriftlich aufgezeichnet worden. Was hingegen in Kenia überlebt hat, ist das Gespür dafür, wie man eine gute Geschichte erzählt und welchen Wert diese hat. Das beweisen zahlreiche herausragende moderne Schriftsteller.

ken0037 Foto: hf

Land und Leute

Dhaus an der Küste (Lamu)

An der Küste gestaltet sich die Lage etwas anders, denn dort wurde ab dem 15. Jahrhundert, möglicherweise auch schon deutlich früher, Kisuaheli mit Hilfe arabischer Schriftzeichen orthografiert. Bei den ältesten erhaltenen literarischen Werken aus der ersten Hälfte des 18. Jahrhunderts handelt es sich um Beispiele der **Suaheli-Dichtung,** die Zeichen der Beeinflussung durch arabische und persische Erzähltraditionen zeigt. Vermutlich gehen diese Gedichte schon auf das 16. Jahrhundert zurück. Nochmals deutlich älter dürfte das bis heute sehr bekannte **Heldenlied von Liongo Fumo** sein, das im Kern vermutlich aus dem 13. Jahrhundert stammt. Die Suaheli-Poesie ist meist in einer altertüm-

Tradition der erzählten Chronik aufgreifen, politische oder humorvolle Dinge thematisieren. Eine besondere Gattung stellen außerdem die **gesungenen Navigationsanleitungen** dar, mit deren Hilfe sich die Seefahrer bei den Fahrten entlang der ostafrikanischen Küsten und auf den Reisen nach Arabien orientierten.

Kenianische Literatur in einem moderneren Sinne entstand erst **nach der Unabhängigkeit.** Der bekannteste Erzähler Kenias und einer der bedeutendsten Schriftsteller Afrikas überhaupt lebt bezeichnenderweise im englischen und amerikanischen Exil. **Ngug wa Thiong'o,** 1938 in Limuru geboren, kritisiert in seinen Büchern, Theaterstücken, politischen Essays, Kurzgeschichten und Hörspielen immer wieder schonungslos die Missstände im postkolonialen Kenia. In seinem Roman „Verbrannte Blüten" aus den 1970er Jahren, mit dem er weltberühmt wurde beschreibt er beispielsweise, wie der kleine Ort Ilmorog und seine Bewohner am neuen Trans-Africa-Highway von den Veränderungen der modernen Zeit buchstäblich überrollt werden. Aber erst nach erfolgreichen Aufführungen des Theaterstückes „Ngaahika Ndeenda" („Ich heirate, wann ich will"), das er in seiner Muttersprache Gikuyu verfasste und das von der schamlosen Bereicherung der kenianischen Oberschicht auf Kosten der Armen handelt, begann er die Daumenschrauben des Kenyatta-Regimes zu spüren. Offensichtlich wurde er nicht als sonderlich große Bedrohung empfunden, so lange er in der Sprache der Intellektuellen, in Englisch, schrieb. Literatur in der Sprache der einfachen Leute war hingegen politisch brisanter. Seit dieser Erkenntnis **schreibt er ausschließlich in Kisuaheli und Gikuyu.** Das Stück wurde verboten, und man warf den Autor für fast ein Jahr ohne Anklage ins Gefängnis, ein bis dahin einmaliger Vorfall in Kenia. In der Haft entstand dann gleich das nächste Werk, „Caitaani Mutherabaini", „Kaltgestellt", im Grunde ein Gefängnistagebuch, das ebenso gnadenlos mit der Oberschicht ins Gericht geht. Als auch dieses nach erfolgreichen Theateraufführungen verboten wurde, ging der ehemalige Literaturprofessor der University of Nairobi ins Exil. Inzwischen lebt und

lichen Version von *Kiamu* abgefasst, also den Dialekten, die im Lamu-Archipel gesprochen werden. Wenn man die außerordentliche Bedeutung der Maulidi-Festlichkeiten in Lamu bedenkt, die Pilger aus dem gesamten ostafrikanischen Raum anziehen, verwundert es nicht, dass ein großer Teil der Dichtung **religiösen Charakter** hat und sich wieder und wieder mit dem Propheten Mohammed auseinandersetzt. Daneben gibt es auch durchaus **weltliche Stücke,** etwa solche, die die

lehrt er in New York. Bei Erscheinen seines Romans „Matigari", der vom Kampf eines enttäuschten Mau-Mau-Kämpfers gegen die schwarze Regierung handelt, der erkennt, dass es ihm genauso schlecht geht wie zur Kolonialzeit, entblößte sich die kenianische Regierung unfreiwillig: Aufgrund einer fehlerhaften Geheimdienstinformation stellte sie einen Haftbefehl auf die Romanfigur Matigari aus und ließ diesen landesweit suchen … In Deutsch liegen die Werke „Verbrannte Blüten", „Moving the Centre", „Matigari", „Kaltgestellt" und „Der Fluss dazwischen" vor.

Der zweite international bekannte Autor Kenias, der zehn Jahre jüngere **Meja Mwangi,** gehört bereits einer anderen Schriftstellergeneration an. Mit einem trockenen, bildreichen Stil, zynischem Witz, viel Fantasie und der Liebe für seine Protagonisten gelingt Mwangi eine **konkrete und spannende Vermittlung schwer verdaulicher Themen** wie Dürrekatastrophen, Hunger, Bürgerkriege, internationale Abhängigkeiten und in seinem Buch „Die achte Plage", dem fünften von neun auf Deutsch erschienenen Büchern, AIDS. Literarisch ist Mwangi ein Quereinsteiger. Er hat erst spät studiert, der erste Erfolg stellte sich 1973 mit dem Buch „Kill me quick" ein, für das er den Kenyatta Award erhielt. Der internationale Durchbruch kam dann 1976 mit dem Titel „Nairobi River Road". Zudem erhielt er den Adolf-Grimme-Preis und für sein Buch „Kariuki und sein weißer Freund" 1992 den Deutschen Jugendbuchpreis. Außerdem bisher auf Deutsch erschienen: „Mr. Rivers letztes Solo", „Narben des Himmels", „Wie ein Aas für Hunde", „Nairobi – River Road", „Die achte Plage", „Das Bushbaby", „Die Wilderer" und „Big Chiefs", das aus aktuellem politischen Anlass in Kenia das Thema Völkermord und ethnische Konflikte aufgreift, die von skrupellosen afrikanischen Politikern für ihre Zwecke instrumentalisiert werden.

Die Bücher vieler weiterer lesenswerter kenianischer Autoren sind auf Englisch (leider nicht auf Deutsch) ohne Probleme in Kenia zu erhalten (ein sehr gutes Angebot an jungen kenianischen Autoren haben die Verlage *Kenya Literature Bureau* und *East Africa Publishing House*).

Natürlich haben auch **europäische Autoren** über Kenia geschrieben. An erster Stelle ist **Karen Blixen** zu nennen, deren Buch „Afrika, dunkel lockende Welt" über ihr Leben in Kenia als Verfilmung unter dem Titel „Jenseits von Afrika" ein Kassenschlager wurde. Ebenfalls erwähnenswert, obwohl nie auf Deutsch erschienen, ist **Elspeth Huxley,** die als Tochter britischer Siedler aus Thika aufwuchs und im englischen Sprachraum sehr bekannt ist. Ihr bekanntestes Werk, „The Flametrees of Thika", erzählt von ihrer Jugend während der frühen Siedlerzeit in Kenia. Auch Nobelpreisträger **Ernest Hemingway** lässt zwei seiner Erzählungen – „Schnee am Kilimanjaro" und „Die grünen Hügel Afrikas" – in Kenia spielen, das er in den 1930er und 1950er Jahren für ausgedehnte Jagd-Safaris und Angeltouren besuchte.

Ein kurzes kommentiertes **Literaturverzeichnis** mit den erwähnten Titeln und weiteren Lesetipps finden Sie **im Anhang des Buches.** Auf www.kwani.org schreiben verschiedene kenianische Autoren zu aktuellen politischen und literarischen Themen.

Theater

Das Theater als Kunstform kam ursprünglich mit den Europäern nach Kenia und war **über Jahrzehnte** auch ein **reines Kulturangebot für Weiße.**

Unterhaltsame **Hörspiele** wurden dagegen von der Kolonialregierung über den Rundfunksender *African Broadcasting Service* für die einfachen afrikanischen Bevölkerungsschichten bereits Anfang der 1950er Jahre ausgestrahlt. Dass das Programm von einer „Unterhaltungseinheit" produziert wurde, der ein britischer Armeeoffizier vorstand, zeigt deutlich, dass diese Sendungen vor allem als Propagandawerkzeug gegen die Mau-Mau-Rebellen gedacht waren. In den schwarzen Siedlungen Kariokor, Starehe, Makongeni, Ziwani und Muthurwa gab es in den Gemeindehallen öffentliche Radios, und wer es sich leisten konnte, einen Shilling pro Monat zu bezahlen, erhielt sogar seinen eigenen Hauslautsprecher.

In diese Zeit fällt die **Gründung der ersten schwarzen Theatergesellschaft,** der **Nairobi African Dramatic Society,** die 1955 mit dem Stück „Not Guilty" beim *Kenya Drama Festival* für Furore sorgte und dieses 1959 mit „The Judgement Day" auch gewann. Das Aufsehen erregende Theaterereignis, dessen Nachwirkungen bis heute (!) in der Theaterszene zu spüren sind, war das Projekt von Ngugi wa Thiong'o (s.o.), der 1977 in seinem Heimatort Limuru mit einer bäuerlichen Laienschauspieltruppe an seinem Stück „Ich heirate sie, wann ich will" zu arbeiten begann. **Thiong'os „Volkstheater"** wurde verboten, ebenso wie das Stück selbst, das erst 1993 im liberaleren Klima nach den Mehrparteienwahlen wieder aufgeführt werden durfte. Auch Thiong'os Weggefährte *Ngugi wa Mirii* bekam die harte Hand des Regimes zu spüren. Er ging ins Exil nach Simbabwe, wo ihn die Regierung anstellte, um Gemeindetheater zu lehren. Damit waren der Theaterszene Kenias dauerhaft die Flügel gestutzt.

Erst 1990 sorgte die Kikuyu-Aufführung „Genug ist genug". ein riesiger Publikumserfolg, für ein Wiedererwachen der Schauspielerei, seitdem gewinnt das kenianische Theater ständig an Popularität, nicht nur in Nairobi. **Neue erfolgreiche Autoren** sind *Wahome Mutahi* (auch er wurde 1986 ins Gefängnis geworfen), *Wahome Karengo* oder *Kithaka wa Mberia*. Das Erfolgsgeheimnis ist die Themenwahl der Stücke, die sich mit politischen Missständen und sozialen Problemen auseinandersetzen, sowie die Tatsache, dass **in den Sprachen der einzelnen Völker** aufgeführt wird. Die **Mehrheit der Theatermacher sind Kikuyus,** aber inzwischen werden auch Stücke in anderen Sprachen mit großer Resonanz gespielt, etwa die Oper „Kit Mikaye" des Luo *Oby Obyerodhyambo*.

Viele Produktionen werden **erst in Nairobi aufgeführt** und ziehen dann weiter in die großen Städte des Landes. Und: Ngugi wa Thiong'os Traum vom Volkstheater scheint nun doch noch wahr zu werden, denn Theater wird zunehmend zum erfolgreichen Bildungs- und Aufklärungsinstrument. Es gibt beispielsweise viele Theatergruppen, die über die Lande ziehen und mit drastischen Stücken AIDS-Aufklärung betreiben. Und in einigen Städten existieren Theatergruppen von Straßenkindern, die mit Theaterspielen ihre Erfahrungen verarbeiten und auf ihr Schicksal aufmerksam machen.

Musik und Tanz

Dem Reisenden wird in Kenia **kaum traditionelle kenianische Musik** begegnen. In den Touristenhotels spielen die hauseigenen Bands schmalzige Evergreens, die einem die Gehörgänge verstopfen, während in lokalen Bars überwiegend dröhnende Popmusik kongolesischer Machart läuft. Bei der jüngeren städtischen Generation stehen vor allem amerikanischer, tansanischer und kenianischer Rap, R'n'B und Hip-Hop hoch im Kurs. Verschiedene kenianische Künstler räumen immer wieder bei afrikanischen Musikpreisen ab und genießen zuhause Starstatus. Auf www.kisimaawards.co.ke, der Internetseite des ostafrikanischen Musikpreises, des **Kisima Award,** kann man sich auf der Unterseite der Kandidaten („Nominees") in diversen Rubriken von Reggae über Gospel bis zu Hip-Hop einen Überblick verschaffen, was musikalisch gerade angesagt ist.

Früher wurden traditionelle Musik und Tänze **zu sämtlichen sozialen Anlässen** einer Volksgruppe aufgeführt, seien es gemeinschaftliche Arbeiten wie die Ernte, besondere Feste wie Hochzeiten, Initiationen, aber auch Kriege und die Werbung um einen Partner oder spirituelle und religiöse Versammlungen wurden musikalisch begleitet. Alle kenianischen Völker haben eine dementsprechend reiche Tradition unterschiedlicher Tänze und Gesänge, die aber **mehr und mehr in Vergessenheit** geraten. Deshalb beschränken sich die Möglichkeiten für einen Europäer, diese traditionellen afrikanischen Künste zu erleben, vorrangig auf die Musik- und Tanzdarbietungen, die Teil des Abendprogramms in den meisten Küstenhotels sind. Auch in den *Bomas of Kenya* in Nairobi werden Tänze verschiedener kenianischer Völker aufgeführt. Mehr als eine „Lightversion" für Europäer ist dies nicht, vermittelt einem aber immerhin einen ganz guten Eindruck.

Abseits von Almosen und Abzocke – Hilfe, die ankommt

Keine Frage, Kenia besitzt eine einmalige Schönheit und freundliche Menschen. Aber wer durch Kenia reist, wird unweigerlich auch Armut begegnen. Viele Touristen wollen ihrem Gastland spontan helfen. Nur: Oft hinterlassen Almosen ein zweifelhaftes Gefühl, oder am Ende sitzt man gar jemandem auf, der europäische Reisende als munter sprudelnden Einkommensquell betrachtet. **Wie und wo kann man spenden** und sich wirklich sicher sein, dass das Geld an der richtigen Stelle eingesetzt wird und **nachhaltig wirkt?** Wer jeden Zweifel vermeiden möchte, kann eines von vielen Projekten unterstützen, die in Kenia hervorragende Arbeit leisten und Spenden zweckgebunden einsetzen. Exemplarisch seien hier drei Projekte genannt, die ich persönlich kenne, deren Arbeit ich überaus schätze und für deren Integrität und Güte ich mich verbürgen kann.

Panairobi e.V. ist ein sehr engagierter Verein, der Straßenkindern in Nairobi ermöglicht, ihr Leben in die eigene Hand zu nehmen. Nur über die Selbstständigkeit und Eigenverantwortlichkeit führt der Weg der Kinder und Jugendlichen in eine gesicherte Zukunft. Dank der Panairobi-Finanzierung von Schulbüchern und -gebühren, vor allem aber wegen umfassender medizinischer Versorgung und psychologischer Betreuung haben seit 2001 bereits 300 Kinder aus Nairobis Slums den Weg von der Straße in eine selbstbestimmte Zukunft geschafft. 1 Euro täglich genügt, um ein Kind umfassend zu betreuen. Ihr Euro kommt zu 100% in Nairobi an. Und: Sie können sich vor Ort Ihr persönliches Bild machen; nehmen Sie Kontakt mit dem Projektmanager *Titus Mwangi* (tigama2000@yahoo.com) auf und besuchen Sie Panairobi im Mathare Slum. Mehr Informationen unter www.panairobi.net.

●Spendenkonto: Panairobi e.V., Konto-Nr. 0000 996 801, Salzburger Sparkasse Bank AG, BLZ 20404.

Das **Malaika-Projekt** baut seit einigen Jahren mit kenianischen Partnern in Nakuru ein Heim für Kinder auf, die ihre Eltern durch AIDS verloren haben – ein gigantisches Problem in ganz Afrika. In familiärer Atmosphäre erhalten diese Kinder zwischen 2 und 16 Jahren eine Perspektive auf ein glückliches Leben ohne Hunger, ohne Betteln, ohne Kriminalität. Die Betreuer sorgen für liebevolle Zuwendung, eine anregende Umgebung, gesunde Ernährung, eine solide schulische Ausbildung und regelmäßige Gesundheitsversorgung. Helfen Sie wie viele andere Malaika-Freunde in Deutschland durch finanzielle Unterstützung bei dieser wichtigen Arbeit!

●Spendenkonto: Malaika e.V., Konto-Nr. 60 02 984 100, BLZ 430 60 967, GLS Gemeinschaftsbank (Bochum).

Und schließlich sei noch auf die hervorragende Arbeit der **African Medical and Research Foundation** (www.amref.org) und ihre Tochter, die **Flying Doctors of East Africa** (s. S. 60), hingewiesen.

Das **Spektrum der traditionellen Instrumente** umfasst verschiedene *Ngoma,* also Trommeln, wie z.B. die *Mabumbumbu* und *Chapuo,* bei denen es sich um dreibeinige Trommeln von der Küste handelt, die mit den bloßen Händen gespielt werden. Dann gibt es einfache Streichinstrumente, also quasi eine Art afrikanischer Violine, wie *Orutu* oder *Eshiriri,* die ursprünglich aus dem nilotischen Raum nach Kenia kamen. Ein achtsaitiges Zupfinstrument, *Nyatiti* oder *Obokano* genannt, ist am Victoria-See zu Hause. Daneben gibt es auch verschiedene Blasinstrumente, die von Antilopenhörnern *(Atung, Oporo)* über trompetenähnliche Instrumente *(Bungo, Nzumari)* bis hin zu Flöten *(Chivoti)* reichen. Besonders bei den Luo und in Uganda sind xylofonartige Instrumente wie *Bul, Marimba* und *Kiringongo* sowie *Crutu,* eine Art Leier, beliebt.

Eine **traditionelle Musikform,** die **an der Küste** noch sehr populär ist und beispielsweise bei traditionellen Hochzeiten, politischen Ereignissen oder sonstigen öffentlichen Anlässen live gespielt wird, ist die **Taarab-Musik.** Entsprechend der verschiedenen Ursprünge der Suaheli-Kultur verschmelzen hierbei arabische, indische und afrikanische Musikelemente. Neben traditionellen Instrumenten wie *Tablas, Tamburinen* und der *Udi,* der arabischen Laute, werden auch Streichinstrumente, Akkordeon und Elektroorgeln eingesetzt. Eine spannende, experimentierfreudige Mischung aus Taarab, Rap und Slow Jam spielt die kenianische Gruppe *New Bahari Taarab Band* um die Sängerin *Rukia.* Ihre Alben „Dunia", „Sisemi" und „Kasheshe" waren ziemlich erfolgreich.

Eine sehr lebendige Musikszene gibt es auch in der **kenianischen Gospelmusik,** die teilweise wunderbare mehrstimmige Chorsätze hervorgebracht hat. Andere Lieder wirken dagegen eher wie ein Stück aus dem Leierkasten. Bekannte Interpreten, die fast schon Starkult genießen, sind *Hezeh Ndungu, Virtous, Pete Odera, Izzo* und *Heart'n Soul.*

ken-124 Foto: hf

Samburu-Hirte

keineT Foto.hf

Unterwegs in Kenia

ken-c2 Foto: hf

ken040 Foto: hf

Elefanten am Lake Paradise
im Marsabit National Park

Fahrt auf der Ladefläche

Nairobi: Parade mit
Staatspräsident Kibaki

Nairobi ⚲ XII/A,B1

Die kenianische Hauptstadt Nairobi liegt nur **120 km südlich des Äquators** und knapp **500 km von der Küste** des Indischen Ozeans entfernt. Sie befindet sich in Luftkurort verdächtiger Höhe von 1670 m, ist mit inzwischen wohl **4 Millionen Einwohnern** aber alles andere als ein beschauliches Feriennest. Hier lebt inzwischen mehr als ein Zehntel aller Kenianer. Ihr **rapides Wachstum** geht unvermindert weiter, und so trägt Nairobi viele Züge einer Boomtown. Über Nacht entstehen an ihren Rändern neue Stadtviertel, die einstmals für 200.000 bis 300.000 Menschen ausgelegte Infrastruktur zeigt starke Überlastungserscheinungen. Durch die vielen Zuzügler vom Land kämpft die Stadt mit sozialen Problemen, **Kriminalität** (siehe Kapitel „Sicherheit und Kriminalität") und ausufernden **Slums.**

Aber: Nairobi ist das **geistige, kulturelle und wirtschaftliche Zentrum der gesamten Region** und die einzige Stadt in ganz Ostafrika, die ein Kultur- und Unterhaltungsangebot auf internationalem Niveau pflegt. Sie besitzt ausgedehnte vornehme Wohngegenden im Grünen und Freizeit- und Erholungseinrichtungen, die man in einer afrikanischen Stadt kaum erwarten würde. Und nur 5 km vom Zentrum entfernt tummeln sich im **Nairobi National Park** afrikanische Savannentiere vor der Skyline. In der City herrscht ein geschäftiges Durcheinander von Menschen verschiedenster Hautfarben und Religionen. Tausende von Europäern leben in Nairobi und drücken der Stadt in vielem ihren Stempel auf. Das Wirtschaftsleben wird zu einem großen Teil von den asiatischen Bürgern geprägt. Aber unter dieser kosmopolitischen Oberfläche hat sich Nairobi ein durch und durch afrikanisches Herz bewahrt, das spürt man z.B. auf Märkten und Busbahnhöfen.

Geschichte

Die Wirtschaftsmetropole Ostafrikas nahm einen denkbar bescheidenen Anfang. Wie das Land Kenia selbst verdankt die Stadt ihre Existenz der Eisenbahn. *Engare Nyarobe,* „kühler Fluss", nannten die Masai ein unbewohntes Terrain in der Übergangszone zwischen waldreichem Hochland im Norden und den großen Grassavannen im Süden, an dem Ende Mai 1899 der Schienenstrang der **Uganda-Bahn** bei Meile 326 sein vorläufiges Ende fand. Auf die Ingenieure wartete nun das schwerste Stück – die Überwindung des steilen Grabenbruchs –, und so wurde eine gute Ausgangsbasis in Nähe des Ostafrikanischen Grabens gebraucht, um den weiteren Streckenbau zu planen und logistisch vorzubereiten. **Engare Nyarobe** lag kurz vor dem Anstieg ins Hochland, ungefähr in der Mitte der insgesamt knapp 950 km langen Schienenstrecke und besaß eine permanente Wasserversorgung. Für die Wahl des Platzes spielten diese eisenbahnstrategischen Überlegungen die ausschlaggebende Rolle, viel Lebensqualität versprach die Lage am Rande eines wildtierreichen Sumpfes nämlich nicht.

Material und Maschinen wurden herangebracht, Planungs- und Verwaltungsbüros gebaut. Und natürlich mussten der große Tross der **Bahnarbeiter** und die **militärische Schutztruppe** untergebracht und versorgt werden. Es galt, eine einfache Infrastruktur für ein paar hundert Menschen aus dem Matsch zu stampfen. So entstanden am Schienenkopf einige Holzhäuser mit Wellblechdächern, die zum Schutz gegen Feuchtigkeit und Termiten auf Stelzen errichtet wurden – die Geburtsstunde von Nairobi hatte geschlagen. Nicht alle Bewohner dieser Pionierstadt hatten unmittelbar mit der Eisenbahn zu tun. Bald nach der Gründung eröffneten kleine **Dukas, indische Läden,** und es gab bereits eine Hand voll **Siedler** und **Großwildjäger,** die mit der Eisenbahn bis Nairobi kamen und von hier aus zu Fuß weiter zogen. Noch 1902 zählte man lediglich 30 Siedler in der Stadt. In diesen Tagen verkehrte der **Zug zwischen Mombasa und Nairobi** nur zweimal wöchentlich, unterwegs musste mehrfach übernachtet werden. Die Hauptattraktion für die Bevölkerung Nairobis war die Ankunft der Züge von der Küste. Am Bahnhof versammelte man sich, um „die Neuen" zu begutachten. Leider sind aus dieser frühen Zeit kein Gebäude erhalten geblieben.

Höchstens einige der riesigen Eukalyptusbäume am Rande des Nairobi Hill könnten noch von damals stammen. Die Eisenbahngesellschaft hatte sie ursprünglich aus Australien ins Land bringen assen, weil man schnell wachsende Gehölze zur Befeuerung der Dampflokomotiver benötigte.

Ab 1903 schwoll der **Zuwanderungsstrom** an, denn die Siedlerlobby, besonders ihr prominentester Vertreter *Lord Delamere*, später auch die Kolonialregierung, warben im Ausland verstärkt Siedler an, um Kenia zu erschließen. Die Eisenbahnlinie sollte besser ausgelastet und die weiße Vormachtstellung im Land gesichert werden. Außer den burischen Einwanderern, die aus dem südlichen Afrika in monatelangen Trecks mit Ochsengespannen nach Kenia kamen, reisten die Neuankömmlinge von Mombasa per Eisenbahn zunächst nach Nairobi. Nicht wenige blieben in der Stadt hängen. Wer weiter ins Landesinnere wollte, hatte hier die letzte gute Gelegenheit, Nachschub zu organisieren. Denn von den 6000 indischen Bahnarbeitern, die nach dem Ende der Gleisbauarbeiten im Land bleiben durften, hatten viele eigene Geschäfte und Handwerksbetriebe eröffnet. So wurde Nairobi schnell zu einem **regionalen Versorgungs- und Verwaltungszentrum,** das einer wahren Westernstadt glich. Ihre staubige Hauptstraße, die Government Road, existiert noch immer. Heute trägt sie jedoch den Namen Moi Avenue.

Die **Stadtentwicklung** verlief atemberaubend schnell. **1903** sah man auf den Straßen das **erste Automobil,** 1904 eröffnete die erste Bankfiliale. Nicht zufällig war dies die National Bank of India. Ein Großteil der indischen Arbeiter sandte sein Erspartes zu den Familien nach Hause, und bis 1920, als Kenia Kronkolonie wurde, zahlte man auch in Britisch Ostafrika mit indischen Silberrupien. Auch viele der britischen Kolonialbeamten hatten zuvor auf dem Subkontinent gedient. An Weihnachten **1904** eröffnete das **Norfolk Hotel,** das sicherlich nicht die allererste Herberge Nairobis war, aber schnell zum feinsten Haus am Platze wurde. Heute ist es das älteste noch existierende Hotel der Stadt, und seine Geschichte ist mit jener Nairobis eng verwoben. Die **erste Arztpraxis** ist für das Jahr **1911** dokumentiert. *Dr. Roland Burkitt* genoss den zweifelhaften Spitznamen „Kill-or-Cure-Burkitt", also „Töte-oder-Heile-Burkitt" ...

Die **weiße Bevölkerungsgruppe** bestand aus einer seltsamen Mischung von Abenteurern, Großwildjägern, Adeligen, Visionären und zupackenden Pionieren, die bisweilen grob, rassistisch, schräg und extrem egozentrisch veranlagt waren.

1906 erhielt die aufstrebende Siedlung einen weiteren mächtigen Entwicklungsimpuls, als sich der Gouverneur für Britisch Ostafrika entschloss, die Finanzverwaltung und das Crowns Advocate Department, die höchsten Rechts- und Verwaltungsinstanzen, von Mombasa nach Nairobi zu verlegen. Das war de facto der Adelsschlag zur **Hauptstadt der Kolonie.** Die Bevölkerung zählte damals gerade einmal 13.515 Menschen, davon knapp 600 Siedler und eine Hand voll Offiziere sowie 2000 afrikanische Soldaten. Von ungefähr 1910 an wurden in Nairobi vermehrt Steingebäude errichtet.

Die **weitere Entwicklung der Stadt** war eng mit der politischen und wirtschaftlichen Situation im Lande verknüpft. Durch seine zentrale Lage wurde Nairobi zum Verkehrsknotenpunkt, Industriestandort und Handelsplatz, seine überragende Verwaltungsfunktion war ja bereits durch den Hauptstadtstatus zementiert. Jede neue Siedlerwelle gab der demographischen Entwicklung und der wirtschaftlichen Aktivität einen beträchtlichen Schub. Nach dem Ersten Weltkrieg zählte Nairobi bereits 110.000 Einwohner. Der Wirtschaftsaufschwung, der die Stadt in den 1940er Jahren erfasste und durch die 1950er trug, ist heute noch an vielen repräsentativen Gebäuden dieser Zeit abzulesen, etwa dem Nationaltheater und den neuen Parlamentsgebäude. Auch die Schienen der Uganda-Bahn, die vor 1950 noch mitten durch die Innenstadt, parallel zum heutigen Uhuru Highway verliefen, wurden damals verlegt. 1950 erhielt Nairobi den Status einer Großstadt. Ab Anfang der 1970er Jahre entstanden dann zunehmend große Hochhäuser, deren Beton- und Glasfassaden sich kaum von denen anderer Millionenstädte auf unserem Globus unterscheiden.

Nairobi

Wie in anderen ihrer Kolonien auch, verfolgten die Briten in Kenia eine **Politik der Rassentrennung,** die jener in Südafrika sehr ähnlich war. So wurden schon früh jeder Hautfarbe eigene Stadtviertel zugeteilt. Gesundheits- und Bildungswesen waren penibel nach Europäern, Indern und Afrikanern unterteilt, wobei die Asiaten eine Mittelstellung zwischen den privilegierten Weißen und den diskriminierten Schwarzen bildeten. Die Rassenschranke zwischen dem Geschäftszentrum und den Siedlungsgebieten der Afrikaner bildete der Nairobi River. Durch Passgesetze wurde der **Zuzug von Afrikanern** aus dem Umland **streng reglementiert,** und Teile der Landbevölkerung wurden sogar aus der Stadtregion in Reservate gesteckt, um für weiße Siedler Platz zu schaffen. Erst nach der Mau Mau-Zeit, als sich bei den Europäern allmählich die Erkenntnis durchsetzte, dass die Zukunft Kenias einer Gesellschaft gehören würde, in der alle Rassen gleichberechtigt waren, fielen die Rassenschranken. Doch die ursprüngliche Aufteilung der Stadt nach Hautfarben ist bis heute erkennbar. An die Stelle der rassischen Segregation ist eine scharfe **Trennung nach sozialen Klassen** getreten. Die ehemals weißen Wohngebiete werden dabei überwiegend von der afrikanischen und indischen Oberschicht bewohnt.

Mit der **Unabhängigkeit** kam in der Innenstadt auch die **Beseitigung der ursprünglichen Straßennamen,** die als unerträgliche Erinnerung an die verhasste Kolonialzeit empfunden wurden. Man ersetzte sie überwiegend durch Namen kenianischer Freiheitskämpfer und Politiker. So wurde die Delamere Avenue zur Kenyatta Avenue, der ehemalige Princess Elizabeth Way heißt nun Uhuru („Unabhängigkeit") Highway, der Queens Way wurde nach der Frau *Kenyattas* in Mama Ngina Street umbenannt, und die alte Victoria Street trägt inzwischen den Namen des ermordeten Politikers *Tom Mboya*. Einige Straßen durften ihre alten, unverfänglichen Namen behalten, etwa die River Road, die Latema Road, die Standard Street oder die Market Street.

ken001 Foto: hf

Was auf die Stadt wesentlich stärkere Auswirkungen hatte als die Namensänderungen, war die **Aufhebung der Zuzugskontrolle** für die afrikanische Landbevölkerung. Viele tausend Landlose, die bei der Bodenreform nach der Unabhängigkeit übergangen worden waren, strömten auf der Suche nach Arbeit und ihrem kleinen Stückchen Glück in die Hauptstadt. Die war diesem Ansturm nicht gewachsen, es bildeten sich erste größere **Elendsviertel.** Die Landflucht ist über die Jahre nicht kleiner geworden und wird sich auch zukünftig kaum abschwächen. Gegenwärtig rechnet man für Nairobi mit rund 7 Prozent jährlichem **Bevölkerungswachstum.** Man muss sich einmal vorstellen, dass die kenianische Hauptstadt 1963 bei der Unabhängigkeit lediglich 267.000 Einwohner besaß; knapp 50 Jahre später sind es bald fünfzehn Mal so viele. Und es gibt Studien, die einen weiteren Anstieg auf über 10 Millionen bis zum Jahre 2020 prognostizieren! Gegenwärtig lebt die Hälfte der Menschen, so schätzen Experten, in Slums wie Mathare Valley oder Kibera, zusammengedrängt auf weniger als 20 Prozent der Stadtfläche, ohne sanitäre Anlagen, Strom- oder Trinkwasserversorgung.

Viele ältere Bewohner schwärmen noch immer von der gepflegten Stadt, die Nairobi bis Ende der 70er Jahre des 20. Jahrhunderts war, was die Beinamen „Stadt an der Sonne" und „Stadt der Blumen" erklärt. Während der Ära *Moi* verwahrloste Nairobi zusehends, doch seit dem Regierungswechsel 2002 hat sich viel zum Besseren gewandelt: Die wichtigsten Straßen werden neu geteert und auch die Grünanlagen verdienen wieder ihren Namen. Zahlreiche Probleme hat die Metropole dennoch: Die korrupte Stadtverwaltung sorgt regelmäßig für negative Schlagzeilen, weil sie zahlreiche Gebühren erhebt, aber wenig Leistung erbringt. Und es gibt viele ungelöste Umweltprobleme: Smog, die Verbauung der grünen Lungen der Stadt, ungeklärte Abwässer, der Beinahe-Verkehrskollaps usw. Die

UN-Behörde HABITAT, die für Siedlungsfragen verantwortlich ist und im feinen Vorort Gigiri zusammen mit der UNEP, der Umweltbehörde der United Nations, ihren Sitz hat, besitzt also ein klassisches Studienexempel, das für viele Großstädte in der Dritten Welt Gültigkeit hat.

Orientierung

Nairobi erstreckt sich mit seinen Vororten über eine **ausgedehnte Fläche,** deren Grenzen eigentlich nur im Süden, zum Nairobi National Park hin, genau definierbar sind. In alle anderen Richtungen frisst sich die Stadt nach und nach entlang der Hauptstraßen weiter ins Umland vor.

Die **vornehmen Wohngebiete** finden sich im Westen und Norden der Stadt, und ständig werden neue Villenviertel noch weiter draußen im Grünen erschlossen. Wer durch diese „High-Society-Hemisphäre" Nairobis fährt, mit ihren kilometerlangen, baumbestandenen Alleen, den riesigen Gärten hinter hohen Mauern und den luxuriösen Villen, wird sich unwillkürlich fragen, ob dies überhaupt noch das Entwicklungsland Kenia ist, das einem sonst an vielen Straßenecken begegnet. An die großen sozialen Gegensätze und die weniger glanzvolle Lebenssituation der meisten Kenianer erinnern einen hier allerdings die Starkstromzäune, die Wachhunde und Sicherheitsdienste, die den Besitzstand der Reichen schützen.

Südwestlich der Innenstadt, 15 km stadtauswärts in Richtung Ngong-Berge, liegen die beiden **Vororte Langata** und **Karen,** Letzterer benannt nach *Karen Blixen,* auf deren berühmter Kaffeefarm das Viertel errichtet wurde. Das grüne „Karengata" mit seinen weitläufigen Gärten und alten Kolonialhäusern ist das bevorzugte Wohngebiet der weißen Kenianer, aber auch viele Europäer leben hier. Weitere vornehme Wohnviertel wie **Hurlingham, Kileleshwa** und **Lavington** befinden sich im Westen der Stadt. **Parklands** und **Westlands** sind ebenfalls zwei feinere, nördlich gelegene Vororte, in denen die afrikanische und indische Oberklasse, aber auch viele Expatriates leben. Als das **exklusivste**

Nairobi (Seitenleiste)

Jomo Kenyatta
überblickt den City Square

Viertel gilt **Muthaiga** im Nordosten der City, in dem die meisten Botschaftsresidenzen angesiedelt sind. Zynischerweise beginnen nur einen Steinwurf entfernt, auf der anderen Seite der mehrspurigen Thika Road, mit dem **Mathare Valley Slum** die armen Stadtviertel. Der gesamte Osten der Stadt genießt keinen besonders guten Ruf. **Eastleigh** wird in Stadtnähe von Indern, weiter stadtauswärts überwiegend von Somalis, Äthiopiern, Sudanesen und Eritreern bewohnt.

Die **ältesten afrikanischen Viertel** der Stadt, die bereits unter den Briten angelegt wurden, sind die citynahen Gebiete von **Kariokor** (hier wurden nach dem Ersten Weltkrieg die Trägerkolonnen des britischen Heeres angesiedelt, der Name ist eine Verballhornung von „Carrier Corps"), **Ziwani** und **Starehe.** Auch die etwas südlich davon gelegenen Siedlungen **Shauri Moyo, Bahati, Makadara** und **Buru Buru** sind eher Siedlungen der ärmeren kenianischen Bevölkerung.

Im Südosten, zwischen der Eisenbahnlinie nach Mombasa und dem Mombasa Highway bis hinaus zum Jomo Kenyatta Airport, liegt das riesige **Industrie- und Gewerbegebiet** Nairobis. Wohngebiete der afrikanischen oberen Mittelklasse sind die Neubaugebiete **Nairobi South B** und **South C,** die sich beiderseits des Mombasa Highway erstrecken.

Der eigentliche **Innenstadtbereich** Nairobis ist durch die systematische Anlage und seine Größe von nur 3,5 km² sehr überschaubar. An ihrer Westseite wird die City vom vierspurigen Uhuru Highway begrenzt, in ihrem Norden verläuft der University Way, im Osten die Moi Avenue und im Süden die Haile Selassie Avenue. Die Achse, die das Geschäftszentrum in eine nördliche und eine südliche Hälfte teilt, ist die Kenyatta Avenue.

Südlich der Prachtstraße Kenyatta Avenue erstreckt sich ein Viertel mit zahlreichen Bürohochhäusern, Banken, einigen teuren Einkaufsstraßen, einer Hand voll Luxushotels, den meisten Regierungsgebäuden und anderen öffentlichen Einrichtungen wie z.B. dem Obersten Gerichtshof. In der Mitte des Viertels liegt der große, offene City Square, an dessen Rand sich das Kenyatta Conference Centre erhebt. Mit seinem charakteristischen Turm ist es das moderne Wahrzeichen der Stadt.

Im Bereich **nördlich der Kenyatta Avenue** befinden sich ebenfalls einige Hotels, Restaurants und entlang der Hauptverkehrsachsen auch Bürotürme, allerdings ist alles deutlich weniger mondän. Dies ist das traditionelle indische Basarviertel, das von 2- bis 4-stöckigen Häuserzeilen mit zahlreichen Geschäften im Erdgeschoss geprägt wird. In seiner Mitte liegt die Halle des City Market.

Östlich der Moi Avenue erstreckt sich ein weiteres Viertel, das zwar auch zur Innenstadt gehört, aber einen völlig anderen, viel ärmlicheren Charakter besitzt. Der sogenannte River Road District ist laut, bunt und fast zu jeder Tageszeit von Menschen überlaufen. Hier finden sich viele afrikanisch geführte Geschäfte, aber auch die billigsten Unterkünfte und Restaurants in der Innenstadt sowie die meisten Matatu- und Busabfahrtsplätze. Der Distrikt ist nicht ohne Grund bei Europäern wegen seiner Taschendiebe berüchtigt, auch Raubüberfälle hat es hier schon gegeben. Deshalb ist dies definitiv eine der Gegenden von Nairobi, in denen man besser die Armbanduhr abnimmt und nicht mit seinem gesamten Eigentum herumspaziert. Das gilt für die Nachtstunden natürlich erst recht. Wer dies und die anderen allgemeinen Sicherheitstipps beherzigt (siehe Kapitel „Sicherheit und Kriminalität"), sollte sich einen Gang durchs Viertel – besonders auf der Tom Mboya Street zur abendlichen Rush Hour – nicht entgehen lassen: Es herrscht ein unglaubliches Gedränge, jeder Sommerschlussverkauf ist dagegen eine Eremitage.

Stadtbesichtigung

Sehenswürdigkeiten in der City

Durch die begrenzte Fläche, die Nairobis Innenstadt einnimmt, lassen sich **alle wichtigen Sehenswürdigkeiten** gut **per pedes** ansteuern. Für einen Stadtrundgang ist ein halber bis ganzer Tag einzuplanen. Bedenken Sie dabei aber die wichtigsten **Sicherheitsregeln** (s.u. „Sicherheit und Kriminalität").

Das rasante Wachstum und die unterschiedliche Herkunft von Nairobis Bevölke-

Nairobi

Nairobi Großraum

Legend:

1 Rusty Nail Restaurant
2 Karen Shopping Centre
3 St. Francis Church
4 Lenana Forest Centre
5 Black Cotton Club (Hotel & Disco) (ehem. Ostrich Farm)

6 Kazuri Beads
7 Coffea Garden
8 Karen Blixen Museum
9 Karen Country Club
10 Utamaduni
11 KWS-Hauptquartier, Nationalpark Eingang

12 Nairobi Camp Site
13 Macushla House
14 Hardy Estate Shopping Center
15 Giraffe Manor
16 Langata Giraffe Centre
17 ADC Plaza
18 Sarit Centre

19 Muthaiga Shopping Centre
20 Muthaiga Golf Club
21 Kariokor Markt
22 Yaya Centre
23 Carnivore Restaurant
24 Splash! Schwimmbad & Gocart-Bahn

Daphne Sheldrick Elefanten-Waisenhaus
Rongai, Kiserian, Whistling Thorns L. Magadi

rung haben einen ziemlich aufregenden **architektonischen Stilmix** hervorgebracht, in dem aber zunehmend die modernen Hoch- und Geschäftshäuser dominieren. Diese sind eigentlich nur wegen der grandiosen Aussichten erwähnenswert, die man aus den oberen Stockwerken auf die City und das Umland, bei klarem Wetter sogar bis zum Mt. Kenya und zum Kilimanjaro, genießt. In ihrem Schatten kauert sich noch eine größere Anzahl alter **Kolonialbauten.** Das kenianische Nationalmuseum bemüht sich zwar redlich, für die Erhaltung der alten Gebäude einzutreten, aber nur von wenigen Besitzern werden sie als schützenswert angesehen, und im Zweifelsfalle siegt der Profit über den Denkmalschutz. So verschwindet jedes halbe Jahr ein weiteres Haus, das etwas über die Geschichte Nairobis erzählen könnte.

Die Stadttour startet beim The Stanley Hotel mit seinem berühmten Thorn Tree Café am östlichen Ende der Kenyatta Avenue. The Stanley ist neben dem Norfolk das zweite ehrwürdige Hotel Nairobis, dessen Geschichte bis zum Anfang des 20. Jahrhunderts zurückreicht, selbst wenn das ursprüngliche Gebäude bereits vor dem Zweiten Weltkrieg bei einem Brand zerstört wurde. Die berühmte Fieberakazie, die in den rauen Gründerjahren von den Siedlern als Briefkasten benutzt wurde – Nachrichten wurden einfach an die Rinde genagelt – steht ebenfalls nicht mehr. Bei umfassenden Renovierungsarbeiten wurde der Baum gefällt. Eine neue Akazie ist gepflanzt, aber bis diese die schartige Rinde des alten Riesen erlangt hat, werden wohl noch einige Regenzeiten über Nairobi hinweggehen. So müssen Globetrotter die Notizen für Reisebekanntschaften aus ganz Afrika nun an schnöde schwarze Bretter heften. Das **Thorn Tree Café** ist trotzdem ein beliebter Treffpunkt geblieben, in dem nachmittags häufig Live-Musik gespielt wird. Im Foyer und auf den Etagen des Stanley hängen schöne historische Schwarzweißfotografien von Nairobi. Gegenüber des Stanley liegt das **Oakwood Hotel,** das eine Erwähnung wegen seines uralten, wunderschönen Aufzugs verdient.

Wer vom Stanley auf der Moi Avenue nach Norden schlendert, passiert noch relativ intakte Ensembles alter **Geschäftshäuser im anglo-indischen Kolonialstil,** die einen guten Eindruck vermitteln, wie Nairobi bis in die 1960er Jahre hinein ausgesehen hat. Die meisten dieser 2- bis 4-stöckigen Häuser sind inzwischen mit bunten Werbungen übermalt, die den gräulichen Nairobi Stone verdecken, mit dem in den Jahren zwischen 1920 und 1940 bevorzugt gebaut wurde. Es handelt sich dabei um einen vulkanischen Stein, der im Mathare Valley gebrochen wurde.

Die Häuser mit den hübschen Ziegeldächern zeigen, wie erfolgreich sich die Inder, die zumeist als mittellose Bahnarbeiter nach Ostafrika gekommen waren, als Geschäftsleute etabliert hatten. In vielen Fällen werden die Stoff-, Mode-, Schreibwaren- oder Eisenwarengeschäfte im Erdgeschoss heute von den Nachkommen der Erbauer geführt. Vor die Läden sind Säulenarkaden oder Loggias gesetzt, die potenzielle Kunden vor der stechenden Äquatorsonne oder heftigen Regenschauern schützen sollten, heute aber von Zeitungs- und Erfrischungsverkäufern oder Schuhputzern als „Verkaufsraum" genutzt werden. In den oberen Stockwerken, hinter den nostalgischen Fensterkreuzen, befanden sich ursprünglich Wohnungen, heute sind hier meist Büros untergebracht. Auf den Giebeln lässt sich bei vielen Häusern noch das Baujahr und der ursprüngliche Name ablesen. Eines der schönsten Beispiele dieser Architekturform ist das **Diamond House** auf der Moi Road, das vom Besitzer der Diamond Mineral Water Company erbaut wurde. Ein weiteres auffällig schönes Haus ist das **Pembro House** in der Biashara Street, in der die meisten Stoffhändler der Stadt angesiedelt sind. In den 1930er Jahren, nach den Jahren der Rezession, lieferten sich die Geschäftsleute dieser Straße einen regelrechten Wettkampf um das schönste Gebäude.

Weitere bemerkenswerte Gebäude, die zu den ältesten erhaltenen der ganzen Stadt gehören, sind etwas weiter südlich an der Moi Avenue die 1914 gebaute **Imperial Chambers** mit ihrem schön proportionierten Eingangsbogen, die erst später um eine Etage aufgestockt wurde.

Der auffälligste Bau an der nördlichen Moi Avenue befindet sich aber schräg gegenüber des Diamond House, unverwechselbar durch Uhrtürmchen und Kuppel. Von außen würde man es nicht für möglich halten, dass es sich hierbei um eine Moschee handelt. Das 1920 erbaute Gotteshaus, die **Khoja Mosque,** wurde von der liberalen ismaelitischen Glaubensgemeinschaft, die vom Aga Khan angeführt wird, bei einem Hindu-Architekten in Auftrag gegeben. In respektvoller Kleidung hat man ganz gute Chancen, eine Genehmigung für die Besichtigung der Moschee zu erhalten, die im 1. Stock liegt. Man sollte jedenfalls einen Blick in die schöne Eingangshalle mit Marmorboden und viel dunklem Holz werfen.

Weiter nördlich liegt der **Jevanjee Gardens,** eine kleine **öffentliche Grünfläche,** in deren Mitte eine Marmorstatue von Königin Victoria thront, die 1906 vom Duke of Connaught enthüllt wurde. Gestiftet hat sie A.M. Jevanjee, ein erfolgreicher indischer Händler und Baufirmenbesitzer mit Geschäftsniederlassungen in Bombay, Karachi und Mombasa. Um die Mittagszeit stehen hier häufig Prediger, die Büroangestellte bei ihrer Mittagspause mit geistlicher Nahrung versorgen – falls sie nicht auf dem Gras hält unter einer Zeitung ein Nickerchen halten. Wie alle Grünanlagen der Stadt sollte man den Garten bei Nacht meiden.

In der Harry Thuku Road, der nördlichen Verlängerung der Moi Avenue jenseits des University Way, liegt das **Norfolk Hotel** mit seiner unverwechselbaren Fachwerkfassade, die Hotel-Instanz aus den frühen Kolonialtagen Nairobis. Die Fachwerkbauweise findet man in Kenia inzwischen sehr selten. Nur Teile dieser Fassade sind noch original, denn in der Silvesternacht 1980 wurde das Hotel bei einem Bombenanschlag, der 15 Menschen das Leben kostete, schwer beschädigt.

Das Norfolk Hotel wurde früher auch augenzwinkernd House of Lords (das Oberhaus des britischen Parlaments heißt so) genannt, weil hier ständig bekannte Persönlichkeiten und Aristokraten abstiegen und nach wie vor absteigen. In den ersten 30 Jahren

des 20. Jahrhunderts kamen die reichen Gäste des Hotels häufig für das luxuriöse Abenteuer einer Jagdsafari nach Kenia, unter ihnen auch der amerikanische Präsident Theodore Roosevelt.

Die **Terrasse des Norfolk Hotel** war in den Anfängen Nairobis so etwas wie ein Busstopp für Reisende, hier wurde 1919 die Automobile Association of East Africa gegründet, es war ein Geschäftsplatz für die Siedler, die in der Stadt selbst kein Büro hatten, aber auch die Nachrichtenbörse der Kolonie. Und noch heute trifft sich hier zum Sundowner, dem ersten Drink am Ende des Tages, ein buntes Völkchen aus aller Herren Länder. Direkt vor dem Hotel fand 1922 die Demonstration für die Freilassung des afrikanischen Politikers Harry Thuku statt, bei der zahlreiche Menschen erschossen wurden. In Erinnerung an diesen Vorfall trägt die Straße seinen Namen. Dass das Norfolk eine Rikscha im Logo führt, ist übrigens kein Zufall. Bevor sich das

Ein Drink gefällig?

1 Central Police Station
2 Windsor House
3 Park Side Hotel
4 Busse nach Westlands
5 Shuttle Busse nach Arusha/Moshi
6 Nairobi Safari Club
7 University of Nairobi
8 College House
9 Uchumi
10 Am Bank House
11 Posta Sacco Plaza
12 Hazina Towers
13 View Park Towers
14 Utalii House
15 Maendeleo House
16 French Cultural Centre
17 Kenindia House
18 Unafric House
19 Nginyo Towers
20 Hazina Trade Centre
21 Kenchic
22 Debonnaire's/Steers
23 KCB Bank
24 Atul's Camping
25 Pembro House
26 Kenya Canvas
27 Barclays Bank
28 Downtown Hotel
29 Terminal Hotel
30 Mercantile House
31 Loita House
32 Nyati House
33 Laico Regency
34 Barclays Plaza
35 Canon House
36 Arrow House
37 New Florida Night Club
38 Bridgeds Organic Food
39 City Market
40 Uchumi
41 African Heritage Building
42 Gilfillan House
43 Rehani House
44 Emperior House
45 Kijabe House
46 Finance House
47 Chester House
48 Uhuru Monument
49 PC's Office
50 Nyayo House
51 Busse nach
   Hurlingham & Milimani
52 New General Post Office
53 Galton Fenzi Memorial
54 Craxton House
55 Holy Family Cathedral
56 Intercontinental
57 Kenyatta Mausoleum

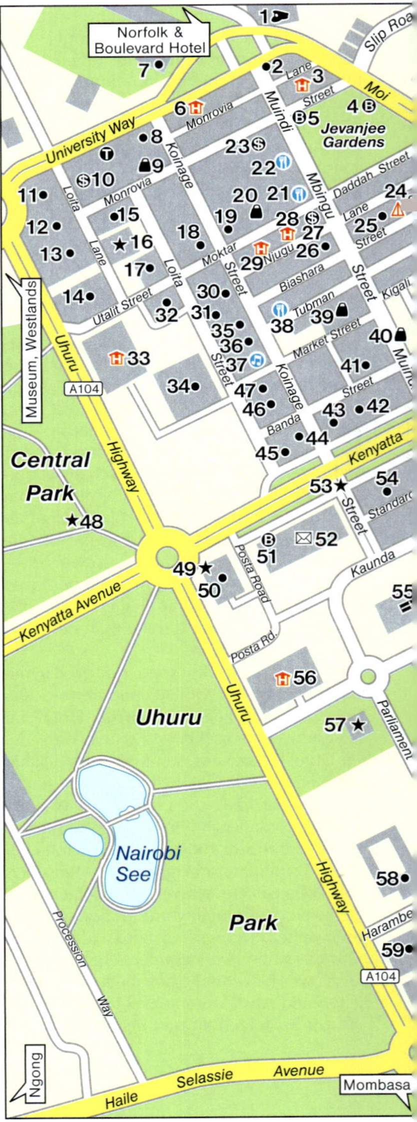

Nairobi Zentrum

Kirinyaga Road

Nairobi River

Muranga'a Road

Kirinyaga

Ngariama

KeeForok Road

Kilome Road

Ngariama Lane

River Road

Firestation Lane

Lagos Rd.

Cross Lane

Val Road

Duruma Road

Cross Road

Kumasi Road

Government

Tom

Moi

Avenue

Mboya

Timboroa Road

Latema

Tsavo Road

Tsavo Lane

Dubois Lane

River Road

Munyu Road

GikBelone Lane

Gaburora Road

Luthuli Avenue

Munyu Road

Karume Lane

Ngala Street

Ronald

Temple Road

Racecourse Road

143

142 144

145

141

140

139

137 138

131

132

130

133 121

134 120 129 128

119 123 122 126 127

111 112 113 118 124 125

110 109 114 117

108 116 99

107 115

106 103 100

104 102 101

146 147 148 149

150 151 152

153 157 158

154 156 159 160

155

95 94

93

96 92

97 90

98 88 89 91

78 87 85

75 77 84

74 79 86 83 82

76 80 81

73

69 68 70 67

65

72 64 66

71 62 63

61 60

City Hall

City Square

Haile Selassie Avenue

Nkrumah Lane

Taita

Tumbu Avenue

Haramee

Harambee Lane

Haile Selassie Lane

Parliament Lane

Hale

Selassie

Workshop Road

Nairobi Bahnhof

Footbrigde

Station Road

0   200 m

Nairobi

Automobil als Transportmittel durchsetzte, wurde der „Taxiservice" in Nairobi von den menschengezogenen Kutschen bestritten.

Im Innenhof des Hotels befindet sich eine schöne Sammlung alter Gefährte aus Kolonialtagen, darunter auch eine alte Rikscha, aber ebenso ein Ochsenkarren, mit dem die südafrikanischen Einwanderer ins Land kamen, ein alter Fordson Traktor, eine Pferdekutsche, die bereits um 1912 aus Kanada importiert wurde, sowie einige Oldtimer.

Direkt gegenüber des Norfolk befinden sich das aus den 1950er Jahren stammende **National Theatre,** in dem aber nur noch sporadisch Aufführungen stattfinden, sowie die **University of Nairobi.** Wegen der häufigen Studentenproteste sind die Verkehrsampeln am University Way in permanenten Schutzkäfigen untergebracht. Von der Harry Thuku Road gibt es keinen direkten Zugang zum Gelände des **Nationalmuseums** etwas nördlich des Norfolk Hotel auf dem Museum Hill (nähere Beschreibung des Museums daher weiter unten).

Auf dem Weg zurück in die Stadtmitte geht man am besten über die Muindi Mbingu Street, die durch das bunte asiatische Geschäftsviertel führt, in dem auch der **City Market** liegt. Das Gebäude mit den mächtigen Betonbögen ist im Zweiten Weltkrieg entstanden und erinnert entfernt an einen Flugzeughangar. Während im Erdgeschoss wahre Blumenmeere und viel frisches Obst und Gemüse feilgeboten werden, haben sich in der Galerie im ersten Stock, ebenso wie vor der Westseite zur Koinange Street, Händler mit handwerklichen Produkten und Souvenirs angesiedelt. Um die von innen überraschend helle Halle gruppieren sich Fleischer- und Fischläden. In den benachbarten Straßen, vor allem der Tubman Road und der Kigali Road, befinden sich Lebensmittelläden, deren offene Auslagen und große Säcke noch ein wenig Basar-Charme verströmen.

Schräg gegenüber des City Market liegt die 1925–33 erbaute **Jamia-Moschee,** eines der Wahrzeichen der Stadt. In den Jahren 1998 und 1999 erfuhr das dreikuppelige Gebäude umfangreiche Renovierungs- und Erweiterungsarbeiten, wodurch es eindeutig an Charme verloren hat, denn der gepflegte

Garten und der ausgesprochen orientalische Charakter des Gebäudes ist im Zuge dessen weitgehend verloren gegangen. Für NichtMuslime ist das Betreten der Moschee verboten, wer jedoch ordentlich gekleidet ist und die Schuhe auszieht, kann vielleicht einen kurzen Blick wagen. Das Innere ist ohnehin sehr schlicht gehalten, die Wände und die Kuppeln sind weiß gestrichen, der Boden ist mit großen Teppichen ausgelegt. Der Haupteingang befindet sich auf einer Achse mit der Mihrab, der Gebetsnische. Sein gemauertes Tor ist mit religiösen Sprüchen in Arabisch, Englisch, Persisch und Urdu verziert.

Direkt neben dem Gotteshaus befindet sich ein Tempel des Wissens, die **McMillan Memorial Library,** eines der imposantesten neoklassizistischen Gebäude von Nairobi, dessen Grundstein bereits 1929 gelegt wurde. Die **öffentliche Bibliothek** ist ein Geschenk der Witwe *Sir William Northrup McMillans* an die Bürger von Nairobi. *McMillan* war ein Unternehmer und passionierter Großwildjäger, der im Verlauf des Ersten Weltkriegs für seine Verdienste von der englischen Krone geadelt wurde. Er gehörte zu den schillerndsten (und vermögendsten) Figuren der frühen Kolonialzeit und besaß am Ol Doinyo Sabuk-Berg, nahe Thikas, die riesige Juju Juja Farm. Die Bibliothek ist prachtvoll, der verkommene Garten steht allerdings in krassem Gegensatz dazu. Ihre Eingangstreppe wird von zwei mächtigen Löwenstatuen bewacht. Die hölzerne Inneneinrichtung ist für alle nostalgisch Veranlagten einen Besuch wert, im Obergeschoss sind noch einige Möbel ausgestellt, die angeblich *Karen Blixen* gehört haben sollen. Vor allem besitzt die Bibliothek aber eine wertvolle **Africana-Sammlung.** Das Gebäude ist von Mo. bis Fr. zwischen 10.30 und 17.30 Uhr für die Öffentlichkeit zugänglich.

Die palmengesäumte **Kenyatta Avenue** ist die **Prachtstraße Nairobis,** aber trotz vieler Geschäfte ist sie keine wirkliche Flaniermeile. Dafür sind die Bürgersteige viel zu voll mit Geschäftsleuten, Bettlern, Einkaufenden, Straßenhändlern, Stempelschnitzern, Schuhputzern, Parkboys und Zeitungsverkäufern. Zwischen den Wolkenkratzern und modernen Geschäften sind noch einige außerge-

- **58** Parliament Building
- **59** Continental House
Ⓜ **60** Railways Museum
- **61** Professional Centre
- **62** Embassy House
- **63** Comcraft House
Ⓢ **64** Barclays Bank
- **65** Times Tower
✉ **66** Old General Post Office
- **67** Kenya Railways Headquaters
★ **68** Gedenkpark Bombblast
Ⓢ **69** National Bank Building
- **70** Extelcom House
- **71** Ministry of Foreign Affairs
- **72** Office of the President
★ **73** Kenyatta Conference Centre
★ **74** High Court
🔒 **75** Masai Market
- **76** Jogoo House
- **77** Reinsurance Plaza
🎞 **78** Nairobi Cinema
- **79** Uchumi House
- **80** Electricity House
- **81** Jeevan Bharati Building
- **82** Chester House
- **83** Development House
- **84** Afya Centre
- **85** Gill House
- **86** Shankardass House
🎞 **87** Kenya Cinema Plaza
🎧 **88** Florida 2000 Nightclub
- **89** Diamond Building
🅱 **90** Rahimtulla Library
Ⓑ **91** KBS Stagecoach Bus Station
🏠 **92** Hotel Pacific
🏠 **93** Hotel Orchid
⛪ **94** Sikh Temple
★ **95** National Archives
🏠 **96** Eureka Highrise Hotel
Ⓑ **97** Busse nach Westen
- **98** Kencom House
🏠 **99** Hilton Hotel
- **100** International House
- **101** Transnational Plaza
- **102** Cotts House
- **103** Salama House
- **104** City Hall
- **105** Bruce House
- **106** UTC Building
- **107** Jubilee Insurance Building
- **108** Fetha Towers
- **109** Hamilton House
- **110** Phoenix House
🎧🎙 **111** Simmer's Bar/Restaurant
- **112** Uganda House

- **113** City House
- **114** Town House
- **115** Prudencial Insurance Building
🎞 **116** 20th Century Cinema
- **117** Vedic House
- **118** Lonrho House
- **119** Pan African Insurance Building
- **120** Westminster House
🏠 **121** The Stanely
- **122** IPS House
- **123** Rehema House
- **124** KCS House
- **125** Corner House
- **126** Norwich Union House
- **127** Union Towers
🔒 **128** Zanzibar Curios
🏠 **129** Oakwood Hotel
- **130** Kimathi House
Ⓢ **131** Stanbic Bank Building
🎞 **132** Cameo Cinema
Ⓢ **133** Bank of India
- **134** ICEA Building
- **135** Hughes Building
◒ **136** Jamia Moschee
🅱 **137** Macmillan Library
- **138** Nation Centre
★ **139** Diamond House
🔒 **140** The Bazaar
- **141** Garden Plaza
- **142** Twiga Towers
🎙 **143** Shooters Cocktail Bar
🏠 **144** Meridian Court Hotel
◒ **145** Khoja Moschee
🏠 **146** Marble Arch Hotel
🏠 **147** Hotel Kipepeo Nairobi
🏠 **148** Rivers Corner Hotel
🏠 **149** New Kenya Lodge
🍴 **150** Somerset Restaurant/
🎙 　　 Modern Green Bar
Ⓑ **151** Akamba Bus
🎞 **152** Embassy Cinema
🚐 **153** DPS Peugeots
🎞 **154** Odeon Cinema
🏠 **155** Greton Hotel
🏠 **156** Sandton Hotel
🍴 **157** Gateway Butchery
🏠 **158** Danika Lodge
Ⓑ **159** Matatus nach Embu,
　　 Isiolo, Nanyuki
Ⓑ **160** Coast Bus

　🛢 　Tankstelle
　Ⓢ 　Bank
　✉ 　Post

wöhnliche **Kolonialbauten** eingeklemmt, etwa die Bank of India, früher als Memorial Hall bekannt, die von 1924–1954 den Legislative Council, das damalige kenianische Abgeordnetenhaus, beherbergte. Gegenüber der Bank steht ein **Denkmal für die** rund 50.000 kenianischen **Askaris**, die während des Tanganyika-Feldzuges im Ersten Weltkrieg fielen. Weitere klassische Repräsentationsbauten an der Kenyatta Avenue sind die Standard Chartered Bank (1930), das Pan Africa Insurance House (1928–1931), ursprünglich Rhodes House genannt, und das Westminster House (1928), welches als Bürogebäude und Unterkunft für hohe Kolonialbeamte gebaut wurde und einen für die damalige Zeit typischen, ruhigen Hinterhof besitzt. Zwei der ältesten und gleichzeitig schönsten Häuser, die erfolgreich vor dem Abriss bewahrt werden konnten, sind das Kipande House am westlichen Ende der Kenyatta Avenue und schräg gegenüber, an der Ecke von Kenyatta und Uhuru Highway, das Provincial Commicioner's Office, die beide 1913 errichtet wurden. Das **Kipande House** mit seinem auffälligen Türmchen – ursprünglich hieß es Nayer Building und war ein Lagerhaus der Eisenbahngesellschaft, die Schienen liefen ja früher parallel zum Uhuru Highway – beherbergt nun eine Filiale der Kenya Commercial Bank. Das einstöckige **Provincial Commicioner's Office** mit seinem neobarocken Touch wird vom National Museum als Ausstellungshalle geführt. Dahinter ragt der orangene Turm des Nyayo-Hochhauses auf, in dem die neuen, 1983 von Präsident *Moi* eingeweihten Provincial Headquarters von Nairobi und auch das Einwanderungsbüro untergebracht sind.

Schräg gegenüber des Uhuru Highway befindet sich der **Central Park.** Mitten auf der grünen Wiese steht das selten hässliche **Uhuru-Denkmal,** an dem Fotografen auf Kunden warten, die ein Erinnerungsfoto von sich und dem monumentalen Grauen wollen. Aus dem sechseckigen Sockel, der den (imaginären) Krater des Mt. Kenya symbolisiert, streckt sich Präsident *Mois* Arm mit seiner Zeremonialkeule empor. Wie der südlich der Valley Road gelegene Uhuru Park (s.u.) auch, ist der Park in der Dunkelheit für Überfälle bekannt.

Durchquert man den Grünstreifen bei Tage entlang der Hauptstraße, braucht man sich keine übermäßigen Sorgen zu machen.

Auf der anderen Seite, am Fuße des Nairobi Hill, liegt eine der imposantesten Kirchen Nairobis, die 1917 begonnene, erst 1949 vollendete anglikanische **All Saints Cathedral,** in der häufiger Konzerte stattfinden. Das Gotteshaus im neogotischen Stil hat die „Anmutung" einer normannischen Trutzburg.

Vor dem neuen Gebäude der Hauptpost an der Kenyatta Avenue steht das häufig übersehene **Galton-Fenzi-Denkmal** zu Ehren des Gründers des ersten ostafrikanischen Automobilverbandes, der 1937 verstarb. Die Inschriften des Sockels erinnern an zwei der bahnbrechendsten Pionierfahrten von Fenzi, nämlich an seine Tour von Mombasa nach Dar es Salaam, 1922 noch ein echtes Abenteuer, und an seine Trans-Afrika-Tour von Dar es Salaam nach Marokko im Jahr 1928. Ebenfalls vermerkt sind die Entfernungen in Meilen und in Kilometern zu verschiedenen afrikanischen Hauptstädten.

Einige Straßenzüge weiter im Süden öffnet sich der fahnengesäumte **City Square,** ein erstaunlich großer Platz mitten im Zentrum der Stadt, der von den Repräsentativbauten der **City Hall** und dem **High Court** geprägt wird. Verantwortlicher Architekt war *Sir Herbert Baker,* der 1929 bereits das Railways Headquarters in Nairobi gezeichnet hatte, ansonsten aber vor allem in Südafrika tätig war. Das Gerichtsgebäude steht jedem offen, und es lohnt sich durchaus, mal einen Blick hineinzuwerfen, denn die Sitzungssäle sind immer noch mit dem wuchtigen alten Holzmobiliar ausgestattet. Vor dem High Court steht ein **Springbrunnen** mit der Statue eines kleinen Nackedeis, über dessen Bedeutung und Herkunft in der Watchman-Kolumne der „Nation" über Wochen spekuliert wurde. Die einleuchtendste Leserzuschrift: Der Nackerte „symbolisiert den Kern dessen, was man von der Justiz erwarten sollte: schmucklos, klar und nichts als die nackte Wahrheit!"

Neben die englischen Bauwerke am City Square hat das unabhängige Kenia seine Prachtbauten gestellt. Das **Kenyatta Conference Centre** mit seinem runden KANU-Tower und der riesigen Konferenzhalle in der

Form eines traditionellen Rundhüttendachs ist seit seiner Fertigstellung im Jahre 1972 das **moderne Wahrzeichen Nairobis** und immer noch das höchste Gebäude innerhalb der City. Der unverstellte Blick vom 28. Stockwerk in alle Himmelsrichtungen, der an klaren Tagen sogar bis zum Mt. Kenya und zum Kilimanjaro reicht, ist grandios, der Eintrittspreis von 400 Ksh daher gut angelegt. Das rotierende Restaurant an der Spitze des Turms ist leider geschlossen. Vor dem Conference Centre sitzt **Landesvater Kenyatta** als übergroße **Bronzestatue** und blickt sinnierend auf das eigene **Mausoleum** am anderen Ende des City Square, in dem eine ewige Flamme zu seinem Andenken brennt. Das letzte Gebäude am Platz ist das **Parlamentsgebäude,** durch seinen großen Uhrturm sofort zu erkennen, das 1954 bezogen wurde. Es steht Besuchern offen, auf Wunsch werden Führungen gemacht, und man kann auf der Galerie sogar den Sitzungen des Hohen Hauses folgen (sie finden in der Regel Mi. und Do. um 14.30 Uhr statt). Interessanter sind aber vielleicht die Schaukästen im Eingangsbereich mit den Dokumenten, die die Unabhängigkeit Kenias besiegelten.

Hinter dem Parlamentsgebäude, auf der anderen Seite des sechsspurigen Uhuru Highway, liegt der **Uhuru Park,** der mit dem **Nairobi-See** und der Skyline ein beliebtes Postkartenmotiv abgibt. Am Ufer des Sees, der aufrichtiger als Teich zu bezeichnen wäre, liegt das achteckige Gebäude des **Nairobi Beach Club** (der Name ist kein Witz!), wo man sich am "ausladenden" Strand ein **Ruderbötchen mieten** kann. Für 60 Min. zahlt man 150 Ksh. Wer nach dem Stadtrundgang noch nicht allzu schlapp ist, kann an der Rückseite des Parks noch ein Stück den Nairobi Hill hinauflaufen. Oben verläuft die Ngong Road, von der man einen wunderschönen Blick über die gesamte City genießt.

Ansonsten lässt es sich durch das **Regierungsviertel** hinunter zur Hai e Selassie Avenue spazieren, die allerdings eine laute, hässliche Verkehrsader am Rand der City ist. Deswegen wandert man lieber über die Harambee Avenue zur südöstlichen Ecke der Innenstadt. Dort, am Kreisverkehr von Haile Selassie Avenue und Moi Avenue, passierte das traumatischste Ereignis der jungen Nation, als am **7. August 1998** vor der amerikanischen Botschaft eine verheerende Autobombe mit der unvorstellbaren Explosivkraft von 800 kg TNT in die Luft ging. Die amerikanische Landesvertretung und das benachbarte Ufundi Cooperative House wurden dabei komplett zerstört. 253 Menschen starben durch den **Terroranschlag** arabisch-islamischer Fundamentalisten, viele davon in den Trümmern der beiden Häuser. Mehr als 5000 Menschen wurden verletzt. Die enorme Druckwelle ließ im Umkreis von mehreren hundert Metern sämtliche Glasscheiben zerbersten. Am Ort der ehemaligen amerikanischen Botschaft wurde ein **Gedenkpark für die Opfer des Anschlags** angelegt, der gegen eine kleine Eintrittsgebühr zu besuchen ist – eine Oase der Ruhe am belebten Verkehrskreisel vor dem Hauptbahnhof.

Auch das **Hauptquartier der Kenya Railways (KR),** das direkt gegenüber liegt, wurde erheblich beschädigt. Das Gebäude aus dem Jahre 1929 spiegelt die wirtschaftliche Macht und den politischen Einfluss wider, den die Eisenbahngesellschaft einstmals besaß. Es ist deutlich größer und prächtiger als alle Regierungsgebäude. Die (damalige) Uganda Railway war ein Staat im Staate, der über eigene Schulen, Ärzte, Krankenhäuser und Sicherheitskräfte verfügte sowie jede Menge Land sein Eigen nannte. Allein die Grundstücke der KR im Süden der City müssen Hunderte Millionen Euro wert sein. Der gegenwärtige Zustand der Eisenbahn wirkt angesichts dieser glorreichen Vergangenheit umso trübseliger. Manchmal lassen einen die Wachen am Eingangstor ohne große Fragen nach dem Woher und Wohin auf das Grundstück. Dann kann man mit offenem Mund durch das Gebäude wandeln, in dessen hübschen Innenhöfen kleine Springbrunnen sprudeln.

Auch der lang gestreckte **Hauptbahnhof** direkt in der Nachbarschaft lohnt einen kurzen Besuch. Die schönen alten Automaten für die Platform-Tickets, also die Bahnsteigkarten, würden in Deutschland schon längst im Museum hängen ... Apropos Museum: Wer sich eingehender für die Geschichte der kenianischen Eisenbahn interessiert, sollte es keinesfalls versäumen, dem **Railway Muse-**

um einen Besuch abzustatten. Es liegt nur 500 m vom Bahnhof entfernt (nähere Beschreibung des Museums s.u.).

Beim Gang durch die Moi Avenue zurück zum Ausgangsort passiert man zahlreiche Bürohäuser, in deren Erdgeschoss sich viele Geschäfte und Restaurants befinden, sodass auch hier auf den Bürgersteigen die Hölle los ist. Gegenüber des Hilton Hotel fällt nochmals ein altes Gebäude auf, in dem das **Nationalarchiv** (Tel. 228959, 226007, info@ kenyaarchives.go.ke; Eintritt: 200 Ksh, Kinder und Studenten: 100 Ksh; Öffnungszeiten: tägl. von 9.00–16.30) von Kenia untergebracht ist. Es wurde 1930 für die Bank of India erbaut. Nach deren Umzug in die Kenyatta Avenue vermietete man es zunächst an verschiedene andere Geldinstitute. Das Gebäude ist für die Öffentlichkeit zugänglich, man muss allerdings alle Jacken und Taschen am Eingang abgeben. Der große Innenraum besitzt die Höhe einer Kathedrale. Im Erdgeschoss dieses Saales ist an den Wänden die **Kunstsammlung** des ersten Vizepräsidenten Kenias, *Joseph Murumbi*, zu betrachten, die seine Witwe 1966 dem Staat vermachte. Sie enthält verschiedene Zeichnungen und Kollagen, deren Stil und Qualität sehr unterschiedlich sind. In der Mitte des Raumes stehen zahllose andere Ausstellungsstücke wie Musikinstrumente, Waffen, Möbel und diverse Vitrinen. Alles zusammen ergibt dann ein buntes, durchaus sehenswertes Gesamtkunstwerk. Außerdem findet sich im 2. Stock eine zeitgeschichtlich interessante **Fotosammlung** zu verschiedenen Anlässen der Präsidentschaft *Mois*, aber auch Porträts von Stammesältesten, die während der Kolonialzeit aufgenommen wurden. Das eigentliche Archiv befindet sich im 1. Stock. Um den Stadtrundgang zu beenden, sind es vom Nationalarchiv nur noch einige hundert Meter zurück zum Stanley Hotel.

Sehenswürdigkeiten in Citynähe

● **Eisenbahnmuseum**
Tel. 221211, Mobil: 0721/268741, Fax 224156, mbarasa@krc.co.ke. Das Museum ist **täglich von 8.15–16.45 Uhr geöffnet** und kostet 100/400 Ksh für Residents/Nonresidents. Es ist von der Innenstadt aus problemlos zu Fuß zu erreichen. Wenn man auf den Hauptbahnhof zugeht, biegt man nach rechts in die Station Road ab, nach etwa 500 m sieht man dann linkerhand die alte Lagerhalle, in der die Sammlung untergebracht ist. In Nairobis Railway Museum kann man einen interessanten Nachmittag verbringen – zumindest, wenn man erst einmal hin gefunden hat, denn das Gebäude liegt in einem ziemlich toten Winkel hinter dem Hauptbahnhof. Wer einen kundigen Führer sucht, fragt am besten bei der Afrika Art Group am Bahnhof nach. *David Gitungu*, der Kopf der Gruppe, hat ein enormes Wissen über Geschichte und Gegenwart der kenianischen Bahn.

Größte Attraktion des Museums sind **13 ausgemusterte Dampflokomotiven,** darunter fünf gewaltige Garrats mit Doppeltendern, etwa die 250 Tonnen schwere, durch den deutschen Ingenieur Bulmann konstruierte „Mount Gelai", die erst 1951 in Dienst gestellt wurde und am 29. Mai 1981 aus eigener Kraft zum Lokomotivfriedhof fuhr. Aber auch die kleine Uganda Railway-Lokomotive mit der Nummer 301, die 1923 gebaut wurde und im Film „Jenseits von Afrika" eine tragende bzw. ziehende Rolle spielte, sowie **14 Eisenbahnwaggons** aus verschiedenen Epochen der ostafrikanischen Bahngeschichte. Jedem richtigen Dampflokomotivenfan wird das Herz bluten, wenn er die alten eisernen Ladies unter freiem Himmel vor sich hinrotten sieht. Inzwischen sind drei Lokos wieder instand gesetzt und werden gelegentlich für Ausflugsfahrten eingesetzt. Aktuelle Termine erfährt man am Informationsschalter des Hauptbahnhofs oder im Museum selbst. Jedenfalls kann man nach Herzenslust auf den riesigen Ungetümen herumklettern und beim Spielen mit verschiedenen Schaltern und Hebeln den kleinen Jungen mal wieder richtig ausleben ...

Im Museum sind alte Uhren, Glocken, Speisewagengeschirre, Streckentelefone oder auch Schiffs- und Lokomotivmodelle ausgestellt. Ein eher grausiges Exponat sind fünf Krallen, die einem der beiden Menschenfresserlöwen gehörten, die den Bau der Eisenbahn mit ihrer Vorliebe für Menschenfleisch für fast ein Jahr aufhielten. Dutzende von Arbeitern fielen ihnen zum Opfer, und es

ken03 Foto: hf

Nairobi

ist schon unheimlich, wie die Tiere sich immer wieder den Nachstellungen entzogen. Eine der Fallen, die man ihnen stellte, wurde am 6. Juni 1904 dem Eisenbahninspektor *Charles Henry Ryall* zum Verhängnis. Ryall hatte in einem Waggon einen Köder ausgelegt und lauerte mit geladener Waffe dem Löwen auf. Dummerweise schlief er auf seinem Posten ein. Der Löwe kam und entschied sich für das frischere Stück Fleisch.

Zum Museum gehört auch eine **Bibliothek** mit Fotos, Plänen, Zeichnungen und Werbepostern, die auf vorherige Anfrage besucht werden kann.

● National Museum of Kenya

Tel. 3742161-1 bis -4 oder 374213-1 oder -4, www.museums.or.ke: Gut gemachte Webseite mit Infos zu allen staatlichen Museen und National Heritage Sites, zu Sonderausstellungen und sonstigen Aktivitäten.

Das 1930 gegründete Nationalmuseum, das etwas nördlich des Norfolk Hotel auf dem Museum Hill liegt, wurde 2008 nach drei Jahren des Umbaus und der Erweiterung endlich wieder eröffnet. Das Warten hat sich gelohnt! Bereits vorher war das Haus mit seiner naturhistorischen, paläoanthropologischen, ethnologischen und historischen Sammlung sowie einer Galerie für zeitgenössische kenianische Kunst eines der beiden absolut sehenswerten Museen der Stadt. Durch die Renovierung sind die Abteilungen des Museums allerdings moderner, verständlicher und interaktiver worden. Mindestens einen halben Tag sollte man für den Besuch veranschlagen.

Der Rundgang beginnt in der **„Hall of Kenya"**, wo 42 Kalebassen von der Decke hängen. Zunächst rätselt man über diese eigenartige Installation, aber wenn man weiß,

Die Nation feiert sich

das in Kenia 42 Stämme beheimatet sind, lässt sie einen intuitiv die Vielfalt der Landeskultur erfassen. Dem schließt sich die **Abteilung der Säugetiere** (Hall of Mammals) an, welche die Entwicklung und die Fähigkeit der Säugetiere zur Anpassung an neue Umweltbegebenheiten ebenso aufgreift, wie die Themen Fortbewegung, Nahrungsaufnahme und Verteidigung. Eine Waage lädt den Besucher augenzwinkernd ein, herauszufinden, ob das eigene Gewicht eher in Richtung Pavian, Gazelle oder Büffel ausschlägt.

Die größte Attraktion des Museums ist nach wie vor die **paläoanthropologische Abteilung**. Erstmals in der Geschichte des Museums werden in einem besonders abgesicherten Raum unersetzbare Originalfunde von unseren menschlichen Vorfahren gezeigt. Für eine geringe Extragebühr kann dieser „Hominid Skull Room" gemeinsam mit einem Museumsangestellten betreten werden. Außerhalb dieses „Exponatentresors" werden Repliken anderer archäologischer Pretitiosen präsentiert und der gegenwärtige Forschungsstand zur Entwicklung des Menschen erläutert. Besonders faszinierend sind die Abgüsse der berühmten **Fußabdrücke von Laetoli** aus Nordtansania, die vermutlich von einer Ein-Kind-Familie des Australopithecus stammen und belegen, dass es schon viel früher als bisher angenommen, nämlich vor rund 3,75 Millionen Jahren, Hominiden gab, die aufrecht gingen. In der Abteilung wird auch auf Faktoren eingegangen, welche die evolutionäre Entwicklung des Menschen gegenwärtig beeinflussen, z.B. Krankheiten wie HIV und Malaria oder veränderte Umwelteinflüsse.

In der geologischen Abteilung wird die spannende Erdgeschichte Ostafrikas veranschaulicht – jene Vorgänge also, die zur Entstehung des Rift Valley und der Vulkane in Ostafrika führten. Hinzu kommt eine umfangreiche Mineraliensammlung. Ebenfalls im Erdgeschoss angesiedelt ist die erwähnenswerte **ornithologische Sammlung,** die als die umfangreichste ganz Afrikas gilt.

Im Obergeschoss des Museums wandelt der Besucher durch die Ausstellung **„Cycles of Life"**, welche die menschlichen Lebensstationen Geburt, Jugend, Alter, Tod und den Eintritt in die Ahnenwelt thematisiert. Ethnologische Exponate der unterschiedlichen kenianischen Regionen, wie Werkzeuge, Hausrat, Kleidung, spirituelle Hilfsmittel, Waffen, Spielzeug usw. verdeutlichen Gemeinsamkeiten und Unterschiede der kenianischen Völker und ihrer kulturellen Entwicklung. **Werke zeitgenössischer kenianischer Künstler** im selben Stockwerk stehenzum Verkauf und schlagen eine Brücke in die Gegenwart. Gegenüber des Haupthauses, etwas hügelabwärts, befindet sich der **Schlangenpark,** der momentan (Herbst 2009) seine dringend notwendige Modernisierung erfährt. Sehenswert sind auch der **botanische Garten** und ein kleiner **Kräutergarten,** der Aufschluss über heimische Pflanzen und ihre Nutzung gibt.

Das National Museum of Kenya ist **täglich von 9.30–18 Uhr geöffnet,** der Eintritt beträgt 800 Ksh/400 Ksh für Non- bzw. Residents. Von der City benötigt man zu Fuß ca. 30 Min. Oder man nimmt die Busse 23 oder 21 vom Hilton Hotel, die Matatus auf dem Waiyaki Way nach Westlands bis zum Fuß des Museumhügels oder mit Matatu 118 vom Nairobi River Kreisel am oberen Ende der Tom Mboya Street bis zur Hügelkuppe.

Im hinteren Teil des Geländes ist übrigens das **Fisheries Department** angesiedelt. Es stellt die **Angelerlaubnis** für das Forellenfischen im Hochland aus.

● **Arboretum und City Park**
Im **Arboretum,** einem **botanischen Garten nur für Büsche und Bäume** in 3 km Entfernung zur Stadtmitte, finden Sie ein Stück paradiesische Natur. Jedes Jahr zieht diese Oase rund 140.000 andere Nairobianer an, die zum Picknicken oder Sporttreiben hierher kommen. Für Pflanzenliebhaber ist die Sammlung von über 350 einheimischen und exotischen Baumarten geradezu ein Muss. Auf dem 30-ha-Areal zwischen State House, also der Residenz des Präsidenten, und einem Nebenfluss des Nairobi River wachsen so spannende Gewächse wie der Pfeilgiftbaum, aus dessen Rinde, Wurzeln und Zweigen sich ein starkes Nervengift für die Jagd herstellen lässt, die Ostafrikanische Bleistiftzeder oder der Kenya Greenheart-Baum,

dessen Pfefferrinde in der traditionellen Medizin Verwendung findet. Zudem sind hier mehr als 100 Vogelarten, eine Sippe des Syke's Monkey und eine Meerkatzenfamilie zuhause. Ursprünglich wurde das Gelände als Testpflanzung für die Einführung neuer Baumarten angelegt. Die Gründung im Jahr 1907 geht auf den stellvertretenden Forstchef *E. Battiscombe* zurück, doch den Grundstein zur Baumsammlung legte *H. M. Gardener* (nomen est omen! .

Es gibt **zwei Naturlehrpfade** im Arboretum, den **Yellow Tree Trail** (ca. 1 Std. Gehzeit) und den kürzeren **White Tree Trail.** Eine Beschreibung mit Pflanzen- und Vogellisten ist gegen eine kleine Schutzgebühr am Eingang erhältlich. Die Mehrzahl der Pflanzen trägt ein Schild mit den lateinischen, englischen und lokalen Namen sowie weiterer Infos über Familie, Herkunft und Nutzungsmöglichkeiten. Mehr Infos über: Friends of Nairobi Arboretum, fona@naturekenya.org, Tel. 2725471. Das Arboretum hat **täglich zwischen 6 Uhr morgens und 18 Uhr geöffnet.** Der Eintritt ist frei. Es herrschen strikte Regeln hier: Nach 18 Uhr darf niemand mehr den Garten betreten, und „es ist untersagt, unschickliches Verhalten an den Tag zu legen, zu schießen, Bäume zu besteigen, zu reiten oder mit Steinen zu werfen". Die **Sicherheitslage** im Arboretum gilt als **sehr gut** – möglicherweise, weil sich hier eine ganze Menge Polizisten herumtreiben, die vermutlich das State House bewachen. Man kann sich von der Innenstadt mit **Matatu 48** nach Kilileshwa bis zur State House Girls High School mitnehmen lassen. Während das Matatu hier scharf in den Arboretum Drive nach rechts abbiegt, folgt man dem Arboretum Road noch etwa 200 m geradeaus weiter, bis man an das Tor gelangt.

Eine weitere **städtische Grünfläche** ist der **City Park** an der Limuru Road, direkt gegenüber des Aga Khan Hospital. In dem schönen Park, der bester britischer Tradition genügt, wechseln sich Grasflächen mit Waldstücken ab, das Gelände wird sogar von einem kleinen Bach durchzogen. Verschiedenste Vögel, Schmetterlinge und Affen haben in den Baumkronen ihren Lebensraum. Am Wochenende ist auch der City Park bei pick-

nickenden Familien beliebt, unter der Woche ist es wesentlich stiller. Allerdings muss man dann auch mehr auf die Sicherheit achten. Von der Innenstadt nimmt man am besten ein Matatu in die Richtung, etwa 106 (vom Matatu-Kreisel am Nairobi River am nördlichen Ende der Tom Mboya Road), 107 und 108, und lässt sich kurz vor dem Wald, an der Forest Road, absetzen. Auf der linken Straßenseite steht nämlich die nette kleine **Francis Xavier Church,** während sich auf der rechten Seite ein prächtiger, erst 1999 eröffneter **Hindu-Tempel** erhebt, den man sich wegen der fantastischen Holzschnitzereien im Innern auf jeden Fall ansehen sollte! Die Handwerksarbeiten wurden in Indien ausgeführt, per Schiff wurden die Einzelteile nach Kenia befördert und dann hier an Ort und Stelle zusammengesetzt.

● Kariokor und Gikomba Market

Was wäre eine afrikanische Stadt ohne Märkte? Obwohl Nairobi eher die Metropole des Big Business ist, gibt es innerhalb der afrikanischen Viertel auch zahlreiche Märkte. Der vielfältigste von allen ist der Markt im Kariokor-Viertel. **Aufregend bunt, laut und übervoll,** reicht das Sortiment seiner Stände von Second-Hand-Mode über traditionelle Medikamente und Amulette bis zu allen denkbaren Handwerksprodukten. Selbst Religion wird hier marktschreierisch angepriesen, irgendwo in dem Menschengewühl steht bestimmt ein Wanderprediger, der von einer Traube Gläubiger oder Neugieriger umgeben wird. Das Faszinierendste ist aber, den Kleinhandwerkern der vielen **Jua-Kali-Betriebe** bei der Arbeit zuzusehen. Da werden alte Autoreifen zu Gummisandalen mit extra griffiger Sohle verarbeitet, aus Drahtabfällen entsteht wunderschönes Spielzeug, leere Margarinedosen werden als Öllampe wiedergeboren, es arbeiten Korbflechter, Schreiner, Schmiede, Sattler, Uhrmacher usw. usf. – das Spektrum der Handwerksberufe und ihrer Produkte ist riesig. Hinkommen ist kein Problem, am Kariokor Market, der **täglich** stattfindet, führen zahlreiche Bus- (7, 8b, 32) und Matatu-Linien (4 und 9) vorbei. Hinter der **Machakos Country Bus Station** schließen sich gleich drei besondere Märkte an: Der täglich geöffnete **Muthurwa Market,** auf dem Nairobis Straßenhändler angesiedelt wurden – und dementsprechend bunt ist auch das Sortiment, von Gürteln über Sonnenbrillen und Nagelzwickern bis zu frischem Obst und Gemüse. Der **Wakulima Market,** der sich an den Muthurwa Market anschließt, ist der größte Obst- und Gemüsemarkt, wo alles frisch und billig ist. Ebenfalls interessant ist der **Gikomba Market,** Nairobis größter Markt für Second-Hand-Kleider (auf Kisuaheli: *Mitumba*), der sich noch ein Stückchen weiter hinter der Country Bus Station befindet. Auch dieser Markt, mit dessen Auslagen man ganze Armeen ausstaffieren könnte, ist täglich geöffnet.

●**Kathedrale Don Bosco**
Wer von der Haile Selassie Avenue auf die Upper Hill Road einbiegt, stößt am südlichen Ende des Nairobi Hill auf die **kenianische Zentrale der Salesianer,** eine katholische Bruderschaft, die von *Don Giovanni Bosco* (1815–1888) im Jahre 1857 gegründet wurde. Der italienische Priester und Sozialpädagoge, der 1934 heiliggesprochen wurde, errichtete 1846 in einem Armenviertel Turins ein Jugenddorf für rund 700 verwahrloste Kinder und Jugendliche. Heute führen die Salesianer weltweit über 500 Einrichtungen, die sich der Ausbildung und Erziehung gefährdeter Jugendlicher widmen. Auch in Kenia gibt es ein starkes Engagement. Wirklich sehenswert ist die moderne achteckige **Kathedrale** mit ihrem gigantischen Innenraum, die den komplizierten Namen *The Shrine of Mary, Help of Christians* trägt. Wer nicht zu nachtschlaffender Zeit auftaucht, darf bestimmt mal einen Blick in das Gotteshaus werfen. In der angeschlossenen Schule ist eigentlich immer ein Pater anwesend, der einem weiterhelfen kann.

Guide

Wer einen verlässlichen Guide für Nairobi sucht und unter Begleitung auch den Kibera Slum besuchen möchte, dem sei **Samwel Mwendewa** (Mobil: 0721/607948, sam_ mwendewa@yahoo.com) genannt.

Unterkunft

Nairobi bietet eine schier unbegrenzte Zahl an Unterkünften, Restaurants und Bars. Zur besseren Übersicht sind sie bei der nachfolgenden Beschreibung in die **Gruppen City** und **Engeres Stadtgebiet** aufgeteilt. Die City-Hotels zerfallen nochmals in die **Gruppen nördlich der Kenyatta Avenue, südlich der Kenyatta Avenue und östlich der Moi Avenue.** Davon getrennt werden die Hotels in den weiter außerhalb liegenden Stadtvierteln **Westlands sowie Karen und Langata** beschrieben und auch auf den entsprechenden Stadtplänen vermerkt.

Wer für längere Zeit in Nairobi bleibt und dafür eine **dauerhafte Bleibe** sucht, kann sich zu günstigen Konditionen im YWCA, aber auch im Milimani Hotel einquartieren. Darüber hinaus lässt sich natürlich eine Maklerfirma beauftragen. Wer dieses Geld lieber selbst verfrühstückt, hängt an den schwarzen Brettern der Einkaufszentren von Nairobi kostenlose Aushänge auf oder guckt in die Wohnungsrubriken der Tageszeitungen.

Hotels in der City, nördlich der Kenyatta Avenue

Oberklasse-Hotels
●**LAICO Regency Hotel**
Loita St./Uhuru Highway, Tel. 2211199 od. 2887000, Fax 2217120, www.laicohotels.com; 320/380 US$ BO, Suiten und Penthouses bis zu 2800 US$, Frühstück 25 US$, Buffet mittags und abends für 30 US$. Das Hotel bietet spezielle Kundentarife an, die bis zu 40% günstiger sind. Es mag sich also lohnen, ganz afrikanisch zu handeln. Wie zu erwarten hübsche Zimmer mit allem Komfort. Wellness-Club, beheiztes Freibad, zwei Restaurants, Cocktail Lounges und Coffee Shops sowie diverse Läden komplettieren das Service-Angebot. Eines der besten Hotels in der Stadt, aber ohne ausgeprägten Charakter.
●**Nairobi Safari Club**
University Way/Koinange St., Tel. 2821000, Fax 2215137, 2224625, www.nairobisafariclub.com; 220/250 US$ BB. Das Hotel besitzt nur vollklimatisierte Suiten, die mit gemütlichem Wohnzimmer und Luxus pur aus-

gestattet sind. Im öffentlichen Bereich: Pool, Fitness Club und vier verschiedene Restaurants. Buffet gibt's für 1750 Ksh (Lunch) bzw. 1850 Ksh (Dinner). Das Essen hat deutlich italienischen Einschlag, obwohl der Chef Franzose ist.

Mittelklasse-Hotels
● Down Town Hotel
Tel. 310485 und 2240501, downtownhotel-2000@yahoo.com; 1400/1700 Ksh SC. Die Zimmer des kleiner, manchmal lauten Hotels in der Moktar Dadah St. sind hell und schön. Auf Nachfrage Studententarife.

● Terminal Hotel
Tel. 22288-17 und -18, Fax 220075; 1600/1900/2200 Ksh BO Ebenfalls auf der Moktar Dadah St. Eines der netteren Hotels in dieser Preisklasse, die Zimmer sind nicht aufregend, aber sauber, ruhig und hell. Schmutzwäsche wird an einem Tag gereinigt. Empfehlenswert.

● Park View Hotel
Monrovia St., Tel. 214154, Fax 334681, 1380/1780/2600 Ksh SC. Das bei Touristen und Entwicklungshelfern populäre Haus liegt direkt am Jeevanjee Gardens. Die Zimmer im Hinterhaus sind sehr ruhig, haben Moskitonetze und sind größer als jene vorne. Als Student gibt es eventuell Rabatt. Das Restaurant hat einen guten, preiswerten Grill. Insgesamt: empfehlenswert!

Hotels in der City, südlich der Kenyatta Avenue
Oberklasse-Hotels
● Hilton Hotel
Mama Ngina St., Tel 2790000, Fax 250099, www.hilton.com. Reguläre Zimmer: 352/384 US$, Executive: 437/469 US$, Presidential Suite (8. Stock): 784 US$. Alle Preise BO. Mahlzeiten (jeweils als Buffet): 1800/2200/2200 Ksh B/L/D. Der runde Turm an der Moi Ave. ist eines der modernen Wahrzeichen von Nairobi. Obwohl betagt, hat sich das Hotel vom Service her jung gehalten, und zentraler kann man kaum wohnen. Alle Zimmer mit Kombinationssafe und Sat-TV. In der teureren Executive-Klasse gibt's erweiterten Service: freie Getränke, kostenlose Zeitungen, gratis Shuttle-Service zum Flughafen etc.

Auch gemeinen Gästen stehen der geheizte Swimmingpool, Poolrestaurant, Wellness-Club, freie Parkplätze, Baby-Sitting-Service, Internetzugang, Diätkost (nach Anmeldung) und diverse Gastronomien zur Verfügung.

● Intercontinental
City Hall Way, City Square, Tel. 32000-00, Fax 32000-30, www.ihg.com. Die Zimmer haben die Kategorien Superior (260/290 US$ BO) und Deluxe (295/325 US$ BO), für die Club Intercontinental Zimmer inkl. Frühstück, Cocktails und eigenem kleinen Restaurant zahlt man 385/415 US$ pro Nacht. Das kastenförmige Hotel am City Hall Way ist gesichtslos und könnte in jeder Hauptstadt dieser Welt stehen, zählt aber zu den ersten Adressen in Nairobi und ist ein beliebtes Kongress-Hotel mit frisch renovierten Zimmern. Es gibt diverse Bars, darunter eine am geheizten Swimmingpool (Eintritt für Tagesgäste 800 Ksh), Restaurants, ein Kasino und Wellness-Club. Service und Essen sind gut.

● The Sarova Stanley
Kimathi St./Kenyatta Ave., Tel. 2757000, Fax 249757, www.sarovahotels.com; 421/468 US$ BO. Frühstück, Lunch und Dinner kosten weitere 35 US$. Das traditionsreiche Stanley Hotel, nach dem berühmten amerikanischen Journalisten und Forscher benannt, liegt im Herzen von Nairobi. Dank dieser Lage war das 1902 eröffnete Hotel immer schon ein Treffpunkt, das erklärt auch die Berühmtheit des Thorn Tree Café im Innenhof. Dank umfassender Renovierung gehört das Stanley wieder zu den besten Hotels der Stadt. Dem Management ist es gelungen, das Flair vergangener Tage mit vielen vergilbten Fotos einzufangen. Die Zimmer sind mit viktorianischem Touch möbliert, verfügen aber über modernsten Komfort. Auf dem Dach: ein beheiztes Schwimmbad mit Wellness-Club (Tagesgäste sind willkommen und zahlen 1000 Ksh). Im öffentlichen Bereich mehrere Restaurants und Bars sowie diverse Läden. Tipp für Romantiker: Am Pool werden abends stimmungsvolle Buffets aufgebaut.

Mittelklasse-Hotels
● Oakwood Hotel
Elite House, Kimathi St., Tel. 220592, Mobil: 0722/208905, Fax 603595, sales@madaho-

tels.com; 72/86/100 US$ BB. Das Hotel gegenüber des Stanley ist im Inneren ein kleines Juwel für nostalgische Spurensucher. Das Treppenhaus und der uralte Lift versprühen noch den Charme vergangener Zeiten. Zimmer mit Sat-TV, Telefon und schönem Bad.

Hotels in der City, östlich der Moi Avenue

Mittelklasse-Hotels

●**Meridian Court Hotel**
Murang'a Rd., Tel. 313991, 317481, 2220006, Fax 317045, 2230700, Mobil: 0721/983668, www.meridianhotelkenya.com; 5250/6750 Ksh BB, Superior Zimmer: 5850/7150 Ksh BB. B/L/D kosten 650/800/800 Ksh. Manche Räume in den oberen Stockwerken sind wie eine Maisonette geschnitten und besitzen sogar eine kleine Küche mit Kühlschrank, alle Zimmer haben einen kleinen Balkon. Die Ausstattung mit eigenem Safe und Sat-TV ist in dieser Preiskategorie Standard. Die Zimmer sind frisch renoviert und sehr sauber. Massage, Pool mit schönem Ausblick auf dem Dach, Sauna und sichere Parkplätze.

●**Marble Arch Hotel**
Lagos Rd., Tel. 245656, 245720, Fax 245724; Residents: 4200/5400/6600 Ksh, Suite 8600 Ksh. Wie der Name schon sagt: Außen und innen ist viel gediegenes Material wie Marmor, Holz und Messing verbaut worden. Das luxuriöse Hotel passt nicht so richtig in die etwas schäbige Lagos Rd. Schöne Zimmer mit Dusche, Badewanne, Sat-TV, Video und kleinem Balkon mit Blick auf die City. Die Doppelzimmer sind relativ klein, ansonsten durchaus internationaler Standard. Natürlich gibt es Bar und Lounge, Restaurant und Coffee Shop. Der Parkplatz vor dem Hotel ist gut bewacht.

●**Hotel Kipepeo Nairobi**
River Rd., Tel. 313571-73, 2121528, Mobil: 0710/207062 od. 0736/996310, Fax 313477, www.hotelkipepeo.com; 3400/4100 Ksh bzw. Twin Hochbetten für 4400 Ksh, das De-

ken-222 Foto: hf

luxe Zimmer kostet 4800 Ksh. Die Zimmer sind gemütlich und entsprechen mit Sat-TV, Telefon, Magnetkartenschloss und digitalem Safe internationalem Standard. Sicherer Parkplatz, Bar und Restaurant verstehen sich von selbst. Eine weitere gute Option im River Rd. Viertel.

●Weitere empfehlenswerte Mittelklasse-Hotels im Viertel sind das **Nairobi Pacific Hotel** in der Tom Mboya Rd., das **Rivers Corner Hotel** in der River Rd. sowie das **Sandton Place Hotel** in der Taveta Rd.

Preiswerte Unterkünfte
●Eureka Highrise Hotel
Tom Mboya Rd., Tel. 2247459; 1000/1800 Ksh BB. Bis man sein Gepäck die drei Stockwerke bis zur Rezeption (!) hochgeschleppt hat, nur um zu fragen, ob überhaupt noch etwas frei ist, stirbt man fast an einem Herzinfarkt. Aber die Zimmer sind sauber und hell. Das Personal ist sehr hilfsbereit. Restaurant und Bar im Haus.

●Tsavo Gardens Guesthouse
Tsavo Rd., Tel. 247401; 800 Ksh SC BO. Die Innenzimmer sind so düster, dass man depressiv werden könnte, die äußeren hingegen sind schön hell. Es existieren nur Single-Zimmer, aber in den breiten Betten kann man bei ausreichender Sympathie füreinander gut zu zweit schlafen. Sauberes Haus, nettes Management. Insgesamt: guter Tipp.

●Orchid Hotel
Mfangano St., Tel. 2222797; 700/850/1500 Ksh SC. Das Guesthouse in der Mfangano St. hat große Zimmer und bietet ein gutes Preis-Leistungsverhältnis.

●Danika Lodge
Dubois Rd., Tel. 2230687; 700/800 Ksh SC, BO. Die Lodge ist sauber, die Zimmer haben gar Moskitonetze, einzig störend sind die Türen, die an ein Verlies erinnern. Am bemerkenswertesten ist allerdings der Innenhof, der für Licht und Ruhe sorgt.

●New Kenya Lodge
River Rd., Tel. 2222202, www.nksafari.com; 800/1000 Ksh SC 550 Ksh SG, NSC, ein Bett

im Schlafsaal kostet 500 Ksh NSC. Die New Kenya Lodge ist eine der wenigen typischen Backpacker-Unterkünfte, in der man andere Reisende aus Europa, Amerika oder Asien treffen kann. Auf Sofas im Gemeinschaftsraum kann man rund um die Uhr Tee oder Kaffee trinken und günstige Safaris buchen. Dann ist sogar noch ein Preisnachlass für das Zimmer drin. Fazit: Das Urgestein der Backpackers-Unterkünfte im turbulenten River Rd. District ist basic und dennoch eine nette Unterkunft.

Hotels im Stadtbereich
Oberklasse-Hotels
●Serena Hotel
Nyerere Rd., Tel. 2842333, Fax 27181-02 und -03, www.serenahotels.com; 445/535 US$ BO, Suiten 500–805 US$ BO. Das Hotel ist von außen keine Schönheit, innen überraschen die geschmackvolle Einrichtung und das noble Ambiente. Bei Regen wird man schon auf dem Parkplatz vom aufmerksamen Personal mit Schirm abgeholt. Die Zimmer, die in Richtung Central Park und City liegen, sind edel und haben allen denkbaren Komfort, die Einrichtung ist zum Wohlfühlen. Der gepflegte Maisha-Fitness-Club mit Swimmingpool, Sauna, Massage sowie Dampfbad ist im arabischen Stil gehalten und steht Hotel- wie Tagesgästen für 1000 Ksh offen. Die Küche hat sich am Freitag auf Meeresfrüchte spezialisiert, ansonsten gibt es Lunch und Dinner Buffet für 1850 Ksh und internationale Küche im Mandari Restaurant.

●Fairmont The Norfolk Hotel
Harry Thuku Rd., Tel. 2250900, Fax 2250200, www.fairmont.com. Die Preise im Fairmont hängen von Saison und jeweiliger Auslastung ab. „BAR" kürzt sich das ab, was für „best available rate" steht; der Preis desselben Standardzimmers variiert demnach zwischen 203 US$ BO und 575 US$! Analog dazu die Executive Suites: 524–895 US$. Das legendäre Hotel wurde jüngst umfassend renoviert und aufgewertet. Hübsche Zimmer mit Stil und Komfort, die keine Wünsche offen lassen. Die Zimmer im Mahagoni-Flügel und im Magumo-Flügel haben Gartenblick, im Delamere Wing gibt es ein spezielles Zimmer für Rollstuhlfahrer. Es sind die stilvollen

Details, die das Haus nach wie vor zu etwas Besonderem machen, wie die liebevoll restaurierte Sammlung alter Gefährte aus der Kolonialzeit im Innenhof. Legendärer Treffpunkt Nairobis ist die Terrasse vor dem Haus. Gepflegter Swimmingpool und Health Club sind für Auswärtige für 1800 Ksh zugänglich. Gute internationale Küche.

● Fairview Hotel

Bishops Rd., Tel. 2881000, Mobil: 0733/ 636561, Fax 2721320, www.fairviewkenya. com; 8600/11.600 Ksh BB bis 19.000/21.000 Ksh BB für die Deluxe-Zimmer, Family Room 13.200 Ksh, Kinder unter 5 Jahren frei, bis 12 Jahre 3700 Ksh, über 12 Jahre 5100 Ksh. Das Hotel vermietet Wohnungen auch längerfristig ab 180.000 Ksh pro Monat. Das empfehlenswerte Hotel wirbt mit dem Slogan „The Country Hotel in Town". Rund 2 km bis in die City sind es allerdings schon. Die bewegte Geschichte des Hotels erklärt die vielen verschiedenen Zimmer, die von nostalgisch bis modern-funktional reichen – am besten lässt man sich verschiedene Kategorien zeigen. Der 2 ha messende Garten mit mehr als 200 exotischen Pflanzenarten, die ruhige Lage, der gemütliche Kamin in der Eingangshalle und der nostalgische Speisesaal vermitteln im Hauptgebäude tatsächlich so etwas wie ländliche Atmosphäre. Besonders bei Mitarbeitern von Entwicklungshilfeorganisationen beliebt. Das erklärt auch das gut ausgestattete Business Centre und gratis WLan im ganzen Haus. Die Zimmer besitzen Kartenschloss, Moskitonetz, Telefon, Sat-TV und Badewanne, wirken aber dennoch rustikal. Die Superior-Kategorie verfügt über ein großes helles Badezimmer, die Balkonversion auf einem Nachbargrundstück hat eine schöne Veranda mit Gartenblick. Der neue Pool ist Hotelgästen vorbehalten. Das Personal ist freundlich und hilfsbereit. Mi., Fr. und Sa. dezente Livemusik. Die vier Restaurants des Hotels bieten Sushi, afrikanische und internationale Küche.

Mittelklasse-Hotels

● Hotel Boulevard

Harry Thuku Rd., Tel. 222756-7, -8 und -9 und 2247536, Fax 317825, www.hotelboulevardkenya.com; 5785/7515/8980 Ksh BB. Vom Hotel unterhalb des Museumsgartens läuft man 10 Minuten bis ins Stadtzentrum. Baustil und Farben von Bettdecken und Teppichläufern verraten, dass das Hotel Anfang der 1970er gebaut wurde. Die Gänge sind düster, aber das Personal ist motiviert und freundlich. Die Zimmer sind mit Ventilator, Sat-TV und Telefon ausgestattet. Die rückwärtigen in Richtung Museum Hill sind ruhiger und haben einen Blick ins Grüne. An der Vorderfront tönt hingegen der Straßenlärm des Uhuru Highway. Dafür kann man den Badegästen auf den Liegestühlen in den Bauchnabel gucken – auch keine schlechte Aussicht. Pool (Nichtgäste 250 Ksh, Kinder 200 Ksh, die günstigste Option in der Stadt, um ins kühle Nass zu springen!) und Tennisplatz (für Nichtgäste 150 Ksh pro Stunde) vorhanden. Täglich ein reichhaltiges Frühstücksbuffet für 890 Ksh.

● The Heron Hotel

Milimani Rd., Tel. 272074-0 bis -3, Fax 2721698, www.heronhotel.com; 75/110 US$. 2008 wurde das komplette Haus renoviert. Die Front ist fertig, schick und mit überdachter Vorfahrt einladend. Die Zimmer besitzen dank Holzparkett einen nostalgischen Touch. Sicherer Parkplatz, Swimmingpool, Sauna und Airport-Shuttle.

● Methodist Guest House

Lavington Green, Oloitokitok Rd., Tel. 3007700 od. 3871080, Fax 3862385, www.methodistguesthouse.org; Residents 3340/4940 Ksh SC, BB, Nonresidents 3770/ 5300 SC, BB. Mahlzeiten kosten 650/800/ 800 Ksh für B/L/D. Das Guesthouse ist in Wahrheit ein respektables Hotel und liegt in einem herrlichen Garten. Hier herrscht ein strenges Regiment, was Ruhe und Sauberkeit zugute kommt. Die Zimmer sind schlicht, aber klinisch rein. Der Schwimmbadbesuch für Nichtgäste kostet 150 Ksh, für Kinder 100 Ksh. Zu erreichen mit Matatu und Bus Nr. 46 von Kencom.

● Kivi Milimani Hotel

Milimani Rd., Tel. 272-2358, -8204, Mobil: 0723/491064, 0735/491064, Fax 2724685, www.kivimilimanihotel.com; 4300/6000/ 8000 Ksh SC, BB, Apartments: 42.900 Ksh pro Monat. Das Hotel offeriert nicht den Gipfel des Luxus, wie man angesichts des Namens („Auf dem Berg") annehmen könnte, die Preise gehen aber in Ordnung. Der Blick vom Balkon der Frontzimmer auf den Swimmingpool ist nett, es gibt Telefon und WLan. Die Apartments sind nicht hypermodern, aber mit zwei Schlafzimmern gut geschnitten, sie haben eine voll ausgestattete Küche.

● YMCA Central
State House Rd., jenseits des Uhuru Park, Tel. 2724116/7, 2726399, Fax 2728825, www.kenyaymca.net; NSC 1100/1800 Ksh und Schlafsaal 950 Ksh BB; SC 1400/2100 Ksh und Schlafsaal 1050 Ksh BB. Für einen kompletten Monat können ed e NSC-Zimmer für 8000/12000 Ksh gemietet werden. Lunch/Dinner Buffet für 500 Ksh. Die Jugendherberge ist sauber und gut ausgestattet, besitzt Parkplatz, günstiges Restaurant mit wunderbarer Veranda, Safari Booking Office, Fitnessraum, großen Pool, Tischtennis sowie Squash-, Tennis-, Volleyball und Basketballplätze sowie Sat-TV im Aufenthaltsraum. Von daher sind die Zimmerpreise in Ordnung. Der Name „Central" ist allerdings unzutreffend, denn das Haus liegt an der nordwestlichen Peripherie von Nairobi City, was nachts zum Nachteil wird. Bei Dunkelheit sind auf dem Weg immer wieder Überfälle passiert. Man sollte sich ein Taxi leisten oder den KBS-Bus nehmen, der an der Haustüre vorbeifährt.

Backpacker-Unterkünfte und Camping
● Nairobi Backpacker's
Milimani Rd., hinter der Kreuzung mit der Ralph Bunche Rd. ist die Straße in sehr schlechtem Zustand, Holzbuden stehen am staubigen Straßenrand. Nicht abschrecken lassen: Direkt hinter den Eagle Apartments ist das Eisentor zum Backpacker's. Wer laut anklopft, wird freundlich empfangen. Tel. 2103505, Mobil: 0734/770733, www.nairobibackpackers.com. Schlafsaal (6–8 Betten) 550 Ksh BB, für Gruppen ab 5 Personen 10% Rabatt. Family Rooms (4 Betten) 750 Ksh pro Person. Preise inkl. Bettzeug. Im Garten drei 2-Bett-Holzhütten für 1500 Ksh NSC, bei Einzelbelegung 1300 Ksh. Auf der kleinen Rasenfläche hinter dem Haus kann man für 300 Ksh pro Person ein Zelt aufstellen. Einfache, aber gute Küche und freundlicher Staff. Kostenfreies Internet Bücherbörse, Getränke,

Snacks, Filme, TV, Video, Unterstellmöglichkeit für Gepäck und sichere Parkplätze. Auch preisgünstige und empfehlenswerte Camping-Safaris sind im Angebot. Das einzige Backpackers in Gehentfernung (ca. 15 Min.) zur Innenstadt.

● Nairobi International Youth Hostel
Ngong Rd., Tel. 2723012, Mobil: 0722/656462, www.yhak.org. Großer Schlafsaal, 16 Betten: Residents 400 Ksh, Nonresidents 600 Ksh. Kleiner Schlafsaal, 4 Betten: R 450 Ksh, NR 700 Ksh. DB: R 500 Ksh, NR 700 Ksh. Wer einen Monat bleiben will, zahlt je nach Zimmerkategorie 10.000, 12.000 oder 13.000 Ksh. Nairobis Jugendherberge in Upper Hill liegt zwar etwas außerhalb, aber mit dem Matatu Nr. 46 lässt sie sich von der Innenstadt gut erreichen. Duschen, Toiletten und Zimmer sind sauber, aber wahrlich nichts Besonderes, die Betten hart, das Management aber sehr hilfsbereit. Es gibt ein kleines Cyber Café, sichere Parkplätze, einen kleinen Lebensmittelshop und einen Lagerraum, in dem für zwei Wochen Gepäck sicher aufbewahrt wird. Gutes Preis-Leistungsverhältnis.

● The Jungle Junction (J.-J.'s)
Tel. 0722-752865, j-js@gmx.net oder jungle_junction_nairobi@yahoo.com, Ambosel Rd., nahe Dagoretti Corner, GPS S01°17.325 / O36°45.635. Gute Verkehrsanbindung per Bus und Matatu Nr. 14 in die City, Versorgungsmöglichkeiten bei Nakumatt in 10 Min. Fußmarschentfernung. Camping mit eigenem Fahrzeug oder Zelt sowie verschiedene Zimmer kosten 1700/2300 Ksh NSC, mit eigenem Bad 2900 Ksh. Wenn man vom Sammelsurium der Fahrzeuge ausgeht, die samt ihren Besitzern bei J.-J.'s parken, scheint dies der Nairobi-Treffpunkt all jener zu sein, die mit eigenem Untersatz – ob Moped, Jeep oder Lkw – auf dem Überlandweg durch Afrika reisen. Und das hat gute Gründe! Der Campingplatz und das Hostel sind super geführt, pikobello sauber und gepflegt, WLan inklusive. Das Grundstück wird optimal genutzt: Vorne eine große Wiese mit Schattenbäumen und Stromanschlüssen zum Campen, im rückwärtigen Grundstücksteil das Haus mit Gemeinschaftsraum, Küche, Motorradwerkstatt und den schönen, hellen Zim-

mern. Deren Anzahl ist begrenzt, sodass eine Reservierung zu empfehlen ist. Ganz hinten befinden sich Waschmaschinen, die Küche des Restaurants, die Duschen und WCs. Das Essen ist hervorragend, wird aber nur auf Vorbestellung serviert. Freitag abends gibt es BBQ. Der Macher von J.-J.'s ist der Deutsche *Chris Handschuh,* selber ein alter Afrika-Motorrad-Hase, der weiß, was (Langzeit-)Reisende brauchen. *Chris* ist ein ausgezeichneter Motorradmechaniker und ein wandelndes Lexikon, wenn es um empfehlenswerte (Auto-)Werkstätten, knifflige Behördenangelegenheiten oder ein schönes Ausflugsprogramm für Nairobi geht. Für alle, die ihr Fahrzeug, auch über längere Zeiträume, sicher abstellen wollen, bietet *Chris* einen einmaligen Unterstellservice (Mopeds 35 Euro, Geländewagen 45 Euro, Lkw 80 Euro pro Monat, weitere Details auf Anfrage). Bleibt nur eine Frage: Warum heißt dieser vorbildliche Platz, der einem nach anstrengender Reise auch mal erlaubt, das Tor zuzumachen und Afrika zu vergessen, ausgerechnet Jungle Junction? *Chris* grinst bei dieser Frage: „Hier stehst Du an der Kreuzung – zwischen der großen afrikanischen Wildnis da draußen und dem Großstadt-Dschungel Nairobis."

● **Wildebeest Camp**
Kibera Rd., abseits der Ngong Rd., Tel. 2103505, Mobil 0734/770733, www.wildebeestcamp.com; Übernachtungspreise variieren von 7 US$ fürs Camping bis zu 30 US$ p.P. für die Übernachtung im Safari-Zelt mit eigenem Bad. Das Besondere hier sind der wunderbare Garten und die Safari-Zelte, die für Nairobi eine eher außergewöhnliche Schlafgelegenheit darstellen. Es gibt auch Räume verschiedener Kategorien und die Möglichkeit, ein eigenes Zelt aufzustellen. Die Lage zu Versorgungseinrichtungen und zur Stadt ist günstig, die üblichen Einrichtungen eines Hostels wie Internet, Restaurant, Safari-Buchung etc. werden alle angeboten. Nicht uninteressant.

● **Upper Hill Campsite**
Menengai Rd., Tel. 2719662; Camping 300 Ksh, Schlafsaal 500 Ksh, DB 900 Ksh. Anfahrt mit den Bussen 7, 34, 40, 111, 126 sowie Matatus 8, 33, 111; wer lieber läuft, braucht aus der City 15–20 Min. Der Campingplatz in der Menengai Rd. befindet sich im Garten einer alten Villa auf dem Nairobi Hill mit Bar und warmer Küche. Der Ruf des Hauses hat zwischenzeitlich ziemlich gelitten – wegen Lärm, mangelnder Sauberkeit der sanitären Anlagen und dem Platz selbst. Inzwischen hat der Besitzer gewechselt, vielleicht haben sich die Verhältnisse ja wieder verbessert.

Hotels in Westlands

Oberklasse-Hotels
● **Holiday Inn**
Parklands Rd., Tel. 37409-20 und -21, Fax 3748823, www.holiday-inn.com/nairobi-kenya; Standard: 285/310 US$, Executive: 290/315 US$ BB, Lunch und Dinner zusätzlich je 1850 Ksh. Man sieht dem Haus nicht an – und das ist jetzt ein Kompliment –, dass es neu ist. Beim Bau hat sich der Architekt von der grauen Hoteleminenz Nairobis, dem Norfolk Hotel, inspirieren lassen. Die Einrichtung der Räume ist geschmackvoll und zum Wohlfühlen, die Zimmer im 1. Stock sind netter. Die Biertrinker hat man zum Teil schon gewonnen: Viele Leute nehmen ihren Sundowner nicht mehr im Norfolk, sondern auf der Veranda des Holiday Inn ein. Der Neubau verfügt über allen Komfort (Sat-TV, Telefon, Klimaanlage), Pool und Fitness-Club (Nichtgäste: 1500 pro Tag). Das Steakhouse Spur ist empfehlenswert.

● **Jacaranda Hotel**
Chiromo Rd./Woodvale Groove, Tel. 4448713/-14, Fax 44446159, www.jacarandahotels.com; 250/312/437 US$. Die Zimmer des Hotels sind komfortabel ausgestattet, aber etwas klein. Dafür ist der Garten schön und der Service bemerkenswert gut. Das Schwimmbad ist Hotelgästen vorbehalten. Das dazugehörige gegenüberliegende Restaurant The Pizza Garden ist empfehlenswert.

Mittelklasse-Hotels
● **Sirona Hotel**
Keiyo Rd., Tel. 2540190, Fax 3742730, www.sirona-hotel.com; 2500/3500 Ksh BB, SC. Das Sirona Hotel ist ein altes Kolonialgebäude mit Holzböden und charmant verwinkelten Zimmern. Großer Speiseraum mit netter Bar, zwei Billardtische, schöne Außenterras-

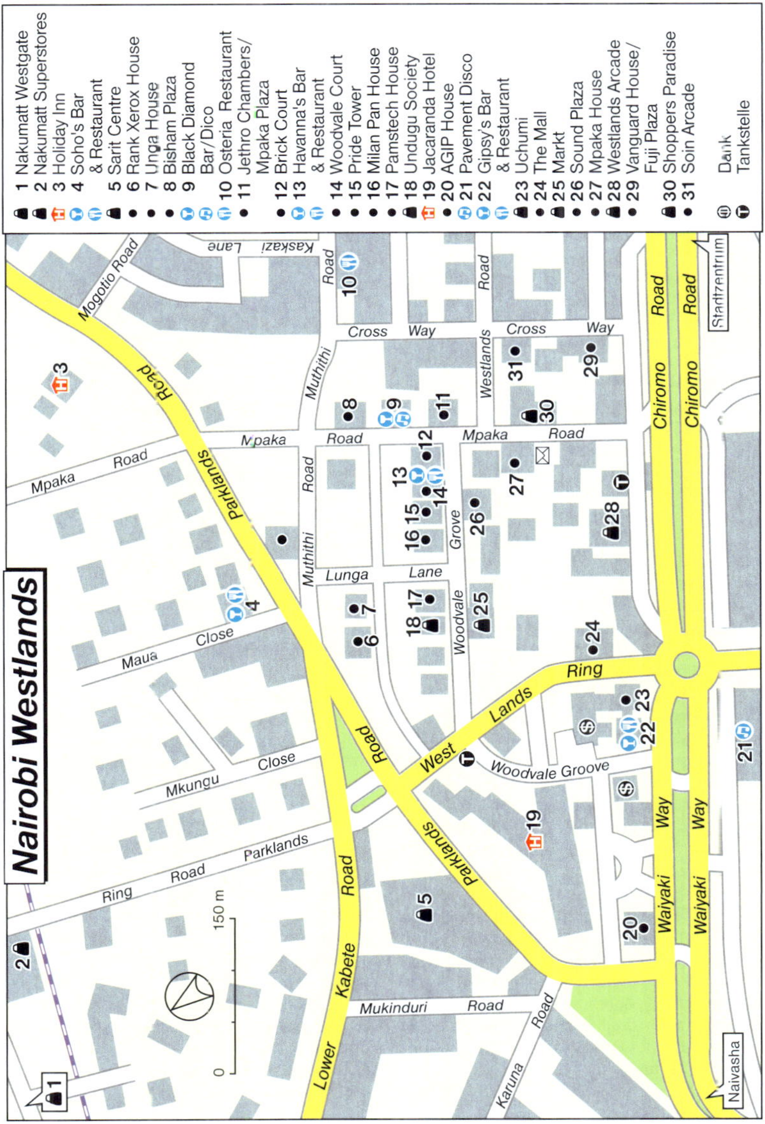
Nairobi Westlands
1 Nakumatt Westgate
2 Nakumatt Superstores
3 Holiday Inn
4 Soho's Bar & Restaurant
5 Sarit Centre
6 Rank Xerox House
7 Unga House
8 Bisham Plaza
9 Black Diamond Bar/Dico
10 Osteria Restaurant
11 Jethro Chambers/ Mpaka Plaza
12 Brick Court
13 Havanna's Bar & Restaurant
14 Woodvale Court
15 Pride Tower
16 Milan Pan House
17 Pamstech House
18 Undugu Society
19 Jacaranda Hotel
20 AGIP House
21 Pavement Disco
22 Gipsy's Bar & Restaurant
23 Uchumi
24 The Mall
25 Markt
26 Sound Plaza
27 Mpaka House
28 Westlands Arcade
29 Vanguard House/ Fuji Plaza
30 Shoppers Paradise
31 Soin Arcade
Bank
Tankstelle
Mogotio Road
Kaskazi Lane
Muthithi Road
Cross Way
Westlands Road
Mpaka Road
Parklands Road
Lunga Lane
Woodvale Grove
Maua Close
Mkungu Close
Ring Road Parklands
West Lands Ring
Woodvale Groove
Lower Kabete Road
Mukinduri Road
Karuna Road
Chiromo Road
Waiyaki Way
Stadtzentrum
Naivasha
0
150 m

Nairobi

se, auf der abends Nyama Choma serviert wird. Mittag- und Abendessen am Buffet kosten jeweils 700 Ksh. Empfehlenswert.

● **Impala Hotel**
Parklands Rd., Tel. 7423-46 und -47, Fax 7423-58; 2000/3500 Ksh BO, SC. Das kleine Hotel hat seine besten Tage schon hinter sich, aber man ahnt, welche Ausstrahlung das Haus aus der Kolonialzeit mit seinen Parkettböden früher einmal verströmt haben muss. Die Fenster der Zimmer sind nicht alle verschließbar. Der Niedergang hat auch seine lichten Seiten: Der Platz ist sehr ruhig, die Bar nett. In einigen Zimmern stehen Telefone herum, es gibt sichere Parkplätze. Fürs Geld erhält man anderswo aber mehr Komfort.

Hotels in Karen und Langata

Oberklasse-Hotels
● **Giraffe Manor**
Tel. 02/891078, Fax 890949, www.giraffe-manor.com; ca. 750 US$ pro Person, genaue Preise auf Anfrage. Eine der außergewöhnlichsten – und teuersten – Herbergen Nairobis! Das von Efeu überwucherte alte englische Landhaus wurde 1932 von der schottischen Familie *Duncan* erbaut. 1972 kaufte das amerikanische Ehepaar *Leslie-Melville* das Anwesen. *Jock* und *Bettie* engagierten sich für den Schutz der Rothschild-Giraffe, die in Kenia mit 130 Tieren kurz vor der Ausrottung stand, und gründeten die Naturschutzstiftung African Fund for Endangered Wildlife. Die wunderschönen Tiere fühlten sich im weitläufigen Garten offensichtlich sehr wohl, denn sie vermehrten sich prächtig. Einige ihrer Nachkommen leben noch immer dort. So wird man morgens schon mal von den Giraffen geweckt, die neugierig ihren Kopf durchs Fenster stecken oder eine Leckerei erbetteln. Service, Küche und die nostalgische Einrichtung der Zimmer lassen keine Wünsche offen – immerhin nächtigten hier u.a. schon *Mick Jagger, Johnny Carson* und *Bob Kennedy*. Wenn keine Gäste im Haus sind, kann man in Giraffe Manor nach telefonischer Anmeldung auch fürstlich speisen und zu Cocktail- oder Dinner-Partys laden.

● **Ngong House**
Tel. 891856, 890140 oder 891296, Mobil: 0722/434965 od. 0733/600184, Fax 890674,

reservations@ngonghouse.co.ke; Nonresidents: 440 US$ pro Person, alle Speisen und Getränke, Transport zum Flughafen sowie Ausflüge mit Wagen und Fahrer inklusive; Residents: 12.000 Ksh, der freie Transport mit dem Wagen ist ausgenommen. Gemeinsam mit Giraffe Manor ist Ngong House die wohl außergewöhnlichste und exklusivste Herberge in ganz Nairobi. Inmitten von 5 ha Wald und naturbelassenem Busch stehen fünf Baumhäuser mit ein oder gar zwei Decks, allesamt individuell designed. Ausgestattet sind sie mit allem erdenklichen Komfort – und natürlich mit Blick auf die namensgebenden Berge. Ein sinnliches Gesamtkunstwerk und ein Naturerlebnis, das man so im Dunstkreis von Nairobi nicht erwartet hätte. Bis zu 24 Gäste kann das Ngong House beherbergen, das von dem Belgier *Paul Verleysen* liebevoll gestaltet wurde. Für Familien bietet sich eher die Übernachtung im geschmackvollen Blockhaus an, während Gäste mit Handicap in der Suite des Haupthauses gut untergebracht sind. Ein Swimmingpool ist selbstredend vorhanden.

● **Karen Blixen Coffee Garden, Restaurant & Cottages**
336 Karen Rd., Tel. 882130/8, Mobil: 0722/848043, Fax 882508, www.blixencoffeegarden.co.ke; Residents: 170/225 US$ BB, Nonresidents: 285/440 US$ BB. Swimmingpool und Jacuzzi, Garden Spa mit Sauna und Beauty Salon, Restaurant, Bar. Von Kaffeebüschen ist nicht viel zu sehen, aber der namensgebende Garten des Hotels ist von überwältigender Fülle! In ihm verteilen sich 17 Cottages, die Privatsphäre und – dank Kamins, Holzböden, nostalgischer Einrichtung und hübscher Veranda – viel Charme vergangener Tage bieten. Für Karen-Blixen-Fans ein Muss! Einzige Einschränkung: Die Karen Rd. ist trotz dichter Hecken zu hören. Besuchern stehen das schöne Restaurant (serviert wird auch im überbordenden Garten) und die urige Sportsbar offen. Samstags gibt es Lunch mit Live-Jazz. Ein Besuch lohnt sich auch, weil im Garten Tafeln mit historischen Aufnahmen und Texten zu *Karen Blixen* sowie zu *Eward Grogan* ausgestellt sind. Die beiden Berühmtheiten aus Kolonialtagen hatten an sich nichts miteinander zu tun. Und doch steht

Nairobi

das alte, 1905 errichtete Haus von *Grogan* jetzt hier im Garten: Um es vor dem Abriss in Westlands zu retten, wurde es Stein für Stein abgetragen und hier wieder aufgebaut. Ein beispielloses Engagement – und eine Bereicherung für das architektonische Ensemble historischer Bauten.

●Macushla House

Nguruwe Rd., in der Nähe des Giraffe Centre, Tel. 891987, Mobil: 0733/706178 und 0722/ 329863, macushla@africaonline.co.ke; 115/ 210/270 US$ BB, Lunch und Dinner kosten jeweils weitere 25 US$. Macushla ist ein sehr privates Hotel, das maximal zwölf Gäste beherbergen kann. Das Haus hat alles, was man braucht, um sich rundum wohlzufühlen: Pool, Bar, Restaurant, Lesezimmer mit Kamin und großer Garten. Und die Küche ist ausgezeichnet. „Macushla" ist übrigens ein gälisches Wort und bedeutet in etwa „meine Liebe" – und deren Spuren hat Besitzerin *Carrie Henkel* auch überall mit netten Details und Artefakten aus aller Welt hinterlassen.

●Maasai Lodge

Tel. 3003846, Mobil: 0736/704196, 0723/ 160888, www.masailodge.com; Residents: 3250/5500 Ksh BB, Nonresidents: 75/120 US$ BB. Die Maasai Lodge liegt an der Südgrenze des Nairobi-Nationalparks. Man erreicht sie über die Magadi Rd., an der Straße steht ein Wegweiser zur Africa Nazarene University, dem man auf der Staubstraße folgt. Hauptgebäude und Bandas sind harmonisch in die Umgebung integriert, die Anlage ist gemütlich und intim. Von der Terrasse mit Freiluftbar und Restaurant hat man einen großartigen Blick auf die Schlucht des Athi River. Eine wunderbare Oase, unberührt von der Hektik der nahen Großstadt. Nach einer kleinen Wanderung, die über eine romantische Hängebrücke führt, gelangt man nach Kitengela Glass. Schöner Pool (200 Ksh für erwachsene Tagesgäste, 100 Ksh für Kinder).

●Silole Villa & Cottage

Buchungen über die Maasai Lodge; www.silolesanctuary.com. Zwischen Maasai Lodge und Kitengela Glass erstreckt sich das 200 ha große Silole Sanctuary, das zwei verschiedene Unterkünfte bietet, nur 5 Min. vom Maasai Gate des Nairobi-Nationalparks entfernt. Die großzügige Silole Villa nennt drei Zim-

mer ihr Eigen und offeriert einen beneidenswerten Blick auf das Hyrax Valley. Sie kostet 10.000 Ksh, wenn man sich selbst versorgt, 20.000 Ksh FB für vier Personen, Kinder sind kostenfrei. Essen für weitere Erwachsene kostet je 1000 Ksh. Das Cottage, das faire 5000 Ksh kostet, besitzt zwei Schlafzimmer und eine gut ausgestattete Küche, Essen und Getränke bringt man selber mit. Von der Terrasse öffnet sich der Blick über die rollenden Hügel des Nairobi-Nationalparks. Für ein Wochenende draußen in der Natur direkt vor den Toren Nairobis ein perfekter Platz.

●Kitengela Glass Cottages

Tel. 6751858, Mobil: 0722/523284, www.kitengela.com. Die Glas-Manufaktur in Kitengela bietet außergewöhnlich schöne Cottages, die alle individuell gestaltet sind. Der Garten, der die Häuser und den Swimmingpool umgibt, ist eigentlich ein Glasskulpturen-Park. Die Preise sind angemessen und liegen je nach Komfort und Größe zwischen 5000 und 8000 Ksh in der Nebensaison und 6000 und 10.000 Ksh in der Hochsaison. Pro weiterer Person in den großzügigen Räumen zahlt man nur noch 1250 bzw. 1500 Ksh zusätzlich.

●Einen Versuch wert sind sicherlich auch die Räume der **Karen Country Lodge,** die weiter unten wegen ihres Restaurants und der Cocktail Bar beschrieben ist. Das Restaurant **The Rusty Nail** nahe des Karen-Shopping-Centre-Kreisels (s.u.) wird ab 2010 auch Unterkünfte anbieten. Sind sie vom Geschmack und der Qualität nur annähernd so gut wie das Essen, wird dies ein echter Tipp!

Sonstige Hotels im Großraum Nairobi

●Safari Park Hotel

Thika Rd., Tel. 3633000, Fax 802477 und 861584, www.safaripark-hotel.com; Superior: 240/240 US$, Suiten: 340–1200 US$. Das 5-Sterne-Hotel liegt an der Thika Rd., ca. 8 km außerhalb der Stadt, woanders wäre wahrscheinlich ein 26 ha (!) großes Grundstück für die beeindruckende Hotel- und Freizeitanlage auch nicht mehr verfügbar gewesen. Alle Zimmer, gleich in welchem der holzschindelgedeckten Gebäude, besitzen einen

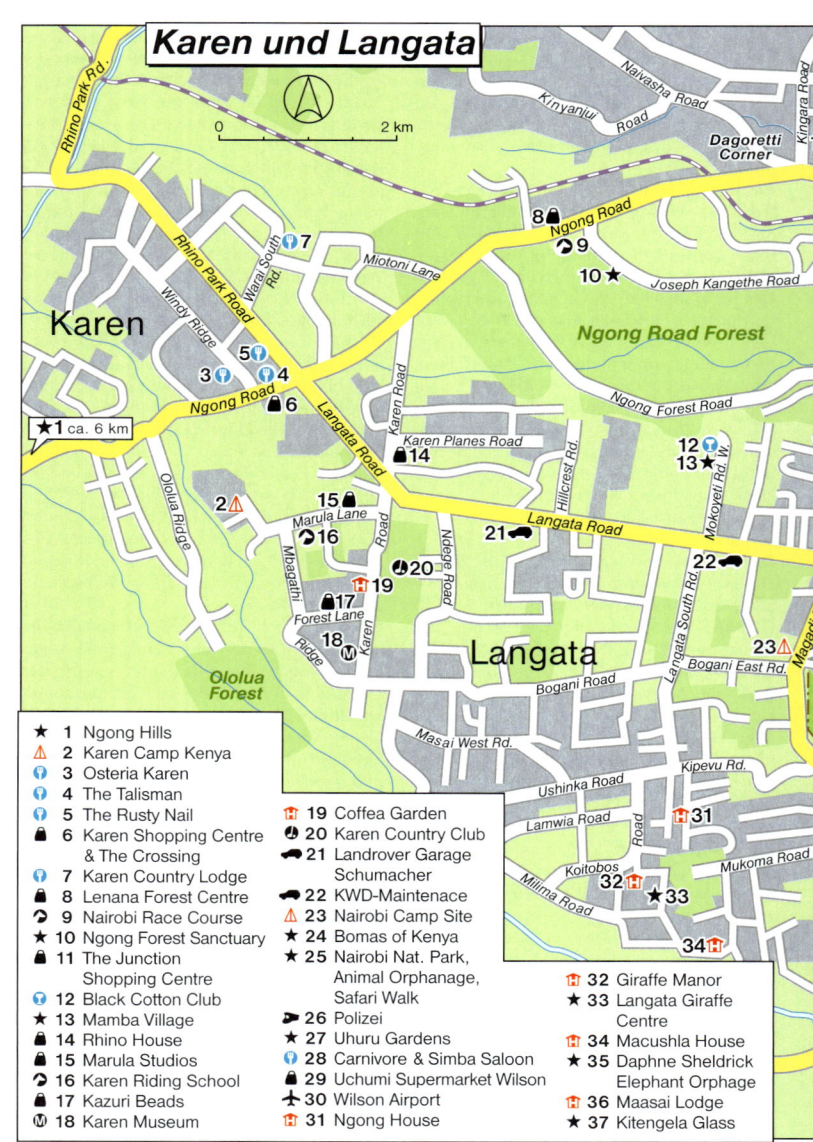

Karen und Langata

0   2 km

Naivasha Road

Kinyanjui Road

Dagoretti Corner

Kingara Road

Rhino Park Rd.

Ngong Road

8

9

10 ★

Joseph Kangethe Road

Wara South Rd.

7

Miotoni Lane

Rhino Park Road

Windy Ridge

Karen

5
3 4
6

Ngong Road

Karen Road

Ngong Road Forest

Ngong Forest Road

★1 ca. 6 km

Ololua Ridge

Langata Road

Karen Planes Road

14

12
13 ★

Mokoyeti Rd. W.

Hillcrest Rd.

15

Marula Lane

16

Mbagathi Ridge

Karen Road

Njege Road

21

Langata Road

22

20

19

17

18 M

Forest Lane

Karen Ridge

Langata

Bogani Road

Langata South Rd.

23

Bogani East Rd.

Magadi Rd.

Ololua Forest

Masai West Rd.

Kipevu Rd.

Ushinka Road

Lamwia Road

Road

31

Milima Road

Koitobos

32

Mukoma Road

33

34

★ 1 Ngong Hills
⚠ 2 Karen Camp Kenya
🎧 3 Osteria Karen
🎧 4 The Talisman
🎧 5 The Rusty Nail
🛍 6 Karen Shopping Centre
    & The Crossing
🎧 7 Karen Country Lodge
🛍 8 Lenana Forest Centre
🌀 9 Nairobi Race Course
★ 10 Ngong Forest Sanctuary
🛍 11 The Junction
    Shopping Centre
🎧 12 Black Cotton Club
★ 13 Mamba Village
🛍 14 Rhino House
🛍 15 Marula Studios
🌀 16 Karen Riding School
🛍 17 Kazuri Beads
Ⓜ 18 Karen Museum

🏠 19 Coffea Garden
⚡ 20 Karen Country Club
🚗 21 Landrover Garage
    Schumacher
🚗 22 KWD-Maintenace
⚠ 23 Nairobi Camp Site
★ 24 Bomas of Kenya
★ 25 Nairobi Nat. Park,
    Animal Orphanage,
    Safari Walk
🚓 26 Polizei
★ 27 Uhuru Gardens
🎧 28 Carnivore & Simba Saloon
🛍 29 Uchumi Supermarket Wilson
✈ 30 Wilson Airport
🏠 31 Ngong House

🏠 32 Giraffe Manor
★ 33 Langata Giraffe
    Centre
🏠 34 Macushla House
★ 35 Daphne Sheldrick
    Elephant Orphage
🏠 36 Maasai Lodge
★ 37 Kitengela Glass

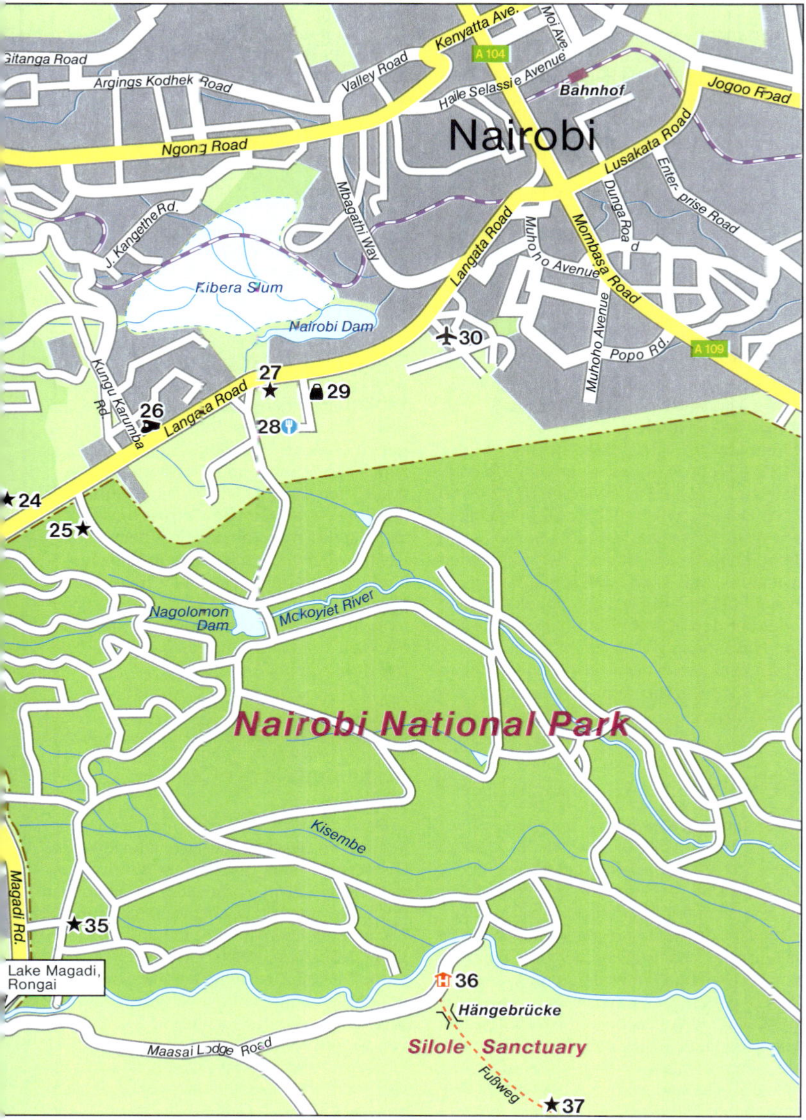

Gitanga Road

Argings Kodhek Road

Ngong Road

J. Kangethe Rd.

Mbagathi Way

Valley Road

Kenyatta Ave.

Moi Ave.

A 104

Haile Selassie Avenue

Bahnhof

Jogoo Road

Nairobi

Lusakata Road

Enterprise Road

Dunga Road

Langata Road

Muhoho Avenue

Mombasa Road

Kibera Slum

Nairobi Dam

✈ 30

Muhoho Avenue

Popo Rd.

A 109

Kungu Karumba Rd.

27
★

🔒 29

26 ✈

Langata Road

28 ℹ

★ 24

25 ★

Nagolomon Dam

Mckoyiet River

Nairobi National Park

Kisembe

Magadi Rd.

★ 35

Lake Magadi,
Rongai

🏠 36

)(*Hängebrücke*

Silole Sanctuary

Fußweg

★ 37

Maasai Lodge Road

Balkon zum Garten. Damit nicht genug: Die mit romantisch-afrikanischem Touch geschmackvoll eingerichteten Zimmer sind groß, verfügen über Himmelbetten und allen Komfort. Offensichtlich wollte man auch im Unterhaltungsbereich Standards setzen: Es gibt ein Kasino, die Cats Club Disco, das nächtliche Live-Cabaret im afrikanischen Gartentheater, Läden und Boutiquen, vier Bars, Cafés und verschiedene Restaurants (japanisch, international, afrikanisch, chinesisch, italienisch und indisch). Die Sportmöglichkeiten: ein 2000 m² großer Swimmingpool (angeblich der größte Afrikas) mit Wasserrutsche (für Tagesgäste 1000 Ksh), Fitness-Club, drei Tennisplätze, Squash und die Möglichkeit, auf fünf verschiedenen 18-Loch-Golfplätzen in der Umgebung zu spielen. Langweilig wird einem hier sicherlich nicht.

●**The Panari Hotel**
Mombasa Rd., Tel. 828990/3/4, Mobil: 0725/694600/1/2, www.panarihotels.com; Standard: 275/315 US$, Superior: 320/360 US$, Deluxe: 350/390 US$. Das Hotel liegt am Weg zwischen Innenstadt und Flughafen Jomo Kenyatta und ist eines der exklusivsten in Nairobi. Man kann zwischen Zimmern mit beeindruckendem Blick auf Nairobis Skyline oder auf den Nairobi-Nationalpark wählen. Im Haus befinden sich ein Pool, Sauna, Dampfbad und ein Fitnessbereich (für Nichtgäste 1250 Ksh pro Tag) sowie – tätä! - eine Eissporthalle!

Camping

●**Karen Camp Kenya**
Mobil: 0723/314053 bzw. 0736/216822; Preise: 12/20 US$, Deluxe DB Suite: 60 US$, Dorm: 8 US$, Zelten mit dem eigenem Zelt 5 US$. Ein netter, aber unspektakulärer Campingplatz, der nur mit eigenem Transportmittel gut erreichbar ist. Dies, der zivile Bierpreis von 130 Ksh und der weiträumige Garten erklären, warum das Karen Camp besonders bei Overland-Trucks beliebt ist. Hinter dem Haus steht eine ganze unbenutzte Flotte dieser Fahrzeuge. Wenn hier ein, zwei vollbesetzte Trucks sind, wird es lebendig. Das Publikum ist allerdings etwas älter als der

Durchschnittscamper. Alle notwendigen Einrichtungen plus Poolbillard sind vorhanden, im Bar-/Restaurantbereich wird bis 23 Uhr warme Küche serviert. Der Schlafsaal ist einfach, aber sauber.

●**Nairobi Campsite**
Magadi Rd., Tel. 3552972, 890661, Mobil: 0728/333476, www.nairobicampsite.com; Camping 300 Ksh p.P., Schlafsaal 500 Ksh p.P., Zimmer 1300/1500 Ksh. Der Campingplatz befindet sich in unmittelbarer Nähe zum Nairobi-Nationalpark, von dem er nur durch die Magadi Rd. und einen elektrischen Zaun getrennt ist. Der Verkehrslärm stört bisweilen etwas. Der Besitzer hat Ende 2008 gewechselt, nun muss man abwarten, wie sich das Service-Angebot entwickelt. Die Zimmer sind ziemlich basic. Angesichts der guten Verkehrsanbindung mit Matatu 124 und 125 sowie Bus 125 ist der Campsite aus der City gut zu erreichen und liegt in günstiger Lage zum Nationalpark und zum Giraffe Centre.

●Auch auf dem Gelände des **Mamba Village** und beim **Giraffe Centre** draußen in Langata darf man campen, was beim Giraffe Centre wegen der schlechteren Verkehrsanbindung wohl nur mit eigenem Transportmittel in Frage kommt. Die Lage direkt am Giraffengehege verspricht allerdings ein besonderes Flair. Kontakte unten bei der Beschreibung der Nairobi-Ausflüge.

Essen und Trinken

Restaurants in der City
Frühstück

Das Frühstück in Nairobi, das kleine Restaurants im Geschäftsviertel und im River Rd. District servieren, besteht aus Tee mit *Mandazi*, wenn es länger vorhalten soll, kommen noch Eier mit Speck und Würstchen dazu. Die meisten internationalen Hotels servieren große Frühstücksbüffets. Ein gutes Frühstück europäischen Zuschnitts zu erschwinglicheren Preisen bekommt man aber auch im **Pasara** (Lonrho House, Kaunda St., Tel. 338247) von Mo. bis Sa. 7.30–11 Uhr, So von 8–12 Uhr. Ab 10 Uhr gibt es dann Snacks, abwechslungsreiche Sandwiches und vor allem eine gute Salatbar. Café-Kultur à la Starbucks sowie Salate und kleinere Speisen bieten die konkurrierenden Cafés der Ketten **Java** (z.B. im ABC Place, Sarit Centre, Koinange St.), **Dormans** (z.B. Yaya Centre, Mama Ngina Rd., The Junction) und **Savanna** (in der Loita St., im Sasini House, im National Museum oder an der Ralph Bunche Rd.). Das **Calypso** (Bruce House, von Standard St. und Kaunda St. aus zugänglich) wendet sich in erster Linie an die arbeitende Bevölkerung, das machen bereits die Öffnungszeiten klar: Mo. bis Fr. 7–16 Uhr, Sa. 8–15 Uhr. Mittags kriegt diese hier Vitamin pur in Form eines guten Salatbüffets.

Fast Food und Snacks

Wer auf Fast Food während des Kenia-Aufenthaltes nicht verzichten mag: McDonald's gibt's bisher noch nicht, aber **Wimpy's** betreibt einige Filialen ebenso wie die südafrikanische **Debonaire/Steers-Kette.** Filialen gibt's in Westlands, im Village Market in Runda und an verschiedenen Stellen in der Innenstadt, etwa an der Ecke Tom Mboya St./ Ronald Ngala St. und in der Muindi Mbingu St. Bei **Nando's** an der Moi Ave./Ecke Mama Ngina St. gibt es neben Hamburgern auch Hühnchen, Pizza und Eiscreme. **Kenchick** unterhält am oberen Ende der Tom Mboya St. ein auf Hühnchen spezialisiertes Schnellrestaurant. Zudem existieren viele kleine „autonome" Take Aways und Snack Bars, die sich vor allem in der unteren Hälfte der Tom Mboya St. verteilen. Die Speisen sind überall ziemlich fettig.

Äthiopisch

Gegessen wird in Äthiopien traditionell mit der rechten Hand, mit der man sich ein Stück vom fladenähnlichen *Njera* abreißt und damit verschiedene Fleischsorten und wunder-

Bunte Vielfalt auf dem Markt

bare Gemüsebeilagen wie Okra oder „Lady-fingers" greift. *Njera* hat eine eigenartig weiche Konsistenz, die jeden Bissen zum Erlebnis werden lässt. Wer noch nie äthiopisch gegessen hat, dem ist eine gemischte Probierplatte zu empfehlen.

●**Habesha I**
Äthiopisches Restaurant im Utalii House, abseits der Loita St. (Tel. 313445), vernünftige Preise, lecker und gemütlich.

●**Ranalo**
Kimathi St. beim Nation Centre (Tel. 249691). Der Besitzer hat mit einem Imbissstand angefangen. Sein Erfolgsrezept – günstige, große Portionen und gute Qualität – hat er im Lokal beibehalten. Hinzu gekommen ist Entertainment: regelmäßig Live-Bands und Fußball-Übertragungen. Empfehlenswert, um einfache und schmackhafte kenianische Küche zu probieren.

●**Gateway Butchery**
Dubois St./Accra Rd., gegenüber dem Wilton Gateway Hotel. Typisches kenianisches Restaurant („Hoteli"), im Eingang hängt der Schlachtkörper, an dem man sich die gewünschten Teile selbst aussuchen kann. Daneben gibt es eine Speisekarte mit einfachen und supergünstigen Gerichten. Empfehlenswert: *Kinyeji,* das Nationalgericht der Kikuyu, sowie frischer Avocado-Saft.

●**Somerset Restaurant**
Latema Rd., neben der Modern Green Bar. Ein kleines, sehr sauberes und billiges „Hoteli" mit typischen Speisen wie *Beef Stew,* Chips, *Ugali, Chicken* etc. Saubere Tischdecken und Tischschmuck in Form von Plastikblumen machen es zu etwas Besonderem in der umtriebigen Latema Rd.

●**Growers Café**
Tom Mboya St., Tel. 2250270. Gutes und günstiges Selbstbedienungs-Hoteli, das derart beliebt ist, dass man zur Mittagszeit um seinen Platz kämpfen muss. Es lohnt sich!

Europäisch
●**Trattoria**
Town House, Kaunda St./Ecke Wabera St., Tel. 340855 od. 240205. Täglich 8–24 Uhr. Gutes Eis und hervorragende italienische Küche zu erschwinglichen Preisen. Das Restau-

rant ist daher oft voll, man sollte vorbestellen. Sehr schön sitzt man auf der Veranda im 1. Stock.
●Ausgezeichnete französische Küche findet man im Erdgeschoss des französischen Kulturinstituts (Alliance francaise), s.u.

Asiatisch
●**Hong Kong Restaurant**
Koinange St., College House, Tel. 2228612. Eines der ältesten und besten China-Restaurants der Stadt. Die Preise für die Hauptmahlzeiten liegen zwischen 300 und 500 Ksh. Achtung: Schon alleine von einer kleinen Suppe wird man ziemlich satt!

●**Dragon Pearl Restaurant**
Bruce House, Standard St., Tel. 2223194. Das 1972 eröffnete Restaurant zwischen Bruce House und der Express Travel Group hat täglich mittags und abends geöffnet und zählt zu den festen Größen der chinesischen Küche in Nairobi. Günstiger Mittagstisch.

●**Minar Banda**
Banda St., Tel. 22-9999, -7612 und -2621. Empfehlenswertes indisches Restaurant mit Mughlai-Küche und weiteren Filialen im Yaya und im Sarit Centre.

Gesund und vegetarisch
●**Bridgeds Organic Food**
Tubman Rd. In diesem Lokal ist alles „Bio". Empfehlenswerte Speisen, frische Säfte und faire Preise.

●**Coffee World**
Moi Ave. opp. Nandos, Tel. 216709/10. In diesem kleinen Lokal werden nicht nur guter Café Latte, Cappuccino und Espresso serviert, sondern auch Gemüse-Wraps, Veggi-Lasagne, Pizza und Soja-Hamburger. Ein netter Ort, um auf der hektischen Moi Avenue Pause zu machen.

Fisch- und Fleischgerichte
●**Hooters**
Hamilton House, Kaunda St., Mobil: 0733/766992. Das Hooters serviert in netter Atmosphäre gutes Frühstück, verschiedene Salate, Kuchen, Milchshakes, Hamburger und Hühnchengerichte, das Beste sind aber die riesigen Steaks. Alle Speisen auch als Take Away, täglich 7.30–21.30 Uhr geöffnet.

Nairobi

● **Professional Centre – Steakhouse**
Parliament Rd., Tel. 342798. Große Auswahl an gutem Fleisch, daneben gibt es aber auch was für Freunde vegetarischer Kost und leckere Fischgerichte.

● **Tamarind Restaurant**
National Bank Building, Aga Khan Walk zwischen Harambee Ave. und Haile Selassie Ave., Tel. 2220473 od. 2217990, www.tamarind.co.ke. Das beste und teuerste Meeresfrüchte-Restaurant der Stadt mit einer großen Spannbreite an Fischgerichten, besonders zu empfehlen ist die Suaheli-Zubereitung mit Kokosnuss-Sauce.

Restaurants in Lavington und Hurlingham

● **Di Vino**
122 Argwings Kodhek Rd., Mobil: 0724/970297 oder 0734/970297, www.onlinedivino.com. Wenn zwei griechische Brüder ein italienisches Lokal mit französischem Wein in einem alten englischen Kolonialhaus in Nairobi aufmachen, kann es sich nur um etwas Ausgefallenes handeln. Trotz gemütlichem Ambiente, großem Garten und ausgezeichnetem Essen kommt die angenehmste Überraschung erst zum Schluss: faire Preise!

● **Osteria del Chianti**
Lenana Rd., Tel. 2723173, osteriadelchianti@africaonline.co.ke. Wie die Schwester-Restaurants in Westlands und Karen setzt das Osteria auf eine Mischung aus ausgezeichneter italienischer Küche und einem alten stilvollen Haus. Schöne Terrasse.

● **Blue Nile**
Argwings Kodhek Rd., nicht weit von der Automobile Association, Tel. 2728709. Das äthiopische Restaurant befindet sich im ersten Stock, die Gerichte sind schmackhaft und frisch zubereitet – und kosten nur 3–4 Euro. Empfehlenswert!

● **Habesha II**
Auf der Argwings Kochek Rd. (Tel. 3867035) gelegen, ist es ebenso empfehlenswert wie das gleichnamige Schwester-Restaurant in der Innenstadt. Gut und preislich fair.

● **The Cedars**
Lenana Rd., Tel. 2710399, Mobil: 0722/512916, cedars@wananchi.com. Das Cedars

wird dem hervorragenden Ruf der libanesischen Küche gerecht! Exzellente Vorspeisenplatte, die zur Sättigung eigentlich schon ausreicht, auch zahlreiche vegetarische Gerichte, daneben aber auch Lammfleisch und andere Köstlichkeiten. Eine Bereicherung für Nairobis Restaurantszene!

● **Minar Yaya**
Yaya Centre, Argwings Khodek Rd. Älteste Filiale des indischen Restaurants mit Mughlai-Küche in Nairobi. Mittags günstiges Buffet.

Restaurants in Westlands

● **Gypsy Bar & Tropicana Restaurant**
Woodvale Grove, Westlands, Mobil: 0733/730529. Hier wird mit allem gekocht, was spanische Küche so lecker macht. Vor allem aber mit viel Knoblauch! Der Erfolg des gemütlichen Restaurants gibt dieser Rezeptur recht. Die Küche ist täglich von 12–15 Uhr und wieder ab 17.30 Uhr geöffnet. Den Verdauungstrunk nimmt man am besten unten, im beliebten Gipsy's, ein (s.u.).

● **Mediterraneo**
Pamstech House, Woodvale Grove, Westlands, Tel. 4447494, www.mediterraneorestaurant.co.ke. Ausgezeichnete italienische Küche, rustikales Ambiente, faire Preise. Empfehlenswert.

● **Pizza Corner**
Bishan Plaza, Mpaka Rd./Muthithi Rd., Westlands, Tel. 3746219 und 3743280. Günstige Pizza made in India, nette Möglichkeit zum draußen Sitzen, täglich geöffnet.

● **Osteria Westlands**
Muthithi Rd., Tel. 374297. Ein Ableger der Osteria-Gruppe, der sich auf Fisch und Meeresfrüchte spezialisiert hat, aber auch Pizza- und Pasta-Liebhaber kommen auf ihre Kosten. Abends, wenn man im Nairobi-Sommer auf der Terrasse vor der Kulisse des wunderbaren Art-déco-Hauses im Öllampen-Schein speist, ist die romantische Stimmung kaum zu überbieten. Kurz: Sehr gutes Essen, sehr empfehlenswert.

● **Alain Bobe's**
Riverside Drive 24, Tel. 4446325, Mobil: 0724/665181. Dass das französische Restaurant seit inzwischen 40 Jahren nicht nur überlebt hat, sondern immer noch einen exquisiten Ruf genießt, sagt eigentlich schon alles.

Hingehen, ausprobieren – Kreditkarte aber nicht vergessen, denn billig ist der Spaß nicht, leider. Trotzdem: empfehlenswert!

●**Bangkok**
Rank Xerox House, Parklands Rd., Westlands, Tel. 3751312/3, Mobil: 0722/523888. Solider Thailänder. Aufgetischt wird täglich zu Mittag und Abend, Hauptgerichte kosten bis ca. 500 Ksh.

●**Siam Thai**
Unga House, Parklands Rd., Westlands, Tel. 3751727/8. Wie die benachbarte Konkurrenz täglich zu Lunch und Dinner geöffnet. Es wird gute asiatische Küche in gediegenem Rahmen offeriert.

●**Tokyo**
Mit zwei Filialen in der Raphata Rd. in Westlands, neben dem New Rehema House und im Village Market, Tel. 4444651, Mobil: 0722/485556. Gute Sushis, nette Atmosphäre und nicht teuer. Am Sonntag gibt's ein japanisch-koreanisches Barbeque.

●**Furusato Japanese Restaurant**
Ring Rd. Parklands, General Mathenge Drive Junction, Tel. 3748506, Mobil: 0733/725733. Ein großes Restaurant, das damit wirbt, der beste Japaner in ganz Kenia zu sein. Schlecht ist er jedenfalls nicht! Serviert wird auch vor dem Haus auf der Veranda. Die Preise sind europäisch. Insgesamt eine japanisch-zurückhaltende, aber sympathische Atmosphäre.

●**Sapporo Japanese
& Korean Restaurant Westlands**
General Mathenge Rd., Mobil: 0722/865006. Gutes japanisches Restaurant. Alle, die von Sushi genug haben, können hier auch die koreanische Küche kosten. Freundliches Ambiente. Die Preise sind der Qualität entsprechend.

●**Thali**
Westlands Arcade Gd Floor, Tel. 4441199. Das kleine Lokal mit Plastikstühlen und -tischen ist eigentlich nichts Besonderes, die indischen Spezialitäten aber sind unglaublich lecker und sehr günstig!

●**China Plate**
Mpaka Rd., Tel. 4445661. Großer typischer Take-Away-Chinese, preislich fair.

●**Haandi**
The Mall, Westlands Ring Rd. und Westgate Shopping Centre, Tel. 444829-4 und -5. Unglaublich leckere indische Küche, preislich aber nicht das Billigste.

●**Minar Sarit**
Eine weitere Filiale des empfehlenswerten indischen Restaurants mit Mughlai-Küche in Westlands.

●**The Daas**
Neben der Havanna Bar im Woodvale Grove, 1. Stock, Tel. 4453262, Mobil: 0722/388388. Ein netter kleiner Äthiopier, man sitzt auf Stühlen oder stilgemäß auf Bodenpolstern. Das Essen schmeckt in beiden Fällen ausgezeichnet.

●**Iguana**
Fuji Plaza, Chiromo Rd., Westlands, Tel. 444341-2 und -3. Mexikanische Tacos und mehr: ein deftiger Fleischgrill, eine schöne Terrasse und eine gestandene Bar.

●**Golden Spur Steak Ranches**
Holiday Inn Hotel, Parklands Rd., Westlands, Tel. 3746769. Alles, was ein Steakhouse braucht: viel Fleisch, wenig Beilagen, aber auch wer mit Salat alleine glücklich zu machen ist, wird hier fündig.

Restaurants in Karen und Langata

●**Open House**
Cross Roads, Tel. 2049081 od. 882805. Einfaches indisches Restaurant im Karen Shopping Centre, das einen Versuch wert ist. Die Preise der Gerichte liegen zwischen 500 und 850 Ksh.

●**Rusty Nail**
Dagoretti Street, 500 m vom Kreisel am Karen Shopping Centre, Tel. 882461 u. 883891. Abends wird man bereits im großen Garten von gemütlichen Laternen begrüßt, auch drinnen herrscht eine wohlige Atmosphäre. Die Bar ist eine Tränkestelle für weiße Kenianer, das Publikum aber bunt gemischt. Das Essen ist reichlich, gut und international im besten Sinne. Spargel mit Crayfisch als Vorspeise, südafrikanisches Hackfleischcurry mit Mandeln und Mangochutney im Hauptgang, am Ende der Tafel eine französische Käseplatte und schließlich noch einen Irish Coffee? Kein Problem. Zumindest, wenn man reserviert hat, denn abends ist es häufig voll. Mo. geschlossen. Alle 14 Tage eine neue Speisekarte. Ab 2010 will das Rusty Nail auch Unterkünfte anbieten.

Nairobi

● The Talisman Restaurant

320 Ngong Rd., Tel. 88321-3 und -4, Mobil: 0733/761449, talisman@swiftkenya.com. Das Talisman ist von Di. b s So. für Lunch und Dinner geöffnet. Nicht nur die Speisekarte bietet eine raffinierte Mischung unterschiedlichster orientalischer, afrikanischer und europäischer Einflüsse, auch das gesamte Haus, das Restaurant, Bar und Galerie in einem ist, strahlt diese Verschmelzung aus. Denn die Besitzerin ist weit gereist und hat die vielen Reiseandenken – Skulpturen, alte Möbel und Holztüren, ja ganze Teile eines asiatischen Tempels – in ein außergewöhnlich gemütliches Gesamtkunstwerk verwandelt. Alle zwei Wochen stellt das Talisman seine Wände einem anderen Künstler aus Nairobi für die Ausstellung seiner Werke zur Verfügung. Zudem besitzt das Talisman einen wunderbaren Garten. Ins Restaurant kommen fast ausschließlich die weißen Bewohner Karengatas. Mi., Fr. und Sa. ist abends die Vorbestellung eines Tisches empfehlenswert.

● Carnivore

In der Nähe des Wi son Airport, abseits der Langata Rd., Tel. 605933, 602775-6, www.tamarind.co.ke. Das berühmte Carnivore ist ein riesiger, perfekt organisierter Gastronomiebetrieb, und das seit rund 30 Jahren. Tischreservierungen sind am Mittwochabend und am Wochenende empfehlenswert, sie lassen sich über die Webseite vornehmen. Wie der Name verrät, geht es nur um eins: Fleisch, als Rind-, Krokodil-, Hühnen-, Zebra-, Straußen-, Antilopenfleisch etc., und das bis zum Anschlag. Beeindruckend ist der Monstergrill, an dem gleichzeitig zehn Köche hantieren. Im Simba Saloon ordert man nach Karte, aber gleich in Viertelkilo-Mengen, im Carnivore Restaurant gilt „All you can eat", wofür man pauschal etwa 13 Euro zahlt. Ein Paradies für Globetrotter also, die sich lange mit Ugali und Bohnen über Wasser halten mussten. Daneben gibt es eine Karte mit Salaten, Suppen, Beilagen und Fisch. Pizza, Spaghetti und vegetarische Gerichte erstrecken sich wirklich nur über eine halbe Seite. Wer nach diesem Mahl Bewegung braucht, kann in der Disco des Simba Saloon nebenan tanzen. Fazit: Legendär, an der Grenze zu Gaga, aber durchaus sehenswert.

● Cafe Bliss

Marula Lane, Westlands, Mobil: 0727/319537. Das gemütliche Café mit großem Garten hat sich auf dem Gelände der Marula-Studios niedergelassen. Das Problem: Man muss sich zwischen leckeren Salaten, fantasievoll zubereiteten Sandwiches, Pizzas oder auch Backwaren wie Bananenbrot, Karottenkuchen u.Ä. entscheiden, die täglich frisch zubereitet werden. Außerdem gibt es eine große Auswahl an Kaffees, Tees und Fruchtsäften. Von 8.30–18.30 Uhr geöffnet.

● Osteria Karen

Windy Ridge Lane off Ngong Road, Mobil: 0715/456936. Das neueste Kind der Osteria-Familie bietet wie die anderen Ableger ausgezeichnete italienische Küche, von Pizza, Pasta und Meeresfrüchten bis zum passenden italienischen Wein. Außergewöhnlich sind hier der grandiose Garten und das schöne alte Haus.

● Karen Country Lodge

Warai South Rd., abseits der Dagoretti Rd., Tel. 883430, Fax 884540, Mobil 0722/621039 oder 0734/544444, info@karenconference.co.ke. Die Gebäude der Karen Country Lodge verteilen sich auf einem ausladenden Grundstück: eine zunächst seltsam anmutende Mischung aus Konferenz-Hotel, edlem Restaurant und gestylter Cocktailbar. Dem Interieur gelingt ein moderner Stilmix mit viel Ambiente. Hauptgerichte der exquisiten Speisekarte kosten bis zu 1000 Ksh, ein Dessert genießt man für rund 400 Ksh. In der Silverbill Cocktail Bar gibt es die ganze Latte der Mixgetränke für jeweils faire 450 Ksh. Donnerstags ab 19 Uhr ist Fun-Cocktail-Night.

● Sehr gut und stilvoll essen kann man auch im **Karen Blixen Coffea Garden** (s.o. unter Hotels in Karen und Langata), während **Steve's Steak House** (s.u.) an der Pferderennbahn Fleisch satt serviert.

Weitere Restaurants im Großraum Nairobi

Nahe des UNO-Geländes im Stadtteil Runda befindet sich das Einkaufszentrum **Village Market** mit vielen guten Esstempeln, unter anderem auch einem **deutschen Restauran** mit Bier vom Fass. Eine Pilgerstätte für alle, die kulinarisches Heimweh plagt ... Auch auf dem Weg zum Flughafen, im Panari Hotel an der Mombasa Rd. gibt es noch einen außergewöhnlichen Esstempel.

●**Pampa Churrascaria**
Mombasa Rd., 1st Floor, Panari Sky Centre, Tel. 820601/2, www.pampagrillkenya.com. Das brasilianische Restaurant hat sich auf traditionell gegrilltes Fleisch spezialisiert, das nur als „All you can eat"-Buffet für 1700 Ksh serviert wird. Vegetarier kommen dank 20 verschiedener Salate auf ihre Kosten.

Nachtleben

Die Kneipen-, Disco- und Nachtclub-Kultur in Nairobi ist deutlich besser entwickelt als das, was man im herkömmlichen Sinne unter Kulturbetrieb versteht. **Eintritts- und Getränkepreise sind vergleichsweise günstig.** Am Monatsende ist deutlich weniger los als am Monatsanfang, wenn die Leute es nach den Gehaltszahlungen richtig krachen lassen. Ein Nachteil von Nairobis Nachtleben: Das Geschehen läuft nur teilweise in der Innenstadt ab, ohne Motorisierung ist man im Nachteil.

Bars und Kneipen in der City

Das Spektrum reicht von übelster Spelunke im River Road District, in der sich Drogenabhängige und Prostituierte mit einem Bier über den ganzen Abend retten und dröhnender Kwasa Kwasa aus den Lautsprechern quillt, über die derbe Anmachkneipe des horizontalen Gewerbes bis hin zur alten Siedlertränke, in der ein ewig gestriger Wind weht. Langweilig ist es eigentlich nirgendwo.

●**Modern Green Bar**
und River Road District
Früher war das Etablissement so etwas wie das schäbige Herz des River Road District, in dem sich Huren, Rastas, Arbeitslose und Backpacker feucht-laut vergnügten, die schummerige Stimmung war legendär. Dann kam die Auflage der Stadt, zu renovieren oder zu schließen. Die Modern Green Bar hätte vielleicht besser geschlossen. Im hellen

Licht des frisch gestrichenen Schankraums wirken die Gestalten, die kein Zuhause haben und über ihrem schalen Bier einschlafen, einfach nur trostlos. Im River Road District gibt es inzwischen andere Kaschemmen, dieser Tage ist z.B. viel in der Accra Rd. los. Das große Geld lässt man bei Ausflügen in diesen Teil der Stadt lieber im Hotel und bewegt sich mit dem Taxi fort.

●**The Norfolk Hotel**
Harry Thuku Rd. Einen Großteil seines Rufes hat das Fachwerkhotel im englischen Stil seiner schönen Terrasse zu verdanken, auf der schon Generationen von Siedlern, Geschäftsleuten und Touristen ihren Sundowner eingenommen haben. Seit die Bierpreise angezogen haben, ist es hier ruhiger geworden. Die alte Hausbar des Norfolk hat noch einigen Charme, auch wenn statt alter Siedleroriginale heute US-Touristen dominieren.

●**Shooter's Cocktailbar & Restaurant**
Twiga Towers, Murang'a Rd. Tagsüber bietet das Shooter's eine von Fleisch dominierte Speisekarte mit internationalem bzw. mexikanischem Einschlag. Abends mutiert es zu einer beliebten Cocktailbar.

●**Simmer's**
Vor dem Phoenix House, Kenyatta Ave. Die alltägliche Metamorphose vom Straßencafé zu Bar bzw. Biergarten gelingt dem Simmer's gut, am Wochenende spielt abends öfters eine Live-Band und es wird sogar getanzt. Fr. und Sa. ist die gesamte Terrasse rammelvoll, doch auch sonst füllt sich das Open-Air-Café mit Geschäftsleuten und Angestellten der kenianischen Mittel- und Oberklasse, die sich auf ein Bier treffen. Dazwischen haben sich aber auch einige Touristen gemogelt. Die Bedienung scheint durch diesen Ansturm manchmal überfordert. Relaxte Atmosphäre, kein Eintritt.

●**The Stanley**
Kimathi St. Wenn man die Long Bar des Hotels betritt, sollte man sich bewusst sein, dass man nun auf geweihtem Boden steht: Hier wurde 1923 das erste Tusker, die älteste kenianische Biermarke, ausgeschenkt. Die Exchange Bar des Hauses befindet sich hingegen in den Räumlichkeiten, die ab 1954 für 37 Jahre Kenias erste Börse beherbergten. Schillernde Figuren haben hier schon ge-

zecht, etwa der Kolonialist *Ewart Grogan, Ernest Hemingway, Edward Prince of Wales, Dennys Finch-Hatton, Ava Gardner, Clark Gable* etc. Ob das heute noch die Stimmung hebt, mag jeder selbst beurteilen.

Discos in der City

Wenn eine alkoholische Basis gelegt ist, ziehen viele Vergnügungssuchende in die Discos der Stadt. In den Tanzschuppen wird in der Regel von Wochentag zu Wochentag eine andere Musikrichtung gespielt, und dementsprechend wechselt auch das Publikum. Neben einem festen Reggae-Tag gibt es meist eine African Night, in der kongolesische Musik aufgelegt wird, eine Soul-, Funk- und Samba-Nacht, den Tag mit der Musik der aktuellen Charts oder die klassische Rock-Nacht.

●Florida 2000
Schlicht und ergreifend F2 genannt. Commerce House, Moi Ave., Tel. 2229036. Der Schuppen ist am Wochenende rappelvoll, die hohe Zahl an Muzungus zieht zwangsläufig ein dreimal so großes Heer von Prostituierten an. Aber die Stimmung ist gut. Große Tanzfläche, pünktlich um Mitternacht tritt für 12 Min. eine Tanzgruppe auf. Eintritt 250 Ksh.

●Seasons
Im gleichen Gebäude wie das Oakwood Hotel, Kimathi St. Das Seasons wartet mit einer undefinierbaren Mischung aus Restaurant, Sportsbar und Disco auf. Unter der Woche gibt es mittags ein üppiges Lunch-Buffet. Das Publikum besteht zu 95% aus jungen Mittelklasse-Kenianern. Samstags spielt bisweilen eine Live-Band, die DJs legen aber auch gerne mal kenianischen Rap auf, und dann brodelt die Tanzfläche. Eintritt frei!

●New Florida alias Madhouse
Koinange St., Tel. 2217269. Zumindest architektonisch herausragend – der orange-rote Bau in Pilzform wird einigen Leuten schon aufgefallen sein – daher auch der Beiname „The Mushroom". Die Stimmung ist eher Durchschnitt. Eintritt: 300 Ksh.

●Pango f3
Tel. 2229036. Das neue Pango direkt neben dem F2 gehört ebenfalls zur Florida-Gruppe. Es ist die edlere Variante und versteht sich als Club bzw. Lounge. Eintritt für Männer: 500 Ksh, für Frauen: 300 Ksh.

●Zanzebar
Kenya Cinema Plaza, Moi Ave., Tel. 222568/ 32. Die Zanzebar im 6. Stock hat sieben Tage in der Woche Programm. Mo., Di., Mi. u. So. treten Live-Bands auf, am Fr. wird Boogie aufgelegt, am Sa. Rumba. Am Wochenende großartige Stimmung, besonders, wenn es Karaoke-Einlagen gibt.

Discos im Stadtbereich

Noch im Innenstadtbereich, nahe des Nyayo Stadion-Kreisels, etwas abseits der Mombasa Rd., liegen im Industrieviertel gegenüber des Veteranenfriedhofs in der Baricho Rd. zwei interessante Läden.

●Choices
Baricho Rd. Gemütliche Kneipe mit Billardtischen, Tanzfläche und guter Musik. Muzungus verirren sich nur in Ausnahmefällen hierher. Sonntags Rock-Nacht. Gemischtes Publikum, unkomplizierte Stimmung.

●Klub House 2
Das K2 befindet sich direkt gegenüber des Choices. Die Musik ähnelt der K1-Schwesterdisco in Westlands, das kenianische Mittel- und Oberklasse-Publikum ist etwas jünger. Am Wochenende ist ausgelassenes Feiern garantiert.

Im Stadtteil Lavington entlang der Argwings Khodek Rd. findet sich eine weitere besondere Location in Innenstadtnähe.

●Casablanca
Chaka Rd./Lenana Rd., Tel. 2723173. Wie der Name nahelegt, ist das Casablanca eine orientalische Ambiente-Oase in der Großstadt Nairobi. Hier sitzt man auf gemütlichen Sitzkissen, kann eine Wasserpfeife rauchen oder Cocktails schlürfen. Insgesamt ein chilliger Ort. Fr. legt ein DJ die aktuellen Hits auf, am Sa. Ohrwürmer vergangener Tage, am So. „Old School".

Bars und Kneipen in Westlands
●Gipsy's Bar
Woodvale Grove, Westlands, Mobil: 0733/ 730529. Das Gipsy's ist schon so lange po-

Nairobi

pulär, dass es auf dem besten Wege ist, eine Legende zu werden. Der Laden ist auch insofern ein Phänomen, als dass sich hier ein komplett durchmischtes Publikum trifft, in puncto Hautfarbe und Nationalität, aber auch bzgl. des Alters. Der Durchschnitt dürfte allerdings in den 40ern liegen. Für alle, die von Spanien über Land nach Kenia angereist sind: Mal wieder Lust auf Tapas? Dann nichts wie hin, ihr Zigeuner!

● **Soho's**
Parklands Rd., Westlands. Richtig nette Kneipe, so etwas wie das Gipsy's für Leute ohne graue Haare. Wenn im südafrikanischen Satellitenprogramm nicht gerade ein wichtiges Fußball- oder Rugbymatch läuft, wird häufiger Live-Musik gespielt. Das angenehme Publikum ist afrikanisch-europäisch-indisch gemischt. Draußen stehen Billardtische, die Küche ist auch zu fortgeschrittener Stunde noch geöffnet.

● **The Mercury Lounge**
ABC Place, Waiyaki Way. Die Lounge ist eine coole Metropolitan Bar, die sich auch in Berlin oder London befinden könnte: Vom Interieur her modern-minimalistisch, die Stimmung relaxed. Die Terrasse legt nahe, in warmen Dezember- oder Januar-Nächten das Wochenende hier mit einem Drink bei elektronischen Klängen chillig zu beginnen, um später ins Havanna und schließlich ins Black Diamond zu wechseln.

● **Havanna**
Woodvale Grove, Westlands. Gemütliche kleine Bar, mit guter Speisekarte und flexiblem Koch, der auch spezielle kulinarische Wünsche erfüllt. Man trifft hier das junge, kosmopolitische Nairobi. Im Sommer steht man am Wochenende mit seinem Bier auch schon mal auf dem Trottoir. Musikalisch ist der Donnerstag mit *DJ Zelalem* empfehlenswert, wenn es Loungig-Jazziges auf die Ohren gibt. Ein weiteres Plus: Als Alternative zu Pilsner, Tusker, Heineken und Co. wird auch belgisches Bier angeboten!

Discos in Westlands

● **Club House**
Chiromo Lane, zwischen Museum Hill und Westlands. Das Club House, bekannt als K1, besteht aus einem zweistöckigen Pavillon. Im

Erdgeschoss gibt es eine kleine Tanzfläche, während im oberen Stock hauptsächlich Billardtische stehen. Da der Eintritt umsonst ist, brummt es hier am Wochenende immer, die Stimmung ist gut. Das kenianische Publikum stammt aus allen Altersklassen. Inzwischen hat sich zum Pavillon ein Restaurant gesellt. Direkt vor dem Pavillon ist eine Autowaschanlage aufgebaut worden – während man beim Schwoofen ist, kriegt den Wagen für 250 Ksh einen sauberen Lack – warum eigentlich nicht?

● **Pavement**
Westview Centre, Waiyaki Way, Westlands, Tel. 4442357 und 4441711. Eine elektronische Disco mit bewegter Geschichte und besonderem Ruf. Nach Schließung und Besitzerwechsel hat das Pavement im Januar 2009 wieder seine Pforten geöffnet. Ob es an die alten Zeiten anknüpfen kann, bleibt abzuwarten. Jedenfalls einen Versuch wert!

● **Black Diamond**
Mpaka Rd., Westlands, Mobil: 0724/592356. Die Bar und Disco im 2. Stock wird von einem Belgier geführt, was auch die Existenz von Leffe-, Duval-, Hooggarden- und Abbey-Bier erklärt. Um 16 Uhr wird der Laden aufgesperrt, spätestens sieben Stunden später scheint sich (zumindest während der heißen Jahreszeit) halb Nairobi auf der ausladenden Dachterrasse des Clubs einzufinden. Karaoke-Fans sollten dienstags kommen, Do. wird Rock und Blues aufgelegt, Fr. und Sa. sind Disco-Tage, am So. spielt eine Coverband Rock und Soul.

Bars und Discos in Karen und Langata

Das Nachtleben von Karen und Langata spielt sich zu einem guten Teil in Häusern ab, die nicht klar als Restaurant, Bar oder gar Disco bezeichnet werden können, da sie von allem etwas haben. Dies gilt für das **Talisman** ebenso wie für die **Karen Country Lodge** oder das **Rusty Nail.**

● **Double Inn**
Karen Rd., Rhino House. Das Rhino House sieht von außen ziemlich betonig und unförmig aus, innen aber befindet sich *der* Irish

Pub von Karengata, der besonders das jüngere weiße Publikum des Stadtteils anzuziehen scheint. Man kann nicht sagen, dass das Innere besonders gemütlich ist, aber das Publikum macht ordentlich Dampf, besonders natürlich an den Disco-Tagen Fr. und Sa. (Eintritt: 300 Ksh). Do. gibt es eine „Open Mike Jam Session", bei der jeder ans Mikro darf. Mittwochabend findet ein ken anisches Barbeque statt, So. gibt es zum Grillfleisch Klaviermusik. Ansonsten bietet die Karte Steaks, Fisch und kleinere Gerichte wie Sandwiches.

● **Steve's Steak House**
An der Pferderennbahn. Gute Bar, modernes Ambiente, am Donnerstagabend Treffpunkt für viele Bewohner von Karen. Natürlich kann man hier vor allem auch gutes Fleisch essen.

● **Black Cotton Club**
Abseits der Langata Rd., Langata. Auf dem Gelände einer ehemaligen Straußenfarm, in direkter Nachbarschaft zum Mamba Village, findet einmal im Monat ein Freiluft-Disco-abend statt, bei dem sich die jüngere internationale Gesellschaft Nairobis trifft. Cocktails zu gefährlich günstigen Preisen und viele interessante Leute. Die Älteren behaupten allerdings, es sei nicht mehr so wie früher.

● **Carnivore Simba Saloon**
Nahe des Wilson Airport, abseits der Langata Rd., Tel. 60593-3 bis -7 sowie 602764. Die Freiluft-Disco, die zum Carnivore Restaurant gehört, ist besonders mittwochs, dem Rock-Night-Klassiker, ein Publikumsmagnet. Bevor um 21 Uhr die Live-Band zu spielen beginnt, ist Happy Hour und Eintritt frei. Do. Jazz, Fr. – der Tag der Touristen – Groove Night, Sa. Simba Disco und So. Simba Soul. Mo. und Di. geschlossen. Der Eintritt liegt zwischen 100 und 300 Ksh und ist abhängig vom Tag und den Events. Hier finden auch öfters Live-Konzerte bekannter Stars der afrikanischen Pop-, Reggae- und Rapszene statt, ebenso wie Beauty Contests, Modeschauen, Comedy Shows etc., die allesamt in der Tagespresse angekündigt werden. Auf der Webseite sind aktuelles Programm und Eintrittspreise einsehbar: www.tamarind.co.ke. Hin kommt man mit den Bussen 31, 125 und 126, von der Kreuzung bis zum Carnivore ist es noch ein guter Kilometer zu Fuß. Für alle mit eigenem Fahrzeug: Es gibt bewachte Parkplätze.

Stadtverkehr

Das Zentrum Nairobis erstreckt sich auf einer Fläche von knapp 4 km², da lässt sich das Meiste problemlos **zu Fuß** erledigen. Da sich Staus längst nicht mehr nur auf die Rushhour beschränken, ist dies in der City ohnehir die schnellste Fortbewegungsart.

Taxis

Nachts ziehen es aus Sicherheitsgründen selbst viele Kenianer vor, mit dem Taxi zu fahren, obwohl dies angesichts der lokalen Einkommensverhältnisse kein billiger Spaß ist. Es gibt **mehrere große Taxi-Vereinigungen** in Nairobi, bei denen sich ein Wagen auch **über Telefon ordern** lässt. Ansonsten findet man bei allen größeren Hotels und an zentralen Plätzen oder Straßenkreuzungen Wagen, die auf Kundschaft warten.

Die auffälligen Londoner Taxen gehören zur **Kenya Taxi Cabs Association,** Tel. 222953, deren Preise für die innerstädtischen Routen festgelegt sind.

Jatco Tours & Taxis (Westlands), Tel. 444-6096 und -8162, kann man sogar über das Web im Voraus buchen: www.jatcotaxis. com – mit 24-Stunden-Service und dem Versprechen, innerhalb von fünf Minuten vor der Tür zu stehen ...

Kentaco, Tel. 316640, ist ein dritter renommierter Anbieter.

Daneben sind eine ganze Reihe von Fahrzeugen auf der Straße, die **keine offizielle Genehmigung** für den öffentlichen Personentransport besitzen. Meist kann man mit diesen „Freiberuflern" besser um den Preis feilschen. Für eine Fahrt in der City sollte man nicht mehr als 200 Ksh berappen, nachts wird es u.U. etwas teurer. Zum Flughafen zahlt man von der City aus 1200 Ksh, nach Hurlingham und Westlands rund 400 Ksh.

Busse und Matatus

Die Verkehrsverbindungen **zwischen der City und den Vororten,** in denen der Großteil der Bevölkerung Nairobis lebt, werden vom **Kenya Bus Service (KBS)** und von Matatus aufrechterhalten. Hunderttausende von Pendlern wollen jeden Tag zur Arbeit und wieder zurück nach Hause, daher sind sie **zu den Stoßzeiten hoffnungslos überladen.**

Die Verkehrsbusse sind etwas billiger als die Matatus, **einen festen Fahrplan haben beide nicht.** Die Matatus fahren, sobald sie voll sind, bei den Bussen lässt sich überhaupt keine Regel erkennen. Problem bei der Benutzung von beiden Transportmitteln ist die **sporadische Änderung von Abfahrtsplätzen und Routen.** Demzufolge gibt es keinerlei Pläne für das Streckennetz. Soweit die Routennummern und Abfahrtsplätze im Buch nicht ausführlich angegeben oder aber nicht mehr aktuell sind, hilft nur fragen. Immerhin sind die Nummern von Bussen und Matatus weitgehend einheitlich, was für die Abfahrtsplätze leider nicht gilt. Der größte Teil der Stagecoach-Busse fährt vom **KBS-Busbahnhof** im südlichen Teil des River Road District ab, der direkt neben der riesigen weißen Kuppel eines Sikh-Tempels liegt. Es gibt aber eine Reihe von Buslinien, die den Busbahnhof gar nicht ansteuern, sondern

den ganzen Tag im Kreis fahren. Ihre **wichtigsten Bushaltestellen in der City** befinden sich im City Hall Way gegenüber des Hilton Hotel (Richtung Norden und Westen, Bushaltestelle heißt „Commercial", auf der Moi Ave. am Ambassadeur Hotel (Richtung Süden und Osten) und auf der Kenyatta Ave. vor dem Gebäude der neuen Hauptpost (Richtung Westen und Norden – dies sind die gleichen Busse, die auch an der Commercial-Haltestelle losfahren – bloß dort erhält man u.U. noch einen Sitzplatz!).

Bei den **Matatus** ist die Lage noch viel unübersichtlicher. Die Matatus in den **Westen und Süden Nairobis** (also Rongai, Langata und Karen) fahren vor dem Hauptbahnhof am südlichen Ende der Moi Ave. ab. Nach **Südosten** und nach **Westlands** starten sie von der Latema Rd. und der südlichen Tom Mboya St. Die Matatus nach **Süden** fahren von der Mfangano St. ab. Die 9er Linie nach **Eastleigh** führt über die Tom Mboya St., man steigt vor dem Odeon-Kino zu. Nach **Nordwesten,** Richtung Kikuyu, starten die Matatus ebenfalls vor dem Hauptbahnhof. Nach **Norden,** Richtung Limuru, fahren die Matatus vom Nairobi River Kreisel nördlich der Tom Mboya St. ab. Nach **Nordosten,** Richtung Thika, geht es von der Ecke Tom Mboya/Ronald Ngala St. los.

Die **Matatu-Nummern** einiger wichtiger Destinationen und ihre Abfahrtsplätze:

- **Vom Hauptbahnhof:** Nr. 125 Rongai, Nr. 24 Karen, Nr. 8 Kibera, Nr. 111 Ngong.
- **Von der Bus Station:** Nr. 237 Thika, Nr. 2 Dagoretti, Nr. 11 South C, Nr. 12 South B, Nr. 110 Kitengela, Nr. 15 Langata.
- **Von Kenya Commercial:** Nr. 24 Karen, Nr. 4c Karen, Nr. 7c Kenyata Hospital, Nr. 32 Kibera.
- **Von Ambassador:** Nr. 34 Jomo Kenyatta Airport.
- **Von der Kreuzung Tom Moboya/River Rd.:** Nr. 25 Westlands.

ken006 Foto: hf

Waiting for the bus

Mit dem eigenen Fahrzeug

Wer mit dem eigenen Fahrzeug nach Nairobi hineinfährt, muss vor allem zwei Dinge beachten: die **Sicherheit** seines Fahrzeugs (Autoaufbrüche!) und das **Parkgebührensystem.** In der Innenstadt muss man von frühmorgens bis nachmittags um 15 Uhr Parkgebühren bezahlen. Dafür lässt man sich von einem der städtischen Parkwächter in leuchtend gelbem Kittel, die überall in den Straßen anzutreffen sind, einen Parkschein ausstellen, zahlt seine 140 Ksh, legt den Zettel gut sichtbar hinter die Windschutzscheibe und hat dann für den Rest des Tages seine Ruhe. Wer kein Ticket löst, wird abgeschleppt – was teuer und umständlich wird. Es ist eine deutliche Erhöhung der Gebühr im Gespräch.

Überlandverkehr

Auch beim Personentransport des Überlandverkehrs muss man mit Veränderungen bei den Abfahrtsplätzen rechnen. Die **Abfahrtsplätze** konzentrieren sich auf drei Regionen: Die **Accra Road** und ihre Nebenstraßen, die **Country Bus Station** im Südosten des River Road District an der Landhies Road, die praktisch die Verlängerung der River Road darstellt, sowie das **KBS-Busdepot** in Eastleigh.

Matatus

Neben den normalen **Nissan-Kleinbussen** gibt es auch **Peugeot-Sammeltaxis,** die in der Regel schneller sind, da sie keine Zwischenstopps einlegen, aber auch etwas mehr kosten. Die meisten **Büros** liegen im Viertel zwischen Accra Rd. und River Rd. Eine der renommiertesten Peugeot-Taxi-Firmen, v.a. auf den Routen nach Westkenia stark vertreten, ist **Daily Peugeot Service (DPS),** die ihr Büro in der Dubois Rd., nahe der Latema Rd., hat, Tel. 2242824. Angesteuert werden Bungoma, Busia, Eldoret, Kakamega, Kericho, Kisumu, Kitale, Malaba, Nakuru und Webuye. Die DPS-Peugeots setzen sich nur frühmorgens in Bewegung, deshalb bucht man am besten bereits am Tag vorher. Peugeots anderer Firmen in Richtung **Mt. Kenya** fahren von der Accra Rd. ab. Bei ihnen ist man nicht an eine bestimmte Tageszeit gebunden.

Der **Abfahrtsplatz für normale Matatus** in Richtung **Mt. Kenya** (Chogoria, Embu, Isiolo, Meru und Nanyuki) befindet sich vor dem Heshima Hotel in der Accra Rd.; in Richtung **östliche Aberdares** (Nyeri) gegenüber des Crossline-Büros an der Accra Rd.; in Richtung **Machakos** an der Country Bus Station, Landhies Rd.

Busse

Die Überlandbusse ermöglichen einen in Kenia ein **etwas komfortableres Reisen** als im vollen Matatu. Zumindest auf der Strecke nach Mombasa gibt es Tag- und Nachtbusse. Fahrtdauer bis Mombasa: 7–8 Std; Kostenpunkt: ab 800 Ksh.

Die **Anschriften** einiger wichtiger **Busunternehmen:**

● **Akamba Bus**
Lagos Rd., Tel. 222027, 221779. Unternehmen mit großem Streckennetz. Der gute Ruf, was Sicherheit, Pünktlichkeit und Zuverlässigkeit betrifft, hat Kratzer bekommen, Büro und Abfahrtsplatz liegen nach wie vor zentral.

● **Busway**
Duruma Rd., nahe Accra Rd., Mobil: 0728/537770. Ein neueres, großes Unternehmen auf den Routen nach Westen.

● **Coast Bus**
Ende Accra Rd., Tel. 2245190, 2217592. Ein Busunternehmen, das auf Qualität setzt. Die Preise richten sich nach dem Komfort der Busse, jene mit Air Condition, mehr Fußraum, Videoanlage und Toiletten an Bord sind teurer.

● **Easy Coach**
Haile Selassie Ave. auf Höhe des Afya Centre. Tendenziell teurer, dafür sauber und pünktlich. Bedient vor allem Rift Valley und Westkenia.

● **Kampala Coach**
River Rd. Ecke Duruma Rd., Tel. 3551515, Mobil: 0722/606111, www.kampalacoach.com. Neben Destinationen in Kenia fährt dieses Unternehmen auch Städte in Tansaria, Uganda, Sudan und Ruanda an.

● **Mash Bus**
Accra Rd., Tel. 0733/929626. Busse mit und ohne AC, besonders auf der Route zur Küste stark.

Nairobi

● **Modern Coast Express**
Accra Rd./Ecke Cross Rd. Es gibt First Class und Business Class Tickets.
● **Scandinavia Express Kenya**
River Rd., neben Nagin Pattni, Tel. 2242523. Ein weiteres Unternehmen mit guten Fahrzeugen und gutem Ruf, das auch nach Tansania fährt.

Viele **kleinere Orte in näherer Umgebung zu Nairobi** werden **von der Country Bus Station** aus bedient, etwa Machakos, Naivasha, Narok, Olorgessaile und Thika. Alle Busse haben in den Windschutzscheiben Schilder mit ihrer Destination liegen, man kann also nicht wirklich verloren gehen, obwohl der Busplatz groß, laut und etwas chaotisch ist.

Tansania: Den besten Transport ins Nachbarland, weil durchgehend, zügig und sicher, bieten **kleine Shuttle-Busgesellschaften** an. Die Fahrt nach Arusha liegt bei 30 US$, die nach Moshi bei 40 US$. Die Fahrtdauer bis Arusha beträgt 4–5 Std. Die Firmen bieten in der Regel eine Abfahrtszeit um 8 Uhr morgens und eine weitere um 14 Uhr an. Die bekannteste **Firma** ist **Davanu Shuttle,** Muindi Mbingu St., Tel. 2248453, Fax 2130879, info @eastafricashuttles.com. Über die Webpage kann man direkt einen Platz reservieren, in jedem Falle ist eine vorherige Buchung nötig. Die Crew erledigt für die Passagiere Visa- und Grenzformalitäten.

Eisenbahn

Das Streckennetz von **Kenya Railways** beschränkt sich nur noch auf **eine Hand voll Routen.** Information und Reservierung unter: Tel. 210885, 216755 od. 2044476. Im Hauptbahnhof von Nairobi werden die gängigen Kreditkarten akzeptiert.

● **Nairobi und Mombasa:** Von Nairobi nach Mombasa geht der Zug Mo., Mi. u. Fr., der jeweils pünktlich um 19 Uhr abfährt und laut Fahrplan vormittags um 10 Uhr an der Küste ankommt. Der Liegewagenzug ist ein beliebtes Verkehrsmittel und daher öfters voll. Man tut gut daran, rechtzeitig zu reservieren. Die Ticketpreise liegen bei 3375/2490/400 Ksh für die 1./2./3. Klasse. Im Preis der 1. und 2.

Klasse sind Dinner und Frühstück ebenso wie das Bettzeug enthalten, in der 3. Klasse gibt es nur Sitzbänke. Von Mombasa nach Nairobi fährt der Zug So., Di. und Do. um 19 Uhr in Mombasa ab und erreicht Nairobi gegen 10 Uhr.

● **Nairobi und Kisumu:** Der Nachtzug nach Kisumu fährt Mo., Mi. und Fr. um 18.30 Uhr ab und kommt am nächsten Tag um 7.30 Uhr an. Die Rückfahrt ist So., Di. und Do. Die Preise liegen bei 2235/1640/300 Ksh für die 1./2./3. Klasse. Auch hier ist es empfehlenswert, rechtzeitig zu reservieren. Die Preise der 1. und 2. Klasse sind FB.

● Sporadisch werden mit nostalgischen **Dampfeisenbahnen Ausflugsfahrten** nach Naivasha unternommen. Aktuelle Termine erhält man bei der Auskunft der Kenya Railways oder im Railway Museum.

Flüge

Der **Jomo Kenyatta International Airport** liegt 15 km außerhalb von Nairobi. Die Flugpreise von Nairobi aus, auch für innerafrikanische Verbindungen, sind weniger günstig als man erwarten würde. Es gibt kein Flughafen-Hotel.

Die **Fahrt in die Innenstadt mit der Flughafen-Buslinie 34** kostet zwar nur wenige Shillings, ist aber wegen der vielen Taschendiebe nicht zu empfehlen. Der letzte Bus fährt um 20 Uhr. Wer von der Innenstadt zum Flughafen muss, kann den Bus am Hotel Ambassadeur an der Moi Ave. besteigen.

Eine **Taxifahrt in die Innenstadt** ist sicherer und sollte nicht mehr als 1200–1500 Ksh kosten. Taxis lassen sich auch bereits von Deutschland aus über Let's Go Travel (s.u.) buchen, der Fahrer erwartet einen dann mit Namensschild am Ausgang.

Die Telefonnummern der **Flughafeninformation** lauten: Tel. 822111 und 827639.

Internationale Fluggesellschaften

Die Öffnungszeiten der einzelnen Fluggesellschaften entsprechen meist den allgemein üblichen, also Mo. bis Fr. 8–17 Uhr, einige Büros schließen über Mittag; Sa. 8.30–13 Uhr. Reisebüros, die internationale Flugtickets verkaufen, finden Sie in der entsprechenden Rubrik.

●**Air Tanzania**
Chester House, Ground Floor, Koinange St., Tel. 336397, 336224, Fax 214936, www.air-tanzania.com; Direktverbindungen von Nairobi nach Dar-es-Salaam und Sansibar.

●**Air Uganda**
Jubilee Insurance House, Mama Ngina St., Tel. 313933/4, www.air-uganda.com. Air Uganda fliegt von Nairobi nach Dar-es-Salaam, Juba und zum Kilimanjaro Airport.

●**British Airways**
International House, 11th Floor, Mama Ngina St., Tel. 3277000 und 3277400; Reservierungen: Tel. 311623 u. 311584; Airport: Tel. 822555; www.britishairways.com; Direktflüge nach London, Mauritius und auf die Seychellen.

●**Egyptair**
Hilton Building, Ground Floor, City Hall Way, Tel. 2227887 und 222682-1 bis -3, Fax 213198; Airport: Tel. 822494; www.egyptair.com; Direktflug nach Kairo.

●**Emirates**
20th Floor, View Park Towers, Loita St., Tel. 3290000, Fax 224271; Flughafen: Tel. 822334 u. 822353; www.emirates.com von Nairobi wird Dubai im Direktflug bedient.

●**Ethiopian Airlines**
Bruce House, Muindi Mbingu St., Tel. 2217558 u. 2211985; Flughafen: Tel. 822311 und 822285; www.ethiopianairlines.com; Ethiopian besitzt eines der dichtesten Streckennetze innerhalb Afrikas und gilt als sehr sicher. Direkte Verbindungen von Nairobi bestehen nach Abidjan, Accra, Addis Abeba, Brazzaville, Kinshasa, Lagos und Lomé.

●**Kenya Airways**
Barclays Plaza, 5th Floor, Loita St., Tel. 3274747, Mobil: 0734/104747; Airport: Tel. 6422000; Büro im Yaya Centre in Westlands: Tel. 3871029; www.kenya-airways.com; Direktflüge in Afrika nach Abidjan, Accra, Addis Abeba, Dar-es-Salaam, Duala, Entebbe, Harare, Johannesburg, Kairo, Kapstadt, Khartum, Kinshasa, Lagos, Lilongwe, Lusaka, Yaounde, Sansibar und auf die Seychellen. Die Inlandsverbindungen von Kenya Airways werden unten aufgeführt.

●**KLM**
Barclays Plaza, Loita St., Tel. siehe Kenya Airways; Direktverbindung nach Amsterdam.

●**South African Airways**
International Life House, Mezzanine 1, Mama Ngina St., Tel. 2240892, 2229663; Airport: Tel. 822836; Direktflüge nach Johannesburg.

●**Swiss International Airlines**
Chevron Plaza, 1st Floor, Limuru Rd., Tel. 3744045, Fax 827666; Airport: Tel. 827567; reservations.nairobi@swiss.com; Direktverbindung nach Zürich.

●**Qatar Airways**
Barclays Plaza, Loita St., Tel. 2800000, Fax 2800130; Airport: Tel. 827145/6; www.qatarairways.com. Fliegt täglich Doha an.

Ins Nachbarland Tansania fliegen die Fluglinien Air Tansania, Kenya Airways, Air Kenya und Fly540. Destinationen sind Sansibar, Dar-es-Salaam und Kilimanjaro International Airport.

Nationale Fluggesellschaften

Eine Reihe von Charter- und Linienfluggesellschaften bedient die Airports im Inland. Alle Inlandsflüge mit Ausnahme jener von Kenya Airways und Jetlink starten vom **Wilson Airport,** der sich nur knapp 5 km vom Stadtzentrum an der Langata Road befindet.

Gepäcklimit sind bei den Inlandsflügen normalerweise **15 kg,** bei Kenya Airways wie auf internationalen Flügen in der Economy Class 20 kg.

Da sich die **Flugpläne laufend ändern** und viele Destinationen nur bei Bedarf angeflogen werden, muss man sich im Reisebüro oder direkt bei den Fluglinien nach den aktuellen Daten und Preisen erkundigen. Unter www.kenyaairports.co.ke findet man hilfreiche Informationen über den Flughafen.

Ein **Taxi** zum Wilson Airport (bzw. in die Innenstadt) darf nicht mehr als 800 Ksh kosten. Auch die Matatus 15, 125 und 126 fahren am Airport vorbei, von der Hauptstraße sind es allerdings noch 400 m Fußweg bis zu den Abfertigungsgebäuden. Air Kenya hat links vom Eingangstor sein eigenes Terminal.

●**Air Kenya**
Wilson Airport, Tel. 605745 und 601727, Fax 602951, www.airkenya.com. Air Kenya besitzt einen ausgezeichneten Ruf und fliegt

von Nairobi im Linienverkehr zu den Touristenattraktionen von Amboseli (97 US$), Lamu (156 US$), Lewa Downs (129 US$), Masai Mara (120 US$), Meru National Park (174 US$), Nanyuki (88 US$), Samburu National Reserve (128 US$), Malindi (70 US$), Mombasa (50 US$) und zum Kilimanjaro Airport (156 US$) in Tansania. Auch zwischen Meru National Park und Samburu, Nanyuki und Masai Mara sowie Samburu und Masai Mara bestehen Verbindungen, allerdings nur jeweils in eine Richtung. Die Preise verstehen sich als Richtwert für den Hinflug und sind abhängig von Saison und Buchungszeitraum. Eingecheckt wird eine halbe Stunde vor dem Abflug.

●**Kenya Airways**
Anschrift s.o. Die im Inland angeflogenen Orte sind Eldoret, Kisumu, Lamu, Lokichokio, Malindi und Mombasa. Mombasa wird etwa siebenmal täglich bedient, die anderen größeren Orte zumindest einmal täglich.

●**Safari Link**
Wilson Airport, Tel. 600-777 und -787, Fax 600039, www.safarilink-kenya.com. Safari Link ist der neueste Carrier in Kenia, der im Januar 2004 den Betrieb aufnahm und von den Zielen her Air Kenya Konkurrenz macht. Preise in Klammern verstehen sich als einfacher Flug/Hin- und Rückflug zzgl. Steuern. Kinder zahlen 60 Prozent des normalen Tarifs. Täglich werden von Nairobi-Wilson Airport angeflogen: Amboseli (120/190 US$), Lamu (162/324 US$), Lewa Downs (156/260 US$), Masai Mara (140/239 US$), Nanyuki (100/176 US$), Samburu (138/260 US$) und Tsavo West (146/230 US$). Weitere Destinationen: Loisaba, Shaba und Kiwayu. Außerdem bestehen von Nanyuki und Samburu tägliche Verbindungen in die Masai Mara. Einchecken spätestens 45 Min. vor Abflug am ALS-Hangar am Wilson Airport.

●**Fly540**
ABC Place, Westlands, Tel. 4452391/2/3, Mobil: 0722/540540 od. 0733/540540, Fax 4453275, www.fly540.com. Fly540 schmückt sich mit dem Titel, „Africa's low cost airline" zu sein und fliegt von Nairobi aus Eldoret, Kisumu, Kitale, Lamu, Malindi, Mara, Mombasa und außerhalb Kenias Entebbe, Kilimanjaro und Sansibar an.

●**Jetlink**
Jomo Kenyatta, Unit 3, Tel. 827915, www.jetlink.co.ke. Jetlink fliegt zweimal täglich nach Kisumu, Eldoret und Mombasa, täglich nach Juba sowie Mo. und Fr. nach Goma (Republik Kongo), aber auch nach Bujumbura.

Mietwagen

An dieser Stelle sei auch auf das Kapitel „Reisen in Kenia" hingewiesen, in dem ausführlich auf alles eingegangen wird, was beim Anmieten eines Fahrzeugs in Kenia beachtet werden muss.

Die großen internationalen Autovermietungen sind auch in Nairobi vertreten:

●**Avis**
College House, University Way, info@avis.co.ke, Tel. 2213330/1; weitere Ableger am Jomo Kenyatta International Airport (mit 24-Std.-Service, Tel. 827675) und in Mombasa.

●**Budget Car Hire**
Travel House, opp. SixEighty Hotel, Muindi Mbingu St., Tel. 223581; Mombasa Rd., gegenüber von MPPS, Tel. 652144-50, Fax 652152; am Flughafen: Tel. 822370 und 822655; www.budget-kenya.com. Weitere Niederlassungen in Mombasa und Kisumu.

●**Europcar/Interrent**
Bruce House, Standard St., Tel. 334722, Fax 218910; am Flughafen: Tel. 822348 oder 822625 (24-Std.-Service); www.europcar.com.

Bei lokalen Anbietern kann man u.U. besser handeln. Auch da gibt es ein großes Angebot; bisher empfehlenswert:

●**Dallago Tours & Safaris**
Safari House, Othaya Rd., Kileleshwa, Tel. 3872845 oder 3877361, Fax 3872845, www.dallagotours.com.

●**Crossways Car Hire & Tours**
Banda St., Tel. 223949, Fax 214372.

●**Central Rent a Car**
680 Hotel Building, Muindi Mbingu St., Tel. 2222888, www.carhirekenya.com. Eine der besten lokalen Firmen mit einer sehr günstigen Versicherungssumme von 2000 Ksh.

●**SUNRays**
College House, University Way, Tel. 2244252/ 262, www.sunraysrentacar.com. Verlässliches Familienunternehmen; es werden auch Safaris organisiert.

Geld und Banken

Unter „Geldwechsel" im Kapitel „Praktische Tipps" finden sich Hinweise für unkompliziertes und günstiges Abheben von Geld. Wer **Travellerschecks tauschen** möchte, findet **im Oberstock der KCB** am Ende der Kenyatta Ave. im historischen Kipande-Haus einen freundlichen und zügigen Service. Die meisten privaten Wechselbüros befinden sich in der Standard Street. Es lohnt sich, die Stuben kurz abzulaufen und nach dem Tageskurs zu fragen; es gibt beträchtliche Unterschiede! Empfehlenswert, was Service, Geschwindigkeit und Tauschkurse betrifft, ist die **Wechselstube im Norwich Union House** an der Ecke Kimathi St./Mama Ngina St., aber auch jene in der Koinange St. direkt neben Western Union. In Nairobi gibt es auch eine **Vertretung von American Express** und zwar im Hilton Hotel, Mama Ngina St., Tel. 310058.

Post und Kurierdienste

Das Hauptpostamt (**General Post Office**) liegt auf der Kenyatta Ave. Postlagernde Pakete aus Europa befinden sich u. U. aber auch im alten Hauptpostamt in der Haile Selassie Rd. Wer ein Paket postlagernd erhalten hat, findet im Briefstapel nur eine gelbe Quittung, mit der man die evtl. fälligen Zoll bezahlt und dann das Care-Paket ausgehändigt bekommt. Postlagernde Briefe erhält man nur im neuen GPO. Weitere Postämter in der Moi Ave., in der Tom Mboya St. und in der Ronald Killi St.

Wer international Pakete, wichtige Dokumente oder Briefe zu verschicken hat, kann zwischen verschiedenen **internationalen Kurierdiensten** auswählen:

●**DHL**
DHL-Stadtzentrum: Mama Nginga St. gegenüber Barclays Bank; Industriegebiet: Lusa-

ka Rd., Ecke Witu Rd.; Tel. 6925120 oder 339850; www.dhl.co.ke; Mo. bis Fr. 8–20.45 Uhr, Sa. und So. 8.30–16 Uhr.
●**UPS**
Tel. 32821600 u. 252200, Fax 823124, www.ups.com. Eine Annahmestelle befindet sich im Sarit Centre in der Filiale von Copy Cat.

Telefon und Fax

●Die **Vorwahl** von Nairobi ist **020.**
●Wer internationale Anrufe tätigen oder etwas faxen möchte, kann dies über eine **Telefonstube** tun, die es an allen Ecken Nairobis gibt. Ein Preisvergleich lohnt sich, die billigeren bieten die Gesprächsminute nach Deutschland bereits ab 17 Ksh an.
●Eine der besten Adressen zum **Skypen** ist **Brows Internet Acces** im Norwich Ur ion House, 4th Floor, Mama Ngina St. opp. Hilton. Günstig, halbwegs ruhig und moderne Ausstattung.

Internet und E-Mail

Internet und E-Mail sind ein fester Teil im Leben der Hauptstädter. Entsprechend gibt es **überall Internet-Cafés.** Zentral, mit schneller Verbindung ausgestattet und mit Gelegenheit zum Verzehr ist das **Burgerdome** in der Kimathi St. gegenüber des Stanley-Hotels

Kultur

Kulturell und bezüglich des Unterhaltungsangebots hat Nairobi deutlich mehr zu bieten als eine durchschnittliche afrikanische Großstadt. **Veranstaltungshinweise** findet man in den Tageszeitungen, z.B. der Weekender-Beilage in der Freitag-„Nation" oder im **„Pulse Magazine"** (www.eastandard.net), das dem „Standard" am Freitag beiliegt. Darin zu finden sind Veranstaltungshinweise und Infos zur Kunst und Kulturszene in Kenia.

Aktuelle Infos findet man auch unter **www.goplaceskenya.com,** einer Plattform mit Tipps für Restaurants, Entertainment und verschiedene Aktivitäten. Das Magazin zur Internetseite kommt alle zwei Monate heraus.

Nairobi

Aktuelle Veranstaltungshinweise finden sich auch auf **www.kenyabuzz.com** und **www.nairobinow.com**.

Die **europäischen Kulturinstitute** geben eigene Monatsprogrammhefte heraus, die in den jeweiligen Zentren ausliegen.

Und man sollte nicht vergessen: Trotz Weltstadt-Anmutung ähnelt Nairobi einem afrikanischen Dorf, in dem viel per Buschtrommel oder über **Mund-zu-Mund-Propaganda** verbreitet wird. So erfährt man von den spannendsten Ereignissen manchmal erst, wenn man sich in der Stadt schon ein bisschen auskennt und ein paar Freunde gewonnen hat.

Kinos

Das Filmangebot der örtlichen Lichtspielhäuser bewegt sich weitestgehend in den cineastischen Niederungen von indischen Schmalzstreifen, billigen Karateproduktionen und amerikanischen Actionfilmen. Dafür ist Kino mit einem Eintritt von rund 250 Ksh ein sehr erschwingliches Vergnügen. Das Tagesprogramm ist in der „Nation" im **Cinema Guide** abgedruckt. Außerdem veranstalten die Alliance Française und das Goethe-Institut (s.u.) häufiger Retrospektiven über einzelne Filmemacher oder haben eine ganze Filmwoche zu bestimmten Themenkomplexen zusammengestellt; die Ankündigung erfolgt über eigene Programmblätter.

●In der Innenstadt sind folgende Kinos erwähnenswert: Das **20th Century** (Tel. 338070) in der Mama Ngina St., das **Fox Kenya** (Tel. 24967272, 226981) in der Moi Ave., das **Nairobi Cinema** (Tel. 338058 und 241614) im Uchumi House im Aga Khan Walk sowie das **Casino Cinema** (Duboi Rd., Tel. 229492) und das **Odeon** (Latema Rd., Tel. 222030).
●In Westlands im Sarit Centre gibt es das **Fox Cineplex** und im Westgate Shopping Centre an der Lower Kabete Rd. das **Nu metros**.
●Weitere Kinos in den Außenbezirken sind im Village Market in Runda das **Nu metro** (Tel. 7122128) sowie das Autokino an der Thika Rd., das **Fox Drive In Cinema** (Tel. 8563293).

Kulturzentren

Einige der Industrieländer unterhalten in Nairobi Kulturinstitute, die neben Sprachkursen auch ein Forum für Ausstellungen, Theater-, Musik- und Tanzaufführungen nationaler und internationaler Künstler bieten. Ein entscheidender Beitrag zum kulturellen Geschehen in der Stadt angesichts des Fehlens einer staatlichen Kulturpolitik.

●**The American Educational Advising Centre**
Maksons Plaza, Parklands Rd., Tel. 3746930, aeac@accesskenya.co.ke. Auf das ziemlich propagandistische Kultur- und Filmangebot kann man verzichten, die Bibliothek ist allerdings umfangreich. Mo. bis Fr. 9–17 Uhr, Sa. 9–13 Uhr geöffnet.
●**British Council**
Upper Hill Rd., Tel. 2836000, www.british-council.org. Das britische Kulturinstitut unterhält ein Kulturprogramm mit Theateraufführungen, veranstaltet Ende Juli das Story Moja Hay Literature Festival und hat WAPI (Words and Pictures) initiiert, Sit-ins für den künstlerischen Underground Nairobis aus den Bereichen Musik, Literatur, Kunst und Graffiti. Die Events, bei denen sich spannende Leute kennen lernen lassen, finden am 3. Samstag des Monats zwischen 10 und 16 Uhr statt, seit Herbst 2009 nicht mehr vor dem British Council, sondern im Sarakasi Dome, Ngara Rd., Nairobi-Ngara. Die Bibliothek ist Di. bis Fr. 10–16.30 Uhr geöffnet, hier gibt es englische Zeitungen und Magazine. Wer Bücher und Videos ausleihen will, muss Mitglied werden. Di. und Do. nachmittags (jeweils 17.30 Uhr) werden im Council auch (kostenlose) Videofilme gezeigt.
●**Alliance Française**
Ecke Monrovia/Loita St., P.O. Box 45475, Tel. 340054/79, Fax 315207, info@alliancefrnairobi.org. Das französische Kulturzentrum bietet Filmvorführungen, Ausstellungen, Theater, Musik, Tanz etc. ein Forum. Das Programm erscheint alle zwei Monate (Jan./Feb., März/April usw.) und ist im Zentrum erhältlich. Die Bibliothek enthält Bücher, Tageszeitungen und Magazine. Geöffnet Mo. bis Fr. 10–18 Uhr, Sa. 10–12 Uhr. Die Bibliotheksdienste

können nur als Mitglied in Anspruch genommen werden. Wer schon immer mal die Absicht hatte, Französisch zu lernen, oder die Weiterreise in den frankophonen Teil Afrikas sprachlich vorbereiten will, kann hier spottbillige Französischkurse belegen. Kulinarisches aus Frankreich gibt's im Restaurant im Erdgeschoss.

●Goethe-Institut
Das deutsche, ebenfalls sehr aktive Pendant befindet sich im Nachbargebäude, dem Maendeleo House, Ecke Monrovia/Loita St., P.O. Box 49468, Tel. 224640 oder 211479, Fax 340770, www.goethe.de/r nairobi. Im Foyer (Mo. bis Fr. 10–17 Uhr) liegen verschiedene Tageszeitungen und „Die Zeit" aus. In der Bibliothek (Mo. bis Fr. 10–12.30 Uhr und 14–17 Uhr, Mi. morgens geschlossen) gibt's neben Büchern auch Magazine wie „Spiegel", „Art", „Brigitte" etc. Im Erdgeschoss wird wechselnden Ausstellungen ein Forum geboten. Das monatliche Programm mit vielen empfehlenswerten Veranstaltungen erhält man im Institut selbst und bei der Botschaft.

●Italian Cultural Institute
Grenadier Tower 5th Floor, Woodvale Grove, Westlands, Tel. 4451266 und -67, www.icc-nairobi.esteri.it. Die Öffnungszeiten sind Mo. bis Do. 9.30–13 Uhr und 14.30–16 Uhr, Fr. 9.30–14 Uhr. Die Bibliothek ist nur von Mo. bis Do. geöffnet. Einmal wöchentlich wird ein italienischer Film gezeigt.

Theater

In letzter Zeit lässt sich ein Erstarken der lokalen Schauspielszene beobachten, die Veranstaltungen genießen ein reges Publikumsinteresse. Es gibt allerdings nur ein **Theater mit festem Programm,** nämlich die 1948 gegründeten **Phoenix Players,** die im kleinen **Professional Centre,** Parliament Rd., auftreten. Infos und Kartenvorbestellung unter www.phoenixplayers.net, Tel. 221266 oder 2225506. Es ist das beste und ambitionierteste englischsprachige Theater in der Stadt, dessen abwechslungsreicher Spielplan europäische Klassiker ebenso enthält wie moderne kenianische Stücke und Musicals.

Freie Theatergruppen, hinter denen äußerst engagierte Leute stehen, führen ihre Stücke nur in größeren Intervallen auf. Die

Veranstaltungsorte wechseln. Bei **Mzizi Cultural Enterprises,** im Mzizi House, Buru Buru, Ph VI, Mumias South Rd., Tel. 785086, 574372, finden neben Kunstausstellungen auch häufig Theateraufführungen statt, ebenso wie im **Braeburn Theatre** in der Gitanga Rd. gegenüber der Rusinga School in Lavington (www.braeburn.com, Tel. 572572), wo auch klassische Konzerte, Tanzveranstaltungen u.v.m. veranstaltet werden, in der Halle der **Kenya National Union of Teachers (KNUT)** in der Mfangano St., der schönen **Rahimtulla Trust Library** (Tel. 210363), ebenfalls in der Mfangano St., sowie im Gebäude des **Kenya National Theatre** Tel. 2086748, Mobil: 0726/008677), das sich in der Harry Thuku Rd. direkt gegenüber vom Norfolk Hotel befindet. Das Theater gehört dem **Kenya Cultural Centre,** das sich im selben Gebäude befindet. Jeden Fr. und Sa. werden im Innenhof Tänze, Acapella-Musik, Gedichte und traditionelle Kämpfe vorgeführt bzw. vorgetragen. Eintritt frei.

Notfall

Notruf
●Der kenianische Notruf – das Pendant zu 110 in Deutschland – ist die **999.** Die Anrufe sind kostenlos. Wenn es sich um einen medizinischen Notfall handelt, wendet man sich besser direkt an eine der Ambulanzen in der Stadt.

Ambulanzen
●AMREF
Tel. 315-454, -455, Mobil: 0733/639038, 0722/314239.
●AAR Emergency Ambulance
Tel. 2717374.
●St. John's Ambulance (24 Stunden)
Tel. 224066.

Krankenhäuser
Die Millionenmetropole Nairobi hat die höchste Krankenhausdichte des Landes, einige der medizinischen Einrichtungen gelten als die besten Ostafrikas. Gerade die staatlichen Einrichtungen sind aber meist schlecht ausgestattet und entsprechen nicht europäi-

schen Standards. In den meisten Krankenhäusern kann man mit Kreditkarte bezahlen, entlassen wird man erst nach Begleichung der Rechnung.

● **Nairobi Hospital**
Argwings Kodhek Rd., Tel. 272216-0 und 2714400, www.nairobihospital.org. Die privat geführte Klinik gilt als bestes Krankenhaus des Landes und besitzt europäischen Standard. Das Nairobi Hospital ist allerdings auch ausgesprochen teuer. Eigenes medizinisches Labor und Apotheke mit 24-Stunden-Service. Da im Nairobi Hospital der Patient von Ärzten betreut wird, die nebenher noch eine eigene Praxis führen, muss man u.U. auf die Visite einige Stunden warten.

● **Aga Khan-Krankenhaus**
3rd Parklands Ave., abseits der Limuru Rd., Parklands, Tel. 3662000, 3740000. Das Aga Khan genießt ebenfalls einen guten Ruf und ist billiger als das Nairobi Hospital. Im Aga Khan gibt es Stationsärzte, die immer anwesend sind. Eigenes medizinisches Labor und Apotheke mit 24-Stunden-Service.

● **Gertrude's Garden Children Hospital**
Muthaiga Rd., Muthaiga, Tel. 376347-5 bis -7, www.gerties.org. Das 1947 gegründete Haus im superreichen Wohnviertel Muthaiga ist die beste Kinderklinik im gesamten zentral- und ostafrikanischen Raum, die weitläufige Anlage genügt europäischen Standards. In anderen Stadtteilen Nairobis werden Tochterkliniken unterhalten.

● **Kenyatta National Hospital**
Auf dem Nairobi Hill in der Hospital Rd., Tel. 272-64509 und 3726300, www.knh.or.ke. Die riesige, anonyme Uniklinik ist eher bekannt für Materialmangel und sonstige Missstände denn für gute Pflege. Ausnahme: Die Abteilung für Augenheilkunde verdankt ihr Renommee der Christoffel Blindenmission.

Deutschsprachige Ärzte

● Die deutsche, schweizerische und österreichische Botschaft empfehlen die Praxis von **Dr. Andreas Meyerhold,** Sarit Centre, 4th Floor, Westlands, Tel. 2745719 (Praxis), Mobil: 0733/423794, ajm@nbi.ispkenya.com.

● Ein weiterer deutschsprachiger Arzt ist **Dr. Wolfgang Luster** (Innere und Tropenmedizin), Deutsche Botschaft, Riverside Drive, Tel. 4262-109, -108 und -100.

● Darüber hinaus verfügt die **deutsche Botschaft** über eine umfangreiche **Liste mit weiteren empfehlenswerten Ärzten,** darunter auch zahlreiche Fachärzte. Es ist sogar möglich, in Nairobi Praxen für homöopathische und traditionelle chinesische Heilmethoden zu finden!

Zahnärzte

Wegen der horrenden Zahnarztkosten in der Schweiz kann es für Eidgenossen lohnenswert sein, Zahnbehandlungen in Nairobi vornehmen zu lassen. Es gibt keinen deutschsprachigen Zahnarzt, aber eine empfehlenswerte Gemeinschaftspraxis von drei norwegischen und einem kenianischen Dentisten, die auf europäischem Standard arbeiten: **Swedish Dental Clinic & Laboratory,** Othaya Rd., abseits der Gitanga Rd. im Stadtteil Lavington, Tel. 3866438 oder 3865558. Ebenfalls empfehlenswert: **Dr. Peter Griffith & Assoc.,** Kolloh Rd., Tel. 4348211, 4348233; **Dr. Kassiri,** Village Market Shopping Complex, Gigiri, Limuru Rd., Tel. 7122460.

Apotheken

Das **Nairobi Hospital** und das **Aga Khan-Krankenhaus** besitzen gut sortierte Apotheken (s.o.), in denen auch mit Kreditkarte bezahlt werden kann und die rund um die Uhr geöffnet haben. Ebenfalls zu empfehlen ist **Yaya Chemists** im Yaya Centre, Ground Floor, Argwings Kodhek Rd., Tel. 564250 und 561582.

Polizei

Wer eine Anzeige (englisch „report") bei der Polizei machen möchte, z.B. um nach einem Diebstahl von der Reisegepäckversicherung Schadensersatz zu bekommen, sollte sich immer nur an das **Hauptrevier** am University Way/Ecke Thuku Rd. wenden: **Nairobi Central Police Station,** Tel. 240000. Für das Vorgehen im Falle eines (Verkehrsun-)Falles siehe „Praktische Tipps A–Z/Notfall". Bei Gewaltverbrechen kann man sich auch direkt an das als zupackender geltende **CID (Criminal Investigation Department)** wenden, Tel. 2728888.

Botschaften

Europäische Botschaften

●Deutschland
Riverside Drive 1–3 zwischen Groganville und Kileleshwa, Tel. 4262100, Fax 4262129, info@nairobi.diplo.de. Die Notfallnummer, unter der ein 24-Std.-Bereitschaftsdienst außerhalb der Bürozeiten erreichbar ist, wird auf dem Anrufbeantworter der Botschaft angesagt. Geöffnet Mo. bis Fr. 8.30–12.30 Uhr.

●Schweiz
International House, 7th Floor, Mama Ngina St., Tel. 2228735, Fax 2217388, nai.vertretung@eda.admin.ch. Geöffnet Mo. bis Do. 7.30–15 Uhr, Fr. 7.30–13 Uhr.

●Österreich
City House, 2nd Floor, Standard St./Ecke Wabera St., Tel. 342290, Fax 331972, nairobi-ob @bmeia.gv.at. Geöffnet Mo. bis Fr. 8–16 Uhr. Die Notfallnummer wird außerhalb der Öffnungszeiten auf dem AB angesagt.

Afrikanische Botschaften

●Äthiopien
State House Ave., Tel. 2732052. Geöffnet Mo. bis Fr. 8.30–12.30 und 14–17.30 Uhr.

●Burundi
Coop Trust Plaza, Upper Hill, Tel. 2719200. Geöffnet Mo. bis Fr. 9–13 und 14–17 Uhr.

●Demokratische Republik Kongo
Electricity House, 12th Floor, Harambee Ave., Tel. 229772. Geöffnet Mo. bis Fr. 8.30–12.30 und 14.30–16.30 Uhr.

●Eritrea
New Rehema House, 2nd Floor, Raphta Rd., Westlands, Tel. 444-3163 und -1248. Geöffnet Mo. bis Fr. 9–12 Uhr.

●Madagaskar
Hilton Hotel, 1st Floor, Mama Ngina St., Tel. 218393 und 25206. Geöffnet Mo. bis Fr. 8.30–13 und 14–17 Uhr.

●Mosambik
Bruce House, 3rd Floor, Standard St., Tel. 221979 und 214191. Geöffnet Mo. bis Fr. 8.30–16.30 Uhr.

●Ruanda
2nd Floor, International House, Mama Ngina St., Tel. 575975 oder 317400.

●Sambia
Nyerere Rd., Tel. 27247-96, -99 u. 2710564. Geöffnet Mo. bis Do. 9–12.30 und 14–17 Uhr, Fr. 9–15 Uhr.

●Seychellen
House 114, James Gichuru Rd., Tel. 4180500. Geöffnet Mo. bis Fr. 9–12 und 14.30–16 Uhr.

●Simbabwe
2 Westlands Close, Westlands Rd., Tel. 3744052 und 3746546. Geöffnet Mo. bis Fr. 8.30–13 und 14–16 Uhr.

●Südafrika
Roshanmaer Building, Lenana Rd., Kilimani, Tel. 2827100. Geöffnet Mo. bis Fr. 8–12.30 und 13.15–16.30 Uhr.

●Sudan
Kabarnet Rd., Tel. 3875225 u. 3875118. Geöffnet Mo. bis Fr. 8.30–13 und 14–16 Uhr.

●Tansania
Re-Insurance Plaza, 9th Floor, Taifa Rd., Tel. 312027 und 311948. Geöffnet Mo. bis Fr. 8–15 Uhr.

●Uganda
Riverside Paddocks, Tel. 4445420. Geöffnet Mo. bis Fr. 9–12.45 und 14–17 Uhr.

Sport und Aktivitäten

Bowling
Bowlen kann man in Nairobi einerseits im **Village Market Shopping Centre** an der Limuru Road im Stadtteil Runda, dort gibt es im zweiten Stock sechs moderne Bahnen. Oder in Westlands im **Sound Plaza,** Woodvale Grove. Unter der Woche ist das Vergnügen etwas günstiger.

Eislaufen
Im **Panari Sky Centre** hat man die außergewöhnliche Möglichkeit, die Schlittschuhe zu schnüren und auf 5000 m² Eis seine Runden zu drehen. Der Spaß kostet 800 Ksh pro Stunde, Kinder bis 13 Jahre zahlen 500 Ksh. Die Schuhmiete ist im Preis inbegriffen.

Fallschirmspringen
Über die **Kenya Skydivers** kann man in Kenia auch Fallschirmspringen, in Nairobi allerdings nur erfahrene Leute, weil wegen der dünnen Hochlandluft die Landungen härter

Nairobi

sind. Ein Sprung kostet 45 US$. Kurse finden nur an der Küste statt. Für Sprünge in Nairobi spricht man am besten den Vorsitzenden des Aero Club, *Harro Trempenau,* an, Mobil: 0722/ 810082.

Fliegen

In Kenia gibt es zahlreiche private Flugzeugbesitzer, die sich seit 1927 im **Aero Club of East Africa** (www.aeroclubea.net) organisiert haben, dessen Clubheim am Wilson Airport liegt, Tel. 600479, 60048-2 und -3. Auf dem Clubgelände gibt es günstige Unterkunftsmöglichkeiten und ein empfehlenswertes Restaurant, das zur Mittagszeit auch Nichtmitgliedern offen steht. Für alle Aircrews, Piloten wie Stewardessen, ist der Eintritt in den Aero Club frei. Den Eingangsbereich zieren wunderschöne alte Flugzeugmotoren und hölzerne Propeller. Über die Mitglieder lassen sich Rundflüge organisieren, eventuell wird man gegen eine Beteiligung an den Benzinkosten auch auf längeren Strecken mitgenommen. Wer einen Flugschein in Kenia machen möchte, wendet sich am besten an den Chief Instructor des Aero Club.

Golf

Allein im 30-km-Umkreis von Nairobi gibt es 14 Golfplätze, darunter der Muthaiga Golf Club, der Royal Golf Club nahe des Kenyatta Hospital sowie der Railway Golf Club direkt am Uhuru Highway. Detaillierte Informationen über den Zustand der einzelnen Plätze und Termine für Turniere erhält man bei der **Kenya Golf Union,** www.kgu.or.ke.

Mini Golf kann man für 200 Ksh im Village Market, Limuru Rd., spielen.

Kampfsport

Im YMCA werden regelmäßig Kurse in **Karate** und **Taekwondo** angeboten. Der einmalige Besuch einer Stunde kostet 150 Ksh. Monatlich berappt man für Karate 2500 Ksh und für Taekwondo 1500 Ksh.

Klettern

In Nairobi gibt es eine aktive Kletterszene, die an Wochenenden auch gemeinsame Ausflüge organisiert. Kontakt findet man beim 1948 gegründeten **Mountain Club of Kenya** (s. S. 93), dessen Clubheim am Wilson Airport steht. Der MCK besitzt am Mombasa Highway, 40 km außerhalb von Nairobi, an den Lukenya Cliffs einen eigenen **Klettergarten.** Zum Wilson Airport gelangt man mit den Matatus 15 und 126, von der BP-Tankstelle an der Hauptstraße ist es sicherlich nochmal ein Fußmarsch von 1 km. Wenn man das Gate des Airport passiert hat, muss man sich nach rechts wenden.

Reiten

In Nairobi – oder besser gesagt, in den Randgebieten – gibt es mehrere Reitmöglichkeiten, so bei **Whistling Thorns** (Tel. 35040720, Mobil: 0722/721933 oder 0733/ 0703637, www.whistlingthorns.com), das südlich von Nairobi an der Strecke von Kiserian nach Kajiado liegt. Von hier aus lassen sich – nach vorheriger Anmeldung – auch mehrtägige Ausritte organisieren. Ein Stundenritt kostet 16 US$. Um Whistling Thorns mit dem Matatu zu erreichen, nimmt man zunächst die Nummer 111 bis Kiserian für 40 Ksh. Dort fährt dann an der Total-Tankstelle das Matatu in Richtung Isniya (keine Nummer) für weitere 20 Ksh ab.

Reitmöglichkeiten, die etwas zentraler liegen, offeriert die **Karen Riding School** in der Marula Lane in Karen, Mobil: 0712/292630, garrycattermole@yahoo.com. Eine Stunde für Erwachsene kostet 1300 Ksh, Kinder zahlen 1000 Ksh.

Schwimmen und Baden

● **Safari Park Hotel**
Das Hotel an der Thika Rd., ca. 8 km außerhalb der Stadt, besitzt mit 2000 m² das **größte Schwimmbad Afrikas,** so wollen es die Werbeprospekte wissen, Wasserrutsche inklusive. Das Ambiente ist luxuriös, genau das Richtige für einen Seelenbaumeltag. Matatus Richtung Thika fahren hin, etwa Nummer 44 und 11.

● **Splash!**
Carnivore Lane, off Langata Rd., Tel. 608394, Mobil: 0725/698155. Nomen est omen! Größte Attraktion des Schwimmbads direkt hinter dem Carnivore an der Langata Rd. sind die beiden **gigantischen Wasserrutschen,** jeweils rund 100 m lang. Die **Grünanlagen**

Nairobi

um die beiden großen Pools sind gepflegt, leibliche Bedürfnisse werden in Bar und Restaurant befriedigt. Während sich die Erwachsenen beim Poolbillard vergnügen, Beach-Volleyball spielen oder einfach nur auf einer der Liegen relaxen, können sich die Kids auf zwei super gestalteten **Spielplätzen** austoben. Wer seine Ruhe haben will, sollte nicht am Wochenende kommen, dann kann es voll und laut werden. Eintritt: Mo. b s Sa. 250 Ksh, So. und feiertags 300 Ksh.

● **YMCA Central**
Die Jugendherberge verfügt über einen wunderbaren Pool, der für Gäste von außerhalb 100 Ksh kostet. Wohl das billigste Schwimmangebot in Nairobi.

● Darüber hinaus haben zahlreiche andere **Hotels** Swimmingpools, die Besuchern offen stehen, etwa das Norfolk, das Stanley (Pool auf dem Dach!) oder das Intercontinental. Ein weiteres Erlebnisbad à la Splash! mit riesiger Wasserrutsche befindet sich **im Village Market,** Limuru Rd., im Stadtteil Runda, Eintritt dort: 350 Ksh.

Squash

Das **YMCA Central** besitzt auch Squashplätze (die Stunde kostet 150 Ksh pro Person, im Monat 2000 Ksh), Schläger und Bälle können leider nicht entliehen werden.

Wellness und Sauna

Die großen internationalen **Hotels** in der Stadt haben alle ihre eigenen Wellness-Clubs mit Schwimmbad, Sauna, Dampfbad, Jacoozi, Massage und teilweise auch Kraftraum, die gegen eine tägliche Gebühr meist um die 10 Euro auch Gästen von außen offen stehen. Besonders schön ist der **Maisha-Wellness-Club** des Serena-Hotels.

Reisebüros und Safari-Unternehmen

Reisebüros

● **Let's go Travel**
Das bekannteste Reisebüro Kenias mit vielen Service-Leistungen und Angeboten, Kontakte s. S. 106.

● **Muthaiga Travel**
Muthaiga Shopping Centre, Tel. 3750034 u. 3751190, www.supersafari.com. Deutsch geführtes, empfehlenswertes Reisebüro.

● **Rickshaw Travels**
Salama House, 4th Floor, Mama Ngina Rd., Tel. 247071 und 247418, www.rickshawtravels.com. Gutes Reisebüro, das sich neben den klassischen Safaris auch auf Event- und Konferenz-Tourismus spezialisiert hat. Übernimmt auch Pass- und Visa-Formalitäten.

● **Vintage Travel & Tours**
Kalson Towers, 8th Floor, Parklands Rd. hinter der BP-Tankstelle, Westlands, Tel. 374-24-35, -50 und -55, Fax 3742465, www.vintage-africa.com. Vintage Travel stellt in insgesamt 16 Ländern Afrikas bis zu 20 verschiedene Safari-Programme zusammen: von Abenteuer-, Sport- und Öko- bis zu Kulturtourismus, für große Gruppen oder Single-Reisende.

● **Bunson Travel/Carlson Wagonlit Travel**
Pan Africa House, Ground Floor, Standard St., Tel. 2219-92, -93 und -94, www.bunson-kenya.com. Weitere Filialen in Karen und im Village Market.

● **Going Places**
Westlands Centre, Mpaka Rd., Tel. 4442313, Fax 4446402, www.goingplaceskenya.com. Eines der besten Reisebüros in der Stadt, das internationale Flugtickets ausstellt, lokale Hotelbuchungen vornimmt und immer wieder günstige Angebote für Bush-Homes und Hotels im ganzen Land hat.

Camping-Safaris

● **Gametrackers**
Nginyo Towers, 5th Floor, Koinange/Mokar Daddah St., Tel. 222703 und 212830, www.gametrackersafaris.com. Bewährtes Safari-Unternehmen, das u.a. Lkw-Touren zum Turkana-See und in die Chalbi-Wüste, Kamelsafaris im Samburu-Land, Kanutouren auf dem Ewaso Ngiro-Fluss durchführt, daneben aber auch die ganze Palette der Nationalpark-Touren bietet. Auch Kilimanjaro und Reisen nach Uganda werden angeboten. Günstige Tarife! Besitzt das Eco Tourism Label.

● **Kenya Tours & Safaris**
Jubilee Insurance Building, Kaunda St./Ecke Wabera St., Tel. 223699, kenia@africaonline. co.ke. Neben günstigen Camping-Safaris n

ken231 Foto: hf

die bekanntesten Nationalparks werden auch Mt. Kenya-Touren, Ausflüge nach Karengata, eine achttägige Lkw-Tour zum Lake Turkana und eine Nairobi City Tour angeboten. Trotz niedriger Preise zuverlässig.

●**Venture Africa**
City House, 3rd Floor, Ecke Standard/Wabera St., Tel. 219888, 228466 u. 219511, www.ventureafricasafaris.com. Günstiger Anbieter, vermietet auch Autos. Im Angebot u.a.: Vogelbeobachtung, Radreisen, Golf, Sportfischen und Rafting.

Luxus-Safaris

Verschiedene Unternehmen sind auf Luxus-Safaris mit Preisen von mehr als 400 US$ pro Person und Tag spezialisiert.

●**Cheli & Peacock Safaris**
Lengai House, Wilson Airport, 1st Floor, Tel. 604053, www.chelipeacock.com. Luxuriöse Zelt-Safaris, auf den Kunden maßgeschneidert. Cheli & Peacock übernimmt zudem die Buchungen für einige der traumhaftesten Lodges und Camps in Kenia.

●**Ker & Downey**
Langata Link, off Langata South Rd., Tel. 890754, www.kerdowneysafari.co.ke. Gilt als ältester Safari-Veranstalter überhaupt und hat einen hervorragenden Ruf bzgl. Qualität und Kenntnis abgelegener Plätze. Exquisite Camping-Safaris zu privaten Lodges, wo sich die Eigentümer persönlich um die Gäste kümmern.

●**Phoenix Safaris**
Village Market, Tel. 712254, Mobil: 0733/613295, www.phoenix-safaris.de. Safaris der gehobenen Preiskategorie, genießt guten Ruf bei deutschen Expats in Nairobi.

●**Sunworld Safaris**
Tel. 44456-69, -80, www.sunworld-safari.com. Ein weiterer deutschsprachiger und zuverläs-

siger Safari-Anbieter in Nairobi mit gutem Service. Auch Autovermietung. Besitzt das Eco Tourism Label.

● Richard Bonham Safaris

Kisima Compound, Wilson Airport, Tel. 600457, 605108, www.richardbonhamsafaris.com. Edle Safaris, von Cracks veranstaltet. Im Besitz der Firma befindet sich auch die exklusive Ol Donyo Wuas Lodge in den Chyulu-Bergen. Besitzt das Eco Tourism Label.

● Tor Allan Safaris

80 Bogani East Rd., Langata, Tel. 891190, Fax 890375, www.olseki.com. Zelt-Safaris, ebenfalls auf höchstem Level.

Spezial-Safaris

● Balloon Safaris Ltd.

Legai House, Wilson Airport, Tel. 605003, www.balloonsafaris.hypermart.net. Das Unternehmen ist das älteste seiner Art und machte die Jungfern-Ballonfahrt 1976 in der Masai Mara. Die Ballons gehören zu den größten weltweit und lassen Gruppen von bis zu 16 Personen lautlos durch die Lüfte schweben.

● Bateleur Safaris

Langata, Ndorobo Rd., Tel. 890454, Tel./Fax 891007, www.bateleursafaris.com. Luxusunternehmen, dass sich u.a. auf Vogelbeobachtungen und Wandertouren spezialisiert hat.

● Bushbuck Adventures

Peponi Rd., Westlands, Tel. 7123090, www. bushbuckadventures.com. Macht gute Camping-Safaris in ungewöhnlichen Gegenden, die sonst von keinem anderen Unternehmen angeboten werden. Auch viele Wanderungen, u.a. in den Aberdares, der Mara, in Westkenia und auch im Meru National Park, mit Übernachtungen an kleinen, wilden Plätzen. Besitzt das Eco Tourism Label.

● Jade Sea Journeys

Outering Rd., nahe der Caltex-Tankstelle, Tel. u. Fax 351811, jadesea@africaonline.co.ke. Spezialisiert auf ausgefallene Reisen zum Turkana-See – auch zur Westseite und in den

Omo-Fluss in Äthiopien. Das kleine Unternehmen besitzt eigene Motorschnellboote, mit denen auch die Inseln im See angefahren werden sowie das Lobolo Camp im äußersten Norden Kenias.

● Safaris Unlimited

Langata Rd., Tel. 881976 und 890435, www. safarisunlimited.com. Spezialisiert auf eine malige Reit-Safaris mit mobilen Camps am Mt. Longonot, im Rift Valley, im Gebiet der Masai Mara – näher kann man Natur und Wildtieren wohl kaum kommen.

● Savage Wilderness Safaris

Tel./Fax 521590, Mobil: 0733/835963 und 0733/835963, www.whitewaterkenya.com. Ein Unternehmen mit sehr unkonventionellem und innovativem Programm, das von Wildwater-Rafting-Touren auf Tana und Athi River, über Bergtouren am Mt. Kenya, Felsklettern, Kajak-Safaris im Tana-Delta, Segeltörns in der Gegend von Lamu bis zu Trekkingtouren in Chyulu und Loita Hills reicht.

● Tropical Ice

Marula Lane, Karen, Tel. 8846-52 und -53, www.tropical-ice.com. Sehr außergewöhnliche Wandertouren von z.T. zwei Wochen Dauer, z.B. vom Gipfel des Kilimanjaro zum Indischen Ozean und entlang des westlichen Escarpment des Rift Valley.

● Wild Frontiers

Sat-Tel. +88216-43334103, www.wildfrontierskenya.com. Wie man an der Satelliten-Telefonnummer schon sieht: Powerfrau Helen Dufresne ist mehr in der Wildnis als im Büro. Professionell und mit viel Engagement organisiertes Kameltrekking in der Region der Mathews Range und der Ndoto Moutains; die Begleitung rekrutiert sich aus Samburus, die der Gegend entstammen. Die Preise hängen ab von Teilnehmerzahl, Dauer und Ausführung, ob auf Luxus- oder Traveller-Level

● Kenya Wildlife Trails

408 Othaya Rd., Lavington, Tel. 57-4404, 57-3596 und 57-2581, kenyasales@wildlifetrails. com. Bietet u.a. interessante Touren in Nairobi und Ausflüge in die Umgebung an.

● Neo Destinations

Tel. 3501450, www.neodestinations.com. Stellt verschiedene Touren zwischen Erlebnis, Abenteuer und Kulturtourismus zusammen. „Low Budget"-Touren sind möglich. Das Au-

Lebensverhältnisse im Slum Mathare Valley

Nairobi

Der kleine Safari-Knigge

Als Individualtourist können Sie selber stark beeinflussen, ob die Safari, von der Sie vielleicht schon seit langer Zeit geträumt haben, hinter Ihren Erwartungen zurückbleibt oder aber diese sogar noch übertrifft. Dafür müssen Sie sich über drei Punkte im Klaren sein: **Was wollen Sie unbedingt erleben bzw. sehen? Wieviel Geld sind Sie bereit, dafür auszugeben? Und: Wieviel Zeit steht Ihnen zur Verfügung?** Denken Sie daran, dass die Beschränkung auf weniger Nationalparks besonders bei einer Safari von 4 oder 5 Tagen letztendlich oft mehr ist. Denn sonst verbringen Sie die Hälfte Ihrer kostbaren Zeit im Auto, um auf schlechten Straßen die riesigen Distanzen zwischen den einzelnen Attraktionen zu bewältigen. Zeit, die Ihnen in den Nationalparks dann fehlt.

Erst wenn Sie diese drei Punkte eindeutig beantwortet haben, können Sie gezielt nach einem Safari-Veranstalter suchen, der Ihre Vorstellungen am besten erfüllt. Die Zahl der **Safari-Unternehmen** in Nairobi ist riesig und ihre Preise, Qualität und Leistungen variieren beträchtlich. Dementsprechend schwer ist es, den Überblick zu behalten und die Spreu vom Weizen zu trennen. Dafür sollte man sich unbedingt genügend Zeit nehmen. Am besten suchen Sie einige Veranstalter persönlich auf, lassen sich von ihnen beraten und ein Angebot unterbreiten. So können Sie sich recht gut ein eigenes Bild davon machen, welche Firmen seriös sind, ob das Personal fachkundig ist und ob Sie sich bei dem Unternehmen gut aufgehoben fühlen. Jedenfalls sind die **Schlepper oder Flycatcher,** die sich in Nairobis Straßen mit einem Stapel Prospekte an Ihre Fersen heften und Sie unbedingt bei einem bestimmten Touroperator unterbringen wollen, keine objektiven Berater. Sie werden nämlich von den Safari-Unternehmen auf Komissionsbasis für jeden einzelnen Kunden bezahlt. Sie können ruhig mitgehen und sich die empfohlene Firma ansehen, entscheiden sollten Sie aber erst nach einem sorgfältigen Vergleich.

Die **Preise für eine Safari** hängen von verschiedenen Faktoren ab. Mitentscheidend ist die Art der Unterbringung. Wenn Sie in Lodges oder exklusiven Zeltcamps übernachten wollen, zahlen Sie pro Übernachtung zwischen 70 und 100 US$ mehr als bei einer normalen Campingsafari. In den Lodges müssen Sie auf den Komfort eines Hotels nicht verzichten, der Service und die landschaftliche Lage sind in der Regel gut bis grandios. Aber auch die Zelte der Camps sind mit allem Luxus ausgestattet und besitzen im rückwärtigen Teil sogar ein eigenes Bad. Ihr besonderer Reiz ist die Nähe zur Natur und nachts vor allem die Geräusche der afrikanischen Tierwelt, die Ihnen ein aufregendes Wildnisgefühl vermitteln werden. Zumeist sind sie von der Bettenzahl deutlich kleiner als die Lodges. Bei Campingsafaris werden die ganze Ausrüstung (Zelte, Geschirr, Schlafsäcke, Matten etc.) und sogar ein Koch vom Veranstalter gestellt, Sie schlafen aber in einem herkömmlichen Zelt auf Isomatten oder Matratzen und müssen dementsprechend auf sanitäre Anlagen verzichten.

In einem großen Maße ist der Preis auch von der Gruppengröße abhängig. Für eine Privatsafari zu zweit zahlt man deutlich mehr als für eine Pirschfahrt in einem Minibus mit 6 oder 7 anderen Gästen. Bei Gruppen mit mehr als 5 Teilnehmern wird es selbst in den Safaribussen sehr eng. Man steht sich dann häufig gegenseitig im Weg, nicht alle können gleichzeitig aus dem offenen Dach hinausschauen. Eine Standardsafari von der Stange kostet natürlich weniger als eine Tour, die speziell auf Ihre Wünsche hin zusammengestellt wird. Fahrer bzw. Führer mit viel Erfahrung, Begeisterungsfähigkeit und großem Fachwissen sind zwar teurer, aber es gibt nichts, was eine Safari unerträglicher macht als eine unfähige oder desinteressierte Begleitmannschaft. Ein großes Engagement der Crew können Sie am Ende der Tour natürlich mit einem Trinkgeld honorieren.

Fazit: Denken Sie bei der Auswahl des Tour Operators daran, dass alles Geld kostet: die Anschaffung und Unterhaltung der Safari-Autos, Campingausrüstung bzw. Unterkunft, die Gehälter, der Parkeintritt, das Essen etc. Firmen, die Ihnen vermeintliche Schnäppchenpreise anbieten, müssen an einem der oben genannten Qualitätskriterien sparen. Das muss nicht von Nachteil sein. Ärgerlich ist nur, wenn Sie unbesehen das billigste aller Angebote rausangeln und nachher feststellen müssen, das am falschen Ende gespart wurde. Etwa, weil das Fahrzeug mit einer Panne liegen bleibt, Sie sich wegen der vielen Passagiere wie in einer Ölsardinenbüchse fühlen oder der Tour Operator die Eintrittsgebühren für die Parks in die eigene Tasche gesteckt hat. Um solche schwarzen Schafe auszugrenzen und gewisse Qualitätsstandards zu setzen, wurde die **KATO, die Kenya Association of Tour Operators,** gegründet. Aber leider gibt es auch innerhalb dieser Organisation einige Firmen mit zweifelhafter Geschäftspraxis. Deshalb sollten Sie aus reinem Selbstschutz darauf beharren, dass ein schriftlicher Vertrag aufgesetzt wird, in dem alle Abmachungen genau festgeschrieben werden. So sind Sie vor Übervorteilungen besser geschützt.

Wichtige Punkte, die auf jeden Fall in diesen **Vertrag** mit aufgenommen werden sollten, sind: die Höchstzahl der Teilnehmer, die im Preis enthaltenen Leistungen (welche Art von Unterkunft, Mahlzeiten, Parkeintrittsgebühren), die geplante Route, die genauen Abfahrtszeiten (nicht dass Sie erst gegen Mittag starten und Ihnen der erste Tag dadurch de facto schon entgeht), der Ausschluss von Extrakosten oder Kilometerbegrenzungen. Bewährt hat sich auch eine Klausel für den Fall, dass das Fahrzeug mit einer Panne liegen bleibt, etwa mit dem Inhalt, dass Ihnen nach mehr als 2 Stunden Warterei ein zusätzlicher, kostenloser Safaritag zusteht.

Zum Bezahlen ist noch Folgendes zu sagen: Die **Rechnung** wird – besonders bei kleineren, unbekannten Unternehmen – erst am Abfahrtsmorgen bezahlt, nachdem Sie sich von der Einhaltung der Abmachungen überzeugen konnten. Es sind einfach schon zu viele Touristen um den „Vorschuss" oder die „Anzahlung" für eine Safari betrogen worden, die dann nie stattgefunden hat. Wer sich von einem Safariveranstalter wirklich übervorteilt sieht, kann drohen, bei der KATO Beschwerde einzulegen. Ob das irgendeine Wirkung haben wird, ist zweifelhaft. Wesentlich effektiver könnte der Hinweis sein, dass man das unlautere Verhalten in einem Leserbrief in der Watchman-Kolumne der Nation, Kenias größter Tageszeitung, anprangern wird. Und noch etwas können Sie tun: Schreiben Sie Ihre Kritik an den REISE KNOW-HOW Verlag. Das gilt natürlich auch für den Fall, dass Sie mit der Leistung eines Veranstalters besonders zufrieden waren.

● **Praxis-Ratgeber**: Jörg Gabriel, Safari-Handbuch Afrika, REISE KNOW-HOW Verlag

ken-270 Foto: hf

Nairobi

genmerk wird vor allem auf das aktive Erleben gelegt, nicht selten hat man die Chance, während der Tour einer traditionellen Hochzeit beizuwohnen oder in einem Dorf bei einer Familie zu übernachten. Spezialisiert auf Westkenia.

●**Kibo Slopes Safaris**
Lenana Rd., bei der ägyptischen Botschaft, Tel. 2725435 u. 2717373, www.kiboslopessafaris.com. Kibo Slopes ist ein österreichisch-kenianischer Veranstalter mit 20 Jahren Erfahrung, der ausgefallene Safaris in Kenia, Tansania und im östlichen Uganda anbietet. Spezialgebiet: besondere Trekkingtouren. So bot Kibo Slopes als erstes Unternehmen die Nordroute am Kilimanjaro an, hat aber auch sonst ausgefallene Berg- und Wandertouren im Programm, z.B. im Nguruman Escarpment, in den Chyulu Hills, auf der selten begangenen Kamweti-Route am Mt. Kenya oder die Überschreitung des Mt. Elgon. Zusammenstellung der Safaris nach Kundenwunsch. Campingsafaris kosten 120–130 US$ pro Tag.

●**Nature's Wonderland Safaris**
www.naturewonderlandsafaris.com. Diverse Safaris rund um das Thema Vogelbeobachtung. Auch fürBudget-Reisende gibt's interessante Angebote.

●**Crane Experience**
Mobil: 0770/048192, www.crane-experience.com. Deutsch-österreichisch geführtes Unternehmen unter Leitung des Zoologen *Dr. Rainer Revers,* das individuelle Reisen als Camp- oder Lodgesafari in Kenia und Uganda anbietet. Deutschsprachige Reiseleitung.

Einkaufen

Für Europäer ist es zunächst ungewohnt, aber grundsätzlich kann man in Kenia um alles **feilschen.** Das gilt nicht nur für Märkte, sondern auch in sonstigen Läden, die keine mit Preisen ausgezeichnete Waren haben. Wenn man größere Mengen kauft, verhandelt man nicht nur im Andenkenladen, sondern eben auch bei Autoersatzteilen, in Modegeschäften, Buchläden usw.

Das **Warenangebot** selbst ist sehr gut, man muss nur wissen, wo man was findet.

Bücher, Karten, Zeitschriften und Zeitungen

Es gibt in Nairobi eine Reihe von großen Buchhandlungen, die in erster Linie englische Bücher führen, darunter eine große Zahl wunderschöner Afrika-Bildbände sowie andere Literatur zu Kenia und Afrika, die nur zu einem winzigen Teil in Deutschland erschienen ist; hinzu kommen Landkarten. Auch internationale Zeitschriften und Zeitungen, darunter „Spiegel", „Stern", „Focus", „SZ" und „FAZ", sind mit einigen Tagen Verspätung hier erhältlich. Auch viele internationale Hotels verkaufen deutsche Zeitungen. Wer nirgendwo sonst Glück hat, findet in der Bibliothek des Goethe-Instituts deutschsprachige Printmedien. Gut geführte Buchläden:

●**Prestige Booksellers**
Prudential Assurance Building, Mama Ngina St. Übersichtlich und großes Sortiment.

●**Stanely's Bookshop**
Kenyatta Ave. Hinter dem New Stanely Hotel. Schöne Bildbände über Afrika, Reiseführer, Karten, englische Literatur.

●Weitere Buchgeschäfte sind **Keswick Books** an der Kaunda St., **Bookstop** im Yaya Centre, Argwings Kodhek Rd., der alte wie neue Bücher verkauft, und das **Textbook Centre** im Sarit Centre in Westlands.

●**Survey and Mapping Office**
In der staatlichen Kartenbehörde gibt es für den südlichen Teil Kenias eine Kartenserie im Maßstab 1:50.000, für das gesamte Land eine weitere Serie im Maßstab 1:100.000 sowie diverse Karten zu Nationalparks und touristisch interessanten Regionen. Sie alle sind in Teilen veraltet, von den topografischen Informationen her aber am verlässlichsten. Die Beamten sind nicht auf Verkauf eingestellt, schon das Bezahlen ist ein bürokratischer Akt, und manchmal werden die detaillierteren Karten nicht ohne Weiteres rausgerückt. Die Öffnungszeiten entsprechen denen anderer Behörden, Sa. geschlossen. Das Survey and Mapping Office befindet sich an der Thika Rd. (Tel. 8565036), rund 400 m von der Hauptstraße zurückgesetzt, etwa auf Höhe des Fox Drive In Cinema, das auf der gegenüberliegenden Seite der Thika Rd. liegt.

Beim Schild der Kirche St. Benedict biegt man nach links ein. Wenn man die Shell-Tankstelle passiert, ist man bereits zu weit gefahren. Öffentlicher Transport mit Bus und Matatu 25 oder jeder anderen Fahrgelegenheit in Richtung Thika.

Camping- und Outdoorbedarf

Wem Ausrüstungsteile verloren- oder kaputtgegangen sind, findet zwischen Kairo und Kapstadt wohl am ehesten in Nairobi Ersatz. Die wichtigsten Dinge lassen sich in jedem Falle nachkaufen.

●**Rhino Leasure Centre**
Rhino House, Karen Rd., Tel. 884019 und 884239. Camping-Ausrüstung, zumeist in Südafrika produziert, und vieles mehr.
●**Atul's**
Biashara St., Tel. 228064 und 225935. Große Auswahl aller Art von Campingartikeln und eigene Reparaturwerkstatt. Nicht ganz billig.
●**Xtreme Outdoors – Swiss Products Ltd.**
Yaya Centre, Hurlingham, Tel. 272224, www.xtremeoutdoors.co.ke. Gute Auswahl, aber gesalzene Preise. Wer ein neues Filterelement für seinen Katadyn-Wasserfilter benötigt: Hier ist es erhältlich!
●**Kenya Canvas Ltd.**
Biashara St., Tel. 343262 und 341991 (Büro), und Kirinyaga Rd., Tel. 2223045. Es gibt vom Camping-Kocher bis zum Klappbett alles, vor allem aber auch Leinenprodukte z.B. Zelte, Taschen, Gartenmöbel, Seile usw. Die Firma führt auch Reparaturen aus.
●**Nakumatt Supermarket**
Gascampingkocher und Ersatzkartuschen, Plastikgeschirr, Messer, Billigbesteck, Aluminiumtöpfe in allen Größen sowie Benzin- und Wasserkanister sind günstig in den Filialen der größten kenianischen Supermarktkette, z.B. auf der Kenyatta Ave., erhältlich.
●**Titan Avionics**
Titan Hangar am Wilson Airport, Mobil: 0733/413609 oder 0722/949701, info@titan-vionics.co.ke. Vertreibt **Garmin-GPS-Geräte** und Karten-Software für Kenia.

Einkaufszentren

In den großen Einkaufszentren Nairobis gibt es verschiedenste Läden und Dienstleistungsbetriebe, etwa Restaurants, Feinkost-läden, Reisebüros und Modegeschäfte bis hin zu Kleiderreinigungen und Supermärkten, vornehmlich der **großen Ketten Uchumi und Nakumatt.** Die meisten Geschäfte, die sich auf europäische Kunden spezialisiert haben, finden sich in Westlands und verteilen sich auf die noblen nördlichen und westlichen Wohngebiete.

Große Shopping Centres von Nakumatt und Uchumi, die von einer Wolke kleinerer Geschäfte umgeben sind, befinden sich auf der Mombasa Rd. nahe South C, hinter dem Wilson Airport an der Langata Rd., bei der Dagoretti Corner auf der Ngong Rd. und am „alten" Shopping Centre Karen, dem sogenannte „Crossing". An weiteren Zentren wird fleißig gebaut.

●**ABC Place**
Waiyaki Way, Westlands. U.a. mit dem Büro von Holiday Homes, dem Safari-Unternehmen Abercombie & Kent, Let's Go Travel, dem Fly540 Headoffice, der Mercury Ear und Bankfilialen. Ein in die Jahre gekommenes Urgestein in der Shoppinglandschaft Nairobis.
●**Esso Plaza**
Muthaiga Rd., nahe der Thika Rd. Fleischer, verschiedene Restaurants und Läden sowie das Büro von Muthaiga Travels.
●**The Mall**
Chiromo Rd., Westlands. Ebenfalls ein Veteran unter den Einkaufszentren mit gutem Fleischer, Delikatessenladen, französischer Bäckerei, Let's Go Travel, Sportgeschäft, Internet-Café, dem ausgezeichneten indischen Restaurant Haandi und anderen Lokalen.
●**Muthaiga Shopping Centre**
Limuru Rd., benannt nach dem angrenzenden edlen Stadtviertel. Ein fast rührend armutender Gebäudekomplex aus den 1950er Jahren. Mit Tankstelle, Zahnarztpraxis, Barclays Bank, Wechselstube, gutem Metzger, Minimarkt und indischem Restaurant.
●**Sarit Centre**
Zwischen Lower Kabete und Parklands Rd. Westlands. Nach wie vor größtes und bekanntestes Shopping Centre in Nairobi. Einer der größten Supermärkte der Uchumi-Kette mit riesigem Warenangebot, Post, Reise-

Nairobi

büros, Kenya Airways-Büro, DHL-Vertretung, Restaurants und Cafés, Apple-Macintosh-Shop, dem Buchladen Textbook Centre und sogar mit Kino, dem Fox Cineplex. Ständig werden weitere Geschäfte eröffnet.

● **Village Market**
Limuru Rd., in Runda an der nördlichen Peripherie von Nairobi, direkt gegenüber der deutschen Schule. Der Village Market wird von einem gehörigen Hauch Dekadenz durchweht und nennt sich selbstbewusst Shopping- und Erlebnis-Centre. Es ist mit Abstand das architektonisch schönste Einkaufszentrum Nairobis und besitzt u.a. einen künstlichen Wasserfall, einen großen Kinderspielplatz, ein Schwimmbad mit Mega-Wasserrutsche, einen Nakumatt Supermarket (Gummibärchen und Schweizer Schokolade lassen grüßen!), empfehlenswerte Fleischer-, Gemüse- und Bäckereiläden, Geschäfte für Mode und Accessoires, Friseure, Internet-Café, Bankfiliale und zahlreiche Cafés sowie Restaurants. Fr. findet auf dem Parkplatz ein Masai-Markt statt. Im Innenhof: diverse Fast-Food- und Esstempel, von Italienisch über Thai und Japanisch bis zu deutschem Essen und Frischgezapftem.

● **The Westgate**
Lower Kabete Rd., Westlands. Das neueste Shopping Centre in Nairobi, wo man alles bekommt, was man braucht – und nie zu brauchen wünscht! Internationale Modegeschäfte wie Benetton und Mango und eine Filiale des Glasperlen-Ladens Kazuri Beads haben sich hier eingerichtet, Cafés und Restaurants, zudem einer der größten Nakumatt-Märkte, in dem es auch Schwarzbrot gibt.

● **Yaya Centre**
Argwings Kodhek Rd./Ecke Kilimani Ring Rd. im Stadtteil Hurlingham. Mit Bookstop-Laden, der auch gebrauchte Bücher ver- und ankauft, Copy Cat-Filiale, Postamt, belgischer Bäckerei, Fleischer, zwei Banken und u.a. einem guten italienischen und einem chinesischen Restaurant. Im Erdgeschoss Passbilder.

Fahrradläden

● **Cycleland**
Sarit Centre, Westlands. Tel. 3743550, sennik @wananchi.com. Reparaturen, Ersatzteile der gängigen Marken sowie neue Fahrräder.

● **Kenya Cycle Mart**
Butere Rd., Tel. 559993 oder 558470. Ähnliches Angebot wie Cycleland.

● **Pro-Bikes**
Yaya Centre, 2nd Floor, Hurlingham, Mobil: 0721/257699, sennik@wananchi.com. Gleicher Besitzer und gleicher Service wie von Cycleland im Sarit Centre.

Foto- und Videobedarf

Ersatz für eine zerstörte oder verschwundene Digitalkamera erhält man in den Technikläden der großen Einkaufszentren oder in der City bei verschiedenen Fotoläden, wie dem **Elite Camera House** in der Kimathi St./Ecke Kenyatta Ave., der **Camera Clinic** in der Biashara St. und bei **Expo Camera** in der Mama Ngina St. Wer Reisebekanntschaften Bilder versprochen hat, kann in vielen Läden von seinen digitalen Bildern gleich vor Ort Abzüge machen lassen – das ist günstiger und sicherer, als sie von Deutschland aus zu versenden.

Kunsthandwerk und Souvenirs

Wer sich vor der Heimreise noch mit Reiseandenken eindecken will, findet nirgends eine größere Auswahl als in Nairobi. Die günstigste und stimmungsvollste Gelegenheit bietet der **Masai-Markt,** der jeden Samstag zwischen 9 und 15 Uhr hinter dem Hilton Hotel an der Taita Rd. unter freiem Himmel stattfindet. Masai-Frauen breiten hier ihre Kalebassen, Perlenstickereien und Körbe aus. Oberstes Gebot ist natürlich: Handeln! Dann liegen die Preise deutlich unter dem Preisniveau in den Souvenirgeschäften. Das Beispiel hat Schule gemacht, inzwischen gibt es am Fr. im Village Market im Norden Nairobis einen weiteren Andenkenmarkt, der sich als Masai-Markt bezeichnet.

Wer auf dem Masai-Markt das Gesuchte nicht findet, kann sein Glück auf dem **Kariokor Market** (s.o.) versuchen. Ansonsten gibt es in der Innenstadt – besonderes in der Gegend um den City Market – jede Menge Curio- und Souvenir-Shops, wo man sich in Ruhe umgucken kann.

Hinzu kommt – meist außerhalb des Stadtzentrums – eine Reihe von Läden, sogenannte **Charity Craft Shops,** deren Sortiment aus

sozialen Projekten stammt. Wer das praktische Reiseandenken mit hohem Nostalgie-
wert sucht, findet auf der Ngong Rd., etwa
auf Höhe der Pferderennbahn, bei den Mö-
bel-Fundis an der Straße Top-Safari-Klapp-
stühle für den Sundowner auf der heimat-
lichen Terasse. Weitere Tipps zu ausgefallenen Reiseandenken siehe „Praktische Tipps
A–Z/Souvenirs und Einkaufen".

● Zanzibar Curio Shop
Moi Avenue, Tel. 222704. Der von außen mit
Tinga-Tinga-Malereien verzierte Laden dürfte zu den ältesten Curio Shops in der Hauptstadt gehören. Nach wie vor gute Auswahl,
besonderes Flair und genügend Spielraum
zum Handeln.

● Spinner's Web
Westlands, Waiyaki Way, Viking House, Tel.
4440882 und 4441485, www.spinnersweb-
kenya.com. Große Auswahl an wunderbaren
Möbeln und kunsthandwerklichen Gegenständen, die überwiegend von Selbsthilfegruppen hergestellt werden, darunter gewebte Textilien wie Teppiche und Stoffe, Strick-
und Häkelwaren, aber auch Töpferwaren
und andere Andenken.

● UNDUGU Shop, Fair Trade
Westlands, Woodvale Grove, Westlands, Tel.
4443525, www.undugukenya.org. Die Undugu Society wurde 1973 von dem nieder-
ländischen Pater *Arnold Grol* als allgemein-
nützige Organisation gegründet, die sich um
die Parkingboys in Nairobi kümmerte. Inzwischen ist sie in den Slums von Nairobi tätig
und hat viele vorbildliche Projekte im Bereich
Ausbildung, Gesundheitswesen, Wasserversorgung, Einkommensquellen etc. auf die
Beine gestellt. Der Name bedeutet so viel
wie „Brüderlichkeit". Die schönen Gegenstände, die im Laden verkauft werden, stammen überwiegend aus der Produktion in den
Slums, die Einnahmen fließen in die Projekte
zurück. Es gibt Korbflechtereien, Holz- und
Seifensteinschnitzereien, Schmuck, Spielzeug, Lederwaren u.v.m., die Preise sind
nicht überzogen. Über den Undugu Shop
lassen sich auch Projekte in den Slums besuchen, eine sichere Option, als Tourist mehr
über die Lebensrealität der armen Bevölkerungsschichten von Nairobi zu erfahren.

● Marula Studios
Marula Lane, Karen, Tel. 2700534, www.
flipflopiwas.com. Bunte Ketten, ausgefallene
Taschen, Teppiche und sogar eine lebensgro-
ße Giraffe – alles aus einstigen Flip-Flops erschaffen! Richtig, aus diesen bunten Schlap-
pen, die jeden Monat zu Tausenden an Kenias Küsten geschwemmt werden. Eine junge
kenianische Meeresbiologin und Umwelt-
schützerin hatte vor vier Jahren die geniale
Idee. Die Produkte lassen sich hier erstehen,
man kann auch bei der Produktion zusehen.

● Kazuri Beads Centre
Mbagathi Ridge, nahe des Karen Blixen Museum im Stadtteil Karen, Tel. 884058. Mo. bis
Sa. 8.30–16.30 Uhr, So. 11–16.30 Uhr geöffnet. Verschiedenste Keramikperlen, Schmuck
und Töpferwaren werden hier hergestellt und
verkauft. Als Besucher darf man den Handwerkerinnen, denen die Einnahmen zugute
kommen, bei der Arbeit über die Schulter
gucken.

● Sandstorm
Lenana Forest Centre, Ngong Rd., Zweigstelle im Village Market in Runda, Tel. 3870484,
Mobil: 0721/208463, www.sandstormkenya.
com. Großartig designte und verarbeitete Le-
dertaschen, vier unterschiedliche Kollektio-
nen zu angemessenen Preisen.

● Kitengela Glass
Die wundersame Glas-Manufaktur südlich
des Nairobi National Park verkauft ihre Pretitiosen auch in Läden in Westlands/General
Mathenge Rd., im Shopping Centre Dagoretti Corner, im Karen Junction Shopping Centre sowie im Village Market in Runda. Näheres zur interessanten Geschichte von Kitengela unten unter „Ausflüge in die Umgebung
von Nairobi".

Lebensmittel

Ein reichhaltiges Angebot an Obst und Gemüse findet sich in der Halle des **City Market,** wo es auch zahlreiche Fleischereien,
Fischläden und ein auf Käse spezialisiertes
Geschäft gibt. In der **Wakulima-Markthalle**
im River Road District nahe des KBS-Bus-
bahnhofs sind diese frischen Produkte günstiger. In Westlands gibt es einen weiteren
Markt mit einer großen Auswahl an Obst und
Gemüse.

Nairobi

Alle anderen Produkte – von Gummibärchen über Milch und Yoghurt bis hin zum südafrikanischen Wein – kauft man am besten in den Filialen der drei großen **Supermarktketten Tuskys, Uchumi** und **Nakumatt.** Sie unterhalten sowohl in der City als auch in den Shopping Centres der Vororte Filialen. In der Innenstadt hat Uchumi Geschäfte im Uchumi House, im Kimathi House und in der Monrovia St. Vielleicht der größte Supermarkt des ganzen Landes dürfte der neue Uchumi im Sarit Centre in Westlands sein. Nakumatt hat eine Filiale an der Kenyatta Ave. im Gilfillan House. Ein sehr gutes Sortiment hat der Nakumatt im Village Market.

Musik

Wer sich für afrikanische bzw. kenianische Musik interessiert, bekommt von zahlreichen Straßenhändlern spottbillige **CD-Raubkopien** angeboten. Von solch einem Deal ist aber eher abzuraten. Die Qualität der Aufnahmen ist erbärmlich – oft genug sind nicht beide Seiten der Original-CD kopiert oder Lieder einfach abgeschnitten worden. Originale sind nicht viel teurer. Die Geschäfte mit der besten Auswahl, teilweise auch mit Singles und zunehmend mit CDs, finden sich im River Road District, vor allem in Luthuli Ave. und River Rd.

Sonstiges

Autowerkstätten

● **Land Rover Garage Rainald Schumacher** Langata Rd., stadtauswärts ca. 3 km hinter der Abzweigung der Langata South Rd. auf der linken Seite, Mobil: 0733/708798, rschuhmacher@swiftkenya.com. Von motorisierten Transkontinentalreisenden empfohlen – und das nicht nur für Reparaturen von Land Rovern!

● **Four Wheel Drive Maintance** Langata Rd., stadtauswärts hinter der Kreuzung Langata South, Tel. 891681. Gute Werkstätte für alle – wie der Namen schon sagt – 4WD-Fahrzeuge.

● Tipps zu aktuell empfehlenswerten Autowerkstätten gibt auch gerne **Chris Handschuh** von Jungle Junction (s. Unterkünfte

Stadtbereich), der selber Spezialist für Motorradreparaturen ist.

Gepäckaufbewahrung

Für 300 Ksh pro Tag kann man **am Hauptbahnhof** Gepäck aufbewahren lassen. Aber auch viele **kleinere Hotels** sind bereit, gegen eine Gebühr das Gepäck ihrer Kunden für einige Tage aufzubewahren, wenn man z.B. eine Bergtour macht. Am Flughafen von Nairobi gibt es keinerlei Möglichkeit der Gepäckaufbewahrung.

Informationsbretter

Den Schwarzen Brettern **in den großen Einkaufszentren** der Stadt und **in der Gallery Watatu** kommt eine wichtige Funktion für Autokäufe und -verkäufe sowie Wohnungsvermittlungen zu, sie sind also eher für Leute interessant, die in Kenia leben. Reisende nutzen hingegen eher die Bretter des **Thorn Tree Café,** aber auch einige **Traveller-Unterkünfte** wie das YMCA, die Backpacker's und Campsites haben Aushängemöglichkeiten für die Suche nach Reisepartnern, Verkaufs- und Kaufgesuche für Ausrüstung oder Warnungen vor unlauteren Safari-Unternehmen. Aktuelle Reisetipps enthält auch das **Hostellers Comment Book im YMCA.**

Optiker

In der Moi Ave., aber auch auf der Kenyatta Ave., sind zahlreiche Optiker-Läden angesiedelt. Empfehlenswert ist z.B. **Lens,** Phoenix House, Kenyatta Ave., P.O. Box 49608, Tel. 221966 und 222017, der auf Kontaktlinsen spezialisiert ist. Weitere gute Läden sind **Eyemodes,** Kenya Cinema Plaza, Moi Ave., Tel. 222601, und die **German Professional Opticians,** Waiyaki Way, Westlands, Tel. 4444783.

Visum

Wer sein Visum **verlängern** lassen muss, kann dies **im Nyayo House,** Erdgeschoss, Posta Rd., Tel. 332110, erledigen. Normalerweise handelt es sich um eine Formalität, wegen starken Publikumsverkehrs muss man aber meist eine halbe Stunde warten. Kostenpunkt für ein weiteres dreimonatiges Visum: 50 US$.

Ausflüge in die Umgebung von Nairobi

Es gibt keinen Grund, bei einem Nairobi-Aufenthalt nur in der Stadt zu sitzen. Dafür ist die Umgebung der Millionenmetropole viel zu **abwechslungsreich.** Mit interessanten Ausflügen kann man sich gut einige Tage beschäftigen. Im Süden der Stadt, in der trockenen Athi-Ebene, erstreckt sich der **Nairobi National Park,** der Besuchern direkt vor der Haustür der Hauptstadt tolle Möglichkeiten zu Tierbeobachtungen bietet. Etwas weiter entfernt, aber immer noch im Verlauf eines Wochenendes zu besuchen, liegt tief unten im Rift Valley der **Magadi-See.** Nicht nur Landschaft und brütendes Klima stehen im extremen Gegensatz zur Großstadt Nairobi, sondern auch der traditionelle Lebensstil der Masai-Nomaden am Ufer der gleißenden Salzpfanne. Dem gegenüber wirkt das **Hochland um Limuru** in Nairobis Norden mit seinen intensiv bewirtschafteten Ackerflächen, den Kaffeefarmen und Teeplantagen wie ein grünes Paradies. **14 Falls** und der **Ol Doinyo Sabuk National Park** in der Nähe von Thika geben mit den eindrucksvollen **Wasserfällen des Athi River** und dem tierreichen, urwaldbedeckten **Bergnationalpark** ebenfalls einen lohnenswerten Ausflug ab. Im Westen der Stadt liegen die **Ngong-Berge,** die wegen atemberaubender Ausblicke ins Rift Valley, auf die Athi-Ebene mit Nairobi en miniature sowie auf Kilimanjaro und Mt. Kenya ebenfalls ein schönes Ausflugs- und Wanderziel sind. Ein erlebnisreicher Tagesausflug, der auch von Reisebüros in Nairobi organisiert wird, verbindet die Hauptsehenswürdigkeiten in den südwestlichen Vororten Langata und Karen zu Füßen der Ngong-Berge, nämlich das **Karen Blixen Museum,** das **Langata Giraffe Centre,** das **Elefanten-Waisenhaus von Daphne Sheldrick** und die **Bomas of Kenya.** Wenn man die Tour auf eigene Faust unternimmt, kann man noch einige lohnenswerte Punkte zusätzlich einbauen.

Ausflug nach Langata und Karen

Wer diesen **Ausflug nach „Karengata"** selbst organisiert, entweder mit Mietwagen oder Bus bzw. Matatu (die Linie 24 verbindet die Sehenswürdigkeiten miteinander), fährt den Uhuru Highway in Richtung Mombasa. Am großen Nyayo National Stadion, in dem am Wochenende öfters Spiele der ersten Fußball-Liga stattfinden, anlässlich der staatlichen Feiertage aber auch politische Massenversammlungen mit endlosen Reden und Paraden, biegt man am großen Kreisverkehr nach rechts auf die zunächst vierspurige Langata Road. Linker Hand erstreckt sich das Stadtviertel South C, kurz darauf passiert man den **Wilson Airport,** der vor dem Bau des Jomo Kenyatta Airport der internationale Flughafen Nairobis war. Heutzutage wird er nur noch von kleineren Maschinen für den Inlandsverkehr genutzt, ist wegen der vielen Charterflüge in die Nationalparks aber angeblich der Flughafen mit den meisten Starts und Landungen in ganz Schwarzafrika. Air Kenya sowie zahlreiche kleinere Flugunternehmen, aber auch die Flying Doctors und der Airwing des Kenya Wildlife Service haben hier ihre Basis. Kurz hinter dem Wilson Airport geht nach links die Straße zu einem Uchumi Shopping Centre, dem weltberühmten Restaurant Carnivore und zum Splash!-Schwimmbad ab, rechter Hand befindet sich in einer Senke der Nairobi-Damm, allerdings ist der kleine Stausee von Wasserhyazinthen zugewuchert. Die Pflanzen werden von den Abwässern des Kibera-Slums auf der anderen Seite prächtig gedüngt. Darunter hat vor allem der örtliche Yachtclub zu leiden – hier hat schon länger niemand mehr gesegelt!

Kurz darauf, rund 6 km vom Stadtzentrum entfernt, sieht man links das auffällige **Uhuru-Denkmal,** welches 1983 anlässlich des 20. Unabhängigkeitstages enthüllt wurde. An dieser Stelle fanden am 12. Dezember 1963 die Feierlichkeiten zur Unabhängigkeit (auf Kisuaheli *Uhuru*) statt, deren Höhepunkte zu Mitternacht des 11. Dezember das Hissen der kenianischen Flagge und ein riesiges Feuerwerk waren. Das Monument, welches innerhalb der Uhuru Gardens liegt, wird im Zentrum von einer Taube mit Olivenzweig im Schnabel gebildet, die auf zwei Händen ruht. Die wiederum umschließen ein Herz – die Beton gewordenen Schlagworte „Love, Peace & Unitiy" der Nyayo-Politik. Direkt daneben befinden sich noch die Skulpturen eines aufstehenden Mannes und einer Menschengruppe, die gemeinsam die kenianische Flagge aufrichten. Symbole, die für den Unabhängigkeitskampf und die Harambee-Philosophie des ersten Präsidenten stehen. Der Architekt des massiven Ensembles, das an die kolossalen Denkmäler sowjetischer Prägung erinnert, war *Hamid Mughal.*

Einen guten Kilometer weiter – vorher passiert man noch ein Militärcamp (Fotografieren verboten!) – steht man am Eingang zum **Hauptquartier des Kenya Wildlife Service,** auf dessen Gelände sich das Maingate des Nairobi National Park sowie das Tierwaisenheim, die sogenannte **Animal Orphanage,** und der sehenswerte **Safari Walk,** befinden (Beschreibungen s.u.).

Ziemlich genau 8 km hinter dem Nyayo-Kreisel gelangt man an die Kreuzung, an welcher links die Magadi Road abzweigt, die auch nach **Kitengela,** zum **Sheldrick-Elefantenwaisenhaus** (s.u.) und zum Nairobi Campsite führt. Diese beiden Sehenswürdigkeiten kombiniert man fast besser mit einem Safari-Tag im Nairobi National Park. Rechts liegen, einige hundert Meter im Ngong Road Forest verborgen, die **Bomas of Kenya.**

Um zum Langata Giraffe Centre zu gelangen, fährt man die Langata Road noch 1,9 km weiter und biegt dann nach links in die Langata South Road ein. Die Staubstraße, die an dieser Stelle die Langata Road nach rechts verlässt, führt zum **Mamba Village** und zum Black Cotton Club. Der Langata South Road folgt man weitere 3 km auf Teer. Dann folgen nochmals 1,6 km bis zum **Langata Giraffe Centre** und zur **Giraffe Manor** auf einer Staubpiste.

Um als nächstes das Karen Blixen Museum anzusteuern, ist es am einfachsten, ca. 2 km bis zur Bogani Road zurückzufahren und dort nach links abzubiegen. Der Bogani Rd. braucht man nur bis zum Ende zu folgen, an der T-Kreuzung einmal nach rechts einbiegen und schon ist man im Reich jener Frau, der Kenias Tourismusindustrie den allergrößten Dank schuldet. Jener Frau, die das Buch „Afrika – dunkel lockende Welt" schrieb, welches als Vorlage für „Jenseits von Afrika" diente: *Karen Blixen!* Im **Karen Blixen Muse-**um wird ihr ebenso gehuldigt wie im **Karen Blixen Coffea Garden.** Den erreicht man nach 800 m, wenn man vom Karen Blixen Museum in Richtung Karen Shopping Centre weiterfährt. Das ehemalige Verwalterhaus der Blixen-Plantage, das heute ein stilvolles Restaurant und ein wunderbares Hotel beherbergt, ist ähnlich alt ist wie das Museumsgebäude. Es lohnt auf alle Fälle, sich hier umzusehen. Genau zwischen beiden Karen-Blixen-Tempeln biegt nach links die Straße zum **Kazuri Beads Centre** ab. In dem kunsthandwerklichen Laden wird eine große Zahl an verschiedenen Keramikperlen, Töpferwaren und Schmuck hergestellt und verkauft, man darf den Handwerkerinnen bei der Arbeit über die Schulter gucken.

1,4 km hinter dem Museum liegt auf der rechten Seite der **Karen Country Club,** eine typisch britische Institution, die aber nur Mitgliedern zugänglich ist. Vielleicht 350 m weiter biegt nach links die Marula Lane zum **Langata Campsite** (rund 1,5 km) und zu den **Marula Studios** ab. Geradeaus kommt man nach weiteren 350 m an die Kreuzung mit der Langata Road. Geradeaus geht es zur Ngong Road, rechts, über die Langata Road, auf dem schnellsten Weg zurück in die Innenstadt. Wer nicht in Eile ist, sollte die Straße nach links nehmen, die zum **Karen Shopping Centre** führt. Dort möchte man sich einen Moment die Augen reiben angesichts einiger Häuser, die ebenso gut in Südengland stehen könnten. Nicht weit von hier gibt es einige empfehlenswerte Restaurants und Bars.

Wer am Karen Shopping Centre, wo sich eine sehr gute Metzgerei, Tankstelle, Nakumatt und Bank finden, nach links fährt, erreicht nach 8 km Ngong und die **Ngong Hills,** geradeaus geht's nach Dagoretti und über Kikuyu zum Nakuru Highway, nach rechts fährt man durch den **Ngong Road Forest** zurück in Richtung Stadtmitte. Ein Bürgerverein ringt engagiert um die Erhaltung des Waldes, der sich bis zu den Bomas of Kenya erstreckt und voller Affen und Vögel steckt. Ein illegaler Steinbruch, der Bau neuer Häuser, das Schlagen von Bau- und Feuerholz und nun auch noch die Trasse der von allen Autofahrern sehnsüchtig erwarteten

Umgehungsstraße um die Innenstadt lassen ihn beständig schrumpfen.

Dennoch: Das **Ngong Forest Sanctuary** (Beschreibung s.u.) lohnt einen Besuch, für den man aber etwas mehr Zeit zum Wandern mitbringen sollte.

Auf dem Weg in die City passiert man hinter dem Wald auf der rechten Seite den **Ngong Road Race Course,** die 1954 eröffneten Pferderennbahn. Alle 14 Tage finden hier Galopprennen statt, ein Ereignis, das einen separaten Besuch durchaus lohnt, denn Tausende von pferdebegeisterten Kenianern machen sich dann auf dem Weg und am Kurs herrscht eine dementsprechende Stimmung. An einem normalen Nachmittag hat man dafür mehr Ruhe, dem ur-britischen Flair nachzuspähen oder einen entspannten Drink an der empfehlenswerten Bar von Steve's Steakhouse zu bestellen. Zurück ins Stadtzentrum sind es von hier noch rund 12 km.

Animal Orphanage und Safari Walk

Beide Einrichtungen werden im Kapitel über den Nairobi National Park weiter unten beschrieben.

Kitengela Glass

Mbagathi, südlich des Nairobi National Park, Tel. 020/651853, Mobil: 0722/523284, www.kitengela.com. Die deutsche Künstlerin **Nani Croze,** Tochter des bekannten Holzschnitzers *HAP Grieshaber,* verliebte sich Ende der 1970er Jahre in das offene, wildreiche Land südlich des Nairobi National Park und begründete dort ihr erstes Studio, aus dem im Verlauf der letzten 30 Jahre eine fantastische Glasmanufaktur erwuchs. Es werden lediglich Recyclingmaterialien verwendet, um aus den „Abfällen" anderer beispiellose Kunstwerke zu schaffen, von Perlen und Glasgeschirr über Einrichtungsgegenstände wie Lampen und Glasfenster bis hin zu großen Skulpturen. Die Anlage selbst, die um den riesigen Glasofen entstand, der niemals erlischt, ist dank außergewöhnlicher Architektur und vieler fantasievoller Skulpturen ein eigenes Gesamtkunstwerk. *Nanis* Sohn *Anselm* arbeitet mit seiner Mutter zusammen, inzwischen hat sich um die Manufaktur eine kleine Kolonie weiterer Künstler angesiedelt.

All das macht Kitengela Glass zu einem großartigen Ausflugs- und Übernachtungsziel – auch für Familien. Im Studio kann man die Herstellungsprozesse der Glaswaren verfolgen, aber es lebt auch ein regelrechter Zoo mit Ziegen, Schweinen, Eseln und Vogelstraußen hier. Dazu kommen die wilden Zaungäste: Paviane, Impalas, Giraffen, Klippschliefer und Leoparden. Man kann wandern, picknicken, mit Pferd und Kamel ausreiten oder einfach nur die ganz besondere Stimmung genießen. Es gibt einen besonderen Swimmingpool (für Tagesbesucher 500 Ksh) und verwunschene Häuser, die zu mieten sind. Die Studios sind Mo. bis Sa. 8–17 Uhr und So. 10–16 Uhr geöffnet.

Die Anfahrt ist nur mit dem eigenen Fahrzeug möglich. Von der Langata Rd. folgt man der Magadi Rd. für 6 km in Richtung Rongai und biegt dann nach links in Richtung Nazarene University auf die Staubstraße ab. Nach einem guten Stück weisen die Schilder zur Universität nach rechts. Zur Maasai Lodge und zum Masai Gate fährt man weiter geradeaus, nach Kitengela folgt man aber dem Uni-Schild nach rechts (wenn man bei der Steiner-Schule ankommt, ist man bereits zu weit geradeaus gefahren). Bei Manna Bible biegt man nach links ein, passiert die Universität, eine Brücke und ein kleines Shopping Centre und biegt dann nach links in den Glass Oasis Drive und schließlich rechts in Glass Lane ein. Nun geht es nur noch geradeaus.

Sheldrick-Elefantenwaisenhaus

Daphne Sheldrick, Witwe des legendären kenianischen Wildhüters *David Sheldrick,* hat sich der **Aufzucht und Auswilderung von verwaisten Dickhäutern** verschrieben. Die bewundernswerte Arbeit des David Sheldrick Wildlife Trust wird ausführlich auf der oben genannten Homepage vorgestellt. Zwischen 11 und 12 Uhr kann man die knuddeligen Pfleglinge – zur Zeit sind es 16 kleine Elefanten und drei Rhinos – bei Schlammbad und Fütterung beobachten. Der Besuch ist zwar kostenlos, eine „Spende" von mindestens 300 Ksh wird aber erwartet. Wer die Arbeit darüber hinaus unterstützen möchte, kann sich als Pate für einzelne Tiere engagieren.

Nairobi

Angegliedert sind ein Andenkenladen und ein Informationszentrum. Das Waisenhaus befindet sich abseits der Magadi Rd., noch südlich des Nairobi Campsite, direkt bei den KWS-Workshops nahe des Mbagathi Gate (Tel. 020/891996, www.sheldrickwildlifetrust.org). Mit Matatu 125 und 126 aus der Innenstadt kann man sich bis zur Werkstatt des KWS mitnehmen lassen, von dort geht man nochmals ca. 1 km zu Fuß.

Bomas of Kenya

Die Bomas of Kenya, Tel. 020/891802, sind eine Art **Freilichtmuseum,** auf dessen Gelände verschiedene **traditionelle Haustypen von elf kenianischen Ethnien,** nämlich der Embu, Kalenjin, Kamba, Kikuyu, Kisii, Kuria, Luhya, Luo, Masai, Mijikenda und Taita, originalgetreu nachgebaut wurden. Daher der Name Boma, der auf Kisuaheli den Zaun bezeichnet, der das Haus umgibt. Die große Gartenanlage ist sehr gepflegt, aber da weitere Erläuterungen zu den unterschiedlichen Kulturen fehlen, verschenkt das Museum die Chance, ein anschaulicheres Denkmal der kenianischen Völkervielfalt zu sein. Immerhin werden **traditionelle Tänze** verschiedener Landesregionen aufgeführt. Diese finden allerdings zu Tonbandmusik im riesigen überdachten Amphitheater der Bomas statt, das mehreren Tausend Leuten Platz bietet. Bei Schulkassen sind die Vorstellungen dennoch sehr populär. Die achteckige Form des Amphitheaters erinnert ein wenig an eine traditionelle Rundhütte. In dem gewaltigen Bauwerk fand der „Runde Tisch" zur Schaffung einer neuen kenianischen Verfassung statt. Die heftigen Debatten zwischen den Vertretern verschiedenster Interessengruppen und Regionen haben die Bomas of Kenya immer wieder in die Medien gebracht. Dank vieler Ausflügler füllt sich am Wochenende die Anlage mit mehr Leben, und nach den Tänzen steigt dann eine große Disco. Die zweistündigen Tanzvorführungen finden Mo. bis Fr. zwischen 14.30 und 16 Uhr, Sa., So. und an öffentlichen Feiertagen zwischen 15.30 und 17.15 Uhr statt. Die traditionellen Häuser lassen sich auch unter Tage anschauen. Der Eintritt beträgt für Nonresidents 600 Ksh, für Studenten 300 Ksh, Residents zahlen 100 Ksh.

Nairobi Mamba Village

Tel. 020/891189, 891765, Fax 890889, info @nairobimambavillage.org, Eintritt: Residents 100 Ksh, Nonresidents 10 US$, Kinder zahlen jeweils die Hälfte. Der private Tierpark zählt insgesamt 97 **Krokodile,** das älteste ist *Eduard,* welches stolze 36 Jahre auf seinem gepanzerten Buckel trägt. Bei Familien ist das Mamba Village als Ausflugsziel beliebt, denn neben Krokodilen gibt es einen **Park mit Vogelstraußen.** Für weitere 100 Ksh (Kinder zahlen die Hälfte) kann man auf einem Pony oder Kamel reiten oder auf dem künstlich angelegten See in der Form von Afrika eine Bootsrunde drehen. Das Restaurant füllt sich abends, wenn ein Buffet für 900 Ksh aufgetischt wird. Wer möchte, kann auch im Mamba Village campen. Mit eigenem Zelt zahlt man 700 Ksh, mit einem entliehenen 1000 Ksh. Wenn man im Village übernachtet, ist der Eintrittspreis Verhandlungssache.

Langata Giraffe Centre

Das Langata Giraffe Centre hat sich dem **Schutz der seltenen Rothschild-Giraffe** verschrieben und ist wohl der einzige Ort Ostafrikas, wo sich die eigenartigen Tiere mit ihrer langen, blauen Zunge und den reizenden Wimpern ganz von Nahem beobachten und sogar streicheln und füttern lassen. Ein unvergessliches Erlebnis für Kinder und Tierfreunde! Die langhalsigen und -beinigen Schönheiten treten an die Aussichtsterrasse und blicken einem betörend in die Augen, um Futter zu erbetteln. Die mit bis zu 5,80 m Größe **höchsten Tiere der Welt** haben erstaunlicherweise nur sieben Halswirbel wie fast alle anderen Säugetiere auch. Welche Funktion die Höcker auf dem Kopf erfüllen, ist nicht bekannt. Immerhin kann man mit ihrer Hilfe die Geschlechter gut auseinanderhalten, denn Hengste haben fünf, Stuten nur drei Höcker. Im Besucherbereich des Giraffe Centre laufen auch zahme **Warzenschweine** herum, die sich beim Fressen kurioserweise hinknien. Und ein paar mächtige **Schildkrö-**

Zutrauliche Rothschild-Giraffe
im Langata Giraffe Centre

ten pflegen ihren ereignislosen Lebensstil, weitgehend ungerührt von dem Besuchertrubel um sie herum.

Das Giraffe Centre wurde **1983** von dem amerikanischen Ehepaar *Leslie-Melville* für den Schutz der Rothschild-Giraffe **gegründet,** der seltensten der drei ostafrikanischen Giraffenarten. 1973 stand die Unterart mit 130 Tieren kurz vor der Auslöschung. Die Leslie-Melvilles riefen daraufhin die African Foundation for Endangered Wildlife (AFEW) ins Leben und initiierten die Umsiedlung der Tiere in den Ruma National Park sowie in die Nationalreservate Mwea, Nasalot und Kamnarok. Später wurden weitere Tiere in den Nakuru National Park transferiert, wo sie sich prächtig entwickelten. Heute gibt es wieder mehr als **500 Tiere.** Bekannt wurden die beiden Naturschützer durch Bücher und Filme über das Giraffenbaby *Daisy,* welches sie im 6 ha großen Garten ihres Wohnhauses Gi-

raffe Manor aufzogen. Die Nachkommen von *Daisy* tummeln sich bis heute im Garten von **Giraffe Manor,** der wohl außergewöhnlichsten Unterkunft der Hauptstadt (siehe Nairobi/Karen und Langata). Von der Besucherterrasse ist die efeubewachsene Fassade des Hauses am anderen Ende des Geheges zu sehen.

Neben dem Schutz der Rothschild-Giraffen hat sich der AFEW dem Ziel verschrieben, **kenianische Jugendliche für den Naturschutz zu begeistern.** Im Giraffe Centre gibt es ein Informationszentrum, es werden Camping-Exkursionen und Workshops veranstaltet. Für die Zukunft bestehen große Pläne: Neben der Erweiterung des Giraffengeheges sollen weitere Klassenräume und ein Heim gebaut werden, in denen Schulgruppen übernachten können. Bisher besteht nur die Möglichkeit, auf dem Gelände des Giraffe Centre zu campen.

Nairobi

Auf der anderen Seite der Zufahrtsstraße hat der AFEW 40 ha urtümlichen **Wald** angekauft und vor der Zerstörung bewahrt. Es ist einer der wenigen Reste des Vegetationsgürtels, der einst große Teile von Nairobi umgab. Durch das Pflanzendickicht führt ein wunderschöner, rund 1 km langer **Naturlehrpfad.** Auf dem Rundgang können allein 178 Vogelarten beobachtet werden, aber auch Eichhörnchen, Chamäleons, Dik-Diks, Warzenschweine und sogar Buschböcke. Es lohnt sich, am Eingang des Giraffe Centre für 250 Ksh einen kleinen Führer zu erstehen, oder man lässt sich durch einen Guide begleiten, um nichts zu übersehen. Denn im Wald gibt es auch viele interessante Pflanzen wie Pfeilgiftwurzelbäume und Wildkaffeesträucher sowie verschiedenste Orchideen und Medizinalpflanzen.

Das Giraffe Centre ist **täglich 9–17.30 Uhr geöffnet,** der Eintritt beträgt für Residents 100 Ksh, Kinder bis einschließlich 12 Jahre zahlen 20 Ksh; Nonresidents zahlen 700 Ksh, Kinder und Studenten mit Internationalem Studentenausweis 250 Ksh. Für Residents, die öfter herkommen wollen, lohnt sich vielleicht auch eine Jahresmitgliedschaft, die nur 500 Ksh kostet und den freien Eintritt mit einschließt. Der Daisy Junior Club (250 Ksh) organisiert für Kinder und Jugendliche bis 15 Jahre zahlreiche Aktivitäten im und ums Giraffe Centre. Kontakt: www.giraffecenter.org, Tel. 020/891952.

Ohne Fahrzeug kommt man mit Matatu oder Bus 24 (fährt vom KBS-Busbahnhof ab) hin, muss aber das letzte Stück, gute 2 km, zu Fuß laufen.

Karen Blixen Museum

Nicht allzu weit vom Giraffe Centre entfernt befindet sich im Stadtteil Karen das Karen Blixen Museum. Es ist in dem Haus untergebracht, in welchem die **Schriftstellerin Karen Blixen** lebte, die vor allem durch ihren Roman „Afrika – dunkel lockende Welt" und die Verfilmung von *Sydney Pollack* unter dem Titel **„Jenseits von Afrika"** weltberühmt wurde. Beim **Karen Blixen Museum** handelt es sich um ein **altes Farmhaus,** das 1912 von dem schwedischen Farmer *Ake Sjörgen* erbaut wurde und in einem wunderbaren park-ähnlichen Garten liegt. *Bror* und *Karen Blixen* bezogen es erst 1917. Nach dem Auszug von *Karen Blixen* hatte das Gebäude wechselnde Besitzer. Schließlich wurde es von Dänemark erworben und 1963 dem kenianischen Staat vermacht. Lange Jahre beherbergte es eine Schule, bevor es unter die Verfügungsgewalt der National Museums of Kenya gestellt wurde. Denn nach dem Welterfolg von „Jenseits von Afrika" wollten zahlreiche Touristen das Haus *Karen Blixens* sehen. Der Film mit *Meryl Streep, Robert Redford* und *Klaus-Maria Brandauer* in den Hauptrollen wurde 1985 allerdings gar nicht hier, sondern im Gebäude der Ngong Dairy gedreht. Für die Szenen, die im frühen Nairobi spielten, fertigten Hunderte von Tischlern und Malern riesige künstliche Kulissen an. Und für die Löwenszenen wurden aus den USA extra acht dressierte Großkatzen in die Heimat ihrer Vorfahren eingeflogen.

Im Innern des Hauses mit dem schönen Mahagoni-Parkett sind neben zahlreichen Requisiten, die Universal Pictures nach den Dreharbeiten dem Museum vermachte, auch eine Reihe von Dingen zu sehen, die nachweislich aus dem Besitz von *Karen Blixen* stammen, etwa der alte Waffenständer, ein Tierfell, ein Anziehtisch, alte Bücherregale und einige andere Möbel. Außerdem hängen im Museum noch einige historische Fotografien und ein Porträt *Karen Blixens,* das von *René Boucher* im Jahr 1959, drei Jahre vor ihrem Tod, gemalt wurde. Bei den anderen Bildern handelt es sich um Kopien, deren Originale im Besitz des Blixen-Museums in Dänemark sind.

Das Karen Blixen Museum liegt in rund **20 km Entfernung von Nairobi** und ist mit öffentlichen Verkehrsmitteln ganz gut zu erreichen. Man nimmt Bus oder Matatu 111 bis zum Karen Shopping Centre, von wo man mit der Nummer 24 zum Museum weiterfährt. Es ist **täglich 9.30–18 Uhr geöffnet.** Eintritt: Residents 100 Ksh, Kinder 50 Ksh, Nonresidents 800 Ksh, Kinder 400 Ksh. Aus urheberrechtlichen Gründen darf im Museum nicht fotografiert oder gefilmt werden. Das Museum ist eine der großen Touristenattraktionen Nairobis, daher kommen vor allem zwischen 14.30 und 17 Uhr zahlreiche Safari-

Busse hierher. Wer es ruhig mag, sollte sich deshalb lieber früh auf den Weg machen. Angeschlossen ist ein kleiner Buch- und Andenkenladen.

Ngong Forest Sanctuary

Auf dem Rückweg in die Stadt bietet sich an der Ngong Rd. der Besuch des Ngong Forest Sanctuary an. Hinter dem Race Course folgt man dem hölzernen Hinweisschild, das nach rechts weist. Das Eingangstor liegt vielleicht 1,5 km abseits auf der rechten Seite. Der Ngong Forest ist **eines der letzten Urwaldstücke im Stadtgebiet von Nairobi.** Auf den rund 600 Ha hat man 100 Vogelarten und mehr als 360 Pflanzenarten beobachtet – bisher. Und obwohl der Wald von der Trasse der geplanten Umgehungsstraße durchschnitten wird, beschert einem eine Wanderung mit der großartigen Vegetation und dem Vogelreichtum ein wunderbares Naturerlebnis. Eine Bürgerinitiative engagiert sich für das Refugium und managt das Sanctuary. Bisher wurde nicht nur ein elektrischer Schutzzaun errichtet, sondern auch Infrastrukturmaßnahmen und Einkommensprojekte für Leute des benachbarten Kibera Slum initiiert, die im Wald bisher ihr Brennholz (illegal) sammeln. Um sich der Dienste eines Guide zu versichern, was ein erschwingliches Vergnügen ist, sollte man auf alle Fälle vorher anrufen. Am besten bei Ranger *Joseph* (Mobil: 0723/499587) oder bei *Singu* (Mobil: 0729/840715) melden, davidson@africaonline.co.ke oder robin@wildernesslogistics.com. Residents zahlen 200 Ksh, Nonresidents 700 Ksh Eintritt. Das Waldschutzgebiet ist **täglich 8–18 Uhr zugänglich.**

Ngong Hills

Von Nairobi aus sehen die Ngong-Berge, die sich knapp 30 km weiter westlich am Rande des Rift Valley erheben, wie unspektakuläre Hügel aus. Wenn man aber auf ihrem Gipfelkamm steht und aus respektablen **2460 m Höhe** in Richtung Osten hinabblickt, breitet sich vor einem das Panorama der endlosen Athi-Ebene aus, und die Millionenstadt an ihrem Rande wirkt wie ein niedliches Häufchen Bauklötze. Die gewölbte Kuppe des Bergs Ol Doinyo Sabuk gleicht dem Kopf

eines Schwimmers auf hoher See. An klaren Tagen, wenn im Südosten auch noch der schneegekrönte Kilimanjaro, nordöstlich die Aberdares und der Mt. Kenya sichtbar werden, überfällt einen angesichts der gigantischen Dimensionen ein **unglaubliches Gefühl von Weite.** Stunden kann man damit verbringen, dem Schattenspiel zuzusehen, das Sonne und Wolken tief unten auf die Erde zeichnen.

Erkennbar wird von dieser Warte, dass Nairobi direkt an der Schnittstelle der trockenen, gelblichen Savanne mit dem grünen, regenreichen Hochland um Limuru erbaut wurde. Die Ngong-Berge selbst sind ein ausgesprochener Regenfänger. An ihrer **Ostseite** wuchs einst ein dichter Urwald, in dessen kümmerlichen Überresten noch immer Waldbüffel, Buschböcke, Colobus-Affen, verschiedene Antilopen- sowie Gazellenarten vorkommen. Etwas weiter unten, nahe der Ebenen, wird das Land intensiv kultiviert, zahlreiche kleine Häuschen sind zu sehen.

An der **Westseite der Ngong Hills** bietet sich ein völlig anderes Bild: Wie ein verletzter, geschundener Körper liegt das Land im Windschatten der Berge da, heiß, staubig und braun. Die einzigen Siedlungsspuren auf seiner trockenen Haut sind die Schorfflecken verstreuter Masai-Krale. Durch den großen Riss des Grabenbruchs, an dessen Rand die Ngong Hills liegen, kann man tief in den Bauch der Erde blicken, auch wenn kleinere Bergketten den Blick auf den Magadi-See an seinem Grund verdecken. An den Rändern dieser riesigen Wunde in der Erdoberfläche treten im späten Nachmittagslicht kleinere **Bruchstufen** plastisch hervor, die sich 10–20 km parallel zum eigentlichen Graben hinziehen. Die jenseitige Grabenkante, das Nguruman Escarpment, verschwimmt rund 60 km von hier im bläulichen Dunst. Erst da wird einem bewusst, welch enorme Kräfte unter der Erdoberfläche während der Entstehung des Grabens gewirkt haben müssen, durch die auch die Ngong Hills aufgeworfen wurden. Die Masai fanden eine einleuchtende Erklärung für den Ursprung der Berge, die ihnen heilig sind. Nach einem ihrer Mythen lief ein Riese, den Kopf von Wolken verhüllt, nach Norden und stolperte über den Kilimanjaro. Er stützte sich beim Fallen mit den Händen ab, aus deren Abdrücken die Ngong Hills wurden.

Landschaftlich sind die Berge ein **wunderschönes Ausflugsziel.** Einen Tag sollte man für eine Wanderung von *Ngong* über den Bergkamm bis Corner Baridi an ihrem südlichen Ende schon einplanen. **Ausgangspunkt zu dieser Tour ist Ngong,** das man mit der **Bus- und Matatu-Linie 111** erreicht. Die Buslinie fährt vom KBS-Busbahnhof ab. Man kann sogar **mit dem Auto** bis zu den großen Antennenanlagen auf dem 2460 m hohen Gipfel hinauffahren. Die Piste ist ziemlich rau, aber bei trockenem Wetter auch mit einem Pkw zu bewältigen, wenn dieser etwas Bodenfreiheit besitzt. Nach Regenfällen benötigt man in jedem Falle ein 4WD-Auto. Man folgt von Nairobis Innenstadt der Ngong Road, passiert das Karen Shopping Centre und gelangt in dem Örtchen Ngong schließlich an eine T-Kreuzung. Wer nach links abbiegt, kommt auf 10 km Teerstraße nach Kiserian am südlichen Ende der Ngong Hills. Um mit dem Auto oder zu Fuß auf den Gipfel zu gelangen, fährt man hingegen nach rechts. 200 m nach der Kreuzung biegt man nach links auf einen schlechten Weg ab, der früher einmal geteert war. Die Straße, die halb rechts weitergeht, führt zu den Ndeya Cliffs und ins Rift Valley zum Mt. Suswa hinunter. Man folgt der schlechten Piste bergauf, nach 800 m biegt rechts die Piste zum Gipfel ab, während der Weg geradeaus entlang der Berge zum Grab von *Dennys Finch-Hatton* (s.u.) führt. Die Abzweigung (A) ist nicht zu verfehlen, denn sie liegt direkt an den Unterkünften der Polizeistation von Ngong. Es geht nun ständig bergauf, nach 1,7 km gelangt man an ein Tor des **Kenya Wildlife Service.** Da in der Vergangenheit in den Ngong Hills – besonders am nördlichen Ende – immer wieder Ausflügler überfallen wurden, muss man sich ab hier **von einem bewaffneten Ranger begleiten** lassen, unabhängig davon, ob man zu Fuß oder mit dem Auto unterwegs ist. Wer wandern möchte, kann den Wagen hier zurücklassen. Ausnahmen von dieser Vorschrift gibt es nur, wenn man in einer größeren Gruppe unterwegs ist. Die Gebühr für den Ranger ist erschwinglich,

man zahlt direkt am Gate. Bei einer Wanderung ist ein zusätzliches Trinkgeld am Ende der Tour wohl angemessen. Das Gate öffnet morgens um 8 Uhr und schließt – je nach Besucherandrang – zwischen 17 und 18 Uhr. Es geht weiter aufwärts, angesichts der beiden Windkraftanlagen auf dem Gipfelkamm, den Nadelbäumen und den vielen Kühen, die in dem sogenannten „Forest Reserve" grasen, fühlt man sich streckenweise stark an mitteleuropäische Berglandschaften erinnert. 3 km nach dem Gate gelangt man zu den Antennen. Wer mit dem Pkw hinaufgekommen ist, lässt diesen hier stehen, denn die Piste wird nun sehr schlecht. Mit einem 4WD kann man noch 1,7 km weiter nach Süden fahren, wo etwas ursprüngliche Waldvegetation erhalten geblieben ist. Die wenigen Bäume, die hier oben wachsen, sind durch den starken Wind ganz gebeugt, die Windräder stehen also aus gutem Grund hier, und ein Investor plant an den Hängen eine Windkraftanlage. Am Wochenende herrscht auf den Ngong Hills übrigens starker Ausflugsverkehr. Ganze Schulklassen und Familien sind dann unterwegs.

Wer mit dem eigenen Auto zu den Ngong Hills gekommen und noch nicht zu spät dran ist, kann an den Ausflug noch einen **Besuch am Grab von Dennys Finch-Hatton** anhängen. Dazu kehrt man zu der Abzweigung (A) bei den Polizeiunterkünften zurück und biegt nach rechts ab. Die Piste entlang der Berge führt durch eine hübsche Landschaft, die intensiv bewirtschaftet wird. Nach Regenfällen ist der Boden glatt wie Schmierseife, und man sollte auf den Abstecher lieber verzichten. Nach 8,4 km biegt rechts ein kleiner Weg zum Grab von *Dennys Finch-Hatton* ab, das **auf privatem Boden** liegt. Der Besitzer möchte offensichtlich seinen Teil des Profits aus dem Erfolg von „Jenseits von Afrika" schlagen, und so muss man eine kleine **Eintrittsgebühr** entrichten. Allzu viel zu sehen gibt es allerdings nicht. Ein einfacher Steinobelisk markiert die Stelle, an der *Dennys Finch-Hatton* begraben wurde, nachdem er 1931 bei einem Flugzeugabsturz in der Nähe von Voi ums Leben kam. Die Stelle hatte sich das Liebespaar *Blixen/Finch-Hatton* als Begräbnisstätte ausgesucht. Der Obelisk, den der Earl of Winchilsea in Bewunderung für

seinen älteren Bruder *Dennys* hier aufstellen ließ, trägt eine Bronzetafel mit einem seiner Lieblingsgedichte, „The ancient Mariner", verfasst von dem englischen Dichter *Samuel Taylor Coleridge.*

Vom Grab, das früher innerhalb eines Wildschutzgebietes lag, sind es nochmals fast 5 km bis zur Magadi Rd. Von dort gelangt man über 25 km guten Teer auf der C58 über Kiserian und Rongai bis zur Langata Rd. und zurück ins Stadtzentrum. Wenn Sie nicht vorhaben, während Ihres Kenia-Aufenthaltes zum Magadi-See zu fahren, sollten Sie jetzt wenigstens noch 4-5 km auf der Teerstraße nach rechts fahren. Dann öffnet sich nämlich an der Stelle, an welcher sich die Magadi Rd. in den Grabenbruch stürzt, ein sagenhafter Ausblick auf die verdorrte Landschaft des Rift Valley.

Paradise Lost

Ein schönes Ausflugsziel in den Kaffeeplantagen nördlich von Nairobi ist das **Misarara Coffee Estate.** Man fährt auf der Kiambu Rd. aus Nairobi heraus vorbei am Muthaiga Golf Club, durchquert den Karura Forest und erreicht nach ca. 15 km vom Stadtzentrum die Abzweigung zu Paradise Lost, das bereits auf einem großen Schild angekündigt wird. Nach 2 km Staubstraße erreicht man die Kaffeefarm, die *Josef Mbai* 1997 für Besucher geöffnet hat. **Drei Stauseen und ein kleiner Wasserfall** bieten Entspannung beim Bootfahren, Angeln und Wandern. In der Höhle hinter dem Wasserfall haben sich angeblich einst Mau-Mau-Rebellen versteckt. Wer möchte, kann an einer **Führung durch Plantage und Fabrik** teilnehmen und erfährt, wie aus den Kaffeekirschen das schwarze Lebenselixier wird. Besonders lohnt sich der Besuch während der Erntezeit in den Monaten April und November. Wer nicht motorisiert ist, erreicht Paradise Lost mit dem Matatu 100 in Richtung Kiambu. Der Eintritt kostet 10 US$ bzw. 200 Ksh für Residents. Der Ausritt zu Pferd schlägt mit 100 Ksh zu Buche. Eine Übernachtung im Zelt kostet 600 Ksh. Am Wochenende ist Paradise Lost ein beliebter Picknickplatz für die Großstädter aus Nairobi. Tel. 020/315296 und 315273, paradiselostcaves@yahoo.com.

Nairobi National Park

♪ XII/A,B1/2

Der Nationalpark

Mit dem Nairobi National Park dürfte die kenianische Hauptstadt den größten zoologischen Garten weltweit besitzen. Das **117 km² große Schutzgebiet** liegt im Süden der Stadt, gerade mal **7 km von der City entfernt.** In seinem nördlichen Teil sieht man daher häufig afrikanische Wildtiere vor der Skyline der Millionenmetropole – ein einmaliges Motiv, dass zum besonderen Reiz des ältesten afrikanischen Nationalparks, der bereits im Dezember 1946 gegründet wurde, beiträgt. Im Norden und Westen werden Stadt und Naturschutzgebiet durch Wildzäune voneinander getrennt, im Süden und Osten, zur Masai-Steppe hin, ist das Land hingegen nach wie vor offen und erlaubt den Tieren das freie Ab- und Zuwandern.

Landschaftlich ist der Park für seine Größe erstaunlich **abwechslungsreich.** Innerhalb seiner Grenzen finden sich immergrüne Wälder, Grassavannen und Galeriewälder. Mit mehr als **300 Vogelarten** und rund **100 verschiedenen Säugetierarten** bietet er einen ziemlich guten Überblick über die Vielfalt der afrikanischen Tierwelt. So überrascht es nicht, dass der Park zu den meistbesuchten Schutzgebieten des Landes gehört. **Knapp 50.000 Fahrzeuge und 150.000 Besucher** zählt man hier **pro Jahr.** An Wochenenden herrscht starker Ausflugsverkehr, an Werktagen hat man den Park praktisch für sich allein. Dank der günstigen Lage lohnt sich für ganz eilige Reisende sogar ein Besuch für wenige Stunden.

Durch die Nähe zu Nairobi ergeben sich auch ernste **ökologische Probleme** für den Park, die auf längere Sicht seine Existenz in der heutigen Form bedrohen. Beängstigend ist vor allem der unersättliche Landhunger der Metropole Nairobi, der inzwischen sogar in Kitengela, im Süden des Parks, spürbar wird. Die Masai verkaufen ihren Grundbesitz zunehmend an Privatleute, und die Einzäunungen drohen über kurz oder lang die Wan-

Nairobi

derungskorridore von etwa 20.000 Zebras und Gnus zu unterbrechen, die während der Regenzeiten den Park verlassen und sich weiter südlich in der Masai-Steppe verteilen. In der Trockenzeit kehren sie wieder zurück. Schwere Schäden an der Vegetation sind zu befürchten, wenn die Tiere permanent im Schutzgebiet eingeschlossen würden. In den letzten Jahren ist die Zahl der Gnus und Zebras merklich zurückgegangen. Ihre Wanderungswege nach Nordosten, über die Embakasi- und Kapiti-Ebenen zum Ol Doinyo Sabuk, sind bereits verbaut. Eine weitere Gefahr erwächst dem Nationalpark durch den vermehrten Eintrag von Nährstoffen über den Mbagathi River und industrielle Gifte des nahe gelegenen Gewerbegebietes von Nairobi.

Die Regionen des Parks

Der größte Teil des Nairobi National Park wird von **Grassavannen** mit vereinzelten Schirmakazien bedeckt. Im äußersten Westen, dem höchstgelegenen Parkteil, wachsen wegen der stärkeren Niederschläge allerdings **dichte Wälder.** Der Nationalpark wird von zwei großen Flüssen, dem Kisembe und dem Mokoyeti, durchflossen, die während der Trockenzeit kein Wasser führen. Deshalb wurden an mehreren Stellen im Park kleinere Flüßchen zu **künstlichen Teichen** angestaut, die in der Trockenzeit für das Überleben der Tierwelt eine große Bedeutung haben. Die südliche Grenze des Parks wird über weite Strecken durch den Mbagathi River gebildet, dessen Böschungen an einigen Stellen aus imposanten Klippen bestehen. Auch dieser Fluss trocknet bisweilen komplett aus. Am südöstlichen Ende des Parks vereinigt sich der Mbagathi mit dem Athi River. Hier gibt es schöne **Galeriewälder** und noch einige große **Fieberakazienhaine.**

Im Eingangsbereich des Nairobi National Park, noch vor dem eigentlichen Tor, passiert man das **Hauptquartier des Kenya Wildlife Service.** Der schöne, vorwiegend aus natürlichen Materialien errichtete Gebäudekomplex mit seinen kühlen Innenhöfen wurde 1995 eingeweiht. Auf dem weitläufigen

Gelände befindet sich ferner die **Animal Orphanage,** ein zoologischer Garten für Tierwaisen, sowie der **Safari Walk,** ein wunderbarer Naturpfad am Rande des Nationalparks. Die Animal Orphanage mit ihren Gehegen zieht schon jetzt jährlich 200.000 Besucher an. Besonders kenianische Schulkinder, von denen die meisten noch niemals ein Wildtier gesehen haben, reagieren auf die Tiere durchweg begeistert. Daher ist die Hoffnung des KWS sicher realistisch, mit Hilfe des Naturlehrpfades mehr Verständnis für den Naturschutz zu wecken. In unmittelbarer Nachbarschaft zum Safari Walk gibt es einen schönen **Pavillon** mit einem empfehlenswerten Ausflugsrestaurant, dem **Sebastian Safari Walk Café.** Direkt am Nationalpark-Eingang liegen außerdem ein **Education Centre** mit wechselnden Ausstellungen zu Umweltthemen, das Büro des Naturschutzvereins **Friends of Nairobi National Park (FoNNap)** und **Kifaru Ark,** ein Souvenirladen, der täglich von 8–18 Uhr geöffnet ist und dessen Erlöse dem Erhalt des Parks zugute kommen. Im Shop bekommt man auch alle möglichen Informationen über den Nationalpark.

Nach dem Passieren des Parkgate fährt man zunächst durch **dichte Wälder,** die in den höchsten Regionen des Parks, auf knapp 1800 m, wachsen. Nicht weit hinter dem Gate liegt an einem Aussichtspunkt links der Straße ein **Denkmal,** dass an die Verbrennung von 12 Tonnen Elfenbein durch Präsident Moi im Jahre 1989 erinnert. Mit dieser spektakulären (und kostspieligen) Aktion sollte ein deutliches Zeichen gegen die Wilderei und den illegalen Elfenbeinhandel gesetzt werden.

Das Waldgebiet im Westen des Parks wird von den meisten Besuchern links liegen gelassen, weil es hier nur wenig Wild gibt, dadurch hat man dieses kleine Paradies meist gänzlich für sich allein. Und mit etwas Glück sieht man hier **typische Waldtierarten** wie Büffel, Dik-Diks, Buschböcke, Duckerantilopen, Mangusten und natürlich Affen. **Giraffen** halten sich meist am Rand des Waldes auf. Besondere **Vögel** in dem Dickicht aus afrikanischen Oliven-, Muhungu-, Ekbergiaund Markhamia-Bäumen sind verschiedene Nashornvögel und Hartlaub's Turaco, ein auf-

Nairobi National Park

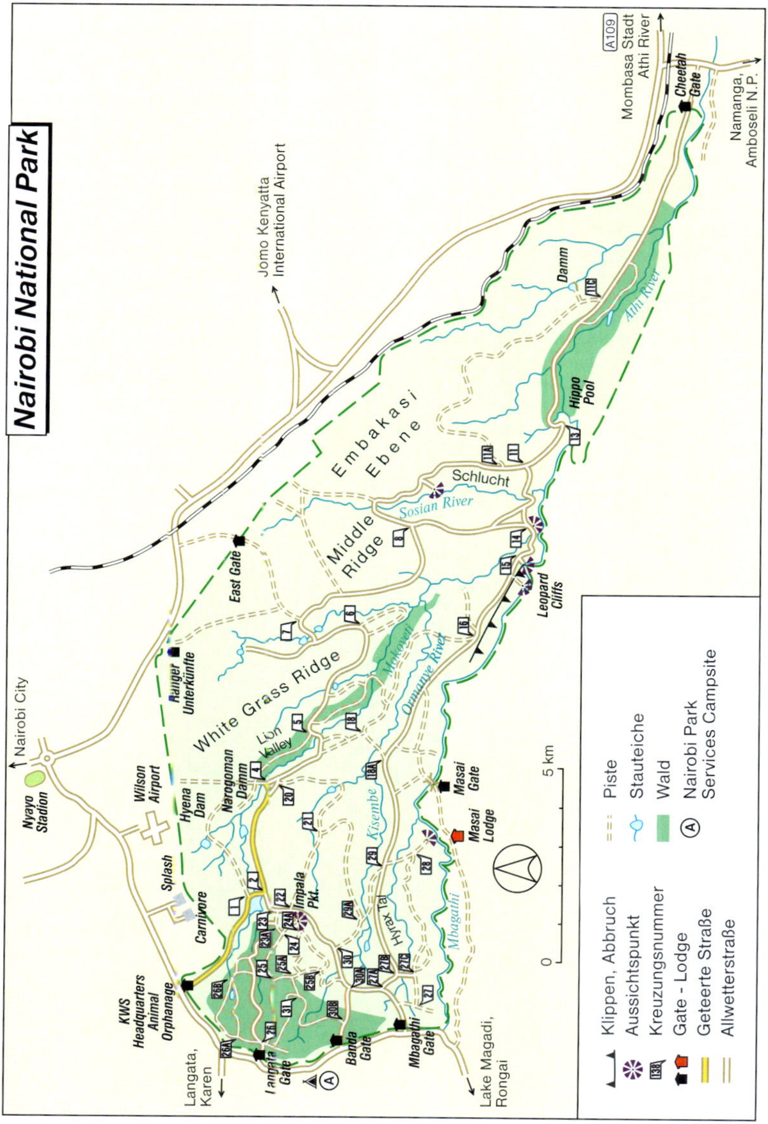

Nairobi

Nairobi City

Nyayo Stadion

Langata, Karen

KWS Headquarters
Animal Orphanage

Splash

Carnivore

Wilson Airport

Hyena Dam

Narogoman Damm

White Grass Ridge

Ranger Unterkünfte

East Gate

Jomo Kenyatta International Airport

E m b a k a s i E b e n e

Schlucht

Sosian River

Middle Ridge

Damm

Hippo Pool

Athi River

Cheetah Gate

Mombasa Stadt
Athi River

A109

Namanga,
Amboseli N.P.

Lion Valley

Leopard Cliffs

Mokoyeti

Empakasi River

Masai Gate

Masai Lodge

Impala Pkt.

Hyrex Tal

Kisembe

Banda Gate

Langata Gate

Mbagathi Gate

Mbagathi

Lake Magadi, Rongai

Legende:

- Klippen, Abbruch
- ☼ Aussichtspunkt
- Kreuzungsnummer
- Gate - Lodge
- Geteerte Straße
- Allwetterstraße

- === Piste
- ⚲ Stauteiche
- Wald
- Ⓐ Nairobi Park Services Campsite

0 5 km

fälliger grau, bläulich-grün und rot gefärbter Vogel bis zu 40 cm Größe. Zwischen den Kreuzungen 23A und 24A hat man vom **Impala Viewpoint** einen herrlichen Blick über die weite Savannenlandschaft nach Osten.

Zwischen Kreuzung 20 und 21 passiert man den **Ormanye-Damm;** in dieser Gegend sind häufig **Löwen** zu beobachten. Die schönsten Ausblicke auf die Schlucht des Mbagathi River eröffnen **zwei Aussichtspunkte.** Den ersten, die sogenannten **Leopard Cliffs,** erreicht man über 200 m Piste von Kreuzung Nummer 15. Von den Klippen blickt man vielleicht 100 m tief hinunter auf den Fluss, die steilen Flanken sind von einem prächtigen Euphorbienwald überzogen. In den frühen Morgenstunden ist die Stimmung meist besonders schön. Auf der gegenüberliegenden Seite des Flusses, bereits außerhalb des Parks, liegt ein ziemlich deplaziert wirkendes Gebäude im Ritterburgstil. Der zweite Aussichtspunkt ist nicht weit entfernt. Wenn man von Nummer 15 in Richtung 16

fährt, biegt nach 600 m links ein kleiner Weg von der Hauptpiste ab. Kommt man aus der Gegenrichtung, biegt der Weg 1,7 km hinter 16 nach rechts ab. Es folgen 300 m schlechte Piste. Dann hat man noch rund 10 m bis zur Kante der Klippe, der Ausblick ist ebenfalls wunderschön. Wenn man von 15 weiter in Richtung 14 fährt, überquert man den Mokoyeti River. Nachdem man Furt und Böschung hinter sich gelassen hat, erreicht man einen malerischen Picknickplatz, an dem das Auto verlassen werden darf. Hier kann man auf den Felsen oft die possierlichen Klippschliefer beobachten, die wie Murmeltiere aussehen, deren nächste Verwandte allerdings Elefanten sind! Bei der Weiterfahrt in Richtung Kreuzung 11 passiert man das **Soisan-Tal,** das häufig von **Giraffen** bevölkert wird. Bei 11 erreichen Sie den Parkplatz des **Hippo Pool,** ein schattigerer Picknickplatz, die **Meerkatzen** sind hier aber so dreist, dass man kaum draußen essen kann, sonst sieht man sich heimtückischen Attacken ausge-

ken-291 Foto: hf

setzt. Meist ist hier ein Ranger postiert, und es gibt sogar (lauwarme) Sodas zu kaufen. Vom Parkplatz dürfen Sie den **Galeriewald** mit seinen prächtigen, gelbrindigen Fieberakazien und rankenüberwucherten Bäumen für einige hundert Meter zu Fuß erkunden. Für den Spaziergang bis zu den Hippo Pools und zurück benötigt man eine gute halbe Stunde. Am Fluss lassen sich auf toten Ästen **Wasserschildkröten** – und mit etwas Glück sogar **Krokodile** – entdecken. Die **Nilpferde** im Hippo Pool dümpeln lethargisch herum, kreiseln ein bisschen mit den Ohren, tauchen auf und ab – aber aus dem Wasser kommen sie nur bei Nacht.

Im folgenden Pistenabschnitt entlang des Flusses, der nun Athi River heißt, lassen sich in Richtung Cheetah Gate mit ziemlicher Gewissheit Giraffen sehen, häufig auch Rhinos. Der Damm nahe der Kreuzung 11C ist ein bevorzugtes Revier für zahlreiche Wasservögel wie Enten, Gänse und Reiher, manchmal sind hier aber auch Hippos und Krokodile zu sehen.

Die Tierwelt des Parks

Die Tierwelt des Nairobi National Park überrascht mit großer Vielfalt. Immerhin sind **mehr als 100 Säugetierarten** nachgewiesen, darunter **viele klassische Savannentiere** wie Gnus, Impalas, verschiedene Gazellenarten, Zebras, Kongonis, Riedböckchen, Elenantilopen, Warzenschweine, Wildbüffel und Giraffen. Eine ganz besondere Attraktion des Nationalparks sind rund 60 der seltenen **Spitzmaulnashörner,** die hier besser als irgendwo sonst in Kenia zu beobachten sind. Immerhin ist der Nairobi National Park eines der wichtigsten Sonderschutzgebiete, in denen die bedrohten Dickhäuter unter strengem Schutz stehen und man eine sehr erfolgreiche Nachzucht betreibt. Elefanten kommen im Park nicht vor. Dafür ist die Raubtierfamilie mit **Löwen, Leoparden, Schakalen** und sogar

Geparden nicht schlecht vertreten. In den Wäldern leben viele **Herden von Pavianen** und **Grünen Meerkatzen.** Im Mbagathi-Fluss tummeln sich sogar **Krokodile** und **Wasserschildkröten,** bei den Hippo Pools hat man die Chance, einige **Flusspferde** zu erspähen. Auch die **Vogelwelt** des Nairobi National Park ist mit über 300 Arten außerordentlich bunt. Besonders auffallend ist die große Zahl an Marabu-Störchen und Straußen, und der Schlangen jagende, langbeinige Sekretärsvogel ist ebenfalls häufig zu beobachten. An den Stauteichen konzentrieren sich viele verschiedene Wasservögel, im westlichen Parkteil, nahe des Endes der Teerstraße, stehen viele Schlafbäume, die abends über und über von Vögeln bevölkert werden.

Namen wie Leopard Cliff, Lion Ridge oder Impala Point bedeuten natürlich nicht, dass es an diesen Stellen eine Garantie dafür gibt, die jeweiligen Tiere zu erblicken. Prinzipiell konzentriert sich in der trockenen Jahreszeit das gesamte tierische Leben um die Staudämme, Flüsse und diverse Salzlecken. Wenn man in den Nationalpark hineinfährt, kann man die **Ranger nach den vorwiegenden Aufenthaltsorten von Tieren fragen,** die man unbedingt sehen möchte. Viele der Wildhüter kennen das Reservat und die Lieblingsplätze ihrer Schützlinge, die sich mit Hilfe der Kreuzungsnummern auch gut finden lassen, nämlich in- und auswendig.

Im Park unterwegs

Der Nairobi National Park besitzt ein **hervorragendes Netz von Allwetterpisten,** die Pkw das ganze Jahr über problemlos zu befahren sind. Die ersten 6 km vom Parkgate bis zu Abzweigung Nummer 3 sind sogar geteert. Das eröffnet Leuten ohne eigenes Fahrzeug die Möglichkeit, das Naturschutzgebiet **mit einem Taxi zu erkunden,** was deutlich billiger sein dürfte als ein Mietauto, wenn man mit dem Fahrer zuvor einen Pauschalpreis aushandelt. Aber auch **als Tramper** hat man am Wochenende bessere Chancen als bei irgendeinem anderen Nationalpark. Man spricht einfach die Leute an, die am Haupteingang ihre Tickets kaufen. Das **Nummern-**

Zebras im morgendlichen Nairobi National Park vor der Skyline der City system der Wegweiser ist sehr zuverlässig, die Orientierung daher kein Problem. Ein ganzer Tag wäre für den Park optimal, aber selbst ein Besuch von wenigen Stunden lohnt sich.

Unterkunft

Im Nairobi National Park selbst gibt es nur **sechs Picknickplätze,** aber keinerlei Unterkünfte oder Campsites. Direkt außerhalb des Parks, nahe des Langata-Tores, liegt der **Nairobi Campsite,** ein empfehlenswerter privater Zeltplatz (Näheres unter „Campingplätze" bei Karen & Langata). An der Südseite des Nationalparks, kurz vor dem Masai Gate, liegt die Maasai Lodge, die bei den Unterkünften in Karen & Langata beschrieben wird.

Anreise

Der Nationalpark hat insgesamt **sieben Gates.** Der **Haupteingang an der Langata Road,** direkt beim KWS Headquarters, der dem Stadtzentrum am nächsten liegt und auch der einzige Eingang ist, der ohne eigenes Fahrzeug problemlos zu erreichen ist. Die **Matatu-Linien 125 und 126** ab Haile Selassie Ave. fahren in diese Richtung, man lässt sich einfach am Eingang zum KWS-Gelände absetzen. Das eigentliche Parkgate liegt rund 400 m abseits der Hauptstraße. Zudem ermöglicht einem dieser Eingang zuvor noch die Animal Orphanage bzw. den Safari Walk zu besuchen. An der Magadi Road, also an der Westseite des Parks, gibt es gleich drei Eingänge, nämlich (von Norden nach Süden): **Langata Gate, Banda Gate** und **Mbagathi Gate,** wobei Banda und Mbagathi Gate nur Rangern offen stehen. An der Südseite des Parks, nahe der Maasai Lodge, liegt das **Masai Gate,** welches man über einige Kilometer Piste von der Magadi Road aus erreicht. Der Zugang ist gut ausgeschildert, kommt aber vermutlich in erster Linie für die Bewohner der Lodge in Frage. Im äußersten Südwesten des Nationalparks befindet sich das **Cheetah Gate.** Wer nicht durch den ganzen Park zurück zum Hauptgate fahren möchte, erreicht durch das Tor die Landstraße nach Namanga und kommt von dort zum Mombasa Highway und in die City zurück. So lange aber noch an der Namanga Road und dem Mombasa Highway gebaut wird, ist das wegen ständiger Staus kaum empfehlenswert. Im Nordosten des Parks, abseits des Mombasa Highway, befindet sich das **East Gate.**

Parkgebühren

Die Parkgebühren stehen auf S. 55. Nairobi ist einer der Parks, in den man nur mit Smart Card gelangt. Der Eintritt für die Animal Orphanage beträgt 15 US$/300 Ksh, für den Safari Walk 20 US$/300 Ksh und für ein Kombi-Ticket für Park, Orphanage und Safari Walk 65 US$/1500 Ksh für Nonresidents/Residents.

Öffnungs- und beste Besuchszeiten

Der Park ist **täglich von 6–19 Uhr** für Besucher geöffnet. **Die meisten Tierarten bleiben das ganze Jahr innerhalb seiner Grenzen.** Die Zebras, Gnus und Elenantilopen, abhängig von den Vegetationsverhältnissen auch andere Herbivoren, entfernen sich jedoch in den Regenzeiten von den Wasserquellen des Parks und verstreuen sich über die weiten Grassavannen des Masai-Landes weiter südlich. Diese Tierwanderung im Juli und August hat nicht die Ausmaße der Wanderungen zwischen Masai Mara und Serengeti, aber 20.000 Gnus und Zebras sind dann gut und gerne auf den Hufen. Die **höchsten Tierzahlen** weist der Nairobi National Park **im Oktober und Februar** auf, von März bis Mai und im November und Dezember sind die Zahlen relativ niedrig.

Rift Valley

Auf halbem Weg von der Hauptstadt Nairobi am Rande des zentralen Hochlands ins knapp 90 km entfernte Naivasha verschlägt einem der Blick am gigantischen Hochlandabbruch hinunter in den **Ostafrikanischen Graben** schier den Atem. Aus 2760 m Höhe fällt das fruchtbare, bewaldete Land knapp 1000 m tief in den heißen, staubigen Graben ab. Weiße Wölkchen schweben leicht wie Federn am blauen Himmel und zeichnen dunkelbraune Schattenmale auf den gelben Boden des Rift Valley, wo Masai in roten Gewändern ihre Herden weiden. Am Horizont, 70 km entfernt, ragt die jenseitige Steilstufe des ostafrikanischen Grabens, das 3000 m hohe **Mau Escarpment**, wie eine mächtige Mauer auf. Dominiert wird das Panorama an dieser Stelle aber vom Krater des **Longonot-Vulkans**, dessen Nordflanke regelmäßig wie eine Parabel zum blauen Wasser des Naivasha-Sees hin ausläuft.

Nicht in seinem ganzen Verlauf trägt das knapp 500 km lange kenianische Stück des Grabens solch dramatische Züge. Aber auf ganzer Länge zeigen sich Spuren dieses tektonischen Prozesses mit einer **Kette von Vulkanen,** die im Süden mit dem Shompole beginnt und über den Mt. Suswa, den Mt. Longonot, den Mengengai und den Silali bis zu den vulkanischen Inseln im Lake Turkana reicht. Das zweite prägende Element dieser Landschaft ist eine Reihe von **Seen,** die wie Edelsteine in einem Collier am Grunde der Depression liegen und von denen jeder einen individuellen Charakter besitzt. Der eine Extremfall ist der **Lake Magadi** im Süden, eine schneeweiße, gleißende Salzfläche, die sich in einer hitzeflimmernden Wüste ausbreitet. Der andere ist der mit Süßwasser gefüllte **Lake Naivasha,** der auf beinahe 2000 m Höhe liegt und ein gemäßigtes Klima aufweist. Vulkane und Seen – dies ist der landschaftliche Rahmen, auf dem das Tuch des Grabenbodens mit einer Reihe von außergewöhnlich schönen Naturschutzgebieten aufgespannt ist: der **Hell's Gate National Park** mit seiner engen Njorowa-Schlucht,

mächtigen Dampfquellen, aus denen sogar Strom gewonnen wird, und seinen Wildherden, zwischen denen man herumspazieren darf; der **Lake Nakuru National Park**, der wegen der Millionen von Flamingos an seinen Ufern weltbekannt wurde; das **Lake Bogoria National Reserve,** das in einer Erdfalte versteckt liegt und neben vielen Vögeln und Tieren heiße Quellen und Geysire beherbergt.

Im kenianischen Teil des Rift Valley wurden einige der wichtigsten Funde der frühen Menschheitsgeschichte gemacht. Einige der **Ausgrabungsstätten** wie das eindrucksvolle Olorgessailie sind sehenswert. Doch auch ethnologisch ist besonders das südliche Rift Valley ein interessantes Gebiet, in dem das bekannteste Volk Kenias lebt: das **Nomadenvolk der Masai,** das bis heute in vielem an seinem traditionellen Lebensstil festhält. Sie beherrschten einst den größten Teil der riesigen Ebenen am Grabenboden, bis weiße Siedler Ende des vorletzten Jahrhunderts ins Land kamen und ihnen die guten Weidegründe und fruchtbaren Ackerböden streitig machten. So wurde der zentrale Teil des kenianischen Rift Valley Teil der sogenannten White Highlands, der weißen Siedlungsgebiete. Die beiden einzig nennenswerten Orte der Region, **Nakuru,** die viertgrößte Stadt von Kenia, und **Naivasha,** gehen denn auch auf europäische Gründungen zurück. Obwohl die Masai inzwischen auf große Teile ihres früheren Eigentums zurückgekehrt sind, ist das Rift Valley – besonders um den Naivasha-See herum – neben Nairobi und der Küste die Region mit dem höchsten europäischen Anteil in der Bevölkerung.

Ob man sich als Reisender für die Natur, für sportliche Aktivitäten wie Wandern, Radfahren und Reiten, für landschaftliche Reize oder die Menschen Kenias interessiert: Das Rift Valley bietet von all dem ein interessantes Spektrum und lohnt einen mehrtägigen Aufenthalt. Die **touristische Infrastruktur** ist in einigen Gegenden gut entwickelt. Die meisten Attraktionen lassen sich auch mit öffentlichen Verkehrsmitteln gut erreichen.

Nairobi – Olorgessailie – Lake Magadi

- 105 km
- **Durchgehend Teer,** stellenweise in zunehmender Auflösung. Ab Corner Baridi praktisch keinerlei Verkehr mehr, aber Masai-Vieh und Wildtiere.
- **Letzte Tankmöglichkeit** zwischen Nairobi und Magadi in Kiserian.
- **Fahrtzeit:** 3–3,5 Std.
- Zwischen Kiserian und Magadi verkehren mehrmals täglich **Matatus,** nach Nguruman am gegenüberliegenden Escarpment jenseits des Lake Magadi einmal täglich ein **Bus.** Von Nairobi nach Kiserian kommt man ebenfalls problemlos per Matatu.

Das erste Streckenstück nach Magadi entspricht dem Weg bis zu den Bomas of Kenya (s. S. 237/238). An der Kreuzung von Langata Road und Magadi Road biegt man nach links in Richtung Rongai ab. Schlagartig lässt der Verkehr nach. Zunächst fährt man an der Westgrenze des Nairobi National Park entlang und passiert nach gut 2 km den Nairobi Campsite. Am Ortseingang von **Rongai,** einem lebendigen Vorort von Nairobi, der aus einer Masai-Siedlung hervorgegangen ist, biegt nach links die Piste zur Masai Lodge, zum gleichnamigen Gate des Nairobi National Park sowie nach Kitengela Glass ab. Hinter dem Ort hat man das erste Mal das Gefühl, das Stadtgebiet wirklich verlassen zu haben. Es geht nun durch hügeliges, von einigen Akazien bewachsenes Land auf den südlichen Rand der grünen Ngong Hills zu. Erste Masai-Herden weiden rechts und links der Straße.

Bei **Kiserian,** nach rund 17 km, stößt an der Total-Tankstelle von rechts die Teerstraße hinzu, die von Ngong kommt. Wenn Sie noch nicht getankt haben, sollten Sie dies hier nachholen, denn es ist die letzte Möglichkeit bis Magadi, das gilt auch für Einkäufe. Kiserian liegt am südlichen Rand der landwirtschaftlich intensiv genutzten Region zu

Füßen der **Ngong-Berge,** das Angebot des Obst- und Gemüsemarkts ist entsprechend reichhaltig. Am Ortsausgang, knapp 2 km hinter der Ngong Road-Abzweigung, biegt nach links die leidlich gute Teerstraße in Richtung Isniya und Kajiado ab, an der in 12 km Entfernung die Whistling Thorns Lodge liegt. 3 km hinter der Total-Tankstelle biegt rechts eine schlechte Piste ab, die ebenfalls nach Ngong führt und über die man nach knapp 5 km zum Grab von Dennys Finch-Hatton, dem Geliebten von Karen Blixen, gelangt. Die Magadi Road windet sich nun ein Stück weit die südliche, stark überweidete Schulter der Ngong-Berge hinauf. Bei km 8,5 hinter der Total-Tankstelle von Kiserian macht die Straße einen deutlichen Knick nach Norden. Dies ist das berühmte **Corner Baridi,** also das „kalte Eck", an dem sich völlig unvermittelt ein grandioser Blick hinunter ins Rift Valley öffnet. Der ostafrikanische Graben fällt hier in mehreren großen Stufen zum Magadi-See ab, der aber von Bergen verdeckt wird.

Welten liegen zwischen dem fruchtbaren, dicht besiedelten Ackerland an der regenreichen Ostseite der Ngong Hills und der rauen, trockenen Wildnis im Rift Valley, dem Land der Dornenakazien, Masai Manyattas, mächtigen Windhosen, Vulkankegel, der Hitze und der lästigen Fliegen. Kilometerlang rollt man unter „Ahs" und „Ohs" die Teerstraße bergab und merkt dabei, wie die Luft mit jedem Meter wärmer wird. Zu Füßen der Berge Ol Esakut und Ol Esayeti durchquert man dann den kleinen Masai-Weiler **Kisamis,** der auf einigen Karten auch als Olepolos eingetragen ist. Der Olepolos Country Club ebenso wie das Ribs Village bieten Bier und geröstetes Ziegenfleisch für Hauptstädter, die die Qualität an der Masai-Quelle offenbar zu schätzen wissen und regelmäßig hierher kommen.

Es ist eine der einsameren Asphaltstrecken Kenias, auf der man vor allem tierischen Verkehrsteilnehmern, wie dem unvermeidlichen **Masai-Vieh,** aber auch **Giraffen, Gazellen und Pavianen** begegnet, denn die völlig überladenen grauen Matatu-Landrover verkehren nur ein- bis zweimal täglich zwischen Kiserian und Magadi. Rechts und links der Straße wachsen Millionen von Akazien, die

vor Beginn der kleinen Regenzeit im September und Oktober blühen.

25 km hinter Kisamis kommt man durch **Oltepesi,** ein gottverlassenes, fliegenreiches Fleckchen, in dem einige Dukas stehen und in Richtung Norden eine rund 70 km lange Piste zum Suswa-Vulkan und zur Teerstraße Mai Mahiu – Narok abzweigt. Rund 2 km hinter dem Dorf biegt nach links die 1,5 km lange Piste zum **Olorgessailie National Monument** ab, das an der Straße mit dem Schild „Olorgessailie Prehistoric Site" ausgewiesen ist. Einen Besuch der beeindruckenden prähistorischen Fundstätte sollte man sich nicht entgehen lassen (Beschreibung s.u.). Bis zum Magadi-See folgen noch einige weitere Masai Manyattas, auf der linken Straßenseite prägt über weite Strecken die auffällige Bergkuppe des **Ol Doinyo Nyokie** das Bild. 34,7 km nach Olorgessaile macht die Straße eine scharfe Rechtskurve, die von einem Schild angekündigt wird, 200 m danach gibt es eine Piste nach rechts, die zu einem 200 m entfernten Aussichtspunkt oberhalb des Magadi-Sees führt. 1,8 km danach biegt rechts eine extrem holprige, 9 km lange Piste zum Nordende des Sees ab – ein Ausflug, der nur mit einem guten 4WD-Fahrzeug zu machen ist. Weitere 1,2 km später genießt man von der Teerstraße einen weiteren unverstellten Ausblick auf den surealen Sodasee. Knapp 45 km hinter Olorgessailie steht man dann an einem Schlagbaum vom Werkschutz der Magadi Soda Company (MSC), wo man Name, Kfz-Kennzeichen und Besuchsgrund („Tourism") einträgt, bevor man passieren darf. Auf einem Damm überquert man einen kleinen, rot gefärbten Arm des Salzsees, um über eine steile Rampe auf eine erhöhte Landzunge zu gelangen. Auf dieser liegt einer der wohl seltsamsten Orte Kenias: Magadi. An der folgenden T-Kreuzung (A) gelangt man nach links zur Polizeistation und dem Clubhaus der MSC und zur Südseite des Sees (s.u.). Auf die Westseite des Sees und zum Nguruman Escarpment (s.u.) kommt man hingegen, wenn man sich nach rechts wendet und zur Soda-Fabrik hinunterfährt. Man lässt die Fabrik linker Hand liegen und überquert die Eisenbahnschienen, hinter denen der Fahrdamm über den See beginnt.

Lake Magadi   ♫ XI/C,D3

Der **südlichste See Kenias** misst in der Länge 26 km und an seiner breitesten Stelle gerade einmal 8 km. Außergewöhnlich ist der seltsame Zwerg wegen seines extrem hohen Salzgehaltes, neben dem das Tote Meer wie eine lasche Suppe wirkt. Der Begriff „See" ist irreführend, denn zu einem großen Teil besteht der Magadi-See aus einer festen **Sodasalz-Fläche,** die so tragfähig ist, dass man sie sogar mit Lkw befahren kann. Nur stellenweise geht diese in Sodamatsch, an den südlichen und nördlichen Enden auch in bis zu 1 m tiefes Wasser über. Der See gilt nach dem Lake Saiton in den USA als das **weltweit zweitgrößte Vorkommen von Natriumcarbonat,** das in zahlreichen Industrien, etwa bei der Glas- und bei der Seifenherstellung, Verwendung findet. Daher ist auch der Name äußerst passend: Magadi bedeutet in Kisuaheli nämlich „Soda". Das gleißende Salz, das stellenweise durch Algen rosa oder rötlich verfärbt ist, rief schon bei Reisenden Anfang des 20. Jahrhunderts die Assoziation von Schnee wach, angesichts der brütenden **Temperaturen von** häufig **mehr als 40°C** ein selbstquälerischer Vergleich. Der hohe Salzgehalt erklärt sich durch die **Einschwemmung von Mineralien** aus dem vulkanisch geprägten Umland in die abflusslose Senke, die auf 600 m ü.NN liegt, und den heißen Salzwasserquellen, die am nördlichen und südlichen Ende des Sees zu Tage treten.

Die Magadi Soda Company betreibt am Ostufer eine **Soda-Fabrik,** deren Bagger den Rohstoff im Nordteil des Sees abbauen, von wo er dann mit Traktoren und Lkw zur Verarbeitungsanlage gefahren wird. Dort erfolgt die Abtrennung von Sodiumchlorid, ein Abfallprodukt, das zunächst auf Halden zwischengelagert und später zu Kochsalz weiterverarbeitet wird. Die Ausbeutung der Sodavorkommen wurde bereits Anfang des 20. Jahrhunderts in Angriff genommen. Für die britische Kolonialregierung war der Rohstoff ein unvermutetes Geschenk: Endlich ein Produkt aus Kenia, „das die Welt will", so der Kolonialminister, und mit dem die **Eisenbahn** ausgelastet werden konnte. Allerdings wurde dafür eine Eisenbahnstichstrecke nötig, die zunächst noch mehr Geld verschlang. 1911 begannen die Bauarbeiten an dem 146 km langen Schienenstück, das bei Konza von der Strecke Mombasa-Nairobi abzweigt und auf seinem Weg hinunter in den Grabenbruch nach Magadi rund 1000 Höhenmeter bewältigt. Doch die Investition hat sich gelohnt, die Sodavorkommen erwiesen sich als ein konstanter Geldbringer. Nach wie vor geht es der MSC blendend, und bis heute kriechen täglich einige Güterzüge das Escarpment hinauf. Trotzdem sind die Vorkommen bisher nicht sichtbar geschrumpft.

Der Ort Magadi

Ohne das Salz gäbe es keine Magadi Soda Company. Und ohne die gäbe es keine Teerstraße, keine Eisenbahnlinie und keinen Ort Magadi, der, wenn man von einigen Masai Manyattas absieht, eine **reine Arbeitersiedlung** im Privateigentum der Firma ist. Wer wollte sich an diesem unwirtlichen Platz auch freiwillig aufhalten? Mit jährlichen Durchschnittstemperaturen von 34°C gilt die Depression als **einer der heißesten Orte Kenias,** wobei Temperaturen von deutlich über 40°C am Tage keine Seltenheit sind. Zum Vergleich: In Nairobi, obwohl nur 70 km entfernt, liegen die Durchschnittswerte aufgrund des Höhenunterschiedes von knapp 1100 m 10°C niedriger. Hinzu kommt der **penetrante Sodagestank** und die **vegetationsarme wüstenartige Landschaft.** In der Anfangsphase der Sodagewinnung wohnten die Topmanager denn auch 1000 m höher am östlichen Rand des Grabens in Kajado.

Die **Reißbrettsiedlung** mitten in der Einöde wird von gleichförmigen Arbeiterhäuschen geprägt, die sich bis zum See hinunterziehen. Die **Masai-Krieger** mit ihren roten Gewändern, die aus der verdorrten Umgegend kommen, um am Markt einige Gebrauchsgüter zu erstehen, verleihen der Minenstadtkulisse einen surrealistischen Touch. Alles hier scheint von der Firma gebaut und finanziert, Krankenstation, Schulen, die Tankstelle und selbst Moschee und Kirche. Lediglich **im Ortskern** gibt es eine Hand voll pri-

ken-296 Foto: hf

vater Dukas, ein paar einfache Lokale, eine Barclays Bank (nur Mi. von 11–14 Uhr geöffnet) und eine mäßige Unterkunftsmöglichkeit. Die Firma zahlt für kenianische Verhältnisse hohe Löhne, Wohnung und Krankenversorgung sind sogar gratis. Aber anders wären wohl auch kaum Arbeiter hierher zu locken. Die **Langeweile** ist erdrückend, der Alkoholkonsum immens. Das soziale Leben in der Stadt konzentriert sich denn auch auf die Masai Bar, die Arbeiterkantine, in der es günstiges Essen und Bier gibt, und drei Clubs, die aber nur den Firmenmitarbeitern offenstehen. Einer davon, im separaten Bungalow-Wohnviertel der Manager, besitzt sogar einen großen, verlockenden Swimmingpool und einen Golfplatz, der allerdings keine Greens, sondern nur „Browns" besitzt, denn Gras wächst hier nicht.

Wer ein Faible für Orte mit seltsamen Stimmungen hat, ist in Magadi goldrichtig. Alle anderen Reisenden wird es vermutlich ziemlich schnell in die **Umgebung** ziehen, in der extreme Landschaften locken: im Süden heiße Quellen und der Shompole-Vulkan, im Westen der Fluss Ewaso Ngiro und das Nguruman Escarpment. Für Leute, die mit öffentlichen Verkehrsmitteln unterwegs sind, wird das allerdings schwierig, denn jenseits von Magadi ist man auf eigene Transportmittel angewiesen.

Unterkunft

● **Lower Guesthouse**
Das Guesthouse gegenüber der Krankenstation, Tel. 0303/33000, Extension 278, ist die einzige Unterkunftsmöglichkeit in der Stadt, und die ist nicht sonderlich einladend. Ansonsten bleibt nur das Campen im Garten der Polizeistation, oder es gelingt einem, im Gästehaus der Fabrik unterzukommen.

Transport

Anders als bei Ausflügen in die Umgebung ist die Anfahrt nach Magadi auch **mit öffentlichen Verkehrsmitteln** ziemlich unkompliziert. Man fährt mit dem Bus 111 oder Mata-

tu 125 nach Kiserian, von wo sich mehrmals täglich Matatus nach Magadi in Bewegung setzen. Eine eher unkonventionelle Rückreisemöglichkeit eröffnet die Eisenbahn. Manchmal werden Passagiere auf den Güterzügen mitgenommen, Fragen kostet jedenfalls nichts. Und die Aussicht auf eine Bahnfahrt das Escarpment hinauf ist ziemlich verlockend.

Olorgessailie National Monument ⌕ **XI/D2**

Nahe des Örtchens Oltepesi, an der nördlichen Flanke des Olorgessailie-Vulkans, liegt die **faszinierendste aller altsteinzeitlichen Fundstätten Kenias,** die 1919 von dem Geologen J.W. Gregory entdeckt wurde. Erst Ostern 1942 gingen die Archäologen Mary und Louis Leakey seinem Bericht auf den Grund und fanden eine Unmenge von Steinwerkzeugen an engstem Raum. Bei Ausgrabungen in den Jahren 1943–45 wurden weitere Werkzeuge aus der mittleren und jungen Altsteinzeit vor 400.000–500.000 Jahren, der sogenannten Acheuléen-Periode, zu Tage gefördert. Außerdem gruben die Archäologen viele versteinerte Knochen einer ausgestorbenen Feuchtsavannenfauna aus. Das wüstenartige Klima der Region macht es schwer vorstellbar, aber vor einer halben Million Jahre lag der Fundort am Ufer eines großen Sees.

Der Wildreichtum schuf optimale Lebensbedingungen für Familienverbände des Frühmenschen **Homo erectus,** zumindest legt dies die Art der **gefundenen Werkzeuge** nahe. Neben Steinklingen, die vermutlich zum Häuten von Tieren und zum Zerschneiden von Fleisch verwendet wurden, fanden die Leakeys mächtige Faustkeile und seltsame runde Steinkugeln. Möglicherweise sind dies die Überreste einer Art Bola, mit der Homo erectus vor einer halben Million Jahre auf die Jagd ging. Aber vieles bleibt bis heute rätselhaft in Olorgessailie und lässt dem Besucher Raum für eigene Vermutungen.

Es ist ein Glücksfall, dass sich die Leakeys dazu entschlossen, einen Teil der Anhäufung von Faustkeilen in ihrer Fundlage zu belassen,

Rift Valley

Pause auf dem Weg zum Lake Magadi

sodass man diese von den Laufstegen des Freilichtmuseums quasi aus der Luft betrachten kann. Insgesamt sechs Fundstätten werden durch einen **vorbildlichen Wanderpfad mit zahlreichen Infotafeln** verbunden.

Das Nationalmonument ist **täglich von 8–17 Uhr geöffnet.** Der Eintritt beträgt 400 Ksh für Residents, Nonresidents zahlen 200 Ksh, Kinder die Hälfte. In diesem Preis ist eine empfehlenswerte Führung mit inbegriffen, ein Trinkgeld ist trotzdem willkommen. Es gibt auch die Möglichkeit auf dem Gelände von Olorgessailie zu **übernachten.** Wer kein Zelt dabeihat, kann zwischen neuen Bandas (800 Ksh pro Person) und alten Bandas (500 Ksh pro Person) wählen, die jeweils mit einem Doppelbett und einem Moskitonetz bestückt sind. Vorausbuchungen laufen über das Nationalmuseum in Nairobi (siehe dort). Wasser zum Waschen und Duschen ist vorhanden, Bettzeug, Trinkwasser und Essen muss man selbst mitbringen. Vom Campingplatz (250 Ksh pro Person) genießt man einen schönen Blick auf das Gebiet des ehemaligen Sees und das Flussbett des (periodischen) Ol Keju Ngiro. Besonders die abwechslungsreiche Vogelwelt macht einen Spaziergang am „Ufer" sehr lohnenswert. Es gibt verschiedene Nashornvögel, Bartvögel, Nektarvögel, Wildtauben und Webervögel zu sehen, deren Nester auch in den Akazien am Campingplatz hängen. Aber auch Dik-Dik, Gerenuk, Elenantilope, Kronenducker, Pavian und Giraffe kommen im umliegenden Busch vor. An den Bandas macht man sicherlich Bekanntschaft mit zutraulichen Borstenhörnchen. Wer die weitere Umgebung zu Fuß erkunden oder gar den Olorgessailie-Berg besteigen möchte, kann sich der Dienste eines Masai-Führers versichern, der Preis ist Verhandlungssache.

Im Süden des Lake Magadi: Heiße Quellen und Shompole-Vulkan

Ein interessanter **Tagesausflug von knapp 100 km (Hin- und Rückweg)** führt in den vogelreichen Süden des Lake Magadi, an dem heiße Quellen liegen, und weiter bis zum Shompole-Vulkan. Zunächst fährt man auf der Landzunge von Magadi in Richtung Süden. Gut 2 km südlich der T-Kreuzung nahe der Polizeistation von Magadi (A) passiert man einen Sportclub mit Golfplatz. Es folgen einige Pistenverzweigungen, an denen man sich immer links hält. Erst ganz am Südende des Sees kommt die Piste ganz nah an das Ufer heran, wo normalerweise zahlreiche Flamingos und andere Stelzvögel im flachen Wasser nach Nahrung stochern. Knapp 15 km nach (A) zweigt rechts eine 3 km lange Piste zu den **heißen Quellen** ab. Sie sind zwar nicht so spektakulär wie die geysirartigen Quellen im Lake Bogoria National Reserve, dafür lebt in ihrem warmen Wasser die nur hier vorkommende **Tilapia-Art** Oreochromis alcalics grahami, die sich optimal an die extremen Lebensbedingungen angepasst hat. Wassertemperaturen bis zu 41°C und die hohe Alkaligehalt machen den Fischchen nichts aus! Man kann im klaren Wasser ganze Fischschulen beobachten. Die umliegende Region ist relativ wildreich, und bisweilen kommen Gnus, Zebras und Giraffen bis ans Wasser.

Zurück an der Hauptpiste fährt man **weiter in Richtung Süden.** Der Horizont wird von dem 1564 m hohen, tafelbergartigen Shompole-Vulkan dominiert. Nach 6,4 km gelangt man an eine T-Kreuzung, an der ein Wasserrohr auf dem Boden liegt. Die linke Piste führte einmal zum Ostufer des Natron-Sees in Tansania weiter, wird aber nicht mehr befahren. Nach rechts gelangt man nach einigen hundert Metern in das kleine Dorf **Oleika.** Man durchquert es und fährt immer in Richtung Süden weiter, direkt auf den Shompole zu. Ziemlich genau 21 km nach der Abzweigung zu den heißen Quellen gelangt man in den Weiler **Shompole,** wo einen das Gefühl befällt, am Ende der Welt angelangt zu sein. Die Piste jenseits des Dorfes ist nur schwach erkennbar, man kann sich aber kaum verirren, weil man zwischen der westlichen Flanke des Shompole und dem **Ewaso-Ngiro-Fluss** hindurchfährt. Der Süßwasserfluss in der trockenen, lebensfeindlichen Umgebung ist eine wahre Augenweide – und für viele Wildtiere und das Masai-Vieh

die einzige Süßwasserquelle im weiten Umkreis. Man folgt dem Flusslauf, der jenseits der tansanischen Grenze in den Natron-See einmündet, weiter nach Süden, bis das Terrain etwa 10 km hinter dem Dorf Shombole zu steinig wird. Man befindet sich nun unmittelbar auf der Ländergrenze. Nahe der Piste gibt es kleinere Hügel, von denen man mit schönen Blicken über das Delta des Ewaso-Ngiro-Flusses und den Natron-See für die rund zweistündige Fahrt hie·her belohnt wird. Ganz im Süden, in etwa 70 km Entfernung, steht auf tansanischer Seite der ebenmäßige, 2878 m hohe Kegel des **Ol Doinyo Lengai,** der heilige Berg der Masai. Der Vulkan par excellence ist gegenwärtig der einzige aktive in ganz Ostafrika.

Für die **Besteigung des Shompole** gibt es keine empfehlenswerte Route. Der Berg ragt an allen Seiten steil auf, keinerlei Viehwege o.Ä. führen durch den Filz von Dornbusch und wilden Agaven. Das macht den Aufstieg in der Hitze zu einer fürchterlichen Plackerei. Bis zum Gipfel sind mind. 10 Stunden anzusetzen, der Abstieg ist nicht einfacher.

Die Westseite des Lake Magadi: Nguruman Escarpment und Ewaso-Ngiro-Fluss

Die Entfernung für diesen Ausflug beträgt gut **100 km für Hin- und Rückweg.** Um von Magadi über den See nach Westen zu kommen, fährt man von der Kreuzung (A) nahe der Polizeistation hinunter zur Soda-Fabrik am Rande des Salzsees, lässt diese aber auf der linken Seite liegen, überquert die Eisenbahnschienen und folgt dann dem Fahrdamm hinaus auf die große **Salzfläche.** Le der macht der Lake Magadi wegen der Bergbauaktivitäten zunächst keinen besonders schönen Eindruck, überall befinden sich Reifenspuren. Blickt man von dem Damm nach Süden, sieht man die Silhouetten von Shompole und des massigen Vulkans Gelai (2942 m), der bereits in Tansania liegt. Je weiter man sich von Magadi entfernt, desto höllischer und unwirklicher, aber auf eine seltsame Weise schöner wird die Landschaft. Der See ist von

Bergen umgeben, deren schwarzes Vulkangestein in der wabernden Luft zerfließt. Luftspiegelungen lösen die Konturen der Körper auf und verwandeln Menschen, Bäume, Tiere und selbst Autos in verzerrte Gestalten. Über der – schließlich doch noch blütenweißen – Salzoberfläche ziehen am tiefblauen Himmel vereinzelte Wölkchen nach Westen.

Die **Fahrt in Richtung Nguruman Escarpment,** das wie eine Wand im Westen steht, bietet besonders im Gegenlicht des Spätnachmittags einen spektakulären Anblick. Ca. 26 km hinter Magadi erreicht man den kleinen Ort **Ol Kiramatian** mit Schule, Markt am Mittwoch und einigen Läden. Nach weiteren 6 km überquert man den **Ewaso-Ngiro-Fluss,** der inmitten eines wunderschönen Galeriewaldes liegt. Nach all der braunen Trockenheit seit den Ngong Hills erscheint die grüne Vegetation wie ein Paradies.

Hinter dem Fluss passiert man einen **Schlagbaum** der lokalen Gemeinde, an dem Touristen von außerhalb eine kleine **Eintrittsgebühr** bezahlen müssen (die eingenommenen Gelder kommen Gemeindeprojekten zugute). Nach links biegt die Piste zur Shompole Lodge und Conservancy sowie zum Sampu Camp ab (Beschreibungen s.u.). Nach 4 km ergibt sich rechts die Möglichkeit, auf einer 2 km langen Piste hinunter zum Fluss zu gelangen, wo man wunderbar baden, aber auch campen kann. Weitere 3,5 km später kommt man in das Dörfchen **Gomongo** mit einigen Dukas, deren Sortiment aber sehr beschränkt ist. Auf den nächsten 5 km fährt man durch eine malerische Landschaft mit großen Bäumen und vielen kleinen Gemüsefarmen, die durch die vielen Bäche, die das Nguruman Escarpment hinunterstürzen, bewässert werden. Die Piste endet bei der katholischen Missionsstation und dem Krankenhaus von **Entesopia,** wo man auf dem AMREF-Parkplatz den Wagen sicher stehen lassen kann. Es gibt keinerlei Möglichkeit, von hier aus die Bruchstufe hinaufzufahren, um durch die Lebetero Hills nach Morijo und in die Masai Mara weiterzureisen. Zu Fuß kann man allerdings die Bergwelt des Escarpment erkunden, und das empfiehlt sich auch, denn die Ausblicke von den Höhen auf das Lake Magadi-Basin, die Vulkane und den

Natron-See sind wunderschön. Die ganze Region ist übrigens für ihren Wildreichtum bekannt. Man schlägt sich deshalb besser nicht auf eigene Faust in die Büsche. Im Rahmen des Naturschutzprojektes werden von den Dorfbewohnern **geführte Wanderungen** angeboten. Ob man dabei wirklich die versprochenen Elefanten sieht, die in den Wäldern des Nguruman Escarpment noch sehr zahlreich sind, ist Glückssache. Daneben gibt es auch viele Affen, zahlreiche Antilopen- und Vogelarten. Aber schon allein die Vegetation und die Landschaft lohnen den Ausflug. Von Entesopia kann man in einem 1- oder 2-Tagestrip zu einem natürlichen Swimmingpool und zwei Wasserfällen wandern, der deutlich höhere der beiden misst rund 60 m.

Der **Eintritt für das Ol Kiramatian Conservation Project** beträgt 250/500 Ksh R/ NR; Camping 300/600 Ksh, Auto 100 Ksh, Entry (einmalig) 200 Ksh, unabhängig ob R oder NR.

Unterkunft

● **Shompole Lodge**
Tel. 020/884135, 20486-10 und -21, www.artofventures.com. Das Unternehmen vertritt weitere kleine Luxuscamps in der Region wie Laibor und Olarro. Die exklusive Lodge liegt auf dem Land der Shompole Group Ranch, innerhalb eines 17.000 ha großen privaten Wildschutzgebietes. Die Lage an den Hängen des Rift Valley direkt an der tansanischen Grenze bietet atemberaubende Blicke. Die Masai der Group Ranch profitieren direkt vom Tourismus: über Beteiligungen an der Lodge, über Jobs als Guide und im Hotel sowie über die vielen Hilfsprojekte. Preise auf Anfrage. Zahlreiche Aktivitäten: Kanu-Touren auf dem Ewaso-Ngiro-Fluss, Mountainbike- und Wandertouren sowie Nachtpirschfahrten. Unterkunftsmöglichkeit nur nach Voranmeldung in Nairobi. Gäste von außen können gegen Eintrittsgebühr in der Conservancy mit dem eigenen Wagen auf Tierbeobachtung gehen. Anfahrt: Nach Überquerung des Magadi-Sees und des Ewaso Nyiro-Flusses biegt man nach links ab und folgt ca. 17 km staubiger Piste (4WD ist Pflicht!) nach Süden.

● **Sampu Camp**
Das 2005 eröffnete Zeltcamp wurde von einem EU-Projekt und den lokalen Masai zusammen aufgebaut. Die Lage auf einer Anhöhe mit Blick auf Shompole und Ol Doinyo Lengai ist wunderschön, es gibt einen Swimmingpool. Was der Lodge an professionellem Management fehlt, machen die Masai mit Charme wieder wett. Und mit günstigen Preisen: Ein großes Safari-Zelt mit Schattendach kostet unschlagbare 3000 Ksh, ein Guide für Game Drives und Walks 1000 Ksh, für Wanderungen in den spektakulären Bergen 500 Ksh. Es gibt Gaskocher und Holzkohleöfen, Geschirr und Kochtöpfe sowie Wasch- und Kochwasser. Man kann mit den Masai auch Manyattas besuchen, lernt Lieder und Tänze des Volkes kennen. Eine Voranmeldung ist dringend zu empfehlen. Wer kein Auto hat, kann sich mit einem Landcruiser an der Flussbrücke abholen lassen. Kontakt: *John Kamanga,* Chairman der Group Ranch (Mobil: 0722/709514), *Joel Tonkei,* Chairman des Projektes (Mobil: 0723/884940), *Jackson Kilusu,* Chef der Belegschaft (Mobil: 0710/ 389484). Buchungen auch über Let's Go Travel in Nairobi (Kontakte s. S. 106).

● Im Örtchen **Entesopia** gibt es ein kleines lokales **Guesthouse** für einige hundert Ksh. Zudem kann man in **Gomongo** vielleicht schon auf einem wunderschönen **Campsite** in einem Mango-Wäldchen nahe der Station für die Trinkwassereinspeisung von Magadi übernachten. Infos über den aktuellen Stand beim Besitzer, dem sympathischen *Jackson Mwololo,* Mobil: 0729/869553, oder über E-Mail bei seinem Freund *Humphrey Atumya,* zeripha@yahoo.com. Die beiden sind auch nette, fachkundige Führer für Wanderungen am Nguruman Escarpment.

Nairobi – Naivasha

● **88 km**
● Der sogenannte **Nakuru Highway,** eine der meistbefahrenen und daher gefährlichsten Strecken des Landes, ist anfangs vierspurig und in recht gutem Zustand. Auf der Stre-

cke verkehren zu jeder Tageszeit viele Matatus und Busse, Lkw wurden auf die Old Naivasha Rd. umgeleitet. Kenya Railways bedient die Strecke ebenfalls täglich.

●**Fahrtzeit:** 1 Std.

●**Alternativrouter:** Über die Limuru Road und die verkehrsärmere Old Naivasha Road nach Naivasha (s. S. 287) oder die abenteuerliche Pistenfahrt von den Ngong-Bergen vorbei an den Ndeya Cliffs hinunter zum Suswa-Vulkan am Boden des Grabens und zum „Hintertürchen" des Hell's Gate National Park (s. S. 294).

Die A104, der **Nakuru Highway,** ist nichts anderes als die Verlängerung des Mombasa Highway, der im Stadtzentrum kurzzeitig den Namen Uhuru Highway und anschließend Waiyaki Way trägt. Die Straße führt auf ihrem Weg nach Nordwesten in Richtung des Ostafrikanischen Grabens leicht, aber beständig bergauf. Stadtauswärts passiert man zunächst die vornehme nordwestlichen Vororte Nairobis wie Westlands und Parklands. Es dauert ein ganzes Weilchen, bis man alle Vororte hinter sich gelassen hat. Die Zeichen mehren sich schrittweise: Zunächst wird aus der vierspurigen Autobahn eine zweispurige Landstraße, dann sieht man die zahlreichen Stände am Straßenrand, an denen es Lammfelle und -mützen, Gemüse und Obst gibt. Auf der verkehrsreichen Strecke muss man immer mit ausgerissenen Kühen, verrückten Matatu-Piloten, unachtsamen Fahrradfahrern und Fußgängern sowie mit Radarkontrollen durch die Polizei rechnen.

Knapp 32 km ab der Kreuzung von Uhuru Highway und Kenyatta Avenue ist die beschilderte Ausfahrt zur B3 erreicht, die sogenannte **Old Naivasha Road,** der man auch folgt, wenn man nach Narok und in die Masai Mara möchte. Außerdem gelangt man über die Ausfahrt nach rund 3 km in das kleine Landstädtchen Limuru, das am Rande von giftgrünen Teeplantagen liegt.

Wenn Sie auf dem Nakuru Highway weiterfahren, kommen Sie nach gut 12 km an einen **View Point** mit Parkplatz und Andenkenläden. Hier lässt sich der Ausblick auf den Graben, der in zwei enormen Bruchstufen abfällt, genießen – wenn Sie sich gegen die hartnäckigen Curio-Verkäufer durchgesetzt haben. Sie bekommen hier einen ersten **Eindruck von dem enormen Höhenunterschied** zwischen dem Talboden und den Hochländern am Rand des Ostafrikanischen Grabens und wie **verschiedenartig** das **Klima** der beiden Regionen ist: Während sich unten eine flimmernde, staubige Savanne erstreckt, auf der kleine Wolken dunkle Kleckse zeichnen, fahren Sie hier oben ab km 23 hinter Limuru durch kühle Nadelwälder. Und wenn der Wettergott zu Kapriolen aufgelegt ist, wirft er in der kühlen Jahreszeit schon mal Hagelkörner vom Himmel.

32 km hinter der Limuru-Abfahrt biegt nach links eine Ausfahrt in Richtung „Longonot and Kinangop" ab (wenn das Schild noch lesbar ist – viele wurden mit politischen Plakaten überklebt), die auf eine Brücke geleitet wird und die Fahrbahn überquert. Dies ist der Ausgangspunkt für einen lohnenden **Abstecher zur südwestlichen Seite der Aberdares** nach **South Kinangop,** von wo man auf die beiden höchsten Gipfel im südlichen Teil der Berge wandern kann (Beschreibung s.u.). 1,5 km nach der Brücke über den Highway kommen Sie zu einem bekannteren Aussichtspunkt auf 2600 m, von dem Sie ein noch schöneres Panorama vom unverstellten **Longonot-Vulkan** genießen. Bei klarem Wetter kann man von hier sogar ein Stück weit in den Krater des 2777 m hohen Berges hineingucken. In der Folge senkt sich die Straße allmählich ins Rift Valley, doch die Strecke ist bei weitem nicht so eindrucksvoll wie auf der Old Naivasha Road. Nach weiteren 15,5 km ist auf der linken Seite zu sehen, wie sich die **Eisenbahnlinie** das Escarpment hinunterschlängelt. Mit der Annäherung an den Grabenboden wird das Land deutlich trockener und savannenartiger, knapp 20 km hinter dem Longonot View Point grasen erste Zebras und Gazellen beidseits der Straße, kurz darauf passiert man eine Caltex-Tankstelle.

1,1 km hinter der Tankstelle biegt eine weitere **Straße zum Aberdares National Park** ab, die über **North Kinangop** zum Mutubio Gate führt. Der Aufstieg in Serpentinen durch elefantenreiche Ur- und Bambuswälder ist einer der schönsten Straßenabschnitte in ganz Kenia.

Rift Valley

Nur einige hundert Meter darauf biegt vom Nakuru Highway nach links die 3 km lange Zufahrt nach Naivasha ab, am Straßenrand steht u.a. ein Wegweiser zum Hell's Gate National Park. Nach Nakuru geht es geradeaus weiter. Wenn 4,9 km weiter nördlich die Ausfallstraße aus Naivasha wieder in den Nakuru Highway einmündet, ist bereits endgültig der Boden des Ostafrikanischen Grabens erreicht. Die weitere Beschreibung der Strecke nach Nakuru finden Sie auf S. 297.

Abstecher: South Kinangop, Besteigung von The Elephant

● **84 km**
● Die Strecke zwischen Naivasha und South Kingangop ist zwar geteert, aber **mit Schlaglöchern übersät.** Für die knapp 25 km sollte man mindestens eine halbe Stunde Fahrtzeit einrechnen.
● **Tankstelle:** Kinangop South.
● Empfohlene **Reisedauer** für den Abstecher mit Bergbesteigung 1 – 2 Tage.

Die Besteigung der beiden **markantesten Gipfel am südlichen Ende des Aberdare National Park,** Il Kinangop und The Elephant, ist ein lohnender Abstecher und eine Lehrstunde der landschaftlichen Vielfalt, die der Ostafrikanische Graben auf engstem Raum zu bieten hat. Dazu verlässt man bei km 32 hinter der Limuru-Ausfahrt die Hauptstraße (Straßenschilder: „Longonot and Kinangop"), überquert auf der Brücke den Nakuru Highway und folgt der Teerstraße C66 in Richtung Mangu und Thika. Nach knapp 1 km zweigt links die löchrige Teerstraße nach **South Kinangop** ab, das auch Njabini Town genannt wird; man erreicht es nach 23 km. Im Ort befinden sich ein paar einfache Guesthouses, Dukas mit beschränkter Auswahl und eine urige Caltex-Tankstelle, an welcher der miserable Weg durch intensiv bewirtschaftetes Farmland Richtung North Kinangop und Tulasha abzweigt.

Wanderer, die die Aberdares bezwingen wollen, durchfahren den Ort und überqueren an seinem Ausgang den **Chania-Fluss,** kurz danach weicht der schlaglochübersäte Allwetterbelag einer Erdstraße. 3,4 km von hier nimmt man den linken Weg zur **South Kinangop Forest Station,** die immerhin auf 2500 m Höhe liegt. Entweder Sie lassen Ihr Fahrzeug hier stehen und starten von der Station aus mit der Wanderung, oder Sie folgen dem schlechten Waldweg, der nur mit 4WD zu befahren ist, weitere 5 km oder 300 Höhenmeter durch Nadelholzschonungen bis zum Beginn des Bambuswaldes aufwärts. Im zweiten Fall wäre Ihr Wagen dann unbewacht. Lassen Sie sich den Weg an der Forest Station nochmals erklären, im Prinzip müssen Sie sich aber immer rechts halten. Da die beiden Gipfel innerhalb des **Aberdare National Park** liegen, haben Sie ohnehin an der Forest Station zu halten und den **Parkeintritt** zu begleichen. Wegen der Büffel, Elefanten und Löwen müssen Sie von hier ab außerdem durch einen bewaffneten **Parkranger begleitet** werden. Seien Sie über seine Ortskenntnis froh, denn der Weg durch den Bambuswald ist nur schwer zu finden.

Die 3- bis 3,5-stündige **Wanderung** bis auf den Gipfel des 3500 m hohen „Elefanten" führt nach Verlassen des Bambusgürtels durch aufgelockerten Bergwald mit 10 m hohen Heidekrautgewächsen. Die zweite Hälfte des Weges, nach dem Verlassen des Bambus, folgt beständig einem Grat und ist daher nicht zu verfehlen. **In der Gipfelregion** dominiert eine **krautige Vegetation** mit Crotalaria, Helichrysum (Everlasting flower), Gladiolen, bodenwachsenden Orchideen, Senecien, Lobelien und Kniphofia. Die kleine Hütte, die auf einigen Karten markiert ist, wurde Opfer von Waldbränden. Vom Gipfel des Elephant können Sie bei klarem Wetter spektakuläre Aussichten auf den 5190 m hohen Mt. Kenya im Osten und auf das Rift Valley mit Lake Naivasha, Mt. Longonot und Mau Escarpment im Westen genießen.

Wer sich zu Höherem berufen fühlt, kann in weiteren 4 Stunden auch noch den nördlich gelegenen **Il Kinangop,** mit 3906 m zweithöchster Aberdare-Gipfel, erklimmen. Dazu steigt man an der Nordseite des Elefanten wieder einige hundert Meter ab, bevor der eigentliche Aufstieg an der südwestlichen Seite des Il Kinangop beginnt. Für den Rückweg sind 3 Stunden für den Abstieg vom Il Kinangop und den erneuten Aufstieg zum Elefanten sowie weitere 2,5 Stunden für die Rückkehr zur Waldstation anzusetzen, was zu lang für eine Tagestour ist. Eine Übernachtung im Zelt auf der Südwestseite des Kinangop, nahe des Abbruchs zum Rift Valley, ist daher empfehlenswert. Dort findet sich auch Wasser. Die Blicke an klaren Morgen hinunter ins Rift Valley, auf Il Kinangop und The Elephant sind wirklich toll.

Verkehrsverbindungen

Matatus nach South Kinangop oder Jabini Town fahren in Naivasha ab. Ein Lift von South Kinangop bis zur Forest Station ist eher unwahrscheinlich, aber es sind nicht mehr als 4,6 km oder eine gute Stunde Fußweg bis dorthin.

Parkeintritt und Guide

● Die **Eintrittsgebühren** des Aberdare National Park finden sich auf S. 55.
● **Der obligatorische bewaffnete Guide** für die Wandertour muss im Voraus gebucht werden, am besten im KWS HQ in Nairobi (Anschrift s. S. 56). Der Guide kostet 1500 Ksh bis 6 Stunden, für einen Tag 3000 Ksh. Bezahlt wird in der South Kinangop Forest Station. Ein Trinkgeld am Ende der Tour ist sicherlich angebracht. Bei einer mehrtägigen Tour müssen dem Guide Essen und Zelt gestellt werden.

Naivasha   ⤴XVI/B2

Der verschlafene Bahnhof von Naivasha versetzt den Erwartungen des Reisenden bei der Ankunft mit dem Zug einen empfindlichen Dämpfer. Denn hinter dem romantisch klingenden Namen verbirgt sich lediglich eine **Provinzstadt mit 40.000 Einwohnern,** die Ende des 19. Jahrhunderts als Versorgungsstation an der Verkehrsroute nach Westkenia und Uganda gegründet wurde. Von Nairobi kommend war der See, der dem Ort seinen Namen lieh, die erste Süßwasserquelle im Rift Valley. In den Gründerjahren war Naiva-

sha die (wenig herrschaftliche) **Hauptstadt der östlichen Provinz des Protektorats Uganda,** denn die Grenze zu British East Africa, der späteren Kronkolonie Kenia, folgte ursprünglich dem Verlauf des Rift Valley von Äthiopien bis hinunter nach Deutsch-Ostafrika. Bei Naivasha wurde die Grenze vom Kenong-Fluss markiert, und alle kenianischen Rift-Valley-Seen, mit Ausnahme des Lake Ol Bolossat, lagen auf ugandischem Territorium. Schwierigkeiten, die östlichste Provinz Ugandas von der damaligen, fernen Hauptstadt Entebbe aus zu verwalten, führten dann 1902 zur Grenzziehung weiter im Westen, die bis heute gültig ist. Die Sitzbänke der Bahnstation in Naivasha tragen an den gusseisernen Füßen noch immer die Insignien der Ugandan Railway („UR"), die letzten augenfälligen Spuren dieser kolonialgeschichtlichen „Fuß"-note. Aber auch der Fahrkartenschalter, die Uhr und andere Einrichtungsgegenstände dürften noch vom Beginn des 20. Jahrhunderts herrühren. Das **1896 gegründete Naivasha** wurde vier Jahre später an die Eisenbahn angeschlossen, und das brachte, wie für viele andere kenianische Städte auch, entscheidende Entwicklungs- und Wachstumsimpulse.

Die Eisenbahnverbindung, das angenehme Klima sowie das vielversprechende landwirtschaftliche Potenzial ließen die Gegend zwischen Naivasha, Gilgil, Elmenteita-See und Nakuru in der Folgezeit zu einem **bevorzugten Siedlungsgebiet von weißen Einwanderern** werden. Tatsächlich lebt bis heute eine große Zahl weißer Kenianer in der Lake Naivasha-Region, und viele der intensiv bewirtschafteten Agrarbetriebe rund um den See haben europäischstämmige Besitzer oder gehören ausländischen Firmen. Während der Mau-Mau-Zeit war Naivasha übrigens Schauplatz zweier besonderer Vorfälle: Auf dem Escarpment oberhalb der Stadt verübten Mau-Mau-Kämpfer das sogenannte Lari Massaker. Und am 26. März 1953 überfielen die Rebellen die Polizeistation der Stadt und machten sich mit einem Lkw voller Waffen und Munition aus dem Staub.

Heutzutage ist Naivasha das **Versorgungszentrum** einer Region, die wirtschaftlich noch immer vom See vor der Haustür abhän-

Rift Valley

gig ist. Denn der liefert das Bewässerungswasser für riesige **Gemüse- und Blumenfarmen,** die im weiten Umkreis die größten Arbeitgeber sind. Durch die **landschaftlichen Reize** dieses Rift-Valley-Abschnitts, die vielfältigen **Freizeitangebote** am und auf dem Wasser und die **reiche Tier- und speziell Vogelwelt** ist auch der **Fremdenverkehr** eine wichtige Einnahmequelle geworden. Die zahlreichen Hotels, Campingplätze und Luxusunterkünfte am See werden neben Touristen aus Übersee auch häufig von Wochenendurlaubern aus Nairobi besucht.

Die Stadt selbst hat für den Touristen außer relativ gut erhaltenen **kolonialen Ladenzeilen** mit charakteristischen Schattendächern sowie dem **alten Bahnhof** nichts zu bieten. Seit dem Bau des Nakuru Highway steht der Ort ohnehin etwas abseits des Verkehrsstroms, und die meisten Reisenden legen hier lediglich eine Rast auf der schönen Veranda des alten La Belle Inn ein. Über Nacht bleibt nur, wer die Verkehrsanbindung zur Southern Lake oder Northern Lake Road, hinauf zum Eburru-Vulkan oder nach North und South Kinangop (am Fuße der Aberdares) nutzen will. Naivasha, ein **Verwaltungsposten und Verkehrspunkt** – so betrachtet hat sich hier seit den ersten Siedlertagen also nicht allzu viel getan. Immerhin: Vor einigen Jahren wurden die größeren Straßen Naivashas geteert. Zuvor besaß es noch alle Chancen, in die Endrunde der Wahl zur staubigsten Stadt Kenias vorzustoßen.

Unterkunft

Oberklasse-Hotels gibt es in der beschaulichen Stadt selbst nicht, die findet man **am Ufer des Sees,** dort wo die Touristen sind. Zwei Hotels in Naivasha streiten sich um den Ruf, das erste Haus am Platze zu sein. Sie alle akzeptieren die gängigen Kreditkarten.

Mittelklasse-Hotels

● **La Belle Inn**
Mobil: 0722/683218; labelleinn@kenyaweb. com; 1200/2000/3400 Ksh SC BB für R, 2000/3000/4500 Ksh SC BB für NR. Das Management von La Belle Inn verlässt sich offensichtlich erfolgreich auf seine gute Küche und den Charme alter Gemäuer bzw. auf die Nostalgieanfälligkeit von Kenia-Reisenden. Das 1922 erbaute Haus mit dem schönen Parkettboden besitzt zwei gemütliche Bars. Die Veranda zur Moi Avenue ist für Wazungu – Seeanwohner wie Touristen – immer noch der beliebteste Treffpunkt in der Stadt. Auch Safaris werden angeboten, bisweilen ist auch Live-Musik zu hören.

Preiswerte Unterkünfte

Es gibt eine ganze Reihe preiswerter Unterkünfte mit erstaunlich hohem Standard.

● **Naivasha Silver Hotel**
Tel. 050/2020874 und 2020580; 600/1000 Ksh SC. Doppelt so teuer wie vergleichbare Hotels, aber mit eigenem Restaurant und guter Lage zum Matatu-Abfahrtsplatz. Sicherer Parkplatz.

● **Othaya Annexe**
Kariuki Chotara Rd., Mobil: 0723/846104; 350 Ksh SC. Die Zimmer sind klein, aber sauber, es gibt Moskitonetze, heißes Wasser und einen sicheren Parkplatz. Angeschlossen ist im 1. Stock ein Hoteli und Bar mit Pooltable und gemütlichem Balkon zur Straße hin.

● **Kafico Lodge**
Biashara Rd.; Tel. 050/21344; 250/500 Ksh SC. Der große anonyme Bau schreckt einen von außen etwas ab, die Zimmer sind aber sauber und recht hell. Moskitonetze gibt's keine. Die Bäckerei im Erdgeschoss versorgt den schmachtenden Traveller morgens sogar mit Croissants.

● **Summer Lodge**
350/600 Ksh SG SC. Die Lodge am Rand des Marktes bietet solide Leistungen zum fairen Preis: Parkplatz, Moskitonetz und im Vorderhaus die obligatorische Bar.

● **Bonus Rest Lodge**
Mobil: 0727/352406; 300/500 Ksh SC. Obwohl der Innenhof mit den sicheren Parkplätzen nicht übermäßig ansehnlich ist, sind alle Zimmer mit Moskitonetz, großartigen Betten, wirklich heißer Dusche und blitzsauberem WC ausgestattet, und der Matatu-Stand nach Nairobi liegt auch direkt um die Ecke. Schnell ausgebucht!

Naivasha

Rift Valley

1 Lake Side
2 Tourist Lodge
2 Guesthouse Jane
3 Naivasha Panorama Park
4 Heritage
5 Total Bliss Pub and Restaurant
6 Moschee
7 Sam Holiday Inn
8 Markt
9 Summer Lodge
10 Überlandbusse: Matatus Nakuru, South Lake Road, Eburru
11 New Salama Hotel
12 Jim's Corner Dishes
13 La Belle Inn
14 Othaya Annexe
15 Walk In Café
16 Hindu Tempel
17 Kafico Lodge
18 Happy Valley Supermarket
19 Naivasha Supermarket
20 Bonus Rest Lodge
21 Matatus nach Nairobi, North Kinango
22 Naivasha Silver Hotel
23 Jolly Café
24 Matatus South Lake Road
25 Naivasha Supermarket

☒ Post
Ⓢ Bank
@ Internet
Ⓣ Tankstelle

Nakuru 67 km
Nairobi 86 km

A 104

Nairobi (Old Naivasha Road)
South Lake Road, Hell's Gate N.P.

Ausschnitt

Hotels außerhalb des Zentrums

●**Guesthouse Jane**
Tel. 050/2020698, www.guesthousejane.
com. Das gesamte Haus für bis zu 12 Personen kostet 19.500 Ksh inkl. Frühstück pro Tag, Doppelzimmer schlagen mit 3000 Ksh zu Buche, der größere Master Bedroom mit 3500 Ksh, jeweils BB. Empfehlenswertes Guesthouse, das von einem deutsch-kenianischen Paar geführt wird. Gemütliches Ambiente, toller Ausblick auf den See und für das Gebotene (inkl. Swimmingpool) sehr faire Preise.

●**Lake Naivasha Panorama Park**
Tel. 050/2030128, Mobil: 0712/091777, Fax 050/2030129, www.lakenaivashapanorama.
com; Preise: R: 1900/4350/6600 Ksh BB, auch HB bzw. FB möglich; NR: 2600/4800/7800 Ksh BB; Cottages mietet man ab 3800/4600 Ksh R/NR, Family Suiten ab 5700/7000 Ksh für R/NR; Campen: R: 300 Ksh, NR: 500 Ksh, Zelte, Matratzen und Töpfe können gemietet werden, Zelt: 400/600 Ksh R/NR. Die Aussicht auf den Naivasha-See vom Grundstück ist wirklich besonders und die Lage am Hang sehr schön, die Anlage neu. Allerdings besitzt das Hotel einen unbeschreiblichen Stilmix, der als selten, weniger als geschmackvoll zu bezeichnen ist. Sonntags bei kenianischen Familien als Ausflugsziel beliebt.

●**Lake Side Tourist Lodge**
Tel. 050/2020856, Mobil: 0722/524565, lakesidetouristlodge@yahoo.com; 900/1500 Ksh BO. Nachteil des neuesten, größten und mondänsten Hauses am Platz ist seine Lage etwas außerhalb der Stadt. Man fühlt sich an internationale Hotels erinnert (natürlich im Naivasha-Format), mit Sitzgruppe im Foyer, Bar, Sat-TV und einer internationalen Speisekarte. Die Zimmer sind eher nüchtern, aber sehr sauber; jene an den Außenseiten besitzen sogar kleine Balkone. Sicherer Parkplatz.

Essen und Trinken

●Wer gut essen will in Naivasha, sollte sich als erstes die Speisekarte vom **La Belle Inn** vorknöpfen. Für ein gutes und sättigendes Hauptgericht sind rund 500 Ksh fällig, aber die lohnen sich!

●In der Küche der **Lake Side Tourist Lodge** bruzzeln überwiegend kontinentale Gerichte bis 400 Ksh, mit viel Steak, Lammfleisch, Geflügel, aber auch Hamburger und Pastagerichte.

●Für kenianische Gerichte empfiehlt sich das **Jolly Café.**

●Im **Jim's Corner Dishes** gibt es frisches Fast Food und Snacks, ebenso im **Walk in Café.** Empfehlenswert ist auch das **New Salama Bar Hotel,** ein somalisch geführtes Hotelis, das sich auf der Moi Ave. findet und leckere Snacks, z.B. gute Mandazis, und natürlich Chai serviert.

Unterhaltung

●In der Total-Tankstelle an der Moi Ave befindet sich **Total Bliss,** ein netter Club mit Restaurant. Die zweite Disco der Stadt ist das **Sam Holiday Inn** (Mi., Fr. und Sa. geöffnet).

●Das **Heritage** beim Abzweig vom Nakuru Highway in die Stadt ist am Wochenende das Ausflugsziel von kenianischen Mittel- und Oberklassefamilien, die hier den Spielplatz, Nyama Choma, Bier und Live-Musik (Fr., Sa., So.) genießen. Empfehlenswertes Büfett dann für 450 Ksh. Es gibt auch Unterkünfte, die aber nichts Besonderes sind. Es ist ein Pool geplant.

Busse und Matatus

●Von der Haltestelle gegenüber des Jim Holiday Inn fahren **Matatus nach Nakuru** (300 Ksh), **Nyahururu** (450 Ksh) **Eldoret** (500 Ksh), **Kisumu** (600 Ksh), **Mai Mahiu** (80 Ksh), **Narok** (350 Ksh), **Nyahururu** (450 Ksh), **Kisii** (500 Ksh) und **Nairobi** (250 Ksh) ab. Ebenso die Matatus zum nördlichen See (Endhaltestelle Dabibi, 70 Ksh) und auf den Eburru-Vulkan (80 Ksh).

●Die **Matatus nach Nairobi** (250 Ksh) stehen gegenüber des Naivasha Silver Hotel, ebenso wie jene in **Richtung Aberdares, North Kinangop** sowie **Jabini** (South Kinangop).

●Zum touristisch interessanteren **Southern Lake** fahren die Matatus an der Kreuzung von Kenyatta Ave. und Kariuki Chotara Rd.

ab. Am südwestlichen Zipfel des Sees, in Kongoni (60 Ksh), endet die Teerstraße. Hier drehen die Fahrzeuge um und fahren wieder zurück nach Naivasha.

Eisenbahn

●Naivasha ist nicht gerade ein Eisenbahnknotenpunkt. Es gibt nur den täglichen Zug **von Nairobi nach Kisumu,** der abends um 18 Uhr Nairobi verlässt und um 21.38 Uhr Naivasha erreicht. Die Rückfahrt mit dem Gegenzug nach Nairobi erfolgt um 3.38 Uhr morgens.

Banken

In Naivasha gibt es Filialen der **Barclays Bank** (auch Bankautomat) und der **KCB.** Öffnungszeiten der Banken: Mo. bis Fr. 9–15 Uhr und Sa. 9–11 Uhr.

Aktivitäten

●**Naivasha Golf Club**
Wer eingehendere Infos zum Naivasha Golf Club möchte, der an der Ausfallstraße nach Nakuru, jenseits der Eisenbahngleise, liegt, wende sich an den Manager vom La Belle Inn. Allzu große Erwartungen möchte ich aber nicht wecken, das schöne Gelände unter den ausladenden Schirmen von Fieberakazien wirkt ziemlich tot.
●**Spaziergang mit Seeblick**
Wer vielleicht im viel zu vollen Matatu nach Naivasha kam und sich erst einmal die Beine ausschütteln will, kann zu einem schönen **Aussichtspunkt** oberhalb der Stadt laufen, von dem aus man einen guten Blick über den Naivasha-See genießt. Dazu geht man die Kenyatta Ave. bergan und biegt dann rechts in die Verlängerung der Mama Ngina St. ein.

Arbeiter der Gemüse- und Blumenfarmen am Lake Naivasha werden mit einem original Doppeldeckerbus transportiert

Lake Naivasha
♫ **XVI/A,B2**

Die Gegend um den Lake Naivasha lebt von zwei Haupterwerbsquellen und beide hängen unmittelbar vom See ab. Das eine Standbein der lokalen Wirtschaft stellt der **Tourismus** dar. Die ersten Besucher waren bereits Anfang des 20. Jahrhunderts zum Jagen in das wildreiche Gebiet gekommen, das erste Hotel – vor allem für Angler und Ausflügler aus Nairobi konzipiert – öffnete Ende 1935 seine Pforten. Bis heute werden die Touristen vor allem von der bewegenden Landschaft am See und von der überbordenden Natur an seinen Ufern angelockt. Fast **500 Vogelarten** gibt es hier, jede Menge **Nilpferde,** aber auch gute **Angel- und Wassersportmöglichkeiten** und die wildreichen und landschaftlich reizvollen **National Parks von Hell's Gate und Mt. Longonot.**

Das andere Standbein der Region sind die vielen **Gartenbaubetriebe.** In riesigen Plastiktreibhäusern werden **Schnittblumen und Gemüse** für den Flugexport nach Europa produziert, eine Boombranche mit riesigen Zuwachsraten und großer Bedeutung für Kenias Wirtschaft. Das Wasser für die Bewässerung der Pflanzen kommt aus dem See.

Noch gehört das durchdringende Schreien der Seeadler und das Prusten der Nilpferde ebenso zu den typischen Geräuschen am See wie das Zischeln der Wassersprenger auf den Plantagen. Und bisher haben sich Tourismus und Landwirtschaft nicht nachhaltig geschadet, Zahl und Standard von Campingplätzen und Hotels am Lake Naivasha ist nach wie vor hoch. Doch ein perfektes Natur- und Ferienidyll ist der See schon lange nicht mehr. Die Frage ist, wie stark der **Wasser- und Landschaftsverbrauch** noch steigen darf, bevor die ersten Gäste ausbleiben. Riesige Plastikfolien und nicht üppig bezahlte Landarbeiter, die zu Tausenden auf den Feldern arbeiten, sehen die Feriengäste eben nicht so gern wie gähnende Hippos oder einen Goliath-Reiher beim Fischfang.

Sehenswürdigkeiten

Crescent Island

Die ganze Umgebung des Naivasha-Sees strotzt nur so vor Spuren von **Vulkanismus.** Auch das kleine sichelförmige Crescent Island (Crescent bedeutet auf Englisch soviel wie „Halbmond") ist nichts anderes als der oberste Rand eines kleinen ersoffenen Vulkankraters. Das allein würde kaum einen Besuch rechtfertigen, doch auf der Insel befindet sich ein **kleines privates Naturschutzgebiet,** in dem neben der reichhaltigen Vogelwelt des Naivasha-Sees (Seeadler, Pelikane, Marabus, Kormorane, Reiher, Ibisse, Enten, Eisvögel etc.) auch Wasserböcke, Giraffen, Impalas, Dik-Diks, verschiedene Gazellenarten, z.B. Thommies, und mächtige afrikanische Felspythons leben, während im See um das Eiland eine Menge Nilpferde dümpeln. Man darf hier völlig ungehindert umherlaufen. Auf Crescent Island hat man Überreste von alten Tongefäßen gefunden, die aber sicherlich nicht so betagt sind wie die 4000 Jahre alten Pfeilspitzen, Faustkeile und Klin-

gen, auf die man an anderen Stellen des Seeufers stieß.

Zur Landseite hin ist das Inselchen bei niedrigen Wasserständen über einen kleinen Damm mit dem **Grundstück einer privaten Farm** am Festland verbunden, über den man als Besucher die Insel betreten darf. Oder man fährt für 800 Ksh vom **Lake Naivasha Country Club** aus mit dem hoteleigenen Schiff herüber, was für die kurze Strecke viel Geld ist. Unabhängig davon kostet der **Eintritt** zusätzlich 200 Ksh für Residents bzw. 9 US$ für Nonresidents. Diese Gebühren zahlt man erst vor Ort.

● Tel. 050/2026363, Mobil: 0733/579935, gaymer@kenyaweb.com; Preise für NR: Erwachsene/Studenten/Kinder 1400/1050/700 Ksh; R: 500/250 Ksh; Auto: 200 Ksh, Minibus 300 Ksh, Bus/Truck 500 Ksh.

Elsamere

Auf einem malerischen Ufergrundstück unter mächtigen Fieberakazienbäumen steht am südwestlichen Ende des Sees das **ehemalige Wohnhaus von Joy und George Adamson,** die durch ihre Arbeit mit Löwen und anderen Raubkatzen in den 1960er Jahren weltberühmt wurden. Das Geld, das Joy Adamson mit Büchern und Filmen wie „Frei geboren" und „Leben in Freiheit" über die Löwin Elsa verdient hatte, stiftete sie zum größten Teil für den Umweltschutz; ohne ihre finanzielle Hilfe wäre der Hell's Gate National Park niemals entstanden. Auch Elsamere, ihr Wohnhaus, das sie 1967 gekauft hatte, wurde nach ihrem Tod in ein **Umweltschutzzentrum** und ein kleines **Museum** umgewandelt. George Adamson hielt sich hier nur für kurze Besuche auf und verschwand gleich wieder im Busch. Wenig bekannt ist, dass Joy Adamson nicht nur schrieb, sondern auch eine Zoologin, Verhaltensforscherin und vor allem eine Künstlerin war, die von der Kolonialregierung in den 1950er Jahren den Auftrag erhalten hatte, das kulturelle Erbe der Völker von Kenia zu porträtieren. Während der mehrjährigen Arbeit entstanden so über 600 **Bilder,** die überwiegend im Nationalmuseum in Nairobi ausgestellt sind, ein paar hängen aber auch in Elsamere. Daneben gibt es eine

Reihe **Fotos, Erinnerungsstücke von den berühmten Löwenfilmen** und einen 40-minütigen **Videofilm** über das Leben von Joy zu sehen. Im Garten turnt regelmäßig eine zahme **Colobus-Affen-F**amilie durch die Zweige der alten Bäume am See. So einfach sind die hübschen Tiere mit dem auffälligen schwarz-weißen Fell sonst nicht zu beobachten. Über **200 Vogelarten** sind auf dem Gelände schon gesehen worden, und wie an vielen Stellen des Sees kommen auch hier nachts die Nilpferde zum Grasen an Land. Man kann sich für 3000 Ksh ein **Boot mieten** (für 7–8 Personen) oder drei verschiedene **Naturlehrpfade** entlangwandern, die auf dem Gelände und in der Umgebung angelegt worden sind. Guides mit der nötigen Fachkenntnis gibt es hier ebenfalls.

In erster Linie ist Elsamere ein Naturschutzzentrum, und jedes Jahr weilen zahlreiche ausländische Wissenschaftler zu Forschungen hier. Deshalb ist das **Museum** für den Besucherverkehr auch **nur nachmittags geöffnet.** Der Eintritt (600 Ksh) enthält auch Nachmittagstee und Kuchen, der um 16 Uhr im Garten serviert wird. Im angeschlossenen Elsa Trust Shop gibt es verschiedene Andenken zu erstehen.

Green Crater Lake

Allerlei mythische Geschichten der Masai ranken sich um den **jadefarbenen See** in einem dicht bewaldeten Krater am westlichen Ufer des Lake Naivasha, einer kleinen, völlig abgeschlossenen Welt von gerade mal 87 ha Fläche. Und sein alkalines Wasser, so sagen sie, heile Viehkrankheiten. Häufig besuchen **Flamingos** das algenreiche Wasser, im Baumdickicht singen die verschiedensten Vögel, wie z.B. Nashornvögel, v er Colobus-Affensippen turnen durch das Geäst und Büffel fühlen sich im Wald ebenfalls wohl. Man kann den gesamten Krater zu Fuß umrunden, Normalsterbliche sollten mit 2,5 Stunden rechnen – aber auch am Kraterboden verlaufen verschiedene Wanderwege. Bis auf das steile Kraterstück, welches dem See am nächsten liegt, ist der Weg auch für Ungeübte gut gehbar. Innerhalb des Kraters, direkt am Ufer, liegt das luxuriöse Crater Lake Tented Camp.

Außerhalb des Vulkans erstreckt sich das **Crater Lake Game Sanctuary,** das Teil der Ndabibi Farm ist. Einstmals gehörte sie *Lady Diana Delamere,* die zum „Happy Valley Set" gehörte, einer Gruppe von Kolonialisten am Lake Naivasha, die durch ihren exzessiven Lebensstil zum Inbegriff der Dekadenz wurden. Lady Delamere liegt neben ihren beiden Ehemännern an einem erhöhten Aussichtspunkt am Rand der Farm begraben. In dem privaten **Wildschutzgebiet,** das bis zum Seeufer hinunterreicht, darf man auch Nachtpirschfahrten unternehmen.

Zu Fuß betritt man das Game Sanctuary auf eigene Gefahr, und das muss man beim Bezahlen der 10 US$ am Eingang auch bestätigen und quittieren. Hier kann man auch Sodas kaufen. Wer möchte, erhält für diesen günstigen Preis einen kostenlosen Führer und eine Wegskizze. Aber die Karte ist für den Teil des Sanctuary, der außerhalb des Kraters liegt, ziemlich wertlos. Im Game Sanctuary darf man auch an ausgewiesenen Plätzen **campen.** Im fairen Übernachtungspreis von 500 Ksh pro zeltender Person ist der Eintritt bereits enthalten. Leider ist es in der Vergangenheit auf der 6 km langen Strecke von der Matatu-Endhaltestelle in Kongoni bis zum Gate mehrfach zu Überfällen auf Fußgänger und Radler gekommen. Deshalb sollte man die Strecke nur zu mehreren zurücklegen, bzw. die Polizei in Kongoi um eine Begleitung bitten.

Unterkunft

Die Unterkunftsformen am Lake Naivasha sind **außerordentlich vielfältig,** was Art und Preise angeht. Es gibt keine andere Gegend in Kenia, in der sich derartig viele Campmöglichkeiten auf so kleinem Raum finden lassen. Daneben gibt es aber auch verschiedenste Bandas, in denen man sich selbst versorgt, sowie luxuriöse Zeltcamps, Hotels und ganze Villen, die vermietet werden.

Die Unterkünfte sind nachfolgend innerhalb der drei Preiskategorien gemäß der Kilometerentfernung von der Kreuzung South Lake Road/Old Naivasha Road geordnet. Wenn North Lake Road vermerkt ist, gelten

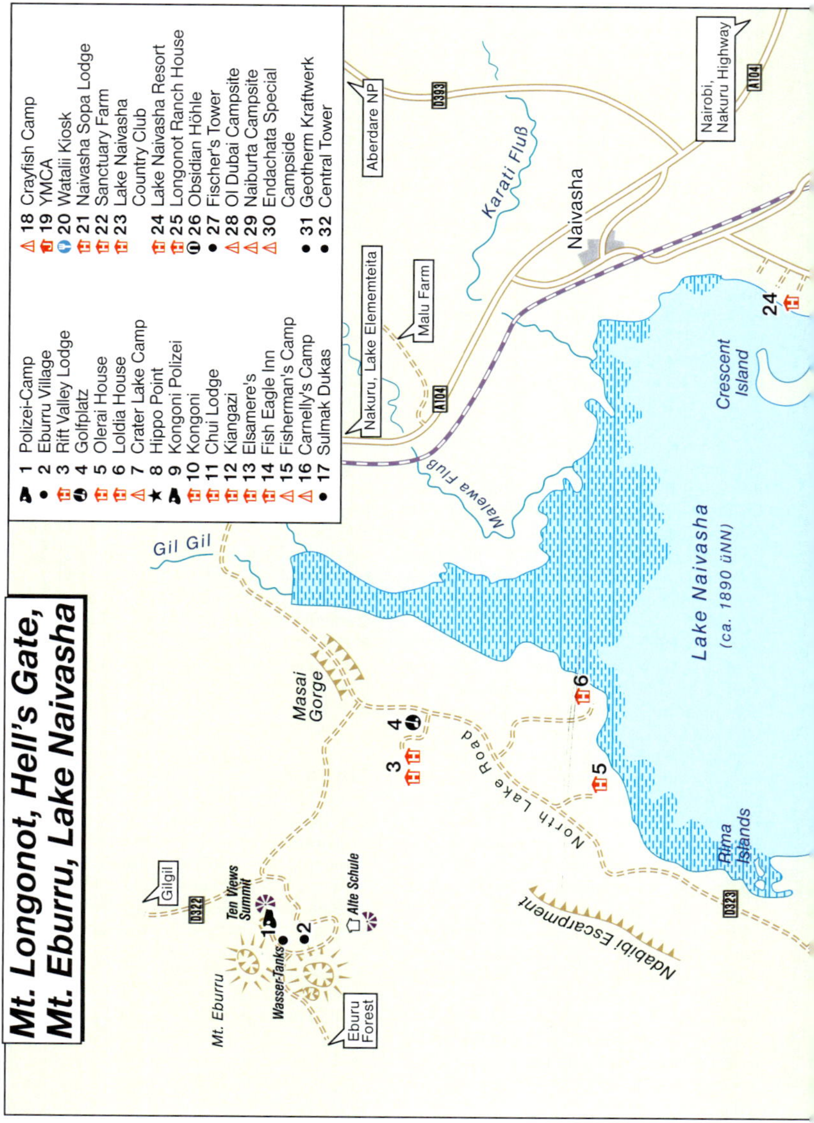

Mt. Longonot, Hell's Gate, Mt. Eburru, Lake Naivasha

1 Polizei-Camp
2 Eburru Village
3 Rift Valley Lodge
4 Golfplatz
5 Olerai House
6 Loldia House
7 Crater Lake Camp
8 Hippo Point
9 Kongoni Polizei
10 Kongoni
11 Chui Lodge
12 Kiangazi
13 Elsamere's
14 Fish Eagle Inn
15 Fisherman's Camp
16 Carnelly's Camp
17 Sulmak Dukas

18 Crayfish Camp
19 YMCA
20 Watalii Kiosk
21 Naivasha Sopa Lodge
22 Sanctuary Farm
23 Lake Naivasha
   Country Club
24 Lake Naivasha Resort
25 Longonot Ranch House
26 Obsidian Höhle
27 Fischer's Tower
28 Ol Dubai Campsite
29 Naiburta Campsite
30 Endachata Special
   Campside
31 Geotherm Kraftwerk
32 Central Tower

Gil Gil

Masai Gorge

Giligil

Ten Views Summit

Alte Schule

Mt. Eburru

Wassertanks

Eburru Forest

Ndabibi Escarpment

North Lake Road

Malewa Fluß

Nakuru, Lake Elementeita

Malu Farm

Aberdare NP

Karati Fluß

Naivasha

Nairobi, Nakuru Highway

Crescent Island

Lake Naivasha
(ca. 1890 üNN)

Rima Islands

A104

B933

C923

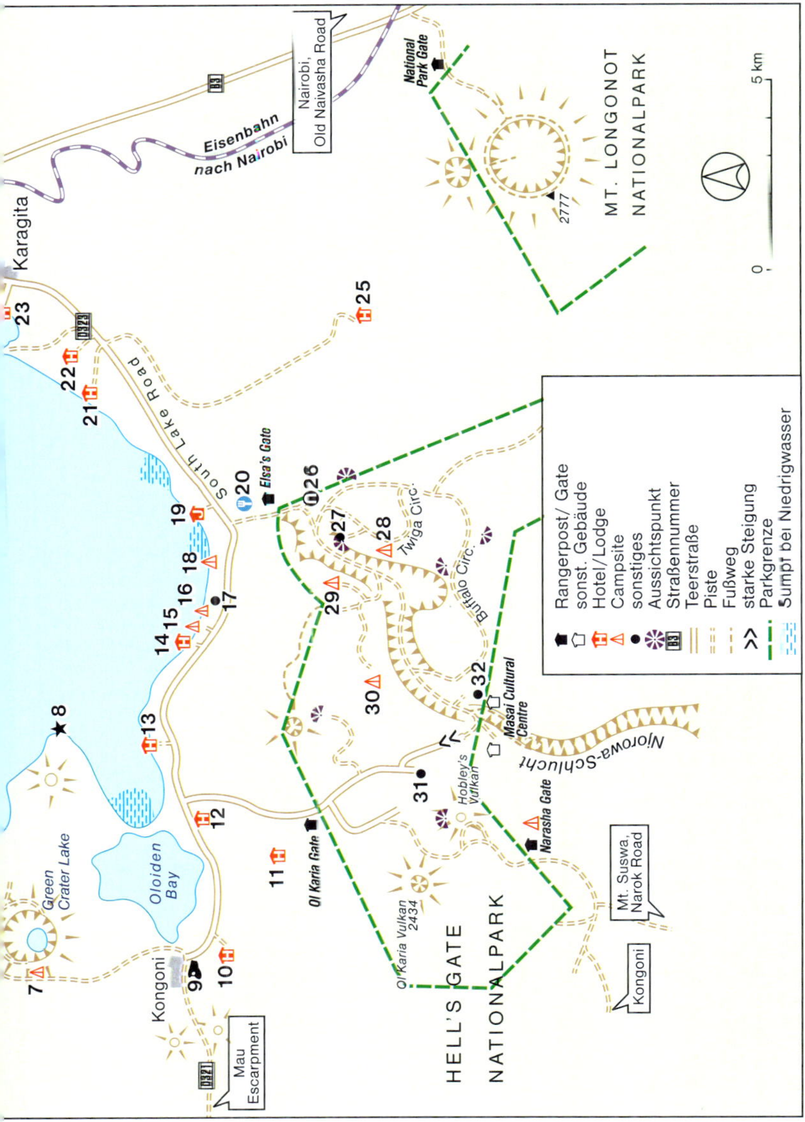

Karagita

Nairobi,
Old Naivasha Road

Eisenbahn
nach Nairobi

**National
Park Gate**

MT. LONGONOT
NATIONALPARK

2777

5 km

0

23

22 21

South Lake Road

Elsa's Gate

20 26

27

28

Twiga Circ.

Buffalo Circ.

19

18 17

16 15

14 13

29

30

32

**Masai Cultural
Centre**

Njorowa-Schlucht

31

*Hobley's
Vulkan*

25

★ 8

*Green
Crater Lake*

*Oloiden
Bay*

12

11
Ol Karia Gate

*Ol Karia Vulkan
2434*

HELL'S GATE
NATIONALPARK

Narasha Gate

Mt. Suswa,
Narok Road

Kongoni

7

Kongoni

9 10

Mau
Escarpment

Rangerpost/ Gate
sonst. Gebäude
Hotel/ Lodge
Campsite
sonstiges
Aussichtspunkt
Straßennummer
Teerstraße
Piste
Fußweg
starke Steigung
Parkgrenze
Sumpf bei Niedrigwasser

Riftvalley

die Distanzen von der Abfahrt North Lake Road/Nakuru Highway.

Unterkünfte der Oberklasse

● **Lake Naivasha Country Club**
Km 3,4; www.kenyahotelsltd.com, Tel. 020/ 4450636, 4450712; Preise für Zimmer: R: 7000/9000 Ksh HB; NR: 190/242 US$ HB. Ein Cottage kann ab 20.000 Ksh gemietet werden. Die Preise gelten für die Hochsaison, in der Nebensaison kann man mit Nachlässen von 1000 Ksh bzw. 40 US$ rechnen. Der Lake Naivasha Country Club ist das älteste Hotel direkt am See und hat eine dementsprechend bewegte Vergangenheit. Bedeutung erhielt das Hotel in seinen frühen Tagen vor allem durch den Flugbootservice der Imperial Airways, nach der Unabhängigkeit war der erste Präsident des Landes, *Mzee Jomo Kenyatta*, häufig Gast. Das Haus ist – nicht zuletzt wegen des 22 ha großen, wunderbaren Ufergrundstücks direkt gegenüber von Crescent Island – immer noch empfehlenswert. Zudem existiert ein breit gefächertes Angebot an Aktivitäten, die Anlage ist rollstuhlgerecht und man hat sehr viel Verständnis Kindern gegenüber. Die Zimmer sollte man sich vor dem Einchecken zeigen lassen, denn Einrichtung und Komfort sind in Haupthaus und Cottage sehr unterschiedlich. Sonntags gibt es ein All-you-can-eat-Lunchbüfett für 1400 Ksh. Schwimmbad (für Gäste von außerhalb: 200 Ksh, Kinder zahlen die Hälfte). Bootsmiete: 1–7 Personen 4000 Ksh pro Std., 16 Personen (Cruiser) 1200 Ksh pro Person, Bootstouren zum Crescent Island: 1200 Ksh, Birdwalks im parkähnlichen Garten für 500 Ksh pro Person.

● **Sanctuary Farm**
Km 6; Mobil: 0721/721346961, guyerskine@ gmail.com. Auf einer wunderbaren Farm gelegen, bietet ein gemütliches Banda (7000/ 12.000 Ksh FB) eine sehr private und stimmungsvolle Unterkunft mit Anschluss an die sympathischen Hausherren *Julie* und *Guy*. Auf Wunsch räumen sie auch ihr eigenes Schlafzimmer im Haupthaus. Auf der 200 ha großen Farm kann man in Gemeinschaft mit Zebras, Giraffen und Nilpferden reiten (1500 Ksh pro halbe Stunde, Guide inklusive). Die

Farm bietet auch romantische Campingmöglichkeiten für 300 Ksh pro Person. Seit Anfang 2010 sind auch geräumige Zelte und andere Einrichtungen auf dem Zeltplatz vorhanden. Ein echter Geheimtipp!

● **Lake Naivasha Sopa Lodge**
Km 9,5; Tel. 050/5035-8 und -9, 50140, www.sopalodges.com; Preise variieren je nach Saison zwischen 225/315/440 US$ FB (Hauptsaison) und 115/160/235 US$ FB (Nebensaison). Je 4 Zimmer (zwei ebenerdig, zwei im ersten Stock) sind in den Cottages untergebracht, die inmitten eines wundervollen Gartens liegen. Vom Balkon bzw. der Terrasse kann man abends Nilpferde beobachten, da das Grundstück zum See hin nicht abgezäunt ist. Schöner öffentlicher Bereich mit großem Kamin, Bar und Panorama-Scheiben. Aktivitäten: Neben den obligatorischen Bootsausflügen Ausritte, Tennis, Sauna und Fitness-Studio.

● **Longonot Ranch House**
Km 9,8 bis zur Einfahrt, von dort noch einige Kilometer bis zum Haus; www.samawati.co. ke, Tel. 050/50077, Mobil: 0722/712026 oder 818128; Preise für NR: 300/500 US$ FB, Kinder unter 12 Jahren 160 US$. Für einen Aufschlag kann das Haus auch exklusiv gemietet werden. Von dem Anfang der 1950er Jahre in den Ausläufern des Mt. Longonot auf 2130 m Höhe gebauten Farmhaus genießt man einen unvergleichlichen Panoramablick über die grandiose Rift-Valley-Landschaft mit dem Hausberg, dem Mt. Longonot, direkt im Rücken. Auch hier gediegene, luxuriöse Gemütlichkeit. Neben den 6 Doppelzimmern und einem Kinderzimmer im Haupthaus gibt es ein separates Honeymoon-Cottage aus Naturstein, das am Rand des Hügels steht. Die exklusive Unterkunft befindet sich auf einer privaten Game Ranch von 32 km² Größe, die zwischen dem Mt. Longonot National Park und dem Hell's Gate National Park liegt. Man kann geführte Ausritte (15 US$ pro Std.), Fußsafaris, aber auch Sundowner-Ausflüge und nächtliche Pirschfahrten unternehmen.

Idylle im Fisherman's Camp
am Südufer des Lake Naivasha

● **Elsamere Conservation Centre**

Km 20,4; www.elsamere.com, Tel. 050/
2021055; Cottages: NR: 120/195/264 US$
FB, R: 6960/9800/13350 Ksh FB, Studenten
erhalten Ermäßigungen. Im April und August
ist das Centre von Forschungsgruppen in der
Regel komplett ausgebucht. Die ruhigen,
blitzsauberen Cottages verteilen sich im Garten um das Haupthaus herum. Sie bieten keinen ausgefallenen Komfort, das schlagendste
Argument für die Unterkunft ist der grandiose Garten am See. Das Mittagessen wird als
Open Air-Büfett serviert. Viele der Gäste sind
Wissenschaftler oder Naturschützer, und
man kann ganz interessante Kontakte knüpfen. Es gibt keine Bar, alkoholische Getränke
dürfen aber mitgebracht werden. Aktivitäten:
Bootstour nach Crescent Island 6000 Ksh,
Bootstouren auf dem See 3000 Ksh pro Std.

● **Kiangazi House & Chui Lodge**

Tel. 020/7123300/1/2, www.oserianwildlife.
com; Preise: Chui Lodge Standard Cottage
und Haupthaus Kiangazi: 400/600 US$, Kin-
der 215 US$; Chui Lodge Deluxe Cottage
bzw. Kiangazi Garden Rooms: 370/470 US$,
Kinder 240 US$. Im Preis sind Mahlzeiten,
Softdrinks, Bier und Wein enthalten. Das Kiangazi House ist ein altes Herrenhaus nahe
der Straße mit Holzböden, gediegener Einrichtung und einem riesigen Garten mit zwei
Wasserlöchern und Blick auf den See. Die
Chui Lodge liegt inmitten des Oserian Wildlife Sanctuary, besitzt mit Makuti gedeckte
Cottages mit Feuerstelle und afrikanischem
Interieur, das von den eigenen Handwerkern
hergestellt wird. Höchsten Komfort bieten
beide Häuser, Massage und Pool eingeschlossen. Aktivitäten: Game Drives bei Tag
und Nacht im 10.000 ha große Oserian Wildlife Sanctuary mit 45 verschiedenen Säugetieren, darunter 13 Breitmaulnashörnern, Geparden und Grevy-Zebras, Boots- und Vogelbeobachtungstouren, Frühstück im Busch,
Ausritte und Tagesausflüge in den Hell's Gate
National Park und den Nakuru National Park
sowie Besuche auf der Oserian-Blumenfarm.

Rift Valley

ken-311 Foto: hf

● **Kongoni Game Valley**
Km 26,9; www.kgvalley.com, Tel. 020/
883460; Preise: R/NR: 200/360 US$ inkl. aller Mahlzeiten und Aktivitäten wie Bootstrips auf dem See, geführte Fuß-, MTB- und Reitsafaris auf der riesigen Farm, Pirschfahrten, Sundowner-Safaris und Besuche in den Nationalparks von Nakuru und Hell's Gate sowie in Elsamere und beim Crater Lake. Im September geschlossen. Die exklusive Unterkunft mit Pool liegt auf dem Gelände des 5200 ha großen Kongoni Game Valley, eines privaten Wildschutzgebietes. Was Speisen, Gemütlichkeit, Komfort und Ausblicke über den parkähnlichen Garten auf den Lake Naivasha betrifft, lässt dieses gediegene Herrenhaus aus dem Jahr 1926 keine Wünsche offen. Die italienische Gastgeberfamilie *Brighetti* verbreitet eine herzliche Atmosphäre, die auch die Tomb Raider-Filmcrew nebst *Angelina Jolie* bei ihren Dreharbeiten in Kenia zu schätzen wusste.

● **Crater Lake Tented Camp**
Km 33,7; Buchungen über www.prideofsafaris.com; Tel. 020/884258, 884259, 882124; Preise: R: 6460/11500 Ksh FB, NR: 187/280 US$ FB, während der Nebensaison um 1000 Ksh bzw. 45 US$ günstiger. Das Camp im Green Crater Lake ist eine Naturoase und eine Insel der Ruhe. Die 11 Zelte haben eine Veranda mit Blick auf den See, es gibt einen Swimmingpool. Pirschfahrten und Fußsafaris im Sanctuary bei Tag und Nacht, Vogelbeobachtung mit dem begeisterten und kenntnisreichen Biologen des Camps, Bush Dinners bzw. Lunches und Bootsfahrten auf dem See.

● **Loldia House**
16 km auf der North Lake Road bis zur Abfahrt, dann noch 4 km bis zum Haus; Buchungen über Governors Camps, s. S. 107; Preise: 577/862 US$ FB pro Person. Das schöne Farmhaus, das das Herz der Nobelunterkunft bildet, wurde während des Zweiten Weltkriegs von italienischen Kriegsgefangenen auf einem herrlichen Seegrundstück erbaut. In dieser Preiskategorie muss man nicht mehr über den Komfort, die Speisen und den Stil sprechen, vielleicht nur so viel: Der Hausmanager, *Peter Njoroge,* wurde in Englands „Country Life Magazin" als „wahrscheinlich weltbester Butler" betitelt. Das An-

wesen von immerhin 2600 ha ist noch sehr wildreich, und man kann hier nach Herzenslust reiten, laufen, Vögel beobachten oder mit dem Boot zum Angeln hinausfahren.

● **Olerai House**
Km 19,1, North Lake Road; www.olerai.com, auf der Farm Tel./Fax 050/50992 oder 2020574, Buchungen unter Tel. 020/891112; Preise: 390/600 US$ FB. Das schöne Farmhaus wurde früher von den bekannten Elefantenforschern und -schützern *Ian* und *Oria Douglas-Hamilton* bewohnt, die heute zusammen mit vielen Wildtieren die Gastgeber sind. Es gibt lediglich 5 Doppelzimmer mit eigenem Bad. Die meisten Zutaten für das exzellente Essen kommen von der Farm. Von Sept. bis Nov., wenn vor der kleinen Regenzeit alle Bäume blühen, ist es hier besonders schön. Ausflüge, u.a. mit dem Privatflugzeug und einer afrikanischen Gondel – und singendem Masai! Swimmingpool.

Unterkünfte der Mittelklasse

● **Lake Naivasha Resort**
Km 1,5; info@lakenaivasharesort.com, Tel. 050/2030298, 2020611, Buchungen über das Büro in Nairobi (Sarit Centre): Tel. 020/2728775, Fax 2723517; Preise: 3500/5500/7400 Ksh BB; es besteht auch Campmöglichkeit: 2 Personen 600 Ksh, 4 Personen 1000 Ksh, 6 Personen 1500 Ksh, 8 Personen überraschende 3000 Ksh. Seit dem Besitzerwechsel hat die ehemalige Lake Naivasha Lodge an Charme eingebüßt, innen dominieren Leopardenmuster bei Gardinen und Bettwäsche sowie Flughafen-Kunst. Dennoch weiterhin eine empfehlenswerte Unterkunft, deren öffentliche Räume, wie Wohnzimmer mit gemütlichem Kaminfeuer, Restaurant und Terrasse, in einem alten Farmhaus untergebracht sind, während die 20 Zimmer in separaten Gebäuden liegen. Aktivitäten: Bootstouren (2500 Ksh pro Std. für 1–7 Pers.), Blumenfarmbesuche. Einfache Küche.

● **Lake Naivasha Holliday Inn**
Tel. 050/2350149, Mobil: 0728/627034, www.lakenaivashahollidayinn.com; Preise zwischen 3500/4500/5500 Ksh und 5000/6000/7000 Ksh BB, je nachdem ob man Standard, Standard Superior oder Deluxe bucht; HB und FB kosten jeweils 300 Ksh

mehr. Das neue Hotel ist ein echter Lichtblick, sehr sauber und freundlich. Auch beim Essen gilt: gutes Preis-Leistungsverhältnis. Bootstouren sowie Ausritte mit Pferd oder Kamel können organisiert werden.

● Fish Eagle Inn

Km 18,8; www.fisheagleinn.co.ke, Tel. 050/ 2737956, Mobil: 0725/157370; die Cottages mit kleiner Veranda, Seeblick und eigenem Bad kosten 3200/5100 Ksh, die Executive Cottages für 2 bis 4 Personen 8000 Ksh, im Schlafsaal übernachtet man bereits für 250 Ksh, Camping kostet 500 Ksh. Es gibt heiße Duschen, Restaurant, Sauna und Dampfbad (je 750 Ksh) sowie ein Schwimmbad (Camper und Gäste 200/350 Ksh). Es werden Mountainbikes (500 Ksh pro Tag) und Boote (3000 Ksh pro Std.) vermietet. Das Fish Eagle Inn kann es aber bzgl. Schönheit des Grundstücks und Beliebtheit mit seinem traditionsreichen Nachbarn, dem Fisherman's Camp, nicht aufnehmen (s.u.).

Preiswerte Unterkünfte

● YMCA

Km 13,9; Tel. 050/50109. Wer im YMCA bleibt, hat die Auswahl zwischen verschiedenen Schlafmöglichkeiten. Bandas für 3 bzw. 4 Personen für 800 bzw. 1000 Ksh SC, im Schlafsaal kostet die Übernachtung 400 Ksh pro Person, Camping kommt auf 300 Ksh pro Person. Das YMCA hat eine Küche mit Kühlschrank zur allgemeinen Benutzung, gekocht wird mit Biogas, heiße Duschen gibt es in den Gemeinschaftswaschräumen. Aktivitäten: Lokale 1-Gang-Fäder (800 Ksh pro Tag), Vogelbeobachtungstouren auf dem schönen, ausladenden Seegrundstück mit vielen Fieberakazienbäumen und ein Fußballplatz. Je nach Wasserstand liegt der See übrigens bis zu 10 Min. Fußmarsch entfernt. Afrikanisch, einfach, sympathisch.

● Crayfish Camp

Km 15,6; www.crayfishcamp.com, Tel. 050/ 2020239, Mobil: 0722/4672000, Fax 050/ 2021361; Preise: 3000/4000 Ksh SC BB; Camping: mit eigenem Zelt 300 Ksh pro Person, ohne eigenes Zelt 1000 Ksh inkl. Matratze und Decken. Aktivitäten: Kinderspielplatz, Schwimmbecken (200 Ksh), Pool, Bootstour (3000 Ksh pro Std. für max. 7 Pers.), Fahrrä-

der kosten 200 Ksh pro Std. bzw. 550 Ksh für den Hell's Gate National Park, Pferde stehen pro halbe Stunde für 300 Ksh bzw. pro Std. für 500 Ksh zur Verfügung. Volleyball- und Fußballplatz vorhanden. Ein Restaurant und zwei Bars, eine davon direkt am See, ideal für den Sundowner; in der anderen findet am Wochenende Disco statt (200 Ksh). Das Crayfish Camp ist mit Abstand der größte Campsite am See. Das Gelände besitzt zwar große Rasenflächen, aber kaum Schattenbäume und keinerlei Schmuck. Die (Reihen-) Cottages haben eine Mini-Veranda, sind von der Einrichtung her aber recht kahl. Am Wochenende wird es voll und laut, Nairobis Mittelklasse-Kenianer scheinen geschlossen hier zu sein, und selbst alte Autos und Boote im Garten werden dann noch als improvisierte Quartiere für 1000 Ksh pro Person vermietet.

● Carnelly's Camp

Km 18,4. Ursprünglich gehörte der Platz zum Fisherman's Camp, aber die Erben haben sich zerstritten. Carnelly's macht der anderen Zaunseite ordentlich Konkurrenz, denn der Platz ist chilliger und gepflegter – vor allem aber ist die Bar cum Lounge cum Restaurant viel gemütlicher. Camping kostet 400 Ksh, der Eintritt für Tagesgäste 200 Ksh, Bootstouren 3000 Ksh pro Std., Schlafsaal mit 8 Betten 600 Ksh, Bandas für 4 Personen 5000 Ksh. Wenn der Sohn des Besitzers nicht lautstark Party macht: rundweg empfehlenswert.

● Fisherman's Camp

Km 18,8; Tel. 050/2030276. Ohne Zweifel ist das Fisherman's Camp nicht nur der älteste Campingplatz am See, sondern auch immer noch ein sehr beliebter. Das kommt nicht von ungefähr, denn der Platz ist groß, wunderbar im Schatten eines Fieberakazienwaldes gelegen und offeriert guten Service zu fairen Preisen. Die 4 Vierer-Bandas, SC und gut ausgerüstet, kosten Fr. und Sa. jeweils 4000 Ksh, unter der Woche zahlt man nur 1300 Ksh für den Schlafsaal 700 Ksh (ohne Bettzeug) bzw. für weitere 100 Ksh mit Decke. Billiger geht's dann nur noch im Zelt (400 Ksh pro Person). Unten am See darf man unter den Bäumen Lagerfeuer machen, Holz ist erhältlich. Außerdem gibt es einen kleinen Laden, der neben den wichtigsten Versorgungsgütern auch Filme und Postkarten im Sortiment

Der Lake Naivasha – Porträt einer Region

Im Rift Valley, nur eine knappe Autostunde nordwestlich von Nairobi und damit in optimaler Entfernung für einen Wochenendausflug, liegt, von steilen Grabenbrüchen und Vulkanen umrahmt, der Naivasha-See. Die früheste schriftliche Schilderung des Gewässers stammt von dem Missionar **Charles New,** der den See nie mit eigenen Augen erblickte. Während seines Aufenthaltes an der ostafrikanischen Küste in den Jahren 1863 bis 1872 befragte er arabische Sklaven- und Elfenbeinhändler nach ihrem Wissen über das Landesinnere. Die oft sehr exakten Antworten hat New minutiös aufgezeichnet.

Der erste Europäer, der den See besuchte und diesen Berichten auf den Grund hätte gehen können, war im Mai 1883 der deutsche Forscher **Dr. Gustav Fischer,** der im Auftrag der Hamburger Gesellschaft für Geographie einen Landweg zum Lake Victoria suchte. Von der Aggressivität und den Feindseligkeiten der Masai eingeschüchtert, die in den Region des Naivasha-Sees lebten, kehrte Fischer, ohne seine Mission vollendet zu haben, aber schließlich um. Wenige Monate später erreichte sein schottischer Konkurrent **Joseph Thomson** den See. Thomson verfügte über mehr Geschick im Umgang mit den kriegerischen Masai. Sein natürlicher Witz, einige Taschenspielertricks und das große Brimborium, das er im richtigen Moment zu veranstalten wusste, hinterließen einen so tiefen Eindruck, dass er von den Nomaden als Großer Weißer „Laibon", also als „Medizinmann", angesehen wurde. Gegen Geschenke konnte er ihr Territorium passieren. Mit seinen Aufzeichnungen wurde Thomson Wegbereiter für den späteren Eisenbahnbau der Briten und damit auch für die Erschließung des Rift Valley durch weiße Siedler.

Der Name Naivasha leitet sich von dem **Masai-Wort En-Naiposha,** „das große, bewegte Wasser", ab. Möglicherweise beschreibt dies die unterschiedlichen Launen des Sees, der in den Morgenstunden meist glatt und windstill daliegt, nachmittags aber oft von starken thermischen Winden aufgewühlt wird. Oder der Name bezieht sich auf den massiv schwankenden Wasserspiegel des Sees. 1917, im Jahr des höchsten Wasserstandes seit Beginn der europäischen Aufzeichnungen, reichte das Gewässer am östlichen Ufer bis an die Eisenbahngleise und die Stadtgrenze von Naivasha. Während der in ganz Afrika verheerenden Dürrejahre 1984/85 fiel das Wasser um mehr als 7 m und die Seefläche schrumpfte auf die Hälfte. Folglich liest man auch die **widersprüchlichsten Größenangaben,** die zwischen 120 und 200 km² variieren. Zum Vergleich: Die Fläche des Bodensees beträgt 538 km². Allein mit klimatischen Auswirkungen lassen sich die immensen Schwankungen von mehreren Metern pro Jahr allerdings nicht erklären. Und: Würde das gesamte Wasser verdunsten, wäre der Naivasha-See durch die Anreicherung von Mineralien längst versalzt, so wie all die abflusslosen Sodaseen des Rift Valley. Wo also bleibt die ganze Feuchtigkeit? Zwar hat der See an seiner Nordseite mit dem Gilgil und dem Malewa zwei Zuflüsse, aber der einzige sichtbare Abfluss, die Njorowa-Schlucht im Hells Gate National Park, ist schon seit Tausenden von Jahren „out of order". Sie entwässerte in prähistorischen Zeiten den Vorläufer des Naivasha-Sees, eine riesige Wasserfläche, die auch Elmenteita-See und Nakuru-See mit einschloss. Damals, vor rund 10.000 Jahren, als Europa unter den Gletschern der Eiszeit verborgen lag, war das Klima in Ostafrika kälter und feuchter, der Wasserspiegel lag deutlich höher. So bleibt als letzte logische Möglichkeit eigentlich nur noch ein unterirdischer Abfluss, der wissenschaftlich bisher aber noch nicht nachgewiesen ist. Fest steht jedenfalls: Sehr tief ist der See nicht. Bei durchschnittlichem Wasserspiegel beträgt seine Tiefe im halb untergetauchten Krater von Crescent Island 20 m, ansonsten gerade mal 10 m. Unbestritten ist auch, dass der Naivasha-See mit seiner Lage auf rund 1890 m der höchstgelegene See im gesamten Rift Valley ist.

Ein landwirtschaftliches Zentrum

Dank der Süßwasserreserven des Sees, die heute zur Bewässerung genutzt werden, und der fruchtbaren vulkanischen Böden ist die Lake Naivasha-Region zu einem landwirtschaftlichen Zentrum Kenias geworden. Die ersten weißen Farmer siedelten sich um die Jahrhundertwende in dem bis heute wildreichen Gebiet an. Bereits im Jahr 1909 konstituierte sich die **Naivasha Farmers Association,** eine stockkonservative Bauernvereinigung, die aber nicht nur Lobbyarbeit für den Ausbau der Privilegien weißer Farmer gegenüber den Afrikanern betrieb, sondern die sich auch um die Agrarforschung verdient machte.

Die Pioniere führten bis dato unbekannte Pflanzen ein und experimentierten mit neuen Nutztierrassen. Den Straußenfarmen vor dem Ersten Weltkrieg war ebenso wenig ein dauerhafter Erfolg beschieden wie den Sisalplantagen in den 1920er und -30er Jahren auf dem Gebiet des heutigen Hell's Gate National Park, ebenso wenig dem Geranienanbau in den 60ern zur Extraktion von ätherischen Ölen. Ob der 1980 begonnene **Weinanbau** am Naivasha-See Bestand haben wird, hängt nicht zuletzt davon ab, ob sich der kenianische Tropfen gegen die Konkurrenz der exzellenten südafrikanischen Weine durchsetzen kann. Zur Erfolgsstory schlechthin avancierte hingegen der intensive **Gewächshausanbau von Blumen** (vor allem Rosen und Nelken), **Gemüse und Obst** (u.a. auch Erdbeeren). Der Wert der gartenbauerischen Produkte, die besonders während des Winterhalbjahres gut gekühlt, im Falle von Gemüse auch getrocknet, per Flugzeug auf die europäischen Märkte gebracht werden, erreicht inzwischen schon die Größenordnung der Tee-Exporte Kenias. 75 Prozent der in Kenia produzierten Schnittblumen kommen vom Naivasha-See, und Tausende von Arbeitsplätzen hängen an der Branche. Die zahlreichen Gewächshäuser am See sind nicht zu übersehen.

Konflikte zwischen Landwirtschaft und Umweltschutz

Der Naivasha-See ist ökologisch gesehen äußerst wertvoll. Gemäß dem Ramsar-Abkommen wurde er als weltweit bedeutendes **Feuchtgebiet** eingestuft. Die Zahl von fast **500 verschiedenen Vogelarten,** die bisher nachgewiesen wurden, ist rekordverdächtig. Nirgends in der Welt leben derartig viele Seeadler auf so kleinem Raum. Daneben badet aber auch eine ansehnliche **Nilpferdpopulation** im Naivasha-See, und zahlreiche Wildtiere aus der Umgebung kommen ans Ufer, um zu trinken.

Es ist vor allem die intensive **Landwirtschaft,** die das Gewässer mit zu hohen **Wasserentnahmen** und **chemischen Einträgen** nachhaltig zu schädigen droht. Eine weitere Störung des natürlichen Gleichgewichts erwächst durch zwei eingeschleppte Wasserpflanzenarten, Salvinia molesta und eine alte Bekannte vom Lake Victoria, die Wasserhyazinthe Eichhornia crassipes. Während sie den See zu überwuchern drohen, schrumpft der Papyrusgürtel rings um den See, der als „Kinderstube" für die Fische und als Barriere gegen Steine und sonstige Einschwemmungen wichtige Funktionen besitzt.

Glücklicherweise bildete sich schon früh eine starke Lobby von bekannten Leuten, die sich für den Schutz des Naivasha-Sees einsetzt. So haben sich hier der kenianische Tierfilmer Allan Root ebenso wie die Elefantenforscherin und -schützerin Oria Douglas-Hamilton niedergelassen. Auch Joy und George Adamson besaßen ein Ufergrundstück. Bleibt zu hoffen, dass die 1929 gegründete **Lake Naivasha Riparian Association,** die sich mit einem ausgeklügelten Managementplan um einen Ausgleich wirtschaftlicher und ökologischer Interessen, um die Entwicklung und nachhaltige Nutzung der Ressourcen bemüht, erfolgreich ist. Einen – symbolischen – Erfolg hat sie bereits errungen: Für ihre Schutzbemühungen wurde sie 1999 mit dem RAMSAR Wetland Conservation Award ausgezeichnet.

Rift Valley

führt, ein Restaurant (Mahlzeiten müssen vorbestellt werden) und eine gemütliche Bar mit Sat-TV, Darts und Gesellschaftsspielen. Aktivitäten: Fischen (inkl. Lizenz 3000 Ksh pro Std.), Bootstouren (3000 Ksh pro Std.), Ruderboot mieten (500 Ksh), Reiten (1000 Ksh pro Std.), Bootstour zum Crescent Island (5000 Ksh). Ansprechpartner ist *Kilo* (Mobil: 0722/328218). Fazit: Empfehlenswert!

Camping

Am See herrscht **kein Mangel an Campingmöglichkeiten.** Zelten kann man beim Fisherman's Camp, Carnelly's Camp, Crayfish Camp, YMCA, bei der Lake Naivasha Marina, beim Lake Naivasha Country Club, der Safariland Lodge, auf der Sanctuary Farm und im Crater Lake Game Sanctuary.

Essen und Trinken

Eigenständige Lokale gibt es am Lake Naivasha bisher **nicht.** Das heißt, dass man für ein Essen auswärts auf die Hotels angewiesen ist, die auch zahlende Besucher bedienen (bis auf die privaten superexklusiven Unterkünfte sind das alle), oder man isst in einem der einfachen Hotelis, die es bei den Sulmac Dukas und in Karagita gibt (s.u.).

Verkehrsverbindungen

Auf der South Lake Road verkehren ständig **Matatus in Richtung Naivasha,** die Endstation ist allerdings die Kongoni Police Station, wo auch der Asphalt aufhört. Wer noch weiter um den See möchte, muss sich ein Fahrrad mieten oder zu Fuß gehen. Neben den Matatus verkehrt auch ein Busdienst, die Frequenz ist aber nicht sehr hoch, höchstens alle Stunde kommt einer vorbei.

Aktivitäten

Mietfahrräder

Die **Südseite des Lake Naivasha** ist eigentlich das **optimale Fahrradrevier:** Das YMCA, das Fisherman's Camp, das Crayfish Camp, das Fish Eagle Inn und auch der Hell's Gate National Park vermieten günstige (500–800 Ksh) Drahtesel, die South Lake Road besitzt bis nach Kongoni einen vorzüglichen Teerbelag, aber keine schweißtreibenden Berge, und die Möglichkeit, vom Bike aus Wildtiere zu beobachten, wie dies im Hell's Gate National Park gegeben ist, wird man so schnell auch nicht wieder haben. Allerdings sollte man für solche Exkursionen genügend Trinkwasser mitnehmen, denn die Straße verläuft nicht am Seeufer, sondern etwas landeinwärts, und da wird es bei Sonnenschein recht heiß. Auch Flickzeug und Luftpumpe mitnehmen!

Bootstouren

Praktisch alle Hotels und Campingplätze mit Seezugang vermieten Boote oder ermöglichen die Teilnahme an Motorboot-Touren zum Angeln, zur Beobachtung von Nilpferden und Vögeln oder für einen Besuch auf Crescent Island. Die Preise richten sich nach Teilnehmerzahl, Geschwindigkeit des Bootes und Mietdauer. Die Bootsführer kennen die besten Beobachtungsplätze wie z.B. den Hippo Point am westlichen Seeufer. Die preisgünstigste Möglichkeit per Boot nach Crescent Island zu gelangen, ist immer noch jenes, das vom Lake Naivasha Country Club hinüber fährt. **Fisherman's Camp** ist der einzige Ort, der mir bekannt ist, wo auch **billige Ruderboote** vermietet werden – ideal, um im wunderbaren Morgenlicht Vögel zu beobachten und die einmalige Stimmung am See zu genießen.

Nähere Informationen zu Bootsverleihern und Mietpreisen finden sich bei den jeweiligen Unterkünften.

Zusätzlich erwähnenswert ist **Hippo Boatsafaris,** die faire Preise für Bootstouren bieten, z.B. Hin- und Rückfahrt für eine Gruppe nach Crescent Island für 2500 Ksh.

Eine ausdrückliche **Warnung** ist an dieser Stelle noch angebracht: Wer sich ein Boot mietet und dieses selbst steuert, sollte **zu den Nilpferden einen angemessenen Abstand wahren.** Die Dickhäuter sind ziemlich cholerisch und bekannt dafür, kleinere Boote anzugreifen und umzustürzen. Zusammen mit

Wildbüffeln sind sie für die meisten tödlichen Wildunfälle in Afrika verantwortlich!

Einkaufen

Curios und Kunst

● **Elmenteita Weavers**
Km 3,9; Tel. 050/2030115, Mobil: 0733/603694. Hier gibt es aus lokaler Wolle gewebte Polster, Teppiche und Vorleger, Papyrusmatten, -sonnenblenden und -fensterjalousien, aber auch Kikois und Bettüberdecken aus kenianischer Baumwolle werden verkauft. Daneben findet sich eine kleine Auswahl an Curios, Schmuck, Kiondos, Turkana-Körben, Töpferware, Gemälden und Drucken. Direkt nebenan gibt es einen kleinen Farmshop mit selbst gemachten Marmeladen, Pickels und anderem. Mo. bis Sa. von 9–17 Uhr und So. von 9–16 Uhr geöffnet.

Lebensmittel

Wer sich selbst verpflegt, findet entlang der Southern Lake Road eine Hand voll Einkaufsmöglichkeiten, so im Ö-tchen **Karagita** (3,4 km), dessen Dukas die wichtigsten Verbrauchsgüter und Lebensmittel zu in Kenia üblichen Preisen verkaufen. Viele der Farmarbeiter versorgen sich hier, außerdem gibt es eine lokale Bar und einfache Hotelis. Auch in den **Sulmac Dukas,** der Ladenreihe fast vor der Haustür des Fisherman's Camp, kann man einkaufen. Hier bekommt man morgens seine Tageszeitung, aber auch alle möglichen Gebrauchsgüter und frisches Gemüse. Ein weiteres Ladenzentrum sind die **Watalii Kiosks an der Abzweigung zum Hell's Gate National Park,** die ein ziemlich wildes Sammelsurium an Waren und Dienstleistungen anbieten, darunter Mietfahrräder, Hochprozentiges und Lebensmittel.

Lake-Naivasha-Ringstraße

● **61 km** (Old Naivasha Road – Lake Road – Nakuru Highway)
● Die 28 km der South Lake Road bestehen aus gutem **Teer,** die 33 km der North Lake Road sind **Allwetterpiste,** streckenweise mit Wellblech und grobem Schotter.
● **Fahrtzeit:** 1,5–2 Std.
● **Öffentliche Transportmittel** von Naivasha nur bis Kongoni an der Südwestecke des Sees.

Die **South Lake Road** zweigt 3 km nördlich von Naivasha von der Old Naivasha Road nach Nairobi ab. Schon bald nach dem Einbiegen wird offenbar, was die Region um den See am Leben hält: **Tourismus und Gartenbau.** Immer wieder stehen längs der Straße die Hinweisschilder auf Hotels, Bandas und Campingplätze am Seeufer, zu denen man über lange Zufahrtswege gelangt denn die Straße verläuft im Rücken der Seegrundstücke in einiger Entfernung zum Wasser. Die Spuren des Gartenbaus sind noch unübersehbarer, denn überall stehen Foliengewächshäuser.

Bei km 14,3 geht nach links die 1,8 km lange Zufahrtspiste zum Elsa's Gate des Hell's Gate National Park ab. Kurz nach der Abzweigung wird die Landschaft interessanter denn die **Vulkane** von Hell's Gate reichen näher an den See heran und die Straße gewinnt an Höhe. Endlich erhält man den ersehnten Blick über die blaue Fläche des Lake Naivasha, auf dem einzelne Wasserhyazintheninseln schwimmen. Rechts und links der Straße wachsen große **Euphorbienwälder.** Durch diesen wilden Teil am südwestlichen Ende des Sees ziehen von den Bergen des Hell's Gate National Park immer noch viele **Wildtiere** zum Trinken an das Ufer des Sees hinunter, und besonders in den Abendstunden ist mit „tierischem" Gegenverkehr zu rechnen. Bei km 22,7 biegt links die Straße zum Ol Karia Gate des **Hell's Gate National Park** ab, die bis zum geothermischen Kraft-

Rift Valley

werk der Kenya Power and Lightning geteert ist. Der ebenmäßige Kegel des 2434 m hohen **Vulkans Ol Karia,** der dem Gate seinen Namen gab, ist im Hintergrund nicht zu übersehen. Bei der anschließenden Fahrt entlang des privaten **Kongoni Game Sanctuary** bekommt man eine Vorstellung davon, wie die Landschaft um den See in ihrem Urzustand einmal ausgesehen haben mag, bevor die landwirtschaftliche Entwicklung einsetzte.

An der Kreuzung von South Lake Road und der D331, die mit spektakulären Ausblicken das Mau Escarpment erklimmt und im Süden schließlich auf die B3 nach Narok stößt, endet der Asphalt (km 28). Es folgt eine leidlich befahrbare Piste, die sich **North Lake Road** nennt und den von großen Rinderfarmen geprägten sumpfigen Norden des Sees umrundet. 5,7 km hinter der Kongoni-Kreuzung kommt man am Eingangstor des

Vom Fliegen im alten Stile

Wer heutzutage, vielleicht auf den letzten Drücker, per Last-Minute-Angebot, in sieben Stunden mit einem modernen Großraumjet in den Urlaub nach Kenia fliegt, kann sich wohl kaum vorstellen, welchen Aufwand – in zeitlicher, finanzieller und organisatorischer Hinsicht – vor 80 Jahren eine Flugreise von Europa nach Ost- oder Südafrika bedeutete. Für den ersten transkontinentalen Flug von England nach Südafrika benötigten die beiden Flugpioniere *Rynevelt* und *Brand* im Jahre 1919 45 (!) Tage und 21 Zwischenlandungen. Der erste Linienverkehr von London nach Kapstadt wurde erst 13 Jahre später, im Januar 1932, aufgenommen.

Immerhin noch knapp elf Tage dauerte damals die kombinierte Land- und Flugreise, die mit siebenmaligem Umsteigen zwischen zwei Eisenbahnabschnitten und verschiedenen Flugzeugtypen verbunden war. Verständlicherweise wurde da der Flugboot-Linienservice Southampton-Südafrika, der von der **Imperial Airways** ab 1937 angeboten wurde, zum Inbegriff des Reiseluxus. Denn mit den neuen, viermotorigen **Empire-Flugbooten** dauerte die 7300-Meilen-Reise „nur" noch sieben Tage. Über die Mittelmeerhäfen Marseilles, Athen und Alexandria ging es dann mit Zwischenstopps in Kairo, Luxor, Khartoum und Malakal immer entlang des Nils bis nach Kisumu am Victoria-See und weiter nach Mombasa am Indischen Ozean. Von dort aus folgte die Flugroute der Meeresküste über Dar es Salaam, Lindi, Beira und Lourenco Marques bis hinunter nach Durban.

Eine **Landung auf dem Naivasha-See,** damals praktisch der internationale Flughafen von Nairobi, erfolgte nur bei entsprechenden Buchungen. Bevor die Maschine auf dem See niedergehen konnte, musste der Pilot die Landefläche in geringer Höhe überfliegen, um sich sicher zu sein, dass keine Nilpferde im Weg waren. Die Flieger brauchten zum Starten und Landen eine mindestens 2000 m freie Wasserlandebahn. Nach dem Aufsetzen wurde das Flugboot vor Crescent Island an gewaltigen Ankern vertäut. Die Passagiere stiegen dann in kleinere Boote um und wurden beim Sparks Hotel, dem heutigen Lake Naivasha Country Club, an Land gebracht.

Gemessen an den Dimensionen heutiger Passagiermaschinen erscheinen die Empire-Flugboote mit ihrer Flügelspannweite von 34,7 m, einem Gesamtgewicht von gerade einmal 18 Tonnen, einer Reisegeschwindigkeit von 320 km/h und einer Kapazität von sage und schreibe 15 Fluggästen wie zerbrechliches Spielzeug.

Die Ära der fliegenden Schiffe währte nicht lange. Nachdem der Linienverkehr im Zweiten Weltkrieg ohnehin geruht hatte, wurden die Empire-Maschinen aus ökonomischen Gründen 1947 auf der Afrikaroute – unter dem Protest vieler zufriedener Fluggäste – zunächst gegen Solents und 1950 gegen Landflugzeuge ausgetauscht.

privaten **Crater Lake Game Sanctuary** vorbei. Der Vulkan mit seinem Kratersee, aber auch das schöne Wildschutzgebiet drum herum lohnen einen Besuch! Für Kilometer geht es dann an Rinderkoppeln entlang. Hinter den Hügeln zur Linken verbirgt sich ein Grüppchen kleiner Vulkane, die aber nicht ohne weiteres zu besichtigen sind, weil sie sich in privater Hand befinden. Das gilt auch für den gesamten Uferstreifen des Sees, und so haben Sie nirgends die Chance, ans Wasser zu gelangen. Nördlich davon schließen sich die Klippen des **Ndabibi Escarpment** an, das schließlich von den südlichen Ausläufern des Eburru-Vulkans abgelöst wird. An seinen Hängen liegt der **Green Park,** ein riesiges Areal, auf dem ein privater dänischer Investor mitten in der Pampa ein Neubaugebiet erschlossen hat. Vor allem weiße kenianische Pensionäre haben sich hier eingekauft. Wenn Sie nicht noch einen Abstecher auf den Gipfel des Eburru-Vulkans mit seinem grandiosen Panorama planen, sollten Sie wenigstens die „Light-Version" mitnehmen und für 2 km die Piste des Green Park bergauf fahren. Dazu biegen Sie 15 km nach dem Crater Lake Sanctuary links ein. Vorsicht, Flugverkehr: Die Landepiste verläuft quer über die Straße (oder umgekehrt)!

Folgt man der North Lake Road weiter geradeaus, gelangt man nach 2 km an eine **Weggabelung.** Geradeaus geht es auf den Eburru-Vulkan, ein Ausflug, der mit grandiosen Ausblicken belohnt (siehe folgenden Abstecher). Rechts sind es über die North Lake Road noch gut 10 km bis zum **Nakuru Highway.** Von der Schulter des Eburru führt die Piste nun bergab, wobei man 1 km hinter der Gabelung für rund 900 m durch eine Felsschlucht mit 30 m hohen Steilwänden hindurch fährt. Aufmerksame Beobachter werden in den **Masai Cliffs** Klippschliefer, die murmeltierartigen Verwandten der Elefanten, aber auch Paviane und Eulen, die in den Felsen nisten, sehen können. Am Ausgang der Schlucht hat man die Aberdares direkt vor Augen und kommt dann in die sumpfige Ebene des Gilgil-Flusses, eine⁻ der beiden großen Zuflüsse des Sees. Das Gebiet mit den saftigen Wiesen ist in zahlreiche **Viehweiden** unterteilt, und gäbe es nicht die gelbrindigen

Fieberakazienbäume, würde man sich in der offenen Landschaft wie in Norddeutschland fühlen. 9 km hinter der Abzweigung zum Mt. Eburru überquert man die Bahngleise der Hauptstrecke Nairobi-Nakuru und stößt auf der anderen Seite auf das löchrige Asphaltband der **Old Nakuru Road.** Der Vorläufer des heutigen Nakuru Highway verläuft größtenteils zu diesem parallel und ist auf einigen Abschnitten noch befahrbar. Nach den Schienen wendet man sich nach rechts, nach 800 m wieder nach links und gelangt dann an den Nakuru Highway. An der Einmündung steht ein Schild, das nach links weist: „D323 Gilgil 16 km, Nakuru 58 km". Nach rechts geht es in Richtung Nairobi, nach 10,5 km biegt die Zufahrt nach Naivasha ab.

Abstecher auf den Eburru-Vulkan

●**25 km** (einfach)
●**Auch mit einem Pkw zu fahrende Piste** bis knapp unter die 10-Views-Summit-Gipfel, der spektakuläre Ausblicke auf das Rift Valley bietet.

Wenn Sie die Lake Naivasha Ring Road fahren, können Sie 2 km hinter dem Green Park (s.o.) zum Gipfel des Eburru abbiegen. Der kürzeste Weg auf den Eburru-Vulkan führt vom Nakuru Highway über die North Lake Road. 10,5 km nach der nördlichen Einmündung von Naivasha auf den Nakuru Highway weist ein Schild „North Lake Road" nach links. Ziemlich genau 10 km nach der Abfahrt vom Nakuru Highway, nachdem Sie die Masai Gorge durchquert haben, fahren Sie bei einer Linkskurve der Hauptpiste geradeaus weiter. Der Weg beginnt unmittelbar mit dem **Aufstieg in Richtung Eburru.** Schon von weit unten kann man eine herausstehende Spitze sehen, auf der Antennenanlagen und Wassertanks stehen: der **10-Views-Summit.** Hinweise auf den vulkanischen Ursprung des Eburru geben die vielen schwarzen Obsidianstücke in der Piste. Das wichtigste Obsidianvorkommen im gesamten ostafrikanischen Rift Valley liegt an der Nordseite des Eburru. Schon die Frühmen-

Rift Valley

schen erkannten die außerordentliche Eignung des Vulkanglases zur Herstellung von Messern, Klingen und Speerspitzen. Werkzeuge aus dem Material vom Eburru fand man in erstaunlichen Entfernungen von hier.

Zunächst ist die wilde Landschaft von Trockenheit und Hitze geprägt, vorherrschende Pflanzen sind Euphorbien und Akazienbäume, in dieser Gegend gibt es auch noch zahlreiche Wildtiere. Bei km 5,5 nach dem Abzweig von der North Lake Road biegt nach rechts eine schlechte, 19 km lange Piste in Richtung **Gilgil** ab, die nur mit 4WD zu fahren ist. Zum Gipfel des Berges geht es hingegen halblinks weiter. Direkt danach gabelt sich der Weg nochmals, Sie müssen sich wieder links halten, denn nach rechts kommt man zu dem Weiler **Mogen**, dessen Name eine Verballhornung von *Morgan* ist, dem Namen eines Siedlers, dessen altes Haus noch in der Nähe steht. Die vielen Shambas zeigen, dass sich das Klima hier bereits wesentlich besser für den Ackerbau eignet.

Ab km 6,5 sehen Sie die ersten weißlich blühenden **Pyrethrumfelder** rechts und links der Straße, der Boden hat seine rostrote Lateritfarbe gegen das satte Braun von humusreichen Böden eingetauscht, und vielerorts sind Eukalyptusbäume angepflanzt worden, die Bergluft ist spürbar kühler. Gut 3 km hinter der Abzweigung nach Gilgil fahren Sie an dem 1939 entstandenen Gebäude der zweiten alten englischen **Pyrethrum-Farm** auf dem Eburru vorbei, deren Erbauer *Victor Maiden* hieß. Nach der Unabhängigkeit, 1964, verkaufte er die Farm und zog fort. Danach war in dem Gebäude längere Zeit eine Schule untergebracht. Von der Südseite des Gebäudes hat man einen schönen Blick ins Tal. 200 m vorher ist Ihnen sicher rechts der Piste das urige Häuschen mit zahlreichen Abzugsrohren auf dem Dach aufgefallen, das häufig von Dampfschwaden eingehüllt wird. Dies ist der alte **Pyrethrum-Dampftrockner** von Maiden, der von den Bauern der Gegend noch heute benutzt wird. Er steht auf einer

Pyrethrum – das harmlose Gift

Insektizide – bei diesem Wort kriegt man unwillkürlich Hautjucken und denkt an schwere Nebenwirkungen für Mensch und Natur, an Krebs und verseuchtes Grundwasser. Kaum bekannt ist, dass es auch **biologische Schädlingsvernichtungsmittel** gibt, die für Menschen und andere Säugetiere, aber auch für Fische und Vögel völlig unbedenklich sind. Eines dieser Präparate ist Pyrethrum. Hinter dem gefährlich klingenden Namen verbirgt sich nichts anderes als die dalmatinische Insektenblume *Chrysanthemum cincerariaefolium*, deren Blütenköpfe gepflückt, getrocknet, gemahlen und dann als Insektenpulver eingesetzt werden. Sie enthalten nämlich das Kontaktgift Pyrethrin, welches bei Insekten Lähmungen verursacht. Diese verblüffende Wirkung der Staudenpflanze ist im Nahen Osten seit mindestens 400 Jahren bekannt. Vom 19. Jahrhundert an wurde Pyrethrum auch in Dalmatien und auf Japan angebaut. In den 1930er Jahren entdeckten findige Siedler in Kenia dann, dass die Pflanze im gemäßigten Klima von Höhenlagen zwischen 2000 und 2600 m auch am Äquator prächtig gedeiht – und mehr noch: dass die Blume hier durch die gleiche Länge von Tag und Nacht sogar 8–10 Monate pro Jahr blüht, was viel höhere Erträge zulässt. In der Kolonie Kenia bildeten sich daraufhin um die landwirtschaftlichen Zentren Kitale und Nakuru in den oberen Lagen des Grabenbruchs und an einigen Vulkanen ausgedehnte Anbaugebiete. Heute produziert Kenia jährlich noch 30.000 Tonnen getrocknete (!) Blüten und ist damit schon seit mehr als einem halben Jahrhundert der weltgrößte Produzent.

Fumarole, also einem vulkanischen Dampfloch, um die Hitze aus dem Erdinnern zu nutzen. Das nach Schwefel stinkende Kondenzwasser wird tröpfchenweise in einer langen Batterie von Kanistern aufgefangen, denn ansonsten gibt es hier ober kein Trinkwasser. Die Trocknungsanlage im Innern lässt sich noch besichtigen, allerdings muss man im Dorf beim Verantwortlichen den Schlüssel organisieren.

500 m nach dem Farmgebäude – man hat rechter Hand das alte Lagerhaus der Farm passiert, in dem jetzt eine keine Gesundheitsstation eingerichtet ist – macht die Piste eine scharfe Rechtskurve und führt zu einem kleinen Dorf aus Holzhäusern, das offiziell **Eburru** heißt, meist aber **Kampi** genannt wird. Es liegt 700 m weiter, zu Füßen des 10-Views-Summit. Hier gibt es einige kleine Dukas, Bars und Hotelis, aber keinerlei Unterkunftsmöglichkeit. Wer auf dem Berg, nahe der Antennen, campen möchte, sollte beim Assistant Chief der Gegend, dem Sohn des ehemaligen Traktoristen von Maiden, kurz Bescheid geben. Er hat sein kleines Büro in einem der Holzverschläge am Markt. Das Örtchen, das vor allem von Pyrethrum-, Kartoffelanbau und Holzkohleproduktion lebt, wird von Gilgil und Naivasha sogar von **Landrover-Matatus** (120 Ksh) angefahren, sodass auch nicht-motorisierte Touristen diese interessante Gegend erkunden können.

200 m hinter Eburru-Dorf fehlt dem Erdboden auf recht großer Fläche jeglicher Bewuchs, stattdessen breitet sich ein zerfurchter, rötlich-weißer **Kaolinit-Boden** aus, von dem kleine Dampfwolken aufsteigen. Das feinerdige Tonmineral entsteht aus silikatreichen Gesteinen und gibt einen Rohstoff für die Porzellanherstellung ab, wird aber auch als Füllstoff in der Papier- und Kautschuk-Industrie verwendet. Die bunten Farben am Eburru deuten auf mineralische Verunreinigungen hin, das Material eignet sich deshalb nur zur Verwendung in der Schamotte-Industrie beim Auskleiden von Öfen.

Hinter dem Kaolinit-Feld geht es nochmals kräftig bergauf, nach 1 km gelangt man an eine **sternförmige Kreuzung mit drei Verzweigungen (A)**. Der Weg, der geradeaus führt, bringt Sie, wenn Sie sich nach 100 m

rechts halten, über eine löchrige Teerstraße hinauf zu den großen Wassertanks, in die Wasser vom Lake Naivasha zur Versorgung des gesamten Umlandes gepumpt wird. Die Antennenanlagen dahinter werden durch ein kleines Militärcamp und eine **Polizeistation** geschützt. Vor der Polizeistation kann man den Wagen abstellen. Von dort sind es keine 5 Minuten Aufstieg mehr auf die von Antennen gekrönte Kuppe, den **10-Views-Summit,** von dessen nördlicher und südöstlicher Seite sich ein **atemberaubender Blick** auftut der zu den schönsten in ganz Kenia zählt. Im Norden blickt man auf Split Crater und Horse Shoe Crater, Lake Elmenteita und Lake Nakuru mit Lion Hill und Menengai-Krater. Im Osten stehen die Aberdares, bei klarem Wetter sieht man ein Spitzchen des verschneiten Mt. Kenya über sie hinweg lugen. Davor kann man frühmorgens durch die langen Schatten wunderbar die kleinen Bruchstufen im Rift Valley sehen. Im Westen stehen das Mau Escarpment und der Eburru Forest, südwärts hat man einen unverstellten Blick auf den Naivasha-See mit Crescent Island, Mt. Longonot, Suswa und – zumindest in der Frühe – die Dampfsäulen über dem Gebiet von Hell's Gate.

Fahren Sie bei der Kreuzung (A) im spitzen Winkel nach links, kommen Sie über eine 2,4 km lange Piste zu einem **Aussichtspunkt** mit schönem Blick über den Lake Naivasha. 200 m zuvor, von der Piste aus durch die Vegetation verdeckt, kann man rechts in einen großen Krater blicken, auf dessen Boden Felder angelegt wurden. Nimmt man bei (A) die linke Spur, gelangt man an einem Dampfbohrloch zum **Büro des Forest Department** (3,1 km) und weiter in die Reste des Eburru-Urwaldes, der sich bis zum Mau Escarpment hinzieht. Das **Dampfbohrloch** ist eines von insgesamt fünf, die von der Kenya Power & Lightning Company für die Nutzung geothermischer Energie untersucht wurden. Die großen Dampfvorkommen erklären auch den Namen des Bergs, der von den Masai eigentlich Ol Doinyo Opuru genannt wurde, der „Rauchende Berg".

Hell's Gate National Park ♂ XVI/A3

Der Nationalpark

Klein, aber oho: Obwohl Hell's Gate mit einer Fläche von 68,5 km² eher zu den kleinen kenianischen Parks gehört, zählt man hier **jährlich rund 45.000 Besucher.** Denn trotz seines Westentaschenformats bietet er einen guten Querschnitt durch Landschaft, Geologie, Flora und Fauna des Rift Valley und ist noch dazu einfach mit öffentlichen Verkehrsmitteln zu erreichen. Da es keine Löwen oder Elefanten im Park gibt, darf man sich sogar **zu Fuß und per Fahrrad** frei zwischen dem vielen Wild bewegen – ein unvergessliches Erlebnis. Und schließlich bietet der Park inmitten einer urwüchsigen Landschaft mit seinen Klippen auch noch **ausgezeichnete Klettermöglichkeiten.** In seinem Süden, am Rande der malerischen Njorowa-Schlucht, gibt es zudem ein **Kulturzentrum der Masai,** in dem man einen Eindruck vom einstigen und heutigen Leben des Viehzüchter-Volkes erhält.

Bevor das Gebiet, das stark von Vulkanismus geprägt ist, **1984** zum **Nationalpark** wurde, befanden sich hier zwei private Sisal- und Rinderfarmen der Sulmac Flowers Company. Die wenig ertragreichen, bergigen Flächen wurden an den Elsamere Conservation Trust verkauft, die flachen Ländereien in der Nähe des Naivasha-Sees behielt man. Ohne die Österreicherin **Joy Adamson,** die praktisch das gesamte Vermögen, das sie mit den Büchern und Filmen über die Löwin *Elsa* verdiente, in den Naturschutz steckte, wäre dieses einmalige Gebiet wohl niemals Nationalpark geworden. Denn die boomende Gartenbaubranche frisst mit ihrem riesigen Landhunger mehr und mehr freie Flächen um den Naivasha-See. Noch Anfang der 1990er Jahre befand sich östlich von Elsa's Gate offenes Feld, auf dem sich Impalas, Strauße und Zebras tummelten. Heute wuseln dort jenseits eines neuen Zauns höchstens noch die Arbeiter in den Gewächshäusern herum.

Die Pflanzen- und Tierwelt

Die **große Zahl an pflanzlichen Lebensformen** im Park – immerhin 360 verschiedene Pflanzenarten aus 73 Familien, darunter alleine 36 Gräser – beruht auf einer starken landschaftlichen Gliederung, in der auch Laien zehn verschiedene Pflanzengesellschaften gut erkennen können. Vom offenen Grasland im oberen, weiten Teil der Njorowa-Schlucht, wo man viele der bekannten Savannentiere sieht, hebt sich das Grasland in den Höhenlagen mit ganz andere Pflanzenarten ab. Auf den stark aschehaltigen Böden der Hügel, durch den der **Buffalo Circuit** führt, wächst offener und dichter Kampferbusch. Wie der Name des Circuit schon nahelegt, lieben Büffel dieses Pflanzendickicht, und man sollte hier tunlichst auf den Wegen bleiben, um eine unliebsame Begegnung mit den Kolossen zu vermeiden. Aus den **Kampferbäumen** lässt sich ein Öl gewinnen, das für die Herstellung von Mottenkugeln verwendet wird. Die Bäume werden von vielen äsenden Tierarten, besonders von Elefanten und Rhinos, verschmäht, die aus diesem Grund im Park auch nicht vorkommen. Stark beweidete und erodierte Berglagen sind überwiegend mit **Tussocksgras** bewachsen. Stellenweise stößt man im Park auch auf **Baumheide.** Die vielen Felsklippen in der Njorowa-Schlucht lassen auf den ersten Blick gar keinen Bewuchs vermuten, aber auch hier existieren an geschützteren Lagen viele Kräuter, Büsche und Bäumchen, die sich in den Fels krallen. In den schattigen Regionen der unteren Njorowa-Schlucht und in felsigen Abflussrinnen sieht man hingegen viele **feuchtigkeitsliebende Pflanzen** wie Farne und Moose. Auf den jungen, weniger als 1000 Jahre alten Lavaströmen, die von Ausbrüchen des Ol Karia und des Mt. Longonot herrühren, überlebt eine Gesellschaft von unglaublich zähen **Pionierpflanzen.** Die extremsten Umweltbedingungen müssen allerdings Gewächse wie z.B. die lila-gelb blühende **Dissotis** ertragen, die am Rand der zahlreichen **Dampflöcher und Krater** wachsen, nach denen die Region wohl auch ihren Namen erhalten hat: Hell's Gate, also „Höllentor". Bis zu teuflische 230°C misst die Temperatur der dampfgeschwängerten, nach Schwefel stinkenden Luft, die in dicken weißen Wolken aus der Erde schießt.

Die Pflanzendiversität bildet die Nahrungsgrundlage für eine **vielfältige Fauna.** Von den bekannteren **Antilopen** und **Gazellen** hat man gute Chancen, Kuhantilopen, Klippspringer, Graue Ducker, Dik-Diks, Steinböcke sowie Thomson-Gazellen, Impalas, Buschböcke und Elen-Artilopen zu sehen. Aber auch **Warzenschweine, Zebras, Masai-Giraffen** und **Wildbüffel** kann man häufig beobachten. **Raubtiere** sind mit Schakal, Löffelhund, Erdwolf, Tüpfel- und Streifenhyäne, Falbkatze, Manguste, Zibetkatze, Serval, ja sogar Gepard und Leopard ebenfalls gut vertreten. Da firmieren **Paviane und Meerkatzen** nur noch unter „ferner liefen".

Eine besondere Erwähnung verdient im Hell's Gate National Park die **reiche Vogelwelt.** Neben dem Vogelstrauß fallen vor allem die vielen Sekretäre auf, die bei der Schlangenjagd durchs Gras stolzieren. Und durch die vielen Nistgelegenheiten in den steilen Felsklippen gibt es im Park eine sehr hohe Dichte an Geiern und Greifvögeln.

Die Regionen des Parks

Die Circuits

Direkt beim Fischer's Tower, ca. 1 km hinter Elsa's Gate, biegt nach links der **Buffalo Circuit** ab, der in einem weiten Bogen den hügeligen, südöstlichen Teil des Parks erschließt und nahe des Centra Tower wieder in die Schlucht hinabführt. Der mit knapp 14 km längste Rundkurs führt durch den staubigsten Parkteil. Die weiße Vulkanasche, sogenannte Tephra stammt von einem Ausbruch des Longonot. Sie ist fein wie Kreidestaub und kriecht selbst in die kleinsten Ritzen. Dafür bietet der Buffalo Circuit auf seinem höchsten Punkt von immerhin 2195 m Höhe **tolle Aussichten** auf den See, den Mt. Longonot, das Mau Escarpment und die Dampfwolken des geothermischen Kraftwerks, am beeindruckendsten im Gegenlicht am späten Nachmittag.

Vom Buffalo Circuit spaltet sich der **Twiga Circuit** ab, der zu den Klippen im Hintergrund des Fischer's Tower hinaufführt und

sich später wieder mit diesem vereinigt. Von einem Parkplatz kann man in wenigen Minuten zu einem **fantastischen Aussichtspunkt** gehen, von dem sich tolle Blicke auf den seltsamen Felsturm ergeben. Auf diesem Circuit liegt auch der schöne Ol Dubai-Campplatz.

Sodann gibt es noch eine **Piste,** die die **andere Seite der Schlucht** zum Endachata und zum Naibrute Campsite erklimmt. Besonders vom Picknickplatz hinter dem Endachata Campsite hat man einen wunderbaren Blick auf den oberen Teil der Njorowa-Schlucht bis hin zum Fischer's Tower. Bei dieser Route handelt es sich um keinen Rundkurs, man muss auf dem gleichen Weg wieder zurück.

Die Njorowa-Schlucht

Das **Herzstück des Parks** ist die Njorowa-Schlucht, die einen oberen, breiten Teil, durch den eine Autopiste führt, und einen sehr engen unteren Teil besitzt. Der 25 m hohe, turmartige Felsen des **Fischer's Tower** markiert den **Eingang zur Schlucht.** Es handelt sich dabei um einen alten Lavaschlot. Das umgebende, weichere Gestein wurde vor Tausenden von Jahren von dem Fluss weggespült, der auch die Njorowa-Schlucht in das vulkanische Gestein gefräst hat. Benannt wurde er nach dem deutschen Forscher *Dr. Gustav Adolf Fischer,* der als erster Europäer diese Gegend auf der Suche nach einem Landweg zum Lake Victoria durchquerte. Angeblich kam es am Fuß des Fischer's Tower zu einer bewaffneten Auseinandersetzung mit Masai, die ihn zwangen, den Rückzug anzutreten. Am Fischer's Tower lebt eine Truppe von besonders zutraulichen Klippschliefern, die den Murmeltieren zum Verwechseln ähnlich sehen.

Die **obere Njorowa-Schlucht** wird an beiden Seiten von senkrechten, rund 50 m hohen Basaltwänden begrenzt, die von zahlreichen Vögeln bewohnt werden. In der Grassavanne dazwischen tummeln sich die meisten Tiere des Parks. Wenn man in unmittelbarer Nähe zum Wild durch die Herden läuft, kommt man sich wie Adam morgens beim Brötchenholen im Paradies vor. In den **Vulture Cliffs** der oberen Njorowa-Schlucht, nicht weit vom Central Tower, gibt es auf der rechten Talseite riesige **Nistkolonien von**

Greifvögeln, in erster Linie Sperbergeier und Kappengeier, aber auch verschiedene Adler und Bussarde, darunter die kaiserlichen Kaffernadler, die sich vor allem von Klippschliefern, Hasen, kleineren Antilopen und Bodenvögeln ernähren. Die Wand ist von dem vielen Vogelkot weißlich gefärbt und nicht zu übersehen. Gerade nachmittags herrscht an den Felswänden ein reges Kommen und Gehen. Dazwischen zischen noch Hunderte von Schwalben und Mauerseglern herum, sodass man sich wundert, dass es nie zu Kollisionen kommt. Die unangefochtenen Stars aller Vogelfreaks war ein Lämmergeierpaar, das bis 1984 in den Klippen brütete, seitdem aber nicht mehr regelmäßig gesehen wurde. Dieser große Vogel ist in Kenia äußerst selten und sonst nur in den Cherangani Hills, am Mt. Elgon und am Mt. Kenya nachgewiesen.

Der **Central Tower** oder Ol Basta, in 13 km Entfernung zum Elsa's Gate, markiert den **Beginn der unteren Njorowa-Schlucht,** deren Wände so eng beieinander stehen, dass man hier nur zu Fuß hinuntersteigen kann. Es gibt eine schöne **Rundwanderung,** die dem interessantesten Abschnitt der Schlucht folgt und dann am östlichen Rand wieder zum Ausgangspunkt zurückkehrt. Alles in allem benötigt man rund 2 Stunden, es lohnt aber die Anstrengung, denn die Landschaft ist spektakulär und völlig anders als im restlichen Park. Wichtig sind feste Schuhe. Ein Wanderstock kann bei der Überquerung der recht hohen, teils etwas glitschigen Felsabsätze zum Abstützen auch nicht schaden. Nach starken Regenfällen, auch in den umliegenden Hügeln, sollte man auf keinen Fall in die Schlucht hinab, denn dann reißt dort ein regelrechter Wildbach alles mit sich fort!

Auf einem **Parkplatz** am Rangerposten steht das Auto sicher, auf einem **Nature Trail** kann man zunächst hinüber zum Central Tower laufen. Dabei überquert man bereits den hier noch flachen Einschnitt der Schlucht, dem man später weiter abwärts folgt. Der Weg, der von der Südseite des Central Tower in einen Seitenarm der Schlucht führt, ist glitschig, steil, schwer zu finden und daher definitiv nicht zu empfehlen! Gehen Sie lieber ein paar hundert Meter zurück und folgen Sie dem ausgetretenen Pfad, der zunächst

der linken Seite der Schlucht folgt und dann bei einer kleinen Staumauer auf den Boden hinabführt. Dann wendet man sich schluchtabwärts, begleitet von alten Rohren, die einst eine Rinderfarm und den Ort Suswa, rund 30 km entfernt, mit Trinkwasser versorgten. Etwa nach 400 m weitet sich der felsige Einschnitt, der Grund wird sandig. Auf der linken Seite zweigt die **Side Gorge** ab, die stellenweise so eng ist, dass man kaum noch den Himmel sehen kann! Vorsicht: Ein Teil der Lavasteinchen am Grund der 500 m langen Seitenschlucht weist Gaseinschlüsse auf und schwimmt auf Wasser. Manchmal täuscht dieser sogenannte Pumis festen Boden vor, und man steht plötzlich bis zu den Knöcheln im Nass ... Ziemlich am Ende der Seitenschlucht gibt es auf der linken Seite im Fels eine schwarze Obsidianader.

Im weiteren Verlauf der Hauptschlucht muss man einige 3–4 m hohe Felsabsätze überwinden, in die grobe Tritte geschnitten sind. Man wandert an heißen und kalten Wasserfällen vorüber. Wenn man endlich den ebenen Talboden erreicht hat, muss man nach 200 m auf der rechten Seite auf den relativ steilen Aufstieg aus der Schlucht achten. Vom oberen Rand genießt man nochmals einen schönen Blick über den weiteren Verlauf des Tals mit dem Southern Tower, der sich bereits außerhalb des Parks auf Privatland erhebt. Für den Rückweg zum Ausgangspunkt benötigt man eine weitere Viertelstunde.

Nach einer alten **Legende** der Masai sind die drei Felstürme übrigens ein zu Stein gewordenes Brautpaar mit dem besten Freund des Bräutigams, die verhext wurden und seit Urzeiten auf die Erlösung warten, um sich vereinen zu können.

Ol Karia

Die riesigen Dampfwolken über den Hügeln von Hell's Gate beweisen, dass das Gebiet seinen Namen zu Recht trägt und unter der Erde wirklich die Hölle los ist. Durch den Vulkanismus ist die **geothermische Energie** im Boden so groß, dass sie sogar zur **Stromerzeugung** genutzt werden kann. Bei Ol Karia hat die kenianische Stromgesellschaft Dampfbrunnen in Tiefen von bis zu 2000 m gelegt, durch deren Rohre der 300°C heiße Dampf an die Oberfläche geleitet und in großen Turbinen in Elektrizität umgewandelt wird. Die erste, inzwischen schon erweiterte Anlage wurde 1979 gebaut, die Ausbauarbeiten dauern an – was auf der Piste des Nationalparks für einigen Verkehr und viel aufgewirbelten Staub sorgt. Der Name Ol Karia kommt übrigens von dem Masai-Wort für den roten Kaolinit-Ocker, *Oloor Karian,* den man an natürlichen Dampflöchern häufig findet. Wer von der Njorowa-Schlucht in den kaum besuchten westlichen Parkteil möchte, kommt direkt an dem unübersichtlichen Rohrleitungsgewirr des Kraftwerks vorbei, welches den Dampf der einzelnen Brunnen zur Turbine leitet. Das Fauchen des Dampfes an den Auslassöffnungen ist derartig ohrenbetäubend, dass man sein eigenes Wort nicht mehr versteht.

Masai Cultural Centre

Am Westrand der Njorowa-Schlucht, nahe des Punktes, an dem die Piste die steile Steigung zum Ol Karia-Kraftwerk nimmt, befindet sich das Zentrum (www.oloorkarian.org), das Besuchern einen **Einblick in den traditionellen Lebensstil der Masai** gewähren will. Eher unfreiwillig liefert es aber zugleich ein Bild von dem Nomadenvolk, das irgendwo zwischen Vergangenheit und Gegenwart gefangen ist. Das Centre ist **täglich von 9–17.30 Uhr geöffnet.**

Der Westen

Der Westteil des Nationalparks scheint – was Landschaft und Besucherzahlen betrifft – überhaupt nicht zum Hell's Gate National Park zu gehören. Kaum jemand verirrt sich in diese eigenartige Landschaft, die von dem 2434 m hohen **Vulkan Ol Karia** dominiert wird. Erst vor rund 100 Jahren brach er zum letzten Mal aus. Besonders eindrucksvoll, weil düster und unheimlich, ist die sogenannte **Hell's Kitchen,** also die „Höllenküche", auch *Moonscape,* Mondlandschaft, genannt. Sie liegt auf einem kleinen Hügel südwestlich des Vulkans und wird durch Schwefelausfällungen, Dampfschwaden und ein wüsten-

haftes Aussehen geprägt. Ein bemerkenswerter Aussichtspunkt ist der **Hobbley's-Vu kan,** auf den man hinauffahren kann, um zu einigen angezapften Dampflöchern und zu einem schönen Picknickplatz mit Ausblick auf den Naivasha-See zu gelangen. Hobbley's-Vulkan ist auch der Ursprung des Lavaflusses, der sich in Richtung Kraftwerk ergossen hat. Einen zweiten, noch schöneren Aussichtspunkt erreicht man vom Ol Karia Gate aus.

Im Park unterwegs

Wie kein anderer Park des Landes eignet sich der Hell's Gate National Park zu Ausflügen **per pedes und mit dem Fahrrad.** Da es von der Abzweigung bei der South Lake Road über das Elsa's Gate und die obere Njorowa-Schlucht bis zum Ol Karia Gate 22 km sind, lässt sich ein solcher Rundkurs mit dem Fahrrad gut an einem Tag schaffen – ausreichende Wasservorräte vorausgesetzt. Zu Fuß kommt man nicht ganz so weit, aber eine Tour bis in die untere Njorowa-Schlucht und zurück zum Gate sollte schon möglich sein. Das man vor Büffeln, aber auch vor anderen Wildtieren einen respektvollen Abstand einhält, versteht sich von selbst.

An alle **Autofahrer** ist ein besonderer Appell zu richten: Da der Boden im Park in den meisten Teilen aus leichtem Vulkanstaub besteht, ist er sehr anfällig für Erosion, und deshalb darf auf gar keinen Fall off road gefahren werden! Nehmen Sie lieber ein gutes Fernglas mit (das empfiehlt sich schon alleine wegen der vielen interessanten Vögel).

Die **Orientierung im Park** ist wegen der begrenzten Zahl an Wegen kein Problem. An den Abzweigungen stehen Wegweiser. Außerdem gibt es am Elsa's Gate ein empfehlenswertes **Information Centre** mit lesenswerten Tafeln zur Geschichte der Region sowie über die Tiere und Pflanzen des Parks.

Kontakt und Infos

●**Warden Hell's Gate National Park,** Tel. 020/2433037, hellsgatenp@kenyaweb.com, hellsgate@kws.go.ke.

Rift Valley

Camping

Im Hell's Gate National Park stehen **keinerlei Lodges oder Hotels** zur Verfügung, aber durch die Nähe zu den Unterkünften am Ufer des Lake Naivasha dürfte das kein Problem darstellen. Immerhin gibt es **4 Campingplätze,** allerdings ohne jegliche Infrastruktur. Am Ol Karia-Vulkan gibt es einen Picknickplatz, auf dem man auch seine Zelte aufschlagen darf. Man muss alle Lebensmittel, Wasser und Feuerholz selbst mitbringen. Der **Narasha Campsite** am gleichnamigen Gate im Südwesten des Parks ist nicht besonders reizvoll, wohingegen **Naibrute, Ol Dubai** und der Special Campsite **Endachata** alle am Rand der Klippen liegen und sehr schöne Blicke hinunter in die Schlucht bieten.

Die **Campinggebühren** des Parks finden Sie im Kapitel „Nationalparks und andere Naturschutzgebiete".

Essen und Trinken

Im Park selbst gibt es **keine Versorgungsmöglichkeiten,** deshalb muss man für einen langen, heißen Wander- und/oder Radeltag genügend Essen und vor allem Trinken mitnehmen. Am Elsa's Gate erhält man Wasser aus dem Hahn.

Anreise

● **Mit dem Auto** ist der Hell's Gate National Park von Nairobi auf guter Teerstraße zu erreichen. Wer es etwas ausgefallener, aber auch staubiger und rütteliger mag, nimmt die Strecke über Ngong und den Mt. Suswa oder zweigt am Fuß des Escarpment von der Old Naivasha Road auf die Narok Road ab und fährt die letzten 26 km auf problemloser Staubpiste ans südliche Narasha Gate.
● Auch **mit öffentlichen Verkehrsmitteln** ist der Hell's Gate National Park von Naivasha ohne Probleme zu erreichen. Man lässt sich einfach an der Abzweigung zum Elsa's Gate absetzen. Von hier sind es noch knapp 2 km per pedes oder Mietfahrrad hinauf zum Parkeingang.

Parkgebühren, Öffnungs- und beste Besuchszeiten

● Die **Preise** für den Parkbesuch finden sich auf S. 55.
● In den Park hinein kommt man **täglich von 6.30–18.30 Uhr,** verlassen muss man ihn bis 19.15 Uhr.
● Der Nationalpark ist das gesamte Jahr über geöffnet und vollständig begeh- bzw. befahrbar. Abhängig von Futter- und Wasserangebot schwanken die Zahlen der Tiere, die sich gerade innerhalb der Parkgrenzen befinden, beträchtlich. Das **meiste Wild** ist **März und April** sowie von **Mitte September bis Ende November** im Park anzutreffen.

Klettern

Der Hell's Gate National Park bietet viele **schöne Felsen** – Fischer's und Central Tower natürlich mit eingeschlossen – in grandioser Landschaft, die förmlich danach schreien, erklettert zu werden. Infos über die besten Plätze gibt's beim Mountain Club of Kenya in Nairobi (Anschrift s. S. 93). Am Gate kann man auch **Guides** fürs Climbing anheuern, die die in Frage kommenden Plätze kennen. Die nächste Möglichkeit, Ausrüstung zu mieten, ist ein kleiner Laden an der Ecke von der Naivasha South Rd. zum Park Gate.

Kartenmaterial und Literatur

Am Elsa's Gate wird für rund 100 Ksh eine kleine, empfehlenswerte **Broschüre in englischer Sprache** verkauft, die neben Hintergrundinformationen zu Sehenswürdigkeiten und Geschichte sowie einer Checkliste für die häufigsten Säugetiere und Vögel auch einen guten Übersichtsplan und einen Detailplan für die Schlucht enthält.

Nairobi – Limuru – Old Naivasha Road – Mt. Longonot National Park – Naivasha

- **84 km**
- **Gute Teerstrecke** von Nairobi bis Naivasha, auf dem Streckenstück Limuru – Naivasha starker Schwerlastverkehr, der bei der Abfahrt in den Graben nur schlecht überholt werden kann. Landschaftlich schöner, mehr Sehenswürdigkeiten und weniger Verkehr als der Nakuru Highway. Zu jeder Tageszeit zahlreiche Busse und Matatus.
- **Tankmöglichkeiten:** Limuru, Mai Mahiu.
- **Fahrtzeit:** 2–2,5 Std.

Wenn Sie **Nairobi über die Limuru Road verlassen,** fahren Sie an City Park und Aga Khan Hospital vorbei und gelangen in den feinen Vorort Muthaiga. Am Muthaiga Shopping Centre gibt es einen Kreisel, von dem rechts die Muthaiga Rd. abzweigt, während die Limuru Road einen scharfen Knick nach links macht. Knapp 2 km nach dem Muthaiga Shopping Centre passieren Sie die Abzweigung zum UNEP-Hauptquartier. 1 km darauf fährt man an der deutschen Michael Gzrimek-Schule vorbei, die auf der linken Straßenseite liegt, während sich gegenüber der Village Market befindet, eines der bekanntesten Einkaufszentren Nairobis.

Bald darauf kommt man endlich aufs Land, beiderseits der Straße sieht man die ersten **Kaffeeplantagen.** 3,8 km hinter der deutschen Schule stehen am linken Straßenrand einige Dukas, während rechts eine Teerstraße, die sogenannte Banana Hills Road, abzweigt. Um nach Limuru zu gelangen, könnten Sie geradeaus über die C62 weiterfahren und würden nach 19 km auf den Nakuru Highway stoßen. Empfehlenswerter ist die **Fahrt über die Banana Hill Road,** die zwar etwas länger, aber landschaftlich interessanter ist und darüber hinaus einige Sehenswürdigkeiten aus der Siedlerepoche Kenias bie-

tet. Man biegt an der Kreuzung, an der Schilder auf den Kentmere Club und das Waterfalls Inn hinweisen, nach rechts ab.

Die Straße steigt durch Bananenhaine, Kaffeepflanzungen und Shambas höher, rückwärtig öffnen sich immer wieder schöne Ausblicke auf die City von Nairobi, die Ngong Hills und die leuchtend gelbe Savanne der Athi-Ebene. Nach knapp 5 km wird **Banana Hill** passiert, ein kleines Landstädtchen. Dahinter genießt man einen ungestörten Blick über weite Kaffeeplantagen, die von gelb blühenden Seideneichen beschattet werden.

Ein Großteil des Landes nördlich von Nairobi befand sich während der Kolonialzeit im Besitz der Weißen. Ursprünglich waren die Hügel von dichtem Urwald bedeckt, in dem das Volk der Dorobo lebte, das aber von den südwärts wandernden Kikuyus allmählich vertrieben wurde. Im unsicheren Grenzgebiet von Kikuyus, Masai und Dorobo gab es viel scheinbar besitzloses Land, das sich die Weißen aneigneten. In der Folge entstanden die ersten europäischen Farmen der sogenannten **White Highlands.** Bis heute befindet sich noch ein großer Teil der Teefarmen, Kaffeeplantagen, Milchvieh- und Gartenbaubetriebe zwischen Nairobi und Limuru in weißem Besitz. Hinter Banana Hill sieht man immer wieder alte europäische Pflanzerhäuser. Zusammen mit der grauen Wolkensuppe und der kühlen Luft auf knapp 2200 m entsteht eine **europäische Atmosphäre,** zu der auch das britische Landhotel Kentmere Club (s.u.) mit seinem wunderbaren Garten passt, knapp 4,5 km hinter Banana Hill gelegen. Dahinter beginnt das **Teeanbaugebiet von Limuru,** dessen Sträucher alle exakt auf gleiche Höhe gestutzt sind. Dieser „Picking Table", also Pflücktisch, verleiht den Hügeln ein völlig regelmäßiges, fast künstliches Aussehen. Dieser Eindruck wird noch verstärkt, wenn die Sonne herauskommt und die Teeplantagen in Giftgrün zu leuchten beginnen. Tee wird nur in den frühen Morgenstunden gepflückt. Wer den Frauen mit den Körben auf dem Rücken bei der Arbeit zusehen möchte, muss also früh aufstehen. Der erste Tee Kenias wurde im Jahr 1903 versuchsweise in der Region um Limuru angebaut, heute ist das Land wichtigster Tee-Exporteur der Welt.

Im Herzen der Teefelder liegt **Tigoni.** Diesen Namen trägt sowohl ein von bayrischen Mönchen geführtes **Benediktinerkloster,** an dem Sie vorbeifahren, als auch ein **vornehmer Ort** von weit verstreuten Häusern in riesigen Gärten, der ein ausgesprochen englisches Flair besitzt. 4,3 km hinter dem Kentmere Club versteckt sich die kleine **All Saints Church** rechts der Straße hinter einer Baumgruppe. Für eine Besichtigung fährt man bei dem Schild, das auf das Waterfalls Inn hinweist, von der Hauptstraße ab und biegt nach 100 m gleich wieder nach links ein. Die holzschindelgedeckte Kirche im normannischen Stil wurde 1940 geweiht, ihr viereckiger Turm lässt sich besteigen. Auf dem Friedhof vor dem Eingang liegen die Gräber vieler weißer Siedler, darunter auch einige der Leakey-Familie, etwa von *Harry* (1940) und *Mary* (1948) *Leakey,* den Eltern von *Louis* (1972), dem berühmten Archäologen. Da sein Vater

im Kikuyu-Land als Missionar tätig war, wuchs Louis mit den einheimischen Kindern auf, sprach fließend Kikuyu und wurde sogar initiiert und in den Stamm aufgenommen, was die kurze Kikuyu-Inschrift auf seinem Grabstein erklärt.

Wenn Sie der kleinen Straße, die von der Banana Hill Road nach rechts abzweigt, noch ein Stückchen durch die Teeplantagen folgen, gelangen Sie nach 1,3 km an die Zufahrt zum **Waterfalls Inn** (s.u.), das man nach einem weiteren Kilometer erreicht. Wer gerne eine **Teeplantage** und die Verarbeitung der grünen Blätter in einer **Teefabrik** besichtigen möchte – ein empfehlenswerter Tagesausflug von Nairobi – kann dies entweder über das Waterfalls Inn organisieren, oder man wendet sich an die *Mitchells* von der **Kiambethu Tea Farm** (Tel. 066/40756, www.kiambethufarm.co.ke), die an der All-Saints-Straße liegt. Mit über 90 Jahren Erfahrung ist dies die traditionsreichste Teeplanzerfamilie von ganz Kenia. Beim gemeinsamen üppigen Lunch nach der Besichtigung von Teeplantagen und -fabrik im 1910 gebauten Haus der Familie erfährt man vom Leben aus vergangenen Siedlertagen. Der sehr empfehlenswerte Besuch von Plantage und Fabrik muss telefonisch im Voraus gebucht werden und kostet inklusive Lunch rund 15 Euro. Für Leute ohne eigenes Fahrzeug lässt sich die Tour auch über Let's Go Travel in Nairobi buchen.

Fahren Sie die Banana Hills Road weiter in Richtung Limuru, passieren Sie nach einigen Kilometern die Einfahrt zum **Brackenhurst Baptist International Conference Centre,** das 1,2 km abseits der Straße liegt. Das schöne alte Gebäude mit der wechselhaften Geschichte als Farmhaus, Sanatorium und schließlich als Hotel lohnt einen kurzen Abstecher – zumal es ein empfehlenswertes Restaurant besitzt. Seit 1964 ist Brackenhurst ein baptistisches Konferenzzentrum.

ken-330 Foto: hf

All Saints Church mit Friedhof

Nur 200 m nach der Brackenhurst-Abzweigung geht es links zum **Limuru Country Club.** Die wunderschöne Anlage des 1945 gegründeten Golf- und Sportclubs (s.u.) liegt 400 m von der Straße entfernt und steht gegen eine Tagesmitgledschaft auch Gästen offen. Vielleicht können Sie wenigstens einen kurzen Blick in das alte Clubhaus werfen. An jeder Ecke tritt die herrschaftliche Clubtradition zutage, auf deren Einhaltung penibel geachtet wird, sei es im Restaurant, auf der Terrasse oder in der urigen Member's Bar. Hier scheint sich seit Kolonialtagen nur die Hautfarbe der Herren geändert zu haben, ansonsten weht hier noch immer der schneidende Wind des Klassendünkels.

Gut **3,5 km hinter der Country Club-Abzweigung** biegt nach links eine weitere Straße ab, welche die Schienen der Uganda-Bahn unterquert, zur C64 und von dort nach dem Rechtsabbiegen zum Nakuru Highway und zur Old Naivasha Road hinüberführt. Wenn Sie geradeaus fahren, können Sie zunächst dem kleinen Landstädtchen **Limuru** mit seinem schönen Markt einen kurzen Besuch abstatten, das sie nach vielleicht 700 m schlechter Straße erreichen.

Von der Einmündung in die C64 ist es noch 1 km bis zur Auffahrt auf den **Nakuru Highway,** der schnellsten Möglichkeit für Eilige, nach Nairobi zurück zu gelangen oder um zügig nach Naivasha we terzufahren (Beschreibung dieser Alternativroute s. S. 258). Auf der anderen Seite der Unterführung beginnt die sogenannte **Old Naivasha Road,** die zunächst durch ein **fruchtbares Hochlandgebiet** mit kleinbäuerlichen Shambas führt. Auf der Fahrbahn zuckeln immer wieder mit Futtergräsern beladene Eselskarren dahin, am Straßenrand werden Gemüse, das Obst der Saison, Lammfelle und -nützen angeboten. Nach 4 km machen die Felder großen Nadelholzschonungen Platz.

Gut 13 km nach der Unterquerung des Nakuru Highway öffnet sich der Wald auf der linken Seite und gibt unvermutet den sagenhaften **Blick** vom Kikuyu Escarpment aus 1800 m Höhe **hinunter ins Rift Valley** frei. Im Nordwesten können Sie den flachen, zerfurchten Kegel des Longonot-Vulkans und davor sogar die großen Satellitenschüsseln

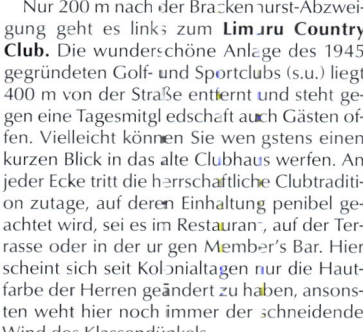

Italienische Kriegsgefangene in Kenia

Im Januar 1941 führten kenianische Soldaten die britischen Streitkräfte mit Truppen aus Uganda, Tanganyika, Nyassaland (heute Malawi), Rhodesien (heute Sambia bzw. Simbabwe), West- und Südafrika ins italienisch besetzte Äthiopien – der Zweite Weltkrieg hatte Ostafrika voll erfasst. Bereits vier Monate später erreichten sie Addis Abeba, **1942** wurden mit dem Fall von Gondar die Kriegshandlungen eingestellt. **60.000 Italiener** kamen im Februar jenes Jahres als Kriegsgefangene nach Kenia. In Nairobi, Nyeri, Eldoret und in vielen kleineren Städten des Landes wurden Gefangenenlager eingerichtet, an einigen dieser Orte, etwa bei Nyeri, kann man noch Gräber aus dieser Zeit besichtigen. Die Männer mussten im öffentlichen Bereich, etwa in der Forstwirtschaft, arbeiten, konnten aber auch von Privatbetrieben und Einrichtungen angefordert werden, die wegen der Einziehung von jungen Männern zum Kriegsdienst in anderen Regionen des Empire massiv unter Arbeitskräftemangel litten. Vor allem aber nutzte die Kolonialregierung das Wissen einiger italienischer Straßenbauingenieure unter den Gefangenen, um den Escarpment-Abschnitt der Straße von Limuru nach Naivasha bauen zu lassen, der am 2. Februar 1943 vollendet wurde. Die kleine Kapelle St. Mary of the Angles erinnert heute noch daran. Nach dem Krieg ließen sich viele der ehemaligen Gefangenen im Land nieder.

erkennen, mit denen der internationale Telefonverkehr des Landes abgewickelt wird. Entlang der 10-km-Fahrt zum Talboden gibt es eine **Reihe von Aussichtspunkten,** an denen geschäftstüchtige Andenkenverkäufer knipsenden Touristen unermüdlich ihre Seifenstein- und Flechtwerkware anpreisen. Die relativ enge Straße, die von zahlreichen Lkw benutzt wird, führt durch **urtümliche Wälder.** Mit jedem Meter scheint die Luft wärmer zu werden, und riesige, kakteenartige Kandelaber-Euphorbien, eine Charakterpflanze trockener und heißer Gebiete, dominieren schließlich das Bild.

Kurz vor Erreichen des Grabenbodens liegt auf der rechten Seite die kleine **Kapelle St. Mary of the Angels,** die an die Opfer unter den italienischen Kriegsgefangenen erinnert, die in den frühen 1940er Jahren am Escarpment-Abschnitt der Straße von Nairobi nach Naivasha bauten (siehe Exkurs „Italienische Kriegsgefangene in Kenia"). In ihrem Heimweh wählten die Soldaten einen denkbar passenden Platz für die 1942 geweihte Kirche aus. Das Wetter am Fuß des Steilabbruchs ist durchaus mediterran mild, die Grillen zirpen, und das Kirchlein könnte genauso gut irgendwo in der Toskana stehen – zumindest, wenn man sich die Akazien drumherum als Pinien vorstellt. Die Kapelle ist täglich geöffnet. Aus dem Eingang blickt man ins Rift Valley, genau auf den kleinen Vulkan Mt. Magreth. Neben der Kirche kann man am Memorial Candy Shop parken und Erfrischungen und Andenken kaufen.

Gut 1 km nach der Kirche erreicht man **Mai Mahiu** mit seinen Hotelis, Dukas und Lodges, das an der Abzweigung der B3 nach Narok (87 km) und zur Masai Mara liegt. Von hier führt die Strecke über den pottebenen Grabenboden zwischen dem Mt. Longonot und dem Kikuyu Escarpment hindurch hinunter zum Naivasha-See. Vor dem Panorama des stark erodierten Longonot weiden zahlreiche Gazellen und Zebras, und überall sieht man große Masai-Herden mit riesigen Staubschleppen hinter sich. Bei km 14,6 ab der Narok-Kreuzung biegt links die rund 3 km lange Piste zum Eingang des Mt. Longonot National Park ab, dem Ausgangspunkt einer absolut empfehlenswerten Bergbesteigung. Di-

rekt nach der Überquerung der Gleise der Uganda-Bahn fährt man durch den Ort **Longonot,** der lediglich aus einer langen Reihe von bunten Holzdukas und einer Polizeistation besteht. Zusätzliche Farbigkeit gewinnt die Szene durch die rot gewandeten Moran. Hinter dem Ort läuft das weite Land sanft zum tiefer liegenden **Naivasha-See** aus, dessen silbrige Fläche man in der Ferne glänzen sieht. Je näher man dem See kommt, desto schöner werden die Ausblicke auf Crescent Island, den nördlich des Sees liegenden Eburru-Vulkan, auf das mächtige, bis zu 3000 m hohe Mau Escarpment im Westen und davor die Klippen von Hell's Gate. In Ufernähe wachsen große Wälder der gelbstämmigen Fieberakazien, für die der Lake Naivasha so bekannt ist. Rund 17 km hinter Longonot gelangt man an die **Abzweigung der South Lake Road,** die um den gesamten Naivasha-See herumführt. Wenn Sie vorher nicht nach Naivasha wollen, können Sie hier direkt links abbiegen, um zum Hell's Gate National Park (15 km) oder zu einem der vielen Hotels und Campingplätze am Seeufer zu gelangen. Ansonsten fahren Sie geradeaus weiter und gelangen 3 km später in den Ort Naivasha.

Unterkunft

●**Kentmere Club**
Tel. 020/2021369, 3585511, Mobil: 0722/276357, www.kentmereclub.com; Preise auf Anfrage. Der Club rund 12 km vor Limuru bei Karuri an der Old Limuru Road wurde angeblich in den 1920er Jahren erbaut. Früher vor allem ein Treffpunkt weißer Siedler, sieht man hier heute auch öfters Minister beim Bier sitzen. Das Haupthaus mit seinem Schindeldach, den niedrigen Holzbalkendecken, einem romantischen Kamin, der urigen Bar sowie mit Küche und Weinkeller von exzellentem Ruf wurde im prüden Nairobi zu einem Versteck der Liebenden. Bis heute hat das Hotel einen dicken Romantikfaktor. Auf Plattenwegen geht man durch den überbordenden, vogelreichen Garten zu den hölzernen Cottages mit eigenem Kamin. Die Inneneinrichtung der Zimmer ist nicht überkandidelt, aber gemütlich. Very, very british!

● Waterfall's Inn

Tel. 066/50143 und 40672, Fax 50944. Etwa 8 km vor Limuru, rund 2,5 km abseits der Banana Hill Road in den Teeplantagen gelegen. Es gibt zwei DB Cottages für jeweils 1800 Ksh BB, Camping kostet 250 Ksh pro Person auf dem einfacheren Picknick Camping, auf dem es nur kalte Duschen gibt – brrr, Sie befinden sich hier auf über 2000 m Höhe! –, und 450 Ksh pro Person auf dem Cottage Camping, was die Benutzung der Cottage-Einrichtungen wie heiße Duschen, Kamin, Feuerholz, Tische und Bänke mit einschließt. Wegen seiner schönen Aussicht über die Teeplantagen bis hinunter nach Nairobi und die Athi Plains, auf die Ngong Hills und an sehr klaren Tage sogar bis zum Kilimanjaro ist das Waterfall's Inn ein beliebtes Ausflugsziel für Nairobianer. Unter der Woche ist es ruhig, aber Fr. bis So., wenn ganze Schulklassen und Großfamilien einfallen, ergreift man besser die Flucht. Es gibt ein Restaurant, und frische Milch, direkt von der Kuh, ist ebenfalls erhältlich. Einige Minuten Fußweg von hier befinden sich die hübschen namensgebenden Wasserfälle.

Wer nicht mit dem eigenen Wagen unterwegs ist, kann von der Matatu Station am nördlichen Ende der Tom Mboya St. das Matatu 106 nach Banana Hill und von dort eines nach Kimonde nehmen. Man lässt sich dann an der Kenchick-Fabrik absetzen und muss die letzten 3 km zu Fuß gehen.

Aktivitäten

● Limuru Country Club

Tel. 066/73338, 73189, www.limurucountry-club.co.ke. Der 4,5 km vor Limuru gelegene Club wurde bereits 1945 gegründet. Neben einem 18-Loch-Golfkurs besitzt er angeblich die schönste Cricket-Bahn in ganz Kenia, aber auch Kraftraum, Sauna, Pool, Tennisplatz, Squash, Poolbillard und eine Bowlingbahn sowie eine Bibliothek, ein gutes Restaurant und eine urige Member's Bar mit alten Büffelhörnern, Pokalen, gediegener Holzeinrichtung, gemütlichem Kaminfeuer und den auf Holztafeln verewigten Clubmeisterschaftslisten der letzten 50 Jahre. Als Nicht-

Mitglied darf man gegen eine tägliche Mitgliedschaftsgebühr die Sportanlagen nutzen. Für das Golfen wird an Wochentagen eine Greenfee von 900 Ksh, an Wochenenden und Feiertagen von 1400 Ksh fällig. Der Caddy erhält 180 Ksh. Im Club werden Golfschläger vermietet. Bisweilen finden auf der Anlage Turniere statt.

Mt. Longonot National Park ♪ XVI/B3

Der Nationalpark

Südlich des Lake Naivasha erhebt sich der 2777 m hohe **Vulkan Mt. Longonot** vom Boden des Rift Valley. Die weiße Asche an seinem Kraterrand könnte man von unten irrtümlich für Schnee halten (wenn Sie sich schwitzend auf dem Weg nach oben befinden, wird sich das Missverständnis schnell von selbst aufklären). Besonders im Morgen- und späten Nachmittagslicht fallen dort den langen Schattenwurf die **vielen Erosionsrinnen im weichen Vulkangestein** auf, die dem Berg ein regelrecht zerknittertes Aussehen verleihen. Daher rührt auch sein Name, der auf ein Masai-Wort zurückgeht: Loonong'ot bedeutet auf Maa nämlich so viel wie „Berg der vielen Grate". Erdgeschichtlich gesehen ist der Mt. Longonot (trotz der vielen Falten!) mit ca. 1 Million Jahre ein sehr junger Berg. Der letzte Ausbruch liegt erst einige hundert Jahre zurück, und wie die Fumarolen im Krater beweisen, ist das Heißblut noch keinesfalls erloschen, sondern schläft nur und kann jederzeit wieder aktiv werden. Bei den bisherigen Ausbrüchen hat er eine weite Umgebung mit seinen Auswürfen bombardiert. Bis zum Hell's Gate sind die vulkanische Asche und Pumis, Magmaklümpchen, geschleudert worden.

Seit 1983 ist der Berg durch einen 52 km² großen **Nationalpark** geschützt. Die **Wanderung** vom Parkplatz in 2200 m Höhe am nordöstlichen Fuß des Berges hinauf zum Kraterrand und weiter zum Gipfel erschließt

Rift Valley

ein wunderschönes Landschaftserlebnis. Halten Sie im unteren Bereich des Aufstiegs die Augen offen, neugierige Masai-Giraffen stehen hier gerne bewegungslos im Busch und gucken ungläubig den keuchenden Touristen hinterher. Folgt man dem im Durchmesser 1,6 km großen Krater auf seiner Krone entgegen des Uhrzeigersinns weiter in Richtung Gipfel, genießt man **grandiose Ausblicke** auf den Lake Naivasha und die Aberdares. Im Norden, zu Füßen des Wanderers, schmiegt sich ein kleiner **Parasitenkrater** mit der unwiderstehlichen Form eines Napfkuchens an die Flanke des Bergs, und ein gewaltiger Lavafluss, der von dort in Richtung See geflossen ist, hat sich im flacheren Terrain ausgebreitet und wirkt von hier oben wie die dazugehörige gigantische Kuchenplatte.

Aber auch der Blick in den kreisrunden **Hauptkrater** hat seinen Reiz, dessen Boden von dichtem Buschwald bedeckt ist, in dem Büffel, Elen-Antilopen und mindestens ein Leopard leben. Das scheue Tier sieht man selten, seine Tatzenspuren sind morgens in der puderfeinen Asche am Kraterrand hingegen oft zu entdecken. Der einzige begehbare **Weg zum Kraterboden** ist ein halsbrecherischer, steiler Pfad, der etwa auf halber Strecke zum Gipfel vom nördlichen Kraterrand in die Tiefe führt. Außer an dieser Stelle bricht das weite Rund des Kraters fast senkrecht in die Caldera ab und lässt keinen anderen Abstieg zu.

Wenn man geradewegs **zum Gipfel** marschiert, der sich ziemlich genau im Westen des riesigen Rundes erhebt, kann man sich unmöglich verlaufen, denn der Weg folgt die ganze Zeit dem Rand. Zwar geht es rechts und links steil bergab, aber *Joseph Thomson*, der erste Europäer, der den Berg auf seiner Erkundungsreise 1883/84 bestieg, hat in seiner Reisebeschreibung wohl etwas übertrieben, als er behauptete, er hätte rücklings auf dem schmalen Kraterrand gesessen und ein Bein im Krater, das andere an der Außenseite herabbaumeln lassen ... Das Gipfelpanorama wird um den Blick nach Süden und Westen auf Mau Escarpment, Suswa-Vulkan, Ngong-Berge und an besonders klaren Tagen sogar auf die Spitze des Kilimanjaro bereichert, die dann direkt links der Ngong-Berge hervor-

lugt. Der Mt. Kenya hingegen wird von den vorgelagerten Aberdares verdeckt.

Im Park unterwegs

Sie können **den Kraterrand** erklimmen (1–1,5 Std.), den **Gipfel** stürmen (+ 1 Std.), eine **komplette Umrundung** machen (3–4 Std.) und zusätzlich den Abstieg in den Krater wagen. Am besten geht man gegen den Uhrzeigersinn, da der Weg über den südlichen Kraterrand zum Gipfel deutlich länger und schwieriger ist. Wirkliche Kletterpassagen gibt es auf der gesamten Umrundung des Kraters nicht, aber der letzte Anstieg zum Gipfel, eine steile, schottrige Passage, erfordert etwas Vorsicht. Der Abstieg in den Krater ist nur schwindelfreien, trittsicheren „Bergziegen" zu empfehlen ...

Ein **Aufstieg von der Nordseite des Bergs** zum Kraterrand oder vom Hell's Gate National Park ist wegen der dichten Vegetation und der langen Anmarschroute **nicht zu empfehlen** und außerdem illegal, zumindest, wenn Sie nicht vorher am Gate Ihren Eintritt bezahlt haben.

Sie brauchen für die Tour in jedem Fall **festes Schuhwerk.** Denken Sie auch an **viel Wasser** und guten **Sonnenschutz,** sonst haben Sie beim Wandern in der Hitze nicht viel zu lachen. Wenn Sie früh starten, können Sie den anstrengendsten Teil in der kühlen Morgenluft hinter sich bringen, wenn auch die Sicht am besten ist.

Wenn Sie **allein oder zu zweit** sind, werden die Ranger am Gate möglicherweise darauf bestehen, Ihnen einen bewaffneten **Guide** mitzugeben. Offizieller Grund sind die Büffel auf dem Berg, hinter vorgehaltener Hand erfährt man dann aber, dass sich vor längerer Zeit am Berg Raubüberfälle ereigneten. Wer die Dienste eines Führers in Anspruch nehmen möchte, zahlt ein Salär von 1500 Ksh.

Kontakt und Infos

•**Warden Hell's Gate National Park** (wird von dort verwaltet), Tel. 020/2433037, hellsgate@kws.go.ke, hellsgatenp@kenyaweb.com.

Unterkunft

- **Innerhalb des Parks** gibt es **keine Übernachtungsmöglichkeiten oder Campingplätze,** aber man kann sein Zelt am Gate aufschlagen.
- Wer kein Zelt dabei hat, findet im rund 6 km entfernten **Dorf Longonot** an der Eisenbahnlinie einige **Billigunterkünfte.**

Anreise

Von Mai Mihu am Fuß des Escarpment bis zur Abzweigung der Piste von der Old Naivasha Road zum Parkgate sind es 14,6 km. Dann folgen 3 km staubige Piste zum Gate und ein weiterer Kilometer bis zum Parkplatz am Fuß des Berges. Da der Mt. Longonot National Park relativ nah an der Old Naivasha Road liegt, ist er mit **Matatus von Nairobi und Naivasha** gut zu erreichen. Sie müssen sich allerdings versichern, dass das Matatu tatsächlich die Old Naivasha Road und nicht etwa den Nakuru Highway benutzt. Sie kön-

nen sich dann am Bahnübergang nahe des Dorfs Longonot absetzen lassen; die verbleibenden 3 km bis zum Gate läuft man.

Parkgebühren, Öffnungs- und beste Besuchszeiten

- Die **Parkgebühren** stehen auf S. 55.
- Der Park ist **täglich von 6–18.30 Uhr** geöffnet.
- Wie für praktisch alle anderen Berge in Ostafrika gilt auch im Falle des Longonot: In den trockenen Monaten **Januar bis März** und mit Einschränkung auch **September und Oktober** ist die Wahrscheinlichkeit auf brillantes Wetter am besten. Wirklich schlechte Aussichten gibt es vor allem von Juni bis August und in den Regenzeiten, wenn der Kraterrand oft in Wolken gehüllt ist.

Mt. Longonot – Blick in den Hauptkrater

Ngong – Mt. Suswa – Narok Road – Hell's Gate National Park

- **105 km**
- Die ersten 29 km hinter Ngong sind auch mit **Pkw** befahrbar, die steile, steinige Piste ins Rift Valley nur mit Auto mit hoher Bodenfreiheit. Es bestehen Pläne, diesen Weg ins Rift Valley auszubauen und an die geplante Nairobi Ring Road durch den Ngong Forest anzuschließen. Für die Caldera des Suswa benötigt man ein Fahrzeug mit **4WD**. Von der Narok Road zum Narasha Gate im Süden des Hell's Gate National Park reicht ein Pkw.
- **Tankmöglichkeiten** in Ngong.
- **Empfohlene Fahrtzeit:** mit Übernachtung in der Caldera, Höhlenbesuch, Besteigung des Gipfels und Abstecher in die Ol Njorowa-Schlucht: 2 Tage.

Die **landschaftlich abwechslungsreiche Strecke** führt durch einen wenig besuchten Abschnitt des Rift Valley, der von Spuren der tektonischen Tätigkeit in der Erdkruste geprägt ist, wie den Ndeya Cliffs und dem Suswa-Vulkan mit seinen riesigen Caldera und außergewöhnlichen Lavahöhlen – eine reizvolle Streckenalternative zu den beiden viel befahrenen Hauptstraßen von Nairobi nach Naivasha, allerdings nur für Leute, denen Staub und Ruckelei nichts ausmachen.

Wenn man die **Ngong Road von Nairobi stadtauswärts** fährt, vorbei an Race Course, Dagoretti Corner und Karen Shopping Centre, gelangt man in dem Örtchen Ngong nach gut 22 km an eine T-Junction. Hier biegt man nach rechts ab und 100 m später wieder nach rechts. 2,6 km hinter der T-Junction macht die Teerstraße einen Knick nach rechts, man folgt aber der beginnenden Piste geradeaus weiter. Bereits wenige Kilometer dannach wird die Landschaft deutlich trockener, Akazien und Euphorbien bestimmen nun das Bild, es eröffnen sich schöne Ausblicke auf die Westseite der Ngong-Berge. Bei km 10,7 fahren Sie nicht in das Örtchen hinein, das mit seinen Wellblechhütten und der Kirche spröden Wildwest-Charme versprüht, sondern biegen vorher nach rechts auf die Piste ab, die aus Kisamis an der Magadi Road von Süden kommt (s. S. 252). In der nun folgenden Savannenlandschaft sieht man bisweilen Gazellen, Giraffen und Masai-Hirten mit ihren Tieren. Ignorieren Sie bei km 15,3 die Piste mit dem Schild „Ngong Rifle Range", die nach links abbiegt.

Bei km 16,5 führt nach links eine Piste auf einen Bergrücken. Der 1,2 km lange Abstecher belohnt Sie mit einem schönen **Ausblick auf die Ngong-Berge,** die 2,4 km für Hin- und Rückweg sind bei der Zählung nicht mit eingeschlossen. Bei km 20,5 ab Ngong beginnen auf der linken Seite die **Ndeya Cliffs,** die mit einigen Dutzend Metern Höhe recht eindrucksvoll sind. Rund 7 km führt die Piste an ihrem Fuß entlang. Sie sind Teil einer Kaskade von Bruchstufen am Rand des Großen Grabens, was man aber nur aus dem Flugzeug oder im Nachmittagslicht vom Gipfel der Ngong-Berge aus erkennen kann. Kletterer aus Nairobi kommen manchmal zum Kraxeln hierher.

Bei km 28,7 überwindet die Piste einen kleinen **Pass,** danach fällt sie ins Rift Valley ab und wird extrem steil und steinig. Autos ohne viel Bodenfreiheit riskieren hier ihre Ölwanne. Es eröffnen sich wunderschöne **Blicke auf Mt. Longonot und Mt. Suswa.** Bei Kilometerstand 42,4 zweigt links der Weg zu einem Dorf (Schild: „Najile High School") ab, Sie folgen aber weiter der Hauptpiste, die auf die **nordöstliche Flanke des Suswa** zufährt. Ab km 47,9 überqueren Sie für etwa zwei ruckelige, nervtötende Kilometer einen erstarrten Lavastrom, der vom Suswa heruntergeflossen ist. Knapp 11 km nach der Abzweigung zum Dorf und der High School **verlassen** Sie die **Hauptpiste (A)** nach links und steuern einige Manyattas (Masai-Häuser) **am Fuß des Suswa** an, die Sie nach einem guten Kilometer erreichen. Von hier aus führt ein sehr rauer Weg, teils über Lavazungen, bergan. Sie haben auf dem Weg nach oben gute Ausblicke auf Longonot und eine moderne Satellitenstation mit ihren Parabolspiegeln. Davor weiden auf dem Boden des Grabens

Zebras und Gazellen friedlich neben dem Vieh der Masai. In dem unwirtlichen Terrain rechts und links des Weges wachsen Aloen mit wunderschönen roten Blütenständen. Zunächst führt die Piste in west-/nordwestlicher Richtung, bevor sie sich nach dem Passieren einer Primary School endgültig hangaufwärts zur Caldera wendet. Eine gute **Orientierungshilfe** auf dem Weg nach oben sind **Erosionsgräben**, die den Verlauf einer älteren Piste markieren, die aber nicht mehr befahrbar ist. Wegen Felsbrocken und Auswaschungen kann man selten schneller als Schritttempo fahren, stellenweise benötigt man sogar die Untersetzung des 4WD.

Nach der Überwindung von 300 Höhenmetern erreichen Sie gut 6 km hinter dem Dorf den **Rand der Caldera** und kurz darauf eine **Weggabelung (B)**. Wenden Sie sich nach links, erreichen Sie 3 km später die bekannteste der **Suswa-Lavahöhlen**. Die rechte Piste führt Sie hingegen 10 km durch die Caldera zum westlichen Rand des Suswa-Kraters, der in ihrer Mitte liegt. Von dort beginnt auch die **Wanderroute zum Gipfel**. Um nach dem Besuch von Krater, Gipfel und Höhlen per Auto zur Narck Road zu gelangen, müssen Sie wieder zur Masai Manyatta am Fuß des Suswa hinunterholpern und dann auf die Hauptpiste zurückkehren (A), die Sie nach links, also in Richtung Norden weiterfahren. Die Strecke ist durch Vulkanasche außerordentlich staubig und teilt sich in viele parallele Wege auf. Im Grunde spielt es keine Rolle, welchen Sie wählen, nach 6–7 km treffen Sie in jedem Fall auf das Asphaltband der Narok Road. Um auf Teer nach Nairobi oder Naivasha zu gelangen, wenden Sie sich nach rechts. Um vom Mt. Suswa zum südlichen Eingang des Hell's Gate National Park zu kommen, wenden Sie sich beim Erreichen des Asphalts nach links, in Richtung Narok. Nach rund 4 km (abhängig davon, welche der vielen Pisten Sie wählten) passieren Sie den **Suswa Police Post,** nach weiteren 7 km kommen Sie zu einigen Läden auf der linken Straßenseite. Eine riesige Akazie macht diesen Platz unverwechselbar. Hier biegen Sie nach rechts auf eine relativ große Staubpiste ab und folgen dieser durch eine weite Ebene, die von zwei Vulkanen dominiert wird. Der linke ist **Loirogwa** (2103 m), jener gerade vor Ihnen **Ol Karia** (2434 m), der innerhalb des Hell's Gate National Park liegt. Diese urzeitliche Vulkanlandschaft wirkt am grandiosesten am späten Nachmittag, wenn die Farben erglühen und die Schatten länger werden.

Bei km 8,1, 8,2 und 9,7 hält man sich immer rechts. Bei km 13,8 beginnt ein zünftiger, 2 km langer Anstieg. Sie passieren den Fuß **des Loirogwa-Vulkans** und haben, oben angekommen, einen sagenhaften Blick zurück, der bis zum Suswa reicht. Bei km 17,3 passieren Sie ein **Masai-Dorf.** Das Wäldchen, das Sie dahinter durchqueren, besteht aus Kampferbäumen. Der weiße Ascheboden verleiht der Landschaft etwas Gespenstisches. Bei km 20,8, am Rande einer kleinen Ebene, biegt man rechts ab und erreicht nach weiteren 4,7 km das **Narasha Gate,** das neueste Parkgate, das den wenig besuchten westlichen Teil um den Ol Karia erschließen soll, den nur wenige Parkbesucher sehen.

Mt. Suswa ⟋XVI/A3

Der **2357 m** hohe Mt. Suswa, den die Masai Ol Doinyo Nanyuki, also „Roter Berg", nennen, wirkt durch seine flachen Flanken nicht sehr imposant. Seine Attraktionen bestehen aus einer gigantischen **Caldera von rund 15 km Durchmesser,** in deren Zentrum ein Vulkankrater liegt, und einem bisher nur teilweise erforschten System von **Lavahöhlen.** Eine Caldera entsteht, wenn der Kegel eines Vulkans nach gewaltigen Ausbrüchen kollabiert und in die leeren Lavakammern stürzt. Was heute vom Suswa zu sehen ist, stellt also bestenfalls ein kleines Stückchen vom Fuß des ursprünglichen Bergs dar und nicht etwa den Kraterrand selbst, der viel kleiner gewesen sein muss! Allerdings ist nach dem Big Bang innerhalb der Suswa-Caldera ein neuer **Krater** entstanden. Davon ahnt man bei der Fahrt auf dem flachen Boden des zusammengebrochenen Vulkans allerdings nichts. Völlig überraschend steht man am Ende der Piste plötzlich an einem riesigen, gähnenden Loch, dessen Wirkung umso überwältigender ist. Genau genommen besitzt der Krater eine Ringform, denn in ihm erhebt sich wiederum ein tafelbergähnlicher Pfropfen aus Lava, der vom Rand durch einen tiefen Graben getrennt ist. Dass der Vulkan tatsächlich noch nicht ganz erloschen ist, zeigen die vielen **Fumarolen,** die im Krater und an der Caldera aus der Erde schießen. Die wenigen Masai, die in der Caldera leben, nutzen den heißen Dampf aus dem Erdinnern zur Trinkwassergewinnung, denn andere Wasserquellen gibt es nicht. Mit etwas Glück lassen sich in der Caldera Gazellen beobachten.

Vom Pistenende am Kraterrand kann man in einer **2- bis 3-stündigen Wanderung** den **Gipfel des Suswa** erreichen. Dazu folgt man dem Kraterrand entgegen des Uhrzeigersinns beständig bergauf. Für eine komplette Umrundung werden 6–8 Std. benötigt, denn scharfkantige Lava erschwert stellenweise das Gehen. Denken Sie an gutes Schuhwerk, Sonnenschutz und ausreichend Wasser – bei klarem Wetter wird es sehr heiß! Auf dem ersten Wegstück zum Gipfel kommt man gut voran, denn die Masai-Rinder, die hier oben weiden, halten die Vegetation relativ offen. Trotz Buschwerks finden sich unterwegs immer wieder Stellen mit grandiosen Blicken in die Tiefe, und bei klarem Wetter belohnt einen das **Gipfelpanorama:** Direkt vor Ihnen öffnet sich der Krater. Dieser wird in einem Abstand von mehreren Kilometern von der Caldera mit ihren 100 bis 150 m hohen Wänden umgeben. Im Norden liegen Mt. Longonot, Naivasha-See, die Aberdares und der schneegekrönte Mt. Kenya, im Westen das Mau Escarpment und im Südosten Kikuyu Escarpment sowie Ngong-Berge.

Eine **Übernachtung im Zelt** direkt am Pistenende ist denjenigen zu empfehlen, die den Gipfel erwandern wollen. Frühmorgens ist die Luft noch angenehm kühl und die Chance auf klare Sicht deutlich höher. Mir sind zwar keine Fälle von Einbrüchen bekannt, aber vorsichtshalber würde ich das Auto in dieser abgeschiedenen Gegend nicht über Stunden unbewacht stehen lassen.

Nach dem Abstieg können Sie auf der Rückfahrt zum Rand der Caldera von der Abzweigung (B) aus noch die am besten zugängliche **Lavahöhle** des Suswa aufsuchen: ein Platz, der sich sowohl zum Picknicken als auch zum Campen gut eignet. Der kuppelartige Eingangsbereich der Höhle lässt sich auch ohne Lampen und spezielle Ausrüstung ganz gut erkunden, denn im hinteren Bereich hat es einen Einbruch gegeben, durch den etwas Licht einfällt und über den man die Röhre wieder verlassen kann. Es leben Tausende von **Fledermäusen** in den Gängen, deren Kot einen ziemlichen Gestank verbreitet, aber auch **Schlangen** wurden hier schon gesehen – also sollten Sie auf ihre Tritte achten. Für eine genauere Inspizierung, auch anderer Höhlen am Suswa, ist das Buch „East Africa International Mountain Guide", West Col Productions, 1986, von *Wielochowski* empfehlenswert, oder man zieht beim Mountain Club of Kenya in Nairobi weitere Infos ein.

Wie sind die Höhlen entstanden? Es erscheint ja paradox, dass flüssige Lava Höhlen bilden kann, und tatsächlich gibt es nicht sehr viele Plätze auf der Erde, wo das geschehen ist. Die Lösung des Rätsels: Beim Herabfließen großer Lavazungen vom Kraterrand kühlte die äußerste Schicht der zähen Gesteinsmasse relativ schnell ab und erstarrte, während das glühende Material im Innern wie Blut in einer Ader weiterfloss. Als der Vulkanausbruch irgendwann abebbte und keine Lava mehr von oben nachkam, liefen diese Röhren einfach leer. Diese Entstehungsart erklärt einerseits ihren rundlichen Querschnitt und andererseits, dass sie über weite Strecken dicht unter der Erdoberfläche verlaufen. Bis heute kennt man am Suswa **insgesamt 24 Höhlen,** die in sechs Systemen untereinander verbunden sind. Die längste noch erhaltene von ihnen soll 1,5 km messen! Stellenweise gibt es sogar „Doppeldecker", die entstanden sind, als bei jüngeren Ausbrüchen über bereits existierende Röhren neue Lavamassen hinwegflossen. Die Gänge sind an vielen Stellen eingestürzt und haben so Einstiege entstehen lassen. Im Gebiet des Suswa ist eine **Conservancy** der lokalen Masai mit touristischer Infrastruktur entstanden, sodass zukünftig ein Eintrittsgeld für den Suswa und die umliegenden Ländereien verlangt werden wird. Den aktuellen Stand des Projekts kann man bei kitayeisayo@yahoo.com bzw. unter Mobil: 0722/916236 erfragen

Naivasha – (Gilgil – Lake Elmenteita) – Nakuru

● **67 km**

● Heftigster Verkehr und selbstmörderische Überholmanöver machen diese Strecke auch nach dem Ausbau zum **„Highway of Horror"**, den man bei Nacht besser meidet. Fahrtzeit: 1–1,5 Stunden.

● **Streckenalternative:** Naivasha – South Lake Road – North Lake Road – Eburru-Vulkan – Gilgil – Old Nakuru Road – Nakuru.

Vom La Belle Inn im Ortskern von Naivasha bis zur südlichen Einmündung auf den Nakuru Highway sind es rund 2 km. Danach erstreckt sich rechts und links der Hauptstraße über Kilometer das **Land der Delamere-Familie**, deren Vorfahr mit viel Geld und Idealismus, aber auch mit einiger Rücksichtslosigkeit gegenüber den eigentlichen Besitzern, den Masai, seine riesige Farm aufbaute. Knapp 1,5 km nach der Einmündung kommt auf der rechten Seite eine Kobil-Tankstelle, an der sich ein Farmshop der Delamere Dairies befindet. Hier werden wunderbarer Trinkjoghurt und andere Farmprodukte verkauft. Knapp 3 km nach der Kobil-Tankstelle, kurz bevor die Straße den (leicht zu übersehenden) **Malewa River** überquert, zweigt die 15 km lange Piste zur Malu Farm ab (siehe weiter unten). Der Malewa, an dessen Oberlauf es hervorragende Möglichkeiten zum Forellenfischen gibt, ist einer der beiden wichtigsten Zuflüsse des Naivasha-Sees.

Fahrradfahrer können übrigens auf die alte Nakuru Road parallel zum Highway ausweichen und so dem mörderischen Verkehr entgehen. Beide Straßen führen immer wieder durch Fieberakaziendickicht. Gut 9 km hinter der Kobil-Tankstelle biegen nach links die North Lake Road ab, auf der man den ganzen Lake Naivasha umfahren kann, und eine Piste auf den Eburru-Vulkan (s. S. 279) führt. Kurz nach dieser Abzweigung verlässt der Nakuru Highway das waldige Terrain und durchquert eine savannenartige, windge-

peitschte Region des Rift Valley, in der vor allem Vieh geweidet wird. Linker Hand können Sie den **Eburru-Vulkan** sehen. Die Gegend ist noch sehr wildreich, und häufig grasen furchtlose Zebras und Gazellen direkt neben dem donnernden Verkehr. 4,5 km nach dem North Lake Road-Abzweig geht es links zum privaten Kigio Sanctuary und dem gleichnamigen Camp. Dann passieren Sie inmitten dieser eigentlich öden Ebene eine Mautstation, die außer Betrieb ist – aber Vorsicht, die Speedbreaker sind noch uneingeschränkt funktionstüchtig. 7 km später biegt nach rechts die Straße nach Nyahururu und **Gilgil** ein, das man in einigen Kilometern Entfernung auf dem topfebenen Grabenboden liegen sieht. Schon bei klarem Wetter bilden die Aberdares im Hintergrund eine beeindruckende Kulisse, bei wolkigem Wetter ist die Stimmung noch viel dramatischer. Wenn Sie nicht in absoluter Eile sind, können Sie hier in Richtung Gilgil abfahren und für ein knapp 20 km langes Stück parallel zum Nakuru Highway auf der **Old Nakuru Road** fahren, eine landschaftlich reizvolle Alternative, über die sich auch der Kariandusi Prehistoric Site erreichen lässt.

Kurz hinter Gilgil wird die Strecke auch auf dem Nakuru Highway wieder etwas interessanter. Zunächst einmal passieren Sie 3,5 km später die nördliche Einfahrt nach Gilgil. Knapp 4 km darauf biegt am Hinweisschild auf das Nderit Gate des Lake Nakuru National Park nach links eine kleine Piste ab, die zwischen Lake Elmenteita und zwei kleinen Vulkanen, dem Horse Shoe Crater und dem Split Crater, hindurch nach Elmenteita und weiter ins Mau Escarpment führt.

Knapp 2 km hinter der Abfahrt geht wiederum eine Piste nach links ab, die zur 1 km abseits der Straße liegenden **Lake Elmenteita Lodge** führt. Von ihrer Terrasse hat man einen wunderschönen Blick auf das gesamte Lake Elmenteita-Basin, auf das Mau Escarpment und die beiden kleinen Vulkane, den „Hufeisenkrater" und den „Gespaltenen Krater", der auch den unrühmlichen Spitznamen „Delamere's Nose" trägt. Die Lodge, die in einem alten Farmhaus untergebracht ist, eignet sich hervorragend zu einer kurzen Rast, denn der Besuch ist kostenfrei. Wer

Rift Valley

möchte, kann hier auch etwas verzehren oder in der herrlichen Landschaft einen Ausritt zu Pferd machen.

1,2 km nach der Lake Elmenteita-Abfahrt können Sie auf der rechten Seite eine kleine, weiß rauchende **Diatomit-Mine** sehen. Gleich säckeweise steht der Rohstoff an der Straße und wartet auf einen Käufer oder den Abtransport. Rund 1,6 km hinter der Einfahrt zur Lake Elmenteita Lodge zweigt rechts die Straße zum 1,5 km entfernten Kariandusi Prehistoric Site ab (Beschreibung s.u.). Nur 400 m dahinter befindet sich links der Straße ein Aussichtspunkt, von dem Sie einen schönen Blick über die flache Senke haben, in welcher der **Lake Elmenteita** liegt. Im Nordwesten erkennt man bereits den lang gestreckten Rücken des Lion Hill, hinter dem sich der Nakuru-See und auch die Stadt Nakuru selbst verbergen. Der alkalische Lake Elmenteita liegt übrigens komplett auf Privatgrund und ist deshalb nicht ohne Weiteres zugänglich. Allerdings ist die Zufahrt vom View Point möglich, an einer Schranke bezahlt man den Eintritt. Häufig sieht man von hier oben einen rosa Flamingosaum, der sich an Teilen des Seeufers entlangzieht.

Der Nakuru Highway steuert in einem weiten Bogen auf das nördliche Ende des **Lion Hill** zu, man passiert links ein großes Tanklager, erster Vorbote der viertgrößten Stadt des Landes.

Ziemlich genau 10 km vor dem Stadtzentrum von Nakuru biegt dann nach links die **Piste zum Lanet Gate** des Nakuru National Park ab, das Ihnen ein Durchqueren der Stadt erspart, wenn Sie nur ins Schutzgebiet wollen. 0,5 km später wird der Nakuru Highway vierspurig, 1 km darauf überquert man die **Eisenbahnlinie,** die bisher rechts des Highway verlief. Nach weiteren 1,5 km fährt man an einer großen Caltex-Tankstelle vorbei, direkt dahinter gibt es ein Einkaufszentrum mit einem Käsegeschäft. 800 m hinter dem Einkaufszentrum liegt die Pinebreeze-Privatklinik, gefolgt vom **Sikh-Tempel Shree Jalaram Aaradhana Dham,** in dem jeden Mittag zwischen 12 und 14.30 Uhr eine kostenlose Speisung von Reisenden vorgenommen wird (das gilt auch für Sie, eine kleine Spende wird natürlich erwartet). 200 m hin-

ter dem Tempel biegt rechts die Piste zum **Hyrax Hill Prehistoric Monument** ein, bis zum Eingang sind es rund 2 km. Kurz darauf fährt man unterhalb des namensgebenden Hügels her. 1 km darauf steht man an der Abzweigung der B5 nach Nyahururu. Nun sind es noch gut 2 km bis zur Stelle, an der die Straße zum Lake Baringo und nach Eldama Ravine von rechts einmündet. Linker Hand sehen Sie bereits den Bahnhof liegen. Dann unterquert die Straße die Schienen, und völlig unvermittelt findet man sich in der Innenstadt von Nakuru wieder.

Unterkunft

● **Malu Farm**
Zufahrt: Rund 4,5 km hinter der Einmündung der nördlichen Zufahrt nach Naivasha auf den Nakuru Highway biegt man nahe des Malewa-Flusses ab. Die Malu Farm liegt 14 km von der Hauptstraße entfernt am Fuß des Kinganop Plateau. Tel. 050/2030181 oder 2021200, Mobil: 0720/899530, www.malu.co.ke. Cottages/Family Villas mit offenem Kamin und Veranda: 16.500 Ksh FB für 2 Erwachsene, Kinder kosten 8200 Ksh; Treehouse: 16.500 Ksh für 4 Erwachsene und 4 Kinder; Mahindu Cottages: 9000 Ksh für 2 Erwachsene, ein extra Bett für Kinder kostet 500 Ksh. Aktivitäten: Reiten (800 Ksh), Fischen mit eigener Angel, Mountain Biking (500 Ksh), Baden. Ein kleines Paradies ist diese 680-ha-Farm am forellenreichen Malewa-Fluss, von der man einen wunderbaren Blick auf das Rift Valley mit seinen Vulkanen und dem Lake Elmenteita genießt. Die komplett ausgestatteten Gästecottages besitzen sogar ihre eigenen Haushälter, Köche und Guides. Die Vegetationsformen auf der Farm umfassen dichte, affenreiche Wälder entlang des Flusses mit Baumfarnen und Orchideen, in den trockeneren Gebieten auch Würgefeigen, Akazien, Euphorbien und Palmen, in höheren Lagen Zedern und Steineibenwälder.

● **Lake Elmenteita Lodge**
Anfahrt: Knapp 6 km hinter der nördlichen Zufahrt nach Gilgil führt nach links eine 900 m lange Piste zur Lodge. Tel. 051/8508-33 und -63, Buchungsbüro in Nairobi: Tel.

020/444871-3 bis -7. Preise auf Anfrage. Das Hotel, dessen Hauptgebäude das ehemalige Haus der Kekopey Farm von *Lord Galbraith Cole* ist, wurde 1916 errichtet. Die Gästezimmer, die sich in neueren Cottages innerhalb des großen, gepflegten Gartens befinden, sind zwar tadellos, aber leider nicht so stimmungsvoll wie das Haupthaus. Vom gepflegten Pool (Nichtgäste: 400 Ksh, Kinder die Hälfte) hat man den guten tollen Ausblick auf den See und die Wolkenformationen, die sich dahinter auftürmen, wie von der Hotelterrasse. Aktivitäten: Ausritte ins private Wildschutzgebiet (1500 Ksh pro Std.) oder Wanderungen zum See (500 Ksh). Die Lodge beschäftigt zwei eigene Wildlife-Experten, die einen begleiten können.

● **Rosalu Cottages**
Dieselbe Einfahrt wie Lake Elmenteita Lodge; www.rosalu.info. Einfacher, aber gemütlicher Holzbungalow in der Nähe des Elmenteita-Sees. 4 Personen zahlen 100 Euro BB; die Doppelzimmer im Haupthaus kosten 80 Euro pro Person FB. Es gibt Bier und Wein. Mit Reitmöglichkeiten (20 Euro pro Std.) und angeschlossener biologischer Farm. Man kann hier auch ein Auto für Safaris mieten (100 Euro pro Tag inkl. Fahrer und Treibstoff).

● **Sunbird Lodge**
Anfahrt: 7 km hinter der Einfahrt zur Elmenteita Lodge. Tel. 020/8000075, Mobil: 0715/555777, www.sunbirdkenya.com. Preise: 172/240 US$ FB. Die von Österreichern geführte Lodge befindet sich auf einem 24 ha großen Privatgelände mit Blick auf Lake Elmenteita und Soysambu Conservancy. 10 geräumige Cottages mit Veranda und authentischer Einrichtung plus Swimmingpool. Es werden zahlreiche Ausflüge in die Nationalparks und privaten Schutzgebiete der Umgebung angeboten. Die Besitzer organisieren auch Ballonfahrten am Lake Elmenteita. Die Lodge trägt das Ecotourism-Label.

Lake Elmenteita

🖉 **XVI/A2**

Mit rund **25 km² Fläche** – die in Abhängigkeit von der Ergiebigkeit der Regenfälle dramatisch schwankt – ist der Lake Elmenteita der kleinste sodahaltige See im kenianischen Rift Valley. Nichtsdestotrotz ist er Teil des großen Wanderzirkus der Flamingos, und in manchen Jahren sind hier mehr Vögel zu sehen als im nordöstlich gelegenen, bekannteren Brudersee, von dem er durch Lion Hill und Rifle Range getrennt wird. In prähistorischer Zeit bildeten beide Seen ein einziges, wesenlich größeres Gewässer, das sich im Süden bis zum Eburru-Vulkan erstreckte. Bis heute befindet sich der Lake Elmenteita auf 1776 m ü.NN praktisch in gleicher Höhe wie der Lake Nakuru; der Unterschied beträgt nur 18 m. Die Ähnlichkeiten haben sich damit noch nicht erschöpft. Beide Sodaseen sind zu international wertvollen Ramsar-Feuchtgebieten erklärt worden und besitzen für den Schutz der Vogelwelt eine überragende Bedeutung. Mehr als **400 Vogelarten** werden hier regelmäßig gesichtet, und der Lake Elmenteita gehört zu den wenigen Orten in Ostafrika, an denen **Flamingos** brüten. Mit 5000 Brutpaaren hat der **Rosapelikan** hier sogar seine größte ostafrikanische Nistkolonie. Die Gegend um den See ist nach wie vor wildreich, doch hat man im 20. Jahrhundert schon das Verschwinden einiger Arten registrieren müssen. Wie *Lady Eleanor Cole* in ihrem Buch „Pioneers Scrapbook" notierte, kamen 1916 noch die Elefanten vom Mau-Wald herab, um am Ufer Salz aufzunehmen. Nilpferde waren bis 1951 nahe der heißen Quellen am See häufig, sind inzwischen aber völlig verschwunden, ebenso wie Nashörner, Strauße und Hyänen.

Lady Eleanor Cole war die Ehefrau von **Lord Galbraith Cole**. Dieser entstammte einer vornehmen englischen Adelsfamilie. Galbraith Cole hatte 1900 als 19-jähriger im Burenkrieg in Südafrika gekämpft, war verletzt worden und ging daraufhin nach Kenia, wo seine Schwester *Florence* zuvor **Lord Delamere** geheiratet hatte. Delamere besaß seit 1903 die 25.000 ha (!) große Soysambu Farm am Lake Elmenteita, Cole kaufte sich 1905 auf dem Nachbargrundstück seines Schwagers auf der 12.000 ha messenden **Kekopey Farm** ein. In dem alten Farmhaus befindet sich heute die Lake Elmenteita Lodge (s.o.). Auch Gailbraith Coles jüngerer Bruder *Berkely*, dessen bester Freund *Dennys Finch-Hatton* war, hatte sich in Kenia niedergelassen. Ihm gehörte die riesige Solio Ranch bei Naro Moru. Diese riesige Anhäufung von Latifundien in der Hand des Delamere-Cole-Clans sorgte in der jungen Kolonie für einen handfesten Skandal um das „Family Syndicate". *Kekopey* ist ein Wort aus der Masai-Sprache und bedeutet übertragen „Der Platz, an dem Grün zu Weiß wird", was sich auf das Sodasalz und den Diatomit am Seeufer bezieht.

Am südöstlichen Zipfel des Lake Elmenteita steht das **Lord Cole Memorial** in Form eines Obelisken, dem verstorbenen Ehemann von seiner Frau errichtet. Der Platz liegt wunderschön auf einer Steinkuppe über dem See. Heute organisiert die Elmenteita Lodge Sundowner-Ausflüge dorthin, von wo man die Wildtiere in der Uferebene beobachten kann. Während der Großteil des Kekopey Estate 1977 an eine Kooperative verkauft und in kleine Parzellen unterteilt wurde, gehört das Land in Seenähe nun zum privaten Wildschutzgebiet der Lake Elmenteita Lodge, in dem man eine geringe Eintrittsgebühr bezahlt. Tipp: Das österreichisch geführte Unternehmen **Go Ballooning** (www.goballooningkenya.com) organisiert von der Sunbird Lodge (s.o.) aus Ballonfahrten über den Lake Elmenteita.

Kariandusi Prehistoric Site

♂ XVI/A2

Die prähistorische Fundstätte von Kariandusi wurde **1928 von Dr. Louis Leakey entdeckt,** als er nach der alten Uferlinie des prähistorischen Vorläufers des Elmenteita-Sees suchte. In einem tiefen Erosionsgraben fielen ihm Steinwerkzeuge auf, die aus der Wand herausragten. **Mehr als 1000 Werkzeuge** hat

unser Vorfahr **Homo erectus** in Kariandusi zurückgelassen, darunter verschiedene Arten von Äxten, u.a. solche aus Obsidian, und Steinkugeln, die als Bolasteine zur Jagd oder zum Zertrümmern der Knochen des Wildes verwendet worden sein könnten, um an das Mark heranzukommen. Der Grund für die Werkzeugansammlungen ist weiterhin Anlass wilder Spekulationen. Es hat fast den Anschein, als hätten unsere Altvorderen die Faustkeile nach der Benutzung zurückgelassen oder bei Abnutzung weggeworfen. Die These von speziellen Schlachtplätzen scheint hingegen ziemlich verwegen. Wahrscheinlicher ist, dass der Fundort nicht an der Stelle entspricht, an der die Werkzeuge ursprünglich zurückgelassen wurden. Möglicherweise wurden sie durch Wasser abgelagert. Wie in Olorgessailie wurden auch hier keinerlei menschliche Knochen gefunden. Vielleicht, weil keine Bestattungen vorgenommen und die Leichen von Tieren gefressen wurden. Oder weil man die Toten an besonderen Plätzen, abseits der Siedlungen, zur letzten Ruhe bettete. Dafür wurden jede Menge **Knochen prähistorischer Tierarten** ausgegraben, darunter ein Vorfahr des Pferdes und ein Vorläufer des heutigen Elefanten, der von England bis Südafrika verbreitet war.

Zu der Anlage von Kariandusi gehört ein kleines **Museum,** von dem man sich nicht allzu viel erwarten sollte. Immerhin gibt es ein paar Erläuterungen zu den Ausgrabungen, zur Geologie des Rift Valley und zur Ernährungsweise der Flamingos. Aber das Interessanteste sind immer noch die Hand voll verblichener Fotos, die einen in das Kenia der 1960er und -70er Jahre zurückbefördern. Kariandusi ist ein halb vergessener Platz, dessen eigentlicher Reiz in seiner **Stille** liegt. Mit ziemlicher Sicherheit wird man der einzige Besucher sein, sodass man sich in aller Ruhe umgucken kann. Der **Aufseher** hat entsprechend wenig zu tun und bringt einen gerne zu den beiden Ausgrabungsstellen von Leakey, an denen man auch mal eines der betagten Werkzeuge in die Hand nehmen darf.

Die Ausgrabungsstätte mit dem Museum ist **täglich von 9–18 Uhr geöffnet,** der Eintritt beträgt 500 Ksh für Nonresidents bzw. 400 Ksh für Residents. Der schöne Garten mit zahlreichen Schattenbäumen und Bänken schreit nach einer Picknickpause. Man darf hier sogar **campen,** die Gebühr legt man nach Gutdünken fest, denn offiziell ist das hier gar nicht vorgesehen.

Das untere Ende des Ausgrabungsgeländes stößt an das gähnende, vielleicht 50 m tiefe Loch einer alten **Diatomit-Mine,** deren Wände von den vielen Abbaustollen zerlöchert sind wie ein Schweizer Käse. Bei Diatomit handelt es sich um die weißlichen Ablagerungen von Kieselalgenskeletten, sogenannten Diatomeen, die sich im Verlauf langer Zeiträume am Grunde von Süßwasserseen anreichern. Diatomit findet vor allem als Basismaterial für Filterelemente zur Isolation und beim Vorratsschutz in Silos Verwendung.

Nakuru ⟋ XVI/A1

Nakuru, die **viertgrößte Stadt des Landes,** liegt auf **1860 m Höhe** inmitten einer ertragreichen landwirtschaftlichen Region mit guten Niederschlagsverhältnissen und mineralienreichen vulkanischen Böden. Die riesigen **Getreidesilos** der Kenya Grain Growers Cooperative Union sind das unverkennbare Wahrzeichen von Nakuru und unterstreichen seinen Ruf als kenianische **Hauptstadt des Agrobusiness.** In den Straßen der Stadt finden sich zahlreiche Geschäfte mit Artikeln des Farmbedarfs, darunter sogar eine Vertretung des deutschen Mähdrescherherstellers Claas. Neben der Milchviehhaltung und dem Getreideanbau hat die Region vor allem für die Produktion von **Pyrethrum** Bedeutung, die nur noch von jener Kitales übertroffen wird. Bereits seit den 1930er Jahren ist Kenia weltweit größter Produzent der mit Margeriten verwandten Blume, deren getrockneten Blüten als natürliches Insektizid verwendet werden. In Njoro, nur einige Dutzend Kilometer vor den Toren der **200.000-Einwohner-Stadt,** befindet sich das Egerton College, die renommierteste und traditionsreichste landwirtschaftliche Hochschule Kenias. Die Entwicklung des landwirtschaftlichen Potenzials verdankt die Rift-Valley-Region vor allem

britischen Siedlern, die sich ab Anfang des 20. Jahrhunderts hier niederließen und es zum Zentrum der White Highlands auserkoren. An ihrer Spitze stand der umtriebige *Lord Delamere.*

Wie im Fall von Nairobi und Kisumu geht auch die Gründung Nakurus auf den Bau der **Eisenbahn** zurück, denn selbst die Masai hatten das freie, staubige Feld zwischen Menengai-Krater und dem sodahaltigen See gemieden. „En-Akuro", wirbelnder Staub, nannten sie den Platz, an dem 1900 zunächst ein Bahnarbeitercamp und eine kleine Bahnstation entstanden, um die sich eine Siedlung zu bilden begann. Die offizielle **Geburtsstunde der Stadt Nakuru** schlug am **28.1.1904,** als alles im 1-Meilen-Umkreis um den Eingang des Bahnhofs zum Gebiet mit Stadtrechten erklärt wurde. Da die Eisenbahn für den raschen Abtransport von Agrarerzeugnissen sorgte, nahm die Region einen schnellen Aufschwung. Einrichtungen für Handel, Lagerung und Weiterverarbeitung landwirtschaftlicher Produkte entstanden. Zudem wurde Nakuru ein **Verkehrsknotenpunkt,** an dem sich die Schienen- und Straßenwege von der Küste in Richtung Kericho und Victoria-See bzw. nach Eldoret, Kitale und Uganda gabelten. So zog die aufstrebende Stadt auch Verwaltungsfunktionen an sich. Bis heute ist sie die **Hauptstadt der riesigen Rift-Valley-Provinz,** die Kenia von der sudanesischen Grenze bis hinunter nach Tansania in ganzer Länge durchzieht.

Erst mit dem Ende des Zweiten Weltkriegs begann das 1945 noch magere 11.000 Einwohner zählende Nakuru rapide zu wachsen. Die Aufgabe vieler weißer Farmen in der Umgebung führte **nach der Unabhängigkeit** zunächst zu einer Rezession, deren Folgen durch die Ansiedlung zahlreicher Industriebetriebe abgeschwächt werden konnten. In Nakuru stehen u.a. die größte Maismühle Ostafrikas, eine Batteriefabrik von Evereacy und verschiedene Betriebe der Lederverarbeitung sowie der Textil-, Seifen- und Lebensmittelindustrie. In die Schlagzeilen geriet Nakuru durch die **ethnischen Konflikte** zwischen Kikuyu und Kalenjin im Rift Valley Anfang und Ende der 1990er Jahre sowie nach den Wahlen 2007. Das ungehemmte Wachs-

Rift Valley

tum der Siedlung führt vor allem bei der Versorgung mit Trinkwasser zu immer größeren Problemen. Und mehr und mehr wird das empfindliche Ökosystem des angrenzenden Nakuru-Sees durch die ungeklärten Abwässer von Industrie und Haushalten bedroht.

Der für seine riesigen Flamingoscharen und die vielen Nashörner berühmte **Nakuru National Park** ist neben dem Menengai-Krater die einzig nennenswerte Attraktion im Stadtgebiet, denn Nakuru war und ist eine laute und geschäftige Gewerbestadt, die nur wenig tut, um sich für Touristen in schmeichelhaftem Licht zu präsentieren. Immerhin besitzt sie eine gute Infrastuktur und Verkehrsanbindung. **Malerisch** sind allerdings die **ehemaligen weißen Wohngebiete** nördlich der Eisenbahnschienen am Fuß des Menengai-Kraters mit ihren breiten, von Jacaranda-Bäumen gesäumten Straßen und den einstöckigen, von großen Gärten umgebenen Häusern. In der Nähe des District Hospital kann man unter ausladenden Bäumen auf dem **alten Friedhof** spazieren gehen und mit Hilfe der knappen Inschriften auf den Grabsteinen in seiner Fantasie Geschichten und Figuren aus Nakurus Vergangenheit lebendig werden lassen, etwa die von „John Jengs, Zugführer, getötet bei einem Unfall an Meile 529/16 im 15.4.1925". Ebenfalls lohnenswert ist ein Besuch der **prähistorischen Ausgrabungsstätte Hyrax Hill** (siehe unter „Ausflüge").

Unterkunft

Oberklasse-Hotels

●**Merica Hotel**
Tel. 051/214232, 216013, www.mericagroup-hotels.com; Preise: R: 3250/5150/6895 Ksh BB, NR: 65/110/155 US$ BB für Standardzimmer, Suiten kosten entsprechend mehr. Das Merica Hotel schließt eine Angebotslücke im oberen Preissegment in Nakuru. Das Hotel ist schlicht, aber stilvoll und bietet vielfältigen Service. Mit Swimmingpool und eigenem Fitnessbereich sowie Konferenz-Räumen. Pool und Fitnessbereich können gegen 200 bzw. 300 Ksh von Tagesgästen benutzt werden.

●**Cathay Hotel**
Tom Mboya Rd., Tel. 051/2215820, 2214595 bzw. 020/2166555, info@hotelcathay.co.ke; Preise: R: 4000/5900 BB, NR: 80/115 US$. Die Preise können bis zu 16.700 Ksh bzw. für Touristen bis zu 310 US$ steigen, wenn man die Executive Suite Double mit Vollpension vorzieht. Das Hotel liegt in einer grünen, ruhigen Gegend und besitzt einen Swimmingpool. Die Einrichtung der Zimmer erinnert mit Teppich und braunen Plüschsofas etwas an die 1970er Jahre. Das Hotel ist aber in tadellosem Zustand und eine empfehlenswerte Alternative zum Merica Hotel.

Mittelklasse-Hotels

●**Avenue Suites Hotel**
Tel. 051/2210607, avenuesuiteshotel@yahoo.co.uk. Die Suiten (2500/2900 Ksh BB) des zentral gelegenen Hotels sind nett eingerichtet und haben Balkon, die Singles sind ohne Außenfenster und daher nicht zu empfehlen.

●**Midland Hotel**
Geofrey Kamau Way, Tel. 051/2212125, Mobil: 0722/328394, reservation@midlandhotel.co.ke; je nach Kategorie (Budget, Standard oder Deluxe) kosten die Zimmer für Residents zwischen 1950/3200 Ksh BB und 3500/4500 Ksh BB bzw. für Nonresidents 70/85 US$ BB und 80/95 US$ BB. 1942 erbaut, die Zimmer haben Telefon und Sat-TV. Schön ist der alte Seitenflügel mit blumenbepflanztem Innenhof und Veranda. Neben 2 Restaurants (indische Küche und internationale Gerichte wie Steaks und El Molo-Lamm) und 3 Bars mit Poolbillard verfügt das Hotel über einen Fitnessclub.

●**Water Buck Hotel**
West Rd. off Kenyatta Ave, Tel. 051/2215672, 22115993, waterbuck@waterbuck.co.ke; Preise: 3500/4400/6500 Ksh BB; ferner gibt es komfortablere Mini-Deluxe- und Deluxe-Zimmer sowie Suiten, die bis zu 7000/8000 Ksh BB kosten. Das Hotel ist renoviert und macht einen freundlichen Eindruck, die Zimmer sind etwas dunkel, aber geräumig, einige haben Balkon. Und von jenen an der Südseite im obersten Stockwerk erspäht man sogar einen Zipfel des Nakuru-Sees. Pool, Bar und Restaurant vorhanden.

● Nuru Palace Hotel

Oginga Odinga Rd., Tel. 051/2213851, info @nurupalacehotel.com; Preise: R: 1200/ 1800/2000 BB, NR: 40/60/70 US$. Farbenfrohes Hotel, das von einem Zusammenschluss von Kirchen zu Fundra singzwecken erbaut worden ist. Wer mit seinem Aufenthalt etwas Gutes tun will, auf Alkohol verzichten kann – striktes Alkoholverbot! – und schon immer mal in einem goldenen Bett ausschlafen wollte, ist hier genau richtig.

● Tas Hotel

Kipjoge Rd., Mobil: 0722/7885751; Preise: 1000/1400/2500 Ksh. Das Hotel macht durch die Holzverkleidung einen gemütlichen Eindruck. Die sauberen Zimmer sind in allen Größen und Helligkeitsstufen zu bekommen, daher empfiehlt es sich, einige anzuschauen. Das Hotel hat eine kleine Küche für Snacks, angeschlossen sind ein Restaurant mit Garten sowie eine Bar, in der Mi. und an So. Live-Bands auftreten.

● Auch der **Rift Valley Sportsclub** bietet – z.T. nostalgische – Unterkünfte an. Wer hier wohnt, erhält automatisch eine zeitlich begrenzte Mitgliedschaft und darf die „heiligen" Clubräumlichkeiten betreten.

Preiswerte Unterkünfte

● Le Rhino

Mosque Rd., Tel. 051/42132 und 211364; Preise: 500/750 Ksh SC BB, 420 Ksh NSC BB. Bestehen Sie auf ein Doppelzimmer in den oberen Stockwerken mit Außenfenster – die haben nämlich einen sehr schönen Blick und sind ihren Preis wert. In den späten Nachmittagsstunden kann man sich mit einem kalten Tusker aufs Dach zurückziehen und das Treiben in der Stadt beobachten. Kein Parkplatz.

● Carnation Hotel

Mosque Rd., Tel. 051/2215360; Preise: 700/ 1200 Ksh SC BB, 450 Ksh NSC. Das Hotel protzt im Empfang mit falschem Marmor, die Zimmer sind aber äußerst schlicht, die innen liegenden sogar düster. Tipp: Auf dem Dach gibt es ein weiteres Zimmer mit Gratisausblick, das schönste im ganzen Hotel!

● Günstiger und empfehlenswerter ist das **Care Guesthouse** (500/600 Ksh SC), dessen Besitzer eine Schwäche für Rosa besitzt. Die Zimmer sind sauber und günstig. Das **Red Rose Guesthouse** vermietet zum gleichen Preis, ist freundlich, sauber und hat gute Betten sowie Moskitonetze. Das **Mt. Sinai** (Mobil: 0726/292155) bietet auch nur Standardware, aber etwas günstiger. Und auch hier gibt es ein Zimmer auf dem Dach mit schönem Blick auf Menengai Crater und die Dächer der Stadt.

● Mukoh Hotel

450/600 Ksh SC. Ein ruhiges Hotel, dessen Preis in Ordnung geht. Die Zimmer am Ende der Gänge haben einen schönen Blick.

● Season Hotel

Govt. Ave., Tel. 051/211896; Preise: 690/790 Ksh SC BB bzw. 890/990 Ksh SC BB. Das Hotel hat einen netten Innenhof und einen Parkplatz. Ein paar Zimmer verfügen über eine kleine Veranda. Die Einrichtung könnte erneuert werden. Grundsätzlich aber eine gute Option in Nakuru.

Hotels außerhalb des Zentrums

● Graceland Hotel

Tel. 051/221749, Mobil: 0734/037541, gracelandhotel@yahoo.com; Preise: 2000/2400/ 3000 Ksh BB. Das Hotel liegt am Ende der Teerstraße, die hinauf zum Menengai-Krater führt. Der Garten mit Bar, Kinderspielplatz und Schwimmbecken ist das Herzstück des Hotels und sehr gemütlich. Die Zimmer hingegen sind einfach und nicht sehr groß, aber dafür sauber. Grundsätzlich ein nettes Hotel abseits der Hektik von Nakuru.

● Tiwain Hotel

Tel. 051/212911; Preise: 550/1000 Ksh SC BO. Das empfehlenswerte Hotel mit großer, hellen Zimmern liegt an der Hauptstraße nach Nyahururu, etwa 2,2 km abseits der Einmündung in den Nakuru Highway. Es besitzt im 1. Stock einen Balkon, von dem man bei einem Drink den Blick auf die Flanke des Menengai-Kraters genießen kann. Fr. bis So. ist Disco.

● Cool Rivers Hotel

Mobil: 0722/283456; Preise: 1500/2600 Ksh BB. Neues Hotel an der Ausfallstraße nach Naivasha, nahe des nicht mehr empfehlenswerten Stem Hotel. Eine Alternative für jene, die am nächsten Tag durch das Lanet Gate in den Nationalpark wollen.

Rift Valley

Nakuru

0 ____ 200 m

B 4 Lake Bogoria, Lake Baringo

A 104 Giddo Plaza, Eldoret (115 km), Uganda

George Morana Road

Geoffrey Kamau Avenue

Kenyatta Avenue

Nyayo Garden

Government Road

Kipchoge Avenue

West Road

Lower Bedi Road

Moses Mudavadi Road

Court Road

Nakuru District HQ

Nakuru High Court

Poliz

Oginga Odinga Avenue

Nakuru Athletic Club

1	Dimpel's Bar/Restaurant, Silver Rose Restaurant	
2	Water Buck Hotel	
3	Tas Hotel	
4	Pivot Hotel	
5	Cathay Hotel	
6	Nakuru Players	
7	Nuru Palace	
8	Kokeb Ethiopian Restaurant	
9	Sheila Café	
10	Thomson Café	
11	Prestige Mall	
12	Öffentl. WC	
13	Merica Hotel	
14	Post	
15	Curios	
16	Midland Hotel	
17	Stagematt Supermarket	
18	Oyster Shell Restaurant, XTC Disco	
19	Gilani's Butchery & Supermarket	
20	French Bakery	
21	Mursik Restaurant	
22	New Loco Savannah Club	
23	Crater travel	
24	Gitwamba Bar	
25	Utugi Club	
26	Uchumi	
27	Safari Pub & Restaurant	
28	Gate House	
29	Graceland Hotel	
30	Avenue Suites Hotel	
31	Care Guesthouse	
32	Red Rose Guesthouse	
33	The Place Bar	
34	Markthalle	

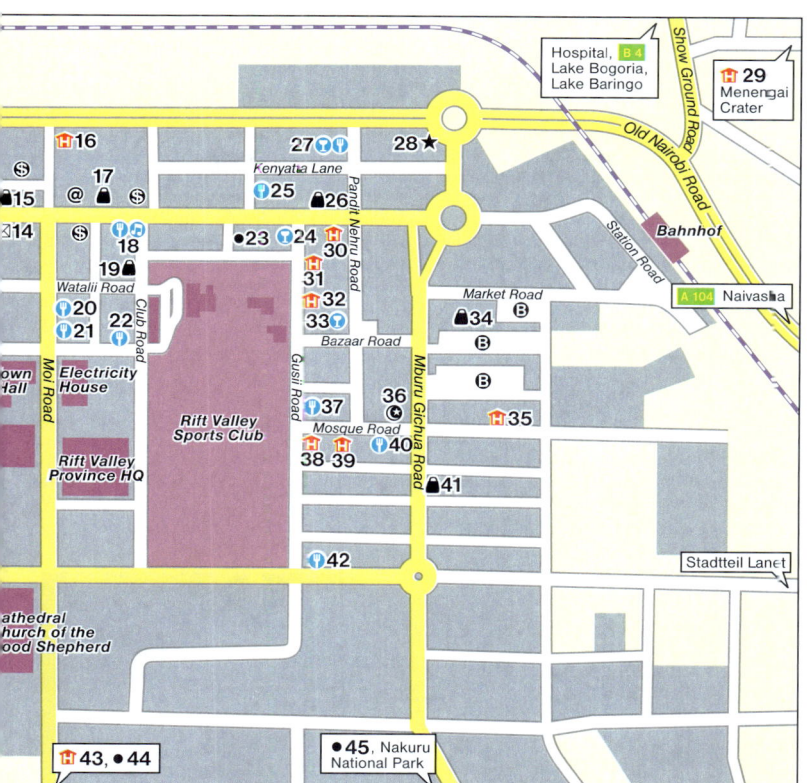

Hospital, B 4
Lake Bogoria,
Lake Baringo

🏠 29 Menengai Crater

Old Nairobi Road

Show Ground Road

Station Road

Bahnhof

A 104 Naivasha

Rift Valley

27
28 ★
Kenyatta Lane
25
26

🏠 16
17
@
15
@
14
18
19
Watalii Road
20
21
22
Club Road

Pandit Nehru Road

23
24
30
31
32
33

Market Road
34
B
B
B

Bazaar Road

Gusii Road

Mburu Gichua Road

35

own Hall
Moi Road

Electricity House

Rift Valley Sports Club

Rift Valley Province HQ

36
37
Mosque Road
38 39
40
41

Stadtteil Lanet

42

athedral
hurch of the
ood Shepherd

🏠 43, 44

45, Nakuru National Park

🏠 35 Hotel Le Rhino
© 36 Jamia Mosque
37 Nakuru Sweet Mart
🏠 38 Mukoh Hotel
🏠 39 Carnation Hotel
40 Malindi Dishes
41 Pioneer Plaza
42 Taidy's Restaurant
🏠 43 Abbey Lodge,
    Marlin Guest House,
    Chester Hotel
• 44 Stadion
• 45 Summit Club

B Busbahnhof
S Bank
@ Internet

Auch im südwestlichen Teil der Stadt, in einiger Entfernung zum Zentrum, finden sich eine Hand voll Guesthouses und Hotels, z.B.:

●**Pivot Hotel & Club**

Lower Factory Rd., Tel. 051/210226 oder 213530; Preise: 1400/1600 Ksh SC. Das Hotel hat große und saubere Zimmer, die alle mit einem Fernseher ausgestattet sind. Sicherer Parkplatz.

Weitere, zum Teil sogar gute Absteigen liegen **im Süden der Stadt,** also in der Kabira Rd. und nahe des Nationalparkeingangs:

●**Chester Hotel**

Tel. 051/2215500, www.chesterhotels.co.ke; Preise: R: 1200/1800/2200 Ksh BB, NR: 40/60/70 US$ BB. Die Gospelklänge aus dem Radio an der Rezeption verraten, dass man in einem christlichen Haus abgestiegen ist. Die Zimmer sind sehr sauber und hell, das Hotel hat ein Restaurant und drei Konferenzräume. Die Resident-Preise sind fair, bei den Touristenpreisen endet offenbar die Nächstenliebe.

●**Abbey Lodge**

Tel. 051/2213225; Preise: 900/1500 Ksh SC. Hinter der hohen Einfriedung verbergen sich ein sicherer Parkplatz und ein frisch renoviertes Hotel. Die sauberen Zimmer haben Fernseher. Laundry Service für wenig Geld.

●**Marlin Guest Resort**

Kariba Rd., Tel. 051/2187022, Mobil: 0722/341773, marlinresort@yahoo.com; Preise: R: 1000/1200/2000 Ksh, Cottage: 3000 Ksh; NR: 30/35/60 US$, Cottage: 90 US$. Ein nettes, kleines Hotel mit gemütlichen Zimmern. Grün, die Farbe der Hoffnung, sollte man schon mögen, denn in der ist alles gehalten. Die überhöhten Touristenpreise sind angeblich verhandelbar.

Camping

Theoretisch gibt es in Nakuru zwei Campingmöglichkeiten, doch sie liegen beide **weit außerhalb der Stadt:** der Garten des Hyrax

ken-348 Foto: hf

Hill Museum (siehe unter „Ausflüge") und der Platz am Eingang des Nakuru National Park (siehe entsprechenden Abschnitt).

Essen und Trinken

Wer gerne gut frühstückt, findet in Nakuru viele ordentliche Cafés und Snackbars.
● In der **French Bakery** (Mo. bis Sa. 8–19 Uhr) an der Moi Rd. bekommt man einen wunderbaren Kaffee, Cappuccino oder Café Latte. Die Crossaints sind etwas trocken. Als Ort zum Frühstücken aber sehr zu empfehlen.
● Wer einen ruhigen Platz zum Frühstücken und Zeitunglesen mit billigem Kaffee, kleinen Snacks und Mahlzeiten sucht, ist im **Thomson Café** an der richtigen Stelle. Mo. bis Sa. von 7–23 Uhr. Das **Sheila Café**, ein paar Meter weiter unten an der Straße, bietet ein vergleichbares Preis-Leistungsverhältnis, hat aber nur bis 18 Uhr geöffnet.
● Eine gute Anlaufstelle für kalte Getränke, Eis, Kuchen und verschiedene Brotsorten ist der **Nakuru Sweet Mart** in der Mosque Rd.
● Dort häufen sich auch **einfache afrikanische Lokale,** die wegen ihrer großen Portionen und günstiger Preise eine gesonderte Erwähnung verdienen, etwa das **Al Jamia Hotel** und das **Malindi Dishes** in unmittelbarer Nachbarschaft zur Jamia-Moschee im Kleinsomalia-Viertel von Nakuru.
● Das **Mursik Restaurant** in der Moi Rd. ist nach der traditionellen sauren Milch der Kalenjin benannt, die mit Holzkohl e vermischt wird. Neben derlei traditionellen Spezialitäten, Spanish Omelette und frischem Saft wird hier ansonsten Standardessen serviert. Man kann auch draußen vor dem Haus sitzen.

Schließlich verfügt Nakuru sogar über eine Hand voll **Restaurants mit internationalen Gerichten,** die auch gehobeneren Ansprüchen gerecht werden dürften. Neben den **Mittelklasse-Hotels,** in denen man durchweg gut essen kann, gibt es noch weitere Restaurants, die einen Versuch wert sind.

● **Taidy's Restaurant** an der Ecke Gusii/ Oginga Odinga Rd. ist Mo. bis So. geöffnet, bietet Chilli con Carne, Pizza, verschiedene Currys, Burger und guten Kaffee. Man sitzt draußen, besonders bei der gehobenen Mittelklasse beliebt. Pizza und ein kühles Bier werden auch auf der Terrasse des **Safari Pub** an der Kenyatta Lane serviert.
● Wer den asiatischen Touch auf dem Tisch liebt, ist im **Oyster Shell Restaurant** in der Club Rd. richtig aufgehoben. Neben europäischen Mahlzeiten werden nämlich auch indische und indonesische Gerichte serviert. Täglich geöffnet. Gleiches gilt für Gilanis Restaurant, das u.a. indische Gerichte und Milkshakes serviert.
● Das **Kokeb** ist einer der Sterne am kulinarischen Himmel von Nakuru und das einzige äthiopische Restaurant in der Stadt, das zudem auch kontinentale Küche anbietet. Es ist in einem schönen alten Holzhaus mit Veranda in der Moses Mudavad Ave. untergebracht, man kann auch im Garten sitzen. Mobil: 0720/227680.
● Das **Bamboo Hut,** Tel. 051/2217091, Mobil: 0733/748844, ist eines von zwei chinesischen Restaurants und liegt etwas außerhalb der City im Giddo Plaza an der Hauptstraße nach Eldoret. Geöffnet täglich von 11.30–15 und 18.30–22.30 Uhr. Sa. gibt es von 12–15 Uhr ein üppiges Lunchbüfett.
● Das **Ming Yue Chinese Restaurant** befindet sich an der Innenstadt an der Kenyatta Ave. im Gebäude des Avenue Suites Hotel im ersten Stock. Gerichte kosten zwischen 500 und 1100 Ksh.
● Zu dem kleinen Unterhaltungs- und Gastronomie„imperium" von Dimpel's Bar/Restaurant gehört auch das **Silver Rose Restaurant** mit afrikanischer und kontinentaler Küche.
● Weiter die Kenyatta Ave. entlang kommt die neu gebaute Prestige Hall, in der man das kleine **Lama Fast Food Restaurant** findet. Gute, einfache kenianische Küche, darunter auch vegetarische Gerichte.

Unterhaltung

Wirkliches Nachtleben beschränkt sich in Nakuru praktisch nur auf das Wochenende. An-

Straßenszene in Nakuru

genehm ist, dass sich die meisten Bars und Lokale in der Nähe der Kenyatta Ave. befinden und man ganz gut zu Fuß gehen kann.

● Eine Ausnahme ist der **Summit Club,** direkt am Eingang zum Nationalpark, der gegenwärtig der absolute „In"platz für Nyama Choma ist. Im Garten sind gemütliche Holzhäuschen zum Sitzen aufgebaut worden, es gibt Sat-TV sowie Poolbillard, und Fr. bis So., am Monatsende auch Mi., lockt die dort die größte Disco Nakurus.

● Früher die angesagteste Disco der Stadt, ist das **Dimpel's** inzwischen etwas in die Jahre gekommen. Der angeschlossene Pub ist eine recht gemütliche Kneipe mit Billardtischen, die rund um die Uhr geöffnet ist. Fr. und Sa. wird vor allem Hip Hop gespielt.

● Populär ist der **New Loco Savannah Club** an der Ecke Club Rd. und Government Rd., etwas zupackender geht's im **Utugi Club,** einer Kikuyu-Kneipe mit sporadischer Live-Musik (Kenyatta Lane), und im **Gitwamba** (Kenyatta Ave.) zu. Ebenfalls urig-einheimisch ist **The Place** in der Nehru Rd.

● Im **Lucky Casino** in der Prestige Hall kann man sein Glück an einarmigen Banditen herausfordern.

● Ein etwas edlerer Laden ist das **XTC** an der Kenyatta Ave., um die Ecke vom Oyster Shell Restaurant.

Theater

Man sollte kaum meinen, dass eine relativ kleine Stadt wie Nakuru sogar ein Theater besitzt. Die **Nakuru Players** führen regelmäßig auf eigener Bühne in der Kipchoge Ave. auf. Von innen wirkt der Saal wie ein Kirchenbau. Das durch einen angeklatschten Turm verunzierte Gebäude strahlt noch eine pralle Portion Kolonialära aus.

Auch die **Playmakers Society,** eine engagierte schwarze Theatergruppe aus Nakuru, nutzt das Theater für ihre Aufführungen.

Eisenbahn

● Die Abfahrtszeiten der Eisenbahn mitten in der Nacht sind alles andere als fahrgastfreundlich. Der **Zug nach Kisumu** hält um 23.30 Uhr, der Gegenzug nach Nairobi sogar erst um 1 Uhr morgens. Wer 1. oder 2. Klasse reisen möchte, muss sein Ticket reservieren lassen (Tel. 051/240211).

● Wer sich zufällig in der Nähe des **Bahnhofs** aufhält, kann ja einen kleinen Rundgang durch das Gebäude machen, das einem Museum ähnelt, denn Spuren aus der britischen Kolonialzeit finden sich hier noch überall. So z.B. die riesigen Wasserkräne, die an den Enden der Bahnsteige stehen, mit denen früher die großen Dampflokomotiven betankt wurden, oder Schilder wie „Waiting Room – Upper Class" und „Exit – Upper Class", die noch immer Zeugnis ablegen vom ausgeprägten Klassenbewusstsein der ehemaligen Kolonialherren.

Busse und Matatus

● Die **Matatus** nach Eldama Ravine, Maji Mazuri und Makutano (westliches Rift Valley), Kapedo, Olenguruone, Mogotio, Lake Baringo und Loruk sowie nach Marigat und Kabarnet in den Tugen Hills fahren von der Total-Tankstelle in der Nehru Road ab.

● Matatus in **Richtung Westkenia,** mit Ausnahme von Eldoret, also nach Kisumu (300 Ksh), Busia, Kakamega, Nyamera, Kisii, Migori, Bungoma und Kitale, aber auch nach Nairobi (300 Ksh) und Naivasha (200 Ksh) fahren hinter der Markthalle ab.

● Auf der Seite, die dem Bahnhof zugewandt ist, geht es mehr in **Richtung Central Highlands,** also nach Nyeri (250 Ksh), Embu, Kangema, Nanyuki, Isiolo, Nyahururu (150 Ksh), Murang'a, Thika, Ol Kalou sowie nach Gilgil, aber auch nach Eldoret und Kitale.

● Die wirklich großen Städte wie Nyeri, Nairobi, Kisumu etc. werden auch von den schnelleren, aber etwas teureren **Peugeot-Taxis** angesteuert.

● Natürlich haben alle große **Busgesellschaften** Nakuru im Programm. Da es auf dem Weg zwischen Nairobi und dem Westen liegt, werden von hier alle größeren Städte angesteuert. Die meisten Ticket Offices stehen um den Markt herum, die Busse fahren auch von dort ab. Ausnahmen sind Tawfiq, die von der Jamia-Moschee aus starten, und

Akamba, deren Basis an der großen Agip-Tankstelle an der Hauptstraße nach Eldoret, ca. 1 km außerhalb der Stadt, liegt.

Krankenhaus

●Im Falle eines Falles ist man wohl am besten im privaten **Pine Breeze Hospital** 3,7 km außerhalb der Stadt an der Straße nach Nairobi aufgehoben, das einen OP-Saal und ein medizinisches Labor besitzt.

●Daneben gibt es in Nakuru einige gute **Privatpraxen,** von denen sich die meisten im Gate House an der Ecke von G. K. Kamau Ave. und Mburu Gichua Rd. befinden. Das Gate House hat von beiden Seiten separate Eingänge.

Einkaufen

Lebensmittel

Wer die Eintönigkeit der Küche in den ländlichen Gebieten des Rift Valley und der westlichen Provinzen satt hat, wird einige der Lebensmittelgeschäfte von Nakuru zu schätzen wissen. Im **Einkaufszentrum** 4,5 km außerhalb der Stadt an der Straße nach Nairobi gibt es **Happy Cow,** einen Laden für Käse und Milchprodukte. Eine empfehlenswerte Fleischerei im Stadtzentrum ist die **Gilani's Butchery** in der Moi Rd.

Eine gute Bäckerei mit französischem Einschlag (erwarten Sie sich aber nicht zu viel) ist die **French Bakery** in der Moi Rd.

Inzwischen gibt es neben der beiden **Supermärkten** von Uchumi (einer in der Kenyatta Lane, der zweite im Giddo Plaza an der Straße nach Eldoret, 1 km außerhalb der Stadt) auch einen Nakumatt. Und dann ist da ja noch Gilani's Supermarket in der Club Rd.

Curios

Günstige **Andenken** erhält man **in der Stadtmitte** auf dem **Vorplatz der Standard Chartered Bank,** wo sich Händler mit ihrem Sortiment aus Körben, Töpferwaren, Sesseln und natürlich Schnitzereien ausbreiten, und auf dem **Markt** von Nakuru. Ein weiterer netter Laden, der zebrastreifige **African Cala-**

bash Gift Shop, befindet sich nur wenige hundert Meter vor dem Main Gate des Nationalparks auf der rechten Seite. Vor dem Curio Shop am Lanet Gate wird wegen völlig überhöhter Preise in Leserbriefen immer wieder gewarnt.

Banken

Die größten Banken stehen natürlich **an der Hauptstraße,** der Kenyatta Ave. Barclays und Standard Chartered Bank verfügen auch über **Kartenautomaten.**

Post und Internet

●Die **Hauptpost** hat Mo. bis Fr. 8–17.30 und Sa. 9–12 Uhr geöffnet.

●Die **EMS-Expresspost-Annahme** befindet sich in der kleinen Straße im Rücken der Hauptpost, geöffnet Mo. bis Fr. 6.30–18.30 Uhr, Sa. 9–13 Uhr; Tel. 051/21102-3 und -4.

●Die **DHL-Niederlassung** hat ihre Räume im Giddo Plaza an der Hauptstraße in Richtung Eldoret, zwischen erstem und zweitem Kreisel; Tel. 051/213007, 213764, geöffnet Mo. bis Fr. 8–18 Uhr und Sa. 8–13 Uhr.

●Empfehlenswerte Internet-Cafés sind **Rorey Cybercafe** in der Moi Rd. sowie das **Comma Communications** an der Ecke Moi Rd./Kenyatta Ave.

Autovermietungen und Reisebüros

Es gibt einige Reisebüros in Nakuru, die Flugtickets verkaufen, Hotelbuchungen in ganz Kenia vornehmen, Autos vermieten und Tagestrips in den nahe gelegenen Nakuru National Park anbieten. Für alle, die mit eigenem Wagen unterwegs sind: Fürs Parken in Nakurus Innenstadt berappt man zwischen Mo. und Sa. pro Tag 50 Ksh.

●**Crater Travel Agencies**
Kenyatta Ave., Inder Singh Bldg., Tel. 051/2214896, Mobil: 07221/693333 sowie Tel. 020/3553347, crtrvl@multitechweb.com. Eines der ältesten und renommiertesten Reise-

büros in Nakuru. Organisiert auch Camping-Safaris. Pkw-Miete ab 4500 Ksh pro Tag, inkl. Fahrer, 4WD ab 5500 Ksh inkl. Fahrer, jeweils zzgl. Benzin.

●**Pega Tours & Travels**
Pioneer Plaza, Mburu Gichua Rd., 1. Stock, Tel. 051/2210379 und 211216, Mobil: 0722/776094, www.pegatours.co.ke. Engagierte Angestellte.

●**Shoor Travel & Tours**
Moi Rd., Tel. 051/2214427, www.shoortravel.com. Automiete ab 4500 Ksh pro Tag.

●**Taylor's Travel Centre**
National Bank Building, Erdgeschoss, Kenyatta Ave., Tel. 051/211173, 43420 und 43588. Miete für einen Suzuki Jeep ab 4500 Ksh pro Tag.

●**Calabash Tour and Travel Agency**
Wird von *Ruth Wanjiku,* der Besitzerin des Africa Calabash Gift Shop nahe der Einfahrt zum Nationalpark, gemanagt. Kontakt: catotrav@ymail.com und catotrav@yahoo.de. Freundlich, günstig, zuverlässig.

Aktivitäten

●**Schwimmen** kann man gegen eine kleine Gebühr u.a. im Cathay Hotel, Bontana Hotel oder im Midland Hotel.

Ausflüge

Menengai Crater

Zugegeben, der 2490 m hohe Hausberg von Nakuru sieht von der Stadtseite nicht sehr eindrucksvoll aus, denn seine dicht besiedelte Südflanke steigt relativ flach an. Umso größer ist die Überraschung, wenn man oben plötzlich vor einem gähnenden Abgrund steht und entdeckt, dass sich hinter der harmlosen Hügelkulisse ein **Vulkankrater mit einem Durchmesser von rund 12 km** verbirgt. Stellenweise fallen die Wände des Menengai knapp 500 m tief zum Kraterboden ab, auf dem sich ein unübersichtliches Gekröse relativ junger Lavaflüsse ausbreitet. Dass der Berg seinen letzten geologischen Atemzug noch nicht getan hat, zeigen vereinzelte **Fumarolen**, an deren Erschlie-

ßung für die geothermische Energiegewinnung gearbeitet wird. Die Lava ist an vielen Stellen von Akazienbusch überwachsen. Eine heiße, von der Außenwelt weitgehend isolierte Wildnis ist das, in der noch zahlreiche **Savannentiere** leben. Und schließlich bietet der Berg **wunderbare Ausblicke** zum östlichen Escarpment und auf den riesigen Patchworkteppich der kleinen Farmen im Rift Valley, deren blutrote und leuchtend grüne Flicken von silber gleißenden Wellblechdächern durchsetzt sind.

Den grausigen Namen Menengai, „Ort der Leichen", trägt der Krater, weil bei einer **Schlacht zwischen den rivalisierenden Masai-Clans der Il Purko und der Il Laikipiak** im Jahre 1854 Hunderte der Il Laikipiak-Krieger über die Klippe in den Tod getrieben wurden. Die Il Laikipiak („Die Habsüchtigen"), ursprünglich in den Ebenen nördlich des Mt. Kenya beheimatet, waren außerordentlich aggressiv und schrecken selbst einmal davor zurück, das Vieh ihrer Cousins aus anderen Clans zu stehlen. Daraufhin vereinigte der Laibon *Mbatian* – ein Laibon ist eine Mischung aus Seher, Medizinmann und spirituellem Führer, dem übernatürliche Fähigkeiten nachgesagt werden – die anderen Clans und zog gegen die Il Laikipiak zu Felde. Die Masai-Kriege hielten das Volk über einen langen Zeitraum des 19. Jahrhunderts gefangen, an ihrem Ende stand die Auslöschung der Il Laikipiak. Wenn am Kraterrand der Wind braust und heult, so erzählen sich die Menschen, die an den Flanken des Berges leben, dann hört man noch den Widerhall der Todesschreie – und so ist es kein Wunder, dass viele der Ortsansässigen bis heute die Gegend meiden.

Das gilt allerdings nicht für die Andenkenverkäufer, die nahe des Aussichtspunktes am südlichen Kraterrand in 2278 m Höhe ihre Curio Shops aufgebaut haben. Von dem **View Point** genießt man einen bemerkenswerten Blick in den Krater, in nördlicher Richtung kann man sogar bis zum Bogoria-See blicken. 1954, 100 Jahre nach der schicksalshaften Schlacht, hat der Rotary Club von Nakuru hier einen Wegweiser aufstellen lassen, der die Entfernungen zu großen Städten auf dem gesamten Globus anzeigt.

Der **Aussichtspunkt** ist **von Nakuru in 3–4 Stunden zu Fuß erreichbar.** Da die südliche Kraterflanke von zahlreichen Shambas bedeckt wird, fährt bis zu dem Dörfchen **Kilete,** etwa in der Mitte des Weges, für knapp 50 Ksh sogar ein Matatu, das in Marktnähe aufbricht.

Wer ein **eigenes Auto** besitzt, kann auch die ganzen 8 km auf einer ziemlich steilen Piste zurücklegen, die im oberen Teil allerdings nur für 4WD-Fahrzeuge zu bewältigen ist. Man biegt vom Nakuru Highway direkt hinter der Eisenbahnunterführung nach links auf die Hauptstraße ein, die in Richtung Baringo-See führt, und biegt nach 300 m direkt wieder nach rechts in den Menengai Drive ab. Nach 800 m nimmt man die vierte Straße nach links, den Crater Climb, der bis auf den Kraterrand führt. Nach 650 m endet der Teer beim Graceland Hotel, einen halben Kilometer weiter lässt man die letzten vornehmen Häuser hinter sich, einen guten Kilometer danach sind links der Piste die Antennenanlagen der Kenya Broadcasting Company zu sehen, und nochmals einen knappen Kilometer höher öffnen sich schöne Blicke auf den Nakuru-See, der dicht hinter einem liegt. Gut 3 km nach Teerende muss man nach rechts abbiegen, knapp 2 km später nach links. 700 m darauf ist der Kraterrand erreicht, zum View Point geht es nochmals 400 m entlang des Abbruchs nach rechts hinüber. An einer Schranke verlangt die lokale Gemeinde eine kleine Eintrittsgebühr von 300 Ksh. Die Mitglieder der **Menengai Crater Conservation Youth Group** (Kontakt über *James Maina,* jamesmaina11@yahoo.com, Mobil: 0723/ 031150), die auch die Curio-Stände betreiben, verdingen sich gerne als Führer für Wanderungen an den Kraterboden und zu einem Höhlensystem an der Westseite des Berges, das bis heute einen rituellen Schrein beherbergt. Gegenwärtig wird am Kraterrand eine Touristenunterkunft errichtet, die im Herbst 2009 kurz vor der Vollendung stand.

Hyrax Hill Site Museum

Die Besiedlungsgeschichte der Region ist wesentlich älter als jene der modernen Stadt Nakuru. Das wird einem am Hyrax Hill vor Augen geführt, **einer der bedeutendsten** jungsteinzeitlichen Grabungsstätten in Kenia, die ca. 3 km außerhalb der Innenstadt liegt. Der 1 km lange und rund 50 m hohe Lavarücken, dessen Name sich von den Klippschliefern (auf Englisch: *Rock Hyrax*) herleitet, die an seinem Südende leben, fällt bereits vom Nakuru Highway aus auf. Zu seinen Füßen wurden **Gräber und Siedlungsreste** ausgegraben, von denen die ältesten auf 1000–1500 v.Chr. datiert werden, während die jüngsten erst vor 300–400 Jahren aufgegeben wurden. Auf dem Fels selbst stand einst ein steinverstärktes Fort, das seinen jungsteinzeitlichen Erbauern vermutlich als Beobachtungsposten diente. Aber ehrlich gesagt ist der **Blick vom Gipfel des Hyrax Hill** auf den Nakuru-See und den benachbarten asiatischen Tempel wesentlich imposanter als die Überreste der Befestigung. In der Zeit, aus der die ältesten Siedlungen stammen, war der Lake Nakuru ein wesentlich größerer Süßwassersee. Möglicherweise war Hyrax Hill damals eine Halbinsel. Die ersten Ausgrabungen auf dem Gelände nahm 1937 und 1938 *Mary Leakey* vor, seit 1943 ist das Gelände ein Nationalmonument.

Im sogenannten **North Eastern Village** fanden die Forscher 13 Mulden, bei denen es sich vermutlich um die 400 Jahre alten Überreste von Behausungen, möglicherweise aber auch um Tierpferche handelt. Ihre Konstruktion erinnert stark an sogenannte Grubenhäuser aus der Region von Mbulu im nördlichen Tansania. Die Durchmesser der zum größten Teil überwachsenen Mulden am Hyrax Hill sind unterschiedlich, aber allen ist der vom Hügel wegweisende Eingang sowie ein naheliegender Erd- und Abfallhaufen eigen. In denen fanden die Archäologen Tonscherben von zerbrochenen Gefäßen. Außerdem stieß man hier auf Stein- und Obsidianwerkzeuge, Perlen und Mahlsteine.

Auf der anderen Seite des Hügels befinden sich die **Überreste einer eisenzeitlichen Siedlung** und einer **Begräbnisstätte** aus der gleichen Zeit, in der ein rätselhafter Fund von 19 Skeletten gemacht wurde. Sie waren geköpft und gemeinsam in gekrümmter Haltung beigesetzt worden. Der Grund dafür liegt im Dunkeln, denkbar wäre z.B. die hastige Bestattung nach einem Kampf.

Rift Valley

In den Schichten darunter fand man noch wesentlich ältere Siedlungsspuren, die aus der Jungsteinzeit stammen. An der Ostseite des Hyrax Hill ist zudem noch ein altes **Mbau-Spiel** zu sehen, das in den Stein geschlagen wurde. Obwohl eine Datierung in diesem Falle nicht möglich ist, weiß man, dass Mbau bereits in der Mittleren Steinzeit gespielt wurde. Umso faszinierender ist die Tatsache, dass es an Attraktivität bis heute in den meisten Regionen Schwarzafrikas nichts eingebüßt hat. Die Spielbretter mit den vielen Kuhlen finden sich an jedem Andenkenstand.

Der Eingang zur archäologischen Ausgrabungsstätte und ein kleines **Museum** sind in einem alten Farmhaus, rund 2 km abseits des Nakuru Highway, untergebracht. Die Sammlung des kleinen Museums ist nicht überwältigend, aber immerhin gibt es einige ethnologische Ausstellungsstücke zu den Völkern des Rift Valley zu sehen, ebenso wie ein Teil der neolithischen Funde, die am Hyrax Hill ausgegraben wurden.

Das Hyrax Hill National Monument ist **täglich von 9.30–18 Uhr geöffnet,** der Eintritt beträgt für Nonresidents 500 Ksh, für Kinder die Hälfte, während Residents 400 Ksh zu zahlen haben. Man sollte sich von einem Angestellten des Museums herumführen lassen, denn ohne fachliche Erläuterungen ist ein Besuch der Anlage nicht halb so aufschlussreich. Ein Trinkgeld im Anschluss wird natürlich gern gesehen. Im schönen Garten des Museums mit seinen schattigen Bäumen und dem langen Gras darf man auch **campen**.

Lake Nakuru National Park ✍XVI/A2

Der Park im Überblick

Wenn man den Namen Nakuru hört, denkt man unwillkürlich an Bilder von Millionen dicht gedrängter **Flamingos:** Ein breites, rosafarbenes Band am Ufer des Sodasees, das sich plötzlich in eine lebende Wolke verwandelt und zum Himmel aufsteigt. Es stellt wohl das spektakulärste Vogelschauspiel auf der Erde dar – und den ursprünglichen Grund, weshalb das Gebiet um den Nakuru-See 1961 zunächst als Vogelschutzgebiet, ab 1968 dann auch als Nationalpark unter Schutz gestellt wurde. Auf seine heutige Größe von 188 km² wuchs der Park 1975 durch Landzukäufe im Süden an, die durch internationale Spenden finanziert worden waren.

Die Fläche des Lake Nakuru schwankt, wie bei fast allen Rift-Valley-Seen, **beträchtlich.** Mehrmals im 20. Jahrhundert, etwa Anfang der 1950er Jahre und in den Jahren 1995–97, trocknete das Gewässer komplett aus und machte dann seinem Namen *En Akuro*, was in der Sprache der Masai so viel wie „wirbelnder Staub" heißt, alle Ehre. Direkt nach dieser mehrjährigen Dürreperiode verursachte El Niño verheerende Regenfälle, und der See dehnte sich bei immerhin 4,7 m Wassertiefe auf eine Fläche von 40 km² aus. Das alte Sprichwort „That's Africa, always too little, always too much!" wurde wieder einmal bestätigt ...

Der Nakuru-See ist ein **Salzsee am Grunde einer abflusslosen Senke** in unmittelbarer Nachbarschaft zum Menengai-Vulkan. Es ist kein Zufall, dass der hohe Alkaligehalt des Gewässers mit starkem Vulkanismus Hand in Hand geht. Bei zahlreichen Ausbrüchen wurde mineralienreiches Material aus dem Erdinnern als Asche und Lava ausgeworfen und über die Landschaft verteilt, die der Regen dann als wasserlösliche Salze wie Soda, also Natriumcarbonat, in den abflusslosen See spülte, wo sich über Millionen von Jahren anreicherten.

Neben der Bedeutung für den Vogelschutz fungiert der Nakuru National Park auch als Arche für die bedrohte **Rothschild-Giraffe** und die **beiden afrikanischen Nashornarten,** die in seinen Grenzen angesiedelt wurden und sich so prächtig vermehrt haben, dass viele Tiere wieder in ihre ursprünglichen Verbreitungsgebiete ausgewildert werden konnten. Selbst **landschaftlich** bietet der Park auf beschränktem Raum eine **erstaunliche Vielfalt,** die von weitläufigen Fieberakazienbeständen bis zu trockenen Savannenlandschaften und steilen Felsklippen reicht.

Diese natürlichen Schätze erscheinen um so wertvoller, als dass die viertgrößte Stadt Kenias, Nakuru, inzwischen bis an die Parkgrenzen wuchert. Die große Besiedlungsdichte – rund 1 Million Menschen lebt im Lake Nakuru-Becken – und die Nähe der Stadt bescheren dem Schutzgebiet auch massive **Probleme**. Zwischen 1970 und 1996 wurden 75 Prozent (!) der **Wälder** in der Region **abgeholzt** und in Felder umgewandelt. Durch die Einspülung von erodiertem Bodenmaterial **verflacht der See beständig**, während verstärkte Wasserentnahme von Haushalten, Landwirtschaft und Gewerbe aus den Flüssen der Umgebung die Wasserzufuhr weiter einschränkt. Wenigstens die Wilderei und das Feuerholzschlagen im Park konnten durch einen solarbetriebenen, 74 km langen und 3 m hohen **Schutzzaun**, der den gesamten Park umgibt, fast völlig unterbunden werden. An vielen Stellen stoßen die Felder bereits an diese Trennlinie.

Die Regionen des Parks

Die Landschaften des National Parks sind vielfältig. **Im seinem nördlichsten Teil** finden sich klassische Kurzgrassavannen. Große Flächen in Ufernähe werden von einem Fieberakazienwald mit prächtigen Exemplaren des gelbrindigen Baumes bedeckt, unter deren Kronendach gedämpftes Licht herrscht. Im starken Gegensatz dazu steht der Ufersaum, der von Sauergräsern und Binsen bedeckt ist, die stark alkalische Böden standhalten. Direkt am Wasser findet man einen salzigen, vegetationslosen Schlick, der an eine Wattlandschaft erinnert. **Auf der östlichen Seite** des Sees wächst in den Ausläufern des Lion Hill ein ausgedehnter Wald der Kandelaber-Euphorbie, der vor seiner schweren Schädigung durch Buschbrände als der größte Ostafrikas galt. Wird die Borke der mächtigen Sukkulente mit kakteenartigem Aussehen verletzt, tritt ein milchiger Saft aus, der auf der Haut Rötungen und Blasen hervorruft. Gelangt er ins Auge, kann das sogar zur Erblindung führen! Der **Lion Hill** selbst und die sich südlich anschließende **Rifle Range** sind steinig und von trockenem Buschwald be-

deckt. Von ihren Anhöhen genießt man einen fantastischen Blick auf den gesamten Park und Nakuru. Ihr Pendant **auf der westlichen Seite** sind die **Baboon Cliffs** und der **Rhino Cliff**, die den Verlauf einer Bruchstufe markieren. Sie sind zwar nicht ganz so hoch, liegen dafür aber etwas näher am Wasser. Große Flächen **westlich und südlich des Sees** bestehen aus ausgedehnten Salzebenen, die in Baum- und Buschsavanne und am Südende des Parks in Kampferbusch übergehen. Diese Region ist durch die Vulkanasche des Eburru-Vulkans außerordentlich staubig, hübsche rot blühende Aloen setzen kleine Farbtupfer. Der See wird von Flüssen gespeist, die aus den umliegenden Hochländern herabfließen. **An den Ufern des Makalia-Flusses und des Enderit-Flusses**, die von Süden in den See münden, hat sich eine Schilf- und Sumpflandschaft herausgebildet. Am südlichsten Parkzipfel befindet sich der **Makalia-Wasserfall**, der aber nicht das ganze Jahr über Wasser führt.

Die Tierwelt

Keine Frage, die **größte Attraktion** des Lake Nakuru National Park stellen die **Zwergflamingos** (Phoenicopterus minor) dar. Etwa 30 Prozent der Weltpopulation ist im seichten Wasser des Sodasees versammelt, zumindest, wenn sich die Vögel, unter die sich auch gemeine Flamingos (Phoenicopterus ruber) gemogelt haben, in Nakuru weilen. Früher eine Selbstverständlichkeit, verschwand Ende der 1970er Jahre die Vogelkolonie quasi über Nacht. Man stand zunächst vor einem Rätsel, glaubte an eine Katastrophe. Untersuchungen brachten die Gründe für die mobil gewordene Vogelgesellschaft ans Tageslicht. Schlüsselfaktor scheint der **Wasserstand des Sees** zu sein. Denn der beeinflusst die Konzentration der Salzlösung. Je höher die Salzkonzentration, desto besser sind die Lebensbedingungen für Spirulina-Blaualgen und Crustaceae, also winzig kleine Krebse im See, der einer Ursuppe ähnelt. Hohe Salzkonzentrationen, viel Sonnenschein und warme Wassertemperaturen lassen ihr Wachstum förmlich explodieren. Blaualgen sind die

Nahrungsquelle der Zwergflamingos, während sich die normalen Flamingos von den Krebsen ernähren, die sie mit einem komplizierten Filterapparat im Schnabel aus dem Wasser seihen – daher beim Gehen das „Schleifen" der Köpfe über die Wasseroberfläche. Fleißige Wissenschaftler haben ausgerechnet, dass die Vögel bis zu 300 Tonnen Algen fressen – pro Tag, wohlgemerkt ...!

Bei starken Regenfällen steigt der See jedoch an, die Salzkonzentration sinkt, und die Algen verlangsamen ihr Wachstum, worauf die hungrigen Vögel an andere Sodaseen mit besserem Futterangebot abwandern. Ausweich„flughäfen" sind dann Lake Bogoria, Lake Elmenteita, Lake Magadi und sogar die tansanischen Seen Natron, Manyara sowie Eyasi und ganz im Norden Kenias der Lake Turkana. Am Ufer des Nakuru-Sees bleiben Millionen von Federn zurück, die dem enttäuschten Touristen wenigstens versichern, dass all diese Bilder von der Flamingoflut keine Fotomontagen waren.

Das plötzliche Verschwinden der Vögel war übrigens nicht das einzige Rätsel, über dem die Vogelkundler brüteten. Bis in die 1960er Jahre zerbrachen sie sich die Köpfe über die Lage der unbekannten Nistplätze der rosafarbenen Vögel. Anscheinend vermehrten sie sich im Nirgendwo. Schließlich stieß man weit draußen, im unzugänglichen Sodasumpf des gottverlassenen Natron-Sees, auf riesige **Brutkolonien.** Die Vögel errichten dort aus Salzschlamm kleine Hügel mit einer Mulde, in die das Ei gelegt wird. Kurios auch das: Die Eier werden von den Eltern zum Ausbrüten nicht gewärmt, sondern gekühlt. Mit dem Körperschatten schirmen sie ihren eiförmigen Nachwuchs vor der gnadenlosen Sonneneinstrahlung ab, der ansonsten in der Schale gekocht würde ...

Nun sind die Flamingos – mit ihren langen Beinen zugegebenermaßen hübsch anzusehen – bei weitem nicht die einzigen gefiederten Freunde, die Vogelfreaks nach Nakuru pilgern lassen. In den 1960er Jahren setzte man zur Bekämpfung von Mückenlarven versuchsweise den salztoleranten Fisch *Tilapia grahami* aus dem Lake Magadi im See ein, der sich prächtig entwickelte. Das zog wiederum viele fischfressende Vögel wie **Kor-**

morane und Rosapelikane an den See, der ursprünglich fischlos war. Bis zu 400 der weißen Vögel mit dem mächtigen gelben Schnabel sieht man bei der Gefiederpflege an der nördlichen Seespitze oder am südwestlichen Ende bisweilen zusammenstehen. Auf dem Wasser kann man hingegen häufig beobachten, wie sie mit ihren Flügelschatten Fische zusammentreiben, die dann mit dem großen Hautsack an der Unterseite des Schnabels aus dem Wasser geschöpft werden. Die Tiere sind mit fast 3 m Spannweite elegante Segler, die sich zu Hunderten schwerelos in der Thermik höher und höher schrauben. Bei der Landung gleiten sie mit vorgestreckten Füßen über das Wasser, wie ein Wasserflugzeug auf seinen Kufen. An Land und beim Start bewegen sie sich allerdings unbeholfen und tölpelhaft. Wie bei den Flamingos schwankt die Zahl der Pelikane am See mit der Höhe des Wasserstandes und seines Salzgehaltes. Denn die Blaualgen sind auch die Hauptnahrungsquelle für die Tilapia-Fische.

Insgesamt rund **450 verschiedene Vogelarten** wurden bisher beobachtet, davon allein **90 Wasservögel** sowie viele saisonale Wintergäste aus Europa und Asien. Hinzu kommen fünf **Geier-** und sechs **Adlerarten,** darunter der majestätische Kaffernadler und der durch sein Federhäubchen auffällige Kronenadler, sowie Webervögel, Bienenfresser, verschiedene Kuckucksarten, Kiebitze, Stelzvögel usw. Ein gutes Fernglas und ein Vogelbestimmungsbuch sind für den Lake Nakuru also keine dumme Idee. Die Vögel konzentrieren sich in besonderem Maße **an den Mündungen der Flüsse.**

Eine weitere, ständig anwesende Attraktion des Nakuru National Park sind die **über 70 Rothschild-Giraffen.** Sie stammen von 17 Tieren ab, die 1977 aus ihrer westkenianischen Heimat um Soy im Uasin Gishu District nach Nakuru umgesiedelt wurden. Die Großfarm, auf der sie lebten, sollte in Kleinbauernparzellen aufgeteilt werden, das Todesurteil für ihren bisherigen Lebensraum. Die seltenen Tiere, die sich von den anderen beiden Giraffenunterarten durch ihren etwas gedrungeneren Körperbau, blassbraune, wenig gezackte Flecken und eine ungefleckte

Lake Nakuru National Park

Rift Valley

B5 ↑ n.Nyahururu (71 km)

n.Ol Kalou, Dondori

Nakuru

C69

0   2 km

Honeymoon Hill

1 H

2 H

Lanet Gate

⚠ 9

★ 10

★ 11

8 ⚠

⚠ 3

⚠ 4

Lion Hill 2097 ▲

H 5

★ 14

Njoro Fluss

Baboon Cliff Lookout

★ 13

Lake Nakuru *(1758 üNN)*

n.Nairobi Naivasha

A104

Baboon Cliff

Euphorbia Wald

★ 12

4 km zum Mbweha Camp

H 6

Nderit Gate

Rhino Cliff

Makalia Fluss

Air Strip

Naishi Sub HQ's

n.Eburru, Elmenteita ↓

Makalia Wasserfälle

Enderit Fluss

⚠ 7

H	1	WCK Guesthouse
H	2	WCK Hostel
⚠	3	Kampi Ya Nyuki
⚠	4	Kampi Ya Nyat
H	5	Sarova Lion Hill
H	6	Lake Nakuru Lodge
⚠	7	Makalia Campsites
⚠	8	Njoro Campsite
⚠	9	Backpacker's Campsite
★	10	Pelikane
★	11	Hippo Pool
★	12	Pelican Corner
★	13	Überreste d. Präsidenten-Pavillons
★	14	Lion Cave

▲	Gate
A104	Straßennummer
	Hauptverkehrsstraße
= = =	Piste
>>	starke Steigung
— —	Parkgrenze
✳	Aussichtspunkt
	Baumbestand
	Gewässer
▲	Berg

untere Beinhälfte unterscheiden lassen, haben sich so prächtig vermehrt, dass in den vergangenen Jahren bereits einige Tiere in ihre natürlichen Ursprungsgebiete wie den Ruma National Park in Westkenia und sogar im Kidepo National Park Nord-Ugandas repatriiert werden konnten. Dort waren die Tiere während der Wirren des Bürgerkriegs an den Rand der Ausrottung gebracht worden. In Nakuru halten sich die Giraffen vorzugsweise im Baumsavannengebiet im südlichen Parkteil auf.

Die zweite Artenschutz-Erfolgsstory handelt vom **Spitzmaulnashorn,** dessen Bestand durch die hemmungslose Wilderei in den 1970er, -80er und Anfang der -90er Jahre in Kenia von 20.000 Tieren auf 350 Tiere zusammengeschossen wurde. Auf der Solio Ranch in Laikipia hatte eine recht große Population von 67 Spitzmaulnashörnern überlebt, von denen 19 Tiere als Grundstock für ein **Zuchtprogramm** nach Nakuru gebracht wurden; weitere Rhinos kamen aus Gebieten, in denen sie nicht wirksam vor Wilderei geschützt werden konnten. Inzwischen haben sich auch die Rhinos so gut erholt, dass ein Teil in weitere Rhino Sanctuarys auf privaten Farmen und in den Tsavo National Park umgesiedelt wurden – ein Hoffnungsschimmer für die urtümlichen Dickhäuter.

Südafrika hat am Beispiel des Breitmaulnashorns, von dem nur rund 60 Tiere das große Schlachten überlebt hatten, eindrucksvoll vorgemacht, wie mit einer entschlossenen Schutz- und Zuchtpolitik eine Tierart vor dem Aussterben gerettet werden kann. Heute gilt die Population mit über 6000 Tieren wieder als stabil. In Nakuru sind auch einige südafrikanische **Breitmaulnashörner** ausgewildert worden. Da sie Grasfresser sind, halten sie sich öfter im offenen Gelände auf und sind viel einfacher zu beobachten als die laubfressenden Spitzmaulnashörner, die zumeist im Dickicht unterwegs sind. Das Hauptquartier des Rhino Sanctuary befindet sich übrigens beim Naishi Subheadquarters im Süden des Nakuru National Park, wo sich auch die Nashörner bevorzugt aufhalten.

All diese Schutzarbeit kostet eine ordentliche Stange Geld, denn für die Nashorn„leibgarde" sind 14 Ranger rund um die Uhr im Einsatz. Jedes einzelne der wertvollen Tiere verursacht so pro Jahr Kosten in Höhe von rund 5000 Euro, ein Vielfaches des Einkommens der Menschen, die in Nachbarschaft zum Park leben.

Weiterhin ist der Nakuru National Park für seine großen **Herden von Büffeln und Wasserböcken** bekannt. Die Wasserböcke, die mit ihren großen schwarzen Nasen und dem wuscheligen Fell so aussehen, als hätten sie bei Bambi Modell gestanden, konzentrieren sich nahe des Haupteingangs an der nördlichen Spitze des Sees, wo sie oft einträchtig neben imposanten Büffeln weiden, welche nachts bis zum Backpacker's-Campingplatz ziehen. Büffel sind allerdings auch in den Wäldern südlich des Sees sehr häufig. Im Akazienwald, den man durchquert, wenn man nach dem Haupteingang direkt nach links zur Seeumrundung abbiegt, hat ein **Leopard** sein Revier, der häufig auf einem Baumast döst. Nirgendwo sonst im Park hat man so große Chancen, eine dieser scheuen Raubkatzen zu sehen. Dreiste Paviane und Meerkatzen, aber auch scheue Guerezas oder Colobus-Affen kommen in den Waldgebieten von Nakuru häufig vor. Auch riesige **Pythons** halten sich im Wald, aber auch an buschigen Flussufern, im hohen Gras oder in Erdhöhlen auf und scheuen auch Wasser nicht. Vor einigen Jahren hat ein Python den Makalia-Fluss im Süden des Reservates angestaut – beim Verschlucken einer ganzen Antilope muss sich das riesige Tier innere Verletzungen zugezogen haben und ist dann im Wasser verendet ...! Obwohl in Nakuru häufig, sind die bis zu 6 m langen, nachtaktiven Würgeschlangen nur mit einigem Glück zu beobachten, ebenso wie die extrem seltene **Fledermaus** *Hipposideros megalotis,* deren Ohren die Hälfte der Körperlänge messen!

An den Baharini-Süßwasserquellen am Nordufer paddeln einige **Hippos** im Wasser, die sich wegen des hohen Salzgehaltes sonst im See nicht wohl fühlen. Im offenen Grasland hinauf zum Lanet Gate, ebenso wie in

Wasserbock und Büffel

den Ebenen südlich des Sees, lassen sich häufiger **Löwen** blicken. Anscheinend haben sich die Jäger dort auf Büffel spezialisiert, denn es ist auffällig, wie viele Knochenreste und kapitale Gehörne der Fleischkolosse dort herumliegen. Im trockeneren Kampfer-Buschland, noch weiter im Süden, gibt es Elen-Antilopen, Thomson- und Grantgazellen. Weitere häufige Säugetierarten im Nakuru National Park sind Zebra, Buschbock, Bohor und Chanler Riedbock, Steinböckchen, Warzenschwein, Impala und an den felsigen Klippen auch Klippschliefer und Klippspringer. Elefanten kommen hier nicht vor.

Im Park unterwegs

Der Nationalpark ist **das ganze Jahr über auch mit dem Pkw gut zu befahren,** etwas acht geben muss man allerdings am Seeufer, denn unter einer dünnen Salzschlammkruste lauert manchmal Matsch, der kein Auto trägt. Der Park ist wegen seiner Nähe zur Stadt auch gut für **Touren im Taxi** geeignet, aber auch die Miete eines kleinen Wagens ist in Nakuru erschwinglicher als in Nairobi. Für **Tramper** kommt nur das Hauptgate für einen Trampversuch in Frage, das von der Stadt ohne Probleme erreicht werden kann.

Die **Orientierung** im Park ist wegen der begrenzten Zahl der Pisten kein Problem, an wichtigen Verzweigungen stehen Wegweiser mit Entfernungsangaben. Wie immer auf Safari empfiehlt sich ein **früher Aufbruch,** dann reicht ein Tag für die Erkundung des Parks mit einer Umrundung des Sees. Was die Lichtverhältnisse angeht, ist es vorteilhaft, wenn man über den Akazienwald am Nordende zunächst auf die Ostseite des Sees fährt, dann hat man nämlich das schöne Morgenlicht im Rücken. Für die Mittagspause bietet sich ein Zwischenstopp in der Lake Nakuru Lodge an, und nachmittags könnte man dann vom Baboon Cliff nochmals den See im warmen Abendlicht genießen. Es existieren im Park einige Picknickplätze, an denen man auch das Auto verlassen darf. Seien Sie aber

Rift Valley

keno41 Foto: hf

immer auf der Hut vor Tieren auf der Suche nach einer Zwischenmahlzeit.

Kontakt und Infos

●**Senior Warden Lake Nakuru National Park,** Tel. 051/2217151, 2217371, kwslnnp@africaonline.co.ke.

Unterkunft

●**Lake Nakuru Lodge**
Tel. 051/850228, 850518, www.lakenakurulodge.com; Reservierungen in Nairobi: 2nd Floor, Arrow House, Koinange St., Tel. 020/273369-5 bis -7; Preise: in der Nebensaison 180/250/340 US$ FB, Junior Suite 250/350/380 US$ FB, Senior Suite 300/380/420 US$ FB; in der Hauptsaison 250/340/530 US$ FB, Junior Suite 350/460/600 US$ FB, Senior Suite 425/550/715 US$ FB. Separate Mahlzeiten kommen auf 1200/2000/2000 Ksh (B/L/D). Die Lodge liegt auf einer Anhöhe mit grandiosem Blick über den See, die Klippen am anderen Ufer und das Mau Escarpment. Der umgebende Garten besteht aus einem Meer von Bougainvillea-Blüten in Orange, Weiß, Purpur und Rosa, jenseits der Brüstung der Hotelterrasse befindet sich ein Wasserloch, an dem sich immer irgendwelche Tiere tummeln. Die Standardräume, in kleinen Bandas untergebracht, sind nichts Besonderes, die Suiten im Luxusflügel hingegen schon. Von ihren privaten Terrassen genießt man den gleichen fantastischen Blick wie vom Haupthaus. Die Lodge ist bei Reisegruppen beliebt und daher oft ausgebucht. Restaurant und Schwimmbad (300 Ksh, Kinder die Hälfte) stehen auch Tagesgästen offen. Ein herrlicher Platz für eine Mittagspause. Für 2000 Ksh pro Std. kann man außerhalb des Zauns auch Ausritte machen.

●**Lion Hill Lodge**
Tel. 051/85455; Buchungen laufen über das Büro von Sarova Hotels in Nairobi (s. S. 108); Preise: 246/320 US$ FB. Das Hotel, das auf einer kleinen Anhöhe zu Füßen des Lion Hill liegt, verfügt über 64 Chalets, von denen jedes eine kleine Veranda mit Blick auf den Nakuru-See besitzt. Das gilt auch für die beiden

Luxussuiten und die Honeymoon Suite. Die Lion Hill Lodge hat einen hohen Standard, was Service und Sauberkeit betrifft. Die Gebäude sind aber ziemlich funktional, die Standardräume schlicht eingerichtet, und nicht von allen Veranden hat man einen guten Blick. Die schönsten Chalets in dieser Hinsicht sind Nummer 60 und Nummer 65. Die beiden Luxussuiten zeichnen sich durch einen offenen Kamin und eine Minibar aus. Von der Terrasse der Hotel-Bar, auf der ein starkes Teleskop steht, hat man einen schönen Blick hinunter zum Nakuru-See. Abends traditionelle Tänze. Wer nicht im Hotel wohnt, zahlt für die Poolbenutzung 500 bzw. 250 Ksh (Kinder), es sei denn, man isst auch hier, dann ist das Badevergnügen inklusive. Das Lion Hill verfügt sogar über eine Sauna.

●**Flamingo Hill Tented Camp**
Tel. 020/884485, Mobil: 0727/741883 oder 0733/245430, www.flamingohillcamp.com. Exklusives, sehr stilvolles Zeltcamp am Rande des Nationalparks, eine echte Bereicherung der Übernachtungsmöglichkeiten in Nakuru. Preise auf Anfrage.

●**Mbweha Camp**
Mobil: 0722/677449 und 0733/704533, Buchungsbüro in Nairobi: Tel. 020/44500-35 und -36, www.atua-enkop.com. Außerhalb des Nakuru-Parks an seinem südöstlichen Rand, nur 4 km vom Nderit Gate entfernt, liegt das „Schakal"-Camp auf dem Gelände des 2500 ha großen privaten Congreve-Wildschutzgebietes des Delamere Estate. Der Name erklärt sich daraus, dass hier alle drei ostafrikanischen Schakal-Arten leben – neben 300 Vogelarten und viel Wild. Aber allein das Panorama von Mau Escarpment und Eburru-Vulkan ist sehenswert. Geschmackvolle, luxuriöse Bandas. Preise auf Anfrage. Auch Camping zu zivilen Preisen ist im Mbweha Camp möglich: 400 Ksh pro Person, Kinder zahlen die Hälfte. Das Aktivitätenprogramm umfasst Bush Dinners (20 US$), Sundowner (10 US$), Vogelwanderung (5 US$), Champagner-Frühstück „in the wild" (10 US$), Nachtpirschfahrten (10 US$), Game Drives im benachbarten privaten Soysambu-Naturschutzgebiet. Fahrradfahren und Ausritte im Schutzgebiet erlaubt! Pooltable, schöne Bar aus Baumstämmen, offen.

●**Serena Hotels** baut gegenwärtig eine neue Lodge im Nakuru National Park, die 2010 ihre Pforten öffnen soll.

Hüttenunterkünfte

●Wildlife Clubs of Kenya Hostel
Tel. 051/851559 und 850929, Mobil: 0733/747004. Die Übernachtung im Hostel kostet erschwingliche 150 Ksh, Camping für Residents 150 Ksh, für Nonresidents 300 Ksh. Die Buchungsgebühr für Gruppen beträgt 1000 Ksh. Im Hostel fallen häufig ganze Schulklassen ein, mit der Ruhe am Busen der Natur ist es dann gründlich vorbei. Wie die Übernachtungspreise bereits verraten, sind dem Komfort enge Grenzen gesetzt. Es gibt 3 große Bandas mit jeweils 12 Betten, 4 kleine mit je 2 Betten und eine Gemeinschaftsküche. Die Duschen sind kalt.

●Wildlife Clubs of Kenya Guesthouse
Buchungen wie oben. Viel edler, aber doch noch erschwinglich ist das Guesthouse der Wildlife Clubs of Kenya, das seit neuestem in dem 1903 erbauten Haus des Farmers *Hopcraft* untergebracht ist. Das alte Anwesen liegt einige Kilometer weiter oben am Hang, aber immer noch innerhalb der Parkgrenzen. Ganz frisch renoviert und voll ausgestattet, sogar mit Mikrowelle bietet es in zwei Gebäuden bis zu 15 Personen Platz. Aber auch mit weniger Leuten kann man dort übernachten. Zu viert zahlt man für eines der beiden Vierbettzimmer 2500 Ksh. Die beiden Doppelzimmer kosten jeweils 1600 Ksh, bei Einzelbelegung sind 1100 Ksh fällig. Bei mehr als 7 Personen zahlt jeder 800 Ksh – Geld, dass die gemütliche Unterkunft mit Wohnzimmer und offenem Kamin allemal wert ist. Nachts sollte man beide Anwesen nicht verlassen. Büffel weiden gerne in der Umgebung, ein Löwenrudel und auch ein Leopard haben hier ihr Revier.

●Naishi Guest House
Das Guesthouse, das der Kenya Wildlife Service im Park unterhält, ist in einem ehemaligen kolonialen Farmhaus untergebracht, bietet mit dem Nebengebäude insgesamt 8 Personen Platz und ist mit Gaskochern, Bettzeug, Kühlschrank und Elektrizität zwischen 19 und 22 Uhr ausgestattet. Die Miete des gesamten Guesthouse kostet 200 US$ pro Nacht für Nonresidents, Residents zahlen 10.000 Ksh, während der Ferien werden Aufschläge verlangt. Buchungen gehen über den Senior Warden (Kontakt s.o.) oder über das Tourism & Business Department des KWS in Nairobi, Tel. 020/600800 oder 602345, reservations@kws.go.ke.

Camping

Im Nakuru National Park gibt es gegenwärtig **3 öffentliche Campsites** (am Main Gate, Makalia und Reedbuck) **sowie 6 Special Campsites** (Naishi, Rhino, Soysambu, Nyati, Chui, Reedbuck). Die Reservierung für die Special Campsites läuft über den Warden oder das KWS HQ in Nairobi.

Afrikanischer Felspython

● Der **Backpacker's Campsite** direkt hinter dem Haupteingang ist der bestausgestattete und verfügt über richtige Toilettenhäuschen, fließend Wasser und kalte Duschen. In dem Fieberakazienwald um das Gate leben sowohl eine Pavianherde als auch eine Horde Meerkatzen, und beide sind von dummen Touristen darauf getrimmt worden, dass Menschen immer Futter dabei haben und gerne teilen. In Fällen, in denen das nicht zutrifft, holen sich die Affen in einem unbeobachteten Moment „ihren" Anteil und schrecken auch nicht davor zurück, in offene Wagenfenster zu springen oder mit ihren Reißzähnen Zelte zu malträtieren. Die Folge: Man sollte sein Zelt immer abbauen, wenn man tagsüber auf die Pirsch fährt, sonst kann man bei der Rückkehr erst mal seine Habe – oder die Reste davon – einsammeln ... Nachts passiert es regelmäßig, dass sich Büffel zwischen Zelt und Toilette aufbauen, denn das Gras ist hier schön saftig.

● Im äußerst selten besuchten Südteil des Parks liegen die beiden **Makalia-Campingplätze**, auf jedem Ufer des gleichnamigen Flusses einer. Die Gegend ist viel trockener als in den Wäldern am westlichen Seeufer. Man ist von einem landschaftlich reizvollen Flickenteppich aus Dornakazien und Grassavanne umgeben.

● Das **Kampi ya Nyati**, also „Büffelcamp", liegt am nordöstlichen Seeufer in einer Waldlichtung des Akaziendickichts. Vom Campsite geht eine Fahrspur zum offenen Ufer, von dem man schöne Blicke über den See genießt.

● Die **Campinggebühren** für Übernachtungen stehen auf S. 56.

● Camping ist auch **beim Hostel der Wildlife Clubs of Kenya** möglich (s.o.).

Anreise

Der Nakuru National Park, über rund **157 km Teerstraße von Nairobi** aus in 2,5 Std. Fahrt zu erreichen, besitzt **3 Gates.** Wer über den Nakuru Highway aus Richtung Nairobi, Naivasha und Lake Elmenteita anreist und nicht erst durch die Stadt fahren will, benutzt am besten das **Lanet Gate** in der nordöstlichen

Ecke des Schutzgebiets. Der Weg zum Lake Nakuru National Park ist von der Hauptstraße ausgeschildert. 500 m vor dem Stem Hotel müssen Sie links einbiegen, bis zum Lanet Gate sind es noch ungefähr 2 km.

Weilen Sie hingegen in der Stadt, oder kommen Sie aus dem Norden oder Westen, ist natürlich der **Haupteingang** im äußersten Nordwesten des Parks günstiger, der sich in unmittelbarer Nachbarschaft zu Nakuru befindet. Am Gate gibt es ein Visitor's Centre mit Cafeteria und eine große, schöne Karte vom Wegesystem im Park.

Das **Ndarit Gate** im Osten, nahe der Lake Nakuru Lodge, ist nur über Staubstraße zu erreichen und wird daher hauptsächlich für die Versorgung der Lake Nakuru Lodge verwendet. Es bietet sich aber auch für jene an, die auf abgelegenen Pfaden vom Eburru-Vulkan kommen und an der Westseite des Lake Elmenteita zum Park wollen. Auf veralteten Karten sind noch weitere Zufahrtswege eingezeichnet. Da wegen der dichten Besiedlung um den gesamten Park ein Elektrozaun gezogen wurde, sind diese jedoch nicht mehr passierbar.

Parkgebühren und beste Besuchszeiten

● Die **Eintrittspreise** stehen auf S. 55. Der Parkeintritt in Nakuru muss mit der umständlichen Safari Card bezahlt werden, die nur am Main Gate erhältlich bzw. aufladbar ist.

● Der Lake Nakuru National Park ist **das ganze Jahr über geöffnet.** Bei hohem Wasserstand des Sees lassen sich aber einige ufernahe Wege u.U. nicht mehr befahren, weil sie überflutet sind. Die Hauptpiste, die den gesamten See umrundet, ist davon aber nie betroffen. Umgekehrt ist der See im März, am Ende der Trockenzeit, manchmal so stark geschrumpft, dass sich die Flamingos und andere Wasservögel weit draußen, abseits aller Pisten, aufhalten und kaum zu sehen sind. Ansonsten muss man im Lake Nakuru-Basin, das erstaunlich hohe Niederschläge von rund 1000 mm pro Jahr aufweist, jederzeit mit heftigen Gewitterschauern rechnen.

Gilgil – (Lake Ol Bolossat) – Nyahururu

- **68 km**
- **Durchgehend geteerte Strecke,** die stellenweise größere Schlaglöcher aufweist.
- **Häufiger Matatu-Verkehr** zwischen den beiden Städten.
- **Fahrtzeit:** 1–1,5 Std.

Wenn Sie von der A104 aus Richtung Naivasha kommen, biegt 7 km hinter der alten Mautstation rechts die Straße nach **Gilgil** ein, das 3 km abseits des Nakuru Highway liegt. Eine weitere Einfahrt – für jene, die aus Nakuru kommen – befindet sich gut 2 km nördlich. Eine ganze Batterie von Werbetafeln weist den Weg. Auf dem offenen, windigen Ödland um die Stadt weiden neben Masai-Herden auch Zebras und Impalas, die dem starken Autoverkehr mit Verachtung begegnen und völlig ungerührt nur wenige Meter neben der Fahrbahn stehen. An der Hauptstraße stehen noch ein paar alte Dukas mit schönen Arkaden, aber insgesamt macht die Siedlung an der Eisenbahnlinie zwischen Naivasha und Nakuru einen außerordentlich unordentlichen Eindruck. Landesweite Bedeutung hat Gilgil, weil hier die staatliche Telekom-Gesellschaft eine Produktionsstätte betreibt. Die modernen Miethäuser für die Angestellten stehen etwas abseits am Stadtrand. In Gilgil biegt die stillgelegte Eisenbahnstrecke nach Nyahururu ab, und im Osten und Norden der Stadt befinden sich große Militärlager. Das alles liefert keine Argumente für einen längeren Aufenthalt. Wer hier strandet, findet aber trotzdem einige kleine Guesthouses, das übliche Sortiment an Bars und Hotelis, eine KCB-Bankfiliale und eine Post.

An der Caltex-Tankstelle in der Stadtmitte, die gleichzeitig Matatu-Haltestelle ist, biegt rechts die **C77 nach Ol Kalou und Nyahururu** ab. Die Straße führt Richtung Osten aus dem Ort. 2 km außerhalb liegt auf der linken Seite ein gepflegter **britischer Militärfriedhof** mit den Gräbern aus dem Zweiten Weltkrieg und aus dem Krieg gegen die Mau Mau-Rebellen. Gegenüber vom Friedhof befinden sich die Kenyatta Barracks und der Flugplatz der Stadt, dann kommt man auf freies Feld.

Jetzt, wo Sie nicht mehr durch das Kuddelmuddel von Gilgil abgelenkt werden, haben Sie vielleicht die Muße, der **Schönheit der Landschaft** am östlichen Rand des Rift Valley Tribut zu zollen; prägend sind zahlreiche kleinere Bruchstufen und Vulkane. Allerdings ist der umgekehrte Weg von Nyahururu nach Gilgil schöner, denn dann hat man ständig das weite Panorama mit dem Mt. Longonot und dem Lake Naivasha vor Augen. Aber auch so besitzt die seltsam kahle Savannenlandschaft durchaus ihren Reiz. Die **Straße** verläuft im Großen und Ganzen **parallel zur Eisenbahnlinie.** Rund 7 km außerhalb des Ortes unterqueren Sie die Schienen, danach schwenkt das Asphaltband nach Norden und erklettert Stufe für Stufe eine riesenhafte Treppe, die der Einbruch des Ostafrikanischen Grabens hinterlassen hat. 10 km nach der Eisenbahnunterführung lohnt sich ein Blick nach hinten. Dann liegt die ganze Pracht des Rift Valley vor einem ausgebreitet. 4 km weiter bergauf kommt man durch den kleinen Flecken **Karunga,** in dem sonntags ein bunter **Bauernmarkt** stattfindet. Die Straße hat nun ein fruchtbares Plateau erklommen, welches sich zwischen den Dundori Hills zur Linken und den Aberdares auf der Rechten erstreckt. Jenseits der Dundori Hills bricht die Hochebene in den Ostafrikanischen Graben ab. Wenn die Sicht klar ist, werden Sie nun einen wunderschönen Blick auf die steile Ostflanke der dritthöchsten Bergkette Kenias genießen. Rechts hinter Ihnen erhebt sich der 3349 m hohe Kegel des **Kipipiri.** Allerdings stehen die Chancen auf schlechtes Wetter gut, denn die Region zählt zu den regenreichsten Flecken des Landes. Von dem Wasserreichtum profitiert die Landwirtschaft auf der **Hochebene um Ol Kalou,** das man bei km 28,5 erreicht. Von hier ziehen sich die Weizen-, Pyrethrum-, Mais-, Gemüse- und Kartoffeläcker bis nach Nyahururu hin. Ursprünglich war die Region Teil der White Highlands, aber ab 1965 wurden die meisten Farmen von der Regierung aufgekauft und in kleine Parzellen aufgeteilt, um landlose Kleinbauern anzusiedeln. Die Landwirte der Region scheinen einen gewissen Wohlstand zu genießen. Zumindest sieht man mehr Kühe und Fahrräder auf der Straße als sonst irgendwo in Kenia.

Ol Kalou liegt etwas links der Straße, an der Abzweigung zum Ortskern steht ein Hinweisschild zur Barclays-Bankfiliale. 800 m weiter, nachdem die 1952 gebaute und 1975 erweiterte St. Peter Church passiert ist, biegt direkt an der Bahnstation rechts eine 23 km lange, in der Regenzeit nur mit 4WD zu bewältigende Piste zu einem der unbekanntesten Seen des Rift Valley ab, zu dem am nordwestlichen Ende der Aberdares liegenden **Lake Ol Bolossat.** Es handelt sich dabei um das **größte Feuchtgebiet im Hochland von Zentralkenia,** das vor allem für die Vogelwelt eine überregionale Bedeutung besitzt. Unter den 212 hier vorkommenden Arten sind auch Kronenkraniche und Haubentaucher. Außerdem lebt im See eine recht große Nilpferdpopulation.

Das nadelbaum- und kuhreiche **Plateau,** über das man von Ol Kalou auf der Teerstraße bis nach Nyahururu weiterfährt, erinnert an Europa, und die großen Kamine der Häuser künden davon, wie unangenehm kalt es hier oben werden kann. Auch in **Olto Orok,** 25 km hinter Ol Kalou, findet sonntags ein großer **Bauernmarkt** statt, auf dem man häufig Wanderprediger beobachten kann. 7,5 km hinter dem Ort passiert man den **Äquator:** Auf der unsichtbaren Linie um die Mitte des Globus haben sich unübersehbar Curio Shops, Souvenirverkäufer und Hinweisschilder angesiedelt. Rechter Hand steht bei klarer Sicht der schneegekrönte Mt. Kenya. 3,5 km weiter erreicht man den Bus- und Matatustand von Nyahururu.

Nakuru – Subukia – (Lake Bogoria View Point) – Nyahururu

- **71 km**
- **Durchweg sehr gute,** landschaftlich reizvolle **Teerstraße.**
- **Fahrzeit:** 1–1,5 Std.

Um von Nakuru auf direktem Wege nach Nyahururu zu gelangen, müssen Sie zunächst den Nakuru Highway ein kleines Stück in Richtung Naivasha fahren. 2,2 km hinter der innenstadtnahen Eisenbahnunterführung biegen Sie beim Hotel Kunste nach links auf die B5 nach Nyahururu ab. Zunächst führt die Straße an der östlichen Flanke des **Menengai** entlang. Bei km 10 biegt nach rechts die Zufahrt zum schönen Maili Saba Camp direkt am Kraterrand des Menengai ab. Zwischen km 10 und 12 genießen Sie einen beeindruckenden Blick in den Krater. Ehrfurchtgebietende Kräfte müssen bei der Entstehung der steilen Klippen und des geborstenen Gesteins gewirkt haben. Rechter Hand begleitet Sie das Escarpment der **Dundori Hills,** die mit ihren dichten Wäldern stark an europäische Berge erinnern. Bei km 13,6 (A) gabelt sich die Straße. Während man geradeaus nach einem kleinen Stück Teer über eine mäßige Piste zum Lake Solai und/oder zum spektakulären Lake Bogoria View Point (s.u.) vorstoßen kann, macht die Hauptstraße nach Nyahururu einen Knick nach rechts und steigt kontinuierlich an. Immer wieder kommen einem Lastenfahrräder mit Holzkohlesäcken in Kamikaze-Schussfahrt entgegen.

Die Berghänge sind dank hoher Niederschläge außerordentlich fruchtbar. Maisfelder, Bananen und ausgedehnte Kaffeepflanzungen begleiten Sie auf dem Weg nach oben. Bei km 22 tauchen die ersten Teefelder auf. Bei km 26,5 durchqueren Sie das regionale Zentrum **Kabazi,** das mit einigen Bars und einfachen Lodges aufwartet. In Ihrem Rücken öffnen sich immer wieder tolle Ausblicke ins Rift Valley. 32,4 km hinter Nakuru überquert die Straße den **Äquator.** Um ein schnödes Hinweisschild aus Blech, das diesem feierlichen Anlass kaum gerecht wird, hat sich ein Häufchen Andenkenläden gebildet. In den Strohhütten bekommen Sie gegen gutes Geld ein Diplom für das Überqueren des Äquators ausgestellt, Weltkugelrepliken stehen zum Verkauf, und mit Hilfe einer Kanne Wasser und eines angebohrten Gefäßes wird Ihnen auch gezeigt, dass die Badewanne auf der Südhalbkugel tatsächlich andersherum abläuft als zwei Meter weiter im Norden. Freilich demonstriert dieser physikalische Versuch vor allem eines: die Geschäftstüchtigkeit der ländlichen Bevölkerung. Denn die für dieses Phänomen verantwortliche Curiolis-Kraft ist hier, in unmittelbarer Nähe des Äquators, gleich null. Es ist die Richtung beim Eingießen, die die Drehbewegung des Wasserstrudels festlegt ...

1,8 km nach der unsichtbaren Linie biegt nach links – an der Abfahrt stehen Hinweisschilder zur Hyrax Highschool und zur Subukia Primary School – eine Piste zu der kleinen **St. Peter Church von Subukia** ab, einer 1951 gebauten britischen Kirche, die sich 2,6 km abseits der Straße hinter einigen Kurven verbirgt. Meist ist der Pastor der anglikanischen Gemeinde da, und man darf den kleinen Kirchraum besichtigen. Im verwilderten Kirchgarten stößt man noch auf ein paar völlig überwucherte Gräber von weißen Siedlern, die dem Platz eine geheimnisvolle Ausstrahlung verleihen. Wenn man der Piste noch ein Stückchen weiter folgt, öffnet sich ein grandioser Blick auf die **Tugen Hills,** die am westlichen Rand des Rift Valley bis auf 2500 m aufragen.

Das eigentliche Dorf **Subukia,** in dem es eine Total-Tankstelle gibt, erreicht man auf der Teerstraße allerdings erst knapp 5 km später, nach der Überquerung eines Sattels und dem anschließenden Abstieg in ein wunderschönes, fruchtbares Hochtal, das zwischen **Laikipia-Plateau** und Rift Valley auf 1900 m Höhe in Nord-Süd-Richtung verläuft. In den 20er Jahren des 20. Jahrhunderts wurden hier im Rahmen des sogenannten Soldier Settlement Scheme britische Weltkriegsveteranen angesiedelt. Einige der alten Kaffeeplantagen im nördlichen Teil des Subukia-Tales existieren noch. Direkt hinter dem Dorf windet sich eine Straße in zahllosen Kehren bis zum Rand des Laikipia-Plateau hinauf, bei klarem Wetter wird die Aussicht mit jedem Meter atemberaubender. Auf dieser Strecke gibt es häufiger **Steinschlag.** Gnade Gott demjenigen, der von einem dieser Geschosse getroffen wird, denn an der Hangseite zum Subukia-Tal geht es fast senkrecht runter.

7,5 km nach dem Ort erreichen Sie dann den **Subukia & Rift Valley View Point** auf 2550 m Höhe mit den unvermeidlichen Curio Shops. Kurz nach dem View Point überqueren Sie die administrative Grenze zwischen Nakuru und Laikipia Council, 2,5 km später geht es links zum Laikipia Campus der Egerton University ab, bevor die Straße die letzte Steigung bewältigt. Die letzten 10 km nach Nyahururu rollen Sie über eine kühle, von Nadelbäumen, Sümpfen und häufig auch von schlechtem Wetter geprägten Hochebene. Sollte die Sicht klar sein, ragen südöstlich in grenzenloser Schönheit Mt. Kenya und Aberdares auf.

Unterkunft

●**Maili Saba Camp**
Tel. 050/50845, www.mailisabacamp.com; Preise: R: 6750/13.000 Ksh FB, NR: 8650/16.800 Ksh FB. Von der Veranda der mit Makuti-Dach überschatteten Safarizelte genießt man einen atemberaubenden Blick in den Krater des Menengai. In dem schlichten, stilvollen Camp ist sogar ein Swimmingpool vorhanden.

●**Subukia Bandas** und
Wild Routes of Kenya
2 km nördlich von Subukia, im wunderschönen Subukia-Tal, führt ein französisches Pärchen die Muringa Farm, das ehemalige Anwesen der Fliegenden Ärztin *Mama Daktari*, als gemütliche Unterkunft mit sechs Bandas (28/36 Euro BO; Mahlzeiten für 5/10/12 Euro) weiter. Neben Reiten (halber Tag 30 Euro) und Mountainbiken (halber Tag 12 Euro) gibt es auch Flugmöglichkeiten für Paraglider. Mobil: 0735/469925 oder 0734/168290, www.wild-routes-of-kenya.com.

Rift Valley

Abstecher zum Lake Bogoria View Point

Wer mit viel Zeit und einem Faible für Abenteuer ausgestattet ist, kann einen lohnenswerten Abstecher zu einem Aussichtspunkt oberhalb des Lake Bogoria unternehmen. Obwohl die Region sehr abgelegen ist, kann man diese Stelle **auch mit öffentlichen Verkehrsmitteln** erreichen. Wer gerne wandert und auch dem **Lake Bogoria National Reserve** einen Besuch abstatten will, vermag sogar beides miteinander verbinden, denn vom Escarpment führt ein **Wanderweg** hinunter zum See.

Um **mit dem eigenen Wagen** zum Aussichtspunkt zu gelangen, verlässt man bei km 13,6 (A) die Hauptstraße zwischen Nakuru und Nyahururu (s.o.) und fährt geradeaus weiter. Ein kleines Stückchen hält der Asphalt noch vor, der dann in eine leidlich gute Piste übergeht. Nach 13,7 km kommt man nach dem **Solai Police Post** an eine Weggabelung. Die Piste nach rechts führt zu dem periodisch austrocknenden, schilfgesäumten **Solai-Salzsee,** den man nach etwa 14 km erreicht. Wenn Sie zum Lake Bogoria View Point wollen, fahren Sie hingegen nach links und folgen dem uralten Wegweiser in Richtung Lake Hannington (immerhin heißt der See seit der Unabhängigkeit 1963 Lake Bogoria ...). Die Piste wird nun ziemlich rau. 4 km später stoßen Sie auf eine **stillgelegte Eisenbahnlinie,** die früher zu einer großen Sisalplantage in der Region von Solai führte. Sie müssen sich vor der Linie nach rechts wenden und fahren knapp 1,5 km parallel zu den Schienen, bevor Sie diese überqueren. 300 m darauf bewältigt die Straße einen kurzen, steilen Anstieg. Sie bewegen sich jetzt durch eine rein wilde Savannenlandschaft mit vielen Akazien und einigen verstreuten Häusern. Bei km 4,1 beim Überqueren der Bahn stehen Sie an einer **Straßengabelung.** Ignorieren Sie den rechten Weg, der an den Klippen entlangführt, sondern halten Sie sich links und fahren auf die Anhöhe hinauf. Nach 2,1 km kommen Sie in das kleine Dorf **Kisanana,** hinter dessen Post Office nach links eine rund 31 km lange Piste über das Ört-

chen Mugurin zum südlichen bzw. westlichen Ufer des Lake Bogoria oder wahlweise zur Teerstraße zwischen Nakuru und Baringo abbiegt. Der Weg zum View Point führt aber weiter geradeaus. Außerhalb des Dorfes haben sich rechts neben der Piste große Erosionsgullys in den Boden gefressen. Im weiteren Verlauf des Weges kommen Sie durch zwei weitere kleine Dörfer, **Ngendalei** und schließlich **Chepkararat,** das nur ein paar Kilometer vom Ziel entfernt ist. 20,5 km hinter Kisanana zweigt links der Piste ein kleiner Weg ab.

Wenn Sie diesem folgen und sich dann etwas rechts halten, öffnet sich 150 m von der Piste ganz unvermutet der **Hannington bzw. Lake Bogoria View Point.** 600 m tiefer – fast senkrecht unter Ihnen – erstreckt sich der Lake Bogoria. Der Platz direkt am Steilabbruch eignet sich wunderbar für ein **Picknick** oder zum **Zelten.** Mit dem Fernglas können Sie in der Mitte des westlichen Ufers sogar die berühmten Geysire ausmachen. Das Panorama im Westen wird von den Kamasia Hills und den Cherangani-Bergen dominiert. Genau hier, am Fuße des Escarpment, an dem Sie stehen, lag das Epizentrum des stärksten jemals in Kenia gemessenen Erdbebens. Das Naturereignis mit der Stärke 7,1 riss im Jahr 1928 in der Umgebung 2 m breite Spalten auf und warf einige Flüsse der Gegend in ein neues Bett.

Der Aussichtspunkt kann auch von Reisenden ohne eigenes Fahrzeug angesteuert werden. **Von Nakuru fährt** vom Markt **ein Kleinlaster** die Dörfer entlang der Piste bis nach Chepkararat ab, der Fahrpreis beträgt 150 Ksh. Die letzten paar Kilometer bis zum Escarpment muss man allerdings laufen. Wer fit ist, kann nahe des View Point in einer einstündigen Wanderung zum **Fig Tree Campsite** am Seeufer hinabsteigen. Sie können den Platz von hier oben direkt unterhalb an den saftig grünen Baumkronen erkennen. Vom Fig Tree Camp sind es dann noch einmal gut 25 km bis zum Loboi Gate am Nordende des Sees. Erst dort gibt es wieder Verkehrsanschluss zurück in die „Zivilisation".

Eine Warnung: Die Senke des Bogoria-Sees ist brütend heiß und Schatten eine absolute Ausnahme – daher benötigt man für

diese Tour Unmergen an **Wasser** und einen guten **Sonnenschutz.** Der Einstieg zum Abstieg ist nicht ganz einfach zu finden. Er liegt etwas nördlich vom View Point. Gehen Sie zur Hauptpiste zurück und folgen Sie ihr noch einige hundert Meter nach Norden. Von dort führen einige Pfade. die von den Honigsammlern der Gegend benutzt werden, hinab zum Seeufer. Gegen angemessene Bezahlung finden Sie in Chepkararat auch einen Führer, der Sie sicher nach unten geleitet. Weitere Hinweise zu Wanderungen im Lake Bogoria National Reserve s. S. 331.

Nakuru – (Lake Bogoria) – Lake Baringo/Kampi ya Samaki – Loruk

- **116 km**
- **Durchgehend geteert,** überwiegend in gutem Zustand. **Täglich mehrere Busse und Matatus** zwischen Nakuru und Marigat, bis nach Kampi ya Samaki weniger häufig.
- **Tankmöglichkeiter:** Marigat und Lake Baringo Club.
- **Fahrtzeit:** 2 Std.

Die Straße von Nakuru **nach Eldama Ravine und zum Bogoria-See** zweigt, wenn man auf dem Nakuru Highway stadtauswärts in Richtung Nairobi fährt, direkt jenseits der Eisenbahnunterführung nach Nakuru ab. Zunächst fahren Sie durch die von Jacarandabäumen gesäumten ehemaligen Wohnviertel der Europäer, die von einstöckigen Villen und großen Gärten geprägt sind, bevor Sie Nakuru hinter sich lassen und den **Menengai-Krater** an seiner westlichen Schulter umfahren. Es geht beständig bergauf, zurück hat man einen schönen Blick auf Nakuru und den See sowie auf das Mau Escarpment. Während auf der Ostseite des Kraters kleinbäuerliche Farmen überwiegen, begleiten Sie im Westen riesige Anwesen mit Rinderkoppeln und ausgedehnten Weizenfeldern, die noch heute

das Herzstück der Landwirtschaft um Nakuru darstellen. Bei km 20 ab Eisenbahnunterführung liegt links das Grundstück der noblen Moi Karabaka Highschool für Kinder aus gutem Hause. Auf dem Weg nach Norden lässt sich mitverfolgen, wie sich das Land von einer fruchtbaren Agrarregion mit hohen Niederschlägen zu einem trockenen Öd and wandelt, in dem nur noch extensive Viehhaltung betrieben wird. Bei km 29 zweigt links die C55 nach Eldama Ravine und Chepkorio ab, eine angenehm wenig befahrene Alternativstrecke zur A104 nach Eldoret, die durchgehend geteert ist. Ab km 34 erstrecken sich ausgedehnte **Sisal-Plantagen** auf beiden Seiten des Asphaltbandes, deren Pflanzenreihen bis zum Horizont reichen. Der Sisalanbau im Gebiet südlich des Lake Elmenteita hat eine lange Tradition, die bis in die Kolonialzeit zurückreicht. Früher existierte sogar eine eigene Eisenbahnstichstrecke von Rongai nach Solai zum Abtransport der Fasern der dortigen Fabriken. Die Überreste der Bahngleise passieren Sie bei **McCall's Siding.** Beim keinen Örtchen **Mogotio** (km 38) zweigt nach rechts eine Piste zum Emsos Gate und zum Maji Moto Gate des Lake Bogoria National Reserve ab, die besonders auf den letzten Kilometern landschaftlich reizvoll ist, aber nur mit 4WD befahren werden kann. Nur 3 km hinter Mogotio weist ein schlichtes Schild auf die **Überquerung des Äquators** hin; gegenwärtig entsteht auf der linken Straßenseite ein Informationszentrum für Ausflüge und Unterkünfte im nördlichen Rift Valley, eine große Rampe mit riesiger stilisierter Metall-Weltkugel wird nach Fertigstellung zu eindrücklicheren Äquatorbildern einladen. Ungefähr ab dem Dorf **Kimose** verlaufen im Westen die Tugen Hills parallel zur Straße, die in ihrem südlichen Teil 2340 m, auf der Höhe des Lake Baringo sogar bis zu 2500 m Höhe erreichen. Häufig hat man hier unten im Rift Valley schönes Wetter, während sich der Kamm der Berge mit dunkel drohenden Wolken umgibt.

    Ratat, ein kleines Kaff bei km 78, mit Verkaufsständen für Wildhonig und Holzkohle. liegt bereits in den Baumsavannen nördlich des Sisalgürtels. Beinahe 20 km später, be km 97, geht rechts die kurvenreiche Teer-

Rift Valley

straße in die heiße Depression hinunter, in welcher das Lake Bogoria National Reserve liegt (s.u.). Gut 2 km später biegt links die C51 nach Kabarnet und Eldoret ab (s. S. 337). Die gute Teerstraße zählt bei klarem Wetter zu den landschaftlich reizvollsten Routen in ganz Kenia. 1 km weiter gelangen Sie nach **Marigat,** dessen Zentrum einige hundert Meter rechts abseits der Hauptstraße liegt. Der staubige, etwas verlotterte Ort ist das letzte größere Versorgungszentrum vor dem Outback des Nordens, in dem man nochmal die Treibstoffvorräte ergänzen sollte, wenn man auf abgelegenen Pfaden nach Marich Pass am Fuß der Cherangani Hills oder nach Maralal aufs Laikipia-Plateau will. Um Marigat herum wird dem **Perkerra River,** wichtigster Zufluss des Baringo-Sees, für die Bewässerung von Feldern buchstäblich das Wasser abgegraben, was sich inzwischen mit fallenden Wasserständen rächt. Immerhin: Aus diesem Grund kann man sich hier besser mit Obst und Gemüse eindecken als sonst irgendwo im großen Umkreis.

Von Marigat fällt die Straße durch Trockenbusch hinunter ins Basin des Lake Baringo ab. Auf dem letzten Wegstück fahren Sie zwischen dem Westufer des Sees und einem imposanten **Kliff** links der Straße, das besonders bei Vogelfreunden wegen seiner großen **Nistkolonien** für erhöhten Pulsschlag sorgt. 17 km hinter der Abzweigung nach Kabarnet biegt rechts ein Teerband ab, das zur einzigen nennenswerten Siedlung am See führt, nach **Kampi ya Samaki.** Dies ist der Anlaufpunkt für alle Touristen, die den See besuchen. 2,3 km abseits der Straße liegen der Lake Baringo Club und Robert's Campsite, während man das eigentliche Dorf, die (stillgelegte) Fischfabrik und den Schiffsanleger nach weiteren 2,3 km Piste erreicht.

Die geteerte Hauptstraße führt nach der Kampi ya Samaki-Abzweigung weitere 13 km nach Norden und endet in dem kleinen Örtchen **Loruk** an der Abzweigung der landschaftlich wunderbaren Piste hinauf aufs Lorochi Plateau. Wenn Sie hier rechts abbiegen, gelangen Sie über Tangulbei auf der leidlich

kern-375 Foto: hf

befahrbaren C77 nach 91 km hinauf nach Muguta, das ziemlich genau auf halber Strecke an der Hauptstraße zwischen Rumuruti und Maralal liegt. Wer andere Pläne hat, kann sich zumindest überlegen, die ersten 12 km in Angriff zu nehmen. Von den Hügeln am Fuß des Escarpment genießt man einen tollen Blick auf auf den Baringo-See mit seinen Inseln.

Wer in Loruk geradeaus weiterfährt, gelangt nach 30 km zum gottverassenen Örtchen **Nginyang** und über den Kito-Pass hinüber ins **Kerio Valley** am Fuße der Cherangani Hills (Routenbeschreibung s. S. 334).

Lake Baringo   *⚲* XX/B1

In einer **rauen und trockenen Landschaft,** die ihre Grenzlage zum wüstenhaften Norden Kenias nicht ve-leugnen kann, liegt der zweite Süßwassersee in Kenias Rift Valley: der Lake Baringo. Seine dramatische Kulisse bilden die in Stufen aufgebrochenen Fußhügel der östlichen Grabenwand und im Westen die **Tugen Hills.** eine gigantische Felsscholle, die beim Einsinken des Rifts nach Westen kippte und s ch dabei steil aufstellte. Farblich präsentiert s ch der Baringo-See fast stündlich in einer neuen Stimmung. Die Farbpalette seines Wassers enthält neben Rot, Gelb und Braun sogar Lila und hätte wohl jeden expressionistischen Maler begeistert. **Warum** der 970 m ü.NN gelegene See **Süßwasser** enthält, ist ungeklärt. Wie im Falle des Lake Naivasha besitzt er keinen sichtbaren Ausfluss und müsste durch den ständigen Eintrag von Mineralien längst versalzen sein. Der schottische Geologe *John Walter Gregory* unternahm 1893 eine Expedition in die Region von Lake Bogoria und Lake Baringo, um seine Theorie zu belegen, dass der Ostafrika-

nische Graben einen Riss darstellt, welcher durch das Auseinanderdriften von Gesteinsschollen entstanden war, was sich später bestätigte. Er vermutete ferner, dass der See einen unterirdischen Abfluss hat. Diesen Beweis sind die Wissenschaftler bis heute schuldig, denkbar wäre es schon. Möglicherweise handelt es sich bei den heißen Quellen, die 50 m nördlich am Silali-Vulkan zu Tage treten, um das Sickerwasser des Lake Baringo.

Der erste Europäer, der den Baringo-See vom Laikipia Escarpment erblickte, war 1883 *Joseph Thomson.* 1887 machte auch die Expedition von *Graf Teliki* und *Leutnant von Höhnel* auf ihrem Weg zum Lake Turkana hier Halt. Die **Volksgruppe,** die schon damals um den See herum lebte, wird **Njemps** oder **Il Chamus** genannt und ist nilotisch-kuschitischer Abstammung. Trotz der nahen Verwandtschaft mit den viehhaltenden Masai betreiben die Njemps traditionell Ackerbau und **Fischfang.** Das moderne Bewässerungssystem am südlichen Ende des Sees basiert auf einem effizienten Kanalsystem, mit dessen Hilfe die Vorfahren der Njemps auf den reichen Schwemmlandböden Ackerbau betrieben. Da es im trockenen Klima um den See keine geeigneten Bäume gab, wurden die wendigen Fischerbötchen, Lkadich genannt, ähnlich einem altägyptischen Papyrusboot, aus Zweigen des Ambatch-Baumes zusammengebunden. Nach dem Trocknen wird dessen Material nämlich leicht wie Balsaholz. Die Kunst des Lkadich-Baus stirbt aber zunehmend aus, heute wird meist von Glasfiberbooten aus gefischt. Im Baringo-See gibt es verschiedene essbare Fische, etwa Tilapia-Arten, Welse und Barben. Die Fänge werden bis nach Kabarnet und Nakuru verkauft.

Der Fischreichtum ernährt auch eine große Zahl an Krokodilen und Vögeln. Der See und die umliegenden Steilklippen sind mit **mehr als 450 Vogelarten,** darunter der endemische Hemprich Toko, eines der besten Gebiete in Kenia, um Vögel zu beobachten, und Ornithologen aus aller Welt pilgern hierher. Auf der sogenannten Gibraltar-Insel lebt die größte Kolonie von Goliath-Reihern in Ostafrika. Auch viele **Nilpferde** leben im See und kommen an vielen Stellen nachts an Land, z.B. am Robert's Campsite.

Rift Valley

Begegnung mit Pantherschildkröten

Doch der Lake Baringo ist ein schwerkranker Patient. Zwei Dinge bedrohen mittelfristig den Fortbestand der wichtigsten Süßwasserquelle im trockenen Baringo District: die **Staudämme am Oberlauf seiner Zuflüsse** gepaart mit der großen **Wasserentnahme** für Landwirtschaft, Hausgebrauch und Gewerbe sowie der **Eintrag von** riesigen Mengen an **Erosionsmaterial** von den entwaldeten Hochländern in der Umgebung. Von ursprünglich 168 km² schrumpfte der 10–12 m tiefe See besonders im flacheren südlichen Teil im Bereich des Lol Matashu-Sumpfes auf 120 km² im Jahr 1995 und der Trend hält an. Von der allmählichen **Versalzung** ist inzwischen das Brutverhalten der wichtigen Speisefische betroffen, deren Fänge beständig zurückgehen. Inzwischen wird eine Naturschutzgebühr von der lokalen Gemeinde erhoben, die mit 200 Ksh pro Person und 100 Ksh pro Fahrzeug sehr moderat ausfällt.

Unterkunft

Oberklasse

● **Lake Baringo Club**
Tel. 020/4450693, 4450639, 4450734, 4450712 und 4450636, www.kenyahotelsltd.com; Preise: 160/320 US$ FB. Das Hotel besitzt 52 Zimmer mit ziemlich nüchternem Charakter, die im Vergleich zum paradiesischen Garten in der wüstenhaften Umgebung eine Enttäuschung sind. Aber das Personal ist nett und hilfsbereit, das Essen gut, es gibt einen Swimmingpool und ein großes Angebot an Aktivitäten. Besucher von außen zahlen für die Nutzung der Anlage einen eher symbolischen Mitgliedsbeitrag, der gegen Speisen etc. verrechnet wird. Aktivitäten: Bootstouren, Besuch in einem Dorf des lokalen Njemp-Volkes, Ausritte zu Pferde, Kamelritte und Vogelwanderungen.

● **Island Camp**
Mobil: 0728/478638 oder 0735/919878, www.islandcamp.co.ke; Preise: 285/400 US$ FB inkl. Transfer mit dem Boot zum Steg des Camps, wo man sein Auto unter 24-Std.-Bewachung zurücklassen kann. Wo man auch hinhört: Von den Gästen erhält das luxuriöse Camp mit 23 Zelten an der Südspitze der Ol

Kokwa-Insel durchgehend Bestnoten. Die Zelte entsprechen mit eigenem Bad dem Standard in dieser Preiskategorie. Das Besondere am Island Camp ist der Blick über die sich ständig ändernde Seelandschaft, den man von seiner „Haustür" genießt. Und das Gefühl absoluter Abgeschiedenheit, die es zum perfekten Rückzugsort macht. Aktivitäten: Swimmingpool, Bootstouren zur Beobachtung von Nilpferden, Krokodilen und Vögeln, Wasserski, Windsurfen oder Wandertouren zu den heißen Quellen auf der Insel.

● **Samatian Island Lodge**
Buchung unter Tel. 020/2115453, 884376, www.samatianislandlodge.com; Preise: in der Hochsaison 570/950 US$, in der Nebensaison 470/780 US4, jeweils FB. Der Preis beinhaltet Bootstransfer, Getränke (außer Champagner und Kellerweine) und die meisten Aktivitäten, z.B. Boots- und Sundowner-Ausflüge, Vogelwanderungen. Die Insel im Besitz der Eigner von Robert's Camp ist der Luxusableger des Firmen„imperiums". Auf einer winzigen Insel im See gelegen, ist die Unterkunft der Inbegriff der Abgeschiedenheit – und das wird für manchen die fürstlichen Preise rechtfertigen. Auf der Insel stehen nur 5 Cottages für insgesamt 12 Personen.

Mittelklasse

● **Robert's Camp**
Mobil: 0733/207775 oder 86647629, www.robertscamp.com. Das Camp ist gewissermaßen das Baringo-See-Pendant zum Fisherman's Camp am Lake Naivasha. Dort wie hier bekommt man fürs Geld eine hervorragende Leistung, der Platz liegt auf einem schönen Grundstück direkt am See. Außerdem verfügt das Robert's Camp auch über schöne Cottages, jedes auf seine Art besonders: **Hamerkop House,** pro Nacht pauschal 6500 Ksh. Das gänzlich aus natürlichen Materialien errichtete Haus am See hat einen sehr eigenen Charme und ist nicht wirklich teuer, wenn man bedenkt, dass in den beiden Schlafzimmern – jeweils mit eigenem Bad – je zwei Personen übernachten können. Mit Sonnenterrasse. **Little Egret,** für 4 Personen, 6500 Ksh pro Nacht. **Bandas:** für 6–8 Personen, 1500 Ksh pro Person und Nacht;

da es nur eine Hand voll Bandas gibt, ist eine Vorausbuchung empfehlenswert. Camping: 350 Ksh pro Person, bei voller Verpflegung 2050 Ksh. Es können auch Zelte gemietet werden – entweder normale Trekkingzelte oder Luxus-Safarizelte. Besondere Tarife für Schulklassen. Achtung: Das Camp ist an der Straße nur mit einem Adlerkopf beschildert. Die Bandas im traditionellen Baustil haben Moskitogitter vor den Fenstern, eine eigene Kochgelegenheit kostet extra. Die öffentlichen sanitären Einrichtungen sind sauber. Neben Holz für ein gemütliches Lagerfeuer erhält man in dem kleinen Laden auf der anderen Straßenseite sogar die wichtigsten Lebensmittel. Auch eine Bar mit dem charmanten Namen Thirsty Goat Bar ist vorhanden. Wenn nicht viele Gäste da sind, liegt schon mal ein kleines dösendes Krokodil am Ufer, wohingegen Mzee Kobi, eine Riesenschildkröte, immer anzutreffen ist. Nachts wird der Campingplatz wegen seiner saftigen Wiese gerne von Nilpferden aufgesucht. Das Camp vermietet auch Boote zu annehmbaren Preisen (für das gesamte Boot 3000 Ksh pro Std., Platz für max. 7 Pers.).

● **Preiswerte Unterkünfte im** Stil der landestypischen Guesthouses finden sich **im Dorf Kampi ya Samaki.** Immer wieder besonders gelobt werden die saubere **Bahari Lodge** mit Moskitonetzen, preiswerten Speisen und kalten Getränken, **Lake Breeze Hotel** und **Weavers Lodge.**

Essen, Trinken, Einkaufen

● Die beiden empfehlenswertesten Restaurants sind der **Lake Baringo Club** und das **Restaurant im Robert's Camp**. Außerdem gibt es in Kampi ya Samaki natürlich die ortsüblichen kleinen Hotelis.

● Wer selber kocht, findet im **Laden am Robert's Camp** eine überraschend gute Auswahl, frisches Gemüse und Obst kriegt man aber besser in **Marigat,** frischer Fisch ist – wie der Name schon sagt (*Kampi ya Samaki* bedeutet so viel wie „Fischercamp") – im Dorf zu kaufen. Kunsthandwerkliche Dinge, etwa handbehauene Perlen, Kupfer- sowie Eisenschmuck, bieten die **Andenkenverkäufer**

an der Bootsanlegestelle feil, 2,3 km hinter dem Lake Baringo Club.

Verkehrsverbindungen

Es verkehren zwischen Nakuru und Kampi ya Samaki täglich mehrere **Busse und Matatus.** Die Busse fahren morgens zwischen 6.30 und 7 Uhr von Kampi ab. Sollte man wirklich gestrandet sein, kann man mit Lokaltransport erst mal nach Marigat kommen, von wo es häufigere Verbindungen in den dichter besiedelten Süden des Rift Valley gibt.

Aktivitäten

● Die wirklich schönen Seiten des Lake Baringo erschließen sich erst von der Wasserseite aus. Deshalb sind **Bootstrips zu den vielen Inseln** im See, etwa zur vogelreichen Gibraltar-Insel oder zur Devil's Island, die nach dem Glauben der Njemps verflucht ist, aber auch zum südlichen Ufer, wo es im Mündungsgebiet des Molo noch große Krokodile gibt, die häufigste Beschäftigung von Touristen. Natürlich kann man einen Bootsausflug nicht nur mit den Hotels am See organisieren, sondern auch über lokale Fischersleute. Je nach Antrieb (Motor oder Paddel) und Distanz ist das dann ein deutlich billigerer Spaß, bei dem man zudem etwas über das Leben der einfachen Leute am See erfährt.

● In der weiteren Umgebung des Baringo-Sees kann man mit einem eigenen Transportmittel auch schöne **Ausflüge** organisieren, etwa die Fahrt zum Aussichtspunkt oberhalb des Sees an der Straße nach Maralal, ein Besuch am Silali-Vulkan und den heißen Quellen bei Kapdo, 71 km nördlich von Kampi ya Samaki, und natürlich ein Abstecher zum etwas südlich gelegenen Bogoria-See, den in organisierter Form auch vom Robert's Camp angeboten wird (Preise auf Anfrage).

Rift Valley

Lake Bogoria National Reserve

⤴ **XX/B2**

Das National Reserve

Wie die meisten anderen Rift-Valley-Seen besitzt auch der auf **990 m ü.NN** liegende **Lake Bogoria** alkalisches Wasser und zieht bisweilen riesige Flamingozahlen an. Was den 30 km² großen, 9–10 m tiefen See und das ihn umgebende National Reserve so einmalig macht, ist allerdings die **wilde, abweisende Landschaft** an seinen Rändern, ein hitzeflimmerndes, von dunklen **Lavafelsen** durchsetztes Stück Natur, das sich in einer tiefen Senke verbirgt. So gut ist Lake Bogoria vor Blicken von außen geschützt, dass *Joseph Thomson,* der erste Europäer, der durch diese Gegend zog, nichts von seiner Gegenwart ahnte. Erst zwei Jahre später, 1885, wurde das Gewässer vom anglikanischen Bischof *Hannington* erblickt, der sich auf dem Weg nach Uganda befand. Als er wenig später mit seinen Gefolgsleuten auf Geheiß des ugandischen Königs ermordet wurde, nannte man den See zu seinem Andenken **Lake Hannington,** bis dieser Name nach der Unabhängigkeit Kenias afrikanisiert wurde.

In Bogoria hat man den Eindruck, fern vom Rest der Welt zu sein, dabei liegt Nakuru nur 50 Kilometer weiter südlich. Zu dieser Stimmung vom anderen Stern tragen auch die dampfenden **heißen Quellen** und einige kochende **Geysire** bei, die hier an die Erdoberfläche kommen. Besonders frühmorgens verbreiten die Dampfschwaden eine magische Stimmung. Sie sind ein unübersehbares Zeichen für die vulkanische Aktivität in der Erdkruste unter dem See, ebenso wie die **Southern Bay,** ein halb versunkener Krater im südlichen Teil des Parks, der ein wenig an Crescent Island im Lake Naivasha erinnert.

Für Touristen lohnt sich ein Besuch des 1970 gegründeten Lake Bogoria National Reserve mit einer Fläche von 107 km² nicht zuletzt auch deshalb, weil man sich hier, wie im Hell's Gate National Park, **zu Fuß und mit dem Fahrrad frei bewegen** darf. Und das macht Naturerlebnisse, wie die Massen an Flamingos oder die ansehnliche Herde des Großen Kudus, einer Antilopenart, die in Ostafrika ansonsten sehr rar ist, besonders eindrucksvoll.

Übrigens: In einem weiteren Punkt gibt es Parallelen mit dem Hell's Gate National Park: Auch hier werden mächtige **Dampffelder** vermutet, aus denen geothermische Energie gewonnen werden könnte.

Die Regionen des Parks

Der Park gliedert sich in einige klar voneinander absetzbare Zonen. **An der gesamten östlichen Seite** zieht sich das 1600 m hohe Siracho Escarpment hin, das zum größten Teil von Trockenwald bedeckt ist. Während der Trockenzeit sieht man an den Hängen öfters Spuren von Rauch, die auf Honigsammler hinweisen, die Wildbienennester ausräuchern. **Am Nordende des Sees,** im Mündungsgebiet des Waseges River, der vom Siracho Escarpment herunterkommt, findet man einen kleinen Sumpf mit Papyrus und Zyperngräsern. **Die nördliche Hälfte des westlichen Seeufers** prägen trockenes Gras-Buschland und Lavafelder. Commiphora-Bäume kommen in dieser Region vor, aber auch wunderschöne Exemplare der **Wüstenrose,** ein dürreresistenter, bis zu 2 m hoher Strauch mit rosa Blüten, der wie ein Bonsai-Baobab aussieht. In Ufernähe rund um den Sodasee findet man eine Vegetation von Gräsern und Seggen mit hoher Toleranz gegenüber alkalischen Bodenverhältnissen.

Ziemlich genau **in der Mitte des westlichen Ufers** gibt es eine Reihe von heißen Quellen, die mit ihren Dampfschwaden einen etwas gespenstischen Eindruck erwecken. Die Ränder werden von verschiedenen Algen in allen Übergängen zwischen Orange und Tiefrot gefärbt, und durch den hohen Mineraliengehalt haben sich an den Stellen, wo das heiße Wasser austritt, kleine Hügel gebildet. Etwas weiter südlich gibt es eine **Reihe von Geysiren,** die neben den Flamingos die Hauptattraktion des Parks sind. Die beiden größten Wasserspucker haben mehr als 2 m Durchmesser und sehen wie überdimensionale Kochtöpfe aus. Jede Sekunde stoßen sie Hunderte von Litern des brühenden, nach Schwefel stinkenden Wassers mit großem Blubbern an die Oberfläche. Der geschäftstüchtige Ranger vor Ort verkauft rohe Eier an ungläubige Touristen, die diese dann in Taschentücher einknoten und ins Wasser halten. Tatsächlich sind sie nach 5 Minuten steinhart. Man sollte **in der Nähe der Quellbecken sehr vorsichtig** sein: Wer hier reinrutscht, wird wie ein Krebs bei lebendigem Leibe gegart. Auch wenn die Geysire gerade keine 5 m hohe Fontäne in den Himmel schicken, sind sie ein eindrucksvolles Naturschauspiel. An ihrem Rand sieht man manchmal Sauna-Freaks sitzen, die sich in Handtücher gehüllt furchtlos den Dämpfen aussetzen.

Der südliche Teil des Westufers ist **landschaftlich** mit Abstand **der schönste,** denn er besteht aus einem Mosaik von Grassavanne und Akaziendickicht, in dem meist auch die Großen Kudus anzutreffen sind. In den See schiebt sich an dieser Stelle eine Landzunge mit dem winzigen **Flake Island** an der Spitze, bei dem es sich um einen alten Vulkankrater handelt. Dieser trennt die malerische **Southern Bay** ab. Im südwestlichsten Zipfel, wo das steile Siracho Escarpment dem See am nächsten kommt, steht ein dichter Wald aus wilden Feigenbäumen, deren grünes Blätterdach in der von Erauntönen dominierten Landschaft alle Blicke magisch auf sich zieht. Es wird von den beiden südlichen Frischwasserzuflüssen, dem Emsos und dem Mugun River, am Leben erhalten. Der größte Feigenbaum hat immerhin einer Stammumfang von 7 m. Hier befindet sich auch das malerische Fig Tree Camp. Allerdings haben auch Tsé-Tsé-Fliegen ein Faible für schattige, feuchte Orte, an denen sie ihre Eier legen. Und so werden die Blutsauger besonders nach Regenfällen hier zu einer echten Plage.

Die Tierwelt

Die überragende Tierattraktion des National Reserve stellen natürlich die **Flamingos** dar, die sich besonders im flachen Uferbereich, nahe der heißen Quellbäche konzentrieren. Der Anblick von einigen tausend Tieren auf

kleinstem Raum ist faszinierend. Es herrscht ein ständiges Kommen und Gehen, Flügelschlagen, Schnattern und Schmatzen. Man gewinnt den Eindruck eines gigantischen Bienenstocks. Immer drei Vogelreihen gehen beim „Schnäbeln" der Nahrung mit gesenktem Kopf synchron nach rechts, die nächsten drei Reihen dahinter bewegen sich nach links, die folgenden wieder nach rechts etc. – das Ganze mutet an wie ein wundersames Vogelballet.

Die Zuschauer sitzen in der Umgebung auf jedem freien Posten: **Weißkopf- und Raubadler.** Sie sind allerdings nicht wegen der optischen Reize hier, sondern halten nach geeigneten Opfern unter den Flamingos Ausschau. Wenn die Raubvögel starten, kommt Unruhe in die Aufführung, und manchmal geraten die Vögel in Panik – Tausende gleichzeitig! Daneben kommen im Park auch verschiedenste Arten von Bienenfressern, Eisvögeln, Nashornvögeln etc. vor.

Von den Säugetieren sind die **Großen Kudus** in Bogoria erwähnenswert, denn die großen Antilopen mit den hübschen weißen Fellstreifen, deren Böcke bis zu 1,6 m lange, gewundene Hörner tragen und bis zu 300 kg wiegen können, sind in Ostafrika sonst sehr selten. Da sie eigentlich nachtaktiv sind, sieht man die Tiere meist frühmorgens oder am späten Nachmittag, und zwar ganz im Süden, im Hinterland der Halbinsel. Außerdem kommen im Park auch Büffel (Sicherheitsabstand einhalten!), Zebras, Dik-Diks, Impalas, Warzenschweine, Meerkatzen und Paviane vor. Die putzigen Klippschliefer sieht man am einfachsten auf den Felsen rechts der Teerstraße im nördlichen Parkteil.

Im Park unterwegs

Das Wegesystem im Lake Bogoria National Reserve ist denkbar **überschaubar:** An der Westseite gibt es einen Weg, der sich auf ganzer Länge parallel zum See hinzieht. Das Stück vom **Loboi Gate** am Nordende bis zu den ersten heißen Quellen bei km 10,4 ist sogar geteert, aber in arger Auflösung begriffen. Von dort erreicht man über eine Piste die Geysire und ein Toilettenhäuschen bei km 12 und den Picknickplatz nach 12,4 km. Bei km 13,3 zweigt nach Westen die Piste zum **Maji Moto Gate** ab. Auf einer Piste kann man weiter entlang des Sees in Richtung Süden fahren. Nahe des südlichen Endes geht die Landzunge in den See hinaus. Während ein Weg weiter geradeaus führt, macht ein anderer einen kleinen Schlenker zu der kleinen Halbinsel und stößt bei km 22,1 wieder auf die Hauptpiste. Bei km 23,1 hat man das südwestliche Ende des Sees erreicht, wo nach rechts die schlechte Piste zum **Emsos Gate** (1 km) abbiegt und nach links ein Weg noch bis zum Fig Tree Camp bei km 25,7 führt. Durch einen Erdrutsch ist die Piste, die vom Fig Tree Camp am Ostufer zurück nach Norden zum Loboi Gate führte, unpassierbar geworden.

Das Lake Bogoria National Reserve ist eines der wenigen Naturschutzgebiete im Land, in denen man auch **zu Fuß oder mit dem Fahrrad** auf Erkundungsfahrt gehen darf, vorausgesetzt, man ist **zu zweit** unterwegs. Wegen des heißen Klimas benötigt man auch in der „kühlen" Jahreszeit guten Sonnenschutz (im nördlichen Teil des Parks ist Schatten absolute Mangelware, und das dunkle Lavagestein macht die Hitze noch unerträglicher) und ausreichend Trinkwasser. Die Entfernungen sollte man nicht unterschätzen, mehr als 20 km pro Tag sind ziemlich unrealistisch, wenn man nicht den ganzen Tag nur laufen möchte – und kann! Unter der Woche ist in Bogoria nicht viel los, und Sie dürfen im Notfall nicht ohne weiteres mit Verkehr rechnen. Am Wochenende kommen viele Ausflügler von Nakuru hierher, die aber nur bis zu den Geysiren fahren, die südliche (und schönere) Hälfte des Reservats bleibt relativ unberührt.

Unterkunft

Innerhalb des Lake Bogoria National Reserve gibt es **keinerlei Hotels oder Zeltcamps.**

● **Lake Bogoria Spa Resort**
Ca. 3 km vor dem Gate, Tel. 051/2216867, Fax 445627, www.lbogoriasparesort.com; Preise: R: 3700/6300/7700 Ksh BO, NR:

90/115/158 US$ BB, Kinder unter 3 Jahren wohnen umsonst, bis 12 Jahre zahlen sie 50 Prozent des Erwachsenenpreises. Die Unterkunft bietet nette Cottages und Zimmer im Haupthaus, die nichts Besonderes sind. Das Schönste am ganzen Hotel sind die beiden Swimmingpools (Gäste von außen: 200 Ksh, Kinder die Hälfte), von denen eines mit dem Wasser einer Mineralquelle gefüllt ist. Camping: 500 Ksh inkl. Pool-Benutzung.
● **Zakayo Hotel**
Ca. 1 km vor dem Gate, Mobil: 0711/318598; Preise: 800/1000 Ksh BB SC, 600/600 Ksh BB NSC. Die Unterkunft ist einfach, aber wenn man nicht im Spa Resort campen möchte, die einzige günstige Übernachtungsgelegenheit weit und breit. Eine lebendige Bar verspricht gute Gespräche und schlechte Nachtruhe.

Camping

Im Park selbst gibt es **drei offiziell ausgewiesene Campingplätze,** die sich alle im südlichen Teil des Parks, innerhalb der sogenannten 4WD-Zone, befinden.

Landschaftlich sehr schön gelegen ist der **Accacia Campsite,** 8 km südlich der heißen Quellen, der direkt an der Landzunge liegt, die in den See hineinragt und eine Bucht bildet. 1,5 km weiter südlich befindet sich das **River Side Camp,** das links der Piste ziemlich im Dickicht verborgen liegt, an einem Fluss, der die meiste Zeit des Jahres keiner ist, weil ihm das Wasser abhanden kam. Der schönste Campingplatz ist zweifelsohne der **Fig Tree Campsite** im äußersten Südosten des Sees in rund 13 km Entfernung zu den heißen Quellen am Westufer. Er befindet sich unter den ausladenden Kronen von wilden Feigenbäumen und wird von zwei Süßwasserbächen durchflossen. Nach Regenfällen gibt es hier allerdings unangenehm viele Tsé-Tsé-Fliegen. Hinter dem Fig Tree Camp beginnt ein Wanderweg, auf dem man das 600 m hohe Siracho Escarpment bis zum Lake Bogoria View Point erklimmen kann.

Die **Campinggebühren** innerhalb des Parks betragen für Nonresidents 500 Ksh, Kinder und Residents zahlen 200 Ksh US$.

ken-366 Foto: hf

Rift Valley

Außerdem kann man **am Loboi Gate** sein **Zelt aufschlagen,** Wasser ist vorhanden.

Essen und Trinken

Im Reserve gibt es **keinerlei Versorgungs- möglichkeiten,** an den heißen Quellen wer- den allerdings von den Rangern kleine Erfri- schungen verkauft.

Anreise

Das Lake Bogoria National Reserve hat **drei Gates,** nämlich das Loboi Gate ganz im Nor- den, das Maji Moto Gate 5 km im Hinterland der heißen Quellen auf der Mitte des Sees, und das Emsos Gate an der südwestlichen Ecke des Sees. Theoretisch sind alle Gates geöffnet. Aber am einfachsten und schnells- ten zu erreichen, für Pkw sogar das einzig be- nutzbare, ist das **Loboi Gate,** das über eine 19 km lange Asphaltstraße von der Nakuru-

Lake-Baringo-Straße, die 3 km südlich von Marigat abzweigt, zu erreichen ist.

Die **Anfahrt zum Maji Moto Gate und zum Emsos Gate** kann von Mogotio an der Straße von Nakuru nach Lake Baringo erfol- gen. Die ersten 23,4 km über die D365 sind identisch. Nach diesen 23,4 km, knapp 2 km hinter der Ortschaft Mugurin, muss man sich entscheiden:

Die von der Kilometerzahl her **kürzere Strecke zum Emsos Gate** ganz im Süden des Reserve führt weiter geradeaus. Sie hat es aber auf den letzten 12,5 km in sich, denn der Abstieg zum Gate ist sehr steil und nur mit einem 4WD zu befahren!

Die **Strecke über das Maji Moto Gate** ist besser, aber von der Abzweigung sind es nochmals 18,3 km zum Gate und weitere 5 km bis zum See, also insgesamt 47 schlau-

Flamingos im Uferbereich des Sees

chende Pistenkilometer. Wer sich davon nicht abhalten lässt, hält sich bei km 23,4 nach links. Beide Wege gewähren auf dem letzten Stück hinunter fantastische Ausblicke auf den Bogoria-See.

Eine weitere Möglichkeit, mit dem Wagen zum Lake Bogoria zu gelangen, ergibt sich **von der Teerstraße Nakuru – Nyahururu,** wobei man zunächst der Route zum Lake Bogoria View Point folgt (s. S. 322), dann aber in Kisanana auf die E388 abbiegt. Nach 18,3 km ziemlicher Knüppelpiste stößt man dann auf die Piste von Mogotio zu den beiden südlichen Gates. Man wendet sich nach rechts. Nach 8,1 km muss man sich (s.o.) für das Emsos oder das Maji Moto Gate entscheiden.

Wer **mit öffentlichen Verkehrsmitteln oder zu Fuß** unterwegs ist, muss versuchen, von der Hauptstraßenabzweigung 3 km vor Marigat einen Lift zu bekommen. Manchmal gibt es angeblich auch ein Matatu von Marigat zum Gate. Oder man kommt sozusagen durch die Hintertür ins Reservat, indem man vom Lake Bogoria View Point in rund einer Stunde zum Fig Tree Camp absteigt. Von dort kann man dann durch den Park wandern (s.a. „Im Park unterwegs").

Parkgebühren, Öffnungs- und beste Besuchszeiten

● Die **Eintrittsgebühr** beträgt 2000 Ksh für Nonresidents, Residents zahlen 500 Ksh, Kinder 200 Ksh. Für den Wagen zahlt man 200 Ksh. Es werden also US$ akzeptiert!
● Das Naturschutzgebiet ist **täglich von 6– 19 Uhr** geöffnet.
● Das Reservat ist das ganze Jahr über zu besuchen, allerdings ist der **Besuch in der heißen Jahreszeit (November bis April) sehr anstrengend.** Besonders, wenn man den Park erwandern möchte, sollte man das berücksichtigen – so viel Trinkwasser, wie man bei der Hitze am Grabengrund benötigt, kann man gar nicht mitschleppen.

Loruk/Lake Baringo – (Kapedo/ Silali-Vulkan) – Kito-Pass – Tot

● **108 km**
● Die ersten 30 km nach Nginyang relativ gut befahrbare **Schotterpiste,** danach **erbarmungswürdige Piste.** Starke Steigung und kopfgroßes Geröll machen beim Kito-Pass 4WD nötig. Im Kerio Valley sandige Passagen. Keine öffentlichen Verkehrsmittel.
● **Fahrtzeit:** 6–7 Std.

In **Loruk,** einer Ansammlung von kleinen Kramläden, endet mit dem Asphalt die „Zivilisation". Es geht jetzt ins Outback, und deshalb sollten Sie die Sicherheitsmaßnahmen für diesen Fall beherzigen, also ausreichend Benzin und Wasser, aber auch Werkzeug, Ersatzteile und -reifen im Gepäck haben. Die ersten 30 km bis nach **Nginyang,** einem gottverlassenen Kuhdorf (im wahrsten Sinne des Wortes, denn die Hälfte der Menschen im Dorf sind Marakwet-Viehhalter) mit einigen Dukas, führt durch unspektakulären Dornbusch. In Nginyang ergibt sich die Möglichkeit zu einem Abstecher nach Kapedo und seinen heißen Quellen und zum Silali-Vulkan. Wer sich für diesen Abstecher erwärmt, sollte sich im Dorf nach der Sicherheitslage und dem Pistenzustand erkundigen, denn unterwegs muss man einen großen Lugga queren.

Die Entfernung zwischen Nginyang und **Kapedo** beträgt 28 (schlechte) Pistenkilometer. Das Dorf liegt an der südwestlichen Seite des 1525 m hohen Vulkans **Silali,** der schon lange vorher das Panorama bestimmt. Die heißen Quellen, bei denen es sich eigentlich um einen rund 10 m hohen **Wasserfall** handelt, liegen rechts vom Ort. Um zu den Fällen zu gelangen, durchwatet man einen Bach. Sicherlich findet man in Kapedo auch einen Führer, der einen zum Kraterrand hinaufführt, eine lohnenswerte Wanderung, denn im Vulkankegel verbirgt sich eine 5–7 km breite Caldera. Dieser Trip gibt auch einen schönen Tagesausflug vom Lake Baringo ab.

Um von Nginyang **über den Kito-Pass hinüber ins Kerio Valley** zu gelangen, wendet man sich im Ort nach links. Der Anstieg zum Kito-Pass ist von kopfgroßem Geröll übersät, die Steigungen sind so steil, dass man hin und wieder die Untersetzung benötigt. Im Rücken reicht der Blick bis zum Lake Baringo.

Der **Kito-Pass** überquert eine relativ niedrige Stelle zwischen den bis zu 2500 m hohen Tugen Hills im Süden und den bis auf 2352 m aufragenden Kamasia Hills im Norden. Der Abstieg auf der anderen Seite ist genauso erbärmlich wie der Weg hoch. Der Blick über das **Kerio-Tal** bis zu den Cherangani Hills ist allerdings berauschend. Vor einem breitet sich dichter grüner Busch aus, in dem das weiße Schotterband der Piste nur hier und dort auftaucht, dahinter erheben sich die von vielen Graten zerschnittenen Kamasia Hills. Besonders schön ist die Gegend am Ende der großen Regenzeit, wenn das dürre Land ergrünt. Hinter dem Pass wird die Piste deutlich besser. Nach 78 km gelangt man in **Tot** zum ersten Mal seit Nginyang wieder in ein richtiges Dorf. Von der T-Kreuzung in der Ortsmitte erreicht man nach rechts über 50 km schlechte Piste entlang des Fußes der Cherangani Hills Sigor und Marich Pass (s.u.). Oder man fährt nach links und folgt dem Kerio Valley bis zu seinem Südende, bis man nach 87 km über Chepkum und das *Kerio Valley National Reserve* bei Biretwo auf die C51 zwischen Kabarnet und Iten stößt. Auch diese Route ist landschaftlich schön, von der Piste her aber hundsmiserabel und man sollte einen weiteren halben Tag oder länger rechnen. Vom Weg nach Biretwo zweigt 11 km hinter Tot nach rechts die Piste aus dem Kerio Valley hinauf nach *Chesoi* ab. Diese soll aber inzwischen so schlecht sein, dass sie nicht mehr befahrbar ist.

Tot – Lomut – Sigor – Marich Pass

- **60 km**
- Die **Piste ist anstrengend zu fahren** weil ständig Flüsschen und Bewässerungsgräben queren. Dieser Teil des Kerio Valley ist für zahlreiche Viehdiebstähle zwischen Pokot und Marakwet bekannt, es empfiehlt sich deshalb, Infos bzgl. der momentanen Sicherheitslage einzuholen.
- **Tankmöglichkeit** in Sigor.
- Es gibt **Matatus** zwischen Sigor und Makutano und einen **Minibus** von dort nach Kitale. Am Markttag Samstag auch Verkehr bis Lomut. Zwischen Lomut und dem südlichen Ende des Kerio Valley verkehren keine öffentlichen Verkehrsmittel.
- **Fahrtzeit:** 4 Std.

Die **Fahrt** entlang des Fußes der Cherangani Hills ist **landschaftlich sehr reizvoll.** Während auf der rechten Seite die bis zu 3581 m hohen Berge stehen und sich die Rundhütten der Pokot und Marakwet teilweise sehr weit die Hänge hinaufziehen, liegt auf der linken Seite die von Akazienbusch bedeckte, flache Mulde des Kerio Valley, eines Seitenzweigs des Großen Rift Valley. Auf seiner gegenüberliegenden, östlichen Seite ragen die Tugen Hills auf. Die große Starkstromleitung, die vom Turkwell Dam nach Süden immer parallel zu Straße verläuft, ist überhaupt nicht störend. Sie hilft dem Auge, in dieser riesigen Landschaft nicht jeden Größenmaßstab zu verlieren.

Von den regenreichen Cherangani Hills fließen zahlreiche Bäche und Flüsschen hinunter ins trockene Rift Valley; sie werden von den **Pokot** und den **Marakwet** zur Bewässerung ihrer Felder genutzt. Um das Wasser zum Teil kilometerweit auf ihre Felder zu leiten, konstruieren sie aus Steinen, Erde und Ästen **aufwendige Bewässerungsanlagen**, deren Ursprung vermutlich schon bei dem mythischen Volk der Sirikwa liegt. Wissenschaftler nehmen an, dass es sich bei den Sirikwa um ein kuschitisches Volk handelte, das sich nach seiner Einwanderung vor 2000 Jah-

Rift Valley

ren hier niederließ und später mit den aus dem Sudan kommenden Marakwet verschmolz. Als Autofahrer registriert man diese kulturelle und technologische Leistung eher als Ärgernis, denn die vielen, von grünen Bäumen gesäumten Kanäle und Bäche, welche fortwährend die Straße queren, erfordern ein ständiges Anfahren und Bremsen. Man kommt daher nur sehr langsam voran.

Die Beziehung zwischen Marakwet, die im südlichen Teil des Kerio Valley und der Cherangani Hills wohnen, und Pokot, die im Nordteil siedeln, ist von einer herzlichen Feindschaft gekennzeichnet, obwohl beide der Kalenjin-Völkergruppe zugerechnet werden. Dies äußert sich immer wieder in gewaltsamen Viehdiebstählen, bei denen viele Menschen ums Leben kommen. Besonders der viehhaltende Teil der Pokot hat sich noch zu einem großen Teil seine Traditionen bewahrt. Auf den **Märkten im Kerio Valley** sieht man viele Frauen mit Lippenpflöcken, punkähnlicher, stehender Haartracht, aufwendigem Schmuck und bunten Kleidern. Manchmal begegnet man auch noch unverheirateten Mädchen, die die traditionelle Lederkleidung tragen. Deshalb sollte man diese Strecke auf jeden Fall an einem der beiden **Markttage** machen. In Sigor ist am Donnerstag Markt, der bekanntere und schönere Markt ist jedoch jener in Lomut, der samstags stattfindet. Zu ihm kommen auch die Marakwet ins Pokot-Land.

Tot ist nicht viel anders, als sein (deutsch verstandener) Name suggeriert. Es gibt eine Hand voll kleiner Dukas, ein oder zwei Hotelis und jede Menge Fliegen. 1,5 km ab der Weggabelung zum Lake Baringo bzw. nach Biretwo passiert man das Hospital von Tot, bei km 3 quert man den großen **Embogut River.** Bei km 12,5 erreicht man **Endo,** das eine große katholische Missionsstation mit einer sehenswerten modernen Kirche sowie ein neues Krankenhaus besitzt. Bei km 17 fährt man durch **Chesegon** bzw. was davon übrig blieb. Bei ethnischen Kämpfen zwischen Pokot und Marakwet wurden die meisten Häuser der Marakwet-Ortschaft dem Erdboden gleichgemacht. Die übrigen wurden von ihren Besitzern aufgegeben. Zuvor besaß Chesegon den wichtigsten Markt im ganzen Ke-

rio Valley, der immer mittwochs stattfand. Erst allmählich wird die Gegend wieder besiedelt. Aus Angst vor solchen Überfällen haben die Marakwet ihre malerischen runden Häuser bis hoch in die Hügel gebaut, wo auch das Klima wesentlich angenehmer ist als nahe des heißen Grabenbodens. Ihr Vieh weiden sie inzwischen weiter südlich, außerhalb der akuten Gefahrenzone, tief im eigenen Stammland. Nur 1 km nördlich von Chesogon überquert man den Grenzfluss zwischen Marakwet- und Pokot-Land. Bei km 35,5 erreicht man den Marktflecken **Lomut,** der an den Markttagen, wenn die Leute von Nah und Fern herbeiströmen, um Milch, Butter, Tiere und Ackerfrüchte zu veräußern, schier aus allen Nähten platzt. Das Fotografieren wird von den vielen traditionell gekleideten Menschen nicht gern gesehen, es sei denn, man bezahlt dafür. Bei km 40 kommt man durch den kleinen Ort **Chesta** mit einer weißen Missionsstation, dahinter überquert man den ganzjährig wasserführenden Bargene-Fluss. Bei km 53 erreicht man **Sigor,** dem größten Ort des Kerio Valley, der sogar eine Tankstelle, kleine Restaurants, eine Reihe von Läden und eine Unterkunft, die **Maisha Kamili Lodge,** besitzt. Zwischen Makutano und Sigor und von Sigor nach Lamut gibt es **Matatu-Verbindungen,** an Markttagen auch eine direkte Verbindung von Makutano nach Lomut. Kurz vor Erreichen der Teerstraße zwischen Kitale und Lodwar überquert man am Ausgang von Marich Pass auf einer Brücke den **Marun River,** in dessen üppig-tropischen Galeriewäldern Schmetterlinge herumfliegen. Auf S. 458 findet sich die Beschreibung einer schönen Unterkunftsmöglichkeit am Fluss, das Marich Pass Field Study Centre.

Marigat – Kabarnet – Kerio Valley – Iten – Eldoret

- **128 km**
- **Asphalt.** Landschaftlich eine der schönsten Strecken des Landes. Zwischer Marigat und Eldoret pendeln zahlreiche **Matatus.**
- **Fahrtzeit:** 2,5–3 Std.

Die C51 von Marigat nach Eldoret gleicht einer gigantischen **Achterbahn,** die aus dem Rift Valley in 1000 m Höhe hinauf nach Kabarnet auf knapp 2000 m klettert, direkt danach wieder ins Kerio Valley hinabstürzt und nach dem Flussüberquerung sofort wieder die westliche Grabenwand des Elgeyo Escarpment mit mehr als 1000 m Höhenunterschied auf das Uasin Gishu Plateau erklimmt. Und das alles auf gerade mal 100 km Distanz!

Zunächst führt die Teerstraße von Marigat in zahlreichen Kehren den Kamm der Tugen Hills empor. Im Rücken öffnen sich dabei schöne Blicke auf das Rift Valley mit dem Baringo-See, so z.B. an einem Aussichtspunkt bei km 29. Bei km 40 stehen Sie am 1988 errichteten Nyayo-Denkmal von **Kabarnet.** Das Bergstädtchen, von Nadelwäldern umringt, ist das Zentrum der Tugen Hills, Hauptstadt des Baringo District – und eine Partnerstadt von Hürth bei Köln. Man wundert sich über die überraschend gute Infrastruktur im Ort. Neben Supermarkt, Post, Markt, Bank und High School besitzt die Stadt sogar ein Kino und mit dem Kabarnet Hotel eine recht vornehme Unterkunft. Des Rätsels Lösung: Kabarnet ist die **Heimatstadt von Ex-Präsident Moi,** und so versuchte man in der Vergangenheit, ihr Größe und Bedeutung zu verleihen. Immerhin kann sich Kabarnet des neuesten Museums in Kenia rühmen: Die ehemalige Residenz des District Comissioner beherbergt eine Sammlung über die Völker des Rift Valley, ihre Kultur und ihren traditionellen Wissensschatz. Das **Museum,** umgeben von einem üppigen Garten, ist wie alle Museen von 9.30–18 Uhr geöffnet; Eintritt 500/400 Ksh für NR/R, Kinder zahlen die Hälfte.

Das **Kabarnet Hotel,** Tel. 053/22094, 60 US$ BB, besitzt eine nichtssagende moderne Architektur, erwähnenswert sind der schöne Garten, der Swimmingpool, vor allem aber die tolle Aussicht auf das Kerio Valley. Es liegt einen halben Kilometer vom Nyayo-Denkmal entfernt an der Straße nach Kabartonjo. Eine weitere Unterkunft mit vergleichbaren Preisen ist das Sikoro Hotel. Daneben gibt es natürlich auch verschiedene Billighotels, etwa das einfache View Point Hotel.

Wenn Sie noch Zeit und Lust zu einem kleinen **Abstecher** haben, können Sie sowohl nach Norden in Richtung **Kabartonjo** als auch nach Süden in Richtung **Tenges** auf schönen, geteerten Bergstraßen die Landschaft der **Tugen Hills** ein wenig eingehender erkunden. Streckenweise geht es direkt an ihrem Kamm entlang, vorbei an Wäldern und kleinen Bergdörfern, und dementsprechend schön sind die Aussichten ins Tal. Obwohl die Tugen Hills beim Einbruch des Ostafrikanischen Grabens entstanden sind, handelt es sich nicht um vulkanische Berge, sondern um eine riesige Felsplatte aus dem Grabenboden, die auf die Seite kippte und sich dabei steil aufstellte. Anhand der alten Gesteinsschichten, die dabei freigelegt wurden, konnte J. W. Gregory seine Theorie untermauern, dass das Rift Valley einen Riss in der Erde darstellt und der Grabenboden im Laufe von Jahrmillionen abgesunken ist. Denn die Abfolge der Gesteinsschichten am östlichen Grabenrand war völlig identisch mit jenen der Felsscholle, die in der Mitte des Grabens bis zu 2500 m hoch aufragt: die Tugen Hills.

Wenn Sie von Kabarnet in Richtung Kerio Valley weiterfahren, passieren Sie nach das **Kabarnet Post Office,** das auf 1980 m liegt, dann stürzt die Bergstraße unter fantastischen Ausblicken auf das gegenüberliegende Elgeyo Escarpment 850 Höhenmeter ins Kerio Valley hinab. Im Flusstal herrscht ein heißes Klima, die Vegetation wird von zahlreichen Akazien dominiert. Direkt bevor Sie auf der neuen Brücke den **Kerio-Fluss** überqueren, können Sie an der Straße parken, um sich den tief in den Basalt eingeschnittenen Flusslauf anzusehen, der manchmal als „Grand Canyon von Kenia" bezeichnet wird, was aber ziemlich übertrieben ist. Etwas flussaufwärts sieht man noch die Reste der Holzbrücke, auf welcher die alte Straße den lehmig braunen Fluss überquerte, der weiter nördlich, jenseits des Lake Kamnarok, auf seinem Weg zum Lake Turkana versickert.

15,7 km nach der Überquerung des Canyons biegt nach rechts die **Kerio-Valley-Piste** über Kabulwa (33 km) und Tot (85 km) bis nach Marich Pass an der Teerstraße nach Lodwar (135 km) ab, über die man auch ins Kerio Valley National Reserve gelangt. Die Piste ist landschaftlich sehr reizvoll und führt durch eine endlose Kette kleiner Marakwet- und weiter nördlich auch durch Pokot-Dörfer, die sich die Abhänge des Elgeyo Escarpment hinaufziehen. Die Piste ist durch die zahlreichen Bewässerungsgräben und Bäche, die vom Escarpment kommen und den Weg queren, außerordentlich schlecht, sodass man selbst ohne längere Pausen für den Weg einen ganzen Tag veranschlagen muss.

Das **Kerio Valley National Reserve** und das **Lake Kamnarok National Reserve** auf der östlichen Flussseite sind bisher für den Tourismus nicht erschlossen, aber für Entdeckungsfreudige durchaus einen Besuch wert, denn es gibt um den sumpfigen Kamnarok-See Buschschweine, Wasserböcke, Büffel, zu bestimmten Jahreszeiten auch Massen an Elefanten, Rothschild-Giraffen, Dik-Diks, Warzenschweine und zahlreiche Wasservogelarten zu beobachten. Im Kamnarok National Reserve, zu dem bereits vor der Kerio-Brücke eine Piste nach rechts abzweigt, sind besonders die verschiedenen Vegetationsstufen sehenswert, die von trockenem Buschland am Grabenboden bis zu Regenwäldern an den Westhängen der Tugen Hills reichen.

Nach dem Abzweig der Kerio-Valley-Piste beginnt der eigentliche **Aufstieg zum Rand des Elgeyo Escarpment.** Unterwegs kommen Sie durch das Örtchen **Tambach,** das besonders durch die **St. Patricks High School** bekannt geworden ist. Die Schule gilt als die bedeutendste **Talentschmiede der kenianischen Läuferasse.** Neben dem akademischen Stundenplan kommt hier ein spezielles Trainingsprogramm für läuferisch begabte Kinder zur Anwendung.

Bei Tambach stürzt der 70 m hohe **Torok-Wasserfall** vom Escarpment, den man aber nur zu Fuß erreicht. Kurz vor dem Dorf **Iten,** das bei km 38,7 am oberen Escarpment-Rand auf 2200 m liegt, gibt es nochmals einen wunderschönen View Point mit Blicken zurück auf das Kerio Valley und die Tugen Hills. Am Ortsausgang von Iten biegt nach rechts die rund 130 km lange Piste durch die Cherangani Hills nach **Kapenguria** ab, eine Strecke, die zunächst von Farmen, später von dichten Wäldern und Hochmoorlandschaften geprägt ist und für die man einen Tag Zeit einplanen sollte.

Das letzte Stück **von Iten nach Eldoret** legen Sie auf der fruchtbaren **Uasin-Gishu-Hochebene** zurück. Das Land ist nun topfeben und wird von großen Farmen geprägt. Rund 28 km hinter Iten biegt rechts eine 90 km lange Alternativroute über das Uasin Gishu Plateau und die Vorhügel der Cherangani-Berge nach **Kitale** ab. An der Straßenkreuzung weist ein Schild auf die Moi University hin, deren Campus man nach 3 km auf der Alternativroute passiert. Bis auf die letzten 10 km vor Kitale ist die Strecke in gutem Zustand, aber praktisch ohne Verkehr und daher viel angenehmer zu fahren als die Hauptstrecke über die verkehrsreiche B2.

34 km hinter Iten erreicht man die Innenstadt von Eldoret.

Nakuru – Eldoret

- **152 km**
- **Gegenwärtig wird die Strecke komplett neu gebaut.** Wie zuvor auf Nakuru und Mombasa Highway ist bis zur Fertigstellung mit größten Behinderungen zu rechnen; daher weicht man besser auf kleinere Nebenstrecken aus. Auf der gesamten Strecke starker Verkehr. Fahrtzeit: 3–4 Stunden.
- **Alternativroute 1:** Nakuru – Eldama Ravine – Chepkorio – Eldoret, 165 km; inzwischen durchgehend geteert, kaum Schwerlastverkehr, schöne Wald- und Weidelandschaften, schöne Ausblicke ins Kerio Valley und auf die Tugen Hills.
- **Alternativroute 2:** Nakuru – Marigat – Kabarnet – Tambach – Eldoret, 224 km (s.o.).

Die **Verlängerung des Nakuru Highway nach Eldoret,** die A104, ist nach Beendigung des Straßenneubaus wieder die schnellste Strecke in die geschäftige Stadt auf dem Uasin Gishu Plateau. Der Verlauf ist für starken Schwerlastverkehr ausgelegt worden, vermeidet starke Steigungen und ist landschaftlich nicht so spektakulär. Am Ortsausgang von Nakuru passieren Sie auf der rechten Seite die Eveready-Batteriefabrik und den gigantischen Getreidesilo, das Wahrzeichen der Stadt. Knapp 4,5 km außerhalb biegt an einem Schild der Egerton University links die C56 nach Njoro, Molo und Kericho ab, die bis Mau Summit eine interessante und weniger stark befahrene Alternativstrecke ist. Kurz nach der Abzweigung überquert die A104 die Eisenbahnlinie zum Victoria-See, 6 km außerhalb von Nakuru haben Sie einen schönen Blick auf den Menengai-Krater im Norden von Nakuru. Aber ansonsten bietet die Fahrt auf dem intensiv bewirtschafteten Grabenboden wenig Reizvolles. Immerhin: Bei km 21 hinter der Abzweigung nach Kericho gibt es am Straßenrand den **Ilara Farmshop** mit frischem Trinkjoghurt und anderen Landprodukten. Bei km 25 beginnt dann der **Aufstieg an der westlichen Rift-Valley-Flanke,** die aber an dieser Stelle nichts von der Dramatik des Elgeyo Escarpment weiter im Norden oder der Steilstufe zwischen Nairobi und Naivasha besitzt. Die Wände rollen zum Talboden hin eher sanft aus. Und selbst der 3009 m hohe **Londiani-Vulkan,** der ins Blickfeld rückt, wenn man den Aufstieg kurz vor Mau Summit bewältigt hat, wirkt irgendwie unspektakulär, denn sein Kegel, von dichten Bambus- und Urwäldern bedeckt, läuft ausgesprochen flach zu – man fühlt sich eher an ein deutsches Mittelgebirge erinnert. Ziemlich genau 50 km hinter Nakuru kommt man dann nach **Mau Summit;** die Bahnstation auf 2538 m Höhe ist die dritthöchste des Landes. Das Örtchen an der Abzweigung der B3 nach Kericho erinnert mit seinen riesigen Lkw-Parkplätzen, der Caltex-Tankstelle und den dunklen Wäldern in der Umgebung an einen nordamerikanischen Truckstop.

Dieses Bild einer Landschaft von der nördlichen Hemisphäre begleitet Sie bis Eldoret. Zwar sieht man bisweilen noch Urwaldreste, entlang der Strecke dominieren aber Nadelwälder, schwarzbunte Rinder und saftig grüne Wiesen. Besonders die Abschnitte im **Londiani Forest** und später im **Tinderet Forest** sind dünn besiedelt, die wenigen Dörfchen sind aus Holzlatten zusammengenagelt, die aufgrund der intensiven Holzwirtschaft hier das billigste Baumaterial sind.

Bei km 14,5 nach Mau Summit biegt in **Makutano** (was auf Kisuaheli „Kreuzung" bedeutet und deshalb ein häufiger Ortsname ist) nach rechts die Straße nach Eldama Ravine ein. Wenn Sie möchten, können Sie auch hier noch zur Alternativroute Chepkorio – Eldoret wechseln. Bei km 31 überqueren Sie in einer Höhe von 2657 m den **Äquator.** Die Bahnstation nahe der Straße ist die zweithöchste im Land. Genau bei km 40 kommen Sie nach **Timboroa,** mit 2744 m die Passhöhe der Strecke und gleichzeitig die höchste Bahnstation in Afrika und im gesamten Commonwealth! Das Hügelland ist in der Folge etwas dünner besiedelt, an der Straße werden Ackerfrüchte und Obst verkauft. 15 km nach Timboroa geht links die geteerte, knapp 48 km lange C36 nach Kabsabet ab. Hinter Nabkoi, 35 km vor Eldoret, verlassen Sie das Bergland und rauschen über die fruchtbare Ebene von Uasin Gishu, deren Urwälder Anfang des 20. Jahrhunderts überwiegend von burischen Pionieren urbar gemacht worden sind. 152 km hinter Nakuru und 102 km hinter Mau Summit, an der Stadtgrenze von Eldoret, mündet die C54 von Chepkorio ein. Bis zur Sacred Heart Cathedral im Zentrum von Eldoret sind es nur noch 3 km.

Nakuru – Njoro – Elburgon – Molo – Kericho

- **122 km**
- Auch die Teerstraße von Nakuru nach Kericho **wird neu gebaut.** Mit Staub und Verzögerungen ist also auch hier bis zur Fertigstellung zu rechnen. Sture Kühe mitten auf der Fahrbahn sind eine zusätzliche Gefahr.

Rift Valley

●**Tankstellen** gibt's in den größeren Orten Njoro, Elburgon und in Molo.
●**Fahrtzeit:** 3 Std.

Man verlässt Nakuru auf der A104 in Richtung Eldoret. Knapp 4,5 km außerhalb der Stadt biegt man nach links auf die C56-Teerstraße nach Njoro, Elburgon und Molo ab. An der Abzweigung steht ein Schild der Egerton University, das nicht zu übersehen ist. Die Aussicht während der folgenden Kilometer hinauf nach Njoro ist grandios: Der Blick schweift über das Mau Escarpment, über Nakuru-See und Nationalpark, die Stadt Nakuru selbst bis hin zum Menengai-Krater. In der Gegend des Marktstädtchens **Njoro** hatte *Lord Delamere* seine ersten Besitzungen in Kenia. Der wohlhabende Adlige war so etwas wie der Pionier der modernen Landwirtschaft in Kenia, denn er scheute weder Kosten noch Mühen, um neue Kulturpflanzen einzuführen und mit der Kreuzung von englischen Hochleistungsrindern und den robusten einheimischen Rassen zu experimentieren. Nach vielen Fehlschlägen schließlich mit einigem Erfolg: Auf den saftigen Weiden von Njoro grasen wohlgenährte Rinder, am Straßenrand sieht man öfters Milchkannen stehen, die darauf warten, abgeholt zu werden, und möglicherweise wird ihr Inhalt zu dem guten Käse verarbeitet, für den die Region bekannt ist. Es gibt hier sogar eine spezielle Stock Theft Unit, also eine Polizeieinheit, die sich nur mit Viehdiebstählen befasst. Neben der Viehwirtschaft lebt Njoro vor allem vom Holz, das in den bewaldeten Bergen des Mau Escarpment südlich der Stadt eingeschlagen wird. Die meisten Häuser und sogar die Zäune der vielen Koppeln sind größtenteils aus Holz.

Hinter der Kobil-Tankstelle am Ortsausgang (bei km 13 hinter der A104-Abzweigung) biegt links die C57 zur Egerton University (5 km) und nach Narok (111 km) ab, die das bis zu 3100 m hohe Mau Escarpment erklimmt und dabei ausgedehnte Waldgebiete durchquert. Um nach Kericho zu gelangen, folgt man der C56 nach rechts. Zu Kolonialzeiten gehörte der fruchtbare Landstrich zwischen Njoro und Londiani, durch den man nun weiter bergan fährt, zu den White High-

lands, den Siedlungsgebieten, die europäischen Farmern vorbehalten waren. Dass sich die Einwanderer hier zu Hause gefühlt haben, ist einfach nachzuvollziehen, schließlich erinnert die Landschaft mit den vielen Nadelbäumen, den grünen Bergen und dem kühlen Wetter stark an europäische Verhältnisse.

Bis Mau Summit, das noch hinter Molo liegt, laufen Straße und **Eisenbahnstrecke nach Kisumu** meist parallel zueinander. Um die Steigung des westlichen Escarpment zu bewältigen, vollbrachten die britischen Ingenieure eine technische Meisterleistung: 27 Viadukte, ursprünglich aus Holz, später durch amerikanische Metallkonstruktionen ersetzt, entstanden bis Mau Summit. Denn es mussten in dem schwierigen Terrain viele Flusseinschnitte und kleine Täler bewältigt werden. Am Bahnhof von Elburgon, links der Hauptstraße, sind noch die großen Tanks und Füllrohre zu sehen, mit denen die Wasservorräte der schnaufenden Dampflokomotiven ergänzt wurden, die bis in die 1970er Jahre hinein die Zugwaggons zogen. Wie die großen Sägespanhalden beweisen, lebt **Elburgon,** rund 15 km hinter Njoro in noch stärkerem Maße als Njoro vom Holz und besitzt sogar eine kleine Spanplattenfabrik. Die lange Reihe von Dukas, Bars und Hotelis beiderseits der Hauptstraße ist ausgesprochen malerisch. Die einstöckigen Häuschen mit ihren Schattendächern sind in den knalligen Produktfarben von Blue-Band-Margarine, Coca Cola, Sportsman-Zigaretten undTusker-Bier gestrichen. Schockierend ist, dass es selbst in diesem ländlichen Städtchen eine große Zahl von Straßenkindern gibt.

Hinter Elburgon erblickt man rechter Hand den 3008 m hohen **Londiani-Berg.** Wegen des riesigen Durchmessers und der sanften Steigung seiner bewaldeten Flanken ist ihm diese Höhe aber nicht anzusehen. Seine schönen Ur- und Bambuswälder lassen sich erwandern, wegen der dichten Vegetation hat man vom Gipfel jedoch keine Ausblicke auf das Umland. Der kleine Ort **Turi** ist wegen der **St. Andrew's School** erwähnenswert, die rechts der Straße hinter einem kleinen Wald verborgen liegt. Die Schule wurde 1931 von dem britischen Ehepaar *Lavers* gegründet, um weißen Bauernkindern eine

Schulbildung zu ermöglichen. Lord Baden-Powell hat die Bildungseinrichtung übrigens einige Male besucht; hier hob er die Pfadfinderorganisation für kleine Kinder, die „Chippets", aus der Taufe. Die alten Abzeichen und Fahnen hängen nun im Schulgebäude hinter Glas und werden fast wie Reliquien verehrt. Seit der Unabhängigkeit haben die weißen Siedler das Gebiet nach und nach verlassen, und St. Andrew's ist nun ein vornehmes Internat für die Kinder von Missionaren, Entwicklungshelfern und privaten Geschäftsleuten, die oft Tausende von Kilometern entfernt, irgendwo in Ostafrika, arbeiten. Lokale Bauern können sich die Schulgebühren von rund 8000 US$ natürlich nicht leisten. In St. Andrew's hat so mancher anachronistischer Ritus einer unerklärlichen Schule inmitten von Afrika überlebt. Der Teacher's Club, immer am Donnerstagabend, manchmal auch am Wochenende, ist vielleicht ein willkommener Anlass, sich das einmal live anzusehen und zugleich etwas zu essen und zu trinken.

13 km hinter Elburgon passiert man **Molo,** ein lebendiges Landstädtchen, dem die Siedler ihren unverkennbaren Stempel aufgedrückt haben. Sehenswert ist vor allem das alte hölzerne Theatergebäude, in dem sicherlich schon lange kein Shakespeare mehr aufgeführt wurde. Auch der höchste Golfplatz des britischen Commonwealth, auf immerhin 2500 m beim Molo Highland Hotel gelegen, wird nur noch als Viehkoppel genutzt. Molo? Bei Gourmets klingelt es jetzt vielleicht. Von den fetten Weiden im Einzugsgebiet des Ortes stammt das **zarteste Lammfleisch Kenias,** das per Flugzeug auf die Teller vieler europäischer Feinschmeckerlokale kommt. Traurige Berühmtheit erlangte Molo 1992, 1997 und 2008 durch die **Pogrome** der Kalenjin gegen die hier lebenden Kikuyu.

Im Ort biegt nach rechts eine geteerte Querverbindung zur A104 zwischen Nakuru und Eldoret ab. Bei der Fahrt stadtauswärts in Richtung Mau Summit passiert man nach einem guten Kilometer auf der linken Seite die **Green Garden Lodge** und nach 3,9 km die **Molo Highland Lodge** (s.u.). Rechts der Straße befindet sich das National Pyrethrum Research Centre. Bei **Mau Summit,** einer kleinen Bahnstation auf einer Höhe von 2538 m ü.NN und einer der höchsten Kenias, überschreitet man die Wasserscheide zwischen Rift Valley und Victoria-See. Über 1400 Höhenmeter legt das Wasser von hier zurück, bevor es sich in das größte Binnengewässer Afrikas ergießt und dann mit dem Nil die fast 6500 km lange Reise zum Mittelmeer antritt. Der Abstieg in die Senke des Victoria-Sees per Auto vollzieht sich allmählich, die Ausblicke sind nicht so spektakulär wie an den Rändern des Rift Valley.

Bei km 67 stößt man auf die B1 nach Kericho, die wenige Kilometer im Norden von der A104 abzweigt. Wer hier nach links abbiegt, erreicht nach 54 km Kericho. 6,3 km hinter der T-Kreuzung biegt bei einigen Eukas und Hotelis die C35 in Richtung **Londiani** ab. Die kleine Stadt mit vielleicht 5000 Einwohnern, einige Kilometer abseits der Hauptstraße, wurde **1899** auf kuriose Weise kurzfristig zur **Hauptstadt von Ostafrika.**

Die Fahrt auf der B1 **nach Kericho** geht durch eine nordeuropäisch anmutende Landschaft mit Weiden und Nadelholzschonungen, irritierend wirken dabei allerdings die Fieberakazien und vereinzelte kleine Rundhütten. Reisende mit genügend Heimweh könnte der South Western Mau Forest auf dem Bergkamm zur Linken auch an der Schwarzwald erinnern. Bei km 14,9 ab der T-Kreuzung führt eine weitere Straße nach rechts, die kurz hinter Kipkelion auf die C35 stößt. Zwischen Kipkelion und Londiani liegt das **einzige Zisterzienser-Kloster Afrikas,** dass eventuell einen Abstecher rechtfertigt. Je näher Kericho rückt, desto mehr treten die Wälder zurück, und die leuchtend grünen Teeplantagen, für die die Region so bekannt ist, nehmen ihren Platz ein. Vielleicht 10 oder 15 km vor der Stadt eröffnet sich auf der rechten Seite ein toller Blick nach Nordwesten zum Victoria-See, über dem sich oft grandiose Wolkenformationen bilden, und hinunter in die Ebene um Muhoroni, das im Zucker-Gürtel Kenias liegt. Mitten im Teeanbaugebiet, 8,5 km vor dem Erreichen von Kericho, passiert man auf der linken Seite ein wunderschönes **Arboretum** (Beschreibung bei Kericho), einen Baumgarten, kurz darauf auch den Sitz der Brooke Bond Company und der Kenya Tea Packers, bevor man dann die sehr gepflegte Stadt Kericho erreicht.

Unterkunft

Neben den gewöhnlichen Billigunterkünften in den drei größeren Orten zwischen Nakuru und Kericho sind die folgenden Hotels mit höherem Standard sowie die Kenana Farm mit ihrem schönen Campingplatz und dem alten Farmhaus erwähnenswert:

● **Kembu Cottages & Campsite**
Mit Kembu Campsite, Albizia Cottage und anderen hübschen Unterkünften. Mobil: 0722/361102, 725003 und 355705, www.kembu.com. Die Unterkunft in den 5 Cottages mit eigener Küche und Bad kostet 2200 Ksh pro Person, es gibt solche für 2 oder 4 Personen mit 2 Schlafzimmern. Die beiden Cottages, deren Gäste die Campsite-Sanitäranlagen mitbenutzen, sind günstiger, sie kosten für 2 Personen 2500 Ksh. Die Campinggebühr beträgt faire 300 Ksh pro Person. 4 km außerhalb von Njoro, linker Hand der Straße; Abfahrt kurz nach Einmündung der Querverbindung zur A104. Die *Nightingale*-*Familie* hat ihre 340-ha-Farm für Besucher geöffnet. Der reizvolle Kembu Campsite bietet neben Zeltmöglichkeiten auch Cottages und Baumhaus, das Albizia Cottage ist ein liebevoll restauriertes Farmhaus aus den 1920er Jahren mit Kamin, zwei Schlafzimmern, einer Küche und Badezimmer. Zu tun gibt's genug: Nakuru National Park, Bogoria, Mt. Kiplombe, Mau Forest und Egerton Castle liegen in Tagesausflugsentfernung. Aber auch auf der Farm kann man sich gut beschäftigen: mit Spaziergängen, dem geliehenen Mountainbike umherfahren, Badminton, Darts oder Volleyball spielen. Vor allem besitzt die Farm aber eine gemütliche Bar, ausgezeichnetes, frisches Essen und heiße Duschen, was bei der Höhenlage und den kalten Nächten unverzichtbar ist.

● **Hotel Eel**
Elburgon, Tel. 051/31271; Preise: R: 800/1299/1800 Ksh BB, NR: 1640/2220/2880 Ksh; Cottages: R: 1200/1400 Ksh BB, NR: 1800/2400 Ksh BB. Die Zimmer des Hotels sind komfortabel und sauber. Der große Garten mit Teich, Kinderspielplatz, einer Gartenbar und einer Disco mit dem klangvollen Namen Cloud No. 9 ist ebenfalls gepflegt. Wem die Disco (Sa. und So.) nicht so sehr liegt, kann am Wochenende nachmittags auch traditionelle Tanzvorführungen sehen. Während eines Rundgangs durch die Stadt kann man sein Auto auf dem Hotelparkplatz sicher abstellen.

● **Green Garden Lodge**
Molo, Tel. 051/721110; Preise: 900/1500 Ksh BB. Sehr schönes, ruhiges Hotel im Grünen mit großem Garten, in dem man auch für 300 Ksh BB campen darf. Freundliches Personal. Abends brennt im Kamin ein gemütliches Feuer, es ist nämlich ziemlich frisch hier. Das Restaurant des Hotels ist vorzüglich, besonders das weltberühmte Molo-Lamm, das ja schließlich von hier stammt, sollte man probieren. Vermutlich ist die Zubereitung mit Pommes und Kohlgemüse etwas unorthodox und nicht ganz so exquisit wie in einem Londoner Gourmet-Tempel, dafür aber viel billiger. Empfehlenswert!

● **Highland Molo Hotel**
Molo, Tel. 051/21192; Preise: 650/900/1300 Ksh SC BB. Das Hotel war früher ein renommiertes Haus, das gerade unter Golfspielern beliebt war. Der Empfang wirkt kahl und ohne Seele, während die alten Gebäude immer noch viel Charme besitzen. Innen sind die Gartenhäuschen in Ordnung, allerdings besitzen nur Nummer 1 und 6–15 eine Feuerstelle. Der lange geschlossene Golfplatz ist inzwischen wieder in Betrieb. Das Grün liegt übrigens auf rund 2500 m Höhe und ist damit der höchstgelegene Golfplatz des gesamten britischen Empire. Reitmöglichkeiten.

Westkenia

Der westliche Landesteil von Kenia ist – vom Masai Mara National Reserve abgesehen – **touristisch wenig erschlossen.** Reisende, die eigene Entdeckungen abseits ausgetretener Touristenpfade suchen, finden in dem Landstrich, der vom Rift Valley und den Grenzen Ugandas, Sudans sowie Tansanias eingeschlossen wird, eine Welt unbekannter Attraktionen. Die südliche Hälfte Westkenias zählt zu den dicht besiedeltsten Landesteilen und ist **problemlos mit Bussen und Matatus zu bereisen,** wohingegen das wüstenhafte Nordwestkenia wilder und einsamer ist und eine bessere Vorbereitung erfordert. Aber beide Regionen lohnen einen Besuch.

Die **größte und bekannteste Attraktion** Westkenias ist das **Masai Mara National Reserve,** das zur Zeit der Tierwanderung mehr als eine Million Gnus und Hunderttausende von Zebras und Thomsongazellen zählt. Neben diesem unvergleichlicher Naturparadies gibt es einige unbekannte Kleinode wie den **Ruma National Park,** Heimat der seltenen Rothschild-Giraffen und der letzten Rappenantilopen Kenias, den **Saiwa Swamp National Park,** ein Refugium für die scheue Sitatunga-Sumpfantilope, oder das **South Turkana National Reserve,** eine urtümliche Savannenwildnis, die jedes Jahr nur eine Hand voll Besucher zählt.

Der Gegensatz zu den gepflegten **Kulturlandschaften,** etwa der ausgedehnten Zuckerrohrpflanzungen im tropischen Zuckergürtel und den giftgrünen Teeplantagen im niederschlagsreichen Hochland um Kericho, könnte nicht größer sein. Überhaupt vereint Westkenia eine **landschaftliche Vielfalt wie kein anderer Landesteil.** Wenn man im dampfenden **Kakamega-Urwald,** dem östlichsten Ausläufer der riesigen Kongo-Regenwälder, mit seiner großen Zahl an seltenen Vogel-, Affen- und Schmetterlingsarten steht, erscheinen die trockenen Halbwüsten- und Wüstengebiete mit dem **Turkana-See,** dem größten permanenten Wüstensee der Erde, in dem es mehr Krokodile gibt als sonst irgendwo in Afrika, wie eine Fata Morgana.

Wiederum eine völlig andere Welt stellen die malerischen **Inseln Rusinga, Mfangano und Ndere im** drittgrößten Binnensee der Erde, dem **Lake Victoria,** dar oder der 4310 m hohe **Vulkan Mt. Elgon,** der zweithöchste und nur sehr selten bestiegene Berg Kenias, der elefantenreiche Urwälder und fremdartige Heidebaum- und Moorländer aufweist. Spektakuläre Berglandschaften liefert an vielen Stellen auch der Abbruch der westlichen Hochländer in den Ostafrikanischen Graben: die reizvollen **Cherangani Hills** und nicht zu vergessen das **Nasalot National Reserve,** in dem die **Turkwell-Schlucht** und ein malerischer Stausee liegen.

Die **Völker Westkenias** sind ähnlich bunt und verschiedenartig wie die Naturräume, in denen sie leben. Die rinderhaltenden, seminomadischen **Masai,** deren herausgeputzte Krieger jeden Bildband über Kenia zieren, kennt jedes Kind. Weniger bekannt sind die **Pokot** und die kamelhaltenden **Turkana-Nomaden** im Nordwesten, die sich ähnlich aufwendig schmücken. In den Hochländern des Uasin Gishu Plateau und von Trans Nzoia liegen einige der fruchtbarsten Gebiete Kenias, die von den Bauern der **Kalenjin-Völker** beackert werden, während die Menschen an der Küste des Victoria-Sees – die **Luo** – sich auf den Fischfang spezialisiert haben.

Das westkenianische Kaleidoskop wird von der dritt- und der fünftgrößten Stadt Kenias, **Kisumu** und **Eldoret,** mit ihrem eigenen Flair noch um die urbane Facette ergänzt. Genügend Gründe also, den westlichen Teil des Landes nicht links liegen zu lassen – let's go West!

Mai Mahiu/ Old Naivasha Road – Narok

● **92 km**

● Die Straße von Mai Mahiu nach Narok wurde komplett neu gebaut und stand im Herbst 2009 kurz vor der Vollendung. Trotz der **guten Fahrbahn** ist besonders bei Dunkelheit

Westkenia

wegen unbeleuchteter Fahrradfahrer, kreuzender Wildtiere und dem lieben Vieh große Vorsicht angesagt.
● **Fahrtzeit:** 1,5 Stunden.

Wer von Nairobi in die Masai Mara will, fährt über die Old Naivasha Road das Escarpment hinunter (Routenbeschreibung s. S. 287). In dem kleinen Truckerstopp **Mai Mahiu** am Fuß des Kikuyu Escarpment biegt man dann auf die B3 in Richtung Narok ab. Zunächst fährt man über den platten Boden des Ostafrikanischen Grabens. Schon auf den ersten Kilometern sieht man, dass man sich durch das Reich der rindervernarrten **Masai** bewegt. Überall auf den kargen Ebenen ziehen **Viehherden** auf der Suche nach Futter große Staubwolken hinter sich her. Nur einige Kilometer nach der Kreuzung passiert man zwei große Parabolantennen, mit denen der internationale Telefonverkehr Kenias über Satellit abgewickelt wird. Bisweilen grasen vor diesen Boten des technischen Zeitalters Zebras oder Impalas. Rechts der Straße ragt der 2777 m hohe **Longonot-Vulkan** auf, links von der Fahrbahn sieht man den 2357 m messenden **Suswa-Vulkan.**

Bei km 22 passiert man den **Suswa Police Post.** Bei Nacht sind **auf der Strecke nach Narok** übrigens **einige Polizeicheckpoints** aufgebaut, die 50 m vorher mit einem kleinen Schild auf der Fahrbahn und einer Petroleumlampe angekündigt werden. Die Polizisten winken mit der Taschenlampe, wenn Sie anhalten sollen. Wegen der Nagelbretter muss man ohnehin abbremsen. Die Kontrollen gelten Marihuana-Schmugglern, die ihre illegale Ware aus Tansania über die grüne Grenze nach Kenia bringen. Bei km 29 biegt bei den Dukas von **Suswa-Dorf** und einer großen Akazie rechts eine Piste ab, die sich der Südseite des Hell's Gate National Park nähert. Bald darauf beginnt die Straße mit dem Aufstieg zum westlichen Grabenrand, ab und zu überholt man einen qualmenden Lkw, aber insgesamt herrscht auf der Strecke angenehm wenig Verkehr. Zurückschauend genießt man **schöne Ausblicke** auf den Suswa und das Kikuyu Escarpment.

Mit zunehmender Höhe verändert sich das **Landschaftsbild.** Die Grassavanne weicht riesigen Weizenfeldern, die einen praktisch bis Narok begleiten. Noch vor wenigen Jahren stand hier überall wildreicher Busch, bevor sich reiche Kenianer ausgedehnte Latifundien sicherten und die Vegetation gnadenlos roden ließen. Die weitere Strecke ist ein ständiges Auf und Ab, denn Sie queren den Lauf zahlreicher **Flüsse,** die in den regenreichen Wäldern des Mau Escarpment nördlich der Straße entspringen. Am Seyabei-Fluss liegt der einzige erwähnenswerte Ort der gesamten Strecke, in dem es auch einen **Police Checkpoint** gibt. Nicht ganz 20 km später ist bei km 92 Narok erreicht.

In Narok, noch vor Überquerung des Ewaso-Narok-Flusses, biegt an der Agip-Tankstelle nach rechts die C57 nach Nakuru ab. Nach Aussagen der Matatu-Fahrer benötigt man für die 129 km über Enangiperi, Mau Narok und Njoro bis Nakuru 4–5 Stunden, denn im Mittelstück ist ein längeres Stück nicht geteert und in miserablem Zustand.

Narok   ⌖ XI/C1

Das auf 1905 m gelegene Narok ist das Verwaltungszentrum des gleichnamigen Distriktes und zugleich so etwas wie die **inoffizielle Hauptstadt des Masai-Landes,** was freilich nicht allzu viel über ihre Größe aussagt. Es mögen hier inzwischen **30.000 Einwohner leben,** und auch mit viel gutem Willen zählt man nur eine Handvoll nennenswerter Straßen. Was man der staubigen Siedlung mit dezentem Wildwest-Charakter nicht ansieht: Durch die vielen Tourismuseinnahmen aus dem Masai-Mara-Schutzgebiet besitzt Narok eine der prallsten Stadtschatullen in ganz Kenia. Allein an Eintrittsgeldern werden jedes Jahr rund 8 Millionen US$ eingenommen, zusätzlich dazu müssen die Camps und Hotels 17 (!) verschiedene Abgaben an den Narok County Council zahlen.

Eigentlich könnte das am Hang gebaute Narok ein sympathisches Städtchen sein. Schließlich besitzt es durch traditionell gekleidete Masai auf den Straßen einen besonderen **Charme.** Das außergewöhnlichste Gebäude der Stadt ist die 1989 mit saudi-arabischen Geldern gebaute **Moschee,** die mit ihrer prächtigen grünen Glaskuppel durchaus sehenswert ist. Was den Aufenthalt in Narok ein bisschen verleidet, sind die **fliegenden Händler,** die einem mit entnervender Hartnäckigkeit Masai-Schmuck und andere Andenken verkaufen wollen. Dennoch kommt man als Tourist um die Stadt kaum herum, denn Narok ist das **Tor zum Masai Mara National Reserve,** der letzte Versorgungsposten, wo man nochmals tanken und Lebensmittel kaufen kann. Treibstoff bekommt man notfalls zwar auch in einigen der großen Lodges, aber die Preise liegen dort bis zu einem Drittel höher, und manchmal sind die Vorräte komplett ausverkauft.

Unterkunft

Obwohl die Stadt in erster Linie vom Fremdenverkehr lebt, ist sie auf die Übernachtung von Touristen nicht eingestellt, **Oberklasse-Hotels sucht man deshalb vergeblich.**

Mittelklasse-Hotel

● Seasons Hotel
Tel. 050/22821, seasonshotels@gmail.com; R: Standard: 1750/2250 Ksh BB, Deluxe: 2250/2750/3250; NR: Standard: 2250/2750 Ksh BB, Deluxe: 2750/3250/3750 Ksh BB. Die Deluxe-Zimmer des Hotelkastens an der Straße nach Mai Mahiu sind geräumig, vom Balkon hat man einen guten Blick über die Wellblechdächer von Narok – schön ist er aber nicht. Die Standard-Räume sind klein, für das Geld wohnt man anderswo besser. Insgesamt ist das Haus etwas unpersönlich; immerhin: Es gibt einen kleinen Pool. Für Besucher kostet dieser 150 Ksh bzw. 100 Ksh für Kinder. Das Restaurant hat eine abwechslungsreiche Speisekarte und faire Preise.

Preiswerte Unterkünfte

● Chambai Hotel
Tel. 050/22660, Fax 22591; Standard-Zimmer: 850/1050 Ksh BB, „Super"-Zimmer: 1200/ 1600 Ksh, beide SC. Die „Super"-Zimmer sind wirklich schön und haben ein gutes Preis-Leistungsverhältnis; wer nicht fernsehen

möchte, kann über die Stadt blicken. Das Haus hinter dem Matatu-Abfahrtsplatz ist sauber und neu, es gibt einen bewachten Parkplatz, passable Bar und Restaurant.

● Green Garden Guesthouse
800/1000 Ksh BO SC. Das neue Guesthouse hinter der Midrock Disco hat schöne Zimmer und ein sauberes Bad. Ein sicherer Parkplatz ist vorhanden, eine Küche im Garten zum Selberkochen geplant. Empfehlenswert!

● Aminstar Hotel
Mobil: 0723/234744; 500/800 Ksh BO SC. Das Hotel nahe der Moschee gehört einer somalischen Familie und für den günstigen Preis bekommt man ein sauberes Zimmer mit Fernseher, Moskitonetz und heißem Wasser. Von weitem erkennt man das Hotel schon an den eigentümlichen Steinfließen und den Arkaden an der Frontseite. Nettes Management, guter Deal.

● Custom Guesthouse
Mobil: 0728/501048. Es gibt nur Einzelzimmer à 500 Ksh mit eigener Dusche. Das kleine Guesthouse beim Chambai Hotel ist sauber, die Räume weisen zu einem kleinen Innenhof. Für alle, die aufs Geld schauen müssen, eine ordentliche Wahl.

● Ordentlich ist auch das **Maendeleo Hotel and Bar** (500/800 Ksh SC) im Zentrum.

Camping

● **Beim Kencol Café** direkt nach der Brücke über den Engare-Narok-Fluss kann man für 500 Ksh pro Person campen. Der Besitzer plant Duschen, ein Watchman ist ebenso vorhanden wie das empfehlenswerte Restaurant des Cafés. Wer möchte, kann auch auf dem Grundstück des Besitzers *Naseem Suleiman,* etwas außerhalb von Narok, campen.

● **Auch im Garten des Member's Club,** ein paar hundert Meter weiter auf der rechten Seite, kann man sein Zelt aufschlagen. Die sanitären Anlagen sind bescheiden.

Essen und Trinken

Das **Kencol Café** hat eine großartige chinesische und westliche Küche, man sitzt in einem schönen Garten, der eine Oase im

Staub von Narok ist – und der Höhepunkt überhaupt ist dann der Cappuccino nach dem Essen. Im **Midrock Restaurant** ist die Fruit Cocktail Bar mit Säften, Fruchtsalat und Pudding erwähnenswert, ebenso das somalisch geführte **Rafiki Restaurant** vor der Brücke auf der linken Seite, das 24 Stunden durchgehend geöffnet hat. Auch wenn das **Transit Hotel** am Ortseingang etwas vernachlässigt wirkt: Das Mittagsbuffet für sage und schreibe 250 Ksh ist konkurrenzlos.

Unterhaltung

Mit niedrigen Erwartungen lässt sich ein Abend im **Member's Club**, im **Hillside Cave Day & Night Club** gegenüber von der Esso-Tankstelle oder im **Club Equator 2000** hinter der Moschee durchaus genießen. In allen drei Läden geht die Post sehr rustikal ab. Auch in einer der zahllosen einfachen Bars im Ort, etwa im **Mara Bar & Rest,** geht es bisweilen hoch her, und wenn man die staubigen Pisten der Masai Mara in der Kehle spürt, schmeckt das Bier hier so gut wie irgendwo sonst.

Der Komplex von **Midrock Disco** und Restaurant mit seinen großen TV-Schirmen gegenüber des Keno Cafés ist zurzeit der Treffpunkt Nummer 1 in Narok für alle, denen der Sinn nach einem Bier oder ausgelassenem Hüftschwingen steht.

Verkehrsverbindungen

● Das letzte **Matatu** von Narok **in Richtung Nairobi** (300–350 Ksh) fährt gegen 18 Uhr, **nach Nakuru** (400 Ksh) setzt sich der letzte Transport über das Mau Escarpment und Njoro hingegen meist schon nachmittags in Bewegung.
● Eine klapprige Flotte von Peugeot-Pickups und Landrover-Matatus verbindet Narok mit den Masai Manyattas bis hinunter **zur Mara** am Sekenani Gate und **in Richtung Loita Hills,** hier bekommt man – wenn überhaupt – nur einmal täglich eine Mitfahrgelegenheit.
● Ansonsten bleibt nur das – außerordentlich frustrierende – **Trampen.** Wer auf einen (unwahrscheinlichen) Lift für eine Safari durch

die Masai Mara hofft, sollte die Fahrer an Naroks Tankstellen, wo alle nochmal auffüllen, direkt ansprechen.

Banken

Narok besitzt eine **Barclays-Filiale** mit Geldautomat etwas außerhalb des Zentrums in Richtung Suswa. Die Öffnungszeiten sind wie bei der **KCB** im Ortszentrum Mo. bis Fr. von 9–15 und Sa. von 9–11 Uhr.

Einkaufen

Narok hat überraschend gut sortierte Läden. Die meisten **Dukas,** darunter sogar ein kleiner Supermarkt mit Schokoladevorräten, finden sich in der Straße, in der auch die prächtige Moschee steht. Die Straße noch ein kleines Stück den Hang hinauf kommt man an den bunten **Markt,** wo es eine gute Auswahl an Gemüse und Obst gibt. Und ein **Naivas-Supermarkt** findet sich links vor dem Ortsende, wenn man in Richtung Nakuru fährt.

Narok – Masai Mara National Reserve/ Sekenani Gate

● **82 km**
● Nach den ersten 15 geteerten Kilometern biegt nicht weit hinter dem Örtchen Ewaso Ngiro nach links die Zufahrt zum Sekenani Gate der Masai Mara ab, die für weitere 48 km geteert ist. Es verbleiben 34 km relativ staubiger Piste bis zum Parkeingang.
● **Fahrtzeit:** 3 Stunden.

Vom Uhuru-Denkmal an der Agip-Tankstelle wendet man sich **nach Westen,** stadtauswärts, und überquert den Engare-Narok-Fluss. Rund 2 km außerhalb der Stadt kommt man an einem Tankstellen-Restaurant-Curioshop-Komplex vorbei, der ziemlich unsensibel in die Landschaft gestellt wurde. Nach weiteren 2 km biegt halb rechts die Teerstraße in Richtung Lemek und zum Westteil der Masai Mara ab.

Bei km 14 ab Narok kommt man in das Masai-Manyatta **Ewaso Ngiro,** das nur aus ein paar Dukas besteht. Am Ortsausgang, kurz bevor man den namensgebenden Fluss überquert, geht nach links eine 800 m lange Piste zu einem Rangerposten des KWS und zum Orpul Campsite ab. Bei km 15,7 kommt man zu einer Ansammlung von Curio Shops. Geradeaus führt die Straße nach Kisii und zum Westteil der Mara weiter. Nach links biegt die 1998 von einem chinesischen Unternehmen errichtete Teerstraße in Richtung Sekenani Gate ab. An der **Kreuzung** steht ein ganzer **Schilderwald** von diversen Camps, Lodges und Hotels. Die wichtigsten Entfernungen: nach links, über Sekenani: Keekorok Lodge 87 km, Mara Interepids Club 98 km, Mara Serena Lodge 135 km; nach rechts, über Lemek: Ol Kuruk Lodge 119 km.

Wenn Sie von hier in Richtung Sekenani weiterfahren, folgt eine schöne Fahrt. Das Land wird schnell karger, in den östlichen Ausläufern der **Loita Plains** sind über Kilometer fast kein Strauch und kein Hügel zu sehen. 20 km nach der Abzweigung passiert man die Zufahrt zur **Ilariak Lodge** (Tel. 020/ 2730272/5, Mobil: 0722/103519; 500 Ksh pro Person fürs Zelten im eigenen Zelt, 1000 Ksh für ein geliehenes; in den einfachen Bandas übernachtet man für 2000 Ksh; gemütliches Restaurant im Berghüttenstil mit großem Kamin), die 3 km abseits der Straße liegt. Weiter südlich wird die Gegend durch Felskuppen und Büsche lieblicher, und man sieht zwischen den Rinderherden eine erstaunlich hohe Zahl an Wildtieren grasen. Bei km 47 zweigt nach links die D295 in Richtung Naikara ab. Auch wenn man zum östlichen **Olaimutiek Gate** der Masai Mara möchte, fährt man hier links. Nach 16,5 km Piste muss man sich dann leicht rechts halten (links sind es 10 km bis nach Naikara), um nach weiteren 33 km zum Olaimutiek Gate und zur Sopa Lodge zu gelangen.

Zum Sekenani Gate fährt man geradeaus weiter, doch nach 600 m hat auch hier der Asphaltsegen ein Ende. Bis nach Sekenani folgen 34 km Piste, größtenteils ziemlich ruppig, bisweilen aber auch flott zu fahren. Bei km 72,5 durchquert man **Nkoilale,** einen Masai-Weiler. Bei km 75 zweigt links die 8 km lange Piste nach Siana Springs ab. Ab km 80 bewegt man sich durch eine weit verstreute Masai Manyatta. Zwischen den Häusern zweigt nach links eine Piste zu verschiedenen Zeltcamps ab, in denen man zu zivilen Preisen übernachten oder auch sein eigenes Zelt aufbauen kann.

Bei km 82 erreicht man das **Sekenani Gate,** an dem sich auch Verwaltungsgebäude des Reserve und Rangerunterkünfte befinden. Kaum hat man gehalten, wird man von Masai-Frauen umschwärmt, die einem vom Perlenhalsband bis zum Flaschenkürbis alles zum Verkauf anbieten, was im eigenen Haushalt überflüssig war. Direkt am Tor biegen nach links die Pisten zum Sekenani Camp und zur Mara Sopa Lodge ab.

Masai Mara National Reserve

✍ X/A1,2

Westkenia

Der Nationalpark

Die Masai Mara ist **eines der bekanntesten und schönsten Schutzgebiete Kenias.** Auf seinen Grassavannen herrscht noch der gleiche paradiesische Überfluss an Wildtieren wie vor gut 100 Jahren, als die ersten Großwildjäger Ostafrika durchstreiften. Die Masai Mara besitzt eine derartig hohe Zahl an Herbivoren und Raubtieren, dass sich Safaritouristen sicher sein können, all jene faszinierenden Tiere zu sehen, die sie aus dem Fernsehen schon zu kennen glaubten. Tatsächlich aber ist das „Live"erlebnis, gepaart mit dem Gefühl der afrikanischen Weite, doch wesentlich beeindruckender, als sich das die meisten vorgestellt haben. Und so zählt „die Mara" auch zu den meistbesuchten Naturschutzgebieten von Kenia.

Der Name des 1540 km² großen National Reserve setzt sich zusammen aus dem Namen des berühmten Nomadenvolkes der

Das Volk der Masai

Die Masai sind ohne Zweifel das bekannteste Volk Ostafrikas. Die groß gewachsenen **Masai-Krieger,** die **Moran,** mit ihren roten Gewändern, den ockergefärbten, langen Haaren und ihrem Schmuck gelten Europäern als der Inbegriff des stolzen, furchtlosen Naturvolkes. Schon zu Kolonialzeiten prägten die Briten den Begriff von den „edlen Wilden". All diese Vorstellungen sind durch viele Überfrachtungen und Klischees verbrämt. Wer sind die Masai wirklich?

Die Masai gehören zu den nilotischen Hirtenvölkern, die aus dem Gebiet des südlichen Sudan ins heutige Kenia kamen. Zu ihren engsten Verwandten, die mit ihnen die Maa-Sprache teilen, gehören die Njemps in der Region des Baringo-Sees, die Samburu nördlich des Laikipia Plateau, aber auch die tansanischen Völker der Arusha und Baraguyu. Nach allem, was man heutzutage weiß, setzten sie sich bereits vor 1500 aus ihrem ursprünglichen Siedlungsgebiet in Bewegung, wanderten an der westlichen Seite des Turkana-Sees nach Süden und breiteten sich dann auf den Hochplateaus von Uasin Gishu und Laikipia beiderseits des Grabenbruchs aus. In Richtung Süden wanderten sie bis nach Zentraltansania, das sie bereits im 18. Jahrhundert erreicht hatten.

In den folgenden 200 Jahren dehnten sie ihren Herrschaftsbereich weiter aus. Wenn man sich die Masai-Namen von Flüssen, Seen, Bergen und sonstigen Orten anguckt, kann man den Eindruck gewinnen, dass es kaum eine Gegend gibt, in der sie nicht ihre Spuren hinterließen. Tatsächlich wurden sie zur **bedeutendsten Regionalmacht im Bereich des Rift Valley,** um die selbst die Sklavenkarawanen einen möglichst großen Bogen machten. Das Erstaunlichste an dieser Expansion ist die geringe Größe des Masai-Volkes, die sicher entscheidend zu ihrem Ruf als furchtlose, außergewöhnliche Krieger beigetragen hat. Möglicherweise zählten sie nicht mehr als 50.000 Menschen und verfügten nur über 10.000 Krieger. Mit knapp 300.000 Menschen gehören sie in Kenia bis heute zu den kleineren Völkern.

Doch ab Mitte des 19. Jahrhunderts zerfleischten sich die Masai in **endlosen Bruderkriegen,** in deren Verlauf die Clans der Laikipika, Uasin Gishu, Loogolala und der Moitanik vernichtend geschlagen wurden und aufhörten zu existieren. Die Überlebenden suchten bei anderen Völkern, z.B. den Kikuyu, Unterschlupf. Zusätzliche Schwächungen erfuhr das Hirtenvolk am Ausgang des 19. Jahrhunderts durch die **Pocken,** die vielen Masai das Leben kosteten, fortgesetzte **Dürren** und die **Rinderpest,** welche auch noch ihre Herden dahinraffte. Einige Gebiete, z.B. die Masai Mara, wurden zu dieser Zeit regelrecht entvölkert. So hatten die Europäer bei ihrer Ankunft in Ostafrika ein relativ leichtes Spiel, die Masai von ihren besten Weidegründen zu vertreiben und in minderwertigen Reservaten anzusiedeln. Gleichzeitig waren sie aber von der Nomadenkultur derartig fasziniert, dass die Masai eine gewisse Nachsicht genossen und niemals die brutalen Vergeltungsmaßnahmen der britischen Militärs zu spüren bekamen wie so viele andere Völker Kenias.

Die phänomenale militärische Schlagkraft der Masai lässt sich zumindest teilweise mit ihrer Gesellschaftsstruktur erklären, die durch **5 Altersklassen** mit einer strengen Aufgabenteilung charakterisiert ist. Neben der Gruppe der Kinder, die das Kleinvieh hütete, gab es Junior-Krieger und Senior-Krieger, welche für die Verteidigung des Volkes und seiner Viehherden verantwortlich waren. Durch Überfälle auf Nachbarvölker vergrößerten die Junior-Krieger die Viehherden und dehnten die Weidegründe aus, während die Senior-Krieger heirateten, sich niederließen und die Funktion einer Art Dorfwehr übernahmen. Die Junior-Ältesten und Senior-Ältesten bildeten die Ältestenräte, in denen Streitfälle und Verwaltungsfragen gelöst wurden. Auf der Frauenseite gab es für die Altersklassen im männlichen Bereich keinerlei Entsprechung.

In regelmäßigen Intervallen von 12–15 Jahren rückten alle Altersklassen immer eine Stufe nach oben. Aus Kindern wurden Krieger und aus Kriegern Älteste. Diese Wechsel wurden mit besonderen Festen, den sogenannten Mugets, begangen, wobei der erste Wechsel vom Kind zum Krieger, der von der Beschneidung begleitet war, für jeden Masai das wichtigste Ereignis seines Lebens darstellte. Durch dieses System, das im Prinzip bis heute besteht, besaßen die Masai ein stehendes Heer, was ihnen gegenüber vielen anderen Völkern – speziell den Ackerbau treibenden Bantu – einen enormen militärischen Vorteil verschaffte. Mut galt als eine der höchsten Tugenden bei den Masai, das ist keine Legende. Besondere Anerkennung genossen jene Krieger, die mit Speer und Schild einen Löwen erlegt hatten. Bei Zeremonien erkennt man sie noch heute an den Löwenmähnen, mit denen sie sich schmücken.

Bemerkenswert ist auch der **basisdemokratische Charakter der politischen Organisation** der Masai, die keinerlei zentrale Strukturen kannte. Wichtige Entscheidungen wurden von der Gemeinschaft im Ältestenrat gefällt, und es gab keine Personen, die mit mehr politischer Macht ausgestattet waren als andere, wenngleich man durch Mut und Taten besonderes Ansehen erlangen konnte. Auch die Moran waren demokratisch organisiert. Noch vor der Beschneidung wählten sie aus den eigenen Reihen ihren Sprecher, den Olaiguenani, der die Altersklasse bis ins hohe Alter leitete, aber nicht führte! Die einzigen Männer, die einen Einfluss besaßen, der über diese regionalen Strukturen hinausging, waren die **Laibon, die spirituellen Führer der Masai,** die eine Mischung aus Priester, Prophet und Wahrsager waren, aber keine politische Funktion besaßen. Der bekannteste und respektierteste aller Masai-Laibon war *Mbatian,* der im 19. Jahrhundert lebte und nach dem auch der Gipfel des Mt. Kenya benannt ist *(Nelion,* der zweithöchste Gipfel, trägt den Namen seines Sohnes, ebenfalls ein Laibon). Seine prophetischen Fähigkeiten nutzte er für sehr weltliche Zwecke. Er beriet die Moran, wann und wo sie bei Viehdiebstählen zuschlagen sollten und erhielt dafür das Vorzugsrecht auf die schönsten Beutetiere. Einige seiner Vorhersagen, die er mit Hilfe magischer Steine traf, aus tierischen Eingeweiden las, mit Hilfe von Träumen deutete oder unter Alkoholeinfluss prophezeite, stellten sich als verblüffend exakt heraus: So sagte er die Rinderpest- und Pockenepidemien voraus, welche die Masai 2–3 Jahre nach seinem Tod im Jahr 1890 heimsuchen sollten, aber auch die Ankunft von „Menschen, weiß wie Kuhreiher", aus der Richtung des Meeres und, vielleicht am unglaublichsten überhaupt, das „Kommen einer eisernen Schlange, die Feuer speit", eine Vision der Uganda-Bahn, deren Bau fünf Jahre nach seinem Tod begann.

Das gesamte **Leben der Masai** war und **ist auf ihr Vieh ausgerichtet,** das sie mit allem Lebensnotwendigen versorgt. Die **traditionelle Siedlung** ist der **Enkang.** 10–20 flache Hütten, die aus Lehm und Kuhdung hergestellt werden, sind dabei von einem Dornenwall, dem Kral, umgeben. Ein Enkang ist eine wirtschaftliche und soziale Einheit, in ihm wohnen einige Familien, die sich gemeinsam um das Vieh kümmern. Eine **Manyatta** ist hingegen die **Siedlung der Moran,** der Junior-Krieger, die vom Volk getrennt leben. Fälschlicherweise wird das Wort inzwischen für eine Masai-Siedlung im Allgemeinen gebraucht.

Die traditionelle **Nahrung** der Masai besteht aus Fleisch von Schafen und Ziegen sowie Blut, das aus einer Halsvene der Rinder abgezapft und mit Milch vermischt wird. Zunehmend wird von den Masai aber auch Ugali gegessen. Rinder werden nur zu rituellen Anlässen geschlachtet oder in besonderen Notzeiten. Die einzigen Wildtiere, die die Masai jagen, sind Elenantilopen und Büffel, da sie als wilde Verwandte ihrer Rinder angesehen werden.

Die traditionelle Ablehnung jeglicher Form von Ackerbau wie auch die Verehrung ihrer Rinder geht auf den tradionellen **Glauben** der Masai zurück. Früher waren, so die Überzeugung, Himmel und Erde eins. Als sie sich voneinander trennten, sandte Gott, oder Enkai, den Masai über die Luftwurzeln des Feigenbaums alles Vieh zur Erde. Neben den Rindern ist den Masai deshalb auch der Feigenbaum und das Gras, die Nahrung des Viehs und der Boden, auf dem es wächst, heilig. Für sie war es undenkbar, den Boden zu verletzen, indem man Ackerbau betrieb, nach Wasser grub oder die Toten bestattete. Aus ihrem Glauben leiteten die Masai auch ab, dass alles Vieh der Erde ihr Eigentum sei. Viehdiebstahl war deshalb im Grunde nichts weiter als ein Heimholen von Tieren, die ihnen ohnehin rechtmäßig gehörten. Begleitet war diese Überzeugung von einer unverhohlenen Verachtung gegenüber allen anderen Völkern, die Ackerbau betrieben.

Die Masai sind bis heute sehr traditionsbewusst und haben mit ihrer konservativen Grundhaltung lange jegliche Neuerung abgelehnt, die nicht zu ihrem traditionellen Lebensstil als nomadisierende Rinderhalter passte. Immer noch ist für das Ansehen in der Masai-Gesellschaft die Anzahl des Viehs entscheidend und nicht Bildung oder Reichtum in unserem Sinne. Denn ohne Rinder sind die wichtigsten kultischen Handlungen und sozialen Ereignisse, wie die Mugets, die Heirat und alle anderen Feste, schlichtweg undenkbar. Für ihre Ablehnung der Sesshaftigkeit und den andauernden Traditionalismus werden die Masai von fortschrittsgläubigen Politikern und Nationalisten, aber auch von der Mehrheit der Stadtbewohner als Wilde angesehen. Und der Druck des modernen Staates, den neuen Regeln zu folgen, nimmt zu.

Kein anderes Beispiel als die Moran verdeutlicht krasser, in welchem **Dilemma** sich die Masai-Gesellschaft befindet: Die Institution der Krieger ist weitgehend überflüssig geworden und droht zu einer reinen Touristenattraktion zu verkommen. Früher konnten die Moran durch Viehdiebstahl oder die Löwenjagd in ihrer Gesellschaft zu Anerkennung gelangen. Heutzutage ist beides offiziell verboten. Das gesamte alte Wertesystem, das einstmals ihre Stärke begründete, ist inzwischen überflüssig oder verursacht sogar Benachteiligungen. Es sind nicht mehr Mut und Kampfkraft, sondern westliche Bildung, politische Einflussnahme und die Teilnahme am modernen Wirtschaftskreislauf nötig, um sich gegenüber anderen durchzusetzen. Die selbst gewählte Isolation ist angesichts der vielfältigen Verstrickungen keine Option. Von zentraler Bedeutung für das weitere Schicksal der Masai wird dabei die Landfrage werden. Ihr Territorium wurde schon während der Kolonialzeit massiv beschnitten und beschränkt sich heute nur noch auf die grenznahen Distrikte Narok, Transmara, Kajiado und den südlichsten Teil von Nakuru. In den fruchtbareren Regionen, besonders im Transmara District, findet inzwischen ein massenhafter Zustrom von Siedlern aus den dicht bevölkerten Gebieten der Kipsigis und Gusii statt und droht die Masai zu einer Minderheit im eigenen Land werden zu lassen.

Es ist paradox: Um sich die eigene Identität erhalten zu können und nicht von anderen Völkern dominiert zu werden, müssen die Masai einen Teil ihrer Eigenheiten aufgeben und sich den fremden Werten öffnen. Ob dabei auf mittlere Sicht allzu viel von der ursprünglichen Kultur übrig bleiben wird, bleibt fraglich, auch wenn in den abgelegeneren Gebieten das Leben noch seinen alten Gang geht.

Masai, das in dieser Region von jeher einträchtig neben dem Wild sein Vieh weidete, und einem Wort aus ihrer Sprache: *Mara* heißt in Maa nämlich so viel wie „gefleckt" und beschreibt so knapp wie präzise die unendliche Grasfläche, die von Akazienbusch und Bäumen gesprenkelt wird. Im Süden, jenseits der tansarischen Grenze, geht die Mara in den **Serengeti National Park** über, mit dem sie ein **zusammenhängendes Ökosystem** bildet. Dieser tierreiche Naturraum reicht aber auch nach Norden und Westen noch weit über die Grenzen des 1961 ausgewiesenen National Reserve hinaus. Praktisch die gesamte Transmara-Region bis zum Fuß des Berglandes von Kisii, aber auch die Landstriche entlang des Mara-Flusses und der Westen mit den Loita Plains und den Loita Hills zählen dazu.

Überwiegend handelt es sich dabei um **Hochebenen** zwischen 1500–1650 m ü.NN, die von wenigen Flüssen wie dem Mara River oder dem Talek River durchflossen werden. Entscheidend für den Aufwuchs der Gräser, welche die hohen Tierdichten ermöglichen, ist die **Nähe zum Lake Victoria,** der gut 100 km weiter westlich liegt und dem Gebiet üppige Niederschläge beschert. Mit durchschnittlich 1200 mm misst man im Westen der Mara, in der Nähe des Sees, logischerweise mehr Regen als im Osten, der nur 800 mm Niederschlag aufweist.

Einerseits hilft der **Tourismus,** die Masai Mara zu erhalten, denn für die Distrikte Narok und Transmara stellt er die wichtigste Einnahmequelle dar. Viele Masai-Gemeinden profitieren inzwischen von eigenen Camps und privaten Wildschutzgebieten auf ihrem Land. Andererseits trägt er mit seinen negativen Auswirkungen auch zur Zerstörung der Mara bei. Inzwischen gibt es in der überschaubaren Mara-Region mehr als 50 verschiedene Camps und Lodges. Zum einen sind es die vielen Safarbusse, die durch das Querfeldeinfahren die Vegetation schädigen. Gravierend ist auch der **gestiegene Holzverbrauch** in der Region, der sich durch zunehmende Abholzungen von Baumbeständen bemerkbar macht. Neben der wachsenden Menschenzahl in den umliegenden Masai-Gemeinden verbrauchen die Hotels und

Camps zum Kochen und Erhitzen von Badewasser große Mengen an Brennholz. Immerhin hat man das Problem erkannt und verschiedene Projekte ins Leben gerufen, um holzsparende Herde und effektivere Wasserheizer einzuführen. Und aufgrund der Tourismus-Einnahmen wandelt sich das Leben der lokalen Masai, immer mehr feste Gebäude entstehen, der Landverbrauch steigt.

Die größte Bedrohung geht mittelfristig aber vor allem vom **Bevölkerungswachstum** in den angrenzenden Regionen aus. In den letzten Jahren sind von Norden her massenhaft Gusii und Kipsigis aus ihren überbevölkerten Heimatregionen in dünn besiedelte Transmara-Gebiet eingewandert. Vorschub leistete dem noch die Reform des Bodenrechts. Die Unwissenheit der Masai betreffs der Gesetze, Vorschriften und Fristen, die einzuhalten sind, um die traditionellen Landrechte der Vorväter in rechtskräftige Besitztitel umwandeln zu lassen, haben einflussreiche Politiker genutzt und sich riesige Landstriche – überwiegend natürlich die fruchtbaren Filetstücke – für eigene Farmen unter den Nagel gerissen. So verlieren Wildtiere und Masai mehr und mehr Weidegrund und damit die Lebensgrundlage. Zwar steht der Naturraum der Masai Mara auf der Liste des Weltnaturerbes – doch dies allein kann seinen Schutz nicht sicherstellen.

Tierwanderung

Die größte Attraktion des Masai Mara-Serengeti-Ökosystems ist die **jährliche Wanderung von rund 2 Millionen Wildtieren,** die sogenannte **Migration**. Rund 1,4 Millionen Gnus, 300.000 Thomson-Gazellen, 200.000 Zebras und mehrere Zehntausend Topis begeben sich alljährlich von der südlichen Serengeti auf einen rund 800 km langen Treck – die größte Wildtierwanderung der Erde. Streckenweise schließen sich sogar Raubtiere den wandelnden Fleischtöpfen an. Nachdem am Jahresbeginn die Kälber zur Welt gekommen und die Weidegründe der Gegend erschöpft sind, ziehen die Tiere nach der großen Regenzeit auf der Suche nach neuen Futterquellen zunächst in den Westen der Serengeti. Ab Juni sind auch hier die Flächen abgefressen, und die Prozession bricht auf zu neuen Ufern – im wahrsten Sinne des Wortes. Denn auf dem Weg nach Norden, in Richtung Masai Mara, müssen die Tiere im Juni und Juli den **Grumeti River** überqueren, wo so manches Gnu zwischen den gewaltigen Kiefern der bis zu 5 m langen Nilkrokodile endet. Ab Juli wandern die Herden – die teilweise Kolonnen von bis zu 40 km bilden! – über den **Sand River** in die Region von Keekorok im Süden der Masai Mara ein. Von dort breiten sie sich nach Norden ins Transmara-Gebiet aus. Erst zu Beginn der kleinen Regenzeit, wenn die Weiden zu 90 Prozent abgegrast sind und der Regen in der Serengeti neuen Aufwuchs hervorgebracht hat, sammelt sich der riesige Tierzug wieder und bewegt sich pünktlich zum Jahresanfang zurück zum 300 km entfernten Ausgangspunkt.

Dazwischen liegt allerdings noch der **Mara River,** der durch die Niederschläge der kleinen Regenzeit zu einem reißenden Fluss geworden ist. Bei seiner Überquerung spielt sich ein Drama ab, das Tausenden von Tieren das Leben kostet. Die Tierkolonnen wissen um die Gefährlichkeit des braunen, schäumenden Flusses und zaudern vor dem Sprung ins Wasser. Zu den Stoßzeiten stauen sich Zehntausende von Gnus an den wenigen **Übergangsstellen.** Eine von ihnen liegt nördlich der Serena Lodge, eine weitere nördlich des Governor's Camp. Für den Safarituristen mit dem Fotoapparat im Anschlag wird die Unentschlossenheit der Tiere zum Geduldsspiel. Mal stürmt die Vorhut zum Wasser, hält im letzten Moment inne, blökt den Fluss an und macht wieder kehrt. Dann prescht die gesamte Herde in einer riesigen Staubwolke völlig kopflos am Ufer hin und her. Stunden können vergehen, bis das erste Gnu mit einem riesigen Satz in die Fluten springt, die mit einem Klatschen über dem Tier zusammenschlagen. Aber dann gibt es kein Halten mehr. Der Fluss ist auf ganzer Breite mit tanzenden Gnuköpfen angefüllt, das Wasser kocht. Alle Tiere wollen gleichzeitig über den Fluss, ein unheilvolles Gedränge entsteht. Die Masse der Leiber schiebt die vordersten Gnus über die Kante der Uferböschung, die Tiere springen einfach aufeinan-

der, brechen sich die Knochen, ertrinken. Panik und reißende Fluten fordern deutlich mehr Opfer als die gefräßigen Krokodile.

Die Zeit der Wanderung ist für alle Fleischfresser das Schlaraffenland. **Löwen, Hyänen und Wildhunde** haben mit den verletzten Tieren leichtes Spiel. Tausende von aufgeblähten Kadavern treiben flussabwärts. Das Fleischüberangebot führt zu einem regen Flugtourismus der **Geier** aus der gesamten Region. Zu Hunderten kreisen sie in der Thermik. Anfänglich verjagen sich die Tiere noch von den Kadavern, später liegen sie mit dicken Bäuchen unter den Büschen in der Umgebung und bewegen sich nur noch widerwillig. Nach einigen Tagen liegt über dem ganzen Fluss Verwesungsgeruch.

Nach der Überquerung trotten die Gnus mit hängendem Kopf über die weite Ebene weiter, wie ein endloser, apathischer Trauerzug. Nur jedes dritte Kalb, das zu Beginn des Jahres im Süden der Serengeti geboren wurde, gelangt nach der einjährigen Rundreise auch wieder dorthin.

Aber die **Wanderung ist für das gesamte Ökosystem extrem wichtig,** damit sich die zertrampelten, verbissenen Grasbestände erholen können. Inzwischen weiß man sogar, dass die Regenerierung der Gräser durch die intensive Beweidung sogar stimuliert wird. Angeführt wird die Wanderung meist von den Zebras, die das relativ alte, eiweißarme und trockene Gras verwerten können. Denn im Gegensatz zu Gnus und Gazellen sind sie keine Wiederkäuer, die den jungen, eiweißreichen Aufwuchs bevorzugen.

Die genaue **Zeit der Rückwanderung** der Tiere aus der Masai Mara lässt sich nicht exakt voraussagen, denn sie richtet sich nach den Regenfällen in der Serengeti und dem damit verbundenen Grasaufwuchs. Unter Umständen beginnt die Wanderung in die Mara bereits Ende Juli, Anfang August, die Rückreisewelle endet meist erst Ende November.

Die Regionen des Parks

Die Masai Mara zerfällt in **klar unterscheidbare Regionen.** Während ihr Großteil auf Höhen zwischen 1500 und 1650 m liegt, er-

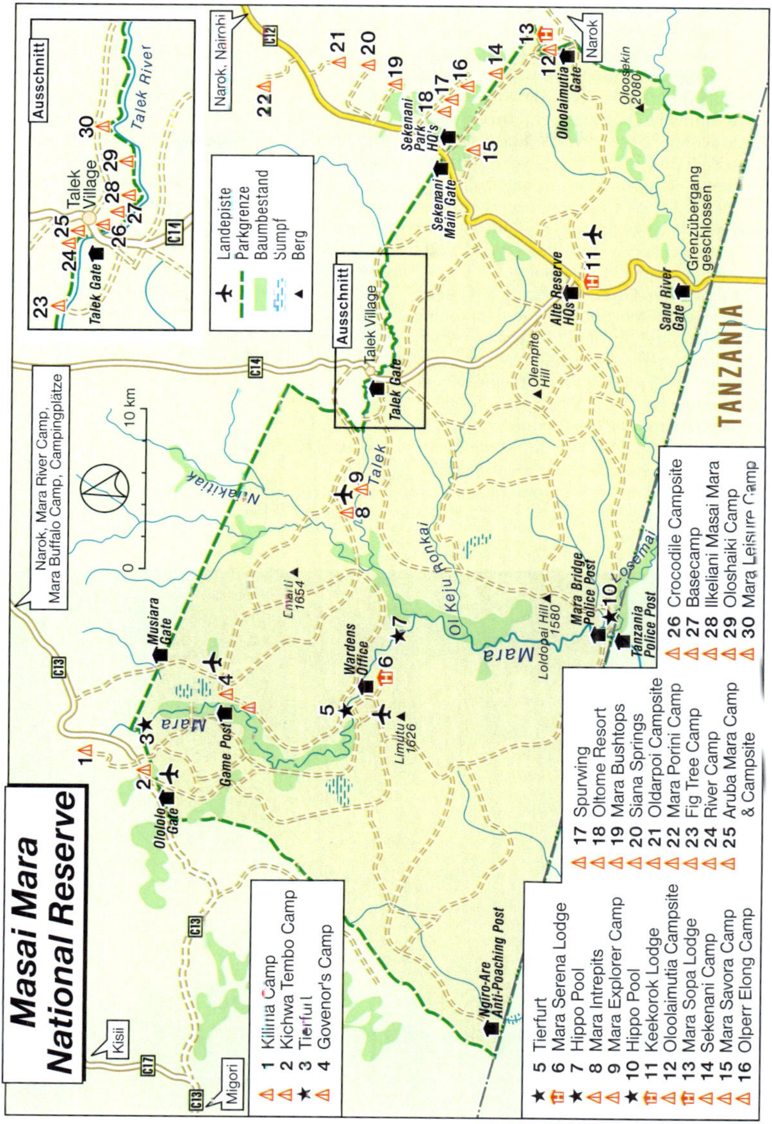

Masai Mara National Reserve

Westkenia

Legend:
- ✈ Landepiste
- Parkgrenze
- Baumbestand
- Sumpf
- ▲ Berg

Ausschnitt

Narok, Mara River Camp, Mara Buffalo Camp, Campingplätze

TANZANIA

Grenzübergang geschlossen

Oloolaimutia Gate

Sekenani Park HQ's

Sekenani Main Gate

Alte Reserve HQ's

Sand River Gate

Talek River
Talek Village
Talek Gate

Ausschnitt
Talek Village
Talek Gate

Mara Bridge Police Post
Tanzania Police Post

Musiara Gate
Ololaimutia Gate
Game Post
Wardens Office
Mara
Olkeju Ronkai
Olkeu
Lolgorian

Oloibsskin 2000

Narok
Narok, Nairobi

Njoro-Are Anti-Poaching Post

Kisii
Migori

Ngakiliak

Cmali 1654 ▲
Limitu 1626 ▲
Lolgorian Hill 580 ▲
Olempito Hill ▲

10 km
0

★ 1 Kilima Camp
△ 2 Kichwa Tembo Camp
★ 3 Tierful
△ 4 Govenor's Camp
★ 5 Tierfurt
🏠 6 Mara Serena Lodge
★ 7 Hippo Pool
△ 8 Mara Intrepits
△ 9 Mara Explorer Camp
★ 10 Hippo Pool
🏠 11 Keekorok Lodge
🏠 12 Oloolaimutia Campsite
🏠 13 Mara Sopa Lodge
△ 14 Sekenani Camp
△ 15 Mara Savora Camp
△ 16 Olper Elong Camp
△ 17 Spurwing
△ 18 Oltome Resort
△ 19 Mara Bushtops
△ 20 Siana Springs
△ 21 Oldarpoi Campsite
△ 22 Mara Porini Camp
△ 23 Fig Tree Camp
△ 24 Sekenani Camp
△ 25 Mara Savora Camp & Campsite
△ 26 Crocodile Campsite
△ 27 Basecamp
△ 28 Ilkeliani Masai Mara
△ 29 Oloshaiki Camp
△ 30 Mara Leisure Camp

heben sich im östlichsten Zipfel, jenseits der Hauptpiste vom Sekenani Gate hinunter zur tansanischen Grenze, Berge bis über 2200 m. Die Westgrenze der Mara wird durch die Steilstufe des Oloooloo Escarpment gebildet.

Die dominierende Landschaftsform ist die **Grassavanne,** besonders die Kurzgrassavanne, in der von Grasfressern bevorzugte Arten wie Roter Hafer und Fingergras häufig sind. Für ihr Gedeihen spielen neben der Beweidung regelmäßige Savannenbrände eine Rolle. Die Savanne ist von Akazienbusch oder einzelnen Bäumen durchsetzt.

Entlang der Flüsse haben sich **Galeriewälder** herausgebildet, die von Bäumen der Arten *Warburgia ugandensis* und *Diospyros abessynica* sowie von großen Würgefeigenbäumen dominiert werden. Drei prominente Flüsse teilen die Masai Mara in drei Sektoren: Der **Mara-Fluss** fließt von Norden nach Süden und trennt im Westen das Mara-Dreieck vom Rest des Reserve ab. Dieser Sektor zu Füßen des Oloololo Escarpment wird von großen Sumpfgebieten und periodischen Überschwemmungen geprägt. Das **Oloolo Escarpment,** das rund 300 m über das Umland hinausragt, wirkt merkwürdig kahl. Nur an seinem oberen Rand und in einigen tiefen Kerben an seiner Flanke wachsen dichte Wälder. Der **Talek-Fluss** mündet von Osten kommend in den Mara ein. Nördlich von ihm liegt der Musiara-Sektor, auch er besitzt ein ausgedehntes Sumpfgebiet. Der **Sand-Fluss** ist ein periodischer Fluss, der parallel zur Südgrenze fließt und ebenfalls in den Mara mündet. Zwischen ihm und dem Talek befindet sich der Keekorok-Sektor, der trockenste Teil, dessen Zentrum von flacheren Hügeln mit Grassavannen geprägt wird, im äußersten Osten aber zu Bergen aufsteigt, die mit dem Leganishu immerhin 2204 m Höhe erreichen und von Croton-Bäumen bewachsen sind.

Die Tierwelt

Das Markenzeichen der Masai Mara sind die riesigen Zahlen an **Gazellen, Zebras und**

vor allem Gnus, die im Rahmen der **Migration** in das Reserve kommen, was aber nicht bedeutet, dass während der anderen Monate hier keinerlei Tiere anzutreffen wären. De facto überrascht die Mara auch dann mit einer riesigen Zahl an quasi sesshaften Tieren, die wegen des flachen, übersichtlichen Gebietes immer gut zu entdecken sind. In Abhängigkeit von der Futtersituation gibt es in der Mara einen lokalen Rhythmus von Tierkonzentrationen in den feuchteren Gebieten und der Ausbreitung bei Neuaufwuchs von Futterpflanzen in trockeneren Gebieten. **Permanente Bewohner der Masai Mara** sind Kongonis, Topis, Impalas, Wasserböcke und viele kleine Antilopenarten. Sehr große Herden gibt es von Elefant, Büffel, Giraffe und Elenantilope. Spitzmaulnashörner sind zwar ziemlich selten, kommen aber in der Mara weiterhin vor. Am erstaunlichsten ist die unwahrscheinlich **hohe Raubtierdichte.** Löwenrudel zählen bis zu 30 Tiere, Hyänen sind ein häufiger Anblick, und wer bisher nirgendwo anders Glück mit Geparden gehabt hat, sollte es in der Mara versuchen. Aber auch Leoparden, Schakale und Löffelhunde sind häufig. In den Galeriewäldern kommen verschiedene Affenarten vor, u.a. Pavian, Meerkatze und Colobus-Affe, aber auch Buschschweine, Buschböcke, Oribis und Rietböcke. An einigen Flussabschnitten konzentrieren sich zudem **Nilpferde** und mächtige **Nilkrokodile.** Die bekanntesten Hippo Pools befinden sich in der Nähe der New Mara Bridge, ganz im Süden, und am Zusammenfluss von Talek und Mara River.

Ähnlich vielfältig wie das Säugetiervorkommen ist die **Vogelwelt.** Einerseits gibt es zahlreiche Vögel, die typisch für offene Grassavannen sind, vor allem Strauße, verschiedene Trappenarten, Lerchen, Pieper, die schwarzroten Hornraben, die zur Familie der Nashornvögel gehören, und die langbeinigen Sekretärsvögel, die hervorragende Schlangenjäger sind. Andererseits leben in den Galeriewäldern ausgesprochene Waldarten, am auf-

fälligsten von ihnen verschiedene Nashornvögel und der Glanzhaubenturako. Eine besondere Attraktion stellen auch die **Raubbzw. Greifvögel** dar: über 50 verschiedene Arten, darunter zahlreiche Geier.

Im Park unterwegs

Für eine Safari in die Masai Mara sollte man **mindestens drei Tage** innerhalb des Reserve einplanen. Dann hat man die Möglichkeit, jeweils einen ganzen Tag im östlichen Teil von Keekorok, einen im Gebiet um Musiara sowie einen im Mara Triangle am Fuße des Escarpment zu verbringen. Konkrete Routenempfehlungen kann man dabei nicht aussprechen, weil sich die Tierkonzentrationen in Abhängigkeit von der Futtersituation verändern. In der Gegend von Keekorok fahren Sie am besten entlang der Trockenflüsse, die nur in der feuchten Jahreszeit Wasser führen, wegen ihrer buschigen Vegetation aber auch sonst laubfressende Tiere anlocken. Sonstiges Wild kommt hierher, um an den verbliebenen Wasserpfützen zu saufen, was wiederum Raubtiere anlockt. In der Gegend um Musiara gibt es das ganze Jahr hinweg viele verschiedene Tierarten, die Tierkonzentration ist allerdings nicht hoch. Das Mara Triangle zwischen Oloololo Escarpment und Mara-Fluss weist hingegen besonders in der Trockenheit hohe Tierzahlen auf, denn durch das sumpfige Terrain ist der Futteraufwuchs hier immer noch gut. In diesem Gebiet befinden sich auch zwei der wichtigen Flussübergänge der Migration. Die Fahrt entlang des Mara River lohnt sich eigentlich immer, auch wegen der Hippo Pools.

Eine Safari in der Mara könnte im Westen **am Oloolaimutia Gate** oder beim **Sekenani Gate beginnen,** von wo man den Osten erkunden kann. Die Campsites am Talek Gate würden sich zur Übernachtung anbieten. Von dort aus könnte man am folgenden Tag nach Musiara aufbrechen und am Musiara Gate zelten und den dritten Tag im Mara Triangle verbringen und nochmals beim Oloololo Gate schlafen. Oder man fährt spätnachmittags noch auf das Escarpment hinauf und campt dort. Am darauffolgenden Tag könn-

Schirmakazie und Zebras im Abendlicht

Westkenia

ten Sie – wenn das Wetter mitspielt – Ihre Reise nach Kisii oder Migori am Victoria-See fortsetzen oder auf der neuen Teerstraße nach Narok und Nairobi zurückkehren.

Wer **vom Talek Gate zum Sekenani Gate** fahren möchte, ohne das Schutzgebiet zu durchqueren: Verlässt man die Mara durch das Talek Gate, geht die Piste direkt rechts ab. Die Einheimischen behaupten zwar, dass man einen Guide benötigt, um die Piste und die richtige Stelle in der Furt zu finden, aber die Fahrspuren sind kaum zu übersehen.

Für die Masai Mara braucht man **kein 4WD-Fahrzeug. Einschränkungen** gibt es im Mara Triangle und im Musiara-Sumpf, deren Gegenden nach Regen völlig aufweichen bzw. Black Cotton Soil aufweisen. Dort ist man ohne Allradantrieb bei feuchter Witterung aufgeschmissen. Die Fahrt das Escarpment hinauf ist ebenfalls nur mit Allrad zu bewältigen. Übrigens: Entgegen anderslautender Gerüchte darf man in der Mara **nicht** mehr **querfeldein fahren.** Sie sollten sich unbedingt daran halten, denn die Autoreifen hinterlassen Schäden an der Vegetationsdecke. Und: Bringen Sie Geparden besondere Rücksichtnahme entgegen, da sie sehr scheue Tiere sind und äußerst empfindlich auf Stress, z.B. zu viele Autos, reagieren.

Das **Wegesystem** in der Masai Mara ist **schlecht gekennzeichnet,** zudem gibt es **eklatante Abweichungen zwischen den Karten und den tatsächlichen Pistenverläufen,** ein Manko, das alle erhältlichen Pläne betrifft. Sie müssen sich also auch ein bisschen anhand geografischer Begebenheiten orientieren. Im Westen ist das unübersehbare Oloololo Escarpment die wichtigste Landmarke, in der Region von Keekorok sind es die Berge im äußersten Osten und an der Grenze zu Tansania, die Ihnen helfen können, auf dem richtigen Weg zu bleiben. Ansonsten kennen die Safaribuspiloten ihr Revier natürlich wie die eigene Westentasche und werden gerne weiterhelfen.

Leider hat es in der Vergangenheit in der Mara **Sicherheitsprobleme** gegeben. Das betraf die Campsites am Talek River und anderswo, in ganz besonderem Maße aber das Grenzgebiet zu Tansania. Von Fahrten in Richtung Niemandsland kann nur abgeraten

werden, von einem Grenzübertritt ganz zu schweigen. Offiziell ist der Schlagbaum an dieser Stelle ohnehin geschlossen. Safaribusfahrer empfehlen, nachmittags von der Keekorok Lodge nicht mehr in Richtung Süden zu fahren, wohingegen die Gegend vormittags sicher sei. Aber das kann sich alles wieder ändern, deshalb sollten Sie sich Ihre eigenen aktuellen Infos besorgen. **Ansprechpartner sind die Ranger an den Gates,** wobei einige manchmal die Tendenz zu wenig differenzierten „No problem"-Antworten haben. Gut informiert sind die **Safaribusfahrer,** die sich untereinander laufend austauschen.

Camps und Lodges

Billige Unterkünfte innerhalb der Masai Mara **sind Mangelware,** außerhalb der Parkgrenzen gibt es günstigere Schlafmöglichkeiten und Campingplätze. Die meisten Lodges und Camps bieten neben den gewöhnlichen Pirschfahrten eine Vielzahl von zusätzlichen Aktivitäten, die in der Regel auch zusätzlich kosten, etwa Sundowner-Ausflüge, Buschfrühstück, geführte Fuß- und Vogelsafaris. Die unausweichlichen abendlichen Masai-Tänze sind hingegen in der Regel inbegriffen.

Soweit unten nichts anderes vermerkt ist, verstehen sich die angegebenen Tarife als Vollpension. Die Unterkünfte sind der besseren Übersichtlichkeit halber nicht nach Tarifen, sondern nach Regionen von Ost nach West gelistet.

Nahe des Oloolaimutiek Gate, ganz im Osten

●**Mara Sopa Lodge**
Außerhalb des Oloolaimutiek Gate, am östlichsten Ende der Mara. Buchungen und Kontakt über Sopa Lodges in Nairobi. Hochsaison: 176/245/331 US$. Schön gebaute Anlage mit tollem Ausblick, der Standard ist insgesamt eher einfach, die Preise für das Gebotene sind etwas zu hoch.

●**Sekenani Camp**
Tel. 020/2700781, 2056423, Mobil: 0722/ 147810 und 0735/484207, www.sekenani-camp.com; 197/393 US$ bzw. 359/462US$, je nach Saison. Kleines Zeltcamp am Rand

des National Reserve zwischen Sekenani Gate und Mara Sopa Lodge mit schönen Blicken. Private Atmosphäre und geschmackvoll eingerichtete Zelte mit Parkettboden und Badewanne (!). Die herrliche offene Lounge mit Bar und Restaurant erreicht man über eine kleine Hängebrücke. Es werden auch Fußsafaris mit einem Masai-Führer angeboten. Pirschfahrten enthalten.

Nahe des Sekenani Gate

●Siana Springs Lodge

Buchungen: Heritage Management Ltd. Nairobi, Tel. 020/4446651 oder 4447929, www.heritage-eastafrica.com; 364/496 US$ bzw. 683/924 US$ Hochsaison/Nebensaison. Safaricamp 8 km abseits der Hauptpiste von Narok zum Sekenani Gate. Aufgrund der Lage außerhalb des Reserve sind hier Fußsafaris, aber auch Nachtpirschfahrten möglich. Herrlich schattiges Grundstück in wildreicher Umgebung. Die Lodge ist bei Familien wegen des Adventure Club sehr beliebt, der Aktivitäten speziell für Kinder anbietet, wie Masai-Namesgebungszeremonie, Speerwerfen oder Spurenlesen. Die Lodge besitzt 40 geräumige Zelte mit großen Fenstern, die in dicht bewachsenen Gelände verteilt sind. Viele Schmetterlinge, Vögel, einige Colobus-Affen und sehr zahme Buschböcke kann man im Wald um die Lodge antreffen. Swimmingpool.

●Mara Bushtops

Buchung: Tel. 041/5480290, Mobil: 0727/695452 oder 0733/490209, www.orion-hotels.net; 800/1000 US$ HS, 500/1000 US$ LS, inkl. aller Gebühren, einer Tagessafari und vielen weiteren Angeboten. 12 Zelte mit besonderer Mischung aus modernem Design und afrikanischem Ambiente, die komplett zu öffnen sind, sodass man das herrliche Gefühl hat, draußen zu schlafen. Auf der Holzveranda jedes Zeltes: ein eigenes Fernrohr und eine Badewanne mit Blick in die Ferne. Der Leidenschaft des französischen Managers ist der vielleicht beste Weinkeller Kenias zu verdanken. Vom Stil her wirklich etwas Besonderes.

●Mara Porini Camp

Tel. 020/7123129 u. 7122504; Mobil: 0722/509200 od. 0735/339209, www.porini.com;

565/880 US/FB inkl. Pirschfahrten, Parkgebühren und diverser Aktivitäten. Sehr kleines, charmantes Camp auf dem Terrain eines privaten Wildschutzgebietes, der Ol Kinyei Conservancy. Die Zelte liegen unter Akazien weit verstreut an einem kleinen Flusslauf. Fußsafaris, Nachtpirschfahrten und Ruhe satt. Ausgezeichnet mit dem silbernen Ecotourism-Label. Der Besitzer *Jake Grieves-Cook* ist sehr engagiert, um den Masai durch private Naturschutzgebiete ein Einkommen aus dem Tourismus zu ermöglichen.

●Oltome Resorts

Tel. 020/3529640, Mobil: 0721/331307, www.oltomeresorts.com; die Preise liegen für SG zwischen 1500 und 6000 Ksh BO, für DB 1800–11.500 Ksh BO, abhängig von der Saison. Kurz vor dem Sekenani Gate. Rezeption, Bar und Restaurant sind eine Mischung aus Zelt und festem Haus. Für den moderaten Preis nimmt man das in Kauf, ein wirkliches Safaricamp-Erlebnis hat man hier allerdings nicht. Swimmingpool geplant.

●Spurwing

Tel. 020/884412, Mobil: 0722/521702, www.spurwingkenya.com; Übernachtung im einfachen Zelt 1500 Ksh p.P. BO; wer sein eigenes Zelt mitbringt, zahlt 500 Ksh. Noch günstiger und einfacher als das benachbarte Oltome. Die 10 Zelte sind in einem kleinen Wäldchen aufgebaut, Holz für die Feuerstelle wird bereitgestellt, und warmes Wasser gibt's den ganzen Tag.

●Olperr-Elong Camp

Mobil: 0722/468087 oder 0721/337654; p.P. im Zelt: 3000 Ksh. Das neue Camp hat das Potenzial, ein beliebtes Ziel für Traveller zu werden. Die Zelte sind einfach, rund um die Feuerstelle kann man sich's in Hängematten gut gehen lassen. Ein Swimmingpool sowie einfache Baumhäuser als weitere Schlafmöglichkeit und ein kleiner Kiosk sind in Planung. Freundliches Personal.

●Sarova Mara Camp

Buchungen über Sarova Hotels in Nairobi (s. S. 108). Preise auf Anfrage. Hoher, gediegener Standard, was Komfort und Personal angeht. Trotz 80 komfortablen Zelten, die sich auf einem großen Gelände verteilen, wirkt das Camp mit seiner großen Lounge und dem Restaurant schon eher wie eine

Westkenia

Lodge. Für Rollstuhlfahrer geeignet und kinderfreundlich. Großer Swimmingpool, Ballon-Safaris und Tankstelle.

●Keekorok Lodge

Liegt im östlichen Teil des Reserve an der Hauptstraße zum Sand River Gate. Buchungen entweder direkt (Tel. 050/22680, Mobil: 0733999916) oder über Wilderness Lodges in Nairobi (Tel. 020/532329, 650392, sales@wildernesslodges.co.ke). Preise auf Anfrage. Die 1965 mitten in der Wanderungsroute der Tiere eröffnete Lodge ist die älteste im gesamten Reserve, aber noch gut in Schuss. Einfache, ordentliche Zimmer mit drei verschiedenen Kategorien. Nett ist die Kiboko Bar am Ende eines langen hölzernen Stegs, von dem man auf einen (manchmal trockenen) Hippo Pool blickt. Ballon-Safaris, Swimmingpool, große Veranda und Tankstelle.

Am Talek River

●Mara Leisure Camp

Tel. 020/557009, www.maraleisurecamp.co.ke; 56 US$ p.P. Das Camp ist von der Anlage her eher Stangenware, aber als eine günstigere Übernachtungsmöglichkeit erwähnenswert.

●Oloshaiki Camp

Tel. 020/2167230, www.camp-oloshaiki-kenya.com; Nebensaison: 75 US$, Hochsaison: 140 US$. Das Camp liegt schön verborgen in der dichten Ufervegetation und ist mit sieben Zelten und 8 weiteren geplanten angenehm überschaubar. Die Zelte direkt am Fluss besitzen große Himmelbetten. Empfehlenswert.

●Ilkeliani Masai Mara

Buchung über: Africa Eco Camps, Tel. 020/3752889, Mobil: 0733/258120, www.ilkeliani.com; Nebensaison: 204/408 US$, Hochsaison: 380/760 US$. Auch dieses Camp zwischen schattigen Bäumen strahlt eine private Atmosphäre aus, das Wohn- und Ess-Zelt ist urgemütlich, schöne Bücher laden zum Schmökern ein. Die Zelte selber stehen vereinzelt und sind von der Ausstattung eher schlicht. Nette Belegschaft!

●Basecamp

Tel. 038/774-90/-91/-92, www.basecampexplorer.com; je nach Saison zwischen 165/250 US$ und 290/500 US$. Dank seiner ökologischen Ausrichtung hat das Basecamp Vorbildcharakter für einen nachhaltigen Safaritourismus und wurde dafür als eines von zwei Camps in Kenia überhaupt mit dem Goldenen Ecotourism-Label ausgezeichnet. Das Basecamp ist überschaubar und gemütlich, die Belegschaft zeichnet sich durch große Freundlichkeit aus. Dank der vielen gepflanzten Bäume ist das Gelände wunderbar schattig. 2006 stieg Familie *Obama* hier ab.

●Aruba-Mara Camp und Campsite

Mobil: 0723/997525 oder 0736/484350, www.aruba-safaris.com; 70 Euro BB bzw. 80 Euro VB pro Person. *Gerdi,* die bayrische Besitzerin, ist ein alter Safari-Hase. Ihrer bayrischen Seele ist Anfang Oktober ein Mini-Oktoberfest mit Hax'n, Kraut und Semmelknödeln am Rande der Mara zu verdanken. Auch sonst erhält das Küche ausgezeichnete Kritiken, und das große Zelt, das als Wohn- und Speisezimmer fungiert, ist unzweifelhaft das Herz des Camps. Die Safarizelte sind mit großem Bad, ansonsten eher spartanisch eingerichtet, insgesamt fehlt dem Platz ein bisschen Schatten. Auf der dem Fluss abgewandten Seite kann man auch für 450 Ksh campen, hat Küchen- und Waschplatz sowie heißes Wasser und Lademöglichkeit. Insgesamt: Persönlich und empfehlenswert.

Ein italienischer Fotograf, der im Camp residiert, veranstaltet Foto-Workshops für Wildtierfotografie. Termine unter fredericoveronesi@yahoo.com. Wer von München nach Kenia fliegt, kann in Flughafennähe im Landhotel Schwaigers (info@landhotel-schwaigers.de, Tel. 08762/73070, 95 Euro das Doppelzimmer) übernachten und seinen Wagen kostenfrei bis zur Rückkehr stehen lassen.

●Riverside Camp

Jackson, Mobil: 0720/218319, www.riversidecampmara.com. Ein kleines Camp im Traveller-Stil, das recht basic ist, aber von der Herzlichkeit des Staff lebt. 9 Bandas für 2500 Ksh p.P. BB, Camping für 400 Ksh. Nette Veranda zum Fluss, Budget-Safaris und Nature Walks.

●Mara Intrepids

Buchungen über Heritage Hotels in Nairobi (s. S. 107); maraintrepits@heritagehotels.co.ke; zwischen 420/566 US$ und 794/1053 US$, abhängig von der Saison. Ein Zeltcamp der gehobenen Klasse mit Platz für 60 Gäste. In den Tarifen sind drei tägliche Pirschfahrten und ab zwei Nächten ein Buschfrühstück enthalten. Swimmingpool, Bar mit Blick auf den Fluss und Aussichtsplattform mit Sonnenuntergangsblick über die afrikanische Savanne. Hervorragender Guide.

●**Mara Explorer Camp**
Preise zwischen 706/952 und 885/1187 US, abhängig von Neben- und Hauptsaison. Das exklusivere Schwestercamp von Heritage Hotels für bis zu 20 Gäste liegt auf einer wunderschönen Halbinsel am Talek River. Alle Zelte haben Ausblick aufs Wasser und eine Open-Air-Badewanne. Das Restaurant und offene „Wohnzimmer" des Camps hat eine tolle Terrasse. Die Managerin ist sehr engagiert, die Atmosphäre privat und herzlich.

Am Mara River

●**Mara Serena Lodge**
Westlich des Mara-Flusses am Rande des Mara Triangle gelegen. Buchungen über Serena Hotels in Nairobi (s. S 108). Hochsaison: 430/310 Ksh, Nebensaison: 104/194 US$. Von der Lage her am Rand des kleinen Oseyia Escarpment ist Serena eine der schönsten Lodges in der Mara und hat einen grandiosen Blick über den Mara-Fluss und die weite Grassavanne. Die Architektur greift Stilelemente eines Manyatta auf, die kleinen Fenster und das Fehlen einer Veranda schmälern allerdings das Vergnügen. Das Personal ist, wie immer bei Serena, top. Besonders günstig ist die Lage nahe einer der Furten, an denen die Gnu- und Zebraherden den Mara-Fluss überqueren. Schöner Pool, Ballon-Safaris, Tankstelle und Reifenreparatur.

●**Governors Camp**
Tel. 050/22040, am Ostufer des Mara River nahe des Musiara-Sumpfes gelegen. Buchungen über Governors Camps (s. S. 107). 294–698 US$, saisonabhängig. Pirschfahrten inklusive. Das Governors Camp ist ein Synonym für edlen Safaritourismus in Zeltcamps mit äußerst gutem Service in stimmungsvoller Umgebung. Gespeist wird open air am Fluss, es wandern häufiger Tiere durch das Camp, weshalb man seine persönliche Eskorte für den Weg vom Zelt zur Lounge er

hält. Es gibt zwei kleinere Tochtercamps am gleichen Flussabschnitt.

●**Kichwa Tembo Camp**
Am nordwestlichsten Zipfel des Mara Reserve gelegen. Buchungen über &Beyond: www.andbeyondafrica.com. 200–375 US$, saisonabhängig. Edles Camp am Fuß des Oloololo Escarpment mit schönen Blicken über die Savannenlandschaft der nördlichen Mara, dessen Name übrigens „Kopf des Elefanten" auf Kisuaheli heißt. *Meryl Streep* und *Robert Redford* gaben der beliebten Unterkunft während der Dreharbeiten zu „Jenseits von Afrika" die Ehre. Swimmingpool.

●**Kilima Camp**
Tel. 020/081747, www.kilimacamp.com; 520/840 US$ FB. Auf dem Siria Escarpment befinden sich 12 Zelte, von denen man einen atemberaubenden Blick auf die gesamte Region des Mara River hat. Alle Zelte haben eine Veranda mit Blick in die Weite, Aufladestationen für Telefon und Laptops und Elektrizität durch Solarenergie. Pirschfahrten, Abholung von Flugfeld und Bush Walks sind im Preis inbegriffen.

●**Mara Safari Club**
Weit nördlich, in der Nähe von Kaboson am östlichen Ufer des Mara-Flusses in der Ol Choro Oiroua Conservation Area gelegen. Buchungen über Fairmont Hotels (s. S. 107). Hochsaison: ab 260/380 US$, Nebensaison: ab 130/260 US$. Das Camp liegt wunderschön auf der Böschung des Mara-Flusses und ist an drei Seiten von Wasser umgeben. Alle luxuriösen Zelte haben ihren eigenen Blick auf das Gewässer. Eigener Swimmingpool, Walking- und Ballon-Safaris. Drei Pirschfahrten pro Tag sind in den Tarifen mit eingeschlossen.

Camping

Mit dem Camping in der Masai Mara gibt es ein Problem: Außer dem **Warden Campsite direkt bei der Serena Lodge,** der keine sehr schöne Lage aufweist und mit Generatorgeräusch und Hotellichtern aufwartet, gibt es im Reserve selbst keine Zeltplätze für die Öffentlichkeit. Allerdings kann man **an allen Parkgates bis auf Sekenani** campen. Dafür muss man auf Toiletten, Wasser und sonstige Einrichtungen verzichten.

Für alle, die aus dem Osten zum Park kommen, ist der **Oloolaimutia Campsite,** der sich zwischen Sopa Lodge und dem Oloolaimutia Park Gate befindet, günstig gelegen. Im Preis von 400 Ksh p.P. sind Feuerholz und ein Askari mit enthalten. Wasser ist auf dem bei Campingsafari-Veranstaltern beliebten Platz allerdings Mangelware. Dafür kann man in der Fahrerkantine der Sopa Lodge billiges Essen und Bier erhalten.

In der Nähe des Sekenani Gate gibt es einige **private Campsites,** die etwas abseits der Zufahrtsstraße in den Hügeln links der Straße liegen, so der **Oldarpoi Camp Site** (Mobil: 0721/817757, info@iseemaasai.org): 500 Ksh BO p.P. im vorhandenen Zelt, im eigenen Zelt 350 Ksh; separate Mahlzeiten: 375 Ksh. Der einfache Campingplatz wird von lokalen Masais gemanagt.

Beim Talek Gate gibt es Campingmöglichkeiten, so beim Aruba Camp (s.o.), beim Riverside Camp (s.o.) und vor allem auf dem **Crocodile Campsite** direkt an der Brücke über den Talek. Der Platz hat eine gute Infrastruktur (sauberes WC, warme Dusche, Küche) und vor allem einen tollen Blick auf die Masai Mara und den Fluss, in dem zwei große Krokodile zu Hause sind. Die Übernachtung im eigenen Zelt kostet 450 Ksh p.P. Kontakt: www.challenger-tours.de.

Zwei Probleme in Hinblick auf das Campen am Rande der Mara müssen noch erwähnt werden: 1. Die **Paviane,** die mit ihrer Neugier und ständigen Suche nach Futter in ein paar Stunden ein ganzes Camp verwüsten können. Deponieren Sie alles, was Ihnen lieb und teuer ist, im Auto! 2. Potenziell gefährlich sind **Raubtiere** – nicht nur im Park, sondern natürlich ebenso in den angrenzenden Gebieten. Deshalb: Nicht alleine nachts durch die Gegend wandeln!

Essen und Trinken

Die großen Lodges in der Mara, wie Sopa, Keekorok, Sarova, Serena etc., haben alle eine vorzügliche Küche, und auch als Gast von außen kann man hier speisen – vielleicht mittags, während der Siestazeit in Verbindung mit einem Sprung in den Swimmingpool eine interessante Perspektive.

In der Nähe des Talek Gate gibt es im gleichnamigen Dorf einfache Hotelis und einige Dukas, in denen man die wichtigsten Lebensmittel kaufen kann.

Anreise

Per Auto

Die übliche Zufahrtsstraße von Nairobi in den östlichen Teil der Mara führt zum **Sekenani Gate** und ist bis auf die letzten 34 km geteert. Dafür ist die Zufahrt über das Oloolmaimutia Gate seit El Niño in beklagenswertem Zustand, wird aber allmählich wieder befahrbar gemacht. Dank des Baus der Teerstraße in Richtung Westen sind **Talek** und das gleichnamige Gate einfacher zu erreichen, die letzten 30 oder 40 km sind aber auch hier über staubige Pisten zurückzulegen.

Auch **von Westen und von Norden** her kann man in die Mara gelangen. Bei trockener Witterung ist die reizvolle Anfahrt von Kisii über Lolgorien bis zum Oloololo Escarpment relativ unkompliziert (s. S. 362). Die anschließende 10-km-Abfahrt hinunter zum Oloololo Gate ist landschaftlich sensationell, allerdings ist bei Niederschlag 4WD unerlässlich. Ebenfalls aus Westen kommt die selten befahrene Strecke von Migori nahe des Victoria-Sees nach Lolgorien (s. S. 363).

Auch von der Teerstraße zwischen Kericho und Kisii kann man **von Sotik her** ins Gebiet der Mara vordringen.

Die Anfahrt **von tansanischer Seite** aus der Serengeti ist auf dem direkten Wege wegen der geschlossenen Grenze nicht möglich und aus Sicherheitsgründen auch nicht empfehlenswert. Sie müssen dann schon den Umweg über den Grenzposten Isebania nahe des Victoria-Sees in Kauf nehmen, der Straßenzustand ist auf dieser Strecke auch eher was für Abenteuerlustige.

Geier, eine der Attraktionen im Masai Mara National Reserve

Per Flugzeug

Die Anreise mit dem Flugzeug ist durch insgesamt **sieben Landepisten im Reserve** völlig unkompliziert und natürlich die komfortabelste und zeitsparendste Transportform. **Air Kenya** bietet sogar **Linienflüge in die Mara** an, die alle Landepisten nacheinander abklappern. Problem dürfte für Leute mit kleinerem Budget der Preis sein: Immerhin kostet ein Returnticket rund 250 US$. Man sollte aber unbedingt die Augen nach Reise-Paketen offen halten, meistens gibt es sehr gute und günstige Angebote für Unterkunft und Flug in die Mara.

Parkgebühren, Öffnungs- und beste Besuchszeiten

- Der **Eintrittspreis** für die Mara beträgt gegenwärtig 60 US$, Kinder zahlen die Hälfte. Camping kostet 10 US$.
- Die Gates sind **täglich von 6.30–19 Uhr** geöffnet.

- Durch die Nähe zum Lake Victoria gibt es in der Masai Mara **das ganze Jahr über Regenfälle,** in der Regel handelt es sich dabei aber nur um Schauer, die sich zügig abregnen. Tagsüber, besonders wenn die Sonne rauskommt, kann es recht heiß werden, nachts dagegen durch die Höhenlage angenehm kühl, manchmal sogar kalt. **Warme Kleidung** gehört jedenfalls mit ins Reisegepäck.

In der langen Regenzeit **von Ende März bis Anfang Mai** sind viele Wege in der Mara aufgeweicht und unbefahrbar, **von einem Besuch** ist dann **eher abzuraten.**

Beginn und Ende der berühmten **Tierwanderung** lassen sich, da vom Regen abhängig, nicht genau voraussagen, **meist** erstreckt sie sich **von August bis Anfang November.**

Ballon-Safari

Eine ganz besondere Art, die weite Landschaft und die Tierherden der Masai Mara zu erleben, stellt eine Ballon-Safari dar, die von

Westkenia

ken013 Foto: hf

verschiedenen Firmen offeriert wird. Allerdings hat das Vergnügen auch seinen Preis: **Zwischen 400 und 500 US$** kostet eine 1- bis 1,5-stündige Ballonfahrt mit anschließendem Sekfrühstück am Landeplatz in der Wildnis. Bei einigen Unternehmen ist auch noch eine anschließende Pirschfahrt miteingeschlossen. Die meisten, die in die Luft gegangen sind, berichten vom Naturerlebnis ihres Lebens. Bei Sonnenaufgang lautlos über Savanne und Wildtiere zu schweben, ist schon etwas ganz Besonderes. Und zumindest zur Zeit der Tierwanderung ist der Preis wohl auch gerechtfertigt.

Gebucht werden kann in allen Lodges, man wird von dem entsprechenden Ballonunternehmen dann morgens gegen 5 Uhr abgeholt und zum Startplatz gefahren. Es kann dann noch sehr kühl sein und Sie sollten an eine warme Jacke denken.

● **Adventures Aloft**
sales@madahotels.com; Mada Hotels, Kimathi House, Kimathi Street, Nairobi; Tel. 020/ 605328, Mobil: 0722/202564. Startet morgens um 6 Uhr vom Fig Tree Camp aus.
● **Balloon Safaris**
www.balloonsafaris.co.ke; Lengai House, Wilson Airport; Tel. 020/605003. Buchungen auch über verschiedenste Reisebüros und Touranbieter in Nairobi.
● **Trans World Balloon Safaris**
www.transworldsafaris.com; Agip House, 7th Floor, Nairobi; Tel. 020/4451620.

Kartenmaterial und Literatur

Alle Straßenkarten der Masai Mara, sowohl jene des Mapping Office als auch die im Buchhandel in Nairobi erhältlichen, sind, was den genauen Verlauf der Pisten angeht, **nicht sehr verlässlich,** zumal es noch immer viele wilde, nicht eingezeichnete Fahrtwege gibt. Sie können aber wenigstens als Orientierungshilfe dienen.

Masai Mara National Reserve – Lolgorien – Kilgoris – Kisii

● **134 km**
● Für die ersten fürchterlichen 10 km von der Mara-Brücke auf das Escarpment hinauf muss man 1 Stunde rechnen. Danach ist die Piste bis Lolgorien bei trockenem Wetter gut zu fahren, bei Feuchtigkeit hat man wegen des Black Cotton Soil selbst mit einem 4WD-Fahrzeug ernsthafte Probleme durchzukommen. Die 31 km Piste von Lolgorien nach Kilgoris sind in gutem Zustand, danach ist die gesamte Strecke bis Kisii geteert, weist allerdings ein paar Schlaglöcher auf.
● **Tankgelegenheit:** Kilgoris.
● **Fahrtzeit:** 4–6 Stunden.

Die 10 km von der Mara Bridge auf das Escarpment sind für das Auto und Ihre Nerven eine Belastung, entschädigen aber mit tollen Ausblicken über die Savannenlandschaft der Masai Mara. Oben fahren Sie über das wildreiche **Siria-Plateau** zum 35 km entfernten **Lolgorien,** einem kleinen Masai-Weiler mit verschiedenen Dukas und Hotelis, die sich alle um einen großen leeren Platz gruppieren. Noch vor dem eigentlichen Ort, in dem am Mittwoch und Samstag Markt ist, erreicht man eine Wegkreuzung. Halblinks, in Richtung Westen, führt die knapp 49 km lange Piste durch einen abgelegenen Landstrich hinüber zur Teerstraße zwischen Kisii und Isebania, der Grenzstation nach Tansania.

Um auf dem schnellsten Weg **nach Kisii** zu gelangen, wendet man sich aber nach Norden, also nach rechts. Man fährt durch die wunderschöne Savannenlandschaft des Transmara-Gebiets, die von zahlreichen kleineren Flüssen durchzogen und von Waldinseln aufgelockert wird. Bisher gibt es hier nur sehr vereinzelt Felder, denn die vielen Tiere, die dem Mara und seinen Nebenflüssen aufwärts folgen, verwüsten die Pflanzungen immer wieder. Doch die **Zukunft der wildreichen Region,** die nicht unter Schutz

steht, sieht **düster** aus, denn aus den überbevölkerten Gebieten im Norden drängen immer mehr Siedler in das dünn besiedelte Stammesgebiet der Masai,. Bei km 8,5 überquert man den **Mugor-Fluss,** kurz darauf hat man einen schönen Blick auf den 2037 m hohen Mt. Moita zur Linken. Bei km 26 öffnet sich auf der rechten Seite ein wunderbarer Blick über die ausgedehnten Busch- und Galeriewälder in Richtung Masai Mara. Kurz darauf blickt man über eine Senke und sieht am Hang gegenüber schon Kilgoris liegen. Bei km 31 biegt nach rechts eine weitere Zufahrt zum Masai Mara Nationa Reserve ab. Sie führt zunächst nach Osten und biegt dann im Dorf Shartuka nach Süden ab. Man trifft dann von Norden kommend in der Nähe der Mara Bridge auf die Hauptstraße aus Lemek.

Nur 100 m nach der Mara-Abzweigung kommt man an eine weitere **Kreuzung:** Links geht es in den Ortskern von Kilgoris und nach Migori. Wer nach Kisii möchte, folgt weiterhin der Hauptpiste nordwärts.

Der kleine Ort **Kilgoris** ist Verwaltungssitz des Transmara Distrct. Montag und Donnerstag sind Markttage, dann füllt sich der kleine **Marktflecken** mit Masai, und von Verschlafenheit ist nichts mehr zu spüren. Ansonsten trägt der Ort ein typisch kenianisches Kleinstadtgesicht. Kilgoris ist – je nach Reiserichtung – der erste bzw. letzte **Außenposten der Zivilisation** mit Polizeistation, Rangerposten, Bankfiliale, Bushaltestelle sowie zahlreichen Dukas und Hotels. Wer in Kilgoris strandet, findet hier sogar **einige billige Guesthouses.** Die einzige Unterkunft, die etwas mehr Komfort und einen sicheren Parkplatz bietet, ist die **Farmer's Lodge,** die einige hundert Meter vom Markt entfernt am Hügel liegt.

Die **weitere Strecke nach Kisii** bleibt landschaftlich reizvoll und ist ab Kilgoris geteert. Am Ortsausgang passiert man eine Caltex-Tankstelle. 11 km weiter überfahren Sie in **Nyangusu** die Grenze zwischen Rift-Valley-Provinz und der Provinz Nyanza, gleichzeitig wechseln Sie vom Masai-Territorium zum Stammland des Gusii-Volkes über. Der Wechsel könnte sich nicht augenscheinlicher und schärfer vollziehen. Buchstäblich von einem Meter zum anderen sind die Berghänge dicht besiedelt und vielerorts treten starke Erosionsschäden zutage. Zwischen den kleinen Feldern und Teeparzellen stehen gepflegte Häuschen, teils rund und mit traditionellen Grasdächern, teils eckig und mit Wellblechbedeckung. Dieser große Gegensatz macht klar, dass die **Masai** auf mittlere und lange Sicht keinerlei Chance haben werden, sich gegen die **Ansiedlung von Ackerbauern** aus dem Norden zu wehren.

Auch die **Fahrt durch das** dicht besiedelte **Bergland** hat ihre Reize. Die Strecke wird kurvenreicher, zahlreiche kleine Dörfer reihen sich aneinander. Vor dem Örtchen **Ogembo,** bei km 33, passiert man eine Teefabrik, danach überquert die Straße den **Gucha-Fluss.** Hinter der Brücke steigt die Straße in Richtung Kisii kräftig an, und ab km 43 hat man immer mal wieder einen schönen Blick über das Bergland von Kisii auf den Victoria-See. Knapp 54 km hinter Kilgoris steht man an einer T-Kreuzung am Rande von Kisii. Nach rechts geht es in Richtung Kericho, wendet man sich nach links, kommt man in die quirlige Innenstadt von Kisii, die man durchqueren muss, wenn nach Kisumu weiterfahren möchte.

Lolgorien – Migori

- **52 km**
- **Piste,** im Großen und Ganzen gut zu fahren, aber auf einigen Abschnitten Black Cotton Soil, der bei Regen selbst mit 4WD das Weiterkommen kritisch macht. Außerdem schwillt nach hohen Niederschlägen der Pegel des Migori-Flusses an und macht die Überquerung auf der Furt unmöglich. Auf der Strecke hat es in der Vergangenheit immer mal wieder **Probleme mit Überfällen** durch Kuria gegeben, die angeblich aus Tansania über die Grenze kamen. Deshalb muss man sich bei der Polizei oder bei den Einheimischen in Lolgorien nach der momentanen Sicherheitslage erkundigen.
- **Fahrtzeit:** 2–3 Stunden.

Von der Kreuzung nahe der Dukas von Lolgorien wendet man sich nicht nach Kisii in Richtung Norden, sondern nach links, **westwärts.** 1,5 km nach der Kreuzung befinden sich direkt an der Straße einige Hütten, Löcher und Erdhügel, in denen ein paar verwegene Männer nach Gold graben. Die weitere Strecke ist außerordentlich malerisch und führt durch eine Grassavannenlandschaft, die mit einzelnen Buschinseln bewachsen ist. Obwohl die Gegend sehr wildreich ist, stehen hie und da **Häuser der Kuria,** die eine lustige Fliegenpilzform besitzen. In ihrem Zentrum ragt eine lange Stange aus dem Dach, durch deren Aussparung der Rauch der Kochfeuer abzieht. Bei km 12 haben Sie das schlimmste Pistenstück bereits hinter sich. 1,5 km später überqueren Sie den malerischen **Oberlauf des** von Galeriewald gesäumten **Migori-Flusses,** der sich durch das hügelige Land schlängelt. Bei knapp km 25 überquert man den Fluss erneut, der kräftig an Breite zugelegt hat. Nach sehr ergiebigen Regenfällen muss man u.U. einige Stunden warten, um passieren zu können. Auf der anderen Flussseite fährt man an einem Rangerposten vorbei und hat dann den wildesten und einsamsten Teil des Weges hinter sich. 800 m nach dem Fluss biegt im spitzen Winkel nach links die Piste nach Kihancha und weiter nach Ntimaru an der tansanischen Grenze ab. Nach gut 30 fahren Sie durch den ersten Ort seit Lolgorien, von nun an ist die Region dichter besiedelt, es folgen bis zur Teerstraße noch einige Dörfer. Streckenweise genießen Sie einen sehr schönen Blick auf den mäandernden Migori-Fluss zu Ihrer Rechten. Bei km 48,5 treffen Sie auf die Teerstraße. Wenn Sie sich nach links wenden, gelangen Sie nach Isebania und zum tansanischen Grenzposten. Rechts erreichen Sie bereits nach gut 3 km Migori, Verwaltungsitz des gleichnamigen Distriktes, und von dort aus Kisii. Fahren Sie geradeaus über die arg zerwühlte Piste weiter, gelangen Sie nach Muhoro Bay.

Kericho ✐ XV/D2

Wäre die gepflegte **55.000-Einwohner-Stadt** neu zu taufen, käme eigentlich nur „Teatown" in Frage, denn das in 2070 m (andere Quellen sprechen von 1834 m) Höhe gelegene Kericho ist das **Zentrum der wichtigsten kenianischen,** ja sogar afrikanischen **Teeanbauregion.** Wie ein dichter grüner Teppich bedecken die Teegärten das hügelige Land in der Umgebung, auf dem nur stellenweise Arbeitersiedlungen, Teefabriken und kleinere Waldstücke stehen. Im Jahr prasseln durchschnittlich 2150 mm Niederschlag auf die Plantagen nieder, also fast die dreifache Regenmenge, die Frankfurt erhält – optimale Wachstumsbedingungen für den Teestrauch. Besonders in den feuchten Monaten April und Mai sowie in der kurzen Regenzeit im Oktober und November kann man die Uhr nach den Nachmittagsregen stellen. Sie fallen aus mächtigen Quellwolken, deren Feuchtigkeit vom Lake Victoria stammt. Andererseits benötigen die Pflanzen auch viel Sonne, was durch die meist klaren Morgenstunden gewährleistet wird.

Zur **Herkunft des Stadtnamens** existieren zwei unterschiedliche Geschichten. Eine Lesart behauptet, Kericho sei auf den Namen von *Ole Kericho,* einem Masai-Führer, zurückzuführen, der im 19. Jahrhundert bei Kämpfen von eindringenden Gusii getötet wurde. Die andere Version sieht einen britischen Teepflanzer namens *Jon Kerich* oder *John Kericho* als Namensstifter, auch eine plausible Version, immerhin trägt eine Straße in der Stadt diesen Namen, die Person wird also gelebt haben.

Deutlich stärkere Spuren als nur einen Straßennamen haben die ersten **asiatischen Händler und ihre Nachkommen** im Stadtbild hinterlassen. Ihnen gehört ein großer Teil der Werkstätten und Geschäfte, was darüber hinwegtäuscht, dass sich ihre Zahl nur auf rund 300 beläuft. 20 Sikh-Familien leisten sich ein riesiges religiöses Zentrum, aber auch der Hindu-Tempel in der Temple Road ist ein beeindruckendes Gebäude, das der Holy Trinity Church durchaus ebenbürtig ist.

Weiße Teepflanzer, Masai-Krieger, Gusii-Siedler und indische Geschäftsleute hin oder her – Kericho liegt **im Land der Kipsigis** und ist die Hauptstadt des gleichnamigen Distriktes. Die Kipsigis sind eines der kleinen nandisprechenden Völker, die sich in den 1950er Jahren unter dem Oberbegriff „Kalenjin" formierten, um ihrer Stimme im Vielvölkerstaat Kenia mehr Gewicht zu verleihen. Der Wandel des Lebensstils der Kipsigis in diesem Jahrhundert ist unglaublich, haben sie doch ihr Nomadentum aufgegeben und sich innerhalb weniger Dekaden zu erfolgreichen Bauern gewandelt. Neben der Viehzucht pflanzen sie Süßkartoffeln, Mais, Erdnüsse und Hirse für den eigenen Bedarf sowie Pyrethrum und Tee als Verkaufsfrüchte an. Die Lohnarbeit auf den Teeplantagen der Konzerne scheint ihre Sache nicht zu sein. Die meisten Picker sind Luo und Gusii aus den bevölkerungsreichen Provinzen Nyanza und West, wo Land und Arbeitsplätze Mangelware sind.

Viele Männer haben ihre Familien zu Hause gelassen, denn die ganze Region ist nur auf eines ausgerichtet: Tee, Tee, Tee. Das merkt man in der Markthalle mit ihrem enttäuschenden Angebot. Eintönigkeit charakterisiert auch das gesellschaftliche Leben der Stadt, in der das Wort „Nachtleben" nicht zu existieren scheint. Kericho ist ein **reines Verwaltungs- und Nachschubzentrum für die Teeplantagen.** Diese Ruhe hat aber auch ihre starken Seiten: Vermutlich ist die Kriminalitätsrate die niedrigste im ganzen Land, was sich schon an offenen Toren und niedrigen Zäunen ablesen lässt, aber auch daran, dass es kaum Askaris gibt.

Die britische Passion für Tee geht in Kericho mit vielen **Relikten kolonialer Lebensart** einher. Beispielsweise gibt es einen Laden in der Stadt, der sich auf selbstfahrende Rasenmäher spezialisiert hat. Die größte Kirche am Ort, die **Holy Trinity Church** aus dem Jahr 1950, wirkt wie eine nach Afrika versetzte schottische Burg. Und wenn es bei Ihrem Besuch in Strömen regnet (die Chancen stehen nicht schlecht), ist das Großbritannien-Feeling (fast) perfekt. Die Zahl der Besucher der Kirche hält sich übrigens in engen Grenzen. Der erstaunte Tourist darf sich in einem Gästebuch verewigen, dessen älteste, noch

nicht völlig ausgeblichene oder von Termiten zernagte Eintragung vom 12.3.1968 datiert!

Kericho selbst hat also wenig Attraktionen. Ein Besuch lohnt sich dennoch: Wegen der landschaftlichen Schönheit, für den Besuch der Teeplantagen und einer Fabrik sowie wegen des starken Touches vergangener Tage, der noch auf vielem liegt.

Unterkunft

Mittelklasse-Hotel

In der Innenstadt gibt es nur billige Unterkünfte. Das einzige Mittelklasse-Hotel liegt etwas außerhalb:

● **The Tea Hotel**
Tel. 052/3000-4 und -5 oder 2050790, Fax 20576; teahotel@africaonline.co.ke; R: Standard 2700/3200/4200 Ksh BB, Superior und Cottages 3000/3600/4600 Ksh BB, Suite 5000/5000/5700 Ksh BB; NR: Standard 65/90/110 US$ BB, Superior und Cottages 65/90/110 US$ BB, Suite 105/110/170 US$. Das zweistöckige Hotel, das 1952 von der Brooke Bond Company für ihre Manager gebaut wurde, offeriert Zimmer in vier verschiedenen Kategorien: Riesige, helle Suiten mit Wohnzimmer, Gartenblick und TV, Superiors (ebenfalls mit TV), Standard-Zimmer und Gartencottages mit gemütlicher Feuerstelle und Blick auf die Teeplantagen. Das einstige Hoteljuwel mit den schönen Parkettfußböden und großen Kaminen ist stark renovierungsbedürftig. Dennoch: Es besitzt ein gutes Restaurant mit afrikanischer und indischer Küche, 2 Bars und eine sehr schöne Terrasse zum einmaligen Garten hin. Vom ausladenden Grundstück hat man Zugang zur angrenzenden Teeplantage. Ein Asphalt-Tennisplatz und ein Pool sind ebenfalls vorhanden. Für günstige 200 Ksh organisiert das Hotel Führungen durch eine Teeplantage. Das Angebot gilt auch für Tagesgäste.

Preiswerte Unterkünfte

● **New Sunshine Hotel**
Tel. 052/30037, Mobil: 0725/146601; 1000/1200 Ksh BO, Frühstück für 250 Ksh p.P. Die Grünpflanzen vor dem Haus deuten schon

Westkenia

auf die nette Atmosphäre im Innern hin. Die Zimmer sind gemütlich eingerichtet, besitzen Sat-TV und Telefon. Sicherer Parkplatz und Restaurant vorhanden. Empfehlenswert!

● **Kericho Valley Hotel**
Mobil: 0722/735873; 700/1200 Ksh BB. Neues Hotel mit etwas dunklen, aber sauberen Zimmern, sicherem Parkplatz, Restaurant, Bar.

● **Mwalimu Hotel**
Mobil: 0720/899341; SC 500/650 Ksh BO. Man passiert einen Frisör und einen Billardtisch, um am Ende eines dunklen Ganges zum Hotel zu gelangen, das überraschend saubere, helle und große Zimmer besitzt. Insgesamt gutes Preis-Leistungsverhältnis.

● **Kericho Guest House**
Tel. 052/21780; NSC 350/500 Ksh. Das große Haus mit überdachtem Innenhof hat sehr saubere Zimmer, die außen liegenden bieten auch einen schönen Ausblick über Kericho.

● **Bombay Guesthouse**
Gegenüber des KCC; Mobil: 0725/920243; SG 300 Ksh NSC/500 Ksh SC, DB 850 Ksh SC, TR 1000 Ksh NSC BO. Neues, kleines Guesthouse mit nettem Innenhof, freundlichem Personal, sauberen Zimmern mit fröhlich-gelben Überdecken auf und Moskitonetzen über den Betten. Sicherer Parkplatz. Eines der besten Häuser in Kericho.

● **Rex Inn Lodge**
300 Ksh pro Raum NSC. Um in dem verwinkelten Haus zu den Unterkünften zu gelangen, muss man erst eine Schlachterei durchqueren. Das Guesthouse im 1. Stock ist aber sehr sauber, die Angestellten sind nett, das Preis-Leistungsverhältnis ist in Ordnung.

Hotel außerhalb der Stadt

● **Kimugu River Lodge**
Mobil: 0720/861079; 1350/1800 Ksh BB; Camping 300 Ksh p.P. Das Anwesen im Grünen wird von einer netten und hilfsbereiten Sikh-Familie geführt. Eine bessere Küche als hier ist in Kericho nicht zu finden. Die Gäste honorieren das und kommen dafür extra aus der Stadt her. Besonders lecker sind Huhn- und Hammelgerichte. Die Zimmer sind sehr sauber, die Duschen besitzen sogar einen Vorhang, der Staff ist freundlich und bemüht. Dennoch kann die Qualität nicht mit der des Essens mithalten. Die Zimmer sind relativ

klein und dunkel und etwas zu teuer. Wer das ebenso empfindet, kann im Garten immer noch sein Zelt aufschlagen.

Die Lodge liegt 2 km außerhalb der Stadt, abseits der AGIP-Tankstelle am Ortsausgang in Richtung Nakuru im ehemaligen Wohngebiet der Engländer, das schöne alte Häuser und große Gärten prägen. Das Restaurant der Lodge liegt am Hang, zu dessen Füßen sich der Kimugu-Fluss durch einen kleinen Wald schlängelt, in dem bisher über 78 verschiedene Vogelarten nachgewiesen sind und der sich für einen schönen Spaziergang anbietet.

Camping

Für 400 Ksh darf man im Garten des **Tea Hotel** campen. Auch die **Kimugu River Lodge** bietet die Möglichkeit, ein Zelt aufzustellen.

Essen und Trinken

Das beste Essen in Kericho bereitet die **Kimugu River Lodge** zu. Die Küche hat indischen Einschlag, aber auch die europäischen Gerichte sind sehr gut. Als stadtnahe Alternative bietet sich das Restaurant des **Tea Hotel** an. Wer die 700 Ksh für Lunch bzw. 800 Ksh für Dinner im Tea Hotel nicht ausgeben möchte, sollte auf der Terrasse wenigstens eine gepflegte Tasse Tee trinken.

Daneben gibt es in Kericho eine Anzahl von billigen Hotelis. Das Beste ist das des **New Sunshine Hotel** in der Tengecha Lane. Es gibt preiswertes und gut schmeckendes Essen hier. Das **Maralees Restaurant** ist der einzige Chinese in Kericho, der auch indisches und afrikanisches Essen auf der Speisekarte hat. Für Kleinigkeiten ist auch das **Royal** auf dem Moi Highway zu empfehlen.

Nachtleben

Besucher, die nach ausgeprägten Ausschweifungen suchen, sind im ruhigen Landstädtchen Kericho definitiv am falschen Platz. Sehr sporadisch finden **im Tea Hotel Tanzveranstaltungen** statt. Die empfehlenswerten Bars lassen sich an einer Hand aufzählen. Da wäre das gemütliche **Royal** am Ende des Moi

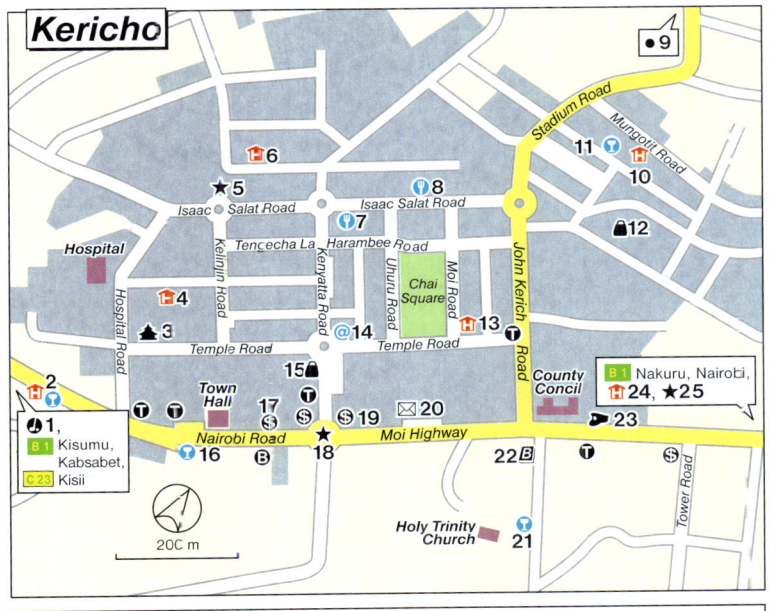

Kericho

☣	**1**	Golf Club	⌂	**15**	Supermarkt
⌂	**2**	Exotic Guesthouse/	♌	**16**	Royal Bar
♌		Bar	⑂	**17**	Barclays Bank
♠	**3**	Hindu Tempel	★	**18**	Uhrturm
⌂	**4**	New Sunshine Hotel	⑂	**19**	KCB Bank
★	**5**	Sikh Centre	⊠	**20**	Post
⌂	**6**	Bombay Guesthouse	♌	**21**	Urwo Bar
♌	**7**	Bäckerei	🅱	**22**	Bücherei
♌	**8**	Maralees Restaurant	🛉	**23**	Polizei
•	**9**	Stadion	⌂	**24**	Tea Hotel,
⌂	**10**	Kericho Guesthouse			Kimugu River Lodge
♌	**11**	Unity Bar	★	**25**	Arboretum
⌂	**12**	Markthalle/			
		Kleidermarkt	♿		Tankstelle
⌂	**13**	Mwalimu Hotel	Ⓑ		Bushaltestelle
@	**14**	Internet Café	⑂		Bank

Highway und das **Urwo Inn** neben der Bücherei. In der **Unity Bar** nahe dem Valley Hotel kann man bis zur früher Morgenstunde feiern und etwas außerhalb Richtung Kisii bietet die **Exotic Guesthouse Bar** eine sehr empfehlenswerte Möglichkeit dem etwas verschafenen Nachtleben Kerichos zu entfliehen und Unterhaltung zu finden.

Busse und Matatus

Wo gibt's das in Kenia, dass der Matatu-Stand sauber gekehrt und geteert ist? In Kericho! Von hier kann man sowohl mit den großen Busgesellschaften, die praktisch alle auf dem Weg zwischen Kisumu und Nairobi hier einen Zwischenstopp einlegen, wie auch per Matatu oder Peugeot weiterfahren. Die Preise beziehen sich auf die Busse, Matatus liegen etwas darüber, Peugeots sind deutlich teurer, aber auch schneller: **Kisumu** (250 Ksh, ca. 2 Std.), **Kisii** (250 Ksh, ca. 2 Std.), **Nakuru** (400 Ksh, 2–3 Std.), **Nairobi** (700 Ksh, 7–8 Std.), **Kitale** (700 Ksh) und **Eldoret** (500 Ksh). Die genauen Abfahrtszeiten der Busgesellschaften erfährt man an den Fahrkartenschaltern am Busbahnhof, die Matatus und Peugeots fahren, wann immer sie voll sind. Das Booking Office von Eldoret Express Bus befindet sich gegenüber der Barclay's Bank auf dem Moi Highway.

Banken

Die Banken in Kericho sitzen in den schönsten und gepflegtesten Häusern, die Barclay verfügt über einen **Bankautomaten.** Die Öffnungszeiten sind die landesüblichen.

Internet

● Ein **Internetcafé** findet sich im Gebäude des New Tas Hotel.

Einkaufen und Erledigungen

Wer sich mit Vorräten eindecken will, findet am oberen Ende der Kenyatta Road **zwei Su**permärkte. Frisches Obst und Gemüse gibt es in der **Markthalle,** braunes Brot (!) in der **Bäckerei** gegenüber des Sikh Centre an der Isaac Salat Road. Ein weiterer **Markt,** allerdings unter freiem Himmel, befindet sich im Norden der Stadt, wenn man die Stadium Road vom Busbahnhof hinuntergeht.

An der Auffahrt zum Tea Hotel werden in der stillgelegten Tankstelle **Seifenstein-schnitzereien** verkauft, und wer ein bisschen verhandelt, wird hier günstiger als in Nairobi einkaufen, auch wenn die Auswahl nicht so überragend ist. Vor dem Gebäude der Kenya Tea Packers, direkt neben dem Brooke Bond-Sitz, etwa 4,4 km außerhalb der Stadt an der Straße nach Nakuru und Nairobi (Matatu nach Brooke, 20 Ksh), kann man kenianischen **Tee zu Fabrikpreisen** erstehen.

Sport und Aktivitäten

Angeln

Im Kimugu River leben keine Forellen mehr, aber es gibt in der Umgebung von Kericho noch einige Flüsse, in denen prächtige Exemplare zu fangen sind, so im Kiptariet River. Wer Interesse an einer Angeltour hat, wendet sich am besten über den hilfsbereiten Besitzer der Kimugu River Lodge an die **Kericho Sotik Fishing Association.** Die Petrijünger wissen alles Notwendige über die besten Angelplätze sowie Genehmigungen, und vielleicht kann man hier ja auch Ruten ausleihen. Ansonsten sollte man sein Glück im Tea Hotel versuchen.

Golf

● Der 9-Loch-Golfkurs des **Kericho Golf Club** liegt inmitten herrlicher Teeplantagen und hält so ein einmaliges Landschafts- und Spielerlebnis bereit. Eine zweiwöchige Mitgliedschaft kostet 2500 Ksh, als Tagesgast muss man einen guten Preis aushandeln. Auch ist es möglich, im Clubhaus zu übernachten. Ein Einzelzimmer mit Frühstück kommt auf 2250 Ksh, zu zweit zahlt man 2500 Ksh.

Schwimmen

Das **Tea Hotel** besitzt den einzigen **Pool mit einem kleinen Sprungbrett,** der auch

Tee

Der Teeanbau in Kenia geht bereits auf den Anfang des 20. Jahrhunderts zurück, als bei Limuru versuchsweise die ersten Büsche gepflanzt wurden. Ab den 1920er Jahren wurde Kericho das wichtigste kenianische und sogar afrikanische Anbaugebiet, denn der Teestrauch Camelia sinensis findet hier optimale Wachstumsbedingungen vor. Die Pflanze liebt regelmäßig verteilte, hohe Niederschläge um 2000 mm bei mildem Klima in Höhenlagen bis 2000 m. Der Anspruch **Kerichos** als **Hauptstadt des Tees** wird durch das Forschungsinstitut der **Tea Research Foundation of Kenya** unterstrichen, 1951 vor den Toren der Stadt gegründet. Wer ein spezielles landwirtschaftliches Interesse hat, kann dienstags nach voheriger Anmeldung das Forschungsinstitut besuchen, das über eine eigene 180-ha-Plantage verfügt: The Tea Research Foundation of Kenya, Tel. 052/205-98, -99, Fax 20575, TEARK@insightKENYA.com.

Die Urheimat der Teepflanze ist die hinterindische Region Assam, doch schon ab 2700 v.Chr. lässt sich der Baum auch in China nachweisen. Zunächst wurde die Pflanze als Arznei verwendet, erst seit 300 v.Chr. braute man daraus das uns heute noch bekannte Getränk, dass sich um 700 n.Chr. zum chinesischen Nationalgetränk entwickelte. Rund 100 Jahre später kam der Tee auch nach Japan, wo er so sehr geschätzt wurde, dass er zum Mittelpunkt einer Religion des **Ästhetizismus,** des sogenannten Teeismus, wurde und in einer besonderen Teezeremonie genossen wurde. Europa hat vom Tee erst in der Mitte des 16. Jahrhunderts durch die Araber erfahren. Als schwarzer Tee erlangte er aber schnell derartige Beliebtheit, dass die Engländer in ihren neu erworbenen Kolonien Indien und Ceylon, ab Anfang des 20. Jahrhunderts auch in Ostafrika, große Plantagen anlegten. Indien, China, Sri Lanka und Kenia sind bis heute die wichtigsten Produzenten.

Um die **Ernte** zu erleichtern, wird der bis zu 9 m hohe Baum in Kultur auf Bauchhöhe gestutzt. Die Pflanzen bilden dann große, sehr ebenmäßige Teestrauchflächen, die auch als „Picking Table" also als „Pflücktisch" bezeichnet werden. Da man für die hochwertigen Sorten möglichst nur die beiden jüngsten Blätter und den Trieb verwendet, die die meisten der Inhaltsstoffe Coffein und Theobromin besitzen, wird bis heute überwiegend per Hand geerntet. In der Umgebung von Kericho sieht man ganze Heere von Pflückern in ihren gelben Plastikschürzen durch die Teegärten streifen. Das Pflückgut werfen sie in die riesigen Körbe auf ihrem Rücken. Zwischen 20 und 30 kg an frischen Blättern kommen im Verlauf eines Tages zusammen, aus denen nachher 4–6 kg getrockneter Tee wird. Die Blätter müssen nach der Ernte, die über das ganze Jahr hinweg vorgenommen wird, möglichst schnell zur Weiterverarbeitung in die Teefabrik.

Dort werden die Blätter zunächst in Horden gewelkt, um den Wassergehalt zu verringern. Es folgt das Rollen, bei dem die Blätter zerquetscht und zerrieben werden. Durch die freigesetzten blatteigenen Enzyme setzt eine **Fermentation** ein, der alles entscheidende Prozess für die Aromaausbildung. Ein Tee, der zu lange oder zu kurz fermentiert wurde, ist geschmacklich nicht mehr zu retten und eignet sich höchstens noch als Verschnittware. Die jetzt bräunlich-rote Teemasse wird mit heißer Luft getrocknet, um die Überfermentierung zu verhindern, anschließend handverlesen, nach Qualität sortiert, verpackt und auf der Teebörse in Mombasa verkauft.

Zwei Firmen, die die Teeproduktion in Kenia maßgeblich kontrollieren, sind die 1903 gegründete Brooke Bond Company, die bereits seit 1928 in Kericho produziert und nach wie vor die größten Flächen besitzt, sowie die Kenya Tea Packers, die größte Teehandelsfirma des Landes. Tee ist für Kenia nach dem Export von Gartenbauprodukten wie Schnittblumen und Gemüse sowie dem Tourismus der drittgrößte Devisenbringer. 2008 wurden im Land immerhin 335 Mio. kg Schwarztee produziert.

Westkenia

Nichtgästen offensteht. Schade, dass er von einer hässlichen Betonmauer eingefasst wird, der Ausblick auf die Teeplantagen könnte das Badevergnügen noch steigern.

Volleyball

Im öffentlichen Park vor der Holy Trinity Church gibt es ein Volleyballnetz, an dem öfter gespielt wird. Wer hier einsteigen möchte, wird sicherlich mit großem Hallo willkommen geheißen.

Ausflüge

Besuch einer Teeplantage

Anders als in Sri Lanka, wo Besuche von Teeplantagen und -fabriken zum Standardprogramm für Touristen gehören, scheinen die Teehersteller in Kenia wenig Interesse daran zu haben, Besucher herumzuführen. Jedenfalls haben sie sich alle möglichen umständlichen Prozeduren ausgedacht, die einen eigentlich nur davon abhalten können. Dabei ist der Besuch einer Teeplantage und -fabrik ein tolles Erlebnis. Am einfachsten ist es daher, den Besuch **über das Tee Hotel organisieren** zu lassen. Der Preis ist von der Entfernung abhängig, die angrenzenden Teegärten kann man für 200 Ksh besichtigen.

Besuch des Arboretums

Die Besitzer der Teeplantagen um Kericho lebten nicht schlecht und pflegten ausgefallene Hobbys. Einer dieser Männer, **Tom Grumbley,** begann 1946 Bäume aus aller Welt zu sammeln – lebende, versteht sich. **Rund 8,5 km außerhalb von Kericho,** an der Straße in Richtung Nakuru, kann man in einem großen Park die Exemplare bewundern, die er bis 1975 zusammengetragen hat. Wieviele verschiedene Arten hier wachsen, weiß vermutlich niemand so genau. Die Palme direkt neben dem Eingang trägt jedenfalls die Nummer 160! In der Ecke nahe der Einfahrt steht auch ein kleines Steinmonument, das mit einer eingelassenen Messingplatte an den Gründer des des Baumgartens erinnert. Nun gehört das gepflegte Gelände, das an ein verwunschenes Sumpfgebiet mit Papyrusdickicht voller Frösche und Grillen grenzt,

der Brooke Bond Company. Es ist ein **Paradies für Vögel** wie z.B. Hadada-Ibisse und Eisvögel und für Vogelfreaks somit natürlich auch. Unter den ausladenden Kronen der Bäume, die in den verschiedensten Farben blühen, kann man picknicken. Der Eintritt zum Arboretum ist frei.

Mit öffentlichen Verkehrsmitteln ist das Arboretum nicht so gut zu erreichen. Man kann allerdings bis Brooke (50 Ksh) mit dem Matatu fahren und läuft von dort die verbleibenden 4 km entlang der Hauptstraße. Oder man fährt mit einem Matatu Richtung Nakuru mit und lässt sich dann direkt vor dem Arboretum absetzen.

Mit eigenem Auto startet man von der KCB am Moi Highway (km 0). Bei km 4,4 passiert man das Brooke Bond-Hauptquartier und Kenya Tea Packers. Bei km 4,9 zweigt rechts der Weg zur Kenya Tea Research Station ab. Bei km 7,3 weist ein Schild rechts der Fahrbahn auf das Chief's Office, Chebosua Location und das Chagaik Estate hin. Hier biegen Sie rechts ein und dann direkt wieder nach links. Bei km 8,5 fahren Sie unter einer Schranke hindurch und biegen nach weiteren 200 m rechts auf das schattige Gelände des Arboretums ein.

Kericho – Ahero – Kisumu

●**83 km**
●Die Straße ist **durchgehend asphaltiert,** aber dem einen oder anderen Schlagloch muss man schon ausweichen. Vorsicht ist vor allem bei Regen auf der kilometerlangen Gefällstrecke vom Hochland hinunter in die Ebene des Nyando-Flusses angesagt. Dort stellen die vielen überladenen Zuckerrohrtransporter, die zur Fabrik nach Muhoroni unterwegs sind, eine Verkehrsgefahr dar. Denn sie

Teepflücker bei Kericho

schwenken ohne Vorwarnung aus, und zwar oft ausgerechnet dann, wenn man beim Überholen ist ...

●**Fahrtzeit:** 1,5–2 Std.

Wenn man Kericho **in Richtung Westen** verlässt, kommt man am Ortsausgang auf der linken Seite an den Straßen zum Golf Club und zum Brooke Bond Group International Trainingcentre vorbei, bevor man nach knapp 2 km die Einmündung der B1 von Kisumu erreicht. Wer geradeaus weiterfährt, landet nach einer 50 km langen, landschaftlich interessanten Fahrt in Kisii (siehe nächste Route). Will man nach Kisumu, wendet man sich nach rechts. Zuerst geht es an großen Teeplantagen vorbei, dann wird das Land von kleinbäuerlichen Feldern dominiert, und Tee steht nur noch in Gärten zwischen den Parzellen mit den Ackerfrüchten. Immer wieder sieht man schöne traditionelle Häuser, von denen nur noch ein Stück des kegelförmigen Daches über die hohen Zuckerrohr- und Maispflanzen lugt. Wenige Kilometer bevor man die Steilstufe zwischen dem kühlen, fast 2000 m hohen Bergland und den schwülen Ebenen um den Victoria-See erreicht, durchquert man den kleinen Ort **Kapsoit**, der an Sonntagen einen unbeschreiblich bunten, quirligen **Markt** besitzt. Mit dem Abstieg in die Ebene verschwinden die Teepflanzen. Am Hang herrscht Buschvegetation vor, in der Grillen ein durchdringendes Konzert veranstalten. An einigen Stellen bildet die **Wandelblume** (Lantana camara), eine Staude mit rötlich-gelben Blüten und Brombeer-ähnlichen Früchten, ein hübsch anzusehendes Dickicht, zwischen dem das Vieh weidet. Tatsächlich aber ist die Pflanze auch unter dem Namen „Der Fluch Indiens" bekannt. Ursprünglich aus Asien eingeführt, hat sie sich in Ostafrika als Landplage entpuppt.

Bei km 15,7 ab der Kreuzung am Ortsausgang von Kericho genießt man von einem **View Point** einen **traumhaften Blick** über Tausende Hektar von Zuckerrohrplantagen, die sich im Westen bis zum Victoria-See und nach Kisumu hinziehen, nach Norden hinge-

Westkenia

ken-425 Foto: hf

gen wie ein grünes Meer an den Fuß der Nandi Hills branden. „Hills", also Hügel, ist eigentlich eine niedliche Umschreibung, immerhin erreichen die Berge eine Höhe von 2000 m! Einmal in der Ebene, ist die Fahrt bis nach Kisumu relativ öde, einzige wirkliche Abwechslung von den Zuckerrohrpflanzungen bietet die **Zuckerfabrik in Muhoroni.** Neben der Straße kann man häufig Erntearbeiten beobachten. Den großen Zuckerrohrzügen im Straßenverkehr sollte man mit äußerster Vorsicht begegnen, meist sind sie überbreit beladen, verlieren öfters einen Teil ihrer Last und ziehen nach rechts und links, wie es ihnen gerade so passt. Wenige Kilometer vor dem Städtchen **Ahero** (bei km 60) kommt von links die A1, die Alternativstrecke von Kericho über Kisii nach Kisumu. Von Ahero sind es dann nur noch 24 km Fahrt durch die Ebene von Kibos, bis man den Innenstadtbereich von Kenias drittgrößter Stadt erreicht. Noch in den Außenbezirken passiert man auf der linken Seite das lohnenswerte Museum von Kisumu.

Kericho – Kisii

- **98 km**
- Die Strecke ist durchgehend geteert, im Gusii-Bergland befindet sich der Allwetterbelag allerdings im Zustand der fortschreitenden Auflösung, ist aber (noch) recht gut zu befahren, wenn man auf die Schlaglöcher achtgibt. Tankmöglichkeit in Sotik.
- **Fahrtzeit:** 1,5–2 Stunden.

Wer von Kericho auf dem schnellsten Weg nach Tansania möchte oder umgekehrt nicht in Eile ist und auf dem Weg nach Kisumu noch einen wenig besuchten Landesteil bereisen möchte, biegt an der Straßenkreuzung außerhalb von Kericho nicht nach rechts auf die B1 ab, sondern folgt der C23 geradeaus in Richtung Kisii. Zunächst geht es für fast 20 km durch Teeplantagen, an deren Rändern Dutzende von Arbeiterhäuschen stehen, die das Bild einer englischen Reihenhaussiedlung heraufbeschwören. Nach **Che-**

mosit bei km 17 überwiegen Weideflächen und kleinbäuerliche Felder, auf denen neben Tee auch Grundnahrungsmittel, später auch sehr viel Pyrethrum angebaut wird. Einen guten Kilometer hinter **Litein,** einem bunten Landstädtchen mit geteerter Hauptstraße, biegt bei km 31 links eine 41 km lange Piste nach Bomet und zur Masai Mara ab, angenehmer und schneller ist aber die asphaltierte B3, die bei km 45,5 abbiegt und bis Narok führt. Ab Bomet ist der Weg in die Mara aber unasphaltiert und rau.

Der kleine Ort **Kapkazet** bei km 36 ab Kericho (mit Teefabrik) verwandelt sich mittwochs in ein quirliges **Marktzentrum.** Hier verrät sich noch der nomadische Ursprung der Kipsigis. Praktisch jeder Mann trägt einen Hirtenstock, die am Straßenrand auch zum Verkauf angeboten werden. Die vielen Rinder haben dem Land ihre tiefen Spuren aufgedrückt: Selbst während und nach der Regenzeit, wenn das Land erfrischend grün ist, ist das Gras bis auf wenige Millimeter abgegrast, die scharfen Rinderhufe haben stellenweise tiefe Erosionsgräben gegraben.

Das auf 1830 m gelegene Städtchen **Sotik,** das bei km 49 etwas links der Straße liegt, besitzt neben einer Barclays-Bank-Filiale auch Tankstellen, eine Polizeistation, die notorische Farmers Bar sowie einige kleinere Guesthouses und Restaurants. Auch Sotik wurde zu Beginn des 20. Jahrhunderts ein Siedlungsgebiet der Weißen. Nach der Unabhängigkeit gehörten die rund 100 Großfarmen allerdings zu den ersten, die unter afrikanischen Kleinbauern aufgeteilt wurden. Obwohl das Land traditionell den Kipsigis gehörte, wurden hier viele Gusii angesiedelt, was zu wiederholten Streitigkeiten zwischen den beiden Völkern führte.

Mit dem **Betreten des Gusii-Landes** nach der Überquerung des Kipsonoi-Flusses wird die Straße bergiger und schlechter. Die Landschaft bleibt reizvoll, ist jedoch viel dichter besiedelt, die Straße kurvt durch kleine Dörfchen. Mit 700 Einwohnern pro km² ist die Region nach Nyeri die dichtbesiedeltste Kenias, deren drängendsten Probleme die Bodenerosion und -ermüdung durch die intensive Bewirtschaftung der Äcker darstellen. Nach Schulschluss bevölkern Hunderte von tobenden Kindern die Straßen, und man muss dann sehr vorsichtig fahren.

Bei km 74 erreicht man **Keroka,** ein Bergstädtchen mit einfacher Unterkunft, Tankstelle, Bank, Post und Polizei. Mittwochs findet ein bunter Markt statt. Vom Ortsausgang bis nach Keumbu bei km 88 folgt ein besonders malerischer Streckenabschnitt mit schönen Ausblicken auf die umliegenden Täler und Berge. Die gepflegten Gusii-Häuser an den Berghängen, von denen noch viele traditionell gedeckt sind und von Hecken feinsäuberlich eingefriedet werden, verbreiten einen Hauch von „Schwäbisch-Afrika". Immer wieder sieht man Bäuerinnen ganze Bananenstauden, Zuckerrohr und Avocados auf dem Kopf zum nächsten Markt balancieren.

Ab km 95 beginnt der kurvige **Abstieg hinunter nach Kisii.** An den Felsen längs der Straße wird mit mittelalterlichen Methoden Stein gebrochen, die aus Holz und Schnüren zusammengebundenen Leitern sehen aus, als hätte sie *Fred Feuerstein* persönlich konstruiert. In der glühenden Sonne sitzen Familien mit einfachen Hämmern und zerklopfen ganze Felsbrocken zu Schotter, eine schlecht bezahlte, unglaubliche Knochenarbeit. Bei km 97 passiert man eine Kaffeeplantage der Coffee Research Foundation, die bereits im Außenbezirk von Kisii liegt. Aber da das Gebiet mit viel Grün durchsetzt ist, hat man von oben nicht den Eindruck, in eine Stadt zu kommen. Bei km 100 biegt rechts die Straße zum Manga Ridge (s. S. 378) 400 m später, nach der Überquerung eines kleinen Flüsschens, links jene nach Kilgoris (s. S. 362) ab. Direkt danach erreicht man die eigentliche Innenstadt von Kisii.

Kisii
↗ XV/C2

Kisii liegt auf 1700 m ü.NN am Rande des westkenianischen Hochlandes, das wenige Kilometer östlich von hier im Lake-Victoria-Becken ausläuft. Mit etwa **50.000 Einwohnern** ist es der bedeutendste Ort des Gusii-Volkes und Hauptstadt des gleichnamigen Distrikts. Die 1907 von den Engländern als

Verwaltungsposten gegründete Stadt ist von einem außerordentlich fruchtbaren und intensiv bewirtschafteten Gebiet umgeben. Dementsprechend groß ist das Angebot an frischem Gemüse und Obst auf den bunten **Märkten** der Stadt, deren Geschäftigkeit darin begründet liegt, dass Kisii das Versorgungszentrum der gesamten Region ist.

Während des Ersten Weltkriegs wurde Kisii vorübergehend **militärisches Hauptquartier der Briten.** Grund war die Nähe zur Grenze von Tanganyika, das ja eine Kolonialbesitzung des deutschen Erzfeindes war. Die Schutztruppen von Deutsch Ostafrika, die *General Paul von Lettow-Vorbeck* befehligte, unternahmen verschiedene Vorstöße auf kenianisches Territorium, und Kisii wurde zu Beginn der Auseinandersetzungen kurzzeitig von ihnen eingenommen. Über diese Fußnote des Ersten Weltkriegs erzählt man sich folgende Geschichte: Als die Briten die Stadt wenige Stunden vor dem deutschen Einmarsch kampflos räumten, hinterließ ihr Kommandant den Offizieren der Gegenseite eine Begrüßungsnachricht – und seine Cocktailbar. Angeblich fand der Hausherr nach der Rückeroberung seine Bar halb geplündert vor – und ein höfliches Dankesschreiben. Ob dies eine verherrlichende Anekdote zum Ehrenkodex von Offizieren ist oder auf wahren Tatsachen beruht, sei dahingestellt. Jedenfalls hatten unter dem europäischen Krieg auf afrikanischem Boden zumeist die Einheimischen zu leiden. Die Offiziersränge wurden zwar von Europäern bekleidet, aber der größte Teil der verfeindeten Armeen bestand aus Afrikanern, die oftmals unter Zwang angeworben worden waren. Die Zahl der durch Kämpfe und Hungersnöte während des Ersten Weltkriegs in Ostafrika getöteten Menschen belief sich auf rund 100.000!

Über seine Grenzen hinaus bekannt ist Kisii für den **Kisii Soapstone,** den weichen Seifen- oder Speckstein, der knapp 30 km von der Stadt entfernt abgebaut und bearbeitet wird. Die geschickten Handwerker erschaffen teilweise außergewöhnlich schöne Skulpturen und Gebrauchsgegenstände aus dem weißen, gelben und roten Stein. Die Specksteinminen und -betriebe abseits der Route zur tansanischen Grenze können auch besucht werden (s. S. 380). Außer der Freundlichkeit seiner Bewohner und der geschäftigen Märkte bietet Kisii keinerlei erwähnenswerte Attraktionen, die einen längeren Aufenthalt in dem Städtchen rechtfertigen würden. Der lokale Fußballclub Shabana FC spielt übrigens in der 1. Liga von Kenia.

Ein lohnender Ausflug führt zum **Manga Ridge,** einem rund 300 m hohen Kliff, von dem man fantastische Ausblicke auf Kisii und den Lake Victoria genießt (s.u.).

Unterkunft

Mittelklasse-Hotels

● **Zonic Hotel**
Tel. 058/30298; SG 1200 bzw. 1500 Ksh BB (größenabhängig), DB 1800–2400 Ksh BB, Suiten 3500–4000 Ksh. Das siebenstöckige Hotel steht mitten im Zentrum von Kisii. Die Zimmer sind nett eingerichtet, einige haben sogar Balkon mit Aussicht. Für alle anderen bietet die Dachterrasse Panorama-Blick und Sundowner-Drink. Hat man Glück, ist auch der Swimmingpool gereinigt und aufgefüllt. Lunch und Dinner Buffet: 350 Ksh. Garage für Gäste vorhanden. Empfehlenswert!

Preiswerte Unterkünfte

● **St. Vincent Guesthouse**
Tel. 058/30977, vincentpcentre@yahoo.com; 1300/2250 Ksh BB p.P., auch Doppelzimmer vorhanden. Das Guesthouse, das von der katholischen Diözese Kisii geführt wird, entspricht dem hohen Standard der meisten kirchlichen Unterkünfte in Kenia. Blitzsaubere Zimmer, einige mit TV, freundliche Angestellte und gutes Essen. Empfehlenswert, aber schlecht zu finden; am Eingang lediglich ein schlichtes Schild „Catholic Diocese of Kisii".

● **Mwalimu Hotel**
Tel. 058/30357; 1200/2000 Ksh BB. Wie der Name Mwalimu (Kisuaheli für „Lehrer") bereits verrät, gehört das Hotel der kenianischen Lehrergewerkschaft. Die Zimmer sind renoviert, besitzen TV, Moskitonetz und Teppich. Eine gut sortierte Hotelbar und das Restaurant, dass internationale Küche bietet, machen diesen Ort zu einer weiteren empfehlenswerten Bleibe in Kisii.

● **Kisii Hotel**
Tel. 058/30254; 750/950 Ksh BB. Im Preis ist tatsächlich alles drin: Frühstück, kaltes und heißes Wasser in alten, runden Badewannen, Moskitonetz, große Spiegel, Kamm *(african style),* Zimmerservice, Restaurant, Bar (ab und zu Disco), Nyama-Choma-Grill, ein schöner Garten mit traditionellen Pavillons und ein sicherer Parkplatz. Das älteste Hotel am Ort besitzt eine reizvolle Kolonialarchitektur von 1938, hat aber einige altersbedingte Verschleißerscheinungen, die man einem Senior zugestehen sollte und die eher angenehm schrullig wirken. Nette Atmosphäre.

● **Solace Arcarde Guesthouse**
Tel. 0202351019; 550/800 Ksh BO. Auch wenn der dunkle Aufgang zum Guesthouse nicht viel erwarten lässt, die großen Zimmer sind sehr sauber und haben alle Moskitonetze. Wirklich in Ordnung!

● **Sakwa Towers Hotel**
Tel. 0202336977; 500/800 Ksh BB SC. Das Haus hat kleine, aber nette Zimmer. Das große, helle Restaurant ist ebenso empfehlenswert.

● **Serengeti Hotel, Bar & Rest**
Tel. 058/31657; SC 400/700 Ksh, NSC 300 Ksh, Executive 500 Ksh. Gutes muss nicht teuer sein! Das Hotel ist makellos sauber. Mit seinen schweren Gittertüren im Treppenhaus ist es absolut sicher. Sichere Parkplätze. Und vor allem: Die Eckzimmer sind sehr hell, groß und haben eine ausladende Fensterfront. Mit Abstand das Beste in dieser Preiskategorie. Neben dem Serengeti befindet sich die Tip Top Lodge, die eher Durchschnitt ist.

● **Njau Guesthouse**
400/500 Ksh SC. Liegt an der Hauptstraße nach Kisumu, gegenüber des Metro Highway Hotel. Die Zimmer sind einfach, freundlich und sauber, das Hotel besitzt eine Veranda und sichere Parkmöglichkeiten sowie eine kleine Bar. Warmes Wasser gibt's nur morgens, keine Moskitonetze.

● **Obama Guesthouse**
Mobil: 0733/558192; nur Single-Zimmer für 300 Ksh NSC. Das Guesthouse liegt etwas versteckt und lässt sich von außen nicht erahnen. Der Eingang befindet sich neben der Apotheke. Im zweiten Stock liegen 5 Zimmer, die zwar sehr klein, aber sauber, mit TV

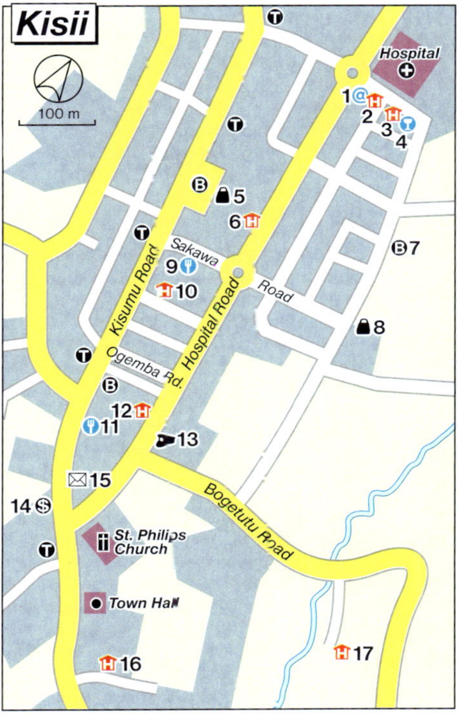
Kisii
100 m
Hospital
1
2
3
4
5
6
7
Sakawa
Road
9
10
Kisumu Road
Hospital Road
8
Ogemba Rd.
12
11
13
15
14
Bogetutu Road
St. Philips Church
Town Hall
16
17

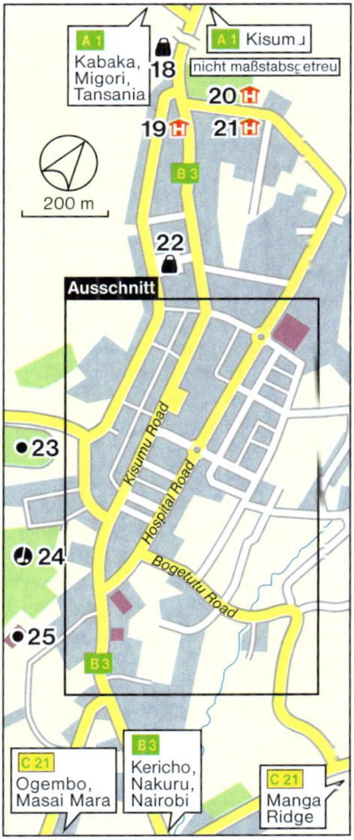
A 1
Kabaka, Migori, Tansania
18
A 1 Kisumu
nicht maßstabsgetreu
20
19
21
B 3
200 m
22
Ausschnitt
23
Kisumu Road
Hospital Road
24
Bogetutu Road
25
B 3
C 21
Ogembo, Masai Mara
B 3
Kericho, Nakuru, Nairobi
C 21
Manga Ridge

- 1 Internetcafé
- 2 Obama Guesthouse
- 3 Serengeti Hotel
- 4 Palm Café
- 5 Markthalle
- 6 Sakawa Towers Hotel
- 7 Matatus ins Umland und die großen Städte
- 8 Open Air Markt
- 9 Safe Lodge
- 10 Solace Arcade Guesthouse
- 11 White Stone Hotel
- 12 Zonic Hotel
- 13 Polizei
- 14 Barclays Bank
- 15 Post
- 16 Mwalimu Hotel
- 17 Storm Hotel
- 18 Afrikanischer Open Air Markt
- 19 Njau Guesthouse
- 20 Kisii Hotel
- 21 St. Vincent Guesthouse
- 22 Supermarkt
- 23 Stadion
- 24 Golf Platz
- 25 Kisii Sports Club

- Tankstelle
- Bushaltestelle

und neuen Betten ausgestattet sind. Für Alleinreisende empfehlenswert.

Essen und Trinken

Wer Nyama Choma mag, bekommt im **Kisii Hotel** eher die Version für Anzugträger. In der **Safe Lodge** hingegen ist man mitten im prallen Leben: Man betritt, nichts Ungewöhnliches ahnend, einen Hauseingang, dessen Hinterhof sich zu einer regelrechten überdachten Halle öffnet. An langen Tischen und Bänken vespern und zechen die einfacheren Leute. Es gibt TV, Bierverkauf und professionelle Damenbegleitung. Für die richtige Schlachtfeststimmung sorgt ein durch Neonlicht erhellter Glaskasten, in dem an gewaltigen Fleischerhaken die Schlachtkörper hängen. Daneben liegen, nett drapiert, die Knochensägen. Man darf sich in Ruhe davorstellen und sich sein Wunschstück mit Bedacht ausgucken. Verkauft wird in Kilo, sozusagen für den Bruttopreis mit Knochen, Fett und Sehnen.

Gutes europäisches Essen servieren das **Kisii Hotel,** das **Hotel Zonic** und das **Mwalimu.** Im **White Stone Hotel** stehen leckere Fisch-, Reis- und Spaghetti-Gerichte sowie frischer Saft auf der Karte. Im **Palm Café** sollte man vor allem die guten Samosas ausprobieren und die nette Atmosphäre im Innenhof genießen.

Busse und Matatus

- **Fast alle großen Busgesellschaften** des Landes machen auf der Fahrt zwischen Nairobi und Kisumu oder Eldoret Halt in Kisii. Die großen Städte werden durch die Busgesellschaften sogar mehrfach pro Tag aus bedient. Ihre Kartenschalter, Gepackräume und Haltestellen liegen alle entlang der Kisumu Rd., der Hauptstraße von Kisii. Die Fahrtzeit **nach Nairobi** (ca. 800 Ksh) dauert mit Bus 5–6 Std., nach **Kisumu** (350 Ksh) 2–3 Std.
- **Alle Matatus** fahren am Ende der Sakawa Sansora Rd. ab, z.B. nach nach **Migori** (120 Ksh), **Kisumu** (300 Ksh) und **Kericho** (350 Ksh), **Homa Bay.**

Nachtleben

Die netteste Bar im Ort ist die **Safe Lodge** (s.o.). **Tanz** gibt es sporadisch **im Kisii Hotel** und wochenends **im Kisii Sports Club.** Die **Bar im Serengeti Hotel** ist ein beliebter Treffpunkt; Essen gibt's dort auch noch um 23 Uhr.

Banken

Die Banken haben die üblichen Öffnungszeiten, die **Barclays Bank** verfügt zudem über einen **Geldautomaten,** an dem man rund um die Uhr abheben kann.

Einkaufen

- Ganz am unteren Ende der Hauptstraße findet sich ein neuer **Nakumatt** und auch **Tusky's** hat sich mittlerweile in Kisii angesiedelt.
- In und um die **Markthalle** herrscht immer ein unglaublich dichtes Treiben, es wird palavert und gelacht. Auf der Zugangstreppe sitzen Frauen und verkaufen frische Mandazis. In der Markthalle werden neben Gemüse und Obst auch Haushaltswaren angeboten, wie rustikale Töpferwaren, einfache Holzschemel, geschnitzte Bao-Spiele, Trommeln, Teté, ein einsaitiges Streichinstrument, das vor allem von nilotischen Völkern gespielt wird, und Kamba Nane („8 Schnüre"), ein Instrument mit acht Saiten. Das Wundervollste sind aber „Muricha" (Kisuaheli) bzw. „Orokole" (Kisii), Strohhalme, mit denen das traditionelle Hirse- oder Bananenbier getrunken wird. An das untere Ende der Strohhalme sind unglaublich fein geflochtene Siebchen aus Gräsern geknüpft. Sie verhindern, dass beim Saugen grobe Hirsestücke den Halm verstopfen. All diese Gegenstände sind nicht für Touristen gedacht, sondern für den lokalen Hausgebrauch hergestellt worden.
- Einen **Open-Air-Markt** mit vielen kleinen Kiosken findet man am Ende der Sakawa Sonsora Road.
- **Am Ortsausgang** Richtung Kisumu gibt es unter freiem Himmel einen weiteren urafrikanischen **Markt,** auf dem Luo-Töpferwaren, aus Papyrus geflochtene Körbe und Teppi-

Das Volk der Gusii

Das Volk der Gusii oder Kisii ist die **sechstgrößte Ethnie Kenias** und lebt im Bergland von Kisii, das sich in rund 50 km Entfernung zur Ostküste des Lake Victoria bis auf 2000 m ü.NN erhebt. Irgendwann wird sich die Rangfolge der größten Ethnien wohl ändern, denn der Bevölkerungszuwachs der Gusii liegt mit jährlich etwa 4 Prozent noch über dem Landesdurchschnitt, gilt sogar als einer der höchsten der Erde. Dabei ist das landwirtschaftlich intensiv genutzte Stammland mit 700 Einwohnern pro km² schon jetzt eine der dichtbesiedeltsten Regionen von Kenia. Da die Guisii Erbteilung praktizieren, werden die Durchschnittsgrößen der Bauernhöfe immer kleiner. Rund 2 ha reichen trotz des fruchtbaren Bodens und hoher Niederschläge nicht aus, um den Lebensunterhalt der großen Familien sicherzustellen. Angebaut werden vor allem Bananen, Zuckerrohr, Mais, Tee, Pyrethrum, aber auch Kaffee.

Das **Verhältnis mit den** östlichen und südlichen **Nachbarn**, also Kipsigis, Masai und Kuria, ist wegen des Landmangels eher **gespannt**, denn immer mehr Gusii wandern in die dünn besiedelten Gebiete der Transmara ein, um auf den traditionellen Weidegründen der Maasai und Kuria Ackerbau zu betreiben. Die Spannungen mit den Kipsigis rühren noch aus der Zeit nach der Unabhängigkeit her, als in der Region um Sotik rund 100 Plantagen, die weiße Siedler bereits Anfang des letzten Jahrhunderts aufgebaut hatten, an Gusii verteilt wurden, obwohl das Land traditionell den Kipsigis gehörte. Nur zu den Luo, den westlichen Nachbarn, bestehen ein lebhafter Handel und relativ ungetrübte Beziehungen. Das war allerdings nicht immer so.

Gemäß ihrer **oralen Tradition** stammen die Gusii aus einem Land namens Misri, was faszinierenderweise „Ägypten" bedeutet. Wie es zu diesem Namen gekommen ist, bleibt weiterhin ein Rätsel, denn das Volk hat niemals zum Land der Pharaonen direkten Kontakt gehabt. Das **Ursprungsgebiet** des Bantuvolkes wird nördlich des Mt. Elgon vermutet, von wo es durch Urvater Mogusii über Uganda nach Südwestkenia geführt wurde. Von dort wurden die Gusii ab 1560 durch die nilotischen Luo weiter nach Süden und schließlich aus der Ebene am See in das Bergland von Kisii abgedrängt. Durch ständige Überfälle von Luo, Masai und Kipsigis verloren sie das meiste Vieh und konzentrierten sich daher auf den Ackerbau.

In handwerklicher Hinsicht sind die Gusii vor allem für ihre Fertigkeit bei der Herstellung von Musikinstrumenten, etwa Leiern, aber auch für das Korbflechten und Töpfern bekannt. Noch mehr geschätzt werden die Kisii-Stühle mit Perleneinlegearbeiten und natürlich die Seifensteinschnitzereien. Die Wunderheiler der Gusii nahmen über Jahrhunderte hinweg eine einfache Form der Schädelchirurgie vor.

Die **koloniale Ära** dürfte das kollektive Gedächtnis der Gusii eher in düsterer Erinnerung geblieben sein. Als die Zahl der britischen Beamten und Siedler vom Anfang des 20. Jahrhunderts an in ihrem Stammesgebiet stieg, wuchs auch der Widerstand gegenüber dem Herrschaftsanspruch der Fremden. Dieser Selbstbestimmungswille wurde von den Briten mit brutalen Mitteln gebrochen. Eine einzige „Gatling Gun" (ein Vorläufer moderner Maschinengewehre), gerügte, um die speertragenden Gusii Krieger reihenweise hinzumähen. Als 1908 ein britischer Beamter ermordet wurde, übten die Kolonialisten derartig grausam Vergeltung, dass *Winston Churchill,* damals noch Unterstaatssekretär für Kolonien, ein Telegramm nach Kenia schickte, in dem er fragte: „War es wirklich nötig, so viele wehrlose Menschen zu töten?". Ganze Dörfer wurden dabei ausgelöscht, ihre Felder und Ernten vernichtet. Parallelen zum rücksichtslosen Vorgehen in anderen Regionen, z.B. im Kikuyu-Land, sind unübersehbar.

Westkenia

che, Drogen und Talismane von traditionellen Heilern und vor allem auch Kleider feilgeboten werden.

Aktivitäten und Ausflüge

● **Kisii Sports Club**
Der Club hat schon bessere Tage gesehen, aber immerhin steht er auch Gästen von außerhalb offen und besitzt das einzige funktionierende Schwimmbad in der Stadt. Man kann auch Golf, Squash, Tischtennis, Tennis, Volleyball, Darts und Snooker spielen.

Ausflug zum Manga Ridge View Point

Vom Manga Ridge, einem exponierten Felsgrat in der Nähe von Kisii, genießt man einen atemberaubenden Blick. Es ist eine **mehrstündige Wanderung** zu dem Aussichtspunkt. Wer gehfaul ist, kann mit dem Wagen fahren. Man verlässt Kisii in Richtung Kericho. Nach der Überquerung des Flüsschens, an dem Kisii liegt, zweigt links die Straße nach Manga ab. Biegen Sie hier ein. Rund 5 km später und ein ordentliches Stückchen bergan, können Sie – wenn Sie auf Schusters Rappen unterwegs sind – eine Abkürzung nehmen, indem Sie auf Fußpfaden, die links von der Straße wegführen, das Tal durchqueren und dann den einige hundert Meter hohen Manga Ridge erklettern. Andernfalls fahren Sie mit dem Wagen nochmals ca. 5 km weiter, von wo es gute 10 Gehminuten hinauf an die Abbruchkante mit dem grandiosen Ausblick auf den Victoria-See sind. Es bietet sich an, den Ausflug zum Manga Ridge mit einem Besuch der Pelikan-Nistkolonie in Oyugis zu verbinden. In diesem Falle fahren Sie bis nach Manga weiter, wo links die Piste nach Oyugis abzweigt.
Wer zu Fuß unterwegs ist, kann sich auch von einem der Matatus in Richtung Manga (Abfahrt: Markt am Ende der Sakawa Sansora Rd.) ein Stück mitnehmen lassen und sich abhängig von der Lauffreude nach 5 oder 10 km an die frische Luft setzen lassen, um den Manga Ridge zu erstürmen.

Die Pelikan-Nistkolonie oder „Pelicanry" von Oyugis

Pelikane haben die Eigenart, in großen Nistkolonien zu brüten. Eine dieser Vogelkinderstuben befindet sich knapp 3 km abseits der Hauptstraße nach Kisumu, keine **25 km von Kisii entfernt.** Wer auf der nicht weiter interessanten Strecke von Kisii nach Kisumu fährt, kann auch eben einen kurzen Abstecher machen.

Auf den **vier Bäumen,** die durch die ätzenden Exkremente der Vogelhundertschaften arg gelitten haben, herrscht aufgeregter Flugverkehr und ein teils ohrenbetäubendes Gekreische. Die meisten Vögel sind Pelikan-Brutpaare, aber dazwischen haben sich auch Ibisse und Reiher in der Kolonie eingenistet. Erstaunlich ist, dass die Bäume offen zugänglich sind und nahe der Straße direkt neben einem kleinen Bauernhaus stehen. Was ausgerechnet diesen Platz für die brütenden Vögel so begehrenswert macht, ist nicht ersichtlich. Man kann sich den Bäumen bis auf zwei Dutzend Meter nähern, ohne dass die Vögel davon große Notiz zu nehmen scheinen. Möglicherweise erwartet die Bauersfamilie einen kleinen Obolus dafür, dass man über ihren Acker stiefelt.

Der **Weg zur Pelicanry** ist nicht schwer zu finden. Von Kisii folgt man rund 20 km der Hauptstraße nach Kisumu bis ins Örtchen Oyugis, das am Markttag Freitag aus allen Nähten platzt.

Bei der **New Traveller's Comrade Bar** biegt man rechts auf eine Piste ein, die im spitzen Winkel abzweigt und gegen die vorherige Fahrtrichtung verläuft. Es geht dann erst durch die Randviertel von Oyugis, bevor die Piste an Äckern vorbei einen Hügel erklimmt. Knapp 3 km hinter der Abzweigung vom Teer sieht man links die vier Nistbäume mit den Vogelmassen.

Wer **mit öffentlichen Verkehrsmitteln** unterwegs ist, nimmt eines der Matatus, die direkt in Richtung Kisumu fahren und nicht über Homa Bay gehen. In Oyugis lässt man sich hinauswerfen, die restlichen knapp 3 km hinauf zur Nistkolonie sind gut zu Fuß zurückzulegen. Von hier aus gibt es auch Matatus, die nach Kendu Bay weiterfahren.

Kisii – (Tabaka-Seifensteinminen) – Migori – (Muhoro Bay) – Isebania

- **90 km**
- **Durchgängig geteert, guter Zustand.** In der Gegend um Sare Awendo häufig Zuckertransporter mit Überbreite. Regelmäßige Matatu-Verbindungen, morgens und abends auch Busverbindungen bis nach Musoma und Mwanza in Tansania. Die Einreise nach Tansania ist problemlos, Visa erhält man an der Grenze.
- **Tankmöglichkeiten:** Migori und Isebania.
- **Fahrtzeit:** 1–1,5 km.

Um zur tansanischen Grenze zu gelangen, folgt man der B3 von Kisiis Stadtzentrum zunächst stadtauswärts in Richtung Kisumu. Rund 2 km außerhalb des Zentrums biegt nach links die A1 in Richtung Grenze ab, nach Kisumu fährt man weiter geradeaus.

Nach dem Abbiegen führt die Straße durch die fruchtbare Ebene zwischen dem Bergland von Kisii und dem Lake Victoria, der aber nicht zu sehen ist. Umso prächtiger sind dafür die Cumulus-Wolkentürme, die sich über der riesigen Wasserfläche aufbauen. Bei km 17 nach der Abzweigung stehen in dem kleinen Örtchen **Nyachenge** die Hinweisschilder zur Kisii Soapstone Carvers Cooperative Society und dem Tabaka Mission Hospital. Wenn Sie hier nach links abbiegen, kommen Sie nach rund 7 km zu den **Seifensteinminen von Tabaka,** ein lohnender Abstecher (s.u.). In Nyachenge selbst findet Donnerstag und Samstag ein bunter Markt statt. Rund 5 km nach der Tabaka-Abzweigung biegt in dem kleinen Ort **Rongo** rechts die hervorragende, 34 km lange Teerstraße nach Homa Bay ab (Routenbeschreibung s. S. 383). Danach beginnen Zuckerrohrpflanzungen, die ebenfalls von dem feuchten Klima in der Nähe des Lake Victoria profitieren. Mittendrin liegt die Kleinstadt **Sare**

Awendo mit ihrer qualmenden Zuckerfabrik. Am Ortsausgang steht rechts der Straße das **Hotel Sugar View,** das eine riesige Freiluftdisco mit Bar und Bühne besitzt. Das große Makuti-Dach rechts der Straße ist nicht zu übersehen. Freitag und Samstag finden hier Live-Konzerte von Luo-Bands statt, und dann tobt hier, mitten in der Provinz, der Bär.

Die folgenden 40 km hinter Sare Awendo sind hügeliger. 2 km vor Migori traut man seinen Augen nicht: Auf der linken Straßenseite steht ein Gebäude, das stark an eine kleine rheinische Ritterburg erinnert! Tatsächlich ist der Bau von einem Deutschen namens *Hoffmann* entworfen und finanziert worden.

Kurz darauf gelangen Sie nach **Migori,** Verwaltungssitz des kleinen, gleichnamigen Distriktes, der die südwestlichste Ecke Kenias bedeckt. Das erklärt die vielen schönen kolonialen Verwaltungsgebäude, die abseits der Hauptstraße links am Hang liegen. Eine gewisse Bedeutung erlangte Migori für die Briten durch die nahe gelegene Macalders-Goldmine. Nicht weit davon entfernt wird bis heute nach dem Edelmetall geschürft. Migori hat für seine Größe eine gute Infrastruktur mit Tankstelle, Barclays Bank, Somali-Moschee und zahlreichen kleinen Hotelis und **Lodges.** Auffällig sind auch die vielen Schulen in der Kleinstadt. An den **Markttagen** Montag und Freitag kommt in Migori das gesamte Umland zusammen, abends wird die Hauptstraße zur Flaniermeile.

Am Ortsausgang überqueren Sie den **Migori-Fluss,** der im Transmara-Gebiet entspringt und in die Karungu Bay des Victoria-Sees mündet. Gut 3 km nach der Brücke biegt rechts die ziemlich bescheidene Piste der C13 nach **Muhoro Bay,** einem malerischen Fischerdorf am See (s.u.), aber auch zur **Goldmine von Suda Opala** ab. Linker Hand zweigt die Piste nach Kihancha und nach Lolgorien ab, eine selten benutzte, rund 80 km lange Zufahrt zur Westseite des Masai Mara National Reserve (Routenbeschreibung s. S. 362).

Die Landschaft bis hinunter zur tansanischen Grenze wird karger, bisweilen sieht man noch malerische traditionelle Gehöfte und kleinbäuerliche Felder, auf denen u.a. Tabak angebaut wird, aber erste Euphorbien-

Westkenia

bäume zeigen, dass das Land – trotz der benachbarten riesigen Wasserfläche des Victoria-Sees – trocken ist. In der Umgebung des Dörfchens **Suba Kuria** ragen Granitkopjes empor, riesige, seltsam runde Gesteinsbrocken, für die die tansanische Seite des Victoria-Sees so bekannt ist.

Bereits 3 km später umfahren Sie die Nagelbretter eines Polizeipostens und erreichen die ersten Häuser von Isebania, das sich einen ganzen Kilometer beiderseits der Straße bis zum kenianischen Grenzposten hinzieht. Ziemlich genau 22 km südlich von Migori steht man dann am Schlagbaum.

Isebania

Das **Grenzstädtchen** Isebania ist ein geschäftiger Ort und deutlich netter als Busia und Malaba, die Übergänge nach Uganda. Die Grenzstation zwischen Tansania und Kenia ist für Pkw- und Personenverkehr 24 Std.

geöffnet. **Auf tansanischer Seite** erwartet Sie nur das Dörfchen **Sirari** ohne jegliche Versorgungsmöglichkeiten. Eine Wechselstube oder eine Bank finden Sie erst in Musoma in 2 Stunden Entfernung. Wenn Sie spät dran sind, können Sie entweder 9 km hinter der Grenze in dem tansanischen Ort **Tarime** mit dem empfehlenswerten **C.M.G. Motel** übernachten, in dem Sie auch mit Kenya Shilling bezahlen können, oder aber Sie bleiben die Nacht in einem der einfachen Guesthouses von **Isebania,** etwa der guten **Border Lodge.**

Für Reisende, die aus Tansania nach Kenia kommen: Es existiert eine **KCB-Bank,** in der sie Geld tauschen können.

Verschiedene **Busfirmen** unterhalten entlang der Hauptstraße kleine Ticketbüros. Die Abfahrtszeiten konzentrieren sich auf die Morgen- und Abendstunden. Da es nach Kisumu nur wenige durchgehende Verbindungen gibt, fahren Sie am besten nach Kisii und nehmen von dort ein Matatu oder einen Bus.

Abstecher zu den Seifensteinminen von Tabaka

●**Entfernung/Dauer:** 14 km/1,5–2 Std.

Um mit eigenem Fahrzeug zu den berühmten Seifensteinminen von Tabaka zu gelangen, biegen Sie in Nyachenge von der Hauptstraße zur tansanischen Grenze nach links ab. An der Kreuzung stehen Hinweisschilder der **Kisii Soapstone Carvers Cooperative Society** und vom Tabaka Mission Hospital. Sie fahren bergan, aber Vorsicht, das letzte Stück Piste hinauf zum Ort ist nach Regenfällen sehr glitschig und dann nur noch mit 4WD zu befahren. Entlang des Weges sieht man immer wieder Schilder, die auf kleinere Läden hinweisen, in denen Speckstein zum Verkauf angeboten wird. In der Umgebung von Tabaka scheint buchstäblich jede Familie im Seifenstein-Business zu sein. Bei

Seifensteinarbeiten werden gewaschen und poliert

Seifenstein

Soapstone – auf Deutsch Seifen-, **Speckstein** oder Steatit, ist eine Abwandlung von Talk, ein Schichtsilikat, das sich irgendwie fettig bzw. seifig anfühlt – daher auch der seltsame Name. Seifenstein wird als Schneiderkreide und als Isolierzuschlagsstoff in der Elektroindustrie verwendet. Seine Weichheit macht ihn aber auch zu einem begehrten Material für Bildhauerarbeiten, wobei die verschiedenen Farbtöne auch unterschiedliche Härtegrade besitzen. Weiße Steine gelten als die weichsten, rötliche als die härtesten, während die gelben Farbvariationen irgendwo dazwischen liegen. Über die Grenzen Kenias hinaus bekannt geworden sind die **Speckstein-Kunstwerke** des Gusii **Elkana Ongesa.** Eine seiner Skulpturen schmückt den Sitz der UNESCO in Paris.

Der kleine Ort **Tabaka** gilt als **eine der wichtigsten Speckstein-Fundstätten der Welt.** Das Mineral wird hier in zwei verschiedenen Minen im Tagebau gebrochen und zum Teil als Rohstoff verkauft, aber überwiegend von ortsansässigen Familien zu Kunstwerken, Gebrauchsgegenständen und Souvenirs verarbeitet, die dann im großen Stil von den Curio-Händlern aus den Touristenzentren aufgekauft werden, denn Reisende verirren sich nur sehr selten hierher. In den vielen Show-Rooms der Hütten-Manufakturen und der Steinmetzkooperative finden sich Schachbretter, Tier- und Menschenfiguren, Spielzeuge, Döschen, Aschenbecher, Vasen, Geschirr, aber auch filigrane Skulpturen, deren Vorbilder offensichtlich Makonde-Schnitzereien waren. Das die Bearbeitung nicht ganz so einfach ist, wie die teils wunderschönen Stücke einen glauben lassen, kann man ja selbermal an einem der vielen herumliegenden Abfallstücke ausprobieren.

Im **Herstellungsprozess** herrscht übrigens eine recht strikte **Arbeitsteilung.** Die Männer sind fürs Grobe verantwortlich, also für das Brechen des Rohmaterials und das Behauen der Steine mit Hämmern und Hacken. Meist sitzen sie unter improvisierten Schattendächern in Gruppen zusammen, viel gesprochen wird bei der konzentrierten Arbeit nicht, das Geräusch der Schläge würde eine Unterhaltung sowieso nicht zulassen. Die schweißnaße Haut der Steinmetze ist vom Staub und umherfliegenden Splittern weiß gesprenkelt. Die Frauen bringen den Stücken den letzten Schliff bei. Die Objekte müssen wieder und wieder gewaschen und dabei glattgeschmirgelt werden, bevor sie dann für den letzten Schliff auch noch poliert werden. Der Absatzmarkt scheint neben den naturbelassenen Artefakten, die fein gemasert und dezent gefärbt sind, auch kräftige Farben zu verlangen, die dem Stein mit profaner Schuhcreme „verpasst" werden. Man vermutet übrigens, dass bisher erst ein Bruchteil der vorhandenen Specksteinlagerstätten gefunden und genutzt wurde, über den Materialnachschub muss man sich in Kabaka also keine Kopfzerbrecher machen.

Wer die Minen und die Verarbeitung besichtigen und die Gelegenheit zu günstigen Einkäufen nutzen will, wer der sich bei der Ankunft in Tabaka am besten zunächst einmal an die Kooperative der Seifensteinmetze.

ken-444 Foto: hf

km 5,4 passiert man das Missionskrankenhaus, die Endhaltestelle der Matatus. Anstatt
rechts zum Ort abzubiegen, folgt man der
Piste noch für 1,3 km weiter bergauf und
sieht dann das Gebäude der Seifenstein-Ko-
operative auf der linken Seite liegen. Von
dort ist es nochmals 1 km bis zur **Mine des
rötlichen Seifensteins,** im Grunde nichts
weiter als ein paar kleine, kaum sehenswerte
Gruben, die ein paar hundert Meter links der
Piste versteckt liegen. Die **Mine des weißen
Specksteins** liegt nochmals einige hundert
Meter weiter rechts der Hauptpiste. Sie ist etwas eindrucksvoller, da größer, und auch
landschaftlich schöner gelegen. Ein Besuch
lohnt sich vor allem für die Reisenden, die zu
unschlagbar günstigen Preisen Seifenstein
einkaufen wollen. Die größte Auswahl finden
Sie in den Ausstellungsräumen der Kooperative; hier können Sie allerdings nicht so gut
handeln, denn die Stücke werden ja nur im
Auftrag der Steinmetze verkauft. Wenn Sie
bei Privatleuten kaufen, haben Sie deutlich
mehr Spielraum zum Handeln. Wenn Sie ohnehin etwas kaufen möchten, können Sie einen Führer engagieren, der Sie an die Minen-
plätze führt und Ihnen die Herstellung der
Seifensteinskulpturen erklärt. Wenn Sie bei
ihm später einen Seifenstein kaufen, ist das
Trinkgeld bereits im Preis enthalten.

Tabaka lässt sich **mit öffentlichen Verkehrsmitteln von Kisii aus** hervorragend erreichen, die Matatus fahren einige Male pro
Tag vor der Markthalle ab. Notfalls können
Sie auch eines nach Migori nehmen, müssen
dann aber in Nyachenge an der Hauptstraße
aussteigen und auf Weitertransport warten
oder die Strecke zu Fuß laufen. Die letzten
Matatus von Tabaka zurück nach Kisii starten
am späten Nachmittag.

Abstecher zum
Fischerdorf Muhoro

● **Entfernung/Dauer:** 100 km/1 Tag

Um zum Fischerdorf Muhoro zu gelangen,
das an einer schönen Bucht des Victoria-Sees
gelegen ist, müssen Sie 3 km südlich von Migori von der guten A1 nach rechts abbiegen

und immer der Hauptpiste folgen, verfahren
kann man sich dabei nicht. Der Zustand der
ersten 9 km ist aber katastrophal, weil Matatus und Fischlaster tiefe Furchen in der von
Regen aufgeweichten Matschpiste hinterlassen. Später wird der Untergrund steiniger
und problemlos befahrbar.

Zunächst geht es durch ein Farmgebiet,
aber seltsamerweise wird das Land immer
karger, je näher man dem See kommt. Nach
gut 17 km durchqueren Sie das Örtchen **Ma-
sara,** 700 m danach zweigt rechts die Piste
nach **Wath Onger** ab, über die Sie bis nach
Karungu und zu den **Ruinenstätten von
Thimlich Ohinga** gelangen. Thimlich Ohinga
gilt als die bedeutendste Ruinenstätte im
westlichen Kenia, ist aber kaum bekannt, obwohl sie bisweilen mit den berühmten Great-
Simbabwe-Ruinen im südlichen Afrika verglichen wird. Die Zufahrt nach Thimlich von
Westen, über die Teerstraße nach Karungu,
ist allerdings wesentlich einfacher.

Nach 19 km biegen nach rechts eine Piste
und die Telefonleitung zu dem Ort Okanjejo
ab, es geht aber geradeaus weiter. Je näher
der See kommt, desto stärker wird die herrliche Brise, die vom Wasser über das trockene
Land streicht, noch bevor man das Gewässer
selbst erblickt hat. Um so überraschender
schließlich der Anblick der tiefblauen Buchten und des uferlosen Wassers, der einem
das Gefühl vermittelt, am Meer zu sein.

Ziemlich genau 50 km nach der Abzweigung von der Teerstraße gelangt man nach
Muhoro, einem Örtchen am Ende von Kenia, das im Dornröschenschlaf liegt, seit der
Linienschiffsverkehr der Kenya Railways eingestellt wurde. Die Kaianlage des Dorfes
wirkt völlig verlassen. Muhoro lebt von der
Fischerei, das ist unübersehbar, vielleicht
auch von etwas Schmuggel, denn auf der anderen Seite der Bucht liegt bereits Tansania.
Überall im Dorf werden Netze geflickt und
bunte, lange Kanus repariert. Es riecht nach
getrocknetem Fisch, der zahlreiche Wasservögel anlockt. Eine Kolonne von Lastenfahrrädern schafft ihn zu den Märkten ins Inland.
Nein, außer dem **Wochenmarkt** am Dienstag ist nicht viel los in Muhoro, aber genau
das macht den Ort für alle interessant, die
Ruhe suchen und etwas vom täglichen Leben

der Luo-Fischer mitbekommen wollen. Für ein paar Shilling kann man sicherlich mit zum Fischfang hinausfahren oder ein **Boot mieten** und vor der grandiosen Landschaft aus Wasser und Wolken die umliegenden Buchten und Inselchen erkunden.

Es gibt sogar eine kleine, sehr einfache Unterkunft hier, allerdings sollte man unbedingt ein eigenes Moskitonetz dabei haben. In den lokalen Hotelis bekommt man simple Mahlzeiten und warme Drinks. Die Auswahl ist nicht berauschend, das gilt auch für die Dukas vor Ort. Auf der nördlichen Seite der Landzunge, durch eine 1,1 km lange Piste mit Muhoro verbunden, liegt am **Nyangwena Beach** der eigentliche Fischerei„hafen" von Muhoro. Eine australisch geführte Firma kauft hier die Fänge auf und beliefert kenianische Märkte und ausländische Kunden.

Wer kein eigenes **Transportmittel** besitzt, bekommt von den kleinen Kühllastern vielleicht eine Mitfahrgelegenheit zur Teerstraße. Sonst ist man auf das tägliche Sammeltaxi zwischen Migori und Muhoro angewiesen.

Rongo – Homa Bay – Mbita – Rusinga Island/Mfangano Island – Sindo – Ruma National Park – Homa Bay

- **34 km**
- Die 34 km lange Strecke von Rongo nach Homa Bay ist **geteert.** Der Weg bis nach Sindo ist zwar schlecht, aber bei jedem Wetter befahrbar. Dagegen bestehen die Wege um und im Ruma National Park aus Black Cotton Soil. Nach Regen sind sie, wenn überhaupt, nur mit einem 4WD zu befahren. Die Straße von Mirogi zurück nach Homa Bay ist ebenfalls geteert.
- **Empfohlene Reisezeit** abhängig vom Aufenthalt auf Mfangano Island: 3–5 Tage.

Die Teerstraße von Rongo nach Homa Bay zweigt gut 25 km außerhalb von Kisii von der Straße zur tansanischen Grenze nach rechts ab. Die Fahrt geht durch die **Ebene des Riano-Flusses,** an deren westlichen Rand sich die 2271 m hohen Gwasi Hills und nördlich davon der immerhin noch 1875 m messende Gembe Hill abzeichnen. Nach 20 km biegt im Örtchen **Rodikopani** nach links die löchrige Teerstraße nach Karungu ab, die beste Zufahrt zum Ruma National Park (Wegbeschreibung s. S. 398) und zu den Ruinen von Thimlich Ohinga.

11 km hinter der Abzweigung nach Karungu biegt links die Piste nach Mbita und Rusinga Island ab. Wer noch Besorgungen zu erledigen hat, fährt hier 3 km weiter geradeaus hinunter nach **Homa Bay,** das direkt am Seeufer liegt.

Wer auf direktem Wege nach Mbita am südlichen Ausgang des Winam Gulf möchte, direkt gegenüber der Rusinga-Insel, fährt an der Abzweigung hingegen links. Die Strecke verläuft zunächst durch das staubige, von Busch, Sisalpflanzen, gelblichem Gras und kleinen Shambas geprägte Hinterland und führt um die südliche Flanke der Ruri Hills herum. Bei km 11 zweigt nach links eine Zufahrt zu dem rund 10 km entfernten Kamoto Gate des Ruma National Park ab. Der Weg ist nach Regen durch Black Cotton Soil aber kaum passierbar. Bei km 17,5 biegt in einer lang gezogenen Rechtskurve der Hauptpiste links eine Zufahrt zum Nyatoto Gate des Parks ab (kein Wegweiser). Dieser 11 km lange Weg ist völlig versumpft und auf gar keinen Fall zu empfehlen. Bei km 29 überquert die Piste den **Lambwe River,** dessen sumpfiges Mündungsgebiet Zyperngras prägt. Bei uns eine nette Zierpflanze, wachsen die Gräser hier rund 3 m hoch! Nur rund 1 km später erreicht man das Dörfchen **Luanda,** an dessen Ortsausgang nach links eine mehrere Kilometer lange Piste auf den Gipfel des Gembe Hill führt, der zur Linken das Panorama dominiert. Von oben genießt man einen unglaublichen Blick über den Victoria-See und den Winam Gulf, aber auch ins Hinterland zum Ruma National Park. An der Abzweigung steht der Wegweiser eines dänischen Forstprojekts.

Westkenia

Lake Victoria, Kakamega, Transmara

n. Kapsabet
Eldoret

n. Nakuru

n. Kericho

n. Webuye

A1

C39

B1

Katitu

Nandi

Ahero

Sondu

KAKAMEGA
WALD

Kaimosi

Shinyalu

Kisumu

Dunga

Kendu
Bay

Kakamega

1 ★

2 ★
Khayega

Maragoli

Chavakali

Vihiga

8 ★
Lake
Simbi

Mt. Homa
▲ 1752

Mumias

Butere

Yala

3 ★

Kaloka

4 ★

NDERE
ISLAND NP

Winam Gulf

Kamuga

Nzoia

Yala

Ndori

Ndato

Ranalo

Uyoma Point

Ambira

Siaya

Lake
Kanyaboli

Bumala

Busia

Nangina

Ebusongo

Nyamonnye

MAGETA I.

Rusinga Channel

RUSINGA I.

H 7

6 ★

5 ★

MFANGANO I.

UGANDA

KENIA

Bunyala
(Port Victoria)

Lake
Victoria

n. Kericho

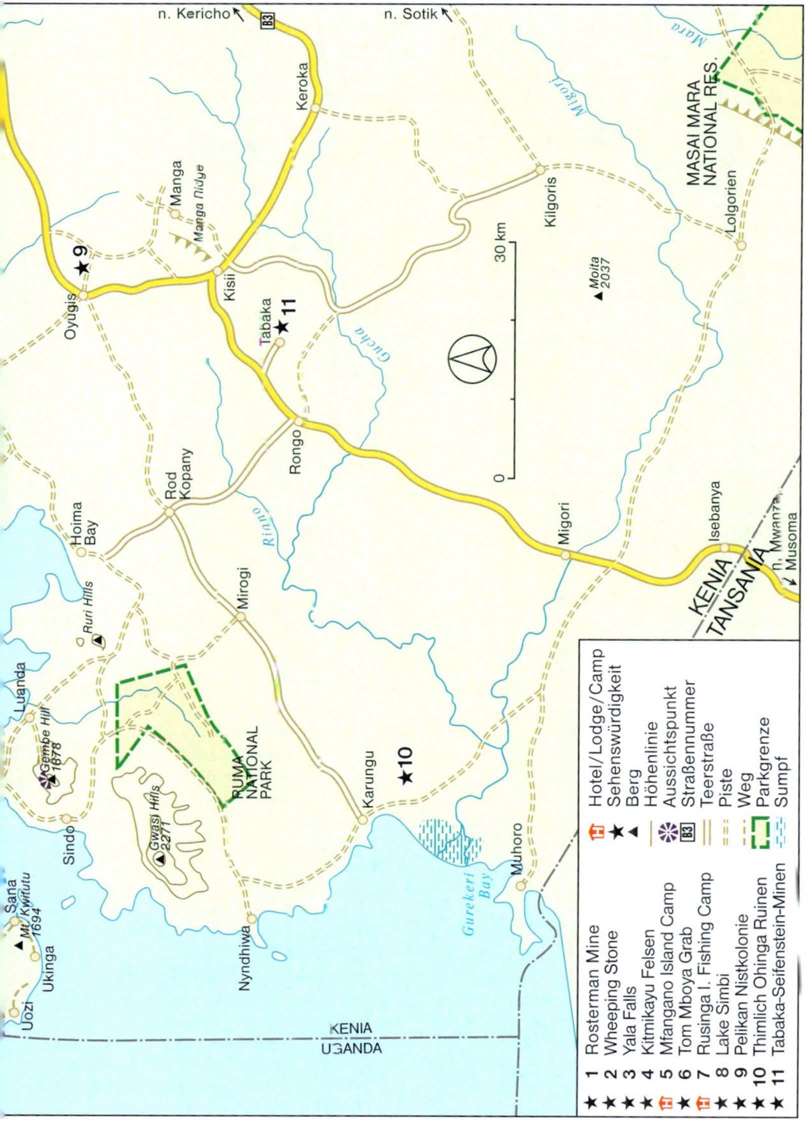

n. Sotik

B3

Keroka

Manga

Manga Ridge

MASAI MARA NATIONAL RES.

Mara

Migori

Kilgoris

Logorien

★ 9

Oyugis

Kisii

30 km

▲Moita 2037

Tabaka ★ 11

Gucha

Rongo

0

Rod Kopany

Hoima Bay

Riana

Migori

Isebanya

n. Mwanza Musoma

Ruri Hills

Mirogi

KENIA TANSANIA

Westkenia

Luanda

▲Gembe Hill 1878

RUMA NATIONAL PARK

Karungu

★ 10

Sindo

▲Gwasi Hills 2277

Gurekeri Bay

Nyndhiwa

Muhoro

Sana ▲Mt Kwirutu 1694

Ukinga

Uozi

KENIA UGANDA

1	Rosterman Mine
2	Wheeping Stone
3	Yala Falls
4	Kitmikayu Felsen
5	Mfangano Island Camp
6	Tom Mboya Grab
7	Rusinga I. Fishing Camp
8	Lake Simbi
9	Pelikan Nistkolonie
10	Thimlich Ohinga Ruinen
11	Tabaka-Seifenstein-Minen

★ ★ ★ ★ 🏨 ★ 🏨 ★ ★ ★ ★

🏨	Hotel/Lodge/Camp
★	Sehenswürdigkeit
▲	Berg
◀	Höhenlinie
❋	Aussichtspunkt
B3	Straßennummer
═══	Teerstraße
═ ═	Piste
·· ··	Weg
▰ ▰	Parkgrenze
░░	Sumpf

Auf dem weiteren Weg in Richtung Mbita wird die Landschaft endlich so, wie man sich das vom Studium der Karte her vorgestellt hat. Nach rechts genießt man nun einen wahren Postkartenblick über eine hübsche Bucht, an der das malerische Fischerdorf **Kaugege** liegt. Auf der blauen Fläche des **Rusinga Channel** im Hintergrund treiben Inseln von Wasserhyazinthen und kleine Segelboote der lokalen Fischer. Einige Kilometer später folgt am Ortsrand von Mbita die Abzweigung der Piste nach Sindo, welche nach links führt. Von hier ist es noch gut 1 km zum Ortskern von Mbita und weitere 500 m zum Mbita-Damm, über den man mit dem Wagen hinüber nach Rusinga Island gelangt.

Rusinga Island wird von einer ringförmigen, rund 20 km langen Piste erschlossen. Mit eigenem Wagen kann man daher bereits in einem halben Tag einen ganz guten Eindruck von der Insel gewinnen (s.u.). Für **Mfangano Island** sollte man mindestens mit drei Tagen rechnen. Allerdings ist die Insel auch viel ursprünglicher: Die mehrstündige Bootsfahrt von Mbita mit dem Lake Taxi über den Victoria-See wird ein unvergessliches Erlebnis bleiben!

Um von Mbita **nach Sindo** zu gelangen, fährt man zurück zur Kreuzung am Ortsrand und biegt nach rechts ab. Nach einigen hundert Metern passiert man das Tor des International Centre for Insect Physiology and Ecology (ICIPE), das ein hervorragendes Gästehaus besitzt, welches auch Touristen offen steht. Bis nach Sindo sind es nun knapp 15 km landschaftlich ausnehmend schöner Pistenstrecke. Während Sie links weiterhin der Gembe Hill begleitet, sehen Sie rechts Rusinga und Mfangano Island sowie zwei weitere unbewohnte Vogelinseln. Geradeaus, im Süden, schieben sich hingegen die Ausläufer der Gwasi Hills bis in den See vor, dessen riesige Wasserfläche den Eindruck eines Meeres erweckt. In Sindo verlässt die Piste die Küstenlinie und führt durch ein tiefes Tal zwischen den beiden Bergmassiven. Nach etwa 13 km zweigt rechts die rund 2 km lange Piste zum Nyatoto Gate des Ruma National Park ab. Wenn Sie geradeaus weiterfahren würden, kämen Sie auf der sumpfigen Strecke zurück zur Piste zwischen

Homa Bay und Mbita. Doch wie gesagt, die Chancen, sich festzufahren, sind außerordentlich gut. Viel schöner ist es, in Verbindung mit einer Pirschfahrt durch den Ruma-Park die knapp 15 km zum Kamoto Gate zu fahren und von dort – je nach Route – die 22 km oder 41 km nach Homa Bay zurückzukehren (Routenbeschreibung s. S. 398).

Homa Bay ♫ XIV/B2

Nach der Fahrt durch das niederschlagsreiche grüne Bergland von Kisii ist die „Küste" des Victoria-Sees bei Homa Bay enttäuschend trocken und staubig. Tatsächlich wirkt die knapp 10 km große, malerische Homa-Bucht, die am nördlichen Ende vom 1753 m hohen Mount Homa überragt wird, mit ihrem tiefblauen Wasser **wie eine Meeresbucht.** Homa Bay, Hauptstadt des gleichnamigen Distrikts, ist, wie es sich für eine Küstenstadt gehört, ganz zum See hin ausgerichtet. Die Hauptstraße durchquert den Ort in gesamter Länge und geht am Ufer nahtlos in den Bootslandesteg über, den lebendigsten Fleck der Stadt. Fischer löschen aus bunten Kanus ihren Fang, Fahrradfahrer und Spaziergänger bewegen sich über den Steg aufs Wasser hinaus, Kinder baden oder hängen ihre selbst gebastelten Angeln ins Wasser, Matatus werden gewaschen, und dann sind da natürlich noch die **Lake Taxis,** 15, 20 m lange, außenbordbetriebene Holzkanus, die die Funktion der Linienschiffe übernommen haben. Als Pendant zum Matatu schippern sie am Ufer entlang von Fischerdorf zu Fischerdorf.

Trotz der malerischen Lage hinterlässt Homa Bay einen ungepflegten Eindruck. Ein Bild, das bei Westwind verstärkt wird, wenn die Stadt unter dem bestialischen Gestank der **Fischfabrik** am Ortsrand leidet. Dennoch: Homa Bay besitzt durch sein Krankenhaus, die Homa Bay Highschool und die Behörden im schönen englischen Villenviertel oberhalb der Stadt regionale Bedeutung. All das vergisst man, wenn man sich die Mühe macht und auf den kegelförmigen **Haus-**

berg im Rücken von Homa Bay steigt, den **Got Asego.** Dann breitet sich nämlich das Panorama von Victoria-See, Mount Homa, Ruri Hills und ein Flickenteppich kleiner Bauernhöfe vor einem aus, was bei Sonnenaufgang oder im späten Nachmittagslicht besonders eindrucksvoll ist. Vom Stadtzentrum benötigt man dafür max. 1 Stunde, davon die Hälfte zum Hügel. Man schlägt von der Hauptstraße zunächst den ausgeschilderten Weg zur High School ein, wendet sich nach dem Gelände bei der ersten Gelegenheit nach rechts und gelangt dann automatisch zur seezugewandten Nordwestseite des Hügels, von wo ein Fußweg durch das Gebüsch hinaufführt. Auf dem Gipfel trifft man manchmal Prediger von abstrus anmutenden afrikanischen Kirchen, die hier oben mit ihrer Bibel beten und meditieren.

Unterkunft

Mittelklasse-Hotels

●**Hippo Buck Hotel**
Tel. 059/22032 und 22132, Mobil: 0723/262000 od. 0733/708465, www.hippobuck.com; 15.000/2800 Ksh SC BB. Das Tagungshotel rund 2 km außerhalb der Stadt an der Hauptstraße nach Rongo und Kisii ist in Homa Bay führend. Die Zimmer sind sauber, komfortabel und mit fließend heißem Wasser ausgestattet, aber nicht alle verfügen über Moskitonetze. Das Hotel hat ein ausgezeichnetes Restaurant und eine relaxte Atmosphäre. Im Garten des Hotels darf man für 500 Ksh campen!

●**Homa Bay Tourist Hotel**
Tel. 059/22788, 22022, 22783, Fax 22044, Mobil: 0727/112615 od. 0734/479231, www.hombaytouristhotel.com ab 42/63 US$ BB. Nach der Renovierung ist der Charme des Hauses zum Glück erhalten geblieben. Swimmingpool und Wellnessbereich sind in Planung. Fahrräder und Boote können vom Hotel aus gebucht werden. Empfehlenswert!

Preiswerte Unterkunft

●**Kabisa Lodge**
Gute, günstige Unterkunft mit großen Zimmern und leckerem Essen für 600 Ksh p.P.

Essen und Trinken

Gutes Essen serviert das **Hippo Buck.** Ebenfalls empfehlenswert sind das **Neem Tree Shade Restaurant** und das **Home Town Restaurant,** im oberen Teil des Ortes gelegen. Für ein gutes Frühstück mit Speck und Eiern ist das **Master's Café** genau die richtige Adresse.

Nachtleben

Im Hippo Buck Hotel gibt es zweimal im Monat **traditionelle Tänze** zu sehen, einmal monatlich steigt auch eine **Disco.** Authentischer sind allerdings die Wochenenden im **Cave Inn,** wo zu **Live-Musik** kräftig getanzt wird. Es ist hier übrigens Sitte, dass einzelne Zuhörer nach vorne treten und die Band für das nächste Lied bezahlen. Als Muzungu wird Ihnen die Sympathie des gesamten Ladens gehören, wenn auch Sie die „Patenschaft" für einen Song übernehmen. Weitere Locations mit Live-Musik sind das **Akamba Rest** und die **Mago Bar.** Besonders Letztere, in der häufiger lokale Luo-Musikgrößen auftreten, ist stimmungsvoll.

Schiffsverkehr

Die Wasserhyazinthen-Plage und fallender Wasserspiegel führen dazu, dass der Schiffsverkehr von Kisumu entlang der Küste **immer wieder eingestellt** wird. Den aktuellen Stand erfragt man am besten am Anleger. Eine Alternative bieten hölzerne „Wassermatatus" mit starken Außenbordmotoren, die sogenannten **Lake Taxis,** welche von Homa Bay aus die Fischerdörfchen bis nach Kisumu und Rusinga Island bzw. Mbita Beach miteinander verbinden. Die Fahrt nach Mbita dauert 4–5 Std. Es ist eng an Bord, die hinteren Plätze sind die trockensten und daher am begehrtesten. Trinkwasser und Sonnenschutz sind bei dem Trip überlebensnotwendig. Ansonsten ist diese Reiseform dreimal angenehmer und malerischer, als im Matatu über schlechte Pisten zu hoppeln!

Westkenia

Busse und Matatus

Bereits morgens ab 5 Uhr blasen die großen Busse mit ihren Hörnern zum Highway-Halali, sodass man im ganzen Ort kein Auge mehr zutut. Die **Busse** fahren vor allem **nach Nairobi, alle anderen Destinationen** steuert man schneller und unkomplizierter **per Matatu** an. Die Abfahrtsorte liegen an der Hauptstraße hinunter zum See. Die oberste, nahe des Ortseingangs, ist jene der Busgesellschaften. In der Ortsmitte starten die Matatus nach Kisii, Mbita Point und Migori, am Bootssteg die nach Kendu Bay und Kisumu.

Banken

Am Ort gibt es eine **Cooperative Bank,** eine **KCB** und eine **Barclays Bank.**

Mbita ♿ XIV/A2

Anders als Homa Bay, das durch die Ambition, eine richtige Stadt zu sein, ins Schäbige abgeglitten ist, steht Mbita zu seinem **dörflichen Charakter.** Der Ort hinterlässt einen netten, unaufgeregten Eindruck. Im Schatten der Neem-Baumallee am Ufer verkaufen fliegende Händler Kleidung und Regen- bzw. Sonnenschirme, Fischer trocknen am Straßenrand ihre Netze oder reparieren die Boote, und auf den Telegrafenleitungen sitzen Eisvögel und Hammerköpfe wie in unseren Gefilden die Schwalben. Und seit der Linienschiffsverkehr auf dem Lake Victoria eingestellt wurde, ist es noch ruhiger geworden.

Der Ort ist seit 1984 über einen 250 m langen **Fahrdamm** mit der gegenüberliegenden Rusinga-Insel verbunden. Ansonsten besitzt er keine herausragenden Eigenschaften.

Unterkunft

Mittelklasse-Hotel
●**ICIPE Guesthouse**
Tel. 020/863200, Mobil: 0721/491431, icipe
@icipe.org; 1400 Ksh p.P. Das traumhaft di-

rekt am See gelegene Forschungszentrum hat ein vorzügliches Gästehaus und gute Küche, die man auch als Tourist in Anspruch nehmen darf, wenn es noch Platz gibt. Das Grundstück mit seiner Straßenbeleuchtung und den ordentlichen Häuschen ist eine europäische Insel in afrikanischer Umgebung. Die Zimmer sind gemütlich, besitzen ihren eigenen Balkon, ein Badezimmer mit heißem Wasser und Kühlschrank! Kurz: eine Oase! Vielleicht lässt sich bei rechtzeitiger Ankündigung eine Führung durch das internationale Forschungsinstitut organisieren, das sich mit Malariamücken, Tsé-Tsé-Fliegen und anderen, auch nützlichen Insekten wie Seidenraupen auseinandersetzt und nach Lösungen für landwirtschaftliche Probleme in Zusammenhang mit den Tieren sucht

●**Lake Victoria Safari Village**
Tel. 059/22182, Mobil 0720/716665 und 0721/912120, www.angelfire.com/pop2/safarikenya; 75/94/105 US$ BB. Die nette Anlage wird von einem kenianisch-norwegischen Ehepaar betrieben, ist blitzsauber und schön gelegen. Von der Veranda jedes Cottage hat man einen schönen Blick auf den See. Einziger Nachteil: Das Safari Village liegt 3 km außerhalb des Ortes.

Preiswerte Unterkünfte
Preiswerte Unterkünfte mit begrenztem Komfort sind das **Elk Guesthouse,** die **Patrobo Lodge** und die **Safari Lodge.**

Essen und Trinken

Mbita ist kein Ort für einen Feinschmeckerurlaub, aber zumindest gibt es einige passable **Hotelis** hier, ansonsten kann man auf dem lokalen **Markt** auch frisches Obst und Gemüse erstehen.

Verkehrsverbindungen

●Mbita ist der Ausgangsort für Fahrten **mit dem Lake Taxi oder mit der Motorfähre nach Mfangano Island.** Die Langboote fahren um 10 und 11.30 Uhr sowie um 16 Uhr von der linken Seite des Mbita-Damms nach *Sena,* dem rund 15 km entfernten Hauptort der Insel, auch Chief's Camp genannt. Von Sena fahren sie meist weiter entlang der Inselküste. Ob die Fahrtrichtung im Uhrzeiger- oder entgegen gesetzt erfolgt und wo der Endpunkt ist, muss man vorher erfragen. Die Fahrtdauer bis Sena beträgt ca. 2,5 Std., schwankt aber in Abhängigkeit vom Wetter und von der genauen Route. Nicht alle Boote machen Zwischenstation auf der kleinen Takawiri-Insel. Wer also zum **Takawiri Island Resort** möchte, muss sich vorher vergewissern, dass auch geh alten wird. Die Rückfahrt zum Festland erfolgt morgens um 6 und um 9 Uhr von Sena aus. von den anderen Orten entsprechend früher. Die 1. Klasse befindet sich auf den hinteren Bänken, weil es dort nicht so spritzt und auch die Schläge bei Wellengang weniger hart sind. Man sollte an Sonnenschutz denken, sonst wird man auf dem Schiff ganz fürchterlich durchgebraten. Sein Fahrzeug kann man bei der Polizei abstellen, vorausgesetzt, man fragt den verantwortlichen Offizier um Erlaubnis. Ein Trinkgeld ist beim Abholen angebracht.

●Mbita ist mit dem Hinterland über **Matatus nach Homa Bay** verbunden Vor Mbita fahren jeden Tag auch eine Handvoll Matatus die Runde über Rusinga Island.

●Allabendlich fährt ein **Bus nach Nairobi.**

Rusinga Island
♫**XIV/A2**

Unter Paläoanthropologen ist Rusinga Island als ein wichtiger Fundort von Fossilien bekannt, seit *Louis* und *Mary Leakey* hier 1947 bei Ausgrabungen den Aufsehen erregenden **Fund eines** 17,5 Millionen Jahre alten **Hominidenschädels** machten, den sie *Proconsul Africanus* nannten. Fast jeder Quadratmeter von Rusinga beherbergt Fossilien aus dem Miozän vor 18–20 Millionen Jahren, als der Kisingiri-Vulkan die ganze Gegend unter einer dicken Ascheschicht begrub und Vertreter der damaligen Tier- und Pflanzenwelt konservierte. Am Ende ihrer Expedition hatten die *Leakeys* mehr als 1300 **Fossilien** gesammelt, darunter Knochen von 64 verschiedene Affenarten aus dem Miozän und eine

Reihe von Säugetieren, die der Wissenschaft bis dahin völlig unbekannt waren, etwa einen Klippschliefer von der Größe eines Pferdes, einige frühe Raubtiere, deren Größer von der eines Wiesels bis zu jener eines Grizzlybärs reichten, aber auch Vorfahren von Elefant, Rhino, Schwein und Giraffe. Vor diesen Entdeckungen waren Kleintiere wie Insekten nur in Bernstein, Schiefer oder Sedimentgestein konserviert worden. Durch die rasche Bedeckung mit Asche wiesen die Organismen zum Teil einen unglaublich guten Erhaltungszustand auf. *Mary Leakey* fand sogar ein Nest von Baumameisen, das vollständig mit Eiern, Soldaten und Arbeitern erhalten geblieben war! Rusinga Island ähnelt einem fossilen Naturpark, mit dessen Hilfe es den Forschern gelang, die damalige Umwelt des hominiden Proconsul zu rekonstruieren.

Eigentlich ist die Bezeichnung „Insel" im Falle Rusingas nicht mehr ganz richtig, seit sie über einen 250 m langen **Fahrdamm von Mbita** her trockenen Fußes zu betreten ist. Vielleicht liegt es daran, dass man nur stellenweise das Gefühl hat, sich auf einem Eiland zu befinden. Auf dem relativ flachen und staubigen Stückchen Land im Victoria-See, das nur über eine nennenswerte Erhebung in seiner Mitte, den Lugongo Hill, verfügt, leben mehr als **20.000 Menschen.** Diese starke Besiedlung hat zur Abholzung der ursprünglichen Bewaldung des Gebiets und zur Verkarstung weiter Flächen geführt, eine ökologische Sünde, deren Auswirkungen sich durch Erosion und Holzmangel bemerkbar machen. Auf dem dornähnlichen Fortsatz an der nordöstlichen Seite von Rusinga, auf dem das Örtchen **Utaje** liegt, aber auch ganz im Südwesten, abseits der Ringstraße, die (in einiger Entfernung zum Ufer) die Insel umrundet, gibt es noch ein paar sehr **ursprüngliche Dörfer,** wie z.B. Sienga, die einem einen Eindruck davon vermitteln, wie das Leben der Menschen früher einmal auf ganz Rusinga ausgesehen haben muss.

Rusinga ist der **Geburtsort des kenianischen Politikers** und Gewerkschaftsführers **Tom Mboya,** der mit seinem Charisma die Massen zu mobilisieren wusste und ein Anwärter auf *Kenyattas* Nachfolge als Präsident war. Er wurde 1969 in Nairobi auf offener

Straße erschossen, was zu landesweiten Unruhen führte. Ihm zu Ehren wurde auf dem Shamba seiner Eltern ein **Mausoleum** errichtet, das nahe der Nordküste Rusingas liegt und besucht werden kann. Es befindet sich etwas versteckt zwischen grünen Bäumen, vielleicht 1 km abseits der Piste. Wenn man gegen den Uhrzeigersinn um die Insel fährt, muss man einen guten Kilometer nach der Einfahrt zum Flugplatz und zum Rusinga Island Resort bei dem Schild „Masengere School" nach rechts abbiegen. Im Mausoleum selbst sind zahlreiche persönliche Gegenstände und Geschenke an Tom Mboya ausgestellt, die zeigen, wie beliebt der Politiker einst war. Die Kommentare im Gästebuch beweisen, dass die Verehrung bis heute andauert. Auf seinem Grabstein ist zu lesen: „Thomas Joseph Mboya, 15. August 1930 – 5. Juli 1969. Gehe hin und kämpfe, wie dieser Mann kämpfte, der für die Sache der Menschheit kämpfte, der starb, weil er kämpfte und dessen Kampf noch immer nicht gewonnen ist."

Unterkunft

Neben den **billigen Guesthouses in Mbita,** am Festland gegenüber der Insel, steht an der Westküste von Rusinga ein vornehmes Touristencamp zur Verfügung, das besonders bei Touristen beliebt ist, die eine Flugsafari aus der Masai Mara hierher machen:

● **Rusinga Island Fishing Camp**
Buchungen über: Private Wilderness, Tel. 020/882020, Fax 882868, in den Bürozeiten und um 19.30 Uhr; www.rusinga.com. In den Monaten April und Mai ist das Camp für Renovierungsarbeiten geschlossen. Kosten: rund 650 US$ inkl. sämtlicher Mahlzeiten und Aktivitäten, mit Ausnahme von Champagner und Flug von der Masai Mara und zurück. Das exklusive Camp, das unter schattigen Bäumen in einem gepflegten Garten direkt am See liegt, wurde 1987 eröffnet und wird von einem kenianischen Ehepaar englischer Abstammung geführt. Die Unterkünfte sind stilvoll und komfortabel und lassen keinerlei Wünsche offen, außer vielleicht den

nach einem Swimmingpool. Unternehmungen: Neben Angelausflügen mit den campeigenen Schnellbooten kann man ein Fischerdorf besuchen, zu den nahe gelegenen Plätzen der prähistorischen Funde von *Mary* und *Louis Leakey* wandern oder Game Drives in den Ruma National Park machen. Das Camp hat seine eigene Flugzeuglandepiste.

Transport

Da Rusinga von einer (schlechten), rund 20 km langen Ringpiste erschlossen wird, auf der täglich mehrere **Matatus** verkehren, ist der Transport selbst für Leute ohne eigenes Fortbewegungsmittel eigentlich kein Problem. 800 m nach dem Damm muss man sich entscheiden, ob man im Uhrzeiger- oder gegen den Uhrzeigersinn um die Insel fahren möchte. Wenn man sich gegen den Uhrzeigersinn entscheidet, biegt nach weiteren 700 m rechts die Piste auf den Dornfortsatz nach Utajo ab.

Mfangano Island
♪ **XIV/A2**

Im Gegensatz zu ihrer Schwesterinsel Rusinga ist Mfangano eine abgeschiedene Welt, in der noch andere Zeiten zu herrschen scheinen. Das Leben auf der Insel ist einfach und geht seinen Gang wie schon seit Jahrhunderten. Es gibt **keinen Strom, keine Straßen** und folglich auch **keine Autos,** man läuft oder benutzt das Boot. Von einem kleinen exklusiven Camp abgesehen, gibt es noch nicht einmal eine Herberge auf Mfangano. Das traditionelle Essen der Fischer ist einfach und ohne Abwechslung, es wird vor allem Njoka, flüssiger Hirsebrei, oder Nyoye, also Maisbrei mit Bohnen, gegessen – und natürlich viel Fisch. Neben der wunderbaren Landschaft des Victoria-Sees mit ihren wechselnden Wolkenbildern und Lichtstimmungen ist es genau diese **Zeitlosigkeit und Bescheidenheit,** die einen Besuch auf Mfangano zu etwas Besonderem machen. Die Insel ist wesentlich bergiger als Rusinga und erreicht an ihrem höchsten

Der Lake Victoria

Die riesige Wasserfläche des Victoria-Sees verfehlt bei keinem Besucher ihre Wirkung. Mitten im afrikanischen Kontinent, auf 1134 m Höhe, steht man an einer richtigen Meeresküste mit Inseln und tief eingeschnittenen Buchten, vor einem wölbt sich ein Horizont aus Wasser, und wie das Ufer dahinter aussehen mag, ist der Fantasie des einzelnen überlassen. Der See ist mit 68.000 km² eineinhalbmal so groß wie die Schweiz und damit nach dem Kaspischen Meer und dem Lake Superior in Kanada der **drittgrößte Binnensee der Erde.** Er besteht aus einem relativ flachen Becken von durchschnittlich 45 m Tiefe, das an einigen Stellen aber immerhin 85 m erreicht. In seinem Einzugsgebiet leben rund 30 Millionen Menschen. Außer Kenia, das mit 3755 km² nur über einen kleinen Zipfel im Nordosten des Gewässers verfügt, grenzen im Norden Uganda und im Süden Tansania an den Victoria-See. Seine Bedeutung für die Region als Nahrungsmittelquelle, Trinkwasserreservoir, Energielieferant, Transportweg und Wettermacher lässt sich kaum beziffern, vom bisher praktisch ungenutzten touristischen Potenzial einmal ganz zu schweigen.

Die Menschen, die um den Victoria-See leben, nennen ihn von jeher Nyanza. Der gegenwärtige Name geht auf den britischen Forscher **John Hanning Speke** zurück, der 1858 bei seiner Suche nach den Nilquellen als erster Europäer das Ufer des Gewässers erreichte und es ganz unbescheiden nach seiner Königin im fernen England benannte. Doch der Name haftete. Arabische Sklavenhändler hatten Speke von der großen Wasserfläche im Innern des Kontinents erzählt. Er war vom ersten Moment an davon überzeugt, dass es sich beim Victoria-See um das lange gesuchte **Quellgewässer des Nils** handelte. Bereits 1850 kehrte er zurück, um seine These bei genaueren Untersuchungen des Gebiets zu untermauern. Der Nachweis gelang ihm aber erst zwei Jahre später mit der Erstbefahrung des Nils von seiner Austrittsstelle aus dem Victoria-See nahe der ugandischen Stadt Jinja bis hinunter nach Kairo, von wo er ein Telegramm an die Royal Geographical Society, seinen Geld- und Auftraggeber, mit den triumphierenden Worten aufgab: „The Nile is settled!"

Die Natur des Victoria-Sees hat sich in den vergangenen 15.000 Jahren beträchtlich verändert. Während langer Trockenperioden war das Wasser des Sees salzig, vermutlich süßte er erst vor rund 6500 Jahren aus. Die heutige Form stellt bei weitem nicht die größte Ausdehnung dar, die das Binnengewässer in seiner Geschichte besaß. Anhand von Ablagerungen lässt sich rekonstruieren, dass seine Uferlinie zeitweilig zwischen 2 und 10 km weiter im Inland verlief.

Im 20. Jahrhundert waren es vor allem vom Menschen verschuldete Veränderungen, die das gesamte Ökosystem des Victoria-Sees aus den Fugen brachten. In den 50er Jahren wurde von japanischen Fischereiexperten der **Nilbarsch** *(Lates niloticus),* der als vorzüglicher Speisefisch gilt, im See ausgesetzt. Der Raubfisch, der im See ursprünglich nicht vorkam und deshalb dort keinerlei natürlichen Feinde besaß, entwickelte sich prächtig – auf Kosten der anderen Fischarten. Der Victoria-See hatte ursprünglich – ähnlich wie der Malawi-See – eine sehr artenreiche Fischwelt mit rund 400 verschiedenen Buntbarscharten, die man auch als Maulbrüter bezeichnet, da sie den geschlüpften Jungfischen in den ersten Tagen, in denen sie besonders gefährdet sind, in ihrem Maul Schutz bieten. Einer internationalen Untersuchung zufolge hat der Nilbarsch bisher das Aussterben von rund 200 endemischen, also nur hier vorkommenden, Fischarten auf dem Gewissen, weitere 100 stehen inzwischen auf der Roten Liste, darunter auch viele beliebte Speisefische. Während deren Fangmengen beständig zurückgehen, nahm der Anteil von

Nilbarsch von nur 0,5 Prozent im Jahr 1976 auf gegenwärtig rund 70 Prozent der jährlich 500.000 t Fisch zu, die in Uganda, Tansania und Kenia angelandet werden.

Als die Fischer den bis zu 2 m langen und 250 kg schweren Raubfisch erstmals aus dem Wasser zogen, hielten sie das Tier für ein Monster. Ständig zerriss es ihre Netze und brachte zahllose Kanus zum Kentern. Bei der Ernährung der Bevölkerung kann der Nilbarsch, der auch als Victoriabarsch bekannt ist und von den Einheimischen Mbuta, Sangara oder Chengu genannt wird, die anderen Fischsorten aber nicht ersetzen. Einerseits ist sein Fleisch zu ölig, um mit den herkömmlichen Methoden, also Salzen und Sonnentrocknung, haltbar gemacht zu werden. Zum anderen wird sein Fang vor allem von großen Firmen betrieben, die den größten Teil exportieren oder zu Fischmehl für die Landwirtschaft verarbeiten. Dadurch ist Fisch auf dem lokalen Markt rar und so teuer, dass er für viele Menschen unerschwinglich geworden ist. Von den höheren Einnahmen profitieren die kleinen Fischer meist nicht. Im Gegenteil, die traditionellen Fischrechte, die zuvor ganz klar festlegten, wer, wo, wann und wie fischen durfte, verlieren immer mehr ihre Gültigkeit, und gewalttätige, mafiaähnliche Kartelle „wildern" in fremden Gewässern. Weil durch die Wasserhyazinthen ein Fischen mit Netzen an vielen Stellen nicht möglich ist bzw. war, geschieht dies auch im Wege gesundheitsschädigender Giftfischerei, die 1999 zu einem Importverbot von Victoriabarsch in die EU führte.

Die zweite, für die Region ökologisch und wirtschaftlich noch verheerendere Plage war das massenhafte Wachstum einer Wasserpflanze mit hübschen violetten Blüten: der **Wasserhyazinthe** (*Eichhornia crassipes*). Sie bildete riesige Pflanzenteppiche auf dem See, deren Fläche 1998 allein im kenianischen Teil schon über 400.000 ha betrug. Die Verbreitungsgeschwindigkeit war beängstigend: Unter optimalen Bedingungen verdoppelte sich die bedeckte Fläche alle zwei Wochen. Das Leben am und im Victoria-See war in so vielerlei Hinsicht durch die Wasserhyazinthe beeinflusst, dass die Luo die Pflanze auch *Ayaki* oder *Ayalu*, also „AIDS" nennen ...

In dem riesigen treibenden Teppich fühlten sich Giftschlangen und Moskitos ausgesprochen wohl, die Häufigkeit von **Malaria** hat Ende der 1990er Jahre dadurch spürbar zugenommen. Das gilt ebenso für die **Bilharziose**, deren Zwischenwirt, eine Wasserschneckenart, in dem Dickicht gute Lebensbedingungen vorfindet. Während der Hyazinthenplage litt Uganda unter häufigen Stromausfällen, weil das Unkraut immer wieder die Turbinen des Wasserkraftwerks am Owens-Falls-Damm bei Jinja verstopfte, dem wichtigsten Energielieferanten des Landes. Die Pflanzen, die Buchten, Häfen und Wasserwege blockierten, hatten auch zu einem **Rückgang des Schiffsverkehrs** auf dem Victoria-See von bis zu 70 Prozent geführt. Kritisch war, dass die Pflanze in Landnähe, dort wo nährstoffreiche Abwässer einmünden, besonders stark wucherte. Durch die Pflanzenbarriere kamen die Fischer an vielen Uferabschnitten mit ihren Booten nicht mehr hinauf aufs Wasser und wurden erwerbslos. Zudem zerstören treibende Pflanzeninseln die Netze, aber auch die Fischpopulationen selbst waren durch zerstörte Brutgebiete und den Sauerstoffmangel betroffen, den die Hyazinthe unter ihrer dichten Fläche bewirkte. Die langfristigen ökologischen Folgen auf den See sind noch völlig unabsehbar.

Der Übeltäter **stammt ursprünglich aus Südamerika.** Erstmals ausgesetzt wurde die Hyazinthe möglicherweise vor 100 Jahren in Südafrika. Ein großes Problem stellt sie schon länger am Weißen Nil im Südsudan dar, inzwischen breitet sie sich aber auch an westafrikanischen Flüssen wie dem Senegalfluss oder am Omo aus. Die Katastrophe im Victoria-See begann, als die Pflanze vermutlich 1986 über den Kagera-Fluss aus Ruanda

eingeschleppt wurde. Dort war sie ursprünglich von den belgischen Kolonialherren als Zierpflanze für Fischteiche eingeführt worden. Bereits zehn Jahre später hatte sie sich so stark vermehrt, dass sie ein wirkliches Problem zu werden begann.

Über die besten Möglichkeiten der **Bekämpfung** stritten sich die Experten über Jahre. Eine besteht in der mechanischen, also maschinellen Vernichtung. Kritiker sagten, damit sei dem explosionsartigen Wachstum nicht mehr beizukommen. Doch just für diesen Weg hatten sich die kenianischen Behörden entschlossen. Der Auftrag wurde an eine amerikanische Firma vergeben, die Ende 1999 die Arbeit aufnahm. Die Gefahren dieses Verfahrens liegen darin, dass das zerhäckselte Pflanzenmaterial zurück in den See geschüttet wird, was zu einer hydraartigen Vermehrung durch Ableger führen könnte. Wenn die organische Masse hingegen tatsächlich, wie erhofft, abstirbt und sich zersetzt, wird dies dem Wasser viel Sauerstoff entziehen, was zu einem Umkippen des ohnehin schon belasteten Sees führen könnte. Das schien immerhin noch das kleinere Übel im Vergleich zum Einsatz von Chemikalien zu sein, die ein Absinken der Pflanzen auf den Seegrund bewirken und das Gewässer neben der Verrottung noch mit synthetischen Giften belasten würden. Die Lösung aber brachte die biologische Bekämpfung durch einen Käfer, zu dessen Lieblingsspeise die Hyazinthe gehört. Aber auch die biologische Maßnahme stellt eine potenzielle Gefahr dar, da nicht ausgeschlossen werden kann, dass sie auf andere Pflanzen übergreift.

Im Angesicht dieses Horrorszenarios glaubt man gar nicht, dass die Pflanze auch nutzbare **positive Seiten** hat. In den USA z.B. wird die Wasserhyazinthe zur biologischen Abwasserreinigung verwendet, weil sie 60–95 Prozent der Nährstoffe und Schwermetalle im Wasser durch ihr Wachstum bindet, wobei sie durch die völlige Abdeckung der Wasseroberfläche das Algenwachstum verhindert und das Wasser kühl hält. Es gibt ernst zu nehmende Wissenschaftler, die sagen, dass der Victoria-See ohne die Pflanze durch die hohen Nährstoffeinträge von Bodenerosion und Abwässern der Millionen von Menschen an seinen Ufern schon längst umgekippt wäre. Die Pflanze selbst lässt sich – das zeigen Projekte in aller Welt – auch als Rohstoff nutzen. Kleine Kooperativen in Kisumu stellen aus ihren Fasern Seile, Körbe, Matten, Lampenschirme, Ansichtskarten, Ohrringe, Taschen und sogar Möbel her. Aus ihr lässt sich aber auch Zellstoff für die Papier- und Kartonagenproduktion gewinnen. Sie ist auch in der Landwirtschaft nutzbar, z.B. als Tierfutter oder natürlicher Dünger in Form von Mulch und Kompost, der die Bodenfeuchtigkeit verbessert und Erosion vermindert. Auch als Energiequelle, nämlich durch Biogasproduktion und nach der Verkohlung als Brennstoff, könnte sie eingesetzt werden.

Inzwischen mehren sich die Hinweise, dass einige einheimische Fischarten, die durch den Nilbarsch und die Überfischung an den Rand der Ausrottung gebracht wurden, wie etwa Lungenfisch, Barben und verschiedene Buntbarsche, ein zaghaftes Comeback feiern. Denn als Jungfische genießen bzw. genossen sie unter der Pflanzendecke Schutz vor dem Raubfisch, der die sauerstoffarmen Randgewässer meidet, ebenso vor den fischfressenden Wasservögeln und vor den engmaschigen Schleppnetzen, mit denen früher der gesamte Uferbereich radikal leer gefangen wurde.

Wer weitere Informationen zur aktuellen Lage einholen möchte, kann sich an die sehr aktive lokale **Umweltschutzgruppe Osienala** um ihren Direktor *Obiero Ong'ang* wenden, die ihr Büro im hinteren Flügel des Foamat Building in Kisumu hat (Tel. 020/ 3588681, www.osienala.org). *Osienala* ist übrigens Kiluo und bedeutet so viel wie „Freunde des Victoria-Sees".

Punkt 1694 m. Der Großteil der Berghänge ist von einem Maccia-ähnlichen Gestrüpp aus Euphorbienbäumen und Dornenbüschen bedeckt, das eine Querfeldein-Wanderung unmöglich macht. Allerdings verbinden **Fußpfade** die Dörfer und Gehöfte miteinander und führen so **um die ganze Insel.**

Mfangano Island lebt am See – im Landesinnern gibt es nur eine kleine Ortschaft – und vom See. Die Menschen beherrschen die **Kunst des Fischens** noch in allen Variationen. Jeden Abend fährt eine ansehnliche Flotte von Kanus und kleinen Segel-Dhaus hinaus aufs Wasser, um **Umena,** kleine Süßwassersardinen, zu fangen. Mit Lichterketten aus Gas- oder Öllampen, die auf Flößchen an der Wasseroberfläche treiben, werden sie angelockt. Wer genügend Sitzfleisch besitzt, kann die Fischerleute bei ihrem Fischzug begleiten. Es ist ein absolut unvergessliches Erlebnis, eine Nacht beim flackernden Wider-

schein des tropischen Wetterleuchtens und der Öllampen auf dem Wasser zu verbringen und den seltsamen Gesängen beim Einholen der Netze zu lauschen. Der gigantische **Nilbarsch** wird mit Angelleinen gefangen, er würde jedes Netz spielend zerreißen. Im Uferbereich werden Fische auch mit geflochtenen Reusen oder Wurfnetzen gefangen. Das Fischen lernen die Kinder von klein auf.

Auf der Insel gibt es alte **Felszeichnungen,** die aus rötlichen Kreisen und Spiralen bestehen. Weder ihr genaues Alter noch ihre Schöpfer sind bekannt. Von den Abasubas, denen sie heilig sind, wurden sie bis in jüngste Zeit für verschiedene Zeremonien genutzt. Einer der Plätze, die Mawanga-Höhle, befindet sich nur wenige Minuten vom Bootanlegeplatz entfernt, den Kwitone-Überhang in den Bergen erreicht man nach einer schönen 1,5-stündigen Wanderung. Einen Führer engagiert man am besten beim Abasuba Community Museum, das sich der Erforschung und dem Erhalt der Felszeichnungen, aber auch der traditionellen Abasuba-Kultur verschrieben hat. Unterwegs kann man auch Steingongs und kleine Mulden im Fels sehen,

Ein Lake-Taxi steuert ein kleines Fischerdorf auf Mfangano Island an

vermutlich die älteste Form von menschlicher Steinkunst, die für Spiele oder für Zeremonien genutzt wurden. Beim Besuch des Museum und der Felszeichnungen wird ein kleines Eintrittsgeld erhoben. Kontakt: Mobil: 0723-898406, www.abasuba.museum.

Unterkunft

Auf Mfangano gibt es nur eine Unterkunft, das **Mfangano Island Camp**. Auf der kleinen Nachbarinsel Takawiri liegt ein weiteres Hotel, das Takawiri Island Resort. Ansonsten ist man auf das eigene **Zelt** angewiesen, oder man bittet die Einheimischen um einen Übernachtungsplatz, wobei sich eingebürgert hat, dass Touristen einen kleinen Obolus entrichten, der in der Größenordnung des Übernachtungspreises einer einfachen Lodge liegt. Die Leute können das Geld jedenfalls gut gebrauchen! In Sena, dem Hauptort, kann man **im Garten des Chief's Camp** sein Zelt aufschlagen, ebenso auf dem Gelände des Abasuba Community Museum. Das Musem nahe des Bootanlegers besitzt einige Zelte und Matratzen, man kann aber auch sein eigenes Zelt aufstellen. Dusche, Toilette und ein kleines Restaurant mit lokalen Speisen sind vorhanden. Simpel, aber empfehlenswert.

●Takawiri Island Resort
Buchungen über: Let's go travel, ABC Place, Waiyaki Way, Westlands, Tel. 4447151/4441030, letsgosafari.com. Man kann nicht einfach im Resort auftauchen, sondern muss die Buchung im Voraus in Kisumu vornehmen. Für die Unterkunft muss man zwischen 100 und 150 US$ einrechnen. Für 2 Personen inkl. Motorbootfahrt von Mbita nach Takawiri zahlt man 6000 Ksh FB. Das Resort liegt an einer traumhaften Bucht auf der Nordwestseite der Insel, die schon von Weitem durch ihre Kokospalmen auffällt. Das Gelände ist gepflegt, man wird hinter dem herrlichen Sandstrand vor Rasen und Blumenbeeten überrascht. Die insgesamt acht komfortablen Doppelzimmer sind in vier Häusern untergebracht und haben alle ihre eigene Terrasse. Die Sonnenuntergänge vom

30 m hohen Hügel am Rand des Resorts mit ungestörtem Ausblick über den See und der Bar im Rücken sind unvergesslich. Es werden zahllose Aktivitäten angeboten: Volleyball, Federball, Schwimmen (regelmäßige Untersuchungen ergaben bisher: keine Bilharziose!), Surfen, Angeln und Bootsfahrten (die beiden letztgenannten Aktivitäten kosten extra). Bei absoluter Windstille werden die Lake Flies manchmal zu einer Plage, dann fungiert das Restaurant als Refugium gegen das Ungeziefer. Das Hotelboot benötigt von Mbita 40 Min., von Kisumu 3,5–4 Std.

●Govenors Camp
Buchungen über Governors Camps in Nairobi (s. S. 107). 394–596 US$, saisonabhängig. Exklusive Luxuslodge mit 6 Cottages, die vom Baustil her mit ihren Lehmmauern und den Strohdächern einem traditionellen Luo-Gehöft nachempfunden sind. Die Anlage liegt an einem kleinen Bach inmitten eines Feigenbaumhains, zum Seeufer sind es nur zwei Schritte. Das Essen – wie bei den Preisen nicht anders zu erwarten – ist hervorragend. Wer möchte, kann mit den Speedbooten des Camps den bis zu 2 m langen Nilbarschen nachstellen.

Sonstiges

Das **Essen auf der Insel ist sehr, sehr einfach,** Restaurants gibt es nicht. Um nicht völlig auf die Versorgung durch die Einheimischen angewiesen zu sein – auch, wenn man dafür zahlt –, bringt man am besten seine eigenen Vorräte vom Festland mit. In Sena, dem Hauptort, findet man notfalls einen kleinen Laden. Auch **fließend Wasser gibt es auf Mfangano nicht.** Deshalb sind Tabletten oder Tropfen zum Entkeimen von Wasser wichtig. Wer nachts ein Auge zutun möchte, sollte unbedingt ans **Moskitonetz** denken, denn die Plagegeister treten stellenweise in wahren Massen auf und Malaria ist weit verbreitet. Ein zweites Gesundheitsrisiko ist **Bilharziose,** sodass man trotz der riesigen Versuchung nicht im See baden sollte. Auf hoher See, wo es die Wirtsschnecken des Bilharziose-Erregers nicht gibt, ist das Risiko einer Infektion gering.

Westkenia

Ruma National Park

♫ XIV/A,B2

Der Nationalpark

Der Ruma National Park nimmt mit 194 km² Fläche einen großen Teil der Ebene ein, durch die der Lambwe River fließt. Die landschaftlich sehr reizvolle Senke liegt nur 15 km entfernt vom Victoria-See **zwischen dem** imposanten **Kanyamwa Escarpment** im Osten **und den** rund 2000 m hohen **Gwasi-Bergen** im Westen. Vom Fuß des Sumba Hill im westlichen Parkteil einmal abgesehen, befinden sich die Erhebungen aber bereits außerhalb der Parkgrenzen. Wie zahlreiche Viehherden und nächtens der Schein von Lagerfeuern verrät, werden sie von der lokalen Bevölkerung als Weideland genutzt.

Obwohl das Schutzgebiet bereits 1966 als Lambwe River National Reserve im Nyanza District ausgewiesen und 1983 zum Ruma National Park aufgewertet wurde, zählt es zu den unbekannten, selten besuchten Parks des Landes. **Jährlich** finden **nur einige hundert Besucher** den Weg hierher. Dabei ist der Wildpark ein regelrechtes Kleinod, das im dicht besiedelten Westkenia die letzte verbliebene Savannenlandschaft mit Flötendornakazien und Balanites-Bäumen schützt, aber entlang des Lambwe River auch einen ausnehmend schönen und vogelreichen Galeriewald besitzt. Neben Tieren, die auch an anderen Plätzen zu beobachten sind, stellen eine fast ausgerottete ostafrikanische Unterart der Pferdeantilope, die gefährdete Rothschild-Giraffe, die Jackson Kuhantilope und das Bleichböckchen ganz besondere Attraktionen dar. Und wer Natur und Einsamkeit ganz intensiv erleben möchte, hat die Möglichkeit, den Ruma National Park in Begleitung eines Rangers zu Fuß zu durchstreifen.

Die Tierwelt

Die größte Attraktion des Parks stellt die ostafrikanische Unterart der **Pferdeantilope,** *Hippotragus equinus ssp. Langheldi* (auf Kisuaheli „Korongo", auf Englisch „Roan Ante-

ken-458 Foto: hf

lope"), dar, die ursprünglich ein sehr großes Verbreitungsgebiet südlich der Sahara hatte, inzwischen aber in vielen Gegenden als ausgerottet gilt. Neueren Zählungen zufolge gibt es **in Kenia nur noch weniger als 50 Tiere** von dieser pferdegroßen Antilope mit den großen, nach hinten gebogenen Hörnern, die alle im Ruma National Park leben und meist im äußersten Nordwesten des Parks, in der Nähe des Nyatoto Gate, am Fuß der Gwasi Hills anzutreffen sind. Die Ranger geben gerne darüber Auskunft, wo sich die Tiere gerade aufhalten. Die anderen beiden Populationen in Ruandas Akagera National Park und in Uganda stehen ebenfalls kurz vor der Ausrottung. Die Tiere benötigen offenes, hügeliges Land mit einzelnen Gehölzen und Galeriewäldern und finden in Ruma daher eigentlich optimale Verhältnisse vor, zumal hier nur Tüpfelhyänen und Leoparden vorkommen, andere natürliche Feinde wie Löwen, Krokodile und Wildhunde fehlen.

In den 1970er Jahren wurde auch eine kleine Herde der **Rothschild-Giraffe**, die seltenste und größte Giraffenunterart, aus der Gegend von Soy nach Ruma umgesiedelt, was den seltsamen „Bohnenstangenwuchs" vieler Akazien im Park, der Hauptnahrung der Giraffen, erklärt. Ursprünglich kamen die Rothschild-Giraffen in semiariden, busch- und baumreichen Gebieten Ugandas und Westkenias vor. Nach neuesten Zählungen ist die Restpopulation von 130 Giraffen im Jahr 1979 erfreulicherweise wieder bis auf 500 angewachsen, **70 dieser Tiere** mit dem lustigen Irokesenschnitt den gesamten langen Hals hinunter leben in Ruma. Rothschild-Giraffen erreichen ein Alter von bis zu 30 Jahren, besitzen eine sehr gute Sehfähigkeit, rennen bis zu 56 km pro Stunde schnell und können sich durch kraftvolle Tritte sehr effektiv verteidigen.

Noch in den 1950er Jahren lebten **Elefanten und Nashörner** im Lambwe Valley und auf den umliegenden Bergen. Man spielt mit dem Gedanken, zumindest Nashörner erneut anzusiedeln, wegen des hohen Aufwandes für deren Sicherung wird wohl aber zunächst der Plan verwirklicht werden, Zebras wieder heimisch zu machen.

Erwähnenswert ist außerdem das Vorkommen von **Bleichböckchen** oder Oribi, einer kleinen Antilopenart, die auf offenen Grasflächen mit aufgelockertem Baumbestand vorkommt. Im Ruma National Park sind die scheuen Tiere, die in Kenia nur noch in der südlichen Masai Mara zu sehen sind, sehr zutraulich. Außerordentlich gute Beobachtungsbedingungen herrschen auch für den **Bohorrietbock** sowie die **Jackson Kuhantilope** (benannt nach dem britischen Kolonialbeamten und hervorragenden Ornithologen *Frederick Jackson*), einer westlichen Unterart des Kongoni, die hier in Herden von 5–10 Tieren vorkommt. Auch **Leoparden** sieht man im Park relativ häufig. Sie halten sich gerne im Waldgebiet am Lambwe-Fluss auf, wo auch die scheuen **Buschböcke** leben. Löwen gibt es in Ruma überhaupt nicht, wohl aber **Hyänen**. Auf der Piste zum Korlango Outpost, kurz hinter der Landepiste, wird man große Defassa-Wasserbock- und Impalaherden sowie vereinzelten, alten Wildbüffeln begegnen.

Auch die **Vogelwelt** des Schutzgebiets ist schier unglaublich in ihrer Reichhaltigkeit, die u.a. verschiedene Kuckucksarten, Adler, Eisvögel, aber auch klassische Arten der Grassavannen wie z.B. Trappen, umfasst.

Im Park unterwegs

Die **Orientierung** im Ruma National Park ist durch seine Überschaubarkeit überhaupt **kein Problem.** Das Wegenetz im Park soll beständig weiter ausgebaut werden, doch die Fortschritte werden stark vom verfügbaren Geld abhängen. Probleme bei den Pirschfahrten mit dem Auto drohen von anderer Seite: Da der Park in einer sumpfigen Flussebene liegt und zudem noch größtenteils Black Cotton Soil aufweist, ist **nur die Piste vom Hauptgate zum Nyatoto Gate sowie die Strecke zum Nyadenda Outpost das ganze Jahr über zu befahren.** Alle anderen Wege verwandeln sich nach starkem Re-

Der Park ist ein Rückzugsgebiet für die bedrohte Rothschild-Giraffe

Westkenia

gen in unpassierbare Rutschbahnen, deshalb braucht man dann ein 4WD-Fahrzeug. Die Strecke von der Flugzeuglandepiste über den Korlango Outpost zum Wiga Gate ist während der großen Regenzeit und der Zeit danach völlig versumpft und überhaupt nicht zu befahren. Aus eigener Erfahrung kann ich andere Unbelehrbare nur eindringlich warnen: Stundenlanges Steineschleppen und Wühlen im Matsch, um das Auto wieder flott zu bekommen, sind hier vorprogrammiert. Die wunderbare Einsamkeit des Parks hat leider die Kehrseite, dass man nicht mit Hilfe von außen rechnen kann.

Trotz der relativ schlechten Erreichbarkeit ist der Park auch Travellern zu empfehlen, die mit öffentlichen Verkehrsmitteln reisen, denn **in Begleitung eines KWS-Rangers** können Sie den Park **zu Fuß** erkunden! Denken Sie aber daran, dass das Parkpersonal viele andere Aufgaben zu erledigen hat, deshalb ist eine Voranmeldung (Kontakt s.u.) unerlässlich. Eine Fußsafari könnte auch mit einer Wanderung in die extrem reizvollen Gwassi Hills verbunden werden, deren höchste Erhebung 2271 m erreicht. Fantastische Blicke auf Park und Lake Victoria sind garantiert.

Ärgerlich für Autofahrer und Wanderer sind die **Tsé-Tsé-Fliegen,** die besonders im Galeriewald des Lambwe Valley an einigen Stellen auftreten. Während man im Auto die Fenster schließen kann, kann man sich als Wanderer nur mit langer, hautbedeckender Kleidung einigermaßen vor den Plagegeistern schützen.

Infos und Kontakt

- **Assistant Warden, Ruma National Park,** P.O. Box 420, Homa Bay, Tel. 059/22007.

Unterkunft

Das kleine **Oribi Guesthouse** bietet Platz für fünf Personen (5000 Ksh R, 100 US$ NR). Ansonsten sind Sie im Park auf das eigene Zelt angewiesen.

Es gibt **drei Campingplätze** im Ruma National Park, die sich **in Nähe zum Haupteingang** befinden. Wer mit kleinem Budget

reist, kann außerhalb des Gates auf der rechten Seite auf der freien Fläche sein Zelt aufbauen und so Camping- und Parkgebühren sparen. Vorteil: Der Weg zum Wasserhahn des Hauptquartiers ist kürzer. Viel romantischer ist der **Kamoto Campsite,** 300 m hinter dem Gate mit schönem Blick über die Ebene, durch der Lambwe River fließt. Einige Akazien bieten Schatten, drumherum wächst das Gras mannshoch. Wasser, Toiletten oder Duschen gibt's nicht, dafür Wildnis pur. Das gilt auch für den **Nyati Campsite,** der 1,6 km hinter dem Eingang links der Piste im hohen Gras verborgen liegt. Manchmal kommen die Ranger mit dem „Rasenmähen" gar nicht nach, und der Platz ist dann ziemlich zugewuchert. Auf den Campsites im Park darf man übrigens Feuer machen, aber nicht immer ist Holz vorhanden.

Die **Campinggebühren** sind auf S. 56 vermerkt.

Anreise

Der Ruma National Park besitzt **zwei Eingangstore:** das **Kamoto Gate** oder Haupttor am Hauptquartier in der nordöstlichen Ecke und das **Nyatoto Gate** an der nordwestlichen Ecke. Die Zufahrten zu beiden Eingängen können nur über Pisten mit Black Cotton Soil erreicht werden, die nach Regen – wenn überhaupt – nur mit 4WD passierbar sind.

Am besten ist immer noch **die Zufahrt zum Hauptgate über die Ortschaft Mirogi.** Dazu biegt man von der geteerten C20 zwischen Rongo und Homa Bay 20 km hinter Rongo in der Ortschaft Rodikopani nach links auf die ebenfalls geteerte C18 nach Karungu ab. Gut 16 km später, nach einer landschaftlich reizvollen Fahrt durch die Ebene des Riano River, in der häufig Kronenkraniche an der Straße zu sehen sind, biegt man in dem kleinen Flecken Mirogi (nicht zu verwechseln mit der Distrikthauptstadt Migori an der Straße nach Tansania und dem gleichnamigen Städtchen zwischen Oyugis und Rangwe!) nach rechts ab. Nach 10 km Piste, die ersten 5 km auf relativ gut zu fahrendem Black Cotton Soil (der nach Regen wie ein riesiger dampfender Kuhfladen aussieht), gelangt man zur Lambwe Forest Dispensary, 100 m dahinter liegt die Piste zum Kamoto Gate ab, das man nach 1 km erreicht, während man geradeaus ins Headquarter des Nationalparks kommt.

Zum Kamoto Gate gibt es eine weitere Zufahrt **aus nördlicher Richtung,** die rund 12,5 km hinter Homa Bay von der Piste nach Mbita abbiegt. Von dort sind es nochmals knapp 10 km auf hügelige Strecke mit fiesen Black Cotton Soil-Passagen bis zum Kamoto Gate.

Auch **zum Nyatoto Gate** hat man zwei Anfahrtsmöglichkeiten. Die eine biegt ebenfalls **von der Piste Homa Bay – Mbita** ab, und zwar 19 km hinter Homa Bay, oder genauer: 17,5 km nachdem man kurz hinter Homa Bay den Teer verlassen hat. Die Strecke geht 11 km durch die flache, sumpfige Ebene im Mündungsgebiet des Lambwe River und ist bestes Terrain, das Auto im Matsch zu versenken. Deshalb vergisst man diese Variante am besten ganz schnell wieder.

Sehr interessant ist hingegen die **Zufahrt von Sindo,** die sich hervorragend für eine kleine Rundreise eignet, in deren Verlauf man von Homa Bay zunächst Mbita, Rusinga Island und Mfangano Island besucht und auf dem Rückweg von Mbita über Sindo in den Ruma National Park fährt, diesen vom Nyatoto Gate zum Kamoto Gate durchquert und dann nach Homa Bay zurückkehrt (Routenbeschreibung s. S. 386).

Um **mit öffentlichen Verkehrsmitteln** zum Ruma National Park zu gelangen, kann man in Homa Bay eines der Sammeltaxis in Richtung Süden nach Sori oder Karungu besteigen und lässt sich an der Wegabzweigung in Mirogi absetzen. Von hier sind es 10 km Fußmarsch bis **zum Hauptquartier** des Parks, auf eine Mitfahrgelegenheit sollte man nicht spekulieren

Das **Nyatoto Gate** ist **mit öffentlichen Verkehrsmitteln** etwas besser erreichbar. Nehmen Sie das Sammeltaxi nach Sico, das die Strecke über das Örtchen Kwoyo fährt, nicht jenes über Mbita! Wenige Kilometer vor Sido biegt nach links die Piste in Richtung Nyatoto Gate und zum Ort Magunga ab, hier müssen Sie aussteigen. Nach 2,2 km Fußmarsch stehen Sie am Parkgate. Problem:

Die attraktivste Gegend für Walking-Safaris befindet sich auf der östlichen Seite des Lambwe River. Allerdings ist dieses Gate optimal, um sich von hier aus mit einem Ranger an die seltenen Roan-Antilopen anzuschleichen, die in den Hügeln direkt hinter dem Gate leben.

Parkgebühren, Öffnungs- und beste Besuchszeiten

- Zu den **Eintrittsgebühren** s. S. 55.
- Der Park ist täglich **von 6 Uhr morgens bis 18 Uhr** geöffnet.
- Aufgrund der Pistensituation auf den Zufahrtsstraßen und im Park selbst ist ein **Besuch** in der großen Regenzeit **von März bis Mai** mit dem Auto, auch mit 4WD, praktisch **ausgeschlossen.**

Homa Bay – Kendu Bay – Ahero – Kisumu

- **124 km**
- Die Piste von Homa Bay bis Kendu Bay (35 km) ist ungeteert und ziemlich schlecht. Von da ab ist die Strecke bis Kisumu geteert.
- **Tankmöglichkeit:** Kendu Bay und Ahero.
- **Fahrtzeit:** 2–2,5 Stunden.

Die Hauptstraße nach Kendu Bay und Kisumu zweigt beim Landungssteg von Homa Bay nach rechts ab. Die Strecke durch das Hinterland des Victoria-Sees bietet zunächst wenig Abwechslung. Rechts und links liegen Luo-Gehöfte, im Westen dominiert über eine lange Strecke der 1752 m hohe Kegel des **Mt. Homa** das Panorama. Bei km 18 zweigt nach links die D219 nach **Kandiege** ab, die in einer weiten Schleife den Berg an seiner seezugewandten Seite umrundet, am nördlichen Ende noch ein altes englisches Fort passiert, das die Einfahrt in den Winam Gulf bewachen sollte, und dann bei km 27,5 wieder auf die Hauptstraße trifft.

Westkenia

400 m nach ihrer Einmündung, direkt vor der auffälligen Flussbrücke, auf deren anderer Seite das Örtchen Oriang liegt, biegt nach links die **Piste zum Lake Simbi** ein. Der Weg schrammt direkt an der ausgewaschenen, mehrere Meter tiefen Flussböschung entlang. Wer zu nah an der Kante fährt, läuft Gefahr, mitsamt Fahrzeug abzustürzen. Nach 100 m muss man sich rechts halten, nach einem weiteren Kilometer steht man unvermutet vor einem 30 m tiefen, kreisrunden Loch mit 800 m Durchmesser. In diesem befindet sich ein seltsam grünlich schimmernder See mit einer größeren Anzahl von Flamingos – der **Lake Simbi.** Das Loch sieht fast wie ein Meteoriteneinschlag aus, aber seine Entstehung ist „nur" auf eine gewaltige Gaseruption zurückzuführen. In den Mythen der Menschen, die um den Krater leben, hört sich die Entstehungsgeschichte natürlich ein wenig anders an. Die Ähnlichkeit ihrer Erzählung mit den Geschichten an anderen Kraterseen in weit entfernten Regionen Kenias, etwa dem Lake Chala nahe Tavetas, ist erstaunlich und wäre eigentlich mal die Aufmerksamkeit eines unterbeschäftigten Ethnologen wert …

Meist wird dem Zuhörer in diesen **Mythen** nahe gebracht, mit welch drastischen Strafen von höherer Seite jeder rechnen muss, der die Gesetze der **Gastfreundschaft** verletzt. Das Strafmaß erscheint nach unserem Empfinden unverständlich hoch, es verdeutlicht aber, welche Wichtigkeit die Bewirtung von Fremden in der afrikanischen Kultur einnimmt. Im Falle des Lake Simbi fand der Legende nach ein ganzes Dorf am Grund des Kraters den Tod durch Ertrinken, weil einer alten Frau die Gastfreundschaft verweigert worden war. Nur eine junge Frau, so die Geschichte weiter, die der Alten etwas zu essen und einen Platz am wärmenden Feuer angeboten hatte, überlebte. Der Kratersee lässt sich auf einer knapp 3 km langen Piste umwandern bzw. umfahren.

Wenn Sie ihre Reise auf der Hauptstraße fortsetzen und die Brücke überqueren, kommen Sie nach **Oriang,** ein Dorf, das für seine schönen Töpferwaren bekannt ist. 2 km später stehen Sie an der Tankstelle von Kendu Bay. In den Ortskern von **Kendu Bay** gelangen Sie, wenn Sie 200 m später nach links auf die Piste einbiegen. Man wundert sich vielleicht über die prächtige **Tawaka-Moschee** am Ortsrand oder darüber, dass das Städtchen freitags wie ausgestorben ist und die Geschäfte geschlossen sind. Das liegt ganz einfach daran, dass der Ort eine Gründung arabischer Sklavenhändler ist und bis heute die meisten Bewohner **Muslime** sind. Wenn man sich in Kendu Bay links hält, kommt man nach einigen hundert Metern zum Pier der Stadt. Draußen im See drehen sich Inseln von Wasserhyazinthen träge im Wind. Eine Reihe von Segelbooten liegt hier auf dem Strand. Die Fischer breiten ihre Netze mit dem Fang in der Sonne zum Trocknen aus, während die Frauen alle Hände voll zu tun haben, die Hammerköpfe zu vertreiben, die sich immer wieder anschleichen und versuchen, Fischchen zu stiebitzen. In der Stadt gibt es einige **Hotelis und Guesthouses.**

Die **weitere Strecke nach Kisumu** wird angenehmer: Ab der Tankstelle ist die Fahrbahn nämlich geteert, und auch die Landschaft wird reizvoller. Zunächst genießt man schöne Blicke auf den Victoria-See, dann fährt man über lange Strecken durch das sumpfige Mündungsgebiet des Nyando-Flusses, das teils von Papyrusdickicht, teils von Reisfeldern bedeckt wird, bevor man in Katitu auf die A1-Teerstraße aus Kisii trifft. 13,7 km später steht man an der T-Kreuzung mit der B1. Wenn Sie nach rechts fahren, gelangen Sie nach Kericho, halten Sie sich nach links, erreichen Sie 2 km später, nach der Überquerung des Nyando-Flusses, das Städtchen **Ahero.** Es sind nun noch rund 24 km bis ins Zentrum von Kisumu, der drittgrößten Stadt von Kenia. Nach etwa 20 km passieren Sie das sehenswerte Museum von Kisumu. Kurz darauf sind Sie in der Stadtmitte.

Das Volk der Luo

Die Luo, das Volk, das an den Ufern und auf den Inseln des Lake Victoria siedelt, ist nach den Kikuyu und den Luyia die **drittgrößte Ethnie des Landes,** das Zentrum ihres Siedlungsgebiets ist Kisumu. Schon ihr Name verrät die eigentliche Herkunft: Luo bedeutet so viel wie „Sumpf"; das nilotische Volk stammt ursprünglich aus den großen Sumpfgebieten des Sudan südlich des Zusammenflusses von Weißem Nil und Bahr al Ghazal. Ab dem 14. Jahrhundert begannen die ersten Gruppen der Luo in Richtung Süden, nach Uganda, zu wandern, die ab 1500 den Victoria-See erreichten. Die Bantu-Völker der Gusii und Luyia, auf die sie dort trafen, drängten sie in die umliegenden Bergländer ab.

Ursprünglich waren die Luo reine Viehhalter. Aber der rasche Bevölkerungsanstieg und später die kolonialen Grenzen, die eine weitere Ausbreitung verhinderten, bewirkten einen akuten Landmangel. Dieser und die Dezimierung ihrer Herden durch die Rinderpest führten dazu, dass die flexiblen Luo innerhalb kurzer Zeit von ihren Landwirtschaft betreibenden Bantu-Nachbarn lernten und zu guten **Ackerbauern und Fischern** wurden. Das hat an ihrer traditionellen **Wertschätzung des Viehs** allerdings nicht allzu viel geändert. Auf ihren Ländereien bauen sie Grundnahrungsmittel wie Mais und Maniok, aber auch die neu eingeführten Marktfrüchte Zuckerrohr und Baumwolle an.

Mobilität und Flexibilität haben sich die Luo bis in die heutige Zeit bewahrt. Trotz aller wirtschaftlichen und politischen Benachteiligungen zählen sie zu den dynamischsten, aber auch kulturell eigenständigsten Völkern in Kenia. Die Luo waren mit den Kikuyu die ersten, die mit Parteien wie der 1921 gegründeten Young Kavirondo Association auf politischem Wege gegen ihre Diskriminierung durch die englische Kolonialregierung kämpften. Die ersten Jahre nach der Unabhängigkeit bildeten sie mit den Kikuyu die Führungsriege des Landes, bis sie von Kenyatta politisch ausgebootet wurden. Durch die Ermordung *Tom Mboyas* im Jahre 1969 und die *Robert Oukos* 1990 sowie durch die politische Verbannung von *Oginga Odinga* wurden sie ihrer wichtigsten Führer beraubt. Hinzu kam, dass Westkenia sowohl von der Regierung *Kenyattas* als auch von jener *Mois* wirtschaftlich massiv vernachlässigt wurde. Das Misstrauen und die Verbitterung der Luo gegenüber der Zentralregierung sind dementsprechend groß.

Die **Traditionen** der Luo waren in der jüngeren Vergangenheit großen Veränderungen unterworfen. Wie bei den meisten anderen nilotischen Völkern wurden Mädchen wie Jungen früher mit Erreichen der Pubertät die unteren Schneidezähne ausgeschlagen, doch ist dieser Brauch heutzutage praktisch ausgestorben. Die Luo gehören zu den wenigen kenianischen Völkern, die zur Initiation keinerlei Beschneidungen vornehmen. Die traditionelle Religion der Luo basiert auf dem **Glauben** an ein übergeordnetes Wesen Nyasi und an die Sonne, Chieng. Eine größere Rolle spielten die Geister der Ahnen, denn diese bestimmten die Herkunftslinien und damit auch die Beziehungen zu anderen Luo. Das war wichtig, weil das sehr komplizierte Clansystem der Luo das Leben in vielen wichtigen Fragen beeinflusst(e), etwa bei der Heirat oder im Streitfalle. Die **Polygamie** ist bei den Luo übrigens auch heutzutage noch relativ weit verbreitet.

Westkenia war zu Beginn des 20. Jahrhunderts ein Schwerpunkt der christlichen Mission, was einerseits schon früh zur Bildung von intellektuellen Eliten führte – die Luo stellen nach wie vor einen großen Teil der Akademiker –, andererseits eine starke Christianisierung bewirkte, wobei sich im Laufe der Zeit von den europäischen Kirchen eine unüberschaubare Zahl von Sekten und kirchlichen Abspaltungen herausbildete, die häufig auch traditionelle afrikanische Religionselemente aufweisen.

Die Luo sind in Kenia außerdem als ausgezeichnete **Popmusiker** bekannt.

Kisumu

♫ XV/C1

„**Kisumu ist anders!**", werden die meisten Reisenden denken, wenn sie zum ersten Mal über die breite Oginga Odinga Road flanieren. Staunend registriert man den fehlenden Chaotismus einer durchschnittlichen kenianischen Innenstadt. Die baumgesäumten Alleen, die noch nicht restlos von stinkenden Autokolonnen verstopft werden, erinnern an Zentral- und Westafrika. Ohnehin haben Hafenstädte immer ihren eigenen Charme, da macht Kisumu keine Ausnahme, auch wenn sich die Innenstadt von der Seeseite abwendet und fast das gesamte Ufer von Hafenanlagen eingenommen wird. Schon durch das **feucht-heiße Klima** im Victoria-Becken entsteht ein gewisses Küstengefühl und lässt einen das kühle Hochland in großer Entfernung wähnen. Auch der Himmel über Kisumu ist anders, tropischer, denn in der Wetterküche über dem See ballen sich oft gewaltige Cumulustürme zusammen, die am Spätnachmittag zu lichterloh brennenden Wolkenburgen werden oder die Stadt mit heftigem Regen überziehen.

Kisumu ist die **Hauptstadt der Provinz Nyassa** und mit rund **500.000 Einwohnern** (die Angaben schwanken zwischen 200.000 und 750.000!) die **drittgrößte Stadt Kenias**. Jedenfalls hat sie die Rolle als wichtigster Handels- und Industriestadt im fruchtbaren und meschenreichen Westkenia inne.

Als Port Florence wurde sie **1901** am Kavirondo-Golf, einer kleinen Bucht des Winam Gulf, am vorläufigen **Endpunkt der Uganda-Bahn gegründet.** Namensstifterin war die Frau des leitenden Eisenbahningenieurs, *Mrs. Florence Preston,* die am 20. Dezember 1901 nach fünfeinhalb Jahren Bauzeit den letzten Bolzen in die Schwellen der Schienentrasse vom Indischen Ozean schlug. Doch erst 1903, nach Fertigstellung der vielen Viadukte, rollte der erste Zug bis an den See. Dank der Rolle als Umschlagsplatz für den Warenverkehr von und nach Uganda nahm die Stadt trotz des ungesunden Klimas einen steilen Aufstieg. Im sumpfigen Umland grassierten Schlafkrankheit, Bilharziose und Schwarz-

wasserfieber. Ab den 1930er Jahren erlebte Kisumu eine regelrechte Blüte. Es war die erste kenianische Stadt, die an das Luftpostverkehrsnetz von Europa nach Afrika angeschlossen wurde, und sie war Zwischenstopp der legendären Imperial-Airways-Flugboote auf ihrer Route ins südliche Afrika. Neben dem Handel waren Fischerei, Lebensmittelindustrien und Zuckerfabriken Wirtschaftsmotoren der Region, und Kisumu konnte sich im Glanz des Titels sonnen, der größte Binnenhafen Afrikas zu sein.

Die fetten Jahre endeten mit dem Auseinanderbrechen der Ostafrikanischen Gemeinschaft im Jahr 1977. Mit der Einstellung der Linienschifffahrt zwischen den ugandischen, tansanischen und kenianischen Häfen wurde die Lebensader von Kisumu abgeklemmt, ihre Bedeutung fiel auf das Niveau einer Provinzstadt. Die **Rezession** wurde durch die Vernachlässigung durch die Zentralregierung verstärkt. Erst Anfang der 1990er Jahre, als sich die politischen und wirtschaftlichen Beziehungen zu den Nachbarländern verbesserten, begann die Stadt aus ihrer Lethargie zu erwachen, Aufbruchsstimmung war zu verspüren. Doch zwei neue Tiefschläge warfen Kisumu wieder um Jahre zurück: Ein halbes Jahr nach der Wiederaufnahme der Fährverbindung nach Tansania sank 1996 die „Bukoba" und riss mehrere hundert Menschen in den Tod. Und ab **1997** wurde jeglicher **Linienschiffsverkehr auf dem Victoria-See** durch das explosionsartige Wachstum von Wasserhyazinthen **unterbunden;** die dicken Pflanzenteppiche blockierten die Schifffahrtswege und Hafeneinfahrten auf dem Lake Victoria. Jahrelange debattierte man, wie die Plage am besten zu bekämpfen sei, bevor man das Problem in Angriff nahm, doch der Kampf scheint noch immer nicht gewonnen.

2006 wurde Kisumu zur ersten von neun „Millenium Cities" in Afrika ernannt. Das **Millenium-City-Projekt** von UN und diversen Gebern erarbeitet in Zusammenarbeit mit lo-

Am Bahnhof von Kisumu

kalen Behörden und Nichtregierungsorgani-
sationen einen Stadtentwicklungsplan. Mit
ihm und direkten Investitionen sollen dann
die acht „Millenium Development Goals" der
UN erreicht werden, die u.a. auf eine Besei-
tung von extremer Armut und Hunger, die
Bekämpfung von AIDS und Malaria, die
Gleichberechtigung der Frauen, eine allgemeine Grundschulbildung und ökologische
Nachhaltigkeit abzielen. Nach diesem hoff-
nungsvollen Signal des Aufbruchs folgte im
Frühjahr 2008 die nächste Talfahrt des Kisu-
mu-Rollercoaster: Keine andere Stadt Kenias
erfuhr bei den **Protesten nach dem Wahlbetrug** eine derartige Zerstörungswut der aufgebrachten Menschen wie hier, im Stammland des Herausforderers Raila Odinga. Vermutlich wird es Jahre dauern, bis alle Spuren
der Ausschreitungen beseitigt sind.

Stadtbesichtigung

Aufgrund seiner Lage am Victoria-See und
der guten Verkehrsverbindungen eignet sich
Kisumu als Ausgangsbasis für Reisen durch
Westkenia. Doch auch die Stadt rechtfertigt einen ein- bis zweitägigen Aufenthalt.

Im Zentrum liegt der große Platz mit dem
Uhrturm aus dem Jahre 1938, an welchem
Oginga Odinga Road, Mosque Road und
Ang'awa Avenue aufeinandertreffen. Entlang
der südlichen Oginga Odinga Road und ihrer Seitenstraßen erstreckt sich das moderne
Geschäftszentrum von Kisumu mit Banken,
Bürohochhäusern, Geschäften, aber auch
mit einigen Restaurants und Hotels. Jenseits
des Kenyatta Highway, auf welche die Oginga Odinga Road am Südende trifft, vertei-len
sich in kleinen Kolonialgebäuden die verschiedenen Büros der Provinzregierung.

In dem Gebiet, das sich zwischen dem
nördlichen Ende der Oginga Odinga Road
und der Jamia Mosque bis hinunter zur Obote Road zieht, welche die Grenze zum Hafen
und zum Industriegebiet bildet, erstreckt sich
das **ehemalige Marktviertel.** Mit seinen alten indischen Dukas ist es der schönste Teil
von Kisumu. Die kleinen **Kolonialhäuser** mit
den hübschen Säulenarkaden und Vorda-
chern wurden überwiegend im ersten Drittel
des 20. Jahrhunderts erbaut. Hier findet sich

ken-465 Foto: hf

Kisumu/Übersichtskarte

A1 Kakamega

⊕ 2

3 🏨

Tom Mboya Estate

Shauri Moyo Estate

Pembe Tati

Kaloleni Estate

Nairobi, Nakuru →

🏨 6

4

Nyerere Rd

🅿 7

5 🏨

Detailkarte Innenstadt

Jomo Kenyatta Highway

Ono Odinga

Oginga Odinga Rd.

Oloo Rd

Otieno Oyoo St.

Angawa Av

Mosque Rd

⊕

🅿

👤 1

Lake

Butere →

B1 Busia

✈ **Kisumu Flughafen**

Kisumu Beach Resort

Winam Golf

Hafen

Westkenia

Legend:

1 Nyanza Club
Golf Section 9 Holer
2 New Nyanba Hospital
3 Bomas Resort
4 Silver Line
Auto Reparatur
5 Mamba Hotel
6 Tamiez
7 Tusky's
& Kengeles
8 Mega Makumatt
& Mon Amiz
9 Kisumu Museum
10 Kay's Restaurant

11 Kisumu Hotel
12 Railway Club
13 Cosmopolitan Club
14 Nyanea Club
15 Sunset Hotel
16 Wildlife Clubs
of Kenya
17 St. Anna Guesthouse
18 Impala Sanctuary
19 Yacht Club

Tankstelle
Moschee
Krankenhaus

Moi-Stadium

A1 Nairobi, Kericho

Nyalenda
Railway Housing
Estate

Nairobi Rd.

Nzoira Rd.

Ring Road

Oginga Rd.

Otieko Rd.

Achieng

Kaunda Hill

Hauptbahnhof

Fähranleger

Victoria

Kisumu
Impala
Sanctuary

Hippo Point

Dunga,
Kiboko Bay

1 Km

ein Sammelsurium an kleineren Geschäften und Bars, aber auch die billigsten Guesthouses und die ältesten **Sakralbauten der asiatischen Bevölkerung** wie der Hindu-Tempel und die Jamia-Moschee. Die Moschee an der Kreuzung von Mosque Road und Otieno Oyoo Street wurde bereits im Jahre 1919 errichtet.

Der **neue Markt und** der **Busbahnhof** von Kisumu befinden sich an der Kreuzung von Kenyatta Highway, der südlichen Begrenzung der Innenstadt, und der Ausfallstraße nach Kisii und Kericho. Vom Geschäftszentrum werden sie durch die riesige Grünfläche des Kenyatta Sportsground getrennt. Die Gegend pulsiert nur so vor Leben, ist laut und nicht sehr gepflegt, weshalb sie nicht so recht

zum eher gesetzten Stadtbild von Kisumu passen mag. Neben Obst und Gemüse kann man auf dem Markt günstig kunsthandwerkliche Gegenstände wie Schnitzarbeiten oder Tontöpfe erstehen.

Die **Trennung der Wohngebiete nach ethnischer Zugehörigkeit,** die auf die Rassenschranken aus der Kolonialzeit zurückgeht, ist in Kisumu noch stärker ausgeprägt als in anderen kenianischen Städten. Besonders auffällig ist der hohe Bevölkerungsanteil der **Inder** in Kisumu, die das gesamte Stadtzentrum und das vornehme, weitläufige Viertel im Süden der Stadt prägen, in dem vormals die Europäer wohnten – daher Kisumus Beiname „Bombay von Ostafrika". Das Gros der afrikanischen Mittel- und Unterschicht lebt in den nordöstlichen Arbeitersiedlungen und Neubaugebieten beiderseits des Kenyatta Highway.

Ein weiteres Überbleibsel aus der britischen Kolonialzeit ist das hoch entwickelte **Club(un)wesen** in der Stadt. Mit dem Nyan-

Im ältesten Stadtteil von Kisumu

za Club, dem Yacht Club, dem Simba Club, dem Cosmopolitan Club, dem Public Service Club und dem Railway Club gibt es mindestens sechs derartige Einrichtungen, alle fein säuberlich nach Hautfarbe bzw. Gesellschaftsschicht getrennt, wobei Nyanza Club und Kisumu Yacht Club die traditionsreichsten und vornehmsten sind. Vom Nyanza Club hat man einen schönen Blick über den Winam Gulf, während der Yachtclub im Süden der Stadt ein Ufergrundstück besitzt und eine der Möglichkeiten in Stadtnähe darstellt, ans Wasser des Victoria-Sees zu gelangen.

Der Süden von Kisumu

Ebenfalls im Südwesten der Stadt liegt das **Kisumu Impala Sanctuary,** das auf dem Weg zum Fischerdorf Dunga, am Ende der Teerstraße liegt. Es handelt sich um einen überraschend wilder Vegetationsstreifen, der sich zwischen dem Seeufer und dem Sunset Hotel in allerbester Lage erstreckt und deshalb auch schon mehrfach Ziel von Landklauern war. Obwohl das Sanctuary nicht einmal einen halben Quadratkilometer groß ist, lebt hier eine **zahme Impala-Herde.** Eine Zahl von bemitleidenswerten Kreaturen, die in viel zu kleinen Käfigen steckt, müssen sich Tag für Tag die Neckereien von Schulklassen gefallen lassen. Einige, etwa die Hyänen, scheinen bereits neurotische Neigungen entwickelt zu haben. Andere, wie der Leopard, gucken nur apathisch vor sich hin. Die Rächer der Gepiesackten sind die frechen Meerkatzen, die im Gegenzug die Ausflügler überfallen und ihnen das Essen entwenden.

Immerhin kann man in der grünen Lunge Kisumus schön spazieren gehen. Über einen alten Bahndamm gelangt man sogar bis zum Bahnhof. Der Eintritt ins **täglich von 6–18 Uhr** geöffnete Sanctuary kostet 15 US$ für NR bzw. 5 US$ für Kinder. Residents zahlen 300/100 Ksh.

Das Impala Sanctuary liegt zwar am Ufer des Victoria-Sees, doch dichtes Gestrüpp versperrt den Blick auf den drittgrößten Binnensee der Erde. **Wer ans Wasser möchte,** begibt sich entweder ein paar hundert Meter weiter zum **Yacht Club,** oder er spaziert den knappen Kilometer südwärts bis zum **Hippo Point,** wo man sogar ein Boot mieten kann. Wie der Name Hippo Point bereits andeutet, gibt es hier noch viele Nilpferde, aber ob man von denen tagsüber mehr als ein verächtliches Schnauben mitbekommt, ist zweifelhaft. Nachts kommen die Kolosse allerdings an Land und machen häufiger die Piste nach Dunga unsicher.

3 km hinter dem Ende der Teerstraße gelangt man zum **Fischerdorf von Dunga,** an dessen Strand eine ansehnliche Flottille der bunten Luo-Fischerboote liegt. Ein erstaunlich dörflich-verschlafenes Kaff am Rande der Großstadt.

Das Museum von Kisumu

Das 1980 vollendete Museum von Kisumu (Tel. 057/2020332), das rund 1,5 km von der Markthalle entfernt an der Ausfallstraße in Richtung Kericho und Kisii liegt, beherbergt eine interessante **naturkundliche und ethnologische Sammlung.** Es ist **täglich von 9.30–18 Uhr geöffnet,** der Eintritt beträgt 500 Ksh für Nonresidents und 100 Ksh für Residents. Umgeben ist das Museum von einem schönen, weiten Garten, dessen Bäume Namensschildchen tragen. In einer hinteren Ecke wurde auch ein traditionelles Luo-Gehöft nachgebaut. Außerdem verteilen sich auf dem Gelände die **Gehege von Krokodilen, Schildkröten und** ungiftigen **Schlangen.** Wohingegen die giftigen Exemplare, etwa Kobras, Schwarze und Grüne Mambas, in separaten Terrarien gehalten werden. Direkt daneben befinden sich auch einige **Aquarien mit Süßwasserfischen.** Es ist nur wenig bekannt, dass der Victoria-See ähnlich viele Arten an maulbrütenden Buntbarschen besaß wie der Malawi-See. Doch der in den 1950er Jahren eingesetzte **Nilbarsch** räumte mit dieser Vielfalt gehörig auf. Dass er das mühelos schaffte, versteht man, wenn man im Museum vor dem 2,2 m langen Exemplar eines solchen Raubfisches steht, das 1978 bei Siaya aus dem See gezogen wurde und 189 kg wog. Junge Biologen und Historiker befinden sich auf dem gesamten Museumsgelände und freuen sich, wenn sie nach Informationen angesprochen werden.

Westkenia

Kisumu/Innenstadt

B1 Ndere Island, Busia

Lake
Victoria

Zoll

Fähre

Kampala St.

Eldoret Rd.

Otuo Rd.

New Station Rd.

Haupt-
bahnhof

Obote Rd.
Makasembo Rd.
Accra St.
Odera St.
Ogada St.
Oginga Odinga Rd.
Paul Abuya Rd.
Temple Rd.
Mosque Rd.
Sailor's Clos
Anguv
Achieno One

Taifa Park

Kenyatta Sports Ground

🛶	**1**	Tilapia Beach	🛶	**10**	Green Garden Restaurant
🛶	**2**	Grill House	🏠	**11**	Rabbi's Lodge
🏠	**3**	Tot Guesthouse & Restaurant	🏠	**12**	Sooper Lodge
🏠	**4**	Hotel Marina	🏠	**13**	Lake Side Guesthouse
🏠	**5**	River Side Hotel	▲	**14**	Hindu Tempel
🏠	**6**	Siaya Guesthouse	🏠	**15**	Nasim's Lodge
☾	**7**	Jamia Moschee	✚	**16**	Aga Khan Hospital
🏠	**8**	New Victoria Guest	▲🅺	**17**	United Mall & Kino
🔵	**9**	Octopus/ Bottom-up Disco	▲	**18**	Kibuye Markets
			🅱	**19**	Kisumu Area Library

🔵	**20**	Kisumu Social Hall
🏠	**21**	Naselica Hotel
🔵	**22**	Basement Club
✚	**23**	Nyanza General Hospital
✚	**24**	Praxis Dr. Patel
🛶	**25**	Casino & Italian Restaurant
☕	**26**	Café Natasha
@	**27**	Kenshop Internet
▲	**28**	Ukwala Supermarket
▲	**29**	Mega Plaza

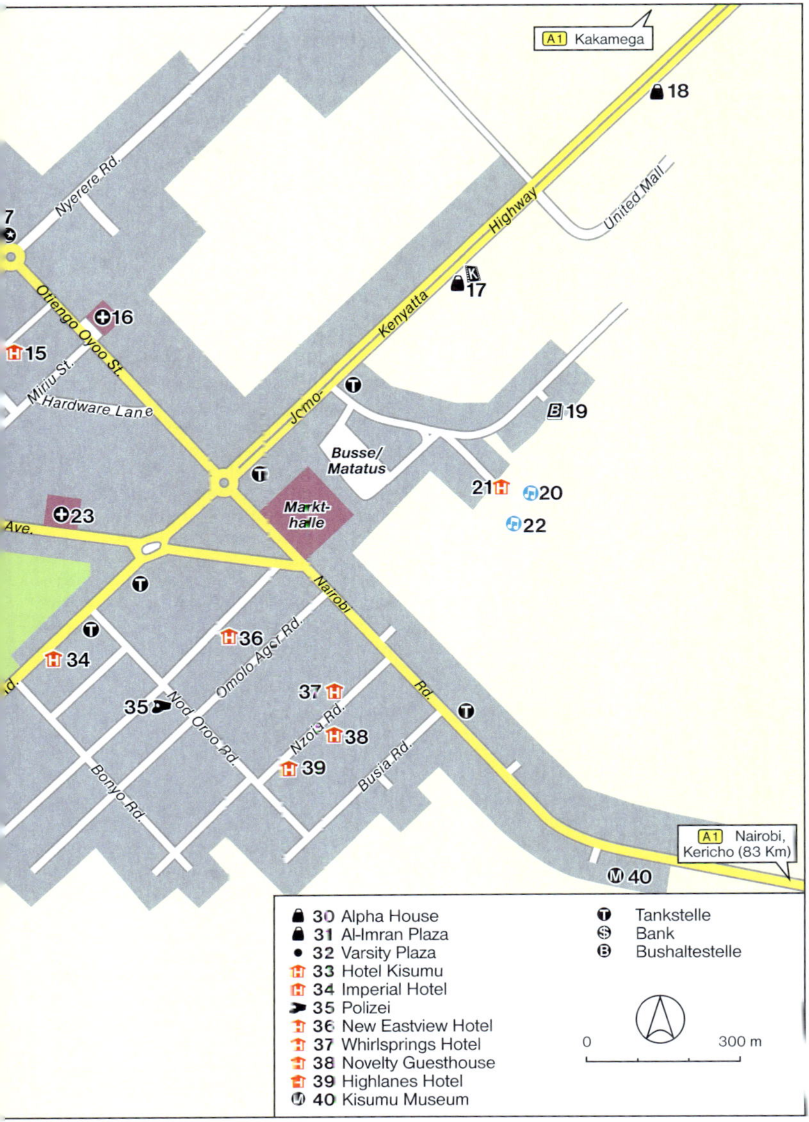

Westkenia

| A1 | Kakamega |

🔒 **18**

United Mall

Highway

Nyerere Rd.

🔵 **7**

Otiengo Oyoo St.

Ⓗ **16**

Ⓗ **15**

Miriu St.

Hardware Lane

Kenyatta

🇰 **17**

Jomo-

🅣

| B | **19** |

Ⓣ

Busse/
Matatus

21 Ⓗ ♫ **20**

♫ **22**

Ⓗ **23**

Ave.

Markt-
halle

Ⓣ

Nairobi

Ⓗ **36**

Ⓣ

Ⓗ **34**

Omolo Ager Rd.

37 Ⓗ

35 ➤

Nod Oyoo Rd.

Nzoia Rd.

Ⓗ **38**

Ⓣ

Rd.

Ⓗ **39**

Busia Rd.

Bonyo Rd.

| A1 | Nairobi, Kericho (83 Km) |

Ⓜ **40**

🔒	**30** Alpha House	Ⓣ	Tankstelle
🔒	**31** Al-Imran Plaza	Ⓢ	Bank
●	**32** Varsity Plaza	Ⓑ	Bushaltestelle
Ⓗ	**33** Hotel Kisumu		
Ⓗ	**34** Imperial Hotel		
➤	**35** Polizei		
Ⓗ	**36** New Eastview Hotel		
Ⓗ	**37** Whirlsprings Hotel		
Ⓗ	**38** Novelty Guesthouse		
Ⓗ	**39** Highlanes Hotel		
◎	**40** Kisumu Museum		

0   300 m

Die Ahnengalerie **ausgestopfter Tiere** an den Wänden des Museums ruft nach dem Live-Erlebnis im Nationalpark eher eine Mischung aus Beklemmung und Langeweile hervor, aber die gut erläuterte **Ausstellung über die Frühgeschichte der Menschheit** ist ebenso sehenswert wie die umfangreiche **ethnologische Sammlung** der Völker der Lake Victoria-Region. Die Exponate umfassen Acker- und Jagdwerkzeuge, Fischfallen, Spiele, Tonwaren, Waffen, Kleidungsstücke, Möbel, Schmuck und herrliche Musikinstrumente und zeigen die ganze Reichhaltigkeit der traditionellen Kultur, die nach der Ankunft der Weißen zunehmend ausstarb.

Unterkunft

Oberklasse-Hotel
● **Imperial Hotel**
Tel. 057/2020002, 202221-1 und -7, 2266-1 bis -7, www.imperialkisumu.com; R: Standard: 5650/7450/9250 Ksh BB, Deluxe: 7300/9100/10.900 Ksh BB, Executive: 17.680/17.680 Ksh BB; NR: Standard: 77/102/126 Euro BB, Deluxe: 99/125/149 Euro BB, Executive: 243/243 Euro BB. Von außen ein recht hässlicher Kasten, ist das 1985 erbaute Hotel das einzige in Kisumu mit sauberem Teppich – bei den Preisen ... Die Zimmer sind vornehm eingerichtet und mit Sat-TV, Moskitonetzen, Safe und Air Condition ausgestattet. Es besteht auch die Möglichkeit, Zimmer für einen längeren Zeitraum zu mieten (85.000/98.000 Ksh pro Monat). Das Hotel verfügt über einen Fitness Club, sichere Parkplätze und einen kleinen Pool (für Nicht-Gäste: 120 Ksh). Coffee Shop, Bar (mit gratis WLAN) und Restaurant sorgen für das leibliche Wohl (Buffet: Lunch 10 Euro, Dinner 12 Euro). Das Hotel organisiert für seine Gäste auch Ausflüge, z.B. zum Kakamega Forest oder auf dem See. Die Akamba-Busse nach Kampala und Nairobi fahren am Hotel ab.

Mittelklasse-Hotel
● **Kisumu Hotel**
Jomo Kenyatta Highway, Tel. 057/2024157 und 2022833, hotel@maseno.ac.ke; Standard: 4000/5500/6800 Ksh BB, Deluxe: 4500/6000/7500 Ksh BB, Suite: 8500/9500 Ksh BB. Früher war das Haus wohl so etwas wie das Norfolk Hotel von Kisumu, dann aber wurde es renoviert und verlor dabei viel Charme. Nun wird es von Touristikstudenten der Maseno-Universität geführt. Die Zimmer sind ziemlich schlicht, besitzen jedoch Fernseher und Ventilator. Immerhin: Die Terrasse ist immer noch ein Treffpunkt. Das Restaurant offeriert Lunch/Dinner-Buffet für 750/800 Ksh. Cyber Café im Haus.

Preiswerte Unterkünfte
● **Whirlspring Hotel Kisumu**
Abseits Nairobi Rd./Nzoia Rd., Tel. 057/20353018-5/-6; 2100/2800 Ksh BB. Ein ruhiges Hotel. In den großen sauberen Zimmern mit Balkon bekommt man Luft, alle sind mit TV, Moskitonetz und Ventilator ausgestattet. Das Restaurant bietet gute lokale Küche zu fairen Preisen. Empfehlenswert!
● **New Eastview Hotel**
Tel. 057/2025026; 1500/2000 Ksh BB. Sehr sauber und gemütlich, oft schnell ausgebucht. Wegweiser an der Nairobi Rd.
● **Hotel Naselica**
Omino Crescent Rd., Tel. 057/202622-0/-1, naselica@gmail.com; 1500/2000 Ksh BB. Ein großes Hotel mit engagiertem Personal und Plastikblumenmeer im Eingangsbereich. Die Zimmer sind sehr sauber, hell und nett. Ein empfehlenswerter Ort.
● **River Side Hotel**
Tel. 057/2025672; 1400/1500–1800/2000 Ksh. Die Betten sind so groß, dass im Zweibettzimmer locker vier Personen Platz hätten. Das Haus ist leicht zu finden, es ist das einzige Backsteinhaus in der Straße. Man sollte sich mehrere Zimmer zeigen lassen, einige sind heller und haben einen Balkon. Eine gute Option für die Übernachtung.
● **New Victoria Hotel**
Tel. 057/2021067, 2020413, Fax 2022874; SC 1300/1650 Ksh BB, NSC 800 Ksh BB. Das Hotel hat hübsche Zimmer, alle mit Ventilator und Moskitonetzen ausgestattet. Die NSC-Einzelzimmer sind zwar klein, aber nicht ungemütlich, und die Toiletten und Duschen auf dem Gang werden mehrmals am Tag gereinigt. Nach dem Auschecken kann das Gepäck mit gutem Gewissen auch noch im

Haus gelassen werden. Das Personal ist sehr freundlich und hilfsbereit. Keine sicheren Parkplätze, aber Askaris. Gutes Restaurant mit indischer Küche, frischen Säften, Eis und Backwaren. Insgesamt: Empfehlenswert!

●**Highlanes Hotel**
Nzoia Rd., Tel. 057/2021110 od. 202082563, highlaneshotel@yahoo.com; 1000, 1300 oder 1600 Ksh für ein SG, DB 2000 Ksh BB. Das rosa Hotel liegt in einer ruhigen Gegend, hat hübsche, einfache Zimmer, ein sicherer Parkplatz ist vorhanden. Ventilatoren und Moskitonetze sind auch hier selbstverständlich, gegen den Durst gibt's rund um die Uhr Sodas.

●**Hotel Marina**
Paul Mbuya/Makasembo Rd., Tel. 057/2026006, Mobil: 0723/927543, Fax 057/2024985, marina@swiftkisumu.com; 1000/1650 Ksh SC BO. In den riesigen Doppelzimmern verliert man sich, die SG s nd dafür etwas klein geraten. Die Zimmer sind sauber und besitzen allesamt Ventilatoren.

●**Novelety Guesthouse**
Mobil: 0720/25231, info@noveltyguesthouse.co.ke; SG 900–1100 und DB 1600 Ksh BB. Saubere, einfache Zimmer in ruhiger Lage. Moskitonetze vorhanden. Empfehlenswert!

●**Sooper Guest House**
Oginga Odinga Street, Mobil: 0725/281733 od. 0723/292781, kayamchatur@yahoo.com; 900/1100 Ksh SC, Frühstück kostet 100 Ksh. Ein einfaches, sehr nettes Guesthouse, in dem öfters internationale Studentengruppen absteigen. Auf zwei Terrassen lässt sich auch ein selbst mitgebrachter Sundowner gut genießen. Sollte man Fragen zu alten Gebäuden in Kisumu haben, hier gibt es Antworten, denn *Mr. Kayam,* der nette Manager, kennt die Geschichte und Architektur von Kisumu, und er freut sich, sein Wissen an Interessierte weiterzugeben. Empfehlenswert!

●**Hotel Natasha**
Tel. 057/2020189; 800/1000 Ksh SC. Das freundliche, saubere Haus mitten im Zentrum hat sehr helle, große Zimmer, die SG sind etwas kleiner und gehen zur Rückseite raus. Sichere Parkmöglichkeit.

●**Lake Side Guesthouse**
Kendu Lane, Tel. 057/20237073; 800/1000 Ksh SC. Sehr empfehlenswertes, sauberes Guesthouse. Es gibt einen netten Balkon mit Seeblick, auf dem man auch ungestört das Treiben auf der Straße beobachten kann. Die Zimmer sind hell, haben alle Moskitonetze, heißes Wasser und Ventilatoren. Sichere Parkmöglichkeit vorhanden, das Restaurant unterhalb des Hotels hat gute Pizzas.

●**Tot Hotel & Lodge**
Mobil: 0721/615000; 700/1050 Ksh SC BB. Das kleine Hotel mit der großen Veranda und den Zimmern mit Netzen, Badewanne, Ventilator und Hafenblick ist ein recht stiller Ort, da er etwas abseits des Innenstadttrummels liegt. Auch das Restaurant im Erdgeschoss ist empfehlenswert.

●**Siaya Guesthouse**
600/1000 Ksh NSC, und ein SG 1200 Ksh SC mit TV. Ein Hotel mit einfachen, sauberen Zimmern und guten neuen Betten, Moskitonetzen und Ventilatoren. Ein Fernsehraum steht im Innenhof des Hotels zur Verfügung.

●**Nasims Lodge**
Tel. 057/2021623; 600/700 Ksh SC, NSC 500 Ksh. Sehr einfache, aber saubere Lodge in einem alten netten Haus. Schmutzwäsche kann abgegeben werden.

●**Razbi Guesthouse**
Oginga Odinga Rd./Kendu Lane, Tel. 057/2025488; 500/700 Ksh NSC, SG 800 Ksh SC. Ein kleines Hotel mit dünnen Wänden, ansonsten aber sehr sauber. Die Zimmer haben alle Moskitonetze und neue Matratzen. Warmes Wasser ist vorhanden. Für den Preis empfehlenswert.

Hotels außerhalb der Stadt

●**Kiboko Bay Resort**
Tel. 057/2025510, Mobil 0724/387738 und 0733/532709, www.kibokobay.com; 5000/7000 Ksh BB in luftigen Safari-Zelten mit eigenem Bad, die unter Schattendächern stehen und ein riesiges Bett besitzen. Ein schönes Ufergrundstück, etwa 2 km südlich der Stadt. Im großen Garten lässt sich sehr gut zelten (500 Ksh pro Zelt), die Lage am See ist herrlich. Am besten kommt man mit dem Tuktuk (100 Ksh) hin, die Piste nach Dunga ist allerdings in einem extrem schlechten Zustand. Gäste von außen können den Pool für 200 Ksh mit nutzen (Kinder zahlen die Hälfte). Auf Wunsch sind Angel- und Bootsausflüge möglich.

Westkenia

●**Kisumu Beach Resort**

Die Übernachtung in Cottages kostet zwischen 2000 und 3000 Ksh. Das Beach Resort befindet sich in der Nähe des Flughafens, auf der gegenüberliegenden Seite der Bucht, an der Kisumu liegt. Es ist ohne Transport ein wenig umständlich hinzukommen, denn der nette Platz am See liegt 3 km abseits der Hauptstraße. Man nimmt das „Pipeline"-Matatu aus der Stadtmitte, ein Taxi (700 Ksh) oder das Tuktuk (150 Ksh). An den Wochenenden findet hier Disco statt, dann wird von Management-Seite für Transport gesorgt.

●**Sunset Hotel**

Aput Lane, Tel. 057/2020464/5/6, Mobil: 0733/411001; 4000/5000/7000 Ksh BB. Anders als der Name nahelegt, ist es kein besonders schöner Sonnenuntergang, den man von der Terrasse des ziemlich funktionalen Hotels genießt. Der Seeblick ab dem 3. Stock ist aber toll. Die Zimmer sind ordentlich, besitzen alle Sat-TV, Badewanne, Moskitonetz und Radio. Als Ausgleich für die hässliche 1970er-Jahre-Architektur hat das Sunset einen der größten Gärten in der Stadt. Das Schwimmbad ist empfehlenswert, ein gutes Restaurant bietet italienische, orientalische und afrikanische Küche zu zivilen Preisen.

●**Nyanza Club**

Tel. 057/204058, nyanzaclub@africaonline.co.ke; 4000/4500 Ksh BB. Alle Räume sind mit Sat-TV, Kühlschrank, Telefon, Ventilator und Moskitonetz ausgestattet. Vor allem aber liegt der zweistöckige Gästetrakt im schönen Garten, und man darf die Einrichtungen des Clubs mit nutzen – und die sind vielfältig. Auch ein Cyber Café ist im Haus. Die Zimmer im Erdgeschoss besitzen eine Badewanne, die oberen Zimmer haben den schöneren Blick und einen Balkon. Das beste Hotel der höheren Preisklasse in Kisumu, keine Frage. Kinderspielplatz und zahlreiche Sporteinrichtungen.

●**St. Anna Guest House**

Tel. 057/2024792, Mobil: 0734/600119, www.stannaguesthouse.com; 1500/2300/3500 Ksh BB. Sehr sauber, sehr ruhig, sehr sicher. Laut Folder ein christliches Haus. Parkplatz und Restaurant vorhanden.

●**Mamba Hotel**

Tel. 057/2043142, Mobil: 0722/731342; 1300/1800 BB SC. Das Hotel hat ein nettes Terrassenrestaurant, in dem man leckeren getrockneten Fisch probieren kann. Über die alten Holztreppen gelangt man zu den sauberen Zimmern, die alle TV, Ventilatoren und Moskitonetze besitzen. Parkplatz vorhanden.

Camping

●**Wild Life Clubs of Kenya**

Tel. 057/2024162. Auf Anfrage können im großen Areal der Wild Life Clubs Zelte (250 Ksh) aufgestellt werden. Wer sich für die Natur und vor allem für die Vogelwelt in der Umgebung interessiert, ist hier sicher gut aufgehoben. Ansonsten existieren auch Doppelstockbetten für 500 Ksh. Die „Lake Victoria Sunset Birders" haben ihr Büro im selben Ge-

Fischerboote in Dunga,
einem Vorort von Kisumu

bäude und sind Gästen jederzeit behilflich, eine günstige Tour zu organisieren. Weitere Campingmöglichkeiten beim Kisumu Beach Resort und bei Kiboko Bay Resort.

Essen und Trinken

●**Green Garden Restaurant/ Pub and Pizzeria**
Odera Street, nahe des Razb Guesthouse, Mobil: 0727/738000. Der deutsche Besitzer hat früher Studentenbars in Aachen geführt. Das gute Händchen für ein angemessenes Preis-Leistungsverhältnis scheint er aus dieser Zeit zu haben. Ein eigener Ofen sorgt für wirklich gute Pizzas. Je nach Verfügbarkeit werden auch Hackbraten, Krakauer, Blutwurst und Sauerkraut serviert. Gute vegetarische Küche und Grillspezialitäten runden die Speisekarte ab.

●**Grill House**
Am Ende der Oginga Odinga Rd. im Swan Centre. Ebenfalls unter deutscher Führung, was an der dezenten bayrischen Flagge, nicht aber an der stark indisch und chinesisch beeinflussten Karte und den Wasserpfeifen abzulesen ist, die man hier rauchen kann. Daneben natürlich Grillspezialitäten, kleinere Snacks und deutsche Hausmannskost – von Rouladen bis hin zu Thüringer Würstchen.

●**Imperial Hotel**
Im Restaurant des Imperial Hotel wird gute indische und internationale Küche serviert. Lunch-Buffet 10 Euro, Dinner-Buffet 12 Euro.

●**Simba Club**
Auch im Simba Club etwas außerhalb der Innenstadt am Kenyatta Highway, in dem fast ausschließlich Sikhs und andere Asiaten verkehren, wird chinesische, indische und internationale Küche angeboten.

●Zum **Kasino** auf der Odinga Oginga Rd. gehört ein empfehlenswertes italienisches Restaurant mit verschiedensten Pizza- und Pasta-Gerichten.

●**Kay's Restaurant** nahe des Milimani Resort ist ein romantisches Restaurant, das wegen eines hässlichen Tores von außen zunächst nicht besonders einladend aussieht. Doch dann steht man vor einem kleinen Kolonialhaus, das nicht nur eine leckere Speisekarte

mit Steaks, Fisch etc. offeriert, sondern auch eine gut sortierte Bar. Von 15–24 Uhr geöffnet, Sonntag ist Ruhetag.

●Gut essen kann man auch im **Kiboko Bay Resort** mit Blick auf den See. Deutlich günstiger isst man Fisch am sogenannten **Tilapia Beach** am Ende der Oginga Odinga Rd., in den kleinen Hotelis direkt am Seeufer. Den Fisch sucht man sich aus, lässt ihn braten und genießt ihn dann mit Blick auf die Leute, die im Lake Victoria die Matatus waschen – real Africa eben.

●Es gibt eine Vielzahl von einfachen und günstigen Snack Bars und Hotelis. Das **Tot Coffee House** hat u.a. günstige indische Gerichte. Auch die Speisekarte des **Café Natasha** hat indischen Einschlag, hier kann man auf einer schönen Veranda sitzen. Die Bedienung ist etwas lahm, aber die Portionen sind groß. Das **Expresso Coffee House** serviert leider – wie alle anderen – nur Pulverkaffee, hat aber schon ab 9 Uhr offen, eine Seltenheit in Kisumu! Im **Hotel Mamba** gibt's zu günstigen Preisen das Nationalgericht von Kisumu: Fisch und Ugali. Man sollte unbedingt den „dry fish" probieren! Aber auch das Huhn hat einen legendären Ruf. Thai- und China-Küche offeriert das **Oriental** im Al-Imran Plaza an der Oginga Odinga Rd.

Verkehrsverbindungen

Flugzeug

●Der nationale Carrier **Kenya Airways** fliegt täglich von Kisumu **nach Nairobi** (1 Stunde Flugzeit). Das Buchungsbüro befindet sich im Alpha House. Weitere Fluglinien, die Kisumu bedienen sind Fly540, Jetlink und Safarilink.

Eisenbahn

●Der Zug von Kisumu **nach Nairobi** verlässt den Bahnhof um 18.30 Uhr und erreicht Nairobi (laut Fahrplan!) am nächsten Morgen um 8.25 Uhr. Die Tickets kosten 2235/ 1640/300 Ksh für die 1./2./3. Klasse. Die Züge sind häufig ausgebucht, weshalb man auf jeden Fall rechtzeitig reservieren muss. Am besten schaut man zu den Öffnungszeiten des Fahrkartenschalters (täglich 8–12 u. 14–16 Uhr, Tel. 057/42211) am Bahnhof vorbei.

Westkenia

Busse und Matatus

Praktisch alle Matatus, Busgesellschaften und Peugeot-Taxis fahren vom **Kisumu Bus Park** hinter der städtischen Markthalle oder direkt davor von der Kenyatta Avenue ab.

● Natürlich haben die wichtigen **Busgesellschaften** Kisumu im Programm und bedienen von hier aus die großen Städte Westkenias und Nairobi. Stagecoach fährt um 9 und 13 Uhr in Richtung **Nairobi** (800 Ksh), man kann aber auch bereits in Kericho (250 Ksh) oder in Nakuru (500 Ksh) aussteigen. Akamba Bus fährt für 900 Ksh nach Nairobi und für 1200 Ksh nach **Kampala,** jeweils um 9 und 10 Uhr. Die Abfahrtsstelle liegt in der Innenstadt, hinter dem Café Natasha.

● Um zu den kleineren Orten in der näheren **Umgebung von Kisumu** zu gelangen, muss man auf **Matatus** zurückgreifen. Wie immer fahren sie, wenn der letzte Platz besetzt ist.

● Außerdem gelangt man mit **Nissan-Bussen** nach **Busia, Eldoret, Kakamega** (1 Std.), **Kendu Bay** (1,5 Std.), **Kericho** (1,5 Std.), **Kisii** (2 Std.) und **Nairobi** (5–6 Std.).

Fähren

Der Fährverkehr auf dem Lake Victoria ist wegen der Wasserhyazinthenplage und sinkendem Wasserspiegel **gar nicht oder nur sporadisch** in Betrieb. Die klassischen Routen gehen nach Homa Bay und Mbita sowie nach Mwanza in Tansania und Fort Bell in Uganda. Informationen über den aktuellen Stand des Schiffsbetriebs erhält man im Ticket Office unten am Fähranleger.

Autoreparatur

● Eine empfehlenswerte Autowerkstatt ist **Silver Line** des Rallye-Mechanikers *Sunay Patel* an der Nyerere Rd., Tel. 057/2023830, 2040406 oder Mobil: 0722/777746.

Banken

Die Filialen von Barclays und Standard & Chartered verfügen über **Bankautomaten.** Die Öffnungszeiten bewegen sich bei den meisten Geldhäusern im üblichen Zeitrahmen: Mo. bis Fr. 9–15 sowie Sa. 9–11 Uhr.

Post und Internet

● Die **Hauptpost** befindet sich im Mega Plaza, sie ist Mo. bis Fr. von 8–17.30 Uhr und Sa. von 9–13 Uhr geöffnet. An der Post gibt es auch einen EMS-Express-Post-Schalter (Tel. 057/2024516). Die **DHL-Filiale** findet man ebenfalls im Mega Plaza. Die Vertretung für **UPS:** SDV Transami, c/o Pel Travel, Al-Imran Plaza, Shop No. 3, Oginga Odinga Rd., Tel. 057/43765. Daneben transportieren auch einige Busgesellschaften Pakete innerhalb Kenias, so etwa Coastal Bus und Akamba.

● Im Mega Plaza befinden sich drei gute **Internet-Cafés.** Im 1. Stock kann man auch ungestört skypen. Von anderen Reisenden wird auch der **Kenshop** neben dem Mona Lisa Guesthouse auf der Odinga Rd. empfohlen, der zwar teurer ist, aber schnellere Verbindungen hat.

Kultur

Theater

Lokale Theatergruppen wie das **Misango Arts Ensemble** führen öfters Stücke in der **Kisumu Area Library** hinter dem Busbahnhof auf.

Kino

Kisumu besitzt **zwei moderne Kinos.** Eines befindet sich im Mega City Nakumatt abseits der Ausfallstraße nach Nairobi und Kericho, das andere in der United Malls am Kenyatta Highway.

Nachtleben

Die Luo sind ausgezeichnete Musiker und feiern gerne, was auch dem Nachtleben von Kisumu zugute kommt. Am Wochenende ist natürlich mehr los als an Werktagen.

Der älteste und bekannteste Club ist das **Octopus** mit der **Bottom Up Disco,** der mit „wenig Klasse, extra viel Stimmung" ziemlich gut charakterisiert ist. Wer hier solo auftaucht, hat schneller professionelle Damenbegleitung, als ihm lieb sein kann. Wer fein ausgehen möchte, besucht am besten das

Royal Casino auf der Odinga Rd. und kann sein Glück an den Einarmigen Banditen sowie am Roulettetisch versuchen. Die Pizzeria im Kasino serviert italienischen Wein in gediegenem Rahmen. Freitags geht es im Nyama-Choma-Lokal **Kim wa Kondele** an der Kagamega Rd. (200 Ksh mit dem Taxi) die Luo-Live-Musik-Luzie ab. Luo-Pop live wird täglich auch in der **Kisumu Social Hall** hinter dem Busbahnhof gespielt. Im **Basement Club** um die Ecke kommen Reggae-Fans auf ihre Kosten. Hart und fair wird im **Tamiez** gefeiert, man kann sich vorher mit Nyama Choma stärken. Im **Sunset Hotel** wird bisweilen auch traditionelle Live-Musik gegeben.

Wer den weiten Weg nicht scheut, kann am Wochenende im **Kisumu Beach Club** feiern. Manchmal gibt es auch im **Yacht Club** Tanzveranstaltungen, empfehlenswerter ist der Platz aber für einen stilvoller Sundowner am See, umgeben von alten Regatta-Listen und Pokalen (Tagesmitgliedschaft 200 Ksh). Bodenständiger, aber herzlicher ist die Stimmung im **Victoria Railway Club,** in dem manchmal ebenfalls Live-Musik gespielt wird. Das Clubhaus ist eines der ältesten Häuser in Kisumu, ein wunderschönes Holzgebäude im Grünen, in dem man auch Snooker, Darts und Tischtennis spielen kann. Auf dem alten Klavier von „John Broadwood & Sons, London" hat allerdings bestimmt schon lange niemand mehr in die Tasten gegriffen. Etwas außerhalb der Stadt auf dem Jomo Kenyatta Highway befindet sich das **Eomas Resort,** dass am Wochenende afrikanische Livebands aufspielen lässt.

Im **Green Garden Restaurant and Pub** wird am Wochenende, je nach Klientel, Rock oder Bollywood-Musik gespielt. Ein netter Treffpunkt, um den Abend zu beginnen.

Am Wochenende sehr beliebt ist das **Mon Ami** im Mega Plaza, das auch Sport-TV und Poolbillard anbietet. Fr. und Sa. Disco. Live-Musik gibt es auch im **Kengeles** beim Tusky's Supermarket am Kenyatta Highway.

Notfall

● Die beste Klinik in Kisumu ist das **Aga Khan Hospital** in der Otieno Oyo Rd. Hier kann man auch für wenig Geld einen Malariatest vornehmen lassen. Wird eine aufwendige Behandlung fällig, kann man auch mit Kreditkarte zahlen. Hier erhält man auch die Adressen von guten Zahnärzten.

● Ein empfehlenswerter Arzt ist **Dr. Pate .** Die Praxis befindet sich in der Ang'awa Ave., P.O. Box 178, die Öffnungszeiten sind Mo. bis Fr. 8.30–13 und 14.30–17.30 Uhr, Sa. 8.30–13 Uhr, So. und feiertags 9–12 Uhr.

Einkaufen

Wer sich selbst verpflegt oder für die Weiterreise mit Vorräten eindecken will, hat die Qual der Wahl. Im Foamat Building gibt es den **Foamat Supermarket,** aber der **Naxumatt Supermarket** im Mega Plaza ist kaum zu schlagen, was Auswahl, Preise und Öffnungszeiten angeht (Mo. bis Sa. 8–20 Uhr und So. 10–19 Uhr). Frisches Obst und Gemüse erhält man in und um die **Markthalle** herum. Frische Backwaren gibt's in der **Kenshop Backery** auf der Oginga Odinga Rd., **Bücher** (Bestimmungsbücher für Vögel und Säugetiere und einige Bildbände) sowie **Postkarten** im **Sarit Bookshop** auf der Oginga Odinga Rd. **Seal Honey** im Innenhof des Mega Plaza ist ein ausgesprochen gut sortiertes Fachgeschäft für **Schreibwaren** und Büroartikel. Einen guten **Optiker, Eye Co,** findet man gegenüber des Imperial Hotel in der Achieng Oneko Rd.

Souvenirs

Wer auf der Suche nach Souvenirs ist, sollte sich zunächst einmal auf den **Markt** begeben, denn unter den dort verkauften Gebrauchsgegenständen finden sich einige hübsche Dinge. **Vor dem YMCA** türmen sich jede Menge **Töpferwaren** auf, für die die Luo-Handwerker bekannt sind.

Ein ganz besonderes Spektakel ist der sonntags stattfindende **Kibuye Market,** der wegen seiner Farbigkeit auch den Besuch lohnt, wenn Sie überhaupt nichts kaufen wollen. Er liegt gegenüber der katholischen Kirche. Um hinzukommen, müssen Sie nur den Kenyatta Highway von der Markthalle ungefähr 1 km stadtauswärts laufen.

Westkenia

Barbier

- Gegenüber des Hindu-Tempels in der Ogada Rd. befindet sich der **Emily Salon,** ein empfehlenswerter indischer Barbier, der neben Haarschnitt, Nasenrasur, Mani- und Pediküre für ein paar Shilling auch eine herrliche Kopfmassage verabreicht.

Reisebüros und Safari-Unternehmen

In Kisumu gibt es diverse Reisebüros, die neben Hotelbuchungen und Flugtickets auch Safaris anbieten (allerdings haben die wenigsten westkenianische Attraktionen im Programm!), sowie **Pkw** und **4WD-Fahrzeuge vermieten.** Es lohnt sich, zunächst zu vergleichen, die Preise variieren beträchtlich. Meist haben die Büros, wie viele andere Läden in Kisumu auch, zwischen 13 und 14 Uhr geschlossen.

- **Kisumu Travels**
Neben der Bank of Baroda, Oginga Odinga Rd., Tel. 057/2020785, Fax 45114.
- **Lake Travels**
Alpha House, Oginga Odinga Rd., Tel. 057/202015 oder 2020868, laketravels@swiftkisumu.com.
- **Pel Travels**
Al-Imran-Plaza, Oginga Odinga Rd., Fax 057/2022495. Das Reisebüro vermietet Autos, darunter auch 4WD-Fahrzeuge.
- **Shiva Travels**
Neben dem Sarit Bookshop, Oginga Odinga Rd., Tel. 057/2022320.
- **Phiaton Travels**
Mega Plaza, 3. Stock, Tel. 057/2025969, phiatontravels@yahoo.com. Gute Adresse für Autovermietung.

Sport und Aktivitäten

Golf

- Der **Nyanza Club** verfügt neben Unterkünften auch über einen hervorragend gepflegten Golfplatz. Früher hatte man es auf den Greens angeblich öfters mit Nilpferden

und Pythons zu tun. Die Greenfee beträgt 1000 Ksh.

Schwimmen

Es gibt in Kisumu verschiedene Möglichkeiten, einen Sprung ins kühle Nass zu wagen, ohne sich im See gleich der Gefahr von Bilharziose auszusetzen. Sowohl das **Sunset Hotel** (schöner Pool) als auch das **Imperial** (klein und hässlich) und diverse Sportclubs, nämlich der **Cosmopolitan Club,** der **Yacht Club** und der **Nyanza Club,** verfügen über Schwimmbäder.

Segeln

Offiziell kann man zwar in Kisumu kein Segelboot mieten, aber wer sich für den Sport begeistert, lernt an der imposanten Bar des **Kisumu Yacht Club** bestimmt einen Jollenbesitzer kennen, der bereit ist, einen auf der eigenen Windsbraut mitzunehmen. Das Clubhaus mit seinen Pokalen und Bildern, in dem noch der Wind vergangener Tage weht, ist ohnehin einen Besuch wert. Daneben kann man im Yacht Club auch gut essen (indischer Einschlag) und den Ausblick von dem sehr gepflegten Seegrundstück genießen. Die Daily Membership beträgt 500 Ksh.

Sonstiges

Im Nyanza Club kann man auch **Tischtennis, Tennis, Snooker und Squash** spielen, an der Ausfallstraße zum Flughafen wird ein **9-Loch-Golfplatz** unterhalten. Der **Cosmopolitan Club** (Mobil: 0725/425497), eher eine Einrichtung der indischen Mittelklasse, verlangt 100 Ksh Daily Membership, dafür kann man dann Tennis, Badminton, Tischtennis, Squash, Pool und Darts spielen. Im **Mega City Nakumatt** an der Ausfallstraße nach Nairobi gibt es Bowlingbahnen.

Kisumu – (Ndere Island National Park) – Yala – Busia

- **111 km**
- **Durchgehend geteert.**
- **Fahrtzeit:** 2–3 Stunden.

Um vom Stadtzentrum auf die Ausfallstraße in **Richtung Nordwesten** zu gelangen, folgen Sie der Obote Road durch das Hafengebiet stadtauswärts. Am Stadtrand quert die Straße die Bahnschienen der Linie nach Nairobi, kurz darauf auch jene der Butere-Bahn, welche die Straße zunächst noch ein Stück weit begleitet. Landschaftlich ist die Fahrt zunächst nicht besonders reizvoll, denn man fährt durch die flache **Kano-Ebene** im Hinterland des Sees, welche durch brachliegende Flächen und einige kleine Farmen geprägt wird. Rechter Hand ragt die Nyando-Bruchstufe auf.

Auf der nördlichen Seite der Bucht von Kisumu liegen der Flughafen, dessen Zufahrt Sie links passieren, und die „Friedhofsmeile" der Stadt. Nacheinander fahren Sie am sunnitischen, ismailitischen, dem Hindu- und dem Soldatenfriedhof von Kisumu vorbei. Bei km 12 biegt im Örtchen **Kisian** nach links die Teerstraße nach Siaya ab, die Sie auch zum wunderschönen **Ndere Island National Park** bringt, ein landschaftlich empfehlenswerter Abstecher, für den man einen ganzen Tag einplanen sollte (s.u.). Direkt nach dieser Abzweigung kreuzen wieder die Schienen der Butere Railway, danach steigt die Straße beträchtlich an und verlässt das Seebassin. Rund 25 km nach der Abzweigung zum Ndere National Park zweigt links die B1 nach Busia und zur ugandischen Grenze ab. Wenn Sie geradeaus führen, gelangten Sie nach einigen Kilometern Teer über eine mäßige Piste nach **Mumias,** quasi die Zuckerhauptstadt von Kenia. Ansonsten ist das Städtchen nur für sein Fußballteam bekannt.

Bereits kurz nach der Abzweigung überquert die Busia-Straße ein letztes Mal die Bahnschienen und kurz darauf den – besonders in der Regenzeit – imposanten **Yala River,** gewissermaßen der Yukon des Landes, an dessen Lauf vielerorts nach Gold gegraben wird. Er hat seinen Ursprung in den Nandi Hills und stürzt südlich des Örtchens Yala Town, das Sie nach der Brücke rechts liegen sehen, eine Bruchstufe ins Lake Victoria-Bassin hinab. Der Yala River ist insofern ein Kuriosum, als dass er nicht in den Victoria-See mündet, sondern im Hinterland die riesigen Yala-Sümpfe und den Lake Kanyaboli bildet, ein Gebiet, für das seit längerer Zeit Trockenlegungspläne existieren, um neues Ackerland zu gewinnen. **Yala Town** ist ein winziges, verträumtes Kaff, an dem die Zeit völlig vorübergegangen zu sein scheint. Hier ist so wenig Betrieb, dass die Ziegen auf dem Straßenpflaster ihren Verdauungsschlaf halten. Immerhin besitzt der Ort eine Bahnstation, eine kleine KCB-Bankfiliale sowie zwei Bars mit hübschen Arkaden.

Um **zu den Yala Falls** zu kommen, biegen Sie nicht rechts nach Yala Town ein, sondern 600 m später an dem Schild zum **Yala Guesthouse** (übrigens das beste im Ort) nach links. Die Piste zu den Wasserfällen ist nach Regen schlüpfrig, es sind aber nur rund 1,3 km, die man auch gehen kann. 1 km nach der Abzweigung biegt rechts die Piste zu einer Trinkwasseraufbereitungsanlage ab, Sie fahren aber weiter geradeaus. Nach 300 m macht die Straße einen scharfen Knick nach links zum Wassereinlass der Anlage. Hier können Sie parken, rechts führt ein kleiner Fußpfad zu den Fällen hinab. Der Yala River stürzt hier vielleicht 15 m hinab und teilt sich dabei in zahlreiche kleinere Fälle. Man kann hier eine ganze Weile damit zubringen, zwischen den tosenden Wassermassen von Inselchen zu Inselchen zu springen. Nachmittags ist das Licht zum Fotografieren am günstigsten. Am Fuß der Fälle findet sich eine uralte kleine **Wassermühle,** mit der früher Mais gemahlen wurde. Inzwischen ist sie außer Betrieb, doch die faszinierende Konstruktion ist immer noch einen Blick wert.

Hinter Yala durchquert die Straße bis Busia das hügelige **Luyia-Land** mit seinen Mais-Shambas und vielen kleinen Ortschaften. Rund 20 km hinter Yala passiert man den

Westkenia

kleinen Flecken **Sidindi,** in dem mittwochs **Markt** ist, bei km 25 ab der Abzweigung zu den Yala Falls biegt nach links die C28 nach Siaya (16 km) ein.

Bei km 34 überqueren Sie den **Nzoia River,** den zweiten großen Fluss von Westkenia, der in den Victoria-See entwässert. Er wird aus Flüssen gespeist, die an den Hängen von Mt. Elgon und den Cherangani Hills entspringen, und ist ebenso groß und schlammig-braun wie der Yala. Auf der Route bis nach Busia ist eigentlich nur noch **Sega** nennenswert, ein kleiner, staubiger Ort mit niedrigen Häusern und Übernachtungsmöglichkeit bei km 44.

Hinter Sega wird die Landschaft trocken und flach wie ein Brett. Einziger Fixpunkt für die Augen sind die Samia-Hügel, die im Süden die Ebene durchbrechen.

Gut 24 km hinter Sega treffen Sie auf die C31 aus Mumias zur ugandischen Grenze. Zum Ortskern von Busia geht es nach links. Am nordwestlichen Horizont sieht man den Tororo-Berg, der bereits in Uganda liegt. 800 m später, direkt hinter dem Police Checkpoint, biegt rechts die C43 nach Malaba (26 km) ab. Nach weiteren 3 km erreicht man dann Busia und die Grenzanlagen.

Busia   ♫XVIII/A2

Busia ist etwas ruhiger und hat nicht dieses wilde Grenzstadtflair, das der Nachbarstadt Malaba (s.u.) zu eigen ist. Aber auch Busia macht einen eher **ungepflegten Eindruck** und ist keine Stadt, in der man sich Tage aufhalten möchte, denn Bemerkenswertes zu sehen gibt es hier nicht. Immerhin stehen **erträgliche bis gute Unterkünfte** bereit, wie das Modern Inn, die Safari Lodge und das Standard Hotel. Etwas außerhalb befindet sich die Paradise Lodge mit empfehlenswertem Restaurant. Der Reisende findet in der Stadt zudem Tankstellen, einige Hotelis, zahllose Läden mit Schmuggelware, Bankfilialen von KCB und National Bank und direkt hinter dem Schlagbaum ein Bureau de Change sowie die Ticketbüros der großen Buslinien.

Busse und Matatus

Morgens und mittags gibt es zahlreiche Busverbindungen **nach Kampala,** die Busse nach **Nairobi** fahren morgens und abends. Neben den Bussen gibt es natürlich auch die üblichen Matatus u.a. nach **Malaba, Kisumu, Siaya, Kitale, Bungoma, Webuye, Kakamega** und **Eldoret.**

Abstecher zum Ndere Island National Park   ♫XIV/B1

Die nur **2 km vor der Küste des Winam Gulf** gelegene, 4 km^2 große Ndere-Insel ist bereits seit 1985 ein Nationalpark, der allerdings **kaum Besucher** sieht. Auf der kargen Insel lebt – neben einer vielfältigen Vogelwelt – eine **Impala-Herde,** und in den Gewässern drumherum gibt es Krokodile und Hippos, die aber nur schwer – am besten morgens – zu beobachten sind. Eigentlich ist Ndere Island ein **Landschaftspark,** und seine wirkliche Attraktion ist die unglaubliche Schönheit des Victoria-Sees. Bereits die Anfahrt durch das Hinterland führt Sie durch eine reizvolle Gegend mit eigenartigen rundlichen Granitfelsen in allen denkbaren Größen, die wie ein kolossales Murmelspiel wirken. Dazwischen eingestreut liegen malerische **Luo-Häuschen** und vereinzelte Shambas, winkt gras am Wegesrand. Die Kinder, die auf die runden Steinblöcke geklettert sind, winken von oben – als wären sie Schiffbrüchige auf einer kleinen unbewohnten Insel. Und sie freuen sich auch wie Schiffbrüchige, wenn man zurückwinkt.

Ndere Island selbst wird von einem **kuppelförmigen, grasbewachsenen Hügel** dominiert. Rings um das Inselufer zieht sich ein dichter Ring aus buschigem Gestrüpp und Papyrusdickicht, in dem es nur so von Wasservögeln wimmelt. Der Reiz der Insel erschließt sich erst nach der Besteigung des Gipfels. Von seiner erhöhten Warte genießen Sie einen atemberaubenden Blick. Im Süden sehen Sie auf der anderen Seite des azurblauen Winam Gulf den Mt. Homa (1753 m), südwestlich zeichnet sich im Dunst die Silhouette des 1875 m hohen Gembe Hill ab. Im Westen liegt Kamnara Island, im Osten das Grüppchen von Rambuga, Imra und Osope Island. Auf der gewaltigen Wasserfläche treiben unzählige Inseln von Wasserhyazinthen, und mittendrin segeln die wendigen **Fischerboote der Luo.** Am späten Nachmittag beginnt der See wie poliertes Silber zu gleißen, nachts entfaltet sich sein ganzer Zauber. Dann beginnt am Seeufer das Concerto grosso der Frösche und Insekten. Bei Windstille ertönt der Gesang der Fischer, die ihre Netze einholen, kilometerweit über das Wasser. Und überall sieht man magische Lichter, eine Lightshow der Natur: flirrende Glühwürmchen, blitzende Sterne, Wetterleuchten am Horizont – und die schwankenden Gaslampen der Fischerboote, die sich auf dem ganzen See verteilen und den Umena-Schwärmen, den Süßwassersardinen, nachstellen.

Im Park unterwegs

Da es auf Ndere Island keinerlei gefährliche Tiere gibt (von Malariamücken und scheuen Krokodilen mal abgesehen), dürfen Sie sich auf der Insel **frei und ohne Rangerbegleitung bewegen.** Von Weitem sieht die Insel schön grün aus, aber der Hügel besteht aus grasüberwachsenen Steinen, was das Gehen sehr unangenehm und anstrengend macht. **Feste Schuhe,** am besten Wanderstiefel, sind deshalb nötig. Auf der Insel gibt es keinerlei Einrichtungen, deshalb müssen Sie **sämtliche Versorgungsgüter,** inklusive Trinkwasser, **mitbringen.** Es sind aber mehrere Camping- und Picknickplätze ausgewiesen. Im Innern der Insel gibt es keinen Schatten, und es kann sehr heiß werden. Denken Sie deshalb an Sonnenschutz!

Infos und Kontakt

●**Assistant Warden,** Ndere Island National Park. Buchungen über das KWS Headquarter in Nairobi, s. S. 56.

Anreise

Ndere Island liegt nur etwa **40 km von Kisumu entfernt** und eignet sich für einen Tagesausflug. Schöner ist es, nachmittags, nach der größten Hitze, anzureisen und überzusetzen, auf der Insel zu zelten und am späten Vormittag des Folgetages aufs Festland zurückzukehren. Das ist problemlos möglich, wenn Sie mit den Rangern oder dem Fischer, der Sie übersetzt, eine Zeit vereinbaren, zu der Sie wieder abgeholt werden wollen.

Die **KWS-Ranger** haben ein **Boot** – die kostspieligste Art überzusetzen, da man immer gleich 20 Liter Treibstoff kaufen muss, auch wenn das Schiff auf dem kurzen Stück viel weniger schluckt. Billiger geht es mit den **Fischern im Dorf.**

Die Anreise **von Kisumu** ist **per Matatu** ohne Probleme möglich. Man muss einfach nur das Matatu nach Bodikoloje oder Asati nehmen und bis zur Endhaltestelle sitzen bleiben. Das Dorf liegt der Insel direkt gegenüber, und auch der Rangerposten, bei dem man die Eintrittsgebühren bezahlen muss, befindet sich hier. Die Fahrt kostet 100 Ksh.

Mit dem eigenen Fahrzeug biegt man 12 km außerhalb von Kisumu von der Hauptstraße nach Busia in Richtung Siaya links ab. Nach 10,9 km biegt man wiederum nach links von der Teerstraße auf die Piste D243 nach Kaloka ab. Nach 1,4 km nimmt man die rechte Spur, 11 km nachdem man den Teer verlassen hat, fährt man geradeaus, bei km 12,4 hält man sich links, und bei km 15,3 fährt man wieder geradeaus. Der sehr schlechte Weg nach links führt zum Rangerposten am Ostende des Dorfs, man findet ihn aber nur mit Führer. Wenn Sie der Piste weiter geradeaus folgen, kommen Sie nach vielleicht 2 km nach Bodikoloje, das direkt am See liegt. Da das Dorf mit dem Auto nicht zu durchqueren ist, muss man den Rangerposten über den anderen Weg ansteuern.

Eintrittsgebühren und Öffnungszeiten

●Die **Eintritts- und Campinggebühren** stehen auf S. 55/56. Bevor man mit einem Fscherbötchen zum Nationalpark aufbricht, muss man sich beim Rangerposten melden und seine Eintrittskarten bezahlen.

- Der Park ist **täglich von 6.30–18 Uhr geöffnet.**

Malaba – Bungoma – Webuye – Eldoret

- **122 km**
- Die Straße ist **durchgehend geteert** und bis auf starke Spurrillen in gutem Zustand, der viele Schwerlastverkehr macht diese Strecke aber gefährlich. Regelmäßige Bus- und Matatu-Verbindungen, auch von der anderen Seite der Grenze nach Kampala. Der Grenzübergang ist für Fußgänger 24 Stunden, für Fahrzeuge nur von 6–18 Uhr geöffnet. Das Visum wird an der Grenze ausgestellt.
- **Fahrtzeit:** 2 Stunden.

Der Eindruck, den man von der ersten kenianischen Siedllung erhält, wenn man gerade von Uganda über die Grenze gekommen ist, wird nicht allzu positiv sein, denn **Malaba** ist ein übles Kaff mit jeder Menge zwielichtiger Gestalten, sodass man sich am besten möglichst schnell vom Acker macht. 500 m nach dem Schlagbaum folgt auf der rechten Seite die Abzweigung nach Busia, dem südlicheren Grenzübergang nach Uganda.

Verlässt man Malaba in Richtung Bungoma, öffnet sich bei klarem Wetter die Aussicht auf den flachen Kegel des Mt. Elgon zur Linken. Es fällt schwer zu glauben, dass der Berg eine Höhe von 4321 m erreicht. Die Region in Grenznähe ist dicht besiedelt, die weitaus überwiegende Zahl der Häuser im traditionellen Stil erbaut. Bald wird das Land trockener, man sieht zahlreiche Euphorbienbäume und Akazien. Bei km 17 ab dem Schlagbaum zweigt nach links die C32-Piste nach Kimilili ab, einer der Ausgangsorte für eine Besteigung des Mt. Elgon. Durch die vielen Flüsse, die vom Berg in Richtung Lake Victoria fließen, geht die Strecke ständig hügelauf, hügelab. Wie die vielen Pflanzungen an der Straße zeigen, führt sie durch ein wichtiges Tabakanbaugebiet. Nach Bungoma hin wird das Land allmählich wieder fruchtbarer. Bei km 33 zweigt rechs die Zufahrt nach Mumias und nach **Bungoma** ab, der zweiten großen Stadt der Western Province, die rund 3 km abseits der Hauptstraße am nördlichen Ende des Zuckergürtels von Kenia liegt. Wenige Kilometer hinter der Kreuzung, an welcher Tankstellen und einige Bars stehen, erhält man mit der Nzoia Sugar Company den qualmenden Beweis. Auf der Fahrbahn sind riesige Schlepper unterwegs, die das frisch geerntete Rohr von den Plantagen aus der Umgebung zur Fabrik fahren. Da Bungoma keine Sehenswürdigkeiten hat, lohnt sich ein Abstecher im Grunde nicht. Die Stadt verfügt aber über zahlreiche Unterkünfte und Verpflegungsmöglichkeiten, auch direkt an der Straßenkreuzung.

Vor sich können Sie nun bereits die **Chitambe Hills** sehen, zu deren Füßen Webuye und vor allem die Pan African Paper Mills liegen. Weiter rechts zieht sich das Nandi Escarpment nach Süden. Bei km 15 überqueren Sie den **Bokoli River,** knapp 10 km später zweigt links die A1 in Richtung Kitale ab, aber auch wenn Sie in den Ortskern von Webuye möchten, biegen Sie hier ein. Ansonsten fahren Sie auf einer Tangente am Ort vorbei, direkt auf die Papierfabrik zu. Für den Besuch der Webuye Falls hält man sich direkt vor der Fabrik nach links (weitere Beschreibung s. S. 422).

Knapp 4 km hinter der Papierfabrik zweigt rechts die A1 nach Kakamega ab, Sie befinden sich nun direkt am Fuß des **Nandi Escarpment,** das sie auf den folgenden Kilometern zum Uasin Gishu Plateau erklimmen. Ziemlich genau km 46 ab der Abzweigung nach Kakamega mündet von links die B2 aus Kitale ein. Die letzten 16 km nach Eldoret führen über eine windgepeitschte grasige Ebene, in deren Mitte man die Stadt bereits gut erkennt. Am Stadtrand passiert man einige Tankstellen und ein Gewerbegebiet, dann ist man bereits mitten im Stadtzentrum von Eldoret.

Malaba ♫XVIII/A,B2

Malaba ist ein **Grenzort von sehr zweifelhaftem Charme.** Abgerissene Unterkünfte, geldgierige Prostituierte, raue Lkw-Fahrer, korrupte Zöllner, illegale Geldwechsler, gerissene Schmuggler und halbseidene Freightforwarder hinterlassen einen bleibenden Eindruck. Wer in Malaba übernachten muss (freiwillig tut's wohl keiner), kann es ja mit der **Malaba Safari Lodge, The Cave** oder dem **Hollywood Guesthouse** probieren – der schlechte Standard und die niedrigen Preise sind identisch. Empfehlenswerter wäre es, noch bis nach Bungoma weiterzufahren.

Der **Grenzübergang** ist für Pkw von 6–18 Uhr geöffnet, Fußgänger können 24 Std. am Tag die „Fronten" wechseln. Zwischen der kenianischen und der ugandischen Grenzabfertigung liegt ein Fußmarsch von ca. 1 km. Wem das zu weit zu laufen ist, kann die Dienste eines Fahrradtaxis, eines sogenannten Boda Bodas, in Anspruch nehmen.

Einzige Sehenswürdigkeit im Dunstkreis von Malaba sind die **Felszeichnungen von Kakapel.** Nach 13 km Fahrt auf der Hauptstraße in Richtung Bungoma biegt man nach links (Norden) ab, nach 7 km Staubstraße erreicht man das gleichnamige Örtchen, über dem ein großer Granitfelsen mit den Zeichnungen thront. Der Weg ist ausgeschildert. Die Malereien umfassen geometrische Muster und Tierdarstellungen, die vermutlich von der Jäger- und Sammlerkultur stammen, die Ostafrika vor Ankunft der Bantu aus Westafrika besiedelte.

Busse und Matatus

Morgens und abends gibt es zahlreiche Busverbindungen **nach Nairobi,** die über Bungoma, Webuye, Eldoret und Nakuru fahren. Wer per Überlandbus **nach Kisumu und Kericho** weiter will, sollte besser zunächst mit dem Matatu eine knappe Stunde nach Busia fahren, das südlich gelegenen Grenzübergang, von wo die Verbindungen besser sind.

Wer auf die **ugandische Seite** wechselt und dann weiter nach Kampala möchte, findet drüben genügend Sammeltaxis und Überlandbusse. Die durchgehenden Busse Nairobi – Kampala – Nairobi von Akamba und Mawingo sind in der Regel ausgebucht, sodass man an der Grenze in aller Regel nicht zusteigen kann.

Webuye ♫XIX/C2

Noch Anfang der 1970er Jahre war Webuye nichts weiter als ein ländliches Kaff mit einigen Dukas. Inzwischen hat der Ort **20.000 Einwohner.** Entwicklungsmotor und wichtigster Arbeitgeber der Region waren die **Pan Africa Paper Mills,** die erste Papierfabrik Ostafrikas, die hier 1974 praktisch auf die grüne Wiese gestellt wurde. Aufgrund von Misswirtschaft stand die Fabrik im Herbst 2009 vor dem Bankrott und die Betrieb ein, was die ganze Stadt ins Unglück stürzte, weil praktisch jeder Arbeitsplatz, vom Ingenieur bis zum Freudenmädchen, von dem Papierhersteller abhängig war. Ohne Zweifel hat die Firma viel für die wirtschaftliche Entwicklung der Region getan, aber mindestens ebenso viel an Umwelt zerstört. Die Umgebung wird durch Abwasserteiche, Gestank und giftige Abgase belastet.

Die Gegend von Webuye hat aber auch durchaus eine kolonialhistorische Bedeutung, denn auf dem Bergkamm, der hinter Webuye aufragt, den **Chitambe Hills,** fand im Jahr **1895** die entscheidende **Schlacht** einer bunt zusammengewürfelten Söldnertruppe der britischen Kolonialarmee gegen die Luyias unter der Führung *Chitambes* statt, der sich der Unterwerfung durch die Briten widersetzte. Chitambe und seine Krieger hatten sich in einem Fort auf dem Berg verschanzt. Nach der Belagerung, folgte ein kurzer, unfeiner Kampf. Die Askaris der Briten besaßen Hotchkiss-Maschinengewehre, die Gegenseite nur Speere, Bögen und veraltete Schusswaffen. Es wurden keine Gefangenen gemacht ... Die **Überreste von Fort Chitambe** kann man noch besichtigen. Da die Wälle vermutlich aus Holzpalisaden bestanden, sind lediglich noch einige Gräben zu sehen,

Westkenia

aber allein die grandiose Aussicht vom Berg auf Webuye und die fruchtbare Ebene bis hin zur Zuckerfabrik von Bungoma lohnen den Aufstieg, zumal man den Ausflug mit einem Besuch bei einer weiteren Sehenswürdigkeit von Webuye verbinden kann: Durch die Chitambe Hills von der riesigen Papierfabrik gnädiggetrennt, donnern die **Webuye Falls** des Nzoia River über den nördlichen Ausläufer des Nandi Escarpment zu Tal. Zu Kolonialzeiten waren die Fälle als Broderick Falls bekannt und als Ausflugsziel beliebt. Zumindest in der Regenzeit lohnt sich der Besuch auch heute noch. Auf dem Berg gibt es mit der Webuye Falls Lodge sogar eine empfehlenswerte Unterkunft mit Campingmöglichkeit. Die Stadt selbst hat keinerlei Sehenswürdigkeit zu bieten. In der Stadt findet man verschiedene günstige **Unterkünfte**, das Park Villa Hotel (055/41216) an der Straße nach Kitale ist noch immer das beste Haus der Stadt, das sogar einen Swimmingpool besitzt.

Wer die Wasserfälle und Chitambe Fort, die beiden Sehenswürdigkeiten in Webuyes Umgebung, besuchen möchte, biegt – von Eldoret auf der A104 kommend – direkt hinter der Papierfabrik nach rechts in Richtung Stadt ein, überquert zwei Gleislinien, die auf das Fabrikgelände führen, und zweigt nach 1 km rechts zu den Arbeitersiedlungen ab. Man muss dann zwischen den Wohnblöcken E und F hindurchfahren, verlässt die Siedlung wieder und folgt immer dem Fuß des Berges. Es geht ein Stückchen an einem Wäldchen vorbei, dann macht die Straße eine scharfe Linkskurve und führt steil den Berg hinauf. Nach 3,1 km liegt auf der rechten Seite der **Webuye Falls Lodge** (Tel. 055/41564; SG 400 Ksh NSC, Banda 900/1500 Ksh; Campen ist auf dem riesigen Gelände auch möglich, man kann sein Zelt sogar mit Blick auf die Webuye-Fälle aufstellen!).

Wer will, kann von der Webuye Falls Lodge eine schöne 1,3 km lange **Wanderung** zu den Webuye Falls hinunter machen und dann noch etwas dem Flusslauf folgen.

Um **zu den Fällen** zu gelangen, folgen Sie einfach der Piste weiter geradeaus und ignorieren die linke Abzweigung, die nämlich Richtung Chitambe Fort führt. Unterwegs, 800 m hinter der Lodge, überqueren Sie die Schienen der Uganda-Bahn, die sich an der Flanke des Tals entlangschlängelt. Die Piste ist stark ausgewaschen und deshalb nur für 4WD-Fahrzeuge zu empfehlen. Am Fuß der Fälle stehen ein kleines Wasseraufnahmewerk und eine Gedenktafel, die an seine Eröffnung durch „H.E. President Mzee Jomo Kenyatta on 2.11.1972" erinnert. Es gibt sogar einen kleinen **Aussichtspunkt**, zu dem einige Treppenstufen hoch führen. Von dort blickt man auf vier große Fälle, deren rötliche Wassermassen in der Regenzeit unter einer riesigen Gischtwolke vielleicht 30 m donnernd hinabstürzen – beeindruckend. Zum Fotografieren ist das Nachmittagslicht am besten geeignet.

Fort Chitambe

Wenn Sie den Fahrweg nehmen, der an der Lodge nach links abzweigt, können Sie dem Bergkamm an seiner östlichen Seite weiter bergauf folgen. Bei km 2,6 biegt links der Piste ein **Fußweg** hinunter nach Webuye ab, der **tolle Ausblicke** bietet. Die Bauern der Gegend benutzen ihn, um zum Markt zu kommen. Nach 4,5 km ab der Lodge-Abzweigung muss man den linken Weg nehmen, das Gehöft bei km 5 auf der linken Seite gehörte angeblich dem ältesten Sohn von *Chitambe*. Bei km 5,2 fährt man weiter geradeaus, nicht nach rechts, und bei km 5,3 muss man sich an der T-Junction nach links wenden. Das **Fort** befand sich auf dem Acker zur Linken, und man kann im Gebüsch an dessen Rand noch einige Wälle und Gräben der ehemaligen Verteidigungsanlagen sehen. Allzu viel blieb aber nicht übrig, die Briten haben gründlich gearbeitet. Spannender ist es, sich von einem der Alten der Gegend die damaligen Ereignisse schildern zu lassen, die längst zu einem Volksmärchen geworden zu sein scheinen und theatralisch vorgetragen werden. Dazu braucht man einen Übersetzer, die Senioren können höchstens ein paar britische Militärbefehle rausbellen!

Wer kein Gepäck mehr in der Lodge liegen hat und zu Fuß hier ist, kann in der Nähe des Forts auf einem anderen Weg **hinunter zur Stadt wandern.** Oder man geht zurück zur

Lodge und vertraut sich dort für schlappe 25 Ksh den Künsten eines Boda-Boda-Fahrers beim Down-Hill an. Mit dem Auto nimmt man den gleichen holperigen Weg zurück, den man auch hinauf kam.

Eldoret

↗ XIX/D2

Eldoret liegt inmitten der langweiligen Uasin-Gishu-Hochebene, die von riesigen Farmen geprägt wird, was die Erwartungen des Reisenden auf Provinzstadtniveau drückt. Bei der Ankunft wird man dann positiv überrascht, denn Eldoret, mit immerhin **110.000 Einwohnern Kenias fünftgrößte Stadt,** hat sich in den letzten Jahren zu einer lebendigen **Handelsmetropole** entwickelt, in der viel optimistischer Aufbruchsgeist zu spüren ist. Wirtschaftlich ist die Stadt schon lange nicht mehr nur auf die Erzeugnisse der Agrarregion mit ihren Gerbrindenakazienplantagen sowie Milchvieh-, Gemüse- und Getreidefarmen angewiesen. Im Gewerbegebiet von Eldoret gibt es zahlreiche Handwerks- und Industriebetriebe, vor denen die Lebensmittel- und Lederindustrie sowie die Textilfabriken besondere Erwähnung verdienen.

Ein guter Teil des Booms in der Stadt ist auf die besondere **Protegierung durch den Altpräsidenten Moi** zurückzuführen, in dessen Regierungszeit einige Großprojekte verwirklicht wurden, die stark umstritten waren. So erhielt Eldoret eine **Universität,** die Moi University, deren Campus abseits der Straße in Richtung Iten und Kapsabet liegt; Mombasa dagegen, eine mehr als zehnmal so große Stadt, besitzt noch immer keine Univerität. Für ernste Verstimmungen mit den internationalen Geberländern und der Weltbank sorgte vor allem der Bau des **Moi International Airport** im Südwesten der Stadt. Offensichtlich ging es bei der Entscheidung nicht um wirtschaftliche Gesichtspunkte, denn Kenia brauchte keinen weiteren internationalen Flughafen. Offenbar wollte Moi die größte Stadt in seiner Heimatregion zu einem überregionalen Machtzentrum ausbauen. Vermutungen in diese Richtung wurden durch den

Das laufende Wunder

Der bekannteste Sohn Eldorets ist der kenianische „Wunderläufer" **Hezekiah Kipchoge Keino,** der 1968 in Mexico City über 5000 m die zweite jemals bei einer Olympiade für Kenia errungene Goldmedaille gewann. In den weiteren 13 Jahren seiner aktiven Laufbahn begründete er mit zahllosen Siegen – in München 1972 folgte eine Goldmedaille über 3000 m Hindernis und eine Bronzemedaille über 1500 m – den Nimbus von den kenianischen Wunderläufern und war für zahlreiche junge Athleten ein leuchtendes Vorbild. Kipchoge Keino, von allen nur kurz „Kip" genannt, ist bis heute der einzige Läufer, der in Kenia allergrößte Popularität genießt. Er wurde von Jomo Kenyatta für seine Verdienste um das Ansehen des Landes mit den höchsten Staatsorden, dem **Order of the Burning Spear,** ausgezeichnet. Und er ist der einzige Kenianer, der es außer dem quasi-heiligen Präsidenten geschafft hat, einen Geldschein – nämlich die Rückseite der 20-Shilling-Note – zu zieren – in einem Land, in dem es per Gesetz sogar verboten ist, den Vorsitzenden eines Vereins „Präsident" zu nennen, eigentlich ein Ding der Unmöglichkeit. Als Vorsitzender (!) des Nationalen Olympischen Kommittees ist er seit Jahrzehnten eine Institution. All diese Ehrungen sind ihm nie zu Kopf gestiegen. Nachdem Kip die Laufbahnen der Welt endgültig verlassen hatte, stürzte er sich mit Elan in eine neue Aufgabe: Seit mehr als 35 Jahren gibt er auf seiner Kazi Mingi Farm („Viel Arbeit") über hundert Waisenkindern ein Zuhause und die Chance auf ein besseres Leben. Kein Wunder, dass ihn in Eldoret buchstäblich jedes Kind kennt ...

Westkenia

Bau einer Waffenfabrik weiter genährt. Spannungen zwischen den kenianischen Völkern gab es in Eldoret während der **ethnischen Auseinandersetzungen** Anfang und Mitte der 1990er Jahre, als ein Heer von Luo-und vor allem Kikuyu-Flüchtlingen auf Suche nach Schutz in die Stadt strömte und die Elendsviertel am Stadtrand beträchtlich anwuchsen, aber auch bei den Wahlunruhen 2007/2008.

Von all dem merkt man als Besucher nicht viel, im Gegenteil, die Stadt hat einen **dezent kosmopolitischen Charakter,** denn außer den hier heimischen Kalenjin-Völker der Nandi und Elgeyo und zahlreichen Angestellten aus anderen Regionen Kenias besitzt Eldoret **eine der größten indischen Gemeinschaften,** die durch neue Geschäftsideen, gute Restaurants, Läden, Reisebüros und natürlich gewerbliche Betriebe der Stadt viel von ihrer Vitalität verleihen. Im Westen bzw. Südwesten der Innenstadt und ihrer Randgebiete erstrecken sich große indische Wohn-

viertel mit schönen Häusern aus der ersten Hälfte des 20. Jahrhunderts und verschiedenen Tempeln, wobei der außergewöhnliche **Sikh-Tempel** in der Arap Moi Street eine der wenigen wirklichen Sehenswürdigkeiten der Stadt ist.

Eine weitere Bevölkerungsgruppe, die zur Farbigkeit von Eldoret beiträgt, sind die **Somalis,** die sich im indischen Viertel um die Jamia-Moschee niedergelassen haben. Außerdem leben in der Umgebung der Stadt noch die Nachfahren einiger weißer Siedler, die vorwiegend für Besorgungen in die Stadt kommen.

Ab 1903 wurde die Region um Eldoret ein **Siedlungszentrum** vor allem burischer Einwanderer, von denen nicht wenige aus Südafrika mit Ochsenkarren bis nach Kenia gezogen waren. Zunächst rodeten sie die Urwälder auf dem Uasin Gishu Plateau und legten dort riesige Getreidefarmen an. Bei folgenden Einwanderungswellen überquerten sie dann auch den Nzoia River und ließen sich in der Region um Kitale nieder. Nach der Unabhängigkeit verließ der größte Teil von ihnen das Land wieder. Vielerorts sieht man noch ihre schönen alten Farmhäuser.

Blick auf Eldoret, das im typischen Schachbrettmuster angelegt ist

Die in 2100 m Höhe gelegene Stadt El-doret nahm ihren Anfang als **Poststation** auf einer Farm. Deshalb lautete ihr ursprünglicher Name auch Plot 64, Farm 64 oder einfach nur kurz Sixty Four. 1912 wurde sie zum Verwaltungszentrum aufgewertet. Der heutige Name rührt angeblich vom Fluss Eldare her, woraus durch verschiedene Verballhornungen dann schließlich Eldoret wurde. Diese Siedlervergangenheit sieht man Eldoret heute durchaus noch an, wenn auch nur wenige der frühen Holzhäuser das 20. Jahrhundert überdauert haben. **Das alte Zentrum** im Bereich Kenyatta Street und Oginga Odinga Street ist aber nach wie vor von schönen alten Ladenzeilen geprägt, die Zahl der modernen Hochhäuser hält sich in Grenzen. Das Gebäude der Kenya Development Authority ist das höchste der Stadt. Von seinem obersten Stockwerk genießt man einen grandiosen Blick über ganz Eldoret und die Umgebung. Man fährt mit dem Aufzug einfach bis zum letzten Stockwerk und kann dann nochmals zwei Treppenabsätze aufs Dach hinauflaufen. Wenn die Tür abgeschlossen sein sollte, ist der Sicherheitsdienst gegen ein kleines Trinkgeld beim Aufschließen sehr kooperativ.

Summa summarum lohnt der Verkehrsknotenpunkt Eldoret mit seiner Vitalität, dem bemerkenswerten Nachtleben und einigen guten Restaurants also durchaus einen **eintägigen Zwischenstopp,** wenn man aus der Wildnis der Cherangani-Berge, vom Mt. Elgon oder aus Nordwestkenia zurückkommt.

Unterkunft

Oberklasse-Hotel

●Sirikwa Hotel
Tel. 053/2063614, 2062499, Mobil: 0728/680000, www.hotelsirikwa.com: R: 3000/4200 Ksh BB, Family Rooms und Suiten 8600–17400 Ksh; NR 70/85 US$ BB, Family Rooms und Suiten 160–305 US$; die gängigen Kreditkarten werden akzeptiert. Der Name des Hotels ist von einem sagenhaften Volk von Riesen entliehen, das der Sage nach einst in der Gegend um Eldoret siedelte. Das Haus gilt als erste Adresse der Stadt. Durch

den PVC-Bodenbelag wirken die Zimmer der einfachen Kategorie aber etwas schäbig. Einen schönen Ausblick auf den gepflegten Garten bieten die Zimmer auf der Poolseite. Die teureren Suiten sind gediegen. Alle Zimmer haben Sat-TV. Wenn das Hotel gut ausgelastet ist, gibt es im Restaurant empfehlenswerte Buffets (B/L/D: 800/800/900 Ksh). Die Benutzung des Pools für Gäste von außen kostet 200 Ksh.

Mittelklasse-Hotels

●Wagon Hotel
Tel. 053/2062270-1, www.eldoretwagonhotel.co.ke; 2100/3000/4000 Ksh BB, Family Room 4500 Ksh. Die großen Kreditkarten werden akzeptiert. Alle Zimmer sind geräumig und besitzen Telefon und Sat-TV. Im alten Flügel des Hauses, das einen guten Mittelklasse-Standard besitzt, gibt es noch schöne Teakholzfußböden, aber die Zimmer im neuen Flügel sind wesentlich gepflegter und komfortabler. Als Treffpunkt ist das Wagon Hotel beliebt. In den vier Bars sitzt man gemütlich und blickt durch alte Fensterkreuze nach draußen oder spielt Poolbillard. Am Freitag und Samstag gibt es Live-Musik. Das Restaurant offeriert Buffets (B/L/D: 450/550/550 Ksh), und die Speisekarte enthält, wohl einmalig in Eldoret, Banana Split. Der Manager *Mr. Barak Ron* spricht übrigens etwas deutsch und hilft, wo er kann.

●Asis Hotel
Tel. 053/2061807; 1000/1800 Ksh SC BB. Es gibt auch TR-Zimmer, Preise auf Anfrage. Ein sauberes und gepflegtes Haus mit guten Zimmern. Von den oberen Stockwerken hat man einen sehr schönen Ausblick. Es gibt auch sichere Parkplätze, ein Restaurant mit Buffet um 300 Ksh sowie eine Bar. Empfehlenswert!

●Bubbles Inn
Tel. 053/2060992, Mobil: 0729/633422. 1200/2000 BB SC. Das Hotel mit rosa Inschrift hat einen sicheren Parkplatz, die Zimmer mit TV sind sauber, aber nicht alle mit Sonnenlicht gesegnet. Am besten, man lässt sich einige Zimmer vorher zeigen.

●Highland's Inn
Tel. 053/2022092 und 2031165; 600/800 Ksh BB SC. Das Hotel, das in einer ruhigen

Westkenia

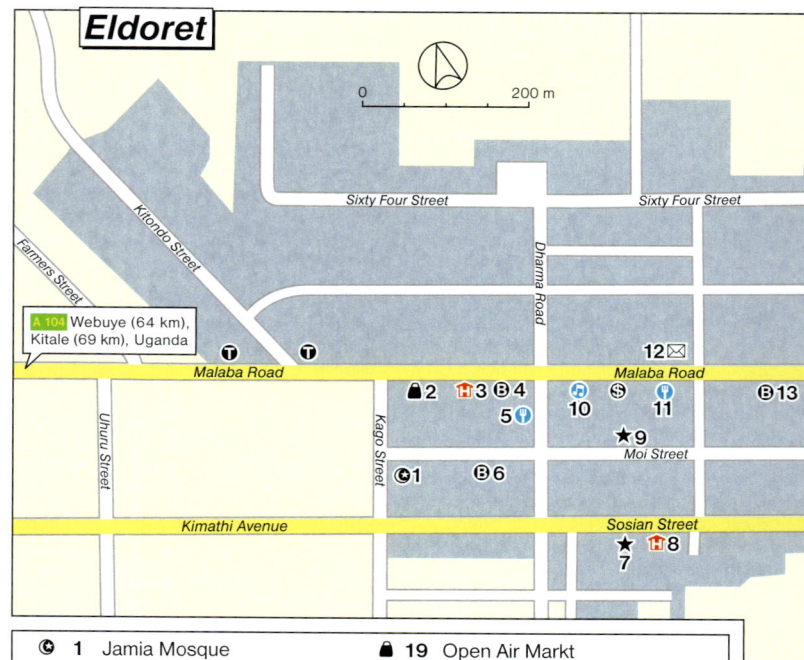

Eldoret

A 104 Webuye (64 km), Kitale (69 km), Uganda

	1	Jamia Mosque		19	Open Air Markt
	2	Jw Mall		20	Santa Cruz Club
	3	Eldoret Valley Hotel		21	Tusky's Supermarket
	4	Bushaltestelle 4		22	Bushaltestelle 1
	5	Biharilal Caterers		23	Kwda Plaza
	6	Bushaltestelle 5		24	Sirikwa Hotel
★	7	Sikh Temple		25	Wagon Hotel
	8	Asis Hotel		26	Highland's Inn
★	9	Jain Temple		27	Etuny Plaza
	10	Sal Smile Disco		28	Siam Chinese Restaurant
	11	Mountain View Hotel		29	New Paradise Bar & Lodge
✉	12	Post		30	The Klique Hotel
	13	Bushaltestelle 3		31	Nakumati
	14	Uchumi		32	Zul Arcade
		& Eldo Centre		33	Woodie's House Disco
	15	Polizei		34	Omo's Café
	16	Mahindi Hotel		35	Willi's Pub &
	17	Bushaltestelle 2			Restaurant
	18	Markthalle		36	New Lincoln Hotel

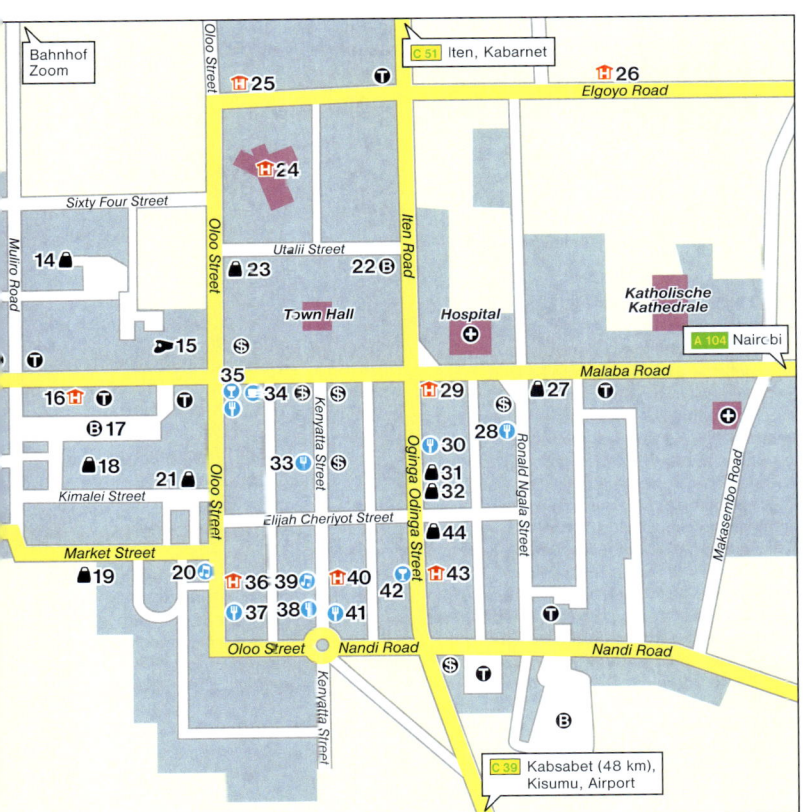

Bahnhof Zoom

Oloo Street

C 51 Iten, Kabarnet

🏨 25

🏨 26

Elgoyo Road

🏨 24

Sixty Four Street

Muliro Road

14 ▲

Utalii Street

▲ 23

22 Ⓑ

Iten Road

Town Hall

Hospital ✚

Katholische Kathedrale

A 104 Nairobi

Malaba Road

35

16 🏨 ⚈ ⚈

34 ⚈ Ⓢ

🏨 29 Ⓢ

▲ 27 ⚈

Ⓑ 17

▲ 18

21 ▲

33 ⚈ Ⓢ

Kenyatta Street

28 ⚈

30 ⚈

▲ 31 32

Ronald Ngala Street

Makasembo Road

✚

Kimalei Street

Elijah Cheriyot Street

Oginga Odinga Street

▲ 44

Market Street

▲ 19

20 ⚈

🏨 36 39 ⚈

🏨 40 42

🏨 43 ⚈

37 ⚈ 38 ⚈

41 ⚈

Oloo Street Nandi Road

Kenyatta Street

Nandi Road

Ⓢ ⚈

Ⓑ

C 39 Kabsabet (48 km), Kisumu, Airport

Westkenia

Wohngegend etwas außerhalb vom Zentrum liegt, bräuchte außen dringend etwas Farbe, aber es besitzt einen großen Garten mit Schaukel und sicheren Parkplätzen. Die großen, hohen Altbauzimmer haben keine Moskitonetze, aber Badewanne. Insgesamt eine Unterkunft, die ihren Preis wert ist. Zum Essen braucht man nicht extra den Weg in die Stadt auf sich zu nehmen, denn es gibt hier draußen auch ein Restaurant, Nyama-Choma-Grill und 2 Bars mit einem Poolbillard-Tisch. Wäscheservice.

Preiswerte Unterkünfte

- **New Lincoln Hotel**
Tel. 053/2022093; 500/1000 Ksh. Wenig neu, viel alt – so die knappste Beschreibung des zweiten Hotelmethusalems in der Stadt. Das alte Hotel, das noch aus Kolonialtagen überdauert hat, besitzt dementsprechend viel angestaubten Charme – alte Holzdielen, hohe Räume, runde Badewannen und dergleichen mehr. Das Hotel ist nicht leise oder hyperkomfortabel, hat aber einen sicheren Parkplatz und eine nette Bar namens Kutana.

- **Aya Inn**
Tel. 053/2062259; 750 Ksh SC, SG NSC 300 Ksh. Das Haus ist sehr, sehr sauber, das Personal nett, was ebenso für das Restaurant im Erdgeschoss gilt, nur die Zimmer sind etwas dunkel. Trotzdem: Empfehlenswert. Sicherer Parkplatz.

- **Mahindi Hotel**
Tel. 053/2030379; 600/1000 Ksh SC, SG NSC 400 Ksh. Zumindest die 400 Ksh für die NSC-Zimmer sind ein fairer Preis, denn sie sind hell, groß und mit eigenem Waschbecken ausgestattet und sauber. Allerdings ist das Hotel nicht das ruhigste, da es direkt am Busbahnhof liegt. Angeschlossen ist ein passables Restaurant.

- **Eldoret Valley Hotel**
Tel. 053/2032314; 350/450 Ksh SC. Das Hotel ist grundsätzlich nichts Besonderes. Aber: Die Zimmer sind sauber und hell, das somalische Management nett. Es gibt sogar ein kleines Restaurant. Für den Preis der beste Deal in der Stadt. Empfehlenswert!

- **New Paradise Bar & Lodge**
250 Ksh NSC. Eines der letzten alten Holzhäuser, das sich zudem noch mitten in der In-

nenstadt erhalten hat – die Frage ist, für wie lange noch. Vom Komfort her mäßig.

Camping

In Eldoret selbst oder in der näheren Umgebung gibt es keinen Campingplatz. Die nächste – von Travellern immer wieder empfohlene – Campmöglichkeit ist der 22 km südöstlich der Stadt gelegene **Naiberi River Campsite in der Nähe von Kaptagat,** den man über die C54/C55 in Richtung Chepkorio erreicht; Tel. 053/31069 oder 32644, campsite@naiberi.com. Neben ausreichend Platz zum Campen (300 Ksh p.P.) gibt es schlafsaalartige Unterkünfte (500 Ksh p.P.) und einige einfache Lauben mit eigener Dusche und WC, die 2 Pers. Platz bieten und 2000 Ksh kosten. Der Platz direkt am Naiberi River ist bei Overland Trucks beliebt. Es gibt ein kleines Restaurant und 2 Bars.

Essen und Trinken

Es findet sich in Eldoret eine ganze Reihe empfehlenswerter Fast-Food-Restaurants und Cafés. Viele dieser Läden haben am Sonntag geschlossen, Eldoret ist dann ohnehin wie ausgestorben, und man sollte einen Besuch nicht ausgerechnet auf diesen Tag legen.

Fast Food und Snacks

Ein gutes Snackrestaurant mit Hühnchen- und diversen Fleischgerichten ist **Otto's Café** an der Uganda Rd., das zum Essen Rockmusik serviert. Daneben liegt **Willi's Pub & Restaurant,** in dem man zwischen Salaten, Suppen, Pizzas, Burgers, vegetarischen Gerichten und Eiscreme zu fairen Preisen wählen kann. Gute Hamburger hat das **Sizzlers** an der Kenyatta St. Gute Snacks, allerdings in der oberen Preiskategorie, bekommt man im **Oasis,** rund 2,5 km außerhalb der Innenstadt an der Straße nach Nairobi, direkt hinter der Shell-Tankstelle. Dort gibt es Pizza, Eis, frische Milch und sonstige Farmprodukte. Der Garten mit den kleinen Springbrunnen und Goldfischteichen ist tatsächlich so etwas wie eine Oase und offenbar besonders bei besser gestellten Familien am Wochenende beliebt. Wenn nachts nochmals der große Hunger kommt: Im **New Korosiot Hotel** gibt es 24-Stunden-Küche, das Essen ist aber nichts Besonderes. Das **Garden Café** im Bareng Etuny Plaza ist ein ruhiger Platz im Innenhof mit Poolbillard-Tisch und leckeren Pizzas sowie anderen Gerichten.

Restaurants

● Wer die **indische Küche** liebt, kann in Eldoret gleich zwischen zwei Restaurants wählen. **Sunjeel Palace** an der Kenyatta St. ist das noblere von beiden. Die Preise liegen bei 400 Ksh für ein Hauptgericht. Im günstigeren **Biharilal Caterers** an der Ecke Kago St./Uganda Rd. gibt es neben leckeren indischen und kashmiri Gerichten auch eine große Auswahl an Eiscreme. Beide sehr empfehlenswert!

● Im **Sirikwa Hotel** werden gute Buffets aufgebaut, besonders erwähnenswert ist das Barbeque am Wochenende.

● Gediegene kontinentale Küche à la carte gibt es im **Restaurant** bzw. der Bar **des Wagon Hotel.**

● Auch einen Chinesen gibt es in der Stadt: das **Siam** in der Roland Ngala St., neben der Coop Bank im 1. Stock.

● Im **Klique Restaurant** in der Oginga Odinga St. stehen Pizzas, Sportfernsehen und gutes Frühstück zur Wahl.

Flüge

Der **internationale Flughafen von Eldoret,** ca. 14 km außerhalb der Stadt an der Straße nach Kapsabet gelegen, wirkt angesichts des geringen Flugbetriebs reichlich überdimensioniert. Täglich bedient wird Kisumu von Kenya Airways, Fly540.com und Jetlink (www.jetlink.co.ke).

Busse und Matatus

● Zahlreiche **Busgesellschaften** bedienen von Eldoret die großen Städte in **Westkenia,** dem **Rift Valley, nach Nairobi** gibt es stündlichen Verkehr. Die meisten Gesellschaften fahren am Busabfahrtsplatz hinter dem Markt ab. Die Fahrtdauer bis in die Hauptstadt beträgt 7–8 Stunden.

● Akamba besitzt – wie so häufig – seine eigene Abfahrtsstelle am unteren Ende der Oginga Odinga St. Von dort werden angefahren: **Kampala Mbale** und **Malaba, Kitale Nairobi** und **Nakuru.**

● Für alle Destinationen **in der näheren Umgebung** sind die **Matatus** mit ihren häufigen Abfahrten die bessere Option.

● An der Matatu-Haltestelle am Markt fahren die Sammeltaxis und Peugeots in die **Cherangani Hills,** nach **Kisumu** (über Kapsabet und Kaimosi), **Kitale** und **Lodwar, Malaba, Migori, zur Moi Universität,** nach **Moiben, Molo, Nairobi** und **Siaya** ab.

● In Richtung Rift Valley auf der Route **Iten, Kapsabet** und **Marigat** fahren die **Matatus** gegenüber der öffentlichen Bibliothek ab, an der Ausfallstraße nach Iten.

Nachtleben

Wie bei einer Stadt von der Größe Eldorets nicht anders zu erwarten, gibt es eine Vielzahl an Bars und Nachtclubs. Schön ist, dass die meisten Plätze relativ nah beeinander liegen und man daher kein Auto braucht.

Bars

Im **Murenjo Café** gibt es nicht nur Nyama Choma, sondern auch eine lebendige afrikanische Bar. Im Innenhof sitzen die Männer beim Bier zusammen und spielen – Bingo! Es geht hoch her, die Wetteinsätze sind mit 20 Ksh eher niedrig. Die Stimmung ist sehr freundlich. Für gehobene Ansprüche empfiehlt sich die **Bar des Wagon Hotel,** in der sich die junge afrikanische Oberklasse zu einer Partie Poolbillard im Gartenpavillon oder zum Bier trifft. In der urigen **Bar des New Lincoln** verspürt man einen Hauch vergangener Kolonialtage. Einen ziemlich verqueren Charme hat die **Bar des alten New Paradise Lodging.**

Discos und Nachtclubs

Die **Sal Smile Disco** hat alle Tage geöffnet und ist einer der angesagtesten Clubs mit jungem Publikum. Es gibt die unvermeidlichen Videoclips eines südafrikanischen Musiksenders und bisweilen auch Live-Musik.

Westkenia

Das **Livingstone Inn,** oder kurz **Stoney,** hat wochenends von 20 Uhr bis zum Morgengrauen auf, hier wird öfter mal Live-Musik gespielt, darunter auch Reggae. Die ehemalige Wings Disco schräg gegenüber heißt nun **Santa Cruz Club,** ist aber trotz neuen Namens etwas abgehalftert. Angesagt ist zur Zeit das **Spree,** meist sind auch immer ein paar Wazungus hier. Ein Stück weiter die Straße hoch befindet sich die **Woodles House Disco,** die in einem hübschen alten Haus untergebracht ist und eher betuchte Nachtschwärmer anzieht. Auch das **Mountain View Hotel** besitzt eine Disco.

Banken

Die wichtigsten Banken liegen alle **auf der Uganda Rd.,** Barclays und Standard Chartered haben **Kartenautomaten.** Öffnungszeiten: Mo. bis Fr. 9–15 Uhr, Sa. 9–11 Uhr.

Post und Internet

● Die **Hauptpost** hat Mo. bis Fr. 8–17 Uhr und Sa. 9–12 Uhr geöffnet.
● In Eldoret gibt es **zahllose Internetcafés,** so z.B. **Africaland Net 2000** in der Kenyatta St., das **Foncare Bureau** in der Zul Arcade, von dem man auch Faxe senden und Telefonate erledigen kann, **Abacus** in der JW Mall und in der Ronald Ngala St. im Haus des Siam Chinese Restaurant.

Einkaufen

Lebensmittel
Ein empfehlenswerter Fleischer ist die **Drumstick-Metzgerei** in der Oginga Odinga St. Gute französische **Bäckereien** findet man in der Juma Hajee Arcade und in der JW Mall. Eine riesige Auswahl an verschiedenen Lebensmitteln, auch an Importwaren, bietet der **Uchumi-Supermarkt** beim Eldo Centre an der Uganda Rd. Für alles Frische geht man natürlich besser zur **Markthalle,** durch die klimatische Begünstigung der Gegend um Eldoret gibt es dort ein besonders reichhaltiges Gemüseangebot.

Reisebüros und Safari-Unternehmen

Da kaum ein Tourist seine Safari von Eldoret aus bucht, bieten die Reisebüros Touren in die Masai Mara, zum Kakamega Forest, zum Mt. Elgon und zum Saiwa Swamp National Park eher nebenbei an.

● **Elgeyo Tours & Travel**
Uganda Road, zwischen Post und Agip Tanke, Tel. 053/62543, Fax 62005, elgeyotravel @multitechweb.com
● **Em-Lel Travel & Tours**
Zul Arcade, Odinga Street, Tel. 053/635-04 und -05, Fax 63043, rotij@net2000ke.com. Neben Hotelbuchungen auch nationale und internationale Airtickets sowie Autoverleih.
● **Sitatunga Tours & Travel Agency**
Im Hotel Sirikwa, Elgeyo Rd., Tel. 053/61327, Fax 62086. Hotelbuchungen und Flüge. Safaris in die Mara, zum Amboseli, Samburu, ins Rift Valley und zum Mt. Elgon.

Sport und Aktivitäten

Schwimmen
● Das schönste Schwimmbad in der Stadt besitzt das **Sirikwa Hotel,** Nichtgäste zahlen 200 Ksh, Kinder die Hälfte. Auch **Tischtennis** kann man hier spielen.

Kisumu – Kakamega

● **46 km**
● Die Straße ist durchgehend geteert, stellenweise aber löchrig, und besonders die Strecke das Nyando Escarpment hinauf ist wegen liegen gebliebener Lkw und bergab rasender Matatus gefährlich. Viele öffentliche Verkehrsmittel.
● **Tankmöglichkeiten:** Vihiga und Chavakali.
● **Fahrtzeit:** 1 Stunde.

Um aus Kisumus Innerstadt auf die Straße nach Kakamega zu gelangen, müssen Sie lediglich der Kenyatta Avenue stadtauswärts folgen. Nach einigen Kilometern Fahrt durch die Vororte kommt man in die **Kano-Ebene,** die sich östlich der Stadt am Fuße des Nyando Escarpment ausbreitet. Diese Region um den kleinen Ort **Kibos,** der etwas abseits der Hauptstraße an der Eisenbahnlinie nach Nairobi liegt, ist die einzige Region der früheren Kolonie Kenia, in der es den **Indern** erlaubt war, Landwirtschaft zu betreiben. Das Klima war den Weißen hier zu ungesund und das Schwarzwasserfieber grassierte. *Jagat Singh Pandhal,* ein Sikh, der mittellos nach Kenia gekommen war, aber als Transportunternehmer ein Vermögen erwarb, holte zahlreiche Bauern aus seiner nordindischen Heimatregion nach Kenia. Zunächst schlugen alle Anstrengungen der Urbarmachung fehl, viele der Siedler starben oder gaben auf und kehrten in ihre Heimat zurück. die angelegten Kautschukpflanzungen waren weit von jeder Wirtschaftlichkeit entfernt. Die Wende kam erst, als man probeweise Zuckerrohr pflanzte, das prächtig gedeihte. Das war der Anfang der kenianischen Zuckerindustrie. Sikh-Bauern und Zuckerplantagen wurden ein fester Teil der Landschaft um Kibos, der bis heute überdauert hat.

Nur wenige Kilometer außerhalb von Kisumu beginnt der 6 km lange **Anstieg zum Nyando Escarpment,** das die Siedlungsgebiete von Luos und Luyias trennt. Die Ausblicke auf den Victoria-See und Kisumu sind selbst von der Straße aus fantastisch. Mit zunehmender Höhe wird die Luft spürbar kühler. In **Kapsengere,** das Sie 10 km hinter dem Stadtrand von Kisumu passieren, besaßen viele Europäer am Rand des Hochlandes ein Wochenendhaus, in dem sie dem Waschküchenklima von Kisumu entfliehen konnten. Heute ist der von großen Eukalyptusbäumen geprägte Ort vor allem für seine Highschool bekannt. Einen gute n Kilometer nach dem Schultor überqueren Sie den **Äquator.** Nach knapp 18 km tauchen abseits der Straße die ersten Teeplantagen auf, die von den Steigungsregen aus der Wetterküche des Lake Victoria profitieren. Dahinter passiert man **Vihiga,** dessen Ortskern links

der Straße liegt. Es ist der Verwaltungssitz des vermutlich kleinsten Distriktes von Kenia, der bereits zur West-Provinz gehört. Im Ort gibt es Guesthouses, Läden und Hotelis.

Die große Steigung liegt nun hinter Ihnen, die weitere Fahrt nach Kakamega geht hügelauf, hügelab nach Norden, vorbei an **Mbale** (bei km 22), einer reinen Verwaltungsstadt, die von dem kastigen Bau der Provincial Headquarters auf der rechten Straßenseite dominiert wird. In unmittelbarer Nähe, nach weiteren 4 km, kommen Sie in **Chavakali** durch eine weitere Kleinstadt, die am Rande des kenianischen Zuckergürtels liegt und mit dem **Alliance Hotel** eine überraschend mondäne Herberge besitzt. Die Küche des Hauses ist zu empfehlen.

Nur 2 km später biegt nach rechts die C39 nach Kapsabet und Eldoret ab (Routenbeschreibung s. S. 444). Die Landschaft bis nach Kakamega bleibt hügelig, ist aber dichter besiedelt. Nach gut 4 km überquert man den **Yala River,** einen der größten Flüsse in Westkenia, der in den Nandi Hills entspringt. Das gesamte Einflussgebiet des Yala und seiner Nebenflüsse ist für seine **Goldvorkommen** bekannt, angeblich verteilen sich über 1000 kleine Goldminen in der Region.

Nach weiteren 1,5 km, am Ortseingang von **Khayega,** zweigt rechts die Piste nach Shinyalu und zur Isecheno-Forststation im südlichen Teil des Kakamega-Urwalds ab. 4 km später kommt man durch den kleinen Ort **Itesi,** in dem man direkt an der Straße die **Chashemsha-Töpferei-Kooperative** besichtigen kann, die von der Gesellschaft für Technische Zusammenarbeit (GTZ) Unterstützung für den Bau eines Brennofens erhalten hat. Wie der Vorsitzende erklärt, werden die ungebrannten Tonwaren zunächst zwei Tage im Haus vorgetrocknet, anschließend im Freien eine Woche nachgetrocknet und dann gebrannt. Obwohl die Töpferei in vielen Gegenden von Westkenia eine außerordentlich lange Tradition besitzt, war die Ofenbrennung ein bisher unbekanntes Verfahren. Natürlich können Sie hier auch zu günstigen Preisen einkaufen.

Nur 700–800 m später ist auf der rechten Seite, einige hundert Meter abseits der Straße, ein auffälliger, etwa **8 m hoher Granit-**

block zu sehen, auf dem ein kleinerer Stein quer liegt. Dieser Fels ist als **Wheeping Rock,** als „Weinender Stein", bekannt, weil selbst in der trockensten aller Trockenzeiten an der straßenzugewandten Seite ein kleines Rinnsal herunterläuft. Den Luyia ist dieser mysteriöse Platz heilig, er wird von ihnen *Okhongamurwi,* „Kopffelsen", genannt, und nur Wunderheiler dürfen an ihn herantreten, um hier zu beten und Opfer darzubringen. Der Sage nach lebten die Vorväter der Luyia seit langer, langer Zeit an diesem Felsen. Doch dann drangen die Nandi, das kriegerische Nachbarvolk der Luyia, ins Land ein und überzogen es mit Krieg und Zerstörung. Ihr Begehr war der Besitz des Felsens, denn sie wussten, wenn sie den magischen Platz besäßen, würde ihnen das gesamte Territorium der Luyia zufallen. Doch bei dem Versuch, den Stein zu erklimmen, mussten sie ihre Deckung verlassen und wurden von den Pfeilen der Luyia durchbohrt. Tödlich getroffen stürzte die Vorhut vom Felsen, die anderen flüchteten in panischer Angst. Wie viel Wahres an dieser Geschichte ist? Schwer zu sagen. Tatsache aber ist: In der dicht besiedelten Region gibt es bis heute Auseinandersetzungen um Land, und die Grenze zum Territorium der Nandi verläuft nur knapp 20 km westlich von hier, am Nandi Escarpment.

Vom Wheeping Rock sind es 4 km bis zur Abzweigung einer weiteren Piste zur Isecheno Forest Station. Einige hundert Meter später werden Sie von einem Schild „Welcome to Kakamega!" begrüßt; an der Abzweigung nach links, in Richtung City und nach Mumias, steht ein Wald von Hinweis- und Werbeschildern. Geradeaus geht es nach Webuye und zum nördlichen Teil des Kakamega-Waldes.

Kakamega ♫XIX/C2

Kakamega, die Hauptstadt der Western Province, ist mit rund **40.000 Einwohnern** keine Großstadt und für den Neuankömmling angenehm überschaubar, während Leute, die schon länger in der Stadt wohnen, offen von „Langeweile" sprechen. Ihr ursprünglicher Name war Sheywe, der sich angeblich von einer lokalen Grasart herleitet. Als Kakamega ist die Siedlung 1895 aktenkundig geworden, nachdem die Engländer hier im Hinterland des Victoria-Sees einen Handelsposten eröffneten, der mit der Küste über einen Ochsenweg, die Sclater's Road, verbunden war. Bis heute ist in Kenia mit der Stadt aber vor allem der **Kakamega Goldrush** assoziiert, der 1933 ausgelöst wurde, als man in der Nähe auf Edelmetallvorkommen stieß. Die kenianische Wirtschaft litt damals unter der Weltwirtschaftskrise, und viele weiße Siedler, die sich in finanziellen Schwierigkeiten befanden, ließen alles stehen und liegen und strömten zum Yala River, um dort ihr Glück zu machen. Wirklich gut verdient haben dabei vor allem die Ausrüster der Goldgräber, denn wie sich relativ schnell herausstellte, waren die Vorkommen weniger ergiebig als erhofft. Neben den einfachen Goldgräbern gab es damals nur eine professionell arbeitende Mine. Die **Roosterman Mine** liegt im Südwesten der Stadt, etwas abseits der Straße nach Mumias. Wer an alten Gebäuden Gefallen findet, kann sich auf dem Gelände umschauen. In den Jahren 1935 bis 1952 wurden hier 259.142 Unzen Gold aus dem Boden geholt, das entspricht – grob gerechnet – immerhin 7,5 t Edelmetall! Danach übernahm die Ross-Mining-Gesellschaft die Claims, doch nach fünf Jahren gab auch sie auf, der Betrieb war nicht wirtschaftlich. Allerdings gibt es bis heute in Westkenia zahlreiche kleine Minen, in denen rund 100.000 Menschen, teilweise unter haarsträubenden Umständen, nach Gold suchen.

Kakamega selbst ist zwar nur ein Städtchen, die Region drum herum zählt aber mit 750 Einwohnern pro km² zu den am dichtesten besiedelten Gebieten Kenias. Die Stadt ist die inoffizielle **Hauptstadt des Luyia-Volkes,** welches nach den Kikuyus die **zweitgrößte Ethnie** im Lande ist. Die Luyias sind kein homogener Volksstamm, sondern zerfallen in rund 17 Untergruppen von sehr heterogener Herkunft. Die Mehrheit von ihnen stammt von Einwanderern ab, die seit dem Ende des 16. Jahrhunderts in Wellen aus Uganda kamen. Das verbindende Element dieser Gruppen ist die gemeinsame Bantu-sprache Kiluyia. Ihr Territorium reicht von der Südseite des Mt. Elgon bis ins Hinterland der nördlichen Lake-Victoria-Küste und wird im Osten durch das Nandi Escarpment begrenzt. Ein Teil der Luyas lebt auf ugandischem Staatsgebiet.

Traditionell sind die Luyia Ackerbauern, haben aber schon seit alters her auch Viehzucht betrieben. Dies erklärt die lange **Bullenkampf-Tradition** des Isukha-Clans, der in der Umgebung des Kakamega-Waldes lebt. Früher wurden die Kämpfe als Ehrerbietung an den Gräbern mutiger Krieger ausgetragen. Heute haben sie eher den Charakter ei-nes Volksfestes, bei dem sich die Dörfer gegenseitig auszustechen versuchen. Die Begeisterung für Bullenkämpfe, die in unregelmäßigen Abständen an Sonntagen auf den Märkten von Shinyalu und Khayega stattfinden, aber bereits am Abend vorher mit Biergelagen, Trommeln und Tanz beginnen, ist nur mit der Besessenheit von Fußballfans zu vergleichen.

Ein großer Teil der ländlichen Bevölkerung um Kakamega ist allerdings tief gläubig und würde vermutlich niemals an diesem Treiben teilnehmen. Sonntags sieht man ganze Gemeinden zum **Gottesdienst** ziehen. Besonders prächtig gekleidet sind die Mitglieder

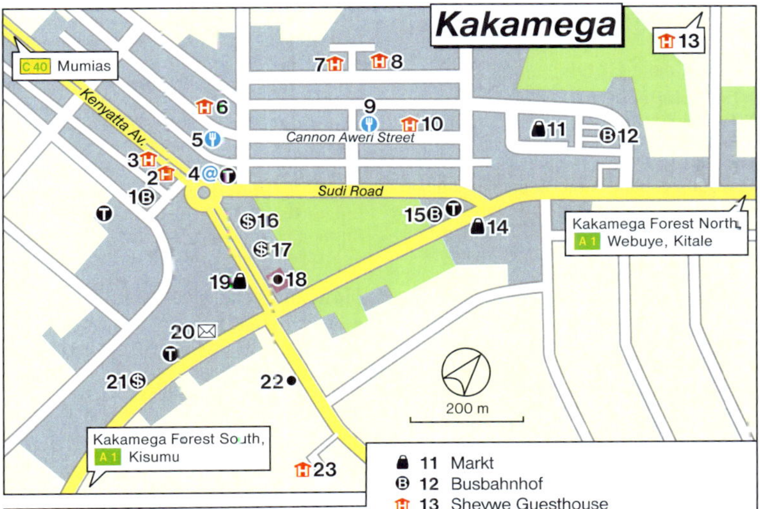

Kakamega

Westkenia

⊖	1	Akamba Bus, Easy Coach Coast Bus
🏠	2	Western Green Hotel
🏠	3	Franka Lodge
@	4	Internet Café
♋	5	Lavino 2000
🏠	6	Ilusion Hotel
🏠	7	Vike's Guesthouse
🏠	8	Voi Guesthouse
♋	9	Snack Stop Cafeteria
🏠	10	Forest Green Inn
⬛	11	Markt
⊖	12	Busbahnhof
🏠	13	Sheywe Guesthouse
⬛	14	Supermarkt
⊖	15	Matatus
⑤	16	Standard & Chartered Bank
⑤	17	KCB Bank
●	18	Town Hall
⬛	19	Supermarkt & Geldautomat
⊠	20	Post
⑤	21	Barklays Bank
●	22	Kakamega Sports Club
🏠	23	The Golf Hotel
⦿		Tankstelle

der African Devine Church, die sich in weiße Gewänder hüllen und dreifarbige Kopfbedeckungen tragen, wobei Weiß für die Erlösung, Rot für das Blut Christi und Grün für die Ackerfrüchte stehen soll.

Eine der größten Attraktionen von ganz Westkenia ist der nahe gelegene tropische **Kakamega-Regenwald,** der einen zweitägigen Besuch rechtfertigt. Es gibt in der Umgebung von Kakamega also eine ganze Reihe von Dingen zu entdecken, auch wenn die Stadt selbst keine Sehenswürdigkeiten bietet. Ihre gute Infrastruktur macht sie aber zu einer optimalen Ausgangsbasis, und so wird man bei der An- oder Abreise wohl zumindest einmal hier übernachten.

Unterkunft

Mittelklasse-Hotels

●**The Golf Hotel**
Khasakal Rd., Tel. 056/30150, Fax 30155; R: 2750/3775/4675 Ksh BB, Suite: 6750 Ksh; NR: 84/105/139 US$ BB, Suite: 139 US$. Das 1984 gebaute Hotel liegt in einem herrlichen Garten, ist angenehm ruhig, von den Balkons der Zimmer blickt man auf den Golfplatz. Die Räume wirken bzgl. der Möblierung etwas zu simpel für den Preis, sind aber alle mit Badewanne, Telefonanschluss und Moskitonetzen, die Suite zusätzlich mit Air Condition und TV ausgestattet. Weitere Einrichtungen des Hotels: Pool, sichere Parkplätze, Restaurant und Bar, eine kleine Boutique mit Curios und Postkarten.

●**Forest Green Inn**
Mobil: 0726/448451. Das neue Hotel mitten im Zentrum von Kagamega weist picksaubere, helle Zimmer mit Balkon auf, die alle (SG/DB) 1300 Ksh kosten, inkl. Frühstück. Im Lounge Room steht ein Fernseher, das Restaurant im Erdgeschoss mit verschiedenen Curries und afrikanischer Küche ist auch sehr empfehlenswert. Ein Cyber Café und eine gemütliche Bar runden das Angebot ab.

Preiswerte Unterkünfte

●**Illussion Hotel**
Mobil: 0727/7760250; 500/800 Ksh SC BO. Die Zimmer des orangen Hotels im dritten Stock sind groß und hell, heißes Wasser ist vorhanden und Moskitonetz gibt's auf Anfrage. Grundsätzlich ein guter Tipp in Kagamega, wegen der Bar einen Stock tiefer am Wochenende aber nicht zu empfehlen ...

●**Western Green Hotel**
Mobil: 0722/794433; 600 bzw. 700/1000 Ksh SC BB. Das Hotel an der Kenyatta Ave. hat gemütliche Zimmer in verschiedenen freundlichen Farben, ist sauber und hat Moskitonetze. Empfehlenswert!

●**Franka Lodge**
Tel. 056/20086; 400/500 Ksh SC. Der Preis für die hellen Zimmer an der Vorderseite geht in Ordnung. Schöne Veranda zum Draußensitzen. Sicherer Parkplatz und Moskitonetze sind vorhanden.

●**Vike's Guesthouse**
500/600 Ksh SC. Das Guesthouse ist sauber. Ein alter Fuchs, der lange in einem großen Hotel an der Küste gearbeitet hat, hält die jungen Angestellten auf Trab. Die Zimmer sind nicht sonderlich geräumig und lassen Moskitonetze vermissen. Vom großen Dach hat man aber einen wunderbaren Ausblick auf die Stadt und ihr Umland. Die Kneipe im Erdgeschoss ist sehr populär, das Essen im Restaurant empfehlenswert. Manchmal gibt es Probleme mit der Wasserversorgung.

Hotel außerhalb der Stadt

●**Sheywe Guest House**
Tel. 056/31492, Mobil: 0723/884326 oder 0735/897054; Standard: 800/1500/2100 Ksh SC BB, Deluxe: 1500/2200/2800 Ksh SC BB. Im Garten darf man auch campen. Das kleine ruhige Hotel, das den traditionellen Namen Kakamegas trägt, liegt etwas außerhalb der Stadt im Grünen und ist besonders bei Kirchenleuten und Entwicklungshelfern beliebt. Man genießt vom großen Garten mit Kinderspielplatz einen schönen Blick auf die Stadt. Die Zimmer sind alle mit Moskitonetz ausgestattet und blitzsauber. Die Deluxe-Kategorie umfasst TV und Badewanne und fällt etwas größer aus. Es gibt natürlich auch eine Bar und ein Restaurant mit verlockender Speisekarte. Neben verschiedenen Suppen und guten Fleischgerichten wird hier die längste Nachtischliste in der Stadt geboten, die Preise sind moderat. Wer länger hier

Goldrush am Yala River

Die Kunde verbreitete sich **1933** in der Kolonie Kenia wie ein Lauffeuer: Gold! Gold in Kakamega! Rund 1000 Siedler ließen alles stehen und liegen und strömten nach Westkenia. Die Kolonie litt noch schwer unter den Nachwirkungen der Weltwirtschaftskrise, auch viele Weiße waren in dieser Zeit verarmt, und so war die Aussicht, auf einen Schlag sagenhaft reich zu werden, noch verlockender. Aber viele Glücksritter gaben bald wieder auf, denn die Vorkommen waren nicht so ergiebig wie erhofft. Ein Minenkonsortium hielt etwas länger durch, nach einem Besitzerwechsel kam aber auch für die Rosterman Mine 1957 das Aus.

Heute gibt es im Einzugsgebiet des Yala River in den westkenianischen Distrikten Kakamega, Vihiga, Kisumu und Nandi mehr Goldgräber als jemals zuvor. Die Nation, die größte Tageszeitung Kenias, schätzt, dass rund **100.000 Digger in mehr als 1000 Minen** schuften. Darunter sind verwegene Glücksritter ebenso wie brave Familienväter, die das Geld für die Schulgebühren ihrer Kinder zusammenbekommen müssen. Die ältesten Goldgräber haben bereits zur Kolonialzeit in den Firmen der Weißen unter Tage gearbeitet, die Jüngsten sind noch wahre Kinder. Angetrieben werden sie alle von einigen sagenhaften Funden, wie der 1992 entdeckten alluvialen Lagerstätte am Yala River, in der man auf etwas mehr als 20 kg des Edelmetalls stieß.

Die Verlockung des schnellen Reichtums lässt die Menschen **unverantwortliche Risiken** eingehen. Die meisten Minen sind illegal, Sicherheitsvorschriften existieren nicht, und die Zahl der tödlichen Unfälle ist dementsprechend hoch. Häufig werden ohne eine Ahnung von Grubentechnik einfach senkrechte Schächte in die Tiefe gegraben, und wenn man auf eine erzführende Gesteinsader trifft, werden bis zu 1 Kilometer lange, vertikale Schächte vorangetrieben. Hier schuften dann die Gangs, also die Gruppen von vier oder fünf Männern, aus denen sich ein Team unter Tage für gewöhnlich zusammensetzt, freiwillig unter unmenschlichen Bedingungen. In der Regel ist die schwüle Luft zum Erbrechen, weil es noch nicht einmal Belüftungsschächte gibt, und in einigen Gruben steht das Wasser. Die ganze Ausrüstung der Männer ist archaisch. Im Schein ihrer Taschenlampen brechen sie mit Hammer und Meißel das Gestein, das dann mit einer handbetriebenen Winde 20, 30 oder 40 m nach oben befördert wird.

Auch die **Aufbereitung des Erzes** ist geradezu steinzeitlich. Ganze Familien, vom Kleinkind bis zur Großmutter, zerschlagen mit Hämmern die Gneisbrocken zu Sand, der schließlich zwischen Mühlsteinen puderfein zerrieben wird. Dieser Gesteinsstaub wird dann entweder in einer Schale ausgewaschen – da Gold schwerer ist, setzt es sich am Boden ab, während das Gesteinsmehl mit kreisenden Bewegungen über den Rand gewaschen wird –, oder er wird mit dem giftigen Quecksilber versetzt, das das Edelmetall bindet. Beim Erhitzen verflüchtigt sich das Quecksilber, das Gold bleibt zurück. Dieses Verfahren ist extrem gesundheits- und umweltschädlich, denn mit dem nächsten Regen gelangt das Gift auf den Erdboden zurück, verseucht Boden und Wasser.

Oft zahlt sich die Ochserei und das Risiko, das die Menschen eingehen, noch nicht einmal aus. Die Bosse der Gangs geben ihren Gehilfen einen vereinbarten Teil des geförderten Rohgesteins. Fortuna entscheidet dann, ob es ein guter oder schlechter Tag war. „Gut" bedeutet einen Tagesverdienst von umgerechnet 13 Euro. Da die meisten Minen auf privatem Grund liegen, geht noch ein Teil der Ausbeute an den Landbesitzer. Die Zwischenhändler, die das Rohgold ankaufen, drücken die Preise erbarmungslos nach unten. Eine Besserung der Verhältnisse für die Goldgräber brachte die Gründung einer Kooperative, die den Einkauf der Geräte und den Goldhandel professioneller organisiert.

wohnt, darf die Hotelküche benutzen und sich sein eigenes Süppchen kochen. Sichere Parkplätze. Auffällig gute Stimmung unter der Belegschaft. Rundum empfehlenswert.

Essen und Trinken

Neben dem oben erwähnten **Sheywe Guest House** gibt es noch einige andere, zentral gelegene Restaurants, in denen man ganz gut essen kann. Im **Vike's Guesthouse** erhält man das beste Brathuhn in der Stadt. Auch das **Golf Hotel** hat eine gute Küche, erwähnenswert ist vor allem das Barbeque am Samstagabend ab 19.30 Uhr für 1000 Ksh. Die Bar offeriert eine Reihe von Cocktails, die zumindest vom Namen her Neugierde wecken: *Golf Symphony, Kakamega Delicacy, Western Pride* oder *Dunga Bay Dynamite* ...

Ausgezeichnetes afrikanisches Essen gibt es für lächerliche 240 Ksh im **Lavino 2000.** In traditionellen Tontöpfen, die auf Stövchen stehen, hat man die Wahl unter verschiedenen westkenianischen Gerichten, die von den Frauen zwar zu Hause noch gekocht werden, die man aber in keinem der Hotelis bekommt. U.a. gibt's *Saaka* (Königinnengemüse), *Kunde* (Blätter von Kichererbsen), *Seveve* (Kürbisblätter), *Obwoba* (Pilze), *Muranda* (geräuchertes Rindfleisch), *Nduma* (Süßkartoffeln), *Matumbo* (Innereien), *Ugali wimbi* (Ugali aus Hirse) sowie gebratenes Fleisch von Rind, Huhn und Ziege. Nicht verpassen!

Im **Western Green Hotel** und der **Franka Lodge** gibt es gegrilltes Fleisch satt, im **Forest Green Inn** sind die Curries zu empfehlen, günstige Snacks gibt's in der **Snack Stop Cafeteria.**

Busse und Matatus

●Shining Star fährt täglich nach **Nairobi** (800 Ksh), **Kisumu** (200 Ksh), **Busia** (400 Ksh) und **Mumias** (100 Ksh).
●Akamba Bus bedient um 7.30 Uhr morgens **Nairobi** (950 Ksh) über **Kapsabet** (200 Ksh), **Nandi Hills** (300 Ksh) und **Nakuru** (700 Ksh). Der Abendbus um 19.30 Uhr über **Kisumu** (80 Ksh), **Kericho** (190 Ksh) und Nakuru (300 Ksh) nach Nairobi (500 Ksh) fährt

nicht immer. Auch Easy Coach hat Kakamega im Programm.
●Die **Matatus in die Umgebung,** also nach Webuye, Mumias, Kitale, Busia und Kisumu, fahren entweder an der Somken-Tankstelle am Nordende der Stadt oder am Busbahnhof in Marktnähe ab.
●Für den Transport **zum Kakamega Forest** s. S. 442.

Nachtleben

Kakamega ist eine ruhige Stadt, aber am Wochenende drehen die Leute schon mal auf. Dann wird die **Illusion Bar** zum populären Treffpunkt. Auch im **Crescent** geht regelmäßig die Post ab, Live-Musik wird hier jeden Abend gespielt, die Atmosphäre ist wirklich urig. Im **Forest Inn** kann der Abend auf Ledersofas gemütlich mit Whisky begonnen oder beendet werden.

Banken

Kakamega ist mit dem üblichen Sammelsurium an Bankfilialen ausgestattet; Öffnungszeiten wie anderswo, **Kartenautomat** an der Barclays Bank.

Einkaufen

Wer mehrere Tage durch den Kakamega-Urwald streifen will, muss sich bereits in der Stadt mit dem Nötigsten eindecken, denn die Versorgung in Waldnähe ist nicht sehr gut. Frisches Gemüse und reichlich Obst erhält man auf dem **Markt,** der sich in der Nähe des Busbahnhofs befindet und besonders Mi. und Sa. nur so vor Menschen überquillt.

Sport und Aktivitäten

Golf

●Einen 9-Loch-Kurs bietet der **Kakamega Sports Club.** Die Greenfee beläuft sich auf 500 Ksh. Der Caddy erhält für die volle Bahn 100 Ksh. Auch **Squash** und **Tischtennis** kann man im Sports Club spielen.

Kakamega National Reserve

♪ **XIX/C2**

Die Aufzählung der vielfältigen Landschaften Westkenias wäre ohne den Kakamega-Wald nicht komplett. Die **240 km² tropischer Regenwald** sind das Restchen eines Waldgebiets, das sich einst vermutlich vom Kongobecken über Westkenia bis an den Ostafrikanischen Graben oder sogar an die Küste des Indischen Ozeans erstreckte. Klimaveränderungen, die nach den Eiszeiten vor rund 10.000 Jahren einsetzten und in anderen Teilen Afrikas allmählich zur Ausbildung der Sahara führten, ließen die Waldfläche beträchtlich schrumpfen. Diese Restgebiete wurden in den vergangenen 200–300 Jahren von der anwachsenden Bevölkerung Westkenias gerodet. Dem Kakamega-Wald hätte mit Sicherheit das gleiche Schicksal geblüht, wenn nicht 1967 sein südlicher Teil durch die Naturreservate von Yala und Isecheno und der Norden 1985 durch die National Reserves von Buyangu und Kisere unter Schutz gestellt worden wären.

Dank dessen kann man auf dieser Regenwaldinsel, die von einem Meer kleiner Luyia-Shambas umgeben wird, noch zahllose Pflanzen- und Tierarten bestaunen, die anderswo in Ostafrika schon längst verschwunden sind. Einen Besuch sollte man sich schon deshalb nicht entgehen lassen, weil einige Waldteile durch **Wanderwege** vorbildlich erschlossen sind und es ausgezeichnete **Führer** gibt, die einem die interessantesten Dinge zu den Tieren und Pflanzen von Kakamega erzählen können. Hinzu kommt, dass jeder Besucher mit seinem kleinen Eintrittsgeld und durch die Arbeitsplätze im Tourismussektor ein kleines Stückchen dazu beiträgt, den Wald auch zukünftig zu erhalten. Dessen Bedrohung ist in den vergangenen Jahrzehnten nicht kleiner, sondern eher größer geworden.

Die **Hauptgefahren** für den Kakamega Forest gehen auf das ungebremste **Bevölkerungswachstum** in der Region und die resultierende Übernutzung seiner Ressourcen zurück, denn die Menschen der angrenzenden Gemeinden weiden auf den Lichtungen ihr Vieh, sammeln Brennholz und Medizinalpflanzen. Noch schädlicher sind der illegale **Holzeinschlag,** die Holzkohleproduktion und die Prospektion von Gold. Außerdem sind einige größere Gebiete mit exotischen Gehölzen aufgeforstet worden.

Vegetation

Im Osten des Kakamega-Waldes ragt das Nandi Escarpment auf, welches eine fantastische Kulisse für den Blick über die Waldlandschaft bietet, den man von zwei **Aussichtshügeln,** dem **Buyangu Hill** im Norden und dem **Lirhanda Hill** im Süden, genießt. Ein Besuch dieser Aussichtspunkte lohnt sich vor allem zum Sonnenaufgang, wenn die Bäume des Waldes aus einer wabernden Schicht Morgennebel herausragen. Von hier oben erkennt man, dass Kakamega aus einem Flickenteppich verschiedenster Vegetationsformen besteht, die wiederum einen großen Einfluss auf die Zusammensetzung der Tierwelt haben.

Die Pflanzenvielfalt beruht darauf, dass sich in Kakamega **zwei Waldtypen vermengt** haben, nämlich der artenreiche guinesisch-kongolesische Regenwald und der Bergwald der ostafrikanischen Grabenbuchränder. Bis zu 20 Prozent aller Pflanzen kommen nirgends sonst in Kenia vor. Neben wirklichen Urwaldflächen findet man in Kakamega leicht geschädigte und frisch gerodete Parzellen, aber auch natürliche Waldlichtungen, Sumpfgebiete Flusswälder und im Süden, bei Isecheno, sogar Teeplantagen.

Wie bei anderen Regenwäldern ist auch in Kakamega ein **Schichtaufbau des Pflanzenwuchses** zu beobachten. Einzelne, herausragende Baumriesen mit prächtigen Brettwurzeln – darunter hervorragende Harthölzer – erreichen eine Höhe von bis zu 45 m, während das geschlossene Kronendach einige Meter darunter endet. In der Baumkronenzone wachsen auf den Ästen Epiphyten wie Farne, Flechten und Orchideen, während sich an den Baumstämmen Lianen emporranken. Unter den Waldbäumen stehen schattenliebende Büsche und krautige Pflanzen wie Gräser, Blumen und Farne.

Westkenia

Bisher hat man rund **150 Baum- und Buscharten, über 60 Orchideenarten** (neun davon kommen nur hier vor!) und **62 Farnarten** identifiziert. Knapp 50 dieser Pflanzen werden von den lokalen Wunderheilern zu medizinischen und rituellen Zwecken verwendet. Beispielsweise gibt es im Wald drei verschiedene Pfeffersorten, die alle eine besondere Wirkung besitzen. Der Draceanafragans-Baum wurde von den Luyia früher zur Markierung von Grundstücken verwendet. Wer diese Grenzziehung verletzte und den Baum kappte, wurde mit einem Fluch belegt, der ihn verrückt werden ließ. Den Luyia war auch die blutstillende Wirkung von *Microclosa peyrifolia* bekannt, die sie *Engoi* nannten, was so viel wie „Leopard" bedeutet, denn die Blätter auf der Wunde taten so weh, als wäre man von einer Leopardenkralle verletzt worden.

Der **heiligste Baum der Tiriki,** einer der beiden Clans im Einzugsbereich des Kakamega-Waldes, ist jedoch der **Mugumu-Baum,** die Würgefeige, von der es im Wald prächti-

ge Exemplare gibt. Es sind Plätze der Ahnen, an denen gebetet und Opfer dargebracht werden. Einen Mugumu-Baum zu fällen, ist noch immer mit einem strengen Tabu belegt. Die Tiriki verbindet eine besonders innige Beziehung zum Wald. Bis heute gibt es im Dickicht heilige Plätze, sogenannte Kavunyonje, die besonderen Reinigungsriten vorbehalten sind. Früher mussten die jungen Männer, die initiiert wurden, einen Monat im Dickicht überleben, mussten die Gefahren und den Nutzen des Waldes beherrschen lernen. 1974 wurde die letzte Altersklasse auf diese Art initiiert. Einige der Führer im nördlichen Waldschutzgebiet gehören ihr an, was man an ihrer phänomenalen Kenntnis über den Waldes merkt.

Die Tierwelt

Die Tierwelt des Kakamega-Waldes umfasst nur **wenige große Säugetierarten,** die man in anderen Nationalparks besser beobachten

kern-513 Foto: hf

kann. Wer früh aufsteht, hat die Chance, Buschböcke zu Gesicht zu bekommen. Verschiedene Duckerantilopen sind sogar relativ häufig. Noch Anfang des Jahrhunderts hat es Elefanten und Büffel gegeben, doch ebenso wie die Bongoantilope, der Wasserbock und die Grasantilope sind sie in Kakamega inzwischen ausgerottet. Viele dieser Arten fielen der menschlichen Vorliebe für Fleisch zum Opfer. Ein Leopard wurde letztmals 1991 gesichtet.

Da man im Kakamega-Wald auch **Nachtwanderungen** machen darf, hat man mit einem guten Führer die Chance, allerlei interessanten **nachtaktiven Tierarten** auf die Spur zu kommen, etwa der aquatisch lebenden Großotterspitzmaus und dem Fingerotter, dem Buschschwein, dem Großen Waldhörnchen und dem Flughörnchen, das zwischen seinen Vorder- und Hintergliedmaßen eine Hautmembran besitzt, mit der es 50 m weit von Baum zu Baum segeln kann! Extrem urig sehen auch die Baumschuppentiere aus, ebenso das Stachelschwein und der Ameisenbär. Ebenfalls nachtaktiv sind diverse Fledermausarten, darunter der **Hammerköpfige Flughund,** die **größte Fledermaus in ganz Afrika,** die sich von Früchten ernährt und eine Spannweite von 1 m erreicht

Bei Tage wird man mit Sicherheit den hübschesten Akrobaten des Waldes, den schwarz-weißen **Colobus-Affen,** sowie **Diademmeerkatzen** und dem westafrikanischen **Kongoweisnasenaffe** begegnen. Diademmeerkatzen (Blue Monkey) und Kongoweisnasenaffen (Redtailed Monkey) sieht man in gemischten Herden, ein Verhalten, von dem beide profitieren. Die Diademmeerkatze ist besonders geschickt im Auffinden von Futterquellen, der Kongoweißnasenaffe hingegen ein tapferer Kämpfer wenn es darum geht, Kronenadler, den Hauptfeind der Primaten, in die Flucht zu schlagen.

Die **seltenste Affenart von Kakamega** ist die **De-Brazza-Meerkatze,** von der es nur noch drei Gruppen mit insgesamt 50 Tieren

gibt. Man bekommt sie nur im Kisere Forest, einer kleinen Waldinsel nördlich des Kakamega-Waldes, zu Gesicht. Da die Affen immer im gleichen Baum schlafen, hat man dennoch gute Chancen, wenn man sich früh auf den Weg macht. Nach 8 Uhr morgens begeben sich die Tiere allerdings in den Bäumen entlang der Flussränder auf Futtersuche.

Die außergewöhnlichen **Vögel** sind zu zahlreich, als das man sie hier aufzählen könnte. Insgesamt wurden bisher **330 verschiedene Arten** registriert, 145 davon sind ausgesprochene Waldarten, und 84 Vögel kennt man sonst nur aus Westafrika. Am bekanntesten, aber auch am bedrohtesten ist der Graupapagei, dessen Bestand sich in den letzten Jahren wieder ein wenig auf 30 Brutpaare erholt zu haben scheint. Besonders auffällig ist der große Schwarzweiße Nashornvogel, der durch seine krächzenden Schreie in der Morgen- und Abenddämmerung auf sich aufmerksam macht – und tagsüber durch das starke Rauschen seiner Flügel. Ebenfalls bemerkenswert ist der Schwarzschnabel Turako, der violett schillernde Ross Turako und der leuchtende Blaue Turako. Kurios: Die kleinste und die größte Eisvogelart leben im Kakamega-Wald. Hoch über dem Wald patrouilliert der Kronenadler, der ein ausgezeichneter Affenjäger ist und ein bitterböses Gezeter in den Baumwipfeln auslöst, wenn er von den Primaten entdeckt wird. Ab Oktober wird die gefiederte Gemeinde um weitere 30 Zugvogelarten aus Europa bereichert.

Nach der langen Regenzeit, also von **Juni bis August,** tragen die Vögel ihr Brutkleid und sind dann besonders prächtig anzuschauen. In der **Mitte des Vormittags** und **am späten Nachmittag** ist ihre Aktivität am ausgeprägtesten, dies ist die **beste Tageszeit für Beobachtungen.** Einige besonders erwähnenswerte Plätze zur Vogelbeobachtung finden sich in den Wäldern entlang des Ikuwa River sowie im Waldstück direkt hinter der Isecheno Forest Station und den Weg hinunter zum Pumpenhaus von Isecheno.

Die Zahl der **Schmetterlinge** übersteigt mit **400 Arten** sogar noch jene der Vögel. Es gibt Falter aus allen neun afrikanischen Schmetterlingsfamilien. Die **beste Jahreszeit**

Der Regenwald
von Kakamega im Morgennebel

Westkenia

für Schmetterlingsbeobachtungen ist ebenfalls nach dem großen Regen, im **August und September.** Einer der schönsten Schmetterlinge im Wald ist der Diadem, den man bisweilen beim Trinken an Wasserpfützen sehen kann. Besonders auffällig sind auch die verschiedenen Schwalbenschwänze. Amauris ist eine giftige Art, deren Aussehen von anderen Schmetterlingen kopiert wird, um sich vor Fressfeinden zu schützen.

Die letzte große Tiergruppe, die eine Erwähnung verdient, sind die **Reptilien,** die mit verschiedenen Arten von Skink, Agame, Chamäleon und Eidechse vertreten sind. Der bis zu 2 m lange **Nilwaran** ist eine prächtige Echse, die vorzüglich schwimmt und klettert. Ihre Lieblingsspeise sind Vogeleier. Bekannt ist Kakamega auch für seine vielen **Schlangenarten.** Zwei der schönsten, aber auch der giftigsten Schlangen sind die **Gabun Viper** und die **Rhinoceros Viper.** Es sind träge, dickliche Gesellen aus Westafrika, die sich langsam bewegen und nicht aggressiv sind. Ihr Schuppenkleid ist außerordentlich prächtig gefärbt. Die Rhinoceros Viper hat einen Hautfortsatz auf der Nase, der wie ein Horn aussieht. Wenn sie es nicht eilig hat, bewegt sie sich durch ein Vorwärts-rückwärts-Verschieben ihrer Rippen fort, nicht durch die klassischen Schlängelbewegungen.

Im Park unterwegs

Der Kakamega-Wald eignet sich wie kaum ein anderes Naturschutzgebiet in Kenia für **Erkundungen zu Fuß.** Den Wald durchzieht ein Netz von Wanderwegen, das von zwei Ausgangsbasen zugänglich ist. Im Süden des Waldes ist dies die **Isecheno Forest Station,** von der man ins Isecheno und ins Yala Nature Reserve kommt. Im Norden ist es die **KWS Station von Buyangu,** von der man in das Kakamega Forest National Reserve und in die kleine, etwas separat liegende Waldinsel des Kisere National Reserve gelangt. Es gibt auch die Möglichkeit, für zwei Tage den gesamten Wald von Norden nach Süden zu durchqueren. Am besten fragt man vor Ort, welche Wege begehbar sind, ohne sich im Dickicht zu verrennen.

Lokale Guides haben sich in der **Kakamega Forest Guide Association (KAFOGA)** zusammengeschlossen. Einige der Jungs sind unwahrscheinlich gut. Sie können einem wirklich alles erklären, und ohne sie sieht man definitiv weniger als die Hälfte. Und natürlich kennen sie auch das Wegenetz sehr gut. Am besten lässt man sich von den Führern erklären, was es alles zu sehen gibt, und entscheidet sich dann für eine der verschiedenen Routen, die für 300 Ksh (1,5 Std.) bis 1600 Ksh (7 Std.) angeboten werden. Man sollte sich **möglichst früh auf den Weg machen,** weil es nachmittags häufig regnet. Und: Auf jeden Fall **Fernglas und Vogelbestimmungsbuch mitnehmen!**

Der südliche Teil des Kakamega-Waldes ist deutlich stärker von menschlichen Einflüssen gezeichnet, hier gibt es relativ viel weidendes Vieh und sonstige Aktivitäten, allerdings auch einen besonders großen Vogelreichtum und mit dem **Lirhanda Hill** einen wunderschönen **Aussichtspunkt,** von dem man den gesamten Kakamega-Wald und das Nandi Escarpment überblicken kann. Und da Primatenforscher hier für ihre Arbeit die Affen habituiert haben und die Vegetation ausgedünnt ist, hat man mehr Chancen, die Affen zu beobachten. Es gibt Wege mit Längen von 1–12 km, die teils an der Isecheno Forest Station beginnen, teilweise eine Anfahrt von bis zu 8 km erfordern. Besonders erwähnenswert sind die kleinen **Wasserfälle,** die man über den Yala Trail erreicht.

Der nördliche Teil des Kakamega-Waldes weist mehr Wege auf, die sich auch gut kombinieren lassen. Wegen der strengeren Kontrolle durch die Ranger des KWS gibt es **mehr Tiere.** Bis auf den Besuch des Kisere Forest mit den seltenen De-Brazza-Meerkatzen lassen sich alle Routen von der KWS-Station aus zu Fuß machen, für einige längere Strecken ist ein Wagen aber hilfreich. Die Längen der Wege reichen von 500 m bis 7 km, in Kombination auch mehr. Besonders sehenswert sind die 3 m hohen **Isiukhu-Wasserfälle,** deren Ränder von Moos bewachsen sind und von Bäumen eingerahmt werden – ein schöner Platz zum Schwimmen. Mittags, wenn es sehr heiß wird, kommen die Affen zum Trinken, und manchmal

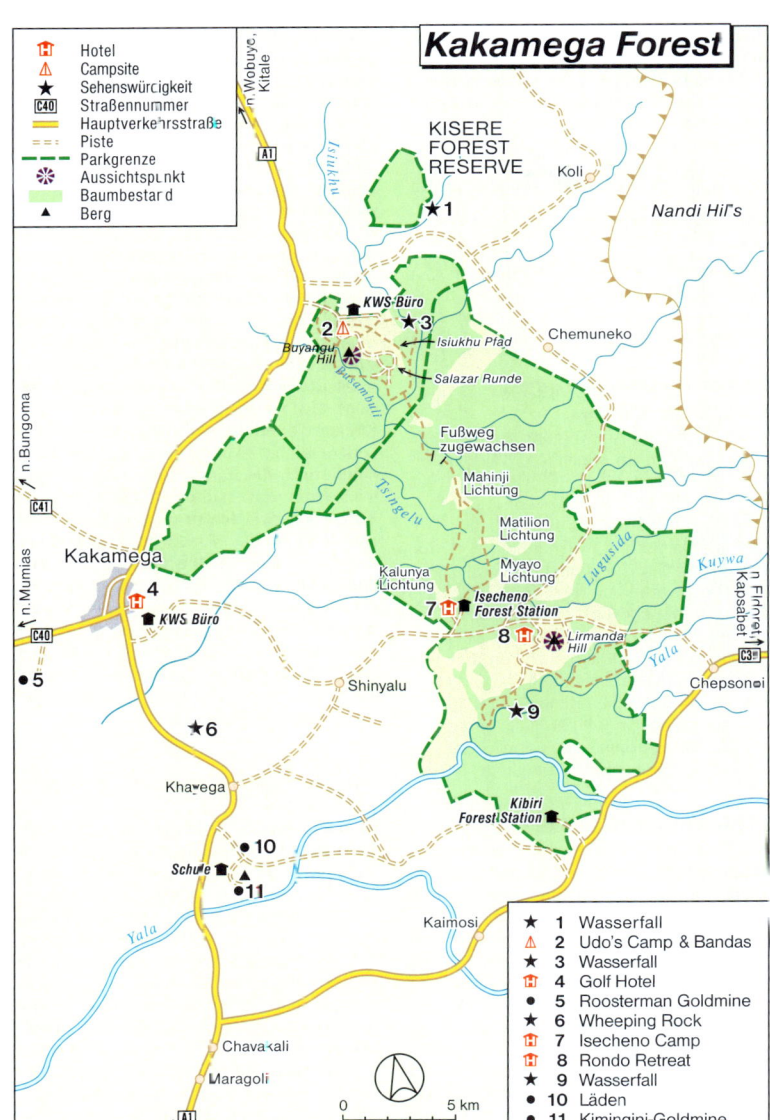

Kakamega Forest

Legend:
- 🏠 Hotel
- ⚠ Campsite
- ★ Sehenswürdigkeit
- C40 Straßennummer
- Hauptverkehrsstraße
- === Piste
- --- Parkgrenze
- ❋ Aussichtspunkt
- Baumbestand
- ▲ Berg

KISERE FOREST RESERVE

Nandi Hills

Koli

n. Wobuye, Kitale

KWS-Büro ★ 3

Isiukhu Pfad

Buyangu Hill

Salazar Runde

Chemuneko

Fußweg zugewachsen

Mahinji Lichtung

Matilion Lichtung

Tsingelu

Kalunya Lichtung

Myayo Lichtung

Isecheno Forest Station

Lususida

Kuywa

n. Bungoma

Kakamega

KWS Büro

Shinyalu

Lirmanda Hill

Yala

Chepsonoi

n. Fidhiret, Kapsabet

★ 6

Khayega

Kibiri Forest Station

Schule

● 10

● 11

Kaimosi

Yala

Chavakali

Maragoli

n. Kisumu

Westkenia

★	1	Wasserfall
⚠	2	Udo's Camp & Bandas
★	3	Wasserfall
🏠	4	Golf Hotel
●	5	Roosterman Goldmine
★	6	Wheeping Rock
🏠	7	Isecheno Camp
🏠	8	Rondo Retreat
★	9	Wasserfall
●	10	Läden
●	11	Kimingini-Goldmine

0   5 km

sieht man Fische die Fälle hinaufspringen. Keinesfalls entgehen lassen sollte man sich den Blick bei Sonnenaufgang vom **Buyangu Hill** über den Kakamega-Wald und das Nandi Escarpment.

Infos und Kontakt

- **The Warden, Kakamega Forest National Reserve,** Tel. 056/ 30603 und 30962; kakamegastn@kws.go.ke und kakamega@africaonline.co.ke..

Unterkunft

Hotels, Camps und Lodges
- **Rondo Retreat Centre**
4 km östlich der Abzweigung zur Isecheno Forest Station, im südlichen Waldteil; Tel. 056/30268, Fax 20145, www.rondoretreat.com; NR: 120 US$, R: 4200 Ksh FB. Das Rondo Retreat Centre ist das 1928 erbaute Haus des amerikanischen Holzhändlers *A.W. Turton,* dessen Grab im gepflegten Garten liegt. Das Haus wurde von der Trinity Fellowship Church, einer christlichen Organisation, gekauft und in ein Erholungsheim für Missionare umgewandelt, in dem auch Touristen willkommen sind. Die Einrichtung von Gästezimmern und öffentlichen Räumen ist gediegen und gemütlich. Ein ruhiger Platz, an dem es keinen Alkohol, dafür eine Kapelle gibt. Auf Wunsch geführte Waldspaziergänge.

Hüttenunterkünfte und Camping
- Im südlichen Waldteil kann man im **Kakamega Forest Guest & Resthouse** bei der Isecheno Forest Station übernachten, ein hüttenartiges Holzgebäude mitten im Wald mit 4 Doppelzimmern für 400 Ksh p.P., einer Kochstelle und einer großen Veranda. Das ist unschlagbar billig. Es gibt sogar Badewannen mit Blick ins Grüne, leider bloß mit kaltem Wasser. Camping kostet 300 Ksh. Bei der Forest Station gibt es eine Kantine mit Lädchen, die aber hoffnungslos überteuert ist – und das Essen ist auch nicht besonders. Am besten bringt man also alle Vorräte von Kakamega mit, denn die nächsten Läden befinden

sich in ca. 3 km Entfernung an der Hauptstraße. Unterkunft findet man aber auch in den **Waldbandas des Kakamega Environmental Education Programme** in der Nähe des Rondo Retreat. Der Chairman *Benjamin Okalo* (Mobil: 0735/610095, keeporg@yahoo.com) ist ein großartiger Guide, der unglaublich viel über Schutzbemühungen und die Natur von Kakamega weiß.
- Die Entsprechung im nördlichen Waldteil bei der Buyangu Ranger Station sind die hübschen **Udo Bandas,** die auf einer Waldlichtung liegen und jeweils 2–4 Pers. aufnehmen können. Auf dem ausladenden Gelände darf man auch campen. Es gibt eine Toilette und Wasser zum Waschen (vor dem Trinken muss es allerdings abgekocht oder desinfiziert werden) sowie einen kleinen Unterstand zum Kochen. Feuerholz wird gestellt. Der nächste Laden liegt in 2 km Entfernung an der Teerstraße nach Kakamega. Beim Park HQ gibt es zudem das **Isukuti Guesthouse** mit Küche und zwei Schlafzimmern. Preise beim KWS HQ in Nairobi, S. 56. Und schließlich kann man auf dem **New De Brazza Campsite** nahe des KWS-Gate für 5 US$ p.P. campen bzw. für 8 US$ p.P. in einer Banda unterkommen. Auf dem Campsite lassen sich auch Fahrräder mieten und Guides für Waldspaziergänge finden. Kontakt: *Patrick Inziani,* Mobil: 0721/628 343 und 0724/242 207, patrickinziani@hotmail.com.

Anreise

In den südlichen Wald gelangt man **mit öffentlichen Verkehrsmitteln** von Kakamega aus, indem man zunächst ein Matatu bis nach Shinyalu nimmt – pro Tag fahren rund fünf Matatus (60 Ksh) dorthin – und sich von dort mit dem Fahrradtaxi, dem Boda Boda (150 Ksh), bis zur Forest Station fahren lässt. Frühmorgens soll es außerdem einen Bus von Kakamega nach Eldoret geben, der über Shinyalu fährt. Wer ihn erwischt, kann sich direkt an der Abzweigung zur Isecheno Forest Station, die durch ein grünes Schild markiert wird, absetzen lassen. Ansonsten besteht in Kakamega die Möglichkeit, ein Taxi zu mieten (800–1000 Ksh).

Mit dem eigenen Wagen verlässt man Kakamega in Richtung Süden und biegt nach 700 m links ein und folgt den Wegweisern zum Savona Isle Resort. Man passiert das Savona und kommt bei km 11 ab der Teerstraße nach Shinyalu. Nach rechts geht es auf einer anderen Piste hinunter nach Khayega an der Kisumu-Teerstraße. Zur Isecheno Forest Station und zum Rondo Retreat fährt man hingegen links. Bei km 5,7 passiert man eine Schranke, dahinter geht es links zur Forest Station und zum Kakamega Forest Guesthouse (jeweils noch 1 km), geradeaus zum Rondo Retreat Centre (3,5 km) und zum Liranda Hill. Wenn man mit dem eigenen Wagen aus Kisumu kommt und nicht zuvor noch nach Kakamega-Stadt möchte, kann man bereits in Khayega von der Hauptstraße abbiegen und gelangt dann nach 6 km an die Kreuzung von Shinyalu. Nun geht es rechts zum Isecheno Forest Centre, links kommt man nach Kakamega-Stadt.

Zum nördlichen Wald gelangt man **mit öffentlichen Verkehrsmitteln**, indem man mit dem Matatu in Richtung Webuye fährt und sich an der Abzweigung zur KWS-Station absetzen lässt. Die restlichen 2 km muss man zu Fuß gehen.

Mit eigenem Wagen fährt man von der Total-Tankstelle am Ortsausgang für 15,4 km in Richtung Webuye und biegt dann rechts ab. Wer zum Kisere Forest mit den seltenen De-Brazza-Meerkatzen will, nimmt die Abzweigung direkt dahinter.

Parkgebühren

● Die Eintrittsgebühren betragen 2000 Ksh.

Kartenmaterial und Literatur

● **Kakamega Forest – the Official Guide.** Ein vorzüglicher Führer für einige Hundert Ksh mit detaillierten Hintergrundinformationen über den Kakamega-Wald sowie einigen Karten. Herausgegeben vom Kenya Indigenous Forest Conservation Programme; Verkauf an den beiden Ausgangsbasen.

Kakamega – Webuye

● **46 km**
● Die Strecke ist durchgehend geteert und in **relativ gutem Zustand.** Es fahren zahlreiche Matatus zwischen den Städten.
● **Fahrtzeit:** 1 Stunde.

Die Straße von Kakamega nach Webuye führt durch einen Landstrich, der durch seine ausnehmend hohen Niederschläge von bis zu 2000 mm pro Jahr sehr fruchtbar, aber auch dicht besiedelt ist. Man passiert zahlreiche Luyia-Gehöfte und kleinere Marktflecken, während sich westlich der Straße der breite Zuckergürtel von Kenia mit seiner riesigen **Zuckerrohrplantagen** erstreckt, in dessen Herzen die Fabriken von Mumias und Bungoma liegen. Umso bemerkenswerter ist, dass man bei der Fahrt von Kakamega nach Norden trotz der intensiven Nutzung zunächst ein gutes Stück an dem tropischen Regenwald entlangfährt, für den Kakamega so berühmt ist. Gut 16 km hinter der Abzweigung von der A1 Kisumu – Webuye zum Uhrturm im Zentrum von Kakamega biegt von der Landstraße rechts die Zufahrt zum nördlichen Teil des Kakamega-Waldes mit dem schön gelegenen Udo's Camp und einem KWS-Rangerposten ab. Wohl keine 50 m dahinter biegt eine weitere Piste ein, über welche man zum **Kisere-Wald** gelangt, einer kleineren Waldinsel, die ebenfalls einen Besuch lohnt und die man auf dem folgenden Abschnitt der Strecke rechts liegen sieht. Im Osten zieht sich auf dem ganzen Weg nach Webuye die rund 300 m hohe Bruchstufe des stellenweise noch von Urwäldern bedeckten Nandi Escarpment hin, das übrigens auch die Grenze zur Rift-Valley-Provinz markiert. Bei km 26 passieren Sie den Ort **Malava,** direkt dahinter geht die Fahrt für 7 km durch den gleichnamigen Wald, der noch viele einheimische Bäume enthält, aber durch Übernutzung bereits schwer geschädigt ist. Die Holzklauer sind völlig unverfroren und laden den Brennstoff am hellichten Tage gleich lastwagenweise auf. Bei km 42

Westkenia

kommen Sie an eine große T-Kreuzung. Rechts gelangen Sie über die A104 nach Eldoret (etwa 60 km), links sind es noch knapp 4 km zur großen **Pan-African-Papierfabrik** am Ortsrand von Webuye, in Richtung ugandischer Grenze, aber auch zur Abzweigung der A1 nach Kitale.

Chavakali – Kapsabet – Eldoret

- **97 km**
- Die Straße ist durchgehend geteert und **in gutem Zustand.** Von Kisumu und von Kakamega aus gibt es gute Matatu- und Busverbindungen.
- **Tankmöglichkeiten:** Chavakali und Kapsabet.
- **Fahrtzeit:** 1,5–2 Stunden.

Die Straße nach Kapsabet und Eldoret biegt 2 km nördlich von Chavakali nach rechts ab. Es ist eine **landschaftlich äußerst reizvolle Fahrt,** die zunächst durch eine Reihe von malerischen Luyia-Dörfern und sogar noch ein kleines Stück am Kakamega-Urwald entlang führt, später von Eukalyptus und Nadelhölzern geprägt wird. Die Straße erklettert das Nandi Escarpment, wobei sich wunderschöne Blicke auf die Senke des Kakamega-Waldes und links der Straße auf den North Nandi Forest ergeben. Bei km 26 beginnen die großen **Teeplantagen,** für welche die Nandi-Region so bekannt ist. Nach Kericho und dem Mt. Kenya ist dies die drittgrößte Anbauregion. Der Nandi-Wald – stellenweise noch aus Urwäldern, zu großen Teilen inzwischen aber aus Aufforstungen mit Nadelhölzern bestehend –, Teeplantagen und Pyrethrumfelder bestimmen bis nach Kapsabet die Landschaft; **Kapsabet** ist bei km 49 erreicht (empfehlenswerte Unterkunft mit Restaurant und zivilen Preisen: Keben Hotel).

Wie die in den 1930er Jahren erbaute Kirche St. Barnabas verrät, war die Gegend um Kapsabet früher ein Teil der White Highlands. Als Hauptort des Nandi-Volkes, Verwaltungs-

sitz des gleichnamigen Distrikts und Treffpunkt wichtiger Landstraßen aus allen vier Himmelsrichtungen hat Kabsabet eine gewisse Bedeutung. Das kriegerische **Volk der Nandi** wurde von den Sklavenkarawanen und Briten gefürchtet. Ab 1895 behinderten sie in einem Guerillakrieg den Bau der „Eisernen Schlange", der Eisenbahn. Die Kupferdrähte der Telegrafenleitungen wurden regelmäßig abmontiert und zu Schmuck verarbeitet, während die Bahnschienen Rohmaterial für Messer und Speerspitzen abgaben. Die Unterwerfung der Nandi bereitete der englischen Kolonialmacht größte Probleme und gelang erst 1906, als der spirituelle Führer *Koitalel* bei Friedensgesprächen trotz freien Geleits heimtückisch ermordet wurde. Ursprünglich sind die Nandi wie alle Kalenjin Viehhalter; die soziale und spirituelle Bedeutung der Rinder ist nach wie vor groß. Doch inzwischen betreiben sie erfolgreich Ackerbau.

Die Stimmung in der grünen Stadt, die in großer Höhe liegt, erinnert stark an Europa. Abends kann es richtig frisch werden, selbst Nebelschwaden sind keine Seltenheit. Wer Spaß an Entdeckungstouren abseits der ausgetretenen Touristenpfade hat, findet in der Umgebung ein lohnenswertes Terrain.

Südlich von Kapsabet erstrecken sich die **Nandi Hills** mit ihren Urwäldern, in denen früher einmal der legendäre Nandi-Bär gelebt haben soll. Laut Nandi-Ältester hat es noch zu ihren Jugendzeiten einige dieser rätselhaften Lebewesen gegeben, die sie *Chemoset* oder *Shimaset* nennen. Ihrer Beschreibung nach könnte es sich um Menschenaffen gehandelt haben. Der Gedanke ist nicht so abwegig, schließlich liegt der Kakamega-Wald, Ausläufer der Kongo-Urwälder, praktisch vor der Haustür. Auch in Westuganda haben in isolierten Gebieten des früheren Riesenwaldes heute Schimpansen überlebt.

An ihrer Südseite brechen die Nandi Hills in das Lake-Victoria-Bassin ab, die Ausblicke sind dementsprechend spektakulär. In **Mugundoi,** auch Chemomi genannt, zweigt eine kleine Piste nach Westen ab, die auf den Höhen weitgehend parallel zu dieser Bruchstufe nach Ndurio und weiter bis zur Hauptstraße Kakamega – Kisumu verläuft. Von ihr kann man an mehreren Stellen zu Fuß zu schönen Aussichtspunkten vordringen. Dabei passiert man auch den **Nandi Rock,** von dem die Nandi zum Tode Verurteilte in die Tiefe stürzten. Seit 1998 befindet sich in dieser Region das **Bunjoge National Reserve.** Das 22 km² große Schutzgebiet weist interessante Höhlen auf, fantastische Gesteinsformationen, die sich hervorragend zum Klettern eignen, und eine ansehnliche Wasserbock- und Affenpopulation.

Am Ortsausgang von Kapsabet, dessen Umgebung von bewaldeten Hügeln geprägt wird, biegt nach rechts die ebenfalls landschaftlich reizvolle Strecke der C37 in Richtung Nyando-Ebene, Kisumu und Kericho ab. Dann verliert die Straße an Höhe und durchquert die breite, sumpfige Ebene des Masaba-Flusses. Das Land des südlichen **Uasin Gishu Plateau** ist offener und eintöniger und wird von Weidegebieten dominiert. Bei km 30 ab Kapsabet liegt rechts der Straße der **Olara-Oyanyo-Stausee,** 3 km später passiert man auf der gleichen Seite den internationalen Flughafen von Eldoret. Schon bald darauf beginnen die ersten Vororte von Eldoret, denn wie in anderen Großstädter Kenias ziehen sich die Siedlungen und Gewerbegebiete entlang der Ausfallstraßen über Kilometer hin. Bei km 47 ist dann der südliche Innenstadtbereich von Eldoret erreicht.

Eldoret – Kitale

- **70 km**
- **Alles geteert,** 22 km bis Moi' Bridge in hervorragendem Zustand, danach z.T. mit gefährlichem Straßenbankett, Wellen und einigen Schlaglöchern.
- **Fahrtzeit:** 1 Stunde.

Die Fahrt zwischen den Städten Eldoret und Kitale führt durch **eines der ehemaligen Kerngebiete der weißen Siedler in Kenia.** Besonders burische Einwanderer ließen sich auf dem Uasin Gishu Plateau und dem hügeligen, fruchtbaren Land nieder, das vom Nzoia-Fluss und seinen Nebenflüssen durchzogen wird. Nach der Unabhängigkeit gin-

gen die meisten von ihnen fort. Das Land in der Umgebung von Eldoret wechselte zumeist in den Besitz wohlhabender Kenianer. So führt die A104 von Eldoret in Richtung Webuye an riesigen Rinderkoppeln vorbei. 13 km außerhalb der Stadt zweigt die 32 in Richtung Kitale ab. Das Land bleibt zunächst flach, kurz vor **Soy** passieren Sie das riesige Truppengelände der Moi Barracks, die Stadt selbst erreichen Sie 9 km nach der Abzweigung. Einst lebten auf den Grassavannen um die Stadt die letzten der seltenen Rothschild-Giraffen. Doch die Umwandlung ihres Lebensraums in kleinbäuerliche Farmen machte die Umsiedlung in geschützte Reservate wie den Ruma- und Nakuru-Nationalpark nötig.

Schon bald nach Soy wird das Land hügeliger. Bei **Matunda,** knapp 30 km hinter der Abzweigung der A104, überquert man die Eisenbahnschienen, die bis Kitale parallel zur Straße verlaufen. In **Moi's Bridge,** bei km 35, sieht man riesige Getreidespeicher, am Stadtausgang überspannt eine Straßenbrücke den Oberlauf des Nzoia River. Dahinter fährt man durch ein sehr intensiv bewirtschaftetes, bergiges Gebiet mit endlosen Orangenhainen, Maisfeldern und Bananenpflanzungen. Auf den letzten Kilometern vor Kitale verraten alte Farmhäuser rechts und links der Straße, dass auch diese Region einmal Teil der White Highlands war. 2,5 km vor Kitale vereinigt sich die Straße mit der A1 aus Webuye, Bungoma und Kakamega, 1 km später passiert man auf der linken Seite den Kitale Club. Hinter der Abzweigung der A1 nach Lodwar, die rechts über die Eisenbahnschienen geht, kommt man ins Stadtzentrum von Kitale.

Kitale   ♫ XIX/C1

Kitale liegt in den Vorbergen des Mt. Elgon auf 1890 m Höhe und ist ein sympathisches Landstädtchen, dem man seine **60.000 Einwohner** nicht ansieht. Wie Eldoret ist Kitale ein **Siedlungszentrum der Weißen** gewesen, die sich ab 1908 hier niederließen. Zuvor hatten verschiedene nomadische Völker, darunter auch die in Kenia anscheinend all-

Westkenia

gegenwärtigen Masai, hier ihre Rinderherden geweidet. Im 19. Jahrhundert gab es in dieser Gegend bereits einen **Versorgungsposten** an einer Verästelung der Sklavenkarawanenwege, deren System ganz Ostafrika durchzog. Angeblich lag der Ort, an dem die Sklaven über Nacht angekettet wurden, damit sie nicht fliehen konnten, auf dem Gelände des heutigen Golfclubs.

Die **Gründung** der Stadt Kitale, Verwaltungssitz des Trans Nzoia District, fällt in das Jahr **1920.** Aber erst als 1925 durch die Eisenbahnstichstrecke zur Uganda-Bahn die Farmprodukte zu den regionalen Märkten und zum Exporthafen Mombasa transportiert werden konnten, nahm die Siedlung einen Aufschwung. Neben der Viehhaltung spielte der Anbau von Weizen, Tee und Kaffee eine wichtige Rolle, zudem wurde Kitale als die Hauptanbauregion des pflanzlichen Insektizides **Pyrethrum** bekannt. Der Wirtschaftsboom hielt bis zur Unabhängigkeit an, als die meisten Siedler ihr Land veräußerten und fortzogen. Auf den afrikanisierten Farmen wurden Angehörige verschiedener Völker angesiedelt, sodass in der Region nun ein buntes Gemisch von Angehörigen der Luyia, Kalenjin und Kikuyu zu Hause ist.

Für Reisende ist Kitale vor allem als **Ausgangspunkt für Besteigungen des Mt. Elgon** von Bedeutung. Wer weiter in Richtung des dünn besiedelten, wüstenhaften Nordwestkenia reisen möchte, findet in der Stadt die entsprechenden Verkehrsmittel, aber auch alle Annehmlichkeiten der „Zivilisation", auf die man in dem wilden Landesteil wird verzichten müssen.

Die **Innenstadt** von Kitale hat man in 1–2 Stunden erkundet. Bevor man auf das nächste Matatu springt, sollte man aber dem pittoresken Bahnhof und dem Museum der Stadt einen Besuch abstatten, der einzigen wirklichen Sehenswürdigkeit Kitales.

Kitale Museum

Den Grundstock des Museums (Tel. 054/30996) legte der britische Militär **Colonel Stoneham,** der seine Schätze dem geneigten Besucher bereits im Jahr 1926 auf einer Farm in den Cherangani Hills zugänglich machte. *Stoneham* war ein passionierter Sammler, der sich für britische Militärorden offenbar genauso sehr begeistern konnte wie für die einheimische Insekten- und Schmetterlingswelt. Ein guter Teil dessen, was er im Laufe seines Lebens so zusammentrug, hat in den Vitrinen rechts des Eingangs einen Platz gefunden. Aber informativer sind die später hinzugefügten Sammlungen des Museums, etwa die **ethnologische Ausstellung** über die westkenianischen Völker der Luo, El Koni, Turkana, Pokot und Marakwet und zahlreiche fein gearbeitete Gegenstände wie Musikinstrumente, Werkzeuge und aus Schildkrötenpanzern hergestellte Kuhglocken (!). Natürlich gibt es auch die unvermeidliche Abteilung über die „Early forms of Man", aber wenn man bereits das Nationalmuseum in Nairobi besucht hat, kann man den Raum ruhig überspringen. Viel interessanter – auch als die Versammlung motteninfizierter, ausgestopfter afrikanischer Tiere im Erdgeschoss – ist der 1 km lange **Naturlehrpfad** des Museums, der sich durch 30 ha Dschungel im rückwärtigen Teil des Geländes schlängelt. Hier hat man ausgesprochen gute Chancen, neben Diadem-Meerkatzen auch die seltenen De-Brazza-Meerkatzen zu sehen, aber auch Paviane, Nashornvögel, Insekten, schöne Bäume, Farne und Orchideen. Am Kassenhäuschen wird ein kleines Heft mit Beschreibungen zu den verschiedenen Stationen des Pfades verkauft. Im Garten des Museums stehen außerdem ein Schlangen- und ein Schildkrötengehege sowie ein kleiner Teich für Krokodile.

Das Museum ist **Mo. bis So. 8–18 Uhr geöffnet.** Der Eintritt beträgt 500 Ksh, Kinder zahlen die Hälfte.

Teasures of Africa

Das private Museum (Tel. 054/30867, toam @multitechweb.com) gegenüber des Kitale Club ist mit Sicherheit einen Besuch wert. *Mr. Willson*, ein 82 Jahre alter Schotte hat das Museum gegründet und führt seine Gäste noch immer persönlich durch das Anwesen. Beachtenswert ist die Sammlung an historischem **Schmuck, Waffen und Hausrat.**

Atlas XIX

🏨	1	Sirikwa Safaris
🔵	2	Bismillahi Restaurant
▲	3	Markt
Ⓑ	4	Überland-Busse
●	5	KWS-Büro
🏨	6	Kahuroko Lodge
🏨	7	Hotel Mamboleo
🏨	8	Bongo Hotel
Ⓑ	9	Akamba Bus
🏨	10	Mid Africa Hotel
🟢	11	Standard & Chartered Bank
🟢	12	Barklays Bank
▲	13	Suam Supermarket
🟢	14	KCB Bank
🔵	15	Iroko Boulevard Restaurant
🏨	16	Vision Gate Hotel
✉	17	Post
🏨	18	Alakara Hotel
🔵	19	The Coffee Shop
🎬		& Kino
Ⓜ	20	Kitale Museum
✚	21	Krankenhaus
🏨	22	Karibuni Lodge
🟢		Bank
🛢		Tankstelle

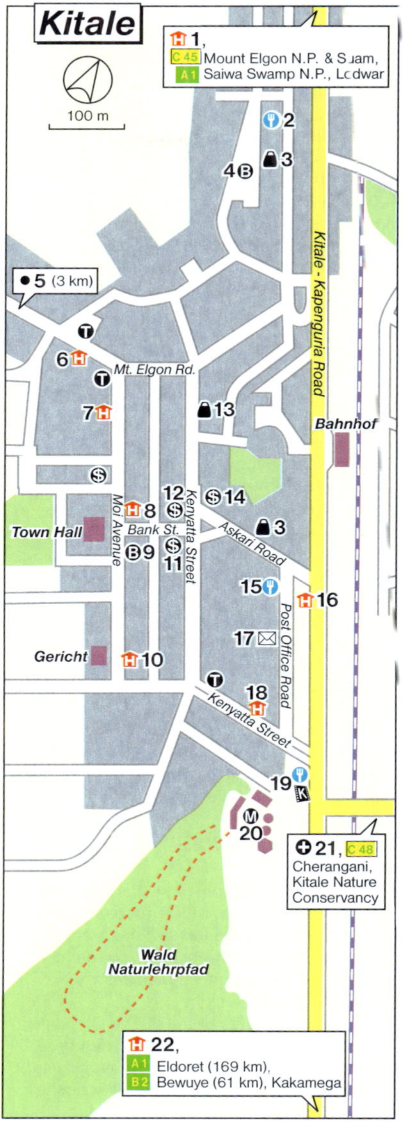

Kitale

100 m

🏨 1, Mount Elgon N.P. & Suam, Saiwa Swamp N.P., Lodwar

🔵 2

4Ⓑ ▲3

●5 (3 km)

6🏨 Mt. Elgon Rd.

7🏨 ▲13

Bahnhof

🟢

12 🟢14
🏨8 ▲3
Bank St.
Ⓑ9 🟢
11

Town Hall

Moi Avenue · Kenyatta Street · Askari Road · Kitale – Kapenguria Road

15🔵 🏨16

17✉

Gericht 🏨10

18🏨
Kenyatta Street

Post Office Road

19🔵🎬

Ⓜ20

✚21, Cherangani, Kitale Nature Conservancy

Wald Naturlehrpfad

🏨 22, Eldoret (169 km), Bewuye (61 km), Kakamega

Westkenia

Unterkunft

Mittelklasse-Hotels

●**Mid Africa Hotel**
Moi Ave., Tel. 054/31119, Mobil: 0721/267225, info@midafricahotel.com; R: 1600/2300 Ksh BB, Executive Suite 3500 Ksh BB, NR: 2000/2800 Ksh BB, Executive Suite 4000 Ksh BB. Die Zimmer sind sauber, ihre Einrichtung entspricht dem Standard eines Mittelkassehotels. Die Executive Suites haben Internetanschluss. Im Großen und Ganzen eine empfehlenswerte Bleibe.

●**Alakara Hotel**
Tel. 054/31554; Standard: 1000/1300 Ksh BB; Executive, die bessere Betten und eine Kommode besitzen, kosten 300 bzw. 500 Ksh mehr; Zimmer ohne Bad für 700/1000 Ksh BB. Das Haus mit einem Schuss Nostalgie ist eines der Besten in der Stadt, denn die Zimmer sind sauber und nett eingerichtet, das Personal ist freundlich. Gutes Restaurant und sicherer Parkplatz. Empfehlenswert.

●**Vision Gate Hotel**
Kitale Edibes Rd. neben der Post; 1000/1250 Ksh BB, Superior Room 1700 Ksh BB; Lunch/Dinner 400 Ksh. Das Hotel im 3. Stock ist bei Schulgruppen recht beliebt, hat kleine, aber helle und sehr saubere Zimmer. Das Management ist hilfsbereit. Empfehlenswert.

●**Bongo Hotel**
Tel. 054/30972; 800/1000 Ksh SC BB, 480/720 Ksh NSC BB. Schlichte, saubere Zimmer, das Personal ist freundlich; empfehlenswert. Kein sicherer Parkplatz, dafür gibt's einen Askari. Nette Bar im Erdgeschoss.

Preiswerte Unterkünfte

●**Kahuroko Lodge**
400 Ksh SC BO. Obwohl das Haus nicht vielversprechend wirkt, hat die Unterkunft sehr saubere Zimmer zu bieten und das Management ist bemüht und freundlich. Für diejenigen, die sparen müssen, empfehlenswert.

●**Hotel Mamboleo**
Tel. 054/30850; 400/600 Ksh SC. Die kleinen Zimmer sind etwas düster, für den Preis aber in Ordnung. Wer auf dem Weg zum Zimmer vom Innenhof her in die Küche guckt, isst vielleicht woanders ...

Hotels außerhalb der Stadt

●**Kitale Golf Club**
Tel. 054/31330, Mobil: 0726/610241; Cottages: 2800/3700 Ksh BB, alte Executive Rooms: 1400/2200 Ksh BB, Zimmer im neuen Teil: 2700/3500 Ksh BB. Keine Frage: Um so stilvoll und vergleichsweise günstig zu übernachten, muss man lange suchen, nicht nur in Kitale. Die Zimmer haben einen wunderbaren Blick auf Garten und Mt. Elgon. Je nach Baudatum unterscheidet sich die Ausstattung beträchtlich, wobei die Old Executive Rooms mein Favorit wären, schließlich handelt es sich um ein separates Klinkerhäuschen im Grünen, mit eigener Feuerstelle, riesigem Bad und wunderbarer Veranda. Die New Executive sind moderner, haben aber keine Terrasse. S.a. „Sport und Aktivitäten".

●**Karibuni Lodge**
In Milimani, 3 km östlich der Innenstadt in Richtung Eldoret, bei der Total-Tankstelle links abbiegen; Mobil: 0735/573798, www.karibunikitale.com; 1100/2500 Ksh BB, wer mit eigenem Zelt kommt, zahlt 350 Ksh pro Nacht. Die Lodge gehört einem englisch-kenianischen Ehepaar, dass auch den Coffee Shop in der Stadt führt. Das Guesthouse hat 8 nette Zimmer, man kann sich selber versorgen oder aber genießt liebevoll zubereitete afrikanische wie europäische oder manchmal auch indische Speisen vom Besitzer höchstpersönlich. Das nette Ehepaar gibt auch gerne Tipps für die verschiedensten Exkursionen in der Umgebung. Empfehlenswert!

●**Sirikwa Safaris/Barnley's House**
Mobil: 0733/793524, sirikwabarnley@swiftkenya.com. Hinter Sirikwa Safaris stehen *Julia* und *Jane Barnley*, die 23,5 km außerhalb von Kitale ein paar hundert Meter abseits der Straße nach Lodwar das alte Farmhaus ihrer Familie in eine schöne, unprätentiöse Unterkunft umgewandelt haben. Im großen Garten kann man für 450 Ksh p.P. campen. Es stehen heiße Duschen, Strom, Pavillons im Garten und Grills zur Verfügung. Wer kein eigenes Zelt hat, findet permanente Zel-

Überlandbusse vor der Abfahrt

Westkenia

te für 1500/2000 Ksh SG/DB. Es gibt aber auch günstige Unterkunft im alten Farmhaus. Wer rechtzeitig vorbestellt, erhält üppige Mahlzeiten. Die *Barnleys* kennen die Gegend wie ihre Westentasche – Vater *Barnley* war der treibende Motor hinter der Schaffung des Saiwa Swamp National Park – und organisieren Vogelsafaris in der Umgebung, Ausflüge zum Saiwa Swamp National Park, zum Marich-Pass, zum Kongelai Escarpment und zur Turkwell Gorge. Außerdem können sie für Wandertouren in den Cheranganis und am Mt. Elgon Führer (600 Ksh pro Tag) und Träger (300 Ksh pro Tag) vermitteln.

Camping

In Stadtnähe bietet sich die **Karibuni Lodge** an (s.o.). Weitere Möglichkeiten, sein Zelt aufzustellen, gibt es 23 km nördlich von Kitale **bei Sirikwa Safaris** (s.o.) und natürlich **am Saiwa Swamp National Park** (Beschreibung s. S. 459), ebenso in der **Kitale Nature Conservancy,** die deformierten Haustieren eine Heimat bietet, 15 km nördlich von Kitale an der Kapenguria Rd.

Essen und Trinken

Ausgezeichnetes Essen erhält man im **Kitale Club. The Coffee Shop,** direkt an der Hauptstraße, lockt nicht nur mit gutem Cappuccino, Espresso, frischen Fruchtsäften sowie afrikanischen, indischen und europäischen Gerichten, sondern auch mit kostenlosem **Internet** oder Büchern aus der **Bibliothek.** Das **Iroko Twigs** sowie das **Iroko Boulevard Restaurant** haben eine große Auswahl an afrikanischen Gerichten zu fairen Preisen und bieten eine gemütliche Atmosphäre. Etwas weniger herausgeputzt sind die **Lokale des Alakara und des Bongo.** Einfache afrikanische Gerichte findet man neben der Markthalle im **Bismilahi.**

Busse und Matatus

Trotz des schönen alten Bahnhofsgebäudes: Personenzüge fahren auf der Strecke nach Kitale schon lang nicht mehr, deshalb ist man ganz auf Busse und Matatus angewiesen.

●Die **Busse** von Akamba bedienen von dem in der Stadt gelegenen Büro **Nairobi**, nämlich um 7.30 Uhr morgens (7 Std.; 900 Ksh); der Abendbus fährt nicht regelmäßig. Die Reise geht über **Eldoret** (200 Ksh), **Nakuru** (500 Ksh) und **Naivasha** (700 Ksh). Die anderen Busfirmen fahren vom hoffnungslos chaotischen Bus- und Matatu-Bahnhof ab, so z.B. Eldoret Express.

●Matatus fahren in alle Winkel Westkenias, u.a. nach **Eldoret, Kakamega, Nakuru, Nyahururu, Nyeri** und **Kisii,** aber auch nach **Endebess,** der Ausgangsstation für eine Besteigung des Mt. Elgon, sowie **nach Norden** in Richtung Kapenguria, Marich-Pass und Lodwar (mehrfach täglich, 5–7 Std., 800 Ksh).

Fliegen

●Die Billigfluglinie **Fly540** steuert von Nairobi Kitale an und fliegt dann nach Lodwar weiter. Für Buchungen: www.fly540.com.

Nachtleben

●Die Unterhaltungsmöglichkeiten in Kitale sind schnell aufgezählt. Empfehlenswerte **Bars** besitzen der **Kitale Club** und das **Bongo Hotel.** Wer's etwas deftiger mag, geht vielleicht ins **Mamboleo.**
●Eine **Disco** gibt's in der **Villa Bar** (am Wochenende).
●Kitale besitzt ein **Kino:** Im **The Coffee Shop** wurde ein eigener Bereich mit Leinwand und Kinostühlen für ca. 50 Personen eingerichtet, täglich wird ein Film gezeigt.

Banken

In Kitale gibt es zwei Filialen von KCB und eine von Barclays, die auch einen **Kartenautomaten** besitzt. Öffnungszeiten wie üblich.

Sport und Aktivitäten

Golf

●**Kitale Golf Club**
Der 1924 gegründete Golfclub, vielleicht 1,5 km außerhalb von Kitale an der Straße nach Eldoret und Webuye, ist ein Überbleibsel aus britischen Kolonialtagen, was schon beim Betreten des gediegenen Clubhauses nicht zu übersehen ist. Dennoch erfreut er sich größter Vitalität und zählt rund 850 Mitglieder. Kein Wunder, denn er verfügt über vielfältige gute Sporteinrichtungen, ein empfehlenswertes Restaurant und eine gemütliche Bar mit dem Touch vergangener Tage. Gegen eine tägliche Mitgliedschaft (Gebühr: 500 Ksh) darf man auch als Gast in das geheiligte Clubhaus. Die Sporteinrichtungen kosten dann nochmals extra: Greenfee von 1000 Ksh zzgl. Bezahlung des Caddies; Tennis, Snooker, Billard, Darts: 50 Ksh pro Stunde; Squash: 80 Ksh pro Stunde; Schwimmbad: 200 Ksh, Kinder die Hälfte. Der Club hat sogar eine Sauna, die Mo., Mi. und Sa. von 17.30–21 Uhr geöffnet ist.

Reiten

●An den Hängen des Mt. Elgon, nicht weit vom Nationalpark, liegt die **Nakitares Farm,** Mt. Elgon Rd., hinter der Chorlim Primary School, 4 km vor der Mt. Elgon Lodge, die Ausritte auf dem Farmgelände, an der Lodge oder am Berg anbietet. Kontakt und Infos über: Delta Crescent Farm, Tel. 054/31462.

Mt. Elgon National Park

♪ XXIV/A3

Der Nationalpark

Wer den **zweithöchsten kenianischen Berg** erblickt, mag kaum glauben, dass sich sein Gipfel in 4321 m Höhe befindet. Durch seine weit auslaufenden, flachen Flanken wirkt der Kegel, der an der Basis einen Durchmesser von rund 100 km besitzt, viel niedriger. Wegen seiner Form nannten ihn die Uasin-Gishu-Masai auch Ol Doinyo Ilgoon, also „Brustberg". Touristen jedenfalls haben den Mt. Elgon bislang weitgehend ignoriert, obwohl man in seinen oberen Lagen hervorragende **Trekkingtouren** unternehmen kann.

Wie viele andere Berge in Ostafrika ist auch der Mt. Elgon ein **alter Vulkan,** der einst viel höher gewesen sein wird, aber die Erosion hat ihn im Laufe der Erdgeschichte ordentlich geschliffen. **An seiner Spitze** befindet sich eine große **Caldera** von rund 8 km Durchmesser, deren südlicher Rand mit dem Wagagai (4321 m), dem Lower Elgon (4310 m), dem Koitoboss (4187 m) und dem Sudek (4176 m) die höchsten Punkte aufweist. Der Wagagai befindet sich bereits auf ugandischem Territorium, die Grenze zwischen beiden Ländern läuft mitten durch den Krater.

Auf dem Mt. Elgon liegt nur sporadisch Schnee, aber die Temperaturen in den Höhenlagen sinken jede Nacht unter den Gefrierpunkt, und Hagelschlag ist keine Seltenheit. Insgesamt ist das **Wetter** am Mt. Elgon durch die Nähe des Victoria-Sees viel feuchter und **unberechenbarer als am Mt. Kenya.** Die vielen Niederschläge kommen den Kaffee- und Teeplantagen an seinem Fuß zugute. Oberhalb der Ackerbauregion besitzt der Mt. Elgon einen dichten **Urwaldgürtel,** der in Abhängigkeit von Höhe, Temperatur und Niederschlag eine deutlich **ausgeprägte Zonierung** aufweist. Zunächst folgt alpiner Bergregenwald, dann Bambuswald und schließlich Montanwald an, auf den wiederum Baumheide und Moorland folgen. Steinige und felsige Regionen sind mit Flechten und Moosen bewachsen.

Die **hohen Niederschläge** machen den Mt. Elgon auch zum **Quellgebiet vieler Flüsse,** die den Berg sternförmig an allen Seiten hinabfließen und zahlreiche Grate ausgeschliffen haben. Der bedeutendste Fluss, der seinen Ursprung in der Caldera auf rund 3600 m hat, ist der **Suam,** der vor hier beständig gen Norden fließt, zunächst ein Stück die Nationalparks- und Ländergrenze mit Uganda bildet und nach dem Zusammenfluss mit dem Turkwell River dessen Namen annimmt. Am Ende seiner 354 km langen Reise durch die Halbwüstengebiete Nord-

westkenias mündet er schließlich in den Turkana-See. Früher führte der Fluss in seinem Unterlauf nur periodisch Wasser, aber seit dem Bau des Staudamms am Turkwell ist er perennierend. Im Quellgebiet des Suam entspringen auf 3600 m Höhe sogar heiße Quellen, die man erwandern kann.

Nur ein kleiner Teil der Wälder an der östlichen Seite des Mt. Elgon, nämlich rund 196 km², ist seit 1968 **als Nationalpark geschützt.** Der Rest des Gebietes ist ein Forest Reserve, in dessen unteren Regionen es Sägemühlen und Forststationen gibt.

Der Mt. Elgon wird nur selten bestiegen, dementsprechend gibt es **keinerlei Infrastruktur** wie etwa Hütten, die Wege sind nicht markiert, und man sollte schon mit Karte und Kompass umgehen können. Es sei denn, man nimmt nur die Little Elgon Peak in Angriff, der etwas häufiger besucht wird. Aber diese Abgeschiedenheit macht auch den besonderen Reiz einer Trekkingtour am Mt. Elgon aus.

Die Regionen des Parks

Der Mt. Elgon National Park zerfällt in **zwei große Regionen,** nämlich den **südöstlichen,** bewaldeten Teil, der von einigen Pisten durchzogen wird und mit dem Auto zu erkunden ist, und den **nordwestlichen Teil,** der von Hochmoor bedeckt wird und bis an die Caldera heranreicht. Dieser Teil wird nur bis in eine Höhe von 3500 m von einer Piste erschlossen, oberhalb davon ist man auf seine eigene Füße als Transportmittel angewiesen.

Die größte Attraktion des tiefer gelegenen waldigen Teils sind eine Vielzahl von **Höhlen,** die noch bis in die Kolonialzeit hinein vom **Volk der El Koni** bewohnt wurden, einer den Kalenjin zugerechneten Ethnie, die manchmal fälschlicherweise als Elgon-Masai bezeichnet werden. Die Höhlen waren besonders in unsicheren Kriegszeiten ein sicheres Versteck, in dem die Menschen ihr Vieh, den wichtigsten Besitz, sicher verwahren konnten. *Joseph Thomson,* der auf seinem Rückweg vom Victoria-See zur Küste noch einen Schlenker zur Südseite des Elgon machte, war der erste Europäer, der von den Menschen, die in den Höhlen Getreidespeicher und Hütten errichtet hatten, berichtete. Später zwang die Kolonialregierung die El Konis zur Aufgabe ihrer natürlichen Fluchtburgen, um sie einer besseren Kontrolle und der Hüttensteuer unterwerfen zu können. Vermutlich haben einige Höhlen auch rituellen Zwecken gedient, angeblich soll es in der **Chenyialil-Höhle** einen behauenen Block geben, der als Altar gedient haben könnte, sowie einen gemalten Rinderfries.

Die Ausmaße der Höhlen sind unterschiedlich. Die **Makigeny-Höhle** besitzt einen 30 m hohen Eingang, über den sogar ein Wasserfall stürzt! Die bekannteste aller Höhlen ist allerdings die **Kitum-Höhle,** deren Eingang mit knapp 50 m sehr breit, aber ziemlich niedrig ist. Dafür reicht sie 150 m tief in den Berg und öffnet sich am Ende zu einer breiten Kammer. Die ersten 60, 70 m kann man durch das eindringende Tageslicht ohne Probleme erkunden, dann benötigt man eine Lampe.

Die **Entstehung der Höhlen** ist nach wie vor nicht geklärt. Lavahöhlen, soviel scheint wegen der unregelmäßigen Form sicher, können es nicht sein. Eine Weile spekulierte man, dass die Höhlen von Menschen erschaffen worden sein könnten, denn ihre Wände weisen Bearbeitungsspuren auf. Seltsam war aber, das auch frische Spuren auftauchten. Mit Hilfe von Filmkameras gelang die Lüftung des Geheimnisses: Bei Nacht dringen Elefanten in den Berg ein und brechen mit ihren Stoßzähnen mineralienreiches Gestein aus dem Berg! Es scheint denkbar, dass die Höhlen über Jahrtausende von Tieren auf der Suche nach Salz gegraben wurden.

Eine sehr zweifelhafte Berühmtheit erlangte die Kitum-Höhle als Schauplatz im **Thriller „The Hot Zone"** des amerikanischen Autors *Richard Preston.* Dessen Annahme, die Höhle sei ein Hort des tödlichen Ebola-Virus, beruhte darauf, dass unter einer Zahl von weltweiten Infektionen zwei Ebola-Patienten zuvor in der Kitum-Höhle gewesen waren. Da der Ursprung des Erregers bis heute nicht bekannt ist, ging man jeder noch so kleinen Spur nach. 1988 rückte ein Team von amerikanischen Experten und der Kenya Medical Research Unit an, um in besonderen Schutz-

anzügen jeden Stein in der Höhle umzudrehen und Tausende von Organismen, von Insekten über Fledermäuse bis hin zu Affen, auf eine eventuelle Trägerschaft von Ebola zu untersuchen. Vergeblich. Und so tappt man weiterhin im Dunkeln, woher das Virus kommt und wie es auf den Menschen übertragen wird.

Die auffälligsten Vegetationsformen des **nordöstlichen,** höher gelegenen **Teils des Nationalparks** sind skurile **Riesenpflanzen,** also Baumheide, Riesenlobelien und Riesenkreuzkräuter, welche zu wahren Bäumen heranwachsen, deren europäische Verwandte aber unauffällige Blumen sind. Die Naturschönheiten dieses Parkteils kann man nur im Rahmen einer Bergwanderung erleben.

Die Tierwelt

Bekannt ist Mt. Elgon vor allem für seine **Elefanten und Büffel,** die auch der vorrangige Grund sind, dass man im Nationalpark nicht ohne Rangerbegleitung zu Fuß unterwegs sein darf. Die Elefantenjagd hat in der Gegend eine lange, traurige Tradition. Früher brachten die El Koni die Elefanten mit Fallgruben zur Strecke. In den 1980er Jahren kam es zu einer ausufernden Wilderei von schwer bewaffneten Banden, die von Uganda auf der Jagd nach Elfenbein herüberkamen. Inzwischen ist die Lage wieder unter Kontrolle, doch die Elefanten sind nach wie vor scheu. Der Bestand in den Wäldern wird auf maximal 400 Tiere geschätzt. Im nördlichen Teil des Parks, nahe des Kimothon Gate, gibt es sogar einen Elefanten-Beobachtungsstand.

Zudem kommen am Mt. Elgon Riesenwaldschweine, auffällig dunkel gefärbte Buschböcke und verschiedene Duckerarten vor. Die Tierbeobachtung im Walddickicht ist allerding Glücksache. Das gilt auch für die im Park lebenden **Affenarten,** von denen besonders Diadem-Meerkatzen, Colobus-Affen oder Guerezas und die seltenen De-Brazza-Meerkatzen zu erwähnen sind, wobei man Letztere viel einfacher auf dem Naturlehrpfad des Museums von Kitale sehen kann. In den Höhlen des Nationalparks leben Tausende von Nilflughunden und anderen **Fleder-**

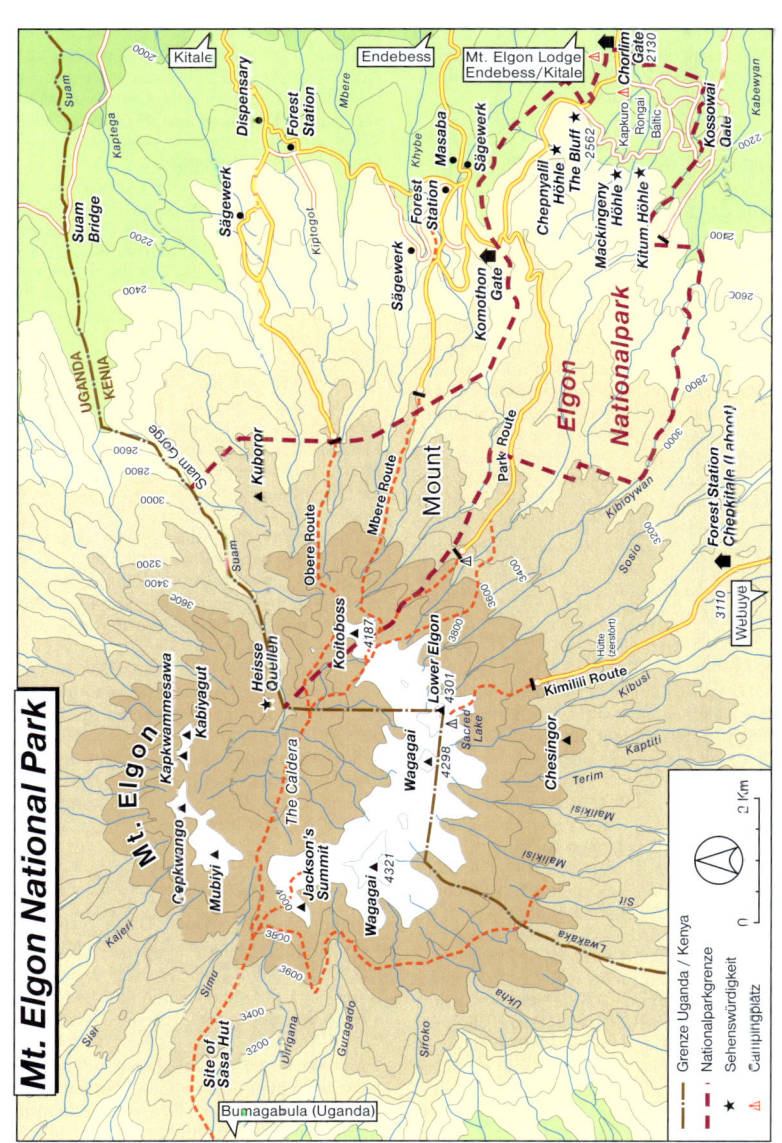

Mt. Elgon National Park

Westkenia

Grenze Uganda / Kenya

Nationalparkgrenze

★ Sehenswürdigkeit

Campingplatz

2 Km

Kitale
Endebess
Mt. Elgon Lodge
Endebess/Kitale
Chorlim Gate 2130
Kapkuro Rongai
Baltic
Kossowa Gate

Dispensary
Forest Station
Mbere
Khybe
Masaba
Sägewerk
Chepnyalil Höhle ★ The Bluff 2562
Mackingeny Höhle ★
Kitum Höhle ★
Kabewyan

Sägewerk
Sägewerk
Forest Station
Sägewerk
Komothon Gate

Mount Elgon Nationalpark

UGANDA
KENIA

Suam Bridge
Suam Gorge

Kuboror
Mbere Route
Obere Route
Park Route
Kibioywan
Sossio
Forest Station
Chepkitale (I ahoot)
Weduuye
3110

Mt. Elgon
Cepkwango
Kapkwammesawa
Kabiyagut
Heisse Quellen
Koitoboss 4187
Lower Elgon 4301
Kimilii Route
Kibusi
Chesingor
Kaptiti
Terim

Mubiyi
Jackson's Summit
The Caldera
Wagagai 4298
Sacred Lake
Wagagai 4321

Site of Sasa Hut
Wagagai

Bumagabula (Uganda)

mausarten. Auch die **Vogelwelt** wird von Waldarten dominiert, etwa verschiedenen Nektarvögeln, Papageien, großen Kronentokos und den Bambusfrankolins.

Im Park unterwegs

Mit dem Fahrzeug

Zumindest der südwestliche Teil des Nationalparks ist mit normalem Pkw zu besuchen. Wenn es aber viel regnet – und das kann am Mt. Elgon das ganze Jahr über passieren – werden die Pisten so matschig, dass man selbst mit einem 4WD Probleme bekommt. Leider wird man aktuelle Informationen zur Pistensituation erst am Eingangstor beim Gespräch mit den Rangern erhalten. **Prinzipiell** ist ein **4WD vorzuziehen,** besonders wenn man vom Chorlim Gate die rund 29 km lange Parkroute bis zum oberen Ende der Piste auf 3500 m in die Moorland- und Baumheidezone hinauffahren möchte. Für diese Strecke muss man mit rund 2 Stunden Fahrzeit rechnen. Vom Pistenende kann man dann zu Fuß bis zum Kraterrand und auf den Koitoboss-Gipfel gelangen.

Zu Fuß

Für Wanderungen innerhalb der Waldzone des Nationalparks ist die **Begleitung eines bewaffneten Rangers** vorgeschrieben. Auf den Ranger darf man auch nicht verzichten, wenn man mit dem Wagen auf der Parkroute bis zum Ende der Piste in 3500 m Höhe fährt und erst dort mit dem Fußmarsch beginnt.

Für den **10 km langen Aufstieg bis zum Kraterrand** muss man mit 2,5–3 Stunden Gehzeit rechnen. In weiteren 1,5–2 Stunden kann der 4187 m hohe Koitoboss-Gipfel bestiegen werden, der sich rechts von einem erhebt. Dazu folgt man einem schwach sichtbaren Weg die südliche Flanke des Berges hinauf, passiert den Fuß der Klippen an ihrer westlichen Seite und gelangt dann über eine relativ steile, bewachsene Rinne hinauf zum höchsten Punkt. Bricht man früh auf, kann man nach dem dreistündigen Abstieg zum Wagen noch am gleichen Tag zurück zum Campingplatz am Gate gelangen. Diese lan-

ge und anstrengende Tagestour vermittelt einen schönen Eindruck von der Natur des Mt. Elgon und ist mit relativ wenig Aufwand zu bewältigen. Wichtig sind **ausreichend Wasser, warme Kleidung und Regenzeug!** Die Rangergebühren für den gesamten Tag belaufen sich auf 3000 Ksh.

Wer **längere Wanderungen** unternehmen möchte, kann vom Koitoboss Peak in 2–3 Stunden über den sogenannten **Lookout Point,** einen auffälligen Felsen, bis zu den heißen Quellen am Oberlauf des Suam absteigen. Für den Rückweg zum Koitoboss sind ebenfalls 2–3 Stunden nötig, sodass man irgendwo unterwegs übernachten muss. Am günstigsten ist es, am Pistenende zu schlafen und morgens früh aufzubrechen, dann kann man die ganze Tour in einem Tag schaffen. Da aber auch die Ranger Zelt, Schlafsäcke und Essen benötigen, sollte man für die Absprache mit den Parkoffiziellen und die Organisation am Gate einen zusätzlichen Tag einplanen.

Wegen Viehdiebstählen im Grenzgebiet zwischen Uganda und Kenia sind die beiden anderen Routen auf den Mt. Elgon außerhalb der Parkgrenzen, die südliche **Kimilili-Route** und die nördliche **Mbere-Route, für Touristen geschlossen.**

Zu Ausrüstungs- und Gesundheitsfragen im Zusammenhang mit Wandern in großen Höhen, besonders zur Höhenkrankheit, die ab 3500 m auftreten kann, s. S. 512.

Sirikwa Safaris in Kitale kann bei der Organisation behilflich sein und vermittelt auch günstige Träger (300 Ksh pro Tag) und Führer (600 Ksh pro Tag).

Infos und Kontakt

●**Senior Warden of Mt. Elgon National Park,** Tel. 054/30456, menp@swiftkeny.com, elgonnp@kws.go.ke.

Unterkunft

Innerhalb des Mt. Elgon National Park gibt es keinerlei Hütten oder Lodges. Allerdings befinden sich am Chorlim Gate die 4 **Kapkuro Bandas** mit Übernachtungsmöglichkeit für jeweils 3 Personen und eigenem Badezimmer sowie das Koitoboss Guesthouse, das 6 Gästen Platz bietet. Bettzeug wird nicht gestellt, dafür aber eine ausgestattete Küche, Gaskocher und vor den Bandas Grillmöglichkeiten. Reservierung und Preise über das KWS HQ in Nairobi, S. 56. Ungefähr 1 km vor dem Chorlim Gate liegt die **Mt. Elgon Lodge** (Mobil: 0722/866480), die von *Msafiri Inns* (Utalii House, Tel. 020/330820 und 223488, Fax 227815) gemanagt wird; 40/80 US$. Die Mt. Elgon Lodge ist ein altes Farmhaus mit jeder Menge Nostalgiewert, auch wenn das Haus etwas vernachlässigt wirkt.

Ansonsten gibt es im Nationalpark nur die Möglichkeit zu campen. Neben dem **Kapkuro Campsite** in rund 1 km Entfernung zum Chorlim Gate, den man auch zu Fuß ansteuern darf und der über Toiletten und Wasser verfügt, gibt es weitere Campingplätze weiter im Park in der Nähe der Höhlen. Zu den **Campinggebühren** s. S. 56. Es wird auch toleriert, wenn man außerhalb des Parks am Gate sein Zelt aufbaut. Auch an der Mt. Elgon Lodge kann man mal fragen.

● **Delta Crescent Camp**
5,5 km vor dem Chorlim Gate, Mobil: 0722/610222 und 489317, Fax 055/30067, www.deltacrescentcamps.com. Camping kostet 50.000 Ksh p.P., die Unterkunft in den mit Gras gedeckten Bandas 2000 Ksh. Außerdem kann man noch in festen Zelten schlafen, die 2–10 Personen Platz bieten und 600–1500 Ksh kosten. Bei Delta Crescent kann man Pferde für Ausritte mieten (600 Ksh für eine halbe Stunde), ebenso wie Fahrzeuge für eine Pirschfahrt durch den Nationalpark bzw. um sich am Ende der Piste absetzen zu lassen. Die Preise sind aber nicht wirklich günstig. Angeschlossen ist eine Farm, die die Möglichkeit bietet, frische Vorräte zu kaufen. Zudem leben zwei Breitmaulnashörner und eine zahme Giraffe hier

Essen und Trinken

Abgesehen von der Mt. Elgon Lodge sieht es am Mt. Elgon ziemlich düster aus mit der Versorgungslage. Nahe des Gate gibt es einen kleinen Shop für die Ranger, in dem man Bier und einige andere Lebensnotwendigkeiten erstehen kann. Der nächste Ort mit Versorgungsmöglichkeiten ist Endebess.

Anreise

Der Mt. Elgon National Park hat **drei Gates,** das südliche **Kossowai Gate,** das nördliche **Kimothon Gate** und das westliche **Chorlim Gate.** Bereits seit längerer Zeit ist nur das Chorlim Gate geöffnet, das für die Anfahrt von Kitale her ohnehin am günstigsten liegt.

Ein Grund, warum der Mt. Elgon selten besucht wird, ist die **relativ schlechte Erreichbarkeit mit öffentlichen Verkehrsmitteln.** Andererseits ist der Aufwand noch vertretbar und braucht kein Argument zu sein, auf einen Besuch verzichten.

Von Kitale bis nach Endebess gibt es **Matatus** für 40 Ksh, je nach Route fährt man schon vorher an der gut ausgeschilderten Abzweigung zum Nationalpark vorbei, dann kann man direkt vom Wagen hüpfen, sonst sind es von Endebess ca. 8 km Fußmarsch bis zum Chorlim Gate. Ein Lift die Stichstraße zum Gate hinauf ist wegen der niedrigen Besucherzahlen unwahrscheinlich. Eine andere Möglichkeit besteht darin, sich **von Kitale mit einem Taxi** direkt bis zum Gate fahren zu lassen. Für die Fahrt muss man 1000–1500 Ksh berappen.

Mit dem eigenen Wagen sind es von Kitale zunächst rund 20 km auf teilweise arg löchriger Teerstraße bis Endebess und dann jene 8 km Piste bis zum Chorlim Gate.

Parkgebühren, Öffnungs- und beste Besuchszeiten

● Die **Eintrittspreise** stehen auf S. 55.
● Der Park ist **täglich von 6.30–19 Uhr geöffnet.**
● Die besten Besuchszeiten sind die trockenen Monate im Jahr, also **zwischen Dezember und März** – dann ist die Luft aber häufig dunstig –, oder **September und Oktober.** Der meiste Niederschlag geht während der Regenzeiten nieder, die hier etwas anders liegen, nämlich in den Monaten April und Mai

Westkenia

sowie Juli und August. Wenn die Pisten zu matschig sind, wird man mit einem normalen Pkw gar nicht erst in den Nationalpark hinein gelassen, bei trockenen Witterungsverhältnissen sind die meisten Pisten am Berg problemlos ohne 4WD zu meistern.

Sonstige Aktivitäten

Angeln

Der Mt. Elgon ist eines der Gebiete Kenias, in dessen Flüssen noch **Forellen** leben. Wer hier in der Wildnis sein eigenes Abendessen angeln möchte, bekommt beim Senior Warden des Nationalparks für 400 Ksh eine Angelerlaubnis.

Unterwegs im
Saiwa Swamp National Park

Klettern

Felsige Partien in der Kraterregion, etwa am Lower Elgon oder am Sudek, sind mit entsprechender Ausrüstung ein **gutes Trainings- und Akklimatisierungsrevier** auf 4000 m Höhe, wenn man später den alpinen Gipfel des Mt. Kenya stürmen möchte. Genaue Informationen über Kletterplätze beim Mountain Club of Kenya (Anschrift s. S. 93).

Kartenmaterial und Literatur

● **Mount Elgon Map & Guide** von *Andrew Wielochowski,* die beste Karte mit Routenbeschreibungen, detaillierten Teilplänen der Kratergegend und vom Nationalpark; in den größeren Buchläden von Nairobi erhältlich.
● Am Park-Gate erhält man ein kleines Heft mit Hintergrundinfos zu Tieren, Vegetation, Geologie, den Höhlen und Naturlehrpfaden in der Nähe des Gate.

Kitale – (Saiwa Swamp NP) – Kapenguria – Marich Pass – (Nasalot National Reserve – South Turkana National Reserve) – Lodwar

- **286 km**
- Die landschaftlich schöne Strecke ist von Kitale bis Ortum in recht gutem Zustand, danach in zunehmender Auflösung. Von Marich Pass bis ca. 30 km hinter Lokichar ist die einstige Teerstraße in erbärmlichem Zustand, danach bis Lodwar guter Teer. Das Gebiet entlang der Sekeri Hills ist wildreich, in den Ebenen Nordkenias können vor allem nachts Kamele eine Gefahr für Autos darstellen. Ohnehin sollte man aus Sicherheitsgründen (Überfälle) auf Nachtfahrten zwischen Marich Pass und Lodwar verzichten.
- **Letzte zuverlässige Tankmöglichkeit:** Makutano.
- **Fahrtzeit:** 6–8 Stunden.

Die Fahrt von Kitale nach Lodwar ist eine **Reise voller landschaftlicher Gegensätze** und auf der ersten Hälfte gespickt mit kleineren Sehenswürdigkeiten. Zunächst führt die Straße durch das fruchtbare Vorgebirgsland des Mt. Elgon, über rollende Hügel mit zahlreichen Farmen und Kaffeeplantagen, hinter denen sich der Kegel des Mt. Elgon erhebt. Bei km 16 ab der Abzweigung von der Straße nach Eldoret biegt rechts die 5 km lange Piste zum **Saiwa Swamp National Park** ab, dessen Schild von anderen Tafeln verdeckt wird und deshalb leicht zu übersehen ist. Der in einem Flusstälchen gelegene kleine Park schützt die seltenen Sitatunga-Antilopen und ist einen Abstecher wert (s.u.).

5 km nach der Abzweigung – zuvor hat man bei dem kleinen Ort Chesogon die Grenze zum Pokot-Land überquert – biegt auf einem kleinen Hügel rechts die Piste zum

Haus von **Sirikwa Safaris** bzw. *Jane* und *Julia Barnley* ab, wo es einen schönen Campingplatz und Unterkunft im alten Farmhaus der Familie gibt (siehe unter „Kitale"). Wiederum 5 km später beginnt die Straße mit ihrem kilometerlangen Anstieg entlang der nordwestlichen Flanke der **Cherangani Hills,** wobei sich im Westen immer wieder fantastische Ausblicke auf den Mt. Elgon und das Farmland zu seinen Füßen bieten. **Makutano,** bei km 10 ab Sirikwa Safaris, ist ein lebendiger Ort an der Abzweigung der alten Piste hinauf nach Nordkenia. Er verfügt über Tankstellen (letzte Möglichkeit vor Lodwar!), Reparaturwerkstätten, Läden und einige einfache Hotelis und Lodges und ist der letzte Marktplatz vor dem dürren Nordkenia. Deshalb deckt man sich hier am besten noch einmal mit Obst und Gemüse ein.

Makutano ist in gewisser Weise das Marktviertel von **Kapenguria,** das nach weiteren 2,5 km rechts, etwas abseits der Straße liegt. Bekannt wurde der seltsam leblose Ort, Verwaltungssitz des Westpokot District, weil hier nach Verhängung des Ausnahmezustandes durch die Briten ab Ende 1952 die **politischen Prozesse gegen Jomo Kenyatta** und andere schwarze Politiker geführt wurden. Nach einem guten halben Jahr wurde Kenyatta 1953 – mit gekauften und fingierten Zeugenaussagen – wegen politischer Führerschaft der Mau Mau-Rebellen zu sieben Jahren harter Arbeit und Sippenhaft im wüstenhaften Nordkenia verurteilt. Übrigens ist Kapenguria bis heute Standort eines großen Gefängnisses. Der alte Bau, in dem Kenyatta einsaß, ist in ein kleines **Museum** mit einer aufschlussreichen Ausstellung zu den damaligen Ereignissen umgewandelt worden. Das Museum hat täglich von 8–18 Uhr geöffnet, der Eintritt beträgt 500 Ksh für Nonresidents und 400 Ksh für Residents, Kinder die Hälfte. Durchaus sehenswert sind auch die Museumssammlung zu den Völkern der El Koni, Marakwet und Pokot sowie einige traditionelle Häuser. Mit den **Hotels** Sebit (450/900 Ksh, Mobil: 0723/567984) und Perkau von *Tegla Lorupe* (300 KSh pro Zimmer, Mobil: 0726/816755, sicherer Parkplatz) in Kapenguria sowie Kalyo (400/600 KSh, Mobil: 0715/179806) und Kazeto mit neuem Restaurant (500/1000 Ksh, Mobil: 0723/450251) an der Hauptstraße gibt es passable Unterkünfte am Platz.

Die Teerstraße in **Richtung Lodwar** klettert hinter der Abzweigung nach Kapenguria weiter bergauf. Die starke Beweidung durch die Rinder der Pokot hat an vielen Stellen schwere Erosionsschäden zurückgelassen, aber die oberen Berglagen sind immer noch von Nadelwäldern bedeckt, welche die Briten von den Häftlingen anpflanzen ließen. Nach Norden genießt man atemberaubend schöne Ausblicke, u.a. auf den Kopoch-Berg und die auffällige Pyramide des 3334 m hohen Mtelo, des heiligen Bergs der Pokot. Gut 7 km hinter Kapenguria zweigt nach rechts die landschaftlich wunderschöne Piste durch die Cherangani Hills nach Iten ab. Bei km 8,5 hat die Straße die eigentliche Passhöhe bereits überschritten und fällt über mehrere hundert Meter in das Tal von Cheparería ab. Besonders der nördliche Steilabbruch der Cherangani Hills bei Kabichbich, den Sie rechter Hand sehen, ist spektakulär. Bereits auf dem Weg nach unten merken Sie die klimatischen Veränderungen. Die Luft wird immer wärmer, die Waldvegetation weicht zunehmend trockenresistenten Arten wie Sisalagaven, Akazien und Euphorbienbäumen. Der Bergkamm ist nämlich die Wetterscheide zwischen dem Hochland um Kitale und dem heißen Norden Kenias. Auffällig auch die starke Besiedlung der Berge. Selbst an den steilsten Hängen wird Ackerbau betrieben, die Hütten der Pokot kleben in obersten Berglagen. Am Talboden durchfährt man bei km 19 **Cheparería,** einen kleinen Ort mit einigen Dukas und Hotelis. Die auffällige Felskuppe, auf die man zufährt, ist der **Mt. Murpus.** Bei km 33 passieren Sie den gleichnamigen Ort, von dem aus sich der Berg gut besteigen lässt. Von oben genießt man einen grandiosen Blick über das weite Land, das von vereinzelten Rundhütten, den röhrenförmigen Termitenhügeln und Akazienbäumen voller Webervogelnester geprägt wird. Aber auch von der Straße hat man herrliche Ausblicke, die im Nordwesten bis tief nach Uganda hineinreichen.

Im Rücken des Mt. Murpus verändert sich die Landschaft wieder völlig. Nun treten die Berge zu einer Schlucht zusammen, durch die der **Murunyi River** fließt. Landschaftlich sind die folgenden 30 km des **Marich Pass** mit seinen Ausblicken auf den Murunyi-Fluss vielleicht die schönsten bis nach Lodwar. Aber auch die gefährlichsten, denn auf der kurvenreichen Strecke passieren immer wieder grässliche Unfälle. In der Mitte der Schlucht liegt **Ortum** mit seinem bekannten Missionskrankenhaus und Kalksteinvorkommen, die zukünftig in einer neuen Zementfabrik verarbeitet werden sollen. Von hier aus kann man wunderschöne Wanderungen in die dramatische Bergwelt der Cheranganis unternehmen; Führer findet man im Dorf. Aber das kleine Kaff ist auch wegen seines schönen Marktes, der mittwochs stattfindet, erwähnenswert. In den **Hotelis** im Ortskern, 1 km abseits der Straße, bekommt man preiswertes Essen. Auch einfache Unterkünfte findet man hier.

Am **Ausgang der Schlucht,** bei km 19 hinter Ortum, biegt rechts die knüppelharte, aber landschaftlich sehr reizvolle Piste nach Sigor, Lomut, Chesegon und Tot durch das Kerio Valley (s. S. 334) und zum Baringo-See ab. Die Route über den Kito-Pass ist nur im Konvoi zu empfehlen, besser, man fährt über Tot, Arror, dann links über die neue Kerio-Brücke nach Keturwo und weiter bis zur Kreuzung zur Haupstraße, die von Eldoret-Iten kommt.

2 km hinter der Kreuzung biegt von der Lodwar-Straße rechts der Weg zum **Marich Field Study Centre** (www.gg.rhul.ac.uk/MarichPass) ab, das 1 km abseits der Straße am Ufer des Murunyi-Flusses liegt. Hier bestehen herrliche **Campmöglichkeiten** unter schattigen Akazienbäumen (360 Ksh p.P.), aber auch ein Schlafsaal (420 Ksh), Cottages (14.500/1950/2900/3900 Ksh SC) und Bandas ohne eigene Toilette für die Hälfte stehen bereit. Mahlzeiten kosten rund 3 Euro.

Vor allem ist das Marich Field Study Centre aber eine optimale Ausgangsstation für **Wandertouren in die Cheranganis und zu Tier- und Naturbeobachtungen in der Umgebung.** Abhängig von der Jahreszeit lassen sich Elefanten, Büffel, Antilopen und Affen beobachten. Außerdem gibt es in der Region 230 Vogelarten, 150 verschiedene Schmetterlinge, Chamäleons und Nilwarane. Im Camp kann man auch Guides für Bergtouren, Birdwalks und Pirschgänge bekommen (halber Tag für 550 Ksh, ganzer Tag für 750 Ksh). Besonders empfehlenswert ist eine dreitägige Wandertour zum 3334 m hohen Mtelo-Berg (der auch Sekerr genannt wird). Wenn Sie mit eigenem Auto hier sind, können Sie die Tour auch in einem Tag machen.

Der Teer wird run sehr löchrig. Von der Abzweigung nach Sigor fährt man in Richtung Turkana-See durch dichten Akazienbusch. Es geht beständig an der Ostseite der **Sekerr Hills** entlang nach Norden. In der Regenzeit stürzen zahlreiche Wasserfälle die Berge hinunter. Am nördlichen Ende der Bergkette bäumt sich nochmals ein Gipfel auf, der wie eine Haifischflosse aussieht. Zu seinen Füßen biegt bei km 26 links die sehr gute Teerstraße zum Turkwell-Damm und zum **Nasalot National Reserve** ab, ein Abstecher, den man sich keinesfalls entgehen lassen sollte. Nach 6 km kommen Sie an die Schranke des Reserve; bis zur spektakulären Schlucht und zum Staudamm sind es von der Abzweigung insgesamt 28 km, die auch mit dem Pkw gut zu fahren sind.

Nachdem Sie auf der Lodwar-Straße den **Weiwei River** überquert haben, der die natürliche Grenze zwischen dem Land der Pokot und dem Turkana-Land markiert, kommen Sie durch das Örtchen **Kainuk** mit einer Reihe von Kramläden. Es ist das letzte Versorgungszentrum, bevor das Land wilder, einsamer und trockener wird. Die wenigen Ortschaften bestehen überwiegend aus einfachen Turkana-Grashütten. Rund 15 km nach Kainuk biegt rechts die Piste zum **South Turkana National Reserve** ab, dessen Gate Sie nach 2 km erreichen. Auch South Turkana ist ein besuchenswertes Naturschutzgebiet, geprägt von einer großer Ursprünglichkeit. Ab und an kommen einem Lastwagen entgegen, die Güter nach Lodwar oder in den Südsudan gebracht haben.

Auf dem weiteren Weg **nach Norden** quert man viele Luggas, und man sieht mehr und mehr Kamele. Aus den riesigen Ebenen wachsen inselartige Kuppen. Der einzig erwähnenswerte Ort zwischen Kainuk und Lodwar ist bei km 113 **Lokichar,** das aber

auch nur aus einem armseligen Haufen von Dukas besteht. Ab km 165 zeichnet sich vor Ihnen die flimmernde Silhouette von schwarzen Hügeln im gelblichen Land ab. Zu ihren Füßen liegt Lodwar. Bei km 172 passiert man rechts die Abzweigung zum Lodwar Club und zur empfehlenswerten **Nawoitorong Lodge,** die 2 km von der Hauptstraße entfernt liegt. Kurz darauf sieht man mitten in einem Heer von Wellblechhütten und normalen Häusern das **Stadtviertel Kanam Kemer** mit seinen traditionellen Grashütten, dann überquert man die braunen Fluten des Turkwell River. Bei km 173 kommt man an einen Kreisverkehr, links geht es ins Stadtzentrum und nach Lorugumu (52 km, D347), wenn man weiter geradeaus fährt, gelangt man nach Eliye Springs und Kalokol am Turkana-See und über den Trans-African-Highway nach Lokichokio.

Saiwa Swamp National Park

♐ **XXIV/B3**

Das mit 2 km² Fläche **kleinste Naturschutzgebiet Kenias** wurde 1974 ausgewiesen, um im malerischen Saiwa-Flusstälchen die scheue und seltene **Sitatunga-Antilope** zu schützen. Die amphibische Antilope ist für das Leben in wasserreichem Terrain angepasst und ein ausgezeichneter Schwimmer. Mit ihren breiten und langen Hufen können die Tiere problemlos sumpfiges Terrain überqueren. Bei Gefahr verbergen sie sich unter Wasser und lassen nur noch die Nasenspitze zum Atmen herausschauen. Doch von ehemals 100 Tieren ist der Bestand im Park beständig gesunken, und gegenwärtig schwanken die Zahlenangaben zwischen 30 und 9.

Der Park umfasst die dicht bewaldeten Flussbänke, ist also lediglich zwischen 200 und 300 m breit und 6 km lang und kann **nur zu Fuß** erkundet werden. Das Gebiet wird von einem **Wegenetz mit fünf Aussichtsplattformen und kleineren Brücken** durchzogen. Die jährliche Besucherzahl ist mit 3000 sehr gering.

Westkenia

Die besten Chancen, eine der Sitatungas zu Gesicht zu bekommen, bestehen frühmorgens und spätnachmittags auf den Plattformen 4 und 5. Natürlich gibt es auch noch andere **Tiere im Park,** etwa Duckerantilopen, Buschböcke, Rietböcke und Otter sowie verschiedene Affenarten, darunter die schwer zu beobachtende De-Brazza-Meerkatze, Colobus-Affe, Grüne Meerkatze und Diadem-Meerkatze. Besonders erwähnenswert unter den **über 300 Vogelarten** im Park sind Goliathreiher, verschiedene Nashornvögel, Milane, Ibisse und Kronenkraniche. Probleme erwachsen dem Park vor allem durch die dichte Besiedlung des umliegenden Gebiets. Geht man von der Brücke am östlichen Ufer in Richtung Norden, stehen die ersten Häuser schon fast am Waldrand. Immer wieder dringen Bauern in den Nationalpark ein, um Feuerholz zu schlagen und Gras zum Decken der Hütten zu schneiden. Vermutlich ist der Rückgang der scheuen Sitatungas auf diese Störungen zurückzuführen. Daher soll ein Zaun um den Park gezogen werden.

Der Saiwa Swamp National Park (saiwapark@kws.go.ke) ist **täglich von 6.30–18 Uhr geöffnet,** die **Eintrittsgebühren** stehen auf S. 55. Der Park besitzt einen sehr schönen **Campingplatz** mit Wasser und Toiletten am einzigen Parkgate, in der Gebühr ist auch Feuerholz enthalten. Zudem besitzt der Nationalpark ein Baumhaus mit Toilette, Matratzen und Kochgeschirr, in dem zwei Personen übernachten können. Buchungen laufen über das KWS HQ in Nairobi, s. S. 56.

Nasalot National Reserve
♪ **XXV/C1**

Das Nasalot National Reserve, das an der Südseite durch die Sekerr Hills, im Norden durch den Weiwei-Fluss und im Westen durch den Turkwell-Fluss begrenzt wird, ist **eines der äußerst selten besuchten Schutzgebiete** des Landes. Das ist unverständlich, denn mit seinen Baumsavannen, den von Galeriewald gesäumten Flusstälern und den felsigen Bergen (der auffällige Zuckerhut an der

Nordseite der Sekerr Hills ist übrigens der **Mt. Nasalot,** der dem Gebiet seinen Namen lieh) besitzt es eine große landschaftliche Schönheit. Und seit das 1979 ausgewiesene Reservat 1992 auf 194 km² vergrößert wurde, liegen auch die spektakuläre **Turkwell-Schlucht** und der **Turkwell-Damm** mit einem lieblichen Stausee innerhalb seiner Grenzen (die Dammkrone lässt sich sogar mit dem Auto erreichen). Durch den 1993 beendeten Bau des Staudamms gibt es eine Teerstraße in den Park und mit dem **Turkwell Gorge Club** (Tel. 054/20602), der ehemaligen Unterkunft der französischen Bauarbeiter und Ingenieure, sogar eine gute und preiswerte Unterkunft mit Pool. Sie liegt rund 18 km von der Hauptstraße entfernt.

Der Park ist **nicht besonders reich an Tieren,** aber mit Glück kann man Büffel, Klippspringer, Grant-Gazelle, Thomson-Gazelle, Impala, Giraffe, Kleiner Kudu, Buschbock, verschiedene Ducker- und Dik-Dik-Arten, Zebra, Löwe, Hyäne, Leopard und Schakal beobachten, was wegen der buschigen Vegetation allerdings knifflig ist. An den Flussläufen leben große **Krokodile und Nilpferde.** Eine ganz besondere Attraktion sind die **Elefantenherden,** die zwischen Oktober und März im Park weilen. Denn Nasalot ist Zwischenstation für einen der letzten großen Wanderungswege der Dickhäuter in ganz Kenia. Die Route führt von Nasalot durch das Kerio Valley zum Kerio Valley National Reserve und von dort über die Kamasia Hills zum South Turkana National Reserve und wieder zurück zum Nasalot Reserve.

Das Nasalot National Reserve ist auch offen für **Fußsafaris** (die Rangerbegleitung erhält man am Gate), **Freeclimbing** an den Granitflanken der Sekerr Hills und **Angelausflüge** am Stausee. Da es so wenig Besucher gibt, vermittelt das Reserve abseits der Teerstraße den Eindruck von wunderbarer Wildheit. Die Infrastruktur ist nicht so gut ausgebaut, aber es gibt immerhin einige **Campingplätze,** darunter einen am Gate. Das Nasalot National Reserve ist **täglich von 6.30–18.30 Uhr geöffnet,** der Eintritt beträgt nur 20 US$, Residents zahlen sogar nur 500 Ksh, Kinder jeweils die Hälfte! Von der Abzweigung der Teerstraße nach Lodwar gibt es zwar keine öffentlichen Verkehrsmittel mehr, man kann aber ganz gut mit den Fahrzeugen der Kenya Power & Lighting Company **trampen,** denn wegen der vielen Staudammarbeiter gibt es immer Verkehr. Am Gate kann man eine Landkarte einsehen und sich von den Rangern die schönsten Plätze und alles weitere erklären lassen.

South Turkana National Reserve
⊘ **XXV/C,D1**

Ebenso wie das Nasalot National Reserve ist das 1979 eröffnete South Turkana National Reserve ein Juwel, der vom Tourismus bisher als schäbiger Kieselstein verkannt wird. Das 1091 km² große Reserve ist ein **wildreiches Stück Buschsavanne,** das von mächtigen Luggas und Flüssen mit dichten Galeriewäldern durchzogen wird und in dessen Mitte der **Mt. Kailongoi** und südlich davon der **Laiteruk-Gipfel** stehen. An seiner Ostseite befinden sich die heißen Salzwasserquellen von Loichakula, 38 km vom Gate entfernt. Wer das National Reserve besucht, sollte dies wegen des Erlebnisses der absolut wilden Natur tun, die an den Südsudan erinnert, weniger wegen der **Tierbeobachtungen.** Denn hier ist das Wild nicht an Menschen gewöhnt, und die Vegetation erschwert das Unterfangen zusätzlich. Wer Geduld und ein gutes Auge mitbringt, kann aber Elen-Antilopen, Impalas, Buschböcke, Grant- und Thomson-Gazellen, Kleine und Große Kudus, Büffel, Elefanten, Löwen, Wildhunde, Geparden und Leoparden sehen, aber auch Arten, die für die Halbwüsten Nordkenias charakteristisch sind, etwa Oryx-Antilopen und Gerenuks.

Um sich im Reserve zurechtzufinden, empfiehlt es sich, am Hauptgate einen **Ranger** an Bord zu nehmen. Es gibt einfach KWS-Bandas und verschiedene **Campsites,** darunter der sehr schöne **Kalosia Campsite** am Kerio River (der Fluss führt in der Trockenzeit allerdings kein Wasser), 37 km vom Gate entfernt. Der Eintritt in den Park beträgt wie in Nasalot nur 20 US$ bzw. 500 Ksh für Residents, Kinder zahlen die Hälfte.

Lodwar

Man hört kaum etwas von Lodwar und wenn doch, dann wenig Reizvolles. Das erste, was man von der **Hauptstadt des** dünn besiedelten **Turkana District** wahrnimmt, wenn man sich ihr aus Richtung Kitale nähert, sind die blitzenden Blechdächer, die in der wabernden Luft zu Füßen der schwarzen Lodwar Hills tanzen. Der zweite Eindruck bestätigt, dass Lodwar **keine schöne Stadt** ist. Dafür ist es zu schmutzig und zu trocken. Auf jedem zweiten Grundstück scheint ein Autowrack zu liegen, und die Ziegen müssen Papier fressen, denn Büsche oder Gras sucht man hier vergebens. Andererseits hat Lodwar der völlig **unkenianischen Charakter einer Wüstenstadt,** und das macht es wieder interessant. Die Somali-Moschee und die sandigen Pisten in der Stadt wecken Erinnerungen an Arabien, während die Turkana – die Frauen mit ihrem aufwendigen Schmuck und den fehlenden Schneidezähnen, die Männer mit ihrer federgeschmückten Lehmtonsur und den Nackenstützen – Vorstellungen vom Südsudan heraufbeschwören.

Lodwar hat anscheinend schon immer an der aktuellen Zeit vorbeigedöst, ist vergessen, verstaubt, verschlafen. Nicht umsonst wurde **Jomo Kenyatta** nach Absitzen seiner sechsjährigen Gefängnisstrafe in Lokitaung hier für weitere zwei Jahre interniert, weit ab vom politischen Tagesgeschehen des Landes. Nur während einer kurzen Zeit in den 1980ern war in Lodwar plötzlich ein schneller, fiebriger Puls zu spüren, als kanadische Ölteams um den Ferguson Gulf **Probebohrungen** vornahmen, der Fischverkauf aus dem Turkana-See florierte und über die neue Teerstraße täglich Zuwanderer aus dem Süden kamen, die an dem sich abzeichnenden Boom teilhaben wollten. Doch die Ölquellen versiegten, bevor sie überhaupt angebohrt waren, die Fischerei ging an Korruption und ökologischen Katastrophen zugrunde, und selbst die Teerstraße ist auf weiten Strecken wieder in erbärmlichem Zustand.

Der einzige Wirtschaftszweig, der sich in Lodwar als beständige Größe erwies und inzwischen vermutlich die meisten Arbeitsplä-

Westkenia

ze stellt, ist zynischerweise die **humanitäre Hilfe für das benachbarte Bürgerkriegsland Sudan und das große Flüchtlingslager Kalokol.** Viele Hilfsorganisationen koordinieren ihre Einsätze von Lodwar aus, und der Flughafen, der praktisch im Stadtzentrum liegt, wurde mit einer Teerpiste ausgestattet, damit die großen Transportflieger mit der Lebensmittelhilfe landen können. Die mit Abstand größten Gebäude in der Stadt sind die Getreidespeicherhallen des Roten Kreuzes. Doch wegen vieler verheerender Dürrekatastrophen hat Lodwar sein eigenes Flüchtlingsproblem. Zehntausende von Turkana-Nomaden verloren mit dem Vieh ihre Lebensgrundlage und vegetierten jahrelang in Hungerlagern am Rande der Stadt. Längst nicht alle von ihnen sind zum alten Lebensstil zurückgekehrt, und so wuchs Lodwar sprunghaft um viele **unansehnliche Wellblechhüttensiedlungen** an, deren Bewohner einen schlechten Tausch machten. Die meisten von ihnen gaben die alte Freiheit auf und erhielten dafür die Arbeitslosigkeit.

Sehenswürdigkeiten im herkömmlichen Sinne gibt es in der Stadt **keine.** Lohnenswert ist es allerdings, bei Sonnenaufgang vom Grundstück der Youth Polytechnic auf einen der Hügel im Norden von Lodwar zu klettern. Von oben hat man einen schönen Blick über die Stadt und den akaziengesäumten Turkwell River, der am Horizont im Dunst verschwindet.

Unterkunft

Mittelklasse-Hotels

● **Lodwar Lodge**
Mobil: 0721/339094; DB 1500 Ksh BB. Auch Campingmöglichkeiten. Die Lodwar Lodge wurde neu renoviert, die Bandas sind ganz nett. Das Restaurant hat leider nicht mehr die Qualität vergangener Tage.

● **Turkwell Lodge**
Tel. 054/21235 und 21201. Die Lodge besitzt vier verschiedene Zimmerkategorien. Die Cottages im hinteren, ruhigen Bereich sind ganz nett und kosten 800/1000/1200 Ksh BB ohne Ventilator und 700/850 Ksh BB mit Ventilator. Die einfachen Zimmer im Vorder-

haus sind ziemlich stickig, aber auch deutlich billiger. Nicht alle Zimmer besitzen Moskitonetze. In der Bar gibt es Darts und TV, das Restaurant besitzt eine schöne Veranda zum Draußensitzen. Ein Parkplatz ist vorhanden.

Preiswerte Unterkünfte

In Lodwar gibt es eine Reihe preiswerter Unterkünfte, darunter das empfehlenswerte **New Lodwar Tourist Hotel** (mit Parkplatz), die simple, aber saubere **Air Fan Lodge** und die somalisch geführte **Africana Silent Lodge.**

Hotel außerhalb der Stadt

● **Nawoitorong Lodge**
Tel. 054/21208, edfrhp@imul.com; SG und DB 800 Ksh BB, TR 12.000 Ksh BB, Ekato Cottage (1 Bett) 14.000 Ksh, Nadopua Cottage (2 Betten) 2400 Ksh SC, Napeikitoe Cottage (4 Betten) 2800 Ksh. Die beste Unterkunft Lodwars liegt auf der anderen Seite des Turkwell River, vielleicht 3,5 km von der Stadt entfernt. Sie wird von einer sehr erfolgreichen Frauengruppe gemanagt und ist besonders bei Europäern, die in Nordkenia oder im Südsudan in der humanitären Hilfe arbeiten, beliebt. Das Hotel ist pieksauber, die Einrichtungen sind einfach, aber gemütlich. Die Moskitonetze haben Himmelbettcharakter, gefiltertes Trinkwasser gibt's umsonst. Auf Vorbestellung erhält man auch gutes Essen, abends wird ein gemütliches Lagerfeuer angezündet, und inzwischen ist sogar ein Swimmingpool vorhanden.

Manchmal gibt es hier sehr viele Fliegen, die extrem lästig werden können.

Camping

Für 300 Ksh p.P. darf man auf dem schattigen Gelände der **Nawoitorong Lodge** sein Zelt aufschlagen, Duschen sind vorhanden. Auch auf dem Gelände der Lodwar Lodge kann man campen.

Essen und Trinken

Das **New Mombasa** wird von einer resoluten Somali-Frauenclique gemanagt, die gutes und preiswertes Essen zubereitet. Weitere

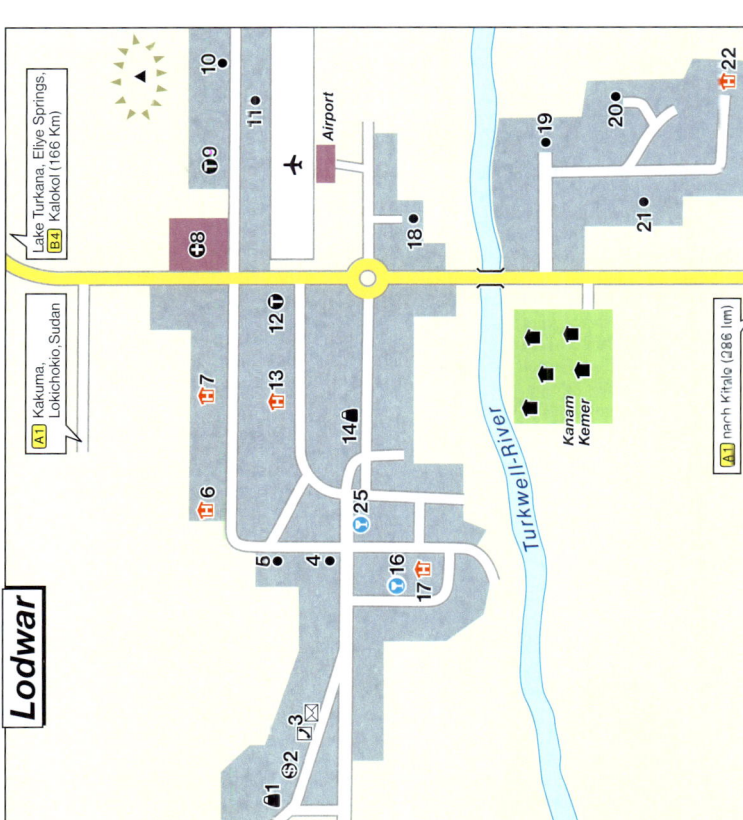

Lodwar

nicht maßstabsgetreu

Westkenia

1 California Market
2 KCB
3 Post
4 Matatus nach Kitale
5 Matatus nach Kalokol
6 Africana Silent Lodge
7 New Lodwar Tourist Hotel
8 Hospital
9 BP-Tankstelle
10 Youth Politechnic;
11 Peter Schmid's Werkstatt
12 Kobil
13 Lodwar Lodge
14 Markt für Körbe und Matten
15 Honey Pot
16 Beer Pot
17 Turkwell Lodge
18 District Office
19 Lodwar Club
20 World Vision
21 Radar Anage
22 Naiwotorong Lodge

A1 Kakuma, Lokichokio, Sudan
B4 Kalokol (166 Km)
Lake Turkana, Eliye Springs,
Airport
Turkwell-River
Kanam Kemer
A1 nach Kitale (286 Km)

Das Volk der Turkana

Das Volk der Turkana ist wie das Land, in dem es lebt: hart, spröde, eigenwillig, entsagungsvoll und von einer schlichten Schönheit. Ihr Stammesgebiet erstreckt sich in den Wüsten und Halbwüstengebieten des nordwestlichen Kenia und umfasst das gesamte Land auf der Westseite des Turkana-Sees einschließlich des Suguta Valley bis hinunter auf die Höhe der Sekerr Hills. Die größte Stadt auf ihrem Territorium ist Lodwar. Mit rund **250.000 Volksangehörigen** sind sie nach den Somali das **zweitgrößte Hirtenvolk Kenias.**

Die Turkana sind das letzte nilotische Volk, das aus dem Nordwesten in das Gebiet des heutigen Kenia einwanderte. Vor rund 200 Jahren begannen sie sich im Land auszubreiten, ein Prozess, der bis heute noch nicht abgeschlossen ist. Sie sind **äußerst aggressiv,** gelten

ken042 Foto: hf

als die mutigsten Krieger in diesem Teil Ostafrikas und konnten bisher noch von keiner Verwaltungsmacht kontrolliert werden. Die Briten unterhielten im Turkana-Land nur einige Garnisonen, die einfach zu verteidigen waren. Ständig überziehen sie ihre Nachbarn und entfernten Verwandten, die Pokot und Samburu, mit Überfällen, und seit dem Ende des 17. Jahrhunderts werden die Samburu mehr und mehr aus ihren angestammten Weidegebieten gedrängt. So lebt heute ein großer Teil der Turkana in den Nachbarregionen, außerhalb des ursprünglichen Stammesterritoriums. Man findet sie inzwischen am Westufer des Turkana-Sees, im Baringo District und bisweilen sogar in Marsabit und Isiolo. Das ist umso erstaunlicher, als dass die Turkana **keinerlei übergeordneten politischen Strukturen** besitzen und auch die soziale Bindungen nur schwach ausgeprägt sind. Clans spielen eine nebensächliche Rolle, Altersgruppeneinteilungen gibt es bei den Turkana überhaupt nicht.

Obwohl sie ursprünglich reine Viehhalter waren und ihre Nahrung aus Milch und Blut bestand, hat sie die harsche Natur ihres Lebensraumes zu **Überlebenskünstern** werden lassen, die buchstäblich alles essen – einschließlich Krokodilen und Schlangen, aber auch Fisch und Beeren, was für andere Viehhalter undenkbar wäre. Zusätzlich werden in der Regenzeit Hirse- und Kürbisfelder angelegt. Andere Dinge wie Salz, Zucker und vor allem Kautabak, dem alle Turkana hoffnungslos verfallen sind, werden gegen tierische Produkte eingetauscht.

Obwohl die Turkana inzwischen überwiegend **Kamele, Schafe und Ziegen züchten,** besitzen die **Rinder** nach wie vor eine überragende **kultische Bedeutung,** da sie nach ihrem Glauben eine Mittlerrolle zwischen Menschen und Ahnen einnehmen. Die Lieblingstiere erhalten eigene Namen und ihnen werden ganze Gesänge gewidmet. Bis heute zieht noch ein großer Teil der Turkana als **Nomaden** umher, tägliche Wanderung von über 40 km pro Tag, um Futter und Wasser für die Tiere zu finden, sind trotz des harten Klimas keine Seltenheit. Anfang der 1960er, 70er und Mitte der 80er Jahre zwangen die fürchterlichen Dürrekatastrophen selbst die anspruchslosen Turkana zu Tausenden in die Hungerlager, viele sind danach nicht wieder zu ihrer alten Lebensform zurückgekehrt. Dennoch scheinen die Traditionen im Turkana-Land noch in vielem intakter als anderswo. Ein Grund dafür mag sein, dass das Gebiet während der Kolonialzeit als Teil des sogenannten Northern Frontier District (NFD) weitgehend von allen äußeren Einflüssen abgeschirmt wurde und daher in einem sehr ursprünglichen Zustand verblieb. Europäer durften diese Gegend nur mit besonderer Genehmigung betreten. Ein anderer Grund ist sicherlich die Abgeschiedenheit und die mangelnde wirtschaftliche Bedeutung des Gebiets.

Die **traditionelle Kleidung** der Turkana-Männer besteht aus einem weiten Umhang, selten sieht man sie ohne ihre Nackenstütze, das Kautabakhorn und ihre Waffen. Diese bestehen aus Keulen (die nur im Kampfe zwischen Turkana verwendet werden), Speeren, Pfeil und Bogen, bei Viehdiebstählen auch zunehmend aus automatischen Schusswaffen. Wie praktisch alle Niloten werden zu Schönheitszwecken die unteren Schneidezähne ausgeschlagen, bei älteren Männern sieht man häufig auch noch Ohrringe aus Knochen oder Elfenbein sowie den klassischen Haarschmuck. Auf den Hinterkopf wird ein blau gefärbter Lehm aufgetragen und mit anderen Farben und Schmuckfedern verziert. Bei den Frauen sind vor allem die vielen Perlenketten auffällig, die um den Hals getragen werden, sowie die Haare, die bis auf wenige Zöpfchen in der Mitte des Kopfes völlig abrasiert werden.

Hotelis mit empfehlenswerter und billiger Küche sind **Salama Hotel, Chamuga Lodge** und **Africana Silent Lodge**. Gute europäische Gerichte gibt es in den Hotels **Turkwell** und **Lodwar Lodge**. Das Essen der **Nawoitorong Lodge** treibt einem die Tränen in die Augen und die Verdauungssäfte in die Magen; es muss im Voraus bestellt werden. Dafür kriegt man hier Spaghetti, Pizza, Fruchtsalat, Schokoladenkuchen etc., und alles zu fairen Preisen.

Busse und Matatus

Zwischen Kitale und Lodwar verkehren täglich mehrere **Matatus und Busse,** die Fahrtzeit beträgt rund 7 Std. Von Kitale setzen sich die Busse nachmittags in Bewegung und kommen nachts in Lodwar an. Man sollte sein Ticket rechtzeitig lösen. Außerdem gibt es in der Regel jeden Tag ein Matatu **nach Kalokol** (1–2 Stunden). Ansonsten hat man vielleicht noch die Chance, **trampend bis an den Turkana-See** zu gelangen. Dafür stellt man sich am besten an den Baum 200 m nördlich von der Kobil-Tankstelle, direkt an der Hauptstraße. Die **Matatus nach Kakuma und Lokichogio** setzen sich vormittags in Bewegung.

Fliegen

● Die kenianische Billigfluglinie **fly540.com** fliegt regelmäßig Lodwar an. Buchungen über www.fly540.com.

Nachtleben

Lodwar ist eine ziemlich raue Stadt, und das Einzige, woran in der Stadt wahrlich kein Mangel herrscht, sind **Kneipen**. Im **Honey Pot** wird jedes Wochenende eine **Disco** abgehalten.

Bank

● Die einzige Bank in Lodwar ist eine **Filiale der KCB,** die zwischen California Market und Post Office liegt.

Westkenia

Einkaufen

In Lodwar kann man sehr gut **Curios** einkaufen, vor allem Korbwaren, Turkana-Schmuck und hölzerne Kopfstützen. Teilweise können einem die fliegenden Händler allerdings maßlos auf die Nerven gehen. Man sollte jedoch nicht vergessen, dass die Jungen mit dem Verkauf der Sachen, die ihre Schwestern und Mütter in den Manyattas herstellen, ihre Schulausbildung finanzieren. Es gibt einen großen **Korbwarenmarkt** im Schatten einiger Bäume direkt am Ortseingang. Eine große Auswahl hat man auch auf dem **California Market** hinter der KCB-Bank. Außerdem gibt es einige Selbsthilfegruppen, die ebenfalls schöne Dinge herstellen, etwa das **Naiwotorong Frauenzentrum** außerhalb der Stadt oder der **Diocesan Crafts Shop** in der katholischen Mission.

Schwimmen

Der einzige Sport, den man in der Hitze von Lodwar während der meisten Zeit des Jahres freiwillig ausübt, ist das Schwimmen. Sowohl der **Lodwar Club** (100 Ksh) als auch das **Nawoitorong Guesthouse** besitzen einen Pool.

Lodwar – Kalokol

- **59 km**
- Die Teerstraße nach Kalokol ist in gutem Zustand und **zügig zu befahren.**
- **Fahrtzeit:** 1 Stunde.

Um zum Ufer des Turkana-Sees bei Kalokol zu kommen, müssen Sie der Hauptstraße von Kitale nach Lodwar einfach geradeaus weiter folgen. Das Asphaltband führt durch hügeliges Terrain, das von einigen Turkana-Nomaden besiedelt wird, und quert zahlreiche Luggas, also Trockentäler, ist ansonsten **landschaftlich** aber **nicht besonders bemerkenswert.** 1,5 km außerhalb von Lodwar passieren Sie auf der linken Seite die Abzweigung der A1, des sogenannten Trans-African-

Highway, nach Kakuma (119 km) und Lokichogio (215 km). Bei km 14 hinter der Trans-African-Highway-Abzweigung biegt rechts die Piste nach Eliye Springs (50 km) ab. Wer ein 4WD-Fahrzeug besitzt, kann einen kleinen Rundkurs über Eliye Springs, entlang des Turkana-Sees nach Kalokol machen und dann auf der Teerstraße nach Lodwar zurückkehren. Man fährt besser zuerst nach Eliye Springs, weil von dort die Piste nach Kalokol einfacher zu finden ist als in umgekehrter Richtung.

Rund 26,5 km hinter der Abzweigung nach Eliye Springs befindet sich links der Straße ein **alte kultische Stätte** mit 19 stehenden Basaltsäulen, die an ein Mini-Stonehenge erinnert und als **Standing Stones** bekannt ist. Von den Turkana wird der geheimnisumwitterte Ort **Namuratunga** genannt, also „die Menschen, die zu Stein wurden". Der Ursprung des Kultplatzes liegt in grauer Vorzeit, zahllose Mythen umranken den Ort. Anfang Dezember, Mitte Januar und Mitte Mai kommen Turkana-Älteste und Wunderdoktore an diesem heiligen Ort zu Gebeten und Tabak-Orakeln zusammen. Wahrscheinlich handelt es sich bei den Standing Stones um einen **kuschitischen Mondkalender** aus der Zeit um 300 v.Chr. Mit Hilfe der Steinsäulen konnte eine genaue Bestimmung der Mondphasen in Beziehung zu besonderen Sternkonstellationen vorgenommen werden. Auf einigen der Basaltsäulen finden sich symbolische Steinritzungen. Einiges spricht dafür, dass die kuschitischen Erbauer kulturelle Verbindungen zu Nubien und Oberägypten unterhielten. Da sich die Basaltsäulen kaum von der Umgebung abheben, engagiert man in Lodwar oder in Kalokol am besten einen Führer, der einem die Stelle zeigen kann.

Bei km 35 passiert man die **Landepiste von Kalokol,** vom Turkana-See ist weit und breit noch nichts zu sehen. Bei km 40 passiert man rechts das Krankenhaus und das Gebäude des Fischereiministeriums, 700 m später biegt links die Piste entlang des Turkana-Sees nach Lokitaung und zum kleinen Ort **Todenyang** ab, der bereits an der äthiopischen Grenze, am Nordende des Turkana-Sees, liegt. Der Grenzübertritt ist möglich, wenn man das Ausstempeln des Passes und der Autopapiere bereits in Nairobi im Nyayo House hat vornehmen lassen. Das Problem besteht darin, mit einem Fahrzeug auf äthiopischer Seite der Omo-Fluss zu überqueren.

Weitere 700 m hinter der Abzweigung stößt von rechts die Piste aus Eliye Springs an die Teerstraße, und wiederum 200 m später steht man dann im Ortskern von Kalokol.

Kalokol   ♐ XXVIII/B3

Kalokol 3,5 km nördlich des Ferguson Gulf besteht aus einer weit **verstreuten Ansammlung von ziemlich ärmlichen Häusern und Hütten,** zwischen denen Ziegen nach essbarem Abfall suchen und halb nackte Kinder herumspringen. Eine riesige **Fischfabrik** steht seit Jahren leer, nachdem ihr Bau Millionen von Dollar verschlang. Der Anblick des Turkana-Sees am flachen Ufer von Kalokol ist eine Enttäuschung, und ein Besuch lohnt sich nur, wenn man von hier aus per Boot zum Central Island National Park fahren möchte. Der Hafen von Kalokol liegt 5 km vom Ortszentrum entfernt. Es gibt keine Matatus oder anderen Transport dorthin, wer kein eigenes Fahrzeug besitzt, muss also eine heiße Wanderung in Kauf nehmen.

Knapp 2 km außerhalb des Ortes biegt nach links die Piste zum Hafen ab, während man geradeaus über Teer nach weiteren 2 km zum trocken gefallenen **Bootssteg am Ferguson Gulf** gelangt. Folgt man der Abzweigung nach links zum Hafen, passiert man nach weiteren 1,5 km das **Camp von Jade Sea Journeys** (s u.), das über keinerlei Einrichtungen verfügt. Knapp 5 km hinter Kalokol steht man am „**Hafen**", der sich als eine zugewachsene Bucht mit ein paar Booten entpuppt.

In Abhängigkeit vom Wasserstand des Sees lassen sich **in der Umgebung Flamingos, Hippos** und auch **Krokodile** beobachten. Die Fischerleute wissen am besten, wo sich die meisten Tiere aufhalten. Bevor man auf die Idee kommt, im Turkana-See zu baden, muss man unbedingt die Einheimischen fragen, ob es Krokodile gibt.

Auf der Landzunge des Ferguson Gulf steht die **Lake Turkana Lodge** (Buchungen über Let's Go Travel in Nairobi, s. S. 106), die über 10 Blockhäuser und einen Swimmingpool verfügt. Es gibt einfache Mahlzeiten und Bier hier. Die Lodge eignet sich als Ausgangspunkt für Touren zur Central Island, die 15 km vor der Küste liegt und mit einem **Nationalpark** der einzige Anziehungspunkt in Kalokols Umgebung ist. Im Ort gibt es eine einfache Lodge und ein paar billige Restaurants, an denen auch die wenigen Matatus nach Lodwar ankommen und abfahren.

Central Island National Park
    ♐ XXVIII/B3

Der 1983 eingerichtete Central Island National Park schützt eine 5 km² große **Vulkaninsel,** die, rund 15 km vor der Westküste gelegen, tatsächlich in ziemlich gleicher Entfernung zum nördlichen und südlichen Ende des Turkana-Sees liegt. Das unbewohnte Eiland besitzt drei wassergefüllte Vulkankrater und erhebt sich 240 m über das Seeniveau. Wie aus einer anderen Welt wirkt der ruhende Vulkan mit seiner harschen Schönheit, der bisweilen schwefelhaltige Dampfschwaden ausstößt. Hauptattraktionen sind eine große **Brutkolonie von Wasservögeln** sowie die verschiedenfarbigen **Kraterseen,** die von einer seltenen Tilapia-Fischart bewohnt werden und häufig **Flamingos** anziehen. Am spektakulärsten sind die vielen **Krokodilgelege.** Zwischen April und Mai schlüpfen Tausende von Babyreptilien und verbringen ihre ersten Tage in den relativ sicheren Kraterseen. Mit rund 10.000 Tieren besitzt der Turkana-See die größte Vorkommen an Nilkrokodilen in ganz Afrika, und dies ist ihr bevorzugter Nistplatz.

Bootstouren zum Central Island werden von dem Safariunternehmen **Jade Sea Journeys** angeboten, dem einzigen Besitzer von Speedbooten auf dem Lake Turkana, sowie vom KWS. Information und Buchung über das HQ in Nairobi oder über Let's Go Travel (s. S. 106). Über Jade Sea Journeys lassen

Westkenia

sich auch Trips ins Naturparadies des Omo-Deltas am Nordende des Sees, hinüber zum Sibiloi National Park am Ostufer und nach Loyangalani organisieren. Wichtig ist die vorherige Kontaktaufnahme mit dem Buchungsbüro in Nairobi, denn es gibt weder in Lodwar noch in Kalokol einen Ansprechpartner, und die Boote sind öfters im Auftrag des Kenya Wildlife Service unterwegs. Die Bootsmiete ist ziemlich kostspielig, Preise auf Anfrage. Buchungen gehen über Bush Homes of East Africa (s. S. 107). Der Eintritt beträgt lediglich 20 US$, Residents zahlen sogar nur 500 Ksh, Kinder jeweils die Hälfte.

Vor Trips mit lokalen Fischerbooten ist zu warnen – wenn sich überhaupt ein Einheimischer für das Abenteuer findet. Am Turkana-See gibt es orkanartige Stürme und entsprechend hohe Wellen. Für die 15 km lange Strecke über offenes Wasser muss das Schiff wirklich seetauglich sein!

Lodwar – Eliye Springs

- ● **50 km**
- ● Die Piste nach Eliye Springs ist streckenweise – besonders das letzte Stück durch die Dünen – sehr sandig und **nur mit 4WD** zu bewältigen.
- ● **Fahrtzeit:** 1–1,5 Stunden.

Knapp 16 km hinter Lodwar biegt man von der Teerstraße in Richtung Kalokol nach rechts ab. Die Strecke bis zum See ist überwiegend flach, führt durch wunderschöne Wüstenlandschaften, die durch vereinzelte Akazienwälder landschaftlich aufgelockert werden. An allen wichtigen Verzweigungen ist der Weg ausgeschildert. Bei km 39,5 sieht man zum ersten Mal den See. Der Ort Eliye Springs (spricht sich „ilei", die Einheimischen sagen häufig „ille") ist erst zu sehen, nachdem man die Sanddünen zwischen See und Inland überquert hat. Das Eliye Springs Resort liegt knapp 1 km nördlich des Dorfes, direkt am See.

Eliye Springs ♫ **XXX/A1**

In den 1960er/-70er Jahren war Eliye Springs wegen seiner **Palmen** und der **heißen Quellen,** die direkt am Seeufer entspringen, ein El Dorado für Rucksackreisende. Tatsächlich ist es ein **traumhafter Platz zum Ausspannen,** zwischen Sanddünen und Seeufer, inmitten eines Borassus-Palmenhains, ein Strandparadies, das man ganz für sich alleine hat. Die einstige **Eliye Springs Lodge,** die über Jahre in Trümmern lag, wurde z.T. abgerissen, z.T. komplett renoviert und um neue Gebäude ergänzt, die unter der Bezeichnung Turkana Boma komfortable Unterkunft inkl. Badezimmer, Veranda und Blick vom Bett auf den Sonnenaufgang bieten (5000 Ksh plus 500 Ksh p.P.). Außerdem kann man hier in traditionellen Turkana-Hütten (700 Ksh plus 500 Ksh p.P.) und den renovierten Zimmern der einstigen Lodge (1500 Ksh plus 500 Ksh p.P.) nächtigen sowie zelten (500 Ksh). Tagesgäste zahlen 200 Ksh. Eliye Springs hat Quellwasser in Trinkwasserqualität. Neben der eigenen Nutzung steht das Thermalwasser der lokalen Bevölkerung zur Verfügung und füllt den Pool. Der See lädt zum Baden und Fischen ein, weitere Wassersportarten wie Surfen und Segeln sind geplant. Dank Solarenergie gibt es Getränke und leckeres Essen für rund 1000 Ksh pro Tag. Buchung/Infos: Mobil: 0733/847883, www.eliyespringsresort.com, sowie über Let's Go Travel in Nairobi. Mit dem Barfußlaufen sollte man aufpassen: Es gibt viele Skorpione und Sandflöhe, die sich in die Haut bohren und dort ihre Eier ablegen, was nicht gefährlich ist, aber höllisch juckt. Im Dorf können **traditionelle Turkana-Tänze** organisiert werden, man kann auch Kamelreiten. Turkana-Frauen verkaufen kunsthandwerkliche Gegenstände, und eine Jugendgruppe bietet vom Resort Ausflüge mit einem Motorboot an.

Rund 12 km nördlich von Eliye Springs befinden sich die **Lobolo-Quelle** und das gleichnamige Luxuscamp, das von den holländischen Besitzern von Jade Sea Journeys geführt wird, die als ausgemachte Experten zum Turkana-See und dem Omo-Delta gelten. Buchungen über Bush Homes, s. S. 107.

Das zentrale Hochland

Das zentrale Hochland von Kenia bedeckt nur eine **relativ kleine Fläche**, zählt aber zu den fruchtbarsten und dicht besiedeltsten Gebieten und ist die **wirtschaftlich stärkste Region des Landes.** Es ist das **Stammland der Kikuyu,** der größten kenianischen Ethnie, und ihnen verwandter Völker wie den Embu, Meru und Tharaka. Das zentrale Hochland hat die Form eines auf dem Kopf stehenden Dreiecks, an dessen nach unten weisender Spitze Nairobi liegt. Der westliche Schenkel wird von Kikuyu Escarpment und Aberdare Range gebildet und reicht hinauf bis nach Nyahururu, während der östliche Schenkel am Meru National Park endet. Im Norden wird die Grenze durch den Abbruch nach Nordkenia markiert, der von einem extremen klimatischen und kulturellen Wechsel begleitet wird. Im Zentrum dieses Dreiecks steht der 5199 m hohe **Mt. Kenya,** der **höchste Berg des Landes.** Weitere Landmarken sind die Aberdares, mit 4001 m immerhin das dritthöchste Bergmassiv, und östlich des Mt. Kenya die 2514 m hohen Nyambeni Hills. Zahlreiche Flüsse, die an diesen Bergen entspringen, zergliedern das Land in Täler und Bergrücken, und nur im Basin des Tana River sowie in Laikipia gibt es größere Ebenen.

Klimatisch ist das zentrale Hochland begünstigt. Es genießt das ganze Jahr über ein **gemäßigtes, regenreiches Klima.** Dies und die fruchtbaren vulkanischen Böden weckten schon früh das Begehren von weißen Siedlern. So wurde die Region zu einem **Kerngebiet der „White Highlands",** in dem europäische Farmer ausgedehnte Ananasplantagen, Kaffee-, Tee- und Pyrethrumpflanzungen und in Laikipia auch Weizenfelder und Rinder-Ranches anlegten. Nach der Unabhängigkeit ging der größte Teil dieser Besitzungen in kenianische Hände über.

Die größte Attraktion des zentralen Hochlands ist die **abwechslungsreiche, üppiggrüne Landschaft** mit ihren tollen Ausblicken auf den schneegekrönten Mt. Kenya. Der Berg wird von einer geteerten Ringstra-

ße umgeben, deren Landschaften und Ausblicke wirklich nur als fantastisch bezeichnet werden können. Einer der absoluten Höhepunkte einer Keniareise im doppelten Sinne ist die 4- bis 5-tägige **Besteigung des Mt. Kenya,** die überwältigende Natureindrücke bereithält.

Natürlich sind im zentralen Hochland, das **touristisch gut erschlossen** ist, auch noch weitere Sehenswürdigkeiten zu entdecken, etwa die kaum bekannten **Aberdares** mit mächtigen Elefantenherden, einer wunderbaren Vegetation und den **höchsten Wasserfällen des Landes.** Auch auf eine Safari muss man im Hochland nicht verzichten. In Laikipia gibt es private **Wildschutzgebiete,** die vor allem für ihre Nashörner bekannt sind, und ganz im Osten, wo das Hochland bereits in die heißen Ebenen zur Küste abfällt, erstreckt sich mit dem **Meru National Park** ein klassisches Busch- und Savannenterrain mit großen Wildtierherden – ein Geheimtipp für alle, die dem Massentourismus in anderen Schutzgebieten entgehen wollen.

Daneben gibt es viele kleinere Attraktionen, wie das selten besuchte **Mwea National Reserve** am Tana River, den **Ol Doinyo Sabuk National Park** und die **14 Falls** in der Nähe von Thika.

Vor allem aber bietet das zentrale Hochland viele **Aktivitäten,** u.a. Bergsteigen, Klettern, Wandern, Forellenfischen, River Rafting, Fahrradtouren und Reiten. Um den Aufenthalt genießen zu können, gilt es allerdings, die wolken- und regenreichen Monate zu vermeiden. In jedem Falle darf man warme Kleidung und Regenschutz nicht vergessen.

Nairobi – Thika – Sagana – Karatina – (Nyeri) – Naro Moru

● **196 km**
● Die Strecke zwischen Nairobi und Thika ist zu einer vierspurigen, stark befahrenen **Autobahn ausgebaut.** Leider sind die meisten

Zentrales Hochland

Ausfahrtsschilder überklebt oder fehlen. Kurz hinter Thika wird die Strecke zweispurig. Im Abschnitt zwischen Karatina und Naro Moru gibt es einige Schlaglöcher. Zahlreiche Matatus und Überlandbusse verkehren.

● **Fahrtzeit:** 3–4 Stunden.

Von Nairobis Stadtmitte folgt man der Thika Road in Richtung Nordosten stadtauswärts und umfährt nach einigen Kilometern den **Muthaiga-Kreisel,** an dem die C64 nach Kiambu abzweigt. Ein Stück weiter passieren Sie links die Einfahrt zum Survey of Kenya, während rechter Hand das Fox Drive In-Kino und das von Chinesen gebaute Moi Sportscentre liegen. 6 km außerhalb des Stadtzentrums befindet sich auf der rechten Seite die Utalii-Hotelfachschule, auf der linken Seite folgt nach einigen Kilometern das bekannte Safari Park Hotel.

Die unansehnlichen Vororte mit ihren Schrottplätzen und Gewerbebetrieben strecken ihre Spinnenfinger entlang der Autobahn ins Umland vor, wo früher Kaffee angebaut wurde, wie der Name der Gegend, Kahawa, verrät. Erst bei **Ruiru,** etwa auf halber Strecke nach Thika, gelangen Sie endgültig in ländliche Gebiete. Das kleine Städtchen liegt in einem der bedeutendsten **Kaffeeanbaugebiete** Kenias. Von der Autobahn aus können Sie von Kaffeebüschen bedeckte Hügel sehen, um einen guten Eindruck zu erhalten, müssen Sie aber einige Kilometer von der Hauptstraße abfahren. Um Ruiru tauchen auch die ersten Ananasplantagen auf, für die die Thika-Region so bekannt ist.

Bei km 37 ab dem Muthaiga-Kreisel gelangen Sie über die Abfahrt auf die A3 nach Garissa, zum Ol Doinyo Sabuk National Park und zu den 14 Falls (Routenbeschreibung s. S. 517). Auch wer in die Innenstadt von Thika möchte, fährt hier ab, überquert auf einer Flyover-Brücke die Autobahn und biegt nach einem guten Kilometer von der Südtangente nach links ab.

Wer auf dem Weg zum Mt. Kenya ist, den man bei klarem Wetter bereits von Thika aus deutlich sehen kann, bleibt auf der Autobahn. 2 km später biegt eine weitere Ausfahrt ab, über welche man zum **Blue Post Hotel** gelangt, das ganz in der Nähe, rechts der

Fahrbahn, liegt. Das Hotelgrundstück liegt auf der Halbinsel, die vom Zusammenfluss des Thika und des Chania River gebildet wird. Vom Garten genießt man einen unverstellten Blick auf die Wasserfälle der beiden Flüsse – ein perfekter Rastplatz.

Hinter Thika führt die Straße kilometerlang durch **Ananasplantagen,** die dem amerikanischen Konzern Del Monte gehören. Zur Erntezeit werden die zuckersüßen Früchte überall an der Straße angeboten. 15 km hinter Thika passiert man die Ausfahrt der Landstraße nach Murang'a. Nahe des Landstädtchens, in **Mugeka,** liegt gemäß Überlieferung des Kikuyu-Volkes *Mukuruwe wa Gathanga,* **„der Garten Eden der Kikuyu",** wo Gott Ngai für *Gikuyu,* den Stammvater aller Kikuyu, seine Frau *Mumbi* erschuf. Auch die Ehemänner der neuen Töchter des Paares, aus denen später die neun Stämme des Kikuyu-Volkes hervorgingen, fand Gikuyu dort unter einem ausladenden heiligen Feigenbaum. Tatsächlich muss in der Nähe von Murang'a das erste Siedlungszentrum des Volkes gelegen haben, nachdem es Ende des 17. Jahrhunderts von der Küste kommend in die Region eingewandert war und sich mit verschiedenen anderen Völkern vermischt hatte. Sehenswert in **Murang'a,** das bis zur Unabhängigkeit nach seinem Gründer Fort Hall hieß, ist die **Memorial Cathedral of St. James and all Martyrs,** die an die vielen Opfer des Mau-Mau-Krieges erinnert. Im Innenraum der 1961 vollendeten Kirche sind interessante Darstellungen der wichtigsten Stationen im Leben Jesu zu sehen, erschaffen von dem tansanischen Maler *Elimo Njau.*

Kurz hinter der Abfahrt, bei **Santamor Halt,** verjüngt sich die vierspurige Autobahn zu einer gut ausgebauten Landstraße, die durch trockener werdendes Land nach Nordosten führt und dann unvermutet in das Basin des **Tana River,** mit 708 km der **längste Fluss des Landes,** abbricht. Von der Kante der Höhenstufe genießt man einen sagenhaften Blick auf den Mt. Kenya. In der Flussebe-

Chania Falls, vom Blue Post Hotel
aus gesehen

ne wurde bereits Ende der 1950er Jahre mit internationaler Beteiligung ein großes Bewässerungsprojekt initiiert. Das **Mwea Rice Scheme** wurde innerhalb kurzer Zeit zur wichtigsten Reisanbauregion des Landes. Im Verlauf des Flusses hat die Tana River Development Authority bisher sieben **Staudämme** errichtet, die einen wichtigen Part bei der kenianischen Stromversorgung übernehmen. Der größte Stausee ist der knapp 40 km lange Masinga-See.

48 km hinter Thika, inmitten der Flussebene, passiert man das Städtchen **Sagana,** wo sich die Hauptstraße gabelt. Sie müssen sich nun entscheiden, ob Sie der Mt. Kenya im Uhrzeiger- oder gegen den Uhrzeigersinn umfahren wollen.

Der direkte Weg nach Nyeri, Naro Moru und Nanyuki führt nach inks. Rechts gelangen Sie über 40 km gute Teerstraße nach Embu und von dort weiter nach Meru. Wenn Sie nicht in Eile sind, würde ich Ihnen unbedingt empfehlen, zunächst noch etwa 20 km weiter in Richtung Embu, bis nach **Kutus,** zu fah-

ren. Dort biegen Sie nach links ab und gelangen auf einer guten, wenig befahrenen Teerstraße über Kerugoya nach Karatina zurück auf die Hauptstraße. Es ist eine wunderschöne Strecke durch die Ausläufer des Mt. Kenya. Die vielen kleinen Bergrücken werden von Teefeldern, Shambas und Kikuyu-Dörfchen bedeckt, und man ist bei jeder Kurve, bei jedem Hügel auf die dahinter liegende Landschaft gespannt.

Wenn Sie ein malerisches Winkelchen der unbekannten Südseite des Mt. Kenya kennen lernen wollen, können Sie direkt hinter Kutus noch einen Abstecher nach links hinauf zur **Castle Forest Lodge** (s.u.) machen, einer urigen Unterkunft mit kurioser Biografie, umgeben von dichten Wäldern.

Wenn Sie in Sagana nach links weiterfahren, beginnt wenige Kilometer später ein langer, steiler **Aufstieg nach Karatina.** Die Steigung ist sehr gefährlich, weil Lkw im Kriechgang fahren und alle anderen Fahrzeuge ohne Rücksicht auf Verluste überholen, während von der Bergseite Matatus und Peu-

Zentrales Hochland

geot-Taxis in Schussfahrt entgegenkommen. Dieses Straßenstück ist der Auftakt zur wunderschönen **Ringstraße um den** gesamten **Mt. Kenya,** die Sie immer wieder mit grandiosen Ausblicken und ständig wechselnden Landschaften begeistern wird.

25 km hinter Sagana erreicht man Karatina. 1,5 km vor dem Ortskern mündet von rechts die Teerstraße aus Kutus ein, kurz darauf zweigt nach rechts eine ausgeschilderte Zufahrt zur **Mountain Lodge** (s.u.) ab, die über weite Strecken durch herrliche Wälder führt. Nachdem man die Bahnstrecke Thika – Nanyuki überquert hat, kommt man in den Kern des kleinen Städtchens am Fuß des Mt. Kenya. Der Bergriese füllt hier das gesamte Panorama aus, für gewöhnlich zeigt er sich aber nur in den frühen Morgen- und Abendstunden unverhüllt. Von dramatischen Wolken verschleiert, wird er seinem Ruf als heiliger, mysteriöser Berg gerechter. **Karatina** beherbergt die Verwaltung des Nyeri District, doch wie eine Beamtenstadt wirkt der Ort mit seinen einfachen Unterkünften und Hotelis nun wirklich nicht. Das fruchtbare Umland wird dank der hohen Regenmengen intensiv bewirtschaftet und leuchtet in unterschiedlichsten Grüntönen. Die Luft ist hier oben bereits merklich kühler.

12 km hinter Karatina zweigt links die Verbindungsstraße von der Ring Road **ins 13 km entfernte Nyeri** ab. Vom erhöhten Standort an der Kreuzung haben Sie einen schönen Blick hinüber zu den Aberdares und auf den ebenmäßigen Kegel des Nyeri Hill.

Um von Nyeri **zurück zur Mt. Kenya Ring Road** zu gelangen, kann man eine andere Straße im Norden der Stadt benutzen. Man folgt zunächst für 1,7 km der Straße stadtauswärts, überquert den Chania River und wendet sich dann nicht nach links in Richtung Nyahururu, sondern fährt einfach weiter geradeaus. Es geht durch wunderschöne Kaffeeplantagen, beor man nach 10 km bei Kiganjo zurück zur Ring Road gelangt.

Wenn Sie **auf direktem Wege,** ohne den Schlenker über Nyeri **nach Naro Moru** möchten, fahren Sie an der ersten Abzweigung einfach weiter geradeaus. 9 km später, nachdem Sie einen englischen Soldatenfriedhof passiert haben, mündet links die nördliche Verbindungsstraße von Nyeri in die Straße ein. 4 km später zweigt nach rechts eine weitere Zufahrt zur Mountain Lodge ab.

Auf den folgenden Kilometern vollzieht sich ein dramatischer **landschaftlicher Wandel.** Die grünen, von Kleinbauern intensiv bewirtschafteten Hügel weichen einer trockenen, staubigen Hochebene im Regenschatten des Mt. Kenya: dem **Laikipia-Plateau.** Das Plateau wird im Südwesten von den Aberdares begrenzt, die meist in dramatisch wabernde Wolkenmassen gehüllt sind. Im Südosten steht das Mt.-Kenya-Massiv. Nach Norden wird das Plateau von keinerlei Landmarken begrenzt. Diese offene, flache Landschaft lässt den Mt. Kenya noch viel größer wirken, als er ohnehin schon ist. Im späten Nachmittagslicht, wenn sich die Telegrafenleitungen als schwarze Silhouette im Gegenlicht abzeichnen, hat man das Gefühl, auf einem Highway durch den Westen der USA zu fahren. Die windige Ebene war früher das umstrittene Terrain der Wildtiere, doch Stacheldrahtzäune von Rinder-Ranches, Weizenfelder und Siedlungen haben die alten Wanderungsrouten zwischen den Aberdares und dem Mt. Kenya gekappt.

26 km hinter der Kiganjo-Abzweigung nach Nyeri kommt man nach **Naro Moru,** einem kleinen, geschäftigen Ort am Rand der großen Laikipia-Ebene, der die Ausgangsbasis für die gängigste Route zur Besteigung des Mt. Kenya ist.

Unterkunft

● **Castle Forest Lodge**
Mobil: 0722/422 908, castlelodge@wananchi.com. „Lodge" ist ein reichlich hochtrabender Name für das alte englische Häuschen, das an der Südseite des Mt. Kenya auf einer großen Waldlichtung steht. Das wettergebleichte Holzgebäude mit knarzenden Bohlen und großen Kaminen hat aber einen urig-spröden Charakter, der zum Verlieben ist. Angeblich wurde es bereits vor dem Ersten Weltkrieg speziell für einen Keniabesuch des Prince of Wales errichtet, aber vielleicht ist es auch nur das ehemalige Farmhaus eines britischen Siedlers. Das Haus besitzt im

Obergeschoss genau drei Zimmer, die sich das einzige Bad teilen. Im Erdgeschoss gibt es ein größeres Zimmer mit einer Bar und ein Wohnzimmer mit gemütlichem Kamin. In einiger Entfernung zum Haus stehen noch Cottages mit Kamin sowie Bungalows mit 2 Doppelzimmern, Wohnzimmer, Kamin, WC und Veranda. In 8 km Entfernung gibt es zudem die Bush Hut, eine charmante Hütte mitten im Wald. Die Unterkunft kostet in allen Fällen 80/126 US$ FB oder 61/88 US$ BB. Für das Campen werden 8 US$ verlangt. Das, was diesen Ort so besonders macht, ist die Natur drum herum, die weiten Blicke in die Ebene, die dichten Urwälder und das schneegekrönte Gipfelmassiv des Mt. Kenya im Rücken – und nicht zu vergessen: die Einsamkeit. Aktivitäten: Reiten, Pool, Forellenangeln, Wanderungen und Mt.-Kenya-Besteigung über die selten begangene Kamweti-Route für 120 US$ pro Tag, inklusive allem. Mit eigenem Wagen fährt man von Kutus in Richtung Embu und biegt kurz hinter dem Ortsausgang auf die asphaltierte D458 nach Kianyaga ab und nimmt nach knapp 3 km links eine rumpelige Piste, die gut 15 km bergauf führt. In Karandi, wo es auch einige Dukas gibt, passiert man eine Teefabrik. Schließlich kommt man an die Schranke der Forstverwaltung, rechts führt die Piste zum ehemaligen Thiba Fishing Camp hinunter. Von der Schranke folgen nochmals 5 km Matschpiste zur Lodge. Für Leute ohne Transportmittel: Es gibt von Kutus für 50 Ksh ein Matatu bis Karandi, die restlichen 7 km muss man zu Fuß zurücklegen.

●**Mountain Lodge**
Tel. 061/30785; Buchungen über Serena Hotels in Nairobi, s. S. 107; LS: 175/285 US$, HS: 320/435 US$. Die Mountain Lodge, die komfortablere Entsprechung von The Treetops und The Ark, den beiden berühmten „Baumhotels" in den Aberdares, ist aus Holz gebaut und liegt in einer Urwaldlichtung an den Hängen des Mt. Kenya, die nachts mit Flutlicht ausgeleuchtet wird. In der Dunkelheit treten alle möglichen Tierarten auf die Lichtung. Einigermaßen dekadent: Beim Abendessen kreuzt man auf einer Liste die Tiere an, für die man geweckt werden möchte! Alle Zimmer gehen mit ihren Panorama-

fenstern zur Wasserstelle und zu den Salzlecken hinaus, besitzen einen kleinen Balkon und ihr eigenes Bad. Außerdem hat das Hotel große Aussichtsterrassen und eine urgemütliche Bar, das Personal ist – wie bei Serena üblich – außerordentlich zuvorkommend. Man kann mit Rangern Wanderungen in den Urwald machen und draußen im Zelt übernachten. Es wird nachts sehr frisch – an warme Kleidung denken! Um eine Störung der Tiere zu vermeiden, sind Kinder unter 7 Jahren als Gäste nicht erwünscht.

Der 27 km lange Weg ist von der Mt. Kenya Ring Road ausgeschildert.

Thika

⟐XVI¹/C3

Noch Ende des 19. Jahrhunderts war Thika ein afrikanisches Dorf, in dem eine Boma der britischen Kolonialtruppen stand, sowie eine Raststation für Reisende, die von Nairobi aus in das wilde Gebiet von Aberdares und Mt. Kenya aufbrachen. Doch bereits vor der Ankunft der Europäer hatte das auf 1490 m gelegene Örtchen im Grenzgebiet von Kikuyu und Kamba eine regionale Bedeutung als **Marktplatz.** In der Folge übernahmen jedoch indische Einwanderer mehr und mehr die Händlerrolle. Es lebte eine recht große indische Kolonie hier, wie heute noch an den drei Tempeln in der Temple Road und der Bank of Baroda zu sehen ist. Mit ihren kleinen Dukas befriedigten die indischen Geschäftsleute die Bedürfnisse der afrikanischen Bevölkerung und versorgten auch die europäischen Farmer, die sich zunehmend in der Umgebung ansiedelten.

Wenn auch moderne Gebäude in Thika immer größere Lücken in die alten Straßenzüge reißen, so sind einige der flachen **Ladenzeilen mit** ihren **pittoresken Schattendächern** doch erhalten geblieben. Und obwohl die im ersten Drittel des vorigen Jahrhunderts entstandenen Häuser meist knallig-bunte Werbeanstriche tragen, kann man sich gut vorstellen, wie es mal ausgesehen hat im Thika der Siedlerzeit. Die kenianisch-englische Schriftstellerin *Elspeth Huxley* hat de-

Zentrales Hochland

Stadt und dem Leben in jenen längst vergangenen Tagen in ihrem Buch „The Flame Trees of Thika" (die deutsche Fassung trug den schlichten Titel „Die Grashütte") ein literarisches Denkmal gesetzt. Der Stoff, der ihre Kindheit als Siedlertochter in Kenia am Anfang des 20. Jahrhunderts erzählt, wurde später sogar als Fernsehserie verfilmt.

Thika ist das **Herz einer landwirtschaftlichen Region,** die wegen des gemäßigten Klimas, ihrer fruchtbaren Böden und reichlich Niederschlag anfangs vor allem vom Kaffeeanbau lebte, der bis heute eine wichtige wirtschaftliche Rolle spielt. 1906 wurde eine weitere Nutzpflanze erstmals versuchsweise um Thika herum angebaut, die heute Tausende von Hektar bedeckt: die **Ananas.** Die Plantagen gehören dem amerikanischen Konzern Del Monte, der in Thika eine **Konservenfabrik** betreibt. Die zahlreichen Verkaufsstände an den Straßen und die Wachtürme auf den Feldern verraten, dass die zuckersüßen Früchte vielen munden, auch jenen, die sie sich eigentlich nicht leisten können. Eine lange Tradition haben hier auch der **Sisalanbau** und die Verarbeitung der Pflanze zu Jute sowie die Gewinnung von Gerbstoffen für die Lederverarbeitung aus der **Gerbrindenakazie,** die seit 1932 betrieben wird. Ein neuerer Agrarzweig in Thikas Umgebung ist die Produktion von Gemüse, Obst und Blumen in großen Gewächshäusern für den Flugexport.

Zudem ist die geschäftige **65.000-Einwohnerstadt** nach Nairobi und Mombasa inzwischen der **drittwichtigste Industriestandort des Landes.** Unter anderem gibt es hier chemische Fabriken, Hersteller von Textilien und Verpackungsmaterialien, Mühlen und Autozulieferer. Das Heer der Arbeitssuchenden aus dem bevölkerungsreichen Umland ist allerdings so groß, dass täglich Tausende von Berufspendlern mit dem Matatu ins 42 km entfernte Nairobi fahren.

Auch Touristen auf dem Weg zum Mt. Kenya finden bei einem Zwischenstopp in Thika Beschäftigung: Neben einigen schönen alten Gebäuden im Stadtzentrum lohnt sich vor allem ein Besuch des traditionsreichen **Blue Post Hotel** mit seinem großen Garten. Das 1908 gebaute Kolonialhotel hat schon glanzvollere Tage gesehen, aber seine Lage

auf einer Halbinsel, eingerahmt von den Wasserfällen der Flüsse Chania und Thika, hat seit den Beschreibungen von *Elspeth Huxley* nichts an Reiz verloren. Beide Flüsse entspringen in den Aberdares und vereinigen sich 80 km stromabwärts auf ihrer Reise zum Indischen Ozean mit dem Tana River.

Und schließlich ist Thika eine **gute Ausgangsbasis** für einen Ausflug zu den 14 Falls des Athi River und zum Ol Doinyo Sabuk National Park rund 20 km westlich.

Unterkunft

Mittelklasse-Hotel

● **Blue Post Hotel**
Tel. 067/22241 und 22181, Mobil: 0721/578245, blueposthotel@africaonline.co.ke; R: 2200/2600/3700 Ksh BO, NR: 3100/3600/4900 Ksh. Die gängigen Kreditkarten werden akzeptiert. Das Frühstück kostet zusätzlich 400 Ksh p.P., Lunch und Dinner in Form eines Buffets 650 Ksh. Das Hotel rund 1,5 km nördlich der Innenstadt an der A2 nach Nyeri (zweite Ausfahrt in Thika nehmen und auf der Brücke die vierspurige Straße überqueren) hat schon bessere Tage gesehen. Die Zimmer, mit Telefon und Sat-TV ausgestattet, sind sauber, wenn auch nicht übermäßig luxuriös. Am schönsten sind jene im Chania-Flügel mit Veranda und netter Aussicht. Der gepflegte, ausladende Garten ist bemerkenswert, ebenso die Lage an den Chania- und Thika-Wasserfällen. Auf der Spitze der Halbinsel, die von den beiden Flüssen gebildet wird, liegt ein Curio Craft Village, in dem man die Herstellung von Andenken wie Holzschnitzereien verfolgen darf. Dahinter, etwas versteckt, befindet sich ein Gehege mit zwei zutraulichen Straußen. Auf dem Hotelgrundstück, nahe der Straße, liegt auch der Cascade Club, die nobelste Disco von Thika.

Preiswerte Unterkünfte

● **Chania Tourist Lodge**
Tel. 067/22547; 1000/1400 Ksh SC BO. Die Zimmer sind hell, die Klos sauber, einige Badezimmer besitzen sogar eine Badewanne. Insgesamt wirkt das Hotel etwas verlassen. Sicherer Parkplatz vorhanden.

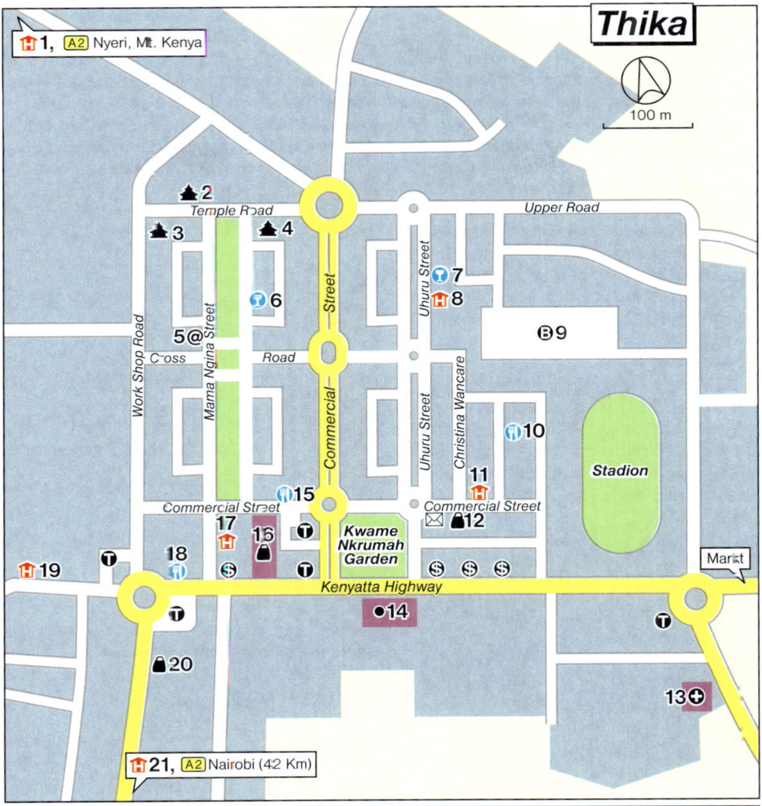

Thika

100 m

🏠 1, A2 Nyeri, Mt. Kenya

Temple Road
Upper Road
🌲 2
🌲 3
🌲 4
Uhuru Street
🎧 7
🏠 8
🎧 6
Street
5 @
Mama Ngina Street
Cross
Road
Commercial
Work Shop Road
Ⓑ 9
Uhuru Street
Christina Wancare
🎧 10
11
Stadion
🎧 15
Commercial Street
Commercial Street
17
16
Kwame Nkrumah Garden
✉ 🛒 12
🏠 19
18
⑤
⑥
⑥
⑤
Kenyatta Highway
● 14
🛒 20
Markt
13 ✚
🏠 21, A2 Nairobi (42 Km)

Zentrales Hochland

🏠 **1**	Blue Post Hotel (1,5 km)	● **14**	Town Hall
🌲 **2**	Sikh Temple	🎧 **15**	Mac Vast Restaurant
🌲 **3**	Hindu Temple	🛒 **16**	Thika Arcade
🌲 **4**	Jain Temple	🏠 **17**	Hosanna Guesthouse
@ **5**	Cyber Café	🎧 **18**	Golden Plate Restaurant
🎧 **6**	Gihend Bar	🏠 **19**	Chania Tourist Lodge
🎧 **7**	New MK Club	🛒 **20**	Tusky's Supermarket
🏠 **8**	New Fulilia Hotel	🏠 **21**	Thika Inn
Ⓑ **9**	Busbahnhof		
🎧 **10**	The Food Place	✉	Post
🏠 **11**	December 12th Hotel	⑤	Bank
🛒 **12**	Leens Supermarket	⑥	Tankstelle
✚ **13**	Krankenhaus		

● **December 12th (1963) Hotel**
Tel. 067/24296; 500 Ksh NSC, 700 Ksh SC BO. Alle Zimmer sind recht geräumig, wobei die vorderen wegen ihrer Badewanne und dem Balkon vorzuziehen sind. Kein eigener Parkplatz, im Erdgeschoss dafür das Kenchick Inn, ein Schnellrestaurant. Das Hotel wird renoviert, dann könnten die Preise steigen.

● **Hosanna Guesthouse**
Mobil: 0724/036305 und 0721/977514, hosannaguest@gmail.com; 400/700 SC BO. Die Zimmer sind sauber und einigermaßen hell. Ein Wäscheservice wird zu 80 Ksh angeboten, das Vienna Tasty Meals Restaurant versorgt einen 24 Std. mit afrikanischem Fast Food. Ordentliches Preis-Leistungsverhältnis.

● **New Fulilia Hotel**
Tel. 067/31286; SG NSC 350 Ksh, SG SC 450 Ksh, DB SC 550 Ksh. Eigentlich ein gutes und gegenwärtig ziemlich beliebtes Hotel, außer dass die Zimmer zum Innenhof ein bisschen düster sind und der Lärm der zwei Bars so schön widerhallt.

Essen und Trinken

Empfehlenswerte Lokale sind das **Food Place,** in dem man Fast Food und gutes Frühstück erhält. Ein weiteres gutes Lokal ist das **Golden Plate** auf dem Kenyatta Highway oder das **Mac Vast,** ein typischer Fish & Chips-Laden. Im **Kenchick Inn** gibt es Hünchen in den verschiedensten Größen. Wenn man die Straße Richtung Nairobi entlangspaziert, kommt auf der linken Seite **Tuskys Supermarket,** im Lokal nebenan werden neben den üblichen Gerichten leckere Milchshakes serviert. Wer motorisiert ist, kann natürlich auch auf die gute Küche des **Blue Post** zurückgreifen oder auf der Terrasse wenigstens einen Tee oder ein Bier schlürfen.

Matatus

Nicht alle Matatus fahren vom offiziellen Bus- und Matatu-Stand ab. Ihre **Abfahrtsstellen ändern sich** immer mal wieder, je nachdem, ob der alte Platz gerade von einer Baustelle eingenommen oder von der Stadtverwaltung dicht gemacht wurde.

Wegen der vielen Pendler gibt es **zwischen Nairobi und Thika** jede Menge Transportmöglichkeiten. Die Fahrt dauert rund 45 Minuten und sollte nicht mehr als 90 Ksh kosten. Daneben erreicht man von Thika aus auch **Kitui,** die **Städte des zentralen Hochlandes** und sogar den **Ol Doinyo Sabuk National Park** per Matatu (Näheres s. S. 519).

Nachtleben

Wer abends wirklich etwas erleben will, der sollte dem Städtchen Thika den Rücken kehren und lieber die 40 km Autobahn nach Nairobi auf sich nehmen. Das Unterhaltungsprogramm von Thika erschöpft sich nämlich in einer Menge recht rustikaler **Bars,** etwa der **Giheno Bar.**
Tanzmöglichkeiten offeriert die **Disco des Blue Post,** der **Cascades Club,** die feinste Adresse von Thika. Darüber hinaus gibt es Fr. und Sa. auch im **New MK Club** und im **Vybestar Club** des Thika Inn, nahe der Autobahn-Auffahrt nach Nairobi, Tanzmusik.

Banken

Keine Überraschung in Thika: Die Öffnungszeiten gleichen denen in ganz Kenia. **Standard & Chartered** sowie **Barclays** haben **Geldautomaten.**

Ausflüge

Der **Ol Doinyo Sabuk National Park** und die malerischen **14 Falls-Wasserfälle** des Athi River liegen nicht weit von der Stadt entfernt und können in einem Tag, auch ohne eigenes Fahrzeug, besucht werden. Näheres s.u.

Blick auf den Mt. Kenya

Naro Moru   ⟋XVII/C1

Das Städtchen Naro Moru am Rande der Laikipia-Ebene ist der **Ausgangsort für die kürzeste und am häufigsten begangene Mt.-Kenya-Route.** Außer von den Touristen lebt der Ort auch von der Landwirtschaft auf den umliegenden Farmen. Naro Moru ist eine reine Zwecksiedlung, unordentlich, laut, aber wenigstens mit den wichtigsten Einrichtungen, also einem Markt, einer Tankstelle, dröhnenden Bars, einigen Lodges und Dukas versehen. Die einzige Sehenswürdigkeit ist die **St. Philip Church,** die man erreicht, wenn man den Ort in Richtung Nanyuki verlässt, die Abzweigung zur Naro Moru River Lodge links liegen lässt und nach der Überquerung des Naro Moru River der Piste nach rechts auf einen kleinen Hügel folgt. Der Grundstein der kleinen Steinkirche mit hübschem Holzschindeldach wurde am 24. Juli 1949 von *Major G. Baynes* gelegt. Die höhere Weihe erhielt das Gebäude, als hier *Queen Elizabeth* – damals noch als *Princess* – bei ihrem Kenia-Besuch im Jahre 1952 an einem Gottesdienst teilnahm. Aus diesem Anlass pflanzte sie den Brasilianischen Rosenholzbaum neben dem Haupteingang.

Unterkunft

● Mountain Rock Lodge

Mobil: 0722/511752, Tel. 062/210051. www.mountainrockkenya.com; rund 8 km außerhalb des Ortes abseits der Straße nach Nanyuki; 60/120 US$ (Superior), 43/68/78/92 US$ (Standard) BO, für Gruppen ab 20 Personen gibt es Rabatte; Camping: 400 Ksh/8 US$ Ksh p.P. Die Lage des Hotels direkt am Burguret River ist sehr schön, aber das gesamte Gebäude atmet einen fürchterlich zusammengeschusterten Stilmix. Für dieses Ambiente ist die Lodge zu teuer. Die Räume sind aber sehr sauber und besitzen in der Superior-Kategorie Telefon und offenen Kamin. In den Standard-Vierbettzimmern fühlt man sich wie im Schullandheim. Der Campingplatz im weitläufigen Garten mit Strom, heißen Duschen, Sitztoiletten und Feuerholz kann sich auch eines ausgezeichneten Preis-Leistungsverhältnisses rühmen.

Aktivitäten: Ausritte (1000 Ksh pro Std.), Forellenfischen, Wanderungen, vor allem aber ist das Hotel **einer der seriösen Anbieter von Mt.-Kenya-Touren,** es verleiht Ausrüstung und führt auf der Sirimon-Route das Old Moses und das Shipton's Camp. Buchungen hier oder im Nairobi-Büro. Auch Guides (3000 Ksh) und Porter (2500 Ksh) kann man hier anwerben, allerdings teurer als direkt in Naro Moru. Hinter der Lodge beginnt ein Weg, der später auf die Burguret-Route trifft.

● **Naro Moru River Lodge**
Rund 2 km außerhalb von Naro Moru, abseits der Straße nach Nanyuki, der Weg ist ausgeschildert; Tel. 062/3104-7 oder -8, Mobil: 0724/082754 oder 0737-102955, www.naromoruriverlodge.com; Buchungen über Alliance Hotels in Nairobi, s. S. 107. Geboten werden diverse Unterkünfte, die von voll ausgetatteten, luxuriösen Apartments über Gartencottages (zwischen 110 und 280 US$, von der Personenzahl abhängig), Blockhäuser (2 bis 7 Personen, ca. 252 US$) bis hin zu Schlafsaal (15 US$) und Camping (10 US$) reichen. Die Lodge ist eine Hotelinstitution in der Mt.-Kenya-Region und bietet ausgesprochen solide Leistungen fürs Geld. Sie liegt in einem wunderschönen Garten direkt am Naro-Moru-Fluss. Restaurant und andere öffentliche Räume sind in einem gemütlichen Holzhaus untergebracht. Samstagabend gibt es ein empfehlenswertes Barbeque-Dinner.

Unschlagbar ist das Angebot an **Aktivitäten.** Im Fluss leben Regenbogen- und Bachforellen, Angellizenz und Rute erhält man im Hotel, der Fang wird direkt in der Küche zubereitet. Es gibt Tennisplätze (300 Ksh), einen beheizten Swimmingpool (200 Ksh für Nichtgäste), Squash (400 Ksh), Sauna (300 Ksh), Mountain Bikes (500 Ksh pro Tag) und Reitmöglichkeiten sowie verschiedene Ausflüge und Wanderungen in die Umgebung. Für Hotelgäste besteht ein kostenloser Shuttleservice von und nach Naro Moru.

Vor allem aber ist die Naro Moru River Lodge der **renommierteste lokale Veranstalter von Mt.-Kenya-Touren.** Neben der Naro-Moru-Route sind auch die selten begangene Timau-Route sowie alpine Besteigungen der beiden höchsten Gipfel Batian und Nelion im Programm. Ein viertägiger Trekk über die Naro-Moru-Route zum Point Lenana und zurück kommt bei vier Teilnehmern auf 385 US$. Flyer mit ausführlicher Routenbeschreibung und Preisen gibt es bei Alliance Hotels in Nairobi. Es besteht aber auch die Möglichkeit, nur Guide (25 US$) und Porter (20 US$) anzumieten und alles andere selber zu organisieren. Außerdem verleiht die Lodge vielerlei Ausrüstung. Das eigene Gepäck kann man während der Bergbesteigung aufbewahren lassen. Die beiden Hütten auf der Naro-Moru-Route, die Meteorological Station und die Mackinder's/Teliki Lodge, werden von der Naro Moru River Lodge geführt und müssen hier bezahlt werden. Der Autotransport bis zum Naro Moru Gate kostet in einem Wagen mit 8 Plätzen 90 US$, bis zum Straßenkopf an der Meteorological Station 150 US$ und bis zum Judmeyer Camp auf der Sirimon-Route 250 US$.

● **Batian's View**
Tel. 062/62072, Mobil: 0722/757304, www.batiansview.com. In einem riesigen Garten am Naro-Moru-Fluss, rund 7,7 km von der Hauptstraße in Richtung Parkgate, liegen die Gebäude von Batian's View. Es gibt Zimmer im Haupthaus (1150 Ksh p.P. mit Bad und heißer Dusche), Bandas im Wald (825 Ksh p.P.), exklusivere Übernachtungsmöglichkeiten im Guesthouse (5450 Ksh für zwei Personen, jede weitere Person 1275 Ksh pro Tag) und Zeltmöglichkeiten (350 Ksh p.P., heiße Duschen, es gibt Feuerholz zu kaufen). Essen kann man in der Küche selbst zubereiten oder ordern (125/300/400 Ksh B/L/D). Man kann sich hier auch für einen längeren Aufenthalt einmieten. Aber eigentlich ist Batian's View ein Ausbildungs- und Teambuilding Centre inkl. Hochseilgarten, in dem auch Umweltschulungen für Kinder stattfinden. Es gibt zuhauf Bergequipment zu mieten. Aktivitäten: Berg- und Wandertouren.

Mittelklasse-Hotel

● **Mountain View Hotel**
Tel. 062/62088, Fax 62085; SG 520 Ksh BO. Das Hotel ist soweit in Ordnung, nett ist der Balkon. Es gibt ein Restaurant, eine Bar und

die Möglichkeit zur Gepäckaufbewahrung, was für Gäste, die die Mt.-Kenya-Tour über das Hotel buchen, umsonst ist. Das Mountain View Hotel bietet günstige Pauschalangebote.

Preiswerte Unterkünfte

●**Savannah Lodge** und **82 Lodge** sind einfache Guesthouses im Ort.

●**Blue Line Hotel**

Knapp 3 km außerhalb des Ortes an der Piste zum Naro Moru Gate; Tel. 062/62420, Mobil: 0722/887395; 500/1000 Ksh BO SC. Wenn man alle Vorräte bereits eingekauft hat, kann man Guide und Porter auch beim Blue Line oder im Youth Hostel mieten und braucht nicht in den Ort zurückzukehren. Hier ist es allemal ruhiger. Die Zimmer sind sehr einfach, aber ordentlich, Frühstück kostet 200 Ksh (Full Breakfast). Das Matatu bis vor das Hotel kostet von Naro Moru aus 40 Ksh, allerdings kann man sich nicht darauf verlassen, dass in dem Zeitraum, in dem man ein Matatu braucht, auch wirklich eins vorbeikommt. Die Alternative von Naro Moru aus ist ein Taxi für etwa 200 Ksh. Sicherer Parkplatz.

●**Mt. Kenya Youth Hostel**

Rund 8 km außerhalb des Ortes, auf halber Strecke an der Piste zum Naro Moru Gate; Tel./Fax 062/62412, Mobil: 0722/598974, mtkenyahostel@wananchi.com, 500/700/ 900 Ksh NSC, Schlafsaal 500 Ksh und Camping 300 Ksh p.P. Mahlzeiten auf Vorbestellung. Die Jugendherberge ist in einem alten Siedlerhaus aus Backstein untergebracht, von dem man einen guten Blick auf den Berg hat. Die Stimmung ist locker, die Unterkunft bei Overlandern und Rucksacktouristen beliebt. Es gibt Kochgelegenheiten, einen Kleiderwaschservice und eine urige Gartenbar, die auch von den Bauern der Umgebung frequentiert wird. Wer noch nach einem Partner für eine Bergtour sucht, wird hier wohl am ehesten fündig.

Der Eigentümer *Joseph Wanjau* ist seit Jahren ein **zuverlässiger und fairer Veranstalter von Mt.-Kenya-Touren** (auch von technischen Routen auf die beiden höchsten Gipfel), was man nicht von allen Unternehmen in Naro Moru sagen kann. Deshalb wird von

den Konkurrenten auch gerne mal das Gerücht gestreut, das Mt. Kenya Youth Hostel sei geschlossen worden, abgebrannt oder würde renoviert, was aber nicht stimmt. Hier werden zuverlässige Guides (700 Ksh) und Porter (500 Ksh) vermittelt, man kann sich den Trip aber auch organisieren lassen (100–110 US$ pro Tag). Während der Bergtour lagert das Gepäck hier kostenlos, außerdem wird auch Ausrüstung verliehen. Es wird auch ein Mietwagenservice (bis 9 Personen) angeboten: Bis zum Gate zahlt man 2500 Ksh, um sich von Naro Moru abholen zu lassen, sind 2000 Ksh fällig. Billiger ist die Anfahrt zum Youth Hostel mit dem Matatu (70 Ksh).

Camping

●**Naro Moru Safari Camp**

An der Mt. Kenya Ring Road, rund 6 km bevor man von Kiganjo nach Naro Moru hineinkommt; Tel. 020/2167909, Mobil: 0722/ 342796, nasafaricamp@yahoo.com; Camping 350 Ksh p.P., 500/900 Ksh SC BO. Abgesehen davon, dass es in der Umgebung keine Versorgungsmöglichkeiten gibt, ist dies ein netter Platz. Die Bandas mit kleiner Veranda, die an einem kleinen Teich liegen, haben breite Betten. Die aber haben leider die besten Tage schon hinter sich. Zum Campen nett. Eine Bar und ein Restaurant sind vorhanden. Das Camp organisiert auch Mt.-Kenya-Trekkingtouren für 85 US$ pro Tag.

●Auch **im Batian's View, Mt. Kenya Youth Hostel** (s.o.) und bei der **Guide & Porter's Association** (s.u.) kann man campen.

Verkehrsverbindungen

Alle öffentlichen Verkehrsmittel zwischen Nyeri und Nanyuki sowie zwischen Nairobi und Nanyuki halten in Naro Moru.

Bergbesteigungen

Neben den oben erwähnten Unterkünften, die Bergbesteigungen durchführen, gibt es auch noch folgende andere Möglichkeiten, um Mt.-Kenya-Touren zu buchen:

Zentrales Hochland

Das Volk der Kikuyu

Die Kikuyu, Akikuyu oder Gikuyu sind mit über 20 Prozent Bevölkerungsanteil die **größte Ethnie Kenias.** Ihr traditionelles Stammland erstreckt sich in den Verwaltungsdistrikten Nyeri, Murang'a und Kiambu, zwischen Mt. Kenya im Norden, Nairobi im Süden, Aberdares bzw. Kikuyu Escarpment im Westen und dem Land der Kamba im Osten. Der Sage nach geht das Bantu-Volk auf den Stammvater *Gikuyu* zurück, dem Gott, *Ngai*, befahl, in *Mukuruwe wa Gathanga*, dem „Baum des Bauplatzes", seine Hütte zu errichten. An diesem Ort nahe Murang'a, an dem ein Hain von heiligen Feigenbäumen wächst, schenkte Gott ihm seine Frau *Mumbi*. Die neun Töchter des Paares begründeten später die Clans der Kikuyu. Traditionell gilt den Kikuyu der Mt. Kenya, den sie *Kirinyaga*, „Berg des Lichts", nennen, als Wohnstatt Gottes, und deshalb weisen die Eingänge der Häuser vorzugsweise zum Berg hin. Darauf bezieht sich auch der Titel von *Kenyattas* Buch „Facing Mount Kenya", mit dem er sein Studium in England abschloss.

Die tatsächliche **Herkunft der Kikuyu** ist allerdings viel komplizierter und nicht mehr in allen Details zu rekonstruieren. Wie viele andere Völker Ostafrikas sind die Kikuyu als eigenständige Ethnie erst nach ausgedehnten Wanderungen durch die Berührung und Verquickung verschiedener Völker entstanden. Darunter befand sich vermutlich ein Küstenvolk aus dem sagenhaften Land Shungawaya im heutigen Südsomalia, welches nach Angriffen von Galla und Somalis entlang des Tana River in die Region des Mt. Kenya einwanderte und sich Ende des 16. Jahrhunderts an dessen Südseite mit dem

alt eingesessenen Bantu-Volk der Thagicu vermischte. Bei der weiteren Ausbreitung nach Westen, in Richtung der Aberdares und ihrem mythologischen Ursprungsort Mukuruwe wa Gathanga sowie nach Süden auf das heutige Nairobi zu, kam es in der Urwaldregion zu engen Kontakten mit zwei Jäger- und Sammlervölkern, den Gumba und den Okiek oder Athi, die teils vertrieben, teils assimiliert wurden. Im nördlichen Siedlungsbereich, um das heutige Nyeri herum, wurden im 19. Jahrhundert zahlreiche Masai, die vor den Kriegen zwischen Il Purgo und Laikipiak-Clan geflohen waren, in die Volksgemeinschaft aufgenommen.

All diese Ethnien haben in Gesellschaft und Kultur der Kikuyu ihre Spuren hinterlassen. Über die bantuiden Thagicu, die die Eisenverhüttung beherrschten, kamen durch ältere Kontakte mit kuschitischen Völkern Bewässerungstechniken und vermutlich auch die Beschneidung in den **Kulturschatz der Kikuyu.** Einen sehr starken Einfluss hatten die Masai, von denen viele Lehnworte für Flora und Fauna, Tänze, Kleidung und Schmuck, das Tabu des Fischverzehrs und vor allem das basisdemokratische Gesellschaftssystem mit all seinen Instanzen wie Altersklassen, Kriegerkasten und Ältestenräte übernommen wurden. Auch wichtige technologische Innovationen stammten von den Masai, vor allem neue Waffen, nämlich Speere und Schilde, aller Wahrscheinlichkeit nach auch die intensive Viehhaltung.

Es ist erstaunlich, wie problemlos die Kikuyu **andere Ethnien** in ihre Volksgemeinschaft **integriert** und von diesen vorbehaltlos kulturelle und technische Neuerungen übernommen haben. Der Legende von Stammvater Gikuyu kam dabei vermutlich eine wichtige Funktion für die Schaffung einer gemeinsamen Identität und für die Legitimierung des Landbesitzes zu, den sie sich während ihrer Expansion genommen hatten. Der Pragmatismus und die Fähigkeit, aus Veränderungen eigenen Nutzen zu ziehen, bewies das Volk auch während des tiefgreifenden gesellschaftlichen, technischen und wirtschaftlichen Wandels, der mit der europäischen Herrschaft in Kenia einherging. Die Kikuyu nahmen erpicht die Bildungsmöglichkeiten wahr, die sich ihnen in dieser Zeit boten, und es ist kein Zufall, dass sie zusammen mit den Luo die ersten waren, die mit politischen Mitteln **gegen die weiße Vorherrschaft kämpften.** Auch der bewaffnete Rebellenkampf der Mau Mau wurde fast ausschließlich von Kikuyu geführt. Nach der Unabhängigkeit nahmen sie als Politiker, Beamte, Unternehmer, Handwerker, Händler und technische Führungskräfte eine **dominierende Stellung in der kenianischen Gesellschaft** ein, was ihnen bei den anderen Etnnien zwar Respekt, aber wenig Sympathien eintrug. Da durch das Bevölkerungswachstum und die Erbteilung der Felder im eigenen Stammland die Chancen für Kikuyu immer schlechter werden, haben sie sich inzwischen landesweit als Geschäftsleute und Ackerbauern niedergelassen. Die Politik der Regierung *Kibaki,* die zu einer Bevorzugung der Kikuyu führte, hat die Ressentiments vieler anderer kenianischer Völker noch verstärkt. Dies wurde nach dem Wahlbetrug 2008 durch Kibaki von der Opposition instrumentalisiert. Bei den Ausschreitungen waren zunächst vor allem Kikuyus das Ziel des Mobs. Große Teile der kenianischen Wirtschaft befinden sich unter ihrer Kontrolle, und in der Hauptstadt Nairobi stellen sie mit rund 40% den größten Teil der Einwohner.

● KG-Expeditions

Mobil: 0722/737849 oder 0733/606 338, www.kenyaexpeditions.com. KG-Expeditions organisiert Mt.-Kenya-Besteigungen in kl. der technischen Gipfel. Der Besitzer *James Kagambi* ("KG") ist ein erfahrener Bergsteiger, der sogar schon den Mt. McKinley in Alaska bezwungen hat und lange als Dozent an der American National Outdoor Leadership School gelehrt hat. Alles inklusive kostet: 6 Tage Sirimon-Chogoria-Route 1430/1005/905/885 US$ p.P. bei 1 bis 4 oder mehr Teilnehmern; 4 Tage Naro Moru – Sirimon kosten 950/675/590/565/540/520 US$ p.P. bei 1 bis 6 Teilnehmern; exklusive Transport zum und vom Nationalpark. Wer seinen Trip selbst organisieren möchte, zahlt für Guides und Porter die normalen Preise. Für die Automiete (bis zu 7 Personen) zahlt man bis zur Judmaier Hut auf der Sirimon-Route 5000 Ksh und bis zum Pistenkopf der Sirimon-Route 7000 Ksh.

● Mt. Kenya Guides & Porters Association

Tel. 020/3524393, www.mtkenyaguides.com. Die Vereinigung betreibt ein Büro etwa 4 km außerhalb von Naro Moru an der Mount Kenya National Park Road (mit dem Matatu 50–60 Ksh), die zum KWS Gate führt. Der Paketpreis für eine Trekkingtour (inklusive Transport, Eintrittsgelder, Verpflegung, Unterkunft) beträgt (abhängig von der Route) rund 130 US$ p.P. und Tag. Guides und einen Koch kann man für 800 Ksh anheuern, Porter für 700 Ksh. Es gibt hier auch Guides für die Burguret-Route und für die Erstürmung der beiden alpinistischen Gipfel. Außerdem wird Bergausrüstung verliehen. Der Transport per Mietwagen zum Naro Moru Gate kostet 40 US$ (Platz für 6 Personen), per Matatu 1500 Ksh. Campen auf dem Gelände für 1000 Ksh mit angemietetem Zelt, für 600 Ksh mit eigenem Zelt.

Zentrales Hochland

Naro Moru – Nanyuki – (Ol Pejeta Conservancy) – Meru

- **78 km**
- Die Strecke ist **durchgehend geteert** und in gutem Zustand. Es fahren zahlreiche Sammeltaxis.
- **Tankmöglichkeit:** Nanyuki.
- **Fahrtzeit:** ca. 3 Stunden.

Die Landschaft hinter Naro Moru bleibt weiterhin von der **Laikipia-Ebene** geprägt. Am Ortsausgang passieren Sie links die Abzweigung zur Naro Moru River Lodge, danach überquert man den namensstiftenden **Naro Moru River.** Bei km 7 geht es ebenfalls rechts zum Mountain Rock Hotel ab, das 1 km abseits der Hauptstraße liegt. Nach weiteren 6 km, direkt hinter dem Flugplatz von Nanyuki, zweigt rechts der Weg zur **Gathuru Fo-**

rest **Station** ab. Sie liegt 11,4 km den Hang hinauf und ist der Startpunkt der selten begangenen Burguret-Route auf den Mt. Kenya.

Wiederum nach 6 km überquert man den **Äquator,** auf dem die üblichen Souvenirbuden stehen. Kinder warten auf Touristenbusse, um mit einer Kanne Wasser zu demonstrieren, dass das Wasser auf der Südhalbkugel tatsächlich andersherum aus der Wanne läuft als im Norden. Vermutlich ist Nanyuki der einzige Ort der Erde, an dem zwei Breitengrade Null existieren. Zumindest kommt man kurz darauf an einem weiteren Äquatorschild vorbei, das Souvenirverkäufer aufgestellt haben, um den Kollegen drüben auf der Südhalbkugel Kunden abzujagen.

Den letzten Kilometer nach Nanyuki führt die Straße bergab. Kurz vor dem Ortseingang zweigt nach links die Piste zum Sweetwaters Camp und zum Ol Pejeta Ranch House ab, während es nach rechts zur Cape Chestnut Farm geht.

Hinter Nanyuki wendet sich die Hauptstraße nach Osten und klettert an der deutlich trockeneren Nordflanke des Mt. Kenya auf über 2000 m an. Es gibt nur wenige Dörfer, denn das meiste Land gehört zu großen Vieh- und Weizenfarmen. Knapp 15 km hinter Nanyuki biegt rechts die 9 km lange Zufahrtspiste zum Sirimon Gate ein, eine der häufig begangenen Mt.-Kenya-Routen. 6 km weiter kommt man, wiederum rechts, nach 2,6 km auf einer miserablen Piste zum **Forellenzuchtbetrieb von Kentrout** (Tel. 020/ 3591337), dem größten in ganz Kenia, wo es auch Übernachtungsmöglichkeiten in schönen Cottages und Campmöglichkeiten gibt, zu buchen über Let's go Travel in Nairobi (s. S. 107), oder man stellt sein eigenes Zelt auf. Man darf sich die verschiedenen Zuchtteiche ansehen, kann frisch gegrillte Forellen kaufen und diese im Schatten am Fluss verspeisen – oder im dazugehörigen Restaurant. Optimal für eine kleine Pause.

Gut 1 km hinter der Kentrout-Abzweigung fährt man durch das Örtchen Timau. Dahinter liegt die **Timau River Lodge** (Tel. 020/

ken-587 Foto: hf

Unpassierbare Piste bei Meru

2034511, Mobil: 0721/331098), eine rustikale Unterkunft, die Campirgmöglichkeiten (500 Ksh) und kleine hölzerne Cottages (2000 Ksh) bietet. Der Platz eignet sich zum Angeln und als Ausgangspunkt für die Timau-Route. 6 km hinter dem Ort Timau, am Schild „Ngushishi Administration Police/Chief's Office", biegt rechts die Pistenzufahrt zur Timau-Route von der Straße ab.

Nach Norden genießen Sie nun atemberaubende Ausblicke auf den 2234 m hohen Loldaiga und die trockenen Steppengebiete, in denen der Mt. Kenya ausläuft. 52 km hinter Nanyuki erreichen Sie die Straßenkreuzung, an welcher nach links die A2 nach Isiolo und Marsabit abzweigt (Routenbeschreibung s. S. 522). Nach der Kreuzung, die den nördlichsten Punkt der Umfahrung markiert, führt die Straße bis nach Meru überwiegend bergab. Das Land wird wieder zusehends fruchtbarer, gleichzeitig steigt die Besiedlungsdichte an. Nach gut 5 km durchquert man den kleinen Marktflecken **Ntugi,** bei km 11 **Kirua.** Danach führt die Straße sogar noch ein Stückchen durch schöne Urwaldgebiete. Die letzten Kilometer nach **Meru** geht es steil bergab. Bei km 24 steht man in Makutano, dem oberen Stadtteil von Meru, wo die Straße zum Meru National Park abzweigt. Bis zum Uhrturm, der den Beginn des Zentrums mit seinen bunt bemalten Häusern markiert, geht es nochmals 1,7 km bergab.

Nanyuki　　　♫XXII/A3

Nanyuki, eine rund **45.000 Einwohner** zählende Stadt an der Nordwestseite des Mt. Kenya, ist im Grunde ein unspektakuläres Kaff. Vielleicht liegt es an den **schönen Kolonialfassaden** entlang seiner baumgesäumten Allee, dass das alte Siedlerstädtchen trotzdem so etwas wie Charme besitzt, obwohl sein heutiger Alltag vermutlich genauso ereignislos verläuft wie seine bisherige Geschichte. Ursprünglich war das staubige, knapp 2000 m hohe Laikipia-Plateau, an dessen Rand der Ort liegt, von Masai besiedelt. Darauf deutet noch der Name hin, der sich

ursprünglich vom Fluss Engare Nanyuki herleitet, an dem sie liegt. Engare Nanyuki heißt auf Maa so viel wie „Roter Fluss". Doch die Katastrophen, die das Nomadenvolk am Ende des 19. Jahrhunderts heimsuchten, hatten die Gegend praktisch entvölkert. Die ersten weißen Siedler trafen 1907 ein und nahmen das scheinbar herrenlose Land an sich, und sie nahmen reichlich. Riesige, bis zu 40.000 ha große **Weizenfarmen** und **Rinder-Ranches** entstanden, von denen ein Großteil bis heute existiert. Als sich abzeichnete, dass man durch Safari-Tourismus gutes Geld verdienen kann, haben viele Farmen große Landstücke im wilden Zustand belassen und sich vorbildlich für den Naturschutz eingesetzt. Das erklärt zahlreiche **private Wildschutzgebiete** in der Region. Einige dieser Parks lassen sich auch als normalsterblicher Tourist besuchen. Die privaten Farmen haben sich um die **Erhaltung und Nachzucht der letzten Spitzmaulnashörner** in Kenia verdient gemacht, die in den 1980er Jahren ansonsten wohl ausgestorben wären, und so sind die Chancen, einige der seltenen Tiere zu sehen, nirgendwo besser als hier.

Nicht nur die Nashörner, auch Nanyuki verdankt seine Existenz den weißen Farmern, die es Anfang des 20. Jahrhunderts zu ihrem Versorgungs- und Marktzentrum machten. Einige alte Gebäude erzählen von dieser Geschichte, etwa der 1938 eröffnete **Settler's Store,** der bis heute die Häuserzeile an der Hauptstraße ziert, ferner die wunderschöne alte **Primary School** mitten im Stadtzentrum oder der **alte Uhrturm.** Ende der 1920er Jahre wurde die Bahnlinie von Thika über Nyeri bis nach Nanyuki verlängert, um die Agrarerzeugnisse einfacher abtransportieren zu können, was der Siedlung einen entscheidenden Entwicklungsimpuls gab. Inzwischen ist sie stillgelegt.

In Nanyuki gibt es einen **Stützpunkt der kenianischen Luftwaffe** und in der Umgebung auch ein Ausbildungslager der britischen Armee, in dem Rekruten der Infanterie für Einsätze in Dschungel und Wüste trainiert werden. Die Kriegsspiele sind allerdings nicht ganz harmlos: Zahllose Samburu-Hirten haben durch Unfälle mit Blindgängern Vieh verloren, und mehrfach wurden Menschen getötet. In der Stadt kämpfen die Soldaten vor allem an den Tresen der Bars, begleitet von einem ansehnlichen Tross hübscher Marketenderinnen, die mit ihren körperlichen Reizen handeln.

Für Touristen hat der Ort vor allem als **Ausgangsbasis für Besteigungen des Mt. Kenya** über die Sirimon- und die Timau-Route sowie in die Ol Pejeta Conservancy und andere private Wildschutzgebiete Bedeutung.

Unterkunft

Mittelklasse-Hotels

●**Sportsman's Arms Hotel**
Tel. 062/3234-7, -8, Mobil: 0734/944077, www.sportsmansarms.com; R: 2800/3800/6000 Ksh SC BB, NR: 3700/5500/6600 Ksh BB, Familien-Cottages 7000 Ksh BB (R), für NR 8300 Ksh. Es gibt auch Penthouses für 8000 Ksh BB. Das Sportsman's Arms ist ein traditionsreiches Hotel aus den 1930er Jahren, dessen Biografie an den Baustilen der Cottages, die sich in der riesigen Gartenanlage verteilen, abzulesen ist. Die Gartencottages sind groß, bieten bis zu 4 Leuten Platz und besitzen eine eigene Küche, sind aber nicht besonders gemütlich. Dafür verfügt das Sportsman's über viele Sport- und Fitnesseinrichtungen wie Tennis- und Squashplätze, Schwimmbad, Kraftraum, Sauna, Dampfbad und Jaccuzi. Vermutlich ist es deshalb auch bei den britischen Soldaten so beliebt. Wenn die Army in der Stadt ist, sind die Zimmer häufig ausgebucht. Zum Hotel gehören auch ein empfehlenswertes Restaurant und der Chini ya Chini Nachtclub.

●**The Equator Chalet**
Tel. 062/314801; 1700/2000 Ksh BB, die Executive Rooms haben breitere Betten. Wohl die beste Unterkunft in der Innenstadt von Nanyuki, mit netten Zimmern inklusive TV und Moskitonetzen, sicherem Parkplatz, einer schönen Terasse und Cybercafé. Empfehlenswert.

●**Nanyuki Sports Club**
Mobil: 0176/22623; 1200/2000 Ksh SC BO. Auch der Nanyuki Sports Club, der in einigen hundert Meter Entfernung vom Sportsman's an der Straße hinunter zur Mt. Kenya Ring Road liegt, bietet in begrenztem Umfang Unterkünfte an. Der Rahmen ist ziemlich traditionsbewusst, das alte Clubhaus urgemütlich.

Preiswerte Unterkünfte

●**Ibis Hotel**
Tel. 062/31536; BB 1350/1550 Ksh SC. Das Hotel bietet ein ausgezeichnetes Preis-Leistungsverhältnis. Es besitzt einen großen, gläsernen überdachten Innenhof mit Café. Die Zimmer haben Telefon und TV, sind blitzsauber, es gibt sogar Zimmerservice. Allerdings sind die innen liegenden Räume recht dunkel und durch den Hall nichts für Leute mit empfindlichen Ohren. Deshalb: Lieber eines der empfehlenswerten Außenzimmer nehmen!

●**Kirimara Springs Hotel**
Tel. 062/32568, Mobil: 0729/544360, www.kirimaraspringshotel.com; R: 1200/1500/1750 Ksh BB, NR: 1700/2000/2400 Ksh BB. Ein weiteres ambitioniertes Mittelklasse-Hotel mit fairem Preis-Leistungsverhältnis. Der Blick aus den oberen, hellen Räumen auf den Mt. Kenya bzw. die Laikipia Ebene ist sehr schön. Moskitonetze, TV, sicherer Parkplatz.

●**Nanyuki Simba Lodge**
Tel. 062/31723 und 22556, Mobil: 0722/687027; BB 900/1400 Ksh SC. Die Zimmer und die gesamte Hotelanlage sind sehr sauber. Auf dem Gelände gibt es ein Restaurant & Bar. Deutlich ruhiger als in der Stadt.

●**Riverside Hotel**
Das Hotel ist auch bekannt als Mt. Kenya Paradise Lodge. Mobil: 0722/899950; BO 600/800/1100 Ksh SC, Camping 200 Ksh p.P. Das Hotelgrundstück am Nanyuki River hat einfache, aber wirklich nette Cottages mit eigener Veranda, wobei jene in der ersten Reihe zum Nanyuki River besonders schön sind. Wenn die britische Infanterie in der Stadt zum Sturm bläst, dient die Disco des Hauses der Fleischbeschau, und die Zimmer werden dann schon mal auf Stundenbasis vermietet. Zwischen April und Oktober gibt es angeblich keine Manöver, dann ist das Haus wesentlich ruhiger und empfehlenswert. Sichere Parkplätze und Schwimmbad.

●**Joskaki Hotel**
Tel. 062/31403; BB 500/700 Ksh SC. Das Hotel ist zwar ein recht großer Kasten, die Stimmung aber ist angenehm. Die Zimmer

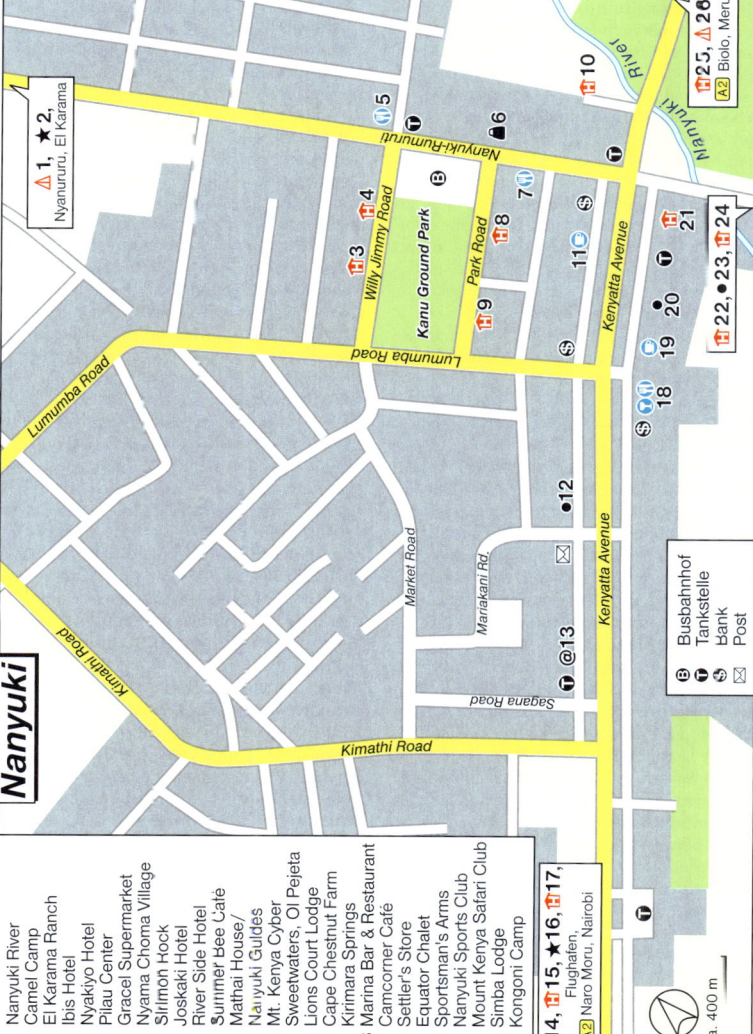

Nanyuki

△ 1 Nanyuki River
★ Camel Camp
2 El Karama Ranch
🏨 3 Ibis Hotel
🏨 4 Nyakiyo Hotel
🍺 5 Pilau Center
🏨 6 Gracel Supermarket
🏨 7 Nyama Choma Village
🏨 8 Sirimon Hock
🏨 9 Joskaki Hotel
○ 10 River Side Hotel
● 11 Summer Bee Cafè
12 Mathai House/
    Nanyuki Guldes
@ 13 Mt. Kenya Cyber
★ 14 Sweetwaters, Ol Pejeta
🏨 15 Lions Court Lodge
🏨 16 Cape Chestnut Farm
★ 17 Kirimara Springs
○🏨 18 Marina Bar & Restaurant
○ 19 Camcorner Cafè
● 20 Settler's Store
🏨 21 Equator Chalet
● 22 Sportsman's Arms
● 23 Nanyuki Sports Club
🏨 24 Mount Kenya Safari Club
🏨 25 Simba Lodge
△ 26 Kongoni Camp

★ 14, 🏨 15, ★ 16, 🏨 17,
Flughafen,
[A2] Naro Moru, Nairobi

△ 1, ★ 2,
Nyanururu, El Karama

🏨 25, △ 26
[A2] Biolo, Meru

Nanyuki River

Kimathi Road

Lumumba Road

Willy Jimmy Road

Nanyuki-Rumuruti

Park Road

Lumumba Road

Kanu Ground Park

Market Road

Mariakani Rd.

Sagana Road

Kimathi Road

Kenyatta Avenue

Kenyatta Avenue

🅱 Busbahnhof
🛢 Tankstelle
$ Bank
☒ Post

ca. 400 m

Zentrales Hochland

sind unterschiedlich groß, besonders einige Doppelzimmer sind zu mickrig geraten, deshalb sollte man sich mehr als eines zeigen lassen. Es gibt sichere Parkplätze, eine Bar und ein großes Restaurant. Vom Dach öffnet sich ein schöner Blick auf den Mt. Kenya.

● **Nyakio Bar & Restaurant**
Tel. 062/31462, Mobil: 0721/753125; BO 180 Ksh NSC, 400/500 Ksh SC. Die Zimmer sind etwas dunkel, aber nett. Es gibt heiße Duschen und gute Matratzen. Unten im Haus ist ein Restaurant, im 1. Stock eine nette Bar mit schönem Balkon zum Kanu Ground hin. Allerdings trägt das laute Treiben an der Straßenecke nicht zur Entspannung bei.

● **Sirimon Rock Guesthouse**
Tel. 062/32344; BO 300/500 Ksh SC. Ebenfalls ein Hotel mit fairen Preisen. Im Innenhof kann man das Auto parken.

Hotels außerhalb der Stadt

● **Kongoni Camp**
Mobil: 0720/542159 und 0738/542159, kongonicamp@gmail.com; 2500/4500 Ksh BB, Camping 500 Ksh p.P. Keine 2 km außerhalb der Innenstadt, abseits der Straße nach Meru auf einem großen Gartengelände gelegen. Nette traditionelle Cottages, hervorragende Küche und Cocktails am offenen Kamin.

● **Nanyuki River Camel Camp**
Tel. 062/32327 und 641130, Mobil: 0722/ 328622, camellot@wananchi.com; 1500 Ksh BB. Das vielleicht 4 km außerhalb der Stadt an der Piste nach Nyahururu in einer kleinen Wildnis am Nanyuki River gelegene Camp ist meine Lieblingsunterkunft in Nanyuki. Von einem britisch-somalischen Paar geführt, gibt es Besuchern die Möglichkeit, einen Einblick in Kultur und Leben der nomadischen Somali und Borana zu erhalten. Man schläft in traditionellen Somali-Häusern der Mandera-Region, es gibt Somali-Essen und ethnische Souvenirs. Wie der Name schon nahelegt, kann man auch Kamelsafaris (2000 Ksh/Tag) und Budget-Abenteuersafaris buchen. Infos erhält man auch in der Stadt bei *Nasra Fields* im Camcorner Café.

● **Mt. Kenya Safari Club**
Rund 10 km südöstlich an den Hängen des Mt. Kenya gelegen. Buchungen über Fairmont Hotels in Nairobi, s. S. 107. Die Preise variieren je nach Nachfrage, ca. 240/300 US$ BO, für eine 3-Zimmer-Villa bis zu 1120 US$ BO pro Nacht. Der Mt. Kenya Safari Club ist eine der luxuriösesten und bekanntesten Lodges in Kenya. Der Ausblick auf den Mt. Kenya, die gepflegte Gartenanlage und das Hotel selbst mit seiner Atmosphäre aus Kolonialzeit und Hollywood-Jetset-Glamour, haben es in sich. Es gibt eine weite Palette an Unterkünften, die vom „normalen" Hotelzimmer bis zur Topstandard-Villa reichen. Gespeist wird im Anzug zu dezenter Live-Musik, derweil die Kinder am separaten Katzentisch sitzen müssen. Aktivitäten: Ausritte in den Mt.-Kenya-Wald, Golf, exklusive Rundflüge in einem alten Doppeldeckerflugzeug, beheizter Swimmingpool usw. Gäste, die tagsüber die Clubanlage nutzen wollen, zahlen eine Tagesmitgliedschaft von 800 Ksh.

● **El Karama Ranch**
41 km nordwestlich von Nanyuki gelegen. Man verlässt Nanyuki auf der Piste C76 nach Nyahururu, biegt dann bei km 9 nach rechts ab und nach weiteren 23 km nach links zur El Karama Ranch, die man nach weiteren 10 km erreicht. Mobil: 0727/532091, horseback@ swiftkenya.com; Buchungen über Let's Go Travel in Nairobi (s. S. 106). Einfache Unterkunft, Campmöglichkeit und Reitsafaris. Auf der El Karama Ranch am Rand des Ewaso-Ngiro-Flusses koexistieren Nutz- und Wildtiere friedlich, es gibt über 60 verschiedene Säugetier- und mehr als 300 Vogelarten sowie einige tausend Stück Vieh. Die Unterkünfte bestehen aus einfachen, gemütlichen Bandas in reizvoller Umgebung am Ufer des Flusses. Wasch- und Feuerholz wird gestellt, Lebensmittel muss man selber mitbringen. Man kann auf der Farm mit den Rangern eine Fußsafari machen. Mit eigenem Wagen muss man sich für Tierbeobachtungen erst im Büro melden (geöffnet 6.30–13 und 15–18.30 Uhr). In den Regenmonaten kann die Zufahrt matschig sein.

Essen und Trinken

Es gibt einige gute Ausgehmöglichkeiten in der Stadt, u.a. im **Sportsman's Arms** mit seiner europäischen Küche, oder im **Sports**

Club. Weitere sehr gute Restaurants mit europäischem Einschlag: auf der **Cape Chestnut Farm** (Mobil: 0733/639567) sowie **Barney's Restaurant** (Mobil 0723/310064, www.barneysnanyuki.com) am Flughafen von Nanyuki, das auch großartigen Kaffee und gutes Frühstück serviert. In die andere Richtung, abseits der Hauptstraße nach Meru, liegt das **Kongoni Camp** mit seiner ausgezeichneten Küche. Günstiger und mit lokalem Einschlag, aber ebenfalls lecker ist das Angebot im **Ibis Hotel** und im **Marina Bar & Restaurant**, das bei Wazurgus beliebt ist. Außer der durchschnittlichen kenianischen Speisekarte gibt es hier auch gute indische Curries. Zum Nachspülen nach den ziemlich würzigen Gerichten empfiehlt sich ein Ananas-Milchshake. Bemerkenswert sind auch das lebhafte **Nyama Choma Village** mit seiner Terrasse und das **Pilau Centre**, das einfache, aber schmackhafte somalische Gerichte für unschlagbar wenig Geld serviert.

Gute **Cafés** mit Snacks und anderen einfachen Gerichten sind das **Camcorner Café**, das **Summerbee** und das **Mountain Rock Café**, das dem Besitzer des Mountain Rock Hotel bei Naro Moru gehört.

Flüge

Wegen der zahlreichen privaten Game Ranches fliegen **Air Kenya** und **Safarilink** den Flughafen von Nanyuki an, der etwa auf halber Strecke zwischen der Stadt und Naro Moru an der Mt. Kenya Ring Road liegt. Von hier kann man über Lewa Downs weiter ins Samburu National Reserve, in Richtung Masai Mara oder an die Küste fliegen.

Busse und Matatus

Die **Überlandbusse von Nairobi nach Isiolo** machen in Nanyuki Halt. Das Hauptverkehrsaufkommen bewältigen aber **Peugeot-Taxis und Nissan-Matatus.** Von Nairobi bis Nanyuki etwa 300–350 Ksh, die auf die maximal 6 Passagiere verteilt werden. Mit den Matatus kommt man auch **in die anderen Städte der Region** weiter, etwa nach Nyahururu, Naro Moru (100 Ksh), Eldoret (700 Ksh), Isio-

lo (200 Ksh), Nyeri (150 Ksh), Meru, Chogoria und Embu. Die Fahrt mit dem Matatu kostet etwas weniger.

Nachtleben

Wenn die britischen Soldaten in der Stadt sind, ist das Nachtleben von Nanyuki ein bisschen lauter und lebendiger. Erwähnenswerte **Discos** sind der **Chini ya Chini Club** im Sportsman's Arms, der häufig Liveband und Barbeque bietet. Aber auch die Bar im Hotel ist ganz nett. Man kann Sat-TV gucken oder Billard spielen. Weitere Discos **im Riverside Hotel** und **in der Lions Court Lodge** etwas außerhalb in Richtung Naro Moru.

Banken

Es gibt in Nanyuki **Filialen der großen Banken,** die Mo. bis Fr. von 9–15 und Sa. von 9–11 Uhr geöffnet haben. **Barclays** besitzt einen **Bankomaten.**

Internet und Kurierservice

Ein **Cybercafé** befindet sich am Ortseingang zwischen Caltex-Tankstelle und Mountain Rock Café. Die Dependance von **DHL** ist auf der Cape Chestnut Farm zu Hause.

Notfall

● **Nanyuki Cottage Hospital**
Tel. 062/32207 und 32666, Mobil: 0722/457173. Das Hospital mit den besten Ruf der Region: Europäische Leitung, private Zimmer und Zahlung mit den bekannten Kreditkarten möglich.

Sport und Aktivitäten

Bergbesteigungen

Insgesamt ist das Berg-Business in Nanyuki wesentlich kleiner als in Naro Moru oder Chogoria. Das **Riverside Hotel** ist eine Basis für Mt.-Kenya-Besteigungen über die Sirimon-Route, wo man auch Guides und Porter

Zentrales Hochland

antrifft. Für eine organisierte Tour muss man mit rund 100 US$ inklusive Parkgebühren rechnen.

Bewährte Unternehmen für Bergtouren: **Mountaineers Information Centre** im Nanyuki Paradise Hotel, man spricht am besten mit dem Senior Guide *Josphat,* Mobil: 0733/477137, murugajosphat@yahoo.com. **Montana Trekks** im Jambo Hotel bietet ebenfalls Bergbesteigungen und andere Aktivitäten an; Tel. 062/32731, motanatrekks@yahoo.com.

Golf, Tennis und Squash

Der bereits in den 1920er Jahren gegründete **Nanyuki Sports Club** ist nach wie vor ein sehr vitaler Sportverein mit immerhin 800 Mitgliedern. Tägliche Mitgliedschaften kosten 200 Ksh, eine monatliche 1000 Ksh. Damit hat man auch Zugang zu Tennis- und Squashplätzen, kann schwimmen, Snooker und gepflegt Golf spielen. Im gemütlichen Clubhaus mit mächtigen Ledersesseln und englischen Tageszeitungen gibt es leckeres Essen und natürlich eine gute Bar.

Schwimmen

Wer sich nach einer Mt.-Kenya-Besteigung die müden, schmerzenden Glieder ausschütteln möchte, findet im **Sportsman's Arms** eine Sauna, ein Jacuzzi und ein (beheiztes) Schwimmbad vor. Auch im **Riverside Hotel** gibt es einen Swimmingpool.

Ol Pejeta Conservancy

Die 14 km vor den Toren von Nanyuki gelegene Ol Pejeta Conservancy besitzt mit **45.000 ha** größere Ausmaße als mancher gestandene Nationalpark. Und was die Tiervielfalt betrifft – unter anderem sind hier die „Big Five" Elefant, Nashorn, Büffel, Löwe und Leopard zu Hause –, muss sich der private Park ebenfalls nicht verstecken. Im Gegenteil: Mit seinem **Schimpansen-Sanctuary** bietet er die einzige Möglichkeit in Kenia, die Menschenaffen zu beobachten. Bei den 53 Affen

handelt es sich ausnahmslos um konfiszierte Tiere, die sämtlich aus beklagenswerten Umständen gerettet wurden und nun in einer der beiden Gruppen ein neues Zuhause gefunden haben. Das Schimpansen-Sanctuary ist täglich von 9–10.30 und 15–16.30 Uhr geöffnet. Zudem gehört Ol Pejeta zu den Farmen mit einer großen Nashornpopulation: Allein 79 **Schwarze Nashörner** leben hier! Das Sanctuary engagiert sich in Forschung, Umweltschutz und auch für die anliegenden Gemeinden. Hier wird der Beweis angetreten: Tourismus kann die Welt auch ein Stück zum Besseren verändern!

Unterkunft

● **Ol Pejeta Ranch House**
Einige Kilometer hinter dem Sweetwaters Camp (s.u.), auf der anderen Seite des Ewaso-Ngiro-Flusses; Buchungen über Serena Hotels, s. S. 108; LS: 400/495 US$, HS: 545/695 US$. Das Ol Pejeta Ranch House gehörte einst dem saudi-arabischen Waffenhändler *Adnan Khashoggi.* In dem ehemaligen Ranch House ist alles so, wie man es sich bei Familie Ölscheich vorstellt: Luxus pur und von allem ein bisschen zu viel, wie 4 m breite Betten und dergleichen mehr. Natürlich gibt es auch hier alle möglichen Aktivitäten, die im Übernachtungspreis enthalten sind; erwähnenswert sind die Ausritte in Ol Pejeta.

● **Sweetwaters Tented Camp**
Rund 15 km westlich von Nanyuki; Buchungen über Serena Hotels in Nairobi, s. S. 108; LS: 215/300 US$, HS: 375/485 US$. Das Zeltcamp liegt an einem Wasserloch, das zahlreiche Tiere anlockt. Die vordere Reihe der Zelte befindet sich fast auf Berührungsnähe mit den trinkenden Tieren. Bei klarem Wetter hat man einen fantastischen Blick auf den Mt. Kenya. Sweetwaters ist ein sehr ruhiger Platz. Neben Tag- und Nachtpirschfahrten in Ol Pejeta kann man auch Kamelwanderungen, Ausritte und eine Bootstour auf dem Ewaso-Ngiro-Fluss machen oder am Pool relaxen. Besondere Attraktionen sind die Nashörner.

● Außerdem: **Bush Camp** (info@insiders-africa.com, Mobil: 0734/44528), **Kicheche**

Kolonialgebäude

Camp (www.kicheche.com, Mobil: 0736/ 888055, Tel. 020/2493569/2493512) und **Porini Camp** (www.porini.com, Tel. 020/ 7123129 und 7122504).

Gebühren, Öffnungs-zeiten, Informationen

● Die Ol Pejeta Conservancy ist **täglich von 7–19 Uhr geöffnet.**
● **Eintrittsgebühren** Tagesbesucher 4250/ 2150 Ksh Erwachsene/Kinder; Übernachtungsgäste 3500/1800 Ksh. **Aktivitäten:** u.a. Safari Walks, Begleitung von Rangern.
● Weitere **Infos:** Tel. 062/32408, www.alpejetaconservancy.org.

Meru

↗ **XXIII/C3**

Die Stadt Meru liegt in 1585 m Höhe an den Osthängen des Mt. Kenya inmitten einer fruchtbaren Region mit **moderatem Klima und reichlich Niederschlägen,** was aus der Sicht des Reisenden häufig die unangenehme Begleiterscheinung von schmuddeligem Wetter und bisweilen sogar Nebel in der Stadt hat. Kommt aber die Sonne heraus, liefern üppige Plantagen und dichte Regenwälder eine prächtige Kulisse. Neben Tee, Kaffee, Pyrethrum, Bananen, Mais und in niedrigeren Lagen auch Baumwolle und Tabak wird in der Gegend um Meru viel Mira'a angebaut. Die **60.000-Einwohner-Stadt** ist Verwaltungsitz des Meru District und Hauptort des gleichnamigen Volkes. Früher muss Meru mit seinen schönen alten Häusern eine Perle gewesen sein, aber heute macht es einen etwas vernachlässigten Eindruck.

Zentrales Hochland

Als Ausgangspunkt für eine Mt.-Kenya-Besteigung kommt Meru nicht in Frage, aber in der Umgebung bestehen **gute Angelmöglichkeiten,** und in 9 km Entfernung zum Ort liegen die sehenswerten **Nkeri-Wasserfälle.** Wer in den Meru National Park fahren möchte, deckt sich am besten hier mit den nötigen Vorräten ein. Ansonsten ist Meru nur wegen seiner reizvollen Hanglage und seines kleinen Museums einen kurzen Besuch wert. Das **Museum** ist im schönen, 1916 errichteten Gebäude des District Officer untergebracht, das zeitweilig auch als Postamt fungierte. Es hat täglich von 9–18 Uhr geöffnet; Eintritt für NR 500 Ksh bzw. für R 400 Ksh. In der kleinen Nebenstraße stehen noch weitere nette **Kolonialgebäude,** die die Büros der Distriktverwaltung beherbergen. Der Kern der Sammlung beschäftigt sich mit der Kultur und den Traditionen der Meru, die den mächtigen Zauberer *Mukwe* als einen Vermittler zwischen sich und Gott, *Ngai,* verehrten, denn der Sage nach hatte dieser ihnen den Zauberstab gegeben, mit welchem die Flucht aus der Sklaverei von Mbwa gelang. Die Vitrinen enthalten landwirtschaftliche Geräte, Kleidungsstücke, Waffen und einige Exponate zu den Initiationsriten der Meru.

Draußen findet man ein nachgebautes Meru-Gehöft, einen hübschen Kräutergarten, eher abstoßende Käfige mit hoch neurotischen Affen sowie eine Schlangengrube.

Unterkunft

Mittelklasse-Hotels

●**Blue Towers Hotel** und **White Star Hotel**
Mobil: 0720/283666; Blue Towers: Tel. 064/30309 und 3022-4, -5; White Star: Tel. 064/32989 und 31289; 1700/2400 Ksh BB, Deluxe (größeres Bad): 2800 Ksh, Suite 3200 Ksh. Die hochwertigeren Brüder des Brown Rock Hotel (s.u.) machen beide einen ansprechenden Eindruck. Während das Blue Tower moderner und mondäner wirkt und einen Fitnessbereich besitzt – die innen liegenden Zimmer sind wegen der Dunkelheit allerdings nicht zu empfehlen –, hat das einstöckige White Star eine privatere Atmosphäre und sichere Parkplätze.

●**The Pig n' Whistle**
Tel. 064/31411; SG 1100 Ksh, Cottages im Garten kosten 1500 Ksh für 3 Personen, die etwas heruntergekommeneren kosten 1000 für 2 Personen. Keine Frage, das schöne alte Hotel mit der Schmetterlingssammlung im Foyer ist die stimmungsvollste und charmanteste Unterkunft am Ort, wenn auch ein wenig vernachlässigt. In dem zu einem guten Teil aus Holz gebauten Hotel gibt es passable Zimmer mit fast schon antiken Badewannen und im schönen Garten kleine Cottages. Außerdem besitzt das Pig n' Whistle die urigste Bar der ganzen Stadt und kleine Makuti-Schattendächer, es gibt Nyama Choma, Zimmer mit Telefon, TV, einen sicheren Parkplatz und am Wochenende Veranstaltungen mit traditioneller Musik.

●**Three Steers**
Mobil: 0725/683724 oder 0724/398935; 1800/2200 Ksh SC BB. Nach einem Management-Wechsel des Hotels im selben Stadtteil Makutano geht es vielleicht wieder bergauf. Die Bandas mit kleiner Veranda und Sat-TV sind allerdings eng aneinander gebaut. Außergewöhnlich ist das Restaurant, das gute indische und europäische Küche serviert. Am Wochenende gibt es für 500 Ksh ein Lunch-Buffet. Sicherer Parkplatz.

Preiswerte Unterkünfte

●**Royal Prince Hotel**
Mobil: 0722/432931; 1000/1200 Ksh BB. TV in allen Räumen, empfehlenswert sind nur die Zimmer mit Aussicht (No. 408, 407, 308, 307).

●**Meru Safari Hotel**
Gegenüber der Polizeistation; Tel. 064-31500, Mobil: 0725/259852; R: 950/1350 Ksh BB, NR: 20/25 US$ BB, Superior: R: 1700/1900 Ksh bzw. 26/30 US$. Nicht alle Zimmer werden den Preisen gerecht, insgesamt aber ein zentral gelegenes, ordentliches Haus, das ein wenig unübersichtlich ist.

●**Anfra Lodge**
Tel. 020/3504749; 700/1300 BO, Deluxe-Suiten: 1200 Ksh BO, mit TV. Bewachter Parkplatz. Das Haus hinterlässt einen ordentlichen Eindruck, schön ist vor allem der helle Innenhof.

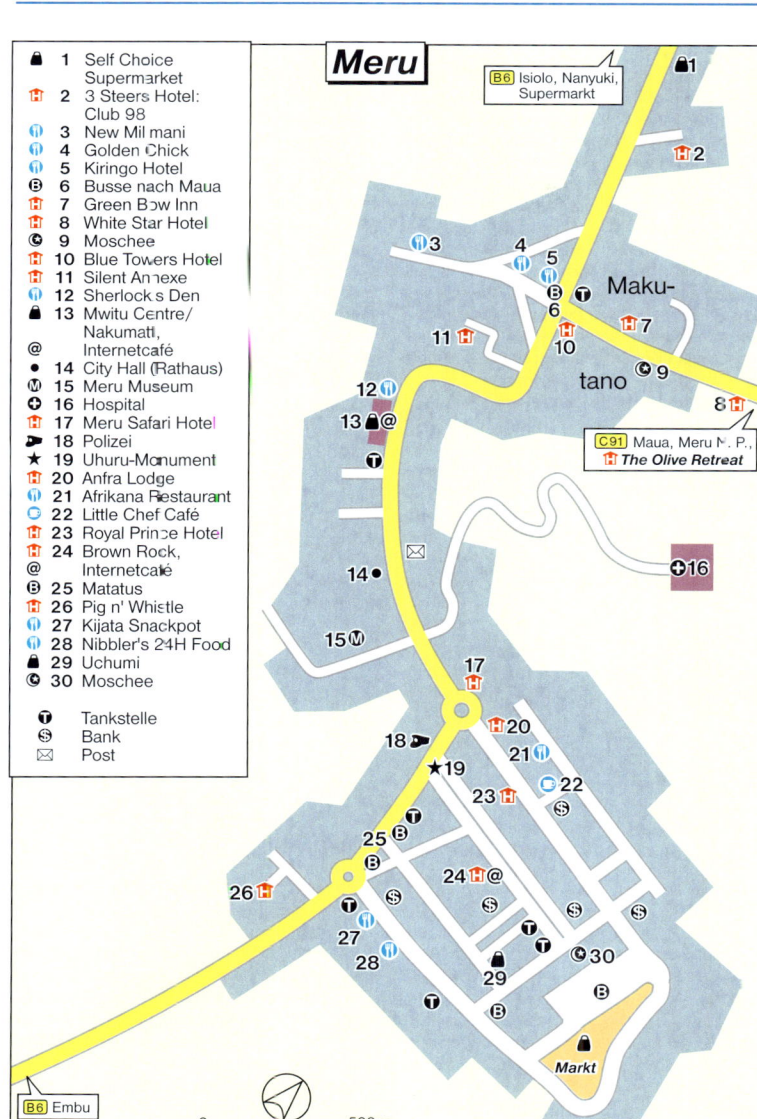

Meru

1 Self Choice Supermarket
2 3 Steers Hotel: Club 98
3 New Mil mani
4 Golden Chick
5 Kiringo Hotel
6 Busse nach Maua
7 Green Bow Inn
8 White Star Hotel
9 Moschee
10 Blue Towers Hotel
11 Silent Annexe
12 Sherlocks Den
13 Mwitu Centre/ Nakumatt, Internetcafé
14 City Hall (Rathaus)
15 Meru Museum
16 Hospital
17 Meru Safari Hotel
18 Polizei
19 Uhuru-Monument
20 Anfra Lodge
21 Afrikana Restaurant
22 Little Chef Café
23 Royal Prince Hotel
24 Brown Rock, Internetcafé
25 Matatus
26 Pig n' Whistle
27 Kijata Snackpot
28 Nibbler's 24H Food
29 Uchumi
30 Moschee

🔱 Tankstelle
⑤ Bank
✉ Post

B6 Isiolo, Nanyuki, Supermarkt

Maku-

tano

C91 Maua, Meru N. P., The Olive Retreat

Markt

B6 Embu

0   500 m

Zentrales Hochland

●**Green Bow Inn**
Stadtteil Makutano; Tel. 064/31001, Mobil: 0724/445809; Executive rooms: 600–1050 Ksh; gute Matrazzen. Gegen 150 Ksh Aufschlag darf man die Einzelzimmer auch zu zweit bewohnen. Das Guesthouse ist sehr sauber und besitzt einen sicheren Parkplatz. Ein ruhiges, empfehlenswertes Haus.

● **Silent Annexe**
Stadtteil Makutano; Tel. 064/30940; 600/ 900 Ksh SC BB. Die Zimmer sind nicht besonders groß und etwas düster. Aber die ruhige Anlage besitzt sogar einen kleinen Garten und einen sicheren Parkplatz, Moskitonetze sind ebenfalls vorhanden. Insgesamt okay.

●**Brown Rock Hotel**
Mobil: 0720/266760; 520/650 Ksh; 120 Ksh für Frühstück. Saubere Zimmer mit heißem Wasser, einige auch mit schönem Blick und Veranda (No. 214, 201, 301, 314). Das Hotel hat eine Cafeteria, aber keine sicheren Parkplätze. Es ist ziemlich beliebt und daher häufig belegt. Nach der anstehenden Renovierung wird es etwas teurer werden.

Camping

●**The Olive Retreat**
Mobil: 0725/652345, monicagitonga@yahoo.com; 500 Ksh p.P. Vielleicht rund 5 km außerhalb von Meru abseits der Straße nach Maua in einem großartigen Garten gelegen. Das Auto muss auf dem Parkplatz stehen bleiben, nur die Zelte können im Garten aufgeschlagen werden. Einfache sanitäre Einrichtungen. Essen nur nach vorheriger Order.

Essen und Trinken

Leckeres Essen à la carte und am Wochenende Nyama Choma satt gibt es im **Pig n' Whistle.** Wer guten Kaffee, Dognuts, Torte, Pizza, Hamburger, Sandwiches, Texmex-Küche und Milchshakes mag, findet im **Sherlock's Den** im Stadtteil Makutano, im Mwitu Centre direkt neben dem Nakumatt Supermarket, sein Paradies. Im **Golden Chick** bekommt man fast ausschließlich Hühnerfleisch, während das benachbarte **Kiringo**

Hotel auch andere kenianische Gerichte serviert. Günstige Masalas sowie Fruchtsalat und frische Säfte in netter Atmosphäre serviert das **Afrikana Restaurant.** Die schöne Terrasse des **Meru Safari Hotel** lädt zu einer Mahlzeit mit indischem Einschlag oder zu einem Bier ein.

Außerdem gibt es in der Innenstadt eine Reihe empfehlenswerter **Cafés,** in denen man gut frühstücken kann und Snacks wie Mandazi, Samoza, Chapati etc. erhält, wie z.B. im **Little Chef Café,** im **Nibblers 24 Hours Food** oder im **Kijata Snackpot.**

Busse und Matatus

Meru wird von erstaunlich vielen Busgesellschaften angesteuert, von denen die meisten am allgemeinen **Busbahnhof** abfahren. Ausnahmen machen – wie so häufig – Akamba und das Unternehmen C-Line. Auch die meisten **Matatus** starten dort – mit Ausnahme jener nach Embu, die an der Hauptstraße nahe des Akamba Office abfahren, und jener nach Maua, die an der Kreuzung in Makutano stehen. Im eigenen Interesse sollte man die „fliegenden Särge" auf den kurvenreichen Bergstrecken um den Mt. Kenya lieber meiden. Mit der Gesellschaft Kambe geht es täglich um 17 Uhr im **Luxury Bus** für 1500 Ksh **nach Mombasa.** Matatus fahren nach Nyeri (350 Ksh), Nairobi (550 Ksh), Nanyuki (200 Ksh), Nakuru (550 Ksh) und Chogoria (100 Ksh).

Nachtleben

Meru ist nicht gerade die Mutter des Nachtlebens, aber für seine Größe ist besonders am Wochenende schon ein bisschen was los. Entsprechend dem Standard seiner Unterkunft ist das 3 Steers mit seinem hauseigenen **Club 98** die erste Adresse für die Wochenend-Disco. Ein- bis zweimal im Monat findet auch ein Live-Act statt. Der **Dimples Club** im Garten des Milimani Hotel zieht am Wochenende all jene an, die sich den Club 98 nicht leisten können. Auch dort gibt es öfter mal Live-Musik. So richtig die Post geht bisweilen auch im **Terah's Club** und im **Simba**

Wells ab. Überhaupt ist in Makutano mehr los als in der Innenstadt. Stilvoller und gemütlicher geht es natürlich in der Bar des **Pig n' Whistle** zu, wochenends mit Live-Musik.

Notfall

● Das **District Hospital** hat die Telefonnummern 064/3137-0 und -1 sowie 31373.

Banken

Sowohl die **Standard Chartered** als auch die **Barclays Bank** (im Mwitu Centre) verfügen über **Kartenautomaten.** Die Schalterstunden sind wie immer: Mo. bis Fr. 9–15 Uhr und Sa. 9–11 Uhr.

Internet

Ein gutes **Internet-Café** befindet sich im Stadtteil Makutano im Nakumatt/Mwitu Centre. In der Innenstadt findet man unten im Brown Rock Hotel ein Internet-Café.

Einkaufen

Auf dem **Markt** von Meru kann man hervorragend Gemüse und Obst einkaufen, empfehlenswert für alle, die zur Safari in den Meru National Park oder in den wilden Norden jenseits von Isiolo aufbrechen. Wen der Hafer sticht, kann ja auch mal etwas **Mira'a** probieren, besseren als in Meru wird man nirgends bekommen. Auf dem Markt erhält man auch allerlei kunsthandwerkliche Gegenstände wie geflochtene Körbe, Matten und sonstige Dinge. Das bestsortierte Geschäft für alle anderen Besorgungen dürfte das **Mwitu Centre** zwischen Unterstadt und Makutano mit einem riesigen **Nakumatt Supermarket** sein. In der Innenstadt bietet der **Uchumi** nahe der Moschee alles, was man braucht. Stimmungsvoll sind die kleinen **Stände in Makutano**, die abends an der Straße aufgebaut werden.

Meru – Chogoria – Embu

● **132 km**
● **Sehr gut ausgebaute Teerstraße,** wegen der vielen Steigungs- und Gefällstrecken und der Kurven nicht ungefährlich. Zahlreicher Matatu- und Busverkehr.
● **Tankmöglichkeiten:** Chogoria, Chuka.
● **Fahrtzeit:** 2–3 Stunden.

Die Fahrt von Meru nach Embu **gehört zu den landschaftlich schönsten Abschnitten** der an reizvollen Strecken nicht eben armen **Mt. Kenya Ring Road** – wenn es nicht bewölkt ist. Scheint die Sonne, verfehlen die malerischen ländlichen Szenen und die durchdringenden Grüntöne der fruchtbaren Region sowie das Ockerrot der Böden ihre Wirkung bestimmt nicht. Obwohl es eine reine Agrarlandschaft ist, in der jeder Quadratmeter intensiv genutzt wird – selbst die Böschungen und Randstreifen an der Straße werden bepflanzt und mit Gartensprengern (!) bewässert –, ist sie berauschend schön.

Da die Flanken des Mt. Kenya von unglaublich vielen Bächen und Flüsschen zerfurcht werden, führt die gute, aber kurvenreiche Straße **bergauf, bergab vorbei an kleinen Meru- und später Embu-Dörfern.** So viel landschaftliche Schönheit die Strecke aufweist, sie nimmt dafür einen hohen Blutzoll. Mir ist keine andere Straße in Kenia bekannt, auf der derartig viele Verkehrsunfälle passieren. Daran ändern auch die unendlich vielen Speedbumps auf der Strecke nichts. Es gibt kein Brückengeländer, das nicht völlig deformiert wäre.

Bei km 7 ab Meru überquert man den **Äquator.** Die Landschaft wird von schön terrassierten Kaffeepflanzungen geprägt, und immer wieder sieht man die langen Tische, auf denen die Kaffeebohnen zum Trocknen ausgebreitet werden. Dazwischen wachsen Bananenstauden und Obstbäume. Später macht der Kaffee Teefeldern Platz. Bei km 14 ist **Nkubu** erreicht, ein brummendes Marktörtchen mit Unterkunftsmöglichkeit, in dem die Piste nach Mitunguu (17 km) abzweigt,

Zentrales Hochland

über die man über Gatunga und Kanjora zum Ura Gate des Meru National Park gelangt – man sollte sich aber vorsorglich erkundigen, ob die Brücke über den Kathita River heile ist.

Um **Mikumbune,** bei km 18, sieht man sogar noch kleine Urwaldreste. 10 km darauf stürzt links der Straße ein kleiner Wasserfall in die Tiefe. Bei km 40 biegt rechts die Stichstraße nach **Chogoria** (s.u.) ab, das 1 km abseits der Hauptstraße liegt. Chogoria ist die Ausgangsbasis für die landschaftlich reizvollste Wanderroute auf den Mt. Kenya.

Bei km 16 ab der Chogoria-Abzweigung kommt man durch das Landstädtchen **Chuka,** das einen vitalen **Markt** besitzt und von dem bombastisch-hässlichen Bau des Farmers Hotel dominiert wird.

Die weitere Fahrt bis nach Embu führt durch kleine Ortschaften, bei km 35 sieht man in einiger Entfernung rechts der Straße einen imposanten **Wasserfall,** bevor man bei km 55,7 mit dem Izaac Walton Inn, dem besten Hotel von Embu, bereits den Stadtrand erreicht. Von Embu kann man entweder über die B7 zum Mwea National Reserve und von dort über die A3 nach Thika gelangen (Beschreibung s. S. 517), oder man folgt der Mt. Kenya Ring Road für weitere 40 km nach Sagana, von wo man über die A2 nach Nairobi zurückfahren kann (Beschreibung s. S. 469).

Chogoria   ♫ XVII/D1

Das zwischen Embu und Meru 1 km abseits der Hauptstraße gelegene Chogoria ist ein Örtchen, das boomt und den Eindruck einer halb fertigen Baustelle vermittelt. Immerhin ist der Ort die **Ausgangsbasis für die landschaftlich reizvollste Aufstiegsroute zum Gipfel des Mt. Kenya** und verfügt über einige nützliche Einrichtungen, nämlich eine Barclays- und eine KCB-Filiale, ein Krankenhaus, eine Kenol-Tankstelle sowie einige Dukas und ein Guesthouse. Wer für die Bergtour noch Führer oder Träger benötigt, braucht nach Anwärtern nicht lange zu suchen. Sobald man dem Fahrzeug entsteigt, wird man

bereits angesprochen. Was sonst würde einen Muzungu in dieses Kaff verschlagen?

Unterkunft

●**Transit Motel**
Rund 3 km außerhalb des Ortskerns von Chogoria in Richtung Nationalpark; Mobil: 0725/609151 oder 0733/573493, transit@ cyberchase.com oder transit2000tmc@yahoo.com; R: 700/1200/1600 Ksh BB, NR: 1200/1900/2600 Ksh, auch Camping für 500 Ksh pro Zelt möglich. Das Transit Motel ist die beste Ausgangsstation für die Besteigung des Mt. Kenya. Wer sein Auto während der Wanderung nicht beim Chogoria Parkgate stehen lassen möchte oder auf der schlechten Piste gar nicht erst bis dorthin gelangt, kann sein Fahrzeug hier sicher parken. Für eine einfache Unterkunft auf dem Lande sind die Preise nicht billig, dafür sieht das Gebäude wie eine Weltraumstation aus den Anfängen des Science-Fiction-Films aus. Die Zimmer an der Bergseite sind hell, sauber und besitzen sogar einen kleinen Balkon, wenn auch das Bad sehr klein ist. Auf dem Hoteldach gibt es eine Terrasse mit Bar und Blick auf den Mt. Kenya, im unteren Stockwerk ein Restaurant. Ein Moped-Taxi kostet 100 Ksh bis hier hoch, ein Auto-Taxi 500 Ksh.

Über das Transit Motel lassen sich auch **Mt.-Kenya-Besteigungen organisieren.** Es ist der seriöseste, aber auch der teuerste Anbieter vor Ort. 3 Tage kosten 150 US$ pro Tag und Person, 4 Tage nur 120 US$. Wer möchte, kann über das Hotel Guides (800 Ksh) und Porter (600 Ksh) anwerben. Autotransport zum Gate für 8 Leute schlägt mit 7000 Ksh zu Buche. Verlässlich ist auch Mt. Kenya Explorers (kennethkarth@yahoo.co.uk, Mobil: 0721/850224), die Preise sind praktisch die gleichen wie beim Transit Motel. Ein empfehlenswerter Guide ist Lawrence Gitongu (lawtra2005@yahoo.com, Mobil: 0727/ 949693).

●**Safari Café**
400 Ksh SC. Die einzige Unterkunft im Ort, die allerdings weder gemütlich noch hell oder ruhig, aber immerhin sauber ist. Eine Notlösung.

Essen und Trinken

Das beste Restaurant in Chogoria ist das **Le-nana Restaurant,** welches sich auf dem Gelände des Krankenhauses befindet. Eine nette Terrasse, eine abwechslungsreiche Speisekarte – und Internet-Service. Eine Oase in der Stadt. Bei Einheimischen beliebt sind auch das **Safari Café** und das **Cool Breeze Café.**

Verkehrsverbindungen

Praktisch alle **öffentlichen Verkehrsmittel** zwischen Embu und Meru (Matatu: ca. 200 Ksh) halten in Chogoria. Um vom Ort hinauf zum Parkgate zu kommen, ist man auf die private **Automiete** angewiesen, ein Service, den Veranstalter von Bergtouren ebenso anbieten wie private Fuhrunternehmer mit ihren alten Landrover-Kutschen. Beide Möglichkeiten sind kostspielig, bis zum Gate fallen rund 5000 Ksh an. Ein verlässlicher Chauffeur ist *Wilson Mwirigi,* Mobil: 0723/701650. **Taxi-Bikes** sind für Alleinreisende gewiss die deutlich günstigere Lösung mit 1000–1500 Ksh.

Banken

Es gibt eine Filiale von **Barclays** in Chogoria, die Mo. bis Fr. von 10–14 Uhr geöffnet hat, sowie eine von **KCB,** die Mo. bis Fr. von 9–15 und Sa. von 9–11 Uhr auf ist.

Embu   ⚓XVII/D2

Das **350.000 Einwohner** zählende Embu liegt auf 1340 m Höhe an der Südseite des Mt. Kenya, am Übergang von den fruchtbaren Berghängen zur flachen, trockenen Savannenlandschaft. Der Ort hat vor allem administrative Bedeutung, ist **Verwaltungssitz des Embu District** und **Hauptstadt der Eastern Province,** was angesichts der geringen Größe verwundert, sich aber mit dem moderaten Klima und der guten Versorgungslage erklären lässt, denn um Embu wird Tee, Kaffee, Pyrethrum, Obst und Gemüse angebaut.

Das **Volk,** das Stadt und Distrikt seinen Namen gab, die **Embu,** sind Bantu-Ackerbauern und eng mit den Kikuyu, Mbere, Meru und Tharaka verwandt. Wie diese wanderten sie von der Küste in das Gebiet ein und assimilierten auf dem Weg zahlreiche andere Völker. Bei der Ankunft an der Südseite des Mt. Kenya trafen sie in den Wäldern noch auf die Urbevölkerung der Region, das Jäger- und Sammlervolk der Gumba, die auch in den Sagen der Kikuyu auftauchen. Sie wurden vertrieben oder verschmolzen mit den Embu. Möglicherweise lernten die Embu von ihnen die Kunst der **Imkerei,** für die sie heute noch in Kenia bekannt sind.

Welch raschem Wandel die ganze Region, aber auch die Kultur der Embu in den letzten 100 Jahren unterworfen war, demonstriert die **Geschichte von Maria Wangai Runyenje,** die die 13. Frau von *Chief Runyenje* war, der um die vorletzte Jahrhundertwende das gesamte Gebiet von Sagana bis nach Chogoria regierte. Die alte Frau, die 1999 deutlich über 100 Jahre alt gewesen sein muss, erinnerte sich in einem Interview mit der Zeitung „Nation" an die Zeit, als die ersten Weißen in das Gebiet vordrangen und alle Kinder zunächst versteckt wurden, weil niemand wusste, ob es sich bei den Fremden um Sklavenhändler handelte. Damals gab es nur kleine Siedlungen inmitten der wildreichen Urwälder. Am meisten beklagte sie den Verlust der strengen Moral, die mit der Heimkehr der afrikanischen Soldaten aus dem Krieg der Weißen (dem Ersten Weltkrieg!) zu bröckeln begann. Zuvor nämlich war Sex vor der Ehe undenkbar. Männer mussten drei Monate nach der Geburt eines Kindes enthaltsam bleiben, eine Frau sollte so lange kein weiteres Kind bekommen, bis ihr Letztgeborenes alt genug war, um dem Vater in einer Kalebasse Hirsebrei servieren zu können ...

Im Gegensatz zur interessanten Geschichte der Embu ist die langgezogene Stadt, die über eine bekannte Hochschule verfügt, **für Touristen ohne Reiz,** wenn man von der hübschen Lage absieht. Anglern ist das Gebiet allerdings wegen seiner vielen **forellenreichen Bergflüsse** wie Thiba, Nyamindi oder Kapingazi ein Begriff. Nicht umsonst ist das feinste Hotel am Ort nach *Izaac Walton,*

Zentrales Hochland

einem englischen Schriftsteller aus dem 17. Jahrhundert, benannt, der das Buch „The complete Angler" verfasste und im anglophonen Raum als so etwas wie der Schutzheilige der Petrijünger gehandelt wird. Aus seinem Munde stammt angeblich der Kommentar: „Zweifelsohne hätte Gott für den Menschen eine bessere Sportart erschaffen können – aber zweifelsohne hat er das nie getan!"

Unterkunft

Oberklasse-Hotel

● **Izaac Walton Inn**
Tel. 020/3740480, Mobil: 0712/781810 in Nairobi oder Tel. 068/3112-8, -9, Mobil: 0711/837588 oder 0712/781810, sales@izaakwaltoninn.co.ke. Je nach Standard zwischen 2700/3500 Ksh BB und 5500/6500 Ksh BB. Das 1942 eröffnete Izaac Walton Inn ist das traditionsreichste Hotel in Embu und das einzige mit gehobenem Standard. Seine Gebäude sind um einen gepflegten Garten angeordnet. Die aufmerksame Bedienung segelt in klassischen Anzügen mit Fliege durch die Gegend. Die Zimmer sind hell, besitzen neben einem Zugang zum Garten auch Moskitonetz, Telefon und Radio sowie in der Luxus-Kategorie Farb-TV und Minibar. Das Restaurant mit der gemütliche Bar mit kapitalen ausgestopften Forellen und historischen Aufnahmen aus den Gründerjahren der Stadt sind ähnlich empfehlenswert. Aktivitäten: Pool (für Nichtgäste: 300 Ksh, Kinder die Hälfte) und Squash (300 Ksh pro Std.).

Preiswerte Unterkünfte

● **Prime Hotel**
Tel. 068/30692; 5000/900 SC BO. Die Zimmer mit Einbauschrank und Moskitonetz sind zwar nicht übermäßig groß, aber sauber, der Preis ist angemessen. Neben einer Bar verfügt das Hotel auch über eine nette Terrasse mit dem beliebtesten Nyama-Choma-Grill in der Stadt; zu lauen Abenden trifft man sich hier zum Bier. Die Balkanspieße mit Zwiebeln, Tomaten und Paprika sind aber auch wirklich empfehlenswert. Außerdem Poolbillard und sicherer Parkplatz.

● **Minni Inn**
Etwas abseits der Hauptstraße auf der Amani; Tel. 068/20837; SG NSC 400 Ksh, SG SC 600 Ksh, DB SC 800 Ksh. Die Zimmer direkt am Pool kosten stolze 2000 Ksh BB. Bei Leuten von außerhalb kaum bekannt, ist das Hotel für Seminare und Konferenzen sehr beliebt und öfter ausgebucht. Die Inneneinrichtung ist unprätentiös, aber für den Preis in Ordnung. Neben dem Izaak Walton das einzige Hotel mit (großem!) Pool (200 Ksh, Kinder die Hälfte), der sogar eine Poolbar hat.

● **Kubu Kubu Lodge**
Tel. 068/31334; 400/500 Ksh SC. Es gibt heißes Wasser und Moskitonetze, aber keinen eigenen Parkplatz. Insgesamt: Keine Spitzenunterkunft, aber in Ordnung.

● **Kenya Scouts Training Centre**
Tel. 068/31283. Im hinteren Teil des Grundstückes steht ein neuer Gebäudetrakt mit ordentlichen Zimmern für 650/850 Ksh SC. Ansonsten gibt es im Haupthaus Viererzimmer mit Doppelstockbetten für 350 Ksh p.P. Camping im Garten für 100 Ksh p.P. Das reichhaltige Frühstück kostet 150 Ksh Aufpreis. Das Haus ist pikobello sauber. Wenn ganze Gruppen hier einfallen, wird es voll und laut, an anderen Tagen ist man der einzige Gast weit und breit. Empfehlenswert.

Essen und Trinken

Keine Frage, das beste Essen am Ort gibt es im **Izaac Walton Inn,** aber das hat seinen Preis. Der **Pub at Kenol** direkt neben dem Izaac Walton Inn serviert gute Meatpies und andere leckere Snacks – ein Stopp lohnt sich! Das Grillrestaurant des **Prime Hotel** bietet Nyama Choma und leckere Fleischspieße – empfehlenswert und günstig. Eine Reihe kleinerer Cafés und Restaurants sorgt für günstige Sättigung, so **Rehema Café, Morning Glory, De Café** oder **Rose Pot Café.** Eis gibt es im **Oriental Ventures Icecream.**

Verkehrsverbindungen

Embu liegt an der **Durchgangsstrecke von Meru nach Thika und Nairobi,** zahlreiche Busfirmen und Matatus knüpfen Verbindungen zu den größeren Städten im Zentralen Hochland und im Rift Valley.

Nachtleben

Das Nachtleben in Embu, der Beamtenstadt, ist ein Trauerspiel. Einen Laden, in dem es mal so richtig krallt, sucht man vergebens. Die einzige **Disco** am Ort besitzt das **Kings Hotel,** so bleibt einem nur ein Zug durch die kleinen Kneipen, etwa das **Eagles Crest.**

Banken

Es gelten die Öffnungszeiten wie sonst auch, **Kartenautomat** an der **Barclays Bank.**

Telefon und Internet

Kartentelefon und Karten gibt es an der Post. Ein brauchbarer Internetshop ist das **Desire Net** nahe des De Café.

Mt. Kenya National Park

♫ **XXII/B3**

Der Nationalpark

Der Berg, der Kenia seinen Namen lieh, ist **mit 5199 m die höchste Erhebung des Landes und nach dem Kilimanjaro der zweithöchste Berg Afrikas.** Auch wenn es das schroffe Gipfelmassiv es zunächst nicht vermuten lässt, handelt es sich um einen **Vulkan,** dem wegen der starken Verwitterung die perfekte Kegelform abgeht. Der ehemalige Vulkanschlot bildet das heutige Gipfelmassiv, welches in 4500 m Höhe aus dem mächtigen, fast kreisrunden Bergsockel herausragt. Der Mt. Kenya muss ursprünglich zwischen 7000 und 9000 m hoch gewesen sein, so schätzen Experten! Vor rund 3,5 Millionen Jahren ist der Berg im Zuge der tektonischen Aktivität des Ostafrikanischen Grabens zum letzten Mal ausgebrochen. Seitdem ist viel Eis an seinen Flanken hinunterge-

flossen. In kälteren Erdepochen war der Berg von mächtigen Gletschern bedeckt, die große U-förmige Täler ausgeschliffen haben.

Es sind die **Schnee- und Eisfelder,** die die Menschen am Mt. Kenya von jeher am meisten faszinierten. Für die **Völker der Kikuyu, Embu und Meru,** die in der Umgebung des Bergs siedeln, galt **Kirinyaga, „der Berg der Helligkeit",** von jeher als die Hauptwohnstatt von Gott, *Ngai.* Aus Respekt richteten die Kikuyu den Eingang ihrer Hütter zum Berg hin aus.

Der erste **Europäer,** der den Mt. Kenya erblickte, war im Dezember **1849** der deutsche Missionar **Johann Ludwig Krapf.** Seinem Bericht über einen weiteren schneebedeckten Berg am Äquator (der Gipfel liegt nur etwa 17 km südlich des Breitengrades Null) wurde in Europa die gleiche Ungläubigkeit entgegengebracht wie schon die Schilderung vom Kilimanjaro im Jahr zuvor. Krapf notierte den Namen, welchen die Kamba der Erhebung gegeben hatten, als **„Kee Nyaa",** „Ort des Vogelstraußes", möglicherweise, weil das schwarz-weiße Muster von Felsen und Schnee den Farben einer Straußenfeder gleicht. Jedenfalls leitet sich daraus die Herkunft des Namens „Kenya" ab. Nach Krapfs Entdeckung dauerte es 34 Jahre, bis *Joseph Thomson* als nächster Europäer den Bericht vom tropischen Eis bestätigen konnte. Das äquatoriale Gletscherphänomen wird schon bald der Vergangenheit angehören. Im Verlauf des 20. Jahrhunderts ist die Eisfläche rapide geschrumpft, einige Gletscher sind völlig verschwunden, und die globale Klimaerwärmung gibt wenig Hoffnung, dass sich dieser Trend ändern wird.

Den ersten Versuch einer **Besteigung** machte **1887** der ungarische **Graf Samuel Teleki** während seiner Expedition zum Turkana-See; er musste jedoch an der Schneegrenze umdrehen. Die heutige Naro Moru-Route folgt mehr oder weniger seinem Aufstiegsweg. **1893** erkundete der schottische Geologe **J.W. Gregory,** der durch die Erforschung des Ostafrikanischen Grabens bekannt wurde, die Gipfelregion. Gregory nahm die Benennung der meisten Gletscher, Täler und Gipfel vor, aber auch er gelangte nur bis zum Kopf des Lewis-Gletschers, unterhalb von

Zentrales Hochland

Point Lenana. Es war der Brite **Sir Harold Mackinder** mit den beiden italienischen Bergsteigern **Cesar Ollier** und **Joseph Brocherel**, denen **1899** die **Erstbesteigung** des Batian gelang. Der Nelion-Gipfel wurde erst 1929 von den Briten *Shipton* und *Harris* bezwungen. Mackinder benannte die drei höchsten Gipfel des Mt. Kenya nach den bekanntesten Laibons, spirituellen Masai-Sehern, des 19. Jahrhunderts: Batian, Nelion und Lenana.

Ob es tatsächlich europäische Bergsteiger waren, die als erste die Gipfel des Mt. Kenya bezwangen, lässt sich nicht sicher sagen. 1996 fand *Bongo Woodley*, der Senior Warden des Mt. Kenya National Park, einen bewusstlosen Kenianer ohne Schuhe und Ausrüstung in der Howell Hut auf dem Nelion, der von einem Schlechtwettereinbruch überrascht worden war. Wie sich nach Abseilung und Rettung am Gate herausstellte, war der Mann über 60 Jahre alt und gab zu Protokoll, bereits seit Jahrzehnten zweimal jährlich die Gefahren und Anstrengungen auf sich genommen zu haben, um auf dem Gipfel „mit Gott zu sprechen". Daher ist es gut denkbar, dass derartige Besteigungen auch schon vor der Ankunft der Europäer stattfanden.

Seit Dezember 1949 ist die einmalige Bergwelt durch den 715 km² großen **Mt. Kenya National Park** geschützt, der alles Terrain oberhalb von 3200 m einschließt. An der Sirimon-Route im Norden und der Naro Moru-Route im Westen führen Park-Zungen sogar bis auf 2500 m zu den Gates hinunter. Der Waldgürtel, der sich unterhalb des Nationalparks um den Berg zieht, genießt als Forest Reserve zumindest formell Schutz, aber um den **Mt. Kenya Forest** steht es – wie um die anderen Waldschutzgebiete Kenias – nicht gut: Illegaler Holzeinschlag, die Umwandlung von Forstflächen in Shambas, Holzkohleproduktion und der illegale Anbau von Marihuana haben die Vegetation an vielen Stellen geschädigt. Deswegen wurde auch das Forest Reserve der Verantwortung des KWS unterstellt, was einen besseren Schutz verspricht. Somit gehört fast alles Land innerhalb der Ring Road zum geschützten Gebiet, und alle Park Gates sollen in Zukunft bergab verlegt werden.

Das Bergparadieses zieht jährlich **rund 15.000 Besucher** an. Die Mehrzahl sind Wanderer, die den Berg **über verschiedene Routen bis zum Point Lenana** erklimmen, mit 4985 m der dritthöchste Punkt des Mt. Kenya, während die 5199 m hohe Point Batian und der Point Nelion, sein 11 m niedrigerer Zwillingsgipfel, nur von technischen Kletterern bestiegen werden können. Wer sich darüber ärgert, die magische 5000-Meter-Marke nicht zu überschreiten, kann sich an der **hochalpinen Landschaft** mit ihren spröden Felszacken, Eiswänden, Schneefeldern, kleinen Bergseen, den sogenannten Tarns, und atemberaubenden Ausblicken trösten. Berühmt ist der Mt. Kenya auch für seine faszinierende Vegetation, die mehr als 81 endemische Pflanzenarten zählt.

Die Tierwelt

Der beste Ort, um die interessante Tierwelt des Mt. Kenya zu beobachten, ist die **Mountain Lodge** (s. S. 473), welche wegen ihrer Wasserstelle und der Salzlecke von zahlreichen Tieren aufgesucht wird. In den Urwäldern lebt eine **Elefantenpopulation** von rund 1000 Tieren. Auch **Wildbüffel** sind zahlreich, außerdem gibt es **Leoparden, Hyänen** und sogar **Löwen**, was einige besondere Verhaltensregeln nötig macht (s. S. 512). Weitere erwähnenswerte Tierarten sind das seltene **Spitzmaulnashorn** und die außerordentlich scheue **Bongoantilope**. Wie nicht anders zu erwarten, gibt es hier eine große Zahl klassischer **Waldtiere**, wie Busch- und Riesenwaldschwein, Buschbock (der am Mt. Kenya auffällig dunkel gefärbt ist), verschiedene Duckerantilopen, das seltene Moschusböckchen, Diadem-Meerkatze, Colobus-Affe und in den unteren Berglagen auch Paviane. Eine Tierart, die man vermutlich nicht zu Gesicht bekommen wird, die einem aber beim Campen im Wald einen gehörigen Schrecken einjagen kann, ist der murmeltierartige **Baum-**

Der Klippschliefer lebt in der Moorlandzone des Nationalparks

schliefer mit seinem markerschütternden, krächzend-kreischenden Ruf

Bisher hat man **elf Tierarten** entdeckt, die es **nur am Mt. Kenya** gibt, darunter eine besondere Nacktmullart, ein Nager, der wie ein Maulwurf unter der Erde lebt, seine Gänge aber mit riesenhaften Schneidezähnen gräbt. Auch besondere Eidechsen- und Eulenarten kommen am Berg vor. Die **Vogelwelt** im Urwald ist nicht überbordend, aber an früchtetragenden Steineiben kann man häufig Hartlaubturako und den rotköpfigen Kongopapagei beobachten, während man an den blühenden Bäumen, Lobelien und Senecien im montanen Wald und der Moorlandzone schillernde Nektarvögel sieht. Auch **Großwild** – vor allem Zebras und Elenantilopen – dringt in Höhen von über 4000 m vor. Der **Klippschliefer** ist neben Nagern das einzige Säugetier, das permanent in der Moorlandzone lebt. Die Populationen an den Berghütten leiden vermutlich unter klassischen Wohlstandskrankheiten wie Diabetes und Herz-

kranzverfettung, denn die Tiere sind durch die Nahrungsabfälle der Touristen hoffnungslos überfressen. Sie können Überträger von Tollwut sein, man sollte sich ihnen nicht zu vertrauensvoll nähern.

Im Park unterwegs

Wegen der abwechslungsreichen Natur und der guten Erreichbarkeit ist der Mt. Kenya das **beliebteste Trekkinggebiet des Landes.** Mit den alpinen Gipfeln gibt es zudem anspruchsvolle Klettermöglichkeiten. Eine **Bergtour** kann man von Nairobi oder von einigen Orten am Fuß des Bergs komplett organisieren lassen. Der Veranstalter kümmert sich dann um Unterkunft, Essen, Ausrüstung, Bergführer und Träger sowie den Transport bis zum Startpunkt – die komfortabelste, aber auch die kostspieligste Option. Im Vergleich zu einer Kilimanjaro-Besteigung fällt sie dennoch preiswert aus. Man kann die

ken-592 Foto: hl

Von Riesen und Greisen –
die merkwürdige Vegetation des Mt. Kenya

Die Vegetation vieler ostafrikanischer Berge weist eine ganz charakteristische, höhenabhängige Zonierung auf. Das gilt auch für die Pflanzengesellschaften des Mt. Kenya, wobei es von der allgemeinen Abfolge in Abhängigkeit vom Lokalklima größere Abweichungen geben kann. An der trockenen Nordseite des Berges, an der „nur" rund 1000 mm Niederschlag fallen, fehlen Bambuszone und ausgedehnte Wälder.

In Berglagen unter 2000 m hat der natürliche Bewuchs praktisch völlig Shambas und Nadelwäldern weichen müssen.

In den Höhenlagen zwischen 2000 und 3000 m wächst ein alpiner Wald, der sich vor allem durch urige Steineiben (Podocarpus) mit ihrer knorrigen Rinde, afrikanische Olivenbäume und mächtige Zedern charakterisieren lässt und bis auf die gemäßigten Temperaturen unserer Vorstellung eines Dschungels ziemlich nahe kommt. Viele Äste tragen lange Flechtenbärte, sogenannte „Greisenbärte", Orchideen und in einigen Waldgebieten auch mächtige Moospolster. Unangenehme Vertreter der krautigen Vegetation in Lichtungen und unter den Bäumen sind große Brennnesseln, die liebenswerten Arten die leuchtend gelb-orange blühenden Fackellilien sowie die roten Feuerlilien. Besonders an der Südseite des Mt. Kenya wachsen an Bachläufen Baumfarne, die bis zu 6 m groß werden können.

Zwischen 2500–3300 m folgt die Bambuszone. Die Pflanzen aus der Familie der Gräser (!) werden am Mt. Kenya und in den Aberdares stellenweise bis zu 15 m hoch und bilden ein schier undurchdringliches Dickicht, das nur auf den Pfaden der Elefanten und Wildbüffel zu durchqueren ist. Die zahllosen Wildwechsel machen die Orientierung extrem schwierig. Häufig ist der ganze Boden von abgefallenen, gelblichen Blattscheiden bedeckt. Oberhalb dieser Zone schließen sich **bis 3500 m** die Montanwälder an, in denen vor allem die Hagenia-Bäume mit ihren roten Blütentrauben sowie Hypericum, also Hartheuarten, auffallen. Der Unterwuchs ist hier relativ licht. Darauf folgt die afroalpine Baumheide- und Moorlandzone, in der Strohblumen, Baumheide, Proteaceen, Riesenkreuzkräuter (Senecien) und Riesenlobelien wachsen. In der Gesteinswüste **oberhalb von 4500 m** wachsen praktisch nur noch Flechten und Moose.

Bis heute gibt es nur vage Theorien zur Erklärung des **Gigantismus der Blumen** in der afroalpinen Zone der ostafrikanischen Berge, Blumen, deren Verwandte im europäischen Klima 20–30 cm messen, hier aber mehrere Meter hoch werden und verholzte Stengel mit Durchmessern von bis zu 10 cm ausbilden. Möglicherweise verursacht die starke UV-Strahlung in der dünnen Bergluft eine hohe Mutationsrate, aber auch die hohen Niederschläge, die in den feuchteren Lagen bis 3800 mm pro Jahr betragen, könnten eine wichtige Rolle spielen. Die Pflanzen haben eine Reihe von faszinierenden Mechanismen entwickelt, um die häufigen Nachtfröste und gelegentliche Schneefälle zu überstehen. Über das Alter der Pflanzen kann man nur spekulieren. Sicher ist jedoch, dass jegliches Pflanzenwachstum in dieser großen Höhe nur in Zeitlupentempo abläuft. Bisweilen liest man Schätzungen von 100–200 Jahren, was für Blumen weltrekordverdächtig klingt. Bis sich die empfindliche Vegetation von Beschädigungen erholt, können Jahre vergehen, und deshalb hat man als Tourist eine große Verantwortung, mit dem eigenen Verhalten für den Bestand dieses einmaligen Ökosystems Sorge zu tragen.

Einige Arten dieser skurrilen Pflanzenwelt vermitteln das seltsame Gefühl, von einer Zeitmaschine in die Epoche der Dinosaurier zurückkatapultiert worden zu sein. **Senecio brassica,** die bis in Höhen von 3900 m vorkommt, bildet kohlartige Blattrosetten, deren weiße Außenseiten sofort ins Auge stechen. Zur Blüte entwickelt sie 1,8 m hohe, gelbe Floreszenzen aus und gehört damit eher noch zu den Minis unter den Riesen. **Senecio keniodendron** ist deshalb besonders erwähnenswert, weil sie vereinzelt bis in Höhen von 4650 m (!), also fast bis an die Gletscherzone, vorkommt. Ihr Überlebenstrick besteht darin, die abgestorbenen Blätter nicht abzuwerfen, sondern am Stamm herunterzuklappen, sodass sie einen dichten, isolierenden Pelz bilden. Besonders häufig sind sie im Teleki Valley. **Senecio battiscombei** hat mit 6 m Höhe schon die Ausmaße eines Baumes, ihr verzweigter, dünner Stamm besitzt eine korkartige Rinde, und auch bei ihr sprießt nur den Endpunkten eine mächtige grüne Blattrosette hervor. Die Stämme sehen so zerbrechlich aus, dass man meint, sie müssten beim nächsten Windstoß umfallen.

Die Riesenlobelien werden nicht ganz so groß, aber immerhin erreicht **Lobelia teleki** zur Blüte eine Höhe von 4 m. Der Blütenstand reizt einen zum Kuscheln, denn er ist über und über mit weichen silber blitzenden Haaren bedeckt, die an ein riesiges, aufrecht stehendes Richtmikrofon mit Windschutz erinnern. Die Pflanze wird auch als Straußenfederlobelie bezeichnet. Die schönste aller Blattrosetten besitzt **Lobelia deckenii**, deren dunkelgrüne, zungenförmige Blätter weiße Nadelstreifen besitzen. Wie die anderen Lobelienarten sondert sie ein Frostschutzmittel ab, welches verhindert, dass das Regenwasser innerhalb des Blätterkranzes einfriert. Gegen Abend schließen sich die Rosetten, um den Vegetationspunkt vor der Kälte zu schützen. Am kuriosesten ist ihr bis zu 3 m hoher, phallusförmiger Blütenstand. Die hübschen violetten Blüten liegen in zahllosen kleinen Kammern verborgen, die von Blattdeckelchen abgedeckt werden.

Auch **Heidepflanzen** werden auf dem Mt. Kenya mit bis zu 10 m im Vergleich zur Lüneburger Verwandtschaft ziemlich groß. Abschließend seien noch zwei weitere auffallende Pflanzen erwähnt, denen man auf Schritt und Tritt begegnet. Eine angenehme Erscheinung sind die vielen **Strohblumen der Gattung Helichrysum** mit ihren silbrig-weißen Blüten, die manchmal ins Rosafarbene oder Gelbliche spielen. Auf Englisch werden sie auch als „Everlasting", also als „Ewigwährende" bezeichnet, weil sie ihre alten Blüten angeblich über Jahre hinweg nicht abwerfen. Eine andere Pflanze, die der Wanderer praktisch ausnahmslos mit Ärger und Anstrengung verbinden wird, ist das **Tussockgras**, das auf feuchtem, sumpfigen Terrain wächst. Von ferne betrachtet sehen die grünen oder gelblichen Grasflächen mit den vielen kleinen Hubbeln geradezu lieblich aus. Bei dem Versuch, sie zu überqueren, wird man aber schnell fluchend feststellen, dass sich unter jedem dieser Hubbel eine bis zu 1 m hohe Säule verbirgt. Entweder man springt von Hubbel zu Hubbel, wobei man früher oder später unweigerlich einen davon verfehlen wird und in die vom Gras verdeckten Spalten rutscht, oder man wühlt sich zwischen dem Säulengewirr hindurch, was noch anstrengender und häufig eine sehr matschige und nasse Angelegenheit ist.

Zentrales Hochland

Bergtour auch auf eigene Faust angehen. An den **drei wichtigen Ausgangspunkten – Naro Moru im Westen, Nanyuki im Nordwesten und Chogoria im Osten** – tragen Träger und Führer ihre Dienste an. Anders als am Kilimanjaro darf man den Mt. Kenya auch ohne die Begleitung einheimischer Führer und Träger erwandern, vorausgesetzt, man ist mindestens zu zweit. Eine Wanderung ohne Führer ist bei gewissenhafter Vorbereitung (siehe Exkurs „Mt.-Kenya-Knigge") auf den drei Hauptrouten gut zu meistern. Dadurch lassen sich die Ausgaben für eine Bergtour drücken. Parkeintritt, Camping- oder Hüttengebühr, Lebensmittel und eventuell die Miete von Ausrüstungsgegenständen sowie der Transport zum Nationalparkgate oder bis zum Pistenkopf fallen dennoch an. Für die Vorbereitungen vor Ort sollte man einen halben bis ganzen Tag veranschlagen.

Es gibt **fünf erwähnenswerte Routen,** die zum Gipfelmassiv des Mt. Kenya hinaufführen, **drei davon sind gut erschlossen,** werden häufig begangen, zwei davon lassen sich auch ohne, eine nur mit Zelt erwandern. Zwei weitere Routen sind wilder und sollten nur mit Guide in Angriff genommen werden. Alle fünf Routen werden durch einen **Rundwanderweg** um das gesamte Gipfelmassiv, den **Summit Circuit,** untereinander verbunden. Zum Point Lenana führen vom Summit Circuit zwei Wege hinauf. Natürlich lassen sich bei einer Traverse verschiedene Routen miteinander verbinden, man muss nicht den gleichen Weg absteigen.

Zur besseren Übersichtlichkeit finden Sie nachfolgend zunächst eine Kurzcharakterisierung der einzelnen Strecken, die drei Hauptstrecken sind anschließend noch detaillierter beschrieben. Die Zeitangaben der Kurzcharakterisierung beziehen sich auf den direkten Aufstieg ohne lohnenswerte Abstecher oder zusätzliche Tage zur Akklimatisierung. Wer mit der Wanderung von der Mt. Kenya Ring Road oder vom Parkgate aus startet, muss entsprechend 1–2 Tage mehr einplanen.

Naro-Moru-Route

Ausgangsbasis ist Naro Moru an der Westseite des Bergs. Es ist die Route, die **am häufigsten begangen** wird, der Weg ist deshalb gut zu erkennen, enthält aber sumpfige und steile Passagen. Die Route bietet die **schnellsten Auf- und Abstiegsmöglichkeiten zum Point Lenana.** Wer fit ist und es übers Knie brechen will, könnte von der Meteorological Station in zwei anstrengenden Tagen bis zum Gipfel und wieder zum Ausgangspunkt zurückkommen. Wegen der Höhenkrankheit sind aber mindestens 3, wenn nicht 4 Tage vernünftig. Wer vom Parkgate aus aufbricht, muss einen weiteren Tag veranschlagen. Die Übernachtung in Hütten ist kein Problem.

Sirimon-Route

Nach Naro Moru ist dies die zweitpopulärste Anstiegsroute, die über die Nordwestseite führt. **Ausgangsbasis ist Nanyuki.** Auch diese Route ist vom Weg her überwiegend klar zu erkennen. Insgesamt ist sie trockener und angenehmer zu gehen. Die Waldvegetation ist hier eher kümmerlich ausgeprägt, dafür hat man während langer Strecken Blick auf das Gipfelmassiv. Auch hier ist die Übernachtung in Hütten kein Problem. Wegen guter Erreichbarkeit von der Hauptstraße und schöner Zeltplätze ist sie **besonders für Camper attraktiv.** Es sind 5 Tage vom Gate zum Point Lenana und zurück einzuplanen, wenn man vom Judmeier Camp aus startet, benötigt man 4 Tage.

Chogoria-Route

Ausgangsbasis für die längste Aufstiegsroute zum Point Lenana ist Chogoria an der Ostseite des Mt. Kenya. Das Gate liegt knapp 30 km von der Ring Road entfernt, der Anmarsch zu Fuß ist also sehr lang. Besonders nach Regen ist die schlechte Piste für Fahrzeuge nicht immer in voller Länge passierbar. Dafür ist dies mit Abstand die landschaftlich reizvollste Strecke zum Point Lenana, der Aufwand lohnt sich also. Auf dieser Route kommt man **nicht ohne Zelt** aus. Marschdauer 5 Tage.

Burguret-Route

Ausgangsbasis für diese **selten** begangene und wilde Route an der Westseite ist **Naro Moru bzw. das Mountain Rock Hotel.** Es gibt über weite Strecken keinerlei Spur, deshalb stellen das Gehen und die Orientierung erhöhte Ansprüche. Im unteren Teil bewegt man sich durch ausgedehnte Urwälder und Bambusgürtel mit unzähligen Wildwechseln (die Gegend ist voller Elefanten und Büffel), sodass man sich als Ortsunkundiger fast zwangsläufig verirrt. Ein **verlässlicher Führer und ein eigenes Zelt sind unbedingt notwendig.** Für die Porter muss man ebenfalls ein Zelt stellen. Von der Gathiuru Forest Station bis zum Mackinder's Camp benötigt man 3 Tage. Wegen der dichten Bambuswälder eignet sich die Strecke nicht für den Abstieg, man verfranst sich sonst hoffnungslos. Es gibt auf dieser Route kein Parkgate, man muss zunächst an einem der drei Parktore einchecken.

Timau-Route

Ausgangsbasis ist Naro Moru oder die Castle Forest Lodge. Auch diese Route an der Nordseite des Berges wird nur **selten begangen.** Ihre Schwierigkeit besteht vor allem darin, den unteren Bereich mit seinen vielen Wegverzweigungen hinter sich zu lassen. Wenn man dann die alte Fahrspur zum West Marania Roadhead gefunden hat, ist es zunächst unkompliziert, dieser aufwärts zu folgen. Im oberen Abschnitt gibt es keinen Weg, und man muss **mit Karte und Kompass navigieren.** D es ist die landschaftlich offenste Strecke, die praktisch keinen Wald- oder Bambusgürtel besitzt. Der Anmarsch ist lang gezogen und flach, über weite Strecken hat man das Gipfelmassiv vor Augen. Für die Unterkunft ist man gänzlich auf das Zelt angewiesen. Von der Mt. Kenya Ring Road benötigt man 3 Tage b s zur Minto's-Hütte an den Hall Tarns, bis zum Point Lenana und für den Abstieg muss man weitere 2 Tage veranschlagen. Ein Führer ist hilfreich, für Leute, die mit Karte und Kompass umgehen können, aber nicht zwingend notwendig. Es gibt auf dieser Route kein Parkgate, deshalb muss man zunächst an einem der drei Parktore einchecken.

Gängige Kombinationen für eine Bergtraverse sind Chogoria – Sirimon (in beiden Richtungen, 5 Tage) und Chogoria – Naro Moru (in beiden Richtungen, 5 Tage).

Routenbeschreibungen

Naro-Moru-Route

● **Naro Moru – Naro Moru Park Gate – Meteorological Station: 27 km, 9 Std.**

Viele Wanderer lassen sich die 18 km von Naro Moru durch das Farmland **zum Hauptgate** oder sogar bis zur Meteorological Station (kurz: „Metstation"), die rund 10 km dahinter liegt, **hinauffahren.** Das mag bequem sein, rächt sich aber später durch die negativen Begleiterscheinungen der Höhenkrankheit. Fahrzeuge lassen sich an verschiedenen Stellen mieten (s.u. Naro Moru), oder man chartert in Naro Moru ein Matatu.

Blick von der Teleki Lodge auf die Felsnadel von Point John und das Gipfelmassiv mit seinen Gletschern

Zentrales Hochland

Da man auf der Metstation ohnehin einen Tag zur Akklimatisierung verbringen sollte, kann man die Zeit auch nutzen, um die Strecke zu Fuß zurückzulegen. **Von Naro Moru bis zur Jugendherberge** sind es 7 km. Wenn man dort die Nacht verbringt und am folgenden Morgen früh aufbricht, kann man die verbleibenden 20 km über das Naro Moru Gate (11 km, 3–4 Std.) bis zur Metstation (weitere 9 km, 3–4 Std., 1000 Höhenmeter) gut zu Fuß zurücklegen. Die Strecke bis zum Gate ist ausgeschildert. Danach folgt man einfach der Piste, die auf einem breiten Bergrücken durch den alpinen Wald und schließlich durch Bambus weiter bergauf führt. Die vielen Losungen beweisen, dass Büffel und Elefanten hier sehr zahlreich sind. Die letzten 3 km gehen in Spitzkehren nach oben und eröffnen schöne Ausblicke ins Tal des North Naro Moru River. Die Metstation liegt auf 3050 m Höhe. Die Gebäude und der Zeltplatz sind nicht gerade idyllisch.

●**Meteorological Station – Mackinder's Camp („Teleki Lodge"): 10 km, 5–6 Std., 1150 Höhenmeter**

Anfangs marschiert man über die Piste, die zum Radiomast führt, weiter aufwärts. Der Weg geht in einen Fußpfad über, man lässt den Mast zu seiner Rechten liegen. Nach rund 1 Stunde verlässt man das Waldland. Es folgt der **Vertical Bog,** ein Tussocksgrasfeld, das je nach Wetter sehr matschig sein kann. Hinter dem Sumpf gelangt man an eine Weggabelung. Beide Pfade führen zum Mackinder's Camp und vereinigen sich später wieder. Der rechte folgt weiter dem Rücken bergauf, ist angenehmer zu gehen und bietet schöne Ausblicke auf das Teleki Valley und das Gipfelmassiv, während der linke Pfad zum Fluss North Naro Moru absteigt und diesem weiter folgt. Von der Gabelung sind es noch knapp 2 Stunden bis zum Mackinder's Camp auf 4200 m. Das Mackinder's Camp heißt offiziell „Teleki Lodge", der Name ist aber kaum gebräuchlich. Auf den Grasflächen neben der Hütte kann man campen. Bei klarem Wetter hat man einen tollen Blick auf das Gipfelmassiv und besonders die Felsnase von Point John. In der Umgebung leben jede Menge fett gefressener Klippschliefer.

●**Mackinder's Camp – Point Lenana: 4 km, 4–6 Std., 785 Höhenmeter**

Diese Etappe kombinieren die meisten mit dem Wiederabstieg bis zur Metstation. Dies ist praktisch die Garantie dafür, dass man die schöne Wanderung nicht genießen wird, denn es ist ein sehr langer, anstrengender Tag, der bereits um 2 Uhr morgens beginnt, wenn man zum Sonnenaufgang auf dem Gipfel sein möchte. Viel angenehmer ist es, nur bis zur **Austrian Hut** zu wandern, die auf 4790 m liegt, dort zu übernachten und am nächsten Morgen einen 1- bis 1,5-stündigen Aufstieg bis zum Gipfel zu machen. Der extra Tag an der Austrian Hut lohnt sich auch wegen der grandiosen Ausblicke auf die Umgebung, macht aber einen warmen Schlafsack für die Übernachtung unabdingbar.

Vom Mackinder's Camp folgt man dem Teleki Valley an seinem linken Rand weiter aufwärts und ignoriert die Wege, die nach links in Richtung Hut Tarn abbiegen. Ein Stückchen, nachdem man den Rangerposten passiert hat, quert man zur rechten Seite des Tales hinüber. Von hier, rund 30 Minuten hinter Mackinder's, windet sich ein schotteriger Pfad in Serpentinen einen Bergrücken hinauf. Dies dürfte das anstrengendste Stück des gesamten Aufstiegs sein, deshalb sind die Gehzeiten sehr unterschiedlich. Oben auf dem Kamm wendet sich der Weg nach links zur Austrian Hut, die man über relativ ebenes, gut begehbares Terrain 2–4 Stunden nach Mackinder's erreicht. Die Austrian Hut ist inzwischen an einen Pächter übergegangen, wodurch sich ihr Zustand deutlich verbessert hat. Wasser gibt es am nahe gelegenen **Curling Pond,** der so heißt, weil auf ihm angeblich mal eine kenianische Curling-Meisterschaft abgehalten wurde. Das Wasser eignet sich nur bedingt als Trinkwasser und sollte desinfiziert werden.

Die Austrian Hut wurde von der österreichischen Regierung gestiftet, als Dank für die Rettung von **Dr. Judmaier,** einem österreichischen Bergsteiger, der 1970 nach der Besteigung des Batian abstürzte und eine Woche am Gipfelmassiv verletzt in den Seilen hing, bevor seine Bergung gelang. In direkter Nachbarschaft zur Austrian Hut steht die Top Hut, die Rangern vorbehalten ist.

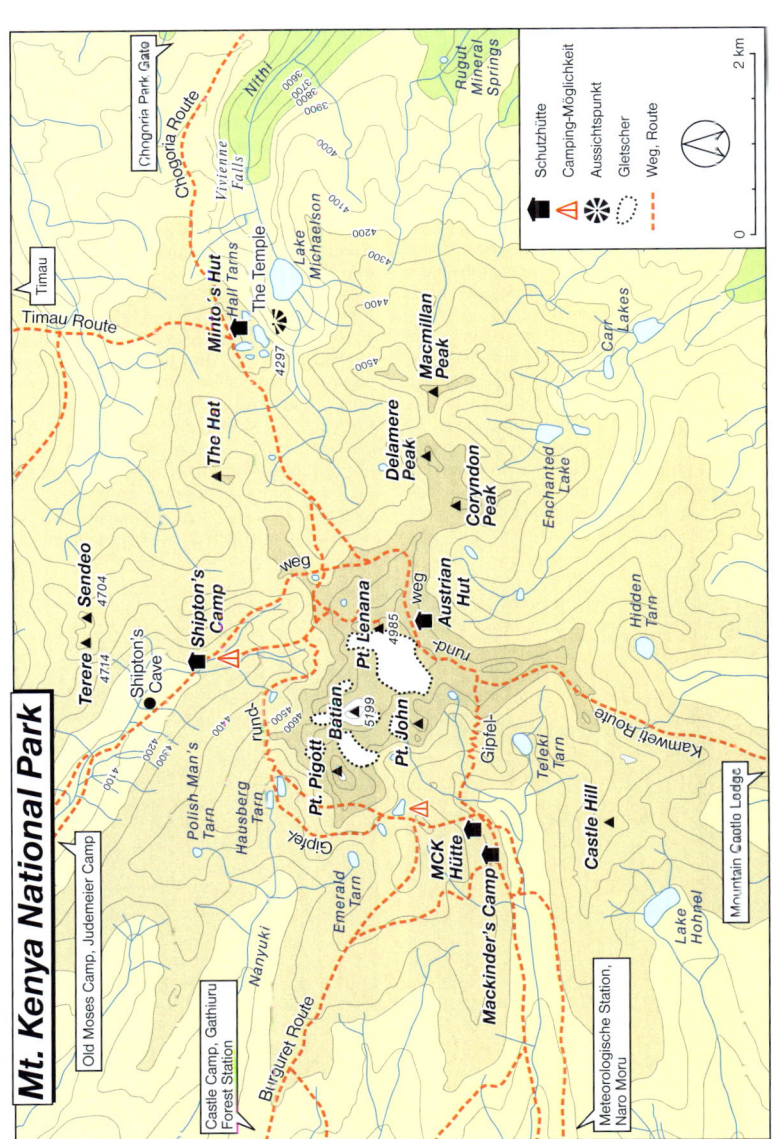

Mt. Kenya National Park

Um von der Austrian Hut **zum Point Lenana** zu gelangen, wendet man sich nach Nordosten und folgt dem Pfad entlang des Rückens, auf welchem die Hütte steht. Man ignoriert den Summit Circuit-Pfad, der kurz nach der Hütte rechts abbiegt. Nach 20–30 Minuten wird der Kamm steiler und felsiger, deshalb kann man ihm nicht weiter folgen, sondern muss sich links von ihm halten und am Rand des Schneefelds des Lewis-Gletschers entlanggehen. Wenn es nicht frisch geschneit hat, ist es kinderleicht, den Spuren weiter aufwärts zu folgen. Ansonsten muss man aufpassen, dass man nicht auf den Lewis-Gletscher mit seinen Spalten gerät. Man geht erst am Fuß des Grates unterhalb des Point Lenana vorbei, wendet sich dann nach rechts und klettert von der Nordostseite über Felsen den Grat hinauf zum Gipfelkreuz. An dem Punkt, an dem man sich nach rechts wendet, stößt der Aufstieg von der Sirimon- und der Chogoria-Route hinzu, der vom Harris Tarn an der Nordseite des Lenana hochkommt. Bis hier benötigt man von der Austri-an Hut eine knappe Stunde, das letzte Stück den Grad hinauf bis zum Gipfelkreuz, das von Papst *Pius XI.* gestiftet und 1933 hier aufgestellt wurde, verlangt 10 Minuten.

Vom **Point Lenana (4985 m)** genießt man grandiose Blicke auf die umliegende Bergwelt, die einen die schneidende Kälte vergessen lassen. Sobald die Sonne oben ist, wird es schnell wärmer. Im Westen blickt man über den Lewis-Gletscher auf die Südostwand des Nelion, die den höheren Gipfel, den Batian, verdeckt. Direkt unterhalb des Gipfels von Nelion sieht man die blitzende Reflektion der Howell Hut, eines Wetterschutzes für Bergsteiger. Links davon steht die Felsspitze von **Point John (4883 m),** und noch etwas weiter links öffnet sich das Teleki Valley. Direkt im Süden blickt man auf den Rücken, auf welchem die winzig erscheinende Austrian Hut liegt. An außergewöhnlich klaren Tagen sieht man in dieser Richtung sogar den 300 km entfernten Schneedom des Kilimanjaro schimmern! Im Südwesten liegt das Hobley Valley und etwas links davon die

ken-594 Foto: hf

ken-595 Foto: hf

zackigen Gipfel von Delamere, Coryndon und Macmillan. Im Westen erkennt man die silbrigen Flecken der Hall Tarns und die riesige Felsterrasse von The Temple, die 300 m senkrecht zum Lake Michaelson abbricht, während im Norden das Mackinder's Valley liegt, hinter dem die drohenden Spitzen von Sendeo und Terere aufragen.

Für den **Abstieg** benutzt man – soweit keine Traverse des Bergs geplant ist – die Aufstiegsroute. Natürlich geht es runter wesentlich schneller. Bis zur Austrian Hut braucht man 30 Minuten und von dort bis zum Mackinder's Camp 1,5 Stunden. Bis zur Meteorological Station folgen weitere 4–5 Stunden bergab.

Sirimon-Route

● Nanyuki – Sirimon Gate: 24 km, 3 Std.

Von Nanyuki folgt man zunächst für 15 km der Mt. Kenya Ring Road in Richtung Isiolo und Meru und biegt dann auf eine 9 km lange Piste bis zum Sirimon Gate ab. Der Weg führt durch ein Waldgebiet aufwärts, man muss sich an allen Pistengabelungen links halten. Wer kein eigenes Fahrzeug besitzt, kann in Nanyuki ein Matatu bis zum Gate chartern (20–30 US$) oder in ein Matatu nach Meru steigen und sich an der Kreuzung absetzen lassen. Der Marsch bis zum Sirimon Gate, wo man campen kann, dauert 3 Std.

● Sirimon Gate – Old Moses Camp: 10 km, 3,5–4 Std., 700 Höhenmeter

Die Nordseite des Mt. Kenya ist die trockenste des Berges. Deshalb ist der Waldgürtel hier nur schmal und man verlässt ihn bereits nach 3 Std. Fußmarsch entlang der Piste und gelangt in die Heidebaumzone. Die meiste Zeit geht man in Richtung der Gipfel von Sendeo und Terere, die zunächst größer aussehen als die beiden Hauptgipfel, die bei klarem Wetter etwas westlich davon hinausgucken. Nach einer weiteren halben Stunde

macht die Fahrspur eine Rechtskurve und durchquert einen Bach. Direkt davor, auf der linken Wegseite in den Heidebüschern, gibt es eine ebene Fläche, die sich zum Camping eignet. Dies ist das **Judmaier Camp,** 1970 von österreichischen Rettungsteams angelegt. Um zum Old Moses Camp zu gelangen, das auf 3300 m liegt, überquert man den Fluss und nimmt nach 10 Minuten den Rechtsabzweig, während der Hauptweg zum Shipton's Camp weiterführt. Nach einem kleinen Stück erreicht man die Berghütte.

● Old Moses Camp – Shipton's Camp 12 km, 6–7 Std., 880 Höhenmeter

Dies ist ein deutlich längeres und anstrengenderes Stück als die kurze Etappe des Vortages. Man geht vom Old Moses Camp zurück zum Fahrweg, biegt nach Süden in Richtung Shipton's Camp ab und folgt ihm weiter bergauf. An den nächsten drei Weggabelungen hält man sich immer rechts. Nach ca. 45 Minuten überquert man einen Bach und gelangt an eine weitere Weggabelung. Geradeaus führt die alte Fahrspur noch etwas weiter und geht dann in den selten begangenen Fußpfad zur **Liki North Hut** über, der von dort zum Shipton's Camp führt. Man nimmt aber den rechten (aufgegebenen) Fahrweg, der am Rand eines Sumpfes entlanggeht.

Nach einer halben Stunde verlässt man ihn auf einem Pfad, der nach links einen Rücken emporführt. Diesen hat man nach rund 2,5 Std. hinter dem Old Moses Camp erkommen. Vom Rücken aus sieht man im nächsten Tal den Liki North River fließen, zu dem man absteigt, ihn überquert und den Rücken am anderen Ufer emporklettert (eine weitere Stunde). Von dieser Anhöhe genießt man einen bemerkenswerten Blick in Richtung Gipfelmassiv. Man sieht nun in ein weiteres Tal hinunter, das Mackinder Valley heißt und in dem der Liki River (nicht der Liki North River!) fließt. Der Weg wendet sich auf dem Rücken nach Süden, folgt dem Verlauf des Mackinder Valley, das voller prächtiger Lobelien und Senecien steht, aufwärts und nähert sich dabei dem Liki-Fluss am Talboden, an dem man schließlich entlanggeht.

1,5 Std. hinter der Anhöhe stößt von links der Weg von der Liki North Hut hinzu. Man folgt dem Fluss weiter stromaufwärts, nach einer Stunde wechselt man auf die andere Seite über und gelangt an Felsüberhänge, die als **Shipton's Cave** bekannt sind. Rechts davon klettert ein steiler Pfad zu etwas leichter begehbarem Terrain empor, über welches man nach einer halben Stunde den Zeltplatz von Shipton's Camp erreicht, der sogar ein Toilettenhäuschen besitzt. 5 Minuten später gelangt man dann an die Shipton's Camp-Hütte, die sich auf immerhin 4320 m Höhe befindet.

●**Shipton's Camp – Point Lenana:
3 km, 3,5–5 Std., 760 Höhenmeter**
    Der Weg vom Shipton's Camp zum Point Lenana ist an einigen Stellen nicht sehr deutlich zu erkennen, deshalb sollte man einen Aufstieg in der Dunkelheit, um bei Sonnenaufgang am Gipfel zu sein, nur mit Führer wagen. Eventuell hat man ja Glück und es gibt eine andere Gruppe, der man sich anschließen kann. Man nimmt nicht den Weg nach links, in Richtung Simba-Pass, sondern erklimmt den steilen Rücken, der auf der anderen Talseite direkt gegenüber des Shipton's Camp aufragt, durch eine steinige Rinne und hält sich an ihrem oberen Ende rechts, um ein offenes Stück Terrain zu überqueren, bevor man südwärts einen breiten, relativ steilen Geröllhang emporkraxelt und seinem Kamm aufwärts folgt. Der Weg ist hier nur mit vereinzelten Steinmännchen markiert, das Gehen ist anstrengend. Rechter Hand ragt das imposante Gipfelmassiv auf.
    2–3 Std. hinter Shipton's Camp überquert man einen Kamm und geht ein wenig abwärts, um zum **Harris Tarn** zu gelangen. Direkt hinter dem kleinen Bergsee ragt die Nordseite des Lenana auf. Der Weg **hinauf zum Point Lenana** beginnt an der rechten Seite des Sees. Zunächst steigt er ein kleines Stückchen gerade in Richtung Gipfel an, aber dann läuft er entlang der gesamten Nordwand nach links, also gen Osten, aufwärts, macht dann eine Kehre und führt weiter ansteigend nach Westen zurück. Dabei passiert man den Fuß einiger steiler Klippen unterhalb des Gipfels. Am westlichen Rand der Nordwand angelangt, nun schon in Gipfelnähe, macht der Weg wieder eine Linkskehre

und folgt dem Grat in Richtung Gipfel aufwärts. Nach 50 m stößt die Aufstiegsroute vom Mackinder's Camp und von der Austrian Hut hinzu. Bis zum Gipfelkreuz sind es nun noch 10 Minuten. Für den ganzen Aufstieg vom Harris Tarn bis zur Spitze muss man 1,5–2 Std. rechnen. Landschaftlich ist es ein überragend schöner Abschnitt, aber durch seine Steilheit bei schlechtem Wetter und besonders nach Schneefällen mit Vorsicht zu genießen. Wenn ein Aufstieg über diesen Weg zu gefährlich erscheint, muss man die längere Alternativroute über den Simba Tarn hinüber zum Square Tarn nehmen und von dort um die Südseite des Lenana über den Tooth-Pass zur Austrian Hut wandern, von wo man den Gipfel von Südwesten her erreicht (Beschreibung siehe „Naro Moru-Route").
    Je nach Schneesituation erfolgt der Abstieg an der Nordseite des Lenana (2–3 Std. bis zu Shipton's Camp) oder von der Austrian Hut um die Südseite zum Simba Tarn, wo man den direkten Weg über den Simba-Pass zum Shipton's Camp einschlägt (3–4 Std.). Vom Shipton's Camp kann man am folgenden Tag bis zum Sirimon Gate hinunterlaufen (6–7 Std.).

Chogoria-Route

●**Chogoria – Chogoria Gate:
28 km, 8–10 Std., 1500 Höhenmeter**
    Es ist nicht jedermanns Geschmack, die Besteigung des Mt. Kenya gleich mit einer Mammutetappe von knapp 30 km beginnen zu lassen, deshalb ist es eine Überlegung wert, 7 km außerhalb von Chogoria am Forest Gate, einer Schranke der Forststation, oder nach zwei Drittel der Strecke auf der **Bairunyi-Lichtung,** wo es allerdings nicht immer Wasser gibt, zu campen. Eine weitere Möglichkeit besteht darin, in Chogoria einen Wagen zu mieten – die teuerste Alternative. Oder man lässt sich für die Hälfte der Summe bis zur Bairunyi-Lichtung kutschieren. Das letzte Pistenstück zum Gate ist besonders steil und nur bei trockenem Wetter befahrbar.
    Bis auf dieses Stück ist die ganze Strecke angenehm zu laufen, es geht durch wunderschöne Bergwälder aufwärts. Bei km 14 pas-

siert man zwei mächtige Baumriesen in der Straße. Im oberen Teil der Strecke bewegt man sich durch Bambuswälder. Ständig sieht man interessante Vögel. Colobus-Affen und jede Menge Elefanten- und Büffellosungen. Am Parkgate (bereits im National Park) befindet sich die **Parklands Campsite.** Wesentlich komfortabler sind die **Meru Mt. Kenya Bandas** einen halben Kilometer vom Gate entfernt. Die Gegend offeriert wunderschöne Ausblicke auf das Gipfelmassiv und den Ithanguni-Gipfel. Abends trauen sich grasende Büffelherden auf die Waldlichtung, die von wenigen moosbehangenen Bäumen und Erikabüschen aufgelockert wird.

●Chogoria Gate – Minto's Hut:
14 km, 6–9 Std., 1300 Höhenmeter

Am Chogoria Gate wird kontrolliert, ob man ein Zelt dabei hat. Nach 1 km gabelt sich der Weg. Nach links biegt der Fußweg in Richtung (unbewohnbare) **Urumandi Hut** ab. Er folgt einem Tal mit dichtem, büffelreichen Busch und bietet keine besonderen Ausblicke. Nach rechts führt die Fahrspur 6 km durch offenes Gelände zum Pistenkopf, wo sich beide Wege wiedertreffen. Unterwegs öffnen sich schöne Ausblicke auf den Mugi Hill und den Kilingo-Tafelberg, der wegen seines ebenen Gipfelplateaus auch Giant's Billard Table genannt wird. Rund 2 Std. Fußmarsch nach dem Gate biegt von der Piste nach rechts ein Fahrweg zum Lake Ellis ab.

Wenn man die Strecke von Chogoria hinauf zum Gate mit dem Auto gefahren ist, sollte man dort einen Akklimatisierungstag einlegen und könnte dann einen kleinen Ausflug zum **Lake Ellis** unternehmen, bevor man am nächsten Tag den Aufstieg zu den Hall Tarns fortsetzt. Von der Abzweigung erreicht man den See nach 1 Std. Fußmarsch. Einige hundert Meter hinter der Verzweigung wird der Weg für Fahrzeuge unpassierbar. Man geht hinunter zu einem Bach, bleibt aber auf seinem rechten Ufer und folgt dem Pfad, der wieder etwas ansteigt, bis zum See.

Geht man die Hauptpiste weiter, gelangt man 2–3 Std. hinter dem Gate an den **Pistenkopf,** einen Platz, der mit Toiletten ausgestattet ist und sich gut zum Campen eignet. Wasser erhält man aus dem nahen Fluss. Hier

stößt auch der Weg von der Urumandi Hut wieder hinzu. Direkt hinter dem Pistenkopf führt der Fußweg zum Nithi North River hinab, überquert diesen und steigt dann auf einen breiten, von Baumheide bewachsenen Rücken an, der parallel zum Gorge Valley zur Linken verläuft. Der Abbruch zum Gorge Valley wird immer steiler, die Ausblicke sind immer dramatischer. Tief unten in der Schlucht sieht man die Vivien Falls und den Lake Michaelson. Vor einem thronen die Gipfel des Mt. Kenya und rechter Hand stehen Mugi Hill und der Kilingo-Berg.

2–3 Std. nach dem Pistenkopf gelangt man zu einer kleinen Kuppe auf dem Rücken über dem Gorge Valley, die als **Lunch Point** bezeichnet wird. Es gibt hier eine ebene Stelle, und wer genügend Wasser dabei hat, kann mit spektakulärem Blick über das Tal hinauf zum Gipfel campen. Nach dem ersten Blick über den Lake Michaelson entfernt sich der Weg immer mal wieder von der Kante und steigt schließlich in ein weites Becken mit großen Felsen und Tussockgras ab. Am Ende des Beckens folgt ein steiler Anstieg. Gut 2 Std. hinter dem Lunch Point hat man ihn bewältigt und betritt ein großes Plateau, auf dem in 20 Minuten Entfernung die Hall Tarns und die **Minto's Hut** (4300 m) liegen, die für Porter und Guides reserviert ist.

In der Umgebung gibt es eine Reihe von außerordentlich malerischen Plätzen. Das Wasser der Hall Tarns ist nicht trinkbar. man muss das Wasser von einem Bach holen, den man 20 Minuten vor Erreichen der Tarns überquerte. Die Landschaft der vielen kleinen Seen ist ein Traum. Spektakulär ist **The Temple,** der 300 m tiefe, senkrechte Steilabbruch von dem Steinplateau, auf dem man sich befindet, hinunter ins Gorge Valley, in dem der Lake Michaelson liegt. The Temple erreicht man von der Minto's Hut nach 15 Minuten Fußmarsch in südlicher Richtung.

●Minto's Hut – Point Lenana:
6 km, 5–7 Std., 690 Höhenmeter

Von der Minto's Hut bewegt man sich in Richtung Westen, auf die Hauptgipfel des Mt. Kenya zu, nach ca. 1 Std. gabelt sich der Weg. Nach links gelangt man zum Square Tarn und über den Tooth-Pass zur Austrian

Zentrales Hochland

Hut. Der kürzeste Weg zum Point Lenana führt aber geradeaus und dann etwas links an einer Steilwand entlang, bis man zum **Simba Tarn** gelangt. Über ein recht steiles Geröllfeld geht es weiter zum **Harris Tarn** hinauf, den man nach 3–4 Std. erreicht. Von hier aus sind es nochmals 1,5–2 Std. an der Nordwand des Lenana bis zum Gipfel hoch (Beschreibung s.u. „Sirimon-Route"). Wenn es stark geschneit hat, ist dieser Weg jedoch zu gefährlich und man muss dann über den Square Tarn und Tooth-Pass zur Austrian Hut laufen und kann dann von Südwesten den Gipfel erreichen (Beschreibung s.u. „Naro Moru-Route"). Auf dem Weg vom Tooth-Pass zur Austrian Hut darf man nicht in das Hobley Valley absteigen. Der mit grünen Pfosten markierte Weg führt auf gleich bleibender Höhe um das Talende herum und steigt dann sachte zur Austrian Hut an.

Der **Abstieg vom Lenana zu den Hall Tarns** nimmt rund 3 Std. in Anspruch; wenn man an der Nordseite wegen des Schnees nicht absteigen kann und den südlichen Weg benutzen muss, 1 Stunde länger. Für den Abstieg von den Hall Tarns bis zum Chogoria Gate muss man 5–7 Std. rechnen.

Infos und Kontakt

●**Mount Kenya National Park & National Reserve,** Tel. 061/55645, 55201, im Internet (zusätzlich zur Website des KWS): www. mountkenya.com.

Unterkunft

Hütten mit Hüttenwart

Es gibt im Park insgesamt **fünf Hütten mit Hüttenwart.** Die Schlafräume von vier dieser fünf Hütten sind mit Kojenbetten und Matrazen bestückt, es gibt Toilettenanlagen, fließendes Wasser (manchmal auch heißes) sowie Aufenthaltsräume mit Tischen und Bänken. Selbst mitbringen muss man seinen Schlafsack, Kochutensilien und Kocher, Lebensmittel und eine Lichtquelle. Für Guides und Porter gibt es separate Schlafmöglichkeiten. Man kann sich auch noch auf der Tour,

z.B. wenn das Wetter zu schlecht zum Zelten ist, dazu entscheiden, in einer der Hütten zu schlafen, denn ausgebucht sind sie praktisch nie. Wer aber bereits im Voraus weiß, dass er hier unterkommen möchte, sollte schon vor der Wanderung buchen. Gegen Vorlage der Quittungen für die Hüttenübernachtungen muss man am Nationalparkeingang keine Campinggebühr bezahlen.

Die beiden **Hütten auf der Naro-Moru-Route** werden von der Naro Moru River Lodge (s. S. 478) geführt. Sie können dort, am Parkgate oder über das Buchungsbüro in Nairobi bezahlt werden. Die **Meteorological Station** kostet für Residents/Nonresidents 700 Ksh/12 US$, **Mackinder's Camp** (offiziell: „Teleki Lodge") 750 Ksh/15 US$ p.P. Die **Austrian Hut** kostet 1000 Ksh/15 US$ p.P. und Übernachtung, inkl. Matratzen. Sie muss am Parkgate bezahlt werden.

Die **Hütten auf der Sirimon-Route** gehören zur Mountain Rock Lodge (s. S. 477), sie können dort, im Nairobi-Büro oder an der Hütte bezahlt werden. Das **Old Moses Camp** kostet für Residents/Nonresidents 500 Ksh/ 12 US$, für das **Shipton's Camp** bezahlt man 600 Ksh/15 US$.

Daneben gibt es hübsche **Bandas am Chogoria Gate,** die sich etwas hochtrabend **Meru Mt. Kenya Lodge** schimpfen (1000 Ksh p.P., Buchung über Let's Go Safaris in Nairobi). Sie besteht aus einer Reihe von hübschen Holzbandas mit grandiosem Ausblick auf das Gipfelmassiv, die jeweils einen Schlafraum mit 3 oder 4 Betten (mit Bettlaken und Decken) sowie ein separates Wohnzimmer mit Sofa, Tisch und gemütlichem Kamin besitzen. Es gibt heiße Duschen, aber die ehemals gute Ausstattung der Küchen ist größtenteils verschwunden. Wenn man vom Berg kommt, erscheinen einem die Bandas als Gipfel des Luxus, manchmal erhält man beim Aufpasser sogar etwas Bier.

Die **Bandas am Sirimon Parkgate** kosten 3000 Ksh/80 US$ R/NR und bieten jeweils 4 Personen Platz. Sie verfügen über heiße Duschen, Kamin und voll ausgestattete Küchen. Sie werden über das KWS HQ in Nairobi gebucht (s. S. 56). Beim Park HQ gibt es inzwischen ebenfalls eine schöne Unterkunft: das **Warden's Cottage,** auch im HQ zu buchen.

Die gut ausgestattete Cottage mit zwei Schlafzimmern kostet 10.000 Ksh/180 US$ und bietet bis zu 10 Personen Platz. Im nordöstlichen Zipfel des Nationalparks liegen die **Fishing Bandas,** an denen man Forellen angeln kann. Gebucht werden sie über Let's go Travel in Nairobi (s. S. 106). Die Bandas sind über die Timau-Route zu erreichen.

Hütten ohne Hüttenwart

Die Hütten Kami und Two Tarn, die noch auf vielen Karten eingezeichnet sind, gibt es nicht mehr! Die Urumandi Hut ist unbenutzbar. Die Mintos Hut auf der Chogoria-Route ist nur für Träger und Führer, das eigene Zelt muss man am Gate vorzeigen.

Camping

An sämtlichen Parkgates und Hütten sowie an zahlreichen anderen Stellen auf dem Berg kann man campen. Die Campinggebühr innerhalb des Nationalparks beträgt generell 15 US$, die man bereits am Eingang entrichten muss. Wer eine Buchungsbescheinigung für die Übernachtung in einer der Hütten vorweisen kann, braucht sie nicht zu bezahlen. Wenn man an den Hütten mit Hüttenwart sein Zelt aufstellt und deren Einrichtungen benutzt, zahlt man eine kleine Gebühr zusätzlich an den Hüttenwart.

Führer und Träger

Bei der Verpflichtung von Führern und Trägern sind einige Dinge zu beachten, damit alles reibungslos abläuft und man nicht das Nachsehen hat.

Um nicht übers Ohr gehauen zu werden oder sich am Berg in Gefahr zu bringen, sollte man nur jene Leute buchen, die vom KWS eine Guide/Porter Entry Card ausgestellt bekommen haben, sozusagen eine Art ID, mit welcher der Träger einen verbilligten Eintritt in den Park von 50 Ksh erhält und seine Professionalität bestätigt wird. Es empfiehlt sich, das Passfoto mit dem Gesicht des Ausweisträgers abzugleichen.

Sie können sich auch **an eine der selbstverwalteten Organisationen von Führern**

und Trägern oder an die Hotels wenden, die Bergtouren organisieren. Bei beiden ist ein gewisser Mindeststandard gesichert, wobei die Führer der Hotels häufig ein bisschen besser ausgebildet sind. Ansonsten sehen sich die Führer lediglich als die Person, die einem den Weg zeigt. Die Anschriften der Organisationen und Hotels, die bewährte Leute vermitteln, stehen in den Ortsbeschreibungen im Kapitel über die Mt. Kenya Ring Road. Unter den Veranstaltern und den Guides selbst herrscht eine **harte Konkurrenz,** und häufig macht man sich gegenseitig vor einem Kunden madig.

Unterwegs erwachsen die meisten Probleme durch Führer, die den Aufstieg viel zu schnell angehen und damit ihre Klienten der Gefahr der Höhenkrankheit aussetzen. **Lassen Sie sich nicht hetzen, sondern gehen Sie Ihr Tempo!** Alle Etappen lassen sich gut mit langsamer Gangart bewältigen. Das Tempo einer Gruppe sollte sich immer nach dem langsamsten Mitglied richten. Ein Führer, der einsam vorweg sprintet oder 1 Std. nach der Gruppe startet und nicht auf ihren Zusammenhalt achtet, ist verantwortungslos! Bei schlechtem Wetter kann sich ein Nachzügler schnell verirren.

Die **Bezahlung** von Führern und Portern berechnet sich nicht nach Tagen, sondern **nach Etappen.** Das bedeutet: Wenn man sich entschließt, zwei Etappen an einem Tag zurückzulegen, werden dennoch zwei volle Sätze berechnet. Die Gehälter der Führer und Träger sind überall ziemlich einheitlich, bei einigen Hotels und in Chogoria, an der Ostseite des Bergs, liegt das Preisniveau etwas höher (Preise siehe dort).

Zusätzlich zum Gehalt übernimmt man den Parkeintritt für Träger und Führer, der jeweils 50 Ksh pro Tag beträgt, sowie die Verpflegungskosten, die nochmals mit 200–300 Ksh pro Tag und Person zu Buche schlagen. Den Einkauf erledigen die Leute selbst. In den höheren Gehältern für die Guides der Hotels sind die Nebenkosten, also Parkeintrittsgebühren und die Verpflegung, bereits eingerechnet.

Das **Gepäcklimit pro Träger** beträgt **18 kg.** Dazu kommt noch das Gewicht der eigenen Ausrüstung. Die Taschen, in denen Ihre Sa-

Zentrales Hochland

Mt.-Kenya-Knigge – was es zu Ihrem und zum Schutz des Nationalparks zu beachten gibt

Wie andere Hochgebirge auch, ist der Mt. Kenya ein extremer Lebensraum, der einige Gefahren birgt, die nicht unterschätzt werden dürfen. Jedes Jahr bezahlen Wanderer und Bergsteiger für ihren Leichtsinn mit der Gesundheit oder sogar mit dem Leben und bringen auch Rettungsmannschaften in Gefahr. Die Hochgebirgsnatur ist zudem Einflüssen von außen gegenüber sehr empfindlich und erfordert ein umsichtiges Verhalten. Einige Grundregeln helfen unnötige Risiken und Zerstörungen der Natur zu vermeiden.

Im Falle eines (Not)Falles ist es beruhigend zu wissen, dass es am Mt. Kenya eine **gut ausgebildete Bergrettungsstaffel** gibt. Ranger mit Funkgeräten, die Hilfe alarmieren können, sitzen im Rangerposten am Kopf des Teleki-Tales, nahe des Mackinder's Camp, sowie an den Parkgates von Chogoria, Naro Moru und Sirimon. Hilfe erhält man auch an den Hütten von Mackinder's Camp und der Meteorological Station. Wichtig sind möglichst detaillierte Informationen über den Zustand und den Aufenthaltsort des Kranken oder Verletzten, den man am besten auf einer Karte markiert.

Die richtige Ausrüstung

Hohe Berge sind in den Tropen die reinste Wetterküche und es ist nichts Ungewöhnliches, dass man innerhalb eines Tages alle vier Jahreszeiten erlebt. Entsprechend extrem sind die Temperaturverläufe. Sobald die Sonne erscheint, wird es auch auf über 4000 m erstaunlich warm, aber genauso schnell fällt das Thermometer in den Keller, wenn Bewölkung aufzieht. Nachtfrost ist in den Höhenlagen die Regel. Auf diese **rasch wechselnden Verhältnisse** muss man sich mit einer guten Ausrüstung einstellen. Wer kein eigenes Equipment nach Kenia mitgebracht hat, kann die notwendigen Dinge – vom Anorak bis zum Zelt – in Naro Moru und Chogoria mieten.

Wichtig ist gutes **Regenzeug.** Auch wenn der Tag in der Frühe brillant aussieht, ändert sich das in der Regel am späten Vormittag, wenn sich der Berg plötzlich in dichte Wolken hüllt. Regen- oder schweißnasse Kleidung lässt einen gefährlich schnell auskühlen. Damit man am Ende der Tagesetappe die nassen Klamotten von der Haut bekommt, muss man zwei komplette Kleidersätze mitnehmen. Prinzipiell ist Baumwollkleidung ungeeignet, denn sie wärmt viel schlechter als z.B. Wolle. Besser sind moderne Synthetikfasern, die ihre wärmenden Eigenschaften sogar im nassen Zustand behalten. Am besten kleidet man sich nach dem **Zwiebelschichtprinzip:** Wer viele dünne Schichten trägt, kann sich mit Aus- und Anziehen optimal auf wechselnde Außentemperaturen einstellen. Auf jeden Fall sollte man auch an **Handschuhe** und eine **Mütze** denken. Die intensive UV-Strahlung erfordert ein starkes **Sonnenschutzmittel** und eine **Sonnenbrille,** um Sonnenbrand und Schneeblindheit vorzubeugen. Ein **guter Schlafsack,** er sollte mindestens für Temperaturen bis -10°C tauglich sein, ist wichtig, sonst bekommt man vor Schnattern überhaupt kein Auge zu. Wer andere Routen als die Naro Moru-Route oder die Sirimon-Route begeht, benötigt ein **Zelt.** Um warme Mahlzeiten zubereiten zu können, die man in der Kälte bitter nötig hat, ist auch ein **Gas- oder Benzinkocher** wichtig. Feuer machen ist im gesamten National Park verboten. Eigentlich erscheint es selbstverständlich, aber man kann wohl nicht oft genug darauf hinweisen: Für das Trekking benötigt man **festes Schuhwerk.** Bergstiefel lassen sich zwar vor Ort mieten, aber in Schuhen, die von zahllosen Vorgängern zerlatscht worden sind, kann man Blasen kaum aus dem Weg gehen. Besser ist es, von zu Hause die eigenen eingelaufenen Trekkingstiefel mitzubringen. Überzähliges Gepäck kann man übrigens bei allen Hotels, die Besteigungen organisieren, gegen eine geringe Gebühr während der Bergbesteigung deponieren.

Was tun, wenn man sich verirrt hat?

Auch wenn man die Dienste eines Trägers in Anspruch nimmt, ist es für den Fall, dass man voneinander getrennt wird und sich verirrt, sehr wichtig, einen kleinen **Tagesrucksack** mit folgenden Dingen immer selbst zu tragen: Karte, Kompass, etwas Essen und Wasser, Erste-Hilfe-Set, Regenzeug und warme Kleidung, Taschenlampe, Feuerzeug, Goldfolien-Rettungsdecke und ein kleiner Spiegel, um Signale geben zu können. Nehmen Sie das Risiko, am Mt. Kenya verloren zu gehen, nicht auf die leichte Schulter! In den letzten fünf Jahren sind rund 30 Leute auf dem Berg verschwunden!

Wandern Sie vorausschauend und vergegenwärtigen sich die folgenden Routenabschnitte. Meist verirren sich die Wanderer, weil tief fliegende Wolken das Gebiet einhüllen und sie in der Folge vom Weg abkommen. Bei dem Versuch, diesen wiederzufinden, entfernen sie sich immer weiter von der richtigen Route. Deshalb: Wenn Sie sich verirrt haben, suchen Sie einen nahe gelegenen Wetterschutz, etwa einen Baum oder Felsüberhang, auf und bleiben Sie dort. Hilfe wird eintreffen, aber vermutlich werden Sie eine Nacht im Freien verbringen. Um die Suchmannschaften oder das Suchflugzeug auf Ihre Position aufmerksam zu machen, müssen Sie einen farbigen Gegenstand ausbreiten. Auf einem Bergrücken sind Sie einfacher zu entdecken. Steigen Sie niemals in ein Tal oder in den Wald ab, denn damit verschlechtern Sie die Chance dramatisch, dass man Sie findet!

Wildtiere

Begegnungen zwischen Wild und Wanderern sind äußerst selten. Zumeist wird man nur Losungen oder Tritte sehen, weil die Tiere von sich aus dem Menschen weiträumig aus dem Weg gehen. Wenn sie aber überrascht oder provoziert werden, greifen insbesondere Elefanten und Wildbüffel ohne zu zögern an. Dieser prekären Situation kann man gut ausweichen, indem man beim Wandern in unübersichtlichen Waldgebieten Lärm macht, z.B. laut miteinander spricht, in die Hände klatscht etc.

Was tun bei Unterkühlung?

Die beiden häufigsten gesundheitlichen Gefahren am Berg, die völlig unterschätzt werden, sind Unterkühlung und die Höhenkrankheit mit ihren Komplikationen. Beide können, falls sie ignoriert werden, schnell einen lebensgefährlichen Verlauf nehmen. Unterkühlungen, d.h. eine lebensbedrohliche Senkung der Körpertemperatur, kann bei kaltem, windigem und nassem Wetter bereits bei +10°C auftreten! Zur Vorbeugung sind **angemessene Kleidung und kalorienreiche Nahrung** wichtig. Nur so kann man den hohen Energieverbrauch des Körpers in der Kälte ausgleichen. Die **Symptome** der Unterkühlung sind **wenig spezifisch,** was eine Erkennung erschwert. Sie umfassen unkontrolliertes Zittern und Frösteln, langsames oder undeutliches Sprechen, Ungeschicklichkeit, Stolpern, Apathie, Verlust von Gefühlsregungen und Denkvermögen, Desorientierung und schließlich Bewusstlosigkeit. Eine möglichst frühe Erkennung und die entschlossene **Behandlung** sind überlebenswichtig! Der Patient muss vor Wind und Wetter geschützt, von nassen Kleidungsstücken befreit, trockengerieben und warm gehalten werden. Auch Hände, Füße und Kopf müssen bedeckt sein, weil man über diese Körperteile viel Wärme verliert. Ein Feuer und erwärmte, in Stoff eingewickelte Steine (nicht zu heiß, der Patient hat kein

Hitzeempfinden!) können ebenso helfen wie die eigene Körperwärme. Am besten steckt man den Patienten mit ein oder zwei weiteren Personen in einen Schlafsack. Heiße, kalorienreiche Getränke und Speisen wie Kakao, Früchte, Honig oder Zucker sind hilfreich. Der Patient braucht Ruhe und muss möglichst bald vom Berg heruntergebracht werden.

Was tun bei Höhenkrankheit?

Die Höhenkrankheit beruht auf den negativen Wirkungen, die abnehmender Luftdruck und Sauerstoffgehalt, also die „dünne Luft", beim Aufstieg in größere Höhen auf den menschlichen Organismus haben. Ihre **Wirkung** wird für die meisten Menschen bereits **ab 3000 m spürbar.** Zunächst ist sie nur unangenehm, aber bei Ignorierung kann sie durch Komplikationen schnell tödlich verlaufen! Der menschliche Körper hat zwar Mechanismen entwickelt, um sich an die dünnere Atemluft anzupassen und die ausreichende Versorgung des Körpers mit Sauerstoff sicherzustellen, doch diese sogenannte **Akklimatisierung** ist ein allmählich verlaufender Prozess. Probleme mit der Höhenkrankheit treten immer dann auf, wenn man schneller in große Höhen vordringt, als der Körper die Akklimatisierung vornehmen kann. Die Anpassung arbeitet von Mensch zu Mensch mit unterschiedlicher Geschwindigkeit und kann sogar bei ein und derselben Person variieren. Sie hat nichts mit der körperlichen Fitness zu tun, es scheint sogar so, dass fittere Leute anfälliger für die Höhenkrankheit sind, weil sie eher der Versuchung erliegen, zu schnell aufzusteigen.

Die anfänglichen **Symptome** der Höhenkrankheit sind Kopfweh, Übelkeit, Schlappheit, Appetitverlust und Schlaflosigkeit. Dies ist die dringende Aufforderung des Körpers, den Aufstieg zu unterbrechen und ihm die Chance zu geben, sich an die neue Höhe zu gewöhnen. Erst wenn die Symptome abgeklungen sind, sollten Sie weiter bergan steigen. Verschwinden die Symptome nicht innerhalb von 48 Stunden, muss man absteigen, bis eine Besserung eintritt. Ignoriert man die Warnsignale, kann es zu lebensgefährlichen **Komplikationen** kommen. Beim Lungenödem sammelt sich Flüssigkeit in der Lunge. Es äußert sich durch Kurzatmigkeit unter Beanspruchung und Ruhe, hinzu kommen ein trockener Husten, schaumiger, manchmal rosafarbener Speichel, ein blubberndes Geräusch aus dem Brustkasten, erhöhter Puls und schnellere Atemfrequenz. Das Hirnödem ist ein Anschwellen des Gehirns und macht sich durch starke Kopfschmerzen, Verlust der Bewegungskoordination, Nuscheln, Verwirrung und im fortgeschrittenen Stadium durch Koma bemerkbar. Beide Komplikationen erfordern eine sofortige Behandlung, der Patient befindet sich in Lebensgefahr! Das einzige, was hilft, ist der sofortige Abstieg! Sonst tritt keine Besserung des Zustandes ein. Man darf auch deshalb nicht warten, weil die meisten Patienten schnell gehunfähig werden und man dann vier Leute für den Abtransport benötigt! Nach dem Abstieg muss man unbedingt einen Arzt aufsuchen.

Das wichtigste ist jedoch die **Vorbeugung,** damit es erst gar nicht so weit kommt. Der Mt. Kenya gilt als der Berg mit den meisten Fällen von Höhenkrankheit, weil man über die Zufahrtspisten schnell auf über 3000 m gelangt und von dort zu Fuß innerhalb von 2 Tagen die 5000-m-Marke erreicht. Um Geld und Zeit zu sparen, wollen viele Touristen möglichst schnell zum Point Lenana kommen und vergessen dabei, dass man diesen Trip schwerlich genießen wird, wenn er von Kopfschmerzen und Übelkeit überschattet ist. Die Aufstiegsgeschwindigkeit sollte sich immer nach dem schwächsten Mitglied der Gruppe richten. Wer ganz sicher gehen will, steigt nicht mehr als 500 Höhenmeter pro Tag auf und macht jeden dritten Tag eine Pause, was allerdings nicht immer praktikabel ist. Meistens reicht es aus, auf einer Höhe zwischen 3000 und 4000 m einen Pausentag einzulegen, z.B. in den Hütten, die an den Pistenköpfen der drei großen Routen liegen.

Außerdem sollte man am Ende der Tagesetappe vom Schlafplatz noch 200–500 m höher steigen und dann zurückkehren. Ferner sollte man sich zwingen, jeden Tag 4–6 Liter Füssigkeit und leichte, aber kalorienreiche Nahrung zu sich zu nehmen. Alkohol ist unbedingt zu meiden. Keinesfalls sollte man irgendwelche Medikamente wie Schmerzmittel oder das Präparat Diamox nehmen, um die Symptome der Höhenkrankheit zu überdecken und dann weiter aufsteigen. Damit bringt man sich in ernste Gefahr!

Naturschutz

Die Hochgebirgsnatur ist sehr fragil, und 15.000 Besucher pro Jahr sind – obwohl sie sich auf verschiedene Routen aufteilen – relativ viel. Um Zerstörungen an der Vegetation so klein wie möglich zu halten, sollte man sich **an existierende Wege halten** und **auf steinernen oder unbewachsenen Flächen campen.** Nehmen Sie unbedingt allen Abfall wieder mit vom Berg, denn selbst die Zersetzung von organischem Material benötigt in der großen Höhe eine lange Zeit. Am Gipfelmassiv sind immer noch die Reste des Hanfseils von Harold Mackinder zu sehen, der vor mehr als 100 Jahren als erster den Berg bestiegen hat! Da Feuer im Park verboten ist, darf der Abfall auch nicht verbrannt werden, vergraben stellt ebenfalls keine Lösung dar, denn der Müll wird von Tieren wieder ausgebuddelt. An einer Wasserquelle, etwa einem Bach oder einem Gletschersee, darf man niemals Seife, auch nicht biologisch abbaubare, benutzen. Schöpfen Sie etwas Wasser und waschen Sie sich abseits. Sie könnten sonst große Wassermengen ungenießbar machen. Auch private Geschäfte sind eine Gefahr für das Trinkwasser. Wo es Toilettenhäuschen gibt, sollte man sie auch verwenden. In der Waldregion vergräbt man die Fäkalien am besten, in den hochalpinen Regionen ist es besser, sie der UV-Strahlung auszusetzen und nicht zu verbuddeln. Gebrauchtes Klopapier nimmt man wieder mit, wenn keine Brandgefahr besteht, kann man es auch an Ort und Stelle anzünden und rückstandslos verbrennen. Ansonsten gelten natürlich auch im Mt. Kenya National Park die allgemeinen Nationalparkregeln (s. S. 50).

ken-607 Foto: hf

Zentrales Hochland

chen verstaut werden, müssen Sie natürlich selber stellen, ihre eigenen Habseligkeiten schnüren die Träger dann noch irgendwo oben drauf. Manche Führer verlangen einen eigenen Träger für ihre Ausrüstung, aber das ist unter „Arbeitsbeschaffungsmaßnahmen für Freunde und Verwandte" zu verbuchen.

Ein leidiges Thema sind die **Trinkgelder,** die von der Crew – unabhängig von der Leistung – als Sonderzulage erwartet werden. So verständlich das bei der insgesamt nicht üppigen Bezahlung ist, sollte man bereits bei den Verhandlungen klar machen, dass es „Tips" nur gibt, wenn Sie mit der Arbeit zufrieden waren. Als grobe Richtschnur kann man bei einer fünftägigen Tour als Trinkgeld einen zusätzlichen Tagessatz veranschlagen, bei längeren Trecks etwas mehr, bei kürzeren Touren auch weniger.

Essen und Trinken

Innerhalb des Nationalparks gibt es **keinerlei Versorgungsmöglichkeiten,** man muss daher alle Vorräte selber mitbringen. Wegen des hohen Energieverbrauchs beim Wandern muss man auf kalorienreiche Nahrung achten. Nudeln taugen für Höhen über 3000 m nicht, weil das Wasser schon bei rund 80°C oder weniger kocht und die Nudeln deshalb nicht richtig weich werden. Aus gleichem Grund ist auch das Abkochen von Wasser (mal abgesehen vom Brennstoffmangel) keine sichere Methode zur Keimabtötung. Zum Glück sind die meisten Flüsse so sauber, dass man das Wasser bedenkenlos trinken kann. Aber die Verschmutzung durch Touristen hat einigen Quellen und Bergseen mächtig zugesetzt. Tropfen zur Desinfektion sind ein sinnvoller Ausrüstungsgegenstand. Eine gute Auswahl an Tütensuppen etc. erhält man in den Supermärkten der Hauptstadt Nairobi.

Anreise

Wegbeschreibungen und Details zu Transportmöglichkeiten zu den Startpunkten von der Mt. Kenya Ring Road finden sich in den Beschreibungen der Routen bzw. der Ausgangsorte.

Parkgebühren, Öffnungs- und beste Besuchszeiten

● Es gibt insgesamt fünf Routen, aber nur **drei Gates** am Mt. Kenya National Park. Wer sich über die Routen Burguret und Timau in den Park begibt, muss zu einem der drei Gates, um dort seine Eintrittstickets zu lösen. Um krummen Deals an den Parkgates durch unseriöse Guides oder Veranstalter mit den Rangern vorzubeugen, sollten Sie den Ticketkauf selber in die Hand nehmen.

Wenn Sie länger im Park bleiben als geplant, können Sie beim Verlassen auch noch nachlösen. Es ist zu Ihrer eigenen Sicherheit, den **Park ordnungsgemäß durch die Parkgates** zu **betreten** und zu verlassen. Denn wenn Sie nach einer gewissen Frist nicht wieder auschecken, wird eine Suchaktion gestartet. Wer sich beim Verlassen des Parks am Gate vorbei gestohlen hat, könnte nachher, wenn ihm die Kosten der Suchaktion präsentiert werden, ein böses Erwachen erleben. Die Übeltäter werden bis ins Ausland verfolgt und zur Kasse gebeten. Durch ständige Patrouillenflüge weiß die Parkleitung, wie viele Leute sich wo im Park aufhalten – für alle, die legal hier sind, außerordentlich beruhigend.

Die **Eintrittspreise** des Nationalparks stehen auf S. 55.
● Die Gates sind **täglich von 6.30–18 Uhr** geöffnet.
● Regnen kann es am Mt. Kenya jederzeit, aber die Chancen auf klare Sicht und (relativ) trockene Pfade sind von **Mitte September bis Mitte Oktober** und **Januar und Februar** deutlich höher und daher die besten Monate für eine Besteigung. Ungünstig ist die lange Regenzeit (April und Mai) und die kurze Regenzeit im November.

Kartenmaterial, Literatur und Website

● Interessante **Webpage des Bill Woodley Mt. Kenya Trust** mit zusätzlichen Informationen zum Park: www.mountkenyatrust.org.
● **Mt. Kenya Map & Guide** von *Mark Savage,* 1:50.000. Zusätzlich zur Bergkarte enthält sie

eine Straßenübersichtskarte der Umgebung vom Mt. Kenya und einen detaillierten Kartenausschnitt der Gipfelregion. Auf der Rückseite findet man einige ganz brauchbare Infos zu Hütten, Trägern etc. Man bekommt sie in Nairobi im Buchhandel, oder wenn man dort kein Glück hat, direkt bei Savage Wilderness Safaris (s. S. 229).

● **Map & Guide of Mt. Kenya** von *Andrew Wielochowski*. Nicht nur der Name, sondern auch der Inhalt ist ziemlich identisch mit der Karte von Mark Savage. Man findet sie ebenfalls in den großen Buchläden von Nairobi.

● **East Africa International Mountain Guide** von *Andrew Wielochowski*. Erschienen bei West Col Productions, manchmal auch in Bookshops in Nairobi zu finden. Ein Buch für Leute, die die höchsten Gipfel des Mt. Kenya alpinistisch bezwingen wollen.

● **Guide to Mt. Kenya and Kilimanjaro** vom Mountain Club of Kenya. Ein unerlässliches Buch für technische Bergsteiger. Es enthält auch kurze Beschreibungen der Trekkingrouten und einen guten Abschnitt zu Natur, Geologie und Geschichte beider Berge. Überhaupt ist der Mountain Club of Kenya in Nairobi die beste Anlaufstelle, für aktuelle Infos und um einen Partner für eine technische Besteigung zu finden. Die sehr gute Webpage bietet viele relevante Infos: www.mck.or.ke/mount-kenya.

Thika – 14 Falls – Ol Doinyo Sabuk National Park – Mwea National Reserve – Embu

● **183 km**
● Die Straße war einmal durchgehend geteert, ist aber allmählich in erbärmlichem Zustand. Matatus von Thika nach Matuu und von Matuu nach Embu.
● **Tankmöglichkeit:** Matuu.
● **Fahrtzeit:** 3 Stunden.

Aus Nairobi kommend, nimmt man die Ausfahrt nach Thika und Garissa und überquert die vier Fahrbahnen auf einer Flyover-Brücke. Nach gut 1 km biegt von dieser Südtangente nach links die Straße ins Zentrum von Thika (0,7 km) ab. Die Straße **nach Garissa** führt weiter geradeaus. Der Teerbelag ist oft geflickt, und es herrscht viel Verkehr zum Gewerbegebiet der Stadt. Im Osten sieht man bereits die Kuppe des Ol Doinyo Sabuk, dessen Form einer umgedrehten Salatschüssel ähnelt. Einige Kilometer hinter der Stadtgrenze beginnen rechts und links der Straße die ersten Ananasplantagen. Gut 20 km hinter dem Abzweig ins Zentrum von Thika biegt rechts die Staubpiste zum Ol Doinyo Sabuk National Park und zu den 14 Falls ab.

14 km hinter der Abzweigung zum Nationalpark verschwinden Ananasplantagen, Kaffeepflanzungen und Gewächshäuser abrupt von der Bildfläche. Es ist ein übergangsloser Wechsel zwischen intensiver landwirtschaftlicher Nutzung und Ödland. An dieser Stelle gibt es eine geografische Kuriosität: **Thika River** und **Athi River,** zwei der größten Flüsse Kenias, fließen ein gutes Dutzend Kilometer parallel zueinander und werden nur durch den 3 km breiten Rücken getrennt, auf dem die Straße verläuft. Dann entfernen sie sich wieder voneinander. Während der Thika im Tana aufgeht und einen langen Bogen durch Nordkenia beschreibt, bevor er den Indischen Ozean erreicht, vereinigt sich der Athi später mit dem Tsavo-Fluss und fließt ohne größere Kapriolen zum Meer.

Auf der Weiterreise nach Garissa und zum Mwea National Reserve fährt man mit jedem Kilometer tiefer in das **Stammland des Kamba-Volkes** hinein. Die pampaartige, spröde Landschaft fasziniert durch ihre Weite, Einsamkeit und Kargheit, die Distanzen zwischen den kleinen Ortschaften wachsen. Einzelne Steinkopjes und eine Hand voll Bäume in feuchteren Senken unterbrechen die Eintönigkeit. Die Vegetation und der klimatische Unterschied zur fruchtbaren Thika-Region könnten größer nicht sein. Wovon, fragt man sich, leben die wenigen Menschen hier eigentlich? Tatsächlich ist dies ein Landstrich, der häufig von Dürrekatastrophen und nachfolgenden Hungersnöten heimgesucht wird.

Zentrales Hochland

Nach 43 km hinter dem Nationalpark-Abzweig taucht plötzlich ein Städtchen auf. **Matuu,** dessen eigentlicher Ortskern etwas abseits der Hauptstraße auf einer kleinen Anhöhe liegt, besitzt einen lebendigen **Markt** mit regionaler Bedeutung. Entlang der Garissa Road und auch im Hauptort hat sich das durchschnittliche Sammelsurium an billigen Guesthouses und Lodges, Hotelis, Dukas und Tankstellen angesiedelt. Sogar eine KCB-Filiale und häufige Matatu-Verbindungen nach Thika und Kitui, seltener auch nach Embu, gibt es hier. Die größte Überraschung in dieser unterentwickelten Region ist aber das komfortable **Matuu Ndallas Hotel** auf der rechten Fahrbahnseite am Ortseingang (Mobil: 0733/662537, Tel. 067/4355425 oder 4355210, matuundallashotel@yahoo.com; Standard Rooms: 950/1800/2100 Ksh SC BB, Superior Rooms: 1200/2200 Ksh, Suite: 4400 Ksh; empfehlenswertes Restaurant).

Wer nach Garissa fährt, sollte in Matuu nochmals den Tank auffüllen, denn mit jedem Kilometer in Richtung Osten wird das Land wilder. Aber auch auf der Route nach Norden gibt es bis Embu keine Tankstellen mehr. 78 km hinter Thika und 15 km ab Matuu biegt nach links die gute B7-Teerstraße zum Masinga-Damm, zum Mwea National Reserve und nach Embu ab. Die Straße nach Garissa führt geradeaus weiter. Die verbleibenden 243 km sind durchgehend geteert, und die Sicherheitslage hat sich dadurch gebessert; ein großer Teil der Strecke, nämlich ab Mwingi, wird dennoch **im Konvoi** gefahren. Wer nach Garissa reisen möchte, sollte sich also im Voraus unbedingt über die aktuelle **Sicherheitslage** informieren, am besten bei den Busfahrern der Transportgesellschaften, die Garissa ansteuern, oder bei der Polizei in Thika.

Die Straße in Richtung Embu führt durch eine dünn besiedelte Landschaft nach Norden. Nach rund 20 km kann man von einer Anhöhe im Westen den riesigen Masinga-Stausee blinken sehen – bei dieser Trockenheit, die rundherum herrscht, ein surrealer Anblick. Bei km 24 durchquert man das staubige, trostlose Kaff **Kaewa,** 600 m dahinter biegt nach links die rund 11 km lange Teerstraße zum Masinga-Staudamm, zum Masin-

ga Dam Resort und zum Mwea National Reserve ab. Die Landschaft auf der Fahrt nach Embu bleibt eintönig, einzige Abwechslung bietet die Überquerung des Tana River am Kamburu-Damm, an dessen Stausee das Mwea National Reserve liegt. Wenn die Sicht klar ist, sieht man auf dem gesamten letzten Straßenstück ab dem Damm bis nach Embu den Mt. Kenya vor sich. Zu seinem Fuß hin wird das Land etwas buschiger, aber erst mit Erreichen der Stadt, 105 km nach dem Abbiegen von der Garissa Road, gelangt man in die fruchtbare Ackerbauzone an seiner Südseite. Nach all dem menschenleeren Buschland wirkt **Embu,** obwohl eine kleine und freundliche Stadt, zunächst unerträglich laut und überfüllt.

14 Falls ⚲ XII/B1

Die Ngong-Berge und ihre südliche Fortsetzung werden durch den Athi River entwässert, der in seinem weiteren Verlauf andere, kleinere Flüsse wie den Nairobi River und den Ruiru in sich aufnimmt. **Am Fuß des Berges Ol Doinyo Sabuk** wagt der angeschwollene Fluss dann seinen großen Auftritt. In einem gut inszenierten Naturschauspiel stürzt er in ein riesiges, 12 m tiefes Amphitheater. Ob Sie in dem großen Rund, wie der Name sagt, wirklich vierzehn Fälle zählen können, hängt vom Wasserstand des Athi River ab. Der Anblick ist allemal beeindruckend, den tosenden Applaus liefert der Fluss gleich selbst. Von den Fällen aus kann man am Ufer entlang flussabwärts laufen. Einige hundert Meter weiter stoßen Sie auf einen kleinen Nachen, mit dem Sie sich für einige Ksh auf die **Insel in der Flussmitte** übersetzen lassen können. Auf dieser gelangen Sie noch etwas näher an die Fälle heran. Da sowohl der Athi River als auch der Nairobi River ganz ordentlich mit Industrieabwässern angereichert sind, schlagen die Fälle eine Menge Schaum.

Die Kommune von Ol Doinyo Sabuk verlangt von Besuchern inzwischen ein kleines **Eintrittsgeld,** auch für Fotoapparate und Videokameras muss man eine Gebühr entrich-

ten, ebenso für den Wagen, der dafür bewacht wird. Falls niemand da ist, sollte man etwas umsichtig sein, vor längerer Zeit hat es hier einige Überfälle gegeben. Angeblich ist geplant, an den 14 Falls eine Jugendherberge zu bauen sowie einen Campingplatz einzurichten. Wegbeschreibung s.u. „Ol Doinyo Sabuk National Park".

Ol Doinyo Sabuk National Park ⌕ XII/B1

Die **2145 m** hohe Kuppe des Ol Doinyo Sabuk ist von Nairobi aus klar zu sehen. Doch obwohl der Berg nur **65 km von der Hauptstadt entfernt** liegt und damit ein ideales Ausflugsziel abgibt, das selbst mit öffentlichen Verkehrsmitteln vergleichsweise problemlos zu erreichen ist, zählt er zu den Nationalparks, die nur von wenigen Besuchern beehrt werden. Ol Doinyo Sabuk bedeutet auf Maa, der Sprache der Masai, „Berg der

Büffel", auf Kisuaheli heißt er entsprechend *Kilima Mbogo,* wohingegen die Kikuyu den Berg als eines der Nebenhäuser von Ngai, von Gott, ansahen und ihn *Kea Njahe,* „Berg des großen Regens", nannten. Früher lag die Erhebung auf der knapp 10.000 ha messenden Juja Farm des Kolonialisten Northrup McMillan, der sich das Anwesen für Jagdausflüge zulegte. Nach der Unabhängigkeit wurde ein großer Teil an Kleinbauern verteilt, während man ein 20,7 km² großes Stück, das den Berg mit einschließt, 1967 zum Nationalpark erklärte. An den Flanken des Ol Doinyo Sabuk haben sich noch einige **schöne Waldgebiete** erhalten, die einen Besuch wert sind. In den unteren Berglagen wachsen 2–3 m hohe Protea-Büsche mit 10 cm großen, haarigen, rötlich-weißen Blüten, die für viele Bergregionen Ostafrikas typisch sind. Weiter

Zentrales Hochland

Imposantes Naturschauspiel: die 14 Falls

oben machen diese einem sehr schönen Bergwald mit flechtenbehangenen Steineiben, Afrikanischen Oliven- und Feigenbäumen Platz. Hier leben unter anderem Impalas, Dikdiks, Buschböcke, Wasserböcke, Buschschweine, Ameisenbären, Colobus-Affen, Grüne Meerkatzen, Diadem-Meerkatzen, Klippschliefer, Paviane, aber auch Schakale, Hyänen, Leoparden und rund 250 Wildbüffel, die dem Berg ja auch ihren Namen liehen. All diese Tiere sind außerordentlich scheu und in der dichten Vegetation nicht einfach zu erspähen. Andererseits ist der Wald ein Paradies für **Vogelbeobachtungen.** Erwähnenswerte Arten sind der Habichtsadler, der Emeraldkuckuck und der Hartlaubturako sowie verschiedene Webervogel- und Taubenarten.

Vom **Gipfelplateau,** auf dem auch eine große Sendeanlage für die Funkpeilung des Flugverkehrs steht, eröffnen sich weniger tolle Ausblicke als während des Aufstiegs, denn die Bergkuppe ist von Wald bedeckt. Bei klarem Wetter sieht man immerhin auf die Hauptstadt und auf die dominierenden Bergriesen der Aberdares, des Mt. Kenya und manchmal im Süden sogar des Kilimanjaro.

Im Park unterwegs

Die 650 Höhenmeter vom Gate zum Gipfel kann man in 3 Stunden auf Schusters Rappen zurücklegen, wegen der Büffel und weil es in der Vergangenheit schon öfter zu Überfällen kam, ist dies aber nur in **Begleitung eines bewaffneten Rangers** erlaubt. Auf den Gipfel des Bergs führt aber auch eine 9 km lange Piste, die vor allem von den Wartungsfahrzeugen der Sendeanlagen befahren wird. Stellenweise ist sie steil, ausgewaschen und matschig, sodass nach Regenfällen ein 4WD-Fahrzeug nötig ist.

7 km nach dem Gate befinden sich auf der linken Seite, etwas abseits der Piste, die **Gräber** von **Sir William Nothrup McMillan** (1872–1925), seiner Gattin, einer Angestellten sowie des Lieblingshundes. McMillan war ein reicher Schotte, der in St. Louis, Missouri aufwuchs, 1901 zur Großwildjagd nach Kenia kam und gleich hier blieb. Der amerikanische Präsident *Theodore Roosevelt* weilte 1909 als Gast zu einer Jagdsafari auf McMillan's Farm. *Lucie McMillian* hat Nairobi im Andenken an ihren verstorbenen Gatten eines der prächtigsten Kolonialgebäude gestiftet, die McMillan Memorial Library mit einer wertvollen, alten Africana-Sammlung.

Kurz hinter den Gräbern zweigt von der Hauptpiste nach rechts eine kurze, ziemlich überwachsene Piste zu einem **Aussichtspunkt** ab, von dem man einen wunderbaren Blick nach Norden und Westen über die ausgedehnten Ananasplantagen von Thika bis hin zum Mt. Kenya genießt.

Infos und Kontakt

●**The Warden, Ol Doinyo Sabuk National Park,** Tel. 067/5525.

Unterkunft

Innerhalb des Parks gibt es nur das vom KWS betriebene Ol Doinyo Sabuk Guesthouse (10.000 Ksh/280 US$ R/NR), das 10 Personen Platz bietet, komplett ausgestattet ist und neben einem Konferenzraum auch ein schönes Wohnzimmer mit Kamin besitzt. Buchungen über das KWS HQ (s. S. 56). Ansonsten muss man im 25 km entfernten Thika übernachten oder am Parkgate auf einem netten Camping- und Picknickplatz, dem **Westend Campsite** mit fließendem Wasser, Toiletten und Feuerholz, sein Zelt aufschlagen. Der **Impala Dam Campsite** und der **Summit Campsite** innerhalb des Parks besitzen keinerlei Infrastruktur und sind weniger sicher.

Anreise

Die Anreise mit öffentlichen Verkehrsmitteln erfolgt **von Nairobi mit dem Matatu** Nummer 148 nach Matuu und Mwingi von der Country Bus Station für 1600 Ksh. An der Kreuzung zum Nationalpark und zum Örtchen Ol Doinyo Sabuk/Kilimambogo lässt man sich absetzen und muss dann den Rest laufen. Oder man nimmt ein Matatu der Linie 23 nach Thika für 80 Ksh von der Tusker/

Commercial Station und setzt sich dann in Thika am Kenyatta Highway in ein Matatu nach Ol Doinyo Sabuk/Kilimambogo für 60 Ksh. Vom Dorf, wo man einige einfache Läden und Hotelis findet, sind es nur noch 2 km bis zum Gate.

Mit dem eigenen Fahrzeug sind es von der A2 Nairobi – Thika 19 km auf der A3 nach Garissa bis zur Abzweigung zum Ol Doinyo Sabuk National Park. Nach 2,3 km Piste biegt links der Weg zu den 14 Falls ab, deren Parkplatz man nach 700 m erreicht. Zum Nationalpark folgt man der Hauptpiste weitere 1,5 km bis zum Dörfchen Ol Doinyo Sabuk/Kilimambogo und biegt dort nach rechts ab. Nach 700 m hält man sich an der Weggabelung links, nach weiteren 1,4 km erreicht man das Parkgate.

Parkgebühren und Öffnungszeiten

- Die **Eintrittsgebühren** stehen auf S. 55.
- Der Park ist **täglich von 6.30–18 Uhr geöffnet**.

Mwea National Reserve

⚓ XVII/D2,3

Jahrelang lag das Mwea National Reserve im Dornröschenschlaf, und noch immer gehört das 1976 mit ursprünglich 68 km² ausgewiesene Schutzgebiet zu den selten besuchten. Durch **illegale Landnahme** der lokalen Bevölkerung verkleinerte sich seine Fläche um ein gutes Drittel auf heute 42 km², **Wilderei und Holzeinschlag** grassierten, Vieh wurde in dem Gebiet geweidet, die Infrastruktur des Parks verkam. Dabei ist Mwea ein Gebiet mit großem Naherholungspotenzial und für Leute aus Nairobi der perfekte Platz für ein Wochenende in schöner Natur.

Die nordöstliche Grenze des National Reserve wird vom Thika River gebildet, der am Mt. Kenya entspringt und in den Tana River mündet, der hier vom Kamburu-Damm auf-

gestaut wird. Der Tana wiederum markiert die südöstliche Grenze. Das **Kamburu-Stauwerk** ist Teil einer Kette von Talsperren im Tana-River-Bassin, mit denen hydroelektrische Energie erzeugt wird, daher auch die Hochspannungsleitung im Reservat.

Neben den Möglichkeiten zum **Angeln** sind auch **Bootsfahrten zu den Inselchen im See** möglich, wo man Tiere beobachten oder einfach nur picknicken kann. Ins Reisegepäck gehören Fernglas und Vogelbestimmungsbuch, denn hier **200 verschiedene Vogelarten** leben hier, darunter viele Raub-, Wasser- und Stelzvögel. Baden kann man im Tana nicht, denn im Stausee gibt es **Krokodile.** Auch etwa 60 **Nilpferde** scheinen sich hier wohlzufühlen, die man am besten vom Hippo Point aus beobachten kann.

Das überwiegend von Busch überzogene Mwea National Reserve ist Heimat für eine Reihe anderer Tiere, darunter drei Primatenarten, Elefant, Büffel, Buschbock, Wasserbock, Kleiner Kudu, Impala, Warzenschwein und Kuhantilope. Im schattigen Dickicht sind neben vielen Schmetterlingen leider auch **Tsé-Tsé-Fliegen** unterwegs. Inzwischen umschließt ein solarbetriebener Starkstromzaun die Landseite von Mwea und neue Arten, wie Zebra und Rothschild's Giraffe, wurden eingeführt.

Der KWS ist schwer bemüht, das Mwea National Reserve für Besucher durch die schrittweise **Verbesserung der Infrastruktur** attraktiver zu machen.

Infos und Kontakt

- **The Warden, Mwea National Reserve,** Tel. 068/20301.

Unterkunft

Das Reservat verfügt über sieben Campsites und einen Picknickplatz. Wer keine Campingausrüstung besitzt, kann am Masinga-Stausee, in knapp 14 km Entfernung, im Masinga Dam Resort übernachten. Oder man fährt für die Nacht nach Embu weiter.

Die **Campinggebühren** sind auf S. 56 aufgelistet.

Zentrales Hochland

•Masinga Dam Resort

Tel. 020/535834, -35, Mobil: 0721/820399, tarda@wananchi.com; Standard Wing: 1500/2000 Ksh SC BB, Executive Wing: 2000/3000 Ksh SC BB; Mahlzeiten: Frühstück 500 Ksh, Lunch-Buffet 750 Ksh, Dinner 850 Ksh. Die Zimmer sind ziemlich steril, aber sauber. Viel zu tun gibt es hier nicht, und man fragt sich, ob in dem abgelegenen Hotel – ursprünglich für die Ingenieure, die den Staudamm errichteten, erbaut – wohl jemals Lärm die Bar erfüllt. Vom oberen Teil des Hotels hat man einen sehr schönen Blick über den Masinga-Stausee, der in einer flachen, wenig aufregenden Landschaft liegt. Immerhin, es gibt einen Swimmingpool (2000 Ksh für Nicht-Gäste), Restaurant und Bar sowie Conference Facilities. Und: Im Stausee direkt vor der Nase kann man günstig fischen. Tilapia, Mudfish und Common Cup sind die vorherrschenden Arten, die hier anbeißen.

Anreise

Mit öffentlichen Verkehrsmitteln ist das Mwea National Reserve nicht zu erreichen. **Mit dem Auto** stehen prinzipiell **drei Zufahrtswege** offen.

Von der A3 zwischen Thika und Garissa fährt man auf der B7 in Richtung Embu und biegt nach 25 km hinter dem Örtchen Kaewa auf die Teerstraße zum Masinga-Staudamm und zum Masinga Dam Resort ein. Nach 10,7 km Teer sind es nochmals 14 km Piste zum Makima Gate.

Kommen Sie **aus Richtung Embu,** biegen Sie bei km 14 ab Uhrturm im Zentrum von Embu rechts ab. Es sind noch rund 20 Pistenkilometer bis zum Gate.

Parkgebühren

•Die **Eintrittspreise** stehen auf S. 55.

Mt. Kenya Ring Road (Lewa Wildlife Conservancy) – Isiolo

•**20 km**
•**Geteert,** einige große Schlaglöcher. Zahlreiche Matatus von Meru und Nanyuki aus.
•**Fahrtzeit:** 45 Minuten.

Von der Mt. Kenya Ring Road geht es mit starkem Gefälle 20 km auf schnurgerader Strecke nach Isiolo hinunter. Mit jedem Meter scheint das Land trockener und heißer zu werden. Die Vegetation trägt bereits das gelbliche Kleid von Nordkenia, die grünen Hochländer im Westen und Süden des Bergs scheinen nur noch wie ein Traum. Zur Linken erstreckt sich die **Lewa Wildlife Conservancy,** ein großes privates Wildschutzgebiet, das wegen seiner vielen Nashörner einen Abstecher lohnt (s.u.). 4 km nach der Abzweigung von der Ring Road passiert man das äußere Gate von Lewa, das durch den gut sortierten Farmshop mit Souvenirs, Früchten, Käse und Gemüse kaum zu übersehen ist. Bis zum inneren Gate, an dem man den Eintritt bezahlt und einen Ranger als Begleiter erhält, sind es nochmals rund 6 km über das Gebiet der angeschlossenen Farm.

9 km ab der Ring Road passiert man die kleine Ortschaft **Maili Saba,** in der sich eine Militärakademie der kenianischen Infanterie befindet. Bei km 13 folgt linker Hand der Straße der **Rangelands-Campingplatz.** 5 km später passiert man am Ortseingang von Isiolo einige Curio-Läden. Die Ortsdurchfahrt dürfte das Straßenstück mit den meisten Speedbumps in ganz Kenia sein. Fleißige Geister haben hier insgesamt 21 Stück dieser unerfreulichen Spezies gezählt.

Lewa Wildlife Conservancy und Il Ngwezi Group Ranch

Bei der Lewa Wildlife Conservancy (www.lewa.org, Tel. 064/31405, 020/607197) handelte es sich ursprünglich um die 160 km² (!) große Privatfarm der Familie *Craig*, die hier bereits seit 1924 ansässig ist. 1983 nahmen die Craigs ein Stück der Farm aus dem landwirtschaftlichen Betrieb und engagierten sich mit der Gründung des **Ngare Sergoi Rhino Sanctuary** für den **Schutz der Spitzmaulnashörner.** Nach und nach schränkten sie die Landwirtschaft zugunsten der Wildtiere weiter ein, sodass es auf der Farm nun 80 Prozent Wildtiere und nur 20 Prozent Rinder gibt. 1994 wurde das Gelände mit einem Elektrozaun umzogen. Nachdem auch der staatliche **Ngare Ndare Forest** mit in die geschützte Fläche integriert wurde, umfasst das Sanctuary nun eine Fläche von rund 240 km², was deutlich mehr als das berühmte Samburu National Reserve ist!

Mit **550 Grevyzebras** leben in Lewa rund 20 Prozent des weltweiten Bestandes dieser bedrohten Tierart, die in ihrem restlichen Verbreitungsgebiet immer seltener wird. Die eigentlichen Stars von Lewa sind aber die inzwischen **über 40 Spitzmaulnashörner und ebenso viele Breitmaulnashörner,** hinter denen sich am frühen Morgen die Form des schneebedeckten Mt. Kenya abzeichnet. Aber auch nach Norden genießt man wunderbare Blicke hinunter in die Ebenen um Isiolo, auf die Mathew's Range und den Ol Lolokwe-Berg. Die **Landschaften** von Lewa umfassen sanft gewellte Grassavannen, einige Flüsse, Sumpfland (in dem sogar die seltenen Sitatunga-Sumpfantilopen vorkommen!), Akaziendickicht und Urwälder. **Weitere Tierarten,** die man in der Conservancy beobachten kann, sind Somali-Strauß, verschiedene Dikdiks, Leoparden, Löwen, Beisa-Oryx-Antilopen und saisonal auch Großer Kudu sowie Elefanten, die in den Regenzeiten nach Norden wandern.

Von Beginn an hat Lewa auch die benachbarte Il Ngwezi Samburu Group Ranch dabei beraten, einen Teil ihrer Ländereien für **Wildschutz und Tourismus** zu nutzen. Dank dieses erfolgreichen Pilotprojektes sind in den vergangenen zwei Jahrzehnten immer mehr Communities diesem Beispiel gefolgt, und es konnten riesige Ländereien in Laikipia und Nordkenia im ursprünglichen Zustand erhalten bleiben und die Wilderei eingedämmt werden – zum beidseitigen Nutzen von Mensch und Wildtieren. Einmal jährlich, Mitte Juni, findet auf Lewa der **Lewa Downs Marathon** statt, der durch das Sanctuary führt und wegen der Höhe auf durchschnittlich 2000 m als eines der zehn härtesten Marathonrennen der Welt gilt. Verbunden ist der Event mit Fundraising für den Naturschutz und die Nashornzucht auf Lewa.

Man kann das Lewa Wildlife Sanctuary **mit eigenem Fahrzeug besuchen.** Der Eintritt beträgt 25 US$ pro Kopf und Tag. Am Gate erhält man einen **Ranger als Begleitung.** Lewa ist **während der Regenzeiten,** d.h. zwischen 1. April und 1. Mai sowie vom 21. Oktober bis zum 1. Dezember, **geschlossen.**

Unterkunft

In Lewa

● **Lerai Tented Camp**
In Lewa, rund 14 km vom inneren Gate entfernt; Buchungen über Savannah Camps in Nairobi, s. S. 107; HS: 290/480 US$, LS: 220/410 US$. Die Preise verstehen sich inklusive aller Mahlzeiten, Pirschfahrten und der Eintrittsgebühren für Lewa. Die Unterkünfte bestehen aus luxuriösen Zelten, die auf erhöhten Plattformen stehen und mit elektrischem Licht, großem Bett und Badezimmer ausgestattet sind. Das Restaurant, die Bar und das „Wohnzimmer" des Camps sind in einem gemütlichen Zedernholz-Cottage untergebracht, von dem man auf ein Flutlichtwasserloch blickt. Es werden auch Nachtpirschfahrten unternommen, zudem Sundowner-Ausflüge und geführte Vogelspaziergänge.

● **Wilderness Trails**
Das fürstliche Privathaus der *Craigs* mit 8 angeschlossenen Cottages für 16 Gäste. Hoher

Standard. Aktivitäten u.a.: Nachtpirschfahrten, Reitausflüge, Kameltouren. Pool. Buchung über Bush Homes of East Africa, s. S. 107.

● **Kifaru House**
1 Haupthaus, 6 geschmackvolle Cottages und Swimmingpool. Buchungen über www.bush-and-beyond.com, Tel. 020/600457.

● **Lewa House**
Großer, offen gebauter Dining-Bereich, drei schöne Cottages. Buchung über www.bush-and-beyond.com, Tel. 020/600457.

● **Lewa Safari Camp**
12 luxuriöse Zelte mit Swimmingpool. Buchung über Cheli & Peacock, s. S. 228.

Il Ngewzi Group Ranch

Die Il Ngewzi Group Ranch, eine 66 km² große Gemeinschaftsranch von einigen hundert Samburu im Nordwesten von Lewa, betreibt zu Füßen des Mukogodo-Bergs am Ngare Ndare River eine **kleine Touristenlodge mit tollem Panoramablick.** Die Gäste können Kameltrekking, Fußsafaris, Wanderungen entlang des malerischen Flusses, Pirschfahrten und Sundowner-Ausflüge in die Berge machen. Neben einer grandiosen Pflanzenwelt sind hier die gleichen Tiere zu sehen wie in Lewa, darunter auch Elefanten, die von November bis März und im Juni durchziehen. Außerdem gibt es ein Kulturzentrum, in dem Handwerkskunst und Traditionen der Samburu erläutert werden. Die Samburu arbeiten als Führer, Wildhüter und Lodgepersonal in ihrem eigenen Projekt, dessen Einnahmen u.a. für das Gesundheitswesen, die Ausbildung und andere Gemeinschaftsvorhaben verwendet werden.

● **Il Ngewzi Lodge**
Buchungen gehen über Let's Go Travel in Nairobi, s. S. 106. Die Lodge wird nur komplett für 385 US$ vermietet, was ein fairer Preis ist. Sie kann bis zu 12 Gäste in 6 Bandas beherbergen. Lebensmittel und Getränke müssen selber mitgebracht werden, es gibt aber einen kleinen Laden mit unverderblichen Vorräten, auf Wunsch kocht das Personal. Die Lodge ist nicht nur wegen der wunderschönen Lage am Fuß des Mukogodo-

Mira'a

Bei der Mira'a-Pflanze, die den wissenschaftlichen Namen *Catha edulis* besitzt und im arabischen Raum als **Kat** bekannt ist, handelt es sich um einen **Baum, dessen Wildform von Äthiopien bis hinunter nach Mosambik vorkommt.** Die Blätter und jungen Triebe, die eine **aufputschende Wirkung** besitzen, werden mit einem Kaugummi zerkaut, der entstehende Pflanzenbrei wird in der Backe gesammelt. Der Speichel löst die anregenden Wirkstoffe, dem Ephedrin verwandte Alkaloide, heraus. Von der WHO wird Mira'a zwar als Droge eingestuft, deren Einfuhr nach Deutschland inzwischen verboten ist, eine körperliche Abhängigkeit konnte allerdings bisher nicht nachgewiesen werden. In Kenia ist der Genuss legal. Besonderer Beliebtheit erfreut sich Mira'a vor allem im Jemen, in Somalia, Eritrea und einigen Gegenden Äthiopiens.

Auf Plantagen wird die Pflanze in Kenia nur an der östlichen Flanke des Mt. Kenya und im Gebiet der Nyambeni Hills angebaut. An der Nordseite der Chyulu Range und im Samburu-Land werden auch Wildbestände geerntet. Der **Anbau ist für die Bauern außerordentlich lukrativ,** die regionale wirtschaftliche Bedeutung von Mira'a übersteigt die jeder anderen Nutzpflanze. Der Hauptabnehmer für die kenianische Produktion ist Somalia. Da die Ware schnell verdirbt, wird der Export mit notorisch unsicheren Fliegern, die hoffnungslos überladen und schlecht gewartet sind, von Nairobi aus abgewickelt. In Verruf geraten ist der Mira'a-Handel vor allem durch die Verbindungen zu somalischen Warlords, die die Lieferungen z.T. mit Waffen bezahlen, die dann in Kenia an diverse Kriminelle weiterverhökert werden.

Bergs etwas ganz Besonderes, sondern auch, weil sie ausschließlich aus natürlichen Materialien gebaut wurde. Ein Swimmingpool ist vorhanden. Meist über lange Zeit im Voraus ausgebucht.

Meru – Nyambeni Hills – Maua – Meru National Park

- **75 km**
- Von Meru bis Maua zunächst Teerstraße mit gelegentlichen Schlaglöchern, von Maua bis zum Meru Parkgate Piste.
- **Tankmöglichkeit:** Maua.
- **Fahrtzeit:** 2 Stunden.

Die C91 von Meru nach Maua und zum Meru National Park biegt im oberen Stadtteil Makutano ab. Hinter dem Ortsausgang fährt man an den ausladenden Grundstücken einiger Schulen vorbei. bevor bei km 4,5 nach links eine Teerstraße abbiegt, die nach 12,5 km wieder auf die C91 stößt. Beide Straßen führen durch landwirtschaftlich intensiv genutztes Gebiet. Tabak-, Tomaten- und Maisfelder sowie ausgedehnte Gärten mit Mira'a-Bäumen verschaffen den Bauern ein gutes Einkommen. Man fährt direkt auf den imposanten **Itiene-Vulkan** zu, der mit immerhin 2514 m die höchste Erhebung der Nyambeni Hills darstellt. Im Örtchen **Murere,** bei km 9,5 nach dem Wiederaufeinandertreffen, biegt links eine schlechte Piste nach Isiolo (30 km) ab, nach weiteren 1,5 km kommt man in den größeren Ort **Muthara Market,** in dem es zahlreiche Bars, Dukas und einfache Unterkünfte gibt.

Direkt am Ortsausgang beginnt der **landschaftlich reizvolle Aufstieg in die Nyambeni Hills,** zur Rechten sehen Sie den Itiene, der letzte Reste von Urwald trägt, aber es überwiegen auch an steilen Hängen die Äcker. 4,5 km hinter Muthara gelangen Sie in das Bergörtchen **Karama,** dessen Umge-

bung von Teegärten geprägt wird. Immer wieder öffnen sich schöne Blicke nach Norden auf die wüstenartigen Ebenen, aus denen erloschene Vulkane aufragen.

Bei km 9 ab Muthara biegt rechts eine zerlöcherte, streckenweise steile Teerstraße ab, die bis zu den Sendeanlagen auf dem **Gipfel des Itiene** führt. Wegen der Bewaldung und des Bambus hat man von ganz oben keinen guten Blick, aber auf der Fahrt öffnen sich malerische Aussichten, die nach Norden bis zum Warges-Berg und zur Mathew's Range reichen.

4 km nach der Abzweigung (an der ein Schild mit der Aufschrift „Nkinyanga County School" steht) durchfährt man **Kangeta,** wo wie überall in den Nyambeni Hills prächtige Korallenbäume wachsen. Im Ort biegt nach links eine schöne, aber ziemlich schlechte Piste nach Norden ab, die dem Hauptkamm der Nyambeni Hills folgt. Wenn Sie nach dem Besuch des Meru National Park zum Shaba National Reserve weiter wollen, ist dies eine interessante und selten benutzte Zufahrt. Da es auf dieser Strecke vor einiger Zeit angeblich Probleme mit der Sicherheit gab, muss man sich vorher in Kangeta schlau machen.

Hinter Kangeta windet sich die Straße wieder bergab. Nach dem Örtchen **Meili Tatu,** bei km 11 ab der Straße auf den Gipfel des Itiene, biegt links die Straße zum Meru National Park ab, während man das Regionalzentrum Maua nach weiteren 3 km erreicht.

Das überaus **lebhafte Städtchen Maua,** der Verwaltungssitz des Nyambene District, liegt in einem fruchtbaren Tal. Offenbar lebt der Ort ausgezeichnet von der landwirtschaftlichen Produktivität der Region, besonders von Mira'a und Tee. Die Teefelder ziehen sich die Hänge bis an den Ortsrand hinunter. Möglicherweise erklärt sich dadurch auch, dass Maua die kenianische Stadt mit der höchsten Rate an Lodges, Bars und Hotelis pro Einwohner sein dürfte. Maua besitzt auch sonst eine ansehnliche Infrastruktur, u.a. mit Barclays Bank.

Die 27 km von der Straßenkreuzung bis **zum Meru National Park** sind durchwachsen. Immer weiter hinunter geht es in das

Zentrales Hochland

heiße, trockene Flachland. Während die Besiedlung dünner wird, macht sich Savanne breit. Bei km 26 passieren Sie die neuen Park Headquarters des Meru National Reserve, 1 km darauf stehen Sie am Murera Gate.

Meru National Park

♪ XXIII/D2,3

Der Nationalpark

Der Meru National Park ist eine wilde, **selten besuchte Schönheit** mit Grassavannen, Busch- und Galeriewäldern, Sumpfgebieten und Flusslandschaften. Er erstreckt sich 20 km südöstlich der bis zu 2514 m hohen **Nyambeni Hills,** die eine imposante Kulisse für den Flachlandpark liefern, der auf durchschnittlich 400–500 m ü.NN liegt und in seinem südlichen Teil vom **Äquator** durchschnitten wird. Obwohl das Schutzgebiet selbst nur 600–800 mm Niederschlag erhält, besitzt es zahlreiche Flüsse, die in den feuchten Bergen entspringen, wo 1000–1600 mm Regen fallen. Der 870 km² große Nationalpark, der die Form eines spitzen gleichschenkligen Dreiecks besitzt, wird im Süden von Ura River und Tana River und im Nordosten von Murera River und Rojewero River begrenzt, die gleichzeitig die Grenze zum Bisinadi National Reserve markieren und die Territorien des bantuiden Meru-Volkes und der kuschitischen Borana-Nomaden voneinander trennen.

Beiderseits des mittleren Tana River bilden fünf National Parks und Reserves ein rund 4500 km² großes geschütztes Gebiet. Am nördlichen Ufer des Tana schließt sich östlich an den Meru-Park das 606 km² große **Bisinadi National Reserve** an. Noch weiter östlich liegt das **Rahole National Reserve,** das eigentlich nur auf dem Papier existiert. Auf der Südseite des Tana River erstreckt sich das **Mwingi National Reserve,** welches seine Ostgrenze mit dem **Kora National Park** (s.u.) teilt. Doch wirklich erschlossen von diesem riesigen Gebiet ist bisher lediglich der **Meru**

National Park, und auch der sieht jedes Jahr nur eine Hand voll Besucher. Früher war das anders. Der Wandel kam in den 1980er Jahren. Kaum ein Park in Kenia wurde derart von den **Somali-Wildererbanden** heimgesucht, die von Osten einfielen, um mit gewildertem Elfenbein und Nashorn die Waffenkäufe der somalischen Bürgerkriegsfraktionen zu finanzieren. Damals wurde der gesamte Rhinozerosbestand ausgerottet, für den Meru einst so berühmt war – inzwischen sind wieder einige Tiere ausgewildert worden. Noch verheerender aber war aber die **Ermordung mehrerer Touristen** durch die Wilderer. In der Folge blieben die Gäste aus und die beiden Lodges im National Park wurden aufgegeben, die Infrastruktur verkam. Das bekannteste Opfer der Somali-Wilderer war *George Adamson,* der 1989 auf der anderen Seite des Tana River im heutigen Kora National Park mit zwei seiner kenianischen Mitarbeiter ermordet wurde. Joy und George Adamson hatten den Meru National Park in den 1960er Jahren mit ihren Büchern und Filmen über die Auswilderung der Löwin *Elsa* und später der Gepardin *Pippa* bekannt gemacht.

Die Reaktion des KWS war eine knallharte **Anti-Wilderer-Kampagne.** Seit Anfang der 1990er Jahre ist der Nationalpark wieder sicher, und es wurde viel Geld investiert, um Meru zu rehabilitieren. Durch eine neue Brücke über den Tana River wurde der südlich gelegene Kora National Park zugänglich gemacht. In das Bisanadi National Reserve werden Touristen aber immer noch nicht ohne Rangerbegleitung gelassen.

Kein Nachteil oder Vorteil: Erst allmählich kommen die Gäste zurück, noch aber ist die **unberührte Wildnis** ein Lust(tier)garten für alle, die Abgeschiedenheit und Ruhe suchen. Die Chancen, auf andere Reisende oder gar Safaribusse zu treffen, sind klein. Die Beobachtung der scheuen Tiere ist allerdings nicht ganz so einfach wie in Samburu und Buffalo Springs nördlich von Isiolo.

Die Regionen des Parks

Obwohl der Meru National Park ein **Flachlandpark** ist, weist er eine abwechslungsreiche Landschaft auf, zu deren Reiz die vulkanischen Erhebungen der Nyambeni Hills an seiner Westgrenze beitragen. Von der Parkgrenze, die auf knapp 800 m liegt, fällt das Terrain des Parks zum Tana River hin bis auf rund 300 m ü.NN ab. Insgesamt 15 größere und kleinere Flüsse – die wichtigsten, ganzjährig wasserführenden, sind der **Rojewero** und der **Ura River** – durchziehen das Gebiet. An ihren Ufern haben sich prächtige Galeriewälder mit mächtigen Feigen- und Anabäumen sowie ein schier undurchdringliches Raphiapalmen-Dickicht gebildet. Der Nordwesten des Parks wird von ausgedehnten Ebenen geprägt. Mit Akaziengehölzen durchsetzte Grassavannen, auf denen mächtige Termitenhügel stehen, wechseln sich mit den ausgedehnten Sumpfgebieten von Mulika, Bwatherongi, Leopard Rock, Mururi und Mughwango ab. Neben den skurril verzweigten Doumpalmen sind in diesen wildreichen Gebieten die Phoenixpalmen eine auffällige Charakterpflanze.

Aus der flachen Landschaft erheben sich immer **einzelne Inselberge oder Kopjes,** von denen man eine wunderbare Sicht über die Savannenlandschaft genießt. Nicht umsonst sind zwei von ihnen, **Leopard Rock** und **Elsa's Kopje,** als Standort von Touristencamps ausgewählt worden. Auch Leoparden und Löwen lieben diese Ausgucke, mit etwas Glück kann man vielleicht eine Raubkatze auf den einsamen Felsen von Kinouni, Ntoe, Shifta Rocks oder Rainkombe erspähen.

Während nördlich des Rojewero River Black Cotton Soil dominiert, herrschen **im südöstlichen Parkteil** sandige Böden vor. Dies und die niedrigeren Niederschläge bringen einen abrupten, fast gespenstischen Vegetationswechsel mit sich, der man auf dem Weg aus dem Westen zum Tana River sehr gut beobachten kann. Unterwegs, bei Kreuzung 13, passiert man den Campplatz, an dem *Joy Adamson* versuchte, das Gepardenweibchen *Pippa* auszuwildern und an dem sich auch die Grabstelle des Tieres befindet. Kilometerlang fährt man durch den trockenen Nyika-Busch, den im Südosten vor allem verschiedene Akazien- und Commiphora-Arten bilden, während er im Südwesten aus Combretum-Arten besteht.

Die Südgrenze des Parks bildet der **Ura River,** der sich beim Rangerposten von Kampi ya Teziwa mit dem mächtigen **Tana River** vereinigt. Während das Wasser des Ura dunkel und klar ist, sind die Fluten des Tana hell und lehmig. Die Ufer des Tana säumen Sandbänke und mächtige Galeriewälder, Nilpferde und Krokodile sind hier häufig.

Die größte Attraktion des Tana sind jedoch die **Adamson's Falls,** benannt nach George *Adamson,* der sie während seiner Zeit als Wildhüter entdeckte. Der Fluss stürzt hier in mehreren Stufen über ein Granitband, das quer zum Fluss verläuft. Die Höhe der Wasserfälle ist weniger beeindruckend, aber die verschiedenfarbigen Granitformen, die das Wasser ausgeschliffen hat, wirken wie mächtige Skulpturen. Wie hoch das Wasser nach heftigen Regenfällen steigen kann und welche Wucht es besitzt, demonstrieren die Baumstämme, die wie Streichhölzer geknickt und aufs Trockene geworfen wurden. Flussabwärts von den Fällen überquert die neue Tana-Brücke den Fluss und ermöglicht die Weiterfahrt in den Kora National Park.

Die Tierwelt

Früher war der Meru National Park vor allem wegen seiner Rhinozerosse berühmt, einige Tiere leben inzwischen wieder hier. Glücklicherweise hat die vielfältige Tierwelt des Meru National Park unter der Wilderei ansonsten nicht allzu schlimm gelitten. Nach wie vor gibt es im feuchten, sumpfigen Westteil große **Elefantenverbände,** und bisweilen trifft man auch auf riesige **Herden von Wildbüffeln,** die bis zu 300 Tiere zählen können. Die Raubtiervorkommen sind spätestens seit den Adamsons bekannt: Neben **Löwen** und **Leoparden** gibt es hier auch **Geparden** und Wildhunde, aber auch kleinere Katzen, etwa Servale, Zibet- und Ginsterkatzen sowie Tüpfel- und Streifenhyänen.

Der Meru National Park ist das südlichste Verbreitungsgebiet einer Reihe von trockenheitsliebenden Tierarten, die ansonsten nur in Nordkenia oder jenseits davon vorkommen. Dazu zählen das seltene **Grevyzebra,** die **Netzgiraffe,** der blaubeinige Somali-

Zentrales Hochland

Der Kora National Park und George Adamson

Bisher hat der Kora National Park ein Dasein in völliger Vergessenheit gefristet. Das 1787 km² große Gebiet am südlichen Ufer des Tana River lag einfach viel zu weit ab vom Schuss, um in nennenswertem Umfang Touristen anzulocken. Hinzu kommt, dass Kora, bereits 1974 als Reserve ausgewiesen, in den 1980er Jahren massiv von somalischen Wilderern und Rinderhirten unsicher gemacht wurde. **Bis vor kurzem** war der Park auch überhaupt **nicht auf Besucher eingerichtet** und erst allmählich beginnt der Aufbau eines Pistensystems, gerade wurde erst das Parkhauptquartier fertig gestellt, als nächstes sollen einige Campingplätze entstehen. Und durch die 1998 fertig gestellte Tana-Brücke ist ein Besuch vom Meru National Park aus nun überhaupt kein Problem mehr.

Die **Landschaft** des Kora wird vor allem von trockenem Dornbusch geprägt, aus dem einzelne Inselberge herauswachsen, wie z.B. der Kora Rock, von dem das Schutzgebiet auch seinen Namen hat. Am Ufer des Tana River, in dem große Krokodil- und Nilpferdbestände leben, ziehen sich üppige Galeriewälder entlang. Generell sind Tierbeobachtungen im Buschland von Kora nicht einfach, denn das Wild ist nicht an Menschen gewöhnt. Im Kora National Park finden sich auch noch die Überreste von **Kampi ya Simba,** dem Camp, in dem George Adamson bis zu seinem gewaltsamen Tod im Jahre 1989 19 Jahre gelebt hat.

George Adamson, der in Indien geborene Sohn eines britischen Kolonialbeamten, war ein außerordentlich schillernder Charakter. Bereits als junger Mann kam er mit seinem Bruder nach Kenia und hatte glücklos alle möglichen Professionen ausprobiert. Er nahm am Goldrush in Kakamega teil, versuchte sich als Händler und Großwildjäger und durchstreifte in dieser Zeit die wilden Gebiete von Kenia. Schließlich wurde er Wildhüter im Dienst der Krone und durchwanderte mit seinen einheimischen Untergebenen monatelang die Wildnis seines nordkenianischen Bezirks, ohne einen Weißen zu sehen. Sein Job war es, Elefanten und Löwen zur Strecke zu bringen, die außer Kontrolle geraten und zu Killern geworden waren. Außerdem sollte er Wilderer verhaften. Im Outback lernte er die österreichische Verhaltensforscherin und Künstlerin **Joy Bally** kennen, die er wenig später heiratete. Die beiden wurden in den 1960er Jahren durch Joy Adamsons Bücher und die Filme über die Löwenwaise Elsa, die sie aufzogen und später im Meru National Park auswilderten, weltberühmt.

Auf ihre alten Tage gingen die beiden Individualisten ihren eigenen Projekten nach. Anstatt sich in ein geruhsames Rentnerdasein zurückzuziehen, baute George Adamson mit 64 Jahren am Tana River ein einfaches Camp auf und setzte seine Auswilderungsversuche von verwaisten Löwen fort. Das Camp wurde zu so etwas wie einem Szenetreff für Schauspieler und andere Berühmtheiten, es war aber auch einfach zu unglaublich, was für eine Beziehung der alte Mann, den wohl kaum jemand anders als mit kurzer Hose, braun gebranntem Oberkörper und schlohweißem Rauschebart gesehen hat, zu seinem Löwenrudel besaß, mit dem er durch den Busch streifte. Als „Bwana Simba", als „Löwenmann", war er überall bekannt.

Seine Arbeit in Kampi ya Simba, im „Löwen-Camp", war unter Naturschützern ziemlich umstritten. Bei aller – möglicherweise berechtigter – Kritik darf man nicht die großen Verdienste der Adamsons für den Schutz der afrikanischen Natur vergessen. Joy Adamsons Bücher und Filme änderten die Einstellung der europäischen Öffentlichkeit gegenüber der Großwildjagd und beflügelten den beginnenden Safaritourismus. Und Frau Adamson steckte praktisch ihr gesamtes Vermögen in den Naturschutz. Ohne die Gelder ihrer **Stiftung Born Free** („Frei geboren", das war der Originaltitel des ersten Elsa-Buches) hätte es niemals einen Kora, Meru oder Hell's Gate National Park gegeben.

Im Laufe der Jahre gab es immer heftigere **Konflikte mit Somali-Hirten,** die ihre Herden in das Kora National Reserve zum Weiden trieben. Die Situation eskalierte so weit, dass George Adamson am 3. September 1989 im Alter von 83 Jahren mit zwei seiner Mitarbeiter von Somalis erschossen wurde. Das Verbrechen sorgte für großes internationales Aufsehen, die Täter wurden allerdings nie gestellt, und über das Motiv kann man nur spekulieren. Wenige Wochen später, am Tag der Beisetzung von George Adamson, wurde Kora von der Regierung zum National Park erklärt.

Die einzige Überlebende des Überfalls, die Deutsche Inge Ledertheil, die sich damals gerade zu einem Besuch in Kampi ya Simba aufhielt, gründete im Andenken an George Adamson die Naturschutzorganisation „Frei Geboren", die verschiedene Nationalparks in Kenia – u.a. auch Kora – unterstützt. Über das Leben von George Adamson ist 1997 im Shaba National Reserve übrigens der Film „To walk with Lions" gedreht worden, der aber nie in deutsche Kinos kam. Die unterhaltsame Autobiografie „Meine Löwen, mein Leben", in der er sein aufregendes Leben aufrollt, erhält man bei „Frei Geboren – Artenschutz für Tier und Natur e.V.".

Strauß, der Eritrea-Spießbock, Rainey's Grantgazelle und die Giraffengazelle, die auch Gerenuk genannt wird. Gleichzeitig ist der Meru National Park nördlichstes Verbreitungsgebiet einiger Tierarten, und zwar von Kongoni, Kirk-Dikdik und Kronenducker. Besonders bemerkenswert sind auch die guten Beobachtungsmöglichkeiten für den **Kleinen Kudu,** der sich vorwiegend im dichten Busch des südöstlichen Parkteils aufhält.

Zudem gibt es viele andere **Gazellen- und Antilopenarten,** etwa größere Herden von Elenantilopen, die sich gerne in den trockenen Ebenen in der Region des Golo Campsite aufhalten, Wasserböcke, die man stets nahe der Flüsse findet, sowie Buschböcke, die dichte Vegetation bevorzugen. Impalas, die Allerweltsgazellen, kann man auf den Grasländern kaum übersehen und auch Warzenscheine sind hier häufig. An den Kopjes gibt es Klippschliefer. Mit einem guten Auge kann man hier sogar **Klippspringer,** eine kleine Antilopenart mit sagenhafter Kletterfähigkeiten, entdecken.

Bei über **300 verschiedenen Vogelarten** kommen in Meru auch „Birdies" auf ihre Kosten. Besonders gut sind die Beobachtungsmöglichkeiten für Greifvögel, in den Sumpfgebieten sieht man Reiher, Störche und Kiebitze, auf den Grasländern Trappen und im trockenen Süden Tauben, Tokos, Spinte und das schöne Geierperlhuhn, an den Flüssen Fischeulen und Eisvögel. Auffallend häufig sind im Park auch verschiedene Webervögel, Bienenfresser und Stare.

Im Park unterwegs

Generell gesagt ist der **Nordwesten des Parks,** in dem die meisten Tiere zu beobachten sind, **durch ein sehr gutes und dichtes Wegenetz erschlossen.**

Im Prinzip besitzt der Meru National Park ein **vorbildliches System an Wegweisern.** Mit Hilfe der Nummerntäfelchen an den Kreuzungen und einer Landkarte findet man sich völlig unkompliziert zurecht. Der äußerste Westen, also die gesamte Region zwischen den Kreuzungen 31 und 37 im Norden sowie 51 und 58 im Süden, eignet sich gut zu

Zentrales Hochland

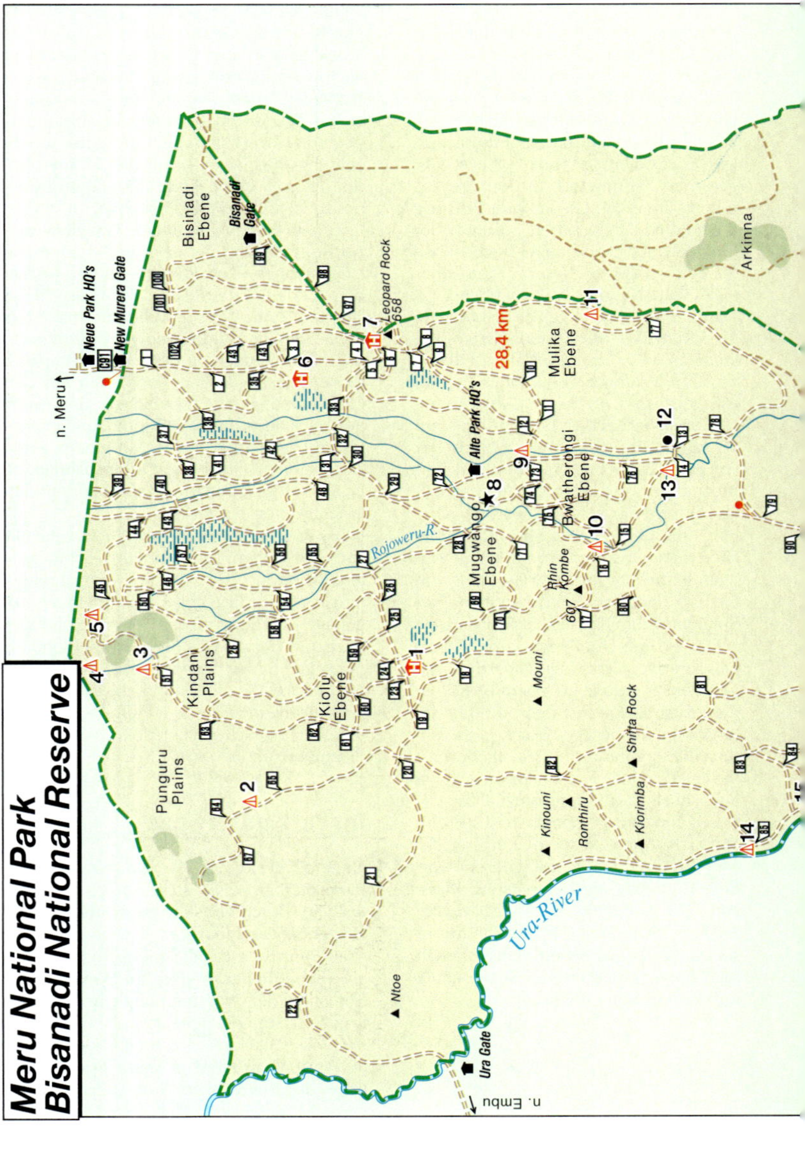

Meru National Park
Bisanadi National Reserve

n. Meru

Bisinadi Ebene

Bisanadi Gate

Neue Park HQ's
New Murera Gate

Leopard Rock 558

28,4 km

Mulika Ebene

Arkinna

Alte Park HQ's

Mugwango Ebene

Rojoweru-R.

Bwatherongi Ebene

Rhin Kombe

Mouni

Rhin 607

Kindani Plains

Kiolu Ebene

Punguru Plains

Kinouni

Ronthiru

Shifta Rock

Kiorimba

Ntoe

Ura-River

Ura Gate

n. Embu

Zentrales Hochland

BISANADI NATIONAL RESERVE

MERU NATIONAL PARK

27,8 km

Tana- River

zum Kora N.P.

Legend:

- Rangerpost/Gate
- Hotel, Lodge
- Campsite
- ★ Sehenswürdigkeit
- ▲ herausragende Erhebung
- ● sonst. Orientierungspunkt
- Straßennummer
- Nummer d. Wegkreuzungen
- Hauptpiste
- Pfad
- Parkgrenze
- 27,8 km Kilometrierung
- Baumbestand
- Sumpfgebiet

Scale: 0 — 5 km

1	Elsa's Kopje Lodge
2	Campi Ya Mamba
3	Kindani Camp
4	Campi Ya Nyati Campsite
5	Kithanga Campsite
6	Meru Mulika Lodge
7	Leopard Rock Lodge
8	Hippo-Pools
9	Bwatherongi Campsite & Bandas
10	Rojowero Campsite
11	Golo Campsite
12	Pippa's Grave Picknicksite
13	Mugunga Campsite
14	Kampi Ya Game
15	Kampi Ya Kiko
16	Kampi Ya Elsa
17	Ranger's Post
18	Kampi Ya Teziwa
19	Fig Tree Camp
20	Adamson's Falls
21	Tana-Brücke
22	Kiboko Camp

morgendlichen Tierbeobachtungen, ebenso die zahlreichen Pisten entlang der kleinen Flüsse. Einen gänzlich anderen Charakter besitzt der dschungelartige Galeriewald des Rojewero River. Die Verbindungsroute über die Kreuzungen 78, 79, 90, 91, 92, 93, 94 zum Tana River ist ebenfalls immer gut in Schuss und selbst mit einem PKW zu befahren.

Die **Pistensituation** im Nordwestteil verschlechtert sich **nach starken Regenfällen,** wenn einige der kleinen Flüsse soviel Wasser führen, dass die Furten kurzzeitig unpassierbar werden. Nördlich des Rojewero-Flusses gibt es dann auch auf einigen Strecken mit Black Cotton Soil Probleme, der extrem matschig wird.

Info und Kontakt

●Tel. 0164/20613, Mobil: 0721/860285, merupark@kws.go.ke.

Unterkunft

Hotels, Camps und Lodges
●**Elsa's Kopje Camp**
Buchungen über Cheli & Peacock, s. S. 228; www.elsaskopje.com; LS: 400/740 US$, HS: 705/1190 US$. Das kleine Luxuscamp mit 8 Zelten, einer Honeymoon Suite und dem Private House mit 2 Schlafzimmern liegt auf der berühmten Kopje, an welcher die *Adamsons* die Löwin *Elsa* wieder an ein Leben in der Freiheit gewöhnten. Das Camp erreicht zurecht Bestnoten für Service und Ausstattung, die persönliche Note macht den Unterschied zu vielen anderen Luxuscamps. Der Blick von

ken-621 Foto: hf

dem erhöhten Standort – zur einen Seite auf die Nyambeni Hills, zur anderen über die Weite der Buschsavanne – ist ohnehin toll. Swimmingpool und Massage. Es werden Fußsafaris und Nachtpirschfahrten angeboten.
●**Leopard Rock Lodge**
Mobil: 0733/333100, Tel. 020/600031, www.leopardmico.com; HS: je nach Kategorie 480–520 US$ SG und 750–900 US$ DB, LS: 400–520 US$/630–720 US$. Die zweite überaus luxuriöse Unterkunft im Park, deren geschmackvoll-gediegen eingerichtete 15 Cottages keinen Wunsch nach Luxus offen lassen. Mit großem Swimmingpool, Whirlpool und Massage. Das Essen ist nur als exquisit zu bezeichnen, der Weinkeller eine Hommage an die französische Leitung der Lodge. Zahlreiche Aktivitäten, darunter Kamelwanderungen zu einem Borana-Dorf, Angeltouren und Vogelbeobachtung.
●**Murera Bandas** und **Kina Bandas**
Alle Unterkünfte werden vom KWS gemanaged und über das HQ in Nairobi gebucht. Sie sind mit jeweils 2 Schlafzimmern und einem Esszimmer mit Kamin ausgestattet, besitzen Betten und Moskitonetze, aber sonst keine Ausstattung. Die Murera Bandas (2000 Ksh/50 US$ R/NR für 3 Pers.), die nahe des gleichnamigen Hauptgates liegen, verfügen über Strom, die Kina Bandas (2500 Ksh/80 US$ R/NR), die in 22 km Entfernung zum Gate am Bwatherongi Fluss liegen, nicht.

Camping und Bandas
Der Meru National Park hat zahlreiche wunderschöne Campsites, allerdings sind nicht alle auf den Landkarten eingezeichneten Zeltplätze tatsächlich geöffnet, und die meisten gehören der teuren Kategorie der **Special Campsites** an. Über den aktuellen Stand wird man im Parkhauptquartier informiert, zur Zeit der Recherche war zumindest der **Bwatherongi Campsite** nahe des alten KWS-Hauptquartiers ein öffentlicher Campsite. Allerdings auch ein besonders schöner und der einzige im ganzen Park, der über fließend Wasser, Duschen und Toilettenanlagen verfügt. Direkt nebenan befinden sich auch die empfehlenswerten **Bwatherongi Bandas,** wo ein Faktotum nach dem Rechten sieht. Der **Kampi ya Nyati Campsite,** der

Kithanga Campsite und der **Kindani Campsite** liegen im Schatten eines schönen Waldgebiets an der wasserreichen Westgrenze des Parks und sind daher angenehm kühl, bisweilen gibt es hier aber Tsé-Tsé-Fliegen. Außerordentlich malerisch, da direkt am Rojewero-Fluss gelegen, sind der **Rojewero Campsite** und der **Mugonga Campsite**. Sodann gibt es noch am südlichsten Zipfel des Parks, direkt am Tana River, den **Kiboko Campsite,** der häufig Besuch von Nilpferden erhält, und das unschlagbar schöne **Fig Tree Camp,** das mitten im dichten Galeriewald liegt. Vom Zeltplatz sind es nur zwei Schritte bis zu den krokodilreichen Sandbänken des Tana River. Bis auf Feuerholz muss man auf diesen Plätzen alles selber mitbringen. Auch an den Gates kann man das Zelt aufschlagen.

Die **Campinggebühren** finden sich auf S. 56. Die **Buchung** der Special Campsites und Bandas erfolgt über das KWS HQ in Nairobi (siehe dort).

Essen und Trinken

Wegen der Abgelegenheit des Meru National Park bringt man alle **Vorräte am besten von Meru** mit, denn die Auswahl der Läden in den Dörfern, die man auf dem Weg passiert, ist mager.

Anreise

Der Meru National Park besitzt **drei Gates,** nämlich das **Murera Gate** und das **Bisinadi Gate** im Nordwesten sowie das **Ura Gate** im Südwesten. Vermutlich wird auch an der Tana-Brücke früher oder später ein Gate eröffnet werden. Der **Hauptzufahrtsweg** von Maua zum Murera Gate ist am schnellsten und angenehmsten zu fahren. Im Prinzip bestünde auch die Möglichkeit, von Nkubu an der Mt. Kenya Ring Road über Mitunguu, Gatungu, Kanjora und das Ura Gate in den Park zu gelangen. Doch die Brücke über den Thangatha River ist seit Urzeiten kaputt. Seit 1998 die Tana-Brücke zwischen dem Meru National Park und dem Kora National Park eröffnet wurde, gibt es eine dritte Anfahrtsmöglichkeit aus Südwesten über die A3 Thi-

ka – Garissa. Man verlässt die Hauptstraße in Mwingi und fährt dann über Waita, Kamuwongo, Gai, Kyuso, das Mwingi National Reserve (früher: North Kitui National Reserve) und den Kora National Park und kommt dann von Süden in den Park. Über den Zustand dieser Route ist mir allerdings nichts bekannt.

Parkgebühren, Öffnungs- und beste Besuchszeiten

● Die **Eintrittspreise** stehen auf S. 55.
● Der Nationalpark hat **täglich von 6 – 19 Uhr geöffnet.**
● Wegen seiner äquatorialen Tieflandlage ist der Meru National Park **das ganze Jahr über heiß und trocken.** Während der kleinen Regenzeit, von Oktober bis November, und in der großen Regenzeit im April und Mai können starke Regenfälle niedergehen und besonders den Nordwestteil unpassierbar machen. Im Prinzip ist der Park aber das ganze Jahr über zu besuchen.

Nyeri   ♪ XVII/C2

Die Aberdares bescheren Nyeri, dem Verwaltungssitz der Zentralprovinz, einen dreifachen Segen: Durch die Lage in 1790 m Höhe herrscht ein **gemäßigtes Klima;** außerdem fungiert die Bergkette als Regenfänger und sorgt für reichlich Niederschlag. Dies und die vulkanischen Böden der Aberdares bewirke die außerordentliche **Fruchtbarkeit der Region,** die von großen Tee-, Kaffee- und Bananenplantagen geprägt wird. Aber auch alle erdenklichen Arten von Gemüse, Zitrusfrüchte, Zuckerrohr und Macadamianüsse werden hier angebaut. Für das landwirtschaftliche Potenzial der Gegend interessierten sich die Kolonialisten allerdings erst, nachdem die britische Herrschaft militärisch abgesichert war. Die **50.000-Einwohner-Stadt** mit Blick auf den Mt. Kenya wurde 1903 von dem britischen Kolonialoffizier *Richard Meinertzhagen* als Fort und Handelsposten gegründet. Der Widerstand der Kikuyu gegen die Vertrei-

Zentrales Hochland

bung aus ihrem Stammland und das Abschieben in viel zu kleine Reservate wurde brutal gebrochen. 1906 ließen sich in Nyeri die ersten weißen Siedler nieder, die mit ihren Ochsenkarren von Nairobi via Ol Doinyo Sabuk und Fort Hall, heute Murang'a, hierher gezogen waren.

Rasch wurde Nyeri zu einem **Siedlungszentrum** vornehmlich britischer und burischer Einwanderer und ist dies bis zur Unabhängigkeit auch geblieben. Hier entstand die rassistische Idee von den „White Highlands", hier wurde sie gelebt. Immerhin verdankt die Stadt diesem Umstand viele **schöne alte Gebäude,** so z.B. das Haus des Nyeri Golf Club, die Standard & Chartered Bank und das Outspan Hotel, das bereits seit den 1920er Jahren existiert.

Dass die **Mau-Mau-Rebellen** in diesem rassistischen Klima besonders starken Rückhalt unter den Kikuyu fanden, verwundert nicht. Der gefürchtetste ihrer militärischen Anführer, *Dedan Kimathi,* wurde 1956 in der Nähe Nyeris bei seiner Flucht aus den Aberdares gestellt, angeschossen und verhaftet. Wenig später machte man ihm den (kurzen) Prozess, das gefällte Todesurteil wurde Anfang 1957 mit dem Strang vollstreckt, sein Leichnam in einem namenlosen Grab verscharrt. An die – nach offiziellen Angaben – 11.500 getöteten Mau-Mau-Rebellen erinnert noch ein Miniaturobelisk im Stadtzentrum.

Nach der Unabhängigkeit 1963 wurden in der Region von Nyeri viele europäische Siedler gegen die Zahlung von Entschädigungen zwangsenteignet, denn die vielen landlosen Wanderarbeiter, die sogenannten *Squatter,* sollten mit Grund und Boden versorgt werden. Allerdings gab es auch einige einflussreiche Mitglieder der neuen politischen Elite, die die Landreform dazu nutzten, um sich lukrative Farmen unter den Nagel zu reißen. Im trockeneren Laikipia District im Norden der Stadt existieren bis heute viele weiße Weizen- und Rinderfarmen. Trotz dieser bewegten Geschichte ist Nyeri immer eins geblieben: ein belebter, bunter Marktort und das wichtigste städtische Zentrum in der am dichtesten besiedelten Region von Kenia. Anziehungspunkt für **Pfadfinder** aus aller Welt ist er deshalb, weil der Gründer der Bewegung, *Lord Robert Baden-Powell,* im Outspan Hotel seinen Lebensabend verbrachte und 1941 mit fast 84 Jahren hier verstarb. Er liegt auf dem Friedhof der Stadt begraben.

Unterkunft

Oberklasse-Hotel

●**Outspan Hotel**
Tel. 061/203242-4, -6 und 2422395, www. aberdaresafarihotels.com; Buchungen über Aberdare Safari Hotels, s. S. 107; Standardzimmer: 202/252 US$, Deluxe: 258/364 US$, Cottages 392/392 US$ FB. Das stilvolle Hotel, unbestritten das beste in Nyeri, liegt etwas stadtauswärts am Chania River auf einem weiten Parkgrundstück mit Blick auf den Mt. Kenya. Die Zimmer besitzen einen hohen Standard (Sat-TV, Telefon, Holzboden, sehr schöne Möbel und teilweise mit offenem Kamin). Aktivitäten, die auch Nichtgästen (gegen Bezahlung) offen stehen: Swimmingpool (Erwachsene: 300 Ksh, Kinder die Hälfte), artistische und Tanzshows am Nachmittag, geführte Spaziergänge und Vogelführungen (je 400 Ksh/15 US$ für R/NR), Tischtennis, Tennis, Squash, Snooker und Poolbillard, Besuche auf Kaffeeplantagen sowie eine historische und kulturelle Tour durch Nyeri (3000 Ksh/70 US$ R/NR).

Im Outspan Hotel befindet sich die Rezeption für das 17 km entfernte Treetops im Aberdare National Park (siehe dort).

Mittelklasse-Hotels

●**Green Hills Hotel**
Tel. 061/2030-604/-709/-710, www.greenhills.co.ke; je nach Größe und Ausstattung kosten die Zimmer zwischen 4100/6300 Ksh und 5100/8300 Ksh FB. Das Hotel ein paar hundert Meter außerhalb der Innenstadt ist nicht besonders mondän, aber doch empfehlenswert. Am Wochenende genießen wohlhabende Familien aus Nyeri die Freizeitmöglichkeiten: Kinderspielplatz, Swimmingpool (300 Ksh, Kinder 200 Ksh), Spa (500 Ksh), Bar, große Feuerstelle, Darts. Sonntags und an Feiertagen treten Artisten und traditionelle Tänzer auf. Das Restaurant hat einen guten Ruf, lecker ist das Molo-Lamm.

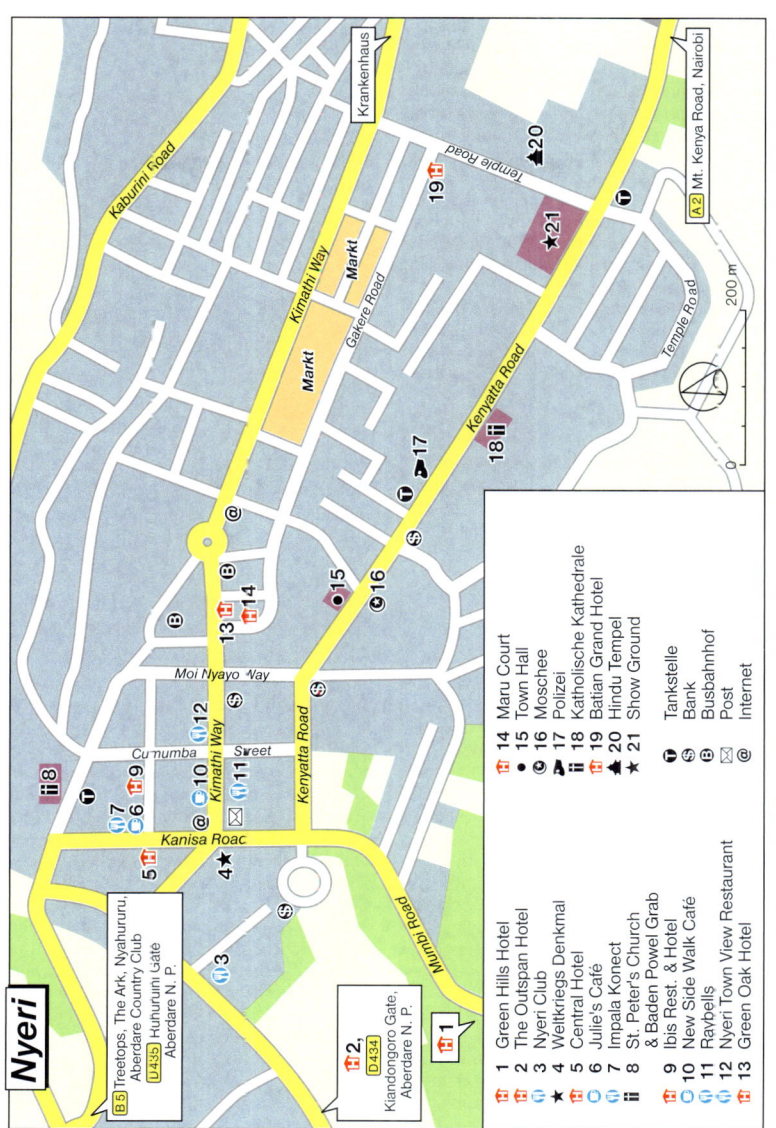

Nyeri

B5 Treetops, The Ark, Nyahururu, Aberdare Country Club
U43b Huhuruini Gate Aberdare N. P.

D2, D434 Kiandongoro Gate, Aberdare N. P.

1 Green Hills Hotel
2 The Outspan Hotel
3 Nyeri Club
4 Weltkriegs Denkmal
5 Central Hotel
6 Julie's Café
7 St. Peter's Church
8 Baden Powel Grab
9 Ibis Rest. & Hotel
10 New Side Walk Café
11 Raybells
12 Nyeri Town View Restaurant
13 Green Oak Hotel

14 Maru Court
15 Town Hall
16 Moschee
17 Polizei
18 Katholische Kathedrale
19 Batian Grand Hotel
20 Hindu Tempel
21 Show Ground

🅖 Tankstelle
🅑 Bank
🅑 Busbahnhof
✉ Post
@ Internet

Zentrales Hochland

•**Batian Grand Hotel**

Tel. 061/30743, batianhotel@wananchi.com; 1500/2200 Ksh BB. Obwohl das Gebäude sehr verwinkelt und ein rechter Kasten ist, wird es gut geführt und hat ein positives Preis-Leistungsverhältnis. Die Zimmer mit Telefon und TV sind sauber, aber nur die Doppelzimmer an der östlichen Seite in den oberen Stockwerken besitzen einen schönen Blick auf den Mt. Kenya. Sichere Parkmöglichkeiten, Restaurant, Cafeteria und Pub. Die gängigen Kreditkarten werden akzeptiert.

•**Ibis Hotel**

Tel. 061/4858, 30430; BB 1550/2300 Ksh SC. Die Zimmer mit Außenfenster sind in Ordnung, die anderen düster. Zwei Häuser weiter ist ein Cyber Café (10 Ksh für 10 Min.).

•**Central Hotel**

Mobil: 0722/667437, 763119; BB 1000/1400 Ksh SC, für die Suite, die weder den Namen noch den Aufpreis verdient, 1700 Ksh, 4-Bett-Zimmer: 2400 Ksh. Die Zimmer sind schlicht, aber sauber. Im Hof des Hotels gibt es eine Bar, Nyama-Choma-Grill und Restaurant. Sichere Parkmöglichkeit.

Preiswerte Unterkünfte

•**Green Oak Hotel**

Tel. 061/2030093; 500/700 BO SC. Ein schönes, sauberes Hotel mit Moskitonetzen, auch wenn die Gänge ein wenig dunkel sind. Heiße Duschen.

•**Maru Court Hotel**

Tel. 061/2034274, Mobil: 0734/956687; 800 Ksh SG SC BB, Executive mit TV 1200 Ksh BB. Das Hotel ist frisch renoviert, hell und sehr sauber, eine Bibel gehört zur Zimmerausstattung. Vom dritten Stock hat man einen schönen Blick über die Stadt. Im Erdgeschoss befindet sich die Oasis Pub, wo man nett draußen sitzen kann.

•**Mountain View Hotel**

800/1000 Ksh SC/NSC. Ein weiteres empfehlenswertes Hotel in einem stillen Hinterhof.

•**Joruna Lodge**

250/400 Ksh NSC, 300/500 Ksh SC. Alle Zimmer mit Warmwasser. Die Zimmer mit Außenfenster sind schön und luftig. Essen erhält man im Innenhof. Insgesamt: Sauber und mit netter Leitung. Insgesamt ein super Tipp!

Hotels außerhalb der Stadt

•**Aberdare Country Club**

Tel. 061/55620 und 55017, www.fairmont. com. Das Landhotel am Fuße des Mweiga Hill, rund 15 km außerhalb von Nyeri abseits der Straße nach Nyahururu, war früher ein Treffpunkt der weißen Siedler aus der Umgegend und wurde dann Luxushotel. Bei Redaktionsschluss war das Haupthaus geschlossen. Der Aberdare Country Club wird von einem privaten, 500 ha großen **Wildlife Sanctuary** umgeben, in dem auch Nachtpirschfahrten möglich sind, und bietet viele andere Aktivitäten, u.a. Schwimmen, Tennis, Golf, Reiten, Fußsafaris und Angeln (Forellen).

•**Sandai Farm**

In Mweiga, abseits der Teerstraße nach Nyahururu, ca. 12 km außerhalb von Nyeri; Mobil: 0733/734691, www.africanfootprints.de; HS: 92/160 Euro, LS: 86/150 Euro FB. Die Deutsche *Petra Allmendinger* ist eine wunderbare Gastgeberin, die ihr Haus zu einer gemütlichen und persönlichen Bleibe für Gäste gemacht hat. Das Essen ist hervorragend, zahlreiche Aktivitäten werden angeboten. Giraffen und andere Wildtiere sind auf der Farm ein täglicher Anblick. Auf dem weiten Gelände gibt es gute Reitmöglichkeiten (22 Euro/2Std., 55 Euro/Tag).

Essen und Trinken

Die beste – und auch teuerste – Küche in Nyeri ist jene des **Outspan Hotel.** Auch im **Green Hills Hotel** kann man gut, aber deutlich günstiger essen. Empfehlenswert für europäische Gerichte sind auch das **Green Oak Restaurant** und das **Raybells** (Tel. 020/2370035) am Kimathy Way gegenüber von Osman Allu, mit leckerem Menü à la carte sowie Pizza, Burger und Lunch Boxes. Guten Kaffee, frischen Fruchtsalat, Smoothies, Kuchen und selbstgemachte Brownies serviert die nette Besitzerin von **Julie's Coffea Shop** (Mobil: 0722/719978). Frischen Fruchtsaft erhält man in **Heritag Café.**

Andere populäre **Cafés**, die eine große Bandbreite an Snacks und warmen Mahlzeiten anbieten, sind z.B. das **New Side Walk Café** (einfache Gerichte und frische Samosas, freundlich und hell), das knallige **New Eden Café**, das lichtdurchflutete **Nyeri Town View** im zweiten Stock einer alten Tankstelle mit Chapati, Ugali, Fleisch und anderen kenianischen Gerichten.

Verkehrsverbindungen

Mit dem Flugzeug

Zwischen Nyeri und Nanyuki mit dem Flugzeug zu verkehren, lohnt sich zeitlich gesehen nicht, denn beide Flughäfen liegen weit außerhalb der Stadt. Mit dem Auto oder mit öffentlichen Verkehrsmitteln ist man deshalb nur unwesentlich langsamer – und deutlich billiger unterwegs.

Busse und Matatus

● Von der Bus- und Matatu-Haltestelle beim Bahati B&L fahren regelmäßig **Busse in die Städte Meru, Nairobi, Nakuru, Nanyuki, Nyahururu und Thika.**
● **Matatus/Peugeot-Taxis** sind etwas teurer, aber auch schneller – und gefährlicher.

Nachtleben

Die wenigen Ausgehmöglichkeiten Nyeris als „Nachtleben" zu titulieren, ist etwas beschönigend. Immerhin, im **Oasis Pub** kann man nett draußen sitzen, ebenso im **Impala Konect.** Daneben wird der Stadtbummler noch eine Reihe von Kaschemmen und **Bars** ausmachen, die in erster Linie wegen des Geräuschpegels erwähnenswert sind, wie z.B. das **Seven Stars** oder die **Batian Tusker Bar.** Allemal gepflegter trinkt man sein Bier im **Nyeri Cinema**, in der **Kirianyaga Bar** des Outspan Hotel (mit Billardtisch und Musikclips im Sat-TV) und erst recht im **Nyeri Golf Club,** wo allerdings selbst für ein Bier eine Daily Membership Fee fällig und tadellose Garderobe erwartet wird.

Banken

Die Öffnungszeiten der Banken gleichen den sonst in Kenia üblichen: Mo bis Fr. 9–15 Uhr, Sa. 9–11 Uhr. Die **Barclays Bank** besitzt einen **Bankautomaten.**

Sport und Aktivitäten

Vogelbeobachtung

Das Outspan Hotel organisiert auf seinem Grundstück am Chania River empfehlenswerte Bird Walks (s.o.).

Golf

Der 1922 gegründete **Nyeri Golf Club** (Tel. 061/2031177, nyericlb@yahoo.com) hat gegenwärtig rund 340 Mitglieder (überwiegend aus dem politischen Establishment Nyeris und wohlhabende indische Geschäftsleute) und bietet die Möglichkeit, in unmittelbarer Nähe zur Stadt einen schönen 9-Loch-Kurs zu spielen. Die Daily Membership Fee kostet 20.000 Ksh, für Mitglieder der KGU 1500 Ksh. Der Caddy erhält 300 Ksh, die Schlägermiete kostet 500 Ksh. Ferner kann man Darts und Tischtennis spielen. In dem bemerkenswert schönen Kolonialgebäude mit kleinem Theatersaal, Kamin, Lederfauteuils, Pokalen und vielen anderen historischen Gegenständen gibt es ein gutes Restaurant sowie eine gemütliche Bar.

Reiten

In der Umgebung von Nyeri gibt es eine erwähnenswerte Möglichkeit für Ausritte; Sie können sich dort als „Sechsbeiner" sogar unter Wildtiere mischen: im **Aberdare Country Club** (s.o.).

Schwimmen

Sowohl das **Outspan Hotel** als auch das **Green Hills Hotel** besitzen Schwimmbäder, die auch Tagesgästen offen stehen.

Ausflug

Italienische Gedächtniskirche und Nyeri Hill

Während des Zweiten Weltkriegs war Nyeri Standort eines großen Kriegsgefangenenlagers, in dem italienische Soldaten interniert wurden. Für die in kenianischer Gefangenschaft Verstorbenen wurde an der Straße zum Ruhuruini Gate des Aberdare National Park, ziemlich genau 2,5 km nach der Abzweigung von der B5 Nyeri – Nyahururu, insgesamt rund 5 km außerhalb der Innenstadt, eine **Gedächtniskirche** erbaut. Das 1952 geweihte Gotteshaus versetzt einen mit seiner Zypressenallee direkt nach Italien. Die ebenmäßigen Reihen der **Kaffeebüsche** in der Umgebung wirken wie Weinberge, hinter denen bei klarem Wetter der riesige Mt. Kenya aufragt. Besonders reizvoll sind die Pflanzen im April und November zur Zeit der Blüte. Im Januar werden die Büsche geschnitten, Ernte und Aufbereitung kann man zwischen August und Dezember beobachten. Neben der fantastischen Aussicht ist auch das Gebäude selbst sehenswert. Durch eine holzgeschnitzte Tür mit der Inschrift „Al nostri morti in trigonia" betritt man einen kühlen, schlichten Raum mit offenem hölzernen Dachstuhl, an dessen Wänden Tafeln mit den Namen der Verstorbenen eingelassen sind. Die Orte, an denen die Männer zu Tode kamen, sind über ganz Kenia und Uganda verteilt und verraten, wo die Briten überall Internierungslager unterhielten. Direkt vor dem Altarraum befindet sich das marmorne **Grab von Amadeo di Savoia, Duce d'Aosta.** Auf dem Grab befindet sich ein Schwarzweißbild des 1898 in Torillo geborenen und 1942 in Nairobi gestorbenen adligen Generals in der ganzen Pracht seiner Uniform. Interessant ist die Tatsache, dass sich auf dem Gelände auch Gedenksteine in äthiopischer und arabischer Schrift für koptische und muslimische Soldaten befinden, die an der Seite der Italiener kämpften. Der Eintritt in die Kirche ist frei, eine Spende zur Erhaltung aber willkommen. Falls die Kirche verschlossen ist, wendet man sich an den Küster, der in einem Häuschen an der Rückseite wohnt.

Folgt man der Teerstraße weiter bergauf, zweigt nach 3,5 km zur Linken eine kleine Teerstraße ab, die sich 3,1 km den **Nyeri Hill** (2216 m) hinauf schlängelt. Der kurze Abstecher wird bei klarem Wetter durch einen sagenhaften Blick auf den Mt. Kenya belohnt.

Aberdare National Park

₰ **XVI/B1,2**

Der Nationalpark

Wie eine wilde, geheimnisvolle Insel tauchen die Aberdares aus einem Meer von Kikuyu-Dörfern, Shambas, Kaffee-, Tee- und Pyrethrumplantagen auf. Die **Aberdare Range,** mit 4001 m (einige Karten geben auch 3999 oder 3994 m an) die **dritthöchsten Berge Kenias,** erstrecken sich auf rund 70 km Länge am östlichen Rand des Rift Valley. Wie die überwiegende Zahl der Berge Ostafrikas sind sie **vulkanischen Ursprungs,** was aber nicht ohne Weiteres zu erkennen ist, da sie die klassische Kegelform vermissen lassen. Am ehesten deutet darauf ihre Lage zwischen dem Mt. Kenya und dem Rift Valley hin – beides Landmarken der andauernden tektonischen Aktivität in der Erdkruste Kenias. Der zentrale Vulkan der Aberdares war bereits im Zeitraum vor 6,5–5 Millionen Jahren aktiv. Damals besaß das Rift Valley mit dem Lake Naivasha eine gänzlich andere Form, und auch der Mt. Longonot existierte noch nicht. Vor rund 2 Millionen Jahren riss ein Einbruch des Ostafrikanischen Grabens die gesamte westliche Hälfte der Berge in die Tiefe. Die steilen, 400–600 m tiefen Abstürze am Westrand der Aberdares sind die Spuren dieses Prozesses, während die östliche Flanke der Berge viel sanfter ausläuft.

Die **Höhenlagen über 3000 m** sind durch den im Mai 1950 eröffneten **Aberdare National Park** geschützt, der mit 767 km² nicht zu den großen Parks gehört, aber nach Nairobi, Tsavo und Mt. Kenya der älteste im Land ist. Nach Osten hin reicht ein dicht bewaldeter Teil des Schutzgebiets, der als **Salient** (englisch für „hervorspringend") bekannt ist, fast bis nach Nyeri hinunter. Trotz der Lage der Berge im Landeszentrum gehören sie zu den wenig besuchten Schutzgebieten. Und das, obwohl die Aberdares große **Attraktionen** bieten, etwa Treetops und The Ark, zwei der bekanntesten Hotels Kenias, zahlreiche Wasserfälle, darunter die Karuru Falls, mit knapp 280 m die höchsten des Landes, tolle

Angel- und Wandermöglichkeiten, seltene Tierarten sowie eine einmalige Vegetation, die von dichtem Urwald über Bambuswälder bis hin zu urigen Moorlandschaften reicht. Und nicht zu vergessen: Von den Höhen der Aberdares hat man beste Ausblicke auf den Mt. Kenya – wenn das häufig regnerische Wetter es zulässt.

Die Regionen des Parks

Die höchsten Punkte der Aberdares befinden sich an den entgegengesetzten Enden des Gebirges. Mächtigste Erhebung ist der **Ol Doinyo Le Sattima (4001 m)** im Nordteil des Parks. Sein Name bedeutet in der Sprache der Masai so viel wie „Berg des jungen Bullen". Zweithöchster Gipfel ist der von drei großen Felsen gekrönte **Il Kinangop oder Nyandarua (3903 m)** im Süden. Dem Kinangop südlich vorgelagert und durch einen Rücken mit ihm verbunden ist **The Elephant (3591 m),** so genannt, weil der Berg vom Dorf South Kinangop aus gesehen an einen riesigen Elefantenkopf erinnert. Weitere auffällige Bergformationen sind der **Table Mountain (3791 m)** nahe des Sattima, von dem sich spektakuläre Blicke ins Rift Valley eröffnen, und die seltsam anmutenden Gesteinsformationen von **The Twins** („Die Zwillinge") und **Dragon's Teeth** („Drachenzahn") ganz im Norden des Parks. Die drei freistehenden Lavaschlote sind per Fahrzeug nur über das Shamata und das Rhino Gate (bisweilen auch Ngobit Gate genannt) zu erreichen. Der bereits außerhalb des Nationalparks liegende Basaltdom des **Kipipiri (3550 m)** wird durch das Wanjohi-Tal, dem berühmt-berüchtigten Happy Valley der 1930er und -40er Jahre, von der Hauptkette getrennt.

An den Aberdares regnen unglaubliche Wassermengen ab. Ähnlich wie am Mt. Kenya ist das **Wetter oft nass, kalt und neblig,** und während der Regenzeiten ist der Nationalpark wegen matschiger Wege z.T. über Wochen geschlossen. Für die Trinkwasserversorgung von Nairobi ist dieser Wasserreichtum unverzichtbar.

Zwischen den hohen Bergen im Norden und Süden der Aberdares liegt eine kilome-

terweite moorige Hochebene mit Tussocksgrasfeldern und kleinen Teichen. In dem eiskalten, klaren Wasser spiegeln sich tief fliegende Wolken und eine **Landschaft, die an Irland oder Schottland denken lässt.** Der Anblick von trinkenden Elefanten wirkt hier etwas irritierend. Kleine Flüsse voller Forellen durchziehen das windgepeitschte Land. Sie bilden den Oberlauf zweier großer Flüsse Kenias, nämlich des Tana, mit rund 700 km der längste Fluss des Landes, und des Ewaso Ngiro, der die Nationalreservate Samburu, Buffalo Springs und Shaba durchzieht.

An der Ostseite des Hochplateaus stürzen **zahlreiche Wasserfälle** in tief eingeschnittene Täler hinab. Am bekanntesten ist der **Chania Fall,** den man über einige Minuten Fußweg vom Parkplatz an der Hauptpiste erreicht. Am Morgen liegt der Chania Fall im vollen Sonnenlicht. Über 30 m tief fällt das

Lobelia teleki nahe des Table Mountain

Zentrales Hochland

Wasser in einen kreisrunden Pool, in dem man sogar baden kann. Die höchsten Wasserfälle der Aberdares sind aber die **Karuru Giant Falls.** Über drei Stufen fallen sie 273 m tief, wobei die erste 117, die zweite 26 und die dritte 130 m misst. Die Klippen sind hier so steil, dass man nur von oben an die Fälle gelangt. 1992 haben britische Pioniere zwei hölzerne Aussichtsplattformen gebaut, die über dem Abgrund schweben. Von den Karuru Falls sieht man auch auf die ähnlich hohen, rund 1,5 km entfernten **Gura Falls.** Besonders malerisch ist der knapp 20 m hohe **Wasserfall des Magura River,** der über den Eingang der Queen's Cave in einen Pool fällt, in dem man ebenfalls baden kann. Er erhielt seinen Namen, weil *Elisabeth II.* bei ihrem Kenia-Besuch 1952 in der nahe gelegenen Queens Hut eine Nacht verbrachte.

Die Aberdares besitzen eine **abwechslungsreiche, üppige Pflanzenwelt,** die allein schon einen Besuch im Nationalpark rechtfertigt. **Vier Vegetationstypen** lassen sich unterscheiden. Oberhalb der kleinbäuerlichen Äcker schließt sich ein Forest Reserve mit großen **Nadelholzschonungen** an, die während der britischen Kolonialzeit gepflanzt wurden. Daraufhin dringt man in einen 500.000 ha großen **Urwaldgürtel** ein, der die gesamten Aberdares umschließt. In den Bergregenwäldern, die auch als Black Forest, also als „Schwarzwald" bezeichnet werden, wachsen imposante Baumarten, darunter afrikanische Oliven, Steineiben, Kampferbäume, afrikanische Zedern und Pillarwoods, die Äste über und über von Moosen, Epiphyten, Orchideen und Flechtenbärten bedeckt. In feuchten, schattigen Flusstälern findet man hingegen die bis zu vier Meter hohen Baumfarne. Noch weiter bergan geht der dichte Bergregenwald in **Bambuswald** über. In diesen Urwäldern, speziell im Salient, lebt auch das meiste Großwild, das wegen der Vegetation nur schwer zu beobachten ist. Aber seine Spuren, von Elefanten umgestoßene Bäume und die riesigen Exkremente sind allgegenwärtig.

Auf den stürmischen Hochebenen in über 3000 m Höhe begegnet man wiederum einer völlig anderen Pflanzenwelt: **Moorländer** mit ausgedehnten **Tussockgrasfeldern** erstrecken sich, so weit das Auge reicht. Die afroalpine Vegetation der Aberdares ähnelt jener anderer Berge Ostafrikas, eine der drei Riesenkreuzkrautarten kommt aber lediglich hier vor. Das Verbreitungsgebiet der **Riesenlobelie** *Lobelia deckenii ssp. sattimae* beschränkt sich sogar auf die Umgebung des Sattima-Gipfels. Riesenheide überwuchert die exponierten Hügel und Bergrücken, in etwas geschützteren Lagen wachsen dagegen märchenhafte Hagenia-Wälder, viele ihrer Bäume von Moosen behangen. Auf dem felsigen Untergrund von Klippen und Abbrüchen siedeln nur noch Flechten.

Die Tierwelt

Im Aberdare National Park kommen die **„Big Five" – Elefant, Nashorn, Büffel, Leopard und Löwe** – bis in große Höhen vor, ebenso wie die Elenantilope. Übrigens haben viele Löwen in den kalten Höhenlagen der Aberdares ein längeres und dunkleres Fell als ihre Verwandtschaft in der Savanne. Bis in die 1960er Jahre nahm man sogar an, dass es sich bei den Tieren um eine besondere Unterart handelte. Auffällig ist, dass melanine (d.h. völlig schwarz gefärbte) Tiere in den Aberdares sowohl beim Leopard als auch beim **Serval** relativ häufig vorkommen. Die Servale lassen sich recht gut in den Moorgebieten beobachten, wo sie Vögel und kleinere Säugetiere jagen. Eine handfeste Überraschung war Ende der 1960er Jahre der Fund von Goldkatzenfellen in einem Wildererversteck. Bis dahin war man davon ausgegangen, dass diese Katzenart von der Größe eines Hundes in Kenia nur westlich des Rift Valley verbreitet ist.

Die östliche Unterart der **Bongoantilope,** die größte der Waldantilopen, besitzt ein rotes Fell mit zierlichen weißen Streifen und lässt sich in den frühen Morgen- und Abendstunden außerhalb des Dickichts beim Grasen beobachten. Der Bongo, ebenso wie das **Riesenwaldschwein** *(Hylochoerus meinertzhageni meinertzhageni),* wurde erstmals von dem Kolonialisten und Naturforscher *Richard Meinertzhagen* beschrieben, als dieser 1902 den Kinangop bestieg. Der wissenschaftliche

Aberdare National Park

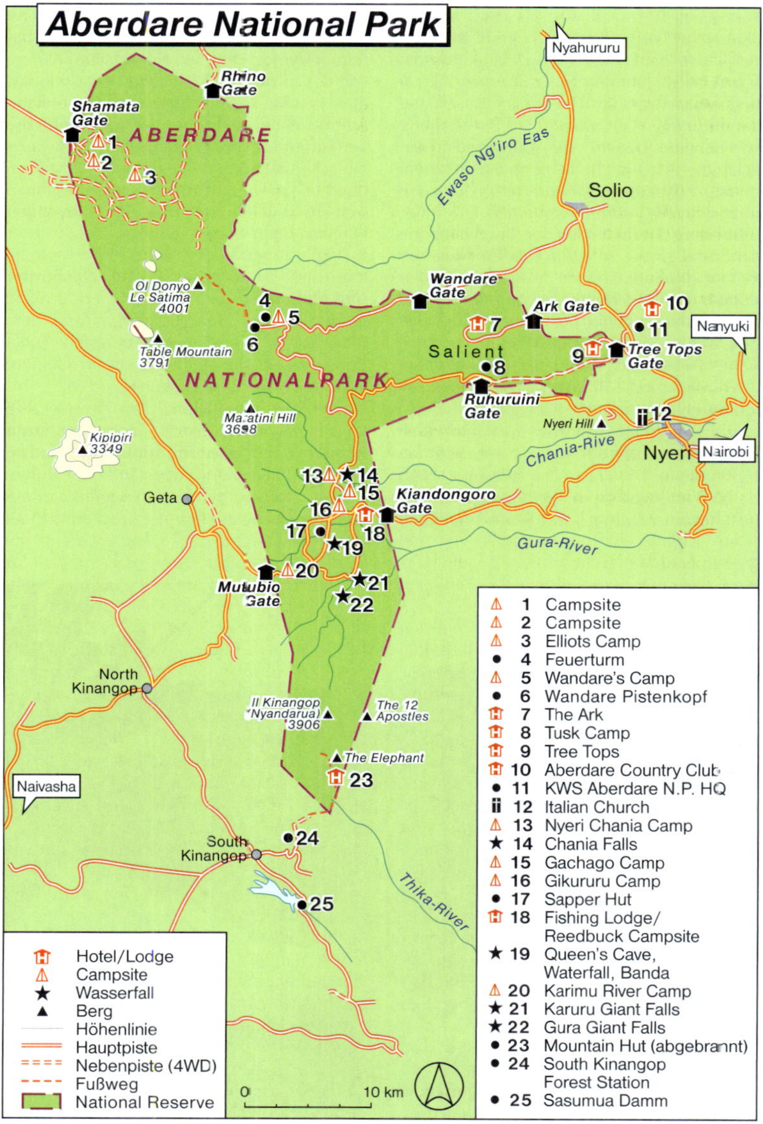

Nyahururu

Rhino Gate

Shamata Gate

A B E R D A R E

⚠ 1 Campsite
⚠ 2
⚠ 3

Solio

Ewaso Ng'iro Eas

Ol Donyo Le Satima 4001

4
⚠ 5
6

Table Mountain 3791

Wandare Gate

Ark Gate

🏨 7

10
● 11   Nanyuki

N A T I O N A L P A R K

Salient

● 8

9 🏨   Tree Tops Gate

Kipipiri ▲ 3349

Matatini Hill 3698

Ruhuruini Gate

Nyeri Hill ▲

ℹ 12

Nyeri   Nairobi

Chania-River

Geta ○

13 ⚠ ★ 14
15
16 ⚠ 🏨
17 ● ★ 19
18

Kiandongoro Gate

Gura-River

Mutubio Gate

⚠ 20
★ 21
★ 22

North Kinangop ○

Il Kinangop "Nyandarua" ▲ 3906

The 12 Apostles ▲

Naivasha

▲ The Elephant

🏨 23

South Kinangop ○

● 24

Thika-River

● 25

⚠	1	Campsite
⚠	2	Campsite
⚠	3	Elliots Camp
●	4	Feuerturm
⚠	5	Wandare's Camp
●	6	Wandare Pistenkopf
🏨	7	The Ark
🏨	8	Tusk Camp
🏨	9	Tree Tops
🏨	10	Aberdare Country Club
●	11	KWS Aberdare N.P. HQ
ℹ	12	Italian Church
⚠	13	Nyeri Chania Camp
★	14	Chania Falls
⚠	15	Gachago Camp
⚠	16	Gikururu Camp
●	17	Sapper Hut
🏨	18	Fishing Lodge/ Reedbuck Campsite
★	19	Queen's Cave, Waterfall, Banda
⚠	20	Karimu River Camp
★	21	Karuru Giant Falls
★	22	Gura Giant Falls
●	23	Mountain Hut (abgebrannt)
●	24	South Kinangop Forest Station
●	25	Sasumua Damm

Symbol	Legend
🏨	Hotel/Lodge
⚠	Campsite
★	Wasserfall
▲	Berg
	Höhenlinie
	Hauptpiste
= = =	Nebenpiste (4WD)
	Fußweg
	National Reserve

0   10 km

Zentrales Hochland

Name des Tieres erinnert bis heute an den „Entdecker" eines der letzten großen Säugetiere, von denen die europäische Wissenschaft im 20. Jahrhundert erfuhr. Den Kikuyu und Masai war das Tier freilich längst bekannt. Seine Haut war für die Herstellung von Schilden begehrt. Es ist durchaus möglich, dass sich auch heute noch einige unentdeckte Pflanzen- und Tierarten in den geheimnisvollen Wäldern verbergen.

Weitere Tierarten in der Bergwaldzone sind der Colobus-Affe, die Diadem-Meerkatze und das Suni. Sowohl in den Wäldern als auch in den Hochebenen kommen diverse Duckerarten und der Buschbock vor. Daneben gibt es im Park auch Wildhunde, Hyänen, Wasserböcke, Rietböcke und Impalas.

Von den rund **250 Vogelarten** im Park sollen besonders die hohe Zahl an Raubvögeln und die drei Frankolinarten hervorgehoben werden, darunter der äußerst seltene Bambusfrankolin. Die Frankolins fallen vor allem deshalb auf, weil sie bei der Annäherung eines Autos aufgeregt vom Boden hochflat-

tern. Auch die vielen Nektarvogelarten sind erwähnenswert. Wie der deutsche Name bereits andeutet, ernähren sie sich vom Blütensaft der Pflanzen und sind so etwas wie das afrikanische Gegenstück zum amerikanischen Kolibri, mit denen sie äußerlich eine verblüffende Ähnlichkeit zeigen. Um auch die selteneren Arten, die nur im Wald zu finden sind, zu Gesicht zu bekommen, legt man sich am besten in der Nähe eines blühenden Hagenia-Baumes auf die Lauer.

Berühmt wurde der Aberdare Park vor allem durch seine vielen **Büffel, Nashörner und Elefanten.** Die schweren Tiere erfüllen in den dichten Bambuswäldern und dem Black Forest eine wichtige ökologische Funktion, weil sie die Wildwechsel für kleinere Waldbewohner offen halten.

Der Aberdare National Park beteiligt sich an einem aufwendigen **Programm zum Schutz der Nashornpopulation Kenias.** Nachdem fast alle Wildbestände der Rhinozerosse ausgerottet worden waren, wurden die überlebenden Tiere auf privaten Farmen

ken-638 Foto: hf

im Laikipia District unter großen Sicherheitsvorkehrungen gehalten und später in den Aberdares ausgewildert. Inzwischen lebt im Park wieder die zweitgrößte Population Kenias. Mit einem solarbetriebenen Elektrozaum, der den ganzen Nationalpark sowie Teile des Forest Reserve umschließt, sollen Konflikte zwischen Mensch und Tier zukünftig vermieden werden. Shambas und Farmer sind so vor den Tieren sicher – und umgekehrt!

Im Park unterwegs

Für einen Besuch im Aberdare National Park sollten Sie **mindestens zwei Tage** veranschlagen. Da nur ein kleiner Teil des Gebirges per Auto erkundet werden kann, ist es empfehlenswert, die Safari mit der Erwanderung des Le-Sattima-Gipfels zu kombinieren. Denkbar wäre z.B., am ersten Tag über das Wandare Gate in den Park zu kommen, den Sattima zu besteigen und dann hinunter zur Fishing Lodge zu fahren, um dort zu übernachten. Am nächsten Morgen könnten Sie dann den Wasserfällen Ihre Aufwartung machen, anschließend das Moorland erkunden und über das Mutubio Gate die atemberaubende Abfahrt nach Naivasha weiterreisen.

Obwohl das **Pistensystem im Süden** des Parks umfassend **instand gesetzt** wurde, kann es nach starken Regenfällen mit dem Pkw Probleme geben. Der **Nordteil** ist wegen der schlechten Pisten **nur mit einem 4WD-Fahrzeug** zu erkunden und wird immer wieder über längere Zeiträume völlig gesperrt. Während der Regenzeiten kann das auch im südlichen Parkteil passieren. Da es nicht viele Routen im National Park gibt, hat man **mit der Orientierung selten Probleme,** zudem stehen an den meisten Weggabelungen **Schilder.**

Eine **Wanderung** ist eine wunderschöne Möglichkeit, die wilde, eigenartige Natur der Aberdares kennen zu lernen. Im Vergleich zu anderen Berggebieten sind Trekkingtouren

aber mit einigem Organisationsaufwand verbunden. Hauptprobleme sind dabei die **schlechte Erreichbarkeit des Parks mit öffentlichen Verkehrsmitteln** und die Auflage, **bei Fußmärschen einen bewaffneten Ranger mitzunehmen,** was wegen der Elefanten und Wildbüffel keine Schikane ist! Ausnahmen bilden nur die Besteigung des Le Sattima vom Wandare-Pistenkopf aus und die Spaziergänge von den Parkplätzen zu den Wasserfällen des Parks. Der Guide muss beim Tourism Department des KWS in Nairobi oder im Parkhauptquartier Mweiga vorbestellt und in der Regel auch dort, 7 km nördlich von Nyeri, abgeholt werden. Er kostet 1500 Ksh bzw. 3000 Ksh für einen halben/ganzen Tag, aber da das Geld an den Nationalpark geht, ist ein zusätzliches Trinkgeld am Ende der Tour angebracht. Die Ranger haben normalerweise eigene Regenkleidung und Schlafsäcke, aber Zelte und Isomatten müssen gestellt werden, ebenso Verpflegung. Feste Routen wie auf dem Mt. Kenya gibt es wegen der wenigen Wanderer nicht.

Das ultimative Trekkingabenteuer ist der **Mulwa Trail,** benannt nach dem Ranger *Pius Mulwa,* eine Traverse der Berge vom südlichen Ende bei South Kinangop bis hinauf zum Le Sattima mit anschließenden Abstieg zum Wandare Gate oder zum Shamata Gate, bei dem man sich größtenteils auf Elefanten- und Büffelpfaden bewegt. Die 5- bis 7-tägige Tour, die auf alle größeren Attraktionen der Aberdares miteinander verbinden lassen, hat aber schon einen **expeditionsähnlichen Charakter,** für die man mit Karte und Kompass hantieren können muss. Das erste Stück von South Kinangop hinauf zu The Elephant und zum Kinangop, dem zweithöchsten Gipfel der Aberdares, lässt sich auch ohne eigenes Fahrzeug in zwei Tagen gut erwandern. Eine Beschreibung der Anfahrt und weitere Details finden Sie auf S. 260.

Eine weitere lohnenswerte Wanderung, die man ohne eigenen Wagen unternehmen kann, ist der **Aufstieg vom Wandare Gate zum Le-Sattima-Gipfel,** der in 2–3 Tagen zu bewältigen ist. Vorteil: Auf dem Weg zum Startpunkt kommt man ohnehin beim Mweiga Park Headquarter vorbei und kann dann gleich den Ranger auflesen. Details zum

Zentrales Hochland

Transport per Matatu sind unten aufgeführt. Wer die tieferen, wildreichen Lagen des Nationalparks nicht zu Fuß durchquert, sondern mit dem Wagen bis zum Pistenkopf fährt, benötigt keinen Ranger. Für den Auf- und Abstieg ist dann ein Tag ausreichend.

Vom Wandare Gate folgt man der Fahrspur 15 km aufwärts durch Bambus und Urwald bis zu ihrem Ende am Wandare-Pistenkopf, der bereits am Rand des Moorlandes liegt. Dies ist ein langer, anstrengender Tag, für den man 6–8 Stunden veranschlagen sollte. 12 km hinter dem Gate zweigt nach rechts die Fahrspur zum Pistenkopf ab, während der Hauptweg geradeaus in den südlichen Parkteil weiter führt. Entweder campt man bei der **Wandare Hut,** die kaputt ist und nicht mehr benutzt werden kann, oder man bleibt bei einem Feuerturm, der notfalls Wetterschutz bietet. Er ist über eine Stichstraße zu erreichen, die 1 km vor Erreichen des Pistenkopfes rechts abzweigt. Es ist auch möglich, direkt am Pistenkopf zu campen. Von den Ausblicken her ist dies der schönste Platz, der aber auch sehr exponiert ist. Großer Nachteil aller Plätze: Es gibt kein Wasser, die letzte „Tankmöglichkeit" befindet sich einige Kilometer vorher, abseits des Weges am Amboni River.

Für die Besteigung des Sattima vom Pistenkopf benötigt man 4–5 Stunden und fast genauso lang für den Rückweg, denn man bewältigt „nur" 400 Höhenmeter, aber immerhin rund 7 km Strecke. Vom Pistenkopf folgt man einem ziemlich deutlichen Pfad nordwärts, an der Westseite eines Bergrückens entlang, dessen Kamm immer rechts bleibt. Das Tal zur Linken ist das **Honi-Flusstal,** das man an seinem Kopf umrunden muss, um zum Sattima-Gipfel zu gelangen. Unterwegs gabelt sich der Weg. Während der linke weiterhin auf halber Höhe verläuft, erklimmt der rechte, etwas stärker ausgeprägte den Kamm und folgt seinem Scheitel, wodurch sich nach Osten schöne Ausblicke auf den Salient und den Mt. Kenya eröffnen. Beide Pfade vereinigen sich später wieder. Der Rücken macht nach rund 3 Std. Marsch einen Bogen nach Westen und führt nun direkt auf den Sattima zu. Der Sattima ist durch seine breite Tischform mit zwei flachen Gipfeln ganz gut zu erkennen. Der linke Gipfel, der etwas niedriger erscheint, ist in Wirklichkeit der höhere. Man hält direkt auf den rechten (nördlichen) Gipfel zu. Von diesem kann man dann durch die kleine Senke zum Südlichen auf 4001 m wandern, der durch ein großes Steinmännchen markiert wird. Von hier oben genießt man einen wunderbaren Blick auf den Mt. Kenya. Im Norden stehen die zackigen Gipfel, die als **Dragon's Teeth,** also „Drachenzähne" bekannt sind, im Süden schaut man über das weite geschwungene Tal des Honi River, im Westen blickt man in den Rift Valley hinein.

Beim **Abstieg,** besonders bei schlechtem Wetter, muss man unbedingt darauf achten, dass man immer innerhalb der Arena des Honi-Ta s bleibt und nicht über den Scheitel auf die Außenseite des Rückens gerät. Es gibt nämlich einige verwirrende Wildpfade, die dorthin führen. Prägen Sie sich die Umgebung des Pistenkopfes beim Aufstieg gut ein!

Eine schöne **Wanderung** kann man auch **von der Fishing Lodge zu den Chania-Fällen** unternehmen und am gleichen Tag wieder zurückkehren; hierzu ist ein Ranger als Begleitung obligatorisch.

Infos und Kontakt

●**Area Warden, Aberdare National Park,** Mobil: 0722/757746, 0734/256755, aberdare@wananchi.com (Buchungen und Informationen).

Unterkunft

Hotels

Die einzigen Lodges im Aberdare National Park sind The Ark und Treetops, beides weltberühmte Unterkünfte. Doch trotz ihres Rufes wird Komfort bei beiden ziemlich klein geschrieben. Ganz klar: Der Schwerpunkt liegt hier auf der Möglichkeit, nachts an Salzlecker- und Wasserstellen Tiere zu beobachten, deshalb sind in beiden Hotels Kinder unter sieben Jahre nicht erwünscht, um nicht das Wild zu stören. Da es in den Aberdares nachts sehr kalt und klamm werden kann, sollten Sie **warme Kleidung** nicht vergessen.

Privatfahrzeugen ist es nicht gestattet, zu den beiden Hotels zu fahren. Deshalb checkt man für Treetops im Outspan Hotel in Nyeri ein, für The Ark im Aberdare Country Club. Mit hoteleigenen Fahrzeugen fährt man dann zu den beiden Unterkünften.

● Treetops

Buchungen über Aberdare Safari Hotels in Nairobi, s. S. 107; HS: 198/258 US$, LS: 142/179 US$ FB für NR, zzgl. Parkgebühren. Das 19 km von Nyeri, am Rand des Aberdare National Park gelegene Treetops bestand anfangs, in den 1930er Jahren, aus einem kleinen Baumhaus in der Astgabel einer mächtigen Feige (daher der Name Treetops, also „Baumwipfel"). 1952 sorgte Treetops weltweit für Schlagzeilen, als Prinzessin *Elisabeth* und ihr Mann *Philip* hier die Nacht vom 5. auf den 6. Februar verbrachten, in der ihr Vater starb und die junge Frau zur Thronfolgerin avancierte. Der Neubau von Treetops, das 1954 niederbrannte, wurde 1957 auf der anderen Seite der Waldlichtung errichtet. 1983 stattete Königin *Elisabeth* dem Ort einen zweiten Besuch ab. Die Zimmer des heutigen Treetops, einer auf Stelzen stehenden Holzkonstruktion, sind nicht viel größer als Schuhkartons und haben kein eigenes Bad. Die Umgebung hat sich zum Schlechteren verändert, Felder und Siedlungen haben sich bis auf Sichtweite durch den Wald gefressen. Dennoch ist eine Übernachtung im Treetops so begehrt, dass man bereits im Voraus buchen muss.

● The Ark

Buchungen über Fairmont Hotels in Nairobi, s. S. 107; Preise auf Anfrage. Das 2300 m hoch in einer Waldlichtung gelegene Hotel mit seinen drei Aussichtsplattformen und Blick auf den Mt. Kenya gilt als der beste Platz in Kenia, um die scheue Bongoantilope zu beobachten. Natürlich kommen auch andere Tiere an die nachts erleuchtete Wasserstelle mit ihrer natürlichen Salzlecke, etwa Elefanten, Nashörner, Buschböcke und mit Glück ein Leopard oder Riesenwaldschwein. Es gibt auch einen Aussichtsbunker, aus dem man die Tiere in Fußhöhe beobachten kann. Die Zimmer sind klein, relativ dunkel, schlicht-funktional und besitzen keinen Blick auf die Tränke, haben aber ein eigenes Bad. Nachts wird man geweckt, wenn besondere Tiere die erleuchtete Waldarena betreten.

Hüttenunterkünfte

● Rhino Retreat

Buchungen über das Parkhauptquartier, Preise auf Anfrage. Das Retreat ist die neueste Unterkunft im Aberdare National Park, die sich bei den Subheadquarters im Salient des Nationalparks befindet. Das in herrlicher Abgeschiedenheit gelegene Retreat ist ein Juwel, eine kleine Beobachtungslodge, die man ganz für sich allein hat. Es besitzt eine Salzlecke und eine Flutlichtanlage und bietet bis zu 6 Personen Platz. Das Haus ist komplett ausgestattet und verfügt über einen Koch. Lebensmittel muss man allerdings selber mitbringen.

● Tusk Camp

2 km oberhalb des Ruhuruini Gate; Buchungen über das KWS HQ. Die Miete pro Nacht beträgt 6000 Ksh, NR zahlen 150 US$. Es gibt zwei Bandas mit insgesamt vier Doppelzimmern, ein Wohnzimmer mit Kamin und eine Veranda mit schönem Mt.-Kenya-Blick. Ferner sind eine Küche, eine Dusche mit heißem Wasser und eine Wassertoilette vorhanden. Die Betten sind mit Matratzen versehen, aber Bettzeug, Kochgeschirr und Lebensmittel muss man selber mitbringen, ebenso wie den Treibstoff für Kerosinlampen, die in der Hütte vorhanden sind. Bei den Bandas gibt es einen Hüttenwart.

● Sapper Hut

Buchungen über Let's Go Travel in Nairobi, s. S. 106; 4000 Ksh pro Nacht. Die Sapper Hut ist genau das Richtige für ein romantisch-rustikales Outdoor-Wochenende zu zweit. Von der Hütte blickt man auf den Wasserfall des oberen Magura River. Die Sapper Hut ist ein Holzbanda mit Wohnzimmer, Kamin, Veranda und Schlafzimmer mit zwei Betten. Es gibt Matratzen, mitzubringen sind Bettzeug, Geschirr, Feuerholz und alle Lebensmittel. Gekocht wird auf Feuer, es gibt nur Plumpsklo, keine Dusche, aber einen Wasserhahn. Mit einem Boiler kann Wasser erhitzt werden. Der Schlüssel wird an der Fishing Lodge abgeholt.

●Fishing Lodge
Buchungen über das Tourism Department des KWS in Nairobi (s. S. 56). Die Fishing Lodge besteht aus zwei großen Hütten mit insgesamt 24 Betten, hat heiße Duschen, gemütlichen Kamin und schöne Veranda. Sie wird von einem Hüttenwart verwaltet. 8000 Ksh/150 US$ für 7 Leute. Von der einfachen, aber absolut empfehlenswerten Unterkunft kann man mit einem Ranger zu Fuß ganz gut die Umgebung erkunden. Die ist sehr wildreich, und nicht selten schauen Elefanten, Löwen oder Büffel bei der Hütte vorbei.

●Mutubio Bandas
Buchungen über das Tourism Department des KWS in Nairobi. 20 US$ NR, 500 Ksh R, p.P. und Nacht. Die Bandas befinden sich am Mutubio Gate und bieten bis zu 6 Personen Unterkunft. Die Gegend eignet sich hervorragend für Ausflüge zum Steilabbruch an der Westseite der Aberdares.

Camping

Es gibt im Aberdare-Park nur einen öffentlichen Campsite, den **Reedbuck Campsite** an der Fishing Lodge, alle anderen Campingplätze, **Kiguru 1** und **2, Queen Beatrix, Muringa 1** bis **5, Prince Charles** und **Kinaini,** gehören der Special-Campsite-Kategorie an.

Wenn man **in entlegeneren Gebieten des Parks** wandert, zeltet man einfach dort, wo es einem gefällt. Auch an den Parkgates kann man campen, evtl. ist das sogar gebührenfrei. Die Campinggebühren stehen auf S. 56.

Essen und Trinken

Im Park selbst gibt es **keinerlei Versorgungsmöglichkeiten,** die nächste Stadt mit einem zufriedenstellenden Lebensmittelangebot ist Nyeri. Das Wasser der Flüsse in den Hochlagen der Aberdares ist bedenkenlos trinkbar.

Anreise

Mit dem Auto
Der Süden des Parks ist über vier verschiedene Gates zu erreichen.

An seiner Westseite ist das einzige Parktor das Mutubio Gate. Man zweigt kurz vor der Abfahrt nach Naivasha vom Nakuru Highway ab und folgt 14 km Teer. Anstatt nach North Kinangop rechts zu fahren, folgt man dem Weg nach links. Nach gut 5,3 km biegt man an einer Weggabelung nach rechts und folgt der Piste 9,7 km weiter aufwärts. Dann beginnt wieder ein 9,4 km langes Streckenstück, das früher mal geteert war. Hinter der Abfahrt zur **Geta Forest Station** wird die Straße plötzlich besser. Auf einem ebenfalls 9,4 km langen Stück windet sie sich in engen Spitzkehren den Westabruch der Berge zum Hauptkamm hinauf und erlaubt spektakuläre Ausblicke ins Rift Valley, die alle Schlaglöcher vergessen lassen, bevor man schließlich das Mutubio Gate erreicht.

An der östlichen Seite liegen fünf Gates. Das südlichste ist das **Kiandongoro Gate,** das man erreicht, wenn man in Nyeri zum Outspan Hotel fährt und der Straße, die kurz darauf in eine mäßige Piste übergeht, für 27 km weiter bergauf folgt. Nach knapp 11 km passiert man eine Forstschranke. Das **Ruhuruini Gate** bietet von Nyeri aus mit knapp 20 km die kürzeste Anfahrt; sie hat zudem den Vorteil, dass man auf dem Weg auch noch die weiter oben beschriebene italienische Gedächtniskirche und den Nyeri Hill mit seiner schönen Aussicht besuchen kann. Man verlässt die Stadt in Richtung Norden, überquert den Chania River und biegt nach 1,7 km beim Beginn des Teers links auf die B5 nach Nyahururu ab. Sofort danach biegt man wieder nach links auf die Teerstraße zum Nyeri Hill ein, die nach knapp 8 km endet. Am Ende der Teerstraße muss man sich vor einigen Dukas nach rechts wenden und nicht geradeaus weiterfahren. An den meisten folgenden Abzweigungen stehen Schilder, im Zweifelsfall muss man sich immer rechts halten. Wenn man über das **Wandare Gate** in den Park möchte, folgt man der Straße nach Nyahururu, passiert das Mweiga-Parkhauptquartier und biegt dann 21 km hinter der Nyahururu-Abzweigung nach links vom Teer ab. Das Gate erreicht man nach weiteren 17 km ständiger Bergauffahrt auf staubiger Piste. Achtung: Die Strecke von Nyeri bis zur Fishing Lodge im Park zieht sich gewaltig. Damit man nicht in die Dunkelheit kommt, sollte man die Fahrzeit großzügig kalkulieren! Die Zugänge zu den beiden berühmten Lodges im Park, das **Treetops Gate** sowie das **Ark Gate,** waren vor einigen Jahren nur für Hotelfahrzeuge geöffnet, können inzwischen aber von jedem passiert werden, der im Besitz einer Safari Card oder in Begleitung eines Safari-Card-Besitzers ist.

Der Norden des Aberdare-Parks ist nur über das Ngobit- oder Rhino-Gate und das Shamata-Gate von Nyahururu aus zu erreichen, entgegen der Angaben auf einigen Karten gibt es definitiv keine Wegverbindung zwischen dem Süd- und dem Nordteil des Nationalparks. Die Piste zum Shamata Gate biegt 28 km hinter Nyahururu von der Straße nach Nyeri ab, von wo es weitere 20 km schlechte Piste sind. Jene zum Rhino Gate biegt hingegen nach 39 km ab, von wo es noch 11 km sind. Wegen seiner schlechten, matschigen Pisten ist das Rhino Gate bisweilen über Monate geschlossen.

Ohne eigenes Fahrzeug

Wer im Aberdare National Park zu Fuß wandern will und kein eigenes Auto besitzt, muss sich auf gehörige Umstände einstellen. **South Kinangop,** der Ausgangspunkt für eine Besteigung von The Elephant ganz im Süden der Berge, ist **per Matatu von Naivasha aus am unkompliziertesten zu erreichen.** Von dort kommt man gut zu Fuß zur Forest Station (Beschreibung s. S. 260).

Matatus gibt es auch **von Nyeri zum Parkhauptquartier** in Mweiga (50 Ksh) und bis nach Endarasha, von wo es nochmals einige Kilometer Fußmarsch bis zum Wandare Gate sind. Alle anderen Gates lassen sich nur mit einem Auto erreichen oder über sehr lange Fußmärsche. Manchmal fahren Versorgungsfahrzeuge vom National Park hinauf zur Fishing Lodge, in denen man gegen Gebühr mitfahren darf. Bisweilen ist der Warden auch bereit, Wanderer gegen eine Wagenmiete im Moorland absetzen oder wieder abholen zu lassen. In jedem Falle muss man wegen der Rangereskorte erst zum Parkhauptquartier nach Mweiga.

Parkgebühren, Öffnungs- und beste Besuchszeiten

●Die **Eintrittspreise** stehen auf S. 55. Eintritt nur mit Safari Card.

●Prinzipiell ist der Nationalpark **täglich von 6–19 Uhr geöffnet;** kein Einlass mehr nach 18.15 Uhr. In den Regenzeiten von März bis Mai und im November ist er aber manchmal über längere Perioden ganz gesperrt oder nur mit 4WD-Fahrzeugen passierbar.

●**Für die Safari gilt** wie immer: Frühmorgens und am späten Nachmittag ist die Chance, Tiere zu sichten, größer. Auch die Luft ist dann am klarsten und lässt öfters spektakuläre Ausblicke auf den Mt. Kenya und hinunter ins Rift Valley zu.

Zum Wandern sind die Hochmoore und Tussocksgrasfelder schon in der Trockenzeit anstrengend genug, die feuchten Bedingungen in der Regenzeit sollte man auf jeden Fall meiden. Die trockensten und schönsten Monate am Berg sind in der Regel ab der zweiten Septemberhälfte bis Ende Oktober und im Januar und Februar.

Aktivitäten

Angeln

Die Flüsse der Aberdares sind unter Anglern für ihre prächtigen **Regenbogen- und Bachforellen** bekannt. Die ersten Fische wurden schon 1907 von *Sir Ewart Grogan* in den Gura River und den Chania River eingesetzt. Eine Angelgenehmigung wird beim Gate ausgestellt. Kosten: 1 Tag 100 Ksh, 1 Woche 200 Ksh, 1 Monat 300 Ksh, ein ganzes Jahr 500 Ksh. Gute Fischbestände gibt es **in den Flüssen Gura, Karuru, Chania, Kiguru und Magura.** Eine geeignete Basis für Angler ist natürlich die Fishing Lodge, aber auch das Tusk Camp. Die Hüttenwarte können einen zu den besten Angelplätzen dirigieren.

Kartenmaterial

Die einzig wirklich brauchbaren Karten für eine längere Wanderung abseits der erschlossenen Gebiete sind die **Kartenblätter der**

Zentrales Hochland

SK-Reihe im Maßstab 1:50.000 **des Survey of Kenya.** Wenn man in dessen Zentrale an der Thika Road in Nairobi keinen Erfolg hat, kann man sich beim Mountain Club of Kenya evtl. Fotokopien machen. Im Parkhauptquartier in Mweiga gibt es auch ein Exemplar, das man einsehen kann. Die relevanten Blätter für die Aberdares sind SK 120/1–4 (Ndaragwa, Ongobit, Kipipiri und Nyeri) sowie 134/1 und 2 (Kinangop und Kangema).

Nyeri – Nyahururu

- **94 km**
- **Asphalt,** guter Straßenzustand. Viele Matatus und Peugeot-Taxis verkehren.
- **Fahrtzeit:** 1,5 Stunden.

Um auf der gut ausgebauten Strecke um das nördliche Ende der Aberdares von Nyeri nach Nyahururu zu kommen, müssen Sie zunächst 2 km in nördlicher Richtung aus dem Stadtzentrum herausfahren. Nach der Überquerung des **Chania River** gelangen Sie an eine **Kreuzung:** Nach rechts geht es über Kiganjo zur 10 km entfernten Mt. Kenya Ring Road zurück, nach links zweigt die Teerstraße in Richtung Nyahururu ab. Wenn Sie ihr folgen, biegt direkt dahinter, wiederum nach links, die Zufahrt zum Ruhuruini Gate ab, deren erstes Stück bis zur italienischen Gedächtniskirche, die nach 2,5 km auf der rechten Straßenseite liegt, und zum Nyeri Hill geteert ist.

Nach Nyahururu fährt man hingegen geradeaus, zunächst durch ausgedehnte Kaffeeplantagen und kleinbäuerliche Shambas. Sofern die Sicht klar ist, sieht man rechts der Straße den riesigen Mt. Kenya stehen, während einen zur Linken die Aberdares begleiten. Bei km 8,5 passiert man links die Piste zum Treetops Gate des Aberdare National Park, nach gut 10 km liegt auf der rechten Seite das Mweiga-Hauptquartier des Nationalparks. Gegenüber der Einfahrt betreibt die **Mweiga Estate Farm,** einer der vielen europäischen Agrarbetriebe um Nyeri, einen **Kiosk,** an dem es herrlichen Joghurt, frische

Milch, Butter und Sahne zu kaufen gibt. 200 m hinter dem Kiosk beginnt links der **Flugplatz von Mweiga.**

Bei km 12 geht es rechts zum noblen Aberdare Country Club ab, der von einem privaten Tierschutzgebiet umgeben ist. Gut 1 km darauf passiert man **Mweiga Market** mit einer Tankstelle, zahlreichen Dukas, einigen Bars, Guesthouses und einem **Bauernmarkt.** Es ist die letzte gute Versorgungsmöglichkeit für alle, die über das Wandare Gate hinauf in die Aberdares wollen. Bei km 15 passieren Sie die Abfahrt zum Ark Gate und bei km 21 jene zum Wandare Gate, das nach 17 km Bergauffahrt durch die unglaublich dicht besiedelten Vorhügel der Aberdares erreicht ist. Selbst auf den steilsten Hängen wird noch Landwirtschaft betrieben, und die Felder stoßen unmittelbar an den Elektrozaun, der die Parkgrenze markiert. Kurz darauf passiert man die neue **Rhino Watch Lodge** des Deutschen Frank Wirth (www.kenya-wildlife-safari.com, Mobil: 0712/894292; gemütlicher Gemeinschaftsbereich, gutes Essen, Campmöglichkeit und verschiedene Unterkunftskategorien; Preise auf Anfrage).

Nach der Abzweigung zum Wandare Gate fahren Sie durch das Gebiet der riesigen **Rinder-Ranches und Wildfarmen von Laikipia.** Das trockene Land an der nördlichen Seite der Aberdares erlaubt keinen lohnenden Ackerbau mehr. Die Braun- und Gelbtöne der folgenden Savannenlandschaft, die mit Akazien und Euphorbienbäumen durchsetzt ist, stehen in krassem Gegensatz zum üppigen Grün der Region um Nyeri mit seinen Kaffeeplantagen.

Nach knapp 23 km führt rechts eine Piste zur **Solio Ranch,** die Anfang des Jahrhunderts von dem Adeligen Berkley Cole, dem besten Freund von Dennys Finch-Hatton, aufgebaut wurde. Ein großer Teil der 25.000 ha werden von einem **privaten Wildschutzgebiet** bedeckt, das einen Besuch lohnt. In der Savannenlandschaft, die von einem Galeriewald gesäumten Fluss durchzogen wird, bekommt man außer Elefanten so ziemlich alle größeren Wildtiere zu Gesicht. Am bemerkenswertesten sind die ausgesprochen guten Chancen, **Rhinozerosse** – noch dazu vor der imposanten Silhouette des Mt. Kenya – zu sehen, denn in Solio leben rund 80 Spitzmaul- und Breitmaulnashörner. Während der Zeit der fürchterlicher Wilderei überlebte auf der Farm eine stark bewachte Nashornherde, aus deren Nachzucht schon über 100 Spitzmaul- nashörner und mehr als 700 Breitmaulnas- hörner in andere Parks und Reserves, etwa nach Tsavo East und West, ausgewildert wur- den. Das Nashornschutzprogramm von Solio machte Schule, und auch andere große Pri- vatfarmen in Laikipia wie Ol Pejeta/Sweetwa- ters, Ol Jogi und Lewa Downs engagieren sich für die bedrohten Tiere. Die Eintritts- gebühr beträgt 2000 Ksh p.P., für das Fahrzeug berappt man 500 Ksh. Auf Wunsch erhält man einen Wildführer für 500 Ksh zur Seite gestellt, wobei ein Trinkgeld sicherlich ange- bracht ist. Nachpirschfahrten kosten zusätz- lich 1500 Ksh p.P.

Knapp 10 km hinter der Abfahrt zur Solio Ranch passiert man den kleinen Flecken **Kiyawara,** in dem sonntags ein schöner **Landmarkt** stattfindet. Die Umgebung ist nun noch karger geworden und erinnert mit den Schafherden und den langen Stachel- drahtzäunen beiderseits der Straße ein wenig an die südafrikanische Karoo-Steppe. Im Sü- den haben Sie einen unverstellten Blick auf die dicht bewaldeten Ausläufer der Aber- dares und den Le Sattima, der höchsten Gip- fel der Bergkette. Auf der rechten Seite öffnet sich der Ausblick hinunter in die riesigen, von kleinen Inselbergen durchbrochenen Ebenen Nordkenias, die sich in der dunstigen Ferne verlieren. Die Trockenheit des heißen Nor- dens schnappt um **Mogunda,** bei km 23 ab Solio, nach den Füßen der Aberdares wie ein wütender Hund. Man sieht Kinder, die Schubkarren voller Wasserkanister von den wenigen Brunnen zu den kleinen Gehöften schieben. Knapp 32 km ab Solio biegt nach links die Piste zum 11 km entfernten Rhino Gate ab.

Ab km 40, mit Erreichen des Ortes **Nda- ragwa,** wird das Klima schlagartig feuchter, was sich an den Wäldern zeigt, die von den Aberdares fast bis hinunter zur Straße rei- chen, und an den vielen Mais-Shambas. Nach gut 43 km passiert man auf der linken Seite den Weg zum 20 km entfernten Sha- mata Gate. Durch Eukalyptusaufforstungen

kommt man bei km 47 schließlich in das auf- strebende Örtchen **Ndaragwa Market,** das neben dem Maisanbau vor allem von der Milchviehhaltung und der Forstwirtschaft lebt. Wenige Kilometer dahinter fahren Sie von Süden nach Norden über den **Äquator.**

Auf der weiteren Strecke bis nach Nyahu- ruru wird das Land mit jedem Meter fucht- barer, erstaunlich fette Schwarzbunte muhen auf den Weiden längs der Straße. Bei km 65,5, im Marktflecken **Mairo Inya** biegt nach links die Piste nach Kaheho und zum Lake Ol Bolossat ab. Kurz darauf überquert man den **Ewaso Ngiro River,** der nur wenige hundert Meter rechts der Straße die berühmten, 72 m hohen **Thomson's Falls** bildet. Zu den Fällen gelangt man, wenn man hinter der Brücke dem Wegweiser zur Thomson's Falls Lodge folgen. Bei km 71 stößt man dann auf die ge- teerte C77. Nach links ist 500 m später der Ortskern von Nyahururu erreicht, rechts geht es über Rumuruti und Maralal in Richtung des wilden Nordkenia, zum Ostufer des Tur- kana-Sees.

Nyahururu   ♫ XXI/C3

„Thomson's Falls" hieß das beschauliche **25.000-Einwohner-Städtchen** zu Kolonial- zeiten, und zumindest von den weißen Keni- anern wird es heute noch immer knapp „T Falls" genannt. Mit 2360 m ü.NN ist es eine der höchstgelegenen Städte Kenias, das **Kli- ma** ist daher **oft unafrikanisch kühl,** und an regnerischen Abenden beschlagen die Fens- terscheiben von Bars und Hotelis, in denen sich die Menschen bei einem lauen Bier oder einer Mahlzeit aufwärmen. Auch die Nadel- holzschonungen in der Umgegend der Stadt erinnern nicht unbedingt daran, dass man sich fast auf dem Äquator befindet.

Thomson's Falls war die letzte der weißen Siedlerstädte, die in Kenia gegründet wur- den. Ihr erstes festes Gebäude war ein Unter- stand des Narok Angling Club. Anfang der 1920er Jahre kamen seine Mitglieder öfter zum Forellenfangen hierher. Erst nach dem Bau einer Stichstrecke von der **Eisenbahn-**

Zentrales Hochland

linie Nairobi – Kisumu nach Thomson's Falls, die 1929 eröffnet wurde, begann die zügige Entwicklung zu einem ländlichen Zentrum. Ein bunter Marktflecken (besonders samstags) ist Nyahururu immer noch, zu mehr hat es allerdings auch bis heute nicht gereicht. Die Eisenbahnverbindung existiert übrigens nach wie vor, die Strecke wird aber lediglich von Güterzügen befahren.

Das Hochplateau, das die Stadt umgibt, wird intensiv landwirtschaftlich genutzt, die meisten der ehemals weißen Farmen befinden sich inzwischen in afrikanischem Besitz. Nyahururu ist die **letzte Stadt im Kikuyu-Land.** 34 km nördlich endet in Rumuruti der Asphalt. Das dortige Straßenbild wird bereits von Samburu-Kriegern geprägt. Dahinter beginnt die Wildnis Nordkenias.

Anfang 1883 durchstreifte der erste Europäer das Gebiet: Der schottische Forscher *Joseph Thomson* war von den 72 m hohen Wasserfällen des Ewaso-Narok-Flusses am Rand des heutigen Ortes so beeindruckt, dass er ihnen ohne großes Zögern seinen eigenen klangvollen Namen gab. Die Gegend war damals praktisch unbewohnt, weil sie im Niemandsland zwischen den Einflusssphären zweier rivalisierender Masai-Stämme lag. Daran erinnert noch der zungenbrecherische Name „Nyahururu", eine Verballhornung von *Naiurru-ur,* was in Maa, der Sprache der Masai, „Wasserfall" bedeutet. Nach Regenfällen sind die Wasserfälle sehr imposant.

An den **Thomson's Falls** treiben sich eine Menge hartnäckiger Souvenirverkäufer herum. Wer ihnen entkommen will und nicht in Eile ist, kann vom Aussichtspunkt die rund 170 Stufen zu den Fällen hinunterklettern. Andere Wege sind glitschig und daher nicht zu empfehlen. Von unten kommt man viel näher an die tosenden Fälle heran, deren Gischt Brillengläser und Kameralinsen beschlägt. Vorsicht Fotografen: Nachmittags ab 16 Uhr liegen die Fälle im Schatten. Haben Sie Lust zu einem längeren **Spaziergang,** überqueren Sie den Ewaso Narok auf der Brücke oberhalb der Fälle. Auch auf dem jenseitigen Ufer kann man in die Schlucht hinabsteigen und einem Weg durch die dichten Galeriewälder entlang des Flusslaufes folgen, in denen sich eine bunte Vogelwelt und mit

etwas Glück vielleicht auch eine dort ansässige Colobus-Sippe beobachten lassen.

Auf den Wiesen am **Aussichtspunkt** posieren Kikuyus in der wahrlich Furcht erregenden Kriegertracht ihres Volkes vor den Kameras der Reisenden – für bare Münze, versteht sich.

Für Leute, die nicht über Nacht in Nyahururu bleiben wollen, lohnt sich ein Blick – oder gar ein Drink – in die **Bar der Thomson's Falls Lodge,** die mit ihren Holzbohlenböden noch etwas Nostalgie verbreitet.

Unterkunft

Mittelklasse-Hotel

● **Thomson's Falls Lodge**
Tel. 065/22006, 32176; BB 1500/2500/3200 Ksh, Camping 500 Ksh p.P., inklusive heißer Dusche und Feuerholz; Lunch- und Dinner-Buffet kosten 700 Ksh. Das in Teilen aus den 1930er Jahren stammende Gebäude ist ohne Frage das erste Haus am Platze. Die schönen hellen Zimmer mit Holzfußboden und Kamin sind ländlich-gemütlich, allerdings funktionieren nicht alle Feuerstellen. Also: Wer auf offenes Feuer im Zimmer Wert legt, sollte sich dessen beim Einchecken versichern. Die Speisekarte der Lodge ist nicht übermäßig üppig und bietet in der Regel das übliche Hühnchen-Rindfleisch-Chips-Einerlei, manchmal aber auch ein kleines Buffet.

Preiswerte Unterkünfte

● **Kawa Falls Hotel**
Tel. 065/32295; 600/900 Ksh SC, Suite 1600 Ksh, Main Suite 2500 Ksh. Das Hotel liegt etwas außerhalb des Ortes an der Straße in Richtung Gilgil. Die Zimmer sind sehr ordentlich, aber nicht alle haben ein Außenfenster und noch weniger von ihnen den Blick zum Mt. Kenya, der in südöstlicher Richtung liegt. Es lohnt sich, mehrere Räume zu begutachten. Das Restaurant serviert anständige Portionen, neben gebratenem Fisch sind Spaghetti Carbonara, Kuchen und die Milchshakes hervorzuheben. Das Hotel verfügt über sichere Parkplätze, am Wochenende steigt die Haus-Disco.

Nyahururu

0 — 200 m

C77 Rumruti, Maralal, Golf Club

🏨 1 Thomson's ★ Falls

B5 Nakuru via Subukia (71 Km)

Katholische Kirche

B5 Nyeri (110 Km)
C76 Nanyuki (93 Km)

Krankenhaus

5
6 🏨
7
9 8
10
11

4
3
2

Manguo River

Bahnhof *(nur Güterzüge)*

12 13
14

16 15

Stadion/ Showground

Markt
Markt

20 🏨   19

22 21
23 24
25

17
18 ★ *Clocktower*

Busse/ Matatus

C77 Gil Gil Olkaloo (82 Km)

26 🏨
27

Zentrales Hochland

🏨 1	Thomson's Falls Lodge/Campsite	
2	Swallows Bar	
3	KCB	
4	COOP Bank	
5	Liz & Jim	
🏨 6	Nyaki Hote	
7	Red Rose Café	
8	Liwan Restaurant	
9	Mobil-Tankstelle	
10	Polizei	
• 11	Rathaus	
12	Glory Hotel	
13	Green Leaves Hotel	
14	Barclay's Bank	
15	Gateway Restaurant	
16	Kino	
17	Siku Hizi Bar	
18	Caltex-Tankstelle	
19	Total-Tankstelle	
🏨 20	Nyahururu Stadium Hotel	
21	Busse Matatus nach Norden	
22	BP-Tankstelle	
23	Moschee	
24	Supermarkt	
25	Kenol-Tankstelle	
🏨 26	Kawa Falls Hotel	
27	AGIP-Tankstelle	

● **Nyaki Hotel**
Tel. 065/22313; 500/700 Ksh SC, Suite mit separatem Wohnzimmer 1200 Ksh SC. Ein großer, anonymer und mittelsauberer Kasten mit relativ kleinen Zimmern, aber heißen Duschen. Überraschend ist der riesige Innenhof mit viel sicherem Platz zum Parken. Das Hotel besitzt ein eigenes Restaurant, dessen Speisekarte allen, die aus dem wilden Norden kommen, das Wasser in den ausgetrockneten Mund treiben wird. Bei gutem Wetter werden auf dem Dach Drinks und Nyama Choma serviert, was schon allein wegen des Blicks auf den Mt. Kenya eine gute Idee ist.

● **Nyahururu Stadium Hotel**
Tel. 065/32773; 450/700 Ksh SC. Die angenehm ruhige und saubere Unterkunft auf der Koinange Street hat den gleichen Besitzer wie die Equator Lodge. Wohl die beste Unterkunft dieser Preiskategorie.

Camping

Die einzige Campingmöglichkeit Nyahururus befindet sich **auf dem Gelände der Thomson Falls Lodge** (s.o.).

Essen und Trinken

Die Speisezettel im **Nyaki Hotel** und **Kawa Falls Hotel** lesen sich verführerisch: Schweinefleisch mit Apfelsauce, T-Bone Steak, Tomatentoast mit Chips, Pfeffersteak oder Leber und Nierchen. Dagegen nehmen sich die Mittags- und Abendbuffets in der **Thomson's Falls Lodge** mit 700 Ksh fast zu teuer aus. Wer **Kikuyu-Speisen** mag, erhält neben den Standard-Fleisch- und Huhngerichten in der **Farmer's Lodge** große, schmackhafte Portionen zu günstigen Preisen.

Busse und Matatus

Busse und Matatus sind die einzigen Transportmittel für die Weiterreise. Das letzte **Matatu in Richtung Maralal** (6–7 Std., 500 Ksh) fährt gegen 15 Uhr. Wer jedoch sicher wegkommen will, sollte bereits am frühen Morgen einen Platz ergattern. Transporte **nach Rumuruti** (ca. 45 Min. 1300 Ksh) gibt es hingegen bis zum frühen Abend, ebenso wie auf den Strecken nach **Nairobi** (ca. 2,5 Std., 450 Ksh), **Naivasha** (ca. 1,5 Std., 250 Ksh), **Nakuru** (ca. 1 Std., 200 Ksh), **Nanyuki** (ca. 1,5 Std., 250 Ksh) und **Nyeri** (ca. 1,5 Std., 250 Ksh).

Nachtleben

Grundsätzlich ist die ländliche Kleinstadt Nyahururu nicht gerade für ihr aufregendes Nachtleben bekannt. Dennoch: Wochenends, wenn sich die Farmer in der Stadt vergnügen, geht es in einigen Schuppen hoch her, Live-Musik inklusive. Das **Siku Hizi** ist eine kleine, nette, verranzte Bar, am Wochenende mit brachialer Live-Musik – ein Erlebnis mitten aus dem prallen Leben! Das **Swallows** ist größer und populärer, eine lebendige Kneipe, mit Nyama-Choma-Grill draußen im offenen Hof. Drinnen gibt es Poolbillard sowie jede Menge Highlife. Das **Kawa Falls Hotel** mit der Wochenend-Disco liegt zwar etwas außerhalb der Stadt in Richtung Gilgil, ist aber noch zu Fuß zu erreichen, wenn man nicht ausgerechnet am anderen Ende der Stadt im Thomson's Falls wohnt. Auch das **Baron Hotel** öffnet für 100 Ksh am Fr. und Sa. die Disco-Pforten.

Banken

Die Öffnungszeiten der Banken sind die in Kenia üblichen. Bares zu jeder Tages- und Nachtzeit erhält man darüber hinaus am **Bankomat** der **Barclays Bank.**

Golf

● **Nyahururu Golf Club**
Tel. 065/22553; 18-Loch-Kurs; Daily Membership 1500 Ksh, Greenfee 500 Ksh, Caddy 200 Ksh. Daneben gibt es die Möglichkeit, Squash, Tischtennis, Snooker oder Darts zu spielen. Neben der Thomson's Falls Lodge sind im verschlafenen Golf Club unter einer Patina von Vernachlässigung noch am ehesten die Spuren der Siedlervergangenheit aufzuspüren. Ein Platz zum Stöbern für jene, die dem morbiden Charme vergangener Zeiten erlegen sind. An der Wand hängt, säuberlich gerahmt: „Snooker general rules as revised 1st of December 1973" und „Dressing Code for Men on Course", und in der kleinen Bibliothek stehen englische Uralttitel, offensichtlich seit Jahrzehnten ungelesen. Bereits auf dem Parkplatz kann man sich des Eindrucks nicht erwehren, dass die Clubmitglieder in ihrem Bestreben, britisches Clubleben zu pflegen, etwas über das Ziel hinausgeschossen sind. Ordentliche weiße Schildchen weisen jedem seinen Platz: Chairman, Vice Chairman, Trustee, Treasurer, Captain, Lady Captain, Green Keeper und schließlich das gemeine Volk der House Members. Damit hat fast der gesamte Club seinen exklusiven Parkplatz, denn er zählt insgesamt nur 52 Mitglieder ...

Zentrales Hochland

Thomson's Falls

Nordkenia

Der Nordosten von Kenia ist ein **weites, wildes Terrain von Wüsten und Halbwüsten,** das vom Klima, der Natur, den Landschaften und seinen Menschen her einen völlig anderen Charakter als der Süden des Landes besitzt. Seine Bewohner, die **Völker der Rendille, Borana, Gabbra, Somali, Samburu und Turkana,** sind allesamt **Nomaden,** die häufig noch ihren traditionellen Lebensstil pflegen, was anderswo längst vergangenen Tagen angehört. Dieser Landstrich bedeckt immerhin etwas mehr als ein Drittel des kenianischen Territoriums. Dennoch taucht er in Reiseprospekten und den Programmen der Safari-Unternehmen nur am Rande auf. Das hat nicht mit einem Mangel an Attraktionen oder schönen Landschaften zu tun, sondern damit, dass dieser Landesteil vom Staat seit jeher vernachlässigt wird und schlechte Infrastruktur und eine wackelige Sicherheitslage die Erschließung durch den Pauschaltourismus bisher verhindert haben. Ausnahmen sind die berühmten tierreichen **National Reserves von Samburu, Buffalo Springs und Shaba,** die am Ewaso Ngiro River, direkt nördlich des Mt. Kenya, liegen. Alles jenseits davon bleibt für die meisten Kenia-Besucher eine unbekannte Welt. Durch den gegenwärtigen Bau der Teerstraße nach Marsabit mag sich dies in absehbarer Zeit ändern.

Doch wer mit einem gewissen Sinn für Abenteuer und einer Gleichgültigkeit gegenüber mangelndem Komfort ausgestattet ist, kann schon jetzt große Stücke des Nordens durchaus **auf eigene Faust erkunden.** Es gibt sogar spezialisierte Tour Operator, die Zeltreisen in diese Region anbieten. Fast jeder kommt begeistert und berührt zurück.

Die **Hauptattraktion** Nordkenias ist eine **Reise zum Ostufer des Turkana-Sees,** hinauf nach **Loyangalani.** Die Fahrt führt durch das Land der Samburu-Pastoralisten, deren Krieger wegen ihrer ockerfarbenen Zöpfchen, den Speeren und roten Umhängen an die Masai erinnern, mit denen sie auch eng verwandt sind. Die Route passiert urwaldbedeckte, wildreiche Gebirgsstöcke, die wie grüne Oasen aus dem wüstenhaften Umland aufragen, wie die Mathew's Range, die Ndoto-Berge, der Mt. Ngiro, der Mt. Kulal und der Marsabit-Berg. Unterwegs holpert man über achsenbrecherische Pisten, durch flimmernde, menschenleere Landstriche, vorbei an ausgeglühten Vulkanen und erstarrten Lavaflüssen und steht schließlich am türkisfarbenen **Turkana-See,** dem **größten Wüstensee der Erde,** der auch poetisch als Jademeer bezeichnet wird.

Erst später, beim Erzählen der **Reiseabenteuer,** die von Begegnungen mit Turkana-Nomaden oder dem kleinsten Volk Kenias, den El Molo-Fischern, handeln, aber auch von Autopannen, Hitze, Durst und Staub, merkt man, dass die Entbehrungen der Reise und die große Entfernung von Nordkenia zu Handy, Internet und allen anderen Attributen des 21. Jahrhunderts ein gutes Stück des Reizes ausmachen.

Unerlässliche Voraussetzung für Entdeckungsreisen in Nordkenia ist aber eine **gewissenhafte Vorbereitung,** die **Beachtung von Sicherheitsregeln** und die **Meidung einiger Tabuzonen.** Denn Nordkenia ist ein raues Land, in dem Dürrekatastrophen und Banditenüberfälle leider immer noch zum harten Leben der Menschen gehören – in den betroffenen Gebieten hat man als Tourist nichts verloren.

Nyahururu – Rumuruti – Maralal

● **148 km**
● Die ersten 34 km bis nach Rumuruti geteert, danach eine relativ gut befahrbare Allwetterpiste. Vormittags verkehren einige Matatus und Busse von Nyahururu nach Maralal.
● **Tankmöglichkeiten:** Rumuruti und Maralal.
● **Fahrtzeit:** 3–4 Stunden.

Wer sich von Nyahururu auf den Weg nach Maralal macht, passiert am Ortsrand, 500 m nach der Abzweigung der B5 in Richtung Nyeri (s. S. 548), den Golf Club, dann geht die Fahrt auf hervorragender Teerstraße durch Eukalyptus- und Nadelbaumforst, die Ausläufer des **Marmanet Forest,** der sich im Norden von Nyahururu erstreckt. Angesichts der grünen Wiesen und kühler Luft werden Sie sich kaum vorstellen können, auf dem Weg in den Wüstengürtel Kenias zu sein. Bei km 6,5 ab der Nyeri-Kreuzung bricht der Marmanet Forest steil in die Laikipia-Ebene ab, und man genießt einen unbeschränkten Blick in Richtung Nordkenia. Bei km 9 zweigt links eine Teerstraße, die C51 in Richtung Ol Ngarua, ab.

Wenn Sie genügend Zeit haben, empfehle ich einen 50 km langen **Abstecher zum Lake Baringo Viewpoint am Ngelesha Hill,** der einen der grandiosesten Ausblicke ins Rift Valley bietet. Dafür folgen Sie für 37,5 km der Teerstraße nach Ol Ngarua. Unterwegs sehen Sie zu Ihrer Linken den 2613 m hohen Mt. Marmanet. Bei dem Schild „Mwenje Secondary School" biegen Sie nach links ab. Wenn Sie geradeaus fahren, kommen Sie nach weiteren 2 km in das Örtchen **Ndindika,** wo der Teer endet. Nach dem Sie abgebogen sind, folgen Sie der Piste für 4,7 km. Dann gabelt sich der Weg. Nach links kommt man zu einer Secondary School, zum Viewpoint geht's nach rechts. Aber wegen zahlloser anderer Verzweigungen ist der weitere Weg so schwer zu finden, dass Sie sich für die letzten 7,5 km am besten an der Schule einen Führer nehmen. Dann lassen Sie das Auto stehen und laufen nochmals 300 m zu einigen Felsen, von wo sich der Blick ins Rift Valley, auf den Lake Baringo und einen Teil des Lake Bogoria öffnet. Der **Ngelesha Hill,** auf dem Sie stehen, misst 2278 m, während der Baringo-See auf 970 m liegt, immerhin eine Differenz von 1300 m!

Die Teerstraße nach Rumuruti und Maralal verlässt allmählich das **Hochplateau von Nyahururu.** Beim **Abstieg** wird das Land trockener und wärmer. Erste Euphorbienbäume tauchen auf, während die Felder spärlicher werden und 30 km hinter der Stadt ganz verschwinden. Im folgenden Buschland gibt es nur noch Viehwirtschaft und Holzkohleproduktion.

Bei km 41 erreicht man den kleinen Ort **Rumuruti,** in dem der Asphalt endet. Nach rechts zweigt eine 80 km lange, miserable

Piste nach Nanyuki ab. Von dieser biegt nach 600 m wiederum die Zufahrt zum Rumuruti Members Club ab, der in dem Wäldchen auf der linken Pistenseite liegt. In dem Dickicht versteckt sich auch eine State Lodge des Präsidenten. Rumuruti selbst besteht aus zwei langen Reihen bunter Dukas, Hotelis, einem Post Office, einer Tankstelle und einigen Verwaltungsgebäuden. Es wirkt verschlafen, aber nicht unfreundlich. Der Ort kann nicht verbergen, dass er die **Grenzstadt zum Samburu-Land** markiert. Sie werden hier erste Krieger des Hirtenvolkes sehen, die sich noch aufwendiger schmücken als ihre Cousins, die Masai. Hier in Rumuruti sind sie schon stärker mit der westlichen Lebensart in Berührung gekommen als ihre Stammesbrüder weiter nördlich. So sieht man Moran, die westliche T-Shirts und Hemden tragen, mit dem Fahrrad durch die Gegend fahren und sich ein kleines Transistorradio ans Ohr halten; gleichzeitig tragen sie ihre traditionellen Röcke, Autoreifenschuhe und Keulen sowie ockergefärbte, mit Federn geschmückte Haare – eine aufregende Melange!

Früher war Rumuruti ein Versorgungszentrum für riesige europäische Rinder-Ranches, die sich im Umland erstreckten. Bis heute haben einige dieser Betriebe überlebt, auch wenn die Besitzer inzwischen zu einem großen Teil **Kamele** halten, weil die Höckertiere mit dem trockenen Klima besser zurechtkommen und die empfindliche Vegetationsdecke nicht so stark schädigen.

Außer am Markttag Donnerstag, wenn viele Samburu in den Ort kommen, ist in Rumuruti nichts los.

Es kann lang dauern, bis Leute ohne eigenes Vehikel eine Mitfahrgelegenheit **nach Maralal** gefunden haben, denn die meisten Busse kommen schon in der Morgenstunden durch den Ort. Beim Warten kann man in der Furaha („Freude") Bar Fliegen und durch ein paar Unterhaltungen vielleicht auch die Langeweile verscheuchen. Wenn man überhaupt kein Glück hat und über Nacht hängen bleibt, muss man wohl mit dem einzigen **Guesthouse,** dem **Makanji,** vorliebnehmen.

Der Zustand der Piste, die sich hinter Rumuruti an den Asphalt anschließt, ist im Großen und Ganzen erstaunlich gut. Laut Karte geht die Fahrt entlang des Ewaso Narok, aber davon merkt man nichts. Die Landschaft ist eintönig. Bei km 19 ab Teerende weist ein Schild auf den **Bobong Campsite** (Tel. 062/32718, Mobil: 0722/936177, 0735/243075 für SMS, olmaisor@africaonline.co.ke) hin, der links der Straße auf einem kleinen steinigen Hügel liegt und neben zwei Bandas (4000 Ksh pro Banda für bis zu 6 Personen) reichlich Campingplatz (500 Ksh p.P.), warme Duschen und Aktivitäten wie Kamelsafaris (7000 Ksh pro Tag inkl. Führer und Verpflegung), aber auch frisches Fleisch und Milch bietet. Sie können auch 7 km weiter auf einem paradiesischen Campingplatz unter Fieberakazien nahe des Ewaso Narok River campen. Buchungen gehen auch über obige Adresse. Die Gegend wimmelt zur Zeit der **Elefantenwanderung** nur so von Dickhäutern. Auch anderes Wild ist in der Umgebung zahlreich vertreten, **Zebras** sind eine regelrechte Landplage.

Die **weitere Strecke nach Maralal** bleibt eintönig, die Piste wird über weite Strecken von Stacheldrahtzäunen begleitet. Bei km 27 ab Rumuruti biegt die Piste nach links ab, während der Weg geradeaus zum Shopping Centre von Loisaba weiterführt. Die Eintönigkeit des Landes wird erst 36 km später durch die Abzweigung der wunderschönen Piste zum Lake Baringo (104 km) unterbrochen, von der nach rund 23 km links die Zufahrt zu *Kuki Gallmanns* Farm Ol Ari Nyiro abgeht, dem Schauplatz ihrer weltberühmten autobiografischen Romane „Ich träumte von Afrika" und „Afrikanische Nächte".

Bei km 10 ab der Kreuzung kommt man durch den Weiler **Lenges,** der durch seinen riesigen Wassertank auffällt. Doch erst bei km 17 erreicht man mit **Suguta lol Marmar** seit Rumuruti das erste Mal wieder einen richtigen Ort, der neben einigen Dukas ein kleines Krankenhaus und eine Polizeistation besitzt. Der **Rindermarkt** des Ortes wird durch die vielen traditionell gekleideten Samburu zu einem bunten Schauspiel. Hinter Suguta erstreckt sich das wildreiche **Lorochi-Plateau,** an dessen nördlichen Rand bei Kisima die Piste von Isiolo (176 km) und Wamba (86 km) von rechts auf die C77 stößt. Das letzte Wegstück nach Maralal begleiten im Osten die Karisia Hills. Bei km 15,5 ab der Isiolo-Kreuzung liegt rechts der Piste das **Yare Safari Camp,** die einzige Campmöglichkeit in der Umgebung von Maralal und Ausgangsbasis für die Kameltrecks in die Umgebung.

Bei km 20 stoßen Sie **am Rand von Maralal** an eine große **Kreuzung.** Nach links gelangt man nach Baragoi und zum Turkana-See, nach rechts erreicht man nach 700 m den Ortskern. Maralal ist der letzte Außenposten der Zivilisation, bevor der wirklich abenteuerliche Abschnitt der Reise zum Turkana-See beginnt.

Maralal ♫ XXVI/B3

Es sagt schon ziemlich viel über Maralal aus, dass die britische Kolonialregierung *Jomo Kenyatta,* ihren politischen Feind Nummer 1, nach Verbüßung seiner siebenjährigen Haftstrafe in einem Arbeitslager bei Lokitaung nach Maralal deportieren ließ und ihn hier unter Hausarrest stellte, von dem man ihn erst 1961 nach politischem Druck der schwarzen Parteien entband. Inzwischen mag die Einwohnerzahl der Stadt, Verwaltungssitz des Samburu District, zwar auf rund **25.000 Menschen** angewachsen sein, es bleibt aber ein wenig aufregendes Örtchen am Rande der nordkenianischen Wildnis, das auf 1985 m Höhe zwischen den grünen Lorochi Hills eingebettet liegt. Nairobi ist weit, sehr weit von hier. Das verraten schon die rot gewandeten **Samburu-Krieger,** die mit ockergefärbten Haaren und langen Speeren durch den Ort patrouillieren.

Dass den Touristen angesichts der idyllischen Kulisse und des exotischen Farbenrausches nach der langen monotonen Überlandfahrt aus dem Süden nicht ein vollkommener Glückstaumel erfasst, ist einzig und allein einer **stattlichen Anzahl von geschäftstüchtigen jungen Männern** zu verdanken. Die kleben nämlich mit dem Verlassen des Matatus wie ungebackener Pizzateig an ihm („Hello my friend!") und versuchen, ihm die

Kaufentscheidung für – zugegebenermaßen hübschen – Schmuck und Samburu-Speere zu erleichtern („Believe me, no tourist stuff!"). Außerdem bieten sie Ausflugspakete für „traditionelle Tanzveranstaltungen", Beschneidungszeremonien oder Wandertouren in die Umgebung an. Die jungen Männer, so nervig sie auch sein mögen, verdienen ein gewisses Verständnis. Die Dürrekatastrophen der vergangenen drei Jahrzehnte haben ihre Familien zur Aufgabe des traditionellen Lebensstils gezwungen. Am Rande der nordkenianischen Städte führen sie nun ein ziemlich perspektivloses Leben. In Maralal haben sich einige von ihnen in Selbsthilfegruppen wie der Safisha Group oder der Plastic Boys Self-help Group organisiert und verdienen sich ihren Lebensunterhalt mit Kunsthandwerksarbeiten, darunter sehr schöne Schmiede- und Lederarbeiten. Außerdem betätigen sie sich als Fremdenführer.

Tatsächlich kann man in die **Umgebung von Maralal schöne Ausflüge** unternehmen. Besonders das **Losiolo Escarpment,** das rund 25 km westlich von hier den Abbruch in den ostafrikanischen Graben bildet, ist einen Besuch oder gar eine zweitägige Wanderung wert. Der abrupte Abhang hat nicht von ungefähr den Beinamen „World's End" erhalten, denn die Erde reißt hier unmittelbar auf und gibt den Blick frei: Hinunter in das brütend heiße Suguta Valley, auf den Lake Baringo, die Cherangani sowie die Tiati Hills am westlichen Rand. Wer mit dem eigenen Fahrzeug bis zum Lake Turkana fährt, erweist dem Platz lieber bei der Weiterfahrt seine Ehre, denn er liegt nur einige Kilometer abseits der Strecke (Wegbeschreibung s. S. 560).

Ein weiteres Ausflugsziel ist das **Maralal National Sanctuary** südwestlich der Stadt. Hier gibt es Zebras, Paviane, Impalas, Hyänen, Wildbüffel, Elen-Antilopen, Warzenschweine und manchmal einen Leoparden – aber nichts, was man anderswo nicht auch schon gesehen hätte. Ein Besuch ist also kein Muss und lohnt sich vielleicht noch am ehesten wegen der angeschlossenen **Maralal Safari Lodge,** dem besten Hotel der Stadt. Auch das **Kenyatta House,** das Haus, in dem *Kenyatta* während seiner Hausarrestzeit in Maralal lebte, muss man nicht gesehen ha-

ben, obwohl es in ein **Nationalmuseum** (500 Ksh für Nonresidents, 400 Ksh für Residents, Kinder die Hälfte, täglich geöffnet von 9.30–17 Uhr) umgewandelt wurde. Es besitzt keinerlei Ausstellungsstücke, und der 2 km lange Weg dorthin lohnt sich eigentlich nur wegen des hübschen Ausblicks über das Tal, in dem Maralal liegt – und der ist kostenlos.

Eine echte Attraktion ist hingegen das **Maralal International Camel Derby,** das von Yare Safaris (nähere Infos auch auf www.yaresafaris.com) seit 1990 immer am dritten Samstag im Oktober veranstaltet wird. Es finden Profi-, Semiprofi- und Amateurläufe statt, und zumindest an Letzteren kann jeder teilnehmen. Wer ohnehin zu dieser Zeit in der Region ist, wird einen Besuch beim **Yare Safari Camp** sicher nicht bereuen, denn die Rennen locken alle möglichen interessanten und durchgedrehten Typen nach Nordkenia. Der Eintritt kostet 30 US$. Wer selber in den Sattel steigen möchte, kann sich bei Yare Safaris (s.u.) in Nairobi anmelden. In der Amateurkategorie kostet das Vergnügen bei Anmeldung bis Mitte Oktober 30 US$/300 Ksh Meldegebühr für Nonresidents/Residents plus Kamelmiete für 125 US$/5000 Ksh. In der letzten Woche vor dem Start kostet alles 50 Prozent Aufpreis. Inzwischen gibt es sogar einen Mountainbike-Wettbewerb. Ein Teil der Einnahmen geht übrigens an medizinische Einrichtungen im Samburu-Land.

Unterkunft

In Maralal gibt es nur einfache Guesthouses. Etwas außerhalb bestehen mit dem Yare Safari Camp und der Maralal Safari Lodge auch Unterkünfte, die etwas gehobeneren Ansprüchen genügen.

Preiswerte Unterkünfte

● **Sunbird Guesthouse**
Tel. 065/62015, Mobil: 0735/884910 und 0722/622947; 400/600 Ksh SC BO. Blitzeblanke, recht geräumige Zimmer mit heißem Wasser und Moskitonetzen auf einem netten Grundstück mit sicheren Parkplätzen und etwas Grün. Auch das Personal ist freundlich. Ausgezeichnetes Preis-Leistungsverhältnis!

Nordkenia

●**Cheers Guesthouse**
Tel. 065/62204, Mobil: 0722/655877 und 0720/2088195; 400/700 Ksh SC BO. Die Zimmer sind sauber, wenn auch nicht übergroß. Sichere Parkplätze. Zentral, direkt gegenüber des Marktes gelegen.
●**Sandiki Lodge**
Tel. 065/62443; 350/600 Ksh NSC. Sehr sauberes und nettes Gästehaus, das über Moskitonetze, einen sicheren Parkplatz und die Möglichkeit zum Kleiderwaschen verfügt. Empfehlenswert.
●**Peacock Lodging**
Tel. 065/62068; 400/600 Ksh NSC. Gepflegte Unterkunft mit Moskitonetzen, die das Geld allemal wert ist. Sicherer Parkplatz vorhanden.

Hotels außerhalb der Stadt

●**Maralal Safari Lodge**
Rund 3 km außerhalb des Ortskerns an der Piste in Richtung Baragoi; Tel. 065/62220; Buchungen über Let's Go Travel (s. S. 106), 108 US$ p.P. Das kleine, persönliche Hotel liegt im Maralal National Sanctuary; von Restaurant und Veranda hat man einen unverstellten Blick über das Wasserloch und eine Salzlecke, die zahlreiche Tiere anzieht. Die Unterkünfte bestehen aus netten Holzchalets mit einer Sitzgruppe und haben ihren eigenen Kamin – da die Nächte in Maralal unangenehm kalt werden, ein wunderbarer Luxus. Von den Chalets geht der Blick auf das Sanctuary und die Lorochi Hills. Von hier aus kann man Fußsafaris, Bird Walks und Picknickausflüge zum World's End organisieren lassen. Swimmingpool.
●**Yare Safari Camp**
Tel./Fax 065/62295, www.yaresafaris.co.ke; Buchungen unter Yare Safaris in Nairobi (siehe dort). 4 km außerhalb des Orts an der Piste nach Nyahururu. Bandas 600/800 Ksh, Camping 200 Ksh. Die Bandas auf dem Campsite sind ganz nett, aber es gibt nur kaltes Wasser, und die Belegschaft ist nicht sonderlich hilfsbereit. Aber am Campingplatz, der Bar und dem Essen im Restaurant gibt es nichts auszusetzen – was die Beliebtheit bei Overland Trucks erklärt. Das Yare Safari Camp ist die Ausgangsbasis für Kamelsafaris von Yare Safaris, hier bekommt man auch gute Wanderführer für die Umgebung. Beim Maralal International Camel Derby ist das Camp Start- und Zielpunkt – zu dieser Zeit muss man unbedingt im Voraus buchen!

Essen und Trinken

Maralals Restaurants sind simpel und preiswert, aber es gibt ein paar Läden, die schmackhafte Speisen servieren. Das **Hard Rock Café** ist Stammkneipe des lokalen Fußballvereins, wie die aufgereihten Pokale im Gastraum beweisen. Das Essen ist besser als die Inneneinrichtung, sehr empfehlenswert ist der Pilau. Die Speisekarte des **Samburu Hotel** liest sich gut, doch beim Bestellen reduziert sich dann doch wieder alles auf das altbekannte kenianische Einerlei. Im **Medina Hotel** an der Straße nach Nyahururu erhält man einfache, aber frische Küche, zum Pilau kommt sogar etwas Gemüse. Empfehlenswert ist die Küche der Sunbird Lodge.

Busse und Matatus

In Richtung Süden starten vormittags nach **Nakuru, Nyahururu** und **Nairobi Überlandbusse.** Außerdem fahren in aller Herrgottsfrüh auch **Nissan-Matatus bis Nyahururu.**

In **Richtung Norden** fahren frühmorgens ein oder zwei **Landrover-Matatus,** aber in Baragoi ist dann Endstation. Jenseits des Örtchens ist man auf andere Mitfahrgelegenheiten angewiesen. Die Fahrt kostet 500 Ksh. In Baragoi wartet man u.U. einige Tage, bis ein Lastwagen über South Horr nach Loyangalani weiterfährt. Die knappen Plätze sind heiß begehrt und man muss dafür bezahlen. Für einen Lift von Baragoi nach South Horr zahlt man normalerweise 300 Ksh und von South Horr nach Loyangalani nochmals 300 Ksh.

Nachtleben

Der **Mellville's Club 24** im Kimaniki Hotel offeriert bodenständiges Tanzvergnügen, geöffnet ist angeblich 24 Stunden. Das **Buffalo's** hat ungefähr den gleichen Standard und Billardtische, jeden Fr. und Sa. tobt hier ge-

gen einen kleinen Eintritt der Büffel. Ansonsten müssen alle in Feierstimmung mit einer der vielen **Bars** vorliebnehmen, etwa im **Jamaica Complex,** der **Green Bar** oder der **Rhino Bar,** alles einfache Trinkhallen mit dem groben „Charme" des wilden Nordens.

Wer an Langeweile einzugehen droht, kann ja mal eines der **Videokinos** von Maralal ausprobieren.

Banken

Die **KCB** in Maralal ist die einzige Bank bis Marsabit, in Loyangalani gibt es keine Möglichkeit zu tauschen. Dementsprechend tut man gut daran, hier nochmals großzügig zu wechseln. Geöffnet ist das Geldinstitut Mo. bis Fr. 9–15 Uhr und Sa. 9–11 Uhr.

Internet

Im Postoffice gibt es einen **Internet-Service** für 1 Ksh pro Minute. Die Öffnungszeiten: Mo. bis Fr. 8–17 Uhr, Sa. 9–12 Uhr.

Einkaufen

Wer noch **letzte Besorgungen vor dem Aufbruch in den** wüstenhaften, wilden **Norden** machen muss, sollte seine Lebensmittelvorräte in den relativ gut ausgestatteten Dukas von Maralal ergänzen. Jenseits der Stadt gibt es nur eine sehr begrenzte Auswahl an Waren, zudem deutlich teurer. Der Markt überrascht mit einem erfreulichen Angebot an Obst und Gemüse.

Wer geistige Nahrung sucht, findet im **Aras Bookshop** verschiedene Tageszeitungen und Magazine.

Praktisch alle Völker im Nordosten Kenias haben ein Laster: Tabak kauen! Deshalb ist es eine gute Idee, als Bezahlung oder Dankeschön für die Menschen in den abgelegenen Gebieten einen ansehnlichen Vorrat davon mitzunehmen, den es in den Dukas von Maralal in getrockneten Bananenblättern in Portionen fertig abgepackt zu kaufen gibt.

Das Samburu-Land ist für seinen wilden Mira'a bekannt, und viele Samburu lieben die pflanzliche Droge. Auf dem **Mira'a-Markt** ist das Sortiment dementsprechend gut.

Sonstiges

Wer **Fotos von den Samburu-Kriegern in Maralal** machen möchte, muss praktisch immer **dafür bezahlen,** und wer es ohne Erlaubnis tut, sollte damit rechnen, dass die Moran recht ruppig werden können.

Ausflüge

Wer eine **Wanderung** durch die umliegenden Lorochi Hills oder zum World's End machen möchte, erhält beim Yare Safari Camp einen Moran als **Guide.** Mit 15 US$ sind sie allerdings teurer als die Jungs auf dem freien Markt, die einen in Maralal nach der Ankunft unausweichlich ansprechen werden. Dort hat sich ein Preis von 700 Ksh pro Tag für einen Führer eingebürgert. Andererseits sind sie mit vielen Wassern gewaschen und man hat öfter mal das Gefühl, z.B. beim Einkaufen der Lebensmittel oder des Tabaks für die Samburu, irgendwie übervorteilt worden zu sein. Wer eine längere Tour plant, kann bei Yare Safaris für 30 US$ pro Tag ein **Lastkamel** mieten, aber auch hier gilt: Wer einen lokalen Esel für 500 Ksh nimmt, kommt deutlich günstiger weg.

Ein lohnenswerter Treck ist die **2- bis 3-tägige Tour zum World's End,** für die man allerdings ein Zelt braucht (kann man sich notfalls beim Yare Safari Camp mieten), aber auch in den **Lorochi Hills** gibt es viele schöne Wanderrouten. Die Guides bieten ferner für 600 Ksh pro Tag eintägige Ausflüge in die umliegenden **Samburu-Dörfer** an, in denen Tänze aufgeführt werden und die Schmiedekunst demonstriert wird. Die Samburu werden in der Regel mit Kautabak und Ocker bezahlt, die man in den Läden von Maralal erhält. Zweiwöchige Eselstouren an den Lake Turkana können mit 50.000 Ksh zu Buche schlagen, denn neben zwei Guides benötigt man mehrere Esel für ausreichende Vorräte an Wasser, Essen und Feuerholz. Chairman der Safisha Group ist *Isaac Nderito* (Mobil: 0723/231388).

Nordkenia

Maralal – Baragoi – South Horr – Loyangalani

- **235 km**
- Zunächst leidlich gut zu fahrende Piste, nach Regen mit matschigen Passagen. Das letzte Stück vor South Horr ist sehr steinig und ruppig. Bis ungefähr 30 km vor Loyangalani sandig, aber überwiegend gut. Der härteste Teil ist das letzte Stück über Lavaschotter entlang des Turkana-Sees. Nördlich von Maralal gibt es keine Tankstellen mehr! Landrover-Matatus nur bis Baragoi.
- **Fahrtzeit:** 1–2 Tage.

Vor der Losfahrt von Maralal sollten Sie nochmals Treibstoff bis zum Anschlag bunkern, denn ab hier beginnt der wilde Norden, in dem es **keine Tankstellen** mehr gibt. Möglicherweise erhalten Sie in Baragoi noch etwas Diesel zu horrenden Preisen. Wenn alle Stricke reißen, kann man bei den katholischen Missionen in South Horr, Loyangalani und North Horr um etwas Diesel bitten. Die italienischen Padres verfügen über große Treibstoffvorräte und gut ausgestattete Werkstätten, doch sie machen kein Hehl aus ihrer Abneigung gegenüber Touristen, die verantwortungslos schlecht ausgerüstet in die Wildnis aufbrechen und dann ihre Hilfsbereitschaft strapazieren. Auf den folgenden Etappen müssen Sie sich vor dem Aufbruch immer erst nach der aktuellen Sicherheitslage erkundigen. Bitte beherzigen Sie auch unbedingt die Hinweise zu Sicherheit und richtiger Ausrüstung in diesem Buch.

Vom Stadtzentrum Maralals fährt man zunächst zurück zur BP-Tankstelle, biegt dort aber nicht nach links, in Richtung Nyahururu ab, sondern fährt geradeaus weiter. Nach 400 m passiert man auf der rechten Seite die Zufahrt zum Kenyatta House, nach 1,4 km links die Zufahrt zur Maralal Safari Lodge und zum Maralal Game Sanctuary. Dann geht es bergauf in die **Lorochi Hills,** durch Reste von Zedernwäldern, die mit langen Flechtenbärten behangen sind. Im anschließenden hügeligen Hochland fährt man an Gerstenfeldern einer europäischen Farm, an Almwiesen mit „Everlasting"-Strohblumen, an Kühen und immer wieder an Samburu-Kriegern vorbei, die in dieser Landschaft völlig fehl am Platz erscheinen.

Bei km 19 ab der Nyahururu-Kreuzung biegt vor einem Hügel mit Radiomast links eine Piste zum **World's End Viewpoint** ab, von dem man einen tollen Blick hinunter in das nördliche Rift Valley genießt. Der Abstecher ist Pflicht. Um zum World's End zu kommen, biegen Sie von der Hauptpiste ab und halten sich nach knapp 3 km im Dorf **Poror** an der T-Kreuzung links. Rechts geht es zurück zur Hauptpiste. Nach gut 7 km Fahrt erreichen Sie dann den Aussichtspunkt, von dem der Blick auf den Boden des ostafrikanischen Grabens und bis hinüber zu den Tiati und Cherangani Hills reicht, die in rund 120 km Entfernung liegen.

Ein spektakulärer Blick eröffnet sich nach einer 45- bis 60-minütigen Wanderung vom **Lependera (2476 m),** einem Sporn, der im Südwesten von World's End aus der Grabenwand hervorragt. Von dort kann man nach Süden bis zum Lake Baringo und nach Norden tief in das Suguta Valley hineinsehen. Um zu diesem fantastischen Ort zu gelangen, folgt man vom World's End dem Fußweg, der südwärts parallel zum Rift Valley verläuft. Er quert ein bewaldetes Tal, einen Hügel und fällt dann in ein weiteres Tälchen ab, von wo er durch buschiges Terrain zum Lependera-Gipfel hinaufführt, der auf einigen Karten fälschlicherweise als Lesiolo verzeichnet ist (Lesiolo ist eigentlich der World's End View Point). Wenn man die Leute der Gegend um Erlaubnis fragt, kann man am World's View Point **campen,** vermutlich muss man eine kleine Gebühr bezahlen, aber das ist nur fair angesichts des Schutzes, den man im Gegenzug erhält. Es gibt auch Wasser in der Nähe, Feuerholz kann man bei den Einheimischen kaufen.

Ladenzeile in Maralal

Wenn Sie auf dem **Rückweg zur Hauptpiste** in Poror geradeaus weiterfahren, kommen Sie entlang des Escarpment bei km 22,9, bereits hinter dem Racioturm, zurück zur Hauptstraße.

Auf dem Weg von hier aus weiter nach Norden biegt 1,6 km nach der Einmündung rechts ein Weg zum Gipfel des **Mt. Poror** ab, der mit **2580 m** die höchste Erhebung der Lorochi Hills darstellt und auf seinem Gipfel eine Radarstation trägt. Von oben genießt man ebenfalls gute Blicke auf das Umland. Die Fahrt bleibt landschaftlich schön, auch wenn der größte Teil der Zedernwälder Buschfeuern zum Opfer gefallen ist. Es gibt in dieser Gegend noch zahlreiche Wildtiere, darunter Warzenschweine, aber auch Wildbüffel, Antilopen und Löwen. Bei km 37 passieren Sie das Samburu-Bergdörfchen **Morijo,** dahinter fällt das Land nach Norden in die **Marti-Ebene** ab, die man 10 km hinter dem Ort erreicht. Die Vegetation verändert sich radikal, beiderseits der Piste erstreckt sich trockener Busch. 60 km hinter Maralal inmitten der Ebene durchfahren Sie den tristen Flecken **Marti** mit wenigen Dukas und einer verlassen wirkenden katholischen Kirche.

Knapp 20 km hinter Marti bricht das Land in einer weiteren Stufe zur **Elbarta-Ebene** ab. Der Ausblick ist besonders nach Regenfällen, wenn alles grün, gigantisch. Im Osten sieht man die bis zu **2637 m** hohen **Ndoto Mountains,** während vor einem der **2848 m** hohe **Mt. Ngiro,** der heilige Berg der Samburu, aufragt. 28 km hinter Marti stößt von rechts die Piste von Barsaloi und Wamba hinzu. 14 km später durchquert man eine Furt und kommt direkt danach, insgesamt 102 km hinter Maralal, nach **Baragoi,** das ein Handels- und Verwaltungszentrum und der bedeutendste **Viehmarkt** der Region ist – so staubig und abgerissen es auch wirken mag (s.u.).

Hinter Baragoi wird die Ebene von kleinen Inselbergen durchbrochen. Besonders im Nachmittagslicht ist das Land zum Heulen schön. Es gibt hier noch erstaunlich viel Wild. 13,5 km nach Baragoi zweigt rechts die Piste nach **Ilaut,** einem kleinen Örtchen am Fuß der Ndoto-Berge, ab, 3 km darauf links jene nach Tum, das am nordwestlichen Ende des

ken-660 Foto: hf

Nordkenia

Ngiro-Bergs liegt und Ausgangspunkt für Wanderungen in das Suguta Valley und hinunter zum Lake Turkana ist. In **Tum** gibt es angeblich ein Guesthouse des Forest Department, in dem man gegen eine kleine Gebühr übernachten kann. Bei km 21 geht eine Piste nach links zum Samburu-Dorf **Waso Rongai** und zur **Desert Rose Lodge** (s.u.) ab. Das Panorama des Mt. Ngiro, dessen Krone von dichten Zedern- und Steineibenwäldern bedeckt wird, und des trockenen Buschlandes mit zahlreichen Euphorbien, die in den Regenmonaten Dezember und April zu blühen beginnen, entschädigt für das langsame Vorankommen. In der Gegend gibt es **Smaragdminen,** angeblich werden hier auch Rubine gefunden.

Bei km 32 durchqueren Sie den **Murat Lugga,** ein breites Trockenbett. Die buschige Gegend ist für ihren Wildreichtum und ihre Löwen bekannt. Einstmals sollen hier Samburu und Rendille um Land gekämpft haben. Die Samburu siegten, worauf die Rendille den Landstrich verfluchten, damit ihre Feinde ihn nicht nutzen könnten. Seitdem breitet sich hier die wilde Ödnis aus ...

Bei km 43 passiert man einen kleinen Pfad, der nach links zum **Forest Department Campsite** von **South Horr** (s.u.) abzweigt. 600 m später kommt man dann in den Ortskern mit einigen Dukas, Bars und ein oder zwei einfachen Unterkünften. Es folgt die reizvolle Fahrt zwischen den Ngiro- und den Mara-Bergen hindurch. Das ganze Tal bedeckt ein dichter Akazienwald. 7,5 km hinter dem Ortsausgang durchquert man das Örtchen **Karungu,** das eine katholische Kirche und ein Hoteli besitzt. Am Ortsausgang zweigt nach rechts ein 200 m langer Zufahrtsweg zum **Karungu Campsite** (s.u.) ab.

Die Strecke wird nun sandig und dadurch besser zu befahren als auf den steinigen Passagen an der Südseite des Bergs. Bei km 22,5 zweigt nach rechts eine Piste ab, die durch den Süden der Koroli-Wüste und Kargi hinüber nach Marsabit führt (s. S. 571). Wenn Sie genügend Platz auf dem Autodach haben, sollten Sie sich hier für die nächsten Tage mit Feuerholz eindecken, denn am Seeufer ist Brennmaterial absolute Mangelware. Bei km 52 biegt nach rechts eine Piste ab, die auf

den **Mt. Kulal (2285 m)** führt (s. S. 571). In der Folge ist das ganze Land mit überdimensionierten Kanonenkugeln übersät, Lavabrocken, die bei einem Ausbruch des Mt. Kulal bis hierher geschleudert wurden!

Bei km 64 kann man zum ersten Mal ein kleines Eck vom **Turkana-See** erspähen, dann folgt der schlechteste Pistenabschnitt der ganzen Route über scharfkantiges, schwarzes Lavagestein hinunter zum See. Die letzten 26 km bis nach Loyangalani bleibt die Piste schlecht, die letzten 20 km geht es parallel zum See nach Norden. Die **lebensfeindliche Landschaft** verschlägt der Sprache – Steine, Steine, Steine –, ein glühendes Inferno, das aus flimmernden Lavabrocken besteht, eine Marslandschaft, in die sich ein paar anspruchslose Gräser und zerzauste Akazien krallen. Darin eingebettet liegt der See mit seinem türkisfarbenen Wasser, der von orkanartigen Winden mit weißen Schaumkronen versehen wird. In seiner Mitte ragt **South Island** auf, eine große Vulkaninsel mit mehreren großen Kratern, und am südlichen Ende sieht man den flachen Kegel des Teleki-Vulkans. Die schwarzen Striche, die bisweilen im Wasser treiben, sind übrigens keine Baumstämme, sondern Krokodile. Selbst in dieser lebensfeindlichen Einöde leben Menschen, Hirten vom Volk der Turkana, die als der zäheste Menschenschlag Kenias gelten.

Bei km 84 zweigt die Piste zu einem Campsite von Gametrekker's Safaris ab. 6 km später, ziemlich genau 90 km hinter South Horr, gelangt man in das Zentrum von Loyangalani, eine der eigenartigsten Siedlungen Kenias.

Baragoi   ♫XXVI/B1

Baragoi ist ein **bunter Marktflecken** mit einem bekannten Viehmarkt und der letzte Ort auf der Strecke zum Turkana-See, der regelmäßig von Landrover-Matatus angefahren wird. Es gibt hier eine Reihe von bunt bemalten Dukas und Hotelis.

Die Auswahl an **Unterkünften** ist sehr begrenzt, die besten sind das **Mt. Ngiro B&L**

und das **Morning Star.** Um nach der schaukeligen Fahrt von Maralal den Magen zu beruhigen, hilft vie leicht ein stärkendes Essen. Ein empfehlenswertes Hotel ist das **Al-Mukaram Hoteli,** aber auch im Morning Star wird man gut satt.

Treibstoff erhält man in Baragoi höchstens bei einem der Händler, die ein Fass gebunkert haben. Am besten, man fragt sich bei den Läden durch. Da von Baragoi kein regelmäßiger Verkehr zum Turkana-See besteht, warten in dem Örtchen immer viele Leute auf einen Lift. Wer sich hilfsbereit zeigt, kann von den einheimischen Passagieren unterwegs jede Menge spannende Dinge über die Region erfahren.

Unterkunft

● Desert Rose Lodge

Buchungen über www.african-territories.co.ke; Tel. 020/3864831/2, Mobil: 0721/322745, www.desertrosekenya.com; 590/1000 US$, die Preise verstehen sich inklusive aller Mahlzeiten und Aktivitäten. Es gibt auch die Möglichkeit, das Camp auf Selfcatering-Basis für bis zu 12 Personen zu mieten. Für mich ist Desert Rose eine der außergewöhnlichsten Unterkünfte in ganz Kenia. Schon allein die Lage in 1660 m Höhe am südlichen Abbruch des Mt. Ngiro, direkt unterhalb eines gigantischen Granitfelsens, ist atemberaubend schön. Die Umgebung prägen skurrile Euphorbienbäume und dichte Zedern- und Steineibenwälder. Inmitten dieser nordkenianischen Wildnis haben *Emma* und *Yoav Chen*, ein britisch-kenianisch/israelisches Paar, ein wahres Paradies geschaffen. Jede der 5 liebevoll gebauten und eingerichteten 2-Personen-Cottages ist vom Baustil völlig unterschiedlich, gemeinsam ist ihnen nur der grandiose Ausblick in die 600 m tiefer liegende Ebene. Desert Rose besitzt sogar einen Pool. Die Unterkunft ist nicht billig, aber ihren Preis wert. Ein Aufenthalt hier könnte der krönende Abschluss einer entsagungsvollen Reise zum Turkana-See oder einer Kamelsafari durch das staubige, heiße Outback sein. Von Mitte April bis Mitte Mai ist Desert Rose wegen Renovierungsarbeiten geschlossen.

Emma und *Yoav* kennen den faszinierenden Landstrich wie ihre Westentasche, und Desert Rose ist eine optimale Ausgangsstation zum **Erkunden der Umgebung.** In Begleitung eines Samburu-Guide kann man die wild- und wasserreichen Wälder durchstreifen. In den Ebenen lassen sich eine herkömmliche Pirschfahrt oder geologische Exkursionen unternehmen. Außerdem organisiert Desert Rose komfortable Kameltreks in die Ndoto-Berge und zur Mathew's Range mit ausgezeichnetem Essen, Buschdusche und Funkausrüstung (235 US$ pro Tag).

South Horr   ♫ XXVI/B1

South Horr besitzt vor allem wegen seiner großen katholischen Missionsstation und des Polizeipostens eine gewisse Bedeutung. Seine Lage im grünen Bergtal ist malerisch. Und die **verträumte Dorfatmosphäre** könnte kaum in größerem Kontrast zur gespannten Lage in Baragoi mit seinen aggressiven Leuten stehen. Auf dem **Forest Department Campsite** kann man für 300 Ksh die Nacht zelten, es gibt Feuerholz, außerdem Wasser und Latrinen. Das Campsite ist Ausgangspunkt für schöne Wanderungen. Gegen ein Trinkgeld führt Sie ein Mitarbeiter der Forststation in einer halben Stunde zu einem Felsenbecken, in dem man baden kann. Etwas anstrengender, aber auch empfehlenswert ist der vierstündige Aufstieg zu einem Aussichtspunkt.

Camping

● Karungu Campsite

Der Karungu Campsite **rund 7 km nördlich von South Horr** wird von Büschen umgeben und ist ebenfalls eine schöne Ausgangsbasis für Wanderungen in die Bergwelt der Umgebung. Für 500 Ksh kann man hier sein Zelt aufschlagen. Für Feuerholz und Wasser werden zusätzlich 250 Ksh verlangt. Für 400 Ksh kann man einen Guide für Bergtouren verpflichten. Neben tollen Ausblicken und der

ken-664 Foto: hf

interessanten Vegetation sieht man sicherlich Meerkatzen, Paviane, zahlreiche Vogelarten und mit etwas Glück Leoparden, Hyänen und Löwen. Auf Wunsch können Samburu-Tänze organisiert werden, und man darf – gegen Bares – einen Manyatta besuchen und nach Herzenslust fotografieren. Solche inszenierten Ereignisse sind nicht nach jedermanns Geschmack, vermitteln aber wenigstens einen Eindruck von der Samburu-Kultur.

Loyangalani   ♪ XXX/B2

Loyangalani, der „Ort der vielen Bäume", kann mit der Poesie seines Namens schwerlich mithalten. Aus mehr als Post, Polizeiposten, einigen Dukas, einer Missionsstation und einer Vielzahl von Hütten, die sich um die einzige Süßwasserquelle weit und breit scharren, besteht er eigentlich nicht. Nach der absoluten Lebensfeindlichkeit des Landstrichs, durch den man herkam, erscheint ei-

nem das Wenige schon als verschwenderischer städtischer Luxus. Aber abends, wenn die berüchtigten Fallwinde vom Mt. Kulal fegen und alles, was nicht niet- und nagelfest ist, durch die Straßen fliegt, lässt sich nicht verdrängen, dass man in einem der unwirtlichsten Winkel des Landes sitzt.

Neben einigen Somali-Händlern und Verwaltungsbeamten aus dem Süden Kenias leben hier vor allem **El Molo, Samburu, Rendille und Turkana.** Jede Ethnie bewohnt eigene Ortsteile, die sich rein äußerlich kaum voneinander unterscheiden lassen, bestehen sie doch alle nur aus kuppelförmigen Palmenblätterhütten.

Die **Süßwasserquellen** der Oase entspringen am östlichen Ortsrand in einem dichten Borassuspalmenhain – daher wäre „Ort der vielen Palmen" der passendere Ortsname gewesen.

Die beiden **ältesten Gebäude** befinden sich in unmittelbarer Nähe zum kostbaren Nass: die **Missionsstation,** die von italienischen Padres geführt wird, und die **Oasis Lodge,** das einzige Touristenhotel am Ort,

das bereits 1960 in diesem gottverlassenen Winkel gegründet wurde. Es sind vor allem Sportfischer, die mit dem Privatflugzeug einfliegen und hier absteigen, um dem Nilbarsch nachzustellen. Die Landepiste endet direkt vor der Einfahrt zur Oasis Lodge, sodass man selbst in der größten Hitze gemütlich hinüber zur Bar mit ihrem eiskalten Bier schlendern kann. Die Lodge hat eine bewegte Geschichte voller Somali-Banditenüberfälle, Morde, zerbrochener Existenzen und exzentrischer Charakterköpfe, die ihre Spleens in der Einsamkeit der Wüste ungestraft ausleben konnten. Das alles hat ihren Nimbus eher gefördert als geschadet, in den 1970er und -80er Jahren gab sich hier der Jetset im Outback ein Stelldichein. Selbst *Thomas Gottschalk* hat es schon einmal hierher verschlagen, und der bekannte Modefotograf und Künstler *Peter Beard* kommt nach wie vor gerne zu Shootings in den Norden. Er hat mit *Alistair Graham* „Eyelids of Morning" geschrieben und gestaltet, ein faszinierendes Buch über den Turkana-See und Krokodile.

Unterkunft

●Oasis Lodge
Satellitentel. 0088216/51155395, www.oasis-lodge.com; 180/240 US$ FB. Die Lodge, seit Urzeiten von dem Deutschen *Wolfgang Deschler* geführt, ist von einem gepflegten Garten umgeben. Hauptanziehungspunkte sind der Swimmingpool und die Bar mit eiskalten Getränken. Die Unterkünfte bestehen aus 25 hellen Bungalows, die mit Mückengittern versehen sind. Die Einrichtung ist ordentlich und nüchtern. Die Tagesmitgliedschaft für die Benutzung des herrlichen Pools kostet 500 Ksh. Die Oasis Lodge vermietet Motorboote für Angeltrips (35 US$ pro Stunde). Außerdem können Touren zum South Island National Park mit Übernachtung und Ausflüge zu Lagerstätten von Amethysten, Quarzen und Tierfossilien organisiert wer-

Reifenpanne zwischen Maralal und Baragoi

den. Die Lodge verleiht auch einen Wagen für 100 US$/180 US$ für einen halben bzw. ganzen Tag inkl. Benzin und Fahrer.

●Palmshade Campsite
Nette, saubere Bandas für 500 Ksh p.P., Zelten schlägt mit 450 Ksh zu Buche. Fließendes Wasser und fließendes Bier an der Bar! Vermietet für 5000 Ksh auch einen Wagen.

●Mosaretu Campsite
Die Bandas kosten 500 Ksh, das Zelten 300 Ksh. Dusche vorhanden. Der Platz wird mit viel Herzblut von lokalen Frauen geführt. Auf Wunsch wird Wäsche gewaschen und gekocht.

●Lake Turkana El Molo Lodge
Der Name ist etwas irritierend, denn die Bandas, die früher vermietet wurden, sind geschlossen, der Campingplatz dagegen ist nach wie vor ein kleines Paradies. Man schlägt sein Zelt in einem rauschenden Borassuspalmenhain auf, es gibt (kalte) Duschen, Toiletten und einen Quellwasserswimmingpool, in dem man in unvergesslichen Vollmondnächten planschen kann, und das alles für nur 350 Ksh p.P. und Nacht!

●Cold Drink Hotel
Der verheißungsvolle Name ist nicht zutreffend, denn der Kühlschrank funktioniert schon seit Jahren nicht mehr. Dafür gibt es im Hinterhaus saubere, billige Zimmer.

Essen und Trinken

An der Hauptstraße von Loyangalani gibt es einige **Teestuben und einfache Hotelis,** das beste unter ihnen ist das Cold Drink Hotel**.** Man sollte seine Erwartungen aber lieber auf niedrigem Niveau halten. Das vornehmste Essen am Ort gibt es in der **Oasis Lodge.** Wer gerne selber kocht, bekommt im Ort frischen Fisch.

Ausflüge

The Desert Museum und Rock Art
Seit zwei Jahren existiert das Desert Museum, das etwa auf halbem Weg von Loyangalani zu dem ersten der beiden Molo-Dörfer auf einem Hügelrücken über dem See liegt. Einmal im Jahr zieht das **Desert Festival,** das

Nordkenia

Cycadeen – die lebenden Pflanzensaurier

Wer das erste Mal eine Cycadee mit ihrem ungeteilten, narbigen Stamm und den langen gefiederten Blättern sieht, wird unwillkürlich an Palmen oder Farne denken. Doch botanisch gesehen sind sie mit keiner dieser Pflanzen verwandt. Die Cycadeen bilden eine eigenständige Abteilung im Pflanzenreich mit lediglich **zehn Gattungen und rund 100 Arten in den Tropen und Subtropen.** Zum Vergleich: Die Gesamtheit aller Blütenpflanzen stellt ebenfalls eine Abteilung dar, allerdings mit rund 470.000 Arten ...

Fossilienfunde beweisen, dass die Cycadeen eine sehr altertümliche Pflanzenform darstellen und bereits seit dem Jura (dem Zeitalter der Dinosaurier!), also **seit rund 195 Millionen Jahren,** weitgehend unverändert existieren.

Die Cycadeen stellen eine **botanische Kuriosität** dar, denn sie und der Ginko-Baum sind die einzigen Samenpflanzen mit beweglichen männlichen Spermazellen. Dies kennt man sonst nur bei stammesgeschichtlich älteren Organismen wie Algen, Moosen und Farnen.

In Ostafrika existieren lediglich die beiden **Gattungen Encephalartos** (mit drei oder vier Spezies) und **Cycas** (mit einer Art). Der Stamm von *Encephalartos tegulaneus* erreicht eine Höhe von bis zu 7,6 m und einen Durchmesser von 30 cm. Ihr Vorkommen beschränkt sich auf trockene und halbtrockene Gebiete zwischen 1500 und 2100 m Höhe. In Kenia findet sie sich auf felsigen Hügeln, in Zedern- oder Euphorbia-Wäldern sowie in der Mathew's Range und den angrenzenden Bergen.

Encephalartos hildebrandtii wächst hingegen in den trockeneren Waldgürteln und dem Buschland der Küste Kenias und Tansanias (einschließlich Sansibars) sowie in einigen Teilen Ugandas. Häufig sieht man sie in den Hotelgärten an der Küste als dekorative Zierpflanze.

Die großen Samen wurden früher gekocht, getrocknet, zerrieben und dann als Mehl verwendet. Auch das Mark des Stammes wurde in Hungerszeiten verspeist.

Cycadeen wachsen extrem langsam, einzelne Exemplare erreichen ein Alter von mehreren hundert Jahren. Oftmals werden sie bei Waldrodungen stehen gelassen, denn die Bauern wissen, dass ihre fächerförmigen Blätter wie ein Regenfänger wirken, der das Wasser zum Stamm abfließen lässt, wo es dann in Schalen aufgefangen werden kann.

vom Museum organisiert wird, viele Leute an den Turkana-See. Die vier lokalen Volksgruppen der Region führen Tänze auf, es wird musiziert – kurz: ein buntes Ereignis! Ansonsten bietet das Museum eine ständige Ausstellung über die Kultur von Molo, Samburu, Rendille und Turkana sowie über den Naturraum um den Lake Turkana. Der Eintritt beträgt 500 Ksh bzw. 250 Ksh für Kinder.

Die Region um Loyangalani ist das Gebiet mit den meisten **Felszeichnungen** in ganz Ostafrika. Um die weit verstreuten Plätze aufzusuchen, benötigt man einen Führer, den man am besten über das Museum organisiert. Ein Guide sollte nicht mehr als 500 Ksh

kosten, wenn man zu weit abgelegenen Plätzen wie dem Mt. Porr aufbricht, vielleicht auch 750 oder 1000 Ksh.

El Molo Bay

Rund 9 km nördlich von Loyangalani leben am Ufer des Turkana-Sees in zwei Dörfern die **El Molo,** die mit etwa 450 Menschen als das **kleinste Volk Kenias** gelten. Sie selber nennen sich *El Des,* von ihren Nachbarn, den Samburu, werden sie *Lo molo Onsikirri,* „die Menschen, die Fisch essen", genannt. Ursprünglich befanden sich die Dörfer des Fischervolks auf Loriyan und Layeni, den beiden Inseln in der El Molo Bay, die Schutz vor

Überfällen der kriegerischen Turkana boten. Aber mit Beginn der Kolonialzeit begannen sie auf das Festland überzusiedeln, und nun stehen ihre kuppelförmigen Hütten, die aus Gras und Zweigen sind und gegen den starken Wind mit Steinen am Boden verankert werden, in einer malerischen Bucht. Die Menschen leben nach wie vor in erster Linie vom **Fischfang** und gelegentlicher **Jagd.** Dazu benutzen sie Flöße aus Doumpalmenstämmen. Die Netze bestehen aus Doumpalmenfasern, die im alkalischen Wasser nicht so schnell verrotten. Größere Fische, Nilpferde und Krokodile erlegen die El Molo zielsicher mit Harpunen. Den Speisezettel ergänzen Wasserschildkröten, Vögel und kleineres Wild. Auf die unausgewogene Ernährung wird eine Knochendeformation der Beine zurückgeführt, die unter den El Molo relativ häufig auftritt.

Die ursprüngliche Herkunft der Ethnie gibt Rätsel auf, und es wird immer unwahrscheinlicher, ob es jemals zu lösen sein wird, denn durch Einheiraten von Turkana und Samburu wurde in den 1970er Jahren zwar das Aussterben des damals nur noch 200 Menschen zählenden Volkes verhindert, aber der Preis dafür war der fortschreitende **Verlust der kulturellen Identität.** Als *Graf Teleki* 1888 zum Turkana-See kam, sprachen die El Molo noch eine ostkuschitische Sprache, inzwischen haben sie von den Samburu die Maa-Sprache und viele andere kulturelle Elemente übernommen.

Eine der beiden großen **Theorien zu ihrer Herkunft** geht davon aus, dass die El Molo kuschitischen Ursprungs und einstmals Rinderzüchter waren, aber dann ihre Herden verloren und zu Fischern wurden. Spannender, weil mysteriöser ist allerdings die Theorie, wonach die El Molo nie etwas anderes als Jäger, Sammler und Fischer waren und bereits seit Äonen die Ufer des Turkana-Sees besiedeln. Tonscherbenfunde und die verwilderten Ziegen auf South Island könnten für diese These sprechen. Jedenfalls scheinen sie länger als jedes andere Volk an den Ufern des Jademeeres zu leben.

Die El Molo sind ein sehr **freundlicher Menschenschlag,** Besuchern gegenüber ist man offen. Touristen stellen eigentlich die

einzige nennenswerte Einnahmemöglichkeit dar, und so haben sich die Dorfräte darauf geeinigt, pro Besucher eine Gebühr von 500 Ksh zu erheben, wer fotografieren möchte, zahlt nochmals 500 Ksh, und Campen kostet ebenfalls 500 Ksh. Aus den Einnahmen werden der Schulbesuch der Kinder und medizinische Behandlungen bezahlt, das Geld ist also gut angelegt. **In den Dörfern** Layeni und Komote bekommt man einen Eindruck vom Leben der Menschen, das gänzlich um den See kreist. Vom Hügel hinter der Bucht, den man in einer halben Stunde besteigen kann, genießt man einen wunderbaren Ausblick über den See und die kleine Hüttenansammlung. Von beiden Dörfern kann man mit dem gemeinschaftlichen Boot zu **Krokodiltouren** (die besten Chancen hat man zwischen 10 und 13 Uhr, wenn sich die Reptilien am Strand sonnen) und zu **Ausflügen zum South Island National Park** aufbrechen. Für die insgesamt 40 km lange Bootstour benötigt man rund 40 Liter Treibstoff. Die Kosten für die Tagesmiete eines Bootes inklusive Treibstoff betragen etwa 15.000 Ksh abhängig vom Benzinpreis. Wer ein eigenes Fahrzeug besitzt, folgt von Loyangalani der Piste nach North Horr und biegt dann einige Kilometer außerhalb bei der ersten Möglichkeit nach links hinunter zum See ab. Die Orte liegen an den gegenüberliegenden Enden der El Molo Bay. Wer keine eigene Transportmöglichkeit hat, kann gegen ein Trinkgeld vielleicht die Safari-Truck-Fahrer dazu überreden, einen mit zum Dorf zu nehmen.

South Island National Park

Im windumtosten Südteil des Lake Turkana, 9 km vor seiner Ostküste, liegt die **größte Insel des Wüstensees,** die den prosaischen Namen South Island trägt. Der 11 km lange und 5 km breite Landstreifen ist allerdings alles andere als eine nüchterne Angelegenheit. Mehr als ein Dutzend kleiner und großer **Vulkane** verwandeln ihn in eine wildromantische, eigenartige Welt, deren nördliches Drittel fast völlig von einer dunklen Lavafläche bedeckt wird. Der Bewuchs beschränkt sich auf wenige leuchtend gelbe Gräser und vereinzelte hellgrüne Büsche. Tonscherbenfunde und verwilderte Ziegen beflügeln die Fantasie der wenigen Besucher, die ihren Fuß auf das Eiland setzen. Was wäre, wenn der Sturm das Boot fortrisse und man festsäße, auf dieser Insel der Verdammten?

Der schweißtreibende **Aufstieg auf eine der Erhebungen von South Island** belohnt einen mit unglaublichen Blicken auf den See und das Umland. Aus dem Türkis des Wassers ragen kleine „Satelliten"inseln, während vom Ostufer der lang gestreckte Rücken des Mt. Kulal, im Süden der Teleki-Vulkan und im Norden der Mt. Porr herrübergrüßen.

South Island ist ferner für die vielen Giftschlangen und Wasservögel bekannt, die sich an der Südspitze auf dem **White Rock** in unglaublichen Mengen konzentrieren. Und natürlich gibt es an einigen Strandabschnitten **Krokodile,** weshalb man nur dann baden sollte, wenn die El Molos Entwarnung gegeben haben, auch wenn das glasklare Wasser eine verlockende Abkühlung verspricht.

Normalerweise fährt man **um 10 Uhr morgens auf die Insel** rüber. Wegen der starken Winde, die abends vom Mt. Kulal herunterblasen, muss man sich spätestens zwischen 17 und 17.30 Uhr wieder auf den Rückweg machen. An einigen Tagen ist ein Übersetzen wegen des orkanartigen Windes überhaupt nicht möglich. Wer fremdartige Lichtstimmungen am frühen Morgen und am späten Nachmittag erleben will, sollte zumindest eine Nacht auf dem Eiland campen. Abends kann man dann den Fisch über dem Feuer braten, den die El Molo zuvor mit ihren Harpunen erlegt haben.

Vom Bootsanleger in Loyangalani rund 2 km außerhalb des Ortes muss man 14 km offenes Wasser hinüber zur Nordspitze überqueren, vom El Molo-Dorf sind es sogar 20 km. Die Fahrt dauert von dort – abhängig von den Windverhältnissen – etwa eine Stunde. Vor der Überfahrt bezahlt man beim KWS-Büro, das auf halbem Weg zum Fischereihafen von Loyangalani liegt, seinen Eintritt, denn auf der Insel gibt es keinen Rangerposten. Das alles ist ein bisschen umständlich – und vor allem anstrengend, wenn man kein eigenes Fahrzeug hat und die Strecken in der Hitze zu Fuß zurücklegen muss. Die Eintrittspreise für den South Island National Park finden sich auf S. 55.

Mt. Porr

Von Loyangalani sieht man am nördlichen Rand der El Molo Bay einen **pyramidenförmigen schwarzen Berg,** der als Porr bekannt ist. In seiner Umgebung gibt es reiche Quarzvorkommen, deren Schätze einem in Loyangalani zum Kauf angeboten werden, sowie einige kuschitische Grabstätten. Vom Gipfel des Mt. Porr genießt man herrliche Ausblicke auf den Südteil des Lake Turkana und South Island, zudem gibt es alte Felszeichnungen dort oben.

Das erste Stück der **Anfahrt von Loyangalani** folgt der Piste nach North Horr und zum Sibiloi National Park nach Norden. 11,8 km nach dem El Molo Campsite biegt hinter einem auffälligen Felsen, der zwischen der Straße und einem kleinen Dorf liegt, links eine schwache Spur in Richtung Porr ab, die zunächst noch ein Stück nach Norden führt, aber dann einen scharfen Knick nach Westen macht, einen Lavastrom überquert und hinter dem Rücken des Mt. Porr hinunter zum See führt. Die Fahrtdauer von Loyangalani bis hierhin sollte man mit mindestens 2 Std. ansetzen. Es gibt keine spezielle Route auf den steilen und felsigen Berg. Wegen der Hitze kann der 40-minütige Aufstieg ziemlich anstrengend sein. Oder man mietet sich im Dorf El Molo ein Boot, fährt zum Mt. Porr, übernachtet am Strand und steigt frühmorgens auf. Für den Anmarsch vom Ufer bis zum Fuß des Berges muss man eine weitere halbe Stunde einrechnen.

Besteigung des Mt. Kulal

Der **2285 m hohe Berg** im Rücken von Loyangalani dominiert auf rund 40 km Länge das Panorama an der Südwestseite des Turkana-Sees. Die Erhebung hat einen vulkanischen Ursprung, aber ein Krater ist am Mt. Kulal nicht mehr zu erkennen. Das rote und schwarze Lavagestein, das er einst ausspie, liegt in der gesamten Region verstreut. Von den Flanken des Mt. Kulal strahlen lange Trockentäler nach Westen und Osten aus. In seiner Mitte wird der Berg von einer tiefen Schlucht in einen nördlichen und einen südlichen Teil getrennt, die über separate Wege zugänglich sind. **Arabal,** der nördliche, höhere Gipfel, ist zugleich der schlechter erreichbare. Der Mt. Kulal liegt am nördlichsten Zipfel des Samburu-Territoriums und stellt mit seinen dichten, feuchten Wäldern in den Höhenlagen besonders während außergewöhnlicher Trockenzeiten ein wichtiges Weidegebiet für die Rinder des Pastoralistenvolkes dar. Angesichts der knochentrockenen, brütend heißen Lavawüsten um den See ist die überbordende Waldvegetation mit ihrem dichten Unterwuchs, den Moospolstern und Flechtenbärten ein regelrechtes Naturwunder, weshalb der Berg auch zu einem **Biosphärenreservat** erklärt wurde.

Am südlichen Ende des Mt. Kulal befinden sich die **Missionsstation von Gatab** sowie das aufgegebene Biosphärenforschungszentrum, in dessen Nähe sich inzwischen eine kleine permanente Samburu-Siedlung gebildet hat, obwohl der Berg ursprünglich unbewohnt war. Von der Piste zwischen South Horr und Loyangalani zweigt eine Fahrspur nach Kargi und Marsabit ab. Von dieser geht wiederum ein landschaftlich spektakulärer Fahrweg hinauf zur Missionsstation (Beschreibung s.u.). Von dort kann man in einer einstündigen Wanderung einen **Viewpoint** mit unverstelltem Blick über den Turkana-See erwandern und in weiterer 2 Std. über den **Ladarabach-Gipfel** zu der Schlucht gelangen, die den südlichen vom nördlichen Gebirgsteil trennt. Ein **Führer ist wegen der vielen Pfade unerlässlich.** Früher einmal wimmelte es hier von Wild, inzwischen gibt es nur noch einige versprengte Buschböcke und Büffel, und es ist ziemlich unwahrscheinlich, diese zu Gesicht zu bekommen.

Wer kein eigenes Fahrzeug besitzt, kann die Besteigung des Mt. Kulal von Loyangalani auch zu Fuß in Angriff nehmen. Der schlimmste Teil ist die Durchquerung der glühenden Lavaebene bis zum Fuß des Bergs, für die man einen ganzen Tag einplanen muss, während der eigentliche Aufstieg bis nach Gatab in einem weiteren Tag zwar anstrengend, aber gut zu schaffen ist. Bei frühem Aufbruch ist der Rückweg bis zum See in einem Tag zu machen. Für die Tour benötigt man einen ortskundigen Führer, aber da viele Samburu zu Fuß zwischen Gatab und Loyangalani verkehren, dürfte es kein Problem sein, jeman-

den zu finden, der einem den Weg zeigt oder dem man sich anschließen kann.

Wer ein Auto besitzt, kann von Loyangalani über eine Fahrspur schätzungsweise 20 km in südöstlicher Richtung bis zu einer kleinen Turkana-Manyatta fahren, wo man den Wagen gegen ein Entgelt stehen lässt. Von hier aus ist Gatab in einem Tag gut zu erreichen. Der Aufstieg eröffnet besonders in seinem oberen Abschnitt grandiose Ausblicke. Das größte Problem bei dieser Tour ist die Wasserversorgung. Man muss alle Vorräte mitnehmen – und man trinkt außerordentlich viel bei dieser Hitze. Auch guter Sonnenschutz ist wichtig.

Bei der Missionsstation von Gatab gibt es einen Platz mit Blick auf den Turkana-See, auf dem man auch **campen** darf. Trinkwasser ist auf dem Berg reichlich vorhanden. Die alte

El-Molo-Fischer mit Nilbarsch

Nordkenia

Der Lake Turkana

Der Turkana-See, der im nördlichsten Teil des kenianischen Rift Valley liegt und dessen äußerster Zipfel bereits zu Äthiopien gehört, ist 260 km lang und bis zu 50 km breit. Mit insgesamt 6400 km² Fläche ist er der **größte permanente Wüstensee der Erde.** Trotz dieses ganzen Wassers ist das Land an seinen Ufern extrem unwirtlich. Die Lake Turkana-Region gilt als die heißeste, trockenste und windigste Gegend von ganz Kenia, zwischen dem dunklen Lavagestein zahlreicher Vulkane wachsen nur einige Akazien und Gräser, an weit verstreuten Wasserlöchern stehen zudem Borassuspalmen. Es grenzt schon an ein Wunder, dass unter diesen feindlichen Umständen überhaupt noch Menschen leben können. Im Gebiet des Sees leben sogar **vier Ethnien:** die **Turkana,** die **Rendille** und die **Samburu,** allesamt Nomaden, sowie die **El Molo,** ein kleines Fischervolk.

Der **Vulkanismus** hat die Region gleich in mehrfacher Hinsicht geprägt. Ohne ihn gäbe es überhaupt keinen Turkana-See, denn früher mündete der **Omo** in den Indischen Ozean, und erst die Entstehung des Mt. Kulal versperrte seinen Abfluss und ließ den abflusslosen See entstehen. Neben einigen anderen Indizien belegen dies die Vorkommen der Borassuspalmen und des Süßwasserrochens *Dasyatis africana* im Turkana-Becken. Bis heute ist der Omo, der im äthiopischen Hochland entspringt, der wichtigste Zufluss. Über ihn gab es früher auch eine Verbindung zum Flusssystem des Nils, was die Nilbarsch-Vorkommen und die Existenz einiger anderer Fischarten erklärt. Andere wichtige Zuflüsse sind der Kerio, der Kalakol und der Turkwel, wobei nur Letzterer seit dem Staudammbau an seinem Oberlauf, wie der Omo, ständig Wasser führt.

Auch die **Inseln,** die aus dem bis zu 73 m tiefen See aufragen, sind vulkanischen Ursprungs. Die bekanntesten sind **North Island** vor der Küste des Sibiloi National Park, das 5 km² große **Central Island** vor Kalokol, das die wichtigsten Krokodilnistplätze des Sees beherbergt, und das 39 km² messende **South Island** bei Loyangalani. Sowohl Central Island als auch South Island sind als Nationalparks ausgewiesen. Weitere vulkanische Spuren finden sich an der Südspitze des Sees mit dem **Teleki-Vulkan,** der angeblich noch im 19. Jahrhundert ausgebrochen ist. Südlich des Sees schließt sich als Verlängerung des Rift Valley das **Suguta-Tal** an, das mit seinen schroffen Lavafeldern und Klippen eine Straßenverbindung vom West- zum Ostufer des Sees bisher verhindert hat. Die Senke des Suguta Valley, in dem auch der Mini-See Logipi liegt, zählt mit durchschnittlichen Mittagstemperaturen von 72–75 °C zu den heißesten Orten der Erde.

Wie die anderen abflusslosen Seen im Rift Valley ist auch der Lake Turkana durch eingespühltes Natriumkarbonat **alkalisch,** wobei das Wasser im Norden, nahe dem Omo-Deltas, süßer als im Süden ist. Dadurch finden **Blaualgen** gute Lebensbedingungen vor: Sie färben das Wasser türkis und haben dem See zu seinem poetischen Beinamen **Jademeer** verholfen. Die Algen dienen wiederum einer recht großen **Flamingopopulation** als Nahrungsgrundlage, die vielerorts in den flachen Randgewässern schnäbelt. Dank der hohen Alkalisalzgehalts gibt es im Turkana-See keine Bilharziose und man könnte bedenkenlos baden, wenn, ja wenn es keine **Krokodile** gäbe! Denn die stört die Lauge ebenso wenig wie die **Nilpferde,** die an einigen Stellen im See vorkommen. Angeblich kann das

Wasser des Sees, das normalerweise Durchfall verursacht, im Notfall sogar getrunken werden, wenn es zuvor mit ein bisschen Zitronensäure neutralisiert wird. Der Turkana-See weist mit 10.000 bis 12.000 Tieren die **größte Krokodilpopulation von ganz Afrika** auf. Die Häute der Tiere eignen sich aufgrund des alkalischen Wassers nicht zur Lederverarbeitung, deshalb werden sie von den El Molo und den Turkana nur gelegentlich wegen ihres Fleisches gejagt. Einige der Panzerechsen erreichen wahrlich einschüchternde Ausmaße von bis zu 6 m. Man tut also gut daran, nur dort zu baden, wo die Einheimischen Entwarnung geben, und selbst dann sollte man die Augen offen halten. Völlig harmlos, aber äußerst faszinierend sind die gepunkteten, spitznasigen **Wasserschildkröten,** die im Lake Turkana vorkommen. Und während des Vogelflugs im März und April sind einige Stellen am Westufer des Lake Turkana, etwa der Ferguson Gulf, ein wichtiger Rastplatz.

In der Umgebung des Lake Turkana stieß man auf einige der aufregendsten **Funde der Paläoanthropologie,** so in Koobi Fora, das im Sibiloi National Park liegt, aber auch am Westufer des Sees, was vermuten lässt, dass in diesem Teil des Rift Valley die Wiege der Menschheit stand. Die ersten Europäer, die den Wüstensee erblickten, waren 1888 der ungarische Graf *Samuel Teleki* und der österreichische Leutnant *von Höhnel,* die ihn nach dem k.u.k.-Kaiser Rudolf tauften. Erst 1975 erhielt das Gewässer den Namen des Nomadenvolkes, das an seinem Westufer lebt.

Forschungsstation besitzt ein **Gästehaus,** das aber komplett heruntergekommen ist. In der Samburu-Siedlung gibt es einen kleinen Kiosk und ein erbärmliches Hoteli, auf die man sich in Bezug auf die Verpflegung nicht verlassen sollte.

South Horr/ Loyangalani – Mt. Kulal – Kargi – Marsabit

- **198 km** (die Kilometerangabe bezieht sich auf die Entfernung von South Horr nach Marsabit ohne den Abstecher zum Mt. Kulal).
- Von South Horr bis kurz hinter Kargi sehr sandig, an einigen Stellen kann man auch mit 4WD stecken bleiben. Durch einige Fesch-Fesch-Felder ist die Piste zudem sehr staubig. Danach hoppelt man bis Marsabit über ruppige Lavafelder.
- **Tankmöglichkeit: Marsabit.**
- Die Strecke von Loyangalani bis zum Abzweig in Richtung Mt. Kulal ist sehr rau, danach siehe oben. Kein öffentlicher Verkehr.
- **Fahrtzeit:** 9–11 Stunden.

22,5 km nördlich von South Horr biegt man rechts auf die Piste nach Kargi und Marsabit ab, 21 km später stößt von links die Piste hinzu, die von der 37 km entfernten Gatab-Missionsstation und vom Mt. Kulal hinabkommt.

Wenn man von Loyangalani auf den Mt. Kulal und von dort weiter nach Marsabit möchte, fährt man zunächst nach Süden in Richtung South Horr und biegt 38 km hinter dem Ort links ab. Man durchquert hügeliges Terrain, bevor die Fahrspur allmählich die Fußhügel des **Mt. Kulal** erklimmt. Bei km 23 wendet sich die Piste nach Norden, die Flanke des Mt. Kulal hoch und vereinigt sich mit der Fahrspur, die von der Strecke South Horr – Kargi zum Mt. Kulal abbiegt. Es geht nun ständig bergauf, zur Linken, nach Westen, öffnen sich immer wieder tolle Blicke auf die Lavawüste zu Füßen des Bergs und auf den Turkana-See. Richtung Osten erkennt man die weißen Sodaebenen der Koroli-Wüste. Bei km 31 passiert man die kleine Landepiste des Flugplatzes der **Gatab-Mission,** bei km 32 die Polizei von Gatab, 400 m später das Tor zum Biosphärenreservat und noch ein kleines Stück weiter die Missionsstation. Entweder Sie lassen den Wagen hier stehen und wandern zu Fuß durch die Bergwälder, oder Sie versuchen, noch einige Kilometer weiter in den Wald zu fahren, doch umgefallene Bäume versperren oft die Piste.

Um nach dem lohnenswerten Abstecher auf den Berg **nach Marsabit** zu gelangen, folgt man der Piste ins Tal und fährt dann an der Abzweigung nach Loyangalani nicht rechts den Weg zurück, den man hergekommen ist, sondern weiter geradeaus, bis man auf die Piste von South Horr nach Kargi stößt. An der T-Kreuzung wenden Sie sich nach links. Sie ignorieren nun alle Abzweigungen von der Hauptpiste. Bis kurz vor Kargi fahren Sie durch Buschwald, der mager, grau und verbrannt wirkt. Dennoch gibt es hier viel Wild, man sieht zahlreiche Perlhühner, Antilopen, Dikdiks und mit Glück sogar Geparden sowie Löwen und Leoparden. Bisweilen quert man einen Lugga, aber der größte Teil der Strecke ist sandig und schnell zu fahren. Wer zu langsam ist, läuft stellenweise Gefahr, stecken zu bleiben. Dazwischen gibt es einige Fesch-Fesch-Passagen. Die mehlfeine Vulkanasche dringt in jede Pore und am Ende der Etappe sieht man so aus, als hätte man sich eine Schlacht mit Kakaopulver geliefert. Kurz vor Kargi weicht die Vegetation zurück und das Land öffnet sich. **Kargi** selbst ist ein staubiges Wüstenkaff mit einigen Dukas am südlichen Rand der Koroli-Wüste. Infolge der Abholzung und Überweidung durch die Kamel- und Ziegenherden der Rendille und Gabbra steht in der weiteren Umgebung einziger Baum – ein gespenstischer Anblick. Am Ortsausgang durchquert man einen großen Lugga, ein paar Kilometer später hält man sich bei der nächst größeren Weggabelung rechts, in Richtung Südosten, denn geradeaus geht es zur Marsabit-Moyale-Piste. Die Landschaft hinter Kargi hat sich komplett gewandelt und besteht nun aus einer offenen Savanne. Die meisten Bäume wurden 1998 von einem großen Feuer verwüstet, zuvor gab es hier zahlreiche Netzgiraffen und anderes Wild. Bei km 109 ab dem Aufeinandertreffen der Piste South Horr – Marsabit und jener, die vom Mt. Kulal hinunterkommt, verrät einem ein altes Schild, dass man nun das **Marsabit National Reserve** betritt. 6 km darauf erreicht man den Rand eines großen Lavaflusses, der einst vom Mt. Marsabit, den man bereits im Südosten erkennt, hinuntergeflossen sein muss. Die Piste ist von hier an steinig und sehr unangenehm zu fahren, bis man bei km 138 auf die Hauptstraße zwischen Marsabit und Isiolo trifft. Um nach Marsabit zu gelangen, wenden Sie sich nach links. 1,5 km später durchquert man den Ort **Hula Hula** mit seiner großen katholischen Kirche. 7 km nach der Einmündung, kurz nachdem Sie die großen Getreidespeicher des Kenya Cereals Board passiert haben, gelangen Sie zum Polizei-Checkpoint am Rand von Marsabit, von dem die Konvois in Richtung Isiolo starten.

Loyangalani – North Horr – Marsabit

- **277 km**
- Die nördliche Piste von Loyangalani nach Marsabit ist für Mensch wie Material beanspruchender als die südliche Variante. Das Stück bis North Horr ist steinig und unangenehm zu fahren. Bis Maikona folgt ein relativ gutes Stück, die weitere Piste nach Marsabit ist wieder schlechter. In der Regenzeit kann die Strecke über Wochen unpassierbar sein, weil sich in der Chalbi-Senke das Wasser staut. Die Orientierung in den abgelegenen Wüstengebieten ist nicht einfach. Man steht immer wieder vor unbeschilderten Wegverzweigungen – und Einheimische, die man eben mal fragen könnte, gibt es nicht. Deshalb sollte man einen einheimischen Führer verpflichten. In diesen Gegenden fährt man prinzipiell mit zwei Fahrzeugen.
- **Tankmöglichkeit:** Marsabit.
- **Fahrtzeit:** 1–2 Tage.

Die Strecke von Loyangalani nach North Horr ist steinig und ziemlich rappelig, es geht lange Abschnitte über schwarze Lavafelder. Für die 96 km lange Strecke über **Gus** benötigt man mindestens 3 Stunden, wenn man autoschonend fährt, auch deutlich länger. In der **Oase von North Horr** gibt es eine **italienische Missionsstation** und eine Polizeistation, aber keinerlei Unterkunftsmöglichkeiten. Der Umgangston der Pater ist freundlicher als jener in South Horr, vermutlich sind die deutschen und holländischen Geistlichen in diesem gottverlassenen Winkel froh über jede Seele, die vorbeischaut.

Hinter North Horr fährt man über den sodabedeckten Grund eines ausgetrockneten Salzsees, der als **Chalbi Desert** bekannt ist. Dadurch ist die Piste flach, sandig und sehr gut zu fahren, aber durch das Soda extrem staubig. Bis in die kleine Ortschaft **Kalacha Dida** sind es rund 70 km, für die man mindestens 2 Stunden veranschlagen muss. Am Rande der Oase von **Kalacha Goda** liegt das empfehlenswerte Kalacha Camp (s.u.).

Von Kalacha, dessen katholische Kirche schön ausgemalt und einen Besuch wert ist, geht es weiter nach **Maikona**, eine 70 km lange, recht gut zu fahrende Etappe, für die man 2 Stunden einkalkulieren sollte. Im Norden begleitet einen über Kilometer hinweg eine 10 m hohe, schwarze Lavazunge. Auch in Maikona ist eine **katholische Mission** tätig. Der Ort ist relativ groß und besitzt sogar einige Läden. Die italienischen Padres sind sehr gastfreundlich, und normalerweise darf man hier sogar **übernachten** – eine Spende gehört dann aber unbedingt zum guten Ton!

Von Maikona nach Marsabit sind es nochmals etwa 120 km, die größtenteils über Wellblech führen. Die Fahrer von Safariunternehmen machen dieses Stück angeblich in 3 Stunden, aber das würde wirklich heißen, die Sache über die Autofedern zu brechen.

Unterkunft

●Kalacha Camp
Buchungen und Infos über Tropic Air in Nanyuki: Mobil: 0722/207300, 0711/311477 und 0734/333044; www.kalacha.org; 115 US$ p.P. BO, 200 US$ FB, inkl. Bier und Wein. Das schöne Camp mit 4 Bandas aus lokalen Materialien wird von der lokalen Gabbra-Community geführt. Pool und Flughuhnjagd (1. Februar – 31. März, 1. Juli – 31. Oktober).

Sibiloi National Park
♫ **XXIX/C2**

Am nordöstlichen Ufer des Lake Turkana erstreckt sich der 1570 km² große Sibiloi National Park in einem der unwirtlichsten Landstriche Kenias. Die durchschnittlichen Jahresniederschläge liegen bei gerade 200 mm, aber oft genug fällt die Regenzeit, die sich auf den Monat April beschränkt, völlig aus. In den süßwasserarmen Wüsten und Halbwüsten dieses Landstrichs herrschen **Höchsttemperaturen von bis zu 48°C.** Ausgedehnte schwarze Lavaflächen heizen sich tagsüber derart auf, dass die Temperatur auch in der Nacht nicht merklich zurückgeht. Zwischen Land und Wasser dagegen herrschen große Temperaturunterschiede, die eine starke Thermik erzeugen: So peitscht während des größten Teils des Jahres ein **unerbitterlicher, heißer Wind** über das Land. Durch seine extrem abgelegene Lage – die Nordgrenze des Parks verläuft in 30 km Abstand zu Äthiopien – zählt der Park zu den am seltensten besuchten von Kenia. Aber gerade diese Kombination von Abgelegenheit, unverfälschter Natur und rauer Landschaft macht das 1973 ausgewiesene Schutzgebiet so reizvoll.

Aufgrund der klimatischen Bedingungen fällt die **Pflanzenwelt** von Sibiloi **relativ artenarm** aus und setzt sich zu einem großen Teil aus einjährigen Gräsern und Blumen zusammen, die nach den sporadischen Regenfällen grüne, blühende Teppiche bilden. Die auffälligste Pflanze im Park ist die rosa blühende **Wüstenrose**, ein trockenresistentes Wolfsmilchgewächs, dessen Latexsaft von verschiedenen Völkern als Pfeilgift zur Jagd genutzt wurde. In den Luggas, den Trockentälern, wachsen Akazien und Doumpalmen.

Angesichts der Dürre ist die **Vielfalt der Tierwelt** des Parks umso erstaunlicher, die ty-

Nordkenia

pische Arten der ariden Zone Nordkenias umfasst, wie das fein gestreifte, großohrige Grevyzebra, den blauschenkligen Somali-Strauß, die Oryx-Antilope, den Gerenuk und die Netzgiraffe. Eine Besonderheit ist die seltene **Tiang-Leierantilope,** eine Unterart des Topi. Außerdem kommt auch das normale **Steppenzebra** vor, das im Gegensatz zu den Wiederkäuern auch hartes und trockenes Gras verwerten kann. Zu sehen sind ferner Kudus, Hyänen und Grant-Gazellen und in der Nähe von Süßwasserquellen Löwen und Geparden. Zum Park gehört ein ein Kilometer breiter Uferstreifen des Turkana-Sees, in dem zahlreiche Nilpferde und Krokodile leben. Am Wasser halten sich eine große Zahl von Wasser- und Stelzvögeln auf, darunter Pelikane und Flamingos.

Offensichtlich war das Klima in anderen Erdzeitaltern feuchter. In Sibiloi gibt es einen gut erhaltenen **versteinerten Wald,** der rund 7 Millionen Jahre alt ist. Daneben wurden auch Tausende von interessanten **Tierfossilien** ausgegraben – darunter Riesenschildkröten und eine 14 m lange ausgestorbene Krokodilart. Etwas nördlich des Parkhauptquartiers in Alia Bay, das an der Südgrenze des Parks liegt, wurden in **Koobi Fora** einige der aufregendsten **Funde versteinerter Hominidenknochen** gemacht, die ein erstes Licht auf die Entstehungsgeschichte des Menschen werfen. 1972 wurde der berühmte „Schädel 1470" eines **Homo habilis** gefunden, der vor vermutlich 2 Millionen Jahren im Turkana-Basin lebte und allgemein als ein direkter Vorfahre des Menschen angesehen wird. In Koobi Fora findet sich ein kleines Museum, in dem neben hominiden Exponaten auch Teile eines 1,5 Millionen Jahre alten Elefantenskeletts ausgestellt sind. Wer die archäologischen Stätten in Koobi Fora besuchen möchte, sollte seinen Besuch über das Nationalmuseum in Nairobi ankündigen, dann besteht eventuell die Möglichkeit einer Führung vor Ort.

Vor der Küste des Sibiloi National Park liegt **Northern Island,** die kleinste der drei nennenswerten Inseln im See, die für ihre zahlreichen **Giftschlangen** bekannt ist, darunter Kobras, Puffottern und andere Vipern. Vermutlich wurden die Tiere vom Mün-dungsgebiet des Omo auf Papyrusinseln zur Insel getrieben. Eventuell kann man beim Parkhauptquartier in Alia Bay ein Boot mieten und dorthin übersetzen.

Anreise

Die **Anreise per Auto ist sehr mühsam,** wegen der schlechten Pisten und der Abgelegenheit muss man mit mindestens zwei Fahrzeugen, ortskundigem Führer und sehr, sehr vielen Lebensmitteln, Wasser und vor allem Treibstoffvorräten aufbrechen. Prinzipiell kann man über Marsabit und North Horr oder über Loyangalani nach Alia Bay fahren, beides hundsmiserable Strecken, die über viel Lavagestein führen. Manchmal fahren von Marsabit Versorgungskonvois der Ranger zum Park, denen man sich anschließen kann. Zu allem Überfluss ist die Gegend nicht die sicherste, deshalb ist zunächst ein Abchecken der aktuellen Lage notwendig.

Wenn man **von Loyangalani nach Alia Bay** fährt, folgt man zunächst der Piste nach North Horr. Etwa auf halber Distanz zweigt nach links eine Piste zum Wasserloch von Hurran Hurra und zum Sibiloi-Park ab, die ein Stück an den **Bura Galadi Hills** vorbeiführt. Von Hurran Hurra sind es nach rechts 40 km nach North Horr und nach links 88 km bis Alia Bay und zu den Park Headquarters.

Wenn man von Marsabit anreist, fährt man über Maikona und Kalacha bis nach North Horr (Beschreibung s.o.), wendet sich dann aber nicht nach Südosten in Richtung Loyangalani, sondern fährt geradeaus weiter nach Westen. Die Reise geht durch ausgetrocknete Luggas und ruppige Lavafelder. Da der Streckenverlauf nicht immer deutlich zu erkennen ist, ist ein **Führer** wichtig! Im Hinterland des Lake Turkana gibt es noch Grassteppen mit einigem Wild, aber je näher man dem See kommt, desto lebloser wird das Terrain. Von North Horr sind es 128 km bis nach Alia Bay.

Isiolo liegt zwischen dem fruchtbaren Hochland und wüstenhaften Nordkenia

Insgesamt scheint es einfacher, **mit einem gecharterten Flugzeug einzufliegen** – die Probleme beginnen dann am Boden, weil man kein Fahrzeug vor Ort hat. Seit neuestem gibt es auch die Möglichkeit, mit dem Air Wing des KWS nach Sibiloi zu fliegen. Infos dazu erhält man beim KWS HQ in Nairobi. Es gibt nicht allzu viele Autopisten im Sibiloi, da große Flächen von Lavafeldern bedeckt werden. Von Alia Bay führt eine Piste nach Koobi Fora und zum versteinerten Wald sowie nach **Illeret,** einem Polizeiposten, der zwischen Nationalpark und äthiopischer Grenze am Seeufer liegt.

Jade Sea Journeys (Kontakt über www.bush-homes.com) und **Turkana Expeditions** (www.turkana-expeditions.com) des Kölners *Kay Schaefer* bieten außergewöhnliche Trips nach Sibiloi an.

Unterkunft

Die **Alia Bay Bandas** (3 Schlafzimmer für insgesamt 5 Personen, Küche, Wohnzimmer, Solarstrom; R: 5000 Ksh, NR: 100 US$), die über das KWS HQ in Nairobi zu buchen sind, bieten neben einigen Campsites die einzige Übernachtungsmöglichkeit; oder man kommt im wissenschaftlichen Camp von Koobi Fora (Infos und Buchungen über das Nationalmuseum in Nairobi) unter, worauf man sich aber nicht verlassen sollte.

Parkgebühren und Kontakt

● Zu den **Parkgebühren** s. S. 55.
● **Kontakt:** sibiloi@kws.go.ke.

Isiolo ♫ XXII/B2

Es sind die raschen und extremen **Landschaftswechsel,** die bei einer Reise durch Kenia immer wieder erstaunen und begeistern. Einen dieser Wechsel absolviert man bei der Fahrt aus dem kühlen, regenreichen

ken-680 Foto: hf

Nordkenia

Hochland an den Abhängen des Mt. Kenya hinunter in den Landstrich um Isiolo. Mit jedem Meter wird die Luft wärmer, und das Teerband, das kilometerlang schnurgerade verläuft, scheint direkt in die gelblich schimmernden Ebenen Nordkenias zu münden. In Isiolo steigt man aus dem Bus und tritt schwitzend in eine aride, wüstenartige Welt. Mit der landschaftlichen Veränderung ist auch ein kleiner Kulturschock verbunden, denn mit den Kikuyu-Städten im Hochland hat die **30.000-Einwohner-Stadt,** Verwaltungssitz des riesigen Isiolo District, nur wenig gemeinsam. Isiolo liegt an der wirtschaftlichen, kulturellen, ethnischen und religiösen Schnittstelle zwischen Zentral- und Nordkenia und weist ein **Amalgam verschiedenster Völker** auf. Besonders an den Tagen, wenn der **Viehmarkt** abgehalten wird, herrscht in der Stadt ein buntes Gedränge verschiedenster Menschen, darunter Borana-Nomaden, Meru-Bauern, Kikuyu-Händler und Samburu-Krieger. Außerdem ist Isiolo ein wichtiger **Umschlagplatz für Mira'a** aus Meru (das fast jeder Erwachsene in der Stadt zu kauen scheint), Lebensmittel aus dem Hochland, Konsumgüter aus Nairobi und Mombasa sowie für somalische Waffen.

Die prägendste Bevölkerungsgruppe sind vielleicht die **Somalis,** obwohl Isiolo recht weit von ihrem eigentlichen Stammland entfernt liegt. Es sind zu einem großen Teil die Nachkommen von Veteranen aus dem Ersten Weltkrieg, die sich hier nach 1919 als Händler und Geschäftsleute niederließen. Das geistliche Zentrum der Muslime in der Stadt ist die schöne **Freitagsmoschee.** Es scheint fast so, als hätte die katholische Kirche mit der 1990 fertiggestellten **St. Eusebius-Kathedrale,** die von außen wie eine Festung wirkt, ein imposantes Gegenstück dazu schaffen wollen, ein symbolisches Bollwerk gegen den anbrandenden Islam. Von innen ist die Kirche wirklich sehenswert. Der eindrucksvolle Kirchenraum wurde von dem italienischen Künstler *Guido Villa* ausgemalt, der an den insgesamt 263 m² großen Fresken von 1993–1997 arbeitete. Entstanden ist ein bunt-explosiver Zyklus alttestamentarischer Motive um den Auszug des Volkes Israels aus der Sklaverei in Ägypten.

Unterkunft

Mittelklasse-Hotel

● **Bomen Hotel**
Tel. 064/5222-5 und 52389, Mobil: 0733/712275, bomenhotel@yahoo.com; 15.000/2500 Ksh SC BB, Superior 3500/4000 Ksh. Das Bomen Hotel besitzt einen zarten Anflug von Komfort und so etwas wie Service, die Zimmer sind aber etwas düster. Der schönste Raum ist jener im obersten Stock mit Blick über Isiolo. Sicherer Parkplatz. Der Nyama-Choma-Grill ist ein gesellschaftlicher Treffpunkt der Stadt, das Essen im Restaurant ist empfehlenswert, die Bar serviert kaltes Bier!

Preiswerte Unterkünfte

● **Isiolo Transit Hotel**
Tel. 064/52122 und 52083, Mobil: 0726/846378; 700/1300 Ksh SC. Die Einzelzimmer sind groß, hell und empfehlenswert, die Doppelzimmer fürchterlich dunkel.
● **Kiithe Lodge**
Mobil: 0713/924950. Hier ist es genau umgekehrt: Die Doppelzimmer sind geräumig und hell, die Einzelzimmer gleichen düsteren Zellen mit zu kleinen Fenstern. Schön ist die Veranda. Das Haus liegt etwas abseits und ist von daher ruhig. Parkplatz.
● **Mocharu Lodge**
Tel. 064/2385, 2439; 600/700 Ksh SC. Die Zimmer sind ganz hübsch, aber etwas dunkel. Die Betten sind für einen durchschnittlich gewachsenen Mitteleuropäer zu kurz. Sicherer Parkplatz. Insgesamt empfehlenswert.
● **Silver Bells Hotel**
Tel. 064/2251; 400/600 Ksh SC. Das Silver Bells Hotel ist eines der empfehlenswerteren Guesthouses in Isiolo, das einen netten Innenhof besitzt, in dem man auch sein Auto sicher abstellen kann. Die Zimmer sind sauber und mit Moskitonetzen ausgestattet. Es gibt ein Restaurant und eine „Cocktail"-Bar mit merkwürdigem Ambiente.
● **Jabal Al Nur Guesthouse**
500/600 Ksh SC, der Preis geht in Ordnung. Die Zimmer sind ordentlich, aber ohne Glanz, dafür gibt es eine umlaufende Veranda zum Innenhof und einen sicheren Parkplatz.

● **Jamhuri Lodging**
Tel. 064/2065; 200/300 Ksh NSC, SG SC
300 Ksh. Billige, aber saubere und angenehme Unterkunft mit Moskitonetzen. Sichere
Parkplätze.

Außerhalb der Stadt

● **Gadissa Lodge**
LS: 58/66 Euro, HS: 59/88 Euro; www.gadis-
sa.com. Die edelste Unterkunft Isiolos, 3 km
abseits des Zentrums an der Straße nach Wajir. 5 nette Cottages, leckeres Essen und ein
riesiger Swimmingpool sind genau das Richtige, wenn man aus dem staubigen Nordkenia zurückkommt. Das holländische Manage-

ment engagiert sich mit verschiedenen Projekten in der lokalen Bevölkerung. Autovermietung und Safaris.

Camping

Die einzige Möglichkeit in Isiolo ist der
Rangelands-Campingplatz, Tel. 064/50299,
Mobil: 0721/434353, www.rangeland.co.ke.
Er liegt 5 km südlich der Stadt, 300 m abseits
der Straße zum Mt. Kenya. Der 1997 eröffne-
te Platz ist günstig (Bandas: 1500 Ksh p.P.,
Camping: 500 Ksh p.P.), besitzt eine Bar
(Bier, kalte Sodas) und ein kleines Restaurant

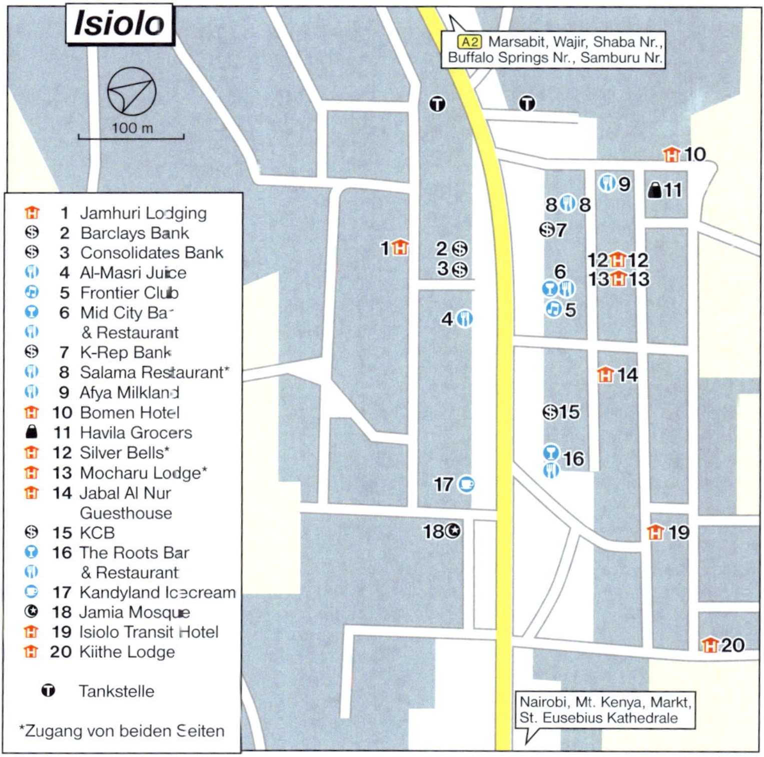

Isiolo

100 m

A2 Marsabit, Wajir, Shaba Nr.,
Buffalo Springs Nr., Samburu Nr.

🏨	1 Jamhuri Lodging
🏦	2 Barclays Bank
🏦	3 Consolidates Bank
ⓘ	4 Al-Masri Juice
	5 Frontier Club
	6 Mid City Bar
	& Restaurant
🏦	7 K-Rep Bank
ⓘ	8 Salama Restaurant*
ⓘ	9 Afya Milkland
🏨	10 Bomen Hotel
▲	11 Havila Grocers
🏨	12 Silver Bells*
🏨	13 Mocharu Lodge*
🏨	14 Jabal Al Nur
	Guesthouse
🏦	15 KCB
	16 The Roots Bar
ⓘ	& Restaurant
☉	17 Kandyland Icecream
☾	18 Jamia Mosque
🏨	19 Isiolo Transit Hotel
🏨	20 Kiithe Lodge
☉	Tankstelle

*Zugang von beiden Seiten

10
9 11
8 8
7
1 2
3
12 12
6 13 13
4 5

14

15

16

17
18
19

20

Nairobi, Mt. Kenya, Markt,
St. Eusebius Kathedrale

Nordkenia

(Nyama Choma, Chips und Kinyegi) und offeriert neben netten Makuti-Schirmen zum Draußensitzen saubere Sitztoiletten mit Toilettenpapier und Seife. Außerdem verfügt der Campsite über schöne Bandas (1000 Ksh p.P.). Empfehlenswert.

Essen und Trinken

Es gibt zahlreiche kleine Esslokale in Isiolo, und einige der Unterkünfte haben ein kleines Hoteli, in denen man für wenig Geld satt wird. Empfehlenswert sind das **Roots Bar & Restaurant,** das zum Frühstück u.a. Omelette, Pfannkuchen und frische Mandazis offeriert, sowie das **Mid City Bar & Restaurant.** Das Hühnchen des **Silver Bells** wird häufiger gerühmt. Eine gute Küche – und Nyama Choma – gibt es auch im **Bomen Hotel.**

An der Hauptstraße kann man eine Reihe kleiner **Somali-Lokale** aufsuchen, in denen man supergünstigen, guten, mit Kardamom und Zimt gewürzten Tee erhält, wie im **Salama Restaurant.** Im **Afya Milkland** gibt es Joghurt, Milchshakes und Milch, während bei **Al-Masri Juice** frischer Saft zubereitet wird. **Kandyland,** direkt neben der Moschee, verkauft Eiscrème.

Busse und Matatus

● Die **Busverbindung nach Nairobi** wird u.a. von Isiolo DVD Coach und Isiolo Star aufrechterhalten. Die Fahrt dauert rund 7 Stunden und kostet 500 Ksh. Nach der Vollendung der Teerstraße nach Marsabit werden sich die Transportmöglichkeiten sicherlich verbessern und günstiger werden. Schon jetzt gibt es jeden zweiten Tag einen Bus **nach Marsabit** für 700 Ksh.
● Die **Matatus** – Nissan-Busse und Peugeot-Taxis – **ins zentrale Hochland und nach Nairobi** gehen vom Matatu-Stand am Markt auf die Reise. Wie immer setzen sie sich in Bewegung, wenn sie voll sind. Nach Einbruch der Dunkelheit wird es schwierig, eine Transportmöglichkeit zu finden. Es gibt Verbindungen, die über die Westseite des Mt. Kenya, durch Nanyuki und Naro Moru führen, aber auch auf die Ostseite nach Meru und Embu.

Der Transport **nach Wamba** kostet 400 Ksh und **nach Maralal** 700 Ksh.
● Alle anderen Städte im Nordosten lassen sich gegenwärtig nur **per Lkw** erreichen, die vor dem Gebäude der Consolidated Bank stehen. Es empfiehlt sich, schon abends einen Sitzplatz zu ergattern, denn die Plätze auf der Ladung sind schnell vergeben. **Nach Wajir** zahlt man rund 1500 Ksh, **nach Marsabit** rund 500 Ksh, **nach Mandera** 1200 Ksh. Die Konvois nach Marsabit und Moyale sowie nach Wajir setzen sich morgens zwischen 6 und 7 Uhr vom Polizei-Checkpoint am Nordende der Stadt in Bewegung.

Nachtleben

Leute auf dem Weg in den wilden Norden können sich in Isiolo schon mal auf die ruhigen Abende im Outback einrichten, denn ein Nachtleben existiert in Isiolo praktisch nicht. Einziger **Nachtclub** ist der notorische **Frontier Club,** der sieben Tage die Woche geöffnet hat. Daneben gibt es das übliche Sammelsurium an lokalen **Bars,** in denen es teilweise hoch hergeht.

Bank und Post

● Die **Barclays Bank** in Isiolo verfügt über einen **Bankautomaten,** die Öffnungszeiten liegen anders als überall sonst: Mo. bis Fr. 8.30–13 Uhr und Sa. 8.30–11 Uhr.
● Die **Post** hat Mo. bis Fr. 8–13 und 14–17 Uhr geöffnet.

Einkaufen

Mo., Mi. und Fr. wird in Isiolo geschlachtet, und wer **Kamelfleisch** probieren will: Hier ist die Chance. Ansonsten gibt es auf dem **Markt** gutes frisches Gemüse, in den **Läden an der Hauptstraße** auch einige andere **Lebensmittel.** Isiolo ist die letzte Möglichkeit, vor der Fahrt in den wilden Norden die Vorräte zu ergänzen, und diese Chance lässt man nicht ungestraft verstreichen. **Havila Grocers** ist ein gut sortierter Laden, in dem man alles Wichtige erhält.

Isiolo – Archer's Post (Buffalo Springs, Shaba und Samburu National Reserves) – Marsabit

- **258 km**
- Es gleicht einer Sensation: Die Strecke nach Marsabit und Moyale, eine der schlechtesten Hauptstraßen von Kenia, **wird gegenwärtig geteert!** Und so dürften die Tage der ausgefahrenen und sehr schlechten Piste gezählt sein. Bis zur Fertigstellung heißt es weiterhin: Umsichtig fahren! Auch wegen der Gefahr von Überfällen sollte man Nachtfahrten vermeiden. Insgesamt hat sich die Sicherheitslage aber sehr verbessert.
- Nächste **Tankmöglichkeit** in Marsabit.
- **Reisedauer** bis Archer's Post: 1 Std., bis Marsabit: 1 Tag.

Am Ortsrand von Isiolo endete bisher das geteerte Straßennetz von Kenia und begann der wilde Norden von Kenia, jene Region, in welcher der Reiser de den Gedanken an das **Risiko eines Banditenüberfalls** nicht verdrängen sollte. Einige Strecken sind relativ problemlos zu befahren, andere sind absolut tabu. Die Verhältnisse ändern sich mal zum Besseren, mal zum Schlechteren, aktuelle Infos bekommt man am Polizei-Checkpoint am Ortsausgang oder von den Lkw-Fahrern, die die Strecke regelmäßig fahren.

Auf der Strecke nach Archer's Post, zu den National Reserves von Shaba, Buffalo Springs und Samburu sowie nach Marsabit war es zuletzt ruhig, und man konnte unabhängig vom Konvoi fahren, der seinen Namen ohnehin kaum verdient, weil die Wagen alle ihr eigenes Tempo fahren. Die Fahrt nach Wajir und Mandera hingegen geht durch notorisch unsicheres Gebiet und ist daher für Touristen tabu, während nach Wamba, Maralal und Baragoi selten Probleme auftauchen.

Leute, die mit eigenem Fahrzeug unterwegs sind, verlassen nun das Gebiet der Werkstätten, Reifenflicker und Tankstellen und dringen in den Teil Kenias mit den härtesten Pisten ein. Daher ist eine **gute Vorbereitung bzw. Ausrüstung** erforderlich, also mindestens zwei Ersatzreifen und Material zur Behebung von Reifenpannen, die wichtigsten Werkzeuge und Ersatzteile sowie voll gefüllte Tanks und Reservekanister. Am besten fährt man sowieso mit zwei Fahrzeugen. Die nächste Tankstelle befindet sich in Marsabit in 275 km Entfernung oder auf der Route nach Westen in Maralal, immerhin noch 200 km entfernt. Auch in einigen Käffern unterwegs gibt es manchmal Treibstoff zu Apothekerpreisen aus dem Reservekanister.

Man setzt sich vom Polizeiposten am Ortsausgang von Isiolo, hinter dem rechts die B9 nach Wajir und Mandera abzweigt, in Bewegung. Es geht zunächst durch eintöniges Buschland. Bei km 18,5 biegt links die Zufahrt zum Ngare Mara Gate des **Buffalo Springs National Reserve** ab, bei km 30 und 31, ebenfalls nach links, jene zum Chokaa Gate und bei km 32 rechts die Zufahrt zum Ntorbe Gate des **Shaba National Reserve.** Dann überquert man auf einer Brücke den Ewaso-Ngiro-Fluss und erreicht direkt dahinter **Archer's Post,** an dessen Ortsrand links die Zufahrt zum Hauptgate des **Samburu National Reserve** abbiegt.

Der Ort, der aus zwei Reihen Dukas und Hotelis besteht, trägt den Namen des Verwaltungsbeamten Geoffrey Archer, der hier 1911 sein Camp errichtete. Wer in die drei National Reserves trampen will, schlägt optimalerweise hier seine Basis auf. Es gibt eine Reihe von einfachen **Lodges,** etwa die **Safari Lodge,** die **Sundowner Lodge** oder das **Accacia Shade Inn,** das auch über Bar und Restaurant verfügt. Wer zelten mag, findet beim Umoja Village auf halbem Weg zum Hauptgate des Samburu National Reserve einen empfehlenswerten Platz. Dort, ebenso wie im Accacia Shade bei *Mohamed Pino,* kann man für 100 US$ ein Auto mit Fahrer und sieben Plätzen für eine Safari mieten. Wer die interessanten Berge des Samburu-Landes erkunden will, etwa den Ol Lolokwe, den Warges oder die Mathew's Range, dem sei *Mohamed Leresh* (Mobil: 0724/143080; leresh@yahoo.com), ein erfahrener Guide, empfoh-

Nordkenia

len. Für seine Dienste verlangt er abhängig von der Gruppengröße 20–50 US$ pro Tag.

6 km hinter Archer's Post befindet sich auf der linken Seite die Einfahrt zur **Kalama Conservancy,** die sich auf der riesigen Girgir Group Ranch erstreckt und landschaftliche Schönheit, Tierreichtum sowie die exquisite Saruni Lodge (s.u.) in ihren Grenzen vereint. Kalama kann mit einer Fußsafari oder mit dem Auto erkundet werden.

20 km hinter Archer's Post, direkt hinter dem Örtchen **Lerata,** gabelt sich die Piste: Links geht es über die C79 nach Wamba (44 km) und Maralal (146 km), rechts über die A2 nach Marsabit und Moyale. Seit Archer's Post fährt man geradewegs auf den imposanten **Berg Ol Lolokwe** zu, der zwar „nur" 1900 m misst, aber im Westen, Süden und Osten senkrechte, 500 m hohe Granitwände aufweist. Er ist der südlichste Punkt einer Kette von Gebirgen, die aus 500 Millionen Jahre altem präkambischen Gestein besteht und dem kenianischen Grundgesteins-

system angehört. Auf der weiteren Fahrt nach Norden begleitet Sie diese **Gebirgskette** zu Ihrer Linken und sorgt ein ums andere Mal für fantastische Anblicke. Nach dem Sabachi folgen Warges, Mathew's Range (auch Ol Doinyo Lenkiyo), Ndoto Mountains und als nördlicher Endpunkt der Mt. Ngiro. Es sind wahre Charakterköpfe mit skurrilen Formen, die über Wamba zugänglich sind und mehrtägige Wanderungen lohnen, die z.T. im Buch „The Mountains of Kenya" von *Paul Clarke* beschrieben werden, das vom Mountain Club of Kenya herausgegeben wird.

Nach schöner Fahrt durch wildreiches Akazienbuschland mit Gerenuks, Dikdiks und Perlhühnern, immer am Fuß der **Mathew's Range** entlang, gelangen Sie bei km 44 nach **Seredupi,** das neben einigen Dukas sogar eine Polizeistation besitzt. Hinter dem Ort überquert man den Merille-Lugga, meist ein trockenes Sandbett, nach Regenfällen aber ein reißender Wildbach. Bei km 86 passieren Sie die windschiefen Hütten von **Merti** an der südlichen Grenze des **Losai National Reserve.** Das 1806 km² große Naturschutzgebiet, 1976 ausgewiesen, wartet auf seine touristische Erschließung. Seine Landschaften umfassen wilde Halbwüsten, felsige Hügel, weite Ebenen und Galeriewälder, die sich an saisonalen Flussläufen entlangziehen. Zahlreiche Arten der nordkenianischen Fauna kommen hier vor. An der nördlichen Grenze des Reserve, im Ort Laisamis, gibt es einen KWS-Rangerposten, an dem man vermutlich einen Führer erhalten kann.

Die Fahrt durch das Reserve wird landschaftlich durch die Inselberge links der Straße dominiert, etwa den **Mt. Moile,** der aussieht wie ein riesiger Elefantenbuckel und dessen Gipfel ein Kreuz ziert, das katholische Missionare dort oben platzierten, oder den 1419 m hohe **Mt. Losai** an der nördlichen Parkgrenze, der dem Gebiet seinen Namen lieh. Bei km 109 kommen Sie nach **Laisamis,** nach Seredupi die größte Ortschaft zwischen Archer's Post und Marsabit, in der es eine **italienische Missionsstation** gibt. Sie ver-

Junge Hirten am Mt. Marsabit

fügt über eine gut ausgestattete Werkstatt, in der man bei Bedarf vielleicht Hilfe findet. Laisamis besitzt eine bescheidene Unterkunft, die **Farij Bar & Lodging.** Hier zweigt auch eine Piste nach Illaut ab, die der Nordgrenze des Losai National Reserve folgt, an der Nordseite der Ndoto Mountains vorbeiführt und schließlich auf die Piste zwischen Baragoi und South Horr (s. S. 560) stößt. Sie soll landschaftlich sehr reizvoll sein.

Hinter Laisamis geht es über das **Sagererua Lava Plateau** und dann durch die Ausläufer der Kaisut-Wüste, eine fast vegetationslose Depression, in der riesige Staubteufel wüten. Der Berg zur Linken, der wie eine Haifischflosse aussieht, wird Illim genannt, dahinter, schon vom Dunst blaugräulich gefärbt, ragen die **Ndoto Mountains** auf.

50 km hinter Laisamis passiert man **Logaloga,** ein paar Bretterbuden und eine kleine Missionsstation der African Inland Church, die in eintöniger, windgepeitschter Landschaft liegen. Vor sich sehen Sie nun schon den **Marsabit-Berg.** Bei km 63 überfahren Sie die Grenze des Marsabit National Reserve, danach beginnt die Piste allmählich an der Bergflanke emporzusteigen. Bei km 76 passiert man den kleinen Ort **Karare,** 400 m dahinter biegt rechts eine Piste in den Nationalpark ab, die um den ganzen Berg bis nach Songa herumführt und dabei einige der größten Krater des Vulkans, z.B. den Gof Bongole, passiert. 12,2 km hinter dieser Abzweigung biegt links die Piste nach Kargi und zum Mt. Kulal ab (Beschreibung s. S. 571). 2 km später fährt man durch das Örtchen **Hula Hula,** nach 1,5 km passiert man auf der rechten Seite den Lugga, der zu den Singing Wells führt, und nach weiteren 5,5 km, insgesamt 258 km ab Isiolo, steht man vor dem Polizei-Checkpoint am Stadtrand vor Marsabit, an dem auch die Konvois gen Süden abfahren.

Unterkunft

● **Umoja Village & Safari Camp**
Telefonisch erreichbar über die Vorsitzende *Rebecca Lolosoli,* Mobil: 0721/659717, 0722/886597 und 0735/395576; www.umojawomen.org; ganzes Chalet: 30 US$, Cam-

ping: 10 US$ p.P., Übernachtung in traditioneller Samburu-Hütte im Kulturdorf: 20 US$ p.P.; Mahlzeiten: 5/10/10 US$ B/L/D. Der Eintritt in das Cultural Village kostet 20 US$, für diejenigen, die im Camp übernachten, nur 10 US$. Museum und traditionelle Tänze kosten 5 US$ p.P. Die Chalets und das kleine Restaurant direkt am Ufer des Ewaso-Flusses sind einfach, die Lage ist großartig, die Stimmung nett. Seit seiner Gründung im Jahr 1990 hat das Umoja Village in Kenia und international einige Berühmtheit erlangt. Auslöser für die Entstehung war die oftmals beklagenswerte Lage vieler Samburu-Frauen, die weitestgehend entrechtet leben müssen. Das reine Frauendorf bietet Verstoßenen oder Geschiedenen ein neues Zuhause. Mit einigem wirtschaftlichem Erfolg betreiben die Samburu-Frauen um *Rebecca* ein Museum und ein Cultural Village, in dem einem die Kultur des stolzen Hirtenvolkes nahegebracht wird und man wunderschönen Perlenschmuck kaufen kann. Zudem bekämpfen die gegenwärtig 48 Frauen die schlimmsten Missstände, die das Leben vieler Frauen im Samburu-Land bis heute zur Hölle machen: mangelnde Bildung, Trockenheit und Abgeschiedenheit, fehlende Gesundheitsvorsorge, Zwangsverheiratung, Beschneidung, sexueller Missbrauch, kein Recht auf Grundbesitz sowie der Mangel an politischer Mitsprache. Wer um die Probleme weiß und nicht nur das romantisierende europäische Klischee von den „edlen Wilden" bestätigt sehen möchte, für den wird ein Besuch ein unvergessliches – und Mut machendes Erlebnis!

● **Saruni Lodge**
Buchungen über Cheli & Peacock in Nairobi (s. S. 228); manager@sarunisamburu.com; LS: 400/740 US$, HS: 705/1180 US$ FB und zahlreiche Serviceleistungen. Auf einem Berg gelegen, ist die exklusive Unterkunft mit einem atemberaubenden Blick über das 95.000 ha große Kalama-Schutzgebiet – und bei klarem Wetter auf den Mt. Kenya – gesegnet. Die 4 geschmackvoll eingerichteten Häuser mit ihren 6 Räumen fügen sich unauffällig in die Landschaft ein. Der Service, das Essen und die Aufmerksamkeit lassen keine Wünsche offen. Spa, Massage, Fußsafaris und Nachtpirschfahrten.

Nordkenia

Shaba National Reserve
♪ XXIII/C1

Der Nationalpark

Das 1974 ausgewiesene Shaba National Reserve erstreckt sich in den staubigen Ebenen nördlich der fruchtbaren Nyambeni Hills auf einer Fläche von 239 km². Obwohl die Distanz zwischen den 2514 m hohen Bergen und dem Schutzgebiet nur einige Dutzend Kilometer beträgt, gehört Shaba – ökologisch gesehen – bereits zum trockenen, heißen Nordkenia. Es bildet mit den weiter westlich, jenseits der Piste Isiolo – Archer's Post gelegenen **Schwesterreservaten Buffalo Springs und Samburu** einen zusammenhängenden Naturraum, in dem das Wild unbehelligt umherwandert. Wie sie liegt Shaba am **Ewaso Ngiro River** und zieht besonders in der Trockenzeit massenhaft Tiere an. Ansonsten hält sich hier meist weniger Wild als in den beiden anderen Reservaten auf. Landschaftlich ist Shaba aber das reizvollste und abwechslungsreichste der drei Schutzgebiete.

Da es nur eine Luxuslodge und ein exklusives Camp im Park gibt, verirren sich **nur wenige Besucher** in dieses Paradies, was umso mehr für den abgelegeneren östlichen Teil des Reserve gilt. Gerade Leute, die allergisch auf Safaribusse reagieren und eine eigene Campingausrüstung dabei haben, werden das zu schätzen wissen. Einsame Campsites direkt am Fluss und im Inneren von Shaba garantieren ein ungetrübtes Gefühl von Wildnis. Es ist sicher kein Zufall, dass 1998 ausgerechnet hier von einem Filmteam aus Hollywood „To Walk with Lions" gedreht wurde, ein Film über das Leben des Löwenmannes *George Adamson*. Für die Dreharbeiten baute man Kampi ya Simba, Adamsons Camp, das ursprünglich im Gebiet des heutigen Kora National Park stand, komplett nach. Im sogenannten Kora Camp befindet sich jetzt ein Rangerposten, aber man kann dort auch zelten. Die Hütten aus den Filmaufnahmen sind weitgehend zerfallen.

Joy Adamson, die Frau von George, lebte für längere Zeit in Shaba, um den jungen verwaisten Leoparden *Penny* auszuwildern, dessen Verhalten sie studierte. 1980 wurde sie in ihrem Camp im äußersten Südosten des Schutzgebietes vermutlich von einem ihrer Angestellten ermordet. Man kann ihre letzte Ruhestätte beim Joy Adamson Camp besuchen. Der Isiolo County Council hat an dem schlichten Grab eine Gedenktafel anbringen lassen. Ihr Mann wurde neun Jahre später im heutigen Kora National Park von somalischen Wilderern umgebracht. Die Sicherheitslage der gesamten Gegend verschlechterte sich in den 1980ern, alle drei National Reserves konnten über Jahre nicht besucht werden. Erst durch den Anti-Wilderer-Feldzug von *Richard Leakey* Anfang der 1990er Jahre stabilisierte sich die Lage wieder. Für die Nashörner war es aber bereits zu spät, in keinem der drei Schutzgebiete hat die Art das Abschlachten überlebt.

Die Regionen des Parks

Seinen Namen hat das Reserve von dem eindrucksvollen **Shaba Hill (1622 m)** an seiner Nordgrenze. Shaba bedeutet auf Kisuaheli so viel wie „Kupfer"; man vermutete in der Gegend irrtümlich Erzvorkommen. Bis auf den 1013 m hohen **Natorbe Hill,** der auf der westlichen Parkgrenze liegt, ist Shaba weitgehend flach. Andere Berge, wie Mt. Bodich, Soroto Mountain und die Nyambenis, liegen bereits außerhalb seiner Grenzen. Aber gerade diese Ebene, die von entfernten Bergen umrahmt wird, vermittelt ein Bild sagenhafter Weite. Die Vegetation, die außer Gräsern einige Büsche und einsame Bäume aufweist, verstärkt diesen Eindruck noch. Einige verstreute Kopjes, auffällige Gesteinskuppen, erzeugen ein südafrikanisches Flair. Wenn Sie Ihre Augen offen halten, haben Sie gute Chancen, auf dem **Turkana-, Hyrax-** und **Dudubata Rock** die Silhouette von Leoparden oder gar Löwen zu entdecken, denn nicht nur Touristen schätzen den unverstellten Rundumblick von dort oben.

Im Ostteil von Shaba bilden sich nach starken Regenfällen große Sümpfe, denn das Gefälle zum Ewaso Ngiro ist so schwach, dass das Regenwasser nur langsam abläuft.

Wildbüffel lieben diese Verhältnisse, für Ihr Auto kann der Matsch auf einigen Strecken aber Probleme bedeuten. Höhepunkt Ihres Besuchs in Shaba wird die über 30 km lange **Fahrt entlang des Ewaso Ngiro** sein. Mächtige Doum-Palmen (übrigens die einzige Palmenart mit verzweigtem Stamm!) und Akazienbäume säumen den Fluss. Ein ums andere Mal öffnen sich schöne Ausblicke über die Flussbänke, Campsites laden zum Picknick oder zur Übernachtung ein. Etwa in der Mitte der Strecke, nachdem Sie das Red Rock Camp und den **Hyrax Hill** hinter sich gelassen haben (ein besonders schöner Flussabschnitt, an dem sich der Ewaso Ngiro durch einen schmalen Felsdurchlass – eben den Red Rock – presst), sonnen sich Krokodile am Flussufer. Während im westlichen Abschnitt des Riverdrive der **Mt. Bodich** mit seinen roten, karger Felsen das Panorama auf der anderen Flussseite dominiert, ist es im östlichen Teil der **Mt. Soroto.** Eine besondere Attraktion für „Birdies" ist die **Nistkolonie von Geiern** in einem Kliff des Mt. Bodich. Die vom Guano weiß gefärbten Felsen am nördlichen Ufer des Flusses fallen bereits aus größerer Entfernung auf.

Etwa einen halben Kilometer vor Erreichen des Chanler's Falls Gate formt die Uferböschung eine 25–30 m hohe Klippe, über welche die **Shariuki-Wasserfälle** in den Ewaso Ngiro stürzen. Beeindruckend sind sie wegen der malerischen Landschaft und ihrer Höhe, nicht wegen der Wassermenge, denn mehr als ein Bach ist es nicht, der rechts der Piste entspringt und sich dann über den Vorsprung in den Fluss ergießt. Wer bis ganz in den Osten von Shaba gekommen ist, kann noch einen Abstecher zu den **Chanler's Falls** und zum **Magao-Vulkan** mit seinem Kratersee machen, zwei selten besuchte Sehenswürdigkeiten außerhalb des Parks.

Ausflug zu den Chanler's Falls und zum Magao-Kratersee

Westlich des Shaba National Reserve, bereits ein gutes Stückchen außerhalb der Parkgrenzen, befinden sich die Chanler's Falls des Ewaso Ngiro und der eindrucksvolle Kratersee des Magao-Vulkans. Ihre Besichtigung ergibt mit der Fahrt entlang des Ewaso Ngiro-Flusses einen vollen Safaritag. Es bietet sich an, vom Magao-Vulkan über die B9 zurückzufahren und dann über das südliche Shaba Gate zurück ins Reserve zu kommen, so dass man auch diesen Teil des Parks noch gesehen hat. Da man sich bei diesem Ausflug östlich des Parks bewegt, muss man einen bewaffneten Ranger mit an Bord nehmen.

Vom Chanler's Falls Parkgate folgt man einer gut befahrbaren Piste durch Grasland schnurstracks nach Osten. Nach 20,1 km biegt rechts die Piste zum Magao-Vulkan ab, zu der man nach dem Besuch der Charler's Falls wieder zurückkehrt. 4 km später erreicht man die **Chanler's Falls.** Der junge, wohlhabende Amerikaner *William Astor Chanler* hatte die Bescheidenheit, die Wasserfälle bei

Flusslandschaft im Shaba Reserve

Nordkenia

seinem Besuch am ersten Weihnachtsfeiertag 1892 nach sich selbst zu taufen. Er befand sich übrigens auf Entdeckungsreise mit einem alten Bekannten: *Von Höhnel*, der ehemalige Reisegefährte *Telekis*, erkundete mit ihm den Verlauf des Ewaso Ngiro. Die Chanler's Falls sind besonders in der Regenzeit imposant, wenn das Wasser des Ewaso Ngiro über ein 18 m mächtiges, schwarzes Lavafeld in einen engen Spalt schießt. Bei niedrigem Wasserstand ist es immerhin noch interessant zu sehen, wie der Fluss in Jahrtausenden den Stein ausgefräst hat. An einer Furt oberhalb der Fälle überquert übrigens die Piste nach Merti den Fluss.

Man kehrt zur Piste zum Magao zurück und folgt ihr nach Süden. Sie ist wesentlich schlechter zu fahren. Nach ziemlich genau 12 km biegt rechts eine Piste zu einem unspektakulär wirkenden Hügel ab, bei dem es sich um den **Magao-Vulkan** handelt. Man folgt ihr und erreicht nach 300 m seinen Fuß. Durch eine Scharte an seiner Flanke kommt man in den Krater. Die Überraschung ist riesig, denn der **Krater** reicht viel tiefer in die Erde, als man dies von außen vermutet hätte. Am Boden befindet sich ein kleiner grünlicher See, an dem die **Borana-Hirten** ihre Rinderherden tränken. Die riesige Scharte in der Kraterwand geht auf die Hufe ihrer Tiere zurück – es müssen im Verlauf der Jahrhunderte Millionen von Rindern gewesen sein. Die Hirten sind manchmal unwirsch gestimmt und verlangen für Fotos Geld.

Knapp 7 km hinter dem Krater stößt man im Süden auf die B9 zwischen Wajir und Isiolo. Um zum Shaba Gate des National Reserve zu kommen, wendet man sich nach rechts und fährt in Richtung Isiolo. Die Piste bleibt rau. Nach 700 m erreicht man den kleinen Ort **Kachuru**, in dem es einen Polizeiposten gibt. Man hält und zu begegnen einem überladene Lkw auf dem Weg nach Wajir. 3 km hinter dem Ort stößt von links die Piste aus den Nyambeni Hills auf die B9. Gut 26 km hinter Kachuru zweigt nach rechts die Zufahrt zum **Shaba Gate** ab, das man nach weiteren 15,5 km über teils gut zu fahrende Sandpiste erreicht. Landschaftlich ist dies ein reizvolles Stück, das auf weiten Strecken vom riesigen **Shaba Rock** dominiert wird. Übri-

gens: Die Ranger sowohl am Chanler's Gate als auch am Shaba Gate sitzen in erbärmlicher Einöde und freuen sich riesig über Süßigkeiten und eine „Nation"-Zeitung!

Die Tierwelt

Die Tierwelt des Shaba National Reserve umfasst die **klassischen Arten der nordkenianischen Fauna** und entspricht weitestgehend jener der Schwesterreservate Samburu und Buffalo Springs, mit denen das Reserve ein zusammenhängendes Ökosystem bildet. Tatsächlich wandern zahlreiche Tiere zwischen den Schutzgebieten hin und her. Genauere Beschreibungen finden sich auf S. 588.

Im Park unterwegs

Der Park verfügt über ein **gutes Pistensystem.** Probleme können nach längeren Regenfällen auftauchen, wenn sumpfige Gebiete unpassierbar werden. Bei trockenem Wetter sind die Wege staubig. Schuld daran ist der nahe Magao-Vulkan, der seine Asche gleichmäßig über die Region verteilt hat.

Die Verwaltung des Reserve besteht wegen der Abgeschiedenheit auf die **Begleitung durch einen bewaffneten Ranger,** zumindest dann, wenn man auf den Campsites im Reserve übernachten will. Sehen Sie es als Chance, denn die Wildhüter können Ihnen beim Auffinden von Tieren helfen, niemand kennt ihr Verhalten und die Gegend besser als sie. Über ein Trinkgeld wird sich Ihr Begleiter freuen.

Die **Orientierung** im Park **ist nicht schwer,** es gibt nur relativ wenig Pisten. Die erhältlichen Karten stimmen im Großen und Ganzen, einige neuere Pisten sind nicht eingezeichnet, auch die markierten Camps stimmen nicht immer.

Unterkunft

● **Sarova Shaba Lodge**
Tel. 064/30638, 20030, Tel./Fax 064/30481, www.sarova.co.ke; Buchung über Sarova Hotels in Nairobi, s. S. 107; Standard-Zimmer:

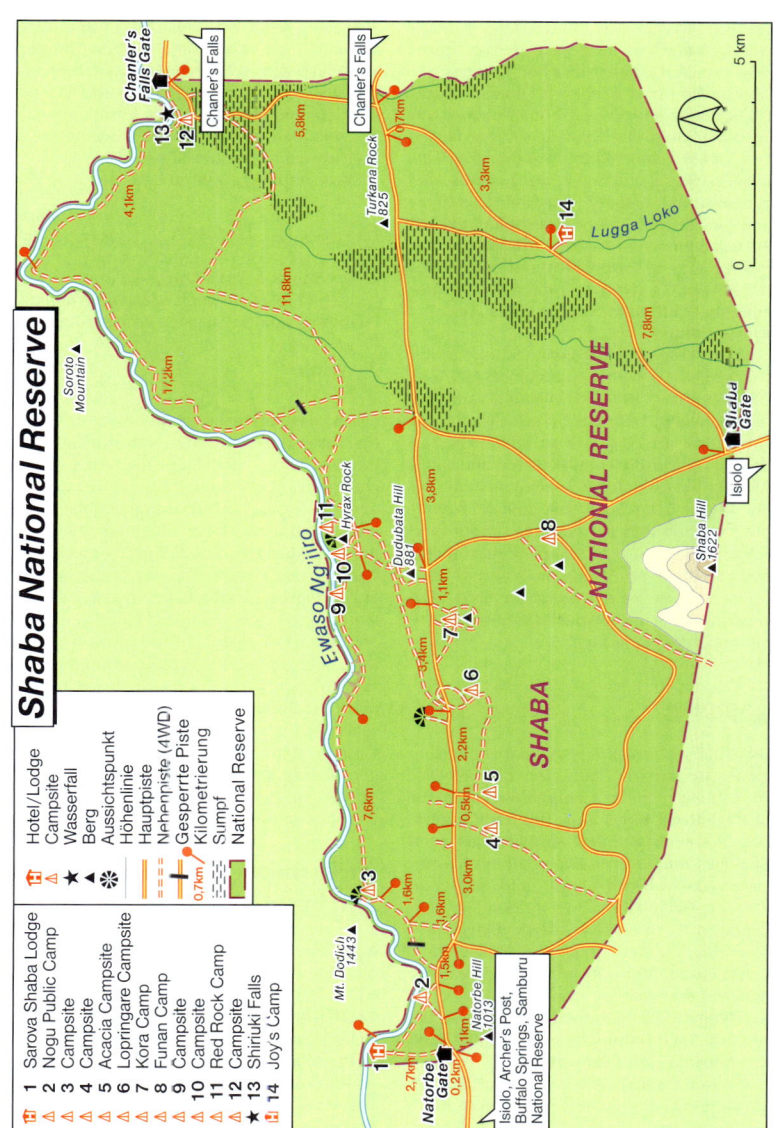

Shaba National Reserve

🏨	**1**	Sarova Shaba Lodge
△	**2**	Nogu Public Camp
△	**3**	Campsite
△	**4**	Campsite
△	**5**	Acacia Campsite
△	**6**	Lopringare Campsite
△	**7**	Kora Camp
△	**8**	Funan Camp
△	**9**	Campsite
△	**10**	Campsite
△	**11**	Red Rock Camp
△	**12**	Campsite
★	**13**	Shiriuki Falls
🏨	**14**	Joy's Camp

🏨 △	Hotel/Lodge
△	Campsite
★	Wasserfall
◄	Berg
❋	Aussichtspunkt
	Höhenlinie
━━	Hauptpiste
===	Nebenpiste (4WD)
━┼━	Gesperrte Piste
0,7km	Kilometrierung
	Sumpf
	National Reserve

Nordkenia

LS: 190/248 US$, HS: 270/350 US$. Die Anlage befindet sich direkt am Ewaso-Ngiro-Fluss inmitten eines tropischen Gartens mit Fischteichen und Bächen. Grund für diese Üppigkeit ist eine Süßwasserquelle in der Nähe des Hotels. Die Zimmer sind gediegen und lassen keinen Komfort vermissen. Die Superior Suites sind im Grunde luxuriöse Ferienhäuser mit eigener Sauna, Air Condition und Jacuzzi. Die Junior Suites haben keine AC und Sauna. Aktivitäten: Birdwalks und Kamelritte. Eigene Tankstelle und Reifenreparatur. Besonders reizvoll ist der große Swimmingpool (500 Ksh für Gäste von außen).

● **Joy's Camp**
Buchung über Cheli & Peacock in Nairobi, s. S. 228; www.joyscamp.com; LS: 400/740 US$, HS: 705/1180 US$. Wie der Name bereits nahelegt, befindet sich das Camp mit Unterkunft für 20 Gäste an jenem Ort, an dem *Joy Adamson* lebte, arbeitete und starb. Alles ist wunderbar offen gebaut, spielt mit der Mystik alter Suaheli-Ruinen, der Kraft bunter Stoffe und der Lässigkeit moderner Einrichtungs-Chics. Am Rande eines Sumpfgebietes gelegen, lassen sich bereits vom Camp aus viele Tiere beobachten. An der Rezeption gibt es ein kleines Museum mit Memorabilia der Namensgeberin.

Camping

Das Shaba National Reserve hat zahlreiche, ganz wunderbare Campsites, die keinerlei Einrichtung besitzen. **Campen darf man nur in Begleitung eines bewaffneten Rangers.** Es gibt **sowohl Public Campsites als auch Special Campsites** in Shaba, deren Klassifizierung bisweilen geändert wird. Am Gate kann man sich nach dem aktuellen Stand erkundigen. Auch **an den Gates** kann man problemlos sein Zelt (kostenlos) aufschlagen.

Am Ewaso Ngiro River gibt es eine Reihe ausnehmend schöner Campingplätze, etwa den **Nogu Public Campsite,** den wunderbaren **Red Rock Campsite** und ganz im Osten den **Shiriuki Falls Campsite.**

Weitere Camps befinden sich **entlang der Hauptpiste,** die das Reserve in eine nördliche und eine südliche Hälfte teilt. Besonders erwähnenswert ist das **Kora Camp,** das sich zu Füßen einer Kopje befindet, an der aus Anlass des Films über *George Adamsons* Leben sein Camp nachgebaut wurde. Weitere Plätze sind das **Lopringare Camp** und das **Accacia Camp,** die auf einem kleinen Rücken abseits der Straße liegen.

Die **Campinggebühren** betragen 10 US$.

Essen und Trinken

In der **Shaba Sarova Lodge** kann man hervorragend essen. In den **Läden von Archer's Post** gibt es die wichtigsten Lebensmittel.

Anreise

Das Shaba National Reserve besitzt **drei Gates.** Da ist zum einen das **Natorbe Gate** im Westen, das von der Hauptstraße Isiolo – Archer's Post über 5,5 km Piste zu erreichen ist und von den meisten Touristen benutzt wird. Nach 1 km passiert man auf der rechten Seite den sogenannten Complex, das Hauptquartier der Ranger. An der Südseite von Shaba liegt das **Shaba Gate,** das sich als Zufahrt eignet, wenn man von Kangeta in den Nyambeni Hills über Lare und Mutuati hinunter zur B9 gefahren ist. Von der Einmündung sind es rund 24 km in Richtung Isiolo und dann nochmals 15 km zum Gate. Und schließlich gibt es noch das **Chanler's Falls Gate** ganz im Nordosten von Shaba, das eigentlich nur interessant ist, wenn man einen Ausflug zu den Chanler's Falls und zum Magao-Vulkan machen will.

Parkgebühren, Öffnungs- und beste Besuchszeiten

● Die **Eintrittsgebühren** betragen 40 US$ pro Tag.

● Das National Reserve ist **täglich von 6– 18.30 Uhr** geöffnet.

● Das Reserve ist **das ganze Jahr hindurch** zu besuchen, in den Monaten der großen Regenzeit, also von April bis Juli, sind einige Wege nach starkem Regen bisweilen unpassierbar.

Samburu und Buffalo Springs National Reserves

♪ **XXII/B1,2**

Die National Reserves

Das 194 km² große Buffalo Springs National Reserve und das 165 km² große Samburu National Reserve tragen zwar unterschiedliche Namen und werden von verschiedenen Regionalbehörden verwaltet aber **ökologisch** bilden sie ein **zusammenhängendes Gebiet** und haben viele Gemeinsamkeiten. Deshalb sollen sie hier auch zusammen beschrieben werden.

Die beiden Gebiete erstrecken sich an den gegenüberliegenden Ufern des Ewaso Ngiro River, Samburu am nördlichen und Buffalo Springs am südlichen Sie gehören hinsichtlich Vegetation, Tierwelt und Klima bereits zum trockenen Nordkenia. Durchschnittlich erhält die Region weniger als 300 mm Niederschlag pro Jahr und wird von halbwüstenartigen Landschaften bedeckt, deren Lebensader der Ewaso-Ngiro-Fluss ist. Besonders in der Trockenzeit zieht er aus dem gesamten Umkreis große Mengen an Wild an, aber auch die Völker der Samburu und Borana sind auf ihn angewiesen, um ihre Viehherden zu tränken. Umso bedrohlicher ist, dass an seinem Oberlauf mehr und mehr Wasser für landwirtschaftliche Zwecke abgezweigt wird. In der jüngeren Vergangenheit ist der Fluss in besonders strengen Trockenzeiten mehrfach ausgetrocknet.

Die Schönheit des Landes lockte bereits Anfang des 20. Jahrhunderts weiße Großwildjäger in die Region (die Samburu Lodge steht an der Stelle, an der vor rund 100 Jahren der Österreicher *Arthur Neumann* ein Jagdcamp betrieb), seit 1948 stehen die Gebiete unter Schutz. Die überaus reizvolle Flusslandschaft und der Tierreichtum machen Samburu und Buffalo Springs zu **zwei der meistbesuchter Naturschutzgebiete von ganz Kenia.**

In geologischer Hinsicht stellt der **Ewaso Ngiro River** eine **wichtige Grenze** dar: Während im Süden vulkanisch geprägte Tertiärformationen vorherrschen – das verraten die staubigen Vulkanaschepisten und die heißen Quellen von Buffalo Springs –, bricht im Norden des Flusses präkambrisches Urgestein hervor, das bis zu 500 Millionen Jahre alt ist. Offensichtlichste Spuren dafür: die Kopjes und Hügel, die im Samburu National Reserve zutage treten sowie die Granitkuppe des Ol Doinyo Sabachi, der auch Ol Lolokwe, „der Berg mit dem runden Kopf", genannt wird und im Norden das Panorama beherrscht.

Die Regionen der Reserves

Der Safaritourismus und die Camps und Lodges konzentrieren sich auf die **wildreichen Uferbereiche des Ewaso-Ngiro-Flusses,** die dichte Galeriewälder säumen. Mehrere Akazienarten wachsen hier, darunter große Bestände der *Acacia albida.* Noch auffälliger sind die riesigen Doumpalmen, die an einigen Flussabschnitten regelrechte Haine bilden, unter der hohen Elefantenpopulation in den letzten Jahren aber sichtbar gelitten haben. In den Galeriewäldern gibt es immer viel zu sehen, denn außer dem Großwild, das zum Trinken hierher kommt, leben im Dickicht unglaublich viele Vogelarten.

Nördlich des Flusses, **im Samburu National Reserve,** schließen sich an die Galeriewälder Grassavannen an, die dann in Trockenbusch übergehen, der aus Commiphora-Büschen und Combretum-Bäumen gebildet wird. Außer dem Ewaso Ngiro gibt es keine permanenten Wasserläufe, sondern nur einige sandige Luggas. Auffälligstes Merkmal der **Landschaft im Norden** sind die zahlreichen Kopjes und felsigen Hügel. Einige der kleineren Erhebungen darf man zu Fuß besteigen. Von ihrem Gipfel genießt man grandiose Ausblicke um die umliegende Landschaft. Die Safaribusse bewegen sich wegen der höheren Tierdichte fast ausschließlich entlang des Flusses, sodass man diese landschaftliche Schönheit völlig für sich allein hat.

Auf der Flussseite von Buffalo Springs fehlen die felsigen Hügel, dafür gibt es mit dem **Isiolo River,** dem **Maji ya Chumvi** („Salziges Wasser") und dem **Ngare Mara**

Nordkenia

River gleich drei permanente Flüsse, die dem Ewaso Ngiro zustreben und in ihrem Mündungsgebiet ausgedehnte **Sümpfe** bilden. Zudem entspringen am östlichen Rand des Gebietes **heiße Süßwasserquellen,** von denen eine in ein Betonbecken gefasst worden ist. Angeblich kann man in dem Wasser baden, die vielen Algen ermutigen aber nicht gerade dazu. In den umliegenden Sümpfen halten sich größere **Wildbüffelherden** auf – daher auch der Name des Reserves.

Südlich von Buffalo Springs erheben sich die **Isiolo Hills,** die in Stufen zum Fluss hin abbrechen. Am bekanntesten ist sicherlich der von Akazienbeständen bedeckte **Champagne Ridge** im Südosten, von dem man einen schönen Ausblick genießt. Ein noch besseres Panorama öffnet sich von **Kubi Panya Lookout,** der vom Haupttouristenstrom ebenso vergessen wird wie die nördlichen Gebiete von Samburu, dabei hat man hier gute Chancen, die typische Fauna der nordkenianischen Trockengebiete zu beobachten.

Wie der Name bereits verrät, liegt das Samburu National Reserve auf dem **Territorium des nomadischen Samburu-Volkes.** Der Ewaso Ngiro markiert die Südgrenze ihres Siedlungsgebietes. Die Samburu haben traditionellerweise eine sehr tolerante Haltung gegenüber Wildtieren, Tabus verbieten ihnen den Genuss von Wildfleisch. In der Umgebung der Samburu National Reserve gibt es zwei große Gruppen-Ranches, die im Westen des Reserve ihr Vieh zur Tränke an den Fluss treiben dürfen. Die Schädigung der Vegetation in diesem Bereich fällt sofort ins Auge. Andererseits spielen die gewaltigen Farmen eine wichtige Rolle für die Wanderungsbewegungen der Wildtiere. Mit dem Aufbau der privaten Wildschutzgebiete Kalama und West Gate versucht man, die Gemeinden an den Tourismuseinnahmen teilhaben zu lassen.

Die Tierwelt

In der Trockenzeit kommt sehr viel Wild zum Ewaso-Ngiro-Fluss, in der feuchten Jahreszeit verteilen sich die Tiere im weiten Umland. Anstatt die ganze Zeit auf der Suche nach Wild durch die Gegend zu fahren, kann es sich durchaus lohnen, mal einige Stunden an einer günstigen Stelle im Schatten am Fluss zu verharren und das Treiben an den Tränken zu beobachten.

Die Tierwelt von Samburu und Buffalo Springs, aber auch die des weiter flussabwärts gelegenen Shaba National Reserve weist zahlreiche **typische Vertreter der ariden Zone Nordkenias** auf, wie die Netzgiraffe, das feingestreifte, großohrige Grevy-Zebra, den Beisa-Spießbock, den Somali-Strauß sowie das Gerenuk, das auch als Giraffengazelle bezeichnet wird. Zudem kommen hier der Kleine Kudu, Elen-Antilope, Grant-Gazelle, verschiedene Dikdik- und Duckerarten, Warzenschwein, in den Galeriewäldern auch Buschbock vor, an den Buffalo-Springs-Quel-

ken-692 Foto: hf

Samburu-Mädchen
mit Kopfschmuck und Halsketten

len auch Wildbüffel und Wasserbock. Nirgends in Kenia hat man so gute Chancen **Leoparden** zu beobachten wie in den Galeriewäldern, auch **Geparden** sind in den Grassavannengebieten relativ häufig, dafür machen sich Löwen in dieser Region ziemlich rar (Shaba ist eine positive Ausnahme). Auffällig ist auch das Vorkommen von **Streifenhyänen,** wohingegen Tüpfelhyänen fehlen.

Die drei Reserves am Ewaso Ngiro liegen auf der östlichen Route der großen **Elefantenwanderung** durch Laikipia und Nordkenia, an der jedes Jahr bis zu 600 Tiere teilnehmen. Von Dezember bis April weilen die Tiere in Meru, ziehen dann nach Shaba weiter, von wo sie sich nach Norden, in die Mathew's Range und die Karisia Hills wenden und dann im Mai nach Samburu zurückkehren. Es stellt den Höhepunkt eines Safaritages dar, wenn man eine ganze Elefantenherde beim Trinken am Fluss oder bei seiner Querung beobachten kann. Im Ewaso Ngiro selbst leben zahlreiche **Nilpferde** und große **Krokodile.** Ein weiteres Reptil, das sich am Fluss sehr gut beobachten lässt, ist der bis zu 2 m lange **Nilwaran,** ein ausgezeichneter Schwimmer.

In den Schutzgebieten leben **über 450 Vogelarten.** Besonders eindrucksvoll sind die **riesigen Schwärme von Geierperlhühnern,** die sich jeden Nachmittag vom trockenen Buschland auf den Weg zur Tränke am Fluss machen. Die Quellen von Buffalo Springs ziehen in der Trockenzeit Tausende von Vögeln an, vor allem Gelbkehlflughühner und Tauben, aber auch alle möglichen kleineren Vögel. Häufig kann man den **Kampfadler** – den größten Adler überhaupt – an vorspringenden Punkten sitzen sehen, wo er nach seiner Lieblingsbeute, Perlhühnern und Dikdiks, Ausschau hält.

Im Park unterwegs

Im Samburu und im Buffalo Springs National Reserve gibt es einige **Hauptpisten, die auf den gängigen Karten eingezeichnet sind** und eine unüberschaubare Zahl an inoffiziellen Strecken, die eine Orientierung nicht ganz einfach machen. Aber an den wichtigen Abzweigungen stehen in der Regel **Wegweiser.** Einige der Strecken im trockenen Hinterland des Samburu National Reserve, etwa der Six-Mile-Circuit, sind wegen starker Erosion gesperrt, was auch für die alten Zufahrtsstraßen im Nord- und Westteil des Parks gilt. Ansonsten sind die **Strecken gut und ohne 4WD zu befahren.** Nach heftigen Regenfällen muss man bisweilen einige Stunden auf das Abtrocknen der Fahrbahn warten. Probleme kann es bei der Überquerung der sandigen Luggas im äußersten Westen von Samburu geben.

Für beide Reservate ist mindestens ein Tag anzusetzen, der normalerweise gerade für die Fahrt entlang des Flussufers ausreicht, wo es die höchsten Tierdichten gibt. **Samburu** besitzt insgesamt **32 km Uferlinie,** wobei der westliche Teil stark bewaldet und daher für Tierbeobachtungen kaum geeignet ist. **Buffalo Springs** hat nur **16 km Anteil am Flussufer,** der sich in die beiden lohnenswerten Abschnitte Upper und Lower River Circuit gliedert. Aber auch die Umfahrung des Mt. Koitogor im Samburu-Park, das Gebiet der Buffalo-Springs-Quellen und die Strecken entlang der kleinen Flussläufe in Richtung Ngare Mara Gate sind **lohnenswerte Halbtagessafaris.** Da die beiden Parks im Westteil, nahe der Samburu Lodge, über eine Brücke miteinander verbunden sind, kann man vom Samburu auch problemlos Buffalo Springs besuchen und umgekehrt.

Infos und Kontakt

● **Warden Samburu National Reserve,** Tel. 064/22053 und 22412.

Hotels, Camps und Lodges

Buffalo Springs National Reserve

● **Buffalo Springs Simba Lodge**
Die ehemalige Buffalo Springs Lodge soll angeblich 2010 neu eröffnet werden.
● **Serena Lodge**
Buchungen über Serena Hotels in Nairobi, s. S. 108; HS: 320/435 US$, LS: 175/285 US$ FB. Die etwas teureren Superior-Räume

Nordkenia

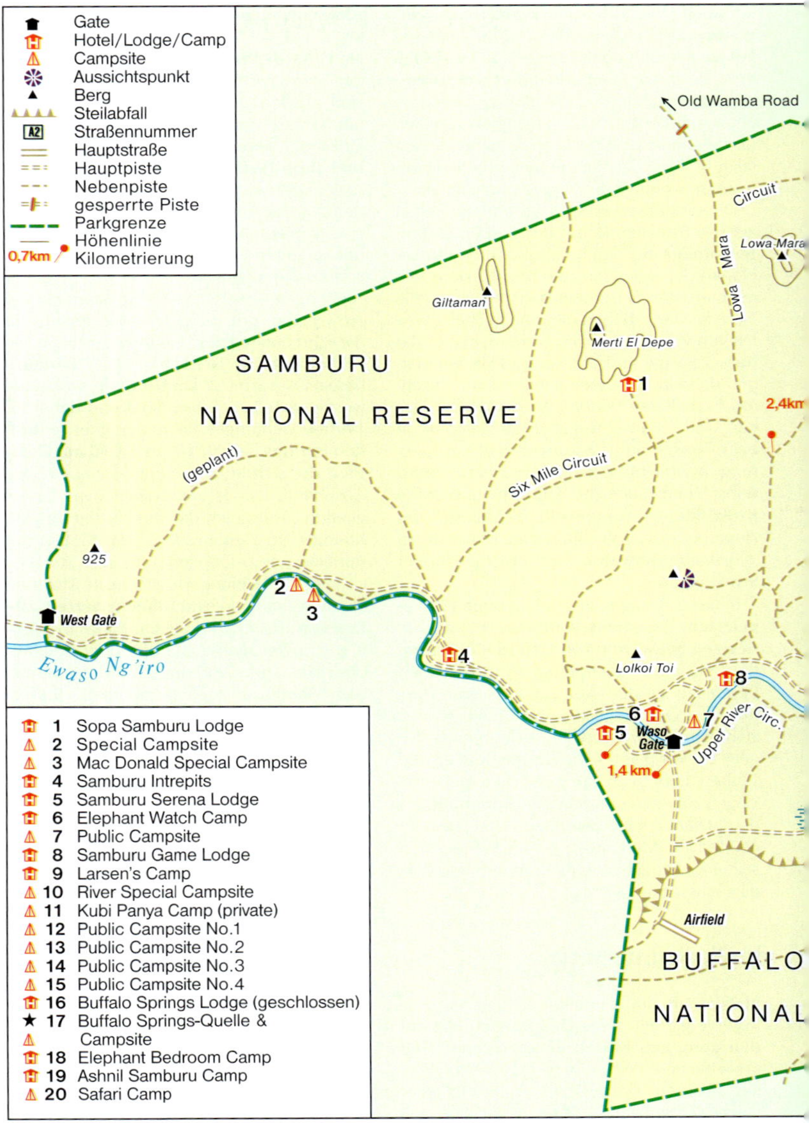

Legende:

	Gate
	Hotel/Lodge/Camp
	Campsite
	Aussichtspunkt
	Berg
	Steilabfall
A2	Straßennummer
	Hauptstraße
	Hauptpiste
	Nebenpiste
	gesperrte Piste
	Parkgrenze
	Höhenlinie
0,7km	Kilometrierung

Old Wamba Road

Circuit

Lowa Mara

Lowa Mara

Giltaman

Merti El Depe

SAMBURU

NATIONAL RESERVE

2,4km

(geplant)

Six Mile Circuit

925

West Gate

Ewaso Ng'iro

2
3

4

Lolkoi Toi

8

6
7

5 *Waso Gate*

Upper River Circ.

1,4 km

Airfield

BUFFALO

NATIONAL

	1	Sopa Samburu Lodge
	2	Special Campsite
	3	Mac Donald Special Campsite
	4	Samburu Intrepits
	5	Samburu Serena Lodge
	6	Elephant Watch Camp
	7	Public Campsite
	8	Samburu Game Lodge
	9	Larsen's Camp
	10	River Special Campsite
	11	Kubi Panya Camp (private)
	12	Public Campsite No.1
	13	Public Campsite No.2
	14	Public Campsite No.3
	15	Public Campsite No.4
	16	Buffalo Springs Lodge (geschlossen)
★	17	Buffalo Springs-Quelle & Campsite
	18	Elephant Bedroom Camp
	19	Ashnil Samburu Camp
	20	Safari Camp

Buffalo Springs Nationalreserve
Samburu Nationalreserve

Nashapa

Nashapa Circuit

n. Wamba, Marsabit

Archer's Post

A2

3,5km

Archer's Post Gate

Umoja Village

20

3,0km

0,7km

River Lookout

19

1,1km

18

Chokaa Gate

17 ★

1,1km

Koitog Or 1225

2,1km

1,2km

1,7km

Airfield

3,7km

Airfield

Airfield

16

Lower River Circ.

1,4km

3,9km

9

1,2km

Ngare Mara R.

3,4km

15

14

Isiolo River

Maji Ya Chumvi

Champagne Ridge

A2

10

11

13

SPRINGS

Kubi Panya Lookout

Ngare Mara Gate

12

RESERVE

n. Isiolo

n. Isiolo

Nordkenia

z. Shaba Nat. Res.

0   5 km

sind geräumig und haben Fluss-Blick. Die Standard-Räume befinden sich in Cottages mit jeweils zwei Parteien, haben eine schöne Veranda, sind relativ klein, aber gemütlich. Bei Essen und Service wie immer bei Serena hoher Standard. Der herrliche Pool steht auch Gästen von außen offen, wenn man hier zu Mittag isst. Von der Terrasse hat man einen schönen Blick auf den Fluss. Abends werden Krokodile und Leoparden gefüttert. Bird Walks (10 US$), Kamelritte (12 US$ für ca. 40 Min.), traditionelle Tänze (10 US$).

● **Ashnil Samburu Camp**

Tel. 020/55694-6, -7, 3566970-3, www.ash-nilhotels.com; LS: 87/174 US$, HS: 300/400 US$. So wünschenswert es ist, dass in Buffalo Springs weitere Unterkunftsmöglichkeiten geschaffen werden: Das Camp mit seinem zwei Stockwerke hohen Empfangsgebäude ist völlig unsensibel direkt am Fluss in die Landschaft geklotzt. Nette Einrichtung, es gibt Rollstuhl-gerechte Zelte.

Samburu National Reserve

● **Larsen's Camp**

Buchung über Wilderness Lodges, Tel. 020/533350 u. 532329, www.wildernesslodges.co.ke; Tel. 064/30762 und 3077-8 und -9; LS: 225/290 US$ FB, HS: 350/440 US$ FB. Das Camp, das nach einem Pionier der Camping-Safaris benannt wurde, liegt an einer schönen Flussschleife des Ewaso Ngiro im affen- und vogelreichen Galeriewald. Es bietet Komfort (mit Pool) und klassische Safari-atmosphäre. Von einer Aussichtsplattform kann man die Samburu-Ebene überblicken, abends wird ein gemütliches Lagerfeuer entzündet.

● **Samburu Game Lodge**

Tel. 064/530778 oder 530762; Reservierungen über Wilderness Lodges (s.o.); Preise wie beim Schwesterhotel Larsen's Camp. Die älteste Lodge im Samburu National Reserve ist noch gut in Form und dank ihrer Nähe zum Park HQ sowie der Tankstelle mit Werkstatt so etwas wie die „City" des Reserve. Die Zimmer im Haupthaus sind nett, ein neuer Fußbodenbelag wäre angebracht. Die Cottages sind moderner, größer und schöner, jedes besitzt seine eigene Veranda mit Blick auf den Fluss und hat eine Badewanne. Schö-

ner Pool. Die Bar und das Restaurant stehen auch den Campern der nahe gelegenen Zeltplätze offen. Da die Lodge nicht eingezäunt ist, sollte man in der Dunkelheit vom Campsite nur mit dem Auto zur Lodge fahren.

● **Samburu Intrepids**

Tel. 064/308143, www.heritage-eastafrica.com; Buchung über Heritage Hotels, s. S. 107; LS: 235/319/448 US$ FB, HS: 392/532/745 US$ FB. Keine Sorge, *intrepid*, also „furchtlos", muss man nicht sein, wenn man in dem schönen Camp unter großen Akazienbäumen wohnen möchte, einem gewissen Luxus sollte man aber nicht abgeneigt sein. Das aus Holz gebaute Eingangsgebäude mit Rezeption, Bar, Restaurant und ausladenden Holzterrassen ist eine interessante Konstruktion mit schönem Blick auf den Fluss. Die 25 luxuriösen Zelte liegen auf verschieden hohen Ebenen direkt an der Flussböschung. Deckenventilator, gediegene Mahagonimöbel, ausladende Moskitonetze und gedämpftes Licht machen sie zu einer Reminiszenz an *Karen Blixen*. Schöner Swimmingpool (1000 Ksh für Nichtgäste), Fußsafaris (23 US$), Kamelritte (17 US$ pro Std.), Sundowner-Ausflüge (46 US$), Buschfrühstück (40 US$), Bird Walks (12 US$) sowie Massage (40 US$). Lunch und Dinner kosten für Nichtgäste jeweils 1800 Ksh.

● **Elephant Watch Camp**

Tel. 020/891112, www.elephantwatchsafaris.com; Preise auf Anfrage. Das kleine Camp für 12 Gäste von den berühmten Elefantenforschern *Hamilton* ist mein persönlicher Favorit in Samburu. Mit viel Liebe und Mut zu lokalen Materialien, bunten Stoffen und einfachen technischen Lösungen, wie der Open-Air-Buschdusche aus dem (kunstvoll bemalten) Warmwassereimer, verleihen Elephant Watch Gemütlichkeit und eine sehr persönliche Note abseits aller fantasielosen Stangencamps. Und: Niemand kennt die Elefantenfamilien von Samburu besser (und jedes Tier mit Vornamen, kein Witz!) als die Guides des Camps, die in die vielen Forschungstätigkeiten der Hamiltons eingebunden waren.

● **Elephant Bedroom Camp**

Tel. 020/445003-5 und -6, www.atua-enkop.com; 9000/14.000 Ksh FB. Ebenfalls ein kleines Camp für bis zu 24 Gäste, das nicht ganz so romantisch wie Elephant Watch ist, aber doch durch die großen Zelte und seine Lage direkt am Fluss einen großen Reiz besitzt. Nette Belegschaft und gemütliche Hängematten mit Ausblick.

Camping

Neben der Möglichkeit, **am Eingangstor** oder **beim Umoja Village** zu campen, kann man auf drei nebeneinander liegenden Plätzen in der Nähe der Samburu Game Lodge (von der Lodge aus gesehen **Vervet Monkey, Butterfly** und **Jua Kali**) sein Zelt aufschlagen. Leider sind die öffentlichen Campingplätze durch herumfliegenden Abfall **bisweilen verwahrlost und während der kenianischen Ferien überfüllt. Ärgerlich sind auch die Paviane,** die mit schöner Regelmäßigkeit die Zelte ausräumen. Also: Was einem lieb und teuer ist, sollte man – auch aus Sicherheitsgründen – nicht am Camp zurücklassen. Vorteilhaft ist die Nähe zur Samburu Lodge und ihren Einrichtungen, doch ein Fußmarsch nach Einbruch der Dunkelheit ist wegen der Tiere absolut tabu!

Die Camps im wid0eren Flussabschnitt weiter westlich sind viel schöner, aber leider ausnahmslos **Special Campsites** oder **Private Campsites,** die vor Safari-Unternehmen exklusiv gemietet sind

Im Buffalo Springs National Reserve gibt es nur einen öffentlichen Campingplatz an den Quellen selbst und weitere vier in der südöstlichsten Ecke auf dem Champagne Ridge. Sie liegen unter herrlichen Akazien, aber durch Überfälle gerieten sie in der Vergangenheit in Verruf, Campen sollte man hier nur in Begleitung eines Rangers, den man am Gate erhält. Ein schöner Special Campsite ist der **River Campsite** am Isiolo River.

Die **Campinggebühren** betragen 10 US$.

Essen und Trinken

In allen großen Lodges kann man auch als auswärtiger Gast hervorragend essen. Die nächste Einkaufsmöglichkeit besteht in Archer's Post.

Anreise

Wenn man **von Süden** kommt, ist das **Ngare Mara Gate** an der Südseite von Buffalo Springs die günstigste Zugangsmöglichkeit. Man passiert die Abfahrt knapp 19 km hinter dem Polizeiposten von Isiolo. **An der Ostseite** von Buffalo Springs befindet sich ein weiteres Gate, das **Chokaa Gate,** das in der Nähe der Quellen liegt. Ganz im **Westen,** an der Ewaso-Ngiro-Brücke hinüber zum Samburu Reserve, gibt es nur einen **Rangerposten,** der die Tickets kontrolliert.

Ins Samburu National Reserve gelangt man nur durch das Buffalo Springs Reserve oder über das Archer's Post Gate, dessen Zufahrt am Ortsrand nach links abbiegt. Man erreicht es 3,5 km hinter der Hauptstraße. Zusätzlich existiert am westlichen Rand das **West Gate.**

Wer versuchen möchte, ins Reserve zu **trampen,** postiert sich vermutlich am besten an die Abfahrt bei Archer's Post, denn die anderen Gates liegen ziemlich abseits.

Parkgebühren, Öffnungs- und beste Besuchszeiten

● **Parkgebühren:** 40 US$. Normalerweise muss man für den Besuch von Samburu und Buffalo Springs nur ein Ticket, das für beide Schutzgebiete gültig ist, lösen, sodass man problemlos die Flussseiten wechseln kann.
● Beide Schutzgebiete sind **von 6–18.30 Uhr geöffnet** und **das ganze Jahr über problemlos zu besuchen.**

Marsabit

Der Mt. Marsabit wirkt durch seine prächtige Vegetation wie eine eigenartige Insel, die durch ein Meer von Wüsten vom Rest der Welt getrennt wird. Das Gefühl der Isolation vermittelt auch die gleichnamige **30.000-Einwohner-Stadt,** die an seiner Nordseite in 1400 m Höhe liegt. Die Zeitung aus dem „anderen Teil Kenias" trifft hier frühestens

Nordkenia

abends um 18 Uhr ein. Überhaupt ist die Stimmung in der überraschend grünen Stadt mit keinem anderen Ort in Kenia zu vergleichen, was in erster Linie an der **überwiegend somalischen Bevölkerung** liegt. Arabische Schriftzüge, der Muezzin der örtlichen Moschee und die Somali-Frauen in ihren bunten, langen Kleidern verleihen Marsabit ein orientalisches Gesicht; der **Markt** mit seinen großen Sonnensegeln könnte ohne Weiteres als Souk durchgehen. Man kann einen halben Vormittag damit zubringen, um sich allerlei undefinierbare Handelswaren erläutern zu lassen, etwa Qayi, einen traditionellen Duftstoff der Borana, oder Lubani, in Europa besser als Weihrauch bekannt. Dabei handelt es sich um das erstarrte Harz von Boswelia-Bäumen, das in der Umgegend gesammelt wird. Daneben gibt es auch ungerösteten Kaffee und Tomaten im Cocktailformat. Ihre mickrige Größe belegt die schlechten landwirtschaftlichen Bedingungen in der Umgebung der Stadt, denn die fruchtbarsten Teile des Berges werden vom Nationalpark bedeckt.

Neben den Somalis leben in der Stadt auch **Rendille, Gabbra und Borana,** von denen viele ihre traditionellen Glaubensformen aufgegeben haben und zum Katholizismus konvertiert sind. Das erklärt den auffälligen Kirchturm in der Stadt, der sogar eine funktionierende Turmuhr besitzt. Er gehört zur **katholischen Missionsstation,** welche auch die Catholic Technical School am Stadtrand führt, in der Schulabgänger einen praktischen Handwerksberuf erlernen können. Die Weidegründe der Borana, Gabbra und Rendille erstrecken sich im kargen Umland. Sie alle gehören übrigens, wie die Somali auch, den kuschitischen Völkern an.

Unterkunft

- **Desert Trail Lodge**
700 Ksh inklusive heißer Dusche. Das beste Haus am Platz.
- **Jeyjey Centre**
Tel. 069/2296, Fax 2266; 500/700 Ksh SC. Das Hotel eines früheren Parlamentsabgeordneten ist in Ordnung, die Zimmer haben Ventilatoren. Sicherer Parkplatz vorhanden.

- **Marsabit Highway Hotel**
Tel. 069/2236; SG 250 Ksh SC, 120/200 Ksh NSC. Das Hotel hat schon bessere Tage gesehen, aber es verfügt immerhin über Badewannen. Ob es immer genügend Wasser gibt, diese zu füllen, ist eine andere Frage. Das Haus ist relativ leise. Kein sicherer Parkplatz.
- **Kaisut Modern Hotel**
Tel. 069/2216; 500/650 Ksh NSC. Eine saubere, nette Unterkunft mit eigenwillig geformten Eckzimmern und heißen Duschen. Der 1. Stock verfügt über eine Veranda. Im angeschlossenen Hoteli bekommt man gutes Frühstück mit Milchkaffee. Das Auto kann man auf dem Grundstück des Nachbarhauses parken.
- **Kenya Lodge**
350/500 Ksh NSC. Die Lodge ist eigentlich ganz nett und verfügt über einen kleinen Garten, in dem man auch sicher parken kann. Aber: Heißes Wasser gibt es keines, die sanitären Anlagen sind dreckig.

Essen und Trinken

Es gibt einige einfache Hotelis in Marsabit, in denen man für sehr wenig Geld recht gut essen kann. An erster Stelle ist das **Al-Banadir Restaurant** zu nennen, das sogar eine Speisekarte sein eigen nennt. Hier gibt es das typische Somali-Essen: Spaghetti, ein Relikt aus italienischen Kolonialzeiten, Hühnchen und gekochtes Rindfleisch. Auch das **Jeyjey Centre**, die **Kenya Lodge** und das **Nazareth Hotel** haben ganz gute Restaurants. Oder man entscheidet sich für Nyama Choma im **Cactus,** im **Member's Club** oder in der **Mountain Bar.**

Verkehrsverbindungen

Die Sicherheitslage zwischen äthiopischer Grenze und Isiolo ist angespannt, nur sporadisch fahren Landrover-Matatus nach North Horr und Loyangalani. Ansonsten ist man für das Fortkommen **auf Lkw oder andere Mitfahrgelegenheiten angewiesen. Konvois in Richtung Isiolo und nach Norden,** zur äthiopischen Grenze, nach **Moyale,** verlas-

Karte Umschlag vorn

MARSABIT

sen die Stadt von der Polizei sperre zwischen 7.30 und 8 Uhr. Pro Auto zahlt man 200 Ksh ans Militär. Die Mitfahrt auf einem der Lkw bzw. dem Bus jeden zweiten Tag kostet sowohl nach Moyale als auch nach Isiolo 500 bzw. 700 Ksh, nach North Horr sind 500 Ksh zu berappen, nach Loyangalani 600 Ksh und nach Kargi 300 Ksh. Man erhält die Mitfahrgelegenheiten an den Tankstellen. Der Aufpreis ist wohl angebracht, angesichts der weiten, achsenbrecherischen Strecke. Zeitweilig fahren die **Konvois von/nach Moyale** auch weiter östlich über Wajir und Garissa. Die Strecke ist sandig, aber weniger hart und schneller für Lkw zu fahren, Individualtouristen können sie ohne Konvoi alleine befahren. Man sollte von Moyale in einem Tag nach Marsabit und von dort einen weiteren Tag nach Isiolo benötigen.

Nachtleben

Immerhin zwei **Discos** (Mi., Fr. und Sa.) gibt es in Marsabit: den **Member's Club** in der Nähe der Polizei und den **Cactus.** Ansonsten gibt es noch einige **Bars,** in denen abends – im Falle eines Stromausfalls beim warmen Schein der Kerosinlampen – die Zecher beisammensitzen, wie die Mountain Bar.

Bank

Einzige Bank am Platz ist die **KCB,** täglich geöffnet von 8.30–13 Uhr, Sa. von 9–11 Uhr.

Post und Telefon

Man kann von der Poststation sogar einen handvermittelten internationalen Anruf tätigen, ein umständliches Prozedere. Vor der Post steht – ebenso wie in den Außenposten Moyale, North Horr, Loyangalan, Sololo und Laisamis – ein Münzfernsprecher, es gibt allerdings keine Kartentelefone in Marsabit.

Autoreparaturen

Wer schon nach der halben Strecke von Isiolo nach Moyale technische Probleme mit sei-

nem Wagen hat und hier keine Ersatzteile erhält, kann sich vielleicht in der **Werkstatt der Catholic Technical School** ein Teil anfertigen lassen, denn es gibt dort sogar eine Drehbank. Reifenreparaturen führen die Fundis an den Tankstellen im Ort durch.

Ausflüge

Am Ortsausgang in Richtung Isiolo findet sich **einer der berühmten Singenden Brunnen der Borana.** Die Brunnen selbst können natürlich keinen Laut von sich geben. Es sind die Hirten, die mit Giraffenhauteimern das kostbare Nass in bis zu 15 m Tiefe schöpfen und es dann in einer Menschenkette nach oben reichen. Mit dem Gesang spornen sie sich gegenseitig an und geben den Arbeitstakt vor. Die **Singing Wells** befinden sich 5,5 km außerhalb der Stadt in Richtung Isiolo, links der Piste hinter einem auffälligen Wassertank, und lassen sich nach einem kurzen Fußmarsch erreichen. Meist werden die Tiere in den frühen Morgenstunden zur Tränke geführt.

Weitere Ausflüge lassen sich **zum Gipfel des Marsabit-Bergs** machen, auf dem Sendeanlagen stehen, und es ist sogar möglich, mit dem Wagen hinaufzufahren. Dazu passiert man die KCB-Bank und biegt einige hundert Meter dahinter nach links ab. Von oben bietet sich ein grandioser Blick über das Umland mit seinen kleinen Kratern.

Einen Besuch sind auch **zwei kleinere Krater,** vielleicht 5 km nördlich von Marsabit, wert: **Gof Redo** und **Gof Choba** liegen zwischen den Pisten nach Moyale und North Horr und sind von diesen nach einem kurzen Querfeldeinmarsch problemlos zu erreichen. Die Krater liegen bereits im National Reserve, und mit etwas Glück kann man hier Große Kudus und Geparden sehen.

Die größte Attraktion von Marsabit ist aber der wunderschöne **Marsabit National Park** mit seinen dichten Bergwäldern und zwei malerischen Kraterseen, der im Süden an die Stadt grenzt und einen Aufenthalt von mindestens einem Tag rechtfertigt, selbst wenn man es eilig hat, nach Äthiopien weiterzukommen.

Nordkenia

Marsabit National Park

Der Nationalpark

Die **Höhenlagen des Mt. Marsabit über 1200 m** sind seit 1967 durch einen 360 km² großen Nationalpark geschützt, während die umliegenden Steppen- und Wüstengebiete als 1222 km² großes National Reserve ausgewiesen sind. An der Nordseite des 1707 m hohen Mt. Marsabit befindet sich eine große Aussparung aus dem Schutzgebiet, in welcher die gleichnamige Stadt liegt.

Während in den umliegenden Ebenen im Durchschnitt jährlich nur 50–250 mm Niederschlag fallen, sind es am Marsabit zwischen 800 und 1000 mm. Die Feuchtigkeit macht den Berg zur wichtigsten permanenten **Wasserquelle** in der Region und verwandelt ihn in eine traumhafte Oase mit überbordender Vegetation und reicher Tierwelt. Die **Urwälder** mit Steineiben, Wacholderarten, Flechtenbärten, Moospolstern und Lianen beginnen bereits in Höhen von 1000 m, während an anderen ostafrikanischen Gebirgen diese Pflanzen erst ab 1700 m auftreten. Der Mt. Marsabit besitzt für die Rendille, Gabbra, Borana und vereinzelte Samburu als Weide während der Trockenzeit eine große Bedeutung. Der **„Berg der Kälte"** liegt vormittags für gewöhnlich unter einer dichten Wolken- und Nebeldecke, die erst am frühen Nachmittag aufreißt. Nachts kann es empfindlich kühl werden.

Besonders faszinierend am Mt. Marsabit sind die **Vegetationsübergänge,** die von den Höhenlagen mit ihren immergrünen Urwäldern zum Tiefland hin allmählich in laubabwerfenden Wald, Grasland, Busch, Zwerggestrüpp und schließlich auf rund 300 m Höhe ü.NN in Trockensavannen übergehen.

Dass der Berg vulkanischen Ursprungs ist, sieht man an den ausgedehnten Lavafeldern und Kratern. Die **Krater** besitzen sehr unterschiedliche Größen und Gesichter. Während einige von Basaltklippen gesäumt werden und ihr Boden von Busch bedeckt wird, gibt es sogar **zwei Krater mit malerischen Seen,** deren Flanken dichter Urwald überzieht: Im **Gof Sokorte Dika** befindet sich auch die Marsabit Lodge, im **Gof Sokorte Guda** mit seinen 150 m hohen Wänden liegt ein romantischer See mit dem treffenden Namen Lake Paradise. Der **größte Krater** ist der **Gof Bongole** an der trockeneren Südseite des Mt. Marsabit.

Trotz der Schönheit und großen Vielfalt seiner Natur wird der abgelegene Marsabit National Park **von Touristen praktisch komplett gemieden.** Möglicherweise ändert sich das aber in absehbarer Zeit. Der KWS hat jüngst ein neues Park Headquarter gebaut, es bestehen Pläne, neue Campsites zu eröffnen und mit zusätzlichen Pisten das Gebiet besser zu erschließen.

Die Tierwelt

Am bekanntesten ist der Marsabit-Berg für seine **Elefanten,** die außergewöhnlich große Stoßzähne besitzen, was schon Anfang des 20. Jahrhunderts professionelle Jäger in das Gebiet lockte, in den 1970er Jahren aber auch die Wilderer. Bevor das große Schlachten begann, lebten auf dem Mt. Marsabit rund 900 Elefanten, heute sind es noch rund 400 Tiere. **Elefantenbulle Ahmed** vom Mt. Marsabit verhalfen seine riesigen Stoßzähne, die jeweils 45 kg wogen und fast bis zum Boden reichten, sogar zu internationaler Berühmtheit. 1970 wurde das Tier durch ein Dekret von Präsident Jomo Kenyatta unter strengen Schutz gestellt. Es erhielt eine persönliche Leibgarde, die ihm das Schicksal seiner vielen abgeknallten Artgenossen ersparte. Das Tier starb 1977 im Alter von 55 Jahren eines natürlichen Todes, sein Körper wurde konserviert und ist jetzt im Nationalmuseum in Nairobi ausgestellt.

Die Elefantenbestände haben sich erholt, die Spuren der Tiere – Dunghaufen, umgestoßene Bäume und zerrissene Telegrafenleitungen – sind im Park nicht zu übersehen. Nachmittags wandern größere Herden zum Trinken an den Lake Paradise und weiter zu dem Fluss, der die südliche Grenze des Nationalparks markiert. Andere Tiere, die man im bewaldeten Teil des Schutzgebietes beobachten kann, sind **Wildbüffel, Großer Kudu, Buschbock, Pavian und Leopard.** Der **Reichtum an Schmetterlingen** im Walddickicht ist überwältigend. Die Savannen- und Halbwüstengebiete der Ebenen weisen die typischen Vertreter der nordkenianischen Fauna auf, etwa die Netzgiraffe, das Grevy-Zebra oder den Somali-Strauß.

Durch die verschiedenen Lebensräume ist auch die Zahl der **Vögel** im Marsabit außerordentlich groß. Neben 52 (!) Raubvogelarten sind vor allem die **Lämmergeier** die Lieblinge der Ornithologen. Weitere seltene Vögel der trockenen Zone sind die Heuglintrappe, der Schwalbenschwanzbussard, der Somalibienenfresser und die Maskenlerche.

Im Park unterwegs

Da das Marsabit-Massiv vormittags meistens unter einer dichten Wolkendecke liegt, empfiehlt es sich, zunächst nach Norden, in den ariden Flachlandteil zu fahren und nachmittags, wenn es aufgeklart hat, den Berg zu besuchen. Der **Waldteil** des Marsabit-Schutzgebietes wird bisher **nur von wenigen Pisten durchzogen,** die streckenweise steil und bei Regenfällen glitschig, sonst aber gut zu passieren sind – außer wenn sie von einer Elefantenherde mit Stämmen blockiert wurden.

Vom **Hauptgate,** das nur 900 m hinter der KCB-Bank liegt, führt eine Piste durch dichte Wälder **zum Gof Sokorte Dika,** dem ersten Kratersee, an dem die **Marsabit Lodge** liegt, welche man nach 3,8 km passiert. Es geht dann weiter durch das Dickicht, bis zum oberen Kraterrand des **Gof Sokorte Guda,** von wo sich ein fantastischer Blick auf den **Lake Paradise** eröffnet. Bei km 14 zweigt nach links eine Zufahrt zum See und zum **Lake Paradise Campsite** ab. Wenn man der Hauptpiste weiterfolgt, gelangt man bei km 16 an den Grenzfluss des Nationalparks, an dessen jenseitigem Ufer zahlreiche Nomaden mit ihren Rinderherden zur Tränke kommen. Mit einem geländegängigen Fahrzeug lässt sich das steinige Flussbett überqueren und die Piste bis zum **Gof Bongole-Krater** weiterfahren, dessen Rand sich auf einem steinigen Weg umrunden lässt. Über die Hauptstraße

Isiolo-Marsabit kann man dann in die Stadt zurückkehren. Wenn der Grenzfluss wegen starker Regenfälle zu sehr angeschwollen ist, erreicht man den Gof Bongole nur in umgekehrter Richtung. Die Piste biegt im kleinen Ort Karare, 21 km außerhalb von Marsabit, nach links ab.

Infos und Kontakt

●**The Warden, Marsabit National Reserve,** marsabitnp@kws.go.ke, kwsmarsabit@yahoo.com.

Unterkunft

Es gibt nur eine Unterkunft sowie einige Campingplätze im Marsabit National Park. Aber dank der Nähe zur Stadt kann man auch problemlos dort unterkommen.

●**Marsabit Lodge**
Buchung über Let's go Travel in Nairobi, s. S. 106; Tel. 069/2411, Fax 2416; Preise auf Anfrage. Man darf nicht zu viel Komfort erwarten, aber die Lodge am ersten Kratersee im Gof Sokorte Dika liegt wunderschön und erlaubt von der Terrasse die Beobachtung der Tiere, die zum Trinken kommen. Da das Hotel nur selten Gäste sieht, ist der Platz herrlich ruhig, die unterforderte Belegschaft ist freundlich. Manchmal bekommt man hier sogar kaltes Bier und etwas zu essen.

Camping

Der schönste Campingplatz im Nationalpark ist der Special Campsite **an der Südseite des Lake Paradise,** aber auch **am Ahmed Gate,** dem Hauptgate, und dem **Abdul Gate** nahe des Parkhauptquartiers darf man ein Zelt aufschlagen. Die **Campinggebühren** stehen auf s. S. 56.

Parkgebühren, Öffnungs- und beste Besuchszeiten

●Die **Eintrittspreise** stehen auf S. 55.

Nordkenia

● Der Park ist **täglich von 6.30–18 Uhr** geöffnet. In den regenreichen Monaten April, Oktober und November können einige Pisten glatt sein, aber da man ohnehin nur mit 4WD-Fahrzeug nach Marsabit gelangt, dürfte das keine größeren Probleme aufwerfen.

Marsabit – Moyale

● **251 km**
● Bisher ist die Strecke ist eine absolute **Katastrophe**, aber es bestehen Pläne, den gegenwärtigen Bau der Teerstraße von Isiolo über Marsabit bis nach Moyale fortzuführen. Nach Regenfällen durch tiefen Matsch noch schlechter, häufig selbst für Lkw unpassierbar. Keine öffentlichen Verkehrsmittel. Mitfahrgelegenheiten nur auf dem Lkw.
● **Tankmöglichkeit** in Moyale.
● **Reisedauer:** 1–3 Tage.

Die Piste von Marsabit nach Moyale ist eine der unsicheren Strecken im Norden Kenias, auf der es **bei Überfällen auch schon öfters Tote** gegeben hat. Man kann hier deshalb **nur im Konvoi fahren,** der Marsabit bereits um 6 Uhr morgens verlässt, damit er noch vor Einbruch der Dunkelheit ankommt – sofern es die Pistensituation überhaupt zulässt.

Von der Schulter des Marsabit-Bergs geht es hinunter in die **Dida-Galgalu-Wüste.** Auf dem ersten Abschnitt wird die Landschaft von kleinen Parasitenkratern dominiert, die überall aus dem Boden wachsen. Die Piste ist holprig und steinig. Nach dem ersten Dorf gelangt man in ebene Wüstengebiete. Auf die Steinpiste folgen Spurrillen, die bis zu einem halben Meter tief sind – bei Regen hässliche Fallen – und sich über die ganzen letzten 15 km bis nach **Turbi** erstrecken. Hinter Turbi weist die Piste Wellblech auf – das kleinere Übel. Es gibt nun eine ganze Menge Wild. Das nächste Dörfchen ist **Welda,** das an dem gleichnamigen Lugga liegt. Man muss hier einen Checkpoint passieren, Führerscheinnummer und Kennzeichen werden in ein großes, wichtiges Buch eingetragen. Mit der Erfüllung bürokratischer Vorschriften

nimmt man es hier ganz genau! Über eine kleine Ansammlung von Holzdukas, die an der Abzweigung nach Sololo stehen und in denen Zigaretten, Tee und Ramsch zu kaufen sind, erreicht man schließlich die **Grenzstadt zu Äthiopien: Moyale.** Wenn die kenianischen Zöllner nicht gerade ihre ausgedehnte Mittagspause machen, geht die Abfertigung schnell und unkompliziert vonstatten.

Moyale liegt bereits in den südlichen Ausläufern des äthiopischen Hochlands auf rund 1280 m Höhe, sein Umland wird von Borana- und Somali-Nomaden bewohnt. Der **äthiopische Teil von Moyale** ist dank des Teerstraßenanschlusses nach Addis Abeba wesentlich besser ausgestattet und zudem billiger als der kenianische, wo es ohnehin nichts gibt, das einen länger verweilen ließe. Die äthiopischen Zöllner sind penibel, besonders die Devisendeklaration muss man gewissenhaft ausfüllen, sie wird öfters bei der Ausreise kontrolliert. In Moyale/Äthiopien gibt es sogar eine Bank. Das internationale Carnet wird in Äthiopien u.U. nicht anerkannt, aber die einheimische Version kostet nur umgerechnet 1 US$.

Nicht vergessen: In Äthiopien herrscht Rechtsverkehr! Über den genialen Teerbelag, den man nach dem zurückliegenden Stück nur als himmlischen Highway bezeichnen kann, rollt man zu einem der billigen Guesthouses (ca. 2 Euro). Ein empfehlenswertes Hoteli ist das **Flamingo Restaurant.** Auf äthiopischer Seite der Grenze kann man im Hof des **Bekel Mola Hotel** (40 Birr) über Nacht stehen und im Wagen schlafen. Da es in Moyale/Äthiopien nur von 12–24 Uhr Strom gibt, kann man auch nur in dieser Zeit tanken! Von Moyale nach Addis Abeba kommt man auch ohne eigenes Fahrzeug problemlos weiter, denn es gibt zahlreiche Reisemöglichkeiten und sogar einen Bus. Unterwegs werden an Checkpoints immer wieder die Papiere kontrolliert.

Zwischen Inland und Küste

Der **Mombasa Highway** ist die direkte und damit auch die **schnellste Verbindung zwischen Nairobi und Mombasa,** den beiden größten Städten des Landes. Aber eigentlich wäre es viel zu schade, den Landstrich, der in dem ungerechten Ruf steht, langweilig zu sein, so schnell wie möglich zu durchqueren. Mit einigen Abstechern vom Mombasa Highway und durch Routenalternativen lässt sich die Fahrt vom Hochland an die Küste in eine aufregende Safari abseits des Hauptverkehrsstroms verwandeln.

Schließlich liegen in dieser Region, die von offenen Savannen, archaischen Baobabwäldern, Dornbusch und Weite, Weite, Weite geprägt ist, auch **einige der bekanntesten Nationalparks von Kenia,** deren Besuch sich gut miteinander verknüpfen lässt. Dazu zählt natürlich der **Amboseli National Park** mit seinen großen Elefantenherden und dem einmaligen Kilimanjaro-Blick, den man schon von zahlreichen Fotos zu kennen glaubt. In Wirklichkeit ist das Panorama allerdings noch viel beeindruckender. Der Park liegt im südlichsten Verbreitungsgebiet der **Masai.** Eine Begegnung mit den stolzen, speertragenden Kriegern des Pastoralistenvolkes ist immer wieder ein Erlebnis.

Die beiden **Tsavo-Nationalparks** mit ihren berühmten roten Elefanten beeindrucken schon durch ihre schiere Größe die der halben Schweiz entspricht! Zu bewundern sind eine unglaubliche Vogelwelt und Dutzende von verschiedenen Säugetierarten, abwechslungsreiche Landschaften, darunter Flussläufe, die von Galeriewald gesäumt sind, wüstenartige Steppen, dichte Dornbuschwälder, endlose Savannenlandschaften. schwarze Vulkankegel und kristallklare Quellen.

Daneben gibt es **einige unbekanntere Sehenswürdigkeiten,** die ebenso einen Besuch lohnen, etwa die hübsche Hauptstadt des Kamba-Landes, **Machakos,** und die grünen, von Kaffeebüschen überzogenen Berge in ihrem Rücken. Parallel zum Mombasa Highway ziehen sich über ein längeres Stück die **Chyulu Hills** hin, eine Wildnis von aneinandergereihten Vulkanen, die als die jüngste Bergkette der Erde gilt. Die **Taita Hills,** die abrupt aus den Ebenen von Tsavo aufragen, sind das genaue Gegenteil: uralte, dicht besiedelte Berge, die nur noch auf ihren Gipfeln letzte Reste eines einmaligen Urwaldes tragen. Von den Anhöhen bieten sich grandiose Ausblicke hinunter in den Tsavo. Und schließlich sind noch zwei kleine Seen an der Grenze zu Tansania zu nennen, die von ihrem Charakter unterschiedlicher nicht sein könnten: der mysteriöse **Lake Chala,** der in einem erloschenen Krater liegt, und der krokodil- und nilpferdreiche **Lake Jipe,** an dessen jenseitigem Ufer die tansanischen Pare-Berge aufragen.

Nairobi – Athi River – Namanga

- **160 km**
- Während des **Neubaus der Teerstraße** muss man große Strecken auf staubigen Behelfspisten neben der eigentlichen Trasse zurücklegen. Wenn die Arbeiten Ende 2010 abgeschlossen sind, wird die Strecke zwischen Athi River und Namanga zügig befahrbar sein. Starker Verkehr, Kühe und Wildtiere erfordern Konzentration.
- **Tankmöglichkeiten:** Athi River, Kajiado, Bissel und Namanga
- **Fahrtzeit:** 2–3 Stunden

Rund 25 km außerhalb von Nairobi biegt vom Mombasa Highway rechterhand die A104 nach Namanga ab. Besonders die großen Schilder, die auf die Athi River Export Processing Zone hinweisen, sind nicht zu übersehen. **Athi River** selbst hat keinen richtigen Ortskern, geschweige denn irgendwelche Reize, die einen Abstecher rechtfertigen würden, sieht man einmal von einem schönen alten Postgebäude aus der Kolonialzeit ab. Es ist eine schmutzige und staubige Industriesiedlung. Das unübersehbare Zementwerk, ein Schlachthof und große Gerbereien würden einen nie vermuten lassen, dass man sich hier ganz in der Nähe des Nairobi National Park befindet. Aber rund 1,5 km hinter der Abzweigung vom Mombasa Highway passiert man rechts die Zufahrt zum Cheetah Gate am westlichsten Zipfel des Parks. Athi River mit dem riesigen Terrain der Export Processing Zone und ihren hohen Stacheldrahtzäunen sowie seiner Ansammlung von Läden und diversen Tankstellen, geht praktisch nahtlos über in Kitengela. Geht es nach dem Willen der Stadtplaner, wird Kitengela schon bald um riesige neue Wohngebiete anwachsen, die die Hauptstadt entlasten sollen. Gegen dieses Vorhaben laufen Naturschützer Sturm, denn das Wuchern der Millionenstadt droht schon bald die Wanderwege der Tiere des Nairobi National Park zu durchtrennen.

Und tatsächlich: Das offene Land, das sich südlich von Athi River ausbreitet, wird mehr und mehr von Stacheldrahtzäunen gezähmt, Hühner- und Blumenfarmen schneiden große Stücke aus der Steppe. Rechter Hand sieht man am Horizont die Ngong-Berge liegen. Bei km 15,5 steht ein Wegweiser zur 7 km entfernten **Maasai Ostrich Resort.** Die Straußenfarm lohnt einen Abstecher oder separaten Ausflug von Nairobi und bietet auch Übernachtungsmöglichkeiten.

In dem kleinen Örtchen **Isniya,** 17 km hinter der Abzweigung zur Straußenfarm, stößt von links die geteerte D523 auf die Hauptstraße, die von Kiserian am Fuß der Ngong Hills kommt und sich als Alternativroute für die Strecke Nairobi – Athi River – Isniya anbietet. Nach weiteren 19 km durch eine karge Landschaft mit wenigen Bäumen gelangt man nach **Kajiado,** Verwaltungssitz des gleichnamigen Distrikts, der schon tief im Masai-Land liegt. Die weiten, rollenden Hügel der Umgebung und ab und zu eine Rinderherde, die an ihrer Staubwolke schon von weitem zu erkennen ist, verstärken den Wildwest-Eindruck, den die Stadt beim Reisenden

ken-705 Foto: hf

erzeugt. In Kajiado gibt es eine KCB-Bank, eine Hand voll Läden, einige Bars und Lodges, eine Tankstelle und eine menschenleere Bahnstation. Auf der Eisenbahnstrecke verkehren keine Personenzüge. Die Schienen hinunter zum heißen Magadi-See wurden nur verlegt, um die Sodasalze, die dort abgebaut werden, zum Exporthafen Mombasa zu schaffen. Bei der Moschee biegt rechts eine Stichstraße zum eigentlichen, einige hundert Meter entfernten Ortskern ab. Nach dem Bahnübergang passiert man den Polizeiposten des Ortes, einen guten Kilometer später biegt nach rechts eine alte Teerstraße zu den schönen Distriktverwaltungsgebäuden ab, die noch aus der Kolonialzeit stammen.

26 km hinter Kajiado erreichen Sie den Masai-Ort **Bissel**. Noch bevor Sie die Brücke am Dorfeingang überqueren, können Sie von der Anhöhe aus bei klarem Wetter im Südosten den Kilimanjaro erspähen. Wie die **Moscheen** in Kajiado, Bissel, Melitissa und Namanga zeigen, haben sich im Grenzgebiet zu Tansania einige Somalis als Händler, Schmuggler und Wilderer niedergelassen. Herrliche Anblicke liefert die Masai-Version des Überlandtaxis, alte, graue Landrover-Pickups, auf denen hinten so viele Moran in ihren flatternden roten Gewändern, mit Keulen und Speeren stehen, dass die Vorderräder des Vehikels beinahe abheben. Der Anblick von Männern in der traditionellen Shuka wird entlang der Namanga Road allerdings immer seltener. Neben den vielen neuentstandenen Farmen im Masailand ist dies vielleicht das offensichtlichste Zeichen, dass sich in der Kultur des Nomadenvolkes ein dramatischer Wandel abspielt. 21 km hinter Bissel durchfährt man vor der grandiosen Kulisse der Maparasha Hills eine kleine Masai-Siedlung. Am Ortseingang steht der **Bull's Eye Curio Shop,** der mit seinen Handwerksarbeiten, Erfrischungen und einer sauberen Toilette zu einem Halt einlädt.

Das **letzte Streckenstück bis Namanga** ist relativ dünn besiedelt und landschaftlich besonders schön. Bei klarem Wetter genießt

man Blicke auf Kilimanjaro, Mt. Meru, die spitze Granitkuppe des Longido, der sich bereits auf tansanischem Territorium befindet, und auf den 15 km langen Ol Doinyo Orok, an dessen südlicher Spitze Namanga liegt. Doch selbst hier wird immer mehr Busch eingezäunt, und wo dies nicht der Fall ist, geht die Bewaldung wegen der Produktion von Holzkohle immer stärker zurück. Noch ist die hügelige Landschaft aber von mächtigen Akazien geprägt, in denen unzählige Webervögelnester hängen. Makabrer Beweis für den **Wildreichtum** sind die vielen überfahrenen Tiere auf dem Asphalt. Die Gegend liegt auf der Wanderroute der Wildtiere vom Nairobi National Park gen Süden, und so können Sie neben Dik Diks, Mungos und zahlreichen Vögeln manchmal auch Strauße, Giraffen, Impalas, Hyänen und Zebras erspähen.

40 km hinter Bissel kommt man durch **Meilitissa,** das letzte Dorf vor Namanga, das man nach weiteren 15 km erreicht. Direkt vor dem Grenzposten zweigt links die Piste zum Amboseli National Park ab. Bis zum Meshenani Gate sind es 51 km auf ziemlich schlechter Piste.

Namanga

Der Durchreisende in Richtung Amboseli National Park und Tansania wird von der **Grenzstadt** nur wenige Eindrücke behalten. Dazu gehört sicherlich der Ansturm von Masai-Frauen jeden Alters, die einem in vollem Ornat alle möglichen Schmuckstücke und Kürbisse aufdrängen. Unter den Perlenstickereien sind sehr schöne Armbänder, aber wie gesagt, man fühlt sich ziemlich überrumpelt, und die Preisverhandlungen starten immer mit absolut verrückten Forderungen, gerade so, als wollten die Frauen ihre Dinge gar nicht loswerden. Ist diese erste Welle überstanden, rollt schon die Woge der Geldwechsler an. Das **Straßenbild** Namangas ist im Vergleich zu anderen Orten, nicht nur wegen der Masai-Frauen, noch ziemlich **malerisch.** Hinauf zum Grenzposten ziehen sich zwei lange Reihen von bunten Holzdukas, Friseursalons,

Bierwerbung in Namanga

Bars, Hotelis und natürlich Curio Shops mit reichhaltigem Angebot. Dank des Namanga-Flusses, der auf dem Orok entspringt, wird in Namanga inzwischen auch in größerem Umfang Bewässerungsfeldbau betrieben. Sehenswert ist in Namanga das imposante Panorama der Granitpyramiden von **Mt. Longido** (2637 m) und **Ol Doinyo Orok** (2524 m), des Hausbergs, der sich in 2–3 Tagen besteigen lässt. Kompass, ausreichend Wasser und die Ausrüstung für eine Übernachtung auf dem Berg muss man mitnehmen, aber Ausblick auf Kilimanjaro, Mt. Meru und Longido im Süden, Gelai im Südosten und Lemileblu im Norden entschädigen für die Anstrengungen und manchen Dornenkratzer. Die detaillierte Beschreibung der Route findet sich in dem Buch „Mountains of Kenya", das vom Mountain Club of Kenya herausgegeben und in Nairobis Buchläden verkauft wird.

Der **Grenzübertritt von und nach Tansania** ist in der Regel eine reine Formsache von wenigen Minuten. Man füllt sein kenianisches Exit Form und auf der anderen Seite das tansanische Entry Form aus, bezahlt sein Visum und lässt sich den Stempel in den Pass geben. Leute, die mit eigenem Wagen über die Grenze fahren, müssen beim Zoll natürlich noch die Carnet-Angelegenheiten regeln. Da Diesel in Kenia billiger ist als in Tansania, füllt man am besten komplett auf. Der Hauptteil des Ortes liegt auf kenianischer Seite, wer über Nacht in Namanga bleibt, wechselt am besten erst morgens die Seite.

Unterkunft

●**Namanga River Hotel**
P.O.Box 4 Namanga, Mobil: 0724/041375 oder 0734/591444; NR: 3600/4700 Ksh, R: 2500/ 3500 Ksh BB SC. Die Zimmer des Hotels sind in sauberen Cottages untergebracht, besitzen Moskitonetze, verzichten allerdings auf große Einrichtungs-Tamtam. Der Garten und die Veranda des Hotels sind herrlich, in der Bar gibt es Sat-TV und Poolbillard. Keine Frage, einen ähnlichen Standard findet man sonst nirgends in dem eher zwielichtigen Grenzkaff. Auch das Restaurant ist empfehlenswert. Auf dem ausladenden, schattigen Gelände des River Hotel darf man für 300 Ksh pro Person auch campen, für Kinder zahlt man 100 Ksh. Der Hotelparkplatz ist sicher, sodass man bei einer Bergbesteigung den Wagen stehen lassen können.

●Zudem gibt es im Ort auch die üblichen **billigen Unterkünfte,** wie das **Orok Country Motel.** Die ehemalige **Namaga Safari Lodge** (Mobil: 0721/574142) direkt neben der Einfahrt zum River Hotel wurde nach Besitzer- und Namenswechsel komplett renoviert und offeriert neben Campingmöglichkeiten für 300 Ksh jetzt auch schöne Zimmer für 1500 Ksh. Ruhig und als Campingmöglichkeit sehr empfehlenswert ist das Gelände des **Handcarver's Den O.N.A.** (Mobil: 0735/ 781753) an der Hauptstraße nach Athi River, etwas außerhalb von Namanga. Hier zeltet man für 400 Ksh im wunderbaren Garten des älteren afrikanischen Ehepaares *Monika* und *Musioki,* die dem Platz mit ihrer Freundlichkeit seinen Charakter geben und auch den Namen stiftenden Curio Shop und das angegliederte Restaurant betreiben.

Verkehrsverbindungen

Von Namanga fahren ständig **Peugeot-Taxis nach Nairobi,** daneben verkehren auch **Überlandbusse,** die in Nairobi von der Country Bus Station starten. Wer direkt **von Nairobi nach Arusha oder Moshi** durchfahren möchte, nimmt von Nairobi am besten einen der zuverlässigen Shuttlebusse, die die Grenze überqueren und dann direkt weiter brausen (Näheres im Nairobi-Kapitel).

Banken

In Namanga gibt es eine kleine **KBC-Filiale.** Auch **auf tansanischer Seite** gibt es inzwischen eine **Wechselstube,** sodass man sich nicht den Geldwechslern ausliefern muss. Ohnehin hat die kenianische Währung in Tansania noch einen guten Klang, und bis Arusha kann man alles problemlos in Kenya Shilling bezahlen. Die Wechselkurse der beiden Währungen stehen nun schon seit Jahren im Verhältnis 1:10, d.h. 100 Ksh entsprechen 1000 Tsh.

Amboseli National Park ♫ IV/A1

Der Nationalpark

Das grandiose **Panorama des schneebedeckten Kilimanjaro** mit Elefanten im Vordergrund – dieses Bild kennt jedes Kind, mehr noch: Es ist zum Inbegriff von Afrika schlechthin geworden. So verwundert es nicht, dass der Amboseli National Park, in dem all diese Fotos des höchsten Bergs von Afrika aufgenommen wurden, **einer der meistbesuchten Nationalparks in Kenia** ist. Das 392 km² große Schutzgebiet erstreckt sich in der staubigen Ebene am nördlichen Fuß des weißen Riesen, ganz in der Nähe der tansanischen Grenze. Ohne den Kilimanjaro gäbe es vermutlich überhaupt keinen Nationalpark, denn im Amboseli herrscht ein heißes, trockenes Klima mit durchschnittlich 350–400 mm Niederschlag pro Jahr, was für die Vegetation und die vielen Tiere zum Leben zu wenig und zum Sterben zu viel ist. Doch dank ergiebiger Queller, die vom Regen- und Schmelzwasser des 5895 m hohen Bergs gespeist werden, gibt es im Amboseli ausgedehnte Sumpfgebiete und einen großen Sodasee, der knapp ein Drittel der Parkfläche bedeckt. Allerdings enthält er nur nach ergiebigen Regenzeiten Wasser und ist ansonsten eine staubige, gleißende Ebene, was auch die Herkunft des Namens Amboseli klärt: *Em Posel* bedeutet in Maa so viel wie „salziger Staub".

Seit 1948 ist der Amboseli **geschützt**, doch in seiner Geschichte war er schon **mehrfach von Zerstörung bedroht.** Eine Gefährdung erwuchs aus den Millionen von Besuchern, denn die Reifen der zahllosen Safaribusse zerpflügten den empfindlichen Vulkanascheboden und störten die fragile Vegetation. Erst das strikt durchgesetzte Verbot, abseits der markierten Pisten zu fahren (Fahrer, die dagegen verstießen, wurden nicht mehr in den Park gelassen), hat zu einer deutlicheren Besserung geführt.

Eine weitere Bedrohung erwächst dem Park aus einer seiner beiden größten Attraktionen, den riesigen **Elefantenherden.** Früher folgten die Tiere uralten Wanderungsrouten, die durch den Tsavo bis zu den Shimba Hills an der Küste führten, und die Vegetation hatte immer wieder ausreichend Zeit, sich von den Fraßschäden zu erholen. Doch durch die Bevölkerungszunahme wurden diese Wege an vielen Stellen unterbrochen, und während der schlimmen Wilderei in den 1960er, -70er und -80er Jahren lernten die klugen Tiere schnell, dass sie im Nationalpark relativ gut geschützt waren und blieben permanent hier – und vermehrten sich. Heute leben im Amboseli schätzungsweise **1000 Elefanten.** Für diese hohe Zahl ist das Gebiet im Grunde viel zu klein, denn jeder erwachsene Dickhäuter benötigt pro Tag ca. 180 kg frisches Futter! Die Folgen sind besonders an den vielen umgestoßenen Akazien und der lädierten Vegetation im Park abzulesen. Die **Versalzung des Wassers** während der Trockenzeit setzt den Bäumen zusätzlich zu. Immerhin gelang Forschern der Nachweis, dass sich die Vegetation relativ schnell vollständig erholt, wenn sie eine Zeit lang, z.B. durch Zäune, vor Giraffen und Elefanten geschützt wird. Vielleicht findet sich ja in Zukunft eine Lösung für das Problem, die Regenerationsfähigkeit der Natur macht jedenfalls Hoffnungen. Die Forschungen über die Dickhäuter werden vom Elephant Trust fortgeführt, der auf dem Gelände der Ol Tukai Lodge seinen Sitz hat.

Ein weiteres Problem erwuchs in den 1970er Jahren dadurch, dass der Amboseli National Park innerhalb der traditionellen **Weidegebiete der Masai** liegt und durch die Wasservorkommen in Dürreperioden immer schon eine besondere Bedeutung als Weidegebiet und Viehtränke besaß. 1948 wurde Amboseli als Nationalreserve gegründet, was den Masai weiterhin ermöglichte, ihr Vieh im Park zu weiden und zu tränken. Als der Park 1974 den Status eines Nationalparks erhielt, wurde ihnen jede Nutzung des Landes innerhalb seiner Grenzen verboten, was sie berechtigterweise erzürnte, denn vom Tourismus profitierten sie in keiner Weise. Die Masai griffen zu rabiaten Methoden und begannen die Tiere im Park zu töten. Ihre einfache Rechnung: Ohne Tiere würde es keine Tou-

Zwischen Inland und Küste

größere Fläche und sind auch außerhalb der Parkgrenzen geschützt, die ortsansässigen Menschen profitieren vom Tourismus und sehen das Wild als Einnahmequelle an und nicht nur als Konkurrenten im Kampf um Wasser und Weidegebiete. Allerdings nehmen wegen der wachsenden Bevölkerungszahl und verschärfter Dürren die Konflikte wieder zu, einige der Group Ranches sind in kleine Privatfarmen umgewandelt worden. Um den Amboseli National Park auch für künftige Generationen zu schützen, werden also neue Ideen nötig sein.

Die Regionen des Parks

Der größte Teil von Amboseli besteht aus der **staubigen Salzwüste des ausgetrockneten Sees,** die den gesamten Westen des Parks einnimmt und im Süden sogar bis über die Grenze nach Tansania reicht. In der flirrenden Mittagshitze entstehen auf der weißlichen Salzfläche skuril verzerrte Fata Morganas, die sich beim Näherkommen als wandernde Tiere entpuppen. Ebenso prägend sind die **ausgedehnten Sumpfgebiete** des Parks, an deren Rändern Binsen, Papyrus und Sauergräser wachsen. Es gibt einige permanente Sümpfe, die von **Süßwasserquellen** gespeist werden und an deren Rändern einige Lodges erbaut wurden, weil sich an ihrem Wasser besonders in der Trockenzeit die meisten Tiere versammeln. Es sind dies der **Ol Kenya Swamp,** der **Ol Tukai Orok Swamp** und der **Enkongo Narok Swamp.** Zudem sind die grasreichen Flächen ein wichtiges Futterreservoir. Nach ergiebigen Regenfällen verwandeln sich aber auch viele andere tiefer gelegene Flächen in Sümpfe.

risten und damit auch keinen Park geben. Es ist den Naturschutzbehörden anzurechnen, dass sie die Lektion schnell lernten. In den vergangenen Jahrzehnten hat man versucht, einiges wieder gutzumachen. Man stellte aus den Tourismuseinnahmen Geldmittel für den Bau von Schulen, Brunnen und Tanks zur Verfügung, eine Reihe von jungen Masai wurde zu Rangern ausgebildet und erhielt Anstellungen. Vor allem aber hat man lokale Masai-Gemeinden ermutigt, Teile ihrer Gruppenranches **in der Umgebung** des Nationalparks in **private Naturschutzgebiete** umzuwandeln, die vom KWS beraten und unterstützt werden. Die Einnahmen aus dem Tourismus werden unter den Landbesitzern verteilt und für Gemeinschaftsprojekte genutzt. So schlägt man gleich zwei Fliegen mit einer Klappe: Die Tiere verteilen sich auf eine

Das trockene, staubige Gesicht von Amboseli täuscht, Wasser gibt es unter der Erdoberfläche genug. Das zeigen auch die großen **Fieberakazienhaine,** die flaches Grundwasser lieben. Auch wenn ihr Bestand stark unter den Elefanten und vielen Giraffen im Park gelitten hat, gibt es noch schöne Wäldchen, am dichtesten in dem Gebiet, das als Ol Tukai bekannt ist, was „Doum-Palme" bedeutet. Hier wächst nämlich auch die auffällige Palmenart mit dem verzweigten Stamm.

Elefanten im Amboseli National Park

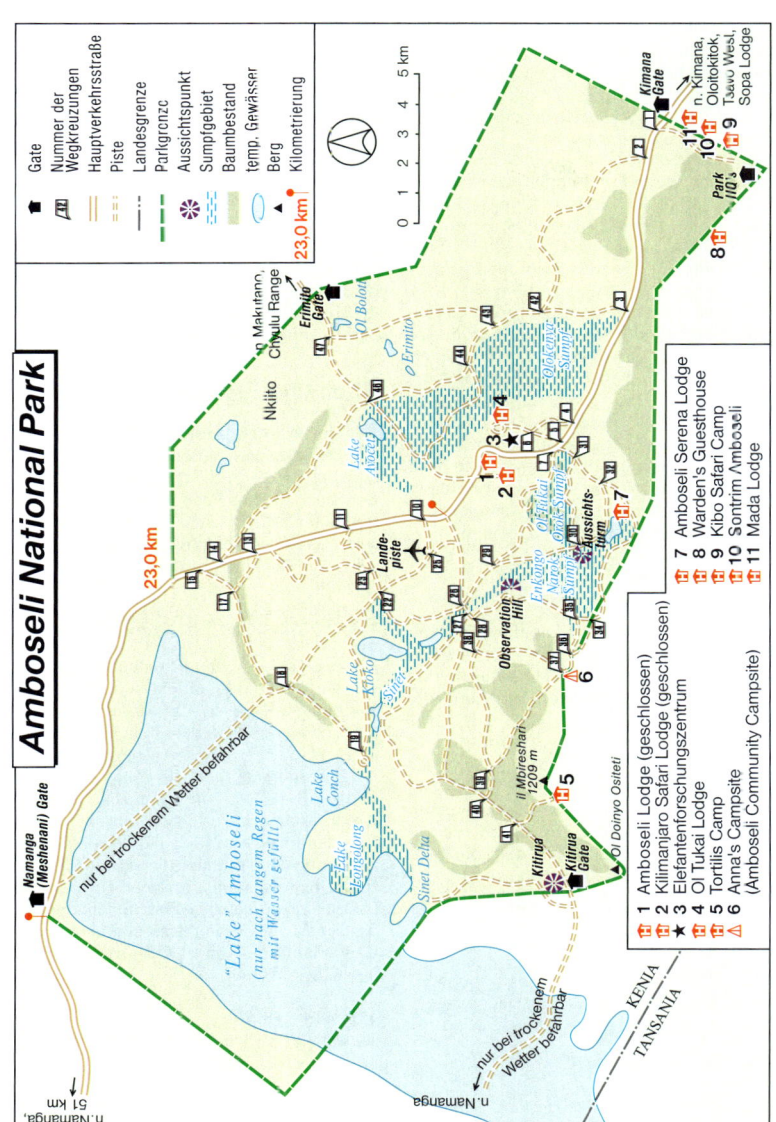

Amboseli National Park

Zwischen Inland und Küste

Legend:

- Gate
- Nummer der Wegkreuzungen
- Hauptverkehrsstraße
- Piste
- Landesgrenze
- Parkgrenze
- Aussichtspunkt
- Sumpfgebiet
- Baumbestand
- temp. Gewässer
- Berg
- Kilometrierung — 23,0 km

0 1 2 3 4 5 km

"Lake" Amboseli (nur nach langem Regen mit Wasser gefüllt)

nur bei trockenem Wetter befahrbar

Namanga (Meshenani) Gate

n. Namanga, 51 km

Lake Engongolong
Lake Conch
Lake Kioko
Sinet Delta
Il Mbireshari 1209 m
Observation Hill
Ol Doinyo Ositeti
Ol Doinyo Nargu Swamp
Enkongo Narok Swamp
Ol Tukai Swamp
Lake Amboseli
Lake Kioko
Ol Okenya Swamp
Ol Balol
Erimito
Longinye Swamp

Kitirua Gate

Erimito Gate

n. Makutann, Chulu Range

Nkiito

Landepiste

Aussichtsturm

Kimana Gate

n. Kimana, Oloitokitok, Tsavo West, Sopa Lodge

Park 110's

KENIA / TANSANIA

n. Namanga

nur bei trockenem Wetter befahrbar

1 Amboseli Lodge (geschlossen)
2 Kilimanjaro Safari Lodge (geschlossen)
3 Elefantenforschungszentrum
4 Ol Tukai Lodge
5 Tortilis Camp
6 Anna's Campsite (Amboseli Community Campsite)

7 Amboseli Serena Lodge
8 Warden's Guesthouse
9 Kibo Safari Camp
10 Sontrim Amboseli
11 Mada Lodge

Die Gebiete des Parks, die außerhalb des Amboseli-Beckens liegen, werden von **Grassavannen** bedeckt, die mit einzelnen Akazien durchsetzt sind und sich mit zunehmender Dauer der Trockenzeit immer mehr in ein Meer von Staub verwandeln.

Im südlichen Teil von Amboseli gibt es drei erwähnenswerte **Erhebungen,** nämlich den 1209 m hohen **Il Mbireshari,** den **Ol Doinyo Ositeti** und den **Kitirua-Hügel,** zu dessen Füßen das gleichnamige Gate liegt. Er ist mit dem Auto zu erklimmen. Von oben genießt man fantastische Ausblicke über den Lake Amboseli und das gesamte Umland. Der **Observation Hill,** der den Beinamen Nomatior besitzt, was so viel wie der „Ort der Töpferwaren" heißt, weil man an seinem Fuß zahlreiche Tonscherben fand, steht am westlichen Rand des Sumpfgebiets. Er lässt sich zu Fuß über einige Treppenstufen besteigen. Von oben eröffnet sich ein schöner Blick über den Enkongo Narok Swamp in Richtung Sonnenaufgang und auf den Kilimanjaro – frühes Aufstehen macht hier also Sinn.

Die Tierwelt

Wegen der Süßwasservorkommen weist die Fauna des Amboseli sehr hohe Zahlen auf, und zwar nicht nur bei den **Elefanten.** In den Sümpfen leben **Wildbüffel** und **Nilpferde.** Zahlreiche **grasende Tierarten** wie Weißbartgnus, Steppenzebras, Thomson- und Grant-Gazellen sowie Impalas, Gerenuks und Spießböcke kommen ebenfalls vor. Die **Raubtiere** sind mit Löwe, Gepard, Leopard, Wildhund, Schakal und Tüpfelhyäne vertreten, und auch die kleinen scheuen Löffelhunde sind hier gut zu beobachten.

Mit insgesamt **über 400 Vogelarten** kommen auch Ornithologen voll auf ihre Kosten. In den Sumpfgebieten gibt es natürlich zahlreiche Wasser- und Stelzvögel, auf den Ebenen leben Trappenarten, aber auch Webervögel, Glanzstare, Tauben und Flughühner.

Im Park unterwegs

Die Nationalparkkarten, die am Gate verkauft werden, sind mehr oder minder verlässlich, ein System von Nummern erleichtert an den Wegverzweigungen die Orientierung. Während der Regenzeit sind einige Pisten überflutet oder werden sehr matschig, ansonsten ist das **Wegesystem gut ausgebaut** und lässt sich auch **mit dem Pkw** befahren. Das Problem sind vermutlich eher die rauen Zufahrten zu den Nationalparktoren (s.u.). Es gibt zahlreiche Wege, die den Amboseli National Park in Richtung Süden verlassen, auch diese Gebiete sind wildreich und lohnen einen Besuch. Man muss allerdings aufpassen, dass man nicht aus Versehen über die Staatsgrenze nach Tansania gelangt. Die Amboseli Serena Lodge besitzt eine Tankstelle.

Infos und Kontakt

●**Senior Warden, Amboseli National Park,** Tel. 045/622250, amboselinp@kws..go.ke. Wer sich für die Arbeit des Elephant Trust interessiert, der im Park Forschung betreibt und sich für die Belange der Dickhäuter einsetzt, findet näherer Infos auf seiner Internetseite: www.elephanttrust.org.

Hotels, Camps und Lodges

Angesichts der hohen Besucherzahlen weisen die wenigen Unterkünfte im Amboseli National Park traumhafte Auslastungsraten auf, und wer im Hotel übernachten möchte, ist gut beraten, eine **Reservierung** zu tätigen. An der Südostgrenze des Parks nahe des Kimana Gate, wo die ehemalige Kimana Group Ranch der örtlichen Masai-Clans in Privatland umgewandelt wurde, entstehen zahlreiche neue Camps. Alle, die auf billigere Unterbringung als die üblichen Lodges und Luxuscamps angewiesen sind, schauen im Amboseli in die Röhre, denn es gibt nur zwei Campingplätze. Notfalls kann man auch an den Gates zelten.

●**Tortillis Camp**
Tel. 020/604053, tortilliscamp@chelipeacock. co.ke; Hochsaison: 580/970 US$ FB, Nebensaison: 410/620 US$ FB. Die Preise sind inklusive aller Getränke, Game drives, Bush walks, Sundowner und Breakfasts, Wäsche

und Flughafentransfers. Nach der staubigen Piste überrascht einen das herrlich luftige, makutigedeckte Empfangsgebäude des Tortillis Camps, welches Wohnzimmer und Speisesaal in einem ist, durch trefflichen Stil. Das empfehlenswerte, vielfach prämierte Camp, das am Fuße des Il-Mbirshari-Bergs erbaut wurde, besteht aus 17 luxuriösen Zelten (davon zwei für Rollstuhlfahrer) sowie einem Family House, besitzt einen schönen Garten, gepflegten Pool, Spa-Bereich und vor allem einen atemberaubenden Blick auf den Kilimanjaro. Und nicht zu vergessen: *Adam*, einen mächtigen Elefantenbullen, der es sich als einziger Dickhäuter beigebracht hat, den elektrischen Zaun von Tortillis zu überlisten – weshalb der Camp-eigene Gemüsegarten bisweilen leidet und kurzfristig das Menü geändert werden muss. Schöner (und exklusiver) kann man in Amboseli nicht wohnen! Besonders erwähnenswert ist Tortillis allein schon deshalb, weil sich das Camp dem Ökotourismus verschrieben hat, d.h. Umweltschutz und die Unterstützung der lokalen Masai-Gemeinde gehören zum Hotelkonzept. Tortillis hat eigene Konzessionen auf dem Land einer Masai Group Ranch, sodass man die Natur ohne andere Safarifahrzeuge genießen kann – und auch abseits der Pisten und nachts auf Pirsch fahren darf.

●Amboseli Serena Lodge
Hochsaison: 320/435 US$ FB, Nebensaison: 115/225 US$ FB, Buchungen über das Serena-Büro in Nairobi, www.serenahotels.com. Der Reiz des 1973 gebauten Hotels liegt weniger in den Zimmern, denn die sind relativ klein, wenn auch renoviert. Es ist eher die geschmackvolle Gestaltung, die Themen aus der Masai-Kultur aufgreift. Zudem hat die Lodge einen schönen Pool (nur für Hotelgäste) und eine Quelle, die das Wasserloch vor der Veranda füllt sowie einen üppigen Pflanzenbewuchs bewirkt. Leider haben nur die Zimmer der Südseite Kilimanjaro-Blick. Aktivitäten: Vogel- und Naturwanderungen mit einem engagierten Führer, kulturelles Rahmenprogramm mit Masai-Tänzen und Vorträgen sowie Besuche in einer Masai-Manyatta.

●Ol Tukai Lodge
Buchungen über Tel. 020/4445514, Fax 4448493, www.oltukailodge.com; Nebensai-

son: 100/196 US$ FB, Hauptsaison: 240/300 US$. Über einen hölzernen Steg erreicht man die eindrucksvolle offene Empfangshalle, die wie die ganze Lodge nur aus Holz und Naturstein errichtet ist. Von der Elephant Bar bietet sich ein reizvoller Blick über das angrenzende Feuchtgebiet und einen großen Fieberakazienhain. Die 80 hölzernen Cottages (zwei davon für Rollstuhlfahrer) sind geräumig und nett eingerichtet, bieten aber nur teilweise Sicht auf den Kilimanjaro. Schöner Swimmingpool (für Besucher: 500 Ksh), Konferenzsaal und Bibliothek. Insgesamt: Empfehlenswert! Aktivitäten: Pirschfahrten, Besuch eines Masai-Dorfes und Vogelwanderungen. Auf dem Gelände befindet sich auch die Forschungsstation des Elephant Trust.

●KWS Warden's Guest House
Je nach Größe und Jahreszeit (während der Ferien in Dezember, April und August Aufschläge) kosten die Cottages zwischen 5000 und 10.000 Ksh für Residents und für Nonresidents zwischen 80 und 150 US$. Auf dem Gelände des Parkhauptquartiers gibt es möblierte Cottages für 2, 4, 6 oder 7 Personen, die piksauber, von der Einrichtung her aber auch recht nüchtern sind. Voll ausgestattete Küche, Bettbezüge, Gaskocher, Kühlschrank, fließendes Wasser, Generator und Feuerholz vorhanden, Lebensmittel und Getränke müssen aber selbst mitgebracht werden. Von der Rückseite hat man einen unverstellten Kilimanjaro-Blick, Schatten ist in den neuangelegten Gärten leider Mangelware. Reservierungen über den Senior Warden des Parks (s.o.).

Am Kimana Gate, direkt außerhalb des Parks, befinden sich die folgenden Unterkünfte:

●Mada Lodge
Tel. 020/605328 oder 6750938, www.madahotels.com; Safari Tents: R: 14.100/ 18.700/24.250 Ksh FB, NR: 300/400/505 US$ FB; Milimi Tents: R: 18.330/24.310/ 31.525 Ksh FB, NR: 390/520/656 US$ FB. In der Zeit vom 1. April bis 30. Mai zahlt man fast um die Hälfte weniger. Dennoch: Für das Gebotene überteuert. Die Zimmer bzw. auch die sogenannten Safarizelte besitzen eine derartig gediegene Ausstattung, dass man

gar nicht mehr glaubt, in der Wildnis zu sein. Zentrum der Lodge, zu der ein großes, wild belassenes Stück Land gehört, ist das Haupthaus im Rundhüttenstil mit schönem Restaurant und Bar, aber vor allem einem zwei Stockwerke hohen Aussichtsturm, von dem man den genialsten Kilimanjaro-Blick genießt. Von der Anlage her nicht sehr privat oder außergewöhnlich geschmackvoll. Neben einem Swimmingpool bietet die Lodge Nachtpirschfahrten, Mondschein-Dinner und Bush Breakfast an.

● **Sopa Lodge**
Tel. 020/3750235, Fax 3751507, www.sopa-lodges.com; Hochsaison: 176/245/331 US$ FB, Nebensaison: 130/200/255 US$. Rund 21 km außerhalb des Kiama Gate gelegen. Der Wechsel zur Sopa-Gruppe hat der Ausstattung des ehemaligen Mt. Kilimanjaro Safari Club gut getan. Große, runde, in Erdtönen gehaltene Cottages in einer schönen Gartenanlage, die gemütliche Hemingways Bar, Swimmingpool mit eigener Bar, Sauna und Dampfbad, Konferenzeinrichtungen, ein eigenes Flugfeld und ein sehr bemühter Staff machen das Hotel wieder empfehlenswert.

Weitere Unterkünfte: In räumlicher Nähe zur Mada Lodge (s.o.) befinden sich auch das fantasielose und einfach gemachte **Kibo Safari Camp** (www.kibosafaricamp.com) mit kleinen Zelten, in denen nur das Nötigste Platz hat, sowie das **Sentrim Amboseli Camp** (www.sentrim-hotels.com), das vor allem durch einen eigenwilligen Stilmix auffällt, wenigstens aber auch einen Swimmingpool und einen schönen Kili-Blick besitzt.

Camping

● **Amboseli Community Campsite**
Tel. 020/622283, Mobil: 0711/674435 oder 0722/867394. Der einzige Campingplatz von Amboseli wird von der örtlichen Masai-Gemeinde verwaltet. Mit Ihrem Aufenthalt unterstützen Sie verschiedene Projekte für die 13.000 Mitglieder der Group Ranch. Die Übernachtung kostet mit eigenem Zelt 500 Ksh pro Person. Der Campsite vermietet aber auch fünf permanente Zelte mit Schatten-

dächern für jeweils 1000 Ksh, die allerdings nichts weiter als Matratzen und Decken enthalten. Es gibt Toiletten und Feuerholz, das separat bezahlt werden muss. Wenn der Versuch, ein neues Wasserloch zu bohren, von Erfolg gekrönt ist, wird man auch wieder duschen können. Dafür gibt es in der Makuti-gedeckten Bar gekühlte Softdrinks und Bier. Die Gegend ist für ihren Wildreichtum bekannt, daher ist der Platz zwar eingezäunt, das Tor besteht aber aus – Luft! Man sollte also beim nächtlichen Toilettengang ein wenig aufpassen, wo man hintritt bzw. wem man begegnet ... Über den Campingplatz können auch Nachtpirschfahrten (eigenen Scheinwerfer mitbringen!) und Besuche einer Masai-Manyatta arrangiert werden.

● **KWS Campsite**
Auch beim KWS HQ kann gecampt werden – für happige 20 US$ pro Person, ohne dass der Platz entscheidend schöner als der Community Campsite wäre, der viel zentraler liegt. Feuerholz, Essen und Getränke muss man selber mitbringen.

Essen und Trinken

Die Versorgungsmöglichkeiten innerhalb des Nationalparks beschränken sich auf die **großen Touristenhotels**, in denen man zu den Mahlzeiten auch als Gast von außen willkommen ist. Gegen eine Gebühr darf man meistens auch in den Pool springen, was beim heißen Klima und dem Staub von Amboseli eine echte Verlockung ist. Die nächste **Einkaufsmöglichkeit** gibt es in **Namanga** auf der Westseite und **Kimana** auf der Ostseite, wobei Kimana ein armseliges Kaff ist, wo man nur das Allernötigste erhält.

Anreise

Mit dem eigenen Wagen

Der Amboseli National Park besitzt **vier Parkgates**: das **Kitirua Gate** südlich des Lake Amboseli, das **Namanga oder Meshanani Gate** am nördlichen Ende des Amboseli, das **Erimito Gate** an der nordöstlichen Parkgrenze und das **Kimana Gate** ganz im Osten.

kend116 Foto: hf

Zwischen Inland und Küste

Die **am häufigsten benutzte Zufahrt** ist die **über Namanga**. 15,4 km nachdem man bei der Tankstelle vom Teer abgebogen ist, gelangt man an eine Weggabelung. Die rechte Piste führt zum Kitirua Gate am südwestlichen Rand des Nationalparks. Dies ist der kürzere Weg, wenn man zum Tortillis Camp möchte; er ist aber nur bei trockenem Wetter befahrbar, denn er führt durch die Senke des Amboseli-Sees. In den zentralen Teil des Nationalparks. Zur Amboseli Lodge oder der Ol Tukai Lodge gelangt man hingegen besser über die linke Spur. 36 km ab der Weggabelung steht man am nordwestlichen Namanga oder Meshanani Gate. Beide Pisten sind nicht besonders gut. Vor allem Wellblech und die starke Staubentwicklung, auf der nördlichen Strecke auch steinige Passagen, zwingen zum Langsamfahren. Gegenwärtig wird eine neue Teerstraße von Emali am Mombasa Highway nach Oloitokitok an der tansanischen Grenze gebaut, die Ende 2010 fertig sein soll. Dann wird die schnellste Anfahrt über das Erimito Gate führen. Wer vom Amboseli National Park zum Tsavo West National Park und **zur Küste** weiterfahren möchte, verlässt den Park am besten über das Kimana Gate.

Mit dem Flugzeug

Air Kenya unterhält eine tägliche Flugverbindung **vom Wilson Airport in Nairobi** zum Park. Die Flugzeuge starten um 7.30 Uhr und fliegen um 8.20 Uhr von Amboseli zurück. Hin- und Rückflug kosten 194 US$.

Parkgebühren

Der Amboseli National Park fällt als **Premium Park** in die teuerste Nationalpark-Kategorie, die genauen Preise für Autos und Eintritt finden sich auf S. 55. Für den Park ist eine Safari Card nötig.

Öffnungs- und beste Besuchszeiten

Der Amboseli National Park ist **von 6–19 Uhr geöffnet** und lässt sich **das ganze Jahr über**

besuchen – heiß ist es hier allerdings immer. Während der langen Regenzeit **im April und Mai** können **einige Pisten unpassierbar** werden. **Am Wochenende** ist der Park durch viele Besucher ziemlich **überfüllt**. Wer es sich aussuchen kann, sollte seinen Aufenthalt von daher lieber auf einen Werktag legen.

Kartenmaterial und Literatur

Am Eingang zum Nationalpark erhält man eine kleine **kostenlose Broschüre und** eine gute, vom KWS herausgegebene **Karte** mit brauchbarem Pistenplan und einige zusätzliche Informationen über den Park.

Nairobi – Athi River – (Machakos) – Kibwezi – Mtito Andei

- ●**239 km**
- ●Das erste Stück zwischen dem Nairobi Airport und Emali ist wegen des **Neubaus des Highway** fürchterlich zu fahren. Spätestens Ende 2010 sind die Arbeiten hoffentlich abgeschlossen. Der Rest der Strecke ist inzwischen ausgezeichnet ausgebaut. Wegen der teilweise geänderten Streckenführung sind die Kilometerangaben nicht ganz exakt.
- ●**Tankmöglichkeiten:** Athi River, Kibwezi, Mtito Andei
- ●**Fahrtzeit:** 4–5 Stunden.

Die Verbindungsstraße zwischen Nairobi und Mombasa, der sogenannte **Mombasa Highway,** der weitgehend der alten Karawanenroute ins Inland folgt, ist die **wichtigste Verkehrsader des Landes,** über die praktisch die gesamten Importe und Exporte und der allergrößte Teil des Personenverkehrs laufen. Angesichts dieser Situation, zahlreicher unbeleuchteter Lastwagen und wahnwitziger Überhol- und Ausweichmanöver verwundert es nicht, dass auf dieser Strecke immer wieder **fürchterliche Unfälle** passieren. Hinzu kommt das durchaus realistische Risiko von unliebsamen Wildtierbegegnungen. Jedenfalls sollte aus Sicherheitsgründen eine **Nachtfahrt** auf dem Mombasa Highway vermieden werden. Entgegen ihres – in landschaftlicher Hinsicht – langweiligen Rufs besitzt die Straße sehr reizvolle Abschnitte. Man fährt durch verschiedene Klima- und Vegetationszonen und auf der rechten Seite sieht man bei klarem Wetter über längere Strecken sogar den Kilimanjaro.

Von Nairobis Stadtzentrum brauchen Sie dem Uhuru Highway nur **stadtauswärts in Richtung Flughafen** zu folgen, dessen Zufahrt bei km 13 abzweigt. Besonders in den frühen Morgenstunden kann man hier bisweilen noch Giraffen beobachten, die auf der Suche nach Futter aus den Athi Plains bis zum Stadtrand vordringen und an den Akazien längs der Straße knabbern. 1 km hinter der Flughafenausfahrt verjüngt sich die vierspurige Autobahn auf zwei Fahrbahnen. Nach 25 km zweigt rechts die A104 in Richtung Athi River, Kajiado, Namanga und zum Amboseli National Park ab. Auf dem folgenden Streckenabschnitt sieht man längs der Straße Hühnerfarmen, Gartenbau- und Gewerbebetriebe bis man den Ring aus Lärm, Schmutz, Verkehr und Enge um Nairobi schließlich durchbricht und das erste Mal durch freie Savanne fährt, die mit ihren weiten Grasflächen und den wenigen Bäumchen fast einen parkähnlichen Eindruck erweckt. Kurz darauf passiert die Straße einen imposanten Granitbuckel, das **Lukenya Cliff,** an dem der Mountain Club of Kenya einen eigenen Klettergarten besitzt. Bei km 48 biegt links die C97 nach Kitui und Machakos ab.

Die nächsten 35 km fährt man an ausgedehnten Farmen und ewigen Stacheldrahtzäunen entlang, bevor die Straße die spärlich bewachsene Athi-Ebene endgültig verlässt und die bewaldeten, bis zu 2018 m hohen **Wea Hills** erklimmt, auf denen **Salama** liegt, das archetypische ostafrikanische Truckernest mit einigen Bars, Dukas, Tankstellen, Hotels, Stundenhotels und einer hübschen Moschee. An der anderen Seite der Berge blickt man über weite Berge und Täler, bevor es in

die Ebene um den Ort **Sultan Hamud** hinabgeht, der auf eine arabische Gründung im letzten Jahrhundert zurückgeht. Aber das macht das Kaff, das bei km 112 etwas abseits der Hauptstraße liegt, kein Stück attraktiver.

Etwas netter ist das geschäftige **Emali,** das man bei km 126 passiert, wo säckeweise Zwiebeln an der Straße feilgeboten werden. Der Ort, der sogar eine KCB-Filiale besitzt, liegt an der Abzweigung einer Schotterpiste, die nach links (Schild: „Kilala") mit schönen Ausblicken in das Akamba-Bergland und zum 1830 m hohen **Nzaui-Berg** hinaufklettert, wo der Mountain Club of Kenya eine kleine Hütte besitzt. Vom Nzaui, der sich 800 m über das Umland erhebt, reicht der sagenhafte Ausblick bis zum Kilimanjaro. Man kann mit dem Auto bis in Gipfelnähe fahren – allerdings nur in der Trockenzeit, sonst sind die Bergpisten zu glitschig. Hinter der Eisenbahnbrücke von Emali zweigt die neue Straße nach Loitokitok an der tansanischen Grenze ab, die, wenn sie tatsächlich im Oktober 2010 fertiggestellt ist, eine bequeme Anfahrt zum Amboseli bieten wird.

Die Landschaft wird in der Folge öder, staubiger und buschiger. Über dem gottverlassenen Weiler **Simba** („Löwe"), der trotz seines Furcht erregenden Namens den Schlaf des Gerechten schläft, erreicht man schließlich einen schönen Fieberakazienwald. Vor Erreichen des Waldes betreibt der KWS links der Straße einen kleinen Campsite. Inmitten des Hains, bei km 160, befindet sich eine Shell-Tankstelle und die Hunter's Lodge. Die **Hunter's Lodge** (Tel. 045/622490 od. Mobil: 0722/926685, www.madahotels.com) liegt an der paradiesischen Tilapia-Quelle, die von den Wassern des Kilimanjaro gespeist wird, der sich im Süden erhebt. Benannt wurde sie nach ihrem Gründer *John Hunter,* der zu Kolonialzeiten ein bekannter Wildhüter war und auch der Hunter Kuhantilope, ebenso als Hirola bekannt, seinen Namen gab. Die Lodge ist ein beliebter Rastplatz zwischen Nairobi und Küste. Die Zimmer in den 20 Bandas (3000/4000/5000 Ksh SC BB) sind recht nüchtern, das angeschlossene **Tilapia Springs Restaurant** ist aber empfehlenswert.

Eine weitere Oase für den müden Reisenden ist nur 15 km später der **Sikh-Tempel**

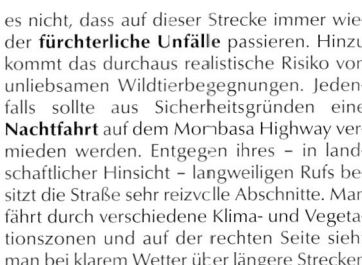

Zwischen Inland und Küste

von Makindu, der direkt neben der verspielten Jamia-Moschee des Ortes steht. Jeder Reisende, gleich welcher Religion oder welchen Status, ist dort willkommen und wird mit einem Getränk sowie einer warmen **Mahlzeit** verköstigt. Auch **übernachten** kann man hier. Eine kleine Spende wird allerdings schon erwartet. Nachdem Sie sich die Schuhe ausgezogen haben, dürfen Sie den hellen Innenraum des Tempels betreten. Drinnen tauchen Sie in eine völlig andere Welt ein, die mit Afrika nichts mehr zu tun hat. Turban tragende, vollbärtige Männer, die einen recht furchterregenden Anblick abgeben, beten vor indischen Götterbildern. Wer fragt, bekommt vielleicht die Grundzüge des **Sikhismus** erläutert, der im 16. Jahrhundert in Nordwestindien, im heutigen Bundesstaat Punjab, von einem Mann namens *Nanak* gestiftet wurde. Der Sikhismus verschmilzt, vereinfacht gesagt, islamische und hinduistische

Glaubenselemente miteinander. Einerseits gelten Karmalehre und Geburtenkreislauf, andererseits wird das Kastenwesen abgelehnt. Die Sikhs sind in Kenia eine zahlenmäßig kleine, aber wirtschaftlich sehr einflussreiche Minderheit. In Makindu gibt es natürlich auch gewöhnliche Unterkünfte.

Es geht weiter durch das knochentrockene **Kamba-Land,** das häufig von Dürrekatastrophen heimgesucht wird. Eine ständige Karawane von Lastenfahrrädern, die mit gelben 30-Liter-Kanistern beladen sind, versorgt die weit verstreuten Ortschaften mit Trinkwasser. 23 km hinter Makindu biegt bei einer Tankstelle links die B7 nach Kitui ab, über die man bereits nach 1 km das abseits gelegene, nette Städtchen Kibwezi erreicht. Einen Kilometer später zweigt nach links eine Piste zum Chyulu National Park ab, der die Ostseite der bis zu 2174 m hohen **Chyulu-Bergkette** bedeckt, die man rechts vom Mombasa High-

kem-714 Foto: hf

way schon herüberwinken sieht. Auf den nächsten 40 km bis nach Mtito Andei verlaufen die Berge parallel zur Straße. In der Ebene zu ihren Füßen, 9 km abseits der Hauptstraße, liegt das **Umani Springs Camp** (Buchungen über Let's Go Travel), das ein optimaler Übernachtungsort ist, wenn einem die Fahrt bis Mombasa in einem Rutsch zu anstrengend ist. Das 1997 eröffnete Camp im Kibwezi Forest hat acht luxuriöse Zelte, die auf erhöhten Plattformen an einer Waldlichtung stehen. Die Wasserlöcher vor dem Camp locken zahlreiche Tiere an. Das Camp ist von der Hauptstraße über 9 km Lavapiste zu erreichen. Für die Strecke ist Bodenfreiheit, aber kein 4WD nötig.

Mächtige **Baobab- oder Affenbrotbäume** dominieren die Vegetation der semiariden Gegend, durch die man nun fährt. Angeblich können die Giganten, die in ihren wulstigen Stämmen Wasser speichern, über 1000 Jahre alt werden. An der Straße wird immer wieder wilder Honig und Holzkohle verkauft. Abwechslung bieten Paviane, die alle paar Kilometer in Grüppchen die Straße überqueren und vom Fahrbahnrand gelangweilt den Fahrzeugen nachblicken. Bei km 204 ab Makindu bzw. km 239 ab Nairobi gelangt man nach **Mtito Andei,** dessen Name in etwa „Wald der Geier" bedeutet, vielleicht eine zarte Andeutung der Gefährlichkeit der Strecke durch den Tsavo National Park, der hinter dem Ort beginnt. Mtito Andei verdankt seine Bedeutung vor allem den zahlreichen Lkw-Fahrern, die hier, ungefähr auf halber Strecke zwischen Nairobi und Mombasa, Rast machen. Dementsprechend findet sich in Mtito Andei das übliche Sammelsurium an Dukas, Hotelis, Tankstellen, Restaurants und Bars.

Mit Abstand die beste Unterkunft im Ort ist das **Tsavo Inn** (Buchungen über Let's go Travel in Nairobi) mit Preisen zwischen 30 und 50 US$ BB. Das Personal ist nett, die Zimmer aber sind nichts Besonderes. Angesichts dessen sind die Preise zu hoch. Immerhin gibt es einen Pool, und das Restaurant des Tsavo Inn ist empfehlenswert.

Für Touristen ist Mtito Andei von gewissem Interesse, weil hier die Pisten zum touristisch interessantesten Teil des Tsavo West National Park in Umgebung zur Kilaguni Lodge abzweigen.

Machakos   ♪ XII/B2

Die Ankunft in Machakos, der **Hauptstadt des Akamba-Volkes,** gerät zur angenehmen Überraschung, denn es handelt sich um einen ausgesprochen hübschen, grünen Ort. Dennoch hört man von niemandem, der der **50.000-Einwohner-Stadt** schon mal einen Besuch abgestattet hätte, obwohl sie nur 65 km von Nairobi entfernt liegt. Vermutlich ist es die Lage rund **20 km abseits des Mombasa Highway,** die Machakos zur Bedeutungslosigkeit verdammt – was allerdings nicht immer so war. Machakos wurde wegen seines landwirtschaftlich ertragreichen Hinterlandes ab 1889 zur britischen Versorgungsstation an der Karawanenroute von der Küste über Westkenia nach Uganda ausgebaut, und zahlreiche Missionare, Soldaten und natürlich auch Händler machten hier Halt. Vor der Ankunft der Briten befand sich in Machakos die Residenz des Häuptlings *Masaku,* von dessen Namen sich auch „Machakos" ableitet. Der erste Kommandeur des Postens der Imperial British East African Company, *George Leigh,* stellte sich als unfähiger Trinker heraus, der den Widerstand der Kamba heraufbeschwor. 1892 wurde er von **John Ainsworth** abgelöst, der sich durch die Förderung von Handel und Landwirtschaft sowie durch die Einführung neuer Nutzpflanzen bei der lokalen Bevölkerung beliebt zu machen verstand. Machakos wurde zum wichtigsten Verwaltungsposten des Hochlandes und war damit so etwas wie die designierte Hauptstadt der Kolonie. *Ainsworth* unterstützte diese Ambition, konnte sich jedoch nicht mit seinen Plänen durchsetzen, die Eisenbahnlinie von Mombasa nach Nairobi über Machakos zu führen, und so war der weitere Aufstieg der Stadt von vornherein verbaut. Es reichte schließlich nur

Machakos (Blick von den Kamba Hills)

noch zum Sitz der Verwaltung des Masaku District.

Machakos liegt auf 1600 m Höhe **zu Füßen der** malerischen, bis zu 2124 m hohen **Machakos Hills,** des nördlichsten Teils der Akamba Hills. Die Berghänge oberhalb der Stadt sind von Eukalyptuswäldern, Kaffeeplantagen und Terrassen überzogen. Machakos selbst ist viel **gepflegter als die meisten anderen Städte des Landes.** Überall sieht man fegende Frauen, am Busbahnhof sind sogar Blumenbeete angelegt. Auf dem Markt werden neben schönen Korbwaren, für die das Kamba-Land bekannt ist, Obst, Gemüse, Mira'a und – Zierpflanzen verkauft! Tagsüber wirkt die Stadt ziemlich leer, denn ein ganzes Pendlerheer fährt jeden Morgen zur Arbeit nach Nairobi und erst nach ihrer Rückkehr erwacht das Leben in der Stadt.

Machakos besitzt **einige schöne Gebäude.** Da ist zum einen das alte britische **Fort** mit seinen hübschen Arkaden, in dem jetzt die Distriktverwaltung sitzt, weshalb Fotografieren verboten ist. Noch auffälliger ist die äußerst prächtige **Jamia-Moschee** direkt am Markt, wohingegen die katholische **Kathedrale „Our Lady of Lourdes"** durch ihre schiere Größe beeindruckt. Der Grundstein des kastigen Betonbaus in Kreuzform wurde beim Besuch von Papst *Johnnes Paul II.* am 7.5.1980 in Nairobi gesegnet und dann von Präsident *Moi* gesetzt. Die Kirche mit dem hohen Turm ersetzte einen kleineren Bau aus dem Jahr 1944. Der dritte auffällige Sakralbau der Stadt ist der **Tempel der** ziemlich großen **Sikh-Gemeinde.** Der kastige Uhrturm in der Stadtmitte wurde 1956 bei einem Besuch von Prinzessin *Margret* enthüllt.

Von Machakos kann man lohnenswerte **Ausflüge** in die umliegenden Akamba Hills machen, die eine wunderbare landschaftliche Vielfalt aufweisen, die von großen Tälern, felsigen Gipfeln, dichten Wäldern und intensiven Terrassenkulturen bis hin zu Flüssen und zahlreichen Wasserfällen reicht – zumindest, wenn man hier in den feuchteren Jahreszeiten unterwegs ist. Eine Fahrt durch die weiter südlich gelegenen Mbooni Hills und Kilungu Hills ist ebenfalls sehr lohnenswert und ein perfektes Terrain für Entdeckungen auf eigene Faust.

Unterkunft

Mittelklasse-Hotels

● **Garden Hotel**
Tel. 044/20037, 21712, Fax 21515, www.gardenhotelmachakos.com; R: 1600/2800 Ksh BO, Suite: 4100/5300 Ksh BO, NR zahlen 25% mehr. Man wundert sich, im ländlichen Machakos ein Hotel von solch hohem Standard anzutreffen. Doch die Nähe zu Nairobi und die Ruhe auf dem Land machen es zu einem beliebten Kongress- und Workshop-Hotel. Von außen sieht das Hotel gegenüber der Residenz des District Comissioner zwar ein bisschen wie ein Militärhospital aus, innen wird man dann aber angenehm überrascht. Alle Zimmer besitzen Balkon zum Garten, die Suites sogar ein separates Wohnzimmer, alle sind nett eingerichtet. Das Personal des ruhigsten und saubersten Hotels am Ort ist freundlich und hilfsbereit, der Küchenchef versteht sein Handwerk. Mi. gibt es ein afrikanisches Bufett (700 Ksh). Wellness Club mit Sauna (400 Ksh), Massage und Dampfbad (350 Ksh). Fr., Sa., So. spielt eine Live-Band. Sichere Parkplätze.

● **Lysak Haven Park**
Tel. 044/24200, 24265, Mobil: 0721/449220; 1500/2300 SC BB. Hotel mit großem Garten, in dem sich zwei Konferenzgebäude, ein Restaurant und Container-Bungalows befinden. Die Zimmer in den Bungalows sind einfach, aber sauber. Der schöne Garten mit Spielplatz ist den Zimmern aber vorzuziehen. Sicherer Parkplatz vorhanden.

● **Evening Shade Hotel**
Tel. 020/3581690, eveningshadehotel@yahoo.com; 800 Ksh SG NSC BB, 1050/1200/ 1700 SC BB. Eine kleine, aber feine Oase in Machakos Town. Man erkennt das Gebäude schon von weitem an den vielen Grünpflanzen, die am Eingang, im Vorderhaus und im Hof zu einer netten Atmosphäre beitragen. Das Hotel ist sehr sauber, das Management freundlich und hilfsbereit. Die kleinen Zimmer sind gemütlich und besitzen alle TV mit DS-Kabel-Anschluss. Empfehlenswert!

● **Lau Guest House**
Tel. 044/20405, 24234, Mobil: 0728/527310; 1200/1700 SC BB. Eine weitere empfehlens-

Machakos

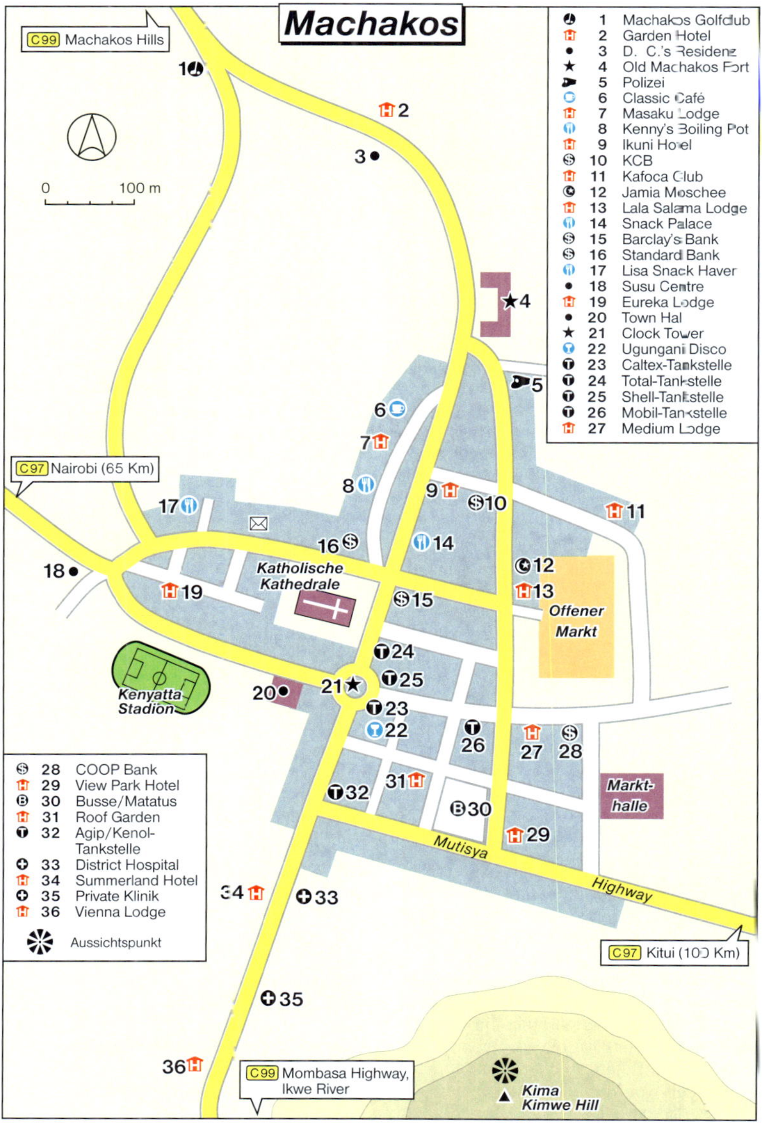

C99 Machakos Hills

1

2

3

★4

5

6

7

8

17

16

18

19

C97 Nairobi (65 Km)

0   100 m

Katholische
Kathedrale

Kenyatta
Stadion

20

21★

9 10

14

12

13

11

Offener
Markt

24

25

23

22

26

27 28

31

30

32

Markt-
halle

29

Mutisya

Highway

C97 Kitui (100 Km)

34

33

35

36

C99 Mombasa Highway,
Ikwe River

Kima
Kimwe Hill

	1	Machakos Golfclub
	2	Garden Hotel
•	3	D. C.'s Residenz
★	4	Old Machakos Fort
	5	Polizei
	6	Classic Café
	7	Masaku Lodge
	8	Kenny's Boiling Pot
	9	Ikuni Hotel
	10	KCB
	11	Kafoca Club
	12	Jamia Moschee
	13	Lala Salama Lodge
	14	Snack Palace
	15	Barclay's Bank
	16	Standard Bank
	17	Lisa Snack Haven
•	18	Susu Centre
	19	Eureka Lodge
•	20	Town Hall
★	21	Clock Tower
	22	Ugungani Disco
	23	Caltex-Tankstelle
	24	Total-Tankstelle
	25	Shell-Tankstelle
	26	Mobil-Tankstelle
	27	Medium Lodge

	28	COOP Bank
	29	View Park Hotel
	30	Busse/Matatus
	31	Roof Garden
	32	Agip/Kenol-Tankstelle
	33	District Hospital
	34	Summerland Hotel
	35	Private Klinik
	36	Vienna Lodge
✳		Aussichtspunkt

werte Adresse in Machakos. Das Hotel befindet sich im zweiten und dritten Stock des Gebäudes. Eingang durch den Hof rechts. Die Doppelzimmer sind groß und hell, die Einzelzimmer etwas kleiner, aber alle mit TV ausgestattet. Bemerkenswert: Die Fliesen am Gang und in den Zimmern sind so sauber, dass man sie für einen Spiegel halten könnte. Im dritten Stock befindet sich das Restaurant. Sichere Parkplätze sind vorhanden.

Preiswerte Unterkünfte

- **Sunny Land Hotel**
Tel. 044/20402; 600/800 Ksh SC. Geräumig, hell und nett, Moskitonetze und heißes Wasser vorhanden – so knapp lassen sich Zimmer des Hotels gegenüber des Provinzkrankenhauses beschreiben.
- **View Park Hotel**
Tel. 044/21451, 21965; 350 Ksh SG SC. Die Zimmer sind zwar klein, haben aber Moskitonetze und teilweise eine nette Aussicht. Warmes Wasser gibt es auch. Faires Preis-Leistungsverhältnis.
- **Roof Garden Hotel**
Tel. 044/20037; 350/450 Ksh NSC. Die Zimmer sind zwar nichts Besonderes, aber da das Hotel direkt am Busbahnhof liegt, ist es sehr beliebt und immer schnell ausgebucht. Keine sicheren Parkplätze.

Unterkunft außerhalb der Stadt

- **Vienna Lodge**
300/600 Ksh, Dusche im Zimmer, Toiletten auf dem Gang. Die Zimmer mit Moskitonetz sind sauber. Die kleine Lodge bietet im Innenhof sichere Parkplätze und ist eine gute Ausgangsbasis für einen Besuch der Ikwe River Rapids und die Besteigung des Bergs Kima Kimwe.

Essen und Trinken

Die beste Küche des Ortes ist jene des **Garden Hotel,** etwas außerhalb des Zentrums gelegen. Hier gibt es europäische Gerichte bis ca. 400 Ksh und Mi. ein erwähnenswertes afrikanisches Büfett. Auch zu den anderen Mahlzeiten werden Büfetts aufgebaut – vorausgesetzt, das Hotel ist einigermaßen gut

ausgelastet. Leckeres Brathuhn mit guten Chips erhält man im **Roof Garden Hotel** am Busbahnhof. Die internationale Küche des **Ikuuni Hotel,** besonders das Steak für 450 Ksh, ist besser als die hauseigene Unterkunft. Im **Classic Café** werden gute Kleinigkeiten wie Mandazi serviert, im **T.ToT** gibt es u.a. wirklich gute Samosas.

Verkehrsverbindungen

Da Machakos so etwas wie eine Satellitenstadt von Nairobi ist, gibt es sehr viele Verkehrsverbindungen. Ständig pendeln **Busse** (250 Ksh), **Matatus** (200 Ksh) und **Peugeot-Taxis** (150 Ksh) zwischen der Country Bus Station und Machakos hin und her. Von Machakos kommt man per Bus aber auch ganz gut nach Kitui. Einmal täglich hält auch ein Bus einer der großen Busgesellschaften auf seinem Weg zur Küste in Machakos.

Nachtleben

Viel wird einem in dieser Beziehung nicht geboten in Machakos, und wer so richtig in Partylaune ist, sollte nach Nairobi fahren und dort übernachten. Immerhin gibt es einige **Bars und** sogar **Discos,** die aber unter der Woche im Dornröschenschlaf liegen, aus dem sie erst am Freitagabend wachgeküsst werden. Wer es etwas edler mag, geht ins **Garden Hotel,** wo die Hausband live spielt. Ebenfalls beliebt und das zweite Etablissement, das von den oberen Zehntausend am Platz für ein Bier und Nyama Choma oder eine Partie Pool-Billard aufgesucht wird, ist der **KAVOKA-Club.** Die **Guzzler's Bar** und das **Katubas Pub,** zwei urige Schuppen mit Pooltabel und lauter Musik, sind durchaus unterhaltsam. Wer unbedingt tanzen will, kann sonst auch noch in die **Ngungani Disco** in der Nähe des Uhrturms gehen.

Krankenhäuser

- **Bishop U Kioko Catholic Hospital**
Konza Rd., Tel. 044/214115, Fax 20495.
- **Shalom Community Hospital**
Konza Rd., Tel. 044/21883, Fax 20588.

Polizei

Tel. 044/20000 oder 20076, in der Stadt nahe des Forts gelegen.

Banken

Im Ort gibt es eine **KCB-Bank,** eine **Barclays-Filiale** (beide mit Bankomat) und eine **Standard & Chartered Bank;** geöffnet jeweils Mo. bis Fr. 9–15 Uhr und Sa. 9–11 Uhr.

Telefon

Bei der Post stehen **Kartentelefone** und gibt es die nötigen Karten zu kaufen.

Einkaufen

Das erste moderne Shopping Centre von Machakos ist das **Susu Centre**. Ein Sportartikelladen und ein Musikgeschäft haben hier

ihre Pforten geöffnet. Wer nach allgemeinen Verbrauchsgütern sucht, sollte sich mal im **Naivasha Supermarket** neben der Eureka Lodge umsehen. Alle frischen Waren, inklusive Mira'a, gibt es auf dem sehr bunten und lebendigen **Markt** direkt hinter der Jamia-Moschee. Wer noch auf der Suche nach netten Reiseandenken ist, kann dort auch ausgesprochen gut und billig Korbwaren und Sisalkörbe einkaufen.

Sport

● Machakos Golf Club

Neben einem 9-Loch-Kurs bietet der Club (Tel. 044/21778) auch Snooker, Darts, Tischfußball und -tennis sowie ein Dampfbad. Ta-

Die schöne Moschee von Machakos

gesgäste zahlen eine Green Fee von 500 Ksh unter der Woche, am Wochenende wird das Doppelte verlangt. Der Cady kostet 350 Ksh pro Runde. Der Golfclub vermietet auch vier Zimmer, Mitglieder zahlen 800 Ksh, alle anderen 1000 Ksh.

Ausflüge

Kya Mwilu

Rund 8 km nördlich von Machakos scheinen die Gesetze der Schwerkraft an den Kopf gestellt. Auf einer Strecke von 100 Metern **fließt das Wasser** offensichtlich **bergauf** und, noch viel beeindruckender, auch **Autos rollen ohne Motorhilfe aufwärts.** Wer dieses Wunder mit eigenen Augen sehen will, nimmt sich ein Taxi (ca. 600 Ksh) und lässt sich nach Kya Mwilu fahren. Mit dem eigenen Auto nimmt man die Straße in Richtung Machakos Hills. Nach dem Dorf Mutituni führt der Weg mit einer Linkskurve die Mua Hills hinauf. 20 m nach der Abzweigung zur Ngelani High School kann man den Motor abstellen, den Gang auskuppeln – und kommt aus dem Staunen nicht mehr heraus. Einige Jungs mit Wasserkübeln werden bereits auf Sie warten, um Ihnen das eigenartige Phänomen auch mit Wasser zu demonstrieren. Entscheiden Sie selbst, ob es sich „nur" um eine optische Täuschung oder tatsächlich um ein unerklärliches Rätsel handelt ...

Ikwe River Rapids

5,4 km südlich von Machakos überquert die Machakos South Road den Ikwe River, der links, etwas abseits der Straße, schöne **Stromschnellen** besitzt. Der Fluss fließt in einem Bett aus geschliffenem Granit. In den zahlreichen Felspools sitzen die Leute und waschen ihre Kleider, im Hintergrund erheben sich die Kamba Hills – ein idealer Picknickplatz. Von Machakos nimmt man entweder ein Taxi (ca. 100 Ksh) oder klettert in den Bus Richtung Konza South (25 Ksh) und lässt sich an der Brücke hinauswerfen.

Besteigung des Kima Kimwe

Der **Hausberg von Machakos** lässt sich von der Vienna Lodge, die etwa auf halbem Weg vom Ikwe River zurück in die Stadt liegt, in rund 2 Stunden gut erklimmen. Von oben eröffnen sich wunderbare Blicke hinunter auf Machakos.

Rundtour durch die Machakos-Berge

Eine schöne Rundtour mit dem Auto (nur bei trockener Witterung) führt durch die Berge in der Umgebung von Machakos. Man folgt zunächst der Teerstraße C99 in Richtung Kangundo, passiert am Ortsausgang den Golfclub und zweigt 3 km hinter dem Club nach rechts auf eine Teerstraße ab, die sich die Berge hinter Machakos hinaufwindet. Nach rund 7 km haben Sie den Bergkamm unter tollen Ausblicken erklommen, es geht nun wieder abwärts. Bei km 7,7 hinter der Abzweigung von der C99 macht die Straße eine scharfe Linkskurve (A). Sie können noch einige Kilometer weiterfahren und kommen schließlich an den kleinen **Muoni-Stausee,** der zum Ende der Trockenzeit kaum Wasser enthält. Man sieht recht gut, wie sehr das Gewässer bereits durch Erosionsmaterial verlandet ist, obwohl der Staudamm erst 1987 vollendet wurde. In der Umgebung wachsen Zuckerrohr, Bananen, Mangobäume und immer wieder Kaffee. Kehren Sie zu der scharfen Kurve (A) zurück und biegen Sie nach links (wenn Sie schon auf der Herfahrt abzweigen, dementsprechend rechts) auf einen kleinen Pfad ab. Nach 300 m nimmt man einen schmalen Pfad rechts und fährt dann immer geradeaus. 2,7 km nach der Abfahrt vom Teer halten Sie sich an einer Gabelung rechts, bei km 5,2 stoßen Sie auf einen anderen Weg, dem Sie nach rechts in das Dörfchen **Kusyomuomo** folgen. Nun brauchen Sie der Piste nur noch geradeaus zu Tal zu folgen. Stellenweise ist der Weg stark erodiert, aber die Ausblicke auf die Ebene und Machakos sind großartig. Bei km 10,9 stößt man auf einen anderen Weg und wendet sich nach rechts, 1,5 km später erreicht man die Teerstraße von Machakos nach Kitui. Hält man sich nach rechts, ist man nach 1 km wieder in Machakos.

Das Volk der Kamba

Richtig heißen die Kamba eigentlich „Akamba" und ihr Stammesgebiet „Ukambani"; es erstreckt sich von Kibwezi im Süden bis zum Tana-Knie im Norden und Nairobi im Westen über die Distrikte Makueni, Kitui und Masaku. Die Kamba sind das **viertgrößte Volk des Landes** und gehören der Sprachgruppe der Bantu an. Bis Ende des 16. Jahrhunderts lebten sie noch als Pastoralisten, Jäger und Sammler in den Ebenen um den Kilimanjaro, bevor sie nach Norden zogen und sich in den Mbooni Hills niederließen, deren Fruchtbarkeit ihren Wandel zu Ackerbauern begünstigte. In gleichem Maße wie die Bedeutung der Viehhaltung abnahm, erlebten handwerkliche Tätigkeiten wie Töpferei, Schnitzkunst und die Korbflechterei, die Eisenverhüttung und die Schmiedekunst, aber auch die Herstellung von Jagdwaffen und Pfeilgiften eine Blüte. Die Folge war der Aufstieg der Kamba zum einflussreichsten **Händlervolk** in Ostafrika. Ein neues, wichtiges Handelsgut führte zum Ausbau ihres dichten Netzes von Handelsbeziehungen, das sich schließlich von der Küste bis zum Lake Victoria und hinauf zum Lake Turkana spann: **Elfenbein.** Die Kamba tauschten begehrte Waren von der Küste – vor allem Perlen, Schmuck, Stoffe und Metalle – gegen Stoßzähne und veräußerten sie mit großem Gewinn weiter an Suahelis und Araber. Doch sie heuerten auch bei deren Karawanen als Führer an, was sich als ein folgenschwerer Fehler herausstellte. Denn ab der Mitte des 19. Jahrhunderts begannen die Küstenvölker auf direktem Weg mit dem Inland Elfenbeinhandel zu treiben. So war der Stern der Kamba bereits im Sinken begriffen, als die Europäer in Kenia Fuß fassten. Ähnlich wie Kikuyu und Masai wurden auch die Kamba Ende des 19. Jahrhunderts von der Rinderpest und verschiedenen Naturkatastrophen heimgesucht, und aus dieser Not heraus traten viele von ihnen in die Dienste der Engländer. Besonders die Kolonialarmee nahm sie mit offenen Armen auf, denn die Kamba galten als intelligent, zuverlässig und kampferprobt. Tausende von Männern zogen für die Briten in den Ersten Weltkrieg.

Bemerkenswert ist die geschlossene Reaktion der Kamba auf die Versuche der Kolonialisten, ihnen ihr Land und das Vieh streitig zu machen. In den 1930er Jahren formierte sich die **Ukamba Members Association,** und Tausende von Männern marschierten zum Kariokor Market in Nairobi, wo sie drei Wochen friedlich gegen die Ungerechtigkeit protestierten. Der passive Widerstand hatte Erfolg. Die Regierung lenkte schließlich ein und gab den Kamba ihr Vieh zurück, die Ansiedlung von weißen Farmern in ihrem Stammland in größerem Stile wurde verhindert.

Die Kamba gelten – vielleicht wegen ihrer Händlervergangenheit, die sie weit herumführte – als wenig tribalistisch und sind eine anerkannte und ausgleichende Ethnie im Vielvölkerstaat Kenia. Berühmt sind sie für ihre außergewöhnlich akrobatischen Tänze.

Zwischen Inland und Küste

Chyulu Hills National Park ♪ V/C1

Der Nationalpark

Die **Chyulu Range** wird bisweilen als die jüngste Bergkette der Erde bezeichnet. Tatsächlich besteht sie aus zahlreichen Einzelvulkanen. Deren Krater sind vor allem am Südostende unübersehbar, wo vor noch nicht einmal 200 Jahren die jüngsten Ausbrüche stattfanden. Die gesamte Nordostflanke der 80 km langen und durchschnittlich 7 km breiten Berge ist seit 1983 durch einen 471 km² großen Nationalpark geschützt, der aber praktisch kaum besucht wird. Die Südwestseite der Berge wird von großen Masai-Gruppenranches bedeckt. Die Grenze verläuft größtenteils auf dem Grat. In den oberen Berglagen gibt es noch schöne Urwaldbestände, während die niedrigeren Regionen von Grasland überzogen sind, das von einzelnen Gehölzinseln aufgelockert wird. Die Region ist wildreich und man hat gute Chancen, Kongonis und Elenantilopen zu sehen. Die Wälder sind voller Wildbüffel und Affen, aber es leben hier auch Giraffen, Elefanten, Löwen und an den Umani-Quellen in der Ebene am nordöstlichen Fuß der Berge Krokodile. Eine kleine Sensation war die Entdeckung, dass in den Chyulus ein Bestand von fünf Spitzmaulnashörnern existiert, die sich hier offensichtlich wohlfühlen – und vermehren.

Außer den **Umani Springs** nahe des Aufstiegs von Kibwezi gibt es keine ständige Wasserquelle am Berg, weshalb die Tierdichte nicht besonders hoch ist. Der vulkanische Boden ist nämlich so porös, dass das Wasser sofort versickert. Ein Großteil davon tritt erst wieder bei Mzima Springs im Tsavo West National Park als mächtige Quelle an die Oberfläche. In den Bergen wächst übrigens der Mira'a-Baum wild. Die Bäume werden manchmal von Sammlern „geerntet". Für den Tourismus sind die Berge bisher nur ansatzweise erschlossen worden, und so schlummert hier direkt neben der Hauptverkehrsstraße des Landes ein natürliches Schatzkästlein, das darauf wartet, zu Fuß, mit dem Fahrrad oder dem 4WD entdeckt zu werden.

Die Vegetation

Grasland und **buschiges Dickicht** weichen an den höchsten Graten montanen **Waldgebieten,** die sich meist oberhalb der 1800-m-Grenze ausbreiten. Die größten geschlossenen Waldflächen sind im südlichen Teil der Chyulus anzutreffen. Prägende Bäume in den höchsten Regionen sind u.a. der Abessinische Korallenbaum mit seinen leuchtend roten Blüten, verschiedene Wildfeigen und afrikanische Pflaumenarten, Stechpalmen sowie der afrikanische Olivenbaum. In niederen Lagen wachsen Wäldchen mit dem ostafrikanischen Wacholder, auf Lavaflüssen fallen Bestände von *Commiphora baluensis* auf, ein Gewächs mit bläulichem Stamm aus der Familie der Myrrhenbäume. Übrigens ist in den Wäldern der Chyulus auch eine **Wildform des Mira'a-Baumes** zu Hause, und so wird man u.U. Mira'a-Sammlern begegnen, die das leichte Rauschmittel später an der Straße verkaufen. Erwähnenswert sind ferner die 37 Orchideenarten, die im Chyulu National Park eine Heimat haben sowie die nördlichsten Vorkommen der Usambara-Zeder.

Die Tierwelt

Neben einer vielfältigen Vogel- und Insektenwelt sowie zahlreichen Schmetterlingsarten sind zahlreiche **Reptilien** im Park vertreten – von der Landschildkröte über zahlreiche Schlangenarten, wie die ungiftige afrikanische Steinpython, bis zum Waran. An größeren **Savannen- und Waldtieren** lassen sich Elefanten, Büffel, Elen-Antilopen, Buschböcke, Waldschweine, Bergrietböcke, Steinböcke und Leoparden beobachten.

Im Park unterwegs

Die Berge lassen sich nur mit dem 4WD, zu Fuß oder mit dem Fahrrad erkunden, wobei in allen Fällen eine **gute Vorbereitung und ausreichend Wasser** notwendig ist. In der

Wildnis der Chyulus ist man völlig autonom und kann mit keiner Hilfe rechnen. Das **Pistensystem** ist denkbar rudimentär: Es gibt besagte Piste, die vom Nordwestende der Berge (also von der dem Kilimanjaro zugewandten Seite) die Berge erklimmt, sich mit der Hauptpiste, die vom Parkhauptquartier und dem Mombasa Highway hinaufkommt, auf den Bergen vereinigt, und dann dem Grat bis ganz zu ihrem Südende im Tsavo National Park folgt. Unterwegs zweigen noch zwei weitere Wege nach Westen, in Richtung Kilimanjaro-Ebene, ab, die aber ziemlich überwachsen und von daher schlecht zu erkennen sind. Steilere Passagen sind oft in sehr schlechtem Zustand, 2009 beispielsweise war die Piste, die am Südende der Berge in den Tsavo National Park übergeht, durch einen 3 m tiefen Erosionsgraben für Autos völlig unpassierbar, sodass man hier wieder umdrehen musste.

Unterkunft

Es gibt lediglich einen einzigen **Campingplatz am Parkgate.** In der Umgebung der Chyulu Hills sind ferner das **Umani Springs Camp** zu nennen, die ausgesprochen edle **Ol Doinyo Wuas Lodge** am nordwestlichen Ende der Berge (nähere Infos unter www.richardbonhamsafaris.com) sowie das einfache, aber schöne **Nyati Camp,** das sich nahe des Kyulu Gate des Tsavo West National Park befindet (siehe dort).

Anreise

Die Anfahrt zum Parkgate erfolgt **über den Mombasa Highway.** Etwa einen Kilometer hinter der Abzweigung nach Kibwezi biegt nach rechts die ausgeschilderte Piste zum Parkhauptquartier ab, das man nach rund 10 km erreicht.

Parkgebühren

Der Chyulu Hills National Park gehört zur **Wilderness-Kategorie,** zu den Eintrittspreisen s. S. 55.

Öffnungszeiten

Der Park ist täglich zwischen Sonnenauf- und -untergang geöffnet.

Mtito Andei – Tsavo – Voi – Mombasa

- **257 km**
- Inzwischen **durchgängig gut ausgebaut.**
- **Tankmöglichkeiten:**
Voi, Mariakani, Mazeras
- **Fahrtzeit:** 3–4 Std.

Bei der Fahrt von Kibwezi weiter in Richtung Küste können Sie linker Hand immer wieder den Athi River erblicken, hinter dem das mächtige **Yatta-Plateau** aufragt. Bei der tafelbergähnlichen Felsformation handelt es sich um einen 300 km langen Lavafluss, der vom nördlichen Ufer des **Galana River** bis kurz vor Thika reicht. Bei km 48 hinter Mtito Andei passieren Sie rechts die Zufahrt zum **Tsavo Gate,** durch das man entlang des Tsavo-Flusses in die Region der Kilaguni Lodge gelangt. 800 m später geht rechts eine kleine Piste zum Riverside Campsite ab, ganz nett direkt am Fluss gelegen, allerdings befindet sich auf dem anderen Ufer ein riesiges Straßenbaucamp, und das schmälert das Wildnisgefühl ein wenig.

Direkt hinter der Abfahrt zum Zeltplatz überqueren Sie den **Tsavo-Fluss,** an dem sich 1898/99 beim Bau der Uganda-Bahn eine Tragödie abspielte. Zwei Menschen fressende Löwen terrorisierten die Bahnarbeitertrupps. Mindestens 28 indische Kulis und vermutlich über 100 afrikanische Dorfbewohner aus der Umgebung fielen ihnen zum Opfer. Die Fertigstellung der ohnehin schon teuren Eisenbahn verzögerte sich dadurch um fast ein Jahr, bevor es schließlich gelang, die beiden „Maneater" zur Strecke zu bringen, deren ausgestopften Felle nun im Field Museum von Chicago zu besichtigen sind. An die blutigen Ereignisse am Tsavo-Fluss erinnert bis heute der Name Tsavo selbst, der auf Kamba angeblich so viel wie „Metzelei" bedeutet. 1996 wurde mit *Michael Douglas* und *Val Kilmer* in den Hauptrollen sogar der Hollywoodstreifen „Der Geist und die Dunkelheit" über die unheimliche Geschichte gedreht.

Hinter der berühmten Brücke befinden sich auf der rechten Seite die Überreste einer Raststation mit dem feinfühligen Namen Maneaters Motel. Das nackte Betonskelett des 1960er-Jahre-Baus verströmt das Ambiente einer notgelandeten Raumstation. Auf den allermeisten Straßenkarten ist dieser Ort als große Siedlung eingezeichnet. Wer sich auf diese Angaben verlässt, guckt böse in die Röhre: Hier gibt es rein gar nichts. Am Ende der Steigung biegt nach links eine Piste ab zur malerischen Bahnstation von Tsavo, wo die Zeit stehen geblieben zu sein scheint, und zum Maneaters Camp (Beschreibung bei Tsavo East).

Auf der weiteren Strecke erblickt man zur Rechten immer wieder den Schneedom des Kilimanjaro. Bei km 60 passiert man links das **Manyani Gate** des Tsavo East National Park, Ausgangspunkt einer Fahrt entlang des Galana River zur Küste bis nach Malindi. In der Folge sieht man immer wieder mächtige Baobabbäume längs der Straße, und schließlich tauchen rechter Hand die **Taita Hills** auf, die fast senkrecht aus der Tsavo-Ebene aufragen. Die letzten Kilometer bis nach Voi fährt man durch ausgedehnte Sisalplantagen, deren symmetrische Reihen bis zum Fuß des **Makingali Hill** reichen, an dessen Südseite die Stadt liegt. Bei km 97 erreicht man zwei moderne Tankstellen, an denen rechts die A23 zu den Taita Hills und nach Taveta an der tansanischen Grenze abbiegt, während links die Straße ins 2 km entfernte Stadtzentrum von Voi und zum Hauptgate des Tsavo East National Park führt.

In der Folge fährt man ein gutes Stück an der Ostflanke der **Sagalla Hills** entlang. Bei km 6 ab der Taveta-Kreuzung verlässt links eine weitere Zufahrt nach Voi die Hauptstraße. Der trockene Landstrich, durch den man jetzt fährt, ist als **Taru-Wüste oder Nyika** bekannt. Bei den Karawanen des 19. Jahrhunderts war die Taru wegen ihres undurchdringlichen, wasserlosen Dornenbuschdickichts berüch-

tigt. Dieses stellenweise bis zu 150 km breite Buschland hat das Innere von Kenia lange vor Entdeckungstouren der Küstenbewohner geschützt.

Im Örtchen **Maungu** zweigt eine Piste zum **Kasigau-Berg** (1641 m) ab. Das beeindruckende, freistehende Bergmassiv erhebt sich 35 km abseits der Straße und lohnt einen Abstecher, denn von dem Ort Rukanga an seiner Westseite kann man in 3,5–4 Stunden den Gipfel erklimmen, von dem fantastische Ausblicke möglich sind. Bei km 56 ab Voi passiert man das **Buchuma Gate,** das an der südlichsten Spitze des Tsavo East National Park liegt, bei km 67 unterbricht **Mackinnon Road** die eintönige Fahrt. Die auffällige **Moschee** des Ortes gibt den willkommenen Anlass zu einer kurzen Pause. Streng genommen handelt es sich bei dem Gebäude um eine Ziarat, ein Heiligengrab mit der Funktion einer Pilgerstätte. Das Gebäude mit den hübschen Silberkuppeln ist das Anfang der 1950er Jahre im persisch-indischen Stil errichtete Grab von *Sayyid Bagh Ali Shah Pir Padree*, einem Sunniten aus dem Gujarat, der als einfacher Kuli beim Eisenbahnbau gearbeitet hatte und 1902 starb. In den 1930er Jahren wurde er von ehemaligen indischen Eisenbahnarbeitern zum Heiligen erklärt. Die Anlage besitzt einen kühlen, schattigen Innenhof mit Ruhebänken, eine Wasserstelle, eine Koranschule, ein Gästehaus und eine kleine Klinik, doch im Zentrum steht der Raum mit dem Schrein, der sich unterhalb der Kuppeln befindet und bei Muslimen, Hindus und Sikhs gleichermaßen Verehrung genießt.

Der Name „Mackinnon Road" geht auf den Schotten **Sir William Mackinnon** zurück, den Gründer der Imperial Britisch East Africa Company (IBEA), der von der Krone 1890 die Handelsvollmacht für das britische Ostafrika-Protektorat erhielt und mit der Erschließung des Landes begann. Er ließ zunächst einen groben Pfad für Ochsenkarren in die Nyika schlagen, die sogenannte Mackinnon Road, die bis nach Westkenia reichte. Unter Mackinnon entstand die Idee der Uganda-Bahn, doch die IBEA machte 1895 Pleite, und der britische Staat kaufte die Anteilscheine der bankrotten Firma auf – der

Startschuss für das britische Kolonialengagement in Ostafrika.

Bei km 81 kommt man durch **Taru.** Ausgerechnet in dem kleinen Ort, der den Namen der knochentrockenen Region trägt, stehen die ersten Kokospalmen, noch reichlich seltsam anmutende Vorboten der Küste. 15 km später folgt **Samburu,** dessen Ortsname aus der Maa-Sprache stammt, „Schmetterling" bedeutet und ein Überbleibsel der Masai-Überfälle auf den Küstenstreifen in der zweiten Hälfte des 19. Jahrhunderts darstellt. Hier biegt eine mäßige Piste zu den Shimba Hills ab, die Ihnen eine Fahrt durch Mombasa erspart, wenn Sie direkt zur Südküste möchten. Die meisten Häuser sind nun bereits im typischen rechteckigen Suaheli-Stil errichtet.

Auf den nun folgenden Straßenstück stehen am Fahrbahnrand immer wieder Holzkohlesäcke, die an Durchreisende verkauft werden. Die Köhler zünden nachts Fackeln an, um potenzielle Kunden auf ihren Verkaufsstand aufmerksam zu machen – eine faszinierende Stimmung. Nach der Überquerung des Manjewa-Flusses kommt man in die Gegend von **Maji ya Chumvi** („Salzwasser"), in der **Sandstein,** auf Kisuaheli Mawe ya Galana, also „Galana-Stein" abgebaut wird. Bei der Hitze in der Taru-Wüste ist das eine regelrechte Sträflingsarbeit, die mit 16 US$ pro Tonne nicht gerade üppig bezahlt wird.

In **Mariakani** bei km 125 kommt man aus der Taru fast schlagartig in den feuchteren Küstenbereich. Spätestens in **Mazeras,** bei km 140, scheint die Vegetation zu explodieren. Es gibt nun Bananenstauden, Mangobäume und Kokospalmen ohne Ende. Das geschäftige Städtchen ist unansehnlich, lebt aber nicht schlecht vom Handel. Einzige Attraktion ist der botanische Garten von Mombasa, der etwas außerhalb des Ortes in Richtung Mombasa liegt. Viel bekannter ist Mazeras allerdings wegen der nahe gelegenen **Missionsstation von Rabai,** die Mitte des 19. Jahrhunderts von den beiden deutschen Missionaren *Krapf* und *Rebmann* aufgebaut wurde und damit die erste ganz Ostafrikas war. Der rund 5 km lang Teerstraßenabstecher ist in jedem Falle lohnend. Wer nach Kaloleni, Kilifi oder Malindi möchte und hier der C111 nach Norden folgt, um Mom-

basa großräumig zu umfahren, kommt ohnehin in ihrer unmittelbaren Nähe vorbei (weitere Infos zu Rabai s. S. 823).

Direkt hinter Mazeras bricht eine Höhenstufe in die Küstenebene ab, und zum ersten Mal erblickt man ein Stückchen der Lagune, in welcher die Insel von Mombasa liegt. Die Luft ist feucht, schwül und riecht förmlich schon nach Tropen und Meer. Der **weitere Weg nach Mombasa** wird über weite Strecken von Gewerbebetrieben, Lager- und Fabrikhallen gesäumt, die zweitgrößte Stadt Kenias wirft einen langen, eher abstoßenden Schatten voraus. Bei km 150,5 passiert man rechts die Abfahrt zum Moi International Airport, bei km 154 biegt an einem Roundabout nach rechts die Zufahrt zum Hafen ab, während die Hauptstraße kurz darauf den Fahrdamm nach Mombasa Island überquert. Links erstreckt sich der von Mangroven gesäumte Port Tudor, rechts Port Reitz, die beiden Naturhäfen der uralten Hafenstadt. Bis zur Südspitze der Insel, an der das Stadtzentrum liegt, geht es noch einige Kilometer durch Wohn- und Gewerbeviertel.

Voi

✎ **V/D3**

Voi sehen und dann sterben? Sicherlich ein Wunsch von Wenigen, auch wenn das Städtchen eine freundlich-entspannte Atmosphäre besitzt. Wenn hier jemand stirbt, dann vermutlich aus Langweile, dabei hat das einst staubige und armselige Kaff einen gewissen Aufschwung zum wirtschaftlichen Zentrum der dünn besiedelten Region nördlich der Taru-Wüste erfahren. Immerhin hielt es die Barclays Bank für nötig, ein repräsentatives Gebäude in die Stadt zu stellen. Vois vorrangige Bedeutung ist die eines **Verkehrsknotenpunkts:** In der Stadt zweigen von der Schienen- und Straßenverbindung zwischen Mombasa und Nairobi die Verkehrswege zur tansanischen Grenze und weiter nach Moshi und Arusha ab. Ein weiteres wirtschaftliches Standbein bilden die großen **Sisalplantager** im Umkreis von Voi. Administrativ spielt aller-

Zwischen Inland und Küste

dings das viel kleinere und unbedeutendere Wundanyi die erste Geige im Taita District, da die Briten das gemäßigte Klima in den Taita Hills der trockenen, staubigen Hitze von Voi vorzogen.

Anfang des 20. Jahrhunderts verbrachten die Bahnreisenden im Ort die Nacht, bevor sie am folgenden Tag die Fahrt nach Nairobi fortsetzten. Heute ist die Stadt am Voi River **für Touristen** vor allem ein guter Ausgangspunkt für Fahrten in den Tsavo East National Park und in die Taita Hills, Durchgangsstation für Reisen zum Lake Jipe und nach Tansania oder nur Rastplatz vor der Durchquerung der trostlosen Taru-Wüste auf dem Weg nach Mombasa. An den Markttagen Dienstag und Freitag lebt Voi spürbar auf.

Unterkunft

Mittelklasse-Hotels

● Impala Safari Lodge

Tel. 043/30282 od. 30316 oder über Nairobi 2108174, Mobil: 0713/817115, impalalodge@africaonline.co.ke; Apartments R: 4000/4600/5500 Ksh BB, NR: 3000/3500/4500 Ksh BB; Safari-Zelte R: 3000/4000/5000 Ksh BB, NR: 4000/4600/5500 Ksh BB. Auf dem kleinen Grundstück etwas abseits der Ortsmitte gibt es zwei großzügige Apartments ohne eigene Küche, aber mit drei Schlafzimmern, Wohnzimmer und allen Annehmlichkeiten. Zu Swimmingpool, Restaurant und Bar gesellen sich zudem sechs kleine Safarizelte. Die lassen alle Geräusche der Bar hören und wirken hier ebenso deplatziert wie ihre Einrichtung mit TV und gekacheltem Boden. Besucher von außen dürfen für 500 Ksh (Kinder 250 Ksh) baden.

● The Silent Guest Resort

Tel. 043/30112, silentresort@yahoo.com; 1900/2600/3300 Ksh BO. Da die Zimmer rund um den Innenhof des Hotels gelegen sind, ist es tatsächlich recht ruhig, allerdings auch etwas dunkel. Sauber sind die Zimmer aber, die mit Telefon, Ventilator und TV ausgestattet sind. Grundsätzlich ein freundlicher Ort, um die Nacht zu verbringen. Empfehlenswert ist auch das Restaurant, dass Lunch- und Dinner-Büfetts für 700 Ksh bietet.

● Tsavo Park Hotel

Tel. 043/30050, tsavoh@africaonline.co.ke; R: 1200/1800/2200 Ksh BB, NR: 40/70/90 US$ BB, die großen Kreditkarten werden akzeptiert. Das Haus ist etwas in die Jahre gekommen, dennoch: saubere Zimmer mit Moskitonetzen, Ventilator und Balkon. Parken kann man nur auf der Straße. Die NR-Preise sind überteuert – und das scheint das Management auch zu wissen. Also: Handeln Sie!

● The Fine Breeze Hotel

Mobil: 0722/660113. Die hellen Zimmer des auffallend sauberen Hotels kosten alle 1800 Ksh BB, ganz egal, ob man alleine, zu zweit oder zu dritt nächtigt. Eine sichere Parkmöglichkeit befindet sich im Innenhof. Restaurant vorhanden. Rundum empfehlenswert!

Preiswerte Unterkünfte

● Distarr Guesthouse

Tel./Fax 043/30277; 900 Ksh SG SC, 650 Ksh DB NSC. Das Guesthouse wird von einer somalischen Großfamilie geführt. Im 1. Stock steht ein Sat-TV, es werden polternde Videofilme gezeigt. Die Zimmer sind sehr sauber, alle besitzen sogar ihren eigenen kleinen Balkon, Moskitonetze und warmes Wasser sind ebenfalls vorhanden, ebenso ein sicherer Parkplatz. Kurz: Das Distarr ist sein Geld wert.

● Oasis Guesthouse

Tel. 043/31432; Mobil: 0724/514257; 700/1000 Ksh SC BB. Das Guesthouse präsentiert sich im Tiger-/Giraffen-Look, die Zimmer sind einfach, aber einladend, zusätzlich werden sicherer Parkplatz, Autowäsche und Laundry-Service unter einem Dach geboten.

● Ghana Guest

Tel. 043/30291; 600/700 Ksh SC und NSC. Die Zimmer mit eigener Dusche und Moskitonetzen sind klein und sauber. Schöner und heller sind jene direkt an der Treppe. Weil es keine Bar gibt und man im Hof das Auto sicher abstellen kann, sind die Voraussetzungen für eine ungestörte Nachtruhe gegeben.

● Comfort Hotel

Mobil: 0713/211406. Bisher nur Einzelzimmer für 600 Ksh, in absehbarer Zukunft auch Doppelzimmer. Das gesamte Haus ist ein Traum in Lila und Rosa – Zimmer, Decken und selbst die Betten. Günstig und empfehlenswert!

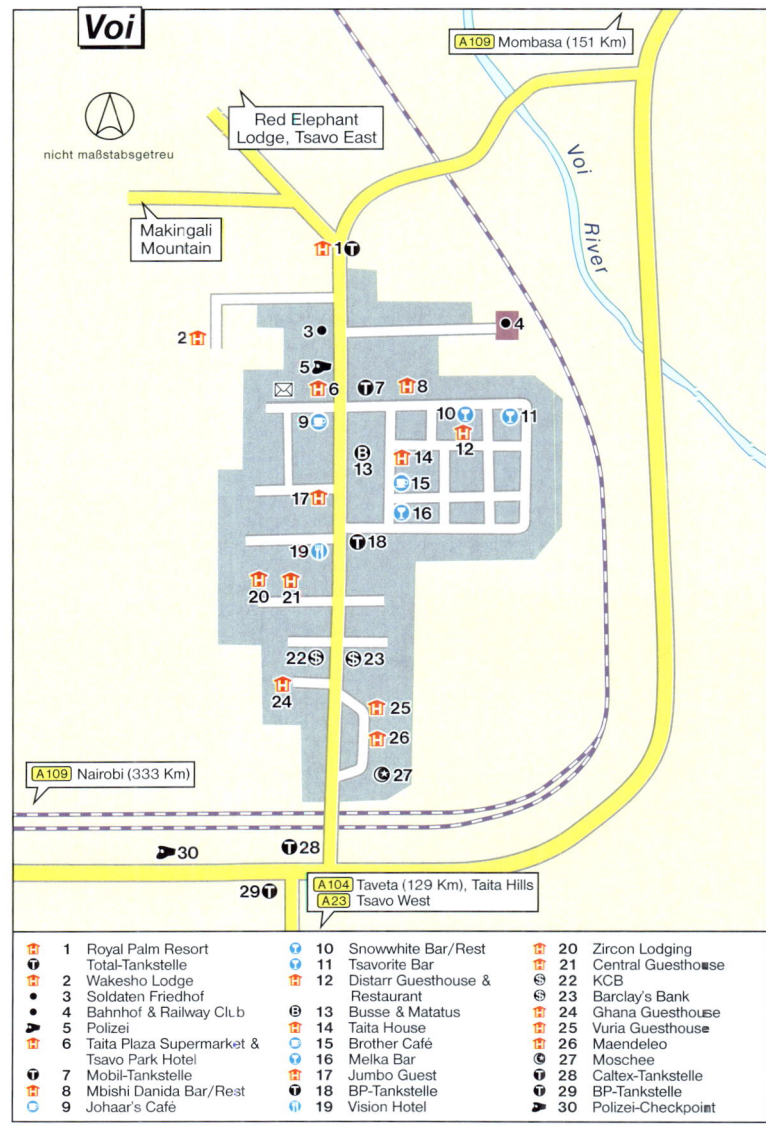

Voi

nicht maßstabsgetreu

A109 Mombasa (151 Km)

Red Elephant Lodge, Tsavo East

Makingali Mountain

Voi River

A109 Nairobi (333 Km)

A104 Taveta (129 Km), Taita Hills
A23 Tsavo West

🏨	1	Royal Palm Resort
⛽		Total-Tankstelle
🏨	2	Wakesho Lodge
●	3	Soldaten Friedhof
●	4	Bahnhof & Railway Club
🚩	5	Polizei
🏨	6	Taita Plaza Supermarket & Tsavo Park Hotel
⛽	7	Mobil-Tankstelle
🏨	8	Mbishi Danida Bar/Rest
☕	9	Johaar's Café

🛈	10	Snowwhite Bar/Rest
🛈	11	Tsavorite Bar
🏨	12	Distarr Guesthouse & Restaurant
Ⓑ	13	Busse & Matatus
🏨	14	Taita House
☕	15	Brother Café
🛈	16	Melka Bar
🏨	17	Jumbo Guest
⛽	18	BP-Tankstelle
🛈	19	Vision Hotel

🏨	20	Zircon Lodging
🏨	21	Central Guesthouse
🏦	22	KCB
🏦	23	Barclay's Bank
🏨	24	Ghana Guesthouse
🏨	25	Vuria Guesthouse
🏨	26	Maendeleo
☪	27	Moschee
⛽	28	Caltex-Tankstelle
⛽	29	BP-Tankstelle
🚩	30	Polizei-Checkpoint

Hotels außerhalb der Stadt in der Nähe zum Nationalpark

●**Red Elephant Safari Lodge**
Mobil: 0727/112175, Fax 043/30749, www.red-elephant-lodge.com, Buchungsoffice in Deutschland Tel. 0341/4419324, Fax 4417670; Standardzimmer: je nach Saison zwischen 5300/10.600 Ksh und 9300/14.600 Ksh FB; Bush Houses: je nach Saison zwischen 6800/13.600 Ksh und 11.300/18.600 Ksh FB. Man kann auf dem Lodge-Gelände auch für 500 Ksh pro Person zelten, Duschen und Feuerholz inklusive. Die Red Elephant Safari Lodge hat ein deutsches Management und besitzt ein sympathisches, unkompliziertes Flair. Die Zimmer mit Moskitonetzen sind schlicht, aber gemütlich, makellos sauber und besitzen eine eigene kleine Veranda mit Blick in den Busch, könnten aber etwas größer sein. Die Bush Houses sind großzügiger und besitzen eine Veranda, von der man auf ein Wasserloch hinter dem Elektrozaun des Nationalparks blickt. Empfehlenswerte Küche.

●**Lion Hill Lodge**
Tel. 020/8030828, www.lionhilllodge.com; 6000/8000/9000 Ksh BO, Frühstück kostet 500 Ksh. Für die Idee, direkt auf den Felsenhügel am Nationalpark eine kleine Lodge zu bauen, kann man den Eigentümer nur beglückwünschen. Der Blick auf das Umland ist wunderbar, die Belegschaft freundlich. Maximal 24 Gäste können in jeweils sechs Safarizelten und sechs Räumen von eher schlichtem Reiz untergebracht werden, wobei die Zimmer dank einer Veranda mit besagtem Blick empfehlenswerter sind. Faires Preis-Leistungsverhältnis!

●**Voi Wildlife Lodge**
Tel. 020/2338042/3, Mobil: 0722/206998, www.voiwildlifelodge.com; HS: 258/438/585 US$ FB, in der Nebensaison bekommt man die Zimmer um ca. 70 US$ günstiger. Die Lodge, direkt hinter der Red Elephant Lodge außerhalb der Parkgrenzen gelegen, ist ein riesiges Hotel, dem man nicht vorwerfen kann, sich dezent in die Landschaft einzufügen. Die schnörkellose Architektur sowie spärliche Möblierung und Dekoration der Zimmer lassen es überaus nüchtern wirken. Neben einem Spa-Bereich mit Fitness-Studio und Massage-Angeboten sowie zwei kleinen Swimmingpools besitzt die Lodge auch einen ausladenden Steg mit einer Bar, der bis zu einem großen Wasserloch im Nationalpark reicht und schöne Möglichkeiten zur Tierbeobachtung bietet.

Essen und Trinken

Im **Distarr Guesthouse** erhält man schmackhaftes Essen zu günstigen Preisen und herrliche Fruchtsäfte, die Spezialität ist ein erfrischender Avocadosaft. Günstig und gut kann man im **Swahili Dishes** im Zentrum oder aber auch im **Sakafina Hotel** bzw. nebenan im **Tropical African Food** essen. Westlich angehauchte Gerichte, etwa Spaghetti, erhält man im Restaurant des **Silent Resort.** Im **Italian Café** bekommt man Cappuccino, frische Fruchtsäfte und leckere Eiscreme. Wer was

Markt in Voi

zu feiern hat, findet im **Red Elephant** gute eine Küche, für die 5 km Strecke braucht man allerdings ein Fahrzeug, oder man ist ein Freund längerer Verdauungsspaziergänge. Die spektakulärste Aussicht hat man gewiss vom Restaurant des **Lion Hill Lodge,** ebenfalls in Nähe zum Nationalpark.

Eisenbahn

Eisenbahnknoten hin, Eisenbahnknoten her, der Personenzugverkehr in Voi hält sich in engen Grenzen. So., Di. und Do. hält der Nachtzug **nach Nairobi** um 23 Uhr in Voi, jener **nach Mombasa** macht am Mo., Mi. und Fr. um 4 Uhr morgens Halt. Es gibt Pläne, auch den Zug über Taveta nach Moshi wieder einzusetzen (Stand 2009).

Busse und Matatus

● Schnell und häufig verkehren **Busse nach Nairobi** (ca. 5 Std. Fahrtdauer) und **Mombasa** (ca. 2 Std.). Früher fuhren die Buslinien nur tagsüber, inzwischen gibt es aber auch Nachtbusse. Auch nach **Taveta** gibt es mehrmals täglich Verbindungen.
● In die **Taita Hills** (200 Ksh), nach **Wundanyi** (150 Ksh), **Mbololo** (100 Ksh) und **Mwanda** (250 Ksh) und auch **Mombasa** (350 Ksh) fahren **Matatus,** ebenfalls mehrmals täglich.

Nachtleben

Dafür, dass Voi die einzige nennenswerte Stadt im Umkreis von 150 km ist, möchte man das Nachtleben doch als sehr zahm bezeichnen. Das **Tsavorite** ist eine der populärsten Discos in der Stadt, gefolgt vom **Club Standard II,** der sich damit brüstet, die besten Djs zu präsentieren. Trinkschuppen mit rauem Charme, wie z.B. die **Melka Bar,** gibt es genug.

Banken

In Voi gibt es eine **Barclays Bank** mit **Geldautomat** und eine **KCB-Filiale,** beide mit den

Öffnungszeiten Mo. bis Fr. 9–15 Uhr und Sa. 9–11 Uhr.

Besteigung des Mt. Makingali

Der **Hausberg von Voi,** der Makingali Mountain im Rücken der Stadt, lässt sich in 1,5–2 Stunden besteigen. Da er große Antennenanlagen trägt, kann man aber auch mit dem Auto hinauffahren. Dazu biegt man von der Staubstraße zum Voi Gate des Tsavo East National Park nach links ab und folgt den Wegweisern zur Impala Safari Lodge und dann zum Akavia Restaurant. Von oben bietet sich ein Rundblick auf die Taita Hills, hinüber zu den Sagallas und weit in die Wildnis von Tsavo Ost hinein.

Die Tsavo-Nationalparks

Das **größte Naturschutzgebiet Kenias** ist der Tsavo, der aus verwaltungstechnischen Gründen in **zwei getrennte Nationalparks** aufgeteilt ist: **Tsavo East** erstreckt sich nordöstlich von Mombasa Highway und Eisenbahnlinie, **Tsavo West** liegt südwestlich dieser Trennlinie. Zusammen bedecken sie knapp 21.000 km², eine Fläche rund halb so groß wie die Schweiz! Mit weiteren Schutzgebieten in der Region, wie dem South Kitui Nationalreserve im Norden, dem Chyulu und dem Amboseli National Park im Westen, sowie kleinerer privater Tierschutzgebiete, z.B. dem Taita Hills Sanctuary, bilden sie ein noch gigantischeres geschütztes Ökosystem.

Anfang des 20. Jahrhunderts wurde der Tsavo durch seine Elefanten berühmt, die Stoßzähne von Rekordgröße trugen. **Berufsjäger** wie *Dennys Finch-Hatton* oder *Baron Bror von Blixen* kamen mit ihren zahlungskräftigen Kunden aus Übersee zur Trophäenjagd. Als die beiden Nationalparks am 6. April 1948 aus der Taufe gehoben wurden – sie zählen damit zu den ältesten des Landes – war mit dem Jagdtourismus Schluss.

Die beiden Parks sind, was Größe und Charakter betrifft, **sehr unterschiedliche Zwillinge.** Dementsprechend vielfältig sind auch die Landschafts- und Vegetationsformen innerhalb ihrer Grenzen, die von weiten Ebenen, Buschsavannen, Halbwüsten, Akazienhainen, kargen Felsrücken, mächtigen Bergmassiven, lehmigen Flüssen und einem malerischen See bis hin zu immergrünen Galerie- und Palmenwäldern reichen. Weltberühmt wurde Tsavo vor allem durch seinen Tierreichtum, in erster Linie durch die unvorstellbare Zahl von 40.000 Elefanten, die in den Parks und ihren Randgebieten lebten.

Diese paradiesischen Zustände wandelten sich durch schwere **Dürrekatastrophen** in den Jahren 1960/61, 1970/71 und 1973/74 zu einem Alptraumszenario. Tausende von Elefanten verhungerten in den Parks, während die überlebenden Tiere in ihrer verzweifelten Suche nach Futter die Vegetation von Tsavo Ost zu Grunde richteten. Der amerikanische Fotograf *Peter Beard* hat schockierende Bilder in dieser Zeit gemacht, die später in dem Buch „The End of the Game" veröffentlicht wurden. Eine der berührendsten Aufnahmen zeigt einen Elefanten, der von einem riesigen Baobabbaum erschlagen wurde. Der Dickhäuter hatte ihn selbst umgestoßen, um an die wenigen grünen Blätter an der Baumspitze zu gelangen. Nach diesem Aderlass suchten in den 1970er und -80er Jahren technisch hochgerüstete, gut organisierte **Wildererbanden** den Tsavo heim. Mit Rückendeckung durch hohe Regierungsbeamte metzelten sie Tier um Tier nieder, durchschnittlich zwei pro Tag. Der traurige Befund einer Tierzählung 1988, vor dem Großreinemachen durch paramilitärische Anti-Wilderereinheiten: Noch nicht einmal 5000 Tiere hatten die Unbilden der Natur und die Gier der Menschen überlebt. Die Nashörner wurden praktisch ausgerottet. Umso erstaunlicher ist das Regenerationspotenzial der Natur. Inzwischen hat sich die Population wieder auf etwa 9000 Tiere erholt, und jährlich steigen die **Elefantenzahlen** um 5 Prozent. Bis aber wieder 30.000 Dickhäuter in den beiden Tsavo-Parks beheimatet sind, die hier laut Ökologen leben könnten, ohne die Pflanzengemeinschaft zu ruinieren, werden noch viele Jahre ins Land gehen. Auch knapp 100 **Nashörner** – ursprünglich waren es hier 5000 Tiere! – gibt es wieder im Tsavo, sie werden allerdings in abgegrenzten Sektoren unter strenger Bewachung gehalten.

Wohl auch wegen der guten Erreichbarkeit von den Touristenzentren an der Küste zählen Tsavo Ost und Tsavo West zu den **am häufigsten besuchten Nationalparks des Landes.** Während der Trockenzeit, wenn sich das Wild um die wenigen dauerhaft Wasser führenden Flüsse und Wasserlöcher versammelt, sind die Voraussetzungen für Tierbeobachtungen optimal. In der feuchten Jahreszeit verteilen sich die Tiere hingegen über riesige unerschlossene Flächen. Aber selbst dann lohnt sich ein Besuch, denn durch die Weite vermittelt der Tsavo ein unbeschreibliches Wildnisgefühl.

Tsavo East National Park ✏ V/D1,2

Der Nationalpark

Zwar ist der Tsavo East National Park mit 11.747 km² deutlich größer als der westliche Zwillingsbruder, seine Landschaft ist aber weniger abwechslungsreich und mit durchschnittlich 510 mm Niederschlag viel trockener. Im südlichen Teil herrschen **flache Gras- und Buschsavannen** vor, die von Voi nach Nordosten mit sinkender Regenhäufigkeit allmählich in **Halbwüsten** übergehen. Reizvolle Berge, wie in Tsavo West, stehen nur außerhalb der westlichen Parkgrenzen. Den einzigen Kontrast zu dieser Eintönigkeit bilden die dichten, erfrischend grünen **Galeriewälder an den Flussläufen** von Athi River bzw. Galana River, Tiva River und Voi River. Aber gerade die monotone, grenzenlose Landschaft macht den speziellen Reiz des Parks aus.

Die Regionen des Parks

Der Tsavo Ost National Park wird durch die von West nach Ost fließenden Flüsse Tiva und Galana in **drei Regionen** unterteilt. **Nördlich des Galana River** ist der Park eine schlecht zugängliche Wildnis, in der sich zur Zeit der verheerenden Wilderei wahre Massaker abspielten, und der aus Sicherheitsgründen lange komplett für Touristen gesperrt blieb. Die Sicherheit ist inzwischen aber kein Thema mehr, und so hat man die nördlichen Regionen für einen wohl dosierten, naturverträglichen Tourismus wieder geöffnet. Die meisten Gäste besuchen allerdings weiterhin den Süden.

Südlich des Galana River ist Tsavo East durch zahlreiche Pisten erschlossen, die auch mit Fahrzeugen ohne 4WD gut zu befahren sind. Auch die meisten Attraktionen befinden sich in diesem Teil des Parks. Einen Auflauf von Safaribussen wie z.B. in der Mara hat man hier allerdings nicht zu befürchten. Ein lohnenswertes Ziel ist der **Mudanda Rock,** der sich nördlich der Voi Safari Lodge zwischen Kreuzung 158 und 112 befindet. Dieser fast 2 km lange, rund 20 m hohe und 50 m breite Inselberg wächst völlig unvermittelt aus der Ebene empor und lässt sich von Westen her über einen Fußweg erklettern. An der Ostseite fällt der Fels steil zu einer Reihe von Wasserlöchern ab, die über das Regenwasser, das vom Stein abfließt, gespeist werden. Aus der wasserlosen Umgebung zieht die natürliche Tränke viele Tiere an, die sich von dem Ausguck gut beobachten lassen. Leider sind die Tage passé, an denen einem hier von Hunderten von Elefanten ein riesiges Badespektakel geliefert wurde.

Noch ein Stückchen weiter nördlich, zwischen Kreuzung 170 und 150, steht der sogenannte **Observation Hill,** von dessen 460 m hoher Kuppe Sie einen tollen Ausblick auf die Stelle haben, an der durch den Zusammenfluss von Athi und Tsavo R ver der Galana River geboren wird, sowie auf das gegenüberliegende Yatta Plateau.

Wenn Sie von hier aus dem Galana weiter stromabwärts folgen, wartet hinter Kreuzung 160, die zur einzigen Galana-Furt führt, schon die nächste Attraktion: die **Lugard Falls,** bei denen es sich streng genommen nicht um Wasserfälle, sondern um **Stromschnellen** handelt. Ein mehrere hundert Meter breites Gesteinsband verlegt hier dem Wasser den Weg. Im Laufe der Jahrtausende hat der Strom einen schmalen Spalt durch den Granitriegel gefressen. In der Regenzeit geben die zischenden und schäumenden Flu-

ten ein donnerndes Schauspiel ab, während man in den trockenen Monaten auf den Felsen herumklettern kann wie in einem gigantischen Skulpturengarten. Das Wasser hat skurrile, wunderschön gefärbte Figuren aus dem Stein gefräst, zwischen denen glatt polierte Treibholzstämme eingeklemmt sind.

Benannt ist der Ort nach Hauptmann **Frederick Lugard,** der auf seinem Weg nach Uganda hier vorbeizog. Sein Auftrag lautete, Uganda für die Imperial British East African Company zu unterwerfen, was er mit Waffengewalt auch blutig erledigte. In die Geschichte des britischen Imperiums ging der später zum Lord geadelte *Lugard* allerdings durch die Einigung der riesigen Kolonie Nigeria in den Jahren 1912–14 ein.

Direkt unterhalb von Lugard Falls befindet sich **Crocodile Point,** den man über die Abzweigung 163 erreicht. Von der Kuppe des vielleicht 50 m hohen, hervorspringenden Hügels genießt man einen unverstellten Blick auf das trügerisch ruhig dahinfließende Wasser, in dem manchmal Hippos baden. An den sandigen Ufern liegen Krokodile – teilweise von beängstigenden Ausmaßen – in der Sonne und verdauen die letzte Fischmahlzeit.

Vom Voi Gate aus kann man dem Verlauf des **Voi River** folgen. Auch wenn der Fluss zeitweilig kein Wasser führt, ziehen die grüne Vegetation an den Uferbänken und zahlreiche Wasserlöcher im Flussbett die Tierwelt aus dem riesigen, verdorrten Umland an. In der Trockenzeit gibt es keinen besseren Platz für die Beobachtung von Vögeln, Affen, Elefanten, Antilopen, Gazellen, Löwen und Leoparden. Da die Piste selten direkt am Ufer des Flusses verläuft, gehen immer wieder Wegschleifen ab und führen einen ein Stück weit an besonders schönen Flussabschnitten entlang, so z.B. der **River Loop** oder der **Wanderi Swamp Loop.**

Der **Aruba-Damm** staut den Voi-Fluss zu einem kleinen See von bis zu 85 ha Größe und lockt durstige Tiere aus der Taru-Wüste an. An seinem Ufer gibt es im Schatten von großen Akazienbäumen einen Picknickplatz. Auch die Ashnil Aruba Lodge befindet sich am Ufer des Sees. Einen schönen Ausblick auf den Lake Aruba mit seinen Hippos, die Lodge und die Berge außerhalb des National-

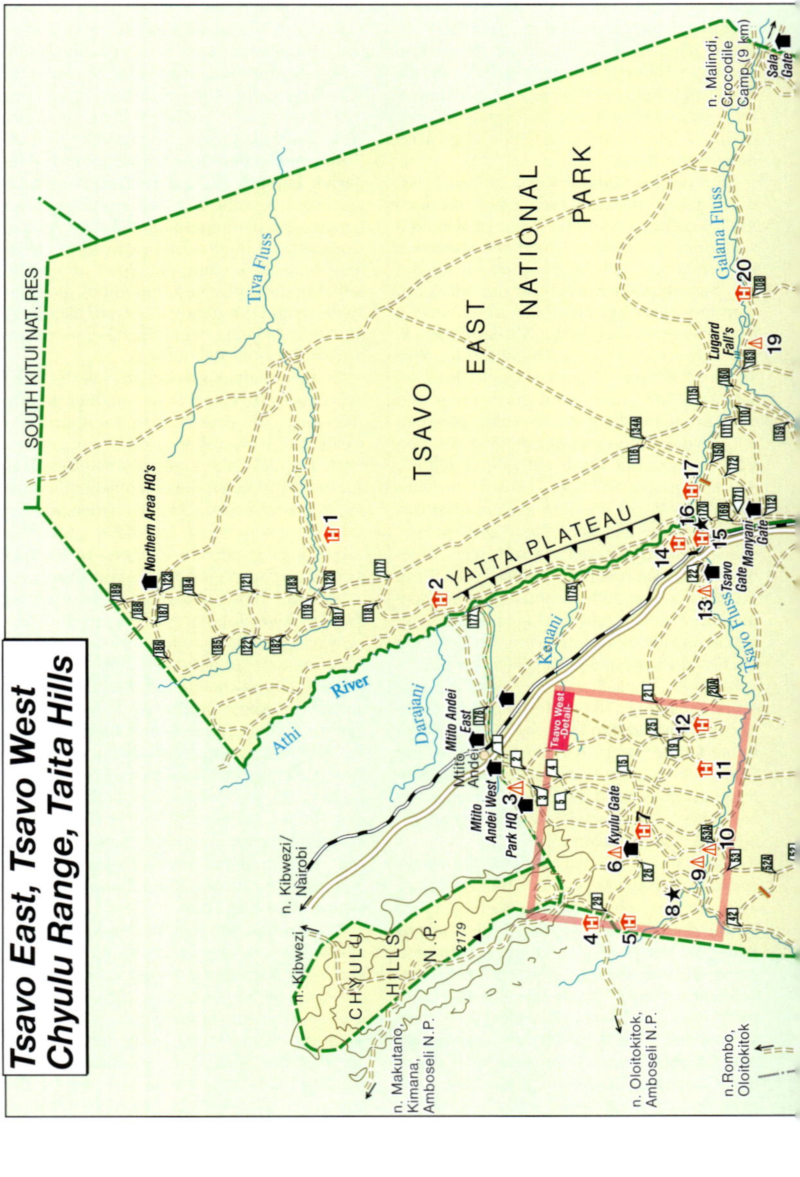
Tsavo East, Tsavo West
Chyulu Range, Taita Hills
SOUTH KITUI NAT. RES.
TSAVO EAST NATIONAL PARK
YATTA PLATEAU
Northern Area HQ's
Tiva Fluss
Athi River
Darajani
Kenani
Galana Fluss
Tsavo Fluss
Lugard Fall's
n. Malindi, Crocodile Camp (9 km)
Sala Gate
Manyani Gate
Tsavo Gate
Tsavo West -Detail-
Mtito Andei East
Mtito Andei
Mtito Andei West
Park HQ
Kyulu Gate
CHYULU HILLS N.P.
2179
n. Kibwezi/ Nairobi
n. Kibwezi
n. Makutano, Kimana, Amboseli N.P.
n. Oloitokitok, Amboseli N.P.
n.Rombo, Oloitokitok

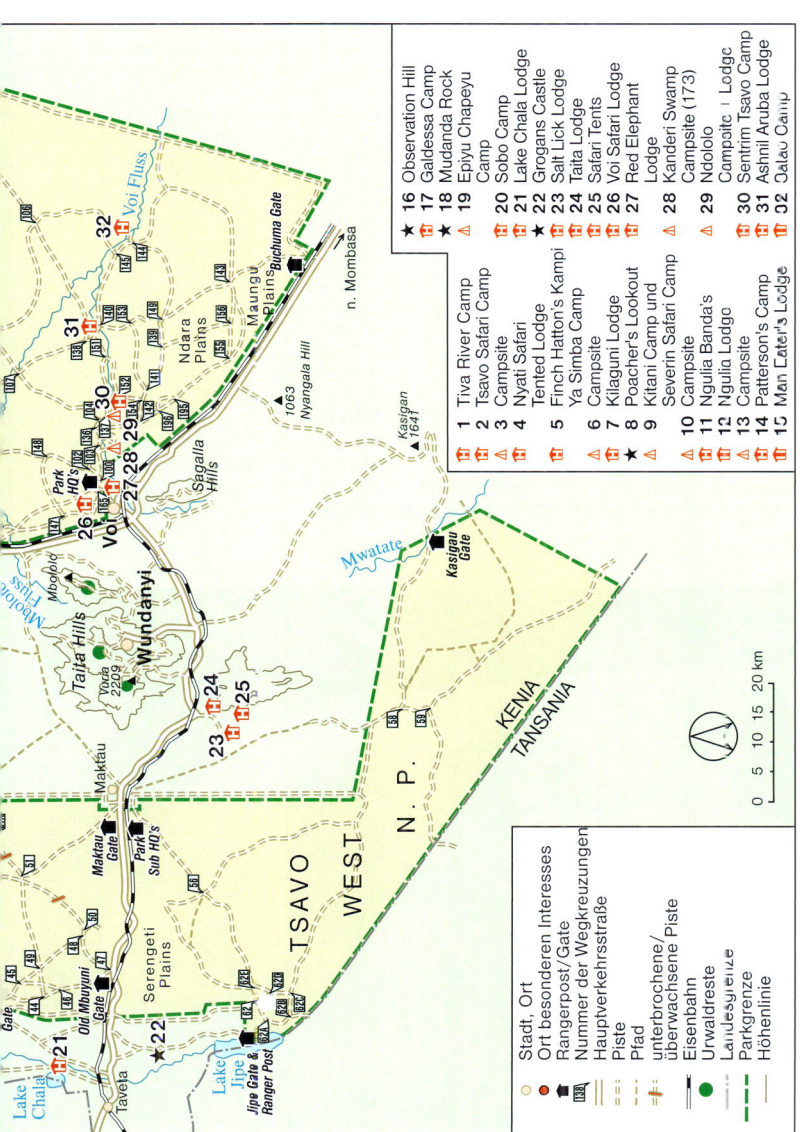

		16	Observation Hill
	★	17	Galdessa Camp
	★	18	Mudanda Rock
	⌂	19	Epiyu Chapeyu Camp
		20	Sobo Camp
		21	Lake Chala Lodge
	★	22	Grogans Castle
		23	Salt Lick Lodge
		24	Taita Lodge
		25	Safari Tents
		26	Voi Safari Lodge
		27	Red Elephant Lodge
	⌂	28	Kanderi Swamp Campsite (173)
	⌂	29	Ndololo Campsite + Lodge
		30	Sentrim Tsavo Camp
		31	Ashnil Aruba Lodge
		32	Satao Camp

		1	Tiva River Camp
		2	Tsavo Safari Camp
	⌂	3	Campsite
		4	Nyati Safari Tented Lodge
		5	Finch Hatton's Kampi Ya Simba Camp
		6	Campsite
		7	Kilaguni Lodge
	★	8	Poacher's Lookout
	⌂	9	Kitani Camp und Severin Safari Camp
	⌂	10	Campsite
		11	Ngulia Banda's
		12	Ngulia Lodge
	⌂	13	Campsite
		14	Patterson's Camp
		15	Man Eater's Lodge

Stadt, Ort
Ort besonderen Interesses
Rangerpost/Gate
Nummer der Wegkreuzungen
Hauptverkehrsstraße
Piste
Pfad
unterbrochene/ überwachsene Piste
Eisenbahn
Urwaldreste
Landesgrenze
Parkgrenze
Höhenlinie

parks genießt man von einem **Viewpoint,** der über die Kreuzung 140 zu erreichen ist.

Die Tierwelt

Im Tsavo Ost halten sich die **„Big Five"** auf, also Löwe, Elefant, Nashorn, Büffel und Leopard. Das Problem – gerade in den Regenzeiten, wenn sich die Beutetiere von den Wasserstellen entfernen – liegt darin, die Tiere in dem immensen Gebiet erst einmal aufzuspüren. Dagegen sind **Krokodile** und **Nilpferde** am Crocodile Point, aber auch am Aruba-Damm sehr einfach zu finden. **Kleine Kudus,** die mit ihren fein gedrehten Hörnern und dem gestreiften Fell zu den hübschesten Antilopen zählen, sind am ehesten im trockenen Busch entlang des Galana River zu sehen. Ebenso wie die Büffelpopulation des Parks, die sich vorzugsweise in der dichten Vegetation der Flussränder aufhält. Demgegenüber sind **Geparden** ausgesprochene Savannentiere und, ebenso wie **Löwen,** relativ häufig in den offenen Ndara Plains ganz im Süden des Parks zu beobachten. Eine Meute von **Afrikanischen Wildhunden** scheint ihr Revier um den Mudanda Rock zu haben, während sich die letzten 50 **Nashörner** vorzugsweise bei den Kreuzungen 169 und 170 sowie beim Observation Point aufhalten. Das Markenzeichen von Tsavo East waren und sind die berühmten **roten Elefanten.** Hinter der seltsamen Hautfärbung steht keine genetische Laune der Natur. Die Tiere legen sich nach dem Baden dieses Ganzkörper-Make-up aus roter, eisenoxidhaltiger Lateriterde selber auf, vermutlich um den Parasitendruck zu verringern und ihre Haut vor Sonnenbrand zu schützen.

In der Nähe der Flüsse und am Aruba-Damm bestehen noch die besten Chancen, einen **Leoparden** zu sehen. Ziemlich sicher dürften einem dort Zebras, Grant-Gazellen, Impalas, Giraffen, Wasserböcke, Gerenuk-, Elen- sowie Oryxantilopen über den Weg laufen. Auch **Affen** und die **Vogelwelt** konzentrieren sich in den Galeriewäldern. Da-

ken018 Foto: hf

rüber hinaus ist Tsavo East so etwas wie die Arche Noah für eine der fünf am meisten bedrohten großen Säugetierarten der Erde: die **Hunter Leierantilope** oder Hirola, die eng mit dem Topi verwandt ist und ursprünglich östlich des Tana River verbreitet war.

Im Park unterwegs

Innerhalb der beiden Tsavo-Parks existierte früher ein Wegenetz von rund 2000 km Länge, das auch bei der Bekämpfung der Wilderei und als Feuerbarriere wichtige Funktionen hatte. Bei der Fahrt durch den Park fällt auf, dass die meisten der **Weggabelungen oder Kreuzungen** eine **Nummer** haben, die auch auf den Nationalparkkarten verzeichnet ist. Selbst wenn die Schilder oder Steine mit den Ziffern an einigen Stellen verschwunden sind, ermöglicht dieses System eine sehr **gute und schnelle Orientierung** und man kann eigentlich nie richtig verloren gehen. Für Wegbeschreibungen oder wichtige Landmarken habe ich diese Nummern auch im Text erwähnt.

Achtung: Heutzutage sind längst **nicht mehr alle Strecken,** die auf den Karten verzeichnet sind, **befahrbar.** Dort, wo die Pisten länger nicht unterhalten wurden, erobert sich die Natur nach und nach ihr Terrain zurück. Das gilt besonders im nördlich des Galana River gelegenen Teil von Tsavo East. In dieses Gebiet dürfen Sie deshalb nur mit 4WD fahren, aber selbst dann ist auf vielen Strecken damit zu rechnen, dass Sie nicht weiterkommen. Nach Aussage der Parkleitung ist allerdings die **Hauptroute** über die Kreuzungen 115, 134, 116 und 117 bis zu Nummer 120 ohne Probleme befahrbar. Vorausgesetzt, dass man es geschafft hat, zwischen Kreuzung 160 und 115, oberhalb der Lugard Falls, über die Furt des Galana River zu kommen. Außer einer Furt am Sala Gate und einer weiteren Furt über den Athi River nahe Mtito Andei bei Kreuzung 177 ist dies nämlich der einzige Zugang zum Nordsektor, der aber nach Regenfällen wegen zu hoher Wasserpegel

nicht passierbar ist. Nach längeren Regenfällen können Pisten durch **Überflutung oder Matsch** unpassierbar werden, so auch die Parktraverse vom Manyani Gate in Richtung Malindi. Fragen Sie in diesem Falle die Ranger, welche Strecken erfahrungsgemäß davon betroffen sind und wie der aktuelle Zustand aussieht.

Berücksichtigen Sie bei der Planung Ihrer Route durch den Park die **riesigen Entfernungen** in Tsavo East, sonst werden Sie vielleicht am falschen Flecken von der Nacht überrascht. Von Kreuzung 100, direkt hinter dem Voi Gate, sind es bis zur Aruba Lodge 27 km, zum Buchuma Gate, am südlichen Zipfel, 69 km, zum Sala Gate auf dem Weg nach Malindi 88 km, nach Malindi 193 km, zu den Lugard-Fällen des Galana River 41 km, zum Mudanda Rock 37 km und nach Ithumba, dem Subheadquarter nahe der nördlichen Parkgrenze, 153 km. Das sind zünftige Entfernungen für einen Safaritag, an dem man ja möglichst wenig fahren und viele Tiere beobachten will. Bei frühem Aufbruch von Voi könnte man allerdings ohne Hetze die Hauptattraktionen in einer Tagestour miteinander verbinden.

Infos und Kontakt

● **Assistant Director, Tsavo East National Park,** Tel. 043/2228, Fax 30034, tenp@africa-online.co.ke.

Unterkunft

● **Voi Safari Lodge**
Mobil: 0722/410310, Tel. 043/30019, 30027, www.safari-hotels.com; Standardzimmer NR: 150/200/300 US$ FB, R: 7000/10.000/14.000 Ksh FB. Die bereits 1968 auf einer Anhöhe erbaute Lodge besitzt von Terrasse, Bar und Swimmingpool einen sagenhaften Blick auf das Wasserloch und die rote Wildnis des Tsavo Ost National Park. Das Hotel selbst allerdings hat ähnlich wie die Ngulia Lodge, das Schwesterhotel in Tsavo West, eine Renovierung und Modernisierung der Räume bitter nötig, um die Preise zu rechtfertigen.

● **Satao Camp**
Tel. 020/243460-0 bis -3, Mobil: 0722/240840 und 0722/622022, www.sataocamp.com, Buchungen über Southern Cross Safa-

Roter Elefant im Tsavo East National Park

ris; Hochsaison: NR: 210/260 US$ FB, R: 8000/11.000 Ksh, Nebensaison: NR: 85/170 US$ FB, R: 4000/8000 Ksh. An dem Camp auf einer Insel im – meist ausgetrockneten – Voi-Fluss fällt zunächst die Architektur der geschwungenen Schattendächer auf, unter denen die zwanzig geräumigen Zelte stehen, welche alle über Ventilator, eigenes Bad und Blick auf das Wasserloch verfügen, das häufig von einer großen Elefantenherde besucht wird. Satao demonstriert, wie man mit Holz und Naturstein eine einfache, aber stilvolle Umgebung schaffen kann, die sich durch liebevolle Details von den großen „Stangen"-camps unterscheidet. Camp und Safari-Fahrzeuge sind auch für Rollstuhlfahrer geeignet. Einzige Trübung: die Hochspannungsleitung, die in nicht allzu großer Ferne im Rücken des Camps verläuft.

● Patterson's Safari Camp

Tel. 020/2021674, Fax 2024552, Mobil: 0723/752173 oder 0733/390787, www.pattersonsafaricamp.com; Nebensaison: NR: 90/140/170 US$, R: 6000/9000/11.000 Ksh, Hochsaison: NR: 110/165/225 US$, R: 7500/11.000/15.000 Ksh, alle FB. Das Safaricamp mit seinen 20 Zelten lebt von der Abgeschiedenheit und der schönen Lage direkt am malerischen Athi River und wird vom Galeriewald beschattet.

● Galdessa Camp

Tel. 040/3202630, Fax 3203466, www.galdessa.com. Preise auf Anfrage. Das luxuriöse Camp mit insgesamt 14 Zelten steht in absoluter Wildnis am Galana River, was für authentisches Safari-Feeling sorgt, für das man tief in die Tasche greifen muss. Von den geschmackvoll eingerichteten Zelten genießt man einen tollen Ausblick auf die wildreichen Ufer des Flusses. Kein Generator überlagert die Geräusche der afrikanischen Nacht, der Strom kommt aus der Solaranlage. Neben herkömmlichen Game Drives gibt es auch Nachtpirschfahrten und Fußsafaris. Neben dem Hauptcamp stehen drei abgelegene Bandas, das sogenannte Private Galdessa, das auch Gruppen einen abgeschiedenen Aufenthalt ermöglicht. Der Gründer des Camps, *Pierre-Andrè Mourgue D'Algue*, war auch bei der Wiedereinführung von Spitzmaulnashörnern in Tsavo East mit von der Partie.

● Epiya Chapeyu Camp

Tel. 020/749796, Fax 750990, www.epiya-chapeyu-camp.com; Preis: 70 US$ pro Person, an Weihnachten 20 US$ Aufschlag – damit eines der günstigen Camps in Tsavo East. Vater und Sohn, *Walter* und *Oscar Bigi*, führen dieses kleine Camp mit 18 Zelten am Galana River, das von Doumpalmen und Akazien beschattet wird. Die Unterkünfte lassen keine Wünsche an den Komfort offen und besitzen ihre eigene kleine Veranda. Private Atmosphäre und hervorragende italienische Küche, die auf der großen Holzterrasse am Fluss unter Sternenhimmel noch mal so gut schmeckt!

● Ndololo Camp

Nicht zu verwechseln mit dem gleichnamigen Public Campsite, der in unmittelbarer Nachbarschaft liegt. Zeltcamp ohne großes Tamtam, dafür aber mit vergleichsweise zivilen Preisen: R: 6100/8800/12.000 Ksh, NR: 100/140/200 US$; Buchungen über das Tsavo Park Hotel in Voi (s.o.). Lunchbüfett für 1000 Ksh.

● Sentrim Tsavo (früher: Tarhi Fly Camp)

Tel. 020/315680, Mobil: 0710/174392, www.sentrim-hotels.com. Das zweite Budget-Camp in Tsavo East kostet 50 US$ p.P. Dafür darf man bzgl. Komfort und Stil auch nichts Überragendes erwarten, das Preis-Leistungsverhältnis des Camps, das im angenehmen Baumschatten liegt, geht aber in Ordnung.

● Ashnil Aruba Lodge

Buchungen über Nairobi: Tel. 55694-6, -7 und -55, Fax 3566974; Buchungen über Mombasa: Tel. 020/2166338/9, Fax 041/2166340; www.ashnilhotels.com; R: 7700/12.000/15.180 Ksh, NR: 137/182/225 US$. Das Ashnil Aruba nimmt den Platz der einstigen Aruba Bandas am gleichnamigen Stausee des Voi River ein. Das 2008 fertiggestellte große Hotel verfügt zur Hälfte über große, gut ausgestattete Safarizelte, zur anderen Hälfte über luxuriöse Bandas, die sämtlich in Richtung Stausee hinausgehen. Das große, abgezäunte Gelände lässt Schattenbäume und einen schönen Garten (noch?) vermissen. Was zu dem Eindruck beiträgt, dass es sauber, gepflegt und makellos geführt ist – aber leider auch weitgehend charme- und gesichtslos.

●Man Eaters Lodge

Tel. 020/2338042/3, Mobil: 0722/206998, www.voiwildlifelodge.com; Hauptsaison: 293/450/ 630 US$ FB, Nebensaison: 195/ 390/546 US$ FB. Auf geschichtsträchtigem Boden direkt am Tsavo-Fluss liegt dieses Safaricamp, das mit seinem Schwesterhotel, der Voi Wildlife Lodge, vor allem eines gemeinsam hat: das spärliche Ambiente und die enge Bebauung. Das Gefühl, in der Wildnis zu sein, kommt hier kaum auf. Ansonsten ist an dem neuen Hotel mit den großen Zelten nichts auszusetzen. Pool vorhanden.

Camping

Mit offiziellen Campingplätzen ist Tsavo East nicht übermäßig gesegnet, gegenwärtig gibt es nur drei. Man kann **am Sala Gate** zelten, und nahe des Voi Gate gibt es zwei schöne Plätze am Voi-Fluss, nämlich einen **Platz beim Kanderi Swamp** (Kreuzung 173) sowie den schön-schattigen **Ndololo Public Campsite** (bei Kreuzung 137), der auch über Duschen und WC verfügt. Restaurant und Bar des Ndololo Camp sind in Fußmarschentfernung. Die **Campinggebühren** finden sich auf S. 56.

Essen und Trinken

Im Park kann man in den **Restaurants der großen Lodges und Camps** essen.

Anreise mit dem eigenen Wagen

Der Tsavo East National Park hat gegenwärtig **fünf für die Öffentlichkeit geöffnete Gates.** Wer von der Küste über den Mombasa Highway anreist, wird das ganz im Süden gelegene **Buchuma Gate** benutzen. Allerdings hat man dann ein relativ langes Stück staubiger Piste zurückzulegen, bis man in die touristisch interessantesten Gegenden gelangt. Das **Voi Gate,** 5 km von der Stadt entfernt, bietet sich für alle an, die aus den Taita Hills, vom Lake J pe oder aus Taveta kommen. Am Gate ist ein kleines Education Centre mit interessanten Informationen über den Park eingerichtet. Das nördlichste Parktor, über welches man in den kleinen Parkzipfel kommt, der von Athi River und Mombasa

Highway eingeschlossen wird, ist das **Mtto Andei East Gate,** während das **Manyani Gate** für Besucher aus Richtung Nairobi, die in den touristisch interessanten Südteil wollen, am günstigsten liegt. Man benutzt es auch, wenn man ohne den Umweg über Mombasa direkt nach Malindi fahren möchte. In diesem Falle verlässt man den Park durch das **Sala Gate** am östlichen Rand des Parks, das auch von den Safaribussen aus Malindi verwendet wird.

Parkgebühren

Der Tsavo East National Park zählt zur Gruppe der Wilderness Parks. Für den Eintritt benötigt man die **Safari Card,** der Eintritt kann nicht bar bezahlt werden. Die Parkgebühren finden sich auf S. 55.

Öffnungs- und beste Besuchszeiten

Der Park ist **von Sonnenauf- bis Sonnenuntergang geöffnet,** Fahrten innerhalb des Parks nach 19 Uhr sind verboten. Tsavo East kann **das gesamte Jahr über** besucht werden, in der Regenzeit sind allerdings bestimmte Pisten wegen Matsch oder Überflutung u.U. gesperrt, **Bedingungen für Tierbeobachtungen** sind **in der Trockenzeit** an Flüssen und Wasserstellen **besser.**

Kartenmaterial und Literatur

●Optisch ganz nett aufbereitet und mit vielen Informationen über die Tiere in den Parks versehen ist die Karte **Tsavo West National Park, Tsavo East National Park and Kyulu Hills Extension,** Sapra Safari Map, Maßstab 1:50.000. Nachteil: Sie ist nicht immer exakt und gerade in den touristisch interessanten Gebieten mit dichtem Wegenetz unübersichtlich. Der KWS verkauft am Voi Gate eine gute Karte von Tsavo East für 500 Ksh.

Zwischen Inland und Küste

Tsavo West National Park 〽 V

Der Nationalpark

Der 9055 km² große Tsavo West National Park ist landschaftlich wesentlich **abwechslungsreicher und stärker gegliedert als der Tsavo Ost National Park.** Hier stößt man in Form von Lavaflüssen und Kratern auf Spuren von jungem Vulkanismus, es gibt beeindruckende Berge, die z.T. von dichter, waldreicher Vegetation bedeckt werden und sich sogar zum Klettern eignen, herrliche Aussichtspunkte mit Blicken zum Kilimanjaro und ein spezielles Nashornschutzgebiet, in dem man die seltenen Dickhäuter beobachten kann. Mit Mzima Springs und dem Tsavo River besitzt das Gebiet zwei permanente Wasservorkommen. Doch kein Vorteil ohne Nachteil: In diesem Teil des Parks ist die **Zahl der Touristen relativ hoch,** und durch das streckenweise dichte Buschland und das unübersichtliche Gelände sind Tiere schwerer zu beobachten.

Der gesamte **Süden von Tsavo West** besteht hingegen aus weiten, rollenden Hügeln und Ebenen von Trockenbusch und Grassavannen. An seiner Südwestgrenze existieren mit dem Lake Jipe und dem Ziwani River ebenfalls zwei wichtige Wasserquellen.

Die Regionen des Parks

Der Nordwesten

Der nordwestliche Teil des Parks weist **die meisten Attraktionen** und daher auch die **meisten Unterkünfte** auf. Man kann sich hier gut und gerne drei Tage mit dem Besuch der verschiedenen Sehenswürdigkeiten aufhalten. Für Tierbeobachtungen eignen sich besonders in der Trockenzeit das nördliche Ufer des **Tsavo River,** dem man vom Tsavo Gate für einige Kilometer zwischen Kreuzung 22 und 21 folgen kann. Bei der Fahrt durch diesen Teil des Parks wird man auf den Schildern an den Wegkreuzungen immer wieder auf das **Ngulia Rhino Sanctuary** hingewiesen. Dabei handelt es sich um ein spezielles, 74 km² großes **Schutzgebiet für** gegenwärtig 47 **Spitzmaulnashörner,** das von einem Elektrozaun umgeben ist. Nur so lassen sich die wertvollen Tiere in dem riesigen Terrain des Tsavo National Park rund um die Uhr bewachen. Das Sanctuary kann ohne zusätzliche Eintrittszahlungen von 16–18 Uhr besucht werden, was Sie sich nicht entgehen lassen sollten, denn die seltenen Tiere, die sich zum Äsen und Ausruhen am liebsten im dichten Busch aufhalten, sind ansonsten kaum aufzustöbern.

Bei Kreuzung 19 kommt man in den berggigsten Teil von Tsavo West. Von der Terrasse der Ngulia Lodge, die auf der Kante des 1260 m hohen **Ndawe Escarpment** liegt, kann man hinunter in die 200 m tiefer liegende Ebene und ganz in der Ferne auf das Yatta Plateau blicken. Allein für diesen fantastischen Blick lohnt sich ein Besuch.

Im Westen des Hotels ragt der 1824 m hohe **Mt. Ngulia** auf, an dessen fast senkrechter Nordseite die Rhino Valley Lodge steht. Nach einer Genehmigung durch den Warden des Nationalparks kann man den Berg in einer vierstündigen **Wanderung** erklimmen. Es geht zunächst über zahllose Pfade von Elefanten und Büffeln durch trockenen Busch. In den oberen Regionen bewegt man sich durch immergrünen Wald, denn der Berg zählt mit über 1000 mm Niederschlag zu den regenreichsten Gebieten im Tsavo.

Etwas südlich der Ngulia Lodge liegt ein weiterer imposanter Berg, der **Kichwa Tembo:** Der „Elefantenkopf" trägt seinen Namen wegen seiner 300 m hohen Felswand, die dem Tsavo-Fluss zugewandt ist und an der man fantastisch **klettern** kann, vorausgesetzt, man hat sich zuvor mit dem Warden in Verbindung gesetzt und einen Ranger gebucht.

Zwischen Kreuzung 55 und 54 passiert man eine wahre **Mondlandschaft aus schwarzer Lava,** die von relativ jungen Ausbrüchen des **Chaimu-Kraters** stammt und deshalb noch kaum bewachsen ist. Die Farben der wenigen Pflanzen – zumeist magere Grasbüschel – wirken angesichts des pechschwarzen Materials schon fast knallig. Der **Vulkan** selbst darf per pedes bestiegen werden. An seinem Fuß liegt schwarzer Lavasand, weiter oben ist die Lava aber scharfkantig, sodass man gutes Schuhwerk benötigt. Wegen des dunklen Bodens ist eine Besteigung (rund 45 Minuten für Hin- und Rück-

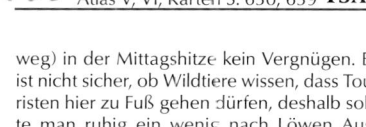

weg) in der Mittagshitze kein Vergnügen. Es ist nicht sicher, ob Wildtiere wissen, dass Touristen hier zu Fuß gehen dürfen, deshalb sollte man ruhig ein wenig nach Löwen Ausschau halten. In der Regel sind aber nur die harmlosen Klippspringer und große Exemplare des seltenen Kaffernadlers zu sehen.

Ein außergewöhnlicher **Aussichtspunkt** sind die **Roaring Rocks,** ein Hügel zwischen Kreuzung 9 und 10. Auf vielen Karten ist fälschlicherweise eine zusätzliche Pistenverbindung zu Kreuzung 16 markiert. Vom Parkplatz führen einige Dutzend Treppenstufen die rund 100 m hohe Kuppe hinauf. Oben belohnt der herrliche Blick über das Rhino Valley und auf den Ngulia-Berg für die Mühe, unter einem Schattendach kann man auch picknicken. Dabei wird auch der Name des Platzes klar: Wenn der Wind die Felsen entlangstreicht, erzeugt er bisweilen ein Rauschen – „Brausende Felsen" also.

Ein weiterer, noch eindrucksvollerer **Vulkan** ist der **Sheitani,** der an den Südhängen der Chyulu Range liegt, sich aber noch innerhalb des Tsavo West National Park befindet. Man verlässt den Park über das Chyulu Gate, biegt dann bei Kreuzung 26 rechs ab. Nach 6 km Bergauffahrt beginnt ein **Wanderpfad** hinauf zum völlig unbewachsenen Krater. Um den Platz ranken sich allerlei unheimliche Mythen, worauf schon der Name Sheitani, Kisuaheli für „Teufel", deutet. Es scheint gut möglich, dass hinter den überlieferten Geschichten von Menschen, die von der Lava gefressen wurden, ein Fünkchen Wahrheit steckt, denn der letzte Ausbruch fand erst vor 200 Jahren statt. Man kann auf dem Gesteinsband ein wenig herumwandern und sieht Lavaspritzer, Graphit- und Schwefelablagerungen. Die Lava wirkt noch so frisch, dass man unwillkürlich zögert, auf den schwarzen Stein zu treten, aus Angst, sich zu verbrennen. Doch die Gefahr lauert ganz woanders: Im Lavastrom gibt es ein – angeblich 13 km langes – **Tunnelsystem,** das erst 1975 entdeckt wurde. Man erreicht den Eingang, wenn man vom Kraterrand dem Lavastrom bergab folgt. Mit einer Taschenlampe bewaffnet kann man dann in den Schlund der Erde einsteigen. Die Knochen abgestürzter Tiere zeigen allerdings, dass Höhlenaus-

flüge gewisse Risiken bergen. Einzig eine ansehnliche Fledermauskolonie scheint sich in den stockfinsteren Gängen wohl zu fühlen.

Nach all dieser Trockenheit, Hitze und Lebensfeindlichkeit erscheinen die **Mzima Springs** bei Kreuzung 11 wie ein Traum: Mitten in der trockenen, heißen Landschaft, die von spröder Lava und staubigem Busch bedeckt ist, taucht ein dichter Wald aus Doum- und Raphiapalmen auf. Kreischende Diadem-Meerkatzen und Grüne Meerkatzen turnen in den Zweigen herum. Inmitten der Vegetation liegt ein glasklarer, kühler **Süßwassersee.** Die Raphiapalme ist übrigens die Palmenart mit den längsten Wedeln. Sie können bis zu 9 m messen. Die grüne Insel wird von einer Quelle gespeist, die pro Minute rund 300.000 Liter (!) Trinkwasser ausschüttet und damit mehrere große Becken füllt. Ein Teil des kostbaren Nasses wird zur Trinkwasserversorgung von Mombasa per Pipeline an die Küste geschickt.

Das Wasser ist so klar, dass man unter der Oberfläche des kleinen Sees Dutzende von Metern weit sieht. Davon kann sich jeder in einer **Unterwasserkammer mit Glasscheiben** selbst überzeugen. Vor allem wird man den lustigen Tanz der Barben und anderer Fische sehen, die genauso neugierig wie man selbst an der Scheibe kleben. Die Hippos und Krokodile dagegen verziehen sich aus irgendeinem Grund meist in den entlegensten Winkel und man bekommt sie nicht zu Gesicht. Das ist schade, weil es schon ein besonderes Schauspiel ist, einen dieser bis zu 800 kg schweren Kolosse über den Grund des Quellbeckens laufen zu sehen. Manchmal kommen ganze Elefantenherden zu den Teichen, um ausgiebig zu baden. Der angeschlossene **Naturlehrpfad** durch das Wäldchen ist malerisch, aber didaktisch ziemlich wertlos, weil die Hälfte der Schilder fehlt.

Von den Mzima Springs ist es nicht mehr weit bis zum **Poacher's Lookout.** Der Hügel, der über Abzweigung 31 erreicht werden kann, bietet freie Rundumblicke auf das Buschland, die Chyulu-Berge und bei gutem Wetter natürlich auf den Kilimanjaro. Nochmals einige Kilometer weiter, und man gelangt nach dem Passieren des Little Royal Campsite zu den Severin Kitani Bandas.

Der Osten und Südosten

Südlich des Tsavo-Flusses, der den touristischen Nordwesten vom kaum besuchten Rest des Parks trennt, ändert sich die Landschaft fast auf einen Schlag. Man fährt zunächst noch durch Nyika-Busch, der schließlich den **Grasflächen der Serengeti-Ebene** weicht, die nicht umsonst den Namen der berühmten tansanischen Savanne trägt. Der Tierreichtum in dieser Region variiert sehr stark in Abhängigkeit vom Grasaufwuchs. Wenn es frisches Grün gibt, sind hier sehr viele grasfressende Arten anzutreffen. **Brände** gehören zum normalen Zyklus dieser Savannenlandschaften. Viele Busch- und Baumsamen werden erst keimfähig, nachdem sie kurzzeitig großer Hitze ausgesetzt waren. Für die Tiere sind die Feuer wichtig, weil sie Schädlinge wie Zecken vernichten und das neu sprießende Gras frisches Futter am Ende der Trockenzeit bedeutet. Bei einem guten Parkmanagement werden auf kleinen Parzellen nach und nach kontrollierte Brände gelegt, sodass die Tiere immer einige Flächen mit frischem Aufwuchs finden.

Lake Jipe

Im Südwesten des Parks, direkt an der Grenze zu Tansania, liegt der Lake Jipe, der vor allem wegen seiner reichen Vogelwelt sowie den Nilpferdherden und Krokodilen einen Abstecher rechtfertigt. Die Pare-Berge, die auf der tansanischen Seite aufragen, machen die Landschaft überaus reizvoll. Eine nähere Beschreibung des Lake Jipe findet sich auf S. 649.

Die Tierwelt

Die Tierwelt des Tsavo West National Park entspricht bzgl. der Großtierarten weitgehend der des Tsavo Ost (s.o.). Besondere Aufmerksamkeit verdienen **höhlenbrütende Vogelarten,** die sich die Baobabs im Park als Nistplatz ausgeguckt haben, etwa Stare, Papageien, Bartvögel und Racken. Zur Zeit des Vogelflugs im Herbst, also Ende November und Anfang Dezember, fallen bei den Wasserlöchern der Ngulia Lodge Scharen von Zugvögeln ein.

Klippschliefer, die putzigen, murmeltierähnlichen Kerlchen, sind im Tsavo West Park wegen seiner vielen Felsen häufig. Auch andere Kleintierarten, darunter verschiedene **Reptilien,** etwa Agamen, aber auch **Paviane, Mangusten, Dikdiks** und **Ducker** lassen sich ausgesprochen gut beobachten. In den weiten Savannengebieten des Südwestens halten sich abhängig von der Jahreszeit viele **Zebras** und **Gnus** auf.

Im Park unterwegs

Was im Kapitel über Tsavo Ost über die Pistensituation gesagt wird, trifft praktisch genauso auf Tsavo West zu. Auch hier gibt es eine Reihe von **Pisten,** die zwar noch auf den Karten herumgeistern, aber schon seit Jahren **überwachsen oder unterbrochen** sind. Hiervon sind in erster Linie der zentrale und der südliche Teil von Tsavo West betroffen. So sind z.B. die Pisten zwischen den Kreuzungen 52A-42, 52-51A, 51A-51 und 51-50 nicht mehr zu befahren. Der River Drive entlang des Ziwani River zwischen 42 und 43 soll wegen Sandfeldern und Erosion selbst mit einem 4WD kaum zu passieren sein. Man tut jedenfalls gut daran, sich über den aktuellen Stand der Dinge beim Betreten des Parks zu informieren. Wegen des porösen vulkanischen Untergrunds ist Matschbildung zumindest im touristisch interessanten Nordwestteil kein Problem.

Es gibt einige besondere Stellen im Tsavo West National Park, an denen man seinen **Wagen verlassen** darf. Dazu gehören die Mzima Springs, die Aussichtspunkte von Poacher's Lookout und Roaring Rock sowie die beiden Krater Chaimu und Sheitani. Dennoch muss man sich vergewissern, dass nicht gerade ein Raubtier um die Ecke spaziert.

Zwei der größten Berge im Park, der **Mt. Ngulia** und der **Kichwa Tembo,** lassen sich **besteigen,** allerdings nur in Begleitung eines bewaffneten Rangers, den man bereits im Voraus bestellen muss.

2–3 Tage sollte man schon für den Nordwestteil von Tsavo einplanen, die oben aufgeführte Reihenfolge der Sehenswürdigkeiten gibt eine vernünftige Besichtigungsroute wieder, wobei man dann am Chyulu Gate campen könnte. Die Vulkanbesteigungen kommen wegen der großen Hitze, die tagsüber herrscht, eigentlich nur in den frühen Morgen- und Abendstunden in Frage, den Aussichtspunkt von Poacher's Lookout sollte man frühmorgens besuchen, wenn sich der Kilimanjaro noch unverhüllt zeigt.

Von der Kreuzung 53A kann man dann in Richtung **Lake Jipe** fahren. Der schnellste Weg führt über die Kreuzungen 53, 52A, 52, 51, Maktau Gate, 56, 62 (Beschreibung der Route Maktau – Lake Jipe s. S. 652).

Infos und Kontakt

●**Assistant Director, Tsavo West National Park,** Tel. 045/622483, tsavowest@kws.go.ke.

Unterkunft

●**Kilaguni Lodge**
Buchungen über Serena Hotels in Nairobi; NR: 162/216 US$ FB, R: 4400/6550 Ksh FB. Auch diese Lodge gehörte wie die Voi Wildlife Lodge zu African Tours & Hotels. Den Namen hat die Kilaguni Lodge vom Hügel gegenüber entliehen, er bedeutet „jur ges Nashorn" in der Sprache des Kamba-Volkes. Das Haus ist ein echter Senior: 1962 wurde es vom Duke of Gloucester eröffnet, als erste Lodge überhaupt in einem kenianischen Nationalpark. Für dieses Alter ist sie noch präch-

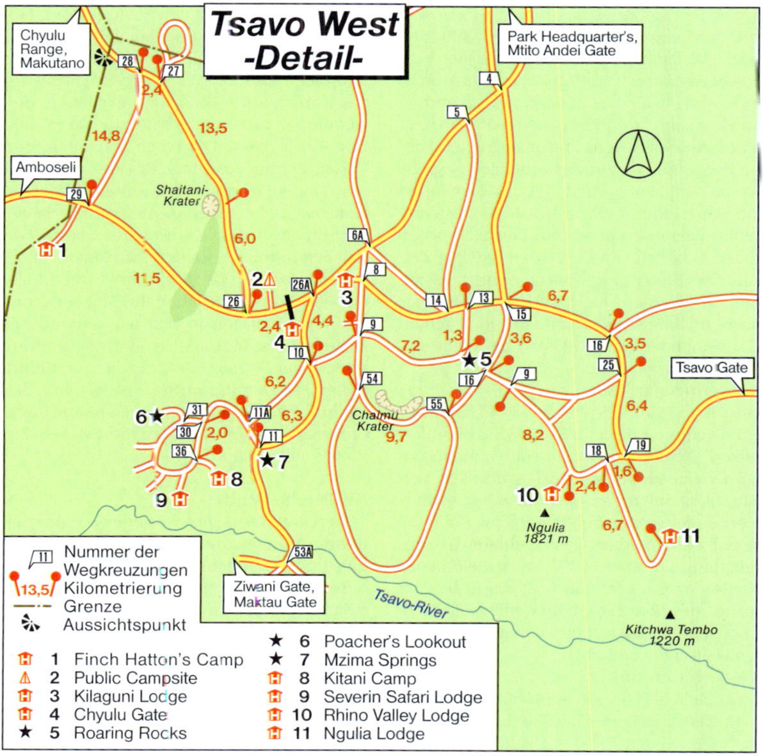

Tsavo West -Detail-

1 Finch Hatton's Camp
2 Public Campsite
3 Kilaguni Lodge
4 Chyulu Gate
5 Roaring Rocks
6 Poacher's Lookout
7 Mzima Springs
8 Kitani Camp
9 Severin Safari Lodge
10 Rhino Valley Lodge
11 Ngulia Lodge

Nummer der Wegkreuzungen
13,5 Kilometrierung
Grenze
Aussichtspunkt

Zwischen Inland und Küste

tig in Schuss, wobei 1992 nach einem Feuer Teile des Hauptgebäudes neu errichtet wurden. Die Terrasse des Hotels ermöglicht wunderbare Blicke auf ein Wasserloch, das bei Nacht mit Flutlicht ausgeleuchtet wird, im Hintergrund sind die Chyulu Hills und der Kilimanjaro zu sehen. Auch von allen Zimmerveranden genießt man diesen Ausblick, die Räume selbst sind geräumig und hell, aber von der Einrichtung her nichts Besonderes. In absehbarer Zukunft soll ein neuer, luxuriöserer Flügel gebaut werden. Swimmingpool (Gäste: 90 Ksh, Kinder die Hälfte) und Tankstelle vorhanden.

●**Finch Hatton's Kampi ya Simba**
Tel. 020/3577500, Mobil: 0720/444419 oder 0735/832453, Fax 020/553245, www.finchhattons.com; Hauptsaison: 350/540/810 US$ FB, Nebensaison: 290/380/570 US$ FB. Package-Angebote inklusive Flug von Nairobi und Game Drives auf der Homepage. Das luxuriöse, sehr stilvolle Camp ist von Lava und Dornbusch umgeben und liegt an einer Reihe von nachts beleuchteten Hippo Pools, die von Süßwasserquellen gespeist werden. Im Hintergrund ragt der Kilimanjaro auf. Finch Hatton's kann bis zu 50 Gästen in seinen luxuriösen Zelten auf Holzplattformen Quartier bieten, die alle zu den Quellen weisen. Die Einrichtung ist schwer nostalgisch, mit viel dunklem Holz und Messing, aber auch im Umgang wird auf Etikette geachtet: Zum Abendessen sind Shorts unerwünscht! Swimmingpool.

●**Severin Safari Camp**
Tel. 041/5485001-5, Fax 5485443, www.severin-kenya.com; FB ab 220 US$. 21 komfortable Zelte und 6 Suiten, die den hohen Standard der Severin Sea Lodge nördlich von Mombasa aufgreifen. Besonders bemerkenswert ist der schöne Spa-Bereich mit Pool und verschiedenen Massage-Angeboten. Im Hotel gibt es kostenloses WLAN und ein neues Konferenzzelt. Vorbildlich ist der hohe Aufwand, den der Eigentümer mit Abfalltrennung und biologischer Kläranlage für den Umweltschutz betreibt.

●**Voyager Ziwani**
Tel. 020/4446651, Fax 4446600, www.heritage-eastafrica.com. Das Camp befindet sich in einem wilden Teil des Ziwani Sisal Estate und besitzt 25 relativ eng beieinander stehende Zelte. Das Camp liegt aber wunderschön direkt an einem vogelreichen Teich, in dem Krokodile und Nilpferde ihr Zuhause haben, und bietet Kilimanjaro-Blick zum fairen Preis-Leistungsverhältnis. Da das Camp außerhalb des Parks ist, sind auch Nachtpirschfahrten und Fußsafaris möglich, außerdem Ausflüge zu den Schlachtfeldern des 1. Weltkriegs, zum Lake Jipe und Lake Chala und für Kinder viele Aktivitäten im Adventurers' Club. Das Ziwani Camp befindet sich nahe der Kreuzung 44, rund 40 km südlich der Kilaguni-Gegend, und ist am einfachsten von der Hauptstraße zwischen Taveta und Voi zu erreichen.

●**Nyati Safari Tented Lodge**
Mobil: 0712/292629, www.sito24.com; HB 120 US$ pro Person und Tag. Die Zelte der Nyati Lodge sind bzgl. der Ausstattung basic und nichts Besonderes – und doch besitzt das ganze Camp einen stilvollen Touch, der wunderbar zur Landschaft zu Füßen der Chyulu Hills passt. Die Wege sind mit feinem Vulkanschotter ausgelegt, das Restaurant besitzt eine geschmackvolle Einrichtung. Der italienische Besitzer hat offenbar ein Faible für Schädel, die viele Stellen des Camps zieren. Schöner Blick auf den Kilimanjaro, in einer wildreichen Gegend, direkt außerhalb des Tsavo West National Park gelegen. Nachtpirschfahrten und Fußsafaris möglich.

●Ebenfalls komfortabel wohnt man in den ehemaligen Ngulia Bandas, die zur **Rhino Valley Lodge** aufgewertet worden sind. Sie bietet eine angenehme Atmosphäre, faire Preise und einen schönen Ausblick auf das Rhino Valley.

Hüttenunterkunft

Im Tsavo West gibt es gegenwärtig eine **Banda-Anlage,** die eine vergleichsweise günstige Übernachtung ermöglicht. Sie ist besonders bei in Kenia lebenden Ausländern beliebt und am Wochenende häufig belebt. Eine Vorausbuchung ist deshalb empfehlenswert.

●**Kitani Camp**
Buchungskontakte: s.o. unter Severin Safari Camp. Seit die acht Selbstversorger-Bandas

des Kitani Camps von Severin Touristik geführt werden, können sie nur als vorbildlich bezeichnet werden. Sauber, von gepflegtem Garten umgeben und vor allem: gemütlich eingerichtet mit Betten, Gasherd und fließend (heißem und kaltem) Wasser. Banda (2 Personen): 50 US\$ (extra Person: 15 US\$), Beleuchtung mit Gas- und Kerosinlampen. Schattendächer für die Fahrzeuge sind ebenfalls vorhanden. Wer keine Lust zum Kochen hat, kann auch im Restaurant des Severin Safari Camps speisen. Da die Bandas in den kenianischen Ferien und an Wochenenden gerne ausgebucht sind, empfiehlt sich eine rechtzeitige Reservierung!

Camping

Die Campingsituation im Tsavo West National Park ist ein wenig erfreulicher als im östlichen Bruderpark. Neben **zwei Special Campsites** im Buschdickicht nahe des Tsavo River – das eine namens **Royal Little Camp**, das andere namenlos – gibt es auch mehrere **öffentliche Campsites:** einer davon am Kamboyo Hill, nahe der Park Headquarters (Kreuzung 3), der am besten über das Mtito Andei Gate zu erreichen ist, ein zweiter beim Kyulu Gate, der nur ein paar Kilometer von der Kilaguni Lodge entfernt liegt. Beide verfügen über fließendes Wasser, kalte Duschen, Toilettenhäuschen sowie Kochstellen und Feuerholz. Ferner gibt es **zwei einfache Plätze am Tsavo Gate,** einen weiteren **am Ziwani Gate** am westlichen Rand des Parks, und auch **beim Lake Jipe Gate** kann man ein Zelt aufschlagen. Sie alle haben keine sanitären Einrichtungen, aber meist darf man Wasserversorgung, Toiletten und – wo vorhanden – auch die Duschen der Ranger mit benutzen. Die **Campinggebühren** finden sich auf S. 56.

Essen und Trinken

Die **großen Lodges** von Tsavo East, Kilaguni, Ngulia und Severin Safari Camp, haben gute Restaurant- und Bareinrichtungen, die man auch als Besucher von außen nutzen kann. Andere Versorgungsmöglichkeiten findet man ansonsten nur in den Ortschaften außerhalb der Gates.

Anreise

Der Tsavo West National Park besitzt insgesamt **acht Parktore.** Ganz im Norden, direkt bei Mtito Andei am Mombasa Highway und für Besucher aus Nairobi am günstigsten, liegt das **Mtito Andei West Gate.** Von hier aus gelangt man zum Parkhauptquartier und über rund 30 km Piste in die Gegend von Kilaguni. Direkt vor der Überquerung des Tsavo River, ebenfalls am Mombasa Highway, befindet sich das **Tsavo Gate,** durch das man nach einer schönen Fahrt entlang des Flusses ebenfalls nach Kilaguni kommt. Leute, die von Amboseli nach Tsavo West kommen, betreten den Park durch das **Kyulu Gate.** Auf der Fahrt von Voi nach Taveta passiert man das **Maktau Gate,** durch das man die direkte Verbindung zum Lake Jipe erhält, und kurz bevor man den Park wieder verlässt, das **Old Mbuyuni Gate.** Am Jipe-See gibt es das **Lake Jipe Gate** und nördlich davon das **Ziwani Gate,** welches bei hohen Wasserständen des Flusses aber geschlossen ist. Das südlichste Gate schließlich, das nur selten Besucher sieht, ist das **Kasigau Gate** am äußersten Zipfel des Parks.

Informationen zu Parkgebühren, Öffnungszeiten, der besten Besuchszeit sowie Kartenmaterial und Literatur stehen ober unter „Tsavo East National Park".

Manyani Gate – Tsavo East NP – Sala Gate – Malindi

- **210 km**
- **In der Trockenzeit leidlich befahrbar,** nach Regenfällen häufig auch mit 4WD-Fahrzeug unpassierbar.
- **Keine Tankmöglichkeiten bis Malindi.**
- **Fahrtzeit:** 4–6 Stunden

Knapp 11 km hinter der Überquerung des Tsavo-Flusses biegt vom Mombasa Highway nach links eine Piste zum Manyani Gate ab. 100 m hinter dem Gate wenden Sie sich bei Kreuzung 167 nach rechts und kurz darauf bei Nummer 112 nach links in Richtung Lugard Falls und Sala Gate. Wer hier geradeaus weiterfährt, gelangt zur Voi Wildlife Lodge. Die **Landschaft von Tsavo East** ist sehr **eintönig** und wird von niedrigem Trockenbusch geprägt, über den man nicht hinwegsehen kann. Es ist gut vorstellbar, wie beschwerlich es früher für die Karawanen war, sich durch diesen Pflanzenfilz vorzuarbeiten, in dem bis auf gelegentliche Nashornvögel kein tierisches Leben wahrzunehmen ist.

Bei Nummer 111, km 23,5, biegt links die Piste zum Zusammenfluss von Tsavo und Athi River ab. Unterhalb davon wechselt der Fluss seinen Namen zu Galana River. Sie fahren rechts weiter, passieren bei km 28,5 die Abzweigung 160, an welcher links die Piste über die **Galana-Furt** hinüber in den nördlichen Teil von Tsavo East, zum Tiwa River (90 km) und zum North Area-Parkhauptquartier (112 km) abbiegt. Nach einem kleinen Abstecher von 300 m erreicht man die Furt, an der ein Schild warnt: „Danger! Do not cross, when the water level is high!". Das Schild steht nicht umsonst hier, denn es ist schon vorgekommen, dass Autos bei der Überfahrt weggeschwemmt wurden und die Insassen ertranken.

Bei Kreuzung Nummer 161, km 29, biegt links die Piste zu den **Lugard Falls** des Galana River ab, die einen kleinen Abstecher lohnen. Nach 1,5 km erreicht man einen Parkplatz, von dem aus man die Gegend der Fälle zu Fuß erkunden kann. An dieser Stelle hat sich der Fluss durch ein mächtiges Felsband gefressen und dabei wunderbare Steinformen geschaffen. Die Fälle selbst sind nur bei hohem Wasserstand imposant, wenn die braunen Fluten durch die Minischlucht schießen. Etwas weiter flussabwärts hat eine stattliche Krokodilpopulation ihren Lebensraum.

600 m hinter der Abzweigung zu den Lugard Falls geht bei Nummer 162 eine weitere Piste nach links zum **Crocodile Point** hinein, den man nach 700 m erreicht. Von einem Hügel über dem Fluss blickt man auf den Galana River, an dessen sandigen Ufern gelblich-grüne Krokodile in der Sonne faulenzen.

Direkt gegenüber erhebt sich das imposante **Yatta-Plateau,** das so eben aussieht, als wäre es mit einer gigantischen Fräse abrasiert worden. 2,9 km ab Kreuzung 162 überquert man den Mboloblo River, kurz dahinter, bei Nummer 163, biegt eine Pistenverbindung hinunter zur Aruba Lodge ab. Bei km 9 geht nach links die Zufahrt zum Epiya Chapeyu Camp ab, das direkt am Galana River liegt. Bei km 20,5 passieren Sie die Abzweigung 108, die für eine lange Strecke, nämlich bis kurz vor dem Sala Gate, die letzte Möglichkeit ist, in den Südteil von Tsavo East zu gelangen. Die nächsten 47 km windet sich die Piste durch eine **knochentrockene Region,** immer in Nähe zum Fluss, zu dem periodisch Stichstraßen hinunterführen, aber nur hin und wieder genießt man einen schönen Blick auf den Galana, der von Doumpalmen und Galeriewäldern gesäumt wird. Bis auf einige Nilwarane ist die Gegend – abhängig von der Jahreszeit – fast ganz ohne Wild.

Bei km 70 steht man dann am **Sala Gate,** dessen Ranger auf ziemlich verlorenem Posten sitzen und sich immer über eine Zeitung freuen. 9 km hinter dem Gate biegt links die 3 km lange Zufahrt zum **Crocodile Camp** ab, das ursprünglich dem African Safari Club gehörte. Mit dessen Insolvenz im Frühjahr 2009 ist die Zukunft unsicher. Bisher stellte das Haus eine gute Übernachtungsmöglichkeit dar, wenn man sich im Tsavo East Park mehr Zeit nehmen und die lange Strecke in zwei Teile splitten wollte. Ansonsten darf man am Sala Gate aber auch campen.

Es geht nun lange Strecken hügelauf, hügelab durch eintönigen Busch, die Straße verläuft zumeist schnurgerade. Bisweilen zweigen die Zufahrten zu riesigen Rinder-Ranches wie der Galana Ranch ab. Erst knapp 60 km hinter dem Sala Gate sieht man vereinzelte Hütten, die anzeigen, dass die Entfernung zum Küstenstreifen abnimmt. Nach weiteren 15 km wachsen die ersten Kokospalmen. **Kakoneni,** rund 80 km hinter dem Sala Gate, ist ein Dorf, das diese Bezeichnung auch verdient. Die Häuser weisen schon den rechteckigen Suaheli-Baustil auf, der für die Küstenregion typisch ist. Rechts und links der Straße wachsen großblättrige Cashewnussbäume. Die Besiedlung wird

kero019 Foto: hf

dichter, es gibt zahlreiche Plantagen. Bei **Jilore,** knapp 10 km hinter Kakoneni, hat man noch einmal einen wunderbaren Blick auf den Galana-Fluss, der hier über hohe, steil ausgespülte Ufer verfügt und sich malerisch der Mündung entgegenmäandert. Rechts, also südlich der Straße, erstreckt sich der berühmte **Arabuko Sokoke Forest.** Durch zahlreiche Dörfchen geht es nun das letzte Stück nach Malindi. 25 km hinter Kakoneni biegt links eine Piste zum **Lake Chem Chem** ab, einem kleinen Naturparadies, das von unterschiedlichsten Vögeln nur so wimmelt. 32 km hinter Kakoneni beginnt der Teerbelag, und die „Zivilisation" hat einen mit Verkehr und Lärm wieder. Bereits 1 km weiter, rund 210 km hinter der Abfahrt vom Mombasa Highway, steht man im Touristenort Malindi an einer T-Kreuzung und bekommt angesichts Bermudashorts tragender Touristen vermutlich erst mal einen kleinen Kulturschock. Rechts geht es zur Küstenstraße in Richtung Mombasa, links zur Hauptgeschäftsstraße mit den meisten Restaurants und Cafés sowie weiter nach Norden.

Amboseli National Park – Tsavo West National Park

- **93 km**
- Die **Standardroute zwischen Amboseli und Tsavo West** führt **über Oloitokitok.** Die Pistenverhältnisse sind gut, aber da es in dem Landstrich vor einigen Jahren Überfälle von tansanischen Banditen gab, muss man sich einem der Konvois anschließen, die um 7 bzw. 9 Uhr von einem Checkpoint der GSU, rund 30 km hinter der Abzweigung von der Straße nach Oloitokitok, abfahren. Außerhalb dieser Zeiten bekommt man hier einen bewaffneten Askari, der bis Tsavo West zu-

Ansicht des Kilimanjaro von Oloitokitok

Zwischen Inland und Küste

steigt. Die Begleitung ist kostenlos, über ein Trinkgeld freuen sich die Soldaten natürlich.
●**Tankmöglichkeit:** Kilaguni Lodge im Tsavo West National Park.

Vom Kimana Gate des Amboseli National Park geht es auf gut ausgebauter Piste durch staubigen Busch nach Südosten. Bei klarem Wetter genießt man während der Fahrt einen grandiosen Blick auf den Kilimanjaro, der zur Rechten steht. Bei km 18 zweigt links die 1 km lange Zufahrt zur Sopa Lodge ab, bei km 23 stößt man auf die Hauptstrecke Emali – Oloitokitok. Rechts geht es nach Oloitokitok, das man rund 11,5 km später erreichen würde. Nach 3,6 km biegt aber die 67 km lange **Piste zum Chyulu Gate des Tsavo West National Park** nach links ab. Nach gut 30 km erreicht man den GSU-Checkpoint, wo man sich dem Konvoi anschließt oder seinen Askari an Bord nimmt. Eine Traube von Masai-Frauen nutzt den Zwangshalt, um Schnitzereien und Perlenarbeiten anzubieten. Danach führt die gute Piste auf das südliche Ende der Chyulu Range zu, die Farmen bleiben allmählich zurück und Zebras, Giraffen und andere Wildtiere bestimmen das Panorama. Kurz nach der Durchquerung eines Masai-Weilers zweigt nach links die Zufahrt zum Nyati Camp ab (Beschreibung siehe unter Tsavo West), kurz darauf befindet man sich bereits im Park und passiert die Zufahrt zum Finch Hatton's Camp. Um zum Chyulu Gate zu gelangen, muss man aber noch fast 20 km, u.a. über den pechschwarzen Sheitani-Lavafluss, zurücklegen.

Oloitokitok   ⌖ IV/B2

Oloitokitok ist ein verträumtes Städtchen direkt **an der Grenze zu Tansania,** das bei klarem Wetter einen überwältigenden Blick auf das Kilimanjaro-Massiv bietet, der direkt hinter dem Ort aufragt. Der Fahrweg hinüber nach Kibouni in Tansania ist aber für Touristen gesperrt. Von Oloitokitok gibt es Di., Mi. und Sa. Transport nach Taveta, bisweilen auch nach Emali am Mombasa Highway. Der Ort besitzt eine KCB-Bank, ein Post Office und einige billige Guesthouses und einfache

Hotelis. Das beste Hotel am Platz ist aber zweifelsohne das **Kibo Slopes Cottages** (Tel. 045/622091, kibocot@nbnet.co.ke), das schöne und lupenreine Zimmer, eine leckere Küche und Ausflüge in die Umgebung, z.B. in die Chyulus, anbietet, und in dessen Garten man für 500 Ksh p.P. auch sein Zelt aufschlagen darf. Wer von Oloitokitok mit Kibo Slopes den Kili besteigen möchte, kann hier auch sein Auto sicher parken. Ansonsten lohnt ein Besuch in Oloitokitok vor allem an den Markttagen Dienstag und Samstag, wenn den Ort viele traditionell gekleidete Masai bevölkern. Von Oloitokitok könnte man über Illasit, Entarera und Rombo (26 km), immer parallel zur Grenze, am Lake Chala vorbei bis nach Taveta (weitere 50 km) fahren.

Taveta   ⌖ IV/B3

Eine gewisse Bedeutung erfährt der **kleine Grenzort** vor allem durch den Durchgangsverkehr auf Schiene und Straße hinüber ins Nachbarland Tansania. Man lebt hier hauptsächlich von **Handel und Schmuggel,** denn mit Ausnahme der Obstgärten bei Taveta, die Zuckerrohr, Mangos und Bananen bis nach Mombasa verkaufen, und einiger großer Sisalplantagen in der Region um Ziwani ist das kenianische Umland wirtschaftlich weitgehend tot. Wie sehr Taveta der Entwicklung anderer Regionen in Kenia hinterherhinkt, zeigt die Tatsache, dass die Stadt erst vor wenigen Jahren an das Stromnetz angeschlossen wurde.

Die Misere begann Mitte der **1970er Jahre,** als beim Zerfall der Ostafrikanischen Gemeinschaft **Querelen zwischen Tansania und Kenia** zur jahrelangen Grenzschließung führten und auch der Eisenbahnverkehr nach Moshi zum Erliegen kam. Inzwischen haben sich die zänkischen Nachbarn versöhnt, die Warenströme fließen erneut, und angeblich ist die Wiedereinsetzung des wöchentlichen Zuges von Voi nach Moshi geplant.

In touristischer Hinsicht besitzt Taveta mit Ausnahme seiner grandiosen Lage am Fuß des höchsten Berges von Afrika keinerlei Rei-

ze. Aber wirklich keine! Es könnte höchstens damit prahlen, die **schmutzigste Stadt Kenias** zu sein, denn überall (f)liegen unglaubliche Mengen an Abfall herum.

Bis Ende des 19. Jahrhunderts, zur Zeit der großen Sklaven- und Elfenbeinkarawanen, war das ganz anders. Da stellte die vom Wasser des Kilimanjaro gespeiste **Oase Taveta** mit ihren Quellen, den wildreichen Urwäldern und fruchtbaren Äckern für Reisende eine wichtige Versorgungsstation auf dem Weg ins wilde Hinterland dar, ein grünes Paradies inmitten staubiger, von kriegerischen Masai und wilden Tieren bevölkerter Ebenen. Auch *Joseph Thomson* hat hier 1883 bei seiner Reise zum Victoria-See Rast gemacht. Das kleine **Volk der Taveta,** welches der Stadt seinen Namen gab, hat damals vom Handel nicht schlecht gelebt. Inzwischen wollen auch andere profitieren. Wie in vielen Orten der kenianischen Grenzgebiete hat sich in Taveta eine größere Zahl Somalis niedergelassen.

Im Ersten Weltkrieg war Taveta heiß umkämpft und wurde bereits kurz nach Beginn der Kriegshandlungen von den Deutschen besetzt. Die Taktik der hinsichtlich Truppenstärke und Ausrüstung den Briten weit unterlegenen Deutschen bestand darin, mit gezielten Aktionen möglichst viele alliierte Truppen in Ostafrika zu binden. So unterhielt das kaiserliche Militär in Kenia auf dem Salaita Hill an der heutigen Südgrenze des Tsavo West National Park einen befestigten Außenposten, von dem aus wiederholt Sabotageakte auf die Uganda-Bahn u.a. auch auf die berühmte Brücke über den Tsavo-Fluss, vorgenommen wurden.

Die **Bahnstrecke** von Voi nach Maktau wurde übrigens 1915 von den Engländern während der Offensive gegen Salaita Hill als militärische Nachschublinie gebaut. Im März 1916 räumten die Deutschen ihre Stellungen und zogen sich nach Tanganyika zurück. Beim Nachsetzen bauten die Briten den Schienenstrang innerhalb von achteinhalb Tagen (!) bis nach Taveta aus und verlängerten ihn später nochmals bis Kahe. Nach dem Krieg sollten die Gleise zunächst wieder abgerissen werden, aber starke wirtschaftliche Argumente führten dazu, dass anstatt eines

Abbruchs die Linie bis nach Moshi verlängert und weiter ausgebaut wurde. Die Rechnung ging auf. Mit dieser Verbindung zwischen dem britischen und dem ehemaligen deutschen Eisenbahnnetz in Ostafrika gelang es den Kenianern, ab den 1920er Jahren einen großen Teil von Tanganyikas jährlichem Güteraufkommen – vor allem die Kaffeeernten aus der Arusha- und Kilimanjaro-Region – zum Hafen Mombasa umzuleiten.

Zurück zur Gegenwart: Da die **Grenze für Privatwagen und Fußgänger durchgehend 24 Stunden geöffnet** ist und die Grenzformalitäten auf kenianischer wie auf tansanischer Seite im 2 km entfernten Holili schnell erledigt sind, gibt es keinen Grund, in Taveta zu übernachten. Wer dennoch in der Stadt bleiben will, hat die Auswahl unter einer Reihe von durchschnittlichen bis mäßigen Unterkünften. Warme Verpflegung gibt's in diversen einfachen Restaurants.

Unterkunft

●**Chala Hotel**
Tel. 043/5352240, 5352023, Fax 5352062, challa_ltd@yahoo.com; NR: 25/50 US$ SC BB, R: 500/800 Ksh SC BB. Das Hotel ist mit Abstand das beste am Platz, was man sich auch entsprechend bezahlen lässt. Die Zimmer sind mit kleinem Bad, Telefonanschluss, Moskitonetz und Ventilator ausgestattet, es gibt ein Restaurant mit internationaler Küche, einen sicheren Parkplatz, und im überdachten Innenhof befindet sich eine nette Bar.

●**Taveta Guesthouse** und **Tripple J Paradise** auf der Straße zum Grenzposten bieten ebenfalls vernünftige Unterkunft. Eine Klasse darunter wäre noch die **Kuwoka Lodge** (mit Parkplatz, spartanisch, aber großen Zimmern mit Moskitonetzen und nettem Innenhof) zu nennen.

Essen und Trinken

Wen der Hunger plagt, findet **am Markt** in kleinen Holzverschlägen urige Kantinen, in denen man für wenig Geld satt werden kann. Eine Stufe besser sind die Hotels an der Hauptstraße zum Grenzposten. Das **Chala**

Hotel ist auch auf dem Speisesektor Qualitätsführer in Taveta.

Eisenbahn

Die Eisenbahnverbindung von Taveta **nach Voi** ruht gegenwärtig, angeblich gibt es aber Pläne, diese zu reaktivieren.

Busse und Matatus

Von Taveta bestehen gute Busverbindungen **nach Mombasa, Voi und Nairobi,** die Fahrzeuge fahren vom Platz gegenüber des Marktes ab. Wer nach **Tansania** will, findet auch Busse und Sammeltaxis nach Himo oder Moshi. An den Markttagen Mi. und Sa. stehen die Chancen besonders gut, ein öffentliches Transportmittel nach **Mukwajoni,** dem letzten Fischerdorf vor der Nationalparkgrenze am Lake Jipe, sowie nach **Oloitokitok** zu finden.

Grenzübertritt nach Tansania

Der tansanische Grenzposten befindet sich in 5 km Entfernung zu Taveta. Boda-Boda-Fahrradtaxis (für 40 Ksh) oder Motorradtaxis (100 Ksh) überbrücken die Distanz für alle ohne eigenes Fahrzeug.

Nachtleben

In dieser Hinsicht ist in Taveta nicht viel los. Es gibt ein paar zünftige Bars, das **Chala Hotel** ist eher der Treffpunkt der oberen paar Dutzend von Taveta.

Banken

In Taveta gibt es eine **KCB-Filiale,** sodass man nicht auf die zweifelhaften Dienste von inoffiziellen Wechslern zurückgreifen muss.

Ausflug an den Lake Chala

Der Lake Chala liegt nur **knapp 10 km von Taveta entfernt** und kann sowohl mit dem Auto als auch mit öffentlichen Verkehrsmitteln von dort einfach erreicht werden; diese sind nach Chumvini unterwegs, das hinter dem See liegt. Das **malerische Gewässer,** von einem 100 m hohen, über und über mit Euphorbienbäumen bewachsenen **Kraterrand** eingefasst, wird von unterirdischen Quellen gespeist, die am Kilimanjaro entspringen. Die Grenze zu Tansania verläuft mitten durch den im Durchmesser rund 2 km messenden Krater. Wer Spaß an solchen Spielchen hat, mag ohne Probleme über die grüne Grenze auf die andere Seite wechseln und seiner Staatensammlung ein weiteres Land hinzufügen. Über steile Pfade kann man zum See hinunterklettern, auf dem Fischer mit Einbäumen auf Tilapia-Fang gehen. Sie sollten der Versuchung, ins klare Wasser des Sees zu springen, widerstehen, denn man hört immer wieder, dass es **Krokodile** im See gibt! Sporttaucher, die verrückt genug waren, trotz der Krokodile den 100 m tiefen See zu erkunden, berichten, dass es bis in 30 m Wassertiefe zahlreiche Höhlen gibt.

Bei klarem Wetter hat man einen atemberaubenden Blick auf den Kilimanjaro, dessen Gipfel in gerade mal 35 km Entfernung über dem See thront. Dass der landschaftlich so außergewöhnliche Lake Chala für das lokale Volk der Taveta große **mystische Bedeutung** hat und sich zahlreiche Geschichten um ihn ranken, verwundert nicht. Verschiedene **Erzählungen** berichten mit erhobenem Zeigefinger vom Schicksal jener Menschen, die nicht den Regeln des guten Anstands folgen und die Rechte des Gastes mit Füßen treten. Ein solches Dorf habe früher auf dem Kraterboden gestanden und sei zur Strafe überflutet worden, weiß die Legende.

Nachdem man diese Geschichte gehört hat, sind die eigenen Sinne plötzlich für die **seltsame Stimmung** an diesem Ort viel empfänglicher. Beim Widerhall der Wellengeräusche innerhalb des Kraters, den man bei stärkerem Wind tatsächlich hört, denkt man unwillkürlich an die Schreie der Men-

Der mysteriöse Lake Chala

schen, die im See versanken. Und auch die plötzlichen Farbveränderungen des Wassers, wenn sich eine Wolke vor die Sonne schiebt, empfindet man auf einmal als unheimlich.

Am westlichen Kraterrand gibt es auf tansanischer Seite, nahe der Grenze, einen alten **Opferplatz der Taveta**.

Um **mit Matatus oder Bussen** zum Lake Chala zu gelangen, nimmt man von Taveta die Linien nach Rombo und Oloitokitok, die in ca. 1 km Entfernung am Fuß des Chala-Kraters vorbeifahren, der von unten allerdings nicht als solcher zu erkennen ist. Am besten lässt man sich an der Abzweigung zur Lake Chala Lodge absetzen und wandert dann die 2,4 km hinauf zum Hotel.

Um **mit dem Auto** zum See zu gelangen, biegt man 3,7 km nach dem Überqueren der Eisenbahnlinie in Taveta nach links auf die Piste in Richtung Rombo und Oloitokitok ab, über die man auch zum Amboseli und zum Tsavo West National Park gelangt. 2,1 km später kreuzt man nochmals die Schienen der Bahnstrecke nach Voi. 7,5 km von der Hauptstraße entfernt zweigt bei dem Schild „Lake Chala Lodge" links eine Piste ab, die einen lang gestreckten Hügel erklimmt, der sich dann oben, nach 1,4 km, als der Chala-Krater entpuppt. Bis zur Chala Lodge, die im Moment nicht mehr betrieben wird, sind es weitere 900 m Fahrt auf dem Kraterrand. Beim Chala Hotel in Taveta kann man sich erkundigen, ob sich daran inzwischen etwas geändert hat. Die Lage der Lodge über dem See, mit Blick auf den Kilimanjaro, ist jedenfalls wunderbar. Vor dem wilden Campen am Krater wird gewarnt, angeblich hat es hier in der Vergangenheit Überfalle gegeben.

Taveta – Voi

● **129 km**

● Bis auf die letzten 23 km von Mwatate nach Voi **Piste,** besonders das erste Stück aus Taveta hinaus ist katastrophal. Danach wird der Streckenzustand deutlich besser, teilweise kann man 60–70 km/h fahren. Wer die Hauptstraße nicht verlässt, muss keine Parkgebühren bezahlen. **Fahrtzeit: 3 Std.**

ken-748 Foto: hf

Zwischen Inland und Küste

●Interessanter als der direkte Weg von Taveta nach Voi ist die Routenalternative **über den Lake Jipe und durch den Tsavo Ost National Park** mit einer kleinen Rundfahrt durch die Taita Hills. Empfohlene Reisezeit für diese ausgedehnte Version: 2–3 Tage (Beschreibung s.u.).

Bei der Fahrt hinaus aus Taveta überquert man die Eisenbahnstrecke nach Voi. 3,7 km danach biegt links die Piste zum Lake Chala sowie nach Rombo und Oloitokitok ab. Direkt danach überqueren Sie den **Lumi River,** einen der Hauptzuflüsse für den Lake Jipe. 6 km hinter den Eisenbahnschienen geht es links zum Ziwani Sisal Estate und zum Ziwani Gate des Tsavo West National Park, 200 m später zweigt im Ort auf der Hauptstraße nach rechts die Piste zu Grogan's Castle und zum Lake Jipe ab. Die Landschaft wird nun rasch trockener und karger, die dominierenden Pflanzen rechts und links die Piste sind mächtige Baobabbäume. Wenige Kilometer später überfahren Sie unbemerkt die Südgrenze zum Tsavo West National Park. Links der Straße können Sie jetzt den **Salaita Hill** sehen. Während des 1. Weltkriegs hatte sich auf dem Berg ein weit auf britisches Gebiet vorgeschobener deutscher Militärposten eingebuddelt, der den Landkorridor zwischen Pare-Bergen und Lake Jipe einerseits und dem Kilimanjaro andererseits kontrollieren sollte. Die Gegend war bei der britischen Offensive Anfang 1916 heftig umkämpft, bis die kaiserlichen Truppen schließlich die Stellungen räumten und sich nach Tanganyika zurückzogen. Noch heute sind die Überreste von alten Schützengräben, Stacheldrahtverhauen und Bunkeranlagen zu sehen.

Die gut 50 km lange **Fahrt zum nördlichen Maktau Gate des Tsavo West National Park** ist unspektakulär. Man sieht keinerlei Tiere, die Landschaft wird immer karger, schließlich verschwinden sogar noch die auffälligen Affenbrotbäume. Die paar Male, wo die Schienen die Straße queren oder ein Auto entgegenkommt, sind schon ein Ereignis. Am Maktau Gate stößt von rechts die vom Lake Jipe kommende Piste auf die Hauptstraße, auf der linken Straßenseite zweigt ein Weg zum touristisch interessanten Nordwestzipfel von Tsavo West ab. 1 km hinter dem Maktau Gate und seinem Belagerungsring aus Curio Shops durchfährt man den Ort **Maktau.** Ein richtiges Westerstädtchen ist das Kaff. Staubig, windig, heiß, mit Polizeistation, halb zerfallenen oder geschlossenen Läden, einigen alten Waggons an der verlassenen Bahnstation, lethargischen Bewohnern und jeder Menge penetranten Fliegen.

10 km hinter Maktau beginnt auf der rechten Fahrbahnseite der Wildschutzzaun des **Taita Hills Game Sanctuary,** während die namensgebenden Berge links der Piste aus den endlosen Ebenen aufsteigen. Der höchste Gipfel, der Vuria, misst immerhin 2208 m. Nach weiteren 8 km biegt rechts die Piste zum Gate des 112 km² großen Privatschutzgebiets des Sarova-Hotelkonzerns mit seinen exklusiven Unterkünften ab. Noch vor dem Örtchen **Bura,** 7,2 km hinter dem Taita Hills Game Sanctuary, windet sich auf der linken Seite eine Piste hinauf in die Taita Hills (s.u.).

Wenn Sie auf diesen Ausflug verzichten, erreichen Sie nach wenigen Kilometern, kurz vor **Mwatate,** den Anfang des Teerbelags. Von dort erwartet Sie eine knapp 24 km lange Fahrt auf Asphalt hinunter zum Mombasa Highway und nach Voi. Auf der guten Straße lässt sich entspannt die wunderschöne Kulisse der Taita Hills im Westen und der Sagalla Hills östlich der Straße genießen, vor der sich riesige Sisalplantagen erstrecken.

Taveta – Lake Jipe

●**31 km**
●**Schlechte bis leidliche Piste.**
●**Fahrtzeit:** 1,5 Std.

6 km hinter den Eisenbahnschienen von Taveta geht es links zum Ziwani Sisal Estate und zum Ziwani Gate des Tsavo West National Park, 200 m weiter biegt von der Hauptstraße nach rechts die Piste zu Grogan's Castle und zum Lake Jipe ab. Die Fahrt führt durch buschiges Gelände, in dem kleinere Dörfer verstreut liegen. Bei km 7,3 (ab der Hauptstraße) stehen auf der linken Pistenseite eini-

ge Dukas, auf der rechten Seite fällt eine kleine Brücke auf, die Sie überqueren müssen, um durch ein Wäldchen nach 200 m zu einem Hügel zu gelangen, der ein ziemlich merkwürdiges Gebäude trägt. Noch merkwürdiger als Grogan's Castle selbst ist die Lebensgeschichte seines Erbauers, des Kolonialisten **Ewart Grogan** (siehe Exkurs weiter unten). Das halb zerfallene Haus befindet sich inzwischen im Privatbesitz von *Basil Cretecross,* dem englischstämmigen Parlamentsabgeordneten von Taveta, der es ursprünglich in ein Hotel umwandeln wollte. Aber die schlechte Lage im Tourismussektor lässt solch eine Investition momentan nicht gerade vielversprechend erscheinen, und so schläft das Haus weiterhin einen Dornröschenschlaf. Man kann das Anwesen sogar besichtigen, der verantwortliche Wächter führt einen gegen etwas Trinkgeld gerne herum. Von der Anhöhe eröffnen sich berauschende Ausblicke auf das gesamte Umland und vor allem auf den Kilimanjaro.

Der Name **Grogan's Castle** ist etwas irreführend, denn irgendwie weckt das Gebäude mit seinen schmiedeeisernen Fenstergittern, dem Innenhof mit dem versiegten Springbrunnen und seinen leeren Blumenpötten Erinnerungen an spanische Architektur. Leider ist das Haus mit Ausnahme einiger alter Türen, Fenster, Holzdielen und -treppen seines gesamten Interieurs beraubt, und wie man naserümpfend registriert, leben hier nur noch Fledermäuse. Über eine einsturzgefährdete Holztreppe kann man in den 1. Stock balancieren. Der Ort besitzt einen ganz besonderen Charme, man wartet eigentlich immer darauf, irgendwo noch etwas Aufregendes oder Geheimnisvolles aufzuspüren. Die außergewöhnliche Persönlichkeit seines ursprünglichen Besitzers spornt die Fantasie des Besuchers zusätzlich an. Es macht z.B. großen Spaß, sich zu überlegen, wie es ausgesehen haben mag, als hier noch rauschende Feste gefeiert wurden, oder wie man als Innenarchitekt das Haus bei seiner Renovierung gestalten und einrichten würde.

Von Grogan's Castle sind es dann nochmals knapp 20 km bis **zum Lake Jipe.** Die Piste führt streckenweise durch schönen Buschwald mit vereinzelter Affenbrotbäu-

men, bevor man schließlich zum offenen Uferstreifen an der Nordseite des Sees vorstößt. Mit wachsender Distanz zur Hauptstraße werden die Dörfer und das Leben ihrer Bewohner immer einfacher. Hier scheint niemand ein motorisiertes Fahrzeug zu besitzen, alle Güter, die von außen kommen, müssen mit Lastenfahrrädern durch den Busch herangeschafft werden. Das letzte Streckenstück führt am flachen Ufer des Lake Jipe entlang, 1,8 km vor Erreichen des Jipe Gate des Tsavo National Park durchquert man ein kleines Fischerdorf namens **Mukwajoni.**

Lake Jipe

Mit rund 40 km² Wasserfläche und einer Länge von etwa 18 km ist der leicht alkalische, abflusslose See unter Kenias Binnengewässern nur ein Knirps, der allerdings Reize besitzt, die einen Besuch lohnenswert machen. Der See, der auf 700 m Höhe liegt, ist in eine **grandiose Landschaft** eingebettet. Am südlichen Ufer ragen bis auf 2113 m die tansanischen North Pare Mountains auf. Und als wären sie nicht schon schön genug, bereichert auch seine Majestät, der Kili, an klaren Tagen das Panorama. Die Grenze zu Tansania verläuft übrigens mitten durch den See, was die vielen Fahrradspediteure erklärt, die von Taveta kommend am Seeufer entlang über die grüne Grenze nach Tansania strampeln, beladen mit Schmuggelware wie Kochfett und Lampenöl. Dass sie dabei am südöstlichen Zipfel des Sees auch ein Stück des Tsavo West National Park durchqueren müssen, stört sie trotz des großen Tierreichtums offenbar nicht. Wirklich haufenweise Elefanten- und Büffeldung liegt dort herum. An den schilfreichen Ufern lebt eine **bunte Vogelwelt** mit vielen Fischfressern wie Eisvögeln und Kormoranen – besonders seltene Spezies sind die Zwerggans und der Schwarzreiher –, im Wasser grunzen die **Nilpferde,** und auch **Krokodile** tummeln sich hier, sodass man aufs Baden besser verzichtet. Zudem gibt es Bilharziose im See. Nicht so gefährlich, aber extrem lästig können die großen

Zwischen Inland und Küste

Ewart Grogan – ein langer Gang durch Afrika

Der 1874 in London geborene *Ewart Scott Grogan* kann in vielerlei Hinsicht als **Prototyp des erfolgreichen Kolonialisten** gelten, der mit Mut, Geschick und Skrupellosigkeit das riesige Potenzial der neu erschlossenen kenianischen Kolonie zu seinem eigenen Vorteil zu nutzen verstand.

Zunächst sah es allerdings nicht so aus, als käme der Spross aus wohlhabendem Haus auf einen grünen Zweig, denn nach einem derben Streich flog er ohne Abschluss von einem vornehmen College in Cambridge. Anschließend brach er ein Kunststudium ab, um als Freiwilliger in den Krieg der englischen Kolonialtruppen gegen die aufbegehrenden Matebele im heutigen Simbabwe zu ziehen. Nach dem Sieg der britischen Truppen zog er auf Großwildjagd durch Gebiete, die heute zu Mosambik gehören, infizierte sich dabei mit dem Schwarzwasserfieber und entging nur knapp dem Tod.

Kaum genesen, stürzte er sich in neue Probleme. Bei einem Streit in einer Bar um ein Mädchen starb ein portugiesischer Nebenbuhler, und Grogan verschwand hastig nach Neuseeland, angeblich, um seine Krankheit völlig auszukurieren. Das Schwarzwasserfieber hatte er überwunden, nun ergriff ihn am anderen Ende der Welt die Leidenschaft für eine Frau namens *Gertrude*. Deren Vater war von der Idee einer Heirat mit dem gerade mal 22-jährigen Draufgänger überhaupt nicht begeistert. Vermutlich deshalb stimmte er dem verrückten Vorschlag von Grogan zu, als Beweis seiner Liebe von Kapstadt nach Kairo zu laufen. Denn realistisch gesehen waren die Chancen für eine lebendige Rückkehr ziemlich mager.

Grogan hatte bei allem Mut zum Risiko den Weitblick, die lange und gefährliche Reise mit einer Erkundungsmission für *Cecil Rhodes* großen Traum einer durchgehenden Eisenbahnlinie vom Kap der guten Hoffnung bis nach Kairo zu verbinden. Mit einem Kompagnon, der in Kenia aufgab, machte er sich vom südlichen Afrika aus auf den Weg. Seine gesunde Ankunft in Kairo ließ alles Wirklichkeit werden, was er sich in den Kopf gesetzt hatte. Er schrieb ein Buch über die zweijährige Reise, hielt Vorträge vor der Royal Geographic Society, wurde einigermaßen wohlhabend und berühmt – und nicht zu vergessen: Er bekam seine Gertrude, die durch ein Erbe vermögend geworden war.

Es war Cecil Rhodes persönlich, der Grogan dazu drängte, „sich für Afrika hinzugeben". Grogan kehrte 1901 mit Frau und Tochter nach Südafrika zurück, zog aber bereits ein Jahr später in Richtung Kenia weiter, wo er durch Landkäufe und Spekulationen zu einem der reichsten Männer und mit 760 km² zum **größten Landbesitzer der Kolonie** aufstieg. Durch Konzessionen für riesige Waldgebiete auf dem Uasin Gishu Plateau warfen seine Sägemühlen ein Vermögen ab. In Mombasas Hafenbezirk Kilindi, nahe des Mbaraki Pillar, besaß Grogan 25,6 ha Uferland, die durch einen Tiefwasserkai zu einer Goldgrube wurden. Und der edle Stadtteil nordwestlich der Innenstadt von Nairobi gehörte ebenfalls dem Briten und hieß lange Groganville.

Sein Privathaus benannte er nach einem malerischen Ort auf seiner Wanderung durch Afrika: „Chiromo". Es ist nun Teil des Chiromo Campus der Universität von Nairobi und beherbergt neben administrativen Büros auch das Insitut für Ostafrika. Die wichtigste Straße, die Westlands durchzieht, heißt bis heute Chiromo Road. Weitere Spuren, die

Grogan in Nairobi hinterlassen hat, sind das Gertrude's Garde Childrens Hospital, die nach seiner 1943 verstorbenen Frau benannte Kinderklinik im vornehmen Stadtteil Muthaiga, die als die beste in ganz Ostafrika gilt, oder das 1928 errichtete Gebäude der Grindley's Bank an der Ecke von Kimathi Street und Kenyatta Avenue. Ein weiteres riesiges Viertel Nairobis im persönlicher Besitz Grogans erstreckte sich von der Ainsworth-Brücke bis zur heutigen Tom Mboya Road.

Auf dem Höhepunkt seines Reichtums und seiner Macht wurde Grogan zum **Präsidenten der Colonist Association,** der Interessenvertretung der weißen Siedler, gewählt. Der ganze Erfolg scheint ihm zu Kopf gestiegen zu sein. Die brutale Bestrafung von drei schwarzen Riksha-Jungen im Jahre 1911, die in keinem Verhältnis zu ihrem Vergehen stand, lässt große **Selbstgerechtigkeit** und ein gerüttelt Maß **Rassismus** ahnen. In einer barbarischen Posse trieb er die Kikuyu-Burschen über die heutige Moi Avenue und schlug sie mitten in Nairobi mit einer Nilpferdpeitsche brutal zusammen. Grogan erhielt eine Geldstrafe von 800 Rupees, umgerechnet 80 US$, und musste einen Monat ins Gefängnis, das eher ein goldener Käfig in Form eines Bungalows in den Ngong-Bergen war.

Nach einer fehlgeschlagenen politischen Karriere in Good Old England schrieb er weitere Bücher, nun mit wirtschaftlichem Inhalt. Im 1. Weltkrieg arbeitete er für den britischen Geheimdienst. Nach dem 2. Weltkrieg baute er die riesigen Sisalplantagen in der Umgebung von Taveta auf, für deren Manager er Grogan's Castle als einen Ort der Erholung errichten ließ. Nachdem er seine Firmen und Besitzungen verkauft hatte, zog er 1966 im Alter von 9? Jahren nach Kapstadt, wo er ein Jahr später starb.

Schwärme Lake Flies sein, die hier periodisch auftreten.

Es bietet sich an, mit einem **Boot** auf den See hinauszufahren, um Krokodile und Nilpferde zu beobachten, oder einfach nur, um zu angeln, träge in der Sonne zu treiben und das schöne Panorama zu genießen. Bei den KWS-Rangern kann man ein Boot mieten (5 US$ p.P./Std.). Am billigsten aber ist die Fahrt mit einem Fischer aus Mukwajoni.

Unterkunft

Die **Lake Jipe Lodge** und auch **Bobby's Camp existieren nicht mehr,** sodass die einzige Unterkunftsmöglichkeit das eigene Zelt oder die Lake Jipe Bandas des KWS sind.

● Lake Jipe Bandas

3 Bandas mit jeweils zwei Schlafplätzer. Die Bandas kosten 2000 Ksh bzw. 3000 Ksh während der kenianischen Ferien für Residents. Nonresidents zahlen 50 US$. Buchungen laufen über Nairobi: Tel. 020/607024 oder reservations@kws.go.ke.

Essen und Trinken

Außer Fisch, Kochfett und Lampenöl ist im Fischerdorf Mukwajoni kaum etwas Brauchbares zu erstehen. Alle **Vorräte** sind **aus Taveta oder aus Voi** mitzubringen.

Transport

In sehr begrenztem Umfang gibt es **Sammeltaxis und Fischtransporter,** die zwischen Mukwajoni und Taveta verkehren. Die größten Chancen auf einen Lift bestehen an Tavetas Marktagen, also Mi. und Sa. Die Fahrzeuge brechen bei Tagesanbruch von Taveta auf, die Rückfahrt erfolgt meist rechtzeitig vor Sonnenuntergang.

Zwischen Inland und Küste

Lake Jipe – Maktau

- **45 km**
- **Auch mit Pkw problemlos zu fahrende Piste.**
- **Fahrtzeit:** 1 Std.

Eine Beschreibung für die Strecke vom Lake Jipe zum Maktau Gate erübrigt sich fast. Nachdem man nahe des Sees um 940 m hohe, auffällige Doppelspitze des Vilima Viwili-Bergs und die Busch- und Baumvegetation hinter sich gelassen hat, verändert sich nicht mehr allzu viel. Die topfebene Landschaft ist von einem rund 1 m hohen Gestrüpp bedeckt und ähnelt der Vegetation in weiten Teilen des Tsavo Ost National Park. Rundherum bleibt das Auge über Kilometer an nichts Auffälligem hängen. Ob und wie viele Wildtiere man sieht, hängt ganz entscheidend von der Jahreszeit, dem Ausmaß der Regenfälle und von Buschfeuern ab – und damit von der Menge des Grasaufwuchses in diesem Teil des Parks. Das letzte Stück zum Gate fährt man an einem Elektrozaun entlang, der die nördliche Grenze des Parks markiert und benachbarte Gemeinden vor marodierenden Elefanten schützen soll. Am **Maktau Gate** stößt man auf die Hauptpiste von Taveta (nach links; 70 km) nach Voi (nach rechts; 59 km). Überquert man die Piste, gelangt man durch trockene Savannenlandschaften in den touristisch interessanteren Nordwestteil des Tsavo West.

Taita Hills Game Sanctuary

Ökologisch gesehen gehört das **private Tierreservat** zum Tsavo-Gebiet. Die Sarova-Hotel-Kette managt das 112 km² große Schutzgebiet, und sie macht es gut. Eine Rangertruppe von knapp 20 Mann ist als Leibgarde der bunten Tierwelt, die allein 50 Säugetierarten umfasst, abgestellt. Reichlich Elefanten,

verschiedene Antilopen- und Gazellenarten, die drei Großkatzen und sogar Nashörner erfüllen die Erwartungen von Tierfreunden aus aller Welt. Die vielen Wasserstellen sorgen für hohe Tierzahlen während des gesamten Jahres, zeitweilig ziehen sogar Tiere vom Tsavo National Park hierher. Da es sich um ein privates Tierschutzgebiet handelt, wird man nur auf wenige andere Autos treffen. Der Eintritt beträgt 25 US$ für Nonresidents und 350 Ksh für Residents.

Unterkunft

Die Buchung der Unterkünfte im Game Sanctuary geht über Sarova Hotels (s. S. 107). Die Preise für die Hotels sind einheitlich: 130/190 US$ FB. Hinzu kommen 25 US$ für den Eintritt zur Conservancy.

- **Taita Hills Lodge**
Mit der zentralen Rezeption für die Hotels und einer Tankstelle ist die 1 km abseits der Hauptstraße gelegene Lodge so etwas wie das logistische Herz des Taita Hills Game Sanctuary. Angeblich ist das Gebäude mit Sandsäcken gemauert worden, die noch aus dem 1. Weltkrieg stammen, und von außen ähnelt das Hotel einem alten Fort – beides Anspielungen auf die erbitterten Kämpfe, die nicht allzu weit von hier am Salaita Hill zwischen britischen und deutschen Truppen Anfang des 20. Jahrhunderts ausgefochten wurden. Die massive Fassade des dreistöckigen Gebäudes wird allerdings durch Kletterpflanzen aufgelockert, und wenn man sich erst einmal im Innern der Lodge befindet, herrschen ohnehin nur noch Stil und Luxus, realisiert durch viele natürliche Baumaterialien und geschmackvolle Anspielungen auf Afrika. Die sehr persönlich eingerichteten Doppelzimmer lassen denn auch keine Wünsche offen. Aktivitäten: Swimmingpool, Tennis, Basketball und Fußball, Golf, Minigolf, Ballonsafaris und Kamelreiten.
- **Salt Lick Lodge**
Architektonisch ist die 7 km im Game Sanctuary gelegene Salt Lick Lodge sicherlich das ungewöhnlichere der Hotels. Mitten zwischen einer Reihe von Wasserlöchern stehen

auf meterhohen Betonpfeilern afrikanischen Rundhütten nachempfundene Häuser, in denen die 96 Zimmer und öffentlichen Räume der Lodge untergebracht sind. Untereinander verbunden sind sie durch schwingende Holzstege in luftiger Höhe. Wenn man Glück hat, reibt sich direkt unter einem ein Elefant an einer der Säulen seine Schwarte – ein unvergessliches Erlebnis. Von den Beobachtungsterrassen, vom (runden) Hotelzimmer oder von einem getarnten Unterstand aus kann man die Tiere auch noch aus anderen Perspektiven beobachten – und das 24 Stunden lang, denn nachts werden die Wasserlöcher von Flutlichtern ausgeleuchtet.

Taita Hills   ♫V/D3

Ursprünglich verstand man unter den Taita Hills drei verschiedene Berggruppen, die alle von Taita sprechenden Menschen besiedelt sind: den **Kasigau-Berg** (1641 m), der knapp 50 km östlich von Voi aus der Taru-Wüste emporragt, die **Sagalla Hills**, die kaum 10 km im Osten von Voi, auf der anderen Seite des Mombasa Highway, beginnen, und **Dabida**, mit 2205 m die höchste und flächenmäßig größte der drei Erhebungen, im Süden Vois, eigentlich schon ein kleines Gebirge, das heutzutage allgemein als Taita Hills bezeichnet wird.

Vermutlich waren die **Dabida oder Taita Hills** einst Teil einer sehr viel größeren Bergkette, die von den Usambara-Bergen über die Pare-Berge in Nordtansania bis in die Gegend um Voi reichte. Der Zahn der Zeit hat in Millionen von Jahren langsam, aber gründlich am Gestein genagt und die im Vergleich zum Urgebirge kümmerlichen Reste hinterlassen, die man heute sieht. Wolkenmassen, die vom Indischen Ozean landeinwärts ziehen, transportieren beständig Feuchtigkeit über das knochentrockene Küstenhinterland und regnen sich an den hohen Bergkämmen ab. Ein Segen, der überbordendes Pflanzenwachstum ermöglicht. Daher waren die Taita Hills vor der Besiedlung durch den Menschen von einer durchgehenden Walddecke

überzogen. Erst ein Volk, das vermutlich im 17. Jahrhundert von der Küste her einwanderte und sich hier niederließ, begann mit der Rodung der Bäume, um seine Shambas anzulegen. Im Laufe der Zeit vervielfachte sich die Zahl der Menschen. Inzwischen sind die Taita Hills so dicht besiedelt, dass nur noch eine Hand voll der insgesamt 48 Hügel kleine Urwaldreste trägt.

Der größte dieser letzten Urwaldflicken ist der Wald am 1779 m hohen **Mbololo-Berg** im Nordwesten der Taitas, nahe des Dorfes Wongonyi. Weitere Stücke sind der **Ngangao Forest** nahe Werugha im zentralen Teil des Gebirges und der Wald am **Vuria**, mit 2205 m der höchste Berg im Süden. In den kleinen Urwaldgebieten spielt sich ein stilles Drama ab. Endemische Tiere und Pflanzen, d.h. Arten, die nur hier vorkommen, stehen mit jedem gefällten Quadratmeter Wald dichter vor dem **Artentod.** In den Taita Hills sind u.a. zwei Vogelarten hochgradig bedroht, der Taita White-Eye und die Taita Olive Thrush. Laut der East African Wildlife Society, die sich für den Erhalt der Wälder engagiert, gibt es von der Taita Thrush in ihrem winzigen Verbreitungsgebiet keine 500 Vögel mehr, und die Chancen, dass der letzte von ihnen in fünf Jahren verschwunden sein wird, stehen 50 zu 50. Sie sollten sich mit Ihrem Besuch also beeilen.

Landschaftlich sind die Berge unglaublich schön. Besonders aufgrund der extremen Trockenheit und Staubigkeit der Ebenen um Voi und Tsavo meint man zu träumen, wenn sich die Straße, vorbei an grünen Feldern, Wasserfällen, Nadelhölzern, malerischen Bergdörfern und schroffen Felsklippen, durch liebliche Täler höher und höher windet. Nur 15 km liegen zwischen der Ebene in 800 m Höhe und dem Tal von Wundanyi auf 1500 m. **Wundanyi,** größter Ort in den Bergen, ist der Verwaltungssitz des Taita District und durch eine Teerstraße mit Voi verbunden. Über kurvenreiche Bergstraßen geht es noch einige hundert Meter höher hinauf. Immer wieder öffnen sich überwältigende Ausblicke hinunter ins trockene Flachland, an einigen Punkten – klares Wetter vorausgesetzt – sogar bis zum Kilimanjaro. Wegen der guten Erreichbarkeit mit öffentlichen Verkehrsmitteln und der vielen Wege und Pisten, die das Gebirge durchziehen, eignet es sich auch hervorragend zum **Wandern,** zumal die Taita selbstbewusste, freundliche Leute sind, im Vergleich zur Flachlandbevölkerung übrigens auch relativ wohlhabend.

Voi – Mwatate – Wundanyi – Mgange Nyika – Bura

- **66 km**
- Die ersten 39 km von Voi bis Wundanyi sind **geteert,** die restlichen 27 km **gute Allwetterpiste.**
- **Fahrtzeit:** mit Fotostopps 2 Std., mit Abstecher auf den Vuria 3,5 Std.

Vom Mombasa Highway biegt man bei Voi in Richtung Taveta ab, nach 24 km hügeliger Strecke durch ausgedehnte Sisalplantagen nimmt man in Mwatate rechts die Teerstraße, die in zahlreichen Kehren innerhalb weniger Kilometer auf 900 Höhenmeter nach **Wundanyi** klettert (s.u.). 6 km hinter der Abzweigung passiert man auf der rechten Seite einen schönen **Wasserfall,** der von der Straße aus allerdings schlecht zu sehen ist. Über einige Felsstufen fällt das Wasser insgesamt rund 50 m tief. Bei km 14,9 gelangt man in Wundanyi an eine kleine Brücke, vor der rechts der Weg zum Ortskern abbiegt. Direkt hinter der Brücke geht es nach links zum County Council, den District Offices, zur Polizeistation und zum Yale-Massiv hinauf.

Man folgt aber nach dem Überqueren der Brücke der Hauptstrecke geradeaus. Am Ortsausgang nach knapp 600 m wendet man sich an der T-Kreuzung nach links. Die Piste nach rechts führt in die nördlichen und nordöstlichen Taita Hills, zum Mwasungia Scenery Guesthouse, zum Ronge Forest und zum Mt. Mbololo (1779 m).

Im Örtchen **Werugha,** 4,6 km später, hält man sich links. Die Piste, die im spitzen Winkel von rechts hinzukommt, führt zum Ngangao-Berg (1952 m) und seinem verbliebenen

Stückchen Urwald. 1 km danach stößt von links die vom County Council kommende Piste aus Wundanyi hinzu, auf der man auch den Yale-Berg in östlicher Richtung umrunden kann. Man fährt jedoch weiter geradeaus, direkt auf das felsengekrönte **Yale-Massiv** (2104 m) zu. Die Piste führt an seiner westlichen Flanke herum und vereinigt sich 6,2 km hinter Werugha in dem kleinen Marktflecken **Mgange Nyika** wieder mit der im spitzen Winkel von links kommenden Yale Ring Road.

100 m danach müssen Sie nach links abbiegen, um zurück zur Taveta Road zu gelangen, denn geradeaus geht's nach Mwanda und zum **Vuria-Massiv,** das vor Ihnen im Südosten aufragt. Der **2205 m** hohe Berg ist die höchste Erhebung der Taita Hills. Auf seinem Gipfel stehen Radioantennen. Deshalb kann man – zumindest mit einem 4WD-Fahrzeug – realtiv problemlos bis ganz hinauf fahren. Der Abstecher lohnt sich bei klarem Wetter allemal, denn dort oben liegt Ihnen das gesamte Umland bis hin zum Kilimanjaro zu Füßen. In diesem Falle folgen Sie der Piste weiter geradeaus. Sie schlägt einen großen Bogen um die Westseite des Bergs. Nehmen Sie die erste Abzweigung nach links, die die Südseite des Bergs bis zu einem Sattel zwischen dem Mgange-Berg und dem Vuria erklimmt und sich von dort nach Südwesten zum Gipfel wendet. Da die Gipfelregion nicht besiedelt ist, eignet sie sich auch zum Campen. Zumal frühmorgens die Chancen auf eine wolkenfreie Sicht am größten sind.

Zurück an der Abzweigung zur Taveta Road geht es nun durch wunderbare Täler in zahlreichen Serpentinen und mit spektakulären Ausblicken über 15 km **zurück ins Flachland.** Links sehen Sie zunächst die dramatischen Felsklippen des Yale-Bergs, rechts steht der Vuria. Nach 2 km zweigt rechter Hand die Piste nach Mragua ab, 300 m später passieren Sie eine hübsche katholische Kirche, die von italienischen Missionaren gebaut wurde, die dazugehörige Missionsstation folgt nach 10 km. Nahe der Ortschaft **Bura** gelangt man zurück an die Taveta Road. Nach rechts geht es zum Taita Hills Game Sanctuary (7 km), zum Maktau Gate des Tsavo West National Park (25 km) und nach Taveta (95 km), nach links sind es nur wenige Kilometer Piste, bis in der Nähe von Mwatate die Teerstraße nach Voi beginnt.

Wundanyi   ✐ V/D3

Wundanyi wurde wegen seines angenehmen Klimas von den britischen Kolonisatoren als Verwaltungssitz der Region ausgewählt und ist bis heute die **Hauptstadt des Taita District** und nicht etwa Voi, das wesentlich größer und wirtschaftlich bedeutender ist. Außer seiner malerischen Lage in einem grünen Tal und einiger schöner alter Kolonialbauten hat der Ort keine erwähnenswerten Reize. Markttage in Wundanyi sind Dienstag und Freitag. Als **Ausgangspunkt für Exkursionen oder Wandertouren in den Taita Hills** ist das Städtchen optimal, da es über eine Teerstraße von Voi aus – auch mit Matatus – bequem und schnell zu erreichen ist. Am Ortsrand von Wundanyi, an der Straße nach Mbale, etwa 200 m hinter dem Hebron Christian Guesthouse, befindet sich in einem Bananenhain unterhalb der Straße ein Schrein mit den Schädeln von 19 Taita-Vorfahren. An verschiedenen Stellen der Taita Hills kann man diese Orte für Opfergaben und die Zwiesprache mit den Altvorderen finden, auch wenn das Christentum diese Tradition zusehends zurückdrängt. Wer sich tiefer für die Traditionen der Taita interessiert, mag den Besitzer des Mwasungia Scenery Guesthouse 500 m weiter ansprechen, der sich ganz gut auskennt und auf Wunsch auch den Führer für Wandertouren in den Taita Hills gibt.

Unterkunft

Die Auswahl an Übernachtungsplätzen ist nicht übermäßig groß. Immerhin: In der Stadt gibt es die einfache und saubere **Wundanyi Lodge,** einen Versuch ist auch das etwas komfortablere **County Council Lodging** wert. 2 km außerhalb des Ortes, am Weg in Richtung Ronge Forst und zum Mbololo-

Berg, liegt das **Mwasungia Scenery Guesthouse,** das von Travellern empfohlen wird. Zuvor passiert man bereits das **Hebron Christian Guesthouse**.

Essen und Trinken

Tsavo Hill Restaurant und **Paradise Hotel** versprechen schmackhafte Sättigung, luxulische Ausnahmeerscheinungen darf man in Wundanyi aber nicht erwarten.

Verkehrsverbindungen

Per Matatu von Voi nach Wundanyi (140 Ksh) zu kommen, ist überraschend unkompliziert, Verbindungen gibt es mehrmals täglich. Wegen der dichten Besiedlung der Berge und der großen Zahl an Fahrgästen lohnt es sich anscheinend sogar für **Sammeltaxis,** auch entlegenere Ecken anzusteuern, wie **Mbololo** (250 Ksh), den Ort zu Füßen des größten verbliebenen Urwaldstückes, oder in die entgegengesetzte Richtung, den **Vuria-Berg** und **Mwanda.**

Karten

Wer in den Taitas wandern möchte, benötigt detailliertes Kartenmaterial. Der **zentrale Bereich der Taita Hills** mit allen wichtigen Wegen, Erhebungen und Siedlungen ist auf dem Kartenblatt 189/4 der empfehlenswerten topografischen Serie Y731 des Department of Survey abgebildet, Maßstab 1:50.000. Die acht angrenzenden Blätter mit den Randbereichen der Berge lauten (von links unten angefangen, im Uhrzeigersinn): 195/1 Kamshari; 198/3 Maktau; 198/1 Kangechwa; 189/2 Manyani; 190/1 Muganda; 190/3 Voi; 196/1 Sagala; 195/2 Mwatate.

An der Küste

Die meisten Urlauber, die nach Kenia kommen, verbringen den Großteil ihres Aufenthalts an der Küste im Hotel. Die Unterkünfte konzentrieren sich in drei Gebieten, nämlich in **Malindi,** an der **Nordküste von Mombasa** und in **Diani Beach an der Südküste.** An diesen Orten gibt es wahre **Traumstrände** und eine **gut ausgebaute touristische Infrastruktur** mit Restaurants, Bars, Discos, Mietwagenfirmen, Safariunternehmen, Sport-, Freizeit- und Unterhaltungsangeboten. Wer nur ausspannen möchte, ist hier gut aufgehoben. Viele Gäste ahnen dabei nicht, dass hinter der Mauer ihres Hotels ein aufregendes und völlig eigenartiges Stück Kenia darauf wartet, erkundet zu werden. Denn unbeeindruckt vom westlichen Lifestyle scheint sich in weiten Landstrichen am traditionellen Leben der Küstenbevölkerung über Jahrhunderte nur wenig geändert zu haben. Zumindest Teile der **Suaheli-Kultur,** die aus der 2000 Jahre währenden Verschmelzung afrikanischer, arabischer, indischer, persischer und europäischer Einflüsse entstanden ist, sind noch sehr lebendig und werden auch gepflegt. Der Überseehandel zwischen Indien, Arabien und Ostafrika brachte Luxusgüter und Reichtum nach **Zinjibar,** an die „Küste der Schwarzen", wie die Perser früher die ostafrikanische Küste nannten, bevor dies der Name für eine einzige Insel wurde. Insgesamt sind knapp 100 **archäologische Stätten** mit den Überresten von versunkenen Handelsposten und Städten an der Küste bekannt. Einige von ihnen, etwa die rätselhafte, von Urwald überwucherte **Ruinenstadt Gede,** sind ein lohnendes Besichtigungsziel für historisch Interessierte. Der erstaunlich hohe Lebensstandard und das Stadtbild einer Suaheli-Siedlung lassen sich noch heute an einem „lebenden" Beispiel beobachten: Die Altstadt der **Insel Lamu** an der nördlichen Küste Kenias ist bis heute weitgehend intakt.

Die Küste ist aber nicht nur für erholungssuchende Strandurlauber und in kultureller sowie kulturhistorischer Hinsicht eine Reise wert. Auch die Natur lohnt den Besuch. Geboten wird viel: Tropisch-üppige **Kulturlandschaften** mit Zuckerrohr- und Maisfeldern, Mango- und Cashewnussbäumen, Gewürzgärten und Kokospalmenhainen, aber ebenso urwüchsige Naturparadiese wie die waldbedeckten **Shimba Hills** mit ihren großen Elefantenherden, der **Arabuko-Sokoke-Küstenregenwald** mit vielen seltenen und bedrohten Tierarten oder das **Delta des Tana River** mit unwegsamer Wildnis und ausgedehnten Sumpfgebieten. Hinzu kommen dichte **Mangrovenwälder** und die Unterwasserwelt der **Korallenriffe,** die sich über Hunderte von Kilometern die kenianische Küste entlangziehen und Myriaden von bunten Fischen einen Lebensraum bieten. Die schönsten Abschnitte sind als **Unterwassernationalparks** geschützt, die für Taucher und Schnorchler zugänglich sind, wie etwa in Watamu und Kisite-Mpunguti.

Wirtschaftliches und politisches Zentrum der Küstenregion ist die muslimisch geprägte Metropole **Mombasa.** Im Laufe ihrer Geschichte war die zweitgrößte Stadt Kenias immer wieder das tonangebende Machtzentrum an der Küste, und man sollte sich keinesfalls die Möglichkeit entgehen lassen, die pulsierende Hafenstadt mit ihren modernen Stadtteilen und einer faszinierenden Altstadt wenigstens für einen Tag zu erforschen.

Mombasa   ♫ III/D2

Mombasa, **mit 500.000 Einwohnern die zweitgrößte Stadt Kenias** (manchen Quellen zufolge hat der Großraum der Stadt bereits die Millionengrenze überschritten), liegt auf einer 14 km² großen Insel, die von zwei Meeresarmen eingefasst wird wie ein wertvoller Edelstein, nämlich im Norden vom **Port Tudor** und im Süden vom **Port Reitz,** der nach Leutnant *Reitz,* einem Kommandeur der Royal Navy benannt ist. Reitz kam 1824 mit der „HMS Leven" als einer der ersten Briten nach Mombasa und diente kurze Zeit als britischer Verwalter des zwei Jahre existierenden Mazrui-Protektorats, starb aber bereits nach vier Monaten an Fieber.

Obwohl die Stadt am Indischen Ozean für ihre Strände bekannt ist und jedes Jahr Hunderttausende von **Touristen** auf dem internationalen Flughafen landen, sieht man in der Innenstadt von Mombasa nur wenige Urlauber. Denn die luxuriösen Ferienhotels liegen an den makellosen Stränden nördlich und südlich der Insel. Die meisten Pauschalurlauber kommen nur für Tagesausflüge in die City. Viel mehr als durch den Fremdenverkehr wird Mombasas Gesicht und Leben durch seine Rolle als **größter Hafen Ostafrikas** und **wichtiger Industriestandort** bestimmt. Die Stadt besitzt Erdölraffinerien, Fahrzeugmontagewerke, eine Zementfabrik, Industriebetriebe für die Lebensmittelverarbeitung, Papierherstellung und Tabakproduktion, chemische Fabriken und Betriebe der Metallverarbeitung. Obwohl die Bedeutung des Hafens von Dar es Salaam in den letzten Jahren gewachsen ist, laufen die Im- und Exporte für Kenia, Uganda, Ruanda, den östlichen Kongo und zu einem guten Teil auch für den Südsudan nach wie vor über **Kilindini**, den **Tiefwasserhafen von Mombasa.** Auch die **Teebörse von Ostafrika** ist traditionell in Mombasa angesiedelt. Die politische Bedeutung der Stadt beschränkt sich auf die Funktion als **Hauptstadt der Küstenprovinz.** Die Großstadt besitzt noch nicht einmal eine vollwertige Universität.

Mombasa ist eine bunte, internationale Stadt, die ein **liberales Flair** besitzt und von der **Toleranz** zwischen den Menschen verschiedener Rassen geprägt ist, obwohl die Mehrheit der Einwohner – rund 60 Prozent – muslimischen Glaubens ist. Vielleicht deshalb, weil die Kultur der Küste, die **Suaheli-Kultur,** selbst durch die Verschmelzung verschiedenster kultureller Einflüsse entstanden ist und Fremden offener begegnet wird. Die Hautfarben und Religionen der Bewohner spiegeln jedenfalls die bewegte Geschichte der ostafrikanischen Küste und die regen kulturellen, wirtschaftlichen und menschlichen Beziehungen nach Arabien, Persien und Indien wider.

Das **Völkergemisch** von Mombasa ist babylonisch. Die Kleidung der Menschen von Mombasa erzählt ebenso von dieser Vielfalt wie die **Gotteshäuser,** an denen man beim Gang über Plätze, durch Straßen und Gässchen vorbeikommt: Da wären eine katholische Kathedrale, ein Jain-Tempel, einige andere Gotteshäuser, Moscheen der sunnitischen Memons und Badhala, der schiitischen Ismaeliten, Bohras und Ithna Ashri sowie eine nicht näher zu beziffernde Zahl von Sikh- und Hindu-Tempeln.

Der auffälligste Unterschied gegenüber Nairobi ist der **gemächlichere Gang des öffentlichen Lebens,** abgebremst von tropischer Hitze und orientalischem Laisser-faire. Das Straßenleben beginnt erst abends richtig. Großfamilien ziehen mit Kind und Kegel los, um zu flanieren oder auf dem Bürgersteig an den Holzkohlegrills gerösteten Maiskolben, Chipsi, gebratene Eier oder Mushkaki, also Fleischspieße zu essen.

Das kann aber nicht darüber hinwegtäuschen, dass Mombasa in der Vergangenheit unter **Misswirtschaft und Korruption** litt – bis sich 1998 der Bürgermeister **Najib Balala** furchtlos daranmachte, den riesigen Saustall mit Konsequenz und Ideen auszumisten. Ein typischer Balala-Coup: Der Bürgermeister ließ in der größten Tageszeitung über drei eng bedruckte Doppelseiten auflisten, welche renommierten Bürger und Firmen der Stadt seit Jahren wie viel an Miet- und Pachtzinsen schulden und drohte bei Nichtbegleichung die Räumung an. Die Summe ging in die Milliarden von Shilling und half, den leeren Stadtsäckel zu füllen. Ironischerweise war es wohl gerade sein durchschlagender Erfolg, der schließlich zu Balalas Absetzung führte, weil sich zu viele einflussreiche Leute über die Füße gefahren fühlten. Und so kämpft Mombasa wieder gegen die alten Geister. Aber: Irgendwie geht es immer weiter. Das zumindest hat Mombasa in seiner über tausendjährigen Geschichte ein ums andere Mal bewiesen. Najib Balala übrigens ist inzwischen der Tourismusminister von Kenia.

Geschichte

Die Frühzeit (bis 1498)

Mombasa wurde im Jahr 1154 von *Al Idrisi,* einem arabischen Geografen am Hof des sizilianischen Königs, als Manfasa erstmals urkundlich erwähnt. Im Meer vor Mombasa fanden Archäologen antike Gefäße und andere Dinge, die beweisen, dass schon vor 2000 Jahren ein reger **Überseehandel** zwischen dem ptolemäischen Ägypten, dem indischen Subkontinent und Ostafrika bestanden haben muss. Südarabische Händler aus Oman und Jemen erschienen hingegen vermutlich erst ab dem 6. Jahrhundert auf der Bildfläche. Sie gründeten eine Kette von **Handelsposten,** aus denen später autonome Küstenstädte hervorgingen, die Zentren der neuen Suaheli-Kultur. Vielleicht fällt Mombasas Geburt ja in diese Zeit. Theoretisch wäre es sogar denkbar, dass mit einer der ostafrikanischen Siedlungen, die in fast 2000 Jahre alten griechischen Texten erwähnt werden, eine Vorläuferin von Mombasa gemeint war. Angesichts der günstigen strategischen Lage wäre das nicht unwahrscheinlich.

Wie dem auch sei, **Ibn Batuta,** der berühmte arabische Geograf und Weltreisende, berichtete im Jahr 1332 von Mombasa als einer Stadt mit gläubigen Muslimen, zahlreichen Moscheen und festen Gebäuden. Sein Besuch fiel in die Zeit der **Shirazi-Dynastie,** die von ca. 1300–1573 in Mombasa regierte. Bekanntester Herrscher dieser Zeit war **Shehe Mvita,** der auch *Shabu bin Hisham* genannt wurde. Sein Grab liegt auf dem Gelände der Allidina Visram High School und wird bis heute von Betenden aufgesucht und verehrt. Shehe Mvita gehörte den Mvita an, einem der zwölf Stämme, die Mombasa Island seit alters her besiedeln – vielleicht war Mvita deshalb einer der Beinamen, unter denen Mombasa in seiner Geschichte noch bekannt war.

Die Zeit ihres größten Wohlstandes und Einflusses erlebte die Stadt **im 15. Jahrhundert,** als sie zusammen mit Kilwa im südlichen Tansania als die mächtigste Handelsstadt der gesamten Küste galt. Der Lebensstandard, zumindest der Oberschicht, war hoch. Die Portugiesen zeigten sich bei ihrer Ankunft vom Wohlstand der Bevölkerung tief beeindruckt. Durch portugiesische Augenzeugenberichte wissen wir, dass die Menschen golddurchwirkte Kleider trugen und in komfortablen, mehrstöckigen Gebäuden wohnten, die mit feinen Holzschnitzarbeiten

reich verziert waren. Doch zwischen den einzelnen Küstenstädten herrschte eine erbitterte Rivalität, Kleinkriege waren eher die Regel denn die Ausnahme. Vielleicht lässt sich Mombasas Zweitname Mvita auch so erklären, denn Mvita bedeutet in Kisuaheli nichts anderes als „die Kriegerische" ...

Die portugiesische Periode (1498–1697)

Im Jahr 1498 ankerte die Flotte von **Vasco da Gama** auf dem Weg nach Indien vor Mombasa. Aber der Empfang war so feindselig, dass die Portugiesen nach Malindi weitersegelten. Mombasa scheint von den Portugiesen nur wenig Gutes erwartet zu haben, was sich in den folgenden 200 Jahren ihrer Herrschaft über die Küste auch immer wieder bestätigte. Die Rivalin **Malindi** nahm die Europäer mit offenen Armen auf, getreu dem Motto „Meines Feindes Feinde sind meine Freunde". Die Koalition zwischen den ungleichen Genossen stellte sich als sehr dauerhaft heraus. Malindi wurde zur portugiesischen Basis an der ostafrikanischen Küste, von der man nach und nach sämtliche Küstensiedlungen in die Tributpflicht zwang. Das wohlhabende Mombasa vermochte der rohen Gewalt der Portugiesen am längsten zu widerstehen, obwohl die Stadt wegen ihres Reichtums, ihrer strategischen Insellage und dem Tiefwasserhafen besonders begehrenswert war. Dreimal, 1505, 1528 und 1589, wurde Mombasa von den Portugiesen überfallen, geplündert und in Schutt und Asche gelegt, bevor der Sheikh die europäische Oberhoheit 1591 endgültig anerkennen musste. Eine Koalition zwischen den kannibalistischen Zimba, die Mombasa von der Landseite her angriffen, und den Portugiesen, die die Stadt von der Seeseite in Kämpfe verwickelten, führte **1589** zu einem **Blutbad.** Als Mombasa zwei Jahre später eine Strafexpedition nach Malindi schickte, wurde diese von dem Küstenvolk der Segeju, Alliierten Malindis, abgefangen. Im Gegenzug wurde das schutzlose Mombasa eingenommen und an die Portugiesen übergeben. Portugal zog sofort die Konsequenzen, verlegte seine Truppen, die Verwaltung und die Zollbehörde nach Süden und inthronisierte den loyalen Sultan von Malindi als neuen Machthaber in Mombasa. Dies war der Anfang vom Ende Malindis, auch deshalb, weil die Galeonen Portugals den Hafen nicht mehr als Versorgungsstation auf dem Weg nach Indien anliefen. 1593 begannen die Portugiesen mit dem Bau von **Fort Jesus,** dem zukünftigen Zankapfel zwischen den Regionalmächten an der ostafrikanischen Küste. Zunächst einmal erlaubte ihnen die Festung aber, ihr Handelsmonopol im Indischen Ozean besser abzusichern.

Die arabische Periode (1698–1888)

Portugals Machtfundament begann erst zu wanken, nachdem es den Omanis gelang, den Hafen von Muskat zu befreien. Eine Küstenstation nach der anderer eroberten die Araber von den Portugiesen zurück und konnten ihren Einfluss so wieder bis nach Ostafrika ausdehnen. Gleichzeitig drangen mit Holländern, Engländern und Franzosen weitere europäische Seefahrernationen in den Indischen Ozean vor und machten den Portugiesen ihr Monopol streitig. Das Ende der portugiesischen Ära war besiegelt, als 1698 Fort Jesus nach langer Belagerung fiel. Die geschlagenen Portugiesen zogen sich bis südlich von Kap Delgado, in ihre Kolonie Mosambik zurück. Der Sultan von Oman ernannte in seinem Riesenreich Liwani, also Statthalter, die als verlängerter Arm fungieren und seine Interessen vor Ort vertreten sollten. Doch dieses System barg Risiken. 1741 nutzte der Liwani das Tohuwabohu, welches die Machtergreifung der **Busaidi-Dynastie** in Oman auslöste, und erklärte die Unabhängigkeit der Stadt, die sich in der Folge zur dominierenden Macht an der kenianischen Küste aufschwang. Erst knapp 100 Jahre später, im Jahr 1837, gelang es dem Sultanat, die abtrünnigen Mazrui-Herrscher von der Macht zu vertreiben. Der abermalige Machtwechsel war nicht zu Mombasas Nachteil. Der **Gewürz- und Sklavenhandel** der Oman-Araber aus Sansibar brachte der Stadt einen wirtschaftlichen Aufschwung. Zahlreiche indische Händler brachen ihre Zelte auf Sansibar ab und ließen sich in der Stadt im Schatten von Fort Jesus nieder. In der Altstadt bauten sie imposante Häuser, die heute noch zu bewundern sind. Auch als die Briten nach dem Tode des Sultans die Aufteilung des Busaidi-Reiches in ein Sultanat von Oman und eines von Sansibar durchsetzten, um die arabische Macht zu schmälern, beeinflusste dies den weiteren Aufstieg Mombasas nicht.

Die britische Periode (1888–1963)

Das Interesse der europäischen Mächte an Afrika wuchs im 19. Jahrhundert stetig an, angefacht von Berichten der ersten Abenteurer, Entdecker und Missionare. Der Expansionsdrang speiste sich aus einem Konglomerat widersprüchlichster Beweggründe, die religiöser, humanistischer, ökonomischer und machtpolitischer Natur waren.

Schon in den Jahren 1824–1826 wehte über Fort Jesus kurzzeitig der Union Jack. Der englische **Offizier Owen,** dessen Mission eigentlich die Vermessung der ostafrikanischen Küste war, folgte der Bitte der Mazrui-Machthaber von Mombasa um Protektion durch England; so sollten die Busaidi-Herrscher, die im Begriff waren, Mombasa zu stürmen, auf Distanz gehalten werden. Owen entsprach dem Gesuch eigenmächtig, weil er damit die Hoffnung verband, gegen den Sklavenhandel Mombasas vorgehen zu können. Doch London verfolgte andere Ziele: Ein Bündnis mit der starken Busaidi-Dynastie, die über den Oman und Sansibar herrschte, war politisch viel versprechender als der Schulterschluss mit einer abtrünnigen Handelsstadt. Und so wurde die Eskapade nach zwei Jahren beendet.

Der Deutsche **Johann Ludwig Krapf** gründete in Rabai, im Hinterland Mombasas, 1846 mit seinem Amtsbruder **Johannes Rebmann** die **erste Missionsstation Ostafrikas.** Nach seiner Schilderung war die Insel Mombasa in der Mitte des 19. Jahrhunderts nur teilweise bebaut, es gab große Plantagen mit Mangos, Kokosnüssen, Orangen, Zitronen und Zimtbäumen. Der Rest der Insel wurde von Buschland eingenommen. Die Bevölkerung schätzte er damals auf 10.000 Einwohner, die meisten Suahelis, darunter aber auch viele Araber und 30 oder 40 Banyans, also hinduistische Inder, sowie 400 Baluchis, die als Truppen des Sultans im Fort stationiert waren. Es gab zwar auch einige Steinhäuser in der Stadt, die Mehrheit der Unterkünfte bestand aber aus Holz- und Lehmhütten.

Einige der **Expeditionen,** die das europäische Wissen über Ostafrika vergrößern sollten, starteten von Mombasa und folgten der Sklavenroute durch den Tsavo ins Landesinnere, so die Reisen von *Joseph Thomson* und *Graf Teleki von Tschechien.* Die Araber versuchten den stärker werdenden Einfluss der Europäer zunächst zurückzudrängen. Gezielt schürten sie Gerüchte. Den Weißen erzählten die Araber von wilden, kriegerischen Stämmen im Innern des „dunklen Kontinents", die Afrikaner wurden mit Ammenmärchen, wonach die Europäer brutale und unberechenbare Menschenfresser seien, verschreckt. Auf Dauer konnte dies den Lauf der Dinge nicht aufhalten. Gegen Ende des 19. Jahrhunderts folgte eine Phase, in der **technische Errungenschaften** das Gesicht Ostafrikas veränderten und die Entwicklung Mombasas zum wichtigsten Hafen Ostafrikas unterstützten. 1869 wurde der Suezkanal eröffnet, und bereits 1870 liefen die ersten Dampfschiffe Mombasa an.

Der Versuch einer Revolte der Garnison im Fort Jesus gegen den Sultan lieferte den Briten den willkommenen Anlass, um sich militärisch und politisch an der kenianischen Küste festzusetzen. Mit ihrer Überlegenheit fegten sie die Aufständischen hinweg und sicherten sich die Loyalität und Dankbarkeit von Sansibar. **1888** erhielt dann die **Imperial British East African Company** die **Handelskonzession** für das Territorium von Kenia und Uganda. Doch bereits sieben Jahre später musste die englische Krone einspringen, um die Schulden des Unternehmens zu begleichen und ihre Verwaltungsfunktionen zu übernehmen – das **Protektorat British East Africa** war geboren. Der erste britische Comissioner war *Arthur Hardinge.* Der Küstenstreifen gehörte zwar formell nach wie vor dem Sultan von Sansibar, wurde aber von den Briten verwaltet, die dafür jedes Jahr einen Pachtzins bezahlten. Erst 1963, mit der Unabhängigkeit, wurde das Küstenland auch formell Kenia eingegliedert.

Mombasa war **bis 1906 die erste Hauptstadt der neuen Kolonie,** bevor der Regierungssitz ins klimatisch gemäßigte Hochland, nach Nairobi, verlegt wurde. Der **Bau der Uganda-Bahn,** der 1901 mit der Ankunft des Schienenstrangs am Lake Victoria vollendet wurde, brachte einen riesigen Entwicklungsschub für die Hafenstadt, denn die gesamte Logistik für dieses Mammutprojekt lief über Mombasa. Vor allem aber wuchs in dieser Zeit die **indische Bevölkerung** der Stadt durch die Bahnarbeiter vom Subkontinent sprunghaft an. Viele von ihnen blieben in Mombasa und trugen maßgeblich zur heutigen ethnischen Vielfalt bei. Vor allem aber wurde die Wirtschaft durch die asiatischen Einwanderer gestärkt, das geschickte Kaufleute, Händler, Handwerker und später auch Industrielle waren.

Und nicht zu vergessen: Mombasa war der Ort, an dem die meisten europäischen Siedler erstmals afrikanischen Boden betraten. Von der steigenden **Agrarproduktion der weißen Farmen im Hochland** profitierte auch Mombasa, denn über seinen Hafen gelangten die Erzeugnisse wie Tee, Kaffee, Baumwolle und Pyrethrum auf den Weltmarkt.

Orientierung

Das Zentrum Mombasas liegt auf einer etwa 5 km langen und bis zu 3,5 km breiten Insel, die über zwei Brücken, einen Fahrdamm und eine Fähre mit dem Festland verbunden ist. Nach Nordwesten ist es der Damm des Makupa Cause Way, über den man vom Flughafen und vom Mombasa Highway auf die Insel gelangt und direkt auf die **Jomo Kenyatta Avenue,** die **Hauptverkehrsachse** von Mombasa, geleitet wird. Etwas westlich davon verbindet im Hafen von Mombasa eine weitere Brücke die Insel mit dem Festland. Schließlich gibt es noch die New Nyali Bridge, die zu den Touristengebieten an Mombasa North Coast und nach Malindi führt, während die Likoni-Fähre die einzige Möglichkeit darstellt, an die Südküste zu gelangen.

Im Zentrum Mombasas

Die Jomo Kenyatta Avenue teilt Mombasa in zwei Hälften: In der südwestlichen Hälfte, jenseits der Eisenbahnschienen, liegt das große **Hafen- und Industriegebiet von Shimanzi, Kilindini und Liwatoni,** nördlich erstrecken sich ausgedehnte Wohn- und Gewerbegebiete, die einen ziemlich vernachlässigten Eindruck machen, sodass Mombasa bei der Ankunft zunächst nicht besonders einladend wirkt. An ihrem südöstlichen Ende mündet die vierspurige Straße in die fast rechtwinklig dazu verlaufende **Nyerere Avenue,** die große **Nord-Süd-Achse** auf der Insel, die mitten durch das moderne Geschäftszentrum Mombasas läuft und die New Nyali Bridge im Norden mit der Likoni-Fähre im Süden verbindet. In ihrem nördlichen Teil heißt die Nyerere Avenue Tom Mboya Avenue sowie Abdel Nasser Road, im Süden hingegen Digo Road.

Östlich der Nyerere Avenue liegt die **Altstadt von Mombasa** mit einem malerischen Gassengewirr alter Häuser und dem portugiesischen **Fort Jesus,** das eines der Wahrzeichen der Stadt ist. Vom Fort führt der Ma-

ma Ngina Drive durch ein Wohngebiet, das mit dem nördlich der Insel gelegenen Nyali das feinste der Stadt ist. Hier befindet sich auch die State Lodge des Präsidenten.

Auf der anderen Seite der Nyerere Avenue ändert die Straße ihren Namen zu **Moi Avenue.** Hier liegen viele Cafés und Andenkenläden, aber auch Geschäfte. Die Straße ist gewissermaßen das **touristische Zentrum** der Stadt. Die Moi Avenue endet im Hafengebiet. Parallel zu ihr verläuft die Haile Selassie Road, die auf den Bahnhof von Mombasa zuführt. Zwischen diesen beiden Hauptstraßen liegen die meisten Hotels und Guesthouses. Auf Mombasa Island gibt es keine wirklichen Armensiedlungen, denn diese breiten sich vor allem am westlichen Festland aus.

Die Altstadt (Überblick)

Die meisten Sehenswürdigkeiten von Mombasa konzentrieren sich **in der Altstadt und ihrer unmittelbaren Umgebung:** enge Stra-

An der Küste

ßen und Gassen, viele Moscheen, Häuser, die sich aneinander zu lehnen scheinen und kunstvoll geschnitzte Türen besitzen, der alte Dhauhafen und einige glanzvolle Kolonialgebäude – und nicht zu vergessen Fort Jesus, das portugiesische Fort der Stadt.

Die **Bausubstanz der Altstadt** von Mombasa ist **nicht wirklich alt.** Mit Ausnahme von Fort Jesus und Teilen einiger älterer Moscheen sind keine Gebäude aus der Zeit vor Anfang des 19. Jahrhunderts erhalten geblieben. Das wechselvolle Schicksal Mombasas mit seinen zahlreichen Zerstörungen und Wiederauferstehungen erklärt, warum das so ist. Die ältesten bekannten **Siedlungsreste** auf Mombasa Island befinden sich an der Südseite der Insel in der Umgebung des Mbaraki Pillar, das heute Hafen- und Industriegebiet ist. Der rapiden Entwicklung des Gewerbegebiets fielen inzwischen die meisten dieser kulturgeschichtlichen Spuren zum Opfer. Die heutige Stadt Mombasa an der Nordostseite der Insel geht auf eine Gründung jüngeren Datums zurück. Bei Erweiterungsarbeiten des Coast General Hospital auf der Halbinsel von Kiberamini am nördlichen Rand der Altstadt fand man 1976 Siedlungsreste, die aus der Zeit von vor 1300 stammen und der legendären Königin *Mwana Mkisi* zugeschrieben werden. Archäologen entdeckten Mauerwerk und allerlei Gebrauchsgegenstände, etwa Tongefäße und Tonlampen und sogar einige Stücke chinesischen Porzellans.

Ursprünglich war die Altstadt von einer **Stadtmauer** umgeben, deren Verlauf von der Nkrumah Road, der Makadara Road, der Samburu Road und der Kitui Road markiert wird. Bis auf einige Fundamente ist das Bauwerk, das einst drei Tore besaß, völlig verschwunden. Noch Anfang des 20. Jahrhunderts berichteten Reisende von relativ großen Mauerstücken, und einige alte Leute in Mombasa können sich zumindest noch an Reste der Befestigung erinnern.

Aus Reiseberichten und von alten Abbildungen ist bekannt, dass Mitte des 19. Jahrhunderts der Großteil der Häuser von Mombasa aus Lehm gebaut war. Die ältesten erhaltenen Bauwerke dürften in der Gegend der nördlichen Ndia Kuu, der Hauptgasse

der Altstadt, jenseits des alten Zollgebäudes liegen. Sie weisen z.T. den klassischen **Suaheli-Bautypus** auf, den man auf Lamu noch in Reinform vorfindet. Bei den Bauwerken jüngeren Datums wurden nur noch einzelne Elemente dieses Stils übernommen, wie die Flachdächer, auf denen sich unter einem Makuti- oder Wellblechdach die Küche befand, die langen schmalen Räume, die ineinander übergehen, die geschnitzten Holztüren und die Steinbänke vor den Eingängen.

Die überwiegende Zahl der Häuser besitzt aber eine starke Prägung durch das Indien des 19. Jahrhunderts, dessen architektonische Einflüsse ab 1837 mit der Busaidi-Herrschaft von Sansibar nach Mombasa kamen. Diese **indischen Handelshäuser** sind in der Regel zwei- oder dreistöckig, von der Erscheinung her klassisch schlicht, mit einfachen Fensterreihen und einer großen, beeindruckenden Tür versehen. Verzierungen beschränken sich meist auf Steinmetzarbeiten um die Fenster herum, auf geschnitzte Türen und Balkone sowie farbige Glasfenster.

Viele weitere Gebäude in Mombasas Altstadt lassen sich dem **Kolonialstil der Briten** zuordnen, die ab 1890 begannen, Wohnhäuser sowie Geschäfts- und Verwaltungsgebäude zu errichten. Die Häuser besitzen häufig gusseiserne Pfeiler und Balkone, für Decken und Stützen wurden in der Regel Eisenbahnschienen verwendet. Charakteristisch sind auch die tiefen, angenehm schattigen Veranden und Balkone.

Vier auffällige architektonische Besonderheiten zeichnen viele Altstadthäuser Mombasas aus. Da es früher noch keine Klimaanlagen gab, wurden **natürliche Kühlungssysteme** in die Häuser eingebaut, entweder in Form von Lüftungsöffnungen in den Wänden oder als turmförmiger Windfang auf dem Dach, der ein Zirkulieren der Luft durch das Treppenhaus und die Innenhöfe erlaubte. Typisch für Mombasas Häuser sind auch die **Balkone,** die häufig – da zum Lebensbereich der Frauen gehörend – vergittert oder mit Holz verkleidet waren und vor ungewollten Blicken schützen sollten. Einige der Balkone werden noch von schön geschnitzten Holzwinkeln oder -stützen mit Vogel- und Blumenornamenten und von gusseisernen Pfeilern getragen. Ein weiteres Charakteristikum vieler Häuser sind die **außen liegenden Treppenhäuser** sowie **geschnitzte Holztüren.** Entsprechend der vielfältigen Herkunft der Bewohner ist die Zahl der Türformen riesig. Es scheint so, als hätten zahlreiche Geschäftsleute, die nach Mombasa übersiedelten, aus ihren Häusern in Lamu, Sansibar, Siyu oder Bagamoyo ihre eigene Haustür gleich mitgebracht. Jene Türen, die in Mombasa in Auftrag gegeben wurden, stammen zumeist aus der zweiten Hälfte des 19. Jahrhunderts, einer Zeit des wirtschaftlichen Wohlstands. Jenseits der Mandhry-Moschee gibt es auch noch einige arabische Türen, vermutlich aus dem frühen 19. Jahrhundert. An Form und Ausführung der Tür ließen sich gesellschaftlicher Status und Herkunft der Hausbewohner ablesen.

Wie in vielen anderen Städten ist auch die **Altstadt** von Mombasa. die sich in allerbester Lage zur City befindet, **von der Zerstörung bedroht.** Tatsächlich sind im 20. Jahrhundert schon viele denkmalschützerisch wertvolle Gebäude niedergerissen und durch moderne Bauten ersetzt worden. Trotz Bauauflagen und einem UN-finanzierten Schutzprogramm zur Erhaltung der Altstadt verschwinden jedes Jahr ein paar alte Häuser. Ein 31 ha großes Areal der Altstadt ist in die Schutzbemühungen einbezogen worden.

Wer sich für das Erhaltungsprojekt näher interessiert oder weitere Infos zu bestimmten Gebäuden möchte, wende sich an:

●**Mombasa Old Town Conservation Office** Mbarak Hinawy Rd., nahe der Mandhry-Moschee; Tel. 041/2225906 u. 2312246, motco @swiftmombasa.com.

Fort Jesus

Auffälligste Landmarke und zugleich größte Sehenswürdigkeit Mombasas ist das Fort Jesus am südöstlichen Rand der Altstadt, das 1958 zum Nationalmonument erklärt wurde und ein interessantes Museum beherbergt. Das Bauwerk steht an strategisch überragender Stelle auf einem fossilen Korallenriff und wacht über die schmale Einfahrt zum alten Hafen. Das Gebäude hat eine lange, wechselvolle Geschichte hinter sich, die von Mord, Belagerung, Hungertod, Bombardierung und Verrat handelt und eng mit den politischen Wirren des gesamten Küstenstrichs verbunden ist.

Praktische Informationen

●Das Fort ist **täglich von 9.30–18 Uhr geöffnet.** Der Eintritt beträgt 800 Ksh bzw. 400 Ksh für Kinder, Residents zahlen 400 Ksh bzw. 200 Ksh. Am Kartenschalter ist für 80 Ksh ein guter **englischsprachiger Führer** mit dem schlichten Titel „Fort Jesus" von *James Kirkman* erhältlich, dem noch viele zusätzliche Details zu entnehmen sind.
●**Kontakt: The Curator,** Tel. 041/3 2839, Fax 227297, www.museums.or.ke.
●Eine einmalige Art, das Fort Jesus zu erleben, ist die **Ton-und-Licht-Show „Mombasa by Night"** von Jahazi Marine. Der Abend beginnt mit einer Sundowner Cruise auf einer Segeldhau, bevor man durch die Altstadt zum illuminierten Fort läuft. Zur Musik von *Thommy Mustak* und dem stimmungsvollen Licht von insgesamt 150 Scheinwerfern wird dann in einer kurzweiligen halbstündigen szenischen Darstellung die bewegte Geschichte des Forts erzählt. Der Abend endet mit einem stimmungsvollen Dinner bei Fackelschein im Innenhof von Fort Jesus. Ein wirklich unvergessliches Erlebnis!

Weitere **Informationen und Buchung** über alle Reisebüros oder direkt bei Jahazi Marine (www.severin-kenya.com, Tel. 041/ 5487365), die tagsüber auch Dhau-Trips zu einem schwimmenden Markt im Tudor-Creek mit Lunch anbieten.

Geschichte

Im Jahr **1589** begann eine Expedition des osmanischen Reichs mit dem Bau einer Festungsanlage, was die Portugiesen, die um die Sicherheit des Seewegs nach Indien fürchteten, einschreiten ließ. Nach der endgültigen Unterwerfung der Stadt begannen sie zügig mit einem eigenen Bauwerk. Erdacht wurde die Anlage von dem Italiener *Joao Batista Cairato*, dem obersten Architekten der Portugiesen in Indien, die Bauausführung oblag aber dem letzten portugiesischen Kommar-

An der Küste

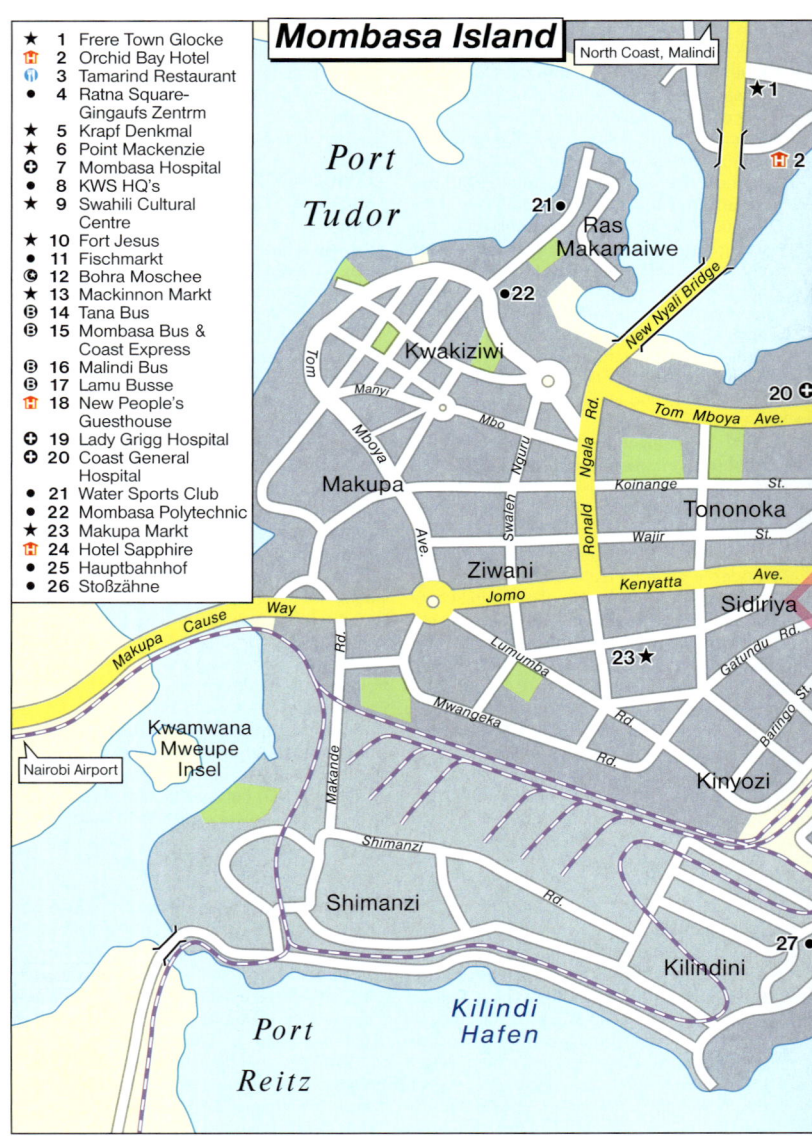

Mombasa Island

North Coast, Malindi

Port Tudor

Ras Makamaiwe

New Nyali Bridge

Kwakiziwi

Makupa

Kwakiziwi

Tom Mboya Ave.

Tononoka

Koinange St.

Wajir St.

Ziwani

Kenyatta Ave.

Jomo Kenyatta

Sidiriya

Makupa Cause Way

Nairobi Airport

Kwamwana Mweupe Insel

Lumumba Rd.

Mwangeka Rd.

Gatundu Rd.

Baringo St.

Kinyozi

Shimanzi

Shimanzi Rd.

Kilindini

Kilindi Hafen

Port Reitz

● 27 Mission to Seamen
🍴 28 Galaxy Chinese Restaurant
☪ 29 Kilindini Moschee
● 30 Mombasa Yacht Club
♺ 31 Little Theatre Club
✚ 32 Doctor Plaza
● 33 Extelcom House
✚ 34 Pandya Hospital
✚ 35 Aga Khan Hospital
♨ 36 Mombasa Golf Club
★ 37 Fort St. Joseph
🎵 38 New Florida Night Club
★ 39 Baobab Wald
● 40 Nakumatt Likoni
★ 41 Mbaraki Pillar

✳ Aussichtspunkt

Grünfläche

Bebauung

Hafen & Industrie

Nyali

●4

3 🛈

★5

✳

Mzizima

Alter Dhau Hafen

S. 666

★6

✚19

12 11
☉ ●

Bachawy Rd.

10
9 ✚7

18 🅗 🅑16
17 🅑 🅑15
🅑14

Altstadt
★ ●8

Kikiwani

★13

Old Kilindini

Matadara

Nkrumah Rd.

✳

Lighthouse St.

♨36

Blashara St.

Nsseb

Nyerere

Msanifu

Rd.

✉

City

✚34

Nkrumah Ave.

Kimathi Ave.

Mama Ngina

★37

24
🅗

Mwembe Tayari Rd.

Haile

Selassie

Mnazi Mova Rd.

33●

35
✚

Vanga

33●

Rd.

25●

Mvumdni

Dedan

32
✚

Digo

Kaunda

Mzimle

🎵38

Ras Mzimle

26 ● Moi

Makarios

Mbaraki

31 ☿

Rd.

Rd.

Oceanic

Ngina Drive

Bishop

Arch

29 ☪

40 ●

★39

🛈28

★41

Liwatoni

●30

Ras Likoni

Likoni Autofähre

Shelly Beach

0   1 Km

Likoni

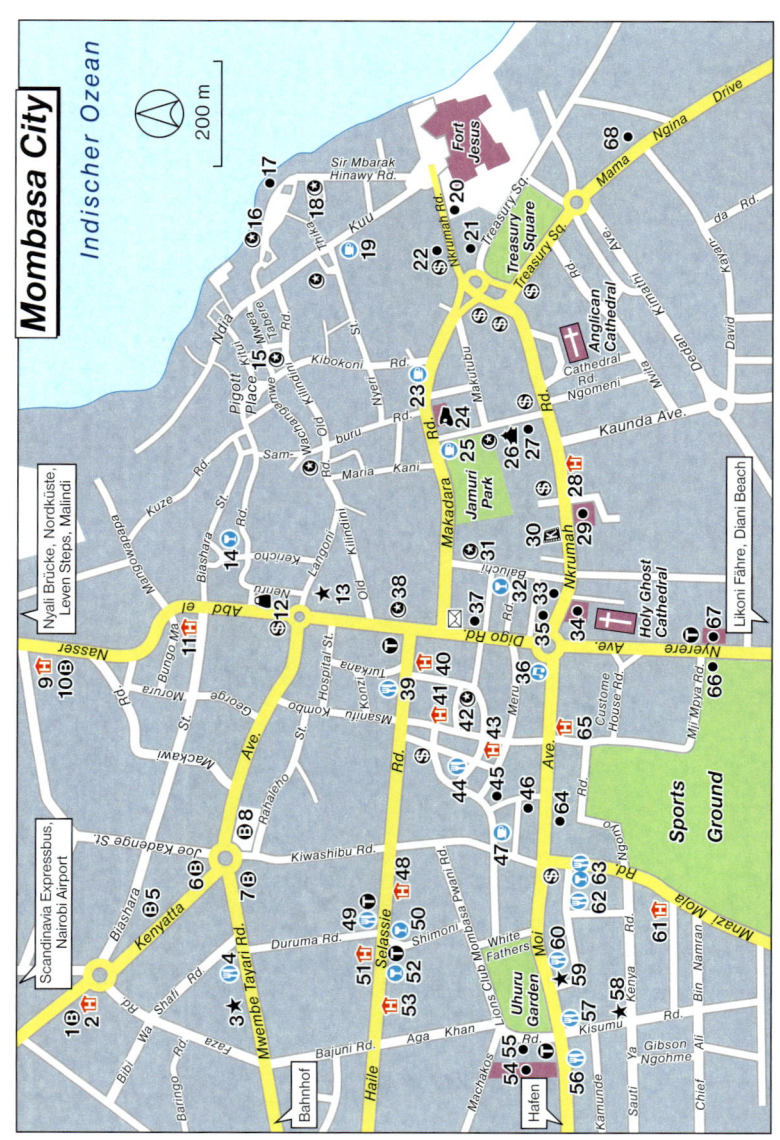

- 1 Akamba Bus
- 2 Amani Lodge
- ★ 3 Sikh Temple
- 4 Singh Restaurant
- 5 Busse nach Nairobi
- 6 Matatus nach Voi; Wundanyi
- 7 Coast Bus
- 8 KBS Bus
- 9 New People's Lodge
- 10 Busse & Matatus
  nach Malindi & Lamu
- 11 Taj Hotel
- 12 Mackinon Market
- ★ 13 Jain Tempel
- 14 Dilbakar Cold House
- 15 Basheik Moschee
- 16 Bohra Moschee
- 17 Alter Zoll
- 18 Mandhry Moschee
- 19 Jahazi Coffee House
- 20 Old Law Court
- 21 District HQ's
- 22 Bank of India
  & Dt. Konsulat
- 23 Café Amore
- 24 Polizei

- 25 Tarboush Café
- 26 Hindu Tempel
- 27 Oriental Building
- 28 New Palm Treet Hotel
- 29 Social Street Building
- 30 Kenya Cinema
- 31 Baluchi Moschee
- 32 Club Rio
- 33 Electricity Building
- 34 Ambacal House
- 35 TSS Towers
- 36 Salambo Disco
- 37 Bima Towers
- 38 Konzi Moschee
- 39 Blue Room Restaurant
- 40 Besharah Guesthouse
- 41 Hotel Hermes
- 42 Sheikh Moschee
- 43 Lotus Hotel
- 44 Splendid View Restaurant
- 45 Pistacchio
- 46 Crown Bus
- 47 Big Bite Café
- 48 Cosy Guesthouse
- 49 Excellent Restaurant
- 50 New Ethiopia Bar

- 51 New Daba City Guesthouse
- 52 Indo African Restaurant
- 53 Royal Court Hotel
- 54 Jubilee Arcade
- 55 Reinsurance Plaza
- 56 New Oversea's Restaurant
- 57 Rekoda Restaurant
- ★ 58 Hare Krihna Tempel
- 59 The Tusks (Stoßzähne)
- 60 Le Bistro
- 61 Evening Guesthouse
- 62 Namirembe Restaurant
- 63 Casablanca Bar/
  Restaurant
- 64 Diamond Plaza
- 65 Castle Royal Gel
- 66 Biashara Building
- 67 Palli House
- 68 Provincial HQ's

- Bank
- Moschee
- Tankstelle

danten Malindis, *Mateus Mendes de Vascon-celos.* Da sich die Südeuropäer als Repräsentanten des Christentums und der katholischen Kirche sahen, segelten sie unter der Flagge des Ordens Christi – Fort Jesus war da ein naheliegender Name.

Vermutlich waren nie mehr als 100 portugiesische Soldaten im Fort stationiert. Man kann gut nachvollziehen, wie trostlos sich die Männer ein endloses halbes Jahr Seereise von der Heimat entfernt gefühlt haben müssen, immer in Erwartung eines Übergriffs durch die Bevölkerung der feindseligen muslimischen Stadt, die damals etwa 1,5 km vor den Mauern lag. Der **erste schwere Zwischenfall** ereignete sich **1631,** als der arabische Sultan von Mombasa, von den Portugiesen *Dom Jeronimo Chingulia* genannt, mit einigen Getreuen ins Fort gelangte und den portugiesischen Kapitän ermordete. Nach

Im Innenhof von Fort Jesus

dem vereinbarten Zeichen brannten seine Gefolgsleute außerhalb der Mauern die portugiesischen Häuser nieder und ermordeten all ihre Bewohner. Fortan nannte er sich wieder *Muhammed Yusif bin Hassan.* Ein Versuch der Portugiesen, das Fort zurückzugewinnen, schlug zunächst fehl. Doch schon ein Jahr später schien Mohammed Yusif alias Dom Jeronimo die Lust verloren zu haben, machte sich mit seiner Mannschaft und einer gekaperten Galeone davon und pflegte fortan den Lebenswandel eines Piraten, während die Portugiesen die Festung wieder unter ihre Kontrolle brachten und schleunigst einige bauliche Verbesserungen vornahmen.

Nach der Einnahme Muskats hatten die **Omanis** die Küstenbesitzungen von Portugal Stück für Stück unter ihre Kontrolle gebracht, die härteste Nuss aber war Fort Jesus. 1661 gelang es dem Sultan, Mombasa einzunehmen, das Fort mit seiner portugiesischen Besatzung ließ er aber unangetastet. Die **Festung fiel** erst **1698** nach einer Belagerung über einen Zeitraum von zwei Jahren und neun Monaten in omanische Hände. Zu Beginn waren rund 50 portugiesische Soldaten und ihre Familien im Fort eingeschlossen, zudem rund 1500 loyale Suahelis aus Kilifi, Malindi und Faza. Mit fortschreitender Belagerungsdauer litten die Menschen im Fort Hunger, und zu allem Übel gelangte mit Nachschub und Verstärkung aus Goa an Weihnachten 1696 auch die Pest in die Festung. Die Menschen starben wie die Fliegen. Als die Omanis in der Nacht des 12. Dezember 1698 endlich die Mauer bezwingen konnten, waren nur noch acht portugiesische Soldaten, drei Inder, zwei afrikanische Frauen und ein Junge am Leben; sie hatten sich auf einen der Türme zurückgezogen. Nach der tödlichen Verwundung des Kommandanten gaben die Überlebenden auf. Einer der portugiesischen Soldaten riss noch zahlreiche Araber mit in den Tod, die er mit der Aussicht auf Gold ins Pulvermagazin gelockt hatte. Dort sprengte er sich selbst in die Luft. Tragisch: Nur wenige Tage nach dem Fall der Festung erreichte ein Schiff mit Verstärkung an Bord Mombasa. Als es die rote omanische Flagge über den Mauern wehen sah, drehte es ab und segelte nach Mosambik weiter. Damit waren 200 Jahre portugiesischer Vorherrschaft an der ostafrikanischen Küste vorbei, auch wenn den Portugiesen 1728 während eines Soldatenaufstands und der Abwesenheit des arabischen Statthalters eine kurze Wiederinbesitznahme von Fort Jesus gelang, die jedoch nur eineinhalb Jahre währen sollte. Die konvertierten portugiesischen Soldaten blieben in der Stadt, der Rest der Mannschaft wurde gnädig mit zwei Schiffen bedacht und konnte unbehelligt nach Mosambik segeln.

Als **1741** im Oman die Yarubi-Dynastie endete und die Busaidi an die Macht kamen, nutzte der arabische Statthalter Mombasas, *Muhammed bin Othman al Mazrui*, die Gelegenheit, um die Stadt für unabhängig zu erklären. Fünf Jahre später wurde er von omanischen Killern in der Festung getötet, aber seinem Bruder gelang die Flucht über die Festungsmauern, und die Mazuri konnten sich bis 1837 an der Macht halten.

Die Omanis nutzten das Fort nach der Eroberung als **Kaserne** für die Truppen des Sultans von Sansibar, während des britischen Protektorats wurde die Festung in ein **Gefängnis** umfunktioniert. 1958 machte eine großzügige Spende der Calouste Gulbenkian Foundation die Renovierung des Forts möglich, das seit 1969 unter der Aufsicht der National Museums of Kenya steht. Seit 1960 beherbergt es das **Museum** von Mombasa.

Besichtigung

Man betritt die Fortanlage über einen steinernen Damm, der einen 3 m tiefen Graben überbrückt. Über dem **äußeren Tor** findet sich eine portugiesische Inschrift, die die „heroischen" Taten des Fortkommandanten *Francisco de Seixas de Cabriene* bei der Unterwerfung und Kontrolle der Küstenvölker in den Jahren 1635 bis 1639 feiert.

Durch Tor und Wachraum gelangt man auf den **zentralen Platz der Festung**, der fast 1 ha bedeckte. An seinen vier Ecken wurden Wehrtürme errichtet. Die bis zu 2,5 m mächtigen Mauern erhoben sich ursprünglich 13 m über den Grund des umgebenden Grabens und wurden zu späterer Zeit nochmals um 3 m erhöht. In seiner inzwischen über 400-jährigen Geschichte hat das Fort zahlreiche Beschädigungen, Reparaturen und bauliche Veränderungen erfahren, blieb in seinem grundsätzlichen Plan aber unverändert und gehört zu den besterhaltenen Forts jener Epoche. Auffällig sind die beiden landeinwärts gerichteten Bastionen, die durch ihre schräge Form ein Bestreichen der jeweils gegenüberliegenden Wand mit Kanonen erlaubten, um einen eventuellen Sturm der Mauer abwehren zu können. Auf der Seeseite gab es eine rechteckige Plattform, auf der die Geschütze standen, um den Hafeneingang zu kontrollieren.

Das Fort glich einer eigenen, in sich abgeschlossenen Ortschaft mit Mannschaftsunterkünften, Brunnen, Kirche, Warenlagern, vermutlich sogar Läden und Zisternen, die bis 1790 in Gebrauch waren. Besonders interessant ist das **Omani House** in der nordwestlichen Ecke, rechts des Eingangs. Von seinem Dach eröffnet sich ein wunderbarer Ausblick über Mombasa und den Innenhof des Forts. Auf der Seite zum Meer hin befindet sich die Audienzhalle der Mazrui, die Koranverse und bezaubernde Inschriften von

An der Küste

Gedichten aus dem 17. Jahrhundert enthält. In einem anderen Raum in der südöstlichen Ecke haben sich Portugiesen die Zeit mit Wandritzereien vertrieben. Deutlich lassen sich Galeonen, Kirchen, Fische und die Figuren von Portugiesen und Arabern erkennen. Durch die Schießscharten an der dem Meer zugewandten Bastion weisen noch heute die Kanonenläufe auf das Wasser der Hafeneinfahrt hinaus.

Museum

An der Stelle, an der früher einmal der Großteil der Soldatenunterkünfte stand, befindet sich nun das städtische Museum von Mombasa, das eine lohnende **Ausstellung über die Geschichte der Suaheli-Küste** enthält. Beeindruckend sind vor allem die Sammlung der Töpferwaren und des chinesischen Porzellans sowie anderer Handelsgüter, die im Fort und an weiteren Fundplätzen der Küste ausgegraben wurden, die geschnitzte Holztür eines Mazrui-Führers aus Gazi und die Funde, die aus dem feuchten Grab eines portugiesischen Schiffes, der „Santo Antonio de Tanna", geborgen wurden, die 1697 während der Belagerung des Forts versank. In der Nationalbibliothek von Lissabon findet sich noch ein handgeschriebener Bericht über die Belagerung des Forts und über die Vorgänge, die zum Untergang des Schiffes beigetragen haben. Die Unterwasserausgrabung Ende der 1970er Jahre brachte allerlei interessante Funde ans Tageslicht, darunter zahlreiche Gefäße aus China, Afrika und Siam. Es fanden sich die Überreste von Sanduhren, die zur Navigation benötigt wurden, ebenso wie die Schiffskompasse, die von den Portugiesen vermutlich vor dem Untergang zerstört wurden, damit sie nicht den Arabern in die Hände fallen konnten. Die Ladung des Schiffes bestand u.a. aus 200 afrikanischen Ebenholzstämmen, die so wertvoll waren, dass sie alle mit Initialen kenntlich gemacht wurden. Auch von der Mannschaft, die sich noch rechtzeitig in Sicherheit bringen konnte, wurden allerlei persönliche Gegenstände geborgen, wie Pfeifenköpfe, Silberknöpfe, Schuhschnallen und religiöse Medaillons. Das Schiff selbst, das die Jahrhunderte unter Wasser und Schlick erstaunlich

gut überstanden hat, wurde penibel vermessen und dann wieder an Ort und Stelle „beerdigt", denn eine Bergung und Konservierung wäre zu teuer gekommen.

Im Museum ist auch ein sehenswertes **Modell der Ruinenstadt Gede** ausgestellt. Portugal finanzierte anlässlich des 500-jährigen Jahrestages der Pionierreise von *Da Gama* – seiner „Entdeckung" der Seeroute nach Indien – eine ansprechend gestaltete **Ausstellung** mit dem Titel **„Vasco da Gama and the Discovery of the Sea Route to India"**, die schön, aber etwas zu unkritisch-harmlos geraten ist. Ferner gibt es eine **Ausstellung über die Mijikenda-Küstenvölker,** eine **Historie der Suaheli-Küste** und eine **Suaheli-Ethnografie.**

Besichtigung der Altstadt

Das prominente Fort eignet sich gut als Ausgangspunkt für eine Besichtigung der Altstadt. Vor dem Eingang der Festung steht ein **Denkmal für Arthur John Byng Wavell,** der im Ersten Weltkrieg die Arab Rifles befehligte, eine kuriose Truppe, die hastig aus den Wasserträgern von Mombasa rekrutiert worden war, um den Vormarsch der Truppen von *General Lettow-Vorbeck* aus Deutsch-Ostafrika zu stoppen. Ebenfalls vor dem Eingang des Forts stehen **alte Kanonen,** die – so verrät eine Tafel – von dem deutschen Schlachtschiff „Königsberg" und dem britischen Kreuzer „Pegasus" stammen, die beide im Verlauf des Ersten Weltkriegs sanken. Die wertvollen Geschütze konnten aber noch abmontiert und für den Landkrieg umgerüstet werden.

An der dem Meer zugewandten Seite des Vorplatzes befindet sich der 1896 von dem Geschäftsmann *Rex Boustead* gegründete **Mombasa Club.** Boustead hatte seit 1872 in Sansibar ein Import-Exportgeschäft betrieben, sah mit unfehlbarem Riecher den Aufstieg Mombasas voraus und eröffnete 1892 eine Zweigstelle in der Stadt. Er engagierte sich im beginnenden Jagdsafari-Business und im Transportsektor. Die Träger seiner Firma schleppten auf ihren Köpfen das erste Dampfschiff zum Lake Victoria – fein säuberlich in Einzelteile zerlegt. Damals lebten weniger als 100 Europäer in Mombasa. Der Club, dessen Gebäude 1897 neben Fort Jesus errichtet wurden, wurde zu ihrem Treffpunkt. Als Gentleman's Club stand er europäischen und amerikanischen Männern offen, andere Rassen, Frauen und die niederen Stände blieben ausgeschlossen. Das Allerheiligste des Clubs ist bis heute die Men's Bar.

An der Rückseite von Fort Jesus befindet sich das von der UNESCO finanzierte **Swahili Cultural Centre,** in dem seit 1993 junge Handwerker in den Suaheli-Handwerkskünsten und der Restaurierung von alten Gebäuden angelernt werden. So lässt sich etwas gegen die hohe Jugendarbeitslosigkeit tun, es wird ein Beitrag geleistet, um den Niedergang der alten Handwerkskultur zu verhindern, und auch vom denkmalschützerischen Aspekt her ist es erstrebenswert, eine Restaurierung der alten Bausubstanz mit alten Materialien und Techniken vornehmen zu können. Man darf den Fundis im Zentrum bei der Arbeit über die Schulter sehen und kann dort auch kunsthandwerkliche Dinge erwerben oder in Auftrag geben. Eine geschnitzte Holztüre kann je nach Ausführung der Verzierungen bis zu 160.000 Ksh kosten. Das Zentrum ist Mo. bis Fr. von 8–16 Uhr geöffnet, der Eintritt frei (Swahili Cultural Centre, Mombasa Hospital Road, Tel. 041/2222947).

Auf dem Weg vom Eingang des Forts zum Swahili Cultural Centre passiert man auf der Nkrumah Road das imposante **Gebäude des Mombasa Old Law Court,** dessen arkadengesäumte Fassade von einem quadratischen Uhrturm mit spitzem Ziegeldach dominiert wird. Das Gebäude wurde 1902 vom britischen Gouverneur *Sir Charles Eliot* eröffnet. Anfangs diente es als der Oberste Gerichtshof Ostafrikas, später als das höchste Gericht von Mombasa. 1983 wurde das Gebäude zum Nationalmonument erklärt. Nun beherbergt es eine Galerie, ein Projekt zur Erhaltung der ostafrikanischen Küstenregenwälder sowie die Abteilung für Küstenarchäologie des Nationalmuseums von Kenia und eine Forschungsbibliothek.

Kurz darauf läuft man über den **Treasury Square,** an dem der ursprüngliche Bahnhof von Mombasa stand, der ab 1905 aber zum Verwaltungszentrum von Mombasa wurde.

Um den Platz mit seiner gepflegten **Grünanlage** und riesigen alten Würgefeigebäumen gruppiert sich ein **sehenswertes architektonisches Ensemble,** dem durch die Abrissbirne bereits einige seiner repräsentativen Kolonialbauten geraubt wurden. Verschiedene Banken, die Town Hall und natürlich das alte Gebäude des Finanzministeriums, das Treasury Building, welches heute von der D striktverwaltung genutzt wird, stehen hier. In der Mitte des kleinen Parks fällt ein **Denkmal für Allidina Visram** ins Auge, das 1937 durch Gouverneur *Sir Robert Brooke-Popham* persönlich enthüllt wurde. Offensichtlich war die Kolonialmacht dem indischen Geschäftsmann, der bereits 1863 im Alter von 12 Jahren nach Ostafrika gekommen war, zu großem Dank verpflichtet. Schnell war der Inder vermögend geworden, er besaß zahlreiche Plantagen und baute ein weit verzweigtes Banken- und Handelsnetz auf, das von der britischen Administration in den Anfangsjahren genutzt wurde. Wie viele andere erfolgreiche asiatische Geschäftsleute war Allidina Visram ein großer Philanthrop, der immense Summen für soziale Projekte und Ausbildungsstätten spendete.

An der Altstadt zugewandten Seite des Platzes vor dem Fort Jesus liegen der Friedhof der Mazrui-Familie und Ali's Curioshop, in dem die erste Polizeistation Mombasas untergebracht war. Von hier gehen zwei der wichtigsten Altstadtgassen ab. Die eine, **Ndia Kuu,** die „Hauptstraße", ist noch von vielen schönen Häusern aus dem 19. Jahrhundert gesäumt. Damals wurde die Gegend das bevorzugte Wohngebiet von indischen, goanesischen und europäischen Immigranten. Zu portugiesischer Zeit hieß die Straße La Rapozeira („der Fuchsbau"). Hier stand einst auch das portugiesische Viertel mit den Wohnhäusern von bis zu 50 Familien. Von portugiesischen Karten aus dem frühen 17. Jahrhundert weiß man, dass die *Cidade dos Portugusos* und die *Cidade dos Moros,* also die Stadt der Portugiesen und die Stadt der Mauren, der Einheimischen, durch eine Mauer mit Tor voneinander getrennt waren. Das Verhältnis scheint nicht sehr entspannt gewesen zu sein. Um sich bei Unruhen schnell in die Sicherheit des Forts flüchten zu können, hatten

An der Küste

die Portugiesen ihre Häuser so nah wie möglich an der Festung errichtet.

Die zweite wichtige Altstadtstraße ist die **Mbarak Hinawy Road.** Sie nimmt am Platz vor dem Fort Jesus ihren Anfang und weist ebenfalls noch zahlreiche alte Gebäude auf, einige davon mit geschnitzten Türen und Balkonen. Die Straße bildete bis etwa 1910 zusammen mit dem Government Square das Geschäftsviertel mit den Regierungsgebäuden, den Konsulaten, Banken, privaten Büros und europäischen und indischen Geschäften. Die Straße ist nach *Sir Mbarak bin Ali Hinawy* benannt, von 1931–1959 in Mombasa Statthalter des Sultans von Oman. Früher trug die Gasse den Namen Da Gama Road. Der portugiesische Weltensegler war zwar nie in der Stadt, aber immerhin hat sein Enkel 100 Jahre später unfreiwillig mehrere Monate in Mombasa verbracht, als schlechtes Wetter die Weiterfahrt nach Indien verhinderte. Er soll damals den Bau der portugiesischen Mission angeregt haben, die aus einem Konvent, einem Kloster und mehreren Kirchen bestand. Doch wie die anderen portugiesi-

Eingang zum Mackinnon Market

schen Bauwerke – mit Ausnahme der Festungsanlage von Fort Jesus – hat es die turbulenten Zeiten nicht überlebt.

In der Altstadt gibt es **über 20 Moscheen,** unter denen sich einige bemerkenswerte Gebäude befinden. Die meisten Gotteshäuser werden vorwiegend von einer bestimmten ethnischen oder religiösen muslimischen Glaubensgemeinschaft genutzt. Die **Mandhry-Moschee** in der Mbarak Hinawy Road mit ihrem auffälligen konischen Turm wurde im Jahr 1570 gegründet und gilt damit als die älteste heute noch genutzte Moschee. Sie besitzt drei schöne geschnitzte Holztüren. Die **Basheikh-Moschee** in der Old Kilindini Road und die **Jeneby-Moschee** sollen ebenfalls bis auf das 16. Jahrhundert zurückgehen. Von innen sind die Gebäude sehr schlicht gehalten, sodass man sich nicht ärgern muss, wenn man keine Erlaubnis zur Besichtigung erhalten sollte. Frauen ist der Zutritt prinzipiell untersagt. Der Brunnen der Mandhry-Moschee, der das Wasser für die rituellen Waschungen liefert, liegt auf der anderen Straßenseite. Seine fein verzierte Front wurde erst 1901 angefügt. Zuvor leitete ein Aquädukt das Wasser in die Moschee hinüber. In der kleinen Gasse hinter der Moschee gibt es eine interessante Holztür und eine Baraza, eine der typischen Steinbänke vor einem Hauseingang, zu sehen.

Wer dem Mbarak Hinawy Road folgt, gelangt schließlich zum **Government Square,** der in den ersten Jahren der britischen Herrschaft das Verwaltungszentrum war. Erst gegen 1910 waren die meisten Behörden an den neu errichteten, wesentlich repräsentativeren Treasury Square umgezogen. So wird denn der Platz auf der dem Meer zugewandten Seite auch vom alten Zollgebäude geprägt, direkt an der Einmündung der Straße auf den Platz steht linker Hand das alte Postamt, das 1899 eröffnet wurde und vor allem den indischen Bahnarbeitern diente, die von hier ihr Erspartes nach Hause sandten. Unterhalb des Zolls befinden sich die **Kaianlagen des alten Hafens** von Mombasa, neben der

Behörde stehen noch einige alte Lagerhäuser. Heutzutage werden hier nicht mehr allzu viele Schiffe beladen oder gelöscht, aber drei, vier mächtige Dhaus – darunter auch immer wieder große Holzschiffe aus Pakistan und Somalia – liegen hier meist vertäut. Der Entdecker *Burton* überlieferte, dass 1859 Hunderte von Schiffen im Hafen zu sehen waren. In den 1940er Jahren kamen jedes Jahr immerhin noch rund 200 Dhaus, doch inzwischen sind es kaum mehr als 20 und die laufen nun mit Dieselmotoren.

In nördlicher Richtung verlässt die Bachuma Road den Government Square, auf dessen rechter Seite die prächtige **Bohra-Moschee,** ein moderner Bau aus den 1980er Jahren, steht.

Noch ein Stück weiter nördlich gelangt man nach rechts zu den **Leven Steps,** einer alten Steintreppe, die der britische Leutnant *James Emery* 1824 neben anderen Bauvorhaben errichten ließ, als Mombasa während der Mazuri-Herrschaft für zwei Jahre britisches Protektorat war. Durch die Bauarbeiten sollte befreiten Sklaven ein Einkommen verschafft werden. Die Treppen sind nach dem Expeditionsschiff des englischen Leutnants benannt. Von dieser Stelle genießt man einen schönen Blick auf den alten Hafen und hinüber auf die Nyali-Seite.

Weitere Sehenswürdigkeiten

Auf dem Weg zurück ins moderne Stadtzentrum von Mombasa, das entstand, als mehr und mehr Geschäftsleute die bedrängten Platzverhältnisse in der Altstadt mieden und neue Geschäftsräume an den großen Ausfallstraßen bauten, kann man dem prächtigen **Jain-Tempel** an der Langoni Road einen Besuch abstatten. Der Tempel wurde größtenteils aus weißem Marmor errichtet, der Eingang wird von zwei Elefantenstatuen bewacht. Indische Steinmetze führten die Verzierungen an Marmorböden und Balustraden aus. Das Dach des Tempels prägen auffällige Kuppeln und Pagoden. Das Innere des 1963 erbauten Tempels darf man erst betreten, nachdem man seine Schuhe ausgezogen hat. Die Räume sind reich verziert und beinhalten

große Gemälde, auf denen die Stationen des menschlichen Lebens dargestellt sind. Im innersten Heiligtum stehen drei Götterstatuen von Gott Parshavnath, Shantinath und Adinath, die aus Indien nach Mombasa kamen. Der Jainismus ist eine Spielart des Hinduismus, weist aber zahlreiche Elemente auf, die auch dem Buddhismus zu eigen sind. Seine Anhänger sind strenge Vegetarier.

Ein weiterer sehenswerter Tempel ist der **Shiva-Tempel** an der Südseite des **Jamhuri Park,** der schon von Weitem durch seine Pagode auffällt, die von einer vergoldeten Kugel gekrönt wird. Der Tempel umschließt einen offenen Hof, im Innern des Gebäudes befindet sich eine Statue des Nandi-Stieres, des Reittieres von Gott Shiva, der Wohlstand und Glück symbolisiert. Die Schildkröte steht dagegen für die Zuflucht vor den Leidenschaften. Das Heiligtum des Tempels, das in den Boden eingelassen ist und die Statue von Shiva Linga enthält, der schöpferischen Energie des Gottes, wird durch eine silberne Pforte mit Darstellungen von Shiva, seiner Familie sowie den Göttern für Sonne und Mond vom restlichen Tempel abgetrennt. Zur Tempelanlage, die von Hindus verschiedenster Gemeinden benutzt wird, gehört wie üblich eine Reihe von Einrichtungen, u.a. auch eine Unterkunft für Reisende.

Direkt um die Ecke des Jain-Tempels, auf der Abdel Nasser Road, befindet sich der **Mackinnon Market.** Das Gebäude wurde in den Jahren 1914–1920 an jener Stelle erbaut, an welcher sich früher der Sklavenmarkt von Mombasa befand. Innen herrscht ein buntes Gewühl, verkauft werden vor allem Frischwaren, doch in den vielen Dukas an das Marktgeviert erhält man (fast) alles andere, was das Herz begehrt. Benannt ist das Gebäude nach dem Gründer der Imperial British East African Company, *Sir William Mackinnon* (1823–1893).

Die **Abdel Nasser Road** und ihre Verlängerung, die **Nyerere Avenue,** sind von modernen Geschäften eingerahmt und so etwas wie die **Einkaufsmeile** von Mombasa. Die Bürgersteige quellen fast zu jeder Tageszeit über, ein Ausweichen auf die Straße ist aber nicht empfehlenswert, denn meist steht dort – und manchmal rollt sie auch – eine hupen-

An der Küste

de und qualmende Blechlawine. Vor der Hauptpost befindet sich eine der wichtigsten Matatu-Haltestellen der Stadt. An der Kreuzung von Nyerere Avenue und Moi Avenue bzw. Nkrumah Road stehen die einzigen **Hochhäuser** von Mombasa und die 1918 im neoromanischen Stil errichtete **Holy Ghost Cathedral,** deren Decke jener des Westminster Abbey nachempfunden wurde.

Die Moi Avenue wirkt breiter und gelassener, denn hier gibt es einige Cafés und mehr Grün. Direkt am schattigen **Uhuru Garden,** in dessen Mitte ein hässlicher Springbrunnen in der Form des afrikanischen Kontinents liegt, steht das moderne Wahrzeichen Mombasas: die **Tusks,** also die vier riesigen **Elefantenstoßzähne,** die die Moi Avenue überspannen. Sie wurden 1956 anlässlich des Besuchs von Prinzessin *Margret* errichtet.

Ein schöner **Spaziergang** führt **vom Treasury Square** den Mama Ngina Drive entlang zur Südspitze von Mombasa Island, **zum Mombasa Golf Club,** auf dessen Gelände die Überreste von Fort Joseph liegen. Von hier genießt man einen grandiosen Blick auf die Schifffahrtsrinne von Mombasas Hafen und aufs offene Meer. Mit etwas Glück fährt vielleicht gerade ein riesiges Containerschiff in unmittelbarer Nähe des Ufers vorbei. Hier unten weht immer eine kühle Brise, an lauen Abenden und am Wochenende ist die Stelle ein beliebtes Ausflugsziel für die Bevölkerung von Mombasa. Dann werden an der Promenade alle möglichen Essensstände aufgebaut. Kurz bevor man den **Fähranleger von Likoni** erreicht, durchquert man einen kleinen Wald von Baobabbäumen, zwischen denen noch Reste einer alten Siedlung liegen.

Jenseits des Kreisels, von dem die Zufahrt zur Fähre abbiegt, zeigt zwischen Industrieanlagen und Öltanks ein uralter, steinerner Turm wie ein anklagender Finger in den Himmel. Bei dem knapp 10 m hohen **Mbaraki Pillar** handelt es sich um einen konischen Korallensteinturm mit schlitzförmigen Fenstern um eine Grabsäule herum, vielleicht die eines Sheikhs. Die Moschee neben dem Turm ist neueren Datums, im Boden wurden die Fundamente eines Vorgängerbaus gefunden. Der Turm muss zwischen 1700 und 1710 errichtet worden sein, denn von da an ist er auf den damaligen portugiesischen Karten verzeichnet. Die Gegend hat sich im 20. Jahrhundert extrem verändert: Industriebetriebe und gewerbliche Firmen haben das Gelände eingekesselt. Praktisch alle alten Baobabbäume, zwischen denen der Turm einst lag, wurden inzwischen gefällt.

Im Volksglauben spielt der Pillar bis heute eine große Rolle, und noch immer werden an diesem Platz nachts geheime **Zeremonien** abgehalten. Angeblich geht es um Fruchtbarkeitsrituale, bei denen in kleinen Gefäßen Weihrauch verbrannt wird und Tieropfer dargebracht werden.

Eine letzte Sehenswürdigkeit sind der **Makupa Market** in der Ronald Ngala Rd., fast genau in der Mitte der Insel, und das umliegende Straßenkarree, das von zahlreichen Dukas gesäumt wird. Auf den Bürgersteigen haben sich massenhaft fliegende Händler niedergelassen, um ihre Ware feilzubieten. Es geht um ein Vielfaches lauter und bunter und lebendiger zu als am Mackinnon-Markt, das Warenangebot ist schier unübersehbar.

Information

In der Tageszeitung „The Nation" findet sich auf einer der ersten Seiten immer eine Rubrik „Information" mit wichtigen Telefonnummern und Angaben, z.B. Veranstaltungshinweise, Apotheken mit Nachtdienst, Notfallnummern, Öffnungszeiten der Bibliotheken, eine Gezeitentabelle usw.

Sicherheit

Leider kann man auch für Mombasa nicht auf Sicherheitshinweise verzichten, wenngleich die Lage wesentlich entspannter ist als in Nairobi. In den vergangenen Jahren sind immer wieder Touristen **in Überlandbussen** nach Nairobi und die Küste hinauf **mit präparierten Lebensmitteln und Getränken betäubt und dann ausgeraubt** worden, weshalb man von Mitreisenden nie irgendwelche Speisen oder Getränke annehmen sollte.

Auch herrscht in Mombasa ein gewisses Maß an **Straßenkriminalität.** Schmuck oder andere Wertgegenstände sollten nicht groß zur Schau getragen werden. Aber insgesamt ist Mombasa deutlich sicherer als Nairobi.

Notorisch bekannt für **Diebstähle** ist in Mombasa die **Likoni-Fähre** hinüber ans südliche Festland. Im Gewühle der Menschen, die auf die Fähre oder von ihr hinunter strömen, ist es für einen geübten Dieb ein Leichtes, sein Opfer blitzschnell zu bestehlen und dann in der Menge unterzutauchen.

Ebenfalls kritisch sind ausgerechnet die **Strände in den Touristengebieten,** also an der **North Coast** und in **Diani.** Wer hier mit irgendwelchen Wertgegenständen – gleichgültig zu welcher Tages- oder Nachtzeit – unterwegs ist, muss auf Probleme aus sein.

Unterkunft

Mittelklasse-Hotels

● Royal Court Hotel
Haile Selassie Rd., Tel. 041/2223379, 2312389 und 2312317, Mobil: 0722/412867, 0733/412867, royalcourt@swiftmombasa. com; 4500/5500 Ksh BB, komfortablere und größere Executive Rooms: 5850/6850 Ksh BB. Das Hotel ist besonders bei indischen Geschäftsleuten beliebt, es gehört zu den besten Häusern in der Innenstadt. Sämtliche Räume haben Air Condition, Telefon und Sat-TV. Das Restaurant auf der Dachterrasse bietet tolle Ausblicke über die Stadt und empfehlenswertes Essen zu fairen Preisen.

● Dorse Hotel
Kwa Shibu Road, Tel. 041/222252, 314846, hoteldorse@africaonline.co.ke; SC BB 3000/4000 Ksh, alle Zimmer mit Klimaanlage, TV und Telefon. Schönes Restaurant und Bar im Hof; Room Service. Das helle Hotel ist sehr sauber, gepflegt und ruhig. Sichere Parkplätze. Ein Favorit in dieser Preisklasse.

● Hotel Sapphire
Mwembe Tayari Rd., Tel. 041/494893, 492237, 494841, hotelsapphire@africaonline. co.ke; 56/75 US$ BB. Akzeptanz der gängigen Kreditkarten. Das Sapphire ist eines der besten Hotels in der Stadt und versprüht ein wenig vom Business-Ambiente internationaler Hotels. Die Zimmer sind mit Telefon, Sat-TV und Klimaanlage ausgestattet. Von den Räumen aus den oberen Stockwerken hat man einen fantastischen Blick über ganz Mombasa Island. Fitness-Studio, Dampfbad, Jacuzzi, Sauna und Swimmingpool. Nur bewachte Parkmöglichkeit vor dem Hotel.

● Orchid Bay Hotel
Tel. 041/471365, 473085 und 473498, Tel./Fax 473238; 33/60 Euro BB. Die Lage des Hotels nahe der Nyali Bridge direkt am Tudor Creek ist wirklich bestechend. Das weiße Gebäude mit leichten Palastanklängen sticht einem bereits von Mombasa Island aus ins Auge. Die Einrichtung der geräumigen Zimmer ist komfortabel. Sie haben Telefon, Air Condition und schöne Balkone zum Creek hin und besitzen einen hohen Standard. Das Hotel hat einen Pool, einen schönen Garten, zwei Restaurants und zwei Bars.

● Lotus Hotel
Tel. 041/23132-07, Mobil: 0722/612517, lotus_hotel@hotmail.com; SC 2000/3000/4200 Ksh BB. In dieser Preiskategorie das angenehmste Hotel in der Stadt. Es liegt in einer grünen, ruhigen Gegend und ist ein kleines, altes Haus mit Patio, in dem ein Springbrunnen sprudelt. Die Zimmer sind geräumig, mit Klimaanlage, Telefon und einige sogar mit Badewanne ausgestattet. Für diesen Preis unschlagbar! Im Erdgeschoss gibt es ein Restaurant und eine Bar, parken kann man nur draußen auf der Straße, wo ein Askari zur Bewachung abgestellt ist.

● Castle Royal Hotel
Moi Ave., Tel. 041/220373, 222682, 220628, www.castlemsa.com; Buchung auch über Sentrim Hotels in Nairobi; 3500/4500/6000 Ksh BB. Das Hotel mit Restaurant ist eine alte Kolonialperle, eine echte Bereicherung der Hotellandschaft in Mombasa, die Zimmer haben insgesamt einen hohen Standard, besonders die Suiten sind ihr Geld wert. Schöne Terrasse an der Moi Avenue mit Café, in dem es Eis, Milchshakes und Kaffee gibt.

● New Palm Tree Hotel
Tel. 041/2311756; 1800/3000/4000 Ksh BB. Die Zimmer sind schlicht und etwas altertümlich eingerichtet, aber der Preis für die saubere Unterkunft mit leichtem Kolonialflair und netter Dachterrasse geht in Ordnung. Bar und Restaurant im Erdgeschoss. Sichere Parkplätze.

An der Küste

●**Hotel Hermes**
Tel. 041/2313599; 1000/1700/2200 Ksh BB.
Alle Zimmer haben Air Condition, heißes
und kaltes Wasser sowie ihr eigenes Bad. Das
Hotel bietet für den Preis eine faire Leistung
und liegt zentral. Nette Dachbar. Leider ohne
sichere Parkplätze, sondern nur mit Askari.
Häufig voll.

Preiswerte Unterkünfte
●**Besharah Guest- & Resthouse**
Haile Selassie Rd., Tel. 041/224106; 550/700
SC. Nette und saubere Zimmer, hilfsbereites
Personal und im Erdgeschoss das gleichnami-
ge Restaurant.
●**New Daba City Guesthouse**
Direkt gegenüber des Tana Guesthouse. Sehr
sauberes, empfehlenswertes Guesthouse mit
Moskitonetzen und fließendem Wasser.
500/700 Ksh SC.
●**Evening Guesthouse**
Mnazi Moja Rd., Tel. 041/221380; 600/900/
1100 Ksh SC, SG 600 Ksh NSC. Das Personal
des Guesthouses ist zwar nicht übermäßig
bemüht, aber die Zimmer sind sauber und
mit Moskitonetz sowie Ventilator ausgestattet. Die innen liegenden Zimmer sind stickig.
Sichere Parkplätze vorhanden.
●**Coast Pride**
Mwembe Tayari Rd., Tel. 041/494152; 500/
750 Ksh. Die Einzelzimmer sind nicht sehr
prickelnd und haben kein eigenes Bad, aber
die Doppel mit Dusche und WC, Ventilator
und kleinem Balkon sind groß. Für diesen
Preis ein ordentliches Angebot.
●**Taj Hotel**
Bungoma Rd., Tel. 041/313545, Mobil:
0733/829421; 500/600 Ksh NSC, SC 450/
600 Ksh. Nicht das sauberste der einfachen
Guesthouses; die besten Zimmer liegen ganz
oben auf dem Dach, weil sie deutlich heller
und etwas größer sind. Die unteren Zimmer
haben zwar auch Ventilatoren, aber sehr
niedrige Decken. Das Personal ist freundlich,
die Hausregeln, unübersehbar am Eingang
auf die Wand gepinselt, sind streng: „Prosti-
tutes, Gambling, Alcohol, Miraa and Noise
are prohibited."
●**Cozy Guesthouse**
Haile Selassie Rd., Tel. 041/313064; 460/
600/820 Ksh NSC. Einfache, aber saubere

Zimmer mit Ventilator, ein Moskitonetz muss
man selber mitbringen. Es gibt nicht viele Unterkünfte dieses Preisniveaus im Stadtzentrum, deshalb ist das Cozy oft voll.
●**Amani Lodge**
Kenyatta Ave.; 500/700 Ksh. Für den günstigen Preis sind die Zimmer überraschend
groß, einige haben sogar einen kleinen Balkon. Moskitonetze vorhanden, aber keine Ventilatoren. Wegen der Verkehrslawine,
die sich donnernd unten am Haus vorbei-
wälzt, ist die Lodge nicht gerade ein Hort der
Stille.
●**New People's Lodge**
Abdel Nasser Rd., Mobil: 0722/640297,
471032; 400/500/600 Ksh SC. Die Lodge ist
groß, unpersönlich und liegt im dicksten Ver-
kehrsgewühle der Hauptausfallstraße und ist
daher auch ziemlich laut. Von Travellern erhält sie trotzdem ganz gute Kritiken. Praktisch ist jedenfalls, dass die Busse nach Malindi und Lamu fast vor der Haustüre abfahren. Schnell belegt.
●**Quale Guesthouse**
Msanifu Kombo Rd., in der Nähe des Rest.
Blue Room. Ohne Moskitonetze, mit eigenem Bad, Ventilator und Balkon für 800 Ksh.
Gute Kritiken von Reisenden.
●**Up Country Guesthouse**
Kenyatta Ave., Tel. 041/2221675; 500/700
Ksh NSC, 700 Ksh SG SC. Geräumige Zimmer, in den Sanitäranlagen allerdings hält
man sich nicht gerne lange auf ...
●Eine schöne Möglichkeit, in der Altstadt un-
terzukommen, besteht in der Sir Mbarak
Hinawy Rd., wo eine Frau namens **Mariam**
(Mobil: 0733/934080) Zimmer für 600 Ksh
BO vermietet. Ist sie nicht auffindbar, fragt
man im Curio-Laden Lamaison, der sich ne-
benan befindet, nach *Mariam*.

Essen und Trinken

●**Jahazi Coffeehouse**
Ein nettes Café in der Altstadt in der Ndia
Nkuu; www.jahazicoffeehouse.com. Im Erdgeschoss eines schön renovierten alten Gebäudes bekommt man auf Teppichen sitzend
guten Kaffee, Tee, lecker gewürzten Türkischen Kaffee und kleinere Snacks sowie Was-

serpfeifen. Gerichte muss man vorbestellen. Öfters Kultur und traditionelle Live-Musik.

●Café Amore

Während der Woche von 9–23 Uhr, am Wochenende sogar bis 24 Uhr geöffnet, offeriert das Café leckeren Kaffee, Kuchen, Fruchtshakes, Eiscreme und Wasserpfeife.

●Dormans

Eine Filiale von Dormans befindet sich im Erdgeschoss des Ambalal House.

●Foster's Bakery

Am Kreisel Kaunda St./Kimathi Ave. Bäckerei, die Baguette, Croissants, Früchte- und Vollkornbrot, Törtchen und Cookies herstellt.

●Blue Room

Das größte und beliebteste Fast-Food-Restaurant Mombasas auf der Haile Selassie Rd. hat täglich von 9–21.30 Uhr geöffnet. Hier gibt es Pizzas, Snacks und Hamburger, aber auch Gerichte mit orientalischem Einschlag wie Bahaj oder Beri-Beri-Chips. Man kann hier lange sitzen und die gesamte ethnische Vielfalt Mombasas am Nachbartisch bestaunen: So sieht man Sikhs mit ihren bunten Turbanen und ehrwürdigen Bärten neben arabischen Familien und Beamten aus dem Hochland sitzen. Wegen der großen Nachfrage sind die Speisen immer frisch, die Preise zivil. Im Hinterraum stehen Computer mit Internetzugang.

●Le Bistro

Moi Ave., Tel. 041/2229470; täglich von 8–22 Uhr geöffnet. Das Café und Restaurant liegt in unmittelbarer Nähe der berühmten Stoßzähne von Mombasa. Es gibt Frühstück, Kuchen und eine gute Speisekarte mit internationalen Gerichten. Abends verwandelt es sich in eine beliebte Cocktailbar, die ein sehr angenehmes Flair besitzt und auch irgendwo in Europa liegen könnte. Die Speisen des Tages werden draußen auf einer Tafel mit Kreide angeschrieben.

●Pistacchio

Meru Rd., Tel. 041/2221989. Das von einer Schweizerin und ihrem deutschen Mann geführte Café ist längst ein Klassiker unter Mombasas Gastronomiebetrieben und serviert echten Kaffee, Espresso und Cappuccino, natürlich Kuchen, der einem das Wasser im Munde zusammenlaufen lässt, ein reichhaltiges Frühstück, Obstsalat, Eis, aber auch

Sandwiches, Spaghettis, Gulaschsuppe, süße und salzige Pfannkuchen. Täglich von 9–22 Uhr geöffnet. Faire Preise.

●Rozina House Restaurant

Tel. 041/232073, 2311107. Das Restaurant serviert die üblichen kenianischen Snacks, ist allerdings nicht ganz billig. Geöffnet täglich von 7–22.30 Uhr.

●Lotus Hotel

Das Hotelrestaurant bietet eine gute Auswahl an Fleischgerichten, Seefood und verschiedenen Curries.

Wegen seines großen indischstämmigen Bevölkerungsanteils kann man in Mombasa auch hervorragend **indisch** essen:

●Dilbakar Cold House

Der indisch geführte Laden in der Nehru Rd. serviert Kuchen, gute, frische Snacks und leckere Meatpies.

●Indo Africa Restaurant

Haile Selassie Rd., Tel. 041/2228524 und 2221430. Das einfache, preisgünstige Restaurant hat täglich von 12–14.30 und 19–23 Uhr geöffnet. Engagiertes Personal. Empfehlenswert.

●New Chetna Restaurant

Haile Selassie Rd., im Untergeschoss des Cozy Guesthouse, Tel. 041/2224477. Das Chetna ist bekannt für seine indischen Süßigkeiten, die nichts für Fett- und Zuckermuffel sind, und für seine gute südindische Küche mit zahlreichen vegetarischen Gerichten zu zivilen Preisen. Ein All-you-can-eat-Mittagsbuffet kostet z.B. nur knapp 400 Ksh.

●Roshani Restaurant

Das Restaurant im Royal Court Hotel an der Haile Selassie Rd. serviert vor allem indische Speisen zwischen 350 und 550 Ksh und ist – so viel zur Qualität – bei Asiaten sehr beliebt.

●Station View Bar & Rest

Täglich von 10–21.30 Uhr geöffnet. Das kleine Restaurant nahe des Bahnhofs an der Mwembe Tayari Rd. ist auf nordindische Speisen spezialisiert. Am Wochenende oder zu besonderen Anlässen gibt es Tanz und indische Live-Musik.

●Singh Restaurant

Zum Glück sind die Punjabi-Speisen des Restaurants in der Mwembe Tayari Rd. besser als der fantasielose Name, der ebenso wie der nahe Tempel unmissverständlich zeigt, dass die Besitzer Sikhs sind. Das Haus liegt zwar einen etwas längeren Fußweg vom Zentrum entfernt, der lohnt sich aber. Geöffnet Di. bis So. von 12–14.30 und 19–22.30 Uhr.

● **Splendid View Restaurant**

Tel. 041/2315165. Bescheidene Preise und gute Küche zeichnen das Splendid View in der Maungano Rd. aus. Besonders empfehlenswert sind die Lammgerichte, aber auch die Hühnchengerichte, und die herrlich frischen Fruchtsäfte sind lecker. Das erklärt die Beliebtheit bei der asiatischen Gemeinde Mombasas. Täglich geöffnet, So. nur für Dinner, an den anderen Tagen auch für Lunch.

Natürlich gibt es in Mombasa auch die Möglichkeit, **chinesisch** zu speisen:

● **Overseas Restaurant**

Das chinesische Restaurant auf der Moi Ave., Tel. 041/2227810, ein kleines Stück hinter den Stoßzähnen, serviert kantonesische Küche. Die Hauptgerichte liegen zwischen 350 und 600 Ksh, Fisch ist relativ teuer. Nur ein Stückchen die Moi Ave. hinunter befindet sich das Hong Kong Chinese Restaurant, das ebenfalls empfehlenswert ist.

● **Galaxy Chinese Restaurant**

Das Galaxy liegt etwas außerhalb der Innenstadt nahe der Bishop Makarios Rd., sodass man eigentlich mit dem Taxi hinfahren muss. Die Reise lohnt sich aber, das Essen ist gut. Der gleiche Besitzer betreibt Restaurantfilialen in Diani und Bamburi.

Fans von **Pizza und Pasta** kommen in Mombasa ebenfalls auf ihre Kosten:

● **Taneem Pizza House**

Die Pizza des täglich von 8–24 Uhr geöffneten Restaurants im Arrow Plaza schmeckt ähnlich wie bei Pizza Hut – ist also einen Versuch wert.

Wer einmal wirklich **einheimisch essen** möchte – und das sollte man sich angesichts der guten **Suaheli-Küche** nicht entgehen lassen – der hat, neben den vielen „ambulanten" Fleischspießbratereien, die abends ihren

Grill, ein paar Bänke und Tische auf die Bürgersteige stellen, z.B. am Mackinnon-Markt oder in der Haile Selassie Road auch die Auswahl unter kleinen, billigen Restaurants, in denen die „normalen" Kenianer essen. Neben orientalisch beeinflussten Gerichten von der Küste gibt es in vielen Läden auch Reis, Pommes Frites, Hühnchen und andere Gerichte, die auch im Hochland in den Hotelis zu erhalten sind. Häufig sehen diese Restaurants von außen sehr unansehnlich und einfach aus, bereiten aber dennoch gutes Essen zu – und sind vor allem spottbillig.

● **Tarboush Café**

Gute Shawerma, aber auch Pilau und andere Gerichte von der Küste. Immer stark von Einheimischen frequentiert – ein Qualitätssiegel.

● **Big Bite Café**

In dem kleinen Café an der Ecke Meru Rd./ Kwa Shibu Rd. gibt es schon morgens warmes Essen. Man kann gemütlich draußen sitzen und das Treiben auf der Straße beobachten. Die Bedienung ist nicht die schnellste, aber das Warten lohnt sich, denn die Gerichte schmecken gut. Mein Favorit: Gebratene Leber mit reichlich Zwiebeln, Tomaten und frischem Chapati.

● **Recoda Restaurant**

Tel. 041/2228239; täglich von 8.30–24 Uhr geöffnet. So erfolgreich war das bereits 1942 in der Nyeri Street eröffnete Suaheli-Restaurant, dass 1998 eine Dependance an der Moi Avenue eröffnet wurde – und auch hier sieht man bis spät abends die Gäste auf dem Trottoir sitzen. Tatsächlich ist das wohl das Restaurant mit dem besten Preis-Leistungsverhältnis in der ganzen Stadt. Auf den riesigen Grills bruzzeln Mushkaki, also Fleischspieße, es gibt ausgezeichneten gegrillten Fisch, Sansibar-Pizza (die auf Kisuaheli *Mkate Wakima*, also „Hackfleischbrot", heißt), Salate, frisches Chapati etc. Alles auch als Take away. Tagsüber ist das Recoda allerdings mit seinem dunklen Essraum als unansehnliches einheimisches Hoteli getarnt. Also: Ins Recoda geht man erst nach Einbruch der Dunkelheit.

● **Namirembe Restaurant**

Eines der besten – und billigsten – afrikanischen Restaurants in Mombasa, das vor allem bei Leuten aus dem Hochland beliebt ist.

Hier, direkt um die Ecke des Casablanca, gibt es riesige Portionen für wenig Geld. Auf jeden Fall sollte man das Gericht „Special" mit Matoke, also Kochbananen, probieren, das wie der Besitzer aus Uganda stammt.

Flüge

Der **Moi International Airport** liegt rund 10 km außerhalb der Stadtmitte, abseits des Mombasa Highway. Die internationalen Flüge, die Mombasa ansteuern, beschränken sich vorwiegend auf **europäische Charterflüge (u.a. Air Berlin, Edelweiss Air und Condor)**, die sonnenhungrige Feriengäste an den Indischen Ozean bringen. Darüber hinaus fliegen aber auch einige Liniengesellschaften den Flughafen an, nämlich **Precision Air** (Sansibar), **Gulf Air** (Tel. 041/311637 und 312820, Fax 224962), mit einem Büro im Ambalal House und Flügen nach Oman, sowie **Emirates** (im TSS Towers, Linienflugverbindung nach Dubai).

Wer mit dem Flugzeug in Mombasa ankommt und **in die Stadtmitte** möchte, ist auf das **Taxi** angewiesen, denn es gibt keine Linienbusverbindung zum Flughafen. Mit etwas Verhandlungsgeschick zahlt man bis in die Stadtmitte nicht mehr als 600–700 Ksh (zum Flughafen ist es günstiger).

Kenya Airways unterhält einen **Shuttle-Bus,** der aber nur dreimal täglich, nämlich um 10.20, 14.20 und 17.40 Uhr, vom Büro in der Nkrumah Rd. abfährt. Ansonsten bleibt einem nur die Möglichkeit, mit einem Matatu in Richtung Flughafen zu fahren und sich an der Abzweigung auf dem Mombasa Highway absetzen zu lassen und die verbleibenden Kilometer zu gehen oder zu trampen.

Im **Inlandsverkehr** sind folgende **Gesellschaften** erwähnenswert:

●Air Kenya
TSS Towers, Nkrumah Rd., Tel. 041/229777 und 229106, Mobil: 0720/054940, 0736/522404; Moi International Airport, Tel. 041/433982.

●Fly540.com
Tel. 041/229777, 229106. Unterhält täglich Verbindungen mit Nairobi.

●Kenya Airways
Electricity Building, Nkrumah Rd., Tel. 041/2125529, Mobil: 0725/516329; Moi International Airport, Tel. 041/433841. Kenya Airways unterhält täglich zahlreiche Verbindungen **nach Nairobi,** einige davon gehen **über Malindi.** Für ein Hinflugticket zahlt man 5650 Ksh, aber es gibt auch besondere Preisnachlässe für Returntickets, für Vielflieger und für Leute, die stand-by fliegen.

●Jetlink
TSS Towers, 2. Stock, Nkrumah Road, www.jetlink.co.ke, Mobil: 0737/222111 und 0714/111555; Kontakt am Flughafen Mombasa: Tel. 020/3568578. Täglich von/nach Nairobi.

Eisenbahn

Die einzige direkte Eisenbahnverbindung von Mombasa führt nach Nairobi, und zwar an den Tagen So., Di. und Do. Die Strecke in der Gegenrichtung wird Mo., Mi. und Fr. bedient. Der Schlafwagenzug **nach Nairobi** verlässt abends um 19 Uhr den Bahnhof und – laut Fahrplan – morgens um 10.15 Uhr in Nairobi an. Die Tarife für ein Schlafwagenabteil betragen 3375/2490 Ksh für die 1./2. Klasse und beinhalten Abendessen und Dinner sowie das Bettzeug. Trotz dieses – im Vergleich zu Busfahrten – hohen Fahrpreises ist die Bahnreise nach wie vor sehr beliebt, und man tut gut daran, seine Passage frühzeitig zu buchen. Das **Buchungsbüro** am Bahnhof von Mombasa ist täglich von 8–17 Uhr geöffnet; Tel. 041/3312221.

Busse und Matatus

Für Ortsunkundige ist es nicht ganz einfach, in Mombasa den richtigen Überlandbus zu erwischen, denn einige der großen Gesellschaften haben ihre eigenes Ticketbüro, das zugleich Wartesaal, Gepäckaufbewahrung und Abfahrtsort ist. Generell gilt, dass die **Busse und Matatus in Richtung Kilifi, Malindi und Lamu** von der Abdel Nasser Road abfahren. Die KBS-Busse, gleich in welche Richtung, starten hingegen von der KBS-Busstation in der Kenyatta Ave. Die Fahrt nach Kilifi dauert im Durchschnitt 1–1,5 Stunden,

An der Küste

nach Malindi 2 Stunden und von dort nach Lamu weitere 5–6 Stunden. Es gibt jeden Tag zahlreiche Verbindungen, wer an einem Tag bis nach Lamu gelangen möchte, muss die ersten Transporte gegen 7 Uhr nehmen. Neben den Überlandbussen bedienen auch viele Matatus die Strecke nach Malindi. Der Fahrpreis bis dorthin beträgt rund 150 Ksh, nach Lamu das drei- bis vierfache.

Nairobi wird praktisch von allen großen Busgesellschaften (z.B. Mash, Falcon, Crown oder Scandinavia Express) angefahren, von denen die meisten ihr Büro an der Kenyatta Ave. nahe des Kreisels Mwembe Tayari Rd. haben. Die Zeiten, in denen die Reise nur 6 Stunden dauerte, könnten bald wieder anbrechen, wenn der Ausbau des Mombasa Highway endlich abgeschlossen ist.

Eine komfortable und sichere Alternative zu den großen Bussen stellt der **Shuttle-Bus nach Nairobi** dar. Die Fahrzeuge sind klimatisiert und kosten 1000 Ksh p.P. Buchung in Mombasa gehen über Vogue Travel (s.u.), in Nairobi über Inside Africa Safaris, Wabera St., Tel. 020/223304. Abfahrt ist jeweils um 9 Uhr morgens an den Ticketbüros.

Von Mombasa bestehen auch tägliche Busverbindungen über die tansanische Grenze **nach Tanga und weiter bis nach Dar es Salaam.** Hier ist Scandinavia Express die Gesellschaft der Wahl. Wer sich auf diese Reise einlässt, hat einen langen und anstrengenden Tag auf der Straße vor sich.

Geldwechsel

An **Banken** herrscht in Mombasa kein Mangel. Allein Barclays hat im Stadtzentrum vier Filialen (mit Geldautomaten). Die Öffnungszeiten entsprechen den üblichen in Kenia: Mo. bis Fr. von 9–15 Uhr, Sa. von 9–11 Uhr. Außerdem existiert eine ganze Reihe privater **Tauschbüros.** Generell tut man gut daran, zuvor die Kurse zu vergleichen.

Post und Internet

● Das **Hauptpostamt** an der Digo Rd. ist Mo. bis Fr. von 8–18 Uhr und Sa. von 9–12 Uhr geöffnet.

● In der Innenstadt gibt es zahlreiche **Internetcafés.** Eine schnelle Verbindung bieten jene im Erdgeschoss des Ambalal House.

Kurierdienste

● **DHL**
Tel. 041/22201-46, -59 und -60. Geöffnet Mo. bis Fr. 8–18 Uhr, Sa 8.30–13 Uhr.

● **EMS**
Der EMS-Expresspost-Schalter befindet sich auf der Rückseite der Hauptpost und hat Mo. bis Fr. von 8–12.30 und 14–17 Uhr sowie am Sa. von 9–12 Uhr geöffnet.

Kino

Die Auswahl an Lichtspielhäusern ist in Mombasa mager. Im **Kenya Cinema** auf der Nkrumah Rd. werden häufiger amerikanische Produktionen gezeigt, einen Versuch ist auch das **Regal** in der Digo Rd. wert. Das neueste und modernste Kino ist jedoch das **Nyali Cinemax** (www.nyalicinemax.com, Tel. 041/470000) am Ratna Square in Nyali. Hier werden die neuesten Filme gezeigt. Klimatisiert und mit Surround-Sound.

Nachtleben

Bars, Discos und Nightclubs

Einige der größten und besten Discos von Mombasa, so das Mamba, das Bora Bora oder das Tembo, befinden sich an der North Coast und werden in dem entsprechenden Abschnitt beschrieben. Natürlich ist die Zahl der Touristen in diesen Läden deutlich höher als in der Innenstadt. In den meisten Discos wird ein Eintrittsgeld verlangt, zumindest am Wochenende oder wenn es einen Liveact gibt, aber selten zahlt man mehr als 300 Ksh.

The Tusks – die Stoßzähne, das moderne Wahrzeichen von Mombasa

●Afro Bar

Die Afro Bar in der Nkrumah Rd. ist nicht nur ein empfehlenswerter Ort für einen Drink, sondern serviert sowohl mittags als auch abends gute Mahlzeiten. Gleiches gilt für die New Ethiopia Bar in der Haile Selassie Rd.

●Casablanca

Mnazi Moja Rd. Das Casablanca besitzt im Erdgeschoss ein empfehlenswertes Restaurant, oben gibt es eine gute Bar, in der am Wochenende bis zum Umfallen getanzt wird. Neben Muzungus und Indern kommen auch viele Kenianer aus der Mittelschicht hierher – eine schöne, in Kenia eher seltene Mischung.

●Excellent Hotel

In der Bar auf dem Dach des Hotels spielt am Wochenende oft eine Liveband. Relaxte, angenehme Atmosphäre für einen Drink.

●New Florida Casino & Nightclub

Die Disco, die den gleichen Besitzer hat wie die beiden Floridas in Nairobi, liegt am Mama Ngina Drive, direkt am Eingang der Fahrrinne des Hafens von Mombasa. Es sind mehrere Bars vorhanden, eine große Tanzfläche und sogar ein Swimmingpool. Das Publikum weist einen relativ hohen Prozentsatz an Matrosen und Touristen auf, was viele hübsche Mädchen mit finanziellen Interessen anlockt. Zum Florida gehört auch ein Casino, das man aber nicht unbedingt gesehen haben muss. In der Nachbarschaft finden sich Fast-Food-Läden, in denen man auch noch zu fortgeschrittener Stunde seinen Hunger stillen kann.

●New Tiffany's International

Disco im Ambalal House.

●Salambo Night Club

Im Salambo an der Ecke von Moi Ave. und Digo Rd. spielen häufiger Bands. Voll wird es hier besonders dann, wenn eine der lokalen Reggae-Größen auftritt. Ansonsten ist das Salambo ein eher ruhiger Schuppen.

ken-787 Foto: hf

An der Küste

Krankenhäuser und Ärzte

●**Aga Khan Hospital**
Vanga Rd., off Nyerere Ave., Tel. 041/ 312953, 2277-10, -15, Mobil: 0722/205110, 0733/641020, Fax 041/313278, agakhanhospitals.org, akhm@msa.akhskenya.org. Wie auch in Nairobi ist die Aga-Khan-Klinik eines der beiden besten Krankenhäuser der Stadt. Es werden alle Kreditkarten akzeptiert.

●**Mombasa Hospital**
Off Mama Ngina Drive, Tel. 041/312191, 312099 und 228010, mombasahospital.com, info@mombasahospital.com. Das Krankenhaus hat einen ganz ordentlichen Ruf, besitzt aber keine Intensivstation.

●**Pandiya Memorial Hospital**
Dedan Kimathi Ave., Tel. 041/313577, 314140/1, Fax 221787, pandyahospital.org, admin@pandyahospital.org. Neben dem Aga Khan ist das Pandiya Hospital die zweite gute Klinik der Hafenstadt, die über eine moderne Intensivstation verfügt.

●Eine **Ansammlung privater Praxen** findet sich im Doctor's Plaza an der Digo Rd.

Polizei

Die zentrale Polizeistation befindet sich auf der Makadara Rd., das **Nottelefon** hat die Nummer **041/222121.**

Konsulate

●**Deutsches Konsulat**
Bank of India Buildung, 2. Stock, Nkrumah Rd., Tel. 041/314732, 228781, Fax 314504; mombasa@germanconsul.com. Öffnungszeiten: Mo. bis Fr. 8.30–16.30 Uhr.

●**Schweizer Konsulat**
c/o Orion Hotels Ltd in Bamburi, Mobil: 0727/695452, Fax 041/5486321, mombasa @honorarvertretung.ch.

●**Österreichisches Konsulat**
Ralli House, 3. Stock, Nyerere Ave., Tel. 041/ 313386 und 312687, Fax 313386, tibor@ tgaalarchitects.co.ke

●**Holländisches Konsulat**
c/o Maersk Kenya Ltd, Maritime Centre, Archbishop Makarios Close, Tel. 041/314190, Mobil: 0727/272645, Fax 041/314191, nedconsulate@wanachi.com

●**Belgisches Konsulat**
Mitchell Cotts House am Ende der Moi Ave., Tel. 041/314531, 474236 (Büro) und 471315 (privat), Fax 312617, consulbel@mombasa.be.

Visum

Wer eine Verlängerung seines Kenia-Visums beantragen möchte, wendet sich an das **Immigration Office** (Tel. 041/2222676).

Sport und Aktivitäten

Golf

●**Golf Club Mombasa**
Tel. 041/313352. Der 1911 gegründete Club hat zwar nur einen 9-Loch-Platz, liegt aber absolut einmalig, direkt an der Schifffahrtsrinne. Der Platz ist wegen des Windes nicht ganz einfach zu spielen. Die 120 ordentlichen Mitglieder, viele davon Inder, pflegen den Standesdünkel. Auch Nichtmitglieder können nach Erwerb einer Daily Membership für 1500 Ksh auf dem Platz spielen, wer in der Kenya Golf Union registriert ist, bekommt einen Nachlass von 300 Ksh. Wer keine eigenen Schläger besitzt, kann diese für 700 Ksh mieten. Die Caddy-Gebühren für neun Löcher betragen 100 Ksh. Der Golfclub hat auch Gästezimmer für 600 Ksh. Der Parcours ist ab 17 Uhr geschlossen, die letzten Bestellungen in der urigen Bar und im Restaurant werden um 21.30 Uhr entgegengenommen.

Segeln

●**Mombasa Yacht Club**
Wer ein ambitionierter Segler ist oder einfach nur die Gesellschaft von Hobbykapitänen und Windsbräuten sucht, kann für 600 Ksh (pro Woche) bzw. 2000 Ksh (pro Monat) ein temporäres Mitglied im Mombasa Yacht Club (Ganjoni Rd., Tel. 041/313350) werden. Die aktiven Segler treffen sich Mi. und So. Dann ergibt sich vielleicht auch die Gelegenheit, bei einem der Bootsbesitzer mitzusegeln. Anschließend kann man sich dann in der urigen Bar sein Seemanslatein anhören.

Tour Operators und Mietfahrzeuge

● Archer's
Ambalal House, Nkrumah Rd., Tel. 041/225362 und 311884. Autovermietung (allerdings keine 4WD-Fahrzeuge!) und Safaris.

● Avis
Nkrumah Rd., Tel. 041/220465, 314950, Fax 227383, www.avismombasa.com. Autovermietung.

● Big Five Tours & Safaris
Ambalal House, Nkrumah Rd., Tel. 041/476292 und 311524, www.bigfiveafrica.com. Großer, zuverlässiger Safarianbieter im gehobenen Preissegment.

● Brit Travel & Car Hire
Wimpy Building, 1. Stock, Moi Ave., Tel. 041/2318229, Mobil: 0726/257979, www.btachc.com. Sehr günstige Konditionen.

● Budget-Car Rental
Associated Motors Complex, Kenyatta Ave., Tel. 041/2490047, 2490034, www.budget-kenya.com. Große Auswahl an verschiedenen Mietwagentypen.

● Camping Safaris Jeremy
Mobil: 0733/988591 und 0733/728911, terra-t@africaonline.co.ke. Kleines deutschsprachiges Unternehmen, das mit viel Herz Campingsafaris veranstaltet. Bekommt immer wieder gute Kritiken.

● David Tours & Car Hire
Jubilee Insurance Building, Moi Ave., www.davidtourskenya.com, Tel. 041/2223902. Autovermietung.

● Europcar
Mombasa Trade Centre, Nkrumah Rd., Tel. 041/2311994. Autovermietung.

● Fredlink Tour & Travel
(4x4 & Motorcycle Safaris)
Diani Sea Resort, Tel. 040/3202468, Mobil: 0733/284939, www.motorbike-safari.com oder www.authentic-african-adventures.com. Konditionen unter Diani Beach. Wem der Weg zu den Geschäftsräumen zu umständlich ist, kann sich die Fahrzeuge auch gegen eine Gebühr anliefern lassen

● Kedev Car Hire
Tel. 041/548-6378, -7356 und 41477005, Mobil: 0733/410566 und 0722/410566, www.kedev.de. Das von dem Schweizer *Hans Blaser* geführte Unternehmen vermietet Autos und Ferienhäuser, veranstaltet aber auch Safaris im Land.

● Ketty Tours Travels & Safaris
Moi Ave., Tel. 041/2315178 und 2312204, Mobil: 0722/209516 und 0735/844093, www.kettysafari.com. Eines der älteren Unternehmen am Markt.

● Lofty Tours
Hassanali Building, 1. Stock, Nkrumah Rd., Tel. 041/2220241, www.lofty-tours.com. Sehr empfehlenswertes Safari-Unternehmen unter deutscher Führung, das außergewöhnliche Routen im Programm hat und auch Autos zu fairen Konditionen vermietet.

● Southern Cross Safaris
Kanstan Centre, Nyali Bridge, Tel. 041/4750-74 und -76, www.southerncrosssafaris.com. Ein weiterer solider Anbieter. Büro auch in Malindi, Lamu Rd., Tel. 042/20493, 30490 und 30547.

● Kenya Wildlife Trails
Taiyebi Building, Nkrumah Rd., Tel. 041/313314 und 313371, www.wildlifetrails.com.

Einkaufen

Mombasa bietet viele Einkaufsmöglichkeiten. Die größte Auswahl an Lebensmitteln und importierten Gütern führt der riesige **Nakumatt Supermarket** am Kreisel nahe des Likoni-Fähranlegers. Für frische Waren wie Gemüse und Obst sind natürlich die Märkte der Stadt, allen voran der **Mackinnon-Markt** an der Digo Rd., die erste Wahl. Deutlich größer ist der **Makupa-Markt** an der Ronald Ngala St., zum dem ein ganzes Viertel mit zahlreichen Dukas und Straßenhändlern gehört, bei denen man neben Lebensmitteln auch Eisenwaren, Kleider etc. erstehen kann. Außerdem gibt es an der Mwembe Tayari Rd. einen **Straßenmarkt** unter offenem Himmel.

In der Altstadt von Mombasa lässt sich zumindest noch stellenweise die alte Aufteilung der **Bazargassen** nach Gewerben erkennen. So reiht sich in der unteren Biashara Street (Biashara heißt auf Kisuaheli bezeichnenderweise so viel wie „Geschäft" oder „Handel") ein Stoffladen an den anderen. Dies ist der

An der Küste

beste Ort, um **Khangas und Kikoys** zu kaufen, die bunt bedruckten Tücher, die von den einheimischen Frauen als Wickelrock getragen werden. Im oberen Teil der Straße herrschen Haushaltswarengeschäfte vor. Ein interessantes Souvenir könnte sicherlich die **Mbuzi**, also die „Ziege", sein, eine kleine Holzbank mit aufgepflanztem Sägemesser, mit dem die Kokosnüsse geöffnet werden, um an das Fleisch zu kommen, das in der Suaheli-Küche eine wichtige Rolle spielt.

Wer auf der Suche nach **Souvenirs** ist, findet auf der Moi Ave., im Dunstkreis der Stoßzähne, einige große Andenkenläden und Curio Shops, die teilweise einen unglaublichen Krimskrams in ihren Räumen angehäuft haben, sodass das Stöbern bisweilen zur aufregenden Expedition werden kann. Auf der Straße bieten fliegende Händler und kleine Kioske das übliche Sortiment von Speckstein- und Holzschnitzereien, Masai-Schmuck etc. feil. Wer auf der Suche nach hochwertiger Ware ist, begibt sich am besten nach Bombolulu an die North Coast (s. S. 697), wo es eine unglaubliche Auswahl an schönen kunsthandwerklichen Gegenständen gibt.

Wem der **Lesestoff** ausgegangen ist und sich mit neuer Lektüre eindecken möchte, findet auf der Nkrumah Rd. den **City Bookshop** und auf der Moi Ave. das **Bahari Book Centre** und den **Bahati Bookshop.**

Mombasa North Coast　♫ III/D2

Mombasas Nordküste ist der Ort, wo alles begann: Mitte der 1960er Jahre entstanden entlang der wunderbaren Sandstrände an dem 12 km langen Küstenabschnitt, der sich **zwischen der Nyali Bridge und dem Mtwapa Creek** erstreckt, die **ersten großen Touristenhotels der kenianischen Küste.** Nach und nach wurden die Ferienanlagen erbaut und schlossen praktisch jede freie Baulücke, während im Hinterland mit den Stadtteilen **Kisauni** und **Kongowea eher schäbige Viertel** für die Angestellten der Hotels wuchsen. Hier findet man das klassische Durcheinan-

der von Bars, billigen Guesthouses, Werkstätten, kleinen Läden und Hotelis, das für viele kenianische Siedlungen so charakteristisch ist. Touristen, die frisch aus Europa eingeflogen sind und zuvor niemals in einem Entwicklungsland waren, werden von diesen Bildern in unmittelbarer Nähe zur schönen, heilen Ferienwelt vielleicht schockiert sein.

Von Süden nach Norden, also von Mombasa in Richtung Malindi, folgen die **Strände Nyali, Kenyatta, Bamburi und Shanzu** aufeinander. Der einzige **öffentliche Badestrand** ist der **Kenyatta Beach,** an dem es eine riesige Wasserrutsche gibt (200 Ksh für 20 Mal rutschen, ein Ganztagsticket kostet 300 Ksh). Besonders am Wochenende ist der – im Vergleich zu den gepflegten Hotelstränden nicht sehr ansprechende – Sandstreifen das Ziel zahlreicher einheimischer Ausflügler. Ansonsten gelangt man **nur über Hotel- oder Privatgrundstücke zum Meer,** was meist problemlos möglich ist. Bei einigen Hotels zahlt man eine kleine Tagesgebühr, die sich meist mit dem Verzehr verrechnen lässt, und kann dann den Strand benutzen.

Die ersten Meter Strand und das vorgelagerte Meer mit seinen Korallenriffen und Seegraswiesen an der North Coast sind seit 1986 durch das 200 km² große **Mombasa Marine National Reserve** geschützt, in dessen mittlerem Abschnitt der 10 km² große **Mombasa Marine National Park** liegt, der einen höheren Schutzstatus genießt: Hier darf man nicht angeln. Besondere Aufmerksamkeit beim Naturschutz wird den Meeresschildkröten geschenkt, denn die bedrohten Tiere nutzen einige Strandbereiche als Nistgrund. Das ist erstaunlich, da die Wasserreptilien empfindlich auf Lärm und Störungen reagieren, zudem wird ihnen massiv nachgestellt. Leider sind die Zeiten noch immer nicht vorbei, da Souvenirhändler Schildkrötenpanzer verkaufen; Eier und Fleisch der Tiere gelten vielen Einheimischen als Delikatesse. Einige Touristenhotels, z.B. das Serena Beach Hotel am Shanzu Beach, engagieren sich finanziell für den Schutz der Meerestiere. So werden die Gelege durch Drahtverhaue vor der Zerstörung bewahrt, gegebenenfalls aber auch geräumt und künstlich ausgebrütet. Hotelgäste können Schildkrötenpatenschaften übernehmen, mit deren Geld die Naturschutzarbeit unterstützt wird.

Unterkunft

Zahl und Art der Unterkünfte an der Nordküste **sind riesig,** aber wirklich günstige Schlafmöglichkeiten in Strandnähe wird man vergeblich suchen. Eine Möglichkeit, die Kosten gering zu halten, ist die Anmietung einer Ferienwohnung, die man sich mit anderen Feriengästen teilt. Essen kann man in den zahlreichen Restaurants, Hotels, es gibt aber auch einige Supermärkte, in denen man gar – mit ein, zwei Tagen Verspätung – die Bild-Zeitung erhält, denn – ähnlich wie Diani Beach – ist auch die North Coast bei deutschsprachigen Touristen beliebt. Einen Campingplatz gibt es erst wieder in Mtwapa.

Die Unterkünfte sind in die Kategorien „Hotels" und „Ferienwohnungen" unterteilt und von Süden nach Norden beschrieben.

Hotels

• Nyali Beach Hotel
Tel. 041/471551 und 474640, www.nyalibeach.co.ke; LS: 110/156 US$, HS: 150/220 US$ (HS) FB. Besonders die Zimmer im renovierten (und etwas teureren) Palmflügel sind hell und freundlich, haben wegen der hohen Bäume aber keinen Meerblick. Das Luxushotel mit einem Schuss Kolonialflair wurde bereits 1946 von Harry und Eva Noon eröffnet. Zwei schöne, große Pools. Für Gäste des Hauses sind die Benutzung der Golf- und Squashanlage des nahe gelegenen Nyali Golf Club umsonst. W-LAN vorhanden.

• Voyager Beach Resort
Buchung bei Heritage Hotels, s. S. 107, oder direkt unter Tel. 041/47511-4 und -5; info@voyagerresorts.co.ke; Standard-Zimmer: LS: 245/330/460 US, HS: 340/450/630 US$ all inclusive, Aufschläge für höherwertige Zimmerkategorien. Das Voyager Beach Resort ist völlig zu Recht bei deutschen und schweizerischen Gästen beliebt, das Haus wird von einem großen Garten umgeben. Von den Balkons der Hälfte der Zimmer genießt man einen herrlichen Blick aufs Meer. Die Räume sind komfortabel ausgestattet. Ange-

schlossen ist eine Tauchbasis von Buccaneer Diving, die Kurse veranstaltet und Tauchfahrten organisiert. Besonderes Programm für Kinder.

• Bahari Beach Hotel
Tel. 041/47545-6 bis -9, Mobil: 0733/477022, info@baharibeach.net; LS: 5300/7500/10.560 Ksh HB, HS: 10.560/15.500/20.750 Ksh. Gegen einen moderaten Aufschlag von 1000 Ksh p.P. wird das Haus zum All inclusive Club. Das Hotel ist sehr sauber, die Ausstattung insgesamt ein wenig veraltet. Gute Sportmöglichkeiten wie Segeln, Windsurfing, Volleyball, Tennis, Tischtennis, Billard und ein Fitness-Studio. Die 100 Zimmer, die meisten davon mit Seeblick, entsprechen gehobenem Standard.

• Milele Beach Hotel
Tel. 020/2118312, Mobil: 0722/206405, reservation@milelebeach.com. Zimmer und Apartments, Preise auf Anfrage. Die ganze Anlage ist schön, aber nicht überkandidelt. Das Haus wirbt damit, das einzige „non-alcoholic" Hotel an der Nordküste zu sein – es gehört der Presbyterian Church. Langes, schmales Grundstück, zwei Pools.

• The Big Tree
Tel. 041/5486359, Mobil: 0721/437448, newbigtree@yahoo.com; 2000 Ksh SC, Apartment mit Küche 2500 Ksh. Nette, günstige Bleibe für Backpacker und Individualtouristen. Der Eigentümer ist Italiener (daher der große Fernseher), es gibt ein gutes Restaurant und eine urige Bar, zudem einen ehrlichen Kicker und Poolbillard. Kein Pool, „nur" das Meer.

• White Sands
Buchung über Sarova Hotels, s. S. 108; Tel. 041/548592-6 bis -9, www.sarovahotels.com; Preise auf Anfrage. Das White Sands ist zwar ein riesiges Hotel, das bis zu 720 Gäste beherbergen kann, aber dennoch wirkt die 5-Sterne-Anlage schön und nicht monströs. Die Inneneinrichtung der gemütlichen Zimmer mit Veranda oder Balkon ist den romantischen, traditionellen Lamu-Möbeln nachempfunden. Nur ein Teil der Zimmer besitzt den begehrten Strandblick. Es gibt drei Zimmer für Rollstuhlfahrer. Durch die Größe des Hotels gibt es einige Swimmingpools, diverse Restaurants, Bars, einen eigenen Nachtclub

Kisuaheli –
die Sprache der sieben Quellen und zwei Schriften

Kisuaheli, die **offizielle Landessprache Kenias,** ist – wie der Name bereits verrät – an der Küste Ostafrikas entstanden: „Ki-" ist in vielen Bantu-Idiomen die Vorsilbe für „Sprache", „Suaheli" leitet sich vom Plural des arabischen Wortes für „Küste", „Sahel", ab: Sawahel. Im Laufe der Jahrhunderte haben sich im Lamu-Archipel, in Mombasa und in Sansibar drei unterschiedliche Dialekte herausgebildet, von denen der **Sansibar-Dialekt** inzwischen den inoffiziellen Status einer Hochsprache genießt.

Grammatikalisch und syntaktisch gesehen ist Kisuaheli eine **Bantu-Sprache.** Die turbulente Geschichte der ostafrikanischen Küste während der vergangenen 2000 Jahre hat in ihrem Wortschatz aber viele **fremde Spuren** hinterlassen: Neben dem überwiegend afrikanischen Vokabular finden sich viele arabisch-, persisch-, urdu- und englischstämmige Worte. Es existieren sogar einige wenige portugiesische und deutsche Ausdrücke. Die meisten Begriffe für Religion und Staatswesen stammen aus dem Arabischen, technische Begriffe hingegen aus dem Englischen. Beispielsweise bedeutet Bremse (engl. „brake") „Breki", ein Fahrer (engl. „driver") ist ein „Dereva". Für „Geld" benutzt man im Kisuaheli alle möglichen Wörter verschiedenster Herkunft: „Hela" etwa, geht auf die deutsche Währung Heller zurück; „Pesa" auf den portugiesischen Pesos; „Fedha" rührt von dem arabischen Wort für Silber, „Fadhi", her, und das in Kenia für die Landeswährung gebräuchliche „Bob" ist ohne viel Fantasie als englisches Wort zu erkennen ...

Ursprünglich wurde Kisuaheli mit dem arabischen Alphabet geschrieben, ein Zeichen der jahrhundertelangen kulturellen, wirtschaftlichen und religiösen Verbindungen in den Orient. Doch in der zweiten Hälfte des 19. Jahrhunderts entwickelte der deutsche Missionar und Sprachwissenschaftler Johann-Ludwig Krapf die bis heute gebräuchliche **Schreibweise mit lateinischen Buchstaben.**

Arabische Seeleute, Elfenbein- und Sklavenhändler sorgten dafür, dass sich Kisuaheli entlang der Karawanenrouten in ganz Ostafrika ausbreitete. Die relativ einfache Grammatik und die unkomplizierte Übernahme von Lehnworten aus fremden Sprachen prädestinierten das Idiom geradezu zur Handelssprache. Heute ist Kisuaheli mit **rund 100 Millionen Sprechern** die Lingua Franca der Länder Kenia, Tansania, Uganda, Burundi, Ruanda, zudem im östlichen Kongo, dem nordöstlichen Sambia, dem nördlichen Malawi und auf den Komoren – also in einer Region, die insgesamt größer ist als Mitteleuropa.

In der Mittel- und Oberschicht Nairobis wird Kisuaheli oft etwas abschätzig als „Bauernsprache" angesehen. Man demonstriert gerne Standesbewusstsein oder seine Ausbildung, indem man in **Englisch** brilliert, das nach wie vor die **Hauptgeschäftssprache** der ehemals britischen Kolonie ist. Bezeichnenderweise wird auch jeder Unterricht nach der Grundschule in Englisch abgehalten. Auch die wichtigen Tageszeitungen werden in der europäischen Sprache herausgegeben. So ist eine Reise – auch auf eigene Faust – mit guten bis mittleren Englischkenntnissen überhaupt kein Problem, denn irgendjemand findet sich immer, der die Sprache spricht. Allerdings kann ein relativ großer Teil der Landbevölkerung – besonders viele Frauen – aufgrund des schlechteren Bildungsstandes kein Englisch. Und bei den Nomadenvölkern – Masai, Samburu, Turkana usw. – können oft nur die Jüngsten einige Brocken, weil sie der ersten Generation angehören, die eine reguläre Schule besucht. Das erklärt auch, warum man in **den ländlichen Gebieten zumeist die lokalen Stammessprachen** hört und man sich dort oft besser mit Kisuaheli verständigen kann. In den Touristenhochburgen an der Küste und im Inland überlebt der Urlauber auch gut ohne jegliche Fremdsprachenkenntnisse.

und ein breites Angebot an Unterhaltung und Wassersportaktivitäten. Hier befindet sich auch die 5-Sterne-Haupttauchbasis von Buccaneer Diving.

● **Sai Rock Hotel**

Tel. 041/548764-4 und -5, Mobil: 0734/808150, www.sairock.co.ke; Garden View: 5200/7875/9975 Ksh BB; für Meerblick kleiner Aufschlag; Apartments (für 2 Personen): 6000 Ksh BO, pro Woche 22.750 Ksh. Das Hotel wurde umfassend renoviert und bietet jetzt nettes, wenn auch kein mondänes Ambiente. Die Räume mit Meerblick liegen direkt am Strand und besitzen eine schöne Veranda. Swimmingpool und Flipperautomaten.

● **Traveller's Beach Hotel**

Tel. 041/548512-1 bis -6; LS: 88/144 US$ HB, HS: 164/219 US$. Das gepflegte Haus (nur die Bodenkacheln in einigen Zimmern sind abgestoßen) mit knapp 500 Betten hat riesige Ausmaße, besitzt zahlreiche Bars, sechs Restaurants (darunter ein indisches mit Mittagsbuffet für 950 Ksh) und verschiedene Geschäfte, einen eigenen Nachtclub und alle denkbaren Wellness- und Sporteinrichtungen (Sauna, Whirlpool, Fitness-Studio, Squash, Windsurfing, Kayaking etc.). Man kommt (fast) überall schwimmend hin, denn das Gelände wird von kleinen Swimmingpool-kanälen durchzogen. Die Zimmer sind komplett ausgestattet und haben Sat-TV. Viele Gäste sind wiederholt hier. Es gibt einen Aufzug, der auch für Rollstuhlfahrer geeignet ist, spezielle Badeinrichtungen fehlen aber. Baracuda-Tauchbasis.

● **Kahama Hotel**

Tel. 041/5485395, Mobil: 0733/771139, kahamahotel@gmail.com; LS: 3950/4500 Ksh BB, HS: 8850/13.900 Ksh BB. Das Haus hat zwar keinen direkten Strandzugang, das Meer ist aber nur ein paar Schritte entfernt. Gepflegt, mit Swimmingpool und Restaurant, in dem bisweilen Live-Musik gespielt wird.

● **Kenya Bay Beach Hotel**

Tel. 041/548760-0 bis -2, Mobil: 0725/991500, www.kenyabay.com; LS: 5000/7700 Ksh HB, HS: 6300/9800 Ksh HB. Das günstige Hotel, bei älteren Gästen aus der Schweiz und Deutschland sowie Osteuropa beliebt, bietet keinen mondänen Flair oder übermäßig reichhaltige Freizeitangebote, aber für

das Gebotene sind die Preise fair. Eine neue Möblierung würde der Gemütlichkeit gut tun. Einige Zimmer mit Seeblick. Bei Flut kein Sandstrand! Freies Internet.

● **Fontana Hotel**

Tel. 041/5487554; 35–45 Euro DB SC BB. Das kleine Hotel für Individualreisende, geführt von der Deutschen Gunhild Oser, ist auch als gutes Restaurant bekannt. Unter einem riesigen Makuti-Dach werden auf Wunsch auch deutsche Gerichte serviert. 16 Zimmer mit Ventilator und Blick auf einen kleinen Swimmingpool sind zu mieter, auf Anfrage gibt es gegen 300 Ksh Aufpreis eine Klimaanlage. Der Strand liegt in 150 m Entfernung.

● **Plaza Beach Hotel**

Tel. 041/548532-1 bis -4, www.plazabeach. co.ke; LS: ab 6000/8000 Ksh HB, HS: €600/11.500 Ksh HB. Anlage und Zimmer sind sehr sauber und entsprechen mit Restaurant, Bar, Swimmingpool, Air Condition etc. von der Ausstattung her dem Touristenstandard. Trotz der engen Bebauung gibt es auch Zimmer, die für Rollstuhlfahrer geeignet sind. Bei Flut kein Sandstrand. Mit eigener Tauchbasis, einem Ableger von Buccaneer Diving.

● **Severin Sea Lodge Hotel**

Tel. 041/548500-1 bis -5, Fax 5485212, www.severin-kenya.com; Standard Rooms: 70/185 US$ LS/HS HB, Bungalows: 77/220 US$ LS/HS HB, Superior Rooms: 85/250 US$ LS/HS. Alle Zimmer mit Safe und Balkon oder Veranda, die Superior Rooms sind geräumiger und mit traditionellen Lamu-Möbeln eingerichtet. Keine Frage, das Severin gehört mit seiner schönen Anlage zu den besseren Hotels an der Nordküste. Offeriert werden zahlreiche Wassersportaktivitäten, es gibt aber auch Tennis- und Volleyballplätze. Angeschlossen ist eine Baracuda-Tauchbasis. Eigene Glasbodenboote.

● **Neptune Beach Resort**

Tel. 041/5485705, www.neptunehotels.com; Standard (5500/8000/12.000 Ksh B3), Superior mit Meeresblick, Kühlschrank und Kaffeemaschine (7000/10.000/15.000 Ksh BB), Luxury mit größeren Räumen, Seeblick, Suaheli-Möbeln und kleiner Lounge (10.000/14.000/21.000 Ksh BB). Das Neptune ist ein gutes Beispiel dafür, wie man mit einem fähigen Innenarchitekten auch aus einem nicht sehr aufregenden Gebäude ein gemütliches, stilvolles Hotel machen kann. Das Eingangsfoyer besitzt mit seinen geschwungenen Sesseln, den kunstvollen Leuchtern und den Markisen das Flair eines alten Seaside-Hotels. Die 80 großen Zimmer mit Minibalkon sind in angenehmen Farben gehalten. Gemütliche Korbmöbel.

● **Petuscha Garden Lodge**
Tel./Fax 041/5485860, petuschahotel@yahoo.com. Das von einem kenianisch-schweizerischen Pärchen geführte Guesthouse ist sehr gepflegt und relativ klein (private Atmosphäre). Nur bis zu 10 Leute haben hier Platz, man fühlt sich dadurch wirklich als persönlicher Gast im Hause. Alle Zimmer besitzen Moskitonetze und Air Condition sowie Ventilator. Das Petuscha hat zwar keinen ei-

genen Strandzugang, das Meer ist aber nur ein paar Minuten Fußweg entfernt. Swimmingpool, Cha-Cha Bar & Restaurant mit leckeren Gerichten.

● **Serena Beach**
Buchungen über Serena Hotels in Nairobi, s. S. 108; die günstigste Kategorie: LS: 110/225 US$ BO, HS: 240/325 US$ BO, die luxuriöseste Zimmervariante kostet beinahe das Doppelte. Das Serena verzaubert mit Stimmungen aus 1001 Nacht, denn das Gebäude ist einem alten arabischen Fort nachempfunden. In der Empfangshalle plappert ein Papagei, die Zimmer – besonders im neuen Flügel – haben Stil und sind gemütlich. Schöner Pool mit Bar. Die meisten Wassersportaktivitäten sind im Hotelpreis mit inbegriffen. Wie bei Serena Hotels Standard, gibt es hier exzellentes Essen, v.a. das reichhaltige Frühstücksbuffet ist zu empfehlen.

● **Mombasa Continental Resort**
Tel. 041/5485811 und 548659-5, -6, -7, -8, -9; R: 15.800/16.800 Ksh HB, NR: 208/300 US$ HB. Nach der Übernahme von der Interconti-

Schattenplatz am Strand

nental-Kette ist das Haus umfassend renoviert und neu eingerichtet worden, was dem Ambiente gut getan hat. Die massive Architektur des Gebäudes lässt sich dadurch leider nicht ändern. Das Allerschönste ist der herrliche Strand mit herrlichen Palmen. Es gibt Zimmer für Rollstuhlfahrer.

● **Mombasa Safari Inn**
Tel. 041/5480282, Mobil: 0733/430996; 760/950 Ksh SC. Direkt gegenüber des Continental liegt dieses kleine Guesthouse. Günstiger kommt man in Shanzu nicht unter.

● Einige günstige Unterkunftsmöglichkeiten bieten sich noch ein Stück weiter nördlich, jenseits des Mtwapa Creek.

Ferienwohnungen

● **Tamarind Village**
Tel. 041/47460-0, -1 und -2, www.tamarind.co.ke; 9500/15.000/20.000 Ksh für 1-, 2- und 3-Schlafzimmer-Apartments. Die Apartmentanlage neben dem Tamarind Restaurant hat voll ausgestattete, klimatisierte und luxuriös eingerichtete Wohnungen mit 1, 2 und 3 Schlafzimmern. Von den Balkons an der Seefront hat man einen grandiosen Blick auf den Meeresarm, der den alten Hafen von Mombasa bildet, und auf die Altstadt. Zwei Swimmingpools und hervorragende Fitness-Einrichtungen, Massage, Internet.

● **Nyali Beach Luxury Apartments**
Tel. 041/474125, Mobil: 0727/374826; NR: HS: 15.000 Ksh, LS: 12.000 Ksh, R: 10.000 Ksh. Die Ferienwohnungen befinden sich direkt am Strand und haben einen schönen Meerblick. Pro Wohnung zwei Doppelzimmer mit eigenem Bad und Air Condition sowie Küche. Auf Wunsch wird ein Koch gestellt. Pool im hinteren Teil der Anlage.

● **Nyali Beach Holiday Resorts**
Tel. 041/472325 und 474396, Mobil: 0733/849111; 1-Zimmer-Wohnung mit Küche für 2 Personen: 8500 Ksh, 2 Zimmer: 15.000 Ksh, 3 Zimmer: 30.000 Ksh, zwischen den Jahren Aufschläge. Die große, sehr gepflegte, doch etwas in die Jahre gekommene Anlage befindet sich direkt neben den Nyali Beach Luxury Apartments. Es gibt 16 Zimmer und 22 Wohnungen mit 1 bis 3 Schlafzimmern, Air Condition, TV, W-LAN und voll ausgestatteter Küche für Selbstversorger zu mieten, dazu ei-

nige Hotelzimmer. Zwei Pools, Bar und Restaurant. Ein paar Schattenbäume mehr zwischen den Gebäuden wären schön, ansonsten ist die Anlage makellos.

● **Mombasa Beach Apartments**
Tel. 041/474848 und 473231, www.mombasa-beach-appartments.com; LS: 6000 Ksh, HS: 8000 Ksh, im Dezember und Januar 10.000–15.000 Ksh. Die Wohnungen enthalten jeweils fünf Betten, besitzen Telefon und Klimaanlage nebst Seeblick und sind sehr schön eingerichtet. Empfehlenswert.

● **Rick Seaside Villa**
Tel. 041/476524 und 476531, sales@rickvillas.co.ke; 4000/10.000 Ksh LS/HS, monatliche Miete in der LS: 60.000 Ksh. Neue Anlage, die hochwertig eingerichtet ist. Kein direkter Strandzugang. Geschmackvoll und empfehlenswert, bis auf die Wohnungen im Erdgeschoss, von denen man auf die Mauer guckt. Kleiner Pool, nahe zum Nyali Nakumat.

● **Moffat Court**
Apartment mit 1, 2 oder 3 Schlafzimmern für 3000/5000/7500 Ksh (LS) und 6000/7500/15.000 Ksh (HS). Kein Swimmingpool. Wohnungen mit 1 und 2 Schlafzimmern mit Ventilator, jene mit 3 Schlafzimmern mit AC. Die Ausstattung ist nicht wirklich schick aber sauber. Insgesamt geht das Preis-Leistungsverhältnis in Ordnung. Bar und Restaurant.

● **Baobab Holiday Resort**
Tel. 041/5487317 und 5485496, Mobil: 0720/631113, www.baobabholidayresort.com; 3850/5665/7665 Ksh BB, Ferienwohnungen (pro Tag/pro Monat): mit 1 Schlafzimmer 8500/75.000 Ksh, mit 2 Schlafzimmern 10.285/95.000 Ksh, mit 3 Schlafzimmern 15.125/126.000 Ksh. Die Anlage ist gepflegt, alle Zimmer sind mit Air Condition, Sat-TV, Minibar und Safe ausgestattet, die Wohnungen besitzen voll ausgestattete Küchen und ebenfalls Air Condition. Durch die exzessive Verwendung von Kacheln wirkt alles etwas steril. Eigenes Notstromaggregat. Der Strand liegt in 10–15 Min. Fußmarschentfernung, dafür gibt es einen großen Swimmingpool. Im Haus: das Gold Chopsticks Restaurant (s.u.).

● **Papweza Adamsville Beach Suites**
Tel. 041/548034-0, -2, -4 bis -6; Mobil 0727/531259, www.papwezasuites.com; 9400/

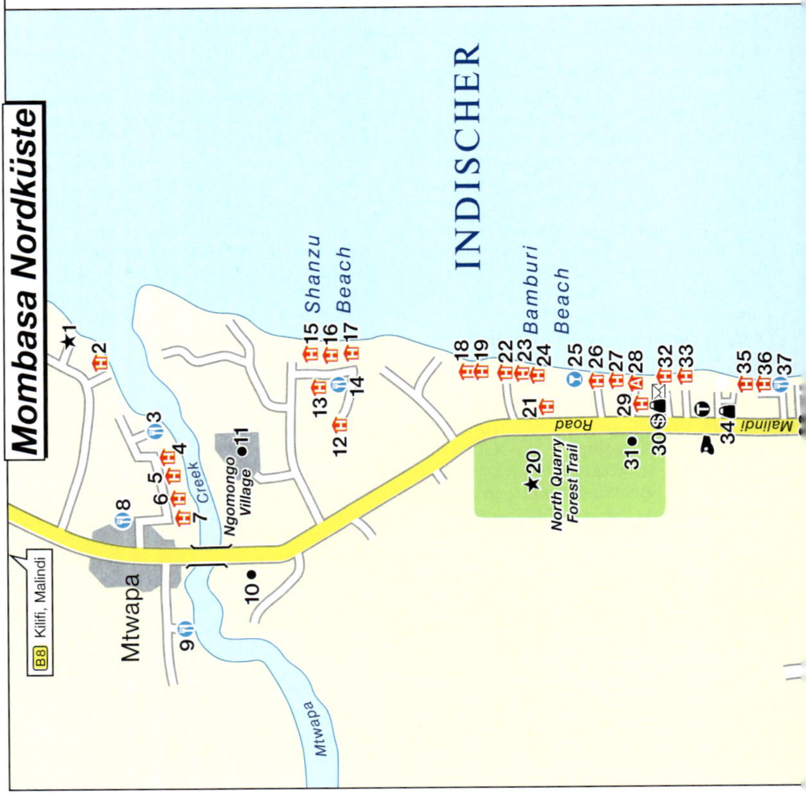

Mombasa Nordküste

★ 1 Jumba La Mtwana Ruinen
🏠 2 The Beach
🔵 3 Aquamarine Restaurant
🏠 4 Hibiscus Lodge
🏠 5 Hippo Guesthouse
🏠 6 Daueliz Inn
🏠 7 Hotel Georgia
🔵 8 Little Chéf
🔵 9 Moorings Floating Restaurant
● 10 Shimola Tewa Gefängnis
● 11 Ngomongo Village
🏠 12 Trinity Resort
🏠 13 Safari Inn
🔵 14 Pistacchio Shanzu
🏠 15 Mombasa Intercontinental Resort
🏠 16 Serena Beach
🏠 17 Petusha Garden Lodge
🏠 18 Yamas Beach Bar
🏠 19 Cowrie Shell Beach Apartments
★ 20 North Quarry Forest Trail
🏠 21 Fontana Hotel
🏠 22 Nepyune Beach Resort
🏠 23 Severin Sea Lodge
🏠 24 Plaza Beach Hotel
🔵 25 Il Covo
🏠 26 Kenia Bay Beach Hotel
🏠 27 Kahama Hotel
🏠 28 Traveller's Beach Hotel
🏠 29 Indiana Beach Apartment Hotel
🏠 30 Shopping Centre,
    ✉ ⊠ 💲 Post,
● Barclay Bank
🏠 31 Haupteingang
🏠 32 White Sands
🏠 33 Sai Rock
🏠 34 Shopping Centre
🏠 35 Papweza Adam's Ville
    Beach Suites
🏠 36 The Big Tree

INDISCHER

Shanzu Beach

Bamburi Beach

Mtwapa

Mtwapa

B8 Kilifi, Malindi

Creek

Ngomongo
Village

North Quarry
Forest Trail

Road

Malindi

37 Pirates
38 Milele Beach Hotel
39 Haller Nature Park
40 Baobab Holiday Resort
41 Tembo Disco
42 Black Havanna
43 Splendid View Café
44 Nakumatt Supermarket
45 Birger Complex
46 Rick's Villas
47 Mombasa Beach Apartments
48 Bahari Beach Hotel
49 Voyager Beach Resort
50 Dombohulu Contro
51 Mamba Krokodil Farm
   & Disco
52 Wild Waters
53 Nyali Golf Club
54 Misono Japanese Restaurant
55 Nyali Beach Holiday Resort
   & Luxury Apartments
56 Nyali Beach Hotel
57 Nyali Cinemax
58 Nyali Police,
   Post
59 Roberto's Mini Market
60 Ratna Square
61 Hunter's Steak House
62 Tamarind Restaurant
63 Spicy Bites
   & Ooh Ice Cream Parlour
64 Tramarind Village
65 Orchid Bay Hotel
66 Frere Town Glocke
67 Frere Town Kirche

Polizei
Tankstelle
Information

12.400/22.200 Ksh BB. Gepflegte, moderne Anlage, Wohnungen mit hochwertiger, kompletter Ausstattung. Fitness-Studio, Internet, Massage, Swimmingpool. Empfehlenswert.

●Indiana Beach Apartment Hotel

Tel. 041/548589-5, -6, www.indianabeach-kenya.com; unterschiedlichste Ferienapartments mit 1 (4000/6000 Ksh LS/HS), 2 (8000/12.000 Ksh LS/HS) und 3 Schlafzimmern (12.000/18.000 Ksh LS/HS). Die 1-Zimmer-Wohnungen liegen in einem größeren Block, sind für Gäste mit Kindern deshalb nicht so gut geeignet. Im Bereich nahe der Straße befinden sich auch das Maharaj Restaurant und ein kleiner Supermarkt.

●Bamburi Beach Resort

Tel. 041/5485632, Mobil: 0733/474482 und 0721/777969. Es gibt hier Doppelzimmer sowie Ferienwohnungen mit 1 Schlafzimmer oder 3 Schlafzimmern. Die Anlage ist über das Traveller's Beach Hotel zugänglich.

●Cowrie Shell Beach Apartments

Tel. 041/5485971, Mobil: 0720/803395, www.cowrie-shell.com; je nach Jahreszeit Tarife zwischen 2000 und 5000 Ksh. Die Apartments mit kleiner Pantry sind für jeweils 4 Personen (2 Schlafzimmer) ausgelegt, einige haben schönen Seeblick. Kleiner Pool, keine Bar, kein Restaurant. Die Anlage eignet sich für Leute mit kleinem Geldbeutel.

●Yamas Beach Bar

Mobil: 0720/544904, www.archegono.gr, www.yamasbbar.com. Eine super Beachbar mit netten Unterkünften auch für Individualreisende. Preise auf Anfrage.

●Shanzu Trinity Resort

Tel. 041/5485272, Mobil: 0736/849123, shanzutrinityrst@yahoo.com; Studio für 2 Personen: 3000/4000 Ksh (LS/HS), Apartment 4000/5000 Ksh (LS/HS), auch günstige Monatsvermietungen. Die Unterkünfte sind groß, besitzen Air Condition, Küche und haben ein sehr gutes Preis-Leistungsverhältnis. Pool und kleine Bar. Die Gebäude könnten von außen einen neuen Anstrich vertragen, aber ansonsten wirklich in Ordnung! Etwas im Hinterland gelegen.

●Carl Weicher

Mobil: 0722/713611, carlweicher@yahoo.com. Der Besitzer des Pistacchio, *Carl Weicher,* vermietet Wohnungen für 1400/2500

Ksh (LS/HS) in Shanzu, die Küche, Bad, Wohnzimmer, Schlafzimmer sowie einen Generator besitzen.

Essen und Trinken

An der Nordküste von Mombasa gibt es **viele gute Restaurants,** das Preisniveau liegt meist etwas unter dem in Deutschland.

●Tamarind Mombasa

Tel. 041/47460-0, -1, -2, Fax 474630, www.tamarind.co.ke. Das Seafood-Restaurant mit dem Tintenfisch als Markenzeichen genießt den Ruf, zu den besten und teuersten Esstempeln in Ostafrika zu gehören. Es liegt direkt am Old Harbour, von der Terrasse genießt man einen schönen Blick auf die Altstadt, was es zum perfekten Platz für romantische Candlelight-Dinner macht. Dank seines guten Rufs ist das Tamarind inzwischen auf beträchtliche Ausmaße angewachsen. Die Qualtität von Speisen, Weinkarte und Service scheint darunter aber nicht gelitten zu haben. Das Restaurant ist täglich zu Lunch- und Dinnertime geöffnet. Das kulinarische Sondererlebnis hat aber auch seinen Preis: Unter 2500 Ksh p.P. kommt man kaum weg, wer Wein bestellt, muss mit deutlich mehr rechnen. Die logische Steigerung ist das Tafeln **an Deck eines traditionellen Dhauseglers** bei einer Fahrt übers Meer. Die Touren starten zweimal täglich (außer So.) zum Lunch um 13 (bis 15 Uhr) und vor Sonnenuntergang, also gegen 18.30 (bis 22.30 Uhr), vom Anleger des Tamarind. An Bord wird ein opulentes Seafood-Essen serviert, zu dem Mombasas Altstadt die herrliche Kulisse abgibt. Die Tour (Lunch/Dinner) kostet für Residents 2800/4600 Ksh, für Nonresidents 37/75 US$. Mitfahrt nur nach Vorabbuchung unter Tel. 041/471747, 47460-0, -1 oder -2.

Ausgezeichneten Fisch servieren auch zwei Restaurants mit **Sushi-, Sashemi- und Tappanyaki-Gerichten:**

●Misono

Tel. 041/47145-4 u. -5; Mobil: 0722/530204. Das Misono ist ein Ableger des erfolgreichen japanischen Restaurants in Nairobi. Nicht günstig, aber mit hervorragenden japanischen Fischgerichten – ob roh, à la carte oder am Tappanyaki-Grilltisch vom Chef vor den Augen der Gäste angerichtet. Wer nicht auf Fisch fliegt, bekommt hier auch vegetarische Speisen. Das Ambiente des ganz offen gehaltenen Gebäudes ist schlicht und dank der Verwendung von viel dunklem Holz sehr edel. Wirklich etwas für besondere Anlässe – auch preislich: Steuern sind in den Preisen auf der Karte noch nicht enthalten! So. geschlossen.

● Il Cove
Tel. 041/5487481, Mobil: 0725/452686, www.ilcovo.net. Im Gebäude des ehemaligen Chameleon serviert das Il Cove Fischgerichte – im japanischen Stil als Sushi und Tappanyaki oder ganz herkömmlich mediterran, in jedem Falle aber großartig. Dass es zudem eine lange Karte mit Pizza und Pasta gibt, ist der Ehre des italienischen Patrons geschuldet, der in Afrika aufwuchs. Das Haus ist gemütlich eingerichtet und besitzt neben einer urigen Bar und dem klimatisierten Gastraum auch eine Terrasse mit Meerblick. Bei Ebbe werden auf dem wunderbaren Strand von Bamburi flugs Tische, Stühle und Sturmlichter aufgebaut. Wenn dann die abendliche Brise aufkommt und der Mond am Himmel steht, ist festzuhalten: Schöner kann man wohl in ganz Mombasa nicht essen – oder auch nur ein Bier trinken. Bisweilen organisiert *Stephano* auch Beach-Partys. Empfehlenswert!

Empfehlenswerte **italienische Küche** an der Nordküste:

● La Veranda Bar, Restaurant und Pizzeria
Mobil: 0733/774436. Der Italiener direkt hinter dem Nakumatt Supermarket hat ein gutes Preis-Leistungsverhältnis, wenn auch das Setting an das Il Cove nicht herankommt.

● Roberto's
Tel. 041/471110, Mobil: 0723/332667. Im Erdgeschoss des besten Kinos von Mombasa, dem Nyali Cinemax, betreibt der Besitzer des italienischen Mini-Marktes auch ein solides italienisches Restaurant, das täglich mittags und abends geöffnet hat.

Wie überall in den größeren Städten vor Kenia, kann man auch an der Nordküste gut **indisch** essen.

● Maharaja Restaurant
Tel. siehe Indiana Beach Hotel. Das Restaurant, das auf dem Grundstück des Indiana Beach Apartment Hotel liegt, ist auf nordindische Punjabi-Küche spezialisiert und hat täglich zu Lunch und Dinner geöffnet.

● Splendid View Restaurant
Tel. 041/5487270 und 314763, Mobil: 0721/514565. Mo. geschlossen. Das empfehlenswerte Schwesterrestaurant des Splendid View in der Innenstadt von Mombasa: indische Küche mit guten Grill- und Fleischgerichten, von Kebab bis Tandoori. Ein weiteres indisches Restaurant befindet sich im Ratna-Square-Einkaufszentrum.

● Spice Bites
Mobil: 0710/971171 u. 0737/185916. Wirklich großartige vegetarische Küche aus verschiedenen Teilen Indiens zu günstigen Preisen mit Take away und Lieferservice. Für die Speisekarte muss man einen Kellner als Übersetzer bemühen, weil englische Beschreibungen fehlen. Tierische Proteine gibt es nur in Form von erfrischenden Lassies, einer besonderen Form des Trinkjoghurts, der salzig und mit Gewürzen oder mit frischen Fruchtsäften wie Mango genossen wird. Das **Ooh Icecream Parlour** befindet sich an der gleichen Ecke wie das Spicy Bites – eiskalte Träume ...

Weitere gute Restaurants sind:

● Hunter's Steakhouse
Tel. 041/47759, Mobil: 0734/500400. Täglich zu Lunch und Dinner geöffnet. Der Ort für fleischliche Gelüste! Eigentümer *Heinz* ist schon seit über 30 Jahren in Ostafrika zu Hause und hat daher so einiges zu erzählen. Das merkt man schon, wenn man in das vom Wetter gegerbte Gesicht des gelernten Kochs aus Baden-Württemberg – und auf die vielen Trophäen blickt, die die Wände zieren. Kulinarische Abenteuer erlebt man beim Nachtisch – es ist zumindest schon aufregend, am Indischen Ozean original Schwarzwälder Kirschtorte und frische Erdbeeren mit Schlagsahne serviert zu bekommen!

An der Küste

● Whistling Pine

Mwangi, Mobil: 0720/733979, Tel. 041/5487464. Wer exotisch speisen möchte, kann im Restaurant des Bamburi Nature Trail Krokodilfleisch probieren, es gibt aber auch hervorragenden Fisch aus der eigenen Fischfarm sowie viele andere Gerichte. Von der Terrasse hat man einen schönen Blick auf einen der vielen Teiche der ehemaligen Kalkgrube. Mo., Di., Fr. und Sa. wird von 12–15 Uhr Mittagessen serviert, Dinner von 7.30–22 Uhr.

Und hier zwei **Nordküsten-Chinesen:**

● Gold Chopsticks

Tel. siehe Baobab Holiday Resort. Das China-Restaurant ist vor allem für die Buffetmahlzeiten, also Sa. abends und So. mittags, zu empfehlen (850 Ksh). Wer hier sonntags speist, darf das hoteleigene Schwimmbad kostenlos nutzen.

● Hong Kong Restaurant

Tel. 041/5485422. Das chinesische Restaurant an der Mombasa-Malindi Road ist täglich geöffnet. Durch die extreme Höhe des Raums und die abwaschbaren Kacheln hat es die Gemütlichkeit einer Bahnhofshalle – die Preise haben auch Zugrestaurantniveau.

Alle, denen das zu exotisch ist und die nach ein bisschen **kulinarischer Heimat** schmachten, können ihr Glück eigentlich nur hier probieren:

● Fontana Restaurant

Tel. 041/5485934. Das deutsch geführte Hotel serviert neben guten Fischgerichten auch etwas teutonische Kost.

● Pistacchio Shanzu

Ableger der erfolgreichen Dependance in der Innenstadt mit reichhaltiger Speisekarte und Eiscreme. Abends außer Mo. Live-Musik.

Speisen kann man auch **auf der anderen Seite des Mtwapa Creek.**

Verkehrsverbindungen

Die Nordküste lässt sich mit Bussen und Matatus aus der Innenstadt von Mombasa ohne Probleme erreichen. Man setzt sich einfach in eines der **Matatus,** die von der Hauptpost auf der Digo Rd. **in Richtung Mtwapa Creek** fahren, oder man nimmt den **KBS-Bus 31,** der von der Abdul Nassir Rd., der Verlängerung der Digo Rd., gen Norden abfährt.

Nachtleben

● Murphy's Irish Pub

Im Birgis Complex gegenüber vom Nyali Shopping Complex. Viele englischsprachige Expats der Nordküste. Do. und So. Live-Musik. Ansonsten trägt Sportfernsehen und die gut sortierte Bar zur Unterhaltung bei. 24 Stunden geöffnet.

● Black Havanna

Lateinamerikanische Musik, Salsa-TV, günstiges Essen und nette Leute – wenn man möchte 24 Stunden lang. Direkt neben der Tembo Disco.

● Tembo Disco, Restaurant & Biergarten

Tel. 041/54850-78, -74, www.tembo.net. Die größte Disco an Mombasas Nordküste (an der Hauptstraße nach Malindi) ist von außen zunächst nicht besonders einladend oder gar spektakulär. Was man nicht ahnt: In einem einstigen Korallensteinbruch erstreckt sich eine riesige Arena, die bis zu 3000 Tanzwütige fasst! Am Wochenende ein brodelnder Hexenkessel! Wer nicht ins Getümmel stürzen will, findet vielleicht an den Billardtischen oder im Biergarten nette Gesellschaft. Das tropische Saturday Night Fever wird von einem Deutschen professionell gemanagt. Täglich geöffnet, Mo. und Fr. Ladies Night, öfters spezielle Soul & Reggae Nights. Wer vor 20 Uhr da ist, hat freien Eintritt, ansonsten 150 Ksh p.P.

● Mamba Disco

Tel. 041/472709. Das Mamba, früher die angesagteste Disco in ganz Mombasa, hat Federn gelassen. Ähnlich wie die Tembo Disco ist sie in einen alten Korallensteinbruch hineingebaut. Momentan nur Fr. und Sa. geöffnet. Eintritt: 250 Ksh.

● Pirates

Tel. 041/5486020. Das Pirates direkt am Kenyatta Beach ist Restaurant und Disco in einem – zumindest Mi., Fr. und Sa., wenn

auch getanzt wird. Außerdem gehört Pirates auch die riesige Wasserrutsche, deren Benutzung für den gesamten Tag 500 Ksh kostet.
● **Safari Inn**
Hier treffen sich die Muzungus von Shanzu. Vom Heimweh Geplagte finden hier gegenüber des Continental die überlebenswichtige Dosis Bundesliga-Berichterstattung im Sat-TV, aber auch weniger wichtige Sportereignisse werden übertragen. Günstige Preise für Getränke und Speisen aus afrikanischen und internationalen Kochtöpfen. Billardtische. Täglich von 9–24 Uhr geöffnet.

Banken

Im Einkaufszentrum zwischen White Sands und Traveller's Beach Hotel ist die **Barclays-Bank-Filiale** von Bamburi. Öffnungszeiten: Mo. bis Fr. 9–16.30 Uhr, Sa. 9–14 Uhr; **Geldautomat. KCB:** von 9–13 und 15–17 Uhr sowie Sa. 9–11 Uhr geöffnet.

Telefon

An der Post von Bamburi erhält man problemlos Telefonkarten, dort stehen auch die blauen **Kartentelefone.**

Sport und Aktivitäten

Golf
● **Nyali Golf Club**
Tel. 041/472632, Tel./Fax 471589, Mobil: 0726/414477 und 0733/188341, www.nyali-golf.com. Der 1957 gegründete Golfclub hat zwar nicht die einmalige Lage des älteren und exquisiteren Mombasa Golf Club direkt an der Schifffahrtsrinne des Hafens von Mombasa, besitzt dafür aber 18 Löcher und ist sehr gepflegt. Auch für Gäste steht der Club gegen eine tägliche Mitgliedsgebühr von 2400 Ksh bzw. 2600 Ksh an Wochenenden und Feiertagen offen. Für den Caddy zahlt man weitere 200 Ksh. Darüber hinaus kann man hier aber auch Tennis (mit Flutlicht) und Squash (jeweils 200 Ksh pro Std.) spielen sowie schwimmen (200 Ksh). Die Bar ist belebt und gemütlich.

Joggen, Fahrradfahren, Waldspaziergänge und Schmetterlingsfarm

● **Forest Trails**
Wie der Haller Nature Park befindet sich der **Quarry Forest** in einem alten Korallensteinbruch der Bamburi-Zementfabrik. Es handelt sich um ein großes Stück renaturiertes Land, das sich für jede Art von Bewegung an der frischen Luft eignet. In Busch- und Kasuarinenwäldern mit zwei Grundwasserseen sind 3,1 km Joggingpfade, 3,6 km Spazierwege und 10 km Fahrradwege angelegt worden. Wann hat man schon mal die Chance, beim Fahrradfahren oder Joggen Affen, Dikdik-, Oryx- oder gar Elen-Antilopen zu begegnen? Direkt am Eingang ist eine Schmetterlingsvolière zu besichtigen. Hier experimentiert der umtriebige Agronom *Heller,* berühmter Vater des Bamburi Nature Trail, mit der Schmetterlingszucht für den Export. Eintritt ins Gelände: 200 Ksh, für Residents 100 Ksh. Am Eingang zum North Quarry Forest Trail kann man sich anhand einer Karte orientieren, es werden auch Softdrinks verkauft.

Reiten
● **Mamba Horse Riding Centre**
Mobil: 0722/415778. Der Reitstall, der zum gleichen Unternehmen wie die Mamba Disco gehört, besitzt acht Pferde und ein Pony für Kinder. Man kann sich dort ein Pferd für Ausritte mieten (950 Ksh als Nonresident, 650 Ksh als Resident, jeweils pro Std.) oder Reitstunden (10 Std. für 4000 Ksh) nehmen.

Tauchen
● **Buccaneer Diving**
Tel. 041/5485163, 5485926, scuba@swift-mombasa.com. Eines der größten Tauchunternehmen in Kenia, das an der Nordküste von Mombasa neben der Hauptbasis im White Sands Hotel mit weiteren Basen im Voyager Hotel und im Plaza Beach Hotel vertreten ist. Für einen Tauchgang mit der Ausrüstung der Basis werden 45 US$ fällig, 10 Tauchgänge kosten 405 US$. Für einen PADI Open Water Diver zahlt man 470 US$. Zahlreiche Spezialkurse werden angeboten. Buccaneer Diving ist das einzige PADI-5-Sterne-Tauchzentrum in Kenia.

An der Küste

● **Mombasa Watersports & Safaris**
Tel. 041/5485862. Die Tauchbasis unter deutscher Leitung befindet sich im Ocean View Beach Hotel. Neben PADI-Kursen (Open Water Diver ca. 280 Euro) werden auch CMAS-Kurse angeboten. Ein Tauchgang kostet ca. 30 Euro, bei fünf Tauchgängen gibt es einen Sonderpreis von ca. 135 Euro.

Einkaufen

An der Nordküste von Mombasa gibt es eine Reihe von Einkaufsmöglichkeiten für die wichtigsten Lebensmittel. Entlang der Küstenstraße wären zu nennen: zunächst der riesige **Nakumatt Supermarket** bei der Kenol-Tankstelle, der unter seinem gewaltigen Dach einen Fleischer, einen Bookshop und neben Boutiquen und weiteren Läden eine Eisdiele sowie ein Büro von Kenya Airways beheimatet; dann der kleine **Supermarkt an der Total-Tankstelle** nahe dem Sai Rock Resort und ein paar hundert Meter weiter die Läden des **Shopping Centre** in der Nähe der Barclay's Bank von Bamburi. Hier befindet sich auch eine Postfiliale. In Nyali ist zudem das **Ratna Square Shopping Centre** mit Golden Crust, einer deutschen Bäckerei und Konditorei mit verführerischem Apfelkuchen, einem ausgezeichneten Fleischer und einem Käsegeschäft erwähnenswert. Ebenfalls in Nyali, in der Nähe des Hindu-Tempels, befindet sich **Roberto's Mini-Market** (Tel. 041/476560), der sich auf italienische Lebensmittel spezialisiert hat.

Ausflüge

Haller Nature Park

Keine Frage, der weltberühmte Haller Nature Park (Tel. 041/2101000, Mobil: 0722/410064, 0733/410064, www.lafargeecosystems.com), der nach seinem geistigen Vater **René Haller,** einem Schweizer Agronomen, getauft wurde, ist neben den Bombolulu-Werkstätten (s.u.) die zweite große Touristenattraktion an der Nordküste und ein Pflichtpunkt jedes Besuchsprogramms. Der Begriff „Park" ist irreführend, denn eigentlich handelt es sich um einen riesigen, natürlich gestalteten Tiergarten. Wer die Bilder im Informationszentrum am Eingang des Parks sieht, welche die Steinwüste zeigen, die der Korallensteinabbau der nahe gelegenen Bamburi-Zementfabrik hinterlassen hatte, kann nicht glauben, dass der tier- und pflanzenreiche **Dschungel,** durch den er auf verschlungenen Wegen schreitet, derselbe Ort ist. Im Park sind zahlreiche **Wildtiere** beheimatet, die teils von selbst eingewandert sind, wie die meisten Vögel und kleineren Säuger, teils hier angesiedelt wurden, wie die **Nilpferde,** die im Ökosystem des Parks eine wichtige Rolle spielen, weil sie die Teiche belüften und mit ihrem Kot für Nährstoffeintrag sorgen.

Sehr empfehlenswert ist der **geführte Nachtspaziergang** im Park, der 250 Ksh kostet und bei dem man alle möglichen faszinierenden Tiere sieht, von denen man sonst höchstens mit viel Glück im Scheinwerferlicht des Autos einen flüchtigen Blick erhaschen kann, etwa Stachelschweine, Buschbabys, Büffel, manchmal auch eine Zibetkatze oder einen Flughund. Außerdem erhalten dann die beiden Nilpferde eine zusätzliche Spätmahlzeit. Fütterungszeiten: Giraffen 11 und 15 Uhr, im Game Sanctuary um 16 Uhr, Krokodile 16.30 Uhr und die Hippos *Owen* und *Cleo* um 16.45 Uhr.

Anfahrt: Fußgänger oder Leute, die mit dem Matatu oder dem KBS-Bus hierher kommen, steigen an der Haltestelle des Parks aus und nutzen den Eingang von der Malindi Road, der etwa auf Höhe der Tembo Disco liegt. Um mit dem Wagen zum Nature Park zu gelangen, biegt man noch etwas weiter in Richtung Malindi in die Abzweigung zur Bamburi Cement Factory ein. Man fährt dann zunächst durch unbewachsene Kalksteinflächen, auf denen Oryx-Antilopen das wenige Grün abnagen, und kommt dann zum Eingang des Parks.

Der Eintritt in den Haller Nature Park kostet 600 Ksh, Kinder zahlen die Hälfte, Residents 200 Ksh. Besuche sind **täglich von 9–17.30 Uhr** möglich. Am einfachsten sind die meisten Tiere nachmittags um 16 Uhr am Teich anzutreffen. Inzwischen besitzt der Park ein eigenes **Restaurant,** das **Whistling Pine.** Wer dort an einem romantischen Teich

einen Sundowner zu sich nehmen möchte, zahlt 400 Ksh, das volle Barbeque (u.a. mit Krokodil-, Oryx-, Straußen- und Wachtelfleisch) mit Sundowner kostet 1360 Ksh. Für diesen Preis gibt es sogar noch eine (appetitanregende ...?) Krokodilfütterung zu sehen.

Bombolulu-Kunsthandwerksstätten und Kulturzentrum

Die Bombolulu-Werkstätten für Behinderte (Tel. 041/474077 u. 471704, Mobil: 0733/811603; Tel. 020/3501904; www.apdkbombolulu.com) wurden 1969 von der Vereinigung der Körperbehinderten Kenias, den Physically Disabled of Kenya (APDK), gegründet. Geschäftsführer ist ein Deutscher, der von der Christophel-Blindenmission entsandt wurde. **Über 260 Körperbehinderte,** vorwiegend blinde und taubstumme Menschen, **leben und arbeiten hier.** Primäres Ziel der Einrichtung ist es, behinderte Leute beruflich auszubilden, sodass diese von finanziellen Unterstützungen unabhängig werden und ein Leben in Würde und ohne falsch empfundenes Mitleid führen können. Das Bombolulu-Projekt dürfte das erfolgreichste Projekt dieser Art in Kenia sein. Die behinderten Angestellten haben ein Einkommen, das auf dem Niveau der Privatwirtschaft liegt, und erhalten zusätzlich Wohnung und medizinische Versorgung sowie Zuschüsse für die Schulgebühren ihrer Kinder. Aufgebaut wurde Bombolulu mit Mitteln aus dem Ausland, inzwischen macht die Einrichtung aber Gewinn. Die kunsthandwerklichen Werkstätten tätigen neben der Verkäufen auf dem lokalen Markt Exporte, die Gewinne werden in den Ausbau der Einrichtung und in die Arbeiterunterkünfte investiert.

Im **Austellungsraum** von Bombolulu kann man unter einem riesigem Angebot von afrikanischem Schmuck, Holz- und Specksteinschnitzereien, handbedruckten Stoffen, Kleidern, Sisaltaschen, Lederwaren etc. auswählen – das Einkaufsparadies für alle, die es vor lauter Entspannen im Urlaub nicht geschafft haben, die „Pflicht"souvenirs zu erfeilschen und noch etwas auf die Schnelle vor dem Heimflug erstehen wollen. Die Qualität der Waren ist jedenfalls ausgezeichnet. Bei der Herstellung der Curios darf man den Handwerkern bei der Arbeit zusehen und fotografieren. In der Schneiderei werden ausschließlich handbedruckte Stoffe aus kenianischer Baumwolle verarbeitet. Behinderte werden hier als Schneider ausgebildet und erhalten später eine Nähmaschine und Startkapital, um ihren eigenen Laden zu eröffnen. Während die Besichtigung der Werkstätten kostenlos ist, zahlt man für das 1994 eröffnete **Kulturzentrum,** in dem die Dörfer von sechs kenianischen Völkern nachgebildet sind und auch von diesen Ethnien bewohnt werden, einen kleinen Eintritt. Traditionelle Landwirtschaft, Handwerk und Tänze werden vorgeführt. Angeschlossen ist das **Ziga Restaurant,** in dem traditionelle und europäische Gerichte serviert werden. Nach Likoni ausgelagert sind die Möbelproduktion und die

Führung im Ngomongo Village

Haller Nature Park

„Hier versucht ein verrückter Österreicher, eine Zementfabrik mit unmöglichem Rohmaterial aufzubauen. Es wird nie funktionieren", unkten Experten, als 1952 in Bamburi eine Produktionsanlage errichtet wurde, die fossilen Korallenkalk verarbeiten sollte. 60 Jahre später ist die Bamburi Portland Cement Ltd. mit 1,2 Millionen Tonnen Jahresproduktion eine der erfolgreichsten Zementfabriken des afrikanischen Kontinents. Mit ihrer Straßenanbindung, dem Anschluss ans Stromnetz und der Trinkwasserversorgung hat die Fabrik auch viel zur Erschließung der Nordküste beigetragen und sichert nun seit mehr als einem halben Jahrhundert eine Menge Arbeitsplätze.

Der ökologische Preis für diesen industriellen und wirtschaftlichen Erfolg war allerdings hoch: Jährlich werden 25 Millionen Tonnen Korallenkalk aus dem Boden gerissen, zurück bleibt eine ständig wachsende, öde Mondlandschaft. Anfangs ließ man an ihrem Rande Bäume pflanzen, um die Wunden der Erde zu kaschieren, 1971 wurde dann der **schweizerische Agronom René Haller** mit der unmöglichen Aufgabe betraut, die Felswüste aufzuforsten und in den leicht salzigen Grundwassertümpeln brackwassertolerante Speisefische zum Verkauf auf dem lokalen Markt zu züchten.

„Geht nicht? Gibt's nicht!", hat sich Haller vermutlich genauso gesagt wie *Dr. Felix Mandl,* der Gründer der Zementfabrik, und machte sich ans Werk. Heute erstreckt sich auf dem Gelände des Bamburi-Steinbruchs ein dichter, artenreicher Dschungel, der **Naherholungsgebiet und Touristenattraktion** ist. Das Vorher-Nachher-Wunder von Bamburi hat eine spannende Geschichte, die inzwischen sogar Teil des kenianischen Lehrplans ist.

1972 gab es selbst in den ältesten Teilen des Steinbruchs kaum Pflanzen, die den harten Lebensbedingungen trotzen konnten, ein paar Farne, ein halbes Dutzend Gräser und Büsche, sonst nichts. Haller pflanzte in der Steinwüste 26 verschiedene anspruchslose Baumarten. Fünf Casuarinen und zwei Dattelpalmen, die trotz der widrigen Verhältnisse anwuchsen, waren ein winziger Lichtblick. Doch nach zehn Monaten starben die Casuarinen aus unbekannten Gründen ab. Untersuchungen ergaben, dass die Bäume normalerweise in Symbiose mit besonderen Wurzelbakterien leben, die ihnen helfen, auf steinigen Böden verschiedene Nährstoffe verfügbar zu machen. Nach der Impfung mit den Mikroorganismen wuchsen die Bäume zwar prächtig, aber die Nadeln, die sie abwarfen, zersetzten sich nicht zu Humus, der wichtigsten Voraussetzung, um weniger genügsame Pflanzen ansiedeln zu können. Zufällig beobachtete Haller, wie Tausendfüßler die Nadeln offenbar mit Genuss verspeisten. Es stellte sich heraus, dass ihre Exkremente von eingeführten Kompostbakterien problemlos in Humus umgewandelt werden konnten.

Allmählich bildete sich eine dünne Humusschicht, zudem sorgten die Pionierbäume für ein günstiges Mikroklima, in dem andere Arten gedeihen konnten. So wurde der neue Lebensraum Schritt für Schritt mit weiteren Pflanzen angereichert, von denen viele nicht geeignet waren und wieder verschwanden. Durch das allmähliche Ergrünen wurden von außerhalb Tiere wie Vögel, Fliegende Hunde und Affen angelockt, die über ihren Kot Samen von neuen Bäumen einschleppten. Doch da die natürliche Besiedlung – auch durch Wind – viel zu lange dauern würde, half Haller mächtig nach. Wohin er auch kam, sammelte er Saatgut ein und verteilte dies während der Regenzeiten wahllos im immer grüner werdenden Biotop. Inzwischen gibt es in Bamburi über 250 Baumarten, zahlreiche Gräser und Kräuter sowie 170 verschiedene Pilze, die bei der Zersetzung der Biomasse eine wichtige Rolle spielen.

Immer wieder gab es schwere Rückschläge, weil sich bestimmte Tier- oder Pflanzenarten massenhaft vermehrten und das ganze Biotop zu zerstören drohten. In dem viel zu simplen, menschengemachten Ökosystem fehlte ihnen ihr natürlicher Feind. Dann musste Mutter Natur genau auf die Finger geguckt werden, um eine Art zu finden, die den Fehler in der kleinen Bamburi-Welt „ausbügeln" konnte.

Als der Pflanzenwuchs vielfältig genug war, konnten nach und nach verschiedene Pflanzenfresser eingeführt werden: Buschböcke, Wild-, Stachel- und Warzenschweine, Giraffen, Zebras. Jedes Tier im ehemaligen Steinbruch nutzt andere Futterpflanzen und erfüllt somit eine besondere ökologische Funktion. Heute gleicht der Bamburi Nature Park einem kleinen Garten Eden, der sich auf 75 ha ausbreitet und noch viele weitere Reptilien, Säugetiere-, Vogel-, Insekten- und Amphibienarten beheimatet.

Doch der Nature Park ist nur ein Teil des Bamburi-Wunders. Mindestens ebenso faszinierend ist die **„Baobab-Farm",** die im ehemaligen Steinbruch eine erfolgreiche **Fischzucht** betreibt. Angeschlossen sind eine **Krokodil-Farm,** deren Tiere mit den nicht verkäuflichen Fischen gefüttert werden, und eine **Reis- und Gemüse-Farm,** die man mit dem fäkalienreichen Wasser aus der Krokodil- und Fischzucht düngt. Nachdem das Wasser dann mit Wasserhyazinthen und Nilkohl auf biologische Weise gereinigt wurde, wird es wieder in der Fischfarm verwendet.

Der Haller-Park und die Baobab-Farm beschäftigen heute 350 Angestellte. Längst ist aus dem visionären Projekt auch ein rentables Unternehmen geworden, das durch die Eintrittsgelder von Touristen, den Verkauf von Waldprodukten wie Holzkohle, Zaunpfähle, Flechtholz für Hütten, Telefonmasten, Zierpflanzen, Wildbret, Imkerei, Schmetterlingszucht sowie den Betrieb der Baobab-Farm einen soliden Gewinn abwirft. Und vor allem ist eindrucksvoll der Beweis gelungen, dass sich Ökologie und Ökonomie nicht zwangsläufig ausschließen. „Geht nicht? Gibt's nicht!"

Herstellung von Rollstühlen und Dreirädern sowie eine Klinik für Kinder, die von Polio befallen sind. Über 1000 Fälle werden hier jedes Jahr behandelt.

Öffnungszeiten der Werkstätten: Mo. bis Fr. 8–13 und 14–17 Uhr, Verkaufsraum: Mo. bis Sa. 8–18 Uhr, So. 10–15 Uhr, Kulturzentrum und Restaurant: Mo. bis Sa. 8–17 Uhr.

Mamba Village Krokodil- und Schlangenfarm, Aquarien und Botanischer Garten

Im Mamba Village (Mobil: 0725/702070) kann man sich gut einen halben Tag aufhalten, denn außer einem Krokodil- und Schlangenpark (täglich von 9–18.30 Uhr geöffnet; Fütterung um 17 Uhr; Eintritt: 650 Ksh für Erwachsene bzw. 350 Ksh für Kinder, Residents zahlen 280 und 140 Ksh) gibt es hier auch einen kleinen botanischen Garten sowie Meer- und Süßwasseraquarien, von denen man sich aber nicht zu viel erwarten sollte. Wer möchte, kann auch auf einem Pferd ein paar Runden drehen.

Ngomongo Village

Im nördlichsten Teil der North Coast gibt es eine Touristenattraktion, für die man ruhig einen Nachmittag einplanen sollte: das Ngomongo Village (www.ngomongo.com, Tel. 041/5485346). Der Name bedeutet in der Sprache der Kikuyu so viel wie „großer Stein", vermutlich, weil die Anlage in einem alten Korallensteinbruch liegt. Auf dem Gelände sind die **traditionellen Häuser** von Masai, Kalenjin, Kikuyu, Taita, Kamba, Mijikenda, Giriama, Duruma, Pokot, El Molo, Turkana, Rendille und Luo nachgebildet. Während des 3- bis 4-stündigen Besuchs (inklusive Mittagessen) präsentieren sich einige Mitglieder der unterschiedlichsten kenianischen Völker. Das Ngomongo Village ist alles andere als ein totes Museum. Als Besucher ist man eingeladen, **traditionelle afrikanische Arbeiten** zu verrichten, etwa wie ein El Molo mit der Harpune auf Fischjagd zu gehen, nach Art der Luo mit zwei Hölzern Feuer zu machen oder mit Mörser und Stößel Hirse zu stampfen. Man wird von einem Guide im Steinbruch herumgeführt. An den Häusern

des jeweiligen Volkes erzählen einem die Stammesangehörigen in der traditionellen Kleidung aus ihrem Leben, Besonderheiten der jeweiligen Kultur werden erklärt und demonstriert. Gerade für Leute, die überwiegend an der Küste im Hotel bleiben und nur zur Safari in den Tsavo oder in die Masai Mara ausrücken, ist dies eine gute Art, etwas mehr über die ethnische Vielfalt und das traditionelle Leben in Kenia zu erfahren.

Im **Restaurant** gibt es – natürlich – afrikanische Gerichte. Die Kochbananen sind besonders empfehlenswert. Der **Eintritt** in das Village kostet 1000 Ksh, was angemessen ist, wenn man bedenkt, wie viele Menschen von den Eintrittsgeldern bezahlt werden müssen. Das Ngomongo Village ist **täglich von 8– 16.30 Uhr geöffnet.** Leider verkehrt kein öffentliches Verkehrsmittel bis zum Dorf. Man kann sich aber an der Hauptstraße an der Abzweigung zum Shanzu Beach absetzen lassen und dann die vielleicht 1,5 km in den Steinbruch laufen. Der Weg ist gut ausgeschildert.

Wild Waters

Der Eintritt kostet 1500 Ksh für Nonresidents und 1000 Ksh für Residents. Sage und schreibe elf Wasserrutschen für Erwachsene und sieben für Kinder erwarten die Besucher dieser **riesigen Badelandschaft in Nyali** (www.wildwaterskenya.com, Tel. 041/47040- 8 und -9, Mobil: 0726/337000). Eine Raindance Disco und eine Waterpalystation sind Teil der Anlage. Für Wasserscheue gibt es zudem Autoscooter, Schaukeln, Videospiele und anderes elektronisches Spielgerät. Restaurant, Bar und ein Café mit Wasserpfeifen runden das Angebot ab. Bisweilen Disco.

Im Süden
von Mombasa

● **100 km:** Mombasa – Likoni (Shelly Beach)
– Tiwi Beach – Diani Beach (Shimoni) – Lunga Lunga

● Die Straße ist **durchgehend geteert** und in passablem Zustand. Alle Matatus und Busse in Richtung Grenze fahren in Likoni, auf der südlichen Seite des Port Reitz, beim Fähranleger ab.

● **Tankmöglichkeiten:** In Likoni, Ukunda und Lunga Lunga.

● **Fahrtzeit:** 1,5–2 Stunden.

Vom Zentrum Mombasas fährt man von der Hauptpost an der Digo Road mit dem Matatu (30 Ksh) hinunter zur **Likoni-Fähre,** welche Mombasa Island mit der Südküste verbindet. Die Fährschiffe setzen über den Creek, der als Port Reitz bekannt ist und die Hafeneinfahrt von Mombasa Port markiert, sodass man manchmal zwischen riesigen Ozeanpötten hindurchtuckert. Zumeist muss man am Fähranleger 15–30 Minuten warten, denn sämtlicher Verkehr zu den Touristenstränden im Süden setzt mit den Booten über, ebenso wie Zehntausende von Pendlern, die am südlichen Ufer in Likoni leben. Die Hundertschaften wartender Fußgänger werden erst auf das Schiff gelassen, wenn die Autos schon an Bord sind. Natürlich werden an den Anlegern alle möglichen Erfrischungen und sonstigen Dinge verkauft. Abends gibt es hier einen kleinen **Nachtmarkt.** Die vielen Petroleumlampen der Händler erzeugen dabei eine geheimnisvolle Stimmung. Die Überfahrt kostet mit dem Auto erschwingliche 60 Ksh. Die Fähren fahren von 4–1 Uhr morgens im Viertelstundentakt, zwischen 1 und 4 Uhr nur jede volle Stunde.

Likoni, der Ort, der sich auf der Südseite von Port Reitz 3 km die Straße entlangzieht, ist in Kenia für die ethnisch und politisch motivierten Gräueltaten im Vorfeld der Wahlen von 1997 bekannt geworden. Da die Unruhen, die vermutlich von der damaligen Regierungspartei angezettelt wurden, direkt vor der Haustür der Touristenhotels ausbrachen,

hatten sie verheerende Auswirkungen auf das Image und die Gästezahlen und stürzten Kenia in eine tiefe Wirtschaftskrise.

Direkt von der Rampe, die von der Fähre hangaufwärts führt, zweigt links die Teerstraße zum **Shelly Beach** ab, dem ersten der Strände an der Südküste, der rund 3 km abseits der Hauptstraße liegt. Wenn man in Richtung Süden weiterfährt, lässt man ziemlich schnell das laute, staubige Likoni hinter sich und durchfährt die typische Küstenlandschaft mit ihren Kokospalmwäldern, in deren Schatten sich weiße Suaheli-Häuser kauern. In den Gärten wachsen Gewürzpflanzen, Jackfruit-, Mango-, Cashewnuss- und Papayabäume. Stellenweise sind die Palmenbestände von Nashornkäfern, die aus Südostasien eingeschleppt wurden, schwer geschädigt; die Ansicht der kahlen, abgestorbenen Palmstrünke ist zum Heulen.

Nach etwas mehr als der halben Strecke von der Fähre nach Ukunda biegt rechts die makellose Teerstraße nach Kwale, zum Mwaluganje Elephant Sanctuary und zum Shimba Hills National Reserve (Beschreibungen in eigenen Abschnitten) ab. Kurz darauf, rund 18 km hinter der Fähre, geht links die erste Zufahrt zum **Tiwi Beach** (s.u.) ab, rund 1,5 km später eine weitere. Nachdem man den Mwachema-Fluss überquert hat, biegt bei km 26 ab Likoni im Ort **Ukunda** (s.u.) links die Teerstraße nach **Diani Beach** (s.u. ein. Ein Stückchen weiter im Süden passiert man zunächst Mwabungu, wo eine weitere Zufahrt zum südlichen Gate des Shimba Hills National Reserve abzweigt, die aber nicht geteert ist. Dann kommt das Örtchen **Gazi,** das eine gewisse Bedeutung dadurch erlangte, dass sich hier einige Mitglieder des Mazrui-Clans niederließen, die rund 100 Jahre bis zur Unterwerfung durch die Omanis im Jahr 1837 die Geschicke Mombasas leiteten. Wer genügend Zeit mitbringt, kann dem sandigen **Gazi Beach** einen Besuch abstatten. Er erstreckt sich rund 2 km südlich des eigentlichen Ortes, ist aber touristisch nicht erschlossen.

Der nächste erwähnenswerte Ort an der Küste ist **Msambweni,** das über ein großes Krankenhaus und ein bekanntes Leprosarium verfügt. Nur wenige wissen, dass sich am nördlichen Strand einige Ruinen aus der Skavenzeit verbergen. Um ans Wasser zu kommen, biegt man hier vom Asphalt ab. Eine Piste führt durch bewaldetes Land nach **Kisimachande,** das am Meer liegt. Wenn man dem Weg weiter folgt, wird man nach mehreren Kilometern automatisch wieder auf die Küstenstraße geleitet. Hier unten gibt es eine Reihe von Privathäusern, die Europäern gehören, sowie eine Hand voll Unterkünfte, deren Werbetafeln an der Hauptstraße stehen. Erwähnenswert sind die **Mbuyu Beach Bungalows** (Tel. 040/3300267, Mobil: 0726/ 987303, mbuyubeachbungalows@yahoo. com; 30/60 Euro pro Nacht; sehr gepflegte Anlage mit Restaurant) sowie der **Club Salima** (Mobil: 0734/781041, necky@iconnet. co.ke; 25/37 Euro p.P. LS/HS). Versorgungsmöglichkeiten bestehen keine, öffentliche Transportmittel verkehren nicht, weshalb man die 3, 4 km auf Schusters Rappen oder mit eigenem Fahrzeug zurücklegen muss.

Zurück auf der Küstenstraße fährt man durch eine weite sumpfige Ebene, in der eine Palmenallee wächst, letztes sichtbares Zeichen der Ramisi-Zuckerrohrplantage, die hier von den 1930er bis in die -80er Jahre Zucker produzierte und mehreren Tausend Arbeitern Lohn und Brot verschaffte, schließlich bankrott ging und nun brachliegt. Das flache Land wird vom **Ramisi River** durchflossen, der einige Kilometer östlich hinter dem entfernten Saum von Kokos-, Doum- und Phoenixpalmen in die Funzi Bay mündet. Am Rand des gleichnamigen Ortes **Ramisi** zweigt links die Piste zu den Suaheli-Weilern **Shirazi** und Bodo ab, beides unspektakuläre Küstendörfchen. Der Name Shirazi deutet auf eine interessante Geschichte hin. Er geht zurück auf die persische Handelsstadt Shiraz, aus der eine einflussreiche Einwanderergruppe kam, die sich in mehreren Wellen an der ostafrikanischen Küste niederließ, mit der örtlichen Bevölkerung vermischte und Seehandel trieb. Die daraus hervorgegangenen Washirazi sind eine Suaheli sprechende Volksgruppe, die im 15. und Anfang des 16. Jahrhunderts den Küstenstreifen zwischen Tiwi und Tanga beherrschte, bevor sie von den Wavumba abgelöst wurden.

Vor der Küste von Shirazi liegt **Funzi Island,** eine rund 8 km lange, bewohnte Man-

groveninsel, das gleichnamige Dorf befindet sich im Süden des Eilands, wegen seiner Riffe und Strände der reizvollste Teil der Insel. An der Westküste des Eilands gibt es sogar einer Unterkunft, **The Funzi Keys** (Mobil: 0733/ 900446 oder 0733/900582; www.funzikeys. com), ein verschwiegenes, exklusives und oft ausgezeichnetes Zeltcamp, das sich im Dickicht des Mangrovenwaldes versteckt und eine optimale Basis für Vogelbeobachtungen und Angeltouren darstellt. Doch man kann auf der Insel auch ganz gut auf eigene Kappe übernachten, wenn man sich alle nötigen Vorräte und ein Zelt mitnimmt. Am Strand von Shirazi warten geschäftstüchtige einheimische Skipper darauf, einem für 3000 Ksh p.P. eine **Bootstour** anzubieten, die einen Abstecher zu einer Badesandbank vor der Küste, einen Landgang auf Funzi mit (Touristen-)Marktbesuch (Perlen, Schnitzereien, Khangas und Matten), die Ausschau nach Delfinen und ein Mittagessen umfasst. Die einheimischen Bewohner von Funzi setzen mit **Taxi-Dhaus** auf die Insel über, man kann also auch für einen minimalen Betrag hinüber auf die Insel gelangen.

Wenn man der Küstenstraße weiter in Richtung Grenze folgt, passiert man südlich des Ramisi River die Abzweigung der Piste, die auf die **Shimoni-Halbinsel** (s.u.) führt.

Hinter Ramisi wendet sich die Straße landeinwärts und führt in einigen Kilometern Abstand zum Meer durch das Küstenhinterland.

Über **Mrima,** in dessen Umgebung noch letzte Urwaldflächen mit Baobab-, Kapok-, Palisander-, Ebenholz- sowie anderen Hartholzbäumen stehen, gelangt man schließlich bei km 31 ab der Shimoni-Abzweigung nach **Lunga Lunga** einige Kilometer vor der eigentlichen Grenze rechts an der Straße. In dem Kaff gibt es eine Tankstelle sowie einige Dukas, kleinere Hotelis und ein Guesthouse. Die kenianische Grenzabfertigung erfolgt 1,5 km später, d.h. rund 71 km ab der Abzweigung nach Diani Beach, am südlichen Ufer des Umba River.

Die **Grenze zu Tansania** ist für Pkw 24 Stunden am Tag geöffnet. An der kenianischen Station muss man erst zur Polizei, wo die Autonummer aufgeschrieben wird, dann geht es zur Immigration und weiter zum Zoll.

Die tansanische Grenzstation Horo Horo erreicht man erst nach 3 km, ein trauriger Flecken ohne Versorgungs- oder Unterkunftsmöglichkeiten. Die nächste nennenswerte Ortschaft ist das 70 km entfernte Tanga. Bis dorthin sind – je nach Pistenzustand – 1–3 Stunden Fahrzeit einzuplanen.

Um in den südlichsten kenianischen Ort, **nach Vanga,** zu gelangen, muss man bis zur Grenzabfertigung vorfahren und dann nach links auf eine rund 20 km lange Piste zur Küste abbiegen.

Tiwi Beach ♒ III/C,D2

Wenn man mal vom mickrigen Shelly Beach bei Likoni absieht, markiert der Tiwi Beach in rund 30 km Entfernung zu Mombasa den ersten Strandstreifen von touristischem Interesse an der Südküste. Obwohl die stark von Pauschaltouristen und großen Hotels geprägten Strände von Diani Beach sich – nur durch den Mwachema River getrennt – direkt daran anschließen, ist Tiwi Beach bis jetzt ein **Strandparadies für Individualtouristen** geblieben.

Und so reihen sich an diesem Küstenstück weiterhin **weitläufige Grundstücke** aneinander, auf denen eine Hand voll preiswerterer Hotels stehen oder Privatleute sich mit einigen Bandas und Feriencottages den Lebensabend finanzieren. Ein Vorteil der großen Abstände zwischen den einzelnen Unterkünften ist sicherlich, dass das Phänomen der „Beach Boys" nie zu der Strandplage geworden ist wie in Diani Beach.

Der Preis, den man für die (relative) Unverdorbenheit zahlt, sind die extrem **holprige Piste,** die an der dem Meer abgewandten Seite die Strandgrundstücke miteinander verbindet, sowie das **Fehlen** so ziemlich **jeglicher Infrastruktur,** also Post, Banken, öffentliche Fernsprecher, Geschäfte (wenn man mal von einem kleinen Laden in der Twiga Lodge absieht, der die nötigsten Lebensmittel führt) und Transportmöglichkeiten.

Wer nicht selbst mobil ist, muss sich von den **Matatus** an einer der beiden Abzweigungen zum Tiwi Beach – etwa 17 km und 18,5 km hinter dem Fähranleger von Likoni – an der Hauptstraße absetzen lassen. D e 2–2,5 km zur Küstenpiste zu laufen, wäre von der Entfernung her nicht das Problem, aber es hat in der Vergangenheit hier **Übe-fälle** gegeben, daher sollte man kein Risiko eingehen und lieber auf einen Lift warten oder sich ein Taxi leisten. Zumal sich die Strecken – je nachdem, an welchen Strandabschnitt man möchte – in dem von Korallenfelsen geprägten, trockenen und ziemlich unansehnlichen Hinterland bei der stechenden Sonne ziehen.

Unterkunft

Da viele weiße Kenianer und Expatriates, die in Kenia leben, hier Urlaub machen, sind die Unterkünfte vor allem während der Schulferien und besonders an Weihnachten und Ostern schnell voll, **Vorausbuchungen** sind dann keine dumme Idee.

Die Unterkünfte sind der Reihe nach von Norden nach Süden beschrieben.

● Sand Island Beach Cottages
Tel. 040/3300043, Mobil: 0722/395005 0733/660554, www.sandislandtiwi.com Cottages (LS/HS) für 2 Pers. (3200/3700 Ksh), für 3 Pers. (3800/4500 Ksh), für 4 Pers. mit 1 Badezimmer (4500/5500 Ksh, mit 2 Badezimmern (5500/6500 Ksh), für 5 Pers. (5800/6800 Ksh), für 6 Pers. (6500/7500 Ksh). Außerdem gibt es für Reisende mit kleinerem Budget auch die Möglichkeit, für 300 Ksh p.P. zu campen. Die Feriencottages sind voll ausgestattet, besitzen Moskitonetze und Bettzeug, das alle vier Tage gewechselt wird. Besitzer ist ein weißer Kenianer, der noch manch haarsträubende Geschichte seiner vergangenen Jagdabenteuer zu erzählen weiß. Da er längst im Ruhestand ist, führt *Shela,* eine lebenslustige Britin, das Anwesen mit Humor und praktischem Verstand. Das grüne Anwesen liegt direkt am Strand mit einer Sandbank, die bei Ebbe trocken fällt. Fische Früchte und Gemüse erhält man vor Ort, Lebensmittel bringt *Shela* für Gäste gerne vom Nakumatt-Markt aus Mombasa mit, wenn man rechtzeitig seine Bestellung auf-

An der Küste

ken-834 Foto: hf

förmlich ertrinkt, zu erwähnen. Eigener Strand, der bei Flut aber sehr klein ist, und Swimmingpool. Im Mai geschlossen.

● **Coral Cove**
Tel. 040/3300010, Mobil: 0722/732797, www.coralcove.tiwibeach.com; 4500/5800 Ksh für 2/4 Personen. Die Cottages, die weiter oben am Hang liegen, kosten nur 4000 Ksh. Riesiger Garten, in dem 5 oder 6 einzelne Häuser mit 2 Schlafzimmern, Küche (mit Geschirr und Gasherd) und Wohnzimmer stehen, die vom Geräusch der Brandung umspült werden. Ihre Makuti-Dächer sind tief nach unten gezogen und besitzen eine gemütliche Veranda – der richtige Hangout für jene, die lesen und faulenzen wollen. Von innen zeichnet die Cottages ein etwas kruder Stilmix aus, der aber irgendwie charmant ist. Wer möchte, kann für 500 Ksh am Tag einen Koch dazu mieten. Transfers an die Hauptstraße oder nach Mombasa werden ebenfalls angeboten.

● **Twiga Lodge & Camping**
Tel. 040/3205127, Mobil: 0721/577614; Standard: 1100/2000 Ksh BO, Superior mit heißen Duschen: 3000/4500 Ksh BB. Die Zimmer der Lodge sind klein, aber sauber, es gibt nur kaltes Wasser. Auch die neuen Gebäude sehen schon ziemlich alt aus. Die bessere Alternative ist da fast das Zelten (300 Ksh p.P.) auf dem von Bäumen überschirmten, herrlich schattigen Platz. Doch nach wie vor ist die Twiga Lodge beliebt bei Overland Trucks und Globetrottern und von daher nicht unbedingt ein Hafen der Ruhe. Angeschlossen sind ein kleiner Laden, ein günstiges Restaurant mit Beach Bar, eine Barracuda-Tauchschule und ein kleines Reisebüro, in dem man Safaris ins Shimba Hills National Reserve und zum Mwaluganje Elephant Sanctuary buchen kann. Der Strand ist natürlich genauso schön wie bei den benachbarten Coral Cove Cottages.

● **Sheshe Baharini Beach Resort**
Mobil: 0722/511436, www.shesebeach. com; Preise auf Anfrage. Klein, charmant, ruhig und bestimmt nicht überkandidelt – so lässt sich das Hotel mit den 30 Zimmern beschreiben. Die Räume besitzen AC und Moskitonetze. Der Strand vor dem Hotel ist sehr schön. Swimmingpool. Das Haus ist oft voll.

gibt. Insgesamt eine ungezwungene, preiswerte und sympathische Unterkunft!

● **Capricho Cottages, Moonlight Bay Cottages und Maweni Beach Cottages**
Tel. 040/3300012, Fax 3300041, Mobil: 0722/328365, www.mawenibeach.com, www.caprichocottages.com; Capricho Cottages (R/NR) für 2 Pers.: 5000/5500 Ksh, für 4 Pers.: ab 6000/7000 Ksh, für 6 Pers.: ab 7000/8500 Ksh, Executive Cottages mit Air Condition kosten das Doppelte; Maweni Beach: Cottage für 6 Pers. 8000/10.000 Ksh; Moonlight Bay Cottages: Angelina's House (4 Schlafzimmer für 6 Pers.) 35.000 Ksh, Standardzimmer 5000 Ksh, mit AC 7000 Ksh. Neben den nobel eingerichteten Cottages, die natürlich auch eine Küche mit allem Drum und Dran besitzen, ist vor allem der Garten, der in rot blühenden Bougainvilleen

Dhau-Tour an der Küste

Wenn nicht, darf man im hervorragenden italienischen Restaurant auch a s Auswärtiger speisen.

● **Tiwi Traveller's**
Tel. 040/3208-01, -06, www.ti wibeachresort.com; Preise auf Anfrage. Der Sündenfall von Tiwi Beach, das einzige Riesenhotel an diesem Küstenstreifen und von Sat-TV bis AC mit allem Komfort ausgestattet. Zur Verfügung stehen indische, chinesische und diverse andere Restaurants, die ganze Palette sportlicher Aktivitäten an Lar d und zu Wasser (u.a. Barracuda-Tauchschule, Glasbodenboote, Windsurfer, Katamarane, Tennis und Squash) sowie ein gigantisches Swimmingpool von 160 m Länge. Das eine oder andere, etwa die Seafood-Buffets (950/1050 Ksh L/D), mag auch die Budgetgäste der einfacheren Unterkünfte interessieren. Wer der beschaulich-romantischen Abende in Tiwi überdrüssig ist, kann Mi. und Fr. im Diamonds Nightclub des Hotels eine Auszeit von der Ruhe nehmen.

Camping

Der Tiwi Beach bietet insgesamt zwei Campingmöglichkeiten, nämlich bei den **Sand Beach Cottages** sowie in der **Twiga Lodge.**

Essen und Trinken

Groß ist die Auswahl nicht. Mit kleinem Budget kommen nur die Restaurants und Bars von **She She Baharini** und **Twiga Lodge** in Frage. Will man sich in größere Ausgaben stürzen, stattet man dem gediegenen **Tiwi Traveller's** einen Besuch ab.

Einzige Gelegenheiten zum **Einkauf** von Brot, Eier, Salz, Zucker, ein gen Früchten und Gemüse ist der **Laden der Twiga Lodge,** Gemüse und Früchte gibt es auch im **Sand Island Beach Cottage.**

Telefon

Öffentliche Telefone gibt es nicht, d.h. man hat nur die Möglichkeit, **von den Hotels** aus Gespräche zu tätigen.

Schnorcheln und Tauchen

Tauchbasen gibt es bei Twiga Lodge ur d Tiwi Traveller's, von den Sand Island Beach Cottages kann man ein Fischerboot zum Schnorcheln am Außenriff anheuern. Da die Ausfahrt von den Gezeiten abhängt, sollte man sich einen Tag vorher erkundigen, wann es losgeht.

In Strandnähe sind vor allem die **African Pools,** zwei natürliche Korallenlöcher bei den Tiwi Villas, die auch bei Ebbe Wasser enthalten, eine Erkundung wert. Taucherbrille und Schnorchel kann man für 200–300 Ksh von Beach Boys mieten.

Ausflüge

Tagesausflüge in die **Shimba Hills** und zum **Mwaluganje Elephant Sanctuary** organisiert das kleine Reisebüro der Twiga Lodge, aber auch das Tiwi Traveller's, das im Elefantenschutzgebiet ein Safaricamp betreibt. Eine Tagestour mit zwei Pirschfahrten und Mittagessen kommt auf 84 US$, wer im Camp über Nacht bleiben möchte, zahlt 165 US$

Ukunda   III/C2

Aus dem ehemaligen Kokospalmendörfchen Ukunda an der Abzweigung der Küstenstraße nach Diani Beach ist längst eine **kleine Stadt** mit erstaunlichem **Wildwuchs** geworden. Diesen Boom verdankt sie zu einem großen Teil dem Tourismus. Zum einen befinden sich hier Autogaragen, Handwerksbetriebe, Werkstätten und profane Läden – eben all jene Einrichtungen, die gebraucht werden, in Diani aber keinen Platz haben, um das Bild der Postkartenstrandidylle nicht zu stören – sowie ein **Postamt** (Mo. bis Fr. 8–12.30 und 14–17 Uhr), eine **Bank,** eine **Tankstelle** und eine **Polizeistation.** Zum anderen lebt hier ein großer Teil der Menschen, die durch den Fremdenverkehr ihr Geld verdienen: das Heer der einfachen Hotelangestellten, Matatu-Fahrer, Prostituierten und Beach

Boys. Es ist ein Ort mit überwiegend christlicher Bevölkerung aus dem Hochland, und man braucht sich deshalb nicht zu wundern, wenn am Wochenende die Wanderprediger neben der Straße ihre Lautsprecherboxen aufbauen und unter freiem Himmel Gottesdienst feiern.

Gefeiert wird auch in den **Kneipen und Biergärten von Ukunda.** Hier findet mancher Angestellte, der jeden Monat brav das Ersparte zur Familie nach Hause schickt, die er nur einmal pro Jahr für zwei Wochen besuchen kann, ein bisschen Ablenkung. Die gewaltige Stimmung in Läden wie dem **Massai Club** dürfte ein unvergessliches Erlebnis für alle Urlauber sein, die bis dahin aus ihrem Hotel noch nicht herausgekommen waren. Wer statt Nyama Choma andere Speisen bevorzugt, kann in der Gartenlaube des **Hollywood Restaurant,** dem besten Restaurant von Ukunda, u.a. günstig Steak, Rösti, Schnitzel, Spätzle, Kartoffelsalat, Sauerbraten etc. essen. Daneben gibt es natürlich auch zahlreiche andere billige Hotelis. Besondere Erwähnung verdient das **Swahili Pot** gegenüber dem Palm Beach Hospital, das typische Suaheli-Gerichte wie gewürzten Tee, Pilau und Fisch in Kokosnuss-Soße zu günstigen Preisen anbietet.

Mit ihrer **lauten, chaotischen** und **ungeschminkten Vitalität** ist Ukunda gewissermaßen die unansehnlichere, aber authentische Rückseite des Hochglanzbildes von der geschminkten Touristikdiva am Indischen Ozean und hat mit dem reellen Leben vieler Kenianer deutlich mehr zu tun als eine „Afrikanische Nacht" am Pool des Luxushotels, mit Schlangenbeschwörung, exotisch gewürzten Grillhäppchen und einer „traditionellen" Tanz- und Trommeltruppe.

Touristen, die mit schmaler Reisekasse unterwegs sind, finden in Ukunda **Unterkünfte** mit dem Standard und Preisniveau der günstigen Guesthouses in anderen Landesteilen. Der **Transport** zum 3 km entfernten Strand ist völlig unkompliziert, denn es pendeln ständig Matatus zwischen Ukunda und Diani Beach hin und her. Es gibt aber auch einen Fußweg durch den Busch, der an einem sehenswerten Baobab von 22 m Umfang (!) vorbeiführt. Der steinalte Riese steht – so

heißt es jedenfalls auf einem Schild – unter dem persönlichen Schutz des Präsidenten. Nicht so der Tourist, denn in der abgelegenen Gegend ist Muzungus schon unfreiwillig das Geld abgenommen worden – deshalb sollte man sich vielleicht nicht allein auf den Weg machen. Der Weg ist von der Diani-Beach-Seite her übrigens wesentlich einfacher zu finden: Man muss beim Post Office einfach nur den Wegweisern in Richtung Flugplatz folgen.

Diani Beach ♬ III/C,D2

In rund **40 km Entfernung von Mombasa** liegt Diani Beach, heute neben Mombasas Nordküste und Malindi **einer der Haupttouristenorte an Kenias Küste.** Weil die Hochseeschiffe, die in den Hafen von Kilindini einfahren, keine Brückenverbindung von Mombasa Island nach Süden erlauben, schlummerte Dianis Strand lange in einem Dornröschenschlaf seiner Entdeckung durch den Massentourismus entgegen. In den 1970er und -80er Jahren wurde die verschlafene Entwicklung stürmisch nachgeholt. Heute reiht sich an den 13 km langen Stränden von Diani und dem südlich gelegenen Galu ein Hotel ans andere. Verständlich, denn mit seinem feinen weißen Sand, der von Kokospalmen gesäumt wird, dem türkisblauen Wasser und dem Korallenriff, das sich einige hundert Meter vor der Küste parallel zum Strand hinzieht und seit 1995 durch den **Diani-Chale Marine Park** geschützt wird, gibt Diani ein gutes Bild vom Tropenparadies ab.

Die meisten **Hotelkomplexe** stehen in großen, parkähnlichen Gartenanlagen, architektonische Bettenburgsündenfälle von mehr als drei Stockwerken Höhe sind zum Glück ausgeblieben. Zwischen den Hotels liegen kleinere **Ferienwohnungen** und Cottage-Anlagen, aber auch **Privathäuser,** denn viele Europäer – vor allem Deutsche – haben hier ein Ferienhaus gebaut oder sich gleich ganz niedergelassen, um in Diani Beach ihren Lebensabend zu verbringen oder ein Restaurant, eine Tauchschule etc. zu führen.

Wen das Grauen packt, wenn er im Ausland am Kiosk die Bild-Zeitung kaufen kann, eine Speisekarte mit deutscher Hausmannskost vorgelegt bekommt oder Schilder wie „Wir suchen noch nette Nachbarn ..." liest, sollte um Diani lieber einen Bogen machen und die einsamere, weil mangrovenreichere Küste weiter im Süden ansteuern. Denn es gibt **keine andere Gegend in Kenia, in der man sich so gut auf Deutsch verständigen kann.** Das ist aber nur die halbe Wahrheit. Wenn man länger hier bleibt – besonders außerhalb der Hochsaison – kann man unter Kenianern und den ansässigen Europäern ebenso interessante Leute kennen lernen wie anderswo auch.

Fernreisende sind an der Küste von Diani kein neues Phänomen. Die großen Lastensegler früherer Zeiten ankerten häufig in der Einmündung des Mwachema River, dem ersten geschützten Hafen südlich von Mombasa. An der Landspitze nördlich des Jacaranda Ocean Beach Hotel, direkt gegenüber von Tiwi Beach, muss früher ein kleines Städtchen gestanden haben, von dem heute allerdings nur noch die **Kongo-Moschee** aus dem 16. Jahrhundert erhalten ist. Die Gräber vor der Moschee sollen sogar aus dem 8. Jahrhundert stammen. Geraume Zeit stand sie als malerische Ruine mit ritueller Bedeutung inmitten eines Waldes von dickstämmigen Baobabbäumen, bevor sie Mitte der 1990er Jahre durch die Pläne zur Erweiterung des Golfplatzes auf einmal zum Politikum wurde. Lokale geistliche Führer zogen gegen ihre Einbeziehung in die Sportanlage zu Felde, mobilisierten Proteste und zogen präventiv einen Zaun um das Gelände. Dank zahlreicher Spenden wurde die Moschee inzwischen renoviert und wird nun tatsächlich wieder als Gebetshaus genutzt, das auch besichtigt werden kann – vorausgesetzt, man trägt entsprechende Kleidung (Männer lange Hosen, Frauen zusätzlich lange Ärmel) und zahlt eine kleine Eintrittsgebühr von 200 Ksh. Für mich ist es der stimmungsvollste Platz in ganz Diani.

Im Süden von Diani Beach findet man noch **Reste des Diani- und des Jadini-Urwalds,** die Teil des Küstenregenwaldgürtels waren, der sich an der ostafrikanischen Küste entlangzog. Auch wenn inzwischen der größte Teil dieser Wälder und damit auch die heiligen Plätze des Digo-Volkes, die Kayas, durch die touristische Erschließung und Bebauung zerstört wurden, gibt es noch herrlich dichte **Waldinseln mit einer vielfältigen Tier- und Pflanzenwelt,** die eine Erkundung per pedes herausfordern. Elefanten, Leoparden, Hyänen und Löwen sind in der Gegend zwar bereits ausgestorben, aber mit etwas Geduld und Glück kann man besonders im etwas ungestörteren Jadini-Wald seltene Vogelarten, etwa den Uluguru-Nektarvogel oder den Olivennektarvogel, Paviane, Blaue Ducker, Buschschweine, Buschböcke, drei verschiedene Buschbaby-Arten, Hörnchen, Stachelschweine, Wildkatzen, Zibetkatzen, Ginsterkatzen, Mangusten, Warane und 125 Schmetterlingsarten beobachten.

Der heimliche Star von Dianis Tierwelt ist aber eine besondere Art des Colobus-Affen, nämlich der **Weißbartstummelaffe,** dessen seltsamer Name sich vom zurückgebildeten Daumen dieser Affenart herleitet. Weitere Namen sind Mantelcolobus – wegen des ausgesprochen hübschen schwarz-weißen Fells – oder Angolanischer Colobus. In Kenia kommt dieser Primat nur in den Shimba Hills und in den Küstenregenwäldern vor. Im südlichen Teil von Diani, wo in Privat- und Hotelgärten noch viele Bäume stehen, ist der putzigste und hübscheste Vertreter der einheimischen Fauna – und einer der bedrohtesten – noch relativ häufig zu sehen. Der Gesamtbestand wird nur noch auf 2000 Tiere geschätzt. Vier bis elf Tiere, die jeweils ein maximales Gewicht von 7–9 kg erreichen, leben in einer Gruppe zusammen und werden von einem erfahrenen Weibchen angeführt. Um das Territorium, das zwischen 8 und 15 ha misst, zu anderen Gruppen abzugrenzen, werden die Fellfarben gezeigt und laute Geräusche erzeugt, wobei die Tiere recht pragmatisch sind und auch vom Menschen erschaffene Dinge für dieses Ritual nutzen, vorausgesetzt sie machen gehörig Krach. Besonders beliebt ist dafür z.B. das Auf- und Niederhopsen auf Wellblechdächern ...

Mit einer anderen modernen Errungenschaft kommen die Colobus-Affen aber überhaupt nicht zurecht: mit Autos. So elegant

Tiwi Beach & Diani Beach/der Norden

▬▬▬		Teer-Straße
- - - -		Piste
🏠		Dorf
△		Campingmöglichkeit
⚲		Palmenhain
♣		Kasuarinenwald
∿∿		Korallenriff

INDISCHER OZEAN

nicht maßstabsgetreu

Küstenstraße, Mombasa, Lunga Lunga (ca. 2,5 Km)

Küstenstraße, Mombasa, Lunga Lunga (ca. 2 Km)

Küstenstraße (ca. 4 Km)

Mwachema River

Ukunda, Mombasa, Lunga Lunga

Anschluss rechts

🏠	1	Sand Island Beach Cottages
🏠	2	Caprichho Cottages
🏠	3	Moonlight Bay Cottages
🏠	4	Maweni Beach Cottages
★	5	African Pools
🏠	6	Coral Cove
🏠△	7	Twiga Lodge and Camping
🏠	8	She She Baharini Beach Resort
🏠	9	Tiwi Traveller's Beach Resort
☪	10	Kongoni Moschee
🏠	11	Jacaranda Ocean Beach Club
🏠	12	Maisha Marefu Villa
🏠	13	Papatuo Villas
🏠	14	Southern Palms Beach Resort
🏠	15	Diani Palm Resort
🌀	16	Coco Bongo Disco
▲	17	Bazaar Shopping Complex
▲	18	Diani Shopping Complex
⚫	19	Golfplatz
🏠	20	Diani Reef Hotel & Spa
🏠	21	Leisure Lodge
🏠	22	Leopard Beach Hotel
🏠	23	Warandale Cottages
🏠	24	Coral Beach Cottages
●	25	Barclay's Plaza
ⓘ	26	African Pot Restaurant
▲	27	Colliers Centre
🏠	28	Glory Guesthouse
✚	29	Palm Beach Hospital
🌀	30	Club Millow

Diani Beach/der Süden

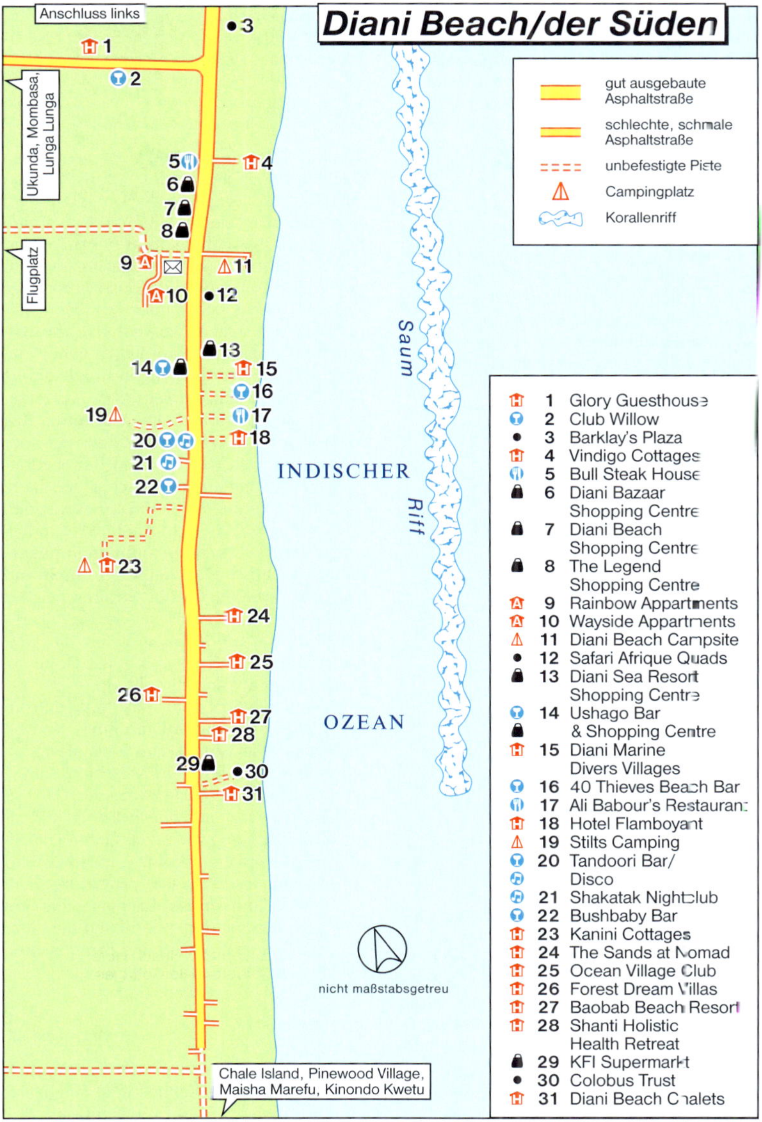

Anschluss links

Ukunda, Mombasa, Lunga Lunga

Flugplatz

	gut ausgebaute Asphaltstraße
	schlechte, schmale Asphaltstraße
	unbefestigte Piste
⚠	Campingplatz
〜	Korallenriff

INDISCHER

Saum

Riff

OZEAN

nicht maßstabsgetreu

Chale Island, Pinewood Village, Maisha Marefu, Kinondo Kwetu

🏠	1	Glory Guesthouse
♀	2	Club Willow
●	3	Barklay's Plaza
🏠	4	Vindigo Cottages
♀	5	Bull Steak House
▣	6	Diani Bazaar Shopping Centre
▣	7	Diani Beach Shopping Centre
▣	8	The Legend Shopping Centre
⌂	9	Rainbow Appartments
⌂	10	Wayside Appartments
⚠	11	Diani Beach Campsite
●	12	Safari Afrique Quads
▣	13	Diani Sea Resort Shopping Centre
♀	14	Ushago Bar
▣		& Shopping Centre
🏠	15	Diani Marine Divers Villages
♀	16	40 Thieves Beach Bar
♀	17	Ali Babour's Restaurant
🏠	18	Hotel Flamboyant
⚠	19	Stilts Camping
♀	20	Tandoori Bar/
♫		Disco
♫	21	Shakatak Nightclub
♀	22	Bushbaby Bar
🏠	23	Kanini Cottages
🏠	24	The Sands at Nomad
🏠	25	Ocean Village Club
🏠	26	Forest Dream Villas
🏠	27	Baobab Beach Resort
🏠	28	Shanti Holistic Health Retreat
▣	29	KFI Supermarkt
●	30	Colobus Trust
🏠	31	Diani Beach Chalets

An der Küste

die Tiere, die reine Baumaffen sind, mit halsbrecherischen Sprüngen durch das Geäst fliegen – auf dem Boden verwandeln sie sich in hilflose Fellbüschel. Das wird ihnen auf der Hauptstraße von Diani mit den vielen rasenden Matatus häufig zum Verhängnis. Weitere Verluste fordern Wildererfallen, die Abholzung und Adler, die natürlichen Feinde der Primaten, die es ja auch noch gibt.

1997 hat sich in Diani daher ein Verein gegründet: **Wakuluzu – Friends of the Colobus Trust** hat sich ganz dem Schutz der Affen, die schon so etwas wie das inoffizielle Maskottchen von Diani Beach geworden sind, verschrieben. Wakuluzu ist nichts anderes als der einheimische Name für die Stummelaffen. Der Verein zeichnet verantwortlich für Warnschilder an den Straßen. Auch die seltsamen waagerechten Strickleitern, die an einigen Stellen die Straße überspannen, sind sein Werk. Dabei handelt es sich um Colobus-Brücken, auf denen die Affen auf sicherem Wege die Straße, die ihren Lebensraum zerschneidet, überqueren sollen. Inzwischen scheinen die schwarz-weißen Akrobaten den Drahtseilakt mehr und mehr dem gefährlichen Bodenweg vorzuziehen. Mittelfristig aber geht die größte Gefahr von der fortschreitenden Lebensraumzerstörung aus. Deshalb prangert Wakuluzu mit Öffentlichkeitskampagnen bekannte Waldzerstörer an und verhandelt mit privaten Landbesitzern über die Erhaltung des Waldes.

Es werden täglich bis auf So. etwa einstündige **Besuchstouren** angeboten. Der Preis von 500 Ksh (100 Ksh/R) kommt ganz und gar der Naturschutzarbeit zugute. Ferner wird im Colobus Cottage auch Forschung betrieben, verletzte Tiere erhalten eine medizinische Behandlung, und das Haus fungiert auch als Informationszentrum. Da alle Arbeiten bei Wakuluzu ehrenamtlich erledigt werden, sucht der Verein immer interessierte Freiwillige, die sich engagieren wollen.

● **Wakuluzu – Friends of the Colobus Trust** Beach Road, Tel./Fax 040/3203519, 020/ 2024139, Mobil: 0720/731073, www.colobustrust.org; Mo. bis Sa. 8–13 und 14–17 Uhr geöffnet. Eine weitere unterstützenswürdige Naturschutzorganisation in Diani Beach ist

der **Walhai-Trust** (www.giantsharks.org, Mobil: 0720/93156), der sich für Schutz und Erforschung der Wahlhaie einsetzt.

Sicherheit

Kriminelle Delikte gehören zu den negativen Begleiterscheinungen des Tourismus, so auch in Diani. Es gibt in der Umgebung ein paar Stellen, an denen Leute in der Vergangenheit ihr Geld abgeknöpft bekamen und wo Sie deshalb nicht mutterseelenallein, womöglich noch mit Videoausrüstung oder anderen Wertgegenständen versehen, herumspazieren sollten: Die **Küstenstraße zwischen Ukunda und Diani Beach** gehört dazu, ebenso **der nördlichste Strandabschnitt von Diani Beach,** jenseits des Jacaranda Ocean Beach Hotel. Die **Mündung des Mwachema-Flusses** ins Meer, nahe der Kongo-Moschee, an welcher man bei Niedrigwasser hinüber zum Tiwi Beach laufen kann, hat in der Vergangenheit nicht umsonst den unrühmlichen Namen „Machete Point" erhalten. Generell **vermeiden sollte man ausgedehnte nächtliche Spaziergänge am Strand und auf unbeleuchteten Straßen,** darauf weisen einen auch immer wieder die Askaris, die Nachtwächter der Strandhotels, hin. Und hieße das nicht auch, den Zorn des Gottes aller Taxifahrer auf sich zu ziehen?

Nicht gefährlich, aber manchmal **extrem lästig sind die vielen Beach Boys,** die den Badegästen am Strand alles verkaufen wollen: Safaris, Bootsausflüge, Muscheln, Kamelritte, Andenken, eindeutig zweideutige Dienstleistungen u.v.m. – und man will doch nur seine Ruhe! Nachdem vor einigen Jahren die Situation zu eskalieren drohte und Hotels und Gäste begannen, dagegen Front zu machen, wurde eine **Tourismuspolizei** ins Leben gerufen, die nun auf dem Strand und den Straßen von Diani patrouilliert und darauf achtet, dass man nicht gar zu sehr bedrängt wird.

Unterkunft

Das **Preisniveau** an der Küste ist **ziemlich gesalzen** und kann schnell jede Finanzplanung torpedieren, denn wirklich billige Unterkunfte sind rar gesät und aktuelle Empfehlungen kann man immer nur eingeschränkt aussprechen, weil ständig neue Hotels und Mietwohnungen auf den Markt kommen, andere hingegen schließen. In der Nebensaison kann man meist Preisnachlässe aushandeln, vorausgesetzt man macht sich die Mühe und fragt erst einmal etwas herum.

Die wirklich **großen Hotels** in Diani Beach weisen oft ein **erstaunlich identisches Serviceangebot** auf, zu dem ein Shuttle-Service nach Mombasa gehört, das abendliche Standardunterhaltungsprogramm mit Tanz- und Akrobatikshows, gute Wassersportmöglichkeiten inklusive Tauchbasis, diverse Restaurants und Bars und für die großen Reiseveranstalter meist auch einen Ansprechpartner vor Ort, der einem behilflich sein kann.

Hotels

● Jacaranda Indian Ocean Beach Resort

Tel. 040/3203730, Mobil: 0721/672111, 0734/600922, www.jacarandahotels.com; R: 7500/8000 Ksh BB, NR: 74/106 US$ BB. Während das Hauptgebäude maurische Elemente aufgreift, sind die Zimmer in afrikanisch anmutenden, makuti-gedeckten Rondavels mit allem Komfort. Es gibt auch ein Cottage für Rollstuhlfahrer. Den Garten teilen sich die Häuser mit großen Baobabs und Kokospalmen. Die Anlage ist sehr geschmackvoll gestaltet. Zahlreichen sportlichen Aktivitäten (Segeln, Surfen, Kajak usw.) sind im Hotelpreis eingeschlossen – bis auf Tauchen, Hochseeangeln, Vogelbeobachtungstouren im Mwachema-Fluss und Ausflüge mit dem Glasbodenboot. Eines der besseren Hotels in Diani, das den Titel „Luxus" auch verdient.

● Southern Palms Beach Resort

Tel. 040/3203721 u. 320336-0 bis -4, www.southernpalmskenya.com; HS: 150/200 Euro HB, LS: 115/150 Euro HB SG/DB. Das 1993 eröffnete Hotel ist mit 600 Betten alles andere als ein Zwerg. Zwei gigantische Swimmingpools – eigentlich fast schon künstliche Seen – jeweils mit Poolbar-Inseln im orientalischen Baustil liegen zwischen den Gebäudeflügeln. Obwohl sehr groß, ist das Hotel schön angelegt, und die Zimmer lassen keine Wünsche an den Komfort offen, wenn auch nur wenige Seeblick bieten.

● Diani Palm Resort

Tel. 040/320-2523 und -4043, www.dianipalmhotel.com; Doppelzimmer p.P. 1800 KSh BB, 2000 KSh HB, Einzelzimmerzuschlag 900 Ksh. Alles an diesem Mittelklasse-Hotel ist zwei Nummern kleiner und weniger schick als bei den großen multinationalen Hotels. Die Ausstattung der 22 Zimmer mit Telefon und AC ist für den Preis aber sehr ordentlich. Der Swimmingpool mag als kleine Entschädigung dafür gelten, dass es keinen eigenen Strandzugang gibt. Das Frühstücksbuffet kostet 350 Ksh.

● Diani Reef Beach Resort & Spa

Tel. 040/320-2723 und -3308, Mobil 0722, 205679 und 0723-786306, www.dianireef.com; Preise auf Anfrage. Nach umfangreichen Umbauarbeiten zählt das Diani Reef zu den besten Adressen an der Südküste. Der Stilmix aus traditionellen Elementen und modernem Design ist gelungen, die Restaurants und Bars sind herrlich luftig. Zudem zeichnen das Diani Reef hochwertige Konferenzeinrichtungen und ein gepflegter Wellness-Bereich mit Sauna, Dampfbädern etc. aus. Der Strand des Hauses ist wunderbar. Die Zimmer verfügen über allen Komfort, fallen bzgl. Design und Größe her allerdings gegenüber dem öffentlichen Bereich etwas ab. Erwähnenswert ist auch das Oriental Restaurant des Hauses mit chinesischem, indischem und japanischem Bereich.

● Leisure Lodge

Tel. 040/202011, -2013, -2014, -2620, www.leisurelodgeresort.com; die Zimmerpreise der niedrigsten Kategorie variieren je nach Saison zwischen 80 und 152 Euro SG HB bzw. 124 und 190 Euro DB HB. Die Lodge ist in schöner Lage über dem Strand erbaut, den man nur durch die Höhlen eines vorgeschichtlichen Korallenriffs erreicht. Die Zimmer sind mit dem Komfort in dieser Preisklasse ausgestattet, an einigen Stellen zeigt sich allerdings das höhere Alter des Hotels, das zu den ersten dieses Küstenabschnitts gehörte. Über Sat-TV kann man deutsche Programme empfangen. Das Haus ist bei älteren Gästen aus Deutschland beliebt.

● Leopard Beach Resort

Tel. 040/320-2721, 211-0, -1, -2, Fax 3203424, www.leopardbeachresort.com; 2500/4600

An der Küste

Ksh HB, Cottages: 3125/5225 Ksh HB. Das Hotel besitzt sieben verschiedene Zimmerkategorien, am schönsten sind die einzeln stehenden Cottages und Villas. Herausragend sind der wunderbare Garten und die Lage an Korallenklippen, von welchen man einen großartigen Blick aufs Meer besitzt und welche den Strand an den Seiten zu anderen Hotels abschirmen. Die Restaurants und Bars sind reizvoll auf unterschiedlichen Ebenen über dem Wasser erbaut. Ein Tagespass für den Spa-Bereich mit Dampfbad und Sauna kostet 600 Ksh. Club für Kinder. Tauchbasis. Sehr freundliche Angestellte.

●**Diani Marine Divers Village**
Tel. 040/3202367 und 3203451, www.diani-marine.de; LS: 35/45 Euro, HS: 45/50 Euro BB. Das Diving Village dürfte das einzige Hotel Kenias sein, das sich auf tauchende Gäste spezialisiert hat, und die haben bei der Buchung folglich auch Vorrang. Dabei sind die Unterkünfte auf dem Strandgrundstück mit eigenem Swimmingpool in Nachbarschaft zur Forty Thieves Bar zu diesem Preis auch für Landratten attraktiv. Es gibt einen wunderbar schattigen Innenhof, es ist picobello sauber, die Betten sind ausladend groß und das Frühstück eine Wucht. Im Angebot: Sea Safaris nach Pemba und Wasini Island, Safaris nach Tsavo East und Masai Mara, PADI-Kurse ab 360 Euro, Tauchgänge zwischen 2 Tagen für 95 Euro und 10 Tagen für 390 Euro, 1 Woche unbegrenzt tauchen für 435 Euro, 2 Wochen für 655 Euro. Deutschsprachige Tauchkurse!

●**Flamboyant Hotel**
Tel. 040/320-2163 und -2033, www.diani-beach.com. Nur 10 Räume hat diese sehr private Unterkunft im Bungalow-Stil. Hier sind alle Getränke und Speisen inklusive, auch die persönliche Atmosphäre. Die Zimmer sind sehr unterschiedlich geschnitten. Der Strand vor dem Haus ist wunderbar. Swimmingpool, Tennis, Squash und Snooker.

●**The Sands at Nomad**
Tel. 040/3203643, Mobil: 0725/373888, www.thesandsatnomad.com; so groß wie die Spannbreite der Räume ist auch die der Preise: zwischen LS: 85/114 US$ BB bzw. HS: 186/248 US$ BB für die einfachste Kategorie bis zu LS: 351/378 US$ BB bzw. HS: 610/760

US$ BB. Das Hotel streckt sich auf einem großen Strandgrundstück aus, umgeben von einem wunderbaren Garten. Die lange Geschichte des Hotels spiegelt sich in den vielen unterschiedlichen Unterkünften wieder, die für verschiedene Geldbeutel und Geschmäcker etwas bieten. Das Haupthaus mit dem Restaurant erinnert an den Pueblo-Stil. Meine Favoriten: die Beach Cottages mit einem domartigen Makuti-Dach und Panoramafenster. Wie auch immer: Hier gelingt die Verbindung von hohem Standard und persönlicher Note. Mit schöner Strandbar, in der es etwas förmlicher als bei den 40 Thieves zugeht. Pool, Boutique, Eiscreme-Parlour, Massage und vielfältige Wassersportarten, darunter eine Tauchschule und Kite-Surfen.

●**Ocean Village Club**
Tel. 040/320218-8 und -9, www.oceanvillagekenya.com; HS: 7000/9000 Ksh HB, LS: 4500/6000 Ksh HB. Sehr schönes, gepflegtes Hotel mit deutlichem Suaheli-Einschlag bei der Architektur und Betonung auf gediegenem Luxus mit traditionellem Touch und einem leichten Schuss Kolonialkitsch: Marmorböden, viel dunkles Holz, traditionelle Lamu-Möbel. Schon die Lounge lädt zum Verweilen ein. Auf der gepflegten Anlage gibt es 1-, 2- oder 3-Schlafzimmer-Cottages mit romantischen Moskitonetzen und geschmackvoller Möblierung und eigener Veranda. Zum Glück setzt sich der gute Stil auch in der Küche fort. Überwiegend französische Kundschaft. Eigener Swimmingpool, ansonsten aber ein eher kleines Angebot an sportlichen Aktivitäten. Seit 2007 All-inclusive-Hotel mit ausgezeichnetem Preis-Leistungsverhältnis.

●**Baobab Beach Resort**
Tel. 040/320-2623, 202-6, -7 und -8, www.baobab-beach-resort.com; LS: 130/190 US$ bzw. HS: 165/240 US$ All inclusive. Anlage auf sehr hohem Niveau, die auch Tagesgästen offen steht. Die Zimmer sind nett eingerichtet, die Aktivitäten umfassen Tennis, Badminton, Volleyball, alle Arten von Wassersport, Fitness-Studio. Wie der Name schon sagt, steht die Clubanlage auf einem Grund-

Die Likoni-Fähre verbindet Mombasa Island mit der Südküste

stück mit vielen Affenbrotbäumen. Schön: Beim Bau des Hotels wurde ein ziemlich großes Stück des Urwalds stehen gelassen, viele der Bäume tragen ein Namensschildchen, im Geäst turnen noch häufig die putzigen Colobus-Affen herum. Nebenan steht das Kolekole Hotel, welches ein noch höheres Niveau als das Baobab Resort besitzt.

● Shanti Holistic Health Retreat

Tel. 040/3202064, Mobil: 0722/205500, www.shaantihhr.com; 300/500 US$ All inclusive. „Das erste Yoga Holiday Retreat südlich der Sahara" bringt Buddha an die Beach. Die Einrichtung ist stilvoll, aber schlicht gehalten, die Zimmer sind mit Safe und AC ausgestattet. Der Ort strahlt Ruhe aus. Für den Preis sind die Zimmer vielleicht ein bisschen zu asketisch. Alle Level von Yoga werden hier direkt am Strand mit Blick aufs Meer unterrichtet. Verschiedenste Massagen. Vegetarische Speisen und Seefood.

● Pinewood Village

Tel. 040/33000-38 und -45, Mobil: 0734/ 699723, www.pinewood-village.com; rund 2 km hinter dem Ende des Asphalts; Tel. 020/208098-1, -2, -3, Mobil: 0723/957080; „Villa" (im Grunde nichts anderes als ein Bungalow) p.P. LS: 53 Euro HB, HS: 112 Euro HB für die Standardräume, für noblere Executive Suites sind p.P. LS: 110 Euro HB, HS: 154 Euro HB fällig. In der ruhigen Ferienanlage am südlichen, noch wenig erschlossenen Ende des Galu Beach kann man sich selbst verpflegen, einen Koch anheuern, im Restaurant essen oder sogar All inclusive buchen. Die Einrichtung der Bandas ist ausgesprochen stilvoll, die Zimmer sind geräumig. Wäscheservice, Spa, Fitness-Studio, Tennis- und Squashplätze. Sehr schöner Strand.

Bandas und Ferienwohnungen

Wer eine Ferienwohnung in Diani sucht, findet vielleicht auch am Schwarzen Brett vor Onjiko's Supermarket im Diani Shopping Centre das Richtige; man kann auch selbst einen Aushang anbringen. Viele der Wohnungen und Bandas liegen in der Preiskategorie der Mittelklasse-Hotels; tut man sich mit Leu-

ken-824 Foto: hf

An der Küste

ten zusammen, kann man durchaus preisgünstig und ohne die negativen Begleiterscheinungen der großen Hotels wohnen.

●Maisha Marefu Villa
Mobil: 0733/922463 oder 0722/265478; pro Woche 741/1058 Euro (LS/HS) oder 117/170 Euro (LS/HS) pro Tag. Ein fairer Preis angesichts des besonderen Charakters und der hochwertigen Einrichtung mit AC, DVD und TV. Geschmackvoll und schön offen gebaut. Weitere besondere Unterkünfte unter www.keniavilla.com.

●Vindigo Cottages
Tel. 040/3202192, www.keniaurlaube.de, www.navtrader.com/vindigo. Abhängig von der Personenzahl (2, 3, 4, 6 oder 8 Personen) zwischen 2800/4000 Ksh und 6750/11.250 Ksh (LS/HS).

●Warandale Cottages
Tel. 040/3202186, Mobil: 0721/551245, www.warandale.freeservers.com; abhängig von Größe (1 bis 3 Schlafzimmer) und ob mit oder ohne Seeblick zwischen 3500/4500 und 8000/12.000 Ksh (LS/HS). Auch in Diani gibt es noch nette Überraschungen – die 6 voll ausgestatteten, persönlich eingerichteten Cottages (davon 3 mit Meerblick) in dem wunderbar wilden Garten mit kleinem Pool gehören jedenfalls dazu. Koch inklusive.

●Coral Beach Cottages
Tel. 040/3202015, Tel./Fax 040/320366-2 und -3, Mobil: 0733/777176, www.coralbeachcottages.com; 4500/6000/7500 Ksh für Cottage mit 1, 2 oder 3 Schlafzimmern, Langzeitvermietungen 35.000–45.000 Ksh in Abhängigkeit von der Größe. Die Cottages sind voll ausgestattet, sogar eine Haushaltshilfe gehört dazu. Ein Koch kann für 300 Ksh pro Tag extra gebucht werden.

●Wayside Beach Apartments
Mobil: 0722/820913, 0721/807171, tmillia@yahoo.com; DB: 3500 pro Nacht, 35.000 pro Monat, 2-Zimmer-Apartment (4 Pers.): 6000 Ksh, 3-Zimmer-Apartment (6 Pers.): 8000 Ksh. Im Dezember doppelt so teuer. Mit Kochgelegenheit, Kühlschrank, Bettzeug und Haushälterin.

●Rainbow Apartments
Mobil: 0734/642847 u. 0721/575584, www.rainbow-apartments.co.uk; hinter der Post;

1500/2500 Ksh (LS/HS), bei über 15 Tagen Miete Nachlass. Klein, sauber, gepflegt. Inklusive Bettzeug und Putzen. Swimmingpool. Sicherer Parkplatz.

●Kanini's Island Cottages
Mobil: 0722/415059, www.kaninis.de; Cottage-Unterkunft im DB (private Dusche und WC, gemeinsame Küche) für 2000/2500 Ksh (LS/HS); Apartment mit DB und eigener Küche für 3000/4000 Ksh (LS/HS); Cottage mit zwei DB SC mit eigener Küche für 4000/6000 Ksh (LS/HS). *Paulo* führt die schöne Anlage mit einem herzlich-unkomplizierten Stil, sodass man sich gleich zu Hause fühlt; er ist auch gern bei der Organisierung von Safaris behilflich. Der große Garten mit dem Swimmingpool in Afrika-Form (!) und separatem Kinderplanschbecken steht auch Campern offen. Ca. 15 Gehminuten zum Strand.

●Forest Dream Villas
Tel. 040/3300220, Mobil: 0721/554359, www.forestdreamcottages.com; insgesamt fünf Häuser, die nach Ausstattung und Größe zwischen 12.000 und 32.000 Ksh pro Tag liegen und 4–12 Leute beherbergen können. Ferienhäuser auf Superluxusniveau, mit Geschmack und edel eingerichtet. Der große, 4 m tiefe Swimmingpool besitzt eine Wasserrutsche, einen kleinen künstlichen Wasserfall und Unterwasserlautsprecher. Der holländische Besitzer engagiert sich ziemlich stark im Colobus-Trust-Affenschutzprojekt, was ihn aber nicht davon abhalten konnte, selber ein mächtiges Stück Wald für die Anlage zu roden. Zum Glück hat er den Großteil des Privatgrundstücks in seiner ursprünglichen Form erhalten. Es gibt in Diani Beach – vielleicht mit Ausnahme des fast gegenüberliegenden Robinson Club – keine andere Unterkunft mit eigenem Urwaldgarten, in dem so viele Affen, Vögel und einheimische Baumarten leben. Tennisplatz, Volleyball, Billard und Restaurant. Auch Monatsmiete möglich.

●Diani Beachalets
Mobil: 0729/528344, Tel. 040/3202180, 020/2170209, info@dianibeachalets.com; kleine Chalets, die abhängig von der Größe (2–8 Personen) und der Lage zwischen 2500 und 4900 Ksh kosten. Zusätzlich gibt es im hinteren Bereich des Grundstücks noch einfache Bandas für jeweils zwei Personen ohne

eigenes Bad, die HS 600 Ksh kosten, NSC sind und sich eine Küche teilen. Die Bandas sind nicht superhip, aber mit Moskitonetzen, Geschirr, Kühlschrank etc. ausgestattet – am Preis gibt's nichts zu mäkeln. Abwechslung bieten ein Tennisplatz und das nahe Meer. Checkout-Time ist schon um 9.30 Uhr. Getränke, auch Bier. Kleiner Laden, Tennisplatz.

● Chale Sea Villa

Mobil: 0724/637646, sngele@yahoo.com. Nette Bungalowanlage zwischen Palmen mit direktem Zugang zu einem herrlichen Strand. Auf dem Gelände ist auch Campen möglich (600 Ksh p.P. und Fahrzeug). Die Selbstversorgerbungalows kosten als 2-Zimmervariante 2500/4000 Ksh (LS/HS), mit 2 Räumen 3000/5000 Ksh (LS/HS).

Allmählich schiebt sich die touristische Walze **weiter in Richtung Süden,** über das Ende der Teerstraße hinaus. Die ersten Häuser und Cottages haben bereits Stücke aus dem bedrohten Jadini-Wald gestanzt. Die andere Seite der Medaille: Die Abgelegenheit sorgt dafür, dass man hier, in relativer Nähe zu dem voll erschlossenen Diani Beach, noch ein paar (Strand-)Plätze findet, die echte Ruhe bieten.

● Kinondo Kwetu

3,6 km hinter dem Ende des Asphalts, P.O. Box 5445, Diani Beach; www.kinondo-kwetu.com; Buchungen und Preise über Cheli & Peacock, s. S. 228. Die kleine, sehr exklusive Unterkunft direkt am Rande des Kinondo Kaya mit 4 Cottages (3 à 2 Gäste, 1 à 4 Gäste) gehört einem schwedischen Paar. Im Preis ist alles inklusive, d.h. neben Speisen und Getränken auch die Benutzung der kleinen Segel-Dhau oder des Surfboards. Das Haupthaus in dem *Tina* und *Mille* leben, ist gleichzeitig Speise- und Aufenthaltszimmer für die Gäste. Man kann nur staunend durch diese Schatztruhe voller Antiquitäten und Kunstwerke gehen. Leider sind die Gästecottages im Vergleich dazu zwar schön, aber sehr schlicht und nicht mit der gleichen Fantasie und Liebe eingerichtet. Dieser Ort lebt von der Grundsätzlichkeit seiner Elemente: Meer, Himmel, Sonne, Natur, lange Gespräche und gutes Essen.

Preiswerte Unterkünfte

● Glory Palace Hotel

800/1000 Ksh SC BB. Die eher schlichten Zimmer sind sehr sauber und besitzen lange Betten sowie Ventilator, aber keine Moskitonetze. Der größte Nachteil des Hotels ist sicherlich die Entfernung zum Strand, vielleicht kompensiert das ja der hauseigene Pool. Angeschlossen ist ein Restaurant. Wie in allen Glory-Hotels, die einer muslimischen Familie gehören, wird auch hier kein Alkohol ausgeschenkt. Mit dem hauseigenen Taxiservice kommt man für 1500 Ksh nach Mombasa.

● Stilts

Mobil: 0722/523278, stiltsdiani@hotmail.com; Bandas: 1200 Ksh p.P., Zelt aufschlagen für 400 Ksh p.P. Abseits der Straße im Busch liegt dieses Backpacker's Camp, dessen Bandas, Bar und Restaurant auf Stelzen stehen – daher der Name. Wegen des Busches ist der Ausblick nicht so berauschend, aber insgesamt ist dies ein Platz zum Wohlfühlen – und auch zum Campen. Große Feuerstelle

● Diani Beach Campsite

Tel./Fax 040/3203192, Mobil: 0722/683900, dianibeachcampsite@yahoo.com; Cottages: 3000 Ksh, mit 2 Schlafzimmern 3000 Ksh, mit 3 Schlafzimmern 4000 Ksh, für 300 Ksh p.P. kann man im Garten campen. Es gibt auch ein Restaurant und ein kleines Cybercafé, die Internet-Benutzung kostet 5 Ksh pro Minute. Der Besitzer ist um eine ständige Verbesserung des Platzes bemüht. Eine nette, gute und günstige Übernachtungsgelegenheit für Leute mit eigenem Zelt.

Camping

Im Gegensatz zu Tiwi Beach sind die Auswahlmöglichkeiten für Camper in Diani nicht sehr groß. Keine Frage: Empfehlenswert sind **Diani Beach Campsite** und **Stilts.** Auch bei der **Chale Sea Villa** und bei **Kanini's Cottage** kann man sein Zelt aufschlagen.

Essen und Trinken

Alle großen Hotels haben Restaurants, die auch Gästen von außen offen stehen, oft leckere Buffets, meist in der Größenordnung

An der Küste

von 10–15 US$. Daneben gibt es viele Restaurants, die aber weniger werden könnten, wenn der Trend zu den All-inclusive-Clubs anhält.

● Ali Barbour's Cave Restaurant
Tel. 040/3202033, www.georgebarbour.com. Keine Frage, das Restaurant hat schon allein wegen seiner einmaligen Lage – es befindet sich in den natürlichen Höhlen eines prähistorischen Korallenriffs – einen Ruf an der Küste, der sich höchstens noch mit dem des Tamarind vergleichen ließe. Und die Speisekarte? Vorwiegend Meeresfrüchte in kapriziösen Variationen, mit einem guten Wein abgerundet. Die relativ hohen Preise schreien offenbar nach gepflegter Kleidung, das Management erwartet zwar nicht gerade Schlips, aber wenigstens „smart casual", also lange Hose. Die schöne **Strandbar 40 Thieves** gehört dem gleichen Besitzer und liegt direkt nebenan. Täglich ab 19 Uhr geöffnet.

● Leonardo's
Mobil: 0720/501707, www.leonardoskenya. com; Diani Beach Colliers Centre. Italienische Küche in edlem Ambiente, die keine Wünsche offen lässt: Pizza, Pasta, Eis, Obstsalat und sogar Creme Caramel. Die Preise sind eher durchschnittlich.

● Agniello's
Ein weiterer Italiener, direkt auf dem benachbarten Grundstück, der mehr Trattoria ist. Preislich gibt es keinen großen Unterschied.

● Shaney & Punjab Restaurant
Mobil: 0721/244889. Im Diani Shopping Complex. Man sitzt nett unter freiem Himmel, es gibt Punjabi-Küche und Tandoori.

Auch **asiatische Restaurants** gibt es in Diani, beispielsweise:

● Galaxy Diani Chinese Restaurant
Diani Shopping Complex, Tel. 040/3300018. Das täglich von 11–23 Uhr geöffnete Restaurant bietet neben dem gewohnten chinesischen Menü – auch mit zahlreichen vegetarischen Gerichten – einige Speisen mit Meeresfrüchten an. Bei Vorbestellung eines Tisches wird man auf Wunsch auch vom Hotel abgeholt. Preiswert und bewährt, ohne aufregende kulinarische Überraschungen.

Wer nur zu einem kurzen Küstenurlaub in Kenia ist, möchte vielleicht auch einmal **afrikanische Speisen** kosten:

● African Pot
Mobil: 0722/719253; 500 m nördlich der Abzweigung nach Ukunda. Leckere afrikanische Gerichte in nettem Ambiente – das Auge isst mit! Täglich von 10.30–24 Uhr geöffnet. Pooltable.

Restaurants mit gemischter Karte und **internationaler Küche** im wahrsten Sinne des Wortes:

● Tropicana Restaurant
Das Restaurant neben dem Diani Beach Shopping Centre, Tel. 040/3202303 und 3203350, gehört zum gleichnamigen Nachtclub. Neben einer stark italienischlastigen Speisekarte gibt es hier gutes afrikanisches Wildbret von Zebra, Impala, Oryx-Antilope und Strauß. Man kann sehr schön im Freien sitzen, zu fortgeschrittener Stunde ist an der Open-Air-Bar vor dem Eingang zur Disco immer noch etwas los.

● Glady Bazaar Restaurant
Mobil: 0722/478230. Vielseitiges Menü, u.a. mit Apfelkuchen und Rösti. Faire Preise.

● Bull Steak House
Tel. 040/3204040. Fleisch satt, u.a. 1 m lange Würste, Meeresfrüchte etc. Ein angenehm luftiger Platz.

● Tandoori Bar & Restaurant
Diani Plaza, täglich zu allen drei Mahlzeiten geöffnet. Man kann schön draußen sitzen und aus einer reichen Speisekarte zu günstigen Preisen auswählen.

Flüge

● Safarilink
Täglich von Nairobi nach Diani Beach. Buchung über www.safarilink.co.ke oder Tel. 020/600-777, -787.

Busse und Matatus

Mit öffentlichen Verkehrsmitteln nach Diani Beach zu kommen, ist überhaupt kein Thema. **Zwischen Likoni und Diani pendeln ständig Matatus und der KBS-Bus 32** (letzte Rückfahrt ca. 19 Uhr) hin und her. Der Fahrpreis liegt bei 50 Ksh. Von Ukunda kommend, fahren die Busse meist zuerst zum nördlichen Teerende und steuern dann das südliche Ende der breiten Teerstraße an. Wer bis zu den Neptune Hotels oder noch darüber hinaus will, muss trampen – oder laufen (rund 4 km).

Weiter **in Richtung Tansania** geht es nur von Ukunda aus mit Bussen und Matatus.

Während **Lunga Lunga** mehrmals täglich bedient wird, gibt es nach **Shimoni** normalerweise nur zwei Minibusse pro Tag, nach **Vanga** sogar in der Regel nur einen. Die Matatus, die Ukunda mit den Hotels an der Strandfront verbinden, kosten 20 Ksh.

Nachtleben

Ein Großteil des Nightlife findet **in den Hotels** statt. Nicht zu allen hat man Zutritt, wenn man außerhalb wohnt. In den sonstigen **Discos** (in der Nebensaison hat schon mal der eine oder andere Tanzschuppen geschlossen) ist der Eintritt kaum höher als 100 Ksh, außer wenn eine besondere Live-Band spielt. Meist gemischtes Publikum: Touristen, Kenianer, z.T. auch mit professionellen Interessen. Vor der Tür warten immer Taxis, sodass man nicht bei Nacht nach Hause gehen muss.

Bars und Discos

Wie in einem Touristenort nicht anders zu erwarten, gibt es einige nette Hangouts und Discos – auch wenn das Nachtleben am Platz schon wilder war. Mein persönlicher Favorit für einen gelungenen Abend ist nach wie vor die **40 Thieves Beach Bar** – mit Tischfußball, Darts und Hängematten zum Chillen, das Meer immer in Reichweite. Wer mag, kann mit gestandenen Männern aus den Reihen der europäischen Originale von Diani an der Bar bis zum Umfallen trinken. Geöffnet ist ab 10 Uhr morgens, geschlossen wird, wenn der letzte Gast gegangen ist oder im Delirium liegt. Mi., Fr. und Sa. wird getanzt, Fr. abends BBQ, So. tagsüber Curries

und Live-Band. Weitere nette Bars sind das **Tandoori** (eher einfach und deftig), die **Bushbaby Bar** (alt, aber bewährt) und die **Ukunda Masai Bar** (groß, modern, fast schon mondän, mit angeschlossenem Restaurant).

Die **Discos,** von denen immer mal wieder eine aufmacht oder schließt, sind fix aufgezählt: Im **Komba Cove/Kings Club** spielen zwei bis dreimal pro Woche Live-Acts, der Eintritt ist vom Künstler abhängig, beträgt in der Regel um die 250 Ksh. Es werden auch kleinere Speisen serviert. Die **Coco Bongo Disco** ist täglich geöffnet, bisweilen gibt es Cabaret und Acrobatic Shows, Eintritt je nach Programm zwischen 100 und 200 Ksh. Hinzu kommen noch das **Chakatak** (einer der Disco-Methusalems, angeschlossen sind ein Biergarten und ein Restaurant, in dem hungrige Nachschwärmer auch noch zu vorgerückter Stunde bedient werden), das **Tropicana** (ebenfalls ein betagterer Tanzschuppen, aber abhängig vom Thema die Abends ist die Disco immer noch für fetzige Tanzstimmung gut; Mo. und Sa. Reggae Night) und der **Willow Club** an der Straße nach Ukunda (150 Ksh, Mi., Fr. und Sa. mit Gogo-Girls).

Casino

●**CC Casino**
Das erste Casino an Dianis Gestade befindet sich in der *Leisure Lodge* und hat ebenfalls von 21–3 Uhr geöffnet. Ponton, Black Jack, Roulette und Slot-Maschinen.

Notfall

Krankenhaus

●**Palm Beach Hospital**
Tel. 040/320375-0 und -1, 3300146, Mobil 0724/699101 und 0722/410695. Das private Krankenhaus besitzt neben einem kleinen Operationssaal und einer Entbindungsstation eine 24 Stunden geöffnete Apotheke und ein eigenes medizinisches Labor, das die wichtigsten Tests durchführen kann. Das Krankenhaus akzeptiert sowohl die gängigen Kreditkarten als auch Versicherungsscheine von ausländischen Versicherungen, gilt als hervorragend, aber nicht billig.

An der Küste

Ärzte

●**Dr. Varghese** und **Dr. Manorana** führen eine Praxis im Diani Beach Resort Shopping Centre (Mobil: 0726/382255). Sprechzeiten Mo. bis Fr. 8–18 Uhr und Sa 8–12 Uhr.

Zahnarzt

Mit Zahnproblemen begibt man sich am besten zum **Diani Hospital.**

Banken

Barclays schräg gegenüber der Einmündung der Straße von Ukunda, Mo. bis Fr. 9–15 Uhr, Sa. 9–11 Uhr; **Geldautomat,** der VISA und MasterCard akzeptiert. Die zweite Bank in Diani Beach ist die **National Bank** im Diani Shopping Complex, Öffnungszeiten wie die Konkurrenz.

Telefon und Internet

In Diani Beach bieten so einige private Firmen Telefon-, Fax- und E-Mail-Service an, was meist billiger ist als der Anruf aus dem Hotel. **Internetcafés** gibt es im Barclay's Plaza und bei Hot Gossip (schnelle Verbindung, etwas teurer) im Legend Shopping Centre. Nett ist auch das Internetcafé im Brooklyn Bar and Restaurant gegenüber der Post.

Kurierdienst

●**DHL**
Tel./Fax 040/3202131, booking@nbo.co.ke. dhl.com. Die DHL-Vertretung in Diani nimmt das Diani Farm House wahr. Ungewöhnlich, dass man beim Fleischer seine Sendung aufgibt, aber es funktioniert. Mo. bis Sa. zu den üblichen Geschäftszeiten.

Tour Operator und Mietfahrzeuge

●**Beach Air Tours & Safaris**
Barclay's Plaza, Tel./Fax 040/3203135. Autovermietung, Flug- und Straßensafaris, Rundflüge.

●**Fredlink Tours**
Tel. 040/3202647, Mobil: 0722/878465, www.motorbike-safari.com. Einmalig: geführte Motorradtouren in Kenia. Eine Tagestour für 130 US$, zwei Nächte, drei Tage kosten 400 US$. Vermietet werden auch Motorräder und Roller für 3000 Ksh bzw. 1500 Ksh pro Tag. Beim Diani Sea Resort Shopping.

●**Gibran Safaris**
Tel. 040/320-2226 und -3455, www.gibran-safaris.com. Im Barclay's Plaza. Safaris und Reisebuchungen.

●**Glory Car Hire**
Tel. 040/3203076, Mobil: 0734/437536; im Diani Beach Shopping Centre. Einer der ältesten Autovermieter am Platz, vermietet Pkw und 4WD. In der billigsten Klasse ab 3500 Ksh pro Tag.

●**Juletabi African Adventures**
Im Bazaar Shopping Centre, Tel. 040/3203803, Mobil: 0733/752365, www.juletabi.com. Bietet Safaris und Mombasa-Stadtfahrten an.

●**Papa Musilis Safaris**
Tel. 040/3203812, Mobil: 0726/282862, www.papamusilisafaris.eu. Individuelle Safaris und Ausflüge in die Umgebung von Diani.

●**Pia's Car Hire**
Tel. 040/3202771, Mobil: 0734/584005, www.piastours.com; im Legend Shopping Centre. Nur Pkw, keine 4WD, günstig: für 2500 Ksh pro Tag inkl. 100 Freikilometer. Auch Transfers nach Mombasa und zum Flughafen für 2500 Ksh.

Fahrräder

Mboona Bicycle Hire, vor dem Southern Palm Beach Hotel am Kreisel. Ganz im Süden, vor dem Neptune Village, werden ebenfalls Fahrräder vermietet.

Sport und Aktivitäten

Golf

●Der 18-Loch-Kurs der **Leisure Lodge** hat täglich 6.30–18 Uhr geöffnet, das Restaurant im Golfclub 8–22 Uhr. Die Greenfees (Residents/Nonresidents) betragen 2300/3500 Ksh pro Tag. Da fällt dann die Bezahlung der

Caddys – der einzigen weiblichen in ganz Kenia! – mit 200/400 Ksh (9 Loch/18 Loch) nicht mehr ins Gewicht ... Es lässt sich die gesamte notwendige Ausrüstung vor Ort mieten. Leute, die sich vom grünen Sport schon immer angezogen fühlten, können hier der Versuchung nachgeben und sich von einem Golflehrer einweisen lassen (3750 Ksh/Std.). Weitere Infos unter www.golfinkenya.com und www.leisurelodgeresort.com.

Hochseeangeln

●**Blue Marlin**
Tel. 040/3202799, Mobil: 0733/601398, www.bluemarlinfishingclub.eu. Wohl der renommierteste Anbieter mit modernen Booten und guter Ausrüstung. Preise auf Anfrage.

Surfen

Die meisten **Strandhotels** in Diani Beach haben neben einer eigenen Tauchbasis auch Surfschulen. Wie beim Tauchen gibt es auch beim Surfen spätestens ab 10 Stunden einen beträchtlichen Mengenrabatt, der normalerweise 10–15 Prozent beträgt.

Tauchen

Eingeschlossen sind die Bootstouren. Für eigene Ausrüstung bis auf Blei und Flaschen wird normalerweise ein Rabatt von rund 10 Prozent eingeräumt. Wenn innerhalb von Marine National Parks oder Reserves getaucht wird, werden pro Tag zusätzlich 5 US$ für den Eintritt fällig. Residents des jeweiligen Hotels erhalten manchmal zusätzliche Nachlässe von bis zu 10 Prozent.

●**Diani Marine Diving Bases**
Infos siehe unter „Unterkunft".
●**Dive the Crab**
Africana Sea Lodge, www.divingthecrab.com, Tel. 040/3202021, -2025, -2622. Neben den üblichen Angeboten für Tauchscheine der großen internationalen Organisationen werden auch interessante Tauchfahrten angeboten, die nicht jeder macht, so z.B. zum Mangrovenwald des Chale River und sogar Nitrox-Tauchgänge für große Tiefen. Die Tauchbasis hat wegen ihrer gewissenhaften Ausbildung und modernem Material einen guten Ruf.

Schnorcheln

Die meisten **Tauchbasen** bieten auch Schnorcheltouren an, teilweise sogar nach Shimoni (ca. 80 US$). Man kann aber auch **mit Fischern und Beach Boys** ausrücken, was deutlich billiger ist. Die Schnorchelbrille wird gestellt.

Einkaufen

Früchte, Gemüse und Gebrauchsgüter kauft man u.U. **billiger in Ukunda,** wo das Preisniveau weniger von den Touristen beeinflusst wird. Andererseits gibt es einige **Minimärkte,** die den Nachschub für Selbstversorger in Diani auch ohne eigenes Fahrzeug problemlos machen. Die Einkaufszentren sind auf dem Übersichtsplan vermerkt. Italienische Lebensmittel erhält man im italienischen Supermarkt rechts neben dem Willow Club an der Straße nach Ukunda.

Sonstiges

Die Wäscherei **Diani Express Laundry** befindet sich gegenüber vom Paradise Beach Resort.

Ausflüge

Dhau-Touren

Inzwischen bevölkert eine recht stattliche Anzahl von touristischen Segel-Dhaus die Gewässer der kenianischen Küste. Die **Paketangebote** der einzelnen Anbieter sind mehr oder weniger identisch: Abholung vom Hotel, Segeltörn, Schnorchelgang, ein opulentes Meeresfrüchtemahl und manchmal noch eine Tour durch den Mangrovenwald oder ein Dorfbesuch. Die Programme, die einen erlebnisreichen Tag füllen, lassen sich in den meisten Safaribüros buchen.

Quad-Touren

Tel. 040/3202776, Mobil: 0721/459258, www.safari-afrique.com. Die Umgebung von Diani kann man auch auf dem Quad kennenlernen. Das Unternehmen bietet 2-Tages-Touren nach Shimoni mit Übernachtung in Mwa-

zaro Beach an (260 Euro) oder in den Shimba Hills National Park (320 Euro). 2 Std. für 50 Euro, Tagestrip 120 Euro.

Besuch im Kaya Kinondo Forest

Die Kayas, die **heiligen Haine der Digo,** sind vom Tourismus bedroht. Das muss nicht so sein: Bei einem Besuch im Kaya Kinondo Forest südlich von Diani Beach lernt man viel über die Natur und das Weltbild der Digo, aber auch über ihre Traditionen und Geschichten über den Wald. Und mit dem Eintrittsgeld hilft man, den Wald zu erhalten und die Gemeinschaft zu unterstützen. Mobil: 0722/446919, kayakinondo@yahoo.com.

Vom Straßenverkehr bedroht: Weißbartstummelaffe

Shimoni-Halbinsel

⟋ III/C3

Im südlichsten Abschnitt der kenianischen Küste streckt sich eine fast rechteckige und 15 km lange Halbinsel hinaus in den **Pemba-Kanal.** Zum Teil ist das Land noch von dichten Wäldern bedeckt, an den Küsten wachsen undurchdringliche Mangrovenbestände. Der Hauptort dieses Landstrichs ist das gleichnamige **Shimoni.** Im Dorf selbst gibt es sogar relativ noble Hotels – dank der Lage am fischreichen Pemba-Kanal, einem der besten Hochseeangelreviere der Welt, und den berühmten Korallenbänken, die vor **Wasini Island** liegen und durch den **Kisite-Mpunguti Marine National Park** geschützt werden. Sie gelten zusammen mit Watamu als die **besten Tauch- und Schnorchelgründe Kenias.**

Wenn man die Küstenstraße nach Überquerung des Ramisi River nach links verlassen hat, erreicht man nach 1,5 km **Kidimu,** ein Dörfchen, in dem rechts die Piste in Richtung Majoreni abgeht. Nach gut 7 km passiert man auf der linken Seite die Abfahrt zur **Mwazaro Beach Mangrove Lodge,** die man nach weiteren 1,5 km Holperweg erreicht. Das Hinweisschild zum außergewöhnlichen Hotel des Deutschen *Hans von Loesch* ist nicht zu übersehen. Weiter geht die Fahrt, vorbei an vereinzelten Häusern und durch Palmwälder, die ganzen 14 km hinunter bis nach Shimoni.

Shimoni

Shimoni ist deutlich weniger pittoresk, als man sich das zuvor beim Studium der Landkarte aufgrund seiner Lage an der Spitze der Halbinsel ausgemalt hatte. Der Kern des kleinen Ortes, der bereits im 18. Jahrhundert gegründet wurde, besteht nur aus ein paar makuti- und wellbechgedeckten Lehmhäusern und Dukas, einer Moschee und einem Postamt. Die Gebäude scharren sich um den Marktplatz, der aus gestampfter Erde und Bauschutt besteht. Das ganze Dorf macht einen ziemlich verwahrlosten Eindruck, doch in letzter Zeit tut sich etwas: Schilder allerorten weisen daraufhin, keinen Abfall wegzuwerfen, und eine große Hausruine wird gegenwärtig von den National Museums of Kenya renoviert. Bei dem zerfallenen Gebäude handelt es sich um den **alten Sitz der Imperial British East Africa Company** in Shimoni, eines der wenigen Beispiele früher Kolonialarchitektur, die Ende des 19. Jahrhunderts an der ostafrikanischen Küste entstanden ist und bis heute überdauert hat. Ähnliche Gebäude gibt es noch in Malindi, Vanga und Kipini. Der doppelstöckige Bau besaß ebenerdige Büroräume, über denen sich die Privatwohnung des Handelsgesandten befand. Später wurde das imposante Gebäude zum Amtssitz des britischen District Comissioner, bis dieser in das kühlere Kwale in den Shimba Hills umzog. Shimoni heißt auf Kisuaheli so viel wie „Ort der Höhlen". Um die namensgebenden finsteren Löcher im Korallenfels ranken sich allerlei Geschichtchen, und vermutlich kommt bei jedem Touristenbesuch noch eine hinzu, nämlich jene, die sich der Guide gerade ausdenkt ... Als Schmugglerversteck und Sklavengefängnis sollen sie gedient haben. Einen Besuch der **Höhlen** voller Fledermäuse kann man inzwischen empfehlen, denn durch Treppenstufen sind sie zugänglich gemacht worden, und der Unrat, der sie zuvor anfüllte, ist verschwunden. Dafür ist man gerne bereit, 100 Ksh Eintritt zu bezahlen, die Gemeindeprojekten zugute kommen. Kassenhäuschen und Eingang befinden sich direkt am Markt, geöffnet sind die Höhlen von 8.30–10.30 und 13.30–18 Uhr. Noch spannender ist u.U. ein Besuch der morgendlichen **Fischauktion** von Shimoni, denn der Pemba-Kanal ist ein überaus reicher Fischgrund. Auf der Auktion kommen häufig Ehrfurcht erregende Großfische wie Haie, Schwertfische und Mantas unter den Hammer, die man in freier Wildbahn selten zu Gesicht bekommt bzw. bekommen will ...

Mit der beschaulichen Ruhe in Shimoni könnte es bald endgültig vorbei sein, denn Tiomin Resources Inc., ein internationales Minenunternehmen, hat die Konzession erhalten, im Hinterland über 21 Jahre hinweg fünf Millionen Tonnen **Titanerz** abzubauen. In

Diani sollen Verladeeinrichtungen zum Abtransport des Rohstoffs entstehen. Der KWS opponiert gegen diese Pläne und verlangt einen Export über den Hafen von Mombasa, denn es werden schwere Auswirkungen durch die riesigen Cargoschiffe auf die Korallenbänke des Kisite-Mpunguti Marine National Park befürchtet. Für die Lagereinrichtungen müssten zudem einige Hektar Küstenwald weichen. Die endgültige Entscheidung für oder gegen das Hafenprojekt ist bisher noch nicht gefallen ...

Wasini Island ♐ II/C3

Vor Shimoni, nur durch einen wenige hundert Meter breiten Kanal vom Festland getrennt, liegt Wasini, ein schmales, einige Kilometer langes Inselchen, das aus schroffem **Korallenstein** besteht, im nördlichen Teil aber von dichtem Buschland bedeckt wird. **Wasini,** die einzige Ortschaft auf dem Eiland, liegt im südlichen Abschnitt. Der Kanal ist offensichtlich breit genug, um ein massives Herrüberschwappen des 21. Jahrhunderts zu verhindern: So gibt es auf Wasini noch immer kein fließendes Wasser, Autos oder Motorräder sind unbekannt, und der durchschnittliche Haushalt auf der Insel besitzt keinen Strom, denn wer kann sich schon einen Generator leisten? Dies, die freundliche Bevölkerung und die prächtigen Riffe in der Umgebung machen das Dorf zu einem Rückzugsgebiet für Leute, die den Touristenrummel von Diani, Mombasa oder Malindi leid sind. Die einzige Sehenswürdigkeit der Insel – abgesehen von dem immer noch recht traditionellen Lebensstil, den die Bewohner Wasinis pflegen – ist der sogenannte **Korallengarten** am Rand des Dorfes. Der Begriff „Korallengarten" ist eigentlich missverständlich, denn es handelt sich um eine trocken gefallene, pottebene Grasfläche von der Größe dreier Fußballfelder, auf der zahlreiche prähistorische Korallenblöcke stehen. Die schwarzen, rasiermesserscharfen Steine besitzen zahllose Durchbrüche und skurrile Verformungen, in die man riesige Pilze oder Fabeltiere hi-

Wasini Island – Garten
mit fossilen Korallenstöcken

neinlesen kann. Besonders magisch wirkt dieses natürliche Kunstwerk im Licht des Vollmonds. Bei Springfluten bekommen die Steine übrigens nach wie vor nasse Füße. Eine Frauengruppe auf Wasini hat daher einen Holzsteg gebaut, auf dem man nicht nur durch den Korallengarten wandeln, sondern auch die Mangroven erkunden kann. Ganz an der Nordspitze von Wasini tauchen bei Ebbe ebenfalls tolle Korallenformationen aus dem Wasser auf, die aussehen, als wären sie von Menschenhand gemacht.

Südlich des Dorfes Wasini befindet sich ein Anleger der kenianischen Marine, die hier eine Radarstation betreibt. Auch einen **Rangerposten des KWS** gibt es hier. Die Wildhüter sind vor allem auf Dynamitfischer angesetzt, die in Schnellbooten aus Tansania

und von Pemba herüberkommen, mit ihrer rücksichtslosen Hit-and-Run-Technik ganze Riffe verwüsten und dann ebenso schnell wieder mit ihrer Beute verschwinden.

Kisite/Mpunguti Marine National Park bzw. Reserve

⚓ III/C3

Um die Auswüchse im Fischereiwesen zu unterbinden, wurden 1978 vor der Ostküste von Wasini Island der 28 km² große **Kisite Marine National Park** und das 11 km² messende **Mpunguti Marine National Reserve** ausgewiesen. Die Unterwasserwelt der Schutzgebiete umfasst Flachwasserriffe und exotische Korallengärten. Während im Nationalpark als einzige Nutzung – nach der Bezahlung der Eintrittsgebühr von 5 US$ – das

Schnorcheln und Tauchen erlaubt ist, darf im Gebiet des Reserve auch geangelt werden. Der Name leitet sich von den **Kisite Islands** – Inner Kisite und Outer Kisite – sowie den **Mpunguti Islands** – Inner Mpunguti und Outer Mpunguti – ab. Neben einigen ausgesprochen schönen Riffen und einer unüberblickbaren Fülle von tropischen Rifffischen hat man gute Chancen, **Meeresschildkröten** und **Delfine** zu sehen, die hier mit zwei Arten vertreten sind. Um die Zerstörung der Riffe durch die vielen Ausflugsboote zu verhindern, sind an den wichtigsten Riffen Bojen gelegt worden. Denn einmal zerstörte Riffe benötigen lange, um sich zu regenerieren.

Das **Tauch- und Schnorchelrevier** besitzt nicht nur wegen seiner Schönheit eine Ausnahmestellung in Kenia, sondern auch, weil hier auch außerhalb der normalen Saison getaucht werden kann. Eine Reihe von Tauchplätzen in Kisite-Mpunguti ist durch die Inseln von zu starkem Seegang abgeschirmt und besitzt daher auch bei unruhiger See relativ gute Sichtverhältnisse.

Zu den schönsten Tauchplätzen der Gegend gehört das **Nyulli Reef** im Osten von Wasini. Aufgrund der Strömungsverhältnisse und der Tiefe von bis zu 40 m und mehr ist es nur etwas für erfahrene Taucher. Spektakuläre Korallenformationen, Zackenbarsche von über 2 m Länge und andere Tiefwasserfische wie Barrakudaschulen, Weißspitzenriffhaie und Zebrahaie werden hier häufig gesichtet.

Das **Pink Reef** ist ein rundes Riff in flachen Gewässern zwischen 3 und 17 m Tiefe, das sich durch herrliche Hart- und Weichkorallenbestände (die die namensgebende Färbung hervorrufen) sowie durch häufige Sichtungen von Wasserschildkröten, Blaufleckenstechrochen und zahlreicher anderer Rifffische auszeichnet. Die oberen Teile des Riffs bieten bei Ebbe auch für erfahrene Schnorchler ein schönes Revier.

Capitain Hassan's Reef ist von seiner Architektur her ausgesprochen reizvoll und eignet sich wegen seiner relativ geringen Wassertiefe für einen entspannten Tauchgang. Neben der großen Korallenbank weist das Riff im Westen einige isolierte Korallenblöcke auf, an denen häufig größere Fische beobachtet werden können.

Zwei weitere außergewöhnlich gute Tauchplätze sind das **Riff am Dolphin Point,** das seinen Namen wegen der verspielten Delfinschulen trägt, die dort öfter vorbeischauen, und das sich eingeschränkt auch zum Schnorcheln eignet, und das **Riff am Kisite Point,** welches wegen der geringen Wassertiefen und des ruhigen Wassers für Taucher und Schnorchler gleichermaßen geeignet ist. Hauptattraktion hier sind die zahmen Fische, die einen unter Wasser umringen und dies zu einem optimalen Platz für die Unterwasserfotografie machen. Auf den sandigen Flächen am Fuße des Riffs gibt es eine Kolonie von Sandaalen. In den oberen Lagen hat das Riff durch Ankerungen und Marinemanöver allerdings einige Schäden davongetragen.

Das am häufigsten von den Schnorchelgruppen angesteuerte **Riff** ist jenes **von Inner Kisite,** das bis auf 3 m unter der Wasseroberfläche ansteigt. Wunderbare farbenfrohe Korallenbestände – die stellenweise leider Spuren von Ankern aufweisen – und Tausende von tropischen Rifffischen, darunter viele Muränen und zahme Papageienfische, zeichnen diesen Tauchplatz aus. Die geschützte Lage an der windabgewandten Seite erlaubt auch Nachttauchgänge, und wer vom Schnorcheln und Tauchen ermüdet ist, kann sich auf der nahen Sandbank ausruhen.

All diese Plätze können **nur mit Schiff** angesteuert werden, die Skipper kennen die genaue Lage. Die Chance, Walhaie zu sehen, hat man zwischen Oktober und Dezember.

Die Bootseigner von Shimoni haben sich in der **Kisite-Mpunguti Private Boatowners Association (KIBOA)** zusammengeschlossen. Dadurch entfällt (leider?) das Feilschen, denn die Bootsmiete für Nationalparkbesuche kostet mit 8600 Ksh eine Stange Geld. Es mag also keine schlechte Idee sein, sich das Boot mit anderen zu teilen. Maske und Flossen kann man sich für jeweils 200 Ksh mieten, separater Lunch kostet 800 Ksh.

Infos und Kontakt

● **Assistant Director, Mombasa Marine Parks,** Tel. 040/52027, Fax 22774.

An der Küste

Unterkunft

● **Betty's Camp**
Infos und Preise bei Associated Marketing, Regensbergstr. 140, 8050 Zürich, Tel. 0041/ (0)1/443112043; Tel. 040/52487, Mobil: 0720/900771, africa@bettys-camp.com. Zeltübernachtung: 75 US$ BB, im Zimmer 95 US$ BB, zzgl. 18% Steuern. Schöne Anlage mit Swimmingpool in Shimoni, direkt auf einem versteinerten Korallenriff über dem Meer gebaut. Für insgesamt 12 Personen gibt es zwei Übernachtungsmöglichkeiten: in vier Safari-Zelten mit eigener Dusche oder in einem Zimmer des Haupthauses. Wie man bei einem kenianisch-schweizerischen Unternehmen erwarten sollte, ist alles picobello sauber, auch wenn die Zimmer für den Preis nicht übermäßig groß sind. Eine echte Attraktion ist die Speisekarte, die auch Gäste, die nicht im Betty's Camp übernachten, dank toller Sandwiches, Karottensuppe, Pizza und Desserts wie Mango-Creme, Zitronenkuchen und Schokoladen-Mmmmmmh-ousse verzücken dürfte! Über das Camp lassen sich Ausflüge in den Marine National Park und zum Hochseefischen organisieren.

● **Mwazaro Beach Mangrove Lodge**
Mobil: 0722/711476, www.keniabeach.de; Kontakt in Deutschland: *Karina Ohnesorg,* Tel. 0341/25980150. Die Übernachtung in den normalen Palmcottages ohne eigenes Bad kostet 63/80/99 Euro HB. In den Wohnungen des Korallenhauses werden 93/136 Euro HB im Erdgeschoss und 143/186 Euro HB im 1. Stock fällig. Mwazaro eignet sich auch wunderbar zum Campen am puderfeinen Sandstrand, die neu gesetzten Kokospalmen sind inzwischen so hoch, dass sie angenehmen Schatten spenden. Campingpreise auf Anfrage. Die aus Makuti und Korallenstein errichteten Hütten von Mwazaro Beach stehen auf einem fossilen Korallenriff, direkt oberhalb eines makellosen Sandstrands, der wiederum von einem dichten Mangrovenwald schützend eingefasst wird. Die Einrichtung der Unterkünfte ist schlicht, aber gemütlich, die Betten sind bequem. Einzige kleine Bemängelung: Die älteren Hütten stehen ziemlich eng beieinander. Sehr gut ist das Essen. *Hans von Loesch,* der deutsche Initiator

von Mwazaro Beach, hat in seinem ersten Leben verschiedene Kochbücher geschrieben und auf Sansibar mehrere Monate die Suaheli-Küche studiert. Mit den frischen Zutaten vom Acker und aus dem Meer, traditionellen Gewürzen und viel Fantasie werden in Mwazaro kleine Kochwunder vollbracht.

Der große Baobabbaum, der auf dem Gelände steht, ist dem Küstenvolk der Digo heilig (*Mwazaro* bedeutet auf Digo so viel wie „Platz des Lamentierens, Schreiens oder Betens" – daher übrigens auch der Slogan der Unterkunft: „Where God makes holiday"). **Hans von Loesch** bekam vom religiösen Hüter des Platzes einige Auflagen für das Hotel. Elektrischer Strom wird aus Wind- und Solarenergie gewonnen, TV und Radio sind hier tabu. Die vorherrschenden Laute in Mwazaro bestehen daher aus dem Rauschen von Wind und Meer. An den ruhigen Abenden unterhalten sich die Gäste in dem offenen Makuti-Pavillon, der als Speisesaal, Lounge und Wohnzimmer fungiert. Hans selbst ist ein guter Erzähler. Die Geschichte, wie er mit über 50 Jahren sein – erfolgreiches – bürgerliches Leben in Deutschland aufgab und viele „Zufälle" ihn ausgerechnet am heiligen Strand von Mwazaro landen ließen, berührt und macht nachdenklich. Hans fühlt sich nach dem Tod des traditionellen Hüters von Mwazaro als so etwas wie sein Nachfolger und ist sich der großen Verantwortung bewusst, die damit verbunden ist. Mit bewundernswertem Elan setzt er sich für das Wohl der Menschen in der Umgebung ein (er betreibt eine Buschklinik, alle Versorgungsgüter werden von Bauern und Fischern der Nachbarschaft gekauft). Außerdem engagiert er sich im Naturschutz (Aufforstung von Mangrovenwald). Alles in allem ist Mwazaro Beach ein sehr außergewöhnlicher Platz am Puls der Natur.

Mwazaro Beach verfügt über ein eigenes Boot mit Außenbordmotor und bietet verschiedene Touren an, darunter spannende Fahrten in den Mangrovenwald (25 Euro p.P., ab 4 Personen), wo Hans die ganze Vielfältigkeit und Faszination des komplizierten Lebensraumes erklärt, Schnorcheltouren hinaus zum Riff (Brille und Schnorchel inklusive) und Besuche im Kisite Marine National Park. Bei mehreren Touren gibt es Ermäßigungen. Man kann das Boot auch für Angelausflüge nutzen, Preise sind von der Dauer der Tour abhängig. Darüber hinaus organisiert Hans Ausflüge zu interessanten Plätzen im Hinterland, etwa nach Vanga oder zum Boboro-Dschungel und ins Shimba Hills National Reserve. Wer sich einem Tagestrip nach Mwazaro anschließen möchte, zahlt 65 Euro, inklusive einer fast vierstündigen Bootstour in den Mangrovenwald des Ramisi River und eines leckeren Essens.

● Eden Bandas

Eine einfache Unterkunft in Shimoni findet man in den Bandas des Nationalparks, die 10 US$ p.P. kosten. Drei Bandas haben ein eigenes WC. Fließendes Wasser ist nicht immer vorhanden. Aber schön kühl ist es, hier im Wald unter den Bäumen, in denen die Sykes-Affen zetern. Es gibt eine Gemeinschaftsküche und eine lange Tafel sowie einen Grill.

● Pemba Channel Lodge

Mobil: 0722/2050-20 und -21, www.pembachannellodge.com, www.divingpemba.com; 200 Euro p.P. in der Hochsaison, in der Nebensaison 125 Euro. Die Unterkunft ist – natürlich – auf Angler zugeschnitten und liegt am erhöhten Ufer über dem Pemba-Kanal mit Blick hinüber auf das nahe Wasini Island. Die Gäste wohnen in einfachen, aber freundlich und persönlich eingerichteten Bandas mit Moskitonetzen, Ventilator und eigener Veranda. Eine besondere Erwähnung verdienen das köstliche Essen und die Professionalität der Fangbootcrews, die die höchsten Erfolgsquoten an der gesamten Küste aufzuweisen haben. Das gemütliche Clubhaus ist denn auch vollgestopft mit Trophäen und Fotos von stolzen Petrijüngern. Doch das Hobby ist nicht billig, für eine Tagesmiete der Fangboote muss man mit rund 500 Euro rechnen. Die gefangenen Großfische wie Haie und Schwertfische werden dem Fang wieder freigelassen. Darüber hinaus organisiert die Lodge auch gerne Schnorchel- und einwöchige Tauchtouren mit dem Schiff. Swimmingpool vorhanden.

● Shimoni Reef Lodge

Tel. 040/52015, www.oneearthsafaris.com; LS: 52/64 US$ BB, HS: 80/104 US$ BB; Buchungen auch über Reef Hotels in Mombasa, Tel. 041/471771. Die Reef Lodge war schon in besserem Zustand, aber die Terrasse mit dem Blick auf Wasini ist immer noch schön, und die Räume sind sauber, groß, luftig und zum Wasser hin ausgerichtet, haben aber nur Ventilator. Für Taucher, die von Kenia zum Schwesterhotel auf Pemba übersetzen wollen, ist die Reef Lodge die Ausgangsoasis. Swimmingpool, Restaurant und Bar.

● Wasini Mpunguti Lodge

Tel. 040/52288, Mobil: 0722/861845. Die direkt am Meer gelegene Lodge ist die einzige Unterkunft im Dorf des felsigen Wasini Island. Es gibt hier sowohl saubere Zimmer für 1200 Ksh FB NSC, 1500 Ksh FB NSC bzw. 2500 Ksh FB SC p.P. und Nacht (die Zimmer mit dem Blick über den Pemba-Kanal sind die teureren, sind aber wirklich sehr schön und rechtfertigen den Aufpreis) als auch eine Campmöglichkeit für 300 Ksh p.P. Dank Solaranlage und einem Generator gibt es Strom, die Duschen werden mit Regenwasser betrieben, die Toiletten mit Salzwasser. Man kann in der Mpunguti Lodge einige wichtige Dinge wie Fisch, Kokosnüsse, Maismehl und natürlich Reis kaufen, eine Kochgelegenheit ist ebenfalls vorhanden. Allerdings stellt sich angesichts des hervorragenden Suaheli-Essens, das serviert wird, die Frage, ob es sich überhaupt lohnt, selber den Kochlöffel zu schwingen. Darüber hinaus organisiert die Mpunguti Lodge auch Dhau-Touren mit dem üblichen Schnorchel- und Mittagessensprogramm, allerdings ist hier alles ein wenig günstiger.

Verkehrsverbindungen

Der Transport **von Shimoni nach Likoni** ist täglich über einige **Minibusse und Matatus** sichergestellt. Wer sicher sein möchte, mitzukommen, wartet am besten morgens gegen 6.30 Uhr auf der Hauptstraße. Weitere Transportmöglichkeiten ergeben sich meistens zwischen 14 und 16 Uhr. In der Gegenrichtung, von Likoni nach Shimoni, kann man entweder die frühen Matatus, ebenfalls gegen 6.30 Uhr, nehmen, oder man besteigt eines der häufiger fahrenden Matatus in Richtung Lunga Lunga, lässt sich an der Abzweigung von der Küstenstraße absetzen und trampt dann die restlichen 14 km hinunter nach Shimoni, was relativ gut funktioniert.

Um **nach Wasini Island** überzusetzen, ist man als Tourist der Willkür der Bootsleute ausgeliefert. Die Besitzer von Motorbooten wollen den großen Reibach machen und versuchen zu verhindern, dass man die Matatu-Segelboote benutzt, mit denen die Einheimischen für nur 50 Ksh nach Wasini übersetzen. Als Tourist wird einem hier deutlich mehr abgeknöpft.

Dhau-Touren

Inzwischen bevölkert schon eine recht stattliche Anzahl touristischer Segeldhaus die Gewässer der kenianischen Küste. Die Paketangebote der einzelnen Anbieter sind mehr oder weniger identisch: Abholung vom Hotel, Segeltörn, Schnorchelgang, ein opulentes Meeresfrüchtemahl, Getränke, Masken und Flossen und manchmal auch noch eine Tour durch den Mangrovenwald oder ein Dorfbesuch. Die Programme, die einen erlebnisreichen Tag füllen, lassen sich in den meisten Safaribüros buchen. Wenn Sie dort kein Glück haben, können Sie es bei den jeweiligen Firmen direkt versuchen:

● **Dolphin Dhow**
Tel. 040/3202144, Mobil: 0720/773250 und 0720/827923, www.dolphindhow.com; Barclays Centre, Diani Beach; 95 US$ für Gäste von der Südküste, 100 US$ für Gäste von der Nordküste. Wer auf eigene Faust zum Fähranleger von Shimoni kommt, zahlt 75 US$. Die Dhau startet um 9 Uhr bei Shimoni.

● **Funzi Dhow**
www.wasiniisland.com/kinazini. Die Segeltörns gehen von Shirazi hinüber zur Funzi-Insel und nach einem Dorfbesuch weiter zur unbewohnten Kinazini-Insel. Funzi Dhow ist einer der günstigen Anbieter, dafür kommt das Mittagsmenü ohne Hummer und Krabben aus, was unter Naturschutzaspekten zu begrüßen ist.

● **Pilli Pipa Dolphin Safaris**
Tel. 040/3203559 und 3202401, www.pillipipa.com; Colliers Centre, Diani Beach. Hinter

Pilli Pipa, dem kleinsten und persönlichsten Veranstalter von Dhautouren an der Küste, stehen *Selina* und *Harm,* ein italienisch-holländisches Paar, das die Ausflüge mit viel Elan, Stil und Fachkenntnis persönlich leitet und eine wahrlich babylonische Sprachenvielfalt beherrscht. Mit der Dhau „Pilli Pipa" geht es um 8.30 Uhr vom Landungssteg zunächst um die Südspitze von Wasini Island, hinaus zu den herrlichen Riffen des Marine National Park. Nach mehreren Stunden Sonnenbaden, Schnorcheln und Tauchen (zumindest für jene, die einen Tauchschein besitzen), geht die Fahrt unter Segeln zum Grundstück der beiden im nördlichen Teil der Insel. Dort wartet bereits ein opulentes Meeresfrüchtemenü auf die ausgehungerten Gäste, deren Zahl bewusst auf maximal 20 begrenzt ist, um eine individuelle Betreuung garantieren zu können und schädliche Auswirkungen auf die empfindlichen Korallenriffe des Nationalparks auszuschließen. Preis für Schnorchler: 95/100 US$ (Süd-/Nordküste), für Taucher – inklusive 2 Tauchgängen – 145 US$. Selina ist Tauchlehrerin, bei ihr können auch Tauchkurse absolviert werden.

● **Wasini Island Restaurant & Kisite Dhow Tours**
Tel. 040/3202331 u. 3203055, Mobil: 0722/ 205154, www.wasini-island.com. Das Wasini Island Restaurant (auch Charlie Claw's genannt) an der Südspitze von Wasini Island ist schon seit Ende der 1970er Jahre im Geschäft und hat sich zu einem großen Unternehmen gemausert, das ziemlich professionell gemanagt wird, aber Züge eines Massenbetriebs trägt und daher etwas billiger ist als alle anderen Anbieter. Wer sich schon auf der Insel befindet und nur im Restaurant essen möchte, zahlt für den Half Lunch 15 US$, für den Full Lunch 30 US$. Inzwischen hat das Wasini Restaurant sogar eine eigene Meerwasserentsalzungsanlage.

Sport

Hochseeangeln

Shimoni besitzt ausgesprochen gute Fanggründe für das Hochseeangeln. Wer sich für diesen Sport interessiert, wendet sich an die

Pemba Channel Lodge, an **Betty's Camp** oder **Sea Adventures.**

Anfang Dezember wird in Shimoni das **PCFC Billfish Tournament,** ein renommierter Angelwettbewerb, veranstaltet.

Schnorcheln und Tauchen

Mit dem **Pemba Channel Fishing Club,** der **Reef Lodge, Pili Pippa** und dem **Wasini Restaurant** gibt es gleich vier Unternehmen vor Ort, die Tauchbasen besitzen und diverse Kurse anbieten. Wer nur schnorcheln möchte und die hohen Ausgaben für einen organisierten Bootstrip scheut, kann sich bei Hotels, Bootseignern oder am Strand für 400 Ksh pro Tag Maske und Schnorchel mieten. Wer die schönsten Plätze sehen will, wird aber um eine Bootsfahrt nicht herumkommen.

Kwale – Shimba Hills – Mwaluganje Elephant Sanctuary

- **16 km**
- Bis hinauf nach Kwale ist die Straße geteert, dann beginnen Pisten, die in sehr **wechselhaftem Zustand** sind.
- **Tankmöglichkeit:** Kwale.
- **Fahrtzeit:** 30 Min.

18 km hinter der Likoni-Fähre biegt rechts eine Teerstraße nach Kwale ab, das in den nördlichen Ausläufern der Shimba Hills liegt. Aus der Küstenebene erklimmt die Teerstraße die Ostflanke der Berge, die auf dem Hauptkamm noch prächtige Wälder tragen. Es geht durch relativ dicht besiedeltes Gebiet ständig bergauf. Nach knapp 4 km biegt rechts die Piste nach Matuga ab, über das man zurück nach Ngomeni an der Hauptstraße nach Mombasa gelangen kann. Kurz vor der Abzweigung liegt links der Straße eine **kleine Ferienanlage,** die von einem deutschen Ehepaar betrieben wird. Der Strand ist zwar in 5 km Luftlinie Entfernung, dafür gibt

es einen Pool, und man hat in der Hanglage einen schönen Blick aufs Meer (www.matuga-kenia.de, Tel. 072/806171; weitere Infos und Buchungen: Wilfried und Sibylle Eckhardt, Im Zwengel 7, 65719 Hofheim, Tel. 06192/37867, Fax 3090082).

Ziemlich genau nach 10 km ab der Küstenstraße taucht man in dichte Plantagen von Kokospalmen, Cashewnuss- und Mangobäumen ein, knapp 4 km weiter zweigt links eine Piste zum Kivumoni Gate des Shimba Hills National Reserve ab, und schon 2 km später erreicht man **Kwale.** Das grüne, von Wäldern umgebene Bergstädtchen mit dem angenehmen Klima ist Verwaltungszentrum des gleichnamigen Distrikts, der sich südlich von Mombasa an der Küste bis zur tansanischen Grenze erstreckt. Viel ist in Kwale nicht los, immerhin gibt es eine KBC-Filiale, eine Post, eine Tankstelle, einen Polizeiposten und das einfache **Kwale Guesthouse,** dem das **Golden Restaurant** angeschlossen ist.

Rund 4 km hinter dem Kwale Guesthouse gelangt man über eine Abzweigung nach links zum Haupteingang des **Shimba Hills National Reserve** (s.u.), der Teerbelag der Straße endet jedoch bereits 2,5 km zuvor. Um zur Shimba Rainforest Lodge und zum Mwaluganje Elephant Sanctuary zu gelangen, folgt man der Hauptpiste geradeaus weiter. Die Abzweigung zur Lodge nach rechts ist gut beschildert, bis zum Hotel geht es nochmals 4 km durch dichten, elefantenreichen Wald bergab. Fährt man auf der Straße geradeaus weiter, beginnt 1 km hinter der Abzweigung zur Lodge der westliche Abbruch der Shimba Hills in die Ebenen des Inlands, die sich bis in den Tsavo hinziehen, bei klarem Wetter kann man von hier sogar bis zum Kasigau-Berg blicken. Es geht nun auf der schottrigen Piste recht steil bergab 2 km darauf biegt nach links eine Piste in Richtung Mkongani ab, die zunächst noch ein Stück durch das Reservat führt und beständig dem Fuße der Shimba Hills nach Süden folgt. Bei km 7,9 ab der Zufahrt zur Lodge sind Sie bereits wieder im Flachland angelangt und überqueren den **Pemba River,** der hier von einem kleinen Wehr aufgestaut wird und bei Mombasa in den Indischen Ozean mündet. Sie fahren dann ein Stück an dem Elektro-

 An der Küste

zaun entlang, der die Bevölkerung vor den vielen Elefanten in den Shimba Hills schützen soll. Kurz darauf biegt dann auch rechts die Piste zum **Mwaluganje Elephant Sanctuary** ab. Es sind dann noch einige hundert Meter bis zum Gate, auf dem Weg dorthin passieren Sie Häuser, an denen Curios verkauft und traditionelle Tanzvorführungen für Touristen veranstaltet werden.

Shimba Hills National Reserve

♫ III/C2

Das 320 km² große Shimba Hills National Reserve zählt zu den **eher selten besuchten** Naturschutzgebieten des Landes. Und dies, obwohl sich die Berge nur 20 km im Rücken von Diani Beach hinziehen. Selbst vom 56 km entfernten Mombasa erreicht man das 1968 ausgewiesene Schutzgebiet mit dem Wagen über eine gute Teerstraße in einer knappen Stunde. In dem Gebiet mit stellenweise dichter Waldvegetation gibt es allerdings keine „Tierbeobachtungsgarantie" wie in den offenräumigen Savannenparks von *Tsavo*. Die meisten Besucher, die dort waren, sind allerdings begeistert, denn die **Landschaften** der bis zu 448 m hohen Berge sind **sehr abwechslungsreich,** und von vielen Stellen öffnen sich nur als grandios zu bezeichnende Ausblicke hinunter in die tropische Küstenebene, auf den ewig weiten Busch landeinwärts und die rollenden Hügel der Kette selbst. Dampfende Küstenregenwälder wechseln sich mit parkähnlichen Buschland und offenen Grassavannen ab. Die Berge werden von einigen Flusseinschnitten durchzogen, die von Galeriewald gesäumt sind. Einer der Flüsse, der Rongo Mwangandi, stürzt an den **Sheldrick-Fällen** rund 20 m tief in einen herrlichen Badepool hinab. *Ernest Hemingway* hat die Landschaft der Shimba Hills in dem Buch „Die grünen Hügel Afrikas" literarisch verewigt. Ermüdend ausführlich berichtet er da von Großwildjagden in den 1930ern Jahren in dem damals noch außerordentlich wildreichen Gebiet.

Trotz einer abwechslungsreichen Fauna sind die Zeiten der großen Tierherden in den Shimba Hills aber Vergangenheit – mit einer Ausnahme. In kaum einem anderen Gebiet Kenias gibt es so **viele Elefanten auf** so **kleinem Raum,** was vor allem an den üppigen tropischen Wäldern liegt, die den Tieren eine gute Nahrungsgrundlage bieten, aber auch an der starken Wilderei in den 1980er Jahren, als die Dickhäuter in die relative Sicherheit der Berge flohen. In dem zusammenhängenden Ökosystem von Shimba Hills und Mwaluganje Elephant Sanctuary leben gegenwärtig rund 600 Dickhäuter. Da es ständig zu Konflikten mit den Menschen kam, die an ihrem Rand siedeln, wurden die Schutzgebiete mit einem solarbetriebenen, elefantensicheren Starkstromzaun umgeben. Damit sind die alten Elefantenwanderwege zwischen dem Tsavo West National Park und der Küste wohl für immer unterbrochen.

Neben den Elefanten sind vor allem die seltenen **Rappenantilopen** die Stars von Shimba. Die rund 200 Tiere mit den großen, nach hinten gebogenen Hörnern galten lange als die letzte Population einer eigenen Unterart. Erst kürzlich gelang der genetische Nachweis, dass es keinen Unterschied zu den Tieren gibt, die in den tansanischen Schutzgebieten Selous und Saadani leben. Mit insgesamt rund 3000 Tieren gilt diese Art damit vorerst als gesichert. Besonders die männlichen Rappenantilopen sind mit ihrem schwarzen Fell ein prächtiger Anblick. Die Einzelgänger sind aber nicht so einfach zu beobachten. Die bräunlichen Kühe sieht man hingegen öfters auf den offenen Flächen um das Hunter's Camp und am Giriama Point.

Dass es **in den waldreichen Gebieten** auch Wildbüffel, Buschböcke, Wasserböcke, Rietböcke, drei verschiedene Duckerarten, Moschusböckchen, Buschschweine, Leoparden, Servale und mehrere Affen gibt, darunter die schwarzweißen Colobus-Affen, Grüne Meerkatzen und Weißkehlmeerkatzen, verwundert nicht. Giraffen, Warzenschweine, Hyänen und Löwen halten sich hingegen eher **in den Savannenregionen** auf. Pferdeantilopen aus Westkenia, von denen während der 1970er Jahre einige Tiere in den Shimba Hills ausgewildert wurden, geistern nur noch durch einige veraltete Reiseführer. Die Tiere sind aus unbekannten Gründen – möglicherweise ungeeignetes Futter oder Mineralmangel – alle eingegangen.

Die **Vogelwelt** in den Shimba Hills ist **weniger reichhaltig,** als das von anderen Parks verwöhnte Ornithologen wohl erwarten würden. Aber: Besonders während des Vogelzugs zurück nach Europa, der zwischen Ende März und Anfang April hier durchzieht, fallen große Vogelschwärme in den Park ein. Manchmal sieht man dann unglaubliche Zahlen von Oriol und Kuckuck. Bemerkenswerte Brutvögel des Parks sind drei verschiedene Nashornvögel, einige schön gefärbte Bienen-

fresserarten und der auffällige Fischers Turaco, ein ausgesprochener Waldvogel.

Für botanisch Interessierte ist der Küstenwald, der durch 1200 mm Niederschlag besonders üppig ausfällt, ein El Dorado. Selbst **Regenwaldarten,** die sonst nur in Westafrika vorkommen, haben sich aus jenen Zeiten erhalten, als es noch eine zusammenhängende Walddecke zwischen Kongobecken und der Küste des Indischen Ozeans gab. Ein botanisches Kuriosum in den Shimba Hills sind die palmähnlichen **Cycadeen,** ein Pflanzentyp, der ähnlich wie der Ginkobaum so etwas wie ein lebender pflanzlicher Dinosaurier ist. Erwähnenswert sind auch die **zwölf Orchi-**

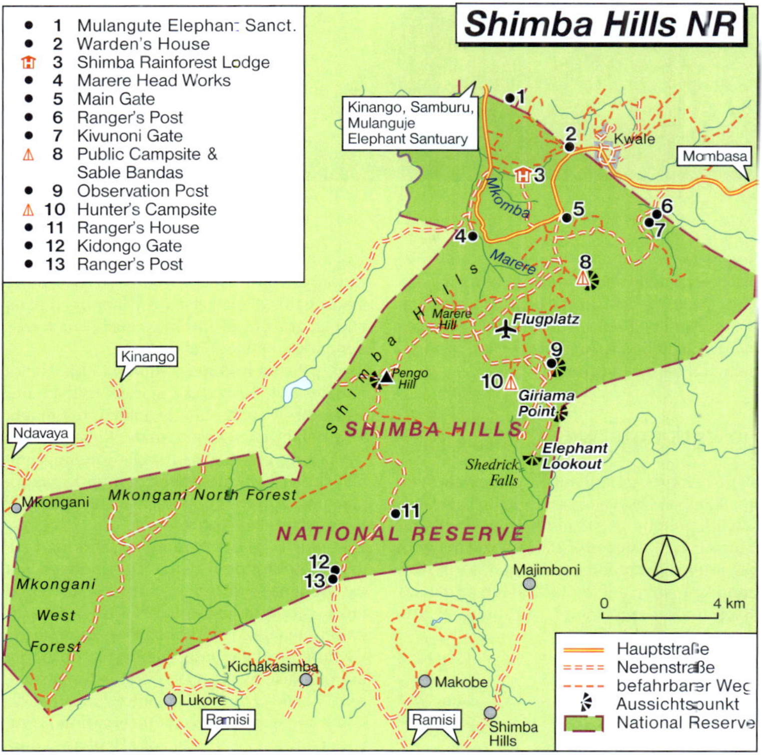

Shimba Hills NR

- ● 1 Mulangute Elephant Sanct.
- ● 2 Warden's House
- 🏠 3 Shimba Rainforest Lodge
- ● 4 Marere Head Works
- ● 5 Main Gate
- ● 6 Ranger's Post
- ● 7 Kivunoni Gate
- ⚠ 8 Public Campsite & Sable Bandas
- ● 9 Observation Post
- ⚠ 10 Hunter's Campsite
- ● 11 Ranger's House
- ● 12 Kidongo Gate
- ● 13 Ranger's Post

Kinango, Samburu, Mulanguje Elephant Santuary

Kwale

Mombasa

Mtomba

Marere

Flugplatz

Kinango

Marere Hill

Shimba Hills

Pengo Hill

Giriama Point

Ndavaya

SHIMBA HILLS

Elephant Lookout

Shedrick Falls

Mkongani

Mkongani North Forest

NATIONAL RESERVE

Majimboni

Mkongani West Forest

Kichakasimba

Makobe

Lukore

Ramisi

Ramisi

Shimba Hills

0   4 km

Hauptstraße
Nebenstraße
befahrbarer Weg
Aussichtspunkt
National Reserve

ken-852 Foto: hf

deenarten, davon zwei der schönsten kenianischen bodenwachsenden Orchideen, *Eulophia livingstoniana* und *Eulophia cucullata,* die im April blühen, sowie *Eulophia wakefieldii*, die im Juli und August ihre grünen und gelben Blüten hervorbringt.

Im Park unterwegs

Wer sowohl das Elephant Sanctuary als auch die Shimba Hills besuchen möchte (die landschaftlich sehr verschiedenartig sind) und nachher zur Küste zurückfährt, sollte mit dem Elefantenschutzgebiet beginnen. Anschließend kann man auf dem Rückweg durch das Haupttor in die Shimba Hills fahren, sie von

Im Teich der Sheldrick Falls
kann man herrlich baden

Nord nach Süd durchqueren und über das Kidongo Gate wieder verlassen. Auf einer landschaftlich reizvollen Piste fährt man dann zurück zur Küste und muss nicht nochmals den ganzen Park durchqueren.

Das **Pistensystem** im Shimba Hills National Reserve ist gut in Schuss und in der Trockenzeit auch ohne Probleme mit einem Pkw befahrbar, während in der Regenzeit ein 4WD empfehlenswert ist. Die Orientierung fällt durch Nummerntäfelchen an Kreuzungen und Abzweigungen, die auch auf der Karte verzeichnet sind, leicht.

In der Nähe des Hauptgate fährt man zunächst noch durch einige Schonungen mit exotischen Gehölzen wie Nadelbäumen und Eukalypten, die angepflanzt wurden, bevor das ehemalige Waldschutzgebiet zum Reservat aufgewertet wurde. Die besten Ausblicke auf die Küstenlandschaft können Sie bei klarem Wetter an der Ostkante genießen, so vom Campingplatz, vom **Observation Point,** vom **Giriama Point** und vom **Elephant Look-**

out. Die schönsten Blicke nach Westen und über die ganze Hügelkette bieten sich vom **Pengo Hill View Point,** bei dem Sie das Auto stehen lassen und auf einen kleinen Aussichtshügel klettern können, sowie von der Spitze des Mwele Mdogo Hill. In den Gras bewachsenen Lango-Ebenen um den Giriama Point haben Sie gute Chancen, Savannentiere zu erspähen, Rappenantilopen sieht man häufiger an der Piste zwischen Hunter's Camp und Kreuzung 6.

Vom Elephant Lookout, an dem sich ein Rangerposten befindet, können Sie in Begleitung eines bewaffneten Wildhüters zu Fuß hinunter **zu den Sheldrick-Fällen** laufen. Zunächst geht es durch offenes Terrain, am Rongo-Mwangana-Fluss hat sich ein schöner Galeriewald herausgebildet. Die **Sheldrick Falls** sind vielleicht 20 m hoch und stürzen in einen fast kreisrunden Teich, in dem man herrlich baden kann. Für Hin- und Rückweg sollte man einschließlich Sprung ins kühle Nass ca. 1 Std. rechnen, über ein Trinkgeld wird sich der Ranger freuen.

Die dichtesten und schönsten Waldgebiete durchqueren Sie hinter Kreuzung 8 auf dem Weg zum Kidongo Gate.

Infos und Kontakt

●**The Warden, Shimba Hills National Reserve,** Tel. 040/4159, 4166, sable@africaonline.co.ke.

Unterkunft

Lodges

●**Shimba Rainforest Lodge**
Buchungen gehen über das zentrale Büro von Aberdare Safari Hotels in Nairobi (s. S. 107); Preise auf Anfrage. In den Reisebüros an der Küste kann man auch günstige Pakete buchen, die den Transport vom und zurück zum Hotel, Abendpirschfahrt, Dinner, Übernachtung, Frühstück und Morgenpirschfahrt enthalten. Für Gäste aus Hotels an der Nordküste: 141 US$, aus Hotels an der Südküste: 131 US$; hinzu kommen die Parkgebühren von 20 US$ pro Tag. Die Lodge liegt 4 km abseits der Hauptpiste im dichten Wald

an einem nachts beleuchteten, kleinen Stauteich voller Seerosen verborgen, einem beliebten Elefantenbadeplatz. Das 3-stöckige, komplett aus Holz erbaute Hotel kann seine Ähnlichkeit mit dem berühmteren Schwesterhotel in den Aberdares, dem Treetops, nicht verleugnen. Aus den großen Zimmerfenstern (DB und TR, alle mit Balkon) genießt man einen unverstellten Blick zum Wasserloch. Die Räume sind klein und teilen sich mit fünf weiteren Parteien Toiletten und Bad. Einzige Ausnahme sind die beiden Suiten, die über eigene sanitäre Einrichtungen verfügen. Wirklich schön ist die Jungle Bar in einem mächtigen Afzelia-quanzensis-Baum, die man über eine Holzbrücke erreicht. Dort sitzt man auf gleicher Höhe mit Affen und Eichhörnchen, die durch die Zweige turnen, während unter einem Antilopen, Buschschweine und Elefanten an der Wasserstelle stehen. Das Hotel organisiert schöne Spaziergänge zur Sonnenuntergangszeit, für die extra bezahlt werden muss. Im Hotel sind keine Kinder unter sieben Jahre erlaubt.

●**Kutazama Lodge**
Mobil: 0722/410468, 0723/402433, 0733/708309, Tel. 040/330185, www.kutazama.com. Von der Luxuslodge in fantastischer Lage blickt man auf das Mwuluganje Elephant Sanctuary. Atemberaubend sind der große zweiteilige Swimmingpool unterhalb eines 10 m hohen Kliffs und das schöne Baumhaus. Preise auf Anfrage.

Hüttenunterkünfte

●**Sable Bandas**
Am öffentlichen Campingplatz, der sich in ca. 4 km Entfernung vom Hauptgate befindet, stehen 4 Bandas, die über jeweils zwei Doppelbetten verfügen. Es wird Bettzeug gestellt. Jedes Banda hat eine nette Terrasse, aber es gibt nur eine Gemeinschaftsküche mit Gaskocher und fließend Wasser. Die Beleuchtung erfolgt über Solarenergie. Nonresidents zahlen 20 US$, Residents 750 Ksh. Der Komfort hält sich in Grenzen, nicht immer gibt es frisches Bettzeug und fließend Wasser, aber angesichts der überragenden Aussicht in die Küstenebene wird das alles zweitrangig. Am besten man bringt einfach alles Bett- und Kochzeug sowie Lebensmittel

und Trinkwasser selber mit. Feuerholz ist dank der vielen Wälder drum herum genügend vorhanden. Die Buchungen laufen über den Warden (s.o.).

Camping

In den Shimba Hills gibt es **zwei Campsites,** der eine nur 4 km vom Hauptgate entfernt, an dem es öffentliche Toiletten und Duschen, aber nicht immer Wasser gibt, der zweite, **Hunter's Campsite,** liegt weiter im Zentrum des Parks. Auf beiden wird nur selten übernachtet. Feuerholz vorhanden. Die Campinggebühren finden sich auf S. 56.

Anreise

Das National Reserve ist durch die Nähe zu Mombasa und den umliegenden Hotels perfekt für **Tagesausflüge mit eigenem Wagen** geeignet.

Das Reservat verfügt über **drei Gates.** Das **Kivumoni Gate** und das **Haupttor** liegen an der Nordseite nahe Kwale, das **Kidongo Gate** im südöstlichen Teil. Über eine landschaftlich reizvolle Strecke kommt man von hier zurück zur Küste. Entweder biegt man 7,6 km nach dem Gate links ab, um auf direktem Weg zur Teerstraße zurück zu gelangen, oder man gönnt sich eine insgesamt 33 km lange Pistenfahrt, die vorbei an malerischen Dörfern bis nach Mrima führt, das schon recht nahe der tansanischen Grenze an der Küstenstraße liegt. Bei der Rückfahrt über die Teerstraße in Richtung Mombasa und Diani kann man dann noch ein Stück der Südküste erkunden.

Auch **mit öffentlichen Verkehrsmitteln** sind die Shimba Hills erreichbar. **Von Likoni** her bedient der **KBS-Bus** Nummer 34 Kwale (letzte Rückfahrt: 20 Uhr), von wo es nochmals 4 km Fußweg bis zum Hauptgate sind. Es fahren auch **Matatus** hinauf in die Distrikthauptstadt. Das Problem beginnt beim Trampen am Gate, denn nur an den Wochenenden darf man mit einem Lift rechnen.

Es war beim KWS auch mal im Gespräch, die Shimba Hills für **Walking Safaris** zu öffnen. Landschaftlich wären sie dafür das ideale Terrain.

Parkgebühren, Öffnungs- und beste Besuchszeiten

● Die **Eintrittspreise** stehen auf S. 55.
● Der Park ist **von 6–18.30 Uhr geöffnet.**
● Nach längeren Regenfällen kann es auf einigen Pistenabschnitten sehr matschig werden. Wenn Wolken die grandiose Sicht versperren, ist Shimba Hills nicht einmal das halbe Erlebnis. Deshalb ist ein Besuch in den regenreichen Monaten April und Mai sowie im November nicht besonders angeraten.

Mwaluganje Elephant Sanctuary

♫ III/C2

Zunehmende Besiedlung zwischen dem Shimba Hills National Park im Süden und dem Mwaluganje Forest Reserve im Norden drohte Anfang der 1990er die Wanderwege von Elefanten zu durchtrennen, die abhängig von der Futtersituation zwischen diesen beiden Plätzen hin und her pendeln. Dann legten 180 **Duruma-Bauern** ihre Böden zusammen, um das Mwaluganje Elephant Sanctuary zu schaffen, welches einen Landkorridor zwischen den beiden Gebieten bildet. Durch eine Beteiligung an den Einnahmen durch Tourismus verdienen sie inzwischen deutlich mehr, als sie auf den kargen Böden mit Ackerbau hätten erwirtschaften können. Um die umliegenden Dörfer vor den Dickhäutern zu schützen, wurde an der Westseite des Sanctuary ein **elektrischer Zaun** errichtet. So erfolgreich ist das Mwaluganje Elephant Sanctuary, dass man daran denkt, wieder **Tiere** heimisch zu machen, die durch den steigenden Siedlungsdruck verschwunden sind. Gegenwärtig hat man die Möglichkeiten, außer Elefanten, die z.T. wunderschöne Stoßzähne tragen, auch Zebras, Warzenschweine, Buschböcke, Wasserböcke, Leoparden und im Wald auch Weißkehlmeerkatzen und Colobus-Affen zu sehen. Vogelliebhaber werden besonders bei der Erwähnung des Affen jagenden Kronenadlers hell-

hörig werden. Der Sokoke Scoops Owl, eine seltene Eulenart, kommt sonst nur noch im Arabuko Sokoke-Wald nahe Malindi vor.

Ein Naturschauspiel lässt sich ein oder zwei Mal im Jahr beobachten, wenn während der Regenzeiten, also im Dezember, März oder April, sich miteinander verwandte **Elefantengruppen** treffen und für drei oder vier Tage gigantische Herden von bis zu 200 Kühen und Kälbern bilden. Wie bei menschlichen Familienfesten auch, wird das Wiedersehen von geräuschvollen Begrüßungsszenen begleitet.

Die **Landschaften** von Mwaluganje unterscheiden sich deutlich von den Shimba Hills. Zwar gibt es auch immerfeuchte und Galeriewälder, daneben aber auch trockenen Busch mit riesigen Baobabbäumen und steinige Klippen, die im November durch die massenhaft blühenden Wüstenrosen pink schimmern. Mitten durch das Sanctuary hindurch fließt der **Manolo-Fluss**. Durch die unterschiedlichen Naturräume erklärt sich auch die hohe Zahl an **Schmetterlingen** mit Vertretern aus halbtrockenen Savannen- und feuchten Waldgebieten. Neben einem tiefen Felsbecken im Manolo-Fluss, in dem manchmal ganze Elefantengruppen untertauchen, gibt es eine natürliche Steinfurt, die **Daraja la Mungu**, also „Brücke Gottes", genannt wird. Direkt dahinter ragt eine weiße Klippe auf, der **Jiwe la Saa,** übersetzt so viel wie „der Stein, der die Zeit angibt", weil sich die Farbe mit dem Wandern der Sonne im Verlauf des Tages angeblich von Grün am Morgen bis zu Rot am Abend verändert.

Weitere interessante Plätze sind der **Mtae Kaya** im Mwaluganje-Wald, der zwar nicht mehr bewohnt ist, aber von den Duruma-Ältesten bisweilen noch für Gebete und Opfergaben aufgesucht wird. Aus dem Wald stürzt auch der malerische **Kitanze-Wasserfall** herab, der den Duruma ebenfalls heilig ist.

Im Sanctuary unterwegs

Die Kreuzungen und Wegverzweigungen im Schutzgebiet sind durch **Nummern** markiert. Die Pisten sind aber größtenteils deutlich steiniger als im Shimba Hills National Reserve,

deshalb sollte man ein Auto mit guter Bodenfreiheit besitzen. Am Eingang zum Schutzgebiet gibt es ein Information Centre mit Picknickplatz, wo man interessante Informationen zur Geschichte von Mwaluganje, aber auch Erfrischungen erhält.

Informationen

● **Tel. 040/4159.**

Camp

● **Traveller's Mwaluganje Elephant Camp**
Tel. 041/548512-1 bis -6, Fax 5485678; 90 US$ FB p.P. Das Safaricamp der Traveller-Hotelgruppe im Sanctuary ist ein typisches Camp mit Zeltunterkünften. Ein Elefantenpfad führt direkt am Camp vorbei, was das unvergessliche Erlebnis von Elefanten vor dem Zelt beschert. Es gibt insgesamt 20 Zelte, jedes mit eigener Veranda und Bad.

Camping

Es gibt gegenwärtig nur **einen Campingplatz** im Sanctuary, die Übernachtungsgebühren betragen 300 Ksh p.P.

Essen und Trinken

Am Parkeingang werden Erfrischungen und Softdrinks verkauft. Das nächste Restaurant befindet sich in Kwale.

Anreise

Das Elefantenschutzgebiet besitzt gegenwärtig nur ein Gate, und zwar das **Mare-e Gate.**

Leute, die **mit öffentlichen Verkehrsmitteln** unterwegs sind, können mit dem Matatu oder KBS-Bus 34 **von Likoni bis nach Kwale** fahren und dann versuchen, von dort aus zu trampen. Bisweilen gibt es aber auch von Likoni durchgehende Matatus bis nach Kiango. Man lässt sich dann an der Abzweigung zum Schutzgebiet einfach absetzen und läuft die letzten paar hundert Meter.

An der Küste

Einfacher, komfortabler, aber auch teurer sind die Paketangebote für einen **Tagesausflug** der Traveller-Hotels, die inklusive Transport, Eintritt, Mittagessen und zwei Pirschfahrten (allerdings zu eher ungünstigen Tageszeiten um 10 und 14 Uhr) 75 US$ kosten.

Eintrittsgebühren und Öffnungszeiten

● Der **Eintritt** kostet 20 US$ für Erwachsene und 10 US$ für Kinder.
● Es gelten die normalen Öffnungszeiten für Nationalparks **von 6–18.30 Uhr.**

Zwischen Mombasa und Malindi

● **116 km:** Mombasa – Mtwapa – Kilifi – Arabuko Sokoke Forest – Gede Ruins – (Watamu) – Malindi
● **Durchgehend geteerte Straße.** Besonders bis Mtwapa extrem hohes Verkehrsaufkommen. Hinter Kilifi einige schlaglochreiche Passagen. Viele Busse und Matatus.
● **Tankmöglichkeiten:** Mtwapa, Kilifi, Gede.
● **Fahrtzeit:** 2–2,5 Std.

Wenn Sie von Mombasa in Richtung Nordküste und Malindi fahren, verlassen Sie Mombasa Island über die **Nyali-Brücke.** Direkt dahinter passieren Sie die **Glocke von Freretown.** Heute wird sie vom Verkehr umtost, und niemand scheint ihr Beachtung zu schenken; früher stand sie am Rand eines malerischen Marktplatzes und wurde immer geläutet, wenn Sklaven freigekauft wurden. Wenn Sie an der Glocke nach rechts abbiegen, gelangen Sie in den **Stadtteil Nyali,** der früher zum Gelände einer Sisalplantage gehörte, heute aber teuerste Wohngegend von Mombasa ist. Folgen Sie den Wegweisern zum berühmten Tamarind Restaurant und fahren dann an diesem vorbei, kommen Sie zum **Krapf-Denkmal,** das an den deutschen Missionar erinnert, der kurz nach seiner Ankunft in Ostafrika Frau und Kind verlor. Von

dem Monument genießt man einen schönen Ausblick über Port Tudor auf Mombasas Altstadt. Noch ein Stückchen weiter, am Ende des Mombasa Show Ground, liegen die Klippen des **Point Mackenzie,** der nach dem ersten Chef der Niederlassung der Imperial British East African Company in Lamu benannt wurde. Von hier blickt man ungehindert auf das offene Wasser.

Wenn Sie auf der Malindi Road weiter nach Norden fahren, können Sie 1,4 km hinter der Nyali Bridge an den Tankstellen links abbiegen und sich im spitzen Winkel in Richtung Wasser zurückwenden, um zur schönen **Kirche St. Emmanuel** von Freretown zu gelangen, die irgendwie an südamerikanische Kirchenbauten erinnert.

In Richtung Mtwapa und Malindi führt die Straße durch den chaotischen **Stadtteil Kisauni,** der von einfachen Buden, kleinen Bars, Werkstätten und billigen Guesthouses geprägt wird. Die Armut dieser Gegend steht in krassem Gegensatz zu den gepflegten Hotelanlagen, die sich an den Stränden hinziehen. Bei km 3,7 biegt links die Zufahrt zum **Bombolulu Centre** (s. S. 697) ab, einige hundert Meter weiter hat man das größte Gewimmel hinter sich und bekommt wieder ein wenig mehr Luft zum Atmen. Bei km 5,5 passiert man auf der rechten Seite den großen Nakumatt Supermarket, an welchem die nördliche Zufahrt nach Nyali und zum Reef Hotel abbiegt. Bei km 6,5 liegt auf der linken Seite der Fußgängereingang zum **Haller Nature Park** (s. S. 696), knapp 1 km später zweigt nach links die Autozufahrt zur Bamburi-Zementfabrik und zum Nature Park ab. Von hier ab begleiten einen auf der linken Seite die Kalkabbaugebiete der Zementfabrik, während rechter Hand eine endlose Zahl an Zufahrten zu diversen Strandhotels und sonstigen Tourismuseinrichtungen folgt. Zunächst kommt der **Kenyatta Beach,** der einzige öffentliche Badestrand von Mombasa. Dann folgen der **Bamburi Beach** und schließlich der **Shanzu Beach.**

Bei km 12,7 geht es nach rechts zum Shanzu Beach und zum Ngomongo Village ab, kurz darauf links zu einem Ort, der als **Shimo la Tewa,** als „Höhle des Zackenbarsches" bekannt ist. In den Korallenhöhlen am Mtwapa

Creek sollen besonders große Exemplare des Raubfisches leben, der ein Gewicht von bis zu 450 kg erreichen kann. Einer Legende zufolge war dies der Ort, an dem den Geistern der See einmal im Jahr ein junges Mädchen geopfert wurde.

Knapp 14 km hinter der Nyali Bridge überqueren Sie auf einer weiteren großen Brücke den **Mtwapa Creek,** einen der mangrovengesäumten Meeresarme, die an verschiedenen Stellen der Küste bis zu 10 km ins Landesinnere reichen. Der Mtwapa Creek ist, da ziemlich schmal, besonders malerisch, und es lohnt sich, hinter der Brücke kurz anzuhalten, um hinunterzuschauen auf das Wasser und die ausfahrenden Fischerboote. Viele Europäer haben sich an den Uferbänken Anwesen gekauft, die sich hinter dichter Vegetation verstecken. Mtwapa Creek liegt noch in Nähe zu Mombasa, ist aber schon viel ruhiger und ländlicher. In Mtwapa Creek werden jedes Jahr zahlreiche **Hochseeangelwettbewerbe** ausgerichtet. Die modernen Fangboote lokaler Firmen sieht man auf dem türkisfarbenen Wasser des Creek dümpeln.

Der Ort **Mtwapa** selbst, der direkt nördlich der Brücke liegt, wirkt auf den ersten Blick ärmlich, chaotisch und ziemlich laut. Es gibt hier einige Dukas, Hotelis und billige Unterkünfte sowie verschiedene Restaurants. Am Ortseingang biegt links eine Piste zum netten **Moorings** ab, einem populären schwimmenden Fischrestaurant direkt am Creek, rechts ist die Zufahrt zum Gelände des **Aquamarine** mit seinem sehenswerten Meerwasseraquarium (s. S. 738), das 1,2 km abseits der Hauptstraße liegt, sowie zu günstigen, empfehlenswerten Guesthouses.

Am Ortsausgang von Mtwapa biegt rechts eine 3 km lange, gut ausgebaute Piste zu den sehenswerten **Ruinen von Jumba La Mtwana** und zu der schönen Backpackers-Unterkunft The Beach ab (s.u.).

Mit Mtwapa lassen Sie den dicht besiedelten Großraum von Mombasa hinter sich. Schon der nächste Ort **Kikambala** ist auf dem Lande, auch wenn er noch über einige touristische Einrichtungen verfügt.

Etwa 8 km hinter dem Mtwapa Creek biegt rechts eine erbärmliche, 2 km lange Piste zum 10 km langen, schönen **Kikambala**

Beach ab. Am Strand gibt es eine kleine Ansammlung von Unterkünften, die die mondäne Atmosphäre der North Coast vermissen lassen. Die Infrastruktur für Transport, Gastronomie und Einkauf ist nur mager entwickelt, und bei Ebbe kann man hier nicht baden. Nach weiteren 5,1 km passiert man die **Porini Farm** mit dem Boko-Boko Restaurant (www.bokoboko-kenya.de, Mobil: 0733/ 242633). Die schöne Unterkunft für 37/54 Euro BB in einem überbordenden Garten und vor allem die sagenhaften Kochkünste mit eigenen Farmprodukten der Seychelloise *Yolanda* – ich erwähne hier nur die Creole Fish Soup – machen einen Stopp eigentlich schon zum Muss! Wer sich hier einquartiert, kommt mit dem Fahrradtaxi für 100 Ksh problemlos an den Strand.

In der **Region von Vipingo** fährt man durch riesige Sisalplantagen. Die langen streng symmetrischen Reihen der Agaven reichen bis zum Horizont und werden nur von einigen ehrwürdigen Baobabbaumgiganten aufgelockert. Das Vipingo Estate bedeckt über 10.000 ha! Da die ganze Ernte per Hand vorgenommen werden muss, beschäftigt sie einen ansehnlichen Stamm von Arbeitern, deren kleine Häuschen man von der Straße aus sehen kann.

Bei km 44,5 biegt in Kibaoni rechts eine rund 5 km lange Piste zu dem kleinen Fischerdorf **Takaungu** ab, das oberhalb eines türkisblauen Mini-Creek liegt. Der malerische Ort mit seinen Moscheen und weißen Suaheli-Häuschen ist vom Tourismus bisher verschont geblieben, nach einer Unterkunftsmöglichkeit sucht man vergeblich. Etwas östlich vom Dorf gibt es einen verschwiegenen Strand und einen echten Geheimtipp: **Rolando's Restaurant.** Der Italiener lebt hier an einem verschwiegenen Plätzchen und serviert für 1000 Ksh großartiges Essen am einsamen Strand. An der nördlichen Seite des Creek liegen die – miserabel erhaltenen – **Ruinen von Kitoko,** angeblich Überreste einer Siedlung aus dem späten 15. Jahrhundert, deren Reiz eher die Lage direkt am Wasser ist. Man kann sich gut vorstellen, wie früher im Naturhafen des Takaungu Creek die Dhaus auf Reede gelegen haben. Nach dem Niedergang übernahm Takaungu auf der Südseite seine Funktion als Hafen. So war Takaungu der erste kenianische Hafen, in dem der deutsche Missionar *Johann Ludwig Krapf,* der Ende 1843 von Aden im Südjemen nach Ostafrika segelte, an Land ging. Krapf empfand den Ort und seine Bevölkerung als überaus freundlich, eine Beschreibung, die heute noch passt. Wer die Ruinen besuchen möchte, kann ein kleines Fischerboot mieten. Von Mombasa aus gibt es sporadische Matatu-Verbindungen zum Dorf.

Die Malindi Road führt bis kurz vor Kilifi durch Sisalplantagen. Einige Kilometer zuvor wird die Straße von herrlich saftigen Weiden begleitet, auf denen schwarzbunte Kühe grasen. Das für den tropischen Küstenstrich unpassend europäische Bild ist fast perfekt. Wer nicht ganz so genau hinsieht, kann die ausladenden Mangobäume für Kastanien halten. 35 km hinter dem Mtwapa Creek biegt links die mäßige C107-Piste nach Kaloleni und Mazeras ab. Sie bietet sich für alle, die von Malindi nach Nairobi fahren wollen, als (relativ raue) Alternativroute an, um dem Moloch Mombasa aus dem Weg zu gehen. Bei km 38,5 teilt sich die Teerstraße. An der Gabelung steht ein Farmshop der Ranch, in dem herrlich frischer Trinkjoghurt verkauft wird. Die linke Fahrbahn führt hinunter zur stillgelegten Fähre über den Kilifi Creek und zu den sehenswerten **Ruinen von Mnarani.** Fährt man die Hauptstraße halbrechts weiter, erreicht man nach 1,5 km das Örtchen **Mnarani.** Beim Dhau Inn gibt es nach links eine Querverbindung zu den Ruinen, während nach rechts eine Straße zum Mnarani Club abbiegt. Direkt danach fahren Sie über den **Kilifi Creek,** der deutlich breiter ist als der Mtwapa Creek. Auf seiner nördlichen Seite liegt rechterhand die Stadt Kilifi. Sie lässt sich über eine Abzweigung direkt hinter der Brücke und über eine weitere Zufahrtsstraße 1 km weiter nördlich erreichen.

Die Malindi Road führt zunächst durch ein Spalier von Straßenlaternen, die keine Lampenköpfe tragen. 3,5 km nach der Kilifi-Brücke passieren Sie die Cashewnuss-Fabrik der Stadt. Sie fahren dann durch eine Landschaft mit Lehmhüttendörfchen der Sanya, einer der Mijikenda-Volksgruppen. Allmählich gehen die kleinen Shambas in Busch und schließlich in geschlossenen Urwald über. Es sind die südlichen **Ausläufer des Arabuko-Sokoke-Urwaldes.** Um das Örtchen **Mazangoni,** bei km 31, tritt der Wald wieder zurück, aber auf dem weiteren Weg nach Gede fahren Sie dann nochmals einige Kilometer an einem schönen Regenwaldstück entlang. Ausgangspunkt für lohnenswerte Waldexkursionen ist das Arabuko Sokoke Forest Visitor Centre, das bei km 44 über einige hundert Meter Piste nach links erreichbar ist.

In dem kleinen Ort **Gede,** bei km 46, zweigt an der Tankstelle rechts die 7,5 km lange Teerstraße nach **Watamu** ab, das nach Malindi der zweite Badeort an der nördlichen Küste ist. Berühmt ist der Ort vor allem für seinen wunderschönen Unterwassernationalpark, eine Sehenswürdigkeit, die einen Besuch lohnt. In Gede selbst befinden sich die besterhaltenen und eindrucksvollsten **Suaheli-Ruinen** der gesamten kenianischen Küste. Es gibt also eine Menge Attraktionen zu sehen, und ein mehrtägiger Aufenthalt in der Region enttäuscht nicht.

Einen guten Kilometer nördlich der Watamu-Kreuzung biegt nach rechts ein Weg zu den Gede-Ruinen ab. Durch intensiv genutztes Farmland und hügelige Landschaft die letzten Kilometer nach **Malindi.** 5 km außerhalb der Stadt passieren Sie auf der linken Seite den kleinen Flugplatz. 16 km ab der Watamu-Kreuzung und 116 km nach Mombasa gelangen Sie über zahlreiche schlafende Polizisten zu einem Verkehrskreisel am Rand der Innenstadt. Rechts kommen Sie zur Südküste von Malindi, links ins Geschäftszentrum der Stadt.

Mtwapa ♐ III/D2

Auf den ersten Blick sieht Mtwapa aus wie Kisauni: etwas chaotisch und sehr afrikanisch. Auf den zweiten Blick gewinnt man einen ganz anderen Eindruck: Es ist viel sauberer und der Anteil der Europäer, die sich hier ein wenig Land gekauft und ein Haus mit Gästezimmern gebaut haben, ist erstaunlich groß. Das Besondere daran: Hier mischt sich das europäische Leben mit dem afrikanischen mehr als irgendwo sonst an der Küste. Von daher besitzt Mtwapa eine **sehr angenehme Atmosphäre.** Außerdem ist das Preis-Leistungsverhältnis bei den Unterkünften unschlagbar günstig! Allerdings ist der Ort zur Straße hin, nicht zum Meer oder zum Creek ausgerichtet.

Unterkunft

● **Empfehlenswert sind: Hotel Georgia** (Tel. 041/5486890, Mobil: 0721/400681; LS: 800/1000/1200 Ksh BB, HS: 1000/1500/1800 BB Ksh; im 1. Stock schöne offene Bar mit Pooltable), **Hippo Guesthouse** (1200 Ksh SG SC), **Daveliz Irn** (Mobil: 0710/134998, 0722/876336; 1400 Ksh DB SC) und **Hibiscus Lodge** (600 Ksh SG SC), alle rechts etwas abseits der Hauptstraße, wenn man über den Creek nach Mtwapa hineinkommt.

● **The Beach**
Mobil: 0720/852327, www.thebeachafrica. com; einfache Unterkünfte für 8–10 Euro in netten Bandas mit Moskitonetzen und Petroleumlampen, direkt am Strand. Man kann auch für 500 Ksh campen. Tauch- und Angeltrips. Ein Beispiel, das Schule machen sollte: ein schöner Backpacker's Place, von denen es an der kenianischen Küste leider nicht allzu viele gibt, direkt an der Creek-Einfahrt gelegen, nur 10 Minuten Fußmarsch von Jumba La Mtwana. Mit dem Motorradtax kommt man von Mtwapa schnell hin.

Blick auf den Mtwapa Creek

An der Küste

Camping

●**Jumba La Mtwana:** Bei den Ruinen einige Kilometer außerhalb an der Küste kann man campen. Die Infrastruktur ist allerdings einfach. Immerhin: Es gibt Toiletten und Wasser. Wenn man möchte, kann man sogar eine Nachtführung durch die Ruinen machen!

Essen und Trinken

●**Aquamarine Restaurant**
Tel. 041/5485738 oder 5485866, www. aquamarinerestaurant.com. Neben einem Reptilienpark mit Meerwasseraquarien betreibt Aquamarine ein Meeresfrüchte-Restaurant am Mtwapa Creek und eine Flotte von drei Dhaus für Sunset (80 US$) und Champagner Cruises 140 US$ sowie Dhau-Fahrten (110 US$/3450 Ksh). Die Schlangenfarm und die Aquarien sind natürlich auch für Gäste von außerhalb zugänglich, Eintritt 200 Ksh, Residents 100 Ksh.
●**Moorings Floating Restaurant**
Mobil: 0723/32536, 0722/843343, www. themoorings.co.ke. Der sympathische Hangout schwimmt zwischen Hochseebooten und Segelyachten auf dem Mtwapa Creek. Von der Veranda genießt man einen schönen Blick auf den Creek, seine urwaldige Einfassung und die Brücke, über die die Matatus brausen. Das Publikum ist eine wunderbare Mischung der Hautfarben und Sprachen und rekrutiert sich überwiegend aus Ortsansässigen. Der optimale Platz für einen Sundowner oder ein opulentes Abendmahl, ob Seafood oder italienisch. Täglich geöffnet. Bietet auch Dhau-Trips an (2 Stunden für 1600 Ksh).
●**Little Chef**
Ein einfaches, aber empfehlenswertes Restaurant an der Straße mit übersichtlicher Karte und günstigen Preisen. Besonders zu empfehlen: der frische Avodacosaft!

Nachtleben

Da ist natürlich das **Moorings.** Nette, lebendige Bars mit ganz anderem Publikum besitzen auch das **Hotel Georgia** und das **Eagles Nest,** tanzbarer sind **Kendas Arcade** und der **Lambada Club** gegenüber vom Little Chef. Weitere Schuppen, die eine Stippvisite lohnen: **One Palm Resort, Nameless Bar** und **Half London.**

Die Ruinen von Jumba La Mtwana

Wie bei vielen anderen Ruinenstädten, die aus der rund 2000-jährigen Siedlungsgeschichte der Suaheli-Küste bis heute erhalten geblieben sind, kennt man auch von Jumba La Mtwana weder die Stadtgründer noch den ursprünglichen Namen. Jumba La Mtwana, **„Haus des Sklaven",** war wahrscheinlich nicht der ursprüngliche Ortsname. Zumindest taucht der Name nirgendwo in den schriftlichen Quellen zur Suaheli-Küste auf. So ist man für die Rekonstruierung der Stadtgeschichte auf Funde angewiesen, die die archäologische Ausgrabung von James Kirkman 1972 zutage gefördert hat. Bisher sind erst **acht Häuser, drei Moscheen und ein Grab** mit Inschriften freigelegt worden.

Wer immer die Stadtgründer auch gewesen sein mögen, sie besaßen einen außerordentlich guten Geschmack, was die Lage der Siedlung angeht. Ihre Überreste verteilen sich **in einem schattigen Wäldchen** voller Schmetterlinge und Vögel. Der Wald ist von riesigen Baobabbäumen durchsetzt. Die pflanzlichen Giganten wirken noch älter als die Gemäuer selbst, die bis zum herrlichen Sandstrand hinunterreichen.

Nach allem, was man heute weiß, geht die Stadtgründung auf die Zeit **um 1350** zurück, doch bereits 100 Jahre später wurde die Siedlung wieder aufgegeben. Jumba La Mtwana war offenbar einer der zahlreichen **Handelsposten** an der ostafrikanischen Küste. An die Bedeutung der nördlich gelegenen Ruinenstadt Gede oder an einen der berühmten Häfen wie Malindi, Mombasa, Pangani oder Kilwa reichte der Ort sicherlich nicht heran. Auffällig ist, dass Jumba La Mtwana an der ungeschützten Küste erbaut wurde, obwohl der **Mtwapa Creek** nur wenige Kilometer weiter südlich einen perfekten Naturhafen bot. Größere Schiffe mussten weiter draußen ankern und alle Waren mit Nachen an Land gebracht werden, wenn die Ladung nicht sogar drüben in Mtwapa gelöscht wurde. Offensichtlich gaben andere Gründe bei der Standortwahl den Ausschlag. Waren es die Süßwasserbrunnen der Gegend? Jedenfalls genoss Jumba La Mtwana immer eine Brise von der Seeseite, das weiß man heute noch zu schätzen. Ein weiteres Geheimnis, das die Stadt umgibt, ist der Grund für ihre Aufgabe. Versiegten die Wasserquellen? Fielen die Bewohner einer Krankheit zum Opfer, oder kamen Eroberer über das Meer und versklavten sie?

Drei Ruinen sind besonders interessant. Nicht weit vom kleinen Kassenhäuschen der National Museums entfernt befindet sich das **„Haus der vielen Türen"** (benannt wurden die Gebäude nach auffälligen architektonischen Merkmalen), ein Gebäude mit hübschen Spitzbögen, das offenbar eine wechselvolle Geschichte besitzt. In seinen Wänden kann man einige zugemauerte Türen erkennen. Nach einem Teileinsturz wurde das

Haus auf den Trümmern wieder aufgebaut, was zu einem höheren Fußboden führte, der wiederum neue Türdurchlässe nötig machte. Ursprünglich scheint es sich um ein normales Wohnhaus gehandelt zu haben. Später wurden neue Mauern eingezogen, die das Innere in kleine Zimmer unterteilten. Dies und die vielen Latrinen sowie die zahlreichen Waschgelegenheiten mit Abflussrinnen machen die Annahme sehr wahrscheinlich, dass es sich hierbei um das älteste bekannte Hotel an der kenianischen Küste handelt, vermutlich eine Herberge für Händler und Seefahrer.

Alle drei **Moscheen** von Jumba La Mtwana haben eine schöne Mihrab: Die Gebetsnischen sind aus Korallenstein geschnitten. Während die Moschee in der Nähe des Kassenhäuschens über eine große Zisterne verfügt, ist die Moschee am Meer von der Lage her am beeindruckendsten und auch am besten erhalten. Man erreicht sie über einige ausgetretene Treppenstufen, die hinunter zum Strand führen. Der hintere Bereich des Sakralbaus ist schon etwas von der See ange-

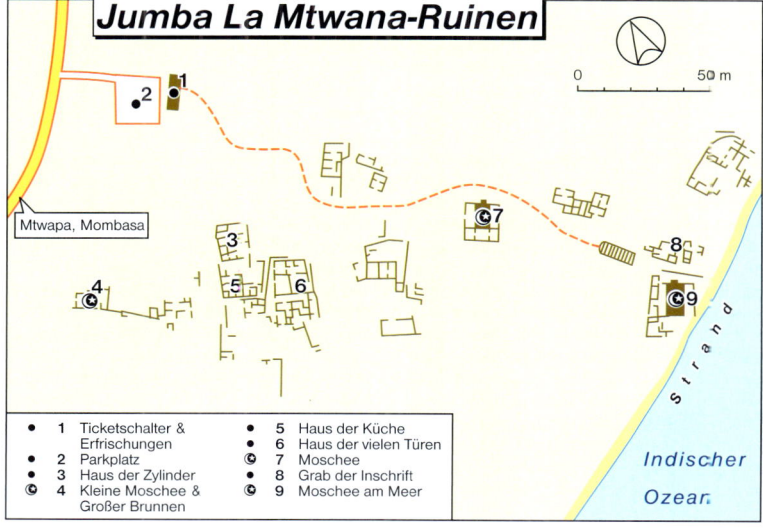

Jumba La Mtwana-Ruinen

0   50 m

Mtwapa, Mombasa

Strand

Indischer Ozean

● 1 Ticketschalter & Erfrischungen	● 5 Haus der Küche
● 2 Parkplatz	● 6 Haus der vielen Türen
● 3 Haus der Zylinder	☾ 7 Moschee
☾ 4 Kleine Moschee & Großer Brunnen	● 8 Grab mit Inschrift
	☾ 9 Moschee am Meer

An der Küste

knabbert worden, aber der Gebetsraum mit der Mihrab ist noch gut erkennbar. An seiner Rückseite fällt ein abgesetzter Raum auf, der vermutlich den Frauen vorbehalten war. Über die Verwendung der Bassins im Vorhof der Moschee klärt uns der Augenzeugenbericht von **Ibn Batuta,** dem weit gereisten arabischen Geograf, auf, der im Jahr 1331 Mombasa besuchte und dabei gewissenhaft notierte, dass seine Bewohner gläubige Muslime waren, barfuß gingen und mit hölzernen Schalen, die an einem Stock befestigt waren, Wasser aus den Becken neben der Moschee schöpften, um sich zu reinigen, wie es der Koran vor jedem der fünf täglichen Gebete vorschreibt. Eine Beschreibung, die offensichtlich auch auf Jumba La Mtwana zutrifft, wobei die Handlung nicht nur rein rituelle Zwecke erfüllte, denn neben den Waschbecken erkennt man noch vier merkwürdige, raue Steine, bei denen es sich um Fußreiber handelt, mit denen sich die Barfüßigen die harte Hornhaut an den Füßen entfernten. Es gibt ein Drittes, das die Genauigkeit von Batutas Bericht belegt: die Schöpflöffel aus Kokosnussschalen, die er beschreibt. Auch heute noch, rund 700 Jahre später, sind sie an der Suaheli-Küste ein alltäglicher Gebrauchsgegenstand in der Küche!

Die dritte außergewöhnliche Ruine von Jumba La Mtwana ist das **Grab am Meer,** das sich, wie bei Suaheli-Siedlungen üblich, nördlich der Moschee befindet. Die Bauform verrät die Entstehung um 1400 und dass hier eine bedeutende Persönlichkeit bestattet worden ist. Doch das Grab selbst ist schwer in Mitleidenschaft gezogen. Immerhin kann man an der Seeseite noch eine bemerkenswerte arabische Inschrift sehen, bei der es sich um den Vers einer Sure aus dem Koran handelt und deren Bedeutung lautet: „Jede Seele wird den Tod kosten. Am Tage der Auferstehung wirst du deine Belohnung erhalten. Wer aus dem Feuer errettet wird und in den Himmel kommt, hat den Sieg errungen. Das irdische Leben ist nur Täuschung."

Was die Ruinen angeht, ist Jumba La Mtwana zwar weniger beeindruckend als Gede, aber der Platz an sich ist etwas Besonderes. Man kann im Schatten der Moschee sitzen, aufs Wasser hinaus gucken und sich vorstellen, wie die Moschee vor 700 Jahren das Zentrum eines lebendigen Hafenstädtchens war, in dem Mangrovenholz und Elfenbein umgeschlagen wurden, und wie die Männer in ihren Kanzus am Spätnachmittag den Weg zur Moschee fanden, um das Maghrib-Gebet zu sprechen. Zur Anlage gehört auch ein kleines Museum, das schöne Exponate zur Suaheli-Kultur besitzt und anschaulich die Siedlungsgeschichte erläutert.

Die Ruinen von Jumba La Mtwana sind **täglich von 8–18 Uhr geöffnet,** der Eintritt für Nonresidents beträgt 500 Ksh, Kinder und Studenten zahlen die Hälfte, Residents 400 bzw. 20 Ksh. An der Kasse wird für 100 Ksh eine kleine Broschüre mit Informationen zu den Ruinen verkauft. Man erhält hier auch Softdrinks und Mineralwasser, nach Vorbestellung sogar Suaheli-Gerichte. Man darf auf dem Gelände auch campen und kann dann sogar eine Nachtführung machen. Es gibt fließend Wasser und am Strand eine Dusche!

Kilifi   ⌕ III/D1

Kilifi liegt ziemlich genau auf halber Strecke zwischen Mombasa (56 km) und Malindi (61 km) am südlichen Ufer des gleichnamigen Meeresarms, der sich über 10 km ins Hinterland hineinzieht und die Flüsse Ndzovuni und Rare in sich aufnimmt.

Ziemlich verschlafen wirkt Kilifi, das im Nordosten einen **Sandstrand besitzt,** aber die wenigen Touristenhotels reichen sicherlich nicht, um die Wirtschaft anzukurbeln. Neben einigen Badegästen kommen vor allem **Taucher,** um an den Korallenriffen im Creek und weiter draußen am Saumriff zu tauchen. Besonders die **Vuma Caves** vor Takaunga mit ihren Gischtlöchern, den großen Zackenbarschen und Napoleonsfischen sowie vielen Tiefwasserfischen sind ein sagenhafter Tauchplatz. Weil der Kilifi Creek einen sicheren Naturhafen bildet, ankern bisweilen auch Yachten aus fernen Gestaden zwischen den Segel- und Motorbooten vor der Swynford's-Werft, dem Treffpunkt der hiesigen Segelbegeisterten, wo man auch gut essen kann.

Die 1976 eröffnete **Cashewnuss-Fabrik** an der Straße nach Malindi, in der die Ernten der umliegenden Plantagen geschält und verpackt werden, arbeitet schon länger nicht mehr sehr rentabel und war bereits mehrfach von der Schließung bedroht, neben einer Zementfabrik ist sie dennoch wichtiger Arbeitgeber in der 20.000-Einwohner-Stadt.

Kilifi ist der **Verwaltungssitz des gleichnamigen Distrikts.** Allerdings wurde er durch die Abtrennung von Malindi als eigenständigem Distrikt vor einigen Jahren seiner wirtschaftlich stärksten Region beraubt.

Im Winterhalbjahr wird Kilifi wenigstens für einige Tage zum Mekka der kenianischen Hochseeangler, wenn hier traditionsreiche **Angelwettkämpfe** ausgetragen werden. Erst dann wird offensichtlich, wie zahlreich die **weiße Bevölkerung** Kilifis ist, die sich sonst in ihren feinen Anwesen auf den Klippen entlang des Kilifi Creek versteckt hält und eine ziemlich geschlossene Gesellschaft bildet.

Mnarani-Ruinen

Wie viele andere Küstenorte steht Kilifi auf historischem Boden. In seiner Umgebung hat es mehrere Suaheli-Siedlungen gegeben, die noch zu portugiesischer Zeit den Ministaat Kilifi bildeten. Am eindrucksvollsten sind noch die Mnarani-Ruinen, knapp 2 km westlich der Hauptstraße, die man vom südlichen Fähranleger nach ein paar Minuten Fußmarsch zwischen Mangroven hindurch und über einige Treppenstufen erreicht. Auf den Klippen finden sich die **Überreste von zwei Moscheen, einem Brunnen, der Stadtmauer sowie einiger Gräber,** darunter ein Säulengrab, das durch ein Eisenkorsett vor dem endgültigen Zerfall bewahrt wird. An der Mihrab, der Gebetsnische, der Großen Moschee lässt sich noch eine arabische Inschrift erkennen. Mnarani wurde vermutlich im späten 14. Jahrhundert gegründet und nach einer vorübergehenden Blüte während des 15. und 16. Jahrhunderts von den Galla zerstört. Das Ruinenfeld ist wesentlich kleiner als jenes von Gede, besitzt aber durch seine Lage auf den Klippen mit der tollen Aussicht über den Kilifi Creek einen eigenen Reiz, dem

man sich nur schwer entziehen kann. Die 500 Ksh Eintritt (Kinder: 250 Ksh, Residents 400/200 Ksh) lohnen sich allemal. Die von den National Museums of Kenya verwaltete archäologische Stätte hat **täglich von 7–17.30 Uhr geöffnet.**

Unterkunft

Oberklasse-Hotel

●**Mnarani Club**
Tel. 041/22318, 22320, Fax 22200, www. mnarani.com; Preise auf Anfrage. In Kenias ältestem All-inclusive-Club sind nur Gäste älter als 16 Jahre zugelassen. Die Lage auf den Klippen über dem Kilifi Creek innerhalb eines 16 ha großen Grundstücks ist sehr schön, die Atmosphäre ruhig. Aber die 84 klimatisierten Zimmer sind vom Interieur her nicht besonders aufregend, dafür ist bei der Einrichtung zu viel mit PVC hantiert worden. Speisen, Getränke und alle Aktivitäten sind im Preis inbegriffen, sogar Segeln und ein Probetauchgang im Swimmingpool. Daneben können über andere Firmen auch Angelausflüge organisiert werden, auf einer benachbarten Farm stehen 50 Araberpferde für Ausritte bereit. Als Tagesbesucher darf man die Einrichtungen des Clubs mit einem Tagespass für 1600 Ksh nutzen. Vor allem britische Gäste.

Mittelklasse-Hotels

●**Kilifi Bay Beach Resort Hotel & Village**
Tel. 041/522264 und 522511, www.kilifibayresort.com; Buchungen über Mada Hotels (s. S. 107); LS: 133/175 US$, HS: 189/252 US$, alle Preise HB. Der Kilifi Beach Resort liegt an einem schönen Sandstrand 5 km außerhalb des Ortes. Die Räume sind groß, die Einrichtung ist nichts Besonderes, vielleicht mit Ausnahme der strandnahen, die von der Lage her reizvoller sind. Inzwischen wird nur noch Windsurfing als Wassersportaktivität angeboten, denn die Tauchbasis hat ihre Pforten geschlossen. Abends bisweilen Disco und Live-Band. 2 Swimmingpools.

●**Baobab Lodge**
Tel. 041/522570, www.thebaobablodge. com; Buchung über Mada Hotels (s. S. 107); LS: 105/140 US$, HS: 161/217 US$, alle Prei-

Die Sisal-Agave

Zwischen Mtwapa und Kilifi fährt man über viele Kilometer an riesigen Sisalplantagen entlang, deren schnurgerade ausgerichteten Pflanzenreihen buchstäblich bis zum Horizont reichen. Aus den fleischigen, 1–2 m langen Rosettenblättern der Sisal-Agave (**Agave sisalana**) wird eine Faser gewonnen, die zur Herstellung von Bindegarnen, Seilen, Netzen, Möbelstoffen und Teppichen verwendet wird. 6–12 Jahre umfasst die Lebensspanne einer Agave. Im letzten Jahr bringt sie einen riesigen, mehrere Meter hohen Blütenstand hervor und stirbt dann nach der Fruchtreife ab. Meist vermehrt sie sich aber durch Ableger und Seitentriebe.

Durch ihre **Trockenresistenz** kann die Agave in Gebieten angebaut werden, die wegen zu geringer Niederschläge für den Ackerbau ansonsten nicht geeignet sind. So wird in Kenia außer in der Kilifi-Region auch östlich von Thika und in der Umgebung von Voi und Taveta in größerem Maße Sisal produziert. Ursprünglich kam die aus Mexiko stammende Pflanze Anfang des Jahrhunderts über Deutsch-Ostafrika nach Kenia.

Da die Pflanzungen in trockenen, dünn besiedelten Gebieten angelegt wurden, waren beim Aufbau neuer Betriebe für die Versorgung und Unterbringung der Arbeiter, aber auch für sonstige Infrastrukturmaßnahmen riesige Geldmengen nötig. Auch der Arbeitsaufwand bei der Ernte ist enorm, denn die faserhaltigen, 2–4 Jahre alten Blätter werden nach wie vor von Hand abgeschlagen. Die eigentliche **Fasergewinnung** erfordert große Wassermengen, was in vielen trockeneren, vom landwirtschaftlichen Gesichtspunkt her theoretisch geeigneten Anbaugebieten ein großes Problem darstellt. Im frischen Zustand werden die Fasern von Maschinen aus den Blättern gelöst und müssen dann gewaschen und getrocknet werden. Erst durch das anschließende Schlagen und Bürsten werden sie geschmeidig.

Bevor Kunstfasern ihren Siegeszug antraten, war die Naturfaser hoch begehrt und rechtfertigte diesen enormen Produktionsaufwand. Inzwischen ist Sisal praktisch in allen Anwendungsgebieten durch synthetische Materialien ersetzbar – und entsprechend sind Nachfrage, Preis und Produktion gesunken. Nach Brasilien, China und Mexiko ist Kenia der **viertgrößte Produzent der Welt.**

ken024 Foto: hf

se HB. Auch wenn die Baobab Lodge 2 km außerhalb von Kilifi keinen Sandstrand besitzt, ist es eine bemerkenswert schöne, von vielen Bäumen bestandene Anlage mit netten Bandas, die alle ihre eigene kleine Veranda besitzen. Bzgl. der Ausstattung lassen sie mit Klimaanlage, Moskitonetz, Ventilator, eigenem Kühlschrank und privatem Safefach an der Rezeption keinerlei Wünsche offen. Für Tagesgäste kostet der Swimmingpool 200 Ksh, Tennis pro Stunde 200 Ksh.

●Bandari Beach Hotel & Fishing Club

Tel./Fax 041/522151; 800/1400 Ksh BB. Das Hotel hat 5 Doppelzimmer und einen wenig romantischen kleinen Swimmingpool. Alles wirkt etwas zusammengestückelt, doch die Zimmer sind nett. Der deutsche Besitzer ist passionierter Angler und bietet mit seinen beiden Booten Angeltrips in die fischreichen Gewässer vor Kilifi an.

●Makuti Villas

An der alten Fährstraße gelegen, von den italienischen Eigentümern jüngst renoviert, sollen die Villas große Zimmer mit eigenem Bad in einem schönen tropischen Garten bieten. Swimmingpool. Gutes italienisches Restaurant, das sich auch für einen Zwischenhalt anbietet.

●Hochwertige **Ferienvillas** direkt am Kilifi Creek vermietet Kenya Holiday Villas. Weitere Infos und Preisanfragen über www.kenya-holidayvillas.com.

Preiswerte Unterkünfte

●Bofa Camp

Tel. 041/522561; 600 Ksh für einen Cottage mit 2 Betten; Camping 350 Ksh. Die Anlage mit dem großen verwilderten Garten, ganz am Ende der Küstenpiste, schon hinter dem Asphalt, ist ohne eigenes Transportmittel kaum zu erreichen, denn sie liegt gut 8 km vom Ortskern entfernt. Für die Mobilen bietet das Strandgrundstück mit seinem Pinienwäldchen, in dem man auch campen darf, eine kleine Oase der Ruhe. Erwartungen an allzu viel Komfort oder Service sollte man allerdings nicht im Gepäck haben, wohl aber alle Vorräte, die man benötigt.

●Dhows Inn

Tel. 041/522415; 700/1000 Ksh DB SC BB. Das Wasser kommt zwar nur kalt aus der Lei-

tung, aber für diesen Preis gehen die Zimmer mit Ventilator und Moskitonetz in Ordnung. Bar und Restaurant bieten sich für eine Pause auf der Reise zwischen Malindi und Mombasa an, über die Qualität des Essens wird sehr Wechselhaftes berichtet.

●Weitere, dem örtlichen Niveau entsprechende **Guesthouses,** sind das **Watergate** auf dem südlichen Ufer des Kilifi Creek im Mnarani-Dorf, nicht allzu weit von den gleichnamigen Ruinen, das **Tushauriane Boarding & Lodging** direkt an der Bushaltestelle sowie die **Hunter's Lodge** und das **African Dream Guesthouse,** die sich etwas außerhalb des Ortskerns an der Ausfallstraße nach Malindi befinden.

Camping

Die einzige Campingmöglichkeit in Kilifi ist das **Bofa Camp** (s.o.).

Essen und Trinken

Das beste und populärste der üblichen einheimischen Hotelis ist das **New Kilifi Hotel** direkt an der Bus- und Matatu-Haltestelle. Ebenfalls im Stadtzentrum liegen das **Kilifi Café** und das **Snacks Dheli,** die kleinere Mahlzeiten zubereiten. Vor allem erwähnenswert wegen ihres Blicks auf den Kilifi Creek ist auch noch das **Breeze Point Bar & Rest.** Wer die kulinarische Großtat plant, kommt gegen eine Tagesclubgebühr von 1600 Ksh in den **Mnarani Club,** kann sich am Lunchbuffet gesundstoßen und noch die Einrichtungen des Hotels in Anspruch nehmen; oder er pilgert hinaus zur **Baobab Lodge.** Das empfehlenswerteste Restaurant am Ort, was das Preis-Leistungsverhältnis betrifft, ist aber wohl jenes der **Makuti Villas,** wo es guten gegrillten Fisch und die italienischen Evergreens wie Spaghetti und Pizza gibt.

Busse und Matatus

Durch die Lage an der Hauptverkehrsstraße zwischen den beiden größten Städten der kenianischen Küste machen viele Matatus

An der Küste

und Busse auf ihrem Weg Halt in Kilifi. Die Langstreckenbusse sind allerdings voll. Wer also auf direktem Weg nach Lamu fahren will, ist womöglich besser bedient, wenn er von Mombasa aus startet oder sein Glück in Malindi versucht.

Nachtleben

Wer nach Kilifi kommt und ein großes Unterhaltungsangebot erwartet, ist offenbar noch nicht hier gewesen. Es bietet sich einzig ein **Besuch der ziemlich durchschnittlichen Kneipen** an – entweder auf der Südseite des Creek im **Dhows Inn** oder in den sehr einfachen Kneipen im Mnarani-Dorf, oder man versucht sein Glück auf der anderen Seite im **Kilifi Members Club** oder in der **Bar der Baobab Lodge,** die allerdings ohne eigenes Fahrzeug schlecht zu erreichen ist und eher ein gehobenes Publikum anzieht.

Banken

Das Kaff Kilifi hat tatsächlich zwei Banken, eine **KCB-** sowie eine **Barclays-Filiale,** die sogar mit einem **Bankautomaten** prahlt. Die Öffnungszeiten entsprechen denen im Rest des Landes.

Sport und Aktivitäten

●Aktivitäten wie **Hochseeangeln, Reiten und Tauchen** lassen sich über den **Mnarani Club** organisieren. Auf einer benachbarten Farm stehen 50 Araberpferde für Ausritte bereit. Anschrift s.u. „Oberklasse-Hotel". Die private Tauchbasis im Mnarani Club bietet sowohl Tauchkurse (PADI Open Water Diver für 280 US$) als auch einzelne Tauchkurse (mit eigener Ausrüstung 20, sonst 25 US$) an. Kontakt über das Hotel. Auch der **Bandari Beach Fishing Club** organisiert Hochseeangeltouren.
●Für Leute, die in keinem Hotel wohnen, aber dennoch im Meer baden möchten, empfiehlt sich der **Kilifi Beach Club** zwei Grundstücke neben der Baobab Lodge, der an einem ganz netten Strandabschnitt liegt.

Die Einrichtung umfasst einen großen Garten, Swimmingpool, Darts und einen Pooltable und finanziert sich offensichtlich nur aus der (nicht allzu üppig ausgestatteten) Bar, denn es wird kein Eintritt erhoben. Der offizielle Strand von Kilifi liegt noch ein gutes Stück weiter am Ende der Teerstraße.

Arabuko Sokoke Forest Reserve

🐾 VII/C3

Der Wald

Der Arabuko Sokoke Forest, westlich der Hauptstraße zwischen Malindi und Kilifi gelegen, ist **mit rund 417 km² Fläche das größte verbliebene Stück der ostafrikanischen Küstenwälder.** Eine unglaubliche Artenvielfalt macht das relativ kleine Waldgebiet zu einer biologischen Schatzkammer, die 1976 als Forest Reserve geschützt wurde und drei Jahre später zusammen mit dem Watamu National Park sogar die UN-Weihe eines Biosphärenreservats erhielt. Anders als bei anderen Nationalparks besteht sein Reichtum nicht aus Wildtierherden oder gigantischen Naturlandschaften. Wer Glück hat, mag zwar einen Blick auf Wildbüffel, Buschbock, Wasserbock oder gar einen von rund 100 Elefanten erhaschen, meist verbergen sie sich aber tief im Dickicht. Die Stars von Arabuko Sokoke sind viel kleiner: Es sind bedrohte **Kleinsäuger, Vögel und Schmetterlinge** sowie eine Vielzahl von **Amphibien, Reptilien und Insekten,** die die Expedition ins (Klein-)Tierreich des Waldes so einmalig machen. Zudem wurden bisher mehr als **600 Pflanzenarten** im Wald beschrieben. Die hohe Artenvielfalt erklärt sich durch drei sehr unterschiedliche Vegetationsgemeinschaften, die sich in Abhängigkeit von Boden- und Niederschlagsverhältnissen herausgebildet haben (zählt man den benachbarten Mida Creek mit seinen Mangrovenwäldern hinzu, sind es sogar vier).

Der Wald versorgte die Küstenvölker seit jeher mit Brennstoff, Holz für den Schiffs-

Von Elefantenläusen und Hühneraugen – der Cashewnuss-Baum

Der Cashewnuss-Baum, auf Kisuaheli „Korosho", sticht an der gesamten Küste durch seine **großen, eiförmigen Blätter** ins Auge. Ursprünglich stammt die Pflanze, die in Privatgärten wächst, aber auch auf Plantagen angebaut wird, aus Ostbrasilien und wurde von den Portugiesen in diesen Teil Afrikas gebracht. Was wir als Nuss in gerösteter und gesalzener Form knabbern, ist botanisch gesehen der Samen einer Steinfrucht. Vielleicht haben Sie ja mal die Gelegenheit, sich die **kuriosen Früchte** am Baum anzuschauen, die wie ein gebogenes Würmchen an der Unterseite des deutlich größeren, birnenförmig angeschwollenen Fruchtstils sitzen und deshalb auch als Elefantenlaus bezeichnet werden. Roh sind die Nüsse, die wegen der geringen Erntemengen sehr teuer sind, nicht genießbar. Zunächst müssen sie geschält werden, dann werden sie mit etwas Butter, Salz und Pfeffer frisch geröstet. Aus der Schale wird übrigens ein Öl gewonnen, mit dem man Hautwarzen und Hühneraugen behandeln kann, das sich aber auch als wirksames Holzschutzmittel gegen Termiten verwenden lässt und zu hitzebeständigen Bremsbelägen verarbeitet wird. Aber selbst der **gelb-rote Fruchtstil** des pflanzlichen Tausendsassas, der sogenannte Cashew-Apfel, ist noch nutzbar. Er wird als süß-säuerliches Obst gegessen und zu Marmelade, Saft und Wein verarbeitet. Nördlich von Kilifi gibt es relativ große Cashewnuss-Plantagen. Die Cashewnuss-Fabrik etwa 2 km außerhalb der Stadt hat schon seit einigen Jahren ihre Tore geschlossen, eine Neueröffnung ist aber immer mal wieder in der Diskussion.

und Hausbau sowie mit Nahrung. Über 100 seiner Pflanzenarten werden nach wie vor von Heilern als Medizinalpflanzen verwendet. Daneben wurden im Pflanzendickicht auch Produkte gewonnen, die bis nach Arabien gehandelt wurden, wie z.B. Kopal, ein Baumharz, das als Lack und Spachtelmasse genutzt wurde, oder lebende Zibetkatzen, deren Afterdrüsensekret – ähnlich dem Moschus – als Basis zur Parfümherstellung diente. Außerdem bot der Wald den Menschen der Küste Schutz vor Feinden. Inzwischen benötigt der Wald Schutz vor den Menschen. Die Bevölkerungszunahme, der kommerzielle Hartholzeinschlag bis 1963 und die Rodung großer Flächen für das Anlegen von Sisal- und Cashewnuss-Plantagen durch die Briten führten zum **Rückgang des Waldes.** Noch Ende der 1950er Jahre reichte Arabuko Sokoke bis zum Kilifi Creek hinunter, heute liegen rund zehn Kilometer offenes Land dazwischen. Der Tourismusboom an Kenias

Nordküste verschärfte in den vergangenen Jahren den Nutzungsdruck weiter. Der Holznachfrage für Hotel- und Privatbauten fielen ungezählte Bäume zum Opfer, auch die Souvenirindustrie benötigt ständig Nachschub für Schnitzarbeiten.

Seit Anfang der 1990er Jahre engagieren sich verschiedene Naturschutzorganisationen für den Erhalt.

Langfristig geht die größere **Gefahr** für den Wald **von der zunehmenden Besiedlungsdichte** aus. Es ist eine schleichende Zerstörung durch die Übernutzung, die nicht mit System oder aus Raffgier geschieht. Der Wald verschaffte den Ackerbauern seit alters her ein Zubrot – durch den Verkauf von Holzkohle, Feuer- und Bauholz, Honig oder Wildbret – und war für die wachsende Bevölkerung eine wichtige Ackerlandreserve. Aber die Menschen ziehen nicht nur Nutzen aus dieser wilden Insel. Die knapp 100 Elefanten von Arabuko Sokoke verursachen immer

An der Küste

wieder **tödliche Unfälle,** wenn sie in der Trockenzeit zum Trinken an den Sabaki-Fluss ziehen und dabei die Plantagen der angrenzenden Dörfer verwüsten, die auch von Affen heimgesucht werden. Auch unter den Nilpferden, die in den feuchten Jahreszeiten vom Fluss zum Grasen in den Wald wandern, haben die Gemeinden zu leiden.

Ein **Erhalt von Arabuko Sokoke** ohne die Hilfe der Menschen, die an seinen Rändern leben, ist nicht realisierbar. Schutzmaßnahmen werden nur dann unterstützt und respektiert werden, wenn die Leute auch zukünftig einen Nutzen aus dem Wald ziehen. Deshalb ist das Sammeln von (totem) Feuerholz und Medizinalpflanzen auch weiterhin erlaubt. Inzwischen wurden, neben der Aufklärungsarbeit in den Dörfern der Region, ein wirtschaftlich sehr erfolgreiches bäuerliches Schmetterlingsaufzuchtprojekt (siehe unter „Gede"), ein Projekt für Perlhuhnzucht und die Verbesserung der Honigproduktion initiiert, neue Baumschulen angelegt und der Ökotourismus gefördert. Inzwischen besuchen jedes Jahr rund 1600 Touristen den Wald. Durch all diese einkommensfördernden Schritte, so das Ergebnis von Umfragen, ist die Einstellung vieler Menschen zum Schutz des Waldes bereits deutlich positiver geworden. Ein Hoffnungsschimmer?

Die Regionen des Waldes

Nahe des Besucherzentrums am östlichen Waldrand gibt es eine alte **Quarzsandgrube.** Nach Einstellung der Arbeiten im Jahr 1988 verleibte sich die Natur die Mikrolandschaft aus Hügeln, Gräben und Gruben wieder ein. Es siedelten sich besonders viele verschiedene Arten an, weil ein Teil der Senken bis zu zehn Monate im Jahr mit Wasser gefüllt ist und es im Wald keine permanenten Quellen gibt. Nach Regenfällen wimmelt es hier von tierischem Leben, und am ersten Pool nahe der Straße, der von Wasserlilien bedeckt ist, kann man in den Zweigen der Pflanzen oft die Schaumnester von Baumfröschen sehen, aber auch andere Amphibien, Libellen und Wasservögel und manchmal einen afrikanischen Fischadler. Selbst Büffel halten sich

hier auf, liegen tagsüber aber meist im Schatten versteckt.

Ein relativ schmaler Landstreifen parallel zur Teerstraße, der feuchteste Teil von Arabuko Sokoke, wird von **Mischwald** bedeckt. Dieser ist artenreich, aber so dicht, dass Tiere dort nur schwer zu beobachten sind. In dieser Vegetationszone finden sich 67 der insgesamt 89 Baumarten. Früher einmal dominierten hier Afzelia-quanzensis-Bäume, eine wertvolle Hartholzart. Aber drei Sägemühlen, die bis in die 1960er Jahre im Wald existierten, haben nur wenige, meist verwachsene Exemplare verschont.

Im Inland schließt sich auf nährstoffarmen, **weißen Sandböden,** die vermutlich fossile Lagunen oder die Sedimente eines früheren Flusses darstellen, ein trockeneres **Buschland** an. Der Wechsel zwischen den beiden Pflanzenzonen vollzieht sich von einem Meter auf den anderen und fällt selbst einem Laien ins Auge. Der Buschwald wird von *Brachystegia spiciformis,* ebenfalls eine Hartholzart, dominiert. Gebüsch und Bodenbedeckung sind dünn. Achten Sie auf die vielen Epiphyten, die auf anderen Pflanzen wachsen, und Flechten, sogenannte „Greisenbärte", die von den Ästen der Bäume herabhängen. Die Brachystegia-Zone ist die beste Waldregion für **Vogelbeobachtungen.** Einerseits ist die Vegetation nicht so undurchdringlich, andererseits leben hier auch die meisten Arten, etwa der rare Clarkwebervogel.

Die **roten Sandböden** des westlichen Waldteils bedeckt **Cynometra-Wald,** der nach der dominierenden Baumart benannt ist. Hier wächst auch *Manilkara sulcata,* dessen Holz vom Giriama-Volk wegen seiner Farbe und guten Bearbeitbarkeit für Schnitzarbeiten begehrt ist. Die Trockenheit des Cynometra-Waldes bietet zahlreichen Euphorbienbäumen ideale Wachstumsbedingungen. Wer die seltene Sokoke-Scops-Eule sehen will, hat hier die besten Chancen auf Erfolg.

Landeinwärts steigt das Land sachte an und bildet 16 km von der Teerstraße entfernt die **Nyari-Klippen,** die einen guten Blick bis zum Meer eröffnen. Das letzte Stück zu diesem Aussichtspunkt muss man zu Fuß zurücklegen. Geht man den Fußweg auf der Anhöhe noch etwa 1 km weiter, öffnet sich

Arabuko-Sokoke-Wald, Mida Creek & Watamu

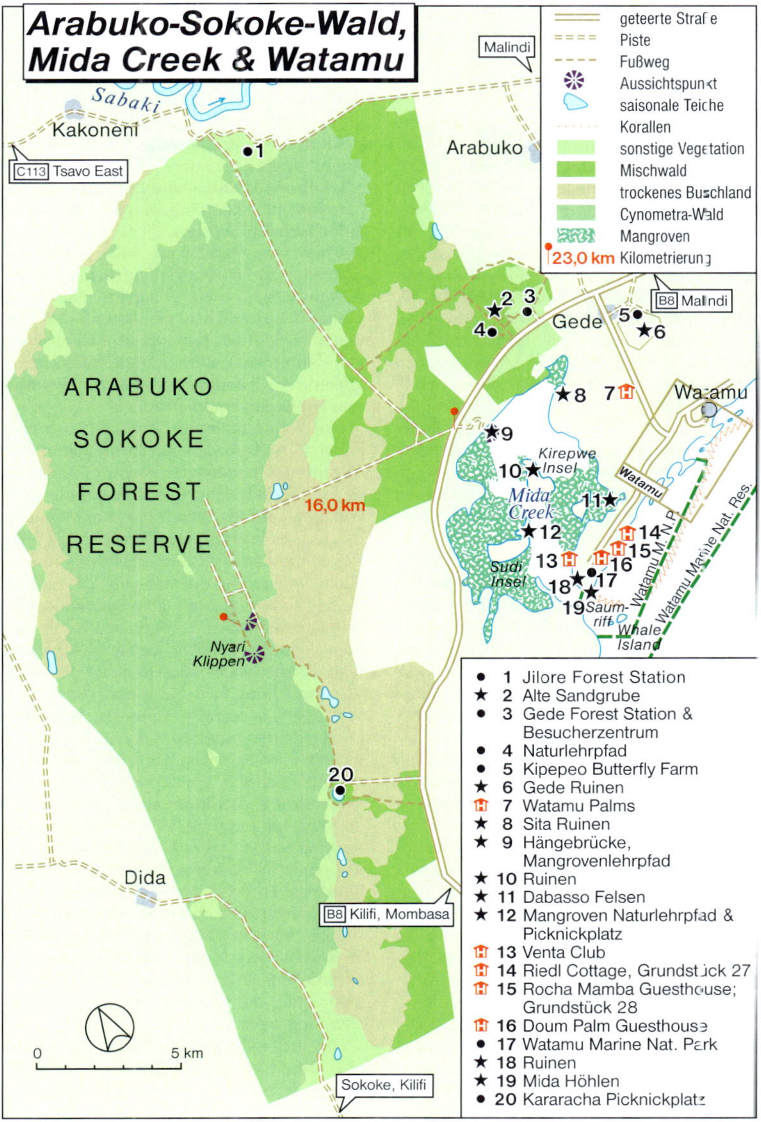

Legende:
- geteerte Straße
- Piste
- Fußweg
- ✳ Aussichtspunkt
- saisonale Teiche
- Korallen
- sonstige Vegetation
- Mischwald
- trockenes Buschland
- Cynometra-Wald
- Mangroven
- 23,0 km Kilometrierung

Malindi

Sabaki

Kakoneni

C113 Tsavo East

●1

Arabuko

★2 3
●4

B8 Malindi

Gede 5●
★6

ARABUKO

★8 7🛏 Watamu

SOKOKE

★9

10★ Kirepwe Insel

FOREST

Mida Creek

11★

16,0 km

★12

RESERVE

Sudi Insel 13★ 🛏15🛏16
18★ 🛏17
19★ Saum-riff
Whale Island

Watamu M. N. P.

Watamu Marine Nat. Res.

Nyari Klippen ✳

20
●

Dida

B8 Kilifi, Mombasa

0   5 km

Sokoke, Kilifi

- ● 1 Jilore Forest Station
- ★ 2 Alte Sandgrube
- ● 3 Gede Forest Station & Besucherzentrum
- ● 4 Naturlehrpfad
- ● 5 Kipepeo Butterfly Farm
- ★ 6 Gede Ruinen
- 🛏 7 Watamu Palms
- ★ 8 Sita Ruinen
- ★ 9 Hängebrücke, Mangrovenlehrpfad
- ★ 10 Ruinen
- ★ 11 Dabasso Felsen
- ★ 12 Mangroven Naturlehrpfad & Picknickplatz
- 🛏 13 Venta Club
- 🛏 14 Riedl Cottage, Grundstück 27
- 🛏 15 Rocha Mamba Guesthouse; Grundstück 28
- 🛏 16 Doum Palm Guesthouse
- ● 17 Watamu Marine Nat. Park
- ★ 18 Ruinen
- ★ 19 Mida Höhlen
- ● 20 Kararacha Picknickplatz

auch der Blick nach Westen auf die weite Fläche des Cynometra-Waldes und ein kleines Escarpment.

Die Tierwelt

Im Wald leben etwa **230 Vogelarten,** was für ostafrikanische Verhältnisse nicht rekordverdächtig ist, aber die hohe Zahl bedrohter und ungewöhnlicher Spezies wird bei jedem Ornithologen zu beschleunigtem Pulsschlag führen. Der Clarkwebervogel ist im Arabuko Sokoke-Wald endemisch, aber auch von der lediglich 16 cm großen Sokoke Scops Eule, dem Amani Nektarvogel, dem Ostküsten Akalat und dem Sokoke Pipit findet man außerhalb von Arabuko Sokoke nur noch in tansanischen Wäldern wenige versprengte Exemplare. Rund **260 unterschiedliche Schmetterlinge,** fast ein Drittel aller kenianischen Arten, schweben geräuschlos durch das Blätterdach. Die größten und buntesten dieser „fliegenden Blumen" gehören zu den Schwalbenschwänzen, mindestens vier Schmetterlinge im Wald sind endemisch.

Lautlosigkeit kann man den **25** bisher bekannten **Frosch- und Krötenarten** nicht nachsagen. Besonders nach Regenfällen veranstalten die Amphibien in der Dämmerung ein lautstarkes Konzert. Kurios: Die Kaulquappen einiger Baumfroscharten können über Land kriechen, andere Amphibien hängen mit Eiern gefüllte Schaumbälle an Pflanzen über dem Wasser auf; beim Schlüpfen fallen die Kaulquappen dann direkt ins feuchte Element. Besonders schön anzusehen ist der giftige Rotgestreifte Gummifrosch mit seinen leuchtend roten Warnstreifen, die potenzielle Feinde von seiner Ungenießbarkeit überzeugen sollen.

Drei interessante Ameisenarten krabbeln durch die Botanik: Die **Baumameisen** bauen ihre Nester in zusammengenähte Blätter von Büschen. Die **Singenden Ameisen** – wenn man sie leicht anpustet, beginnen sie zu summen – gehen in Gruppen von rund 200 Tieren auf Termitenjagd. Die Termiten werden aber nicht etwa verspeist, sondern versklavt! Weiträumig aus dem Weg gehen sollte man den räuberischen **Treiberameisen,** auf Kisua-

heli „Siafu", deren schwarze Ameisenstraßen aus Tausenden von Tieren bestehen. Die Bisse der Soldaten sind extrem schmerzhaft.

Die Kleinsäuger, Amphibien und Vögel dienen einigen Schlangenarten als Beute. Die größte unter ihnen ist der afrikanische **Felspython,** eine ungefährliche Würgeschlange. Auch giftige Kriechtiere leben im Wald, so z.B. **Kobras, Mambas und Puffottern.** Völlig harmlose Reptilien hingegen sind die vielen **Eidechsen und Geckos,** die sich auf offenen Flächen sonnen oder raschelnd durch das trockene Laub flitzen. Erst kürzlich wurde eine wunderschöne Art entdeckt, nämlich die Grüne Baumeidechse, die man nur aus den Regenwäldern des Kongobeckens, Tausende von Kilometern östlich, kannte. Auch beide afrikanische Waranarten, **Savannenwaran und Nilwaran,** kommen vor.

Drei vom Aussterben bedrohte Säugetiere haben in Arabuko Sokoke ihr Refugium. Die **Elefantenspitzmaus,** ein Nager mit rüsselartig verlängerter Schnauze (daher der Name) von der Größe eines Hasen, lebt am Waldboden, wo sie im Laub nach Insekten jagt. Die Elefantenspitzmaus ist innerhalb des Waldes häufig und in der Nähe des Visitor Centre gut zu beobachten. Der **Sokoke-Buschschwanzmungo** ist dagegen nachtaktiv und nur selten zu sehen. Die kleinen geschickten Jäger verspeisen alles von Insekten bis zu Vögeln und bringen in Gruppen sogar Giftschlangen zur Strecke. **Aders Duckerantilope** ist eine der insgesamt sieben Antilopenarten, die im Wald leben. Sie kommt sonst nur noch auf Sansibar vor. Andere kleine, weniger bedrohte **Antilopenarten,** die man auf den Forstwegen sieht, sind der Blauducker, der Rotducker und das Moschusböckchen, das meist in Paaren zu sehen ist. **Wasserböcke** halten sich hingegen bevorzugt nahe der periodischen Regenwasserteiche auf, die sich bei feuchtem Wetter an einigen Stellen im Wald bilden. In den Bäumen turnen drei **Affenarten** herum, nämlich die Weißkehlmeerkatze, die Grüne Meerkatze und der Steppenpavian.

Die größten Tiere des Waldes sind die oben bereits erwähnten **Elefanten und Wildbüffel,** die sich wegen der starken Bejagung in der Vergangenheit nur nachts aus dem

Dickicht wagen. Ihre Kotspuren sieht man allerdings überall. Bis in die 1960er Jahre hinein wanderten die Elefanten übrigens noch bis zum Mida Creek hinunter. Die Tiere sind keine wirklichen Waldelefanten, sondern eine Gruppe Savannenelefanten, die vermutlich aus Tsavo Ost stammen, nun aber durch die starke Besiedlung von ihrem eigentlichen Lebensraum abgeschnitten wurden.

Im Wald unterwegs

Der Wald eignet sich wunderbar für **Exkursionen und Wanderungen,** und Sie können gut 1–2 Tage für einen Besuch einzuplanen. Eingang zum Wald und Ausgangspunkt der Wanderwege ist die **Gede Forest Station,** rund 2 km von der Straßenabzweigung nach Watamu entfernt. Hier zahlt man auch seine Eintrittsgebühr. Angeschlossen ist ein **Visitor Centre** mit einer interessanten Ausstellung, die viel Wissenswertes über den Arabuko Sokoke-Wald vermittelt.

Im Umkreis von 2 km um das Visitor Centre ist ein **gut ausgebautes Wegenetz mit fünf Routen und einem Naturlehrpfad** angelegt worden. Kleine Zahlenschilder lenken die Aufmerksamkeit auf besondere Sehenswürdigkeiten, die in einer Begleitbroschüre erklärt werden. Besonders erwähnenswert ist die Plattform, die in einen 800 Jahre alten Baobab-Baum bei den Teichen gebaut wurde und die großartige Ausblicke erlaubt. Daneben kann man den Wald auch **mit dem Fahrrad** erkunden, was wegen sandiger Passagen aber recht mühsam ist. Ein Ausflug zu den Nyari-Klippen und zurück zum Besucherzentrum ist immerhin 32 km lang.

Trotz der relativ guten Beschilderung der Wege empfiehlt es sich, für die Exkursionen im Wald einen **Führer** der Arabuko Sokoke Forest Guides Association (ASFGA) zu buchen, die mit großem zoologischen und botanischen Fachwissen jede Wanderung bereichern. Wer den Führer bereits im Voraus beim KWS-Besucherzentrum an der Gede Forest Station bestellt (KWS Visitor Centre at Gede Forest Station oder Arabuko Sokoke Forest Guides Association, Tel. 042/32462, sokoke@africaonline.co.ke) und die Hauptin-

ken-873 Foto: hf

teressen (z.B. Vogelbeobachtung, Wanderungen, Schmetterlinge, Pflanzen) angibt, erhält dann einen hierfür qualifizierten Guide. Übrigens gibt es in der ASFGA auch Führer für den nahe gelegenen Mida Creek, den Sabaki River, die Gede-Ruinen sowie den Watamu-Unterwassernationalpark. Bei Gruppen von bis zu vier Personen zahlt man für den Führer folgende Pauschalpreise (jede weitere Person schlägt mit zusätzlich 200 Ksh zu Buche): Allgemeine Waldwanderung, 3 Std.: 800 Ksh; Bird Walk, 3 Std.: 1000 Ksh; jede weitere Stunde: 2 Euro; Abend oder Nacht: 400 Ksh. Davon sind 100 Ksh für Verwaltung und Naturschutzarbeit, der Rest ist für den Guide bestimmt.

Neben den in allen Naturschutzgebieten gültigen Vorschriften sind im Arabuko Sokoke Forest noch einige weitere **Regeln und Tipps** beachtenswert:

Im Wald Pisten und Wege nicht verlassen!

An der Küste

● Gerade in der Trockenzeit ist die **Feuergefahr** im Wald extrem groß. Bitte seien Sie mit Zigaretten etc. sehr umsichtig, denn ein Brand könnte für viele geschützte Arten katastrophale Folgen haben.

● Wer ohne Führer unterwegs ist, sollte lieber **auf den Wegen bleiben,** sonst hat man gute Chancen, sich zu verlaufen.

● Außer an den Steinbrüchen gibt es keine Wasserquellen. Denken Sie **Trinkvorräte.**

● Der Wald ist wild, aber nicht menschenleer. Wenn Sie Ihren **Wagen** irgendwo stehen lassen, sollte er **gut verschlossen** sein. Am besten parkt man direkt am Visitor Centre.

● **Leichte und lange Kleidung** ist im windstillen Wald als Isolation gegen die Wärme, aber auch gegen Insekten am geeignetsten. Wie immer beim Wandern in der Wildnis gehören (auch wegen eventueller Begegnungen mit Schlangen) lange Hosen und **festes Schuhwerk** zur Grundausstattung.

● Ohne **Fernglas** macht die Beobachtung von Vögeln – eine der Hauptattraktionen des Waldes – keinen Spaß.

Infos und Kontakt

● **Park Manager, Arabuko Sokoke National Park,** Tel. 042/3246, kwsarabuko@africaonline.co.ke.

● Auf der ausführlichen und sehr empfehlenswerten Website www.naturekenya.org/foasf.htm haben die **Friends of Arabuko Sokoke Forest** nützliche und interessante Informationen zum Beispiel über Aktionen zum Naturschutz, Partnerorganisationen und Aktivitäten im Wald zusammengestellt.

● Beim Besucherzentrum kann man einen ausgezeichnet geschriebenen Führer über den Arabuko-Sokoke-Wald günstig kaufen: „**Arabuko Sokoke Forest and Mida Creek,** Kenya Indigenous Forest Conservation Programm", 1995. Nur in Englisch. Ebenfalls erhältlich ist eine Farbtafel mit den wichtigsten Schmetterlingsarten des Waldes.

Camping

Am Visitor Centre bei der Gede Forest Station kann man für 5 US$ campieren. Im Preis inbegriffen sind kostenloses Feuerholz und die Benutzung der (kalten) Duschen, Wasser muss man im Kanister holen. Der Platz im Grünen im Schatten von Bäumen ist sehr schön, aber nicht beleuchtet, deshalb an Taschenlampe denken. Bisher durfte man im Wald auch **wild campen,** allerdings musste man besonders strenge Regeln zum Brandschutz beachten. Erkundigen Sie sich im Besucherzentrum über den aktuellen Stand der Vorschriften. Die nächste Übernachtungsmöglichkeit für Nichtcamper besteht ansonsten auf dem Weg nach Watamu.

Essen und Trinken

In der **Forest Canteen** an der Forest Station kann man Lebensmittel, Getränke oder kleinere Snacks kaufen. Sie ist von 6.30–20 Uhr geöffnet. Ansonsten bleibt nur der Weg zur 2 km entfernten Ortschaft Gede. Dort erhält man die wichtigsten Lebensmittel.

Anreise

● Der Arabuko Sokoke Forest eignet sich auch für einen Besuch ohne eigenes Fahrzeug. Touristen, die in Watamu wohnen, können die knapp 8 km zur Forest Station **mit dem Fahrrad** zurücklegen und auf dem Hin- oder Rückweg noch einen Besuch in der Ruinenstadt Gede anhängen.

● Wer **mit dem Matatu oder Bus** aus Mombasa kommt, lässt sich 1,7 km vor der Abfahrt nach Watamu am Schild „Gede Forest Station" absetzen und läuft das letzte Stück.

Parkgebühren, Öffnungs- und beste Besuchszeiten

● Mit der Aufwertung im Schutzstatus werden im Wald nun **Eintrittsgebühren** verlangt: 20 US$/500 Ksh NR/R bzw. für Kinder 10 US$/200 Ksh. Für normale Wagen zahlt man 300 Ksh, für Minibusse 800 Ksh. Die Tickets erhält man am Gede Visitor Centre.

● Da es sich beim Wald „nur" um ein Forest Reserve handelt, gibt es keine Öffnungszeiten, d.h. man darf **auch nachts** im Wald unterwegs sein, was sich durchaus lohnt, weil dann ganz andere Tiere aktiv werden. Ein Führer ist dann keine schlechte Idee.

● Der Arabuko Sokoke Forest lässt sich **das ganze Jahr über** besuchen und lohnt sogar mehrmals einen Besuch, weil die Vegetation im Verlauf des Jahres ihr Gesicht verändert. Während der großen Regenzeit von April bis Juni und der kleinen Regenzeit im November und Dezember sind u.U. nicht alle Waldwege begeh- bzw. befahrbar. Andererseits bringt in dieser Zeit ein großer Teil der Bäume frische Blätter hervor und kleidet sich wie viele andere Pflanzen in eine herrliche Blütenpracht. Die hohe Feuchtigkeit lässt das Schmetterlings- und Amphibienleben förmlich explodieren. Während des Winters auf der Nordhalbkugel wird die Vogelwelt – besonders am Mida Creek – durch viele gefiederte Wintergäste aus Europa bereichert.

Die **beste Tageszeit** für einen Besuch sind die **frühen Morgen- und späten Nachmittagsstunden.** Dann ist auch das Licht zum Fotografieren am besten. Die größte Aktivität der Vögel ist von der Morgendämmerung bis ca. 9.30 Uhr zu erwarten. Wer am Mida Creek auf Vogelpirsch geht, muss sich nach den Tiden richten. Bei kompletter Ebbe steckt man mit dem Boot im Schlick fest, bei Flut wird man weniger Watt- und Stelzvögel zu Gesicht bekommen.

Sonstige Aktivitäten

Joggen

Die in der Umgebung des Visitor Centre angelegten Wanderwege eignen sich auch zum Joggen. Es gibt einen **Rundkurs** über ca. 5 km und einen weiteren über ca. 10 km, die durch Naturwald, Pflanzungen von exotischen Bäumen und offenes Buschland führen. Beide Wege starten vom Besucherzentrum aus. Wer nicht alleine laufen will, kann sich der Laufgruppe von Watamu anschließen, die sich Mo., Mi. und Fr. kurz vor 17 Uhr vor dem Ocean Sports Hotel in Watamu trifft (s.a. dort).

Gede ♪ VII/C3

Selbst für Leute, die kein historisches oder archäologisches Interesse besitzen, dürfte ein Besuch in Gede, manchmal auch Gedi geschrieben, alles andere als eine trockene Angelegenheit werden. Dafür strahlen die **vom Urwald überwucherten Ruinen einer alten Suaheli-Stadt** zu viel Magie aus. Auf rund 18 ha verteilen sich die teilweise ausgegrabenen Trümmer von Moscheen, Häusern und einem Palast, die so romantisch wirken, als wären sie für eine Filmkulisse arrangiert worden. Von Baumwurzeln umklammerte Mauerreste, orientalische Spitzbögen, rätselhafte Säulengräber, das Pfeifen der Urwaldvögel und dann noch Affenhorden, die durch die Zweige der mächtigen Würgefeigenbäume turnen, lassen längst vergessene Szenen aus „Das Dschungelbuch" auferstehen.

Zu diesem Reiz trägt natürlich bei, dass die untergegangene Siedlung **ungeklärte Fragen** aufwirft. Wieso bleibt eine Stadt, die in ihrer Blütezeit vermutlich 2500 Einwohner zählte und von einer 2,5 m hohen Stadtmauer mit mindestens drei Toren umgeben wurde, in allen schriftlichen Quellen unerwähnt (zumindest unter dem Namen, den wir heute benutzen)? Und das, obwohl eine bedeutende Handelsstadt wie Malindi noch nicht einmal in 20 km Entfernung lag!

Hängt möglicherweise das eine mit dem anderen zusammen? Das systematisch angelegte Straßenmuster weist darauf hin, dass Gede eine Neugründung war und sich nicht allmählich entwickelte. Bei den Ausgrabungen verriet der Fund eines datierten Grabsteins, dass die Stadt gegen **Ende des 14. Jahrhunderts gebaut** worden sein muss. Machtkämpfe innerhalb Malindis Führungskaste während dieser Zeit machen die Vermutung plausibel, dass eine politische Fraktion Malindis das Feld räumte und in der Nähe eine neue Siedlung gründete.

Nach wie vor rätselhaft erscheint die Binnenlage Gedes, die weder für den Seehandel geeignet war noch im Kriegsfall eine gute Verteidigung zuließ. Sollte die Lage in den Wäldern vielleicht verhindern, dass die Stadt von Feinden entdeckt wurde, die sich vom

Meer her näherten? Die **versteckte Lage** hat zumindest bestens funktioniert, nachdem die letzten Bewohner die Stadt verlassen hatten. Schließlich wurde Gede erst nach über 200 Jahren von dem britischen Archäologen *Sir John Kirk* wiederentdeckt und fotografiert. Danach verging abermals ein halbes Jahrhundert, bevor 1927 die **besterhaltene Ruine einer Suaheli-Siedlung an der kenianischen Küste** zum historischen Denkmal erklärt wurde.

Inzwischen gilt als sicher, dass Gede seine **Blütezeit im 15. Jahrhundert** erlebte und im 16. Jahrhundert vorübergehend verlassen wurde. Anlass könnte eine Strafexpedition Mombasas gewesen sein, das für seine Zerstörung durch den Portugiesen *Nuno da Cunha* im April 1529, bei der die große Rivalin Malindi mit Vergnügen Beistand geleistet hatte, Vergeltung üben wollte. Von diesem Schlag erholte sich Gede nie wieder. Die Wiederbesiedlung fand nur innerhalb einer stark verkleinerten Stadtmauer statt, in die auch Gemäuer alter Häuser integriert worden waren. **Zu Beginn des 17. Jahrhunderts** wurde der Ort völlig **aufgegeben.** Während die meisten Einwohner einen geordneten Rückzug antraten, fand man in einigen Häusern Spuren von Verwüstung. Es scheinen sich Leute bei der Räumung verspätet zu haben, die durch einen Überfall überrascht wurden. Die Übeltäter waren aller Wahrscheinlichkeit nach vom **Volk der Galla,** das ab dem 17. Jahrhundert den gesamten Küstenstrich zwischen Juba River im heutigen Somalia und dem Mtwapa Creek nördlich von Mombasa terrorisierte. Sämtliche Festlandsiedlungen in diesem Gebiet wurden zerstört, ihre Bewohner dauerhaft vertrieben. So erklärt sich auch, dass der Name Gede auf ein Wort der Galla-Sprache zurückzuführen ist und so viel wie „kostbar" bedeutet. War dies etwa der Name des Galla-Fürsten, der die Stadt eroberte? Oder wurde bei der Einnahme besonders reiche Beute gemacht? Man kann darüber nachsinnen, wenn man über das Ruinenfeld läuft, dem ursprünglichen Namen von Gede bringt einen das keinen Schritt näher. Immerhin denkbar wäre, dass sich hinter dem unbekannten Ort Kilimani („auf dem Hügel") oder Quelman, der

in vielen Quellen, wie etwa auf der Karte von *Bertholet* von 1639, auftaucht, Gedi verbirgt. Der Name wird freilich auch vom heutigen Mambrui nördlich von Malindi für sich beansprucht. Nachweise für die eine oder andere Version gibt es keine.

Die Ruinen

Was Sie heutzutage bei einem Besuch von Gede noch besichtigen können, ist lediglich ein Teil des aus Korallenstein gebauten ehemaligen „Nobelviertels" der Stadt, das rund 18 ha bedeckte und komplett innerhalb der Stadtmauern lag. Von den Lehmhäusern der ärmeren Bevölkerung ist nach Jahrhunderten im feuchten Küstenklima keine Spur mehr zu finden. Die **steinernen Überreste** reichen allerdings aus, um nachzuvollziehen, wie eine typische Suaheli-Stadt Mitte des 15. Jahrhunderts ausgesehen haben mag.

Vom Kassenhäuschen betritt man von Norden her den inneren Bereich der Stadtmauer. Nachdem man rechts den großen, ovalen Stein des datierten Grabes passiert hat, gelangt man zu einem zusammenhängenden Ruinenfeld, in dem die **Überreste von zehn Häusern, der großen Freitagsmoschee, einer weiteren kleinen Moschee und einer Palastanlage** zu sehen sind.

Die große **Freitagsmoschee** fällt durch ihren klaren rechteckigen Grundriss auf. In ihrem Innenraum kann man drei Säulenreihen erkennen, von denen die mittlere die Mihrab, die Gebetsnische an der Nordwand, verdeckt haben muss, die in Richtung Mekka zeigt. Diese Bauform findet man interessanterweise nur in Ostafrika. Die Mihrab selbst war mit eingemauerten chinesischen Porzellanschalen verziert, auch dies ein typisches Merkmal alter Suaheli-Moscheen. Rechts neben der Mihrab erkennt man die Reste der dreistufigen Minbar, einer Predigerkanzel. An den Seitenwänden fallen in den Mauerfundamenten auf der Seite die Aussparungen für drei Türen sowie Nischen auf, in denen Lampen standen. Die Mauer, welche den hinteren Gebäudeteil abtrennt, wurde erst nach der Wiederbesiedlung Gedes Mitte des 16. Jahrhunderts eingezogen. Das Gebäude war

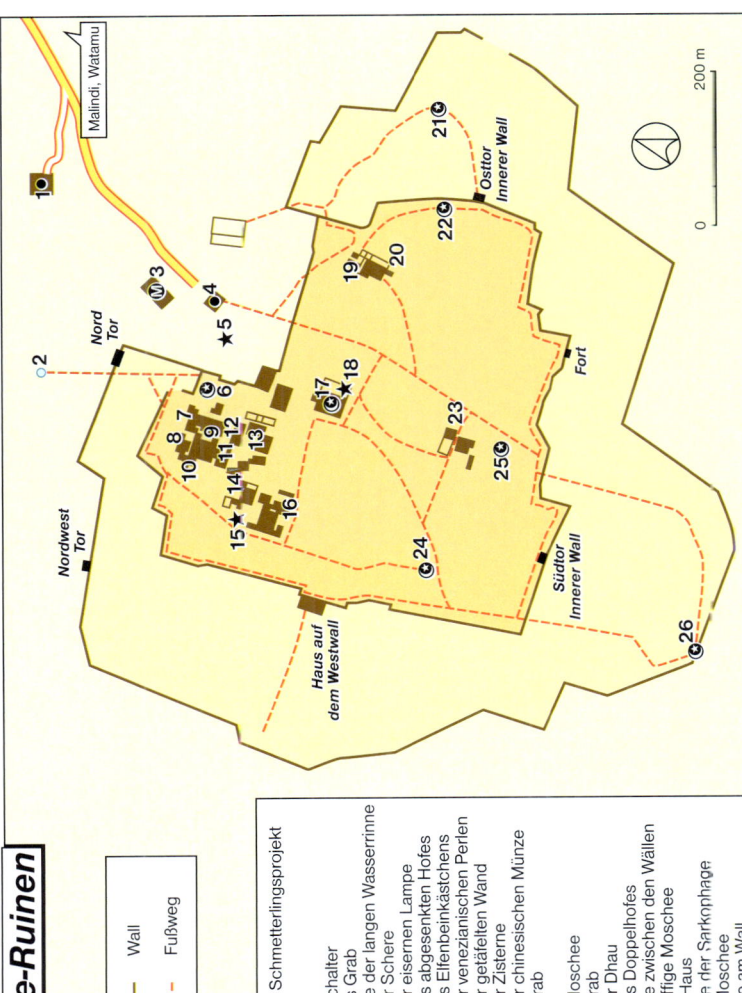

Gede-Ruinen

— Wall
--- Fußweg

1 Kipepeo Schmetterlingsprojekt
2 Brunnen
3 Museum
4 Ticket Schalter
5 Datiertes Grab
6 Moschee der langen Wasserrinne
7 Haus der Schere
8 Haus der eisernen Lampe
9 Haus des abgesenkten Hofes
10 Haus des Elfenbeinkästchens
11 Haus der venezianischen Perlen
12 Haus der getäfelten Wand
13 Haus der Zisterne
14 Haus der chinesischen Münze
15 Säulengrab
16 Palast
17 Große Moschee
18 Säulengrab
19 Haus der Dhau
20 Haus des Doppelhofes
21 Moschee zwischen den Wällen
22 Dreischiffige Moschee
23 Großes Haus
24 Moschee der Sarkophage
25 Kleine Moschee
26 Moschee am Wall

im Dachbereich stark beschädigt worden und für die kleine Gemeinde ohnehin zu groß. Im Vorhof, über den man die Ruine betreten hat, lässt sich eine Zisterne erkennen. Eine Wasserquelle gehört zu jeder Moschee, denn rituelle Waschungen werden vom Koran vorgeschrieben. Der achteckige Pfeiler, der am Kopfende der Moschee nicht weit von der Zisterne steht, ist übrigens kein verkümmertes Minarett, sondern gehört zu einem Grab. Damals gab es keine Moscheetürme an der Suaheli-Küste. Der Muezzin rief die Gläubigen vom Dach zum Gebet, im Vorhof lassen sich noch die Treppenstufen erkennen, die hinaufführten.

Nur etwa 100 m westlich der Moschee betritt man durch ein spitzbogenförmiges Portal, das zum Wahrzeichen von Gede wurde, den **Empfangshof des Palastes.** Die Form des Bogens findet man in Afrikas nur in Kenia sowie im nördlichen Tansania, ursprünglich stammt sie aber aus Indien. Dies deutet darauf hin, dass an diesem Küstenabschnitt schon im 15. Jahrhundert enge Handelskontakte mit dem indischen Subkontinent existierten. Jedem, der in Lamu war, werden die Bänke zu beiden Seiten des Eingangs ins Auge stechen, denn diese sogenannten Baraza finden sich dort noch heute vor jedem traditionellen Haus. Direkt rechts vom Eingang steht eine weitere Grabsäule, links sieht man im sogenannten Reinigungshof eine große Zisterne, in der vielleicht einmal die Wäsche gewaschen wurde. Das **Innere des Palastes,** der insgesamt 1000 m² bedeckt, besteht aus einem unbeschreiblichen Durcheinander von Mauerresten. Auffällig ist die Zweiteilung in einen nördlichen Teil, der von fünf großen Höfen und relativ wenigen Räumen geprägt wird – möglicherweise die Gemächer von vier Ehefrauen –, und einen südlichen Teil, in dem zahlreiche Zimmerchen existieren, frü-

Mitten im Wald: die Ruinen von Gede

her einmal wohl Vorrats- und Gesinderäume. Zwischen diesen beiden Gebäudeflügeln liegt der sogenannte Audienzhof. Auf der Bank an seiner Ostseite, die am Vormittag beschattet war, nahm vermutlich der Sultan Platz, wenn er Hof hielt oder Recht zu sprechen hatte. Beim weiteren Stöbern in den Ruinen findet man auch sanitäre Anlagen mit Plumpsklo und Bidet. Einige Türschwellen, die wie die Treppenstufen aus massiven Korallenblöcken geschnitten sind, wurden durch vergrabene Tontöpfe geschützt, in denen sich ein Fingo, ein Talisman mit einem Wächtergeist, befand. Dieser, so damals der Glaube, befiel jeden, der das Haus in böser Absicht betrat, und trieb ihn in den Wahnsinn.

Im Nordosten fügt sich ein **Block von zehn Häusern** an den Palast an. Die Häuser waren nur einstöckig und wurden von den Archäologen nach den Funden benannt, die sie in ihren Gemäuern machten. So erklären sich die sonderbaren Namen: Haus der Kaurimuschel, Haus der Schere usw. Sie alle verdeutlichen – ebenso wie das Sanitärsystem der Gebäude – den hohen Lebensstandard, den die Oberklasse der Stadt besaß. Die Funde sind im Museum am Eingang ausgestellt, teilweise auch im Fort Jesus in Mombasa. Der Grundplan der Häuser ähnelt übrigens auffällig dem der alten Häuser Lamus.

Von den Gebäuden, die außerhalb dieses Blocks liegen, ist besonders das **Haus der Dhau** interessant, an dessen Wänden noch eingeritzte Bilder vom Stapellauf einer Dhau und weitere Kritzeleien zu finden sind. Hinter der dreischiffigen Moschee ist noch ein **Teil der Stadtmauer** mit Resten des südlichen Tores erhalten, in der Schießscharten sowie runde Gucklöcher eingelassen sind. Einen großartigen Überblick über die Anlage von Gede erhält man von der Aussichtsplattform, die in 16 m Höhe in einem großen Baobab klebt.

Die Ruinen und ein kleines Museum sind **täglich von 7–18 Uhr geöffnet.** Eintritt: 800 Ksh, Kinder die Hälfte; Residents 600/200 Ksh. Am Kassenhäuschen erhält man für 100 Ksh ein Heftchen, in dem die Geschichte Gedes dargelegt wird. Wenn Ihnen die toten Steine und das kleine Museum mit den Grabungsfunden zu öde geworden sind, können Sie das Ruinenfeld auf einem schönen **Naturpfad** umrunden, der dem Verlauf der äußeren Mauer folgt. Neben zahlreichen Vögeln lassen sich bisweilen auch Affen und Antilopen sehen.

Kipepeo-Projekt

Eine weitere Attraktion auf dem Areal der Ruinenstadt Gede ist das Kipepeo-Schmetterlingsprojekt (Tel. 042/32380, www.kipepeo.org), das rechter Hand der Einfahrt von Gede liegt. Hier werden unter der Schirmherrschaft der East African Natural History Society und der National Museums of Kenya **Schmetterlinge gezüchtet,** um den bedrohten Küstenwald von Arabuko Sokoke zu retten. Zugegeben, ein Zusammenhang zwischen dem einen und dem anderen ist nicht unmittelbar ersichtlich. Aber wer dem Kipepeo-Projekt einen Besuch abstattet kann nur noch staunen. Die Idee ist simpel: Wenn die Bauern durch die Zucht und den Verkauf von Schmetterlingen aus dem Wald gut verdienen, wird sich automatisch ihre Einstellung zu dessen Wert und Schutzwürdigkeit ändern.

Und so fangen Bauern aus dem Projekt im Arabuko-Sokoke-Wald Schmetterlinge, welche in Gefangenschaft ihre Eier ablegen. Teils in Gede, teils in Käfigen am Waldrand werden die geschlüpften Raupen bis zur Verpuppung gefüttert und dann nach Übersee verkauft. Die **Abnehmer in Europa, USA und Kanada** sind zumeist Zoos und Schmetterlingsvolièren. Der Erfolg hat vermutlich selbst die Initiatoren überrascht. Die Gewinne der Bauern tragen nicht unerheblich zu den Familieneinkommen bei – ohne, dass dafür nur ein Baum gefällt worden wäre. Die Bauern, die vorher praktisch ausnahmslos für die Umwandlung des Waldes zu Ackerland eintraten, haben ihre Meinung jedenfalls gründlich geändert.

Die jetzt um sich greifende Faszination für Schmetterlinge – und ihr wirtschaftliches Potenzial – hat zur Gründung von **Wildlife Clubs** in der ganzen Gegend geführt. Inzwischen wird überlegt, ein vergleichbares Projekt auch am westkenianischen Kakamega-Wald ins Leben zu rufen, der ähnlich wertvoll und bedroht wie Arabuko Sokoke ist.

Bei einem Besuch von Kipepeo kann man das **Zuchtzentrum** mit skurrilen Raupen und den Puppen besichtigen. Frühmorgens hat man die besten Chancen, das Wunder einer Schmetterlings„geburt" mitzuerleben. In einer großen Volière darf man herumwandern und kann sich bis zu 30 verschiedene Schmetterlingsarten, die hier gezüchtet werden, aus aller Nähe angucken.

Der **Eintritt** kostet 100 Ksh für Nonresidents und 50 Ksh für Residents.

Watamu ♫ VII/C,D3

Obwohl Watamu nach Mombasa, Diani Beach und Malindi das **viertwichtigste Touristenzentrum an der kenianischen Küste** darstellt und auch vom Fremdenverkehr geprägt ist, kommt der Ort beschaulich daher. Anders als Diani, ein Hotelreich gänzlich in ausländischer Hand, oder Malindi, das als zweitgrößte Stadt der Küste mit Betriebsamkeit und viel Lärm aufwartet, spürt man im alten Ortskern von Watamu noch die Seele des früheren Fischerortes, der für den Tourismus erst spät entdeckt wurde. Wenn Touristinnen im Bikini-Oberteil und Shorts an älteren, gläubigen Männern vor der Moschee vorübergehen, kommen einem doch Zweifel, ob es wirklich Gelassenheit ist, die aus den Blicken der Einheimischen spricht, oder eher Resignation angesichts der Schwemme wildfremder Menschen, die die Regeln von Anstand und Respekt verletzen.

Anders als in Malindi, das in den 1930er Jahren bei weißen Kenianern aus dem Hochland als Badeort beliebt war, wurde in Watamu erst **1957** das **erste Hotel** gebaut. Aufgrund von Ruinenfunden an der Blue Bay und am Mida Creek darf man der Siedlung aber durchaus einige hundert Jahre Geschichte zugestehen. Freilich: Eine größere politische oder wirtschaftliche Bedeutung hat Watamu niemals besessen.

Der Strand von Watamu gilt als **schönste Küstenlandschaft Kenias.** Drei weite, durch schroffe Felsen getrennte Sandbuchten reihen sich aneinander: Von Norden nach Sü-

den sind dies **Watamu Bay, Blue Bay** und **Turtle Bay.** Die Felsen sind ebenso wie die malerischen Inselchen, die in diesen Buchten liegen, nichts anderes als die Überreste von fossilen Korallenriffen. Bei Ebbe fallen viele von ihnen trocken und können dann zu Fuß erreicht werden. Nach Süden hin erstreckt sich die rund 4 km lange Halbinsel von Watamu, die den Mida Creek, eine flache Bucht, vom Meer trennt.

Die **Schönheit** Watamus setzt sich **unter Wasser** fort. Die Korallenbänke zählen zu den prächtigsten der ostafrikanischen Küste und sind seit 1968 durch einen **Meeresnationalpark** (s.u.) geschützt, welcher auch den Mida Creek mit seinen vogelreichen Mangrovenwäldern und Wattgebieten einschließt – ein Paradies für Ornithologen. Besonders für jemanden, der noch niemals in tropischen Gewässern geschnorchelt oder getaucht ist, werden sich beim Anblick der Unterwassergärten mit ihren filigranen Stein- und Weichkorallen sowie Hunderten von tropischen Fischarten neue Welten auftun. So skurril und vielfältig wie die Namen der Fische – etwa Soldaten-, Engels-, Doktor-, Rotfeuer-, Glas-, Frosch-, Skorpions-, Koffer- oder Schmetterlingsfisch – sind auch ihre Formen und Farben. Erfahrene Taucher kommen noch aus einem anderen Grund hierher: An keiner anderen Stelle in Ostafrika (und nur wenigen sonst auf der Erde) lassen sich zu bestimmten Jahreszeiten so häufig **Walhaie** beobachten wie hier. Der größte Fisch der Erde ist trotz seiner 12 m Länge ein gutmütiger Riese, eine Begegnung mit ihm für viele Taucher ein absoluter Traum.

Aber auch andere Wassersportler kommen auf ihre Kosten. Durch die Passatwinde herrschen oft gute Windverhältnisse zum **Surfen,** und ähnlich wie Malindi ist Watamu bei **Sportfischern** für reiche Fischgründe bekannt. Am späten Nachmittag kann man im Ocean Sports Hotel oder im benachbarten Hemingways beobachten, wie die Fänge angelandet werden und stolze Angler neben der Fischwaage fürs Erinnerungsfoto posieren.

Im näheren Umland von Watamu gibt es außergewöhnliche **Ausflugsziele,** wie die Ruinen von Gede oder den artenreichen Arabuko-Sokoke-Urwald.

Also alles wunderbar in Watamu? Nicht ganz. Für Touristen mit schmalerem Geldbeutel ist das **Angebot an günstigen Unterkünften** eher **mager,** Budget-Bleiben sind oft ausgebucht.

Das Zweite betrifft alle Touristen gleichermaßen: Von **Mai bis September,** wenn der Kuzi, also der **Südostpassat,** bläst, werden große Seegrasmengen an die Traumstrände getrieben. Für die Befestigung des Ufersands ist das zwar wichtig, von Badegästen werden die braunen Pflanzenstreifen aber nicht geschätzt. Auch die **Tauchverhältnisse** sind besonders **zwischen Mai und Ende Juli** so **schlecht,** dass viele Basen für zwei Monate komplett schließen. Das Wetter ist dann häufig trübe und kühl. Freilich: Schnäppchenjäger und Ruhesuchende werden Watamu dann besonders mögen.

Unterkunft

Oberklasse-Hotels

● Hemingways

Tel. 042/32624 und 32724, Fax 32256, hemingways@swiftmalindi.com; Standard: HS: 175/250 US$, LS: 90/ 135 US$, Superior: HS: 200/280 US$, LS: 110/160 US$, Deluxe: HS: 220/310 US$, LS: 120/175 US$, Suite: HS: 350 US$, LS: 190 US$, sämtliche Preise HB. An Weihnachten und Ostern wird ein Aufschlag von 30 US$ p.P. erhoben. Obwohl das Hemingways erst 1988 gebaut wurde, suggeriert sein Name eine ange Tradition. Nicht nur in der Bar, die sich zur Terrasse öffnet und voller ausgestopfter Fischtrophäen ist, findet man Anspielungen auf den berühmten Namensgeber und seine heroischen Jagd- und Angeltaten. Die ganze Hotelanlage, aber auch der vorzügliche Service strahlen einen vornehmen Luxus aus. Alle 87 Zimmer des Hemingways besitzen Seeblick. Der näher am Strand gebaute, ältere Sea View-Flügel, von der Aussicht schöner, besitzt recht kleine Zimmer. Im neuen Flügel lassen sich die großen Glasschiebetüren ganz öffnen, auch sonst gibt es mit eigenem Kühlschrank, Telefon, Safe, Air Condition und Ventilator allen Komfort. Berühmt ist das Hemingways für seine guten Buffets, die, wenn es das Wetter zulässt, auch auf der großen Terrasse im Schatten der Kokospalmen aufgebaut werden. Mi. und Sa. gibt es ein Dinnerbuffet mit mongolischer und mexikanischer Küche für 1250 Ksh, So. zum Lunch ein Currybuffet für 550 Ksh. Wer als Gast von außerhalb die Pools benutzen möchte, muss 1000 Ksh bezahlen, erhält für das viele Geld aber wenigstens einen 5-Uhr-Tee als Trostpflaster. Das Hemingways besitzt ein Glasbodenboot, dessen Benutzung für Gäste des Hotels kostenlos ist. Gleiches gilt für Shoppingtrips nach Malindi, einen Besuch der Gede-Ruinen und die Benutzung des hauseigenen Fitness-Studios. Boutique, 2 Swimmingpools, eigene Krankenschwester.

● Turtle Bay Beach Club

Tel. 042/32003, 32003, Fax 32268, www.turtlebaykenya.com; Ocean Front: 125/190 US$ (LS/HS), Lamu: 115/170 US$ (LS/HS), Club: 100/150 US$ (LS/HS), alle Zimmer mit gleicher Ausstattung (Air Condition, Ventilator und Balkon oder Terrasse). Die Ocean-Front-Räume liegen näher am Strand und haben Meerblick. Es gibt drei Zimmer für Rollstuhlfahrer. Der Turtle Bay Club ist ein sehr gut geführtes, familienfreundliches All-inclusive-Hotel mit Kinderbetreuung, viele Aktivitäten sind kostenlos (u.a. Mietfahrräder, Kanus, Schnorchelausrüstungen und Schnuppertauchgänge). Wer tagsüber als Gast von außen die Leistungen des Clubs wahrnehmen möchte, zahlt für 8 Stunden 2000 Ksh.

● Blue Bay Village

Tel. 042/32626, Mobil: 0722/208691 bluebay@africaonline.co.ke; Suite (mit Seeblick): 230/400 Euro, Deluxe: 160/260 Euro, air-conditioned: 145/230 Euro, Standard (ohne AC): 130/200 Euro, alle Preise FB. Wie ein Großteil der Gäste kommt der Besitzer dieses stilvollen, gepflegten Hotels aus Italien. Leider hat man von den meisten Cottages keinen Seeblick. Die Suiten besitzen neben Wohnzimmer auch Minibar, Ventilator, Air Condition und eigenen Telefonanschluss; die Deluxe-Zimmer haben die gleiche Ausstattung ohne Wohnzimmer. Die Anlage breitet sich in einem riesigen Garten aus, in dem sich die Cottages unauffällig verteilen. Das zentrale Gebäude mit Bar, italienischem Restaurant und Swimmingpool hat eine ange-

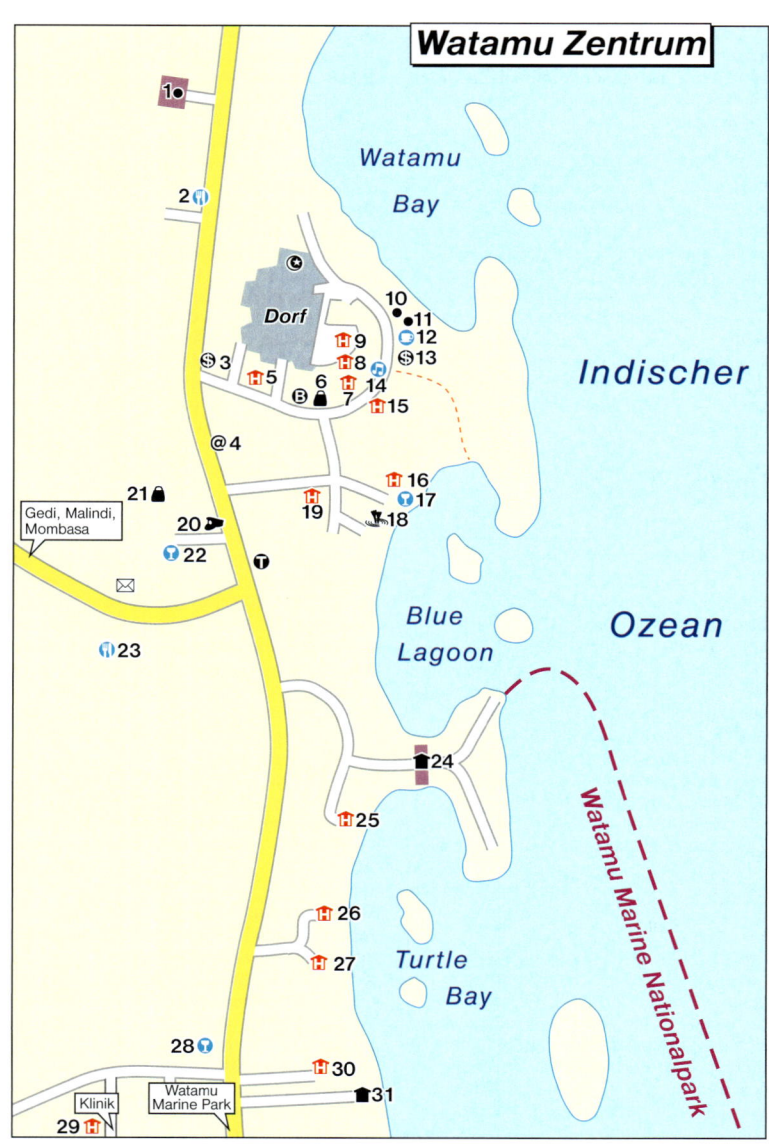

Watamu Zentrum

Watamu Bay

Indischer

Ozean

Dorf

Blue Lagoon

Turtle Bay

Watamu Marine Nationalpark

Gedi, Malindi, Mombasa

Klinik

Watamu Marine Park

- ● **1** Bio Ken Snake Farm
- **2** Choma Village
- **3** KCB Bank
- @ **4** Wonder World Internet
- **5** New Paradise
- **6** Lucie's Mini Market
- **7** Villa Veronica
- **8** Tiki House
- **9** Ascot Residence
- ● **10** Academica Tours & Travel
- ● **11** Friseur & Dhau Touren
- **12** Eis Café
- **13** Imperial Bank
- **14** Come Back Disco
- **15** Malob Guesthouse
- **16** Baracuda Inn
- **17** Bibi Bar
- **18** Padi Dive Center
- **19** Aquarius Residence
- **20** Polizei
- **21** Watamu Supermarket
- **22** Bistro Watamu
- **23** Scary Mc Nasty
- **24** Nationalpark Gate
- **25** Blue Bay Village
- **26** Ocean Sports Hotel
- **27** Hemingway's
- **28** Pole Pole Bar
- **29** Villa Watamu Resort
- **30** Turtle Bay Beach Club
- **31** KWS Turtle Bay Gate

- **G** Moschee
- **B** Bushaltestelle
- **T** Tankstelle
- ✉ Post

0   500 m

nehme Atmosphäre. Vom Hotel Zugang zum Strand von Blue und Turtle Bay. Windsurfing, Kanufahren und Tennisplatz (mit Flutlicht). Empfehlenswerte Tauchbasis.

● **Barracuda Inn**
Tel. 042/32509, www.barracudainn.com; 75/120 Euro FB. Die Zimmer haben Safe, Telefon, Air Condition, kleinen Kühlschrank, private Veranda, Parkettfußboden und reichlich Platz, aber keinen Seeblick. Hoher Servicestandard, bemerkenswert schöner öffentlicher Bereich, gutes Restaurant mit italienischen Speisen und viel Fisch, eigener Zugang zum malerischen Strand der Blue Bay sowie großes Angebot an Aktivitäten. Zahlreiche sportliche Aktivitäten. Im Restaurant auf dem Dach der Lounge genießt man gute Speisen und den Blick auf Pool und Meer. Schwimmbadbenutzung für Nichtgäste: 500 Ksh. Buffet für 1500 Ksh.

● **Ocean Sports Hotel**
Tel. 042/32008, Mobil: 0724/389732, www. oceansports.net; das Hotel besitzt drei Unterkunftskategorien: Resort Bedrooms (149/182 US$ HB) mit eigener Veranda, AC und Safe, Selfcatering mit 2 bzw. 3 Schlafzimmern (292/435 US$ BO) und privates Strandhaus (39 US$ p.P.) für Kurz- und Langzeitmiete. Außerdem kann man auf dem schönen Platz des Hotels zelten (10 US$ p.P.). Das 1957 eröffnete Ocean Sports ist der Hotelmethusalem von Watamu und besonders bei weißen Kenianern und Briten beliebt. In der von Angeltrophäen starrenden Bar wie im ganzen Hotel ist der Umgangston leger. Die Zimmer sind nichts Außergewöhnliches. Von Bar und Restaurant man einen schönen Meerblick. Lohnenswert sind das sonntägliche Curry und Meeresfrüchte-Buffet zur Mittagszeit. Kleiner Swimmingpool (Gäste von außerhalb: 500 Ksh, Kinder 200 Ksh), Ausflüge in die Umgebung: Glasbodentrips in den Nationalpark (1750 Ksh/NR, 1300 Ksh/R), Schnorcheltrips (400 Ksh plus Parktickets), Delfintouren (2500 Ksh), Tennis und Squash (je 300 Ksh pro Std.), Sundowner-Trips in den Mida Creek (7000 Ksh), Ausflüge mit der Dhau des benachbarten Hemingways (1500 Ksh), Besuch im Arabuko Sokoke Forest (3000 Ksh, zzgl. Guide), Hochseeangeltrips (nähere Infos im Hotel).

An der Küste

● Aquarius Residence
Tel. 042/32069, aquarius@africaonline.co.ke; abhängig von Saison und Zimmerstandard zwischen 6000 und 9000 Ksh FB p.p. Italienisch geführt, schöne Anlage, ca. 5 Gehminuten vom Strand entfernt. Die Gebäude sind um einen zentralen, großen Swimmingpool angeordnet. Die Zimmer sind im Lamu-Stil eingerichtet und besitzen allen Komfort. Eine ruhige Unterkunft.

● Venta Club
Tel. 042/3205-7 und -8, www.clubtemplepoint.com; 150/185 US$ p.P. (LS/HS) All inclusive. Das Hotel besitzt 100 Doppelzimmer und viel italienischen Chic. Der Blick von Bar und Restaurantbereich auf das Meer ist superschön, dafür hat das Hotel nur einen Privatstrand auf der anderen Seite des Creek, zu dem man mit dem Boot gebracht wird. Die Zimmer sind nur mit Ventilator ausgestattet. Neben 2 Swimmingpools auch Tennis- und Wassersportmöglichkeiten. Eigene Dhau. Massage, Fitnessclub. Dinner für Auswärtige mit Getränk: 1500 Ksh.

Mittelklasse-Hotels

● Ascot Residence Hotel
Tel. 042/322326, Mobil: 0721/267761, www.ascotresidence.com; Preise auf Anfrage. Das Hotel mit ausladendem Garten bietet ein gutes Preis-Leistungsverhältnis. An den großen, sauberen Zimmern mit Veranda, Moskitonetzen und Ventilator gibt es nichts zu mäkeln. Bar, Pizzeria und Swimmingpool. Um zum öffentlichen Badestrand von Watamu zu gelangen, muss man lediglich die Straße überqueren. An der Rezeption kann man Paragliding-Flüge am Strand buchen.

● Riedl Cottages
Tel. 042/32423 und 32099, Mobil: 0733/810006, www.scuba-diving-kenya.com; *Maja* und *Lenz Riedl,* die 20 Jahre die beste Tauchbasis von Watamu geleitet haben, bieten auf ihrem Grundstück verschiedene gemütliche Unterkünfte: 2 Beachapartments, jeweils für 2 Pers. (großes 75 Euro, kleines 50 Euro), Cottages (58 Euro für 4 Pers., 32 Euro für 2 Pers.) und eine Villa (165 Euro bis 12 Pers., danach pro Person weitere 10 Euro). Viele Taucher wohnen hier. Ausgezeichnete Ausstattung, die Küchen haben Eisschrank, Gas-

kocher, Toaster etc., im günstigen Preis eingeschlossen sind auch eine Haushaltshilfe, Benutzung des Pools und der Sauna. Auf Wunsch eigener Koch und Einkäufe. Superleistung, faire Preise, herzliche Gastgeber!

● Villas Watamu Resort
Tel. 042/32487, Mobil: 0722/666357, www.villas-watamu.com; 1800/2500 Ksh p.P. BO (LS/HS), 3500/4000 Ksh p.P. FB (LS/HS), Langzeiturlauber (ab 3 Monaten) erhalten Sonderpreise. Eine weitere Unterkunft mit privatem Charakter unter deutscher, pardon, bayrischer Leitung. Am Tor wird man von einer Fahnenstange mit weiß-blauem Rautentuch begrüßt. 20 Bungalows mit einem oder zwei Doppelzimmern, WC, voll ausgestatteter Küche, Air Condition und Wohnveranda. Reinigung des Bungalows durch das Haus. Swimmingpool sowie Planschbecken für Kinder. Auf Wunsch zuverlässige Kinderbetreuung und Koch. 5 Minuten zum Strand.

● New Paradise
Mobil: 0722/778454, Tel. 042/32214 und 32269, martunda@yahoo.com; 2000/4000 Ksh BO SC. Eigene Küche und Riesenveranda. Eine empfehlenswerte Unterkunft für begrenzte Geldbeutel. Schöner Garten. Die ungezwungene Stimmung lässt einen nicht an ein Hotel denken. Der Strand liegt 5 Gehminuten entfernt.

● A Rocha Mamba Guesthouse
Plot Nr. 28, Infos: *Henry* und *Belinda Kigen,* mwamba@arocha.org, Tel. 020/2335865 oder 042/2332023. Das einstige Grundstück von *Mrs. Simpson* ist in gute neue Hände gelangt, nämlich in jene der christlichen Naturschutzorganisation A Rocha, die sich in Watamu und Umgebung stark engagiert – und u.a. für die Hängebrücke in den Mangroven von Mida Creek oder die Aussichtsplattform von Gede verantwortlich ist. Das Haus pflegt Offenheit und freut sich über alle, die sich für Naturschutz interessieren und bietet auch günstige Camp- und Übernachtungsgelegenheiten mit Verpflegung an. Mit direktem Zugang zum menschenleeren Sandstrand.

● Doumpalm
Tel. 020/6750602 u. 3005126, Mobil: 0736/761533, 0722/522246, www.kitengela.co.ke, Plot 31, bei der Glasskulptur links einbiegen und nach 300 m bei der zweiten Skulptur

den rechten Weg nehmen; LS: 6000 Ksh DB, HS: 9000 Ksh DB, jede weitere Person 1000 Ksh. Die Glas-Künstlerin Nani Croze besitzt in Watamu auf der Halbinsel ein kleines, charmantes Häuschen in einem völlig verwilderten Garten, dass sie auch vermietet. 3 Doppelzimmer und verschiedene andere Unterkunftsmöglichkeiten für Einzelpersonen sind vorhanden. Die Unterkunft ist unkonventionell und gemütlich – und vor allem mit eigenem Zugang zum Strand ausgestattet! Koch und Haushälter vorhanden.

● Sandra Guesthouse

Ein weiteres nettes Anwesen, weiter südlich auf der Halbinsel, nämlich auf Plot 113. Mobil: 0727/109742 und 0721/391590.

● Tiki House

Tel. 042/32552 und 32444. Nicht ganz einfach zu finden, aber wenn man nach dem Besitzer Said Ali fragt, wird einem der Weg gezeigt. 2 gemütliche Häuser im Dorf mit 3 Zimmern und kompletter Wohnung. Alle mit eigener Dusche und WC, Moskitonetz und Ventilator. Gemeinschaftsküche mit Kühlschrank, kleiner Garten und große Terrasse mit Hängematte. Charmant und empfehlenswert.

● Jakasa Villa

Mobil: 0737/390786, naswar bakari@hotmail.com; 1500 Ksh DB NSC mit Küche und Ventilator. Der Eigentümer, Naswari Bakari, spricht deutsch (er hat in der Schweiz gelebt), organisiert Ausflüge zur Hell's Kitchen nördlich von Malindi (3500 Ksh), zum Mida Creek (1800 Ksh) oder auch Dhau-Trips, wenn sich eine Gruppe findet.

Preiswerte Unterkünfte

● Dante Hotel

Tel. 042/32243; 700 Ksh BO DB. Die Zimmer sind nicht aufregend, besitzen aber Moskitonetze und Ventilator, warmes Wasser gibt es nicht. Angeschlossen sind eine Bar mit funktionierender Jukebox und ein Restaurant.

● Villa Veronika

Tel. 042/32083, Mobil: 0721/128656, 0726-642007; 600 Ksh DB, 1200 Ksh für ein Zimmer mit 2 Doppelbetten. Das Guesthouse ist relativ einfach ausgestattet, die Zimmer verfügen über Moskitonetze und Ventilator, müssen sich z.T. aber das Bad teilen. Die

Moskitos in den Zimmern sind eine Plage, die Come Back Disco ist wochenends ziemlich laut. Aber die Freundlichkeit der Besitzerin und ihrer Familie machen die Villa trotzdem zu einer angenehmen Unterkunft.

● Malob Guest House

Tel. 042/32260, Mobil: 0723/909481; 800/ 1500 SC Ksh. Empfehlenswert.

Camping

Die Misere der Budgetunterkünfte in Watamu betrifft auch das Camping. Einzige Möglichkeit bietet das **Ocean Sports Hotel.** Zwischen Gedi und Watamu, also ewig vom Meer entfernt, offeriert das **Watamu Palms** ein Plätzchen für die Nacht im Zelt.

Essen und Trinken

Einfache, aber gute Mahlzeiten mit kenianischem Einschlag bekommt man im Dorf beim **Jambo House** und im **Ujamaa Kwitu.** Preiswerte, leckere Küche bietet auch das **Choma Village.** Einen fantastischen Blick aufs Meer und riesige Auswahl bietet das italienische **Mapango Reef Restaurant** der Aquarius Residence. Empfehlenswert ist definitiv auch das **Fantasia Restaurant** in der Ascot Residence. Lecker, edel und italienisch speist man im **Barracuda Inn** und im **Blue Bay Village.** Gute Buffets können im **Ocean Sports** und im **Hemingways** gestürmt werden. Lecker ist auch das Essen im **Pili Pan Restaurant** (Mobil: 0736/724099 und 0727/ 023943) an der Straße zum Creek, das lokale Einflüsse mit europäischer Küche kombiniert. Neben tollem Seafood auch Curries, Steaks, internationale und lokale Cocktails. Für die Kinder ist ein Spielplatz am Creek vorhanden. Es werden Lunch und Dinner serviert. Mo. geschlossen. Direkt neben dem Watamu Supermarket, nahe der Abzweigung nach Gede, befindet sich das **Bistro Watamu,** das von der Deutschen Katrin Frangenberg und ihrem Mann James geführt wird. Guter Kaffee, Schwarzwälder Kirschtorte, Sandwiches, Hamburger, Quiche, Müsli, Eiscreme, Milchshakes usw. usf. Alles eben, wonach man sich insgeheim gesehnt hat. Man sitzt gemütlich

An der Küste

und kann in aktuellen Magazinen und Zeitschriften blättern. Empfehlenswert! Erwähnenswert ist schließlich noch das **Scary McNasty** (Tel. 042/32500), das gegenüber der Post liegt. Eine schöne Bar und ein Grill mit Riesensteaks und Meeresfrüchten. Mittags leichtere Kost mit mexikanischen und chinesischen Gerichten, Quiches und Salat. Vegetarisches gibt es nur auf Nachfrage. Vermietet auch 2 Cottages für 20 US$ p.P.

Verkehrsverbindungen

Matatus

Es gibt regelmäßigen Matatu-Verkehr von und nach Watamu, die ankommenden Sammeltaxen fahren allerdings manchmal nur bis auf Höhe des Turtle Bay Club hinunter, bevor sie dann den eigentlichen Ort ansteuern, und nicht bis zum Nationalparkeingang. Die Wagen, die von Watamu aus starten, fahren keinen Schlenker mehr in Richtung Turtle Bay, sondern steuern direkt in Richtung Gede und dann weiter **nach Malindi** oder **Mombasa.** Für eine Fahrt bis zur Hauptstraße nach Gede zahlt man 40 Ksh, bis zum Abzweig zum Mida Creek 50 Ksh, nach Malindi 70 Ksh und nach Mombasa 290 Ksh. Die Matatus starten vor dem Traveller's Café.

Taxis

Taxis warten für gewöhnlich auf dem Platz an der Moschee auf Kunden.

Nachtleben

Watamu ist nicht Malindi oder Diani – dementsprechend fällt das Nachleben auch einige Nummern kleiner aus. Immerhin: In der **Come Back Disco** wird wochenends zum Tanz gerufen. Edler ist die Disco am Fr. und Sa. im **Ocean Sports** sowie im **Blue Bay.**

Unter der Woche trifft man sich eher in der **Polepole Bar** gegenüber vom Turtle Bay Club, ansonsten bleiben vor allem noch die **Hotelbars** von **Barracuda Inn, Ocean Sports** und **Hemingways,** die beiden Letzteren deutlich markiertes Terrain von weißen Kenianern und Anglern.

Notfall

● Es gibt in Watamu eine kleine **Klinik** (Mobil: 0722/437423) nahe des Villa Watamu Resort. Ansonsten bleibt nur die Fahrt nach Malindi zu *Dr. Mustafa* im Galana Hospital (Mobil: 0722/794752 und 0733/374760).
● Es gibt einen praktizierenden **Arzt** und ein medizinisches **Labor,** das auch Malariatests durchführt: **Dr. Eugene Erulu,** Tel. 042/32122 (Praxis) und 32248 (privat), Mobil: 0722/437423 und 0733/763121.

Banken

In Watamu gibt es nur eine **KCB-Filiale.** Ansonsten erhält man im privaten **Tauschbüro von Abbas** Ksh (zwischen Villa Veronica und Lucies Minimarket).

Internet

● Das beste **Internetcafé** von Watamu ist das **Dreamworld,** das Mo. bis Fr. 9–12.30 und 15–18.30 Uhr, Sa. auch länger geöffnet hat; So. 15–18.30 Uhr.

Mietautos und Safaris

● **Academia Tours & Travel**
Tel. 042/32306, Fax 32252, täglich von 9–12 und 14–19 Uhr geöffnet, So. geschlossen. Das Unternehmen organisiert das, was man von einem lokalen Safariunternehmer erwartet: Ausflüge in den Marine National Park, nach Gedi oder zum Arabuko Sokoke Forest. Außerdem kann man sich mit dem hauseigenen Taxiservice auch nach Mombasa oder nach Malindi kutschieren lassen oder ein Auto mieten und selbst fahren. Weitere Anbieter in direkter Nachbarschaft.

Mietfahrräder

Neben der Come Back Disco vermietet **George Mkisii** (Mobil: 0733/941471) Fahrräder für 60/400/3000 Ksh pro Std./Tag/Woche – das optimale Verkehrsmittel, um hinunter zum Watamu National Park zu gelangen oder einen Ausflug zu den Gedi-Ruinen und in den Arabuko-Sokoke-Wald auf eigene Faust zu unternehmen.

Sport und Aktivitäten

Dhau-Touren

Das **Hotel Hemingways** besitzt ein eigenes traditionelles Dhau-Segelschiff, mit dem **Ausflüge in den Mida Creek** veranstaltet werden. Die **Sundowner-Touren** für rund 35 US$ starten um 16.30 Uhr am Steg in Mida, Rückkehr ist um 19.30 Uhr, unterwegs werden Getränke und Snacks gereicht. Es ist schon ein besonderes Erlebnis, im Licht des späten Nachmittags lautlos an dem dichten Mangrovenwald des Mida Creek mit seinen unzähligen Vögeln vorüberzuziehen.

Für die **Barbeque-Segeltörns** legt das Schiff bereits um 10.30 Uhr morgens ab und nimmt Kurs auf eine unbewohnte Insel an der Südküste. Dort angekommen, wird ein opulentes Grillessen aufgefahren, mit Hummer, Krabben, Steak und Salaten. Unterwegs kann man angeln, am Strand Boule spielen und natürlich auch baden. Dieser Ausflug kostet gut 50 US$. Buchungen und weitere Informationen erhält man direkt beim Hemingways (s.o.).

Der Besitzer des **Tiki House, Said Ali,** bietet auch Dhau-Törns an, die deutlich preiswerter und authentischer sind. Mit *Said Ali* kann man zum Fischen oder in den Mida Creek fahren, aber auch bis Lamu segeln. Dafür sind dann aber einige Tage einzuplanen. *Said Ali,* Tel. 042/32552 und 32444.

Hochseeangeln

●Wie in Malindi auch, sind die Fischgründe vor Watamu für das Hochseeangeln weltbekannt. U.a. kann man **Boote** beim **Ocean Sports Hotel,** dem benachbarten **Hemingways Hotel** (s.u. „Oberklasse-Hotels") und beim Besitzer des **Tiki House** (s.u. „Mittelklasse-Hotels") mieten. Ein renommiertes Unternehmen ist **Tega** (www.biggamefishing-kenya.co.uk, Mobil: 0728/169086).

●Darüber hinaus werden in Watamu während der Angelsaison auch einige **Angelwettkämpfe** veranstaltet.

Joggen

Wer nicht gern allein joggt, findet in Watamu auch Anschluss an die lokale **Laufgruppe,** meist fährt man zum Laufen in ein Gebiet der Umgebung, z.B. in den Arabuko Sokoke Forest. Nähere Informationen im Ocean Sports Hotel.

Paragliding

Im **Ascot Residence Hotel** kann man Paragliding-Flüge am Strand buchen.

Reiten

Gibbo, ein ehemaliger Jockey, bietet Reittouren in der Umgebung von Gede an. 2500 Ksh p.P., keine Erfahrung notwendig. Anmeldung im Turtle Bay.

Baden

Die Strände in Watamu sind allesamt zugänglich. Am Strand der Blue Bay kann man sehr schön liegen.

Schnorcheln

Ähnlich wie in Malindi haben sich auch in Watamu die Bootsbesitzer zu einer Vereinigung zusammengeschlossen: Die **Watamu Association of Boat Operators** hat ihr Büro gegenüber vom Blue Bay Village. Wer **im Nationalpark schnorcheln** will, findet die lizensierten Kleinunternehmer mit ihren Booten am Parkeingang an der Südspitze der Watamu-Halbinsel. Die Preise variieren meist in Abhängigkeit von der Teilnehmerzahl. Mehr als 600–800 Ksh p.P. (bei insgesamt 7 Leuten) – inkl. Schnorchelausrüstung, zuzüglich Parkeintritt – sollte es aber nicht kosten.

Daneben werden auch **Delfintouren** (beste Aussicht auf Erfolg von November bis Januar) angeboten, aber selbst die Geschäftstüchtigsten der Bootsleute geben zu, dass die Wahrscheinlichkeit, Tiere zu Gesicht zu bekommen, nur bei 30 Prozent liegt. Dauer des Trips: 8.30–13 Uhr, für Nonresidents 1000 Ksh, für Residents 700 Ksh. Zudem werden angeboten: Trips in den Mida Creek, Angeltouren, Bootsausflüge mit einem Besuch im Giriama-Dorf mit traditionellem Tanz und Fischmahlzeit. Die Abfahrt der Boote richtet sich nach den Gezeiten.

Tauchen

●**Aqua Ventures**
Tel. 042/32420; www.diveinkenya.com; 28/
78/148/235 Euro für 1/6/10 Tauchgänge inklusive sämtlichem Equipment; Nachttauchgang 35 Euro, Wracktauchgang 31 Euro,
Tauchsafari nach Kilifi mit 2 Tauchgängen
120 Euro; Padi Open Water Diver 435 Euro.
Helen und *Steve Curtis* führen die Tauchbasis
des Ocean Sports Hotels. Hier kann man
PADI-Tauchscheine machen. Auf Wunsch
werden Nacht- und Wracktauchgänge organisiert sowie Tauchausflüge zu weiter entfernten, weniger bekannten Riffs. Helen Curtis engagiert sich stark für den Schildkrötenschutz in und um Watamu. Aqua Ventures ist
während der Schlechtwetterperiode von Juni
bis Ende August geschlossen.
●**Weitere Tauchbasen** im Blue Bay Village
und im Turtle Bay. Ein Preisvergleich zwischen allen Anbietern lohnt sich!

Ausflug

Bio Ken Laboratory und Snake Farm

Rund **200 Schlangen** von über 30 verschiedenen Arten – darunter allein 80 Grüne
Mambas – hält Bio Ken. Gegründet wurde
die Schlangenfarm von dem leider verstorbenen *James Ashe,* einem unbeschreiblichen
Original und einer Koryphäe der Reptilienkunde, dem zu Ehren zwei kenianische
Schlangenarten benannt wurden. Seine
Tochter führt Bio Ken weiter. Bio Ken melkt
die Giftschlangen für die **Herstellung von
Antiseren** und gibt diese kostenfrei an Bedürftige ab, entfernt in Watamu und Umgebung Giftschlangen aus Gärten und Gebäuden, um sie in der Wildnis auszusetzen, und
bietet spannende Schlangensafaris an. Als
Tourist wird man durch die Anlage geführt
und kann unendlich viel über die 127 verschiedenen Schlangenarten in Kenia erfahren, von denen 24 giftig sind. Einen Besuch
sollte man sich nicht entgehen lassen!

Die Schlangenfarm **ist täglich von 10–12
und 14–17 Uhr geöffnet.** Eintritt: 700 Ksh,
Kinder unter 12 Jahren umsonst. Am Eingang
begrüßt den Besucher bereits eine mächtige
schwarz-weiße Schlange – aus Holz!

Watamu Marine National Park und Reserve ♫ VII/C,D3

Der Nationalpark

Der Watamu Marine National Park und das
gleichnamige Reserve bilden zusammen mit
den Meeresschutzgebieten von Malindi den
ältesten Unterwasserpark von Afrika (bereits seit 1968). So ist es gelungen, dieses
Schatzkästchen der Natur vor der Zerstörung
durch Muschel- und Korallensammler sowie
der Überfischung zu bewahren. Das starke
Engagement der örtlichen Hotels und Tauchbasen hat dazu beigetragen, und so sind die
Riffe trotz der relativ hohen Besucherzahlen
in hervorragendem Zustand und zählen mit
ihrer reichhaltigen marinen Tierwelt bis heute
zu den **schönsten Tauch- und Schnorchelgründen an der ostafrikanischen Küste.**

Der **Watamu Marine National Park** bildet
einen 10 km² großen Streifen, der vom südlichen Ende der Blue Bay den Strand entlang
bis zum Whale Island und zum Mund der Mida Creek reicht, der mit seinen 32 km² gro
ßen Mangrovenwäldern und Wattgebieten
als das **Watamu Marine National Reserve**
ausgewiesen wurde. Von Watamu bis hinauf
nach Malindi zieht sich mit 213 km² der **Malindi Marine National Park,** dessen Grenze
immer 3 Seemeilen, also etwas über 5 km,
parallel zur Küste verläuft. Weit über 100
Steinkorallenarten und mehr als 600 (!)
Fischarten leben in den Lagunen und Riffen,
zusätzlich kommen sechs Mangrovenarten
und ungezählte Vogelarten vor. So vielfältig
ist der Artenreichtum dieser Region, dass die
Watamu-Schutzgebiete mit dem angrenzenden Arabuko Sokoke Forest 1979 von der UN
zu einem Biosphärenreservat erklärt wurden.

Die Regionen von Park und Reserve

Der Watamu National Park umschließt größtenteils ein **Lagunenhabitat** von durchschnittlich 6 m Wassertiefe, das in einigen Löchern auch bis auf 12 m abfällt. Von den drei Saumriffen, die in einem Abstand von 1,2–2 km vor der Küste verlaufen, liegen die äußeren beiden bereits im Malindi Marine National Reserve, ebenso wie die einzelnen Korallenblöcke, die noch weiter draußen in tieferen Regionen wie Unterwasserinseln vom Meeresboden aufragen. Ein viertes, völlig andersartiges Ökosystem ist das bei Niedrigwasser fast trocken fallende Mangroven- und Wattgebiet des Mida Creek.

Auch relativ große Teile der Lagunen selbst sind **bei Ebbe** ohne Wasser. Die Fische sammeln sich dann in einigen zurückbleibenden Pools, während auf dem trockenen Meeresboden für einige Stunden alle möglichen Krebse, Krabben und Schlammspringer aus ihren Höhlen krabbeln. Watt- und Stelzvögel finden dann einen reich gedeckten Tisch. Als Wattwanderer kann man interessante Entdeckungen machen und sogar einigermaßen trockenen Fußes zu einigen der Inselchen in den Buchten hinüberwandern. Infolge der stärkeren Ablagerung von Sedimenten gibt es im nördlichen Teil des Parks weniger Korallen und Fische als weiter im Süden in den Korallengärten, die auch bei Ebbe von Wasser bedeckt bleiben. Wegen der geringen Wassertiefe eignen sie sich besonders gut zum **Schnorcheln.** Unglaubliche Mengen an verschiedenen Fischen, z.B. Snapper, Doktorfische, Papageien-, Angler- und Schmetterlingsfische, aber auch verschiedene Rochen und manchmal sogar kleine (und harmlose) Riffhaie kann man hier beobachten. Weichkorallen sind wegen der Wellen und Turbulenzen im flachen Lagunenwasser allerdings nicht sehr häufig.

Einige der besten **Tauchplätze** befinden sich entlang oder jenseits der Saumriffe. Da ist zunächst das **Moray Eel Reef,** das auf einer Tauchtiefe von 10–25 m am dritten Saumriff liegt und auch während der Zeit des Südostpassats betauchbar ist. Wie der englische Name schon sagt, ist das Riff Heimat für eine große Muränenpopulation, darunter auch *George,* eine handzahme Riesenmuräne, die sich von den ortsansässigen Tauchlehrern streicheln lässt und dies sogar zu genießen scheint. Daneben sieht man Napo-

leonfische und Rochen sowie Tiefwasserfische wie Kingfish und Barrakuda. Das Riff hat schöne Überhänge und führt zu einem sandigen Boden hinunter. Ein gutes Stück weiter in Richtung offenes Meer liegt in 8–12 m Tiefe das einzige **Schiffswrack** in Watamu, die **„Shakwe".** Der kleine Fischtrawler, 1989 gesunken, ist einfaches Tauchterrain und daher für erste Wracktaucherfahrungen und Fotografen besonders geeignet. Viele Weichkorallen und Stachelrochen, aber auch große Zackenbarsche haben sich hier angesiedelt. Auch dieser Platz kann während der Zeit des stürmischen Südostpassats betaucht werden. Am nördlichen Ende der mittleren Bucht, draußen am Saumriff, liegt **Dolphin Corner.** Das Wasser hier ist ziemlich ruhig und daher die gesamte Tauchsaison über zu erkunden. Das große Riff in 10–25 m Tiefe hat die Form eines Hügels und bildet an den Rändern Überhänge. Neben zahlreichen Steinkorallen und Rifffischen lassen sich viele Stachelrochen, Riffhaie und dichte Schulen von Süßlippen beobachten, die größte Attraktion sind aber natürlich die Delfinschulen, die bisweilen die glücklichen Taucher umkreisen. Nicht weit davon entfernt liegt **The Canyon,** eine bis zu 25 m tiefe Riffformation, die an ihrer engsten Stelle einen 30 m breiten, sandigen Kanal bildet. Die Unterwasserlandschaft mit Überhängen und Durchbrüchen, in denen Glasfischschulen stehen, bereichern viele Muränen, aber auch Stachelrochen, Weißspitzen- und Schwarzspitzenriffhaie.

Drei weitere Tauchplätze mit relativ guten Chancen, auch große Tiefwasserfische zu sehen, sind das **Manta Place,** der **Brain Coral Place,** ein riesiger Hirnkorallenblock und der **Deep Place.** Vor der Entdeckung der einzelnen Unterwasserinseln außerhalb des dritten Saumriffs war dies mit 25 m der tiefste bekannte Tauchplatz in Watamu. An dem unverdorbenen Riff, an dem wunderbare Hartkorallen Überhänge und kleine Höhlen bilden, die von Goldpunktmuränen bewohnt werden, sieht man häufig Delfine, Mantas und Walhaie. Noch tiefer als Deep Place liegt das **Black Coral Reef,** das schon allein durch seine Lage – 32–45 m unter der Wasseroberfläche – nur etwas für erfahrene Taucher ist. Schwarze Korallen bilden hier bis zu 1,8 m hohe, spektakuläre Blöcke, aber auch die Weichkorallen bilden wunderbare Bestände. Es ist die einzige Stelle in Watamu, an der die schöne Blaue Seegurke in größeren Zahlen zu sehen ist.

Ganz im Süden des Watamu National Park liegt über Wasser eine besondere Attraktion für Ornithologen: **Whale Island,** das von Seeschwalben, aber auch von anderen Seevögeln als Brutkolonie genutzt wird und während dieser Zeit weiß von Vögeln ist. Die Insel genießt einen besonderen Schutzstatus und darf nur mit Sondergenehmigung des Nationalpark-Warden in Rangerbegleitung betreten werden.

Gleiches gilt für die berühmten Felshöhlen am Eingang des Mida Creek, die **Mida Caves,** in denen extrem große Zackenbarsche leben. Die bis zu 2 m großen Fische haben so häufig Besuch erhalten, dass die Zahl der Taucher begrenzt werden musste.

Landeinwärts, hinter dem schmalen Einlass, an dem die Mida Caves liegen, öffnet sich eine völlig andere Welt. Die halb verlandete, 32 km² große Meeresbucht, die als **Mida Creek** bekannt ist, wird in weiten Teilen von dichten Mangrovenwäldern bedeckt. Möglicherweise handelt es sich um die fossile Mündung des Sabaki River, der sich heute nördlich von Malindi in den Indischen Ozean ergießt. Bei Ebbe fällt das Gebiet bis auf wenige tiefe Kanäle trocken und gibt dann weite Schlickflächen frei, auf denen einheimische **Wasser-, Watt- und Stelzvögel,** wie Gelbschnabelstorch, Woolley-Necked Stork, Grau- und Schwarzkopfreiher sowie Großer Flamingo auf Nahrungssuche gehen. Das für seinen Vogelreichtum unter Vogelfreaks bekannte Gebiet ist zwischen Dezember und April auch ein wichtiger Rast- und Überwinterungsplatz für **nordeuropäische Zugvögel.** Am Rande des Mangrovenwaldes leben Seidenreiher und Eisvögel, die hier auf Fischjagd gehen, während Osprey und Afrikanischer Fischadler aus der Luft nach Beute Ausschau halten. Bienenfresser und der Hadada Ibis kommen hingegen nur abends ins Mangrovendickicht, um ihre Schlafbäume aufzusuchen. Mit etwas Glück lassen sich auch **Warane,** kleine **Dikdik-Antilopen, Mangusten** und sogar **Affen** beobachten.

Einerseits ist der **Mangrovenwald** des Mida Creek, in dem allein acht verschiedene Krabbenarten leben, also der Lebensraum zahlreicher Tiere, aber auch als Kinderstube für viele Meeresorganismen unverzichtbar. Andererseits ist er als Bauholzlieferant für die Menschen in der Umgebung wichtig. Um einen Ausgleich zwischen den Bedürfnissen der lokalen Bevölkerung und dem Naturschutz zu schaffen, wurde im Mida Creek 1995 ein erfolgreiches **Aufforstungsprojekt** ins Leben gerufen, in dessen Rahmen die Dorfbewohner aus der Umgegend jedes Jahr entnommene Mangrovenbäume nachpflanzen. Es gibt hier immerhin sechs verschiedene salzwassertolerante Baumarten.

Das alles kann man sich in Ruhe auf einem **Pfad** ansehen, der auf einer Hängebrücke in drei Metern Höhe **durch die Mangroven** führt. Auch ein Versteck für Vogelbeobachtungen gibt es. Zugang findet man von der Hauptstraße zwischen Malindi und Kilifi, am besten lässt man sich vom Matatu an der Abfahrt, ziemlich genau 5 km südlich der Watamu-Abzweigung, absetzen oder fährt mit dem Fahrrad hin. Der Eintritt beträgt zivile 150 Ksh, die der lokalen Gemeinde zugute kommen.

Im Mida Creek gibt es auf der **Kirepwe Island** sogar alte **Ruinen** und die Überreste einer Moschee zu entdecken. Weitere Altertümer finden sich am nordöstlichsten Zipfel des Mida Creek, die sogenannten **Sita-Ruinen.** Und am Eingang des Mida Creek, unterhalb des KWS Headquarter, dem sogenannten **Temple Point,** befinden sich am Wasser die Überreste einer dritten Moschee.

Für das lokale **Volk der Giriama** ist der Mida Creek noch immer ein Ort besonderer religiöser Bedeutung. Heilige Schreine, die bis heute verehrt und an denen noch immer besondere Zeremonien abgehalten werden, finden sich am **Dabasso-Felsen.** Ein weiterer dieser mystischen Plätze, die **Kalulu Caves,** liegt nördlich von Watamu. Es handelt sich um religiöse Orte, die den Respekt jedes Besuchers fordern. Deshalb sind sie nur in Begleitung eines lokalen Führers aufzusuchen, der sicherstellt, dass nicht (unbeabsichtigt) Bräuche verletzt werden. Ohne Guide sieht und versteht man ohnehin nicht viel.

Mangroven – der Meereswald

Weite Teile der ostafrikanischen Küste werden von einem dichten Wald bedeckt. Das besondere an diesem Vegetationsgürtel: **Das giftgrüne Dickicht wächst im Meer.** Bei den salzwassertoleranten Pflanzen handelt es sich um Mangroven (Kisuaheli: *Mikoko),* die Touristen vermutlich kaum wahrnehmen, denn sie interessieren sich eher für schöne, einsame Sandstrände oder für prächtige Korallenriffe. Dabei gibt es in diesem faszinierenden Lebensraum an der Nahtstelle von Festland und Meer für Naturbegeisterte jede Menge Entdeckungen zu machen. Mangrovenwälder sind komplexe Lebensgemeinschaften, die erst nach und nach ihre Geheimnisse preisgeben.

Auffällig sind die **verschiedenen Waldzonen,** in denen jeweils **nur ganz bestimmte Pflanzen** vorkommen. Für die Verbreitung der jeweiligen Art ist dabei entscheidend, wie salzig der Boden ist und wie lange die Mangroven(wurzeln) im ständigen Ebbe-Flut-Rhythmus von Salzwasser bedeckt werden. Unmittelbar am offenen Meer wächst die sehr salztolerante Gattung Sonneratia, die sogar ständige Überflutung verträgt. Sie besitzt spargelähnliche Luftwurzeln. Im flacheren Bereich kommen die bis zu 20 m hohen Rhizophora-Bäume vor, deren augenscheinlichstes Merkmal bizarre Stütz- und Stelzwurzeln sind, sowie Bruguiera- und Ceriops-Arten mit knieförmigen Atemwurzeln. Noch weiter in Richtung Land wächst Avicennia, deren dünne Atmungsorgane, die überall um die Pflanzen aus dem Boden kommen, wie ein Nagelbrett aussehen.

Um in ihrem extremen Lebensraum existieren zu können, haben die Pflanzen eine Reihe von wichtigen **Anpassungen** entwickelt. Die **Wurzeln** jeder normalen Pflanze würde in dem sauerstoffarmen Schlickboden ersticken, deshalb bilden Mangroven zahlreiche Atemwurzeln aus, die quasi in die verkehrte Richtung, also nach oben wachsen und bei Niedrigwasser überall aus dem Boden ragen. Ihr korkähnliches Gewebe kann bei Ebbe Luft aufnehmen und verhindert bei Flut das Eindringen von Salzwasser in die Wurzeln. Auch auf die hohe Salzkonzentration – Meersalz wirkt auf Pflanzen generell giftig – haben sich die Pflanzen durch verschiedene Mechanismen eingestellt, u.a. verfügen sie über die Fähigkeit, überschüssiges Salz über die Blätter auszuscheiden.

Auch die **Fortpflanzung** der Mangroven weist einige Kuriositäten auf: Mangroven sind nämlich gewissermaßen „lebend gebärend". Ihre Samen keimen bereits am Mutterbaum, und die Jungpflanzen sind, wenn sie im Boden anwachsen, bereits voll entwickelt. Der Rhizophora-Baum beispielsweise bringt lange, pfeilförmige Samen hervor, die ein wohl durchdachtes Kunstwerk der Natur sind. Sie laufen nach unten spitz zu, sind leicht schraubenförmig gedreht und besitzen am oberen Ende einen abtrennbaren Schwimmkörper. Wenn der Samen vom Baum fällt, bohrt er sich mit seinem spitzen Körper tief in den Schlick. Die geschraubte Form sorgt dafür, dass er sich durch das Schaukeln der Wellen tiefer in den Untergrund hineindreht, bis er schließlich sicher im Boden verankert ist. Erst dann fällt der Schwimmkörper ab und die fertig entwickelten Blätter, die klein zusammengerollt darunter verborgen sitzen, entfalten sich. Wenn der Samen keinen Bodentreffer landet, kann er bis zu drei Monate im Salzwasser überleben und dank seines Schwimmkörpers mit den Meeresströmungen riesige Strecken zurücklegen. Das gilt für die Samen der anderen Mangroven ebenso, was auch erklärt, warum an der amerikanischen und der afrikanischen Atlantikküste die gleichen Mangrovenarten wachsen.

Mangroven finden sich **an den Küsten von 92 Ländern** dieser Erde. Sie benötigen Wassertemperaturen von durchschnittlich 24 °C und sind deshalb vorwiegend in der Zone zwischen 32° nördlicher und südlicher Breite zu finden. Nördlichstes Vorkommen sind einige Mangrovenhaine im Golf von Aqaba im Roten Meer. Weltweit zählt man **60 Baum- und Straucharten** zu den Mangroven, neun davon kommen in Kenia vor.

An der Küste

Mangroven mit Atemwurzeln

Der Mangrovenwaldgürtel, der in einigen Regionen eine Breite von bis zu 20 km erreicht, wird größtenteils als sumpfiges Brachland verachtet, als Müllkippe und Bauland missbraucht oder – wie in Asien und Südamerika besonders drastisch geschehen – einfach abgeholzt, um Garnelen- und Fischzuchtbetrieben Platz zu machen. Und es scheint so, als wären ostafrikanische Mangrovenwälder – besonders in Tansania – der nächste Rodungskandidat der Fischereiindustrie, die alle zehn Jahre neue Flächen benötigt, da die alten keine Erträge mehr abwerfen. Früher bedeckten Mangrovenwälder rund drei Viertel aller tropischen Küsten, heute sind es bereits weniger als die Hälfte. Und wenn die Zerstörung weiter anhält, so warnen Wissenschaftler, werden sie noch vor den Urwäldern verschwunden sein. Dabei besitzt der Baumgürtel überragende **ökologische Funktionen.** Einerseits schützen die Wurzeln die Küste vor Erosion, andererseits fördern sie Schlickablagerungen und damit die Verlandung neuer Flächen. Sie sind wahre Pionierpflanzen, die immer weiter ins Meer vordringen, während von der Landseite weniger salztolerante Pflanzenarten nachrücken. Wie wichtig Mangroven für den Küstenschutz sind, zeigen die fürchterlichen Überflutungen, die Zyklone im Golf von Bengalen anrichten, seit der schützende Grüngürtel verschwunden ist. In gewisser Weise sind Mangrovenwälder auch der „Kindergarten" des Ozeans, denn in ihrem Wurzelgeflecht gedeihen die Jugendstadien vieler Meerestiere, wie Krabben, Garnelen, Weichtiere und bis zu 70 Prozent der Fische. Wo Mangroven abgeholzt werden, sinken Fischereierträge, versalzen küstennahe Böden und Trinkwasservorräte, wertvolles Land geht verloren, und häufig sterben auch die Riffe in der weiteren Umgebung ab, weil die „Meeresbäume" die Schwebstoffe aus dem Wasser filtern, die auf Korallenpolypen wie Gift wirken.

In kenianischen Mangrovenwäldern, etwa im Mündungsgebiet des Ramisi River, gibt es eine besonders **reiche Vogelwelt,** u.a. Reiher, Ibisse, Eisvögel, Kormorane, Greif- und Stelzvögel, aber auch Krokodile, Affen und Schlangen haben dort ihren Lebensraum.

Die Waldbestände werden hier seit mindestens zwei Jahrtausenden **vom Menschen genutzt.** Zum einen finden Teile der Pflanzen in der traditionellen Medizin Verwendung, zum anderen haben sie als Bau- und Brennholzlieferant und für die Herstellung von Holzkohle an der Küste eine überragende Bedeutung. Der hohe Mineraliengehalt des schweren, rötlichen Holzes bewirkt besonders heiße Verbrennungstemperaturen und macht es zu einem gefragten Brennstoff in der lokalen Industrie, besonders beim Brennen von

Kalkstein. Der hohe Mineralien- und Gerbstoffgehalt ist auch für die große Härte und die Termitenresistenz des Holzes verantwortlich, die ihm selbst im feucht-heißen Küstenklima eine Haltbarkeit von 50–100 Jahren verschafft! So erklärt sich, warum Mangrovenholz ein begehrtes Material für den Bau von Decken und Dachstühlen ist und seit Urzeiten eines der wichtigsten Exportgüter der Suaheli-Küste war. Wegen des Holzmangels im südlichen Arabien wurden die Städte dort alle mit Hilfe von ostafrikanischem Mangrovenholz erbaut.

Die alte Tradition des Mangrovenholzhandels lebt in **Lamu** fort. An der Hafenmole kann man häufig beobachten, wie Lasten-Dhaus mit den langen Stangen beladen werden. Der Lamu District beherbergt mit 33.500 ha **etwa 60 Prozent der kenianischen Mangrovenwälder.** Nach dem Verbot von Elfenbein- und Nashornhandel stieg die wirtschaftliche Bedeutung des Holzes weiter an, denn Lamu ist eine der ökonomisch benachteiligsten Regionen in Kenia. Semiarides Klima, schlechte Böden, eine unterentwickelte Infrastruktur, Banditentum, eine kleine Bevölkerungszahl und weit verbreitete Armut sind starke Entwicklungshemmnisse. Als die Regierung 1982 dann noch ein strenges Quotensystem einführte und jeglichen Export von Mangrovenholz verbot, wurde dies von den erbosten Insulanern als systematische Maßnahme gesehen, sie ihrer letzten sicheren Einnahmequelle zu berauben. In den späten 1970ern wurden jährlich rund 17.000 Mangrovenstangen geschnitten, was in etwa dem Doppelten der naturverträglichen Menge entsprach, kurz vor dem Verbot stieg die Zahl sogar auf 39.000 Stück an.

Doch inzwischen haben sich die Bestände deutlich erholt, sodass man auch auf offizieller Seite über eine Lockerung der Bestimmungen nachdenkt. Das Kenya National Museum unterstützt diese Bestrebungen, weil inzwischen das Holz fehlt, um die historischen Bauten von Lamu originalgetreu zu erhalten. Und die Mangrovenwälder weiter im Süden, um Kilifi und Mombasa, geraten durch die wachsende Nachfrage unter steigenden Druck, der mit einer nachhaltigen Nutzung von Lamus „braunem Gold" gemindert werden könnte. Gleichzeitig würde diese Einkommensquelle vielleicht verhindern, dass noch mehr Menschen die sterbenden Gemeinden auf dem Archipel verlassen und sich auf der Suche nach Einkommensmöglichkeiten im stark bevölkerten Süden ansiedeln. Auch andere Nutzungen der Mangrovenwälder könnten der Bevölkerung im Lamu-Archipel zu einem Verdienst verhelfen, etwa Bienenhaltung oder Ökotourismus.

Bis dahin ist es aber noch ein weiter Weg, der viel Aufklärung, die Kontrolle der Holzwilderei und stellenweise auch Wiederaufforstungsmaßnahmen nötig macht. Dass sich geschädigte Flächen effektiv regenerieren lassen, zeigt an der Küste südlich von Mombasa der Deutsche *Hans von Loesch,* der sich seit Jahren in der Aufforstung engagiert (s. S. 724).

Mangroven mit Stützwurzeln

An der Küste

Die Tierwelt

Neben der fast unüberschaubaren Vielfalt an tropischen Fischen und Korallen in Watamu gibt es eine hohe Zahl an weniger auffälligen Tieren, darunter Nacktschnecken, Muscheln, Tintenfische, Krabben etc.

Zwei Tiere verdienen im Zusammenhang mit Watamu noch eine Erwähnung: Walhaie und Meeresschildkröten. Besonders bekannt ist die Gegend für **Meeresschildkröten,** die hier mit den Arten Loggerhead, der Großen Lederschildkröte, der Grünen Meeresschildkröte und dem Hawksbill vertreten sind. Die Strände der Umgebung sind für die beiden letztgenannten Arten wichtige Brutgebiete. Die Tiere kommen hier noch relativ häufig vor, bei manchen Tauchgängen begegnet man gleich mehreren! Weltweit wird in den vergangenen Jahren allerdings ein **starker Rückgang der Meeresschildkröten** verzeichnet, ein Trend, der auch für Ostafrika zutrifft. Bei der letzten Zählung wurden an der gesamten kenianischen Küste nur noch rund 800 Tiere erfasst. Bedroht werden die Reptilien vor allem durch die Souvenirindustrie (!), die Zerstörung von Eiergelegen an Sandstränden, die Wilderei für traditionelle medizinische sowie kulinarische Zwecke, aber es kommt ganz einfach auch immer wieder vor, dass die Tiere Plastiktüten für Quallen, einen Teil ihrer Beute, halten und dann qualvoll daran ersticken.

In Watamu haben einige Engagierte das **Turtle Conservation Committee** gegründet, das sich für den Schutz der erwachsenen Tiere und ihrer Gelege in der Region stark macht und eng mit dem Kenya Wildlife Service zusammenarbeitet. Das Kommittee trägt den Gedanken und die Hintergründe von Umwelt- und Naturschutz in Schulen und Dörfer der Fischerdörfer. Dies allein reicht natürlich nicht, und so erhält jeder Einheimische, der ein unbeschädigtes Nest meldet, 1000 Ksh. Nach erfolgreichem Schlupf der Minischildkröten gibt es einen „Nachschlag" in gleicher Höhe. Mitarbeiter des Komitees verwischen dann alle Spuren am Strand, die die weiblichen Tiere bei der Eiablage hinterlassen haben und die auf das Gelege hinweisen könnten, und bewachen es. Nur wenn das Nest durch seine ungünstige Lage von der Zerstörung bedroht ist, wird es umgesetzt. Für die Freilassung von gefangenen Schildkröten erhalten Fischer 500 Ksh.

Wer diese Arbeit finanziell unterstützen will, kann eine Schildkröte symbolisch adoptieren und erhält dafür eine entsprechende Urkunde. Weitere Infos unter www.watamu-turtles.com bzw. Mobil: 0721/275818.

Eine weitere außergewöhnliche Meeresattraktion sind die häufigen Besuche von Walhaien. Mit bis zu 12 m Länge ist der **Walhai** *(Rhincodon typus)* die **größte Fischart der Erde** und dabei völlig friedlich. Taucher oder Schnorchler können sich ihm nähern und sogar berühren. Biologisch gesehen beschränkt sich seine Ähnlichkeit zu Walen auf die gigantischen Ausmaße und das Futter. Denn wie die Meeressäuger ernährt sich der Fisch zu einem großen Teil von Plankton und Krill, daneben aber auch von Fischen wie Sardinen, Makrelen, Thun- und Tintenfischen. Die Nahrung wird durch sein Gebiss, das zu einem Filterapparat umfunktioniert ist, aus dem Wasser geseiht; die Nahrung strömt beim Schwimmen in das riesige Fischmaul wie Luft in die Einlassöffnung einer Flugzeugdüse. Deshalb muss der Riese bei der Nahrungsaufnahme immer in Bewegung bleiben. Der Nachwuchs übrigens ist bei der Geburt gerade mal einen halben Meter groß!

Es gibt keine andere Stelle in Ostafrika (und nur wenige sonst auf der Welt), an der die Chance für eine Begegnung mit dem Meeresgiganten so gut ist. In der Literatur findet man Berichte, wonach vor der Küste von Watamu 60 (!) dieser Tiere zusammentrafen. Der Grund für dieses Naturschauspiel ist der von Süden her am afrikanischen Kontinent vorbeiziehende **krill- und planktonreiche Wasserstrom.** Auch andere Planktonfresser wie Adlerrochen und Mantas tauchen deshalb in der Gegend auf.

Im Park unterwegs

Da die meisten und schönsten Korallenriffe einige hundert Meter oder auch bis 2 km vor der Küste liegen, ist man für Schnorchel- und Tauchausflüge **auf Boote angewiesen.** In den Preisen für einen Tauchgang ist der Transport mit dem Boot bereits eingerechnet.

Wer schnorcheln möchte, kann meist in seinem Hotel einen **Ausflug** in den Nationalpark **buchen.** Oft ist eine Tour über lokale Bootsleute, die am Eingang zum Nationalpark auf Kunden warten, aber billiger.

Noch einige Hinweise: Die **Strömungen** sind in den Buchten von Watamu sehr gering, nahe des Eingangs zum Mida Creek muss man allerdings mit starken Gezeitenströmungen rechnen. Wer schnorchelt, benötigt eigentlich keinen Tauchanzug, die Wassertemperatur beträgt in der Regel 24°C und mehr. Ein T-shirt gegen den Sonnenbrand ist aber auch im Wasser zu empfehlen.

Wie in allen Schutzgebieten gibt es auch in Watamu bestimmte **Regeln** zu **beachten.** Zuallererst darf im Park nichts abgebrochen werden! Muscheln und Korallen gehören ins Wasser und nur dorthin! Am Strand, im Souvenirshop oder in den Städten sollte nichts dergleichen gekauft werden!

Es gelten natürlich die allgemeinen Nationalparkregeln und die speziellen Vorschriften für Meeresnationalparks. Darüber hinaus ist in Watamu aber noch Folgendes zu beachten: **Wasserski fahren** ist nur in bestimmten Bereichen erlaubt, um die Störung von Vögeln und anderen Tieren sowie die Beschädigung des Mangrovenbettes zu verhindern.

Verzichten Sie auf „Oben-ohne" oder gar Nacktbaden, was in der lokalen muslimischen Kultur ein absoluter Affront wäre – übrigens ist es in Kenia sogar gesetzlich verboten!

Infos und Kontakt

- **Watamu Marine Nationalpark,** Tel. 042/31554 und 20845, kwswatamu@swiftmalindi.com und wataustn@kws.go.ke.

Anreise

Das Hauptquartier des National Parks befindet sich am südlichen Ende der 3 km langen Halbinsel von Watamu, zu erreichen mit **Taxi** oder **Fahrrad. Es gibt drei Gates, wo man die Eintrittsgebühren bezahlen kann:** beim HQ, beim Gate in der Turtle Bay und in der Blue Bay.

Parkgebühren, Öffnungs- und beste Besuchszeiten

- Die **Eintrittspreise** stehen auf S. 55.
- Der Nationalpark ist **zwischen 6 und 19 Uhr** geöffnet. Nachttauchgänge müssen unter Angabe von Tauchort und -zeit bei der Nationalparkverwaltung genehmigt werden, was von der Tauchbasis erledigt wird.
- Von Mai bis September bläst der Südostpassat, der Kusi, direkt auf die Öffnungen in den Saumriffen, was ein Passieren mit der Tauchbooten nicht ganz ungefährlich macht und große Mengen Seegras hereintreibt. In den Monaten **Mai, Juni, Juli und August schließen** daher **die meisten Tauchbasen** und führen Wartungs- und Reparaturarbeiten durch. Das Wetter in diesen Monaten ist meist kühl und regnerisch. Im August und September kann man nur am Innenriff tauchen, im Oktober – abhängig vom Wetter – auch wieder am Außenriff. Von November bis Januar herrschen in der Regel ruhige Wetterverhältnisse mit klarem Wasser vor, Begegnungen mit Walhaien sind möglich. Im Februar und März kann das Wasser kalt sein, die Sicht ist unterschiedlich gut, dafür ist das (Groß-)Fischleben ausgeprägter, man hat relativ hohe Chancen, Walhaie und Mantas zu sehen. Ab Ende März werden Sicht-, Wetter- und Wasserverhältnisse wieder unbeständiger. Generell ist die Sichtweite in Watamu aber deutlich besser als in Malindi, wo das Meer durch die Schwebstoffe von Galana bzw. Sabaki River häufig stark getrübt ist. Zwischen Januar und April kommen verschiedene Schildkrötenarten zur Eiablage.

Kartenmaterial und Literatur

- **The Dive Sites of Kenya and Tanzania,** *Anton Koornhof,* New Holland Publishers, 1997. Tauch- und Schnorchelführer, der viele Tauchplätze Ostafrikas mit guten Kurzbeschreibungen charakterisiert.

Malindi ✍ VII/D3

Malindi kann schwerlich verbergen, das **Touristenzentrum an Kenias nördlicher Küste** zu sein. Es besitzt eine gute touristische Infrastruktur mit Luxushotels, Restaurants, Diskotheken, Casino, Autovermietungen und Boutiquen. Alles zieht sich einige Kilometer die Hauptstraße des Ortes entlang. Nach dem 120 km südlich gelegenen Mombasa ist das **60.000 Einwohner** zählende Malindi die **zweitgrößte Stadt der Küstenregion.**

Die touristische Karriere begann bereits Anfang der 1930er Jahre, als die Weißen des Hochlands Malindi zu ihrem Badeort auserkoren. Das **erste Hotel,** das hier eröffnet wurde, war **im Jahr 1931** das Palm Beach Hotel, das heute Blue Marlin heißt, 1934 folgte das Lawford's. Im gleichen Jahr besuchte *Ernest Hemingway* Malindi, um in den fischreichen Gewässern seiner Angelleidenschaft zu frönen, und machte damit für die Stadt beste Werbung. Der Gästeboom, der den internationalen Tourismus zur größten Einnahmequelle und zum wichtigsten Arbeitgeber werden ließ, setzte Mitte der 1960er Jahre ein. Bis heute kommen **die meisten Gäste und Investoren aus Italien.** Die Läden in der Stadt führen ein ansehnliches Sortiment von Produkten aus Bella Italia, das von Chianti bis zu Parmesan-Käse reicht. Schon **an zweiter Stelle liegen die Deutschen,** was sich u.a. in diversen „Papa"-„Beergarden"-Schildern äußert.

Im Gegensatz zu Diani Beach besitzt Malindi mit seinem afrikanischen Ortskern **Aspekte einer ganz gewöhnlichen kenianischen Stadt.** Die vielen kleinen Dukas, das bunte Marktviertel und die zwölf Moscheen stehen – zumindest vordergründig – mit dem touristischen Teil Malindis nicht in Verbindung. Und es gibt große Stadtviertel aus einfachen Lehmhäusern, in die kein Tourist je einen Fuß setzt. Dank dieser Mischung hat Malindi durchaus einen besonderen Reiz.

Trotz diverser Aufs und Abs im Fremdenverkehr sind die Vorzüge Malindis beständig. Spätestens seit „Papa" Hemingway ist Malindi bekannt für seine **exzellenten Fischgründe,** die von Oktober bis März voller Schwertund Segelfische sowie anderer Großfische

sind. Wellenreiter finden an der rifflosen Nordküste besonders zwischen Ende Juni und Anfang September **optimale Surfbedingungen.** Die **schönsten Badestrände** sind jene von **Silversands,** südlich des Da Gama Point. Während der Regenzeit muss man allerdings mit – im wahrsten Sinne des Wortes – getrübten Badefreuden rechnen, da sich nur 5 km nördlich der Stadt der Sabaki River mit seinem schlammigen Wasser ins Meer wälzt. Südlich von Silversands liegen die **Korallenbänke des Malindi Marine National Park,** für Taucher und Schnorchler ein lohnendes Revier. Die beste Zeit für Unterwasserausflüge sind von der Sicht her die Monate Juni bis Anfang Dezember.

Geschichte

Die Turbulenzen in Malindis Tourismussektor sind nur eine kleine Welle auf dem bewegten Meer der Stadtgeschichte, das mindestens bis an die fernen Ufer des 13. Jahrhunderts zurückreicht. Im Verlauf der Zeit hat sich Malindi oft genug mit Mombasa und Pate im Lamu-Archipel um die Vorherrschaft als wichtigster Hafen an diesem Abschnitt der ostafrikanischen Küste gestritten. Die **erste schriftliche Erwähnung** Malindis findet sich bei dem arabischen Geografen **Abu Al Fida** (1273–1331), der die nahe Mündung des Sabaki River erwähnte und mit 2,5° südlicher Breite sogar ziemlich exakt die Lage der Stadt angab. Scherbenfunde untermauern die Existenz Malindis zu dieser Zeit. Sicherlich ist die Siedlung noch deutlich älter, aber da bisher keinerlei archäologische Ausgrabungen im Stadtgebiet vorgenommen worden sind, ist man in dieser Frage auf Indizien angewiesen. Möglicherweise meinte bereits der arabische Geograf **Al Idrisi** (1100–1166) Malindi, als er von einer Stadt in zwei Tagesreisen Entfernung zu Mombasa schrieb. Seinen Aufzeichnungen zufolge lag sie an einer Flussmündung im Norden. Die Ungereimtheiten der Lagebeschreibung sind vielleicht damit zu entschuldigen, dass *Al Idrisi* Ostafrika nie besuchte, sondern lediglich die Berichte anderer Reisender aufzeichnete. Die Stadtbewohner sollen Jäger und Fischer gewesen sein und Eisenminen betrieben haben. Für die Insel Manda im Lamu-Archipel gibt es Nachweise für den Abbau von Eisenerzen aus dem 9. Jahrhundert, während die ersten bekannten Spuren von Eisenverhüttung um Malindi und Gede erst aus dem 13. Jahrhundert stammen.

Sicher ist jedenfalls, dass im 15. Jahrhundert direkte **Kontakte zwischen Malindi und dem chinesischen Kaiserreich** bestanden. Es war der Herrscher *Yung Lo* aus der Ming-Dynastie, der den Überseehandel seines Reichs ausweitete. 1417 schickte er eine beeindruckende Flotte von angeblich 62 Schiffen und 37.000 Mann Besatzung unter Führung des Eunuchen *Cheng Ho* zu einem diplomatischen Besuch nach Malindi, um sich angemessen für die Schenkung einer lebenden Giraffe zu bedanken und ihren Überbringer wieder heil nach Hause zu geleiten. Die Giraffe galt zu jener Zeit im Reich der Mitte als ein mystisches Fabelwesen, ähnlich dem Einhorn in Europa, das nur auftauchen würde, wenn das Land von einem tugendhaften und gerechten Herrscher regiert würde. Doch die sino-afrikanischen Beziehungen waren nicht von Dauer, da der chinesische Kaiser bald darauf eine umfassende Isolation über das Reich der Mitte verhängte.

Die nächsten Besucher aus fernen Landen kamen aus dem Westen und sollten für einen bleibenderen Eindruck an der Küste sorgen. Am 15. April 1498 lief **Vasco da Gama** auf der Suche nach dem Seeweg nach Indien mit seiner Flotte in die Bucht von Malindi ein. *Vasco Da Gama* war in Mombasa harsch abgewiesen worden, was für den Sultan von Malindi Grund genug war, ihn umso herzlicher zu empfangen, denn schließlich handelte es sich um einen potenziellen Verbündeten im Zwist mit der Konkurrentin. Und tatsächlich stellte sich der Schulterschluss für beide Seiten während der 200-jährigen **Herrschaft Portugals** an der ostafrikanischen Küste als vorteilhaft heraus. Malindi war eine verlässliche Proviantstation für die portugiesischen Schiffe auf dem Weg nach Indien und die Basis für die Unterwerfung der gesamten Küste, während die Stadt durch die neue Hegemonialmacht zu einem der wohlhabendsten Handelsorte aufstieg.

Die Stadt war schon bei Ankunft der Portugiesen kein unbedeutendes Fischerdorf, sondern eine **lebendige und wohlhabende Küstenstadt** mit einem fruchtbaren Hinterland. Mit dem Export von Lebensmitteln, Rhinohorn, Elfenbein, Amber, Mangrovenholz und Leopardenfellen sowie der Einfuhr von Baumwollstoffen, Kupfer, Porzellan, Glasflaschen, Perlen, Gewürzen und Salz wurde hervorragend verdient. Aus zeitgenössischer portugiesischen Berichten geht hervor, dass Malindi zu jener Zeit 6000 Einwohner zählte von denen 4000 innerhalb der Stadtmauern lebten. Die Oberschicht wurde von wohlhabenden arabischen Händlern gebildet, aber es gab auch indische Kaufleute.

Die Loyalität zwischen den beiden Mächten hielt, allen **Belastungsproben** zum Trotz. 1589 fuhr die osmanische Flotte von *Ali Bey* vor Malindi auf, ließ sich aber von den eilig herbeigerufenen portugiesischen Schiffen vertreiben. Bereits ein Jahr später drohten die rätselhaften Zimba-Krieger Malindi zu stürmen. Die Krieger hatten auf ihrem Zug vom Sambesi-Fluss im südlichen Afrika über Kilwa bis nach Mombasa eine Spur der Verwüstung und des Todes hinterlassen. Auch diese Gefahr konnte mit Portugals Hilfe abgewendet werden. Doch dann sank der Stern Malindis. Nach der endgültigen **Eroberung von Mombasa** verlegten die Portugiesen ihren Hauptsitz nach Süden, da es strategisch günstiger lag. Auch als Versorgungsposten wurde Malindi nutzlos, da die Handelsschiffe von Mosambik auf direktem Weg über den Ozean zum indischen Subkontinent segelten. Ab Mitte des 17. Jahrhunderts war Malindi bedeutungslos geworden und wurde nach einem **Überfall der Galla** gänzlich aufgegeben. Der Brite *Owen*, der im Auftrag der Royal Navy 1823 die Küste vermaß, beschrieb Malindi als Trümmerhaufen, der deutsche Missionar *Johann Ludwig Krapf*, der Malindi im Jahr 1845 einen kurzer Besuch abstattete, sprach von „der zerstörten und verlassenen Stadt Malindi, die eines Tages wieder ein bevölkerter und florierender Hafen sein könnte."

Die **Wiedergeburt** fand **1861** statt, als Sultan *Majid von Sansibar* in der Region 1500 Baluchis ansiedelte, die mit einem großen

Heer an Sklaven das verwilderte Land urbar machten und **Getreide- und Obstplantagen** anlegten. Bis Anfang des 20. Jahrhunderts exportierte Malindi Mais, Sesam und Hirse nach Sansibar und Arabien, bevor das Verbot der Sklaverei durch die Briten Anfang des 20. Jahrhunderts das Geschäft unrentabel werden ließ. Die englische Kolonialmacht führte in der fruchtbaren Umgebung von Malindi die **Kautschukpflanze** ein, aber der Fall der Weltmarktpreise ins Bodenlose nach dem Ersten Weltkrieg machte auch diese Einnahmequelle zunichte. Bis der Tourismus eine Belebung der Wirtschaft bewirkte, fristete Malindi ein Dasein als Fischerort. Bis heute ist der **Fischfang** wichtiger Erwerbszweig. Viele Fischer sind Bajuni aus der Region um Lamu, die von den guten Fanggründen angelockt wurden, aber auch einige Hadrami jemenitischer Abstammung und Giriyama (die lokale Mijikenda-Volksgruppe) sind darunter.

Im Zweiten Weltkrieg gab Malindi die Kulisse für einen Zwischenfall ab, der auf den Kriegsausgang keinen Einfluss ausübte. Am 24. Oktober 1940 wurde nämlich der Flugplatz der Stadt von den Italienern bombardiert. Bei der friedlichen Touristeninvasion, die 25 Jahre später stattfand, waren die Italiener deutlich erfolgreicher.

Sehenswürdigkeiten

Trotz – oder vielleicht wegen – seiner bewegten Geschichte besitzt Malindi **nur wenige historische Sehenswürdigkeiten.** Wer auf Sansibar oder in Lamu war, wird sich scheuen, den kleinen Stadtkern zwischen Markt und Küste als „**Altstadt"** zu bezeichnen. Schöne Suaheli-Häuser wohlhabender Händler vergangener Jahrhunderte oder kunstvoll geschnitzte Holztüren sucht man vergeblich. Sie fielen einer Reihe von verheerenden Feuersbrünsten zum Opfer, zuletzt 1965. Dass dieses Viertel das Herz der Stadt war, bevor der Tourismus in Malindi Einzug

ken-900 Foto: hf

hielt, verraten vor allem die engen Straßen, die offensichtlich nie für Autos und Busse gedacht waren und dem vielen Verkehr nicht gewachsen sind. Bis heute liegen hier die meisten einheimischen Läden. Die Gegend ist nicht sehr ansehnlich, aber äußerst vital, und man sieht hier so wenige Muzungus, dass man glauben könnte, in einer anderen Stadt zu stehen.

Vor der Aufgabe Malindis im 17. Jahrhundert zog sich das **Stadtzentrum** von den Säulengräbern bei der großen Juma-Moschee den Strand entlang bis zur portugiesischen Kapelle. Die beiden **Säulengräber** aus dem 15. Jahrhundert müssen direkt außerhalb der Stadtmauer gestanden haben. Die größere der seltsam geformten Korallensteinsäulen zählt zu den besterhaltenen Gräbern dieser Art, bei der kleineren kann man an der Seite noch das Keroschnittmuster sowie Reste von Verzierungen aus chinesischem Porzellan erkennen. Es ist bekannt, dass mit dieser Bestattungsform angesehene Personen geehrt wurden, über die Herkunft dieser Tradition ist man aber auf Spekulationen angewiesen. Denkbar wäre eine Beeinflussung durch monolithische Grabsäulen aus Madagaskar, wahrscheinlicher ist aber eine Verwandtschaft mit phallischen Grabsäulen hamitischer Völker in Äthiopien und Somalia. Unbestritten ist, dass sie afrikanischen Ursprungs und nicht Teil der arabischen Einflüsse auf die Suaheli-Kultur sind. Vermutlich stand in der Nähe der Gräber auch der imposante Palast des Sultans von Malindi, von dem keine Spuren mehr zu sehen sind. Ausgrabungen, die dies nachweisen könnten, sind im bewohnten Stadtgebiet bisher nicht möglich gewesen. **Ruinen,** die so unspektakulär sind, dass sich ein Besuch nicht lohnt, die aber die historische Bedeutung von Malindi belegen, finden sich in der Nähe des Golfclubs und südlich der Stadt am Silversands Beach.

Nur ein paar Schritte von der Juma-Moschee entfernt liegt der kleine **Uhuru Garden.** Jenseits der Straße, an der Böschung

zum Strand, steht das im Jahr 1960 errichtete **Vasco-Da-Gama-Denkmal,** eine unbedeutende Konstruktion mit verbleichter Betonstruktur. Im Baujahr schwappten bei Flut noch die Wellen gegen den Fuß des Hügels, und das stilisierte Segel war vom Wasser aus sichtbar. Beides ist nicht mehr der Fall. Das Kupferbildnis *Vasco da Gamas* auf der Seeseite starrt in die Zweige von Casuarinen und nicht auf den Horizont, hinter dem Indien liegt. Und das Meer ist durch die Verlandung der Bucht von Malindi weit zurückgewichen. Auf der gegenüberliegenden Seite des Monuments wird noch einiger anderer Personen gedacht, ohne die Da Gama wohl nie nach Indien gelangt wäre: des *Prinzen Henry,* Navigator (1394–1460) und Gründer der Schifffahrtsschule in Sagres im Jahr 1419, des Sultans von Malindi (namen- und datenlos), der Da Gama freundlich empfing, und des Lotsen *Ahmed bin Majid,* der Vasco da Gama 1498 den Seeweg nach Indien zeigte. Von einer (portugiesischen) Entdeckung zu sprechen, ist also unangemessen.

Es gibt in Malindi vereinzelte Spuren, die von den Portugiesen hinterlassen wurden. Die **portugiesische Kapelle,** von außen nichts weiter als ein einfaches, gekalktes Makuti-Häuschen, muss einst im portugiesischen Viertel von Malindi gelegen haben. Sie geht angeblich auf einen Bau von *St. Francis Xavier* im Jahr 1542 zurück, der hier bei einem Zwischenstopp zwei Soldaten begraben ließ. Heute sind nur noch die Gräber von Missionaren aus dem 19. und 20. Jahrhundert zu sehen, die im tropischen Küstenklima wie die Fliegen starben. Im schlichten Innenraum ist nur noch die südöstliche Wand mit dem eingelassenen Kreuz aus dem 16. Jahrhundert erhalten. Der Eintritt ist frei, eine kleine Spende zur Erhaltung des Monuments wird vom Türschließer aber gern gesehen.

Vom Strand vor der Kapelle erblickt man das zweite historische Überbleibsel, das von der immerhin fast 100-jährigen portugiesischen Präsenz in der Stadt zeugt: das **Vasco-da-Gama-Kreuz,** das der Seefahrer 1499 als Navigationspunkt vor dem Palast des Sultans errichten ließ. Im 16. Jahrhundert wurde es nach Protesten der muslimischen Bevölkerung auf die Spitze der Landzunge an der Ein-

An der Hauptstraße von Malindi

An der Küste

fahrt zur Bucht von Malindi versetzt. Das Kreuz selbst, das aus Lissaboner Kalkstein gemeißelt ist, gilt als eines der ältesten europäischen Monumente auf schwarzafrikanischem Boden; der Sockel wurde aus lokalem Korallenstein gemauert. In einem halbstündigen **Spaziergang** – bei Ebbe quer durch die trockene Bucht, ansonsten an den Scorpio Villas vorbei – kann man **auf die Landspitze** hinauswandern. Der Besuch kostet 800 Ksh Eintritt – was etwas happig ist.

Malindi Marine National Park

Die Aktivitäten in Malindi kreisen ums Meer und verschiedene Wassersportaktivitäten. Einer der Höhepunkte dürfte ein Besuch im 6,3 km² großen Malindi Marine National Park sein, um mit Schnorchel, Taucherbrille und Flossen oder vom Glasbodenboot aus die tropischen Korallengärten mit ihren bunten Fischarten zu erkunden. Der 1968 gegründete Park ist gemeinsam mit dem Watamu Marine National Park das **älteste Unterwasserschutzgebiet Afrikas.** Die Gebiete werden über das 212 km² Malindi Marine National Reserve miteinander verbunden, einen 5 km breiten Wasserstreifen entlang der Küste. Dieses zusammenhängende Ökosystem besteht aus Saumriffen, Lagunen, Korallengärten und Seegraswiesen, in denen Wasserschildkröten und eventuell noch Dugongs leben. Mehr als **20 verschiedene Korallenarten und über 50 Fischarten** existieren im Nationalpark. 20 Ranger überwachen die Einhaltung der Parkregeln, was bei über 20.000 Besuchern pro Jahr auch wichtig ist.

Die größten **Probleme für die Unterwasserwelt** der gesamten Küste entstehen durch die unerlaubte Bebauung der ersten 35 m Strand, die eigentlich per Gesetz geschützt sind. Dieser Strandabschnitt ist nämlich die Brutzone für Meeresschildkröten, die zwischen Februar und Mai ihre Eier im Sand ablegen. Weitere Probleme entstehen durch ungeklärte Abwässer und Abfälle. Langfristig problematisch ist die zunehmende Rodung der Vegetation im Einzugsgebiet des Sabaki River. Der erodierte Schlamm legt sich über die Korallen und erstickt ihre Polypen. Im Übrigen ist das bräunlich verfärbte Wasser auch für den Tourismus nicht förderlich. Und die Korallenbleiche durch die steigenden Wassertemperaturen infolge des Klimawandels ist stellenweise auch in Malindi zu beobachten.

Die Unterwasserwelt der Riffe enthält verschiedenste bunte **Rifffische,** die Menschen gegenüber erstaunlich zutraulich sind. Auch die **Korallen** weisen ein weit gefächertes Artenspektrum auf, aber Beschädigungen durch die vielen Leute, die Schlammablagerungen und Wellenbruch sind nicht zu übersehen. Die Riffe an der Südgrenze des Parks gelten als die schönsten. Um weiteren Zerstörungen der Korallen vorzubeugen, dürfen Sie sich niemals auf die Korallen stellen! Achten Sie auch darauf, dass Ihre Bootscrew keinen Anker wirft, sondern an einer der 20 Bojen im Park festmacht! Weitere Hinweise zum richtigen Verhalten im Meeresnationalpark erhalten Sie am Parkeingang, der sich am **Casuarina Point** 5 km südlich der Stadt befindet. Hier stehen 50 einheimische **Bootsunternehmer** bereit, die sich in der Vereinigung AMBO zusammengeschlossen haben, um Qualitätsstandards zu sichern und ihre Interessen zu wahren. Für ein Boot, das 10 Personen fasst, zahlt man 4000 Ksh. Die exakte Dauer für den Bootstrip muss man vorher klar vereinbaren. Damit man den Ausflug auch wirklich genießen kann, sollte man vor dem Zuschlag für einen bestimmten Bootskapitän den Sitz seiner Taucherbrillen testen. Denn wenn der Maske unter Wasser einem vollen Aquarium gleicht, wird man mehr mit dem Entleeren der Brille als mit dem Beobachten von Fischen beschäftigt sein.

Wer einen Tauchschein hat, kann die Unterwasserwelt natürlich auch schwebend mit Pressluftflasche erkunden. Die Tauchbasen im Driftwood Club und im Lawford's Hotel bieten **Tauchausflüge** per Boot an. Einige der schönsten Tauchplätze in der Umgebung sind Stork Passage und Barracuda Channel, Tewa Reef sowie Shark Point.

Der Malindi Marine National Park ist **täglich von 7–19 Uhr geöffnet;** zu den Eintrittspreisen s. S. 55; Kontakt: Tel. 042/20845 und 31554, malindimarine@kws.go.ke und malindinnp@africaonline.co.ke.

Unterkunft

In der Stadt gibt es viele gute Hotels der Mittel- und Oberklasse, aber auch günstige Lodges und einfache afrikanische Unterkünfte sind problemlos zu finden. Die einzelnen Tarife sind in der Haupt- und Nebensaison extrem unterschiedlich.

Oberklasse-Hotels

● Driftwood Club

An der Südküste, Tel. 042/20155, Fax 30712, reservationswww.driftwoodclub.com; insgesamt 9 North Beach Rooms mit Seeblick, eigenem Badezimmer und AC (5500/8600/10.000 Ksh BB); die Lamu und Manda Luxury Cottages mit AC, 2 Schlafzimmern, Wohnzimmer und eigener Veranda teilen sich einen privaten Swimmingpool und bieten 1–4 Personen Platz (23.700 Ksh BB); Pate, Shella und Kiwayu Luxury Villas mit AC, 2 Schlafzimmern, Küche, Wohnzimmer und gemeinsamem Swimmingpool kosten 22.000 Ksh BO. Sowohl Cottages als auch Villas blicken auf die Swimmingpools. Alle Zimmer sind geschmackvoll eingerichtet, die Cottages mit Seeblick fangen eine herrliche Brise ein. Der Driftwood Club ist bei Expats und weißen Kenianern populär, man trifft sich abends an der schönen Bar mit Meerblick. Die unterschiedlichen Unterkünfte spiegeln die lockere Atmosphäre im Hotel wieder, auf Konventionen legt man keinen großen Wert. Die Mitgliedschaft für Tagesgäste für die Nutzung der Sporteinrichtungen kostet 5050/2500 Ksh p.P. und Tag/1 Woche. In diesem Preis sind die Benutzung von Squash Court und Swimmingpool enthalten, für Familien gibt es starke Nachlässe. Windsurfing und Tauchschule gehen extra. Gutes Meeresfrüchte-Restaurant; Lunch-Buffet 500 Ksh, Dinner 800 Ksh.

● Kilili Baharini Resort & Spa

Tel. 042/20169, www.kililibaharini.com; Standard, FB: LS: 159/212 Euro, HS: 189/272 Euro; Suite, FB: LS: 208/330 Euro, HS: 253/400 Euro. Das Kilili Baharini ist ein stilvolles Hotel zum Ausspannen in privater Atmosphäre. Es gibt Platz für 70 Gäste, die auf nichts verzichten müssen: Die Bungalows mit dem gedie-

genem Holzparkett, Ankleideraum und großem Schlafzimmer verfügen über Komfort und Stil. Die Superior-Klasse hat zudem eine große Veranda. Das ganze Anwesen mit seinem Restaurant und 2 Bars, dem Massagesalon, der sich zum Pool öffnet (3500 Ksh), Open-Air-Fitness-Studio, gepflegtem Garten und makellosem Strand ist geschmackvoll angelegt. Frühstück wird auf der eigenen Veranda serviert, Lunch am großen Swimmingpool und Dinner im Restaurant, das auch Gästen von außen offen steht: Lunch-Buffet kostet 1700 Ksh, Dinner 2000 Ksh. Sehr ruhig, vielleicht das beste Hotel von Malindi.

● Tropical Village

Casuarina Rd., rund 3 km außerhalb des Ortskerns an der Südküste, Tel. 042/20444, Fax 31872, info.tropical@planhotelsresorts.com; LS: 63/88/119 US$, HS: 90/126/157

Vasco-da-Gama-Kreuz

An der Küste

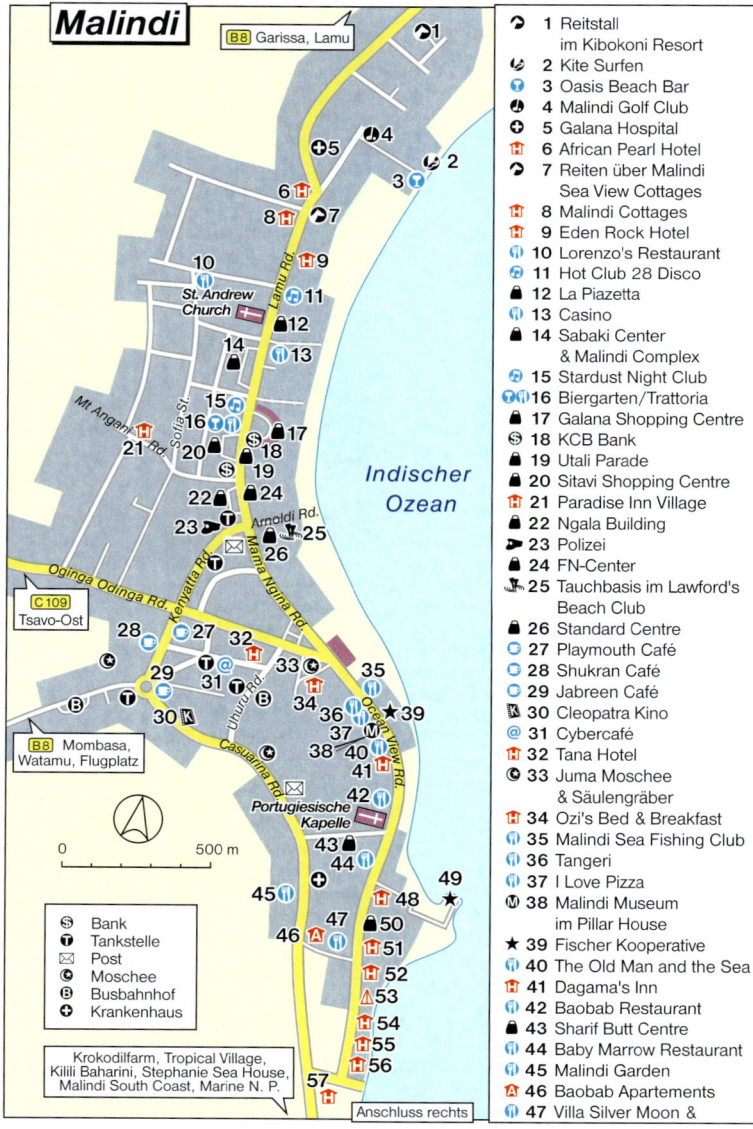

Malindi

B8 Garissa, Lamu

Indischer Ozean

C 109 Tsavo-Ost

B8 Mombasa, Watamu, Flugplatz

St. Andrew Church

Portugiesische Kapelle

0 — 500 m

Ⓢ	Bank
Ⓣ	Tankstelle
✉	Post
☾	Moschee
Ⓑ	Busbahnhof
✚	Krankenhaus

Krokodilfarm, Tropical Village, Kilili Baharini, Stephanie Sea House, Malindi South Coast, Marine N. P.

Anschluss rechts

1 Reitstall im Kibokoni Resort
2 Kite Surfen
3 Oasis Beach Bar
4 Malindi Golf Club
5 Galana Hospital
6 African Pearl Hotel
7 Reiten über Malindi Sea View Cottages
8 Malindi Cottages
9 Eden Rock Hotel
10 Lorenzo's Restaurant
11 Hot Club 28 Disco
12 La Piazetta
13 Casino
14 Sabaki Center & Malindi Complex
15 Stardust Night Club
16 Biergarten/Trattoria
17 Galana Shopping Centre
18 KCB Bank
19 Utali Parade
20 Sitavi Shopping Centre
21 Paradise Inn Village
22 Ngala Building
23 Polizei
24 FN-Center
25 Tauchbasis im Lawford's Beach Club
26 Standard Centre
27 Playmouth Café
28 Shukran Café
29 Jabreen Café
30 Cleopatra Kino
31 Cybercafé
32 Tana Hotel
33 Juma Moschee & Säulengräber
34 Ozi's Bed & Breakfast
35 Malindi Sea Fishing Club
36 Tangeri
37 I Love Pizza
38 Malindi Museum im Pillar House
39 Fischer Kooperative
40 The Old Man and the Sea
41 Dagama's Inn
42 Baobab Restaurant
43 Sharif Butt Centre
44 Baby Marrow Restaurant
45 Malindi Garden
46 Baobab Apartements
47 Villa Silver Moon &

Malindi Südküste

Anschluss links

Indischer Ozean

nicht maßstabsgetreu

- - - - - Piste

1,0 Km — Entfernung (Km

Restaurant
- 🏠 **48** Scorpio Villas
- ★ **49** Vasco da Gama Kreuz
- 🔒 **50** Supermarkt im Oasis Village
- 🏠 **51** Oasis Village
- 🏠 **52** Coral Key
- ⚠ **53** Silversand Camping
- 🏠 **54** Driftwood Club
- 🏠 **55** Coconut Village
- 🏠 **56** Malindi Beach
- 🏠 **57** Tropical Beach Resort
- 🏠 **58** Mwezi Rest/ Kili Baharir i
- 🏠 **59** Bushbaby
- 🔒 **60** Casuarina Shopping Centre
- ● **61** KWS / Marine N. P.
- ⚠ Beach Bandas
- 🏠 **62** Stephanie Sea House
- ★ **63** Krokodilfarm/Schlangenpark
- 🏠 **64** New Kivulini
- 🏠 **65** La Papaya
- 🏠 **66** Dream Sports
- ● **67** Mayungu Beach

An der Küste

US$. Viele Sportmöglichkeiten, wie Tennis, Tischtennis, Beachvolleyball und Windsurfing. Extra berechnet werden Tiefseefischen, Tauchen und Touren mit Glasbodenboot. Das Hotel ist sehr groß, aber durch den herrlichen Strand und den üppigen tropischen Garten mit 2 Swimmingpools und 3 Bars dennoch schön. Die Zimmer der Superior-Kategorie besitzen neben der Standardausstattung mit Lamu-Betten auch Air Condition, einen Kühlschrank und eine eigene Veranda. Der Malindi Beach Club und das Coconut Village sind Schwesterhotels.

● **Malindi Beach Club**
Casuarina Rd., Südküste, Tel. 042/31673, info.malindi@planhotel.com; Preisinfos über Beach Village. Angenehmes kleines Hotel mit 24 stilvoll eingerichteten Zimmern mit allem Komfort. Gäste können auch die Einrichtungen in benachbarten Coconut Village nutzen. Im Hotel, dessen Haupthaus den Stil eines orientalischen Palastes kopiert, fühlt man sich wirklich wohl, bzgl. Service und Ambiente zählt es zu den besten Malindis. Bar, schöner Garten, 2 Pools und direkter Strandzugang. Das Essen ist italienisch geprägt.

● **Coconut Village**
An der Südküste, Tel. 042/31469, 30829 und 30714, info.coconut@planhotel.com; LS: 123/170 Euro, HS: 224/310 Euro, jeweils All inclusive, Zimmer mit Seeblick kosten Aufschlag. Die 45 Zimmer des italienisch geführten Hotels in zweistöckigen, Makuti-gedeckten Cottages sind mit traditionellem Touch (z.B. Lamu-Himmelbetten) eingerichtet und verfügen über alle wünschenswerten Annehmlichkeiten. Gutes Restaurant mit italienischem Einschlag, gemütliche Bar, Disco. Schöner Swimmingpool und bemerkenswerter Garten. Tauchschule. Halbtages-/Tagesmitgliedschaft für 30/60 Euro.

Mittelklasse-Hotels

● **Coral Key Beach Resort**
Mama Ngina Rd., Malindi, Tel. 042/3071-7 und -8, www.coralkeymalindi.com; LS: 1600 Ksh p.P. BB, HS: 4260 Ksh p.P. BB, extreme Preisunterschiede in den einzelnen Jahreszeiten, der Einzelzimmerzuschlag beträgt 600 Ksh. Es gibt ein Zimmer für Rollstuhlfahrer. In der großen, ziemlich anonymen Anlage kann

man die Orientierung verlieren, immerhin gibt es 108 Zimmer, die in zweistöckigen Bungalows und Cottages untergebracht sind. Alle mit AC, Ventilator und Veranda. 6 Swimmingpools, Fitness-Club, Sauna, Beauty Farm, Glasbodenboote und Tennisplatz. Fr. Disco (Eintritt je nach Event).

● **Eden Roc Hotel**
Tel. 042/2048-0, -1 und -2, www.edenrockenya.com; Zimmer mit Air Condition: 30.000/6000 Ksh BB, Zimmer mit Ventilator oder Bungalows: 2800/4000 Ksh BB, für die Suiten zahlt man 6000/9000 Ksh. Ein gutes Hotel mitten in der Stadt mit riesigem Garten. Die Zimmer wirken durch die Bodenkachelung etwas kühl, haben aber eine kleine Veranda. Faire Preise. Zwei Süßwasserpools, Tennis- und Volleyballplatz, Massage und Fitness-Studio, Bar und Disco.

● **Stepanie Sea House**
An der Südküste, Tel. 042/20720 und 20430, www.stephanieseahouse.com; 75 Euro HB p.P. Das Haupthaus mit dem Restaurant (separate Mahlzeiten müssen im Voraus bestellt werden und kosten 1200 Ksh, Lunch kommt als Buffet; neben italienischer und afrikanischer Küche gibt's auch internationale Gerichte) und 23 Apartments steht auf einer alten Korallenbank über dem Strand und bietet Blicke auf den Malindi National Park. Insgesamt fehlt auf dem Grundstück etwas Grün. Die Cottages mit Holzfußboden sind gemütlich, könnten aber etwas größer sein. Salzwasser-Swimmingpool. Der Sandstrand ist nur bei Ebbe zu sehen. Die Abendunterhaltung umfasst das übliche Hotelangebot mit afrikanischen Tänzen, Akrobaten und Schlangenbeschwörern. Im Mai und Juni ist das Hotel geschlossen. Lunch und Dinner für Leute von außen kosten 2000 Ksh.

● **Hotel African Pearl**
Mobil: 0725/131956 u. 0733/966167; 2500/3500 Ksh BB SC mit Ventilator, 3500/4500 Ksh BB SC mit Air Condition. Cottages mit 1, 2 oder 3 Schlafzimmern zwischen 2900 und 5500 Ksh. Ein Hotel zum Verlieben. Das alte Gebäude steht in einem riesigen gepflegten Garten. Die Zimmer sind sauber und nett, mit Moskitonetzen und Ventilator ausgestattet. Von der herrlichen Terrasse überblickt man Swimmingpool und Garten, in dem ein

Barpavillon steht. Aber man fragt sich, ob das überhaupt wünschenswert ist, denn das kann die ruhige Atmosphäre und den freien Blick eigentlich nur einschränken.

● Malindi Cottages
Mobil: 0734/613245, Tel. 042/21071, malindicottages@yahoo.com; LS: 1500/3000 Ksh, HS: 2000/4500 Ksh BO. D e kleinen Cottages liegen recht zentral, es gibt einen Swimmingpool und Küche.

● Paradise Inn Village
Tel. 042/30363, Mobil: 0724/317991, paradisevillage2002@yahoo.it; 1500/2500 Ksh DB BO. Sehr luftige, große und saubere Zimmer mit Betten im Lamu Style und Moskitonetz. Swimmingpool und sichere Parkplätze. Empfehlenswert!

● Bubbles Cottages
4000/5000 Ksh (LS/HS), 35.000 Ksh pro Monat. Saubere Unterkunft mit eigener Wohnküche und schönem Swimmingpool. Zum Strand sind es 10 Minuten Fußweg.

Preiswerte Unterkünfte

● Baobab Apartments
Mobil: 0722/972788; 1500 Ksh für das Doppelzimmer. Neue Wohnungen, ist einen Versuch wert.

● Ozi's Lodge
Tel. 042/20218, Fax 30421; 1000/2000/3000 Ksh NSC BB. Saubere und nette Zimmer mit Ventilator und Moskitonetzen, einige sogar mit Balkon und Bl ck zum Meer. Die Preise lohnen sich nur für die Zimmer nach vorne mit Ausblick aufs Meer. Keine privaten Duschen und WCs.

● Dagama's Inn
Mobil: 0724/271738 und 0733/966899, Tel. 042/31942, Fax 30032; 1000/1200 Ksh SC, für 200 Ksh kann man auch auf der überdachten Dachterrasse seine Isomatte ausrollen. Das Haus hätte einen neuen Anstrich nötig, so wirkt es nicht besonders einladend. Die Zimmer fallen unterschiedlich aus, einige haben Balkonzugang, am schönsten sind jene mit Seeblick. Die sanitären Anlagen sind nicht übermäßig sauber. Ein heiles Moskitonetz bringt man besser selber mit. Ventilatoren und heißes Wasser sowie Darts und Tischtennis sind vorhanden. Restaurant mit Seafood und lokalen Gerichten.

● Tana Hotel
Tel. 042/20116; 500/600 Ksh NSC, DB SC 700 Ksh, TR SC 800 Ksh, Special Room (großes Bett, heißes Wasser) für 1100 Ksh. Das kleine Guesthouse im alten Teil der Stadt ist einfach, aber sauber, die Zimmer besitzen Ventilator, Moskitonetze und einige auch eine Veranda. Optimal für jene, die am nächsten Morgen mit einem der Tana-Busse reisen die direkt vor dem Haus abfahren.

Camping

● Silversands Campsite
Angeblich soll der früher sehr empfehlenswerte Silversands Campsite wieder eröffnet haben, zwar ohne Lounge und Bar, aber mit WC und Dusche. Wegen des Mangels an anderen Campingplätzen ist er zumindest einen Versuch wert.

● Malindi National Park Beach Bandas
4 Bandas mit eigenem Bad, self-contained und insgesamt 7 Zimmern; 4 weitere Zimmer mit Doppelbetten, aber NSC. Auch die Küche ist gemeinschaftlich und mit Gaskocher, Kühlschrank und Wasserkocher ausgestattet. Bettzeug und Handtücher werden gestellt. 2500 Ksh/35 US$, man sollte dafür kein Luxusdomizil erwarten. Reservierungen über den Malindi Marine National Park, s.o.

● Am Strand des Malindi Marine National Park
darf man im Casuarinenwald campen. Die Gebühr: 5 US$. Es gibt sogar eine Toilette und eine kalte Dusche hier; mit Versorgungsmöglichkeiten sieht es in der näheren Umgebung aber schlecht aus.

Essen und Trinken

Wer gerne italienisch isst, befindet sich in Malindi im kenianischen Pasta-Himmel. Darüber hinaus gibt es ausgezeichnete **Fischlokale.** Und fast alle großen Hotels haben Restaurants, die Besuchern von außen offen stehen. Besonders die Buffets und Grillabende bieten ein gutes Preis-Leistungsverhältnis.

● Gute italienische Küche im vornehmen Rahmen gibt es im **Lorenzo's** (Tel./Fax 042/31003) im La Piazzetta Complex. Nicht ganz so steif, aber sehr stylish ist das **Tangeri** (Mobil: 0729/333950) an der Meerfront, das im Erdgeschoss auch eine sehr schöne Lounge besitzt, wo man alle möglichen Drinks oder eine Wasserpfeife genießen kann.

●Trotz seines bescheuerten Namens **I Love Pizza** (Tel. 042/20672) sollte man dem Restaurant eine Chance geben, denn in der Küche und bei der Inneneinrichtung beweist der Besitzer ein besseres Händchen. Neben günstigen italienischen gibt es auch gute Fischgerichte.

●**The Old Man & the Sea** (Tel. 042/31106) ist etwas für frisch Verliebte. Denn das kleine Lokal an der Uferstraße besitzt Romantik satt – und Meeresfrüchte natürlich. Ein weiteres außergewöhnliches Restaurant , ebenfalls mit italienischem Kücheneinschlag, ist das **Baby Marrow Restaurant** (Mobil: 0733/801238 und 0727/581682) an der Ocean View Rd. Das **Baobab Restaurant** (Tel. 042/20489) bietet außer einer Fischecke auch ein deftiges Steak sowie indische und orientalische Speisen.

●Wer mal wieder Appetit auf Backwaren und eine Tasse Kaffee hat, erhält beides im **Bakery Coffeehouse,** das sich in der Utali Parade befindet, oder im **Copper Kettle Coffeehouse** mit einer schönen Terrasse, das neben Cappuccino, Kaffee und Gebäck auch Säfte, Eiscreme (in den giftigsten Farbtönen), indische Curries und Pizza auf der Speisekarte hat. Neu und außerordentlich beliebt für Frühstück und kleinere Snacks ist das **Karen Blixen Restaurant** im Innenhof des Galana Shopping Centre.

●Darüber hinaus gibt es in Malindi natürlich auch die üblichen billigen **Hotelis.** Schmackhafte kenianische Küche für wenig Geld und eine nette Bar an der frischen Luft bietet etwa das täglich geöffnete **Malindi Garden.** Empfehlenswert, besonders zum Frühstück mit frischen Mandazi, Chapatis und gutem Chai, sind das **Playmouth Café** im Sabaki Centre und das **Shukran Café** schräg gegenüber. Mein persönlicher Favorit für günstige kenianische Küche ist das **Jabreen Café** am Kreisel der Hauptstraße nach Watamu.

ken-908 Foto: hf

Flüge

Im **Linienverkehr** fliegen die renommierte **Air Kenya**, der staatliche Carrier **Kenya Airways**, **Fly540.com** und **Jetlink** Malindi planmäßig an (Kontakte s. S. 220). Die beiden letztgenannten sind am besten über das Internet zu buchen. Bei allen Inlandsflügen werden 200 Ksh Airport Tax fällig, die in den Ticketpreisen nicht enthalten ist. Der kleine Flughafen von Malindi befindet sich rund 5 km außerhalb der Stadt an der Hauptstraße nach Mombasa.

● **Air Kenya**
Galana Complex, Tel. 042/30808; am Flughafen: Tel. 042/30251. Air Kenya fliegt u.a. täglich nach Lamu.

● **Kenya Airways**
Utali Parade, Tel. 042/20237 und 20574; am Flughafen: Tel. 042/20192 und 20971. Kenya Airways unterhält Direktverbindungen nach Nairobi und Lamu.

Busse und Matatus

● Die Ticketschalter und Büros der **Überlandbusgesellschaften** befinden sich „praktischerweise" in der Altstadt mit ihren engen und etwas chaotischen Straßen. Die Fahrt nach Mombasa dauert rund 2,5 Std und kostet 300 Ksh, während für die Strecke nach Lamu (u.a. Falcon und Busways) 4–5 Std. benötigt werden und 400–500 Ksh zu berappen sind. Nach Nairobi fahren u.a. Falcon und Busways für 1200 bzw. 1000 Ksh.
● **Nach Garissa** fährt Tana River (600 Ksh, 7 Std.).
● In Richtung **Watamu, Kilifi** und bis hinunter nach **Mombasa** kommt man auch mit den allgegenwärtigen **Nissan-Matatus**, von denen nicht alle Watamu ansteuern, das etwas abseits der Hauptstraße liegt. Von Malindi nach Mombasa sind auch Peugeot-Sammeltaxis unterwegs. Die Nissans und Peu-

Lorenzo's, ein guter „Italiener"

geots fahren vom neuen Busbahnhof an der Ausfallstraße nach Watamu ab.

Banken und Geldwechsel

● Alle großen Banken haben ihre Dependance in Malindi. Es gelten die gewöhnlichen Öffnungszeiten, nämlich Mo. bis Fr 9–15 und Sa. 9–11 Uhr. **Barclays** und **Standard & Chartered** (in der Standard Arcade) haben auch **Bankomaten.**
● Daneben gibt es auch **private Wechselstuben**, so z.B. in der Utali Parade, die länger geöffnet sind und manchmal auch bessere Kurse offerieren. Ein Kursvergleich (evtl. anfallende Gebühren!) schadet nie. Die Kurse der Hotels sind immer ungünstig.

Post, Telefon und Internet

● Die **Post** von Malindi hat Mo. bis Fr. von 8–17 Uhr und Sa. von 9–12 Uhr geöffnet, das **Fernmeldeamt** von 7–12.30 und 14–18 Uhr. Es ist aber deutlich günstiger, sich am Schalter eine Telefonkarte zu kaufen und von einem der blauen Kartentelefone vor der Post selber anzurufen.
● Ein gutes **Internetcafé** ist **Bling Internet** in der Utali Parade, ebenfalls zuverlässig ist **Swift Global** in der Standard Arcade.

Kultur

● **Malindi Museum**
Das Museum von Malindi befindet sich im Pillar House und kostet 500 Ksh Eintritt bzw. 400 Ksh für Residents, Kinder zahlen die Hälfte. Die Einrichtung geht auf einen Kreis von Engagierten zurück, die sich jahrelang für das Museum engagierten, bis es schließlich 2004 vom damaligen deutschen Botschafter eröffnet werden konnte. Die Ausstellung im Innern beschäftigt sich u.a. mit der Geschichte des Gebäudes, eines der ältesten erhaltenen Kolonialgebäude in Kenia, aber auch mit Kultur und Natur der Küste. Heimlicher Star ist ein **Quastenflosser**, der am 2. April 2001 vor der Küste Kenias gefangen

wurde. Diese urtümlichen Fische, die als eine mögliche Übergangsform zu den Landlebewesen gelten, hielt man seit Millionen von Jahren für ausgestorben, bevor Mitte der 1980er Jahre lebende Exemplare vor den Komoren gefilmt werden konnten.

●**Kino**
Das einzige Lichtspielhaus am Platz ist das **Cleopatra-Kino** an der Straße zur Malindi South Coast. In Anbetracht des gezeigten Spektrums von indischen Filmen und Brutalostreifen guckt man sich aber vielleicht doch lieber die Abenddämmerung am Meer an.

Nachtleben

Stimmung und Ausmaß von Malindis Nachtleben sind entscheidend von den Gästezahlen abhängig, aber **in der Hochsaison ist eine Menge los,** und einige Läden brummen bis zum Morgengrauen.

●An der Hauptstraße gibt es eine Reihe von Lokalen, die einen Mix aus Biergarten, Restaurant und Bar darstellen, so etwa der **Beergarden & Trattoria,** ein beliebter Treffpunkt direkt neben der Stardust Disco, der besonders am frühen Abend gut besucht ist. Wer später noch in eine Disco weiterziehen will, bekommt hier ein gepflegtes Bier oder kann eine Partie Billard spielen.

●Der **Malindi Sea Fishing Club** an der Uferstraße ist Treffpunkt der Besitzer der Hochseeangelboote und von weißen Kenianern allgemein – ein sehr interessanter Menschenschlag, dem man mangelnde Trinkfreude nicht vorwerfen kann. Als Besucher kommt man für eine Tagesmitgliedschaft von 100 Ksh hin und kann vor der Kulisse ausgestopfter Fischtrophäen seinen Drink schlürfen. Im Club hängen die 500 kg schwere Kopf eines Weißen Hais, der insgesamt 2,5 Tonnen wog, und der größte je gefangene Blaue Marlin, immerhin knapp 600 kg schwer. Im Club erhält man auch vorzügliches Essen.

●Wer gerne spielt oder anderen beim Verlieren zuschaut, findet im **Malindi Casino** eine ganze Batterie von einarmigen Banditen und Roulette. Das Casino hat keine Kleiderordnung, der Eintritt ist frei.

●Eine der vier Discos in der Stadt ist das **Stardust,** das durch die imponierende Neon-Fassade seinen Anspruch auf den Ruf als größter, bester und modernster Tanzschuppen kundtut. Große Tanzfläche und vor allem voll klimatisierte Luft! Der Laden füllt sich ab 23 Uhr. Die **Disco Hot Club 28,** die eine schöne Bar unter einem riesigen Baobabbaum besitzt, versucht dem Konkurrenten in Preis und Leistung nachzueifern. Die dritte Disco im Bunde ist die **Flamingo Disco** gegenüber des Galana Shopping Centre. Die **Popi & Chichi Disco** befindet sich im FN Centre, Do. Reggae Night.

●Hinzu kommen drei **Hoteldiscos,** die u.U. einen Besuch lohnen: jene im **Coral Keys,** die beim **Tropical African Dream Village** und jene im **Driftwood Club,** die sicherlich die reizvollste ist, denn am Wochenende kann man hier in einem offenen Pavillon direkt am Strand tanzen, und die Bar, die um den Fuß eines mächtigen Baums herum gebaut wurde, ist ebenfalls sehenswert.

Krankenhäuser und Ärzte

●**Galana Hospital**
24-Stunden-Bereitschaftsnummer: Tel. 042/ 30575 und 30882 sowie 020/2070924. Das beste Krankenhaus in der Stadt, sogar mit Ambulanzfahrzeugen.

Sport und Aktivitäten

Golf

●**Malindi Golf & Country Club**
Tel. 042/31402. Der etwa 1 km von der Teerstraße entfernt liegende 9-Loch-Kurs stellt auch unbürokratisch Tages- (Nonresidents 2000 Ksh) und Monatsmitgliedschaften aus. Die Greenfee kostet 2000 Ksh, 750 Ksh sind für einen Mietschläger, 150 Ksh für den Caddy zu zahlen. Auch Tennisplätze (500 Ksh pro Std.) gibt's. Im gemütlichen, 1962 gebauten Clubhaus steht ein Snookertable, an der Bar werden außer Flüssigem auch Snacks gereicht. Die lokalen Ergänzungen zu den allgemeinen Golfregeln sagen alles über die schöne Lage des Platzes am Busen der Natur: „Ein

Ball darf ohne Strafe aufgehoben und in gleichem Abstand zum Loch woanders hingelegt werden, wenn er a) auf einer Korallenbank liegt, b) auf einem Viehtrieb, einer Piste oder auf dem Fairway liegt, c) wenn er in einem Kuhfladen liegt oder Kuhdung das Schlagen des Balles behindert."

Hochseeangeln

● Aufgrund des außergewöhnlichen Fischreichtums der Gewässer vor Malindi gibt es eine Reihe von Angelunternehmen vor Ort. Eine der renommiertesten und ältesten Firmen auf diesem Gebiet ist **Kingfisher.** Von einem ihrer Boote wurde der größte je gefangene Blaue Marlin aus dem Wasser gezogen. Die kenianisch-britischen Besitzer organisieren neben Angeltrips auch exklusive Zeltsafaris in den Tsavo Ost National Park. Anschrift s.u. „Tour Operator und Mietwagen".

● Die Besitzer weiterer Angelunternehmen trifft man abends im **Malindi Sea Fishing Club,** wenn sich Profi- und Urlaubsangler vor der passenden Kulisse ausgestopfter Riesenfische mit leuchtenden Augen von Fabelfängen erzählen (s.u. „Nachtleben").

● In Malindi finden jedes Jahr einige **Angelwettbewerbe** statt. Die genauen Termine erhält man ebenfalls beim Sea Fishing Club.

Kite Surfen

Der **Strand nördlich von Malindi** ist wohl einer der besten Surf- und Kite-Surf-Spots in Kenia. An der Oasis Beach Bar kann man für 3500 Ksh/Std. bzw. für 23.000 Ksh für vier Tage das Equipment leihen. Ebenfalls erhältlich: Bodyboards für 300 Ksh/Std., Strandsurfer für 1500 Ksh/Std.

Reiten

● **Kibokoni Riding Centre**
Einige Kilometer nördlich von Malindi, Tel. 042/21273. 700 Ksh pro Std. Fortgeschrittene können am Beach und im Busch ausreiten, Anfänger auf dem Reitgelände fachkundige Betreuung in Anspruch nehmen.

● Reitmöglichkeiten (800 Ksh/Std., Kinder 500 Ksh/Std.) gibt es auch bei den **Baharini Stables,** Buchung und Infos über das Sea View Resort, Tel. 042/30427, Mobil: 0735/863252.

Tauchen und Schnorcheln

Die Tauchgründe von Malindi sind nicht halb so schön wie jene von Watamu. Das hängt mit der Nähe zur Mündung des Sabaki River zusammen, der mit seinen trüben Fluten die Sichtweite unter Wasser zumindest nördlich des Da Gama Point stark herabsetzt. So gibt es auch nur zwei nennenswerte **Tauchbasen** hier, nämlich die **im Driftwood Club** und eine weitere **im Lawford's Hotel.** Ein Schnorchelbesuch in den Korallengärten des Marine National Park, der weiter südlich in klareren Wassern liegt, gehört zu den Standardpunkten eines Aufenthalts in Malindi. Näheres s.o., „Malindi Marine National Park"

Tennis

Wer Lust auf ein Tennismatch hat findet sowohl im **Malindi Golf Club** für 200 Ksh pro Stunde (Schläger und Bälle jeweils 100 Ksh) als auch im **Coral Key Resort** für 300 Ksh pro Stunde (Schläger für 100 Ksh, Bälle für 20 Ksh) Spielmöglichkeiten.

Tour Operator und Mietwagen

Wer seinen gesamten Urlaub in Malindi verbringt, möchte sicherlich wenigstens für einige Tage in einem der großen Nationalparks auf Safari gehen. Die meisten großer Hotels bieten Komplett-Touren an, wer aber über einen lokalen Veranstalter bucht, kommt vermutlich günstiger davon – ein Preisvergleich kann jedenfalls nicht schaden. Vor der Vertragsunterzeichnung sollte man sich genau über mögliche Fußangeln informieren, sonst kann der vermeintlich gute Deal zum finanziellen Abenteuer werden.

● **Haya Safaris Africa**
Tel. 042/31754, 20374, Fax 20846; Heiner Seiz Building. Hotelbuchungen, Flugtickets, Safaris, Angeltrips und Ausflüge zum Nationalpark.

● **Kingfisher Safaris**
Büro im Erdgeschoss des Malindi Sea Fishing Club, Tel. 042/21168, kingfisher@swiftmombasa.com. Das Unternehmen organisiert ex-

klusive Zeltsafaris in den Tsavo Ost National Park, das Schwesterunternehmen Hochseeangeltrips.

- ●**North Coast Travel Services**
In der Utali Parade, Tel. 042/30312, 20370, Mobil: 0733/833437. Safaris, Autovermietung, Flugbuchungen.

- ●**Sheila Tours**
Tel. 042/31600. Hotelbuchungen, Safaris, Autovermietung, Schnorchel-, Tauch-, Dhau- und Angeltouren. Täglich von 9–12 und 14.30–17.30 Uhr geöffnet.

- ●**Southern Cross Safaris**
Malindi Complex, Lamu Rd., Tel. 042/20493, 30547, 30490 und 30197, Fax 30032 und 21257, sxsmld@net2000ke.com. Eines der großen Safari-Unternehmen mit ausgezeichnetem Ruf.

- ●**Southern Sky Safaris**
Im Malindi Complex, Tel. 042/20493, 30547 und 30490, Mobil: 0735/977000. Safaris und Reisebuchungen.

- ●**Tusker Safaris**
Galana Centre, Tel. 042/30525 und 30867, tuskersafaris@africaonline.co.ke. Safaris, Flugtickets und Hotelbuchungen.

Mietfahrräder/-motorräder

Malindi, aber auch das platte Land drum herum eignen sich eigentlich perfekt für Ausflüge mit dem Fahrrad. Moderne Mountain Bikes gibt es **bei den meisten besseren Hotels** auszuleihen. Eine empfehlenswerte Fahrradvermietung gibt es aber auch **im Sabaki Centre.** Eine Motorradvermietung findet sich **in der Utali Parade,** Mobil: 0725/819641. Neben 125-ccm-Geländemaschinen werden auch Quads vermietet.

Einkaufen

Die vielen Europäer, die in Malindi leben, haben zur Folge, dass man in der Stadt überraschend europäisch einkaufen kann. Eine gute Käseauswahl gibt's im **Cheeseman** im Sharif Butt Centre, einen italienischen Fleischer und einen italienischen Supermarkt im **Sabaki Centre,** ein weiterer befindet sich im **Malindi Complex.** Für frischen Fisch ist die **Fisher-**

men Society natürlich die beste Adresse. Der Verkauf findet in der Halle gegenüber des Restaurants I Love Pizza statt, die Zeiten variieren mit der Verschiebung von Ebbe und Flut zwischen morgens und abends. Auch wenn man keinen Fisch kaufen möchte, ist es interessant, dessen Anlandung zu verfolgen. Weitere Lebensmittel erhält man in einer Vielzahl von Geschäften, die sich meist in den großen Gebäudekomplexen an der Hauptstraße befinden. Ein empfehlenswerter **Supermarkt** ist **im Oasis-Village** untergebracht, der besonders für die Camper auf dem Silversands-Zeltplatz günstig liegt.

Wie angesichts der vielen Touristen nicht anders zu erwarten, gibt es in Malindi auch ein **reichhaltiges Angebot von Curios.** Die meisten Hotels betreiben eine oder mehrere Boutiquen, günstiger kauft man natürlich am Craftsmarket gegenüber der Juma-Moschee ein, denn dort kann man nach Herzenslust feilschen, wenn man an einem Artikel aus der üblichen Palette der Reiseandenken, wie Holz- und Seifensteinschnitzereien, Korbwaren, Schmuck etc., interessiert ist. Zudem liegen auf der Hauptgeschäftsstraße zahlreiche **Geschäfte zum Bummeln,** darunter auch einige kostspielige Boutiquen.

Ausflug

Crocodile Farm und Snake Park

Der **Snake Park** wurde 1971 von *Mr. Easterbrook* gegründet, der alle Schlangen, die hier zu sehen sind, in der Gegend von Malindi gefangen hat – auch die giftigen! Der Besuch wird zu einem wirklichen Erlebnis, weil die Führer viel Wissenswertes über die Reptilien erzählen, was manches Vorurteil zu Fall bringt. In den Terrarien bekommt man auch **giftige Exemplare** zu sehen, die zur Herstellung von Serum gehalten werden, etwa Schwarze Mambas, die bis zu 3,5 m lang werden und damit zu den größten Giftschlangen der Erde zählen, oder Rote Speikobras, die einem aus bis zu 2 m Entfernung in die Augen spucken können. Die dicken Pythons hingegen sind ungiftig, sie können bis zu 50 Jahre alt werden. Wer am Schluss seine Angst vor den Tieren verloren hat, darf eine harmlose Schlange in die Hand nehmen und ihr glattes, kühles Schuppenkleid befühlen.

Außerdem sind in der Schlangenfarm einige Becken angelegt, in denen **Minikrokodile** wütend nach allen Seiten schnappen, einige **Nilwarane,** die bis zu 2,5 m lang werden können, vor sich hin dümpeln, und *Maria,* eine gutmütige **Elefantenschildkrötendame** von 80 Lenze, lebt.

Der Schlangenpark, **täglich von 9–17.30 Uhr geöffnet,** kostet für Nonresidents 750 Ksh, für Residents 300 Ksh, Kinder zahlen jeweils die Hälfte.

Von Malindi nach Lamu

- **222 km:** Malindi – Garsen – Witu – Mokowe (Lamu)
- Die ersten 111 km bis Garsen sind geteert, danach folgt eine schlechte Piste, die über Witu und Hindi bis nach Mokowe gegenüber von Lamu Island führt, wo man das Auto am Festland zurücklässt. Man steigt dort in ein Personenschiff nach Lamu um, das man nach 30-minütiger Fahrt erreicht. Die **Sicherheitslage** hat sich auf der Lamu-Strecke **deutlich verbessert,** in letzter Zeit sind keinerlei Überfälle von somalischen Banditen bekannt geworden, und es bedienen wieder mehr Busgesellschaften die Strecke.
- **Tankmöglichkeit:** Garsen.
- **Fahrtzeit:** 5–6 Stunden, nach Reparatur der von El Niño verursachten Brückenschäden 4–5 Std.

9 km außerhalb von Malindi biegt nach rechts die 3 km lange Piste zum **Sabaki River Bird Sanctuary and Native Trail** ab, der wegen seiner reichen Vogelwelt und interessanter Einblicke in das Flussökosystem einen Abstecher rechtfertigt (Eintritt 600 Ksh, Guide 200 Ksh; Mobil: 0720/173753 und 0726/945923).

Dass der Tourismus Malindi eine traumhafte Infrastruktur beschert hat, fällt erst auf, wenn man sich mit voll getanktem Auto nach Norden in Richtung Lamu oder Garissa auf den Weg macht. Schon bald hinter der Stadtgrenze, auf der anderen Seite des Sabaki River, den man auf einer Brücke rund 10 km hinter Malindi überquert, verlässt man die Komfortzone des fließenden Wassers, der Klimaanlagen und Leuchtreklamen. Für Hunderte von Kilometern wird keine wirkliche Stadt erreichen, und selbst Garissa erfüllt dieses Kriterium mehr schlecht als recht.

Der **Sabaki River,** mit 547 km der zweitlängste Fluss Kenias, trägt nur im Unterlauf diesen Namen. Ab dem Zusammenfluss von Athi River, der bei Nairobi entspringt, und Tsavo River, der im Kilimanjaro-Massiv seinen Ursprung hat, heißt er Galana River. Er sorgt mit seinem lehmigen Wasser besonders während und nach den Regenzeiten für das trübe Meer vor Malindi.

Rund 5 km hinter der Sabaki-Brücke passieren Sie das Fischerdorf **Mambrui,** in dessen Umgebung auch etwas Baumwollanbau betrieben wird. Die Moschee im Ort erscheint groß geraten. Aber die 1962 gebaute **Riyadha-Moschee** ist ein Wallfahrtsort, der viele Pilger aus ganz Kenia anzieht. Nahe Mambrui, hinter dem sich möglicherweise der auf portugiesischen Karten verzeichnete Ort Quilimanci oder Kilimani verbirgt, existieren auch noch die Überreste eines portugiesischen Forts aus dem 16. Jahrhundert. Rund 2 km hinter der Abzweigung in Richtung Mambrui biegt nach links eine 23 km lange Piste ab. Auch wenn der Weg schlecht ist, lohnt sich der Abstecher über Marikebuni nach **Marafa,** denn nahe dieses Ortes haben sich riesige Erosionsrinnen von über 30 m Tiefe gebildet, die als **Hell's Kitchen,** also als „Küche der Hölle", bekannt sind. Halten Sie sich am Ende des Örtchens rechts, sehen Sie vielleicht einen halben Kilometer später bereits den Minicanyon. Es sind beeindruckende Großplastiken aus Sandstein, die das Regenwasser im Erdreich erschaffen hat. Ihr Farbenspektrum reicht in sämtlichen Schattierungen von Weiß über Gelb bis hin zu tief Rot und Schwarz. Mit etwas Fantasie lassen sich in ihnen durchaus menschenähnliche Figuren erkennen, die vielleicht auch den seltsamen Namen dieses Platzes erklären. Über einen Pfad kann man in das Gewirr von Gräben und Spalten hinabsteigen. Es gibt in der

An der Küste

Region noch weitere Sandsteininformationen, die aber mit dem Fahrzeug nur schlecht zu erreichen sind.

Wieder auf der Hauptstraße, biegt nach vielleicht 3 km rechts eine Piste zum **Ras Ngomeni** und dem gleichnamigen Örtchen ab, in dem die Ruinen eines Turms oder eines Forts zu sehen sind, das wohl früher einmal die Formosa-Bucht kontrollieren sollte. Wer mit einem 4WD-Wagen unterwegs ist, kann versuchen, von hier aus bis zur Spitze der sandigen Landzunge zu gelangen, die sich weit ins Meer hinausschiebt. Südlich des äußersten Punktes laden **herrliche menschenleere Sandstrände** zum Baden ein.

In der lang gezogenen **Formosa oder Ungwana Bay,** in die der Tana River einmündet, stehen vor der Küste zwei seltsame Gebilde im Wasser, die überhaupt nicht in diesen abgeschiedenen Landstrich passen. Was auf den ersten Blick wie Bohrinseln aussieht, sind in Wirklichkeit die **Raketenabschussrampe San Marco** und die **Kontrollplattform Santa Rita.** In den 1970er Jahren schossen die USA und Italien von dort im Rahmen eines gemeinsamen Weltraumprojekts Satelliten ins All. Einer von ihnen, „Uhuru", lieferte 1970 die ersten Indizien für die Existenz von Schwarzen Löchern in den Weiten des Universums. Am Strand der Formosa-Bucht steht eine sehr schöne **katholische Kirche** mit kunstvollem Altar und Bibelständer, der von einem italienischen Mitarbeiter der Satellitenbasis geschnitzt wurde.

27 km hinter Malindi passiert man **Gongoni,** einen Ort, den Salinen prägen. Hier berührt die Küstenstraße zum letzten Mal das Meer, danach führt sie zunächst durch das flache Küstenhinterland, das immer trockener wird, je weiter man nach Norden fährt. Das **Hirtenvolk der Orma** bewohnt dieses trockene Gebiet. Bekannter sind sie unter dem Namen **Galla,** den sie selbst aber ablehnen. Rechter Hand der Straße breitet sich das sumpfige **Tana-Delta** aus, ein riesiges, völlig unerschlossenes Naturparadies, in dem es lediglich einige **Fischerdörfer des Pokomo-Volkes** gibt, die nur zu Fuß oder per Boot erreichbar sind. Ihr Territorium zieht sich entlang des Tana-Flusses bis hinauf nach Garissa. Durch die zunehmende Landknappheit ist

dieses naturbelassene Gebiet, in dem es noch viel Wild, vor allem aber auch Hunderte von Vogelarten gibt, vom Siedlungsdruck des Menschen zunehmend bedroht. 1993 wurde es zu einem international bedeutsamen **Feuchtgebiet** erklärt. Der Kenya Wildlife Service und der World Wide Fund for Nature versuchen mit den Menschen des Tana-Deltas einen Managementplan zu erarbeiten, der ihre Lebensgrundlage und das Naturparadies langfristig schützt.

Gut 100 km hinter Malindi erreichen Sie den Abzweig nach Lamu, Garsen liegt noch einige Kilometer weiter nördlich, und vielleicht müssen Sie es ansteuern, um nochmal zu tanken. Wenn Sie nach rechts, in Richtung Lamu abbiegen, erreichen Sie nach 4,5 km den Tana River, der hier von einer Brücke überspannt wird. Der **Tana River,** mit 708 km der längste Fluss des Landes, entspringt am schneegekrönten Mt. Kenya und in den feucht-kühlen Aberdare Mountains. Auf weiten Strecken durchfließt er den wüstenhaften Nordosten Kenias und stellt die wichtigste Tränke für das Vieh der Nomaden und große Wildtierherden dar. Anfang des 20. Jahrhunderts verschob sich seine Mündung 30 km nach Norden. Sein von erodierter Erde oft tiefrot gefärbtes Wasser ist während der Zeit des Südostpassats für die häufig schlechte Sicht in Lamus Gewässern verantwortlich.

Für die Weiterfahrt in Richtung Tana River Primate Reserve und nach Garissa sollten Sie sich **ab Garsen aus Sicherheitsgründen den Buskonvois anschließen;** der nach Garissa verlässt die Stadt zwischen 10 und 10.30 Uhr.

Die **Straße nach Lamu** quert nach der Brücke die fruchtbare Flussebene; sie verläuft wegen Überschwemmungsgefahr streckenweise über einen Damm. In den Wäldern, die nun zu sehen sind, gibt es zwei Baumarten, die den Pokomo zur Herstellung von Alkohol dienen: Während beim **Mboyo-Baum** die Rinde fermentiert wird, zapft man vom **Mkoma-Baum** den Pflanzensaft ab, der dann vergoren wird. Wenn Sie die Flusssenke auf der anderen Seite wieder verlassen, befinden Sie sich bereits im Lamu District, der sich bis hinauf zur somalischen Grenze zieht. 31 km hinter dem Abzweig endet der Asphalt. Es folgen Plantagen von Bananen, Mangos und

Kokospalmen, die bereits zum Landbesitz der Bevölkerung von Witu gehören, das nach weiteren 20 km erreicht ist.

Witu, einem kleinen Ort mit einigen Läden und einfachen Restaurants, sieht man wahrhaftig nicht an, dass es in der zweiten Hälfte des 19. Jahrhunderts die Residenz des Sultans von Swahililand war. Wer genauer hinguckt, wird aber auf dem Marktplatz eine alte Kanone entdecken und auch das **Grabmal von Sultan Ahmed Simba** rechts der Straße wahrnehmen. Der Sultan herrschte ursprünglich über Pate. Obwohl durch das militärische und politische Bündnis von Sansibar und Lamu unterlegen, weigerte er sich, die Oberhoheit Sansibars anzuerkennen und zog sich 1856 von der Insel an den östlichen Rand des Tana-Deltas in die kleine Ortschaft Kau zurück. Dort wurde er 1862 von Sansibars Truppen aufgestöbert und angegriffen, worauf er seinen Sitz weiter landeinwärts, nach Witu verschob. Der schlaue Taktiker suchte nach einem starken Verbündeten, um seinen Traum von der Herrschaft an der Suaheli-Küste gegenüber Sansibar durchzusetzen und fand ihn in – Deutschland bzw. dem deutschen Kaiserreich! Er spannte die beiden deutschen Brüder *Clemens* und *Gustav Denhardt* vor seinen politischen Karren, indem er ihnen **1885** am Unterlauf des Tana ein 25 Quadratmeilen großes Stück Land abtrat und sich dafür den Dienst der Schutzmacht Deutschland sicherte. Das **deutsche Mini-Protektorat** reichte von Kipini, dem östlichen Rand des Deltas, bis zur nördlichen Manda-Bucht, während das Land südlich davon bis zur heutigen Grenze zu Tansania britische Interessensphäre blieb. 1889 dehnte das Deutsche Reich seinen Gebietsanspruch noch bis nach Kisimayu im heutigen Somalia aus, doch bereits 1890 war das Schicksal des Papierprotektorats durch den kolonialen Kuhhandel mit England, der sich **Helgoland-Sansibar-Vertrag** nannte, besiegelt: Deutschland verzichtete auf seine Ansprüche Witu, Sansibar und Uganda betreffend, England gestand im Gegenzug den Deutschen Helgoland, den Caprivi-Streifen zwischen Namibia und Simbabwe und das Festland Tanganyikas zu. Aber das erlebte Sultan *Ahmed Simba* schon nicht mehr, denn er war 1888 gestorben.

Erst Anfang des 20. Jahrhunderts begann die **Erschließung der Region** durch das East African Cotton Syndicate, das 4000 ha Land mit Baumwolle bepflanzte, sowie durch das Witu Rubber Estate, das einige zehntausend Hevea-Bäume pflanzte.

Die Besiedlungsgeschichte der Suaheli-Küste reicht natürlich viel weiter zurück. Wer von Witu aus 21 km Piste hinunter an die Küste nach Kipini und weitere 4 km nach **Ungwana** fährt, kann die vergessenen **Ruinen** einer Stadt besuchen, die den Portugiesen als Hoja bekannt war. Überreste einer Moschee aus dem 16. Jahrhundert sind erhalten sowie Trümmer weiterer Moscheen, der Stadtmauer, von Häusern und Gräbern. Weitere Altertümer findet man im 8 km entfernten **Mwana,** so z.B. eine Moschee aus dem 14. Jahrhundert mit dem ältesten Tonnengewölbe Kenias, und nach weiteren 12 km in **Shaka.** Aber allein die Küste lohnt schon den Abstecher, denn an den wilden Stränden mit den Sanddünen gibt es nur während einiger Monate im Jahr eine Hand voll Gäste des exklusiven Tana Delta Camp. **Kipini** selbst ist ein ursprüngliches und nettes Dorf, dessen Bewohner von Landwirtschaft und Fischfang leben.

Fährt man von Witu aus weiter **in Richtung Mokowe,** führt der Weg zunächst durch Plantagen, bevor man um Mpekatoni und Lake Kenyatta ein Gebiet erreicht, das 1971 mit Hilfe deutscher Entwicklungshilfegelder für den Baumwollanbau und ab 1973 auch für die Ansiedlung von einigen tausend Kikuyu-Familien aus dem Hochland erschlossen wurde.

32 km hinter Witu, nach dem Passieren von Mkunumbi, geht es ein kleines Stück am Meer entlang. 57 km nach Witu biegt man in Hindi nach rechts ab, um nach 11 km nach **Mokowe** zu gelangen. Bis zum **Strand von Mkoi,** wo man auf ein Bötchen nach Lamu Town umsteigt, ist es nochmals ein Stück. Selbstfahrer können ihr Auto in der Obhut eines Askari am Anleger zurücklassen, denn hinüber gibt es keinen Autotransport und auf der Insel ohnehin keine Wege. Die **Überfahrt nach Lamu** kostet 50 Ksh mit dem normalen Boot und 100 Ksh mit dem Speedboot und dauert 15–30 Minuten.

Das Lamu-Archipel

⚓ IX/C,D2,3

Das Lamu-Archipel besteht aus vier größeren, bewohnten Inseln – **Lamu, Manda, Pate und Kiwaiyu** – sowie zahlreichen kleineren Eilanden, Felsen und Korallenriffen. Das Archipel ist dem heißen, wüstenartigen Küstenstreifen nahe der Grenze zu Somalia vorgelagert. Die Inseln werden an ihren Rändern vielerorts **von einem dichten grünen Mangrovensaum umgeben,** aber in ihrem Innern sind sie überwiegend trocken und nicht gut für die Landwirtschaft geeignet. Obwohl das Festland nicht weit entfernt liegt – an der engsten Stelle, dem **Mkanda-Kanal** zwischen Manda Island und Küste, beträgt der Abstand nur einige hundert Meter; von Pate Island gibt es inzwischen sogar einen Fahrdamm hinüber – lebten die Menschen auf den Inseln seit jeher dem Meer zugewandt, betrieben Fischfang und den lukrativen Fernhandel mit dem Orient und der restlichen Küste.

Die schmale Meerwasserbarriere reichte aus, dass sich auf den Inseln, die ja zum großen Kulturkreis der Suaheli-Küste gehören, eine **eigene Identität** entwickeln und bis heute weitgehend bewahren konnte. Die Mundart Lamus gehört neben jener Sansibars und Mombasas zu den drei wichtigsten Dialekten in Kisuaheli. Auf Lamu ist die urbane Suaheli-Kultur vielleicht noch am unverfälschtesten erhalten geblieben. Mindestens ebenso entscheidend für die Bewahrung der traditionellen Lebensart seiner Bewohner und des alten Gesichts von Lamu dürfte der Abstieg in die **politische und wirtschaftliche Bedeutungslosigkeit** gewesen sein, der Ende des 19. Jahrhunderts einsetzte und fast schon so etwas wie einen Entwicklungsstillstand bewirkte. Lamu-Stadt erhielt erst Ende der 1960er Jahre ein Stromnetz. Von einem einzigen Kraftwagen – der Karosse des District Commissioner – einmal abgesehen, gibt es bis heute **keine Autos auf den Inseln.** Für den Transport ist man auf Segel-Dhaus, Esel und die eigenen Füße angewiesen.

Die **Distrikthauptstadt Lamu** mit **25.000 Einwohnern** ist die mit Abstand größte Siedlung des Archipels und besitzt im Vergleich zu den anderen Orten eine gut ausgebaute Infrastruktur mit Behörden, einem modernen Krankenhaus, einer Polizeistation, zahlreichen Läden und einem traditionsreichen Dhauhafen. Doch die Bewohner von Lamu blicken sorgenvoll in die Zukunft. Die fortgesetzten wirtschaftlichen Probleme bewegen viele junge Leute dazu, den Inseln den Rücken zu kehren und in den Ballungsräumen nach ihrer Chance zu suchen. Die **Bevölkerungszahl** des Archipels **sinkt** deshalb stetig. Hilfsgelder, die zu einem großen Teil aus Saudi-Arabien nach Lamu fließen, um Schulen, das Krankenhaus und die religiösen Einrichtungen am Leben zu erhalten, können nicht verhindern, dass eine beträchtliche Zahl an Altstadthäusern verwaist – oder schon zerfallen ist, weil die Mittel für den Unterhalt fehlen. Eine Belebung der Wirtschaft scheint gegenwärtig nur über eine **Forcierung des Tourismus** möglich oder durch die Pläne von Qatar, einen großen Teil des Tana-Deltas für die eigene Lebensmittelproduktion zu nutzen und in Lamu einen internationalen Tiefwasserhafen zu bauen. Auch Offshore-Funde von Erdöl lassen in Lamu gegenwärtig aufhorchen – verträglich mit den Traditionen scheint das alles nicht und könnte dem speziellen Reiz der Insel den Todesstoß versetzen.

Geschichte

Die **ältesten** archäologisch nachgewiesenen **Siedlungspuren** im Lamu-Archipel gehen auf das **8. Jahrhundert n.Chr.** zurück, aber es ist sehr wahrscheinlich, dass die Inseln vor dieser Zeit von Menschen besiedelt waren und der Handel mit Arabien und Indien in vorislamischer Zeit florierte. Zumindest gilt als sicher, dass die Griechen bereits zur Zeitenwende mit ihren Handelsschiffen die ostafrikanische Küste hinunterfuhren.

Lamu Town aus der Luft

Das Lamu-Archipel besitzt eine ausgesprochen **vorteilhafte Lage:** Einerseits waren die Bewohner auf den Inseln vor kriegerisch gesinntem Besuch vom Festland geschützt, andererseits war die Küste nah genug, um mit dem Hinterland Handel zu treiben. Als im 16. und 17. Jahrhundert die aus Somalia kommenden Galla nach Süden drängten und alle Festlandsiedlungen bis nach Mombasa dem Erdboden gleichmachten, blieben die Siedlungen auf den Inseln unbehelligt. Selbst in den 1960er Jahren, der Zeit der somalischen Wilderer- und Shifta-Banden, die in Ostkenia für Unsicherheit sorgten, blieb Lamu verschont. Die **Nähe zu Somalia** macht sich in Lamu u.a. durch den großen Konsum von Mira'a, der somalischen Volksdroge, bemerkbar. In kleinerem Maßstab existieren sogar Handelsbeziehungen mit dem Bürgerkriegsland Somalia. Die verwegensten Fischer von Lamu ziehen Nutzen aus der Anarchie bei den Nachbarn und wildern in den seit Jahren verwaisten Fischgründen.

Die heutige **Stadt Lamu existiert zumindest seit Mitte des 14. Jahrhunderts.** Erzählungen wollen wissen, dass sie von Arabern oder Persern gegründet wurde. Aber meistens waren es Kaufleute aus dem Mittleren Osten, die ihre Handelsposten errichteten, aus denen sich später die autonomen Küstenstädte entwickelten, in Nachbarschaft zu wesentlich älteren afrikanischen Siedlungen. Unter dem Hidabu-Hügel im Süden von Lamu liegen – so haben archäologische Untersuchungen ergeben – die Überreste eines älteren Ortes. Einer Legende nach gibt es in den Dünen im nördlichen Teil der Insel weitere, von Sand verschüttete Ruinen.

Die ursprüngliche Bevölkerung des Archipels und der benachbarten Küste bestand wohl aus einem bunten **Gemisch verschiedener Ethnien** wie Somali, Bajuni, Inder, Araber und Perser sowie verschiedener Ackerbau und Viehzucht treibender afrikanischer Völker wie den Pokomo oder dem Jäger-und-Sammler-Volk der Boni. Aus Vermischungen

ken-925 Foto: hf

An der Küste

gingen die Suaheli hervor. Erst ab 1498, dem Ankunftsjahr der Portugiesen an der ostafrikanischen Küste, wird die Stadt häufiger in schriftlichen Quellen erwähnt, damals hatte Lamu aber noch keine außergewöhnliche Bedeutung. Zumindest wählten die **Portugiesen,** nachdem sie Lamu unterworfen und die Tributpflicht gegenüber dem König durchgesetzt hatten, Pate zu ihrem Stützpunkt. Rund 180 Jahre übten die Südeuropäer formell die Macht im Lamu-Archipel aus. Anfänglich wurden sie in Pate noch willkommen geheißen, dann aber verschlechterte sich das Verhältnis zusehends und wurde immer wieder von Aufständen und grausamen Racheakten durch Portugal überschattet, so auch nach der – vergeblichen – Allianz der Inseln mit der türkischen Flotte von *Amir Ali Bey* Ende des 16. Jahrhunderts. Erst Anfang des 17. Jahrhunderts, als **Oman** das portugiesische Joch abgeschüttelt hatte und sich daran machte, die ostafrikanischen Küstengebiete unter seine Kontrolle zu bringen, zogen sich die Portugiesen zurück.

Dies ebnete den Weg für Lamus Aufstieg zu einem der wichtigsten Zentren an der gesamten Küste, eine **Blütezeit, die bis zum Ende des 19. Jahrhunderts** währen sollte. Den politischen Führungsanspruch im Lamu-Archipel erhob die arabische Nabahani-Dynastie in Pate, aber Lamu überflügelte die Rivalin in wirtschaftlicher Hinsicht sogar, und der Unmut bei Kaufleuten und Großgrundbesitzern über die Bevormundungen wuchs, zumal sämtlicher Fernhandel über Lamu abgewickelt wurde. Im Gegensatz zu Pate war Lamu eine **Stadtrepublik,** die von einem Ältestenrat, dem Nyumbe, regiert wurde. Die Mitglieder des Nyumbe trafen sich im Palast, heute nur noch ein Schuttberg in der Altstadt von Lamu.

Der wirtschaftliche Aufstieg zog zwischen 1650 und 1750 wohlhabende indische und arabische Händlerfamilien nach Lamu, dessen Bevölkerung durch die Flüchtlinge, die vor den Angriffen der Galla auf dem Eiland Schutz suchten, weiter anschwoll. Die **Zuwanderer** wurden sowohl in Lamu als auch in Pate schnell in die Gesellschaft eingegliedert und hatten maßgeblichen Anteil an dem folgenden handwerklichen und künstleri-

schen Aufschwung. Das Lamu-Archipel wurde zu einem wichtigen **Zentrum der Suaheli-Kultur,** das u.a. für seine Dichtung bekannt wurde. Der allgemeine Wohlstand drückte sich in neuen Moscheen und prächtigen Häusern aus, die über reich dekorierte Innenräume und fortschrittliche sanitäre Anlagen verfügten. Die Schnitz- und Steinmetzkunst erblühte, in Pate wurden begehrte Textilien, etwa mit Gold- und Silberfaden durchwirkte Seidenvorhänge, hergestellt.

Doch auch die **Rivalität zwischen Lamu und Pate** gedieh und gipfelte 1813 in der Schlacht von Shela. Pate, das wirtschaftlich schon längst im Niedergang begriffen war, hatte sich mit den Mazrui-Herrschern von Mombasa verbündet. Völlig unerwartet trug Lamu den Sieg davon, schien aber seinen militärischen Fähigkeiten nicht zu vertrauen und lud deshalb die Busaidi, die in **Oman** herrschten, als **Schutzmacht** ein, womit beide Stadtstaaten auf Dauer ihre Unabhängigkeit verloren. Die Omanis, die das Fort von Lamu fertigstellten, waren klug genug, die Inseln an der langen Leine zu lassen, doch kulturell hinterließen sie deutliche Spuren. Bis heute macht das Arabische einen guten Teil des Flairs von Lamu aus – angefangen bei den vielen Schildern in arabischer Schrift bis hin zur arabischen Kleidung, die viele Bewohner Lamus tragen.

Der Niedergang Lamus ist eng mit der **Ankunft der Europäer** in Ostafrika verknüpft. Für die modernen Dampfschiffe war der Hafen der Insel nicht tief genug, sodass alle Güter ausgeschifft werden mussten. Schon bald hielten die Schiffe gar nicht mehr in Lamu, sondern fuhren gleich weiter zu den aufstrebenden Häfen Mombasa, Dar es Salaam und Sansibar. Mombasa erhielt weiteren Auftrieb durch den Bau der Uganda-Eisenbahn. Darüber hinaus traf Lamu das **Verbot der Sklaverei** hart, denn die Inselbevölkerung besaß große Plantagen auf dem Festland, auf denen Sklaven vor allem Grundnahrungsmittel wie Reis und Mais produzierten, aber auch Früchte und Sesam, die z.T. exportiert wurden. Ab den 1960er Jahren führten die Überfälle durch somalische Shifta praktisch zur Einstellung der Landwirtschaft, bevor dann landlose Bauern aus dem Hochland in der

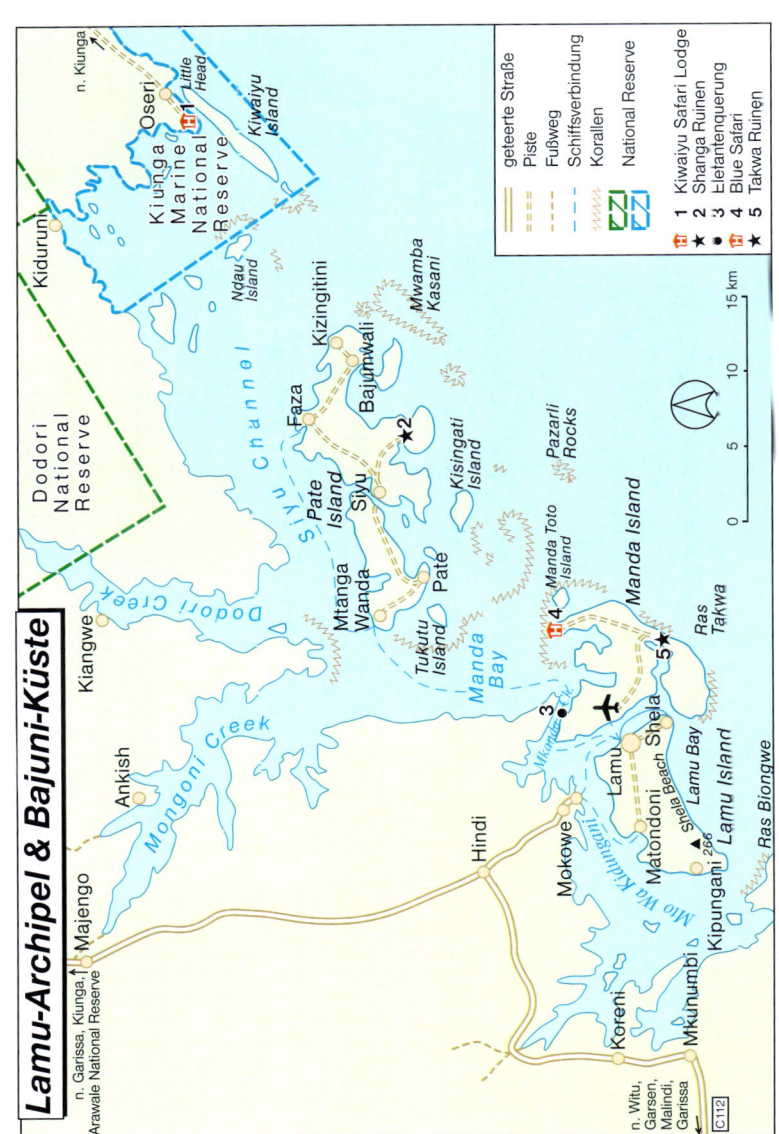

Lamu-Archipel & Bajuni-Küste

n. Garissa, Kiunga,
Arawale National Reserve

Legend:
- geteerte Straße
- Piste
- Fußweg
- Schiffsverbindung
- Korallen
- National Reserve

1 Kiwaiyu Safari Lodge
2 Shanga Ruinen
3 Elefantenquerung
4 Blue Safari
5 Takwa Ruinen

n. Kiunga

Little Head

Kiwaiyu Island

Kiunga Oseri

Kiunga Marine National Reserve

Kidurani

Ndau Island

Kizingitini

Mwamba Kasani

Dodori National Reserve

Faza

Bajumwali

Shanga Channel

★ 2

Pate Island

Siyu

Kisingati Island

Pazarli Rocks

Kiangwe

Dodori Creek

Mtanga Wanda

Pate

Manda Toto Island

Manda Island

Tukutu Island

🏠 4

Ras Takwa

Manda Bay

★ 5

Mongoni Creek

Ankish

3 ●

Ras Takwa

Majengo

Hindi

Mokowe

Lamu

Matondoni

Shela

Shela Beach

Lamu Bay

Lamu Island

Ras Biongwe

Mio Wa Kidunguni

Mkunumbi

Koreni

Kipungani

▲ 266

n. Witu,
Garsen,
Malindi,
Garissa

C112

0   5   10   15 km

Die Seeseite von Lamu Town

Umgebung von Mpeketoni und Lake Kenyatta angesiedelt wurden.

Eigentlich kann man sich nur wundern, dass Lamu überhaupt bis heute überlebt hat, denn all die klassischen **Exportprodukte,** die früher zu seinem Aufstieg beigetragen haben, sind im Laufe der Jahrzehnte weggebrochen. 1974 wurde der Handel mit Mangrovenholz verboten, nur wenig später auch das Geschäft mit Elfenbein, Rhinohorn und Nilpferdzähnen, die bis dahin an Arabien, China, Indien und England geliefert worden waren. Kopal, ein Baumharz, wurde vor allem an die USA verkauft, Kaurimuscheln an China und Indien. Weitere Handelsprodukte aus Lamu umfassten Mangos und Tamarinde, Holzkohle, Cashewnüsse, geflochtene Matten und Taschen, Schildplatt, Latex und in jüngerer Zeit auch Haifischflossen und getrockne-

ten Fisch. Der langen Liste der Handelsgüter entsprechend, bestand ein enger kultureller und wirtschaftlicher Austausch mit Arabien, Persien, Indien, später auch mit China, Portugal und Europa, dennoch haben die modernen Zeiten (bisher) in Lamu viel weniger Fuß gefasst, als auf dem vergleichsweise reichen und geschäftigen Sansibar.

Lamu Town   IX/C3

Orientierung und Sehenswürdigkeiten

Lamu zerfällt in **zwei große Stadtteile** mit insgesamt 44 verschiedenen *Mitaa,* also Wohnvierteln. **Mkomani,** der ursprüngliche Stadtkern, wird traditionell von angesehenen, wohlhabenden Familien mit großem politischen Einfluss bewohnt. Im Süden und Westen schließen sich ärmere Gegenden an. Der südliche Stadtteil heißt **Mlangoni** („am Tor"), seine Bewohner sind Hinzugezogene, ein großer Teil der Gebäude wurde in Lehmbauweise errichtet. Die deutliche Trennung in Alteingesessene und Zuwanderer äußert sich bis heute auch in politischer und religiöser Hinsicht.

Die **Juma-Moschee,** Ort des großen Freitagsgebets, liegt in Mkomani, ihr Vorbeter wird traditionellerweise aus den Familien dieses Stadtteils gewählt. Auch im historischen Stadtrat, der früher alle wichtigen Entscheidungen traf und aus dessen Mitte der Herrscher von Lamu gewählt wurde, waren **Zijoho,** die **Leute aus Mkomani,** tonangebend. Der Name Zijoho geht auf den goldbestickten Überwurf der Oman-Araber zurück, der heute nur noch zu außergewöhnlichen Anlässen getragen wird. Eine gewisse Verschiebung des religiösen und politischen Einflusses zwischen den beiden Stadtteilen hat sich durch den jemenitischstämmigen Geistlichen *Habib Swaleh* ergeben, der im 19. Jahrhundert von den Komoren nach Lamu übersiedelte, in Mlangoni lebte und dort die bedeutende Riyadah-Moschee gründete (s.u.).

Keine Frage, die **größte Sehenswürdigkeit** Lamus ist die **Altstadt,** deren intaktes Antlitz noch zu großen Teilen traditionell geprägt ist. Viele der zwei- und dreistöckigen Häuser stammen aus der ersten Hälfte des 19. Jahrhunderts oder sind sogar noch älter und entkamen dem Feuer Anfang der 1990er Jahre, als zahlreiche Gebäude zerstört wurden und vier Menschen ums Leben kamen. Gefahr erwächst dem Stadtbild von Lamu aber noch aus ganz anderer Richtung. Viele Besitzer nehmen Renovierungen und Änderungen an den alten Häusern mit Beton und Zementblöcken vor. Andererseits stehen viele Gebäude in Lamu leer, da den Eigentümern das Geld für den Unterhalt fehlt oder weil sie auf der Suche nach besseren Lebensbedingungen aufs Festland gezogen sind. So stößt man bei einem Rundgang durch die Altstadt auf Grundstücke mit den Ruinen verlassener Häuser, was die verwunschene Atmosphäre Lamus eher noch fördert. Papayabäume haben sich in den Mauerritzen der verwaisten Gebäude festgekrallt und strecken sich dem Licht entgegen. Andere Anwesen wurden von Europäern aufgekauft und in stilvolle Ferienwohnungen umgewandelt.

Die Stadt zieht sich in nord-südlicher Richtung am Ufer hin. Durch diese Ausrichtung werden die Gassen in der feucht-heißen Jahreszeit zwischen November und Februar von der angenehm kühlen Brise des Nordostmonsuns durchweht. Die **Gassen,** die in Richtung Meer hin abfallen, weisen kleine Rinnen auf, die *Maenda wa maji.* Sie fungieren als offenes Abwassersystem, welches Regen- und Schmutzwasser in die See leitet. Die **Hauptgasse** der Stadt, die **Usita wa Mui,** die offiziell Harambee Road heißt, markiert den ursprünglichen Verlauf des Kais. Erst im 19. Jahrhundert wurde durch die Aufschüttung des Strandstreifens Neuland für die Erweiterung der Stadt zum Meer hin gewonnen. Die **Uferpromenade,** die im Grunde parallel zur Usita wa Mui verläuft, wird **Kenyatta Avenue** genannt. Während in der Gasse alle möglichen Geschäfte anzutreffen sind – vom Stoffladen und Lebensmittelhändler über Werkstätten bis hin zum Souvenirshop – entstanden an der Seefront Repräsentativbauten für die Wohlhabenden von Lamu, aber auch für ausländische Firmen und Handelshäuser sowie ihre Gesandten. Heute finden sich hier einige Hotels und Restaurants sowie offizielle Gebäude, etwa das Lamu Museum (s.u.), die Post und die Büros der Distriktverwaltung.

Am Kai selbst herrscht bei Flut **reges Treiben.** Personenboote legen an und ab, Dhaus werden mit Korallenstein, geflochtenen Matten und Mangrovenholz beladen. Die Waren werden auf dem Rücken von Eseln heran- und hinweggeschafft. Abends verwandelt sich der Kai dann in die **Flaniermeile,** auf der sich die Bewohner Lamus zum Schwätzchen treffen. Vor der reich verzierten **Shiaithua-Asheri-Moschee** sitzen die alten Männer, schauen auf das Wasser hinaus, diskutieren die wenigen Ereignisse des Tages oder verfolgen eine Partie Dame, die auf einem bemalten Sperrholzbrett mit verschiedenfarbigen Kronenkorken ausgetragen wird. Die **Festung von Lamu** ist das auffälligste Gebäude der Stadt, das sich deshalb auch besonders als Orientierungs- und Ausgangspunkt für eine Erkundung des Gassengewirrs der Altstadt eignet. Es wurde bereits vor der Schlacht von Shela 1809 am südöstlichen

Rand von Mkomani begonnen und 1821 mit omanischer Hilfe vollendet. Das Bauwerk kann seine architektonischen Anleihen bei der portugiesischen und italienischen Festungsbaukunst nicht verbergen. Nach Fort Jesus in Mombasa stellt es immerhin das zweitgrößte derartige Fort in Kenia dar. In der Kolonialzeit wurde das Bollwerk in ein Gefängnis umgewandelt, bevor man es 1984 zum Nationalmonument erklärte und die National Museums of Kenya neuer Hausherr wurden. In der Folge restaurierte man das Gebäude von Grund auf, anschließend zogen u.a. eine **Bibliothek** und das **Lamu Fort Environment Museum,** ein meeres- und naturkundlich orientiertes Museum, ein (täglich 8–18 Uhr geöffnet, Eintritt: 500 Ksh). Zwei riesige Bäume beschatten die Piazza vor dem Fort, die Baumstämme sind von einladenden Bänken umgeben. Alte, verrostete Kanonen weisen drohend in Richtung Meer. Zusammen mit dem benachbarten **Markt,** auf dem Fisch, Obst und Gemüse feilgeboten werden, bilden Fort und Vorplatz so etwas wie das pulsierende Herz der Stadt.

An der nördlichen Seite des Forts liegt die **Pwani-Moschee,** die älteste der über 20 Moscheen von Lamu. Teile des Gebäudes, etwa die Gebetsnische, datieren aus dem Jahr 1370. Das zweitälteste erhaltene Gotteshaus ist die große Freitagsmoschee, die **Juma-Moschee** im nördlichen Teil der Altstadt, die zwischen 1511 und 1512 errichtet wurde. Die meisten Moscheen entstanden erst gegen Ende des 18. und in der ersten Hälfte des 19. Jahrhunderts, als Lamu in seiner vollen Blüte stand. Ein Betreten der Moscheen ist Frauen prinzipiell verboten, europäische Männer erhalten mit angemessener Kleidung vielleicht die Genehmigung für eine Besichtigung.

Lamu Museum

Lamu-Stadt besitzt vier Museen. Am lohnenswertesten ist wohl ein Besuch des Lamu Museum, das **an der Uferpromenade im ehemaligen Haus des britischen Konsuls** untergebracht ist. Das gegen Ende des 19. Jahrhunderts errichtete zweistöckige Gebäude gleicht von den Ausmaßen her schon fast einem Palast. Die Arkaden, der Frontbalkon

und einige andere Merkmale verraten die indischen Einflüsse. In den zahlreichen Zimmern ist eine umfangreiche Sammlung ausgestellt, die sich vorwiegend mit der Suaheli-Kultur beschäftigt. Direkt am Eingang passiert man eine große, bunte Karte der archäologischen Stätten des Lamu-Archipels und des benachbarten Küstenstreifens.

Vielleicht die schönste – und bekannteste – Ausdrucksform der Suaheli-Kultur stellen die **geschnitzten Haustüren** dar, die im gesamten geografischen Raum des Dhau-Handels verbreitet waren. Dementsprechend viele verschiedene Türformen lassen sich unterscheiden, wobei die ostafrikanischen Typen aus den drei Zentren Sansibar, Mombasa und Lamu als besonders prächtig gelten. Im Lamu Museum sind einige alte Exemplare ausgestellt. Genau genommen sind es die Türrahmen, die reich verziert wurden, während die eigentlichen Türen meist schlicht gehalten waren und als einzigen Schmuck mächtige Messingbeschläge trugen. In Sansibar haben nur noch vergleichsweise viele Exemplare der alten Holztüren die gesellschaftlichen und städtebaulichen Veränderungen, achtlose Zerstörung und Ausverkauf an Touristen überdauert. In Lamu sind es nur noch einige Dutzend, in Mombasa gar noch weniger. Es waren vor allem Händler und die Eigentümer von Schiffen, die die kunstvollen Türen bei Handwerkern in Auftrag gaben. Es ist daher nicht verwunderlich, dass sich viele der geschnitzten Motive auf die Seefahrt beziehen und Parallelen zur Schnitzkunst auftreten, die bei der Verzierung von Dhaus Anwendung fand. Die Auftraggeber ließen sich die Türen gemäß ihres Status und der Abkunft anfertigen. So lässt sich durchaus erkennen, ob der Eigentümer eines Hauses ein indischer Händler, ein arabischer Beamter oder ein Suaheli-Kaufmann war. Die ersten Hinweise auf geschnitzte Holztüren reichen bis ins 14. Jahrhundert zurück, doch die ältesten erhaltenen Exemplare entstammen dem Ende des 18. Jahrhunderts. Während der 200 Jahre portugiesischer Kontrolle an der Suaheli-Küste ging es den Handelsstädten vergleichsweise schlecht, und folgerichtig fehlen auch Zeugnisse der Türschnitzkunst aus dieser Zeit.

Im Museum steht eine bemerkenswerte Sammlung von **Silberschmuck.** Aufgrund unterschiedlicher Herkunft und der weitreichenden Handelsbeziehungen trugen die Frauen Lamus kunstvolle Schmuckstücke aus Oman, dem früheren Persien, dem Südjemen und aus Indien. Diese Länder lieferten auch die meisten Luxusartikel für die Oberschicht, z.B. erlesenes Geschirr und Glaswaren oder *Mrashi*, kleine (Silber-)Flacons, mit denen Rosenwasser verteilt wurde, um unangenehme Gerüche zu vertreiben. Auch Kobalt, das als Farbstoff für die Glasur von Tonwaren verwendet wurde, importierte man aus dem Mittleren Osten, weshalb es auch *Mohammedan* hieß. All diese Dinge wurden gegen Gold, Elfenbein und Getreide aus Afrika eingetauscht. Das **chinesische Porzellan,** das man im Museum bewundern kann, erreichte Lamu nicht auf direktem Wege, sondern über die Häfen Indiens. Es wurde vor allem für dekorative Zwecke verwendet, z.B. in Moscheen und als Verzierung von Gräbern angesehener Persönlichkeiten. Bei archäologischen Ausgrabungen kommt dem Fund von chinesischem Porzellan eine große Bedeutung zu, weil sich sein Herstellungsdatum – und damit auch das ungefähre Alter der Ruinen – sehr genau bestimmen lässt.

Im Obergeschoss des Museums werden weitere Aspekte der Suaheli-Kultur beleuchtet, darunter auch die Tradition der **Hennamalerei.** 2–3 Tage dauert es, um einer Braut kunstvolle Arabesken und Blumenornamente auf die Haut zu malen. Das Hennapulver wird mit Wasser und Zitronen- oder Tamarindensaft zu einer dicken Paste angerührt und dann mit kleinen Holzstäbchen auf die Haut aufgetragen. Damit der Farbstoff für mehrere Monate auf der Haut sichtbar bleibt, müssen mindestens 5–6 Schichten aufgetragen werden. Bis eine Lage getrocknet ist, vergehen 2–3 Stunden. Während dieser Zeit sitzt die Braut hinter einem großen Vorhang auf dem Bett, umgeben von Kindern und jungen Frauen, und streckt Beine und Arme geduldig den Dekorateuren entgegen. Bei Touristen werden die tattooartigen Verzierungen immer beliebter; für wenig Geld kann man sich von einheimischen Frauen ein beliebiges Muster auf die Haut malen lassen.

Im 1. Stock des Museums ist mit antiken Möbeln das **Schlafzimmer eines wohlhabenden Suaheli-Haushalts nachempfunden** worden. Die berühmten, himmelbettartigen Lamu-Betten mit ihren geschnitzten Holzpfeilern und den reich verzierten Baldachinen stammen ursprünglich aus Indien. Mit Palmwedeln fächelte man sich kühle Luft zu. Auch die geschnitzten Lamu-Truhen kommen ursprünglich aus Indien. Für Händler und Matrosen besaßen sie die Funktion eines Seesacks, in dem sie ihre Habseligkeiten sicher aufbewahren konnten.

Auch **traditionelle Suaheli-Trachten** sind im Museum ausgestellt. Einige der Kleidungsstücke kennt man bereits aus den Straßen Lamus, so etwa der **Kofia,** das reich bestickte Käppi, das häufig noch von einem Baumwoll- oder Seidenturban, dem **Kilemba,** umwickelt wurde, und der **Kanzu,** ein langes weißes Baumwollhemd. Nur zu besonderen Anlässen wurden und werden der **Mahayamu,** ein Seidengürtel, und die **Dschambiya,** der omanische Krummdolch, getragen. Alternativ zum Kanzu wurde von den Männern auch der **Kikoi** angezogen, ein grober, handgeweber Wickelrock, der unter anderen Namen im gesamten Raum des Indischen Ozeans über Südarabien und Indien bis nach Indonesien verbreitet ist. Demgegenüber wirkt die Straßenkleidung der Frauen, die aus einem schwarzen Überwurf, dem **Buibui,** besteht, ziemlich langweilig. Darunter – nur den Augen der eigenen Familie zugänglich – tragen sie bunte Kleidung.

Dem **Maulidi-Fest** von Lamu (s.u.) wird im Museum viel Raum gewidmet, aber leider sind die Erläuterungen etwas konfus. Dafür vermittelt einem die Ausstellung mit Abbildungen und Modellen einen Überblick über die verschiedenen **Dhautypen,** die im Laufe der Geschichte an der ostafrikanischen Küste zu sehen waren, und die diversen Arten des Fischfangs, die hier von alters her praktiziert werden. Doch die wertvollsten Exponate des Lamu Museum sind zwei riesige, mehr als 2 m lange **Siwas, Zeremonialhörner,** das eine aus Elfenbein geschnitzt, das andere in Messing gegossen, die Ende des 17. Jahrhunderts in Pate hergestellt wurden. Sie sind aus jeweils drei Einzelstücken zusammengesetzt

Lamu Town

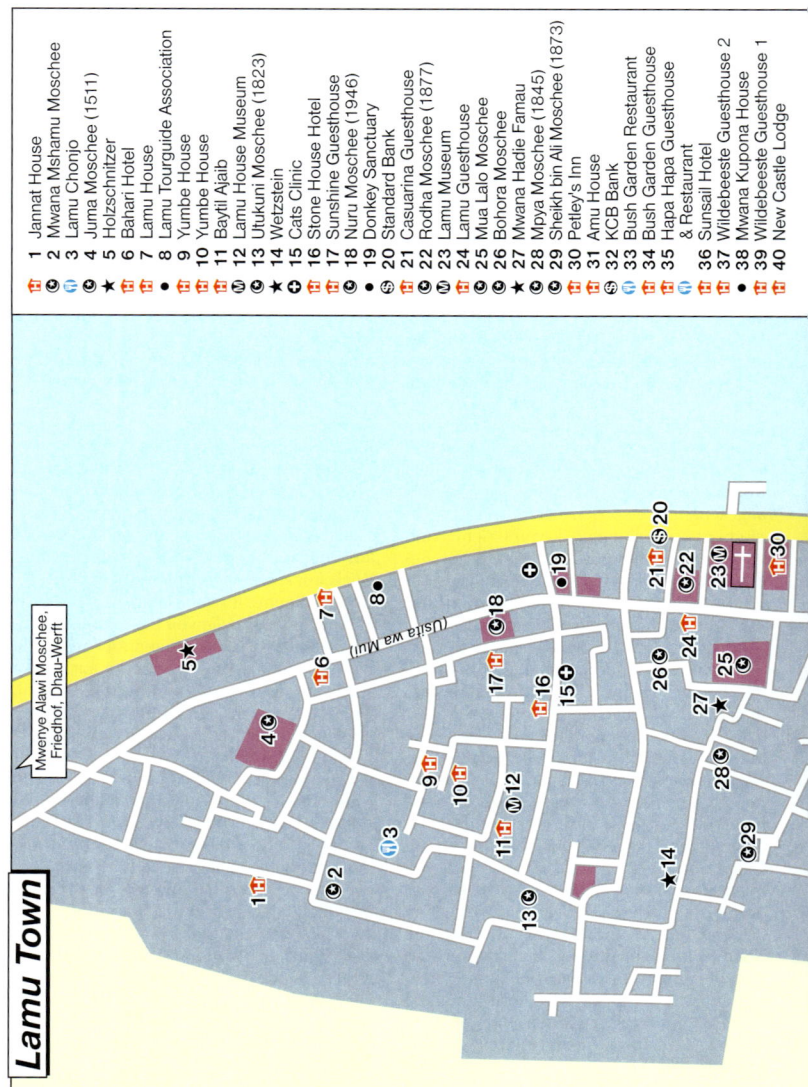

1 Jannat House
2 Mwana Mshamu Moschee
3 Lamu Chonjo
4 Juma Moschee (1511)
5 Holzschnitzer
6 Bahari Hotel
7 Lamu House
8 Lamu Tourguide Association
9 Yumbe House
10 Yumbe House
11 Baytil Ajaib
12 Lamu House Museum
13 Utukuni Moschee (1823)
14 Wetzstein
15 Cats Clinic
16 Stone House Hotel
17 Sunshine Guesthouse
18 Nuru Moschee (1946)
19 Donkey Sanctuary
20 Standard Bank
21 Casuarina Guesthouse
22 Rodha Moschee (1877)
23 Lamu Museum
24 Lamu Guesthouse
25 Mua Lalo Moschee
26 Bohora Moschee
27 Mwana Hadie Famau
28 Mpya Moschee (1845)
29 Sheikh bin Ali Moschee (1873)
30 Petley's Inn
31 Amu House
32 KCB Bank
33 Bush Garden Restaurant
34 Bush Garden Guesthouse
35 Hapa Hapa Guesthouse
   & Restaurant
36 Sunsail Hotel
37 Wildebeeste Guesthouse 2
38 Mwana Kupona House
39 Wildebeeste Guesthouse 1
40 New Castle Lodge

41 Pwani Moschee (1370)
42 Fort
43 Dc's Office & Immigration
44 Shiathua Asheri Moschee
45 German Post Museum
46 Nyebai Moschee
47 Polizei
48 Muslimische Akademie
49 Riyadha Moschee (1901)
50 Säulengrab
51 Polizei Kantine
52 Habib Swaloh's House
53 New Star Restaurant
54 Raharini Whispers
55 Air Kenya
56 Raskopu Moschee (1797)
57 Sultan's Palace Hotel
58 Archipelago Villas
59 Zam Zam Hotel

Ⓑ Bushaltestelle
✚ Krankenhaus
⊠ Post

100 m

INDISCHER OZEAN

Harambee Road

Markt

Shela/Shela Beach

und wurden bei staatlichen Anlässen, aber auch bei Beschneidungen und Hochzeiten in der Herrscherfamilie geblasen.

Außerdem gibt es im Museum eine kleine **ethnologische Sektion,** in welcher die Kultur und das handwerkliche Erbe von Pokomo und Boni, zwei Völkern, die im Küstenhinterland des Lamu District leben, beleuchtet werden. Die **Boni** zählen vermutlich zu den ältesten Völkern Kenias. Sie sprechen eine sehr ursprüngliche kuschitische Sprache und lebten noch bis in die jüngere Vergangenheit als Jäger und Sammler. Die **Pokomo** sind ein bevölkerungsreicheres Volk, das in Teilen durch den Einfluss der benachbarten Somalis islamisiert worden ist. Ihre Geschicklichkeit bei der Krokodiljagd mit langen Speeren ist legendär. Außerdem betreiben sie mit kunstvoll geflochtenen Reusen Fischfang, aber auch Ackerbau und Viehhaltung.

Für den Besuch des Museums sollte man sich mindestens einen Vor- bzw. Nachmittag Zeit nehmen. Das Haus ist **täglich von 8–18 Uhr geöffnet.** Residents zahlen 400 Ksh, deren Kinder 200 Ksh, Nonresidents 500 Ksh bzw. 250 Ksh.

Lamu Donkey Sanctuary

Lamu hätte den Beinamem „Insel der Esel" verdient, immerhin leben rund **3000 bis 4000** der **Huftiere** auf dem kleinen Eiland. Sie tragen den Hauptlast des Inselverkehrs auf ihrem Rücken. Dementsprechend wertvoll sind die Tiere für ihre Besitzer. Eine Stute bringt bis zu 12.000 Ksh, ein Hengst sogar bis zu 15.000 Ksh. Und: Keine Frage, ohne den Anblick der vielen Esel in der Altstadt ginge dem Flair von Lamu etwas verloren. Beim Spaziergang durch das Häusergewirr passiert man immer wieder herrenlose Tiere, die bewegungslos in einer Ecke stehen und mit hängendem Kopf über Stunden die Wand anstarren. Einige der Esel – auf Kisuaheli *Mpunda* – werden innerhalb der Stadt geboren und verlassen diese ihr Leben lang nicht. Nachts, wenn die Menschen schlafen gegangen sind, gehört die Stadt ihnen. Auf dem Vorplatz des Forts kommt dann eine kleine Herde von 6–10 Tieren zusammen, und man fragt sich unwillkürlich, ob sich die Tiere erzählen, was sie bei Tage in den Gassen als unbeachtete Beobachter gesehen und gehört haben. Die Stadtesel ernähren sich ausschließlich von herumfliegendem Papier und Karton, von Markt- und Küchenabfällen – die perfekte Anpassung an ihren urbanen Lebensraum. Bei Ebbe grasen die Tiere Algen und Seegras am Strand ab. Trotz dieser seltsamen Ernährungsweise sehen die meisten Esel auf Lamu gesund aus. Das war allerdings nicht immer so. Großen Verdienst daran trägt das **Lamu Donkey Sanctuary,** eine gemeinnützige Einrichtung, die in den 1980er Jahren von einer englischen Tierärztin gegründet wurde. Sie war vom Gesundheitszustand der meisten Esel derartig entsetzt, dass sie mit ihrem persönlichen Vermögen eine **Eselklinik** ins Leben rief, in welcher die Tiere kostenfrei behandelt werden. Neben Wurmkuren für die Insel-Esel betreibt das Sanctuary auch eine ambulante Praxis. Zum Sanctuary gehört eine **Aufzuchtstation für verwaiste Eselfohlen,** die vor dem Gebäude, direkt an der Uferpromenade liegt. Außerdem versucht die Klinik, durch Aufklärungsarbeit unter den Eselhaltern die Haltungsbedingungen der Tiere zu verbessern.

Das alles kostet natürlich einen guten Batzen Geld, Spenden von Besuchern sind daher willkommen. Für Besucher ist das Sanctuary **Mo. bis Fr. von 9–13 Uhr geöffnet.**

Swahili House Museum

Ein weitere Sehenswürdigkeit von Lamu ist das Swahili House Museum, das **täglich von 8–18 Uhr geöffnet** ist. Der Eintritt beträgt für Nonresidents 500 Ksh bzw. 250 Ksh ermäßigt, für Residents 400 bzw. 200 Ksh ermäßigt. Bei dem 1987 eröffneten Museum handelt es sich um ein typisches Suaheli-Haus des 18. Jahrhunderts, das einstmals von einer Familie aus der Mittelschicht bewohnt wurde (das Typische leidet etwas darunter, dass bei der Renovierung auch Beton verbaut wurde und keine der schönen alten Holztüren den Eingang ziert).

Hilfe für Esel: Lamu Donkey Sanctuary

Die architektonischen Parallelen zu den einige hundert Jahre älteren Hausruinen von Gede verraten, dass sich die Bauform an der Suaheli-Küste im Lauf der Geschichte weniger verändert hat, als man annehmen sollte. Die Breite der Zimmer ist von jeher durch die Länge der Mangrovenhölzer die für den Bau der Decke verwendet wurden, festgelegt. Aber auch die Raumaufteilung hat sich kaum verändert. Eine Besonderheit der Häuser von Lamu ist die eingelassene Nische in der Hauswand mit gegenüberliegenden **Steinbänken,** den sogenannten **Baraza,** die den Eingangsbereich bildete. Bis heute sieht man in der Altstadt von Lamu besonders in den Nachmittags- und Abendstunden palavernde Männer auf diesen Bänken sitzen. Daher auch der Name, der in Kisuaheli so viel wie „Versammlung" bedeutet.

Beim Betreten des Museums gelangt man in einen **Innenhof, Ukumbi,** auf dem die Frauen alle möglichen Hausarbeiten erledigten. Vom Hof hat man Zugang zu einem **Bad,** das für die Gäste bestimmt war und deshalb recht aufwendig mit dekorativen Stuckarbeiten geschmückt war. Eine Treppe führt in das obere Stockwerk, in dem sich das **Gästezimmer** (heute wird es vom Aufpasser bewohnt) und die **Küche** befanden. Die Küche deshalb, weil oben der Rauch der Feuerstelle besser abziehen konnte. Einige der üblichen Küchenutensilien eines Suaheli-Haushalts sind hier, andere im Lamu Museum ausgestellt. Dazu gehörten u.a. *Kinu,* also Mörser, die zum Schälen von Reis und zum Zerkleinern von Gewürzen und Kaffee gebraucht wurden, *Mbuzi* (Kisuaheli für „Ziege"), eine kleine Bank mit aufgesetztem Sägemesser, mit welcher die Kokosnüsse geöffnet wurden, und *Kisumbu,* aus Palmfaser geflochtene Taschen, die für das Auswaschen der geraspelten Kokosfasern gebraucht wurden. Hauptsächlich aßen die Suahelis Reis, es gab aber auch Brot. Der Backofen bestand aus einem mit Lehm isolierten Tontopf, in dem Feuer gemacht wurde. Man klebte die Teigflacen an

An der Küste

die heiße Innenwand, und wenn sie abfielen, war das Brot fertig. Für das Erhitzen von Wasch- und Spülwasser gab es Messingpötte, die Einsätze mit brennender Holzkohle besaßen. Wie alle anderen beschriebenen Gegenstände sie bis heute in Gebrauch. Das Trinkwasser wurde in großen Tontöpfen, *Nyungu,* aufbewahrt, in denen es durch Verdunstung angenehm kühl blieb. In Lamu beziehen auch jetzt noch viele Haushalte ihr Trinkwasser aus Brunnen und Zisternen, in denen von alters her Fische gehalten werden, um die Moskitolarven zu bekämpfen. Viele Häuser in Lamu haben auf den Flachdächern luftige Terrassen, die von Makutidächern beschattet werden. Gerade am Abend ist es wunderbar, dort oben zu sitzen und den Blick über die Dächer und die kühle Brise von der See zu genießen.

Der erste Raum im Erdgeschoss des Hauses, **Mwea ya kwanza,** war eine Mischung aus **Empfangs-, Wohn- und Essraum,** in dem auch die Söhne des Hausbesitzers in Wandnischen ihre Bettstatt hatten. Wegen seiner repräsentativen Funktion war der Raum mit Stuckarbeiten und Malereien ausgeschmückt. Es gab drei Farben, die lokal verfügbar waren und die einem überall im Museum ins Auge fallen: Das dunkle Braunrot wurde aus der Rinde der Mangrovenbäume hergestellt, Schwarz aus Holzkohle und Weiß aus Kalkstein. In zahlreichen kleinen Wandnischen, *Vidaka,* wurden Gefäße, Lampen und alle möglichen Kleinigkeiten aufbewahrt. In diesem Raum des Museums stehen auch alte Stühle mit Intarsienarbeiten, die bei Festlichkeiten hohen Gästen und bei Hochzeiten Braut und Bräutigam vorbehalten waren.

Zugang zu den anderen Räumen hatte man nur über dieses Durchgangszimmer, hinter dem der private Bereich des Hauses begann, der für Fremde tabu war. **Ndani** (Kisuaheli für „innen") war der **Schlafraum der Eltern,** in dem bisweilen auch die Töchter des Hauses schliefen, wenn sie kein eigenes Zimmer besaßen, das noch weiter im Innern des Hauses lag. Seine Schlichtheit rührte daher, dass die Mädchen ohnehin in sehr jungen Jahren verheiratet wurden und dann das elterliche Haus für immer verließen. Der Museumswärter erzählt einem beim Rundgang

Die Westentaschenkolonie Witu und die Wirren um ihr Postamt

Eine **skurrile Geschichte** ist die des ersten reichsdeutschen Postamts in Ostafrika, das von 1888 an für drei Jahre in Lamu eingerichtet wurde. Wie kam das Deutsche Reich überhaupt dazu, ausgerechnet in Lamu eine Poststelle zu eröffnen? Hintergrund war natürlich die Rivalität mit dem britischen Imperium beim Abstecken der Einflusssphären in der Region. Es war ein regelrechter Wettlauf um zukünftige Kolonien, d.h. um riesige Stücke Land, um Rohstoffquellen und Absatzmärkte für die eigene Industrie. Dieser hohe Einsatz konnte bereits die Eröffnung einer Poststation zu einem hoheitlichen Akt mit weitreichenden politischen Folgen machen.

Und die **Vorgeschichte?** Der Sultan von Witu – heute ein unbedeutendes Dorf, das man auf dem Landweg von Malindi nach Lamu durchquert – hatte den deutschen Brüdern *Clemens* und *Gustav Denhardt* am 8. April 1885 ein 25 Quadratmeilen großes Stück Land am Unterlauf des Tana-Flusses abgetreten. Das geschah nicht ohne Hintergedanken, denn mit diesem Deal war ein Anspruch Witus auf den Schutz durch das Deutsche Reich verbunden. Der Sultan hoffte so, seine Herrschaftsambitionen an der ostafrikanischen Küste gegen den Sultan von Sansibar durchsetzen zu können, der sich mit den Engländern verbündet hatte.

Zur Verwaltung der deutschen Mini-Kolonie wurde die **„Deutsche Witu-Gesellschaft"** mit Sitz in Lamu gegründet, damals bereits eine 15.000-Einwohner-Stadt mit vorzüglichen Handelsverbindungen, die auch von britischen Schiffen angelaufen wurde und pikanterweise zur Einflusssphäre des Sultans von Sansibar gehörte. Sollte Witu erschlossen werden, brauchte man eine verlässliche Postverbindung ins Mutterland, woran es bis dato gründlich haperte. Seit Großbritannien 1885 sein Konsulat in Lamu geschlossen hatte, liefen Postsendungen über den Zoll des Sultans von Sansibar, dessen Beamter vor Ort ein „Indier [war], der die europäische Schrift nicht lesen" konnte, so zumindest die schriftliche Klage von *Clemens Denhardt* gegenüber dem Reichspostministerium. Stein des Anstoßes war u.a. die unkonventionelle „Zustellungsart" dieses Mannes, der die Postsäcke einfach vor seinen Füßen ausschüttete und es dann den Umstehenden überließ, sich ihre Briefe herauszufischen, wobei auch immer einige Sendungen verschwanden. Am 22. November 1888 ließ das Deutsche Reich dieser Ungehörigkeit Taten folgen, *Kurt Toeppen*, Vertreter der Witu-Gesellschaft in Lamu, wurde als erster deutscher Postbeamter vor Ort vereidigt. Die Postprobleme waren damit allerdings noch keineswegs abgestempelt.

Das Deutsche Reich hatte nämlich noch gar keine eigene Reichspostdampferlinie, man war für den Transport der Sendungen also weiterhin auf die Schiffe des ungeliebten britischen Kontrahenten angewiesen. Nachdem der britische Konsul 1888 auf die Insel zurückkehrt war, wurden die Briefsäcke von den Kapitänen zunächst an das britische Konsulat ausgehändigt, welches sich herausnahm, diese bisweilen auch zu öffnen und durchzusehen. Toeppen verdächtigte den Vertreter der Imperial British East African Company, unmittelbarer wirtschaftlicher Konkurrent der Witu-Gesellschaft, hinter diesen Nadelstichen. Erzürnt schrieb er an die Muttergesellschaft in Berlin: „Herr Mackenzie [damals Vertreter der IBEA in Lamu] treibt die Sache nun so weit, dass er unsere Briefbeutel durch seinen Commis öffnen lässt; das ist doch das Stärkste, was man

leisten kann. Die Post ist gewissermaßen zum Zankapfel zwischen dem Britischen Vice-Konsulat und uns geworden, und wenn wir uns eine solche Behandlung von Mackenzie gefallen lassen, so blamieren wir uns hier unsterblich."

Bevor die Situation weiter eskalieren konnte, wurde die ganze Affäre auf ihr tatsächliches, unbedeutendes Maß zurückgestutzt. Am 1. Juli 1890 unterzeichneten das Britische Empire und das Deutsche Kaiserreich den **Helgoland-Sansibar-Vertrag.** Darin wurden den Deutschen Helgoland, der Caprivi-Zipfel in der Kolonie Deutsch-Südwestafrika, der einen Zugang zum Sambesi schuf, und der Küstenstreifen des heutigen Tansania zugeschlagen. Im Gegenzug verzichtete es zugunsten Englands auf Witu sowie auf Uganda, dessen Wirtschaftspotenzial die Deutschen völlig verkannten; auch alle Ansprüche auf Sansibar (das Deutschland entgegen einem weit verbreiteten Irrtum übrigens niemals besaß!) wurden fallen gelassen. Der Verhandlungsausgang veranlasste *Carl Peters,* den politischen Motor hinter der deutschen Kolonisierung von Ostafrika, zu dem sarkastischen Kommentar, dass man mit Uganda das wahrscheinlich reichste Königreich Ostafrikas „gegen eine Badewanne in der Nordsee" eingetauscht hatte.

Am 23. Juli 1890, nur drei Wochen nach Vertragsschluss, stach in Hamburg der erste Dampfer der Deutschen Ostafrika-Linie in See, nachdem die koloniale Postdampferverbindung im zweiten Anlauf endlich vom deutschen Parlament gebilligt worden war. Das Problem der englischen Beförderung gehörte also der Vergangenheit an, und Postmeister Toeppen konnte wohl endlich wieder ruhig schlafen. Was er dabei nicht bedacht haben mag: Ohne Witu brauchte man auch keine deutsche Post auf Lamu mehr, das Amt wurde folglich am 31. März 1891 geschlossen ...

durch das Gebäude noch weitergehende Details zur Wohnkultur an der Suaheli-Küste, sodass man für den Besuch des Museums schon eine gute Stunde einplanen kann.

Auf dem **Rückweg zum Fort** bietet es sich an, zwei kleineren Sehenswürdigkeiten der Altstadt einen Besuch abzustatten. Nicht weit von der Moschee Sheikh bin Ali, an einer Straßenecke am Ende eines langen Durchgangs, ist in Bodenhöhe ein viereckiger, bräunlich-rötlicher Stein eingemauert, der starke Abnutzungserscheinungen trägt. Es handelt sich dabei um einen uralten **Wetzstein**, an dem die Bewohner des Viertels ihre Klingen und Messer schärfen und der aus Oman stammen soll. Etwas weiter die Gasse hinunter befindet sich das einstmals verehrte **Grab von Mwana Hadie Famau,** einer, wenn man den Legenden glaubt, angesehenen Frau, die im 15. oder 16. Jahrhundert gelebt hat. Heutzutage ist die Grabstätte vernachlässigt und kaum mehr als ein von Pflanzen bewachsener, von Abfall gekrönter deformierter Steinhaufen, der teilweise abgetragen wurde, um einem Weg Platz zu machen. Aber mit etwas gutem Willen lässt sich noch die typische Grabform für respektierte Persönlichkeiten erkennen. An den vier Ecken muss vormals Porzellan eingemauert gewesen sein, das aber längst verschwunden ist. In der Mitte ist noch ansatzweise eine kuppelförmige Erhebung aus Korallenstein auszumachen.

German Post Office Museum

Wenn man der Hauptgasse vom Fort aus in Richtung Süden folgt, passiert man das Haus, in dem das **erste deutsche Postamt Ostafrikas** untergebracht war. Mit finanzieller Unterstützung der Bundesregierung wurde es renoviert und in ein kleines Museum umgewandelt. Ein Schild mit dem preußischen Reichsadler und der Aufschrift „German Post Office Museum Lamu" weist in der Hauptgasse der Stadt darauf hin. Die Außenansicht des Gebäudes aus dem vorigen Jahrhundert verspricht mehr, als die Ausstellung halten kann. Nachdem man die geschnitzte Lamu-Tür passiert hat, in deren Türstock u.a.

in arabischer Schrift der deutsche Name *Denhardt* verewigt ist, betritt man zwei kleine Räume, in denen der Arbeitsplatz und die Uniform eines kolonialen Postbeamten, einige historische Fotografien, kopierte Briefe, Auszüge des Sansibar-Helgoland-Vertrags sowie Briefmarken und Poststempel, die nur in Lamu verwendet wurden, ausgestellt sind. Erläuterungen sucht man vergebens, und so erscheint der Eintrittspreis von 500 Ksh, ermäßigt 250 Ksh (Nonresidents), und 400 Ksh, ermäßigt 200 Ksh (Residents), doch recht hoch. Das Museum ist **täglich von 7.30–18 Uhr geöffnet.**

Riyadah-Moschee, das Maulidi-Fest und der Heilige Habib Swaleh

Die **Riyadah-Moschee** steht im ärmlicheren **Stadtteil Mlangoni**. Das prächtige doppelstöckige Gebäude aus dem Jahr 1901 ist das ausladendste islamische Gotteshaus auf Lamu und wird von einem offenen Platz umgeben. Trotz ihres vergleichsweise geringen Alters besitzt die Moschee für die Muslime im gesamten ostafrikanischen Raum eine herausragende religiöse Bedeutung, denn ihr ist eine angesehene **islamische Akademie** angegliedert. Außerdem ist sie **Hauptschauplatz des berühmten Maulidi-Fests** von Lamu, der jährlichen Feierlichkeiten anlässlich des Geburtstags des Propheten Mohammed. Nach Ostafrika gelangte die Tradition wohl über arabische Händler, die sich an der Küste niederließen. Zum Maulidi-Fest kommen jedes Jahr **Tausende von Pilgern** aus den umliegenden Ländern nach Lamu, und jede Unterkunft ist zu dieser Zeit bis auf den letzten Platz ausgebucht. Es handelt sich um das wichtigste islamische Fest im westlichen Raum des Indischen Ozeans.

Seine Bedeutung verdankt das Maulidi von Lamu einem Mann, der als Heiliger verehrt wird: **Swaleh ibn Alwi Gamalileil** kam 1866 im Alter von 15 Jahren von der Inselgruppe der Komoren nach Lamu in den Haushalt seines Onkels. Möglicherweise entfloh er der harten Hand seines Vaters oder der Eifersucht seines Bruders, andere Quellen glauben zu wissen, dass er dringend eine medizinische Behandlung benötigte, und wieder andere sagen, er kam hierher, um unter seinem Onkel den Koran zu studieren. Diese Version ist durchaus plausibel, denn schon sehr bald wurde er für seine kunstvolle Rezitation des Heiligen Buchs der Muslime bekannt. Zuletzt respektierte ihn selbst der konservative, alteingesessene Bevölkerungsteil. Die Hadramis, also die jemenitischstämmige Bevölkerungsgruppe, nannten ihn **Habib** („Hochverehrter") oder **Sayid** („Herr", eine Anrede, die im Jemen normalerweise auf die Zugehörigkeit zur Familie des Propheten hinweist), die Suahelis sprachen von **Mwenye Mkuu** („Großer Herr").

Wie groß sein Einfluss als religiöse Autorität wurde, belegt die Tatsache, dass er in Lamu neue Elemente in das örtliche Maulidi einführte, die fast schon als revolutionär zu bezeichnen sind. Im Kern besteht das religiöse Fest aus der **Rezitation von Lobtexten auf den Propheten Mohammed,** zu der sich die Gemeinschaft der Gläubigen versammelt. Die Texte, teils Prosa, teils Poesie, sind im Verlauf der Jahrhunderte von verschiedenen Dichtern erschaffen worden. In seiner ursprünglichen Form wurden im Monat Rabi al Auual alle Prediger vom Regierenden Lamus in der Pwani-Moschee zusammengerufen, um den Maulidi zu eröffnen. Danach folgte ein ganzer Monat mit weiteren Feierlichkeiten. Innerhalb der islamischen Welt gibt es je nach Region und Glaubensrichtung sehr unterschiedliche Formen des Maulidi-Fests.

Habib Swaleh trat für eine sehr viel **liberalere Gestaltung** ein. Auch Laien sollten die Texte rezitieren dürfen. Vor allem aber führte er Musikinstrumente ein und machte die **Musik** so zu einem wichtigen Teil des Rituals in der Moschee, was im Islam ansonsten verpönt ist.

Später gründete Habib Swaleh die **Riyadah-Moschee,** die früher Dari ya Mchanga, „Sandhaus", genannt wurde. Vielleicht kommen in diesem Name das Misstrauen und die Verachtung der konservativen Alteingesessenen gegenüber den Neuerungen eines von den Komoren dahergelaufenen Arabers zum Ausdruck. Seit jeher finanziert sich die Moschee über Spenden aus Südafrika und verschiedener arabischer Länder. Habib Swaleh wurde auf dem Friedhof im Süden von Lamu begraben. Sein **Grab** ist ein **Wallfahrtsort,** im Rahmen des Maulidi-Fests statten ihm religiöse Prozessionen einen Besuch ab. Das ehemalige, eher unauffällige **Wohnhaus von Habib Swaleh** liegt an der Nordostseite des Platzes, auf dem die Riyadah-Moschee steht.

Neben seinem religiösen Charakter besitzt das Maulidi auch viel von einem **Volksfest.** Es werden religiöse **Tänze** verschiedener ethnischer Gruppen aufgeführt. Die Stock- und Schwerttänze tragen durchaus Züge eines Wettkampfs und sind deshalb bei Publikum, Pilgern und Insulanern besonders beliebt. Tatsächlich sollen die Tänze eingeführt worden sein, um die vielen Gäste zu unterhalten, so auch der **Uta,** der Kokosnusskletterertanz, den die Tänzer mit Rasseln an den Beinen während der Maulidi vor Swalehs Haus aufführen.

Einige hundert Meter westlich der Riyadah-Moschee liegt das **Mnara-Säulengrab,** welches auf das 14. oder 15. Jahrhundert datiert wird. Es ist das einzige (erhaltene) Säulengrab auf Lamu. Vom Grab selbst ist nur noch die gemeißelte, vielleicht 3,5 m hohe, fein gerippte Korallensteinsäule erhalten, die mit bedenklicher Schlagseite im ungepflegten Vorgarten eines ärmlichen Hauses steht. Das eigentliche Grab, das vermutlich mit Porzellan geschmückt war, ist verschwunden.

Unterkunft

Die Preise für Unterkünfte in Lamu steigen und fallen – abhängig von der Gästeflut bzw -ebbe – schneller als der Meeresspiegel. Die hier angegebenen Tarife sind nur als ein mittlerer Pegelstand anzusehen. Andererseits hat man in Lamu stärker als in den klassischen Touristenorten die Möglichkeit, mit den Hotelbesitzern über die Preisfrage zu reden, und praktisch **überall,** außer in den billigsten Unterkünften, **sind Nachlässe drin,** vor allem dann, wenn man sich in einem Guesthouse gleich für längere Zeit einquartiert. Im Dezember und Januar, im Juli und August und natürlich zur Zeit des Maulidi-Fests kann man Probleme haben, in Lamu eine Unterkunft zu finden – eine Reservierung ist dann angebracht.

An der Küste

Das Leben geht in Lamu im Allgemeinen einen gemächlichen Gang. Für Touristen ein Stressfaktor sind jedoch die **vielen Schlepper,** die Neuankömmlinge am Pier von Lamu erwarten und dann zu einem der Guesthouses in der Stadt führen wollen. Das unkomplizierteste Prozedere ist, einem von ihnen den Auftrag zu geben, bei der Zimmersuche behilflich zu sein, dann hat man vor den anderen Ruhe. Außerdem fällt es mit dem ortskundigen Begleiter wesentlich leichter, ein bestimmtes Guesthouse in dem Gassengewirr gezielt anzusteuern und so schnell wie möglich das Gepäck loszuwerden. Zwischen den meisten Guesthouses und den Schleppern besteht ein Deal bzgl. der Kommission, sodass Sie Ihren Helfer in der Regel nicht bezahlen müssen. Allerdings gibt es einige Unterkünfte, die sich an diesem System nicht beteiligen.

Oberklasse-Hotels:
●**Lamu House**
Tel. 042/633491, Mobil: 0733/625399, www.lamuhouse.com; 150/200 Euro BB, nach drei Tagen Aufenthalt Nachlässe. Es ist ein Privileg, in einem der 10 individuell gestalteten Zimmer des Lamu House unterzukommen. Der Eigentümer – ein Architekt – hat lange an der Renovierung und der Inneneinrichtung getüftelt, aber er wusste, was er tat. Das Ergebnis ist stilvollendet und lässt keine Wünsche an den Komfort offen. 2 Pools und zahllose Terrassen. Großartige Küche. Das Lamu House hat ein Speedboot und zwei eigene Dhaus und bietet auch Dhau-Safaris an. Preise auf Anfrage. Im Vorderhaus an der Promenade unterhält das Lamu House zudem einen Coffeeshop mit Menü à la carte, der ebenso vollendet ist.
●**Baytil Ajaib**
Tel. 042/632033, www.chicretreats.com und www.eihr.com. Eine der drei exklusivsten und geschmackvollsten Unterkünfte in Lamu mit nur zwei Apartments und zwei Suiten. Die Besitzer haben viel Liebe und Geld investiert, um aus dem alten Haus eine charmante Unterkunft für Gäste mit kulturellem Interesse zu machen, die hohen Ansprüchen an Komfort und Intimität gerecht wird. Preise auf Anfrage.

●**Wildebeeste Guesthouse 1**
Tel. 042/632261, www.wildebeeste.com; HS: 4000 bzw. 5000 Ksh, LS: 3000 Ksh. Die Wohnungen im Haupthaus des Guesthouse, das einer amerikanischen Künstlerin gehört, sind etwas für Leute mit größerer Reisekasse, was an dem ganz besonderen Charme dieser Unterkunft natürlich nichts ändert. Das alte Haus ist liebevoll restauriert worden und mit viel Fantasie und Geschmack eingerichtet. In dem Gewirr von Zimmern auf verschiedenen Ebenen, die über schmale Treppen verbunden sind, kann man sich regelrecht verlaufen – eine spannende Entdeckungstour, denn immer wieder öffnen sich Durchbrüche. Eine Palme wächst durch die Decke, die oberen Zimmer sind völlig offen gebaut. Dieser Zauberpalast ist eigentlich ein Privathaus, dessen zwei ausgestattete Wohnungen für jeweils 4 Personen ohne alle Türen praktisch nur über die Treppen voneinander getrennt sind. Im Erdgeschoss befindet sich eine Künstlerwerkstatt. Wer für so etwas eine Ader hat: magisch! Mein Favorit, der jeden einzelnen der vielen Shillinge wert ist.

Mittelklasse-Hotels:
●**Sultan's Palace** (ehemals Palace Hotel)
Tel. 042/633272 und 633164, palacekey@africaonline.co.ke; R: 5600 Ksh DB SC BB, NR: 45/70 US$ SC BB, akzeptiert werden VISA und MasterCard. Alle Zimmer haben AC, die Doppelzimmer sind von der Größe her in Ordnung, aber wegen der winzigen Fenster stickig. Die Einzel haben ein großes Bett, teilen sich aber die Badezimmer miteinander, was in dieser Preisklasse eigentlich nicht akzeptabel ist. Das Sultan's Palace verdient vor allem deshalb Erwähnung, weil es mit dem Petley's Inn das einzige Hotel in Lamu Town mit Bierausschank ist. Restaurant auf der Dachterrasse.
●**Petley's Inn**
Anschrift wie Sultan's Palace; 70/90 Ksh SC BB, mit Meeresblick 85/120 US$ BB, Junior Suite: 105/160 US$ BB; auf dem Dach großartiges Penthouse für bis zu 5 Leute zu 95/140 US$. Das Petley's soll angeblich das älteste Hotel Lamus sein, jedenfalls ist es stimmungsvoller als das Schwesterhotel Sultan's Palace. Die Zimmer sind sehr sauber, die Ein-

zelzimmer allerdings arg klein, wohingegen die Doppelzimmer zur Seefront hin über eine eigene Veranda verfügen. Air Condition. Zur Promenade gibt es eine Terrasse, im 1. Stock einen kleinen Swimmingpool, auf dem kühlen Dach eine Bar mit gemütlichen Lamu-Betten – und kaltem Bier. In Lamu Town wird hier meist als letztes geschlossen.

●Amu House

Tel./Fax 042/633420; LS: 1700/2300 Ksh BB, HS: 2200/2800 Ksh BB. Das Haus, das dem gleichen amerikanischen Besitzer gehört wie das Shela Beach, ist sehr sauber, die Zimmer sind von der Größe her in Ordnung. Wer länger bleiben will, erhält beträchtliche Preisnachlässe. Das Amu House besitzt eine schöne Dachterrasse, die Zimmer sind im Suaheli-Stil möbliert, und auch in der Küche wird die lokale Tradition gepflegt. Das Haus stammt übrigens aus dem 17. Jahrhundert und wurde liebevoll mit den traditionellen Gipsarbeiten restauriert.

●Jannat House

Tel. 042/633414, jannathouse@swiftmalindi.com; LS: 25/43 US$, HS: 44/77 US$ BB SC. Der Name heißt nichts anderes als Paradies – und es sind wirklich nette Zimmer, einige auch mit Balkon, für die die Preise sehr fair sind! Mit Bar, eigenem Restaurant (Curries, Salate, Suppen) und schöner Dachterrasse. Bietet auch Dhau- und Schnorchel-Trips für 2400 Ksh an. Mit Swimmingpool.

●Wildebeeste Guesthouse 2

Anschrift unter Wildebeeste Guesthouse 1, s.o. Alles, was oben bereits zum Haupthaus geschrieben wurde, trifft im Grunde auch für Nummer 2 zu. Hier ist die einmalige Atmosphäre – zumindest in den beiden Wohnungen im Erdgeschoss und in der 1. Etage mit 2 Betten – bereits für 1800 Ksh SC/HS und 1000 Ksh SC/LS zu haben. Die beiden wunderschönen Dachwohnungen mit 4 Betten kosten je nach Saison zwischen 1500 Ksh und 3000 Ksh.

●Stone House Hotel

Tel. 042/633544, Mobil: 0722/528377, www.stonehousehotellamu.com; Buchungen auch über Tel./Fax 020/4446384; Preise auf Anfrage. Der Transport von und zum Flughafen ist im Preis inbegriffen. Die drei gängigsten Kreditkarten Master, Euro und VISA werden ak-

zeptiert. Was Zimmer- und Bettengröße betrifft, kann man in den Einzelzimmern gut zu zweit, im Doppel auch zu dritt schlafen. Die Zimmer sind ganz nett, die weiter oben deutlich luftiger. Die Türbalken sind teilweise extrem niedrig! Von der Dachterrasse, auf der sich auch das Restaurant des Hotels befindet, hat man einen schönen Blick über die Dächer der Altstadt, auf das Wasser und hinüber nach Manda Island.

●Yumbe House

Tel. 042/633101, Mobil: 0735/385194 und 0723/495920, mmaawiy@gmail.com; LS: 1800/2100/2900 Ksh SC BB, HS: 2200/2950/4320 Ksh SC BB. Das Haupthaus besitzt einen wunderbaren Innenhof, eine wahre Oase der Ruhe. Die Zimmer verfügen sogar über eigenen Kühlschrank, aus der Dusche kommt allerdings nur kaltes Wasser, und die Einzelzimmer sind ziemlich klein. Die Räume direkt unter dem Dach heizen sich bei praller Sonne unerträglich auf. Im Haus gegenüber gibt's nochmals 12 Räume mit ähnlichem Standard.

●Sun Sail Hotel

Tel. 042/6332065 und 6332077; HS: 2000/3000/3500 Ksh SC BB, LS: 800/1000/1200 Ksh BB. Die 18 Zimmer mit Ventilator und Moskitonetz in dem (angeblich) 200 Jahre alten Haus sind nach internationalen Städten benannt, haben angenehm hohe Decken und sind ausgesprochen sauber. Aber lediglich die Räume an der Seefront mit der schönen Veranda sind ihr Geld wert. Die übrigen Zimmer sind nichts Besonderes, einige sind sogar stockig. Es gibt nur kalte Duschen.

●Lamu-Archipelago Villa

Tel. 042/633247; HS: 1000/1500 Ksh SC BB. Die Zimmer sind recht groß und luftig, einige der Doppelzimmer besitzen sogar eine Badewanne, und zur Wasserseite hin gibt es eine schöne Terrasse, von der man gemütlich das Treiben auf der Mole beobachten kann. Die Preise sind angemessen, auch wenn der Eingang nicht sehr einladend wirkt.

●Sunshine Guesthouse

Tel. 042/633087; HS: 900/1200 Ksh SC, LS: 300/600 Ksh SC. Über eine urige Treppe erreicht man im 1. Stock die Eingangstür des Guesthouse, das direkt hinter der 1946 erbauten Nuru-Moschee liegt. Es ist nicht die feinste Adresse Lamus, und die Preise für die Hochsaison erscheinen für das Gebotene wie ein Witz. Der Nebensaisonpreis ist da schon angemessener. Allerdings betonte der Housekeeper, dass „alles verhandelbar" sei ...

●Bahari Hotel

Tel. 042/633172, Mobil: 0721/903835; LS: 1000/1500/2000 Ksh BB, HS: 1500/2000/2500 Ksh BB. Die Zimmer sind modern eingerichtet, verfügen über Kühlschrank, Ventilator, kaltes und warmes Wasser sowie Moskitonetze, die Zimmer zur Seeseite haben auch eine hübsche Aussicht. Aber das Hotel ist ein langweiliger Neubau, dem man ein altes Mäntelchen umgehängt hat. Essen gibt es auf Vorbestellung.

Preiswerte Unterkünfte:
●Casuarina Guesthouse

Tel. 042/633123, Mobil: 0721/840235; HS: 500/1200 Ksh NSC, 1500 Ksh SC BO. Lediglich 2 Zimmer besitzen ihr eigenes Bad, die anderen Räume teilen sich die sanitären Anlagen, alle haben jedoch Ventilator und Mos-

kitonetze. Schöne Dachterrasse! Das Haus könnte etwas sauberer sein. Gesamtnote: ok. Da auch hier die Räume sehr unterschiedlich ausfallen, sollte man sich ruhig erst mal alle ansehen und dann entscheiden.

●Hapa Hapa Guesthouse

HS: 600/1300 Ksh BB NSC, LS: 400/900 Ksh BB NSC. Saubere Unterkunft mit Ventilator und Moskitonetzen. Die Zimmer im 1. Stock zur Seefront hin sind erwähnenswert geräumig und besitzen eine nette Atmosphäre.

●New Castle Lodge

Mobil: 0722/355240; 300/500 Ksh DB NSC (LS/HS), 500/700 Ksh DB SC (LS/HS). Einfaches, sauberes zentrales Guesthouse. Nicht alle Räume haben Ventilator, sind aber mit Moskitonetzen ausgestattet.

●Lamu Guesthouse

Tel. 042/633338; LS: 800/1200/1500 Ksh BO, HS: 1000/1500/2250 Ksh BO, die Low-Season-Tarife sind „negotiable". Das Haus ist alt und einfach, dabei aber sauber und nett. Die oberen Zimmer ohne Ventilator würde ich in der heißen Jahreszeit meiden. Nicht al-

ken027 Foto: hf

le Räume haben ein eigenes Bad. Das Preis-Leistungsverhältnis ist in Ordnung!

●**Paradise Guesthouse**

Direkt am Bootssteg, neben dem Petley's, die hinterste Tür in dem Sackgässchen rechts neben dem Petley's; 800 Ksh DB. Schöne Suaheli-Betten mit Moskitonetzen, Zimmer mit eigenem Bad, eine kleine, gut ausgestattete Küche und eine herrliche Dachterrasse. Ein eigenes Türvorhängeschloss ist empfehlenswert, es gab schon unaufgeklärte Diebstähle.

●**Sea- (oder C-) House**

In der Harambee Rd., kurz vor dem Platz am Fort, direkt gegenüber von Ali King's Laden, in dem man am besten nachfragt. 1000 Ksh für ein sehr großes Doppelzimmer mit Moskitonetzen, großem Bad und Ventilator. Die kleineren Zimmer teilen sich ein Bad. Offene Gemeinschaftsküche, viele Pflanzen. Das Haus ist verwinkelt und um einen Minihof gebaut.

●**Weitere günstige Zimmer** gibt es im **Bush Garden** (Tel. 042/633315), das zum gleichnamigen Restaurant gehört. Es besitzt eine schöne Veranda, die Zimmer sind hinsichtlich der Größe aber sehr unterschiedlich, sodass man sich unbedingt mehrere zeigen lassen sollte. Ferner ist eine Küche vorhanden, die man mitbenutzen kann. Das Haus besitzt eine angenehme Atmosphäre.

Essen und Trinken

Die meisten der etwas besseren **Guesthouses und Hotels** haben ein eigenes Restaurant oder zumindest werden auf Vorbestellung warme Speisen zubereitet. Daneben gibt es eine große Zahl an **Restaurants,** in denen man reichlich und preiswert essen kann. Sie liegen fast ausnahmslos an der Hafenpromenade oder an der Hauptgasse, der Usita wa Mui. Besonders empfehlenswert sind Fischgerichte und Fruchtshakes.

Zu den einfachen, aber bewährten Restaurants mit guten Fischgerichten, Spaghetti, Huhn etc. zählen das **Bush Gardens** und das

Hapa Hapa (besonders gute Shakes, z.B. der California-Shake), die bei Budget-Travellern zu den beliebtesten der Stadt zählen. Das Essen schmeckt, ist reichhaltig und preisgünstig. Die Atmosphäre ist gelassen, man kann hier auch einfach nur einen Drink zu sich nehmen, Backgammon spielen, Tagebuch schreiben oder das Treiben auf der Uferpromenade beobachten. Das Einzige, was bisweilen nervt, sind die vielen Fliegen.

Im **New Makereha Café** unter dem Vordach des Forts sitzt man schön kühl und genießt den perfekten Ausblick über den belebten Vorplatz, es gibt Milchshakes und Kaffee sowie Snacks.

Über das **New Star** hört man unterschiedliche Meinungen, anscheinend schwankt die Tagesform des Kochs, aber nach eigener Anschauung kann ich sagen: Ist einen Versuch wert. Ebenfalls preisgünstig und schmackhaft isst man im **Zam Zam,** auf Touris zugeschnittene Gerichte sucht man hier vergebens.

Eine empfehlenswerte Bar/Restaurant mit Grill, Billardtisch und Sat-TV ist das **Zion's Entertainment** dank guter Steaks und kalter Getränke.

Im **Petley's Inn** mit seiner kühlen Dachterrasse und im **Sultan's Palace** werden gute Meeresfrüchte serviert, aber auch Rechnungen, die höher ausfallen als bei den vorgenannten Restaurants.

Die kulinarischen Höhepunkte sind für mich aber das **Coffee House des Lamu House** und vor allem das **Baharini Whispers,** das in einem kleinen Hinterhof liegt – eine grüne Oase mit Bananenstauden inmitten der engen Stadt, in der Eis, Obstsalat, Kaffee, Sorbets, frische Säfte, Suppen, Wein und vor allem reichlich Ruhe serviert werden. Ein drittes außergewöhnliches (Internet-)Café befindet sich im grünen Innenhof des Büros von **Lamu Chonjo,** einer kleinen Organisation, die eine Zeitschrift herausgibt und sich für den Umweltschutz auf Lamu einsetzt.

Flüge

Die **Fähre von der Flughafen-Insel** hinüber nach Lamu kostet 100 Ksh, die letzte verlässt Manda normalerweise um 16 Uhr, wenn der letzte Flug des Tages rausgegangen ist.

Segel-Dhaus – immer noch
Haupttransportmittel im Archipel

An der Küste

Wer von Lamu abfliegt, muss wie bei allen Inlandsflügen eine Airport Tax von 200 Ksh bezahlen, die im Ticketpreis nicht enthalten ist.

Fluglinien:
- **Kenya Airways**
Tickets erhält man im Office rechts neben dem Museum; Tel. 042/632040. Kenya Airways unterhält eine tägliche Flugverbindung von Nairobi über Malindi nach Lamu.
- **Air Kenya**
Baraka House, Tel. 042/633445. Air Kenya bedient von Lamu aus täglich Malindi, Kiwayu (55 US$) nahe der somalischen Grenze und Nairobi.
- **Safarlink**
Casuarina Guesthouse, Kenyatta Rd., Tel. 042/632211, Mobil: 0722/221157.
- Auch **Fly540.com** fliegt von Lamu nach Nairobi. Man bucht am besten über das Internet.

Busse

Die Busfahrt **von Mokowe**, dem Ort am Festland gegenüber von Lamu Island, über Malindi **nach Mombasa** dauert 7 ermüdende Stunden. Die Busgesellschaften fahren zur gleichen Uhrzeit von Mokowe nach Mombasa ab, nämlich morgens um 7 Uhr. Das Boot verlässt rechtzeitig um 6.30 Uhr den Pier von Lamu Town. U.a. bedienen folgende Busse Malindi: Tahmweed Bus (Office beim White Star Restaurant) und Falcon Coach (gegenüber vom Air Kenya Office). Alle Bus-Büros liegen auf der Harambee Rd.

Schiffe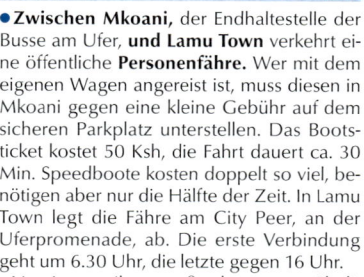

- **Zwischen Mkoani,** der Endhaltestelle der Busse am Ufer, **und Lamu Town** verkehrt eine öffentliche **Personenfähre.** Wer mit dem eigenen Wagen angereist ist, muss diesen in Mkoani gegen eine kleine Gebühr auf dem sicheren Parkplatz unterstellen. Das Bootsticket kostet 50 Ksh, die Fahrt dauert ca. 30 Min. Speedboote kosten doppelt so viel, benötigen aber nur die Hälfte der Zeit. In Lamu Town legt die Fähre am City Peer, an der Uferpromenade, ab. Die erste Verbindung geht um 6.30 Uhr, die letzte gegen 16 Uhr.
- Von Lamu gibt es außerdem matatuähnliche **Bootsverbindungen nach Manda** (der

Flughafeninsel), **Shela** (mehrmals täglich, 50 Ksh, als Privatboot für 300 Ksh unter Segeln sowie 500 Ksh mit Außenbootmotor) sowie nach **Pate Island** (Mo., Mi. und Fr., Rückfahrt jeweils am darauffolgenden Tag, 4 Stunden, 250 Ksh) mit den Stopps Mtangawanda und Faza.

Banken

Es gibt **zwei Banken** auf Lamu, beide an der Hafenfront. Öffnungszeiten: Mo. bis Fr. 9–15 und Sa. 9–11 Uhr. Die KCB akzeptiert auch Kreditkarten.

Internet

Einen ganz guten **Cybershop** gibt es auf der Harambee Rd. in der Nähe des Deutschen Postmuseums. Insgesamt muss man konstatieren: Internet gehört auf Lamu noch nicht in dem Maße zum Alltag wie anderswo in Kenia.

Nachtleben

- Es gibt in Lamu nur fünf Plätze, an denen (offiziell) **Alkohol** ausgeschenkt wird, nämlich im **Petley's Inn** und im **Palace Hotel,** im **Civil Servants Club** im Stadtteil Mlangoni, abseits des Weges nach Shela (Fr. Disco), in der **Polizeikantine** (Sa. Disco) und im **Manda Beach Club.** Manchmal ist die Bierlieferung vom Festland für einige Tage überfällig, dann steigt die Nervosität der Beamten und Angestellten aus dem Hochland, von denen viele Lamu ohnehin schon als Strafposten empfinden. Afrikanisches Nachleben – Bars und Nyama-Choma-Läden – sucht man auf Lamu vergeblich.
- Bei den jungen Schiffscrews von Lamu steigt die Unruhe hingegen, je runder der Mond wird. Es wird Feuerholz besorgt, Getränke und Batterien für den Kassettenrecorder. In der **Vollmondnacht** fahren dann meist ein paar kleine Dhaus mit Einheimischen und einigen Touristen hinüber zum Strand von Manda, um dort zu grillen und zu feiern. Wer noch keine Mitfahrgelegenheit hat, kann sich unten am Kai umhören, wer hinüberfährt. Es ist fast schon kitschig, wenn die Dhau dann im silbernen Mondschein lautlos über das Wasser gleitet. Drüben sitzt man unter dem sternenklaren tropischen

Nachthimmel zusammen am Lagerfeuer und erzählt sich alles mögliche, die Grenzen zwischen Kunde und Skipper, zwischen Touristen und Einheimischen beginnen zu verwischen, und wer neugierig ist, erfährt einiges über das Leben der Jungs von Lamu – und das ist spannender als eine durchschnittliche Disco-Nacht.

● **Manda Beach Club**
Wie das Sultan's Palace und das Petley's gehört der Beach Club zur Paradise-Hotelkette des Münchners *Josef Brunnlehner*. Man kann sich darüber streiten, ob eine lärmende Disco mit Lasershow in Lamu angebracht oder gar nötig ist. Bisher wenigstens kamen die Touristen wegen der Ruhe und Ursprünglichkeit auf die Inseln und nicht auf der Suche nach einem ausschweifenden Nachtleben. Im Beach Club kann man aber auch Wassersport und andere Aktivitäten betreiben, wie Windsurfen (800 Ksh pro Std.), Beachvolleyball, Darts, Wasserski (3000 Ksh pro Std.), oder sich am schönen Sandstrand sonnen, etwas essen oder einen Drink zu sich nehmen. Vom Sultan's Palace Hotel wird ein Boot-Shuttle-Service hinüber nach Manda angeboten, der für Gäste des Hauses, also auch jene aus dem Petley's Inn, kostenlos ist. Alle anderen zahlen 100 Ksh.

Notfall

Lamu besitzt ein erstaunlich **modernes Krankenhaus,** die einzige nennenswerte medizinische Versorgungsstation im großen Umkreis, in der bisher auch ein europäischer Arzt gearbeitet hat.

Sport und Aktivitäten

● Die einzige Möglichkeit, in Lamu zu **tauchen,** geht **über das Peponi Hotel** (s.u., „Shela"). Nur während der Zeit des Nordostpassats, des Kaskazi (also von November bis März), gibt es eine befriediger de Sicht unter Wasser. Während des Kuzi oder Südostpassats hingegen gelangt das trübe Wasser des Tana River mit Strömungen bis hoch nach Lamu, die Sicht unter Wasser tendiert dann gegen Null.
● Sowohl der **Manda Beach Club** als auch das **Peponi Hotel** bieten **Wassersportmöglichkeiten** an, darunter auch Surfboards. Wer

Wellenreiter ist und sein eigenes Board mitbringt, findet am Strand von Shela in den Monaten Juli bis Oktober in der Regel gute Surfbedingungen vor.

Einkaufen

Wer in Lamu **Souvenirs** sucht, wird sicherlich fündig – wenn er nicht schon zuvor von den vielen fliegenden Schmuckhändlern gefunden wird, die auf der Hafenpromenade unterwegs sind. Sie verkaufen ganz hübschen **Ethno- und Silberschmuck,** Handeln ist Pflichtübung. Auch die normalen Andenkenläden verkaufen Schmuck. Auf der Usita wa Mui gibt es einen richtigen **Silberschmied,** *Slim Silversmith,* der auch Kundenaufträge nach Wunsch ausführt. Gut sortiert und einen kurzen Besuch wert ist **Gypsies** auf dem südlichen Teil der Hafenpromenade.

Typischere Reiseandenken sind jedoch die **Nachbauten von Lamu-Möbeln, Kleine Dhau-Modelle** und etwas kläglich – wenn man die Originale gesehen hat – **Nachbildungen der Siwa-Hörner.**

Lebensmittel erhält man in den zahlreichen Dukas auf der Usita wa Mui, die überraschend gut bestückt sind, **Frischware** wie Obst und Gemüse werden auf dem Markt am Fort gehandelt.

Ausflüge mit einer Dhau

Fast schon Pflicht ist eine Dhaufahrt durch die wunderbare Inselwelt mit ihren Ruinen, ungestörten Sandstränden, den Riffen und Mangrovenwäldern. Wer das Farbenspiel von gleißendem Segel, gelbem Sand, knatschigem Mangrovengrün und türkisblauem Wasser nicht erlebt hat, wer nicht versucht hat, auf der *Mtenga,* der Holzplanke, zu balancieren, die die Bootsmannschaften als Trapezersatz verwenden, und wer nicht mitgefiebert hat, wenn sich die Dhaus am späten Nachmittag ein Wettrennen zurück zur Stadt liefern und die Kapitäne mit kleinen Tricks versuchen, ihr Boot schneller zu machen, um einen Vorsprung rauszufahren oder einzuholen – ja, der war einfach nicht in Lamu. Solch ein Bootstrip ist unglaublich **entspannend:** Das Holzschiff zieht gemächlich, mit einem leisen Gurgeln, dahin, man unterhält sich mit der Crew und erfährt so viel über das Leben

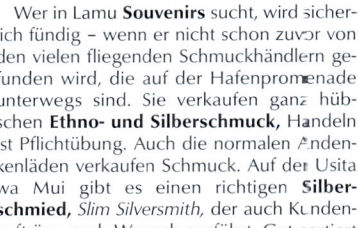

An der Küste

der Leute von Lamu, oder man legt sich einfach nur auf die warmen Planken, blinzelt in die Sonne und beobachtet die weißen, vom Wind gespannten Segeltücher der Dhaus, die die eigene Route kreuzen.

Dabei kann das **Chartern einer Dhau** ein erschwingliches Vergnügen sein – abhängig von Passagierzahl, Verhandlungsgeschick, Saison und Fahrtziel muss man pro Tag mit 6000 Ksh für eine kleine Dhau rechnen. Für eine Einzelperson, die auf einer Dhau mit anderen Touristen mitfährt, muss man rund 1500 Ksh p.P. und Tag, inklusive Essen, veranschlagen. Am besten und billigsten ist es immer, **mit den Crews direkt** zu **verhandeln.** Man trifft die Bootsleute unten an der Promenade, wo sie am Abend ihre kleinen Schiffe „parken". Um nicht übervorteilt zu werden, lässt man sich ruhig erst mal einige Angebote geben. Schließlich braucht man sich von niemandem einen vorschnellen Deal aufschwatzen zu lassen. Das billigste Angebot kann man dann bei anderen Skippern wieder zur Diskussion stellen. Wer mit offenen Karten spielt und sagt, dass der günstigste Anbieter das Rennen macht, wird einen fairen Deal erhalten.

Die Zahl der möglichen **Ausflugsziele** ist groß und reicht von einer Halbtagestour zu den Takwa-Ruinen bis zu einem 4- bis 5-tägigen Segeltörn durch das ganze Archipel. Nachfolgend ein kurzer Überblick über die geläufigsten Touren (eine nähere Beschreibung der Ziele folgt unten):

● Eine schöne Halbtagestour ist die **Fahrt zu den Takwa-Ruinen auf Manda Island.** Wer anschließend noch nach **Shela** weiterfährt und den Sonnenuntergang an Bord des Schiffs erleben möchte, wird den ganzen Tag unterwegs sein. Die Takwa-Ruinen können nur bei Flut angesteuert werden.

● Wer gerne schnorchelt, sollte einen **Trip nach Manda Toto** machen, einer kleinen Insel mit schönen Korallenriffen an der Nordostspitze von Manda, für den man einen vollen Tag benötigt. Normalerweise wird unterwegs geangelt, und dann kocht die Crew auf dem Rückweg an einem einsamen Sandstrand frischen Fisch und Kokosreis. Bei Schnorcheltouren ist die Miete für Taucherbrillen und Schnorchel normalerweise schon im Bootspreis enthalten. Es kann nicht schaden, vor der Abfahrt zu testen, ob die Brille einigermaßen sitzt. Die Abfahrtszeiten und auch der Zeitpunkt der Rückfahrt von Manda Toto werden von der Tide bestimmt, die Route von der Jahreszeit. Während der rauen See des Südostpassats nimmt man die geschützte Route durch den Mkanda Channel zwischen Manda und Festland. In den Monaten des Nordostpassats fährt man hingegen am Außenriff von Manda entlang nach Manda Toto. Die beste Jahreszeit, was die Sichtverhältnisse unter Wasser anbelangt, sind die Monate von November bis März.

● Der **Besuch der Dhauwerft von Matondoni** an der Nordseite von Lamu ist kein ganzer Tagesausflug. Die meisten Leute laufen dorthin oder mieten einen Esel, aber die Tour ist auch mit einer Dhau machbar.

● Ein **Törn zum Kiunga Marine National Reserve und zum Kiwaiyu Island** ist das höchste der Segelgefühle, immerhin ist dies ein 4- bis 5-tägiger Trip – je nach Windverhältnissen und Zahl der Zwischenstopps. Die Fahrt führt durch das ganze Archipel, übernachtet wird an einsamen Stränden, weshalb man sein Zelt oder Moskitonetz nicht vergessen sollte. Außerdem müssen ausreichend Vorräte an Wasser und Lebensmitteln mitgenommen werden. Die meisten Leute, die die Tour mitgemacht haben, waren begeistert von den Natureindrücken auf dieser Schiffsreise.

● **Weitere mögliche Ziele** in der Nähe von Lamu sind der **Kinyika Rock,** ein kleines, schönes Riff im Süden Lamus, das man mit der Dhau nach rund 4 Stunden erreicht, sowie die **Pazarli Rocks,** ein 20 m langer Felsen, der vor Pate Island im Meer steht und für sein wunderschönes Riff und die umfangreiche Vogelwelt bekannt ist.

Shela (Lamu Island)   ♫ IX/C3

Nach einem rund 4 km langen, 45-minütigen Fußmarsch in Richtung Südosten, den man bei Ebbe auch am Strand entlang zurücklegen kann, gelangt man von Lamu-Stadt in den kleinen Ort Shela (auch Shella geschrieben), der bereits vor rund 500 Jahren gegründet worden sein soll. Heutzutage finden sich in Shela immerhin noch **sechs Moscheen, über 20 alte doppelstöckige Korallensteinhäuser und einige Ruinen,** die verraten, dass der Ort einst bedeutender gewesen sein muss, als man heute vermuten würde. Das bemerkenswerteste Bauwerk von Shela ist die **Freitagsmoschee, die Miskiti wa Juma,** die einen 18 m hohen, konischen Turm und einen sechsschiffigen Gebetsraum besitzt. Eine Inschrift in der Gebetsnische verrät, dass der Bau im Jahr 1245 islamischer Zeitrechnung, also 1829 n.Chr. errichtet wurde. Die Überreste einer portugiesischen Kapelle in der Nähe des Peponi Hotel stürzten Anfang des 20. Jahrhunderts ins Meer. Seine Blüte erlebte Shela zwischen dem 17. und 19. Jahrhundert, vom 18. Jahrhundert an fungierte es sogar für längere Zeit als Hafen von Lamu. Im Jahr 1813 war Shela Schauplatz der entscheidenden Schlacht zwischen Lamu und seiner Rivalin Pate, die sich mit Mombasa verbündet hatte. Lamu ging siegreich aus der Auseinandersetzung hervor, weil der Gegner einen tödlichen Fehler begangen hatte: Die feindlichen Schiffe lagen bei Ebbe auf dem Trockenen fest, sodass den Truppen Pates der Fluchtweg versperrt war.

Mit dem sinkenden Stern Lamus ab Ende des 19. Jahrhunderts begann auch der Abstieg von Shela, das noch bis in die 1980er Jahre ein sterbender Ort war. Dann begannen finanzkräftige Ausländer, die halb zerfallenen Suaheli-Häuser aufzukaufen, zu renovieren und in private **Ferienvillen und kleine Hotels** umzuwandeln. Die neu entstandenen Arbeitsplätze am Bau, die Jobs als Haushälter und in den Guesthouses haben dem Dorf neues Leben eingehaucht. Inzwischen leben immerhin wieder knapp 1000 Einwohner in Shela, das nach wie vor die Atmosphäre eines Fischerdorfes aufweist und **große Ruhe** ausstrahlt – erst recht im Vergleich zur Geschäftigkeit von Lamu Town. Die einzigen lauten Geräusche sind der Gebetsruf des Muezzins und ab und an ein Esel, der sich die Lunge aus dem Hals schreit. Die Empörung der Bewohner Shelas über den Lärm, den die Diskothek des Manda Beach Club auf der anderen Seite des Kanals verursacht, ist verständlich.

Nicht beeinträchtigt durch Laserkanonen und Discomusik wird der **12 km lange, goldene Sandstrand** von Shela, der vom Innern der Insel durch eine lange Dünenkette getrennt wird. Da dem Strand kein Riff vorgelagert ist, baut sich hier eine beachtliche Brandung auf, die Wellenreitern zwischen Juli und Oktober optimale Bedingungen für ihren Sport verschafft.

Leider ist Lamu keine Insel der Glückseligkeit mehr, am Strand von Shela kommen immer wieder **Diebstähle** vor. Wer also einen Strandtag plant, sollte lieber alle Wertgegenstände im Guesthouse lassen, denn die Übeltäter sind mit ihrer Beute blitzschnell in den Dünen verschwunden. Eine zweite Warnung geht vor allem Frauen etwas an: In der Vergangenheit sind **wiederholt Frauen belästigt** worden, die alleine am Strand spazieren gingen, es scheint daher empfehlenswert, dass frau sich nicht völlig abseits an den Strand legt. Eine Belästigung der Einheimischen hingegen ist das Nacktbaden von Touristen. Noch einmal: FKK (und oben ohne) ist in Lamu wie überall in Kenia gesetzlich verboten, es verletzt die Moralvorstellungen der muslimischen Bevölkerung, und es ist gesundheitsschädlich: Die Sonne in Lamu kann gnadenlos vom Himmel knallen, schließlich liegt die Insel nur 2,5° südlich des Äquators, und am Strand gibt es keinerlei Schatten.

Unterkunft

In Shela gibt es zwei bessere Hotels und vielleicht ein Dutzend Guesthouses, die hinsichtlich der Zimmerpreise in der mittleren Kategorie liegen, dafür aber ausnahmslos eine schöne Unterkunft in privaterem Rahmen bieten. Am besten lässt man sich einige Häuser zeigen und bleibt dann dort, wo einem Preis und Lage am besten gefallen, ob direkt am Wasser oder etwas weiter innerhalb des Ortes.

●Peponi Hotel

Tel. 042/63342-1, -2, -3 und 633154, Mobil: 0722/203082 oder 0734/203082, www.peponi-lamu.com; Preise auf Anfrage. Im Hotelpreis inbegriffen ist der Transport von und zum Flugplatz. Die gängigen Kreditkarten

An der Küste

werden akzeptiert. Das Hotel ist im Mai und Juni geschlossen. Die ausgezeichneten Kritiken in ziemlich vielen, ziemlich großen Zeitungen und Zeitschriften rund um den Globus lassen die Erwartungen und Preise in die Höhe schnellen. „Playboy" Deutschland resümierte: „Eines der zehn romantischsten Hotels der Welt für Liebende!", die „Sunday Times" ließ verlauten: „Peponi, eines der großen kleinen Hotels dieser Erde." Zweifelsohne ist das am Wasser gelegene charmante Hotel eines der besten von Lamu. Alle Zimmer sind zum Meer hin ausgerichtet und besitzen eine eigene Veranda, über die man in das Blütenmeer des Gartens und hinunter zum Strand gelangt. Die älteren Zimmer sind einfach, aber gemütlich eingerichtet, während die neueren Superior Rooms durch ihre bunte, helle Ausstattung mit Teppichen, moderner Kunst und Rohrmöbeln glänzen. Auch das auf Meeresfrüchte spezialisierte Restaurant ist empfehlenswert. Die Bar genießt – der Zahl der Gäste nach zu schließen – eine beträchtliche Beliebtheit.

Aktivitäten: Wasserski (6000 Ksh pro Std.), Windsurfing (Miete für Anfängerbrett 600 Ksh, für Funboard 800 Ksh pro Std.; Unterricht: 1000 Ksh pro Std.), Schnorcheln (Masken- und Schnorchelmiete für 200 Ksh pro Tag; Ganztagestouren Pazarli Rocks, Manda Toto oder Tenewi-Inseln 4000 Ksh p.P.), Tauchen (nur zwischen November und März, Preise, auch für PADI-Kurse vom Anfänger bis zum Dive Master, auf Anfrage) und Tiefseefischen (kurze Tage, d.h. bis 6 Std., 15.000 Ksh, lange Tage, d.h. bis 10 Std., 20.000 Ksh). Peponi vermietet auch Dhaus, die je nach Wunsch unter Segel oder mit Motor fahren (1500 Ksh pro Std., 15.000 Ksh für 24 Std.), besitzt Speedboote (Preise auf Anfrage) und organisiert Dhau-Ausflüge bei Vollmond (4500 Ksh p.P. inklusive Getränke und Hummer-Dinner).

● **Kijani House**

Tel. 042/63323-5, -6 und -7, Mobil: 0725/ 545264 und 0733/545264, www.kijani-lamu. com; Standard-Zimmer: LS: 125/180 US$, HS: 160/230 US$ BB, Zuschlag für die Suiten: 50 US$. Die Preise beinhalten den Transport vom und zum Flughafen. Separate Mahlzeiten: 15/18/25 US$ B/L/D. Es werden die großen Kreditkarten akzeptiert. Auch das Kijani House hat Mai und Juni geschlossen. Der Besitzer des Hotels ist ein Französisch-Schweizer, der mit einer Suaheli verheiratet ist und bereits seit rund 30 Jahren in Lamu lebt. Das Kijani House ist zwar nicht ganz so bekannt wie Peponi, vom Ambiente her aber vergleichbar, wobei der Rahmen mit 13 Zimmern privater ist. Man hat eher das Gefühl, in einem Privathaus zu Gast zu sein. Die Zimmer, die (fast) alle dem Meer zugewandt sind (den schönsten Blick genießt man von Nummer 1 und 3), sehen nicht so aus, als kämen sie von der Stange. Die Möblierung besteht aus Antiquitäten und originalgetreuen Kopien, besonders schön sind die Badezimmer. Die Standard-Zimmer wirken etwas überteuert, die Superior sind ihr Geld allemal wert. Erwähnenswert ist auch der wunderbare Garten mit 2 Swimmingpools. Als Hotel mit eigenem Strand bietet das Kijani House auch eine ganze Reihe von Wassersportaktivitäten und Dhau-Ausflüge in die Umgebung an, darunter geführte Touren durch die Altstadt von Lamu (800 Ksh), Sundowner-Segeltörns (450 Ksh), Ausflüge zu den Takwa-Ruinen (1200 Ksh), Angeltrips im Manda-Kanal (1200 Ksh) und Schnorcheltouren (Preise auf Anfrage, alle anderen Preise pro Person).

● **The Island Hotel**

Tel. 042/633290, Mobil: 0721/212786; LS: 37/52/75 US$, HS: 42/60/86 US$ BB SC, Penthouse: 100 US$. Im Übernachtungspreis ist der Boottransport vom und zum Flugplatz eingeschlossen. Das Hotel ist von Anfang Mai bis Mitte Juni geschlossen. Jedes der nett eingerichteten Zimmer besitzt Ventilator und Moskitonetz, mit Abstand am schönsten ist allerdings das offen gebaute Penthouse. Vom Hotel eröffnet sich ein malerischer Ausblick aufs Meer. Auf dem Dach des Hauses befindet sich das Barracuda Restaurant, das auch für Gäste von außen offen ist. Das Hotel besitzt eine eigene Dhau und organisiert Dhau-Touren, Angel-, Schnorchel- und Tauchtrips, Windsurfing und Wasserskilaufen. Empfehlenswert.

Anflug auf Lamu Island

•Fatuma's Tower
100 Euro BB p.P. Ein Wunderschloss am Fuße der Sanddüne von Shela, benannt nach seiner ursprünglichen Besitzerin *Fatuma Abu Bakar,* von einem großartigen Garten umgeben, eine gelungene Mischung aus Alt und Neu, mit Bibliothek, Yoga-Raum – und viel Stil. Der Garten ist mit weißem Sand ausgelegt. Insgesamt hat Fatuma's Tower 10 Doppelzimmer, die im Haupthaus und in Cottages liegen. Es gibt einen kleinen Pool. Man kann sich auch selbst versorgen, ein Koch kann auf Wunsch engagiert werden. Yoga-Unterricht durch die Lehrer des Hauses. Besonders bei Yoga-Gruppen beliebt.

•Nyumba Papaya
Tel. 042/632229, Mobil: 0723/909695, patriziafoschi@gmail.com, alfredcharo@yahoo.com; Preise auf Anfrage. Ein kleines Juwel, das private Haus der Eigentümerin, dass immer dann zur Vermietung steht, wenn sie selbst nicht hier sein kann. Das Haus ist komplett offen gebaut und so hat man fast das

Gefühl, im Garten zu wohnen. Das Haus besitzt 2 Einzel- und 2 Doppelzimmer.

•Shela Bahari Guesthouse
Tel. 042/632046, Mobil: 0722/901643, www.shellabahari.co.ke; Backroom mit Ventilator und eigenem Bad: 3500/4000 Ksh BB (LS/HS), Balkonzimmer: 4500/5000 Ksh BB (LS/HS), Top Room: 6000/6500 Ksh BB (LS/HS) Das malerische Haus liegt direkt am Pier für die Boote aus Lamu. Mit Abstand am schönsten ist der große Raum im obersten Stock. Das Restaurant ist für die Öffentlichkeit zugänglich.

•Shella Pwani Guesthouse
Tel. 042/633540; 3000/4500 Ksh SC BB (LS/HS). Das kleine, ruhige Hotel liegt direkt hinter dem Peponi, mit lediglich fünf Zimmern und eigener Kochgelegenheit. Aus den Duschen kommt auch heißes Wasser, alle Zimmer sind mit Ventilator ausgestattet, die Größe der Räume ist aber recht unterschiedlich, weshalb man sich mehrere zeigen lassen sollte.

ken0028 Foto: hf

An der Küste

●Shella White House

Tel. 042/633091, Mobil: 0722/729219 und 0722/698059, shella@africaonline.co.ke; 450/600 US$ für das gesamte Haus, das 10 Personen beherbergen kann. Einzelne Zimmer kosten 4500/6500 Ksh BB (LS/HS). Angenehme und saubere Zimmer mit Ventilator, Moskitonetzen und eigenem Bad. Vom Hotel genießt man einen herrlichen Blick aufs Meer. Wäscheservice. Hilfsbereites Personal.

Essen und Trinken

●Im **Stopover Restaurant** nahe des Kijani House gibt es leckere Shakes, Säfte und allerlei Gerichte – direkt am Meer und zu sehr zivilen Preisen.

Transport

Neben dem 45-minütigen **Fußmarsch** besteht natürlich auch die Möglichkeit, mit dem Esel oder per **Boot** nach Shela zu gelangen. Die öffentliche Launch fährt an der Hafenpromenade von Lamu ab und kostet lediglich 50 Ksh. Eine andere Möglichkeit besteht darin, den Besuch von Shela und dem Strand mit einer **Dhau-Tour** zu den Takwa-Ruinen zu verbinden und dann abends mit dem gecharterten Boot zur Stadt zurückzukehren.

Matondoni (Lamu) ⤢ IX/C3

Zwei Stunden heißer Fußmarsch sind in Kauf zu nehmen, will man nordwestlich von Lamu, beinahe gegenüber des Festlandortes Mokowe, das Dörfchen Matondoni besuchen. Der Weg an der Telegrafenleitung entlang führt durch das Innere von Lamu Island mit seinen Shambas, den Mango- und Zitrusbäumen und natürlich vielen Kokospalmen. In Matondoni befindet sich die **bedeutendste Dhau-Werft des Lamu-Archipels,** in der die hölzernen Segler ausgebessert, aber auch neue Schiffe auf Kiel gelegt werden. Freilich hat der Schiffsbau nicht mehr die gleichen Dimensionen wie in vergangenen Tagen, und

ken-957 Foto: hf

die Menschen leben hier außerdem vom Fischfang, vom Mattenflechten – und auch ein bisschen von Touristen, die den Handwerkern bei der Arbeit zusehen wollen.

Man kann Matondoni zu Fuß, mit dem Esel oder mit der Dhau erreichen. Die Guides in Lamu Town bieten solche Touren auch jenen Muzungus an, die nicht danach fragen.

Kipungani (Lamu Island)

Kipungani ist das am westlichsten Zipfel von Lamu Island gelegene Dorf, das über Land nur nach einer mehrstündigen Wanderung zu erreichen ist. Eine Fahrt mit gemieteter Dhau könnte daher sehr verlockend sein. In der Umgebung des Örtchens gibt es üppige Mangobaumgärten, doch ein Besuch von Kipungani lohnt sich vor allem wegen des **makellosen Sandstrands,** der als einer der schönsten von ganz Afrika gilt. In der nahe gelegenen Bucht gibt es sogar ein komfortables Hotel:

● **Kipungani Explorer Hotel**
Das Hotel gehört zur Kette der Heritage Hotels (s. S. 107); LS: 422/588 US$, HS: 495/661 US$ Ksh FB. Die Preise verstehen sich inklusive Bootstransfer von/zum Flughafen. Für Wassersportaktivitäten wie Hochseeangeln, Tauchen, Dhau-Safaris und Wasserskilaufen zahlt man extra. Die 16 Cottages stehen auf langen Stelzen im Schatten der Kokosnusspalmen direkt am herrlichem Strand. Sie sind offen gebaut, einfach, aber wohlig eingerichtet. Es gibt Strom, Deckenventilatoren und Swimmingpool. Wenn man auf die andere Seite der Düne wandert und die geschützte Kipungani-Bucht verlässt, gelangt man zu einem Strand mit toller Brandung.

Manda Island   🢡 IX/C3

Die Insel Manda liegt in unmittelbarer Nachbarschaft zu Lamu und wird von dieser nur durch einen einige hundert Meter breiten

Meeresarm getrennt. Zwischen Manda und Festland verläuft der **Mkanda Channel,** der an seiner schmalsten Stelle etwa 300 m breit ist. Früher konnten Boote wegen der zahlreichen Untiefen diesen Wasserweg nur während der Flut passieren, nach dem Ausbaggern gibt es ein neues Problem: Die Segelboote können nur mit dem Wind durch die enge Fahrrinne, bei Gegenwind benötigt man nun einen Motor oder muss treideln. Ob weiterhin eines der ungewöhnlichen Naturschauspiele zu beobachten ist, wage ich zu bezweifeln: Im schmalsten Abschnitt pflegten Elefanten (und seltener auch Löwen) vom Festland durch das Salzwasser hinüber zur Insel zu schwimmen. Man passiert die Stelle auf der Dhau-Fahrt nach Manda Toto. Sie ist kaum zu verfehlen, denn im ansonsten dichten Mangrovenbewuchs klaffen auf beiden Seiten des Kanals plötzlich Lichtungen. Umgestürzte Bäume und flach getrampelte Böschungen zeigen unmissverständlich, wo die grauen Riesen zum Wasser hinabkamen. Am Ufer hat der KWS einfache Hochstände erbaut, die während der Erntezeit mit Rangern besetzt sind, die die Dickhäuter am Überqueren der Meerenge hindern sollen.

Viele Reisende werden ihren ersten Eindruck von der Insel aus der Luft erhalten, denn auf Manda liegt der **Flugplatz des Lamu-Archipels.** Beim Landen und Starten sieht man sehr schön die Mangrovenwälder, welche die Insel säumen und die von einem Gewirr kleinerer Flutwasserkanäle durchzogen werden. Die Klima- und Bodenverhältnisse machen Manda für den Ackerbau noch ungeeigneter als Lamu, Süßwasser ist absolute Mangelware, und so ist die Insel praktisch **unbesiedelt.** Das war nicht immer so. Lange Zeit war die Insel an der gesamten Küste für ihre Eisenwaren bekannt; bei Ausgrabungen wurden die Überreste einfacher Hochöfen gefunden, mit denen bereits im 13. Jahrhundert Roheisen gewonnen wurde, so auch in dem 10 ha großen **Ruinenfeld** der namensgebenden **Stadt Manda,** die an der Nordostspitze des Eilandes stand. Die Siedlungsspuren gehen bis auf das 9. Jahrhundert zurück, doch seine Blütezeit erlebte Manda im 15. bis 17. Jahrhundert, bevor es wegen Wassermangels aufgegeben wurde und verfiel. Eine

An der Küste

Am herrlichen Strand von Manda Island

Besichtigung lohnt sich höchstens für Leute mit besonderem archäologischen Interesse, denn die Überreste sind in schlechtem Zustand und stark überwachsen, zumal der Anmarsch von Takwa aus ziemlich lang und nicht einfach zu finden ist. Erwähnenswert sind die Reihen großer, tonnenschwerer Steinblöcke, die die Ruinen teilweise einschließen und vermutlich die letzten Reste der früheren Stadtmauer darstellen, was ein Hinweis auf den früheren Wohlstand und die Bedeutung von Manda ist.

Besser erhalten und für den Laien daher wesentlich eindrucksvoller sind die **Ruinen von Takwa** im südlichen Teil der Insel, die man über einen langen, mangrovengesäumten Kanal erreicht, den Takwa Creek. Die ganze Tour – inklusive Besichtigung des Nationalmonuments – nimmt per Dhau einen halben Tag in Anspruch, wobei der Landgang auf eine Stunde beschränkt ist, da der Creek selbst nur bei Flut schiffbar ist. Ansonsten muss man mit der Rückfahrt bis zur nächsten Flut warten. Für einige hundert Meter bewegt sich die Dhau durch ein vogelreiches, unübersichtliches Gewirr von Mangroven. Wenn man das Boot verlässt, um durch den weichen Schlick die letzten Meter zum Strand zu laufen, fragt man sich mit einem leichten Schaudern, welche Krebse, Krabben, Muscheln und Schlangen dieses Schattenreich wohl bewohnen ...

Die **schlechte Erreichbarkeit per Schiff** muss für die Stadt einst ein erheblicher Standortnachteil gewesen sein, der vermutlich nur durch die strategische Lage am schmalsten Teil von Manda Island und durch eine verlässliche Süßwasserquelle aufgewogen werden konnte. Offensichtlich nicht verlässlich genug, denn auch Takwa, das in seiner Blütezeit im 16. und 17. Jahrhundert 2000 bis 3000 Bewohner gezählt haben soll, wurde schließlich wegen versalzender oder austrocknender Brunnen verlassen. Die Menschen siedelten sich auf der Lamu-Seite der Meerenge, im Örtchen Shela, an.

Die Ruinen von Takwa bedecken eine Fläche von 5 ha. Wegen ihres guten Erhaltungszustands werden sie immer wieder mit Gede in der Nähe von Watamu verglichen, sie sind aber nicht ganz so imposant. Bei Ausgrabun-

gen im Jahr 1951 kamen die **Überreste von Moscheen, 150 Steinhäusern, Gräbern, Straßen und einer Stadtmauer** ans Tageslicht. Zum Reiz der Ruinen von Takwa trägt der **Baobabwald** bei, in dem die Trümmer verstreut liegen. Die Geisterstadt erinnert auch ein wenig an die Altertümer Griechenlands oder Italiens, schließlich hört man Zikaden schrillen, Eidechsen huschen über heiße Steine, und Schmetterlinge führen ihren taumelnden Flug vor.

Das bedeutendste und merkwürdigste Gebäude ist die sogenannte **Pfeilermoschee;** der Name bezieht sich auf einen mehrere Meter hohen Pfeiler, der aus der Mitte der Qibla-Wand, die Mekka zugewendet ist, aufragt. Es ist die einzige Moschee an der ostafrikanischen Küste mit dieser architektonischen Auffälligkeit, deren Funktion bis heute nicht sicher geklärt ist. Möglicherweise markiert der Pfeiler die Begräbnisstätte eines Scheichs. An der Türschwelle der dreischiffigen Moschee sind ein großes Wasserbecken eingelassen, an dem sich die Gläubigen den rituellen Reinigungen unterzogen, und ein Hirnkorallenstein, an dem man sich die Hornhaut von den Füßen raspeln konnte. Der eigentliche Gebetsraum der Moschee ist relativ gut erhalten, und man bekommt eine Idee vom ursprünglichen Aussehen des früher vermutlich weiß gekalkten dreischiffigen Gebäudes. Ein abgetrennter Bereich im rückwärtigen Moscheeteil markiert den Raum, der von Frauen zum Gebet aufgesucht wurde.

Aufmerksamkeit verdient auch ein gut erhaltenes **Säulengrab,** das über 6 m hoch aufragt. Einer Inschrift zufolge wurde es im Jahre 1683 errichtet. Anders als das vernachlässigte Säulengrab nahe der Riyadah-Moschee in Lamu-Stadt genießt dieser Ort immer noch eine besondere Verehrung. Zweimal im Jahr findet eine **Bootsprozession** von Shela zum Grab statt, an dem um Regen gebetet wird. Vermutlich wurde diese Tradition über Generationen hinweg von den Nachkommen jener Menschen am Leben erhalten, die einst Takwa aufgegeben hatten und nach Lamu Island gezogen waren.

Die **Hausruinen** von Takwa sind nicht besonders aufschlussreich, aber ihre schiere Zahl ist beeindruckend. In einigen Wänden erkennt man noch die Nischen für die Öllampen. Auffällig ist, dass sich alle Häuser von Takwa nach Norden öffnen möglicherweise um in den heißen Monaten in den Genuss einer kühlenden Brise vom Meer zu kommen. In den Ruinen wurden Speerspitzen gefunden, die darauf hindeuten, dass die Insel früher wildreich war und ihre Bewohner auch von der Jagd lebten. Baumwollspindeln lassen vermuten, dass Baumwolle angebaut und zu Stoffen verarbeitet wurde. Die Ruinen sind **täglich von 8–18 Uhr geöffnet,** der Eintritt beträgt 200 Ksh.

Da Takwa auf einer schmalen Landbrücke liegt, kann man in wenigen Minuten über die Sanddünen zum schönen **Takwa Beach** an der Ostküste der Insel laufen. Wer auf dem Campsite bei den Ruinen für symbolische 100 Ksh übernachtet, hat auch die Möglichkeit, eine längere Wanderung bis zum **Ras Kitau** zu unternehmen, der Spitze der Halbinsel, die sich südlich von Takwa fast bis nach Shela vorschiebt. Am Kap, von dem man die Einfahrt zum Manda-Kanal kontrollierte, befinden sich noch eine Feldschanze und einige Kanonen aus der ersten Hälfte des 19. Jahrhunderts. Wasser und sämtliche Versorgungsgüter muss man mitbringen. Der verwunschene Ort besticht durch seine Einsamkeit und bietet die faszinierende Gelegenheit, nachts bei Mondschein zwischen düsteren Ruinen und unheimlichen Baobabsilhouetten umherzuwandeln. Bevor man sich absetzen lässt, muss man mit der Crew klären, wann man wieder aufgepickt werden möchte.

Pate Island   ⊿ IX/C,D2

Pate, 20 km lang und bis zu 7 km breit, ist die **größte Insel des Lamu-Archipels.** Das rund 20 km nordöstlich von Lamu gelegene Eiland ist überwiegend flach und wird von dichten Mangrovenwäldern umgeben. Ein Meerwasserkanal, der nur bei Flut Wasser führt, teilt Pate in einen östlichen und einen westlichen Teil. Die Insel besitzt zahlreiche kleine Siedlungen mit traditionellen Häusern, die häufig an den Plätzen versunkener Suaheli-Handelsstädte stehen, von denen nur noch unbeachtete, zugewachsene Ruinen zu sehen sind.

Wer Lamu Town für hinterwäldlerisch gehalten hat, wird auf Pate eines Besseren belehrt. Hier gibt es keinen Strom, keine Straßen, kaum Geschäfte, Guesthouses oder andere Einrichtung – und **keine Touristen,** sodass ein Besuch unversehens zu einer abenteuerlichen Entdeckungsfahrt wird. Dabei ist die Insel überraschend **einfach zu erreichen.** Man hat die Wahl zwischen der öffentlicher Launch und einer gemieteten Dhau, doch in beiden Fällen muss man wegen der gezeitenabhängigen Mkanda-Kanalpassage für einen Besuch mindestens 2–3 Tage einkalkulieren. **Mit einem Motorboot** bzw. Launch benötigt man rund 2 Stunden, um von Lamu Mtangawanda am nordwestlichsten Zipfel von Pate zu erreichen, den ersten Landungshafen und gleichzeitig der einzige, der gezeitenunabhängig angelaufen werden kann. **Mit der Segeldhau** dauert die Fahrt abhängig von den Windverhältnissen entsprechend länger. Von Mtangawanda ist man mit dem Motorboot nochmals rund 2 Stunden bis nach Faza, dem Hauptort von Pate Island, unterwegs.

Von Mtangawanga läuft man rund 1 Stunde hinunter nach **Pate Town,** dem früheren Hauptort der Insel, heute nur noch eine Ansammlung unverputzter Korallensteinhäuser und weniger Erdstraßen, wo einige hundert Menschen leben. Über Jahrhunderte hinweg war Pate der politische Hauptrivale von Lamu. Angeblich reichen seine Ursprünge bis ins 8. Jahrhundert zurück, was sich durch Grabungen bisher nicht erhärten ließ, die ältesten Siedlungsspuren stammen aus dem 13. Jahrhundert. Bereits ab dem 14. Jahrhundert begann Pate seine Einflusssphäre auszudehnen, und **vom 16. bis ins 18. Jahrhundert,** auf dem Höhepunkt seines Einflusses, besaß die Stadt eine **dominierende Stellung an der Küste** zwischen Juba-Fluss (heute in Somalia gelegen) und Kilifi, die jener Mombasas weiter südlich durchaus ebenbürtig war. Und dies, obwohl auch Konkurrent in Lamu in jener Zeit ihre Blüte erlebte und möglicherweise sogar noch wohlhabender war.

Ende des 18. Jahrhunderts begannen turbulente Zeiten für Pate. **Ab 1763** erschütterte ein zehnjähriger **Bürgerkrieg** zwischen den großen Städten die Basis von Einfluss und Wohlstand der Insel. 1813 folgte die Nieder-

An der Küste

lage auf dem Schlachtfeld von Shela und die Ausdehnung der omanischen Machtsphäre auf das gesamte Archipel. Dennoch dauerte es noch bis **1865**, ehe sich Pate nach diversen Aufständen und den unausweichlichen arabischen Strafexpeditionen **Oman** bzw. dem Sultan von Sansibar endgültig **unterwerfen** musste. Die bisherige Herrscherfamilie floh aufs Festland, wo sie das Sultanat Witu gründete.

Im heutigen Pate, das sich in **Kitokwe** und **Mitaaguu**, also **Ober- und Unterstadt** unterteilt, erinnert fast nichts mehr an die glorreiche Vergangenheit.

Außerhalb des Ortes liegen die stark **überwucherten Nabahani-Ruinen,** die nach einer Gruppe von arabischen Einwanderern benannt sind, welche im 13. Jahrhundert eine erfolgreiche Herrscherdynastie begründeten, die für Jahrhunderte die Geschicke der Insel leiten sollte. Die Besichtigung ist mäßig lohnend, die Überreste von Stadtmauer, Moscheen, Wohnhäusern und Gräbern dienen schon seit geraumer Zeit als Steinbruch. Gegen einige Shillinge kann man sich von den Kindern des Dorfs durch die alten Gemäuer führen lassen. Besondere Aufmerksamkeit verdienen eine Moschee mit zwei Mihrabs (Gebetsnischen) sowie ein auffällig großes Haus, das angeblich von Portugiesen bewohnt wurde und in der einen Wand eine Ritzzeichnung von zwei Galeonen aufweist. Im Umland von Pate wird in nennenswertem Maße **Tabak** angebaut. Vermutlich wurde die Nutzpflanze einst von den Portugiesen eingeführt, die sich erst Mitte des 17. Jahrhunderts aus Pate nach Mombasa zurückzogen. Aber bis heute gibt es in Pate als *Wareno* bezeichnete Familien, deren Herkunft auf die Portugiesen zurückgeführt wird (Wareno vom portugiesischen *reino,* „Königreich").

Wenn man von Pate Town die Insel weiter in Richtung Osten durchwandert, gelangt man nach rund 8 km an das westliche Ufer des Flutkanals, der die Insel zerteilt. Auf seiner östlichen Seite liegt **Siyu,** dessen Anfänge bereits auf das 15. Jahrhundert zurückgehen. Während des 18. und 19. Jahrhunderts genoss der Ort vor allem wegen seiner Koranschulen eine gewisse Bedeutung als religiöses Zentrum. Heutzutage fällt es aller-

dings schwer zu glauben, dass zu jener Zeit bis zu 30.000 Menschen im Ort gelebt haben sollen, denn Zeugen der Vergangenheit sind nur noch einige wenige Grab- und Moscheeruinen – und das **imposante Fort,** das in der zweiten Hälfte des 19. Jahrhunderts von den Oman-Arabern errichtet worden war, um die rebellierende Bevölkerung in die Knie zu zwingen. Das Bollwerk wurde umfassend restauriert und ist frei zugänglich. Im Süden des Dorfs steht ein sehenswertes **Suaheli-Grab** aus dem Jahr 1853, das mit altem chinesischen Porzellan verziert ist. Bis heute ist Siyu in der gesamten Region für seine hervorragenden **Handwerker** bekannt, die Ledersandalen, -taschen und -gürtel sowie schöne Schemel und ausgefallene geschnitzte Holztüren herstellen, Dinge, die sich auch in den Curio Shops von Lamu erwerben lassen. Die Portugiesen schwärmten von der Siyu-Seide als der besten der Welt. Wegen des fehlenden Hafens hat Siyu allerdings niemals eine nennenswerte Rolle als Handelsort gespielt, entging damit auch vielen Kleinkriegen, die ständig zwischen den konkurrierenden Küstenstädten tobten.

Um zu den **Shanga-Ruinen** zu gelangen, wandert man von Siyu mit einem Führer rund eine Stunde in Richtung Süden. Eigentlich ist Shanga neben Takwa der Ort mit den beeindruckendsten Altertümern in der Lamu-Region: Ausgrabungen Anfang der 1980er Jahre förderten die **Überreste von fast 200 Häusern, verschiedenen Moscheen und eines Friedhofs** mit fast 350 Steingräbern zutage. Bei Sondierungsgrabungen wurden darunter fünf weitere archäologische Schichten entdeckt, die bis in das 8. Jahrhundert zurückreichen. Damit weist Shanga die **ältesten Siedlungsspuren an der ostafrikanischen Küste** auf, die bisher gefunden wurden. Im Zentrum des alten Shanga, das von einem palisadenähnlichen Zaun mit fünf Toren eingefasst war, fanden sich neben Wohnhäusern auch Brunnen, Moscheen, ein Palast und Werkstätten mit Spuren von Eisenverhüttung. Neben Häusern in einer kombinierten Holz-, Lehm- und Korallensteinbauweise scheint es auch einfachere Rundhütten gegeben zu haben – das legen zumindest die vielen Pfostenlöcher nahe, die die Archäologen im Boden fanden. Doch längst hat sich die wild wuchernde Vegetation einen guten Teil der alten Siedlung als Lebensraum zurückerobert, und man kann sich nur mühsam durch das Dickicht vorarbeiten, immer auf der Hut vor überwachsenen Löchern und Stolpersteinen.

Das an der Nordseite der Insel gelegene **Faza,** das auch Rasini genannt wird, lässt sich von Siyu in rund 2 Stunden zu Fuß erreichen. Mit 2000 Einwohnern ist es der **größte Ort der Insel,** logischerweise fir den sich hier die „offiziellen" Einrichtungen, also ein paar Guesthouses und Dukas, Post und Telefon, Polizei, Krankenstation sowie eine Secondary School. Seit neuerem gibt es in Faza sogar eine Dammverbindung hinüber zum Festland. In einem Punkt kann Faza sogar mit Lamu mithalten: Auch hier ist genau ein Auto in Betrieb, nämlich der Landrover, den die Gesundheitsstation vor einigen Jahren von Saudi-Arabien geschenkt bekam. Ihren Lebensunterhalt verdient sich die Bevölkerung von Faza durch Ackerbau, die Herstellung von Kokosseilen, den Fischfang und als Fundi in der kleinen Dhauwerft am Ort. Viel ist nicht los, selten nur verirrt sich ein Tourist in diesen abgelegenen Winkel Kenias. Früher musste der Ort mehrfach als Einfallstor für weniger freundlich gesinnte Besucher herhalten. Sowohl die Truppen der Stadt Pate, die im Verlauf eines Wasserrechtestreits Faza heimsuchten, als auch die Portugiesen, die im Jahr 1586 die verheerende Quittung für Fazas Allianz mit der Türkenflotte von *Amir Ali Bey* ausstellten, und auch die Omanis, die sich Mitte des 19. Jahrhunderts Faza aussuchten, um den Widerstandswillen der rebellischen Insel zu brechen – sie alle verwüsteten den Ort mit seinem kleinen Hafen. Es hängt sicherlich mit diesen Ereignissen zusammen, dass Faza kaum bauliche Zeugnisse aus seiner langen Geschichte aufzuweisen hat. Immerhin gibt es noch die **Überreste einiger alter Moscheen,** so der Kunjanja-Moschee und der Mbwarashally-Moschee aus dem 18. Jahrhundert. Doch beide befinden sich in einem beklagenswerten Zustand, Nationalmonumentstatus hin oder her. Die Mbwarashally-Moschee verfügt noch über eine sehenswerte Mihrab. Vor den Toren der Stadt liegt das **Grab von Amir Hamad,** des Kommandanten omanischer Truppen, der bei dem Versuch fiel, Faza einzunehmen.

Transport

Pate Island ist mit einer Launch, also einer der **öffentlichen Passagierboote,** die – mit Zwischenstopp in Mtangawanda – dreimal wöchentlich (Fahrplan Mo., Mi. und Fr., Rückfahrt jeweils am darauf folgenden Tag) **zwischen Lamu und Faza** verkehren, problemlos und billig (200 Ksh) zu erreichen. Die Fahrt bis Mtangawanda dauert etwa 2 Stunden, von dort nach Faza benötigt das Schiff etwa noch einmal so lang. Aber man steigt am besten bereits bei der Hinfahrt in Mtangawanda aus, wandert über die Insel bis nach Faza und macht sich von dort mit der Launch wieder auf den Rückweg. Denn auf der Tour von Faza nach Lamu ist das Boot bei seiner Ankunft in Mtangawanda häufig schon übervoll. Es kann durchaus sein, dass man in Lamu von den privaten Bootseignern und Schleppern keine Infos zur Launch erhält. Geschäft ist Geschäft, und die Launch kostet nun einmal den Bruchteil der Summe, die man für das **Chartern einer Dhau** ausgeben muss. Doch die gemächliche, 4–5 Tage dauernde Fahrt mit einem gemieteten Segelboot in interessanter Reisegesellschaft hat natürlich auch ihre Vorteile, zumal man dann noch einen Besuch auf Kiwaiyu und im Kiunga Marine National Park (s.u.) dranhängen kann. Wer ein eigenes Boot chartern will, eine Dhau aber als zu langsam empfindet, hat in Lamu die Möglichkeit, ein **Speedboat** zu mieten. Das Büro von Al Hussein Speedboat befindet sich im nördlichen Abschnitt der Gasse Usita wa Mui in Lamu.

Die Entfernungen zwischen den einzelnen Orten auf der Insel erlauben eine problemlose Fortbewegung **zu Fuß** – wenn man denn ortskundig ist, denn die Insel überzieht ein verwirrendes Netz von Fußwegen. Oder man engagiert einen lokalen Führer.

Unterkunft und Sonstiges

Die Leute von Pate Island sind definitv noch nicht auf den Tourismus eingestellt, was für die individuelle Entdeckung der Insel die **Mitnahme von** einigen **Lebensmitteln** und u.U. sogar von einem ausreichenden **Trink-**

An der Küste

wasservorrat nötig macht. Denn nur in Faza gibt es einfache Hotelis, die wenigen Läden haben ein sehr beschränktes Sortiment, und nicht umsonst wurden so viele Siedlungen im Archipel wegen schlechter oder ausgetrockneter Brunnen verlassen ... Ähnliches gilt für die Unterkunft: Außer den **Guesthouses in Faza** gibt es keine Übernachtungsmöglichkeiten – es sei denn, man zeltet oder kommt gegen Bezahlung bei Privatleuten unter. Die Chancen dafür stehen nicht schlecht.

Da Pate Island große Sumpfflächen aufweist, treten an einigen Stellen der Insel massenweise **Moskitos** auf.

Kiwaiyu Island, Kiunga Marine National Park und die National Reserves Dodori und Boni

Am nordöstlichen Ende des Lamu-Archipels liegt **Kiwaiyu Island,** ein 9 km langer und 1 km breiter Streifen Land mit paradiesischen Stränden, der gänzlich innerhalb des Kiunga Marine Nationlreserve liegt. Ähnlich wie im Falle von Manda Island überqueren auch hier Elefanten die Meerenge vom Festland hinüber zur Insel. Vor der Ostküste von Kiwaiyu erstrecken sich wunderbare Riffe, und so sorgen Tauchen und Schnorcheln neben dem elementaren Erlebnis von Himmel, Wind, Sand, Wasser, Sonne und Einsamkeit für die unvergesslichsten Eindrücke eines Besuchs. Auf der Westseite der Insel gibt es ein kleines Dorf, an dem die Dhaus ankern, das sogar über einen einfachen Laden verfügt.

Das 1979 eröffnete **Kiunga Marine National Reserve** (Kontakt: Tel. 042/633080 und 633194, kwslamu@jambo.co.ke und lamustn @kws.go.ke) umfasst insgesamt 50 Kalkinseln und ist Heimat von Buschböcken und anderen Wildtieren. Vor allem ist das National Reserve aber ein wichtiges Rückzugsgebiet für seltene Meeresschildkröten und die vom Aussterben bedrohten Dugongs. In den Riffen finden sich bis zu 150 Jahre alte, riesige Mördermuscheln. **Dugongs,** die seltsamen, Seekühen ähnelnden Meeressäuger, waren früher an den Küsten des Indischen Ozeans weit verbreitet und kamen auch im Lamu-Ar-

chipel häufig vor, heute sind sie aber aus den meisten Gegenden verschwunden. Hauptgründe für den Zusammenbruch der Population sind die starke Bejagung wegen ihres Fleisches und zur Gewinnung von Potenzmitteln sowie der Tod durch Ertrinken, weil sich die Tiere unter Wasser immer wieder in Fischernetzen verheddern. Bei der letzten Zählung wurden in Kenias Gewässern nur noch etwa zehn Tiere gezählt, sodass man von einem Gesamtbestand von rund 20 Tieren ausgeht. Erstaunlicherweise sind Elefanten die nächsten Verwandten des aquatischen Säugetieres, welches auf Seegraswiesen lebt und das vermutlich der Ursprung der Sagen von Meerjungfrauen und Sirenen ist. Die Entwicklungswege der beiden Arten haben sich bereits vor 60–70 Millionen Jahren getrennt.

Im nördlichen Hinterland des Kiunga Marine National Reserve erstrecken sich seit 1976 das Dodori und das Boni National Reserve. Das 877 km² große **Dodori National Reserve,** das südlich der Piste zwischen Mokowe und Kiunga liegt, wurde ausgewiesen, um den östlichen Lamu-Topi, Pelikane und andere seltene Vögel zu schützen. Im Mündungsbereich des **Dodori River,** der bei der Namensvergabe Pate stand, wächst der **dichteste und artenreichste Mangrovenwald Kenias.** Im Hinterland leben Löwe, Kleiner Kudu, Giraffe und Hippo. Das **Boni National Reserve,** das sich nördlich der Piste bis zur somalischen Grenze erstreckt, hat eine Größe von 1339 km² und wurde als Schutzgebiet für Elefant, Büffel, Giraffe, Topi, Gerenuk, Harvey Ducker und Ader's Ducker gegründet. In beiden Schutzgebieten gibt es keinerlei Unterkünfte, Besuche sind nur in kleinen Gruppen nach Absprache mit dem KWS-Hauptquartier in Nairobi möglich.

Unterkunft

In der Region Kiwaiyu gibt es zwei noblere und eine einfache Unterkunft.

●**Munira Safari Island Camp**
Buchungen über Let's go Travel in Nairobi (s. S. 106); ca. 250 US$ p.P. und Nacht, genaue Preise auf Anfrage. Das Munira Safari Camp ist ein kleiner, intimer und sehr romantischer Platz im nördlichen Teil von Kiwaiyu

Island. Direkt vor der Haustür liegen ein 9 km langer, einsamer Sandstrand und schöne Riffe. Das Camp besteht aus vier geräumigen Bandas, die bis zu 15 Leute aufnehmen können. Die sanitären Anlagen sind einfach, aber ordentlich, es gibt keinen Strom, das Wasser kommt auf Eselsrücken vom Brunnen hierher. Alle Dinge von außerhalb müssen über Hunderte von Kilometern per Dhau oder Flugzeug herangeschafft werden, also besteht die Küche vor allem aus frischen und köstlich zubereiteten Meeresfrüchten. Wer des einsamen Strandlebens überdrüssig ist, kann mit der Dhau des Camps die Umgebung erkunden oder Angeltrips unternehmen. Die meisten Gäste kommen mit dem Flieger auf dem Flugplatz von Kiwaiyu an, der sich gegenüber auf dem Festland befindet, von wo man dann mit dem Boot abgeholt wird.

● **Kiwayu Safari Village**

Exakte Preise auf Anfrage, über 200 US$ p.P. und Nacht; www.kiwayu.com. Kiwayu Safari Village liegt an einer wunderschönen sandigen Bucht am Festland, direkt gegenüber von Kiwaiyu Island. Insgesamt 22 gemütlich eingerichtete Cottages mit eigener Veranda verteilen sich in gebührendem Abstand zueinander am Strand. Das Erste, was einem auffällt, sind die fehlenden Türen, Schlösser und Schlüssel – anscheinend ist hier draußen die Welt noch in Ordnung, Diebstähle scheinen unbekannt zu sein. Neben dem hervorragenden Essen (auch hier überwiegt köstliches Seafood) hinterlassen die einsamen Strände und die Korallenriffe den tiefsten Eindruck. Im Preis des Hotels sind alle möglichen Wassersportaktivitäten eingeschlossen, ausgenommen Hochseeangeltrips.

● **Kiwaiyu Camping Site**

Nahe des Dorfes Kiwaiyu, das am Festland gegenüber von Kiwaiyu Island liegt, befindet sich der Kiwaiyu Camping Site (auch als Kasim's bekannt), die einzige Möglichkeit, preisgünstig unterzukommen. Die Übernachtung im eigenen Zelt kostet 150 Ksh, während die Miete für die Hütten (darunter auch Baumhäuser) bei 600 Ksh liegt. Dafür gibt es saubere Bettwäsche und Salzwasserduschen sowie eine Kochgelegenheit. Vom Gelände hat man Strandzugang. Die ganze Anlage ist nicht mehr im besten Zustand.

Transport

Wen es in den abgelegensten Teil des Lamu-Archipels zieht, kann zwischen drei Verkehrsmitteln wählen. Die **Fahrt mit einer gecharterten Segeldhau** ist der eindrucksvollste Weg, um den Landstrich zu erfahren. Denn die Reisegeschwindigkeit entspricht der uralten Seefahrertradition und dem gemächlichen Pulsschlag der Gegend. Um die Dhaufahrt erschwinglich zu gestalten, tut man gut daran, in Lamu einige Mitreisende für die Meeressafari aufzutreiben. Wer aufs Budget achten muss, kann auch bis Faza auf Pate Island mit der Launch reisen und erst dort eine kleine Dhau oder eventuell sogar ein motorisiertes Boot mieten. Die normale Dauer für die Dhaureise von Lamu nach Kiwaiyu und zurück beträgt 4–5 Tage, abhängig von den Windverhältnissen natürlich.

Wer weniger Zeit hat, kann von Lamu aus **mit dem Speedboat** hierher fahren (es gibt in Lamu ein Charterunternehmen, die beiden Hotels besitzen aber auch eigene Boote), was zwischen 10.000 und 20.000 Ksh kostet.

Oder man bucht einen **Flug über Air Kenya,** der bei Bedarf den Landestreifen von Kiwaiyu ansteuert. Das Rückflugticket von Nairobi nach Kiwaiyu schlägt mit 270 US$ zu Buche, man kann aber auch in Lamu zusteigen, dann kostet der 15-minütige Flugspaß 55 US$.

Rabai ⚓ III/C1,2

„Ob das Resultat Leben oder Tod ist, die Mission muss begonnen werden!", soll der fieberkranke *Krapf* zu seinem ebenso kranken deutschen Landsmann *Rebmann* gesagt haben, als sie 1846 mit den Ältesten von Rabai verhandelten, um Land für die **erste Missionsstation auf ostafrikanischem Boden** zu kaufen. Glaubwürdig ist diese Äußerung schon, denn der aus dem Schwarzwald stammende Johann Ludwig Krapf hatte bereits einen hohen persönlichen Preis für seinen göttlichen Auftrag bezahlt: 1844 waren nach der Ankunft in Mombasa seine Frau und seine Tochter an Malaria gestorben.

Kaya – Fluchtpunkte und rituelle Orte

Wer die Teerstraße von Mazeras nach Kaloleni fährt, bemerkt vielleicht kurz hinter der Abfahrt zur Missionsstation von Rabai auf den Hügeln rechts der Straße inmitten der Shambas der Bauern einige Urwaldinseln, Reste der Vegetation, die einst den größten Teil des Küstenstreifens bedeckte. Was nur wenige wissen: Diese Waldflecken, die sogenannten Kaya, wurden deswegen nie gerodet, weil sie heilig sind.

Kaya bedeutet in der Mijikenda-Sprache zunächst einmal nichts anderes als „Dorf" und bezeichnet den **Platz, an dem die Clans nach der Einwanderung aus Somalia ihr erstes Dorf errichteten.** Aus strategischen Gründen wurden diese befestigten Siedlungsplätze auf Hügelkuppen anlegt und waren von dichten Wäldern umgeben. Die Menschen wohnten in der Umgebung dieser von Palisadenzäunen gesicherten Verstecke, die nur über zwei Pfade zugänglich waren. Sie lagen im Kern des neuen Siedlungsgebiets, von dem aus sich die Dörfer nach allen Richtungen ausbreiteten. Wenn ein Familienverband oder Subclan von hier aus aufbrach und weiterzog, um irgendwo anders neue Äcker zu roden, gründete er beim erneuten Sesshaftwerden ein Tochter-Kaya. So überzog schließlich ein ganzes Netz von über- und untergeordneten Kaya das Siedlungsgebiet der Mijikenda.

Auch in Friedenszeiten besaßen die Kaya eine **überragende Funktion für das soziale, politische und religiöse Leben der Gruppe.** Hier wurden die wichtigsten kultischen Akte ausgeführt, aber auch die neuen Alterklassen initiiert.

Anders als allgemein hin angenommen, ist noch bis vor kurzem nur ein relativ kleiner Teil der Küstenbevölkerung muslimisch gewesen. Der Islam hatte, trotz der jahrhundertelangen Nachbarschaft mit den Suaheli und der engen Handelskontakte, kaum Eindruck bei den Mijikenda hinterlassen. Erst in den letzten Jahrzehnten konvertierten mehr und mehr Menschen vom traditionellen Glauben zum Christentum und zum Islam. Der Glauben an Naturgeister und die Macht der Ahnen ist dabei weitgehend intakt geblieben.

Selbst bei den Rabai, jener Mijikenda-Volksgruppe, in deren Zentrum die älteste Missionsstation Ostafrikas aus der Mitte des 19. Jahrhunderts liegt, glauben viele Menschen immer noch an den Gott *Mulungu,* mit dem sie über die Geister der Vorfahren, *Koma,* Kontakt aufnehmen. In ihrer Glaubenswelt existieren auch Dämonen, *Mapepo,* die Krankheiten und Verhexungen bewirken können. Talismane, *Mafingo,* gehören daher zum Alltagsleben. Wunderheiler werden bei Krankheiten und anderem Unglück konsultiert, um den Grund für das Missgeschick herauszufinden. Falls nötig nehmen sie dann mit den Ältesten die erforderlichen Reinigungszeremonien für Boden, Häuser und Menschen vor.

Auch die **Bestattungsform der Rabai** ist erwähnenswert. Sie unterscheidet sich je nach Alter, Geschlecht und Religion des Verstorbenen. Normalerweise wird ein Grabpfosten, Tiuwalawala, aufgestellt. Bei ehrwürdigen Personen, etwa den Ältesten des jeweiligen Kaya, wird der Tiuwalawala aus Ebenholz geschnitzt und wie ein Mensch angezogen. Die weibliche Entsprechung wäre Emkone, die ebenfalls gekleidet wird. Wenn die Geister durch besondere Zeichen ein Speiseopfer einfordern, wird dieses am Grab der

Ahnen dargeboten. Mais wird auf traditionelle Weise mit Steinen zerrieben, um daraus Ugali zu kochen, zwei Hühner werden geschlachtet, ihr Blut verspritzt und das Fleisch zubereitet. Mit dem Maisbrei, den besten Fleischstücken und einer ausgehöhlten Baobabfrucht voller Wasser werden dann die Ahnen am Tiuwalawala gefüttert, wobei der Platz zunächst zeremoniell gereinigt wird und die Rabai sich dem Grab nur ohne Hemd nähern.

Die **Kaya** und einige andere heilige Orte **genießen** bei den meisten Mijikenda immer noch **höchsten Respekt.** Vor dem Betreten müssen alle modernen Gegenstände wie Ohrringe, Uhren, Armreifen, Brillen, Schuhe und Hosen abgelegt werden. Wer gegen dieses Gebot verstößt, verunreinigt den Platz und beschwört einen Fluch über die Gemeinschaft des Kaya herauf, wenn dieser nicht mit traditionellen Reinigungszeremonien und speziellen Kräutern wieder gesäubert wird.

So kommt es einer kulturellen, sozialen und religiösen Katastrophe gleich, dass immer mehr Kaya entweiht oder, noch schlimmer, abgeholzt werden. Denn der Kaya ist der **Identifikationspunkt einer lokalen Gruppe,** und viele Mijikenda tragen bis heute sogenannte Kaya-Punkte auf der Haut, Narben, die Eingeweihten verraten, aus welchem „Bezirk" der Träger stammt. Am schlimmsten von den Zerstörungen betroffen sind die Kaya an Küstenabschnitten mit touristischem Potenzial, wie in Tiwi, Diani, Ukunda, Galu Kinondo, Waa und Ng'ombeni, wo mit Landspekulationen riesige Gewinne zu machen sind. Skrupellose Politiker und gewinnorientierte Tourismusunternehmen stehen hinter den Landunterschlagungen, wie auch im bekanntesten aller Fälle, dem riesigen Hotelkomplex, der von einem deutschen Investor auf der kleinen Insel Chale südlich von Diani errichtet wurde. Die Empfindungen der Mijikenda werden mit Füßen getreten, sie werden ihrer heiligsten Schreine und ihrer kulturellen Identität beraubt. Die empörten Ältesten, die Wächter der Kaya, sind zumeist machtlos, ihnen wird offen Gefängnis angedroht, wenn sie rechtliche Schritte gegen die Verantwortlichen ergreifen. Vor diesem Hintergrund werden Übergriffe gegen Auswärtige, wie 1997 bei den Likoni Clashes, fast schon verständlich. Im Kwale District gab es vor kurzem noch 46 Kaya, von denen elf an Politiker überschrieben wurden, im Kilifi District sind es immerhin noch 120 Kaya.

Inzwischen erhalten die traditionellen Mijikenda aus einer völlig unerwarteten Ecke Beistand in ihrem Kampf um die Erhaltung der verbliebenen Kultstätten. Naturschützer haben die Kaya als **wertvolle Biotope** entdeckt. Da Kaya als heilige Orte unantastbar waren, hat sich auf den kleinen Vegetationsinseln inmitten der artenarmen Agrarlandschaft die ursprüngliche Tier- und Pflanzenwelt mit vielen seltenen Spezies recht gut erhalten. Inzwischen ist sogar ein vom World Wide Fund for Nature finanziertes Projekt für den Kaya- und Waldschutz ins Leben gerufen worden, dessen Büro in Ukunda, ganz in der Nähe von Diani Beach, liegt.

Für weitere Informationen seien zwei Internetseiten empfohlen:
- **www.kaya-kinondo-kenya.com**
- **www.panda.com**

Offensichtlich wurde eine Einigung mit den Ältesten erzielt, denn im August **1846** wurde die Missionsstation nach Fertigstellung der ersten einfachen Gebäude **eröffnet.** Als erster Konvertit aus dem Volk der Rabai ist ein Krüppel namens *Mengi* überliefert, der 1848 zum christlichen Glauben übertrat. Im selben Jahr entstand die erste feste Kirche, die wegen der stark angestiegenen Zahl von Christen bereits **1887** nach dreijähriger Bauzeit durch die große **St.-Pauls-Kirche** ersetzt wurde. Das ursprüngliche Kirchengebäude, das als die älteste (erhaltene) Kirche auf Kenias Boden gilt, hat die bewegten Zeiten zunächst als Klassenzimmer überdauert und beherbergt nun ein kleines Museum zur Missionsgeschichte und zum Volk der Rabai.

Unabhängig vom kontroversen Thema der **christlichen Missionierung** Ostafrikas und ihrer zweifelhaften Rolle als Wegbereiter der Kolonisierung des Kontinents und als Zerstörer vieler afrikanischer Kulturen, kann man die Entschlossenheit und den Mut von Männern wie Krapf und seines Kollegen Rebmann nur bewundern. Es ist heute nicht mehr vorstellbar, unter welchen Lebensumständen diese Männer hier Jahrzehnte abseits von allem Vertrauten arbeiteten und mit vielen – auch gesundheitlichen – Rückschlägen fertig werden mussten. In den ersten Jahren wurden die Missionare durch Überfälle kriegerischer Masai aus dem Hinterland immer wieder zur Flucht nach Mombasa gezwungen. Und wie der Friedhof neben der Paulskirche beweist, haben viele junge Gottesmänner nur die ersten Wochen an der ostafrikanischen Küste überlebt, die deshalb auch „Wartezimmer Gottes" genannt wurde. Vor allem die Malaria forderte unter den – zunächst vorwiegend deutschen – Missionaren einen hohen Blutzoll. Auch Rebmann und Krapf wurden immer wieder durch Krankheiten geschwächt oder für längere Zeit ganz außer Gefecht gesetzt. Dennoch verfolgten sie unbeirrbar ihren großen Traum, eine Kette von Missionsstationen quer durch den ganzen Kontinent aufzubauen, mit deren Hilfe das Inland christianisiert und vor allem auch der Sklavenhandel beendet werden sollten. Denn nach Einschätzung Krapfs wäre es unter den Arabern niemals zu einer Verbesserung der

unmenschlichen Zustände gekommen, was mit Sicherheit zutraf, da die Menschenjagd für sie ein äußerst lukratives Geschäft war, das später für die britische Kolonialmacht die willkommene moralische Rechtfertigung für das Eingreifen in Afrika bot.

Um geeignete Plätze für Missionstationen weiter im Landesinneren zu finden, unternahmen die beiden Württemberger als erste Weiße lange Reisen ins afrikanische Inland, allein das schon eine bemerkenswerte Leistung. Auf einem dieser Märsche sah Johannes Rebmann am 11. Mai 1848 als erster Europäer den Kilimanjaro, Johann Ludwig Krapf auf einer weiteren Reise ins Land der Kamba am 3. Dezember 1849 den Mt. Kenya.

Die Berichte von den Schneebergen am Äquator riefen in Europa zunächst nur Ungläubigkeit und von Seiten des englischen Geografen *W. Desborough Cooley*, eines selbst ernannten Fernexperten in dieser Frage, hämische Kommentare über die offensichtliche Kurzsichtigkeit der Missionare hervor. Eher nebenbei schrieb der außerordentlich sprachbegabte Krapf die erste **Grammatik sowie ein Lexikon für Kisuaheli** und fertigte die erste **Bibelübersetzung** in der Lingua Franca Ostafrikas an. Daneben sprach er diverse andere Sprachen, u.a. auch Amharisch, die Sprache der Rabai und der Galla, sowie Arabisch und Kikamba.

Ende des 19. Jahrhunderts machten die Engländer Ernst mit der **Bekämpfung des Menschenhandels** an der ostafrikanischen Küste. Bereits 1864 waren sechs sogenannte Bombay-Afrikaner, handwerklich ausgebildete ehemalige Sklaven, nach Ostafrika gekommen. Sie sollten im Auftrag der Church Missionary Society helfen, industrielle Dörfer in Mombasa und Rabai zu verwirklichen, in welchen die von den Sklavenschiffen befreiten Menschen angesiedelt werden sollten. Auf diese Initiative geht Mitte der 1880er Jahre die Gründung von Freretown bei Mombasa zurück. Anfang der 1890er Jahre wurde auch der Bau von Schulen, Krankenhäusern und Kirchen in der gesamten Region bis hinauf nach Jilore und landeinwärts bis Sagalla und Voi initiiert. Schon zuvor war **Rabai** mehr und mehr zu ein **Zentrum für entflohene Sklaven** geworden, die unter dem afrikanischen Pastor *William Jones* größtenteils zum Christentum konvertierten. Als die wütenden arabischen Sklavenhalter dies bemerkten, kam es 1889 zu einem brenzligen Zwischenfall, in dem General *Mathew* (nach dem auch die Mathew's Range im Inland benannt ist) vermittelte. Schließlich wurde ein Kompromiss ausgehandelt, demzufolge die rund 950 Sklaven (300 davon waren bereits an andere Stationen weitergereicht worden) frei blieben, ihre ehemaligen Besitzer aber mit insgesamt 3500 Pfund von der Church Missionary Society kompensiert wurden.

Mit dem Anwachsen der afrikanischen Kirchen wurde die traditionsreiche Missionsstation in Rabai allmählich unbedeutender. 1910 wurde die Zahl der Missionare auf drei gesenkt, 1922 wurde die Station dann ganz geschlossen. Ein wichtiges Schulzentrum ist Rabai bis heute geblieben.

Besichtigung von Museum, Kirche und Friedhof

Besucher sind auf dem alten Missionsgelände willkommen. Im schlichten Innenraum der ursprünglichen Kirche von 1848 ist ein kleines **Museum** untergebracht, das **täglich geöffnet** ist. In schönen Palmholzvitrinen, von denen einige leer stehen, wird die Missionsgeschichte von Rabai dargelegt, aber auch den Traditionen und Riten des Mijikenda-Volks der Rabai ist ein Platz eingeräumt worden. Interessant sind auch die vergilbten Fotografien, die vom Alltag aus längst vergangenen Tagen erzählen. Über die langen, züchtigen Kleider, die Tropenhelme und die Fortbewegung der Herren Missionare in einfachen Karren, die von zwei Leuten geschoben wurden, kschüttelt man heute nur noch ungläubig den Kopf. Außer sechs nachgebildeten Kirchenbänken aus Palmenstämmen verrät am und im Gebäude nichts mehr seine ursprüngliche Funktion als Gebetshaus. Das ehemalige Haus von *Johann Ludwig Krapf* wird heute als Schneiderei genutzt. Durch eine Lücke in den Baumkronen kann man von dem schattigen Grundstück sogar auf ein Stückchen Meer blicken.

Das Innere des großen Gotteshauses wirkt besonders im Sonnenlicht des späten Nachmittags, das durch die farbigen Kirchenfenster fällt, wie eine **Oase der Ruhe.** Zumindest, wenn nicht gerade der Kirchenchor an einem alten Klavier probt oder Unterrichtsschluss ist, denn dann wird das Terrain u-plötzlich von Hunderten von lachenden und lärmenden Kindern in blauweißer Schulun-form überflutet. Der Besuch der Mission – auch des Museums – ist übrigens kostenlos, ein Trinkgeld für den Führer und/oder eine Spende für die Kirche werden aber gerne entgegengenommen. Allzu viele Besucher scheint der geschichtsträchtige Ort nicht anzuziehen: Im Gästebuch, dessen erster Eintrag von 1982 stammt, ist immer noch Platz.

Rechts neben dem Eingang der großen Paulskirche liegt ein kleiner **Friedhof** mit einigen schräg stehenden Grabsteinen – der älteste von 1868 – die verraten, das kaum einer der hier Begrabenen älter als 30 Jahre wurde.

Anreise

Von der Küste kommend biegt man in Mazeras vom Mombasa Highway nach rechts auf die Teerstraße in Richtung Rabai ab. Nach knapp 5 km biegt man am Schild, das auf die „Krapf Memorial Secondary School" und die „Isaac Nyondo Primary School" (benannt nach dem ersten geweihten schwarzen Priester, einem befreiten Sklaven) hinweist nach rechts ein. Nach einem knappen Kilometer erreicht man die große St. Pauls-Kirche sowie die ursprüngliche, deutlich kleinere Kirche, die nun ein Museum beherbergt, und einen betagten Friedhof mit den Gräbern einiger Missionare.

Anhang

ken-t1 Foto: hf

ken-d3 Foto: hf

Turkana-Hirten beim Kautabakgenuss

Pavianherde

Blick vom Mt. Ngiro auf die
wüstenhaften Ebenen im Süden

Glossar

Kisuaheli ist im Laufe der Zeit durch zahlreiche Fremdwörter aus dem Arabischen und dem Englischen angereichert worden. Andererseits enthält der Wortschatz der Europäer, die in Kenia leben, viele praktische Worte aus der afrikanischen Sprache.

Folgende Begriffe wird man während eines Kenia-Aufenthaltes immer wieder hören:

● **Askari:** (Nacht-)Wächter, Soldat

● **Banda:** Hütte, meist rund und mit Blättern gedeckt
● **Bird walk:** Wanderung zur Beobachtung von Vögeln
● **Boma:** Dornenschutzwall zum Schutz des Viehs vor Raubtieren, in Tansania auch ein deutsches Verwaltungsgebäude oder ein Fort der Schutztruppe
● **Bui Bui:** Schwarzer Umhang der muslimischen Frauen an der Küste

● **Chai:** Tee

● **Dhau:** Traditionelles Segelschiff
● **Duka:** Kleiner Laden oder Kiosk

● **Escarpment:** Grabenwand, steile Böschung oder Hang, in der Regel für die Bruchstufen des ostafrikanischen Grabens verwendet

● **Fundi:** Handwerker jeglicher Couleur

● **Game:** Englisch für Wild
● **Game drive:** Pirschfahrt
● **Game walk:** Fußwanderung zur Beobachtung von Wildtieren
● **Guide:** Führer

● **Hakuna Matata:** Kein Problem! Diese gern benutzte Redewendung ist oft die höfliche Beschreibung für die Existenz von – genau: Problemen!
● **Harambee:** Kisuaheli für „Lasst uns an einem Strang ziehen!"; wurde von *Jomo Kenyatta* geprägt als Begriff für lokale Zusammenarbeit und Ausgleich unter den verschiedenen Stämmen. Heute ist mit einem Harambee meist eine öffentliche Veranstaltung zum Spenden Sammeln gemeint, z.B. um einen Schulbau zu finanzieren. In der Zeitung Nation wird dann peinlich genau aufgelistet, welcher Politiker bei welchem Harambee wie viel gespendet hat.
● **Hoteli:** Kleines, einfaches Restaurant, keine Unterkunftsmöglichkeit!

● **Jambo:** In ganz Ostafrika verständliche Grußformel.
● **Jua Kali:** Der informelle Wirtschaftssektor an den Straßenrändern, gleich ob Reifenreparateure, Schreinerwerkstätten, Händler etc. Jua Kali bedeutet genau übersetzt „stechende Sonne", weil meist im Freien gearbeitet wird.

● **Kanga:** Bunt bedrucktes Tuch, das von vielen einheimischen Frauen als Wickelrock verwendet wird.

● **Lugga:** Trockental, nordkenianische Entsprechung zum arabischen Wadi

● **Makonde:** Jede Art von Holzschnitzerei, ursprünglich Name eines südtansanischen Volkes, das für seine hervorragenden Schnitzer bekannt ist
● **Makuti:** Traditionelle Dachbedeckung vor allem aus Palmblättern, im Hochland aber auch aus Gräsern oder Bananenblättern
● **Manyatta:** Bezeichnung für eine Masai-Siedlung, ursprünglich nur die Gruppenunterkünfte der Krieger einer Region
● **Matatu:** Sammeltaxi
● **Moran:** Masai-Krieger
● **Murram:** Erdstraßenbelag
● **Muzungu:** Weißer
● **Mwananchi:** Otto Normalverbraucher, der gewöhnliche Kenianer, eigentlich der Landarbeiter

● **Night Game drive:** Nächtliche Pirschfahrt
● **Nyama Choma:** Geröstetes Fleisch, die kenianische Version des Barbeque
● **Nyayo:** Kisuaheli für Fußtapfen, bezeichnet die Politik Mois

● **Panga:** Machete
● **Pota Pota:** Fahrradtaxi

Anhang

●**Rift Valley:** (Ostafrikanischer) Grabenbruch

●**Safari:** Allgemein Reise, aber auch Ausflug zur Tierbeobachtung
●**Shamba:** Farm, Feld
●**Shifta:** Banditen, Wegelagerer, oft somalischer Abstammung
●**Shilingi:** Kisuaheli-Form von Schilling
●**Sokoni:** Markt

●**Taka Taka:** Abfall
●**Tour Operator:** Firma, die Safaris und andere Ausflüge organisiert

●**Uhuru:** Freiheit, politische Unabhängigkeit

Maße und Gewichte

In Kenia, als früherer britischer Kronkolonie, tauchen auch lange nach Einführung metrischer Maße und Gewichte immer mal wieder die **alten englischen Maßeinheiten** auf. So sehen die (gerundeten) Umrechnungen aus:

Längen- und Flächenmaße:
●1 inch (in.) = 2,54 cm; 1 cm = 0,39 in.
●1 foot, Plural: feet (ft.) = 0,30 m;
●1 m = 3,28 ft.
●1 yard (yd.) = 0,91 m; 1 m = 1,09 yd.
●1 mile = 1,61 km; 1 km = 0,62 miles
●1 Acre (ac.) = 0,40 ha; 1 ha = 2,47 ac.

Gewichte:
●1 ounce (oz.) = 28,35 gr; 1 gr = 0,035 oz.
●1 pound (lb.) = 0,45 kg; 1 kg = 2,21 lb.
●1 ton (britische Tonne) = 1016 kg
●1 ton (amerikanische Tonne) = 907 kg

Volumenmaße:
●1 pint = 0,57 l; 1 l = 1,76 pints
●1 imperial gallon = 4,55 l;
●1 l = 0,22 imperial gallons
●1 american gallon = 3,79 l;
●1 l = 0,26 american gallons

Landkarten

Eine empfehlenswerte Landkarte, die für normale Reisen auf eigene Faust völlig ausreicht und in jeder Buchhandlung gekauft/bestellt werden kann, ist die im world mapping project/REISE KNOW-HOW Verlag erschienene **Kenia-Karte** im Maßstab 1:950.000 (mit Ortsverzeichnis, Höhenlinien, Höhenschichten und klassifiziertem Straßennetz; die Karte ist GPS-tauglich, wasserresistent und reißfest).

Für einige der kenianischen Nationalparks und -reserves erhält man in den großen kenianischen Buchhandlungen **Touristenkarten,** auf die man sich aber nicht immer 100%ig verlassen darf, denn zumeist sind sie veraltet und viele Pisten sind nicht eingezeichnet. In den Tierlegenden diverser Nationalparks geistern z.B. noch Nashörner herum, die dort bereits seit über 10 Jahren ausgerottet sind, und auch die vermerkten Campsites und Lodges existieren teilweise nicht mehr, andererseits sind neu entstandene Hotels noch nicht in den Karten vermerkt. Am besten, man fragt die Ranger am Gate, ob sich irgendwelche wichtigen Änderungen, wie Straßensperrungen, Schließungen oder Eröffnung von Toren etc., ergeben haben.

Das **Mapping Office des Department for Lands & Survey in Nairobi** ist eine Fundgrube für all jene, die ausgefallene Touren abseits der ausgetretenen Pfade planen. Die dicht besiedelten Teile Kenias wurden im Maßstab 1:50.000 kartografiert, so dass man nach den Karten auch gut wandern kann, aber: Ausgerechnet die abgelegenen Gebiete im Norden existieren nur im Maßstab 1:100.000. Die Karten sind sehr detailliert und die besten, die man kriegen kann, obwohl sie schon während der Kolonialzeit von den Briten erstellt worden sind und seitdem kaum verändert und aktualisiert wurden. Das muss man bei der Planung beachten. Auf die Angaben über Pisten, Wasserlöcher und kleinere Ortschaften kann man sich also nicht verlassen, topografisch sind sie hingegen zutreffend. Manchmal rücken die Wächter des kartografischen Schatzes die Blätter nicht gerne heraus (Spionageverdacht?), obwohl sich das etwas gelockert zu haben scheint. Irgendwelche Blätter, die man haben möchte, sind ganz bestimmt vergriffen, und niemand weiß, wann nachgedruckt wird. Als Alternative empfehle ich einen Besuch im Clubhaus des **Mountain Club of Kenya** am Wilson Airport in Nairobi. Zum einen hat der MCK eine Übersichtskarte, auf der man die genauen Nummern der einzelnen Blätter abschreiben kann, die man braucht, zum anderen sind in der Bibliothek viele der Karten vorhanden, die man sich notfalls kopieren kann, wenn man beim Mapping Office kein Glück hat. Im Mapping Office erhalten Sie auch einige der Nationalparkkarten, die hier deutlich billiger sind als in den Buchhandlungen.

Für die besonders abgelegenen Gebiete existiert noch eine weitere Kartenalternative: Die **amerikanischen Fliegerkarten** (ONC, 1:1.000.000; TNC, 1:500.000) sind bei den Kartenhäusern und einigen Ausrüstungsläden für die gesamte Erde erhältlich. Die Topografie und Geländedarstellung dieser Karten sind genau, aber da sie zur Orientierung aus der Luft gedacht sind, besitzen sie nur ein grobes und kaum klassifiziertes Wegenetz, geschweige denn Kilometerentfernungen und ähnliche wichtige Informationen. Empfehlenswerter sind da schon die **Karten des sowjetischen Generalstabs,** die in den Maßstäben 1:1.000.000, 1.500.000 und für einige Regionen auch im Maßstab 1.200.000 beim Därr Expeditionsservice zu beziehen sind. Hier sind die Angaben über Siedlungen und Straßen etwas vollständiger. Problem: Alle Beschriftungen sind in kyrillischen Buchstaben, für die man allerdings ein Übersetzungsblatt mitgeliefert bekommt. Karten im Maßstab 1:200.000 müssen einige Monate im Voraus bestellt werden, ebenso vergriffene Blätter.

Literatur und Filme

Zu Ostafrika und speziell zu Kenia existiert eine **Fülle von Literatur.** Ein Großteil der Bücher, die sich mit speziellen Themen auseinandersetzen, ist nur in Englisch erschienen. Es würde den Rahmen dieses Buches sprengen, alle interessanten Titel aufzulisten. Die wichtigsten Werke, die die Reisevorbereitung betreffen, sind in den Unterkapiteln von „Praktische Tipps A–Z" erwähnt. Eine kurze kommentierte Literaturliste findet sich im Anschluss. In ihr sind auch Schmökerstoff für den Urlaub in Ostafrika und schöne Bildbände aufgeführt.

Wer auf der Suche nach ausgefallenen Titeln nicht bei den Buchhandlungen bzw. bei den Reiseausrüstern fündig wird, kann seine Suche auch auf das **Internet** ausdehnen. Weltweit größter Online-Buchhändler ist www.amazon.com, der eine unglaubliche Vielzahl von Titeln führt. Der Clou: Wer über die Suchmaschine Altavista.com einen Suchbegriff eingibt, kann immer direkt nachprüfen lassen, ob Amazon zu diesem Thema Bücher im Sortiment hat. Bequemer geht's nicht. Auch einige Antiquariate bieten inzwischen einen Online-Service an, ihre Kataloge sind aber selten umfangreich und meist nicht auf dem aktuellsten Stand. Ein normales oder ein Online-Antiquariat, welches sich auf Afrika spezialisiert hat, habe ich bisher nicht gefunden.

Sachbücher

● **Ach Afrika,** *Bartholomäus Grill,* Goldmann Verlag (2005). Gut geschriebenes Buch über vieles, was aus europäischer Sicht in Schwarzafrika unerklärlich erscheint – ohne dabei hoffnungslos zu klingen: Kriege, Krankheiten, Armut, Korruption, Hunger etc. Eine gute Einführung des Zeit-Korrespondenten ins Thema Afrika.
● **Afrika, Afrika,** *David Lamb,* Marino Verlag. Politisches Reportagenbuch über Afrika, in dem der Autor mit viel britischem Humor

von Erlebnissen aus seiner langjährigen Zeit als Korrespondent in ganz Afrika berichtet. Lesenswert und unterhaltend.

●**Afrikanisches Fieber,** *Ryszard Kapuscinski,* Eichborn Verlag Frankfurt. Afrika-Korrespondent *Ryszard Kapuscinski* schreibt gut – und er schreibt über das ungeschminkte Afrika. Sehr empfehlenswert!

●**The Dive Sites of Kenya and Tanzania,** *Anton Koornhof,* New Holland Publishers (1997). Bisher der einzige vernünftige Tauchführer für die ostafrikanische Küste.

●**Facing the Lion,** *Joseph Lemasolai Lekuton,* Peter Hammer Verlag (2003). Die Geschichte einer Jugend als Masai-Nomade im nördlichen Kenia – und ihrer amüsanten wie haarsträubenden Erlebnisse. Ein ungewohnter, weil klischeefreier Einblick in die Kultur des Pastoralistenvolkes.

●**Jenseits von Amerika,** *Keith B. Richburg,* Ullstein Taschenbücher. Das Buch des Korrespondenten der Washington Post beschäftigt sich etwas ernster mit den Problemen und dem Grauen im krisengeschüttelten Kontinent als jenes von *David Lamb* (s.o.). Besonders berührend auch deshalb, weil sich *Richburg* als afro-amerikanischer Journalist mit Afrika als dem Land seiner Vorfahren auseinandersetzen muss. Sehr empfehlenswert.

●**Tsavo Trilogy,** *Nana Grosse-Woodley* (Herausgeberin), finanziert und veröffentlicht von Severin Touristik (2008). Schon von der Aufmachung her sind die drei Bände etwas für Liebhaber. Während der erste Band Geschichten und Anekdoten vor den großen Namen der Kolonialzeit präsentiert, von den Großwildjägern und Siedlern und Abenteurern, die alle im Zusammenhang mit dem Tsavo stehen, hat Band zwei kurze Texte bekannter Autoren zu Ostafrika, aber auch afrikanische Sprichwörter in sich vereinigt. Band 3 wagt eine Beschreibung der Natur des Tsavo mit vielen gemalten Tierabbildungen und Texten. Ein besonderes Schmuckstück!

●**Der Ursprung des Menschen,** *Richard Leakey & Roger Lewin,* Fischer Taschenbuch (1998). *Richard Leakey* erzählt von seinen frühmenschlichen Funden und der daraus entwickelten Theorie zur Entstehung des Homo sapiens sapiens – für jeden mit wissenschaftlichem Interesse ein Muss.

●**Von der Steinwüste zum Paradies,** *René Haller & Sabine Baer,* Koschany Verlag (1991). In diesem großformatigen Buch werden die faszinierende Geschichte und die ökologischen Zusammenhänge des Bamburi Naturpark bei Mombasa beleuchtet.

●**Big Chiefs,** *Meja Mwangi,* Peter Hammer Verlag (2009). Meja Mwangis Buch ist brillant geschrieben, sein Thema (leider hochaktuell. Ohne Namen und konkrete Orte zu nennen, klagt er vor dem Hintergrund der kenianischen Wahlunruhen die Big Chiefs, die Mächtigen Afrikas, an, die nach ihren eigenen Gesetzen regieren – und dabei über Leichen gehen.

●**Das Buschbaby,** *Meja Mwangi,* Peter Hammer Verlag (2007). Mwangi kann auch lustig – und das richtig! Er entspinnt eine herrliche Geschichte um ein amerikanisches Ehepaar, das mit einem schwarzen Baby an einem Grenzübergang in den Verdacht des Kindesschmuggels gerät.

Romane und Erzählungen

●**Die Farbe meines Gesichts,** *Miriam Kwalanda,* Droemer & Knaur (2000). Eine Kenianerin erzählt von ihrem Leben als Straßenkind, als Prostituierte an den Stränden von Mombasa und als Ehefrau einer ihrer Freier in Deutschland – der Tatsachenbericht einer starken, lebensbejahenden Frau.

●**Der Fluss dazwischen,** *Ngugi wa Thiorg'o,* Unionsverlag. Das Buch des bekanntesten kenianischen Schriftstellers thematisiert am Beispiel des spirituellen Führers *Waiyaki* die Zerissenheit der Afrikaner zwischen Tradition und Moderne.

●**Die Grünen Hügel Afrikas,** *Ernest Hemingway,* Rowohlt (1996). Vermutlich muss man ein absoluter Jagd- oder Hemingway-Fan sein, um Gefallen an dem Buch zu finden.

●**Himmel über Afrika,** *Francesca Marciano,* Goldmann (2000). Roman auf mäßigem Niveau über das dekadente Leben der Weißen in Kenia. Als Ferienschmöker akzeptabel.

●**Ich träumte von Afrika,** *Kuki Gallmann,* Droemer & Knaur (2000). Die italienische Autorin versteht es, ihre kenianische Autobiografie in Geschichten und Schilderungen eines zauberhaften und magischen Afrikas einzubetten. So erfolgreich war dieses Rezept, dass inzwischen weitere Titel („Afrikanische Nächte" und „Die Nacht der Löwen") erschienen sind. Das Buch wurde unter dem gleichen Titel mit *Kim Basinger* verfilmt.

● **Jenseits von Afrika,** *Karen Blixen,* Rowohlt (1999). Unter dem Titel des weltberühmten Filmes wurde seine Romanvorlage „Afrika – dunkel lockende Welt" neu verlegt.

● **Kariuki und sein weißer Freund,** *Meja Mwangi,* dtv (1997). Die Geschichte einer Freundschaft zwischen einem schwarzen Dorfjungen und dem Enkel eines weißen Großgrundbesitzers während der Zeit der Mau-Mau-Rebellen. Ausgezeichnet mit dem Deutschen Jugendbuchpreis.

● **Matigari,** *Ngugi wa Thiong'o,* Peter Hammer Verlag (1991). Ein Buch über die Enttäuschung eines Mau-Mau-Unabhängigkeitskämpfers, der erkennen muss, dass sich für ihn im unabhängigen, schwarzen Kenia nichts zum Besseren gewendet hat.

● **Mein Leben mit den Massai,** *Catherine Oddie,* Bastei Lübbe. Faszinierender Bericht einer Europäerin, die bürgerliches Leben und Karriere in Europa aufgab, um unter den Masai zu leben.

● **Mord in Mombasa,** *Nick Brownlee,* Knaur Verlag (2009). Ein Buch für den Strandkorb. Beim Lesen der packend erzählten Räuberpistole aus dem Milieu der organisierten Kriminalität besucht man viele Plätze, die man vom eigenen Urlaub kennt. Spannend bis zur letzten Seite.

● **Mr. Rivers letztes Solo,** *Meja Mwangi,* Peter Hammer Verlag (1995). Ein philantropischer amerikanischer Popmusiker organisiert für das totalitäre afrikanische Land Arakan Katastrophenhilfe – womit die Probleme erst beginnen.

● **Nairobi, River Road,** *Meja Mwangi,* Unionsverlag. Ein ausgezeichnetes Buch über das harte Leben der urbanen kenianischen Unterschicht im Nairobi der 1980er. Leider ist das Buch immer noch aktuell.

● **Never say Die,** *Wanyiri Kihoro* (1998), Englisch. Schockierender Tatsachenbericht eines Betroffenen, der während der 1980er Jahre in die Foltermühlen kenianischer Sicherheitsorgane geriet.

● **Nirgendwo in Afrika,** *Stefanie Zweig,* Heyne (2000). Die wahre Geschichte einer deutsch-jüdischen Familie, die 1938 über Umwege nach Kenia flieht. Sehr empfehlenswert!

● **Rote Sonne, Schwarzes Land,** *Barbara Wood.* Der ziegelsteindicke Millionen-Seller beschreibt die Feindschaft zweier kenianischer Familiendynastien – einer schwarzen und einer weißen – und die Liebe zweier ihrer Mitglieder, die daran zerbricht.

● **Schnee auf dem Kilimandscharo,** *Ernest Hemingway,* Rowohlt (1996). Nicht ohne Grund bekannter als „Die Grünen Hügel Afrikas" (s.o.).

● **Das Tal der Elefanten,** *Nicholas Luard,* Lübbe (1999). Das Leben der beiden gegensätzlichen Protagonisten Billy und Violet ist auf seltsame Art durch eine Elefantenherde im kenianischen Hochland miteinander verknüpft.

● **Verbrannte Blüten,** *Ngugi wa Thiong'o,* Peter Hammer Verlag (1981). Der Altmeister der kenianischen Literatur erzählt auf literarisch hohem Niveau von der Zeit nach der kenianischen Unabhängigkeit, als viele Träume an der aufkommenden Korruption und Misswirtschaft zerbrechen.

● **Die weiße Massai,** *Corinne Hoffmann,* Droemer & Knaur (2000). Auch diese Autorin hat bei den Masai gelebt und bietet einen interessanten Blickwinkel auf das Leben des Volkes. Die Naivität der Autorin, die an vielen Stellen deutlich wird, schmälert das Lesevergnügen allerdings beträchtlich.

Bestimmungsführer

● **A Field Guide to the Mammals of Africa,** *T. Haltenorth & H. Diller,* Collins (1988), Englisch. Ein zuverlässiger Begleiter auf jeder Safari. Die Namen der wichtigsten Tiere werden im Beschreibungsteil auch auf Deutsch aufgeführt.

● **Birds of East Africa,** *J.G. Williams, N. Arlott,* Collins (1988), Englisch. Immer noch das beste Vogelbestimmungsbuch für eine Safari, in jedem Buchladen Nairobis erhältlich.

● **Pflanzen Ostafrikas,** *H. Schmutterer,* TZ Verlagsgesellschaft, 1976. Das Buch ist zum

Reisen eigentlich zu schwer, behandelt aber auch eingeführte Bäume und Pflanzen aus anderen Teilen der Tropen und Subtropen.

●**Reptiles and Amphibiars of East Africa,** *Norman G. Hedges,* Kenya Literature Bureau (1983), Englisch. Ein preisgünstiges Bestimmungsbuch für die wichtigsten Reptilien und Amphibien in Kenia. Leider ist der Druck sehr mässig.

●**Wild Flowers of East Africa,** *Michael Blundell,* Collins Photo Guide (1992), Englisch. Einfache Pflanzenerkennung mit Hilfe von Farbfotos.

Sonstiges

●**Traumstraßen Ostafrikas,** *Hartmut Fiebig,* Bruckmann Verlag (2009). Sehr schöne bebilderte Einführung in die ostafrikanischen Länder Kenia, Tansania und Uganda mit Routen zum Nachreisen. Auf der Webpage des Autors handsignierte Exemplare mit Widmung!

Filme

●**Jenseits von Afrika,** Regie: *Sydney Pollack,* mit *Meryl Streep, Robert Redford* und *Klaus Maria Brandauer.* Der große Klassiker, der zahlreiche Oscars gewonnen hat.

●**Der Geist und die Dunkelheit,** Regie: *Stephen Hopkins.* Der 1996 in Südafrika gedrehte Film beruht auf der wahren Geschichte der beiden Menschenfresser-Löwen, die den Bau der Uganda-Bahn um fast ein Jahr verzögerten. *Michael Douglas* als furchtloser Jäger *Remington* und *Val Kilmer* als ehrgeiziger Eisenbahningenieur *John Patterson.*

●**Die letzten Tage in Kenia** (Originaltitel: *White Mischief),* Regie: *Michael Radford.* Der 1987 in Kenia gedrehte Film basiert auf einem Roman von *James Fox* über den spektakulären Mord an *Lord Errolls* – Galionsfigur der Happy-Valley-Gesellschaft –, der die Kolonie Kenia vor dem Zweiten Weltkrieg erschütterte. Mit *Greta Scacchi, Charles Dance* und in einer kleinen Nebenrolle *Hugh Grant.*

●**To walk with Lions,** ein Film über den Löwenmann *George Adams,* der zu großen Teilen im Shaba Nationalreserve gedreht worden ist.

Anhang

HILFE!

Dieses Reisehandbuch ist gespickt mit unzähligen Adressen, Preisen, Tipps und Infos. Nur vor Ort kann überprüft werden, was noch stimmt, was sich verändert hat, ob Preise gestiegen oder gefallen sind, ob ein Hotel, ein Restaurant immer noch empfehlenswert ist oder nicht mehr, ob ein Ziel noch oder jetzt erreichbar ist, ob es eine lohnende Alternative gibt usw. Unsere Autoren sind zwar stetig unterwegs, aber auf die Mithilfe von Reisenden können sie nicht verzichten.

Darum: Schreiben Sie uns, was sich geändert hat, was besser sein könnte, was gestrichen bzw. ergänzt werden soll. Nur so bleibt dieses Buch aktuell und zuverlässig. Wenn sich die Infos direkt auf das Buch beziehen, würde die Seitenangabe uns die Arbeit sehr erleichtern. Gut verwertbare Informationen belohnt der Verlag mit einem Sprechführer Ihrer Wahl aus der Reihe „Kauderwelsch".

Bitte schreiben Sie an:

REISE KNOW-HOW Verlag Peter Rump GmbH, Pf 14 06 66

D-33626 Bielefeld, oder per e-mail an: info@reise-know-how.de

Danke!

Anhang

Abenteuer & Fernweh

**Afrika erleben –
Mit öffentlichen Verkehrsmitteln
von Marokko bis zum Kap**

Matthias Hanke

224 Seiten, 60 Fotos, 12,80 €
ISBN 978-3-9806849-0-3

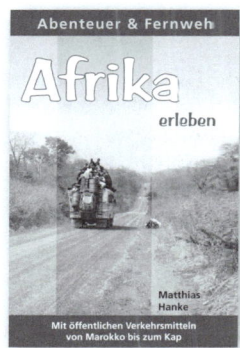

23 000 Kilometer … von Deutschland bis zum Kap der Guten Hoffnung: Fünf Monate in Zügen und Bussen, auf Ladeflächen grosser und kleiner Lastwagen, in Pkws, mit Booten, auf dem Rücksitz eines Motorrades – und wenn es gar nichts mehr gab, dann auch zu Fuß.
Die Gastfreundschaft der unter einfachsten Bedingungen lebenden Bewohner war oft überwältigend. Das Hauptinteresse galt zwar den Menschen – aber was wäre Afrika ohne die einzigartigen Naturwunder? Die Besteigung des Ruwenzori, der Ngorongoro-Krater und die Victoriafälle waren die spektakulärsten Stationen.

Register

Der Autor

Hartmut Fiebig, Jahrgang 68, reist bereits, solange er denken kann. Aufgewachsen ist er in Ägypten, mit 21 Jahren radelte er knapp 20.000 Kilometer von Deutschland nach Südafrika. Insgesamt ein Drittel seines Lebens verbrachte er auf dem afrikanischen Kontinent, seine besondere Aufmerksamkeit gilt dabei Ostafrika. Arabisch und Kisuaheli spricht der Afrika- und Orientspezialist fließend. Während und nach seinem Studium der Islam- und Tropischen Agrarwissenschaften vertieften mehr als 40, zum Teil monatelange Recherche- und Expeditionsreisen seine Einblicke in Kultur, Wirtschaft und Politik Afrikas, Arabiens und Asiens. Mit Kamera und Aufnahmegerät hält er sie fest, um sich in Artikeln, Diareportagen und Büchern damit auseinanderzusetzen.

Seine Fotografien und Texte wurden in deutschen wie internationalen Zeitungen und Magazinen veröffentlicht. *Hartmut Fiebig* ist berufenes Mitglied der Gesellschaft für Bild und Vortrag (GBV). Seinen Namen als Vortragskünstler bei Publikum und Veranstaltern im deutschsprachigen Raum verdankt er dem lebendigen Stil und der fesselnden Rhetorik wie auch der Intensität seiner Bilder. Der Diavortrag „Weihrauchland im Wandel" wurde beim El-Mundo-Festival in Judenburg/Österreich ausgezeichnet.

Hartmut Fiebig ist Mitbegründer der Agentur „grenzgang", die außergewöhnliche Veranstaltungen rund ums Reisen organisiert. Seit 2006 ist *Hartmut Fiebig* Ehrenbotschafter der Republik Kenia.

● **Internetseiten des Autors:** Weitere Informationen, umfangreiches Bildmaterial, diverse Reportagen und aktuelle Diavortragstermine finden Sie unter www.hartmut-fiebig.de und www.grenzgang.de.

Danksagung

Das Erscheinen eines Buches ist wie eine Geburt, der eine lange Schwangerschaft vorausgeht. Und die ist mit kaum beschreibbaren Beschwerden, Entsagungen und Schmerzen verbunden, auch – und besonders! – für eine, die das langsame Werden begleiten. Für den lieben Beistand, die viele Hilfe und das Ertragen sämtlicher Unausgeglichenheit während der vergangenen eineinhalb Jahre gilt mein größter Dank *Christina Otto!*

Daneben möchte ich zwei Geburtshelfern ein ganz besonderes Dankeschön sagen: *Susi Kerschbaumer,* die mich mit unbeschreiblichem Elan, unbremsbarer Liebe zu Kenia, durch den Kontakt zu ungezählten Freunden und viel, viel privater Zeit bei Recherchen und Arbeiten am Manuskript stark unterstützt hat, sowie meinem Lektor *Michael Luck,* zu dessen Qualitäten neben aller fachlicher Exzellenz Ausgeglichenheit und Ge-

duld von afrikanischem Ausmaß gehören. Ohne diese Drei wäre das Buch wohl kaum in dieser Güte wiedererschienen. Ich hoffe, auch sie empfinden die unbeschreibliche Freude, das Neugeborene endlich in Händen zu halten. Ich denke, zu einem guten Teil ist es auch ihr Spross.

Für die Entlastungen während der Arbeit am Buch gilt mein Dank ferner *Guido Bürger* und *Johannes Erretkamps.*

Die Agentur „grenzgang", ein weiteres meiner „Kinder", bindet einen guten Teil meiner Kraft und Aufmerksamkeit. Hätte das grenzgang-Team nicht viele meiner Aufgaben übernommen und mich ziehen lassen, ich hätte nicht auf monatelange Recherchereise gehen können. In diesem Sinne: Großen Dank an *Ramin* und *Anke Houchmand,* aber auch an *Katharina Feldgen, Peter Boshold, Eva Helm, Christian Reher* und natürlich meine Agentin *Kerstin Wittmütz!*

Viele haben mich vor Ort in Kenia bei den Recherchen unterstützt. An erster Stelle gebührt meinem Freund *Ali Carlos Lempaso Lepalo* als zuverlässiger Reisegefährte großer Dank! Für viele wertvolle Insider-Infos und professionelle Erfahrung möchte ich *Chris Handschuh* von The Jungle Junction, *Monika* und *Lofty Solanki* von Lofty Safaris in Mombasa danken, aber auch *Toni Tschank* von Kibo Slope Safaris in Nairobi. Danke auch an *Fitsum Berhe Woldelibanos, Till Müllemeister, Titus Mwangi* und *Dan Amolo.*

Zahlreiche Verantwortliche in kenianischen Institutionen haben die Arbeiten an diesem Buch immer wieder maßgeblich unterstützt. Mein besonderer Dank gebührt dem Ministry of Tourism, insbesondere Tourismusminister Honourable *Najib Balala* und Permanent Secretary for Tourism *Rebecca Naputola,* ferner *Jacinta Nzioka, Michael Riungu, Rose Kwena, Jonathan Mbiyu, Rachel Lofty* und *Fred Okeyo* vom Kenya Tourism Board (KTB) sowie *Tobias Hannemann* und *Birger Meier-Johann* von der Deutschland-Vertretung des KTB.

Besonders hervorheben möchte ich auch *Julius Kipng'etich,* Director des Kenya Wildlife Service (KWS), *Michael Kipkeu,* Senior Assistant Director National Parks KWS sowie Chief Game Warden *William Kinosop* vom Lake Bogoria National Reserve und Inspector *Mwangi* der Kenya Police in Oloitokitok.

Ein aufrichtiger Dank gebührt ferner meinen Partnern, die seit Jahren meine reisejournalistische Arbeit und auch maßgeblich diesen Reiseführer unterstützen: *Michael Schott, Gabi Krombach* und *Andrea Bahmann* von Hauser Exkursionen, *Guido Segers* von Bogen Imaging, *Matthias Schultis* und *Werner Hoffmann* von Wolf Photomedia sowie *Rudi Hradil* von AV Stumpfl.

Viele Leser haben mit ihren detaillierten Anmerkungen die Aktualisierung der 3. Auflage unterstützt, u.a. *Oliver Kropff, Laura Henn, Dieter Krämer, Christopher Heege, Anna Wilkens, Bernd Haussmann, Andrea Rothe & Helga Ohany, Dietmar Roessler, Hans Georg Bier* und *Danny Kahindi.* Ihnen allen gilt mein großer Dank.

Und schließlich möchte ich mich bei den ungezählten Kenianern bedanken, deren Namen hier keinerlei Berücksichtigung finden konnte, die mir aber immer wieder mit ihrer Gastfreundschaft, mit tatkräftiger Unterstützung und ihrem Optimismus weiterhalfen.

Atlas

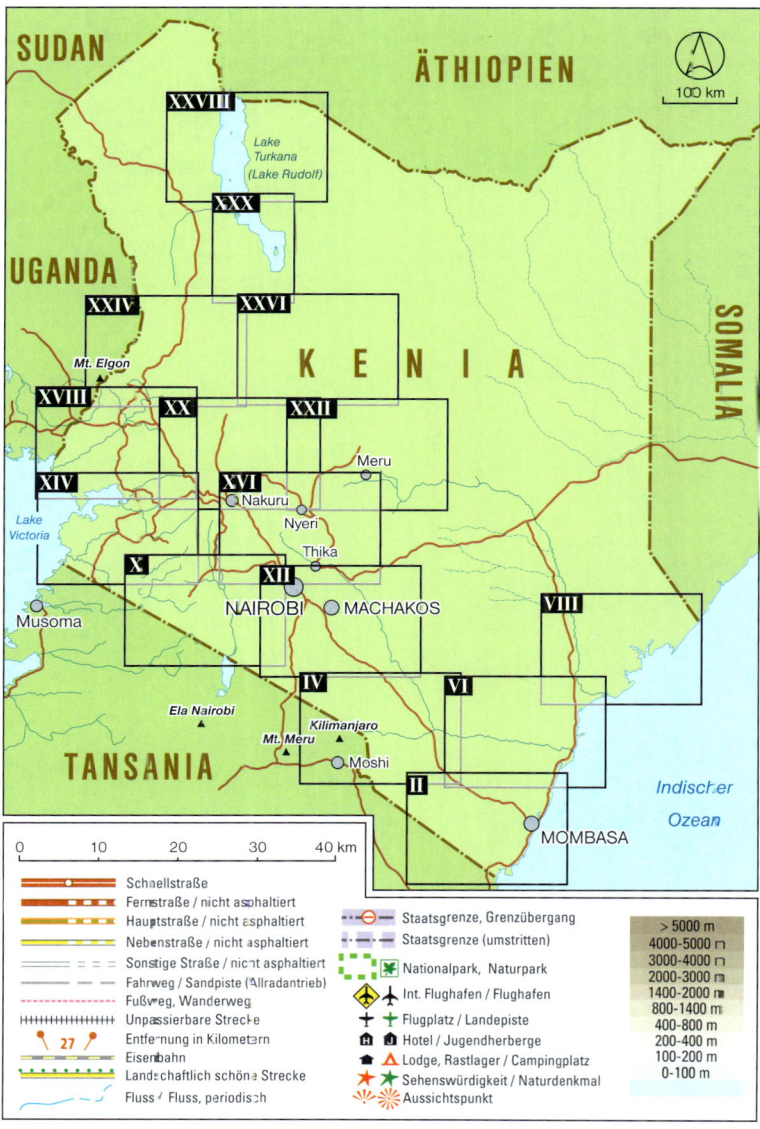

SUDAN · **ÄTHIOPIEN** · **UGANDA** · **SOMALIA** · **KENIA** · **TANSANIA**

100 km

Lake Turkana (Lake Rudolf)

Mt. Elgon

Meru
Nakuru
Nyeri
Thika
NAIROBI   MACHAKOS
Musoma
Lake Victoria

Ela Nairobi
Kilimanjaro
Mt. Meru
Moshi

Indischer Ozean

MOMBASA

	Kartenbezeichnungen
XXVIII	
XXX	
XXIV	XXVI
XVIII	XX · XXII
XIV	XVI
X	XII
IV	VI
II	VIII

Zeichenerklärung

0	10	20	30	40 km

- ━━━━ Schnellstraße
- ━━━━ Fernstraße / nicht asphaltiert
- ━━━━ Hauptstraße / nicht asphaltiert
- ━━━━ Nebenstraße / nicht asphaltiert
- ═══ = = = Sonstige Straße / nicht asphaltiert
- ─── ─ ─ Fahrweg / Sandpiste (Allradantrieb)
- ·········· Fußweg, Wanderweg
- ─·─·─·─ Unpassierbare Strecke
- 27 Entfernung in Kilometern
- ▬▬▬ Eisenbahn
- ·········· Landschaftlich schöne Strecke
- 〜 Fluss / Fluss, periodisch

- ─○─·─ Staatsgrenze, Grenzübergang
- ─·─·─ Staatsgrenze (umstritten)
- 〓✖ Nationalpark, Naturpark
- ◆✈ Int. Flughafen / Flughafen
- ✝✈ Flugplatz / Landepiste
- 🏠🏨 Hotel / Jugendherberge
- 🏠△ Lodge, Rastlager / Campingplatz
- ★ Sehenswürdigkeit / Naturdenkmal
- ☀☀ Aussichtspunkt

> 5000 m	
4000-5000 m	
3000-4000 m	
2000-3000 m	
1400-2000 m	
800-1400 m	
400-800 m	
200-400 m	
100-200 m	
0-100 m	

Anschluss Karte V

A 1518
Taita Hills Lodge
1332
Taita Hills Wildlife Sanctuary
Sagala Hills
Kitibu
Maungu
B
Buchuma
Maungu Plains
58
160
Buchuma Gate
Westermann's Safari Camp
Buchuma
Taita Discovery Centre
Mwanatibu A 109
Mackinnon Road
Taru
Gai Rock
Taita Ranch
Rukinga Ranch
1 800
Rukanga
Kasigau 1641
Makwasinyi
Galla Camp
Bungule
Kasigau Gate

Kilibasi
Shambini
C o a s t
600
Mwardimu
Mavanandi
2 *Mkomazi*
708
200
Ndavaya
400
60
Mwerer
C 106
Game
Mwangulu
Reserve
Kivingo
Makalanga
Mnazi
TANZANIA
Kileve
2219
U s a m b a r a
Lunguza
Umba
517
Mikameni
Lunga-Lunga
Mazelogo
Umba
17
Kwemkole
Bombo
26
Horohoro
3 Mlalo
Mlungui
A 14
Mbangala
Kwekongo
Kivumo
R 505
Mtandikeni
R 503
77 2229
Mshalai
Mvilingano
Mvumoni
Mabayani
Hembola
Mdezui
Mgwashi
Msalaka
Mshinde
Mkujani
Bombo
Bwiti
Moa
Manza
M o u n t a i n s
A
B

Anschluss Karte VII

Anschluss Karte XII

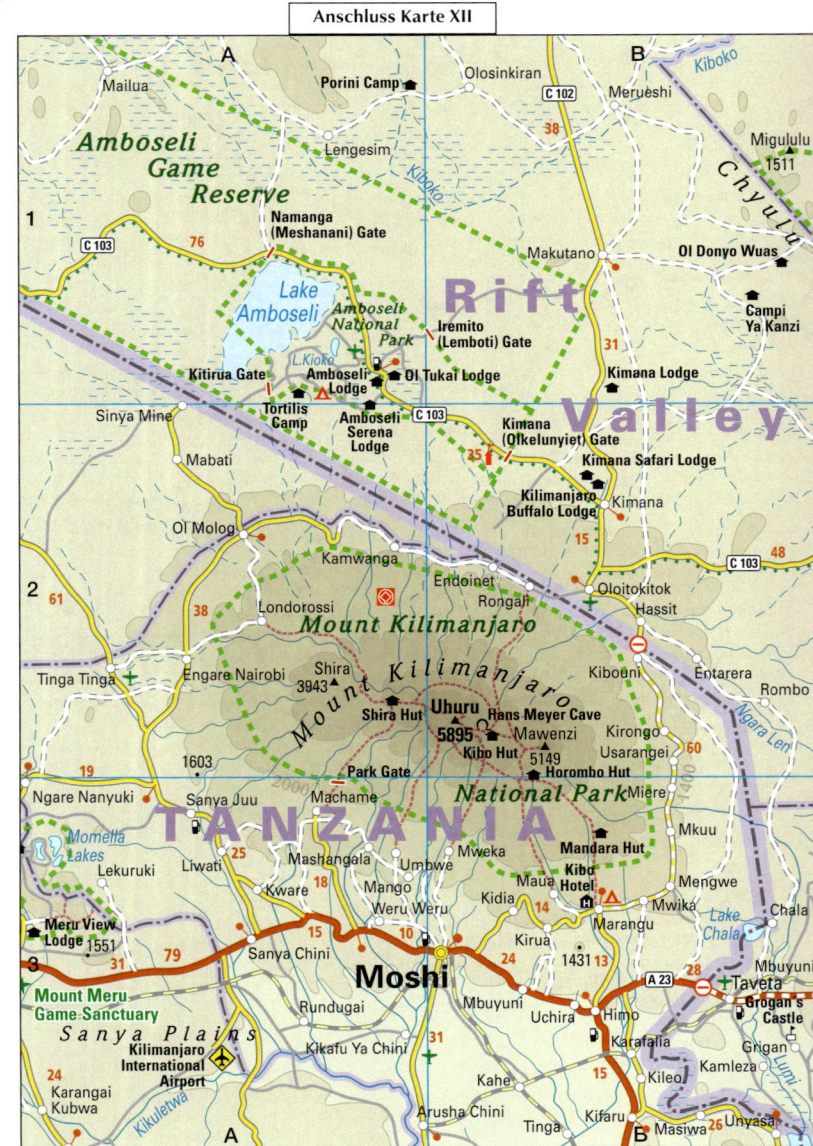

Anschluss Karte XIII

Atlas

Anschluss Karte II

Anschluss Karte II

Anschluss Karte VIII

C

D

C 112 Witu

Lake Shaka Babo

Ngao

Dida Waredi

Matapani 20

Tana River Delta

49 Golbanti

Oda

Tana

Kau

Chathoro

Ariti

Kizanga

Ozi

134

Anasa

55

1

Karawa

50

Tana River Delta Camp

48

U n g w a n a

B 8

B a y

Hadu

20

Matereni

Ramada

Mbohea

Robinson Island

Fundisa

Fundisa

Kibaoni

Mizijini

Manyeso

Dakacha

Hell's Kitchen (Nyari)

26

22

52 Ras Ngomeni

10

Ngomeni

2

Matolani

Marafa

Gondoni

169

Baricho

30

Chakama

Marikebuni

Galana

Mambrui

Garashi

Kakoneni

Dagamra

15

Bengoni

C 103

Madungoni

Sabaki

51

Jilore

Mwaga

520

Kakayuni

Ganda

Malindi

Mwahera

Arabuko

Msabaha

B 8

Malindi Marine National Park

Vitengeni

Arabuko

Gedi

Gedi National Monument

54

Kavuluni

Sokoke

Timboni

Watamu

Marine National Reserve

Shambweni

Dida

Forest

61

Penda Kula

Watamu Marine National Park

INDIAN OCEAN

Roka

Tide Creek

3

55

Sokoke

121

Ganzi

Tezo

C 115

Mtoncia

C

D

Anschluss Karte III

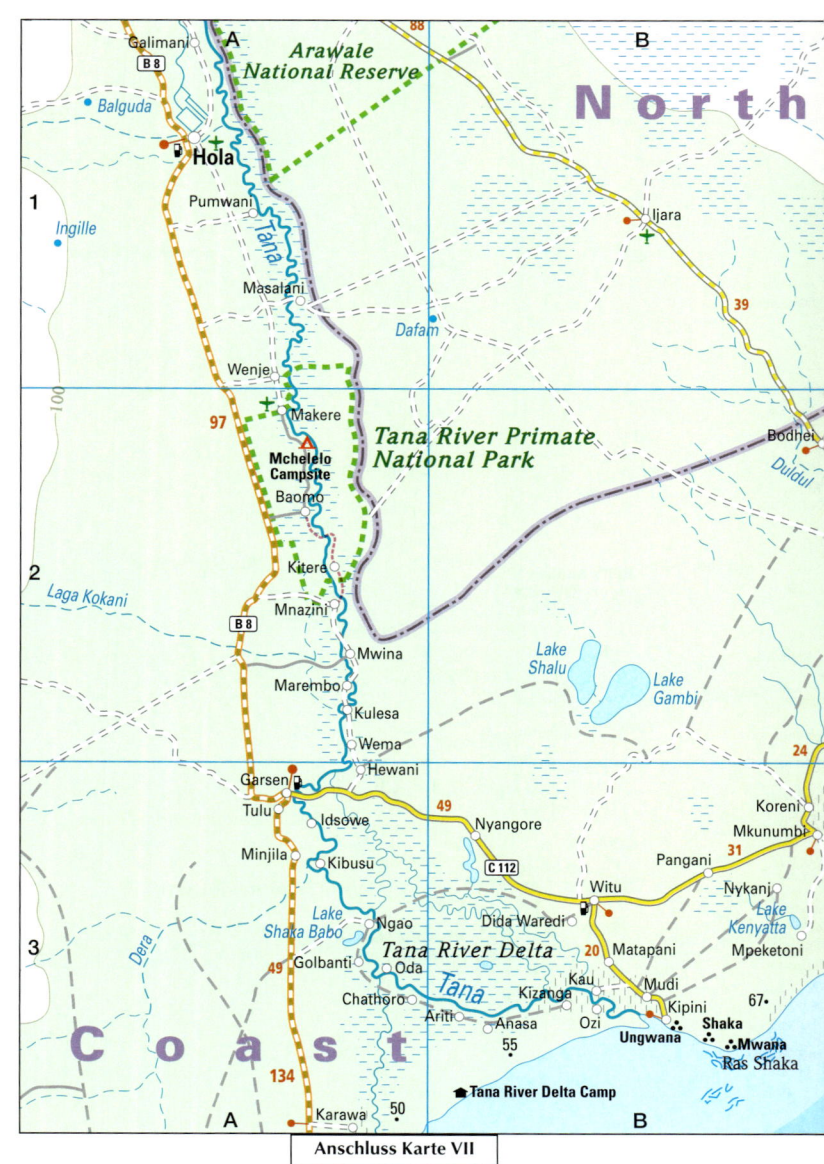

Anschluss Karte VII

Eastern

Boni
National Reserve

Bio
Gudud

Chiamboni

Mararani

18 Dar Es Salaam
(Shakari)

98

Mangai

Kiunga

Milimani

Kiungamwina Is.

Shakani Is.

Dodori

Mambore

Simambaya Island

Dodori
National Reserve   36

Kiunga Marine
National Reserve

Majengo

Kiduruni

Rubu

Mkauonio   Kiangwe

Ashuwei

Simambaya

Oseni

Kiwaiyu Safari Village

Anish

41

Munira Island Camp

Makumbe

Dondo

Kiwaiyu Island

Bargoni

Ndau Island

Kiwaiyu

Magogoni

Siu Channel

Mongani Creek

Faza

Kisingitini

Siyu Fort

Tundwa

Nabahani Ruins

Siyu

Pate Island

Tukutu Is.

Pate

Shanga Ruins

Hindi

Kisingati Is.

10

Hidio

Blue Safari
Club

Mokowe

Lamu

Lamu

Manda Island

Matondoni

Takwa Miliga

81

Kipungani
Bay Resort

Old
Town

Shela

Takwa Ruins

100

Luziwa

Lamu
Island

Ras Kitau

Kiongwe

72

Ras Tenewe

1500

200   500   1000

2000

INDIAN

OCEAN

Anschluss Karte XV

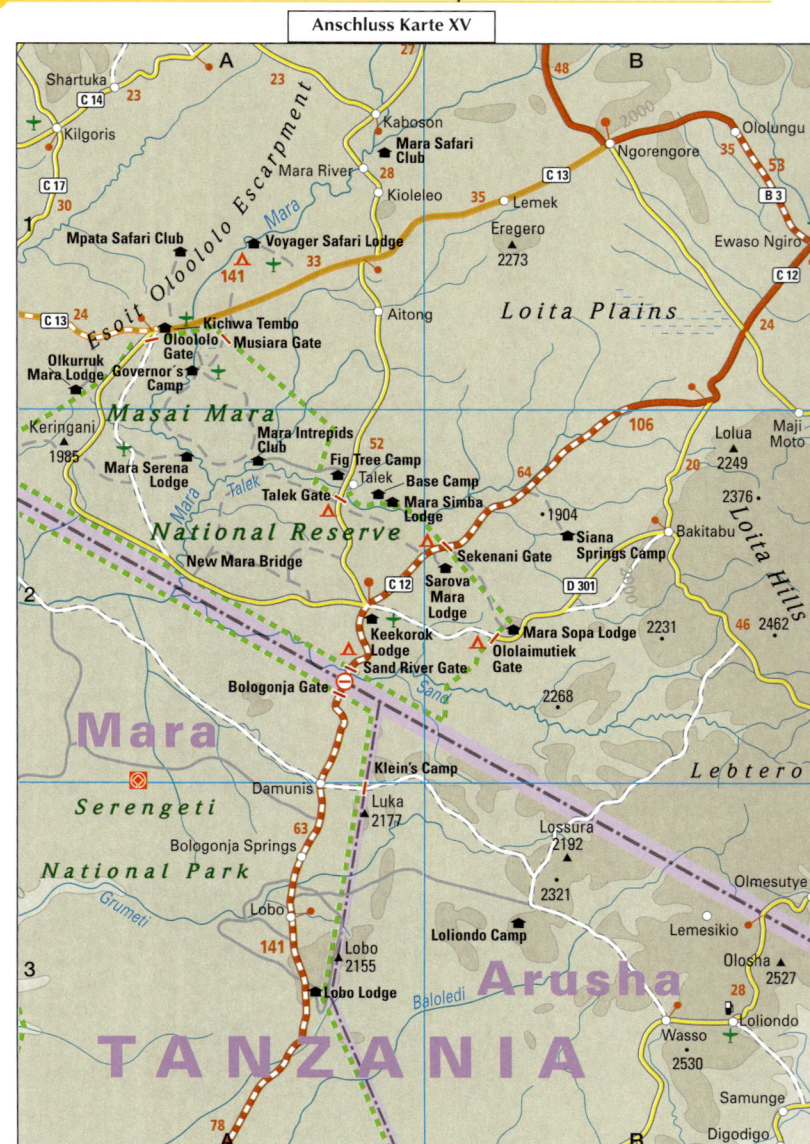

Anschluss Karte XVI

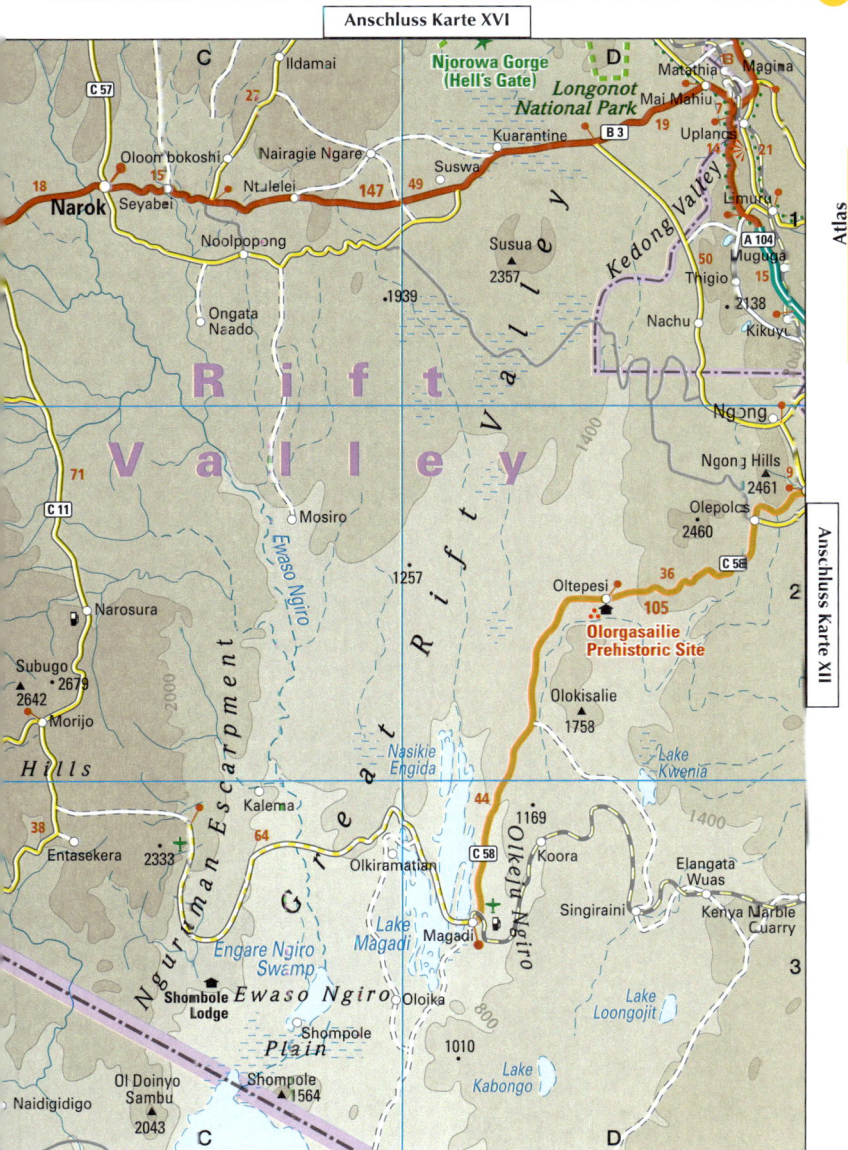

Anschluss Karte XVI

Anschluss Karte XI

Anschluss Karte XVII

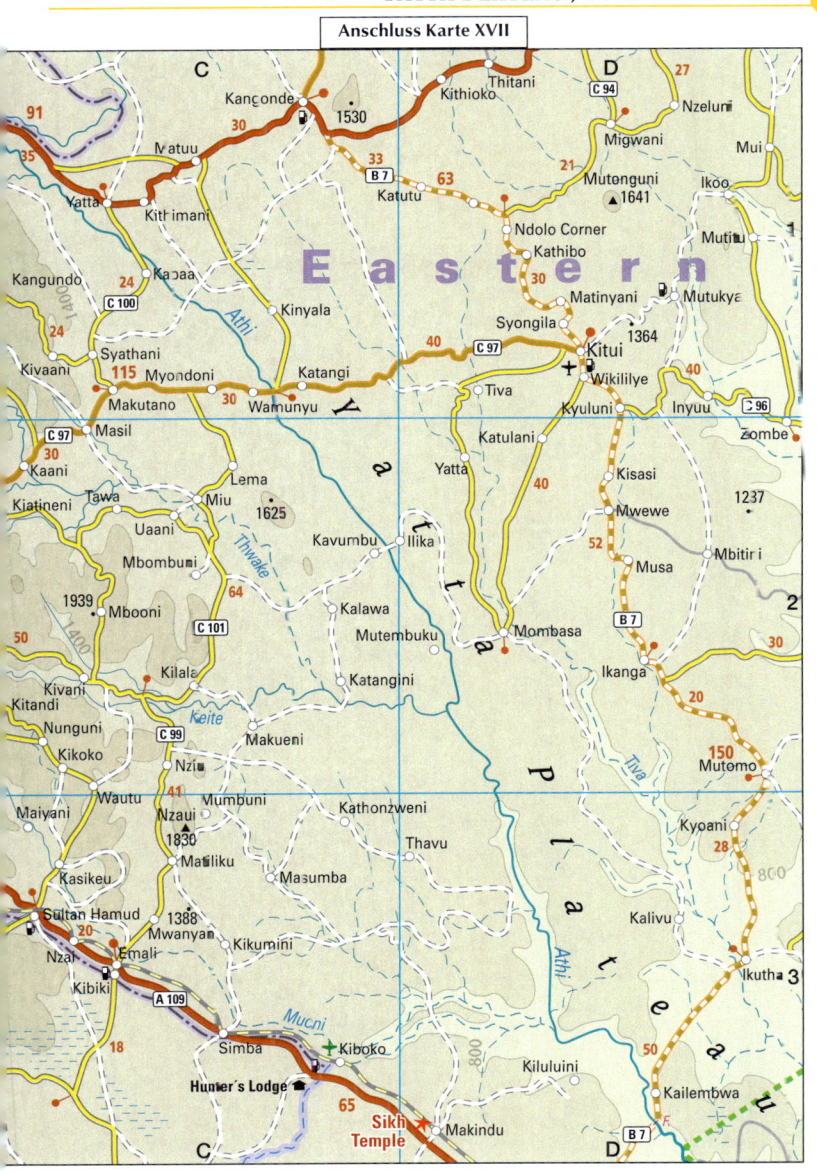

Atlas

Anschluss Karte XVIII

Anschluss Karten XIX, XX

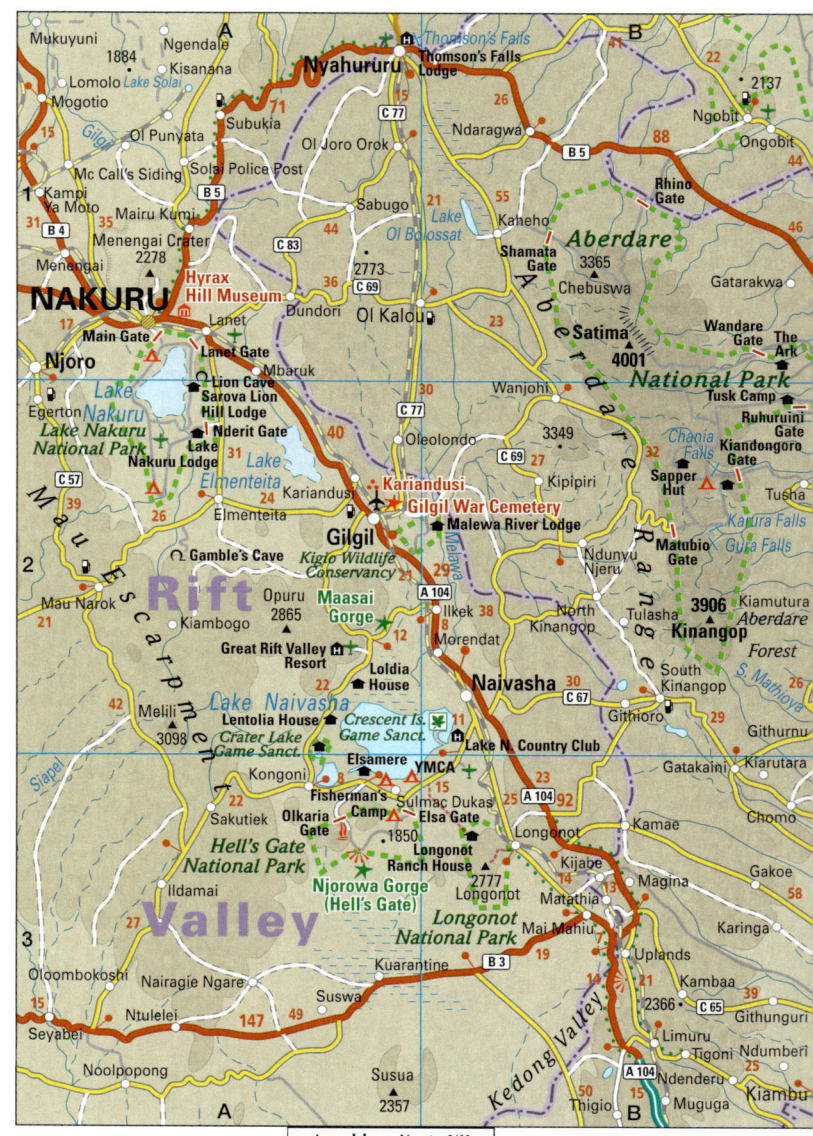

Anschluss Karte XII

Atlas

Anschluss Karte XIII

Anschluss Karte XXV

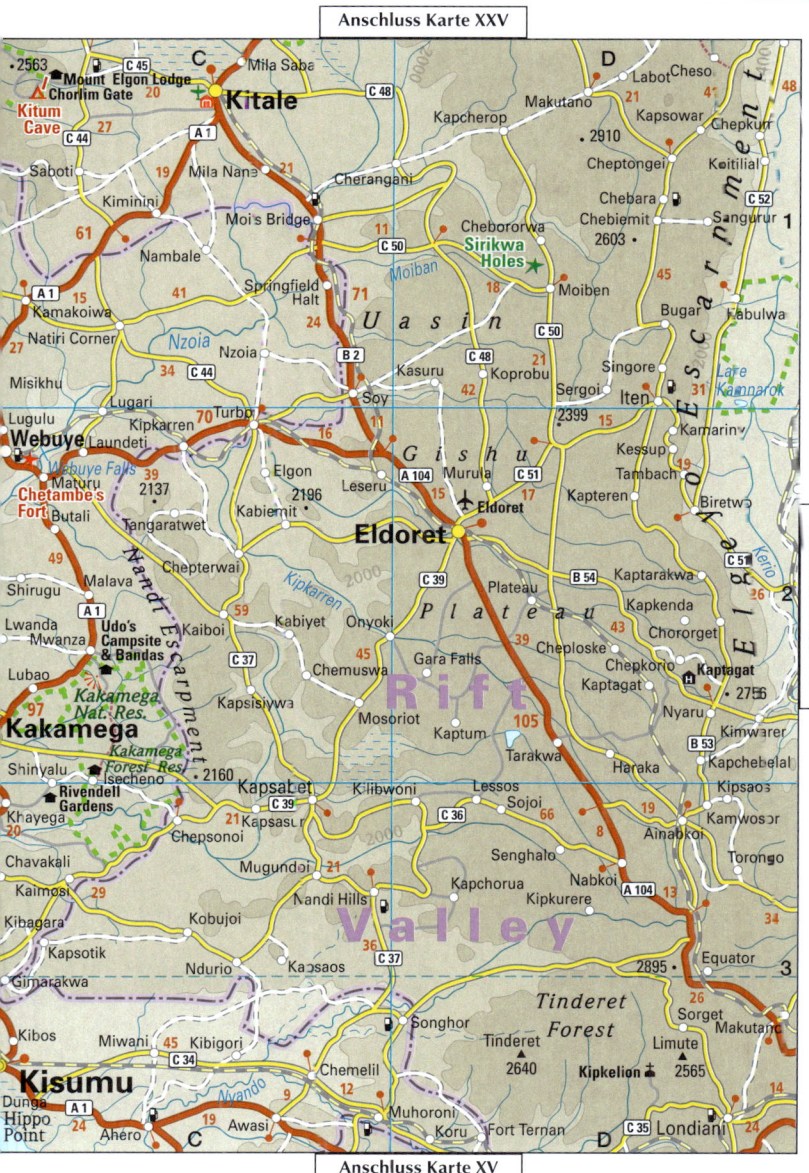

Anschluss Karte XXV

Atlas

Anschluss Karte XX

Anschluss Karte XV

Anschluss Karte XXV

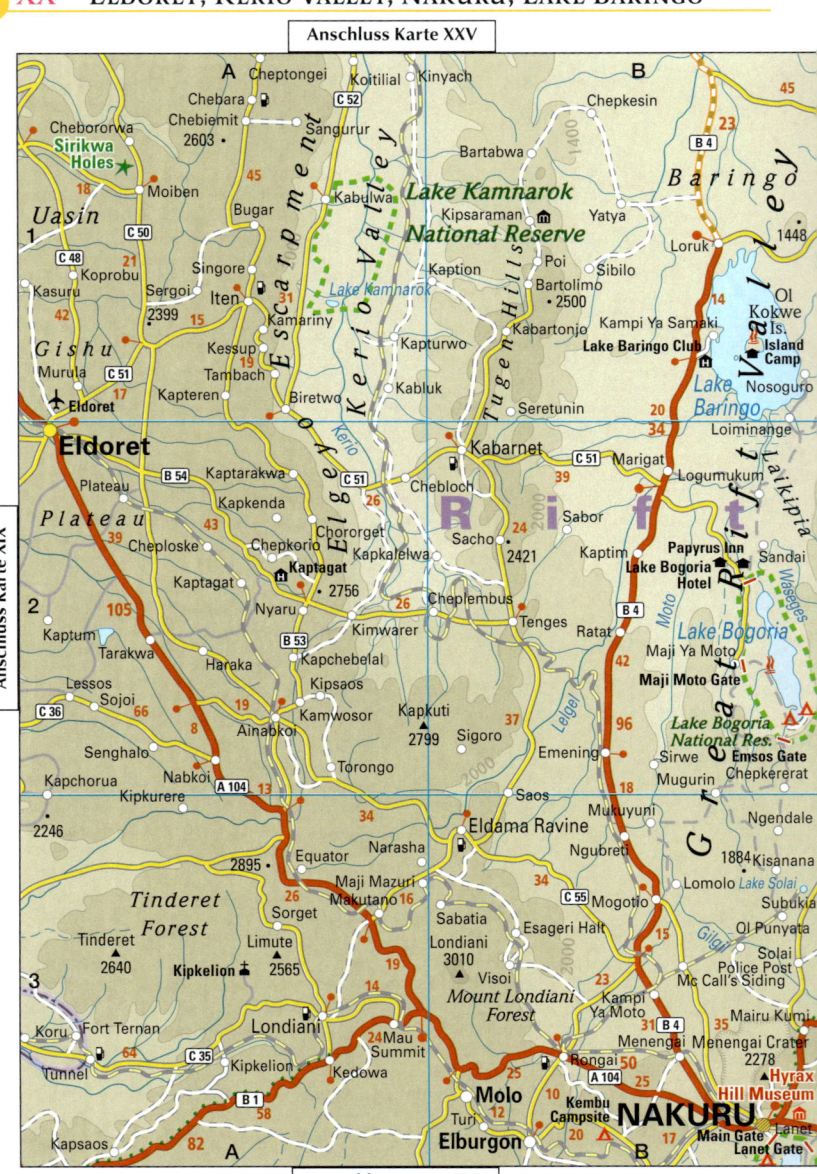

Anschluss Karte XIX

Anschluss Karte XV

Anschluss Karte XXVI

Atlas

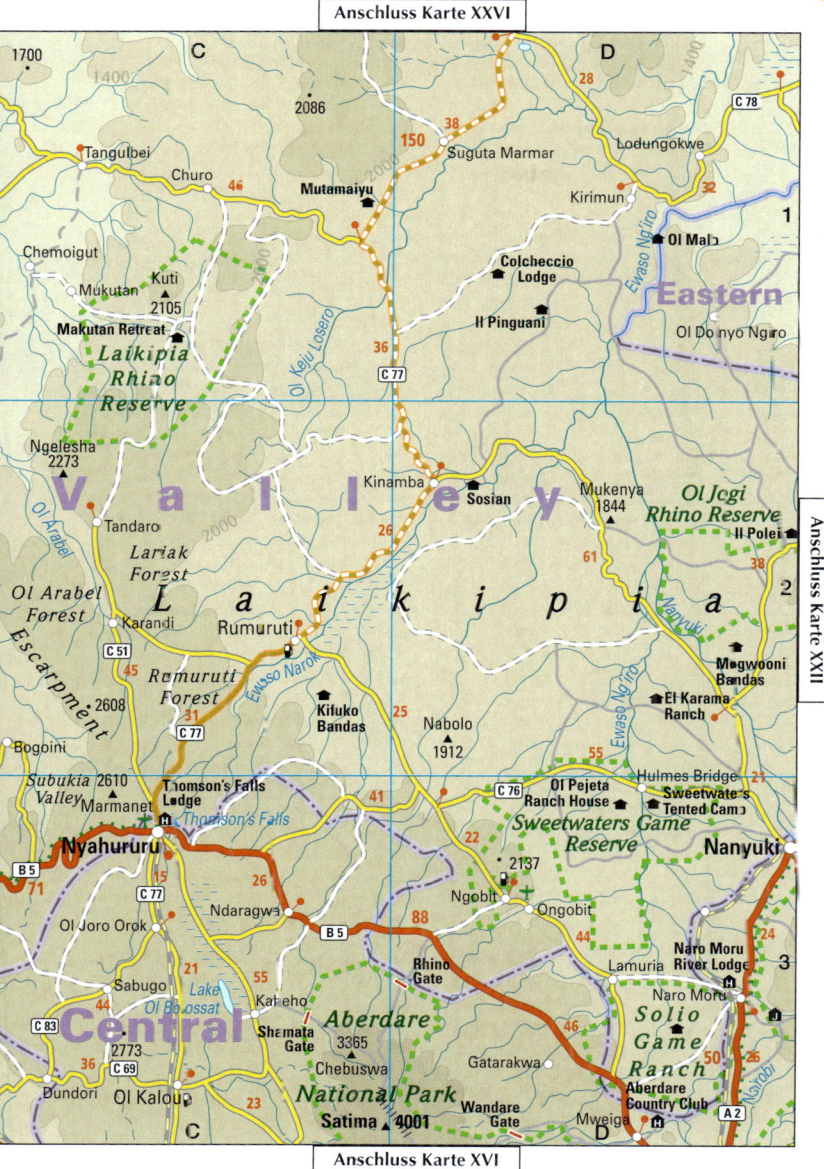

Anschluss Karte XXII

Anschluss Karte XVI

Anschluss Karte XXVI

Anschluss Karte XXI

Anschluss Karte XVII

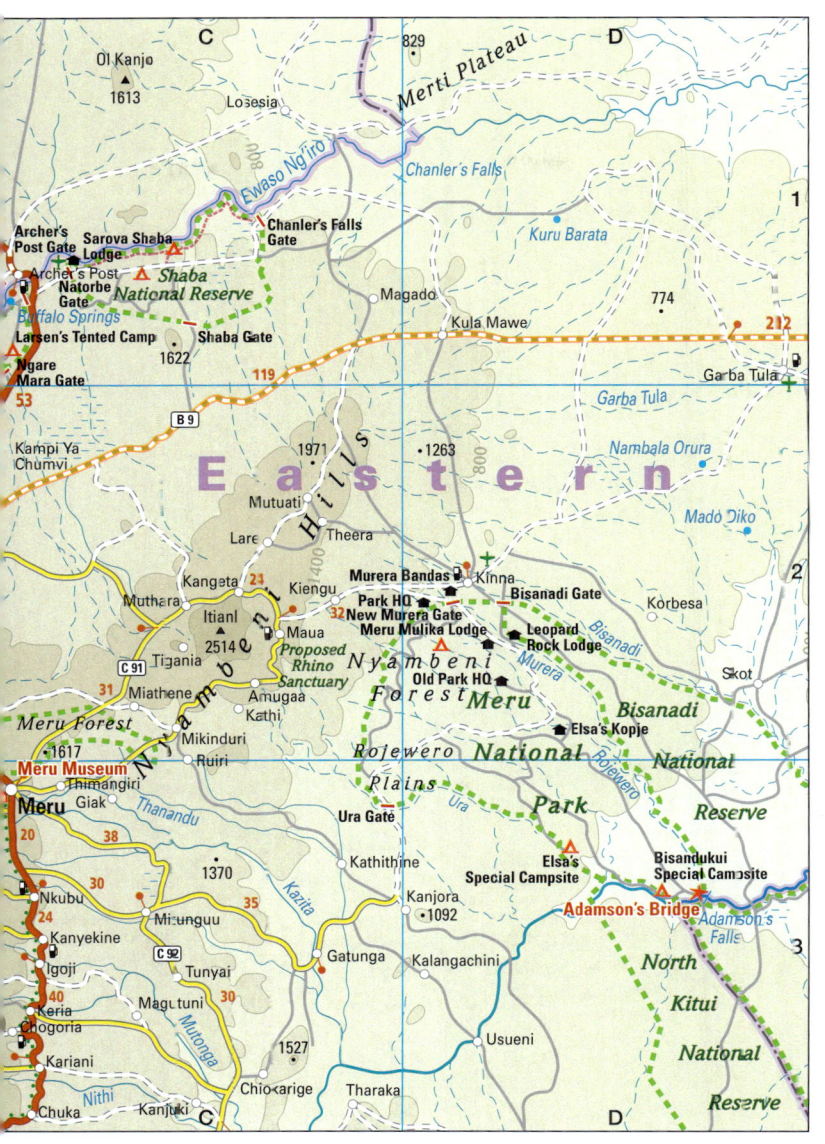

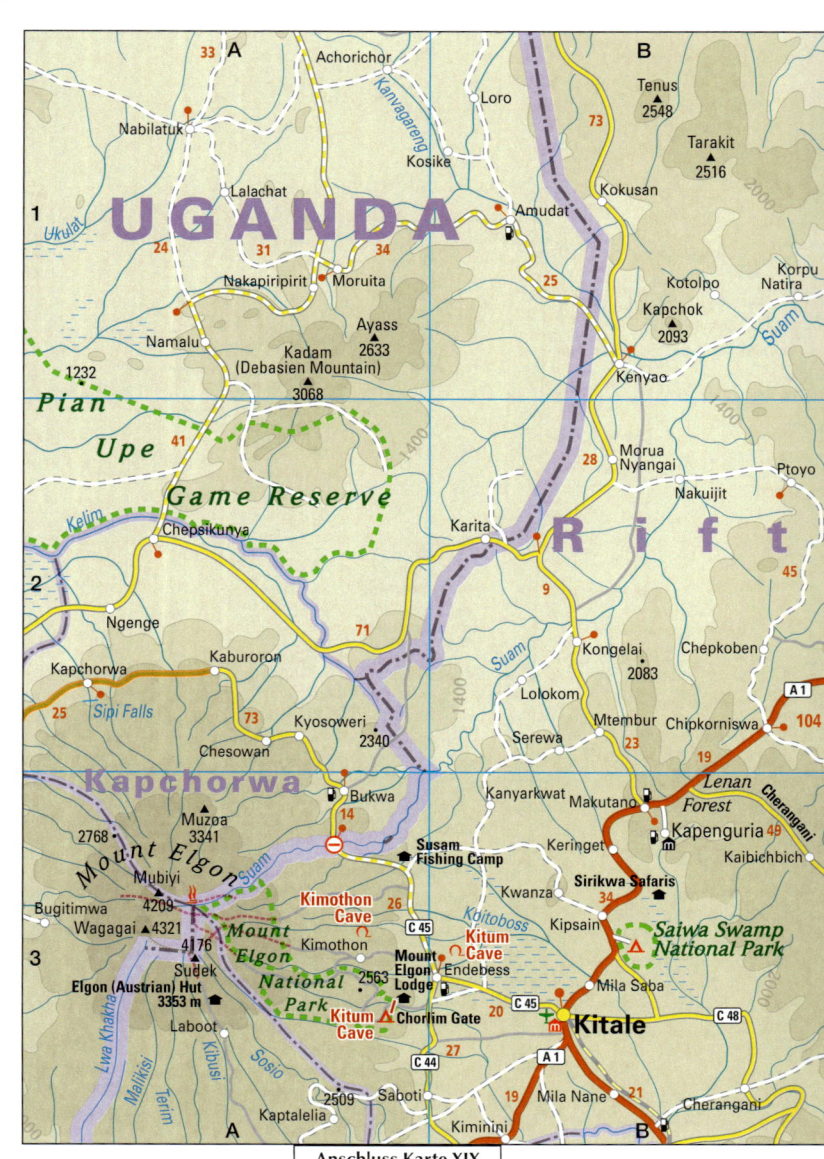

Anschluss Karte XIX

Atlas

Anschluss Karte XXVI

C **A 1**

277 D

Kaputir

Gakong

Lokori

Kangetet

Turkwel

Turkwell Gorge

Anglogitat

Turkwell Dam

Nasalot National Reserve

Lebatin Plains

South Turkana

Kailongol ▲ 2067

57

Chepterr

Kainuk

Nasalot

National

800

Amurwa

Wei Wei

Turkwel

Reserve

Lctongot

100

Napeitom

800

▲ Mtelo 3334

Kollosia

1615 ·

Amaler

V a l l e y

Ruma

Akeriemet

■ Marich Pass Field Studies Centre

41

Kerio

101

Sigor

Marich Pass

B 4   28

C 46

· 1525

C 113

2

Marun

51

Ortum

Sebit

Sondang ▲ 3206

Lomut

Parua

High Cherangani

Tamkal

Chemnirot ▲ 3581

Chesegon

Tiati ▲ 2351

Cherangani Hills

Sina

Chephotet ▲ 3369

Kapsangar

Kalelaigelat ▲ 3350

Kerio

21

110

Kolowa

Suguta

Carpello

Karpeddo

Si ali 1526

Highway

Kapsait

Tot

B 4

61

Elgeyo Escarpment

Kapiego

Chesongoch

41

Chesetan

48

Kito Pass

31

3

Labot

Chesoi

Kerio Valley

Makutano

Kapcherop · 2910

21

Kapsowar

Chepkum

· 1858

Nginyang

1700 ·

Cheptongei

Koitilial

Kinyach

45

Chebara

C

C 52

Chepkesin

D

Anschluss Karte XXX

Anschluss Karte XXV

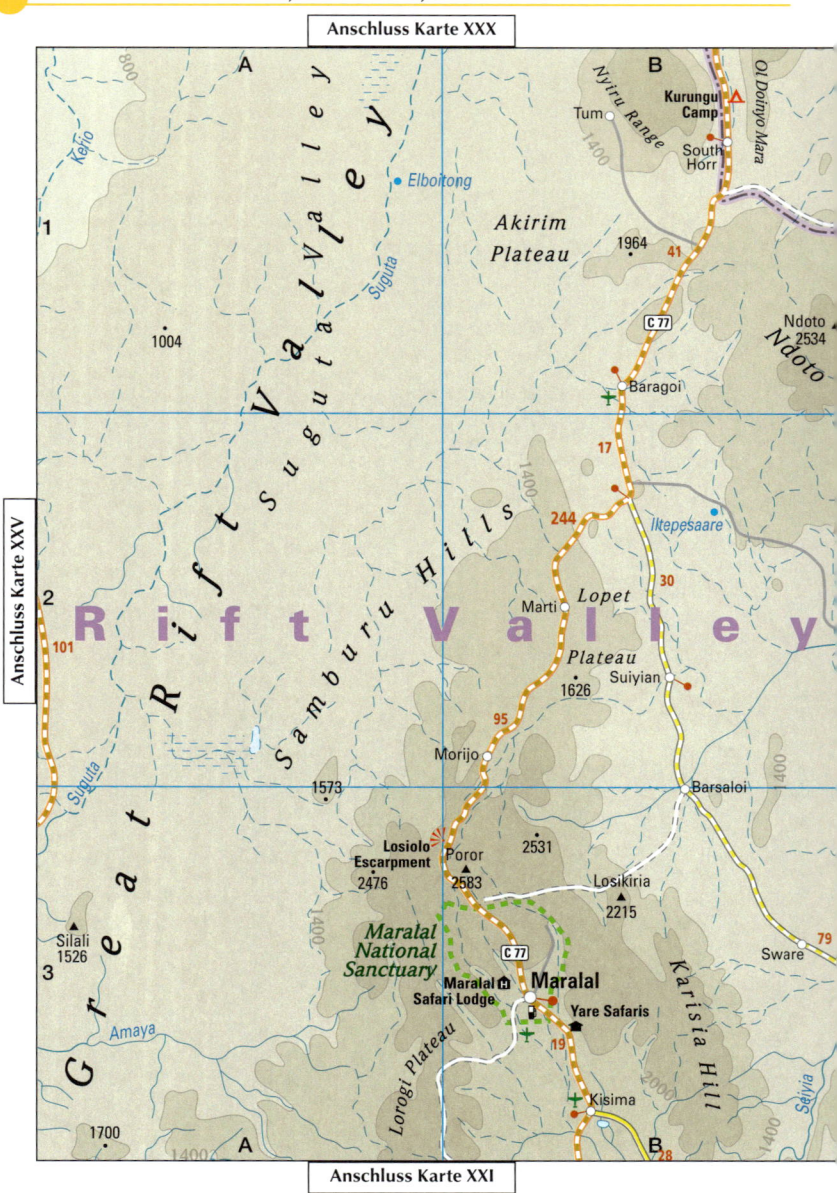

Anschluss Karte XXI

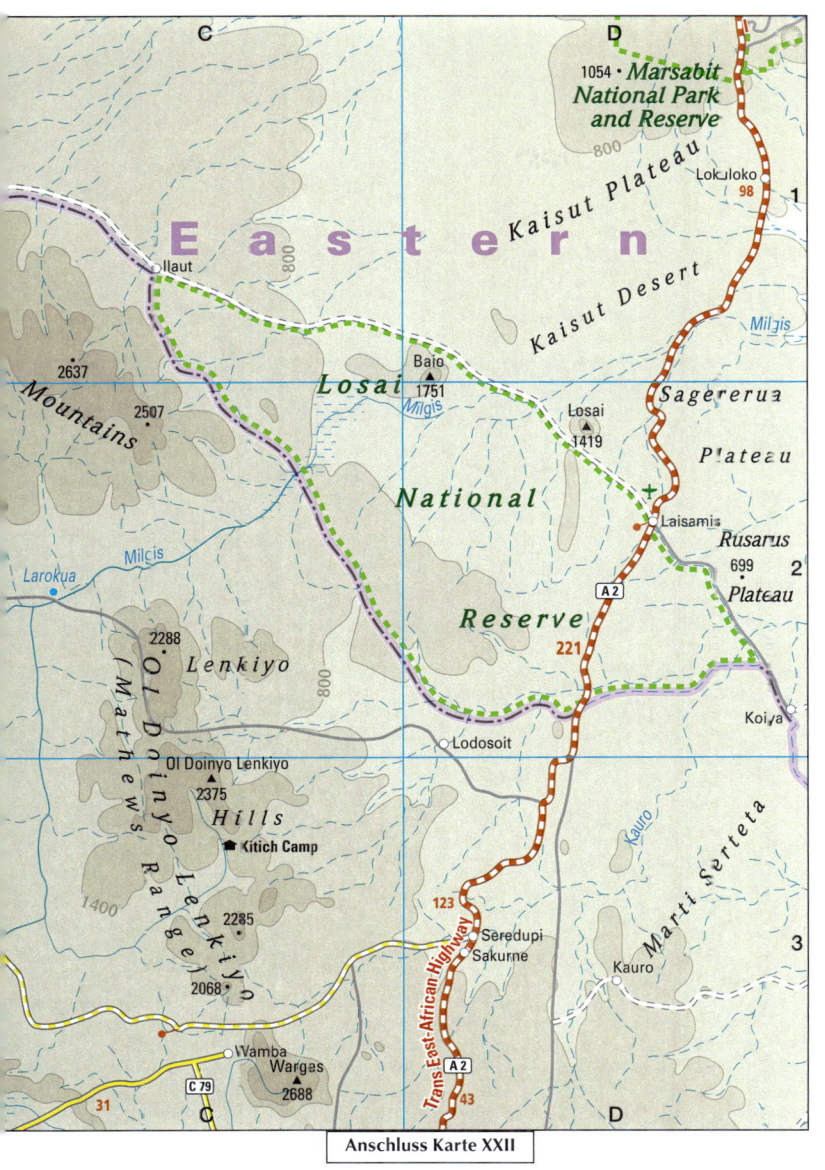

Anschluss Karte XXII

Anschluss Karte XXX

Lokwaria

HIOPIA

Fort Banya

Lake Chaw Bahir
(Lake Stefanie)

D

739

Darer
2156

El Dima

884

Sabarei

Sele Gable
Pass

Jibisu
1544

Karon

Buluk

1

Kokoi

Karari Ridge

Sibiloi

E a s t e r n

800

Laga Kore

National

P u c k o o n
R i d g e

2

Park

400

Derati

Allia Bay

Derati

Sibiloi national
park H.Q.

Kalami

Camp
Turkana

Gajos

Gajos

El Bes

800

3

Hurran Hurra

D

North Horr

C

C

Anschluss Karte XXVIII

Eastern

Eliye Springs Lodge
Eliye Springs

(Lake

Turkwel

Rudolf)

Eliye Point

400

Porr
▲ 670

El Molo
Khamode
El Molo Bay

Sunset Strip

Loiyangalani
Gametrackers
Campsite
South Island

Napedet Hills

Lokichar

Nachorugwai Desert

Kerio

Kamutile Hills

Katigithigiria Hills **R i f t**

▲ 986

Kalabata

Kalabata

● 800

South Island National Park

Von Hohnel Bay

C 77

Loriu Range

V a l l e y

Loperot

Kalolenyang
▲ 1067 Andrew's Volcano
▲ 1067

64

Auweriweri
C 46
Hills

277

Kerio

800

Lake Logipi

Nyiru Range

A

B

Anschluss Karte XXVI